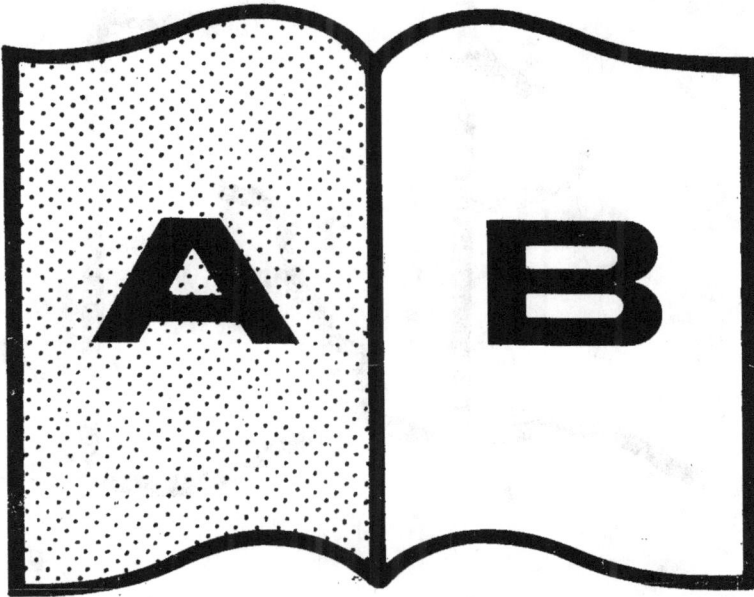

Contraste insuffisant

NF Z 43-120-14

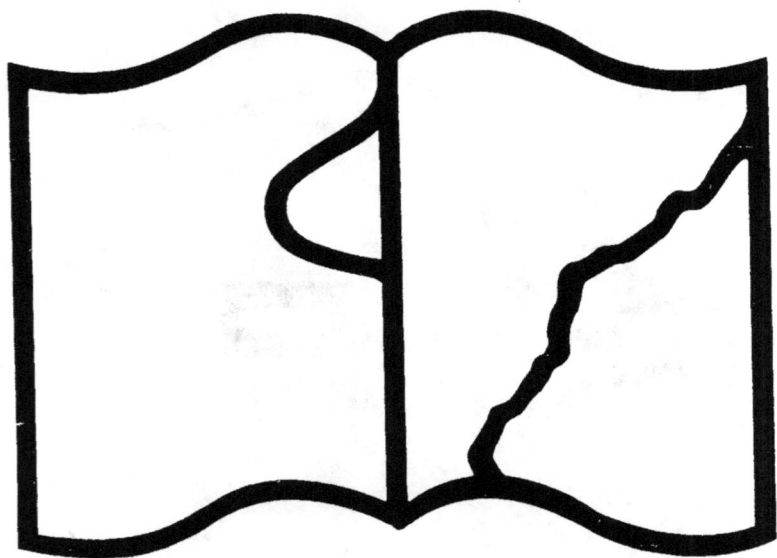

Texte détérioré — reliure défectueuse

NF Z 43-120-11

LE
DICTIONAIRE
UNIVERSEL
DES ARTS
ET DES SCIENCES.
TOME SECOND
M=Z

A

DICTIONAIRE

DES ARTS

ET DES SCIENCES.

TOME SECOND.

M—Z

LE
DICTIONAIRE
UNIVERSEL
DES ARTS
ET DES SCIENCES,

De M. D. C. de l'Académie Françoise.

Nouvelle Edition revûë, corrigée & augmentée par **M.** * * *
de l'Académie Royale des Sciences.

TOME SECOND

M═Z

A PARIS,

Chez P. G. LE MERCIER Fils, Imprimeur-Libraire, ruë Saint Jacques,
à Saint Hilaire.

MDCCXXXII.

AVEC PRIVILÉGE DE SA MAJESTÉ.

DICTIONAIRE
UNIVERSEL
DES TERMES, DES ARTS ET DES SCIENCES.

MAAIGNE'. adj. Vieux mot. Estropié.

MAB

MABOUYAS. f. m. Sorte de Lezard qui se trouve dans les Isles de l'Amerique, & que les Sauvages ont nommé ainsi, à cause qu'ils sont les plus laids & les plus hideux de tous ceux que l'on y voit, & que *Mabouyas* est un nom qu'ils donnent communément à tout ce qui leur fait horreur. Ces Lezards n'arrivent jamais à avoir un pié de long, & quand on leur a coupé la queue, ils paroissent être de veritables crapaux. Ils ont les doigts des pattes plats, larges & arrondis par les bouts, & à l'extrêmité de chacune, il y a une petite griffe semblable à l'aiguillon d'une guêpe. Ils sont de differente couleur, & ont tous la peau comme frottée d'huile. Ils se retirent ordinairement sur des branches d'arbres, sur le faîte & sur les chevrons des cases, & descendent rarement en bas. Ceux qui se tiennent dans les arbres pourris, aux lieux marécageux, & dans les vallées étroites où le Soleil ne pénétre pas, sont noirs, & affreux. Ils n'ont d'ordinaire qu'un peu plus d'un pouce de grosseur. Pendant la nuit ils jettent de tems en tems un cri effroyable, qui est un infaillible présage de changement de tems. Ils se jettent hardiment sur ceux qui les agacent, & s'y attachent de telle sorte qu'on ne peut les en retirer sans beaucoup de peine. On n'a pourtant jamais remarqué qu'ils ayent fait mourir ou mordu personne.

Tome II.

MACARON. f. m. Sorte de patisserie faite d'amandes douces, de sucre & de blancs d'œufs. Quelques-uns font venir ce mot de l'Italien *Macaroni*, qui est une sorte de mets fait de farine & de fromage qu'on cuit dans le pot avec la viande, & dont les Italiens sont fort friands. On les appelle *Vermicelli*, lorsqu'ils sont taillés par menus filets. M. Ménage dérive *Macaron* du Grec μάκαρ, Heureux, comme si c'étoit le mets des heureux.

MACARONIQUE. adj. On appelle *Poësie Macaronique*, Une espece de Poësie Burlesque faite de mots écorchés du Latin & de la langue maternelle. On lui a donné ce nom de ce que les Italiens disent, *Tu sei un Macarone*, pour dire, Tu es un homme grossier, rustique, & de peu d'esprit, & cela vient de ce que les principaux mets des Villageois, qui sont pour petits gâteaux faits de pâte non blutée, d'œufs & de fromage, sont nommés *Macaroni*. Il y a une Macaronie de Rimini, publiée l'an 1526. en six Livres par Guarino Capella, contre Cabri, Roi de Gogue Magogue, qu'on a voulu faire passer pour la première piece qui ait paru en ce genre; mais on assure que Theophile Folengi, Moine Benedictin, avoit donné sa Macaronie dès l'an 1520. sous le nom de *Merlin Coccaye*. Cette piece l'a emporté sur toutes les autres, soit pour le stile, soit pour l'invention & pour le mélange agreable du plaisant avec l'utile. Ainsi selon la force du mot *Macaroni* des Italiens, on peut regarder la Poësie Macaronique comme un ragoût de diverses choses assemblées à la paysanne, c'est-à-dire, qu'il y entre du Latin, de l'Italien, ou de quelque autre langue vulgaire, aux mots de laquelle on donne une terminaison latine.

MACAUT. f. m. Vieux mot. Besace, Poche. On a dit aussi *Magant*.

A

MACEDONIENS. s. m. Heretiques ainsi appellés de Macedonius, Evêque de Constantinople. Ils tenoient que le saint Esprit étoit une Creature, un serviteur de Dieu, & non pas Dieu même, & que par le saint Esprit on entendoit seulement une puissance créée de Dieu & participante des creatures, Cette heresie fut opiniâtrement soûtenue sous Constantin, fils de Constantin, trois cens douze ans après JESUS-CHRIST, & condamnée au second Concile universel de Constantinople sous Theodose le Grand. On appella les Macedoniens πνευματομάχοι, à cause qu'ils combattoient le saint Esprit.

MACE. s. f. Vieux mot. Massue. Masse d'armes, qui avoit le bout fort gros. Il y avoit quelquefois un petit moulin dans le manche, afin que dans le besoin les soldats eussent le moyen de moudre leur blé. *Et se ferit emmi l'estour sa mace en main, & sçachez bien que ceux qu'il attaquoit n'avoient que faire de Myre.* On a dit aussi *Machue.*

En son poin tient une machue
Fierement la paumoit, & rue
Entour soi, à coups perilleux.

MACER. s. m. Ecorce qui s'apporte de Barbarie. Elle est rousse, épaisse & fort astringente au goût; prise en breuvage, elle sert à ceux qui crachent le sang, aux dysenteries, & aux flux de Ventre. Voilà ce qu'on en trouve dans Dioscoride. Pline dit que le Macer s'apporte des Indes, & que c'est une écorce rouge d'une grande racine qui s'appelle comme son arbre, quoiqu'il ne sçache quel arbre c'est. Galien qui parle aussi du Macer, dit de même que c'est une écorce que l'on apporte des Indes, qu'elle est âpre au goût, accompagnée d'une petite acrimonie odorante, qui se rapporte presque à l'odeur des autres drogues aromatiques qu'on nous en apporte. Il semble être composé d'une essence mixte, dont la plus grande partie est froide & terrestre, & la moindre, chaude & subtile, ce qui le rend efficacement dessiccatif & astrictif. Quelques-uns le confondent avec le Macis, & Matthiole fait voir leur erreur.

MACERATION. s. f. Terme de Chymie. Operation qui commence la digestion, dont elle ne differe que du plus ou du moins. C'est une espece d'infusion qui se fait avec peu de liqueur, & pour imprimer, plûtôt que pour ôter quelque chose au médicament. Les racines aperitives dont on veut augmenter la vertu, trempent avec un peu de vinaigre, & c'est ce qu'on appelle proprement *Maceration.* Elle se fait à froid au lieu qu'il faut de la chaleur dans l'infusion.

MACERON. s. m. Plante, qui, selon Dioscoride, croît en abondance au Mont Amanus, & dont la tige est semblable à l'ache. Ses feuilles qui sont plus larges, roides, grassettes, & qui panchent contre terre, ont une odeur aromatique, joint à une certaine acrimonie agreable. Elles sont de couleur pâle tirant sur le roux, & les bouquets qu'on voit au-dessus des branches, sont faits en rond comme ceux d'aneth. Sa graine est semblable à celle du chou, ronde, noire, forte, & de goût de myrrhe, ensorte que l'on peut prendre aisément l'une pour l'autre. Sa racine qui est odorante & forte, pique le goût, chatouille la gorge, & est molle, tendre & pleine de jus. Son écorce est noire au-dehors, & verte ou blanchâtre au-dedans. Le Maceron croît parmi les pierres, aux lieux fangeux, & sur les côtaux. Les Grecs l'ont appellé σμύρνιον, à cause que sa graine a l'odeur de σμύρνα, qui veut dire, myrrhe. Sa racine prise en breuvage appaise la toux, & est bonne aux morsures des Serpens. Sa graine est un remede pour les accidents des reins, de la ratte & de la vessie, & prise aussi en breuvage, elle est propre aux sciatiques, & pour dissiper les ventosités de l'estomac. Galien dit qu'on appelle le Maceron *Hipposelinon sauvage*, qui est une espece d'ache & de persil, & que ceux de Cilicie appellent aussi *Persil*, celui qui croît au Mont Amanus. Il ajoûte qu'il y a un autre Smyrnium plus fort que le Smyrnium commun, & qui n'a point tant d'acrimonie que le persil; qu'ainsi il est propre à appliquer sur les ulceres, parce qu'il dessche sans douleur, & resout toutes duretés & tumeurs, étant du reste de propriété semblable à l'ache & au persil.

MACHAO. s. m. Oiseau du Bresil, d'un plumage noir, mais si bien mêlé de verd, que quand le Soleil jette ses rayons dessus, il n'y a rien qui soit plus luisant. Il a les piés jaunes, le bec & les yeux rougeâtres. C'est seulement au milieu du pays qu'il aire, & on le trouve rarement auprès du rivage.

MACHECOULIS. s. m. Espece de galerie, d'allée, de passage, pour aller à couvert tout autour d'un bâtiment. Il y a au haut du pourtour des vieux châteaux de ces sortes de galeries, qui sont garnies d'une devanture, faite de brique ou de dales. Elles sont portées en saillie sur des corbeaux de pierres, & comme l'espace de l'vn à l'autre est à jour, on jettoit de là autrefois des pierres pour empêcher que l'on n'approchât du pied de la muraille, & qu'on ne la vint escalader. On dit aussi *Machicoulis* & *Machicoules.*

MACHEFER. s. m. Sorte de crasse dure que fait l'acier ou le fer quand on les forge. Les Taillandiers se servent du Machefer pour éclaircir leur besogne.

MACHEMOURE. s. f. On appelle ainsi en termes de mer, le menu débris d'un biscuit, quand il est réduit en miettes. Les morceaux qui sont aussi gros qu'une noisette ne sont point reputés Machemoure.

MACHIAVELISTES. s. m. Nom qu'on donne à ceux qui en matiere de politique, embrassent les sentimens de Machiavel, dont les maximes répandues dans ses Traités sont très-dangereuses. Elles sont dures, cruelles, & les éloges qu'il a affecté de donner à Brutus & à Cassius persuadent qu'il étoit complice de la conjuration qui se fit contre les Medicis à Florence, sa patrie, quoique sa constance l'ait tiré d'affaires après avoir été mis à la question. Il mourut vers l'an 1528. d'une medecine prise à contre-tems.

MACHINE. s. f. *Engin, Instrument propre à faire mouvoir, tirer, lever, trainer, lancer quelque chose.* ACAD. FR. En Mécanique, on appelle *Machine* tout ce qui sert à augmenter la *force* ou la *puissance* dont on a besoin pour mouvoir ou pour arrêter un *poids.* L'arrêter, ce n'est qu'être en équilibre avec lui, le mouvoir, c'est l'emporter sur lui. On appelle *Poids* tout ce que l'on regarde comme devant être mû ou arrêté, & *Force* ou *Puissance* tout ce qui doit agir pour produire cet effet, & Machine tout ce qui donne à la Force ou Puissance plus d'avantage pour agir qu'elle n'en a par elle-même. Comme le mouvement se mesure par le produit de la masse & de la vitesse des corps, (Voyez MOUVEMENT,) & que deux corps dont les masses sont inégales, ont des mouvemens égaux, si la vitesse du plus petit récompense précisément sa masse, il s'ensuit que la masse d'une petite force ne pouvant être augmentée, il n'y a que sa vitesse qui puisse l'être, & que c'est là le seul moyen de la rendre égale ou superieure à un poids qui auroit dû l'emporter par sa masse. Toutes les Machines & tout l'art de la Méchanique n'ont donc pour but que de disposer & de placer la Puissance & le Poids, ensorte que dans leurs mouvemens qui sont toûjours opposés, la vîtesse de la force soit plus grande que celle du Poids, que l'on suppose toûjours plus grand par sa masse. Ainsi dans le même tems que le Poids ne parcourt qu'un petit espace, la Puissance est obligée d'en parcourir un grand, & ce désavantage de la Puissance a fait dire à tous les Mechaniciens, que ce que l'on gagne en force, on le perd en espace & en tems. Il y a plusieurs Machines *simples*, telles que le *Levier*, le *Plan incliné*, la *Rouë* avec son *aissieu*, la *Vis*, la *Poulie* ou *Mouvement*. Voyez ces mots. Les Machines *composées* sont faites des Machines simples differemment combinées ensemble.

On prend quelquefois le mot de Machine dans un sens moins précis & moins étroit, & l'on entend non pas ce qui augmente une force destinée à mouvoir un poids, mais ce qui est disposé avec art pour produire un certain effet, par exemple, *Machines Pneumatiques*, les *Machines Hydrauliques*. Voyez ces mots.

Machine. Terme de Cordonnier. Soufre préparé avec de la cire blanche qui sert à blanchir les points d'un talon de soulier. Ce mot a fait *Machiner*, & les Cordonniers disent *Machiner les points*, quand ils passent le Machinois sur les points du soulier.

MACHINOIS. s. m. Outil dont les Cordonniers se servent pour blanchir les points du derrière d'un soulier.

MACHURAT. s. m. Terme d'Imprimerie. Celui qui n'étant encore qu'apprenti chés un Imprimeur, & ne sçachant pas bien son mètier, est sujet à gâter, & à barbouiller les feuilles qu'il tire.

MACHURER. v. a. Barbouiller une feüille en la tirant, ne pas tirer une feuille nette.

MACIS. s. m. Petite écorce rouge, qui est couverte d'une autre grosse écorce, & qui envelope la noix muscade lorsqu'elle a atteint sa maturité. Cette écorce s'ouvre quand la noix est seche, & prend un jaune doré. Les marques du bon Macis sont d'être roux ou jaune comme or, sort aromatique & d'une odeur agreable, d'avoir un goût un peu acre & piquant avec quelque petite amertume. Plus il est récent & plein de jus, plus il doit être estimé. Le suc qu'on en tire ressemble à la gomme de Lierre, & a plus de vertu que le Macis même. Il est cephalique, lithontriptique, hysterique, carminatif & propre à fortifier l'estomac. Il aide aussi à digerer. L'huile qu'on en fait est merveilleuse pour fortifier la matrice. Les anciens n'ont point connu le Macis.

MACLE. s. f. Fruit d'une herbe marécageuse qui est environ de la grosseur d'une noix. Cette herbe est pointue en plusieurs endroits. C'est une maniere de trefle d'eau, ou de châtaigne aquatique.

Macle. Terme de Blason. Sorte de petite figure, faite comme une maille de cuirasse, & percée en losange. La Macle a la même dimension que le losange, à laquelle elle est tout-à-fait semblable, excepté qu'elle est percée au milieu, en forme aussi de losange, en quoi elle differe des rustres qui sont percées en rond. Ce mot vient de *Macula*, d'où est venu *Maille*.

Macle. Terme de Marine. Il se dit des cordes, qui traversent & qui étant ridées ou bandées en losange font une figure de Mailles. On dit aussi *Macque*.

Macle. Mot qui se trouve dans Rabelais, où il
Tome II.

---

semble signifier quelque poisson. *Ils furent plus muets que macles.*

MACOCO. s. m. Animal de la grosseur d'un cheval, qui se trouve dans le Royaume de Congo. Il a les jambes longues & grêles, le cou long, de couleur grise, & rayé de blanc, deux cornes extrêmement longues, minces & aigues. La fiente de cet Animal est faite comme celle des Brebis, & a une odeur qui approche du musc & de la civette, mais elle n'est pas si forte. On tient que ses ongles sont un remede contre l'engourdissement des nerfs. Le mot de *Macoco*, veut dire, Grande bête, dans la langue du Pays.

MACOCQUER. s. m. Sorte de fruit de la Virginie, presque semblable à nos mélons ou citrouilles, & qui est d'un goût fort agreable. Il y en a de diverses formes. Les Naturels du Pays en ôtent la poulpe & la semence, & l'ayant rempli de petites pierres ou d'une certaine graine assés grosse afin qu'en le remuant & le branslant, il rende un son plus fort, ils y ajustent un manche qu'ils tiennent en la main, s'en jouant auprès du feu en signe de joie, quand ils sont échapés de quelque danger, ou revenus de la guerre. Charles de l'Ecluse décrit un fruit apporté de la Virginie qu'il prétend être le Macocquer. Il étoit entierement rond, dit-il, poli & brunâtre par dehors, d'une écorce extrêmement dure, & étoit envelopé au-dedans d'une noire membrane, dans laquelle couroient çà & là de certaines fibres depuis la queue jusques à la sommité. Il enfermoit une poulpe noire, parce qu'il n'étoit pas frais, mais sec & vieux. Cette poulpe étoit aigre & un peu salée, & dedans il y avoit plusieurs grains envelopés, plats, de couleur brune, & d'une forme semblable à celle d'un cœur, ayant une moëlle blanche.

MAÇONNE', e'e. adj. Terme de Blason. Il se dit des traits, des tours, pans de murs, châteaux & autres bâtimens. *De gueules au pont de deux arches d'or, maçonné de sable.*

MAÇONNERIE. s. f. Arrangement des pierres avec le mortier, ou quelqu'autre liaison. Il y a diverses especes de maçonnerie. Celle que l'on appelle *Maillée* ou *à échiquier*, est faite de pierres quarrées dans leur parement, & ces pierres sont posées ensorte que les joints vont obliquement, & que les diagonales sont, l'une à plomb, & l'autre à niveau. La *Maçonnerie en liaison*, est celle où les pierres sont posées les unes sur les autres, & les joints de niveau, mis de telle sorte que le joint du second lit pose sur le milieu de la pierre du premier. La Maçonnerie, qui, selon Vitruve, est particuliere aux Grecs, est celle où après avoir posé deux pierres dont chacune fait parement, on met une en boutisse qui fait les deux paremens. Il y en a une autre espece qu'il appelle *ισόδομος*, qui veut dire, d'égale structure. Elle est semblable à la Maçonnerie en liaison, excepté que les pierres n'y sont point taillées, & qu'on les met par assiettes égales. Celle qu'il appelle *ψευδίσόδομος*, est aussi de pierres non taillées & posées en liaison, mais d'inégale épaisseur, ensorte que l'égalité ne se trouve que dans chaque assise. La Maçonnerie qu'on appelle de *Limosinage*, & que Vitruve nomme *ἐμπλεκτὸν*, est faite de moilons posés sur leur lit en liaison, sans qu'ils soient dressés dans leurs paremens. On dit aussi *Maçonnerie de blocage*, en parlant de celle qui se fait de mennes pierres jettées à bain de mortier, en Latin, *Structura rudiraria*.

MACREUSE. s. f. Sorte d'oiseau maritime fort semblable à un canard, & qui passe pour poisson à cause qu'il est d'un sang extrémement froid, ce qui est

A ij

cauſe que l'on permet de manger des Macreuſes en Carême. Pluſieurs croyent qu'elles s'engendrent de l'écume de la mer, ou du bois pourri des vieux Vaiſſeaux, où l'on a dit qu'elles ſe trouvent attachées par le bec, & d'où l'on prétend qu'elles ſe détachent quand elles ſont bien formées, mais l'opinion la plus probable eſt que ce ſont de vrais canards produits par des œufs couvés, comme les autres oiſeaux. Il y en a un nombre infini en Ecoſſe, où elles apportent une ſi grande quantité de branches pour faire leurs nids, que les Habitans en font une partie de leur proviſion de bois.

MACUCAGUA. ſ. m. Oiſeau du Breſil qui reſſemble fort au Faiſan, & qui eſt plus gros que les poules de l'Europe. Il a trois peaux & beaucoup de chair, & cette chair eſt fort délicate. Il pond deux fois tous les ans douze ou quinze œufs, & court ſur terre, mais il vole ſur les arbres auſſi-tôt qu'il voit des hommes. On en trouve de pluſieurs eſpeces qu'il eſt facile de prendre.

MACULATURE. ſ. f. Terme d'Imprimerie. Feuille non tirée, & qui n'eſt bonne qu'à faire des envelopes. On appelle auſſi Maculature, Un gros papier gris qui ſert à envelopper. C'eſt encore un terme de Papetier, & il ſignifie un méchant papier qu'on fait avec du drapeau, & où l'on met du charbon afin de le rendre noir.

MACULE. ſ. f. Terme d'Aſtronomie. Il ſe dit des taches qui apparoiſſent ſur le Soleil.

MAD

MADIENE. Juron ancien, qui vient du Grec μὰ Δία, Per Jovem, Par Jupiter.

MADIER. ſ. m. Vieux mot. Groſſe table de Pâticier.
On appelle Madiers, en termes de Marine, Des pieces de bois qui ſont clouées en égale diſtance ſur la carene d'une Galere.

MADRAGUE. ſ. m. Nom qu'on donne à la pêche des Thons. Cette pêche ſe fait avec des cables & des filets, qui occupent près d'un mille en quarré.

MADRE', e's. adj. Tacheté, diverſifié de couleurs. On dit que Du bois eſt madré, Lorſqu'on y voit certaines parties plus condenſées que le reſte après qu'on l'a mis en œuvre, ce qui arrive particulierement dans les ouvrages de bois de hêtre, où ces parties condenſées paroiſſent comme des taches brunes, & comme elles ſont plus dures & plus ſolides, le rabot les rend comme luiſantes. On dit auſſi Leopard madré, pour dire, qu'il eſt marqueté. Du Cange dit qu'anciennement dans la maiſon de nos Rois il y avoit un Officier qu'on appelloit Madrinier, qui avoit ſoin des vaſes précieux du Roi, & que ces vaſes étant faits d'une pierre qu'on croit être celle de l'Onice, étoient appellés, Mazers, Mazerins, ou Madres, ce qui faiſoit dire en ce tems-là Fin comme Madre.

MADREURE. ſ. f. Tache ou marque ſur la peau d'un animal. On appelle auſſi Madreure, Les veines qui paroiſſent ſur de certains bois.

MADRIER. ſ. m. Planche de bois de chêne fort épaiſſe, telle que peuvent être les doſſes avec leſquelles on ſoutient les terres, lorſqu'on travaille à des mines, ou à d'autres ouvrages. On appelle auſſi Madriers, Les plus gros ais qui ſont en maniere de plate-forme, & qui étant attachés ſur des racinaux ſervent à aſſeoir le mur des douves d'un reſervoir ſur de la glaiſe. On s'en ſert de même pour aſſeoir tout autre mur ſur un terrain dont la conſiſtance eſt foible. Madrier, ſe dit encore d'u-

ne groſſe planche, qui ſert à couvrir la bouche d'un petard quand il eſt chargé. Ce Madrier s'applique avec le petard contre ce qu'on veut briſer, ſoit porte, ou toute autre choſe. Il y a des Madriers que l'on revêt de fer blanc, & que l'on charge de terre contre les feux d'artifice. Ceux-là ſont faits avec des planches plus longues que les Madriers que l'on applique aux petards. Quelques-uns font venir ce mot de l'Eſpagnol, Madera, Bois.

MADRIGAL. ſ. m. Sorte de poëſie fort ſemblable à l'Epigramme, qui renferme dans un petit nombre de vers une penſée galante & ingenieuſe. ACAD. FR. On dit que Melin de ſaint Gelais a été le premier qui ait introduit le Madrigal dans notre Poëſie. M. Ménage fait venir ce mot de μάνδρα, Etable, parc, où l'on enferme le bétail, & dit qu'originairement c'étoit une chanſon de Bergers, dont les Italiens ont fait Madrigale, & nous Madrigal. D'autres veulent qu'il vienne de l'Eſpagnol Madrugar, Se lever matin, à cauſe que ceux qui donnoient des aubades chantoient autrefois des Madrigaux.

MADRISE. Arbre qui ſe trouve dans l'Iſle de Madagaſcar. Son bois eſt marbré & de couleur violette au milieu. Il a de petites feuilles.

MAE

MAESTRAL. ſ. m. Terme de Marine. On appelle ainſi dans la Mediterranée une ſorte de vent, nommé Nordoueſt dans la Marine du Ponant. Ce vent que l'on appelle autrement Galliego, ſouffle entre l'Occident & le Septentrion, & eſt oppoſé à Siroco.

MAESTRALISER. v. n. Terme de Marine. Quand le bout de l'aiguille aimantée ſe retire du Nord à l'Oueſt, c'eſt-à-dire, à l'Occident, ce qui ſait appeller la variation occidentale, on dit alors ſur la Mediterranée que la bouſſole Maëſtraliſe, à cauſe du vent qui eſt entre le Septentrion & l'Occident, que les Italiens nomment Maëſtro.

MAG

MAGA. ſ. m. Arbre qui croît aux Indes Occidentales, & qui ſe trouve dans l'Iſle de ſaint Jean. Il eſt d'un bois extrêmement dur & non ſujet à la vermoulure, ce qui fait que l'on s'en ſert en Charpenterie.

MAGDALON. ſ. m. Rouleau, petit cylindre de ſouffre, d'onguent & autre choſe, tel que l'on en vend chés les Apothicaires. Ce mot vient du Grec μαγδαλιά, qui veut dire, De la mie avec laquelle les anciens ſe frottoient les mains pour ſe les nettoyer après le repas, & qu'ils donnoient enſuite à manger aux chiens.

MAGDELEINE. Sainte Magdeleine. Ordre Militaire qui fut établi par Jean Cheſnel, Gentilhomme de Bretagne, que le Roi Louis XIII. fit Chevalier en 1614. Il avoit propoſé l'établiſſement de cet Ordre par un pur zele de Dieu, dans la vûe de retirer les François de leurs deſordres, afin que penſant à la penitence de Marie Magdeleine, ils puſſent apprendre à ſe convertir. La Croix que les Chevaliers portoient à leur col ou ſur leur manteau, avoit trois fleurs de lis aux trois bouts. Le pié étoit dans un Croiſſant, & dans le milieu on voyoit le viſage de cette Sainte. Cette Croix étoit environnée de rameaux, pour faire connoître qu'en inſtituant cet Ordre, on avoit cherché à faciliter le chemin à la Terre-Sainte. Il y avoit quatre fleurs de lis & des rayons de Soleil dans ces rameaux . qui marquoient la gloire de la Nation Françoise. Les Chevaliers étoient obligés de renoncer suivant leur vœu, aux querelles, aux duels, aux blasphèmes, à toutes sortes de jeux de hazard, & à la lecture des livres défendus. Leur habit étoit de couleur de bleu celeste, & ils portoient une chaîne faite d'une M entrelacée avec les lettres L & A, pour signifier Marie Magdeleine, le Roi Louis, & la Reine Anne d'Autriche, joints ensemble avec des cœurs doubles, transpercés de fleches d'or en façon de croix. Le cordon étoit de cramoisi, auquel pendoit un ovale, qui avoit Marie-Magdeleine d'un côté, & S. Louis de l'autre, & pour Devise, *L'amour de Dieu est pacifique.* Ils avoient une maison qui leur fut donnée auprès de Paris, & où il y avoit d'ordinaire cinq cens Chevaliers. Ils étoient obligés d'y demeurer deux ans, comme par une espece de Noviciat, & d'assister au Service Divin qui s'y faisoit tous les Dimanches & toutes les Fêtes. Le serment de l'Ordre étoit d'amour, d'obéissance & de chasteté maritale. Les Chevaliers qui ne demeuroient pas dans cette Maison, que l'on appelloit *la Maison Royale*, devoient s'y assembler tous les ans le jour de sainte Magdeleine, pour rendre compte au Grand-Maître de tout ce qu'ils avoient fait. Ils avoient leurs Académies pour toutes sortes d'exercices ; mais cet Ordre ne dura pas plus long-tems que la vie de Chesnel, qui alla finir ses jours dans un Hermitage au bout de la Forêt de Fontainebleau, & prit le nom de *Hermite pacifique de la Magdeleine.*

MAGDELONNETTES. s. f. Couvent de Religieuses où l'on enferme les Filles, qui par leurs débauches scandalisent le public, & où l'on tâche de leur inspirer la crainte de Dieu.

MAGIE. s. f. *Art qui produit des effets merveilleux par des causes occultes.* ACAD. FR. On distingue la Magie, en Magie blanche & en Magie noire. *La Magie blanche*, qui n'est autre chose que la Magie naturelle, est une science, qui par la consideration des Cieux, des Etoiles, des plantes, des mineraux, & de la transmutation des elemens, découvre les plus rares secrets de la nature. La *Magie noire*, est un art détestable, qui par l'invocation des Demons, & par le moyen des sortileges, fait faire des choses entierement au dessus de la nature.

MAGISTERE. s. m. Terme de Chimie. Corps mixte, exalté & ennobli par la detraction des impuretés externes, sans que sa substance soit beaucoup changée, en quoi il est opposé à la quintescence, en laquelle le mixte est tout à-fait dépouillé de sa crasse elementaire. Le *Magistere de tartre*, dit *Tartre vitriolé*, se fait par le mélange de tartre & de l'esprit de vitriol. Le *Magistere de perles & de coraux*, se fait en les dissolvant dans l'eau acide de la poudre emerique ou autre menstrue, en y ajoûtant ensuite l'huile de tartre, & après les précipitant par l'eau commune. Le *Magistere de soufre*, se fait avec les fleurs de soufre & le sel de tartre digérés avec eau commune, & precipité avec le vinaigre distillé ou vin austere. Pour faire le *Magistere d'absynthe*, on prend ce qu'on veut d'absynthe, qu'on fait cuire dans une lessive empreignée de quelque alcali. On filtre la colature, on y jette de l'alun en poudre, & les particules dissoutes se precipitent au fond. La raison est que l'acide de l'alun se joint à l'alcali des lessives & en resserre les pores, ce qui precipite necessairement les parties vegetales dissoutes. Les préparations simples, au sentiment des plus habiles sont préferables à ces sortes de

Magisteres, qui retiennent toûjours quelques particules du menstrue corrosif, & on s'obstineroit à les laver jusques à cent fois sans que l'on pût les en dépouiller. Ce qui prouve la presence de ces particules acides, c'est qu'après l'édulcoration, ces Magisteres sont toûjours beaucoup plus pesans que le remede simple n'étoit avant la corrosion ; de sorte qu'il n'y a plus de menstrue qui les puisse dissoudre, ni de feu qui les puisse calciner. Zuvelpher a introduit des *Magisteres solubles*, qui ont été appellés ainsi, à cause que se dissolvant dans toutes sortes de liqueurs, ils se font sans précipitation, par l'infusion, l'abstraction & l'édulcoration de l'esprit du verdet seul. On les tient un peu plus méchans que ne sont les autres, parce qu'ils ne détruisent pas tant les sujets.

MAGMA. s. m. Terme de Pharmacie Marc, lie des onguents & oignemens. C'est ce qu'on appelle autrement *Fondrilles*. Ce mot est Grec, & vient de μάσσω, Exprimer, comme quand on exprime le suc d'une plante.

MAGNEFIE. s. f. Pierre minerale, fossile, noire, opaque, qui entre dans la composition du verre qu'elle purifie & blanchit, si elle est en petite quantité ; autrement elle le rend de couleur de pourpre ou bleu. Elle tire de celle de fer ou pourpre & ne contiennt nul metal, mais un soufre fixe & peu inflammable. Si avant que de cuire les pots de verre, on les peint de cette Magnefie dissoute, on leur donne aussi une couleur bleue, ou de pourpre.

MAGNES. s. m. Il y a un *Magnes Arsenical*, dont la composition se fait, en prenant deux onces d'antimoine cru, & autant de soufre jaune & d'arsenic blanc. Ces choses étant bien pulverisées, on les met dans une phiole sur le sable, & on donne le feu jusqu'à ce que le tout se fondant ensemble, acquiere une couleur rouge obscure. On laisse refroidir la phiole, & la matiere qui s'y trouve contenue, fait le Magnes Arsenical. On l'appelle ainsi, à cause qu'on le peut porter comme un antidote pendant les maladies malignes, & la peste même, dont il préserve par une vertu Magnetique.

On appelle en Medecine, *Magnesia Saturnina meteorisata*, Les fleurs d'antimoine corrigées pour les rendre purgatives. On entend l'antimoine par *Magnesia Saturnina*, ou *Marcassite de Saturne*, & le mot de *Meteorisation* ou *Sublimation*, fait entendre les fleurs. On fait entrer une drachme de cette Magnesia dans une masse que l'on compose avec une demi-once d'aloès sucotrin, deux drachmes de myrrhe, une drachme de mastich, demi-drachme de safran & du syrop de roses solutif. On s'en sert pour guerir la Cardialgie, quand elle est opiniâtre ; & la dose est depuis quinze grains jusqu'à vingt-quatre.

MAGNETISME. s. m. Sympathie. C'est proprement un consentiment, & consentir n'est rien autre chose que quand l'un sent en même-tems que l'autre, soit de même, soit d'une maniere differente. Le fondement de ce consentiment, dit Ettmuller en parlant des maladies archéales, consiste dans l'archée ou esprit vital, dont une portion étant détachée du corps & attachée à un autre sujet, reçoit diverses alterations, suivant elle forge diverses idées semblables aux diverses passions de l'ame. L'archée fait la même chose dans le tout que dans la portion, & prend diverses determinations selon la diversité des idées. Il y a, par exemple dans l'archée du sang qui sort d'une plaie, une idée de fureur & d'indignation, qui venant à s'apaiser par l'application de l'onguent Magnetique, à

A iij

raiſon de l'uſnée ou mouſſe de crane humain ou par la poudre de ſympathie, à raiſon du ſoufre anodin de vitriol!, la même idée s'appaiſe pareillement dans l'archée de la partie bleſſée, à cauſe du ſymbole d'unité qui eſt entre eux ; d'où il arrive que tous les ſymptomes qui proviennent de cette idée, s'arrêtent d'abord, & l'empêchement n'eſt pas plûtôt ôté que la partie eſt guerie. Ainſi la même alteration que la poudre de ſympathie donne à l'eſprit vital du ſang ſorti de la plaie, eſt donnée à l'eſprit vital de la partie diſtante, qui n'eſt qu'un, & le même eſprit.

MAGNIE. ſ. f. Vieux mot. Mélange de gens. Pluſieurs perſonnes enſemble.

MAGNITUDE. ſ. f. Vieux mot. Grandeur. Il eſt purement Latin, *Magnitudo.*

MAGUEI. ſ. m. Arbre gros comme la cuiſſe, & qui croît dans les Indes Occidentales, environ de la hauteur de vingt piés. Le bois en eſt leger, & l'écorce aſſés déliée. Ses feuilles ſont fort groſſes, longues de demi-aune, fort ameres en leur extrémité, & épineuſes, ce qui fait que les Eſpagnols appellent cet arbre *Chardon.* Elles ſont d'une grande utilité, parce qu'on en tire une maniere de chanvre extrêmement fort, dont on fait de la ficelle, des cordes, & une étoffe qui reſſemble à du canevas de Flandre. On en tire auſſi un chanvre fort délié qui ſert à faire des filets pour prendre des Oiſeaux. Ces feuilles ſont cannelées, & l'eau de pluie qui s'y ramaſſe eſt bonne à faire mourir les vers, à guerir les plaies chancreuſes, & à ôter les taches des habits. La moëlle du Maguei eſt ſpongieuſe & legere, & ſert aux Peintres & aux Sculpteurs.

MAH

MAHALEB. ſ. m. Plante que Serapio appelle la Phillyrea de Dioſcoride. Matthiole fait voir qu'il ſe trompe, & dit que le Mahaleb dont les noyaux ſervent aux ſavons de ſenteur & aux autres compoſitions des Parfumens, ne répond point à ce qui eſt rapporté de Phillyrea, qui a ſes feuilles ſemblables à celles de l'Olivier, excepté qu'elles ſont plus larges, & que ſes grains ſont entaſſés en maniere de grappe de raiſin, ce qui ne convient en aucune ſorte au Mahaleb. La Phillyrea eſt aſtringente comme l'olive ſauvage, & le Mahaleb eſt chaud & remollitif ; qui ſe voit dans ſes noyaux, qui mollifient la rudeſſe de la peau & les duretés ſi on s'en frotte. Avicenne dit que le Mahaleb eſt abſterſif, reſolutif & propre à appaiſer les douleurs, & qu'étant enduit il eſt fort bon pour celles du dos & des flancs. Pris en eau miellée, il eſt ſingulier aux défaillances de cœur, ainſi que pour la colique & la pierre des reins. Les autres Arabes le font propre à chaſſer les vers du ventre & à provoquer l'urine.

MAHOMETISME. ſ. m. Religion venue de Mahomet, qui nâquit à la Meque Ville de l'Arabie heureuſe l'an 591. ſous le regne de l'Empereur Maurice. Il avoit une vivacité d'eſprit merveilleuſe, qui lui ayant fait apprendre le vieux & le nouveau Teſtament, lui donna lieu d'imaginer une Religion dont il dreſſa des memoires, qu'il diviſa en cent vingt-quatre chapitres remplis de fables, de calomnies, & d'un pur mélange de folie & d'impietés ſans aucun ordre. Ce Livre promet à celui qui le lira mille fois, une femme dans le Paradis, laquelle aura les ſourcils auſſi larges que l'arc en Ciel. Mahomet fut ſecondé dans ce travail par un Moine Italien, nommé Sergius, qui n'ayant pû obte-

nir à Conſtantinople la dignité à laquelle il aſpiroit, apoſtaſia & ſe retira près de Mahomet, avec un nommé Jean, qui étoit d'Antioche & Neſtorien, comme Sergius étoit Arrien ; de ſorte que la principale fin de cette Loi fut de renverſer la Divinité de JESUS-CHRIST, que combattoient les Juifs & les Arriens. Mahomet trouva tant de credulité parmi les peuples, qu'il vint à bout de leur faire croire, que Dieu l'avoit choiſi pour ſon Prophete, & que l'Ange Gabriel lui reveloit de ſa part ce qu'il devoit enſeigner aux hommes. Il attira contre lui les plus puiſſans de la Meque, où il avoit dit qu'il falloit abolir les ſacrifices & abattre les idoles; & comme il fut obligé de fuir à Medine, pour éviter l'orage qui le menaçoit, ce qui arriva un Vendredi, c'eſt de cette fuite que les Mahometans commencent à compter leurs années, l'appellant *Hegyre* en leur langage. Cela les engage à avoir la même veneration pour le Vendredi, que les Chrétiens ont pour le Dimanche. Ce faux Prophete mourut en la ſoixante & troiſiéme année de ſon âge, ordonnant par ſon teſtament que Mortis Ally lui ſuccederoit. On enterra ſon corps dans une Moſquée, qui ſe voit encore dans la Ville de Medine, appellée depuis *Medina Talnaby*, c'eſt-à-dire, Cité des Prophetes. Il n'eſt point vrai que ſon corps ſoit ſuſpendu en l'air dans un coffre de fer par la vertu de deux pierres d'aiman, comme le vulgaire a voulu le croire. Quinze ans après qu'il fut mort, Odoman ou Oſman compila enſemble tous les Memoires qu'il avoit écrits de ſa Religion, & qui lui furent donnés par ſa principale femme, appellée Aza. Il en fit un Livre qu'ils nommerent *Alcoran*, qui en Arabe ſignifie, Recüeil de preceptes. Oſman étant mort lui-même, pluſieurs travaillerent à expliquer cette nouvelle doctrine, de ſorte qu'il ſe trouva plus de trois cens Alcorans, & un nombre infini de differens Commentaires, ce qui mit de la confuſion parmi ceux qui étoient de cette ſecte. Un Prince Arabe voulant y remedier, fit une Aſſemblée generale, où tous les Docteurs de leur Loi firent choix de ſix d'entre eux, pour examiner ces divers Memoires, & en recüeillir tout ce qui pouvoit donner de l'éclairciſſement à l'Alcoran qu'Oſman avoit compoſé. On brûla tous les autres Livres & Commentaires, avec une défenſe très-rigoureuſe de ſe ſervir d'autres que de ceux que ces ſix Docteurs auroient compoſés. La contrarieté qui ſe trouva dans les Livres, donna lieu enſuite à quatre diverſes ſectes, qui ne different qu'en ceremonies. Ils ne laiſſent pas de ſe tenir pour Heretiques les uns les autres & de ſe haïr plus qu'ils ne font les Chrétiens. La premiere de ces quatre Religions, eſt celle des Maures & des Arabes, qui ſont les plus ſuperſtitieux & les plus zelés. La ſeconde, eſt celle des Perſans qui ſont les plus raiſonnables. La troiſiéme, celle des Turcs qui ont pris la plus libre, & la quatriéme celle des Tartares. Ces derniers ſont les plus ſimples & les plus groſſiers de tous. Les Arabes ſuivent les traditions d'Abuleker ; les Perſans celles d'Alli ; les Turcs, les Traditions d'Omar, & les Tartares, celles d'Oſman. La créance generale de ces differentes Nations, eſt que Dieu, depuis le commencement du monde, a envoyé ſur la terre ſix vingt mille Propheres, qui ont tous annoncé ſa parole, & en differens endroits & en divers tems, 'entre leſquels il y en a eu trois que Dieu à cheris particulierement. Moyſe eſt le premier; qui apporta une Loi ſevere que le tems aneantit, ce qui obligea Dieu, qui vouloit ſauver les hommes, d'envoyer JESUS-CHRIST, appellé par eux *Iſſa.* Ils

difent qu'il le fit naître de fon fouffle & d'une Vierge , afin que cette voie extraordinaire de venir au
monde, l'empêchât d'être méprifé , comme l'avoit été Moïfe ; à quoi ils ajoûtent , qu'il trouva
les hommes fi fort endurcis , que non feulement il y
en eut peu qui crurent en lui, mais que fa parole
fut auffi-tôt falfifiée par fes principaux Miniftres ,
& que ce qui irrita Dieu davantage , ce fut que ceux
de Jerufalem le traiterent avec de grandes indignités jufqu'à vouloir le faire mourir , ce qu'ils euffent
fait fans un fantôme que Dieu mit en fa place, &
qu'ils attacherent à une croix, perfuadés qu'ils y
attachoient Jesus-Christ. Ils prétendent que
pour dernier Prophete, Dieu a envoyé Mahomet,
qui d'une main a apporté une Loi pleine de liberté , & de l'autre une épée pour exterminer tous ceux
qui ne voudront pas la recevoir. L'entrée de cette
Religion eft de fe faire circoncire , ce qui n'eft pas
d'une néceffité fi abfolue qu'ils ne puiffent être fauvés fans cela. Ils font obligés à obferver particulierement cinq commandemens, dont le premier
eft de ne reconnoître qu'un Dieu & Mahomet fon
Prophete , & cela fait qu'ils accoûtument leurs enfans à dire fans ceffe, *La hilla heilla alla. Menemut
reful alla.* Ils croyent ces paroles fi agréables à
Dieu , qu'ils font perfuadés qu'en les prononçant à
l'article de la mort , on eft fauvé , quelques crimes
énormes que l'on ait commis. Le fecond commandement , eft de faire leurs prieres cinq fois chaque
jour ; la premiere au lever du Soleil , la feconde , à
midi ; la troifiéme , à trois heures ; la quatriéme ,
au Soleil couchant, & la cinquiéme à trois heures de
nuit. Les plus zelés les font tout au moins trois fois
dans la Mofquée , mais la plûpart prient dans leurs
maifons à la referve du Vendredi qu'ils font obligés
d'aller à midi dans la Mofquée. Ceux qui fe trouvent
dans cette heure-là à la campagne mettent leur mouchoir à terre devant eux, & fe tournent vers le midi,
à caufe de Medina où eft la fepulture de Mahomet.
Ils ne fouffrent point les femmes dans leurs Mofquées , croyant qu'il n'y a pour elles ni enfer ni paradis , ce qui rend leurs prieres inutiles. Ils doivent
jeûner un Carême chaque année, & c'eft leur troifiéme commandement. Ce Carême qu'ils appellent
Ramadan, eft une Lune entiere, qui change tous les
ans ; de forte que fi elle vient une année au mois de
Mai , elle fera au mois d'Avril l'année fuivante ; à
caufe que ne faifant leurs années que de douze Lunes elles font plus courtes de douze jours que les Solaires. Ils ont grand foin de faluer la nouvelle Lune,& portent la figure de fon Croiffant.comme nous
portons celle de la Croix. Leur quatriéme commandement eft l'aumône. Ils font fi exacts à l'obferver,
que l'on ne voit point de pauvres en Turquie demander leurs néceffités publiquement. C'eft par un
effet de cette charité Mahometane , que les Voyageurs , au défaut des hôtelleries, trouvent des bâtimens magnifiques, où l'on eft reçû de quelque
Religion qu'on foit , fans qu'il en coûte aucune
chofe. Ceux qui ne font pas affés riches pour fonder ces fortes de bâtimens font des fontaines fur
les grands chemins, où ils laiffent un homme pour
verfer à boire à tous les paffans. Ils donnent auffi
à de pauvres gens qui fe veulent bien charger de
ce foin , dequoi nourrir les chiens & les chats , &
même il y en a qui vont au marché pour acheter
des oifeaux, aufquels ils rendent la liberté. Par le
cinquiéme commandement , ils font obligés d'aller
une fois en leur vie vifiter le fepulcre de Mahomet. Plufieurs ne laiffent pas de fe contenter d'y
envoyer quelqu'un en leur place. Le chemin eft
long & fâcheux pour ceux de la Grece , & très-

dangereux à caufe des voleurs d'Arabie , des montagnes de fable où plufieurs font engloutis , & du
manque d'eau dans ces deferts. Ils commencent leur
voyage du Caire trois femaines après Pâque. La
premiere ftation qu'ils font eft à une journée de la
Meque,bourg fitué fur une montagne, où ils croyent
que Mahomet vit l'Ange la premiere fois. Ils y
paffent la nuit en prieres , & arrivent le jour fuivant à la Meque , où l'on a bâti une Mofquée toute
revêtue par dedans de pierreries , & de lingots d'or
qui ont été envoyés par les Princes de cette creance , & particulierement par les Rois Indiens. Le
Prince Arabe qui en eft Seigneur & Tributaire du
Grand Turc, eft obligé de venir avec cinq cens chevaux au devant des Caravanes. Quand les Pelerins
font arrivés à la Meque , la Maifon d'Abraham ,
qu'ils difent avoir été miraculeufement bâtie , reçoit un toit neuf & une porte neuve. Ils vont fept
fois autour de cette Maifon d'Abraham ; & alors
ils baifent une pierre noire , qu'ils croyent être
tombée là du Ciel. Au commencement elle étoit
blanche, mais la quantité des baifers des pecheurs
lui a fait acquérir, cette noirceur. Après avoir féjourné cinq jours à la Meque , ils vont à la montagne de remiffion qui eft à quinze lieues de là , &
y ayant entendu une prédication & prefenté des
offrandes , ils croyent y laiffer tous leurs pechés ,
ce qui fait qu'ils ne tournent pas le dos à la montagne en s'en retournant ; afin d'empêcher que leurs
pechés ne les fuivent. Pour en être entierement délivrés, ils courent en chemin jufqu'à la fueur , fur
une certaine montagne, qu'ils nomment *Montagne de fanté*, & vont enfuite à Medine, petite Ville habitée par des Santons & des Dervis Turcs ; &
éloignée de huit journées de la Meque. Au milieu
de la Ville eft la Mofquée, dans laquelle eft le tombeau de Mahomet qui eft de marbre & par terre,
entouré de grands baluftres d'argent , & orné de
trois cens lampes qui ne s'éteignent jamais. Le
Grand Seigneur envoye tous les ans un pavillon de
velours vert en broderie, du prix de vingt mille
écus. On le met autour de ce tombeau , & les Pelerins lorfqu'ils arrivent , coupent le vieux pavillon
par pieces , & en prennent chacun un petit morceau qu'ils gardent comme une fainte Relique. On
voit quantité d'argenterie & de pierreries dans cette Mofquée , & le tombeau en eft tout éclairé. Il
eft défendu aux Chrétiens fur peine de la vie, d'approcher de ces journées de Medine. Mahomet promet le Paradis à ceux qui obferveront ces commandemens , & ils y doivent trouver des tapis de
tab'es de foye , des rivieres agreables , des arbres
fruitiers , de belles femmes, de la mufique , bonne
chere, du vin exquis , & une grande quantité d'affiettes d'or & d'argent avec des pierres precieufes,
au lieu que l'Enfer eft preparé à ceux qui négligeront d'obferir fa Loi , & qu'ils y mangeront &
boiront du feu , & feront liés de chaînes , & tourmentés par des eaux bouillantes. Outre ces commandemens , qui font les fondemens de la Religion Mahometane , il leur eft encore défendu de
boire du vin & de manger du pourceau , & de la
chair de bêtes étouffées dans leur fang. Ils confeffent un feul Dieu a tout créé de rien , & difent que Jesus-Christ eft vrai Prophete,
conçû de fa parole, né de la bienheureufe Vierge
Marie, non Dieu , ni Fils de Dieu , mais homme
fuprême & faint , qui fut dérobé à la vûe des Affiftans par une nuée qui l'enleva au Ciel, tandis que
les Juifs crucifierent un autre en fa place , ce qui
fait qu'ils fe mocquent de la Croix. Ils tiennent qu'il
eft encore vivant dans le Ciel , d'où il defcendra

en terre pour détruire les méchancetés de l'Ante-chrift, & regnera quarante années à Damas ; que pendant ce tems il n'y aura qu'une feule foi , un pafteur ; une confeffion , & grande tranquillité ; qu'après cela il n'y aura point d'autre regne , mais que ce fera la fin des fiecles.

MAHONNE. f. f. Sorte de Galeaffe dont les Turcs fe fervent. Elle eft plus petite & moins forte que les nôtres.

MAHOT. f. m. Arbriffeau rampant qu'on trouve aux Antilles & qui croît dans les marais parmi les rofeaux. Il pouffe une infinité de branches qui fe traînent de tous côtés en confufion , & qui embar-raffent fi fort le chemin , qu'il eft prefque impoffi-ble de marcher dans les endroits où elles s'étendent, fi on ne s'y fait un paffage à coups de ferpe. Il a quantité de feuilles rondes , larges comme le fond d'une affiette ; liffées & douces au manîment. Les lezards en font leur nourriture auffi bien que de fes fleurs, qui font jaunes & prefque femblables à cel-les des mauves mufquées. Quoique l'écorce de cet arbriffeau foit affés épaiffe , elle eft pourtant aifée à lever. On la coupe par longues aiguillettes, qui fer-vent de corde aux Habitans. Elles font beaucoup plus fortes que l'écorce de bouleau. Le Mahot eft d'une très-grande utilité pour le petun , & pour at-tacher les rofeaux fur les chevrons , afin de couvrir les cafes. Les Efpagnols en font de la mèche. Il y a un autre arbriffeau dont on tire une forte de Ma-hot , qu'on appelle *Mahot d'herbe.* Cet arbriffeau eft plus droit que l'autre , & a fes feuilles plus lon-gues , mais le Mahot qu'on en tire n'eft pas fi fort , & pourrit incontinent.

MAHUTE. Terme de Fauconnerie. On appelle *Ma-hutes* , dans les oifeaux de proie , le haut des aîles près du corps.

MAHUTRE. Vieux mot qui fe trouve dans la fi-gnification de *Bras.* Il fe trouve auffi dans celle d'un *Homme fot.*

MAI

MAIDIEU. Ancien ferment , qui vouloit dire, *M'aime Dieu* , ou , *m'aide Dieu.*

MAIER. f. m. Vieux mot. Maire d'une Ville. On a auffi appellé *Maier* , un Maître de Cavalerie. Ce mot a été fait de *Major.*

MAJEURE. f. f. Terme de Philofophie. Première propofition d'un Syllogifme. On appelle *Majeure ordinaire* , l'Acte de Theologie qu'on fait à la fin de la Licence. On y foutient de la pofitive pendant tout le jour. Cet Acte eft oppofé à la Mineure Or-dinaire.

On appelle *Ton majeur* , en Mufique, Celui qui furpaffe le ton mineur d'un demi-ton.

MAIGNEN. f. m. Vieux mot. Chaudronnier. On l'ap-pelle encore quelquefois ainfi quand on veut faire peur aux petits enfans.

MAIGRE. adj. *Qui n'a point de graiffe , ou qui en a très-peu , qui eft fec & décharné.* ACAD. FR. On dit , en termes de Maçon , qu'*Une pierre eft maigre,* lorfqu'on en a trop coupé , en forte qu'elle eft plus petite que l'endroit qu'on lui veut faire remplir. Les Charpentiers difent , qu'*Un morceau de bois eft trop maigre* , pour dire , qu'on en a trop ôté en le taillant, & qu'il laiffe du vuide à l'endroit qu'il doit remplir , comme lorfqu'un tenon ne remplit pas la mortoife.

MAIGRESSE. f. f. Vieux mot. Maigreur.
De paliffeur , ne de maigreffe.

MAIGUE. f. m. La partie fereufe du lait qui en fort quand il fe caille. Ce mot n'eft guere en ufa-ge que parmi les Payfans. On écrit auffi *Mef-gue.*

MAIGUE. f. m. Sorte de poiffon de mer que les Latins appellent *Mefga & Umbra* , d'où les Italiens l'ont appellé *Umbrino.*

MAIL. f. m. Sorte de maillet ferré qui a un manche ployant de quatre ou cinq piés de long. On appelle *Maffe de Mail* , le morceau de bois ferré par les deux bouts avec quoi l'on pouffe une boule de bouis quand on joue. On appelle auffi *Mail* , Le lieu où l'on joue. C'eft une allée d'arbres de trois ou qua-tre cens toifes de long fur quatre à cinq de large. Elle eft bordée d'ais attachés contre des pieux à hauteur d'appui avec une aire de recoupes de pier-re couverte de ciment. C'eft dans cette allée qu'on pouffe les boules de Mail. *Mail* , dit Nicod , vient de Malleus, *& fignifie une maffue à deux gros bouts plats , emmanchés en potence d'un manche moyenne-ment long. L'inftrument appellé* Pallemail , *que l'I-talien dit* Pallemaglio , *étant compofé de ces deux* Palla *&* Mail , *donne affés à entendre la figure dudit* Mail , *de la maniere duquel ne peut chaloir , foit fer, plomb , bois ou autres , pourvû que la figure y foit. De tel Mail ,même étant de fer ou de plomb , ufoient anciennement les François en la guerre , dont a été fait le verbe ,* Chamailler , *qui vaut autant que ,* Frapper de tel Mail , *& le nom* Chamaillis , *qui fignifie proprement le cliquetis dudit Mail en combat-tant & par tranflation de confliél ,comme.* Qui eût ouï le chamaillis des deux armées il s'en fût éton-né, *&,* Qui eût vû le chamaillis des Chevaliers , il eût dit qu'ils avoient grande envie d'éprouver leur valeur & leurs forces.

MAILLE. f. f. Petite monnoye de cuivre qui a valu la moitié d'un denier & qui n'eft plus en ufage que dans les fractions. Borel dit qu'elle étoit quar-rée , & croit qu'elle a été nommé *Maille* à caufe de la reffemblance qu'elle avoit avec une maille ou un quarreau de filet. Il y a eu du tems de François I. une monnoie d'or en forme de petit écu d'or,que l'on appelloit *Maille de Lorraine* , ayant d'un côté pour figure la tête d'un Duc de Lorraine , & de l'autre une croix & d'autres pieces dans fon écu. Elle pefoit quatre deniers quatre grains, & avoit cours en France pour trente-trois fols fix deniers. On a vû des *Mailles blanches* battues fous le regne de Philippe le Bel. Du Cange fait que le nom vient par contraction de *Medalia* , dit qu'il y a eu auffi une maille d'or , monnoie de Conftantinople. Quel-ques-uns difent que l'on a dit *Maille* , parce que les mailles étoient faites de bas billon qu'on nomme *Métal* dans les Monnoies. M. Ménage dérive ce mot de *Mafcula* , Monnoye ancienne.

Maille. Terme de Monnoyeur & d'Orfévre. Pe-tit poids qui vaut deux felins , & qui eft la quatrié-me partie d'une once. Voici ce que Nicod dit de Maille. *Maille fignifie ores une efpece de monnoie noire , valant la moitié d'un denier tournois , prefque équivalant à l'obole , laquelle en Avignon , Comté de Venife , Terres Papales & Pays limitrophes , eft marquée en la pile de deux clefs ; ore une tache ronde en l'œil en forme de petite Maille , comme,* Il a la Maille en l'œil *, pour celui auquel mainte chofe paffe devant les yeux fans l'appercevoir ; ores la hagliere & moncheture du perdreau , felon laquelle fignification, l'on dit un perdreau être déja maillé , quand en grof-fiffant & croiffant , ladite hagliere fe montre à plus d'évidence ; ores un cercelet , foit de fer , de laton , or, argent , ou autre métal propre à lacer , à en faire bourfes , gants d'armes & de guerre , jacques & hoquetons , manches , coiffes d'armes , hauberts , & tels habillemens de gens de guerre. Selon ce on dit*

Il a en laçant laiſſé une Maille entre deux , un gant de Maille , qui ſert ou pour ſaiſir à plein poing les armes tranchantes de l'ennemi en combattant, ou pour couvrir celle de l'eſpée, Jacques de Maille, une coiffe de Maille , un gorgerin & baniere de Maille , dont les hommes d'armes uſerent jadis : & ores cette lozenge, de fil à claires voyes, dont les rets & filets ſont lacez. Selon ce on dit , Alier tremaillé , c'eſt-à-dire , Triple de Maille , qui eſt à trois rangs doubles de Maille ; en toutes leſquelles ſignifications excepté la premiere , ce mot François Maille , vient de ce Latin Macula , par ſyncope de la voyelle u , & changement de la lettre c , en l , pour plus aiſée pronontiation.

On appelle Mailles dans le treillage, les intervalles quarrés ou en lozange que des échalas croiſés & liés de fil de fer y forment.

Maille. Terme de Blaſon. Boucle ronde ſans ardillon.

Maille. Terme de Marine. Menu cordage , ou ligne qui fait pluſieurs boucles au haut d'une bonnette , & qui ſert à la joindre à la voile. Maille ſe dit auſſi de la diſtance qu'il y a entre les membres d'un Vaiſſeau.

MAILLE', ε'ε. adj. On dit Fer maillé , en parlant d'un treillis dormant de barreaux de fer , dont les Mailles ſont faites quarrément ou à loſanges. Les Maçons appellent Maçonnerie Maillée , Celle qui eſt à échiquier , & que Vitruve appelle Reticulatum.

MAILLER. v. n. Terme de faiſeur de filets de Pêcheur. Faire des mailles de filet. Mailler en loſange.

Mailler. Terme de jardinage. Il ſe dit lorſque d'après un petit deſſein de parterre graticulé , on le trace en grand par carreaux ſur le terrein en pareil nombre. On dit auſſi Mailler , en treillage, pour dire, Eſpacer des échalas par intervalles égaux, ſoit qu'on les faſſe quarrés ou en loſange.

MAILLET. ſ. m. Eſpece de Marteau de bois qui a deux têtes. Les Charpentiers en ont de gros & de mediocres. Il y en a de plats par les côtés dont ſe ſervent les Plombiers. Les Maillets des Menuiſiers ſont auſſi de ces ſortes de marteaux avec quoi ils ſerrent les valets, ils frapent ſur leurs outils quand ils travaillent.

Maillet. Terme de Marine. On appelle Maillet de Calfat , Un Mail emmanché fort court , & qui ſert pour calfater. Il a la maſſe fort longue & menue avec une mortoiſe à jour de chaque côté. Ses têtes ſont reliées de cercles de fer.

Maillet. Arme ancienne qui avoit un Maillet de fer ou de plomb. C'eſt de-là qu'eſt venu le nom de Maillotins, que ſe donnerent certains ſéditieux qui s'éleverent en France ſous le regne de Charles VI. & qui portoient de ces ſortes d'armes. Nicod en parle de cette ſorte. Maillet eſt le diminutif de Mail , duquel diminutif ès Hiſtoires & Romans de France , eſt nommé ledit inſtrument de guerre duquel uſoient jadis les François, Nic. Gilles en la vie de Charles VI. Le lendemain au matin, le populaire ſe raſſembla en grand fureur, & allerent en l'Hôtel de la Ville où ils entrerent par force, & prirent tous les habillemens de guerre qu'ils y trouverent, & principalement grande quantité de Maillets de plomb, que ledit Hugues Aubriot, lui étant Prévôt de Paris , avoit fait faite pour envoyer en une courſe qu'avoit fait le feu Connétable ſur les Anglois ; au moyen deſquels Maillets on appelle ladite aſſemblée, l'Aſſemblée des Maillets, mais autre part l'Aſſemblée d'iceux fut dite Les Maillotins.

Tome II.

MAILLETON. ſ. m. Vieux mot. C'eſt , dit Nicod , Un nouveau jetton qui eſt ſorti du bois ou ſerment de l'année précedente , & eſt appellé Mailleton , parce qu'en la partie & endroit d'où il eſt coupé du vieil ſerment , il reſſemble à un petit Maillet.

MAILLON. ſ. m. Vieux mot. C'eſt une eſpece de nœud que font les Jardiniers , quand ils lient avec de l'oſier , les perches & la vigne d'une treille. On a dit auſſi Maillon , pour dire , Le Maillot d'un enfant.

MAIN. ſ. f. Partie du corps humain , qui eſt au bout du bras , & qui ſert à toucher , à prendre & à pluſieurs autres uſages. A C A D. F R. La Main ſe diviſe en trois parties , qui ſont le poignet , appellé Le Carpe , la paume de la Main , appellée Le Metararpe, & les cinq doigts. Il y a ſix paires de nerfs ſemés par toute la Main , & ces nerfs ſe diſtribuent dans divers muſcles qui ſont l'organe du mouvement volontaire. On appelle Monts les petites boſſettes que fait la peau & la charnure de la main.

On appelle en Chirurgie Main de fer , Une main artificielle que les Chirurgiens ſçavent appliquer au bras dont la Main a été coupée. Il y a des pignons broches , gachettes , eſtoqueaux , reſſorts & boutons , qui lui donnent la plûpart des mouvemens ordinaires de la Main.

En parlant des ſinges , des ours & de quelques autres animaux , on ſe ſert du mot de Main , & on dit proprement du Faucon , qu'Il a la Main habile , gluante , fine & bonne , forte , déliée & bien ou ſée , quand cet Oiſeau a ces bonnes qualités. S'il les a mauvaiſes , on dit qu'Il a la Main graſſe & charnue.

Nicod rend raiſon de cette façon de parler, Bailler la Main. C'eſt , dit-il , Une maniere de dire dont on uſe quand une femme mariée prête ſerment pardevant Notaires pour l'alienation ou hypotheque d'une choſe où elle a droit & ſe dit ainſi , parce que , pour promettre ou ſans ſerment , les parties mettoient la Main dextre en celle deſdits Notaires , ainſi que aucuns l'uſent encore. Ainſi on dit , La femme a baillé la Main. La raiſon de telle maniere de parler peut être priſe, de ce que ceux qui requeroient inſtamment aucuns de quelque choſe , leur empoignoient la Main dextre, & que le requis octroyant ce dont il étoit ſupplié , pour ſureté de promeſſe , bailloit ſa Main dextre au requerant ; on bailla de ce que les rendus en bataille bailloient leur Main dextre au Vainqueur, pour ſigne de ce de leur captivité , laquelle étant priſe par le Vainqueur, de-là en avant étoient appellés Mancipes, c'eſt-à-dire , prins par la main en droit de ſervage. L'uſage eſt encore , en cas de promeſſes , en aſſurer la foi & authorité par s'entrebailler les Mains dextres ; & les ſignes en deffis jettent le gantelet de la Main dextre pour gage de leur défiance. Bailler ſes Mains , confeſſant être vaincu , cela ſe uſoit entre les Peuples de jadis , dont les Romains avoient fait ces mots uſités entre eux Manucapere , Mancipatio , Mancipium ; mais les François s'uſent de telle maniere de faire , ne de dire , combien que l'homme d'armes , ſingulierement les Princes étans contraincts de ſe rendre à l'ennemi , avoit accoutumé de jetter ou bailler le gantelet de la Main dextre , qui eſt le ſigne par lequel ils ſe rendent priſonniers de guerre.

Mains de cheval. On ſe ſert rarement de ce terme , qui veut dire , Les piés de devant d'un cheval ; quoiqu'on diſe , Bras de cheval. On appelle Main de la lance , la Main droite du Cavalier , & ſa Main gauche s'appelle Main de la bride. On dit Tenir ſon cheval dans la main , pour dire , Etre toûjours préparé à n'en être point ſurpris & à éviter ſes contre-

B

tems. On dit qu'*Un cheval est bien dans la Main*, lorſqu'il ne refuſe jamais d'obéir aux effets de la main ; qu'*Il peſe à la main*, lorſqu'il s'abandonne ſur la bride par laſſitude ou autrement ; qu'*Il tire à la Main*, quand il reſiſte aux effets de la bride , & qu'*Il force la Main*. quand ne craignant point la bride il s'emporte malgré le Cavalier. On dit auſſi , *Faire partir un cheval de la Main*, pour dire, Le pouſſer de vîteſſe , & *Travailler un cheval de la main à la main*, pour dire , Le travailler ſeulement par les effets de la bride , ſans que les autres aides y contribuent ſi ce n'eſt le gras des jambes , quand on remarque qu'il en eſt beſoin. On dit encore qu'*Un cheval eſt beau de la Main en avant* , pour dire , De la tête , de l'encolûre & du train de devant, & qu'*Il eſt bien fait de la Main en arriere* , pour ſignifier tout le reſte du corps du cheval. *Cheval de Main* , ſe dit d'un cheval qu'on mene à la Main.

Main. Terme de Sellier. Gros cordons de ſoye qui ſont attachés aux côtés des portieres du carroſſe , & qu'on prend pour y monter , & pour ſe tenir quand on paſſe par quelque endroit où l'on eſt trop ébranlé.

Main. Terme de Banquier. Inſtrument de cuivre fait en maniere de petite pelle avec des rebords , dont on ſe ſert pour recueillir l'argent qu'on a compté ſur la table & le mettre dans des ſacs.

Main. Morceau de bois en fer en forme de crochet , que l'on attache à une corde de puits , & où l'on fait tenir le ſceau, quand on veut tirer de l'eau. On appelle auſſi *Main de fer* , des pieces de fer courbées en differentes manieres , & dont on ſe ſert pour accrocher des louves , des cables & autres choſes.

Main chaude. Terme de Marine. On dit ſur mer. *Jouer à la main chaude* , en parlant d'un divertiſſement que les gens de l'équipage prennent quelquefois. Ils ſe mettent dix ou douze enſemble , & l'un d'entre eux eſt choiſi au ſort. Celui-là ſe panche, & appuyant ſa tête contre le grand mât , il tient ſur le dos une de ſes mains ouverte. Chacun vient l'un après l'autre frapper de toute ſa force du plat de la main ſur la ſienne , & l'on continue juſqu'à ce qu'il ait deviné celui qui l'a frappé, & qui eſt obligé alors de prendre ſa place. Il n'en ſort guere qu'il n'ait la main chaude par les coups qu'il a reçus.

Main. Terme de Marine. Eſpece de petite fourche de fer dont on ſe ſert à tenir le fil de caret dans l'auge lorſqu'on le goudronne.

Main de poulie. Bois ou fer dont la poulie eſt environnée & qui entretient la corde.

On appelle , *Main de papier* , Vingt-cinq feuilles de papier miſes enſemble ; & *Main d'oublies* , Un certain nombre d'oublies que l'Oublieur tire de ſon corbillon pour jouer. Il doit y avoir vingt mains d'oublies dans chaque corbillon.

Main de preſſoir. Certain inſtrument dont on ſe ſert à relever le marc du raiſin.

Main de carroſſe. Il ſe dit des morceaux de fer attachés aux moutons & au bas du corps du carroſſe. On y paſſe les ſoupentes pour le ſoûtenir en l'air.

Main de juſtice. Sceptre ou bâton de la longueur à peu près d'une coudée , ayant à l'extrémité la figure d'une main d'yvoire. On met cette main de juſtice dans la main des Rois quand on les peint avec leurs habits royaux.

Main de gloire. Mandragore enfermée dans une boîte , ou quelque choſe de ſemblable , que donnent des ſorciers ou charlatans à un avare dont ils ſurprennent la credulité, en lui faiſant croire que par le moyen de quelques cérémonies, l'argent qu'il mettra auprès doublera tous les jours.

MAIN-MORTE. ſ. f. Celui qui eſt mainmottable , de ſerve condition. Il ſe trouve encore dans la Province de Bourgogne beaucoup de familles qui ſont gens de main-morte. Il y en a qui le ſont en tous biens , meubles & heritages , d'autres qui ne le ſont qu'en meubles , & d'autres en heritages ſeulement. Ce mot de *Main-morte* eſt venu de ce qu'après la mort d'un de ces chefs de famille , le Seigneur avoit droit de prendre le plus beau meuble qu'il trouvât dans ſa maiſon , & quand il n'y en avoit point , on lui offroit la main droite du mort , pour faire connoître qu'il ne le ſerviroit plus.

On appelle auſſi *Gens de main-morte* , Tous les Corps & Communautés qui ne meurent point & qui ſe renouvellent de tems en tems. *Main-morte*, dit Nicod , *eſt une diction compoſée de ces deux mots enſemble* , Main & morte , *qu'on dit auſſi par inverſion* Morte-main , & *ſe prend pour une poſſeſſion de fief ou autre heritage qui n'eſt mouvant ne conſiſquant, c'eſt-à-dire , qui ne fait par mort ne conſiſcation ouverture de droits feodaux ne cenſiers , ne mutance de tenancier , comme ſont Chapitres , Abbayes, Egliſes, Communautés & ſemblables , les gens & poſſeſſeurs deſquelles on appelle pour cette raiſon,* Gens de main-morte, *car meſmes diviſés eſdits deux mots entiers. Selon ce* , on dit , Un fief ou heritage être en main-morte , *quand il eſt chût & entré au domaine de telles maiſons , parce qu'il ne change onc de maiſon pour être devenu de condition inalienable , mais ores que telles gens ſoient de main-morte , ſi ne ſont pourtant les fiefs & rotures par eux tenus , admortis de ce ſeulement qu'ils ſont tombés en leurs mains , ſi le benefice d'admortiſſement du Prince Souverain, & conſentement du Seigneur feodal ou cenſier immediat n'y intervient.*

Main ſouveraine, continue Nicod , c'eſt *plus haute puiſſance & main hautaine. Ainſi on dit qu'étant diſputé entre pluſieurs Seigneurs , chacun d'iceux querellant le fief ouvert mouvoir de lui , le Vaſſal doit être reçu à la foi & hommage par Main ſouveraine , c'eſt par le Seigneur dont ledit fief eſt tenu en arriere-fief.*

MAIN. Vieux mot. Matin. Il vient du Latin *Mane*.
> *Qu'il li convient endurer*
> *Au main & à la veſprée* ,
> *Joye de duel deſtrempée.*

MAINT. Vieux mot qui ſe trouve dans la ſignification de , Il demeure , il loge.
> *Se Diel nel fait qui maint là ſus.*

On a dit auſſi *Maindras* , pour , Demeureras, du Latin *Manere*.

MAJOR. ſ. m. Officier de guerre qui a differentes qualités & fonctions. On appelle *Major general de l'Armée* , Celui qui concerte avec les autres Majors de l'armée quel ſera chaque jour l'emploi des Troupes , ſoit pour monter les gardes , ſoit pour les détachemens ou l'eſcorte des Convois.

Major de brigade de l'armée , Cavalerie ou Infanterie , eſt un Officier qui après avoir reçu l'ordre & le mot du Major general , le donne aux Majors des autres Regimens. L'Officier qui a le nom de Major dans un Regiment de Cavalerie , eſt d'ordinaire le premier Capitaine du Regiment. Il le commande en l'abſence du Meſtre de Camp & du Lieûténant Colonel quand il y en a. Dans les Regimens d'Infanterie le Major a ſoin de former le Bataillon de ſon Regiment , de lui faire faire l'exercice & de le rallier dans une bataille quand il plie. C'eſt le ſeul des Officiers du corps qui ſoit à cheval pendant un combat; ce qu'on lui permet, afin qu'il ſoit en pouvoir de remplir tout le détail du service. Il y à aussi un Major pour toutes les quatre Compagnies des Gardes du Corps. Cet Officier est considerable ; & comme il est reçû Lieutenant dans ces mêmes Compagnies, il a le droit d'ancienneté sur les Lieutenans que l'on reçoit après lui.

Major d'une Place. Officier qui commande dans la Place en l'absence du Gouverneur & du Lieutenant de Roi. Il a soin de la garde & des patrouilles, & doit être habile dans les Fortifications pour veiller à celles qui deviennent necessaires.

MAJORASQUE. f. m. Droit d'aînesse qui est établi en Espagne, & qui donne aux aînés des Ducs & des Grands l'avantage de succeder à leurs principales Terres sans aucun partage avec les Cadets. On dit aussi *Mayorasque,* de l'Espagnol *Mayorasgo.*

MAJORDOME. f. m. On appelle ainsi sur mer un Officier de Galere qui a soin des vivres.

MAJORITES. f. m. Heretiques ainsi appellés de George Major, l'un des disciples de Luther, qui soûtenoit que personne ne pouvoit être bienheureux sans bonnes œuvres, non pas même les enfans.

MAIRAIN. f. m. Bois de chêne refendu en petites planches minces. Elles servoient autrefois à lambrisser les cintres des Eglises. On en fait aujourd'hui des panneaux & des ouvrages de menuiserie. Ce sont aussi des pieces de bois dont on fait des tonneaux. Borel fait venir *Marain* de *Materiamen.* D'autres le font venir du Grec μερζειν, Diviser, parce que ce bois est propre à fendre, & ils écrivent *Merein.*

MAIRE. f. m. *Le premier Officier de Ville en certaines Villes, comme* Bordeaux, Dijon *& autres.* ACAD. Fr. Nicod croit que le mot de *Maire* vienne du Latin *Major* & *Maire,* dit-il, selon ce qu'en écrit *Beccan,* vient de ce mot Allemand *Maier,* qui signifie le souverain Officier & Magistrat d'une Ville ou Communauté en plusieurs Villes de France, comme à la Rochelle & ailleurs, on appelle Maire un tel Magistrat de Ville. Il n'est pas inconvenient que l'Allemand ait tiré son *Maier* de Major Latin, disant le Picard *Majour* pour ce mesme Officier. Quoyque soit, l'ancien Office de la Couronne de France, qu'on trouve nommé aux histoires, Maire du Palais, c'étoit le souverain Officier de la Couronne sous le Roi, lequel ledit Beccan équipolle au Connestable.

Maire-laine est la haute toison des bestes à laine, en laquelle quand elles se trouvent, sont tondues & dépouillées. Elle peut être ainsi appellée pour la raison du mot Maire, qui signifie Majour, comme si vous disiez Laine majeur, à la difference de la laine appellée Plis, *car pour autre raison dit-on Meregoutte, de celle qui chet du raisin encuvé sans fouslure.*

MAISHUY. adverbe de tems. Vieux mot. Aujourd'hui, presentement. *Je ne croi pas qu'il vienne maishuy.* Il a signifié aussi, A l'avenir. *On ne se hazardera pas maishuy à faire de telles choses.*

MAISIERE. f. f. Vieux mot. Borel croit qu'il vouloit dire une haie ou quelque autre chose qui faisoit la separation d'un champ ou d'une vigne.

Et li deable saut arriere,
Qui s'estoit mis en la maisiere.

MAISNE'. f. m. Vieux mot. Puîné, cadet. On a dit aussi *Mainsné.*

MAISONCELLE. f. f. Vieux mot. Une petite maison. On a dit aussi *Maisonner,* pour, Faire des fons.

Vieillesse acquiert, bâtit, maisonne,
Jeunesse du bon temps se donne.
Tome II.

MAISTE'. f. f. Vieux mot. Majesté. *Les Anges l'emporterent à la Maisté du Ciel avec son Pere.*

MAISTRE. f. m. Qualité qui se donne à plusieurs Chefs & Officiers qui ont pouvoir d'ordonner, comme aux Chefs des Ordres de Chevalerie. Ainsi on dit, *Le Grand Maître de Malte,* le Grand Maître de saint Lazare.

Grand Maître de la Maison du Roi. Officier qu'on appelloit *Maire du Palais* sous la premiere race de nos Rois, & qui étoit comme Lieutenant General de tout le Royaume. Aussi se qualifioit-il Duc ou Prince des François. Son autorité ne se bornoit pas à la disposition de toutes les charges de la Maison du Roi ; elle s'étendoit sur les gens de Guerre, de Justice & de Finances, & sur toutes les affaires de l'Etat. Aujourd'hui le Grand Maître a jurisdiction entiere sur les sept Offices, & dispose de la plûpart des Charges qui en dépendent, dont les Officiers prêtent le serment de fidelité au Roi entre ses mains. Il reçoit aussi celui du premier Maître d'Hôtel, du Maître d'Hôtel ordinaire, & des douze Maîtres d'Hôtel de quartier, de Grand Pannetier, Echanson, Ecuyer tranchant, & de quantité d'autres Officiers de la Maison de Sa Majesté. Quand il fait le service en ceremonie, & qu'il accompagne les viandes. Il marche plus proche de la viande du Roi que tous les Maîtres d'Hôtel, qui portent leur bâton bas en sa presence, tandis qu'il l'a élevé. Il presente au Roi la premiere serviette mouillée dans les grandes ceremonies, & c'est sous son autorité que se tient le Bureau du Roi. Il y a un premier Maître d'Hôtel, un Maître d'Hôtel ordinaire, & douze Maîtres d'Hôtel qui servent par quartier. Ils ont commandement sur les sept Offices, & pour marque de leur pouvoir, quand ils conduisent la viande, ils portent un bâton garni d'argent vermeil doré. Quand Sa Majesté rend les pains benits à quelque Paroisse ou Confrairie, le Maître d'Hôtel de jour les accompagne jusqu'à l'Eglise, ayant son bâton en main, & marche à la droite de l'Aumônier qui les presente.

Grand Maître de la Garderobe. Officier qui a soin des habits, du linge & de la chaussure du Roi, & l'honneur de lui donner la chemise, en l'absence du Grand Chambellan & des premiers Gentilshommes de la Chambre, à moins qu'il ne se trouve un Fils de France, Prince du Sang, ou Fils legitime de France. Dans les Fêtes solennelles il lui attache le Collier de l'Ordre, après qu'il est habillé, & il a sa place derriere le fauteuil du Roi à côté du premier Gentilhomme de la Chambre ou du Grand Chambellan, quand Sa Majesté donne audience aux Ambassadeurs. Il y a aussi deux Maîtres de la Garderobe qui servent par année.

Grand Maître des Ceremonies. Officier qui exerce sa Charge concurremment avec le Maître & l'Aide des Ceremonies, aux solemnités Royales, ayant en main son bâton couvert de velours noir, le pommeau & le bout d'ivoire. Il se trouve aux Baptêmes, Sacres & Mariages des Rois, aux ouvertures des Etats, aux Receptions des Ambassadeurs ordinaires & extraordinaires, aux Obseques & Pompes funebres des Rois, Reines, Princes & Princesses, où il ordonne de tout, prenant soin du rang dû à chacun. Quand le Grand-Maître ou le Maître des Ceremonies va porter l'Ordre au Parlement & autres Cours superieures, il les salue, & prend place ensuite parmi les Conseillers. Le Grand-Maître se met au dessus du dernier Conseiller, & si c'est le Maître des Ceremonies, il se met après ce même Conseiller. Il parle assis &

B ij

couvert, l'épée au côté & le bâton de ceremonie en main, après que le premier Président lui a fait signe. Aux premieres & dernieres Audiences des Ambassadeurs, le Grand-Maître ou le Maître des Ceremonies, marche à leur droite un peu devant, depuis le bas de l'escalier jusque dans la Salle des Gardes du Corps, où il s'avance pour aller avertir le Roi.

Grand-Maitre de l'Artillerie. Officier qui a soin de reconnoître tout ce qui peut servir à l'Artillerie du Royaume, & qui distribue les Charges vacántes à ceux qui se presentent à lui, selon qu'il les en juge capables. Lorsqu'il entre dans une Place de guerre, on le salue d'une volée de grosses pieces de canon, & on fait la même chose quand il en sort.

Maitre de la Chambre aux deniers. Il y a trois Officiers qui ont cette qualité, l'Ancien, l'Alternatif, & le Triennal. Ils servent alternativement, & assistent à toutes les déliberations qui se font pour la police des Officiers, dépense de la Maison du Roi, & autres traitemens extraordinaires. Leur fonction est de solliciter les fonds pour la dépense de bouche de la Maison du Roi, & de payer les Officiers pour cette dépense. Ils payent aussi les livrées.

Maitre de Chambre. Officier en Italie, qui introduit à l'audience des Cardinaux, & qui commando dans leur Chambre.

Maitre du Sacré Palais. Grand Officier logé au Vatican, qui a soin de revoir tous les livres qu'on imprime à Rome, & qui donne permission de lire ceux qui sont défendus. Il entre dans la Congregation du saint Office & dans celle de l'Index, & a séance dans la Chapelle du Pape après le Doyen de la Rotte. C'est toujours un Dominicain qui possede cette Charge.

Maitre des Ports. On appelle ainsi en mer l'Officier qui est commis pour lever les impositions & traites foraines. Sur les rivieres il y a des *Maîtres de ponts & pertuis.* Ils sont obligés à résidence, & ont soin de faire passer les bateaux dans les passages difficiles.

Maitre de Vaisseau. Officier Marinier que l'on appelle autrement *Patron.* Il commande toute la manœuvre, & est chargé de tout le détail du bâtiment.

Maitre d'équipage. Officier Marinier que l'on établit dans chaque Arsenal, ou dans chaque flote; pour avoir soin de toutes les choses qui regardent l'équipement, l'armement & le désarmement des Vaisseaux.

Maitre de Quai. Officier de Ville qui fait les fonctions de Capitaine de Port dans un Havre de Marchand.

Maitre de Hache. Maître Charpentier du Vaisseau, qui a soin du radoub, & de donner ordre à ce que la tempête peut avoir brisé.

Maitre de Grave. Celui qui ordonne aux échafauts, & qui a soin de faire secher le poisson en Terre-neuve.

Maitre Valet. Homme de l'équipage qui distribue les provisions de bouche. On appelle *Maitre Valet d'eau,* Celui qui a soin de la distribution de l'eau douce qu'on porte dans le Vaisseau.

Maitre des Oeuvres. Officier que l'on préposé pour avoir Inspection sur les bâtimens de la Ville, afin d'empêcher qu'on ne les construise contre les reglemens de Police, & les Statuts de la Maçonnerie.

MAISTRIE. f. m. Vieux mot. Domination. On a dit aussi *Maistrier,* pour, Dominer, & *Maistrement,*

pour, Magistralement.

MAL

MAL. f. m. Douleur, infirmité corporelle. Ettmullet dit que les femmes d'Allemagne donnent le nom de *Grand mal,* aux convulsions internes, qui affligent les visceres internes membraneux, comme dans les coliques scorbutiques, convulsives, dans les passions hysteriques ou les intestins, le mesentere & les parties annexées sont travaillées par des convulsions spasmodiques. C'est cette maladie qui regne, poursuit-il, lorsque l'estomac en convulsion vomit dans la nephretique, ou que les intestins souffrent des tranchées de colique dans la même nephretique. Elle regne pareillement dans la palpitation du cœur, qui est une veritable convulsion, & dans les frequentes convulsions des parties internes des hypochondriaques, des scorbutiques & des femmes hysteriques, qui sont accompagnées de plusieurs symptomes vagues & errans, specialement quand les plexus du Mesentere sont attaqués.

On appelle *Mal de cœur,* Un soulevement de cœur qui est causé par quelque dégoût; *Mal de mer,* Un bondissement d'estomac qui fait aller par haut & par bas ceux qui n'ont pas encore pris l'habitude de la mer; *Mal de terre,* le Scorbut; *Mal d'avanture,* Une petite apostume fort douloureuse qui vient au bout du doigt, & qui est causée ordinairement par quelque piquûre; *Mal de mere,* Une suffocation qui arrive quand la matrice remonte, & ne laisse pas la respiration libre, & *Mal de rate,* Une maladie qui vient des vapeurs qu'envoie la rate au cerveau; *Mal d'enfant,* Est le travail d'une femme qui accouche; & le *Mal caduc,* ou autrement le *Haut mal,* le *Mal de saint Jean,* Est l'épilepsie qui trouble le jugement en attaquant le cerveau. On appelle *Mal de Naples,* La grosse verole; *Mal de tête,* La Migraine; *Mal de ventre,* La colique, & *Mal contagieux,* Un mal qui se communique comme la peste, la dysenterie & la petite verole, soit par la respiration de l'air corrompu, soit par l'attouchement de la personne infectée.

On appelle *Mal subtil,* en termes de Fauconnerie, Une espece de phrisie ou de caterre, qui tombe dans la mulette des oiseaux, & qui empêchant la digestion, les fait mourir maigres.

Mal adverbe, qui en termes de Blason, se joint avec *ordonné,* & avec *taillé.* On dit *Mal ordonné,* de trois pieces mises en armoirie, dont l'une est en chef, & les deux autres parallele en pointe. *D'azur à trois Croissans adossés & mal ordonnés.* On n'a des exemples de *Mal taillé,* qu'en Angleterre. Il se dit d'une manche d'habit bisarré. *D'or à une manche mal taillée de gueules.*

MALABATHRUM. f. m. Dioscoride dit que ceux qui prennent le nard des Indes pour le Malabathrum, à cause du rapport que ces deux drogues ont pour l'odeur, se trompent, & que c'est une feuille qui a son espece propre, & qui croît aux marais des Indes, nageant sur l'eau sans racine, comme la petite lentille de marais. Il ajoûte qu'on l'enfile avec du fil de lin, aussi-tôt qu'on l'a cueillie, & qu'on la serre quand elle est seche. Le meilleur Malabathrum est celui qui est frais, entier, tirant du blanc sur le noir, qui ne se rompt point, & qui perçant jusques au cerveau quand on le flaire, garde long-tems son odeur, approchant du Nardus, sans être aucunement salé. Celui qui est grêle & froissé en petites pieces, ne vaut rien. Il a les mêmes propriétés que le Nardus, & opère plus en toutes choses. Il provoque davantage l'urine, & conforte plus l'estomac. Matthiole dit qu'il n'a connu personne qui se pût vanter d'avoir vû le Malabathrum, que l'on appelle *Folium Indicum*, & qu'il est perdu peut-être par la faute de ceux du pays, qui peuvent avoir négligé, dans le tems que les marais sont secs, de brûler la terre en mettant le feu au bois qui y croît, faute de quoi Dioscoride dit que le Malabathrum ne renaît point. Ce nom lui a été donné de *μάθρον*, qui dans le langage des Indiens veut dire *Feuille*, & de *Malabar*, Province des Indes, où il croît. Pline dit que le Malabathrum croît en Surie, & que c'est un arbre qui jette ses feuilles repliées, de couleur semblable à une chose seche, dont on tire de l'huile qui est propre aux onguents odoriférans. Il ajoute qu'on le trouve plus abondamment en Egypte, mais que le meilleur vient des Indes, où il croît dans les marais, sentant meilleur que le safran, étant noir & âpre à manier, & ayant quelque goût de sel; que le blanc n'est pas si bon, parce qu'il passe aussi-tôt & se moisit; qu'étant tenu sous la langue, il doit sentir le nardus, & qu'il est de beaucoup plus odorant quand il est bouilli avec du vin. Pline est contraire à Dioscoride, lorsqu'il dit que le meilleur Malabathrum doit être salé.

MALACHITE. s. f. Pierre précieuse, tout-à-fait opaque, & dont la couleur est mitoyenne entre le jaspe & la turquoise. On en distingue de quatre sortes, l'une mêlée de plusieurs couleurs, l'autre ayant des veines blanches mêlées de taches noires, une autre de couleur bleue mêlée, & une quatrième qui a plus de bleu & qui approche davantage de la turquoise. C'est cette derniere qui est estimée le plus. On lui a donné le nom de *Malachite*, à cause qu'elle a quelque chose de la couleur de la mauve, que les Grecs appellent *μαλάχη.*

MALACIA. s. f. Appetit excessif des choses usitées que l'on desire avec un empressement extraordinaire, & qu'on mange avec excès, comme lorsqu'une femme grosse demande avec trop de passion, ou des harengs, ou quelqu'autre viande commune. C'est le contraire de l'affection qu'on appelle *le Pica* qui est un appetit dépravé, qui fait, par exemple, qu'une femme grosse desire des choses absurdes, comme des charbons. Comme l'appetit procede en general du levain de l'estomac, c'est de même levain que dépendent ces especes d'appetit dépravé ou augmenté. Tous les animaux, chacun dans son genre, ont un levain déterminé dans l'estomac, qui détermine leur appetit, celui du chien pour les os, le l'appetit du chat pour les souris, & celui de la cigogne pour les grenouilles, par la raison seule que le levain specifique de leur estomac demande un objet qui ait de la proportion avec son activité. Le Malacia a la même cause, c'est-à-dire, que le levain de l'estomac a pour lors une certaine détermination qui le porte à desirer telle ou telle chose, mais on n'a pû encore expliquer jusqu'à present en quoi consiste cette specification de levain, qui détermine chaque espece ou chaque individu à une chose, plûtôt que pour une autre. Ce mot est Grec *μαλακία*, & vient de *μαλακίς*, Mol, le Malacia étant comme une mollesse de l'estomac qui desire ce qui ne lui est pas propre.

MALACTIQUES. s. m. Terme de Medecine. Medicamens qui échauffent, dissolvent & liquefient ce qui est contre nature, & qui le remettent dans son état naturel. Ils ne doivent être ni trop chauds ni trop secs, & avoir pourtant une vertu emplastique. Ceux qu'on employe pour ramollir une dureté qui

vient de siccité, doivent être plus humides & plus temperés en chaleur. On met au nombre des Malactiques la mauve, la guimauve, le senegé, la graine de lin, les figues grasses, la mercuriale, les oignons de lis, la graisse de poule, l'axonge de porc, la plûpart des moëlles, la poix, la cire, le beurre, le labdanum, le bdellium, l'ammoniaque, le galbanum. Le mot de *Malactiques* est Grec, & vient de *μαλάσσω*, Amollir: en Latin, *Emollientia.*

MALADIE. s. f. Dereglement, indisposition, alteration dans la santé. Ac Ad. Fr. Comme l'intégrité de la vie est nommée *Santé*, la ruine de cette même santé est appellée *Maladie*, & à la rigueur il n'y a point de milieu ni d'état de neutralité entre la santé & la maladie. Quoique celle-ci convienne au corps comme vivant, elle n'est point de l'appanage de la vie, puisqu'on ne peut dire que la Maladie soit saine ou malade. C'est une disposition à la mort, qui part de la vie, qui en est en quelque façon la racine. Par cette raison les plaies, les fractures & les obstructions qui arrivent à un corps mort, ne sont pas proprement des maladies, parce qu'elles ne sont telles qu'en tant qu'elles blessent le principe vital du corps vivant, ou le premier moteur de la machine en l'empêchant d'exercer ses actions. Tout le corps est le sujet de la maladie, mais diversement, suivant ses parties. Les parties contenues, sçavoir le sang & les esprits qui touchent de plus près à la racine de la vie, en sont le sujet principal, & les parties solides ou contenantes en sont le sujet moins principal. Comme tous les changemens considerables qui arrivent successivement au corps dans ses differens âges, ne viennent que des differentes alterations de la masse du sang & des esprits, les parties solides & organiques demeurant toûjours les mêmes, si ce n'est à l'égard de la nutrition, qui dépend de l'alteration de la masse du sang; ainsi les vices qui arrivent soudainement au corps par les maladies ou les changemens que se font dans ces operations ne peuvent dépendre que du vice du sang ou des esprits, qui au lieu de conduire la machine suivant les loix de la nature, se laissent conduire par elle. Les differences des maladies se tirent de la diversité du sujet, & du concours des circonstances. Les premieres sont essentielles, les dernieres accidentelles, & les parties du corps qui sont le sujet des maladies étant de trois sortes, il y a aussi trois differences essentielles de maladies, sçavoir, celles des esprits qui arrivent quand ceux-ci s'éloignent de leur constitution naturelle & requise pour gouverner le corps, ce qui regarde tant les esprits implantés, que les esprits influans; celles des humeurs contenues, & celles des parties solides contenantes.

Il y a des *Maladies par consentement*. C'est quand une partie affligée communique du mal à une autre, soit le sien, soit un mal d'une autre nature. Le fondement de ce consentement consiste dans la connexion des parties nerveuses. Elles sont, ou continues, ce qui est cause que la lévre inferieure tremble quand on est près de vomir, parce que la même membrane tapisse l'estomac, l'œsophage, la bouche, & les lévres; ou contiguës, ce qui fait que ceux qui ont la stranguries, ont en même-tems des envies frequentes d'aller à la selle; ou simplement jointes par des lacis de nerfs, d'où vient que le calcul des reins est accompagné de tranchées du ventre, du vomissement de la dysurie, à cause que le lacis du mesentere, d'où les reins reçoivent des nerfs en envoie des rameaux à toutes ces parties.

On appelle *Maladies contagieuses & épidemiques*, celles qui dépendent de certains écoulemens fermentatifs qui se mêlent avec la masse du sang & les autres humeurs contenues. La contagion est quand ce levain écoulé d'un malade passe dans un autre, où il se fermente & produit la même maladie, & l'Epidemie, c'est lorsque ces écoulemens sont reçus avec l'air dans l'inspiration, ou avec les alimens dans la déglutition, après quoi ils excitent des fermentations viciées. Ces écoulemens ressemblent, le contagieux, au levain des Boulangers qu'on a tiré d'une masse de pâte fermentée & qui sert à faire fermenter une autre masse de farine, & l'Epidemique, aux influences de la vigne en fleur, qui font troubler & fermenter le vin dans la cave.

Les *Maladies hereditaires*, sont celles qui passent des peres aux enfans, ce qui ne se peut faire que par le moyen de l'esprit genital, qui dévelope & manifeste en son tems l'alteration reçue dans le pere, soit materielle, soit ideale, & produit dans le fils une maladie de même nature, comme la gravelle, la goutte, la phtisie, la douleur nephretique, la melancolie, qui ont toutes de profondes racines, & sont des maladies longues & presque incurables.

Les Medecins appellent *Maladie maligne*, Une maladie qui ne paroit pas méchante quant à ses signes & à sa forme externe, quoiqu'elle soit effectivement très-méchante, mortelle & venimeuse. Les fiévres malignes sont les plus frequentes de ces maladies. Les uns en attribuent la cause à la corruption particuliere, où à la coagulation du sang, les autres à la dissolution du sang causée par un alcali volatile très-âcre, & les autres à une putrefaction vermineuse, mais personne n'explique exactement l'essence de ces maladies ni la maniere dont elles nuisent, parce qu'elle est très-cachée. Ettmuller parle d'une *Maladie Hongroise*, qu'il dit être une fiévre militaire maligne plus qu'aucune autre, & remarquable par trois symptomes cruels, qui sont une grande cardialgie, avec des inquietudes, un mal de tête insupportable avec le delire, & une esquinancie fâcheuse de la langue.

On appelle ordinairement *Maladies Saturniennes*, Le mal hypochondriaque, le scorbut, la goutte vague & la mélancolie hypochondriaque. Le Besoard Saturnin est un excellent remede pour ces sortes de maladies. Pour le faire, on précipite le beurre de Saturne avec l'esprit de nitre, & après trois abstractions, trois édulcorations, & trois calcinations, on a un besoard Saturnin simple, qui ne tient aucunement de l'antimoine, comme les autres besoards metalliques.

MALAGE. f. m. Vieux mot. Mal, incommodité du corps.

MALAGUETTE. f. f. Grand Cardamome, que l'on appelle autrement *Graine de Paradis*. Sa gousse est faite en forme de figue & beaucoup plus grande que les autres especes de Cardamome. La Malaguette croît en grande quantité dans l'Isle de Madagascar, du côté de la Province de Ghalemboule. Son fruit est rouge comme l'écarlate, & sa chair blanche, d'un goût agreable & piquant, avec des grains noirs.

MALAN. f. m. Vieux mot. Défaut.
Si n'avoit tache ne malan.

MALANDRES. f. f. p. Galles ou crevasses qui se forment au pli du genouil du cheval, d'où coulent des eaux rousses & mordicantes qui le font souvent boïter par la douleur qu'il en souffre, ou qui lui tiennent la jambe fort roide au sortir de l'écurie.

Les Charpentiers appellent *Malandres*, dans le bois à bâtir, Certains nœuds pourris qui sont cause que les pieces étant équarries ne peuvent être employées de leur longueur. On rabat les Malandres aux Marchands en toisant les pieces.

MALEBESTE. f. f. Terme de Marine. Espece de hache à marteau, dont le côté du taillant est fait comme un calfat double. On s'en sert à pousser l'étoupe dans les grandes coutures. On l'appelle autrement *Petarasse*.

MALEICON. f. m. Vieux mot. Malediction. On a dit aussi *Maleir*, pour, Maudire, & *Malait* & *Malerit*, pour, Maudit.
Li malerit, li mescheant.

MALENGIN. f. m. Vieux mot. Fraude, tromperie.
Sans nul dol ny malengin.

MALETOSTE. f. f. *Imposition induë. Le public appelle ainsi par abus, toute sorte de nouvelle imposition.* ACAD. FR. *Maletoste*, dit Nicod, *est un mot accommodé à la Françoise, & prins de deux mots latins Malus, & Tollo, qui signifie Lever, comme qui diroit*, Chose malement levée. *De ce nom fut dit cet Impost que Nic. Gilles en la vie du Roi Philippe le Bel nomme* Exaction grande & non accoutumée, *qui se fit l'an mil deux cent quatre-vingt seize, par le Royaume de France, pour le fait de la guerre contre les Anglois, premierement sur les Marchands & laïz seulement, puis sur le contiéme, & derechef sur le cinquantiéme de tous les biens tant des laïz que des Clercs.*

MALFACON. f. f. Defaut dans la façon de quelque ouvrage ou travail. La Malfaçon, en Maçonnerie, consiste à poser des pierres de lit en joint, à faire des incrustations dans les murs d'une épaisseur mediocre, &c. & en Charpenterie, à mettre en œuvre des bois défectueux ou plus forts qu'il n'est besoin pour augmenter le toisé. Les Couvreurs sont accusés de mal-façon, quand ils se servent de tuile mal cuite ou d'ardoise trop foible, & les Serruriers lorsqu'ils employent du fer aigre, cendreux, pailleux, ou qui a d'autres défauts. Les Menuisiers & les Vitriers peuvent aussi être recherchés de mal-façon, les uns pour avoir employé du bois trop vert, & fait des panneaux & parquets trop minces avec du bois vicieux, & les autres pour avoir mis en œuvre du verre ondé, moucheté ou cassilleux.

MALHERBE. f. f. Plante qui a l'odeur forte. Elle est d'usage pour les Teinturiers, & croît en Provence & en Languedoc.

MALHEURÉ. adj. Vieux mot. Malheureux. On a dit aussi, *Malheureté*, & *Malheurté*, pour Malheur.

MALICORIUM. f. m. L'écorce d'une Grenade. *Corium mali*, la peau, le cuir d'une Grenade. Le Malicorium est fort âpre au goût, & par consequent très-astringent.

MALIGNEUX. adj. Vieux mot. Mechant.
Une fumée venimeuse.
Mal odorante & Maligneuse.

MALIGNITÉ. f. f. *Qualité de ce qui est malin.* ACAD. FR. Les Medecins appellent *Malignité*, dans les Maladies, Une contagion dont le supreme degré est pestilentiel. On dit, qu'*Il y a de la Malignité dans la fiévre*, quand les forces des malades sont abbatuës tout d'un coup, & contre les apparences, ou quand les symptomes sont extraordinaires, & plus cruels qu'ils ne doivent être. Si des défaillances surviennent dans la fiévre tierce intermittente, ce symptome trop grand pour la nature du mal, fait connoître qu'il y a de la malignité cachée. De même si dans une fievre ardente tierce, le malade n'eſt point preſſé de la ſoif, le mal eſt ſuſpeſt de Malignité. Les cauſes éloignées de la Malignité ſont quelquefois le vice de l'air, qui étant trop repoſé ou renfermé dans un lieu peu propre, contracte de la corruption, en ſorte que ceux qui le reſpirent enſuite en ſont infectés, comme ſi c'étoit du poiſon. Il y a dans Rolandus un exemple ſingulier d'une fievre maligne, cauſée pour avoir remué du blé qui repoſoit depuis quelques années. Les alimens corrompus & qui commencent à pourrir, engendrent ordinairement des fievres malignes. On ſe ſent ſaiſi d'abord d'un horreur legere & lente que la chaleur ſuit de près. Cette chaleur eſt ſouvent petite ou inſenſible, de ſorte que les malades ne s'en plaignent point. L'abattement ſoudain des forces ſurvient inopinément. Quelquefois le délire, les agitations & les inquietudes du corps ſuccedent, & quelquefois des taches & des élevûres de differentes grandeurs & couleurs paroiſſent ſur la peau.

MALINE. ſ. f. On appelle ainſi ſur mer un tems de grande marée. C'eſt toûjours au plein & au défaut de la Lune.

MALLEOLE. ſ. Nom que les Medecins donnent à l'os dont la cheville du pié eſt formée. C'eſt l'éminence de la partie inférieure du petit focile.

MALOZ. ſ. m. Vieux mot. Bourdon, ſorte de Mouche.

> *Toûjours doit li ſumier puir*
> *Et tabons poindre & Maloz bruire,*
> *Envioux, envier & nuire.*

MALTALENT. Vieux mot. Mauvaiſe volonté que l'on a contre quelqu'un. On a dit auſſi *Etre en Maltalentine*, pour dire, Avoir dépit, être en mauvaiſe volonté.

MALTE. ſ. f. Sorte de ciment dont on ſe ſervoit autrefois. C'étoit un mélange de poix, de cire, de p'âtre, & de graiſſe. On s'en ſervoit en faiſant la Dedicace des Egliſes, ſelon ce que porte le Pontifical. En Latin *Malta.*

MALTE. Chevaliers de Malte. Ordre Militaire, dont ceux qui le compoſerent furent d'abord appellés *Joannites* ou *Chevaliers de Saint Jean Baptiſte.* Ayant obtenu permiſſion de bâtir un Cloître en Jeruſalem, ils le dédierent à la Vierge. Le premier Abbé & Moine de ce Couvent, fut envoyé là de Melfe en Italie, & depuis, ces Moines bâtirent un Hôpital pour y recevoir les pauvres Pelerins & une Egliſe en l'honneur de ſaint Jean Baptiſte. Ces Hoſpitaliers commencerent à devenir riches & puiſſans en 1099. quand les Chrétiens eurent pris Jeruſalem, & à s'acquerir de la reputation auprès de Godefroi qui en étoit Roi. Alors ils s'obligerent eux-mêmes par des vœux à recevoir tous les Pelerins Latins, & à ſe ſervir des armes pour défendre les Chrétiens contre les Infideles. Le Pape Honoré II. ayant confirmé leur Ordre, ils alloient armés l'épée au côté, & avec une croix blanche. Le premier Grand-Maître qu'ils élûrent fut Raimond du Pui. Ceux qui entrent dans cet Ordre promettent à Dieu, à la Sainte Vierge & à Saint Jean-Baptiſte, obéiſſance, pauvreté & chaſteté, & ſont obligés de communier, à Pâques, à la Pentecôte & à Noël. Ils ne peuvent faire de teſtament, ni tranſmettre par ſucceſſion à leurs heritiers ce qu'ils ont acquis, ni aliener aucune choſe, ſans que leur Grand-Maître y ait conſenti. On ne reçoit parmi eux aucun Payen, ni Juif, ni Arabe, ni Turc, ni homicide, ni homme marié, ni bâtards, ſi ce n'eſt qu'ils fuſſent enfans de Prince. L'emploi de tenir les chemins libres pour la ſûreté des Pelerins, les ayant rendus hommes de guer-

re, d'Hoſpitaliers ils devinrent Chevaliers. Leur but demeura toûjours le même, c'eſt-à-dire, de faire une guerre irréconciliable aux Ennemis de la Foi. Les Guerres Civiles, dont les Princes d'Occident furent tourmentés, les ayant mis hors d'état d'en recevoir du ſecours, le Gouverneur de Damas les contraignit en 1299. d'abandonner tout ce qu'ils avoient dans la Syrie, après l'avoir poſſedé près de trois cens ans. Alors Jean de Luſignan leur donna Limiſſon dans ſon Royaume de Chypre, & ils y demeurerent juſqu'en 1310. qu'ils prirent l'Iſle de Rhodes ſur les Turcs, ſous la conduite de Foulques de Villaret leur Grand-Maître, qui étoit François; ce qui les fit appeller *Chevaliers de Rhodes.* Soliman II. Empereur des Turcs, s'étant rendu maître de cette Iſle en 1522. après une longue & vigoureuſe défenſe, Pierre de Villiers Liſle Adam, leur Grand-Maître, ſe retira avec eux en Candie, alla delà en Sicile, & enſuite à Rome vers le Pape Adrien VI. qui leur donna la Ville de Virerbe. Enfin le Duc de Savoye leur donna retraite à Nice en Provence. C'étoit une Place forte, d'où ils faiſoient la guerre aux Pyrates. La Ville de Bude en Hongrie ayant été priſe par Soliman, ils s'avancerent à Syracuſe en Sicile, & lorſqu'ils y furent, Charles-Quint touché du bruit de leurs grands exploits, leur donna l'Iſle de Malte en 1529. à condition qu'ils défendroient Tripoli, feroient toûjours la guerre aux Pyrates, & reconnoîtroient pour leurs Protecteurs les Rois d'Eſpagne & de Sicile, auſquels ils preſenteroient tous les ans un Epervier. Soliman ayant attaqué l'Iſle de Malte en 1565. ils la défendirent courageuſement pendant cinq mois, & l'obligerent de ſe retirer. On a depuis très-bien fortifié l'Iſle & la Ville. En ce temslà l'Ordre étoit compoſé de huit Langues & Nations, mais preſentement il n'y en a plus que ſept, à cauſe du ſchiſme d'Angleterre qui en faiſoit une. Ces ſept Langues ſont la Provence, l'Auvergne, la France, l'Italie, l'Arragon, l'Allemagne & la Caſtille. C'eſt aujourd'hui l'Ordre le plus illuſtre & le plus conſiderable de toute la Chrétienté. On n'y peut entrer qu'on ne faſſe preuve de quatre races de nobleſſe, tant du côté paternel, que du maternel. Il n'y a que les Grand-Croix, parmi les Chevaliers, qui puiſſent parvenir à la dignité de Grand-Maître, qui eſt leur Superieur & le Souverain de Malte. On le traite d'Eminence, & il envoie des Ambaſſadeurs dans toutes les Cours. Il y a auſſi des Chevaliers ſervans. Il n'eſt point neceſſaire qu'ils ſoient nobles, mais ſeulement de bonne famille.

MALVE. adj. Vieux mot. Méchant.

> *Et les malvez en haut eſtieve.*

On a dit auſſi *Malvois, Malſez* & *Maufez* dans le même ſens.

MAM

MAMEYA. ſ. m. Arbre fort beau des Indes Occidentales, qui croît dans la Province de Panama. Il eſt d'un verd agreable, branchu & d'un bois poreux. Ses feuilles ſont plus longues que larges, & le fruit qu'il porte eſt gros & rond. Sa chair eſt ſemblable au coing, & il a trois ou quatre noyaux joints enſemble, qui ſont fort amers.

MAMEYES. Sorte de fruit qui ſe trouve aux Indes Occidentales dans la Province de Tabaſco. On le met au rang des meilleurs fruits du Pays. Il eſt ſouvent rond, gros comme le poing, & a ſon écorce rude, & quelquefois juſqu'à trois noyaux, couvert au milieu d'une petite peau déliée, de couleur de châtaigne, d'un goût amer comme fiel. Ces noyaux font environnés d'une chair de couleur fauve. L'arbre qui porte ce fruit est fort grand & beau, & a ses feuilles comme celles du noyer, mais beaucoup plus grandes.

MAMMALE. adj. Les Medecins appellent *Veines mammales*, celles des Mammelles qui naissant de la sousclaviere ont plusieurs rameaux qui s'étendent jusqu'au nombril par dedans le sternon & les muscles thoraciques.

MAMMELLE. f. f. *Cette partie charnue & glanduleuse du sein des femmes, où se forme le lait.* ACAD. FR. Les hommes ont aussi des Mammelles, mais elles sont imparfaites, étant seulement de peau, de chair & de graisse sans glandules. Aussi ne peuvent-elles faire de lait, quoiqu'il en sorte quelquefois une humeur qui lui ressemble. Il n'y a que les Mammelles des femmes qui soient des Mammelles parfaites. Elles sont composées de corps glanduleux, entretissus d'une infinité de vaisseaux, de veines & d'arteres, qui ont seuls la proprieté d'engendrer du lait. Leur substance est fort rare. C'est comme une éponge qui peut contenir beaucoup d'humeurs. Elles portent sur les muscles du bras qu'on appelle Pectoraux, & ont une grande sympathie avec la matrice, à cause que c'est delà que le sang reflue aux Mammelles. Il y a des Voyageurs qui rapportent que les femmes de l'Isle Danabon ont les Mammelles si longues, qu'elles donnent à teter à leurs enfans par dessus l'épaule.

Mammelle, en termes de Sellier, se dit des endroits où finit le garot dont est composé l'arçon de devant qui soûtient le garot, c'est-à-dire, l'arcade qui est élevée de deux ou trois doigts au-dessus du garot du cheval.

MAMMELON. f. m. Le petit bout des mammelles. Il y a des Mammelons dans la langue. Ce sont des papilles nerveuses qui passent à travers la membrane reticulaire, & qui viennent aboutir à une autre qui est la plus exterieure & très-mince, & que l'on peut regarder comme l'épiderme qui couvre tout le corps, & qui défend les papilles nerveuses qui sont dessous, des approches de l'air. Cette membrane reçoit toutes ces papilles dans des étuis ; & ce sont ces petits Mammelons qui s'étant ébranlés à l'occasion des sels contenus dans les alimens, nous font la sensation du goût plus ou moins forte, selon la qualité des sels.

Les Serruriers appellent *Mammelon de gond*, le bout du gond qui sort hors du bois ou de la pierre, & qui entre dans le repli de la barre de fer. On doit le fonder sur un gros morceau de fer quarré qui excede le Mammelon d'un demi-pouce, afin que la penture porte toûjours pour rouler plus aisément, & empêcher que la pesanteur de la porte ne coupe le gond avec la penture. On dit aussi *Mammelon d'un treuil.* C'est le bout d'un treuil, & la partie qui pose & qui tourne sur les pieces de bois qui le soûtiennent.

MAMMELUS. f. m. On a appellé ainsi les Esclaves Chrétiens qu'on avoit pris étant jeunes, & dont on faisoit la Milice des Sultans d'Egypte. Ils étoient puissans & considerables, & non seulement on leur donnoit les plus importantes Charges de l'Etat, mais on tiroit de leur Corps les Souverains d'Egypte, qui prenoient le titre de Sultan. On dit qu'ils s'y établirent en 1250. & que les premiers d'entre eux étoient sortis de Circassie. Après s'être rendus redoutables pendant plus de deux cens ans, ils furent défaits en 1516. par Selim, Empereur des Turcs, qui tua leur Sultan Campson. Ils lui donnerent Tomumbei pour successeur, & ce fut par lui que finit l'Empire des Mammelus, le mê-

me Selim l'ayant fait pendre, après que les Arabes l'eurent trouvé caché dans un marais ; ce qui arriva l'année suivante.

Quelques-uns disent que le mot de *Mammelu* est un mot Syriaque qui veut dire *Soldat*. C'étoit l'éleve de la Milice du Soudan d'Egypte. On ne recevoit dans le rang des Mammelus ni Arabe, ni Sarasin, ni More, ni Turc, ni Juif. La plûpart étoient de Circassie ; ce qui est cause qu'ils sont appellés *Cercas* par les Turcs : & il falloit qu'ils fussent tous, ou Chrétiens, ou fils de Chrétiens. Les Podoliens, les Tartares, les Valaques & les Precopites les enlevoient dans leur enfance pour les vendre à des Marchands. On choisissoit les plus braves, que l'on transportoit par la mer Mediterranée à Alexandrie, & delà au Caire devant le Soudan qui leur faisoit apprendre toute sorte d'exercice militaire, & les recevoit parmi ses Gardes, leur donnant des gages lorsqu'ils s'étoient rendus habiles à tirer de l'arc & à manier les armes. Les plus grossiers qui n'avoient aucune disposition à ces exercices, demeuroient valets des autres. L'impossibilité de s'élever par d'autres moyens les obligeoit à s'employer tout-à-fait aux armes, & par ce moyen on les voyoit souvent parvenir de l'esclavage à l'Empire. Il y avoit cela de fâcheux que leurs fils ne succedoient point à leurs Dignitez, & comme le fils même du Soudan ne pouvoit ni monter au Trône, ni jouir des biens que le Soudan avoit amassés pendant son regne, quelques-uns voulant laisser l'Empire à leurs enfans, les ont envoyés en Circassie, afin qu'étant nourris dans les mœurs & dans les coûtumes des Circassiens, ils fussent jugés dignes d'être choisis pour remplir leur place, mais les Mammelus n'y ont jamais voulu consentir. Chaque Mammelu avoit sa voix pour l'élection d'un successeur, & celui qu'ils élisoient leur donnoit un ducat d'or à chacun.

Nicod dit ce qui suit sur ce mot. Mamaluc, *& en pluriel Mamalucs ou Mamaluques en langue Surienne, qui est aussi Arabesque & conforme à la Moresque, est l'homme de cheval armé à la legere, nourri aux Ordonnances de ce Pays-là, & sont les Mammelus, dont est la Cavalerie ordinaire du Soudan, grandement redoutés & renommés, & tenus pour invincibles en tout le Pays d'Asie, à cause de la grande science militaire & prouesse qui sont en eux, de sorte que les Soldats mêmes, qui ne peuvent avoir telle dignité, si ce n'est par élection, doivent être reçûs à la lice & compagnie d'iceux Mammelus, par devers lesquels est la surintendance du gouvernement du Pays, & la puissance & autorité d'élire à telle dignité celui qui ayant été acheté, ou autrement étant parvenu en leur puissance, n'ait aucunement servi.*

MAMMILLAIRE. adj. On appelle *Apophyses Mammillaires*, deux petits Boutons ou bossettes qui ont du rapport à des bouts de mammelles, & qui sont sous les ventricules anterieurs du cerveau. On tient que ce sont les organes de l'odorat. On appelle aussi *Muscle mammillaire*, un certain Muscle qui sert à baisser la tête.

MAMMILLAIRES. f. m. On appelle ainsi certains Heretiques de Hollande, du Latin *Mammillarii*, qui font une Secte particuliere des Memnonites. Un jeune homme ayant mis la main sur la gorge d'une fille qu'il étoit prêt d'épouser, il y en eut qui soûtinrent qu'il le falloit excommunier. Les autres ayant condamné cette rigueur, furent nommés *Mamillarii*, & cela causa un schisme entre eux.

MAMMO. f. m. Arbre du Pays des Noirs, qui se trouve

trouve au Royaume de Quoja. Il eſt haut & épais, & produit un fruit d'un ſuc piquant, & qui reſſemble à des prunes blanches. On s'en ſert à des remedes, & il ſe conſerve toute une année, pourvû qu'on le tienne couché en terre.

MAMOERA. ſ. m. Sorte d'arbre appellé ainſi par les Portugais, ſelon ce que penſe Charles de l'Ecluſe qui en a parlé. Il croît dans cette partie de l'Amerique où eſt ſituée la celebre Baye qu'ils nomment *Baya de todos los ſantos.* Il y a le mâle & la femelle. Le mâle eſt ſterile, & ne porte que des fleurs qui pendent à de longues queues comme par bouquets, tirant ſur celles du ſureau d'un blanc jaunâtre. La femelle porte ſeulement du fruit ſans aucune fleur. Ce fruit qu'on appelle *Mamaon*, eſt rond, & de la groſſeur & forme d'un petit pepon. La chair en eſt jaunâtre quand il a atteint ſa maturité. Les Sauvages ont accoûtumé d'en manger quand ils veulent ſe lâcher le ventre. Il a pluſieurs grains gros comme de petits pois. Ils ſont noirs, luiſans, & tout-à-fait inutiles. Ses feuilles, faites à peu près comme les grandes feuilles du Plane ou de l'Erable, ſont attachées à de longues queues, & ſortent entre les fruits, dont le gros de l'arbre eſt environné depuis l'endroit où il commence à jetter ſes fleurs, juſques au ſommet, en ſorte qu'ils ſont quelquefois preſſés l'un contre l'autre juſques à neuf piés de haut. Le tronc de la femelle eſt gros d'environ deux piés, & elle eſt tellement amie de l'arbre mâle, que ſi elle en eſt ſéparée par un grand eſpace, elle devient ſterile, & ne porte plus de fruit.

MAN

MANAGUAIL. ſ. m. Bête fort peſante qui ſe trouve dans la Nouvelle Eſpagne. Elle eſt toute couverte de pointes comme le heriſſon, & ces pointes ont environ un pié de longueur. Son muſeau eſt fait comme celui d'un pourceau, mais plus petit. Cette bête a le pié fort court, & la chair en eſt exquiſe.

MANATI. ſ. m. Poiſſon qui allaite ſes petits de ſes mammelles, & dont il ſe trouve un fort grand nombre aux Iſles de Barlovento, aux Côtes du Perou & au Cap de la Magdeleine. Le Manati a des jambes pour marcher ſur terre, où il mange les herbes & des fruits. La chair n'en eſt pas moins bonne que celle du veau, & étant ſalée, elle reſſemble à du bœuf ſalé. On tient que ce poiſſon eſt la même choſe que le Lamantin, auquel les Eſpagnols ont donné le nom de *Manati.* Il n'a point de piés de derriere; il a ſeulement les deux de devant, qui ſont ronds comme ceux d'un Elephant, & chacun avec quatre ongles. Il a des yeux qu'il ferme & qu'il ouvre, & une peau épaiſſe, parſemée de quelque poil brun ou cendré.

MANBOUR. ſ. m. Vieux mot. Tuteur. On trouve dans Froiſſard, *Et y aura quatre Manbours pour gouverner ſes biens.* On a dit auſſi *Manburnie*, dans la ſignification de Tutelle. Le mot de *Manbour*, vient de *Manburgus*, qui dans la baſſe Latinité, ſignifie Curateur, comme *Manburnia*, y a été dit pour *Tutela.* Selon du Cange, *Manbiburdus*, *Mundiburdum*, & *mundiburnium*, ſont mots qui viennent des Saxons & des Allemans, à quoi il ajoûte que les Patentes par leſquelles les Empereurs & les Rois mettoient les Egliſes & les Monaſteres en leur protection & ſauvegarde, ont été auſſi appellées *Mundiburnia.* Dans la baſſe Latinité, on a dit *Manbournire*, pour *Tueri*, Défendre, proteger.

MANCELLE. ſ. f. Terme de Chartier. Petite chaîne

Tome II.

qui tient au collet du Cheval, & au bout de laquelle il y a un grand anneau qu'on met au limon, & qu'on arrête avec l'atteloire, ce qui eſt d'un grand uſage pour tirer.

MANCENILLIER. ſ. m. Arbre très-dangereux qui croît aux Antilles, & dont le fruit empoiſonné ceux qui en mangent. C'eſt une pomme toute ſemblable à celle d'Apis. Elle eſt panachée de rouge, & d'une odeur aſſés ſemblable à celle d'une pomme de rainette. On l'appelle *Pomme de Mancenille.* Elle eſt d'un goût fort doux à la bouche, mais ceux qui en mangent, meurent en fort peu de tems, à moins qu'ils n'avalent auſſi-tôt un verre d'huile d'olive avec de l'eau tiede qui leur faſſe tout vomir, & même quelque prompt remede qu'ils y apportent, s'ils en gueriſſent, ce n'eſt plus que pour languir, & pour traîner une vie malheureuſe & courte. On a trouvé dans l'eſtomac de quelques perſonnes qui en étoient mortes, une place ronde, large comme la main, noire & brûlée. Dans les Iſles où ce fruit vient en abondance, les couleuvres ſont venimeuſes, & dans le tems qu'il tombe par terre pour être trop mûr, la plûpart s'abſtiennent même de manger des crabes dans la crainte qu'elles ne l'ayent ſucé. Il rend la chair des animaux qui en mangent, noire & comme brûlée, & il n'y a que l'Arras, qui en faſſe ſa noûriture ſans courir aucun danger. Quand ces pommes tombent de l'arbre, elles ne pourriſſent point, non pas même ſi elles tombent dans l'eau. Elles deviennent ligneuſes, & ſe couvrent d'un ſalpêtre qui leur donne une croûte ſolide comme ſi elles étoient petrifiées. Elles ſont auſſi mortelles aux poiſſons qu'aux hommes. Le Mancenillier eſt beau à voir, & tout à fait ſemblable au Poirier, excepté qu'il a ſon écorce plus épaiſſe. Sous cette écorce, tant celle du tronc que celle des branches, eſt renfermée une eau gluante & blanche comme du lait, qui eſt d'une malignité ſans pareille. Elle en ſort en quantité à la moindre inciſion ou fracture. C'eſt un venin ſubtil & cauſtique, qui en approchant la chair nue la brûle, & y fait élever des cloches qui ſont auſſi-tôt ſuivies d'une inflammation très-dangereuſe. S'il en tomboit une ſeule goute dans une plaie, elle y mettroit la gangrene. Il y a bien plus. La roſée & la pluie, après avoir demeuré quelque tems ſur les feuilles de cet arbre, produiſent le même effet, & ſi elles tombent ſur la peau, elles l'écorchent comme feroit de l'eau forte. Ainſi il ne fait pas bon paſſer ſous cet arbre dans le tems qu'il pleut. L'ombre même en eſt très-nuiſible aux hommes, & ceux qui ſe repoſent deſſous ne ſe levent point ſans avoir le corps enflé. Il n'y a pas juſqu'à la viande cuite au feu du bois du Mancellinier, qui ne contracte je ne ſçai quoi de malin qui brûle la bouche & le goſier. Les Sauvages font des inciſions à ſon écorce, & recüeillent avec ſoin le lait qui en coule, pour empoiſonner les flèches dont ils ſe ſervent contre leurs ennemis. Ils les oignent d'une certaine gomme viſqueuſe comme la Terebentine, & les font ſecher au Soleil après les avoir trempées dans ce lait.

MANCHE. ſ. f. *Partie du vêtement dans laquelle on met le bras.* Acad. Fr. On appelle en termes de Marine, *Manche à eau*, ou Manche pour l'eau, Un long tuyau de cuir, fait en maniere de Manche ouverte par les deux bouts. On s'en ſert à conduire l'eau que l'on embarque, du haut d'un Vaiſſeau juſques aux futailles qui ſont rangées dans le fond de cale. On s'en ſert auſſi dans le même fond de cale, pour faire paſſer l'eau ou les liqueurs d'une futaille dans l'autre. On applique pour cela

C

une des ouvertures de la manche sur la futaille vuide, & l'autre ouverture sur celle qui est pleine, & où l'on a mis une pompe qui fait monter l'eau. On appelle *Manche de pompe,* Une longue manche goudronnée, qui étant clouée à la pompe, reçoit l'eau qu'on en fait sortir, & la porte jusques hors le Vaisseau.

Manche. Terme de guerre. On appelle *Manches d'un Bataillon,* Les ailes d'un Bataillon, qui sont composées de Mousquetaires, & dont le centre est de Piquiers. Il y a *Manche de main droite,* & *Manche de main gauche,* & chacune se divise en demi-Manche, en quarts & en demi-quarts de Manche, ce qui facilite l'ordre quand on défile. On disoit autrefois *Manche d'un bataillon,* pour signifier Un petit corps de quarante ou de soixante Mousquetaires qu'on tiroit du corps d'un bataillon pour le mettre en deux files sur chaque angle de ce même bataillon. Ainsi un bataillon avoit quatre Manches, dont chacune étoit couverte par un peloton de soixante & quatre, ou de quatre-vingts hommes rangés en quarré.

Manche. Terme de Monnoie. Fourneau d'affinage de quatre à cinq piés de haut en forme de Manche, dont on se sert lorsqu'on affine les casses & les glettes, pour en retirer les parties d'argent qui y sont restées. Ce fourneau a quatre piés en quarré par le haut, entre quatre angles qui vont en glacis en maniere d'entonnoir plat. Il y a trois de ces angles qui ont environ deux piés de haut. Le quatrième, qui est celui du devant, n'en a qu'un, afin de jetter les matieres par cet endroit-là. Le reste de la Manche n'a qu'environ demi-pié en quarré en dedans, & par le bas une ouverture d'environ deux pouces de diametre, pour laisser couler les matieres dans la casse à mesure qu'elles fondent. Cette Manche est faite de gros grais fort durs, qu'on taille en maniere de pavés, & qu'on lie ensemble avec de la terre, telle que celle dont on fait les fours.

MANCHE. s. m. *La partie d'un Instrument par où on le prend pour s'en servir.* ACAD. FR. On dit aussi, *Le manche d'une éclanche, le manche d'une épaule de mouton,* ou *de veau.*

On appelle *Manche de charrue,* La partie de la charrue que tient celui qui laboure & qui sert à la gouverner. On dit *Mancheron* aux environs de Paris. Ce mot vient de *Manubrium.* On appelle aussi *Manche* dans les Instrumens de Musique, La partie où sont les touches qui font varier les tons, & ce mot s'étend jusques au lieu où sont attachées les chevilles qui bandent les cordes.

MANCHEREAU. s. m. Vieux mot. *C'est,* dit Nicod, *le diminutif de Manche quand il est masculin. Ainsi on dit,* Manchereau de charrue, *les deux empoignures que le Laboureur happe pour enfoncer le soc en labourant. Quand Manche est feminin, son diminutif est* Mancheron, *qui signifie la couverture du bras depuis le coulde jusques au col du bras. Selon ce, on dit,* Mancherons de femmes, *ces demies manches de velours, satin, ou autre étoffe, qu'elles portent avec leurs robbes à larges & pendantes manches,* & Mancherons de pourpoint, *ces demies manches de velours, ou autre étoffe, que portoient anciennement les Bourgeois, voire les grands Seigneurs & les Rois, quand la frugalité étoit en regne, étant le reste des manches de leurs pourpoints qui ne se montroient, sous les manches lombardes de leurs houppelandes, d'autre & moindre étoffe;* & Mancherons de manches *ou* houppelandes, *ces demies manches coupées à l'endroit du coulde & pendans d'icelui, par où les* Mancherons *du pourpoint se mon-*

troient, soit que la robbe ou houppelande fût faite à la lombarde, c'est-à-dire, le haut de la demie-manche plissée & fronsée haut & bas, ou autre façon sans ladite fronsure.

MANCHES-DE-VELOURS. Nom que donnent les Pilotes à certains oiseaux, qui paroissent vers le Cap de Bonne-Esperance. Ils ont les bouts des ailes noirs, & le reste du corps blanc, & vont par bandes flotant sur l'eau. Les poissons leur servent de nourriture.

MANCIPE. s. m. Vieux mot. Esclave. *Chetif comme un poître Mancipe.* Ce mot qui vient du Latin *Mancipium* formé de *manu captus,* a fait celui d'*Emanciper.*

MAND. s. m. Vieux mot. Mandement.

MANDARIN. s. m. Nom qui a été donné par les Portugais à la Noblesse des Orientaux. Il y a à la Chine neuf Ordres de Mandarins ayant differentes marques qui font connoître leur rang. Ceux du premier Ordre portent un bonnet qui finit en cone, & au haut duquel est une escarboucle enchassée dans de l'or avec une perle par devant à la base du bonnet, & une ceinture enrichie de quatre pierres précieuses verdâtres. La ceinture des Mandarins du second Ordre, est ornée de deux globes d'or, accompagnés de fleurs d'or avec une escarboucle au milieu, & à la pointe de leur bonnet ils ont un rubis, & un autre plus petit à sa base. Une escarboucle enchassée dans de l'or, fait l'ornement du bonnet de ceux du troisième Ordre. Elle est dans le haut, & il y a un saphir au bas, avec des demiglobes d'or sans fleurs sur leur ceinture. Les Mandarins du quatrième Ordre, ont deux saphirs, l'un à la pointe de leur bonnet, & l'autre à la base; & ceux du cinquième Ordre n'en portent qu'un à la pointe avec leur ceinture de la même sorte. Celle des Mandarins du sixième Ordre, a pour ornement des pieces de corne de Rhinocerot qui sont enchassées dans de l'or, & au haut de leur bonnet ils ont un cristal taillé. Ceux du septième Ordre n'ont qu'un ornement d'or à la pointe de leur bonnet avec un saphir à la base & des plaques d'argent à leur ceinture; & ceux du huitième Ordre, n'ont que l'ornement d'or sans saphir à leur bonnet, & des plaques de cornes de Rhinocerot à leur ceinture. Le bonnet des Mandarins du neuvième Ordre, est fait d'un brocart d'argent, & leur ceinture est couverte de plaques de corne de busle qui sont enchassées dans de l'argent. Il y a des Mandarins d'armes, par qui la Milice est commandée, & des Mandarins de lettres qui ont soin d'administrer la Justice. Ceux de lettres des trois premiers Ordres, & ceux d'armes des quatre premiers, ont des robes enrichies de figures de Dragons, qui les distinguent des Ordres inferieurs. Le mot de *Mandarin,* signifie, Chevalier du Seigneur.

MANDAT. s. m. Rescrit du Pape, par lequel il mande à un Collateur ordinaire, de pourvoir celui qu'il lui nomme du premier benefice qui sera vacant par mort à sa collation. Ce fut sous le Pontificat de Clement V. que les Mandats furent introduits en France, lorsqu'il vint tenir son siege à Avignon. Ils n'y ont plus lieu, quoiqu'ils soient compris dans le Concordat de François I.

MANDATAIRE. s. m. Celui qui peut requerir un Benefice, comme étant porteur d'un Mandat Apostolique.

MANDIBULE. s. f. Mot dont se servent quelques-uns pour signifier la mâchoire. On tient que le Crocodile ne peut remuer que la Mandibule superieure. Ce mot vient du Latin *Mandere,* Manger.

MANDORE. f. f. Inftrument de Mufique, fait en forme de petit luth, & qui en eft une efpece. Elle n'avoit autrefois que quatre cordes. La chanterelle fervoit à jouer le fujet, & on la pinçoit avec le doigt index, auquel une plume appellée *Plectrum*, ou *Pecten*, étoit attachée. Les trois autres cordes faifoient une octave remplie de fa quinte, & on les frappoit avec le pouce l'une après l'autre. Quoiqu'il y ait encore aujourd'hui des Mandores à quatre cordes, on en fait quelquefois à fix, & même à un plus grand nombre, & comme elles imitent mieux le luth, on les appelle *Mandores lutées.*

MANDOUAVATE. f. m. Arbre de l'Ifle de Madagafcar, dont l'écorce eft verte, dure & pleine de piquants, & qui produit un fruit femblable à une noifette. Son bois fert à faire des poignées pour les Zagaies.

MANDOUTS. f. m. Efpece de Serpent qui fe trouve en Madagafcar, & qui a la groffeur du bras ou de la jambe d'un homme. Quoiqu'il ne foit point venimeux, les naturels du Pays ne laiffent pas de l'apprehender. Il fe nourrit de rats, & de petits oifeaux qu'il trouve dans leur nid.

MANDRAGORE. f. f. Sorte de plante fomnifere. Diofcoride la divife en deux efpeces. La noire, appellée *Femelle*, a fes feuilles femblables à la laitue, quoique moindres & plus étroites; ce qui la fait appeller *Thridacias*, du Grec Θριδαξ, Laitue. Elles ont l'odeur forte & mauvaife, & s'étendent fur la terre. La plante porte des pommes qui reffemblent aux cornes, & qui font pâles & odorantes, ayant au-dedans une graine femblable à celles des poires. Elle a deux ou trois racines fort grandes, noires en dehors, blanches en dedans & couvertes d'une écorce épaiffe. L'autre Mandragore qu'on appelle *Mâle*, produit des pommes plus plus groffes que celles de la femelle, ayant une bonne odeur, & qui font d'une couleur qui tire fur le faffran. Elles affoupiffent ceux qui en mangent. Ses feuilles font grandes, blanches, larges, & liffées comme les feuilles de bete. Sa racine reffemble à celle de la femelle, étant toutefois plus groffe & plus grande. Ni l'une ni l'autre ne jette de tige. L'ufage interieur de la Mandragore eft fort fufpect. Ælius la tient veneneufe à caufe fa vertu narcotique. Il y en a même qui tiennent qu'elle ôte la raifon à ceux qui en prennent par la bouche, leur caufant une langueur avec vertige, & une enfture fi fort, que fi on ne leur donne un très-prompt fecours, par purgatifs, & par le moyen du vin & de la theriaque, ils meurent dans la convulfion. La Mandragore qui caufe nous tels effets, eft peut-être celle qu'on appelle *Morion*, du Grec μωρια, Folie, dont le même Diofcoride parle en cette forte. On dit qu'il y a une autre efpece de Mandragore, nommée *Morien*, qui croît aux lieux ombrageux, auprès des foffes & tanieres. Elle a fes feuilles femblables à la Mandragore mâle, quoique moindres. Elles font blanches & de la longueur d'un palme, environnant de tous côtés la racine, laquelle eft tendre & blanche, de la longueur d'un pié ou environ, & de la groffeur d'un pouce. On tient que fi on mange une drachme de cette racine, foit avec du pain ou parmi la chair, ou en quelque fauffe que ce foit, elle fait perdre le fens; de forte que pendant trois ou quatre heures on demeure fans entendement, & comme endormi. Les Medecins s'en fervent quand il faut couper ou cauterifer quelque membre. On fe fert exterieurement de la Mandragore pour la rougeur & douleur des yeux, pour

Tome II.

les écrouelles, pour les tumeurs dures, & pour les erefipeles. Quelques-uns veulent qu'on l'ait appellée *Mandragore*, à caufe qu'elle naît auprès des cavernes où des étables de pourceaux que les Grecs appellent μανδρα. Matthiole rapporte que ce qu'on dit que les Mandragores ont leurs racines de la forme du corps humain eft une fable, & que fi Pythagore leur a donné le nom de ανθρωπομορφος, qui veut dire, fait en forme d'homme, c'eft que toutes les racines de cette plante, ou du moins la plûpart font fourchues depuis la moitié en bas, ce qui fait une maniere de cuiffes, de forte qu'en les cueillant quand la Mandragore jette fes pommes, qui tiennent à une petite queue au deffus des feuilles qui panchent contre terre, elles paroiffent femblables à un homme qui n'a point de bras. Matthiole ajoute que les racines en façon de corps humain, appellées *Mandragores*, ou *Mains de gloire*, & que les Charlatans prétendent fingulieres pour faire avoir des Enfans aux Femmes fteriles, font artificielles & faites de racines de rofeaux, de couleuvrée & autres femblables. Il dit, fur ce qu'il a fçû d'un de ces Trompeurs, qu'ils taillent & gravent dans ces racines encore vertes les formes tant d'homme que de femme, & qu'aux lieux où il faut qu'il y ait du poil, ils fichent & plantent des grains d'orge ou de millet, puis les ayant enterrées, ils les couvrent de fable jufqu'à ce que l'orge ou le millet ait pris racine, ce qui arrive en trois femaines, après quoi ils les retirent de terre & coupent les racines qu'ont jettées ces grains, les accommodant de telle forte qu'elles font faites en maniere de barbe & de cheveux.

MANDRIN. f. m. Les Serruriers appellent *Mandrin.* Toutes fortes de poinçons gros & menus, qui fervent à percer à chaud. On met fous la piece qu'on veut percer, un morceau de fer troué en rond, en quarré, ou de la même figure que le Mandrin. Les Mandrins font de diverfes fortes. Il y en a de ronds, qui font comme de grandes broches de fer, dont on fe fert pour tourner des canons, des bandés & d'autres pieces. Il y en a de quarrés, & en ovale, pour accroître les trous qui ont été faits avec le poinçon; & d'autres en lofanges pour faire les grilles & d'autres en triangle & autres figures pour former les trous après que les poinçons les ont commencés.

Les Tourneurs appellent auffi *Mandrins*, Des morceaux de bois faits exprès en forme de poulies, ou autrement contre lefquels on fait tenir avec du maftic, des pointes de clou, des vis, ou d'une autre maniere, certains ouvrages, comme des boëtes, & autres chofes, qui ne fe peuvent tourner entre les pointes. On s'en fert auffi pour tourner en bois de travers, & en ce cas on ne tourne point hors les pointes; mais feulement en changeant l'écart du fupport.

MANDUCATION. f. f. Terme de Theologie. Action de manger. Ce mot vient du Latin *Manducare*, & n'eft en ufage qu'en parlant du Myftere de la fainte Euchariftie. Les Calviniftes prétendent que la Manducation du Corps de JESUS-CHRIST n'eft que par figure.

MANEAGE. f. m. Terme de Marine. Sorte de travail des Matelots qu'on appelle ainfi, à caufe qu'il fe fait avec les mains. C'eft la charge & décharge qu'ils font obligés de faire des planches, du merrein, du poiffon tant vert que fec, fans qu'ils en puiffent demander aucun falaire au marchand.

MANEGE. f. m. *Exercice qu'on fait faire à un cheval pour lui apprendre à manier.* ACAD. FR. Il y a

C ij

plufieurs fortes de Manege. On appelle *Manege par haut*, la façon de faire travailler les fauteurs qui s'élevant plus haut que le terre à terre, manient à courbettes, à croupades, à balotades, ce qui s'appelle autrement *Airs relevez*. On dit *Manege de guerre*, pour dire, Le galop qui est d'une vitesse inégale; & dans lequel le cheval change de main aisément selon les occasions.

MANEQUIN. f. m. Panier haut & rond, dans lequel on apporte ordinairement du fruit à Paris.

Manequin. Figure ou statue de bois dont les Peintres & Sculpteurs se servent pour disposer les draperies qu'ils veulent donner à leurs ouvrages. Les jointures de ces Manequins font faites de telle forte qu'on peut leur donner telle attitude qu'on veut. Ce mot vient de l'Allemand *Man*, Homme, & en est un diminutif.

MANGA. f. m. Sorte de fruit qu'on trouve dans l'Isle de Java & qui vient à un arbre assés semblable à nos Noyers, mais qui n'a pas tant de feuilles. C'est le même Arbre qui croît à Siam & qu'on appelle *Manguier*. Les Mangas font de la grosseur d'un Pavi, mais plus longs & un peu courbés en forme de croissant. Leur couleur est d'un vert clair, tirant un peu sur le rouge. Ces fruits ont un gros noyau dans lequel est une amande plus longue que large & d'un assés mauvais goût quand elle est crûe. Cuite à la braise, ou étant assés agreable & sert dans la Medecine contre les vers, & contre la diarrhée. Le Manga parfaitement mûr n'est pas moins bon que la Pêche, & c'est au mois d'Octobre, de Novembre, & de Decembre qu'il mûrit. On cueille les Mangas encore verts pour les confire au sel, au vinaigre & à l'ail, & alors on les nomme *Mangas d'achar*. On s'en sert au lieu d'Olives. Il y en a de sauvages que l'on appelle *Mangas bravas*, & qui sont d'un vert pâle, mais plus reluisant que celui des autres. Le jus dont ils sont remplis est si dangereux qu'il tue sur le champ, sans qu'on ait encore trouvé aucun antidote contre ce poison. Voyez MANGUIER.

Manga, Est aussi une forte d'arbre du Bresil qui se trouve en grand nombre auprès du rivage & des recoins de la mer. Il est toûjours vert, & a ses feuilles comme celles de nos Saules. Son bois est pesant, & presque aussi dur que le fer. Quelques-uns le nomment *Angle*. Il y a presque toûjours sous cet arbre une sorte de moucherons très-incommodes qu'on appelle *Maragues* ou *Marigni*. Ils font fort petits, mais ils piquent très-vivement, & les habits ne les en empêchent point. Les Sauvages les chassent par la fumée, ou en se frottant le corps de fiente.

MANGANESE. f. f. forte de pierre nommée en Latin *Maganesia*, comme si on disoit *Magnesia*, à cause de la ressemblance qu'elle a avec l'Aimant appellé *Magnes*, par sa pesanteur & par sa couleur. On l'apporte d'Allemagne, mais la meilleure vient de Piémont. On l'employe dans les émaux, & étant mêlée avec le saffran, elle fait une couleur de pourpre. Elle est utile aux Verriers qui s'en servent pour purger leurs matieres, & y donner une couleur rougeâtre. La Manganese préparée par la calcination est comme une poudre noirâtre.

MANGARZAHOC. f. m. Bête fort grosse de l'Isle de Madagascar. Elle a ses piés ronds comme ceux d'un cheval, & les oreilles si longues, qu'en descendant une montagne, elles s'abattent sur ses yeux & l'empêchent de voir où elle va. Le son qu'elle pousse est grand & fort desagreable, & comme il semble imiter le cri d'un âne qui brait, cela la fait mettre au rang des ânes sauvages.

MANGEUR. f. m. On appelloit autrefois *Mangeurs*, les Sergents ou Officiers que l'on envoyoit en garnison chés un débiteur aux dépens de qui ils vivoient jusqu'à ce qu'il eût payé ceux à qui il devoit, suivant ce que le Juge avoit ordonné. On y envoyoit aussi quelquefois des Soldats, qu'on nommoit *Gasteurs* ou *Gastadours*, comme mis en gât & garnison chés les débiteurs contumaces. Ces Mangeurs furent abolis en 1304. par Philippe IV.

MANGEURE. f. f. Terme de chasse. On appelle ainsi les pâtures des Loups & des Sangliers.

Mangeures, dit Nicod, *font en termes de Venerie, La pâture du Sanglier mangeant le grain, la faine, ou le gland. Ainsi dit on*, Le Sanglier a fait ses Mangeures en telle part, *Car quand il fait ses boutis aux prez ou fraicheurs, on ne dit pas qu'il ait fait ses Mangeures aux prez, ainsi qu'il a vermillé, ni aussi quand il a fait sa nuit aux fouges ou au parc, on ne dit pas qu'il y ait fait ses Mangeures, ainsi qu'il y a fait ses boutis, comme aussi l'on dit que le Sanglier a meloté, quand il a renversé les cachettes où les mulots ont assemblé le grain, gland & autres fruits, & pareillement qu'il a herbeillé, quand il a peu l'herbe au pré; mais ce font mots de l'art desdits Veneurs, qui en ce terme de Mangeures, donnent cette regle, que toute espece de fruits que le Sanglier peut manger sans fouger, se doivent nommer* Mangeures.

MANGONEAU. f. m. Sorte de machine antique dont Bochard dit que l'origine vient des Phœniciens. On s'en servoit à jetter des pierres.

    Efraument commanda li Rois
    Les Mangoneaux appareiller
    Et les perrieres adrecier.

Borel fait venir ce mot de μάγγανον, Machine, ou fronde. On l'appelloit aussi *Mangoniel*, & on la braquoit sur les creneaux. On donnoit le nom de *Mangoneau*, non seulement à la machine, mais aussi aux pierres qu'elle jettoit, suivant ce passage de Froissard. *Et avoient engins qui jettoient pierres de foix & Mangoneaux jusqu'à la Ville.*

MANGOSTAN. f. m. Fruit qui vient dans l'Isle de Java, le long des grands chemins ou des buissons comme nos prunes sauvages, & qui a presque le même goût.

MANGUIER. f. m. Arbre qui croît au Royaume de Siam, & qui porte un fruit fort estimé appellé *Mangue*, & *Ma-manan*, par ceux du pays. Il tient d'abord du goût de la Pêche & de l'Abricot, & ce goût-là devient sur la fin un peu plus fort & moins agreable. Les Mangues font plates & en ovale, mais pointues par les deux bouts comme nos Amandes. Il y en a de grandes comme la main d'un enfant. Leur peau est d'une couleur tirant sur le jaune, & de la consistance de celle de nos Pavis. Leur chair qui n'est qu'une poulpe propre à sucer, ne quitte point un grand noyau, plat qu'elle enveloppe.

MANIAGE. f. m. Vieux mot. Maniement.

MANICHE'ENS. f. m. Heretiques qui prirent leur nom d'un malheureux Esclave de Perse qu'une Veuve, heritiere de l'argent & des livres d'un certain Terebinthus, qui trouvant les Prêtres & les Sçavans du pays entierement contraires à ses erreurs, s'étoit retiré chés elle, adopta, & fit instruire dans les sciences qui s'y enseignoient. Il s'appelloit Curbicus, & après la mort de cette femme il prit le nom de Manés, pour faire oublier la condition d'esclave où on l'avoit vû. Il se disoit Apôtre de Jesus-Christ, & le Paraclet qu'il avoit promis, enseignant deux commencemens en Dieu, que tenoient les Marcionites, dont l'un étoit principe des biens, & l'autre des maux; qu'il y avoit deux ames en l'homme, l'une mauvaise, que le mauvais principe produisoit avec le corps, & l'autre bonne, qui tiroit son être du bon principe, & étoit de même nature que Dieu. Il commença à répandre ses erreurs dans le troisiéme siecle. Les Manichéens qui les embrasserent, tenoient comme lui, que JESUS-CHRIST étoit le serpent qui tenta Eve, qu'il n'avoit pas eu de veritable corps & qu'il n'étoit ni mort ni ressuscité. Ils ne mangeoient ni chair, ni œufs, ni lait, mais seulement des fruits de la terre dont le dedans avoit une pure & impeccable force. Ils rejettoient l'usage du vin comme étant le fiel du Prince des Tenebres, & croyoient avec Pythagore la transmigration des ames. Ils donnoient des membres à Dieu comme les Anthropomorphites, & disoient qu'il étoit substantiellement en chaque chose, mais jamais dans d'aussi basses ou viles que la fange & les ordures. Ils prétendoient que la demeure de JESUS-CHRIST fût dans le Soleil, & celle de la Sapience Divine dans la Lune, & qui ils obligeoit d'adorer l'un & l'autre de ces Astres. Ils condamnoient le mariage, se permettant toute sorte de voluptés brutales, & tenoient que le baptême étoit inutile. Le franc-arbitre étoit détruit parmi eux, puisqu'ils supposoient que la volonté de l'homme étoit toûjours prévenue d'une certaine force à laquelle il ne pouvoit resister, ce qui l'empêchoit d'être libre dans ses actions. Manés, Auteur de ces detestables opinions, fut écorché vif, pour avoir laissé mourir le fils du Roi de Perse qu'il avoit promis de guerir, ce qui avoit fait chasser tous les Medecins d'auprès de lui. Saint Augustin qui avoit été lui-même Manichéen, a puissamment attaqué toutes ses erreurs, & en a triomphé glorieusement.

MANICHORDION. s. m. Instrument de Musique fait en forme d'épinette. Il a soixante & dix cordes qui portent sur cinq chevalets, dont le premier est le plus haut, les autres vont en diminuant Ses touches ou marches sont au nombre de quarante-neuf ou cinquante. Chaque chevalet contient divers rangs de cordes, dont quelques-uns sont à l'unisson, à cause qu'il y en a plus que de touches. Il y a plusieurs petites mortoises pour passer les sauttereaux qui sont armés de petits crampons d'airain qui touchent & haussent les cordes; elles sont couvertes de plusieurs morceaux d'écarlate ou de drap, depuis le clavier jusqu'aux mortoises, afin que le son en soit plus doux. Ces morceaux de drap l'étouffent si fort qu'on ne le peut entendre de loin, & cela est cause qu'on appelle cet instrument *Epinette sourde ou muette.*

MA NIE. s. f. Terme de Medecine. Délire sans fiévre avec fureur, & perte totale de la raison, qui fait que les Maniaques se jettent sur tout ce qui se presente, brisant tout & maltraitant les gens de coups ou d'injures, quand ils ne peuvent faire pis, en sorte qu'on est obligé de les enchainer. Il faut observer que cette fureur ou audace n'est pas sans quelque peur interne; puisque si un Maniaque se jette d'abord sur celui qu'il voir avoir peur, il craint ceux qui sont assés hardis pour le battre, & les fuit à toutes jambes. La hardiesse des furieux est accompagnée d'une force surprenante, Ils rompent de grosses chaînes de fer, & on a vû une Nourrice Maniaque, qui jettant les bras tout ce qu'elle rencontroit, en cassoit les choses les plus fortes. Les Maniaques déchirent ordinairement leurs habits & demeurent tons nuds sur la place, sans en recevoir aucune incommodité ni engelûre, ce qui donne lieu d'admirer leur dureté à souffrir le

froid. Lindanus assure qu'il a vû à Amsterdam un Maniaque, qui marchoit tout nud dans la saison la plus rigoureuse, & qui mettoit sa tête sous une pompe pour recevoir l'eau froide, ce qui le soulageoit au commencement de son accés. Cela arrive en partie de l'état de la masse du sang trop échauffée & bouillante, & en partie de ce que les Maniaques ne ressentent point la rigueur du froid. Comme il y a une espece d'ébullition contre nature dans la masse du sang des gens en colere, qui répand la chaleur dans tout leur corps, ainsi la masse du sang des Maniaques souffre une ébullition d'autant plus vehemente qu'elle est grossiere & épaisse, ce qui se démonstre par leur pouls qui est plein, frequent & assés grand, & par la respiration qui est frequente, haute & grande. La masse de leur sang est épaisse par l'acide vité, &, venant à faire effervescence, elle conçoit une chaleur bien plus grande que la masse du sang ordinaire, échauffe le corps & l'endurcit au froid. Les esprits émus alors avec un peu trop de violence, produisent l'audace comme elle est produite dans la colere. On dit que la cervelle de chat mangée, engendre la Manie: & Borellus dit qu'un Theologien ayant mangé d'un ragoût où il y avoit du sang menstrual mêlé avec du sang de lievre, tomba dans une Manie si grande qu'il tua son propre pere. C'est un mal fort long & difficile à guerir. Quoiqu'il ait des intervalles de quelques mois & même de quelques années, il revient avec sa premiere cruauté, & accompagne les malades jusques à la mort. Le mot de *Manie* est Grec μανία, Démence, fureur.

MANIER. v. a. *Tâter, toucher avec les mains.* ACAD. FR. On dit en termes de Doreur, *Manier les couches de blanc pour dorer,* quand on les frotte bien avec la brosse, à fin qu'il fait tenir ce blanc plus ferme, & le fait reluire. Il ne jaunit point quand il est employé sur de la pierre, ou sur du plâtre bien sec. On le fait reluire en le frottant avec une brosse de poil de Sanglier; il suffit même que ce soit avec la paume de la main quand il est bien sec.

Manier à bout. Terme de Couvreur. Relever la tuile ou l'ardoise d'une couverture, & y ajoûter du lattis neuf, en y mettant des tuiles ou ardoises neuves en la place de celles qui ne peuvent plus servir. Les paveurs se servent de ce même mot, pour dire, Asseoir du vieux pavé sur une forme neuve, ne faisant qu'ôter les pavés cassés, à la place desquels ils en mettent d'autres.

Manier. v. n. Terme de Manege. On dit qu'*Un cheval Manie,* pour dire, Qu'il est dressé, qu'il travaille sur les voltes & aux airs.

MANIFESTAIRES. s. m. Heretiques de Prusse appellés ainsi, de ce qu'ils croyent que c'est un crime de cacher la doctrine qu'ils professent, s'ils en sont interrogés. Ils suivent les erreurs des Anabaptistes.

MANIMA. s. m. Sorte de Serpent du Bresil, qui ne sort jamais de l'eau. Il y en a qui ont plus de vingt-cinq & trente pieds de longueur. Tout ce Serpent a été marqueté par la nature de taches de differentes couleurs, les Sauvages disent que c'est de là qu'ils ont pris la coûtume de se peindre le corps. Ils l'estiment tellement que celui à qui le Manima s'est fait voir, demeure persuadé qu'il vivra long-tems.

MANIOC. s. m. Arbrisseau fort tortu, tout rempli de nœuds ou de petites excrescences, de la grosseur d'une feve de Bresil, qui viennent aux endroits d'où les feuilles sont tombées, car il ne s'en dépouille pas tout à la fois, mais à mesure qu'il croît, & que les feuilles d'en bas vieillissent & tombent, il en

C iij

croît d'autres en haut, qui le rendent toûjours vert. Ces feuilles qui reſſemblent à celles du noyer, ont pluſieurs filamens, & pendent enſemble à un rameau au nombre de cinq ou de ſept, fort éparpillées. Sa tige eſt haute de dix ou douze piés dans l'Afrique, mais elle ne paſſe guere la grandeur d'un homme dans le Breſil. Le tronc ſe diviſe en pluſieurs branches, dont le bois eſt ſouple comme l'oſier. Le Manioc porte de la graine, qui étant ſemée pouſſe du bois, mais preſque ſans nulle racine, & même le peu qu'elle en pouſſe ne vaut rien, mais le bois qu'elle produit eſt très-bon pour être planté, & pouſſe de belles racines dont on fait du pain que les Habitans diſtinguent par la couleur des queües des côtes des feuilles ou de l'écorce de la racine. Le Manioc violet a une écorce ſur ſa racine, épaiſſe comme un quart d'écu, & d'un violet fort brun. C'eſt celui dont on fait le pain de meilleur goût, & il dure en terre davantage que les autres. En general la racine de cette plante reſſemble à nos poires, & eſt pleine d'un ſuc blanc & épais comme du lait. Le Manioc gris a l'écorce de ſon bois & de ſa racine griſe & fait du pain qui n'eſt pas mauvais, mais il eſt inégal, rapportant quelquefois beaucoup, & quelquefois peu, ce que ne fait pas le le Manioc vert, qui rapporte toûjours beaucoup. On l'appelle ainſi, à cauſe que ſes feuilles ſont plus vertes que celles des autres. Le pain que l'on fait de ſa racine eſt excellent, mais cette ſorte de Manioc ne ſe conſerve pas long-tems en terre. Le blanc a l'écorce de ſon bois blanchâtre, & celle de ſa racine jaune, auſſi bien que le dedans, en quoi il differe des trois autres. Il vient en ſix ou ſept mois, & pouſſe beaucoup de racines, qui ſe reſolvent toutes en eau, de ſorte qu'encore que le pain en ſoit jaune comme de l'or, & qu'il ait un très-bon goût, on n'y trouve pas ſon compte, ce qui fait qu'il n'y a que ceux qui n'ont point de Manioc planté, qui plantent de celui-ci, afin d'en avoir bientôt. Il y en a une autre ſorte fort rare que l'on appelle *Kamanioc*. Celui-là eſt ſi ſemblable au Manioc blanc, qu'on a de la peine à les diſtinguer. On le fait cuire tout entier comme des patates, & on le mange ſans en avoir exprimé le ſuc, & ſans qu'il faſſe aucun mal. C'eſt ce qu'il a de particulier, une ſeule cueillerée du ſuc de tous les autres Maniocs ſuffiſant pour faire mourir un homme à l'inſtant même qu'il l'auroit priſe, tant c'eſt un poiſon prompt & violent. Les Negres d'Angole nomment cette Plante *Mandihoca*. Pluſieurs Inſulaires de l'Amerique l'appellent *Ynca*, & les Mexicains *Quauhcamotli*. La culture s'en fait de cette ſorte. On remuë la terre avec des houës, & on en compoſe des mottes qui ont de largeur deux piés & demi ou trois piés, & qui ſont longues environ de cinq. Enſuite en coupe des bouts des rameaux du Manioc, d'un pié long, & d'un doigt d'épais, & on en plante trois ou quatre panchés l'un contre l'autre ſur une de ces mottes, enſorte qu'ils ſoient quatre ſur une de terre. Ces bouts de rameaux jettent en fort peu de tems de ſi profondes racines, qu'en neuf ou dix mois ils deviennent des arbres ſort hauts, qui pouſſent diverſes branches. Leur tronc eſt de l'épaiſſeur de la cuiſſe. On arrache tout autour les méchantes herbes deux fois l'an, afin que les racines deviennent plus groſſes, & qu'elles attirent tout le ſuc de la terre. Quand on croit qu'elles ſont mûres, on coupe l'arbre tout près de la terre, & on les arrache. On les dépouille de leur écorce avant qu'on les reduiſe en farine, & quant au bois qui ne ſçauroit ſervir qu'à brûler, on en ſepare les rejettons par leſquels cette plante

eſt provignée. Les Indiens des grandes Iſles perſecutés par les Eſpagnols qui mettoient tout à feu & à ſang, ſe ſont ſouvent garantis d'une mort cruelle, en prenant le ſuc de cette racine, qui eſt froid comme celui de la ciguë. Ce qu'il y a de particulier, c'eſt qu'au bout de vingt-quatre heures que ce ſuc, ſi venimeux pour toutes ſortes d'animaux, eſt tiré de ſa racine, il perd ſa force, & n'a plus rien de mortel.

MANIPULE. ſ. m. Meſure dont ſe ſervent les Apothicaires, & qui veut dire, Ce que la main peut contenir d'herbes. Les Medecins déſignent cette meſure dans leurs ordonnances, par un M qui eſt la premiere lettre de ce mot.

Manipule. Terme de Milice Romaine. Compagnie d'Infanterie qui étoit de cent hommes lorſque Romulus vivoit, & qui fut de deux cens Fantaſſins du tems des Conſuls & des premiers Ceſars. Le Manipule avoit deux Centurions pour Commandans, & l'un étoit comme Lieutenant de l'autre. Ce mot vient de *Manipulus*, Poignée, parce qu'ils attachoient une poignée de foin au bout d'une perche pour ſe pouvoir reconnoître, avant qu'ils euſſent pris des Aigles pour Enſeignes.

On appelle à la guerre *Manipule pyrotechnique*, Certaine quantité de petards de fer ou de cuivre, qu'on peut jetter à la main ſur les Ennemis.

MANIQUE. ſ. f. Les Artiſans diſent *Menique* par corruption. Terme de Cordonnier & de quelques autres Artiſans. Morceau de cuir ou de quelque autre choſe dont on ſe couvre la main ou les poignets pour reſiſter au travail, & en ſouffrir moins.

MANIQUETTE. ſ. f. Sorte de poivre que l'on appelle autrement *Graine de Paradis*, & qui vaut bien moins que le poivre des Indes. On en fait trafic du côté de Senega.

MANITOU. ſ. m. Animal qui ſe trouve dans l'Iſle de la Grenade. On le nomme *Opaſſum*, dans la Virginie. Il a la tête d'un cochon, la queuë comme un loir, avec un ſac ſous le ventre dans lequel il porte & nourrit ſes petits. Il eſt d'ordinaire de la grandeur d'un moyen chat. Le Pere du Tertre rapporte qu'il a vû un qui étoit un peu plus grand. Il avoit la tête longue comme celle d'un Renard. Elle tenoit un peu du grouin d'un cochon, & ſa gueule étoit grande & pleine de dents de chat avec deux mouſtaches. Sa queuë étoit preſque deux fois auſſi longue que ſon corps, moitié veluë, & moitié pelée comme celle d'un rat. Tout le poil qui le couvroit étoit d'un gris fort brun. Il avoit le ventre double, & une petite ouverture au-deſſous du fondement. Pour la remarquer, il falloit l'étendre avec les doigts, & cela faiſoit une maniere de bourſe, qui par dedans étoit toute revêtuë d'un poil mollet. C'eſt dans cette bourſe que ſe forment les petits. Ils s'y nourriſſent en ſuçant huit petits tetons qui ſont attachés au corps de la mere. Le mâle en a autant que la femelle, & on tient qu'ils portent alternativement. Ces animaux ſentent ſi mauvais que les chiens les fuyent. Ils ſont méchants, & font la chaſſe aux poules & aux oiſeaux. Ils ne laiſſent pas de manger des fruits & des cannes quand la proie leur manque. Leur queuë eſt ſi forte qu'elle leur ſert à ſe pendre par le bout aux branches des arbres, d'où il s'élancent ſur d'autres arbres avec une legereté merveilleuſe.

MANIVELLE. ſ. f. Morceau de fer rond qui paſſe au milieu d'une rouë, & qui ſert à la faire tourner. Il ſe dit auſſi d'un manche de bois dont on ſe ſert pour le même uſage.

On appelle *Manivelle*, dans un tire-plomb ou rouet à filer le plomb, Certain manche qui en faifant tourner l'arbre de deſſous, fait auſſi tourner celui de deſſus par le moyen de ſon pignon.

Manivelle, dans un état ou état de Serrurier, eſt ce qui fait tourner la viz qui paſſe au milieu d'une de ſes tiges, entre les mâchoires & la jumelle par l'œil de l'étau, & s'ajuſte dans la boëte qui tient à l'autre tige où eſt l'écrou.

Manivelle, chés les Imprimeurs, eſt ce qui ſert à rouler la preſſe.

MANNE. ſ. f. Drogue medecinale. La Manne, au rapport de Matthiole, ſuivant ce qu'il a recueilli des Arabes, & ce qu'il a vû lui-même en Calabre, d'où on apporte la meilleure, eſt une certaine roſée ou liqueur qui tombe du ciel avant le jour, & qui ſe trouve attachée ſur les branches & feuilles des arbres, ſur les herbes & les pierres, & quelquefois ſur la terre. Cette liqueur étant incontinent congelée, ſe forme en petits grains comme gomme. Il y en a de deux eſpeces, l'une qu'on apporte du Levant, & l'autre de Calabre. Cette derniere ſe cueille ſur les feuilles des arbres ou herbes, & eſt la plus eſtimée. On lui donne le nom de *Manne de feuilles*. Ses grains ſont petits, clairs, tranſparens, blancs, fort doux à goûter, & ſemblables à ceux du maſtic. La meilleure après celle-là eſt celle qu'on trouve ſur les branches des arbres, & la moindre de toutes, celle qui ſe rencontre ſur les pierres & ſur la terre, les grains en étant de couleur fort trouble & fort maſſifs. Il y a auſſi de deux eſpeces de Manne de Levant, dont la meilleure eſt ſurnommée *Maſticine*, à cauſe qu'elle a de petits grains tranſparens qui ont grand rapport à ceux du maſtic. L'autre appellée *Manne de coton* ou *Bombacine*, à cauſe de ſes grains faits en floccons de laine ou de cotton, eſt moindre & en prix & en vertu. Ce n'eſt autre choſe que la maſticine vieille & éventée, ou qu'on a ſophiſtiquée. Matthiole ajoûte qu'étant à Coſanze, vi'le de Calabre, on lui apporta de la Manne tombée la nuit même ſur des feuilles de frêne, qui reſſembloit tout-à-fait aux gouttes d'un Julep bien cuit, & que ceux du Pays lui dirent qu'il la falloit cueillir le matin avant que le Soleil fût haut, parce qu'elle ſe fondoit & s'évanouiſſoit enſuite. Il dit encore que les Auteurs Arabes ont traité de deux ſortes de Manne en deux differens chapitres, dont ils appellent l'une *Manne*, & l'autre *Tereniabin*, & qu'il n'y a aucune autre difference, ſinon que l'une eſt liquide & ſemblable au miel, & l'autre eſt en petits grains, qui eſt celle que l'on nous apporte. Etant au Comté de Goritie, il cueillit de ces deux eſpeces de Manne. Celle qu'on trouvoit ſur les feuilles de figuier & de frêne, tant de celui qui a les feuilles petites, que de celui qui eſt plus ſauvage, & les a plus grandes, étoit blanche, épaiſſe & congelée en façon de gomme; mais celle qui étoit ſur les feuilles des amandiers, des pêchers & des chênes, étoit rouſſe, & tomboit des arbres en forme de liqueur ſemblable au miel; ce qui lui fit ſoupçonner que la Manne par ſa nature ne ſe congeloit point, & que cela venoit ſeulement de la differente qualité des feuilles où elle tomboit. Ainſi il conclut que Donatus Altomarus, Medecin expert, ſe trompe en diſant que la Manne qu'on cueille dans la Pouille & en Calabre ſur des feuilles de frêne, ſoit comme la ſueur de la plante, & non pas du ciel. Il s'oppoſe auſſi fortement à l'opinion de ceux qui prétendent qu'aux jours Caniculaires la Manne ne ſe trouve pas ſeulement ſur les feuilles des herbes & des arbres dans la Calabre, mais qu'auſſi en inciſant les écorces du frêne commun & du ſauvage, appellé *Orneogloſſum*, on en voit ſortir une liqueur ſemblable à la gomme, & cela ſans aucune

roſée du ciel; ce qu'il tient être contre toute ſorte de raiſon naturelle, & hors de toute vrai-ſemblance, la Manne qui vient en Calabre & dans la Pouille des inciſions de l'écorce des frênes faites aux Jours Caniculaires, ne provenant point de la liqueur de ces arbres, mais étant la Manne même qui eſt tombée du Ciel quelques jours auparavant, & demeurée ſur ces frênes. Son raiſonnement eſt que les frênes ſur tous autres arbres, étant toûjours plus chargés de cette roſée de miel, & d'ailleurs leur écorce ſe trouvant fort ſeche, altérée & crevaſſée, il eſt impoſſible qu'une grande quantité d'humeur ne ſe perde & ne ſe confonde en ces écorces, & que de la Manne, tel que celui de ces écorces, la même humeur que ces écorces avoient attirée en ſort & ſe congele en petits grains, qui neanmoins, pour être legers & ſpongieux à cauſe de la mixtion de l'humeur de l'arbre, n'approchent en aucune ſorte des proprietés de l'autre Manne. Quant à ce que la Manne s'arrête particulierement ſur les frênes ſauvages & communs, quoiqu'elle tombe univerſellement ſur toutes les plantes, Matthiole croit que cela vient d'un rapport ſecret que ces arbres ont avec la Manne, tel que celui de l'aimant au fer, & de l'ambre à la paille. Il eſt certain qu'en la Pouille & en Calabre il n'y a que les frênes communs & ſauvages qui puiſſent retenir, épaiſſir & reduire la Manne en gomme, & qu'auſſitôt qu'elle eſt tombée ſur les autres arbres, elle en coule & tombe ſur la terre, ou ſur les pierres & les herbes qui ſont deſſous. La Manne eſt moderément chaude & humide. Elle lâche le ventre & purge la bile ſans nulle incommodité. On en peut faire prendre aux perſonnes âgées depuis une once juſqu'à trois, & aux enfans juſqu'à une demi-once. Il faut la diſſoudre dans un bouillon de poulet ou dans de la décoction d'orge. Elle eſt bonne pour ſoulager les maladies du poumon & de la poitrine.

On appelle *Manne de Mercure*, un ſublimé fait avec le précipité que l'on ſublime pour le précipiter une ſeconde fois, & enſuite encore le ſublimer ainſi pour la ſeconde fois.

Manne d'encens. Farine d'encens que l'on ramaſſe dans les ſacs où l'encens a été mis, & les graines ſe froiſſant les unes contre les autres. On l'appelle en Latin *Mica thuris*, Mie d'encens. On l'emploie dans les parfums & dans les onguents, de même qu'on fait l'encens impur. La bonté de la Manne d'encens, au rapport de Dioſcoride, ſe connoît, quand elle eſt blanche & pure, & qu'elle a force petits grains. Elle a les mêmes proprietés de l'encens, quoiqu'un peu moindres.

MANOBI. ſ. m. Sorte de fruit du Breſil, qui vient ſous terre à la maniere des truffes, & qui ſe lie par de petits filets avec les autres fruits de même nature. Il contient un noyau de la groſſeur & du goût d'une noiſette. La peau en eſt griſe, & n'eſt pas plus dure que l'écorce d'un pois ſec.

MANOEUVRE. ſ. f. Terme de Marine qui ſignifie non ſeulement toutes les cordes qui ſervent à gouverner les vergues, les voiles & l'eſtage, & à tenir les mâts dans leur aſſiette, mais qui ſe dit auſſi du ſervice des Matelots & de l'uſage de tous les cordages. Quelques-uns veulent que les cables & les hanſieres ne s'appellent pas Manœuvres, quoiqu'on diſe que Biter le cable ſoit une manœuvre qui ſe fait ſous le pont. Quant au ſervice du Matelot, on dit *Manœuvres hautes* en parlant de celles qui ſe font de deſſus les vergues, les cordages & les hunes, & *Manœuvres baſſes*, celles qui ſe peuvent faire de deſſus le pont du Vaiſſeau. On dit qu'*On a fait une manœuvre ſîre, une manœuvre* *hardie*, quand on a fait tout d'un coup ce qu'il y avoit de plus avantageux à faire, ou que l'on a entrepris quelque chose de périlleux & de difficile, On appelle *Grosses manœuvres*, l'embarquement du lest, des cables, des canons, & enfin de tout ce qui regarde le gros travail, tel que celui de mettre les ancres où elles doivent être placées. On dit qu'*On a fait manœuvre tortue*, quand on a fait une autre route que celle qu'on avoit dessein de faire.

On appelle *Manœuvres majors*, les gros cordages, tels que sont les cables, les hansieres, l'estai, les greslins & autres; & *Menues manœuvres*, les petites cordes qui servent à manœuvrer tant les vergues que les voiles. Les bras, les cargues & les boulines sont de ce nombre. Les *Fausses manœuvres* sont celles qu'on met lorsqu'on se prepare à un combat, & qu'on fait servir quand les autres sont coupées. *Manœuvre qui ne fait rien*, est une corde qui n'étant ni tenue ni amarrée, ne travaille pas. On l'appelle autrement *Manœuvre en bande*. Il y a aussi des *Manœuvres passées à contre*, & des *Manœuvres passées à tour*. Les premieres sont les cordages qui sont passés de l'arriere du Vaisseau à l'avant, comme ceux du mât d'artimon. Les autres sont passées de l'avant du Vaisseau à l'arriere, comme les cordages du grand mât, & ceux des mâts de beaupré & de misaine.

On appelle *Manœuvres courantes ou coulantes*, les cordages qui passant sur des poulies, comme les bras, les écoutes, les boulines & autres, servent à manœuvrer le Vaisseau; & *Manœuvres dormantes*, les cordages fixes, comme l'itacle, les haubans, les étais & autres qui ne passent point par des poulies, & qu'on manœuvre plus rarement que les courantes.

MANOEUVRER. v. a. Terme de Marine. Travailler aux manœuvres, faire agir les vergues & les voiles d'un Vaisseau.

MANOEUVRIER. s. m. Celui qui est intelligent dans toutes les choses qui regardent la manœuvre d'un Vaisseau.

MANOIE. s. f. Vieux mot. Memoire.

MANOIR. s. m. Mot qui signifioit autrefois *Maison*, & qu'on trouve aussi employé comme verbe, pour dire, Habiter, demeurer, du Latin *Manere*. On a dit encore *Mansion*, pour Demeure, d'où l'on a fait le mot de *Maison*. *Manoir* n'est plus aujourd'hui en usage qu'au Palais, où l'on dit *Manoir*, *Seigneurial*, & entre heritiers qui partagent noblement, *Principal manoir*, c'est-à-dire, celui que l'aîné doit avoir par préciput. On dit aussi le *Manoir Episcopal*.

MANSARDE. s. f. Terme d'Architecture. Maniere de charpente ou couverture de maison, que l'on appelle autrement *Comble coupé ou brisé*. Il est composé du vrai comble qui est roide, & du faux comble qui est couché, & qui en fait la partie superieure. Il n'y a point aujourd'hui de beau bâtiment qui ne soit couvert d'une Mansarde. On lui a donné ce nom, de François Mansard, celebre Architecte moderne qui en est l'inventeur.

MANSFELDOIS. Nom de certains Protestans d'Allemagne, qu'on a appellés ainsi, de ce que dans le seizième siecle les jeunes Comtes de Mansfeld ne pouvant goûter la doctrine d'Osiander, de Stancarus & de quelques autres Docteurs Lutheriens, firent une secte à part; ce qui fut cause que l'on nomma leurs Sujets *Mansfeldois ou Mansfeldiens*.

MANSFENI. s. m. Oiseau de proie des Antilles, qui n'étant guere plus gros qu'un Faucon, a les griffes deux fois plus grandes & plus fortes. Il a un tel rapport avec l'aigle par sa forme & par son plumage, qu'il n'y a que sa petitesse qui l'en puisse distinguer. Cependant quoiqu'il soit si fort & si bien armé, il ne fait la guerre qu'aux ramiers, aux tourterelles, aux grives, & aux autres petits oiseaux qui sont incapables de lui resister. Il vit de serpents & de petits lezards, & se perche d'ordinaire sur les arbres secs les plus hauts & les plus élevés au milieu des Habitations. C'est où les Habitans le tirent à coups de fusil, mais il faut le prendre à rebours, autrement le plomb n'a point de prise sur lui, tant ses plumes sont serrées & fortes. La chair en est excellente, quoiqu'elle soit un peu noire.

MANTEAU. s. m. *Vêtement qu'on se met sur les épaules par dessus l'habit quand on veut aller par la ville ou à la campagne.* ACAD. FR. On appelle *Manteau*, en termes de Blason, la Representation de la cotte d'armes du Chevalier, qu'on met derriere son écu, & qu'on chamarre de ses Armoiries. Ces anciens Manteaux qui étoient ouverts sur le côté, & qui descendoient plus bas que le nombril, en maniere de juppe volante, avoient les manches raccourcies à l'endroit du coude. Les Princes non Souverains & les Ducs & Pairs de France en couvrent leurs écus, & ce Manteau est fourré d'hermines. Ce n'est que depuis un siecle que l'on a mis en usage les manteaux fourrés d'hermines. Ils sont armoyés sur le repli. Ceux des Presidens ne se sont pas de la même sorte. Ils sont d'écarlate doublée d'hermines & de petit gris. L'usage en est plus moderne.

On trouve le mot de *Manteau* employé dans le vieux langage pour une mesure ou un lé d'étoffe.

Combien faut-il bien de manteaux
Pour vostre serment, de quarreaux
Pour le fourrer de lombardie?

Borel dit que quelques-uns font venir *Manteau* de *Mandue*, mot Persan; d'autres de μανδύη, d'où nous est venu *Mandille*, ou de *Mantica*, Besace, parce qu'on porte un Manteau comme une besace, partie devant & partie derriere, ou enfin de *Manus*, Main, & de *Tegere*, Couvrir.

Manteau. Terme de Fauconnerie. La couleur du poil de plusieurs animaux & oiseaux; & particulierement des oiseaux de proie. C'est-là qu'est venu le nom de *Corneille emmantelée*.

Manteau de cheminée. Ce qui paroit d'une cheminée dans une chambre, ce qui en couvre la hote, c'est-à-dire, les barres de fer qui portent sur les deux jambages, & qui étant ployées quarrément, sont sellées dans le gros mur.

On appelle *Manteaux de porte*, Les deux pieces d'une porte qui s'ouvre des deux côtés.

MANTELÉ. ée. adj. Terme de Blason. Il se dit de l'écu ouvert en chappe, & du lyon & autres animaux qui ont un mantelet. *D'azur à la tour couverte d'argent, mantelée de même*.

MANTELET. s. m. Sorte du petit manteau violet que les Evêques mettent par dessus leur rochet en certaines occasions.

Mantelet, est aussi Un petit manteau de fourrure ou de soie, garni d'ouëte, qui se met sur les épaules d'un malade, quand il peut se tenir en son seant.

Mantelet. Terme de Blason. Il se dit des courtines du pavillon des Armoiries, quand elles ne sont pas couvertes de leurs chapeaux. C'étoit autrefois une espece de lambrequin large & court qui couvroit les casques & les écus des Chevaliers.

On appelle *Mantelets*, dans les carrosses de voiture, les cuirs qui s'abattent sur les portieres & aux côtés dans les tems de pluie ou de vent, & que l'on releve relève quand le tems est beau, & qu'on veut avoir de l'air.

* **Mantelet.** Terme de Guerre. Couverture de grosses planches, qu'on incline contre une muraille qu'on veut sapper ou miner. Le Mantelet doit être à l'épreuve du mousquet par les côtés, & plus fort au dessus à cause des grosses pierres que l'on peut jetter. M. Felibien marque dans son Traité de l'Architecture, qu'on le couvre aussi de peaux de bœuf tendues, pour empêcher que les feux d'artifice ne le brûlent, qu'il s'en fait de plusieurs sortes, & qu'il y en a que les Mineurs qui sont dessous à couvert, font rouler devant eux pendant le jour, pour s'approcher des murs ou des tours d'un Château. Les Anciens bâtissoient les Mantelets d'un bois leger. Leur hauteur étoit de huit ou neuf piés, leur longueur de seize, & la largeur en étoit égale à la hauteur. Ils étoient couverts à double étage, l'un de planches & l'autre de claies avec les côtés d'osier, & revêtus par dehors de cuirs trempés dans l'eau pour les garantir du feu.

MANTONNET. s. m. Petite piece de bois ou de fer qui a un cran ou une entaillure qu'on attache aux jambages d'une porte, ou ailleurs, pour soûtenir & arrêter quelque chose, comme le battant d'un loquet.

MANTONNETE. s. f. Vieux mot. Sorte de drap ou de fourrure.

Se vous voulez de tortes bannes,
Par ma foy, j'en ay de bien fines;
Ou se vous voulez de groignettes,
Prenez-en ou de mantonnettes.

MANTURES. s. f. Terme de Marine. Coups de mer & agitation des houles.

MANUCODIATA. s. f. Nom Indien que beaucoup de Relations de Voyages donnent à l'*Oiseau de Paradis.* Quelques-uns croyent qu'on l'appelle Oiseau de Paradis, à cause qu'il habite au haut de l'air. Il a le bec & le corps d'une hirondelle, & consiste tout en plumes, dont celles de la tête ressemblent à de l'or pur. Celles de ses ailes & de sa queue font une maniere de panache, & les plumes de sa gorge sont faites comme celles d'un canard. On dit que cet oiseau n'ayant point de piés se pendoit par ses plumes aux branches d'un arbre quand il avoit envie de dormir; mais on tient que cela n'est fondé que sur ce qu'on ne leur voit point de piés, à cause que les Marchands les coupent pour faire paroître cet oiseau plus extraordinaire, ou pour l'empêcher de gâter ses plumes qui sont extrémement fines. Ceux qui les prennent lui coupent les piés si près du corps, que dès que la chair commence à se secher, la peau & les plumes se rejoignent d'une maniere qui empêche que la moindre cicatrice n'y paroisse. D'autres disent que les grandes fourmis qui sont aux Moluques, où ces oiseaux sont communs, leur mangent les piés. Le mâle est d'une couleur plus vive que la femelle, qui a une cavité sur le dos, où elle couve ses petits. Ces oiseaux volent toûjours, & se nourrissent des mouches qu'ils attrapent en l'air. On ne les trouve que morts; le bec fiché dans la terre.

MANVELLE. s. f. Terme de Marine. Barre de bois que le timonnier tient à la main pour gouverner le Vaisseau. Il y a une boucle de fer qui la joint à la barre du Gouvernail.

MANUMISSION. s. f. Action par laquelle les Romains donnoient la liberté à leurs Esclaves, en quoi il y avoit quelques ceremonies à observer. L'Empereur Constantin les faisoit faire à Rome dans les Eglises. On a appellé *Manumission*, en France, l'Affranchissement des gens de condition

Tome II.

serve ou de main-morte, qu'ils devoient faire confirmer par des Lettres Patentes du Roi, verifiées en la Chambre des Comptes, après qu'ils l'avoient obtenu de leur Seigneur. Il y avoit une certaine Finance à payer pour les Manumissions.

MAP

MAPPEMONDE. s. f. Terme de Geographie. Description ou delineation de la figure du monde sur un plan ou dans une carte. Elle est comprise en deux cercles, qui sont les deux hemispheres, & dont l'un contient le Monde ancien, & l'autre le nouveau Monde.

MAQ

MAQUEREAU. s. m. Poisson de mer qui se pêche au mois d'Avril & de Mai, & que quelques-uns croyent avoir été appellé ainsi, du Latin *Macula*, Tache, à cause qu'il a le corps tacheté de bleu & de noir. Il est rond, épais, charnu, & n'a point d'écailles. Son museau est pointu ainsi que sa queue. Il vit en troupe & croît jusqu'à une coudée. Des Auteurs l'ont appellé *Macularellus*, d'où a été fait *Maquerellus*.

MAQUILLEUR. s. m. Bateau de simple tillac, dont on se sert pour la pêche du maquereau.

MAR

MARABOUT. s. m. Terme de Marine. Voile de galere qui ne s'appareille que de tems en tems. On dit aussi *Mazzabout.*

On appelle *Marabouts*, certains Prêtres Mahometans qui desservent les Mosquées, sur-tout en Afrique.

MARACOK. s. m. Sorte de fruit de la Virginie que l'on estime fort sain. Il croît subitement, & est mûr au mois de Septembre. C'est une espece de citrouille.

MARAISCHER. s. m. Jardinier qui cultive un marais, ou qui en est Fermier.

MARANDER. v. n. p. On dit en termes de mer, mais bassement, & seulement dans la Manche, qu'*Un vaisseau se marande*, pour dire, qu'il gouverne bien.

MARANE. s. m. Terme injurieux, qui veut dire, Mahometan. Les François le donnent aux Espagnols par mépris.

MARASME. s. m. Terme de Medecine. Langueur qui fait que le corps s'amaigrit insensiblement & successivement. La fievre hectique qui est extrémement lente, & dont la chaleur est douce & comme cachée, en sorte qu'on ne s'en apperçoit point d'abord, degenere ordinairement en Marasme. Ce mot est Grec μαρασμος, & vient de μαραινω, Dessecher, obscurcir, flétrir.

MARAUDE. s. f. Terme de Guerre. On dit des Soldats, qu'*Ils vont à la Maraude*, pour dire, qu'ils se dérobent du camp, pour aller à la petite guerre, c'est-à-dire, pour aller piller le paysan sans ordre & sans chef, ce qui ne se fait que par des miserables. Ce mot vient de *Maraud*, nom injurieux, qui veut dire, Coquin, fripon; & qu'on donne à ceux qui n'ont ni bien ni honneur. M. Ménage le fait venir de l'Hebreu *Maroud*, Gueux, & d'autres de *Marrucinus*, qui se trouve dans quelques Auteurs Latins.

MARAUDEUR. s. m. Soldat qui va à la petite guerre, qui s'échappe pour piller le paysan.

MARAVEDIS. s. m. Petite monnoie de cuivre qui a

D

cours en Espagne, où elle vaut trois deniers. Sur ce pied-là vingt Maravedis font cinq sols de notre monnoie. Les Espagnols pleins de faste, comptent presque toûjours par Maravedis. *Ce Seigneur a cent mille Maravedis de rente*, c'est douze cens cinquante livres. C'est aussi parmi eux une monnoie de compte, comme Livre l'est en France. Les Marchands tenans leurs Livres par Maravedis & les sommant par dixaines. Covarruvias dit que ce mot est Arabe, & qu'il vient des Maures Almoravides, qui étant passés d'Afrique en Espagne, donnerent leur nom à cette monnoie qui a été depuis appellée *Maravedis* par corruption.

MARBRE. f. m. *Sorte de pierre extrêmement dure & solide, dont les Sculpteurs font leurs plus beaux ouvrages, & dont les Architectes se servent aux plus beaux ornemens des Palais & des Eglises.* ACAD. FR. Il y a des Marbres de diverses sortes, les uns d'une seule couleur, & les autres veinés ou mêlés de taches. Ils sont tous opaques, à l'exception du blanc qui est transparent, & qu'on trouve en Grece & presque par tout l'Orient. M. Felibien dit qu'on s'en servoit autrefois au lieu de verre, pour mettre aux fenêtres des bains, des étuves, & des autres lieux que l'on vouloit garantir du froid, & qu'à Florence il y avoit une Eglise dont les fenêtres en étoient remplies, ce qui lui donnoit une très-grande clarté. Dans les mêmes carrieres où sont ces Marbres blancs, il y en a d'une autre espece qui n'a aucune veine, mais seulement la même couleur, & qui a le fil & le grain très-fin. C'est de celui-là que l'on faisoit tous les ornemens des Edifices, & les plus belles statues. Les Anciens appelloient leur plus beau marbre blanc, *Marmor Parium*, soit qu'il vînt de l'Isle de Paros, soit à cause du Sculpteur Agoracritos, qui en étoit originaire, & qui le premier tailla de Marbre blanc la statue de Venus. On en trouve de diverses sortes dans les Montagnes de Cararre, les uns noirs, d'autres tirant sur le gris, d'autres mêlés de rouge, & d'autres qui ont des veines grises. Il s'y trouve aussi un Marbre dont la blancheur égale celle du lait, & qui est admirable pour faire des figures. Les Marbres que les Italiens appellent *Cipollini*, à cause de leurs grandes nuances de blanc & de verd pâle, couleur de ciboule, servent seulement pour faire des pilastres, de grandes tables & d'autres ouvrages, & ne sont pas propres pour des statues. Il y en a qui sont un peu transparens & qui ressemblent à des congellations. Les Ouvriers les appellent *Salini*, à cause d'un certain brillant, pareil à celui qui paroît dans le sel. Leur grain qui est fort gros & rude, fait qu'on s'en sert rarement, & même difficilement pour en faire des figures. Il en découle de l'eau dans les tems humides ; c'est comme une espece de sueur. Les Marbres que les Italiens appellent *Campanini*, de *Campana*, Cloche, à cause qu'ils rendent un son fort aigu quand on les travaille, se tirent à *Pietra sancta*. Ils sont naturellement durs, & s'éclatent plus aisément que les autres. On tire du pied des Alpes vers Cararre, un Marbre qui a le fond noir, avec de grandes veines jaunes, & qu'ils nomment *Portoro*, à cause de ses veines qui paroissent d'or.

On appelle *Marbre brut*, Le Marbre tel qu'il vient de la carriere, c'est-à-dire, par blocs d'échantillons, ou par quartiers ordinaires ; *Marbre ébauché*, Celui qui est travaillé à double pointe pour la Sculpture, ou approché avec le ciseau pour l'Architecture ; *Marbre dégrossi*, Celui qui est équarri selon la disposition d'une figure ou d'un profil avec la scie & la pointe, & *Marbre fini*, Celui qui est

terminé avec le petit ciseau & la rape qui adoucit. On en evide les creux avec le trepan, afin de faire paroître les ornemens dégagés & de mettre l'ouvrage en l'air. Aux endroits où il ne faut pas de poli, on emploie la presle & la peau de chien de mer, pour distinguer les draperies polies d'avec les chairs qui sont mates & l'Architecture d'avec les ornemens. Le *Marbre poli* est celui, qui ayant été frotté avec le grais & de la pierre de Gothlande, & repassé ensuite avec la pierre de ponce, est enfin poli à force de bras au bouchon de linge. On se sert de la potée d'émeril pour les Marbres de couleur, & de celle d'étain pour les Marbres blancs, à cause que la potée d'émeril les roussit. On polit le Marbre en Italie avec un Morceau de plomb & de l'émeril, & cela lui donne un poli fort luisant & qui est de longue durée. Les taches d'huile penetrent le Marbre, ce qui fait que l'on ne sçauroit ôter ces sortes de taches, sur-tout sur le Marbre blanc. On dit, *Marbre filardeux*, & *Marbre cameloté*. Le premier est celui qui a des fils, comme la plûpart des Marbres de couleur en ont, mais particulierement le Serancolin & celui de Sainte Baume. Ce dernier est blanc & rouge mêlé de jaune approchant de la brocatelle. Le Marbre cameloté est une sorte de Marbre, qui quoiqu'il soit d'une même couleur, paroît tabisé après qu'il a reçu le poli. Le Marbre de Namur est de cette sorte. C'est un Marbre noir qui tire un peu sur le bleuâtre, & qui a quelques petits filets gris qui le traversent. Il est si commun que l'on en fait du pavé.

Il y a plusieurs sortes de Marbre, qu'on appelle *Breche*, à cause que n'ayant point de veines comme les autres ils se cassent comme par breches. Ces Marbres sont par taches rondes de differentes grandeurs & couleurs, formées du mélange de plusieurs cailloux.

Il y a encore plusieurs Marbres dont la difference vient des couleurs. Le *Marbre blanc veiné*, est mêlé de grandes veines, de taches grises & de bleu foncé sur un fond blanc. Celui qu'on appelle *Bleu Turquin*, est mêlé de blanc sale, & vient des côtes de Genes. Le *Marbre fleur de Pêcher*, vient d'Italie. Il est mêlé de taches rouges & blanches un peu jaunâtre, & le *Marbre de Griote*, est d'un rouge foncé de blanc sale, & qui tire sur celui des Griotes ou cerises. Le *Marbre jaune*, n'est employé d'ordinaire que par incrustation dans les compartimens, quand il s'agit de former quelque piece de Blason. Il est antique & fort rare, d'un jaune isabelle dans veines. Il y en a un autre qui est encore plus jaune, & qu'on appelle doré. Le *Marbre noir & blanc*, a le fond noir pur & quelques veines fort blanches, & le *Marbre œil de paon*, est mêlé de taches rouges, blanches & bleuâtres. Le rapport qu'il a à cette sorte d'yeux que l'on voit au bout des plumes de la queue d'un Paon, lui a fait donner ce nom. Quant au *Marbre vert*, l'antique est d'un vert d'herbe & de noir par taches de grandeurs & de formes inégales. Le Moderne qu'on appelle *Serpentin*, en Italien *Scipolatio*, est d'un vert foncé, & taché d'un gris de lin & d'un peu de blanc. Il se tire près de Cararre sur les côtes de Genes, ainsi que le vert de mer, qui est d'un vert plus gai, avec des veines blanches. Quelques-uns font venir le mot de *Marbre*, du Grec μαρμαρίζω, à cause qu'il est luisant.

On appelle *Marbre artificiel*, Un Marbre fait d'une composition de Gyp en forme de Stuc, où l'on mêle des couleurs qui le font paroître Marbre naturel. Cette composition, quoique d'une consistance assez dure, est sujette à s'écailler. Elle ne laisse pas pourtant de recevoir le poli comme fait le Marbre.' On fait aussi de Marbre artificiel par des teintures corrosives qui penetrent de plus d'une ligne. Cette sorte de Marbre reçoit aussi le poli.

Marbre feint, se dit de toute peinture, qui imite non seulement la diversité des couleurs des Marbres, mais aussi leurs veines. On se sert d'un vernis pour donner à cette peinture l'apparence du poli, lorsqu'elle est sur de la menuiserie.

Marbre. Terme-d'Imprimeur. Pierre sur laquelle les Imprimeurs mettent les caracteres arrangez, pour les imposer & pour corriger les formes. On appelle aussi *Marbre*, La pierre dont on se sert à broyer ou des couleurs ou des drogues.

MARBRIERE. s. f. Nom que donnent quelques-uns aux carrieres d'où l'on tire le marbre. Elles sont toûjours le long de quelque côte de montagne.

Il y a en France plusieurs Marbrieres, les plus communes se prennent à Laval. Toute la partie Orientale du circuit de la Ville d'Angers est de Marbre, il n'y a néanmoins qu'une Marbriere en état.

MARC. s. m. Poids de huit onces, qui est fait de cuivre, & subdivisé en plusieurs petits poids qui se mettent l'un dans l'autre, & qui diminuent toûjours de moitié. On se sert de cette sorte de poids, pour peser les choses prétieuses, ou qui sont en petit volume. Ce mot vient du Latin *Marca*, qui veut dire là même chose.

On dit en termes de monnoie, *Recours de la piece au marc, & du marc à la piece*, pour marquer que chaque espece d'or ou d'argent doit être taillée d'un poids si juste & si égal, qu'il n'y en ait aucune plus forte ni plus foible que l'autre, de sorte qu'en pesant les especes par Marc, il y en ait justement le nombre dont il faut que le Marc soit composé pour être droit de poids.

Marc étoit autrefois une monnoie d'argent, qui se divisoit en huit parties, & qui avoit cours en Allemagne.

On n'a commencé en France à se servir de poids de Marc que sous Philippe I. sur la fin du onzième siecle. Jusques-là le poids composée de douze onces avoit été en usage. Depuis on s'est servi de differens poids de Marc, & celui dont nous nous servons aujourd'hui, a pour ses divisions, 8. onces, 64. gros, 192. deniers, 160. esterlins, 320. mailles, 640. felins, & 4608. grains.

Marc d'or. Droit qui se leve sur tous les Offices de France, toutes les fois qu'ils changent de Titulaire. Ce fut Henri III. qui l'établit, au lieu d'un droit qu'on prenoit pour la prestation de serment. Il y avoit certains Officiers qu'on taxoit à un marc d'or en espece, & d'autres à proportion, ce qu'on a depuis évalué en argent.

Marc. Saint Marc, Ordre de Chevalerie, qui fut établi à Venise, lorsqu'on y porta le corps de saint Marc qui étoit à Alexandrie. Les Chevaliers que l'on y reçoit ont le droit de Bourgeoisie, avec l'avantage de porter dans leurs armes un Lion aïlé de gueules, & pour Devise, *Pax tibi, Marce Evangelista*, ce qui est un honneur fort estimé des Venitiens. Aussi cet Ordre n'est-il conferé qu'à ceux qui ont rendu de très-grands services à la Republique.

MARCASSIN. s. m. Jeune Sanglier au-dessous d'un an, qu'on appelle *Bête de Compagnie*, & qui est encore à la suite de la laye.

MARCASSITE. s. f. Pierre métallique, qui se forme de la partie la plus seche & la plus terrestre de l'exhalaison dont le métal est produit. Cela est causé qu'on en trouve presque dans toutes les mines. On

Tome II.

estime particuliere celle qui se rencontre aux mines d'or & d'argent, & qui est marquetée communément de paillettes de métaux. Quelques-uns la croyent une espece de Pyrite, ce qui n'est pas vrai, puisqu'on n'en sçauroit tirer de feu. Il y auroit plus de raison de la confondre avec la Pierre plombaire, comme fait Falope, quoiqu'en la mettant au feu il ne s'en separe aucun plomb fondu, & qu'on l'y entende craqueter, comme étant remplie de statuosités, ce qui n'arrive pas à celle dont on separe le plomb, & que l'on appelle *Vena plumbi.*

MARCHANDER. v. a. *Demander le prix de quelque chose, est essayer d'en convenir.* ACAD. FR. On dit encore *Marchander*, dans l'art de bâtir, pour dire, S'engager avec un Entrepreneur à faire un ouvrage pour un certain prix. Il se dit aussi-bien des gros ouvrages que des menues.

MARCHE. s. f. Degré. Partie de l'escalier sur laquelle on pose le pié quand on le monte ou qu'on le descend. Elle est comprise par son giron & par sa hauteur. On appelle *Marche d'Angle*, Celle qui est la plus longue d'un quartier tournant, & *Marches de demi-angle*, Les deux qui sont le plus près de la Marche d'angle. Il y à des *Marches quarrées* ou *droites*, & des *Marches courbes.* Les unes sont celles dont le giron est contenu entre deux lignes paralleles, & les autres celles qui sont cintrées en devant & en arriere.

On dit aussi *Marches délardées*, pour dire, Celles qui étant démaigries en chamfrain par dessous, portent leur délardement, pour former une coquille d'escalier, & *Marches gironnées*, pour dire, Celles des quartiers tournans des escaliers ronds ou ovales. Les Marches qu'on appelle *de gazon*, sont celles qui forment des perrons de gazon dans un jardin. Il y a d'ordinaire à chacune une piece de bois qui la retient, & qui regle sa hauteur.

Marche. Terme de Tourneur. Morceau de bois sur lequel il met le pié lorsqu'il tourne. Les Tisserans & Ferandiniers appellent aussi *Marches*, Le morceau de bois qu'ils touchent avec le pié quand ils font de la toile ou de l'étoffe, & qui fait aller les lames.

Marche, se dit encore des touches d'un clavier d'orgue, de clavessin, d'épinette.

Marche. Terme de Blason. Le P. Menestrier dit qu'il se trouve dans les anciens Manuscrits, où il est employé pour la corne du pié des vaches.

Marche. Mouvement de celui qui marche, les pas qu'il fait en marchant. On dit en termes de guerre *Battre la Marche*, quand le Tambour bat d'une certaine maniere qui fait connoître que les Soldats marchent, ou qu'ils sont prêts à marcher en ordre. Le mot de *Marche* signifioit autrefois, Confins, limites.

Marche, Frontiere, d'où vient *Marchis* & *Marquis*, voyez le *Traité des Marches d'Anjou & de Poitou* de Claude Pocquet de Livonniere, à la fin de son *Commentaire sur la Coûtume d'Anjou.*

MARCHE'. s. m. Stipulation verbale ou par écrit, qui engage à faire une certaine chose. Les Marchés qui se font pour un bâtiment entre l'Entrepreneur & celui qui fait bâtir, se font ou à la toise, ou à la clef à la main. On appelle *Marché à la toise*, Celui qui se fait pour un certain prix dont on convient par toise de chaque espece d'ouvrage, & *Marché la clef à la main*, Un marché par lequel un Entrepreneur s'oblige envers celui qui l'emploie, de fournir tout ce qu'il faut pour lui faire un bâtiment parfait, logeable & commode, suivant les desseins & les devis qu'ils ont arrêtés ensemble, moyennant

D ij

la fomme portée par l'écrit qu'ils ont figné l'un & l'autre. On dit aufi *Marché au rabais*. C'eft celui qui fe fait fur des devis, de bâtiments neufs, ou de reparations d'ouvrages-publics devant un Intendant ou des Tréforiers de France, & qu'on délivre à l'Entrepreneur qui s'oblige de les faire pour un prix plus bas que tous les autres.

MARCHE-PALIER. f. m. Marche qui fait le bord d'un Palier.

MARCHE-PIE'. f. m. Maniere de petite eftrade fous des formes de chœur, fur quoi on pofe les piés. On appelle aufi *Marchepié*, La derniere Marche d'un Autel, d'un Trône.

Marche-pié, chez les Payfans, c'eft un coffre étroit de même longueur que le lit, & qui fert d'échelle pour y monter.

Marche-pié de carroffe. Planche fur laquelle le Cocher pofe fes piés, lorfqu'il eft affis fur le fiege du carroffe.

Marche-pié. Terme de Marine. Cordages qui font fur les grandes vergues, & fur lefquels les Matelots pofent les piés, lorfqu'ils ferlent & déferlent les voiles.

On appelle aufi *Marche-pié*, dans les bords de rivieres, L'efpace qu'on laiffe libre de la largeur de trois toifes, afin que les bateaux puiffent remonter facilement.

MARCHER. v. n. *Aller, s'avancer d'un lieu à un autre par le mouvement des piés.* ACAD. FR. On dit en termes de Marine, *Marcher dans les eaux d'un Vaiffeau*, pour dire, Faire même route, paffer après lui par où il a paffé.

Marcher, a été dit autrefois pour confiner; aboutir, à caufe que les bornes étoient appellées *Marches*. On a dit aufi *Marchir*, pour dire, Etre ou faire frontiere à un territoire, Contrée ou Province, Pays ou Royaume. Nicole Gilles dans la vie de Clodion le Chevelu, *Luy & fes François commencerent à envahir les terres qui à eux marchif-foient.*

MARCHETTE. f. f. Terme d'Oifelier. Petit bâton qui tient en état une Machine qui fe détend lorfqu'un oifeau vient à marcher deffus, en forte qu'il demeure pris.

MARCHIS. f. m. Nom qui a été donné autrefois aux Gouverneurs des Villes fituées fur les marches ou frontieres d'un Etat. C'eft de là qu'eft venu celui de *Marquis.*

Li Chevalier & li Marchis
Ke Paris ot femont & pris.

MARCIONITES. f. m. Sectateurs de l'Herefiarque Marcion Paphlagonien, qui vivoit vers l'an 134. C'étoit un Philofophe Stoïcien, qui s'étant laiffé débaucher par les Femmes, défendit l'Herefie de Cerdon à Rome, faifant deux Dieux comme lui, l'un bon, & l'autre mauvais, & niant l'Incarnation de JESUS-CHRIST, dont il difoit que le Corps étoit du Ciel, & non de la Vierge. Il pretendit que le Monde ne pouvoit être une œuvre du Dieu qui eft bon, à caufe des defordres qui s'y commettent. Il nioit la Refurrection, enfeignant que JESUS-CHRIST en defcendant aux enfers, en avoit délivré les ames des reprouvés qu'il avoit conduites au Ciel. Il condamnoit le Mariage, & réïteroit le Baptême après chaque chûte dans un grand peché. Les Marcionites permettoient aux femmes de baptifer, difoient qu'il n'y avoit point de guerre permife, & croyoient la tranfmigration des ames avec les Pythagoriftes. Ils étoient encore en fort grand nombre du tems de Theodoret, qui en convertit plus de dix mille.

MARCIR. v. a. Vieux mot. Affliger.

MARCITES. f. m. Sectateurs de l'Heretique Marcus Devin, qui vivoit dans le deuxiéme fiecle fous Antonius Pius. Ils s'appelloient eux-mêmes parfaits, & fe vantoient de furpaffer Pierre & Paul en excellence & de pouvoir par de certaines paroles changer le vin facramentel en fang, & attirer du Ciel en bas la grace de Dieu dans le calice. Ils nioient l'Humanité de JESUS-CHRIST, tenoient deux commencemens contraires, le filence & la parole, & enfeignoient que tous les hommes, & chaque membre du corps de l'homme, étoient gouvernés par certaines lettres & caracteres. Ils ne baptifoient pas au nom du Pere, du Fils, & du Saint Efprit, mais au nom du Pere inconnu de la verité, de la Mere de toutes chofes, & de celui qui defcendit fur Jesus.

MARCKGRAVE. f. m. Sorte de dignité en Allemagne. Ce mot eft compofé de *Mark*, Limite, & de *Grave*, qui veut dire Comte en Allemand.

MARDELLE. f. f. Pierre percée qu'on pofe à hauteur d'appui pour faire le bord d'un puits, & qui recouvre les autres pierres. D'ordinaire elle eft ronde ou à pans. Quand le puits eft mitoyen, elle eft ovale & avec languette. On dit aufi *Margelle*, du Latin *Margo*, Bord. Tous les Ouvriers difent *Mardelle.*

MARE'E. f. f. Le flux & le reflux de la mer. C'eft un mouvement qui fe fait fentir deux fois le jour, les eaux montant pendant fix heures, & s'en retournant pendant fix autres heures, ce qu'elles font encore de la même forte pendant les douze autres heures, en forte que ce mouvement réïteré s'acheve en vingt-quatre heures quarante-huit minutes. Chaque mois les marées augmentent vers la nouvelle & la pleine Lune, & elles ont leurs baffes eaux ou leur diminution vers le premier & le fecond quartier, c'eft-à-dire environ le huitiéme & le vingt & uniéme jour de la Lune. Ces mêmes marées ont leur mouvement beaucoup plus confiderable aux nouvelles & aux pleines Lunes de Mars & de Septembre, tems des Equinoxes, que dans toutes les autres Lunes; & au contraire, la mer ne re ou le jamais plus fenfiblement & n'a fon reflux plus grand que dans les nouvelles & les pleines Lunes de Juin & de Decembre, tems des folftices. On appelle *Mortes marées*, Les baffes Marées, & on dit, qu'*On peut entrer dans un Port, & en fortir de toute marée*, pour dire, En quelque état que la mer puiffe être, parce qu'il y a affés de fond au lieu dont l'on parle. On dit aufi que *Les Marées portent au vent*, pour dire, qu'Elles vont contre le vent. *La marée nous foûtient*, fe dit d'un Vaiffeau qui allant auprès du vent, & ayant le courant de la mer oppofé, fe trouve foûtenu par l'un contre la force de l'autre, en forte qu'il va où il veut aller. On dit encore, *Avoir vent & marée*, pour dire, Avoir le vent & le courant de l'eau favorables.

MARELLE. f. f. Vieux mot. Tromperie *Veu qu'elle s'applique de bailler fi lourde marelle.*

MARESCHAL. f. m. Artifan qui ferre les Chevaux, & qui les panfe quand ils font malades. Borel dit que *Marefchal*, fignifioit autrefois, Gouverneur de Jumens, *Mar*, voulant dire Jument, fur quoi il remarque que les anciens Cavaliers qui alloient à l'épargne pour le fourrage, fe fervoient plus volontiers de Jumens, à caufe qu'elles jettent leur urine en arriere hors de leur littiere, qu'elles gâtent moins fur les chevaux. Il ajoûte que ce mot fignifie aufi un ferreur de chevaux, que quelques-uns le dérivent de *Maire au champ*, ce qu'il n'approuve pas , & d'autres de *Marck* , ancien mot Gaulois qui veut dire , Cheval à Frontiere , & qui vient de *Ramak* , Jument en Hebreu ; que ce mot de *Mark* joint à *Schal* , Officier ou serviteur en Allemand , forme le nom de Maréchal , qui est pris aussi pour un Medecin de chevaux, comme un abregé de *Myre cheval* , Myre s'étant dit anciennement pour Medecin (peut-être du Grec μύρον Onguent , quoique quelques-uns fassent venir Myre de l'Arabe *Emir* , Seigneur , Prêtre , Medecin) & qu'ensuite on appella Maréchal un chef de Cavalerie. M. Menage fait venir ce mot de *Mareschalcus* , qu'on trouve dans les loix des Allemans , & qui est composée de *Marak* ou *Marck* , Cheval , & de *Schalc* , Puissant ou Serviteur.

Maréchal de France. Officier de la Couronne , qui est General né des Armées du Roi , pour commander ses Armées. Par leur premiere institution , ces Officiers étoient obligés de conduire l'avantgarde , pour découvrir l'ennemi , & choisir les lieux propres pour camper. Ils ont un bâton semé de fleurs de lys pour marque de leur dignité , & outre le serment qu'ils font au Roi en le recevant , ils le prêtent aussi dans la Cour au Parlement de Paris. Ils sont les arbitres des differends qui surviennent entre la Noblesse , & ont sous eux des Lieutenans qui sont les Prevôts des Maréchaux. Ils n'étoient originairement que les premiers Ecuyers sous les Connétables. Alberic Clement , sieur du Mez en Gâtinois , l'un des Maréchaux de l'Ecurie du Roi , merita par ses services d'être fait Lieutenant du Sénéchal de France ; & ses Successeurs , ce grand Officier manquant , furent comme les Lieutenans de la Sénéchaussée vacante , & éleverent leur charge dans les armes , avant que le Connétable qui avoit été leur chef , le pût devenir de nouveau dans la guerre en s'attribuant l'autorité militaire du Sénéchal , de sorte que cette charge dépend absolument de la Couronne. Le nombre des Maréchaux de France s'est extrémement multiplié depuis le Regne de François I. & à commencer par Alberic Clement qui mourut en 1191. on en compte cent soixante & trois jusqu'à Monsieur le Maréchal de Lorges , Capitaine des Gardes du Corps , à qui sa Majesté donna le bâton en 1676. Le mot de Connétable n'étant pas en usage en Allemagne , on se sert de celui de Maréchal , & le Duc de Saxe a le titre de *Grand Maréchal de l'Empire.*

Grand Maréchal des Logis. Officier dont la fonction est de recevoir les ordres du Roi pour ses logemens & pour ceux de toute sa Cour , & de les faire entendre aux Maréchaux & Fourriers des Logis qui prêtent le serment de fidelité entre ses mains. Il y a douze Maréchaux des Logis. On appelle aussi *Maréchal des Logis* , Un Officier de guerre qui a soin du logement des soldats. Chaque Compagnie de Cavalerie a son Maréchal des Logis , & il n'y en a qu'un par Regiment dans l'Infanterie. Chaque Compagnie des Gendarmes en a deux , ainsi que chaque Compagnie des Chevaux-legers d'ordonnance. Il y en a six dans chaque Compagnie des Mousquetaires du Roi. Il y a aussi un Maréchal des Logis de l'Armée.

Maréchal de Camp. Officier General qui a son rang immediatement après le Lieutenant General. Il prend les devans dans la marche d'une Armée , afin d'assurer la route , & de regler le lieu où les troupes doivent camper. Si en assiegeant une Place on fait deux attaques , & qu'il ne s'y trouve qu'un Lieutenant General , le Maréchal de Camp commande la gauche.

Maréchal de Bataille. Cette charge est supprimée. C'étoit un Officier dont les fonctions consistoient à faire connoître aux Maréchaux des Logis , les postes où les corps de garde d'un campement devoient être mis. Il avoit soin de ranger les troupes en bataille quand l'occasion s'en presentoit , & regloit leur marche. Les Maréchaux de Camp & les Majors Generaux font aujourd'hui cette charge.

MARFIL. s. m. Nom que les Marchands en gros donnent à l'yvoire. Il est Espagnol , & veut dire , Yvoire en cette langue.

MARGE. s. f. *Le blanc qui est autour d'une page imprimée ou écrite.* ACAD. FR. *Marge* , est aussi un terme d'Imprimeur en Taille-douce , & se dit de la feuille de papier qui se met sous la planche de cuivre pour servir à marquer l'estampe.

MARGER. v. a. Terme d'Imprimerie. Faire les marges d'une feuille de papier , & les compasser avant qu'on la tire. On dit aussi *Marger une planche.*

MARGOTER. v. n. Terme de Chasseur. On dit que *les Cailles margottent* , en parlant d'un certain cri enroué qu'elles font avant que de chanter.

MARGUERITE. s. f. *Petite fleur blanche* , ou *blanche & rouge* , *qui vient au commencement du Printems.* ACAD. FR. Matthiole parle de trois especes de Marguerites , la grande , la moyenne , & la petite. La grande que Pline appelle *Bellis* , produit des feuilles étroites à leur issue , & larges à la cime , rondelettes , grosses , dentelées , & couchées par terre en rond comme une roue. Celles qui sortent de sa tige sont plus longues & semblables à celles de Seneçon. Elle jette sur une seule racine plusieurs tiges , hautes d'une coudée , rondes & fortes , portant à leur cime des fleurs plus grandes que celles de la Camomille pendant tout l'Eté , jaunes dedans , & blanches en leur circonference. Sa racine est fort divisée , & n'est guere profonde en terre. La *Marguerite moyenne* vient souvent aux prés , & a ses feuilles plus petites , moins dentelées , & qui se traînent à terre. Ses tiges sont minces , souples , rondes , & longues d'un palme. Sa racine est plus mince que celle de la grande Marguerite , mais bien munie , & elle a ses fleurs tout-à-fait semblables , mais plus petites. La petite *Marguerite* croît dans les Jardins , & il y en a diverses especes qui se distinguent toutes par les fleurs. Ces fleurs ne different pas seulement en la couleur , mais dans le nombre des feuilles. On en voit une espece en laquelle elles paroissent jaunes au milieu , garnies tout autour de feuilles rouges. En l'autre elles sont blanches , roussâtres ou de diverses couleurs & en plus grand nombre , & en une autre, rouges au-dedans, & blanches à l'entour. D'autres sont garnies de feuilles si bigarrées , qu'elles ressemblent à des flocs de soye. Elles fleurissent toute l'année. Les Modernes disent que toutes les Marguerites sont d'une même proprieté , bonnes aux fractures de la tête & aux plaies qui ont pénétré jusques aux concavités de la poitrine. Dans ces sortes d'accidents , ils ordonnent le jus des Marguerites en breuvage. Quelques-uns les estiment particulierement pour les sciatiques & pour la paralysie. Leurs feuilles mangées guerissent les ulceres de la bouche & de la langue. L'herbe fraîche mangée en salade est propre à lâcher le ventre.

Marguerite. Terme de Marine. Certain nœud qu'on fait sur une Manœuvre , afin d'agir avec plus de force.

MARIAGE. s. m. Union charnelle & legitime de l'homme & de la femme pour la procreation des enfans , & pour entretenir une societé perpetuelle.

D iij

Les Juifs font un commandement exprès de se marier, & il a été déterminé parmi eux que ce seroit à dix-huit ans, ensorte que celui qui en passeroit vingt sans prendre une femme, seroit censé vivre dans le peché ; ce qui est fondé sur le premier chapitre de la Genese *Croissez & multipliez*. Par cette raison les Juifs sont mariés dehors par leurs Rabbins, soit sur les rues ou dans les cours, afin que regardant le ciel, ils puissent penser à multiplier comme les étoiles. L'époux porte autour de son col un habit de crin. Le Rabbin en met le bout sur la tête de l'épouse à l'exemple de Ruth qui voulut être voilée du bord du vêtement de Booz, & alors il prend un verre plein de vin sur lequel il prononce quelques benedictions, louant Dieu de cette alliance. Il donne le vin à l'un & à l'autre afin qu'ils le boivent, & ayant pris de l'époux un anneau d'or, il le met à un des doigts de l'épouse, ce qui est suivi d'une lecture publique du contrat de mariage. Le Rabbin prend encore un autre verré de vin sur lequel il prie, & le presente aux deux mariés pour le goûter. L'époux prend le verré & le jette contre la muraille en memoire de la déstruction de Jerusalem ; & pour la même raison on jette en quelques places des cendres sur la tête de l'époux, qui prend un chapeau noir pour marque de tristesse, comme l'épouse prend un manteau noir. Il est permis aux Juifs d'avoir plusieurs femmes suivant divers endroits de l'Ecriture, ce qui est pratiqué par les Levantins, mais non par les Allemans, ni par les Italiens. Ils peuvent épouser les filles de leurs Freres, mais le Neveu ne peut épouser sa tante. La Veuve ou la femme qui a été répudiée ne se peut remarier que trois mois après la répudiation, ou la mort de son mari, afin que si elle devient grosse, l'état de son enfant soit certain. Si la Veuve a un enfant à la mammelle, elle ne peut contracter un nouveau mariage qu'il n'ait deux ans accomplis. Lorsque l'on est convenu des conditions d'un mariage, il se fait un écrit entre l'époux & les parens de l'épouse, après quoi l'accordé va voir l'accordée, & lui touche dans la main. On arrête le jour des nôces, qu'on prend ordinairement dans la nouvelle Lune, un Mercredi, ou un Vendredi, si c'est une fille, & un Jeudi si c'est une Veuve. Ce jour arrivé, après que l'accordée a été au bain pour se laver toute nue selon la coûtume des femmes Juives, les parens & les amis s'assemblent au lieu marqué avec tous ceux de la Synagogue, & le Rabbin celebre le mariage. Le soir on fait un festin aux parens & aux amis, & on y chante sept fois la benediction que le Rabbin a prononcée dans la celebration, puis on fait les presens, & on couche les mariés. Il faut observer que si-tôt que l'épouse est femme, le mari est obligé de sortir du lit, où il ne sçauroit rentrer que l'épouse n'ait encore été au bain. Le matin au premier Sabbath qui suit ces nôces, l'époux & l'épouse vont à la Synagogue, & l'épouse y est accompagnée des femmes qui ont été de sa nôce. Comme on fait alors la lecture du Pentateuque, on prie l'époux de le lire, & en récompense il promet de faire de grandes aumônes.

Les Romains ont eu leurs cérémonies dans leurs mariages. Selon la Jurisprudence des Instituts de Justinien, un Citoyen Romain ne pouvoit épouser qu'une Citoyenne, & à l'égard des familles, elles s'allioient sans distinction, excepté les Patriciens, qui conformément à la loi des douze Tables, ne pouvoient épouser des Plébeïennes. Quant aux cérémonies que l'on observoit, on consultoit d'abord les augures pour connoître par des présages qu'ils tenoient certains, si le mariage seroit approuvé

des Dieux. Ensuite on apportoit de l'eau & du feu, & on les faisoit toucher à l'épouse, à cause que l'humidité & la chaleur sont les principes de la generation. On enlevoit cette épouse comme par force d'entre les bras de ses parens, en memoire du rapt des Sabines qui avoient succedé si heureusement à Romulus. Aussi-tôt on la couvroit d'un voile semblable à celui que la Prêtresse de Jupiter portoit, pour faire entendre que cet ornement sacré l'obligeoit à rendre l'alliance perpetuelle & exempte de divorce, de même que la Vestale ne pouvoit quitter l'exercice de la Religion à laquelle elle s'étoit consacrée. Elle étoit conduite en cet état par trois jeunes garçons qui étoient vêtus de robes de pourpre. L'un marchoit devant avec un flambeau pour imiter les Bergers qui ravirent les Sabines, & les deux autres la tenoient chacun par une main. Les garçons & les filles de la nôce se faisoient entendre dans tout le chemin, en chantant à haute voix, *Hymen, ô hymen e*, & quand l'épouse étoit arrivée à la porte de son mari, elle y demeuroit un peu de tems pour s'acquitter de quelques devoirs de Religion, après quoi elle entroit dans la chambre & l'on ôtoit le flambeau. En entrant, elle saluoit son mari par ces paroles, *Si vous êtes Caïus, je suis Caïa*, pour lui marquer qu'elle commençoit à porter son nom, & qu'elle suivroit par tout sa fortune. Le mari se servoit de la pointe d'une lance pour lui séparer les cheveux, ce qu'il croyoit, suivant les misteres de la Religion, contribuer au bonheur de son mariage. Alors les deux jeunes garçons quittoient la main de l'épouse, & les femmes qui l'avoient accompagnée la mettoient au lit, où le mari lui ôtoit la ceinture de Vierge qu'elle portoit.

Les Turcs peuvent avoir trois sortes de femmes, mais ils n'épousent jamais leurs parentes, si elles leur sont plus proches que de la huitiéme generation. Ils en peuvent prendre de legitimes, & quand quelqu'un veut se marier de cette sorte, il convient avec les parens de la fille, qu'il ne voit qu'après que le mariage est fait, combien elle aura de dot, & l'affaire se traite devant le Cadi, comme si c'étoit une chose purement civile. Le pere de cette fille, son frere, ou son plus proche parent se present pour elle, & lorsqu'on est demeuré d'accord des conditions, on la mene à cheval sous un dais en la maison du marié, qui attend à la porte les bras ouverts pour la recevoir. Elle est couverte d'un voile, & suivie de plusieurs femmes. Après un fort grand festin où les hommes sont avec les hommes, & les femmes avec les femmes dans un appartement séparé, la mariée, si elle est de qualité, est conduite dans une chambre par un Eunuque, & si elle n'a aucun rang qui la distingue, elle est menée par une femme de ses plus proches parentes, & mise entre les mains du mari qui la dés-habille lui-même. Si un homme a répudié sa femme, ou si la séparation est venue d'elle, il ne la sçauroit reprendre s'il en a envie, qu'elle n'ait été mariée auparavant avec un autre homme. Quand quelqu'un prend une femme au Kebin, c'est-à-dire, pour son douaire fixe, on y fait moins de façon. On va trouver le Cadi, auquel on dit qu'on prend une telle femme, avec promesse de lui payer une telle somme, si on veut l'abandonner. La convention ayant été écrite par le Cadi, il la donne à l'homme, qui garde cette femme tant qu'il veut, & la répudie quand il lui plaît, en lui payant la somme promise & nourrissant les enfans qu'il a eus d'elle. Les Turcs peuvent aussi avoir des femmes esclaves ; & comme ils en sont les maîtres, ils en font ce qu'il leur plaît,

& en ont autant qu'ils veulent. Les enfans de tou-tes ces femmes font auffi legitimes les uns que les autres.

Encore que la Loi de Mahomet permette d'avoir autant de femmes qu'on en peut nourrir, les Algeriens n'en prennent que deux ou trois. Ils fe marient fur ce qu'on leur dit de leur maîtreffe, fans la voir auparavant. Quand l'époux eft convenu avec les parens, il lui envoie de certains mets, & on fait de grands feftins quelques jours avant les nô-ces. On danfe à la Morefque. L'époufe eft affife à terre au milieu d'une troupe de femmes, parée d'ha-bits enrichis de pierreries, ayant les mains, les bras & bien fouvent le vifage fardé & coloré. Le foir, l'époux amene chés-lui l'époufe couverte d'un voi-le au fon des tambours & des flûtes. Ils s'enfer-ment tous deux dans une chambre, & les femmes qui l'ont accompagnée demeurent dehors & atten-dent qu'on leur donne fa chemife enfanglantée, qu'elles portent en triomphe par toute la ville com-me une marque de fa virginité.

Parmi les Egyptiens, les perfonnes de qualité & qui font riches, entretiennent plufieurs femmes dans un ferrail. C'eft une efpece de cloître où cha-cune a fa chambre féparée. Les Grenadins, qui font ceux de la race des Maures chaffés de Grenade, n'é-poufent qu'une feule femme. Les Mores Egyptiens, pour faire connoître l'amour qu'ils ont pour leur maîtreffe, fe brûlent le bras avec un fer chaud, ou s'y font des incifions en fa prefence. Si leur maî-treffe, touchée de les voir en cet état, leur baife les mains, ils fe tiennent affûrés de réuffir. Les filles y font mariées dès l'âge de dix ou douze ans. Quand les conviés amenent l'époufe dans la maifon de l'é-poux, on lui prefente tout ce que l'époux lui a don-né en mariage, de l'argent, des nipes, & les autres prefens que ceux du commun accoûtumé de fai-re. Les parens des perfonnes de qualité donnent de l'argent, des uftenfiles, des joyaux, & des efclaves de l'un & de l'autre fexe.

Les Mariages des Mofcovites fe font en pronon-çant les mêmes paroles que l'on prononce dans l'Eglife Catholique. Ils fe fervent même de l'an-neau, & l'époux & l'époufe étant auprès de l'Au-tel, le Prêtre met la main de l'une dans celle de l'autre. Les paroles ayant été prononcées, l'époufe fe profterne aux piés de l'époux, frappant de la tête fur fes fouliers, pour marque qu'elle fe reconnoît foumife à lui, & l'époux jette fur elle le bout de fon habit, pour faire entendre qu'il fera fon protecteur. Ils vont enfuite au portail de l'Eglife, où ils boivent à la fanté l'un de l'autre, puis ils s'en retournent en la maifon du mari, qui peut faire divorce avec fa femme au moindre mécontentement, & fe retirer dans un Cloître.

MARIAULE. f. m. Témoin peu digne de foi, dans la Coûtume de Hainaut, ch. 43. & 97. vient de Marivolo des Italiens. Furetiere s'eft trompé, lorf-qu'il a confondu ce mot avec Marjallet. L'i eft voyel-le dans ces deux mots, au lieu qu'il eft confonne dans Marjallet.

MARIE. Sainte Marie de Mercede, ou de la Redemp-tion. Ordre de Chevaliers qui furent établis par Jacques Roi d'Arragon, & nommés ainfi à caufe qu'on les obligeoit de racheter les Efclaves. Ils por-toient un habit blanc, avec une croix noire & étoient de l'Ordre des Ciftertiens. Leur établiffe-ment commença vers l'an 1232. & le Pape Grego-ire IX. le confirma. L'Ordre de la Vierge Marie fur le Mont-Carmel; fut établi par le Roi Henri IV. & confirmé en 1607. par le Pape Paul V. Il confif-toit en cent Gentilshommes François, obligés de

eelebrer tous les ans un jour de fête le 16. Mai en l'honneur de la Vierge Marie du Mont-Carmel, de porter fur leur manteau une croix de velours tané, au milieu de laquelle devoit être fon Ima-ge toute environnée de rayons d'or, & au col une croix d'or en maniere d'ancre où devoit être auffi au milieu la même Image en émail. Ces Gen-tilshommes ne pouvoient fe marier plus de deux fois, & devoient combattre pour la Religion Ca-tholique.

MARIGUI. f. m. Petit moucheron qui fe trouve dans le Brefil, & qui pique fort cruellement.

MARINE', E'E. adj. Terme de Blafon. Il fe dit des Lions & des autres animaux, aufquels on donne une queue de poiffon, comme aux Syrenes. De gueu-les, au Lion mariné d'or.

MARINETTE. f. f. Vieux mot. Pierre d'aimant.

Par vertu de la marinette,
Une pierre laide & noirette,
Où li fers volontiers fe joint.

On appelloit auffi Marinette, la bouffole qui é-toit touchée de cette pierre, à caufe qu'on s'en fert principalement à la Marine.

MARINGOIN. f. m. Sorte de Moucheron qui fe trouve dans les Ifles de l'Amerique, & qu'on ap-pelle Marigue ou Marague, dans le Brefil. C'eft à peu près ce qu'on appelle en France Coufin. Au commencement ce n'eft qu'un petit vermiffeau, long comme un grain de blé, & qui n'eft guere plus gros qu'un cheveu. Quand les ailes font ve-nues à ces moucherons, ils s'envolent en fi grand nombre, que l'air en eft obfcurci dans quelques en-droits, particulierement deux heures avant le jour, & autant après le Soleil couché. Ils tourmentent fort les habitans, & fe jettent fur toutes les parties du corps qu'ils trouvent découvertes, ajuftant leur pe-tit bec fur un des pores de la peau. Si-tôt qu'ils ont rencontré la veine, ils ferrent les ailes, roidiffent les jarrets, & fucent le fang le plus pur. Ils en tirent tant, quand on les laiffe faire, qu'à peine enfuite peuvent-ils voler.

MARJOLAINE. f. f. Plante extrêmement branchue, & d'une odeur forte qui fleurit deux fois l'an-née, & qui produit force furgeons fouples & petits. Elle a fes feuilles longuettes, blanches & velues, qui environnent fes rameaux de tous côtés, avec force fleurs au bout de fes tiges, munies d'é-pis, & écaillées comme celles de l'origan. Elles font vertes au commencement, jauniffent peu de tems après, & enfin pâliffent. Il en fort une petite graine. Pour fa racine, elle eft inutile & dure com-me du bois. Diofcoride dit, que la meilleure Marjolaine croît à Cizycene & en Chypre, après laquelle on eftime celle d'Egypte, & que les Sici-liens & les Ciziciniens l'appellent Amaracus, les Grecs la nomment σάμψυχον, en Latin Majorana. Matthiole croit que ce nom de Majorana lui a été donné, à caufe qu'elle eft odorante & toûjours ver-te, ou qu'on fait qu'on prend plus de peine à la cul-tiver qu'aucune autre herbe. Il dit que les Tofcans l'appellent Perfa, à caufe peut-être que les pre-mieres plantes en ont été apportées de Perfe en Ita-lie, & qu'il y en a une autre forte à minces feuilles qu'ils nomment Perfa Gentile. Ses feuilles, fes fleurs & fes tiges, font beaucoup plus minces que celles de l'autre. Elle ne laiffe pas d'avoir de l'odeur. La Marjolaine, felon Galien, eft de parties fort ténues, de faculté refolutive, & feche & deffica-ti-ve au troifiéme degré. Son jus pris en breuvage eft bon au commencement de l'hydropifie; & fingulier à ceux qui font travaillés, ou de tranchées, ou de difficulté d'urine. On ne fe fert ordinairement que

de ſes feuilles & de ſa ſemence en medecine, quoique Matthiole diſe, que toute l'herbe ou ſa décoction, eſt bonne à tous défauts de la poitrine qui
font qu'on a peine à reſpirer ; & qu'appliquée par
dehors ou priſe par dedans, elle ſoulage l'eſtomac
& les douleurs de foye & de ratte, par la vertu
qu'elle a de les conforter & de les diſoppiler. Il
ajoûte que ſon jus diſtillé dans les oreilles en appaiſe la douleur; qu'il eſt ſingulier pour la ſurdité,
& que tiré par le nés, il purge le cerveau, & fait
ſortir l'humeur pituiteuſe. On n'employe que les
ſommités de cette plante dans les Trochiſques d'hedycroum.

MARIPENDA. ſ. m. Sorte d'Arbriſſeau des Indes
qui ſe trouve dans la Province de Mechoacan,
donc le tronc eſt haut environ de vingt palmes. Ses
branches ſont noires,& ſes feuilles ſemblables au fer
d'un dard, larges & épaiſſes. Elles ont un vert purpurin dans la partie ſuperieure, & leur queue eſt
rouge. Le Maripenda porte ſes fruits par grappes à
la façon des raiſins, mais plus clairs. Ils ſont longs
de ſix palmes, verts premierement, rouges enſuite,
& enfin d'un pourpre obſcur. Ils habitans prennent
les rejettons & les rameaux de cet arbriſſeau, & les
ayant coupés fort menu, ils les font bouillir juſqu'à ce que l'eau s'épaiſſiſſe, & qu'elle vienne en
conſiſtance de ſyrop. Ce ſyrop guerit les playes les
plus difficiles, & arrête le ſang de celles qui ſont
recentes.

MARISQUES. ſ. f. Eſpece de groſſe Figue, qui n'a
aucun goût, du Latin Mariſca.

MARITACACA. ſ. m. Sorte d'animal du Breſil,
grand environ comme un chat, & approchant de
la forme du Furet. Il a ſur le dos deux lignes bien
diſtinguées, l'une blanche, & l'autre brune, qui ſe
traverſent en croix. Il vit d'oiſeaux, dont il mange
auſſi les œufs, & eſt tellement friant d'ambre que
ſouvent il ſe promene la nuit le long du rivage de la
mer pour en chercher. Cependant il ne laiſſe pas
d'être d'une puanteur très-venimeuſe qui pénétrant
au travers des bois & des pierres, eſt mortelle pour
les hommes & les bêtes. Elle dure quinze & vingt
jours, & quelquefois plus, en ſorte qu'on eſt contraint d'abandonner les villages dont cet animal s'eſt
approché de trop près.

MARMENTEAU. ſ. m. Bois de haute fuſtaye ou
en taillis qui ſert à la décoration d'une maiſon ou
d'un château, auquel on ne touche point, & que
les uſufruitiers ne peuvent faire couper.

MARMOT. ſ. m. Eſpece de gros Singe qui a une
queue. Les Grecs l'appellent κερκοπίθηκος, en Latin Cercopithecus, de κέρκος, Queue, & de πίθηκος
Singe.

MARMOTE. ſ. f. Petit animal grand comme un
chat, qui reſſemble au liévre par la tête, & qui
comme lui a quatre dents de devant, mais plus longues & plus aigues avec quoi il ronge tout ce qu'il
trouve. Il a de très-petites oreilles, les piés courts,
le poil aſſes grand & de diverſe couleur comme le
blereau, & la queue courte. Ses ongles qu'il a fort
aigus, lui croiſſent en une nuit, quand on les lui
a coupés. Il ſe dreſſe comme l'Ours & marche ſur
les piés de derriere. Ces bêtes ſont fort communes dans les montagnes de Savoie & de Dauphiné,
ce qui les fait appeller Mures montani. Elles ont
enſemble une eſpece de ſocieté, qui fait que quand
elles amaſſent du foin pour leur hiver,elles mettent
des ſentinelles ſur les avenues, qui les avertiſſent
par leur ſifflement quand il paroît des Chaſſeurs.
Elles ſont extrêmement farouches, & il n'y a que
les jeunes Marmotes que l'on puiſſe apprivoiſer,
mais elles font beaucoup de dégât, ſi elles rencon-

trent dequoi ronger. Les ſauvages dorment tout
l'hiver comme les loirs dans le foin & la paille où
elles ſe cachent, & à force de dormir elles deviennent ſi graſſes, que quelquefois elles ſont monſ-
trueuſes. Leur chair ſent fort le ſauvage, & cauſe
le vomiſſement à la plûpart de ceux qui la ſentent.
On lui ôte le mauvais goût & on la rend propre
à manger, en deſſechant la graiſſe dont elle eſt
chargée, qui eſt bonne pour mollifier & étendre les nerfs retirés. Cependant cette chair, quoique ſalée, eſt très-difficile à digerer, & nuit à l'eſtomac, échauffant univerſellement tout le corps. M.
Ménage fait venir le mot de Marmote de l'Italien
Marmotta. Matthiole dit qu'on en trouve quantité
dans les montagnes de Trente & aux environs, &
qu'on la appelle Marmontaines, comme qui diroit
Souris de montagnes.

MARMOUSER. v. n. Vieux mot. Remuer les lévres
comme les Marmots, les Singes.

MARNOIS. ſ. m. Bateau de mediocre grandeur, qui
vient de Brie & de Champagne juſques aux ports de
Paris ſur la Marne, & ſur la Seine. Il y en a qui ſont
longs de douze toiſes,& larges de ſeize piés en fond.
Le bord en eſt haut de quatre.

MARONIER. ſ. m. Vieux mot. Marinier.
    Voulſiſſe qu'il ſemblât l'étoile,
    Qui ne ſe muet, moult bien le voyent,
    Les Maroniers qui s'y avoyent.

MARONITES. ſ. m. Premiers Chrétiens du Levant, qui vivent dans une parfaite ſoumiſſion à
l'Evangile, & au Saint Siege de Rome, & ſur-tout
ceux qui habitent vers le Mont-Liban. Ils ont pris
leur nom d'un ſaint Perſonnage appellé Maron, &
qui a été leur Chef. Après avoir ſuivi les erreurs
des Jacobites, des Neſtoriens, & des Monothelites, ils s'en ſéparent, & leur réunion à l'Egliſe
Romaine fut ſous Baudouin IV. Roi de Jeruſalem,
& Aimeric, Patriarche Latin d'Antioche. La langue
dont ils ſe ſervent tient un peu du Syriaque, dont
le commerce qu'ils ont eu avec les Arabes leur a fait
quitter l'uſage, de ſorte qu'ils n'en uſent plus que
dans l'Office divin, compoſé pour la plus grande
partie par ſaint Ephrem. Ils ont un Patriarche qui
ſe nomme toûjours Pierre, & veut porter le titre de
Patriarche d'Antioche, que s'attribue celui des Jacobites qui s'appelle toûjours Ignace. Ils ont auſſi
des Archevêques, des Evêques, & cent cinquante
Curés qui ont ſoin de leur conduite. La réſidence
ordinaire du Patriarche eſt dans Canobin, Monaſtere bâti dans le roc. De tems en tems ils ſont contraints de ſe retirer dans les montagnes du Chouf &
du Caſtroan, pour ſe mettre à couvert des cruautés qu'exercent ſur eux les Turcs. Il y a parmi eux
une telle pauvreté, que les Curés, & même la
plûpart de leurs Evêques, ne ſubſiſtent que par le
travail de leurs mains; ils labourent des terres &
cultivent des jardins, ce qu'ils font avec beaucoup
de ſoumiſſion à la Providence.Leurs Egliſes,les ſeules du Levant où il y ait des cloches, ne ſont que
de ſimples Chapelles, où l'on entre en ſe courbant
par des portes auſſi étroites que baſſes. Ils les font
de cette ſorte afin d'empêcher les Turcs d'y entrer à
cheval, comme ils font dans les autres Egliſes des
Chrétiens dont les portes plus larges & plus élevées. Ils ne ſe découvrent point en y entrant, non
pas même durant la Meſſe, ni lorſqu'on chante
l'Office. Leur tête eſt toûjours couverte d'un bonnet, entouré d'une écharpe blanche ou noire, rayée
de blanc ou de quelqu'autre couleur. Si-tôt qu'ils
ſont entrés dans l'Egliſe ils prennent de l'eau benite,
ou s'ils n'en trouvent point ils touchent la muraille
du bout des doigts qu'ils baiſent enſuite. Cela fait ils
prennent

prennent une potence de bois, soit pour paroître en la presence de Dieu, comme s'ils étoient crucifiés, soit pour protester qu'ils n'esperent être exaucés dans leurs prieres qu'ils font que par la vertu de la Croix que leur representent ces potences. Ils se courbent dessus en priant, & se tiennent toûjours de cette sorte, si ce n'est lorsqu'on lit l'Evangile, ou qu'on éleve le Corps & le Sang de Jesus-Christ. Alors ils sont découverts, & se mettent à genoux, & dans le tems de l'élevation, ils tournent leurs mains toutes ouvertes vers les Mysteres sacrés, puis ils se les passent sur le visage à la maniere des anciens Chrétiens, comme pour se sanctifier par cet attouchement. Les Femmes sont séparées des hommes par une cloison de bois, qui est faite en forme de jalousie, & elles entrent par une porte particuliere. Ces Peuples ont tant de foi que dès qu'ils sentent la moindre incommodité, ils font jetter des linges sous les piés du Prêtre, afin qu'ayant marché dessus pendant la celebration du Sacrifice, ces linges appliquent ensuite sur la partie où est le mal, acquierent la vertu de les guerir. Après que celui qui dit la Messe a lû l'Epître & l'Evangile en Syriaque, on les lit au Peuple en Arabe, qui est la Langue vulgaire du Pays, & pendant cette lecture ils panchent la tête tantôt d'un côté, tantôt de l'autre, prononçant entre leurs dents certains mots, par lesquels ils témoignent que ce qu'ils entendent lire est la verité de Dieu, & qu'ils l'approuvent. Ils observent le Carême dans l'ancienne rigueur, ne mangeant qu'une fois le jour après qu'on a celebré la Messe; ce qui ne se fait que sur les quatre heures du soir. Ils mangent de la viande depuis Pâques jusqu'à l'Ascension, même les Mercredis & les Vendredis, qui sont les deux jours d'abstinence parmi eux dans chaque semaine. Ils font la même chose tous les Samedis, excepté dans le Carême, qu'ils passent comme le Dimanche, faisant maigre sans jeûner. Ils ont encore trois autres Carêmes, deux petits chacun de quinze jours, l'un des Apôtres S. Pierre & S. Paul, & l'autre de l'Assomption de la Vierge, qui finissent la veille de ces deux Fêtes. Le troisième est de l'Avent; il commence le quatrième Decembre, & finit le vingt-quatrième, Veille de Noël. Ces trois Carêmes ne les obligent qu'à l'abstinence, & non pas au jeûne. Ils n'ont que celui du Carême dans toute l'année, & ne boivent d'ordinaire que de l'eau, le vin n'étant en usage parmi eux que quand ils traitent quelqu'un. Ils ont un respect extrême pour leurs Prêtres, qui sont distingués par une écharpe toute bleue qu'ils portent seuls autour du bonnet. Quelques-uns de ces Prêtres sont mariés, c'est-à-dire, ceux qui s'étoient avant que d'entrer dans le Sacerdoce; car après qu'ils ont reçu l'Ordre de Prêtrise, le mariage leur est défendu, ainsi qu'aux Evêques; dont la Dignité n'est jamais conferée qu'à ceux qui ne sont point mariés. Ils n'ont dans l'Eglise ni chaire ni chœur, ils s'appuyent sur des potences, ainsi que le peuple, & se tiennent rangés autour d'une pierre, qui est élevée à une juste hauteur pour leur servir de pupitre, & sur laquelle ils mettent les livres dont ils se servent pour chanter l'Office divin. Ils observent toutes les cérémonies de l'Eglise Romaine lorsqu'ils administrent les Sacremens, si ce n'est dans le Baptême. Chaque fois qu'ils le conferent, ils font la benediction solemnelle de l'eau, telle qu'elle se fait dans nos Eglises la veille de Pâque & de la Pentecôte. Au lieu de cotton pour essuyer les onctions du saint Crême, ils se servent d'eau chaude & de savon, sans avoir égard aux cris de l'enfant. Ils

croyent la presence réelle au S. Sacrement, & là transsubstantiation du pain & du vin au Corps & au Sang de Jesus-Christ. Ils sacrifient avec du pain azyme, & s'accordent avec l'Eglise Latine en plusieurs autres points, mais aussi ils en gardent beaucoup de la discipline de l'Eglise Grecque, avec la permission du Pape, comme de ne point jeûner le Samedy, de communier sous les deux Especes, & de donner la Communion aux petits enfans. Les Religieux suivent tous la Regle de S. Antoine, & ont une si grande veneration pour leurs Evêques, que s'ils sont à table avec eux, & qu'ils les voyent boire, ils se levent par respect & se prosternent par terre, en faisant quelques prieres pour leur obtenir des graces de Dieu. Ils ont un Seminaire à Rome, établi par Gregoire XIII. où plusieurs de leurs Ecclesiastiques sont instruits. Ils disent la Messe dans les Eglises des Catholiques de l'Europe, & nos Prêtres la disent aussi dans leurs Eglises. Leur vie est extraordinairement laborieuse. Quelque travail qu'ils ayent fait le jour pour gagner dequoi fournir à leur subsistance, ils ne laissent pas d'employer une partie de la nuit à chanter l'Office & à faire des prieres. Entre les Maronites il y en a quelques-uns que l'on appelle *Maronites blancs*. Quoique ceux-là n'ayent pas reçu Baptême, ils se confessent, & communient en secret, se disant Chrétiens, & vivant pourtant à la Mahometane.

MARPAUT. f. m. Vieux mot. Homme qui prend toûjours quelque chose.

MARQUE. f. f. La plûpart des Ouvriers disent *Marc*. Un Artisan ne peut prendre la Marc d'un autre plus ancien du même métier dans une même Ville ou du moins dans le même quartier. Lorsqu'ils prêtent serment, ils laissent leur Marc au Juge pour reconnoître leurs malversations.

MARQUER. v. a. *Mettre une marque sur quelque chose pour la distinguer d'une autre.* Acad Fr. Ce verbe est aussi neutre, & on dit en termes de Manege, qu'*Un cheval marque*, pour dire, qu'il fait connoître son âge par une marque noire qui lui vient dans le creux des coins quand il approche cinq ans & demi. Cette marque appellée *Germe de feve*, s'efface lorsqu'il a huit ans, & on dit alors qu'*Il ne marque plus*.

MARQUESEC. f. m. Sorte de filet dont on se sert sur les Côtes de Provence. Il a les mailles beaucoup plus petites que tous les autres filets, à cause qu'on le fait exprès pour prendre un fort petit poisson appellé *Nonnat*.

MARQUETERIE. f. f. Terme de Menuisier. Espece de Mosaïque, & d'ouvrage de rapport qu'on fait de bois durs & precieux de differentes couleurs; débités par feuilles plaquées sur un assemblage, avec lesquels on represente des figures & autres ornemens. La Marqueterie la plus exquise se fait de lames de cuivre gravées & qui sont chantournées sur un fond d'étain & de bois. Les Marbriers appellent *Marqueterie de marbre*, les chiffres, pieces de Blason & autres ornemens qui sont de marbre de couleur, & incrustés dans les panneaux des compartimens, tant grands que petits, pour les lambris & pavés de marbre.

MARQUIS. f. m. Titre de celui qui possede une Terre considerable érigée en Marquisat par Lettres patentes. On appelloit autrefois *Marquis*, les Gouverneurs des Villes frontieres que l'on appelloit *Les Marches*, du mot Allemand *Mark*, qui veut dire Limite. *Marquis*, dit Nicod, étoit anciennement *nom de Commission & de Charge, qui n'étoit à la vie du Marquis, ainsi tant qu'il plaisoit au Prince, qui le commettoit à la garde & tuition de sa Frontiere; &*

*ceux qui rendoient ce mot en Latin, l'appelloient auf-
fi-tôt Comes que Marchio. Or a-t-il prins sa source
des Capitaines établis sur les garnisons des Frontieres;
car Marken en Allemand signifie Frontiere, & Marckgrave, celui qui est Surintendant sur la Frontiere;
mais depuis le Marquis a prins rang de dignité feodale, après les Princes & les Ducs, precedant les Comtes, & telle que le Marquisat est dit fief Royal, ainsi
que la Duché & la Comté, & le Marquis, Capitaine du Royaume du Roi tout ainsi que les deux autres.
Antoine de la Sale au Livre qu'il a dédié au Duc de
Calabre & Lorraine, écrit qu'un Comte ou puissant
Baron, pour être fait Marquis, doibt avoir au
moins cinq ou six Baronnies. en la moindre desquelles
il ait dix nobles hommes ses Sujets. Lors ayant sup-
plié l'Empereur ou son Roi, ledit Seigneur, ou son De-
puté qui sera Prince ou Duc, & de plus grande qualité
que Marquis, étant en la maitresse Eglise après la
grande Messe celebrée par un Prélat de marque, au
futur Marquis qui sera à genoux devant lui. & lui
offrira un nuvel hommage de toutes ses Baronnies, réduites au seul nom de Marquisat du titre de la plus
noble desdites Baronnies, fera reciter à haute voix
les Lettres d'érection dudit Marquisat, & recevra
l'hommage & foi d'icelui, & lui fera l'investiture par
un très-riche rubis qui porte signe de Seigneurie, le
lui mettant au moyen doigt, ce voyant & oyant toute
l'Assemblée des Princes & grands Seigneurs, Dames
& Damoiselles, qui doit être faite grande, & tout ce
jour-là honoré de festins & tournois les plus beaux que
faire se pourra. Par cela on voit que la consideration
de la garde & tuition des Frontieres de l'Empire ou
du Royaume n'a plus de lieu en la creation d'un Marquis, ainsi que le nom de cette dignité le requiert; car
je ne trouve nullement bon le rejet qu'Alciat fait de
cette déduction du nom de Marquis au premier Livre
de ses Parergues, ne l'opinion qu'il a celle part que
Marquis vient de Marca, signifiant Cheval, toutes
deux dictions Celtiques ou Germaniques, & partant
que Marquis est proprement ce qu'on dit en Latin, Ma-
gister stabuli seu equitum, mais que finablement il a
sorti tiltre de propre & particuliere jurisdiction, tout
ainsi que les noms de Duc & de Comte. Il allegue que
le mot Marcomann, composé dudit Marca & Marco-
bodus, signifient l'un, Peuple excellent en fait de
Cavalerie, & l'autre, Un Roi qui avoit le corsage
somme d'un cheval, & que les Celtes Gaulois qui
étoient en l'armée de Brennus, appelloient en leur langue, comme recite Pausanias, Trimarcisiam, les trois
rangs de gens de cheval, mais rien de tout cela ne
presse, ores que Rhenanus, Althamerus & Glareanus
se soient mêlés de cet advis: car quant à ce que tous
disent que les François disent encores de present Mat-
care, pour, Aller à cheval, & que du regne des
Lombards ou Langbards en Italie & des François
issus des Germains après eux, Magistri stabuli seu
equitum étoient appellés Marquis, j'en voudrois
avoir autorité en faveur de cela. Les nouveaux
Lexicographes eussent pû ne pas copier Furetier, jusqu'à dire que le Brandebourg n'est qu'un Marquisat.*

MARKAIO. s. m. Poisson affreux qui devore un homme tout entier, tant il a la gueule grande. On rapporte que les Espagnols en prirent un qui venoit
d'avaler un Indien qui pêchoit des perles. On le tira encore vivant de son ventre, mais il mourut peu de tems après.

MARRANE. s. m. Nom injurieux que l'on donne aux
Espagnols qu'on soupçonne d'être descendus de
Juifs ou de Mahometans. M. de Marca fait venir
ce mot de Musa Matane qui conquit l'Espagne
pour les Arabes. Borel explique le mot de *Marran*

par celui de Juif, & incline à croire qu'il vient de
Marranus sçavant Rabin. Quelques-uns pretendent
qu'il est derivé des Maures, ce que du Cange rejette disant qu'il vient du mot Syriaque *Maranaha*, qui
est un anathéme fulminé avec execration.

MARRE. s. f. Espece de houe dont les Vignerons
se servent pour le labour de leurs vignes. Elle sert
aussi à essarter & à couper les racines des mauvaises
herbes. Borel fait venir le mot de *Tintamarre* de
ceux de *Tinte* & de *Marre*, qui est le sentiment de
Pasquier, à cause du grand bruit que font les Vignerons à l'heure de midi pour s'avertir qu'il faut
quitter le travail, le premier qui l'entend sonner
frappant sur sa Marre, & les autres répondant de
même après quoi ils s'en vont tous.

MARREMENT. s. m. Vieux mot. Douleur, déplaisir.
On a dit aussi *Marrisson*, pour Fâcherie, & *Se mar-
rir*, pour s'Affliger.

MARREIN. s. m. Terme de Venerie. La grosse branche de la tête du Cerf, qui sort des meules. On dit
aussi *Merrein*.

MARRONNIER. s. m. Arbre qui porte les marrons.
C'est un fruit un peu plus gros que la châtaigne,
dont il est la plus excellente espece.

   Marronier d'Inde. Arbre qui produit une sorte de
marrons qu'on ne peut manger, & dont on n'a jamais pû rien faire. Ses fleurs sont blanches & en
forme de bouquet. Les allées des jardins se font aujourd'hui de Marronniers, à cause que leurs feuilles étant larges font un bel ombrage.

   On appelle *Marronniers*, ceux qui conduisent les
Voyageurs sur des traineaux dans les Alpes, & qui
les font descendre sur les neiges avec une grande
vitesse.

MARRUBE. s. m. Plante dont il y a de deux sortes,
le blanc & le noir. Le Marrube blanc croît de la
hauteur d'un pié auprès des murailles & parmi les
ruines des maisons. Il pousse de même racine plusieurs rejettons qui commencent à fleur de terre, &
qui sont blanchâtres, velus & quarrés. Ses feuilles larges d'un pouce sont rondelettes, ridées, ameres au goût & couvertes d'un cotton presque blanc.
Ses fleurs sont petites & blanches, & sont un rond
autour de la tige d'espace en espace, & sur tout près
des sommités. Galien dit qu'il desopile le foye & la
rate; qu'il purge le poumon & la poitrine, & qu'il
absterge & resout. Le Marrube noir produit pareillement plusieurs tiges qui proviennent de sa racine, & sont quarrées, noires & un peu velües.
Ses feuilles qui sont de même disposées par intervalles, rondelettes & velues, sont plus grandes
que celles du Marrube blanc. Elles ont une odeur
fâcheuse, & ressemblent à la melisse; ce qui est cause
que quelques-uns lui en ont donné le nom. Ses
fleurs sont blanches & environnent ses tiges. Il
croît ordinairement le long des grands chemins
& au bord des terres. Galien n'a point parlé du
Marrube noir, mais Eginetta dit qu'il est âpre &
abstersif, & qu'enduit avec du sel il est bon pour
les morsures des chiens.

MARS. s. m. *Une des sept Planetes qui prend son nom
de Mars, réputé par les Romains pour le Dieu de la
guerre.* ACAD. FR. C'est une des trois Planetes superieures. Quelques-uns le font plus grand que la
terre, quelques autres plus petit. Il fait le tour du
Zodiaque en un an & 321. jours. Sa plus grande
distance de la terre est de 50000. demi diametre de
la terre, & la plus petite de 8000. *Mars*, en termes de Chymie, se prend pour le fer. Il contient
beaucoup de sel acide, peu de mercure, & mediocrement de souffre acide, mais fixe en quelque
façon; ce qui fait que Mars est le metal qui appro-

che le plus de l'or, & on prétend même que son soufre peut être changé en or. Ces trois principes de Mars sont réunis par une terre fort alcaline & rougeâtre qui le rend non malleable avant qu'il ait été fondu. L'acide & le fer ne different qu'en dureté. Le premier se forme artificiellement avec l'autre. On stratifie des lames de fer dans un grand fourneau avec des alcalis, sçavoir, des charbons & des cornes ou des ongles d'animaux. Après qu'on a fait dessous un feu des plus violens, les ongles s'enflamment & calcinent & endurcissent le fer. Cet endurcissement consiste en ce que l'acide copieux de Mars absorbe les sels alcalis fixes des charbons, & les volatiles des cornes; ce qui resserre le principe terrestre & augmente la dureté du fer. Le Mars est toûjours astringent de sa nature, & la terre en est purement stiptique. Toutes les préparations que l'on en fait en convainquent, par le sentiment de saveur astringente qu'en reçoit le goût. Elles se font ou en forme liquide, & sont appellées *Teintures*, ou en forme seche, & elles prennent le nom de Safran. Le *Safran de Mars* tire son nom de sa couleur jaunâtre. Il y en a deux sortes, l'astringent & l'aperitif. La preparation du safran de Mars astringent se fait en mettant des verges ou de petites barres d'Acier au fourneau à feu de reverbere, afin que la flâme attenuant la superficie de l'acier, produise comme une espece de safran très-vermeil; ce qui se peut faire par l'espace de douze heures. On ôte les verges de fer, & quand elles sont refroidies, on se sert d'un pié de lievre pour écouer la poudre qui y est adherante. D'autres font cette préparation en prenant demi-livre de limaille d'acier lavée. Ils l'éteignent dans un vaisseau bien ample sur une tuile ou lame de fer, & la mettent au feu de reverbere pendant quarante-huit heures. Quand on l'a ôtée du feu, on y ajoûte dix ou douze pintes d'eau de fontaine, & on laisse le tout en digestion un jour entier, après quoi on l'agite & on la remue vivement, & ayant separé par Inclination l'eau trouble, on la laisse rasseoir six ou sept heures. Alors on passe l'eau claire & nette par le filtre, & on trouve au fond du vaisseau un safran de Mars fort subtil, & dépouillé de toute faculté aperitive. C'est un excellent corroboratif dans les maladies où la faculté retentrice est relâchée, comme celle de l'estomac en la lienterie des intestins, en la diarrhée & dysenterie, du foye au flux hepatique & autres évacuations immoderées des hemorroïdes ou des mois ou des fleurs blanches. La préparation du safran de Mars aperitif se fait en prenant de l'acier ardent & enflammé au feu de reverbere ou de fusion jusqu'à être blanc, auquel on frotte une bille de soufre au dessus d'un vaisseau plein d'eau. L'acier se fend aussi-tôt & tombe dans l'eau avec le soufre, en forme de petites boules qui sont si friables, qu'on peut les pulveriser entre les doigts. Cela étant fait, on réduit ces petites boules en une poudre très-déliée. On ajoûte une égale portion de soufre pulverisé & passé par le tamis, & on mêle tout exactement, en l'étendant sur une lame de fer ou dans un pot de terre au feu de reverbere un jour entier; & à la fin l'acier se trouve réduit en poudre violette qu'il faut pulveriser de nouveau subtilement, & ensuite verser par dessus de l'eau de fontaine à la hauteur de cinq ou six travers de doigts. On remue le tout, & après l'avoir laissé rasseoir quelques heures, on separe par la languette l'eau nette & claire, & on la renverse sur les premieres feces, qu'il faut remuer comme auparavant. On réïtere cela jusqu'à ce que l'eau trouble soit versée à plusieurs fois & de nouveau séparée

Tome II.

rée ait laissé une quantité suffisante de safran très-subtil & impalpable. Enfin on doit faire év porer l'eau trouble pour la derniere fois, & il reste le safran de Mars aperitif bien préparé, avec son esprit vitriolé qu'il a conservé après la calcination reïterée & les frequentes ablutions & évaporations. Le safran de Mars devroit plûtôt prendre le nom d'alteratif que d'aperitif, puisque par son usage il redonne l'état naturel à la tissure viciée de la masse du sang, & qu'en absorbant les sels viciez, il corrige les vices de toutes les digestions. Il est bon aux grandes & rebelles obstructions du mesentere, du foye & de la rate, qui causent les pâles couleurs & des veines de la matrice, dont arrive la suppression des mois. Quelques-uns pour preparer le safran de Mars aperitif, animent l'eau simple avec quelques alcalis, sur-tout avec le sel d'absinthe; puis ils versent le tout sur la limaille d'acier dans un lieu tiede, où elle se rouille facilement; mais Etmuller dit que le safran de Mars ainsi préparé ne vaut rien, à cause que les sels contenus dans la lessive s'attachant au Mars, font une espece de chaux ou de calcination qui est inutile & nullement aperitive. Il ajoûte que ceux qui preparent le safran de Mars aperitif avec du vin, n'ont pas un méchant remede. Les teintures de Mars preparées avec des acides trop forts font peu d'effet, mais elles en font beaucoup quand on les prepare avec des alcalis ou avec des acides moderés. L'*Essence de Mars tartarisée* est un excellent remede dans les affections des reins, de la vessie & de l'urine. Pour la faire, on dissout parties égales de cristaux de tartre & de vitriol de Mars. On fait évaporer la dissolution jusqu'à la consistance de miel, après quoi on verse de l'esprit de vin dessus pour en tirer cette essence. La principale des preparations en forme seche sont les fleurs. C'est une operation qui se fait par le moyen du sel armoniac, avec lequel le Mars se sublime en fleurs rouges, parce que l'acide du sel corrode le Mars & enleve les particules qu'il a corrodées. Les plus curieux Chymistes sont venus à bout de rendre le Mars fulminant. Quelques-uns le croyent impossible, mais on prétend qu'ils n'ont pas raison, à cause que la vertu fulminante du Mars consiste dans la convenance du soufre martial avec le solaire, qui ne differe entre eux qu'en ce que celui-ci est plus fixe que l'autre pour faire le Mars fulminant. On le dissout dans l'eau regale, & ensuite on le précipite avec de l'huile de tartre par défaillance. On doit observer deux choses dans cette preparation. L'une est le point exact de saturation, sans quoi il n'y aura aucune fulmination à esperer; & l'autre, que la précipitation ne soit point trop subite, rien ne pouvant fulminer si l'effervescence est trop grande. Le besoard martial se forme du regale d'antimoine martial distillé en beurre, & précipité par l'esprit de nitre. Il est specifique dans l'hydropisie.

MARSILIANE. s. f. Terme de Marine. Bâtiment à pouppe quarrée dont se servent les Vénitiens pour naviger dans le golfe de Venise & le long des côtes de Dalmatie. Il a le devant fort gros, & porte jusqu'à quatre mâts. Les petites Marsilianes n'ont point d'artimon, & les plus grandes sont environ du port de sept cens tonneaux.

MARSOUIN. s. m. Gros poisson de mer qui approche du dauphin & qui a le museau plat & pointu, la queue fort large, la peau grisâtre, & un trou sur la tête par où il respire & jette l'eau. Les Marsouins vont en troupe & se jouent sur la mer, en faisant des bonds, & tenant tous une même route. Ils s'approchent quelquefois assés près des Navires pour donner moyen de les harponner. Leur chair est affés noirâtre. Ils n'ont qu'un pouce ou deux de lard, & grondent prefque comme les pourceaux de terre ; ce qui les fait appeller *Pourceaux de mer*, en Latin, *Sus marinus*, d'où l'on a fait le mot de *Marfouin*. Ils ont le fang chaud, les inteftins femblables à ceux du pourceau, & prefque le même goût, mais leur chair eft de difficile digeftion. Outre ces Marfouins qui fe trouvent dans les Antilles comme ailleurs, on y en voit une autre efpece. Ceux-là ont le grouin rond comme une boule ; & parce que leur tête reffemble en quelque façon au froc des Moines, quelques-uns les appellent *Têtes de moine & Moines de mer*.

MARTAGON. f. m. Plante que Matthiole croit devoir être mife au rang des lis, fon oignon, quoique jaune, étant femblable à un oignon de lis, & produifant fa tige de même. Les feuilles qui l'environnent par intervalles en façon de rofe ou d'étoile, reffemblent à la faponaria. Elle porte à fa cime des fleurs faites comme un lis, moindres pourtant, ayant une queue fort mince, & leurs feuilles recourbées de la même forte & mouchetées de pointes rouges, belles & odorantes. Il y a des Martagons blancs, pourprés, orangers ou rouges vermeils, & un Martagon de montagne, qui eft à fleurs doubles & à trois rangs. Ces fleurs font pointillées & d'un pourpre blafard, en Latin *Lilium montanum*.

MARTEAU. f. m. Longue maffe de fer au milieu de laquelle il y a un trou qu'on appelle *Oeil*, & qui fert à mettre le manche. Il y a des marteaux bretés ou bretelés pour tailler la pierre. Les Serruriers en ont de diverfes fortes, fçavoir des *Marteaux à panne droite*, pour battre le fer & l'élargir ; des *Marteaux à rabattre* & *à panne de travers*, pour forger le fer & le tirer ; des *Marteaux à tête plate*, pour dreffer & planir le fer ; des *Marteaux à tête ronde*, pour emboutir les pieces rondes & les demi-rondes ; & de petits *Marteaux d'établie*, pour pofer & ferrer la befogne. Les Paveurs appellent *Marteau d'affiette*, le Marteau dont ils fe fervent pour fouiller la terre. Les Couvreurs ont un marteau rond par un bout & pointu par l'autre. Le manche en eft de fer & plat avec bifeau des deux côtés pour tailler l'ardoife.

On appelle *Marteau d'épinette*, un petit Marteau d'acier dont on fe fert pour accorder une épinette ou un clavecin. C'eft avec quoi celui qui l'accorde tourne & enfonce les chevilles.

On appelle *Marteau d'horloge* ou *de montre*, le Marteau qui fait fonner l'horloge ou la montre en frappant fur le timbre.

Marteau de porte. Sorte de Marteau de fer qui le plus fouvent eft un gros anneau qu'on attache à une porte & qu'on fait frapper fur un gros clou, pour avertir les gens de dedans qu'ils ayent à venir ouvrir.

Marteau, fe dit encore en termes d'eaux & forêts, d'un fer avec lequel les Officiers marquent les arbres qu'il faut couper, lorfqu'ils font des ventes de bois ; ce qui fait qu'il y a un Officier dans chaque Maîtrife appellé *Garde-marteau*.

Marteau d'armes. Sorte d'arme qui eft en ufage chés les Polonois. Elle eft platte & ronde d'un côté comme un marteau, & de l'autre elle eft tranchante & faite comme une hache.

Marteau. Terme de Marine. Il fe dit du traverfier de l'arbalète, ou du bâton de Jacob. Quelquefois le bâton de Jacob a deux marteaux. Ce font des pieces de bois platres & qui ont de longueur trois, fix, neuf & douze pouces. Elles font percées d'un trou quarré par le milieu, afin d'y paffer la fleche de l'arbalète. A l'un des bouts de ces marteaux eft placée une pinnule qui fait trouver l'horifon fenfible. L'autre fert à faire ombre quand on veut prendre la hauteur du Soleil. On appelle *Marteau de pompe*, Un marteau tout de fer, & de moyenne groffeur. Au bout du manche eft un tirecloud, comme a un des côtés de la tête. Le marteau que l'on appelle *Marteau à dent*, eft fourchu. On s'en fert à arracher des clous quand on conftruit ou que l'on radoube un Bâtiment.

Marteau. Terme d'Anatomie. Petit os fait en forme de marteau qui fert au fentiment de l'ouie. Il eft dans l'oreille interieure & frappe fur un autre qui a la figure d'un enclume.

MARTELAGE. f. m. Marque que les Officiers des eaux & forêts font fur les arbres avec un marteau dans les ventes & adjudications des bois.

MARTELET. f. m. Petit Marteau, dont fe fervent les Gravens, Orfévres, & autres, qui travaillent fur des chofes délicates.

Martelet, fe dit auffi d'un petit Marteau dont fe fervent les Couvreurs pour later, & rompre le nez de la tuile, quand ils en ont befoin.

MARTELINE. f. f. Petit Marteau, dont fe fervent les Sculpteurs pour gruger le marbre, & fur-tout dans les endroits, où ils ne peuvent s'aider des deux mains pour travailler avec le cifeau & la maffe. La Marteline a un bout en pointe. L'autre bout a des dents faites de bon acier de carme, & forgées quarrément afin d'avoir plus de force.

MARTELLER. v. n. Terme de Fauconnerie. Il fe dit des oifeaux quand ils font leurs nids.

MARTELEUR. f. m. Dans une forge c'eft Celui, qui eft chargé de faire travailler le marteau, de faire foirer les barres.

MARTICLE. f. f. Terme de Marine. Les Marticles font de petites cordes difpofées par branches en façon de fourches, qui viennent aboutir à des poulies que l'on appelle *Araignées*. Quand la vergue d'artimon eft fans balancines, il y a des Marticles qui le portent, en prenant le bout d'enhaut de la vergue, & allant fe terminer à des araignées, pour répondre par d'autres cordes au chouquet du perroquet d'artimon. L'étai du tourmentin va auffi finir par Marticles fur celui de Mifaine.

MARTIN-SEC. f. m. Sorte de poire rouffe & longuette, & qui eft fort pleines de pierres.

MARTINET. f. m. Efpece d'hirondelle qui a la gorge & le ventre blanc, & le dos noirâtre. Cet oifeau vole fans aucun repos, & ne fe perche jamais que dans fon nid.

Martinet - Pêcheur. Quelques-uns difent auffi, *Martin - Pêcheur*. Petit oifeau qui hante les eaux, & qui vit environ cinq ans. Il a le bec long, fort & aigu, la tête couverte de plumes bleues claires, les ailes bleues & femées de blanc, le corps blanc & un peu vert, & l'eftomac couleur de rouille. Il y en a qui croyent que cet oifeau étant fec, empêche qu'il ne s'engendre des vers dans les habits, fi on l'attache dans un garde-meuble. On tient qu'il a pris fon nom de ce qu'il arrive au mois de Mars & s'en retourne à la faint Martin. Quand il eft mort, on le pend par le bec avec un fil au plancher, & il a toûjours le ventre tourné comme le vent.

Martinet. Marteau qui eft mû par la force d'un moulin. Il fe dit des marteaux des moulins à papier, à tan, & à foulon.

Martinet. Terme de Marine. Il fe dit de plufieurs petites lignes qui partent d'un cap de mouton fur l'étai, & qui vont en s'élargiffant en patte d'oie fur le bord de la hune, afin d'empêcher les huniers de se couper. On appelle aussi *Martinet*, la manœuvre qui sert de balancine à la vergue d'artimon.

Martinet, c'est aussi Un petit chandelier de bois avec un crochet de fer, commun dans les cabarets.

MARTINGALE. s. f. Terme de Manege. Large courroie, dont un bout s'attache aux sangles sous le ventre du Cheval, & qui passant entre les jambes de devant, s'attache de l'autre bout au dessous de la muserole. Son usage est d'empêcher un Cheval qui porte au vent, de battre à la main.

MARTRE. s. f. Animal fait en forme de Fouine, & qui est plus grand. Il a la gorge roussâtre & le poil plus clair & plus mol. On tient qu'il y en a de deux especes, l'une qui se nourrit dans les forêts de faux, de chêne & d'yeuse, & l'autre qui est beaucoup plus belle, & qui vit dans les forêts de hauts sapins & de pesses. Les Martres sont fort nombreuses en Laponie, & on ne trouve point ailleurs de plus belles fourrures que celles qu'on fait de leur peau. Les meilleures sont celles dont le poil de la gorge est plus jaune que blanc. Cet animal ne se trouve en ce Pays-là que dans les forêts où il se nourrit particulierement d'oiseaux & d'écureuils. Il a les ongles extrémement aigus, & monte la nuit sur les arbres. L'écureuil qui est moins fort, mais aussi agile, se sauve le long de l'arbre, courant & grimpant autour du tronc, ce que la Martre ne sçauroit faire, mais elle le pousse jusqu'au haut, d'où il s'élance des plus hautes branches sur un autre arbre. Elle ne poursuit pas seulement les petits oiseaux qu'elle arrête avec ses ongles, lorsqu'ils passent la nuit sur les arbres, mais encore les plus grands qui s'envolent si-tôt qu'ils sentent qu'elle les saisit. Elle ne quitte point prise, & se tient toûjours attachée à leur dos, en les mordant jusqu'à ce qu'ils tombent morts sur la terre. Quelques-uns disent & écrivent *Marte*.

MARTROI. s. m. Vieux mot. Lieu où l'on execute les criminels. Il vient de *Martyrium*. Les Paysans du Languedoc appellent *Martrou*, le jour de la Toussaint, comme qui diroit *Jour des Martyrs*.

MARVOYER. v. n. Vieux mot. Extravaguer.

*Qui tel duel a qu'elle marvoye
De son sens, & esrage vive.*

MARUM. s. m. Petite plante qui produit force rejettons, & aux sommitéz pousse des épis approchans de ceux de la Lavende, d'où sortent de petites fleurs purpurines qui sentent fort bon. Les feuilles sont vertes, fort petites, un peu blanchâtres, & faites en pointes comme le fer d'une pique. Le Marum est extrémement acre & piquant, & laisse beaucoup d'amertume dans la bouche, d'où il pourroit avoir pris son nom, comme qui diroit, *Amarum*. Matthiole dit qu'il seroit volontiers de l'opinion de ceux qui prennent pour Marum cette espece de Marjolaine, appellée *Marjolaine Gentile*, ou *Petite Marjolaine*, qui est plus amere & plus odorante, & dont les feuilles sont plus blanches, plus menues & plus petites. Le Marum vient beaucoup aux Isles d'Hyeres, proche Toulon en Provence, & il s'en trouve quantité à Lyon dans les jardins. Il a les vertus de la Marjolaine ordinaire, mais il les a plus puissantes & plus efficaces, à cause qu'il est beaucoup plus amer.

MARZEAU. s. m. Petite croissance de chair, grosse & longue comme le doigt, fort ordinaire à la gorge des cochons.

MAS. s. m. Vieux mot, qui se trouve dans quelques coûtumes. Tenement & heritage main-mortable des personnes de servile condition & de main-morte. Il y a des lieux où on l'appelle *Mex* ou *Meix*. On le fait venir de *Mussa*, qui dans la basse Latinité a signifié Fonds, heritage.

Mas, c'est aussi Une petite masse de fer, qui a d'un côté une grosse tête, & l'autre côté en tranchant. Il sert de maillet & de coin en même-tems à ceux qui fendent le bois.

MASAGE. s. m. Vieux mot. Village. On a dit aussi *Masil*.

MASBOTHEENS. s. m. Secte d'Heretiques, attachés aux erreurs de Simon le Magicien ou de ses Disciples.

MASCARET. s. m. Reflux violent de la mer dans la riviere de Dordogne, où elle remonte avec une grande impetuosité. C'est la même chose que ce qu'on appelle *la Barre*, sur la riviere de Seine, & en general, le nom que l'on donne à la premiere pointe du flot qui fait remonter le courant des rivieres vers leurs sources, proche de leurs embouchures.

MASCARON. s. m. Tête ridicule, qui est faite à fantaisie, & qu'on met aux portes, aux grottes & aux fontaines. M. d'Aviler fait venir ce mot de l'Italien *Mascarone*, fait de l'Arabe *Mascara*, qui signifie, Bouffonnerie.

MASCHEFER. s. m. Ecume qu'on tire du fer dans les forges où il se fond, en Latin, *Stercus ferri, scoria, sive recrementum ferri*. Dioscoride donne au Mâchefer les mêmes proprietés qu'à la rouille du fer. Il le fait pourtant plus foible dans ses operations. Matthiole dit qu'il ne faut pas prendre le Mâchefer, ou de bronze ou d'argent, pour l'écaille qu'ils jettent quand on les forge, & qu'il y a grande difference, puisque si on remet l'écaille, soit de fer, de bronze ou d'argent, elle se fond, & se ramasse en une masse, au lieu que le Mâchefer, qui est comme l'écume du fer, ne peut jamais retourner en fer. Selon Galien, tous Maschefers sont fort astringens, & sur-tout celui du fer qui étant bien pulverisé, & reduit en forme de liniment avec de fort vinaigre, est fort bon, quand il est cuit, pour les oreilles fangeuses depuis long-tems.

MASCHOIRE. s. f. Partie de la tête de l'animal qui lui sert à broyer les viandes, ou la pâture qui lui est propre. Il y a la Mâchoire superieure qui est immobile en l'homme & en tous les autres animaux, à l'exception des perroquets & du Crocodille, & qui a onze os. L'inferieure n'en a que deux qui s'unissent au milieu du menton par l'interposition d'un cartilage qui se durcissant lorsqu'on a atteint sept ans, se tourne en un os qui on ne peut plus separer. La mastication est blessée par le vice des Mâchoires lorsqu'elles sont, ou trop peu mobiles, ou entierement immobiles. Cela arrive par relaxation quand quelque violence externe fait que la bouche reste trop ouverte & quelquefois même en baillant extraordinairement, & en ouvrant trop la bouche, ce qui se guerit aisément par un soufflet & un coup sous le menton. Le vice des Mâchoires peut venir aussi d'une tumeur, soit de la gorge, comme dans l'inflammation, ou quelqu'autre maladie des amygdales, qui fait que la bouche a peine à s'ouvrir, soit des parotides, qui empêchent le jeu des prolongemens des Mâchoires dans leur cavité, soit qu'une tumeur grossiere & tartareuse ait rempli la jointure de la Mâchoire avec les os des temples &

E iij

leur ait ôté la liberté de se mouvoir, à cause d'un dépôt fait sur la partie par le vice de la nutrition particuliere de toute la masse du sang.

On appelle *Mâchoires*, Les têtes ou extrémités de deux pieces de fer, qui sont les principales d'un étau de Serrurier, & qui en s'éloignant & s'élargissant par le moyen d'un ressort qui est entre deux, se rapprochent & se serrent avec une vis.

MASLE. adj. Qui est du sexe le plus noble & le plus fort. On appelle en termes de Marine, *Mâles & Femelles*, Les pentures & les charnieres qui entrent reciproquement l'une dans l'autre, & qui servent de ferrure pour tenir le gouvernail d'un Navire suspendu à l'estambort.

MASNIE. s. f. Vieux mot. Maison.

MASQUASPENNE. s. f. Petite racine qui excede rarement la grosseur d'un doigt, & qui se trouve dans la Virginie. Elle est rouge comme sang, & les habitans s'en servent à peindre leurs boucliers, & autres ustenciles.

MASQUE. s. m. *Faux visage qu'on porte pour se déguiser.* ACAD. FR. On appelle *Masque*, en termes de Sculpture & de Peinture, Un visage separé du reste du corps que les Sculpteurs & les Peintres emploient dans les ornemens de leurs ouvrages.

MASQUE. s. f. Borel dit que ce mot a signifié Sorciere en Languedoc, de *Masca*, Faux visage, d'où vient, poursuit-il, que les chiffres occultes étoient appellés, *Littera talamasca*, ce qui fait qu'on appelle encore en quelques lieux *Talmache de bateau*, La pointe ou l'éperon du bateau, où des têtes ou musles d'animaux sont representées en façon de Masques.

MASQUE', E'E. adj. Terme de Blason. Il se dit d'un Lion qui a un masque.

MASSACRE. s. m. Tuerie, carnage. On appelle en termes de Venerie, *Massacre de Cerf*, La tête du Cerf separée du corps.

Massacre, en termes de Blason, se dit aussi d'une tête de Cerf, de Bœuf, ou de quelqu'autre animal, quand elle est décharnée.

MASSALIENS. s. m. Heretiques du quatriéme siecle, qui à cause qu'il est dit dans l'Ecriture qu'il faut toûjours prier, prétendoient que la priere suffisoit pour toutes les bonnes œuvres, & qu'en chassant le demon, elle donnoit la force de resister à toutes sortes de tentations. C'étoient des Moines de Mesopotamie qui rejettant le jeûne, & abandonnant les Sacremens, quittoient le travail des mains, en quoi consistoit en ce tems-là une partie de la Discipline Monastique, pour ne s'appliquer qu'à l'Oraison. Ils avoient des Prêtres & des Evêques, & persuadoient aux Enfans qu'ils devoient quitter leurs Peres pour venir prier avec eux. Ils rompoient les mariages, & portoient de grands cheveux avec des robes magnifiques. Ils retomberent plusieurs fois dans leurs erreurs, quoi qu'ils avoient témoigné se repentir, ce qui fut cause que les Evêques ayant assemblé un Concile en 417. ordonnerent qu'après toutes leurs rechûtes ils ne seroient plus reçus à la Communion de l'Eglise.

MASSE. s. f. Gros marteau dont se servent les Sculpteurs pour dégrossir leurs ouvrages en frappant sur le ciseau. Les Tailleurs de pierre ont pareillement une Masse de fer, pour abattre & fendre la pierre. Il y a aussi une Masse dont se servent ceux qui gravent en creux & en relief.

Masse. Piece de bois longue de quarante-deux piés, qui sert à tourner le gouvernail d'un bateau foncet.

Masse. Terme de Peinture. Il se dit des parties considerables d'un tableau, qui contiennent de grandes lumieres ou de grandes ombres.

Masse ou *Mache*. Herbe dont la feuille est semblable au Cyperis, & qui a sa tige blanche, lisse & unie, & à la cime une fleur épaisse qui l'embrasse, & qui enfin se resout en bourre & en papillotes. Elle croît ordinairement aux marais, lacs & étangs, & il n'y a guere d'eaux mortes où il ne s'en trouve. Matthiole dit que la Masse qu'elle porte est appellée en Italien *Mazza sorda*, parce que la bourre de cette masse rend une personne sourde, si elle tombe aux oreilles. Les pauvres gens s'en servent pour garnir leurs matelats. Les feuilles servent à faire de petites chaises ou tabourets, & même des convertures tissues en forme de nattes. Theophraste met cette plante au rang de celles qui sont sans nœud, & qui croissent aux marais.

MASSICOT. s. m. Couleur jaune pour peindre, qui se fait avec de la Ceruse poussée au feu jusqu'à un certain degré. M. Felibien dit qu'il y a du *Massicot jaune*, & du *Massicot blanc*, qu'on fait avec du plomb calciné.

MASSIF. s. m. Terme de Maçonnerie. Le plein, le solide d'un mur fort épais. On appelle *Massif de pierre*, Celui qui est entierement de quartiers de pierre, sans avoir ni blocage ni moilon, & *Massif de moilon*, Celui qui dans les fondations fait un corps de Maçonnerie sur lequel on fonde. On dit, *Massif de brique*, en parlant de celui qui est fait d'un corps de maçonnerie à bain de mortier, pour être ensuite incrusté de marbre ou de pierre de taille par dedans ou par dehors. Ce qu'on appelle dans un parterre à l'Angloise *Massif de gazon*, est une platebande de gazon en enroulement, mêlée avec la broderie.

MAST. s. m. Grand arbre qu'on pose dans un Navire, & où l'on attache les vergues & les voiles qui sont necessaires pour la navigation. Tous les grands Vaisseaux ont quatre Mâts, sçavoir le *Grand Mât* qui est placé au milieu du premier pont, ou franc tillac; & descend au fond de cale sur la contrequille; le *Mât de misaine*, qui passe à travers le Château d'avant au dessus de l'estrave, à l'extrémité de l'escarlingue; le *Mât d'artimon*, qui est entre le grand Mât & la pouppe, & le *Mât de beaupré*, qui est couché sur l'éperon à la proue, & enchassé par le bout d'embas sur le premier pont dans le Mât de misaine. On ajoûte quelquefois un cinquiéme Mât à ces quatre, & c'est un double artimon. Tous ces Mâts sont composés de plusieurs parties ou brisures, ausquelles on donne pareillement le nom de Mât. Le grand Mât ou Mât de Maistre, ne garde le nom de grand Mât que depuis la carlingue jusqu'à la premiere hune. La partie comprise entre cette premiere hune, & la seconde, qui est un arbre tout d'une piece assemblé avec l'autre s'appellent le *Grand Mât de hune*, ou le *Grand hunier*, & la partie qui s'éleve au dessus du grand hunier, est appellée le *Mât du grand perroquet*. Le Mât de misaine se divise de même en trois parties ou brisures dont chacune a aussi le nom de Mât. Ceux d'artimon & de Beaupré n'ont qu'une brisure, qu'on appelle de perroquet & non pas de hune. Les Mâts ne sont jamais perpendiculaires sur le tillac, mais ils panchent un peu vers la pouppe, afin de mieux resister à la poussée de la voile, qui prend le vent de ce côté-là.

Mât gemellé, jumelé, ou *affûté*. Mât qui n'ayant pas assés de grosseur pour sa hauteur, est fortifié par d'autres pieces de bois qui l'environnent pour empêcher qu'il n'éclate, & quelquefois par des cables que l'on roule autour d'espace en espace. On appelle *Mâts de rechange*, des Mâts de hune

qu'on porte dans un voyage afin de pouvoir fuppléer dans le befoin à ceux qui pourroient manquer,
& *Mât de cinquante, de foixante palmes*, des
Mâts qui ont cinquante ou foixante palmes de circonference. Les bateaux qui navigent fur les rivieres ont aussi un Mât ; c'eft l'arbre par où passe la
corde qui fert à les tirer avec des chevaux. On dit
qu'*On va à Mâts & à cordes*, quand l'impetuofité
du vent a contraint d'abaisser toutes les voiles & les
vergues, & quand des Mâts ont rompu, ou que le
canon les a coupés, on dit, que *Les Mâts font venus à bas*.

Mât. Piece de bois qui fert à foûtenir les tentes
& les pavillons quand on eft campé. Ainfi on appelle *Tente à deux*, à trois Mâts, Celle qui eft
foûtenue par deux ou trois de ces fortes perches.

On dit en termes de Blafon, *Mât defarmé*, en
parlant d'un Mât qui eft peint fans voiles.

MASTE', E'E. adj. On dit d'un Navire, qu'*Il eft
Mâté en carvelle*, pour dire qu'il n'a point de Mât
de hune, mais feulement quatre Mâts, & qu'il eft
Mâté en chandelier, pour dire, qu'il a fes Mâts fort
droits. On dit *Vaisseau mâté en Fregate*, quand il
a fes Mâts arqués en avant ; *Mâté en Galere*, quand
il n'en a que deux fans Mâts de hune, *Mâté en hen*,
quand au milieu il n'a qu'un Mât qui lui fert aussi de
Mât de hune, avec une vergue au n... appareil-
que d'un bord ; & *Mâté en fourches*, quand à demi hauteur de fon mât, il porte une corne pofée en
faillie fur l'arriere, & qu'il y a une voile appareillée fur cette corne.

MASTER. v. a. On dit, *Mâter un Vaiffeau*, pour
dire, Planter les Mâts dans un Vaiffeau, le garnir
de tous fes Mâts. On donne à ce mot une fignification plus generale, qui eft, Mettre quelque chofe
fur le bout, comme un muid, une barrique qu'on
met debout fur fes fonds.

MASTEREAU. f. m. Petit mat, bout de mât rompu.
On appelle quelquefois *Maftereau*, le Mât de mi-
faine ; & les autres moindres mâts. On dit aussi
Mafferel.

MASTEUR. f. m. Ouvrier qui fait les mâts des Vaiffeaux & qui les proportionne.

MASTIC. f. m. Efpece de gomme qui fort du Lentifque en incifant fon écorce. Le meilleur fe recueille dans l'Ifle de Chio, il doit être blanc & net,
en larmes fort transparentes & à avoir l'odeur & le
goût agréables. Diofcoride dit que cette gomme,
appellée *Lentifcine*, par quelques-uns, fi on la prend
en breuvage, eft bonne à ceux qui crachent le fang,
aux toux inveterées & à l'eftomac, & qu'on la mêle
parmi les poudres qui fervent à nettoyer les dents.
Selon Galien, le Maftic blanc, furnommé *Maftic de Chio*, eft compofé de qualités en quelque façon contraires, étant aftringent & remollitif, ce
qui le rend propre aux inflammations de l'eftomac, du ventre, des parties interieures, & du
fove. Il ajoûte, que le Maftic noir, appellé *Maftic
d'Egypte*, eft plus defficcatif & moins aftringent,
& qu'il ne laiffe pas d'être bon aux chofes qui demandent à être fort digerées & refolues par tranfpiration. Ce mot vient du Grec μαςιχη, qui veut
dire la même chofe, & qui peut être a été fait de
μαςαιν, Exprimer le Jus de quelque plante, a caufe
qu'on tire le Maftic du Lentifque qu'on incife.

Maftic, fe dit aussi d'une compofition dont on fe
fert pour attacher un corps avec un autre. Les Menuifiers font du Maftic avec de la cire, de la refine,
& de la brique pilée. Ce Maftic eft propre à faire
des moules pour les ornemens de ftuc, & les Lapidaires s'en fervent pour faire tenir leurs pierres
quand ils les taillent. On l'appelle *Lithocolla*, mot

purement Grec, de λιθυς, Pierre, & de κολλα, Gomme, colle.

MASTICATION. f. f. Terme de Medecine. Agitation des alimens folides plus ou moins durs entre
les dents, par le moyen du mouvement de la mâchoire inferieure, de la langue & des levres, pour
les brifer, les imbiber de falive, & les préparer à
recevoir plus facilement la digeftion de l'eftomac à
quoi ils font difpofés par leurs brifemens, & par
l'impression de la falive. Le mêlange des alimens &
de la falive eft neceffaire, à caufe que la falive en
les penetrant diffout fes fels qui font cachés dans les
alimens, & en les fondant, elle leur imprime un
caractere qui les prépare à la fermentation à venir,
en donnant entrée dans les alimens au ferment de
l'eftomac, qui eft à peu près de la même nature,
enforte qu'ils reçoivent de la falive un commencement de digeftion, & la perfection au levain du
ventricule.

MASTICATOIRE. f. m. Terme de Medecine. Medicament qu'on mâche long-tems, & qui attire la
pituite du cerveau. Les Mafticatoires font compofés
de fimples chauds & âcres, comme l'Origan, la
marjolaine, le pyrethre, le gingembre, la moutarde, les cubebes, qui en partie fondent la pituite & l'attirent, & en partie provoquent la faculté expultrice à mettre cette humeur dehors. Leur
ufage qui eft contraire dans les fluxions qui tombent fur la gorge, & fur les poumons, eft très-bon
dans la pefanteur de tête, dans la douleur des dents,
dans les maladies froides des oreilles & des yeux,
& dans les affections foporeufes. Quand le malade
eft hors d'état de mâcher, comme il arrive dans les
maladies foporeufes, on lui oint le palais d'hyere,
de moutarde, ou de quelque onguent compofé de
Mafticatoires fimples avec l'oxymel, afin que la faculté expultrice qui eft affoupie, puiffe s'exciter par
leur chaleur & par leur acrimonie.

MASTIGADOUR. f. m. Terme de Manege. Efpece
de mors uni, monté d'une têtiere & de deux refnes.
Il eft garni de patenôtres, & compofé de trois
moitiés de grands anneaux faites en demi ovales.
Ces moitiés d'anneaux font d'inégale grandeur. La
plus grande doit être haute environ d'un demi
pié, & renferme les plus petites. On donne le
Maftigadour à un cheval pour le rafraîchir par l'é-
cume qu'il attire du cerveau, & dont il s'humecte
la bouche. On dit d'un cheval, qu'*Il eft au Maftigadour*, quand il a la tête entre les deux pilliers
de l'écurie, & la croupe tournée vers la mangeoire.

MASTOIDE. adj. Terme de Medecine. On appelle
Mufcle Maftoide, Celui qui fert à baiffer la tête.
On le dit aussi d'une production de l'os qui eft au
crane, derriere & au deffous de l'oreille. Ce mot
eft Grec, μαςοιδης, & compofé de μαςος, Mammelle, & de ιδης, Forme, figure.

MASTURE. f. f. Qualité des Mâts. *Vaiffeau de bonne
mâture*. On dit, qu'*Un Vaiffeau a trop de mâture*,
pour dire, Que fes mâts ont trop de longueur.

MASULIT. f. m. Chaloupe des Indes. Son calfata-
ge eft de mouffe, & il a fes bordages coufus avec
du fil d'herbe.

MAT

MAT, MATTE. adj. Qui eft inégal, & mal poli,
qui n'eft point clair ni bruni. On appelle *Or mat*,
celui qui eft doré inégalement avant qu'on y mette
la fanguine & qu'on y paffe le bruniffoir, & *Argent mat*, celui qui ayant été blanchi, n'eft encore
ni bruni, ni poli. On appelle aussi *Couleurs mattes*,

Toutes couleurs sombres, du vieux mot, *Mat*, qui signifioit, Froid, confondu, triste. *Honteux & mat, si me repens.* On le trouve auſſi dans la ſignification de Vaincu, abbattu, ce qui a fait dire au Jeu des Eſchecs que *Le Roi eſt mat*, pour dire, qu'il eſt en priſe, & comme vaincu. Borel dit que ce mot vient de l'Hebreu *Mat*, qui veut dire Mort, d'où les Eſpagnols ont fait *Matar*, Tuer, & *Matador*, Tueur, qui eſt le nom qu'on donne dans le Jeu de l'Hombre à toutes les cartes qui vont de ſuite de la couleur dont on joue, à commencer par ſpadille qui eſt l'as de pique, & toûjours la plus haute des triomphes de quelque couleur qu'on joue. C'eſt apparemment delà que nous eſt venu le mot de *Matter*, pour dire, Affoiblir, mortifier, dompter, *Matter ſon corps par des jeûnes.*

MATAFIONS. ſ. m. On appelle ainſi en termes de Marine, de petites cordes, qui ſont comme des aiguillettes. On s'en ſert pour attacher les moindres pieces.

MATASSE. ſ. f. Terme de Negoce. On appelle *Soyes greges & en mataſſes.* Des ſoyes qui ſont par pelotes, & que l'on n'a point encore filées. Ce mot vient du Grec *μίταξα*, qui ſe trouve dans la ſignification d'une ſoye, qui n'eſt encore ni filée ni teinte.

MATASSINS. ſ. m. Sorte de danſe folâtre. C'étoit autrefois une danſe, dont les Danſeurs qu'on appelloit auſſi *Mataſſins*, étoient vêtus de petits Corcelets, avec des Morions dorés, des ſonnettes aux jambes, & l'épée le le bouclier aux mains. Elle étoit faite à l'imitation d'une Danſe que Numa inſtitua pour les Saliens, Prêtres de Mars, qui danſoient avec des armes.

MATECLU. ſ. m. Herbe du Perou qui n'a qu'un tuyau avec une ſeule feuille ronde. Elle croît dans les ruiſſeaux. On mâche cette herbe, & le ſuc que l'on en tire, mis dans les yeux le ſoir, avec la feuille broyée appliquée deſſus, guerit toutes ſortes de maux d'yeux. Celui qui en parle ainſi, aſſure qu'il en connoît la vertu par l'épreuve qu'il en a faite lui-même.

MATELOT. ſ. m. *Celui qui ſert ſous le Pilote à conduire un Vaiſſeau.* ACAD. FR. On dit *Vaiſſeau matelot*, & il y en a de deux ſortes. En de certaines Armées Navales, on aſſocie deux à deux les Vaiſſeaux de guerre pour ſe prêter du ſecours mutuellement en cas de beſoin, & ces Vaiſſeaux ſont *Matelots l'un de l'autre.* L'autre ſorte de Vaiſſeau Matelots eſt dans toutes les flottes des Vaiſſeaux de guerre, mais elle a ſeulement lieu pour les Officiers Generaux qui portent pavillon. Ainſi l'Amiral, le Vice-Amiral, & enfin chaque Commandant d'une Diviſion, ont deux Vaiſſeaux Matelots pour les ſecourir, l'un à leur avant, appellé *Matelot de l'avant*, & l'autre à leur arriere, appellé *Matelot de l'arriere.*

MATELOTAGE. ſ. m. Il ſe dit en termes de mer pour le ſalaire des Matelots.

MATHURINS. ſ. m. Ordre de Religieux qui furent inſtitués pour racheter les Captifs par le Pape Innocent III. en 1198. On leur donne auſſi le nom de *Religieux de la ſainte Trinité,* & *de la Redemption des Captifs.* Ils furent autrefois appellés *Aſnes,* à cauſe qu'en voyageant il leur étoit défendu de ſe ſervir d'une autre monture, ce qui fut changé en 1267. ſous le Pape Clement qui leur permit d'aller ſur des chevaux. Ils portent un habit blanc avec une croix rouge & bleue ſur l'eſtomac. La figure de cette croix eſt faite de huit arcs de cercle.

MATIERE. ſ. f. Terme de Philoſophie. Subſtance étendue en longueur en largeur, & en profondeur,

ſolide & impénétrable. Ainſi ſelon Gaſſendi ce n'eſt point l'extenſion Mathematique, qui ne peut-être conçuë que dans un ſujet déja étendu qui fait l'eſſence formelle de la Matiere, d'où dérivent tous les autres attributs, mais un Etre qui ſubſiſte par lui-même, qui eſt étendu & impénétrable, quoiqu'extrêmement diviſible. C'eſt en quoi different le corps Phyſique & le Mathematique. La Matiere dans ce ſens general a été produite au tems de la Creation, & tous les corps qui compoſent ce monde ſenſible & connoiſſable en ſont formés. Elle eſt encore le ſujet commun de toutes les generations, des corruptions & des alterations des corps, & on la peut appeller la Matiere premiere d'Ariſtote. Comme en conſiderant les choſes ſelon les loix ordinaires de la nature, l'étenduë du corps ſemble n'être qu'un mode ou une maniere d'être de la Matiere, ou plûtôt n'être autre choſe que la Matiere même, en tant que les parties ſe reſiſtent l'une à l'autre & s'oppoſent mutuellement à ce que l'une ne s'introduiſe pas dans la place de l'autre, & que chacune occupe ſon lieu particulier & proportionné à ſa grandeur, d'où il reſulte un certain arrangement de ſes parties & cette diffuſion que l'on appelle l'étenduë de la Matiere, Gaſſendi conclut delà qu'on devroit bien plûtôt faire conſiſter l'eſſence de la Matiere dans la ſolidité ou dureté, dans l'étenduë, puiſque l'on conçoit que deux parties ne demeurent étenduës ſans ſe pénétrer, & ſans ſe confondre en un ſeul & même lieu, que parce qu'elles ſe reſiſtent l'une à l'autre, & qu'elles ne ſe reſiſtent que parce que'elles ſont ſolides, dures & maſſives, & qu'ainſi la ſolidité doit être conſiderée comme ce qui eſt de premier dans la Matiere, & comme la cauſe primitive de l'étenduë, de même que le raiſonnable eſt conſideré comme ce qu'il y a de premier dans l'homme, & comme la cauſe du riſible & des autres proprietés de l'homme. Il fait voir enſuite qu'il n'y a aucun corps, quelque mol qu'il paroiſſe, qui n'ait toûjours quelque peu de dureté, & que ſi nous jugeons qu'il y en a à quelques-uns de mols, cette molleſſe ne vient pas de ce que leurs parties ou principes materiels ſoient mols, mais de ce qu'entre leurs parties qui ſont très-ſolides & très-dures de leur nature, il y a de petits vuides interceptés qui font que le corps cede au toucher, & paroît mol. Suivant le ſentiment de Rohault dans ſa Phyſique, pour ſçavoir parfaitement ce que c'eſt que la Matiere, il ne faut que bien connoître en quoi conſiſte ſon eſſence, quelles en ſont les proprietés, & de quels accidens elle peut être capable. Suivant cette methode, dit-il, ſi nous conſiderons qu'encore que nous ne connoiſſions pas parfaitement ce que c'eſt que dureté, liquidité, chaleur, peſanteur, legereté, ſaveur, odeur, ſon, lumiere, couleur, tranſparence, opacité & autres choſes ſemblables, nous les connoiſſons neanmoins aſſés pour ſçavoir qu'il n'y a pas une de ces choſes qui ſoit inſeparable de la Matiere, c'eſt-à-dire, ſans laquelle la Matiere ne puiſſe être, puiſque nous voyons des choſes materielles qui ſont ſans dureté, d'autres ſans liquidité, d'autres ſans chaleur, d'autres ſans froideur & ainſi du reſte, nous dirons que l'eſſence de la Matiere ne conſiſte en pas une de ces choſes, mais bien ſeulement que ç'en ſont des accidens. Il ne paroît pas que nous puiſſions faire le même jugement, ou dire que nous appercevons de ſimples accidens de la Matiere, lorſque nous conſiderons qu'elle eſt étenduë en longueur, largeur, & profondeur, qu'elle a des parties, que ces parties ont quelque figure, & qu'elles ſont impénétrables; car quant à l'étenduë, il eſt certain que

que nous ne sçaurions en séparer l'idée de quelque maniere que ce soit, puisque là où nous ne concevons point d'étendue, là aussi nous ne trouvons pas qu'il nous reste aucune idée de la Matiere, de même qu'il ne reste plus aucune idée du triangle, sitôt qu'on cesse d'imaginer une figure bornée de trois lignes. Après avoir ensuite fait voir qu'il n'est point accidentel à la Matiere d'avoir des parties ni qu'elles ayent quelques figures & soient impénétrables, il dit que l'idée de l'étendue est tellement indépendante de tout être créé, qu'il nous est presque impossible de la bannir de notre esprit, lors même que nous tâchons de concevoir le neant que nous croyons avoir devancé la Creation du monde, ce qui montre qu'elle n'en dépend point, qu'elle n'en est point une suite, ni une proprieté, encore moins un accident ou une simple façon d'être, & partant qu'elle est une veritable substance. Il rapporte la pensée d'Aristote, qui a écrit dans sa Metaphysique, que la Matiere n'est rien de tout ce qu'on peut répondre aux questions qui regardent l'essence, la quantité, la qualité, & enfin que ce n'est point un être déterminé, & il dit qu'il y a apparence qu'Aristote a parlé en ce lieu-là de la Matiere considerée d'une premiere vûe & fort generale, & que d'ailleurs il met de la difference entre l'étendue & la quantité, comme en effet il y en faut mettre, puisque l'on peut connoître l'une sans l'autre, & qu'un Arpenteur conçoit d'abord de l'étendue dans un champ, & que la quantité ne lui en est connuë qu'après qu'il l'a mesuré. Il répond à ceux qui pouvant trouver à redire en ce qu'il assure que l'étendue en longueur, largeur, & profondeur est une substance, veulent, par exemple, qu'on parle de l'étendue d'une table, que l'étendue soit un mode, & que la table en soit la substance. Pour éclaircir la difficulté, il fait remarquer que la nature de la substance est de pouvoir exister indépendamment de son mode, & qu'au contraire la nature du mode est de ne pouvoir exister sans la substance dont il est le mode. Or il est certain, continuë-t'il, que toute l'étendue qui est dans une table, pourroit subsister sans être table, & qu'au contraire il ne sçauroit y avoir de table sans étendue. C'est pourquoi bien loin de dire que l'étendue est un mode, dont la table est la substance, il faut dire au contraire que l'étendue est la substance, dont l'être de table n'est que le mode ou la façon d'être.

MATIR. v. a. C'est la même chose que Amatir, qui veut dire, Rendre mat, ôter le poli à l'or ou à l'argent.

MATIRE. s. f. Vieux mot. Matiere.

Or vuel commencer ma matire.

MATOIR. s. m. Petit outil, dont se servent ceux qui travaillent de damasquinerie & d'ouvrages de rapport pour amatir l'or. On appelle aussi *Matoirs*, de petits ciselets que l'on accommode par le bout avec des limes à matir, & qui servent à ceux qui gravent des quarrés de médailles.

MATRAS. s. m. Vaisseau de verre fait en forme d'une bouteille qui a un col fort long & étroit, & dont les Chymistes se servent dans leurs operations. Il y en a de deux sortes, un grand & un petit. Le grand contient les matieres qui servent pour la rectification des esprits, & la sublimation des sels volatiles. L'autre est propre à divers usages.

Matras. Sorte de dard ancien qui avoit une grosse tête & ne perçoit pas. Il meurtrissoit seulement ceux qui en étoient frappés, & on l'appelloit ainsi à cause qu'il avoit quelque rapport dans sa forme au

matras des Chymistes. On a dit aussi *Matrasser*, pour dire, Assommer de coups. *Matara* se trouve chés les Latins dans la signification d'une arme antique des Gaulois. Borel, qui le dit sur le rapport de Bochart, ajoûte, qu'il y a grande apparence que ce soit le Matras ou le dard à bout rond.

MATICAIRE. s. f. Plante qui a ses feuilles menues & semblables au Coriandre, & ses fleurs blanches en dehors & jaunes en dedans. Elle est d'une odeur puante, & amere au goût, ce qui fait que quelques-uns l'appellent *Amaracus*. On lui a donné le nom de *Matricaire*, à cause qu'elle remedie à toutes les incommodités qui proviennent de la matrice. Matthiole fait voir que Brasavolus, Fuchsius, & quelques autres se trompent quand ils prennent la Matricaire, nommée autrement *Maronne*, pour la seconde espece d'Armoise décrite par Dioscoride, & que l'on appelle *Parthenium*. Il y a de deux sortes de Matricaire, l'une qui a la fleur simple, & l'autre double. Cette derniere se cultive dans les jardins, & dégenere à la fin, à moins qu'on n'en ait grand soin, & qu'elle ne soit plantée en terre grasse. L'herbe seche & buë en vinaigre miellé ou avec du sel, purge & évacue les humeurs coleriques & phlegmatiques, comme font les fleurs de thin. Elle est bonne aussi à ceux qui ont courte haleine, ou qui abondent en humeur mélancolique. Si on la prend en breuvage avant qu'elle jette sa fleur, c'est un excellent remede pour ceux qui ont la gravelle ou difficulté de respirer. Elle est aperitive & incisive, chaude au troisiéme degré, & seche au second.

MATRICE. s. f. Terme de Medecine. La partie des femelles des animaux où se fait la conception & la nourriture des fœtus ou des petits jusqu'à leur naissance. La Matrice des femmes est située dans le bas ventre en cette ample capacité des hanches qui est entre la vessie & l'intestin droit, & elle va jusqu'aux flancs quand elles sont enceintes. Sa figure est ronde & longue en façon de grosse poire. Elle est entretissuë de trois sortes de fibres, & à plusieurs tuniques, arteres, veines & nerfs, avec quatre ligamens, deux en haut, & deux en bas. Elle a été appellée *Mitra*, par les anciens, c'est-à-dire, Mere, d'où vient qu'on dit encore *Maux de Mere*, pour, Maux de Matrice. Quelques-uns tiennent qu'on peut ôter toute la Matrice à une femme sans qu'elle en meure. En 1669. on fit voir à l'Académie des Sciences, un enfant, qui quoiqu'engendré hors la Matrice, n'avoit pas laissé de croître jusqu'à six pouces.

Matrices. Terme d'Imprimerie. Moules dans lesquels on fond les caracteres qui servent à imprimer.

On appelle aussi *Matrices*, les quarrés des Medailles & des Monnoyes gravés avec le poinçon. Il y a dans les Monnoyes un poinçon d'effigie, qui est une composition de fer & d'acier, ayant à peu près quatre pouces de longueur, & dont la grosseur est proportionnée à l'espece pour laquelle on s'en doit servir. Il y a encore des poinçons de croix ou d'écusson qui sont fort petits, & des poinçons de legendes, tant pour servir du côté de l'effigie, que de celui de la croix. Quand tous ces poinçons ont été gravés, on les trempe pour les durcir, & on en frappe un quarré d'acier haut de deux ou trois pouces, & large à proportion de la croix. L'empreinte de tous ces petits poinçons y ayant été faite en creux, ces quarrés sont trempés pour être durcis, & on les appelle *Matrices d'effigie*, *Matrices de croix* ou d'écusson, & *Matrices de legende*. C'est de ces Matrices que les Tailleurs par-

F

ticuliers des Monnoyes tirent tous leurs poinçons dont ils ont befoin pour frapper les quarrés à monnoyer les efpeces & y faire l'empreinte en creux de toutes les pieces de la croix, ou écuffon, ou legende.

Matrice, fe dit encore de l'Original des étalons, des poids & mefures que des Officiers publics gardent dans les Greffes ou Bureaux pour étalonner les autres.

Il y a des couleurs que les Teinturiers appellent *Couleurs Matrices*. Ce font les fimples dont font compofées toutes les autres couleurs.

MATRISYLVA. f. f. Nom que les Apothicaires donnent à la plante que Diofcoride appelle *περιϰλύμενον* de περὶ Autour, & de ϰλύειν Envelopper, à caufe qu'elle s'entortille à tout ce qu'elle rencontre. Elle ne jette qu'une fimple tige, qui produit fes feuilles deux à deux & par intervalles. Ces feuilles dont elle eft environnée, font blanchâtres, & reffemblent à celles du lierre. Sa fleur eft blanche & affes femblable aux fleurs de fève, & lorfqu'elle eft bien épanouie, elle tombe fur la feuille. Sa graine eft fort dure & difficile à arracher. Elle eft attachée à certains petits rejettons qui fortent parmi les feuilles. Sa racine eft ronde & groffe. La Matrifylva croît parmi les buiffons, & dans les champs. Les Italiens l'appellent *Vincibofco*, à caufe que s'agraffant aux arbres & aux buiffons, elle fe ferre de fi près qu'elle entre en quelque façon dans le bois où elle s'attache. Diofcoride dit que fa graine mûre & féchée à l'ombre, étant bue en vin quarante jours au poids d'une drachme, confume la rate, & guerit des laffitudes, mais qu'elle rend l'urine faigneufe depuis le fixiéme jour qu'on a commencé à s'en fervir. Elle facilite l'enfantement, & empêche le hocquet. Ses feuilles ont la même proprieté. Matthiole prétend que Ruellius & Fuchfius fe font trompés en prenant le Caprifolium & la Matrifylva pour la même plante, & il en dit les raifons.

MATTONS. f. m. Mot dont quelques-uns fe fervent pour fignifier de gros carreaux de brique qui fervent à paver. Il vient de l'Italien *Mattoni*, qui veut dire des Briques.

MATTOWME. f. m. Plante qui croît dans les pâturages de la Virginie, & qui eft femblable à l'herbe panique. Sa femence reffemble au fegle, mais elle eft plus petite. Les habitans eftiment le pain qui en eft fait, fort délicat, & ils le mêlent avec de la graiffe de bêtes fauvages.

MATURATION. f. f. Terme de Pharmacie. Coction qui fe fait des remedes pour les mettre en état d'être pris par ceux qui en ont befoin. Il fe dit auffi de la coction des fruits que l'on a cueillis avant leur maturité, & qu'on met par-là en état d'être mangés.

MAV

MAVALI. f. m. Poiffon extraordinaire, qui a vingt piés de longueur, & dix de groffeur. Son cuir eft fort dur, & reffemble en quelque façon au bœuf, il fe trouve dans les Indes Occidentales. Herrera qui parle de ce Poiffon dit, que le Cacique Carametex en avoit nourri un dans un lac pendant vingt-fix ans. Il étoit apprivoifé, & fortoit de l'eau pour aller manger à la maifon. Il prenoit tout ce qu'on lui donnoit avec la main, & joüoit avec les enfans. Il portoit jufques à dix hommes fur fon dos fans en être incommodé. On a obfervé qu'il étoit touché du chant & de la mufique.

MAUBOUGE. f. m. Droit d'entrée qui fe leve fur les boiffons en quelques Provinces. Il a pris fon nom de celui qui l'a inventé, & qui s'appelloit *Manbonge*.

MANDOULE. adj. Vieux mot qu'on trouve employé dans la Coûtume du Boulenois. Maladroit. M. Ménage le fait venir de *Maledolatus*.

MAUFAIS. f. m. Vieux mot. Lutins ou démons, comme qui diroit, Mal faifans. Il fe trouve auffi dans la fignification de Méchant.

> *Quand vit qu'échaper ne pouvoit.*
> *Tant étoit puiffant le Maufais.*

MAUGERE. f. f. Terme de Marine. Bourfe de cuir, ou de groffe toile goudronnée qui eft clouée à chaque dalon ou dalot par dehors, & qui fert à l'écoulement des eaux qui font fur les tillacs. Les Maugeres font longues d'un pié, & faites comme des manches ouvertes par les deux bouts. L'eau qui eft en dehors ne fçauroit entrer par la Maugere, à caufe que les vagues l'applatiffent contre le bordage. On dit auffi *Mauge*.

MAUR. *Saint Maur.* Congregation de l'Ordre de faint Benoît que le Pape Gregoire XV. érigea en France en 1621. à la priere du Roi Louis XIII. pour favorifer des Religieux de quelques Monafteres, qui s'impoferent une reforme pour fuivre l'efprit primitif de la Regle de ce Saint. Ils eurent permiffion d'aggreger à leur Inftitut les autres Maifons Religieufes de faint Benoît, qui voudroient fe reformer de la même forte. Cette Congregation qui fut confirmée fix ans après par le Pape Urbain VIII. a été divifée en fix Provinces, dans chacune defquelles ces Religieux ont environ vingt Maifons. Ils ont un Superieur General, des Affiftans & des Vifiteurs, avec des ftatuts particuliers, outre la Regle de faint Benoît. Ils tiennent leur chapitre general tous les trois ans & comme ils font profeffion des belles lettres, ils ont parmi eux des hommes qui ne fe rendent pas moins celebres par leurs ouvrages, que par leur vertu & leur pieté.

MAURICE. *Saint Maurice.* Ordre Militaire de Savoie, inftitué en 1434. par Amedée VIII. qui en fut le premier Duc, & qui étant dégoûté du monde après la mort de Marie de Bourgogne fa femme, fe retira à Ripaille, où il fit deffein de fonder cet Ordre & de s'en rendre le Chef. Il choifit fix Gentilshommes du même âge que lui du nombre de ceux qui avoient eu part aux plus importantes affaires de fon Etat, & il les fit Chevaliers. Le lieu de leur retraite devoit être un hermitage qu'il refolut de faire bâtir à Ripaille auprès des Hermites de faint Auguftin qui feroient leurs Directeurs, & comme faint Maurice étoit le Patron de Savoie, il voulut que l'Ordre en portât le nom. Leur habit étoit une longue robbe de drap gris avec un chapperon de même, à la maniere des Hermites anciens. Ils avoient une ceinture d'or, le bonnet & les manches d'un camelot rouge, fur leur manteau une croix pommetée de tafetas blanc, & une croix d'or pendue au col pour marquer leur ordre. Nul n'y pouvoit entrer qui ne fût Gentilhomme & fans reproche. Les Chevaliers qui ne devoient être que fix & un Doyen, avoient leurs logemens féparés, avec une tour à chaque appartement, celle du Doyen un peu plus élevée que les autres. Il fut auffi arrêté qu'ils auroient la barbe & les cheveux longs, & qu'ils porteroient en public un bâton noüeux & retortillé en façon de bourdon. Certains jours de la femaine étoient deftinés à la folitude, les autres aux affaires de l'Etat, & les Chevaliers étoient obligés de garder la continence. Les maifons étant bâties, & les revenus fondés, qui n'étoient que de deux cens florins d'or pour chacun, & de six cens, pour le Doyen, le Duc Amedée remit au Prince Louis son fils la Lieutenance generale de ses Etats , & s'étant retiré en son pavillon avec ses six Chevaliers , le lendemain il prit avec eux en l'Eglise de son Couvent de Ripaille, l'habit d'hermite de la main du Prieur. Ce fut lui que l'on fit Pape sous le nom de Felix V. peu d'années après, quand les Peres du Concile de Bâle eurent déposé Eugene IV. En 1572. le Duc Philibert Emanuel obtint du Pape Gregoire XIII. la réunion de l'Ordre de Saint Lazare avec celui de Saint Maurice. Les Chevaliers de ce premier Ordre portoient autrefois une croix verte , & cette réunion a fait qu'ils la portent blanche pommetée. Leurs manteaux de cérémonie sont de tafetas incarnat doublé de blanc , avec une houpe de soie blanche & verte. Ils ont la casaque & la cotte d'armes de damas incarnat avec les croix des deux Ordres en broderie devant & derriere.

MAUSOLE'E. f. m. Tombeau magnifique qu'on éleve pour faire honneur à un Prince , ou à quelque autre personne illustre , il se dit aussi des representations de tombeau qu'on fait dans les Pompes funebres. Le mot de *Mausolée* , est venu du nom de Mausole Roi de Carie , à qui sa femme Artemise fit élever un tombeau si somptueux qu'il a passé pour une des sept merveilles du monde. Il avoit soixante & trois piés d'étenduë au Midi au Septentrion , ses faces un peu plus larges, & quatre cens onze piés de tour. Sa hauteur étoit de vingt-cinq coudées , & il y avoit trente-six colomnes dans son enceinte. Artemise qui se laissa mourir de douleur, ne vit point la fin de cet ouvrage, que Scepas, Leocharés, Timothée & Briaxis fameux Architectes , ausquels se joignit Pythis , ne laisserent pas de continuer. Ce dernier éleva une Pyramide au-dessus de ce tombeau , & il y posa un char de marbre attelé de quatre chevaux. Il fut bâti dans la ville d'Halicarnasse, Capitale du Royaume , entre le Palais du Roi , & le Temple de Venus.

MAUTALENT. f. m. Vieux mot. Colere , desir de punir , de se venger.

　Cuides tu , va , par vain prier
　Mon Mautalent amolier ?

MAUTE'. f. f. Vieux mot , diminutif de Mauvaistié , qui a été dit , pour Méchanceté.

　Bien li semble de cruauté ,
　De felonnie & de Mauté.

MAUVE. f. f. *Espece d'herbe qui a la vertu de rafraichir & de ramollir.* ACAD. FR. C'est la principale des herbes émollientes , & elle entre dans tous les lavemens communs que l'on prépare. Celle des jardins est meilleure à manger que la sauvage. Elle nuit à l'estomac , mais fait bon ventre , & sur tout les tiges , qui sont bonnes aux boyaux & à la vessie. Dioscoride qui en parle ainsi, ajoute que les feuilles crues , mâchées avec un peu de sel & de miel, guerissent les fistules des yeux qui viennent auprès du nés, & que quand ces fistules commencent à se cicatriser, il faut cesser de mettre du sel à ce masticatoire. Matthiole parle de Mauves qui deviennent grandes comme des arbres par le soin des Jardiniers. Il dit qu'il y en a une espece qu'on trouve aux jardins & aux vergers, de la hauteur des arbrisseaux , n'ayant qu'une tige , qui est grande , ronde & en forme de bâton. Les feuilles qui en sortent en fort petit nombre , sont larges , dentelées tout autour , & divisées comme celles de la Mauve commune. Sa fleur est grande , & semblable à la rose feuilluë & de diverse couleur, quelques-unes l'ayant purpurine, flamboyante, d'autres blanche , & d'autres de couleur de chair. Elle ne passe pas si-tôt que

Tome II.

la rose , mais elle n'a nulle odeur. Sa racine est longue , souple & tendre comme celle des Guimauves. Quelques-uns nomment cette Mauve , *Mauve Arborée.* En Latin *Malva.*

MAUVIS. f. m. Grand oiseau qui a les ailes grisâtres & le reste du corps blanc. Il se trouve vers le Cap de Bonne-Esperance , & les Pilotes le nomment *Gayvoton.* On appelle aussi *Mauvis,*certain Oiseau de la grosseur d'un pigeon , qui aime à voler sur les eaux , & que quelques Auteurs nomment en Latin *Malvicius.*

　Mauvis. Espece de grive de la troisiéme grandeur, moindre que la grive commune , en Latin *Turdus ruber.* On dit aussi *Mauviette.* C'est une espece de petite grive.

MAX

MAXIME. f. f. Terme de Musique. La plus grande des notes de Musique. Elle vaut douze mesures , & on la figure par un quarré long avec une queue. Ce mot est Latin , *Maxima* , Très-grande.

MAXIMIANISTES. f. m. Secte de Donatistes en Afrique , que l'on appella ainsi , à cause qu'ils prirent le parti de Maximien, Diacre de Carthage, qui sur la fin du quatriéme siecle se fit élire Evêque d'une partie de ceux de cette Secte , contre Primien , leur premier Evêque , qui avoit succedé à Donat ; de sorte que le siege que les Donatistes occupoient à Carthage, eut deux Evêques , dont chacun trouva des partisans qui l'appuyerent ; les uns appellés *Maximianistes ,* & les autres *Primianistes.*

MAY

MAY. f. m. Terme de Marine. Grand espace de bois grillé par le fond. Quand le cordage est nouvellement sorti du goudron , on le met égoutter en cet endroit.

MAYS. f. m. Sorte de blé qu'on appelle *Blé d'Inde & de Turquie.* Il y en a de plusieurs sortes, dont la couleur des épis fait la difference. Les uns sont blancs & les autres rouges , d'autres presque noirs, & d'autres pourprés, bleus & bigarrés de differentes couleurs ; ce qui s'entend de l'écorce de dessus , la farine en étant fort blanche. Pour le semer , on laboure bien la terre , & l'on y fait des fosses à un pas l'une de l'autre , dans lesquelles on met quatre ou cinq grains de Mays. Il mûrit en quatre mois en de certains lieux , il n'en faut que trois , & quelquefois que cinquante jours en d'autres. Cela dépend du terroir & de la diverse temperature de l'air. Il n'y a aucun blé qui soit de plus grande nourriture, ni de qualité plus temperée , tenant le milieu entre le chaud & le froid , le sec & l'humide. Aussi les Sauvages, qui usent ordinairement , ne sont jamais travaillés d'obstructions , ni n'ont mauvaise couleur. Les Mexiquains l'appellent *Tlaolli.* On en fait du pain & fort aisément & fort promptement , & pour cela on n'a besoin ni de sel ni de levain , mais il faut seulement de l'eau. Après qu'on a fait tremper le Mays jusqu'à ce qu'il soit devenu mol , on le broye en le frottant entre les paume des mains , & on en forme des tourtes rondes , déliées & de moyenne grandeur , qu'on met sur le feu ou sur des charbons ardens. On se sert de patines de terre , sur quoi on les pose pour les faire cuire. D'autres en font du pain beaucoup plus grand , qu'ils forment en rond comme une boule , & le font bouillir dans un pot , en y mêlant de petites feves, afin que ce pain , qu'ils nomment *Tamala* , soit plus délicat. Quand les Sauvages Chi-

F ij

chimeques veulent cuire de la venaison, ils font ordinairement une fosse en terre, & l'ayant pavée de pierres, ils la remplissent de bois qu'ils allument. Ensuite la flame étant éteinte, ils mettent leur chair sur des charbons vifs ou sur les pierres rouges, la couvrant de pâte de Mays, après quoi ils mettent dessus d'autres pierres chaudes, & ayant fermé la fosse, ils l'y laissent jusqu'à ce qu'ils jugent que le tout soit cuit, & qu'ils mangent avec une grande volupté. On se sert aussi du Mays pour faire diverses boissons, & il surpasse les autres fruits qui ne sont bons que dans leur maturité, en ce qu'il est utile lorsqu'il est encore sans forme & avant qu'on le puisse appeller Mays, son épi servant d'une viande délicate, étant bouilli ou rôti, lorsqu'on le cueille dans le tems qu'il commence à se former dans l'étui des feuilles, & que le grain commence à se façonner & à être comme en lait. Les cannes de Mays ont aussi leur usage, & on en fait de fort bon miel noir, quand elles sont vertes. Si on les brûle & qu'on les réduise en poudre, c'est un excellent remede pour les maux de tête, en les mêlant avec de la terebentine. Les feuilles mêmes sont une bonne pâture pour les chevaux.

MEC

MECHE. s. f. *Cordon de fil, de coton, de chanvre, &c. qu'on met dans les lampes, & dont on fait des chandelles, des bougies, des flambeaux, en les couvrant de suif ou de cire.* ACAD. FR.

Meche. Bout de corde allumée que le mousquetaire fantassin porte entre ses doigts pour tirer son mousquet. On s'en sert aussi pour mettre le feu à une mine. Cette meche se fait de vieux cordages battus que l'on fait bouillir avec du soufre & du salpêtre, & qu'on remet en corde grossiere après l'avoir fait secher.

Meche. Méchant linge brûlé, propre à prendre feu lorsque l'on bat le fusil.

Meche. La bobeche d'un chandelier, qui est la partie où la chandelle se met. On appelle aussi *Meche,* Un petit morceau de fer blanc arrondi avec un grand rebord en haut, qu'on met dans un flambeau pour y tenir la chandelle ferme, quand faute d'être assés grosse elle n'en peut remplir l'embouchure.

Meche, est aussi un terme de Menuisier, & on dit, *La meche d'un villebrequin,* pour dire, Le fer qui sert à percer, c'est-à-dire, la partie du villebrequin qui est attachée au fût. On dit aussi, *La meche d'un tariere, d'un trepan.*

Meche. Terme de Marine. On appelle *Meche d'une corde,* Le touron de fil de caret qu'on mêle au milieu des autres tourons pour rendre la corde ronde. *Meche de mât,* se dit du tronc de chaque piece de bois depuis son pié jusqu'à sa hune, & on dit *Meche du gouvernail,* pour signifier la premiere piece de bois qui en fait le corps.

MECHOACAN. s. m. Racine qui purge, & dont le goût est farineux & insipide. Elle a pris son nom de la Province de Mechoacan où elle croît. Les Habitans l'appellent *Tachuache,* les Mexiquains *Talanthlatnitlapille,* & les autres *Pusquam.* Il y a le mâle & la femelle semblables en forme & en qualités, qui ont la racine longue & grosse, d'où il sort une liqueur de lait. Cette racine produit des tuyaux pliables & déliés avec de petites feuilles de la forme d'un cœur. De ces fleurs qui sont longues & rougeâtres, naît une sorte de fruit couvert d'une peau blanche, pleine d'une semence blanche, menue & platte, avec des filamens comme de coton,

qu'on a peine à rompre. Il y a une autre espece de Mechoacan qui croît en une terre noire & dans les endroits pierreux. La racine en est plus grêle, & on en fait un électuaire purgatif & doux pour la colere & le phlegme. Le Mechoacan n'est bon que quand il est blanc, & qu'il se casse aisément, sans jetter de la poussiere. Il faut prendre garde qu'il ne soit mêlé de racine de brioine; ce qui arrive souvent, à cause que ces deux racines se ressemblent; mais le goût en fait voir la différence, puisque celle de brioine pique la langue & le gosier si on la tient long-tems dans la bouche, & que l'autre est insipide. Le Mechoacan purge doucement les humeurs sereuses & la pituite, & fortifie les parties, au lieu que les autres purgatifs les affoiblissent.

MECONIUM. s. m. Suc tiré par expression de toute la plante du pavot, en quoi il differe de l'opium, qui est une larme que l'incision fait distiller des têtes de la même plante. Ce mot vient du Grec μηκων, qui veut dire Pavot.

On appelle aussi *Meconium,* l'Excrement noir & épais qui s'est amassé dans les intestins d'un enfant pendant la grossesse de la mere. Ces excremens ressemblans à de la poix, & qui sont d'un vert tirant sur le noir, tiennent de la nourriture que le fœtus a reçue par la bouche dans la matrice. Il faut avoir soin de les chasser du corps de l'enfant le plûtôt qu'on peut, parce que s'ils y restoient trop long-tems ils pourroient causer une constipation de ventre opiniâtre, ou empêcher la distribution du lait, outre qu'ils pourroient le corrompre quand il se distribue dans les replis des intestins, lui donnant une teinture de verdet qui le dispose à la corruption, après quoi il s'attache aux intestins, qu'il corrode par son acrimonie acide, & excite de cruelles tranchées. Le plus dangereux des excremens de l'enfant est le Meconium, parce que c'est un acide contre nature, & la partie caseuse la plus crue, separée & comme précipitée de la partie utile de la liqueur lactée qui nourrit le fœtus dans la matrice. Cet acide vient de l'estomac, & rencontrant la bile dans les intestins, il se lie avec elle pour produire ce vert brun. Il s'amasse & se coagule ensuite à la longue dans les cellules des gros intestins. Rien ne purge mieux le Meconium que de faire tirer à l'enfant le colostrum ou premier lait, qui est un aliment medicamenteux, engendré par la nature pour nourrir mediocrement & purger legerement pendant quelques jours, eu égard à la foiblesse de l'enfant. Si on ne peut se servir de ce remede naturel, il faut faire avaler aux enfans nouveaux nés de l'huile d'amandes douces nouvellement exprimées avec du sucre très-fin, afin de nettoyer le ventricule & les intestins, & de chasser toutes les ordures amassées pendant la grossesse, ou par des selles, ou par le vomissement. Quelques-uns ont coûtume de faire prendre un peu de miel rosat solutif. On a donné le nom de *Meconium* à cet excrement, à cause de la ressemblance qu'il a avec le suc de pavot.

MED

MEDECINE. s. f. Art qui considere le corps humain vivant & comme capable de santé, ou la santé du corps humain pour la conserver lorsqu'elle est presente, & la rétablir quand elle est absente. La Medecine fut d'abord divisée en deux parties, sçavoir la diete pour les maladies internes, & la Chirurgie pour les externes. Leur nombre ayant augmenté, il fallut aussi augmenter celui des essais, & multiplier les remedes. Le moyen le plus sûr où l'on eut recours dans la suite, ce fut d'exposer les malades dans les lieux publics, afin qu'ils apprissent des passans ce qui pourroit servir à leur guerison, & enfin on crut qu'en les mettant dans les Temples des Dieux, ils seroient instruits des remedes qui conviendroient à leurs maux, soit qu'ils leur fussent enseignés en songe, soit que les Prêtres qui en avoient des recueils leur en fissent part. Quand quelques remedes avoient réussi, on les écrivoit dans des tableaux que l'on attachoit aux murailles des Temples, afin que l'on en rendît graces aux Dieux. Les opinions sont differentes touchant le premier inventeur de la Medecine, qui ayant fleuri premierement en Egypte, passa de là dans la Grece. Les plus anciens en attribuent l'invention à Promethée qui est le même que Noë; les Egyptiens, à Hermes qui est Cham ou son fils Nisraim, & les Grecs à Apollon, dont le fils nommé Esculape, est le plus fameux de tous. On ne se contenta pas de lui dédier des temples, on lui dressa des statues qui le representoient avec une longue barbe, un bonnet, un bâton rempli de nœuds, un serpent, une chouette, un chien & un coq, pour désigner les qualités d'un bon Medecin. Machaon son fils aîné fut pere du Medecin Nicomaque, d'où est descendu Aristote. Podalirius, fils puîné de Machaon, ayant tenu une école de Medecine à Scyron, ville de Carie, il en sortit trois Sectes fameuses, dont la plus illustre fut celle de Cos. Ces trois écoles commencerent à joindre le raisonnement à l'experience qui avoit fait jusques-là le fondement de la Medecine. Hippocrate, dix-huitième descendant d'Esculape en ligne directe, s'adonna à cette étude avec une entiere application; & pour le faire d'une maniere qui pût être utile à ceux qui auroient besoin de son secours, il voyagea pendant douze années en plusieurs Provinces, pour s'informer de toutes parts de la vertu & proprieté des simples & des experiences qu'on en avoit faites. Ensuite il se retira à Ephese auprès du Temple de Diane, & traduisit & mit en ordre les tables de Medecine qu'il y trouva, en y ajoûtant du sien ce qu'il jugea à propos. Cet Ouvrage, qui attira l'admiration par sa nouveauté, lui fit meriter le titre de Prince des Medecins. Il mourut à Larisse en Thessalie, âgé de 109. ans, & la Medecine demeura hereditaire dans sa famille pendant deux siecles. Vers le tems d'Auguste parut Corneille Celse, Medecin & Jurisconsulte, que quelques-uns appellent l'Hippocrate Latin ou le Ciceron des Medecins. Le vieux Andromaque étoit le premier Medecin de Neron. C'est à lui que la premiere composition de la Theriaque est dûe. Andromaque le jeune vivoit sous Vespasien. Les Livres d'Hippocrate ayant été plusieurs fois en danger d'être perdus par les incendies des Bibliotheques. Artemidore Capiton & Dioscoride son parent prirent le soin de les recueillir, & ils les mirent en ordre sous l'Empereur Adrien. Galien naquit l'an de JESUS-CHRIST 136. à Pergame, ville d'Asie, sous le regne d'Antonin, & n'oublia rien pour rétablir la doctrine d'Hippocrate. Après le regne de Justinien, la Medecine étant tombée en Orient & en Occident, passa aux Arabes & aux Sarrasins par les frequens ravages des Barbares, & ne fut cultivée que par les Arabes depuis le neuvième siecle jusqu'au treizième, que les Italiens commencerent à rappeller la pureté des Arts liberaux. Ce fut en ce siecle-là que commença l'école de Salerne. Depuis ce tems-là jusqu'à celui-ci il s'est érigé un grand nombre d'Universités, sur-tout dans le quatorziéme siecle. On a professé dans toutes la doctrine

d'Hippocrate suivant l'interpretation de Galien & d'Avicenne. Ce dernier qui naquit vers l'an 1045. étoit Sarasin & vécut en Perse. Les François se sont attachés à Galien, les Espagnols à Avicenne & aux Arabes, & les Italiens à l'un & à l'autre.

MEDIANE. s. f. Terme de Medecine. Petit vaisseau qui n'est proprement qu'un rameau de la veine basilique, qui étant portée en la partie interieure du coude, s'unir à la cephalique, & forme celle qu'on appelle *Mediane*.

MEDIASTIN. s. m. Terme d'Anatomie. Continuation de la membrane qu'on appelle *Plevre*, qui enferme le thorax, & est tendue sous toutes les côtes. Elle se double de part & d'autre au milieu de la poitrine, & allant de l'épine du dos au brechet, elle separe le côté droit d'avec le gauche. *Mediastin* a été dit, *Tanquam medium*. Il y a une inflammation du Mediastin, & dans cette inflammation la douleur est dans la partie anterieure de la poitrine, avec un peu de pesanteur, sans pointe & sans aucun symptome cruel.

MEDICA. s. f. Sorte d'herbe, qui en commençant à sortir, jette sa feuille & sa tige comme le trefle des Prés, mais venant à croître elle produit ses feuilles plus étroites. Ses gousses sont recourbées comme cornes, & la semence de dedans est de la grosseur d'une lentille. Pline dit que cette herbe fut appellée *Medica*, à cause qu'on l'apporta de Medie, & qu'étant une fois semée elle dure plus de trente ans. Quoiqu'elle ait été autrefois fort commune en Italie, où l'on la semoit pour nourrir & engraisser les bêtes, Matthiole avoue que de toutes les plantes qu'on lui a montrées pour la Medica, il n'en a vû aucune qui en eût les marques. On tient, poursuit-il, qu'elle croît en quantité en Espagne, où on l'appelle *Alfalfa*, qui est le nom que lui donnent les Arabes, & où elle sert à engraisser les Chevaux. C'est, selon Ruellius, ce qu'on appelle *Sainfoin* ou *Grand trefle*, en France. Quelques-uns l'appellent *Medoise*, comme venant de Medie.

MEDIONNER. v. n. Les experts dans l'art de bâtir usent de ce mot dans la signification de Compenser. C'est lorsque s'agissant de la reparation d'un vieux mur, ils comptent plusieurs toises pour une dans les toisés de crepis on d'enduits.

MEDIUM. s. m. Plante qui croît parmi les rochers aux lieux ombragés, & dont les feuilles sont semblables à la flambe. Sa tige est haute de trois coudées, & il en sort une fleur grande, ronde & rouge. Sa graine, qui est petite, ressemble à celle de cartamum, & sa racine rude, verte & âpre au goût, est de la longueur d'un palme, & grosse comme un bâton. Quelques-uns disent que le Medium ne vient qu'en Medie, d'où la plante a pris son nom. Galien dit que sa racine est de proprieté contraire à sa graine, qui émut le flux menstrual, au lieu que la racine le resserre & restreint toutes fluxions.

MEG

MEGALESIENS. adj. On appelle *Jeux Megalesiens*, certains Jeux que l'on celebroit à Rome à l'honneur de Cibele le douzième jour du mois d'Avril. Ils furent instituées vers l'an 550. de la fondation de la Ville, lorsque la statue de cette Déesse y fut apportée de la Ville de Pessinunta en Phrygie. Les Dames Romaines y dansoient, & l'on y faisoit des festins, mais avec frugalité & modestie. Les Esclaves n'osoient se montrer pendant ces ceremonies qui étoient celebrées par les Magistrats revêtus de robes de pourpre. Ce mot est venu de μεγάλη, Gran-

F iij

de , à cause que Cibelle étoit appellée *La grande Déeſſe.*

MEGEDUX. ſ. m. Mot que Villehardouin a employé dans la ſignification de Maréchal.

MEH

MEHAIGNE'. adj. Vieux mot. Meurtri , maltraité de coûps , incommodé.

Foibles & vieux & mehaignez ,
Par qui pains ne ſont plus gaignez.

On a dit auſſi *Mahaigné , mahangné* & *mahaux,* dans le même ſens.

MEHAIN. ſ. m. Vieux mot. Tourment.

Encuer malade d'un mehain
De convetiſe , de gilzain.

MEI

MEILLER. v. a. Vieux mot. Mouiller.

MEL

MELANAGOGUES. ſ. m. Medicamens par le moyen deſquels on purge la bile noire. Ce ſont les Myrobolans noirs , la Fumeterre , le Lupulus , le Cuſcute , le polypode de Chêne , l'Epithym , le Sené & l'Hellebore. Il n'y a que ces deux derniers que l'on prenne ſeuls. On fait des compoſés de tous les autres , ou au moins d'une partie. Le mot de Melanagogue eſt Grec , formé de μίλαι , Noir , & de ἄγω , Amener.

MELANCOLIE. ſ. f. Terme de Medecine. On appelle ainſi l'humeur d'un homme qui ſe trouve un peu chagrin , qui ſe fâche ſans ſujet , à qui rien ne plaît , qui eſt triſte & penſif , qui s'épouvante & s'inquiete pour des choſes très-legeres , & qui ne ſe trouve pas maître de ce qu'il penſe. Quand les perſonnes de cette humeur ſont auſſi attaquées du delire , c'eſt ce qui s'appelle proprement *Delire melancolique ,* qui eſt une maladie compliquée de la malancolie & du delire. On appelle *Trouble d'eſprit ,* la Melancolie ſans delire. Ce trouble arrive ſouvent ſans que la raiſon en ſoit déreglée. Cela ſe connoît par ce qu'on a vû d'une femme , qui étant tentée par intervalles de tuer ſon enfant , connoiſſoit qu'elle avoit tort , & reſiſtoit à cette tentation. Les Melancoliques , quoique differens entre eux , conviennent tous en un point , qui eſt que chacun a ſa penſée attachée & comme fixée à un ſeul ſujet ; non que pluſieurs objets ne ſe ſuccedent les uns aux autres , mais parce qu'il y en a un à quoi ils penſent avec une plus forte application. Un certain Melancolique , en mangeant du beurre , ſe perſuada qu'il étoit de beurre , & il n'oſoit approcher du feu de peur de ſe fondre. Henri de Heer parle d'un Melancolique qui demeuroit ſeul les dix premiers jours de chaque mois. Il s'adonnoit à la chaſſe les dix jours ſuivans , & employoit le reſte du mois à la muſique avec un plaiſir extraordinaire. Si on en croit Bartolin , un noble Venitien , ſe perſuadant être tortue , demeuroit tous les ans caché ſous ſon lit pendant les Jours Caniculaires , & il en ſortoit ſi-tôt qu'ils étoient paſſés , demeurant ſain tout le reſte de l'année. Dans la cure de ce mal on doit moins avoir égard à la tête qu'à la maſſe du ſang , & ſur-tout aux viſceres de l'abdomen ſitués ſous les hypochondres. Ainſi les vomitifs ſont fort bons au commencement & dans les progrès de la cure. Comme l'impreſſion de la premiere fantaiſie demeure comme effacée par une ſeconde , les remedes ridicules conviennent ſouvent aux Melancoli-

MEL

ques ridicules. Cela ſe voit par l'exemple d'un Melancolique qui croyoit avoir des moineaux dans la tête , & qu'un Medecin guerit en lui faiſant mordre le nez par un moineau qu'il tenoit , & qu'il lui montra comme s'il l'eût tiré de ſon nez. Un autre penſoit avoir le nez comme un pié de bœuf , & on le guerit en coupant certaines tripes qu'on trouva moyen de lui pendre au nez. On appliqua un bois de cerf à un autre qui croyoit avoir des cornes , & on vint à bout de le guerir en lui coupant ce bois avec une ſcie. Un autre Melancolique perſuadé d'avoir un ſerpent dans le corps , fut délivré de ſa fantaiſie par un ſerpent qu'on jetta dans ſon baſſin , & qu'il crut avoir rendu avec un remede. La raiſon de tout cela eſt que l'ame raiſonnable étant occupée à un ſeul objet , quand le malade voit cet objet éloigné , ou que les eſprits ſont ébranlés d'une autre façon par un objet contraire & plus fort , cela eſt cauſe que l'ame raiſonnable change de ſpeculation , & que les premieres conceptions ridicules ſont effacées par les dernieres ; ce qui ſe fait preſque en un moment. Le mot de *Melancolie* eſt Grec, μιλαγχρλία , comme ſi on diſoit μίλαιια χολὴ , Noire bile.

MELANCOLIEUX. adj. Vieux mot. Melancolique.

Lors devient melancolieux ,
Car à la fin ſont les beaux jeux.

MELANTERIE. ſ. f. Suc noir , dont il y a deux eſpeces , l'une qui croit comme le ſel mineral aux bouches des mines de bronze , & l'autre en la ſuperficie des entrées des mêmes mines. Cette derniere eſt entierement terreſtre. Dioſcoride dit que la Melanterie eſt auſſi brûlante que le Miſi , qu'on en trouve des mines particulieres en Cilicie , & en pluſieurs autres lieux , & que la meilleure eſt celle qui eſt liſſée , nette & unie , ayant la couleur de ſoufre , & noirciſſant auſſi-tôt qu'elle ſent l'eau. Ce mot eſt Grec μιλαντηρία , & fait de μίλας , Noir.

MELCHISEDECIENS. ſ. m. Heretiques appellés ainſi , de ce qu'ils croyoient que Melchiſedec n'étoit point homme , mais une puiſſance au deſſus de JESUS-CHRIST , qu'ils tenoient pour un pur homme. Cette Secte eut pour Auteur un certain Theodotus , Diſciple de Theodotus le Courroyeur qui a fait celle des Theodociens. Il vivoit ſous l'Empereur Severe , cent ſoixante & quatorze ans après la venue du Sauveur du Monde.

MELCHITES. ſ. m. Chrétiens du Levant , qui ont tiré leur nom de *Melech* , qui veut dire Roi ou Prince , à cauſe qu'ils ont toûjours ſuivi la créance des Empereurs de Conſtantinople , ainſi qu'il étoit déterminé par les Conciles d'Epheſe & de Chalcedoine contre Eutichez & Dioſcorus. Ils ſont tous de la Religion & Communion Grecque , non pas de la Juriſdiction du Patriarche de Conſtantinople , mais de l'Archevêque de Damas , ſous le titre de Patriarche d'Antioche , qui eſt la Ville où l'on a premierement établi le Chriſtianiſme , & où Saint Pierre a été ſept ans Evêque. Cette Ville ayant été abandonnée , la Chaire de Patriarche fut tranſportée à Damas , où il fait ſa reſidence. Les Melchites croyent la preſence réelle au Saint Sacrement , & la tranſſubſtantiation du pain & du vin, au Corps & au Sang de JESUS-CHRIST. De cette ſecte ſont tous ceux qui ſuivent en Aſie la Religion des Grecs ſous les Patriarches de Conſtantinople , d'Alexandrie , d'Antioche & de Jeruſalem. Ce ſont les Evêques qui les éliſent , & ces Patriarches ne recherchent plus la confirmation du

Pape comme ils faifoient autrefois. Ils demandent feulement celle du Grand Seigneur, & c'eft fous cette autorité qui leur eft donnée, qu'ils exercent leur Jurifdiction, élifant & confacrant les Archevêques & les Evêques qui leur font affujettis. Ils font tous moines de faint Bafile, de l'Ordre duquel il y a un grand nombre de Monafteres dans tout le Levant. Les Melchites ont retenu les erreurs que les Grecs ont autrefois condamnées au Concile de Florence.

MELEAGRIS. f. m. Sorte de poule d'Afrique, que quelques-uns prennent pour notre Coq d'Inde. On l'a appellé ainfi à caufe qu'on dit que les Sœurs de Meleagre ont été changées en cet oifeau.

MELECIENS. f. m. Heretiques appellés ainfi de Melecius Thebain, Evêque de Lycopolis, qui ayant été depofé, parce qu'il avoit facrifié aux Idoles, forma un fchifme dans l'Eglife d'Egypte au commencement du quatriéme fiecle, enfeignant l'Herefie des Novatiens, dans le refus de remettre les pechés à ceux qui les avoient commis, encore qu'ils fe convertiffent. Ils fe fervoient des lavemens des Pharifiens & de plufieurs ceremonies des Juifs, & employoient les chanfons, les danfes, & un bruit de petites clochettes dans les humiliations par lefquelles ils prétendoient appaifer la colere de Dieu. Les Meleciens confpirerent avec les Ariens, pour perfecuter faint Athanafe qu'ils accuferent devant Conftantin, & cauferent de grands troubles dans les Eglifes d'Egypte.

MELESE. f. f. Arbre fort haut dont l'écorce, qui n'eft pas plus liffée que celle de la peffe, eft fort groffiere, toute crevaffée & rouge au dedans. Il produit fes branches au tour de fon tronc avec plufieurs petits furgeons jaunes, odorans, & fouples comme l'ofier ou le faule. Ses feuilles font fort épaiffes, longues, tendres, capilleufes, plus étroites que celles de pin, & non piquantes. Elles deviennent pâles quand l'hiver approche, & fe pourriffent au pié de l'arbre où elles tombent, de forte que de tous les arbres qui portent refine, la feule Melefe fe dépouille de fes feuilles. Quoique Pline l'eftime fterile, Matthiole affure qu'elle porte un fruit femblable à celui du Cyprés, & qui eft d'affés bonne odeur. Ses fleurs font encore plus odorantes & fortent du bout de fes branches quand le printems eft venu. Elles font de couleur d'écarlate ardente, & d'une beauté qui les fait paroître comme des flocs de foye fine attachés au vert de l'arbre. La matiere de fon bois eft fort dure & rouge, & on n'en peut employer de meilleur dans le bâtiment. Ce que dit Pline qu'il ne brûle point, & qu'au lieu de fe convertir en charbon, il fe calcine comme fait la chaux en la fournaife, eft contre l'experience, puifque dans les mines & les fourneaux qui font aux montagnes de Trente & aux environs de Breffe, on ne fe fert d'un autre charbon que de celui de Melefe, qui fait fondre la mine de fer plus promptement qu'aucun autre. Le bois de Melefe étant fec & gras naturellement, rend toûjours un feu fort chaud. Le meilleur Agaric qu'on trouve, croît aux Melefes, & cet arbre rend encore une liqueur excellente, appellée Bijon, que les Apothicaires fubftituent en la place de la vraie Terebentine. La Melefe, eft appellée par les Grecs λάρξ, de λαρὸς, Agreable, doux, à caufe que fa couleur eft fort agréable.

MELICA. f. f. Efpece de blé que Matthiole dit venir en Italie. C'eft une plante femblable aux cannes & aux rofeaux, tant en forme qu'en grandeur, en forte que les champs qui en font pleins femblent

être des marais remplis de cannes. Toutefois le tuyau n'en eft pas vuide, mais plein d'une moëlle blanche, comme font les cannes qui portent le fucre. Le grain eft contenu dans les pellicules ou bourfes qui font au fommet de la Medica. Quand elles font mûres, les unes font rouffâtres tirant fur le noir, & les autres font entierement noires, & chargées de plufieurs grains. Les Payfans nettoyent le grain, & l'ayant fait moudre ils en font du pain qui eft fort âpre & fort rude. On feme pourtant cette graine plûtôt pour nourrir les pigeons, que pour la nourriture des hommes.

MELICERIS. f. m. Terme de Medecine. Sorte de tumeur ou d'abfcez, qui s'appelle ainfi quand l'humeur qui s'y trouve contenue reffemble à du miel. Cette tumeur vient de l'aliment de quelque partie nerveufe membraneufe, ou de quelque tendon, mais fouvent d'une membrane, lequel aliment étant retenu en trop grande quantité, & peu alteré fe change en une autre fubftance qu'en celle qui doit nourrir précifément la partie. Ce qui fait que cet aliment s'amaffe & s'altere, c'eft que les membranes & les parties membraneufes font diftendues, dilatées & déchirées, par quelque caufe interne qui les ronge, ce qui eft rare, ou par quelque chofe externe, violente, ce qui fait que les Religieufes & les Moines font fujets à de femblables tumeurs, & particulierement au Meliceris aux genoux, par les frequentes genuflexions, qui dilatent les membranes de cette partie. Les fibres des membranes corrodées ou déchirées, ou détachées les unes des autres, ne pouvant reprendre leur fituation & leur union naturelle, font allongées fucceffivement à mefure que l'aliment s'accumule, & jettent çà & là d'autres petites fibres qui enfin fe réuniffent pour former une membrane parfaite où eft renfermée la matiere de la tumeur, qui d'un foible commencement s'eft beaucoup accrue. Le mot de *Melliceris* eft Grec μελίκηρις, de μέλι, Miel.

MELIENNE. f. f. Ce mot fe joint prefque toûjours avec terre, & Diofcoride en parle, dit qu'elle eft âpre à manier, & que fa couleur eft à peu près comme celle de l'Eretrienne cendrée. Etant froilfée entre les doigts, elle petille comme la pierre ponce raclée. Elle a la vertu de l'alun, quoiqu'elle ne foit pas fi efficace, ce qui fe connoît aifément au goût. Elle deffeche moyennement la langue, mondifie & nettoie le corps, & lui rend la couleur vive. Elle fert aux Peintres pour maintenir longtems leurs couleurs. Selon Galien, la Melienne, l'Eretrienne, la Cimolie, & autres terres, étoient autrefois d'un grand ufage dans la Medecine, mais prefentement on ne s'en fert plus, & les Apothicaires n'en ont point dans leurs boutiques.

MELILOT. f. m. Plante qui croît en plufieurs endroits du Royaume de Naples, en la terre de Labour, & au mont faint Ange dans la Pouille. On l'appelle en Latin *Sertula Campana*, ou *Corona regia*, à caufe qu'on en faifoit autrefois des bouquets & des guirlandes. Le Melilot, felon Pline, eft haut d'une coudée, & jette beaucoup de furgeons de fa racine. Ses branches font minces, & fes feuilles femblables au trifolium, larges au bout, étroites à leur iffue, & attachée à une grande queue. Il a fes fleurs jaunes & petites, d'où fortent force gouffes courbées dehors & contremont, dans lefquelles eft une petite graine rouffâtre, & de bonne odeur. Celui qui eft blanc eft le meilleur, principalement quand il a les feuilles courtes & fort graffes. Ses fleurs font affés femblables au faffran en odeur & en couleur. Sa racine est inutile , mais on se sert de ses gousses & de la graine qu'elles enferment. Matthiole dit qu'on ne doit pas s'étonner si l'emplâtre composée de Melilot trompe si souvent les Medecins , puisqu'on n'y met jamais de farine de la graine du vrai Melilot. Ce vrai Melilot est rare , & on ne se sert que du commun qui croit en France parmi les menus grains. La vertu du Melilot est mêlée , dit Galien , & il tient quelque peu de l'astringent. Il est résolutif & maturatif , étant plus chaud que froid en sa substance. Ce mot est grec μελιλωτος , en Latin *Lotus Melligenus* , de μελι , Miel , & de λωτος , *Lotus* , à cause que le Melilot est une herbe douce du genre des Lotus, d'où vient que Pline a dit qu'on le seme pour les abeilles.

MELISSE. s. f. Herbe dont les branches & les feuilles sont semblables au Marrube noir , excepté qu'elles sont plus grandes , plus déliées & moins velües. Elles ont l'odeur du citron , ce qui fait que les Italiens l'appellent *Cédronella.* On lui a donné le nom de *Melisse* , de μελι , Miel , à cause que les mouches à miel s'y attachent. C'est aussi de là que les Latins l'ont appellée *Apiastrum* , & *Citrago* , de son odeur de citron. Les Arabes font grand cas de la Melisse pour les battemens de cœur , & pour toutes les imaginations fâcheuses du cerveau qui viennent d'une humeur mélancolique. Galien dit qu'elle a les mêmes propriétés que le Marrube , mais qu'étant moins efficace , on s'en sert fort peu en Medecine. Il y a une Melisse sauvage , appellée Melisse fort improprement , puisque c'est une herbe puante qui n'a aucune odeur du citron. La Melisse d'Espagne , dite *Hispanica* , est fort semblable à la nôtre tant par sa vertu que pour son odeur, mais les feuilles en sont moins rudes & moins vertes , & plus petites. On trouve aussi de deux sortes de Melisses dans les Isles Moluques , qui portent des tuyaux , & ont quantité de feuilles. Elles ressemblent assés à la Melisse commune; l'une est lissée , & l'autre épineuse.

MELITITE. s. f. pierre qui a les mêmes propriétés que la Galactite , à laquelle elle est tout à fait semblable, excepté qu'elle rend une humeur plus douce , & qui tient du miel , ce qui l'a fait nommer *Melitite.* Rodolphus Agricola dit qu'elle se trouve en certaines montagnes de Saxe , & le long de quelques rivieres d'Allemagne.

MELLIER. s. m. Espece de raisin blanc , qui est extrêmement agréable au goût , & dont on fait le bon vin.

Mellier , parmi les Bouchers , se dit aussi du troisiéme ventricule du bœuf , & des autres animaux qui ruminent.

MELOCARDUUS. s. m. Plante qui est fort commune dans l'Isle de la grenade. Elle croît tout contre terre , & n'a ni branches ni feuilles. C'est seulement une masse dont l'écorce est verte. Cette masse est ronde comme une toupie & plus grosse que la tête. Elle a quinze ou seize quarrés ou angles , sur chacun desquels l'on voit sept grandes étoiles , composées de dix ou douze aiguillons, durs comme de la corne , & recourbés de telle façon qu'on ne sçait par où prendre cette plante. La chair de cette sorte de fruit est blanche , plus molle que celle du melon , & d'un goût assés fade , qui tient pourtant quelque peu de l'aigrelet.

MELOCHIA. s. m. Herbe qui croît en Egypte , & qui est haute d'une coudée ou d'un pié & demi. Ses feuilles ont beaucoup de rapport avec celles de la betterave , & sont un peu plus étroites , plus longues & plus aigues. Elle produit de petites fleurs, qui sont couleur de saffran. Sa graine est noire , &

contenue dans une cellule terminée en pointe. Il n'y a point d'alimens qui soit plus commun en ce pays-là. Le Melochia se cuit dans l'eau ou avec de la chair ainsi que la Betterave. Il ne faut pas pourtant en manger beaucoup à cause des obstructions que cause son suc gluant dans les entrailles. C'est un remede pour toutes les maladies où la mauve est bonne. Le suc de ses feuilles appaise la toux & soulage les maux de poitrine. Sa graine est purgative , & une drachme chasse les humeurs par le bas.

MELON. s. m. *Sorte de fruit ou de legume d'un goût délicieux , & dont la tige rampe sur terre.* ACAD. FR. La plante qui produit ce fruit jette force sarmens longs , tout ainsi que le Concombre. Sa feuille qui ressemble à celle de vigne est raboteuse , velue , & moins entaillée. Sa fleur est jaune , & le fruit qui est quelquefois plus gros que la tête d'un homme , a une écorce cartilagineuse. Il y a des Melons de couleur d'herbe , & d'autres pâles , jaunes, blancs , cendrez , d'autres couverts d'une peau en broderie. Ils sont presque tous dentelez & cannelez. La chair du dedans est douce & fort savoureuse , & de diverses couleurs. Aux uns elle est blanche , aux autres rouge , & à quelques autres blanche tirant sur le roux. Les meilleurs sont ceux qui outre une odeur agreable , sont savoureux & remplis d'une graine longuette , ayant une pelure blanche & fort douce. Ils sont extrêmement froids & humides & de mauvais suc , mais souverains pour temperer la douleur des reins , pour provoquer les urines , & faire vuider la gravelle , à cause de leur faculté détersive , qui neanmoins est plus grande en la semence qu'en la chair. Les Melons viennent admirablement dans les Indes Occidentales , sans qu'on ait besoin de couche ni de fumier. On ne fait que jetter de la graine dans un trou , & la couvrir ensuite de terre , & en six semaines ou deux mois ils viennent en quantité plus grands & meilleurs que ceux qu'on a dans l'Europe. Sur-tout le Melon naturel du pays , qu'on appelle *Melon d'eau*, l'emporte sur tous les autres. Il y en a de deux sortes , de ronds & de longs , & tant des uns que des autres , il s'en trouve qui ont le dedans du fruit blanc , & d'autres de couleur de chair. Les ronds viennent presque deux fois aussi gros que la tête , & les longs sont à peu près comme nos moyennes citrouilles. L'écorce des uns & des autres demeure toûjours verte , sans odeur , & tellement dure que même quand ils sont mûrs l'ongle n'y sçauroit entrer , de sorte que c'est à la tige plûtôt qu'au fruit que l'on connoît leur maturité. Ils sont remplis comme un œuf , & toute leur chair semble n'être qu'une eau gelée , qui se fond & se liquefie entierement dans la bouche. Aussi peut-on dire qu'elle donne plus à boire qu'à manger. Cette eau est sucrée , & aussi agreable que le suc des Grenades. Il n'y a rien de plus sain ni de plus rafraîchissant. On les mange sans sel , & quoi que ce soit en quantité , ils ne nuisent point à l'estomac. Le mot de *Melon* , vient du Grec μηλον , Pomme , à cause qu'il a en quelque façon la figure d'une pomme.

MELONGENE. s. m. Grande plante que les Habitans des Antilles cultivent dans leurs jardins. Elle croît de la hauteur de deux piés , ayant de grandes feuilles de la largeur de la main , & porte des fruits gros comme le poing en forme de poire. Ces fruits sont lissés , blancs & violets. Leur chair a à la reserve de l'épaisseur d'un doigt , est toute pleine d'une petite graine plate comme celle du piment. Ce fruit est froid , venteux & indigeste. Les habitans le font bouillir quand ils l'ont pelé , après quoi ils le cou-

pen

pent par quartiers , & le mangent avec de l'huile &
du poivre. C'est un manger assés insipide.

MEM

MEMBRANE. f. f. *Partie mince déliée & nerveuse du*
corps de l'animal , servant d'envelope aux autres
parties. ACAD. FR. Il n'y a que les membranes
qui puissent s'étendre & se retirer sans danger , &
toute membrane quoique simple , ne laisse pas
d'être double , ce qui se connoît , en ce qu'il y
a des veines & des arteres qui passent entre l'une &
l'autre tunique. Elles servent à séparer les parties
les unes des autres , & ont un sentiment très-exquis.
Quelques-unes sont appellées *Vraies* ou *legitimes* ,
comme celles qui couvrent le cerveau & les côtes.
D'autres sont nommées *Fausses & bâtardes* , telles
que sont plusieurs ligamens & tendons , les deux
vessies , le ventricule , la matrice , que
l'on pourroit appeller corps membraneux. On fait
venir le mot de *Membrane* , du Grec μλης , Membre
d'où a été fait μιμϐ, qu'on employe pour signifier
la même chose.
MEMBRE. f. m. *Partie exterieure du corps de l'ani-*
mal, distingué de toutes les autres par quelque fonction
particuliere. ACAD. FR. On appelle *Membres* , en
termes d'Architecture , Toutes les parties qui composent les principales pieces , comme les Doucines,
les Cymaises , les Astragales ; & on appelle *Mem-*
bres de maison , les divers appartemens que l'on y
pratique. On dit *Membre couronné* , pour dire , Une
moulure qui est accompagnée d'un filet au dessus ou
au dessous.

On appelle *Membre*, dans un Vaisseau, toute piece de bois qui est necessaire pour le construire ; comme Varangues , allonges , genoux.
MEMBRE', E'E. adj. Terme de Blason. Il se dit des
cuisses & jambes des aigles , des cignes & autres
oiseaux quand ils les ont d'un autre émail que tout
le reste du corps. *D'azur au signe d'argent , bequé &*
membré de sable.
MEMBRER. v. n. Vieux mot. Se ressouvenir.
MEMBRON. f. m. Petit membre rond , qui est sous
une bande de plomb appellée *Bavette* , au dessous du bourseau. Ce bourseau est un gros membre rond fait de plomb , & qui regne dans les
grands bâtimens au haut des toits couverts d'ardoise.
MEMBRURE. f. m. La partie la plus solide de la
Menuiserie , dans laquelle s'enchassent les paneaux
qui sont des pieces moins épaisses. On appelle aussi
Membrures , de grosses pieces de bois ressendues ,
que les Latins nomment *Asseres.*

Membrure , se dit encore de certaines pieces de
bois longues & hautes de quatre piés , qui sont
aussi éloignées de quatre piés l'une de l'autre , &
au milieu desquelles on met le bois à brûler pour
en faire la mesure appelée en le corde à Paris.
MEMORER. v. a. Vieux mot. Raconter.

Et froide en quart la vous memore.

MEMPHITIQUE. adj. Nom qui se donne à une
sorte de pierre que Dioscoride dit croître en
Egypte auprès du grand Caire , & être grasse , de
la grosseur d'un Jallet , & de diverses couleurs. On
tient , poursuit-il , qu'étant pulverisée , & enduite
sur une partie qu'on veut couper , elle l'amortit de
telle sorte que le patient ne ressent aucune douleur
pendant l'operation. Dioscoride avoue qu'il ne
sçait point que la pierre Memphitique s'apporte
d'Egypte.

Tome II.

MENAC. f. m. Arbrisseau qu'on trouve en l'Isle de
Madagascar , & qui croît de la grosseur de deux
pouces. Ces feuilles sont comme celles de la vigne,
ayant cinq pointes de vert gai. Sa tige est pourprée
& jette une coque velue & piquante comme le
châtaignier. Il y a six grains dans cette coque , faits
à peu près comme nos favioles. La couleur en est
cendrée. Quand ils sont sechés & pressés , on en fait
une huile de même nom.
MENDOLE. f. m. Sorte de poisson , que Matthiole
dit être fort commun en Italie. Dioscoride témoigne que la cendre de la tête de ce poisson appliquée en liniment, nettoye & ôte toutes les fentes,
crevasses , & durillons du fondement , & que sa
saumure guérit les ulceres pourris de la bouche si
on l'en lave. On l'appelle autrement *Gerre* , *Caga-*
rel , & *Jusolé* , en Grec μαιρη ou μαιμβ. Eustathius
rapporte qu'on avoit accoûtumé de sacrifier ce poisson à Diane , qu'on croit être la cause de cette sorte
de fureur que l'on appelle *Manie.*
MENEAU. f. m. Terme d'Architecture. On appelle
Meneaux , dans les croisées , les séparations des
tableaux & ouvertures. Elles sont pour l'ordinaire de pierre & de bois. On dit *Faux meneaux* , en
parlant de ceux qui ne sont pas assemblez avec
le dormant de la croisée , & qui s'ouvrent avec
le guichet.
MENE'E. f. f. Terme de Venerie. On dit *Suivre la*
menée , être à la menée d'un cerf , pour dire , Prendre la droite route du cerf qui fuit.

On trouve dans quelques Coûtumes , *Menée*
de Sergent , menée de Fiefs. Cela s'est dit des exploits & des semonces qu'on faisoit faire au vassal par des Sergens que l'on nommoit *Ame-*
neurs ; pour les contraindre de satisfaire à leurs
devoirs.
MENER. v. a. Conduire , guider. On dit en termes
de chasse , *Mener la quête* , pour dire , Battre
& rebattre la quête pour faire lever les perdrix.

Les Coûturieres disent *Mener boire* , lorsqu'en
cousant un passement sur une étoffe , elles le laissent lâche sans le tirer.
MENESTRE. f. m. Vieux mot. Joueur de violon.
On a dit aussi *Menestrel. Amenez ça un Menestrel*
d'aucuns Instrumens. Le mot de *Menestrier* , qu'on a
dit aussi , a signifié , Un Joueur de violon ou autre
Instrument. *Après étoient les Menestriers du Roi*
jouants des hauts Instrumens. Il se trouve aussi dans
la signification de l'Instrument. *Les cloches bedons ,*
Menestriers. Il ne se dit plus aujourd'hui que des
Vielleux ou Joueurs de violon qui vont par les Vil-
lages. Borel fait venir ce mot de *Ministere* , ou de
Minus histrio , Petit boufon , ou de ces deux mots
Latins *Manus* , & *Histrio* , Boufon. Et du
Cange le tire de *Ministellus* , à cause qu'autrefois
les Menestriers étoient mis au rang des bas Officiers
ou serviteurs.
MENEUR. adj. Vieux mot. Plus petit , moindre.
On a dit aussi *Menour* , *Mendre* , & *Menor.*
Seignor , or escoutez li grand & li menor.
MENIANE. f. f. M. Felibien dit que les Italiens appellent *Menianes* , les petites terrasses & lieux découverts de leurs Maisons , où les femmes du commun vont s'exposer au Soleil pour secher leurs cheveux, après les avoir lavés afin de les rendre blonds.
Il ajoûte , selon le témoignage des Auteurs Latins
que les Menianes étoient autrefois ce que nous appellons *Galeries* , & *Balcons* , qui ont une saillie

G

hots de l'édifice, & que ce mot vient de *Menius* Censeur, qui le premier fit poser des pieces de bois sur des Colonnes. Ces pieces de bois faisant saillie hors de sa maison, lui donnoient moyen de voir ce qui se passoit dans les lieux voisins. Il la vendit à Caton & à Flaccus, Consuls, pour y bâtir une Basilique, & en la vendant il en reserva une Colonne, avec droit d'y élever seulement un petit toit de planche, où lui & ses descendans pussent avoir la liberté de voir les combats des Gladiateurs. Cette Colonne fut appellée *Meniana*, & ensuite on donna ce même nom à toutes les saillies qui furent faites à l'imitation de celle-là. On trouve dans Vitruve *Colomne mediana*. Ces Colonnes medianes sont les deux Colonnes du milieu d'un porche, qui ont leur entre-colonne plus large que les autres.

MENIN. s. m. Mot qui a été mis en usage en France depuis peu de tems, & qui est le nom qu'on donne à ceux qu'on met auprès de Monseigneur le Dauphin pour être de ses divertissemens, & l'accompagner quand il lui plaît. Il nous est venu d'Espagne où l'on appelle *Meninos*, les enfans de qualité que l'on met auprès des Princes pour leur faire la cour avec assiduité.

MENINGE. s. f. Terme de Medecine. Tunique ou membrane dont le cerveau est envelopé. Les Arabes appellent ces tuniques *Meres*, ce qui nous les a fait appeller *La pie mere*, & *la dure mere*. Cette dernière est l'exterieure, que l'on nomme *Dure*, à cause qu'elle est plus épaisse. Elle est étendue au dedans du crâne par toutes ses cavités, & jointes à la pie-mere par l'extrémité des veines. Elle se redouble au sommet de la tête, & separe le côté droit du cerveau d'avec le gauche, mais seulement jusqu'à la moitié. Ce mot de Meninge est Grec μῆνιγξ. Quelques-uns croyent qu'il vient de μὴν, Lune, à cause que la membrane qui couvre le cerveau est ronde.

MENISQUE. Terme d'Optique. Il se dit de la figure d'un verre de Lunette qui est convexe d'un côté & concave de l'autre, mais dont la partie qui fait la concavité est d'une plus grande portion de sphere, que celle qui fait la convexité, ensorte pourtant que les centres de chaque surface du verre soient dans la même ligne.

MENNONITES. s. m. Secte d'Anabaptistes, appellés ainsi d'un certain Menno de Frise, qui en rejettant les enthousiasmes & les Revelations des premiers Anabaptistes, a établi dans le seizième siecle de nouveaux Dogmes que ses Sectateurs ont embrassés. Ils rejettent le vieux Testament, & pretendent que le nouveau est la seule regle de notre foi; qu'il ne faut pas se servir des termes de Trinité ni de personnes lorsqu'on parle du Pere, du Fils & du saint Esprit; que les premiers hommes n'ont pas été créés Saints & Justes, & qu'il n'y a point de peché originel; que JESUS-CHRIST a apporté du Ciel l'origine de sa chair sans être né de la substance de Marie, ou plûtôt que la parole descendue du Ciel est devenue chair dans Marie; que l'union de la nature divine & de la nature humaine s'est faite ensorte que la divine s'est renduë visible, & sujette aux souffrances & à la mort; qu'il ne peut être permis aux Chrétiens ni de jurer, ni d'exercer aucune charge de Magistrature civile, ni d'employer le glaive, non pas même pour la punition des méchans, ni de repousser la force par la force, ni enfin de faire la guerre, quelque sujet qu'on en puisse avoir; que les Ministres de la parole de Dieu ne peuvent recevoir aucun salaire de leur Eglise; que le Baptême n'est point necessaire aux petits enfans; que les hommes peuvent s'élever en cette vie à un si haut point de perfection, qu'ils soient sans souilluré de peché, & qu'après leur mort leurs ames se reposent dans un lieu inconnu jusqu'au jour du Jugement. Entre plusieurs Sectes de Mennonites, il y en a deux qui se sont formées depuis long-tems. L'une est celle des *Mennonites anciens de Flandres*, qui par une rigueur extraordinaire qu'ils exercent dans la discipline Ecclesiastique, excommunient ceux qui ont commis quelques fautes, quoiqu'assés legeres, avec lesquelles après l'excommunication ils croyent qu'on ne peut manger ni boire, ni avoir aucune societé, de sorte que par ce moyen ils arrachent les enfans aux peres, & les femmes aux maris. L'autre est la Secte des *Mennonites de Frise*, qui dans un entier relâchement, reçevant dans leur communion toutes sortes de personnes impures, & ceux que les autres Mennonites ont rejettés. Aussi les nomme-t-on *Borborita*, ou *Stercorarii*.

MENOISON. s. f. Vieux mot. Dessechement. Il se trouve dans Aldobrandin, & Borel croit qu'il faut lire *Meroison*, du Latin *Mœror*, Douleur, affliction, déplaisir.

MENSALE. adj. Terme de Chiromancie. On appelle *Ligne mensale*, Une ligne de la main qui commence sous le mont du doigt auriculaire, & qui finit sous le mont de Saturne, & passe quelquefois jusqu'à celui de Jupiter. On la juge favorable selon qu'elle est droite, entiere, continue, profonde, & apparente jusques au mont de Saturne, & un peu courbée vers l'Index qui est la même chose que le mont de Jupiter. Chacun raisonne à sa fantaisie sur l'origine du mot de Mensale. Les uns le font venir de *Mens*, Entendement, à cause que la ligne Mensale a quelque rapport avec le cerveau qui est le siege de la raison, & les autres de *Mensa*, Table, parce qu'ordinairement on ne s'appuie de la main sur une table que jusqu'à l'endroit où est cette ligne.

MENSOLE. s. f. Terme d'Architecture. Pierre qui étant au milieu d'une voute, la ferme & l'arrête, & qui quelquefois est en saillie. On l'appelle aussi *La clef*.

MENSTRUE. s. m. Terme de Chymie. Dissolvant humide, qui en penetrant dans les plus intimes parties d'un corps sec, sert à en tirer les extraits & les teintures, & ce qu'il y a de plus subtil, & de plus essentiel.

Le Menstrue est, ou universel, résolvant tous les corps indifferemment, ou particulier, c'est-à-dire, qui ne resout que certains corps qui lui sont particuliers. Le feu seconde l'action de ces deux Menstrues, puisqu'en agitant leurs parties qu'il met en mouvement, il leur donne moyen de se mieux insinuer dans les corps pour les dissoudre. Il y a differentes menstrues particuliers & qui sont de differentes forces. Le vinaigre distillé & bien rectifié est plus fort que l'eau simple & plus foible que l'esprit du vitriol, à cause que tout Menstrue n'ayant pas la vertu de dissoudre toutes sortes de corps, il faut pour faire réussir l'operation que le Menstrue & le sujet à dissoudre conviennent radicalement, ce qui consiste dans une certaine proportion entre les particules du Menstrue & du corps qu'on veut dissoudre; par le moyen de quoi ils se joignent & se penetrent. Le sucre qui se dissout promptement dans l'eau, ne se dissout jamais dans l'esprit de vin. Cela vient de ce que le sucre est d'une nature saline qui se joint facilement à l'aqueux, mais l'esprit de vin, quoique plus penetrant de soi lorsqu'il est rectifié,

ne diffout pourtant point le fucre, dont la conformation faline a de la repugnance avec la nature fulphureufe de l'efprit de vin. Les Menftrues particuliers font de trois fortes, fçavoir les aqueux, les
fulphureux ou huileux & les falins. Les Menftrues
aqueux font premierement l'eau fimple qui fert à
diffoudre & à extraire tant les fels que les fujets
aqueux & mucilagineux, & tous les vegetaux non
refineux ; la rofée de Mai qui abonde en fel nitre
volatil, & qui étant diftillée, donne un phlegme
falin & admirable pour tirer les effences ou faire les
extraits des vegetaux, & l'eau de pluie ou du
mois de Mars, qui étant empreignée des vertus fe-
minales tant des plantes que des autres corps terreftres, & relevée par beaucoup de fel volatil qui exhale des corps terreftres & particulierement des vegetaux qui bourgeonnent, donne un Menftrue merveilleux pour tirer les vertus des vegetaux, quand
cette eau eft diftillée. Tous ces Menftrues aqueux
s'introduifent aifément dans les corps, mais
ils ne fe mêlent en aucune forte avec les corps fulphureux & ne les diffolvent point. Les *Menftrues
fulphureux*, ou *huileux*, font principalement l'efprit de vin, qui étant d'une nature fulphureufe &
fpiritueufe, fert pour tirer les teintures huileufes
& fulphureufes. Ce font auffi les efprits ardents
des vegetaux, & les huiles diftillées qui tiennent proprement des fels volatils concentrés dans un graiffeux acide, ce qui leur fait diffoudre pareillement
les corps fulphureux, comme les aromates qui renferment un fel volatil huileux, qui fe joint d'abord
aux Menftrues fulphureux. Les *Menftrues falins*,
tant acides qu'urineux, font de divers genres, felon qu'ils font vegetaux ou minereaux. Les Menftrues
des vegetaux entre lefquels le vinaigre tient le premier rang, font les fucs de citron, de Berberis, de
coins, la preparation de ces fucs par la fermentation, & les efprits acides des bois. Tous ces Menftrues font temperés & moins corrofifs que ceux de
minereaux. Ainfi on les emploie d'ordinaire pour les
corps beaucoup poreux, comme les yeux d'écreviffes,
les coreaux, les teftacées, les perles, & le mars qui
font tout percés pour donner entrée à ces Menftrues
vegetaux propres à diffoudre leurs fels. Les Menftrues acides minereaux, font l'eau forte, l'eau regale, l'efprit de nitre & autres, qui font tous fort
corrofifs & diffolvent les corps les plus compactes,
& fur-tout l'or & l'argent. Les Menftrues falins urineux, font particulierement les leffives fortes, comme la leffive de chaux vive, & celle de fel de tartre qui diffolvent tous les foufres & tirent même
ceux des métaux. Il y a plufieurs *Menftrues fpiritueux*, propres à diffoudre divers fujets fulphureux
& trop fixes, comme l'efprit d'urine, pour tirer la
teinture de l'or, l'efprit de vin animé par un fel volatil urineux pour tirer les parties fulphureufes, tant
des vegetaux que des minereaux, & enfin plufieurs
efprits fulphureux des vegetaux, tels que l'efprit de
genievre & de terebenthine qui extrait le foufre de
l'antimoine même. Quoique plufieurs difent qu'il
n'y a point de Menftrue univerfel capable de diffoudre tous les corps, Paracelfe, Vanhelmont, &
plufieurs autres affurent qu'il y en a un. Ils le nomment *Alchaeft*, mot forgé dont on ne fçait point
la racine. Ce Menftrue a la vertu, non feulement
de diffoudre tous les corps à l'exception du mercure qu'il fixe de telle forte au lieu de le diffoudre
qu'il fouffre la violence du marteau, mais encore
d'agir fans reaction. Ainfi on en peut tirer cinq cens
fois des diffolutions qu'il a faites fans qu'on le trouve
affoibli. Il change tous les corps en les reduifant en
l'eau elementaire.

   Tome II.

MENTEUR. adj. *Qui ment actuellement, ou qui à
coutume de mentir.* ACAD. FR. On appelle en termes de chaffe, *Chien menteur*, Un chien qui cele la
voie pour gagner le devant.

MENTHE. f. f. Plante fort commune, dont il y a de
deux fortes, celle des jardins, & la fauvage qu'on
appelle *Menthaftrum*. On diftingue quatre efpeces
de Menthe, dont l'une a fes tiges quarrées d'un
rouge obfcur, quelque peu velues. Ses feuilles font
un peu rondes, & elle produit de petites fleurs rougeâtres qui fortent en rond autour des tiges. La
feconde ne differe de celle-ci qu'en ce que fa couleur rouge tire davantage fur le noir, & que fes
fleurs forment un épi au haut des petites branches.
La troifiéme a auffi fes fleurs en forme d'épi, &
fes feuilles plus longues, & les fleurs de la derniere qui a auffi fes feuilles longues & aiguës, tirent
fur le violet, & fortent en rond autour des nœuds
des petites tiges comme en la premiere. Matthiole
parle d'une herbe qui croît prefque par tout,
quoiqu'on la feme auffi dans les jardins, & qu'on
appelle *Menthe Grecque* en Goritie, & *Sauge de
Romagne* en Tofcane, à caufe qu'elle a fes feuilles
plus femblables à la fauge qu'à la Menthe. Quelques-uns l'appellent auffi *Herbe de Notre-Dame*, &
d'autres *Laffulata*. Ses Feuilles ont du rapport à
celles de la betoine, & font d'une couleur verte tirant fur le blanchâtre, & plus longues & plus larges que les feuilles de fauge. Sa tige eft d'une coudée de haut, & quelquefois plus, & produit à fa
cime de petites têtes rouges, ou corymbes jaunes,
femblables à ceux de la Tanaifie. Cette plante étant
amere en toutes fes parties, à une odeur forte, &
quelque peu aftringente. Elle eft chaude, defficcative & aperitive ; elle confolide & nettoie, &
c'eft un remede fouverain aux douleurs de la mere
& aux hydropiques, fur-tout lorfque l'eau eft répandue par les veines. On l'enduit avec de l'huile
de fiambe pour les maladies de la rate, & avec du
vin chaud pour les difficultés d'urine. Les proprietés
de la Menthe font d'augmenter la chaleur du ventricule, de fortifier, d'aider à la coction, de faciliter l'enfantement, & de tuer & chaffer les
vers. Quant au Menthaftrum, il y en a de deux
fortes. L'un vient par tout, le long des remparts
& des foffés des villes. Il a fes feuilles grandes
& ridées & fes fleurs font en épi. L'autre qu'on
appelle *Menthaftrum pratenfe*, fe plaît fur les
bords des lieux aquatiques & fort humides. Ses
feuilles font un peu rondes, blanches & chargées
d'un gros poil rude. Il a fes fleurs comme le premier.
L'un & l'autre a une odeur forte, qui n'eft pas déf-
agréable, & eft plus defficcatif que la Menthe domeftique.

MENTON. f. m. *La partie du vifage qui eft au deffous
de la bouche.* ACAD. FR. *Menton*, dans un cheval, eft la partie de la levre de deffous. C'eft auffi
un terme de Fleurifte, & il fe dit des extremités des
trois feuilles de l'Iris bulbeufe qui panchent vers la
terre.

MENTONNIERE. f. f. Vieux mot. Partie d'un
cafque.

   Vouges, fallades, mentonnieres.

MENU, ue. adj. Délié, qui n'eft pas gros, On a
appelé autrefois les Freres Mineurs ou Cordeliers,
Freres menus.

   *J'ay mes petits Enfans à qui je fuis tenus
   Plus qu'aux pauvres eftrangiers, ne qu'aux
   Freres menus.*

   Menu vair, en termes de Blafon, fe dit de l'é-
cu chargé de vair, lorfqu'il eft compofé de fix

                     G ij

rangées, le vair ordinaire n'en ayant que quatre.

On appelle *Menus droits*, en termes de chasse, les oreilles d'un cerf, les bouts de sa tête, le mufle, les dentieres, le franc boyau, & les nœuds.

MENUEL. f. m. Vieux mot. Cornet.

> *Un menuel qu'au col avoit,*
> *Sonna trois fons grands & tretis,*

MENUET. f. m. Air de musique à trois tems, ou sarabande viste, qui ne doit avoir tout au plus dans l'air que l'étendue d'une octave. C'est toutefois une regle que beaucoup de Musiciens negligent. On appelle aussi *Menuet*, Une sorte de danse dont les pas sont prompts & menus. Elle est composée d'un coupé, d'un pas relevé & d'un balancement.

MENUISIER. f. m. *Artisan qui travaille au bois avec le rabot & la varlope.* ACAD. FR. Ceux qui travaillent en grosse besogne, sont appellés *Menuisiers d'assemblage*, à la difference des Menuisiers de placage, qui travaillent à des cabinets & à des tables de pieces de rapport & de marqueterie. Ces derniers, outre qu'ils assemblent les gros bois de la même façon que les autres, travaillent encore d'une maniere particuliere, leurs bois qui sont de plusieurs natures & sciés par feuilles, n'étant que plaqués sur des fonds faits de moindres bois, & collés par compartiments avec de la colle d'Angleterre. Quelques-uns font venir le mot de *Menuisier* de *Minutarius*, à cause qu'il travaille en petit, en comparaison du charpentier.

MEO

MEON. f. m. Plante dont les feuilles sont semblables à l'aneth, & qui a sa même tige, mais plus grosse, & quelquefois haute de deux coudées. Ses racines sont longues, déliées, odorantes, acres & mordantes à la langue & au goût, & éparpillées tant à droit que de travers. Le haut en est entouré de longs filamens en forme de barbe, de laquelle les poils tendent en haut presque de la même sorte que l'Eryngium. Elles vont assés profondement dans la terre où elles se divisent quelquefois en plusieurs branches. Elles sont assés obscures en dehors, blanches au dedans, & d'une substance rare & legere. Cuites en eau, ou broyées crues & prises en breuvage, elles sont bonnes aux opilations des reins & de la vessie, & servent aux difficultés d'urine, & à resoudre les ventosités de l'estomac & les tranchées du ventre. C'est ainsi que Dioscoride en parle. Galien dit que les racines du Meon sont fort bonnes, étant chaudes au troisiéme degré & seches au second, & par consequent propres à provoquer l'urine & les mois, mais que si on en prend trop, elles font monter au cerveau des humeurs indigestes & ventueuses qui le blessent & qui causent des maux de tête. En Grec, μῶον & μῆιον.

MEP

MEPLAT. adj. Terme de Charpenterie. Il se dit d'une piece de bois qui a plus d'épaisseur d'un côté que d'un autre, comme seroit une solive qui auroit six pouces sur trois.

MEQ

MEQUINE. f. f. Vieux mot. Fille qui sert, petite servante. Borel le fait venir du mot Hebreu *Me-*

chinach, qui signifie Preparant. On a dit aussi *Meschine*.

> *Sans les Varlets, sans les Meschines.*

Il s'est pris en general pour *Fille*.

> *Fes-moy sçavoir qu'est devenuë*
> *Une Meschine poûre & nuë.*

Nicod explique le mot de *Meschine*, pour Demoiselle, & il se trouve dans Perceval, pour une Dame, ou Fille de naissance relevée.

> *Et li Rois mit à la Meschine,*
> *El chief une coronne fine.*

MER

MER. f. f. *L'amas des eaux qui composent un globe avec la terre & qui la couvrent en plusieurs endroits.* ACAD. FR. On dit, *Mettre à la mer*, pour dire, Partir, faire sa route. On dit aussi, *Mettre un Vaisseau à la mer*, mettre une Chaloupe à la Mer, pour dire, Oter un Vaisseau de dessus le chantier, & le mettre à l'eau, ôter une Chaloupe de dessus le tillac, & la mettre sur l'eau. On dit encore, *Tenir la mer*, pour dire, Courir en haute mer, & *Tirer à la mer*, porter le cap à la mer, pour dire, Se mettre au large de la terre.

On dit que *La mer est courte*, que la mer est longue, pour dire, Que ses vagues sont près ou éloignées les unes des autres. On dit que *La mer brise*, quand elle bouillonne contre quelques roches ou contre la terre; que *La mer blanchit* ou moutonne, quand par la force du vent qui la fait lever, elle jette une écume blanche en bouillonnant; que *La mer étale*, quand elle ne fait aucun mouvement pour monter ou pour descendre; que *La mer rapporte*, pour dire, que La grande marée recommence, & que *La mer va chercher le vent*, pour dire, que le vent souffle du côté où va la lame. On dit encore, que *La mer se creuse*, pour dire, que les vagues deviennent plus grosses, & s'élevent davantage, & que *Deux mers se battent*, pour dire, que Deux lames de la Mer poussées par deux vents opposés se rencontrent. On dit aussi, que *La mer a perdu*, pour dire, qu'Elle a baissé; qu'*Il y a de la mer*, qu'Il n'y a plus de mer, pour dire, que la mer est agitée, ou qu'elle est calme. Quelques-uns disent, *La mer nous mangeoit*, pour dire, la mer étoit extrêmement agitée, & entroit par les hauts dans le Navire. Ils disent aussi, que *La mer est lime*, pour dire, qu'Elle est unie, mais ce terme est des plus bas.

On appelle, *Grosse Mer*, L'agitation extraordinaire de la Mer par les lames, *Tems de Mer*, Un orage violent, & *Coups de Mer*, Les mouvemens violens des houles.

Il y a des embouchures de rivieres si vastes qu'on leur donne quelquefois le nom de *Mer*. Ainsi l'embouchure de la Garonne est appellée *Mer de Gironde*.

MERA. f. m. Sorte d'arbre qui se trouve dans l'Isle de Madagascar. Ses feuilles ressemblent à celles de l'Olivier, & son bois est jaune dans le milieu, sans odeur, & aussi dur que celui du bonis.

MERCI. *Ordre de la Merci.* C'est un Ordre Religieux qui nous est venu d'Espagne, où il est appellé *Nuestra Segnora de la Merced*. Ce mot de *Merced*, qui veut dire, Pitié, misericorde, pardon, a fait celui de *Merci*. Les Religieux de cet Ordre sont habillés de blanc & vont racheter les Captifs chés les Infidelles, ce qui a été le motif de leur Institution.

MERCURE. f. m. La plus petite des Planetes, & la plus proche du Soleil. On croit Mercure plus de vingt mille fois plus petit que la Terre : Sa plus grande diſtance de la terre eſt de 33000. demi-diametres de la terre, & la plus petite de 11000. Mercure fait ſon tour autour du Soleil, & ne s'en éloigne jamais vers l'Orient ni vers l'Occident de plus de 19. degrés. Delà vient qu'il eſt très-difficile à obſerver, car il eſt très-petit & preſque toûjours plongé dans les rayons du Soleil. Il paroît faire ſa révolution autour de cet Aſtre en quatre mois, mais il la fait réellement en 3. par la même raiſon que Venus qui paroît faire la ſienne en dix-neuf mois, la fait réellement en ſept ou environ. Voyez VENUS.

Mercure. Vif-argent. Matthiole dit que c'eſt un corps mineral & liquide, coulant comme eau, ayant la couleur d'argent & étant olivâtre & fort luiſant & qu'il eſt compoſé d'une ſubſtance viſqueuſe & ſubtile, & qui eſt fort humide & froide, ce qui le fait tenir pour la ſemence de tous les métaux. Les Chymiſtes diſent que la cauſe de ce qu'il ne peut ſe conſolider vient de ce qu'il n'eſt pas aſſés ſec & chaud. Matthiole ajoûte que le Mercure s'incorporant aiſément avec tous métaux, il s'enſuit qu'il eſt fort propre à les engendrer, & principalement ceux auſquels il s'attache en les touchant ſeulement, puiſque toutes les choſes qui ont du rapport enſemble, ſe convertiſſent facilement l'une en l'autre; qu'ainſi c'eſt une erreur de dire que le Mercure ſe pourroit cuire tellement dans les veines de la terre qu'il en ſortiroit quelque ſolide métal, mais qu'il ſe convertiroit plûtôt en fer ou en plomb, qu'en or ou en argent. Cependant, continue-t-il, le Mercure s'incorpore plus aiſément à l'or & à l'argent qu'à aucun autre métal, & c'eſt ce qui fait rèver tous les Chymiſtes, qui par leurs artifices & leurs ſublimations, penſent pouvoir ſuppléer aux défauts de la nature, comme ſi on la pouvoit corriger dans ſes ouvrages. Tous métaux jettés ſur le Mercure, nagent au-deſſus comme fait le bois ſur l'eau, à l'exception de l'or qui a auſſi-tôt au fond, parce que le vif-argent en eſt plus amoureux que de tous les autres. Le Mercure ſe trouve dans pluſieurs mines en Allemagne & ailleurs. Sa veine eſt une pierre rougeâtre, friable, & peſante comme plomb, qui reluit de tous côtés, & étant toute couverte de petits brins d'argent-vif en forme de croûte. Pour le ſéparer de cette maſſe terreſtre, on l'enferme dans un pot de terre poſé ſur un autre pot, en ſorte que les embouchûres des deux pots ſe rencontrant, donnent le feu de ſuppreſſion ſous celui où la matiere eſt renfermée. Puis on environne les pots de feu de charbon, dont la chaleur fait tomber le Mercure goute à goute dans le pot d'embas. Les Chymiſtes tirent le Mercure artificiel ou du plomb ou du cinabre, ce n'eſt autre choſe que la veine du Mercure. Ils l'ont appellé ainſi, parce qu'ils reconnoiſſent la planete Mercure pour ſon pere, ou parce qu'il eſt ſi ſubtil & ſi agile, qu'il s'envole imperceptiblement de leurs mains, lorſqu'ils le veulent tourmenter tant ſoit peu au feu, ce qui ſe rapporte à l'agilité du Dieu Mercure que les anciens ont dépeint avec des aîles aux talons. On l'appelle *Vif-argent*, à cauſe de ſa fluidité qui le fait mouvoir ſans ceſſe, & de ſa couleur qui eſt blanche comme celle de l'argent. Les Grecs l'appellent ὑδράργυρος, comme qui diroit Argent aqueux, de ὕδωρ, Eau, & de ἄργυρος, Argent. Il y en a pluſieurs qui l'appellent *Fugitif*, à cauſe qu'il s'envole comme en fumée à la chaleur, C'eſt ce qui eſt cauſe qu'Ariſtote a dit que le Mercure eſt de nature aërienne, & par cette raiſon incoagulable. Du Renou, & pluſieurs autres, pour concilier les opinions différentes touchant ſes qualités, les uns voulant qu'il ſoit chaud, & les autres froid, prétendent qu'elles ſont mixtes, & qu'il en a de ſubtiles & échauffantes, & d'autres qui ſont groſſieres & refrigerantes. Il inciſe, atténue, pénétre, réſout, lâche le ventre, nettoye les humeurs & les purge de tout poiſon, & particulierement du venerien, dont il eſt un très-bon remede, mais extérieurement ou intérieurement, il faut bien prendre garde à ne le donner qu'à propos, & lorſqu'il a été bien & dûement préparé.

Il y a trois ſortes de Mercure, le Vulgaire, qui eſt une liqueur ſaturnienne & ſolaire, & que Van Helmont dit être un corps ſimple; le Mercure des corps qui eſt celui que l'on tire des métaux parfaits ou des demi métaux comme eſt l'antimoine, & le Mercure des Philoſophes, qui eſt la matiere dont la pierre philoſophale ſe forme, ſuppoſé qu'elle ſoit poſſible. Ce Mercure ne ſe tire d'aucun métal parfait, mais de la matiere premiere & prochaine des métaux ou de leur racine. Les Chymiſtes mettent de la diſtinction entre le *Mercure fixé*, & le *Mercure coagulé.* Ils entendent par le premier, le Mercure qui ſouffre conſtamment le feu, qui ſe fond & ſe manie comme les métaux; & ils entendent par l'autre, le Mercure privé de ſa fluidité endurcie & en quelque façon malleable. Ce dernier eſt facile à préparer. Après qu'on a fait fondre du plomb dans un creuſet, on le laiſſe un peu refroidir. On enleve la croûte de deſſus, & on fait enſuite un trou au milieu du plomb dans lequel on jette du Mercure qui ſe coagule d'abord en une ſubſtance ſolide. Pour ce qui eſt de fixer le Mercure, on ne le peut faire parfaitement qu'avec le ſoufre métallique, mais qui eſt celui qui en peut venir à bout, puiſque le feu le fait toûjours envoler. On appelle *Mercure vierge*, du Mercure coulant qu'on trouve dans quelques mines, ſur-tout dans la Carinthie, & on lui donne ce nom à cauſe que le feu ne l'a point dépouillé de ſon ſoufre. On le tire d'ordinaire du cinabre, qu'on diſtille à un feu violent avec quelques alcalis; car le cinabre étant un compoſé de ſoufre commun & de Mercure vif, les alcalis qu'on y ajoûte abſorbent l'acide & le Mercure ſe revivifie. Une précaution néceſſaire pour prendre le Mercure ſans danger, c'eſt qu'il ſoit bien préparé. La premiere de ſes préparations eſt de le purifier. Pour cela on a de coûtume de ſe ſervir de vinaigre & de ſel, ou bien on le paſſe ſimplement au travers d'une peau de chamois. Quelquefois on mêle le Mercure avec de l'eſprit de vin dans une bouteille, & on remue le tout aſſés long-tems pour pouvoir faire que l'eſprit de vin dévienne noir. On recommence toûjours la même operation juſqu'à ce que le Mercure ſoit aſſés dépuré. La ſeconde préparation du Mercure eſt la précipitation qui ſe fait communément avec des eſprits acides qu'on verſe ſur le Mercure pour le diſſoudre. On diſtille la diſſolution, & le Mercure précipité demeure. Si la précipitation ſe fait avec l'eſprit ou huile de vitriol, le Mercure précipité ſera jaune; ſi c'eſt avec l'eſprit de ſoufre, il ſera blanc; & ſi c'eſt avec l'eſprit de nitre ou l'eau forté, il ſera en forme de poudre rouge, ce qui dépend du propre ſoufre du Mercure même & ſéparé de ſon mixte, & non pas des eſprits qui ſervent à la précipitation. Il eſt dangereux de donner intérieurement le Mercure précipité. Son uſage eſt externe, & dans la galé, la verole ou les ulceres qui tendent à la gangrene, il n'y a rien de plus ſalutaire que le précipité mêlé avec les onguents qui lui conviennent. La ſublimation eſt auſſi une préparation du Mercure. Elle ſe fait en prenant parties égales de Mercure diſſous dans l'eau forte, de vitriol deſſeché & de ſel décrepité. On mêle le tout exactement, puis on le ſublime dans une cucurbite baſſe, & le Mercure ſublimé s'éleve. En ajoûtant le Mercure vif au Mercure ſublimé on prepare le *Mercure doux*, en ce que le premier écarte & déſunit les ſels corroſifs. Par ce moyen la vertu corroſive du Mercure ſublimé ſe perd, & il ſe fait un remede très-doux que l'on appelle *Dragon mitigé*. La doſe eſt d'un ſcrupule avec l'extrait-d'ellebore noir ou quelque autre purgatif. Il guérit parfaitement la verole, la lepre, l'hydropiſie & les caterres. On appelle *Mercure de vie*, un vomitif celebre, mais violent. On le fait en mettant infuſer le beurre d'antimoine rectifié dans de l'eau commune froide. La liqueur ſe blanchit comme du lait, & il tombe ſucceſſivement une poudre blanche au fond, à laquelle on a donné le nom de Mercure de vie. Sa faculté eſt inépuiſable, & on le peut infuſer cinq cens fois ſans qu'il perde rien de ſa vertu. Il eſt d'un fort grand uſage, & fait merveilles ſi on le donne à propos dans les fievres intermittentes, dans les affections melancoliques & ſur-tout dans la manie. On emploie exterieurement le Mercure ſublimé, & il entre dans l'eau phagedenique.

MERCURIALE. ſ. f. Plante dont les feuilles reſſemblent au baſilic, & à celles de la Parietaire, quoiqu'elles ſoient plus petites. Ses branches qui ont pluſieurs ailes & concavités, ſortent deux à deux par chaque nœud de ſa tige. Sa hauteur eſt d'un palme & quelquefois davantage. Il y a une Mercuriale mâle & une Mercuriale femelle. Elles ont cette difference, que la graine du mâle ſort d'entre ſes feuilles, & qu'il a ſes grains ronds & joints deux à deux, au lieu que celle de la femelle eſt diſpoſée en façon de grappe, & qu'elle eſt fort abondante. Les feuilles du mâle ſont plus noires que celles de la femelle au rapport de Pline, qui dit, que ſi une femme après avoir été purgée de ſes fleurs boit du jus de la Mercuriale mâle, elle concevra un garçon, & que ſi elle boit le jus de la femelle, elle concevra une fille. Les Mercuriales croiſſent les unes champêtres & cultivés, & ſont miſes au nombre des herbes emollientes, de forte qu'elles entrent dans preſque toutes les decoctions qu'on fait pour les lavemens. Galien dit que tout le monde ſe ſert de la Mercuriale ſeulement pour ſe lâcher le ventre, mais que ſi on l'applique en forme de cataplaſme, on la trouvera fort reſolutive. Le nom de *Mercuriale* lui a été donné, ſelon Pline, à cauſe que Mercure en a été l'inventeur, ce qui fait que les Grecs l'ont appellée ἑρμοῦ πόα, Herbe de Mercure. Dioſcoride parle d'une troiſiéme eſpece de Mercuriale, qu'il appelle *Mercuriale ſauvage*. Ses tiges ſont molles, blanchâtres & hautes d'un pié & demi. Elle a ſes feuilles ſemblables à la Mercuriale ou au Lierre, étant blanchâtres par intervalles. Sa graine eſt ronde & petite & tient aux feuilles. Ses feuilles & ſes tiges priſes en breuvage lâchent le ventre. On les mange auſſi comme les autres herbes potageres. La décoction de cette plante évacue les flegmes, les aquoſités & la colere. La plûpart tiennent que ce n'eſt autre choſe que le Gynocrambé, mais Matthiole dit que comme la graine du Cynocrambé n'eſt pas attachée aux feuilles, il ne voudroit pas ſoûtenir que cette plante fût le vrai Cynocrambé.

MERDEFER. ſ. m. C'eſt la même choſe que *Mâchefer*. Il a les mêmes proprietés que la rouille de fer. En Latin *Stercus ferri*.

Merde-d'oye. Sorte de couleur qui eſt entre le vert & le jaune. On lui a donné ce nom à cauſe du rapport de cette couleur à celle des excremens de cet oiſeau.

MERE. ſ. f. *Femme qui a mis un Enfant au monde*. ACAD. FR. Ce mot de Mere ſe joint avec *Laine*, & on dit *Mere-laine*, pour dire, la Laine qu'on prend de deſſus le dos des brebis, & qui eſt la meilleure de la toiſon pour faire des matelas. Nicod veut que l'on diſe *Maire-laine*, & non *Mere-laine*, comme qui diroit, *Laine-majeur*. Les Vignerons nomment *Mere-goute*, Le vin qui coule des grappes qu'on a vendangées, ſans qu'on les ait encore preſſurées.

On dit auſſi *Mere-perles*. Quelques-uns diſent que les plus groſſes perles dominent ſur les autres, & qu'elles conduiſent celles qui ſont beaucoup plus petites, comme il arrive parmi les mouches à miel. Auſſi ceux qui pêchent les perles, tâchent d'attraper les plus groſſes coquilles, ſçachant que s'ils les peuvent avoir, ils auront peu de peine à avoir les autres qui vont de côté & d'autre ſans aucun ordre. La Coquille de perle voyant la main de celui qui la veut prendre, ſe reſſerre incontinent, & a tant de force qu'elle lui coupe les doigts s'ils ſe rencontrent ſous l'ouverture qu'elle ferme en ſe reſſerrant. Juba dit qu'en Arabie il y a une ſorte de Mere-perles, épineuſes comme les Heriſſons, qui ont leurs pointes diſpoſées preſque de la même ſorte que les dents d'un peigne, & qui enferment des perles qui reſſemblent à la grêle. Selon Pline, on ne trouve au plus dans chaque Mere-perle que quatre ou cinq perles, mais Americus Veſputius, qui a parcouru toute la mer du Midi, & les Regions Meridionales, aſſure qu'il y a vû telle Mere-perle qui en avoit plus de cent trente, ce qui a été confirmé par ceux qui ont navigé depuis aux Indes, & qui diſent qu'il s'en rencontre quelquefois un plus grand nombre dans une ſeule Merle-perle.

MEREIN. ſ. m. Vieux mot. Dépit.
Par merein à lance briſa.

MERELLE. ſ. m. Sorte de jeu de petits garçons fait en maniere d'échelle foumée avec de la craye, où ceux qui joüent doivent, en marchant à cloche pié, pouſſer avec le pié une eſpece de palet dans chaque eſpace vuide que forment les lignes de cette maniere d'échelle, ſans que le palet touche à la ligne. Quelques-uns diſent *Marelle*.

MERIDIEN. ſ. m. Terme d'Aſtronomie & de Geographie. Nom qu'on donne à tous les cercles de la Sphere qui paſſent par le Zenith & le Nadir de quelque lieu que ce ſoit, & par les Poles du monde où tous ces cercles ſe rencontrent, & comme le Zenith & le Nadir ſont les Poles de l'horiſon, Voyez *Zenith* & *Horiſon*, & que les Poles du monde ſont ceux de l'Equateur, les Meridiens paſſant par ces deux ſortes de Poles, doivent toûjours couper l'Equateur & l'Horiſon à angles droits. Voyez *Pole*. Les deux Poles d'un Meridien ſont les deux points du lever & du coucher équinoxial du Soleil, pris dans l'horiſon de tel lieu que l'on veut. On compte pour l'ordinaire trois cens ſoixante Meridiens, & on les appelle ainſi, parce que quand le Soleil parvient à ce point du ciel, il eſt midi dans tous les endroits de la terre qui ſont ſous le même Meridien. On appelle *Premier Meridien*, un grand cercle que l'on ſe figure être décrit ſur le globe terreſtre, pour commencer à compter delà les degrés de longitude des lieux. Voyez LONGITUDE. Les Anciens le mettoient aux Canaries dans la partie Occidentale de l'Iſle de fer; ce que les François font encore preſentement. Les

Hollandois le font paffer par le Pic de Teneriffe, qui eft la plus haute montagne du monde ; & dans les voyages de long cours, ils commencent à compter leur longitude par le port du partement. Cela leur eft plus facile & plus commode pour pointer les cartes marines, & il y a par là plus de certitude dans leurs eftimes. Le Meridien détermine le point où les Aftres font plus élevés fur notre Horifon, & cela s'appelle *Hauteur meridienne.*

On appelle *Ligne meridienne*, Une ligne qu'on trace du Pole du Nord à celui du Midi, qui défigne fur un plan le cercle Meridien. Elle eft toûjours perpendiculaire à l'horifon, & fert à dreffer les cadrans horifontaux, & à faire les obfervations des Aftres dans les cadrans verticaux.

MERIN. f. m. Vieux mot que Ragueau a employé dans la fignification de Sergent.

MERIR. v. a. Vieux mot. Récompenfer, rendre la pareille. *Dieu le vous fçaura bien merir.*

MERIS. f. m. Vieux mot. Sorte de javelot ancien.

MERISIER. f. m. Arbre qui porte une efpece de fruit à noyau, rouge & quelquefois noir, appellé Merife. Ce fruit eft plus petit & plus menu que la cerife. Le Merifier a le bois fort dur. Son écorce eft blanche & fort liffe, & fes feuilles deviennent rouges comme du feu avant qu'elles tombent.

MERITER. v. a. Etre digne, fe rendre digne. On dit, en termes d'Arithmetique pratique, *Meriter à chef de terme.* C'eft quand le principal gagne à chef de terme, & puis le gain & principal de terme en terme jufqu'à la fin du payement ; à la raifon que gagnoit le principal au premier terme; & s'il fe paye quelque chofe, le refte gagne toûjours à la même raifon.

MERLAN. f. m. Poiffon de mer qui a les yeux grands & clairs & les dents petites. Sa bouche eft moyenne, & fa chair molle & legere.

MERLE. f. m. Oifeau qui a du rapport avec la grive. Quelques Oifeliers appellent le Merle femelle, *Merleffe.* Il eft de couleur de fuie & à l'eftomac femé de petites taches de blanc fale. Le Merle mâle eft noir, & a les jambes jaunes & le bec d'une autre forte de jaune qui tire fur le rouge. Cet oifeau chante agreablement, & apprend diverfes chanfons qu'on lui enfeigne avec un fifflet. Il joue de la trompette & bat le tambour.

Il y a auffi une forte de poiffon qu'on appelle *Merle.* Il reffemble à une perche de riviere, & a la bouche garnie de dents pointues & crochues. Sa couleur eft entre bleu & noir.

MERLETTE. f. f. Terme de Blafon. Oifeau fans bec & fans piés fur un écu. *D'or à l'orle de huit merlettes de fable.*

MERLIN. f. m. Terme de Marine. Petit cordage or ligne à trois fils. On s'en fert à faire des rabans.

MERLINER. v. a. On dit en termes de mer, *Merliner une voile*, pour dire, la coudre à la ralingue par certains endroits avec du Merlin.

MERLON. f. m. Terme de guerre. Monceau de terre qui eft entre deux embrafures d'un parapet. Le Merlon eft long de huit piés du côté des canons, & de fix de celui de la campagne. Il a fix piés de hauteur, & fon épaiffeur eft de dix-huit. On a dit *Merulum* & *Merla*, dans la baffe Latinité, pour fignifier un creneau de muraille, & c'eft delà qu'eft venu *Merlon.*

MERLUCHE. f. f. Efpece de morue qu'on fait fecher pour la garder. On dit auffi *Merlus*, & ce mot vient de *Maris Lucius.* Brochet de mer. C'eft un poiffon de haute mer qui croît jufqu'à une coudée, & qui eft de la longueur d'un ou deux piés. Sa chair eft molle & fon foie très délicat. Il a le dos gris cendré,

le ventre blanc, la queue quarrée & la tête avancée & applatie. Ses yeux font grands, de même que l'ouverture de fa bouche, qui eft garnie de dents courbes & aigues.

MERVEILLE. f. f. Plante dont parle Matthiole, jettant plufieurs farmens qui s'agraffent de côté & d'autre aux herbes & aux arbriffeaux voifins. Ses feuilles font femblables à celles de la couleuvrée ou de la vigne, mais bien plus petites & plus déchiquetées tout à l'entour. Sa fleur eft jaunâtre & reffemble à celle de concombre, & fon fruit fe termine en pointe des deux bouts, étant prefque fait en maniere d'œuf. La peau en eft charnue & toute couverte de petites boffes pointues. Ce fruit devient rouge quand il eft mûr ; ce qui n'arrive que fur la fin de l'Eté, & il s'ouvre & fe creve fort facilement. Il a la graine femblable aux anguries, mais plus petite, & une pelure groffe, graffe, gliffante & fort rouge. Sa racine eft très-menue. Ses feuilles foudent & gueriffent les playes fraîches. Leur poudre prife à la mefure d'une cueillerée avec la décoction de plantain, guerit les playes interieures du corps, & quelques-uns en font grand cas contre la colique. On appelle cette plante *Balfamina*, *Viticella*, & *Momordica* ; & afin qu'on ne s'abufe pas à ce dernier nom, le même Matthiolé fait remarquer que quelques-uns appellent *Momordica*, cette efpece de geranium qui a les feuilles plus grandes que les autres, & prefque la même grandeur que celles de la mauve. Il parle enfuite d'une autre efpece de *Merveille*, dont la tige eft groffe, haute d'une coudée & demie, graffe, pleine de jus, & d'où fortent quantité de fortes branches. Ses feuilles font de la longueur de celles du faule, dentelées tout à l'entour. Elle a fes fleurs grandes & purpurines, avec une queue tortue de derriere, d'où fort un fruit en façon de poire, & prefque femblable à celui de l'autre plante de ce même nom. Ces fortes de poires qui font velues, de vertes deviennent jaunâtres, & crevent d'elles-mêmes quand elles font mûres. Elles jettent une graine qui eft femblable aux lentilles. Les racines de cette plante font fort groffes & bien munies, & quelques-uns lui attribuent la même vertu qu'à l'autre efpece.

MES

MES. Pronom poffeffif qui a été employé dans le vieux langage pour le fingulier Mon. *Mes cuer vueult dire les formes qui furent muées en nouveaux corps.* Il a fignifié auffi, Plus ou Jamais.

A cest ne vous vaudra mes rien.

MESAIR. f. m. Terme de Manége. Certain air qu'on fait prendre à un cheval en le maniant entre le terre à terre & les courbettes, & qui tient moitié de l'un & moitié de l'autre.

MESANGE. f. f. Petit oifeau qui eft une efpece de pinfon, gros comme la fauvette, mais dont le chant eft extrêmement défagreable. Il a la tête noire & blanche, l'eftomac tirant fur le verd, & l'échine d'un violet obfcur. Il y a une Mefange commune, & une autre à longue queue. Cet oifeau, appellé en Latin *Parus maior*, vit quatre ou cinq ans. M. Ménage fait venir le mot de *Mefange* de *Mefch*, mot Allemand, qui fignifie la même chofe.

MESAULE. f. f. Petite cour ou que entre deux corps de logis. C'eft l'explication que M. Perrault donne à ce mot.

MESCHANCE. f. f. Vieux mot. Méchanceté.
Tu es le vrai Dieu, qui méfchance
N'aimes point, ne malignité.

On a dit auffi *Mefcheant* , pour Méchant , & *Mef-
cheante* , pour Méchante.

> *Depit en eut que la mefcheans ,*
> *Et pour troubles les Noceant .*
> *A une pomme entre eux gettée.*

Cela s'eft dit de la Difcorde , qui n'étant point du
feftin des Dieux , y jetta la pomme d'or pour troubler la fête.

MESCHIEF. f. m. Vieux mot. Accident , malheur.
On a dit auffi *Mefchef.*

MESEIME. adj. Vieux mot. Même. Il vient de l'Italien *Medefmo.*

MESENTERE. f. m. Terme de Medecine. Corps
membraneux par lequel les inteftins font liés enfemble. Il eft compofé de deux tuniques , d'une infinité de veines & d'arteres , de force graiffe & glandules. On l'appelle ainfi de μέσος , Qui eft au milieu , & de ἔντερον , Inteftin.

MESENTERIQUE. adj. On appelle *Rameau mefenterique* , le Rameau de la veine - porte , qui entrant
dans le mefentaire , fe diftribue en plufieurs petites
veines , & va fe perdre dans les inteftins.

MESESTANCE. f. f. Vieux mot. Déplaifir.

MESGNIE. f. f. Vieux mot. Famille. On a dit auffi
Mefnie.

MESHOUAN. Adv. Vieux mot. Dorefnavant.

> *Chaînes d'or couront meshouan.*

On a écrit auffi *Meshouen* & *Mefouen.*

MESIERE. f. f. Vieux mot. Mifere.

MESLE. f. f. Vieux mot qui a été dit pour Nefle. On
s'en fert encore en quelques Provinces. Quelques-
uns croyent qu'il a été fait de *Mefpilum* , qui veut
dire ce même fruit.

MESLURE. f. f. Vieux mot. Mélange.

> *Souvent entouillé de mefure.*

MESMARCHURE. f. f. Bleffure ou antorfe qu'un
cheval s'eft faite par quelque faux pas.

MESNIL. f. m. Vieux mot. Habitation , village , ha-
meau.

> *N'y a mefou , ne borde , ne mefnil.*

M. Ménage fait venir ce mot de *Manfionile* , & d'autres de *Maffule* , ou *Mafilinium* , qui ont été dits
dans la baffe Latinité.

MESOLABE. f. m. Inftrument de Mathematique, compofé de trois parallelogrammes , qu'on fait mouvoir dans une couliffe jufqu'à certaines interfec-
tions. Les Anciens l'ont inventé pour trouver me-
chaniquement deux moyennes proportionnelles. Ce
qui étoit neceffaire pour leur fameux problème de
la *duplication du Cube.* Voyez CUBE & DUPLI-
CATION. Ce mot eft Grec , & formé de μέσος ,
Qui tient le milieu , & de λαμβάνειν , Prendre. Il eft
parlé de cet inftrument dans Vitruve.

MESPRENTURE. f. f. Erreur , mégarde , *Et fi fut-il
fait par mefprenture.*

MESPRISON. f. f. Vieux mot. Mépris.

> *Ne leur plaift pas que vengifon*
> *Soit prife de la mefprifon.*

MESSAMINE. f. f. Efpece de raifin qui eft auffi gros
qu'une cerife , fe trouve dans la Virginie. Il a
la chair graffe , & rend un fuc fort épais quand on
le preffe.

MESSIRE-JEAN. f. m. Sorte de poire qui eft mûre
en Octobre & en Novembre. Elle eft rouffe & fort
fucrée.

MESTIER. f. m. Sorte de machine compofée de plufieurs pieces de bois fur quoi certains artifans tendent & difpofent leur befogne pour en faciliter le
travail.

Les Vinaigriers appellent *Métier* , Un cuvier
dans lequel ils preffurent la lie du vin , & où ils la
mettent dans des moules pour faire du vinaigre.

Métier. Efpece d'oublie qu'on appelle plus communément *Petit métier.* C'eft une pâte faite de farine, de fucre , d'œufs , & d'eau détrempés enfemble , qu'on fait cuire fur le feu entre deux fers. On
la roule enfuite , fi on veut , en petits cornets.

Métier. Vieux mot. Befoin.

> *Et plufieurs chofes que meftier*
> *Font à maintes gens à delivre,*

MESTIVIER. f. m. Vieux mot. Moiffonneur.

> *Si j'ai trouvé aucun efpi*
> *Après la main as meftiviers ,*
> *Je l'ai glané molt volontiers.*

MESTRE *de Camp.* f. m. Officier qui commande un
Regiment de chevaux-legers , & qui marche à la
tête de tous les Capitaines de ce Regiment le jour
d'un combat. On a. long-tems appellé *Meftre de
Camp* , celui qui avoit & qui commandoit un Regiment d'Infanterie , mais depuis que le Roi a fupprimé la charge de Colonel general de l'Infanterie
Françoife , les Commandans des Regimens d'Infanterie ont pris la qualité de Colonel.

On appelle *Meftre de Camp general* , Un Officier
fort confiderable , qui en l'abfence du Colonel General de la Cavalerie legere , commande abfolument & avec la même autorité de ce Colonel general. Il a un Regiment qui eft le fecond de la Cavalerie , & qui lui étant affecté marche immediatement après le Regiment Colonel.

MESTROYER. v. a. Vieux mot. Maîtrifer , gouverner quelqu'un.

MESURABLE. adj. Mot que l'on trouve employé ,
dans le vieux langage , pour , Moderé , fage.

> *Amours eft & mâle & bonne ,*
> *Le plus mefurable enyure ,*
> *Et le plus fage embriconne,*

MESURE. f. f. Ce qui fert de regle pour déterminer
l'étendue d'une quantité. ACAD. FR. La mefure nouvellement reg'ée de l'arpentage des eaux & forêts ,
eft de douze lignes , par pouce , douze pouces pour
le pié , vingt-deux piés pour perche , & cent perches pour arpent. On appelle *Mefures itineraires* ,
des mefures de la terre qui ont des noms differens
& des longueurs differentes felon les pays , comme
les milles en Italie , & les lieues en France. Les
Mefures rondes , font celles qui fervent à mefurer
les grains & les fruits , comme le litron , le boiffeau,
le minot , ou bien les liqueurs , comme le tonneau ,
la pipe , la barrique , le pot , la pinte , la chopine , &c.

On appelle en termes d'Arithmetique , *Mefure
d'un nombre* , Un nombre plus petit qui le divife
exactement & fans aucun refte. Ainfi 4. eft la mefure de 16. parce que quatre fois 4. font ce nombre
de 16. fans qu'il refte rien. La *Commune mefure de
deux ou de plufieurs nombres* , eft un nombre plus petit , autre que l'unité qui les divife , on les mefure plus exactement , de forte que 4. eft la commune mefure de 12. de 20. & de 28. parce qu'il mefure exactement ces trois nombres , par ces trois autres 3. 5. & 7.

En termes de Geometrie , la *Mefure d'un angle
rectiligne* , eft l'arc du cercle compris entre les
lignes de cet angle , & ayant fon centre à la pointe
du même angle , & la *Mefure d'un angle mixtiligne* ,
eft un arc ayant fon centre à la pointe de l'angle ,
& compris entre la ligne droite qui forme l'angle ,
& une ligne droite qui touche la courbe au point
de l'angle. Quant à la *Mefure d'un angle curviligne* ,
& celle d'un *angle Spherique* , L'une eft l'arc d'un
cercle compris entre les deux lignes droites qui touchent à la pointe de l'angle , les deux lignes courbes qui le forment , & ayant fon centre à la pointe

dit

du même angle, & l'autre est l'arc d'un grand cercle compris entre les côtés de l'angle, & ayant la pointe de l'angle pour pole.

On dit chés les Maîtres en fait d'Armes, *Etre à mesure*. Lorsqu'on juge s'il y a une telle distance entre l'ennemi qu'on puisse lui porter un coup de pié ferme ou autrement. Cela arrive, quand du misort de l'épée, on peut toucher le foible de celle de l'ennemi, & sans bouger le pié droit ni avancer le pié gauche. La *Mesure pour passer sur l'ennemi*, c'est quand les deux foibles des épées se touchent. En ce cas celui qui de son fort pourra toucher le foible de quelque épée que ce soit, sera toûjours dans la mesure.

Mesure en termes de Musique, se dit de ce qui regle le tems qu'on doit demeurer sur chaque note. Il y a deux sortes de mesures, la *Binnire* ou *double*, qui est celle qui se fait de deux tems égaux, c'est-à-dire, où le lever & le baisser de la main sont égaux, & la *Ternaire* ou *Triple*, qui se fait de trois tems égaux, c'est-à-dire, où le frapper est double ou deux fois plus long que le lever. Pendant cette mesure on chante deux notes blanches en frapant & une en levant. La mesure contient d'ordinaire une seconde d'heure, ce qui est environ le tems du battement du pouls & du cœur. On appelle *Pleine mesure*, celle pendant laquelle on chante quatre notes, comme aux Allemandes & aux Gigues. La mesure se regle suivant la differente valeur des notes de Musique, selon lesquelles on marque le tems qu'il faut donner à chacune. La semibreve, qui est la mesure entiere, dure un lever & un baisser. La minime appellée Blanche, dure ou un lever ou un baisser, & la noire dure la moitié d'un lever ou d'un baisser. Quand on observe bien ces mesures & ces tems, on dit, qu'*On joue*, ou qu'*On danse de mesure*.

MET

METACARPE. s. m. Terme d'Anatomie. Partie du squelete qui contient quatre os de la paume de la main, qui sont situés entre ceux du poignet & ceux des doigts. Ce mot est Grec μετακάρπιον, & est formé de μετὰ, Entre, après, & de καρπὸς, Jointure de la main avec le coude.

METAIL. s. m. Vieux mot. Meteil, blé qui est moitié segle, & moitié froment. *L'Hermite avoit semé du métail en la terre qu'il avoit sartée.*

METAL. s. m. Mineral qui se peut liquefier par le feu & étendre par le marteau. D'autres le definissent, Corps malleable, dur, fossile & liquable au feu, & qui reprend sa premiere solidité en refroidissant. On divise les métaux en liquables & en ductiles, ou en ceux qui sont l'un & l'autre ensemble. Le plomb & les autres métaux qui participent beaucoup d'humidité sont liquables & se fondent facilement, à l'exception du fer qui ne se fondant que par le moyen d'un feu très-fort, est plus dificile que liquable. L'étain seul est liquable & non ductile. Les Chymistes, qui admettent sept métaux pour les rapporter aux sept Planetes, se trompent à l'égard du Mercure, qui n'étant ni dur, ni malleable, ni liquable au feu, ne peut être mis entre les métaux. Ainsi on n'en doit compter que six, l'or & l'argent appellés *Parfaits* à cause qu'ils sont formés d'une matiere plus pure, le cuivre ou airain, le fer, l'étain & le plomb, qu'on nomme *Imparfaits*. Entre ces quatre derniers, l'airain & le fer sont appellés durs, & l'étain & le plomb sont estimés mols. Quelques-uns veulent que le mot de métal en Grec, μέταλλον, ait été dit, comme μετὰ τὰ ἄλλα Proche

Tome II,

les autres, à cause qu'aux lieux où l'on trouve une veine de métal, il y en a une autre qui n'en est pas éloignée. Aristote prétend que la cause materielle des métaux n'est qu'une vapeur ou exhalaison aqueuse, mêlée avec une terrestre, qui étant renfermée & resserrée entre les pierres s'épaissit & s'endurcit à cause de leur secheresse, ce qui ne paroît pas probable à Gassendi; à cause qu'on ne sçauroit concevoir que de ce mêlange il s'en puisse jamais faire autre chose que de la boue. Ainsi s'il est vrai que quelque vapeur ou exhalaison se condense & se convertisse en métal, elle doit être quelque chose de plus qu'une vapeur, & composée de quelque principe qui tienne davantage de la nature des métaux. Les autres comme Agricola, trouvant cette matiere d'Aristote trop éloignée, s'en tiennent plûtôt à la terre & à l'eau, & d'autres qui veulent encore une matiere plus prochaine, disent que c'est de la cendre, ou une terre brûlée, rendue humide par l'eau qui survient. Leur opinion est fondée sur ce que le verre qui est fait de cendres, se fond par la chaleur, & se condense par la froideur comme les métaux, à quoi on oppose que le verre ne se fait pas de cendres ou de matiere terestre brûlée, mais de cette espece de sel ou de corpuscules de verre qui sont mêlés avec les cendres, de sorte que s'il y a quelque chose dans les cendres qui soit la matiere des Métaux, ce doit aussi être quelque chose de particulier, & qui ait de l'affinité avec la nature métallique. Rohault en parlant des premieres parties des Métaux, fait remarquer qu'encore que le sel soit fort fixe de sa nature, cela n'empêche pas qu'il ne se puisse mouvoir d'une fort grande vîtesse, non seulement pendant qu'il est encore dans les pores de la terre, où il s'est premierement formé & où il a dû avoir toute la rapidité du premier élément qui le compose, mais encore, lorsqu'il passe de ces pores dans quelques autres qui sont encore plus grands, pourvû qu'il n'admette point autour de soi d'autre matiere que celle du premier élement, car alors quand il auroit perdu beaucoup de son mouvement, il en acquerroit de nouveau par la raison qui en fait acquerir à l'eau quand elle penetre les pores de la chair. Ce qu'il dit des parties du sel quand elles sont seches, se peut entendre des cubes du sel, de l'eau & des matieres huileuses jointes ensemble. Ainsi on conçoit que toutes ces choses peuvent être mûes de compagnie, & continuer leur route par des passages si étroits qu'elles n'ont pas la liberté de s'écarter à droit & à gauche, mais seulement d'avancer toutes ensemble d'un même sens. Il s'ensuit de là qu'étant en repos les unes à l'égard des autres, on conçoit alors de petits corps durs, tels qu'on peut penser que sont les premieres parties des métaux. Il faut encore remarquer que ces sortes de petits corps durs se doivent former ordinairement assés bas dans la terre où elle est extrèmement massive, & qu'il se doit rencontrer par consequent des corps tels qu'il est necessaire pour les former, plûtôt que vers la superficie où toutes ses parties sont tellement desunies, & laissent entre elles de si grandes fentes, que l'air s'y peut introduire avec plusieurs autres corps diversement agités qui empêchent qu'il ne s'y engendre rien de fixe, comme doivent être les premieres parties des métaux. Or il est aisé de comprendre, poursuit-il, que les vapeurs & les exhalaisons qui s'élevent souvent de la terre interieure avec beaucoup de rapidité, peuvent quelquefois venir à passer par de certains endroits, lesquels quoique fort étroits, sont cependant assés larges en comparaison des petites parties des métaux qui

H

s'y portent, & qui s'y déchargent au sortir des pores qui leur ont servi de moules ; ce qui fait que ces petites parties sont élevées assés haut près de nous, & qu'elles s'arrêtent entre les sables, & les autres parties de la terre exterieure qui est soumise à notre recherche, & étant là elles composent les veines des Métaux, que le travail des hommes doit après cela épurer.

Les Chymistes veulent que la matiere des Métaux ne soit autre chose que le soufre & le vif argent, à quoi quelques Modernes croyent qu'il faut ajoûter un sel vitriolique. La plûpart demeurent d'accord que l'or est fait de vif argent, ou de Mercure très-subtil, & très-pur, & d'un peu de soufre pur, clair, rouge, fixe, très-cuit, très-bien mêlé, & très-bien uni ; l'argent de beaucoup de Mercure subtil & très-pur, & d'une moindre quantité de soufre, qui est pur, clair, blanc, parfaitement cuit & mêlé & presque fixe ; le cuivre de peu d'argent vif, & qui est même plus grossier, & de beaucoup de soufre, mais qui est rouge & impur, & qui n'est pas entierement fixe ni parfaitement mûr ou cuit & mêlé ; le fer, de peu d'argent vif & de beaucoup de soufre, qui est blanchâtre & plus fixe pour pouvoir être fondu plus lentement ; l'étain de quantité de vif argent impur & moins fixe, & de peu de soufre pareillement impur & moins cuit, & le plomb, de beaucoup de vif argent & de peu de soufre, l'un & l'autre, impurs, cruds, & les plus imparfaitement mêlés de tous. Les Métaux se divisent en fixes, mûrs & nobles, comme l'or & l'argent dont le soufre est parfaitement fixe, & en moins mûrs & moins nobles, qui n'ont ni la fixité ni la proportion requise dans leurs principes. Ces derniers sont durs ou mols. Les durs sont tels parce qu'ils contiennent beaucoup de soufre & peu de Mercure à proportion, ce qui fait qu'ils rougissent facilement dans le feu & s'y fondent avec peine au défaut du Mercure. Les mols sont tels à cause qu'ils contiennent beaucoup de Mercure & peu de soufre à proportion, de sorte qu'ils se fondent plûtôt que de rougir dans le feu, comme l'étain & le plomb. Les Métaux participent chacun d'un autre métal, sur-tout les moins nobles des plus nobles. Il y a dans le cuivre la matiere premiere de l'argent, & quelque chose de l'or. Le plomb tient toûjours quelque chose de l'argent ; l'argent bien gouverné fournit des grains d'or, & le Mars contient un soufre solaire dont quelques-uns se servent pour fixer le soufre d'antimoine. On ne peut nier en general qu'il ne se fasse quelque transmutation des Métaux, puisque l'experience fait voir qu'en jettant du fer dans de l'eau vitriolique, & faisant ensuite fondre la poudre rouge qui naît sur la superficie de ce fer, cette poudre se trouve être du cuivre. Si d'ailleurs sur du plomb reduit en poudre on verse du flegme de vinaigre dans lequel on le laisse tremper pendant une nuit, & qu'on jette ensuite quelques gouttes de ce vinaigre sur de l'argent vif, dissous par de l'eau forte, cet argent vif sera incontinent précipité au fond du vase en forme de poudre, qui étant fondue au feu sera du plomb. Ainsi il n'y a point de repugnance à ce que les Métaux imparfaits & qui ne sont point encore mûrs, montent à un plus haut degré de perfection & de maturité. Il est constant que tous les Métaux n'ont aucune difference formelle, & qu'ils ne different que du plus ou moins de maturité, laquelle seule leur manque pour être de l'or. Cela fait que ceux qui cherchent la pierre philosophale, posent pour fondement que le Mercure est la matiere commune de tous les Métaux, & qu'il est plus ou moins parfaitement mêlé & fixé dans l'argent, dans le cuivre, dans le fer, dans l'étain & dans le plomb, mais qu'il est parfaitement temperé & fixé dans l'or, en sorte qu'il n'y a point de feu, quelque long & violent qu'il soit, qui puisse en rien dissiper. Aussi tout leur but est-il de trouver quelque chose qui donne cette nature d'or au Mercure, soit qu'il soit seul, ou qu'il soit caché dans les autres Métaux, parce que n'y en ayant point qui soit plus parfait que l'or, ils croyent que la nature n'engendre les autres, que parce qu'elle ne trouve pas un Mercure disposé pour en former de l'or, si bien que c'est dans la découverte de cette chose-là que consiste toute la difficulté du grand œuvre. Ils la cherchent diversement dans divers genres de corps, mais ceux qui passent pour être les plus éclairés, jugeant que ce doit être une espece de semence, croyent qu'il ne faut point là chercher ailleurs que dans l'or même, & qu'apparemment les semences de l'or sont dans l'or, du corps duquel si l'on pouvoit tirer la semence comme l'on tire le grain de l'épi, l'on viendroit à bout du grand œuvre, puisqu'il ne seroit plus besoin que de jetter cette semence dans la terre feconde du Mercure, pour obtenir cette multiplication qu'on espere.

METALLIQUES. s. m. On entend par *Metalliques*, tout corps terrestre du métal. Ce sont les parties excrementeuses des métaux que l'action du feu en separe, ou qui se rencontrant dans les mines auprès des métaux, retiennent quelque chose de leur nature, comme quelques pierres, terres, ou sucs concrets mineraux. Le feu ayant la vertu de separer le pur de l'impur, forme l'excrément du mémétal de sa portion la mieux digerée & la plus terrestre. Cet excrement surnage au métal, & c'est ce qu'on appelle en Latin *Scoria*. Il n'y a point de métal qui n'ait le sien, à l'exception de l'or, dont la substance est si pure, qu'elle est presque incapable de souffrir aucun mélange de ces parties excrementeuses.

METAMORPHISTES. s. m. Nom qui fut donné dans le seiziéme siecle, aux Sacramentaires qui disoient que le Corps de Jesus-Christ en montant au Ciel avoit été fait Dieu entierement. Ce mot est la même chose que *Transformateur*. Il vient du Grec μεταμορφόω, Je transforme.

METANGISMONITES. s. m. Heretiques qui tenoient que le Fils étoit dans le Pere, comme un petit vaisseau dans un plus grand, & à qui on attribue aussi d'avoir crû que Dieu étoit corporel. Ils furent ainsi nommés du Grec μετάγγισμ, qui veut dire, Renverser d'un vase dans un autre.

METAPHORISTES. s. m. Nom qui fut donné à des Heretiques qui soûtenoient les Opinions de Daniel Chamier. C'étoit un Ministre de Montauban.

METAPHRASTE. s. m. Traducteur. Ce mot est Grec μετάφρασις, & veut dire, Qui interprete un Ouvrage d'une Langue dans une autre Langue.

METATARSE. s. m. Terme d'Anatomie. Partie du squelette de l'homme dont la partie mitoyenne du petit pié est composée. Elle contient cinq os qui sont entre le talon & les orteils, du Grec ταρσός qui est la partie du pié où commence la premiere articulation des os qui sont ce qu'on appelle *la plante*.

METE. s. f. Vieux mot. Borne, Frontiere, du Latin *Meta*, qui veut dire la même chose.

METELLES. adj. Matthiole avoue qu'il a confondu quelque tems les noix vomiques & les noix Metelles dont les Arabes font mention, & qu'il a forti d'erreur en confiderant que la noix qu'Avicenne appelle *Metelle*, avoit de groffes & courtes épines, & une graine femblable à celle de la Mandragore, ce qui le fait être de l'opinion de ceux qui difent que la noix Metelle eft le fruit de Strammonia qu'il croit avoir une grande propriété pour endormir, auffi-bien que l'arbre dont il fort. Ces noix de Strammonia feches & mifes en poudre, font fingulieres à la colique fi on les prend en vin au poids d'une drachme, à ce qu'il rapporte fur le témoignage de ceux qui l'ont éprouvé. Elles ne font pas toutes d'une même forme. Il y en a de rondes, de plattes & de longuettes, & elles font revêtues toutes d'une petite capilature pointue par le bout. En parlant ailleurs de ces noix Metelles, il dit qu'elles fervent de poifon, non feulement aux chiens qui en mangent, mais auffi aux hommes en qui elles caufent des vertiginofités, rougeurs de vifage, trouble de vue & de fens avec un fommeil profond, qui eft fuivi d'une fueur froide, vrai figne de mort, & que l'on y remédie en excitant plufieurs fois le vomiffement, après quoi il faut donner à celui qui fouffre, du beurre frais, & force vin pur, en y mêlant du poivre de pyrethre, des grains de laurier, du caftorium, & de la canelle fine.

METEORE. f. m. *Corps qui fe forme, & qui apparoit dans l'air.* ACAD. FR. Ce font mixtes imparfaits qui s'engendrent des exhalaifons & des vapeurs de la terre élevées dans l'air, tels que font la grèle, les éclairs, le tonnerre, les vents, les pluies, les feux ardents & volans, & même l'Arc-en ciel, qu'on met auffi de ce nombre. On a vû des Meteores en forme de javelots brûlans & de lances flamboyantes, d'étoiles volantes, de chevrons de feu, & de traits de feu volans. Il y a auffi quelques Cometes qui n'ont point de corps fixes & permanens, & qui ne font que de fimples Meteores. Ce mot eft Grec μετέωρος, & vient de μετεωρίζειν, Lever en haut.

METL. f. m. Nom que les Mexiquains donnent à un arbre qui croît parmi eux, & qu'ils cultivent fort foigneufement. Il a fes feuilles larges & épaiffes, prefque de la grandeur d'une tuile, avec de longues & fortes épines munies d'une pointe. Ces épines fervent d'aiguilles, d'épingles, de poinçons. Son tronc qui eft affés gros, & pointu en haut en forme de pyramide, étant incifé il en fort une liqueur comme de l'eau en fort grande quantité. Elle eft très-claire & fort bonne à boire. Si on la fait bouillir legerement, elle fe convertit en miel, & étant depurée en fucre, & mêlée avec de l'eau, elle fe change en vinaigre. François Ximenes écrit qu'on fait du vin de fon fucre, en y mêlant de l'eau, des femences d'oranges, des melons & autres, & que les Sauvages le boivent avec grande volupté, mais qu'outre qu'il eft fort mal fain, & qu'il offenfe puiffamment la tête, il fait fentir très-mauvais ceux qui s'en rempliffent.

METOPE. f. m. Terme d'Architecture. Intervalle, efpace qui eft entre chaque Triglyphe dans la frife de l'Ordre Dorique. Ce mot eft Grec μετόπη, & compofé de μετὰ, Entre, & de ὀπὴ, Trou, de forte qu'il ne veut dire autre chofe que la diftance qu'il y a d'un trou à un autre, c'eft-à-dire, d'un Triglyphe à un autre Triglyphe, à caufe que les Triglyphes font fuppofés être des bouts de folives ou de poutrelles qui rempliffent des trous. Ceci eft de M. Felibien, qui ajoûte que les anciens ornoient cet endroit de têtes de bœuf, de baffins, de vafes & d'inftrumens qui fervoient aux facrifices.

Tome II.

On appelle *Metope harlong*, tant celui qui eft plus large que haut dans la diftribution d'une frife Dorique, que celui qui eft entre les confoles avec quelques ornemens de peinture ou de fculpture dans l'entablement compofé d'une corniche dedans.

METOPION. f. m. C'eft felon Diofcoride, un onguent qui fe fait en Egypte, & que l'on appelle ainfi à caufe du Galbanum qui y entre; les Habitans appellant *Metopion*, le bois qui produit le Galbanum. Cet onguent eft compofé d'amandes ameres, d'huile d'olives vertes, de cardamome, de fquinanthum, de calamus odorans, de miel, de vin, de fruit du baume, de galbanum & de refine. Le meilleur eft celui qui eft gras, qui fent fort, & qui tient plus de l'odeur du cardamome & de la myrrhe, que de celle du galbanum. Le Metopion échauffe fort; il brûle, il ouvre & defopile les veines. Il eft attractif, & mondifie les ulceres. Quand on le met dans les onguens corrofifs, il eft fort bon aux nerfs & aux mufcles coupés, & pour les hergnes aqueufes. Ce mot eft Grec μετώπιον.

METOYERIE. f. f. Limite qui fepare deux heritages contigus, & qui appartiennent à deux differens Proprietaires. On dit en parlant de deux voifins, qu'*ils font en Metoyerie*, pour dire, Que le mur qui fepare leurs maifons eft mitoyen.

METRIFIER. v. n. Vieux mot. Faire des vers.

 Et pas ne le feroit és lais
 Qui font rondeaux & virelais,
 Et qui fçavent metrifier.

Ce mot vient du Grec μέτρον, qui fignifie proprement Mefure, & qui eft pris quelquefois pour vers, à caufe qu'il faut obferver de la mefure en faifant des vers.

METTRE. v. a. *Pofer, placer une chofe dans un certain lieu.* ACAD. FR. On dit en termes de Manege, *Mettre un cheval au pas, au trot, au galop,* pour dire, Le faire aller au pas, au trot, au galop. On dit auffi *Mettre à courbettes, à caprioles,* pour dire, Lui apprendre à manier à courbettes, à caprioles, & on dit abfolument *Ce Cheval a été bien mis,* pour dire, qu'il a été bien dreffé. On dit encore, *Mettre un cheval dedans,* pour dire, Le dreffer, le mettre dans la main & dans les talons. *Mettre un cheval fous le bouton,* fe dit d'un cheval arrêté fans qu'il y ait perfonne deffus, & auquel en lui laiffant les rênes fur le cou, on abaiffe le bouton, qu'on fait defcendre, jufqu'à ce que la bride ramene fa tête en fa poitrail.

On dit en termes de Marine, *Mettre un Navire dehors,* pour dire, Le tirer de deffus le chantier & le mettre à l'eau. On dit auffi, *Mettre à la voile, Mettre en mer,* pour dire, Partir d'un Port.

Mettre tout au vent. C'eft lorfqu'on eft contraint par un gros tems de mettre vent en pouppe ou autrement, & *Mettre vent en pouppe,* c'eft tourner le derriere du Vaiffeau contre le vent. *Mettre en ralingue,* fe dit, pour dire, Mettre le Vaiffeau de telle forte que le vent ne donne point dans les voiles, & *Mettre en panne,* pour dire, Faire pancher le Navire, afin de fermer quelque voie d'eau. On dit encore *Mettre les voiles dedans, Mettre à fec,* ou *Mettre à mât & à cordes,* pour dire, Ferler les voiles & les ferrer fans en garder aucune; *Mettre le vent fur les voiles,* pour dire, Les mettre paralleles au vent, afin d'empêcher qu'elles n'en prennent; *Mettre les baffes voiles fur les cargues,* pour dire, Se fervir des cargues pour les trouffer par en bas. *Mettre côté en travers,* pour dire, Mettre le

H ij

vent fur les voiles de l'avant , & laiffer porter le grand hunier en forte que le Vaiffeau prête le côté au vent ; *Mettre le perroquet en banniere*, pour dire , Larguer ou lâcher les écoutes de la voile du perroquet pour la laiffer voltiger au gré du vent , ce que l'on fait quand on veut donner de jour quelque fignal ; *Mettre fon Vaiffeau à la bande* , pour dire , Le faire ranger fur un côté pour le radouber ou étancher quelque voie d'eau ; *Mettre un Vaiffeau en cran* , pour dire , le mettre fur le côté pour le carener ou le fuiver. *Mettre à la cape* , pour dire , N'avancer ni ne reculer ; *Mettre le cap* , pour dire , Tourner la proue d'un Navire du côté du vent qu'on s'eft propofé de fuivre; *Mettre un Navire en hunin* , pour dire l'agréer de tous les cordages, & *Mettre une Galere en eftime* , pour dire , Balancer une Galere de telle forte qu'elle aille auffi vîte qu'il fe peut.

Les Charpentiers difent *Mettre des folives de champ* , pour dire , Les pofer fur la partie la moins large , ainfi ces folives ayant , par exemple , fix pouces d'un fens & quatre de l'autre , elles font pofées de champ , fi on les met fur la partie qui eft feulement de quatre pouces. On dit auffi , *Mettre les poteaux du fond au pan de bois* , pour dire , Les mettre du haut en bas , ou mettre les pieces de bout. On dit *Mettre les pieces de bois en leur raifon*, pour dire , Difpofer de telle forte les pieces de bois qui doivent fervir à un bâtiment , qu'étant mifes en chantier , chaque morceau fe trouve en fa place. On dit d'une piece de bois , qu'*Elle eft mife fur fon fort* , quand elle bombe un peu , & que le bombement eft mis en haut.

METTRIEUX. f. m. Vieux mot. Fagots.

MEU

MEULE. f. f. *Machine ronde & plate qui eft ordinairement de pierre , & qui fert principalement à broyer les grains.* ACAD. FR. On appelle quelquefois *Meule* , en termes de Medecine , l'os qui fert à plier le genouil , & que l'on nomme autrement *Rotule.*

Meules. Terme de chaffe. Le bas de la tête d'un cerf , d'un daim , d'un chevreuil , & qui eft le plus proche du maffacre.

MEULIERE. f. f. Carriere d'où l'on tire les meules à moulin. On dit autrement *Molliere.* On appelle auffi *Meuliere* , tout moilon de roche mal fait & plein de trous. La pierre de Meuliere étant rude & fpongieufe , on s'en fert dans les grottes , & même on en met des morceaux au feu pour leur faire prendre une couleur plus rouge. On en rend d'autres verdâtres avec du vert de gris , des eaux fortes & du vinaigre fort.

MEURER. v. n. Vieux mot. Mûrir.
Que mon nez eft li arbre dont le fruit Ne meure.

MEURIER. f. m. Arbre qui produit le fruit qu'on appelle *Mûres.* Il y en a de noires & de blanches. Celui qui porte les noires eft courbe , entortillé , fort rempli de nœuds , & ne laiffe pas de devenir affés grand. Il jette de groffes branches qui s'étendent plus en large que'n long. Son bois eft maffif & de couleur jaune jufqu'au cœur. Sa racine n'eft guere profonde , quoique groffe & bien fournie. Elle s'étend fort au rez de terre , & particulierement en ceux qui portent les mûres blanches , qui font plus fpatieux & plus hauts que les autres , & dont les feuilles font propres à nourrir les vers à foye. Elles vont en aiguifant , & font dentelées dans l'un & l'autre arbre. On en voit pourtant fouvent

dans chaque efpece qui ont la forme de feuille de vigne. Les mûres noires font femblables au fruit de la ronce , excepté qu'elles font un peu plus grandes & plus longues , rendant un jus couleur de fang qui tache les mains & la bouche. Elles font d'abord d'un vert blanchâtre , rouges enfuite , & noires quand elles font mûres. Pendant que ce fruit eft rouge , il eft aigre & aftringent au goût , mais dans fa maturité il devient doux , retenant pourtant quelque peu d'aftriction. Les mûres blanches font plus petites & un peu vertes avant leur maturité , du refte âpres & rudes en les mâchant ; mais étant mûres elles ont un goût de miel. Le Mûrier eft le dernier de tous les arbres domeftiques qui bourgeonne ; ce qui eft caufe que les Anciens l'ont appellé le plus fage de tous les arbres. On eftime le bois du Mûrier de grande durée. Il eft bon aux chofes où il faut plier & courber; ce qui le rend fi propre à faire des cercles & à bâtir des navires. Les mûres ayant atteint leur maturité humectent & rafraîchiffent , appaifent la foif , reveillent l'appetit , & ne font pas contraires à l'eftomac , mais elles nourriffent peu , à caufe qu'elles defcendent promptement en bas , étant de fubftance humide & gliffante. On les mange ordinairement à jeun ou à l'entrée du repas , & fi elles rencontrent quelque mauvais fuc d'eftomac , ou fi on les prend après d'autres viandes , elles fe corrompent auffitôt. Diofcoride dit que fi dans le tems de la moiffon on donne une taillade à la racine du Mûrier après l'avoir déchauffée , elle jettera une liqueur qui fe trouvera congelée le lendemain. Cette liqueur pourfuit-il , eft fort bonne au mal de dents , refout les petites apoftumes rouges , & purge le ventre.

Il y a des *Mûres fauvages* , qui viennent fur une forte d'épine que les Grecs nomment βάτος; ce qui fait qu'on les appelle *Mora batina* , ou *Mora bati.* Elles ont une faculté aftringente qui approche fort de celle des Domeftiques. Étant mâchées , elles adouciffent les inflammations de la bouche & des amygdales , & arrêtent le flux de ventre.

MEURISON. f. f. Vieux mot. Maturité. *L'hermite avoit femé du métail dans la terre qu'il avoit farcée , & quand la meurifon vint.*

MEURTRIR. v. a. Tuer. *Il n'eft plus guere en ufage en ce fens & on ne s'en fert ordinairement que pour figniifier* , Faire une contufion. ACAD. FR. On dit *Meurtrir le Marbre* , pour dire , Le frapper à plomb avec quelque outil , comme font ceux qui travaillent avec la bosharde. On a dit autrefois *Meurdrir.*

MEUSNIER. f. m. Sorte de poiffon dont la tête eft groffe & grande , & qui a la bouche fans dents avec quatre ouies de chaque côté. Sa chair eft blanche & molle , & par-là peu eftimée. On lui a donné le nom de *Meufnier* , à caufe qu'il s'en trouve quantité autour des moulins , où il fe nourrit de bourbe & d'eau.

MEZ

MEZ. f. m. Vieux mot. Milieu.

MEZAIL. f. m. Terme de Blafon. Le devant ou le milieu du heaume. Borel qui rapporte ce mot comme un terme d'Armoiries pris de Geliot , le fait venir du Grec μέσος , Milieu.

MEZARAIQUE. adj. Terme de Medecine. On appelle *Veines mezaraïques* , les Veines du mefentere qui fuccent le chyle des inteftins pour le porter au foye. Ce mot vient du Grec μεσάραιον , qui veut

dire , Mefentere , compofé de μέσος , Milieu , & de
έgnois , Mince , tenve , à caufe que les menus inteftins font contenus dans le mefentere.

MEZEL , ou MESEAU , f. m. Ladre. Vieux mot.
Quelques-uns le font venir de *Mifellus* , Mifera-
ble. M. Menage le derive de l'Italien *Mezzo* , qui
veut dire , Gâté , pourri , corrompu , comme fi
on difoit , Un demi homme. On a dit en parlant du
plomb ,

> *Et aucuns de fçavoir ifnel*
> *Le veulent nommer or mezel.*

On s'eft auffi fervi du mot de *Mezelerie* , pour
dire , Lepre. Selon du Cange , on a appellé
Mezeleria , ou *Mifellaria* , La maifon des le-
preux.

MEZELINE. f. f. Sorte d'étoffe mêlée de foye & de
laine. C'eft ce qu'on appelle ici communement
Etoffe de la porte de Paris , qui eft une maniere de
petite brocatelle qu'on fabrique en Flandre.

MEZEREON. f. m. Plante qui jette plufieurs furgeons , & qui a fes branches hautes d'un palme.
Ses feuilles font femblables à celles de l'olivier ,
mais plus menues & plus ameres , & ont un goût
mordant qui pique la langue & le gofier. On l'appelle *Oleaftellum* & *Chamœlea* , de χαμαί , A terre ,
& de ίλαια , Olivier , comme qui diroit , Petit olivier , à caufe de fa reffemblance avec cet arbre. Son
fruit eft fait en façon d'olive , vert d'abord , enfuite
rouge , & enfin noir. Matthiole dit que les Arabes
qui ont écrit fort confufement de la Chamœlea &
Thymœlea , ont appellé l'un & l'autre Mezereon ,
dont ils établiffent deux efpeces , l'un blanc , l'autre
noir , en y mêlant la laureole ; enforte qu'on ne
fçauroit bien connoître ce qu'ils veulent dire. Il
ajoûte que ces deux plantes font fi furieufes & fi
violentes dans leurs operations , qu'il eft fort dangereux d'en ufer , à moins qu'on ne foit d'une très-
robafte complexion , plufieurs qui avoient l'eftomac
debile en étant morts. Diofcoride dit pourtant que
les feuilles du Mefereon prifes en pillules évacuent
la pituite & la bile.

MEZZANIN. f. m. Terme de Marine. On appelle
Arbre de mezzanin , un troifiéme Mât qu'on met
quelquefois dans une Galere entre l'arbre de meftre
& la pouppe. Ce mât eft garni de fa voile , que l'on
appelle de même , *Voile de mezzanin*.

MEZZANCE. f. f. On appelle dans une Galere. On l'appelle autrement *Miege*.

MEZZANINE. f. m. Quelques-uns employent ce mot
pour fignifier une Entrefolle dans un bâtiment , c'eft-
à-dire , un lieu où l'on pratique de petites garde-
robes pour loger les valets proche la chambre du
maître. Mezzanine eft pris des Italiens. On appelle
Fenêtre mezzanine , une petite fenêtre qui étant
moins haute que large , fert à éclairer un attique ou
une entrefolle.

MIC

MICHEL. *Saint Michel*. Ordre Militaire de France ,
qui fut établi en 1469. par Louis XI. en memoire
de l'Archange faint Michel , que l'on prétend avoir
été vû combattant à Orleans contre les Anglois ,
qu'il contraignit de lever le fiege. Le Roi ordonna
qu'il y auroit trente-fix Chevaliers de faint Michel ,
dont il feroit le premier , & qu'ils porteroient un
collier d'or fait de coquilles , laffées l'une à l'autre ,
& pofées fur une chainette d'or , d'où pendroit l'I-
mage de cet Archange , combattant ou foulant un
dragon aux piés. Le Roi Charles VII. fon pere portoit cette Image dans fes Enfeignes lorfqu'il alloit à
la guerre. Ces paroles, *Immenfi trémor Oceani*, étoient

la devife de cet Ordre , qui ayant été en grand honneur fous quatre Rois , fut tellement avili du tems
de Henri II. que les grands Seigneurs ne voulurent
plus en être.

MICROSCOPE. f. m. Terme d'Optique. Sorte de
lunette , qui groffiffant extraordinairement les objets , fait découvrir les moindres parties des plus
petits corps de la nature. Les Microfcopes dépendent des mêmes principes que les autres Lunettes.
Voyez LUNETTE. On en fait à deux & à trois
verres convexes , même à quatre qui ont un tuyau
long d'un pié. Il y en a d'autres , & ce font ceux que
l'on préfere préfentement , qui n'ont qu'une petite
lentille groffe comme la tête d'une épingle. Leur
effet vient de ce qu'un objet proche qui à caufe de
la grande divergence de fes rayons , (voyez DI-
VERGENCE ,) ne pourroit être vû qu'à un pié de
diftance , parce qu'autrement le cryftallin ne pourroit réünir affés-tôt fes rayons fur la retine , (Voyez
CRYSTALLIN ,) peutêtre vû à une diftance de
l'œil mue douze fois moindre , par exemple , à caufe que
la petite lentille étant extrêmement convexe , diminue extrêmement la divergence des rayons , & les
met en état que le cryftallin en peut faire la réunion
fans peine. D'où il arrive que cet objet étant douze
fois plus proche qu'il n'eût été , le diametre de fon
image dans l'œil eft à peu près douze fois plus grand ,
& par conféquent l'image entiere que l'on conçoit
comme une efpece de furface circulaire 144. fois
plus grande , car les aires des cercles font entre elles comme les quarrés des diametres. Le mot de
Microfcope vient de μικρός , petit , & de σκοπέω , je
regarde.

MID

MI-DENIER. f. m. Vieux mot qui fe trouve dans
les Coûtumes. La moitié d'une fomme. *Mari ou
femme ayant melioré leur propre , ou réuni quelque
chofe à leur fief & domaine , on fait quelque menage
qui regarde le feul profit de l'un d'eux , font tenus
d'en rendre le mi-denier.*

MIE

MIEGE. f. f. On appelle ainfi dans une Galere la
Chambre où fe met le Comite. On dit autrement
Mezzance.

MIEL. f. m. *Suc doux que les abeilles font de ce qu'elles recueillent fur les fleurs ou fur les feuilles des
plantes & des arbres.* ACAD. FR. Pline dit que le
miel eft toûjours bon quand il eft cueilli fur de bonnes & odorantes fleurs , tel que celui d'Athenes &
de Sicile , des montagnes Hymettus & Hybla , &
de l'Ifle de Calydna. Le bon Miel , felon Diofcoride , doit être doux , aigu , odorant , rouffâtre ,
materiel , pefant , gluant quand on le manie , & il
ne doit point couler hors des mains. Il eft abfterfif ,
aperitif & attractif ; ce qui fait que l'on s'en fert aux
ulceres fales & caverneux , & aux fiftules. Il ajoûte
que le Miel de Sardaigne eft amer , parce que les
mouches à miel s'y paiffent d'aluyne , & qu'il eft
bon neanmoins à faire partir toutes fortes de taches
du vifage ; mais qu'en Heracle de Pont , en certains tems de l'année , les abeilles recueillent de
quelque fleurs particulieres une forte de Miel qui
refout tout le corps en fueur , & fait perdre le fens
aux perfonnes qui en mangent. Il eft fort aigu , &
fait éternuer feulement à le fentir. On appelle *Miel
vierge* , Celui qu'on recueille des jeunes abeilles.
Il eft de couleur jaune tirant fur le blanc , & on
l'eftime le meilleur de tous. Le *Miel rofat* , que les

Grecs appellent *judiques*, & les Arabes *Celcbiabin*, déterge & reſtreint en quelque façon, à cauſe que l'aſtriction des roſes tempere la chaleur & l'acrimonie du Miel. Le *Miel violat* ſert à adoucir & à rafraîchir, & humecte davantage que le roſat. Le *Miel anthoſat*, que l'on nomme ainſi à cauſe qu'il eſt fait de la fleur de roſmarin, appellée *ἄνθος*, par excellence, c'eſt-à-dire, Fleur, corrige par ſa chaleur toutes les intemperies froides des parties, déterge & inciſe la pituite, & diſſipe les ventoſités ; mais il faut que la fleur de roſmarin qu'on y emploie ſoit toute recente, parce qu'étant ſeche elle eſt ſans odeur, & ne peut par conſequent avoir aucune vertu. Il y a encore le *Miel mercurial*, qui ſe fait du ſuc de mercuriale pris avec du miel en égale portion. Il déterge & purge la pituite craſſe, & on s'en ſert ſeulement dans les lavemens, ſur-tout lorſqu'il s'agit d'irriter la faculté expultrice. Quant au Miel commun, on l'emploie en le cuiſant ſeul comme dans les ſuppoſitoires, où l'on s'en ſert à confire certains medicamens, à cauſe qu'il eſt fort propre à conſerver les electuaires & les antidotes où il entre.

Gaſſendi parle d'une eſpece de Miel qui ſe trouve quelquefois à la pointe du jour ſur les feuilles de pluſieurs ſortes d'arbres, & qui ſemble n'être autre choſe que de la roſée mêlée avec une certaine humeur viſqueuſe ſemblable à du miel qui tranſpire des feuilles des arbres comme une ſueur, en ſorte que la roſée ſoit comme la matiere, & que ce qui tranſpire des feuilles tienne lieu de préſure. Il ſemble même, dit M. Bernier dans l'Abregé qu'il a fait de la doctrine de ce Philoſophe, que ce n'eſt point ce que les abeilles tranſportent dans leurs ruches, parce que nous ne les voyons point le matin, qui eſt le tems de cette roſée, avoir de l'empreſſement pour ces feuilles ; ſi bien que je croirois plûtôt que ce miel, dont les abeilles ſont amoureuſes, s'engendreroit dans la ſurface des fleurs, ſinon qu'on ne les voit point fort s'arrêter aux feuilles des fleurs, mais qu'elles pénétrent plûtôt avec leur petite trompe dans le cœur & dans le centre des fleurs, où d'ordinaire il ſe trouve quelque choſe qui tient de la douceur du Miel. Mais quel que ſoit ce que les abeilles rapportent, il eſt croyable qu'elles le ſuccent & le tranſmettent dans leur eſtomac, qu'une partie eſt changée en aliment, que l'autre partie ſe convertit & ſe perfectionne en miel dans quelque endroit du corps propre & deſtiné pour cela, de la même façon que ce qui reſte de l'aliment dans les animaux qui ſont du lait eſt converti en lait, & qu'enfin elles s'en déchargent chaque jour dans leurs petites maiſons.

Selon Pline le Miel vient de l'air, & ſur-tout au lever de certains Aſtres, même aux Jours Caniculaires, comme auſſi un peu avant que les Pleïades paroiſſent, & toûjours avant l'aube du jour ; de ſorte qu'en ce tems-là on trouve les feuilles des arbres toutes arroſées & chargées de miel. Même ſi quelqu'un ſe trouve à la campagne dans ce même tems, il ſentira ſes habits & ſes cheveux comme engraiſſés de Miel ; ſoit que cette ſorte de Miel ſoit quelque excrement des aſtres ou une ſueur du ciel, ou le jus de l'air qui ſe purifie.

MIELAT. ſ. m. Sorte d'exhalaiſon qui ſemble être la même choſe que le miel que Pline & Gaſſendi ont dit tomber à la pointe du jour ſur les feuilles des arbres. Rohaut qui explique dans ſa Phyſique la maniere dont ſe forme le Mielat, fait remarquer, que ſi dans une ſaiſon un peu chaude & dans laquelle l'air n'eſt agité d'aucun vent, il s'éleve tout à la fois une quantité notable de vapeurs

& d'exhalaiſons, dont l'agitation ſoit telle, qu'elles puiſſent monter aſſes haut, pour lors les vapeurs qui ſe dégagent facilement, ſe ſépareront des exhalaiſons en prenant le devant, & les exhalaiſons dont les parties ſont plus embarraſſées, & qui ne peuvent pas s'élever ſi haut, voltigeront toutes ſeules dans l'air qui eſt le plus proche de la terre. S'il arrive que cet air ſe refroidiſſe mediocrement pendant la nuit, les vapeurs pourront bien conſerver encore aſſes de mouvement pour demeurer ſous leur même forme ; mais les exhalaiſons ayant des parties, dont la figure eſt cauſe qu'elles ſe déterminent plûtôt au repos, elles s'affaiſſeront les unes ſur les autres, & compoſeront un brouillard qui couvrira une étendue de pays d'autant plus grande, qu'elles ſeront en plus grande quantité ; après quoi ſi elles s'épaiſſiſſent en liqueur huileuſe à la rencontre des corps les plus ſecs, elles y feront voir le Mielat qui attriſte quelquefois les Payſans, parce que les blés & autres plantes ſemblables ſe trouvant ordinairement aſſes ſecs dans la ſaiſon du Mielat, qui eſt compoſé d'exhalaiſons qui tiennent de la nature des huiles ; c'eſt ſur ces ſortes de corps qu'il ſe trouve en plus grande quantité ; & il ne ſçauroit manquer de jeter être fort nuiſible, s'il arrive enſuite que l'air ſoit ſerein, & que le Soleil darde ſes rayons ſur ces plantes, à cauſe que la liqueur huileuſe, dont elles ſont comme enduites, étant ſuſceptible de beaucoup de chaleur, fait qu'elles ſe cuiſent & ſe corrompent entierement. Le Mielat eſt ce qu'on appelle en certains lieux *Melie*.

MIELDRE. adj. Vieux mot. Meilleur. On a dit auſſi *Miendre*, dans le même ſens.

    C'eſt la belle Heleine au cler vis.
    Eſt-il nul miendre par avis.

MIEX. Vieux mot. Mieux. On a dit encore *Miels & mielx*, du Latin *Melius*.

MIG

MIGNOTIE. ſ. f. Vieux mot. Gentilleſſe, ajuſtement.

    Quand leur chief ſeront chauve & nu,
    Ne leur chaudra de mignotie,
    De deduit, ne de cointerie.

Ce mot eſt venu de *Mignot*, qui a été dit pour, Joli, mignon, agreable.

MIGRAINE. ſ. f. Mal aigu que l'on reſſent dans la moitié de la tête. On appelle proprement la douleur de tête *Migraine*, quand on ne la ſent que d'un côté, ſoit à droit, ſoit à gauche. Ce ſont des vapeurs mordicantes qui la cauſent. Elles s'élevent de hypochondres à la tête, & preſſent & piquent le pericrane ou les meninges du cerveau. Ce mot vient du Grec *ἡμικρανία*, formé de *ἥμι*, Moitié, & de *κρανίον*, Crane.

MIL

MILAN. ſ. m. Oiſeau fort leger qui vit de proie & qui vole haut. Il eſt de couleur fauve ou noire, & ennemi du duc & du ſacre, qui ſont deux oiſeaux de proie.

Il y a auſſi un poiſſon de mer que l'on appelle *Milan*. Il vole un peu au-deſſus de l'eau, & a la chair dure & ſeche.

MILIAIRE. adj. Terme de Medecine. On appelle *Fiévre miliaire*, Une fiévre dans laquelle le corps eſt tout parſemé de petites puſtules en forme de grains de mil ; ce qui la fait auſſi appeller *Pourpre rouge ou blanc*, ſelon la couleur des grains. Le pourpre blanc eſt mortel ordinairement aux accouchées.

MILITAIRE. adj. Qui concerne les choſes de la guerre. On appelloit autrefois *Colomne militaire*, une Colomne ſur laquelle on gravoit le dénombrement des Troupes d'une armée Romaine par legions ſelon leur rang. Cela ſe faiſoit dans le deſſein de conſerver la memoire du nombre des Soldats & de l'ordre dont on s'étoit ſervi dans quelque fameuſe expedition.

On appelle, en termes de Medecine, *Fiévre militaire*, une Fiévre maligne dans laquelle il y a une extrême douleur de tête accompagnée de maux d'eſtomac, ſur-tout avec la cardialgie. Elle eſt familiere aux Soldats à cauſe des grandes fatigues & des miſeres du corps.

MILITER. v. n. Vieux mot. Combattre.

Qui ſons un même Imperateur militent.

C'eſt delà qu'on dit l'*Egliſe militante*. Ce mot eſt venu du Latin *Militari.*

MILLE. ſ. m. Sorte d'arbre fort grand qui ſe trouve au Royaume de Quoja, Pays des Noirs, & dont les racines croiſſent extrêmement haut, c'eſt-à-dire, cinq ou ſix piés au-deſſus de terre.

MILLE-DIABLES. ſ. m. Troupe de voleurs qui prirent ce nom en 1523. Dupleix en parle dans ſon Hiſtoire de France.

MILLEFEUILLE. ſ. f. Petite herbe qui jette pluſieurs ſurgeons de la hauteur d'un palme & quelquefois davantage. Ses feuilles ſont faites en façon de plumes folles de petits oiſeaux, fort courtes, déchiquetées & âpres comme celles du cumin ſauvage, quoiqu'elles ne ſoient pas ſi grandes. Elle en a un ſi grand nombre, que comme on auroit de la peine à les compter à cauſe de leur petiteſſe, on lui a donné le nom de *Millefeuille*. Elle jette la cime d'autres petits ſurgeons qui portent des bouquets ſemblables à ceux d'Aneth, garnis de petites fleurs blanches, qui quelquefois ſe rencontrent incarnates. Cette herbe croît aux lieux maigres, & principalement le long des hayes. Toutes ces marques font dire à Matthiole qu'il ne doute point que la Millefeuille ne ſoit le vrai ϛρατιωτης χιλιοφυλλος de Dioſcoride, mais il accuſe d'erreur ceux qui la confondent avec l'herbe que le même Dioſcoride décrit ſous le nom de μυριόφυλλον, en Latin *Millefolium*, & qui croît dans les lieux marécageux. Elle jette une ſeule & ſimple tige qui eſt tendre & molle, jaunâtre, & comme rayée de differentes couleurs. Ce *Millefolium* n'a qu'une racine, & produit pluſieurs feuilles polies, liſſées & ſemblables à celles du fenouil. Etant enduit vert ou ſec avec du vinaigre, il garantit du feu les plaies fraîches. Quant à la Millefeuille, ſon jus eſt ſingulier à ceux qui crachent le ſang & aux ruptures des veines. Galien parlant de la Millefeuille dit qu'elle eſt quelque peu aſtringente, & par conſequent bonne aux ulceres & à ſonder des plaies. Il y en a qui s'en ſervent aux fiſtules, & pour étancher le flux de ſang.

MILLEGRAINE. ſ. f. Plante qui croît aux lieux ſablonneux & ſecs, & même ſur le gravier des rivieres. Ses feuilles reſſemblent à la chicorée. Elles ſont déchiquetées, & repliſſées en façon de feuilles de chêne. Les branches qu'elle produit ſont minces, déliées, & toutes chargées de graine diſpoſée en maniere de grappe. Toute la plante a un jus gommeux qui fait qu'elle tient aux doigts quand on la manie. Son odeur eſt forte & pénétrante, & ne laiſſe pas d'être agreable. Cette herbe miſe parmi les habits, les fait ſentir bon. Matthiole dit que l'herbe priſe en décoction de regliſſe, ou la décoc-

tion de l'herbe même priſe quelques jours avec miel violat ou ſucre, eſt ſinguliere à toutes affections de poitrine cauſées par des humeurs froides, même aux apoſtumes, & à ceux qui ne peuvent avoir leur haleine s'ils ne tiennent le col droit, & qu'il a éprouvé que priſe de cette ſorte, elle a une vertu admirable pour les Thiſiques qui crachent pourri.

MILLENAIRES. ſ. m. Heretiques qui étoient perſuadés qu'après le Jugement univerſel les prédeſtinés demeureroient avec Jeſus-Chriſt ſur la terre, où ils jouïroient pendant mille ans de toutes les délices du corps & de l'eſprit, après quoi ils monteroient au Ciel. Ils fondoient leur opinion ſur ce paſſage de l'Apocalypſe. *Et vidi animas decollatorum propter teſtimonium Jeſu & propter Verbum Dei, & vixerunt, & regnaverunt cum Chriſto mille annis.* Cette erreur ayant entraîné pluſieurs grands perſonnages, & entre autres ſaint Juſtin & ſaint Irenée, eut des Défenſeurs juſques au Pape Damaſe qui la condamna. Il y a d'anciens Auteurs qui font mention d'autres Millenaires dont l'erreur étoit de croire que de mille ans en mille ans il y avoit ceſſation de peine en Enfer.

MILLEPERTUIS. ſ. m. Herbe rougeâtre, qui eſt fort blanche & qui croît de la hauteur d'un bon palme. Ses feuilles ſont ſemblables à celles de la rue, & ſa fleur qui eſt jaune & reſſemble à celle du violier, rend un jus auſſi rouge que du ſang, quand on la froiſſe entre les doigts, ce qui la fait appeller par quelques-uns Androſæmon, quoique l'Androſæmon ſoit une herbe differente du Millepertuis, que les Grecs appellent ὑπέρικον, & les Italiens *Perforata*, ſes feuilles étant toutes pleines de petits trous qu'on a de la peine à voir ſi on ne les regarde au Soleil. Le Millepertuis produit des gouſſes un peu velues, qui ſont rondes, tirant en longueur, & groſſes comme un grain d'orge. Elles enferment une graine noire qui a l'odeur de reſine, ce qui le fait auſſi appeller χαμαπίτυς, comme qui diroit, Petit pin. Il croît aux lieux cultivés & aux lieux âpres. Matthiole dit que ſa graine priſe en vin fait ſortir la pierre, & ſert de préſervatif contre les venins; que ſon herbe ou la graine même, bûe, ou appliquée, eſt un ſouverain remede contre les morſures des bêtes venimeuſes, & que quelques-uns font grande eſtime de l'eau qu'on diſtille de cette même herbe lorſqu'elle eſt en fleur, contre la paralyſie & le haut mal.

MILLEPIE'S. ſ. m. Sorte d'inſecte des Iſles de l'Amerique, qu'on appelle ainſi, à cauſe de la multitude preſque innombrable de ſes piés, qui heriſſent tout le deſſous de ſon corps. Il s'en ſert pour ramper ſur la terre, ce qu'il fait avec une viteſſe incroyable lorſqu'il ſe ſent pourſuivi. Il a environ ſix pouces de longueur. Le deſſus de ſon corps eſt tout couvert d'écailles tannées, extrêmement dures, & emboîtées les unes dans les autres, comme les tuiles d'un toit. Cet inſecte eſt dangereux en ce qu'il a des mordans en ſa tête & en ſa queuë, dont il pince ſi vivement & fait gliſſer un ſi mauvais venin en la partie qu'il a ſerrée, qu'on y reſſent une douleur fort aiguë pendant plus de vingt-quatre heures.

MILLESIME. ſ. m. Chifre qui eſt dans la legende des Monnoyes, & qui marque le tems de la fabrication de l'eſpece. Autrefois on ne l'exprimoit que par le nom du Prince regnant ou par celui des Magiſtrats Monetaires, mais Henri II. ordonna en 1549. que l'année de la fabrication des monnoyes ſeroit marquée à l'avenir ſur chaque eſpece, ce qui a été toûjours obſervé depuis.

MILLET. f. m. Plante dont les feuilles font femblables à celles des roseaux & du Panis, & qui a son chaume de la hauteur d'une coudée, gros, noué & cottonneux. Sa racine est dure, & en diverses manieres, jettant ses épis deçà & delà qui panchent dès la cime, & d'où sort en abondance un grain rond, ferme, jaune & revêtu d'une gousse extrêmement mince. Le pain qu'on en fait, étant mangé au sortir du four, est fort friand, mais quand il est dur, il n'a aucun goût. Galien dit que le Millet donne moins de nourriture que les autres blés, qu'il est sec & frêle comme sable, n'ayant en soi ni graisse ni viscosité, ce qui le rend propre à dessecher les humidités du ventre, & qu'appliqué dehors en petits sachets, c'est une fort bonne étuve pour ceux qui ont besoin d'être dessechés sans aucune mordication.

MILLIAIRE. adj. On a appelé *Pierres Milliaires*, chés les Romains, certaines bornes de pierres que l'on plantoit sur les grands chemins, & qui étoient espacées à un mille l'une de l'autre, pour marquer la distance des Villes de l'Empire. Ces pierres se comptoient du *Milliaire doré*, qui étoit une colomne que fit élever Auguste dans la grande place de Rome, proche du temple de Saturne. Elle étoit enrichie d'or, & tous les grands chemins d'Italie aboutissoient à cette colomne. Il y avoit toutefois plusieurs grandes Villes qui interrompoient la suite des pierres Milliaires, & qui avoient le nombre de leurs colomnes, en comptant depuis une Ville celebre jusqu'à l'autre, ce qui se faisoit par tout dans les Provinces. L'usage de ces pierres Milliaires est aujourd'hui pratiqué dans toute la Chine. La Colomne que fit élever Auguste, appellée *Milliarium aureum*, fut restaurée par Vespasien, Trajan & Adrien, comme ses inscriptions le font connoître. Elle étoit de marbre blanc, & c'est la même qu'on voit aujourd'hui sur la balustrade du perron du Capitole à Rome. Elle est de proportion massive en maniere de court cylindre avec la base & le chapiteau Toscans, & une boule de bronze lui sert d'amortissement.

MILORD. f. m. Mot dont les Anglois se servent pour dire, *Monseigneur*, & qui a été mis en usage en France, en parlant d'un bourgeois riche, & qui fait le glorieux. C'est un gros *Milord*. On a dit autrefois *Millour* dans le même sens.

> *Et mesmement les grands Millours*
> *D'elles furent la embourrez.*

Le mot de Milord, vient de *Mi* & *Lord*, Seigneur. M. Ménage dit que *Lord* a été fait par abreviation de *Laford*, mot ancien qui vouloit dire, Liberal, qui donne du pain.

MILORT. Sorte de Serpent que Matthiole dit avoir été appellé ainsi par les Milanois & les Lombards. Il fait fort different de la vipere, n'étant aucunement venimeux & entrant souvent dans les maisons, en quoi il blâme Cardan, qui veut qu'il y ait une vipere rouge, grosse & courte que les Italiens appellent *Milort*.

MIM

MIMBOUHE. f. m. Arbre qui croît dans l'Isle de Madagascar, & dont les feuilles sont odoriferantes, & propres pour réjouir, & fortifier le cœur.

MIME. f. m. Nom qu'on a donné à certains Farceurs, qui en imitant les actions des hommes sur les theatres, faisoient rire les spectateurs par leurs gestes & par leurs postures. On a aussi nommé *Mimes*, des fables plus licentieuses & plus sales que la Comedie ordinaire, telles qu'étoient celles de La-

berius, dans lesquelles on representoit en paroles libres des choses indécentes & deshonnêtes. Ce mot vient du Grec μῖμος, qui veut dire, Imitateur; d'où vient que les Grecs ont appellé un Singe μιμώ, à cause qu'il contrefait tout ce qu'il voit faire aux hommes.

MIN

MINAGE. f. m. Droit qui se paie aux Seigneurs sur chaque mine de blé, d'avoine, & autres grains pour le mesurage qui s'en fait.

MINARET. f. m. Espece de Tourelle ronde, ou à pans, fort haute, & qui est menue comme une colomne. Elle s'éleve par étages avec balcons en saillie & retraites, & c'est chés les Mahometans comme un clocher mis près des Mosquées, pour les appeller delà dans le tems qu'il faut prier. *Minaret* vient de *Minar*, mot Persan qui veut dire, une Colomne.

MINE. f. f. *Lieu dans la terre où se forment les métaux & les mineraux, comme l'or, l'argent, le fer, le cuivre, l'étain, le vitriol, l'antimoine, la litharge, l'orpiment, le cinabre, &c.* ACAD. FR. Il y a des Mines d'or en plusieurs Royaumes de l'Asie, de l'Afrique & de l'Amerique, & l'on s'y trouve, ou en espece de terre & de pierre, ou en pepins & en larmes. Celui qu'on trouve de cette derniere sorte est très-pur, mais on est obligé de purifier & d'affiner l'or que l'on a tiré en espece de terre ou de pierre. Le vif-argent est souvent les propres Mines, où on le trouve tout purifié decoulant. On l'appelle alors *Mercure vierge*. On en trouve aussi avec les autres métaux dans leurs Mines, ce qui a fait croire qu'il en est comme la semence, & qu'il entre dans leur composition. L'argent se trouve aussi dans ses Mines en espece de terre, & ces Mines sont en Asie aux Royaumes de Pegu & de Siam, & dans les Isles du Japon, & en Amerique, dans plusieurs Royaumes du Mexique, sur-tout dans celle du Potosi au Perou. C'est où est située la fameuse montagne qui porte ce même nom de Potosi. Elle est faite en forme de pain de sucre, ayant une lieue d'Espagne de circuit par bas, & seulement un quart de lieue par haut. Les Mines de cette montagne furent découvertes en 1545. & depuis ce tems-là les Rois d'Espagne en ont fait tirer un très-grand nombre de millions. Ce qu'il y a de remarquable, c'est que toutes les veines de ces Mines non été trouvées du côté du Soleil levant, & aucune ne l'a été du côté du couchant. Nous avons en France des Mines de fer, qui étant bien conduites & travaillées fournissent de bon acier. C'est à ceux qui y travaillent à bien choisir la matiere. Il faut la nettoyer & la laisser quelque tems à l'air, & après qu'elle a été fouillée & bechée, on doit la chauffer & la fondre avec du charbon fait de jeune bois, tenu en lieu sec un an ou deux avant qu'on l'emploie, parce que le charbon fait de frais & de vieux bois, rend le fer cassant, outre qu'il ne dure guere au feu. C'est dans les Mines de fer qu'on trouve l'aiman, & on l'y trouve si étroitement lié avec le fer, qu'un même morceau est moitié fer & moitié aiman, ou fer d'un côté & aiman de l'autre. Ils ont à peu près la même couleur & les pores assés semblables, mais l'aiman est beaucoup plus dur & plus pesant. L'experience a fait voir que l'aiman se reduit en fer par le feu, que la rouille lui ôte toute sa vertu, & que quand il l'a une fois perdue, on ne peut plus la lui redonner. Les Mines de plomb & celles d'argent produisent d'ordinaire de l'étain. Matthiole fait remarquer que les Mines de métaux

métaux croiſſent, & dit qu'on en a vû d'anciennes dont on ne faiſoit plus aucun cas, à cauſe qu'on les avoit ſi bien nettoyées de tout ce qu'on avoit pû en tirer, que les chariots y pouvoient paſſer fort aiſément ; que cependant par ſucceſſion de tems la matiere minerale s'y étoit tellement accrue, que loin qu'il y eût paſſage pour un chariot, les Travailleurs même n'y pouvoient entrer, tant les cavernes s'étoient comblées. Il le confirme par les Mines de fer de l'Iſle d'Elba, aſſés voiſines du territoire de Senes, qui ayant été abandonnées longtems comme vuides & inutiles, s'étoient enſuite trouvées deux fois plus abondantes en matiere minerale, qu'avant qu'on eût commencé à en tirer.

Mine. Couleur pour peindre, faite de ceruſe brûlée dans une fournaiſe. Pline la nomme *Uſta* ; Vitruve, *Sandaracha* ; Serapion, *Minium*, & les Droguiſtes, *Mines de plomb.* C'eſt un rouge orangé fort vif, mais on ne s'en ſert guere dans les tableaux, à cauſe qu'elle eſt mauvaiſe, & ennemie des autres couleurs.

Mine. Terme de Fortification. Ouverture, ou chambre ſoûterraine qu'un Soldat ou quelqu'autre perſonne fait ſous le rempart, ou ſous la face d'un baſtion, à laquelle on va par des détours & par un chemin oblique.On y poſe des barils de poudre avec une méche ou une ſauciſſe, & on proportionne la poudre à la hauteur & peſanteur des corps qu'on a deſſein de faire ſauter.

Mine, ſe dit auſſi d'une ſorte de meſure qui contient deux minots, & on appelle quelquefois *Mine,* Une meſure de terre dont l'étendue ne ſçauroit être ſemée que par deux minots de grain. C'eſt environ un demi-arpent de Paris. *Mine,* eſt encore une meſure pour des grains, & pour du charbon.

Mine. Piece de monnoie des anciens qui peſoit cent drachmes ou une livre chés les Grecs. Il y en avoit une petite qui n'étoit que de ſoixante & quinze drachmes. La Mine parmi les Hebreux, étoit de ſoixante & dix ſicles,ou ſix-vingts drachmes,chaque drachme de ſix oboles.Ils en avoient une autre qu'on appelloit *Mine antique.* Celle-là eſtoit cinquante ſicles ſacrés.

MINERAL. ſ. m. Corps mixte & inanimé que certaines exhalaiſons mêlées avec une matiere terreſtre plus ou moins élabourée engendrent dans les entrailles de la terre. Galien diviſe les Mineraux, en métaux, terres & pierres, à quoi d'autres ajoûtent les ſels & les ſucs tant concrets que liquides.

Ce mot eſt auſſi adjectif, & on appelle *Sel mineral,* Un ſel qui ſe forme naturellement dans la terre, & qui étant plus terreſtre, eſt auſſi beaucoup plus compacte & plus ſolide que les ſels chymiques, & tient moins de la nature de l'eau. Il ſe diviſe en ſel ammoniaque & en ſel de gomme. Il y a auſſi un ſel mineral artificiel, qui ſe fait de l'eau qui paſſe par les mines de ſel, & qu'on fait confumer enſuite par le feu. On appelle *Cryſtal mineral,* Un Medicament Chymique fait avec du nitre & du ſoufre. Glaſer dit que pour le faire il y en a qui ſe ſervent du nitre dépuré ſans le préparer de ſoufre, ce qu'il ne condamne pas, à cauſe que le ſoufre emportant avec ſoi une partie du ſel volatil ſulphuré du nitre, le prive par là de ce qu'il contient de plus pûr en ſoi. Le criſtal mineral eſt rafraîchiſſant, ce qui fait que l'on s'en ſert aux fiévres putrides & malignes, aux inflammations & maladies chaudes internes, & ſur-tout aux fluxions ſur la gorge. Il y a auſſi des eaux minerales. Ce ſont des eaux naturelles, chaudes ou froides, impregnées de quelques eſſences minerales au fond de la terre. Il y en a de diverſes ſortes, les unes qui tiennent des métaux, d'autres des ſels, d'autres du bitume, &c. Les Chymiſtes appellent *Teinture minerale,* Celle qui leur ſerviroit à faire le grand Oeuvrere, s'ils étoient venus à bout de la trouver, pour teindre le Mercure qu'ils ſe perſuadent qu'ils auroient facilité de fixer.

MINEUR. ſ. m. *Celui qui travaille à une mine pour faire ſauter quelque fortification.* Il y a une Compagnie de Mineurs que commande un Capitaine dans le Regiment des Fuſiliers. Le Roi entretient ce Regiment pour le ſervice de l'artillerie. Dans le tems que travaillent les Mineurs on a un capot en forme de capuchon pour empêcher que l'éboulement des terres ne leur offenſe les yeux.

MINEURS. Nom que prennent les Cordeliers, qui par humilité ſe diſent *Freres Mineurs.* S. François d'Aſſiſe fut leur Patriarche. C'étoit un Marchand Italien, qui avoit le nom de Jean avant ſa converſion, & qui fut retiré de ſes débauches par la viſion d'un château plein d'armes & de croix, avec une voix qui lui diſoit qu'il devoit devenir un Soldat ſpirituel, ou ſous-Paul à ſes Diſciples ayant été confirmée par le Pape Innocent III. & depuis par les Papes Honoré III. & Nicolas IV. il ne voulut point qu'on les appellât *Franciſcains* de ſon nom, mais *Minores,* & il les diviſa en trois claſſes. La premiere étoit de Freres Mineurs, qui étoit la vie la plus auſtere, la ſeconde de pauvres Filles qu'on nomma *Clariſſes* de ſainte Claire, & la troiſiéme de Penitens, Ordre établi pour des perſonnes mariées qui vouloient faire penitence, & qui gardoient la propriété de leurs biens. Les Franciſcains ſe multiplierent de telle ſorte depuis 1211. juſqu'à l'année 1380. qu'il s'érigea dans la Chrétienté plus de quinze cens Couvens de cet Ordre, en ſorte que Sabellicus rapporte que de ſon tems il y avoit quatre-vingt-dix mille Freres Mineurs.

On appelle auſſi *Mineurs,*ou *Clercs Mineurs,*Un Ordre de Clercs Reguliers, dont les conſtitutions furent approuvées en 1605.par le Pape Paul V. Jean Auguſtin Adorne, Gentilhomme de Genes, travailla à leur établiſſement à Naples en 1588.avec Auguſtin & François Caraccioli. Leur General fait ſa réſidence à Rome dans la Maiſon de S. Laurent, & ils y ont auſſi un College à Sainte Agnès de la Place de Navonne.

On appelle *Les quatre Mineurs,*ou *les quatre Ordres Mineurs,* Les Ordres de Portier, de Lecteur, d'Exorciſte & d'Acolythe, qu'on reçoit entre la Tonſure & le Soûdiaconat, & qui ne ſont point des Ordres ſacrés.

MINEURE. ſ. f. Terme de Logique. Seconde propoſition d'un Argument en forme. On appelle auſſi en Theologie *Mineure ordinaire,* Le plus court acte de la licence, dans lequel on ſoûtient ordinairement de la Theologie poſitive. Il commence à une heure après midi & finit à ſix.

On appelle en termes de Muſique, *Tierce Mineure,* Celle qui eſt en proportion en nombre de cinq à ſix, & *Sexte Mineure,* Une conſonance qui provient du mêlange de deux ſons, qui ſont en proportion de cinq à huit.

MINIA. ſ. m. Sorte de Serpent venimeux, qui ſe trouve au Pays des Noirs. Il eſt ſi grand & ſi gros qu'il avale des moutons, des pourceaux, & même des cerfs entiers. Il ſe tient à l'affût dans des broſſailles ; & quand il découvre quelque proie, il ſe lance deſſus, & s'entortillant autour de ſon corps, il l'étouffe en la preſſant. On rapporte une choſe fort particuliere de ce Serpent, c'eſt qu'avant que d'engloutir ce qu'il a pris, il regarde tout autour, s'il n'y a point quelque foutmi, qui ſe pourroit gliſſer dans ſon corps avec ſa proie, & lui ronger les entrailles. La peur qu'il en a vient de ce qu'après avoir avalé un animal de cette groſſeur, il ſe ſent incapable de ſe défendre, juſqu'à ce qu'il ait digeré ce grand fardeau.

MINIATURE. ſ. f. Maniere de peindre ſur le velin avec des couleurs très-fines détrempées dans de l'eau de gomme Arabique ou de gomme adragant. Ce travail eſt le plus long de tous dans la Peinture, & il ſe fait ſeulement avec la pointe du pinceau. On y emploie les couleurs qui ont le moins de corps, comme étant les meilleures & les plus commodes, de ſorte que l'on ſe ſert avantageuſement de carmin, de belles laques, & de verts qu'on fait de jus d'herbes & de pluſieurs ſortes de fleurs. Quelques Peintres n'employent point de blanc, & pour rehauſſer, ils font ſervir le fond du velin. Les clairs paroiſſent à meſure que l'on donne de la couleur & de la force aux figures. Il y en a d'autres qui avant que de travailler étendent fort legerement ſur le velin une couche de blanc de plomb bien lavé, & bien purgé, qu'ils épargnent enſuite en pointillant.

MINIMES. ſ. m. Ordre de Religieux, qui portent un habit de couleur tannée avec un petit capuce, un Scapulaire rond, & un manteau de même couleur. Il fut fondé par ſaint François ſurnommé de Paule, parce qu'il étoit natif de Paule, Ville de Calabre, & fils de Jacques Maltoſile, qui mourut Religieux de cet Inſtitut. Le Pape Sixte IV. l'approuva en 1473. & il fut confirmé en 1506. par Jules II. Les Minimes de Nigeon près Chailliot, ſont appellés *Bons-hommes*, à cauſe que Louis XI. ayant fait venir François de Paule en France ſur la réputation de ſa ſainteté, dans l'eſperance d'obtenir ſa gueriſon par ſes prieres, l'appelloit ordinairement *Bonhomme*. Ce ſaint Fondateur voulut que ſes Religieux fuſſent appellés *Minimes*, du Latin *Minimus*, qui veut dire, Très-petit, comme ſe tenant le moindre de tous. On les appelle en Eſpagne, *Peres de la Victoire*, à cauſe d'une Victoire remportée ſur les Mores par Ferdinand V. ſe'on ce qu'avoit prédit S.François de Paule. Ces Religieux, outre les trois vœux ordinaires de Religion, en font un quatriéme, qui eſt d'obſerver un Carême perpetuel.

MINIUM. ſ. m. Vermillon, qui ſelon ce que dit Dioſcoride, ſe fait en Eſpagne d'une certaine pierre mêlée avec un ſable blanc comme argent. En le faiſant cuire aux fourneaux, il prend une couleur fort vive & ardente. Quand on le tire des mines, il jette une vapeur qui étouffe, ce qui eſt cauſe que ceux qu'on employe à ce travail, s'envelopent le viſage de veſſies pour avoir la liberté de regarder par dedans, & de retirer leur ſouffle ſans attirer les mauvaiſes vapeurs du vermillon. Les Peintres s'en ſervent dans leurs plus riches couleurs.

MINOT. ſ. m. Sorte de meſure qui contient la moitié d'une mine. On dit, *Minot de blé, minot de charbon, minot de chaux*. Le *Minot de ſel* doit peſer cent livres. L'Ordonnance veut que le Minot à blé ait onze pouces & neuf lignes de hauteur ſur un pié deux pouces & huit lignes de diametre entre les deux fuſts. Ce Minot eſt fait de bois compoſé du fuſt, & de la potence de fer ſous une fleche, la plaque qui la ſoûtient, & quatre gouſſets qui tiennent le fond en état.

On appelle auſſi *Minot*, Une meſure de terre, qui revient à peu près à un quartier d'arpent de Paris, & on lui donne ce nom, à cauſe qu'il faut un Minot de grain pour le ſemer.

Minot. Terme de Marine. Groſſe & longuë piece de bois, au bout de laquelle eſt un crampon. Elle ſert quand on leve l'ancre dans les grands Navires, à la tenir éloignée du bordage en la guindant.

MINUSCULE. ſ. f. Terme d'Imprimerie. Les Imprimeurs appellent *Minuſcules*, Les petites lettres par oppoſition à celles qu'ils nomment majuſcules & capitales.

MINUTE. ſ. f. C'eſt ou la ſoixantiéme partie d'une heure, ou la ſoixantiéme partie d'un degré de cercle. Une minute dans quelque tems qu'on la prenne, ſe diviſe encore en ſoixante parties qu'on nomme *ſecondes*, & ſi l'on veut une plus grande préciſion, chaque ſeconde ſe diviſe encore en ſoixante *tierces*, chaque tierce en ſoixante *quartes*, &c. Il ſeroit inutile & preſque impoſſible dans la pratique d'aller plus loin, & même on ne va preſque pas juſqu'aux quartes. Ces minutes ſe marquent par un petit trait, les ſecondes par deux, les tierces par trois. Ainſi on mettra, 1¹, 15¹¹, 22¹¹¹, &c.

Minute, eſt auſſi un terme d'Architecture, & ſe prend pour une partie du module. Le module eſt une grandeur que l'on établit pour regler toutes les meſures de la diſtribution des édifices. Les Architectes prennent cette meſure ſur le diametre du bas de la colomne dont ils ſe ſervent pour meſurer toutes les autres parties d'un bâtiment, en diviſant ce diametre en ſoixante parties égales, ou bien en douze, & ces parties s'appellent *Minutes*.

Minute. Terme de Notaire. Le premier acte qui ſe fait ſur les parties ou leurs ſignatures ſont avec celles des Notaires. Il ſe dit auſſi des Jugemens qui s'expedient dans les Greffes, & qui ſont ſignés des parties ou des Juges. C'eſt ſur ces minutes qu'on délivre des groſſes, & des expeditions authentiques & executoires. *Minute*, ſe dit auſſi de la petite lettre dont les gens de pratique ſe ſervent pour écrire les actes originaires & publics. *Ecrire en minute*. Ce mot vient de *Minuta*, & de *Minutus*.

MINUTER. v. a. Terme de Notaire. Dreſſer la minute, & l'original de quelque acte.

MIP

MI-PARTI. adj. Terme de Blaſon. Il ſe dit de deux écus coupés par la moitié, & joints enſemble par un ſeul écu, en ſorte que l'on ne voit que la moitié de chacun. Ceux qui veulent joindre les armoiries de leurs femmes à celles de leurs Maiſons en uſent de cette ſorte. L'écu coupé & parti ſeulement en une de ſes parties, s'appelle auſſi *Ecu miparti*.

MIR

MIRAILLE', F'E. adj. Terme de Blaſon. Il ſe dit des ailes de papillon, ou des marques que les Paons ont ſur leurs queues, à cauſe de la reſſemblance que ces marques ont avec un miroir. *De gueules à un papillon d'argent, miraillé de ſable*.

MIRE. ſ. m. Vieux mot qu'on trouve employé pour Medecin dans tous les anciens Livres, Alain Chartier a dit dans la vie de Charles VII. *Et ſa jambe fut ſi bien gouvernée par les Mires que le péril en fut hors*. On lit dans le Jardin de plaiſance.

Soyez mon Mire,
Pour m'ôter l'ire
Et le tourment
Qu'inceſſamment
J'y à vous dire,
Mon cœur ſoupire.

Borel le dérive du Grec *μύρον*, Onguent, & cela étant, il faudroit écrire *Myre*. M. Ménage le fait venir de l'Arabe *Emir*, qui veut dire, Seigneur, Prêtre.

Mire. Terme de Chasse. Nom qu'on donne à un Sanglier lorsqu'il a atteint cinq ans.

MIRE. s. f. Point où l'on vise pour tirer une arme. Les Canonniers ont des coins de Mire qu'ils mettent sous la culasse d'un canon, pour le hausser ou baisser vers le point où ils veulent tirer. Ces coins de Mire sont faits de bois, & longs environ d'un pié. Leur largeur est de six à huit pouces & leur épaisseur de deux à trois d'un côté, & d'un demi-pouce ou d'un pouce tout au plus de l'autre. Ils ont un manche du côté le plus épais. Le fronteau de Mire est aussi de bois ou bien de cuivre, & a sa figure ronde. Son diametre est égal à celui de toute la piece vers la plate-bande. On le divise en deux également, lui laissant au milieu une ouverture ronde proportionnée au collet du canon sur lequel on le pose. Pour s'en servir, on suppose un point aussi élevé sur l'ame du canon que le peut être celui que la plate-bande forme. On dit, *Mettre une piece en mire*, pour dire, La pointer, afin de donner où l'on a dessein que la piece porte. On dit aussi, *Prendre sa mire, chercher sa mire*, pour dire, Regarder en pointant une piece de canon en quel endroit on pourra donner.

MIRER. v. a. On dit en termes de mer, que *La terre se mire*, pour dire, que Les vapeurs font paroître les terres de telle maniere, qu'il semble qu'elles soient élevées sur de bas nuages.

MIRLIROT. s. m. Sorte d'herbe champêtre qui fleurit jaune, & qui vient dans les avoines & les terres fortes. La tige qu'elle pousse est haute, & d'une odeur assés forte.

MIRMICOLEON. s. m. Petit Animal qui ne voit jamais la lumiere, & qui se cachant dans le sable se nourrit des mouches qui passent dessus. Il est gros comme une abeille, tacheté de blanc & de roux, & a deux cornes. On tient qu'il dort tout l'hiver.

MIROIR. s. f. Glace de verre ou de cristal, qui étant enduite par derriere avec du vif-argent, exprime la ressemblance des objets qu'on lui presente. AD. FR. Tout objet envoie des rayons de lumiere sur toute surface qui lui est exposée, & chaque point de l'objet en envoie sur tous les points de cette surface, delà ils se reflechissent vers l'œil que l'on suppose arrêté en un certain endroit. La reflexion se fait par un angle égal à celui d'incidence, & quand la surface reflechissante est polie, un point de cette surface ne renvoie à l'œil que les rayons partis d'un certain point de l'objet, car ceux qui sont partis de tous les autres points, quoique ce point de la surface les ait reçus & les renvoie sous d'autres angles, & il faudroit que l'œil changeât de place pour les recevoir de ce même point. Si la surface reflechissante est raboteuse, chacun de ses points sensibles est composé de plusieurs petits plans diversement inclinés les uns à l'égard des autres, & quoique sur chacun de ces petits plans l'angle de reflexion soit égal à celui d'incidence, néanmoins chaque point sensible reflechit à l'œil arrêté en un certain lieu des rayons partis de differens points de l'objet, parce qu'il en reflechit sous autant de differens angles qu'il a de plans differens, & delà vient qu'une surface raboteuse & inégale ne represente rien, car chacun de ses points fait sentir également tous les points de l'objet, & par consequent n'en fait sentir aucun séparément de l'autre, ce qui seroit necessaire pour

Tome II.

une image. Les surfaces polies font tout le contraire, ainsi il n'y a qu'elles qui puissent representer, & servir de *Miroirs*. Le principe général de la *Catoprique* est que chaque point de l'objet est vû au-delà du Miroir dans l'endroit où concourt le rayon reflechi du Miroir à l'œil, & prolongé au-delà du Miroir, avec la perpendiculaire tirée de ce point de l'objet sur le Miroir & prolongée au-delà. C'est cette ligne qu'on appelle *Cathete d'incidence*. Voyez CATHETE. Delà on conclut, 1°. que dans un Miroir plan l'objet est vû aussi grand qu'il est, dans sa situation naturelle, & aussi enfoncé dans le Miroir qu'il en est éloigné en-deçà. 2°. que dans un Miroir convexe l'objet est vû plus petit qu'il n'est, plus proche, & dans sa situation naturelle. 3°. que dans un Miroir concave l'objet est vû plus grand, plus éloigné, & quelquefois renversé. Quelquefois même l'objet paroît en-deçà du Miroir, ce qui est là remarquable proprieté du Miroir concave, de sorte qu'une épée nue que l'on presente à ce Miroir, paroît en sortir, & s'avancer vers le spectateur.

Il y a des Miroirs *Cylindriques* & *Coniques*, qui par leur figure mêlée de la ligne droite & de la circulaire participent des Miroirs plans & des convexes. Ils défigurent les images des objets qu'on leur presente, & quand on leur presente ces objets déjà tout défigurés, ils en remettent les images dans leur naturel.

Les *Miroirs ardens* sont des Miroirs concaves faits ordinairement d'acier extrêmement poli, qui rassemblent les rayons du Soleil environ au quart de diametre de la sphere, dont ils sont une portion. Voyez FOYER. Il y a un Miroir ardent à la Bibliotheque Royale qui fait prendre feu en un instant au bois vert. Il a trente pouces de diametre. Le point brûlant est distant de trois piés ou environ, & son focus est de la largeur d'un demi-louis d'or.

Miroir. Terme de Marine. Cartouche de menuiserie placé sur la voute à l'arriere du Vaisseau. Il y en a qui l'appellent *Le Fronton* ou *Le Dieu-conduit* On le charge des Armes du Prince, & on y met quelquefois la figure dont le Vaisseau a tiré son nom.

Miroir. Terme d'Oiselier. Morceau de bois taillé en arc avec plusieurs entailles où sont de petits miroirs colés. Ce morceau de bois est soûtenu d'une cheville, au milieu de laquelle il y a un trou pour mettre une ficelle, afin de faire tourner ce miroir qu'on fiche en terre au milieu de deux rets qu'on leve & qu'on fait tomber l'un sur l'autre quand les alouettes qui viennent se mirer volent assés bas pour y être envelopées.

Miroir. Termes d'eaux & forêts. Places entaillées & marquées par le marteau sur les arbres piécorniers, & qui sont tournées de telle sorte, que d'un piécornier à l'autre on puisse mirer à droite ligne.

On appelle, en termes de Cuisine, *Œufs au miroirs*, des œufs qu'on fait cuire sur le plat sans que les rouges en soient broüillés.

Miroir. Terme de Tailleur de pierre. On appelle *Miroir*, dans le parement d'une pierre, une cavité que cause un gros éclat lorsqu'on la taille.

Miroir est aussi un terme d'Architecture, & il se dit d'un ornement en ovale taillé dans une moulure creuse. Ces sortes d'ornemens sont quelquefois remplis de fleurons.

Miroir. Il y a un Ordre appelé *l'Ordre du Miroir de la Vierge Marie*. Il fut établi en 1410. par Ferdinand de Castille après une memorable victoire qu'il remporta sur les Mores. La chaîne de cet

I ij

Ordre étoit faite de fleurs de lis , avec des griffons entre deux.

MIROITE', ou *Mirouetté.* adj. On appelle *Cheval mironetté,* un Cheval noir pommelé, qui a fur fon noir des marques encore plus noires & plus luifantes que le refte de fon poil. On dit auffi , *Cheval à miroir.* On appelle de même *Bai à miroir ,* un Cheval bai qui a des marques d'un bay plus obfcur que n'eft fon poil.

MIS

M I S. f. m. Terme de Palais. La date du jour qu'un procès a été mis au Greffe. On l'y peut trouver fans peine quand on fçait le jour du Mis. Il fe dit auffi de ce qu'on marque fur l'étiquette du premier fac.

MISAILLE. f. f. Vieux mot. *C'eft* , dit Nicod , *la gagûre faite entre deux contendans de parole fur ce que l'un affirme , l'autre nie , & vient de Mettre, qui fignifie ici Dépofer ou en main tierce , ou fur le champ , au milieu d'entre ceux qui font gagûre. Auffi dit-on en cela ,* Je mettrai , *c'eft-à-dire ,* je gagerai.

MISAINE. f. f. Terme de Marine. Mât qui eft mis debout fur l'avant du Vaiffeau entre le beaupré & le grand mât. On l'appelle autrement *Mât de bourcet , mât d'avant, materel, mat ereau,* ou *Trinquet.* Quand on dit fimplement *la Mifaine ,* on entend la voile de ce mât.

MISCHIO. f. m. Efpece de marbre qui eft une pierre dure qu'on trouve dans les montagnes de Verone & de Cararre , & en plufieurs endroits des Etats du Grand Duc. Les Italiens lui ont donné le nom de *Mifchio ,* à caufe du mêlange des diverfes pierres , qui font comme congelées enfemble , & dont le tems & les eaux extrêmement crues & froides n'ont fait qu'une feule pierre. Elle prend un fort beau luftre, & on en voit d'affés grandes pieces. Sa couleur tire un peu fur le pourpre, avec des veines bleues & jaunâtres , & il s'en rencontre même d'une infinité de couleurs.

MISERABLETE'. f. f. Vieux mot. Mifere.

MISERERE. f. m. Terme de Medecine. *Sorte de colique très-violente & très-dangereufe, dont l'effet eft de nouer un boyau , en forte que les excremens ne puiffent paffer par la voie ordinaire.* ACAD. FR. On l'appelle en Latin *Ileus morbus,* du Grec ειλεὸς, *Volvulus* ou *Convolvulus ,* qui eft un des moindres inteftins qui fe plie pour divers tours. On lui a donné le nom de ειλεὸς , du verbe ειλέω , qui veut dire Tourner, envelopper. Il y en a que l'on a gueris du *Miferere ,* en leur faifant avaler une balle de moufquet. Elle a la force de remettre le boyau en état par fa pefanteur.

Etmuller dit que la caufe du Miferere , qui eft une expulfion des matieres fecales par la bouche, eft le mouvement periftaltique des inteftins renverfé ; que le Miferere eft à l'égard des inteftins ce qu'eft le vomiffement à l'égard de l'eftomac , & que quand le renverfement du mouvement periftaltique commence fur la fin de l'Ileon , & vers le commencement du colon où eft le fiege ordinaire de cette maladie, c'eft le Miferere, qui ne procede que d'une forte obftruction des inteftins ; de forte que les hernies , tant umbilicales que du fcrotam , ne font fi fouvent fuivies du Miferere , que parce que les excremens ne pouvant paffer par les inteftins engagés dans le nombril où dans le fcrotam , ne fçauroient fortir que par en haut. Il rejette l'entortillement des inteftins comme faux, étant impoffible qu'ils puiffent s'entortiller , puifqu'ils font

attachés au mefentere. L'entrée des inteftins l'un dans l'autre , ou de la partie fuperieure dans l'inferieure , ou de l'inferieure dans la fuperieure eft affés frequente. Cette infertion , felon Sylvius , a deux caufes. La premiere font les vents qui dilatent les inteftins grêlés plus en un endroit qu'en un autre , & la fecond l'agitation des malades qui fe tournent durant les tranchées tantôt d'un côté & tantôt d'un autre , pendant quoi l'inteftin diftendu reçoit la partie qui ne l'eft point , laquelle étant entrée y demeuroit à caufe du refferrement du lieu; ce qui eft la caufe la plus ordinaire du Miferere. Celui qui vient des excremens endurcis & de l'entrée mutuelle des inteftins , peut être gueri ; quand il vient d'une hernie , il eft très-fouvent mortel. Ce qu'il y a de fort extraotdinaire , c'eft que Skerxius faffe mention d'un Miferere contagieux. Amatus Lufitanus obferve de même un Miferere épidemique , dans lequel on jettoit non feulement les excremens par la bouche , mais encore des vers. On tient que dans l'Ifle de la Jamaïque le Miferere eft un mal épidemique , commun à tous les Habitans par l'introduction des inteftins l'un dans l'autre. La cure confifte à arrêter l'irritation des inteftins & ¡à procurer la force des excremens.

MISERICORDE. f. f. Sorte de petit poignard que portoient les anciens Chevaliers. Quelques-uns l'expliquent pour une dague ayant deux platines pour couvrir les mains , au lieu des coquilles qu'on y a mifes depuis. On les appelloit ainfi , à caufe que les Chevaliers qui avoient atterré leurs ennemis fe fervoient de ces poignards pour les tuer , s'ils ne leur crioient mifericorde. D'autres difent que c'étoient de petits couteaux dont la garde formoit une croix.

> *Pitiez qui à tout bien s'accorde ,*
> *Tenoit une mifericorde*
> *En lieu d'épée.*

MISIR. v. a. Vieux mot. Envoyer , mettre. *Comme le Roi mifift bonne ordonnance en une famine qui fuft.* On trouve auffi *Mift* & *miftrent ,* pour , Envoya & envoyerent.

MISTS. adj. Vieux mot. Vain, de peu de poids.

> *Comme font aucuns Alquemiftes ,*
> *Qui en fçavoir ne font trop miftes.*

MISY. f. m. Mineral qui fe rencontre dans les mêmes mines que le vitriol , & a grande affinité avec la chalcite , fur laquelle il fe forme bien fouvant lorfqu'il vieillit. Pour être bon il faut qu'il foit dur , de couleur dor , & luifant comme s'il étoit parfemé d'étoiles. Diofcoride dit que celui d'Egypte eft le plus eftimé de tous , & Galien , qu'il eft plus mal-aifé à fondre que la chalcite , à caufe qu'il eft plus fec.

MIT

MITE. f. f. *Petit infette qui eft prefque imperceptible, & qui s'engendre ordinairement dans le fromage.* ACAD. FR. Il ronge auffi les feves & les habits , où il naît fouvent. On tient que les Mites fortent de leurs œufs toutes parfaites , & qu'elles 'croiffent peu à peu. Elles ont huit grands piés pareils à ceux des faucheurs ; ce qui eft aifé d'obferver en mettant une de ces petites bêtes dans un microfcope. Quelques-uns font venir le mot de *Mite* du Grec μίδαι , qui veut dire la même chofe.

MITHRIDAT. f. m. Antidote , dans lequel on fait entrer l'opium & quarante-fix autres ingrediens , & qui a pris fon nom de Mithridate , Roi de Pont & de Bithinie. La recette en fut trouvée dans fes coffres après fa mort , & elle fut portée par

Pompée à Rome. Ce Roi avoit tellement fortifié son corps contre les poisons, qu'ils n'eurent aucun effet quand il se voulut empoisonner. La froideur de l'opium qui entre dans le Mithridat étant surmontée par la chaleur des autres médicamens, il sert d'excellent remede aux maladies froides du cerveau, & de tous les visceres, même des jointures. Il est bon aussi pour la peste & les poisons, mais il cede à la theriaque à l'égard des morsures qui ont été faites par les bêtes venimeuses.

MITOYEN. adj. Qui est entre deux. Il se dit proprement d'un mur, qui appartient à deux voisins, sépare leurs heritages. On dit aussi *Puits mitoyen.* C'est un puits qui est dans le mur mitoyen, & qui sert à deux maisons. On disoit autrefois *Moitoyen,* comme qui auroit dit, *Mien & tien.*

On appelle en un cheval *Dents mitoyennes,* quatre dents qui lui poussent lorsqu'il a atteint trois ans & demi, en la place de quatre autres dents de lait qui sont situées entre les coins & les pinces. Il y en a deux de chaque côté des mâchoires, l'une dessus & l'autre dessous.

MITRAILLE. s. f. Laiton dont on se sert à souder. Il est fait de cuivre, de fer & d'argent. On prend la Mitraille la plus jaune & la plus mince, que l'on coupe par petits morceaux. On les met dedans & autour des pieces qu'on veut braser, & on les couvre ensuite avec du papier ou du linge attaché avec du fil. *Mitraille* se dit aussi de toute sorte de menue ferraille, & on appelle *Canon chargé à mitraille,* un Canon chargé de balles de mousquet, de têtes de cloux & de petits bouts de fer.

MITULE. s. f. Espece de moule, dont Dioscoride dit que les meilleures se trouvent dans la mer Pontique, & dont la cendre est de même qualité que celle des buccines. Etant lavées, comme on fait le plomb, elles sont bonnes aux medicamens qu'on fait pour les yeux avec du miel; & non seulement elles consument la grosseur des paupieres, mais elles ôtent la taye de l'œil, & tout ce qui apporte empêchement à la vûe.

MIV

MIVE. s. f. On appelle *Mive de coing,* une sorte de gelée qui se fait avec des coings. Elle excite l'appetir, fortifie le ventricule & le foye, & aide à la coction. Si on la prend avant le repas, elle arrête le vomissement, & prise après que l'on a mangé, elle appaise le flux de ventre. On l'appelle en Latin *Gelatina cydoniorum.* Quelques-uns prennent la mive de coing pour le syrop de coins seulement.

MIZ

MIZQUITIL. s. m. Arbre assés commun qui naît de soi-même dans la Nouvelle Espagne. Il croît par tout, mais sur-tout aux montagnes & lieux élevés. Il est sauvage & épineux, & a ses feuilles aussi déliées que celles de l'ail, avec des écosses pendantes comme le tamarin, & presque de même forme. Ces écosses sont bonnes à manger, longues, douces d'un bon goût, & pleines de grains. Les Sauvages, nommés Chichimeques, en font de certaines pillules, dont ils vivent au lieu de pain. François Ximenes, dans la description qu'il fait de cet arbre, dit qu'il croit que c'est la vraie casse des Anciens, qui produit la veritable gomme Arabique. La liqueur tirée de ses surgeans ou l'eau dans laquelle ils auront trempé, appliquée aux yeux en maniere de collyre, est un merveilleux remede pour en guerir toutes les affections.

MOB

MOBILE. s. m. En Physique on appelle *Mobile* tout corps qui est mû. Ainsi on dit le *Mobile a tant de vitesse, parcourt tant de degrés.* En Astronomie on appelle *Premier Mobile,* le Ciel que l'on suppose qui imprime à tous les autres Cieux & à tous les Astres le mouvement general & commun d'Orient en Occident en vingt-quatre heures. D'abord on plaçoit ce Ciel immediatement au dessus des Cieux des sept Planetes qui ont chacun leur mouvement propre outre le mouvement commun de vingt-quatre heures, & par consequent le Firmament que l'on croyoit alors n'avoir aucun mouvement propre se trouvoit être le premier Mobile. Mais quand on eut découvert que le Firmament avoit un mouvement propre comme les Cieux des Planetes d'Occident en Orient, (Voyez ETOILES FIXES,) alors on ne jugea plus que le Firmament fût propre à être premier Mobile, on lui laissa son mouvement d'Occident en Orient, & on imagina au dessus de lui un Ciel qui ne se mouvoit que d'Orient en Occident, & qui étoit le premier Mobile. Depuis on recula encore le premier Mobile, parce qu'on crût être obligé de placer entre le Firmament & lui deux autres Cieux qu'on nomma *Crystallin.* Voyez CRYSTALLIN.

MOD

MODE. s. m. Terme de Logique. Il se dit des propositions qui contiennent quelques conditions, manieres ou restrictions. C'est aussi une maniere d'argumenter; & comme il y a deux figures de la forme du Syllogisme absolu, l'une liée ou conjointe, & l'autre déliée ou disjointe, la premiere affirmative, la seconde negative, si toutes les propositions au énonciations sont generales, le Mode peut être dit general; si elles sont toutes particulieres, il peut être dit particulier; & si l'une est generale, sçavoir la reprise, & que les deux autres soient particulieres, le Mode peut être dit mixte. Il ne peut y avoir un Mode mixte d'une particuliere & de deux generales, à cause que si les deux premisses sont generales, il suit encore naturellement une conclusion generale; & si l'une des premisses est particuliere, il faut necessairement qu'il suive une conclusion particuliere, puisque la conclusion suit toûjours la partie la plus foible, ensorte que si l'une des deux premisses est particuliere, la conclusion est particuliere; & si elle est negative, la conclusion est negative.

On appelle *Mode,* en termes de Philosophie, Un être que l'on conçoit necessairement dépendant de quelque substance. Ainsi comme l'on ne conçoit point que la rondeur d'un morceau de cire puisse subsister indépendamment de cette cire, on dit que ç'en est un Mode, c'est-à-dire, une façon d'être & un accident. Il s'ensuit de là qu'un Mode ne sçauroit passer de la substance qui en est le sujet en une autre substance, parce que si cela étoit, il s'ensuivroit que lorsqu'il étoit dans cette premiere substance, il n'en étoit pas absolument dépendant; en quoi il y auroit une contradiction manifeste. C'est ainsi que parle Rohaut en expliquant ce que c'est que Mode.

Mode, Terme de Grammaire. Maniere differente d'exprimer l'action ou affection du verbe que l'on conjugue, & qui contient un certain nombre de tems. Il y a cinq Modes, l'Indicatif, l'Imperatif, l'Optatif, le Subjonctif & l'Infinitif.

I iij

Mode, en termes de Musique, est un certain ordre dans l'invention d'un chant, qui engage à employer plus souvent certaines cordes que d'autres, parce qu'elles sont essentielles au Mode ; ce qui oblige à éviter d'autres cordes qui n'en sont pas, & enfin à finir par une certaine corde, qui est celle dont le Mode prend son nom. Tous les Modes ont un ton naturel au dessus de la finale & au dessous de la dominante, & un demi ton essentiel au dessous de la finale. Il y a six Modes qui peuvent avoir la quinte dessous, & six autres qui peuvent l'avoir dessus ; ce qui fait douze variations. Ceux qui sont en nombre impair, comme le premier, le troisiéme, le cinquiéme, sont appellés *Modes authentiques*. Ils ont la quinte dessous & la quarte dessus. Ceux qui sont en nombre pair, comme le second, le quatriéme, le sixiéme, s'appellent *Modes plagaux*, & ont la quarte dessous & la quinte dessus. On dit *Mode transposé*, lorsque pour s'accommoder à une voix ou à quelque instrument, on est obligé d'y transporter une piece qui a été composée dans un Mode naturel.

MODELER. v. a. Terme de Sculpteur. Travailler de cire ou de terre pour faire quelque ouvrage de sculpture. Pour modeler des figures de terre, on met la terre sur un chevalet, & on commence à travailler avec les mains, les doigts servant plus qu'aucan outil à avancer la besogne. On a seulement trois ou quatre ébauchoirs, dont il y en a qui sont unis par le bout qui est en onglet ; & ce sont ceux-là qui servent à unir cette besogne. Les autres ont des dents, & servent à ôter la terre d'une maniere qu'elle ne reste pas liée, mais comme égratignée. Les Ouvriers font cela d'abord, laissant même assés souvent quelques endroits de leurs ouvrages travaillés de cette sorte, afin que l'art y paroisse davantage. Quand on veut modeler de cire, on met sur une livre de cire demi-livre de colophane. Il y en a qui y mêlent de la terebenthine. On fait fondre le tout ensemble avec de l'huile d'olive, & on en met plus ou moins, selon qu'on veut rendre la matiere plus dure ou plus molle. On mêle un peu de brun rouge dans cette composition, afin qu'elle prenne une couleur plus douce ; & quand on s'en veut servir, on la manie avec les doigts & avec des ébauchoirs, comme on fait la terre.

MODENATURE. s. f. Mot dont quelques-uns se servent pour signifier les membres ou moulûres de l'Architecture. Il vient de l'Italien *Modenatura*.

MODILLON. s. m. On appelle *Modillons*, en termes d'Architecture, de petites consoles posées sous le platfond des corniches, & qui servent à en soutenir la saillie. On voit de ces Modillons dans la corniche Corinthienne & dans la Corniche Composite, qui soutiennent le larmier. Ils sont toûjours taillés de sculpture dans l'ordre Corinthien, avec des enroulemens. Il n'y a point dans les Ioniques & les composites, si ce n'est quelquefois une feuille d'eau par dessous. Il y a des Modillons en console, d'autres à plomb, d'autres rampans, & d'autres à contre-sens. Les premiers ont moins de saillie que de hauteur. Leur enroulement d'en bas est en forme de console, & passant sur les moulûres de la corniche, il termine à la frise. Les *Modillons à plomb* sont de biais, & non pas d'équerre avec la corniche rampante d'un fronton, comme on a coutume de les faire. On appelle *Modillons rampans*, ceux qui sont d'équerre avec la corniche de niveau d'un entablement, & avec les deux rampantes d'un fronton. Quant aux *Modillons à contre-sens*, ce sont ceux par lesquels le grand enroulement est representé de front. Ce mot vient de l'Italien *Modiglioni*.

MODULE. s. m. Terme d'Architecture. Grandeur arbitraire que l'on établit pour regler toutes les mesures de la distribution des bâtimens. Le Module n'est ordinairement que la moitié du diametre de la colomne dans l'ordre Dorique. Dans les autres ordres, c'est le diametre entier. Ce mot vient du Latin *Modulus*, qui veut dire, Petite mesure.

MOE

MOETTE. s. f. Vieux mot, Passade.
  M'ont engendré mainte assistolure,
  Et fait faire maintes moëttes.

MOF

MOFUMA. s. m. Grand arbre qui se trouve sur le bord des rivieres dans la basse Ethiopie. Son bois est comme le liege. Il n'enfonce point dans l'eau ; ce qui est cause que l'on en fait des canots. Il y a autour de ces arbres une certaine laine attachée, dont les Matelots font des traversiers, des coussins & autres choses de même nature.

MOI

MOIEL. s. m. On a dit anciennement *Moiel d'uef*, pour dire, Un jaune d'œuf, & *Moies de blé*, pour dire, Un tas de blé.

MOILON. s. m. Blocage, Pierre à bâtir. Le Moilon s'emploie aux fondemens, aux murs mediocres & pour le garni des gros murs. Quelques-uns font venir ce mot du Latin *Mollis*, qui veut dire, Tendre ; aussi est-ce la moindre pierre qui se tire des carrieres. Le plus propre à bâtir est celui qui est ferme, âpre, plat & de bonne assiette. On appelle *Moilon gisant*, celui qui a le plus de lit, & où l'on a le moins à tailler quand on le veut façonner. On dit aussi *Moilon de plat*, & *Moilon en coupe*. L'un est posé sur son lit dans les murs qu'on érige à plomb, & l'autre est posé de champ dans la construction des voutes. Le *Moilon piqué*, sert aussi aux voutes. On l'emploie aux puits pareillement. C'est celui que l'on pique jusqu'au vif avec la pointe du marteau après qu'on l'a ébousiné. Quant au *Moilon d'appareil*, il est proprement piqué & équarri comme un petit quarreau de pierre. On l'emploie à parement apparent & bien en liaison dans un mur de face.

MOINE. s. m. Ce nom a été donné anciennement à celui qui se retiroit dans une solitude pour s'adonner aux jeûnes, aux prieres & aux meditations sur l'Ecriture. Ce mot vient du Grec μοναχός, dérivé de μόνος, seul. La persecution que l'on faisoit aux Chrétiens, engagea beaucoup de saintes personnes à se retirer dans les lieux deserts, ce qui les fit aussi appeller *Hermites*, du mot ἐρημία Solitude, & Anachoretes, de ἀναχώρησις, Retraite. Tel fut saint Paul le Thebain, qui craignant d'être trahi par le mari de sa sœur sous le Regne de Decius, se retira dans une caverne au pié d'un rocher vers l'an 260. & y demeura toute sa vie depuis sa quinziéme année, sans y voir personne que saint Antoine, qui étant âgé de quatre-vingt-dix ans, vint auprès de lui par une inspiration divine le jour qu'il mourut. Saint Hilarion fut aussi du nombre de ces Moines solitaires ; il demeuroit dans un petit creux large & haut de quatre piés, qu'il avoit fait lui-même de coquilles, d'osier & de jonc, passant son tems à jeûner & à prier. La persecution ayant pris fin, &

les Moines ou Hermites s'étant laſſés des deſerts, ſe retirerent dans des Villes & dans des Villages, où vivant enſemble ils avoient toutes choſes communes dans une demeure qu'ils appelloient *Monaſterium*, ou *Cænobia* de *unus* Commun, & de *Bios* Vie, à cauſe qu'ils tenoient tout en commun parmi eux. Après ſaint Antoine, l'Hermite Pachome aſſembla beaucoup de Moines vers le tems de Conſtantin fils de Conſtantin, auſquels il preſcrivit pour regles qu'ils demeureroient tous dans une Maiſon en pluſieurs cellules ſeparées, dans chacune deſquelles, ils ſeroient au nombre de trois; qu'ils mangeroient tous dans une ſalle, couverts de peaux de chevre, qu'ils n'ôteroient que pour la communion, à laquelle ils viendroient ſeulement avec leur chapeau, dont ils ſe ſerviroient pour ſe cacher en mangeant afin qu'on ne pût les voir manger, & qu'ils dormiroient aſſis ſur leurs chaiſes, & non couchés ſur un lit. On ne recevoit point d'étrangers ſans une épreuve ou noviciat de trois ans. Ils devoient prier douze fois le jour, & chanter un Pſeaume avant chaque priere. Saint Baſile, Ancien de Céſarée en Cappadoce, tourmenté d'Euſebe, qui étoit-là Evêque, alla dans le Pont, & s'y jetta dans un Cloître pour éviter les diſſentions qui troubloient l'Egliſe. Il prêcha les Moines de ces lieux-là, & parcourant tout le Pont, il perſuada aux Hermites qui vivoient ſeparés dans des cavernes, de s'aſſembler dans des Cloîtres. Il leur donna quatre-vingt-quinze regles, qui furent reçues de la plûpart des Moines de l'Orient. Saint Jérôme qui vivoit en même-tems ſcandaliſé de la vie payenne des Chrétiens de Rome, ſe retira en Syrie avec pluſieurs autres, & y vêcut quelque tems dans le Deſert, s'adonnant à l'étude, à la meditation, & aux prieres, après quoi étant revenu à Rome, il reprit les défauts du Clergé avec tant d'aigreur, qu'il s'en attira la haine, qui l'obliga de retourner à ſa vie ſolitaire dans la Syrie, où une noble Matrone Romaine, appellée Paula, fit bâtir quatre Cloîtres en Bethleem, proche la Crèche où nâquit le Sauveur du monde, un pour les hommes, & trois pour les femmes. Saint Jérôme vêcut pluſieurs années dans ce Cloître, & les Moines de cet Ordre appellés *Jeronimites*. Le travail des mains étoit le plus commun exercice des premiers Moines. Ils mangeoient & bûvoient avec temperance, & leurs premieres inſtitutions étoient de s'avoir des habits modeſtes, de jeûner, de poſſeder toutes choſes en commun, de lire, de mediter, de prêcher, & d'entendre la parole de Dieu. On les diviſoit en dix & en cent, de ſorte que dix Moines avoient leur Decurion ou dixième homme qui veilloit ſur eux, & chaque centaine avoit ſon Centurion, auquel les dix Decurions étoient obligés de rendre compte de leurs actions. Ils avoient leurs lits differents, & s'aſſembloient à dix heures pour chanter, & pour entendre une prédication qu'on leur faiſoit. Ils ne parloient point à table, & vivoient d'herbes, de pain & de ſel. Les vieux avoient ſeuls la liberté de boire du vin. Il y avoit la nuit des heures de prieres établies pour eux, & en été ils ne faiſoient qu'un repas. Les vieux Moines avoient accoutumé de porter des cappes & des ceintures. Ils alloient auſſi avec des bâtons & des bottegnes de peaux de chevre, & ne portoient point de ſouliers en Egypte, à cauſe de la chaleur du pays. Quelqu'un des Freres avoit ſoin des affaires du Convent tant qu'il en vouloit bien ſupporter la charge. En Meſopotamie, dans la Paleſtine & en Cappadoce, les Freres ſervoient par ſemaine chacun à ſon tour, & il y avoit pluſieurs Maiſons où ils

prioient à trois heures, à ſix & à neuf. Perſonne n'étoit reçu dans le Cloître qu'il n'eût été éprouvé en attendant dix jours de ſuite à la porte, où il eſſuyoit tout ce qu'on vouloit lui dire d'injurieux. Après cela il étoit reçu par l'Abbé, qui lui faiſoit un long avertiſſement ſur l'humiliation juſqu'à la mort, le ſilence, l'obéïſſance, la patience, la ſobrieté, la ſujettion, & autres devoirs ſemblables. Cette épreuve faite, on lui ôtoit ſes habits pour le revêtir de celui de Moine, dans lequel on l'éprouvoit pendant un an ſous une très-auſtere diſcipline. De petites fautes étoient repriſes & punies parmi ces Moines, par une humiliation publique, le coupable qu'on obligeoit de les avouer demeurant couché ſur la terre, juſqu'à ce que l'Abbé le fit relever. Les grandes fautes étoient punies beaucoup plus ſeverement, ſi l'on ne chaſſoit pas ceux qui les avoient faites. Ces Cloîtres dépendoient de l'Evêque, dans l'Evêché duquel ils étoient, & ils n'en pouvoient ſortir que de ſon conſentement. Les anciens Moines étoient tenus pour Laïques, n'étant diſtingués des autres que par leurs habits, & par une devotion particuliere. Il n'y en avoit aucun qui fût Prêtre, & même un Prêtre n'avoit pas la permiſſion de ſe faire Moine. Ce fut le Pape Syrice qui les appella à la Clericature, voyant que l'Egliſe manquoit de Prêtres. Aujourd'hui ceux que l'on appelle Moines ſont les Cenobites qui vivent en commun en faiſant des vœux qui les aſſujettiſſent aux regles que leur Fondateur a établies, & à porter un habit qui fait connoître de quel Ordre ils ſont. On appelle *Moines Cloîtriers*, ceux qui font leur reſidence actuelle dans le Convent, & cela ſe dit par oppoſition à ceux que l'on appelle *Hoſtes*, à cauſe qu'ils poſſedent des benefices dépendans de la Maiſon.

Moine. Terme d'Imprimerie. Feuille mal imprimée qui n'a pas bien pris l'ancre, ce qui fait qu'elle eſt en partie blanche & en partie noire, comme eſt l'habit d'un Moine. Ce défaut arrive quand l'Imprimeur ne touche pas bien les formes.

Moine bourru. Nom qu'on donne à un fantôme que l'on fait craindre aux enfans, & que le peuple s'imagine être une ame en peine qui court par les rues & maltraite les paſſans.

MOINEAU. ſ. m. Petit Oiſeau gris, ou de couleur de terre, qui eſt fort chaud en amour. Il vit neuf ou dix ans, & il y en a qu'on appelle *Francs Moineaux*, & d'autres *Moineaux à gros bec*. Belon veut que ce mot vienne de *Moine*, à cauſe que ſa couleur griſe le fait reſſembler à de certains Moines qui ont leur habit de même couleur. M. Ménage le dérive du Grec *μόνος* Solitaire, l'Ecriture nous ayant marqué qu'il y a une eſpece de Moineau ſolitaire, *Paſſer ſolitarius*. On diſoit anciennement *Moinel*.

Moineau. Terme de Fortification. Petit baſtion plat, élevé devant une courtine exceſſivement longue que terminent deux autres baſtions, qui pour être hors de portée ſervent de baſtion plat les défende. Il eſt quelquefois attaché à la courtine, & il y a un foſſé qui le ſepare.

MOINER. v. a. Vieux mot. Mener par la main.

MOIS. ſ. m. Tems que le Soleil employe à parcourir un ſigne du Zodiaque qui fait la douzième partie d'une année. C'eſt ce qu'on appelle *Mois Aſtronomique*. Les *Mois-uſuels*, ſont les douze mois ordinaires & inégaux entre eux, qui ſont en uſage parmi nous. On appelle *Mois periodique*, dans l'année Lunaire commune, l'eſpace de tems que la Lune eſt à faire un tour entier ſous le Zodiaque par ſon propre mouvement. Cette periode eſt d'environ vingt-sept jours , sept heures & quarante-trois minutes. Celle du *Mois synodique* , qui est l'espace de tems que la Lune emploie depuis l'instant de sa conjonction avec le Soleil jusqu'à l'autre conjonction , est d'environ vingt-neuf jours , douze heures & quarante-quatre minutes , parce que quand la Lune est revenue au point du Zodiaque d'où elle étoit partie , elle n'y trouve plus le Soleil, qui pendant le mois periodique a avancé d'environ 27. dégrés, de sorte qu'il faut environ deux jours à la Lune pour le rejoindre. C'est-là proprement le *Mois Lunaire*. Les Astronomes appellent *Mois d'illumination*, l'espace de tems qui s'écoule depuis le moment que la Lune commence à paroître nouvelle au soir jusqu'à ce qu'elle se couche au matin, & cesse de paroître. Ce tems est d'environ vingt-six jours. Il y a *Mois lunaire cave*, & *Mois plein*. Voyez CAVE.

Les mois dont l'année des Arabes & des Turcs est composée s'appellent *Mois-vagues*. Elle contient seulement douze Mois Lunaires , & c'est toûjours à la treiziéme nouvelle Lune qu'elle recommence , & comme elle finit onze jours plûtôt que l'année Solaire , elle n'a point un commencement fixé à un certain tems. Ces onze jours faisant environ un mois en trois ans , font que le premier mois de leur année parcourt successivement toutes les saisons, ensorte que trois ans après qu'elle a commencé par notre mois de Janvier, elle commence par notre mois de Decembre , trois ans après par notre mois de Novembre , & ainsi toûjours en retrogradant, d'onze jours chaque année , & d'un mois en trois ans.

On appelle *Mois pascal* , le Mois Lunaire , auquel l'équinoxe du Printems que l'Eglise a fixé au 21. jour de Mars , arrive au quatorziéme jour de la Lune ou à quelqu'un des jours suivans. Le Dimanche qui suit le quatorziéme jour de cette Lune , dont le Pere Petau dit que le premier jour est entre le 8. de Mars & le 5. d'Avril inclusivement, est toûjours celui où l'on celebre la Fête de Pâque.

Mois Romains , en Allemagne , se dit d'une certaine taxe que l'Empereur leve sur les sujets de l'Empire , quand il survient des nécessités pressantes. Cela vient de ce qu'ayant accoûtumé autrefois de s'aller faire couronner à Rome , il faisoit payer de quoi fournir à la dépense de son voyage , & au sejour qu'il faisoit pendant quelques mois , ce qui consistoit à entretenir vingt mille hommes de pié , & quatre mille chevaux qui l'accompagnoient. Les taxes que payent tous les Cercles de l'Empire pour un mois Romain font ensemble le nombre de 2681. Cavaliers , & de 12795. Fantassins , ou en argent la somme de quatre vingt trois mille neuf cens soixante & quatre florins , chaque florin valant quarante sols de notre monnoie.

MOISE. s. f. Terme de Charpenterie. Lien de bois qui affermit & lie les pieces qui sont à plomb , ou inclinées dans un engin , une grue , une machine, un pont , une charpente. On appelle *Moises coudées* , Celles qui n'étant point entaillées , sont délardées de leur demi épaisseur pour se pouvoir loger dans l'assemblage , ce qui fait qu'elles se croisent , & accolent le poinçon au dessous de son bossage. Les *Moises circulaires* , sont celles qu'on employe à élever les eaux , & à quelques autres usages en construisant les moulins.

MOISELAS. s. m. On appelle ainsi en termes de Marine , deux pieces de bois qu'on attache sur le dragan de la couverture qui soûtient la poupe d'une Galere.

MOISER. v. a. Retenir avec des Moises.

MOISON. s. f. Sorte de traité qu'on fait avec un Metayer , par lequel il s'oblige de labourer , fumer , & ensemencer une terre , pour en partager les fruits avec le proprietaire , ou lui en donner une certaine portion. Comme ces fruits se partagent le plus souvent à moitié , quelques-uns prétendent que *Moison*, vient de *Moitié* , parce qu'on a dit quelquefois *Moiser* , pour dire , Partager une moitié. Nicod est d'une autre opinion. *Moison*, dit-il , *est la part du grain que le Fermier est tenu payer à son Maître , pour la tenue des terres d'icelui*. Selon ce , on dit , Tenir la Ferme d'aucun à Moison de grain , *quand on le paye en grain , dont l'apposite est* , Moison d'argent , *quand on le paye en argent*. On dit aussi , Tenir à Moison , *sans y ajoûter ces mots de grain , ou d'argent , pour le même comme en est usé au* 1. *chap. art.* 40. *des Coûtumes de Paris*. Aucuns interpretent Moison , comme si on disoit , Muysson , *parce que les baulx des Fermes baillées à grain se font à certaine quantité de muys de grain*.

Moison. Vieux mot. Mesure.

Le coul su de bonne *moison*
Grout assez , & sont par reson.

On dit , *Moison de drap* , pour signifier la longueur de la chaîne de drap , qui doit être d'un certain nombre d'aunes. Les Ordonnances de la Ville reglent la Moison des échalas à quatre piés & demi de long.

MOL

MOLDRIR. v. a. Vieux mot. Meurtrir.

MOLE. s. f. Terme de Medecine. Masse amassée par la conception dans la matrice en la place du fœtus ordinaire , & si mal formée qu'elle ne ressemble à aucun animal vivant. Les Moles different en ce que quelques-unes sont animées & vivantes quand elles sortent comme on le connoît par leur mouvement, & que quelques autres ne le sont point. Il n'est pas toutefois vrai qu'une Mole soit sans vie , quoiqu'elle meure souvent & perde sa vitalité avant sa sortie de la matrice. Quand on voit des Moles informes qui y sont retenues long-tems , sortir ensuite sans aucun signe de vie , on doit dire que sa substance eût été morte, elle n'y seroit pas demeurée si long-tems sans se corrompre , puisque le fœtus qui y demeure sans se putrefier tant qu'il vit , commence à s'y corrompre si-tôt qu'il est mort. Ainsi l'arriere-faix qui est sain & entier tant qu'il jouit de la vie que lui communique le fœtus , se putrefie , si après la sortie du même fœtus il demeure dans la matrice. D'ailleurs les Moles prennent leur accroissement d'un petit principe par la nutrition , & par l'augmentation , operation vitale qui ne se peut faire sans la possession de la vie. Il y a des moles qui se trouvent jointes avec le fœtus legitime & avec lequel elles sortent quelquefois , & quelquefois avant le fœtus , qui reste quelques mois après l'exclusion de la Mole pour sortir à terme. Cela arrive sur-tout quand la Mole meurt par quelque accident. Elle est rejettée alors hors de la matrice , comme un excrement inutile & privé de vie. On a vû des Moles demeurer jusqu'à dix ans dans la matrice sans se corrompre , & durer autant que la vie de la mere. La même conception qui produit le fœtus parfait, étant dépravée produit la Mole , & il arrive pareillement qu'une conception naturelle & veritable , dégenere enfin en Mole dans le tems de sa formation dans la matrice. L'ouvrage de cette formation est troublé , lorsque la membrane de l'amnios

est

eſt offenſée, & qu'elle permet à l'humeur albugi-
neuſe nourriciere de ſe mêler & de ſe confondre
avec la gelée. Alors au lieu d'un fœtus parfait il
s'engendre une maſſe de chaire informe, qui dans
ſa difformité garde quelquefois certains caracteres
qu'elle reçoit de la forte imagination de la mere.
On rapporte l'exemple d'une femme, qui fit une
Mole de chair ayant une tête d'aigle & une eſpece
de bec, parce qu'elle avoit regardé des tableaux où
il y avoit de pareilles têtes. Il eſt malaiſé qu'une
femme s'apperçoive dans les premiers mois de ſa
groſſeſſe, ſi c'eſt une Mole qu'elle porte, mais
dans le quatriéme, elle peut le découvrir, puiſqu'en ſe tournant d'un côté ſur l'autre, elle ſent
une maſſe peſante qui ſuit le même mouvement, au
lieu que dans la veritable groſſeſſe, le fœtus ne
peſe point dans la matrice, & garde la même ſituation de quelque côté que la mere ſe tourne. La
Mole eſt une maladie toûjours perilleuſe. Si elle
eſt jointe avec le fœtus, ou elle le fait mourir, ou
en ſortant avec lui, elle rend l'accouchement fort
laborieux, & difficile. Si elle eſt ſeule, & qu'il arrive qu'elle ſe corrompe avant qu'elle ſorte, elle infecte la matrice, & lui communique ſa putrefaction, & quand elle ſort d'elle-même, ou par la
vertu des medicamens, elle fait ſentir de grandes
douleurs, & cauſe ſur-tout de grandes hemortha-
gies de matrice.

On appelle *Mole venteuſe*, des vents renfermés
dans la cavité de la matrice, qui la gonflent d'une
maniere ſurprenante. Non ſeulement le ventre s'é-
leve peu à peu, mais les mois s'arrêtent, & quelquefois il y a du lait dans les mammelles, ce qui
trompe aiſément les femmes qui ſe tiennent ſûres
d'être groſſes, ſans que la longueur de la groſſeſſe
qui dure un an & quelquefois deux, les puiſſe deſ-
abuſer. Enfin les douleurs ſurviennent ou non, &
elles accouchent de quelques vents qui ſortent avec
bruit, après quoi leur ventre s'abaiſſe..

MOLE. ſ. m. Ce mot a ſignifié chés les Romains une
eſpece de Mauſolée que l'on bâtiſſoit en forme de
tour ronde ſur une baſe quarrée. Ce Mauſolée étoit
iſolé avec des colomnes en ſon pourtour, & couvert d'un dôme avec amortiſſement. Le Mole de
l'Empereur Adrien a paſſé pour le plus grand & le
plus magnifique de ces Mauſolées. Une pomme de
pin de bronze qui le terminoit, & qu'on voit encore aux jardins de Belveder, renfermoit ſes cendres dans une urne d'or. C'eſt aujourd'hui le Château Saint-Ange à Rome.

On appelle *Mole de port*, Une jettée de groſſes
pierres dans la mer en forme de digue, qu'on
fait dans les Ports contre l'impetuoſité des vagues
& pour empêcher que les Vaiſſeaux Etrangers n'y
entrent.

MOLER. v. n. On dit en termes de Marine *Moler
en pouppe*, pour dire, Faire vent arriere, c'eſt-à-
dire, prendre le vent en pouppe. Les Levantins ſe
ſervent particulierement de ce mot.

MOLET. ſ. m. Terme d'Orfévre. Petite pincette
dont un Orfevre ſe ſert à tenir ſa beſogne.

MOLETTE. ſ. m. Terme de Peintre. Pierre de marbre, de porphyre, d'écaille de mer, ou autre, dont
on ſe ſert à broyer les couleurs.

Les Cordiers & Rubaniers appellent *Molette*,
une petite poulie de bouis avec un fer recourbé,
qui paſſe au milieu, & ſert à retordre.

Molette eſt auſſi un terme de Mitouetier. C'eſt
un petit morceau de bois en forme de bondon, ſur-
quoi on met le verre de la lunette pour le travailler.

On appelle *Molette d'éperon*, Une petite piece
Tome II.

de fer à huit ou dix pointes en forme d'étoile, qui
eſt à l'extrémité de l'éperon, & qui ſert à piquer
les chevaux que l'on veut faire avancer.

Molette. Maladie de cheval qui conſiſte en une
tumeur molle qui lui vient à côté du boulet à force
de travailler. Elle eſt groſſe comme la moitié d'un
œuf de pigeon, & pleine d'eau au commencement.
Les Molettes que l'on appelle nerveuſes, viennent
preſque toûjours aux jambes de derriere du cheval.
Elles ne peuvent être gueries que par le feu, qui
pourtant ne les guerit pas toûjours.

On appelle auſſi *Molette*, en un cheval, ce que
l'on nomme autrement *Epi*. C'eſt une eſpece de fri-
ſure naturelle d'un poil, qui en de certains endroits
ſe releve ſur un poil couché.

MOLIERE. ſ. f. Carriere de pierre dure d'où l'on
tire les pierres qui ſervent à faire des meules de
moulin. *Pierre de moliere*. On dit auſſi *Pierre de
meuliere*.

Moliere. adj. On appelle *Dents molieres*, Les
groſſes dents qui ſont plattes, & dont les hommes
ſe ſervent à froiſſer les alimens. Ce mot vient de
Moudre.

MOLINISTES. ſ. m. Ceux qui ſuivent les opinions
de Louis Molina, Jeſuite Eſpagnol, en ce qui
regarde le ſecours de la grace, & le concours de
la volonté de l'homme aux bonnes actions. Molina
mourut à Madrid en 1600. & deux ans après, ſon
Livre *De Concordia Gratia & liberi arbitrii*, donna
lieu à la celebre diſpute qui fut faite là-deſſus entre
les Dominicains & les Jeſuites, en la preſence du
Pape Clement VIII. & de quelques Cardinaux, &
que l'on nomma *De auxiliis*.

MOLLE. ſ. m. Arbre particulier au Perou. Il eſt
grand, beau & fort branchu, & a ſes feuilles d'un
vert tirant ſur le pourpre, & ſemblables à celles de
l'olivier, mais plus étroites & plus délicates, dentelées, & diſpoſées comme par rang de chaque côté. Ses fleurs ſont d'un fort beau blanc, & pendues
par grappes longues & étroites, qui ſe changent
auſſi-tôt en fruits. Ce ſont de petits grains ronds
comme la Coriandre, qui étant mûrs ſont d'un rouge clair. Ils ont en leur ſuperficie, un peu de chair
douce aſſés agréable au goût. Le reſte eſt fort
amer. Leur noyau eſt dur & pierreux. On fait
un breuvage de ce fruit, en le frottant doucement
entre les mains dans de l'eau chaude juſqu'à ce
qu'on en ait tiré toute la douceur ſans y rien mettre
d'amer. On paſſe cette eau, & on la garde quelques
jours, pendant leſquels l'épais qui demeure au fond
la fait devenir clair. Ce breuvage eſt fort ſain,
principalement pour ceux qui ſont travaillés de
maux de reins ou de veſſie; d'ordinaire on y mêle
du Mays. La même eau étant bouillie fait de fort
bon miel, & en l'expoſant au Soleil avec de certains ingrediens, il s'en fait d'excellent vinaigre.
Les feuilles & le fruit de cet Arbre, qui eſt un Arbre ſauvage, qui ſe multiplie aiſément de ſemence
ou de rejettons en toutes ſortes de terre, ſentent le
Lentiſque & ſa gomme, & ont un goût qui approche du fenouil, ce qui le fait croire à quelques-uns
une eſpece de Lentiſque, quoique ce ſoit un arbre
d'un genre particulier, dont les feuilles & les fruits
ſe ſuccedent les uns aux autres, & durent toute
l'année. Il jette une mouſſe qui ſent le Lentiſque;
ainſi que ſes feuilles & ſon tronc. Elle eſt d'un goût
aigre & doux, avec une certaine amertume & faculté aſtringente. Le noyau fortifie le cerveau &
l'eſtomac, & reſſerre le ventre. Il y en a qui lui
donnent l'uſage de la Therebentine, & aux fruits,
celui de la graine de Paradis, pour provoquer l'u-
rine, diſſiper les vents, & deſſecher toutes les hu-

K

meurs superflues. Les feuilles mâchées affermissent les gencives & les dents, & leur décoction sert à guerir les plaies inveterées. Ces arbres sont en telle estime chés les Indiens, qu'il y a des lieux où ils les consacrent à leurs Idoles. L'écorce en est fort prisée. On se sert de sa décoction avec beaucoup de succès pour en fomenter les jambes douloureuses & enflammées. Garcilasse appelle cet Arbre *Mulli*.

MOLLIR. v. n. *Devenir mou, manquer de force.* ACAD. FR. On dit en termes de Manege, qu'*Un cheval mollit*, que *la jambe lui mollit*, pour dire, qu'Il bronche.

Mollir, est aussi actif, & on dit sur mer, *Mollir une corde*, pour dire, Lâcher une corde afin qu'elle ne soit pas si roide.

MOLY. Plante dont les feuilles sont semblables au gramen appellé Chiendent. Elles sont pourtant plus larges & plus éparpillées par terre. Sa fleur est blanche, grande comme la violette rouge, & faite à peu près comme celle du violier blanc. Le Moly produit une tige de quatre coudées de haut, à la cime de laquelle est une maniere d'ail. Sa racine qui est petite & bulbeuse, est singuliere aux ouvertures de la matrice, broyée & appliquée en façon de Pessaire avec de l'onguent d'Ireos. Voila ce qu'en dit Dioscoride. La meilleure & la plus excellente herbe qui soit selon Homere, à ce que rapporte Pline, est celle que les Dieux appellent *Moly*, & dont Mercure a été inventeur. Elle est singuliere contre les plus forts enchantemens, & à sa racine noire, ronde & grosse comme un oignon, & ses feuilles semblables à celles de la squille. Les Auteurs Grecs, font ces feuilles jaunes, quoi qu'Homere dise qu'elles sont blanches. Matthiole croit que le Moly de Dioscoride est la Plante que Galien appelle *Mylé*, & dont il dit. La racine de Mylé est semblable au petit bulbe, & a une vertu astringente, de sorte qu'appliquée avec farine d'ivroye, elle resserre la Matrice ouverte & relâchée, selon ce que dit Dioscoride, par où Galien fait voir qu'il a pris de Dioscoride tout ce qu'il dit du Mylé. Le mot de *Moly* est Grec μῶλυ. Quelques-uns le font venir de μωλύειν, Rendre plus remis, dissiper le trouble de l'esprit, à cause que cette Plante a la vertu de faire cesser les enchantemens.

MOM

MOMIE. s. f. Composition faite de poix & d'Asphalte que l'on mêle ensemble, & qui a la vertu de rendre les chairs incorruptibles. On appelle aussi *Momies*, quoiqu'improprement, les Cadavres embaumés de poix & de bitume que l'on apporte d'Egypte. Leur vrai nom est *Mumie*, mot Persan qui signifie Cadavre sec. Les Egyptiens ont eu diverses manieres de conserver les corps. Ils les faisoient bouillir dans l'huile pour en consumer l'humidité & pour en rendre les chairs plus fermes, ils y employoient le sel, le nitre, la cire, le bitume, l'asphalte, le cedre, la myrrhe, le nard, les baumes, les gommes, le plâtre, & la chaux. Leurs manieres d'embaumer les corps étoient differentes selon le rang des personnes. On se contentoit pour les moins considerables de leur laver le ventre avec des herbes fortes & des eaux qui empêchoient la mauvaise odeur des intestins. Ensuite on les mettoit dans le sel durant soixante & dix jours, après quoi on les rendoit aux parens pour les inhumer. Il y avoit pour les personnes de qualité une espece de Dessinateur, qui alloit tracer autour du corps étendu, les endroits qu'il falloit ouvrir pour vuider les intestins.

Lorsqu'il les avoit marqués, un Dissequeur avec un couteau fait d'une pierre d'Ethiope, coupoit les chairs autant que la loi le permettoit, & qu'il étoit necessaire, & fuyoit en même-tems de toutes ses forces, parce que c'étoit la coûtume des parens & des domestiques de le poursuivre à coups de pierre, & de le charger d'injures & d'outrages comme un impie. Cette operation achevée, les embaumeurs qui étoient considerés comme des personnes sacrées, entroient pour faire leur office, & commençoient, les uns à ôter les intestins superieurs à la reserve du cœur & des reins, & les autres à purger tout le bas ventre qu'ils lavoient en vin de palme & d'autres liqueurs aromatiques; puis durant plus de trente jours, ils lavoient le corps, de baume, de cedre, & d'autres aromates, mais sans y mêler l'encens. Pour la tête, ils se servoient de ferremens qu'ils faisoient entrer par les narines pour tirer dehors toute la substance du cerveau, & ils y seringuoient des liqueurs précieuses & odoriferantes. Ils n'ouvroient point le corps des personnes mediocres, & se contentoient de le seringuer par le derriere, & d'y faire des injections d'eaux fortes & d'huile de cedre, après quoi on le mettoit dans le sel soixante & dix jours, & le dernier jour en lui débouchant le derriere, on en faisoit sortir tous les intestins fondus. Après ces préparations on enveloroit tout le corps de bandelettes de lin trempées dans la myrrhe. Le Dessinateur couvroit ces enveloppes d'une toile peinte des figures de leurs Dieux, & de divers caracteres, & les parens ayant reçu le corps en cet état, lui faisoient faire un étui de bois, representant la figure d'un homme ou d'une femme, selon l'âge, le sexe, & la taille des personnes, & conservoient ces corps dans ces étuis de bois incorruptible, ou les inhumoient dans des tombeaux de porphyre ou de pierre Ethiopique, dans les pyramides ou dans des caveaux souterrains faits exprès, & ornés de gravûres & de peintures mysterieuses. Thevenot rapporte dans ses voyages, qu'étant en Egypte il voulut voir les Momies, & donna huit piastres pour s'en faire ouvrir un puits. Ces puits sont quarrés, d'assés bonne pierre, & remplis de sable que l'on fait tirer. Les Mores que le Maître des Momies lui donna pour tirer le sable, le descendirent dans le puits lié d'une corde autour du corps. Sa profondeur étoit de deux à trois piques. Lorsqu'il fut en bas, ils firent passer par un trou le ventre à terre, parce qu'ils n'avoient pas ôté assés de sable, & il entra dans une petite chambre dont les murs & la voute étoient de pierre. Il y avoit trois ou quatre corps, mais un seul entier, les autres ayant été déja mis par pieces. Ce corps étoit fort grand & large, dans une caisse de bois bien épais, & fort bien fermée de tous côtés. Le bois étoit du bois de vrai Sycomore, nullement pourri, & sur ce bois on voyoit taillé en bosse le visage de la personne qui étoit dedans. Après que cette caisse eut été rompue à coups de cognée, il y trouva un corps tout entier disposé de cette sorte. Le visage étoit couvert d'une maniere de casque de toile accommodée avec du plâtre, sur lequel étoit representé en or le visage naturel de la personne, mais ôtant ce casque on n'en trouva aucun reste. Les autres parties du corps étoient emmaillotées avec de petites bandes de toile fort proprement faites, avec tant de tours qu'il y en avoit plus de mille aunes. Une bande de toile large de trois doigts, & longue d'un pié & demi, étoit en long sur l'estomac, attachée aux autres bandes, & sur cette bande en long étoient plusieurs lettres hieroglyphiques écrites en or. Proche cette chambre il y en avoit plusieurs autres pleines de corps, mais les entrées en étant bouchées par le sable, il se fit retirer en haut. Le fameux Pietro de la Valé, qui a traité aussi des Momies, en fait la description qui suit. On voyoit, dit-il, dans un grand linceul étendu sur la Momie, la figure d'un jeune homme vêtu d'une longue robe de lin, doré & parfemé d'emblèmes hieroglyphiques depuis les piés jusques à la tête. Il l'avoit couverte d'or & de pierres prétieuses avec ses cheveux noirs & frisés, & une barbe de même dont le poil étoit fort court. Une chaine d'or lui pendoit au col avec une médaille où étoit gravée l'Image de l'oiseau Ibis, & plusieurs autres caractères qui faisoient juger que ce jeune homme avoit eu quelque dignité considerable. Il avoit un baffin d'or dans la main droite plein d'une liqueur rouge, & dans la gauche un fruit en forme de pomme, une bague d'or au pouce, & une autre au petit doigt, des sandales qui ne couvroient que la plante de ses piés, & elles étoient liées par dessus avec des courroyes. On lisoit sur une bande attachée à sa ceinture ce mot *Eutichi*, qui vouloit dire, Bonheur. A côté de lui étoit la Momie d'une femme, parée encore plus richement. Outre quantité d'emblèmes & de caractères hieroglyphiques, on y voyoit deux oiseaux & deux lions dressés sur des lames d'or, & un peu plus bas un bœuf qui étoit l'Image d'Agis ou d'Isis. Le Soleil étoit gravé sur une autre lame attachée à la derniere chaine, & qui lui pendoit sur la poitrine. Cette femme avoit des pendans d'oreille de pierres prétieuses, des bracelets aux bras, & aux jambes, avec des bagues dans tous ses doigts. De la main droite elle tenoit une coupe d'or, & de la gauche un anneau & un paquet d'autres riches ornemens. Ses yeux étoient noirs & à fleur de tête, ses paupieres brunes, & ses cheveux noirs & frisés. Ils étoient peints l'un & l'autre comme les Saints de l'antiquité. Dans la même cave on voyoit d'autres Momies dans le sable, mais sans aucun ordre. On en rencontra une autre où il y avoit la figure d'une femme parée comme l'autre. On ouvrit ce corps, & on n'y trouva que des bandes avec du bitume. Les os & la chair ressembloient à la sciure du bois. La matiere de ces Momies étoit devenue si dure, qu'à peine en pouvoit-on emporter une petite partie à coups de marteaux. Il y en avoit plusieurs autres simplement emmaillotées & embaumées avec de l'asphalte ou du bitume, sans qu'il y eût aucun ornement.

MOMINS. s. m. Sorte de fruit des Antilles, qui est du même genre que le Corosol, & presque semblable, excepté qu'il est un peu plus rond, & qu'il a l'écorce & le dedans plus jaune sa graine qui est plus large & plus plate. Il s'en faut pourtant beaucoup que ces fruits ne soient aussi bons que le Corosol, & même les habitans les estiment si peu, qu'il n'y a que la seule necessité qui leur en fait manger quelquefois. Il y en a qui sont aussi gros que la tête d'un enfant, & d'autres comme un gros œuf d'oye. Ils croissent en abondance dans les lieux humides, & parmi les roseaux. Les porcs, les Acoutis, les crabes, & les oiseaux s'en engraissent, c'est une nourriture qui rend excellente la chair de tous les animaux qui en vivent.

Il y a aussi des *Prunes de Momins*, dans les mêmes Isles. L'Arbre qui les porte croît aussi gros & aussi haut que les plus puissans chênes de l'Europe. Son écorce est fort raboteuse, grise par dehors, rouge par dedans, gommeuse, & de bonne odeur. Ses feuilles ont beaucoup de rapport à celles du Frêne. Elles sont pourtant un peu plus larges & tombent tous les ans. Après que l'arbre s'en est revêtu, il se

Tome II.

charge de grands rameaux de fleurs blanches & jaunes, d'une odeur fort agréable, à la chûte desquelles paroissent les fruits en grappes comme les cormes. Ces fruits sont jaunes, picotés de rouge, pleins d'un suc qui avec son acidité, conserve quelque chose de fade & de sauvageon, ce qui est commun à la plûpart des fruits des Isles avant qu'on y soit accoûtumé. Quand ceux-ci sont mûrs, ils tombent tous à terre, la couvrent, & exhalent une odeur assés douce qu'on les fait sentir à plus de cent pas. Ils enferment un noyau tout percé à jour & filasseux que l'on croit être poison. Sa cendre est caustique & sert à faire manger la chair morte. Le bois de cet arbre est blanc, fort tendre, & sujet à pourriture. Les bourgeons qu'il pousse sont bons en salade. En les broyant, on en fait sortir une écume, qui ôte l'inflammation des yeux, clarifie la vûe, & dissipe les tayes qui sont encore tendres. On se sert de ces prunes de Momins comme d'un remede souverain dans le flux de sang. Quelques-uns en font du Ouicou, qui étant conservé huit ou dix jours, enyvre comme du vin.

MON

MONACO. s. m. Monnoie d'Italie, qui ne vaut que cinquante quatre sols, & qui est battue aux Armes du Prince de Monaco, d'où elle a pris son nom. On appelle aussi *Monaco*, Une sorte de petite tasse fort legere, & qui est faite en ovale. Ordinairement elle ne pese guere plus d'un écu, & on lui a donné ce nom, à cause qu'on se sert de Monacos pour la faire.

MONARCHIQUES. s. m. Heretiques qui s'éleverent vers l'an 196. sous le Pontificat de Victor, & qui furent appellés ainsi du Grec μόνος, Seul, à cause qu'ils ne connoissent qu'une seule personne dans la sainte Trinité, ce qui leur faisoit dire, que le Pere avoit été crucifié. Ce furent des rejettons de l'Heresiarque Praxeas, contre lequel Tertullien a écrit, & qui ayant abandonné Montan dont il découvrit les erreurs au Pape Pie, tomba lui-même dans l'Heresie, & y mourut après qu'on l'eut reçû deux ou trois fois dans l'Eglise sur les témoignages d'un faux repentir.

MONASTERIENS. s. m. Heretiques qui dans le seizième siecle, prirent le parti de Jean Bockeldi surnommé Jean de Leiden, parce qu'il étoit de Leiden, Ville de Hollande. Il étoit Tailleur de profession, & s'étant joint à Jean Matthieu qui étoit Boulanger, il fut comme lui Chef des Anabaptistes. Ses Sectateurs furent appellés *Monasteriens*, du mot Latin *Monasterium*, qui veut dire Monstre, à cause que s'étant rendus maîtres de cette Ville-là, ils y commirent des profanations abominables. Jean de Leiden, qui après la mort de Jean Matthieu, fut mis en sa place, prenoit le nom de Roi de Justice & d'Israël, mais enfin il tomba entre les mains de l'Evêque de Munster, qui le fit mourir en 1535. avec ses principaux Ministres qui le secondoient dans sa fureur.

MONBAIN. s. m. Arbre des Antilles qui croît fort haut, & qui produit des prunes longues & jaunes, dont l'odeur est assés bonne. On en fait fort peu de cas, à cause que leur noyau est beaucoup plus gros que tout ce qu'elles ont de chair. Il y a pourtant quelques-uns qui les mêlent dans de certains breuvages pour leur donner meilleur goût. Il en tombe une grande quantité quand elles commencent à devenir mûres, & elles servent à engraisser les pourceaux qui les recueillent avidement. Cet arbre jette une gomme jaune, dont l'odeur est en-

K ij

core plus penetrante que celle du fruit. Si l'on en met quelques branches dans la terre, elles prennent promptement racine, ce qui est cause que l'on s'en sert ordinairement à fermer les parcs où l'on nourrit le bestial.

MONCAYAR. s. m. Serge, ou étoffe de laine croisée & fort déliée.

MONDIFICATIF. adj. On appelle en Medecine *Onguents Mondificatifs*, Certains onguents déterfifs, qui par une tenuité de substance nettoyent & purgent les playes & les ulceres, tant de la boue, que de cette sorte de pus que l'on appelle *Sanie*. On dit aussi *Mondifier*, en parlant des ulceres, dont il faut ôter l'ordure en les pensant.

MONETAIRE. s. m. Nom qui a été donné aux Fabricateurs des anciennes monnoies. Pharamond ayant été mis sur le Trône en 420. & les François s'étant rendus maîtres de la Ville de Treves où il y avoit une fabrique de monnoye pour les Romains, ils commencerent à suivre leur police sur la Fabrication de celle qu'ils firent, Pour cela, il y eut dans chaque Monnoie un Officier que l'on nomma *Monetaire*, dont il semble que la fonction avoit du rapport avec celle des Juges gardes & des Maîtres des Monnoies, & en même tems avec celles des Officiers que les Romains du bas Empire appelloient *Procuratores & Magistros Monetarum*. Ces sortes d'Officiers étoient sous la direction des Villes, & l'un & l'autre faisoit mettre son nom sur la Monnoie. Il y avoit cette difference que le Monetaire y mettoit toûjours sa qualité, & que le Comte y mettoit seulement son nom. Vers la fin de la premiere race de nos Rois, les Villes capitales des Provinces & les plus considerables, eurent des Monnoies arrêtées & ordinaires sous la direction des Ducs ou des Comtes des Villes. Il y eut aussi une Monnoie dans le Palais où le Roi faisoit sa principale résidence, & le Monetaire de cette Monnoie l'étoit aussi de la Ville capitale où le Palais étoit situé. Cela se voit sur les pieces de Dagobert, où quelques-uns ont pour legende *Moneta Palatina*, & d'autres *Parisina civitate*, & toutes *Eligius* pour le nom du Monetaire. On croit que ce Monetaire étoit saint Eloi, Orfevre qui demeuroit dans le Palais de Dagobert, & qui avoit été apprenti chés Afferon Orfevre, & Garde ou Intendant de la Monnoie royale de Limoges. Il y eut aussi des Monetaires sous la seconde race de nos Rois, mais on observa une nouvelle police pour la fabrication, puisque les Monetaires cefferent de mettre leurs noms sur les especes, & qu'au lieu de la tête du Roi regnant, on y mit presque toûjours le monogramme de son nom.

MONNOYE. s. f. Portion d'une certaine matiere, à laquelle l'autorité publique a donné un poids & une valeur fixe pour servir de prix à toutes choses dans le commerce. Quoiqu'il y ait apparence qu'une invention si utile soit aussi ancienne que le monde, on n'en trouve rien dans l'Histoire Sainte avant le déluge. Quelques-uns pretendent qu'après le déluge, Noé assembla tous ses Descendans pour le partage de toute la terre, & que leur ayant proposé l'usage des mesures, des poids & de la Monnoie, il leur enseigna non seulement la maniere de la fabriquer, mais les métaux dont ils se devoient servir; qu'après cette séparation, les chefs de famille qui avoient pris des originaux des poids & mesures & des Monnoies pour leur servir de modele, porterent cette même invention dans les pays qui leur étoient échûs en partage; qu'elle fut mise d'abord en usage parmi les peuples d'Armenie, d'où elle passa dans tout le reste de l'Asie; & qu'enfin elle fut reçuë dans toutes les parties de la terre. L'Ecriture Sainte ne fait mention de Monnoie, que vers l'an du monde 2110. lorsqu'elle parle des mille pieces d'argent qu'Abimelech donna à Abraham, pour avoir un voile à Sara qui lui couvrît le visage. Il y est aussi parlé dans le même tems de quatre cens sicles d'argent qu'Abraham paya au poids à Ephron en Monnoie courante parmi les Marchands, selon ce que dit l'Hebreu, & de cent Agneaux payés par Jacob pour le champ qu'il avoit acheté des Enfans d'Hemos. Ces Agneaux étoient des pieces de Monnoie réelle, sur lesquelles un mouton étoit gravé, comme ont été autrefois en France les deniers d'or à l'agnel, ou les Moutons d'or à la grande ou à la petite fabrique, dont la fabrication ordonnée par saint Louis dura en France jusqu'au regne de Charles VII. Ce nom d'Agneau fait connoître que la Monnoie étoit marquée dès ce tems-là, & la commune opinion est que ce fut Tharé, Pere d'Abraham qui étoit Sculpteur, qui en fit les premiers coins, au moins de celle de son pays. Comme au tems que l'on ne faisoit que des échanges, les plus grandes richesses consistoient en bestiaux, on en fit imprimer la figure, ou celle de leurs têtes sur les premieres Monnoies que l'on fabriqua, & ce fut du mot de *Pecus*, qui veut dire, Toute sorte de bestial, que les Latins appellerent la monnoie *Pecunia*. Le commerce entre les hommes ayant commencé par l'échange, chacun donnoit ce qu'il avoit le plus abondamment pour acquerir ce qui lui étoit necessaire, mais il arrivoit souvent des difficultés dans l'estimation, & cette estimation dépendant de l'adresse des uns & du besoin des autres, ou des commodités du transport, on ne put lever ces difficultés, qu'en convenant de quelque moyen, qui en donnant le prix à toutes choses, pût rendre les ouvrages de l'art & de la nature susceptibles d'une communication mutuelle. On n'en trouva point de plus facile que de donner une estimation certaine & definie à quelque matiere selon sa quantité & sa qualité. L'or & l'argent furent choisis pour cela comme étant les métaux les plus precieux, & l'on y joignit le cuivre comme se pouvant recouvrer plus aisément. On en tailla d'abord des morceaux d'une maniere grossiere, & l'on donnoit ces morceaux au poids. Ensuite pour éviter la peine de les peser, on imprima une marque sur chaque portion qui en exprimoit & le poids & la valeur. C'est ce qu'on a appellé *Monnoie*. Elle se divise en France ainsi que par tout ailleurs, en *Monnoie réelle* ou *effective* qui comprend toutes nos pieces d'or, d'argent, de billon & de cuivre, qui ont cours dans le Royaume, & en *Monnoie imaginaire* ou *de compte*, inventée pour la facilité du commerce, & composée d'un certain nombre d'especes qui peuvent changer dans leur substance, mais qui sont toûjours les mêmes dans leur quantité. On se sert pour cela des noms de *Francs* ou de *Livres*. Ainsi la somme de cinquante livres est composée de cinquante pieces, qui n'étant pas réelles peuvent être payées en louis d'or ou d'argent, ou en autres especes ayant cours, sans qu'on change rien dans la quantité de cinquante livres. La livre de compte numeraire composée de vingt sols, & chaque sol de douze deniers, dont presque toute l'Europe se sert aujourd'hui aussi bien que nous, commença sous Charlemagne. La figure entiere ou la seule tête des animaux, soit moutons, soit bœufs ayant été gravée sur les premieres especes des Monnoies, parce que les bestiaux dont l'échange servit d'abord au commerce, faisoient la principale richesse des premiers tems, les Peuples firent enfuite graver fur leurs Monnoies les marques de leur origine, & les actions les plus notables arrivées dans les Etats des Princes à qui ils étoient foumis, après quoi les Princes y firent mettre des monumens de leur religion, de leur pieté & de leurs conquêtes, leurs noms, leurs armes, & enfin leurs effigies. On trouve l'effigie du Prince gravée fur les Monnoies de France dès le commencement de la Monarchie, & pendant toute la premiere race de nos Rois. Cet ufage ne fut pas continué pendant la feconde, & on y trouve peu de Monnoies ainfi gravées après le regne de Louis le Debonnaire, mais Henri II. par fon Edit donné en 1548. ordonna, que *fa pourtrai- ture d'après le naturel feroit gravée & empreinte à l'avenir fur les Monnoies d'or & d'argent, au lieu de la croix qu'il vouloit être ôtée comme étant trop ai- fée à falfifier*, ce qu'on a toûjours obfervé depuis. Le mot de *Monnoie*, vient du Latin *Moneta*, qu' Antonius Thefaurus, Senateur de Savoye, dérive de *Mouere*, Avertir à caufe que les efpeces font con- noître par leur empreinte & leur nom, celui qui les a fabriquées, & confervent la memoire des Sou- verains, & de leurs actions les plus remarquables. Borel dit fur ce mot qu'il a vû de grands procès fur l'interpretation de certaines Monnoies qui étoient fpecifiées dans des rentes anciennes. Il ajoûte fuivant ce que fes diverfes lectures lui ont appris, que le denier Tolfan valoit quatre po- gés, c'eft-à-dire, deux deniers; le pogés deux pi- tes; le denier tournois deux oboles; le fol Tolfan deux fols d'aprefent; le fol Tolfa à forte Monnoie, deux fols fix deniers; le gros forte Monnoie, un fol cinq deniers, & le mouton d'or quinze fols cinq deniers tournois.

On n'a jamais fait en France d'autres Monnoies que d'or, d'argent, de billon & de cuivre, quoiqu'il y ait des Auteurs qui ont avancé que du tems de faint Louis, on fit des efpeces de cuir faute d'ar- gent, le Royaume en ayant été épuifé par les guer- res de la Terre-Sainte. Ce qui a pû lieu à cette opinion, c'eft que faint Louis voulant avoir dans fes armées quelque Monnoie portative, qui fût d'argent pur & non pas de bas billon, fit fabri- quer de petites pieces d'argent du poids de dix-huit grains & d'autres du poids de neuf grains, qui de- voient avoir cours les unes pour deux deniers pa- rifis & les autres pour un denier parifis. Comme la legereté du poids de ces pieces les empêchoit d'être maniables, il ordonna qu'on les feroit en forme de clouds d'argent tranfperçant un morceau de cuir par le milieu, & que ces clouds d'argent fe- roient rivés de part & d'autre, & marqués d'une petite fleur de lis, ce qui rendit ces mêmes Mon- noies maniables & plus portatives. Il y a un an- cien Manufcrit qui porte que jamais l'or & l'argent n'a jamais manqué en France, & que du tems de Saint Louis, le marc d'or fin n'avoit valu que tren- te-trois livres dix-fols, & quarante livres tournois, & le marc d'argent fin cinquante fols & foixante & fix fols huit deniers tournois au plus.

Il n'eft fait aucune mention des Monetaires fous la troifiéme race de nos Rois; il y eft feulement parlé des Generaux Maîtres des Monnoies, qu'on voit n'avoir été qu'au nombre de fix, dans un Re- glement fait en 1315. L'Ordonnance de Charles Dauphin, Regent de France, du commencement de l'année 1359. porte qu'à l'avenir il y aura huit Ge- neraux Maîtres des Monnoies, un Clerc pour tout l'Office des Monnoies. Il y en avoit de même nombre en 1392. fix à Paris, & deux alternative- ment dans les Provinces en qualité de Commiffai-

res. Dans le tems que ces Officiers n'étoient qu'au nombre de trois, il n'y avoit auffi que trois Maîtres des Comptes, & ces Maîtres des Comptes, ces Ge- neraux Maîtres des Monnoyes & des Treforiers des Finances étoient unis & incorporés, en forte pour- tant que les Treforiers des Finances & les Gene- raux Maîtres des Monnoies avoient leurs Cham- bres feparées des Maîtres des Comptes, avec lef- quels ils s'affembloient quand le befoin des affai- res le requeroit. Ils furent enfin érigés en Cham- bre, pour connoître privativement à tous autres Juges du fait des Monnoies. Cette Chambre établie dans un lieu au deffus de la Chambre des Comp- tes, où elle a rendu la juftice jufqu'en 1686. qu'elle a commencé de la rendre au grand Pavillon neuf du Palais, fut transferée à Bourges en 1418. par un Mandement de Charles VI. à caufe des divifions & guerres fufcitées par les Anglois. Le Roi Charles VII. fon Fils créa en 1436. un Procureur du Roi & un Greffier pour la même Chambre qu'il reta- blit à Paris. Charles VIII. crea en 1491. un Rece- veur General des Monnoies de France & des amen- des & confifcations, avec un Huiffier Portier de l'Hôtel de la Monnoie de Paris; & en 1522. Fran- çois I. augmenta le nombre des Officiers de la mê- me Chambre, d'un Prefident & de deux Confeillers de robe longue. Henri II. l'érigea en Cour fupe- rieure en 1551. & crea un Préfident & trois Gene- raux de robe longue, pour y faire en tout treize Juges, qui jouiroient des droits & privileges accor- dés aux autres Cours fuperieures, & auroient rang & feance immediatement après la Cour des Aides. L'Edit de 1645. ayant porté creation de Confeillers fans parler de Generaux, dont il étoit encore fait mention dans celui de 1635. les Confeillers de cet- te Cour cefferent en ce tems-là de prendre la qua- lité de Generaux des Monnoies, de même que les Confeillers de la Cour des Aides cefferent de pren- dre celle de Generaux des Aides. Le nombre des Officiers de la Cour des Monnoies ayant été aug- menté en divers tems, elle eft aujourd'hui com- pofée d'un Premier Prefident, de huit Prefidens, de trente-cinq Confeillers, d'un Procureur General, de deux Avocats Generaux, d'un Greffier en chef, de deux Subftituts, & de dix-fept Huiffiers, en y comprenant le premier Huiffier. Il y a des Com- miffaires en titre pour faire les vifites dans les Pro- vinces, & ce font les Prefidens & les Confeillers de la même Cour qui rempliffent ces Commiffions. Ces Officiers doivent fervir par femeftre, à la re- ferve du Premier Prefident, du Procureur General & du Greffier en chef, qui font toûjours de fervice. Cette Cour eft unique dans le Royaume, parce que fi plufieurs Juges connoiffoient du fait des Mon- noies, l'uniformité qui doit être feroit détruite par la diverfité de leurs Jugemens; ce qui renverferoit l'ordre qu'on doit obferver dans le commerce. Il y a auffi un Prevôt General des Monnoies, qui a fean- ce en la Cour après le dernier Confeiller. Il fut créé en 1635. avec un Lieutenant, trois Exempts, un Greffier, quarante Archers, & un Archer Trom- pette, pour faciliter l'execution des Edits & des Re- glemens fur le fait des Monnoies, & pour prêter main-forte aux Deputés de la Cour; mais encore que ce Prevôt y ait feance, il n'a pourtant pas voix deliberative, & il n'eft prefent au jugement des procès dont il a fait l'inftruction, que pour rendre compte de fes procedures.

MONNOYERIE. f. f. Lieu particulier dans un Hô- tel de la Monnoie, où l'on donne à la monnoie l'em- preinte qu'elle doit avoir.

MONOCEROS. f. m. Poiffon du genre des ceta-

K iij

cées , ainsi appellé de μόνος , Seul , & de κέρας , Corne , à cause d'une longue corne qui lui sort de la mâchoire.

MONOCHORDE. s. m. Instrument fait d'une seule corde , dont les differentes divisions déterminent la differente proportion des sons entre eux. si l'on touche cette corde , & qu'ensuite on en touche la moitié , ces deux sons sont l'octave. C'est ainsi que Pythagore ayant remarqué que les marteaux de deux Maréchaux qui battoient sur l'enclume , étoient à l'octave , & s'étant avisé de les peser , trouva que l'un pesoit deux fois plus que l'autre. Comme l'octave se fait par le Monochorde par la raison de 2. à 1. la quinte se fait par la raison de 3. à 2. la quarte par celle de 3. à 3. la tierce majeure par celle de 5. à 4. la tierce mineure par celle de 6. à 5. Nous ne parlons point de l'unisson qui est celle de 1. à 1. On appelle encore Monochorde , un instrument fait de plusieurs cordes , mais toutes à l'unisson , qui est très-propre à regler les sons. Ce mot vient de μόνος , Seul , & de χορδὴ , Corde. La trompette marine qui n'a qu'une corde , est un vrai Monochorde.

MONOCLE. s. m. Terme d'Optique. Lunette dont on ne peut voir les objets qu'avec un œil. On l'oppose à Binocle. Voyez BINOCLE. Toutes les lunettes sont ordinairement Monocles.

MONOGRAMME. s. m. Chiffre ou caractère composé d'une ou de plusieurs lettres entrelassées. C'étoit autrefois une abbreviation de nom qui servoit de signe , de sceau & d'armoiries. Le Monogramme a été une marque dont nos Rois ont signé leurs Lettres patentes & autres Actes. On en a aussi marqué les monnoies , & Theodebert fit fabriquer sous son nom des sous d'or , qui d'un côté avoient le Monogramme de Christus , & pour legende de Theodebert Ce mot vient de μόνος , Seul , & de γράμμα , Lettre.

MONOMACHIE. s. f. Duel, combat singulier d'homme à homme. Ce mot est Grec , μονομαχία , formé de μόνος , Seul , & de μάχη , Combat.

MONOME. s. m. Terme d'Algebre. Grandeur qui n'a qu'un seul terme , c'est-à-dire , qui n'est liée avec aucune autre par un signe de plus ou de moins. Voyez TERME & SIGNE. Un Monome peut être rationel ou irrationel. Voyez RATIONEL & IRRATIONEL.

MONOPHYSITES. s. m. Heretiques qui suivoient les opinions des Eutychiens , dont ils ne differoient que de nom , ne reconnoissant en JESUS-CHRIST qu'une seule nature , non plus qu'une seule personne , & supposant un mélange & une confusion de nature divine avec l'humaine. On les appelloit ainsi de μόνος Seul , & de φύσις Nature.

MONOPTERE. s. m. Qui n'a qu'une aîle , de μόνος , Seul , & de πτερὸν Aîle. C'étoit une espece de temple rond & sans muraille , dont la couverture étoit faite en coupe , & il n'y avoit que des colomnes qui la soutenoient.

MONOTHELITES. s. m. Heretiques qui dans le septiéme siecle se joignirent à la Secte des Eutychiens , n'admettant dans JESUS-CHRIST qu'une seule volonté & une seule operation , de μόνος , Seul ; & de θέλησις , Volonté. Cette Secte commença d'avoir cours dans le septiéme siecle , & Theodore Evêque de Phorane ou fut Auteur.

MONOTRIGLYPHE. s. m. Terme d'Architecture. Espace d'un triglyphe entre deux pilastres ou deux colomnes.

MOSON. s. f. Terme de Marine. Vent reglé qui pendant six mois souffle toûjours de même côté sur la mer des Indes. Il porte le nom d'un très-ancien Pilote , qui fut le premier qui en traversant cette mer , se hazarda à faire canal durant ce tems-là.

MONSTIER. s. m. Vieux mot. Monastere , Eglise.

Il est en lui trop mieux séant
Qu'un Crucifix en un monstier.

MONSTRE'E. adj. Terme de Palais. Sorte de procedure qui fut abrogée par une Ordonnance de 1667. On ordonnoit qu'on feroit une descente sur les lieux contentieux pour faire vûe & monstrée ; ce qui consistoit] à indiquer un doigt & à l'œil les heritages dont on prétendoit disputer la possession avec les tenans & aboutissans. Cela se faisoit afin que l'on pût donner jugement avec moins d'incertitude.

MONSTRUEUX , EUSE. adj. Qui est d'une conformation contraire à l'ordre de la nature, ACAD Fr. Il se dit en termes de Blason , des animaux qui ont face humaine. D'argent au Dragon monstrueux de sinople.

MONT. s. m. Grande masse de terre ou de rocher fort élevée au dessus de la campagne. ACAD. FR. Il y a de ces élevations de terre qui sont très-hautes & toûjours couvertes de neiges ; d'autre d'une moyenne hauteur , & d'autres basses , appellées Collines, ou Côteaux.

Mont. Terme de Chiromance. Petite éminence au bas de la racine de chaque doigt. On appelle Mont de Mars , Celle qui est au dessous du pouce ; Mont de Jupiter , Celle qui est au dessous du doigt indice ; Mont de Saturne , Celle qui est au dessous du doigt du milieu ; Mont du Soleil , Celle qui est au dessous du doigt annulaire ; Mont de Venus , Celle qui est au dessous du petit doigt ; Mont de Mercure , L'éminence marquée dans l'espace appellée Thenar , qui est entre le pouce & l'indice ; & Mont de la Lune , L'éminence qui lui est opposée dans le lieu appellé Hypothenar.

On appelle à Rome , Mont de pieté , Une bourse ou un magasin public pour prêter de l'argent sans usure à ceux qui en ont besoin. On y prête jusques à vingt-cinq écus aux pauvres , pourvû qu'ils donnent des gages d'une plus grande valeur que la somme qu'on leur prête. On ne leur fait rien payer pour l'intérêt , & on se contente de prendre environ cinq sols pour servir aux frais qu'on est obligé de faire. On garde un an & demi les hardes que l'on apporte ; & si ceux à qui elles appartiennent ne les retirent pas dans ce tems-là , on les vend publiquement , & on se rembourse de l'argent qu'on a prêté ; le surplus se donne aux Engagistes s'ils sont presens , sinon on écrit le prix des choses vendues & le nom de l'Acheteur , & on leur remet ce surplus entre les mains lorsqu'ils se presentent. Outre le fond de ce Mont de pieté , le Pape , les Cardinaux , & plusieurs autres personnes y mettent leur argent en dépôt , pour le prêter à ceux qui apportent des gages ; & quand ceux qui l'ont prêté le demandent , on leur en rend d'autre. D'ailleurs on est obligé d'y mettre en dépôt les consignations qui excedent cinq écus , & l'argent de ceux qui ne veulent pas le recevoir dans le tems qu'il leur est dû ou qui sont allés aux champs. Les débiteurs l'ayant donné aux Receveurs qui sont établis dans ce Mont de pieté , sont exempts des risques du vol & autres pertes , & n'en payent point d'intérêt. Il y a des Monts particuliers pour les Seigneurs ; mais quand le Pape leur permet d'en établir , ce n'est jamais qu'en les obligeant , pour l'asfurance des deniers de ses sujets, de lui engager des terres, dont le revenu aille au-de-là de l'interêt de la somme qu'ils empruntent. Sa Sainteté établit des personnes pour recevoir tous les ans le revenu de ces terres & payer les Créanciers, après quoi les Seigneurs font afficher aux Places publiques, que le Pape leur a permis d'emprunter certaine somme. On donne un contrat à ceux qui apportent leur argent, & l'on s'oblige de payer pour l'interêt, ou quatre & demi ou cinq pour cent selon les tems. Quand les Seigneurs veulent rembourser l'argent qu'ils ont emprunté, ils avertissent les créanciers par d'autres affiches, qu'ils ayent à venir recevoir leurs fonds & leurs arrerages, faute de quoi ils mettent le tout en dépôt au Mont de pieté à leurs risques, sans plus payer d'interêt. Il y a plusieurs Monts de pieté dans les Pays-Bas, comme à Anvers, à Gand, à Bruxelles. Il y en a aussi à l'Isle, à Bruges, & ceux qui empruntent donnent seulement des gages, les Fondateurs ayant laissé de certaines sommes pour fournir aux frais.

Mont-Carmel. Nom d'un Ordre de Chevalerie, auquel on a joint pour les François l'ancien Ordre de saint Lazare de Jerusalem. Il y a une Croix de velours ou de satin tanné à l'orle d'argent sur le côté gauche du manteau des Chevaliers avec le milieu de la croix en rond chargé d'une image de la Vierge environnée de rayons d'or, le tout en broderie. Devant l'estomac, ils portent une croix d'or, attachée à un ruban de soye. L'Image de la Vierge est au milieu en émail.

Mont, dans le vieux langage, a été employé pour Monde, & on lit dans le Roman de la Rose.
De l'autorité de nature
Qui de tout le Mont a la cure.

MONTANCE. s. f. Vieux mot. Prix, Valeur de quelque chose.
Car ne prisent le monde la montance d'une oistre.

MONTANISTES. s. m. Heretiques attachés aux erreurs de Montanus, qui parut dans le deuxième siecle, & s'acquit beaucoup de credit par ses artifices, se faisant passer pour un exemple de sainteté, quoiqu'il traînât avec lui deux femmes débauchées qui se faisoient les interpretes de la loi, & dont l'une appellée Maximille, s'étrangla de désespoir, ainsi que lui, parce qu'il rejettoit entre autres le Sacrement de Penitence, disant qu'il n'y avoit point de pardon pour ceux qui avoient commis un crime considerable. Ses disciples disoient que Dieu le Pere n'ayant pû venir à bout du dessein qu'il avoit fait de sauver le monde par la Loi & les Prophetes, s'étoit incarné dans le sein de la Vierge; qu'il avoit prêché en Jesus-Christ, & souffert la mort sous sa figure, & qu'il habitoit depuis dans Montanus & dans ses disciples. Aussi Montanus se disoit-il le Paraclet, promis par le Fils de Dieu à ses Apôtres. Il permettoit la dissolution du mariage, & condamnoit les secondes nôces, les traitant de fornication.

MONTANT. s. m. Piece de bois dressée debout. Les Menuisiers appellent *Montant*, La piece de bois qui est au milieu d'une croisée, & sur laquelle portent les battans des chassis. Les *Montans d'embrasure* sont des especes de revêtements de bois ou de marbre, avec des compartimens arasés ou en saillie. On en lambrisse les embrasures des portes & des croisées. Les *Montans de lambris* sont des manieres de pilastres longs & étroits. Ils servent à separer les compartimens d'un lambris, & sont le plus souvent ravalés avec des chûtes de festons. Il y a aussi des *Montans de Serrurerie*, qui sont des manieres de

pilastres composés de divers ornemens. Ils sont contenus entre deux barreaux paralleles, & servent à entretenir les travées des guilles de fer. On appelle *Montans de charpenterie*, Les pieces de bois perpendiculaires qui sont retenues par des arcs-boutans dans les machines.

Montant, se dit aussi non seulement de certaines pieces de bois à plomb de mediocre grosseur, qui soûtiennent le haut de l'arriere d'un Vaisseau, mais de toutes les pieces de bois droites qu'on employe aux cuisines, aux soutes & autres ouvrages du dedans des Vaisseaux.

On appelle *Montant du bâton de pavillon*, Une piece de bois droite, à laquelle est une tête de More où passe le bâton d'Enseigne de pouppe.

Montant, dans une raquette, se dit des cordes qui vont le long de la raquette.

Montant. adj. Terme de Blason. Il se dit non seulement du Croissant representé les pointes en haut vers le chef, mais encore des écrevisses, des épis & autres choses dressées vers le chef de l'écu. *D'azur à deux Croissans acculés d'argent, l'un montant, l'autre versé.*

MONTE'E. s. f. Petit escalier. On appelle *Montée* dans une voute, l'exhaussement de la voure depuis sa naissance jusqu'au dessous de sa fermeture. *Montée de colomne,* est la hauteur d'une colomne; & on dit, *Montée d'un édifice,* quand on en veut marquer l'élévation. On appelle aussi *Montée de pont,* La hauteur d'un pont, en la considerant depuis le rez de chaussée de culée jusque sur le couronnement de la voute de sa maîtresse arche.

Montée. Terme de Fauconnerie. Il se dit du vol de l'oiseau qui s'éleve à angles droits par carrieres & par degrés, lorsqu'il poursuit quelque proye. On appelle *Montée d'essor,* lorsqu'allant chercher le frais dans la moyenne region de l'air, l'oiseau s'éleve tellement qu'on le perd de vue; & *Montée par fuite,* quand craignant un oiseau plus fort que lui, il s'échappe à grandes gambades.

MONTER. v. n. Se transporter en un lieu plus haut que celui où on étoit. ACAD. FR. *Monter,* en termes de Manege, signifie Apprendre à monter à cheval. En ce sens on dit absolument, *Monter sous un tel ou tel Ecuyer.* On dit aussi, *Monter à dos ou à poil,* pour dire, Monter un cheval sans selle. On dit encore, *Monter un cheval,* plusieurs chevaux, pour dire, Leur faire faire le manege.

Monter est aussi un terme de mer. On dit, *Monter un Vaisseau,* pour dire, Etre embarqué dans un Vaisseau. On perdit son combat la moitié de l'équipage qui montoit un tel Vaisseau. On dit encore, *Monter un Vaisseau,* pour dire, Etre sur un Vaisseau & en avoir le commandement, *Un tel Capitaine montoit ce Navire.* On dit, *Un Vaisseau est mont' de tant de canons,* pour dire, qu'il y a dedans tant de pieces de canon. On dit, *Monter au vent,* pour dire, Prendre l'avantage du vent.

MONTESIA. Il y a un Ordre Militaire appellé de Notre-Dame de Montesia, parce qu'il fut établi à Montesia, ville d'Espagne au Royaume de Valence par Jacques II. Roi d'Aragon; ce qui fut fait en 1317. sur l'aneantissement ou destruction des Templiers. Les Statuts de cet Ordre qui furent confirmés par Gregoire IX. étoient presque semblables à ceux de l'Ordre de Calatrava, sous la Regle des Cisterciens, dont on permit aux Chevaliers de porter l'habit. Ils avoient un Grand-Maitre, & on les dispensa de porter l'habit religieux, à condition qu'ils auroient une croix de gueule sur l'estomac.

MONT-JOIE. f. f. *On appelloit ainsi autrefois un monceau de pierres jettées confusément les unes sur les autres par une Armée Françoise pour marque de quelque victoire ou de quelqu'autre évenement considerable.* ACAD. FR. Borel dit que *Mont-Joie*, est un tas de pierres en forme de pyramide que les Hebreux avoient accoûtumé d'élever en memoire de quelque accident memorable, comme on le lit dans la Genese. Il ajoûte que *Saint Denys Mont-Joie*, étoit un cri de guerre qui fut fait en une bataille, & que chaque Seigneur avoit son cri particulier. Il dit encore à ce que peut venir de *Mont* & de *Joie*, Beaucoup de joie, ou comme qui crieroit *Victoire*, & *Trophée*, pour dire, Nous aurons une Mont-Joie en memoire perpetuelle de la bataille que nous gagnerons si nous combattons avec valeur. *Mont-Joie*, étoit aussi le nom du Roi d'Armes qui alloit de la part du Roi déclarer la guerre, & sommer les Villes. Encore aujourd'hui *Mont-Joie*, est le titre que porte le premier Roi d'armes de France. *Mont-Joie*, dit Nicod, *est un cri de guerre, ou pour mieux dire, de bataille, usité par les François, lequel du regne de Clovis ils prindrent en la bataille, en laquelle icelui Clovis desconfit le Roi Andat Sarrasin, qui avoit assiegé Constans saint Honorine près Pontoise, lequel conflict commença en la Vallée, & fut achevé en la Montagne, en laquelle est la tour de Mont-Joie, qui fut la cause de l'institution dudit cri de bataille, auquel depuis furent adjoûtés ces deux mots Saint Denys, étant l'entier cri d'armée,* Mont-Joie Saint Denys. *Nicole Giles en ses Annales, & Robert Gaguin en son traité des Heraults.* Le Roy Louys faisant Louys de Roussy son Roi d'Armes, ordonna qu'il fût nommé *Mont-Joie*, qui est le cri de tous les Rois & Princes François; & depuis cestuy *Mont-Joie*, tous les autres principaux & premiers Rois d'Armes des François ont été ainsi nommés.

MOQ

MOQUE. f. f. Terme de Marine. Espece de mousse percée en rond par le milieu, & qui n'a point de poulie. La *Moque de civadiere* est celle où passe l'écoute de civadiere; & on appelle *Moques du grand étay*, Deux gros caps de mouton qui sont fort longs & presque quarrés en grosseur, dont l'un est mis au bout de l'étai, & l'autre au bout de son collier. Il y a une ride qui leur servant de lieure, fait qu'ils peuvent se joindre, ensorte qu'ils ne font qu'un même corps.

MOQUISIE. f. f. Les Habitans de Lovango, de Cacongo & de Goy, Peuples de la basse Ethiopie, qui sont sujets à de grandes superstitions, & qui n'ayant qu'une idée obscure de Dieu, invoquent des Demons domestiques & champêtres, ausquels ils attribuent diverses vertus, croyant que l'un gouverne les pluies, l'autre les vents, les orages & l'agriculture, & qu'il y en a qui conservent la santé, garantissent de maladies, & préservent d'accidens fâcheux, appellent *Moquisie* ou *Mokisses*, tout ce en quoi ils se persuadent que reside une vertu secrete & incomprehensible, pour leur faire du bien ou du mal, & pour découvrir les choses passées & les futures. Ceux qui se consacrent au service des Moquisies sont des personnes avancées en âge, & on observe des ceremonies très-ridicules dans leur consecration. Lorsqu'un homme est en parfaite santé & que tout lui réussit, il en croit être redevable à sa Moquisie, & à la fidelité avec laquelle il s'est absténu de certaines choses selon les promesses qu'il lui en a faites. S'il lui arrive quelque mal-

heur, il ne doute point qu'il n'ait offensé sa Moquisie, & tâche de l'appaiser par tous les moyens imaginables. Tous les Prêtres portent le nom de *Ganga Moquisie*, & on les distingue par un surnom pris du lieu, de l'Autel, du Temple, & de l'Idole qu'ils servent. La Moquisie de Thirico est placée dans une grande maison, qui fait partie d'un Village considerable à quatre heures de Boarye tirant vers le Nord. Les piliers sur lesquels est bâtie cette maison ont autant de statues d'hommes. Le Ganga qui est Seigneur du Village, vient rendre hommage à la Moquisie, ce qu'il fait en frappant d'un bâton sur une toison de laine, & faisant des prieres pour obtenir la santé du Roi, la fertilité des arbres, & une pêche abondante, où leurs filets soient bien remplis de poisson. On a un grand attirail pour le culte de la Moquisie de Boëssi-bata. Quand il y a quelque occasion extraordinaire, on se sert de tambours, de sonnettes, de danseurs, & sur-tout d'une tasse faite d'une peau dont le poil est comme celui d'un lion. Elle est bordée d'une frange de filamens de cannes avec une bande de cuir qu'l'on passe au cou pour la porter. On remplit cette tasse de plusieurs sortes de coquilles, de cailloux, de sonnettes, de plantes sechées, d'herbes, de plumes, de crystal de Montagne, de gommes, d'écorce d'arbre, de graines, de morceaux d'étoffe, d'arêtes de poisson, de griffes & de cornes, des dents, des cheveux, & des ongles de Nains blancs. On la coud par dessus, & on la cotonne de plumes de perroquet ou d'un autre oiseau, avec des cordons & des morceaux de drap & de toile de differentes couleurs qui pendent tout à l'entour. Aux deux côtés il y a deux calebasses, toutes parsemées de grosses coquilles, & sur le dessus est attaché un bouquet de plumes, teintes dans le suc de certaines herbes & du bois rouge, avec un trou pour y verser du vin & pour boire. Quand il s'agit de la guerison de quelque malade, le Ganga qui fait le service de cette Moquisie s'assied à terre, & adressant son discours à son propre nez comme s'il étoit en colere, il donne de cette tasse contre ses genoux avec tant de force, que les raretés dont elle est remplie en sortent. Il ramasse ce qui tombe le frotte contre sa poitrine, & l'approche de son nez, en prononçant chaque fois certaines paroles. Il se peint les paupieres, le visage & tout le corps de figures rouges & blanches qui representent des angles & des croix. Il fait des contorsions très-violentes, éleve & abaisse sa voix d'une extrémité à l'autre, & de tems en tems le peuple mêle ses hurlemens à ses cris. Ces grimaces ayant duré quelque tems, il tourne les yeux & commence à entrer en furie. Pour l'en faire revenir, on lui souffle au visage un sucre aigre renfermé dans une canne, & alors il déclare ce que le Boëssi-bata lui a revelé pendant son extase, les remedes dont il se faut servir dans la maladie, les Gangas qu'il faut consulter, & les Moquisies qui sont la cause du prétendu enchantement du malade. On employe les mêmes ceremonies pour quantité d'autres choses. La Moquisie de Kikokoo préside à la mer, prévient les tempêtes, & fait arriver les navires à bon port. C'est une statue de bois par laquelle un homme assis est representé. On la tient à Kinga, Village où est le cimetiere commun du pays, & on prétend qu'elle garde là les morts & empêche que les Magiciens les tirant de leurs tombeaux, ne les battent pour les contraindre d'aller pêcher la nuit avec eux. La Moquisie de Malemba est de grande reputation, à cause qu'ils croyent qu'elle contribue à la santé. Ce n'est pourtant qu'une natte

d'un

d'un pié & demi en quarré, où l'on attache par en haut une courroie pour y pendre des bouteilles, des plumes, des écailles, des tuyaux de casse seche, de petites cloches, des cressolles, des os, le tout teint un rouge. Le culte de cette Moquisie se fait par un petit garçon qui ne cesse point de battre la caisse & de remuer des sonnettes & des tuyaux de casse qui font grand bruit. On met dans un pot du cola mâché, de la limure de bois rouge & de l'eau préparée. Après qu'on a mêlé tout ensemble, on en jette avec un aspersoir sur la Moquisie, sur le Roi & sur le Ganga, & pendant ce tems on chante des vers faits pour cette solemnité. La Moquisie Mymie est une cabane de verdure, qui est sur le chemin, ombragée de cananes, de bacove & d'autres arbres. Il y a dans un siege relevé une maniere de trône, qui soûtient une corbeille pleine de petits cailloux qui resonnent de fort loin, & de bagatelles de cette nature. La Moquisie Cossi, qui est un petit feu de coquilles & d'autres fadaises pour deviner, a pour la celebration de son culte un bruit de cressolles, & des chants aussi affreux que bizarres. Dans cette fête ils s'entrepassent les jambes l'une dans l'autre, s'entrelevent & se couvrent de crachats, & se mettent des ceintures sur le corps avec des boucles aux bras. Ce sont des pieces de pots cassés, des formes de chapeaux pourris & de vieux bonnets, pour la Moquisie de Kymaye. Le Ganga, vrai joueur de gobelets, dont la fonction est de barbouiller les gens avec de la craie blanche, se tient assis sur une peau, & prétend de-là pouvoir attirer la pluie du ciel, faire germer les plantes & chasser les maladies. La Moquisie Injami, qui est à six lieues de Lovango, est une grande Image dressée sur un pavillon, auquel aboutit le chemin qui mene du Levant au Couchant au Village d'Injami. On seroit impur si on se servoit de quelque voiture pour y arriver ; ce qu'on ne fait qu'en traversant à pié un côteau de figure ronde. La Moquisie de Moanzi est un pot que l'on met en terre dans un creux entre des arbres sacrés. On plante une fleche dans ce pot, & on étend une corde à laquelle on suspend des feuilles. Ses ministres portent un bracelet de cuivre rouge, & ne mangent de cola que quand ils sont seuls. Il y a encore plusieurs autres Moquisies, comme celle de Kytouba, qui est une grande cressolle de bois, sur laquelle on fait une imprecation pour faire tomber ceux que l'on haït, dans quelque malheur, & celle de Pansa, un morceau de bois de la longueur d'une pertuisane, la cime façonnée comme une tête, & colorée de rouge.

MOR

MORABITES. s. m. Nom que l'on donne en Afrique à ceux qui font profession de science & de sainteté. Ils vivent à la maniere des Philosophes des Payens, & s'attirent par leur solitude une si grande veneration du Peuple, qu'il les y va chercher quelquefois pour les couronner. On appelle aussi Morabites, Ceux qui sont d'une Secte venue d'un descendant du second fils d'Ali, gendre de Mahomet. Ils vivent dans les deserts comme les Moines, & pourtant avec une grande liberté, parce qu'ils prétendent que leur ame ayant été purifiée par les oraisons & par les jeûnes, il leur est permis de jouir des biens de la terre. Ils assistent aux fêtes des Grands, où ils chantent d'abord des vers à l'honneur d'Ali & de ses fils, & quand ils ont bien bû & bien mangé, quoiqu'ils fassent profession de Philosophie morale, ils dansent en chantant des chan-
Tome II.

sons d'amour, jusqu'à ce qu'ils se laissent tomber de lassitude, en poussant des soupirs & ver ant beaucoup de larmes. Alors quelques-uns de leurs disciples les relevent, & les remenent à leur solitude.

MORAILLE. s. f. Instrument de maréchal qui est composé ordinairement de deux branches de fer, avec quoi on serre le nez d'un cheval, afin d'empêcher qu'il ne se débatte quand on lui met le feu, ou qu'on lui fait quelque incision. Quelques-uns disent *Mouraille.* On en fait de très-bonnes de bois, qui sont tournées en viz.

MORAILLON. s. m. Terme de Serrurerie. Morceau de fer attaché au couvercle d'un coffre, que l'on fait entrer dans la serrure quand on veut le fermer. Dans une serrure à bosse, c'est le morceau de fer qui coule avec le verrouil, & qui fait le même effet. On fait venir ce mot de *Morail*, qui en bas Breton veut dire *Loquet.*

MORBIDE. adj. Terme de Peinture, dont on se sert particulierement en parlant de la chair grasse & vivement exprimée.

MORBIFIQUE. adj. Terme de Medecine. Qui regarde la maladie. *Cause morbifique.* Il vient du Latin *Morbus*, Maladie.

MORCE. s. f. On appelle *Morce*, Les pavés qui commençant un revers, font des manieres de harpes, afin de faire liaison avec les autres pavés.

MORDACHE. s. f. Terme dont on se sert dans quelques Couvents. Morceau de bois fait en forme de baillon qu'on oblige un Novice d'avoir dans la bouche pendant que que tems au refectoire, pour le punir d'avoir rompu le silence sans necessité. Il vient du Latin *Mordere*, Mordre.

MORDANT, ANTE. adj. Qui mord. On appelle en termes de Venerie, *Bêtes mordantes*, le sanglier, le blereau, le renard, l'ours, le loup, le loutre & autres.

MORDANT. s. m. Terme de Sellier. Sorte de grand clou de cuivre doré à deux pointes, que l'on met pour ornement sur les gouttieres des carosses & sur les harnois des chevaux.

Mordant. Vieux mot que Borel croit signifier une Agraffe.

D'autres pierres fut li mordans.

Mordant. Terme d'Imprimerie. Petit morceau de bois fendu qui tient la page sur le visorium, & qui montre la ligne de la copie qu'on compose.

MORDS. s. m. Assortiment entier des pieces de fer qui servent à une bride, comme l'embouchure, les branches, la gourmette, les crochets, &c. Il se dit plus particulierement de l'embouchure. On appelle *Mords qui tient de l'entier*, Un Mords qui ne plie point dans le milieu de la liberté de la langue. Autrefois on se servoit de ce même mot, pour dire, Les dents de devant du cheval qu'on appelle *Pinses.*

On appelle *Mords d'estau*, La partie qui serre le fer qu'on met entre les deux principales pieces dont l'étau est composé.

MORE. Terme de Manege. On appelle *Cheval more* ou *Cheval moreau*, Un Cheval qui a le poil d'un noir enfoncé, vif & luisant.

MOREAU. s. m. Terme de Bâtier. Espece de cabas de corde dans quoi on donne à manger du foin aux Mulets, pendant qu'ils marchent.

MORELLE. s. f. Sorte d'herbes des jardins, fort branchue, dont les Anciens usoient ainsi que des autres herbes potageres. Ses feuilles sont un peu plus grandes que celles du basilic, & ressemblent aux feuilles de Vesicaria, excepté qu'elles sont plus

L

étroites, plus noïres, plus molles & longuettes. Elle produit plusieurs tiges & rameaux d'où sortent des fleurs blanches, qui ont leur milieu jaune, & qui sont rayées en façon d'étoiles. Son fruit qui est rond & amassé en forme de grappe, rend un jus vineux un peu moindre que celui de Genevre, & enferme une graîne petite & blanche. Ce fruit n'est pas d'une même couleur dans toutes les plantes. Il y en a qui en produisent de noir, d'autres de jaune & d'autres de vert. Sa racine est blanche & bien munie de capillatures. La Morelle croît aux jardins & aux vergers, le long des grands chemins & particulierement auprès des hayes & des murailles des maisons. Le jus de ses feuilles & de son fruit, avec de l'huile rosat & un peu de vinaigre, est singulier aux douleurs de tête, causées de chaleur, & même aux phreneriques & aux inflammations des pannicules du cerveau, étant appliqué sur le front & sur les temples en façon de liniment. Il est bon aussi aux inflammations des yeux, enduit sur le front de la même sorte. Gargarisé avec du vinaigre, il sert à celles du gosier & de la luette. On le mêle dans les onguents qu'on prepare pour les ulceres malins & qui ne sont pas aisés à guerir. Enfin la Morelle est profitable en tout ce qu'il faut refroidir, dessecher, & estreindre. C'est ce qu'en dit Matthiola. Cette Plante est appellée par les Latins *Solanum hortense & sativum*, & par les Grecs στρύχνος & στρύχνιον.

On trouve en divers endroits de l'Egypte plusieurs especes de Morelle, & sur-tout celle qu'on y appelle *Datura*, & qui est prise par quelques-uns pour la noix methel d'Avicenne. Sa racine est longue, épaisse, rougeâtre, d'une odeur très-forte, & sa tige haute de trois ou quatre coudées. Il en sort plusieurs rameaux de chaque côté. Cette Morelle a ses feuilles d'un brun enfoncé, sa fleur assez belle & odorante, & son fruit rond, couvert d'une maniere de coquille épineuse & quelquefois sans épines, laquelle renferme quantité de graines jaunes, qui deviennent pâles quand elles sont mûres. Les bandis d'Egypte se servent de cette graine pour enyvrer des Marchands dont ils s'accostent en feignant de voyager comme eux. Ils mêlent de cette graine pilée dans quelque viande ou quelque boisson, lorsqu'ils sont prêts de se mettre à table, & la vertu en est telle que ceux qui en prennent demeurent assoupis quelquefois deux ou trois jours, ce qui donne à ces bandits l'entiere facilité de les voler, & d'être loin avant que les Marchands soient sortis de leur assoupissement.

MORESQUE. s. f. Sorte de peinture faite à la maniere des Maures, qui consiste en certains rameaux, d'où sortent des feuillages qui sont faits de caprice, & d'une maniere, qui n'a rien de naturel. M. Felibien dit que l'on s'en sert d'ordinaire dans les ouvrages de damasquinerie, & dans quelques ornemens de peinture & de broderie.

MORFIL. s. m. *Certaines petites parties d'acier presque imperceptibles qui restent au taillant d'un couteau, d'un rasoir, &c. lorsqu'on les a passés sur la meule.* ACAD. FR. Les outils que l'on affûte d'abord sur la pierre de grès, s'affilent ensuite sur la pierre à affiler pour en ôter le morfil.

MORFONDURE. s. f. Maladie de Cheval qui lui vient d'humeurs impures qu'il jette par les naseaux. Ces humeurs le font tousser plus ou moins, & lui causent des dégoûts & des battemens de flancs. Quelques-uns disent aussi, *Morfondement*.

MORGELINE. s. f. Herbe produisant plusieurs tiges qui viennent toutes d'une racine, & sont un peu rouges par le bas, & aucunement creuses. Ses euïlles sont étés, itor longuettes & ont le dos ai-

gu & élevé, & qui tire sur le noir. Elles vont toûjours en aiguisant, étant comparties deux à deux par intervalles. D'entre ces feuilles sortent de petites tiges qui portent une fleur bleue comme celle du Mouron. Sa racine est de la grosseur d'un doigt, ayant avec soi plusieurs petites racines attachées. Cette racine enduite guerit les fistules des yeux qui viennent auprès du nez. Les Latins appellent cette herbe *Auricula muris*; & les Grecs αλσίνη, du mot ἄλσος, Forêt, à cause qu'elle se plaît aux lieux remplis d'ombre.

MORGUE. s. f. Maniere de petit bouge, qui est ordinairement le second guichet, où l'on met d'abord ceux que l'on amene en prison, afin que les Guicheriers ayant le tems d'examiner tous les traits de leurs visages, ne puissent plus manquer à les reconnoître. *Mettre un prisonnier à la morgue. On le laissa long-tems à la morgue.*

MORGUEUR. s. m. Celui qui tient le guichet de la morgue. Il y a toûjours deux ou trois Morgueurs dans les grandes Prisons.

MORIE. s. f. Vieux mot. Perte qui arrive par mort.

Et ne fut mie grand Morie,
Selle morut ne grant pechié.

MORILLE. s. f. Sorte de Champignon qui vient au Printems, & qui est troüé par-dessus comme une éponge ou comme un rayon de miel. Après qu'on a bien lavé les Morilles, on les fait bouillir pour les mettre dans des ragoûts. Ce mot, selon M. Menage vient de *Morum*; à cause de la ressemblance qu'a la Morille avec une mûre, ou de *Morucla*, mot Gaulois que quelques Auteurs employent dans la même signification.

MORILLON. s. m. Raisin doux & fort noir qui fait de bon vin. C'est le meilleur plant des vignes.

MORNE. s. f. Terme de Blason. Cercle ou extremité ronde d'un bâton, huchet, ou autre chose semblable. C'est ce qu'en dit le Pere Menestrier, qui fait venir *Morne*, de *Murena*; ou *Murenula*, Collier & bracelet, à cause qu'ils se faisoient autrement en forme de poisson plié en rond, se mordant la queue comme les serpens.

MORNE'. adj. Terme de Blason. Il se dit des Lyons, & autres Animaux, sans dents, bec, langue, griffes & queue. *D'azur au Lyon morné d'or.*

MORPION. s. m. Petit insecte qui a une infinité de piés, & qui se multiplie beaucoup en fort peu de tems. Il s'engendre dans la peau, & aux sourcils, aux aines & aux aisselles, & à tous les lieux du corps où il y a du poil.

MOROCHTUS. s. m. Pierre que quelques-uns appellent *Galaxia* ou *Leucographis*, & que Dioscoride dit qui croît en Egypte. Les Tisserans & les Foulons s'en servent pour blanchir & pour nettoyer les linges. Elle est molle & aisée à résoudre en humeur, & semble être propre à resserrer les pores du corps. Prise en breuvage avec de l'eau; elle est bonne à ceux qui crachent le sang, ainsi qu'aux fluxions d'estomac, & aux douleurs de la vessie. Comme elle est incarnatine, on la met aux collyres liquides qu'on prepare pour les yeux, dont elle arrête les fluxions. En Grec μόροχθος.

MORS DU DIABLE. s. m. Herbe qui croît aux lieux non cultivés dans les bois & les buissons, & quelquefois par les prés. Sa feuille ressemble au long Plantain appelé *Lancolata*; elle est pourtant plus lisse. Celles qui viennent autour de la tige, qui a deux coudées de hauteur, sont plus petites, plus étroites, & un peu dentelées tout à l'entour.

Cette herbe fleurit en été , & jette une fleur semblable à la scabieuse. Elle a plusieurs racines miparties noires , découpées , & comme rouges tout autour , ce qui lui a fait donner le nom de *Morsus Diaboli* , quelques superstitieux ayant écrit , que le Diable envieux des vertus de cette racine , la coupe & la ronge avec ses dents si-tôt qu'elle a commencé à croître. On l'appelle encore , *Succisa*. Matthiole qui en a fait cette description , dit que l'herbe verte & crue , est un prompt remede pour les charbons pestilentiels , si on la broye & qu'on l'applique dessus. La racine seule mangée est bonne aux suffocations de matrice , & à préserver de l'air pestilentiel & corrompu. Le vin de sa décoction fait la même chose. La poudre de cette racine est bonne à faire mourir les vers du ventre , & à ôter les taches noires & meurtries , si elle est enduite dessus.

MORTADELLE. s. f. Gros saucisson qui vient de Boulogne , & qui est de fort haut goût. Quelques-uns le nomment *Moustardelle*.

MORTAILLABLE. adj. Terme de Coûtume. Il se dit non-seulement des personnes de condition servile , dont le Seigneur a droit d'heriter , & qu'on appelle autrement , *Gens de main-morte* , mais aussi de ceux qui sont taillables à la discretion du Seigneur. Quand il y a de ces sortes de successions à recevoir , les Seigneurs établissent quelquefois des Juges ou Procureurs qu'on appelle *Mortailliers*. Ce mot vient de *Mortalia* , comme si on disoit , *Mortua tallia*. On trouve *Mortaille* , dans la Coûtume de la Marche.

MORTAILLE. s. f. Vieux mot. Mortalité.

MORTAISE. s. f. Entaillûre faite dans une piece de bois de menuiserie ou de charpenterie , pour y assembler une autre piece avec des tenons. ACAD. FR. Cette entaillûre se fait en longueur , & est creuse quarrément de certaine profondeur. On dit des Mortaises simples , *Piquées justes en about* , & de celles où il y a des embrevûres ou des faussemens , on dit , *Piquées autant justes en gorge qu'en about*. On dit aussi *Mortoise*.

On appelle dans un Navire , *Mortaise de Gouvernail* , Le trou quarré qu'on fait dans la tête du Gouvernail afin d'y passer la barre ; *Mortaise du mât* , Le trou qui se fait dans le pié du mât de hune , pour passer la clef. On dit aussi *Mortaise de poulie*. C'est le vuide de la mousse où l'on met le rouet.

Mortaise. Nom que les faiseurs d'Instrumens donnent à une regle de bois où il y a quarante-neuf trous par où passent les sauteraux des épinettes & des clavecins.

MORTEX. adj. Vieux mot. Mortel. On a dit aussi *Mortiex* & *Mortieux*.

MORTIER. s. m. Vase de métal , de marbre ou de bois qui sert à broyer. Ce mot vient du *Mortarium*.

Mortier , parmi les Maçons , signifie souvent la fosse où ils détrempent la chaux , mais proprement il veut dire un composé de chaux & de sable , ou de chaux & de ciment , dont ils se servent pour liaisonner les pierres. Le Mortier de chaux & de sable qui seche trop tôt , dure peu de tems. On appelle *Mortier gras* ; Celui où il y a beaucoup de chaux.

Mortier. Piece de fer ou de fonte , faite à peu près comme un Mortier à piler , dont on se sert à jetter des bombes , des carcasses , des pierres & des cailloux. Les Mortiers sur terre sont montés sur des affuts , ausquels on ajoute des avants-trains , par le moyen desquels on les traine. Les Mortiers dont

Tome II.

on se sert sur la mer , sont placés au milieu d'une Galiotte , sur une plaque posée sur une grosse piece de bois quarrée. Cette plaque jointe au Mortier & au madrier sur lequel il est placé , assure si bien la piece qu'elle est inébranlable & toûjours élevée de quarante-cinq dégrés , de sorte que si on assiege une Place maritime , les Galiottes qui ont ordinairement un ou deux Mortiers chacune , s'en éloignent environ de la portée de la piece à quarante-cinq dégrés. Sa charge de poudre est à peu près de vingt-quatre livres. Il y en a dont la charge n'est que de huit livres , de quatre & de trois. Avant que de se mettre sur mer , il faut examiner la portée de chaque Mortier pour être certain de ses entreprises.

Mortier. Sorte de bonnet que le Chancelier de France & les Grands Présidens des Parlemens , portent pour marque de leur dignité. Celui du Chancelier est de toile d'or , bordé & rebrassé d'hermines. Celui du premier Président est de velours noir , bordé de deux galons d'or , & celui des autres Présidens n'a qu'un seul galon. Ils le portoient autrefois sur la tête , ce qu'ils font encore aux grandes ceremonies , mais dans l'ordinaire ils le portent à la main.

MORTIFIER. v a. Terme de Chymie. Détruire la forme extérieure d'un mixte. Cela se fait au Mercure quand on lui ôte sa fluidité & son mouvement. C'est aussi mortifier en quelque façon les sels & les esprits que de les mêler , l'acrimonie de l'un étant corrigée par l'autre.

MORTUMNON. s. m. Sorte de fruit qui croît en abondance au Perou. Sa couleur est noire , & il est un peu plus petit qu'une prune de Damas. Plusieurs autres fruits plus petits & de même forme , y naissent par grappes , & quand l'on en mange trop , il enyvre & endort au grand peril de la vie.

MORUE. s. f. Poisson de l'Ocean , large d'un pié , & qui croît jusqu'à une coudée. La Morue a ses dents au fond du gosier , & quoiqu'elle ait de grands yeux , on tient qu'elle ne voit guere clair. La Morue fraîche est un excellent manger , mais les mâles valent beaucoup mieux que les femelles. Il y a vers le Canada un banc de cent lieües de long , qu'on appelle *Le grand banc des Morues* , à cause que la meilleure Morue , appellée *Morue nouvelle de Terre-neuve* , vient de là.

MORVE. s. f. Maladie dangereuse de cheval , qui consiste en un écoulement d'humeurs phlegmatiques , visqueuses , blanches , rousses , ou jaunâtres , par les naseaux. Ces humeurs sont glaireuses , épaisses , & sanguinolentes , viennent d'un poumon gâté. La Morve est un des défauts dont le vendeur est garand envers l'acheteur , dans les neufs jours qui suivent celui de la livraison.

MOS

MOSAIQUE. s. f. Ouvrage fait de petites pieces & morceaux de différentes couleurs , soit de pierre , soit de bois. M. Felibien qui rapporte l'origine de la Mosaïque , dit qu'après qu'on eut vû le bel effet que faisoient les differens marbres dont on pavoit les logis , lorsqu'on leur faisoit former quelque figure par la maniere diverse dont on prenoit soin de les disposer , les Ouvriers en choisirent de toutes sortes de couleurs , desquels ils prirent les plus petits morceaux , avec quoi ils firent d'abord des compartimens d'une varieté agréable. Ces petites pieces appliquées sur un fond de stuc , fait avec la chaux & la poudre de marbre , & assés épais &

L ij

affés fort pour les bien tenir enfemble, s'uniffoient & fe poliffoient lorfque le tout étoit fec, & il s'en faifoit un corps luifant très-folide, en forte que quoiqu'on marchât continuellement deffus, & qu'il y tombât de l'eau, il n'en recevoit aucun dommage. On donne le nom de Mofaïque ou de Mufaïque à ces ouvrages, & les Latins les appellent *Opera Mufiva*, comme qui diroit, Induftrieux, & où les Mufes ont part, à caufe de leur beauté & de leur délicateffe. Les Peintres voulant enchérir fur une fi belle invention, formerent de toutes ces petites pierres, des rameaux, des feuilles, des mafques, & d'autres figures bifares de différentes couleurs, qu'ils faifoient paroître fur un fond de marbre blanc & noir. C'eft ce qui a fait croire à Nebricenfis, que le mot de Mofaïque, ou Mufaïque vient de *Mufæum*, qui veut dire, Cabinet, à caufe que la plûpart des cabinets étoient ornés de ces fortes de peintures. Enfin la Mofaïque refiftant à l'eau, & l'effet en étant très-agréable fur le pavé, on crut que des chofes reprefentées de cette même maniere paroîtroient encore davantage, fi on les faifoit voir de loin & de face. Cela fut caufe que l'on entreprit d'en revêtir les murailles, & d'en faire diverfes figures, pour orner les Temples, & autres grands édifices. Les Ouvriers qui ne fe fervoient au commencement que de pierres naturelles dans ce travail, s'aviferent de contrefaire des pierres de différentes couleurs, afin qu'ayant plus de teintes, ils puffent imiter mieux la peinture. Ils fe fervirent pour cela du verre & des émaux, dont ils firent un nombre infini de petits morceaux, de toutes groffeurs, & coloriés de différentes manieres, qui ayant un luifant & un poli merveilleux, font de loin un effet très-agréable, & refiftent à toutes les injures de l'air, ainfi que le marbre même.

MOSCH. f. m. Plante qui croît en Egypte, & qui ne pouffe qu'une tige droite, ronde & velue. Deux feuilles en fortent du même endroit le long de la tige, dont l'une eft grande, & l'autre petite. Ces feuilles qui font blanchâtres & rudes, pendent à de longues queues. Quant aux fleurs, elles fortent d'entre le tronc & la tige des feuilles, aufquelles fuccedent des cellules rondes, où eft renfermée une femence noire, petite, amere & mufquée. On l'appelle *Abelmofch*, c'eft-à-dire, qui a de l'odeur d'un mufc oriental. Elle a en effet, l'odeur, la couleur, & le goût du mufc le plus excellent, ce qui fait que les Arabes falfifient le mufc par le mêlange de cette femence. La racine & les feuilles du Mofch cuites dans l'eau, refolvent les tumeurs fur lefquelles on les applique. On fe fert de la femence pour en faire des pillules qui foulagent les femmes fujettes aux vapeurs de mere, & on leur fait revenir les mois, en faifant entrer par la matrice la fumée de cette graine.

MOSQUE'E. f. f. Temple des Mahometans, deftiné pour l'exercice de leur Religion. Les Mofquées qui font bâties ordinairement, comme de grandes falles avec ailes, galeries & domes, font par dedans ornées de compartimens mêlés d'Arabefques & de quelques paffages de l'Alcoran qui font peints contre les murs, avec un lavoir à côté qui a plufieurs robinets. Il y en a de Royales, fondées par des Empereurs, & d'autres par des Muphis & des grands Vifirs. La Mofquée de la Meque eft extrêmement riche, & l'on y voit grande quantité d'argenterie & de pierreries. Le tombeau de Mahomet qui eft de marbre, en eft tout couvert, & parfemé de très-beaux diamans. La chapelle qui l'environne en eft auffi toute revêtue. Ce tombeau eft

au milieu de cette Mofquée, entouré de grands baluftres d'argent, & orné de trois cens lampes qui ne s'éteignent jamais. On veut que *Mofquée* vienne de l'Italien *Mofchea*, que l'on prétend être fait du mot Arabe *Mefgia*, qui veut dire, Un lieu d'adoration. Borel le fait venir de *μόσχος*, Veau, à caufe que dans l'Alcoran des Turcs, il eft fort parlé des mifteres religieux pour une vache. Il dit que ce mot eft plus ancien, & que cela vient d'Apis, ancien Dieu des Egyptiens adoré fous la figure d'un bœuf, à caufe de quoi les Ifraëlites firent un Veau d'or au Defert, parce que c'étoit le Dieu du Pays d'où ils étoient fortis.

MOSSE. f. f. Sorte de bête qui fe trouve frequemment dans la nouvelle Angleterre. Elle eft de la grandeur d'un Taureau, ayant la tête d'un Dain avec les cornes larges qui muent tous les ans. Elle a le col comme un cerf, le crin fort court, qui defcend du col le long du dos, les jambes longues, de grands piés à la maniere des vaches, & la queue un peu plus longues que celle des Dains. La chair de cet animal eft d'un affés bon goût. Les Sauvages la gardent long-tems fechée au vent. Sa chair eft auffi épaiffe que celle d'un bœuf, & n'eft pas moins utile à bien des chofes. Ces bêtes fe trouvent en quantité dans une Ifle près de la terre ferme, où les Sauvages les prennent en allumant plufieurs feux, après quoi ils environnent le bois, & les chaffent vers la mer où elles fe jettent. Ils les y pourfuivent avec leurs cahots, & les tuent.

MOT

MOTTE. f. f. Petit morceau de terre, détaché du refte avec la charrue ou avec la bêche. On dit en termes de Fauconnerie, qu'*Un Oifeau prend motte*, Quand au lieu de fe percher fur un arbre il fe pofe à terre.

Motte, fe dit auffi d'une élévation artificielle auprès des vieux Châteaux, qui eft une marque de Châtellenie. On y tenoit autrefois les plaids & les affifes fous un chêne au pié duquel étoit une groffe pierre, qui étoit le fiege du Juge. La raifon étoit afin que tous y puffent venir en fûreté.

MOTTER. v. a. On dit en termes de chaffe, que *Les perdrix fe mottent*, pour dire, qu'Elles fe cachent derriere les mottes.

MOU

MOUCHE. f. f. Petit infecte volant qui a des cornes entrelaffées enfemble, & une petite trompe, dont il fe fert pour attirer l'humidité des herbes. Ses yeux font de couleur de pourpre, & entre-deux il y a deux petites lignes qui les féparent, & c'eft de ces lignes que fortent ces cornes Les ailes des mouches font membraneufes, & leurs jambes velues. Elles en ont fix diftinguées chacune en quatre parties, dont l'extrémité fe divife encore en plufieurs autres, & eft armée de deux ongles ou pinces, entre lefquelles on découvre de petits poils. leurs piés font couverts d'une infinité de petites pointes faites comme les peignes des Cardeurs. Ces pointes leur fervent à s'attacher aux moindres inégalités des corps les plus polis. Elles ont fur le ventre de petites incifions faites en forme d'anneaux, avec des poils vers la queue. Tout le refte de leur corps eft velu d'un gris qui tire un peu fur le noir. Elles fe fervent de leur aiguillon pour fuccer le fang des animaux. On tient qu'elles viennent d'un œuf blanc revêtu de deux peaux ainfi que les œufs des poules, & qu'il en fort d'abord un ver, ayant les jambes courtes & refferrées, ce qui eft caufe que cet infecte fe fert de fon bec, pour marcher plus aifément.

Il y a dans l'Amerique de certaines mouches que l'on appelle *Mouches luifantes*, à caufe que dans les nuits les plus obfcures, elles brillent dans l'air & le rempliffent d'une infinité de lumieres. Elles fe retirent le jour dans des bois pourris jufqu'à ce que le Soleil foit couché, & alors elles prennent leur vol de tous côtés le long des forêts & des habitations. On les fait approcher en pofant une chandelle, un tifon de feu ou une méche allumée, & fitôt qu'elles apperçoivent ces lumieres étrangeres, elles font tant de tours tout à l'entour, qu'elles s'y brûlent comme font les papillons. Ces mouches font de couleur brune & de la groffeur des hanetons. Elles ont deux aîles fortes & deux fous lefquelles font deux aîlerons fort deliés qui ne paroiffent que dans le tems qu'elles volent. C'eft fous ces aîlerons, qu'eft cachée cette clarté qui illumine toute la circonference, ainfi que feroit une chandelle. Leurs yeux font auffi fort lumineux. Elles n'ont aucun aiguillon ni aucun mordant pour leur défenfe, & elles ne font nul bruit en volant. Lorfque l'on en prend quelqu'une, elle refferre la lumiere qu'elle a fous fes aîlerons & n'éclaire que de fes yeux, ce qui eft une bien foible clarté au prix de celle qu'elle rend quand elle eft libre. Elles entrent la nuit dans les chambres qui ne font pas bien clofes, & fervent de lampes ou de chandelles à ceux qui veulent lire. Cette lumiere eft tellement attachée à la difpofition de cet infecte, qu'étant en pleine fanté, elles font feu de toutes parts, & au contraire, la même lumiere s'affoiblit fi elles deviennent malades, & s'éteint entierement quand elles meurent. On en a voulu conferver en vie, & elles ne vivent que quinze jours ou trois femaines au plus étant retenues fans liberté.

On voit dans la Martinique une autre efpece de Mouches toutes differentes, qui n'ont que la groffeur des Mouches communes. Elles font briller en un moment dans l'air dix ou douze petits éclairs d'un feu doré & fort agréable, après quoi elles s'arrêtent, & cachent leur feu qu'elles renouvellent à un moment de-là, voltigeant ainfi toute la nuit. Cette clarté eft attachée à une certaine matiere blanche dont elles font pleines, & elles la font paroître quand elles veulent par les incifions de leur peau.

On trouve dans la même Ifle & dans quelques autres, la Mouche appellée *Mouche cornue*, qui pour la forme du corps eft toute femblable au cerf volant ou à certains gros hannetons gris, qui fur la fin de l'Eté fe trouve dans les cheminées. Elles ont la tête noire, fort petite, & couverte d'un poil orangé doux comme de la foye. Cette petite tête fe termine en forme de cornet, retrouffée & armée de quatre dents; telle qu'eft la pince d'une écreviffe. Cette maniere de corne eft noire, polie, dure comme du Jayet, & longue d'environ d'eux pouces. Deux yeux ronds, gros comme de petits poix, tannés, clairs, diaphanes, & d'une matiere fi dure qu'on ne les fçauroit crever qu'en les mettant par morceaux, font comme enchaffés dans la tête de ces Mouches, & arrêtés dans leurs petits chatons par deux petites pointes qui les couvrent à demi. Ce qu'il y a de fort remarquable dans ces Mouches, c'eft qu'elles ont une jointure & un mouvement au deffus des yeux, leur petite tête étant couverte d'un certain cafque depuis les aîles jufque fur les yeux, où ce cafque fe termine en une autre corne longue de trois ou quatre pouces & qui fe

courbant en bas, atteint la jointure de l'autre, & fait encore comme la pince d'une écreviffe. Cette feconde corne eft faite comme la premiere, à la referve du deffous qui eft bordé d'un poil ras & doux comme du velours. Elles hauffent & baiffent ce cafque quand elles veulent, & il n'y a que les mâles qui portent ces cornes. Ces fortes de mouches ont fix piés.

Il y en a encore de deux autres fortes dans les mêmes Ifles qui ne fe rencontrent point dans l'Europe. Les premieres font larges d'un bon pouce & longues d'un pouce & demi. Elles font plates & affés femblables aux efcargots, & elles ont les dents fi dures qu'elles rongent & percent jufqu'au cœur les bois les plus durs, afin d'y faire leur nid. Les autres font des Moucherons qui ne font que bourdonner le long de la terre lorfqu'après la pluye le Soleil l'échauffe un peu ardemment. Quand elles veulent faire leur nid, elles vont couper de petites feuilles d'arbres qu'elles arrondiffent avec leurs dents, en forte que de deux feuilles elles en forment un petit panier, dans lequel elles en ajoûtent un autre de même grandeur, mais d'une maniere qui l'empêche d'aller jufqu'au fond du premier. Dans l'efpace qui eft entre l'un & l'autre, il s'engendre fucceffivement jufqu'à dix ou douze Mouches, & ces petits nids fe trouvent ordinairement dans des armoires où quelque petite ouverture leur donne moyen de paffer. On tient en general qu'il y a jufqu'à quarante-huit fortes de Mouches.

MOUCHERON. f. m. Petite Mouche, dont le mâle a les yeux de couleur verdâtre; il a des cornes qui fortent tout proche de-là, de deux petites boules de couleur incarnate. Ces cornes font divifées en douze petits boutons noirs environnés de poils fort deliés qui fe croifent. Au bout eft un anneau environné de fix poils, & du milieu fort une efpece d'aiguillon, revêtu de petites plumes de couleur brune, qui ont quelque reffemblance avec des écailles de poiffon. Le Moucheron a fes jambes & fes aîles qui fortent du milieu de fa poitrine. Ses jambes font brunes, & à l'extrêmité de chacune font comme de petits ongles. Il a fes piés revêtus de plumes qui reffemblent à des écailles, d'entre lefquelles fortent quantité de petits poils noirs, fermes & roides comme de la foye du pourceau. Les aîles des Moucherons font environnées de petites plumes tiffues de petites veines ou nerfs. Le fonds en eft d'une fubftance membraneufe & tranfparente. Ils ont la poitrine luifante, & qui tire fur le châtain brun. Leur ventre eft divifé en huit anneaux comme le ver, & il eft auffi revêtu par tout de petites plumes, & environné de poils extrêmement deliés qui fe croifent. La femelle a fes cornes conftruites differemment. On a remarqué que cet animal s'engendre dans l'eau, d'un œuf fort petit que la mere y cache lorfqu'elle jette fes œufs.

Moucheron. Se dit auffi du bout de lumignon d'une chandelle qu'on mouche.

MOUCHET. f. m. Oifeau de proie qui eft le mâle de l'Epervier, & qui ne vaut rien en fauconnerie.

Mouchet, eft auffi un bout de queue de bœuf, ou de vache, ou de veau que les Tanneurs vendent avec leur grand poil pour être filé avec du crin.

MOUCHETÉ, *ée*. adj. Terme de Blafon. Il fe dit du milieu du papelonné quand il eft plein de mouchetures, & des hermines. *De gueules au chevron d'argent Moucheté d'hermines.*

MOUCHETTE. f. f. Terme de Menuiferie. Efpece

de rabot dont le fer & le fuſt ſont cavez pour faire & pouſſer un quart de rond. Il y a auſſi des *Mouchettes à grain d'orges*, qui ſervent pour dégager une baguette & autres mouluſres. Les Sculpteurs ainſi que les Menuiſiers appellent *Mouchettes ſaillantes*, le plinthe ou liſtel qui eſt d'ordinaire au-deſſus d'un quart de rond dans les ornemens.

Mouchette. Couronne ou larmier d'une Corniche. C'eſt particulierement le petit rebord qui pend au larmier des corniches. Il eſt fait pour empêcher que l'eau ne coule en deſſous.

MOUCHETURE. ſ. m. Terme de Blaſon. Maniere de queue d'hermine mouchetée. *D'argent ſemé de Mouchetures.*

MOUDRE. v. Broyer. On moud le tan & on le réduit en poudre avec des pilons ferrés à couteaux.

MOUE. ſ. f. Vieux mot. Muſeau, groin.

Vous l'en avez pris par la Moue.

MOUET. ſ. m. Meſure d'uſage dans les Salines, qui tient dix cartaux.

MOVETTE. ſ. f. Poule d'eau. Il y en a de blanches, de noires & de cendrées. M. Ménage le fait venir du Flamand *Movv*, ou de l'Anglois *Mevv*.

Ces Poules ſont communes ſur la Loire en Automne. On dit qu'elles préſagent la crûe de la riviere. Les griſes cendrées ſont les jeunes ; les blanches ſont les vieilles : je n'en ai jamais vû de noires.

MOUFLE. ſ. m. Aſſemblage de pluſieurs pou'ies en-chaſſées dans des mortaiſes, & qui ſont retenues avec un boulon dans une main de bois de fer ou de bronze. On attache le poids à cette mouſfle, au-tour de laquelle une corde fait pluſieurs tours, de-puis la mouſfle juſqu'à un point fixe plus élevé juſ-qu'où l'on veut faire monter le poids. Il eſt clair que pour faire monter le poids de cette hauteur déterminée, il faut que la *Puiſſance* deſcende en même tems de toute la longueur de la corde, & cette longueur de la corde ſeroit égale à cette hauteur ſi la corde ne faiſoit qu'un tour, mais quand on en fait pluſieurs, cette lon-gueur eſt plus grande, & elle eſt d'autant plus grande que la corde fait plus de tours. Ainſi le che-min que doit faire la puiſſance, & par conſequent ſa viteſſe, augmente autant que la longueur de cette corde qui fait pluſieurs tours, eſt plus grande que la hauteur où l'on veut élever le poids, ce qui fait qu'une petite puiſſance peut ſoutenir ou éle-ver un auſſi grand poids que l'on voudra. Voyez MACHINE & MOUVEMENT. On appelle en-core *Moufles*, tout ce qui eſt fait comme pour faire des poulies, quoiqu'il n'y en ait pas, & que ce ſoit des pieces de fer ou autres choſes qui ſe lient enſemble avec des chevilles. M. Ménage fait venir ce mot de l'Allemand *Meſſil*, ou de *Maſſula*, qui ſe trouve en Latin dans la même ſignification.

Moufle. Petit arc de terre que les Orfevres & les Emailleurs mettent au feu, & ſous lequel ils font parfondre leurs émaux.

Moufle, eſt auſſi un morceau de bois percé & fen-du en deux, qui ſert aux Vitriers à prendre leur fer à ſouder.

Moufle, Terme de Chymie. Tuile ou couvertu-re ronde qu'on met ſur une coupelle, afin d'empê-cher que les charbons qui ſont allumés ſur la Mou-fle, ne tombent dans la coupelle, dans le tems qu'on y entretient le métal en fonte.

MOUFLETTES. ſ. f. Eſpeces de manches de bois dont ſe ſervent les Vitriers pour tenir un fer à ſou-der. Ce ſont deux morceaux de bois, qui ont cha-cun un demi canal.

MOUILLAGE. ſ. m. Terme de Marine. Endroit de mer propre à jetter l'ancre, d'où vient, que l'on dit, *Il y a mouillage en ce lieu-là*, pour dire, Que l'endroit eſt propre à donner fond. On dit, qu'*Il y a mauvais Mouillage*, quand on parle d'un endroit où le fond de la mer eſt rempli de roches, ou au-tres choſes qui coupent les cables.

MOUILLER. v. a. *Tremper, humecter, rendre moi-te & humide, rendre dégoutant d'eau.* ACAD. FR. On dit en termes de Marine, *Mouiller l'ancre*, ou abſolument *Mouiller*, pour dire, donner fond, jetter l'ancre pour tenir le Vaiſſeau. On dit *Mouil-ler en patte d'oye*, lorſque de gros tems on jette trois ancres, l'une au vent & les deux autres à bas bord, & à ſtribord de cette premiere, ce qui fait que ces trois ancres étant diſpoſées en triangle, ſemblent figurer une patte d'oye. On dit auſſi *Mouil-ler en croupiere*, pour dire, Mouiller à poupe afin de maintenir les ancres de l'avant, & empêcher que le Vaiſſeau ne ſe tourmente. Pour cela on fait paſſer le cable le long des ceintes, & il va de-là à des anneaux de fer qui ſont vers la ſainte barbe, par les ſabords de laquelle on le fait quelquefois paſſer. *Mouiller à la voile*, veut dire, Jetter l'an-cre dans le tems qu'on a encore des voiles au vent. On dit par plaiſanterie qu'*Un Vaiſſeau a Mouillé par la quille*, quand il a échoué, ce qui lui a fait donner de la quille à la terre. *Mouiller les voiles*, ſignifie ſimplement, Jetter de l'eau deſſus afin que devenant plus épaiſſes, elles tiennent mieux au vent.

MOUILLE-BOUCHE. ſ. f. Sorte de poire ronde qui a beaucoup d'eau, & dont le goût eſt fort agreable. Elle meurit dans les mois de Juillet & d'Aout. On la nomme quelquefois *Beurée d'Eté.*

MOUISSON. ſ. f. Vieux mot. On a dit autrefois *Mouiſſon de vaches*, pour dire, La traite des va-ches.

MOULE. ſ. f. ſorte de petit poiſſon enfermé entre deux coquilles qui ſont noires par dehors, & qui par dedans paroiſſent entre blanches & bleues. Ces poiſſons ſe trouvent parmi les pierres & les rochers, & ne ſont produits, ſelon Matthiole, que d'une chaleur qui eſt encloſe dedans, & d'une matiere viſ-queuſe & gluante, & comme la terre eſt plus ma-terielle que la mer, les moules qui ſont engendrées en la terre ſont moins parfaites que celles de mer. Il aſſure, que dans un lieu où la mer bat ; il a vû rompre le roc à coups de marteau pour avoir une ſorte de moules appellées *Dattes*, à cauſe qu'elles étoient faites en façon de dattes. Il y a auſſi des *Moules d'eau douce*. Ce ſont de petits poiſſons de teſt dur, couverts de deux coquilles noires & unies.

Moule, ſe dit encore des petites coquilles des Moules de mer & des Moules de riviere, dont on ſe ſert pour faire des grottes, & qui font un très-bel effet, ſelon l'induſtrie de celui qui les employe.

MOULE. ſ. m. *Patron creux de plâtre ou d'autre choſe dans lequel on forme une figure.* ACAD. FR.

Moule pour jetter les tables de plomb, eſt une table, longue quelquefois de dix-huit piés plus ou moins, & de trois à quatre piés de large auſſi à diſcretion. Ce Moule eſt fait de groſſes pieces de bois bien jointes, & liées de barres de fer par les bouts, & garni tout autour d'un chaſſis, épais de deux à trois pouces, qui excede d'un pouce ou deux, & renferme le ſable qui eſt ſur la table. Il y a auſſi un Moule à faire des tuyaux de plomb ſans ſoudu-re. Il eſt creuſé en rond & fait de cuivre de deux pieces avec des charnieres & des crochets pour l'ouvrir & le fermer. Son calibre eſt de la groſſeur qu'on veut les tuyaux , & il a ordinairement deux piés & demi de long.

Les Vitriers ont un Moule pour fondre le plomb en petits lingots , ce qui fait qu'ils l'appellent Lingotiere. Ils ont auffi un *Moule à liens*. Ce font de petits morceaux de plomb appellés autrement *Attaches* , pour lier les verges des panneaux. Ce Moule a deux branches comme un Gaufrier , & l'on y fait plufieurs liens à la fois.

Moule , parmi les Appareilleurs & Tailleurs de pierre , eft une forme de bois , de cuivre , de fer blanc ou de carte , fuivant laquelle on trace fur les pierres , les profils des Corniches , des Architraves , des bafes , & autres pieces d'Architecture pour les tailler.

Moule , chés les Plombiers eft une table faite de groffes pieces de bois bien jointes , & qui a quelquefois dix-huit piés de longueur , & trois ou quatre de large. Chés les Chandeliers , c'eft un bois de noyer creufé , & raboté proprement , où ils font couler du fuif tout chaud par un tuyau de fer blanc lorfqu'ils font de la chandelle; & chés les Potiers , c'eft un bois de chêne de neuf pouces en quarré fur un pouce d'épais.

MOULE', E'E. adj. On appelle en termes d'Architecture *Marches moulées* , celles qui ont une moulure avec un filet au bord de leur giron.

MOULE'E. f. f. Poudre qui fe trouve fous la meule des Taillandiers. Elle eft mêlée des petites parties du fer & de la pierre qui fe détachent quand ils aiguifent leurs ferremens.

MOULER. v. a. Faire couler la matiere dans des creux , foit en plâtre , en bronze , ou en cuivre.

On dit , *Mouler une pierre* , pour dire, Tracer fur une pierre la figure des panneaux fur quoi on la doit tailler.

On dit en termes de Monnoye , *Mouler des louis d'or , des écus blancs* , pour dire , Jetter des pieces fauffes dans du fable bien préparé & proprement mis avec fes jets & des planches entre deux chaffis.

On dit encore , *Mouler du bois* , pour dire, L'arranger dans une membrure pour le mefurer.

MOULET. f. m. Calibre de bois dont fe fervent les Menuifiers pour regler l'épaiffeur des Languettes des panneaux , qui entrent dans les rainures fur l'échantillon du bouvet.

MOULETTES. f. f. Petites coquilles blanches dont on fe fert à former & à revêtir des figures de relief.

MOULIN. f. m. Forte machine qui fait tourner des meules. Il y a des Moulins à vent , des Moulins à eau , & des Moulins à bras. Ces derniers font portatifs pour l'armée , & fe tournent à force de bras , ou par le moyen d'un cheval. On appelle *Moulin à vent* , Une machine compofée d'une cage , d'une meule , d'un frein , & de volans habillés de toile , qui font aller toute la machine quand le vent les fait tourner. On emploie tout au moins cent aunes de toile pour vêtir un Moulin à vent. Le *Moulin à eau* , eft une autre machine compofée d'une meule , d'une farce , d'une lanterne , d'une tremie , d'une huche , d'un frion , d'une roue , qui tournant par le moyen de l'eau , fait aller le refte de la machine. On ne faifoit que commencer à s'en fervir en Europe du tems du Pape Celeftin III. qui les foumit à la dixme , *in cap. 23. ext. de decimis in parte decifa*. Le *Moulin à bac* , eft celui dont la roue eft entre deux bacs ou bateaux dans les grands cours de rivieres. On appelle *Moulin à volets* , celui que l'eau pouffe par deffus , & *Moulin à augets* , celui que l'eau pouffe par deffous. Il y a auffi des *Moulins à papier* , leur ufage eft de battre le vieux linge pour en faire du pa-

pier. Ce mot vient du Latin *Mola* , Meule. Voyez le Traité de Heringius *de molendinis*.

On appelle *Moulin bannal* , Le Moulin d'un Seigneur , où tous ceux qui dépendent de fa Seigneurie font obligés de venir moudre leur blé.

Les Lapidaires ont auffi leur Moulin particulier , dont ils fe fervent pour tailler & polir les diamans. Ce moulin fait tourner une roue de fer doux , fur quoi on pofe une tenaille de fer doux , à laquelle fe rapporte une coquille de cuivre. Le diamant eft foudé dans la coquille avec de la foudure d'étaim , & afin que la tenaille appuie plus fortement fur la roue , on charge cette tenaille d'une groffe plaque de plomb. On arrofe la roue fur laquelle le diamant eft pofé , & ce fer fert pour cela de la poudre fortie du diamant , laquelle on délaye avec de l'huile d'olive. C'eft en cés termes que M. Felibien en parle.

Il y a dans les Monnoyes une forte de Moulin que l'on appelle *Moulin aux Lavûres*. Ce n'eft autre chofe qu'un cuvier , au fond duquel il y a un Moulin de fer de fonte , dont le fond eft convexe. Au-deffus eft une maniere de meule en forme de croix de pareil métal , dont le deffous eft concave , que l'on tourne avec une manivelle renverfée. On appelle auffi *Moulin* , Une machine qui fert à la fabrication des Monnoyes pour préparer les lames ou bandes de métal , & leur donner l'épaiffeur & la dureté qu'elles doivent avoir avant qu'on les marque.

MOULINAGE. f. m. On appelle dans le Négoce , *Moulinage de foye* , La façon qu'on donne aux foyes en les faifant paffer par le Moulin.

MOULINE' , E'E. adj. On appelle *Bois mouliné* , du bois corrompu , ou gâté par les vers qui s'y font mis. On dit auffi *Pierre moulinée*. C'eft celle qui eft graveleufe , & qui s'égraine à la lime ou à l'humidité. La pierre Lambourde eft de ce genre. On la trouve près d'Arcueil , & elle porte depuis vingt pouces jufques à cinq piés , mais on la délite.

MOULINET. f. m. Il n'eft en ufage dans la fignification de petit moulin , que pour les Moulinets que font les enfans avec des cartes. Les Meuniers des Moulins à vent appellent auffi *Moulinet* , Une petite roue autour de laquelle il y a des morceaux de late qu'ils mettent à la cage de leur moulin , afin de fçavoir quand le vent tourne.

Moulinet. Tour que traverfent deux leviers , & qui s'applique aux Engins , Gruaux , Cabeftans , & autres machines , pour tirer les cordages & élever des fardeaux.

Moulinet. Croix de bois qui tourne fur un pieu de bois , & qui fe met aux portes & aux paffages , où l'on veut affujettir les allans & les venans à paffer un à un. On met auffi de ces fortes de Moulinets dans les dehors des Places fortifiées , à côté des barrieres par où paffent les gens de pié.

Moulinet. Sorte de rouleau , traverfé de deux bâtons en croix , qui fervent à tirer des muids de vin fur un haquet , & à y bien ferrer les balots & autres marchandifes. On appelle encore *Moulinet* , Une forte de bâton , par le moyen duquel on ferre une corde afin de tenir une charrette où un chariot chargé de foin , ou de blé en gerbe.

Les Plombiers fe fervent auffi d'un Moulinet. Il eft au bout de l'établie fur laquelle leur moule eft attaché , & a une fangle autour. Au bout de cette fangle eft un crochet que l'on paffe dans le bout du boulon , afin de le faire fortir du moule , en tournant le moulinet à force de bras.

Moulinet. Noix de bois en maniere d'olive, qu'on met dans le hulot d'un gouvernail de Navire , & au travers de laquelle la manivelle passe. On l'appelle autrement *Virolet*.

Les Vitriers ont des pieces de vitres qu'ils appellent, les uns *Moulinets en tranchoirs*, les autres *Moulinets doubles*, & les autres *Moulinets en tranchoirs évidés*.

Moulinet, se dit aussi d'une sorte de tour d'escrime qui se fait en maniant en rond autour de soi une halebarde, un bâton à deux bouts, ou quelque autre arme semblable, avec tant de vitesse, qu'on ne puisse être offensé de son ennemi.

MOULINIER. s. m. Ouvrier à qui on donne la soye pour la filer, après qu'on l'a devidée sur les bobines.

MOULT. adv. Vieux mot. Beaucoup. Il vient du Latin *Multùm*.

Je voy merveille, dont moult je m'ébahis.

MOULURE. s. f. On appelle ainsi en Architecture toutes les parties éminentes, quarrées & rondes, droites ou courbes, qui d'ordinaire ne servent que pour les ornemens, soit en pierre, soit en bois. La *Moulure lisse* a pour unique ornement la grace de son contour; & celle qu'on appelle *Moulure ornée*, est taillée de sculpture de relief ou en creux. *Moulure inclinée*, se dit de toute face qui n'est pas à plomb, & qui panche en arriere par le haut, afin de gagner de la saillie.

MOURAILE. s. f. Outil de Maréchal, que l'on appelle autrement *Moraille*.

MOURGON. s. m. Terme de Marine. Nom que l'on donne à celui qui plonge dans la mer, afin d'y chercher ce qui tombe des Galeres.

MOURON. s. m. Dioscoride dit qu'il y a deux sortes de Mourons qui sont seulement differens en fleurs. Celui qui les a rouges est le mâle, le Mouron femelle les a bleues. Ce sont de petites herbes fort branchues qui rampent par terre, & jettent leurs tiges quarrées & leurs feuilles petites & rondelettes. Ces feuilles ressemblent à celles de la parietaire. Galien dit que les deux Mourons ont une vertu abstersive, & une certaine chaleur attractive, par laquelle ils attirent les tronçons & autres choses qui sont demeurées dans le corps; que par cette même qualité leur jus tiré par le nez purge le cerveau, & que dessechant sans aucune mordication, cela est cause qu'ils soudent les playes, & donnent remede à celles qui sont pourries. Les Grecs les appellent ἀναγαλλὶς, & les Latins *Morsus gallina*, à cause que les poules devorent leurs feuilles. Outre ceux qui portent des fleurs rouges & des fleurs blanches, il y en a un autre dont la fleur est jaune; mais cette espece n'est pas en usage.

Mouron. Sorte de lezard tacheté qui pique avec sa queue. Son venin est froid. On l'appelle *Sourd* en quelques lieux.

MOURRE. s. m. Jeu qui nous est venu d'Italie, où il est fort commun. Deux personnes y jouent ensemble en se montrant les doigts en partie élevés & en partie fermés, & celui qui devine en même-tems le nombre de ceux qui sont élevés, gagne ce qu'on joue.

MOUSSE. s. f. Vieux mot. Gueule.

MOUSQUET. s. f. Arme à feu composée d'un fust, d'un canon, d'un serpentin & d'une détente. Sa longueur est reglée à trois piés huit pouces depuis l'extrêmité jusqu'au bassinet. Sa bale doit peser une once. Cette arme est la plus commode de toutes celles dont on se sert à l'armée, tant pour attaquer que pour se défendre. Il y a encore le *Mousquet à croc*, qui pese moins que ne fait l'arquebuse à croc. Sa pesanteur empêche pourtant qu'on ne le puisse tirer comme on tire un de nos mousquets. On a

befoin d'un bâton fourchu sur lequel on fait reposer la piece vers le milieu quand on veut la décharger. Sa bale pese entre une once & demie & deux onces. Du Cange dérive ce mot de *Muschetta*, ancienne machine à pousser de gros traits. M. Ménage le fait venir de *Mosqueto*, oiseau de proie que l'on appelle *Esmouchet*, & Covarruvias de *Moscovette*, prétendant qu'il a été inventé par les Moscovites.

MOUSQUETAIRE. s. m. Soldat à pié qui porte le mousquet. Il doit y avoir les deux tiers de Mousquetaires dans les Compagnies d'Infanterie, & un tiers de Piquiers.

On appelle par excellence *Mousquetaires*, deux Compagnies très-celebres portant le Mousquet, & qui combattent tantôt à pié, tantôt à cheval. Le Roi est Capitaine de l'une & de l'autre, & le Commandant particulier de chacune prend le titre de Capitaine-Lieutenant. Ces deux Compagnies sont distinguées par la couleur de leurs chevaux. Les uns sont gris, ce qui fait les *Mousquetaires gris* ou *Grands Mousquetaires*. Les autres sont noirs, ce qui fait appeller cette Compagnie, les *Mousquetaires noirs*, ou *petits Mousquetaires*. Ils tiennent rang de Gendarmes, & marchent après les Mousquetaires Ecossois.

MOUSQUETON. s. m. *Espece de fusil, dont le canon est plus court que les fusils ordinaires, & le calibre gros comme un mousquet*. ACAD. FR. Le Mousqueton est à peu près de la longueur de la carabine, mais bien moins pesant. La balle est presque semblable à la balle de fusil. Les Archers des Maréchaussées, les Gardes des Gouverneurs, les Valets à la suite de leurs Maîtres en campagne portent des Mousquetons.

MOUSSE. s. f. Petite herbe grisâtre qui croît sur le tronc & sur les branches de quelques arbres, & quelquefois sur la terre & sur les pierres. Dioscoride dit qu'elle se trouve aux cedres, aux trembles & aux chênes; que la meilleure est celle du cedre, & ensuite la mousse du tremble; que la blanche, & celle qui est odorante, est bonne; que celle qui tire sur le noir est de nulle estime. La Mousse est astringente. On l'employe aux huiles, & sur-tout à l'onguent de Ben, & on la mêle parmi les parfums & les medecines contre les lassitudes. Matthiole ajoûte que la plus excellente & la plus odorante Mousse d'Italie est celle qui croît aux Melezens, & qu'ayant eté un jour contraint de coucher en une montagne où il y avoit quantité de ces arbres tout barbus & blancs de mousse, les Bergers lui voulant donner le plaisir d'une chose qui devoit lui être nouvelle, allumerent cette mousse, qui commença soudain à brûler de telle furie & à faire un si grand bruit, que la poudre à canon n'en eût pas fait davantage. Elle rendoit une bonne odeur. Les Apothicaires, suivant les Arabes appellent la Mousse *Usnea*. Avicenne dit qu'elle est fort bonne dans les medecines qu'on ordonne pour les défaillances de cœur. En Grec βρύον.

Les Modernes appellent *Mousse terrestre*, une Plante qui jette de longs sarmens en façon de cordes, qui sont tout garnis de petites feuilles longuettes. Ces sarmens ont la plûpart sept ou huit aunes de long, & il en sort d'autres petits rameaux, avec des feuilles faites comme les cimes du pignet. Toute la plante est seche & âpre au maniement, & de couleur verte tirant sur la paille. Elle se traîne par terre & parmi les pierres chargées de mousse, s'appuyant sur de petites racines capilleuses qui sortent des sarmens mêmes comme les racines du lierre. Vers le mois de Juin elle produit à la cime de ces
sarmens

farments des chattons presque semblables à ceux des coudriers. Ils sont de couleur jaunâtre. Toute cette plante est singuliere pour la gravelle, & on a connu par experience qu'en faisant boire le vin de sa décoction, on tirera la pierre des reins. Elle croît aux montagnes sablonneuses, & particulierement entre les pierres moussues. Quelques-uns la prennent pour le nardus Celtique, & Matthiole qui a pris soin d'en faire la description, dit qu'ils suivent en cela l'opinion erronée du commun. M. Ménage dérive le mot de *Mousse* de *Muscus* ou de *Mussula*, mot Latin barbare dont s'est servi Gregoire de Tours.

MOUSSELINE. f. f. Toile de coton. La belle vient du Levant.

MOUSSERON. f. m. Espece de champignon tout blanc qui vient au mois de Mai. On le trouve caché sous la mousse, & c'est delà qu'il a pris son nom.

MOUSTACHE. f. f. Manivelle qui se fiche dans les rochets & bobines des Tireurs d'or, & dont ils se servent pour tirer & devider leur fil d'or & de soye.

MOUSTARDE. f. f. Composition faite de graine de senevé, broyée avec du moût ou du vinaigre. On s'en sert fort communément dans les repas pour réveiller l'appetit. Ce mot vient de *Mustum ardens*, à cause que la bonne Moustarde se fait de moût. Celle d'Anjou est la meilleure : il n'y entre que le moût & le senevé; celle de Paris ou de Dijon est la plus forte, mais la moins bonne. Elle se fait avec une petite graine blanche mêlée de senevé que l'on broye entre deux pierres avec du vinaigre : elle a le goût de levain & prend au nés.

MOUSTIQUE. f. f. Espece de mouche qui se trouve dans les Antilles, & qui n'est pas plus grosse qu'une petite pointe d'épingle, mais elle pique bien plus vivement que ne font les maringoins, & laisse une marque sur la peau comme une tache de pourpre. Ces sortes de mouches ne se rencontrent que le long des rives de la mer qui sont à l'abri des vents. Il n'est pas possible de s'y arrêter ni le soir ni le matin, sans en être tourmenté.

MOUTON. f. m. Agneau mâle que l'on a châtré pour le faire engraisser plus facilement, & en rendre la chair plus tendre. Les Moutons de Beauvais sont beaucoup plus gras que nos moutons ordinaires. La chair de Mouton est chaude & fait un bon sang. Les Furetieristes disent que la bonne chandelle se fait de suif de Mouton. Erreur. Seule, elle est trop fondante, il ne faut que le tiers au plus & le reste de suif des grandes bêtes ou de bouc & de chévre, qui est le meilleur. Il y en a dans l'isle de Madagascar dont la seule queue pese quinze ou seize livres, & selon certaines Relations, celles des Moutons de Tartarie pesent quelquefois jusqu'à quatre-vingts livres. Vers le Cap de Bonne-Esperance on voit des Moutons sans laine, qui ont du poil ainsi que les chévres. Ceux de l'Indostan ont la laine fort courte & fort fine. D'autres dans la Perse l'ont aussi fort fine, & cette laine tombe d'elle-même dans de certains tems. Il y a encore une sorte de bête à laine en Afrique, qu'on appelle *Mouton de cinq quartiers*. Cet animal ne differe de nos moutons que par les cornes & par la queue, qui est large & ronde, & qui s'allonge à mesure qu'il s'engraisse. Toute sa graisse est dans cette queue. On trouve au Perou des Moutons plus hauts que des ânes. Ils sont assés forts pour porter des fardeaux de deux cens livres, & on s'en sert à voiturer la mine aux lieux où on la purifie. Quelques-uns dérivent ce nom de l'Italien *Montone*, qu'ils prétendent avoir été fait de *Mont*, à cause

Tome II.

que les bons Moutons ont accoutumé de paître aux lieux hauts & secs.

On appelle *Mouton*, dans le Bresil, un certain oiseau exquis, dont le plumage est noir & jaune, & qui est grand comme un paon. Il y en a de deux sortes.

Mouton marin. Sorte de poisson qu'on appelle ainsi à cause qu'il est d'une couleur blanche, & qu'il a des cornes recourbées comme le mouton de terre.

On appelle aussi *Mouton*, La peau de mouton préparée, qui imite le marroquin, & dont les Relieurs se servent pour couvrir les livres.

On appelle *Mouton*, dans une sonnette, un lourd billot de bois garni de fer, que des clefs retiennent au-devant de deux montans, & qu'on leve par des cordes à force de bras, pour le laisser retomber avec force sur la tête des pieux & des pilotis qu'on veut faire enfoncer. Il y en a qui couvrent aussi le bout d'en-bas du billot, d'une platine de fer de tole. Au bout d'enhaut il y a deux petits crampons où sont attachés les deux cordages qui passent par les poulies.

Moutons. Terme de Charron. Petits piliers de bois où il y a des mains de fer, au travers desquelles passent les soûpentes d'un carrosse, & qui servent à soûtenir le corps d'un carrosse. Il y en a quatre, deux devant & deux derriere.

Mouton. Gros morceau de bois, dans lequel on fait entrer les anses d'une cloche pour la pendre.

Mouton. Machine de guerre, appellée *Marmouton*, & *Carcamousse*, qui étoit le belier des Anciens. C'étoient des poutres armées le bout figuré comme la tête d'un belier. En les suspendant & les balançant avec des cables, on en frappoit les murs d'une ville, jusqu'à ce qu'ils tombassent.

Mouton. Ancienne monnoie d'or qui valoit dix-huit sols six deniers, & que dans les actes Latins on appelloit *Mutones*. Cette monnoie avoit d'un côté l'image de S. Jean-Baptiste, & de l'autre un mouton avec sa toison en sa gueule, d'où sortoit une banderolle avec ces mots *Ecce agnus Dei*. On trouve dans Froissard, *L'an 1354. on battit des florins dits à l'Agnel, parce qu'en la pile il y avoit un Agnel, & étoient de cinquante-deux au marc. Et ailleurs: L'an 1357. on battit des moutons d'or fin.*

MOUTONNAGE. f. m. Droit Seigneurial, qui se leve en certains lieux sur ceux qui vendent ou achetent du bétail ou autres marchandises sur le fief d'un Seigneur.

MOUTONNE. f. f. Coifure de femme qui a été long-tems en usage. C'étoit une tresse de cheveux touffue & frisée qu'elles mettoient sur leur front. C'est à present au derriere de la tête.

MOUTONNER. v. n. Terme de Marine. On dit que *La mer Moutonne*, pour dire, que l'écume des lames blanchit, en sorte que les houles paroissent comme des moutons.

MOUTURE. f. f. Droit que prennent les Meuniers pour moudre le blé, il est fixé au seizième.

MOUVANT, ante. adj. Terme de Blason. Il se dit des pieces qui semblent sortir du chef, des angles, des flancs ou de la pointe de l'écu, où elles sont attenantes. *D'azur à quatre chaines d'or, mouvantes des quatre angles de l'écu, & liées en cœur à un anneau de même.*

MOUVEMENT. f. m. Terme de Physique. Action par laquelle un corps est transporté d'un lieu à un autre. Il y a quatre choses à considerer dans le mouvement, la masse du corps qui est mû, l'espace qu'il parcourt, le tems qu'il employe à le parcourir, le côté vers lequel il se meut.

M

Plus la maſſe du corps mû, eſt grande, plus il faut de force pour le mouvoir. Le rapport de l'eſpace que le corps parcourt au tems qu'il y emploie, s'appelle la *viteſſe*. Voyez VITESSE. Pour mouvoir un corps plus vîte, il faut plus de force que pour le mouvoir plus lentement.

Il eſt évident qu'il faut la même force pour mouvoir un corps avec deux degrés de viteſſe, ou pour mouvoir le double de ce corps avec un degré d'où il ſuit que la force eſt égale dans deux corps inégaux, ſi le plus petit va plus vîte à proportion de ce qu'il eſt plus petit, & que dans deux corps qui vont inégalement vîte, ſi le plus lent eſt plus grand à proportion de ce qu'il eſt plus lent, la force eſt encore égale.

Le principe general eſt donc que quelles que ſoient les maſſes & les viteſſes de deux corps, ſi le produit de la maſſe de l'un par ſa viteſſe eſt égal au produit de l'autre, leurs forces ſont égales, & ces forces s'appellent auſſi leurs *Quantités de mouvement*.

Si ces corps ſont tellement ſitués que leurs mouvemens ſoient oppoſés, alors comme leurs forces ou quantités de mouvemens ſont égales, ils ne pourront agir l'un contre l'autre, & demeureront en *équilibre*. L'équilibre ſe fait donc entre deux corps quelque inégaux qu'ils ſoient, toutes les fois qu'il arrive que le grand ne pourroit ſe mouvoir, ſans obliger le petit à ſe mouvoir d'une viteſſe qui récompenſeroit la petiteſſe de ſa maſſe.

Le rapport qu'a le mouvement d'un corps au côté vers lequel il ſe fait, eſt la *Détermination de ce mouvement*. Ce qui fait qu'un corps va ou de haut en bas, ou de bas en haut, ou de droit à gauche, &c. eſt ſa détermination. Quand il rencontre un autre corps qui s'oppoſe à ſon paſſage, & qu'il ne peut ébranler, il faut neceſſairement que ſa détermination change, & qu'il en prenne une contraire. C'eſt ce qui arrive en toute *réflexion*. Voyez REFLEXION.

Quand un corps reçoit du mouvement de deux forces qui rendent à lui donner des déterminations differentes, comme il ne peut ſuivre abſolument ni l'une ni l'autre, il prend une ligne moyenne entre les deux déterminations, comme ſi une des forces tend à lui faire décrire un côté d'un parallelogramme, & l'autre l'autre côté, le corps décrira la *diagonale*. Ce mouvement s'appelle *Compoſé*, auquel on oppoſe le *ſimple* que l'on conçoit comme fait ſelon une ſeule détermination.

Le mouvement compoſé varie en une infinité de manieres, & ſe fait tantôt par des lignes droites, tantôt par des courbes, & par une infinité de courbes differentes, ſelon que les mouvemens ſimples dont il eſt compoſé, ſe font par des lignes droites, ou courbes, & ſont ou *uniformes*, ou *accelerés* ou *retardés*.

Sur la diviſion du mouvement en *uniforme acceleré*, & *retardé*, voyez ACCELERATION.

Les corps qui ſe rencontrent ſe communiquent du mouvement ſuivant de certaines proportions, que les Philoſophes tâchent de découvrir. Ce ſont ces proportions que l'on appelle *Regles du mouvement* ou *Loix de la communication des mouvemens*.

En Aſtronomie on appelle *Mouvement commun*, celui par lequel tous les corps celeſtes ſe meuvent également en vingt-quatre heures ſur les poles de l'Equateur (Voyez EQUATEUR;) & *Mouvement propre*, celui par lequel les corps celeſtes ſe meuvent ſur les poles du Zodiaque & font le tour de ce cercle en des tems differens. Voyez ZODIAQUE.

On dit auſſi en Aſtronomie *Mouvement moyen &*

mouvement veritable. Voyez MOYEN.

MOY

MOYAC. ſ. m. Oiſeau gros comme des Oyes, qui a le col court & le pié long, frequent en Canada.

MOYE. Pronom poſſeſſif feminin. Vieux mot. Mienne.

> *Quand ſa bouche toucha la moye,*
> *Ce fut ce dont j'eus au cœur joye.*

MOYE. ſ. f. On appelle ainſi dans une pierre dure, un tendre qui ſuit ſon lit de carriere & qui la fait déliter. On connoît ce tendre lorſque la pierre après avoir été quelque tems hors de la carriere n'a pû reſiſter aux injures de l'air.

MOYE', E'E. adj. On appelle, *Pierre moyée*, Celle dont le tendre eſt abattu avec perte, parce que ſon lit n'eſt pas également dur. Cela arrive à la pierre de la Chauſſée près Bougival, à côté de ſaint Germain en Laye. Cette pierre porte quinze à ſeize pouces.

MOYEN, ENNE. adj. Qui tient le milieu. On appelle en Mathematique, *Moyen proportionnel* un terme tellement diſpoſé entre deux autres, que le rapport du premier terme à ce moyen, qui eſt le ſecond, eſt égal au rapport qu'a le ſecond au troiſiéme. Six eſt moyen proportionnel entre trois & douze, parce que comme trois eſt à ſix, ainſi ſix eſt à douze. Il y a autant de ſortes de moyens proportionnels, que d'eſpeces de proportions. Ainſi il y a des moyens proportionnels *arithmetiques*, *geometriques*, & *harmoniques*. Voyez PROPORTION. On dit *Moyenne proportionnelle* en parlant d'une ligne ou en ſouſentendant ligne.

On dit en Aſtronomie *Mouvement moyen*. Les Planetes étant tantôt plus proches de la terre, tantôt plus éloignées, nous voyons que nous ne ſommes pas au centre de leurs mouvemens. Ainſi le mouvement de chaque Planete quoiqu'égal, & uniforme en lui-même, ne peut nous le paroître, parce que des angles égaux tirés d'un autre point que le centre d'un cercle coupent dans ſa circonference des arcs inégaux. Nous voyons donc les Planetes en des tems égaux parcourir des arcs inégaux, tantôt plus grands, tantôt plus petits, ou ce qui eſt le même, aller tantôt plus vîte, tantôt plus lentement. Pour réduire ces mouvemens inégaux à l'égalité, on a imaginé les *mouvemens moyens*, qui tenant le milieu entre la plus grande viteſſe & la plus grande lenteur des Planetes, ſont toûjours égaux & uniformes. Le Soleil étant dans ſon apogée ou dans ſon plus grand éloignement de la terre, où il paroît le plus lent, ſemble parcourir en un jour cinquante-ſept minutes du Zodiaque, & dans ſon perigée où il eſt le plus proche & le plus vîte, il paroît parcourir ſoixante-une minutes. En prenant le milieu entre ces deux extrémités, ſon mouvement moyen eſt de cinquante-neuf minutes, huit ſecondes.

En ſe reglant ſur ce mouvement moyen, & ſuppoſant que le Soleil parcourt tous les jours 59ʹ. 8ʹʹ. il eſt évident que l'on ne trouve pas le Soleil dans l'endroit du Zodiaque où il nous paroît veritablement être, puiſqu'il nous paroît quelquefois avoir fait plus que ces 59ʹ. 8ʹʹ. quelquefois moins, c'eſt pourquoi on oppoſe au *mouvement moyen* le *mouvement veritable*, qui eſt celui par lequel il parcourt en un jour tantôt 57ʹ. tantôt 61. & tous les nombres d'entre-deux, & par lequel on le trouve dans l'endroit du Zodiaque où il nous paroît réellement. Il faut bien remarquer que *veritable* en ce ſens ſi ne ſignifie que le mouvement de la Planete tel qu'il nous paroît réellement à nous qui ſommes hors du centre de ce mouvement, car le véritable mouvement de la Planete mesuré de son centre seroit égal & uniforme, & seroit le même que notre moyen mouvement, mais du lieu où nous sommes un mouvement égal nous doit *veritablement* paroître inégal, & c'est en ce sens que les *vrais* mouvemens des Planetes sont inégaux, & les *moyens* égaux.

La ligne du *vrai mouvement* d'une Planete, le mot de *vrai* étant déterminé dans le sens que nous avons dit, est une ligne tirée du centre de la terre à la Planete jusqu'au Zodiaque, & la ligne du *moyen mouvement*, est tirée à la Planete du centre du cercle que décrit la Planete, lequel n'est pas concentrique à la terre, où elle est tirée du centre de la terre parallelement à cel'e qui part du centre de l'Excentrique de la Planete, & est prolongée jusqu'au Zodiaque.

Ces deux lignes du vrai & du moyen mouvement aboutissent à deux endroits differens du Zodiaque, dont l'un est appellé le *lieu veritable* de la Planete, & l'autre son *Lieu moyen*. Voyez LIEU.

L'Arc du Zodiaque compris entre le lieu veritable & le moyen, s'appelle *Prostapherese* ou *Equation*. Voyez PROSTAPHERESE. Quand une Planete est dans son apogée ou dans son perigée, les lignes du vrai & du moyen mouvement, n'en sont qu'une, parce que la ligne qui va de l'apogée au perigée passe en même-tems par le centre de la terre, & par le centre de l'Excentrique de la Planete. Voyez EXCENTRIQUE, & APSIDES.

MOYEN. f. m. Terme des Coûtumes d'Anjou & du Maine. Ceux, qui succedent par *Moyen*, (par la mediation d'une personne interposée, qui est morte) comme un Petit-fils à un Ayeul, un petit neveu à son grand oncle, sont obligés de payer le rachat au Seigneur. Un Vassal releve nûment du Seigneur direct & par *Moyen* du Seigneur suzerain.

MOYENNE. f. f. Piece d'artillerie facile à servir & à manier, & propre à battre en campagne. On la pose sur les avenues, & son usage est de nettoyer un fossé dans les tems des approches, & de battre un poste ou un logement que les Assiegeans veulent faire sur le glacis ou la contrescarpe. Son boulet pese deux livres ou deux livres & demie.

MOYER. v. a. Terme de Maçonnerie. Fendre en deux une pierre avec la scie selon la moye de son lit.

MOYEU. f. m. Espece de prune jaune, qui est très-bonne à confire.

MOYRIEUX. f. m. Vieux mot. Fausse braye, espace qu'on laisse au pié d'un rempart, ou d'une muraille.

MUA

MUABLETE'. f. f. Vieux mot. Inconstance.

MUANCE. f. f. Changement du son de la voix à 14. ou 15. ans. *Cet enfant de Chœur a fait sa Muance, sa voix ne changera plus.* A la *Muance* quand la voix se conserve, le dessus devient souvent hautetaille.

MUARDIE. f. f. Paresse. Vieux mot.
La douceur & la melodie,
Me mit au cœur tel muardie.

MUC

MUCILAGE. f. m. Medicament liquide qu'on appelle ainsi, à cause qu'il est semblable aux muscosités du nés. Il se tire d'ordinaire dans une decoction convenable ou dans les eaux distillées, & il se fait avec des racines comme celles de Mauve, d'Althæa,
Tome II.

de Symphitum, ou avec l'écorce moyenne de l'orme. On le fait aussi avec de certaines gommes, semences, fruits ou larmes, qu'on fait tremper dans le double ou le triple de quelque liqueur sur des cendres chaudes. Les gommes dont on se sert pour cela, sont, la gomme Arabique, celle de Tragacanthe, & la colle de poisson; les semences sont celles de Mauve, de Psyllium, d'Althæa, de lin, de coings, & d'orge mondé; les larmes, celles du Bdellium, du Galbanum, du Sagapenum & de l'Ammoniaque; pour les fruits, ce sont les figues & les raisins de Damas. On ne doit mettre au plus qu'une drachme de racine, de semence on autre chose, pour chaque once de liqueur, & il faut augmenter ou diminuer la quantité de semences ou de racines, selon qu'on veut que le Mucil age soit plus ou moins épais. Celui qui se fait de semences & de racines est bon particulierement pour amollir, pour humecter, & pour appaiser la douleur, & celui qu'on tire de plusieurs gommes, est propre pour digerer & pour attirer. Ce mot vient du Latin *Mucus*, Morve. Les Latins l'appellent *Moccago*, ainsi que *Mucila*, o.

On appelle aussi *Mucilage*, Une matiere crasse & pituiteuse qui sort dans la dysurie, & qui n'est rien autre chose que l'aliment prochain de la vessie ou des parties urinaires, qui distille de leurs blessures & de leur excoriation en forme de mucilage, qui augmente encore l'ardeur d'urine en bouchant le conduit urinaire. Il se fait aussi un Mucilage blanchâtre dans la dysenterie aussi-tôt que les tranchées attaquent les intestins, & il sort en si grande quantité que l'on s'étonne d'où il peut venir. Les uns disent que c'est la pituite qui enduit naturellement les parois des intestins, ce qu'Ettmuler trouve être impossible, à cause de la quantité prodigieuse qui en sort, sur-tout dans la dysenterie qu'on appelle *Blanche*, & dans laquelle on fait peu de sang & beaucoup de Mucilage. Ainsi il préfere l'opinion de Vanhelmont, qui croit que ce Mucilage distille des ulceres des intestins, & que ce n'est autre chose que leur aliment corrompu, ou apporté inutilement aux intestins, lequel ne pouvant s'assimiler aux parties blessées, en tombe necessairement tantôt en forme de Mucilage, tantôt en forme de sanie ou de serosités saigneuses, selon les divers degrés de corruption de l'aliment prochain.

MUCOSITE'. f. f. Terme de Medecine. Excrement dont le cerveau se décharge par le nés. Il y a aussi une Mucosité des intestins, qui n'est rien autre chose que la partie la plus épaisse du chyle, qui restant lorsque les parties les plus subtiles sont coulées par les petites ouvertures des intestins, s'y attache & s'y enduit, pour les défendre contre l'acrimonie des sucs, pour les lubrefier, & rendre le cours du chyle & des selles plus facile. Entre autres usages de la bile & du suc pancreatique, ils servent encore lorsqu'ils passent par les intestins, à fondre, à attenuer & à inciser cette pituite ou mucosité attachée aux parois des intestins avec quoi ils sont portés en partie dans le sang par des conduits ordinaires, & en partie jettés dehors avec les selles. Ce mot vient du Latin *Mucus*, Morve, fait du Grec μύξα, qui veut dire aussi L'humeur qui coule du nés.

MUCRE. f. m. Vieux mot. Relent, mauvaise odeur que rend quelque corps, pour avoir été dans un lieu humide & fermé.

MUE

MUE. adj. f. Vieux mot. Muette.

M ij

Et s'aucun est qui te salue,
Si n'ayes pas la langue mue.

MUEAU. adj. Vieux mot. Muet.

Il guerit un Demoniacle
Duquel l'esprit étoit mueau.

On disoit au feminin, *Muelle.*

A moi ne soyez pas muelle.

MUEIL. adv. Comparatif. Vieux mot. Mieux.

M U E T, ETTE. adj. Qui ne peut, ou qui ne veut point parler. Les Chasseurs appellent *Chien muet*, Un limier qui quête, ou qui suit la bête sans aboyer.

MUETTE. s. f. Maison bâtie dans une Capitainerie de chasse, avec chenils, cours & écuries pour loger un Capitaine des Chasses, & quelques Officiers de la Venerie. On appelle aussi *Muette*, la Jurisdiction des Chasses. Ce nom est venu de ce que les Gardes & Sergens apportent dans ces sortes de Maisons, les mues ou les têtes que les Cerfs ont posées, & qu'ils trouvent dans les bois.

Muette, se dit aussi du gîte où le Lièvre fait ses Levreteaux. Quelques-uns donnent ce même nom au gîte du Cerf.

M U F

MUFFLE. s. m. *Il se dit proprement du bas de la tête de certains animaux, comme le bœuf, le taureau, & de certaines bêtes feroces, comme le lion, le tigre.* ACAD. FR. On appelle *Muffle*, en termes d'Architecture, Un ornement de Sculpture qui imite le Muffle de quelque animal, & particulierement d'un lion. On met ces sortes de representations de Muffle à des gargouilles, dans les panneaux des portes, & dans des cartouches.

Muffle de lion. Plante qui fleurit bleu, blanc, rouge, ou de quelque autre couleur, & qui pousse une tige haute & déliée. On l'appelle ainsi, à cause que quand on l'ouvre, elle represente en quelque sorte la gueule de cet animal.

M U G

MUGUET. s. m. Plante qui a ses feuilles presque semblables au plantain, mais plus déliées, & sans avoir tant de veines. Ses tiges sont d'une venue, menues & tendres comme joncs, & à la cime il y a plusieurs fleurs blanches de bonne odeur, & faites en façon de fleurs de Grenadier sauvage ou d'Arbousier. Ses racines sont laches, longues & couvertes de plusieurs filamens & chevelures, & n'ont ni bulbe ni côte. Matthiole dit que les Allemans employent le Muguet en diverses maladies, & qu'ils prétendent qu'il fortifie le cœur, le cerveau, & toutes les parties nobles du corps, ce qui le rend propre aux Paralitiques, à ceux qui ont le haut mal, aux convulsions, aux vertiges, & aux battemens de cœur. Il ajoûte qu'ils le tiennent singulier aux inflammations des yeux, & aux femmes qui ne se peuvent délivrer d'enfant, comme aussi pour les piquûres & morsures des bêtes venimeuses. Ils font du *Vin de Muguet*, au tems de vendanges, en mêlant les fleurs seches parmi le moût, & se servent de ce vin toute l'année pour les accidents qu'on vient de marquer. D'autres prennent les fleurs de Muguet fraîches, & les mêlant dans du vin vieux, ils y ajoûtent des fleurs de lavande & de rosmarin avec quelques autres parfums, & avant laissé le tout bien bouillir au Soleil, ils le passent dans des alambics de verre au bain marie, & en tirent de l'eau qu'ils gardent avec grand soin dans des flacons d'or & d'argent, ce qui fait qu'ils

l'appellent de l'*Eau d'or*. Ils lui attribuent tant de vertu, qu'ils sont persuadés qu'en donnant de cette eau à une personne prête à mourir, on lui prolonge la vie. Matthiole dit qu'ayant voulu éprouver cette recette, il n'a rien trouvé de tout ce qu'ils assurent. M. Ménage, comme plusieurs autres, dérive le mot de *Muguet* de *Muscatum*, qu'il dit avoir signifié chés les Anciens, Aromate, & tout ce qui sent bon. C'est par cette raison qu'il l'appelle *Lilium Muscatum*. Les Latins l'appellent ordinairement *Lilium convallium*.

Il y a un *Petit Muguet* qui est appelé γάλιον par Dioscoride, du Grec γάλα, Lait, à cause qu'il sert de presure à cailler le lait. Il a les feuilles moindres que celles du gratteron, & ses tiges droites. Sa fleur est menue & faite en façon d'épi, en partie jaune, & en partie blanche. Elle est bonne aux brûlures du feu; & à restreindre le flux de sang quand elle est enduite. Le Galion croît aux lieux marécageux, & étant mis en huile rosat, selon ce que dit Dioscoride, & demeurant au Soleil jusqu'à ce qu'il blanchisse, il est propre aux lassitudes.

M U I

MUID. s. m. *Certaine mesure dont on se sert pour les grains, pour les choses liquides, & pour certaines autres choses comme sel, charbon, plâtre, chaux, &c. & qui est de differente grandeur selon les differens pays.* ACAD. FR. *Muy*, dit Nicod, *est une espece de mesure d'aucunes choses liquides de boisson, comme vin, eaue, & d'aucunes non liquides, comme grains, sel, chaux, legumes; lequel ne se partit par mêmes noms de soubs mesures en toutes lesdites choses qui sont mesurées en gros par sous-noms; car en cas de vin, & choses semblables, il se partit en deux demi-Muids, chacun d'iceux au fust & jauge de Paris, contenant dix-huit sextiers, chascun sextier quatre quartes; chasque quarte deux pintes; chasque pinte, deux chopines; chasque chopine, deux demi-sextiers; chasque demi-sextier, deux possons, lequel posson est la derniere & la moindre mesure du vin; mais aux choses arides, mesmes en cas de grains, il se partit en douze sextiers, chascun sextier contenant deux mines; chasque mine deux minots; chasque minot, trois boisseaux; chaque boisseau quatre quarts, lequel quart est la derniere mesure des grains, pour rectifier lesquelles mesures à la rigueur du poids, est dit & tenu pour regle, que le sextier de blé froment net, rabatu le poids du sac, doit peser deux cens vingt livres, & les mesures d'au dessus & d'au-dessous à l'équipollent. Or la mesure des febves, pois, navets, vesse, & autres legumes, est semblable à celle dessusdite du blé, sans qu'il y ait rien de different, si n'est qu'on les vend & debite par soubspartition quart ou demi-quart, litterons, ou demi-litterons; chasque demi-quart contenant deux litterons, chascun litteron deux demi-litterons, qui est chascun le huitiéme du quart, & le seiziesme du boisseau, ce qui est observé pour l'usage & commodité du peuple bas. Mais quant à l'avoine, il y a de la difference, pour autant qu'à la mesure d'icelle, le minot contient quatre boisseaux, & que entre le boisseau & le quart, il y entre la mesure du picotin, lequel doit contenir un quart & un litteron à ladite mesure du blé, combien qu'on luy fasse de moindre capacité que le quart. Aussi le boisseau d'avoine est plus grand que celui du blé; car pour faire les seize boisseaux du sextier de l'avoine, il y en faut vingt-un à la mesure du blé; en Latin* Modius; *duquel mot le François est forgé. On usurpe aussi en au-*

cûns pays , comme à Orleans & lieux adjacents , ce mot Muy , pour une certaine portion de champ , tout ainsi qu'on fait ailleurs le mot d'Arpent ; & dit-on , Il a tant de Muyds de terre , & Ma terre est de tant de Muyds , comme si vous disiez de tant d'Arpens.

MUL

MULAT , MULATE. s. m. Nom qu'on donne aux Indes à ceux qui sont nés d'une Indienne & d'un Negre , ou d'une Negre & d'un Indien. Les Espagnols donnent ce même nom aux enfans nés d'un pere & d'une mere qui sont de differente Religion, comme d'un Maure & d'une Espagnole. Quelques-uns écrivent *Mulatre*. Ce mot vient de *Mulet* , Animal engendré de deux diverses especes , ce qui le fait prendre en Espagne pour une fort grande injure.

MULE. s. f. Bête de somme engendrée d'une Cavalle & d'un Ane , ou d'une Anesse & d'un Cheval. Cet Animal est sterile & d'un grand usage en Espagne , où la plûpart des carrosses n'ont qu'un attelage de Mules. On tient que la Mule est d'un odorat très-fin , & beaucoup de sympathie avec les oiseaux aquatiques.

MULET. s. m. Animal de la même espece que la Mule étant engendré d'un Ane & d'une Cavalle , ou d'un Cheval & d'une Anesse. Les Mulets n'engendrent point à cause qu'ils viennent de differente espece. On assure qu'ils ne ruent point quand on leur a fait boire du vin. On disoit autrefois *Mule* , au lieu de Mulet.

Mulet. Poisson de mer qui dans l'été monte dans la Loire : il est excellent , & à quelque rapport à la truite.

Mulet. Nom qu'on a donné à un Vaisseau de Portugal qui est de moyenne grandeur. Ce Vaisseau porte trois mâts avec des voiles latines.

MULETTE. s. f. Terme de Fauconnerie. On appelle ainsi dans les oiseaux de proie , le gesier où tombe la mangeaille du jabot pour se digerer. Quand le gesier d'un oiseau est embarrassé de curées qui sont retenues par une humeur visqueuse , & gluante , il se forme quelquefois une peau que l'on appelle *Double mulette*. On le purge de cette peau par le moyen des pillules qu'on lui fait avaler.

On appelle aussi *Mulette* , La partie du veau qui lui sert de sac , & où la presure est contenue. C'est ce qu'on appelle *Caillette* aux moutons , & dans le bœuf *Franche-mule*.

MULOT. s. m. Petit Animal qui fouit la terre comme font les taupes , & qui est une espece de souris champêtre. Il ronge les oignons des plantes , & la racine des blés. Quelques-uns font venir ce mot du Latin *Muroffus* , diminutif de *Mus* , Rat , à cause que les Latins appellent un Mulot *Mus agrestis*. D'autres veulent qu'il vienne de *Muloden* , mot Celtique , qui veut dire le même.

On appelle *Endormulot* , Un Milan qui plane dans l'air pour prendre le gibier sur lequel il fond avec précipitation.

MULTINOME. s. m. Terme d'Algebre. Grandeur composée de plusieurs grandeurs incommensurables. Voyez BINOME & INCOMMENSURABLE. C'est la même chose que *Polynome*.

MULTIPLE. s. m. Terme d'Arithmetique. Nombre qui en contient un autre plusieurs fois sans aucun reste. Ainsi 15. est le Multiple de 3. qu'il contient cinq fois , & 20. est le Multiple de 4. de 5. parce qu'il contient quatre fois le nombre de 5. & cinq

fois celui de 4. sans aucun reste.

MULTIPLICATION. s. f. Terme d'Arithmetique. Operation par laquelle on prend ou l'on repete un nombre autant de fois qu'il y a d'unités dans un nombre donné. Multiplier 4. par 3 , c'est prendre 4 trois fois , ce qui fait 12. Le nouveau nombre qui se trouve par cette operation , comme 12 dans cet exemple , s'appelle *le produit* des deux premiers , ou simplement *produit*. Quand on multiplie un nombre par l'unité , il ne donne que lui-même pour produit , 4 par 1 , n'est que 4 , si on le multiplie par un nombre plus grand que l'unité , il donne un produit plus grand que lui , 4 , par 3 , c'est 12 si on le multiplie par un nombre moindre que l'unité , il donne un produit moindre que lui , 4 par ½ , ce n'est que 2. La multiplication est opposée à la *division*. Voyez DIVISION.

On appelle *Multiplication composée* , celle où il entre des grandeurs de differentes especes , comme si on multiplie 3 livres par 4 livres , 5 sous , 10 deniers , ou 6 dégrés par 50 dégrés 25. minutes , 55 secondes , &c. La *Multiplication simple* est celle où il n'entre point de ces grandeurs differentes.

On multiplie aussi les lignes les unes par les autres. La surface d'un parallelogramme n'est que la ligne de sa longueur repetée autant de fois qu'il y a de points imaginables dans sa largeur. Delà vient qu'on multiplie ces deux côtés l'un par l'autre pour avoir la surface d'un parallelogramme. De même la solidité d'un parallelepipede n'est que sa base repetée autant de fois qu'il y a de points dans la ligne de sa hauteur.

MUM

MUMIE. s. m. *Corps embaumé à la maniere des anciens Egyptiens*. ACAD. FR. On dit autrement *Momie* & *Mommie*. Voyez MOMIE.

Mumie , se dit aussi en termes de Medecine , & c'est selon Vanhelmont l'esprit implanté , sur-tout dans les cadavres , d'où les esprits influants se sont dissipés & envolés. L'esprit influant est nommé pareillement quelquefois *Mumie* , dans les sujets vivans , & il peut servir pour la transplantation , pourvû qu'un tiers l'attire & le détermine ; une plante , par exemple , qui d'un sujet le porte à un autre , ou étant , il se joint étroitement avec la Mumie ou esprit tant implanté qu'influant du nouveau sujet où il est porté. Il n'a de cette union une inclination naturelle entre ces deux sujets , la distance n'empêchant pas la Mumie magnetique d'agir mutuellement. C'est en cette source que l'on doit tirer & expliquer les cures magnetiques , & d'autres pareils miracles de la nature.

MUP

MUPHTI. s. m. Celui qui est le chef honoraire de la Loi dans tout l'Empire Ottoman , & qui en interprete toutes les questions. Le Grand Seigneur ne donne cette place qu'à un homme de probité & fort sçavant. Il lui laisse une autorité entiere , & ne s'oppose jamais à ce qu'il jugé ou decide. Il l'envoie même consulter , lorsqu'il veut entreprendre quelque chose qui soit de quelque importance pour l'Etat soit pour la paix , soit pour la guerre , afin de sçavoir si la Loi lui permet faire lui est permis par la Loi. Le Muphti n'a pas pouvoir de contraindre , mais seulement de resoudre les difficultés , & de persuader dans les matieres civiles , criminelles & d'état. Il donne des résolutions par écrit , mettant son jugement par un oui ou par un non , ou d'une autre

M iij

maniere courte que l'on appelle *Fetfa*, au bas d'un papier où la queſtion eſt écrite en peu de mots. Cette ſorte de Sentence après laquelle il ajoûte ces paroles, *Dieu le ſçait mieux*, ce qui fait voir que ſon jugement n'eſt pas infaillible, eſt toûjours ſuivie par le Cadis on jugé a un de la porte, enſorte qu'on voit des procès d'une très-grande importance, terminés en une heure ſans qu'on en puiſſe appeller, ni s'oppoſer à l'exécution de l'Arrêt, tant on a de déférence pour le Muphti, devant qui ſeul le Grand Seigneur ſe leve lorſqu'il entre dans ſa chambre, le ſaluant de la tête, ce qu'il ne fait à aucun de ſes Miniſtres. Comme c'eſt ce Prince qui l'éleve à cette dignité par ſon choix, tout ce qu'il fait pour l'établir dans ſa charge, c'eſt de le revêtir d'une riche veſte de Martes zibelines, qui vaut du moins mille écus. Il lui donne enſuite une ſomme de mille écus en or enveloppés dans un mouchoir qu'il lui met lui-même dans le repli de ſon habit de deſſous, qui eſt à l'endroit de ſa poitrine, & lui fait un fond de deux mille âpres par jour pour ſa ſubſiſtance. Ces deux mille âpres font environ ſoixante & cinq livres de notre monnoie. Il n'a point d'autre revenu certain, mais il peut diſpoſer de quelques benefices qui dépendent de certaines Moſquées Royales dont il tire le plus d'argent qu'il lui eſt poſſible. Lorſqu'il entre dans ſa charge, tous les Ambaſſadeurs & Reſidens des Princes Etrangers le viennent feliciter auſſi-bien que les Agens de pluſieurs Bachas qui ſont à la Porte, & les preſens qu'ils lui font montent au moins à cinquante mille écus. Le Muphti peut être dépoſé par le Grand Seigneur, & s'il n'a point d'autre raiſon que ſon autorité abſolue pour le priver de ſa Charge, il le gratifie d'un Arpalix, c'eſt-à-dire, qu'il lui permet de diſpoſer de quelques emplois de Judicature en certaines Provinces, dont il a la ſurintendance, ce qui lui produit un revenu aſſés grand pour pouvoir ſubſiſter avec honneur. On fait rarement mourir un Muphti. Quand cela arrive, on le dégrade avant que de l'exécuter. S'il s'agit d'un crime énorme ou de trahiſon, on le met dans un mortier que l'on garde toûjours pour cela dans la priſon des ſept Tours, & dans lequel il eſt pilé & battu juſqu'à ce que ſes os & ſa chair ſoient reduits en bouillie. Le Muphti ſe marie comme tous les autres Turcs, & fait ſa reſidence ordinaire à Conſtantinople, & comme il ne pourroit terminer lui ſeul toutes les affaires de conſcience à cauſe de la grande étendue de cet Empire, outre qu'il y en a pluſieurs qui demandent une prompte reſolution, le Cadileſquers font ſon Office, chacun dans ſa Juriſdiction, s'appliquant à éviter les matieres de Droit Canon auſſi-bien que celles de Droit Civil.

MUR

MUR. ſ. m. Corps de Maçonnerie qui a une certaine épaiſſeur & hauteur proportionnée, & qui ſert à refermer & à ſeparer divers lieux dans les bâtimens. On appelle *Murs de face*, tous les Murs exterieurs d'une maiſon, ſoit qu'ils ſoient ſur les rues, ou ſur les cours & ſur les jardins. *Les Murs de refend*, ſont ceux qui partagent les appartemens, ou qui ſeparent pluſieurs maiſons à un même proprietaire, ou des Chapelles dans une Egliſe. On appelle *Gros Murs*, ceux de face & de refend. Il y a un *Mur de pignon*, & un *Mur en ailes*. Le premier eſt celui où on termine le comble, & qui finit en pointe, & l'autre celui qui s'élevant depuis le deſſus d'un Mur de clôture, va en diminuant juſque ſous l'entablement & même plus bas, en ſorte qu'il

arcboute le Mur de face & le pignon d'un corps de logis qui n'eſt pas appuyé d'un autre. Celui qu'on appelle *Mur de clôture*, enferme les cours, les jardins, les parcs, & le *Mur d'appui*, eſt un petit Mur qui n'eſt qu'à hauteur d'appui, de trois piés ou environ, & qui ſert de gardefou, à un pont, à balcon, à une terraſſe. Le *Mur mitoyen* ou *Mur commun*, eſt celui qui étant conſtruit aux frais de deux proprietaires, ſepare les limites de deux heritages, & le *Mur ſans moyen*, eſt dans la Coûtume de Paris, un Mur de maiſon Seigneuriale ou de Monaſtere, dont le privilege ſpecial eſt de ne pouvoir jamais devenir commun. Ainſi ceux qui ſont en poſſeſſion d'heritages contigus, doivent laiſſer une certaine diſtance, s'ils veulent bâtir.

MURAL, ALE. adj. Ce mot n'a d'uſage que dans cette façon de parler, *Couronne Murale*, pour dire, Une Couronne dont les Romains avoient de coûtume d'honorer ceux qui avoient ſauté les premiers ſur les murs des Ennemis. C'étoit un cercle d'or crenelé.

MURENE. ſ. f. Eſpece de Serpent Marin qui a la forme d'une anguille, un peu moins ronde. Les plus grandes n'ont gueres que deux piés de long & quatre doigts de large. Leur tête eſt ronde, fenduë d'une grande gueule armée de deux rangs de dents, fortes & aigues comme des aiguilles. La peau des femelles eſt brune, & toute ſemée de fleurs dorées. Les mâles n'ont qu'un rang de petites taches auſſi dorées, qui va depuis la tête juſques à la queue. On ne pêche ce poiſſon que dans une côte qui ſoit de cailloux, ou de petites roches, & tout proche de la mer. On tire pluſieurs de ces cailloux pour faire une foſſe juſqu'à l'eau. Enſuite on écraſe un crabe ou deux qu'on lave dans l'eau de cette foſſe, ou bien on y jette un peu de ſang, & incontinent on voit venir la Murene qui avance ſa tête entre deux roches. Si-tôt qu'on lui preſente l'hameçon, pendu à un petit bout de corde, & couvert d'un peu de crabe ou de quelque autre poiſſon, elle ſe jette goulument deſſus, & l'entraîne dans ſon trou. Il faut alors avoir de l'adreſſe à la tirer tout d'un coup, car ſi on lui donne le tems de s'attacher par ſa queue, on lui arracheroit plûtôt la mâchoire que de la prendre. Cela fait voir que ſa force eſt toute au bout de ſa queue, ce qui vient de ce que la grande arête de ce poiſſon eſt renverſée de haut en bas, enſorte que les arêtes qui dans tous les autres ſont panchées vers la queue, ſont rebrouſſées en celui-ci. Quand la Murene eſt hors de ſon trou, on ne la fait pas mourir ſans beaucoup de peine, ſi on n'en ſçait le ſecret, qui conſiſte à lui couper le bout de la queue, ou à l'écraſer, & elle meurt auſſi-tôt ſans ſe débattre. Sa chair eſt blanche & d'aſſés bon goût, mais ſi la Murene n'eſt un peu grande, ce n'eſt que de la colle, & même les grandes ſont ſi remplies de petites arêtes que pluſieurs n'en mangent point par cette raiſon.

MURIAX. ſ. m. p. Vieux mot. Murailles.
Hector eſt mort & deſinez,
Que laidement fut traïnez,
Entour les grans Muriax de Troye.

MURTILLA. Nom que donnent les Eſpagnols à une ſorte d'arbres ſauvages qui ſe trouvent par tout au Perou depuis le trente-ſixiéme dégré de la ligne vers le Sud juſques au Détroit de Magellan. Cet Arbre que les naturels appellent *Unni*, porte des fruits aſſemblés par grappes, & pendans comme les raiſins, ils ſont gros comme des pois, & de la forme & couleur de grains de Grenade. Ces fruits ſont d'un goût moyen entre le doux & l'aigre, & la liqueur qui s'en tire & qui approche du vin, n'eſt pas seulement agreable au palais ; mais elle est aussi convenable à l'estomac , digerant les humeurs superfluës du corps , & particulierement celles du cerveau. Elle aide l'appetit du ventricule , & est fort claire , se déchargeant naturellement de sa lie sans qu'on y emploie le feu. On fait encore de fort bon verjus avec ces fruits. Il surpasse de beaucoup en odeur & en saveur celui qui est fait d'aigret.

MURUCUCA. s. f. Herbe du Bresil fort belle à voir, sur-tout quand elle est en fleur. Elle rampe comme fait le lierre contre les murs & les arbres , & porte un fruit rond , quelquefois ovale , noir , brun , & de diverses couleurs. Au dedans il contient quelques noyaux , environnez d'une certaine substance mucilagineuse , d'un goût agreable , mais aigret. C'est un fruit assez bon. Les feuilles de cette herbe pilées avec un peu de chalcanthe guerissent les ulceres malins.

MURUCUGE. s. m. Fruit du Bresil qui a un bouton , & qu'on cueille vert. Etant un peu attendri , il se digere aisément & est de bonne saveur. L'arbre qui le porte est fort semblable au Poirier sauvage. Il s'en trouve peu à cause que les Sauvages ont coûtume de l'abattre , afin d'en cueillir le fruit plus facilement. Quand on en incise le tronc , il en sort une liqueur semblable à du lait, qui étant épaissie peut être employée au lieu de cire à cacheter des lettres.

MUS

MUSA. s. m. Plante qui croît en Egypte & en Cypre, & que plusieurs mettent au rang des Palmiers. Elle est haute de cinq ou six coudées,& produit ses feuilles comme le roseau , mais plus longues , en sorte qu'elles ont plus de trois coudées de long & une & demie de large. Elles ont une côte au milieu large & épaisse , & seche en été , ou de leur nature , ou par la vehemence du Soleil. Ainsi comme elles sont, extrêmement minces elles tombent au mois de Septembre , & la côte demeure dénuée. Son écorce est toute écaillée comme celle du Palmier & du Roseau. Cette plante est toute en tronc & n'a point de branches. A sa cime est un germe tendre , long d'une coudée, duquel sortent d'autres petits germes qui se contiennent jusqu'à la derniere cime , par petits intervalles, distans à peu près de trois doigts les uns les autres. Il en sort des fruits de la grandeur d'un petit concombre , qui étant trop mûr commence à jaunir. L'écorce en est comme l'écorce des figues , & on les pele lorsque l'on en veut manger. Sa chair est semblable à celle des melons sans aucun noyau ni graine. Ce fruit d'abord semble fade à ceux qui le goûtent , mais plus on continuë d'en manger , plus on en aime le goût. Matthiole qui parle ainsi de cette plante sur ce qu'il en a appris de ceux qui l'ont vuë souvent en Egypte , dit qu'il ne sçait point qu'aucun Auteur ancien en ait parlé , mais qu'il croit que c'est cette plante que Theophraste met au rang des Palmiers , & qui suivant ce qu'il en rapporte , produit ses feuilles plus grandes que les autres & son fruit plus gros , long en figure & de la grosseur d'une Grenade. Serapion entre les Arabes en a parlé , & a dit que la plante Musa est chaude au milieu du premier degré & humide à la fin , qu'elle nourrit peu , & que selon ses qualitez particulieres, elle est bonne aux ardeurs & chaleurs de la poitrine , du poumon & de la vessie , & lâche d'ailleurs le ventre , & que si on en mange trop elle nuit à l'estomac & opile le foye.

MUSAGE. s. m. Retardement. Vieux mot.
Trop y a rendu le Musage.
Viens-t'en , laisse ce reslasage.

MUSARABE. s. m. Nom que les Espagnols donnent aux Chrétiens qui ont vécu sous la domination des Arabes. *Musa* , veut dire , Chrétien en Arabe. Quelques-uns les appellent *Muçarabes*, prétendant qu'ils ont eu ce nom de Muça , Capitaine Arabe qui conquit l'Espagne , après qu'il eut défait & vaincu Rodrigue , dernier Roi des Gots. L'Office Divin se fait encore dans sept Eglises Paroissiales de Tolede , avec les anciennes ceremonies des Musarabes , comme il se faisoit dans toutes les autres de la même Ville , avant que l'Office Romain y eût été établi par saint Gregoire sous le regne d'Alphonse VI.

MUSARAGNE. s. m. Animal gros comme une souris , & de la couleur de la belette. Il a la queuë fort menuë , & le museau long & pointu. Ses dents sont petites , & doubles en chaque mâchoire , ensorte qu'on lui en voit quatre rangs. Dioscoride dit que le Musaragne ouvert & appliqué sur sa morsure que l'on tient fort venimeuse , y sert de remede. Pline dit qu'il n'y a de Musaragnes que dans le Mont Apennin , ce que Matthiole assure être faux, disant que l'on en trouve ordinairement en la terre de Trente & aux Montagnes d'Ananie , & que les gens du pays ne les tiennent point venimeux , ce qu'il croit venir de la bonté de l'air , qui fait que les Scorpions n'y sont point non plus venimeux.Les Latins appellent le Musaragne , ou Musaraigne *Mus araneus , sorex.*

MUSARDIE. s. f. Vieux mot. Faineantise.
Quiconques croye , ne que die
Que ce soit une Musardie.

On a dit aussi *Musard* , pour dire , Un Faineant, ou un homme qui s'amuse , & qui s'arrête par tout.

MUSC. s. m. Parfum dont il y a de plusieurs sortes & especes. Matthiole dit après Aëtius & Ruellius , que le meilleur de tous est celui qui vient en une terre qui tire un peu plus sur le Levant que ne fait la cité de Chorosa ; qu'il tire sur le blond , & que les Barbares l'appellent *Pat* , que celui qu'on estime le plus après le premier , tire sur le noir & qu'on l'apporte des Indes ; que le moindre vient de la terre de Sini ,& que toutes ces sortes de Musc s'engendrent au nombril d'un animal , semblable à un Chevreuil , ayant une seule corne , & le corps fort grand. Quand cet animal est dans sa chaleur , son nombril s'enfle , & se remplit d'un gros sang en maniere d'apostume. Pendant ce tems il ne mange ni ne boit & ne fait que se veautrer par terre , & se frotter contre les arbres jusqu'à ce qu'il ait fait crever cette apostume , d'où il sort du sang à demi-corrompu qui devient fort odorant quelque tems après. Les Chevreuils qui portent le meilleur musc ne different en rien des autres , si ce n'est aux dents qu'ils ont longues & hors de la bouche plus d'une paume ainsi que les Sangliers. Ceux qui cherchent le musc secoüent les pellicules de celui qui n'est pas mûr jusqu'à ce qu'il ait perdu sa mauvaise odeur , ce qu'il ne fait que lorsqu'ayant été pendu en l'air, il y acquiert sa pleine maturité. Il est cependant moins bon que celui qui s'est fait de la prise dans les pellicules de Chevreuil. Les gens du pays le cueillent parmi les pierres & les troncs des arbres , quand l'animal qui le porte y a fait crever son apostume. Le Musc étant bû ou appliqué , fortifie le cœur froid & palpitant , le réjouit & soulage toutes ses incommoditez. Il conforte le cerveau & guerit les douleurs inveterées que cause l'abondance de l'hu-

MUS

meur phlegmatique. Quelques-uns difent que fi le Mufc eft bon , il péfe moins lorfqu'il eft mouillé. D'autres prennent fa bonté en ce que le flairant à jeun un peu de tems , il provoque à faigner, ce qu'il fait en ouvrant les porofités des veines par fa chaleur & par fa fubtilité. On fait venir le mot de *Mufc*, de l'Arabe *Mofch* ou *Mufch*. Le Grec vulgaire l'appelle μόχος.

Il y a dans les Antilles une Plante appellée *L'herbe au Mufc*, qui a fes feuilles affès femblables à la Mauve , mais un peu plus rudes. Sa tige eft haute de deux coudées , & à la pointe de cette tige , & même fur plufieurs branches qui en fortent, font quantité de fleurs jaunes , quatre fois plus grandes que les fleurs des Mauves , aufquelles elles femblent beaucoup. A la chûte de ces fleurs croît un bouton de la groffeur d'un œuf de pigeon. Il eft long en triangle comme le petit doigt , & il fe termine en pointe par le haut. Avant qu'il foit mûr , il eft vert & rempli de petites graines blanches , mais enfin lorfqu'il a atteint fa maturité , il fe deffeche, devient gris , & a fa graine noire. Alors fi on frote cette Plante dans fes mains, il s'en exhale une odeur auffi agréable que celle du Mufc. On apporte de ces graines en France , où elles confervent leur bonne odeur. Les Confituriers s'en fervent dans leurs dragées , aufquelles elles communiquent cette odeur de Mufc.

MUSCADE. f. f. Fruit d'un arbre que quelques-uns croyent ne venir que dans l'Ifle de Banda aux Indes. Cette Ifle , ou plûtôt les fix Ifles qui la compofent, fçavoir Gunapi, Nera , Lontor , Pulovvai , Pulorim & Baffingi, font fi fort chargées de Mufcadiers, qu'à la referve d'une montagne qui jette du feu dans l'Ifle de Gunapi , il n'y a pas un arpent de terre qui n'en foit couvert , de forte qu'en tout tems on voit les arbres chargés de fleurs ou de fruit, vert ou mûr. On cueille les Mufcades principalement trois fois l'année , en Avril, en Août & en Décembre ; mais celles qui mûriffent en Avril, font meilleures. L'arbre qui les porte reffemble affès au Pêcher , fi ce n'eft qu'il a les feuilles un peu plus courtes & plus rondes. Le fruit eft couvert d'un brou auffi épais que celui qui couvre nos noix. Ce fruit en s'ouvrant fait paroître une feuille fort mince fur une coque très-dure ; mais elle n'enveloppe pas fi-bien , qu'en plufieurs endroits elle ne laiffe paroître la coque. C'eft ce qu'on appelle *Fleur de mufcade* ou *macis*. Il faut caffer cette coque pour trouver le fruit. La fleur eft d'un nacarat vif tant que la noix eft encore verte, mais après cela elle change de couleur , & tire fur l'oranger , principalement quand elle quitte la coque. Les Habitans appellent les Mufcades *Palla* , & le Macis *Brunapella*. Ils les cuifent avec leur brou au fucre ou au fel , & en font une très-excellente confiture. Cette drogue échauffe le cerveau , fortifie la memoire, chaffe les vents , dégage les reins , & arrête le flux de ventre. L'huile qu'on en tire conforte les nerfs, provoque le fommeil , fait ceffer les fluxions , & guerit les maux d'eftomac. Rien n'eft plus fouverain contre les douleurs que l'indigeftion caufe , qu'un onguent fait avec de la poudre de Mufcade ou de Macis, mêlée avec de l'huile de rofe. La Mufcade , pour être bonne , doit être pleine, pefante , agréable à l'eftomac; & fi on la pique avec une aiguille , il faut qu'elle rende tout auffi-tôt un fuc oleagineux. On l'appelle en Latin *Nux mofchata* , ou *Nux myrepfica*.

MUSCADELLE. f. f. Sorte de poire appellée ainfi , à caufe qu'elle tient un peu de l'odeur du mufc.

MUSCADET. f. m. Sorte de gros raifin blanc , &

qui eft affès bon.

MUSCLE. f. m. Terme d'Anatomie. Partie charnue & fibreufe , & l'organe des mouvemens de l'animal. Le mufcle a trois parties , fçavoir la tête , le ventre & la queue. La tête , qui eft le plus fouvent nerveufe , eft faite de ligamens qui naiffent des os & couverte d'une membrane particuliere. Le ventre , qui eft le milieu du Mufcle , eft prefque tout charnu , & la queue eft appellée ordinairement *Aponevrofe* , du Grec ἀπὸ & νεῦρος , Nerf , comme qui diroit, Extenfion du Nerf. On compte jufqu'à quatre cens cinq mufcles dans le corps de l'homme. Quelques-uns font venir ce mot de *Mufcle* du Latin *Mus* , Souris, à caufe qu'il reffemble à une fouris écorchée. D'autres le dérivent de la reffemblance qu'ils lui donnent avec un poiffon qu'on appelle *Moufcle* ou *Moufle*.

MUSEAU. f. m. Nom que donnent les Menuifiers aux accoudoirs des hautes & baffes chaifes d'une Eglife , à caufe qu'anciennement il y avoit à ces accoudoirs des mufles d'animaux fculptés.

MUSELIERE. f. f. Efpece de filet de corde en pannier pour mettre aux mulets de bagage & les empêcher de mordre , il y en a de cuir qui font obftacle à la refpiration.

MUSEROLE. f. f. La partie de la têtiere d'un cheval. qui fe place au-deffus du nez.

MUSETTE. f. f. Inftrument de mufique à anches & à vent. Il eft compofé d'une peau , d'un bourdon , de deux chalumeaux & d'un porte vent. Le bourdon de la Mufette a cinq tons differens , avec lefquels il fait toutes les parties. Cet inftrument fert à faire une Mufique champêtre. Les uns en attribuent l'invention aux Lydiens , les autres à Pan , & d'autres à Faune , à Marfias & à Daphnis , jeune berger Sicilien qui fit le premier des Bucoliques. Ce mot eft un diminutif du Latin *Mufa* , à caufe que la Mufette n'eft pas un inftrument affès ferieux pour les grands airs.

MUSIQUE. f. f. Science qui enfeigne à faire des accords agréables à l'oreille , & qui recherche & explique les propriétés des fons. Elle fe divife en *Mufique Theorique* , qui confidere la nature des confonances & des diffonances , & qui explique par nombres les raifons qu'elles ont entre elles , & en *Mufique pratique* , qui enfeigne non feulement la compofition , c'eft-à-dire , la maniere de compofer plufieurs chants , qui étant chantés enfemble , forment une agréable harmonie , mais encore ce qui s'appelle chanter ou jouer à livre ouvert. C'eft par le moyen de cette mufique pratique que l'on execute avec jufteffe toutes fortes de pieces de Mufique. On appelle *Mufique vocale* , toute Mufique qui n'eft compofée que pour les voix , qu'il faut toutefois accompagner toûjours de quelque Inftrument , afin d'empêcher qu'elles ne baiffent. La *Mufique inftrumentale* eft celle qui s'execute par le moyen des Inftrumens , dont le nombre eft prefque infini, à compter tous ceux qui font en ufage en divers pays. On diftingue encore la Mufique en *Mufique d'Eglife* , qui eft grave & ferieufe , & accommodée à la devotion comme les Motets , & en *Mufique feculiere* , qui a plus de varieté , & eft gaie ou trifte plus ou moins , felon les paroles. Il y a trois fortes de Mufique, la *Diatonique* , qui ne contient que les deux tons ; majeur & mineur ; & le demi-ton majeur ; la *Chromatique* qui abonde en demi-tons , & l'*Enharmonique* , fort abondante en diefes , qui font les moindres divifions fenfibles du fon.

MUSAF. f. m. Sorte de priere que font les Juifs dans la Synagogue le jour du Sabath , & par laquelle ils finiffent finissent les cérémonies de ce jour-là. Elle renferme les paroles du sacrifice qui se faisoit autrefois au Temple ce même-jour du Sabbath. *Massaf* veut dire, *Ajoûtée.*

MUSSASOUS. s. m. Animal qu'on trouve dans la Virginie & qui sent le musc. Sa forme est semblable à celle de notre rat aquatique, & il en a le naturel.

MUSSE. s. f. Petit passage dans un fort, dans une haie pour les lapins, lievres, &c. *Il a été pris à la Musse.*

MUSULMAN. s. m. Nom qu'on tient avoir été donné premierement aux Sarasins, & que les Turcs se font un grand honneur de porter. Il veut dire en leur langue *Vrai croyant.*

MUT

MUTU. s. m. Espece de poule fort privée du Bresil qui a une crète comme un coq, tachetée de petits points noirs & blancs. Ses œufs sont gros, blancs & si durs, que si on les choque l'un contre l'autre, ils résonnent comme du fer. On tient que quoique leurs os soient mortels aux chiens, ils ne nuisent point aux hommes.

MUTULE. s. m. Terme d'Architecture. Espece de modillon quarré dans la corniche de l'Ordre Dorique. On a mis des Mutules sous la corniche de cet ordre, pour figurer le bout des jambes de force qui sortent en dehors, courbées par l'extrémité; & on a eu pour cela la même raison qui a fait representer des triglyphes dans la frise de l'ordre Dorique, afin de marquer le bout des poutres ou solives qui portent sur l'architrave. M. Felibien observe après Philander, que les Architectes posterieurs à Vitruve, non seulement se sont servis de Mutules sous la corniche de l'ordre Dorique, mais qu'ils en ont mis aussi dans le Composite, qui tiennent quelque chose du Mutule Dorique & du Modillon Corinthien; comme s'ils étoient composés de l'un & de l'autre. Il dit que ce mot vient du Latin *Mutilare,* Couper, retrancher, à cause que les Mutules representent le bout des chevrons mutilés & coupés.

MYA

MYAGRUM. s. m. Herbe qui jette force surgeons, & que Dioscoride dit avoir été appellée par quelques-uns *Melampyron.* Elle est haute six piés, & a ses feuilles pâles & semblables à la garance. Sa graine est huileuse & semblable au senegré. On la rôtit quand elle est pilée, & on en enduit des verges dont on se sert pour éclairer dans les lampes. Cette graisse adoucit la peau & en ôte toutes les âpretés. Galien dit que la graine de Myagrum est grasse; & qu'en étant pilée elle rend une matiere huileuse qui a une vertu mollificative & emplastique. Ce mot est Grec, *μύαγρον,* & on lui a donné ce nom de *μῦα,* Mouche, & de *ἄγρα,* Chasse, capture, à cause qu'elle embarasse les mouches par une espece de glu. Matthiole parle d'une sorte de plante qu'il appelle *Myagrum bâtard,* quoique ses feuilles se rapportent plûtôt à celles du guede, & sa graine à celle du Nasitort, que du senegré. Il dit que cette graine est douce & plaisante au goût, que les oiseaux en sont fort friands, & que la plante provient parmi le blé & le lin.

MYO

MYOPE. s. m. On appelle ainsi en Optique celui qui

Tome II.

ne peut voir que de fort près à cause qu'il a le crystallin fort convexe, & disposé à faire de grandes refractions, telles qu'il les faut pour réunir les rayons des objets proches qui sont très-divergens. Mais les rayons des objets éloignés étant peu divergens, ils sont trop tôt réunis par ce crystallin trop convexe, & par consequent ces objets sont vûs confusément. Voyez VISION & CRYSTALLIN. Comme ceux qui ne voyent que de fort près recevroient trop de lumiere des objets, il arrive d'ordinaire que pour n'en pas tant recevoir, ils ferment à demi, & clignent les yeux, & de-là leur est venu le nom de *myopes,* de *μύω, je ferme,* & de *ὤψ, œil, μόνῳ.*

MYR

MYROBALAN. s. m. Plusieurs disent *Myrabolan,* Espece de noix qui vient d'Orient, & dont on fait du parfum quand on l'a pilée. Ce mot est Grec, *μυροβάλανος,* composé de *μύρον,* Onguent, & de *βάλανος,* Gland.

On appelle *Myrabolans,* des Fruits de certains arbres qu'on dit croître sans culture dans le Royaume de Cambaïa. Ces fruits sont une espece de prunes, dont la figure est semblable aux dattes d'Egypte. Matthiole dit qu'il y en a de cinq sortes; sçavoir les jaunes citrins, les chepules ou Kebuli, nous ou Indiques, les Empeliques ou Embliques & les Belleriques ou Bellirriques. Tous ces Myrobalans different en formes & en proprietés; ce qui lui fait croire qu'ils croissent en divers arbres, quoiqu'il y en ait qui tiennent que les citrins & les chepules viennent d'une même plante, les citrins étant les Myrobalans verts & non mûrs, & les chepules ceux qui ont leur parfaite maturité. Ils purgent doucement sans affoiblir. Au contraire, par le moyen de leur astriction, ils confortent le cœur, le foye & l'estomac, & fortifient toutes les parties du corps. Ils ont seulement cela de mauvais, que les parties interieures en deviennent plus opilées qu'elles n'étoient, de sorte qu'ils ne valent rien à ceux qui sont sujets aux opilations. Ils ont tous des facultés particulieres. Les citrins purgent la bile; & les meilleurs sont les verts tirant entierement sur le jaune, qui sont pesans, pleins & gommeux, & qui ont l'écorce grosse & le noyau fort petit. Les chepules dont les meilleurs sont les plus massifs, ayant une couleur noire rougeâtre, & l'écorce grosse & épaisse; & allant au fond si-tôt qu'on les met dans l'eau, purgent la pituite, ce que font aussi les Embliques; parmi lesquels on prefere ceux dont on peut faire de plus grosses pieces, plus épaisses & plus pesantes, qui ont aussi plus de chair & de poulpe qu'ils n'ont de noyaux. Les Belliriques & les Indiens purgent la mélancolie. On estime plus dans les premiers les plus massifs, & qui ont generalement une écorce plus épaisse; & dans les autres, ceux qui sont noirs & pesans, & qui n'ayant point de noyau au dedans, se rencontrent tout massifs quand on les rompt.

MYRMILLONS. s. m. Les Gladiateurs étoient distingués en Myrmillons & en Retiaires, & ils combattoient ordinairement les uns contre les autres. Le Myrmillon étoit armé d'une épée, d'un bouclier & d'un casque, au haut duquel on voyoit la figure d'un poisson tacheté de plusieurs couleurs, tel que celui que les Grecs nomment *μορμύρος,* qui est un poisson marin. C'est de ce mot Grec que quelques-uns croyent que le mot de *Myrmillon* a été fait. L'Empereur Caligula, selon Suetone, supprima ces sortes de Gladiateurs.

MYRRHE. f. f. Liqueur d'un arbre qui croît en Arabie , affés femblable à celui qu'on appelle *Spina Ægyptiaca*. Elle diftille des incifions qu'on fait à cet arbre , fur des claies de Jonc qu'on met au deffous. Diofcoride qui en parle ainfi , dit que celle qu'on appelle *Troglodytique*, à caufe du pays où elle croît, eft la plus finguliere ; qu'elle eft claire & tranfparente , verdoyante , & mordante au goût , & que la pire de toutes eft nommée *Ergafima* , qu'elle eft feche , aigue au goût , & approche de la gomme pour fa force & fa vertu. On fait des maffes de toutes. On en fait de graffes & d'odorantes , des Myrrhes graffes , & on fait des maffes qui n'ont point d'odeur des Myrrhes feches. Matthiole dit que du tems de Galien on vendoit de la Myrrhe en opocalpafum , qui étoit une liqueur venimeufe venant d'un arbre venimeux , nommé *Calpafum*. Pline dit que la Myrrhe croit aux mêmes forêts que l'encens , felon quelques-uns , & felon d'autres qu'elle croît feparément en plufieurs endroits de l'Arabie ; que la meilleure s'apporte des Forêts ; que ceux de Saba la vont querir par mer vers les Troglodytes , & qu'il y a auffi des arbres de Myrrhe domeftiques & cultivés , qui font préférés aux fauvages , & qui fe nourriffent à être houés & déchauffés , afin de tenir leurs racines fraîches. Cet arbre continue-t-il , a cinq coudées de hauteur ; & eft épineux. Son tronc eft dur & tors , & plus maffif que celui qui porte l'encens , tant vers la racine que dans toutes fes parties. Il a l'écorce liffée & polie comme celle de l'Arboufier , que les Tanneurs appellent *Cerifes d'outre mer*. Selon quelques-uns pourtant , fon écorce eft âpre & épineufe. Ses feuilles font femblables à celle de l'olivier , quoique plus grêles & plus épineufes. Juba dit qu'elles approchent de celles de l'Ache , d'autres que cet arbre eft femblable au Genevre , mais qu'il eft plus âpre & plus épineux , ayant fa feuille plus ronde , toutefois de même odeur & faveur. Quelques-uns veulent que la Myrrhe & l'encens viennent d'un même arbre. On incife les arbres qui portent la Myrrhe deux fois l'année comme on fait l'encens & dans la même faifon , & à ceux qui font plus verts & plus vigoureux , on fend l'écorce depuis la racine jufqu'à la croifée des branches. Avant que d'être incifées , elles jettent d'elles-mêmes une liqueur qu'on nomme *Stacté* , & qui eft la plus excellente de toutes. Après celle-là , on eftime celle qui diftille l'été , foit qu'elle vienne des arbres fauvages ou des domeftiques. Le même Pline dit que la Myrrhe fe fophiftique avec le maftic de lentifque & la gomme , & avec du jus de concombres fauvages pour la rendre amere , & que fur-tout on la peut fophiftiquer d'une certaine Myrrhe que les Indiens tirent d'une plante épineufe , & qui eft la feule chofe mauvaife qui vienne de ce Pays-là , ce qui fait croire à Matthiole que notre Myrrhe vient des Indes , d'où on l'apporte en Egypte , & puis à Alexandrie par la mer Rouge. Les marques qui la font connoître pour bonne , font d'être recente , un peu verdâtre , tirant fur le rouge , graffe , odorante , acre , mordante , & amere. Etant rompue , il faut qu'elle ait au dedans , des taches blanchâtres comme des coups d'ongles ; qu'elle foit fort égale en fa couleur , legere , nette , & tranfparente en quelque maniere. Celle qui eft pefante , tout-à-fait noire , ou de la couleur de la poix , eft à rejetter. La Myrrhe ouvre , défopile , ramollit , confolide & refferre. Non feulement elle provoque les mois , mais elle ouvre la matrice de telle forte , qu'elle fait fortir promptement l'enfant hors du ventre de la mere. Elle rend l'haleine fort agréable fi on la

mâche , & on en fait une huile excellente pour conferver le teint , & effacer les taches & les rides du vifage , & pour conglutiner les plaies. Cette huile fe fait avec des œufs que l'on fait cuire jufqu'à ce qu'ils foient durs. On les coupe enfuite en deux parties égales ; on en ôte tout le jaune , & on remplit les blancs de Myrrhe pulverifée. On rejoint les deux parties de l'œuf & on les pend avec un filet dans un lieu humide. On met un vaiffeau deffous où l'on reçoit la liqueur qui en diftille , & cette liqueur eft ce qu'on appelle *Huile de Myrrhe*. Ce mot vient du Grec μύρω , Couler , fluer.

MYRRHIS. f. f. Plante que Diofcoride dit avoir les feuilles & la tige tout-à-fait femblables à la cigue. Sa racine eft longue , tendre , ronde , odorante , & de bon goût. Bûe en vin elle eft fort bonne pour les piquûres des araignées appellées *Phalanges*. Elle émut le fang menftrual , fait fortir l'arriere-faix , & purge fort les nouvelles accouchées. Elle eft finguliere en tems de pefte , fi on la prend en breuvage avec du vin deux ou trois fois le jour. Matthiole dit qu'en plufieurs endroits de l'Italie , on trouve une plante qui reffemble entierement à la cigue , fi ce n'eft qu'elle eft moindre , & a une bonne odeur , ce qui la fait appeller *Cicutaire* par quelques-uns qui la prennent pour la vraie & legitime Myrrhis , que Manardus eftime être le cerfeuil , quoiqu'il n'ait aucun rapport avec la cigue. Galien dit que la Myrrhis , appellée *Myrrha* par quelques-uns , eft une racine douce & odorante , qui eft bonne à émouvoir le fang menftrual , & à purger & nettoyer la poitrine & le poumon. On a donné le nom de Myrrhis à cette herbe , à caufe qu'elle a quelque odeur de Myrrhe.

MYRTE. f. m. On difoit autrefois *Meurte*. Arbriffeau fort commun en Italie , dont il y a de deux fortes ; le fauvage qui n'eft autre chofe que le Rufcus , qui vient de foi-même , & fans être cultivé en plufieurs pays chauds , & le domeftique , qui eft grand comme un arbre , & dont les branches font pliantes & fouples. Il a fon écorce rouge & fes feuilles toûjours vertes & longuettes , femblables en quelque façon à celle de grenadier. Il y a de blanc & de noir. La fleur en eft blanche & odorante , & les parfumeurs en font une eau qu'on eftime fort. Le Myrte noir eft femblable au bouis , à l'exception des feuilles qui font plus aigues , & comme celles du petit houx qui eft le Myrte fauvage. Ses baies font noires , pleines d'un fuc vineux , & femblables à celles du lierre. Le Myrte blanc a fes feuilles plus longues & plus larges comme le Pêcher , mais obfcures de couleurs , & d'un vert un peu blanchâtre. Les anciens ont établi plufieurs autres efpeces de Myrte , que l'on reconnoît encore aujourd'hui. Le Tarentin , appellé ainfi de Tarente , Ville de la Pouille , a fes feuilles plus menues que notre Myrte commun , mais plus fermes & robuftes. Son fruit qui eft plus petit , d'une couleur noire , tirant fur le pourpre , & garni au dedans de petits offelets drus & blanchâtres , eft plus copieux , & cotonné en fa fommité. Il y a auffi un Myrte étranger qui fe trouve en Italie dans les vergers & dans les jardins. Sa feuille eft affés femblable à celle de nos Myrtes , quoiqu'elle foit plus claire & plus pointue. On fait des feuillées avec ces deux fortes de Myrte. On fe fert fort utilement des feuilles & des fruits du Myrte , interieurement ou exterieurement. Les fruits ont une qualité aftringente , qui adoucit toutes fortes de fluxions & arrête le fang qui coule en grande abondance. Les feuilles feches font plus deffifcatives que les vertes , qui ont je ne fçai quelle humidité conjointe ; le

Myrte , s'appelle en Grec μύρτος ou μυρσίνη de μύρτα.

MYRTILLE. f. m. Arbre qui croît dans les forêts & dans les Montagnes de Bohème , que les Apothicaires de ce Pays-là ont nommé ainsi à cause qu'ils s'en servent à la place du vrai Myrte qui leur manque. Il est d'une moyenne hauteur , & a son tronc & ses branches vertes , & ses feuilles semblables au bouis , plus minces pourtant , & un peu dentelées tout à l'entour. Ses fleurs sont en manière de cloche attachées entre les feuilles à une queue ; leur couleur est un peu vermeille , & elles ont au dedans un filament roux. Elles produisent des fa-

çons de perles , qui dans leur maturité ressemblent presque en grandeur & en couleur à celles du Genevre. Elles font vineuses , âpres & creuses vers leur sommité. Les Allemans qui usent de tout ceci au lieu du vrai Myrte , s'en servent particulierement à teindre leurs toiles & leurs filets. Ils s'en servent aussi pour rendre leur papier de couleur du Ciel , & parce que ces sortes de fruits que jettent ces fleurs ont bonne saveur, les Paysans , & même d'autres personnes en mangent. Quelques-uns appellent aussi *Myrtilles* les fruits ou baies de Myrte,

N

NAC

ACELLE. f. f. Petit bateau dont on fe fert pour paffer une riviere, & qui n'a ni mât ni voile.

C'eft auffi un terme d'Architecture, & on appelle *Nacelle* dans les profils, tout membre creux en demi-ovale. Il fe dit plus particulierement de la concavité qui eft entre les deux tores de la bafe d'une colomne. C'eft ce qu'on appelle ordinairement *Scotie*. En ce fens quelques-uns difent *Nancelle*.

NACHES. f. f. Vieux mot qui fe trouve dans la fignification de Feffes, du Latin *Nates*. *Il arracha les cheveux aux Meffages Daniel & leur reft, & trencha leurs cottes dès leurs Naches jufques aux pieds.*

NACRE. f. m. Coquille grande, épaiffe, ronde par le bas, qui contient les perles, & qui eft produite, ainfi que toutes les autres coquilles, de la partie la plus groffiere dont eft formé l'animal qu'on y trouve renfermé. D'ordinaire elle eft raboteufe & rouffâtre au dehors, & très-blanche au dedans. La plus polie, qui reluit le plus, & qui eft de couleur argentine, eft celle que l'on préfere.

On appelle *Nacre de perles*, Toutes les perles qui tiennent à la coquille, quand elles ont quelque endroit relevé à demi-rond, que les Lapidaires ont l'adreffe de fcier & de joindre enfemble. On tient que la perle ne croît pas feulement dans la chair, mais dans la Nacre même, hors du poiffon. Quelques-uns font venir le mot de *Nacre*, de l'Hebreu *Nikra*, qui veut dire, Cavité, caverne, & d'autres de l'Efpagnol *Nacar*, qui fignifie Nacre. *Nacar de perlas*.

NAD

NADIR. f. m. Terme d'Aftronomie. L'un des Poles de l'Horifon. Le point du Ciel qui eft directement oppofé au zenith ou point vertical. Ce mot eft pris des Arabes. Voyez ZENITH.

On appelle *Nadir du Soleil*, Un point de l'écliptique diametralement oppofé au Soleil. Il fe prend auffi pour tout l'axe de l'ombre de la terre.

NAF

NAFRE. f. f. Vieux mot. Balafre. On a dit auffi *Nafré*, pour Navré, Balafré.

NAG

NAGE. f. f. Terme de Batelier. Morceau de bois du bachot où pofe la platine de l'aviron quand l'anneau de l'aviron eft au touret.

NAGEOIRE. f. f. Maniere de petite aîle que les poiffons ont fur le haut du dos & à chaque côté du corps, & dont ils fe fervent pour agiter l'eau & nager.

NAI

Nageoire, fe dit auffi d'une calebaffe ou veffie pleine de vent, que ceux qui veulent apprendre à nager fe mettent fous les bras pour fe foulever & fe foûtenir fur l'eau.

Les Porteurs d'eau appellent auffi *Nageoire*, Une maniere d'affiette de bois, qu'ils mettent fur leurs feaux lorfqu'ils font pleins, afin d'empêcher qu'il n'y tombe des ordures.

NAGER. v. n. *Se foûtenir fur l'eau par le mouvement du corps.* ACAD. FR. En termes de Marine, *Nager*, veut dire, Voguer, & dans ce fens on dit, *Faire nager un brûlot*, pour dire, le contraindre de fo mettre au large, & de tirer à la mer. On dit que *Les rameurs nagent debout*, pour dire, qu'ils voguent à tel nombre d'avirons. On dit, *Nager en arriere*, Quand on fait reculer ou arrêter un petit Vaiffeau avec un des avirons, ce qui fe pratique fur tous les bâtimens à rames, afin d'éviter le revirement, & de prefenter toûjours la prouc. Les Levantins difent, *Nager fur le fer*, Quand par le moyen de moyennes ancres ils rappellent à la mer un Navire que la tempête jette à la côte.

On dit *Nager à fec*, en parlant d'un aviron dont la pale porte fur la terre, lorfqu'avec une chaloupe on paffe dans un chemin étroit ; & quand on dit fimplement *Nage fec*, Cela s'entend d'un commandement que l'on fait à l'équipage d'une chaloupe, afin qu'en nageant il trempe fon aviron de telle forte qu'il n'y ait perfonne de mouillé.

On dit aux gens d'un canot ou d'une chaloupe, quand il n'eft pas neceffaire qu'ils nagent tous à la fois, *Nage qui eft paré*, pour dire, Nage qui eft prêt, & *Nage à faire abattre*, pour dire, qu'il faut nager du côté qu'on veut que la Chaloupe s'abatte.

Lorfqu'on dit, *Nage tribord & fcie babord*, ou tout au contraire, ce font des commandemens à l'équipage d'une Chaloupe, pour la faire gouverner plus promptement & en moins d'efpace. On dit encore *Nager au vent*, pour dire, Faire aller le Vaiffeau du côté du vent.

NAGUERES. adv. Vieux mot. Depuis peu, il n'y a pas long-tems.

NAI

NAIRES. f. m. Nom qu'on donne aux Nobles parmi les Indiens idolâtres. On appelle particulierement *Naires* parmi eux, les Gentilshommes qui embraffent la profeffion des armes. Vincent le Blanc dit qu'ils portent un chapeau rouge, & qu'ils font fort déterminés & fort vaillans, n'épargnant jamais leur vie, quand il s'agit de fervir leur Prince.

NAIS. Vieux mot qu'on trouve pour dire, Né, de même qu'on trouve *Naiffement*, pour dire, Naiffance.

NAISSANCE. f. f. *Action de naître, fortie de l'animal hors du ventre de la mere.* ACAD. FR. On appelle *Naiffance*, en termes d'Architecture, l'Endroit où un corbeau , une voute , une poutre , ou quelque chose commence à paroître. On appelle, *Naissance de voute* , Le commencement de la curvité d'une voute que forment les retombées ou premieres affises qui n'ont point besoin de cintre pour subsister. On dit *Naissance de colomne* , pour dire , La partie de la colomne qui joint le petit membre quarré en forme de listel qui pose sur la base de la colomne , & qui fait le commencement du fust. C'est ce qu'on nomme autrement *Escape* , ou *Congé*. On dit aussi dans les enduits, *Naissances d'enduit*, pour dire , Certaines platebandes au pourtour des croisées ou ailleurs , qui dans l'ordinaire sont seulement distinguées par du badigeon , des panneaux de crépi qu'elles entourent.

NAISSANT , ANTE. adj. *Qui naît , qui commence à venir , à paroître*. ACAD. FR. Ce mot en termes de Blason , se dit des Animaux qui ne montrent que la tête ; cette tête sortant de l'extrémité du chef ou du dessus de la face , ou du second du coupé. *D'or à trois chevrons de sable au chef d'azur , chargé d'un Lion naissant d'argent*.

On appelle au Palais, *Propre naissant* , Un heritage que le Pere acquiert , & qu'il laisse à son fils, en sorte que cet heritage commence à faire souche dans la famille. On dit aussi *Propre naissant conventionnel*, C'est celui qui vient quand par un contrat de mariage on stipule que l'on employera en achat d'heritages , une partie des deniers dotaux , ou qu'ils tiendront lieu de propres.

NAM

NAMPS. s. m. p. Vieux mot. Gage , nantissement. Le bétail pris par exécution s'appelle *Vifs namps* , & *Morts namps* se dit des autres meubles. Du Cange fait ce mot Saxon , & dit qu'on trouve dans la basse Latinité *Namium* , *Nantum* , & *Nantare* , dans la signification de Gage , saisie & nantir.

NAN

NANTISSEMENT. s. m. *Ce que l'on donne à un créancier pour sûreté de son dû*. ACAD. FR. On appelle *Pays de nantissement* , Les lieux où la coutume demande qu'on aille s'inscrire sur le registre public quand on a constitué une rente , afin d'avoir un privilege & une sûreté sur les biens du débiteur en préference de tous ceux qui ne seront point écrits sur le même registre , ou qui ne le seront qu'après.

NAP

NAPELLUS. s. m. Plante qui produit au bout de chaque queue cinq feuilles , en façon de Quinte-feuille , entaillées assés profondement par devant, & blanchâtres à l'envers. Sa tige est haute de deux coudées, cannelée , frêle & roussâtre. A la cîme sortent des fleurs purpurines en maniere d'épi , lesquelles avant que de s'épanouir ressemblent à une tête de mort; & quand elles sont épanouies , elles sont semblables aux feuilles de l'ortie morte. Il vient ensuite de petites gousses cornues, dans lesquelles est enfermée une petite graine noire. Sa racine est noirâtre , munie d'un si grand nombre de capillature , & si bien entrelassées , qu'on les prendroit pour un rets. Toute la plante est fort dangereuse, surtout la racine , de sorte qu'elle cause la mort à celui qui ose la tenir dans sa main jusqu'à ce qu'elle s'échauffe. Matthiole assure qu'on a vû mourir des paysans qui s'étoient seulement servis de la tige de Napellus, au lieu de broche , en faisant rôtir de

petits oiseaux. Ce poison est très-vehement , & si on n'y remedie au plûtôt , il n'y a point de contre-poison qui en sauve , ce qui n'arrive pas à ceux qui ont pris de l'Aconit. Les symptomes qu'on découvre en ceux qui en prennent, sont, que les levres s'enflamment , la langue enfle, les yeux sortent de la tête , les vertiges & les défaillances surviennent , les cuisses vacillent, tout le corps devient livide & tumefié , & tout cela est suivi d'une prompte mort si on n'employe le vomissement & les remedes specifiques , comme la racine de capres , la terre de Lemnos bûe dans du vin , l'épine vinette , la poudre d'émeraude , de diambra & du bezoard , le lait & le beurre de vache. Fuchsius s'emporte contre Avicenne, qui a dit que le Napellus enduit & pris en breuvage , efface les peaux blanches empreintes dans le cuir , qu'on appelle le mal saint Main. Matthiole répond à cela pour l'excuser , que ce doit être une composition dans laquelle il entre fort peu de Napellus , ou que le Napellus est corrigé par tant de preservatifs qu'il ne puisse nuire à la personne. Il ajoûte qu'il peut être que le Napellus qui entre dans cette composition, soit celui que le même Avicenne appelle *Napellus de Moyse* qui est une plante singuliere contre le poison du Napellus , ou bien une sorte de souris nommée *Napellus* , parce qu'elle vit des racines de cette plante , laquelle souris a contre le poison du Napellus , la même proprieté que l'herbe appelée *Napellus de Moyse*. Matthiole assure qu'il a vû plusieurs de ces souris aux montagnes d'Ananie. Quelques-uns font venir ce mot de *Napus* , Navet , à cause de la ressemblance qu'a le Napellus avec la racine de Navet.

NAPHTE. s. m. Dioscoride dit que les Babyloniens appellent *Naphte* , La colature de bitume ; qu'elle est de couleur blanche ; qu'il s'en trouve aussi de noire , & qu'elle attire tellement le feu à soi , que même il y saute quoiqu'elle en soit éloignée. Matthiole ajoûte que le vrai bitume Judaïque ne se trouvant point en Italie , celui dont les Apothicaires se servent est une composition contrefaite de poix , d'huile de Petrolium ou huile de pierres , & autres mixtions. Il dit aussi qu'il croit que le Petrolium est le Naphte que Dioscoride & Pline disent être colature de bitume.

NAPPE. s. f. *Linge dont on couvre la table pour y prendre ses repas*. ACAD. FR. La peau des bêtes fauves est appellée. *Nappe* , en termes de Venerie , à cause que quand on veut donner la curée aux Chiens on étend la peau du Cerf.

Les Oiseliers appellent *Nappe* , Une sorte de filet de mailles à l'osange , faites de bon fil délié & retors en deux brins , qui sert à prendre des alouettes, des ortolans , & quelquefois même des canards.

Nappe d'eau. C'est en termes d'Hydraulique, Une cascade dont l'eau tombe en forme de Nappe mince , de dessus une pierre unie & large. Les Nappes d'eau les plus garnies sont les plus belles, mais il ne faut pas qu'elles tombent de bien haut, de peur qu'elles ne se déchirent.

NAQ

NAQUERE. s. m. Sorte d'instrument ancien que Borel croit avoir ressemblé aux Tymbales, dont les Allemans se servent dans les armées.

NAQUET. s. m. On appelloit autrefois ainsi les personnes de vile condition, qui suivoient quelqu'un à pié. Selon Faucher, on a aussi appelé *Naquets* , Certains Valets qui marquoient le jeu, sur-tout à la paume.

NAR

NARCAPHTUM. f. m. Diofcoride dit que le Narcaphtum vient des Indes, & qu'il a l'écorce groffe & femblable à celle du fycomore, ou figuier fauvage. On le brûle en parfums pour faire fentir bon, & on le mêle auffi parmi les parfums. Celui-ci eft bon contre les opilations de la matrice. Matthiole ajoûte que Theophrafte ni Pline n'ayant point parlé du Narcaphtum, il feroit bien mal-aifé de déterminer quelle chofe on peut aujourd'hui apporter des Indes qui foit femblable au vrai Narcaphtum, fi ce n'eft ce que les Epiciers nomment *Tignamé*, mot corrompu de *Thymiama*, qui veut dire Parfum. Il y a peu de compofitions odorantes où le Tignamé ne foit mêlé, outre qu'il peut fervir lui feul de parfum, ce qui fe rapporte entierement à ce que Diofcoride rapporte du Narcaphtum, de forte qu'il ne faut pas s'étonner, fi laiffant le nom propre de l'arbre où il croît, il a pris celui de *Tignamé*, venu du mot Grec *θυμίαμα*, Parfum.

NARCISSE. f. m. Plante que Diofcoride dit avoir les feuilles femblables au Porreau, mais beaucoup moindres, menues & étroites. Ses tiges n'ont point de feuilles, & paffent un bon palme de hauteur. Sa fleur eft blanche & jaune au dedans, & quelquefois rouge. Sa racine eft auffi blanche au dedans, ronde & bulbeufe. Sa graine eft noire & longue, & enfermée dans une efpece de cartilage. Le meilleur croît aux montagnes & à bonne odeur. Les autres Narciffes qui reffemblent au porreau ne fentent rien. Theophrafte dit que le Narciffe jette fes feuilles tout contre terre fans en avoir en fa tige, qu'elles font femblables à celles d'Afphodelle, étant toutefois plus larges & prefque comme des fenilles de lis; d'où vient qu'il eft appellé *λείριον*, par quelques-uns, c'eft-à-dire, Lis. Piine témoigne que les Medecins fe fervent de deux fortes de Narciffe, dont l'un a la fleur rouge, & l'autre verte. Celui qui a la fleur verte, dit-il, eft contraire à l'eftomac; auffi provoque-t'il à vomir & lâche le ventre, étant ennemi des nerfs, & appef..ntiffant la tête. Il a pris fon nom de *νάρκη*, *Torpor*, Pefanteur, affoupiffement, & non du beau Garçon appellé *Narciffe*, que la fable dit avoir été changé en cette fleur, Galien en parlant du Narciffe, dit que fa racine eft tellement defficcative qu'elle foude les plaies, quelque grandes qu'elles foient, & même les bleffures des tendons & maîtres nerfs. Elle eft auffi un peu abfterfive & attractive.

NARCOTIQUES. f. m. Medicamens froids jùfqu'au quatriéme degré, qui par leur froideur extrême non feulement affoupiffent, mais ftupefient le fentit la douleur dont une partie, & même dont tout le corps eft atteint. L'opium, la nymphe, la laitue, le pavot, la morelle, la mandragore & la jufquiane font de ce nombre. Ce mot eft Grec, *ναρκωτικὸν*, & vient de *νάρκη*, Affoupiffement. Lorfqu'une tumeur corrofive caufe la douleur qu'on fent, il eft bien moins dangereux, que dans d'autres cas, d'employer les Narcotiques, à caufe que cette humeur eft tenue & chaude. Ils ont lieu alors, non feulement en ce qu'ils ôtent le fentiment en engourdiffant, mais en ce que par leur moyen les humeurs tenues font fixes. Si l'humeur eft groffiere & vifqueufe, ils font très-contraires; & encore que quelquefois ils appaifent la douleur, ils ne laiffent pas de gâter la difpofition des parties. On croit que la malignité des Narcotiques, qui agit principale-ment fur les efprits, confifte dans des particules huileufes extrêmement diffufives, qui arrêtent le monvement & le reffort des efprits, & les condenfent en quelque maniere, mais qu'elle eft attachée materiellement à un fujet refineux, vifqueux, & d'une amertume infigne, à quoi on mefure leur degré Narcotique. Les Narcotiques détruifent l'appetit, parce qu'ils ftupefient l'orifice gauche du ventricule, & qu'ils lui dérobent la perception du picotement. On les donne dans la faim canine, mais il y faut beaucoup de précaution. Lyndanus veut que dans une dyfenterie qui commence, on donne des Narcotiques pour arrêter, dit-il, la matiere par ce remede fimple, mais bon. L'experience a fait voir que dans les fievres malignes ils appaifent les fymptomés, procurent la fueur, préviennent les infomnies & les délires, calment l'efferverfcence & arrêtent particulierement l'hemorragie dangereufe du nez. On a des exemples d'une fievre maligne ardente avec cette hemorragie, guerie par le laudanum, après que tous les autres remedes avoient été inutiles. Les Narcotiques font d'ordinaire funeftes aux hydropiques, dont ils abbattent les forces & ruinent le reffort des ulceres, quoique l'opium puiffe être falutaire par accident, en moderant l'impetuofité des efprits, en temperant la convulfion des fibres irritées, & en procurant par ce moyen les fueurs & les urines.

NARD. f. m. Plante qui croît dans les Indes, & dont la racine eft fort petite & menue. Elle pouffe une tige longue & mince, & a plufieurs épis à fleur de terre, ce qui la fait appeller *Spic nard*. Diofcoride dit qu'entre les Efpeces de Nard des Indes, il y en a un appellé *Gangetique*, prenant fon nom du fleuve Ganges qui court aux piés de la montagne où il croît. Il n'a pas tant de vertu que l'autre, à caufe de l'humidité du lieu, quoiqu'il foit plus grand & qu'il jette une groffe touffe d'épis qui viennent d'une feule racine, & qui font épais, entrelaffés & de mauvaife fenteur. Celui de montagne eft beaucoup plus odorant. Il croît en Syrie & en Cilicie, ayant la tige & les feuilles femblables à l'éryngium. Elles font toutefois moindres, & ne font ni âpres ni piquantes. Il a deux racines & quelquefois davantage. Ces racines font noires, odorantes & femblables aux aphrodilles, moindres pourtant & plus grêles. Il y en a d'une autre forte, appellé *Samphariticum*, du lieu où il croît. Il eft fort petit, & ne laiffe pas de jetter de grands épis. Du milieu fort une uge blanche, fentant extrêmement le bouquin. Toutes les efpeces de Nard font chaudes & defficcatives. Ils provoquent l'urine, & refferrent le ventre quand on les prend en breuvage. Quand le Nard Indique, qu'on appelle communément *Spica nardi*, à caufe de la reffemblance qu'il a avec l'épi, pour être veritable, il doit être de couleur jaune tirant fur le purpurin, & avoir fes épis longuets, en forte que les poils de l'épi foient larges & odorans, ayant à peu près l'odeur du cyperne. Non feulement leur goût doit être un peu âcre & un peu amer, mais il doit auffi deffecher la langue, & laiffer enfuite la bouche remplie d'une odeur affés agréable. Le Nard Gaulois ou Celtique croît dans la Ligurie, dans la Carinthie, dans l'Iftrie, dans les Alpes & les montagnes de Genes. La Plante qu'on prend avec fes racines, & dont on fait de petites javelles, n'eft pas fort grande. Elle jette fes feuilles longuettes de couleur jaune paillé, & fa fleur eft jaune. On fe fert feulement de fa racine qui eft fort aromatique, le refte de cette plante a peu de vertu en Medecine. Pour être bonne, il faut qu'elle foit toute recente & non furannée, bien nourrie & non trop feche,

& d'une odeur agreable. Le *Spica nardi* est bon pour fortifier le foye & l'estomac. Il guerit les douleurs du ventricule, & desseche les humidités du mesentere. Il est preferable à tous les autres Nards pour la guerison des maladies, & au Nard Celtique même, qui étant bon aussi pour le foye & l'estomac, est particulierement lithontriptique & nevritique.

NARVVAL. s. m. Gros poisson qui se trouve dans la mer glaciale, & que les Islandois appellent *Narvval*; on le nomme *Rohard* en d'autres lieux. Il porte en sa partie exterieure une longue corne qui a été prise par les Anciens pour une vraie corne de licorne. Ce n'est pourtant qu'une dent de ce gros poisson. Elle sort du milieu du devant de sa mâchoire superieure, où elle a environ un pié de long de racine aussi grosse que la corne même. Cette corne lui sert d'arme pour attaquer les baleines, & la violence avec laquelle il la pousse est telle, qu'il en peut percer un fort gros Vaisseau. Il y a une espece de baleine vivant de cadavres, qu'on pêche sur les Côtes d'Islande & de Groënlande, qui n'est autre chose que ce poisson. Sa corne, qui est la seule dent qu'elle ait en la mâchoire superieure, est tournée, cannelée, & terminée en pointe.

NAS

NASEL. s. m. Vieux mot. Le nez du casque.
Hector l'a par le nasel pris,
Et le traist & le hiaume du chef.
On a dit aussi *Nazel*, pour le nez ou la narine.

NASITORT. s. m. Herbe des jardins fort commune, qui a ses feuilles petites & déchiquetées, sa tige déliée & haute d'un pié & demi. Sa fleur est blanche, & sa graine noire rougeâtre. Cette graine est enfermée de petites bourses rondes & plates comme celle de thlaspi ou senevé sauvage. Dioscoride dit que le meilleur Nasitort est le Babylonien, & que la semence de tous Nasitorts est fort aigue, chaude & nuisible à l'estomac, qu'elle trouble le ventre & en fait sortir les vents, diminue la rate & fait avorter. Selon Matthiole, l'herbe seche a la même proprieté que la graine, mais elle n'est pas si efficace lorsqu'elle est encore verte & humide, à cause de son aquosité. Galien donne une qualité brûlante à la graine du Nasitort, & dit qu'elle échauffe & les sciatiques & les douleurs de tête, & generalement toutes autres maladies qui ont besoin d'être rubrifiée, comme on feroit de la graine de senevé. C'est ce qu'on appelle *Cresson alenois*, en Latin *Nasturtium*, comme si on disoit *Nasitorium*, à cause que les narines sont offensées & attachées en quelque façon par l'acrimonie de cette herbe.

NASSE. s. f. Sorte d'instrument d'osier servant à prendre du poisson. C'est une maniere de manequin qu'on pose dans l'eau, & d'où le poisson ne peut plus sortir quand il y est une fois entré. Sa figure, qui est ronde par l'ouverture, aboutit en pointe. La Nasse est soutenue par des cercles qui vont toûjours en diminuant. Il faut que les Nasses se touchent pour prendre des anguilles.

NAT

NATION. s. f. Certaines Provinces ou Royaumes, qui composent les Universités. Il y a dans celle de Paris l'Honorable Nation de France divisée en cinq tribus; la fidele Nation de Picardie aussi divisée en cinq tribus; la venerable Nation de Normandie, qui n'est point partagée par tribus; la

constante Nation de Germanie, divisée en la tribu des Continens, & en celle des Insulaires, c'est-à-dire, de la Grande-Bretagne. Du Boulai, *de patronis Nationum*. Les Procureurs de ces Nations avec les Doyens des trois Facultés superieures forment le Tribunal du Recteur. Dans l'Université d'Angers il y a six Nations, Anjou, Bretagne, Maine, Normandie, Aquitaine & France.

NATIVITAIRES. s. m. Nom qu'on a donné à ceux qui enseignoient que la naissance divine de JESUS-CHRIST avoit un commencement; à cause de ces paroles du Pseaume second, *Tu es mon Fils, aujourd'hui je t'ai engendré.* Ils reconnoissoient aussi l'éternité de son être, mais non pas de sa filiation.

NATRON. s. m. Espece de sel noir & grisâtre qui vient d'un lac d'eau morte minerale dans le territoire de Terrana en Egypte. On tient que tous les os que l'on jette dans cette eau se convertissent en espece de nitre appellée *Natron*. On s'en sert pour blanchir les toiles, mais il les brûle, à moins qu'on ne les corrige par d'autres cendres. Il faut une grande effervescence quand il est mêlé avec les acides.

NATUREL, ELLE. adj. Terme de Blason. Il se dit des animaux, des fruits & des fleurs & qu'on represente naturellement. *D'azur à un tigre au naturel.*

NATURIEN. s. m. Vieux mot. Naturaliste.
Supposant tout Physicien
Le très-sçavant Naturien.

NAV

NAU ou NOC. s. m. Grande piece de bois creusée, dont on se sert pour faire l'égout des étangs, & où on place la bonde avec un chapeau. On en met aussi pour les décharger vers le bout des chaussées des étangs, afin que l'eau s'écoule, sans es surmonter ou les rompre, & dans les grands chemins pour conduire les eaux du côté des pantes, pour lors on les pose renversées.

NAVAGE. s. m. Vieux mot. Flotte.
Si regarde vers le rivage,
Et regarda vers le navage.
On a dit aussi *Naves*, pour dire, Navire.
Puis fait ses naves apprester.
En mer entre sans s'arrester.
On trouve aussi le mot de *Nave* dans la même signification.
Et s'enfuit par mer en navie.

NAVE'E. s. f. Charge d'un bateau. Il se dit particulierement de celle d'un bateau de pierre de S. Leu, qui contient plus ou moins de tonneaux, selon la crue ou decrue de la riviere.

NAVET. s. m. Matthiole dit qu'on met le navet au rang des raves, que Theophraste & Pline en marquent de plusieurs especes, mais qu'il n'en a vû que de deux, des blancs & des jaunes. Ces derniers n'ont pas si bon goût que les premiers, quoique plus gros & plus beaux. En general ils sont meilleurs cuits en jus de chair. Ils causent pourtant des ventosités & rassasient plûtôt que les raves. Leur graine entre dans la composition de la Theriaque. Dioscoride dit que prise en breuvage elle affoiblit la malignité des poisons & des venins.

Il y a un *Naveau* ou *Navet sauvage*, qui jette une tige quarrée de la hauteur & grosseur d'un doigt, d'où sortent de petits rameaux pleins de feuilles & de fleurs. Les feuilles qui sont plus près de la racine ressemblent à celles de persil, quoique plus menues. Ses fleurs sont semblables à celles d'aneth, & sa graine est odorante & moindre que celle de jufquiane. Ce Navet fauvage eſt appellé par les Grecs βουνιὰς & ὠκιμον. Diofcoride parle auſſi d'un *Bunium bâtard* qui croît en Candie à la hauteur d'un palme. Ses feuilles & ſes branches, qui ſont commes celles du Navet, ont un goût piquant. Quatre ou cinq de ces branches bûes en eau, gueriſſent les tranchées du ventre, & ſont bonnes aux douleurs de côté & à ceux qui ne peuvent uriner que goûte à goute. De toutes les eſpeces de Navet fauvage, on doit preferer celui qui a ſa graine un peu groſſette, ronde, de couleur purpurine & d'un goût âcre & piquant.

NAVETTE. ſ. f. Sorte de graine ronde & noire, dont la plante a les feuilles déchiquetées comme la roquette fauvage. On en fait une huile, nommée *Huile de navette.*

Navette eſt auſſi un terme d'Egliſe. C'eſt un petit vaſe de métal fait en ovale, où ſe met l'encens, & d'où on le prend avec un petit cuiller pour le mettre dans l'encenſoir.

Les Tiſſerans appellent *Navette*, Un petit inſtrument de bouis en forme de navette, où ils mettent leur treme, qu'ils paſſent au travers de la chaîne en faiſant de la toile. Chés les Plombiers *Navette* ſe dit d'un morceau de plomb en forme de Navette, qui peſe cent cinquante ou ſoixante livres. Ce mot vient de *Navetta*, diminutif de *Nave*, Navire, à cauſe de ſa figure.

NAVIGATION. ſ. f. Maniere de conduire un Vaiſſeau ſur les eaux, & principalement ſur la mer. La ſcience de la Navigation appartient à la Mathematique. Elle a deux parties principales, la *Navigation* proprement dite, qui conſiſte à conduire le Vaiſſeau en tel endroit que l'on veut, & à ſçavoir toûjours où l'on eſt par le moyen d'operations Aſtronomiques & Geometriques, & l'autre eſt la *Manœuvre*, qui conſiſte à donner à propos au Vaiſſeau tous les divers mouvemens dont il eſt capable par ſa diſpoſition mechanique.

Pour connoître ſur mer à chaque moment le lieu où l'on eſt, il en faut avoir la latitude & la longitude. La latitude eſt aiſée à avoir, parce qu'elle dépend des poles qui ſont des points fixes du Ciel & ſur leſquels le monde tourne réellement, mais la longitude qui ne dépend d'aucun point fixe, eſt très-difficile. Ainſi le principal objet de la *Navigation* eſt de trouver la longitude à chaque moment, & pour chaque point du Globe où l'on eſt. Des tables des Eclipſes de la Lune ou des Satellites de Jupiter calculées ſur un Meridien déterminé, par exemple, celui de Paris, donnent très-ſurement la longitude par la difference de tems qui eſt entre l'heure où une certaine Eclipſe arrive à Paris dont on ſçait la longitude, & l'heure où cette même Eclipſe eſt vûe au lieu de l'obſervation, que l'on ſuppoſe preſentement être le Vaiſſeau; mais les Eclipſes de Lune ſont rares; & celles des Satellites quoique très-frequentes, ne ſont pas toûjours vûes, ou à cauſe des nuages, ou parce que Jupiter eſt ſous l'horiſon. Le moyen le plus uſité pour avoir les longitudes, eſt donc d'imaginer un triangle rectangle dont un des côtés qui comprennent l'angle droit eſt la latitude, l'autre la longitude, & l'hypotenuſe le chemin du Vaiſſeau. Ce triangle s'appelle *Loxodromique.* Voyez LOXODROMIE. D'ordinaire on ſçait l'*Air de vent* dont on fait route, & comme chaque air de vent vaut 11. degrés ¼. (Voyez AIR DE VENT,) on a l'angle de ce triangle oppoſé à la longitude, & par conſéquent le troiſiéme angle, & alors il ſuffit d'avoir un des côtés, ou la latitude ou le chemin du Vaiſſeau que l'on a communément par

Eſtime, (Voyez ESTIME,) & la réſolution du triangle donne la longitude. Cela s'appelle *naviguer par le Sinus* ou par *la Loxodromie.* Pour épargner les operations des ſinus, qu'il faudroit renouveller à chaque moment, on fait des tables qui pour chaque difference en latitude & chaque rumb ou air de vent, donnent tout d'un coup la difference en longitude & le chemin du Vaiſſeau, & c'eſt qui s'appelle *Naviguer par les tables loxodromiques.* On navigue par le *Quartier*, quand on ſe ſert pour cette même réſolution de triangle d'un inſtrument appellé *Quartier de reduction.* Voyez QUARTIER. *Naviguer par les Cartes*, c'eſt ſe ſervir pour le même effet de Cartes marines qui donnent tout ſuppoſées ou de la difference en latitude, ou du rumb, &c. *Naviguer ſur le plat* ou *ſur le rond & le réduit*, ſe dit par rapport à differentes ſortes de Cartes Hydrographiques dont on ſe ſert. Voyez HYDROGRAPHIE.

NAVIRE. ſ. m. Bâtiment de charpenterie, compoſé de pluſieurs pieces, cloué & chevillé de bois & de fer, & qui eſt d'une conſtruction propre à flotter, & à être conduit à la faveur du vent, & à l'aide de ſes mâts & de ſes voiles par tout où l'on veut aller ſur la mer. On appelle *Navire Marchand.* Un Navire qui fait ſeulement la marchandiſe; *Navire en courſe*, Celui qui étant armé en guerre, a commiſſion de l'Amiral; & *Navire en guerre & en marchandiſe*, Celui qui étant Marchand, ne laiſſe pas d'avoir commiſſion pour faire la guerre. *Navire à fret*, ſe dit d'un Navire de louage, *Navire profondié*, de celui qui tire beaucoup d'eau, ou qui ne ſçauroit flotter s'il n'en a beaucoup, & *Navire Matelot*, d'un Navire qui étant bon de voiles peut aller de compagnie avec une flote. On dit *Navire armé*, ou *Navire bien armé*, quand on parle d'un Navire qui eſt en état de faire la guerre, ou qui eſt fort d'équipage, & *Navire déſarmé*, pour dire, Un Navire qui eſt dans le port, & qui n'a ni agrés, ni canons, ni hommes. Quand un Navire a de bons canons, qui lui ſont bien proportionnés, on dit qu'*Il eſt bien artillé*, & on dit *Navire bien lié*, quand ſes emparures ſont longues, & qu'il y a de bonnes courbes, le tout bien cloué & bien chevillé. On dit auſſi *Navire enſellé*, pour dire, qu'il a ſon milieu bas, & les deux extrémités élevées; *Navire fregatté* pour dire, qu'il eſt long & ras, & *Navire encaſtillé*, lorſqu'il eſt fort élevé par les hauts. *Navire dur*, ſe dit de celui ou qui tangue rudemnte, ou qui a de la peine à arriver, & *Navire doux*, eſt un Navire qui ne ſe tourmente point à la mer.

On joint encore d'autres épithetes ou d'autres mots à *Navire*, comme *Navire arqué*, c'eſt-à-dire, celui dont la quille & les côtés ſont pliés, ce qui fait que les deux bouts ſont plus tombés que le milieu; *Navire ſale*, celui dont la partie qui eſt dans l'eau eſt pleine de mouſſe ou de coquillage, *Navire à pic*, celui qui eſt à plomb ſur ſon ancre, étant tout prêt de partir; *Navire condamné*, celui qui n'eſt plus eſtimé propre à faire voyage, *Navire affalé*, celui que le vent force de ſe tenir près de terre; *Navire forban*, celui qui eſt armé en guerre ſans commiſſion d'aucun Prince, ou qui a commiſſion de pluſieurs; *Navire de hautt bord*, un gros Navire fort élevé. *Navire de ligne*, celui qui eſt aſſés fort pour ſervir en corps d'armée; *Navire à plate varangue*, celui qui ayant beaucoup de varangues, qui tiennent de la ligne droite dans le milieu, a un plus grand fond de cale; *Navire bâti au quart*, ou *bâti entre le tiers & le quart*, Celui qui a de largeur la quatriéme partie de la quille, ou auquel

on

on a donné de largeur entre le tiers & le quart de la longueur de la quille. On dit qu'*Un Navire est pris*, pour dire, qu'il a le vent sur les voiles, & qu'il vient au vent quand on veut lui faire prendre vent de vent ; qu'*Un Navire fait tête au vent*, lorsqu'il fait roidir son cable, & qu'il presente son cap au vent ou au courant ; qu'*Il va de l'avant*, lorsqu'il marche & fait chemin ; qu'*Il se manie bien*, quand il gouverne ; qu'*Il se porte bien à la mer*, lorsqu'il est bien conditionné, ce qui fait qu'il ne se tourmente point dans l'agitation de la grosse mer ; qu'*Il plie le côté*, quand ayant le côté foible, il ne demeure pas bien droit pendant le vent frais ; qu'*Il ne sent point son gouvernail*, quand il ne gouverne qu'avec peine ; qu'*Il est trop sur le nez*, lorsqu'il a son avant trop plongé dans l'eau ; qu'*Un Navire se hale au vent*, pour dire, qu'il a son inclination à courre du côté du vent ; qu'*Un Navire tombe*, pour dire, qu'il ne vient pas autant au vent que feroit un autre, ou qu'il derive beaucoup ; qu'*Un Navire a sanci*, pour dire, qu'il a coulé bas ; & qu'*Il a sanci sous ses amarres*, pour dire, qu'il s'est perdu pendant qu'il étoit à l'ancre. Les Pilotes appellent *Petit Navire*, un Instrument de bois qu'ils jettent à la mer afin de connoître le sillage du Vaisseau.

Il y a eu un *Ordre du Navire*, établi par saint Louis, pour encourager la Noblesse Françoise à s'exposer avec lui sur les mers contre les Sarasins. Ceux qui étoient de cet Ordre portoient une chaîne entrelassée de doubles anneaux, qui representoient les bancs de sable, & de doubles croissans en demi-lunes, qui pendant là avec le Navire, faisoient connoître que son dessein étoit de combattre les Infideles, & d'établir la Religion Chrétienne. Ces Chevaliers étoient obligés, suivant leurs regles, d'entendre tous les jours le service de la Passion, de défendre l'Eglise, & la Religion Catholique, & de proteger toutes personnes oppressées, orphelins & Veuves.

NAUMACHIE. s. f. Combat, course, exercice qu'on fait sur l'eau. Les Anciens ont souvent donné des Naumachies au Peuple. Ce spectacle se donnoit dans un cirque environné de portiques & de sieges, dont l'enfoncement tenoit lieu d'arene. Cet enfoncement se remplissoit d'eau par le moyen de plusieurs tuyaux que l'on ouvroit. Ce mot est Grec, ναυμαχία, composé de ναῦς, Navire, & de μάχη, Combat.

NAVRER. v. act. *Blesser*, *faire une grande playe*. ACAD. FR. *Navrer*, en termes de Jardinage, signifie, Faire une hoche à un échalas de treillage, pour le redresser quand il est tortu.

NAUSE'E. s. f. Terme de Medecine. Envie de vomir qui vient de dégoût. Elle est excitée ordinairement par quelque humeur vicieuse qui irrite l'estomac en le picotant, ce qui fait qu'il cherche à se décharger de ce qui lui est nuisible. Ce mot est Grec ναυσία ou ναυτία, qui veut dire proprement l'envie de vomir qu'on ceux qui font voyage sur mer. Le Vulgaire croit que la Nausée soit la trop grande relaxation de l'orifice superieur. Ettmuller dit au contraire que c'est la contraction opiniâtre de l'orifice superieur, qui fait essentiellement la Nausée. Quand quelque chose de fâcheux irrite le ventricule, le pylore & l'orifice superieur se retirent, & c'est là proprement la Nausée. Si l'irritation continue, la constriction du pylore étant plus forte, prévaut enfin sur l'autre, & le vomissement suit la Nausée. Il est évident, que ce resserrement de l'orifice superieur se trouve dans la Nausée, puisqu'elle est une espece de dégoût, & que l'orifice superieur a de coutume de se resserrer dans tous les dégoûts.

Tome II.

De là vient que la déglutition est si difficile dans la Nausée, les morceaux s'arrêtant dans l'œsophage, sans pouvoir descendre, à cause de la constriction du ventricule. Quand on nous parle de certaines choses qui nous font mal au cœur, ou que nous approchons le nez de celles qui nous dégoûtent, alors tout l'estomac & tous ces orifices font une espece de constriction, & si on se force à prendre quelque chose à contre-cœur, on la rejette souvent avant qu'elle entre dans le ventricule ; ce qui vient du resserrement opiniâtre de l'orifice superieur.

NAZ

NAZAL. s. m. Terme de Blason. Il s'est dit de la partie superieure d'ouverture d'un casque ou d'un heaume qui tomboit sur le nez du Chevalier quand il le baissoit, du Latin, *Nasus*, Nez.

NAZARD. s. m. L'un des Jeux de l'orgue dont les tuyaux sont de plomb, & environ de cinq ou six piés. Ce Jeu est bouché, & ses tuyaux sont à cheminée accoudés à la douzieme de la montre. Il y a un second Nazard qui est à l'octave de ce premier, & une quarte du Nazard.

NAZARIENS ou NAZARE'ENS. s. m. Nom que l'on a donné à ceux qui avoient fait quelque vœu, du mot *Nazar*, qui veut dire, Separé ou privé, à cause qu'ils se privoient eux-mêmes de vin, & de toute autre boisson forte. Ils s'abstenoient aussi d'approcher des Morts & des rasoirs. Quelques-uns étoient Nazaréens aussi long-tems qu'ils vivoient comme Samson & saint Jean-Baptiste. Les autres ne l'étoient que pour un tems, comme Absalon qui se coupa les cheveux le trentieme jour de son vœu. JESUS-CHRIST fut appellé *Nazaréen* aussi bien que ses Disciples, à cause de Nazareth, petite Ville en Galilée où il fut conçû. Il étoit le vrai Nazaréen, étant pur, sain, & séparé des Pecheurs, mais il n'étoit pas legitime Nazaréen, puisqu'il bivoit du vin, & venoit auprès des morts. On a aussi appellé *Nazariens*, Certains Heretiques qui enseignoient qu'il falloit joindre la loi de Moyse à l'Evangile.

NAZILLER. v. n. Parler du nez. On dit du Sanglier en termes de chasse, qu'*Il se souille*, *ventrouille & nazille dans la boue*. Il y a des Religieux, qui faisant l'Office en nazillant, prétendent non pas que cela soit plus dévôt, comme le disent les Furetieristes, mais qu'il y a moins de peine qu'à chanter à pleine voix ; il y a aussi beaucoup moins de solemnité. La Congregation de S. Maur, qui se défait de tout air monachal, cesse aussi de naziller.

NEB

NEBULE', E'E. Terme de Blason. Il se dit des pieces faites en forme de nuées, qui se mêlent les unes dans les autres. *Nebulé d'argent & de gueules*.

On dit aussi *Cristal nebuleux*, quand il a des nuages blancs & qu'il n'est pas parfaitement clair ; on le dit aussi des autres pierres.

NEE

NEELE', E'E adj. Vieux mot, Emaillé.
D'une bande d'or Neelée,
Aux manches & au col oüillée.

NEF

NEF. s. f. Navire. Il n'est plus en usage qu'en poësie.

O

ou dans les enseignes. *A la nef d'Argent*. Il signifie en parlant d'Eglise, la partie qui est depuis le portail jusques au chœur. Il vient du Grec *νὸς* ou *ναὶς*, Temple.

On appelle aussi *Nef*, Une petite machine en forme de Navire, où l'on renferme le couvert du Roi, & que l'on sert sur un bout de la table.

NEFASTE. adj. Les Romains appelloient *Jours Nefastes*, les Jours dans lesquels il n'étoit point permis de plaider, comme au contraire, ils appelloient *Fastes*, Les jours où ils avoient liberté d'agir en droit.

NEFFLE. s. f. Fruit du Nefflier, arbre piquant, qui a sa feuille comme celle de l'Aubespin. Ce fruit est fort tardif à mûrir, & ressemble assés à une petite pomme. Il a trois noyaux au dedans, ce qui le fait appeller par quelques-uns *Tricoccos*. Il resserre quand on le mange, & ne laisse pas d'être bon à l'estomac. Il y en a sans noyau. Dioscoride, après avoir parlé de ce Nefflier, dit qu'il y en a une autre sorte en Italie nommé *Seranium*, par les uns, & *Epimellis*, par les autres. Cet arbre a ses feuilles semblables à celles du pommier. mais moindres. Son fruit qui resserre, est rond & bon à manger, & a le nombril large. Matthiole dit que les Neffliers qu'il connoît ont une feuille longue, & presque semblable au Laurier, n'étant point déchiquetée à l'entour comme celle d'Aubespin; que leur fruit est fâcheux & âpre, & qu'il a cinq osselets & non trois, comme celui de la première espece de Nefflier décrite par Dioscoride. Ainsi, dit-il, s'il y en a de cette première espece en Italie, ce doit être l'arbre, qu'on appelle communément *Azarolo*, qu'on trouve en plusieurs jardins dans le Royaume de Naples. Il est de moyenne humeur, & approche du premier quant à l'écorce & à la matière du bois. Il est tout armé d'épines, qui ne sont pourtant ni trop aigues ni piquantes. Ses feuilles sont déchiquetées comme celles d'Ache. Il a tant de rapport entre le Nefflier & l'Aubespin, que si l'on ente le premier de ces deux arbres sur l'autre il croîtra & fructifiera merveilleusement. En general on divise les Nesles en domestiques & en sauvages. Les unes croissent sur des arbres entés que l'on cultive avec soin, & les autres viennent sur les arbres des forêts, parmi les hayes vives & les buissons sans qu'on les cultive. Ce fruit étant mûr est fort agreable, & bon pour la santé, sur-tout étant mangé après la viande; mais avant qu'il ait atteint sa maturité, il est si âpre qu'on n'en sçauroit avaler. Quelques Auteurs disent que les Nesles dessechées & mises en poudre, cassent & évacuent la gravelle qui est dans les reins, principalement si on employe leurs noyaux reduits en poudre. Les Nesles sont propres à arrêter tous les flux de ventre, & à fortifier les parties. Le Nefflier s'appelle en Grec μεσπίλη, & son fruit μέσπιλον.

NEG

NEGLIGE'. s. m. On dit, *Une belle femme dans son négligé*, *plaît plus qu'une autre avec tous ses atours*.

NEGRE. s. m. Sorte de poisson de l'Amerique, appellé ainsi à cause de sa couleur qui est toute noire. Il se nourrit dans les rochers, & a la figure d'une tanche. Il est d'un très-bon goût & fort nourrissant. Selon l'Auteur de l'histoire des Avanturiers, il paroît que ce poisson vit long-tems, parce qu'il en a vû un prodigieux. Il rapporte que pêchant un jour avec une petite ligne, & un hameçon, il sentit mordre à sa ligne, qui n'étoit qu'un simple

fil d'archal. Il retira, & qu'ayant senti d'abord nulle resistance, un peu après il ne put retirer sa ligne hors de l'eau. Il la croyoit accrochée à quelque rocher, lorsqu'il vit à fleur d'eau un monstrueux Negre qui étoit sans mouvement : car le moindre effort qu'il auroit fait eût cassé sa ligne. Il demeura si long-tems sans remuer, qu'on eut celui de lui attacher une corde & de le guinder. Il avoit quatre piés de long, deux de large, & pesoit cent vingt-deux livres.

NEI

NEIGE. s. f. *Vapeur qui ayant été épaissie, & congelée en l'air, tombe après par floccons blancs sur la terre.* ACAD. FR. La Neige se fait lorsqu'une nuée se formant & s'épaississant en petites gouttes, il intervient un vent qui agitant cette nuée, change chaque goutte en autant de petites bouteilles qui se gelent legerement en tombant, qui sont herissées en forme de poils ou de duvet, & qui selon qu'elles tombent les unes sur les autres, & qu'elles se joignent diversement, se forment en grands ou petits floccons. La Neige, selon Aristote, Pline & autres, n'est qu'une écume gelée, & sa rareté & son peu de durée, sont des marques que le froid qui la gele doit être peu violent. Si la Neige se dissout fort facilement dans l'eau & même dans de l'eau très-froide ; ce n'est pas seulement à cause que les pellicules d'eau qui couvrent les petites bouteilles sont très-minces & très-subtiles, mais principalement, parce que le sel nitreux qui est cause de la froideur & de la coagulation des petites bouteilles se dissout dans l'eau. Cela vient de ce que le froid ou le vent froid qui endurcit, & rend ces petites bouteilles herissées, est composé de particules ou corpuscules de cette sorte de sel, ce qui est cause que l'eau dans laquelle se dissout la Neige, tirant à soi ces corpuscules nitreux, la continuité, la tension & l'union de ces petites membranes perisslent ; & ces petites bouteilles tombent & s'affaissent incontinent. L'eau de Neige, quoiqu'on la fasse chaufer, est toûjours dangereuse à boire, parce qu'elle retient quantité de corpuscules de nitre qui s'insinuant dans les petits canaux du corps empêchent le mouvement des esprits, & par le froid qu'ils y causent s'opposent à la chaleur naturelle. Keppler a observé que la Neige tombe quelquefois en forme d'étoiles à six pointes fort égales, ou en roses à six feuilles, ou quelquefois même comme six fleurs de lis qui se tiendroient par leurs pointes.

Rohaut, quand il traite de la Neige, fait remarquer que les parties d'une nuée peuvent bien n'être pas fondues entierement, & ne pas laisser de commencer à descendre, & même qu'elles n'achevent ordinairement de se dissoudre & de se convertir en gouttes de pluye, qu'en approchant de la terre, où la chaleur est d'ordinaire plus grande qu'elle n'est au haut de l'air, à quoi il ajoûte, que si les parcelles de la nuë ne sont pas condensées, sans être aucunement fondées, ne rencontrent que de l'air froid à parcourir, elles peuvent bien parvenir alors jusqu'à nous en cet état, ce qui fait qu'au lieu de plusieurs gouttes de pluye, nous avons plusieurs floccons de Neige. Il dit encore que cette Neige ne peut manquer d'être blanche, à cause que la matière aqueuse qui la compose, est plusieurs fois interrompue par une grande quantité d'air, dont les pores s'ajustent si mal avec ceux de la glace, que la lumière qui se presente pour passer au travers, trouve plus de facilité à se reflechir

On appelle *Neige*, Une composition de sucre, & de jus de certains fruits, comme de framboises, de groseilles ou de cerises, qu'on fait glacer avec de l'eau, extrêmement froide. Cela se sert l'été sur la table dans de petits pots de fayence.

On appelle aussi *Neige*, Une espece de dentelle ancienne de Venise fort serrée, peu figurée & de vil prix. Il y en a de grossiere sans aucune figure.

NEN

NENUPHAR. f. m. Plante qui croît aux marais & dans les eaux mortes. Ses feuilles sont semblables à celles de la féve d'Egypte, quoique moindres & plus longues. La même racine en produit plusieurs, dont les unes se nourrissent au fond de l'eau, & les autres nagent dessus. Sa fleur est blanche, & semblable au lis, & a au milieu un certain jaune. Lorsque cette plante est hors de l'eau, elle jette quelque chose de rond comme une pomme ou comme la tête d'un pavot. Elle a sa tige & sa graine noires, aussi-bien que sa racine qui est raboteuse & faite comme une masse, laquelle on coupe en Automne. Pour sa graine, elle est massive, large, & visqueuse au goût, & sa tige lisse & subtile, assés approchante de celle de la feve d'Egypte. On lui donne le nom de *Nymphæa*, à cause qu'elle se plaît dans l'eau. Dioscoride qui en parle ainsi, dit dans un chapitre séparé, qu'il y a une autre espece de Nenuphar, dont la fleur est appellée *Blephara*. Elle a ses feuilles comme la premiere. Sa racine est blanche & raboteuse, & sa fleur jaune, luisante & semblable à la rose. Dioscoride & Galien ne se servent que de la racine & de la graine de Nenuphar, mais ses fleurs dont ils ne font nulle mention, sont aujourd'hui d'un fort grand usage, & même bien plus que les autres parties de cette plante. Elles sont fort bonnes quand il s'agit d'humecter, d'incrasser, d'adoucir, & de concilier le sommeil.

NEO

NEOMENIE. f. f. Nouvelle Lune, ou commencement du mois Lunaire. Lorsque la Lune est conjointe avec le Soleil, elle n'a aucune phase à cause que la partie qui est illuminée étant toûjours tournée vers cet Astre, ne sçauroit alors nous apparoître, ce qui empêche que la Lune ne nous soit visible. En ce cas on la nomme *Silens*, *Sitiens*, & *Neomenie*. Ce dernier mot vient du Grec *νέος*, Nouveau, & de *μήν*, Lune. La nouvelle Lune est un jour de fête pour les Juifs, comme il est marqué au livre des Nombres, on faisoit toûjours ce jour-là un sacrifice nouveau. Cette fête répond quelquefois à deux jours, sçavoir à la fin de l'un & au commencement de l'autre. Il n'est point défendu de travailler, de faire ses affaires pendant ce tems-là, & il n'y a que les femmes qui d'ordinaire s'abstiennent de leur travail, en memoire de ce qu'elles ne voulurent point donner leurs pendans d'oreilles & leurs joyaux pour faire le veau d'or, mais pour construire le Temple. Dans les Prieres on fait mention du premier du mois, & ce jour-là on lit depuis le Pseaume 113. jusqu'au pseaume 118. & on lit à quatre personnes dans le Pentateuque, à quoi on ajoûte la Priere appellée *Mussaf*. On lit aussi le Sacrifice que l'on faisoit autrefois ce même jour. Le soir du Sabat qui suit le renouvellement de la Lune, on a un autre soir suivant, lorsque le Croissant est apperçu,

Tome II.

tous les Juifs s'assemblent, & font une Priere à Dieu, en l'appellant le Créateur des Planettes, & le Restaurateur de la nouvelle Lune, après quoi élevant les yeux au ciel, ils demandent à être garantis de tous malheurs. Cela fait ils font quelque commemoration de David, se saluent & se separent.

NEOPHYTE. f. m. Nom qui a été donné dans la primitive Eglise aux nouveaux Chrétiens, c'est-à-dire, aux Payens, qui avoient embrassé nouvellement la foi Chrétienne. Ce mot est Grec *νεόφυτος*, & veut dire proprement, Planté depuis peu de tems, de *νέος*, Nouveau, & de *φυτόν* Plante. On a aussi nommé *Neophytes*, ceux qui étoient reçus nouvellement dans l'État Ecclesiastique, ou dans un Ordre Religieux.

NEP

NEPETA. f. m. Sorte de Calament, qui a l'odeur du Pouliot. Les Apothicaires l'appellent, *Calamentum communis usus.*

NEPHRETIQUE. f. f. Sorte de colique qui se fait sentir dans les reins & sur les boyaux, & qui cause de bien plus grandes douleurs qu'aucune autre colique. Elle est ordinairement causée par quelque pierre ou gravier qui se forme dans les reins. Ce mot vient du Grec *νεφρός* Rein. Les signes de la Nephretique sont le pissement brûlant quand l'urine sort si chaude qu'il semble qu'elle brûle les parties. Ce pissement est piquant & douloureux. La douleur augmente quand on est couché sur le dos, & quelquefois elle est avec pulsation lorsque la partie des reins où il y a le plus d'arteres est enflammée; tantôt elle suit l'uretere, & s'étend jusqu'à la vessie & au dos. La stupeur occupe la cuisse du côté déja affligé. Ce mal est dangereux & souvent mortel aux personnes maigres & qui ont peu de forces, sur-tout si la fievre s'y trouve avec le délire. Quand le flux des hemorroïdes survient, il est salutaire.

On appelle *Nephritiques* du Grec *νεφρός*, Certains medicamens propres à remedier aux incommodités des reins. Il y en a de chauds, qui sont la Betoine, l'asperge, la camomille, les capillaires, les pois chiches rouges, la saxifrage, la pimpernelle, l'eryngium, la therebentine, le fenouil, les amandes, la levêche, les baies de genevrier, l'armoise, les noyaux de pêches & de cerises, & la reglisse. Les froids sont, la laitue, le nenuphar, les quatre semences froides majeures & mineures, celles de coins & de pavot, l'orge, le santal, la manne, le vinaigre, le suc de limon, le suc de groseilles rouges, & l'endive.

Nephretique, se dit encore d'une pierre precieuse, dont la couleur est mêlée de blanc, de jaune, de bleu & de noir. On y découvre toutes ces couleurs en la polissant, ce qui la fait differer de l'heliotrope, dans laquelle on ne trouve pas ces mêmes couleurs quand on la polit.

On apporte un bois de la nouvelle Espagne que l'on appelle aussi *Nephretique*. Ce bois étant rapé ou fendu en petits morceaux, si on l'infuse dans l'eau, la fait paroître d'or à travers le jour, & bien foncé à contre-jour. La moindre liqueur acide qu'on y mette, fait disparoître ces deux couleurs, & si l'on y met de l'huile de tartre, la couleur bleue revient.

NEQ

NEQUEDANT. adv. Vieux mot. A l'avenir, dorénavant.

Et nequedant ne l'appella mie Adam ny Eve.

NER

NERET. ſ. m. Eſpece de vieille Monnoie ou denier dont le nom ſe trouve dans les Coûtumes. Le ſou Neret valoit environ un quart moins que le Tournois. Les Latins ont appellé ces ſortes de deniers *Nigelli.*

NERF. ſ. m. Terme d'Anatomie. *Partie qui entre en la compoſition de l'animal, & qui ſert à porter les eſprits animaux dans tout le corps, & à lui donner le mouvement & la ſenſation.* ACAD. FR. Les Nerfs ne ſont rien autre choſe qu'un amas de fibres arrangées diverſement l'une auprès de l'autre, & revêtues d'une double tunique qu'elles reçoivent des meninges, ce qui fait le corps du Nerf.

On appelle *Nerf de Cerf* & *de Taureau*, la partie qui ſert à la generation de l'eſpece. Dioſcoride dit que le Nerf de Cerf réduit en poudre, & bû en vin, eſt bon contre les morſures de viperes. D'autres ajoûtent qu'il eſt bon aux difficultés d'urine & aux coliques, ſi on boit l'eau dans laquelle il a été bien lavé. Quelques-uns aſſurent après l'avoir éprouvé, que c'eſt un remede aux dyſenteries & aux dévoiemens de ventre. Le mot de *Nerf*, vient du Grec νεῦρον, qui veut dire la même choſe.

Les Botaniques appellent *Nerfs*, les fibres qui paroiſſent élevées ſur les feuilles des arbres & des plantes, par où leur nourriture ſe communique. Les Pêcheurs diſent auſſi *Les Nerfs des Eperviers*, pour dire, Les cordes qui ſont attachées au bout de cette ſorte de filet, qui ſervent à le ſerrer quand le poiſſon y eſt enfermé.

Nerf. Terme de Relieur. Ficelle qui eſt couſue aux feuillets du dos d'un livre, & qui ſe paſſe dans les cartons.

On appelle en Architecture *Nerfs d'Ogives*, des corps ſaillans, ornés de diverſes moulures, qui portent & ſoûtiennent les Pendentifs. Ces Nerfs ont divers noms ſelon la figure qu'ils compoſent, & ſelon les lieux où ils ſont placés.

NERF-FERRURE. ſ. f. Atteinte violente qu'un cheval ſe donne aux Nerfs des jambes de devant par la pince des piés de derriere. Ce mot eſt compoſé de *Nerf*, & de *Ferir*, qui ſe diſoit autrefois au lieu de Frapper.

NERPRUN. ſ. m. Arbriſſeau que Dioſcoride appelle ῥάμνος, & qui croît parmi les haies, jettant ſes branches droites & piquantes, comme l'épine vinette. Ses feuilles ſont petites, longuettes, graſſettes, & molles. Il dit qu'il y a deux autres eſpeces de Rhamnus, l'un plus blanc, & l'autre noir, produiſant ſes feuilles longues & un peu rouges. Ses branches ſont grandes environ de cinq coudées & plus entaſſées d'épines que celles des autres, mais les épines ne ſont ni ſi fermes, ni ſi piquantes. Son fruit eſt large, blanc, mince, fait en bourſe, ou comme le peſon d'un fuſeau. Les feuilles de tous les Rhamnus appliquées & miſes en emplâtre, ſont bonnes au feu ſaint Antoine, & aux ulceres chancreux & corroſifs. Matthiole dit que le troiſiéme Rhamnus a ſon fruit mince, fait en bourſe, ayant au dedans un noyau rond & dur, & environ de la groſſeur des chiches. Dans ce noyau eſt cachée ſa graine, qui eſt plate comme une lentille, & qui a ſon écorce rouge, & ſa moëlle blanche. Matthiole croit que Ruellius s'eſt abuſé, lorſqu'il a pris le Spinomerlo des Italiens pour une eſpece de Rhamnus. Il produit ſes feuilles larges comme le poirier, & ſon fruit en grains comme le Troëſne. Les Peintres ſe ſervent du jus de ce fruit pour faire une ſorte de vert, ce qui fait qu'ils l'appellent *Spina infectoria*, Epine des Teinturiers. On tire du jus des grains de cette plante une certaine liqueur qui ſe peut longtems garder; & qui eſt propre à lâcher le ventre.

NERTE'. ſ. f. Vieux mot. Noirceur. C'eſt un abregé du mot *Noireté.*

NERVAISON. ſ. f. Terme de Medecine. Il ſe dit des mêlanges & de l'aſſemblage des Nerfs, fibres & ligamens qui forment une eſpece de tendon qui ſe trouve à la queue des muſcles. C'eſt ce que les Grecs appellent ἀπονεύρωσις, comme qui diroit, Une extenſion de nerf ou de tendon en maniere de membrane.

NERVE', E'E. adj. Terme de Blaſon. Il ſe dit de la fougere, & autres feuilles, dont les fibres & les nerfs paroiſſent d'un autre émail. *D'azur à une tige de chanvre d'or, nervée de ſable.*

NERVEURE. ſ. f. Paſſepoil qu'on met ſur les coûtures des habits, comme une maniere d'ornement.

On appelle *Nervûres* en Architecture, des moulures rondes ſur le contour des conſoles. Ce ſont auſſi dans les feuillages des rameaux d'ornement, les côtes élevées de chaque feuille qui repreſentent les tiges des plantes naturelles.

NES

NESTORIENS. ſ. m. Heretiques ainſi nommés de Neſtorius, Evêque de Conſtantinople en 428. qui ne vouloit pas qu'on appellât la ſainte Vierge Mere de Dieu, mai ſeulement mere de JESUS-CHRIST. Il enſeignoit que JESUS-CHRIST après ſa naiſſance, avoit merité par ſes bonnes œuvres d'être uni au Verbe divin, non pas d'une union hypoſtatique, mais d'une union d'habitation particuliere du Verbe dans l'humanité, comme dans ſon temple, par un amour & une correſpondance ſpeciale, ſuppoſant ainſi deux perſonnes en JESUS-CHRIST, l'une divine, l'autre humaine, & ne le reconnoiſſant que Fils de Dieu par adoption. Il y a encore des Neſtoriens dans la Tartarie. Ils y furent introduits par la malice de Choſroës Roi de Perſe, qui pour chagriner l'Empereur Heraclius qui l'avoit défait, ſaccagea toutes les Egliſes des Chrétiens dans ſes Etats, en ayant chaſſé les Catholiques mit en leur place ces Heretiques, qui ſe mêlent parmi les Aſſyriens, les Meſopotamiens, les Parthes & les Medois. La plûpart dependent preſentement du Pape, ayant renoncé à leur ancienne erreur touchant les deux perſonnes en JESUS-CHRIST. Ils ne laiſſent pas de conſacrer & d'adminiſtrer l'Euchariſtie avec du pain levé. Ils la donnent ſous les deux eſpeces, & croyent fermement la preſence réelle de JESUS-CHRIST en ce Sacrement, & la tranſſubſtantiation du pain & du vin au Corps & au Sang. Ils ont ſeulement des croix & n'ont point de Crucifix. Le nombre de ces Neſtoriens eſt ſi grand que l'on en compte juſqu'à trois cens mille familles. Ils demeurent particulierement dans la Syrie, l'Aſſyrie, la Meſopotamie, la Chaldée, la Perſe, & en divers endroits de la Tartarie & des Indes. Ils parlent Chaldéen, Arabe, Turc, & la Langue de Curdeſtan, ſuivant les lieux où ils ſe rencontrent, & font l'Office Divin en Chaldéen.

NESUN. adj. Aucun, nul. Vieux mot.

Son Livre qui peu vaut & monte
A neſune autre fin ne tend.

On a dit auſſi *Neſun* & *Neſſun*, pour, Perſonne, de l'Italien *Niſſuno.*

NEV

NEVRE. f. f. Espece de Flûte, dont les Hollandois se servent pour la pêche du harang. Elle est d'environ soixante tonneaux.

NEVRITIQUES. f. m. Médicamens propres à remedier aux incommoditez qui arrivent aux jointures & aux nerfs. Il n'y en a que de chauds, sçavoir la betoine, la lavende, le castor, les feuilles de laurier, la marjolaine, le rosmarin, la primula veris, la sauge, les stœchas, & plusieurs d'entre les Cephaliques.

NEZ

NEZ. f. m. *Cette partie éminente du visage qui est entre le front & la bouche, & qui sert à l'odorat.* Acad. Fr. Le Nez est en partie osseux, & en partie cartilagineux. La partie cartilagineuse se reslere & se dilate par le moyen de differens muscles. Il y en a deux qui dilatent, un de chaque côté, prenant du tour exterieur du cartilage, & s'attachant aux extrémitez du même tour. Deux autres muscles levent les narines en haut, un de chaque côté, & ont leurs attaches, l'un à la partie superieure du Nez, & l'autre à la partie exterieure & laterale du cartilage. Deux autres qui sont dans la partie interieure, ferment les narines, & forment une maniere de phincter. Il y a une cloison en partie osseuse & en partie cartilagineuse, qui separe la cavité du nez en deux. Aux enfans la partie osseuse est faite de deux pieces, & est d'une seule aux adultes. Une membrane très-fine & très-délicate tapisse ces cavitez, qui sont parsemées d'un grand nombre de glandes par lesquelles est separée la matiere visqueuse & gluante qui se trouve dans la cavité des narines. L'obstruction de ces glandes cause l'enchifrenement. Au-delà de cette membrane sont quantité de feuillets osseux, roulés en maniere de cornets. Tous ces cornets sont tapissés fort exactement de la membrane dont la cavité des narines est revêtuë. On tient que les animaux qui ont grand nombre de ces cornets, ont la sensation de l'odorat plus forte & plus exquise.

On dit en termes de Chasse, qu'*Un chien a le nez fin*, pour dire, qu'Il chasse bien dans les chaleurs & dans la poussiere; qu'*Il a le nez dur*, pour dire, qu'Il va requerir sur le haut du jour.

La premiere partie du bateau qui finit en pointe, est appellée par les bateliers, *Le nez du bateau*. Il se dit aussi d'un Navire sur la mer.

NIA

NIAIS, AISE. adj. On appelle au propre, *Oiseau niais*, Un oiseau de Fauconnerie qu'on prend dans le nid, & qui n'en est point encore sorti, Borel dérive ce mot de l'Hebreu *Nisf*, Etourdi. M. Menage le fait venir de *Nidensis*, Pris au nid.

NIAUCOMI, f.m. Arbre qui croît au Pays des Noirs. Son écorce qui est aussi chaude que le poivre, y sert de remede pour diverses maladies.

NIC

NICE. adj. Vieux mot. Simple, ignorant.

Ainsi puet hons, se trop n'estnice,
Garder soy de tuit autre vice.

On trouve dans les anciennes coûtumes, *Promesse nice*, pour dire, Une promesse qui est faite sans stipulation, sans gage & sans sûreté, & on disoit autrefois *Ecrire nicement*, pour dire, Simplement, & sans articuler aucuns faits contraires à la partie adverse.

NICETTE, s'est dit aussi, pour Naïfve, & simple, comme étant un diminutif de Nice.

Nicette fut, & ne pensoit
A nul mal engin, quel qu'il soit.

NICHE. f. f. Cavité, ou enfoncement que l'on pratique dans l'épaisseur des murailles, pour y placer une figure ou quelque statuë. Ce mot vient de l'Italien *Nicchio*, Coquille de mer, à cause que ce qu'on y renferme est comme dans une coquille. Il y en a de rondes & de quarrées. Les Niches rondes sont cintrées par leur plan & leur fermeture, & les quarrées sont celles dont le plan & la fermeture du renfoncement dans le mur sont quarrés. Quand une Niche est prise dans le dehors d'un mur circulaire, & que sa fermeture porte en saillie, on l'appelle *Niche en tour ronde*, & quand elle fait un effet contraire, *Niche en tour creuse*. On dit, qu'*Une niche est à cru*, quand elle prend sa naissance du rez de chaussée sans porter sur un massif, ou bien lorsque dans une façade, elle porte immediatement sur l'appui continu des croisées sans p'inthe. On dit, *Niche rustique*, quand elle est avec refends ou bossage; *Niche de rocaille*, lorsqu'elle est revêtuë de coquilles pour les grottes, & *Niche de treillage*, quand elle est construite de barreaux de fer & d'échalas, pour servir d'ornement à quelque portique ou cabinet de treillage. On dit pour les Eglises, *Niche en Tabernacle* & *Niche d'Autel*. Cette derniere est celle qui sert au lieu d'un tableau dans un Rétable d'Autel, & pour la Niche en Tabernacle, c'est un nom qu'on donne aux plus grandes Niches, qui sont décorées de chambranles, montans & consoles avec frontons. On appelle *Niche angulaire*, celle qui est prise dans une encoignure, & qu'une trompe ferme sur le coin. La *Niche de buste*, n'est autre chose qu'un petit renfoncement pour placer un buste, & la *Niche feinte*, est un renfoncement qui n'a guere de profondeur, & où une ou plusieurs figures sont peintes, ou bien en bas relief.

NICOLAITES. f. m. Heretiques qui s'éleverent dans l'Eglise, du tems même des Apôtres. Ils prirent leur nom de Nicolaüs, l'un des sept Diacres, qui étoit d'Antioche, & dont la doctrine se répandit vers le commencement du regne de Domitien, cinquante-deux ans après Jesus-Christ, avant l'exil de saint Jean en Pathmos. Ils ne faisoient point difficulté de manger les choses qui avoient été presentées aux Idoles, & enseignoient que les hommes devoient avoir leurs femmes communes, en sorte que s'adonnant à toutes sortes d'impuretez, ils éteignoient les lumieres dans leurs assemb'ées, afin de commettre adultere avec les femmes de l'un de l'autre. Ils disoient que le monde avoir été fait par l'assemblage de la lumiere & des tenebres, d'où les Anges, les Diables & les hommes avoient été produits. Ceux qui faisoient profession de cette secte, après avoir été long-tems appellés *Nicolaïtes*, prirent le nom de *Gnostiques*.

NICOTIANE. f. f. Herbe qui vient originairement de l'Amerique, & que d'ordinaire on nomme *Tabac*. Elle a pris le nom de Nicotiane du Président Jean Nicot, qui l'envoya en France dans le tems qu'il étoit Ambassadeur en Portugal. On l'appelle en plusieurs lieux, *Herbe à la Reine*, à cause de Catherine de Medicis, qui voulut lui faire porter son nom.

O iij

NID

NID. f. m. *Efpece de petit logement que les oifeaux fe font pour y pondre, & pour y faire éclorre leurs petits, & les y élever. On appelle Aire, le nid d'une aigle & des autres oifeaux de proie.* ACAD. FR. Il y a des *Nids d'oifeaux* dans les Indes qui font extrémement eftimés. Ils font faits d'une certaine écume vifqueufe, & étant fechés ils deviennent tranfparens. En les détrempant dans l'eau, ce font d'excellens affaifonnemens pour les viandes. Les Indiens nomment cette drogue *Saroi Boura.* Ce font des nids d'hirondelles que les Payfans amaffent dans les rochers fur le bord de la mer. On en fait un fi grand cas dans la Chine, que ceux du Pays qui les vont querir chés leurs voifins, les vendent trois ou quatre écus la livre. Il y en a de deux fortes. Les blancs font fort recherchés, mais les gris font bien moins chers.

NIDOREUX, EUSE. adj. Terme de Medecine. On diftingue les crudités en crudités acides & en crudités nidoreufes. Ces dernieres font lorfque les alimens fe corrompent, qu'ils acquierent une faveur horrible fe pourri, & qu'ils font une liqueur impropre à la nutrition. On reconnoît les *Crudités nidoreufes,* à la mauvaife odeur qui accompagne les rots, ou du moins qui font dégoutans, comme quand on a mangé des œufs frits au beurre qui n'ont pas été bien cuits. On a des naufées frequentes, & on fent le matin un certain goût qu'on ne peut bien expliquer. La matiere du vomiffement naturel ou artificiel eft liquide, jaunâtre, infipide ou tirant fur l'amer, & on a le ventre plus libre que de coûtume. Le mot de *Nidoreux,* eft fait du Latin *Nidor,* Odeur d'une chofe brûlée.

NIE,

NIELLE. f. f. Plante qui produit plufieurs rejettons minces & grêles, & fe plus fouvent d'un pié & demi de haut & quelquefois davantage. Ses feuilles font menues comme celles du Seneffon, mais beaucoup plus minces. Elle produit de petites têtes faites en longueur, & qui reffemblent affés à celles du pavot, dans lefquelles font certaines pellicules comparties qui renferment une graine noire, odorante, piquante & forte, qui eft bonne mêlée parmi le pain. Les Latins appellent la Nielle *Nigella,* les Arabes *Gith,* & les Grecs μελάνθιον. Matthiole dit qu'il y en a de deux fortes, le Gith des jardins & le Gith fauvage. Celui des jardins, dit-il, produit des tiges d'une coudée de hauteur, avec des feuilles femblables au Seneffon, excepté qu'elles font dentelées plus profondément. Il a des fleurs bleues à fa cime faites en forme d'étoiles, d'où fortent de petites têtes longuettes, qui ont une couronne garnie de quantité de petites pointes. Au dedans de ces têtes font des pellicules comparties comme à celles du pavot, avec une petite graine noire, quelquefois rouffâtre, de bonne odeur, & d'un goût piquant & amer. Il y a de deux efpeces de Gith fauvage, qui ont l'un & l'autre leurs feuilles plus minces que celui des jardins, capilleufes & fort découpées, & leurs têtes auffi plus grandes. L'un les a divifées à la cime en cinq ou fix petites cornes. Le même Matthiole dit qu'on a repris juftement, ceux qui ont pris pour Gith, cette herbe qui croît ordinairement parmi les blés, ayant fes feuilles femblables au porreau, & une tige longue & velue qui produit une fleur incarnate faite comme une rofe à fimples feuilles. Quoique fa graine foit

noire, elle n'a aucun goût qui revienne à l'autre, & eft feulement âpre & amere. Galien dit que le Melanthium eft chaud & fec au troifiéme dégré, & femble être penetrant & fubtil, ce qui le rend propre à guerir les fluxions & caterres étant mis chaud dans un linge, & flairé fouvent. Pris par dedans, il amortit & refout efficacement toutes fortes de ventofités. Il fait mourir les vers non-feulement pris interieurement, mais appliqués fur le ventre.

NIENS. Vieux mot qui a fervi de negation. Rien, de l'Italien *Niente.*

NIG

NIGER. v. n. Vieux mot. Nigauder. M. Ménage le fait venir du Latin *Nugari,* Badiner, & celui-ci de *Nux,* à caufe que les Enfans fe font un jeu avec des noix.

NIGOTEAUX. f. m. p. Morceaux d'une tuile fendue en quatre, pour fervir aux folins & aux ruilées.

NIGUAS. f. m. Sorte de vermiffeaux, qui fe trouvent aux Indes, & qui font extrémement nuifibles aux hommes. Ils fe cachent dans la pouffiere, & fautant à la maniere des puces, ils fe fourrent entre cuir & chair dans les orteils de ceux qui marchent nuds piés. Ils y jettent leur femence fi abondamment, qu'à peine les peut-on arracher du lieu où ils fe font une fois placés. Souvent même ils ne peuvent être détruits fi on n'y applique le cautere, ou fi on ne coupe le membre.

NIL

NILLE. f. f. Terme de Vigneron. Sorte de petit filet rond qui fort du bois de la vigne lorfqu'elle eft en fleur.

Les Vitriers appellent *Nilles,* de petits pitons quarrés de fer, qui étant rivés aux traverfes ou croifillons auffi de fer des vitraux d'une Eglife, retiennent les panneaux de leurs formes, par le moyen de quelques clavettes ou petits coins.

Nille eft auffi un terme de Blafon. Il fe dit d'une efpece de croix ancrée beaucoup plus étroite & menue qu'à l'ordinaire. Quelques-uns difent *Nigle* ou *Nelle.*

NILLE', ÉE. adj. On dit en termes de Blafon, *Croix nillée,* pour dire, une croix faite de deux bandes, feparées & crochues par le bout. Cette croix eft ancrée & fort déliée, comme eft la Nille ou le fer d'un moulin; ce qui la fait auffi appeller *Croix de moulin.*

NILS. f. m. Nom que les anciens Romains donnoient aux gerbes, cafcades & autres grands jets d'eau, où l'eau fe trouvoit en abondance. Ils en faifoient des canaux de diverfes fortes, qui fervoient d'enceinte à leurs jardins, & y formoient quelquefois des Ifles pour des jeux & des fpectacles. Ce nom étoit emprunté du Nil, fleuve d'Egypte, à caufe des grandes chûtes qu'il fait. Ils appelloient *Euripes,* les jets d'eau qui étoient moindres.

NIM

NIMERULAHIS. f. m. Ordre de Religieux Turcs, qui commença en l'année fept cens foixante & dix-fept de Mahomet. On les nomme ainfi d'un Religieux du même nom, qui étoit en grande réputation pour fa doctrine, & pour l'aufterité de fa vie. Il étoit excellent Medecin, & vivoit du tems du Sultan Mahomet, fils de Bajafet, furnommé par les

Turcs Ilderim ou fils du tonnerre. Ceux qui font profession de cet Ordre, s'assemblent tous les Lundis la nuit, pour louer par des Cantiques l'unité de la nature de Dieu & glorifier son nom. On n'y peut être reçu, qu'auparavant on ne fasse une quarantaine, c'est-à-dire, qu'on ne demeure seul enfermé dans une chambre quarante jours, sans prendre par jour que trois onces de toute nourriture. Ceux qui font cette retraite, disent qu'ils voyent Dieu face à face & toute la gloire du Paradis pendant ce tems-là, & louent & adorent incessamment le Créateur de l'Univers. Leur tems de solitude étant expiré, les autres Freres viennent les tirer de cette chambre, & ils dansent dans un pré en se prenant chacun par la main. Si ces Novices ont quelque vision dans le tems qu'ils dansent, ils jettent leurs manteaux en arriere, & se laissent tomber sur le visage, comme s'ils étoient frappés du tonnerre. Ils demeurent en cet état jusqu'à l'arrivée du Superieur qui fait quelque priere pour eux, après quoi le sentiment leur étant revenu, ils se relevent les yeux rouges & égarés & demeurent assés long-tems comme privés de raison. Ensuite le Superieur leur demande en secret quelles revelations ils ont eues, ce qu'ils ne refusent jamais de lui dire, ou à quelque autre personne sage & instruite dans les mysteres de leur Religion.

NIT

NITRE. s. m. *Espece de sel que quelques-uns confondent mal-à-propos avec le salpêtre.* ACAD. FR. Dioscoride dit que le meilleur Nitre est celui qui est leger, incarnat, ou blanc, & qui est tout troué comme une éponge, & qu'il attire les humeurs qui sont congelées profondement dans le corps. La meilleure écume de Nitre, poursuit-il, est celle qui est fort legere, & est mise par pieces, étant frêle & de couleur presque purpurine, écumeuse & mordante, comme celle qu'on apporte de Philadelphe de Lydie. La plus estimée ensuite est celle d'Egypte, après laquelle est celui cas de celle qui croît en Magnesia de Carie. Le Nitre est caustique & brûlant, aussi bien que son écume, & ils ont tous deux les mêmes proprietés que le sel. Matthiole dit que ni l'un ni l'autre ne se trouvent plus, quoique les Anciens s'en servissent beaucoup en Medecine, & que c'est une grande erreur de prendre le sel nitre ou salpêtre, dont on fait la poudre d'arquebuse, & dont les Orfevres font l'eau forte, qui leur sert à separer l'or d'avec l'argent, pour le vrai & legitime Nitre. Quelques uns font venir ce mot d'une region de l'Egypte appellée *Nitria*, où il se trouvoir en abondance, ou du Grec ιτρω, Laver, à cause de la vertu qu'a le Nitre de laver & de purger.

Le Nitre que l'on appelle *Salpêtre*, est un sel salé, composé de l'acide de soufre, & d'un sel alcali joints ensemble. Il prend son origine dans une terre grasse qui lui sert de matrice, étant humectée par les urines & par les gros excremens des animaux, dont le sel volatil urineux empreigné de beaucoup de soufre, combat successivement avec le sel acide de la terre, ce qui les change tellement que l'un & l'autre, que les deux se continue un troisiéme que l'on nomme *Nitre*, & qu'on tire de cette terre ou matiere grasse en forme de lessive. Toute sorte de terre est propre à faire du Nitre, si on la ramasse en un monceau qui ne soit ni à l'air ni à la pluie & qu'on prenne soin de l'imbiber de l'urine d'homme ou de quelque animal. En faisant une lessive de cette terre, l'humidité s'en étant évaporée, on

forme un vrai Nitre. Il s'en forme aussi contre les vieilles murailles & les pierres, de ce que le sel de la chaux vive, dont les murailles sont enduites se dissout, & s'altere successivement par le sel acide ou centrale qui exhale de la terre, & le sel de la chaux vive tenant de l'alcali, le sel acide de la terre se joint aisément à lui, & les deux unis ensemble, font le *Sel nitre.* Jamais on ne se sert du Nitre en Medecine ni en Chymie, qu'il n'ait été depuré auparavant, c'est à-dire, purifié du sel commun qui se trouve mêlé avec les urines & les fientes des animaux, & qui est entré dans la composition du Nitre durant sa generation. On dépure d'ordinaire le Nitre avec le soufre, & quand il est ainsi depuré, on l'appelle *Nitre fixe* ou *Sel de prunelle* : mais Ettmuller dit que cette préparation ne vaut rien, & que la meilleure de toutes les dépurations du Nitre, est celle qui se fait sur les alcalis fixes. On prépare pour cela une lessive très-forte de sel de tartre, de chaux vive, ou de cendres gravelées, & l'on y jette le Nitre. L'alcali fixe prend tout l'acidité, & tout ce qu'il y a de corrosif & d'excrementeux, & après avoir un peu consumé ou évaporé de l'humidité, le Nitre se prend en cristaux très-dépurés. C'est un remede éprouvé contre toutes sortes d'hemorragies, & il convient aux fievres ardentes, benignes ou malignes. Dans les fievres continues, dans les effervescences de la masse du sang, & contre la soif de quelque cause qu'elle vienne, même des hydropiques, on peut fort bien mettre dans sa boisson ordinaire, une demi-once ou six drachmes de Nitre dépuré, parce que le Nitre est un excellent diuretique. L'esprit de Nitre se distille par une retorte, en y ajoûtant du bol commun ou de l'argille calcinée pour l'empêcher de fondre. L'usage de cet esprit de Nitre est dans les fievres malignes avec des juleps, & il y est meilleur que tous les autres esprits acides des mineraux. Il est bon aussi à la colique venteuse, aux tympanités, à la colique nephretique & au calcul, mais comme l'esprit de Nitre crud est trop corrosif, on le mêle avec l'esprit de vin, ou avec quelque autre semblable. On tire par le moyen du Nitre le sel volatil d'esprit de vin, & le Nitre & son esprit font la base de toutes les eaux fortes & regales.

NIV

NIVEAU. s. m. Instrument de Mathematique, qui sert à tirer ou à déterminer des lignes parfaitement horisontales, & à trouver de combien un point quelconque de la surface de la terre est plus haut, ou plus bas qu'un autre, ce qui s'appelle *Niveller.* Il s'est fait plusieurs instrumens d'une construction & d'une matiere differente, pour parvenir à la perfection du nivellement. Le *Niveau d'eau* est celui qui par le moyen de la superficie de l'eau marque la ligne horisontale. Le plus simple se fait avec un long canal de bois. Ses côtés sont paralleles à sa base, ce qui est cause que la superficie marque la ligne de Niveau, lorsqu'il est rempli d'eau également. On se sert aussi, pour faire ce même Niveau, de deux godets soudés aux deux bouts d'un tuyau qui a de longueur trois à quatre piés un pouce de diametre, par où l'eau se communique de l'un à l'autre. Il y a un genou qui rend ce tuyau mobile sur son pié ; & quand chaque godet reste entierement plein d'eau, les deux superficies marquent la ligne de Niveau. Quelques-uns au lieu de godets se servent de petits cylindres à plomb, au travers desquels on voit la superficie de l'eau qui est de niveau.

Il y a un *Niveau d'air,* dont on attribue l'invention à M. Thevenot, de l'Académie Royale des Sciences. Il marque la ligne du Niveau par le moyen d'une petite bule d'air, qui eſt renfermée avec quelque liqueur dans un cylindre de verre, que bouche le verre même par ſes extrêmités, ce qui fait que quand cette bule s'arrête à une marque qui deſigne le milieu du cylindre, le plan ſur lequel il eſt poſé eſt de niveau.

Il y a encore un *Niveau à pendule*, inventé par M. Picart, & un *Niveau à lunettes*, dont l'invention eſt attribuée à M. Huguens. Le premier marque la ligne horiſontale, par le moyen d'une autre ligne perpendiculaire à celle que donne ſon plomb naturellement. Ce Niveau eſt conſtruit d'une boëte de fer ou de bois en forme de croix bien d'équerre, qui a dans ſa traverſe une lunette dont le foyer du verre oculaire eſt traverſé d'un cheveu, ou d'un brin de ſoye, qui détermine le point de Niveau, lorſque le plomb qui pend à un autre cheveu de la longueur de la tige de cette boëte, eſt arrêté ſur le point fiduciel qui y eſt marqué. Deux anſes en portion de cercle qui ſont au-deſſous de ſa traverſe, ſervent à le mouvoir & à le dreſſer ſur ſon pié, qui eſt ſemblable à un chevalet de Peintre. C'eſt la deſcription qu'en a faite M. d'Aviler. Le Niveau à lunettes, a une lunette ou deux perpendiculaires à ſon aplomb, & chacune a un cheveu ou un brin de ſoye, mis horiſontalement au foyer du verre oculaire. Ce cheveu ſert à prendre & à déterminer exactement un point de Niveau fort éloigné. Le *Niveau à pinules*, eſt celui qui a deux pinules égales au lieu de lunettes. C'eſt par le moyen de ces pinules qui ſont poſées ſur & paralellement aux deux extrêmités de ſa baſe, qu'on bornoye le point qui eſt de Niveau avec l'inſtrument.

M. Mariotte a inventé le *Niveau de reflexion*. Il ſe fait par le moyen d'une ſuperficie d'eau un peu longue, repreſentant renverſé le même objet qu'on voit droit avec les yeux. Ainſi le point où il paroît que ces deux objets s'uniſſent, eſt de Niveau avec le lieu où eſt la ſuperficie de l'eau. On ſe ſert auſſi d'un miroir d'acier ou de fonte bien poli, poſé un peu au-devant du verre objectif d'une lunette ſuſpendue comme un plomb, pour faire un Niveau de reflexion. Ce miroir, dont l'invention eſt dûe à M. Caſſini, doit faire un angle de quarante-cinq degrés avec la lunette, afin de changer la ligne à plomb de cette lunette, en une ligne horiſontale.

Le *Niveau de Poſeur*, eſt un inſtrument compoſé de trois regles aſſemblées qui forment un triangle iſocele & rectangle. Une corde où pend un plomb eſt attachée à l'angle du ſommet de ce Niveau, & ce plomb paſſant ſur une ligne fiducielle, qui eſt tracée au milieu, & d'équerre à la baſe, marque la ligne du Niveau. Les Paveurs ont auſſi leur Niveau. C'eſt une longue regle avec une autre plus large, aſſemblée à angles droits au milieu & ſur l'épaiſſeur de cette premiere. Il y a un cordeau attaché au haut de cette ſeconde, avec un plomb qui pend ſur une ligne fiducielle, tracée d'équerre à la grande regle, & qui en couvrant exactement cette ligne, fait connoître que la baſe eſt de Niveau.

On dit, *Mettre à Niveau*, non ſeulement pour ſignifier Mettre une ou pluſieurs choſes de niveau, ſuivant la ligne horiſontale, mais encore pour dire, les mettre à niveau ſuivant leur pente, ſur une même ligne inclinée. On diſoit autrefois *Liveau*, & les Italiens diſent encore *Livello*, de *Libella* diminutif de *Libra*, parce qu'un niveau ſe poſe horiſon-

talement comme une *balance*, ou qu'anciennement il en avoit la figure. De *Liveau*, on a dit de *Niveau* par un changement aſſés ordinaire de l, en n. Au lieu de *Lentille* pluſieurs diſent *Nautille*.

N O

NO. Vieux mot. Pronom poſſeſſif. Notre.
     La figure eſt fin de no livre.
On diſoit autrefois, *à no*, pour dire, à nage.
     Se voit à no ſuivant la trace.

N O B

NOBILIAIRE. ſ. m. Recueil ou hiſtoire des Maiſons ou Perſonnes nobles d'une Province ou d'une Nation.

NOBLE. adj. *Qui eſt elevé par deſſus les roturiers ou par ſa naiſſance, ou par des Lettres du Prince.* ACAD. Fr. On appelle *Noble*, ou *Noble à la roſe*, Une ſorte de monnoie d'Angleterre, nommée ainſi à cauſe de l'excellence de ſon or, & des roſes rouges & blanches qui ſont aux Maiſons d'Yorck & de Lancaſtre. Elle a d'un côté la figure d'un navire, & de l'autre celle d'une roſe. Ce fut Edouard III. qui la fit battre en 1344. On tient que Raimond Lulle, après avoir fait la Chryſopée, fournit à ce Roi tout l'or dont on fit les Nobles à la roſe, pour aller faire la guerre au Turc, au lieu dequoi Edouard la fit à la France. Cette monnoie fut appellée à cauſe de cela *Nobile Raimundi*, d'autant plus que cet or étant fait par art, ſurpaſſoit le naturel en bonté.

Il y a eu auſſi une ſorte de monnoie d'or en France, appellée *Noble à la roſe*, du tems de François I. Elle étoit grande & large comme un fort grand écu d'or, & valoit cent deux ſols. Ce Noble à la roſe peſoit ſix deniers, & avoit au milieu une roſe enjolivée de petites couronnes de fleurs de lis & autres agrémens.

Le *Noble Henri* avoit cours ſous le même Roi. Il peſoit cinq deniers dix grains, & valoit quatre livres quatorze ſols. D'un côté de cette monnoie étoit la figure d'un Prince ſur ſon Trône avec une épée à la main, & de l'autre une croix, au milieu de laquelle il y avoit une *H*, & tout autour de la croix de petits lions couronnés.

NOBLOIS. ſ. m. On diſoit anciennement *Le Noblois*, pour dire, la Nobleſſe.
     Si quiert les mondaines delices,
     L'envoiſerie & le noblois.

N O C

NOCAILLE. ſ. f. Vieux mot. Noces. On a dit auſſi *Nochoiers*, pour dire, Ceux qui étoient de noces.

NOCTURLABE. ſ. m. Inſtrument dont on ſe ſert pour trouver dans toutes les heures de la nuit combien l'étoile du Nord eſt plus haute ou plus baſſe que le Pole.

N O D

NODUS. ſ. m. Terme de Medecine. Tumeur qui naît au milieu des os & deſſus, & qui cauſe une douleur inſupportable pendant la nuit. Cette tumeur provient d'un acide verolique malin qui attaque les os & corrompt leur aliment. Cet aliment étant corrompu & empreint de cet accide, s'amaſſe au milieu de l'os à la longue, & y produit ce Nodus, après quoi l'acide corrodant les parties voiſines, y fait de très-méchans ulceres. Lorſque ces Nodus commencent,

commencent, on les reſout avec une lame de plomb enduite de mercure & miſe deſſus, ou bien avec le mercure vif coagulé avec la fumée de Saturne, & formé en lame. Il y a encore d'autres manieres de les reſoudre. L'acide malin qui ſurabonde dans la verole corrompt tellement l'aliment prochain du crane, qu'il degenere ſucceſſivement en une matiere viſqueuſe & acide, qui ſe ramaſſant deſſus & deſſous le crane, y produit, comme dans les autres os, des Nodus veroliques, qui rongent enſuite les os mêmes & le crane, d'où s'enſuit la carie avec une douleur extraordinaire.

NOE

NOEF. Nom de Nombre indeclinable. Vieux mot. Neuf. *Ce fut fet & donné en l'an nôtre Seigneur mil deux cens ſeiſſante & noef ou mois de Moy.*

NOEL, ou NOUEL. Mot que Borel dit être fait par abbreviation de *Nouvel*, pour ſignifier Nouveau. A cauſe de cela on avoit accoûtumé autrefois de crier *Noël*, quand il arrivoit quelque changement de Roi, & en d'autres rencontres remarquables. Ainſi on le cria à l'entrée de Charles VII. à Paris. André du Chêne dit qu'on le cria auſſi au baptême de Charles VI. au retour de Jean, Duc de Bourgogne, à Paris, & quand Philippe ſon Fils ramena ſa ſœur. En parlant de l'entrée de Charles VII.

Il y fut reçû à grand' joye,
En criant Noël par la voye.

NOER. v. n. Vieux mot. Nager. On a dit auſſi *Nouer*; & *Noës* ſe trouve pour ſignifier les nageoires des poiſſons.

NOETIENS. ſ. m. Heretiques ainſi appellés de Noëtus, qui vivoit vers l'an 140. après JESUS-CHRIST, ſous Marcus Antonius & Lucius Verus, Empereurs. Ils enſeignoient qu'il n'y avoit qu'une Perſonne de la Trinité qui étoit mortelle & immortelle; Dieu & impaſſible dans le Ciel, & homme & paſſible ſur la terre. Ils établiſſoient ainſi une Trinité, nom de Perſonnes, mais d'offices. Ce Noëtus prétendoit être Moïſe.

NOEUD. ſ. m. *Enlacement fait de quelque choſe de pliant, comme ruban, fil, corde, dont on paſſe les bouts l'un dans l'autre en les ſerrant.* ACAD. FR. On appelle auſſi *Nœud*, non ſeulement la partie de l'arbre par laquelle il pouſſe ſes branches ou ſes racines, mais encore certaine boſſe ou tumeur qui eſt une eſpece de maladie qui vient aux bois rabougris, & que l'on appelle autrement *Louppes.*

Nœud ſe dit encore de la liaiſon ou jointure qui ſe voit aux tuyaux des blés, aux cannes d'Inde, & à d'autres plantes qui croiſſent par l'entortillement de leurs feuilles.

On appelle *Nœud*, dans les animaux, les jointures de quelques-uns de leurs os, & ſur-tout de la queue des chevaux, des chiens & des chats. On dit auſſi *Nœuds*, en parlant de la jointure des doigts.

Nœuds, en termes de chaſſe, ſont les morceaux de chair qui ſe levent aux quatre flancs du cerf.

On dit en Sculpture, que *Du marbre eſt plein de nœuds*, pour dire, qu'il s'y trouve des parties plus dures en un endroit qu'en un autre. Ces nœuds s'appellent autrement *Cloux.*

Les Ouvriers en fer & en métal diſent *Nœuds*, en parlant des diverſes diviſions qui ſe font dans les charnieres de compas, fiches ou couplets des portes ou fenêtres, par où le clou paſſe ou la rivûre. Il y a des fiches à deux, à trois & à quatre nœuds.

On appelle *Nœud*, dans les Verreries, un gros bouton qui demeure au milieu des plats de verre. Il
Tome II.

ſe fond avec la verge de fer.

Nœud eſt auſſi un terme d'Aſtronomie. Il n'y a que le Soleil qui ne ſort jamais de l'Ecliptique, toutes les autres Planetes décrivent des cercles qui coupant l'Ecliptique en deux points oppoſés, s'en écartent de côté & d'autre, chacun d'une certaine diſtance, qu'on appelle *Latitude.* Voyez LATITUDE. Les deux points de l'Ecliptique diametralement oppoſés, où les cercles des Planetes la coupent, s'appellent leurs *Nœuds.* Le Nœud par où la Planete paſſe de la partie Meridionale de l'Ecliptique à la Septentrionale, s'appelle *Nœud Aſcendant* ou *Boreal*, l'autre par la raiſon contraire s'appelle *Nœud Deſcendant* ou *Auſtral.* Quand une Planete eſt à 90 degrés de ſes nœuds, elle eſt dans ſon plus grand éloignement de l'Ecliptique ou dans ſa plus grande latitude. Les Planetes ne coupent pas toûjours l'Ecliptique dans les mêmes points, leurs nœuds changent, & c'eſt ce qui s'appelle le *Mouvement des Nœuds.* Le Mouvement des Nœuds de toutes les Planetes eſt d'Occident en Orient ſelon la ſuite des ſignes, il n'y a que les Nœuds de la Lune qui vont contre l'ordre des ſignes d'Orient en Occident. La Lune dans une de ſes revolutions autour du Zodiaque fait mouvoir ſes nœuds de 1. degré & demi, Mercure dans une revolution avance les ſiens de deux tierces, Venus de ſix tierces, Mars d'un peu plus d'une minute, Jupiter de près de huit minutes, Saturne de plus de trente minutes.

NOI

NOIER. v. a. vieux mot. Nier. On a dit auſſi *Noient*, pour Neant.

NOILLEUX, EUSE. adj. Vieux mot. Noueux, plein de nœuds.

NOIRTE' ſ. f. Vieux mot. Noirceur. On trouve auſſi *Noiviere*, pour Noire.

NOIR, NOIRE adj. *Qui eſt de la couleur la plus obſcure de toutes, & la plus oppoſée au blanc.* ACAD. FR. Ce mot eſt auſſi ſubſtantif, & on ſe ſert de pluſieurs ſortes de Noir pour peindre à fraiſque. Le Noir de terre vient d'Allemagne. Il y a encore un autre Noir d'Allemagne. C'eſt une terre naturelle qui fait un noir bleuâtre comme le noir de charbon. Les Imprimeurs uſent de ce Noir. La terre de Cologne eſt un noir rouſſâtre, ſujet à ſe décharger & à rougir. On ſe ſert encore d'un autre Noir fait de noir de vin brûlée. Les Italiens l'appellent *Feſcia di borta.* Le Noir de fumée eſt une mauvaiſe couleur, mais facile à peindre les draperies noires. Quant au Noir d'os & d'yvoire brûlé, c'eſt un Noir dont Pline attribue l'invention à Appelles.

NOIS. ſ. f. Vieux mot. Neige. On a dit auſſi *Noiſ*,

Le brachet eſt blanc comme nois.

NOISETTE. ſ. f. Fruit du coudrier, appellé ainſi à cauſe qu'il a l'écorce dure comme celle des noix. Les domeſtiques ſont beaucoup meilleures que les ſauvages, non ſeulement pour l'uſage de la table, mais encore en Medecine. Les Noiſettes ſont chaudes & ſeches, & adouciſſent les douleurs de la poitrine & des reins, mais on a peine à les digerer, à cauſe de leur ſubſtance ſolide & terreſtre, & elles cauſent le mal de tête par leur chaleur & leur ſechereſſe. On appelle auſſi l'arbre qui les porte *Noiſettier* & *Noiſillier*, en latin *Corylus.* Le Coudrier ou Noiſettier n'eſt jamais gueres haut. Dès ſa racine il jette ſes petits troncs, au bout deſquels ſortent ſes rameaux, ayant leurs verges aſſés longuettes & fort feuillues. Son bois eſt ſans

P

nœuds & pour ſes feuilles elles reſſemblent beaucoup à celles de l'aune, étant plus larges pourtant, plus madrées, minces & découpées à l'entour. Il eſt revêtu d'une écorce mince & marquetées de taches blanches. Sa racine eſt profonde en terre, forte & ferme ſans être groſſe. Il ne jette point de fleur, mais ſeulement quelques flocs, qui ſe rapportent en quelque façon au poivre long. Cela s'ôte vers le Printems, quand il commence à pouſſer ſes feuilles, & alors ſelon le nombre des flocs, il ſort d'une même queue autant de petites pellicules, dont chacune contient une noiſette. La pellicule de deſſus eſt verte & fort molle vers ſes extrêmités, & a une maniere de barbe qui les fait nommer *Noiſettes barbues*. Il s'en trouve pourtant qui n'en ont point, & dont même la couverture eſt ſi courte que la partie de devant demeure toute découverte. Au commencement le noyau eſt fort mince, mais il ſe renfonce peu à peu, & nourrit au dedans une moëlle blanche. Matthiole eſt aſſés du ſentiment de ceux qui croyent qu'on étourdit, & même qu'on fait mourir un ſerpent, ſi on le frappe d'une verge de Noiſette. Ce qui lui donne cette opinion, c'eſt que les noix priſes avec des figues & de la rue, ſont bonnes contre les poiſons & les morſures des bêtes venimeuſes. L'huile que l'on tire des noyaux eſt propre aux ſciatiques. Gallien dit que les Avelines ou Noiſettes ayant plus de froideur & de terreſtréité que les noix, ſont auſſi plus nourriſſantes, plus maſſives & moins huileuſes. Les Fureterieſtes diſent que le noiſetier eſt la même choſe que le coudrier, ils ſe trompent. Le Noiſetier eſt un Coudrier cultivé, & produit un fruit meilleur & plus long, rouge ou blanc. L'Avelinier le produit rond, & eſt meilleur; il le faut cueillir de bonne heure, crainte que les vers ne s'y forment.

NOIX. ſ. f. Fruit qui croît au noyer, & qui eſt revêtu d'une double écorce. La premiere eſt verte, & la ſeconde dure comme du bois. Le noyau qui eſt dedans eſt madré & diviſé en quatre, ayant en ſes compartimens une pellicule ligneuſe qui le ſepare par la moitié. Il y a pluſieurs ſortes de Noix, qui ſe connoiſſent toutes à leur forme, ou à la dureté ou fragilité de leur écorce. Les meilleures ſont celles qui ſont longues, & où le noyau de dedans eſt blanc & doux, & ne ſe tient point attaché à ſon écorce. Cette écorce doit être blanchâtre & aiſée à rompre. On les en dépouille, quand on les a cueillies en Automne, & on les fait ſecher dans des lieux couverts. Galien dit que le noyer a une vertu aſtringente, tant dans les feuilles que dans ſes germes; mais l'écorce de la noix, fraîche ou ſeche, eſt encore plus aſtringente; ce qui eſt cauſe que les Foulons & les teinturiers s'en ſervent. Ce qu'on mange de la noix eſt huileux & ſubtil, auſſi en fait-on de l'huile, auſſi plus ſubtile, plus elle eſt gardée. Ainſi il eſt bon de la tirer des vieilles noix, & même de les paſſer par l'alembic. Cette huile eſt propre aux cures des chancres, gangrenes, charbons & fiſtules qui ſortent proche du nez. Il y en a qui s'en ſervent pour les nerfs bleſſez. La noix eſt de meilleure digeſtion, & plus profitable à l'eſtomac que la noiſette. Quand on l'a cueillie verte on la mange en cerneaux, & celles qu'on cueille ſur la fin de Mai, ou aux premiers jours de Juin, avant que leur écorce ſoit dure, ſont de bon goût & propre à l'eſtomac. En Latin *Nux* & *Juglans*. On a appellé les Noix *Juglandes*, comme qui diroit *Glands de Jupiter*, à cauſe que les hommes qui avoient long-tems vécu de gland, ayant enfin trouvé les noyers qui portoient un fruit beaucoup plus ſavoureux que le

gland, nommerent ce fruit *Gland de Jupiter*, pour ſon excellence. On appelle *Noix anguleuſe*, Celle qui tient ſi fort à la coque, qu'on ne l'en ſçauroit tirer qu'en la rompant par morceaux.

Il y a une *Noix d'Inde*, que les Arabes appellent *Neregil* ou *Dabig*. Ce fruit, qui ſe trouve dans toutes les boutiques des Apothicaires & des Epiciers, eſt couvert de pluſieurs écorces, grand & de la groſſeur d'un gros melon, & pend à un arbre aſſés ſemblable au palmier. Sa premiere écorce, qui eſt celle que l'on voit, eſt rougeâtre tirant ſur le noir, un peu dure, ferme & gluante avec pluſieurs durillons. Au dedans eſt une certaine mouſſe, qui étant éparpillée, s'envole comme de petits cheveux. Au deſſous de cette bourre eſt une autre écorce faite en triangle & dure comme une corne. Elle eſt chargée de bourre & de barbe, & preſque de même couleur que l'autre, & enferme un noyau creux de la groſſeur d'un œuf d'oye. Cette ſeconde écorce eſt graſſe & épaiſſe d'un demi-doigt, un peu dure, ferme & gluante, & ayant pluſieurs durillons comme la premiere. Sa ſubſtance eſt blanche & douce au goût comme beurre. Les noix d'Inde fraîches ſont les meilleures, & ſur-tout celles qui dans leur concavité ont une certaine liqueur douce, qui eſt la marque de leur fraîcheur. L'huile qu'on en fait appaiſe les douleurs des genoux & des reins, chaſſe les vers du ventre, & ſi on la mêle avec de l'huile de noyaux de pêches, elle eſt fort bonne aux Hemorroïdes. Matthiole parle encore d'une autre noix d'Inde, dont l'écorce de deſſus eſt ſemblable à celle du grand Cardamomum, un peu plus dure pourtant, épaiſſe d'une couleur plus obſcure, & groſſe comme une noix qui eſt encore verte. La noiſette qu'elle enferme eſt longuette & pointue des deux bouts, courbe & élevée ſur le dos, & platte de l'autre côté. Elle eſt couverte d'une coquille dure, liſſée de couleur de châtaigne, dans laquelle eſt le noyau, qui eſt revêtu d'une pellicule bien blanche & bien mince. Cette noiſette a la chair blanche, & un goût doux. Il dit que dans le tems qu'il en écrivoit il n'en connoiſſoit point encore les proprietés.

On appelle *Noix metelle*, Le fruit de Strammonia. Ce fruit eſt muni de groſſes & courtes épines, & ſa graine ſemblable à celle de la Mandragore. Matthiole avoue qu'il a crû long-tems que les Noix que les Epiciers appellent *Vomiques*, fuſſent les veritables Metelles, mais qu'il s'eſt trompé reconnoiſſant qu'encore que la Noix vomique doive être ſemblable à la noix Metelle, elle doit pourtant avoir force nœuds au lieu d'épines. Voyez METELLE.

La *Noix de galle*, eſt le fruit d'un certain chêne qu'on appelle Rouvre, en Latin *Robur*. C'eſt un arbre different des grands chênes appellés *Quercus*. Voyez GALLE.

Noix muſcate. Voyez MUSCADE.

Noix, ſe dit d'une eſpece de Geſier fort amer qui eſt dans le corps des Allouettes. On l'appelle ainſi à cauſe qu'il a la figure d'une noix.

Noix. Partie du reſſort d'un piſtolet à fuſil, qui eſt courbée en demi cercle, & qui fait le reſſort quand on le débande. On dit auſſi une *Noix d'arbaleſte*.

NOL

NOLI ME TANGERE. Terme de Medecine, Sorte de cancer, qui vient aux parties externes du viſage, à la bouche, au nez, aux lévres. On établit d'ordinaire pour la cauſe du cancer une humeur mélancolique brûlée ou l'atrabile , c'est-à-dire , un acide volatil , extrêmement corrosif & presque de la nature de l'arsenic. Cét acide se tient caché dans le cancer , dans son commencement , dans son augmentation & avant qu'il soit ulcéré , mais si-tôt qu'il l'est, il se manifeste. Hippocrate conseille de ne point toucher aux Cancers occultes , & c'est le meilleur , car on ne sçauroit les toucher sans les aigrir & on avance la mort du malade. C'est apparemment ce qui a donné lieu à nommer le Cancer qui vient au visage., *Noli me tangere* , ce qui signifie, Ne me touchez point.

NOLIS. f. f. Terme de Marine , dont on se sert dans la Mediterranée , pour dire , Fret, le louage d'un Vaisseau. On écrit aussi *Naulis* , & quand on parle d'affretement & de fret , sur l'Ocean , on dit *Naulage* , & quelquefois *Noliger* & *Naulifer* , pour dire , Fretter , louer un Vaisseau. Tous ces mots viennent du Latin *Naulum*, Salaire, que l'on donne aux bateliers.

NOLISSEMENT. f. m. Terme de Marine. Convention qui se fait pour le louage d'un Vaisseau. C'est la même chose qu'*Affretement*.

NOM

NOMANCIE. f. f. Art par lequel on devine ce qui peut arriver d'heureux ou de malheureux à une personne , en examinant les lettres de son nom de baptême. Quelques-uns disent *Nomance*.

NOMBLES. f. f. Mot très-ancien dans la langue , que du Cange assure se trouver dans des titres de l'an 1259. Il se dit en termes de Venerie de la partie du cerf qui s'éleve entre ses cuisses , & on s'en sert encore en parlant du ventre des bœufs & des vaches. Il vient du Latin *Umbilicus* , Nombril.

NOMBRE. f. m. *Plusieurs unitez considerées ensemble*. ACAD. FR. On fait plusieurs divisions des nombres , dont voici les principales.

Nombres entiers & rompus. Les nombres entiers font ceux qui contiennent une certaine quantité précise d'unités , tels que sont 1. 2. 3. 4. & toute la suite infinie des nombres. Les nombres rompus, font ceux qui d'une unité divisée en un certain nombre de parties ne contiennent qu'une certaine quantité de parties, tels que sont $\frac{2}{7}$, $\frac{1}{2}$, $\frac{1}{9}$, Voyez FRACTION.

Nombres pairs & impairs. Les premiers sont ceux qui peuvent être divisés juste , par 2. les seconds, ceux qui ne peuvent être ainsi divisés.

Nombre rationels & irrationels , ou sourds , ou incommensurables. Voyez ces mots.

Nombres Polygones. Voyez POLYGONE.

Nombres Fossiques. Voyez FOSSIQUES.

Nombres Premiers. Ce sont ceux qui ne peuvent être divisés sans reste par aucun autre nombre que par l'unité qui à proprement parler n'est pas un diviseur. 2. 3. 5. 7. 11. 13. 17. &c. sont des nombres premiers. On les appelle *Premiers* , parce qu'il n'y a point d'autres nombres de la multiplication desquels ils soient formés , & par opposition à eux les autres nombres peuvent être appellés *Composés* , comme 4. 6. 8. &c. qui sont faits de deux fois 2. deux fois 3. deux fois 4. &c. *Les nombres premiers entre eux* , sont ceux qui quoiqu'ils ayent d'autres diviseurs que l'unité, n'en ont pourtant aucun qui leur soit commun. Ainsi 9. & 15. sont *premiers entre eux*.

Nombres parfaits , sont ceux dont tous les diviseurs ou aliquotes additionnées ensemble refont ce même nombre. 1. 2. & 3. sont toutes les aliquotes de 6. & ces trois nombres ajoutés l'un à l'autre font 6. Six est donc un nombre parfait , 28.

Tome II.

en est aussi un , parce qu'il est égal à la somme de toutes ses aliquotes, 1. 2. 4. 7. 14. La consideration de cette propriété est de peu d'usage dans les nombres.

Nombre d'or. Terme de comput Ecclesiastique. Revolution de dix-neuf ans , trouvée par Meton Athenien pour tâcher d'accorder l'année Solaire avec celle du Soleil. Ce n'étoit rien autre chose dans les anciens Calendriers , comme il se voit encore dans celui de quelques Heretique obstinés à suivre les vieilles erreurs , qu'une certaine marque par laquelle on designoit dans le cercle de dix-neuf ans les premiers jours de chaque mois Lunaire. Au premier de ce Cycle on mettoit la marque de l'unité au second , on mettoit deux , trois à la troisième année , & ainsi des autres jusqu'à la dix-neuxiéme , laquelle étant écoulée , on faisoit la même chose revenant à l'unité & aux autres nombres consecutifs , & par ce moyen , ils croyoient que les nouvelles Lunes qu'ils appelloient *novunles*, retournoient aux mêmes points & jours des mois Solaires. Ce nom de *Nombre d'or* a été donné à ces chifres , on par la facilité qu'ils donnoient à trouver les nouvelles Lunes , ou parce qu'on les écrivoit quelquefois en caractères d'or. C'est ainsi qu'en a écrit le Pere Labbe , qui dit que ce Cycle de dix-neuf ans ne faisoit pas une équation juste & precise des mouvemens du Soleil & de la Lune ; parce que dix-neuf ans Solaires , selon le Calendrier Julien , faisant six mille neuf cens trente-neuf jours & dix-huit heures , il est évident que le Cycle de dix-neuf ans du cours de la Lune est moindre d'une heure toute entiere , de vingt-sept minutes , & de trente-deux secondes , ce qui fait que la Lune après dix-neuf ans achevés ne revient pas précisément au même point du Soleil , mais le devance d'une heure , de vingt-sept minutes , & de trente-deux secondes. Le mal étoit si considerable qu'en l'espace de douze cens cinquante sept années , écoulées depuis le Concile de Nicée jusqu'en 1582. on avoit fait une anticipation de quatre jours sur le point cardinal de l'Equinoxe vernal fixé par les saints Peres au 21. de Mars , de sorte que les regles établies pour la solemnité de Pâques n'étoient pas bien observées , les nouvelles Lunes étant avancées & designées faussement quatre jours avant qu'elles arrivassent. On ne laisse pas d'imprimer encore les Nombres d'or dans les Calendriers , & on en rapporte deux causes , l'une à cause que quelques Nations s'en servent encore pour trouver leur Pâque , plaçant leur premiere Lune au jour qui nous marque veritablement la cinquième , & l'autre , parce que c'est un moyen sûr pour expliquer plusieurs passages des Historiens qui ont écrit depuis quelques siecles , lorsqu'ils disent que l'Eclipse de la Lune arriva telle année , le douze ou le treiziéme de la Lune , & que le Soleil cacha sa lumiere par l'interposition de la Lune qui étoit en son vingt-sixiéme ou vingt-septiéme jour. Pour suppléer le Nombre d'or, & designer les nouvelles Lunes, on a mis trente nombres épactaux, commençant à trente au premier jour de Janvier, & allant en diminuant toûjours jusques à un.

NOMBRIL. f. m. Partie du corps de l'animal , composé d'une veine , de deux arteres, & de l'auraque, qui s'unissent ensemble , & qui sont renfermés comme dans un canal long , nerveux & tortillé que l'on appelle , *Petits intestins*. Le fœtus prend par-là sa nourriture dans le ventre de la mere , & après la naissance de l'enfant , ces quatre vaisseaux ayant fait leur fonction , dégenerent en un ligament , qui fait comme un nœud au milieu du ventre , & c'est ce nœud que l'on appelle *Nombril*. La longueur en est déterminée à un pié & demi selon quelques-uns. D'autres lui donnent deux coudées ; & d'autres deux piés & un quart. Ce mot vient du Latin *Umbilicus* , fait de *Umbo* , Bouton ou bosse qui est au milieu d'un bouclier.

On dit en termes de Blason *Le Nombril de l'écu* , pour dire , Un point qui étant au milieu du dessous de la fasce , la sépare de la pointe. *D'or à un écusson de gueules mis au Nombril.*

NOMENCLATEUR. s. m. On a appellé ainsi chés les Romains , celui qui accompagnoit les gens qui briguoient les Magistratures , & qui leur faisoit connoître tous les Citoyens qu'ils rencontroient , afin qu'ils les appellassent par leur nom en les saluant , & que cette honnêteté leur en acquît la faveur.

NOMENCLATURE. s. f. Liste , ou catalogue de plusieurs mots les plus ordinaires d'une langue pour en faciliter l'usage à ceux qui l'apprennent.

NOMINATAIRE. s. m. Celui que le Roi a nommé , à quelque Archevêché , Evêché , ou Abbaye.

NOMINAUX. s. m. Philosophes , Sectateurs d'Ocham. Ils étoient prodigues de noms , & n'expliquoient point les choses , ce qui les faisoit appeller Vendeurs de noms. Cet Ocham , étoit un Cordelier Anglois de nation & Disciple de Scot. Il vivoit dans le quatorziéme siecle & fut accusé d'avoir enseigné avec Cesene , General de son Ordre , que JESUS-CHRIST ni ses Apôtres n'avoient rien possedé ni en commun ni en particulier. Il écrivit contre le Pape Jean XXII. en faveur de l'Empereur Louis de Baviere , declaré ennemi de l'Eglise , & les Heretiques se servent quelquefois de quelques-uns de ses Traités.

NOMPAREILLE. s. f. Terme d'Imprimerie. Sorte de petit caractere, qui est entre le petit Texte, & la Sedanoise ou Parisienne.

On appelle aussi *Nompareille* , certaines dragées de sucre qui se font en grains les plus menus que l'on peut.

Nompareille , se dit encore parmi les Marchands , du ruban le moins large de tous.

NON

NONCHALOIR. v. n. Vieux mot. Avoir peu de soin d'une chose, comme ne la croyant d'aucune importance. Il vient de la negative *Non* , & de *Chaloir* , qui a été dit pour se soucier.

> *Vien & approche toi donques ,*
> *Vien , si onques*
> *De tes enfans te chalut.*

NONCIATION. On appelle *Nonciation de nouvel œuvre* , Un acte par lequel on dénonce à celui qui fait élever un bâtiment , ou aux Ouvriers, qu'ils ayent à cesser jusqu'à ce que par Justice en ait été ordonné. C'étoit une maniere de proceder des Romains , chés qui toutes les fois qu'on s'appercevoit qu'un voisin faisoit une entreprise , soit en élevant ou en démolissant sa maison, en sorte que la nouvelle face qu'il lui donnoit , causoit de l'incommodité, on pouvoit lui dénoncer à lui ou aux Ouvriers que l'on y formoit empêchement. Il ne falloit point avoir pour cela permission du Prêteur ; & l'exploit qui contenoit la Nonciation du nouvel œuvre étoit valable ; pourvû qu'il fût donné dans le lieu même où les Ouvriers travailloient , & à des personnes qui pussent en avertir le Proprietaire. S'il vouloit conti-nuer l'ouvrage malgré la défense , il étoit obligé après cet acte de donner suffisante caution de remettre les choses en état si la Justice l'ordonnoit ainsi , ce qui devoit se terminer dans trois mois. Si l'entreprise interessoit le public , tous les Citoyens indistinctement pouvoient user de la Nonciation du nouvel œuvre. Dans un pareil cas , il seroit necessaire en France , d'en donner avis au grand Voyer.

NONCIER. v. a. Vieux mot. Annoncer.

NONES. s. f. p. Terme dont les Anciens se servoient pour compter les jours des mois dont le premier s'appelloit toûjours *Calendes*. Les Nones étoient le cinquiéme jour à l'exception des mois de Mars, de Mai, de Juillet & d'Octobre , où les Nones étoient le septiéme jour. Ainsi quand on trouve *Quarto Nonas Januarii* , ce qui veut dire , Le quatriéme jour avant les Nones de Janvier , cela veut dire le second jour de Janvier , parce que le lendemain qui est le troisiéme de Janvier , se marque par *Tertio Nonas Januarii* , le quatriéme par *Pridie Nonas* , le jour avant les Nones , & le cinquiéme par *Nonis*. Ce jour des Nones étant toûjours le septiéme dans les quatre mois exceptés , on date *Sexto Nonas Martii* , le second de Mars, comme étant le sixiéme avant les Nones & on comprennant ce même jour des Nones. Pour trouver tout d'un coup ces dates Latines , il ne faut qu'ajoûter un au nombre que marque le jour où les Nones tombent , & en ôter celui de la date. Ainsi *Quinto Nonas Julii* , veut dire , Le troisiéme de Juillet , parce que les Nones , sont le septiéme jour en ce mois-là. Si on y joint un , on trouvera huit , & en ôtant huit , il restera trois.

NONNAT. s. m. Poisson qui se pêche sur la Mediterranée, & qui est le plus petit de tous les Poissons. On l'appelle ainsi, comme qui diroit *Nondum natus* , Non encore né.

NONNE. s. f. Vieux mot. Religieuse. On a dit aussi *Nonnain* & *Nonnette*. Borel fait venir ce mot de *Nonna* , qui veut dire , Ayeule en Italien , à cause qu'on donne le nom de Mere par honneur aux Religieuses. D'autres le dérivent de *Monialis* , comme qui diroit *Monain* & *Mone* , du Grec μονη , qui signifie , Unité , & est nombre de solitude , comme tous les autres sont nombres de societé , dont vient μονος , Seul , Solitaire & μοναζειν , Vivre solitairement.

NONOBSTANCES. s. f. p. Terme de Jurisprudence Canonique. Il se dit de la troisiéme partie des Provisions de la Cour de Rome, où nonobstant les incapacités ou autres obstacles qu'on peut opposer , les absolutions des censures sont comprises, aussi bien que les rehabilitations & dispenses necessaires pour jouir du benefice impetré.

NON-VEUE. s. f. Terme de Marine dont on se sert quand la bruine est si épaisse , qu'on ne peut avoir connoissance du parage où l'on est , ce qui fait craindre de perir par Non-vûe , en approchant trop près de la côte. Quelques-uns disent *Il y a non-veuste* , pour dire , qu'On ne peut voir clair, à cause de l'épaisseur du brouillard.

NOQ

NOQUET. s. m. Petite bande de plomb qu'on met ordinairement dans les angles enfoncés des couvertures d'ardoise , le long des jouées des lucarnes & pignons.

NOR

NORD. s. m. Terme de Marine dont on se sert sur

l'Ocean pour fignifier le Pole Septentrional qui eft élevé fur notre horifon.

On appelle *Etoile du Nord*, La derniere Etoile de la queue de la petite Ourfe, qui eft à deux degrez. du Pole.

On dit, *Etre Nord de la ligne*, pour dire, Etre Nord, ou en-deçà de l'Equateur.

Nord. La Partie du monde qui eft Septentrionale, à l'égard d'un autre Pays. On dit dans ce fens que l'*Angleterre eft au Nord de la France*; & on appelle *Provinces du Nord*, la Suede, le Danemarck, la Lapponie, & autres.

Nord. Nom qu'on donne à un vent froid & fec, qui vient du côté du Septentrion, & qui eft un des quatre vents cardinaux. *Le Nord-Eft*, eft un quart de vent, entre l'Orient & le Septentrion, & le *Nord-Oüeft*, eft un autre quart de vent, entre le Septentrion & l'Occident. Le *Nord-Nord*, & le *Nord-Nord-Oüeft*, font deux vents entre moyens.

NORDESTER. v. n. Decliner, fe tourner du Nord vers le Nord-Eft. Ce mot eft fort en ufage dans les voyages de long cours, en parlant de la variation de l'aiguille du compas, qui quelquefois fe tourne vers le Nord-Eft, au lieu de regarder le Nord directement. Voyez DECLINAISON.

NORDOUESTER. v. n. Decliner, fe tourner vers le Nord-Oüeft, ce qui arrive en de certains parages où l'aiguille s'écarte du Nord vers l'Oüeft.

NOT

NOTABLE. f. m. Vieux mot. Proverbe, Apophtegme,

Aux fols déplaift oüir un bon Notable.

NOTAIRE. f. m. *Officier public, qui reçoit, qui paffe les Contrats, Obligations, Tranfactions, & autres Actes volontaires.* ACAD. FR. L'Ordonnance de Philippe le Bel de l'année 1302. qui eft la plus ancienne que nous ayons, fait connoître que le droit de créer des Notaires publics eft royal. Baquet foûtient neanmoins que felon la même Ordonnance, les Seigneurs ont droit de créer des Notaires fur leurs terres, mais qu'il faut qu'ils foient du moins Châtelains, & que les autres n'en ont le pouvoir que par un privilege fpecial qu'on a bien voulu leur accorder, auquel cas, on les oblige de rapporter le titre de leur conceffion, ou de prouver une poffeffion immemoriale. C'eft qui eft caufe qu'il y a en France un nombre infini de Notaires, tant Royaux, que Seigneuriaux, qui font auffi devenus Tabellions. Ragueau dans fon Indice des Droits Royaux, dit qu'il y a plufieurs Villes du Royaume où les Notaires reçoivent & paffent feulement les Minutes, Schedes & Notes des Contrats, & les peuvent délivrer aux parties en brief, & qu'ils font tenus de porter aux Tabellions lefdites Minutes, pour les garder & délivrer en forme autentique & en groffe aux parties fi elles le requierent pour porter fcel & execution parée, en quoi il paroît que ces deux Offices étoient diftincts; auffi les Tabellions ont-ils été fupprimés par diverfes Ordonnances, & fur-tout par celle de Henri IV. de l'année 1597. Le pouvoir des Notaires qui ont aujourd'hui la qualité de Confeillers du Roi & Gardenotes, eft limité dans l'étendue de la Jurifdiction où ils ont été reçûs, fi par le titre de leur conceffion il ne s'étend au-delà. Tel eft celui des Notaires de Paris, en faveur defquels l'Ordonnance de Louis XII. du mois d'Avril 1510. porte qu'ils fe pourront tranfporter aux Villes & lieux du Royaume, pour faire, recevoir & paffer toutes & chacunes perfonnes dont ils feront requis, toutes lettres, contrats, tef-

tamens, inventaires, inftrumens, & autres concernant & dépendant de leurs Offices, à la charge qu'ils ne s'habitueront ou feront leur réfidence qu'à Paris pour l'exercice de leurs Offices. Le même privilege a été donné à ceux d'Orleans & de Montpellier, qui ne peuvent toutefois inftrumenter à Paris. On appelle maintenant *Notaires*, tous les Officiers Royaux qui reçoivent & délivrent des groffes de toutes fortes de contrats, & on donne le nom de Tabellions à ceux qui font la même chofe dans les Seigneuries & Juftices fubalternes. Le mot du *Notaire*, vient du Latin *Nota*, Marqué. A Rome on enfeignoit aux Efclaves qui avoient de l'efprit, l'art décrire par notes, & quand ils y étoient devenus habiles, le public les gageoit pour rediger par écrit les conventions des parties qui contractoient, fans que cette fonction changeât rien dans leur état. Les perfonnes libres ne furent admifes à cet emploi que du tems des Empereurs Arcadius & Honorius.

On appelle *Notaire Apoftolique*, un Officier établi pour recevoir & expedier des Actes en matiere fpirituelle & beneficiale, comme les refignations de benefices, & autres actes de cette nature. Les Furetieriftes difent qu'il a une Commiffion du Pape, que les Parlemens ne fouffrent pas qu'ils reçoivent des Teftamens. Deux fautes. 1°. Ce font des Officiers établis en titre par Edit de 1692. Quelques Diocefes ont racheté ces Offices; l'Evêque feul les donne; on ne fouffriroit pas exercer ceux qui n'auroient commiffion que du Pape. 2°. L'Edit leur donne pouvoir de recevoir les Teftamens des Ecclefiaftiques & l'on peut dépofer chez les Notaires Apoftoliques les Teftamens olographes des gens d'Eglife. La Communauté des Notaires du Châtelet a acquis ces Offices.

NOTICE. f. f. Terme du Palais. On dit de certaines chofes qu'*Elles font venues à la Notice des Jages*, pour dire, à leur connoiffance.

NOV

NOU. f. m. Vieux mot. Nœud.

NOVALE. f. f. Terre nouvellement labourée & qui n'a été de memoire d'homme. Les Furetieriftes difent que les Vicaires perpetuels jouiffent de la dixme des terres defrichées depuis dix ans non pas au préjudice du Curé primitif. Deux erreurs. Ils jouiffent des Novales dès le moment qu'elles ont été défrichées, & après avoir opté la portion congrue, & ce ne peut être qu'au préjudice du gros Decimateur, puifqu'ils n'en peuvent jouir concurremment.

NOVALITE'. f. f. Vieux mot. Nouveauté.

NOVATIENS. f. m. Heretiques, Sectateurs de Novatien, qui après s'être fait ordonner Evêque de Rome du tems du Pape Corneille, d'Antipape devint Herefiarque, enfeignant qu'il ne falloit pas recevoir à penitence ceux qui s'étoient foüillés de quelque peché, après avoir été baptifés. Ses Difciples ajoûterent de nouvelles fauffetés à fes erreurs, en condamnant les fecondes nôces, & en rebaptifant les pecheurs. Ils demeurerent obftinés dans le quatriéme fiecle, après que le Concile de Nicée eut fait des reglemens pour la forme de leur reception à l'Eglife. Ils fe diviferent entre eux depuis ce tems-là, & un de leurs Prêtres, nommé Sabatius, qui avoit été Juif, introduifit le Judaïfme dans leur Secte.

NOVATION. f. f. Terme de Pratique. Changement d'une ancienne dette en une nouvelle obligation. Selon le Droit Romain, fi on ftipuloit d'un particulier ce qui étoit dû par un autre, il y avoit une nouvelle obligation engendrée par l'intervention de cette nouvelle personne. Ainsi la premiere obligation étoit détruite par cette seconde ; ce qui s'observoit avec une telle regularité , qu'au cas même que la stipulation fût inutile , cette premiere obligation demeuroit éteinte , quoique la personne qui s'étoit obligée ne fût pas engagée de droit par la seconde ; de sorte que si un particulier, à qui un autre devoit , s'étoit contenté de l'obligation d'un pupille que son Tuteur n'avoit pas autorisé , ce particulier perdoit sa dette , à cause que cet autre devenoit quitte par la Novation. On n'observoit pas la même chose quand on stipuloit d'un Esclave ce qu'une personne libre devoit. La premiere obligation demeuroit toûjours valable , comme s'il n'en étoit point intervenu d'autre ; à cause que la promesse d'un Esclave ne le pouvoit engager naturellement , le Droit civil ne mettant pas les Esclaves au rang des personnes libres. Selon les regles de notre Jurisprudence , il n'y a point de Novation si elle n'est diserrement exprimée dans le Contrat , & une stipulation inutile ne peut pas une Novation , pour en éteindre une autre qui est utile ; mais quand la Novation est exprimée , alors elle a la force d'éteindre le privilege de l'ancienne dette avec toutes ses dépendances.

NOUE. s. f. Terme qui se trouve dans plusieurs Coûtumes, & qui veut dire, Une terre un peu humide & grasse , une maniere de pré ou pâture.

Noue. Piece principale d'une Geze. On dit Noue droite ; Noue renversée ; Noue de plomb. C'est aussi une espece de tuile faite en demi-canal pour écouler l'eau. Quelquefois les Couvreurs au lieu de Noues employent des tuiles hachées qu'ils taillent exprès à coups de martelets.

On appelle aussi Noues, des Pieces de bois qui servent au lieu d'arestiers à recevoir les empanons dans les angles enfoncés des couvertures. On dit Noue corniere , pour dire , la Noue où les couvertures de deux corps de logis se joignent.

On appelle Noue de plomb , Une table de plomb au droit du tranchis , qui est de toute la longueur de la Noue d'un comble d'ardoise.

NOUÉ', ÉE. adj. Terme de Blason. Il se dit de la queue du lyon lorsqu'elle a des nœuds en forme de houpes. D'argent au lyon de gueules couronné & armé d'or, lampassé d'azur à la queue nouée , fourchue & passée en santoir. Il se dit aussi de ce qui est lié & entouré. D'or à deux fasces nouées au milieu de sable.

NOUER. v. a. Lier en faisant un nœud. ACAD. FR. On dit en Peinture que Des couleurs sont bien nouées les unes avec les autres , pour dire , qu'Elles ont ensemble une belle liaison. On dit, dans le même sens, Un groupe de figures bien nouées ensemble.

On dit , en termes de Fauconnerie , Nouer la longe , quand on met l'oiseau en mue & qu'on lui fait quitter la volerie pendant quelque tems.

On dit d'un cheval sauteur qu'Il noue l'aiguillette, lorsqu'il s'épare , & qu'en allongeant également les deux jambes & de toute leur étendue , il rue entierement du train de derriere.

Nouer s'est dit autrefois , au lieu de Nager.

NOUET. s. m. Aromate enfermé dans un morceau de linge qu'on fait tremper dans certaines liqueurs ou confitures pour leur communiquer la vertu ; Les Cuisiniers en employent dans leurs ragoûts & disent Paquet ou Bouquet.

NOUEUX, EUSE. adj. Terme de Blason. Il se dit des troncs & des branches d'arbres , representés avec beaucoup d'inégalités & de nœuds. D'azur à deux estocs ou bâtons noueux d'or en croix.

NOULETS. s. m. p. Terme de Charpenterie. Enfoncemens de deux combles qui se rencontrent. On appelle aussi Noulets, Les deux noues d'une lucarne.

NOURRAIN. s. m. Petit poisson qu'on jette dans les étangs pour les repeupler. C'est ce qu'on nomme autrement Alevin. Quelques-uns disent Norrain.

NOURRI, IE. adj. Il se dit en termes de Blason, non seulement des Fleurs de lis dont la pointe d'en bas ne paroît point, mais encore du pié des plantes qui ne montrent point de racine. D'azur à trois fleurs de lis au pié nourri de gueules.

On dit encore en Peinture, qu'Un tableau est bien nourri de couleurs , pour dire, qu'Il n'est pas legerement chargé de couleur.

En termes de Cuisine , On dit qu'Un ragoût est nourri de bon jus ; Un pâté bien nourri , bien assaisonné.

NOUVELIER, ERE. adj. Vieux mot. Changeant.

Ahi , dame Fortune , tant êtes nouveliere.

NOUVELLETE'. s. f. Terme de Palais. On forme complainte en cas de saisine & de Nouvelleté dans les actions possessoires , pour se maintenir dans sa possession.

NOY

NOYALE. Terme de Marine. On appelle Toile de Noyale , La toile dont on se sert à faire les grandes voiles d'un Navire.

NOYANT. s. m. Vieux mot. Un quidam.

Et tu desprises moy sayant ,
Pour aimer un chetif noyant.

NOYAU. s. m. La partie dure & boiseuse qui est enfermée en certains fruits , comme la prune , l'abricot , la pêche. ACAD. FR. M. Ménage dérive ce mot de Nucus , qui vient de Nux , Noix. D'autres le font venir de Nucillus.

Noyau. Maçonnerie qui sert de grossiere ébauche pour former une figure de plâtre ou de stuc. Les Anciens faisoient tous les noyaux de leurs figures avec de la terre à potier , composée de bourre & de fiente de cheval bien battues ensemble , & ils en formoient une figure pareille à celle du modele. Lorsqu'ils avoient bien garni ce noyau de pieces de fer en long & en travers selon son attitude , ils diminuoient & ôtoient autant de son épaisseur , qu'ils en vouloient donner à leur bronze. Il y a encore quelques Fondeurs qui pratiquent cette maniere de construire des Noyaux , principalement pour les grandes figures de bronze , parce que la terre resiste mieux à la force & à la violence de ce métal ; mais pour les moyennes figures , & pour celles qu'ils ont à jetter ou en or ou en argent , ils se servent de plâtre bien batru , avec lequel ils mêlent de la brique bien battue & bien sassée , prenant les premieres assises du moule remplies des épaisseurs de cire qu'ils assemblent de bas en haut sur une grille de fer qui doit être plus large de trois ou quatre pouces que la base de la figure ; & cet assemblage se fait autour de la barre qui doit soûtenir le noyau. On serre fortement ensemble ces épaisseurs de cire avec des cordes , de crainte que les pieces ne se détachent , & ne s'éloignent les unes des autres lorsqu'on vient à faire le Noyau , qui se forme en versant du plâtre détrempé bien clair & mêlé avec de la brique battue & sassée si-tôt qu'on a disposé la premiere assise des creux , & qu'on les a élevés les uns sur les autres. La premiere assise du creux étant remplie , on eleve la seconde que l'on remplit de la mê-

me forte, & ainsi en continuant d'assise en assise à
élever toutes les pieces du moule & à former le
Noyau en même-tems , on va jusqu'au haut de la figure. Quand tout le creux est rempli, on défait les
chapes & toutes les parties du moule, en commençant par le haut jusques au bas, & alors on voit la figure de cire toute entiere qui couvre le Noyau qui
est dedans. C'est ainsi que M. Felibien en parle. Ce
Noyau s'appelle aussi *Ame*.

Noyau se dit encore de toute saillie brute d'Architecture, sur-tout de celles de brique, dont il faut
que les moulures lisses soient traînées au calibre, &
dont les ornemens postiches doivent être scellés.

On appelle *Noyau d'escalier*, un Cylindre de pierre qui porte de fond & qui est fermé par les bouts
des marches gironnées d'un escalier à viz; & on appelle *Noyau creux*, non seulement celui qui étant
d'un diametre suffisant, a un puisard dans le milieu,
& retient par encastrement les colets des marches,
mais encore celui qui étant en maniere de vis circulaire, est percé d'arcades ou de croisées, pour donner du jour. *Noyau de bois*, se dit d'une piece de
bois où toutes les marches d'un escalier de bois sont
emmortoisées. Cette piece est posée à plomb, & les
limons & appuis des escaliers à deux ou à quatre
noyaux y sont assemblés. On dit *Noyau de fond*, pour
dire, Celui qui porte dès le rez de chausslée jusqu'au
plus haut étage, & *Noyau suspendu*, quand on parle
de celui qui est coupé au-dessous des paliers & rampes de chaque étage. Le *Noyau à corde* est celui qui
est taillé d'une grosse moulure en façon de corde pour
conduire la main.

Noyau se dit aussi, en termes d'Artillerie, de ce
qui fait le calibre d'une piece de canon, lorsqu'elle
est en moule. On comprend sous le Noyau le diametre de la bouche, de six pouces deux lignes, & qui
est par tout le même en grandeur; la volée du canon
longue de cinq piés & demi; la culasse de quatre piés
& demi trois lignes, & la lumiere de deux lignes
de diametre.

Noyau. Terme d'Organiste. Partie du tuyau d'orgue que l'on perce de la même grosseur que son anche avec sa languette ou échalote, pour les faire entrer dedans. Il se dit aussi de la partie du même tuyau
où il change de grosseur.

NOYER. s. m. Grand arbre qui porte les noix. Son
tronc est long & massif, & jette force branches spa-
tieuses. Il est couvert d'une peau grisâtre & crevas-
sée quand il est vieux. Sa racine est longue & forte.
Ses feuilles sont longuettes & d'une odeur forte, &
il en sort plusieurs d'une même queue, comme on
voit au frêne. Au Printems cet arbre commençant
à surjetter produit de petits chatons qui se fletris-
sent un peu après, & qui tombent. C'est delà que
sort sa fleur qui est herbeuse. Chaque fleur a sa couverture verte, & il y a une noix à chacune. Le
Noyer hait les eaux, & aime pourtant à être en
lieu froid & dans les montagnes. On tient que son
ombre est nuisible. Galien lui donne une vertu astringente, tant en ses feuilles, qu'en ses tendrons
& ses gerbes. Son bois est beau & plein de veines
agreables. On l'estime fort pour faire des meubles.
Il sert aussi à monter des armes & à faire des panneaux de carrosse. Quand ses racines ou loupes sont
de bon bois, on les coupe par tronçons, qui servent
aux Ebenistes & aux Menuisiers en placage. Presque
toutes les parties de cet arbre sont propres aux Teinturiers.

NOYER. v. a. Inonder, submerger. On dit en termes
de Peinture, *Sçavoir bien noyer les couleurs*, pour
dire, Sçavoir bien mêler & confondre les extrémités
des couleurs avec d'autres qui leur sont voisines, en

forte qu'elles forment une belle nuance, en passant
insensiblement de l'une à l'autre.

On dit d'un Pilote, qu'*Il est noyé*, pour dire, qu'En
prenant hauteur il ne découvre point assés d'horison
avec l'instrument dont il se sert.

On dit, en termes de jeu de boule, que *Quelqu'un
s'est noyé*, pour dire, que Sa boule a passé au-delà du
but, jusqu'à un lieu enfoncé où elle s'arrête.

NOYON. s. m. Espace qui est au-delà de la barre d'un
jeu de boule & environ trois piés au-delà du but.
Quand la boule y entré, celui qui l'a poussée a perdu
son coup.

NOYEUX, EUSE. adj. Vieux mot. Envieux, qui
querelle.

NUA

NUAGE. s. m. Nuée épaisse. Vapeur humide qui obscurcit l'air. Il se dit, en termes de Blason, des pieces
qui sont representées avec plusieurs ondes, sinuosités
ou lignes courbes, soit fasces, soit bandes.

Nuage, dit Nicod, *est une nuée brouillée & espesse
qui s'esclost en pluye en vents. Il se prend aussi pour
l'ombrage de brun sur clair d'une mesme couleur que
les Tapissiers donnent en leurs ouvrages, commençant
du plus brun & finissant au plus clair, comme quand
ils couchent de quatre ou cinq façons de couleur verde
queue à queue l'une de l'autre; car l'obscure fait nuée
à la gaye, & la moins gaye à la plus gaye: car si c'est
de diverses couleurs que le Tapissier fasse assemblan-
ce, quoiqu'il y ait ombrage entre elles, si n'est-il plus
appellé Nuage, ains Mutation ou changement. On l'appelle aussi Nuance. Le même s'entend en fait de Peinture, car la tapisserie n'est que Peinture à traits de filets de plusieurs couleurs, & imitatrice des traits du
pinceau.*

NUAISON. s. f. Terme de Marine. Le tems que
dure un vent fait & uni.

NUB

NUBECULE. s. f. C'est ce qu'on appelle autrement
Toye, ce vice arrive dans la vûe, lorsque la nutrition de la partie transparente de la cornée étant dépravée, reçoit un aliment un peu trop grossier & trop
visqueux, en sorte que la cornée est obscurcie & que
les objets paroissent comme au travers d'un nuage.
La cure demande que la matiere grossiere soit attenuée & dissipée.

NUBLECE. s. f. Vieux mot. Nuagés.

NUD

NUD. s. m. Terme de Sculpture & de Peinture. On
dit, *Le nud d'une figure*, pour dire, La partie de la
figure qui n'est pas couverte de draperie. Un Peintre
doit dessiner les figures sur le nud avant de les dra-
per.

On se sert aussi de ce même mot en Architecture,
pour signifier Une surface, à laquelle on doit avoir
égard pour déterminer les saillies. Ainsi on dit qu'*Un
pilastre doit exceder de tant de pouces le nud d'un mur*,
& que *Les feuillages d'un chapiteau doivent répondre
au nud de la colomne*.

NUDS-PIE'S. s. m. Heretiques Anabaptistes qui s'é-
leverent en Moravie dans le seizième siecle. Ils
vivoient à la campagne toûjours les piés nuds,
prétendant imiter la vie des Apôtres, & ayant une
extrême aversion pour les lettres & les armes. Il y
a eu d'autres Heretiques qu'on appelloit *Nudipeda-
les*, à cause qu'ils faisoient consister toute la Religion à aller nuds piés. Ils faisoient cela, sur ce qu'il

fut commandé à Moïse & à Josué de déchausser leurs souliers, & à Esaïe d'aller nuds piés.

NUE

NUE. ſ. f. *Amas de vapeurs élevées en l'air, & qui se resolvent ordinairement en pluye.* ACAD. FR. Gassendi dit que les Nuées se forment des exhalaisons qui s'élevent de la terre & de l'eau, & non pas simplement de l'eau, à cause des foudres & des meteores dont la matiere n'est pas aqueuse, & qui est toutefois mêlée dans la nue à la matiere qui a été tirée de l'eau, & qui se resout en eau. Si les exhalaisons sont d'ordinaire invisibles dans le tems qu'elles sortent de la terre, & si elles deviennent visibles étant élevées au milieu de l'air, cela vient de ce qu'au sortir de la terre elles sont très-subtiles & très-rares, & de ce qu'elles s'assemblent & s'épaississent lorsqu'elles sont élevées en haut. Cet assemblage se fait à cause de la chaleur & l'impetuosité qui les poussoit manquant, elles s'abbaissent par leur propre pesanteur, & en rencontrent d'autres qui montent continuellement, avec lesquelles elles se mêlent, outre que le froid de la region qui les environne contribue encore à les resserrer. Elles paroissent comme une espece de blancheur, parce qu'elles sont principalement tissuës de petites gouttes d'eau, qui étant polies tiennent de la nature du miroir, & qui par consequent étant très-proches les unes des autres, & sans intervalles sensibles, renvoyent les rayons serrés & pressés vers l'œil, & forment cette espece de blancheur. Elles ne paroissent jamais très-blanches que quand la lumiere primitive du Soleil, tombant à l'opposite à notre égard, se reflechit vers nous. Autrement, si elles sont vûes par une lumiere seconde, troisiéme ou autre, plus il manque de rayons, & par consequent plus il y a de petites ombres entremêlées, plus elles paroissent obscures, & entre les degrés d'obscurité le rouge est alors plus ordinaire, quand les rayons qui passent au travers de quelques vapeurs épaisses, ou d'une certaine suite de nuées plus rares, se rompent diversement. Quant à la force qui soutient les nuées en l'air, quoiqu'elles ayent plus de poids que l'air, l'opinion de Gassendi est que cela vient moins de ce qu'elles contiennent encore quelque chaleur, que de ce qu'il y a toûjours quelque vent qui les pousse. Ainsi on observe qu'elles ne demeurent jamais immobiles; ce qui fait connoître que quelque petit vent les porte toûjours çà ou là, soit vîte, soit lentement. Elles ont une telle legereté, que pourvû qu'elles soient tant soit peu poussées, elles sont facilement soûtenuës, comme des plumes qui sont soûtenuës dans l'air, quoique plus pesantes, & qu'on voit tomber lorsque le vent manque. On voit quelquefois de la même sorte dans une grande tranquillité d'air les nuées tomber, & s'affaisser au travers des rochers, parce qu'il n'y a aucun vent qui les souleve & les pousse.

Les Lapidaires appellent *Nuées*, Les parties sombres qui se trouvant dans les pierres précieuses, empêchent qu'elles ne soient claires & parfaitement nettes; ce qui en diminue la valeur. Le cristal est fort sujet à avoir de ces nuées.

NUESSE. ſ. f. On dit, *Tenir un fief en nuesse*, pour dire, qu'il releve nuement & immediatement d'un Seigneur. Ce mot vient de *Nuditas*. Selon Ragueau, *Nuesse* est l'étenduë de la Seigneurie feodale ou censuelle. On disoit anciennement *Nuesse* pour, Simplicité.

NUI

NUISANÇONS. adj. Vieux mot. Ennuyeux, nuisible.

NUL

NULLY. Vieux mot. Personne, aucun. On a dit aussi *Nulluy* & *Nus*, pour Nul.

NUM

NUMERATEUR. ſ. m. Terme d'Arithmetique. Chiffre qui se met au-dessus de la ligne avec laquelle on marque les fractions, comme ¾. Trois est le Numerateur, & quatre le Denominateur, pour signifier trois quatriémes, en sorte que le Numerateur fait connoître combien on prend de parties d'un tout, & le Denominateur en combien de parties le tout est divisé. Voyez FRACTION.

NUMERATION. ſ. f. Terme d'Arithmetique. Expression d'un nombre proposé par les figures ou les caractéres qui lui sont propres.

NUMMULARIA. ſ. f. Plante qui croît au bord des fossés & le long des grands chemins où il y a de l'eau. Elle rampe & se traîne par terre, & produit ses branches menuës comme jonc, & longues d'une coudée, ainsi que fait la pervenche. Le long de ces branches depuis sa racine jusqu'à la cime, elle jette des deux côtés par certains petits intervalles, des feuilles grassettes & rondes, comme est la monnoie; ce qui a fait donner le nom de *Nummularia*. Il n'y a que ses feuilles qui soient en usage en Medecine. On s'en sert particulierement dans l'exulceration du poumon, ou de quelques veines rompuës ou rongées dans une toux seche & dans le flux de ventre. Elles sont bonnes aussi contre le scorbus & la hergne.

NUQ

NUQUE. ſ. m. Le creux qui est entre la premiere & la seconde vertebre, au plus haut du derriere du cou. Il y a plusieurs Medecins qui prétendent que la Nuque soit une longue queuë qui descend du cerveau pour former la moëlle de l'épine. Tout ce qui la fait differer de la cervelle, c'est qu'elle est beaucoup plus dure & ne se meut point. Ce mot, selon M. Menage, vient de *Nucula*, Petite noix, & selon du Cange, de l'Arabe *Nucha*, qu'Avicenne employe souvent en cette signification.

NUT

NUTRITION. ſ. f. Terme de Pharmacie. Il se dit de la préparation d'un medicament dont on augmente la force, en lui fournissant une espece de nourriture, soit lorsqu'on le mêle avec d'autres, soit lorsqu'on y ajoûte un suc ou une décoction pour le nourrir, ou lui donner quelque vertu.

Les Medecins appellent *Nutrition*, le changement de l'aliment en la substance de la partie nourrie. Le corps humain, qui est très-petit au commencement, est nourri & augmenté successivement par les alimens, ce qui est une même action qui ne differe que du plus au moins, sur-tout dans les parties solides, dont la nutrition n'est qu'une augmentation commencée, & l'augmentation une nutrition achevée. La Nutrition à l'égard de sa fin, est la réparation des parties consumées. Pour réparer les déchets que le corps souffre, & lui donner la grandeur requise pour ses fonctions, il est necessaire faire de prendre des alimens , qui font l'objet éloigné de la nutrition & de l'accroiffement. Ce font le chyle & le fang qui en font l'objet prochain. Ils font formés des alimens par le moyen des digeftions , le chyle fait le fang , le fang répare & conferve l'efprit vital , & l'un & l'autre nourriffent les parties folides. La forme de la Nutrition confifte dans l'union ou affimilation de l'aliment avec chaque partie du corps pour en reparer le déchet , & cela fe fait de trois façons, car ou l'affimilation eft plus grande que le déchet , & le corps fe nourrit & croît en même tems , ou bien elle eft égale au déchet , & le corps demeure toûjours en même état , ou enfin elle eft moins grande que le déchet, & le corps décroît plus ou moins. Etmuller dit que cette diverfité à l'égard de la nutrition vient de ce que les parties parfaitement fpiritueufes & humoreufes jouiffent plus ou moins de l'affimilation de l'aliment durant toute la vie , & les parties folides durant les feules années de l'accroiffement ; qu'il ne fe confume rien effectivement des parties folides comme telles , & qu'elles demeurent toûjours les mêmes quant à leur fubftance folide ; que la maffe du fang leur diftribue de l'aliment en forme de rofée balfamique & mucilagineufe qui s'affimile & s'agglutine par une efpece de coagulation pour les augmenter , l'humeur ne pouvant être affimilée ni agglutinée aux parties fans en augmenter l'étendue en tous fens ; qu'ainfi la nutrition eft un accroiffement commencé. & l'accroiffement une parfaite nutrition ; que l'affimilation & l'agglutination forte de l'aliment ne fe fait que dans l'accroiffement de la jeuneffe, & ne paffe point l'adolefcence, car pourquoi , continue-t-il , l'aliment s'affimileroit-il à un os qui eft dans fa dureté , dans fa fuccité & dans fa force, fi l'os ne reçoit plus d'accroiffement ? On doit juger de même des autres parties, & dire que lorfqu'on ceffe de croître , l'affimilation ou l'agglutination parfaite ceffe auffi , la maffe du fang ceffant pareillement de fournir à tous les membres de la rofée mucilagineufe , fi ce n'eft autant qu'il en faut pour les humecter&les rendre plus propres au mouvement & aux autres fonctions. Enfin cette rofée nourriciere s'envole infenfiblement par les pores de la peau fans qu'il en demeure rien , ce qui fait la néceffité d'une continuelle nutrition. Le défaut de ce fuc nourricier qui ne remplit plus les petites cavités de deffous la peau , fait les rides des vieillards. La nutrition dure autant que la vie , & l'accroiffement eft déterminé à un certain nombre d'années, à caufe que la dureté des os , la force des ligamens , là fermeté des fibres , & la petiteffe des pores étant devenues trop fortes, réfiftent à l'extenfion & à la dilatation des parties , & par confe-

quent à la reception & à la retention de l'aliment , d'autant plus que le corps eft moins fucculent , ce qui termine enfin l'accroiffement du corps dans le cours ordinaire de la nature.

NUY

NUYE. f. f. Vieux mot. Nuée.

NYC

NYCTALOPIE. f. f. Sorte de maladie des yeux , dans laquelle on voit bien le jour & un peu le foir, fans voir du tout la nuit. On a remarqué que cette forte de maladie fe guérit fort rarement. Celui qui en eft atteint eft appellé par les Grecs , νυκτάλωψ , de νὺξ ; Nuit.

NYM

NYMPHES. f. f. p. Terme de Medecine. Petits ailerons ou parties molles & fpongieufes , qui fortent & avancent hors les levres de la matrice. Les Naturaliftes appellent auffi *Nymphe* , la petite peau qui enveloppe les infectes , foit dans le tems qu'ils font enfermés dans l'œuf , foit quand il s'en fait une transformation apparente, de forte que la Nymphe eft le changement d'un ver ou d'une chenille en un animal volant , après que cette chenille s'eft dépouillée de fa peau ; ce qui arrive, non par aucune transformation , mais par un fimple accroiffement des parties qui forcent & rompent la peau. Plufieurs Auteurs par le mot de *Nymphe* entendent les infectes même qui n'ont encore que la forme de vers ou de chenilles. Il faut remarquer que ces fortes d'animaux fe trouvent deux fois fous la forme de Nymphe ; la première dans leurs œufs , qui eft leur première Nymphe , & la feconde dans ce changement , d'une chenille , par exemple , en un animal volant , qui eft leur feconde Nymphe.

NYMPHE'E. f. f. On appelloit ainfi chés les Anciens une Salle publique qui étoit décorée fuperbement & qu'on louoit pour y faire des noces, du Grec νύμφη , qui veut dire une Epoufée. Il y en a qui croyent que c'étoit une grotte ornée de ftatues de Nymphes avec des jets d'eau , & d'autres que c'étoit un bain public , & qu'on avoit dit *Nymphée* par corruption au lieu de Lymphée , du Latin *Lympha* , Eau, qui vient de νύμφη , en changeant le ν en λ. Comme les Nymphes reprefentent les fontaines aufquelles elles prefident , ainfi on appelle *Lympha* , une Eau qui coule.

On donne auffi le nom de *Nymphée* au Nenufar , à caufe que c'eft une herbe qui naît dans les marais.

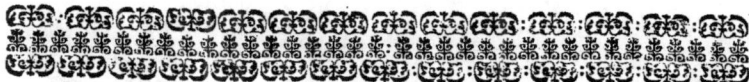

O

Adv. Vieux mot. Maintenant, deformais.

Plus n'en ferai o mention.

Il se trouve aussi fort souvent dans la signification d'avec.

De vous mettre en prison
o ly
Qui avez le cœur si joli.

OBE

OBEDIENCIER. f. m. Religeux , qui par l'ordre de fon Superieur deffert un Benefice dont il n'eft point titulaire.

OBEDIENCIEL , ELLE. adj. Terme dogmatique. Il fe dit de ce qui obéit aux caufes fuperieures Ainfi on appelle *Puiffance obedientielle* , La difpofition qui fe trouve dans les fujets , & qui les fait obéir aux caufes qui les produifent.

OBEIE. f. f. Vieux mot. Obéiffance.

OBEIR. v. n. *Se foumettre à la volonté , aux ordres de quelqu'un & les executer.* ACAD. FR. On dit en termes de Manége , qu'*Un cheval obéit bien à la main , aux talons , aux aides* , pour dire , qu'il le connoît & qu'il y répond,& on dit , qu'*Il obéit aux éperons* , pour dire , qu'il les fuit.

OBELISQUE. f. m. *Efpece de Pyramide étroite , & longue, qui eft d'ordinaire d'une feule pierre, & qu'on met en place pour fervir d'ornement public.* ACAD. FR. Les Obelifques font des colomnes quarrées finiffant en pointe , qui de tous côtés font remplies de caracteres hieroglyphiques. Les Prêtres Egyptiens les appelloient *Les doigts du Soleil* , à caufe qu'ils fervoient de style pour marquer les heures fur la terre. L'invention en eft dûe aux premiers Rois d'Egypte , qui ont tous porté le nom de Pharaon , & c'eft ce qui a fait que les Arabes les ont appellés *Meffelets Pharaon* , ce qui veut dire , Les Aiguilles de Pharaon. Ce fut le Roi Manuftar ou Seigneur de Memphis , qui fit dreffer le premier Obelifque l'an 1604. de la creation du monde. Sothis fon Fils , & un autre Prince qui fucceda, en firent dreffer douze dans la Ville d'Heliopolis. On en voit encore an près des ruines de cette Ville, qui eft au milieu d'un grand refervoir & tout enrichi d'emblêmes hieroglyphiques. La gravûre en eft groffiere , ce qui a fait douter qu'il foit de ceux de l'érection du Roi Sothis , qu'on fçair avoir été travaillés avec plus d'art. On le tient pourtant un des huit que Pline dit avoir été érigés dans la Ville du Soleil , chacun de quarante-huit coudées de haut , quatre par Sothis , & quatre par Ramaffes , fous le regne duquel on prit la Ville de Troye. Le Roi Marres ou Vafres en fit dreffer un tout nu l'an 2031. qui fut tranfporté à Rome & placé dans le Maufolée par l'ordre de l'Empereur Claude. Ptolomée Philadelphe fit auffi tranfporter à Alexandrie dans le temple d'Arfinoé , un grand Obelifque que

le Roi Nectabanus avoit fait ériger à Memphis , vers l'an 3300. On en verroit davantage à Rome où les Empereurs Romains les faifoient porter d'Egypte , fi Cambyfes, lorfqu'il s'empara de ce Royaume , n'eût détruit tous ceux qu'il put rencontrer , & banni ou tué les Prêtres qui pouvoient feuls expliquer les caracteres hycroglyphiques que l'on y voyoit. La coûtume d'élever des obelifques étoit fi generale en Egypte , par le grand zele qu'avoient les Egyptiens pour le culte du Soleil auquel ils les confacroient , qu'il y avoit auffi des Prêtres & d'autres perfonnes confiderables qui en faifoient ériger , les uns de trente , les autres de foixante & dix piés de haut , & d'autres de cent & cent quarante , de forte qu'à peine rencontroit-on une place qui ne fût embellie d'un Obelifque. Aux quatre côtés de ceux qu'érigeoient les Prêtres , il y avoit des emblêmes & des caracteres hierogly-phiques qui marquoient de grands fecrets , & où beaucoup de mifteres divins étoient contenus. Leur matiere étoit d'un marbre plus dur que le Porphyre , & prefque auffi difficile à rompre que le diamant nommé par les Grecs πυρόπολος , par les Latins *Lapis Thebanus* , & par les Italiens *Granito roffo.* Ce Marbre , marqueté d'un rouge fort éclarant , de violet , de bleu , de cendré , de noir , & de petites taches de cristal , figuroit l'action du Soleil fur les quatre élemens, felon les Egyptiens, qui admiroient ce mélange. Le feu étoit marqué par le rouge , l'air par la couleur de cristal, l'eau par le bleu, & la terre par le noir. La carriere en étoit près de la Ville de Thebes & des montagnes qui s'étendent vers le Midi & l'Ethiopie jufqu'aux cataractes du Nil , & quand on trouve desObelifques d'un autre marbre, il y a fujet de croire qu'ils ne font pas de la façon des Egyptiens , ou du moins qu'ils ne les ont élevés qu'après que Cambyfes eut banni les Prêtres. Tel étoit celui qu'Heliogabale fit tranfporter de Syrie à Rome & un autre que les Pheniciens avoient confacré au Soleil , & dont le fommet spherique , la matiere & la couleur , étoient fort differentes des Obelifques des Egyptiens. Pour tirer des mines ces grands Obelifques , on creufoit un foffé depuis l'Obelifque déja taillé jufqu'au Nil , qui étoient deux Vaiffeaux prêts , chargés d'autant de pierres qu'il en falloit pour faire deux fois la pefanteur de cet Obelifque. Après cela , on les condenfoit attachés enfemble au deffous de l'Obelifque que l'on vouloit tirer de la mine. Cet Obelifque étoit fufpendu des deux côtés du foffé , & en déchargeant infenfiblement les pierres , jufqu'à ce qu'elles fuffent en équilibre avec l'Obelifque , on le tranfportoit de cette forte du foffé dans le Nil , & du Nil au lieu où l'on vouloit l'élever. Il y avoit autrefois près de l'ancien Palais d'Alexandrie deux Obelifques longs de cent piés , & larges de huit , tout d'une piece , taillés d'un marbre Thebain , jafpé de plufieurs couleurs. L'un eft gâté , & l'autre qui eft demeuré entier , eft enfoncé bien avant en terre. Ce mot vient du Grec 𝜊𝛽𝜀𝜆𝜊𝜍, Broche, à cause du rapport qu'a l'Obelisque avec cette sorte de broche dont se servoient les Prêtres Payens dans leurs sacrifices.

On appelle *Obelisque d'eau*, Une maniere de pyramide à jour & à trois ou quatre faces, dont par le moyen de napes d'eau qui sont à divers étages, le nud des faces paroît d'un cristal liquide.

OBESITE'. s. f. Terme de Medecine. Etat d'une personne, quand la graisse lui farcit & encrouste les membranes des parties, & sur tout celles de dessous la peau. L'Obesité vient d'un sang & graisseux qui s'engendrant en plus grande quantité qu'il ne se consume, se distribue aux parties, & s'y attache en quelque maniere. Le défaut d'agitation ou d'exercice, le dormir trop long & les alimens de bon suc ou en trop grande quantité disposent à l'Obesité ou corpulence. La constitution louable du sang qui rend le corps gras & replet, consiste en ce que la masse est fort temperée & peu saline. Ainsi elle souffre peu de dechet, à cause que le chyle n'est pas assés tôt changé en sang. Au contraire, le sang à moitié lait, gonflé de beaucoup de chyle, étant porté aux parties, les enduit de ce suc chyleux temperé, qui étant alteré suivant la diversité des parties les distend jusqu'à une grosseur prodigieuse. On a plusieurs exemples de personnes étouffées par le trop de corpulence, ce qui vient de ce que le mouvement d'inspiration de la poitrine & le mouvement progressif de tout le corps sont vitiés. Ces mouvemens se faisant par le racourcissement des fibres des muscles, si tous les espaces d'entre les muscles sont si farcis de suc nourricier que le muscle ne puisse retomber sur lui même, il faut necessairement que le mouvement de contraction des fibres soit arrêté, & par consequent celui du nombre qui leur est attaché. Panarollus parle d'une femme, à laquelle il descendoit plus de trente livres de graisse du ventre sur les genoux. *Obesité*, vient du Latin *Obesus*, Gras.

OBI

OBICE', E'E adj. Vieux mot. Opposé.

OBJECTIF. adj. On appelle *Verre objectif*, en termes d'Optique, Le verre qu'on met au bout des grandes lunettes, & qui reçoit immediatement les rayons de l'objet.

OBIER. s. m. Arbre dur qui ressemble au Cornouiller, & qui porte son fruit en grappe Il y a des maisons de plaisance où l'on en fait des boccages.

OBITUAIRE. adj. On appelle *Registre Obituaire*, Un Registre où l'on écrit les noms des morts, & le jour qu'ils ont été inhumés. Il se dit aussi du livre où l'on écrit la fondation des obits. Ce mot vient du Latin *Obire*, Mourir.

OBITUAIRE. s. m. Celui qui est pourvû d'un Benefice vacant par mort.

OBL

OBLAT. s. m. On appelloit ainsi autrefois un Enfant qu'on offroit à Dieu pour être Religieux dans une Abbaye, du Latin *Oblatus*, Offert. Ces Enfans, quoique fort souvent plus engagés par la dévotion de leurs peres que par leur profession, ne laissoient pas d'être censés apostats, s'ils quittoient leurs Monasteres. On a encore appellé *Oblats*, ceux que l'on nommoit aussi *Devoués*. C'étoient des gens, qui se donnoient entierement à un Monastere, eux, leur famille & leurs biens, en sorte qu'ils y entroient dans une maniere de servitude. La for-

me qu'on observoit pour les recevoir, étoit de prendre la corde d'une des cloches de l'Eglise & de la leur mettre autour du col. On a dit depuis *Oblat*, pour signifier un Moine lai que le Roi mettoit en chaque Abbaye ou Prieuré de sa nomination, auquel les Religieux donnoient une portion Monachale, à la charge de quelques services qu'il devoit rendre au Couvent. Ces places étoient destinées à des Soldats estropiés, ou trop vieux pour pouvoir encore servir. Cette portion, qui se convertissoit en argent, fut d'abord taxée à soixante livres, puis à cent, & enfin à cent cinquante. Tous ces Oblats, depuis l'établissement de l'Hôtel des Invalides, y ont été transferés avec leurs pensions.

OBLIAL. s. m. Vieux mot. Rente annuelle selon la Coûtume de Bazadois, à ce que rapporte Borel. *Un homme prend en oblial un hostal.*

OBLIQUE. adj. de tout genre. Terme de Geometrie. Qui n'est pas à plomb, qui ne fait pas des angles droits. *Ligne oblique* s'oppose à *ligne perpendiculaire*. Toute ligne droite qui est oblique sur une autre fait un angle obtus d'un côté & de l'autre un aigu. La perpendiculaire en fait deux droits égaux. On dit *Sphere oblique*, *Ascension oblique*. Voyez ces mots.

OBO

OBOLE. s. f. Monnoie de cuivre, que quelques-uns font valoir la moitié d'un denier; & les autres un quart de denier. Selon Nicod, l'Obole commune valoit sept deniers tournois. Selon Galand, au Traité du franc-Alleu, on étoit obligé de donner tous les ans une Obole d'or à l'Abbé de Moissac, ce jour de la fête de saint Pierre, ce qui fait voir qu'il y a eu des Oboles d'or. Il y en avoit aussi d'argent qui étoient du poids d'un denier quinze grains. Borel dérive ce mot du Grec 𝜊𝛽𝜀𝜆𝜊𝜍, Broche, à cause que cette monnoie étoit longue & étroite comme une aiguille.

Obole, en termes de Medecine, signifie un poids de dix grains ou demi scrupule. C'est la sixième partie d'une drachme ou d'un gros.

OBS

OBSCURER. v. a. Vieux mot. Obscurcir.

OBSERVANTIN. s. m. Religieux Cordelier de l'Observance. Les Fureteristes disent qu'un Religieux, qui manque à l'observation de sa Regle peche mortellement. Cela n'est pas vrai, il seroit bien malheureux de s'exposer par la profession à de nouveaux pechés. La seule Regle de S. François oblige sous peché mortel : ainsi il faut être bien hardi pour se faire Cordelier.

OBSIDION. s. f. Vieux mot. Siege de Ville.

OBSIDIONAL, ALE. adj. Mot qui n'est en usage qu'en cette phrase, *Couronne Obsidionale*, pour signifier une sorte de couronne dont les Romains honoroient les Generaux qui avoient contraint leurs ennemis à lever le siege formé devant une de leurs Villes. Cette Couronne se faisoit des herbes qui se trouvoient sur le terrein, ce qui la faisoit aussi appeller *Graminée*, du Latin *Gramen*, Herbe. *Obsidionale*, vient du verbe Latin *Obsidere*, Assieger.

OBSTRUCTION. s. f. Terme de Medecine. Empêchement qui se rencontre au passage des humeurs dans le corps des animaux. La plûpart des Medecins modernes doutent s'il y a des obstructions dans les visceres. Horstius dit qu'on attribue beaucoup de fymptomes aux obſtructions du meſentere, qui viennent ſouvent d'une autre cauſe. Ce qui rend les obſtructions probables, c'eſt que dans les maladies chroniques on ſent pluſieurs ſymptomes fâcheux dans l'abdomen, dont les douleurs precedent toûjours, ou du moins accompagnent ces ſymptomes, quoiqu'il y ait d'autres parties affligées. Cela donne lieu de croire qu'il y a quelque Obſtruction dans le meſentere. Ce qui excuſe d'ailleurs l'opinion de ceux qui admettent les Obſtructions, c'eſt qu'on ne ſçauroit les découvrir par l'anatomie. Comme on les ſuppoſe dans les vaiſſeaux capillaires qu'on trouve toûjours bouchés après la mort, il n'eſt pas poſſible d'y rien connoître. Il eſt très-certain qu'il ne ſe peut faire d'Obſtructions dans les vaiſſeaux & dans les viſceres par où les liqueurs circulent continuellement, comme dans les veines, dans les arteres, dans les vaiſſeaux lymphatiques, dans le foye & la rate, ſans qu'il ſe faſſe un reflux & un amas de la liqueur qui circule. Il s'en ſuit la tumeur de la partie, où ſi les vaiſſeaux ſe rompent, l'extravaſion ou l'épanchement de la liqueur, & ces ſymptomes doivent neceſſairement & toûjours accompagner les Obſtructions. Lindanus eſt perſuadé que les maladies & les vices qu'on attribue d'ordinaire aux Obſtructions du meſentere, & des autres viſceres, ſont les veritables effets du ventricule indiſpoſé & affligé par des cruditées, & ſur tout par une corruption acide. Il dit que l'Obſtruction n'étant à craindre que dans le paſſage d'un grand vaiſſeau dans un plus petit il ne peut comprendre qu'il ſe faſſe des Obſtructions dans les vaiſſeaux meſaraiques, puiſque les petits rameaux vont toûjours en s'aggrandiſſant, à quoi il ajoûte qu'il guerit ces Obſtructions, & affections mélancoliques & hypochondriaques, en gueriſſant le ventricule.

OBT

OBTURATEUR. adj. Terme de Medecine. On appelle *Muſcles Obturateurs*, Deux muſcles de la cuiſſe qui bouchent le trou qui eſt entre l'os pubis, & celui de la hanche, du Latin *Obturare*, Boucher.

OBTUS. adj. Terme de Geometrie. On appelle *Angle obtus*, Un angle qui a plus d'un quart de cercle pour meſure, (Voyez ANGLE,) & qui par conſequent eſt plus grand qu'un droit. Le plus grand angle obtus doit être un peu au deſſous de 180. degrés qui eſt la valeur de deux droits. Un *triangle obtus* ou *amblygone* eſt celui qui a un angle obtus.

OCA

OCA. ſ. f. Sorte de racine dont les Indiens Occidentaux ſe ſervent au lieu de Mays en de certaines Provinces où il ne croît point. Cette racine eſt longue & groſſe comme le pouce. Ils la mangent crue, à cauſe qu'elle eſt fort douce. Ils la mangent cuite auſſi, & ils l'appellent *Cuvi*, quand ils l'ont fait ſecher au Soleil.

OCC

OCCIANT. ſ. m. Vieux mot. Meurtrier.

Et fit les Occians occire.

OCCIDENT. ſ. m. Terme d'Aſtronomie & de Geographie. *Celle des quatre parties du monde qui eſt du côté où le Soleil ſe couche.* ACAD. FR. Il y a un Occident d'été, un Occident d'hiver, & un Occident des équinoxes. Ce ſont les trois points de l'horiſon où le Soleil ſe couche, ſoit aux Solſtices, ſoit aux Equinoxes. L'Occident des Equinoxes s'appelle auſſi le *vrai Coucher.*

OCCISE. ſ. f. Vieux mot. Meurtre.

La mort Achiles & l'occiſe.

OCE

OCEAN. ſ. m. Amas d'eaux qui environnent la terre, & qui eſt le plus grand de toutes les eaux ſalées & navigables qui ſoient ſur le globe terreſtre. L'Ocean eſt joint à la Mediterranée par le détroit de Gibraltar, & détaché de la mer Caſpienne, par la partie du vieux Continent qui regne au Sud dans le Royaume de Perſe. On ne navige point ſur cette mer avec des Galeres, mais ſeulement avec des Vaiſſeaux de haut bord.

OCH

OCHOISON. ſ. f. Vieux mot. Occaſion.

Et querras ochoiſon d'aller.

OCHRE. ſ. f. Terre jaune & de couleut d'or qu'on trouve aux mines de plomb. Dioſcoride dit que la meilleure Ochre eſt legere, jaune, haute en couleur, friable, & non pierreuſe, & que l'Athenienne eſt celle que l'on eſtime le plus. Elle ſe brûle & ſe lave de même que la calamine. Ses qualités ſont d'être corroſive & aſtringente. Elle a auſſi la vertu de reſoudre toutes apoſtumes, & de reprimer toutes excreſcences. On fait de l'Ochre artificiel avec le plomb. Elle eſt beaucoup plus luiſante que la naturelle. L'Ochre rouge eſt ſouvent une même matiere que l'Ochre jaune. D'ordinaire la rouge eſt plus proche de la ſurface de la terre, & ſemble avoir pris cette couleur plus forte de la chaleur du Soleil, qu'elle reçoit plus facilement que la jaune qui eſt deſſous. Auſſi donne-t'on une couleur rouge à l'Ochre jaune en la calcinant. On appelle *Ochre de ruth*, Une terre naturelle & limoneuſe qui ſe prend aux ruiſſeaux des mines de fer. Elle eſt d'un jaune obſcur, & reçoit une belle couleur étant calcinée. Ochre vient du Grec ὦχρος, Pâle.

OCO

OCOSCOL. ſ. m. Arbre fort gros & fort grand qui croît dans la nouvelle Eſpagne, & dont les feuilles reſſemblent à celles du lierre. Les Habitans qui l'appellent auſſi *Oçoçol*, en inciſent l'écorce qui eſt groſſe & fort épaiſſe, & il en coule une reſine liquide, claire & rougeâtre, à laquelle on donne le nom de *Liquidambar*, ou de *liquidambra*, comme qui diroit Ambre liquide, à cauſe que ſon odeur eſt très-agreable. Elle eſt excellente pour la gueriſon des playes, & ſur-tout des fiſtules à l'anus. Ce qui ſort le premier du tronc de l'arbre eſt toûjours le plus clair & le meilleur. Il n'y a que cette partie recueillie ſéparément, qui ſoit en uſage en Medecine. Celle que l'on tire par expreſſion ne ſert que pour parfumer des gands.

OCOZOALT. ſ. m. Sorte de Serpent qui ſe trouve en Mexique dans la Province de Tlaſcala, & dont la morſure eſt mortelle. Il eſt long de quatre palmes, & quelquefois de plus, & moyennement gros. Il a la tête de vipere, & le ventre blanc tirant ſur le jaune. Ses côtés ſont couverts de certaines écailles blanches avec des lignes noires par intervalles. Cet animal a le dos brun & preſque noir, & quelques rayes brunes qui finiſſent au dos. Il ſe remue fort vîte par les rochers & les precipices, & plus lentement en un lieu uni. Il a autant de ſonnettes au bout de la queue qu'il a d'années, & ses sonnettes qu'il fait mouvoir violemment & sonner fort haut quand il est fâché, se suivent l'une à l'autre à la façon des os de l'épine du dos. Ses yeux sont petits & noirs, & il a deux dents courbées en la mâchoire haute, qui communique son venin. Il en a encore cinq autres à chaque mâchoire qu'il laisse voir en ouvrant sa gueule. Ceux qui sont blessés de ce Serpent meurent en vingt-quatre heures avec de grandes douleurs. Tout leur corps se fend en petites crevasses. Les Sauvages mangent sa chair, & leurs Medecins se servent de ses dents & de sa graisse.

OCR

OCRISSE. s. f. Vieux mot. Femme de mauvaise tête. On a dit aussi *Ogrisse*.

OCT

OCTAEDRE. s. m. Terme de Geometrie. L'un des cinq corps reguliers, appellé ainsi du Grec ὀκτάεδρος, à cause qu'il a huit faces égales, sçavoir huit triangles équilateraux.

OCTAVE. s. f. Intervalle de huit jours, dont il y en a sept qui suivent certaines Fêtes solemnelles que celebre l'Eglise, & pendant lesquels elle en fait l'Office. On dit *Prêcher une Octave*, pour dire, Prêcher pendant les huit jours que l'Eglise employe à faire la commemoration d'un Saint, ou de quelque Fête solemnelle.

On dit, qu'*Un Poëme est composé par octaves*, pour dire, que toutes les Stances en sont de huit vers.

Les Marchands se servent aussi de ce terme, & ils appellent *Taffetas de cinq octaves, de trois octaves*, Un taffetas qui est plus ou moins large que le taffetas ordinaire qui n'a qu'une demi-aune de largeur.

Octave. Terme de Musique. Intervalle de huit sons. L'Octave est composée de la quarte & de la quinte, & c'est le plus parfait accord après l'unisson. La voix humaine n'a que trois octaves d'étendue, & les tons de l'orgue vont jusques à huit. Il y a une Octave diminuée & une Octave superfluë. L'*Octave diminuée* contient quatre tons & trois demi-tons majeurs, & l'*Octave superfluë*, contient cinq tons & trois demi-tons, deux majeurs & un mineur, une octave & un demi-ton mineur. ✺

OCTOGONE. s. m. Terme de Geometrie. Figure qui a huit angles & huit côtés. On dit *Octogone*, en termes de Fortifications, pour dire, Une Place qui a huit bastions. *Octogone regulier*, est un Fort qui a ses huit angles & ses huit côtés égaux, & *Octogone irregulier*, Celui dont les côtés & les angles ne sont pas égaux. Ce mot est Grec, composé de ὀκτώ, Huit, & de γωνία, Angle.

OCTOSTYLE. s. m. Ordonnance de huit colomnes, disposées sur une ligne droite, ou sur une ligne circulaire. Ce mot est Grec, composé de ὀκτώ, Huit, & de στῦλος, Colomne.

OCU

OCULAIRE. s. m. Terme d'Optique. Ce mot signifie quelquefois une lunette entiere ou telescope. Ainsi on dit *Oculaire dioptrique*, pour dire, lunette d'approche, *Oculaire simple ou monocle, Oculaire binocle*, pour dire, Une lunette dont on ne voit qu'avec un œil, & une lunette dont on voit avec les deux yeux, mais plus ordinairement quand on

dit *Oculaire*, on sousentend *verre*, & c'est le verre d'une lunette qui est tourné du côté de l'œil, à la difference de l'*objectif*, qui est à l'autre bout de la lunette, & tourné du côté de l'objet.

OCULUS CHRISTI. s. m. Sorte de fleur d'un bleu celeste, qui sert à embellir les parterres. Elle fleurit au mois de Septembre.

ODE

ODE'E. s. m. Lieu qui étoit destiné chés les Anciens pour la Musique, & le plus propre à chanter dans les Theatres. Ce mot est Grec ᾠδεῖον, de ᾠδή, Chant.

ODEUR. s. f. Senteur. L'Odeur n'est rien autre chose que les particules très-subtiles & très-volatiles qui exhalent d'un corps, configurées de telle maniere qu'elles picotent singulierement & doucement la membrane du nés, qui est une membrane fort délicate, dont le fond de la cavité est tapissé, & qui est l'organe principal de l'odorat. Ces particules qui sont répanduës & agitées dans l'air, & qui entrent avec lui dans le nés, ne sont pas des parties entieres des corps qui font l'odorat, mais seulement certains écoulemens très-subtils qui en sortent. Ainsi le camfre, que sa grande volatilité fait exhale toûjours quelque chose rend très-odoriferant, perd toute son odeur si on le dissout dans l'esprit de Nitre ou de vitriol, parce que ses particules volatiles sont fixées par ces acides, & si on verse de l'eau simple sur cette dissolution, le camfre perdu sa revifie, & reprend sa premiere consistance, couleur & odeur. Dans les animaux & les vegetaux, c'est le sel volatil qui fait les odeurs, en agissant sur les soufres, & en leur causant un certain mouvement & une alteration de tissure, à raison de l'acide que ceux-ci renferment. L'odeur est differente selon que la conformation de ces particules est differente en figure & en tissure, & selon qu'elles ébranlent la membrane du nés & ses fibres. Quand le picotement qui s'y fait est doux & moderé, & qu'un mouvement agreable ébranle les fibres, l'odeur est agreable de même; & elle est desagreable quand le mouvement des fibres est inégal & sans proportion, ou que la violence de l'objet offense l'organe. Comme les particules odoriferantes font autant de differentes impressions qu'elles varient dans leur conformation, & que d'ailleurs les structures differentes de la membrane diversifient encore la reception de ces impressions, il ne se peut qu'il n'y ait une infinité de diverses odeurs & d'odorat. Il y a des animaux, sur-tout les chiens, & même de certains hommes, qui ont l'odorat si fin, que sans voir les autres ils les connoissent de loin. Rohaut observe que plus la chaleur est grande & capable de faire échaper plus de parties des corps odorans, plus ils répandent d'odeur, & qu'au contraire le froid qui retient leurs parties en repos, & leur en empêche de s'exhaler, est cause que les parfums se font moins sentir. Il observe encore que plusieurs corps ne font odorans que tandis qu'ils sont humides, c'est-à-dire, tandis qu'ils ont des parties qui se meuvent, & qu'ils cessent d'avoir de l'odeur lorsqu'ils sont entierement dessechés, ou qu'ils ont toutes leurs parties en repos. Enfin, dit-il, une marque des plus évidentes que les odeurs consistent dans l'évaporation de certaines parties, c'est que la plûpart des corps durs qui n'excitent, pour ainsi dire, d'eux-mêmes aucun sentiment d'odeur, quand ils viennent à être brûlés, ou même à être simplement frottés les uns contre les autres, ne manquent point de paroître odorans, à cause que cela leur fait évaporer quel-

Q iij

ques-unes de leurs parties. C'est ainsi que de la tire d'Espagne, quand elle est allumée, fait sentir une odeur qu'elle ne faisoit point sentir auparavant. Ainsi du fer frotté contre du fer, du verre contre du verre, & un caillou contre un autre caillou, font aussi sentir quelque odeur qu'on ne sentoit point auparavant. La diversité de mouvement dans la membrane affecte diversement les esprits, ce qui fait que les odeurs font des alterations differentes en divers sujets, & qu'une odeur, qui est agreable pour l'un, en jette un autre en syncope, & cause la passion hysterique aux femmes.

ODONTALGIE. s. f. Mal de dents, qui est la plus cruelle & la plus frequente de toutes les douleurs. Sa cause prochaine est un acide vitié qui provient de la mauvaise nutrition des dents, ou de la corruption de leur aliment prochain, qui dégenere quelquefois en un acide si corrosif, qu'il s'engendre de petits vers dans les alveoles des dents ; ce qui les fait tomber par morceaux, ou se creuser. Les dents ne sont point capables de douleur, mais seulement la membrane qui les revêt immediatement dépendante de l'expansion du nerf, dont les fibres s'insinuent par de petits conduits & de petits pores par tout dans la substance de la dent ; où elles causent cette sensible douleur, qui se communique aux parties voisines, & aux fibres des nerfs, qui font des crispations & des contractions legeres, à cause de la continuité. La douleur s'étend jusqu'où la crispation douloureuse des fibres se continue, & la contraction des petites fibres retrecissant les pores par où le sang & les autres humeurs circulent, il arrive que le sang ou la lymphe s'arrête, & qu'enfin l'inflammation de la mâchoire ou une tumeur sereuse & œdemateuse survient à cette douleur des dents. Elle a pour cause éloignée les sucreries & les douceurs, les choses trop chaudes ou trop froides, & sur-tout les acides qui offensent l'esprit implanté des dents, & corrompent sa tissure materielle. Quand une dent commence à faire du mal, l'acide contre nature survient, & communique la douleur au voisinage. *Odontalgie* est un mot Grec, formé de ὀδὼς, Dent, & de ἄγχος, Douleur.

O E

O E. s. f. Vieux mot. Oye.
Une Oe orent tant seulement.

O E D

OEDEME. s. m. Terme de Medecine. Tumeur contre nature, qui est froide, lâche, molle, sans douleur & blanchâtre, & qui enfonce quand on la presse du doigt, en sorte que la marque y reste imprimée. Cette tumeur est causée par une humeur phlegmatique. Il y en a une aqueuse & l'autre venteuse. Les Oedemes surviennent quelquefois aux maladies, sur-tout aux chroniques, & c'est un commencement d'hydropisie. S'ils arrivent aux maladies aigues, c'est sur le declin, & quand les malades mangent plus que leur estomac ne le peut souffrir. C'est un mauvais signe, s'ils viennent d'eux-mêmes, puisqu'il est à craindre qu'ils ne soient suivis d'une maladie chronique. En general, ils sont bien moins dangereux dans les jeunes personnes que dans les vieillards ; ils leur présagent bien souvent la mort, & en sont les avant-coureurs lorsqu'ils arrivent aux piés dans une phisie opiniâtre & confirmée. La Leucophlegmatie est une espece d'Oedeme universel. Ce mot est Grec ἴδημα, du verbe ἰδέω, Enfler.

OEIL. s. m. Partie de la tête de l'animal, qui sert à recevoir les impressions de la lumiere, & à produire le sentiment de la vûe. Les yeux sont situés dans deux cavités osseuses & recouverts de deux paupieres, la superieure & l'inferieure. La superieure s'abaisse pour couvrir tout le globe pendant le sommeil ; & pour le défendre dans la veille des reflexions trop fortes, & des couleurs trop vives & trop éclatantes. Les yeux font plusieurs sortes de mouvemens, chacun par le moyen de six muscles. Les premiers levent les yeux en haut, les seconds les abaissent, les troisiémes font regarder le nés, & les quatriémes font regarder par dessus l'épaule. Ces quatre muscles sont appellés *Droits*, & les deux autres *Obliques*, tant à cause de leur situation que de leur mouvement. Les orbites sont garnies interieurement d'une grande quantité de graisse qui sert comme de matelas, afin d'empêcher qu'ils ne se blessent par leur mouvement frequent & rapide contre les corps durs. Le globe de l'œil est composé de six membranes, dont la premiere est la Conjonctive, qui est lice & polie, d'un sentiment très-exquis ; la seconde, est la Cornée, qui paroît dans l'espace que laisse la Conjonctive, sous laquelle elle est immediatement, comme l'Uvée, qui est la troisiéme, est immediatement sous la Cornée. Celle-ci a un trou au devant qui fait la prunelle, dont le tour paroissant au dehors s'appelle Iris, à cause de ses diverses couleurs. La quatriéme, est la Cristalline, qui renferme immediatement le Cristallin ; la cinquiéme, la Retine qui est formée par l'expansion du nerf optique ; & la sixiéme, la Vitrée. Celle-ci envelope l'humeur de ce nom, & empêche qu'elle ne s'extravase. Cette humeur vitrée est située dans la partie posterieure de l'œil, & semble être composée d'une quantité de fibres molles. Il y a encore deux autres humeurs, l'aqueuse & la cristalline. L'humeur aqueuse, qui est fort fluide, occupe le devant de l'œil, & l'humeur cristalline, qui est située entre les deux autres, vis-à-vis la prunelle, ressemble à une lentille de cristal. L'œil reçoit des nerfs de cinq differentes paires. Les premiers sont les optiques, qui entrant par un trou qui est à la partie posterieure de l'orbite, s'épanouissent, & forment la membrane appellée *Retine*. La deuxiéme paire sont les moteurs, qui prenant de la base de la moëlle allongée au-dessus de l'entonnoir, sortent par la fente irreguliere de l'os sphenoïde. La troisiéme, sont les pathetiques. Ceux-ci naissent de la partie superieure de la moëlle allongée, & passant par la fente irreguliere, vont se perdre par une quantité de fibres au muscle trocleateur. La quatriéme paire est la premiere branche de la cinquiéme qui sort par la même fente, & la cinquiéme qui va aux yeux est toute la sixiéme du cerveau, qui naît auprès de la cinquiéme rampe à la base du crane, entre la duplicature de la dure mere, & va sortir par la fente irreguliere de l'os sphenoïde pour se jetter au muscle abducteur des yeux. On fait venir *Oeil*, du Latin *Ocellus*.

On appelle *Oeil d'un étau*, Le trou par lequel passe la vis de l'étau, au milieu d'une de ses tiges, entre les mâchoires & la jumelle.

Oeil de bœuf, en Architecture, se dit d'une lucarne ronde que l'on fait dans la couverture des maisons, pour donner du jour aux galetas & aux greniers.

Les Vitriers nomment aussi *Oeil de bœuf*, Le nœud qui est au milieu des plats de verre dont ils font les vitres.

OEI

Il y a aussi un *Oeil de bœuf*, chés les Peintres. C'est un vaisseau de fayence fort petit & rond, dont ils se servent pour y détremper leurs couleurs au lieu de coquilles.

On appelle encore, *Oeil de bœuf*, Le Buphthalmum que Dioscoride dit être appellé *Cachla* par quelques-uns. Cette plante produit des rejettons grêles & tendres, & ses feuilles semblables à celles du fenoüil. Sa fleur est jaune, plus grande que la Camomille & faite en forme d'œil, d'où elle a tiré son nom, *Buphthalmum*, voulant dire en Grec Oeil de bœuf, de βῦς, Bœuf, & de ὀφθαλμὸς, Oeil.

On donne aussi le nom d'*Oeil de bœuf*, dans la Marine, aux poulies qui sont vers le racage contre le milieu d'une vergue, & qui servent à manœuvrer l'itaque. Il ne laisse pas d'y avoir un œil de bœuf au milieu de la civadiere, quoiqu'il n'y ait point là de racage.

On dit *Oeil de pie*, en termes de Marine, en parlant des trous ou œillets qu'on fait le long du bas de la voile au-dessus de la ralingue, pour y passer des garcettes de rie.

Oeil de chaîne de harnois, c'est une boucle au bout des chaînes qui servent à atteler.

On appelle *Oeil de roüe*, Le trou rond par où passe l'aissieu dans la roüe d'un affust de canon.

On dit sur mer, *Oeil de bouc*, en parlant d'un phenomene qui paroît comme le bout de l'arc-en-ciel.

Oeil, se dit aussi des Ouvertures ou trous par où plusieurs outils d'artisans sont emmanchés. Ainsi on dit, *L'œil de la loüve, l'œil du têtu, du descintroir, de la marteline*.

Les Tireurs d'or appellent *Oeil*, la plus petite ouverture d'un pertuis de leurs filieres, par où sort le lingot ou le fil qu'ils dégrossissent.

En Agriculture *Oeil*, se dit d'un petit bouton qu'on insere dans un arbre pour faire une ente. Il se dit aussi du bourgeon qui vient au sarment de la vigne.

On appelle *Oeil*, dans une bride de cheval, la partie du plus haut de la branche, qui est platte & percée pour joindre la branche à la têtiere, & tenir la gourmette attachée.

On appelle en Architecture, *Oeil de la volute*, le centre de la volute qui se taille en forme d'une petite rose.

On se sert encore de ce même mot *Oeil*, pour signifier toute fenêtre ronde qui se prend dans un frontron, un attique, ou dans les reins d'une voute, & l'on appelle *Oeil de dome*, L'ouverture qui est au haut de la coupe d'un dome, & qu'on a coûtume de couvrir d'une lanterne.

On appelle *Oeil de pont*, Toute ouverture ronde au-dessus des piles & dans les reins des arches d'un pont. On ne fait pas seulement ces ouvertures pour rendre l'ouvrage leger, mais afin que les grosses eaux trouvent plus facilement passage.

OEILLET. s. m. Plante ou fleur odoriferante, qui fleurit en Mai & en Juin. Il y en a de differentes couleurs ou figures, ces fleurs qui sont chaudes & seches moderement, fortifient le cœur & le cerveau, font mourir les vers, & facilitent l'accouchement. Matthiole dit qu'il ne trouve point que les anciens ayent eu connoissance des Oeillets, & que quelques Medecins modernes appellent leur plante *Vetonicum couronné*, dont il ne sçait point la raison. Cette plante, poursuit-il, a ses feuilles longues comme celles de barbe de bouc, mais plus courtes, plus charnues, & plus grasses, courbes & qui finissent en pointe. Elle a force petites tiges, rondes,

noüées, listées, de la hauteur d'une coudée, & elle en jette trois ou quatre à la cime, au bout desquelles sort le bouton, qui est longuet & dentelé par le dessus en façon de scie, d'où sort la fleur qui a la même odeur des Girofles, d'où les Oeillets ont pris le nom de *Caryophilli hortensis*. On en trouve de differentes couleurs, qu'on rend tels par artifice, en y mêlant des grains de toutes les especes. Ils ont force feuilles, ainsi que les roses. Il y en a d'autres sortes qui viennent d'eux-mêmes, les uns ayant leurs feuilles jaunes comme or, & les autres blanches. Ils sont toutefois plus grêles, & ont leur fleur plus petite & non feuillue, sans nulle odeur des Oeillets. Ils viennent dans les lieux secs & non cultivés. Les racines des Oeillets sauvages prises en vin pur au poids de trois drachmes, guerissent les morsures des viperes. On fait du vinaigre d'œillets comme de roses. Ce vinaigre mis dans les narines fait revenir les évanouis. Il est bon aussi contre l'air de peste si on s'en arrose les narines & les mains.

Oeillet d'Inde. Sorte de fleur qui tire sur l'orangé. Son odeur est forte, & elle ne commence à fleurir que vers l'Automne.

On appelle en termes de Marine. *Oeillet d'étai*, Une grande boucle qu'on fait au bout du haut de l'étai. C'est par dedans cette boucle qui passe le même étai après qu'il a fait le tour du tun du mât. On dit aussi *Oeillets de la Tournevire*. Ce sont des boucles qu'on fait à chacun de ces bouts pour les joindre l'un à l'autre avec un quarantenier.

Les Emailleurs appellent *Oeillets*, Les bouillons qui s'élevent quelquefois sur les plaques émaillées lorsqu'on les met au feu.

Oeillets de Salines, Petite fosse où l'on fait le Sel à la chaleur du Soleil.

OEN

OENANTHE'. s. f. Plante qui croît aux lieux pierreux, & dont les feuilles sont semblables au panais. Elle a ses fleurs blanches, & sa tige grosse, & de la hauteur d'un palme. Sa racine est grande, & a plusieurs petites têtes rondes. Cette racine prise dans du vin, est bonne pour ceux qui ne peuvent uriner que goute à goute. Sa graine, sa tige, & ses feuilles bües en vin miellé font sortir l'arriere-faix. Cette plante a été nommée *Oenanthé*, à cause que sa racine a l'odeur du vin. On appelle aussi ἀνθὴ, la fleur de la vigne, du Grec ἄινα, Vin, & de ἀνθος, Fleur. Matthiole fait voir que Theophraste & Pline, Fuchsius & plusieurs autres Modernes qui ont pris l'Oenanthé, pour la plante appellée *Filipendula*, se sont trompés.

OEQ

OEQUES. s. f. p. Grandes salles ou salons destinés chés les Anciens pour les festins, & autres divertissemens. On appelloit aussi *Oeque*, le lieu où les femmes s'assembloient ordinairement pour travailler. Ce mot vient du Grec ἴκος, Maison.

OES

OES. s. m. Vieux mot. Gré. *Je ne voel rien faire qu'à ton oes ne soit.*

OESOPHAGE. s. m. Terme de Medecine. Conduit par lequel le boire & le manger entrent dans l'estomac. Il est composé de deux membranes propres, l'une charnue, & l'autre nerveuse, & reçoit force rameaux de la veine cave, la coronale & autres. Ce conduit s'étend depuis la gorge jusqu'au ventricule, & descend droit en bas derriere l'artere trachée. Sa figure est ronde, longuette & assés capable, en forme de boyau fort rouge. Ce mot est Grec ιευϊκμχος, & est composé de l'ancien εντι, Porter, & de φαγειν, Manger.

OESYPE. s. m. Graisse tirée de la laine crue qu'on prend lorsqu'elle vient de la bête. Il faut la bien tremper dans de l'eau chaude, après quoi on en fait sortir toute l'ordure & toute la graisse, en la pressant fortement. On met cette graisse dans un vaisseau qui a l'ouverture grande avec l'eau de la lavûre, & on la bat & remue avec une espatule. jusqu'à ce qu'on en puisse ramasser l'écume. Cela étant fait on l'arrose d'eau salée, afin de pouvoir recueillir toute la graisse qui est au-dessus de l'eau, & qu'il faut mettre dans un autre vaisseau, puis on recommence à battre l'eau de la lavûre comme auparavant, en y remettant de l'eau salée, jusqu'à ce qu'elle ait consumé toute la graisse, & qu'il ne reste plus d'écume sur l'eau. Quand cette graisse a été ainsi ramassée, on la mollifie avec les mains, & on en ôte les ordures qui s'y trouvent, en exprimant l'eau qui y pourroit être. On la lave ensuite en plusieurs eaux, en la pastrissant toûjours, & la maniant avec les doigts, jusqu'à ce qu'elle soit un peu astringente à la langue sans aucune mordication & qu'elle soit réduite en graisse blanche, après qvoi on la serre dans un pot de terre. Le meilleur Oesipe est celui qui est poli & qui n'a pas été lavé avec l'herbe Struthion. Il doit sentir la laine crue, & devenir blanc étant délayé avec de l'eau fraîche, n'ayant ni grumeaux ni durillons. Cette graisse remplit les ulceres & les mollifie avec du beurre & du mellilot. Si on applique l'Oesipe en forme d'emplâtre avec de la laine, il provoque les mois, & pousse l'enfant dehors. Il rarefie, & aide à la suppuration. Ce mot est Grec ίσυπος, & est fait d'οις, Brebis, & de σηπεδαι, Pourrir.

OEU

OEUF. s. m. *Certaine matiere enfermée dans une coque ou dans une membrane, que mettent dehors les oiseaux, la plûpart des poissons, des serpents, & des insectes, & de laquelle leurs petits s'engendrent, se forment, & se nourrissent avant que d'éclorre.* ACAD. FR. Les œufs de poule, dit Matthiole, sont de meilleur goût, plus savoureux à la bouche, & nourrissent plus que tous autres œufs, sur-tout étant frais. Les meilleurs après ceux de poule, sont les œufs de perdrix & de Faisan, & les moindres, ceux des canards, des oisons, des grues, & autres oiseaux de riviere. Ils appesantissent l'estomac, & engendrent de mauvaises humeurs, quoique nourrissans, en ceux qui ont l'estomac assés robuste pour les pouvoir digerer. Les œufs de pigeons sont fort chauds, & ceux de paons & d'autruches très-mauvais, d'un vilain goût, de très-difficile digestion, étant directement ennemis de la nature de l'homme. Le jaune de l'œuf est temperé de bon goût & facile à digerer, mais le blanc est froid, se digere difficilement, & engendre des phlegmes. Tous les oiseaux viennent & naissent de l'œuf, ainsi que tous les poissons, à l'exception du dauphin, du veau marin & de quelques autres. Les œufs de barbeaux sont très-dangereux, & on ne pourroit en manger beaucoup sans être en peril de mort. Il y a aussi des animaux terrestres qui naissent des œufs, comme les crocodiles, les lezards, les tortues, & generalement toutes les bêtes qui rampent hormis la vipere. Matthiole dit qu'en faisant l'anatomie d'une tortue, il lui trouva sept œufs

dans le ventre qui tous étoient avec leurs coquilles, ce qui lui fit connoître que les Tortues ne font pas leurs œufs si-tôt qu'ils ont la coquille, ainsi que font les oiseaux, mais qu'elles attendent que tous ceux qu'elles ont dans le ventre ayent pris coquille. Les œufs sont d'un grand usage dans la Medecine, & on en dissout souvent les jaunes, appellés *Vitelli ovorum*, dans les lavemens. L'usage des blancs d'œuf, qu'on nomme *Alumina ovorum*, n'est guere moindre. On tire des jaunes d'œufs durcis une huile excellente pour adoucir les douleurs, & pour les brûlures. Elle n'est pas moins bonne aux ulceres des oreilles. On fait aussi un Electuaire merveilleux contre la peste, appellé *Electuarium ab ovo*. Ce mot vient du Latin *Ovum*, qui veut dire la même chose.

OEUVRE. s. f. *Ce qui est fait, ce qui est produit par quelque agent & qui subsiste après l'action.* ACAD. FR.

On appelle en termes de mer, *Oeuvres de marée*, Le radoub & le carenage qu'on donne aux Vaisseaux dans le tems que la mer est retirée.

On dit aussi en termes de mer, *Oeuvres vives* & *Oeuvres mortes*. Les *Oeuvres vives*, sont toutes les parties du vaisseau qui entrent dans l'eau depuis la quille jusques au vibord, ou pont d'enhaut. On y emploie le chêne le plus dur. Les *Oeuvres mortes*, sont toutes celles qui sont hors de l'eau. Celles-là se font d'un bois plus leger.

Oeuvre, est encore un terme d'Architecture, & on dit *Dans œuvre* & *Hors d'œuvre*, en parlant des mesures du dedans & du dehors d'un bâtiment. On appelle *Cabinet hors d'œuvre*, *Galerie hors d'œuvre*, Un cabinet, une galerie, attachée à un corps de logis seulement par un de ses côtés. On dit, *Reprendre un vieux mur sous œuvre*, pour dire, Le rebâtir par le pié.

OFF

OFFICIER. s. m. Qui a un office, une charge. Les Officiers de guerre sont ceux qui commandent dans les Troupes, & parmi eux on appelle *Officiers Generaux*, les Lieutenans Generaux, les Marêchaux de Camp, les Brigadiers & autres qui commandent à un corps composé de plusieurs Compagnies d'un Regiment. Les Mestres de Camp, Colonels & Capitaines sont des Officiers au-dessus des subalternes, c'est-à-dire, des Lieutenans, Sous-Lieutenans, Cornettes & Enseignes. On appelle *Bas-Officiers*, les Sergents & Caporaux.

Il y a de deux sortes d'Officiers sur mer. Les uns sont *Officiers de la Marine*, comme l'Amiral, les Vice-Amiraux, les Lieutenans Generaux, les Chefs d'Escadre, les Capitaines, Lieutenans & Enseignes de Vaisseau, & les autres sont appellés *Officiers Mariniers*. Ceux-ci forment la sixième partie des gens de l'équipage, que l'on choisit tant pour la conduite que pour la manœuvre & le radoub des Vaisseaux, sçavoir, le Maître, le Pilote, le Bosseman, le Maître de hache, le Maître Voilier & autres.

OGI

OGIVE. s. f. Terme d'Architecture. Les Ogives sont les arcs ou branches, qui dans les voutes Gothiques traversent diagonalement d'un angle à un autre, & qui forment une croix entre les autres arcs qui font les côtés du quarré, dont les arcs font les diagonales, ce qui se voit dans la plûpart des Eglises. On appelle cela *Croisée d'Ogives*. Il y a des Ogives

Ogives rondes, il y en a de quarrées comme dans la Cathedrale d'Angers.

OGO

OGOESSES. Terme de Blason. Il se dit des tourteaux de sable, pour les distinguer des autres, qui ont d'autres noms quand ils sont de pourpre, de gueules ou de sinople.

OHI

OHIE', E'E. adj. Vieux mot. Malade, Languissant.

OIG

OIGNON. s. m. Sorte de plante qui a une racine bulbeuse & chevelue, au haut de laquelle il y a une maniere de pomme ronde couverte de peaux ; c'est ce qu'on appelle proprement *Oignon*. L'Oignon fait venir les larmes aux yeux quand on le pelle & le coupe, & par sa pointe il donne un goût relevé aux viandes avec lesquelles on le fait cuire. Ce qu'il y a de fâcheux dans cette racine, c'est qu'elle est indigeste, & fait faire beaucoup d'excremens. Si elle est contraire aux bilieux par l'acrimonie qu'elle a, elle est utile aux pituiteux, parce qu'elle echauffe le corps, subtilise les humeurs crasses, & incise celles qui sont lentes & visqueuses. L'usage trop fréquent des Oignons enfle la rate, blesse l'estomac & la tête, & obscurcit la vue. Ils sont attractifs quand on les applique. Ils maturent, amollissent, & tirent dehors les hemorrhoïdes qui ont peine à sortir. On se sert de leur décoction, de leur suc & de leur incision, pour remedier aux maux d'oreilles. Quand ils sont broyés cruds avec du sel, & appliqués, ils sont merveilleux pour la brûlure. Les Furetieristes disent que l'Oignon sec est plus fort que le verd. Ils se trompent, l'Oignon & l'échalotte sont plus doux secs qu'en verd.

On appelle *Oignon de fleur*, la tête d'où naît la fleur.

On appelle *Flûte d'Oignon*, Une sorte de flûte qui a un gros bouton au bout fait en oignon, & dans laquelle on souffle en chantant.

OIL

OIL. s. m. Vieux mot. Oeil. On le trouve aussi dans la signification de *Oui*.

OILLE. s. f. Vieux mot. Huile.

OIN

OINTURE. s. f. Vieux mot. Liniment, onguent.
Mais moult m'assouvagea l'ointure.

OIR

OIRE. adv. Vieux mot. Aujourd'hui.
Mais aye bien en ta memoire,
Ce que je t'ay dit jusqu'à oire.

OIRRE. s. f. Vieux mot. Route. *Retournerent leur Oirre vers Constantinople.* Ce mot vient de *Erre*.

OIS

OISEAU. s. m. *Animal ayant des plumes & des aîles pour voler.* ACAD. FR. Vincent le Blanc dit qu'aux environs du détroit de Magellan, sur la côte vers le Nord, il se trouve quantité d'oiseaux qui n'ont point d'aîles. Ils font des trous en terre où ils se

Tome II.

retirent, & font gras & bons à manger. On dérive le nom d'Oiseau, du Latin *Avicellus* ou *Aucellus*, dont les Italiens ont fait *Augello*.

On appelle *Oiseaux domestiques*, les poules, canes & oyes ; *Oiseaux passagers*, lesbeccasses, cailles, & guignards ; *Oiseaux de bois*, les gelinotes & les faisans, & *Oiseaux de riviere*, les canards, sarcelles, & autres qui aiment les eaux. Les *Oiseaux de nuit*, sont les hibous, chat-huans & autres de mauvais augure.

Parmi les Oiseaux de la Virginie, il y en a un qu'on appelle *Oiseau moqueur*, à cause qu'il contrefait si bien la voix naturelle de l'homme & celle de tous les oiseaux, qu'il trompe les chasseurs en se déguisant par cette voix. On y en trouve un autre qu'on nomme *Oiseau rouge*, parce qu'il a tout son corps & tout son plumage de couleur de sang, & un troisiéme appellé *Oiseau murmure*, parce qu'il fait un fort grand bruit en volant, quoiqu'il ne soit que de la grosseur d'un hanneton.

On appelle *Oiseaux de proye*, en termes de Fauconnerie, les gros oiseaux qui vivent de grip, de rapt & de rapine, qu'on dresse & qu'on apprivoise, & *Oiseau de bonne ou de mauvaise affaire*, Celui qui est docile ou farouche. On dit *Oiseau de montée*, pour dire, Celui qui s'éleve fort haut. Le Milan & le Heron sont de ce nombre. *Oiseau de poing*, se dit de celui qui fond sur le poing sans entremise de leurre, sans qu'on le reclame, & *Oiseau de leurre*, Celui qui fond sur le leurre quand on le lui jette, & du leurre fait sur haut.

Dans les Indes Occidentales, où il se trouve divers Oiseaux de Proye, il y en a un monstrueux, de la grandeur, & presque de la même forme d'une poule. Ses plumes sont blanches avec quelques marques brunes. Il a le bec d'Oiseau de Proye, mais plus aigu, le pié gauche semblable à celui d'une oye avec lequel il nage dans l'eau, & le pié droit comme celui d'un faucon. C'est aussi avec ce pié qu'il serre ce qu'il a pris, soit en l'air ou dans les eaux. Le Pere Kirker parle d'un autre Oiseau qu'on trouve à la Chine, qui étant oiseau tout l'Eté, se transforme en poisson durant l'Hiver. Les Habitans l'appellent *Hoang-cio-yu*, qui veut dire, Poisson jaune.

Oiseau de Paradis. Sorte d'Oiseau qui se trouve dans l'Isle de Tidor, l'une des Moluques. Les Espagnols l'appellent *Paxaro del cielo*, sur ce qu'on prétend que cet oiseau est toûjours en l'air, & qu'il n'ayant point de piés, il s'entortille à une branche d'arbre avec ses plumes quand il veut dormir, mais cela n'est fondé que sur ce que ceux qui les apportent leur coupent les piés d'une maniere qui empêche que l'on ne s'en apperçoive, afin de les faire paroître plus rares. Vincent le Blanc dit qu'il en a vû en vivant à Goa qu'un Portugais nourrissoit de fleurs les plus délicates, & sur-tout de la fleur du Calanfour ou Girofle, qu'il aimoit fort.

Chés les Poëtes, par l'*Oiseau de Jupiter*, on entend l'Aigle ; par l'*Oiseau de Junon*, le Paon ; par l'*Oiseau de Pallas*, le Hibou ; & par l'*Oiseau de Venus*, le Pigeon.

Oiseau. Terme de Maçon. Petit ais que les goujats mettent sur leurs épaules pour porter du mortier aux Maçons. Il est posé sur des morceaux de bois qui débordent, & qui font comme deux bras.

On appelle aussi *Oiseau*, Une espece de palette sur laquelle on met le mortier pour travailler en stuc.

OISELER. v. a. Terme de Fauconnerie. Dresser un Oiseau. On dit *Oiseler un Faucon*, pour dire, L'affairer, le leurrer, l'assurer, commencer à le mettre

R

tre dedans, & l'employer à voler.

OISON. f. m. Jeune Oye. On appelle *Oison bridé*, celui à qui on a passé une plume à travers les ouvertures qui sont à la partie superieure de son bec, afin d'empêcher qu'il n'entre dans les jardins, ce qu'il feroit sans cela en passant les haies. On a dit de-là en proverbe, *Passer la plume par le bec*. M. Menage fait venir ce mot du Latin *Avicio*.

OISTRE. f. f. Vieux mot. Huitre, du Latin *Ostrea*.

Bottez, houfez, com Pescheurs d'Oistres.

OLE

OLEAGINEUX, EUSE. adj. Huileux. Fruits Oleagineux. Les bois oleagineux & refeneux brûlent, quoique verds. L'urine oleagineuse est une marque d'une mort prochaine.

OLEANDRE. f. m. Arbrisseau que Dioscoride dit être fort commun, & appelé par les Grecs νήριον, ῥοδόδενδρον, ou ῥοδόδαφνη, à cause que ses fleurs sont faites en façon de roses, & que ses feuilles sont semblables à celles du laurier. Il dit pourtant de ses feuilles qu'elles ressemblent à celles de l'amandier, quoique longues & plus épaisses, & que son fruit ressemble aussi à l'amande. Il est fait en maniere de cornet, & étant ouvert il fait paroître une certaine bourre comme les papillottes des chardons. Sa racine est longue, aigue, dure comme bois & amere au goût. Cette plante croît parmi les jardins, aux lieux maritimes, & le long des rivieres. M. Meuve Medecin, qui en parle dans son Dictionaire Pharmaceutique, dit qu'elle est mise au rang des poisons chauds; qu'elle enflamme, & enfle le corps outre mesure, & qu'elle est si mordicante qu'elle en ulcere toutes les parties qu'elle touche, en sorte que par les fâcheux accidents qu'elle cause, il faut qu'enfin le patient meurt s'il n'y est pourvû bien tôt par les choses grasses, & par une décoction faite d'agnus castus, de senegré, figues avec miel, dates, bayes de genevres & autres. Cela se rapporte à ce que dit Galien que l'Oleandre n'est pas seulement pernicieux & venimeux aux bêtes, mais encore aux hommes. Cependant Dioscoride qui dit que ses feuilles & ses fleurs sont de poison aux chiens, aux ânes, & à plusieurs autres bêtes à quatre piés, ajoûte qu'elles servent de préservatif aux hommes contre les morsures de serpents. Matthiole, que ces deux opinions embarrassent, ne les peut concilier qu'en disant que l'Oleandre, selon Galien, est venimeux à ceux qui ne sont point mordus d'un serpent, & que selon Dioscoride, il sert de préservatif à ceux qui en sont mordus. L'Oleandre s'appelle autrement *Rosage* ou *Rosagine*.

OLER. v. n. Sentir, du Latin *Olere*.

Et ces gens, se dit-il, querolent,
Sur les florettes qui bien olent.

OLI

OLIBAN. f. m. Nom que les Apothicaires donnent à l'encens mâle, à cause qu'on le recueille sur des arbres qui croissent sur une montagne nommée Oliban. L'Oliban ou encens mâle est rond de soi-même & entier sans aucune piece, blanc & gras au dedans quand on le rompt, & il fait flamme si-tôt qu'il est sur le feu.

OLIPHANT. f. m. Vieux mot. Elephant.

OLIVE. f. f. Fruit à noyau dont on fait des salades. Les Olives de Luques sont vertes, douces & menues, & celles d'Espagne sont charnues, grosses & ameres. On confit en peu de tems les Olives qui ne sont point encore mûres, & alors elles conservent si bien leur verdeur, qu'on croiroit qu'elles viennent de sortir de dessus l'arbre. On prend pour cela six livres de chaux vive passée en un crible, & suffisamment de l'eau pour la détremper. On la reduit en forme de bouillie claire, après quoi on y ajoûte dix livres de cendre de chêne passée, & ce qu'il faut d'eau pour la démêler. Cela fait on met dedans vingt-cinq livres d'Olives vertes, qu'on y laisse détremper huit ou dix jours. Pendant ce tems on les remue doucement pour empêcher qu'elles ne se froissent, après quoi on les lave dans de l'eau fraîche, & on les y laisse tremper cinq ou six jours, changeant souvent d'eau, puis on les met en un pot propre pour cela, avec de la saûmure, où l'on a fait cuire auparavant quelques tiges de fenouil mises en pieces, & quand elles sont apprêtées de cette sorte, elles gardent leur verdeur, & deviennent bonnes pour la bouche. Les Olives qui sont vertes d'abord & ensuite pâles, ne sont mûres qu'en Novembre & en Decembre. On les cueille en ce tems-là, & alors elles sont pleinement noires. On les étend sur terre jusqu'à ce qu'elles se rident, après quoi on les met sous le pressoir, en les arrosant d'eau chaude, & c'est ainsi qu'on en tire l'huile. Comme elle ne seche point elle ne vaut rien à peindre.

On appelle *Olives* en Architecture, Un ornement de Sculpture qui se taille sur les baguettes & les astragales, comme des grains oblongs enfilés en maniere de chapelet.

OLIVETTE. f. f. Sorte de danse de campagne qu'on fait en courant les uns après les autres. On serpente pour cela autour des arbres, ou de trois ou autres points fixes que l'on marque exprès.

OLIVETTE. f. f. Plante faite à peu près comme le Fenu grec. Les Minimes en ont au Plessis-lès-Tours, & font de l'huile de sa graine. Cette plante graine en tête comme le pavot.

OLIVIER. f. m. Grand arbre qui porte des Olives. Ses feuilles sont longues, grosses, grasses, vertes par dessus, & blanchâtres par dessous, d'un goût amer & brusque, & se terminent en pointe. Il porte en Juin des fleurs blanches qui sortent en façon de grappe de raisin. La matiere de son bois est belle, massive, veineuse & madrée, & brûle aussi bien verte que seche. La Toscane, la Sclavonie & plusieurs Isles de la mer Adriatique sont assés peuplées d'Oliviers sauvages, qui sont épineux, plus petits que les domestiques, & ont aussi leurs feuilles moindres. Ils produisent des Olives en abondance, qui quoique moins grosses que les autres, sont plus savoureuses. Les Grives, les Etourneaux, & les Merles en sont fort friands. Matthiole dit que les Anciens ont fait cas de dix sortes d'Oliviers, sçavoir le Paucien, l'Algien, le Lycinien, le Sargien, le Nevien, le Culminien, l'Orchite, le Royal, le Circite & le Murtien. Il ajoûte que l'Olivier & le Chêne ont entre eux une telle inimitié, que si on les plante l'un auprès de l'autre, l'un meurt en fort peu de tems. Il dit encore que si une Chevre broute les germes d'un Olivier, cet arbre devient sterile sans que l'on puisse y donner remede, & que s'il ne porte guere ou devient sterile par un autre moyen, il ne faut pour le rendre fecond, que lui gratter le pié, & découvrir ses racines dans l'hiver. Les Oliviers, tant le domestique que le sauvage appellé par les Latins *Oleaster*, ne croissent que dans les pays chauds.

OLY

OLYMPIADE. f. f. Terme de Chronologie. C'étoit chés les Grecs un espace de quatre ans qui leur servoit à compter leurs années, & cette supputation venoit des Jeux Olympiques, qu'ils celebroient tous les quatre ans durant cinq jours, vers le solstice d'Eté, sur les bords du fleuve Alphée, auprès d'Olympie, Ville d'Elide, où étoit le fameux Temple de Jupiter Olympien. La premiere Olympiade commença l'an 3928. de la Periode Julienne, l'an 3208. de la Création du Monde, & 777. avant la Naissance du Sauveur.

OLYMPIQUE. adj. On appelle *Jeux Olympiques*, des Jeux fameux qu'Hercule institua en l'honneur de Jupiter vers l'an 2836. du monde, & qu'Iphitus, Roi d'Elide, rétablit 442. ans après. On les celebroit tous les quatre ans, pour exercer la jeunesse en cinq sortes de combats. Selon Athenée, ce fut Corœbus qu'on y couronna le premier, pour avoir surmonté ses concurrents à la course. Il y avoit d'autres prix pour differens exercices. On rendoit tant d'honneur à ceux qui les remportoient, que quand ils retournoient en leur patrie, on avoit accoûtumé d'abattre un pan de muraille pour les faire entrer sur un chariot comme en triomphe.

On appelle *Feu Olympique*, le feu qui naît des rayons du Soleil ramassés avec un miroir ardent.

OLYRA. f. f. Sorte d'Espeautre dont on fait du pain, & que Galien dit tenir le milieu entre le froment & l'orge. Matthiole dit que l'Olyra n'est autre chose que ce que les Latins nomment *Secale*, & qu'on appelle communément *Segle*. Il suit en cela l'opinion de Pline qui a écrit que cette sorte d'espeautre que les anciens nommoient *Arinca*, fait de fort bon pain. Ce blé poursuit-il, est plus nourri & plus épais que le blé rouge & barbu qu'on appelle *Far*, & a son épi plus grand & plus pesant, & cependant le boisseau ne sçauroit peser seize livres entieres. Ce blé est fort malaisé à émonder en Grece. Aussi le donnoit-on aux chevaux, selon le rapport d'Homere, & c'est ce blé qu'il nomme Olyra. Il vient en abondance en Egypte, où on le reduit fort aisément en farine.

OMB

OMBELLE. f. f. Terme de Blason. Il se dit d'une espece de parasol que le Doge de Venise met sur ses armes. Elle est aussi quelquefois sur les armes de la République. Ce privilege sui vient d'une concession du Pape Alexandre III. qui étant persecuté par l'Empereur Frederic I. alla se refugier à Venise.

On appelle aussi *Ombelle*, une espece de chapeau ou parasol, fait de peaux qui s'ouvrent & qui se ferment. Cette sorte de parasol étoit autrefois d'un grand usage à Constantinople.

Ombelle. Terme de Botanique. Partie de la plante dont le bout de la tige se divise en plusieurs autres moindres tiges, qui portent des graines & des bouquets. Le fenouil & l'anet sont des plantes à Ombelle.

OMBRE', E'E. adj. Terme de Blason. Il se dit des figures, qui sont tracées de noir, pour les mieux distinguer. *D'azur à une Chapelle d'argent sur une terrasse d'or ombrée de sinople.*

OMBROYER. v. a. Vieux mot. Mettre à l'ombre.
En l'herbe vert sous l'olivier
S'ombroient de lez un vivier.

OMBU. f. m. Arbre spacieux; mais bas, qui croît au Bresil. Il porte un fruit semblable à une prune *Tome II.*

blanche, mais un peu plus ronde & jaunâtre, & qui est si dangereux aux dents, qu'il les fait perdre aux Sauvages qui en mangent d'ordinaire. Ls mangentaussi fort souvent des racines de cet arbre. Elles sont douces comme sucre, froides & fort saines, ce qui fait que les Medecins les ordonnent parmi les choses refrigerantes à ceux qui ont la fievre, ou quelque maladie chaude.

OMO

OMOPLATE. f. f. Ce mot qui se prend en general pour l'épaule, se dit particulierement de la partie plate & large de l'os, qui couvre le derriere des côtes. Il est Grec ωμοπλάτη de ωμος, Epaule, & de πλατυς, large.

OMP

OMPHACIN, INE. adj. Les Medecins appellent *Huile Omphacine*, celle qui est faite d'Olives vertes. Ce mot est Grec ομφάκινος, & formé de ομφαξ, Raisin qui n'est point mûr.

OMPHALOCELE. f. m. Terme de Medecine. Sorte de maladie des enfans, qui est une hernie du nombril. Elle vient de la negligence qu'on a eue à lier le cordon umbilical, ou de ce qu'on l'a laissé trop long, ce qui lui donne lieu de se relâcher ou de s'avancer. Les hernies umbilicales sont évidentes puisque la tumeur est vûe en dehors, sans couleur & sans douleur au toucher. Les Omphaloceles se guerissent aisément dans les enfans, à cause que leurs membranes sont traitables, & que leur corps rempli de suc, reçoit facilement la consolidation & l'agglutination. La cure est, de la gomme ammoniac pilée dans un mortier chaud & étendue sur un linge pour le mettre sur le nombril qu'on doit enduire à l'enfant, avec de l'huile d'œufs chaque fois qu'on le remue. Ensuite il lui faut appliquer sur le nombril un globe plat de mastic & de cire jaune, qui doit être assujetti par une bande pour le tenir ferme jusqu'à ce que le nombril soit repris. Le mot d'*Omphalocele*, vient du Grec ομφαλος, Nombril & de κηλη Tumeur.

OMPHALOPTRE. adj. Terme d'Optique. On appelle *Verre omphaloptre*, un Verre qui grossit fort les objets dans les lunettes. Il est convexe des deux côtés. Ce mot vient du Grec ομφαλος, Nombril, la partie qui s'éleve au milieu d'un bouclier, & de οπτομαι, Regarder.

ONA

ONAGRA. f. f. Plante branchue, fort grande & de la hauteur d'un arbre. Elle a ses feuilles comme l'amandier, mais plus larges & assés semblables à celles du lis. Sa fleur est grande & faite en façon de rose, & sa racine, qui est blanche & longue, sent le vin quand elle est seche. L'Onagra, que quelques-uns appellent *Onuris* ou *Onothera*, croît aux montagnes. Dioscoride dit que l'eau où l'on a fait tremper sa racine, si on la fait boire à une bête sauvage, l'apprivoise & la rend douce. Galien dit aussi que sa racine a une odeur de vin étant seche, & même beaucoup de proprietés de vin; ce qui fait croire que les Grecs l'ont appellée ωίνης pour οινος de οινος, Vin. Cette plante est inconnue à Matthiole, à qui personne ne l'a pu montrer.

ONC

ONCE. f. f. Bête fort douce & privée, qui a sa peau
R ij

tachetée comme le tigre, & dont on se sert en Perse pour aller à la chasse des gazelles. Un des chasseurs la porte en croupe à cheval, & quand il découvre une gazelle, il la descend, & en trois sauts, elle atteint cet animal, tant elle est legere, & s'attachant à son cou, elle l'étrangle avec ses dents qui sont fort aigues. Ceux qui en ont écrit font remarquer que si la gazelle a assez de force & d'adresse pour échaper à l'Once, en sorte qu'elle lui fasse manquer son coup, cette bête en demeure si confuse, que dans ce moment un enfant la pourroit tuer sans qu'elle se défendît. Dans les anciens Dictionaires on trouve que le mot d'*Once* signifie un Loup cervier, ou un Lynx. Cependant un loup cervier est farouche, & l'Once de Perse est un animal privé.

Once. Petit poids qui est la seizième partie de la livre, & la huitième du marc. L'Once en Medecine, est la douzième partie d'une livre entiere, & contient huit drachmes, dont chacune est de trois scrupules ou deniers, & chaque scrupule de vingt-quatre grains; de sorte que toute l'once doit peser cinq cens soixante & seize grains. Les Orfévres & les Monnoyeurs divisent l'once d'une autre maniere, sçavoir en vingt estelins, chaque estelin en deux mailles, chaque maille en deux felins, & chaque felin en sept grains & un cinquième. On appelle *Perles à l'once*, les Semences de perles ou de menues Perles opposées aux perles de compte.

ONCIALE. adj. Terme de Medaillistes. Les Antiquaires appelloient *Lettres onciales*, de grands Caracteres qu'on employoit autrefois à faire des inscriptions & des Epitaphes, du Latin *Uncia*, qui étoit la douzième partie d'un tout, & qui valoit un pouce ou la douzième partie d'un pié, à cause que ces lettres étoient de cette grosseur.

ONCTUEUX, EUSE. adj. Qui est d'une consistance grasse & huileuse. On appelle, en termes de Pharmacie, *Saveur onctueuse*, l'une des Saveurs temperées & moyennes, qui, selon Mesué, est engendrée d'une substance aqueuse & aërienne, participant de chaleur & humidité temperée en substance subtile, à cause qu'elle perce subitement. Sa temperature la rend assés agreable au goût, parce que sans acrimonie & sans chaleur, elle oint la langue d'une lenteur qui ne lui est pas désagreable, comme l'huile, le beurre & la graisse. Selon le même Mesué, les choses onctueuses sont lenitives, remollitives, relaxatives & lubrificatives; & quant à ce qui regarde l'usage du corps, elles engendrent des ventosités, & provoquent le vomissement, à cause qu'elles nagent dans l'estomac.

OND

ONDE', E'E. Façonné en ondes. Foullous, dit lorsqu'il parle des chiens gris. *Il en sort aucunes fois quelques-uns qui ont le poil au-dessus de l'échine, d'un gris tirant sur le noir, & les jambes tavelées & ondées de rouge & de noir, lesquels se trouvent bons par excellence.*

Ondé, en termes de Blason, se dit des fasces, chevrons & autres pieces un peu tortillées en ondes. *D'azur à la bande ondée de gueules.*

ONDULATION. s. f. Terme de Physique. Il se dit des cercles qu'une pierre jettée dans l'eau forme dans sa surface par le mouvement qu'elle lui donne. Il se dit aussi du mouvement qui se fait dans l'air, & dont il est agité de la même maniere par ondes quand quelque chose le frappe, comme quand on touche sur une corde bandée sur quelque Instrument, encore plus par les cloches & le bruit du canon. Quoique ce *Mouvement d'ondulation* ne soit pas sensible dans l'air, il ne laisse pas de s'y faire des cercles de la même sorte.

ONG

ONGLE. s. m. *Partie dure & ferme qui couvre le dessus du bout des doigts.* ACAD. FR. C'est une espece de corne insensible qui s'engendre des plus gros excremens de la troisième concoction; ce qui fait qu'ils croissent seulement en long par apposition de parties, & non par attraction d'alimens. Les oiseaux qui ne sont pas de proie & quelques autres animaux ont aussi des ongles. Les lions, les ours, les tigres & les chats les ont longs, pointus & crochus, & ils les serrent si proprement dans leurs pattes, qu'ils marchent sans en toucher la terre, & par consequent sans les émousser. Dioscoride dit que la cendre des ongles d'âne bûe environ dans la quantité de deux cueillerées pendant plusieurs jours, est un remede pour ceux qui ont le haut mal, & que celle des ongles de chevre ointe avec du vinaigre fait renaître le poil tombé par la pelade; à quoi Matthiole ajoûte que si une nourrice boit de la cendre des ongles des piés de devant des vaches, ce breuvage lui fera venir du lait en abondance. Il dit encore que la cendre des ongles de mule rend les femmes steriles si elles en boivent, & qu'elle chasse les rats & les souris, si on met les ongles brûler sur du charbon.

Ongle, se dit aussi d'une maladie qui vient à l'œil des hommes par une espece de toile ou de tunique contre nature, qui d'ordinaire a son origine dans le grand angle de l'œil, où elle s'augmente toûjours en avançant, jusqu'à ce qu'elle couvre la cornée & bouche enfin le trou de la prunelle. Cette membrane est appellée par les Grecs πτερύγιον, qui veut dire Aile, à cause qu'elle ressemble à une aile dont la prunelle est cachée. Les Latins l'appellent *Unguis*; ce qui lui a fait donner le nom d'*Ongle*. Cette tunique n'est pas toûjours uniforme. Elle est tantôt mince & blanchâtre, tantôt épaisse, charnue & parsemée de petites veines rouges, & alors elle s'appelle *Pannus* ou *Toile*. Cette excrescence membraneuse, dont la cause est la même que celle des excrescences des autres parties, est toûjours précedée de quelque déchirement de la chair du grand angle de l'œil, & du déchirement de la conjonctive en cette partie, soit qu'elles ayent été corrodées l'une & l'autre dans une ophthalmie par la salure & par l'acrimonie des larmes; ou après la petite verole par une semblable cause.

Ongle. Terme de Fauconnerie. Maladie d'oiseau qui consiste à une taye qui lui vient dans l'œil. Cela lui arrive par quelque rhume, ou de ce que le chaperon serre trop.

Ongle odorant. Coquille d'un poisson qui ressemble à celle dont la pourpre est couverte, & qui se pêche aux marais des Indes, où croît le spica nardi dont il se nourrit. C'est ce qui rend cette coquille si odorante. On l'appelle en Grec ὄνυξ, & en Latin *Unguis odoratus*. On va cueillir ces poissons quand la chaleur a desseché ces marais. Les meilleurs s'apportent de la mer Rouge, & sont blancs & gros. Le Babylonien est noir & moindre. On en use en parfums qui sont bons aux femmes travaillées du mal de mere, & à ceux qui ont le haut mal. Ils sentent un peu le castoreum. Sa cendre a les mêmes vertus que celle des pourpres. Voilà ce qu'en dit Dioscoride, qui est défendu par Matthiole sur ce qu'il dit que l'Ongle odorant se trouve aux marais des Indes où croît le spica nardi, quoiqu'il n'y ait Auteur ni ancien ni moderne qui témoigne que le nardus croisse aux marais, mais plûtôt aux montagnes en lieu sec.

ONGLE', E'E. adj. Terme de Blason. Il se dit des ongles ou cornes des bœufs, vaches, cerfs & autres bêtes au pié fourchu. *D'argent à trois piés de biche de gueules, onglés d'or.*

ONGLET. s. m. Poinçon d'Orfévre ou de Graveur, qui n'a qu'une pointe tranchante en angle. Ils s'en servent à tailler & à graver. Toute la difference qu'il y a entre l'onglet & le burin, c'est qu'à son extremité le burin est en losange.

Les Menuisiers ont un assemblage qu'ils appellent *Assemblage à onglet.* C'est quand les pieces ne sont pas coûpées quarrément, mais diagonalement ou en triangle.

Onglet, dans la rose & dans quelques autres fleurs, se dit de la partie blanche de la feuille qui tient au calice. On la retranche en Medecine quand on en prépare les médicamens.

On dit aussi *Onglet* chés les Relieurs. C'est une bande de papier qu'ils relient avec d'autres feuilles, pour y coller une carte ou quelque figure, afin qu'en ouvrant le livre on la puisse voir dans toute son étenduë.

Les Bouchers appellent *Onglet,* La partie de la fressure qui tient au mou & au foye.

Onglet, en termes d'Imprimerie, sont deux pages réimprimées après l'ouvrage fini, dans lesquelles l'Auteur a jugé necessaire de reformer quelque chose.

ONGLETTE. s. f. Espece de burin dont les Serruriers se servent.

ONGUENT. s. m. Terme de Pharmacie. *Certain médicament de consistance plus molle que dure, que l'on applique exterieurement pour guerir les playes, les tumeurs.* ACAD. FR. Les huiles sont les bases ordinaires des onguents. On y ajoûte la vie à l'axunge, & plusieurs parties de plantes, d'animaux & de mineraux, soit pour les vertus qu'elles leur fournissent, soit pour donner de la consistance aux huiles & les laisser plus long-tems sur la partie, afin qu'elles ayent le loisir d'agir. Il y a un grand nombre de divers onguents, & entre autres celui qu'on nomme *Apostolorum,* à cause qu'il est composé de douze drogues. Cet onguent déterge les playes & les ulceres opiniâtres & fistuleux. Il ronge les chairs mortes & baveuses, & il en fait naître de nouvelles.

Dioscoride parle de plusieurs sortes d'Onguents, & apprend comment se fait celui de la racine de fiambe, appellé en Latin *Unguentum Iricum.* C'est un Onguent chaud & mollitif, qui nettoye les ulceres ords & pourris, fait sortir le fruit des femmes, & ouvre les veines hemorroïdales. L'Onguent Glencinum est composé d'huile d'olives vertes, de squinanthum, de calamus odoratus, de nardus celtica, de goûsses de dattes en fleur, d'aspalathus & de melilot, & de costus. On environne de marc de raisins le vaisseau où l'on met toutes ces drogues avec le vin & l'huile, & on le remue pendant trente jours, chaque jour deux fois, après quoi on tire le tout, & on en tire l'huile pour s'en servir. Cet onguent, qui est chaud & resolutif, est bon pour les frissons & les tremblemens qui précedent les fiévres & sert beaucoup aux défauts des nerfs. L'Onguent de marjolaine surnommé *Amaracinum,* est composé d'huile d'olives vertes & de ben, épaissis avec le xylobalsamum, le squinanthum & le calamus odoratus, qu'on aromatise avec marjolaine, costus, amomum,

spica nardi, cannelle, carpobalsamum & myrrhe. Cet Onguent est chaud, concilie le sommeil, ouvre & désopile les veines, mature, mollifie, & provoque les urines. L'Onguent de Galbanum, appellé par les Latins *Unguentum metopium,* à cause qu'en Egypte, où il se fait, on nomme *Metopium,* le bois où le galbanum croît, est composé d'amandes ameres, d'huile d'olives vertes, de cardamomum, de squinanthum, de calamus odoratus, de miel, de vin, du fruit du baume, de galbanum & de resine. Cet onguent a la vertu d'échauffer beaucoup. Il brûle, ouvre & désopile les veines, est attractif, & mordifie les ulceres. L'Onguent de Mendesium est composé d'huile de ben, de myrrhe, de cannelle & de resine, à quoi quelques-uns ajoûtent un peu de cinnamome. Sa vertu est un peu moindre que celle du métopium, quoique cet onguent serve aux mêmes choses. L'Onguent de Cinnamome se fait de l'huile de ben, en l'épaississant avec le xylobalsamum, le calamus odoratus & le squinanthum. On se sert pour l'aromatiser de cinnamome & de fruit de baume, & l'on y ajoûte quatre fois plus de myrrhe que de cinnamome, & du miel pour lui donner corps. Il est fort bon aux fistules & aux ulceres pourris, & mêlé avec du cardamome, il est propre aux hernies aqueuses, chancres & charbons. Dioscoride parle encore de l'Onguent de nard, de l'Onguent de malabathrum, & de celui de violier blanc, dit en Latin *Jasminum unguentum.* Sur quoi Matthiole dit que parmi les Grecs ἴακιμον veut dire, Fait de violette; ce qui a trompé Marcellus qui prétend que les Anciens ont compris notre Jasmin sous le nom de *Violier.* Anciennement l'Onguent *Megalium* étoit en usage. Sa composition étoit semblable à celle de l'Onguent Amaricinum, avec cette seule difference, que la resine en étoit la principale drogue; ce qui rendoit cet onguent moyennement resolutif.

ONI

ONI, IE. adj. Vieux mot. Uni.
Une partie d'Armenie,
Pleine, onie & pleinteive.

ONIROMANCE. s. f. Divination par les Songes. Ce mot est composé de ὄνειρος, Songe, & de μαντεία, Divination.

ONN

ONNIEMENT. adv. Vieux mot. Honteusement.

ONO

ONOBRYCHIS. Plante qui a ses feuilles comme la lentille, mais un peu plus longues. Sa tige est haute d'un palme, sa fleur rouge & sa racine petite. Elle croît aux lieux humides & non cultivés. Cette herbe enduite à la vertu de resoudre toutes sortes de tumeurs, & bûe dans du vin elle est bonne à ceux qui ne peuvent uriner que goute à goute. Galien est là-dessus du même sentiment que Dioscoride. Matthiole dit que quelques-uns prennent pour Onobrychis l'herbe appellée *Rue chevriere* ou *Galega;* mais comme elle n'a aucun rapport à la description qu'en fait Dioscoride, & qu'elle a ses feuilles quatre fois plus grandes que celles de la lentille, ses tiges longues de deux coudées, & sa racine assés grosse, il ne peut être de ce sentiment. Ce mot vient de ὄνος, Ane, & de βρύχις, Jeune branche d'arbre avec ses feuilles.

ONOCROTALE. s. m. Oiseau de marais grand comme un cygne, qui a le pié d'oye, & une bourse te-

R iij

nant à la partie inferieure du bec qui deſcend en maniere de petite poche. C'eſt où il ſerre tout ce qu'il chaſſe, & il l'en retire enſuite pour le manger à loiſir. Son nom eſt Grec, ἰναρπόνλαν de ὄνος Ane, & de κρόνλον, Inſtrument à faire bruit, à cauſe de ſon cri qui imite le braire d'un âne. Il rend ce bruit en fichant ſon bec bec en terre.

ONOMATOPE'E. ſ. f. Terme de Grammaire. Il ſe dit en parlant des mots qui ſont formés de telle ſorte, qu'ils expriment ou repreſentent le ſon de la choſe qu'ils ſignifient, comme le verbe *Miau-* *ler*, qui ſemble exprimer le cri des chats. Ce mot eſt Grec ὀνοματοποιία, de ὄνομα, Nom, & de ποιεῖν, Faire.

ONONIS. ſ. m. Plante qui croît dans les prés, ainſi que dit Matthiole, & aux lieux ſecs cultivés ou non cultivés. Ses feuilles ſont petites & menues comme celles des lentilles, & ſort ſemblables à celles de rue ou de melilot. Son nom *Ononis* & *Anonis* vient du Grec ὄνος, Ane, à cauſe que ſes branches ſont âpres, épineuſes, & dignes d'être la nourriture des ânes. On l'appelle en Latin *Remora aratri*, *acutella*, ou *Areſta bovis*, & en François *Arrête-bœuf* ou *Bu-* *grane.*

ONOSMA. ſ. m. Plante dont les feuilles ont quatre doigts de long & un d'large, & qui ſont molles, éparpillées par terre, & ſemblables à l'orchanette. Elle croît aux lieux âpres, ne jette ni tige ni fleur, ni graines, & a une racine longue, menue, foible & rougeâtre. Ses feuilles bûës dans du vin font ſortir l'enfant hors du ventre de la mere, & on tient que ſi une femme groſſe marche deſſus, elle avortera. Ce mot eſt Grec ὄνοσμα.

ONQ

ONQUES. Adverbe de tems. Vieux mot que Nicod fait venir du Latin *Nunquam*, Jamais. *Il* *prend quelquefois*, dit-il, *cette particule Mais à la* *fin*, *& dit-on* Onques-mais, *qui eſt plus ſignifiant que* Onques, *& eſt une ſeule diction compoſée de ces deux* *entieres* Onques *&* Mais. Onques-mais *un ſi beau* *don ne fut donné de Prince.* *Il prend auſſi à la fin* *cette diction* Puis, *& n'en fait qu'un compoſé de deux* *entiers* Onques *&* Puis, *& ſignifie* Jamais depuis, *comme*, Le Roi ne le vit onques-puis.

ONY

ONYX. ſ. m. Pierre précieuſe qui eſt une eſpece d'Agathe opaque, de couleur blanchâtre & noire. Les couleurs en ſont tellement diſtinctes, qu'on les croiroit appliquées par art. On l'appelle ainſi du Grec ὄνυξ, Ongle, à cauſe que le blanc qu'on y remarque tient de la couleur de l'ongle.

OPA

OPALE. ſ. f. Pierre précieuſe de differentes couleurs, & dans laquelle on voit la plûpart de celles de l'Iris. Elle a le feu du Rubis, le pourpre de l'Ametiſte & le vert de l'Emeraude. On diroit qu'il y a dans la vraie Opale un ciel verdoyant, un pur criſtal accompagné d'une couleur de pourpre & d'un luſtre doré tirant à la couleur de vin, qui eſt ſa couleur qui ſe montre la derniere. L'Opale qui n'eſt pas fine rend une flâme violette & changeante comme le ſouphre allumé, ou d'un feu d'huile. Les Opales d'Egypte, appellées *Senites*, & celles d'Atabie & de Natolie ſont âpres & ont un luſtre mort, mol & flaſque. La plus eſtimée & la plus belle de toutes eſt l'Opale Orientale. Cette pierre recrée la

tête & la vûe, & elle tire ſon nom, ſelon Iſidore, d'un Pays des Indes du même nom où elle croît.

Les Fleuriſtes appellent auſſi *Opale*, Une ſorte de tulipe de quatre couleurs, ſçavoir de colombin chargé, de jaune doré, de rouge & de blanc.

OPASSUM. ſ. m. Animal de la grandeur d'un moyen chat qui ſe trouve dans la Virginie. Sa tête eſt faite comme celle d'un cochon. Il a la queue ſemblable à celle d'un loir, & un ſac ſous le ventre, dans lequel il porte & nourrit ſes petits.

OPE

OPES. ſ. m. p. Terme d'Architecture. Trous des boulins qui ſont laiſſés dans les murs. Il ſe dit auſſi de l'endroit où les bouts des ſolives & des chevrons ſont poſés.

OPH

OPHIOGLOSSUM. ſ. m. Herbe qui croît dans les prairies, mais qui dure peu. Sa racine pouſſe une petite tige, qui porte au bout une petite langue pâle comme celle d'un Serpent. Ce mot eſt Grec ὀφιόγλωσσον, de ὄφις, Serpent, & de γλῶσσα, Langue. Elle eſt vulneraire, & on la met au nombre des ſerpentines. Elle a la proprieté de conſolider les plaies, & quelques-uns diſent qu'elle eſt propre aux deſcentes de boyaux. On en fait une huile par infuſion qu'on emploie avec ſuccès dans ces ſortes d'operations. Cette herbe s'appelle en François *Lan-* *gue de Serpent.*

OPHITHE. adj. On appelle *Marbre ophite*, Une ſorte de marbre qui n'eſt guere moins dur que le porphyre, mais qui ſe caſſe plus facilement, & eſt plus aiſé à mettre en œuvre. Sa couleur eſt d'un vers un peu obſcur, avec certains filets de couleur jaune qui ſe croiſent, & vont tout le long de la pierre. Ce marbre vient d'Egypte & de Grece. Il eſt fort rare, & on l'emploie ſeulement par incruſtation. Les plus grandes pieces qu'on en ait vûes n'ont pas plus de trois braſſes de longueur. On le travaille de même que le porphyre. Il a pris ſon nom du Grec ὄφις, Serpent, à cauſe que ſes couleurs ſont comme celles de la peau d'un ſerpent ; ce qui le fait auſſi appeller *Serpentin*. Dioſcoride parle de pluſieurs ſortes de pierres ophites, & Boot appelle *Zeblicius* *Ophites*, Une eſpece de ſerpentin en Allemagne, dont il dit de grandes merveilles. On en fait des vaſes. Cette pierre n'eſt pas plus dure que l'albâtre commun, & ne peut pas être employée dans la ſtructure des bâtimens.

OPHITES. ſ. m. Heretiques ſortis des Nicolaïtes & des Gnoſtiques, dont on fait auteur un certain Eucrate. Ils rendoient honneur à un Serpent, les uns voulant que celui qui avoit tenté Eve, fût JESUS-CHRIST, & les autres qu'il ſe fût changé en un Serpent. Ils faiſoient en ſorte qu'un de ces Animaux ſortît d'un trou dans le tems qu'on celebroit leurs myſteres, & prétendoient que JESUS-CHRIST avoit ſanctifié toutes les choſes ſur leſquelles ce Serpent s'étoit roulé, après quoi le Peuple les adoroit. Ces Heretiques parurent dans le deuxiéme ſiecle, & prirent leur nom du mot Grec ὄφις, Serpent.

OPHRIS. Plante que Matthiole dit avoir été appellée ainſi par les Modernes, & être ſemblable à l'ellebore blanc. Elle ne jette que deux feuilles, du milieu deſquelles ſort une tige toute garnie de petites têtes, qui jettent de petites fleurs blanches ſemblables à de petites langues. Sa racine eſt fort

menue , & plusieurs petits filamens très-odorans y
sont attachés. Toute la plante est bonne à faire
noircir les cheveux , à sonder les plaies, & à guerir
les fractures.

OPHTHALMIE. s. f. Terme de Medecine. Maladie des yeux. Il y a deux especes d'Ophthalmie ,
l'une sanguine , qui est l'inflammation de la tunique
exterieure de l'œil avec rougeur , ardeur , tumeur
& écoulement de larmes , & l'autre sereuse , qui est
une distillation continuelle & abondante de larmes ,
appellée proprement *Epiphora*. L'Ophthalmie est
vraie ou fausse. La vraie est l'inflammation de la
conjointe. Si l'œil commence à devenir plus humide avec rougeur , chaleur , & un peu de douleur ,
les Grecs nomment cela ταράξις , du verbe ταράσσειν ,
Troubler. Si l'inflammation vient d'une cause externe & qu'elle soit plus considerable, c'est ce qu'on
appelle proprement *Ophthalmie* , & si l'inflammation est consommée en sorte que les paupieres étant
attaquées & comme retournées sans se pouvoir fermer, le blanc des yeux se déborde par dessus le noir,
qui demeurant enfoncé fait une espece de fosse , ce
degré est appellé χήμωσις , c'est-à-dire , Inflammation
de paupieres. L'œil est attaqué par ses membranes,&
sur-tout sa membrane externe, nommée *La conjointe*,
qui n'est autre chose qu'un tissu d'une infinité de
petits vaisseaux tant veines qu'arteres , où le cours
du sang venant à être empêché , il faut necessairement que l'inflammation en soit produite. Le sang
arrêté distendant tous ses vaisseaux , le globle de
l'œil paroît rouge , & comme les membranes de
l'œil ont connexion avec celles du cerveau , cela
est cause que dans les grandes Ophthalmies, on est
travaillé de douleurs de tête , sans pulsation quelquefois , mais toûjours avec contraction. Il y a des
Ophthalmies contagieuses , où en regardant les Malades on gagne le même mal. L'inflammation est
plus dangereuse & plus douloureuse , quand les larmes qu'elle fait répandre sont acres , tenues, & comme corrosives. Quand elles tirent sur le noir , les
paupieres se colent alors ensemble , parce que la
lymphe lacrimale est épaisse & visqueuse. Ces larmes sont meilleures que les tenues & salines. On
appelle *Ophthalmie fausse* ou *seche* , celle où il ne
sort point de larmes. Les paupieres ne laissent pas
de se coller plus ou moins , les yeux sont rouges &
enflés , ce qui est accompagné de démangeaison.
Cette affection a trois degrés , la Psorophthalmie ;
la Xerophthalmie & la Sclerophthalmie. Quand
l'Ophthalmie ne se resout ou ne suppure point , l'œil
a coûtume de se perdre , & le mal venant jusqu'à l'extrémité , la mort est certaine , à cause
que la gangrene se communique au cerveau , à
moins qu'on n'extirpe l'œil.

OPI

OPIATE. s. f. Espece d'Antidote ou Electuaire mol ,
appellé ainsi à cause qu'il y entre de l'opium , ou à
son défaut quelque médicament narcotique. Les
Anciens ont inventé l'Opiate pour provoquer le
sommeil , appaiser les violentes douleurs , arrêter le
flux de ventre , & toutes sortes d'hæmorragies , mais
les Modernes donnent aujourd'hui le nom d'Opiate à tout electuaire mol , & autres mélanges , qui,
quoiqu'ils soient purgatifs , ont une semblable
consistance. Il y a plusieurs sortes d'Opiates , de
cordiales, d'hysteriques , de stomachiques , de cephaliques , selon les parties qui en ont besoin. Les
unes sont alexiteres , les autres astringentes , & d'autres purgatives , aperitives , &c. selon la vertu qu'on
leur veut donner.

OPINIONISTES. s. m. Nom qui fut donné à certains
Errans , qui soûtenoient opiniâtrement plusieurs opinions ridicules. Ils se vantoient d'une pauvreté affectée , & cela leur faisoit dire que celui qui mettoit
cette vertu en usage étoit le veritable Vicaire de Jesus-Christ en terre. Ils s'éleverent sous le Pontificat du Pape Paul II.

OPISTHOTONOS. s. m. Contraction des muscles
de l'occiput qui le tirent en embas vers le dos. C'est
une des especes de la convulsion tonique , laquelle
convulsion signifie la retraction d'un membre roide
qui garde toûjours la même figure. Ce mot est entierement Grec ὀπισθότονος , de ὄπισω , En arriere, & de
τόνος , Tendre.

OPIUM. s. m. Larme qui distille des têtes de pavot
incisées avant leur maturité , & qu'on recueille dans
des vaisseaux ou vessies. Il y en a de trois sortes. Le
blanc qui vient du grand Caire ; le noir & dur , qui
vient d'Aden , & le jaunâtre & mol qu'on nous apporte de Cambaia & de Deran. C'est ce dernier
qui est le plus en usage. Pour être bon , il doit être
pur , solide, pesant , inflammable , non grumeleux ,
ni feculent , luisant au-dedans , lorsqu'il est fraîchement rompu. Il faut aussi qu'il ait la couleur de
l'aloës , le goût amer , & une odeur forte & sopo-
rifere. Pour découvrir s'il n'est point sophistiqué
par le mélange du Glauchium , on n'a qu'à le dissoudre dans quelque liqueur , & si elle devient jaune comme si elle avoit été teinte de safran , c'est
une marque que ce n'est pas du pur Opium. Dioscoride dit que pour faire l'Opium , il faut , après que
la rosée est essuiyée au pavot , inciser avec un coûteau le dessus de la peau de ses têtes , & cela , de
droit , de travers , & en croix de Bourgogne , prenant garde que le coûteau ne passe pas trop avant.
Après cela , il faut essuyer avec le doigt l'humeur
qui en vient , & la faire cheoir dans une cueiller.
On y retourne peu de tems après pour voir si on y
en trouvera encore , & la même chose se doit faire
le jour suivant. L'humeur qu'on a recueillie pendant ces deux jours, se doit piler dans un vieux mortier , & on en fait des trochisques. C'est en cela que
l'Opium differe du Meconium qui est bien plus foible, étant un suc tiré de toute la plante par expression. Selon du Renou , notre Opium est tiré par
expression des têtes du pavot blanc apporté de
Cambaia , où l'on trouve des têtes de ce pavot presque aussi grosses qu'un œuf d'Autruche. La proprieté de l'Opium est de faire dormir en stupefiant
le sentiment , parce qu'il est froid au quatriême degré. Sa dose est depuis un demi-grain jusques à
deux grains. En Grec ὄπιον , de ὄπος , Suc.

OPO

OPOBALSAMUM. s. m. Suc ou resine liquide ;
jaunâtre , transparente , & d'une odeur qui approche
de la terebenthine , mais beaucoup plus agreable ,
& dont le goût est un peu amer & piquant. Ce suc
distille en forme d'huile ou de suc oleagineux , d'un
arbrisseau ressemblant au violier blanc , & pour
cela , on en incise l'écorce avec un instrument tranchant de verre , de pierre ou d'os , ce qui se fait
vers les Jours caniculaires , dans les plus grandes
chaleurs de l'été. L'Opobalsamum sort goute à
goute , & en si petite quantité , que Dioscoride dit
que chaque année on n'en peut cueillir plus de six
ou sept conges , chaque conge pesant neuf livres.
Les marques du vrai Opobalsamum , sont d'avoir
une odeur forte & penetrante , d'être facile à dissoudre , uni , astringent, de couleur jaune ou rousse &
nullement vert ou noirâtre. Il faut qu'il caille le

lait si on en jette dedans ; qu'il se fonde incontinent dans l'eau, & la fasse devenir blanche, & que si on en verse sur du drap, il n'y reste aucun tache après qu'on l'aura lavé. On en trouve si mal-aisément de vrai, qu'on lui substitue l'huile de muscade ou de girofle ou le baume du Perou. Ce mot est Grec ἰπόβάλσαμον, de ἱπὸς, Suc, & de βάλσαμον, Baume.

OPOPANAX. s. m. Gomme qui découle par l'incision qu'on fait à la racine d'une plante ferulacée qu'on appelle *Panaces heracleum*, & qui croît abondamment dans la Beotie, & dans la Phocide d'Achaie, & en Macedoine. On tire cette gomme quand la racine du Panaces commence à jetter sa tige. La liqueur qui en sort en l'incisant est blanche, & étant sechée, elle prend une couleur jaune en sa croûte. Pour la recevoir, on tapisse de force feuilles la fosse qu'on a faite autour de cette racine, & on emporte ces feuilles quand elles sont seches. On incise aussi sa tige pour en faire sortir sa gomme dans le tems de la moisson. Les meilleures racines sont celles qui sont blanches, bien étendues ou lissées, seches sans être vermoulues, & qui ont un goût brûlant & aromatique. Dioscoride dit que le meilleur Opopanax est celui qui est fort amer, étant blanc ou rousssâtre au-dedans & jaune au-dehors, lissé, gras, frêle, tendre, d'odeur forte, & se fondant aussi-tôt en l'eau, où il devient blanc comme lait, si on l'y manie avec les doigts. Outre que l'Opopanax est bon aux sciatiques & aux gouteux, à cause qu'il a la propriété de dissoudre les gravois des jointures, & de dissiper les nœuds & les duretés des nerfs, il purge la pituite grosse & visqueuse des parties les plus éloignées, comme du cerveau, des nerfs, des jointures, & de la poitrine, ce qui le rend propre aux maladies froides de ces parties-là. Ce mot est Grec ὀποπάναξ, de ἱπὸς, Suc, & de πάναξ, Panacée.

OPPOSE', E'E. adj. Qui est contraire. Il se dit en termes de Blason, de deux pieces peintes sur l'écu, lorsque la pointe de l'une regarde le chef, & l'autre le bas.

OPPOSITION. s. f. Empêchement, obstacle, contrarieté. On appelle *Opposition*, en termes de pratique, Un moyen dont on se sert par une requête que l'on fait répondre & signifier, afin d'empêcher que l'on execute un jugement. Ces moyens sont lorsqu'il se trouve un arrêt rendu contre une personne qui n'a point été partie dans le procès ; lorsque cet arrêt a été rendu sur une simple requête qu'on n'a ni signifiée ni communiquée, & enfin lorsqu'il a été obtenu par défaut, sans que les delais ayent été expirés, ou qu'on ait appellé la partie. L'opposition se fait aussi lorsque l'arrêt a été bien & dûement obtenu par défaut à l'audience ou aux présentations, pourvû qu'on forme cette Opposition dans la huitaine du jour que l'on a signifié l'arrêt, & qu'il n'ait point été rendu à tour de rolle. On dit, *Faire Opposition au sceau*, Lorsqu'ayant des droits à prétendre sur une charge, on signifie au Garderolle qu'on s'oppose au sceau. Il purge les hypotheques comme un Decret, & quelque privilege qu'un créancier ait sur la charge, il ne peut rien prétendre contre le resignataire, s'il ne s'est pas opposé au sceau, quand même il auroit saisi entre les mains de l'acquereur. Quand l'Opposition se fait pour le titre, il faut la renouveller tous les six mois, & lorsqu'elle se fait pour les deniers provenans du prix de la charge, on doit renouveller

l'Opposition d'année en année à peine de nullité. On fait aussi *Opposition à des criées*, à fin de charge, de conserver, de distraire, d'annuller.

Opposition, est aussi un terme d'Astronomie, & il se dit lorsque deux planettes sont éloignées entre elles de cent quatre-vingts dégrés, & placées aux deux extrémités d'un diametre du Zodiaque, en sorte que si l'une se leve l'autre se couche, & autant que l'une est élevée sur l'horison, l'autre est au-dessous.

OPTAT. s. m. Vieux mot. Desir. Il vient du Latin *Optare*, Souhaiter.

De la laisser commune à tous estats,
Pour parvenir toûjours à ses optats.

OPTIQUE. adj. Qui sert à la vûe. On appelle *Nerf optique*, Un nerf de la premiere conjugaison, qui va du fond de l'œil jusques au cerveau, & qui contribue à la vision. Sa substance est revêtue de deux tuniques, l'une dure & l'autre déliée. Quelques-uns prétendent que ce sont les deux tuniques de l'œil, que l'on appelle l'*Uvée & la Cornée*.

Optique, est aussi un substantif feminin, & signifie, La partie des Mathematiques qui enseigne de quelle maniere la vision se fait dans l'œil. Ce mot vient du Grec ὄπτεσθαι, Voir, regarder. Comme il y a trois sortes de vision, (voyez VISION,) l'Optique est un genre qui a sous soi trois especes, l'Optique proprement dite, *la Catoptrique* & la *Dioptrique*. L'Optique proprement dite considere la vision qui se fait par des rayons qui viennent directement de l'objet à l'œil, les deux autres ont pour objet la vision qui se fait par des rayons *reflechis* ou *rompus*. Voyez CATOPTRIQUE & DIOPTRIQUE.

OPUNTIA. s. f. Herbe que Pline dit être douce à l'homme, & avoir cela de merveilleux que sa racine & sa graine naissent de sa feuille. Elle est appellée ainsi, à cause qu'elle croît auprès de la ville que l'on nomme *Opuns*. Matthiole, parlant d'une plante que les Indiens appellent *Tune*, ajoûte qu'il croit que c'est celle que Pline nomme *Opuntia*, dont Theophraste écrit ce qui suit. S'il y a quelque chose semblable au Figuier Indien, sous lequel un escadron d'hommes en armes pourroit se tenir à l'ombre, ou pour mieux dire, s'il y a rien de plus merveilleux, c'est la plante qui croît au territoire de la ville Opuns, laquelle plante est fort favoureuse. On sçait avec certitude, poursuit-il, que si on prend une feuille, & qu'on la plante en terre jusqu'à la moitié, elle jettera premierement quelques racines ; puis il en sortira d'autres feuilles, sans qu'auparavant il y ait aucun tronc, ni rejettons, ni branches, mais seulement des feuilles, dont sortent d'autres feuilles par certain ordre, & plus grosses le plus souvent que le pouce. Elles sont garnies de petites épines blanches, minces, longues & pointues, il s'en peut aussi trouver qui n'en ont point. Cette plante, au Pays où elle croît, porte à la cime de ses feuilles, un fruit semblable à nos figues communes, plus gros toutefois, & qui dans la partie de devant a la figure d'une couronne, de couleur verte tirant sur le pourpre. La chair de ce fruit est si pleine de jus rouge, que non seulement elle tache les mains quand on la touche, comme fait la mûre, mais aussi elle rend l'urine de couleur
de

de fang , ce qui a mis en frayeur plufieurs perfonnes qui avoient mangé de ces manieres de figues.

OR

OR. f. m. *Metal jaune, le plus précieux & le plus pefant de tous.* ACAD. FR. Plufieurs Philofophes qui ont recherché les fecrets de la nature, l'ont eftimé propre à maintenir la perfonne faine & à prolonger fes jours, en jouiffant feulement de fa couleur. Ils tiennent que l'Or eft compofé de fubftances elementaires, proportionnées également, dont la mixtion fe parfait en la fermentation, & fe rend tellement liées & unies l'une avec l'autre, qu'il eft prefque impoffible de les diffoudre & de les feparer. Cette liaifon le rend très-folide. Ainfi non feulement il acquiert une permanence commune, mais il prend une temperature prefque incorruptible, en forte que quoiqu'il demeure long-tems en terre ou dans l'eau, il ne fe rouille jamais. Bien loin de fe confumer, étant mis au feu, il y devient & plus pur & plus luifant. Il ne contient ni phlegmes ni vifcofités, ce qui le rend toûjours extrêmement clair. D'ailleurs, il ne teint les mains de ceux qui le touchent, ni de jaune, ni de noir, ainfi que font les autres métaux, & il n'infecte d'aucune odeur ni faveur quand on le goûte ou le flaire. L'Or pris par la bouche réjouit le cœur, & fortifie les efprits vitaux. Il y a des mines où par tout où il peut y avoir concurrence des influences elementaires qui le forment. On en trouve plufieurs en Allemagne, en Bohême, & dans la Tranffylvanie. On en rencontre particulierement aux Indes Occidentales. Les Régions Orientales font trop chaudes pour le produire, à caufe que le Soleil en étant plus voifin confume l'exhalaifon fubtile qui feroit propre à le former. On trouve auffi de l'or au fable de plufieurs rivieres, comme au Tage en Efpagne, au Gange & au Pactole dans les Indes, au Rhin en Allemagne & au Po en Italie. Cet Or eft fort bon, mais il ne fe trouve qu'en de certains lieux de ces rivieres, où l'on croit qu'il eft charrié des montagnes voifines, par les eaux qui en découlent. A l'égard des mines d'or, la veine en eft cachée, entaillée & enveloppée de plufieurs pierres dans les plus âpres rochers. On tient celle-là meilleure où il y a beaucoup de lapis lazuli. Plus elle eft pefante & de couleur vive, plus elle eft à eftimer, on la prefere à celle qui a plufieurs pailles d'or. Ce métal eft fort cardiaque. Auffi s'en fert-on avec fuccès dans les maladies, où les forces ayant été abattues, il eft neceffaire de les rétablir. Il mondifie le fang, en diffipant toutes mauvaifes humeurs comme par infenfible tranfpiration. Les vrais Medecins s'en accoûtumé de s'en fervir qu'en feuilles & en limaille. Avicenne dit que l'Or tenu en la bouche rend l'haleine bonne. Ce métal paffe pour le plus puiffant des acides, en forte qu'étant fondu, il détruit le fer qu'on y plonge, & le réduit en fcories. Les Ordonnances appellent *Mineurs*, ceux qui tirent l'Or des mines, & *Cueilleurs d'Or de pailloles*, Ceux qui en retirent des fleuves & des Torrents. On le trouve dans les mines ou en efpece de terre ou de pierre, ou en pepins & en larmes. Ce dernier eft très-pur, mais on eft obligé de purifier l'un & l'autre, ce que l'on fait en pilant les pierres & les terres à fec, & en y verfant une quantité fuffifante d'eau claire pour en faire une pâte extrêmement molle. On y mêle du fel & du vif argent, on pile le tout affes long-tems, puis on en fait les lavûres, & on retire ainfi l'or pur. On appelle *Or en pâte*, L'or prêt à fondre, & *Or en bain*, L'or entierement

Tome II.

fondu. L'or eft fi ductile & fi malleable à caufe de la longueur de fes parties, que le Tireur d'or l'étend jufqu'à 651590. fois plus que fon volume, & le Batteur d'or jufqu'à 159892. fois auffi plus que fon volume. Ainfi celui qui bat l'or, fait d'une once d'or feize cens feuilles de trente-fix lignes quarrées chacune, avec lefquelles on peut dorer quatre cens piés quarrés. On partage les dégrés de l'or en vingt-quatre karats aux Indes, en Efpagne & en France, & chaque karat y eft divifé en vingt-quatre grains. On apporte en France de la poudre d'or de Guinée, qui eft ordinairement à vingt & un karats trois quatriémes, & même au deffus de vingt-deux karats, quand elle eft pure & fans nul mêlange de la poudre de laiton ou de celle d'émeril que les Negres y mêlent quelquefois, à caufe que ces poudres font de la même couleur que l'or.

On appelle *Or de coupelle*, ou *Or affiné*, Celui que le feu a purgé de toute forte de mêlange. On l'appelle alors de vingt-quatre karats, quoiqu'on ne le puiffe affiner jufque-là, & qu'il s'en manque toûjours quelque quart de karat. L'or de vingt-deux karats a une part d'argent & une de cuivre, & l'Or de vingt-trois karats a une demi-part de l'un & de l'autre. L'Or *vierge*, eft de l'or qui n'a point fouffert le feu, & tel qu'on l'a tiré de la mine. Comme il eft fi mol qu'on y peut empreindre avec la main la figure d'un cachet, on y mêle de l'émeril pour lui donner plus de poids, plus de dureté & plus de couleur. On appelle *Or calciné*, de l'Or réduit en chaux & en poudre blanche dans le feu de reverbere avec du Mercure & du fel armoniac ; *Or battu*, celui qui eft mis en feuilles très-déliées; *Or mat*, celui qui n'eft pas poli & dont la furface eft inégale ; *Or bruni*, celui qui eft poli avec la dent de loup, pour détacher les chairs des draperies & les ornemens de leur fond ; *Or moulu*, celui dont on dore au feu le bronze & le cuivre ; *Or fculpé*, celui dont le blanc a été gravé de rainceaux, & d'ornemens de fculpture ; *Or de coquille*, celui avec lequel on écrit en lettres d'or, & dont les Enlumineurs fe fervent. Il fe fait de feuilles d'or broyées fur un marbre avec du miel fortant de la ruche, après quoi on le laiffe tremper quelque tems dans l'eau forte;& quand on veut l'appliquer on le détrempe avec un peu d'eau gommée, ou avec de l'eau de favon. L'Or *repaffé*, eft celui q on eft obligé de repaffer avec de vermeil au pinceau dans les creux de Sculpture, foit qu'on veut le lui donner un plus bel œil, foit qu'il foit befoin de cacher les défauts d'or. On dit auffi *Or bretelé*. C'eft celui dont on a haché le blanc de petites bretures. *Or de rapport*, eft de l'Or folide qu'on enchaffe dans du fer, & qui eft taillé en diverfes figures. Comme on l'enferme dans du fer haché ou creufé à queue d'aronde, on l'appelle auffi *Or haché*. Celui qui eft partagé dans un panneau par petits carreaux, ou lofanges ombrées de brun pour paroître de relief, s'appelle *Or de mofaïque*. Il y a un Or appellé *rougeâtre ou verdâtre*. Il eft glacé de rouge ou de vert pour diftinguer les bas reliefs & les ornemens de leur fond. L'Or *à huile*, eft de l'Or en feuilles qu'on applique fur de l'or-couleur aux Ouvrages de dehors, afin qu'il réfifte davantage au tems.

On appelle *Or d'Orfevrerie*, de l'or folide & maffif qu'un Artifan met en œuvre, & *Or d'Alchymie*, Un Or qui en a feulement l'apparence & la teinture, & qui ne peut fouffrir la coupelle.

Les Chymiftes trouvent que les principes metalliques qui compofent l'Or, font très-dépurés &

S

très-unis, que la terre fixe saline y est en petite quantité, qu'il y a beaucoup de soufre & de mercure très-purs, & que tous ces principes sont liés ensemble par un nœud très-étroit, qui rend l'or indestructible. Cela étant, il ne peut être d'aucun usage dans la Medecine, & si, quelques-uns ajoûtent des feuilles d'or à leurs remedes, ils ne les rendent pas meilleurs, & font seulement qu'ils coûtent plus cher. Quant à l'Alchymie, il n'y peut être non plus d'une grande utilité, puisque la pierre philosophale n'est pas composée du corps metallique de l'or, & qu'on ne la doit chercher que dans la racine de ce metal. Les teintures d'or ne sont que des érosions superficielles du corps du même metal en des particules très petites qui peuvent être reduites aisément en Or. Paracelse demande deux conditions dans ces teintures, l'une que l'Or soit si bien volatilisé que jamais on n'en puisse faire la reduction, & l'autre qu'après l'avoir ainsi volatilisé on le change en Or potable avec l'esprit de vin. Les menstrues corrosifs ne suffisent pas pour dissoudre l'Or veritablement & radicalement, il en faut d'insipides; & quoique plusieurs disent qu'il n'en est pas, l'opinion contraire paroît la p'us vraisemblable. Meyer assure que les Ameriquains ont un menstrue insipide, qui ramollit l'Or de telle sorte qu'on le manie comme de la cire, ce qui fait qu'on y enchasse des pierreries comme on veut. Si l'on en croit Laurenbergius, il a vû l'Or se fondre dans une eau insipide, comme la glace se fond dans de l'eau chaude. Ettmuller dit de même, qu'il a vû dissoudre de l'Or à un Chymiste en six heures de tems, en une liqueur très-rouge, par le moyen d'une eau blanchâtre & insipide. Les dissolutions vulgaires de l'Or dans un menstrue corrosif n'ont point de succès si on n'y ajoûte du sel commun. L'or & l'argent qu'on fait fondre ensemble, s'unissent si intimement qu'il n'y a point d'union plus forte; ils ne laissent pas de se separer facilement lorsqu'on dissout cette masse dans l'eau forte ou dans l'eau regale. La premiere dissout l'argent & laisse l'or, & l'autre fait le contraire, c'est-à-dire, qu'elle dissout l'or, & laisse l'argent.

On appelle *Or fulminant*, de l'or calciné. On fait cette calcination en dissolvant l'or dans de l'eau regale, après quoi on précipite la dissolution avec de l'huile de tartre par défaillance, & on édulcore ensuite la poudre précipitée. Il faut observer deux choses dans cette opération, l'une de dissoudre l'or dans de l'eau regale préparée avec le sel armoniac, & l'autre, de ne verser que ce qu'il faut d'huile de tartre pour précipiter l'or, puisqu'on n'en peut verser trop sans détruire la vertu fulminante, qui consiste dans le combat du soufre de l'or avec les sels alcalis. La poudre de l'Or fulminant est laxative, si on la prend avant qu'elle ait été édulcorée, & c'est l'édulcoration qui la fait devenir sudorifique. L'Or fulminant est un bon carminatif contre les vents des enfans & des adultes, & on lui ôte sa vertu fulminante avec les acides, sur-tout avec l'esprit de sel & de soufre. L'Or ne se sublime point de lui-même, & pour en faire la sublimation, on y ajoûte du beurre d'antimoine pour l'élever au dessus de l'alembic. L'esprit besoardique de nitre enleve aussi l'or & le sel armoniac le sublime en forme de fleurs qu'on remêle avec l'or pour en avoir en plus grande quantité. La maniere de sublimer l'or avec l'esprit de suie, est une operation connue de peu de personnes.

Or. Terme de Blason. Couleur jaune qui represente le premier métal ou le premier des émaux. *Il porte d'or à la colomne d'azur, semée de larmes*

d'argent. Les Graveurs marquent l'Or par un nombre infini de petits points.

ORA

ORAILLE. s. f. Vieux mot. Orée, le bord d'un bois.

ORAL, ALE. adj. Qu'on expose de bouche. Ce mot se dit de la loi des sçavans Rabbins Juifs, *Loi orale*, parce qu'elle s'enseignoit seulement de bouche & par tradition; du Latin *Os, oris*, Bouche.

ORANGE. s. f. Fruit de l'Oranger, arbre toûjours vert, qui a ses feuilles larges & approchantes de celles du laurier. Elles sont grosses, lissées, odorantes & pointues au bout. Les Orangers jettent des branches souples & minces, dont l'écorce est de couleur verte blanchâtre. Leur sleur est blanche & d'une odeur extrémement agréable; aussi s'en sert-on dans les parfums. On en tire une eau fort cordiale, & qui s'emploie très-utilement contre les fievres pestilentielles. Cette eau donnée en breuvage au poids de six onces, provoque une si forte sueur, qu'elle fait sortir sur la peau toutes les méchantes humeurs. Les Oranges se rapportent presque aux proprietés & qualités des citrons. Elles sont pourtant plus petites & plus rondes, & de couleur d'or quand elles sont mûres. Elles sont aussi plus remplies de jus, mais ce jus ne se trouve pas le même dans toutes, les unes étant aigres, les autres douces, & d'autres vineuses. Leur écorce est plus amere & plus épaisse que celle des Limons. Cette écorce est bonne à ouvrir & préparer la pituite. Elle est bonne aussi pour l'estomac, tue les vers autsi-bien que leur semence, & discute les ventosités. Les Latins appellent les Oranges *Aurantia*, comme qui diroit *Mala aurea*, Pommes d'or.

ORATOIRE. s. m. *Petit lieu dans une maison destinée pour prier Dieu.* ACAD. FR. On a commencé à appeller *Oratoires*, Les petites Chapelles jointes aux Monasteres, où les Moines faisoient leurs prieres avant qu'ils eussent des Eglises. Ce mot a passé depuis aux autels ou chapelles qui étoient dans les maisons particulieres.

Oratoire. Congregation de Prêtres du Clergé, que saint Philippe de Neri établit à Rome, & dont le Pape Gregoire XIII. approuva l'établissement en 1575. Les Constitutions en furent confirmées en 1612. par Paul II. Cette Congregation a produit de grands Personnages, du nombre desquelles est le Cardinal Baronius. Il y a une autre Congregation de Prêtres en France, differente de celle-là, qu'on appelle *Oratoire de Jesus*. Le Cardinal de Berulle en fut le Fondateur, & le Pape Paul V. l'approuva en 1613. Elle s'est extrémement étendue, en sorte que les Prêtres de l'Oratoire ont plus de soixante Maisons en France. La fin qu'ils se sont principalement proposée, a été d'honorer autant qu'il leur est possible tous les mysteres de la vie & de la mort de JESUS-CHRIST & de la Vierge. Ils instruisent aussi la jeunesse dans leurs Colleges, & s'appliquent à élever les Clercs pour l'Eglise dans les Seminaires.

ORB

ORBATEUR. s. m. Mot qui a été dit autrefois pour Batteur d'or. Artisan qui à force de coups de marteau applatit l'or entre des feuilles de papier rouge, en sorte qu'il le reduit en petites feuilles très-déliées, dont les Doreurs, Peintres & autres se servent pour dorer.

ORBE. s. m. Corps spherique qui est contenu sous

deux superficies, l'une convexe & l'autre concave. On appelle *Orbes concentriques*, Plusieurs Orbes les uns dans les autres, qui ont un même centre; quand leur centre est different, on les appelle *Orbes excentriques*. Il y a des *Orbes concentriques & excentriques en partie*, Ce sont ceux qui ne sont pas épais également, & dont la surface interieure & la surface exterieure n'ont pas le même centre. *Orbe*, se dit aussi de l'espace que parcourt une planete dans toute l'étendue de son cours; & les nouveaux Astronomes disent, *Le grand Orbe de la terre*, pour dire, Le chemin qu'ils prétendent être fait chaque année par la terre autour du Soleil. Ce mot est Latin, *Orbis*, Cercle, rondeur.

ORBICULAIRE. adj. De figure ronde & spherique. On appelle *Muscles orbiculaires*, Le second & le troisième muscle des trois qui servent à élever & à abaisser les deux paupieres de l'œil. Ils prennent du grand angle descendant en bas, couvrent la paupiere inferieure, puis remontent au petit angle pour s'attacher à la paupiere superieure.

ORBITE. s. f. Le tour de la fosse ou du creux des yeux, qui est environné de l'os du crane. Les Orbites sont garnies interieurement d'une grande quantité de graisse, qui sert comme de matelas aux yeux, & empêche qu'ils ne se blessent par leur mouvement frequent & rapide contre les corps durs.

ORC

ORCHANETTE. s. f. Plante dont les feuilles sont semblables à la laituë, pointuës à la cime, veluës, âpres & noires. Elles sortent en grand nombre de sa racine, étant piquantes & éparpillées de tous côtés sur la terre. Sa racine est de la grosseur d'un doigt, & en été elle teint d'une couleur rouge comme sang, les mains de ceux qui la touchent. Elle est astringente & bonne aux brûlures & aux vieux ulceres, incorporée en huile & en cire. Dioscoride parle de deux autres sortes d'Orchanette, l'une appellée *Alcibiadum* ou *Onocheilas*, comme qui diroit ὄνου χεῖλος, Levre d'âne, à la difference de la premiere qu'en ce qu'elle a ses feuilles plus petites. Ses racines sont rouges & fort longues, & rendent un jus rouge comme sang dans le tems de la moisson. Cette herbe & ses feuilles ont tant de vertu, que soit qu'on la mange, ou qu'on la boive, ou qu'on la porte liée sur soi, elle resiste au venin de toutes sortes de serpens, & principalement de la vipere. La troisième espece est assés semblable à celle-ci. La graine en est rouge, & moindre que l'autre. Cette graine étant mâchée fait mourir un serpent sur l'heure, si on la crache dans sa gueule. Galien ajoûte une quatriéme sorte d'Orchanette, qu'il appelle *Lycopsis*, & Pline parle d'une autre qu'il nomme *Pseudo-anchusa*, Orchanette bâtarde.

ORCHESOGRAPHIE. s. f. Art & description de la danse dont les pas sont notés par des notes de musique. Ce mot vient du Grec ὀρχέομαι, Je saute, je danse, & de γράφω, J'écris.

ORCHESTRE. s. f. Lieu où l'on place la symphonie dans les Salles destinées aux representations des poëmes dramatiques & des spectacles, & qui separe le theatre du parterre. C'étoit chés les Anciens la partie circulaire la plus basse depuis le theatre jusqu'à l'amphitheatre. Ce mot est Grec, ὄρχησις, du verbe ὀρχέομαι, Danser.

ORCHIS. s. m. Plante qui a ses feuilles semblables à l'olivier lorsqu'il est encore tendre, tant celles qui environnent sa tige, qui est de la hauteur d'un pal-

Tome II.

me, que celles qui sont éparpillées sur terre. Elles sont pourtant plus longues, plus étroites & plus lissées. Ses fleurs sont rouges & ses racines bulbeuses, longuettes, étroites comme une olive, & doubles. Celle qui est la plus haute est pleine & charneuse, & la plus basse est plus molle & plus ridée. Ses racines sont bonnes à manger cuites comme on fait les bulbes. On tient que la plus grosse mangée par les hommes fait engendrer les mâles, & que l'autre mangée par les feinmes fait engendrer une fille. Il y a une autre espece d'*Orchis* ou *Cynosorchis*: car Galien dic qu'Orchis & Cynosorchis est une même herbe, dont les feuilles sont semblables à celles du porreau, mais plus larges, longues & grasses, & sortant toutes avec des replis des concavités de sa tige, qui est égale en hauteur à celle de l'autre. Ses fleurs sont presque rouges, & ses racines pareilles à celles du premier Orchis. La racine de celui-ci enduite, resout toutes sortes de tumeurs, mondifie les ulceres, guerit les fistules, & adoucit les inflammations. Cette seconde espece s'appelle *Serapias*. Le mot *Orchis* est Grec, & veut dire Testicule, & on lui a donné le nom de κυνόσορχις, parce que sa racine à quelque rapport aux testicules d'un chien, de κύνος, Chien, & de ὄρχις.

ORD

ORDE. s. m. Vieux mot. Le Tocsin.

ORDIERE. s. f. Vieux mot. Orniere.

ORDIR. v. a. Vieux mot. Salir, souiller. On a dit aussi *Ordoyer*, dans le même sens.

Glorieux fleon, glorieuse eve,
Qui lavas ce qu'Adam & Eve
Ont par leur peché ordoyé.

ORDONNANCE. s. f. Disposition, arrangement. *Ordonnance*, en termes de Peinture, se dit de la disposition des figures que l'on peint dans un tableau, & de toutes les autres choses qui le composent.

Dans l'Architecture l'Ordonnance est ce qui détermine la grandeur des pieces dont les appartemens sont composés. On appelle aussi *Ordonnance*, l'arrangement & la disposition des parties qui composent les cinq ordres d'Architecture.

On appelle *Ordonnance de derniere volonté*, Un Testament ou un Codicile.

On appelle en termes de guerre, *Compagnies d'Ordonnance*, Celles qui n'entrent jamais en corps de Regiment. Elles consistent en Gendarmes & Chevaux-legers, soit du Roi, soit de la Reine, de Monseigneur le Dauphin, & de Monsieur.

ORDONNE'E, adj. Rangé, disposé, mis en ordre. En Geometrie, on dit, *les Ordonnées* en sous-entendant *Lignes*. Ce sont des lignes droites tirées au diametre de quelque courbe, & toutes coupées également en deux par le diametre auquel elles sont ordonnées; car chaque diametre a les siennes. Les Ordonnées à un diametre sont parallèles entre elles, & à la tangente qui passe par le point ou ce diametre coupe la ligne courbe. Le parallelisme des Ordonnées avec la Tangente de leur diametre cesse dans le cas où un diametre n'a point de Tangente, parce qu'il ne coupe la ligne courbe en aucun point, ce qui arrive dans l'Hyperbole. Voyez HYPERBOLE. Mais la propriété qu'ont les Ordonnées d'être coupées en deux par leur diametre, est sans exception. Toutes les courbes ont des Ordonnées, & autant d'Ordonnées que de diametres differents. Chaque Ordonnée a son *absscisse* ou *interceptée*. Voyez ABSCISSE. C'est principalement par le rapport des Ordonnées aux Abscisses que l'on considere les courbes. Mais il faut

S ij

remarquer qu'ordinairement en Geometrie , quand il s'agit du rapport des Ordonnées aux Abscisses , on ne parle que de la moitié des Ordonnées , c'est-à-dire , de la partie terminée par le diametre & la courbe.

ORDONNER. v. a. Ranger, mettre en ordre. Dans les anciens Romans , *Estre ordonné*, se prend pour, Etre armé , équipé , prêt à combattre , comme , *Quand le Chevalier fut ordonné , il frappa des esperons , & courut encontre*; & selon cette signification , on lit dans Guy de Warvich , *Il commanda ordonner ses faucons , pour soy aller deporter & esbatre à la riviere* , c'est-à-dire , Equipper pour le vol. *Ordonner* a aussi signifié , Equipper quelqu'un d'habits ou autre équipage , comme en ces exemples , *Il ordonna le nouveau Chevalier* ; & *L'époux a promis vêtir & ordonner l'épouse selon sa qualité & estat.*

ORDOYER. v. a. Vieux mot. Salir , *Trop grande privauté & accointance d'hommes engendre diffame , & ordoye la renommée des femmes très-honnêtes.*

ORDRE. f. m. Terme d'Architecture. Regle pour la proportion des colomnes & pour la figure de certaines parties qui leur conviennent , selon les proportions differentes qu'elles ont.

Il y a cinq Ordres d'Architecture, dont le Toscan , qui est le plus simple & le plus dépourvu d'ornemens , est le premier. Il a pris son origine dans la Toscane ; ce qui lui a donné le nom de *Toscan.* Cet ordre est si grossier , qu'on le met rarement en usage , si ce n'est pour quelque bâtiment rustique , où il n'est besoin que d'un seul Ordre , ou pour un grand édifice , tel qu'est un amphitheâtre. Sa colomne avec sa base & son chapiteau , a d'ordinaire de hauteur sept diametres de leur grosseur prise par en bas. Le haut doit être diminué d'un quart de son diametre. Le piedestal est fort simple & n'a qu'un module de hauteur.

L'*Ordre Dorique* est le second, & a été inventé par les Dori ens , peuple de Grece. Sa colomne est haute de huit diametres , & ne doit avoir aucun ornement dans son chapiteau ni dans sa base. L'Astragale & la ceinture qui sont au dessous du chapiteau , qui a de hauteur un demi diametre, font partie du fust de cette même colomne.

Le troisiéme ordre est l'*Ionique* , qui tire son nom de l'Ionie , Province d'Asie. Lorsqu'on l'inventa , sa colomne n'avoit que huit modules de haut , mais les Anciens le voulant rendre plus agreable que l'Ordre Dorique, augmenterent la hauteur des colomnes , & y ajoûterent une base qui n'étoit point en usage dans le Dorique ; de sorte qu'avec le chapiteau & la base elles ont neuf diametres de la colomne prise en bas. Leur piedestal a de haut deux diametres & deux tiers ou environ. Le chapiteau est principalement composé de volutes qui le rendent different de tous les autres Ordres. Les colomnes Ioniques sont cannelées d'ordinaire de vingt-quatre cannelures.

L'*Ordre Corinthien* est le quatriéme. C'est le plus délicat & le plus riche. Il fut inventé à Corinthe par Callimachus , qui étoit un Sculpteur Athenien. Ses colomnes avec leurs bases & le chapiteau ont ordinairement dix diametres. Ce chapiteau est orné de deux rangs de feuilles & de huit volutes qui en soûtiennent le taillor.

Les Romains ont ajoûté à ces quatre Ordres l'*Ordre Composite* , appellé ainsi , parce que son chapiteau est composé de deux rangs de feuilles du Corinthien & des volutes de l'Ionique. On tient qu'ils ne l'inventerent qu'après qu'Auguste eut donné la paix à toute la terre. Les Colomnes Composites ont

d'ordinaire dix diametres de haut , comme le Corinthien , auquel on le fait semblable dans toutes les mesures & dans tous les membres , à l'exception du chapiteau qui n'a que quatre volutes. Ces volutes occupent tout l'espace que remplissent dans le Corinthien les volutes & les caulicoles.

On appelle *Ordre Composé* , Toute composition arbitraire , qui est differente de celles qu'ont reglées les cinq Ordres qui viennent d'être expliqués. L'*Ordre Rustique* est celui qui est avec des refends & des bossages ; & l'*Ordre Attique* , Un petit Ordre de pilastres de la plus courte proportion , ayant une corniche architravée pour entablement. On dit *Ordre Caryatique* , pour signifier celui qui a des figures de femmes à la place des colomnes ; & *Ordre Persique* , quand on parle de celui qui a des figures d'Esclaves Persans , au lieu de colomnes , pour porter l'entablement. Il y a encore un *Ordre Gothique* & un *Ordre François.* Le premier est celui qui s'éloigne tellement des proportions & des ornemens antiques , qu'il a ses colomnes ou trop massives ou trop menues que des perches , avec des chapiteaux sans mesures , taillés de feuilles d'achante épineuses , de choux , de chardons & autres. L'*Ordre François* composé d'attributs qui conviennent à la Nation Françoise , comme fleurs de lis & têtes de coq. Il y a des proportions Corinthiennes.

ORE

ORE. f. f. Vieux mot. Heure.

Ainsi s'en part en molt petit d'ore.

OREBISTES. f. m. Heretiques qui s'attacherent aux erreurs des Hussites , & qui parurent dans la Bohéme vers l'an 1420. Ils faisoient mourir dans les tourmens les Prêtres Orthodoxes qui tomboient entre leurs mains , & prirent le nom d'Orebistes du nom du lieu où ils faisoient leurs retraites , & qu'ils appelloient le Mont d'Oreb.

OREILLE. f. f. Partie cartilagineuse , située sur l'os des temples , & qui n'est pas toûjours d'égale grandeur dans tous les sujets humains , ni dans les animaux brutes. Toute la partie posterieure de ce cartilage est unie , & forme en quelques sujets un ply qui se continue jusqu'à la partie superieure & anterieure , & il est tout uni aux autres. Il est recouvert de la peau qui couvre exterieurement le corps , & d'une membrane très-mince qui lui est fort adherente, M. Drouin , Maître Chirurgien de l'Hôpital general , qui a fait une docte description de l'oreille, dit qu'il avoit crû jusques à present, ainsi que bien d'autres, que cette partie avoit des muscles, mais qu'ayant bien examiné la chose sur divers sujets humains , il a reconnu , qu'il étoit tombé dans cette erreur , en prenant une portion du muscle occipital pour muscle de l'oreille. La cavité de l'oreille est couverte de la même peau qui couvre tout le corps , & il y a un petit duvet , & quelques poils , avec quantité de glandes situées presque dans le fond , qui filtre la matiere jaune qui se trouve dans cette cavité. La cavité exterieure de l'oreille qu'on appelle *Conque* , est en partie osseuse , & en partie cartilagineuse. La cartilagineuse est bien plus considerable dans les enfans que l'osseuse , celle-ci n'ayant que deux lignes de largeur , & celle-là quatre ou cinq. Elles s'engrenent ensemble de telle maniere qu'on ne sçauroit presque les separer. Cette cavité n'est pas droite , & se contourne de bas en haut , & de derriere en devant , & ensuite de haut en bas. Cela est cause que l'on a peine à tirer les corps étrangers qui y font entrés, & de-là vient aussi que la force des corps resonnants est augmentée par la multiplicité des angles que l'air est contraint de faire à la rencontre de ces inégalités. Une membrane très-forte & transparente la termine. Cette membrane, que l'on appelle *Tambour*, est attachée dans une feuillûre qui est à la partie interieure du cercle osseux, lequel cercle osseux est échancré à sa partie superieure. Elle ne forme pas un plan droit dans le fond de cette cavité, à cause que les fortes impulsions de l'air auroient pû l'enfoncer, mais ce plan est incliné, ce qui est cause que l'air roule doucement sur sa superficie. Au de-là de cette même membrane, il y a une cavité considerable que l'on nomme *Quaisse*. Elle appartient à l'os petreux & plusieurs parties y sont contenues, sçavoir quatre osselets, trois muscles, deux conduits, deux fenêtres, & une branche de nerfs. Les Anatomistes nomment *Marteau*, le premier des osselets. Il a son manche fortement collé à la membrane du tambour. Le second osselet se nomme *Enclume*. Il a trois parties, son corps qui est situé au haut de la quaisse, & ses deux branches qui sont inégales. La plus considerable tombe perpendiculairement en se recourbant un peu en dedans & à son extremité. Le troisiéme osselet qui a la figure d'une lentille, est concave du côté qu'il touche l'enclume, & convexe de celui qui touche le quatriéme osselet qu'on nomme *Estrier*. Ses deux branches ont à leur partie interieure une feuillûre où s'enchasse une membrane très-délicate & très-fine. Sa base est ovale posée sur la fenêtre ovalaire. Des trois muscles il y en a deux qui appartiennent au matteau, & dont le premier se fixe attaches, l'une à la partie superieure de l'aqueduc, & l'autre à la petite apophyse de cet os. Le second a les siennes, l'une dans une cavité qui est à l'os pierreux, & l'autre au manche du marteau. Le troisiéme muscle appartient à l'estrier, & à l'une de ses attaches dans le fond de la quaisse, & l'autre a la tête de cet os. Il y a deux conduits dans la quaisse, l'un appellé *Aqueduc*, en partie osseux & en partie cartilagineux, & l'autre dans l'apophyse mastoïde. Pour les deux fenêtres, l'une est ronde, située sur la partie inferieure de ce qu'on nomme *Coquille*, & bouchée exactement par une membrane. L'autre fenêtre est ovale. C'est sur cette cavité qu'est appuyée la base de l'estrier, qui ne la bouche pas de telle sorte, qu'il ne laisse quelque espace vuide pour l'introduction de l'air dans le labyrinthe. La petite branche de nerf, qui traverse la quaisse, est un rameau de la troisiéme branche, de la cinquiéme partie, qui se détache de celui qui va à la langue, passe par dessus l'aqueduc, & s'enfonce dans la quaisse, donne quelques fibres aux muscles du marteau, puis ressort hors de la caisse avec la partie dure du nerf auditif. Il y a encore le labyrinthe. C'est une cavité à quatre à cinq lignes de diametre, creusée dans la moyenne partie de l'apophyse pietreuse entre les trois canaux & la coquille du limaçon. Cette coquille est un peu au dessous de la partie inferieure & anterieure de l'apophyse pietreuse, & fait plusieurs tours, qui ont assés de rapport à une volute. Les trois canaux qui sont appellés l'un superieur, l'autre moyen, & le troisiéme inferieur, ne forment que cinq ouvertures dans le labyrinthe, à cause que le canal inferieur confond la sienne avec celle du superieur, ce qui est cause que de deux ils n'en font qu'une. C'est ainsi qu'en a parlé le même M. Drouin en traitant de la structure de l'oreille. La figure anfractueuse de l'oreille externe, & sur tout la voute de l'oreille interne, rend bien plus exacte la perception du son

ou du mouvement de l'air, parce que les sons s'entendent bien mieux dans les lieux voutés. L'artifice peut faire même construire des chambres, où lorsqu'on est en un coin, on peut entendre tout ce qu'on y dit, même à l'oreille & tout bas, sans que ceux qui sont au milieu de la même chambre entendent rien. La membrane du tambour sert en partie pour moderer que le mouvement de l'air à de trop impetueux, & pour en imprimer un semblable à l'air interne de la quaisse, afin de le porter par le labyrinthe jusqu'au limaçon & à l'expansion du nerf acoustique. Quand cette expansion est frappée par plusieurs mouvements successifs de l'air, & qu'ils causent aux esprits qui y sont presens une telle émotion, que le second mouvement réponde au premier par quelques tiers, le troisiéme au second, & le quatriéme au troisiéme, il se fait un son harmonieux très-agreable, & ce son resulte de la proportion que les mouvements de l'air ont entre eux. Si cette proportion & cet accord manque, le son sera sans harmonie & desagreable, & il incommodera même la langue & les dents, à cause de la communication des nerfs.

On appelle *Oreille du cœur*, deux petites ouvertures du cœur faites en forme d'oreilles, qui servent à recevoir le sang, & à faire la circulation de ce même sang. La droite aboutit à la veine cave, & la gauche qui se dilate quand le cœur se resserre pour en faire sortir le sang, se termine à l'entrée de l'artere veineuse.

On appelle en termes de Marine, *Oreille de l'ancre*, la largeur des pattes de l'ancre, & quand on dit *Oreille de liévre*, on entend une voile apareillée en oreille de liévre, c'est-à-dire, en voile latine ou à tiers point, ce qui la rend differente des voiles à trait quarré.

Oreille de liévre, est aussi une petite plante qu'on a appellée ainsi à cause qu'elle est faite entierement comme l'oreille d'un liévre.

Oreille d'ours, Fleur odoriferente qui fleurit en Avril, & qui est rouge, blanche ou gris de lin.

Oreille de rat. Herbe produisant plusieurs tiges qui viennent toutes d'une racine. Elles sont un peu rouges par le bas, & aucunement creuses. Elle a ses feuilles étroites, longuettes, ayant le dos aigu & élevé, & tirant sur le noir. Ces feuilles qui sont comparties deux à deux par intervalles, vont toûjours en aiguisant, & il sort d'entre elles de petites tiges qui portent une fleur bleue comme celle du Mouron. Sa racine est de la grosseur du doigt, ayant avec soi plusieurs petites racines attachées. Dioscoride dit que cette racine enduite guerit les fistules des yeux qui viennent auprès du nez. Quelques-uns nomment *Alsine*, l'Oreille de rat. En Grec μυοσωτις, comme qui diroit μυὸς ὦτα, à cause que les feuilles de cette herbe ont du rapport avec l'oreille d'un rat.

Oreille d'Asne. Plante dont les feuilles sont assés grandes, longues, larges, épaisses, rudes & velues, ce qui les fait ressembler à l'oreille d'un Asne dont cette plante a le nom. Elle est haute de deux coudées. On l'appelle en Latin *Symphicum majus*, ou *Consolida major*.

Oreille d'abricots. Abricots confits dont les noyaux ont été ôtés & les deux moitiés rejointes, en sorte que l'extremité de l'une n'allant qu'au milieu de l'autre, cela represente une maniere d'oreille.

On appelle *Oreilles*, en termes de Blason, deux petites pointes qui sont au haut des grandes coquilles, telles que sont celles de saint Jacques.

Les Organistes appellent aussi *Oreilles*, deux petites plaques de plomb qu'on soude sur les tuyaux à côté de leur bouche ou lumiere, qu'on abaisse ou qu'on releve pour faire des sons plus graves ou plus aigres. Ils leurs ont donné ce nom à cause qu'elles semblént écouter si les tuyaux sont d'accord.

Oreilles, dans un cadenats, se dit de la partie du cadenats, où s'ajuste l'anse.

Oreille, se dit aussi dans les bâtimens des retours q'on fait faire par en haut aux chambranles ou bandeaux des portes ou des fenêtres. On les appelle autrement *Grossetes*.

OREILLE', E'E. adj. Terme de blason. Il se dit des Dauphins & des coquilles, dont les oreilles sont d'un émail different de celui de leurs corps *D'azur au chevron d'or, accompagné de trois coquilles oreillées d'or.*

OREILLER. v. a. Vieux mot. Rouler.

OREILLER. s. m. Terme d'Architecture. La face de côté des volutes dans le chapiteau Ionique, autrement *Conssinct de chapiteau.* Vitruve l'appelle *Pulvinus.*

OR'ENDROIT. Vieux mot, composé de *Ore,* ou *Ores* & de *Endroit.*

Menez joye orendroit
Chacun de vous qui avez le cœur droit.

ORENIS. Vieux mot. Nagueres.

ORER. v. a. Vieux mot. Prier, du Latin *Orare,* d'où est venu Oraison.

Pour Dieu prier & pour orer
Et pour la bataille esgarder.

ORES. adv. Vieux mot. Maintenant.

Las, pourquoi t'ebahis ores,
Mon ame, & fremis d'esmoy.

ORF

ORFAVERISER. v. n. Vieux mot. Travailler en Orfevrerie. *Selon ce,* dit Nicod, *on dit les Hoquetons des Archers des Gardes, soit du corps du Roi ou autres, être orfaverisés d'or & d'argent, pour les papillotes d'argent, & dorées dont le corps dudit Hoqueton est diversifié & accommodé à la representation de la Devise du Roi, & dont les bordures des colets, manches & taffetes, sont faites. Selon ce aussi, Nicolas Giles en la vie du Roi Jean qui étoit prisonnier en Angleterre, parlant du Duc de Normandie, Fils ainé de France, écrit que le chaperon de lui étoit de brunette noire orfaverisé d'or, c'est-à-dire, par préexcellence sus les chapperons du commun, papillote d'or, & surtissu d'or battu & martelé.*

ORFRAIS. s. m. Vieux mot. Borel croit que c'est la broderie d'or broché, ou le bord ou parement des Autels, écharpes & robes, & qu'il vient non pas d'*Orfévrerie* comme quelques-uns ont crû, mais de *Aurumphrygium,* comme a remarqué M. Ménage, parce que cette invention étoit venue de ce Pays-là. *Orfrais,* dit Nicod, *sont ces larges bandes tissues de fil d'or & d'argent, en representation de personnages ou d'autres choses, dont les chappes, chasubles & tuniques ecclesiastiques sont chapperonnées, croisées & surbandées, ce qui est ouvrage de brodeurs, & non d'orfevres, quoique le mot endicte le contraire.* On lit dans le Roman de la Rose.

Si eut le corps bel & deugié
D'orfrais eut un chapel mignot.

On a dit aussi *Orfrois,* & le même Roman de la Rose dit en parlant de l'habit de Dame richesse.

Portraites y furent d'orfrois
Histoires d'Empereurs & Rois.

Cette sorte de broderie étoit appellée *Orfroie,* & on

disoit *Orfraré,* pour dire, Couvert d'orfrois.

La pourpre fu toute orfrarée
Si ert pourtraites à orfrais.

ORFRAYE. s. f. Sorte d'oiseau de nuit qu'on tient de mauvais augure. Il est de couleur brune, & a les jambes courtes, & couvertes d'écailles, & les ongles ronds. Il vit de rapine, mangeant les poissons d'etang & de mer. Le cri qu'il pousse est extrêmement lugubre. En Latin *Ossifraga.*

ORG

ORGANEAU. s. m. Terme de Marine. Gros anneau de fer, qui est passé au bout de la verge de l'ancre, & qui sert à amarer le cable. On dit aussi *Arganeau.*

ORGANSIN. s. m. Terme qui se dit des soyes torses apprêtées & bien conditionnées, qu'on a fait passer deux fois par le moulin.

ORGE. s. m. Plante qui jette une simple tige, au bout de laquelle elle porte son grain dans un épy. Elle a sa feuille plus large que la plante dont vient le froment. Son tuyau est moindre & plus frêle, & a huit nœuds. Son grain qui est assés gros n'a qu'une gousse bien simple, qui ne s'ôte pourtant pas fort facilement. Il jette au bout une barbe, forte, longue, & piquante. Sa racine est chevelue. Le meilleur est celui qui est blanc, fourni, pesant, aisé à cuire, & qui ne chancit point. Celui qui est roux, quoiqu'il soit exempt du froid & de l'injure du ciel, est pourtant de peu d'usage dans la Medecine. Theophraste dit que l'Orge d'Inde est different de tous les autres, en ce qu'il jette ses tuyaux longs comme le bras. Il ajoûte, que les épis d'orge sont plus grands & plus épais aux uns qu'aux autres; que les uns sont plus élevés de terre, & les autres plus près de leurs feuilles, tel qu'est celui qu'on appelle *Achilles*; qu'il y a des orges ronds & petits, & d'autres qui sont longuers & gros, & plus épais aux épis; qu'il y en a aussi de blanc & de rouge; que ce dernier rend beaucoup de farine, & qu'il se maintient mieux que l'autre contre le froid & le chaud. Le pain d'orge nuit à l'estomac, & y engendre des ventosités, & des humeurs froides & gluantes. Il donne d'ailleurs peu de nourriture. On ne laisse pas de l'ordonner aux gouteux. L'orge desseche selon Galien, & tient quelque peu de l'abstersif, n'échauffant jamais de quelque maniere qu'on l'apprête.

On appelle *Orge mondé,* de l'orge dont on a ôté l'écosse, & qui est propre à rafraîchir, & à faire de la tisanne. Il humecte, désaltere, engendre un suc subtil, coulant doucement en bas, parce qu'il n'a point d'astriction. Il n'enfle point l'estomac, & se digere, sans donner de tranchées au ventre, & sans causer aucune incommodité à ceux qui en usent.

ORGIES. s. f. p. Fêtes qui se celebroient chés les Payens en l'honneur de Bacchus, par des femmes furieuses que l'on appelloit *Bacchantes.* Ces sortes de fêtes se faisoient, particulierement sur les Montagnes, d'où ce mot peut avoir été fait, d'ορος, Montagne. Lucien se sert du mot οργια, pour signifier les sacrés Mysteres.

ORGUE. s. f. Instrument de Musique à vent, le plus grand & le plus harmonieux de tous. On s'en sert particulierement dans les Eglises, pour celebrer l'Office divin avec plus de solemnité. Il ne laisse pas d'y avoir quelques orgues portatives, appellées *Cabinets d'orgues,* & on appelle dans les Eglises *Buffet d'orgue,* la construction de menuiserie, qui enferme toute la machine. Le grand buffet sert pour le grand jeu, & le petit buffet pour le petit. Cet Inſtrument eſt compoſé de pluſieurs tuyaux où de gros ſoufflets font entrer le vent. Ce vent eſt diſtribué par un ſommier, & par le moyen de pluſieurs regiſtres qui ouvrent & ferment l'ouverture de ces tuyaux, & il y entre, ſelon qu'on appuie les doigts ſur les diff.rentes touches du clavier. Il y a deux ou trois claviers, & quelquefois quatre ou cinq dans les grands buffets. Ils ſont diviſés en pluſieurs touches, comme ceux de l'épinette & du claveſſin. Une orgue a du moins deux mille tuyaux, ſoit dans le grand buffet, ou dans le petit qu'on appelle *Poſitif.* Ils ſont de bois, d'eſtaim ou de plomb. Il y en a à anche; d'autres ouverts, & d'autres bouchés. On remarque que le tuyau bouché deſcend deux fois plus bas que celui qui eſt deux fois plus long, & qui eſt ouvert, parce que l'air qui y entre & qui en ſort, a deux fois autant de chemin à faire. Ceux qui ont un petit tuyau ſoudé au bout d'en haut d'un plus grand, s'appellent *Tuyaux à cheminée.*

Il y a auſſi un Inſtrument qu'on appelle *Orgue hydraulique,* il eſt fait de métal peint & doré, en maniere de buffet d'orgue, & joue par le moyen de l'eau dans une grote.

Orgues, ſe dit en termes de guerre, d'une Machine compoſée de pluſieurs arquebuſes à croc, ou de pluſieurs gros canons ou mouſquets attachés enſemble qui ſe tirent tout à la fois ou ſéparément. On s'en ſert pour défendre les breches & autres lieux qu'on attaque.

On appelle auſſi *Orgues,* pluſieurs longues & groſſes pieces de bois ferrées par le bout, & détachées les unes des autres. On les tient ſuſpendues avec des cordes au-deſſus des portes d'une Ville, & ſi l'ennemi entreprend de tenter l'entrée, on les laiſſe tomber à plomb, ce qui lui ferme le paſſage, parce qu'il ne peut rien mettre au-deſſous capable d'arrêter toutes ces pieces de bois, ce qui fait préférer les Orgues aux Herſes, dont il ne faut arrêter qu'un ſeul endroit pour arrêter tout le reſte, parce qu'une herſe eſt compoſée de pieces aſſemblées l'une avec l'autre.

Orgues, ſignifie encore en termes de Marine, certaines ouvertures ou gouttieres qui ſont conduites en pente, le long des villacs & des ſabords tout au-travers du bordage d'un Vaiſſeau, afin de faire tomber à fond de cale les eaux de pluie, & des vagues.

ORGUEIL. ſ. m. *Vanité, préſomption, opinion trop avantageuſe de ſoi-même, par laquelle on ſe préfere aux autres.* ACAD. FR. Quelques Ouvriers appellent *Orgueil,* Une petite pierre ou un éclat de bois en forme de coin qu'ils mettent ſous leurs pinces & leviers, & qui ſert de point d'appui ou de centre de mouvement lorſqu'ils veulent lever ou mouvoir quelque groſſe pierre ou piece de bois. Ils l'appellent autrement *Cale.* Nicod dit, que comme cet éclat de bois ou billot fait déplacer une maſſe cent fois plus peſante qu'il n'eſt, on lui a donné le nom d'*Orgueil.* Les Grecs l'appellent λεφανλεισν.

ORI

ORIENT. ſ. m. Le point de l'horiſon où ſe leve le Soleil. Il y a l'*Orient Equinoctial, l'Orient d'Eté, & l'Orient d'Hyver.* L'Orient des Equinoxes s'appelle auſſi *vrai Orient.*

ORIENTER. v. a. *Diſpoſer, ſituer, à l'égard de l'Orient & des autres points Cardinaux.* ACAD. FR. La bouſſole eſt d'un grand uſage pour *Orienter un plan,* ce qui veut dire, Marquer la ſituation d'un plan ſur la terre à l'égard des quatre parties Cardi-

nales du monde. On dit en termes de Marine, *Orienter une choſe,* pour dire, La tourner de telle ſorte qu'elle ſoit dans la ſituation que l'on ſouhaite à l'égard de quelque partie du monde. On dit auſſi *Orienter les voiles,* pour dire, Les braſſer de maniere qu'elles reçoivent le vent.

ORIFLAMME. ſ. f. La plus ancienne, & principale banniere de France, ſemée de lis, qu'on portoit autour de nos Rois dans les grandes occaſions. On l'appelloit *Flammula,* & *Auriflamma* en Latin. Sa matiere étoit de cendal de couleur de flâme d'or. Il en eſt parlé ainſi dans la chronique ancienne de Flandrs. *Meſſire Miles des Noyers,* étoit monté ſus ung grand deſtrier couvert de haubergerie, & tenoit une lance, en laquelle l'Oriflamme étoit attachée d'un vermeil ſatiné à guiſe de gonfanon, à trois queues, & avoit entour houpes de verte-ſoye. Cette banniere étoit gardée en l'Abbaye de ſaint Denys, & on la recevoit de-là avec de grandes ceremonies, des mains de l'Abbé quand il y avoit quelque occaſion de s'en ſervir. Le Comte de Vexin comme premier Vaſſal de ſaint Denys, avoit droit de la porter, & il la prenoit du Roi qui la recevoit ſans chaperon & ceinture, après avoir fait ſes devotions à Paris dans l'Egliſe de Notre-Dame, & enſuite à St. Denys. Le Comté de Vexin étant enfin joint à la Couronne, le Roi faiſoit porter l'Oriflamme par qui il vouloit, & la portoit au col quelquefois lui-même ſans la déployer. On la déployoit à la guerre au bout d'une lance, & la guerre étant finie, on la rapportoit à ſaint Denys. Les uns diſent qu'elle fut faite ſous Clovis, & les autres ſous Dagobert, ce que témoignent ces anciens vers.

Li Rois Dagobert la fi faire,
Qui ſaint Denis ça en arriere
Fonda de ſes rentes premieres,
Si comme encore eſpert leans
Et Chapelets des Meſereaus.
Devant lui porter la faiſoit
Touteſfoi qu'aller li plaiſoit ;
Bien attachée en une lance,
Penſant qu'il euſt remembrance
Au raviſer le cendal rouge
De celuy glorieux guar rouge.

La charge de porter l'Oriflamme étoit ſi conſiderable, que ſous le Roi Charles V. le ſieur d'Andrehen quitta celle de Maréchal de France pour cette fonction. La confiance que l'on avoit en cet étendard obligeoit à s'en ſervir aux batailles dont l'iſſue étoit douteuſe, & on la mettoit toûjours au front de l'armée, parce qu'on étoit perſuadé, qu'elle rendoit invincibles les armes de ceux en faveur de qui on la portoit. On trouve écrit dans une Hiſtoire de Flandre, que l'Oriflamme fut priſe & rompue en la bataille de Monts en Puelle, en Latin *Mons populeti,* & qu'Anſeau de Chévreuſe qui la portoit, fut tué dans ce combat, mais Guillaume Guiart qui vivoit alors, dit que ce fut une Oriflamme feinte que l'on y avoit portée ; afin de donner courage aux ſoldats. Ces vers en ſont une marque.

Auſſiau, le Sire de Chévreuſe,
Fut ſi comme nous appriſmes
Eſteint en ſes armes mêmes,
Et l'Oriflamme contrefaite
Chai à terre, & la ſaiſirent
Flamens qui après s'enfuivent.

L'Oriflamme fut vûe en 1534. ce qui ſe juſtifie par l'Inventaire que l'on en fit en ces termes. L'Oriflamme eſt un étendard de cendal fort épais, fendu par le milieu en façon d'un Gonfanon fort caduque, envelopé autour d'un bâton , couvert d'un cuivre doré , & un fer longuet , aigu au bout. On l'appelloit aussi *Oriflor*.

> *Se soigne , te donray qui fu ton ancessor ,*
> *Par tel que en bataille porteras l'Oriflor.*

On l'a aussi appellé *Oriflamble*.

> *Si a fait bailler erramment*
> *L'Oriflamble de saint Denis ,*
> *A un Chevalier par Devise.*

ORIFLANT. adj. Vieux mot. Pompeux , vain.

> *Pur , clarifique , clair , Oriflant , franc & frisque.*

ORIGAN. s. m. Plante que Dioscoride dit être de deux especes , l'Origan *Heracleotique* , & l'Origan *Oniti*. Le premier , appellé par quelques-uns *Culina* , a les feuilles assés semblables à celles d'hyssope , & son bouquet est mi-parti en divers endroits. Il produit une graine peu épaisse à la cime de ses branches. Il est chaud , & sa décoction faite en vin cuit , prise en breuvage est bonne contre la morsure des Serpens ; il le faut cuire en vin cuit , pour ceux qui ont été empoisonnés de meconium ou de cigue. On compose un vomitif d'Origan , d'oignons & de graine de sumach , en laissant secher le tout au Soleil dans un vaisseau de cuivre quarante jours pendant les grandes chaleurs de l'été. L'Origan Onitis a les feuilles plus blanches , & qui ressemblent plus à l'hyssope. Il porte sa graine en façon de plusieurs têtes ou corymbes entassées ensemble Il a les mêmes proprietés que l'Heracleotique , quoique moindre en ses operations. L'Origan sauvage , que les uns appellent *Panaces heracleum* , & les autres *Cunila* , produit ses feuilles semblables à celles d'Origan , & ses branches grêles & menues , ausquelles on voit de certains bouquets comme ceux d'Aneth , & plusieurs fleurs blanches. Sa racine est menue & inutile , mais ses feuilles & ses fleurs bûes en vin , servent particulierement à ceux qui sont mordus de serpens. Theophraste parle seulement de deux sortes d'Origan , l'un blanc qui porte du fruit , l'autre noire qui est sterile. Matthiole dit que l'Origan heracleotique & l'Origan Onitis , ne sont point connus en Italie , ou que du moins ils n'y croissent pas , à quoi il ajoûte qu'encore que Dioscoride ne mette qu'une seule espece d'Origan sauvage , dont les fleurs sont blanches , cela n'empêche point qu'il n'en puisse croistre une autre sorte , differente , quant aux fleurs de l'Origan sauvage qui vient en Grece. L'Origan sec qu'on apporte de Candie à Venise , a une fleur blanche , fort aigue au goût , & fort âpre d'odeur , ce qui l'oblige à le prendre pour l'Origan sauvage décrit par Dioscoride. En Grec ὀξύγανον , que quelques-uns font venir de ὄρος γανοῦσθαι , Se plaire dans les montagnes , à cause que cette plante vient particulierement dans les endroits montueux.

ORIGENISTES. s. m. Heretiques qui soûtenoient les erreurs tirées du livre d'Origene , intitulé , des Principes , soit que ces erreurs y fussent , soit qu'on les y eût inserées par malice. Ils prétendoient que la punition des Diables & des reprouvés ne seroit que mille ans , & qu'après ce tems ils deviendroient bienheureux. Selon leur doctrine , JESUS-CHRIST n'étoit Fils de Dieu que par adoption & par grace , & les ames ayant été créées long-rems avant le monde , avoient été envoyées dans les corps comme dans des prisons , parce qu'elles avoient peché dans le Ciel. Ces Heretiques furent condamnés premierement au Concile d'Alexandrie , deux cens ans après la mort d'Origene , & ensuite

au cinquiéme Concile universel de Constantinople sous Justinien premier.

ORIGINATION. s. f. Vieux mot. Origine.

ORIGINIENS. s. m. Autres Heretiques, appellés ainsi d'Origenes Moine , qui vivoit en Egypte , & étoit Disciple d'Anthonius. Ils rejettoient tous les Livres du vieil & du Nouveau Testament qui semblent permettre le mariage , dont ils étoient ennemis , ce qui leur faisoit estimer le concubinage.

ORILLON. s. m. Masse de terre revêtue de muraille que l'on avance sur l'épaule des bastions à casemeate , afin qu'en couvrant le canon qui est dans le flanc retiré , elle empêche que les Assiegeans ne le démontent. Il y a des Orillons de figure ronde. Il y en a d'autres , appellés *Epaulemens* , dont la figure est presque quarrée.

ORIN. s. m. Terme de Marine. Grosse corde qui est attachée par l'un de ses bouts à la croisée de l'ancre, lorsqu'on l'a jettée en mer , & qui tient par l'autre bout à une bouée qui marque l'endroit precis où est l'ancre.

ORINE. s. f. Vieux mot. Origine.

> *Et toy , qui es une meschine*
> *Poûre , & humble , & de basse orine.*

On s'en sert encore aujourd'hui dans quelques Provinces , pour dire , Enseus ou des animaux de bonne ou mauvaise race. *Voilà un méchant enfant , quoique de bonne orine. Ce chien est de bonne orine.*

ORIX. s. m. Animal qu'Appian dans la description qu'il en fait , dit être assés fort pour battre les Tigres & les Lions. Il est presentement inconnu , si on ne veut suivre l'opinion de ceux qui le veulent faire passer pour la Gazelle , quoiqu'il n'ait point les marques qui doivent se rencontrer dans l'Orix , auquel Aristote donne une seule corne au milieu du front. Pline dit qu'il a tout le poil tourné vers la tête , & Albert le Grand lui fait avoir de la barbe au menton.

ORL

ORLE. s. m. Terme d'Architecture. Filet sous l'ove d'un Chapiteau. Il vient de l'Italien *Orlo* , Ourler.

Orle , en termes de Blason , est une maniere de ceinture autour du dedans de l'écu , à une petite distance des bords. *De gueules à l'orle d'argent.*

ORM

ORME. s. m. Arbre de haute fûtaie , dont il y a de deux sortes , l'un montagnard & l'autre champêtre. Le champêtre porte plus de fruit , mais l'autre est plus ample & plus grand. Sa feuille est un peu crenelée , longuette , crêpue , madrée , rude & âpre. Il jette force grandes vessies , rondelettes , crêpues , dans lesquelles il y a une petite humeur claire , & de petits animaux. Son bois est nerveux , & fort sans être beau. Le montagnard jette de petits floquets , puis de la graine , qu'on appelle *Samara*. Son écorce de dessus est rude , inégale , & a force croutes. Celle qui est auprès du bois est toute autre , se pliant ainsi qu'un lien ou une courroie. Theophraste dit qu'on estime l'Orme , à cause qu'il croît fort en hauteur & en largeur ; que son bois se coupe aisément quand il est verd , & qu'étant sec on a peine à le couper. Il ajoûte qu'il ne porte point de fruit , mais qu'il produit certaines vessies pleines de gomme & d'animaux semblables à des moucherons , & en automne quantité de chattons petits & noirs , & qu'il n'a pas pris garde à ce qu'il porte aux autres saisons. Pline ayant établi quatre sortes d'Ormes ,
dit

dit qu'en Italie on appelle les grands Ormes *Atti-néens*, qui sont les seuls qui ne s'engendrent point de leur graine, & qu'il faut planter, ce qui est contraire à Theophraste, qui veut que l'Orme ne porte aucun fruit. Columella prétend même qu'on se trompe à dire que l'Orme Atrinéen soit sterile. Ce qui a fait tomber Pline, & plusieurs autres dans cette erreur, c'est qu'il porte bien peu de Samara, qui est la semence de cet arbre, & que même il en porte rarement. Sa graine est cachée dans les premiers boutons que l'Orme produit au Printems, de sorte qu'on ne le plante jamais en graine; on prend seulement des rejettons qui ont racine. Galien dit qu'il a quelquefois soudé des plaies fraiches avec des feuilles d'Orme, étant assuré qu'elles sont astringentes & abstersives. Il ajoûte que son écorce est plus amere & plus astringente, & qu'on la rend propre, appliquée avec du vinaigre, à guerir la gratelle & le mal saint Main. L'écorce verte & fraiche, a aussi la vertu de souder & de guerir une plaie, si on s'en bande comme l'on feroit d'un linge, & sa racine a même proprieté. On appelle *Ormeau*, Un petit Orme, & *Ormoye*, Un lieu planté d'Ormes.

ORMIN. s. m. Plante qui sent fort, & qui produit des fleurs bleues. Ses feuilles sont grandes & larges.

ORN

ORNE. s. m. Arbre, dont l'écorce est lisse, épaisse & roussâtre. Il a sa racine avant dans la terre. Quelques-uns font venir ce mot de ὄρος, Montagne, à cause qu'il se plaît dans les montagnes & dans les forêts.

ORNEMENT. s. m. *Parure, embellissement, ce qui orne, ce qui sert à orner.* ACAD. FR. Vitruve appelle *Ornemens*, dans l'Architecture, l'Architrave, la Frise & la Corniche de chaque Ordre, & M. Felibien dit que les Ornemens qu'on taille ordinairement sur les moulures & sur tous les autres membres de l'Architecture, sont des feuilles refenduës, feuille d'eau, canaux, rais de cœur, rubans tortillés avec baguettes dedans & sans baguettes, oves, chapelets de plusieurs sortes, godrons, guilochis, postes, entrelas, tresles, écailles, festons, rainseaux, roses, fleurons, & plusieurs autres choses qu'on y mêle, suivant les lieux & les places que l'on veut orner. Il y en a qu'on appelle *Ornemens de relief*. Ce sont ceux qu'on taille sur le contour des moulures, comme les joncs, les coquilles, & les feuilles d'eau & de refend. Il y en a d'autres qu'on nomme *Ornemens en creux*, comme les rais de cœur canaux & oves. Ceux-là sont fouillés dans les moulures. Pour ceux qui servent à décorer les fontaines & les grottes, on les appelle *Ornemens maritimes*. Ce sont les glaçons, masques, poissons, coquillages & autres.

ORNITHOGALE. s. f. Petite tige blanche, tendre & haute d'un pié & demi, qui pousse à sa cime trois ou quatre rejettons d'où sortent ses fleurs. Elles sont vertes au dehors, & deviennent blanches quand elles s'épanouissent. Du milieu de ces fleurs sort un petit chapiteau comme un chatton, tout déchiqueté. Ses racines sont comme un oignon, tannées en leur écorce, & ont une chair blanche & odorante. Elles sont rondes & de garde, & on les tire au printems ou en été, quand elles sont en herbe, ou bien en automne ou en hiver lorsqu'on laboure la terre. On les mange crues & cuites, & les pourceaux en sont fort friands, de sorte qu'ils sont faits à les trouver avec le grouin. Cette plante

Tome II.

s'appelle aussi *Churle*, & les Grecs lui ont donné le nom ὀρνιθόγαλον, de ὄρνις, Oiseau, & de γάλα, Lait, à cause que quand ses fleurs s'épanouissent, elles semblent être de couleur de lait, comme sont les œufs des poules & des oiseaux.

ORO

OROBANCHE. s. f. Plante qui ne jette qu'une tige sans feuilles de même que les asperges. Cette tige est haute d'un pié & demi, & quelquefois plus, rougeâtre, veluë, tendre & grasse. Sa fleur est blanchâtre, & sort de petites boules qui sont entassées à la cime de la tige. Sa racine est de la grosseur d'un doigt, & devient spongieuse quand la tige commence à flétrir. Elle croit non seulement entre les legumes, mais aussi entre les blés, chanvres, lins, & même le long des grands chemins à l'ombre des haies. Quelques-uns l'appellent *Queuë de Lion*, & d'autres *Herbe de Taureau*, à cause que les Vaches entrent en chaleur après en avoir mangé. Elle a pris le nom d'Orobanche, à cause que ὄρου ἄγχει, elle étouffe & étrangle l'ers, appellé en Grec ὄρου.

ORP

ORPHIE. s. m. Sorte de poisson qui se trouve aux Antilles, & qui est assés semblable à celui que l'on appelle *Aiguille de mer*. Il se jette quelquefois en l'air, & fait des sauts de plus de trente pas. Si dans ce tems il rencontroit quelqu'un en son chemin, il le perceroit de part en part. Sa chair est de très-bon goût, pourvû qu'il n'ait pas mangé de Mancenille, ce que l'on connoit, en lui voyant les dents blanches. Si elles sont autrement, il est fort dangereux d'en manger.

ORPIMENT. s. m. Mineral jaune tirant sur le brun, appellé par les Latins *Auri pigmentum*. Dioscoride dit que l'Orpiment & la Sandaraque croissent en une même mine, & que l'Orpiment est croûteux & de couleur d'or, qu'il n'a aucun mélange d'autre matiere, & qu'il se fond comme par écailles. Il ajoûte qu'il y en a une autre espece, moins pure, de couleur plus rouge, & qui est en petits morceaux en forme de gland. L'Orpiment est astringent & corrosif, & appliqué il fait venir des escarres avec une mordication violente. Il resout les excrescences de la chair, & fait tomber le poil. Selon Marthiole l'Orpiment & la Sandaraque sont un même genre de médicament, & ne different qu'en ce que la Sandaraque étant parfaitement cuite dans les veines de la terre, est plus subtile & plus rouge. Il allegue pour prouver qu'il n'est autre chose qu'un Orpiment plus cuir, que si on brûle l'Orpiment au feu de charbon dans un pot de terre ou de verre, il prend en fort peu de tems une couleur rouge & enflammée ni plus ni moins que la Sandaraque. Quelques-uns lui donnent alors le nom d'*Orpin rouge*. L'on s'en sert en Peinture, mais rarement, à cause qu'il tient de l'arsenic, & que c'est la même matiere, à ce que disent plusieurs. Quand on se sert de l'Orpin dans la Peinture, on l'employe seiché & sans être calciné. Pour le calciner, on le met au feu dans une boëte de fer, ou dans un pot bien bouché, mais peu de gens en calcinent ou en employent, la fumée en étant mortelle, de sorte qu'il est fort dangereux de s'en servir. L'Edit de 1682. proscrit la vente & l'usage qu'on peut faire de l'Orpiment arsenic & reagal.

T

ORS

ORSEILLE. f. f. Petite mouffe ou croute qui vient
fur les pierres & les rochers des montagnes, dont les
Teinturiers fe fervent après qu'ils l'ont apprêtée
avec la chaux & l'urine. Elle fait une fort belle
nuance de couleurs, depuis la fleur de pêcher filvie,
aubifoin & gris de lin, jufqu'à l'amarante & paffevelours.

ORSER. v. n. Terme de Marine. Aller contre le
vent, ou à vent contraire. Cela arrive fouvent aux
petits bâtimens, ou le fecours des rames. Parmi
les Levantins *Orfe*, eft un terme de commandement,
pour dire, Au lof, quand on a befoin de ferrer
& de maintenir le vent.

ORT

ORTEIL. f. m. Doigt du pié. Nicod dit qu'il femble
que ce mot vienne de *Articulus*, & qu'il faille dire
Arteil.

On appelle *Orteil*, en termes de Fortification,
Une largeur de terrain depuis trois jufqu'à cinq
piés, felon la hauteur qu'on laiffe en dehors, entre le pié du rempart & l'efcarpe du foffé, pour retenir la terre du parapet en cas qu'il foit ruiné, ou
que la terre s'éboule d'elle-même, afin d'empêcher que le foffé ne fe comble par ces démolitions. C'eft ce qu'on appelle autrement *Berme* &
Retraite.

ORTHODROMIE. f. f. Terme de Marine. Route
en droite ligne que fait un vaiffeau en fuivant un
des 32. vents. Il faut que cette route pour être en
ligne droite foit de peu d'étendue, car dès que l'on
fuit long-tems un même vent, la ligne devient neceffairement courbe & *Loxodromique*,(Voyez LO-
XODROMIE) qui s'oppofe à Orthodromie ce mot
vient de ὀρθὸς, *droit*, & de δρόμος *courfe*.

ORTHOGONALE, ou ELLE. adj. Terme de Geometrie. On appelle *Ligne orthogonelle*. Une ligne
qui tombe à angles droits fur une autre, & on dit
Orthogonellement, pour dire, A plomb, à angles
droits. Ce mot vient du Grec ὀρθὸς, Droit, & de
γωνία, Angle.

ORTHOGRAPHIE. f. f. Elevation geometrale d'un
bâtiment, où toutes les proportions font obfervées
Geometriquement fans avoir égard aux diminutions
de la perfpective. Voyez PERSPECTIVE. L'*Ichnographie* avec l'Orthographie fait toute la reprefentation geometrique du bâtiment. Ce mot eft Grec
ὀρθογραφία, de ὀρθὸς, Droit, & de γράφειν, Ecrire.

ORTHOPNE'E. f. f. Terme de Medecine. Sorte de
maladie, dans laquelle ceux qui en font attaqués
ne fçauroient refpirer que debout, les bras élevés
& la poitrine étendue. La caufe en general eft le
vice du mouvement d'expanfion & de conftriction
des poumons, lequel étant empêché, ôte la refpiration, & caufe des inquietudes, des reffenti-
mens & la fuffocation. Ce mot eft Grec ὀρθόπνοια,
de ὀρθὸς, Droit, & de πνεῖν, Refpirer.

ORTIE. f. f. Plante dont les feuilles & la tige font piquantes. Diofcoride en met de deux efpeces; l'une
plus âpre & plus fauvage, & ayant fes feuilles plus
larges & plus noires. La graine de celle-ci eft femblable à celle du lin, plus petite toutefois. L'autre
Ortie n'eft pas fi âpre, & a fa graine plus petite.
Matthiole en ajoûte une troifiéme plus âpre, plus
mordante de beaucoup que les deux premieres, &
ayant auffi fes tiges plus âpres & fes feuilles plus petites. C'eft l'Ortie, appellée communément *Ortie
griefche*. Selon Galien la graine, & principale-

ment les feuilles d'Ortie ont une vertu refolutive
qui leur donne la faculté de guerir les puftules &
les apoftumes qui viennent autour des oreilles. Il
dit encore que la vertu qu'elles ont de caufer de la
démangeaifon à toutes les parties qu'elles touchent,
& de faire fortir hors de la poitrine toutes humeurs
groffes & vifqueufes, fait connoître qu'elles ne font
pas trop chaudes, & qu'elles font compofées de
partie fort fubtiles. Il dit encore qu'elles font bonnes aux gangrenes & aux ulceres qui ont befoin de
deffechés fans aucune mordication; & qu'encore qu'elles foient compofées de parties fubtiles &
de temperature feche, elles ne font pas neanmoins
fi chaudes, qu'elles puffent être mordantes. Le
mot d'*Ortie* vient du Latin *Vrtica*, fait de *Vrere*,
Brûler, à caufe qu'elle brûle en piquant.

Il y a encore l'*Ortie puante*, ou *Ortie morte*, appellée *Galiopfis*. Elle a fa tige & fes feuilles entierement femblables à l'Ortie commune, mais moins
âpres, & qui rendent une odeur puante quand on
les pile ou qu'on les frotte entre fes mains. Sa fleur
eft rouge & menue. Cette herbe croît par tout, tant
le long des haies & des chemins, que dans les
cours & les places des maifons. On l'appelle *Ortie
morte*, à caufe qu'elle ne brûle point. Ses feuilles,
fes tiges, fon jus & fa graine refolvent toutes duretés, chancres, apoftumes p'aies & rouges, &
toutes fortes d'oreillons. Matthiole dit qu'il y a une
autre plante affés femblable à l'Ortie puante, appellée en Italie *Herba del latte*, Ortie laitée, à
caufe qu'elle a fes feuilles marquées tout du long de
taches blanches comme lait. Pline appelle *Lamium*,
cette efpece d'Ortie tachée de blanc, & fait grand
cas de ces taches blanches qu'elle a au milieu de
fes feuilles pour le feu que l'on nomme faint Antoine. Ceux qui ont obfervé l'Ortie avec le microfcope, ont remarqué qu'elle eft couverte de piquants
très-aigus, dont la bafe eft une petite veffie dans
laquelle eft enfermée une liqueur acre & veneneufe.
La poinre de cette efpece de fac eft d'une fubftance
très-dure, qui a un trou au milieu, par lequel cette liqueur s'écoule dans la partie piquée, & y excite de la douleur.

ORTIVE. adj. feminin, qui en termes d'Aftronomie
fe joint au fubftantif *Amplitude*. Ainfi on dit,
Amplitude ortive, pour fignifier l'arc de l'horifon
qui fe trouve entre le point où fe leve un aftre, &
celui du vrai Orient, où fe fait l'interfection de l'horifon & de l'Equateur. Il y en a une Boreale & une
Auftrale. On l'appelle auffi *Latitude ortive*.

ORTOLAN. f. m. Petit oifeau qui chante agréable-
ment, & qui eft d'un goût exquis. Il eft de la groffeur à peu près d'une alouette, & a les plumes de
fa tête, de fon cou & de fa gorge tirant fur le jaune.
Les groffes plumes de fes aîles & de fa queue font
mêlées de jaune & de noir, & fon ventre eft orangé. Il a le bec rouge, ainfi que les jambes & les
piés. Il vit jufques à quatre ans, & meurt bien fouvent de trop de graiffe.

ORV

ORVALE. f. f. Plante que les Grecs nomment ὅρμινον,
& dont il y a de deux fortes, le domeftique & le
fauvage. L'Horminum des jardins a fes feuilles
femblables au marrube. Sa tige eft quatrée & de la
hauteur d'une demi-coudée. Elle a tout autour des
manieres de gouffes qui pendent en bas, & où il
y a des graines de diverfes fortes. La graine que
produit l'Horminum fauvage eft ronde & enfumée,
mais celle des jardins eft longue & noire. Appliquée
avec du miel, elle nettoie les taies des yeux, & en-

duite avec de l'eau , elle refout toutes fortes de tumeurs , & fert à tirer du corps les épines & les tronçons qui y feroient demeurés. Matthiole appelle *Grand Horminum* , ou *Horminum odorant* , Une herbe odorante nommée par quelques-uns *Sclarea*, & par d'autres *Matrifalvia*. Elle a fes feuilles quatre fois plus grandes & plus larges que l'*Horminum*, âpres , crêpues , & qui fe courbent à terre. Sa tige eft haute d'une coudée & demie & quelquefois davantage , velue , ferme , quadrangulaire. Du milieu de cette tige fortent plufieurs branches qui portent grand nombre de fleurs en façons d'épi , purpurines , blanchâtres & de bonne odeur , d'où fe produifent des gouffes qui renferment une graine noire, claire , luifante & ronde. Les femmes Italiennes mettent un grain de cette herbe fur les yeux caligineux, & ne l'ôtent point que la nuée qui les couvre ne foit diffipée. C'eft cette propriété qui lui a fait donner le nom de *Sclarea*.

OS

OS.f. m. *Partie dure & folide de l'animal , laquelle fert à foûtenir les chairs.* ACAD. FR. On appelle *Os anonyme* , Un os qui paroît unique & qui joint de tous côtés l'*Os facrum*. Comme il paroît divifé en trois lignes aux jeunes gens , cela eft caufe que l'on en a fait trois parties , dont la première s'appelle *Ileon* , ou l'*Os des flancs* ; la feconde l'*Os pubis* , en parlant des hommes , & l'*Os barré* , en parlant des femmes , & la troifiéme *Ifchion* , ou l'*Os de la hanche* , dans lequel il y a une profonde cavité , pour recevoir la tête de l'os de la cuiffe. Quant à l'*Os facrum* , c'eft la dernière partie de l'épine , & on lui donne ce nom , à caufe que c'eft le plus grand de tous les os de la même épine. Sa partie anterieure eft cave comme un demi cercle , & par celle de derriere il eft gibbeux & voûté. Cet Os eft compofé de cinq autres , & même quelquefois de fix , & ces os qu'on n'a pas de peine à feparer aux petits enfans , s'uniffent de telle forte lorfqu'ils font devenus grands , qu'il femble que ce ne foit qu'un feul os. On les met au nombre des vertebres , à caufe qu'ils en ont la reffemblance. Ils n'en ont neanmoins l'ufage , étant immobiles. L'Os du front eft nommé *Os coronal*.

OS. adj. Vieux mot. Hardi.

    Alaſs ſe il eſtoit ſi os.

On a dit auſſi *Oſe* au feminin.

    Abatre ne le laiſſeroit
    Par creature , tant fuſt oſe ,
    En témoin de laquelle choſe , &c.

OSE

OSEILLE. f. f. Sorte de plante dont il y a plufieurs efpeces. Il y en a de fauvage & de cultivée. L'Ofeille fauvage vient dans les prés , & a fes feuilles comme la parelle , mais plus menues & plus tendres , & reffentant mieux l'herbe de jardin. Elles font pointues par le haut en façon de fleches , & larges par bas. Il y en a une autre moindre , dont les feuilles font menues & vuidées , & que les Latins appellent *Acetofa vervecina* , & les François *Herbe de belier*. Il y a auffi de deux fortes d'Ofeille domeftique , la longue qu'on plante dans les jardins , nommée en Latin *Rumex* , ayant fes feuilles longues & noirâtres ; & la ronde , appellée ainfi à caufe que les feuilles en font rondes. Ses tiges font tendres , & fa graine eft femblable à celle des autres. Cette graine fait mourir les vers. Les feuilles d'O-
    Tome II.

feille font cardiaques , cephaliques , ftomachiques & nephretiques. Si on les applique cuites , elles ont une vertu fuppurative. Sa racine attenue la bile craffe , & provoque les urines. L'Ofeille eft nommée en Grec, ἰξαλὶς, de ἰξὺ, Acide.

OSI

OSIANDRISTES. f. m. Heretiques ainfi nommés d'André Ofiander Lutherien , qui enfeignoit que le corps de JESUS-CHRIST fouffroit , étoit corruptible , & mouroit derechef dans le Sacrement. Il difoit auffi que nous ne fommes point juftifiés par la foi , mais par l'effentielle juftice de JESUS-CHRIST qui habite en nous.

OSIER. f. m. Sorte d'arbriffeau qui reffemble affés au faule , mais qui ne s'éleve pas de terre , & dont les rameaux font rougeâtres , menus & en quantité. Ses branches font pliantes & menues , & on s'en fert à lier les cercles pour les tonneaux , & à faire divers ouvrages de vanerie. M. Ménage fait venir ce mot du Grec *ἰσίον* , Saule.

OSS

OSSEC. f. m. Receptacle de la fentine , le bas de la pompe où fe reçoivent toutes les eaux du Vaiffeau. On appelle auffi *Offec* , fur les rivieres , l'Endroit où les eaux du bateau qu'on vuide avec l'efcope s'amaffent. Quelques-uns croyent que comme on entend par ce mot ce qui fert à mettre le navire au fec, il a été fait par corruption de *Au fec*.

OSSELET. f. m. Les Furetieriftes difent que c'eft un petit os qui eft au derriere du Gigot de Mouton , c'eft la petite noix qui eft dans le joint du jarret du Mouton.

OSSERET. f. m. Couteau de boucher à deux tranchans pour couper fur le billot les gros offemens.

OSSIFRAGUE. f. f. Sorte d'oifeau dont plufieurs Auteurs ont parlé diverfement. Il eft plus grand qu'un Aigle , felon Ariftote , & fon panache eft cendré tirant fur le blanc. Son naturel eft fi bon , qu'il ne nourrit pas feulement fes petits , mais auffi ceux de l'Aigle que la mer a jettés hors du nid avant que d'être grands , à caufe de la trop grande avidité à vouloir ravir la pâture aux autres. Il ne voit pas bien , & a certaines nuées dévant les yeux. Pline dit que l'Offifrague eft de l'efpece des Aigles , & forti de l'Aigle de mer , laquelle on tient qu'il retient & conçoit de toutes fortes d'oifeaux de proie. Albert le Grand veut que cet oifeau foit une cinquiéme efpece d'Aigle fort petite , auquel on a donné le nom d'*Offifrague* , à caufe que s'étant repû de la chair qui étoit autour des os , il enleve l'os au haut de l'air , & le laiffe tomber fur le roc ou fur une pierre , afin de le rompre & de pouvoir fuccer la moëlle qui eft dedans ; en Grec *ὀσκράξ* , de *ὀσίον* Os , & de *νένίλευ* , Rompre.

OST

OSTADE. f. f. On lit dans Villon ,

    Robe fourrée , pourpoint d'Oſtade.

Borel dit que Henri Etienne appelle *Manches de deux Paroiſſes* , des Manches moitié d'oftade & moitié de velours; on *Un pourpoint de trois paroiſſet*, fi le corps étoit de demi oftade ; le haut des manches de cuir & le bas de velours ; & parce qu'au dos il n'y avoit pas de velours, on appelloit ces pourpoints des *Nichil au dos* , d'où *Nichilodo* a été dit de tou-
    T ij

tes fortes de chofes qui avoient des apparences feintes.

OSTAGE. f. m. *Sûreté que l'on donne à des ennemis ou à des alliés, pour l'execution d'un traité, d'une Convention, en mettant plusieurs personnes en leur pouvoir.* ACAD. FR. Quelques-uns croyent que ceux qui reçoivent des Oftages, avoient fur eux pouvoir de vie & de mort, quand on manquoit à executer les chofes dont on étoit convenu. Nicod n'eft pas de ce fentiment. Voici ce qu'il dit, *Oftage eft la perfonne qui eft baillée à l'ennemi de guerre, pour fûreté & entretenement de la foi, pour parole & promeffe de celui qui le baille, comme gage militaire, comme fi l'on difoit Oftgage, & fut compofé de ces deux mots, Oft & Gage, auffi eft-ce un mot militaire. Aucuns l'écrivent par h, Hoftage : ce qui feroit tolerable, parce qu'il vient de ce mot Latin Hoftis, & l'Efpagnol dit auffi Huefte, pour ce que le François dit Oft, c'eft-à-dire, Armée, mais le François fuit fon orthographe, écrivant Oftage, qu'il dérive de Oft, lequel eft baillé à tel droit, que fi celui pour qui le tient Oftage, défault de fa foy, parole & promeffe, il eft permis à celui qui l'a pris à Oftage d'ufer de toute puiffance fur fa vie & fur fa mort. Toutefois il femble que ce droit de faculté rigoureufe fur l'Oftage n'ait été tenu pour regulier en France : car du regne de Charles IV. Charles, Comte de Valois fon oncle, & Lieutenant General en l'Armée qu'il avoit envoyée contre les Anglois, Aymé, Frere d'Edouard II. Roi d'Angleterre, & fon Lieutenant General en la contre armée, ayant traité appointement audit Charles de Valois, & baillé quatre Chevaliers Anglois en oftage, fut nommément convenu entre eux que fi ledit Aymé, au cas que fon Roy ne vouluft ratifier ledit appointement, ne retournoit en France, on coupperoit les têtes à fefdits Oftages. Ainfi l'écrit Nicole Giles, en la vie dudit Charles quatriéme, car cette convention n'euft été fpecialement faite, fi ce euft été regulier en fait d'Oftages. Le mot Latin femble monftrer que l'ufage des Oftages a efté mis en avant, par le moyen des Sieges mis devant les Villes & Foreffes, pour eftre gages de l'entretenement des capitulations reciproques des Affiegés & Affiegeans. Mais Fefte, celebre Grammairien entre les Latins, l'interprete plus en general, difant que ce mot Latin Obfes, qui veut dire Oftage, eft compofé de Ob, & Fides, par tranfmutation de la lettre f, en f, pour eftre l'Oftage baillé pour l'obfervation de la foy en occurrence militaire, comme dit eft; mais le mot François Oftage, ne peut fubir par fa contexture la confideration d'iceluy Fefte, combien que l'effet és deux fe rencontre, qui eft le gage de la foy donnée en fait de guerre. Qui voudroit dire que Oftage vient de Oft, qui vient du Latin Hoftis, & Gage, comme eftant gage donné en cas d'hoftilité, par adventure diroit-il chofe qui viendroit à propos, & ainfi pour marque de fon extraction, le conviendroit écrire par h, Hoftage. Car l'Hoftage eft l'équipolant de la foy ou rançon de celui qui le baille. Tenir Oftage pour aucun Prince, C'eft eftre en gage pour la fûreté de la foy, parole & promeffe d'aucun Prince donné à fon ennemi de guerre. Nicole Giles, en la vie du Roi Louis III. Karloman mourut és mains des Normans, tenant Oftage pour fon dit Pere. Cecy eft par la même raifon qu'on dit, Tenir prifon pour aucune fomme dûe.*

OSTAGIER. f. m. Vieux mot. Oftage.

OSTELLER. v. n. Loger. On a dit *Oftex* & *Oftel*, & au pluriel *Ofteux*, pour dire, Logis.
Les Mareschaux oftex, livrer, Solliers & cambres delivrer.

OSTEOCOLLE. f. f. Pierre qui eft mife au rang des Catagmatiques, & qui eft propre à fouder les os rompus & dans lefquels il y a quelque fracture. Ce mot vient du Grec ὀστέον, Os, & de κόλλα, Colle.

OSTEOCOPE. f. m. Douleur aigue, dont les verolés & les fcorbutiques font particulierement tourmentés la nuit. La membrane dont les os font revêtus eft feulement affectée & picotée par un acide vifqueux, qui caufe des douleurs profondes, en forte qu'il femble qu'on rompe ou frappe les os avec un marteau. Ce mot eft Grec, ὀστεοκόπος, de ὀστέον, & de κόπτω, Frapper, rompre.

OSTEOLOGIE. f. f. Partie de l'Anatomie, qui fait connoître la nature & la difpofition des os du corps humain, avec leur figure & leur ligamens. Ce mot vient du Grec ὀστέον, Os, & de λόγος, Difcours.

OSTEVENT. f. m. Vieux mot. Affemblage de cinq ou fix planches qu'on met au-deffus des boutiques, pour les garantir du vent, de la pluye & du Soleil. On a fait de là *Auvent*, qui eft le mot dont on fe fert aujourd'hui.

OSTIER. f. m. Vieux mot. Autour, Oifeau.
Puis vient l'Oftier après qui mange l'oifillon.

OSTIERE. Vieux mieux, dont on ne fe fert que dans cette phrafe, *Gueux de l'oftiere, pour dire, Qui mandie de porte en porte, du Latin, Oftium, Porte.*

OSTIZES. Mot employé dans la Coûtume de Blois, pour fignifier, Droit annuel de Gelines. On a écrit *Hoftizes*, & Borel dit qu'il vient de *Hoftizia*, Maifon.

OSTOIER. v. n. Vieux mot. Camper.

OSTRACISME. f. m. Sorte de Jugement qui fe rendoit à Athenes prefque tous les ans contre ceux dont le trop d'autorité, ou les richeffes, faifoient craindre qu'ils ne fe rendiffent les Tyrans de la Patrie. On les banniffoit pour dix ans par la pluralité des fuffrages, & le Peuple s'affembloit au jour affigné, & les donnoit en fecret. Cette peine n'avoit rien d'infamant pour eux, & ils ne laiffoient pas de jouir de leurs biens pendant leur exil. Ce mot eft Grec, ὀστρακισμός, & vient de ὄστρακον, Coquille, à caufe que le Peuple écrivoit fur des coquilles le nom de celui qu'il vouloit bannir.

OSTRACITE. f. f. Sorte de pierre croûteufe, faite en maniere d'écaille d'huiftre, & mi-partie par écailles & par lames. Agricola en parle de la même forte, ajoûte qu'elle eft rougeâtre, & qu'on en trouve à Hildesheim autour de la caverne des Nains. Galien dit qu'elle eft fort defficcative, acre & aftringente, ainfi que la pierre Geodes, & qu'enduite avec de leur lait elle mondifie les prunelles des yeux, & guerit les inflammations des mammelles. Ce mot vient du Grec ὄστρακον, Coquille.

OSTRELIN. f. m. Terme de Marine. Il vient de l'Anglois, & on appelle *Oftrelins*, Ceux qui font Orientaux à l'Angleterre. Il fe dit particulierement des Villes confederées, dont Lubec eft la Capitale.

OSTRUCE. f. m. Vieux mot. Autruche.

OTA

OTALGIE. f. f. Terme de Medecine. Douleur d'oreille. C'eft une maladie qui dépend de la membrane interne, dont le conduit de l'oreille eft tapiffé. Outre l'inflammation d'oreille, qui eft un mal dangereux, fuivi fouvent du delire, des maladies du cerveau, & de la mort même, les caufes de l'Otalgie font l'humeur acre & falée qui picote & corrode quelquefois la membrane interne ; la lymphe empreignée de trop d'acide, comme dans les affections caterreuses, & l'humeur même d'où se forme la mucosité naturelle qui enduit l'oreille & qui est trop acre ou arrêtée dans son mouvement. Lorsque l'Otalgie vient de ces causes, elle est sans pulsation & sans ardeur, mais aigue & comme perçante ou piquante. Ce mot est Grec, ὠταλγία, de ὦτα, Greilles, & de ἄλγος, Douleur.

OTE

OTELLES. s. f. p. Terme de Blason. Bouts de fer de piques, assés larges par derriere, qu'on a appelés *Amandes pelées*, à cause qu'ils en ont la figure. On change quelquefois l'écu de ces bouts de fer. Quelques-uns font venir Otelles de *Hastula* ou *hastile*, Pique ou lance. D'autres veulent que les amandes pelées s'appelloient *Otelles* en vieux François.

OTENCHYTES. s. f. m. Terme de Chirurgie. Sorte d'instrument par le moyen duquel on jette ou infuse quelque chose dans les oreilles. Ce mot est Grec, ὠτεγχύτης, de ὦς, Oreille, & de ἐγχέω, Verser, répandre.

OTH

OTHONNA. s. f. Sorte de plante dont Dioscoride ne parle que sur ce qu'en ont dit les autres. Les uns veulent que ce soit le jus de l'esclere, d'autres celui du pavot cornu ; quelques-uns prétendent que ce soit le glaucium, & quelques-uns le jus du mouron bleu, du jusquiane & du pavot mêlés ensemble. Selon d'autres, c'est le jus d'une herbe appellée *Othonna*, qui croît dans la region des Troglodytes, & dont les feuilles font semblables à celle de roquette, percées comme un crible, en sorte qu'il semble qu'elles ayent été rongées des vers. Elle en jette peu, & produit une fleur semblable au safran, qui a la feuille large ; ce qui a fait que quelques-uns l'ont crue une espece d'anemone. Matthiole n'est point de l'opinion de ceux qui croyent que l'Othonna soit ce que le commun appelle Girofles ou œillets d'Inde, & la mettroit volontiers au nombre des camomilles. Voici la description qu'il fait de l'Othonna. Cette plante produit force rejettons & surgeons, & à beaucoup de tiges presque de la hauteur de deux coudées, ridées, droites, tirant sur le roux. Ses feuilles sont dentelées & en grand nombre, semblables à du tanacet, excepté qu'elles sont un peu plus grandes & plus divisées. Sa racine est courte, fort grande, & peu profonde en terre. On en trouve trois especes differentes seulement en couleur & façon de fleurs. La plus grande a ses fleurs grandes, bien garnies de feuilles & dorées, L'autre les a plus petites, disposées en deux rangs, & jettant de petits capillamens au milieu, comme la rose. Leur couleur est dorée purpurine, & leurs feuilles sont grossetes & si reluisantes, qu'elles semblent être de velours. La troisiéme espece ne differe de celle-ci qu'en ce qu'elle ne devient pas si haute, & ses fleurs, qui sont moindres que les autres, ne sont environnées que d'une simple couronne. Toutes leurs fleurs ne viennent que d'un long bouton, potrelé, poulpeux & attaché à une longue queue. C'est de là que sort la graine, qui est longuette, mince & noire. Cette graine est d'une vertu chaude & seche ; ce qui fait qu'on s'en sert en Medecine, quand il s'agit de purger, de nettoyer & d'ouvrir. Il y en a qui

font venir le mot d'*Othonna* du Grec ὀθόνη, Linge, à cause qu'elle a ses feuilles toutes remplies de petits trous comme la toile.

OVA

OVAGE. s. f. Terme de mer. Sillage, trace navale du Vaisseau. On l'appelle aussi *Ovaiche*, & on dit, *Tirer un Vaisseau en ovaiche* ou à *ovaiche*, pour dire, Tirer un Vaisseau pesant à la voile ou incommodé, soit en le touant, ou en le remorquant par l'arriere d'un autre Vaisseau.

OVAIRE. s. m. Partie des oiseaux où les œufs se forment. Il y a des anatomistes parmi les Modernes, qui attribuent des Ovaires aux femmes. Ce mot vient du Latin *Ovum*, Œuf.

OVALE. s. m. Terme de Geometrie. Figure curviligne, plus longue d'un sens que de l'autre, par l'inégalité de ses deux principaux diametres, ou de ses deux Axes. C'est la même chose qu'*Ellipse*. Voyez ELLIPSE. Si on plantoit un piquet en terre & que l'on tournât alentour les deux extrémités d'une corde qui l'embrasseroit, il est visible qu'on décriroit un *cercle*. Mais si au lieu d'un piquet on en plantoit deux éloignés à discretion l'un de l'autre & que l'on fit tourner la même corde alentour de la même façon, on décriroit un *Ovale*, que l'on appelle *Ovale du Jardinier*, à cause de la maniere de le décrire avec des piquets. Par-là il paroît que pour faire un cercle un Ovale, il faut, pour ainsi dire, couper le centre du cercle en deux & faire une ligne courbe sur ces deux nouveaux centres, que l'on n'appelle plus centres, mais *Foyers*, Voyez FOYER. Moins ces deux foyers sont éloignés l'un de l'autre, tout le reste étant le même, moins l'Ovale differe du cercle, plus les foyers s'éloignent l'un de l'autre & plus l'Ovale est long & different du cercle. Voyez SECTION, ELLIPSE & FOYER.

OVATION. s. f. Petit triomphe que les Romains, accordoient à un General d'armée après une victoire peu considerable, ou quand la guerre n'avoit pas été déclarée suivant les loix. Le Triomphant n'avoit point de robe blanche, qui étoit l'habit de ceux qui avoient les honneurs du grand triomphe, & il ne faisoit point son entrée en chariot, mais à pié ou à cheval, au son des flûtes & non des trompettes. Il ne laissoit pas d'avoir tout le Sénat à sa suite, & il marchoit couronné d'une couronne de Myrthe. Ainsi ce fut par grace qu'on accorda une Couronne de laurier à Marcus Crassus qui avoit obtenu l'Ovation. On nomma ainsi ce petit triomphe, à cause qu'on immoloit une brebis, en Latin *Ovis*, quand celui qui triomphoit de cette maniere étoit arrivé au Capitole. C'étoit un Taureau que l'on immoloit dans le grand triomphe. P. Posthumius Tubertus Consul, fut le premier qui obtint l'Ovation, après qu'il eut défait les Sabins. Ce fut l'an 250. de la fondation de la Ville.

OUB

OUBLIETTE. s. f. Lieu dans de certaines prisons, où l'on mettoit autrefois ceux qui étoient condamnés à une prison perpetuelle, & on l'appelloit ainsi à cause que ceux qu'on y enfermoit ne paroissant plus, étoient entierement oubliés. Hugues Aubert Prévôt de Paris, y fut condamné, & Bonfons parlant de cette condamnation dans ses Antiquités de Paris, dit, *Il fut prêché & mitré publiquement au Parvis Notre-Dame, & après ce, condamné à être en l'oubliette au pain & à l'eau.*

OUC

OUCHE. f. f. Vieux mot François que plusieurs Provinces ont retenu, pour signifier une terre labourable, close de fossés ou de hayes. En Latin *Olca*, *olchia*, d'où l'on a fait *Occare*, *Labourer*.

OUE

OUE. f. f. Vieux mot. Oye.
Vous l'en avez pris par la mouë ;
Il doit venir manger de l'ouë.
On appelle aujourd'hui à Paris la Rue aux Ours par corruption au lieu de dire, *La rue aux Oues*. Cette rue étoit fameuse autrefois par plusieurs rôtisseries, où l'on vendoit des oyes.

OVE. f. m. Terme d'Architecture. Ornement taillé en forme d'œuf sur un membre appellé *Quart de rond*. On ne laisse pas de nommer le quart de rond *Ove*, quoiqu'il soit simple & sans aucun ornement. On appelle *Oves fleuronnés*, Ceux qui paroissent envelopés par quelque feuille de sculpture. Il y en a qui se font en forme de cœur ; & c'est ce qui a obligé les Anciens à introduire des dards parmi les Oves, pour simboliser l'amour.

OVEC, ovoec. Préposition. Vieux mot. Avec. On a dit aussi *Oveques*.
Seignor, sçavez pourquoi j'ai mon habit changié.
J'ai été ovoec fame ; or revois au Clergié.

OUER. Vieux mot. Oüir. On trouve *Oïant* pour Oyant, & dans le Roman de la Rose.
Beaux Diex, dist-il, qui tout poïez,
S'il vous plaist, ma requeste oïez.

OUEST. f. m. *La partie du monde qui est au Soleil couchant.* ACAD. FR. Il signifie aussi le vent qu'il souffle du côté du Couchant, & qui est l'un des quatre vents primitifs, éloignés ent'eux chacun de quatre-vingt-dix degrés. On appelle *Ouest-Nord-Ouest*, Le vent qui est entre le Nord & le Nord-Ouest ; *Ouest-Sud-Ouest*, Celui qui est entre l'Ouest & le Sud-Ouest ; *Ouest-Sud-Est*, celui qui est entre l'Ouest, & le Sud-Est ; & *Ouest-quart de Nord-Ouest*, Celui qui est entre l'Ouest, & l'Ouest-Nord-Ouest, parce qu'il est le quart de l'espace entre l'Ouest & le Nord-Ouest, & qu'il est le plus proche de l'Ouest.

OVI

OVICULE. f. m. Petit ove. Selon Balde, c'est l'astragale Lesbien de Vitruve. Il y en a qui appellent aussi *Ovicule*, La moulure du chapiteau Ionique & du Composite. Elle est fort souvent taillée de sculpture.

OUILLE. f. f. Sorte de potage qui est fait sans beurre avec differentes herbes. On le sert quelquefois sur les bonnes tables dans les jours maigres, afin de faire quelque diversité. On appelle aussi *Oüille*, & autrement *Pot pourri*, Un assaisonnement de plusieurs viandes ensemble. Ce mot vient de l'Espagnol *Olla*, qui signifie, non seulement un pot de terre ou une marmite à faire cuire de la chair & autre chose, mais aussi le potage.

OUL

OULE. f. m. C'est un petit charnier à tenir un demi-cochon dans le sel.

OULICE. Terme de Charpenterie. On appelle *Tenons à oulices*, Ceux qui sont coupés tout quarrément & en about auprès les paremens du bois,

pour revêtir après coup quand l'ouvrage est fait. Ces tenons sont appellés autrement *Tenons à tournices*.

OUR

OURAGAN. f. m. Tempête horrible & très-violente. Elle se forme par la contrarieté de plusieurs vents, qui soufflant tantôt d'un côté & tantôt d'un autre, élevent des flots prodigieux qui se brisent les uns contre les autres. Ces Ouragans n'arrivoient autrefois que de sept ans en sept ans, mais ils sont beaucoup plus frequens presentement, & ils viennent au changement des saisons, principalement aux Isles Antilles dans l'Amerique. Quand l'Ouragan doit venir, la mer d'ordinaire devient tout à coup aussi unie qu'une glace, sans faire paroistre le moindre soûlevement de ses eaux sur sa surface, après quoi l'air s'obscurcit, & s'étant rempli de toutes parts d'épais nuages, il s'enflamme & s'entr'ouvre de tous côtés par d'effroyables éclairs qui durent assés long-tems. Ensuite on entend de si effroyables coups de tonnerre, que la terre tremble en plusieurs endroits. L'impetuosité avec laquelle le vent souffle, déracine les plus grands arbres des forêts, abbat presque toutes les maisons, ruine tout ce qui paroist sur la terre ; & si les hommes qui se trouvent dans les campagnes ne se tiennent fortement attachés à des souches d'arbres, ils sont en péril d'être emportés par les vents. Ce qu'il y a de plus dangereux, c'est qu'en vingt-quatre heures, & souvent en moins de tems, l'Ouragan qui commence à l'Ouest, parcourt tous les rumbs de vent, ne laissant ni rade ni havre à l'abri de sa fureur ; de sorte que tous les Navires qui sont pour lors à la côte périssent malheureusement, sans qu'aucun de ceux qui sont dedans se puisse sauver.

OURANOGRAPHIE. f. f. La description du ciel. Ce mot est Grec, de ἐρανὸς, Ciel, & de γράφειν, Ecrire.

OURAQUE. f. m. Les Medecins appellent ainsi un des quatre vaisseaux umbilicaux. C'est un canal long & sans sang qui va du fond de la vessie jusqu'au nombril. Le fœtus rend son urine par là tant qu'il est dans le ventre de la mere. Ce mot est Grec, ἐρακὸς, & vient de ἐρον, Urine.

OURDIR. v. a. *Disposer les fils pour faire la toile.* ACAD. FR. On arrange ces fils en long, pour y passer ensuite la treme. *Ourdir*, en termes de Vanier, signifie Tortiller l'osier, le tourner autour du moule du panier.

OURDISSOIR. f. m. Outil sur lequel les Ferandiniers, Rubaniers & Tisserans mettent la soie ou le fil quand ils ourdissent.

OURLER. v. a. Faire des ourlets à du linge, à quelque étoffe.

OURLET. f. m. *Le repli, le rebord que l'on fait à du linge, à des étoffes de laine ou de soie, soit pour ornement, soit pour empêcher qu'elles ne s'effilent.* ACAD. FR. Les Plombiers appellent *Ourlet*, la Jonction de deux tables de plomb sur leur longueur. Elle se fait en recouvrement par le bord de l'une repliée sur l'autre en maniere de crochet. *Ourlet* se dit aussi de la lévre d'un chêneau à bord, d'une cuvette de plomb qui est repliée en rond. On appelle encore *Ourlet*, Un filet sous l'ove du chapiteau, autrement *Orle*, de l'Italien *Orlo*.

Les Vitriers appellent *Ourlet*, Le petit rebord qui est sur l'aile du plomb des panneaux de vitre.

OURQUE. f. f. Gros poisson de mer qui passe entre les monstres marins, du Latin *Orca*.

OURS. f. m. Animal sauvage couvert d'une peau

épaisse & velue, dont le poil est gris. Il a le museau long & approchant de celui d'un gros cochon, les yeux petits, les oreilles courtes, la gueule longue, des ongles crochus, & des piés qui ressemblent presque à des mains. Cet animal monte au haut des arbres ; & si l'on en croit Aristote & Pline, il n'est guere plus gros qu'une souris en naissant, mais il croît toûjours, en sorte qu'il s'en est trouvé qui avoient cinq coudées de long & qui étoient gros comme des bœufs. Cela peut n'être pas vrai, non plus que ce qu'ils rapportent que l'Ourse fait ses petits comme une masse sans aucune forme, & que ce n'est qu'à force de les lecher qu'elle les perfectionne. Marthiole dit qu'il a vû prendre une Ourse fort grande qui étoit pleine, & que ses petits avoient tous leurs membres distingués dans le ventre de leur mere. L'Ours vit de plantes, d'arbustes, d'herbes, de fruits, de legumes, de miel & de chair, & au rapport d'Elian, il vit jusqu'à quarante jours en léchant seulement son pié droit. On tient qu'il hait les cadavres, le sanglier & le bœuf marin. Il attaque le Taureau pardevant, & tâche de lui déchirer les naseaux & de l'accabler par sa pesanteur. On apprivoise les Ours, & on leur apprend à danser, à sauter & à faire plusieurs petits tours. Il y a des Ours noirs, & il s'en voit d'autres blancs dans les Pays Septentrionaux. Les Furetieristes font dire à Pline & à Plutarque que sa chair est un manger excellent : ceux qui en ont goûté ne sont pas de cet avis.

Il se trouve dans les Indes Occidentales en la Province nommée Uzalcos, une espece de petits Ours, qui au lieu de gueule ont un petit trou rond au bout du museau, hors duquel ils tirent une petite langue ronde, longue & creuse par dedans, avec laquelle ils succent le miel, ou quand ils n'en trouvent point, ils tirent cette même langue auprès des fourmillieres, comme si c'étoit un roseau,& avalent toutes les fourmis qu'ils peuvent surprendre.

OURSE. s. f. Terme d'Astronomie. Il y a la petite & la grande Ourse. La petite Ourse est la plus proche du Pole, & comprend sept étoiles, qui sont appellées Le Chariot. C'est elle qui a donné le nom au Pole Arctique, du Grec ἄρκτος, qui signifie Ourse. La grande, qui selon Kepler est composée de cinquante-six étoiles, & selon Ptolomée de trente-cinq, est une constellation voisine, qui a une situation contraire. Elle a sept étoiles plus visibles & brillantes, disposées aussi en chariot, dont l'une est de la troisiéme grandeur, & les six autres de la seconde.

Ourse. Terme de Marine. Cordage particulier de l'artimon, garni d'un croc par un bout, pour saisir l'Etroppe amaré à l'extrémité de la Vergue. On l'appelle aussi Ours.

OUT

OUTARDE. s. f. Le plus grand oiseau qui vive sur la terre après l'Autruche. Il a le bec fort, & le cou long, de couleur cendrée, ainsi que la tête jusques au-dessus de l'estomac. L'outarde est de couleur tannée, & noire sur le dos, blanche sous le ventre & sous les ailes, à l'exception des extrémités qui sont noires. Elle a le dessus des ailes blanc, les jambes grosses comme le pouce, longues d'un demi pié, & toutes couvertes d'écailles. Chacun de ses piés a trois doigts, & les ongles en sont cours. On l'appelle en Latin *Avi tarda*, à cause qu'elle vole lentement, d'où quelques-uns veulent qu'elle ait pris le nom d'Outarde. D'autres font venir ce mot du Grec ὠτὶς, ou ὦτις, qui veut dire la même chose, de ὦς, Oreille,

à cause que l'Outarde a les oreilles avancées, & toutes couvertes de plumes.

OUTIL. s. m. Tout Instrument dont les Artisans, les Laboureurs & les Jardiniers se servent pour l'execution manuelle de leurs ouvrages. Les Charpentiers & les Menuisiers en ont un grand nombre de diverses sortes, selon la diversité de leur travail. M. Felibien fait venir Outil du Latin *Utilis*, à cause de l'utilité que les Ouvriers en reçoivent. Les Menuisiers de placage appellent Outil en ondes, Une machine composée d'une roue avec une échelle au-dessous. Au-dessus de cette échelle sont deux ressorts & sur les ressorts il y a une viz qui fait appuyer sur le bois un fer taillant, qui le coupe & qui le façonne en ondes aussi avant que l'on veut. Ils se servent de cet outil pour pousser des moulures en ondes sur l'ebene, sur l'olivier & autres bois durs.

OUTRAGE. s. m. Injure atroce. Du Cange fait venir ce mot d'*Ultragium*, qui a été dit dans la basse Latinité, pour dire, Excès, outre-mesure, d'où vient qu'il s'est pris autrefois en bonne aussi qu'en mauvaise part, Outrage, dit Nicod, C'est *outrepasse de la raison & du devoir*, *excès*, *soit de fait ou de parole*, *& vient de Oultre*, *étant de semblable terminaison Françoise*, à Dommage, Passage, Gagnage, *& autres tels*, *car de le tirer de ces deux mots Latins* Ultra agere, *il n'y a propos aucun*. Il se prend le plus communément ou mauvaise part, & pour désir, forfait & vilain cas, injure & felonnie, comme, Vous m'avez guerroyé à tort, & par moult grand outrage. *Item*, Je ne vous demande rien d'outrage, c'est-à-dire, rien qui soit injuste & déraisonnable ; & quequefois en bonne part, comme, Elle est belle voiremens, mais il n'y a rien d'outrage, c'est-à-dire, En sa beauté n'y a rien qui outrepasse la dûe & raisonnable beauté d'une femme.

OUTRANCE. s. f. Il n'est en usage qu'en ces manieres de parler adverbiales, A outrance, à toute outrance, pour dire, Jusqu'à l'excès. ACAD. FR. Voici ce que Nicod dit sur ce mot. Oultrance, C'est *oultrepasse soit en bien*, *comme*, Il est riche à toute oultrance, c'est-à-dire, Il excede en richesse ceux qui sont tenus pour bien riches ; soit en mal, comme, Il est méchant à toute oultrance, c'est-à-dire, La méchanceté de lui surmonte les aûtes des bien méchans. On dit Joûter ou Combattre à oultrance, dont le contraire est à lance, & armes courtoises, quand on joûte & combat à fer émoulu, & pour s'entre-blesser, & sans respecter la vie l'un de l'autre. Les anciens Champions de bataille à oultrance, qu'ils appelloient Jusques au rendre, disoient Oultrer la journée, pour, Accomplir & passer oultre la journée du combat, c'est en combattant employer tout le jour jusques à la brune. Loüys Duc d'Orleans, au cartel de telle sorte de combat par lui envoyé à Henri Roi d'Angleterre, couché par Monstrelet au neufiesme chapitre de son premier volume. Et là ès marches nous deux nous trouverons pour Oultrer notre journée, comme pourra être advisé, tant de vos gens comme des miens commis à ce.

OUTRE. s. m. Peau de bouc à porter de l'huile, du vin, &c. Les Outres étoient fort communs chés les Romains & le sont encore en Dauphiné & en Bearn.

OUTRECUIDANCE. s. f. Vieux mot. Témerité, insolence. On a dit Outrecuidé, pour dire, insolent, témeraire, & on écrivoit, Oultrecuidance, & Oultrecuidé, de ces deux mots Oultre & Cuider qui veut dire, Avoir opinion, présumer que quelque chose soit.

OUTREMER. s. m. Les Peintres appellent ainsi un bleu d'azur fait de Lapis lazuli, mis dans un creuset qu'on fait rougir. Quand cette pierre a été

calcinée au feu, on la caſſe fort menu dans un mortier ; puis étant bien pilée , on la mêle avec de la cire , de la poix-reſine , dont on fait comme une pâte
qu'on manie , & qu'on lave dans de l'eau bien nette.
Ce qui en ſort le premier eſt le plus beau , & il diminue de beauté enſuite juſques au gravier qui eſt
comme le marc. Cette couleur ſe conſerve plus qu'aucune autre. Elle ſe détrempe ſur la pallette quand
on l'emploie avec de l'huile, & elle ne ſe broie point.
L'Outremer étoit très-rare & très-cher, avant qu'on
eût ſçû le moyen de bien mettre en poudre le lapis
lazuli , mais la maniere de le bien faire eſt preſentement aſſés commune. Les Peintres ont un ſecret
pour connoître quand il eſt falſifié par un mêlange
d'émail.

O U V

OUVERT , ERTE. adj. Qui n'eſt pas fermé. On dit en
termes de guerre, que *La tranchée eſt ouverte*, pour
dire, que Les aſſiegeans commencent à faire leurs
approches. On dit auſſi, qu'*Une Ville eſt ouverte*, pour
dire, qu'On y a fait une bréche, ou qu'elle n'eſt pas
bien fortifiée.

On appelle en termes de négoce , *Compte ouvert* ,
Le commerce reciproque qui ſe fait entre Marchands
par l'envoi d'étoffes, d'argent ou de reſcriptions, depuis que le dernier compte de ſocieté en a été ſoldé
entre eux.

Ouvert , en termes de Blaſon , ſe dit des Portes,
des Tours , & des Châteaux. *D'azur à trois compas
ouverts d'or.*

OUVERTURE. ſ. f. *Fente , trou , eſpace vuide dans
ce qui eſt continu , dans ce qui eſt plein.* A C A D. FR.
Ouverture , ſe dit d'une baye dans un mur, laquelle
ſe fait pour donner du jour, ou pour ſervir de paſſage. On appelle *Ouverture d'une porte, d'une fenêtre*,
Le vuide qui eſt entre les piés droits , ou ce qui forme le châſſis ou tableau.

On appelle en termes de guerre , *Ouverture de
tranchée* , Le commencement du travail d'une approche , ou le premier remuement des terres qui ſe fait
par les aſſiegeans , afin d'aller à couvert juſques au
corps de la place qu'ils aſſiegent.

On appelle en termes de Palais , *Ouverture de Requête civile* , Les moyens ſur leſquels la Requête
civile eſt fondée. On doit les tirer de la forme &
& non pas du fond. *Ouverture de fief*, ſe dit, quand
il y a mutation de Seigneur ou de Vaſſal. On dit
auſſi *Ouverture de rachat*. C'eſt lorſque le cas eſt arrivé où le rachat eſt dû au Seigneur.

OUVRAGE. ſ. m. *Oeuvre , ce qui eſt produit par l'ouvrier , & qui reſte après ſon travail. Il ſignifie auſſi ,
la façon , le travail que l'on emploie à faire ouvrage.*
ACAD. FR. On appelle dans la Maçonnerie , *Gros
ouvrages* , Les murs en fondation , ceux de face &
de refend , ceux qui ſont avec crépis , enduits & ra-
valemens, & toutes les eſpeces de voutes de ſemblable matiere , à la difference des *Menus Ouvrages* ,
qui ſont les plâtres de differentes eſpeces, comme
tuyaux , ſouches & manteaux de cheminées , panneaux de cloiſons , & toutes ſaillies d'Architecture.
Les *Ouvrages de ſujetion*, ſont les Ouvrages cintrés,
rampans , ou cercés par leur plan ou leur élevation.
Le prix de ceux-là augmente à proportion du déchet
de la matiere , & de la peine qu'il y a à les bien
executer.

On appelle en termes d'Architecture militaire ,
Ouvrages couronnés, ou *à couronne*, des pieces avancées vers la campagne pour gagner quelque éminence. Ils ſont compoſés de deux grands côtés ou
ailes qui tombent ſur la contreſcarpe à l'endroit des

faces d'un baſtion , en ſorte qu'ils en ſont défendus ,
& preſentent du côté de la campagne un baſtion
entier entre deux demi-baſtions dont les faces ſe
regardent. Ces ouvrages ont auſſi leurs demi-lunes.
C'eſt ainſi qu'en parle M. Felibien, qui ajoûte que
les *Ouvrages à corne* , ne different des Ouvrages à
couronne, qu'en ce qu'ils ne preſentent à la campagne que deux demi-baſtions que de ſemblables
ailes terminent. Les *Ouvrages à ſcie* , ſont des faces
qui forment des angles rentrans & ſortans pour ſe
flanquer les unes dans les autres. On les appelle
autrement *Redans* , & on donne le nom d'*Ouvrage
à tenaille* , à un dehors qui a moins de largeur que
de longueur , & dont la tête eſt formée par un
angle rentrant & par deux angles ſaillans , ou par
deux rentrans & trois ſaillans. Les *Ouvrages exterieurs* , ſont ceux qui couvrent le corps de la place
du côté de la campagne. Les *Ravelins & les demi-
lunes* , ſont de ce nombre. Ces ouvrages ſe font ,
non ſeulement pour couvrir une place , mais encore
pour empêcher l'ennemi de profiter des concavités &
élevations qui ſe trouvent d'ordinaire aux environs
de la contreſcarpe.

On appelle *Ouvrages de pierre de rapport*, Certains
ouvrages qui ſe font avec des pierres naturelles pour
repreſenter des animaux , des fruits , des fleurs , &
autres figures comme ſi elles étoient peintes. On
aſſemble pour cela differens marbres , ſelon le deſſein qu'on a , & quand ils ſont bien joints & bien
cimentés , le Peintre qui a diſpoſé le ſujet , prend
du noir , & marquant les contours des figures avec
un pinceau , il obſerve par des traits & par des ha-
chûres les jours & les ombres de la même ſorte
que s'il deſſinoit ſur du papier. Enſuite le Sculpteur
grave avec un ciſeau tous les traits qui ont été tracés par le Peintre , après quoi on remplit d'un autre marbre ou d'un maſtic compoſé de poix noire ,
& d'autre poix que l'on fait bouillir avec du noir
de terre , tout ce que le ciſeau a gravé. Quand ce
maſtic a pris corps en refroidiſſant , on paſſe un
morceau de grais ou une brique par deſſus , & le
frottant avec de l'eau & du grais ou du ciment pilé ,
on ôte ce qu'il y a de ſuperflu , & on le rend égal au
marbre. M. Felibien dit que c'eſt ainſi qu'avec deux
ou trois ſortes de marbre , on a trouvé l'art d'embellir de differentes figures , les pavés des Egliſes &
des Palais.

OUVRIGNE. ſ. m. Vieux mot. Travail , Labeur. On
a dit auſſi *Ouvrer*, pour , Travailler , *Ouvroüer*,
pour , Boutique , & *Ouvreeur*, pour , Ouvrage.

*J'ay Cergans & Labourenrs
Ouvrans en divers ouvreeurs.*

OUVRIER , IERE. adj. On appelle *Jours ouvriers* ou
Jours ouvrables, Ceux où il eſt permis d'ouvrir les
boutiques & de travailler.

Ce qu'on appelle *Cheville ouvriere*, dans un carroſſe , une groſſe cheville de fer qui joint le train
de devant à la fléche.

OUVROIR. ſ. m. On appelloit ainſi autrefois ce que
nous appellons aujourd'hui *Boutiques*. Lieu ſéparé
où des Ouvriers ſont employés à une même eſpece
de travail dans un Arſenal , ou dans une Manufacture. *Ouvroir*, ſe dit auſſi d'une longue ſalle en
forme de Galerie , ou des filles qui vivent dans
une communauté s'appliquent enſemble à des ouvrages qui leur conviennent.

O U Y

OUYE. ſ. f. *Celui des cinq ſens par lequel on reçoit les
ſons.* ACAD. FR. L'air étant frapé de la maniere requiſe pour produire le ſon, (Voyez SON,) ce
mouvement

mouvement de l'air est reçu dans l'anfractuosité de l'oreille externe, d'où il passe dans l'oreille interne, par un canal tortu qui est creusé dans l'os petreux jusqu'à la membrane du tambour qu'il fait mouvoir & par ce moyen il se communique à l'air renfermé dans la caisse du tambour, d'où le même mouvement est porté au labyrinthe, & au limaçon dont la rampe est revêtue de l'expansion du plus grand rameau du nerf acoustique en forme de membrane, laquelle étant frappée par le mouvement de l'air interne, fait ce qui est appellé le son. La vibration de cette membrane se continuant dans les esprits jusques au cerveau, donne lieu à la perception qu'on appelle *Ouye*. Selon que les esprits animaux sont ébranlés par ce mouvement, les diverses passions & les effets surprenans que l'on attribue à la musique, s'en ensuivent. Un son lent & relâché excite la tristesse, la langueur, & les autres passions semblables, & les passions vives, telles que la joie, la hardiesse & l'amour, sont causées par le son tendu & aigu. L'oüye est blessée de trois manieres, par diminution dans la dureté d'oreille, par abolition dans la surdité, & par dépravation dans le tintement d'oreille, lorsqu'on s'imagine entendre des sons qui ne sont pas effectifs.

Ouye. Partie de la tête des poissons, qui s'ouvre, par où ils entendent & respirent. Ce sont comme des poils disposés par ordre, & attachés à un demi cercle d'os, à chaque côté de la tête du poisson. C'est par le moyen de ces oüyes qu'il rejette l'eau. Il y a des poissons qui les ont couvertes, & d'autres découvertes.

Ouye, est aussi un terme de Lutier, & se dit des ouvertures qui sont sur la table de plusieurs instrumens de Musique, comme des violons, des violes, & de la harpe. Leur figure est différente. C'est par ces endroits que sort le son de ces Instrumens.

OXY

OXYACANTHA. s. f. Arbre semblable au Poirier sauvage, moindre toutefois, épineux & piquant. Ses grains ressemblent à ceux de myrte, étant pleins, rouges, & frêles, avec un noyau au-dedans. Il pousse quantité de racines qui sont profondes en terre. Si l'on prend ses grains en breuvage, ou si on les mange, ils arrêtent, & resserrent le cours du ventre. Ils arrêtent aussi l'abondance du cours menstrual des femmes. Sa racine appliquée tire hors du corps toutes épines & autres tronçons qui seroient demeurés dans la chair. La plûpart des Modernes, tant Medecins que Simplistes, sont persuadés que l'Oxyacantha, appellé *Berberis* par les Arabes, est l'arbrisseau épineux qu'on nomme *Epinevinette*; mais par la description qu'en fait Dioscoride, cet arbre doit être semblable au poirier sauvage qui ne jette qu'un tronc qui croît à la hauteur commune des arbres, & dont l'écorce est âpre, écailleuse, inégale, materielle, & de couleur noire, tirant sur le roux, & qui d'ailleurs a des épines comme le prunier, ne jettant qu'une seule épine à la fois, qui est noire & ferme. C'est ce qui fait que Matthiole combat cette opinion, en faisant voir que l'Epinevinette n'a point un simple tronc, mais qu'elle produit plusieurs rejettons en sortant de terre, qui croissant comme verges, n'atteignent jamais la hauteur des arbres; que son écorce est blanche, lisse & si déliée, que la frottant tant soit peu avec un couteau ou une pierre, elle se rompt, & laisse paroître le bois jaune comme du safran, & qu'enfin elle produit chaque fois trois aiguillons plats, blancs & frêles, provenant d'un même pié, en sorte qu'ils ressemblent à une fourche à trois fourchons. D'ailleurs, l'Oxyacantha porte son fruit gros comme celui du Myrte, & l'Epinevinette a le sien en grappe ou maniere de raisins. Ces raisons & plusieurs autres l'obligent à dire que l'Oxyacantha de Dioscoride, ne sçauroit être l'Epinevinette, mais plûtôt l'Aubespin, qui est un arbre d'une parfaite hauteur, dont les branches sont armées de tous côtés de fortes & fermes épines, & qui non seulement a son écorce âpre & écailleuse, mais encore son fruit de la grosseur des Myrtilles, rouge, plein, frêle, avec un noyau, & quelquefois plusieurs au-dedans, ce qui convient aux marques que Dioscoride donne de l'Oxyacantha. Ce mot est Grec ὀξυάκανθα, de ὀξύς, Aigu, & de ἄκανθα, Epine.

OXYCEDRE. s. m. Espece de cedre moyen qui a les feuilles semblables entierement au genevre. Elles sont dures, piquantes & aigues, d'où il a été appellé ὀξύκεδρος, de ὀξύς, Aigu, & de κέδρος, Cedre.

OXYCRAT. s. m. Remede facile & prompt, composé d'une cueillerée de vinaigre sur cinq ou six fois autant d'eau. Il sert à adoucir les ardeurs des inflammations, & à guerir les douleurs que cause le trop de chaleur. Ce mot est Grec ὀξύκρατον, de ὀξύς, & de κεκράννυμι, Je mêle.

OXYGONE. s. m. Terme de Geometrie. Il se dit des triangles dont les trois angles sont aigus. Triangle Oxygone s'oppose à triangle *Rectangle* ou *Amblygone*. Voyez ces mots. Ce mot vient du Grec ὀξύς, Aigu, & de γωνία, Angle.

OXYMEL. s. m. Potion faite avec du vinaigre, de l'eau & du miel. Il y en a de deux sortes, l'Oxymel simple & l'Oxymel composé. Le simple est distingué, en foible, moyen & fort. Le foible se fait avec une partie de vinaigre, deux de miel, & quatre d'eau. On ne change rien pour le moyen, si ce n'est que l'on y met une partie & demie de vinaigre, & pour le fort il se fait avec une égale portion de miel & de vinaigre, & deux fois autant d'eau. Sa base est le vinaigre; qui selon ce qu'en a écrit Galien, est incisif, attenuatif, & resolutif des matieres crasses & visqueuses, en quelque part qu'elles soient, fût-ce aux jointures. Ainsi l'Oxymel simple, incise & déterge les humeurs crasses, lentes & pituiteuses, leve les obstructions, & donne la facilité de cracher & de respirer. Il entre sept ingrediens dans l'Oxymel composé, sans y comprendre ni le miel ni le vinaigre, sçavoir les cinq racines aperitives majeures, la graine de fenouil & celle d'ache. Outre qu'il incise & déterge les humeurs crasses & lentes comme fait le simple, il ouvre les obstructions de la rate, du foye & des reins, pousse dehors les ordures de la vessie, provoque l'urine, & les semences. Ce mot est Grec ὀξύμελι, de ὀξύς, Vinaigre, & de μέλι, Miel.

OXYRRHODINUM. s. m. Sorte de Medicament, où l'on fait entrer trois parties d'huile rosat, & une quatriéme de vinaigre. On y ajoûte quelquefois des sucs, ou quelques eaux distillées. Ce mot est Grec ὀξυρρόδινον, de ὀξύς, Vinaigre, & de ῥόδον, Rose. On se sert de ce Medicament pour en faire une embrocation sur toute la tête, & quelquefois un liniment pour l'abdomen.

OXYSACCHARUM. s. m. Sorte de potion faite de vinaigre blanc, de suc de Grenade & de sucre. Selon Banderon, il faut que le sucre se fonde au suc de grenades, purifié au Soleil, & passé à travers une chausse à hypocras & non en l'eau, parce que l'aigreur du suc de grenades est moins ennemie des parties spermatiques que le vinaigre. L'Oxysaccharum incise la pituite, leve les obstructions, provoque l'urine, & refifte à la pourriture & aux venins. Il a les mêmes vertus que le fyrop aceteux, mais il eft bien plus fûr de s'en fervir en tout âge, en toute faifon & pour tout fexe, aux maladies bilieufes & pituiteufes, à caufe qu'il n'y a pas tant de vinaigre. Ce mot eft Grec ὀξυσάκχαρον, de ὀξὺ, Acide, & de σάκχαρον, Sucre.

OYE

OYE. f. f. Gros oifeau qui nage fur l'eau & qui marche en troupe fur terre. Il y a une Oye fauvage & une Oye domeftique. Cette premiere eft meilleure à manger que l'autre, quoiqu'elle fe nourriffe des mêmes chofes, fçavoir d'herbes & de grains. L'Oye a le cou affés long, le bec gros, les jambes groffes, & la plume grife ou blanche; les blanches font les meilleures pour le profit. La chair de l'Oye eft vifqueufe & fait beaucoup d'excremens. M. Ménage fait venir ce mot du Latin *Auca*, & celui-ci d'*Avica*.

On appelle *Jeu de l'Oye*, Un jeu où l'on joue avec deux dés fur une carte où il y a foixante & trois cellules marquées avec des figures d'Oye, difpofées de neuf en neuf. Ce Jeu eft renouvellé des Grecs.

On dit en termes de Mer, que *L'on a mouillé en patte d'Oye*, quand à caufe du gros tems on mouille trois ancres, dont l'une eft au vent & les deux autres à ftribord & à bas bord de cette premiere. Ces trois ancres formant une efpece de triangle, figurent en quelque façon une patte d'Oye.

On a dit auffi *Oye*, pour dire, Oreille.

OYEMENT. f. m. Vieux mot. L'oüie.

P

PAC

PACA. f. m. Sorte d'animal semblable à un petit Pourceau de deux mois. Il y en a une grande quantité dans le Bresil, & quelques-uns qui sont blancs comme la neige. Leur chair a peine à cuir. Les blancs se trouvent principalement auprès des rivages de la riviere de saint François, & fort rarement ailleurs.

PACFI. f. m. Terme de Marine. Il y a le grand Pacfi, & le petit. Le grand Pacfi, est la grande voile qui tient à la croisée du milieu du grand mât. Le petit Pacfi, qu'on appelle aussi *Pacfi de bourset*, est la voile de misaine. Quelques-uns disent Pasi. On dit *Etre aux deux Pacfis*, pour dire, Etre aux deux basses voiles.

PACIFIQUES. f. m. On appella ainsi dans le seizième siecle certains Anabaptistes, qui se vantant d'annoncer la paix, semoient des erreurs parmi les Peuples.

PACO. f. m. Brebis du Perou, qui est un peu plus grande que nos brebis, & plus petite qu'une geniffe. Elle a le col long comme les chameaux, les jambes longues & le corps bien proportionné. Il y en a de blanches, de noires, de minimes, & d'autres bigarrées de differentes couleurs, appellées par les Indiens *Moromori*. Leur chair est bonne, quoique groffiere & beaucoup meilleure & plus délicate que celle d'agneau. Il est rare qu'on les tue, à cause que leur laine sert à faire des étofes, & qu'elles font plus de profit à porter des fardeaux. On les voit quelquefois en troupes de trois cens, & même de mille, chargées de toutes sortes de marchandises, dont elles portent cent livres pesant & jusqu'à cent cinquante, selon le chemin qu'elles ont à faire. Elles ne font que trois ou quatre lieues par jour, & leurs conducteurs sçavent les lieux où il y a abondance de pâture & de l'eau pour ces bêtes. Ils y dressent des tentes, & déchargent leurs fardeaux. Quand il n'y a cent pas de chemin, elles font huit ou dix lieues & portent deux cens livres pesant. Il y en a que la force du travail fait coucher par terre avec leurs charges, sans qu'on les puisse faire lever ni par menaces, ni avec les coups. Ces animaux se plaisent dans les lieux froids. Ils multiplient fort dans les montagnes, & meurent dans la plaine par trop de chaleur.

PACOBA. f. m. Plante du Bresil, appellée *Figue d'Adam*, qui croissant extrêmement haut, donne sujet de douter si c'est une herbe ou un arbrisseau. Son tronc est fort tendre & poreux, & se separe en diverses branches où naissent par grappes & en grande quantité certains fruits semblables aux figues. Quand ces fruits sont mûrs, on les cueille en coupant la queue qui les attache à la branche, & ensuite il en croît d'autres presque en nombre infini. Ils sont jaunes, d'une bonne saveur, & fort sains pour ceux qui ont la fievre, & qui vomissent du

Tome II.

PAG

sang. Les feuilles du Pacoba font rayées, polies, d'un verd gai, & quelquefois longues d'une coudée.

PACOURI. f. m. Grand arbre & fort spacieux qui se trouve dans l'Isle de Maragnan. Il a ses feuilles semblables à celles du pommier, & sa fleur blanche. Son fruit est gros comme les deux poings avec une peau épaisse d'un demi pouce. Il contient deux ou trois noyaux fort bons, & est fort estimé quand il est cuit & confit.

PACQUIRES. f. m. Sorte d'Animaux qui se trouvent dans l'Isle de Tabago, & que les Sauvages de la Terre-Ferme ont nommés ainsi. C'est une espece de Porcs. Ils ont le lard fort ferme, peu de poil, & le nombril sur le dos.

PAD

PADELIN. f. m. Terme de Verrerie. Pot, ou grand creuset où l'on fait fondre la matiere dont on fait le verre.

PADOUE. f. m. Ruban fait avec de la bourre desoie, qui est l'envelope du cocon du ver à soie. On fait cette sorte de ruban aussi bien en chaînes qu'en trames.

PADOUIR. v. n. Vieux mot. C'est, selon Ragueau, Mettre des bêtes dans des landes ou dans des pâturages communs.

PAG

PAG. f. m. Bête sauvage qui se trouve dans le Bresil, & qui est d'une moyenne hauteur, & de la grandeur d'un chien de quête. Sa tête est extrêmement difforme, & sa peau fort belle, mouchetée de taches blanches, grifes & noires. Le goût de sa chair approche de celui qu'a la chair de veau.

Il se trouve un autre animal dans l'Isle de Maragnan, appellé *Pag* ou *Pac*, qui est un peu plus grand qu'un Renard. Il a la tête courte & grosse, de petites oreilles, la queue courte, & il est bigarré d'un poil noir & blanc qui n'est pas long.

PAGAYE. f. f. Nom que les Sauvages donnent à l'aviron dont ils se servent pour nager quand ils se mettent sur mer dans une maniere de canot, qu'ils appellent *Pirogue*.

PAGE. f. m. *Jeune Gentilhomme habillé de livrées, & servant auprès d'un Roi, d'un Prince, d'une Princesse, d'un Seigneur, ou d'une Dame.* ACAD. FR. Ce mot signifie proprement un petit Garçon, du Grec *παῖς*, Enfant, suivant cette ancienne Poësie.
Mieux vaut un faiant que un Page,
Et deux dismes que un terrage.
Autrefois on ne s'en servoit que pour signifier des personnes de vile condition, qui suivoient quelqu'un à pié. Fauchet dit, que jusqu'au regne de Charles VI. & de Charles VII. ce nom fut donné à des Paysans & autres personnes de basse condition. C'est ce qui fait que quelques-uns le dérivent de *Pagus*, Bourg, Village. Borel ajoûte à cela qu'en

V ij

core aujourd'hui on appelle *Pages*, les garçons des faiseurs de tuile, & ceux des Paysans de Languedoc, où *Pages*, & *Pageses*, signifient Paysans & Paysannes.

On appelle sur mer *Pages*, les jeunes gens de l'équipage, comme étant apprentifs Matelots & des éleves de la navigation. Ce sont ceux qu'on appelle autrement *Mouces*, de l'Espagnol *Moço*, jeune garçon.

PAGNONES. s. f. Pieces de bois, qui sont la fusée ou le rouet d'un Moulin, dans lesquelles sont assemblés les fuseaux.

PAGODE. s. m. Nom qu'on a donné à tous les Temples des Indiens & des Idolâtres. Il y en a qui sont magnifiquement bâtis. M. de la Loubere, qui a été Envoyé Extraordinaire de Sa Majesté auprès du Roi de Siam, en parle ainsi dans la description qu'il nous a donnée de ce Royaume, & il fait ce mot feminin. Quant aux Pagodes, je n'ai remarqué en celles que j'ai vûes qu'un seul appentis par devant & un autre par derriere. Le toit le plus élevé est celui sous lequel est l'Idole. Les deux autres qui sont plus bas, sont estimés n'être que pour le peuple, quoique le peuple ne laisse pas d'entrer par tout aux jours que le Temple est ouvert; mais le principal ornement des Pagodes, est d'être accompagnées, comme elles le sont d'ordinaire, de plusieurs pyramides de chaux & de briques, dont pourtant les ornemens sont fort grossierement executés. Les plus hautes sont autant que nos clochers ordinaires, & les plus basses n'ont pas deux toises de haut. Elles sont toutes rondes, & elles diminuent peu en grosseur, à mesure qu'elles s'élevent, de sorte qu'elles se terminent comme en dome. Il est vrai que lorsqu'elles sont fort basses, il part de cette extrêmité faite en dome une aiguille de calin fort menue & fort pointue, & assés haute par rapport au reste de la pyramide. Il y en a qui diminuent & grossissent quatre ou cinq fois dans leur hauteur, de telle sorte que leur profil est ondé, mais ces diverses grosseurs sont moindres à mesure qu'elles sont en une partie plus haute de la pyramide. Elles sont ornées en trois ou quatre endroits de leur contour, de plusieurs canelures à angles droits, tant en ce qu'elles ont de creux, qu'en ce qu'elles ont d'élevé, lesquelles diminuant peu à peu à proportion de la diminution de la pyramide, vont se terminer en pointe au commencement de la grosseur immediate superieure, d'où s'élevent derechef de nouvelles canelures.

Pagode, Se dit aussi d'un petit Buste d'homme ou de femme dont on voit remuer la tête pendant un assés long tems, par le moyen des ressorts qui y sont cachés, avec un contre-poids: on en orne les cheminées.

On appelle aussi *Pagode*, Une certaine Monnoie qui est en usage dans les Indes. Elle vaut à peu près un écu d'or de France.

PAI

PAILE. s. m. Vieux mot. Dais, Pavillon.

Riches chapes & paile avoient.

Il a aussi été employé dans la signification de Drap mortuaire.

Si ot dedans la bierre un corps,
Et sor le Paile par dehors
Avoit une espée couchée.

Borel veut que ce mot en general signifie Drap, tapis, ou manteau, & qu'il vienne du Latin *Pallium*, Manteau.

PAILLE. s. f. Le *Tuyau du blé*, de l'orge, de l'avoi-

ne, quand il est sec. ACAD. FR. On appelle *Menues pailles*, la pellicule dont le grain est immediatement environné, & qu'on en sépare par le van ou le crible, lorsqu'il a été battu.

On dit d'un Soldat fantassin qu'*Il va à la Paille*, Lorsqu'étant dans un bataillon, il pose ses armes pour aller aux necessités de la nature, ce qui lui est permis, à la charge qu'au premier coup de tambour il viendra les reprendre, & se remettre en son poste.

Paille. Inégalité, crevasse, diversité de couleurs qui se trouve dans les Marchassites ou pierres de mine. On dit aussi en parlant des défauts des pierreries qu'*Elles ont des Pailles*, pour dire, qu'On y remarque une espece d'obscurité ou de nuée, qui empêche la continuité de leur éclat, ce qui diminue beaucoup de leur prix.

On appelle sur Mer *Pailles de bittes*, de longues chevilles de fer qu'on met à la tête des bittes pour tenir le cable sujet.

Paille. s. f. Est aussi un vieux mot, qui signifie, Poilon.

Gardenapes, destin, salieres
Tenailles, Pailles, cremallieres.

PAILLE', ÉE. adj. Terme de Blason. Il se dit des fasces, paux, & autres pieces bigarrées de differentes couleurs. *D'argent à la fasce d'azur, paillé d'or*,

PAILLETTE. s. f. On dit chés les Orfévres, *Une Paillette de soudure*. C'est un petit morceau de soudure mince prêt à placer sur l'ouvrage à souder. Voyez PAILLON.

PAILLEUX, EUSE. Adj. On appelle *Fer pailleux*, Celui qui a des Pailles ou des filamens qui le rendent cassant, lorsqu'on le veut coucher ou plier.

PAILLO. s. m. Terme de Marine. On dit *Le Paillo d'une Galere*, pour dire, La chambre où l'on garde le biscuit, & où l'Ecrivain de la Galere est logé.

PAILLON. s. m. Petit morceau de métal mince & allié, dont les Orfévres se servent pour souder.

Paillon est aussi Une espece de Panier fait de paille, propre à faire lever la pâte, & à autres usages.

PAIN. s. m. Le meilleur & le plus commun de tous les alimens. Il se fait de farine détrempée avec suffisante quantité d'eau, bien pêtrie, convenablement levée, & cuite au four à feu moderé. On en fait de froment, de segle, d'orge, d'espeautre, d'avoine, de panis, de ris & de millet. Le plus ordinaire se fait de froment, soit de la plus fine fleur, & alors on l'appelle *Panis siligineus*, Pain blanc, soit de farine où il y a moitié de son. Cette derniere sorte de pain, s'appelle *Panis cibarius* ou *Secundarius*, Pain bis, pain de ménage. Le meilleur est celui qui ayant été bien pêtri, est levé comme il faut, parce que le levain qui est chaud & tenu, en ayant consumé l'humidité le rend plus leger, ce qui fait que la digestion en est bien meilleure. Le contraire arrive du Pain qu'on fait sans levain, appellé par les Grecs ἄζυμος. Quoiqu'il soit fort nourrissant, il est malaisé à digerer, & cause de l'obstruction dans les veines. C'est ce qui est cause que tous les gâteaux, tartes & bignets chargent l'estomac par leur suc grossier, arrêtent le ventre, & y accumulent une infinité de crudités. On se sert du pain exterieurement dans les cataplasmes; du Pain blanc dans les suppuratifs, & de celui de ménage dans les resolutifs, où Galien le fait entrer à l'exclusion du blanc, qu'il dit être plus maturatif que resolutif. La croûte de Pain brûlée est propre à blanchir les dents.

On appelle *Pain du Roi*, ou *Pain des Prisonniers*, le Pain que donne le Roi pour la nourriture des Prisonniers qui sont pauvres. C'est sur le fond des amendes qu'il se prend. Le *Pain de Munition*, est une ration de Pain qui est fournie à chaque Soldat par les Munitionnaires. Selon l'Ordonnance de 1651. chaque Pain doit être de vingt-quatre onces, cuit, rassis, entre bis & blanc. On entend par *Pain de Chapitre*, le Pain qu'on distribue chaque jour à chaque Chanoine d'une Cathedrale. On le fait d'une fine fleur de farine bien pêtrie, & d'une consistance assés ferme. Il étoit autrefois broyé, & avoit peu de levain. Le *Pain broyé*, est celui qu'un Boulanger fait pour son chef-d'œuvre quand on le reçoit Maître. Il est fait de la fleur de farine, qui non seulement est pêtrie en la maniere ordinaire, mais qui outre cela est broyée long-tems avec des bâtons ferrés.

Pain à chanter. Pain sans levain, qui est consacré à la Messe par le Prêtre. Il se fait en détrempant de la farine de pur froment avec de l'eau, que l'on met ensuite sur le feu entre deux fers figurés. Les Juifs mangeoient l'Agneau Pascal avec des *Pains azymes*, ce qui veut dire aussi un Pain sans levain. *Pain de proposition*, se dit des Pains qui étoient exposés dans le Temple, & que les Prêtres de l'ancienne loi offroient à Dieu. Il n'y avoit qu'eux & les Levites à qui il fût permis d'en manger.

Pain de mouton. Petit Pain saupoudré de quelques grains de blé, & fait de pâte cuite avec du beurre & du fromage. Il n'est guere plus grand qu'un écu d'argent, & les Patissiers de Paris le font un peu avant & après le premier jour de l'année. C'est un present que les valets font aux enfans pendant le tems des étrennes.

Pain d'épice. Pain pêtri avec de l'écume qu'on tire du sucre quand on affine des sucreries. On en fait aussi avec du miel & quelques assaisonnemens d'épiceries. Les plus estimés viennent de Rheims.

Pain de sucre. Sucre formé en maniere de pyramide qui en contient depuis trois ou quatre livres jusqu'à dix ou douze. On appelle *Pain de bougie*, Un demi quarteron, un quarteron, une once, ou une plus ou un peu moins de bougie pliée & arrangée proprement. On dit aussi *Pain de vieux oing*. C'est une masse de vieux oing en forme de Pain, dont on se sert pour graisser les roues des carrosses, des charrettes & des chariots. *Pain de lie*, en termes de Vinaigrier, se dit de la lie accommodée en forme de tuile faistiere, dont les Chapeliers se servent pour fabriquer leurs chapeaux.

On appelle en terme de Monnoie *Pain d'affinage*, l'argent qui n'ayant pas été retiré en coquillons, c'est-à-dire, avec une barre de fer en maniere de grosse canne, se fixe en forme de Pain plat dans la coupelle où il a été mis pour l'affiner.

PAIOMIRIOBA. s. f. Plante qui se rencontre abondamment dans toutes les terres sablonneuses des Isles de l'Amerique, & dont la tige pousse plusieurs branches de chaque côté. Elles ont chacune sept ou huit feuilles, assés longues & pointues. Ces feuilles ôtent l'inflammation & mondifient les plaies, & c'est surtout un vrai antidote contre un certain mal du fondement qui arrive à ceux qui ont mangé trop d'Oranges douces. La racine de cette plante est souveraine contre les venins.

PAIR. adj. m. Egal, semblable, pareil. On appelloit autrefois *Pairs*, plusieurs Vassaux d'un Seigneur, qui avoient entr'eux également droit de juger avec lui. C'étoient des hommes lettrés que l'égalité de leur fonction faisoit appeler ainsi. Le Seigneur étoit obligé de garnir sa Cour de Pairs, dont le nombre devoit être au moins de quatre. S'il se trouvoit trop de Vassaux égaux en pouvoir dans

quelque Seigneurie; le Seigneur en choisissoit d'ordinaire douze, auxquels il attribuoit la qualité de Pairs, & il y a eu des femmes qui ont assisté à ces Jugemens, non comme femmes de Pairs, mais à cause de leurs tenemens. Plusieurs font venir ce mot de *Pares*, Egaux, & non de *Patritius*, comme fait Pasquier. Borel dit que c'est une dignité qui tire son origine des Goths, qui établissoient des Pairs pour conduire leurs Armées, selon ces vers d'un ancien Poëte.

Elisez douze Pairs qui soient compagnon,
Qui menent vos batailles par grand devotion.

On a dit depuis *Pairs*, par excellence de douze grands Seigneurs de France, tant Ducs que Comtes, à qui cette qualité a été donnée. Il y en avoit six Ecclesiastiques & six Laïques. On tient que ce fut Louis le Jeune, Pere de Philippe Auguste, qui les créa pour assister au sacre & couronnement des Rois de France, & pour juger les causes de la Couronne, & qu'ils firent leurs premieres fonctions au sacre de son Fils. Il y a trois Pairs Ducs Ecclesiastiques, qui sont l'Archevêque de Rheims, & les Evêques de Laon & de Langres, & trois Pairs Comtes, aussi Ecclesiastiques, qui sont les Evêques de Beauvais, de Châlons, & de Noyon. Les Pairs Ducs Laïques étoient les Ducs de Bourgogne, de Normandie & de Guienne, & les Pairs Comtes Laïques, les Comtes de Flandre, de Champagne & de Toulouse. Aujourd'hui on appelle proprement *Pair*, le Seigneur d'une Terre érigée en Pairie.

Du Tillet en son Recueil des Rois de France, dit : *Le Comte de Champagne d'anciennet a été créé Palatin & decoré de sept Comtes ses vassaux & principaux membres & Pairs de son Comté de Champagne leur Chef. Les susdits sept Comtes sont assis avec celui de Champagne en son Palais, pour le conseiller & honorer sa Cour*, & Nicod, *Pairs de France sont les douze grands Seigneurs de titre & domaine éminens, Ducs & Comtes, moitié Ecclesiastiques, les Ducs Archevêques de Rheims, Evêques de Laon & de Langres; les Comtes, Evêques de Beauvais, de Châlons & de Noyon; moitié Seculiers, les Ducs de Bourgoine de Normandie, de Guienne, les Comtes de Flandres, Champagne & de Tholose, lesquels étoient & sont tenus à mème devoir aux Plaids & Cour du Roi, qu'on dit à present Lit de Justice, que sont les Pairs des Seigneurs inferieurs, & de ce est procedé qu'on dit la Cour de Parlement de Paris être la Cour & séance des Pairs de France, pour être le lieu arresté & sedentaire, representant les Plaids & Audiences solemnels & generales, que nos Rois au premier tenoient ores-ci, ores-là, assistez desdits Pairs, comme de leurs Assesseurs & Conseillers naïs, prenant l'advis desquels ils décidoient ce qui s'offr it en t. ls Plaids; jadis anniversaires & par trait de tems iterex par iceux Rois en moins de tems. Et cette-ci est la raison de ce qu'on leur donne le titre de France, & de cette maniere de parler, Le Roi tenant son Lit de Justice, ou Seant en son lit de Justice, en sa Cour de Parlement garnie de Pairs, usité quand on veut marquer cette grande & authentique séance de nos Rois, où les grandes affaires de la Couronne sont debatues par ordre judiciaire, comme fut la plaidoirie de la reversion du Comté de Flandres par la felonnie de Charles d'Austriche.* Pasquier extrait ce mot de *Patritius* latin, & en allegue des raisons & autoritez, lesquelles je ne veux debattre ne accorder. L'institution des Fiefs dont les sources & les premiers sont ceux qui de Dieu sont tenus; de l'épée, a introduit les Pairies, c'est-à-dire, les Assessoriats des Conseillers, de Fiefs dominans; dont les Rois de France ne furent onques saisis, quoique le nom fût divers,

T iij

& par reigle d'Estat les Seigneurs plus signalez. de titre & Seigneurie estoient de ce rang, reduits finalement à douze, le Roi faisant le chef & le parfait du nombre de treize. Lesdits Pairs étoient la justification de nos Rois en toutes leurs deliberations du Conseil ès affaires du Royaume & des Ambassades des Princes alliez, & non confederez, car c'estoit toûjours par l'advis des Pairs, & non de celui seul des Rois, que le tout se disoit estre fait. On en retient encores aujourd'hui la façon de faire, quand le Roi à une longue audience donnée respond qu'il en communiquera à son Conseil.

On a aussi appellé Pairs, dans les Coûtumes, Un Aîné & ses freres cadets qui possedoient un fief paternel en commun.

Les Furetieristes disent que la Tourterelle ne va jamais sans son pair; l'experience fait voir le contraire. Ils disent une paire de Poulets, de Pigeons; on dit un couple.

On dit, *Change au Pair*, en termes de negoce, quand pour une somme qu'on donne en un lieu, on reçoit la même somme en un autre sans faire aucune remise.

PAIRIE. s. f. *Dignité de Pair qui est attachée à un grand fief relevant immediatement de la Couronne.* ACAD. FR.

On trouve dans les anciennes Coûtumes, *Tenir une Terre en Pairie*, pour dire, La tenir à la charge d'assister le Bailli d'un Seigneur dans ses jugemens, parce que les anciens Vassaux & hommes de fief, qu'on appelloit Pairs, étoient obligez de venir assister le Bailli quand il tenoit sa Jurisdiction & ses assises, & de juger à leurs perils & fortunes au hazard de l'amende envers le Roi s'il étoit mal jugé. On disoit aussi *Faire un hommage en Pairie*, pour dire, En dignité, & en une qualité plus noble que celle de la simple foi & hommage.

PAIRLE. s. m. Terme de Blason. Fourche ou pal qui mouvant du pié de l'écu se divise en deux autres parties égales, quand il est arrivé au milieu. Ces deux parties vont aboutir aux deux angles du chef, ce qui fait la figure d'un Y. le Pere Menestrier fait venir ce mot du Latin *Pergula*, qui veut dire, Une Fourche qu'on employe à soûtenir une treille.

PAISSANT, ANTE. adj. Terme de Blason. Il se dit des vaches & des brebis qui ont la tête baissée pour paître. *D'azur à une brebis paissante sur une terrasse de sinople.*

PAISSEAU. s. m. Mot dont on se sert en quelques Provinces pour signifier un Echalas, ce qui a fait dire, *Paisseler les vignes*, pour dire, Les échalasser, y mettre des échalas. Borel fait venir ce mot de *Palicellum*.

PAISSON. s. f. Glandée & autres fruits sauvages, & en general tout ce que mangent les bestiaux dans les forêts & à la campagne.

Paisson. Terme de Gantier, ou d'ouvrier qui prepare les peaux. Morceau de fer ou d'acier délié qui ne coupe pas, & qui est fait en forme de cercle. Sa largeur est d'environ un demi-pié. Il est monté sur un pié de bois, & sert à déborder & à ouvrir le cuir, afin de le faire devenir plus doux.

PAISSONNER. v. a. Etendre, & tirer une peau sur le paisson.

PAISTRIN. s. m. Terme de Boulanger. Sorte de grande huche propre à paistrir, à faire la pâte.

PAL

PAL. s. m. Piece de bois qui est longue & taillée en pointe. Ce mot n'est plus en usage que dans le Blason, & signifie un pieu posé debout, qui partit l'écu

en long depuis le haut jusqu'au bas. *D'argent à deux pals de sable.*

PALADIN. s. m. Nom qu'on a donné dans les anciens Romains à certains Chevaliers fameux qui alloient chercher des Avantures. Il est venu par corruption de Palatin, & on a appellé *Paladins*, Roland, Renaud, Olivier, qui étoient des Princes de la Cour de Charlemagne, dont les Auteurs des vieux Romans ont décrit les grandes prouesses.

PALAIS. s. m. Bâtiment magnifique propre à loger un Roi ou un Prince; d'où vient que dans la premiere & seconde race de nos Rois, on a appellé *Maires du Palais*, leurs premiers Officiers ou Ministres. Il se dit aussi des maisons des grands Seigneurs lorsqu'elles sont bâties superbement; & sur-tout on appelle *Palais* en Italie, les maisons des Cardinaux. On appelle encore *Palais*, Le lieu principal où la Justice souveraine est rendue au nom du Roi, parce qu'on le rendoit effectivement dans le Palais du Roi, ce qui se voit à Paris, où elle s'exerce en la maison où demeuroit saint Louis. C'est ce qu'explique Nicod en ces termes. *Palais est proprement l'Hôtel Royal ou Imperial. L'origine du mot vient d'un des principaux monts de la Ville de Rome, dit Palatium, auquel estant posée la premiere situation de ladite Ville, Romulus, premier Roi d'icelle, establit son Auberge royal, où depuis habiterent grande partie de ses successeurs Roys. Finalement fut en ce mont establi le Siege de l'Empire & l'Hôtel Imperial, si que depuis Auguste, tous les Empereurs Romains y habiterent, & à cause de ce est venu l'usage que toute maison de Roi étoit anciennement appellée Palais. L'Italien & l'Espagnol retiennent cet usage encore, mais ils communiquent aussi ce mot à toutes grandes maisons d'édifice somptueux, ores qu'elles soient à Seigneurs particuliers inferieurs à Monarques, & autres Seigneurs souverains, ce que le François ne fait pas. Et si bien nos Rois ne se logent dès jadis en leurs maisons qui tiennent encore le nom de Palais, si y logeoient-ils anciennement; & pour marque de cette demeure Royale, voit-on au Palais à Paris être celebrez les nopces & festins royaux & des Enfans de France, & les Monarques étrangers y estre par grandeur logez & traîtez. Nicolas Giles en la Chronique de Philippe le Bel, dit Roi Philippe & ses deux jeunes fils, Philippe & Charles, le Roi d'Angleterre & plusieurs Seigneurs, Barons, Chevaliers desdits Royaumes se croiserent, &c. Et peu après; Et fut la fête tenue au Palais de Paris, que ledit Roi Philippe avoit de nouvel fait édifier, de très-bel & somptueux œuvre, par Enguerrand de Marigni. Or estoit cestui Comte de Longueville, & General Sur-Intendant de ses Finances, & fut bâti ce grand Palais Royal de lez la Sainte Chapelle, que le Roi saint Louys avoit auparavant fait édifier, & joignant le petit Palais, qui est à present dit la Sale saint Louys. Et poursuivant ce propos un peu après; Et estoient à ladite fête lesdits trois Rois de France, d'Angleterre & de Navarre. Mais la demeure de nos Roys n'y est plus usitée. La Cour des Pairs, le lict royal de Justice, l Thresor, & Chartres de la Couronne, les Statue de nos Roys par ordre successif de leurs regnez, avec la marque du tems de la durée d'un chacun d'iceux & des années de leur trépas, écrite aux piés respectivement de chaque effigie. Les Comtes & plusieur Jurisdictions y sont. La plaidoirie y est exercée, le procès y sont demenez & vuidez, qui est la raison que les Hôtels, ausquels sont tenues autres Cours d Parlement en ce Royaume, ont aussi le nom de Palais même ce mot Hôtel, que plusieurs Officiers de la maison du Roi retiennent encore, est allé en desuse* pour la *Maison Royale* , & ufe-t'on de Château , ou de quelque nom propre. *Ainfi dit-on* le Louvre *pour l'Hôtel Royal fis à Paris,* ou bien, Le Château du Louvre. On a dit autrefois *Doctrine du Palais* , fur quoi. le même Nicod ajoûte, *Doctrine du Palais entre Princes,* eft la doctrine de courtoifie, civilité , mœurs, contenance, déportement en dits & en faits, & l'inftitution de ce qui appartient à Chevalerie, en laquelle tous jeunes *Damoifeaux* font introduits en *Maifons & Courts Royales. Nicole Giles en la Chronique du Roi Loys troifiéme ;* Le Roi print l'enfant Richard entre fes bras, difant au Peuple de Normandie, qu'il étoit là venu pour garder le petit Duc Richard, & l'enfaifiner de fa terre, & promit aux Bourgeois de Rouen, qu'il le feroit bien introduire & apprendre en la doctrine du Palais, & qu'il vengeroit la mort du Duc Guillaume fon Pere.

Palais. Terme de Medecine. La chair qui compofe la partie fuperieure & interieure de la bouche ou de la gueule des animaux. Il y a deux trous au fond du Palais, & ces trous lui donnent communication avec les narrines. Il y en a beaucoup qui croyent que le fentiment du goût refide dans le Palais. Selon du Laurent, ce mot vient du Latin *Palis* qui fignifie des Pieux, à caufe que le Palais eft enfermé par deux rangs de dents qui fnot comme de petits pieux, d'où l'on a fait *Palatum.*

PALAMANTE. f. f. Terme de Marine. Tout le corps des rames d'un bâtiment de bas bord.

PALAN. f. m. Terme de Marine. Affemblage d'une corde d'un moufle à deux poulies, & d'une poulie fimple qui lui eft oppofée. On s'en fert pour embarquer & pour débarquer des balots de marchandifes, & autres fardeaux pefans. On appelle *Grands Palans* , Ceux qui tiennent au grand mât, & *Palans de mifaine* , Ceux qui font attachés au mât de mifaine. Il y a auffi des *Palans d'étai,* c'eft-à-dire, qui font amarrés à l'étai. Le *Palan d'amure,* eft un petit Palan dont l'ufage eft d'amurer la grande voile par un gros vent. Le *Palan de bout* , fert à tenir la vergue de Civadiere où elle doit être, & à la hiffer quand on veut la mettre en place. C'eft un petit palan, frappé à la tête du mât de beaupré par deffous. Les *Palans de retraite* font d'autres petits Palans dont les Canoniers fe fervent pour remettre le canon dedans quand il a tiré, le vaiffeau étant à la bande.

PALANDRIES. f. f. Ce font des Vaiffeaux ou barques plates, felon Villehardouin.

PALANQUE. f. f. Terme de Fortification. Petit fort que l'on fait de pieux pour tenir la campagne, & que l'on revêt de terre. Ce mot vient de *Palus* , Pieu.

PALANQUER. v. a. Terme de Marine. Se fervir de palans pour mettre de grands fardeaux dans un Vaiffeau, ou pour les defcendre à terre.

PALANQUIN. f. m. Petit palan, ou cordage qui fert à lever de mediocres fardeaux. Il y en a de doubles & de fimples, & on appelle *Palanquin de ris,* Les cordages qu'on met au bout des vergues des huniers, & par le moyen defquels on y amene les bouts des ris quand on les veut prendre.

Palanquin, eft une maniere de chaife qui eft en ufage chés les Peuples Orientaux de la Chine & de l'Inde. Il y a des hommes qui la portent fur leurs épaules avec la perfonne qui eft dedans.

PALANQUINES. f. f. p. Quelques Matelots & autres perfonnes de mer, employent ce mot, pour dire, *Balancines.* Ce font des cordages qui defcendantdes barres de hune & des chouquets, v iennent former deux branches fur chaque bout d'une vergue ou où les amarre pour les tenir en affiette.

PALANDEAUX. f. m. p. Terme de Marine. Bouts de planche que l'on couvre de bourre & de goudron, pour boucher les efcubiers & les trous du bordage.

PALASTRE. f. m. Terme de Serrurerie. Piece de fer qui couvre toutes les garnitures d'une ferrure, & contre laquelle font montés & attachés les pênes, les gardes, & tous les refforts neceffaires· pour la fermeture.

C'eft auffi une piece de bois plat comme un douve de tonneau dont on garnit avec de la mouffe les fentes ou les nœuds d'un bateau, pour l'empêcher de prendre l'eau. Le clou fait exprès s'appelle auffi *Palaftre.* Les Charpentiers de Vaiffeau difent *Palardeau.*

PALATIN. f. m. Nom qui fe trouve employé dans les vieux titres, & qui fe donnoit à ceux qui avoient quelque charge dans la Maifon d'un Prince. On appelloit *Comte Palatin* , Celui que le Prince deleguoit dans quelque Province pour y prendre connoiffance des affaires & en decider, fi ce n'eft qu'il les trouvât d'une nature à être jugées en prefence du Souverain. Il y avoit des Comtes Palatins en Allemagne & en Pologne, auffi bien qu'en France. Il y a eu auffi des Palatins de Champagne qui ne relevoient pas de nos Rois, qu'on croit n'avoir point fait de Comtes Palatins depuis Charles le Chauve. Ceux de Champagne n'ont ceffé que lorfque cette Province a été reunie à la Couronne. *Palatin* fe dit aujourd'hui feulement d'un Prince d'Allemagne, qui a un Palatinat.

PALE. f. f. Oifeau fort femblable au Heron blanc, à l'exception du bec qu'il a rond & large à l'extrémité. Il en eft de deux efpeces, l'une plus grande qu'on appelle *Poche* , & l'autre plus petite nommée *Pale* ou *Cuillier* , à caufe de la forme de fon bec. C'eft ce que Nicod en dit.

Pale. Terme de Batelier. Le bout plat de l'aviron qui entre dans l'eau.

Pale , eft auffi une piece de bois avec quoi on bouche, ou la chauffée d'un étang, ou l'ouverture d'un biez de moulin.

PALE' , z'e. adj. Terme de Blafon. On appelle *Ecu palé*, Celui qui eft également chargé de pals de métal & de couleur. *Palé d'or & de gueules.* Du Cange fait venir ce mot de *Pallea,* Tapis ou étoffe de piece de foye. Il dit que *Paler* fignifioit anciennement Tapiffer, & qu'on appelloit *Pales,* les tapifferies dont les murailles étoient couvertes.

PALEAGE. f. m. Action de mettre hors d'un Vaiffeau, les grains, les fels, & autres marchandifes qui fe remuent avec la pelle.

PALE'E. f. f. Rang de pieux qu'on employe de leur groffeur, & qui étant fichés profondement en terre, fuivant le fil de l'eau, fervent de piles pour porter les poutres d'un pont de bois, qui traverfent d'un rang à l'autre. On dit, que *Les palées font bien liernées & moifées* , pour dire, qu'Elles font bien garnies de moifes & de liernes.

PALEFROI. f. m. Vieux mot, qui s'eft dit des chevaux de parade, fur lefquels les Princes & les Grands Seigneurs faifoient leur entrée dans une Ville. On appelloit auffi *Palefrois* , Ceux que les Dames montoient avant que les carroffes fuffent en ufage. M. Ménage fait venir ce mot de *Paléfredus* , que l'on a dit pour *Parafredus* , venant de *Paraveredus* , Coureur, Cheval de Courier. Selon du Cange *Palefroi* vient *A paffu equis & freno,* quia le-

ni passu per franum ducitur Nicod lui donne une autre étymologie, & il en parle en ces termes. *Palefroi és anciens Romans se prend communément pour le Cheval sur lequel alloit une Dame, sist qu'il amblât ou non, car quand il ambloit, on y ajoûtoit ces mots Allant les ambles. C'étoit anciennement l'ordinaire des Ecuyers de mener par le frein les Chevaux sur lesquels les Dames étoient montées, & quand un Prince faisoit son entrée, son cheval étoit conduit par le frein par les plus apparens de la Ville, qui étoit service d'honneur & grandeur pour celui qui étoit à cheval. Nicole Giles en la vie de Charles VII. parlant de l'arrivée de la Fille du Roi d'Ecosse en la Ville de Tours, dont le mariage se traictoit avec Louys, Fils dudit Seigneur, & Daulphin de Viennois. Au devant d'elle alleRent plusieurs Princes, Seigneurs & Barons, Chevaliers & Ecuyers, & à l'entrée de la Ville les Seigneurs de Mailli & de Jalongnes descendirent à pié, & prindrent chacun d'un côté la bride du la haquenée sur laquelle ladite Dame étoit montée, & la menerent jusques au Château. Quand elle fut descendue le Comte de Vendôme & un autre Comte d'Ecosse la prindrent chacun de son côté & la menerent &c. Les Rois usoient aussi de Palefrois. Le mot est composé, & ne sçai si de ces trois mots* Par le frein, *a point été fait ce seul Palefroi, qui se peut dire aussi Palefrein, suivant son dérivé,* Palefrenier.

On distinguoit autrefois les chevaux en *Destriers,* en *Palefrois* & en *Roussins* Les premiers étoient les grands Chevaux de bataille, les seconds des chevaux de pas, sur lesquels on voyageoit à son aise, & les autres des Chevaux de somme, ausquels on faisoit porter le bagage.

PALERON. s. m. Os de figure presque triangulaire, qui ouvre le dernier des côtés, & d'où naissent la plûpart des muscles qui meuvent le bras. Il se dit particulierement des animaux, & on entend alors toute la chair qui couvre cet os & forme l'épaule. Les Chaircutiers appellent *Paleron de porc,* La partie de cet animal qui est jointe au jambon de devant.

On appelle aussi de ce nom le Fut ou le manche d'une Palle à labourer dans les Jardins.

PALESTE. s. f. Vieux mot qui signifie le Jeu du Palet, qui consiste en un morceau de pierre, de bois, ou de fer, qu'on jette le plus près qu'on peut d'un petit but fiché en terre, & celui qui en approche le plus gagne le coup. M. Ménage fait venir le mot de Palet, de l'Arabe *Palat,* qui veut dire, Couvrir de pierres, abbatre avec des pierres. D'autres le dérivent de *Palastra,* d'où est venu le vieux mot *Paleste.*

PALESTEAUX. s. m. p. Vieux mot. Lambeaux.
*Et n'avoit qu'un vieux sac estroit
Tout plein de menus palesteaux*

PALESTRE. s. f. On appelloit ainsi chés les Grecs un Edifice public, établi pour l'éducation de la jeunesse. Elle ne s'y occupoit pas seulement aux exercices de l'esprit, mais à ceux du corps, aussi que, à la lute, & à la course. Il se disoit proprement du lieu où les Luiteurs s'exerçoient. La longueur de la Palestre se regloit par stades, & chaque stade valoit cent vingt-cinq pas Geometriques. Ce mot est Grec παλαίστρα, & vient de παλαίειν, Luiter, fait de πάλη, Lutte.

PALET. s. m. Jeu. On y joue avec des écus ou des morceaux de fer, ou des pierres, &c. Les Furetieristes l'appellent *Discus,* & disent qu'Apollon jouant à ce jeu avec Hyacinthe le tua. Ce n'est pas sçavoir l'Antiquité. Le *Discus* étoit une machine d'airain plate & ronde, qu'on lançoit en l'air avec

autant de force que d'adresse. Elle étoit large d'un pié ou plus, puisque c'est sur cette machine qu'on apporta à Herodes la tête de saint Jean Baptiste. Misson dans son *Voyage d'Italie,* nous en donne deux ou trois estampes.

PALETOT. s. m. Sorte de Manteau ou habit de gens de guerre. Borel dit qu'il vient de *Peltum,* ou du Grec πάλτον, qui se trouve dans la signification de *Arcus,* de *Funda*

*Je ne vettrai en paletot
Vers ma sixiéme irai soubit,
Pour l'habiller sans dire mot.*

Il y en a qui disent que Paletot est un juste-au-corps d'étoffe grossiere & sans manches, qui ne vient que jusqu'aux genoux, & dont les Paysans sont vêtus, sur-tout en Espagne, d'où vient le mot *Paltoquet,* Paysan. Du Cange veut qu'il vienne de *Faldones,* d'où l'on a fait depuis *Paldones,* signifiant des vêtemens de laine, ou de *Palla,* sorte de vêrement des Anciens.

PALETTE. s. f. Petit ais mince & uni, sur lequel les Peintres mettent leurs couleurs quand ils veulent travailler. Il est échancré pour y passer les quatre doigts, & troué pour y passer le pouce.

Les Serruriers ont aussi une *Palette.* Elle est de bois, & il y a dessus une petite piece d'acier trempé, & percée à demi, pour recevoir un des bouts du foret, quand on fore quelque ouvrage.

Palette. Petite pelle de fer, longue & menue, dont se servent les Ouvriers à forge. Ils l'appellent autrement *Selette,* le *Tisonnier* est different.

Palette. Terme d'Imprimerie. Instrument de fer en forme d'une petite palette, dont les Imprimeurs se servent pour relever l'ancre.

Palette de Doreur sur bois. Elle est faite de la queue de gris qu'on met dans un morceau de bois large pat le bout d'environ demi pouce, & qui est fendu pour mieux élargir la queue du gris. Le Doreur, afin de prendre l'or plus facilement, pose la palette contre ses levres, & pousse un peu son haleine dessus, sans toutefois la mouiller. Il peut aussi mouiller un peu le bout de ses doigts dans de l'huile d'olive, & les passer sur la queue du gris, qui en ayant été frotté legerement de cette sorte une fois ou deux le jour, donne plus de facilité à lever la feuille d'or.

Les Doreurs sur cuir ont deux *Palettes.* L'une est un outil de fer emmanché de bois, dont ils se servent pour faire de petits ornemens, au bout des derniers filets du dos, de la tête & de la queue des livres. Ils appellent l'autre, *Palette aux nerfs.* C'est un instrument de fer à manche de bois pour passer les nerfs. Quand ils disent, *Pousser la Palette,* on entend un petit ornement à un ou à plusieurs filets, ou de quelque autre maniere semblable, qu'ils poussent quelquefois sur le dos des livres, au haut & au bout de chaque bouquet.

Palette. Terme de Chirurgie. Sorte de petite sauciere d'étain ou d'argent, qui sert à recevoir le sang de ceux qui se font saigner.

Les Anatomistes appellent *Palette,* La rotule ou l'os du genou.

Palette. se dit encore d'une maniere de petit battoir, avec quoi les enfans jettent & repoussent un volant.

PALIER. s. m. On appelle *Palier* ou *Repos,* dans un escalier ou une montée, Les marches qui étant bien plus larges que les autres servent de repos. M. Felibien dit que les Paliers doivent avoir du moins la largeur de deux marches dans les grands perrons,

perrons où il y a quelquefois des Paliers de repos
dans la même rampe, & qu'il faut qu'ils soient
aussi longs que larges, quand ils sont dans les retours des rampes des escaliers. On appelle *Palier
de communication*, Celui qui sépare deux appartemens de plein-pié.

PALINGENESE. s. f. Passage d'une ame dans un
autre corps, ce qui fait comme une nouvelle naissance. La Palingenese est confondue avec la Me-
tempsycose que Pytagore enseignoit, & que
croyent encore plusieurs Peuples idolatres de l'O-
rient. Ce mot est Grec, παλιγγενεσία, de πάλιν, Derechef, & de γένεσις, Generation. Vallemont appelle de ce nom Celui qui est experimenté dans
les plantes, Un Botaniste.

PALINODIE. s. *Retractation de ce qu'on a dit.* A-
CAD. FR. C'est proprement un poëme qui contient un desaveu en faveur de la personne qui s'est
trouvée offensée par les vers du Poëte. C'est de là
que l'on a dit, *Chanter la palinodie*, pour dire, Se
retracter, dire le contraire de ce qu'on avoit avancé.
On veut que le Poëte Stesicore ait été le premier
Auteur de la Palinodie. Ce mot est Grec, παλινῳδία,
& veut dire, Chant contraire au premier, de
πάλιν, Derechef, & de ᾠδὴ, Chanter. On appelle
Palinods, à Rouen, certaine Fête qui se fait dans
le Cloître des Carmes le Dimanche qui suit le jour
de la Conception de la Vierge. On y lit à haute
voix, & en presence du Peuple, diverses Pieces de
poësie, Chants Royaux, Ballades, Odes & Son-
nets, tout cela sur l'immaculée Conception de la
Vierge, & il y a des Juges établis, qui donnent le
prix à celle qui leur paroît la meilleure dans chaque genre. Cette sorte de fête est appelée *Palinods*, à cause que le vers qui finit la premiere Stan-
ce du Chant Royal ou de la Ballade doit aussi finir
toutes les autres. Ce vers s'appelle *Vers palinodial*,
comme étant chanté derechef. Il y a aussi des Palinods à Caën.

PALION. s. m. Vieux mot. Manteau de gens d'E-
glise. Il vient du Latin *Pallium*.

> *Croces, mitres & palions,*
> *Provendes & Prelations.*

PALIS. s. m. Petit pal pointu, dont plusieurs arrangés ensemble font une clôture ou une séparation
dans des cours & des jardins.

PALISSADE. s. f. Terme de Fortification. Rangée
de pieux pointus & plantés à demi-pié l'un de l'autre avec une traverse qui les lie à quatre ou
cinq piés hors de terre. Ils sont ordinairement
épais de huit à neuf pouces, & longs environ de
huit piés. On les met sur l'esplanade au dehors du
glacis, près des bastions & des courtines, & enfin
sur les avenues de tous les postes que les Ennemis
pourroient emporter d'emblée. Il y a des Palissades
que l'on met à plomb sur le terrain, & d'autres qui
font un angle & panchent un peu du côté de l'Ennemi, afin que s'il vouloit les renverser en y jettant
des cordages, ces cordages n'ayant point de prise
coulent sur cette pente. On ne vient à bout des Palissades qu'en les abattant avec le canon, ou en les
brûlant avec des fascines goudronnées. On employe
quelquefois les Grenadiers à les couper, ou bien on
les arrache après qu'on les a ébranlées avec des
cordes.

On appelle aussi *Palissade*, Une espece de barriere
de pieux fichés en terre à claire voie aux bouts d'une
avenue qui a été plantée de nouveau. Elle y tient
lieu d'un petit fossé, & empêche les chariots de rompre ou de renverser les jeunes arbres.

Palissade de jardin, Rang d'arbres qu'on plante à
Tome II.

la ligne, & dont on laisse croître les branches dès le
pié. Il y a de grandes Palissades pour les allées. Celles-là se plantent de charmilles, d'Ifs & de bouis. Celles qu'on appelle *Palissades d'appui*, servent à revêtir le mur d'appui d'une terrasse, & se font de jasmin
commun, de filaria, &c. On dit *Palissades crenelées*,
en parlant de celles qui sont ouvertes d'espace en
espace en maniere de creneaux au-dessus d'une hauteur d'appui.

PALISSADER. v. a. Mettre des palissades en quelque
endroit, afin d'empêcher les Ennemis de l'emporter
d'emblée.

PALISSE', E'E. adj. Terme de Blason. Il se dit des
pieces à paux aiguisés & qui sont enclavés les uns
dans les autres. D'azur à trois troncs écotés d'or, dans
une enceinte ronde, palissée de même.

PALISSER. v. a. Terme de Jardinier. Attacher les
branches des arbres d'une palissade contre un mur de
clôture ou de terrasse. Cela se fait avec des lisie-es
de drap ou des morceaux d'aiguillette de cuir de chien
ou de chameau, attachés avec de petits cloux sur des
chevilles prises entre les joints des pierres, ou sur
des morceaux de bois de chêne, qu'on met dans une
muraille lorsqu'on la fait.

PALISSEUR. s. f. Vieux mot. Pâleur, couleur
pâle.

> *De palisseur ne de maigresse.*

PALIURUS. s. m. Arbrisseau piquant & dur, que
Dioscoride dit être fort connu. Il ajoute qu'il porte une graine grasse & qui est presque de couleur
de suie, & qu'étant prise en breuvage, elle sert à
la toux, rompt les pierres de la vessie, & remedie aux morsures des serpens. Il donne à ses feuilles & à sa racine une vertu astringente. Matthiole
dit que Dioscoride n'ayant fait aucune description
des feuilles du Paliurus, comme étant inutile d'en
parler, à cause que de son tems cet arbrisseau
étoit fort commun, cela est cause qu'on ne le peut
bien connoître. Theophraste a fait mention de plusieurs sortes de Paliurus, qui tous portent trois ou
quatre grains dans leurs gousses, & ces grains sont
huileux comme la graine de lin. Dans un autre endroit il en établit une espece differente qu'il dit
croître abondamment en Afrique, ayant ses feuilles presque semblables au Paliurus qui croît en
Grece. Cette ressemblance, poursuit-il, n'empêche pas que le Paliurus d'Afrique ne produise son
fruit dissemblable à l'autre. Il est rond & rouge,
& presque aussi gros que le fruit du cedre. Ce fruit
est beau, & d'une bonne odeur au vin quand on y
en mêle. Au-dedans sont des noyaux entassés comme en des grains de grenade, & ils ne se mangent
point.

PALLE. s. f. Carton quarré dont le Prêtre qui dit
la Messe couvre le calice. Il est chargé d'une croix
& couvert de la même étoffe que le reste des ornemens.

PALLER. v. n. Vieux mot. Parler.

> *Sous & sus par tot aller,*
> *Et devant le Barons paller.*

On a dit aussi *Pallier*, pour, Parleur.

PALLETER. v. n. Vieux mot qui se trouve dans Froissard, pour dire, Escarmoucher. On a dit aussi *Pal-
letie*, pour, Escarmouche.

PALLIUM. s. m. Habillement semé de croix qu'on
portoit dans l'ancienne Eglise, & que Tertullien
témoigne avoir été l'habit des Chrétiens. Il couvroit tout le corps depuis le cou jusques aux talons,
n'avoit point de manches, & étoit seulement ouvert par en haut & par en bas. Aujourd'hui c'est un
ornement Pontifical propre aux souverains Pontifes, aux Patriarches, Primats & Metropolitains.

X

Ils le portent par deſſus leurs habits Pontificaux , comme une marque de juriſdiction. Le Pallium eſt une bande blanche large de trois ou quatre doigts , chargée de croix noires , & attachée à un rond qui ſe met ſur les épaules par deſſus les habits Pontificaux , ayant deux pendans longs d'un pié , l'un devant , l'autre derriere , avec de petites lames de plomb, arrondies aux extrêmités , couvertes de ſoie noire avec quatre croix rouges. La matiere de ce Pallium eſt une laine blanche , tonduë ſur deux agneaux que les Soûdiacres Apoſtoliques ont ſoin de paître & de tondre en leur ſaiſon. Ces deux agneaux ſont offerts tous les ans par des Religieuſes de ſainte Agnès de Rome le jour de ſa Fête , pendant qu'on chante l'*Agnus D.i* à la Meſſe. Deux Chanoines de l'Egliſe de S. Jean de Latran les ayant reçûs , les mettent entre les mains de ces Soûdiacres Apoſtoliques , auſquels ſeuls appartient de faire ces Palliums. Quand ils les ont faits , ils les portent au grand Autel de leur Egliſe ſur les corps de S. Pierre & de S. Paul , ſur leſquels on fait des prieres toute la nuit. Le Pallium dans la Grece eſt commun à tous les Evèques , Archevèques & Patriarches. Un Metropolitain , avant que d'avoir le Pallium , ne peut conferer les Ordres ſacrés. On étoit obligé autrefois de l'aller querir en perſonne à Rome. Depuis , on en a envoyé par les Legats du Pape , & enfin on en a envoyé demander par gens exprès , avec cette formule , *Inſtanter, inſtantiùs, inſtantiſſimè*. Le Pallium eſt l'élixir de la politique des Papes, qui a échapé à Clapinarius dans ſon docte Traité , *D'arcanis dominationis :* il a fallu beaucoup de tems & de fermeté pour s' ffranchir de cette honteuſe ſervitude de l'aller chercher à Rome. M. de Marca prouve que c'étoit un ornement des Empereurs.

PALMACHRISTI. ſ. f. Herbe qui croît de la hauteur d'un petit figuier , & que les Latins nomment *Ricinus* , qui veut dire Tiquet , à cauſe que ſa graine , qui eſt en forme de petits raiſins âpres & rudes , étant pelée , reſſemble aux tiquets qui s'attachent aux chiens , bœufs , vaches , chevres & autres bêtes à quatre piés. Ses feuilles ſont comme celles du plane , plus grandes pourtant , plus noires & plus liſſées. Elle a ſon tronc & ſes branches creux comme un roſeau. L'huile qu'on fait de ſa graine , & que les Latins & les Grecs nomment *Cicinum* , eſt bonne à éclairer , & non à manger. Les Apothicaires appellent cette graine *Kerva major*, & Meſué , *Regium granum*. Elle tombe avec quelque ſorte d'impetuoſité quand elle eſt mûre. Elle évacue la colere & les aquoſités qui ſont entre cuir & chair , & purge generalement tous les excremens & ſuperfluités qui tombent aux jointures. Elle eſt bonne aux coliques , aux gouttes , aux ſciatiques & aux podagres , ſi on la fait cuire avec un vieux coq , & qu'on la prenne avec un bouillon. Pour les hydropiques , on la cuit en lait clair de chevre , ou bien on la met en infuſion de lait frais tiré. Galien dit que la graine de *Ricinus* eſt abſterſive , laxative & reſolutive , ainſi que ſes feuilles , qui le ſont bien moins , & que l'huile de ſa graine eſt plus chaude & plus ſubtile que l'huile commune , & pât conſequent reſolutive.

Matthiole parle de deux autres ſortes de *Palma Chriſti* qui ſe trouvent aux montagnes du Val Ananie. La plus grande a ſes feuilles ſemblables au lis , liſſées , éparpillées & mouchetées de taches noires. Sa tige eſt ronde & polie , & produit des fleurs de couleurs diverſes. Elles ſont rouges tirant ſur le blanc , ſentent aſſés bon , & ſont diſpoſées en façon d'épi. Elle produit deux racines qui ſeroient ſembla-

bles à celles de la plante que les Grecs appellent κυνόρχης , & les Latins *Teſticulus canis* , ſi elles n'avoient pas pluſieurs fourchures qui ont la figure de doigts d'une main. La moindre a ſes feuilles comme le ſaffran. Sa tige eſt auſſi menue & auſſi liſſée qu'un jonc , & de la hauteur d'un palme. Elle produit à ſa cime une fleur rouge qui approche du paſſevelours , & qui étant fraîchement cueillie exhale une bonne odeur. L'experience a fait voir que la poudre de ces fleurs ſeches , priſe en breuvage dans de l'eau ferrée , eſt ſinguliere pour les flux de ſang & pour la dyſenterie. Les racines de cette derniere , ſemblables à celles de la premiere, nettoyent la peau du viſage , & évacuent les gros excremens du corps. Elles ſont ſingulieres aux accidens qui peuvent arriver aux nerfs , & leur graine pulveriſée & priſe avec du vin au poids d'une drachme eſt un bon remede pour ceux qui ont le haut mal , auſſi-bien que la décoction de leur racine mêlée dans le vin qu'on boit aux repas.

PALMAIRE. adj. On appelle *Muſcle palmaire*, Un des muſcles de la main qui ſont remuer les doigts. Il y en a trois. Les deux autres s'appellent *le Sublime* & *le Profond*.

PALME. ſ. m. Etenduë de la main. Les Anciens avoient le grand palme & le petit palme , qui partageoient le pié en deux parties inégales. Le grand palme , qui étoit de la longueur de la main , étoit de douze doigts ou neufs pouces du pié de Roi , & le petit de quatre doigts ou trois pouces. On ſe ſert encore aujourd'hui de cette meſure en Italie , & le palme y eſt different ſelon les lieux. Le Romain moderne eſt de huit pouces trois lignes & demie ; celui de Naples de huit pouces ſept lignes ; celui de Palerme , de huit pouces cinq lignes , & celui de Genes de neuf pouces deux lignes. Ce mot vient du Latin *Palma* , Paume de la main , qui vient du Grec παλάμη , Main.

PALME. ſ. f. Branche ou rameau de Palmier. Les palmes entrent dans les ornemens de l'Architecture , & ſervent d'attribut à la Victoire. Les écus dans le Blaſon , tant ceux des hommes que des femmes , ſont accôtés ſouvent par des palmes , comme étant des ſymboles de l'amour conjugal que les Anciens repreſentoient par les palmes mâles & femelles.

M. Felibien dit qu'on prend quelquefois le mot de *Palme* , pour la partie d'en bas , & la plus platte d'un aviron, qui battant & coupant l'eau fait avancer les bateaux.

PALMETTE. ſ. f. Petit ornement qui ſe taille ſur quelques moulures , & que l'on appelle ainſi à cauſe qu'il eſt taillé en manieres de feuilles de Palmier.

PALMIER. ſ. m. Arbre fort haut qui croît en Egypte , en Judée , & par tout le Levant , ayant le tronc droit & rond , mais fort tout raboteuſe. Il ne jette ſes branches qu'à la cime , & ces branches ont le bout tourné contre terre. Ses feuilles ſont longues & étroites comme une épée. Ses fleurs qu'il produit en quantité , ſont attachées à des queuës fort minces en façon de grappe , & ſemblables à celles de ſaffran. Avant qu'elles ſortent , elles demeurent enfermées dans une maniere de couverture & d'écorce que Dioſcoride appelle ἐλάτη , qui s'entr'ouvre pour les produire. Cette écorce ſort du tronc même & des premieres branches. C'eſt delà que vient le fruit du Palmier appellé *Datte*. Pline dit que le Palmier femelle ne porte aucun fruit, s'il n'eſt planté auprès du Palmier mâle , & que ſi le mâle ſeche ou qu'on le coupe , le Palmier femelle devient ſterile. Matthiole dit qu'il ne faut pas croire pour cela que les Palmiers mâles ne rapportent point de fruit, puifque felon Theophrafte, qui avoue pourtant qu'il y a beaucoup de Palmiers fteriles, tant les mâles que les femelles font fructiferes. Galien parlant du Palmier & de fon fruit, dit que le Palmier eft participant de faculté aftringente en toutes fes parties ; que le fuc de fes branches eft âpre, étant compofé d'une fubftance aqueufe, tiede, terreftre, & froide, mais que fon fruit, particulierement celui qui eft doux, n'a pas peu de chaleur ; qu'il eft bon pour l'eftomac & pour la poitrine, & qu'il donne une nourriture louable, fervant d'aliment à beaucoup de gens.

Matthiole parle d'une efpece de Palmier qui vient en Sicile, & que Theophrafte appelle φοινιξ χαμαιρρο-φὸς, c'eft-à-dire, Petit & bas. Il ne paffe guere une coudée de hauteur, & a fes feuilles femblables aux autres Palmiers, fi ce n'eft qu'elles font plus petites & plus courtes. Ses fleurs fortent de biais d'une touffe chevelue, d'où enfuite vient le fruit. La partie que touche la racine, & qui eft comme élevée en boffe, a au-dedans un certain germe environné de plufieurs doubles. Ce germe eft tendre, favoureux & de bon goût. On le mange avec du poivre & du fel en maniere d'artichaut. Si on lui ôte fon germe, il ne laiffe pas de vivre & de regermer, quoiqu'on l'ait incifé près de fes racines. On fait de fes rameaux des nattes & des corbeilles, à caufe qu'ils fe rompent difficilement.

En plufieurs endroits de l'Egypte, & fur-tout aux environs d'Alexandrie, on trouve de grandes forêts de Palmiers, qui ne portent des fruits en abondance que tous les deux ans. Le Palmier femelle n'en produiroit point fi l'on n'attachoit fes rameaux à ceux du mâle. Quelques-uns pour rendre les femelles plus fecondes, jettent la poudre qui fe trouve dans la bourfe du fruit du mâle, fur les branches du Palmier femelle qui fans cela ne produiroit rien, ou dont au moins les fruits ne pourroient avoir leur maturité parfaite. Ceux qui ne font pas d'accord de ce mariage des rameaux, & de cette effufion de la poudre du mâle, veulent que la feule nature du terroir, qui eft falé & fablonneux, foit la caufe de cette fecondité. Ils difent qu'ils ont vû fouvent la terre couverte d'une maniere de falpêtre, & que les vents chauds du midi, élevant des nuées de cette forte de poudre, en couvrent les fommets des arbres, ce qui fert à les rendre fi feconds. Cet arbre n'a que de petites racines, & ne laiffe pas de refifter à la plus forte impetuofité des vents. Le bas du tronc eft plus foible & plus menu que les autres parties, & cela eft caufe que la plûpart des Egyptiens ont crû que le Palmier tiroit moins fa nourriture de la terre que de l'air. Dans l'endroit d'où fortent fes branches, il y a une moëlle blanche & tendre qui a le goût de nos artichauts, & qu'on mange toute crue. On tire beaucoup d'utilité du Palmier ; de fon tronc on fait des poutres ; de fes branches, plufieurs uftenciles de bois ; de fes feuilles, des corbeilles & des vans, & de l'écorce du tronc, des cordages de Navire.

Il croît auffi un grand nombre de Palmiers au Royaume de Quoja, Pays des Noirs, qu'on appelle *Quan* lorfqu'ils font jeunes. Cet arbre dans cet état a plufieurs branches remplies d'épines longues & étroites avec des feuilles de deux piés de long, dont on tire du chanvre propre à faire des cordes & des filets à pêcher. Quand il a atteint la hauteur d'un homme, il porte des fruits à noyau, auffi gros que des olives, qui croiffent par grappes comme les raifins. Les Negres fe ceignent le corps & montent à la cime de l'arbre quand ils les veulent cueil-

lir. Ils coupent les grappes entieres, les pilent, & les font bouillir deux fois, & l'huile monte deffus à la feconde coction. On la fepare pour la conferver, & ils s'en fervent aux mêmes ufages où l'on emploie en France l'huile d'olive & le beurre. Ils s'en frottent tout le corps pour le rendre reluifant, & ont toûjours à la bouche quelque fruit de ce noyau. Le tronc de cette forte de Palmier croît d'ordinaire jufqu'à la hauteur de cinquante piés & tout au moins de quarante, mais à mefure qu'il croît, les feuilles & les rameaux d'en bas fe fechent & tombent. Il eft vrai qu'il en croît d'autres en haut,& alors il reffemble au mât d'un grand Navire, dont le fommet auroit été environné de verdure. On l'appelle *Tongoo*, quand il eft parvenu à cette hauteur. Les Palmiers vivent long-tems, & outre le chanvre & l'huile, il donne du vin dans la même année. Les Negres expriment ce vin en faifant un trou dans le tronc, précifément à l'endroit où les feuilles commencent à pouffer. Ils y plantent un petit bâton qui tient un pot fufpendu. Le fuc de l'arbre qui eft de la couleur du petit lait, dégoute infenfiblement le long du bâton dans ce Vaiffeau. Il eft de fort bon goût étant frais, & enyvre même comme le vin & la biere. Chaque arbre en rend environ deux pots par jour fans en être incommodé, & cela n'empêche point fes fruits de mûrir. Ce vin change en peu de tems, & devient un fort excellent vinaigre.

PALMISTE. f. m. Nom que ceux des Antilles de l'Amerique donnent aux Palmiers qui croiffent dans les Ifles, où il y en a de quatre fortes. Le premier, *Palmifte franc*, fe plaît dans les lieux humides, & dans les hautes montagnes. Ses racines s'élevent hors de terre tout autour du pié, de la hauteur de deux ou trois piés, & de la groffeur d'un baril. Elles font petites à proportion de l'arbre qu'elles foûtiennent, mais elles font entre-mêlées fi confufément & fi étroitement entrelacées, qu'elles lui fervent d'un folide appui. Son tronc fe leve de cette efpece de motte que compofent fes racines, de la groffeur d'un gros pommier, rond, droit comme une fléche, & haut de deux piques, fans aucunes branches. Lorfqu'il eft encore jeune, il a l'écorce tendre, de couleur grifâtre, & marquée de pié en pié d'un cercle qui fait connoître le nombre de fes années, mais quand il a pris fa confiftance, il eft par tout fi folide & fi uni, qu'il eft impoffible d'y rien difcerner. Il n'a qu'un pouce de bois en rond, mais fort traverfé, noir & fi dur qu'il n'y a point de hache qui ne rebrouffe en le voulant entamer. Tout le dedans de l'arbre n'eft qu'une moëlle filaffeufe, fpongieufe, & entierement inutile. Son fommet qui eft toûjours un tiers plus gros que fon pié, eft orné de trente ou quarante branches vertes, liffées, dures, droites, & longues d'une pique ou environ. Aux deux côtés de ces branches font deux rangs de feuilles vertes déliées, longues de deux piés & larges d'un pouce ou d'un pouce & demi. Il y en a deux cens tout au moins fur chaque branche. Parmi ces branches, il s'en trouve toûjours trois jeunes, qui fe levent du milieu, droites comme des fléches, & dont les feuilles ne font pas encore épanouies, mais comme collées autour du tronc du Palmier. La plus haute a quinze ou feize piés, la feconde dix, & la troifiéme cinq. Du tronc de cet arbre fort encore une maniere d'étui, gros comme la cuiffe, long de deux piés, & de forme prefque ovale. Il eft fort pointu par les deux bouts. La peau de cette façon d'étui eft dure comme du cuir bouilli, cannelée, verte par dehors, & fort jaune par dedans. Elle a environ deux fois l'épaiffeur d'un écu blanc, & eft fi polie que l'on s'y pourroit mirer. Une maniere d'épi en panache se trouve enfermé dedans, chargé d'un nombre infini de petites fleurs étoilées & jaunes. Cela venant à grossir, l'étui se fend, & s'ouvrant de bout en bout, donne lieu de sortir à ce panache. Le temps ayant fait tomber toutes ces petites fleurs, il n'en reste plus que les queues attachées à la tige du panache qui est gros comme le bras, & au-dessous de ces queues naissent des fruits de la grosseur d'une balle de jeu de paume. Ils sont environnés d'une petite écorce grisâtre, mince & tendre, qui se fanne & tombe, & tout le dedans est dur comme de la corne, blanc comme la nege, & fort agreablement diversifié par de petites veines rouges. Dans le milieu est un petit noyau rond, & un peu plus tendre que le fruit. Immediatement au-dessous de ces feuilles dans le gros de l'arbre, on trouve la moëlle, appellée par les habitans *Chou Palmiste*. Ce n'est autre chose que le germe des feuilles, ou plûtôt les feuilles nouvellement formées dans le tronc. Il n'y a rien de plus blanc, ni de plus tendre, & elle a le même goût que les avelines. On tresse les feuilles du Palmiste franc & on en couvre les cases. Si l'on fend un deux son tronc, & qu'on enleve une certaine matiere filasseuse & mollasse qui en est le cœur, le bois qui reste creusé, fournit de longues goutieres qui durent long-tems. Les Tourneurs & les Menuisiers sont aussi avec ce bois, qui est presque noir & se polit aisément, plusieurs beaux Ouvrages qui sont marbrés naturellement. Le second Palmiste ne croît pas si haut que celui-ci, & à son fruit plus petit. Il porte une petite graine ronde, que les Negres sont soigneux de recueillir, parce qu'on en fait de beaux chapelets marbrés, qui sont fort polis. Les deux autres Palmistes sont épineux; le premier est gros & haut comme le Palmiste franc, & croît de la même sorte. Ses feuilles sont un peu plus étroites, & plus éloignées les unes des autres. Aussi ne s'en sert-on pas à couvrir les cases. Il est tout herissé de grandes épines très-dangereuses en sa tige, & en ses branches. Ces épines sont longues comme des fers d'aiguillettes, mais plates, aigues comme des aiguilles, noires & polies comme du jayet. Les Negres avant que de s'en approcher pour cueillir son fruit, mettent le feu tout autour de l'arbre pour en brûler les épines. Ce fruit consiste en un gros bouquet, composé de plusieurs noix grisâtres, dures & rondes, qui resserrent des noyaux bons à manger. La gousse qui enferme la fleur de cet arbre, est comme velue, épineuse & de couleur tannée. L'autre Palmiste épineux n'est jamais plus gros que la jambe. Ses épines sont comme des aiguilles à coudre, deux fois plus longues, & en si grand nombre que le tronc qu'on ne sçauroit mettre le doigt entre deux. Le fruit en est rond & rouge comme une cerise, & n'est pas plus gros que le bout du doigt; le dedans est un beau coco de couleur d'olive fort brune.

PALONNEAU. s. m. Terme de Charon. Morceau de bois plané, long de deux piés & demi ou environ, qui est de chaque côté du timon d'un carrosse, & au bout duquel on attache les traits des chevaux.

PALPITATION. s. f. Mouvement convulsif du cœur, déreglé, forcé & vehement. La Palpitation arrive quand le cœur bat avec violence & en sautelant avec impetuosité. Comme elle a divers degrés, étant grande, ou mediocre, impetueuse ou douce, le pouls ne la fait pas toûjours connoître suffisamment, & quelquefois pour la découvrir, il faut mettre la main sur la région du cœur, & particulierement au côté gauche. Elle est aussi quelquefois si vehemente qu'on la voit & qu'on l'entend, & Horstius parle d'une Palpitation dont la violence rompit presque les côtes. On ne doute pas du moins que les côtes ne puissent être disloquées & rejettées en dehors, ce qui fait voir que le muscle du cœur souffre convulsion dans ce mal. Sa cause est tout ce qui peut irriter en quelque maniere les muscles du cœur, ou les esprits qui y sont portés, & exciter une constriction dereglée sans intermission. On ne doit pas confondre le Tremblement du cœur & la Palpitation. Le tremblement est lorsque les pulsations sont petites, frequentes & tremblottantes & semblables au pouls languissant & frequent, au lieu que la Palpitation est une secousse immoderée & violente avec une systole & diastole impetueuse & importune. Quoique le tremblement vienne de l'irritation du muscle, il y a cette difference que le cœur irrité palpite quand les forces sont vigoureuses, & que lorsqu'elles sont foibles & abbatues, il tremblote seulement. Galien assure que l'eau abondante dans le pericarde est cause de la Palpitation du cœur. Cette eau n'est autre chose qu'une lymphe que les glandes du thorax y portent par des vaisseaux lymphatiques. Les excrescences ou tubercules du cœur peuvent aussi en être la cause. Les causes internes de la Palpitation sont principalement la fermentation dépravée du sang, ce qui arrive souvent aux hypochondriaques, non seulement parce que leur sang qui abonde en acide vitié fait une effervescence dépravée, mais encore à cause qu'ils sont sujets aux convulsions des nerfs, sur-tout de l'intercostal & de la paire vague. Cela fait qu'étant couchés sur la rate, ils sont exposés à des Palpitations de cœur. La circulation du sang empêchée peut être aussi cause de la Palpitation, comme on l'a vû arriver à un homme qui eut une Palpitation pour s'être endormi ayant ses jartieres trop serrées. Cette Palpitation cessa sitôt qu'il les eut lâchées, parce que le mouvement circulaire devint libre. Il y a plusieurs exemples de pierres trouvées dans le cœur, qui avoient causé des Palpitations violentes & durables. Outre la Palpitation du cœur, il y en a de particulieres des arteres qui battent avec vehemence en divers endroits. Quelquefois c'est la splenique, & quelquefois l'artere des tems. Bartholin parle d'un mouvement des arteres caroïdes si violent, qu'on pouvoit entendre la pulsation. La cause est la circulation du sang empêchée dans quelque artere particulier. Le mouvement circulaire n'est pas entierement aboli, mais il est gêné dans son passage par la compression ou le retrecissement de l'artere, & c'est ce qui fait la pulsation.

PALTA. s. m. Sorte de fruit qui croît au Perou, & que les Espagnols appellent *Poire*, pour sa forme & sa couleur. Les Sauvages ont nommé ces fruits *Palta*, du nom de la Province où ils viennent en abondance. Ils sont trois ou quatre fois plus gros que les Poires de l'Europe, & ont une peau déliée & fort polie, avec une chair qui environne d'un travers de doigt épais un noyau de la même forme que le fruit. Cette chair ou moëlle est saine, & d'un fort bon goût, ce qui fait qu'on la donne aux malades avec du sucre.

PALUDIER. s. m. Homme qui travaille aux Salines.

PAM

PAMPE. s. f. Quelques-uns appellent *Pampe de blé*, Une espece d'herbe plate en forme de petit ruban qui vient au tuyau de blé, lorsqu'il est pendant par les racines, & qu'il se forme en épi. Il se dit aussi d'autres graines, avoine, orge, &c.

PAMPRE. f. m. *Branche de vigne avec ses feuilles.*
ACAD. FR. On appelle *Pampre* en Architecture, Un
feston de feuilles de vigne & de grappes de raisin,
qui sert d'ornement à la colomne torse.

PAMPRE', E'E. adj. Terme de Blason. Il se dit de la
grappe de raisin attachée à la branche. *A trois grap-*
pes de raisin d'azur Pamprées de sinople.

PAN

PAN. f. m. *Partie considerable de certaines choses éten-*
dues. Il se dit aussi des faces ou côtés d'une chose qui
est taillée à plusieurs angles. ACAD. FR. On appelle
Pan de mur, Une partie d'une muraille séparée ou
coupée d'une autre; & on dit *Pan coupé*, quand on
veut dire, l'encoignure d'une maison rabatue, afin
d'y placer des bornes & rendre le tournant des cha-
rois facile. *Pan coupé*, se dit aussi de toutes les figures dont les angles sont coupés. Il y a des Escaliers
qu'on appelle *A pans coupés*, à cause que les angles
sont coupés & que la cherche a huit Pans. On dit *Pan*
de comble, pour dire, L'un des côtés de la couverture d'un comble.

On appelle *Pan de bois*, Un assemblage de Charpente, qui sert de mur à un bâtiment. Il se fait de
plusieurs sortes. Il y en a un qu'on appelle *A brins de*
fougere, & un autre de *Losange entrelacés*. Ils sont
garnis ordinairement de sablieres, de poteaux à
plomb, & d'autres inclinés & posés en décharge.

Les Chasseurs appellent *Pan de rets*, les filets avec
quoi on prend les grandes bêtes.

Pan, se dit aussi d'une mesure dont on se sert en
plusieurs endroits de Languedoc & de Provence.
Cette mesure est pareille au Palme de Genes.

PANACE'E. f. m. Dioscoride établit trois sortes de
Panacées ou Panacés, l'Heracleum, l'Asclepium,
& le Chironium. Le *Panacée Heracleum*, qui a pris
son nom d'Hercule, croît en abondance en Bœotie,
& dans la Phocide d'Arcadie, & a ses feuilles
âpres, couchées par terre, vertes, presque semblables à celles du Figuier, & séparées tout autour en cinq parties. Sa tige est haute comme celle
de Ferula, un peu moussue, cotonnée & environnée de petites feuilles. A la cime est un bouquet
comme celui d'Aneth, qui a ses fleurs jaunes, &
une graine brûlante & odorante. Son tronc jette
plusieurs racines blanches, d'une forte odeur, couvertes d'une écorce épaisse & un peu amere au goût.
Les meilleures sont celles qui sont bien étendues
ou lissées, seches sans être vermolues, & qui ont
un goût brûlant & aromatique. En faisant des incisions sur cette racine, lorsque la plante commence
à jetter sa tige, on en tire une gomme qu'on appelle *Opopanax*. La même racine mise en rouelles, &
appliquée par le bas, attire le fruit de la femme, &
est bonne aux vieux ulceres. Le fruit qui croît en la
tige du milieu de la même plante, est bon à manger,
mais celui que les autres rejettons produisent, ne
vaut rien.

Le *Panacée Asclepium*, appellé ainsi d'Esculape,
jette dès la terre une tige mince, haute d'une coudée & qui a des nœuds. Elle est environnée de feuilles semblables à celles de fenouil, mais plus grandes, plus velues & plus odorantes. A la cime est un
bouquet dont les fleurs sont jaunes & odorantes, &
ont un goût acre & fort. Sa racine est petite & deliée. Ses fleurs & sa graine broyées, & appliquées
avec du miel, sont bonnes contre tous ulceres &
même contre ceux qui sont corrosifs. Elles sont aussi
un remede pour toutes sortes de duretés.

Le *Panacée Chironium*, auquel on a donné le
nom de *Chiron*, croît principalement au Mont Pe-

lius. Sa feuille est semblable à la grosse marjolaine.
Il a sa fleur jaune, & sa racine petite, qui est peu
profonde en terre & a un goût fort & acre. Cette
racine prise en breuvage est bonne contre le venin
des serpents. Ses feuilles enduites font le même
effet. Quelques-uns, au lieu du Panacée Chironium, montrent une plante qui a ses feuilles longues comme celle de l'hysope, appelée *Flos solis*
par quelques modernes; mais Matthiole n'est point
de leur sentiment, & dit que le Panacée Chironium ne croît point en Italie. Quelques-uns donnent le nom de Panacée au ligusticum, à cause qu'il
a sa racine & sa tige semblables au Panacée Heracleum, & qu'il est de même propriété. Panacée est
un mot Grec, πανάκεια, de πᾶν, qui veut dire Tout,
& de ἀκέομαι, Je gueris, à cause que cette herbe
guerit tout.

Les Medecins appellent *Panacées*, des remedes
relevés que l'on emploie pour guerir toutes sortes de
maladies, c'est-à-dire, au sens d'Hippocrate, que
la nature les guerit toutes, ou la plus grande partie: car, comme ces remedes universels n'agissent
qu'en fortifiant les forces naturelles ou en corrigeant les causes occasionnelles qui troublent la nature, ils ne peuvent remedier qu'aux maladies par
causes internes, & non pas aux luxations, aux
plaies, aux fractures & aux autres vices qui demandent une operation de la main. Ces Panacées
agissent en deux manieres, la premiere en appai-
sant l'impetuosité morbifique, des esprits & en les
fortifiant pour remettre dans l'ordre naturel les fonctions naturelles troublées. Cela n'est pas plûtôt
fait, que les causes occasionnelles se retirent d'elles-
mêmes, & le corps reprend sa tranquillité. Ainsi
l'opium, pris avec circonspection, calme d'abord
tous les symptomes pressans, & donne un repos,
au moins superficiel, pendant quoi la nature se fortifie & chasse la matiere morbifique par la sueur,
par les urines ou par quelque autre voie. L'autre
maniere dont les Panacées operent, c'est en corrigeant, temperant & arrêtant les causes occasionnelles des maladies; de sorte que tout ce qui est
capable en general de temperer l'acrimonie & d'arrêter par ce moyen les mouvemens intestins contre
nature des humeurs, leurs effervescences, leur sublimation, leurs coagulations, soulage presque
toutes les maladies internes, & le sel volatil huileux de Sylvius, qu'il ordonne presque par tout,
est un exemple de ces Panacées. Il agit en temperant
l'acre, & en arrêtant les mouvemens contre nature
que cet acre cause. Les mercures catholiques, qui
par le moyen de leur soufre temperent l'acre & le
jettent dehors par l'insensible transpiration, sont
aussi du nombre des Panacées, ainsi que les autres
soufres metalliques qui operent en partie en temperant, & en partie par leur vertu anodine. Enfin
les sels qu'on tire de l'air de la rosée & de la pluie
sont mis dans le même rang, parce que l'on est
persuadé qu'ils ont beaucoup de conformité avec
les esprits, & de quoi temperer & resoudre toutes
sortes d'humeurs.

PANACHE. f. m. Tour ou bouquet de plumes qui sert
d'ornement. On orne les lits avec des panaches &
des aigrettes de heron.

Panache. Terme d'Orfévre. Partie de la tige ou
de la branche d'un chandelier, qui est élevée au
dessus du pié, qui s'étend en forme d'aile autour
de la même tige. Les Furetieristes disent qu'on l'appelle quelquefois *Suage*, Erreur. Le Suage est le
dernier morceau d'ouvrage d'Orfévrie, qui est fait
en talon renversé & orné de feuillages ou bien frappés ou cizelés ordinairement pour les calices.

X iij

Les Fleuriftes appellent *Panache*, l'agréable mélange de couleurs qui fe trouve en certaines fleurs, comme aux anemones, tulippes & œillets.

On appelle *Panache*, en termes d'Architecture, Une portion de voute entre les arcs d'un dome. On l'appelle auffi *Fourche* & *Pendentif*. On dit auffi *Panache de Sculpture*. C'eft un ornement de plume d'autruche qu'on a introduit dans le chapiteau d'ordre François, qu'on peut quelquefois mettre au lieu des feuilles d'un chapiteau compofé.

Panache de mer. Sorte d'infecte ou de petit animal de mer. On appelle auffi *Panaches de mer*, Certaines branches d'arbres qui s'élevent contre les rochers où elles ont leur racine. Elles font tiffues très-délicatement en forme de point coupé, & font de differentes couleurs, felon la qualité des rochers.

PANAGE. f. m. Droit qui appartient au Seigneur ou Proprietaire d'une forêt, & qu'on lui paye afin qu'il permette que les porcs y viennent paître le glan & la faîne. On écrivoit autrefois *Pafnage.* Ce mot vient du Latin *Pafcere*, Paître. Du Cange témoigne que dans la baffe latinité on a dit *Paftionacium*, *paftimacium*, *pafnagium* & *pannagium.*

PANAIS. f. m. Sorte de plante domeftique ou fauvage, dont on ratiffe la racine qu'on mange dans le potage à la viande, ou que l'on fait cuire pour la frire. Les racines de l'une & de l'autre font blanches ; ce qui oblige Matthiole à s'étonner que Ruellius ait pris les carottes, qui ont leurs racines rouges, pour le Panais des jardins. Le *Panais fauvage* a fes feuilles femblables au gingindium, plus larges pourtant & un peu ameres. Sa tige eft droite & âpre, & produit un bouquet femblable à celui d'anet, dont les fleurs font blanches avec un peu de rouge au milieu tirant fur le jaune. Sa racine eft odorante, longue d'un bon palme, & de la groffeur d'un doigt. Sa graine prife en breuvage émeut le flux menftrual, & eft finguliere à ceux qui ont peine à uriner, ou qui font travaillés d'hydropifie. Elle eft encore bonne pour les douleurs de côté. Ses feuilles broyées avec du miel mondifient les ulceres corrofifs. Le *Panais domeftique* a les mêmes proprietés. Galien dit qu'il eft de vertu plus froide en toutes chofes que le fauvage, mais que toute l'herbe, & principalement la graine & la racine, fait uriner. On l'appelle en Latin *Paftinaca*, de *Paftus*, Paiffon, à caufe que fa racine eft bonne à manger.

PANARIS. f. m. Tumeur qui arrive d'ordinaire à l'extrémité des doigts, à la racine des ongles & à la derniere articulation fans l'exclufion des autres. Ce mal eft très-douloureux, & fait fouffrir tout le bras par fympathie. Il vient d'une humeur âcre & très-corrofive qui attaque immediatement le periofte, & mediatement les tendons qui y font attachés. L'inflammation furvient & fe change en apoftume, & quelquefois le Panaris degenere en gangrene avant que l'apoftume foit formée. La caufe occafionnelle de cet acide vient fouvent de l'affection de l'os qui compofe les articles. Alors la nourriture prochaine de l'os exude, & contractant de l'aigreur, elle bleffe les parties. L'efprit de vers de terre, la liqueur de ver tirée au four, & autres femblables ; pour oindre les doigts, font fort propres à arrêter la douleur qui s'enfuit de là. Le baume de foufre la diffipe entierement, auffi-bien que la tumeur ; & mene à fuppuration fi elle fe peut faire. Il eft bon auffi de mettre fon doigt dans un privé, ou bien de tremper un linge dans de l'excrement humain, & d'enveloper le doigt malade avec ce linge. C'eft encore un excellent remede que le liniment avec les

ordures des oreilles, le fucre de Saturne & un peu d'huile d'aveline, le tout mêlé enfemble. Du Cange fait venir *Panaris* de *Panaricium*, qui fe trouve dans Apulée, & qu'on fait venir du Grec σκυρου, ια, de παρά, Proche, & de ὄνυξ, Ongle, qui veut dire un Abcès qui fe forme à la racine des ongles.

Il y a une herbe de ce nom dont la racine guerit le Panaris. On l'appelle autrement *Tormentille.*

PANATHENE'E. Sorte de Fête ancienne qu'on avoit accoûtumé de celebrer à Athenes, & dont Plutarque fait Thefée le premier Auteur. On la renouvella vers l'an 187. de la fondation de Rome.

PANCALIERS. f. m. Efpece de choux, appellés ainfi, à caufe qu'ils font venus de Pancaliers, ville de Savoie.

PANCHRESTUM. f. m. Terme de Medecine. Sorte de medicament qui eft bon pour toutes fortes de maladies & de plaies. Ce mot eft Grec, πάγχρηστος ; & il eft formé de πᾶν, Tout, & de χρηστός, Utile.

PANCHYMAGOGUE. f. m. Sorte de medicament qui fe donne en pilules enveloppées, & qui a la vertu de purger toutes les mauvaifes humeurs du corps. C'eft un extrait d'aloës, d'agaric, de rhubarbe, de jala, de fené, de coloquinte, d'ellebore noir & de fcamonée.

Il fe fait un *Panchymagogue mineral* par le mercure doux, que l'on prepare en ajoûtant du mercure vif au mercure fublimé. Le premier écarte & défunit les fels corrofifs, & par ce moyen la vertu corrofive du mercure fublimé fe perd. La dofe eft d'un fcrupule avec quelque autre purgatif, comme avec l'extrait d'ellebore noir dans la verole, la lepre & l'hydropifie qu'il guerit parfaitement. Ce mot eft Grec, formé de πᾶν, Tout, χυμός, Suc, & ἄγω, Amener.

PANCRATIUM. f. m. Plante qui a fa racine femblable au grand bulbe, c'eft-à-dire, revêtu de plufieurs tuniques ou pelures à la façon des oignons. Elle eft rouffe ou incarnate, amere au goût, & brûle la langue. Ses feuilles font femblables à celles du lis, mais un peu plus longues. C'eft proprement la fquille commune. Auffi prépare-t'on fa racine, comme celles de la fquille. Elle a les mêmes proprietés. On fait des trochifques du jus de cette racine avec de la farine d'ers. Pris en eau miellée, ils font bons aux hydropiques & à ceux qui font travaillés de la rate.

PANCREAS. f. m. Corps charnu, fitué fous le derriere du ventricule fous l'inteftin duodenum & la partie cave du foye. Il embraffe & foûtient les rameaux de la veine-porte qui fe vient diftribuer au ventricule & à la rate. Ce mot eft Grec πάγκρεας, compofé de πᾶν, Tout, & de κρέας, Chair.

PANDECTES. f. m. Mot Grec, fignifiant proprement, Qui contient toutes chofes, de πᾶν, Tout, & de δέχομαι, Je reçois, je contiens. Il fe donne particulierement à un volume de Droit appellé *Digefte*, qui eft divifé en cinquante livres, & qui contient les réponfes des anciens Jurifconfultes. Il y a auffi des Pandectes de Medecine, c'eft-à-dire, un Dictionaire des chofes qui regardent la Medecine, où font expliqués tous les mots Latins, Grecs, Arabes & Etrangers. Matthæus Sylvaticus de Mantoue, qui l'a compilé, a été appellé de là *Pandectaire.*

PANDORE. f. f. Inftrument de mufique à cordes de laiton, qui n'eft plus guere en ufage en France, & qui eft femblable au lut, fi ce n'eft qu'il a le dos plus plat. Il a le même nombre de cordes & le même accord. Ses touches font de cuivre, ainfi que celles du ciftre, & les bords de la table & fes côtes font taillés en plufieurs figures de demi-cercles.

PANETERIE. f. f. Lieu où l'on diftribue le pain pour les Officiers commenfaux de la Maifon du Roi. Le premier des Officiers qui le diftribuent, eft appellé *Chef de Paneterie.* Il y a *Paneterie bou-che*, qui eft pour la table du Roi , & *Paneterie du commun.*

PANETIER. f. m. Officier qui a foin du pain. Le *Grand Panetier de France*, étoit autrefois un des Officiers de la Maifon du Roi qui recevoit les Maî-tres Boulangers. Il avoit fur eux droit de vifite & de confifcation. Aujourd'hui le Grand Panetier eft un Officier de la Couronne qui commande à tous ceux de la Paneterie , & qui fert le Roi à table avec le grand Echanfon dans les jours de ceremo-nie. Dans les autres jours les Gentilshommes fer-vans font fa fonction. Il a fa jurifdiction au Palais , & elle eft exercée par un Lieutenant General , un Procureur du Roi , un Greffier & autres. Le Di-manche d'après la fête des Rois , tous les Boulan-gers de Paris font obligés de venir faire hommage au grand Panetier entre les mains de fon Lieutenant General. Il faut auffi que tous les Maîtres Boulan-gers nouveaux , lui rendent de la même forte , ce que l'on appelle *Le Pot de Rofmarin.* Le plus an-cien grand Panetier qui fe trouve dans les vieux titres , eft Eude Arnode , qui exerçoit cette charge fous Philippe Augufte en 1210. Elle eft aujourd'hui poffedée par M. le Comte de. Coffé.

PANETIERE. f. f. Efpece de grande poche , ou ma-niere de petit fac de cuir , qui fert aux Bergers à mettre leur pain. Ils la portent en écharpe & elle eft faite comme une fronde.

PANICAUT. f, m. Plante dont les feuilles font larges & âpres par les bords , & ont un goût aromati-que. Elles font bonnes à manger, confites en fel, lorfqu'elles font tendres. Venant à croître , elles de-viennent piquantes comme épines au plus haut des tiges. A la cime de fes tiges font plufieurs têtes ron-des comme boules, entourées d'épines fortes & dures , difpofées en maniere d'étoiles. Les unes font vertes , & les autres blanches , & font quel-que même quelquefois de bleues. Sa racine eft longue & large , noire au dehors & blanche au dedans , de la groffeur d'un pouce & odorante. Cette racine échauffe , & prife en breuvage , elle refout & chaffe toutes ventofités & tranchées. Bûe avec du vin au poids d'une drachme , en y mêlant de la graine de paftenaille ou panais , elle eft bonne aux accidents du foye , aux morfures des ferpents , & à ceux qui auroient été empoifonnés. Le Panicaut croît dans les plaines & dans les lieux âpres. Ga-lien dit qu'il n'eft pas plus chaud que les Medica-mens moderés , & qu'il a une grande ficcité , qui confifte en une effence fubtile & penetrante. On l'appelle en Latin *Panicaulis* , & en Grec ἠρυγγιον, qui veut dire, Barbe de chevre, à caufe que le haut de fa racine , avant que les feuilles fortent , reffemble en quelque façon à une barbe de che-vre. Il eft commun fur les fables de la Loire.

PANICUM. f. m. Plante qui eft mife au rang des blés, & qui eft femblable au millet , en chaume , feuilles & racines, auffi en fait-on du pain de la même for-te. Pour fa chevelure, il a celle toute autre. Le Pa-nicum l'a de la longueur d'un pié , entaffée & fourni-nie de grappes fort épaiffes , & non éparfes de-çà & de-là , & ayant force grains velus. Il y en a auffi d'une autre forte. Ce dernier eft plus fertile que l'autre , & a fon épi mammelu , fon fruit grap-peux. Leurs chevelures & épi font de diverfes cou-leurs. Les uns les ont blancs, les autres roux , & les autres jaunes. Il fe trouve auffi un *Panicum fau-vage* , qui n'eft bon que pour les oifeaux. Il eft

beaucoup moindre que le domestique , ayant un tuyau fort grêle , long d'une coudée , & quelque-fois plus. Ses feuilles font plus courtes & plus étroi-tes que celle de l'autre, âpres & piquantes. Son épi eft rouge , & fi velu & fi âpre, qu'il s'attache aux habillemens. Galien dit que le Panicum nourrit fort peu, qu'il refferre le flux de ventre de même que le millet , & qu'étant appliqué au dehors il eft def-ficcatif & refrigeratif.

PANIER. f. m. *Uftencile de menage fait d'ofier , de jonc , &c. & propre à contenir quelque chofe.* ACAD. FR. On appelle auffi *Panier* , Un morceau de fculp-ture , plus haut & plus étroit que n'eft la corbeille. Quand il eft rempli de fleurs ou de fruits , il fert d'a-mortiffement fur les colomnes ou fur les piliers de la clôture d'un jardin. Il y a plufieurs figures qui portent de ces paniers , comme les Caryatides & les Termes. Ce mot vient de *Panis* , Pain , ou de *Panarium* , parce que le premier ufage des paniers fut pour y mettre du pain.

Panier , fe dit auffi du milieu de la corde d'une Arbalète à Jallet , qui eft fait en creux , & où l'on met la balle ou le Jallet quand on veut tirer.

On appelle *Panier à feu* , Une efpece de ma-chine qui fe jette avec un mortier.

PANIQUE. adj. On appelle *Terreur panique* , Une crainte dont on fe trouve faifi tout d'un coup , & fans aucun fondement. On prétend que l'origine de cette façon de parler , vient de ce que Pan , l'un des Capitaines de Bacchus, mit les Ennemis en dé-route , par le moyen d'un grand bruit qu'il fit faire à fes Soldats dans une vallée. C'étoit un lieu qu'il avoit obfervé être tout rempli d'échos , ce qui mul-tipliant l'écho en écho , fit croître à ceux qui les en-tendirent qu'ils avoient affaire à un bien plus grand nombre de troupes qu'ils ne fe l'étoient imaginé. Ainfi ils prirent la fuite fans vouloir combattre.

PANNE. f. f. On a dit autrefois *Pannes* , pour plu-mes , du Latin *Penna* , & parce que les plumes ont un duvet mol & chaud , & que le drap échauffe de même , on l'a appellé en Latin *Pannus* , & en fran-çois *Panne.* Tous les anciens Romans font foi , qu'il a été employé dans la fignification de drap. On trouve dans la Comedie de Pathelin , après plufieurs fortes d'étoffes, nommées, qu'il répond au Pelletier , *Ces pannes font trop legieres* , & dans un autre endroit.

> J'auray une bonne poignée
> D'argent maintenant pour mes pannés ,
> Et fi ne font que des moyennes.

Le mot de *Panne* a été pris enfuite pour une forte d'étoffe de foye de même largeur & de même qua-lité que le velours façonné.

Panne. Terme de Blafon. Fourrure de vair ou d'hermine. L'hermine fe fable pour couleur , le vair à l'azur, & l'un & l'autre ont l'argent pour métal.

Panne. Terme de Charpenterie. Piece de bois qui a fix ou fept pouces en quarré entre deux jam-bes de force , & qui étant pofée fur les tàffeaux & chantignoles des forces d'un comble , fert à en foûtenir les chevrons. Il y a une *Panne du brifis.* C'eft celle qui eft au droit du brifis d'un comble à la manfarde.

Panne. Les Artifans appellent ainfi la partie du marteau la plus mince , c'eft-à-dire , celle qui eft oppofée à la tête.

Panne , eft auffi un terme de Marine , & s'em-ploie en cette phrafe , *Mettre en panne* , qui figni-fie , Virer le Vaiffeau vent devant , & mettre le vent fur le petit hunier , ou fur les voiles de l'avant.

Cela se fait quand on veut retarder le cours du Vaisseau pour attendre quelque chose. On dit *Etre en panne*, pour dire, Ne pas tenir ni prendre le vent. On dit encore, *Mettre un Vaisseau en panne*, pour dire, Le faire pancher sur un bord avec ses voiles, afin d'étancher une voie d'eau qui se trouve de l'autre bord, du côté que le vent vient.

PANNEAU. s. m. Quarré de bois mince & quelquefois ouvragé qu'on enchasse dans les rainures d'une plus grande piece entre deux montans & deux traversiers. On dit *Panneau recouvert*, pour dire, un panneau qui excede le bâti. Il est d'ordinaire moulé d'un quart de rond. On appelle *Panneau de Sculpture*, Un morceau d'ornement taillé en bas relief. On y represente quelquefois des trophées ou des attributs pour embellir les lambris de menuiserie. *Panneau d'ornement*, se dit d'une maniere de tableau, qu'on peint d'ordinaire à fond d'or pour enrichir un platfond ou quelque lambris. Ce tableau est de fruits, de fleurs, de grotesques, & autres choses de cette nature. Il y a aussi des *Panneaux de glaces*. C'est un compartiment de miroirs dans un placard, pour reflechir les objets & la lumiere, ce qui fait paroître un appartement plus long. On dit encore *Panneau de fer*, pour faire entendre, Un morceau d'ornement de fer forgé ou fondu, qui est renfermé dans un chassis pour une porte, un balcon, ou une rampe.

Panneau. Terme de Vitrier. On donne le nom de *Panneaux* à plusieurs morceaux de verre, dont les uns s'appellent *Bornes*, les autres *Pieces quarrées* ou *losanges en plomb*.

Panneau. Terme de Tailleur de pierre. L'une des faces d'une pierre taillée. *Panneau de douelle*, se dit du panneau qui fait la courbité d'un Voussoir en dehors ou en dedans. Celui qui est caché dans les joints s'appelle *Panneau de lit*, & celui qui est au devant *Panneau de tête*.

On dit aussi *Panneau de Maçonnerie*. C'est celle qui est enduite d'après les poteaux entre les pieces d'une cloison ou d'un pan de bois.

Panneaux, en termes de mer, se dit des Trapes ou mantelets qui ferment les écoutilles d'un Vaisseau. Le Mantelet qui ferme la plus grande écoutille, s'appelle le *Grand Panneau*. Il est toûjours à l'avant du grand mât.

Panneau, est aussi une espece de selle qui n'a point d'arçons, une garniture rembourrée, sur laquelle sont posés les fûts du bât d'une bête à somme. On appelle encore *Panneaux*, Deux coussinets remplis de crin ou de bourre qu'on met sous la selle afin d'empêcher que le cheval n'en soit écorché.

Panneau. Sorte de filet qui paroît comme un pan de muraille lorsqu'il est tendu. Ce filet s'appelle aussi *Pan*, & on s'en sert pour prendre des lapins, des lievres, des renards, des blereaux, & même des loups.

PANNELLES. s. f. Terme de Blason. Il se dit s feuilles de Peuplier posées sur un écu.

PANNETON. s. m. La partie de la clef où sont les dents. Quelques-uns écrivent *Paneton* par une simple N.

PANNICULE. s. m. Terme de Medecine. Sorte de membrane qui est sous la graisse, & dont les muscles du corps des animaux sont enveloppés. Cette partie est seulement charneuse dans les bêtes, & tient contre la peau, mais aux hommes elle est nerveuse, membraneuse & adipeuse.

PANNONCEAU. s. m. Ecusson d'armoirie mis sur une affiche pour y donner plus d'autorité, ou sur un poteau pour marque de Jurisdiction. ACAD. FR. *Pannonceau*, s'est dit autrefois pour une espece d'enseigne ou banniere, ainsi qu'il se trouve dans Froissard en plusieurs endroits. *Sous le pennon saint Georges, & à la banniere de Messire Jean Chandos, étoient les Compagnies, où bien étoient douze cens pannonceaux*. Ce mot vient de *Pannus*, Drap, parce qu'on les faisoit de riches étoffes. On a dit aussi *Pannonciaux*.

En autres plusieurs manieres
Bruient panonciaux & banieres.

PANON. s. m. On appelle sur mer *Panon de Pilote*, Plusieurs plumes que l'on met dans de petits morceaux de Liege, & qui voltigent au gré du vent pour faire connoître d'où il vient.

On trouve dans le Roman de la Rose, *Panons d'un arc*, ce que les uns expliquent des cornes ou bout de l'arc, & les autres des pennes de fleches, d'où l'on a dit, *Empener une fleche*, & *Matras desempené*.

PANTHEON. s. m. Temple de l'ancienne Rome, appellé ainsi à cause qu'il étoit dedié à tous les Dieux, de πᾶν, Tout, & de Θεὸς, Dieu.

PANTHERE. s. f. Sorte d'animal farouche & furieux, qui a la peau marquetée de differentes couleurs. Quelques-uns veulent que ce soit la femelle du Leopard, dont elle n'est distinguée que par la blancheur. Ce mot vient du Grec πάνθηρ, qui veut dire la même chose, comme qui diroit, Tout-à fait farouche, de πᾶν, Tout, & de θὴρ, Bête sauvage.

PANTIERE. s. f. Sorte de filet qui est fait en mailles à losanges, ou en mailles quarrées, & dont on se sert pour prendre des bécasses.

PANTOCHERES. s. f. Terme de Marine. Cordes de moyenne grosseur, qui servent à bander les hautbans qui tiennent le mât, quand le Vaisseau panche plus d'un côté que d'autre. Quelques-uns disent *Pantoquieres*.

PANTOIMENT. s. f. Terme de Fauconnerie. Maladie d'un oiseau qui est asthmé, qui a le poumon enflé. Nicod veut que *Pantoiment*, ne soit pas un nom substantif, à cause qu'on dit *Pantois* & *Mal du Pantois*, mais un adverbe dont les Poëtes se sont servis en disant, *Pantoiment tourmenter aucun*, pour dire, Le tourmenter d'une telle sorte, qu'il soit reduit à ne pouvoir plus respirer.

PANTOIS, oise. adj. Vieux mot. On appelloit autrefois un homme *Pantois*, pour dire, qu'il n'avoit pas la respiration libre, & qu'elle étoit empêchée par quelque asthme. *Pantois*, dit Nicod, *tantôt signifie qui balete, & est à la grosse haleine, comme, Ainsi haletant & pantois, j'échapai des voleurs, & tantôt signifie la maladie de difficulté d'haleine & de malaise respiration, qu'on dit aussi Le mal du Pantois. Ce mot est frequent & usité aux Faulconniers, qui de cette maladie, quant aux oiseaux de proye, font trois especes, l'une du Pantois qui vient à la gorge, l'autre de celui qui procede de froidure, la tierce qui se congrege aux reins ou roignons.*

PANTOISER. v. n. Vieux mot. Avoir la courte haleine. Nicod remarque que les Fauconniers disent *Pantiser*, mais que *Pantoiser* est le meilleur.

PANTOMETRE. s. m. Instrument de Geometrie propre à prendre de toutes sortes d'angles, à arpenter, & à mesurer toutes sortes de figures. Il est composé de trois branches divisées par degrés, & mobiles sur deux demi cercles aussi divisés, qui sont attachés sur la base, & dont l'un qui est aussi mobile sur sa base, s'éloigne ou s'approche de l'autre pour former toutes sortes de triangles. Les Modernes en ont fait d'une autre maniere. Ce mot vient du Grec πᾶν, Tout, & de μέτρον, Mesure.

PANTOMIMES. s. m. Sortes d'anciens Boufons,

qu

qui par des geftes feulement , & par le mouvement du corps , des doigts , & des yeux , exprimoient les principales actions qui pouvoient faire le fujet d'u- ne Comedie. On les appelloit auffi *Mimes* , & ce même nom de Mimes étoit donné à de petites pieces de poëfie, qu'ils chantoient en danfant fur le theatre, ce qui étoit accompagné de geftes , qui donnoient le fens de leurs paroles. Ce mot eft Grec & formé de πᾶν , Tout , & de μῖμος , Qui imite.

PANTONIER. f. m. Vieux mot. Qui fe trouve dans le Roman de la Rofe , en la fignification d'un Garde- pont , qui eft commis pour lever un peage.

Ainfi le devez vous efparnier ,
Plus qu'un orgueilleux Pantonier.

On a dit auffi *Pantonier* , & *Pontanier*.

PANTOUFLE. f. f. *Mulo.* Sorte de chauffure dont on fe fert ordinairement dans la chambre , & qui ne cou- vre point le talon. ACAD. FR. Nicod fait venir *Pantoufle,* du Grec παντόφελλον , compofé de πᾶν , Tout , & de φελλὸς, Liege , comme qui diroit , *Tout liege* ; & dit que Bud. Courvarius fe dérive de ἀπὸ τᾶ πατεῖν τὸν φελλόν , de ce que le Liege eft foulé.

On appelle *Fer à pantoufle,* Un fer à cheval, dont on fe fert pour rétablir les talons ferrés & encaftillés. Il a le dedans des éponges beaucoup plus épais que le dehors. Ainfi la partie qui s'applique contre la cor- ne va en talus, afin que l'épaiffeur du fer en chaffant le talon , le pouffe en dehors.

PANUFLE. f. m. Vieux mot. Sorte de bas groffiers & épais.

Aurez vous fouliers à liens
Larges à mettre grans panufles.

PAO

PAON. f. m. Sorte d'oifeau qu'on nourrit dans les Baffecours , & dont la plus grande beauté confifte en fa queue ; il en fait la roue en étalant les plumes qui la compofent, & qui font de differentes cou- leurs. Les Paons font jaloux & glorieux , & leur chair eft excellente. On tient qu'ils vivent jufqu'à vingt-cinq ans , & qu'ils n'aiment leurs petits que quand les plumes leur font venues à la tête. Cet oifeau eft confacré à Junon, felon les Poëtes, qui difent que les yeux d'Argus furent attachés fur la queue du Paon. Il a en effet fur la queue rem- plie de marques en forme d'yeux. On appelle fa femelle *Paoneffe* , ou *Paneffe* , & fes petits , *Pao- neaux.* Tavernier dans fon voyage des Indes, rap- porte qu'aux environs de Baroche , Ville du Royau- me de Cambaye , il y a quantité de Paons qu'on voit tout le jour dans les champs par troupes. Il eft fort malaifé de les approcher , parce qu'auffi-tôt qu'ils découvrent le chaffeur , ils fuyent plus vite que la perdrix , & enfilent des broffailles où l'on ne fçauroit les fuivre. La nuit ils fe perchent fur les ar- bres, dont on s'approche avec une efpece de banie- re, où des Paons font peints au naturel de chaque cô- té.On met des chandelles allumées dans la banie- re, & la lumiere furprenant le Paon , fait qu'il allonge le cou jufques fur le bout de ce bâton , où eft une corde à nœud coulant que celui qui tient la banniere , lorfque le Paon y a mis le cou.

PAONACE. f. m. Vieux mot. Couleur violette,ou de pavot , ou de queue de Paon.

Auffi bien fous bureau comme fous paonace.

On a dit auffi *Pavonace*, pour dire , Une forte d'A- nemone violette ou purpurine.

PAP

PAPA. f. m. Nom que la plûpart des peuples Orien- *Tome II.*

taux donnent à leurs fouverains Prêtres. On appel- le *Papas* au Perou certains Prêtres qui vont s'age- nouiller devant le Soleil & la Lune , en fe tournant le matin vers le Levant , & le foir vers le Couchant, pour leur demander les chofes dont ils ont befoin. Les Ethiopiens appellent auffi leurs Prêtres *Papas*. Plufieurs dérivent ce mot du Grec πάππος , Ayeul , ou de πάππας , Pere nourricier.

PAPAIA. f. m. Arbre qui fe trouve dans l'Ifle de Tabago , & qui croît & porte fon fruit en un an. Il a d'ordinaire quinze piés de hauteur , & fouvent vingt. Son tronc eft fort tendre & fpongieux , fans aucunes branches , & de la groffeur d'un homme. C'eft le même arbre qu'on appelle *Papaier* , dans les Ifles de l'Amerique. Toutes fes feuilles, qui font femblables à celles de nos figuiers , mais deux fois plus grandes , font attachées depuis le haut de l'ar- bre auquel ils font une efpece de couronne , jufqu'à un pié au-deffous , par des queues auffi longues que le bras , de la groffeur du pouce , & creufes comme des flûtes. Elles font recourbées , & couvrent envi- ron une trentaine de fruits , qui croiffent autour du tronc auquel ils demeurent attachez. Ces fruits font ronds , gros comme une poire de coing , & orangés dans leur couleur , & ils n'ont qu'environ un bon doigt d'épais. Ceux qui font les plus bas font les plus gros & les plus mûrs. Leur chair eft femblable à celle du Melon , mais d'un goût fort fade. Tout le dedans de ce fruit eft creux & rempli d'une graine qui reffemble au poivre , & qui a le même goût. Il y a un Papaier mâle , & un Papaier femelle. Le premier porte rarement du fruit , mais parmi fes feuilles il pouffe de petites branches me- nues , longues comme le bras , qui fe divifent en ra- meaux tout chargés de fleurs jaunes fans odeur. Le Papaier femelle qui porte le fruit , n'a que de grof- fes fleurs jaunes attachées immediatement à l'arbre , & dont l'odeur n'eft pas moins douce que le jafmin. Les fruits mûriffent fucceffivement , & cela eft cau- fe qu'il y en a de mûrs prefque toute l'année. On trouve dans la Guadeloupe une autre forte de Pa- paier , dont le fruit eft gros comme le plus gros Melon que l'on voye en France ; il eft beaucoup meilleur que les autres , mais toûjours fort douce- reux. Ce fruit reffemble en quelque forte aux mam- melles , & c'eft ce qui a obligé les Portugais à l'ap- peller *Mamoeira.* Si on l'incife avant qu'il foit mûr , il en fort quelque goutte de lait qui fe fige,& fe tour- ne en gomme.

PAPAS. f. m. Sorte de racine qui croît fous terre au Perou , & dont la bulbe reffemble aux châtaignes. Lorfqu'elle eft cuite , elle approche du goût d'une châtaigne bouillie.

PAPEGAUT. f. m. Vieux mot. Perroquet. On a dit auffi *Papegai* , & ce dernier mot fe dit encore , mais c'eft feulement dans la fignification d'un oifeau. de bois ou de carte qu'on met au bout d'une perche , pour fervir de but à ceux qui tirent de l'arc ou de l'arquebufe. Celui qui l'abbat remporte le prix.

PAPELARD. f. m. Vieux mot. Hypocrite , faux de- vot. On l'emploie encore quelquefois, pour fignifier un flateur, un homme qui cherche à tromper en don- nant de belles paroles. Du Cange fait venir ce mot d'un Flateur, qui en feignant d'admirer, fait fouvent des exclamations avec ce mot Latin , *Papæ.* On a dit auffi *Papelarde*, & *Papelardife*, pour , Hy- pocrifie.

PAPELARDER. v. n. Vieux mot. Faire l'hypocrite. Marmoter en difant des Oraifons.

Quê je faffe le chatemite
Papelardant comme un hermite.

PAPELINE. f. f. Sorte d'étoffe dont la chaîne eft

X

de foie, & la treme de fleuret. Il y en a d'étroite & de large, & d'ordinaire fa largeur eft de demi-aune. On l'appelle *Papeline*, à caufe qu'elle fe fabrique à Avignon qui eft une terre du Pape.

PAPELONNE', z'z. adj. Terme de Blafon. Il fe dit d'une reprefentation en forme d'écailles ou de demi-cercle que l'on fait fur un Ecu. *D'hermine papelonné de gueules*.

PAPIER. f. m. *Certaine compofition qui eft de vieux linge pilé, broyé, & que l'on étend par feuilles pour fervir à écrire, à imprimer*, &c. ACAD. FR. Le linge dont on fait le papier eft blanchi & haché fi menu par le moyen des moulins, qu'il ne paroît que comme de l'eau troublée. Après qu'on en a levé la fuperficie avec un moule fait de fil de fer très-délié, on l'égoute, on le laiffe fecher, & enfuite on le colle, afin qu'il ne boive point. Les Anciens fe fervoient pour écrire de l'écorce d'un arbre qui croît en Egypte, & qu'on nomme *Papyrus*, & c'eft delà qu'eft venu le mot de *Papier*.

On appelle *Papier gris*, ou *Papier brouillard*, un Papier qui n'eft point collé, qui boit, & fert à filtrer plufieurs liqueurs. Le *Papier bleu* eft une autre forte de Papier dont fe fervent les Marchands pour enveloper de certaines marchandifes. On fait le *Papier marbré*, qui eft un Papier peint de differentes couleurs, en appliquant une feuille de papier fur de l'eau où l'on a jetté plufieurs couleurs détrempées avec de l'huile ou du fiel de bœuf. Elle empêche qu'elles ne fe mêlent, & on fait les panaches & les ondes felon la difpofition qu'on leur donne avec un peigne.

PAPILLON. f. m. Sorte d'infecte qui vole, & qui a les ailes marquetées de differentes couleurs. Il a fix piés, & vient des chenilles ou des vers. Il s'attache fur-tout à tirer le fuc de la mauve. On tient que depuis que le Papillon s'eft accouplé avec fa femelle, il vit toûjours en langueur. Ce mot vient du Latin *Papilio*, qui a été fait du verbe *Papo*, Je fucce, à caufe que le Papillon fucce les fleurs & les herbes.

PAPYER. v. n. Vieux mot. Begayer comme les enfans qui ne peuvent encore prononcer que *Papa*.

A peine je puis papyer.

PAPYRUS. f. m. Plante qui croît en Egypte auprès du Nil en quelques foffés qui fe rencontrent pleins d'eau après l'inondation de ce fleuve. Sa racine eft fibreufe, & elle en pouffe plufieurs tiges droites & triangulaires, hautes de fix coudées & davantage. Le tronc eft compofé de quantité de fibres droites & longues, au bout defquelles font plufieurs efpeces de fleurs pointues. Ses feuilles font douces au maniement & ont la figure d'une épée. Elles fervent aux Chirurgiens pour tenir les playes ouvertes & les élargir. La cendre du fommet des tiges eft un remede pour les bleffures nouvelles. La racine de cet arbre fervoit de bois aux Egyptiens, & de la moëlle de fa tige, que l'on reduifoit en colle blanche, on faifoit des feuilles fort minces, fur lefquelles les Anciens écrivoient. Avant que le blé & les autres fruits fuffent en ufage, ils fe nourriffoient de cette plante. Elle leur fourniffoit auffi dequoi faire des habits, des barques, des uftenciles de ménage, des couronnes à leurs Dieux & des fouliers à leurs Prêtres. Prefentement cette plante eft negligée. Pline dit que le Papyrus croît auffi en Syrie aux environs du lac où vient le *Calamus odoratus*; & qu'on en a trouvé aux environs de Babylone près de l'Euphrate. Quelques-uns dérivent le mot de *Papyrus* de πῦρ, Feu, à caufe que cette herbe s'enflamme aifément.

PARABOLAINS. f. m. On a appellé ainfi, dans les premiers fiecles de l'Eglife, certains Clercs d'Alexandrie qui ont été jufqu'au nombre de cinq ou fix cens, & dont la charité étoit fi grande, qu'ils alloient fecourir les malades dans les Hôpitaux, quelque dangereufe que pût être la maladie dont ces malheureux étoient attaqués, & fût-ce même la pefte. Cela leur fit donner le nom de *Parabolains*, qui veut dire Courageux, du Grec παραβόλος, Hardi, téméraire.

PARABOLE. f. f. Efpece de fimilitude fous laquelle quelque verité importante eft envelopée. Ainfi on peut dire que la Parabole eft comme la Devife, ayant deux parties, le corps & l'ame. Le corps eft le recit d'une courte hiftoire que l'on imagine pour marquer une verité de Religion ou de Morale; & l'ame eft le fens myftique ou moral que cachent les paroles qui expliquent cette hiftoire. Ce mot eft Grec, παραβολὴ, & veut dire Comparaifon.

Parabole. Terme de Geometrie. Figure courbe & infinie, & l'une des fections coniques. Elle fe fait quand un plan coupe un cone hors de fon fommet, & qu'il eft parallele à l'un des côtés du cone. Voyez SECTION. *Le fommet de la Parabole* eft fon point le plus élevé fur la furface du cone. Il eft évident qu'elle n'eft proprement fermée que de ce côté-là, parce que du côté de la bafe on peut prolonger le cone à l'infini, & par confequent la Parabole. *L'Axe de la Parabole* ou fon *Diametre Transverfal* eft la ligne qui va du fommet vers la bafe & qui eft toûjours de côté & d'autre également diftante de la Parabole. *Les Diametres* font les lignes paralleles à l'Axe menées dans la Parabole. On confidere dans la Parabole les *Ordonnées*, les *Abfciffes*, le *Parametre*, & le *Foyer*. Voyez tous ces mots à leur ordre.

On appelle *Parabole folide* une Courbe dans laquelle les *Cubes des Ordonnées* font égaux aux folides faits du parametre par les quarrés des abfciffes correfpondantes, de même que dans la parabole ordinaire & proprement dite les quarrés des ordonnées font égaux aux rectangles des abfciffes correfpondantes au parametre. Voyez SECTION & PARAMETRE.

PARABOLOIDE. adj. On appelle, en termes de Geometrie, *Conoïde paraboloïde*, un Solide produit par la circonvolution entiere d'une parabole autour de fon axe. On dit auffi *Conoïde parabolique*.

PARACENTESE. f. f. Terme de Chirurgie. Ouverture artificielle de l'abdomen des hydropiques, dans laquelle on introduit une cannule. Cette ouverture fe fait par le moyen d'une lancette, felon la pratique des Anciens, ou par le moyen d'une aiguille d'argent faite exprès. C'eft la methode des Modernes, qui eft la meilleure. L'avancement du nombril, à quelque travers de doigts à côté, eft le lieu qu'on eftime le plus propre pour cette operation, & on doit tirer les eaux fucceffivement, c'eft-à-dire, fix, fept ou dix drachmes à la fois, fuivant les forces, à caufe que les évacuations précipitées & qui fe font tout à la fois caufent la mort. Cette operation fait merveilles lorfqu'on l'execute à tems & que l'on y joint les alteratifs appropriés; mais fi on la fait trop tard, elle eft inutile, parce que le mal étant enraciné, & les vifceres plus ou moins corrompus, il ne cede plus à ce remede, qui d'ailleurs a plûtôt lieu dans l'efpace d'hydropifie que l'on appelle *Afcites*, que dans celle qu'on appelle *Anasarca*. La Paracentese ne sert pas davantage quand l'hydropisie est compliquée avec un squirre, ou quelque autre vice particulier & incurable d'un viscere noble. Quelques eaux qu'on puisse vuider, la source reste toûjours, & le secours que l'on y apporte est seulement un secours palliatif. Ce mot est Grec, *παρακεντησις*, de *παρὰ*, Proche, & de *κεντεῖν*, Percer, poindre.

PARADE. s. f. *Montre d'une chose qui n'est que pour l'ornement*. ACAD. FR. On dit en termes de guerre, *Faire la parade*, quand les Officiers d'un Bataillon, d'un Regiment, d'une Compagnie qui a eu ordre de se mettre sous les armes, s'y rendent au meilleur état qu'ils peuvent, pour y faire selon leur rang les fonctions de leurs Charges.

Parade. Terme d'Escrime. Action par laquelle on pare un coup. On fait diverses Parades, en dehors, en dedans, en haut, en bas, en appel, en feinte & en general il y en a autant de sortes, qu'il y a d'attaques & de coups qu'on peut porter.

Les Danseurs de corde & autres gens de cette nature font aussi parade, quand les boufons de la Troupe montant sur une maniere de balcon élevé de six ou sept piés devant la maison dans laquelle ils doivent faire leurs tours de souplesse, font sur ce balcon toutes sortes de postures, & disent des plaisanteries, pour obliger ceux qui passent à entrer, moyennant une somme fort modique qu'ils exigent.

Parade, est aussi un terme de Manége, & on dit qu'*Un cheval est sûr à la parade*, pour dire qu'on l'arrête facilement dans sa course. *Parade*, en ce sens, vient de l'Espagnol *Parar*, qui signifie Arrêter.

PARADIS. s. m. Séjour des Bienheureux qui jouissent de la vision de Dieu. Ce mot a été tiré du Grec *παράδεισος*, qui signifie un Jardin, & c'est dans ce sens qu'on a appellé *Paradis terrestre*, le Jardin où Dieu mit Adam aussi-tôt qu'il l'eut créé. Les Peres de l'Eglise ont recherché avec soin dans quel endroit de la terre ce Jardin délicieux étoit situé. La plûpart le placent dans la Mesopotamie, entendant par Eden, qui signifie Volupté, le pays qui s'estend entre l'Euphrate & le Tigre, jusques aux montagnes d'Armenie. D'autres veulent qu'il soit situé vers la mer Caspienne, d'autres dans la Taprobane des anciens, d'autres dans les Isles fortunées, & d'autres enfin dans quelque pays sous la ligne équinoctiale. M. Huet, Evêque d'Avranches, si estimé de tous les Sçavans par sa profonde erudition, a fait un Traité fort curieux de la situation du Paradis terrestre, dans lequel il prouve qu'il étoit situé sur le fleuve que produit la jonction du Tigre & de l'Euphrate, & qu'on appelle aujourd'hui, le Fleuve des Arabes, entre cette jonction & la division que ce même fleuve fait avant que d'entrer dans la mer Persique. Il rapporte ces paroles de Moïse, *Et le Seigneur Dieu planta un Jardin en Eden du côté d'Orient, & il mit là l'homme qu'il forma* & dit qu'on trouve une Province qui a merité de porter le nom d'Eden, à cause qu'elle est très-fertile & très-agreable. Il ajoûte qu'elle est située sur les bords du Fleuve & vers le lieu qu'il a marqué ; & que bien que cette Province soit presentement inculte, elle semble neanmoins garder encore des marques de la main liberale de Dieu, dans la bonté de son terroir. Ce Jardin étoit situé du côté d'Orient, c'est-à-dire dans la partie orientale du pays d'Eden, qui occupoit les deux bords du Fleuve. *Ce Fleuve sortoit d'Eden*, poursuit Moïse, *pour arroser le Jardin, & delà il se divisoit & étoit en quatre têtes* ; c'est-à-dire, qu'après avoir traversé cette Province,

Tome II.

il entroit dans le Jardin, qui étant à l'Orient d'Eden, il falloit que le Fleuve, là où il entroit dans le Jardin, eût son cours d'Occident à l'Orient, & par consequent qu'il fût situé sur un des détours du Fleuve qui tient cette route. Ce Fleuve étant consideré par rapport au Jardin selon la disposition de son lit, & non selon le cours de son eau, se divisoit & étoit partagé en quatre têtes, c'est-à-dire, en quatre entrées ou ouvertures de quatre branches differentes, qui faisoient quatre Fleuves, deux au dessus, par rapport au cours de l'eau, sçavoir l'Euphrate & le Tigre, & deux au dessous, sçavoir le Phison & le Gehon. M. l'Evêque d'Avranches examine ensuite ces paroles de Moïse touchant le Phison, *C'est celui qui tournoye dans toute la terre de Chavilah où il y a de l'or, & l'or de cette terre est bon. Là est le Bdellium & la pierre d'Onyx.* Il dit que Moïse, qui écrivoit ces choses dans l'Arabie Petreuse, voulant faire le dénombrement de ces Fleuves, pour faire connoître où le Paradis terrestre étoit situé, l'a commencé par le Phison, & il prétend que ce soit le canal occidental des deux qui font le partage du Fleuve avant qu'il entre dans la mer, parce qu'étant le plus proche du lieu où il écrivoit, il s'étoit presenté le premier à son esprit, comme il se seroit presenté le premier à ses yeux & à ses piés, s'il se fût acheminé de ce côté-là. Entre plusieurs marques particulieres que Moïse a données à ce Fleuve, il dit que c'est celui qui tournoye dans toute la terre de Chavilah, & M. d'Avranches prétend qu'on ne peut douter que ce ne soit celle qui est à l'extremité septentrionale de la côte orientale d'Arabie, c'est-à-dire, sur la rive occidentale de l'embouchure de l'Euphrate & du Tigre, puisque l'Ecriture en designe exactement la situation, en marquant Chavilah & Sur, comme les deux extrémitês de l'Arabie, voisine de la Terre-Sainte. Comme Sur est à l'entrée d'Egypte vers l'extrémité du Golphe Arabique, il s'ensuit que Chavilah étoit à l'autre côté de l'Arabie à l'extremité du Golphe Persique. Les autres marques données par Moïse pour reconnoître Chavilah, conviennent parfaitement au même pays. David & Ezechiel attestent qu'il y a de l'or, & que l'or de cette terre est bon, ce que l'on infere encore des presens apportez par les Mages à Notre Seigneur. Quant à ces paroles, *Là est le Bdellium*, soit qu'on entende des perles par là, soit qu'on entende une gomme aromatique ; on ne connoît point au monde de pêche plus grande de perles que celui qui se fait proche de l'Isle de Baharen qui est dans le Golphe Persique, près de la côte de Chavilah, & à laquelle conduit le Phison. L'Arabie n'étoit pas moins abondante en Bdellium, gomme precieuse, nommée aujourd'hui *Anime*, ni en pierres d'Onyx, qui au rapport de Pline ne se trouvoient que dans les montagnes d'Arabie. Sur ces autres paroles de Moïse. *Et le nom du second Fleuve est Gehon, C'est celui qui tournoye dans toute la terre de Chus. Et le nom du troisiéme Fleuve est Chiddekel ; c'est celui qui va vers l'Assyrie ; & le quatriéme Fleuve est l'Euphrate.* M. d'Avranches dit qu'après avoir traversé le canal occidental par où le Tigre & l'Euphrate joints ensemble tombent dans la mer, on rencontre le canal oriental qui doit être par consequent le Gehon, étant celui qui tournoye dans toute la terre de Chus, c'est-à-dire, dans la Susiane, qui retient encore cet ancien nom, & qu'on appelle aujourd'hui Chuzestân. De ce nom de Chus se sont formés les noms des Cosséens & des Cissiens, peuples de la Susiane, dont les auteurs prophanes ont fait mention. Il ajoûte que le troisiéme Fleuve Chiddekel qui va vers l'Assyrie, est le Tigre, & que le nom le fait voir, puisqu'en ôtant la premiere lettre de Chiddekel, qui n'est qu'une aspiration, il reste *Dekel*, d'où se sont formés les noms de *Diklat*, *Diglath*, *Degil*, *Degela Diglito* & *Tigris*. Si du lieu, dit-il, où je place le Paradis terrestre, on pouvoit voir la disposition du lit qu'occupe ce Fleuve, on remarqueroit qu'il va en effet vers l'ancienne Assyrie, dont la capitale étoit Ninive. Et le quatriéme Fleuve enfin est l'Euphrate, qui a conservé son nom jusques à present. Il conclut de là que si on examine sans prevention tous ces caractères, par lesquels Moyse a voulu faire reconnoître la situation du Paradis terrestre, on trouvera, non seulement qu'ils conviennent parfaitement à celle qu'il propose, mais même qu'ils ne peuvent convenir à aucune autre ni de celles qu'on a imaginées jusqu'ici en très-grand nombre, ni de celles que l'on peut imaginer, puisqu'il n'y a point d'autres Provinces de Chavilah & de Chus que celles qu'il a marquées, où un Phison & un Geon se puissent trouver, ni d'autre Tigre qui aille vers l'Assyrie, ni d'autre Euphrate, dont on puisse dire qu'il fait une des quatre têtes qui partageoient le Fleuve dont le Paradis terrestre étoit arrosé ; ni enfin d'autre lieu que celui où il a placé ce Paradis, qui soit arrosé d'un Fleuve divisé en ces quatre autres.

On appelle *Paradis de Mahomet*, Un lieu qu'il a imaginé à sa fantaisie, où il a fait attendre à ceux qui suivront sa loi, tous les plaisirs qui peuvent flater les sens.

Quelques-uns appellent *Paradis*, en termes de Marine, La partie d'un port où les Vaisseaux sont le plus en sûreté.

Paradis, se dit aussi dans les lieux où l'on represente l'Opera ou la Comedie, d'une espece de Galerie qui est au dessus des secondes loges.

PARAGE. s. m. Vieux mot. Noblesse. C'est ce qu'il a signifié originairement, à cause que tous les Nobles se pretendent égaux en noblesse.

Si vous êtes de grand parage,
Je ne suis mie de menour.

On a dit aussi *Paraige* & *Parroye*. Autrefois il y avoit des fiefs tenus d'un Seigneur de plein fief, qu'on disoit être *Tenus en parage* ou *en pairie*. Les Vassaux étoient également obligés de le servir en paix & en guerre. Les puînés tenoient leurs fiefs en parage en pareil degré de l'aîné, & on les appelloit *Parageau* ou *Parageurs*. On disoit aussi *Haut parage*, en parlant d'un fief en pairie la plus élevée, comme celles des Pairs & Seigneurs mouvans du Roi immediatement, qui avoient été données en appanage à des Personnes du sang Royal ; ce qui faisoit appeller *Gens de haut parage*, Ceux qui étoient d'une extraction très-noble.

Parage, Terme de Marine. Espace, étendue de mer sous quelque latitude que ce puisse être. On dit que *Des Vaisseaux de guerre sont en parage*, pour dire qu'Ils sont en certains endroits de la mer, où ils peuvent trouver ce qu'ils cherchent. On dit aussi d'un Vaisseau mouillé, qu'*Il est en parage*, pour dire qu'Il est en lieu où il peut appareiller quand il veut.

PARAGONNER. v. a. Vieux mot. Comparer, mettre en parallele. On a dit aussi *Paragon*, pour dire *Patron*, modele, sur quoi Nicod dit que *Paragon est une chose si excellemment parfaite, qu'elle est comme une idée, un sep & estelon à toutes les autres de son espece, & lesquelles on rapporte & compare à lui, pour sçavoir à quel degré de perfection elles atteignent. Ainsi dit-on*, Paragon de Chevalerie, de

prend'homie de sçavoir. *Et en ce*, poursuit-il, *qui le voudroit extraire de παράγωγη des Grecs, qui signifie Admener, acconduire, ce ne seroit pas hors de propos*. On le trouve quelquefois écrit *Parangon*, & alors on le derive de παραγωνίζομαι, J'écarte avec le coude ceux qui s'approchent de trop près ; à cause que le Parangon ne peut avoir son pareil en son espece.

PARAINSI. adv. Vieux mot. Ainsi, par consequent.

PARAKYNANCIE. s. f. Terme de Medecine. L'une des especes en quoi quelques-uns distinguent l'Esquinancie. C'est quand les muscles externes des parties internes du Larynx sont attaqués. Le mot est Grec, παρακυνάγχη, fait de ἄγχω, Suffoquer.

PARALLAXE. s. f. Terme d'Astronomie. *L'Arc du Firmament, compris entre le lieu veritable & le lieu apparent de l'Astre que l'on observe*. ACAD. FR. Ce vrai lieu d'un Astre est celui où le rayon visuel passant par le corps de l'Astre aboutiroit dans le Firmament, s'il étoit tiré du centre de la terre, & que notre œil y fût placé ; mais comme nous ne le voyons que de dessus la surface de la terre, qui est éloignée du centre, nous le voyons par une ligne, qui passant par son corps, & allant jusqu'au Firmament, marque un autre point qui est son lieu apparent ; & c'est cette difference qu'on appelle *Parallaxe*, du Grec παράλλαξις, qui est la même chose que παραλλαγή, qui signifie difference. Quelques-uns font Parallaxe masculin. La Parallaxe se divise en Parallaxes de hauteur, de latitude & de longitude, qui ne sont rien autre chose que la difference qu'il y a entre la hauteur, la latitude & la longitude veritable, & la hauteur, la latitude & la longitude apparente. La Parallaxe rend le lieu apparent d'une planete plus bas que le lieu veritable. La plus grande parallaxe est celle qui se fait à l'horison, & de là elle va toûjours en diminuant. Une planete qui est au Zenit n'a aucune parallaxe, parce qu'alors les lignes tirées du centre de la terre, & de notre œil ne font qu'une même ligne. Ces trois planetes superieures, Saturne, Jupiter & Mars, ne font point de parallaxe, parce que leur distance de la terre est si grande que la difference du demi-diametre de la terre devient insensible. Mais la Lune, Mercure & Venus font parallaxe.

PARALLELE. adj. Terme de Geometrie. Il se dit des lignes également éloignées entre elles, & qui ne se toucheroient jamais, quand on les prolongeroit à l'infini. On le dit aussi des superficies & des cercles. Les côtés opposés d'un quarré sont paralleles entre eux. Ce mot est Grec παράλληλοι, Egalement distans. On appelle simplement *Parallele du Soleil* les cercles paralleles qu'il décrit d'Orient à l'Occident du Tropique jusqu'à l'autre par le moyen du premier Mobile. Ils sont plûtôt des lignes spirales que de vrais cercles, à cause du mouvement propre & annuel du Soleil par lequel il fait tout le jour environ un degré d'Occident en Orient. Cependant comme la difference n'est pas fort considerable, les tours que cet Astre fait chaque jour d'Orient en Occident sont regardés comme de vrais cercles paralleles entre eux & l'Equateur. Leur nombre est de cent quatre-vingt-deux & demi, qui est la moitié du nombre des jours de l'année solaire, à cause que le Soleil allant de l'Equateur à l'Un des Tropiques, retourne à l'Equateur par les mêmes paralleles qu'il avoit tracés auparavant.

Ces cercles ayant été faits paralleles à l'Equateur, parce qu'ils sont décrits par le mouvement diurne de 24. heures qui se fait sur le pole de l'Equateur, (Voyez POLE,) & par conséquent quand l'Horison passe par les Poles de l'Equateur, ce qui arrive dans la Sphere droite, (Voyez HORISON & SPHERE.) Il coupe tous les paralleles précisément par la moitié. De là vient que les jours sont toûjours égaux dans la Sphere droite. Dans la Sphere oblique, l'Horison ne passant plus par les poles de l'Equateur ; il ne coupe plus les paralleles par la moitié, de là vient l'inégalité des jours. Enfin dans la Sphere parallele, où l'Horison & l'Equateur ne sont plus qu'un même cercle, l'horison ne peut plus couper aucun parallele, mais il y a une moitié de tous les paralleles au dessus de lui, & l'autre moitié au dessous. De là viennent les six mois de jour & six mois de nuit sous les Poles.

PARALLELEPIPEDE. s. m. Terme de Geometrie. Corps solide terminé par six parallelogrammes, dont les opposés sont paralleles égaux, & semblables. Le parallelepipede est produit par la multiplication des trois lignes qui sont sa longueur, sa largeur & sa profondeur ou hauteur, & elles sont prises toutes trois sur les trois côtés differens du parallelepipede, s'ils sont à angles droits. Si ces trois lignes sont égales le parallelepipede est un cube. Les parallelepipedes semblables, c'est-à-dire, tels que la longueur de l'un est à la longueur de l'autre, comme la largeur à la largeur, & la hauteur à la hauteur, & qui de plus sont équiangles, sont en raison triplées de leurs côtés homologues.

PARALLELOGRAMME. s. m. Terme de Geometrie. Figure quadrangulaire dont les côtés opposés sont paralleles. Quand les angles du parallelogramme sont droits, on l'appelle Rectangle. Voyez RECTANGLE. Le parallelogramme est produit par la multiplication des deux lignes qui sont sa longueur & sa largeur, & ce sont les deux côtés du parallelogramme s'ils sont à angles droits ; mais s'ils sont obliques l'un à l'autre, on mesure le parallelogramme par une perpendiculaire tirée sur l'un de ses côtés, & par ce côté si les deux côtés d'un parallelogramme rectangle sont égaux, c'est un quarré. Les parallelogrammes équiangles & semblables sont en raison doubles de leurs côtés homologues. Ce mot est Grec, παραλληλόγραμμον, composé de παρὰ, Proche, de ἀλλήλων, l'un l'autre, & de γράφειν, Ecrire.

PARALYSIE. s. f. Terme de Medecine. Maladie causée par une resolution de nerfs, qui rend le corps ou quelqu'une de ses parties, sans mouvement. On appelle Paralysie parfaite, Celle qui ôte le mouvement & le sentiment tout à la fois ; & Paralysie imparfaite, Celle qui laisse ou le sentiment ou le mouvement. La Paralysie suit le vice des nerfs, quand ils sont coupés dans les playes ou torts, & comprimés dans les luxations & dans les chûtes, à cause qu'étant ainsi vitiés, ils ne portent plus le sentiment & le mouvement aux parties. La trop grande humectation & le trop grand refroidissement, d'où s'ensuit la relaxation des fibres & des tendons, produisent aussi la paralysie ; & Galien a observé, dès son tems, qu'une personne étoit demeurée paralytique pour avoir tardé trop long-tems dans un bain d'eau froide. Les vieillards & les enfans sont comme à demi paralytiques, les premiers à cause qu'ils sont épuisés de suc nourricier, & remplis en sa place d'aquosités sereuses qui relâchent les fibres & les tendons ; & les autres, parce que leurs fibres & leurs tendons étant arrosés au contraire de quantité de suc nourricier, sont lâches & flasques, & par consequent trop foibles pour faire agir les membres. Horstius

observe, que quand on a été long tems à la pluye, & qu'on laisse ensuite secher ses habits sur son corps, on contracte des paralysies à quelques membres. La cause de la paralysie est le plus souvent interne. Elle vient de l'acide ou de quelque matiere d'un acide vitié ou semblable à la lymphe, qui étant chariée à quelque membre, en arrose les parties nerveuses, à quoi l'acide est extrêmement contraire. Elle corrompt successivement leur ressort tonique & rend les parties nerveuses incapables de mouvoir les os & les membres. La paralysie des vieillards est presque incurable. Celle qui vient par une forte & subite luxation des membres du dos, & sur tout du col, est d'ordinaire mortelle. Plus la chaleur du membre est éteinte, moins il y a d'esperance. Quand il survient quelque tremblement à la partie, c'est un fort bon signe. Le mot de Paralysie est Grec, παράλυσις, du verbe παραλύειν, Délier, dissoudre.

PARAMETRE. s. m. Terme de Geometrie, qui se dit d'une parabole, d'une ellipse & d'une hyperbole. On a cherché dans ces trois lignes courbes une égalité entre les Abscisses & les Ordonnées. Voyez ABSCISSES & ORDONNE'ES, & l'on a trouvé cette égalité entre les quarrés des Ordonnées & les Rectangles des Abscisses correspondantes par une ligne qui est toûjours la même, & que l'on a nommée Parametre, de παρμετρεῖν, Mesurer à côté parce que c'est une mesure prise pour ainsi dire, à côté & hors de la parabole, de l'Ellipse ou de l'Hyperbole. Cette égalité des quarrés des Ordonnées & des rectangles des Abscisses correspondantes par le Parametre, n'est parfaite que dans la parabole. Voyez SECTION. Pour définir le Parametre d'une maniere qui convienne aux trois Sections Coniques, c'est le quatriéme terme d'une proportion dont les trois premiers sont le rectangle de l'Abscisse qui se termine à l'autre extrémité du Diametre transversal, par la ligne qui est depuis cette même Abscisse jusqu'à l'autre extrémité du même Diametre, le quarré de l'Ordonnée correspondante, & le Diametre transversal.

Comme les Sections Coniques ont differens Diametres, & que ces Diametres ont leurs Ordonnées qui sont par consequent des Abscisses, il faut pour en faire la comparaison que ces Diametres ayent chacun leur Parametre fixe & invariable. On appelle Figure d'un Diametre le Rectangle de ce Diametre par son Parametre.

PARANGON. s. m. Vieux mot. Modele, Patron, camparaison. Il ne se dit plus aujourd'hui qu'en parlant des pierres precieuses excellentes, & c'est une maniere d'adjectif qui ne change point de genre. Un Diamant parangon, une perle parangon.

Parangon. Sorte de marbre ou pierre fort noire que l'on apporte de la Grece & de l'Egypte, que les Anciens appelloient Bassaltes, selon Pline, & encore Basanus, du Grec βασανίζω, Examiner avec soin, à cause qu'on éprouve l'or & l'argent en les frottant sur cette pierre. Il y en a d'autres especes dont le grain est different & le noir moins enfoncé. M. Felibien panche à croire que ce sont celles qu'on appelloit Lapis lydius, & Lapis obsidianus. Les Anciens en ont fait des statues, des sphinx, & d'autres animaux. Ces sortes de pierres sont très-dures à tailler, mais quand elles ont été mises en œuvre, elles prennent un très-beau lustre.

Parangon. Les Imprimeurs appellent ainsi les caracteres de la seconde grosseur. Il y a le gros Parangon, qui est un caractere entre le gros Canon, & le petit Parangon. Ce dernier est entre le gros Parangon, & le gros Romain.

PARANYMPHE. f. m. Terme de Theologien. Ceremonie qui se fait à la fin de chaque licence. On y prononce un discours fort solemnel qui contient l'éloge de chaque licentié. On appelloit autrefois *Paranymphe*, Celui qui conduisoit par honneur l'épousée, & à qui l'on commettoit particulierement le soin des noces. Sur la fin du second siecle, le Pape Soter ordonna qu'on reputeroit une femme legitime, quand les parens l'auroient mariée selon la coûtume des Chrétiens, & que le Prêtre auroit donné la benediction, & que les Paranymphes l'auroient conduite. Ce mot est Grec παράνυμφος, & composé de παρὰ, Proche, & de νύμφη, Epousée.

PARAPET. f. m. Elevation de terre ou de pierre par dessus le rempart, laquelle a six piés de hauteur du côté de la place, & quatre à cinq piés du côté de la campagne. On la destine ordinairement à couvrir le canon, & les hommes qui combattent, & elle doit avoir dix-huit à vingt piés d'épaisseur si elle est de terre, & six à huit piés si elle est de pierre. Tout parapet a ses embrasures & merlons qui ne se trouvent qu'aux endroits, où il y a du canon; & comme le haut du parapet n'est pas de niveau, & qu'il a la pente du côté de la campagne, cette difference de hauteurs forme au dessus un glacis qui donne facilité aux Mousquetaires qui montent sur la banquette du parapet, de tirer de haut en bas dans le fossé, ou tout au moins sur la contrescarpe. Il y a des parapets faits de sacs à terre, & d'autres faits de bariques & de gabions remplis de terre, de sorte qu'en general on appelle *Parapet*, tout ce qui borde une ligne pour se couvrir contre le feu des ennemis. Fauchet en parlant des Parapets, dit que ce sont les creneaux ou crètaux des Anciens, dits de l'Italien *Parapetto*, comme couvrant la poitrine en sorte qu'on pouvoit se cacher derriere & tirer les fleches par les ouvertures. Borel rapporte un passage curieux touchant les divers noms qu'on a donnés à ces Parapets ou Bailles, qui est un abregé de bastille. Il est pris de la Diatribe de Joseph Maria Subresius Evèque, au Livre, *De foraminibus lapidum in priscis ædificiis*, & conçû en ces termes, Les Latins ont appellé cela *Subarra*, *bastie*, d'où sont venus nos bastions; & *Pagineumata*, selon une ancienne inscription qui se voit à Rome à saint Jacques *ad longavam*, en ces mots. *Hanc turrim & pagineumia facta à milia Capracorum tempore dom. Leonis IV. P. P. Ego Agatho*. Les François l'ont appellé Bailles, les Espagnols Barbacanes. Isidore les appelle *Antemurana valla*, Ammian, *Lorica*, *Parapetti*, comme qui diroit, *Pectoralia*, στηθύαια, & d'autres, *Antemuralia*, ou προστιχίσματα.

Parapet, se dit aussi d'un petit mur à hauteur d'appui, qu'on fait sur le bord des ponts des quais ou d'une terrasse, pour servir de gardefou, & empêcher qu'on ne tombe.

PARAPHERNAUX. adj. masc. plur. Il n'a d'usage qu'en cette phrase, *Biens paraphernaux*. Ce sont les biens échûs à la Femme, par quelque voie que ce soit, depuis qu'elle est mariée, & que le mari a reçû sa dot. Ce mot est Grec τὰ παράφερνα, & vient de παρὰ, Outre, au-delà, & de φερνὴ, Dot.

PARAPHIMOSIS. f. m. Terme de Medecine. Maladie du prepuce qui arrive, lorsqu'il est retiré de telle sorte qu'on ne peut le rabattre sur le gland. Ce mot est Grec παραφίμωσις, & composé de παρὰ, Beaucoup, & de φιμὸς, d'où a été fait φίμωσις ; qui veut dire, Ligament par une ficelle.

PARAPHRENESIE. f. f. Sorte de leger delire avec fievre. On l'appelle ainsi à la difference du delite

violent que l'on nomme *Phrenesie*. La cause de l'un & de l'autre est le mouvement divers & confus des esprits animaux dans le cerveau, ce qui fait former à l'ame differentes phantaisies, que découvrent des discours sans ordre, des ris, des pleurs, des veilles, des gestes ridicules, & des agitations du corps, jusqu'à ce que l'impetuosité & la rapidité des esprits s'augmentant toûjours, il survienne enfin des convulsions mortelles, ou que les esprits étant presque consumés ou fixespar l'usage excessif des narcotiques, le mal se termine en letargie. Ce mot vient du Grec παραφρονέιν, fait de παρὰ, Par de; là, & de φρὴν, Entendement.

PARAPLEGIE. f. m. Terme de Medecine. Espece d'apoplexie qui arrive à un ou deux membres grands ou petits, où le sentiment & le mouvement sont entierement perdus. Elle commence quelquefois par elle-même, mais le plus souvent elle succede aux autres maladies; & comme l'apoplexie la paraplegie & l'épilepsie ont beaucoup d'affinité & qu'elles ne different qu'en la maniere dont elles affligent les malades, il ne faut pas s'étonner, si elles succedent l'une à l'autre, & si les mêmes remedes les peuvent guerir. La Paraplegie qui suit, ou l'apoplexie, ou une autre maladie de même nature, a trois degrés. Le mouvement seul manque dans le premier & le sentiment subsiste. Le sentiment & le mouvement se perdent dans le second, & la chaleur de la partie est abolie aussi bien que le mouvement & le sentiment, dans le troisiéme, avec une certaine fletrisure ou atrophie. Plusieurs confondent la Paraplegie avec la paralysie, mais elles different en ce que la Paraplegie succede particulierement aux maladies du cerveau & de l'épine, & très-souvent aux convulsions, & à l'apoplexie épileptique, que ce sont les nerfs qui sont attaqués, & que le sentiment du toucher & le mouvement volontaire se perdent ordinairement en même tems, au lieu que la paralysie suit les maladies du corps, ou dépend de quelques causes externes; que les muscles ou plûtôt les tendons & les articles y sont attaqués, & que le sentiment du toucher demeure, le mouvement seul étant quelquefois perdu ou diminué avec un sentiment très-douloureux. Ettmuler dit que si la Paraplegie survient à l'apoplexie du sang privative, il est vrai-semblable que la serosité aqueuse se sera séparée d'avec le sang plus ou moins croupissant & groumelé, qu'elle aura penetré en dedans au travers du cerveau jusqu'au tronc de la substance medulaire, ou qu'elle sera descendue exterieurement le long de la moëlle de l'épine. Elle offense ou comprime un nerf ou deux par ce moyen, & c'est ce qui cause la paraplegie. Le premier degré est le plus leger, & se guerit le plus aisément, mais le dernier est très-difficile & opiniâtre. Ce mot est Grec παραπληγία, & est formé de παρὰ, & de πλήσσειν, Frapper.

PARAPRES. adv. Vieux mot. Ensuite.

PARARDIR. v. n. Vieux mot. Brûler, de *per* & *ardere*.

PARASANGE. f. f. Ancienne mesure de Perse. La Parasange se trouve de trente, de quarante, ou de soixante stades, selon les tems ou les lieux.

PARASCEVE. f. f. Nom que les Juifs ont donné au Vendredi qui étoit chés eux le sixiéme jour du Sabat, puisqu'ils appelloient le Dimanche le premier jour du Sabat. *Parasceve*, veut dire, Jour de la preparation au Sabat, du Grec παρασκευὴ, Preparation, parce que le Samedi étoit le Jour du repos, auquel la Loi enjoignoit expressément aux Hebreux de s'abstenir de tout travail servile en memoire du grand mystere de la creation du monde; Dieu après avoir travaillé pendant six jours , s'étant reposé le septiéme , que nous representons par le Dimanche.

PARASELENE f. f. Terme de Physique. Maniere de meteore qu'on voit autour de la Lune. C'est un cercle lumineux qui l'environne , & plus souvent la traverse , où l'on découvre une ou deux Images apparentes de la Lune , qui se font de même que le parelie autour du Soleil. Voyez PARELIE. Ce mot vient du Grec παρὰ, Auprès, autour, & de σελήνη , Lune.

PARASOL. f. m. Toile cirée coupée en rond , qui est soutenue sur de petits morceaux d'osier , & sur une baguette tournée. Cela forme une espece de petit pavillon que l'on plie , & qu'on étend sur sa tête quand on veut se défendre du Soleil. Lorsqu'on s'en sert pour se garantir de la pluye , on le nomme *Parapluye*.

PARASTRE. f. m. Mot qui se trouve dans quelques Coûtumes , pour signifier un Beaupere , fâcheux & cruel pour les enfans que sa femme a eus d'un premier lit. Ce mot est de peu d'usage , & a été fait à l'imitation de celui de Marâtre.

PARASYNANCHIE. f. f. Terme de Medécine. Espece d'Esquinancie , dans laquelle les muscles de Pharynx font enflammés. Ce mot est Grec; παρασυνάγχη, de παρὰ, & ἄγχω , Je suffoque.

PARATITLES. f. m. p. Terme de Jurisprudence. Explication succincte des titres du Digeste & du Code , pour faire voir quelle en est la liaison , & la matiere qui est traitée sous chaque titre. On appelle *Paratitlaire*, tant le Docteur qui enseigne les Paratitles , que celui qui les apprend sous un Docteur.

PARBOUILLIR. v. n. On se sert de ce mot en Medecine , en parlant des herbes qu'on fait bouillir quelque peu de tems , afin d'en tirer le premier suc. Il se dit aussi des liqueurs qu'on veut rendre épaisses.

PARC. f. m. *Grande étendue de terre entourée de murailles , où les Princes , les grands Seigneurs font conserver des bêtes fauves pour le divertissement de la chasse*. Ac a d. F r. *Parc* se dit aussi des grands pâturages fermés de fossés , où les bœufs sont mis à l'engrais.

On appelle *Parc de l'artillerie*, en termes de guerre , Un lieu qu'on fortifie dans un camp hors de la portée du canon d'une place qu'on assiege. Ce lieu où l'on met les poudres & les feux d'artifice , n'est jamais gardé que par des piquiers , pour être à couvert des malheurs du feu. Il y a une autre place marquée dans un camp, appellée le *Parc des vivres*. Elle est à la queue de chaque Regiment , & ce sont les Vivandiers & les Marchands qui l'occupent, pour y étaler les choses dont les soldats ont besoin.

Parc , se dit aussi d'un Arsenal de Marine , du lieu où les Magasins generaux & particuliers sont renfermés , & où l'on construit les Vaisseaux du Roi.

On appelle *Parc* dans un Vaisseau , Un lieu qui est fait de planches entre deux ponts. C'est où l'on enferme les bestiaux que les Officiers font embarquer pour leurs provisions.

On donne encore le nom de *Parc* , à des Pêcheries construites sur les greves de la mer, & il y a des filets appellés *hauts & bas parcs*, dont les mailles sont reglées par l'Ordonnance de la Marine.

Parc, est aussi un ample filet qu'on tend sur le bord de la mer. Ce filet n'a qu'une ouverture du côté de terre, qui demeure à sec après que la mer est retirée, ce qui fait que le poisson qui est entré dedans ne se peut sauver.

Parc. Terme de chasse. Enceinte de toiles où l'on court les bêtes noires qu'on y a enfermées.

PARCHASSER. v. n. Terme de chasse. Finit la chasse par la prise de la bête que l'on a chassée.

PARCLOSES. f. f. Terme de Marine. Planches qu'on met à fond de cale sur de certaines pieces de bois qu'on appelle *Vitonnieres*. Ces planches sont mobiles , & elles se baissent & se haussent quand on veut voir si rien n'empêche le cours des eaux qui doivent aller vers les archipompes.

On a dit *A la parclose*, dans le vieux langage pour dire , A la fin.

PARÇONIER. f. m. Vieux mot. On disoit autrefois *Parçonier d'un meurtre* , pour dire , Complice d'un meurtre , celui qui y avoit part.

PAREATIS. f. m. Terme de Palais. Lettres qu'on obtient en la grande Chancellerie , par lesquelles le Roi ordonne au premier Sergent ou Huissier d'executer un Jugement en un lieu qui n'est point dans le ressort de la Jurisdiction où il a été rendu , sans quoi on est obligé de donner une Requête au Juge des lieux , pour avoir une Ordonnance de Pareatis , ou une permission de faire executer dans son ressort une Sentence qui aura été rendue par un autre Juge. Ce mot de *Pareatis* est Latin , & veut dire , *Obéissez*.

PAREAUX. f. m. p. Sorte de grandes barques des Indes , qui ont le devant & le derriere faits de la même façon. On met indifferemment le gouvernail dans l'un & dans l'autre , quand on veut changer de bord.

PARELIE. f. m. Quelques-uns écrivent *Parhélie*. Terme de Physique. Apparence d'un ou de plusieurs Soleils autour du veritable. Quelquefois les Parelies sont dans la circonference des *grandes Couronnes* , Voyez COURONNE. Quelquefois ils sont comme enchassés dans des cercles qui passent par le centre du Soleil , & qui semblent paralleles à l'horison. L'observation la plus remarquable que l'on ait faite sur ce sujet est celle des cinq Soleils qui parurent à Rome l'an 1629. le 20. Mars après midi. Un cercle blanc traversoit le vrai Soleil , & portoit dans sa circonference quatre autres Soleils , dont les deux plus proches du vrai , & placés à distances egales de lui étoient colorés dans leurs bords , & les deux autres plus éloignés , mais éloignés encore également du vrai Soleil , étoient tout blancs , & moins éclatans. Il n'est pas difficile de juger par l'égalité des distances des faux Soleils au vrai , pris deux à deux , qu'ils étoient formés par des reflexions ou des refractions dont les angles étoient égaux , on doit juger encore par les couleurs des deux plus proches du vrai , qu'ils étoient formés par des refractions,& les deux autres par des reflexions. Aussi les deux dont les bords n'étoient point colorés , étoient-ils moins vifs , parce que la reflexion affoiblit plus la lumiere que ne fait la refraction. Apparemment le cercle blanc auquel tous les cinq Soleils paroissoient attachés , s'étoit formé autour de quelque nue ronde & transparente , dont un vent chaud avoit fondu la circonference qu'un vent froid avoit subitement regelée, & convertie en glace. Les reflexions & les refractions qui auront causé les quatre faux Soleils sur les bords de ce cercle de glace ne sont pas difficiles à trouver , & on peut encore imaginer dans les nues , d'autres figures de glace , propres au même effet. Les couleurs des Parélies s'expliquent comme celles de l'Iris ou des Couronnes. Voyez ces mots. Le mot de Parélie est Grec παρὰ, proche , & ἥλιος, Soleil.

PARELLE. f. f. Plante qui croît de soi-même dans les jardins , & dans les champs cultivés, ayant ses feuilles un peu moindres que les bettes noires, & presque semblables au plantain, & qui se panchent vers la terre. Sa tige est haute d'une coudée, ridée, & jette une fleur rouge & une petite graine noirâtre & reluisante. Sa racine est amere, de couleur safranée, & entierement semblable à l'oseille. La Parelie que Dioscoride appelle ἰξυλάπαθον, & qui croît aux marais, n'a pas pris ce nom pour avoir le goût aigu, mais à cause de ses feuilles qui sont pointues par le bout, ἰξ en Grec signifiant pas seulement un goût piquant, mais aussi tout ce qui est pointu. Avicenne & Serapion ne prenant pas garde à la double signification de ce mot, ont appellé Oseille toutes les sortes de lapathum. Galien dit qu'on peut bien appeller la Parelle, Bette sauvage, à cause qu'elle est semblable à la bette des Jardins, & qu'on préfere pourtant la bette comme ayant un goût plus agreable.

PAREMENT. s. m. Ornement dont on embellit quelque chose. On appelle Parement d'Autel, Un ornement d'étoffe de soie qui est enrichi de broderie & de frange de soie, d'or ou d'argent, qu'on met pour parer le devant de quelque Autel.

On appelle Parement d'une pierre, Le côté qui en doit paroître en dehors du mur, & Parement de muraille, Les pierres qui s'élevent également droites les unes sur les autres, & qu'on appelle dressées à la regle.

Parlement, se dit aussi de ce qui paroît exterieurement de quelque ouvrage de Menuiserie avec cadres & panneaux, comme d'un lambris & d'une embrasure. Il y a beaucoup de portes qui sont à deux paremens, & des assemblages qui sont arasés en leur parement.

On appelle Parement de pavés, L'arrangement uniforme des pavés, & Paremens de couverture, Les plâtres qui se mettent contre les goutieres, & qui servent à soutenir le battement des tuiles d'une couverture.

Parement. Terme de Fauconnerie. Diversité de couleurs qui parent les ailes d'un oiseau de proie.

Les Bucherons appellent aussi Parement, Les gros bâtons qu'ils mettent pour parer les fagots au-dessus de l'ame & de la bourrée.

PAREMENTIER. s. m. Vieux mot. Tailleur. Du Cange dit qu'on lui donnoit ce nom à cause qu'il tailloit, & qu'il paroit les habits. Il ajoûte qu'on l'appelloit en Latin Parator.

PARENCHYME. s. m. Terme de Medecine. Il se dit des parties formées de sang, & qui en sont comme un amas & une affusion. Ce mot est Grec παρέγχυμα, du verbe παρεγχέω, Præter infundere.

PARENSANE. s. f. Terme de Marine. Les Levantins disent, Faire la parensane, pour dire, Mettre les ancres, les voiles & les manœuvres en état de faire route.

PARER. v. a. Orner, embellir. Il se dit aussi des choses que l'on prépare en les ratissant, & en les raclant comme les cuirs & les parchemins. Les Relieurs disent, Parer une couverture, pour dire, Oster avec le couteau à parer, les extremités & quelquefois le dos d'un morceau de peau, dont ils veulent couvrir un livre.

Parer. Terme d'Escrime. Se défendre d'un coup porté par un autre. On dit, Parer des coups, pour dire, Estre assés agile pour ôter son corps hors de la ligne par où doit passer le coup. Il y a deux autres manieres de parer du corps. L'une est de lâcher le pié gauche en arriere, & d'attirer le droit en sa place; l'autre, de lâcher ce même pié droit, en tenant le bras & l'épée fort avancée, pour parer en prenant le dessous, en baissant le corps à gauche, ou en faisant un saut en arriere d'un seul tems.

Parer. Terme de Maréchal. On dit, Parer les piés d'un cheval, pour dire, Lui couper la corne avec un boutoir afin que la sole étant unie, le cheval soit propre à être ferré. On disoit autrefois en termes de Manége, Parer un cheval sur les hanches, parer un cheval à demi, depuis le partir du cheval jusqu'à son parer, ce qui vouloit dire jusqu'à ce qu'il s'arrête en qu'on l'arrête, & dans ces phrases, Parer, se prenoit pour arrêter, de l'Espagnol Parar, qui veut dire la même chose, mais ce mot n'est presque plus en usage, & les Ecuyers disent Hola, pour dire, Arrêtez.

Parer. Terme de Marine. On dit, Parer un cap, pour dire, Doubler un cap, passer au-delà, & le laisser à côté. On dit aussi Parer un cable, parer une ancre, pour dire, Mettre un cable, une ancre en état de servir, & on dit en ce sens, que La chose dont on parle est parée, pour dire, qu'On l'a débarrassée, & qu'elle est prête pour l'usage auquel on la destine. Pare à virer, est un commandement que le Capitaine fait à l'équipage, & qu'il repete tout haut deux fois, quand on est prêt de changer de bord, afin que chacun se prépare à faire tout d'un coup la manœuvre de revirement.

On dit en termes de Palais, qu'Une piece porte une execution parée, pour dire, qu'En vertu de cette piece on peut contraindre une personne à payer sur l'heure, nonobstant toutes oppositions ou appellations, ce qui ne se peut lorsqu'on n'a qu'une promesse simple, puisqu'elle a besoin de reconnoissance ou de l'autorité des Juges pour porter execution. En ce sens, Parée, vient du Latin, Parata, Piète.

Les Bouchers appellent Piece de bœuf parée, Celle qui se leve à la tête de la surlonge.

PARERMENEUTES. s. m. Heretiques du septiéme siecle, qui n'ayant aucun égard à l'explication que l'Eglise & les Docteurs Orthodoxes donnent aux passages de l'Ecriture, l'interpretoient à leur fantaisie. Ce mot vient du Grec παρερμηνεύω, Mal interpreter.

PARESIS. s. f. Espece de Paralysie, qui est la plus legere de toutes. C'est quand la perte du mouvement n'est point suivie de celle du sentiment. Ce mot est Grec πάρεσις, Relaxation.

PARETUVIER. s. m. Arbre des Antilles qui croît toûjours dans l'eau douce ou salée, & pour l'ordinaire dans les lieux que la mer a inondés. Il vient à une grande hauteur. Ses feuilles sont vertes, épaisses, assés longues & beaucoup plus grandes que celles du laurier, mais sans odeur. Ses fruits sont plats & de la largeur d'une piece de trente sols. Il n'y a que les perroquets qui en mangent, tant le goût en est insipide. Ses branches qui se recourbent contre terre, prennent racine aussi-tôt qu'elles l'ont touchée, & poussent d'autres arbres, du pié desquels sortent des rejettons à deux ou trois piés de haut hors de l'eau, dont les uns sont plus, les autres moins gros que le pouce, plus forts & plus durs que les branches de chêne. Ils sont tous courbés en arcades, & d'un seul il en naît plusieurs qui se courbent de la même sorte dans l'eau & y prennent racine. Il y en a un nombre infini qui entrelassent ordinairement leur tige & leurs branches si près à près, & à tant de replis, avec tout ce qu'ils peuvent joindre, qu'en peu de tems ces arbres occupent autant de marais qu'ils en rencontrent, car ils ne peuvent croître ailleurs. C'est sous ces arbres que les Sangliers & autres bêtes sauvages tiennent leur fort. Ils sont encore très-utiles, en ce que leur écorce est propre à tanner les cuirs.

PARFAIRE.

PARFAIRE. v. a. Achever, mettre en fa perfection, On dit en termes de Palais, que *Pour faire un retrait lignager, il faut offrir bourfe & deniers à découvert & àparfaire*, ce qui fignifie, qu'il faut offrir de fournir au-delà des deniers qui font dans la bourfe, jufqu'à la concurrence de la fomme que l'on doit payer pour retirer l'heritage.

PARFONDRE. v. act. Terme d'Emailleur. Ceux qui travaillent en émail & fur le verre, difent *Parfondre*, pour dire, Mettre la befogne au feu, & faire fondre l'émail egalement par tout.

PARFONT. Vieux mot. Profond, profondement.

Celle qui parfond me fourra.

C'eſt-à-dire, qui me fouira profondement.

PARFUM. f. m. *Agreable fenteur qui s'exhale de quelque chofe d'odoriferant, foit par le feu, foit par quelque autre moyen.* ACAD. FR.

Parfum, en termes de Medecine, fe dit d'une compofition de medicamens fecs, qu'on jette fur des charbons ardens. On fe fert de parfums pour remedier à l'air corrompu, & ceux-là fe font de bois odorans embrafés, comme font ceux de genevre, de laurier, de cyprès, de romarin, de lavande, d'aloës, & même de bayes de genevre, d'encens, de myrrhe, de labdanum, de cloux de girofles, & de benjoin. Les Parfums fervent auffi à la guerifon de diverfes maladies, & quand on veut arrêter un caterre, on fait un Parfum de gomme de lierre, de maftic, d'encens, de fandarax, de rofes, de nielle, de coriandre, de fuccin, & d'écorce de citron. On a parfume la coiffure du malade le matin, ce qu'on fait encore le foir à l'heure qu'il veut dormir. Quand on veut réjouir & fortifier le cœur, on fait un Parfum de bois d'aloës, de marc de cloux de girofles, d'écorce de citron, de fleurs de romarin, de ftyrax calamite, de rofes, d'oranges, de fuc cerenaïque, de mufc, d'ambre-gris, & de gallia mofchata. Tout cela étant reduit en poudre, on en fait des Trochifques avec le labdanum ou l'eau rofe. Il faut feulement prendre garde que ce parfum n'excite la toux. On fait on Parfum pour la fuffocation de matrice, partie de chofes odorantes dont on fe fert par bas, & partie de chofes puantes dont on tire la fumée par les narines, comme l'*Affa fœtida*, le fagapeum, le caftoreum que l'on mélange avec le pain humide, de la corne, des plumes, & de la rue broyée dans le vinaigre. Il ne faut, pour attirer le mois en premier d'aromatiques en y ajoûtant des hyfteriques. On jette tout cela dans un petit feu, & on en reçoit la fumée avec un entonnoir. Il y a encore une forte de parfum très-propre à arrêter un flux de ventre exceffif, un flux de fang, tant hemorroïdal que menftrual, & à guerir la matrice & l'anus qui tombent. Il fe fait de racines de biftorte, des fantaux, d'écorce d'encens & de pin, de noix de galle, de rofes, de balauftre, de bayes, de myrrhe, de maftic, de fumach, d'hypocifis, d'écorce de grenade, &c. On jette tout cela dans un petit feu, & par le moyen d'un entonnoir, la vapeur en eft reçûe par bas. Pour provoquer la fueur dans la verole, on fait un parfum de ftyrax, de cinabre, de myrrhe avec de la terebenthine. L'urine d'un petit garçon, verfée fur un fer rouge, ou fur une tuile, eft un remede éprouvé contre toute forte de goute, fi on en fait recevoir la vapeur à la partie malade. Lorfque le nés eft bouché dans l'enchifrenement, il n'y a rien de meilleur que le Parfum de la gomme Animé, réiteré fort fouvent, & l'effet en eft encore plus grand fi on y ajoûte du fuccin.

PARIADE. f. f. Saifon où les perdrix s'apparient. On

Tome II.

défend feverement la chaffe dans le tems de la Pariade.

PARIAGE. f. m. Terme de Coûtume. Droit de compagnie & de focieté, établi par un accord entre le Roi ou un Seigneur, & un Abbé ou l'Eglife, pour exercer la Juftice, ou pour lever des droits & amendes fur les jufticiables. On dit dans ce fens, qu'*Une Juftice*, qu'*Un fief eft tenu en pariage*.

PARIETAIRE. f. f. Herbe qui croît naturellement fur les murailles, & parmi les mafures & ruines des maifons. C'eft delà qu'elle a pris fon nom, *Paries*, en Latin voulant dire, Mur, paroi. Elle a fes feuilles femblables à la Mercuriale, mais velues. Ses tiges font rougeâtres, & environnées d'une graine âpre, & qui s'attache aux habillemens, ce qui fait que les Grecs l'appellent ἑλξίνη, du verbe ἕλκω, Tirer à foi. Les Apothicaires l'appellent auffi l'*Helxine de Diofcoride*, mais cette helxine eft bien differente de celle dont parle Pline, qui eft une herbe fort rare, qui croît feulement en certains pays, ayant fa racine feuillue, d'où fort comme une pomme envelopée de fa feuille, & jettant tout au-deffus de fa cime, certaine gomme qui a fort bon goût, & que l'on appelle *Maftic Acanthique*. La Parietaire a une vertu merveilleufe pour guerir les plaies fraiches, puifqu'il ne faut que l'appliquer à demi pilée fur une bleffure, fans autre medicament. Son jus pris en breuvage au poids de trois onces eft fi efficace contre la difficulté d'urine, qu'il fait uriner prefque auffi-tôt. Il appaife auffi la douleur des dents fi on s'en lave la bouche. Galien dit que la Parietaire a une vertu abfterfive, avec une aftriction legere, jointe à une humidité un peu froide, & que quelques-uns la nomment *Perdicium*, d'autres *Parthenium*, & d'autres *Syderitis*, & *Heraclea*. Il y en a qui l'appellent *Vitriole*, à caufe qu'elle eft fort bonne à nettoyer & à dégraiffer des verres. On l'appelloit *Paritoire* dans le vieux langage.

PARISIENNE. f. f. Terme d'Imprimerie. Le plus petit caractere dont les Imprimeurs fe fervent. On l'appelle autrement *Sedanoife*.

PARISIS. f. m. Mot dont on fe fert par oppofition à *Tournois*, en parlant du prix de la Monnoïe, à caufe que celle qui fe faifoit à Paris valoit un quart davantage que celle de Tours, de forte que le fou Tournois ne vaut que douze deniers, au lieu que le fou Parifis en vaut quinze. Cent francs parifis font cent vingt-cinq livres. Quand des meubles ne font plus en nature on les eftime fur la prifée, & on y ajoûte le Parifis, qui eft le quart de la fomme à laquelle monte la prifée.

PARLEMENT. f. m. Vieux mot qui fe difoit autrefois pour Conference, pourparler. Prendre *parlement, avoir parlement*, c'étoit s'aboucher, conferer avec quelqu'un. Aujourd'hui il fignifie *Une Compagnie fuperieure de Juges qui connoiffent en dernier reffort des affaires litigieufes d'entre les Parties, & par appel des Prefidiaux & autres Juges fubalternes, & dans laquelle fe verifient & s'enregiftrent les Edits, Declarations & Ordonnances du Roi.* ACAD. FR. Il y a plufieurs Parlemens en France, & ce nom leur a été donné à caufe qu'on y parle pour foûtenir le droit des Parties. Celui de Paris eft le premier. Ce fut d'abord une Compagnie compofée de Pairs, qui étoient tous Officiers de la Couronne. L'inftitution de ces Officiers eft reçûe communement au tems de Louis le Jeune, ou felon Favin, fous Robert le Sage, qui fe voulut attirer les Grands de fon Etat par ce titre magnifique de Pairs, comme s'il les eût reconnus pour fes égaux. Le Parlement de Paris connoît privativement à tout autre des titres de Pairies, des droits & alienations du domai-

Z

ne du Roi, des Regales & de la verification des Edits. Il fut ambulant jufqu'au regne de Philippe le Bel, qui voulant remédier à l'incommodité qu'il y avoit de fuivre la Cour, ce qui engageoit les plaideurs à une grande dépenfe, le rendit fedentaire à Paris en 1301. ordonnant que pour une plus prompte expedition des procès, il tiendroit deux fois l'année, aux Octaves de Pâques & de la Touffaint, & que chaque feance feroit de deux mois. Ce Prince choifit pour y prefider deux Prelats & deux Barons, qui furent pendant quelque tems des Archevêques & des Evêques, avec des Princes ou des plus confiderables Seigneurs de la Cour, de la même forte que quand le Parlement étoit ambulant ; mais les affaires des particuliers venant dans la fuite à y être traitées, ainfi que les caufes d'appel des Juges du Roi & des autres Seigneurs, les Prelats & les Ducs & Pairs cefferent d'être affidus à y prendre féance. Il n'y avoit alors qu'une Chambre appellée *Chambre des Prelats*, à caufe que la Compagnie étoit compofée de plufieurs Ecclefiaftiques. La multiplication des procès ayant obligé nos Rois d'augmenter le nombre des Chambres, on en fit une des Enquêtes, que l'on appella *La Grand'Chambre* ou *la grand' Voute*. C'étoit ordinairement le Chancelier qui y prefidoit, & en fon abfence quelqu'un des Prelats. Quand ils ne s'y trouvoient pas, trois des plus anciens & des principaux y prefidoient, & ils furent appellés *Maîtres du Parlement*, jufqu'à ce que le Roi Philippe de Valois leur donna le nom de Prefidens. Simon de Buci fut le premier. La féance qui n'étoit fixée que pour deux Parlemens pendant deux mois, fut rendue continuelle par la quantité d'affaires qui furvenoient, & par la maladie de Charles VI. On choififfoit alors les plus capables pour remplir ces Charges ; & comme c'étoit la coûtume d'élire trois Confeillers dans le Parlement, pour en pourvoir l'un de la Charge qui étoit demeurée vacante, Charles VII. ordonna qu'on lui rapporteroit les noms des trois qui auroient été choifis, afin d'en faire lui-même le choix. Ce même Prince permit en 1454. aux Confeillers du Parlement de Paris d'avoir feance en toutes les Cours, fans que les Confeillers des autres Parlemens la puffent avoir en celui de Paris, à l'exception du Parlement de Touloufe, qui fur ce que celui de Paris refufoit de verifier l'Ordonnance qui lui accordoit le même privilege, rendit un Arrêt en 1466. par lequel il protefta qu'on ne recevroit à Touloufe les Confeillers du Parlement de Paris qu'après que cette Ordonnance y auroit été verifiée. Cependant la Grand'Chambre & la Chambre des Enquêtes ayant été établies, on en faifoit une troifiéme, qui fut appellée *Chambre de la Tournelle*, à caufe que les Confeillers que l'on prenoit de l'une & de l'autre y fervoient tour à tour pour juger les procès criminels. La venalité des Charges fut introduite fous François I. par les confeils d'Antoine du Prat Chancelier, qui pour s'affermir dans les bonnes graces du jeune Prince qui avoit befoin d'argent pour faire la guerre, lui fuggera de créer une nouvelle Chambre de vingt Confeillers, dont on fit la Tournelle au Parlement de Paris en 1515. Ce même Prince érigea *la Chambre des Vacations*, & divifa celle des Enquêtes en deux en 1519. Deux ans après il crea encore une nouvelle Chambre compofée de vingt Confeillers, qui fut *la Troifiéme des Enquêtes*, & une autre de dix-huit Confeillers & de deux Prefidens en 1543. qu'on appella pendant quelque tems *La Chambre du Domaine*, à caufe qu'on y traitoit des appellations touchant le domaine & les eaux & forêts du Royaume. Cette Cham-

bre ayant dans la fuite connu des mêmes matieres que le Parlement, fut appellée *La quatriéme des Enquêtes*. Ce même Roi érigea *la Chambre du Confeil*, en créant deux Prefidens & douze Confeillers, quatre clercs & huit laïques. Ils jugeoient & decidoient toutes les appellations verbales appointées au Confeil par la Grand'Chambre du plaidoyé. Par un Edit de Henri II. le Parlement fut declaré Semeftre. Il devoit y avoir dix-huit perfonnes, tant Prefidens que Confeillers à chaque feance, dont la premiere commença le feptiéme de Juillet 1554. & l'autre le feptiéme Janvier 1555. Ces deux Parlemens qui ne faifoient qu'un feul corps, mais divifé pour le fervice, avoient été reduits à trois Chambres, dont la premiere, fçavoir la Grand'Chambre, étoit compofée de quatre Prefidens au mortier & de trente Confeillers, tant clercs que laïques. On appelloit les deux autres Chambres, *Chambres des Enquêtes*, & à chacune il y avoit deux Prefidens & vingt Confeillers. On prenoit feize perfonnes de ces trois Chambres, pour faire celle de la Tournelle, deux Prefidens & quatorze Confeillers laïques, les Confeillers-Clercs en étant exclus fuivant la difpofition des Canons, qui ne leur permet pas de connoître des affaires criminelles. Henri II. ayant fupprimé le femeftre, & remis le Parlement de Paris en fon premier état, ordonna en 1557. par le même Edit, qu'il feroit divifé en fept Chambres, fçavoir la Grand' Chambre, celle du Confeil, une de la Tournelle & quatre des Enquêtes, & le nombre des Confeillers s'étant trouvé bien plus ample à caufe du Semeftre revoqué, Charles IX. par un Edit de l'année 1568. érigea une cinquiéme Chambre des Enquêtes, compofée de deux Prefidens & des Confeillers furnumeraires des quatre autres Chambres. Henri IV. en créa encore un autre en 1597. que l'on appella *Chambre de l'Edit*, pour vuider les procès des Religionnaires. Elle fut d'abord compofée d'un Prefident & de huit Confeillers que l'on prenoit indifferemment des autres Chambres. Louis XIV. la fupprima en 1669. Les Provinces du reffort du Parlement de Paris font l'Ifle de France, la Beauce, la Sologne, le Berri, l'Auvergne, le Lyonnois, le Forez, le Beaujollois, le Poitou, l'Angoumois, l'Anjou, le Maine, le Perche, la Picardie, la Brie, la Champagne, la Touraine, le Nivernois, le Bourbonnois & le Mâconnois.

Le Parlement de Touloufe eft le fecond Parlement de France. Le Languedoc, le Vivarais, le Velai, le Gevaudan, l'Albigeois, le Querci, Rouergue, Laurageois, le pays de Foix & une partie de la Gafcogne font de fon reffort. Ce fut Philippe le Bel qui l'inftitua en 1302. & Charles VII. le fit fedentaire en 1443.

Le Parlement de Grenoble, qui comprend tout le Dauphiné, fut établi par le même Roi Charles VII. en 1451. Il fut appellé premierement *Confeil Delphinal*.

Bordeaux eft le quatriéme Parlement. Louis XI. l'inftitua en 1462. & il a fous fa Jurifdiction le Perigord, le Limofin, le Bourdelois, les Landes, la Saintonge, le Bafadois, la haute Gafcogne, une partie de la Bifcaye & le Medoc.

Le Parlement de Dijon fut inftitué pour la Bourgogne par Louis XI. en 1476. Son Fils Charles VIII. le rendit fedentaire en 1494.

Il y eut une Cour fouveraine de Normandie à Rouen, que Philippe le Bel regla en 1302. fous le nom d'*Efchiquier*. Louis XII. la rendit perpetuelle en 1499. & François I. lui donna le nom de Parlement en 1515.

Louis XII. établit à Aix le Parlement de Provence ; ce qu'il fit en 1581.

Henri II. inftitua le Parlement de Bretagne à Rennes en 1555. Ce Parlement eft femeftre.

Le Parlement de Pau fut établi en 1519. par Henri II. Roi de Navarre, Prince de Bearn. Il comprend les Evêchés de l'Efcar & d'Oleron. Louis XIII. le rétablit en 1621.

Ce fut auffi le Roi Louis XIII. qui en 1633. inftitua le Parlement de Mets. Il comprend le pays Meffin, Mets, Toul & Verdun.

Louis le Grand rétablit en 1674. le Parlement de la Franche-Comté à Dole. Il eft prefentement à Befançon.

On appelle *Parlement* en Angleterre, Une Affemblée generale aux Etats, qui comprend la Chambre haute & la Chambre des Communes. Ces deux Chambres font compofées du Clergé, de la Nobleffe & de la Commanauté ou Communes, qui font les trois ordres du Royaume. La Nobleffe, qui eft appellée la Pairie d'Angleterre, fait la Chambre haute, & il y en a de cinq degrés, de Ducs, de Marquis, de Comtes, de Vicomtes & de Barons. Les Evêques, en qualité de Barons & de Paits du Royaume, peuvent fe trouver au Parlement, & ils y ont feance dans la Chambre haute, qui a le Roi pour Chef, ou ceux qui y prefident de fa part. La Chambre des Communes, autrement la Chambre Baffe, eft compofée de Baronnets, de Chevaliers, d'Ecuyers, de Gentilshommes, d'Yemans ou Communs, Bourgeois & gens de métier. Les propofitions qui ont été faites dans la Chambre baffe, doivent être portées dans l'autre, & l'on n'y peut rien conclure que le Roi ne le permette. Il y a une autre Chambre de fix Confeillers & d'un Prefident, & on les tire des deux autres Chambres. Ils connoiffent des affaires qui font longues & difficiles, & on en juge dans l'Affemblée, après qu'ils en ont fait leur rapport. Ce font eux auffi qui terminent les differends qu'on voit arriver quelquefois entre les deux Chambres.

PARLIER. f. m. On appelloit ainfi autrefois un Procureur.

PARMESAN. f. m. Sorte de fromage qui vient de Parme en Italie, & qu'on apporte en gros pains comme ceux de cire. Il eft fec & pique la langue.

PARNAGE. f. m. Droit feigneurial qu'on a fur un proprietaire d'une forêt pour la glandée ou paiffon des porcs & autre bétail.

PARODIE. f. f. Sorte de Poëme où pour fe moquer de quelque perfonne, on tourne avec efprit & en un fens railleur les vers ferieux d'un Poëte celebre. Ce mot eft Grec *παρωδία*, de *παρὰ*, & de *ὀδη*, Chant. Quelques-uns difent *Parodier*, pour, Faire des parodies.

PAROEMIE. f. f. Mot dont on fe fert quelquefois, pour dire, Un proverbe qui eft dans la bouche de tout le monde. Dans S. Jean l'Evangelifte, Parœmie eft pris, pour ce que Parabole fignifie chés les autres. La Parœmie differe pourtant de la Parabole, en ce qu'elle eft une allegorie moins, au lieu que la parabole eft plus étendue. Ce mot eft Grec *παρωμία*. Il y en a qui le font venir de *ὄιμος*, Parole.

PAROIR. f. m. Inftrument que l'on appelle autrement *Boutoir.* C'eft avec quoi les Maréchaux parent le pié d'un cheval.

PAROLE. f. f. Articulation que le fon qui eft produit par l'air en paffant par la trachée artere, reçoit de la langue & de la gorge. La perte de la parole arrive, lorfque le fon & la voix ayant été formés par le larynx, la langue perd fon mouvement, & ne peut fuffifamment former la voix. Ce-

Tome II,

la eft ordinaire aux apoplectiques & aux paralytiques.

PAROLER. v. n. Vieux mot. Parler.

Pallas fe taift, Venus parolt.
Je fuis celle qui tieng école.

PARONS. f. m. p. On appelle ainfi en Fauconnerie les peres & les meres de tous les oifeaux de proie.

PARONYCHIA. f. f. Petite herbe qui produit quantité de branches, & qui croît parmi les pierres. Elle eft femblable au peplus, mais non pas fi longue, & encore qu'elle ait fes feuilles plus grandes. Ces feuilles reffemblent fi fort à celles de la Rue, que plufieurs appellent *la Paronychia,* Rue parietaire. Elle eft propre à faire uriner & à faire fortir la gravelle hors des reins, ce qui la fait mettre par quelques-uns entre les efpeces de Saxifraga. Elle a pris fon nom de fes operations ; à ce que dit Galien, puifque, felon Diofcoride, elle guerit les apoftumes des ongles, & même celles qui viennent en plufieurs endroits, & jettent du pus femblable à du miel ; d'où vient qu'on a auffi donné le nom de *παρωνυχία* à cette forte d'abfcès, de *παρὰ*, Auprès, & de *ὄνυξ*, Ongle.

Matthiole parle d'une autre Paronychia, que quelques-uns prennent pour la veritable Paronychia de Diofcoride, ce qu'ils n'ofent affurer. Elle a fes feuilles plus longues que le Peplus, beaucoup de petites fleurs qui fe tiennent l'une à l'autre en maniere de raifins, & qui font de couleur blanche. Il dit qu'il n'a lû dans aucun Auteur que la Paronychia portât des fleurs, & qu'il ne fçait fi celle-ci provient dans les pierres.

PAROTIDE. f. f. Terme de Medecine. Glande qui vient aux côtés de l'oreille pour la décharge du cerveau. En Grec *παρωτίς,* de *παρὰ,* Auprès, & *ὦς,* Oreille.

PAROXYSME. f. m. Terme de Medecine, dont on fe fert en parlant d'une maladie, qui reprend ou qui fe rengrege. Il fignifie auffi un accès de fievre qui redouble avec violence. Ce mot eft Grec *παροξυσμός,* de *παρὰ,* Beaucoup, & de *ὀξύς,* Aigu.

PAROY. f. m. Vieux mot. Muraille. Il fe dit en termes de Medecine, des clôtures & membranes qui ferment les parties creufes du corps, & fur-tout du ftorax, de la matrice. *Paroi,* eft auffi un terme des Eaux & Forêts, & fe dit de plufieurs arbres, marqués feulement du marteau de l'Arpenteur entre des piés-corniers, & qui féparent les bois de divers Proprietaires, ou les differentes coupes de bois.

PARPAILLOTS. f. m. Nom injurieux, qui a été donné à ceux de la Religion prétendue reformée. On croit qu'on les appella ainfi, à caufe qu'au fiege de Clerac ils firent une fortie couverts de chemifes blanches en un tems où il y avoit en l'air quantité de Papillons, que les Gafcons nomment *Parpaillots.* D'autres veulent qu'ils ayent eu ce nom, de ce qu'au commencement des troubles que la Religion excita, ils fe jettoient dans le péril, de même que les Papillons vont autour de la chandelle, & s'y brûlent.

PARPAING. adj. Terme de Maçonnerie. On appelle *Pierre parpaigne,* Une pierre de taille qui tient toute l'épaiffeur d'un mur, en forte qu'elle ait un parement en dedans & un autre en dehors ; & l'on dit *Faire parpaing,* pour dire, Faire face des deux côtés. Ce que l'on appelle *Parpains d'appui,* font les pierres à deux paremens qui font entre les aleges, & qui forment l'appui d'une croifée, fur-tout quand elle eft vuide dans l'embrafure.

PARQUET. f. m. Affemblage de Menuiferie de trois

Z ij

piés & un pouce en quarré, qui eſt compoſé d'un chaſſis & de pluſieurs traverſes croiſées quarrément ou diagonalement, & qu'on poſe dans les chambres, cabinets & ſalles pour y ſervir de pavé ou de carreau. Il eſt entretenu par des friſes, & arreſté ſur des lambourdes avec des clous à tête perduë.

Parquet, en termes de Palais, ſignifie l'eſpace qui dans une Salle où l'on rend la Juſtice, eſt renfermé par la barre d'audience. Il ſe dit auſſi du lieu où les gens du Roi d'une Compagnie, ou ſuperieure ou ſubalterne, tiennent leur ſeance.

Parquet. Terme de Mer. On appelle ainſi dans un Navire, Un retranchement ſur le pont, que l'on fait d'un bout de cable ou d'une autre groſſe corde. C'eſt où l'on met des boulets de canon, pour s'en ſervir quand il y a occaſion de le faire.

PARQUOI. Conjonction, qui autrefois ſignifioit, Donc.

PARROISSE. ſ. f. On diſoit autrefois *Manches de deux Parroiſſes*, pour dire, Moitié de Velours & moitié d'oſtade, & on appelloit *Pourpoint de trois parroiſſes*, Celui dont le corps eſtoit de demi-oſtade, le haut des manches de cuir, & le bas de velours.

PARS. adj. Vieux mot. Pers, de couleur perſe.

> *Puis venoit une haquenée*
> *Couverte de beau cramoiſy,*
> *Toute de fleurs de lis ſemée*
> *Sur un beau velours pars choiſy.*

PARTAGE. ſ. m. *Diviſion de quelque choſe entre pluſieurs perſonnes.* ACAD. FR. *Partage*, en termes d'Hydraulique, ſe dit du plus haut point qui ſe trouve d'où l'on puiſſe faire écouler les eaux d'un côté ou d'autre, & on appelle *Baſſin de partage*, dans un canal qui eſt fait par artifice, l'endroit où eſt le ſommet du niveau de pente, & où les eaux ſe joignent pour la continuité du canal. *Point de partage*, ſe dit du repere où cette jonction ſe fait.

PARTAGER. v. a. *Diviſer en pluſieurs parts.* ACAD. FR. On dit en termes de Marine, *Partager le vent*, pour dire, Prendre le vent en faiſant pluſieurs bordées, tantôt d'un côté & tantôt de l'autre.

PARTANCE. ſ. f. Terme de Marine. Depart du Vaiſſeau. On dit, *Etre de partance*, pour dire, Etre en état de partir, & on appelle, *Coup de partance*, Un coup de canon ſans bale qu'on tire, quand on eſt prêt de mettre à la voile. On appelle auſſi *Banniere de partance*, Le pavillon qu'on met à la pouppe, pour avertir l'équipage qui eſt à terre, qu'il ait à venir à bord. On dit encore *Partement*.

PARTANT. adv. Vieux mot. Par conſequent pour cette cauſe, comme au premier livre d'Amadis, *Et elle laiſſa tomber ſes gants, qui eſtoit le ſignal d'eux deux, par lequel il cognut ſon conſentement, & partant répondit à la Royne.* On a dit auſſi *Partant que*, pour dire, Pourvû que, *J'y ferai mon devoir, partant que ne me demanderez choſe où mon honneur puiſſe amoindrir.*

PARTERRE. ſ. m. Terme de Jardinier. La partie decouverte d'un Jardin au devant d'une maiſon, où ſont les planches & les carreaux. Pluſieurs font venir ce mot de *Partiri*, Diviſer.

On appelle *Parterre de pieces coupées*, Celui qui eſt par compartimens de figures regulieres ſeparées des ſentiers, & où l'on met des fleurs ; *Parterre de broderie*, Celui qui eſt compoſé de rainceaux de fleurons, & autres figures formées par des traits de bouis nain, avec des platebandes qui l'entourent ; *Parterre de gazon*, Celui qui eſt fait de pieces de gazon en compartimens quarrés, & avec enroulemens, & *Parterre à l'Angloiſe*, Un parterre qui eſt d'une broderie mêlée de platebandes & d'enroulemens de gazon.

Parterre d'eau, ſe dit d'un compartiment formé par un ou deux grands baſſins, ou par pluſieurs baſſins, de differentes figures avec des jets & des bouillons d'eau.

On dit auſſi *Parterre*, en parlant du lieu où l'on repreſente l'Opera ou la Comedie, C'eſt l'eſpace qui eſt entre le Theatre & l'Amphitheatre, & où les ſpectateurs ſont debout.

PARTI, IE. adj. Terme de Blaſon. Il ſe dit de l'écu & des animaux, & autres pieces qui ſont diviſées perpendiculairement en deux parties égales, & du chef des aigles à deux têtes. *D'or à l'aigle de ſable au chef parti.*

PARTIE. ſ. f. *Portion d'un tout, portion d'un corps phyſique, moral, ou politique.* ACAD. FR. Les Medecins diviſent le corps humain en parties contenantes ou ſolides, qui à l'égard de la matiere prochaine qui les compoſe ſont ou ſimilaires & d'une même nature, ou diſſimilaires compoſées de parties de diverſe nature, & en parties contenuës, qui ſont principalement le chyle ou lait & le ſang, liqueurs premieres, dont ainſi que du ſuc nourricier des vegetaux, toutes les parties ſolides ou contenantes ſont compoſées.

Parties, en Muſique, ſe dit des accords que font diverſes perſonnes qui chantent enſemble. Il y a quatre Parties principales, qui ſont le Deſſus, la Baſſe, la Taille & la Hautecontre. Les Orgues qui s'étendent juſqu'à huit Octaves, peuvent avoir juſques à vingt-cinq parties. On dit *Chanter en partie*, *tenir ſa partie*, pour dire, Chanter dans un concert ſur des tons qui ſont aſſignés à une certaine partie.

Partie. Terme de Finance. Somme d'argent. On dit en ce ſens, *L'on a rayé une partie*, pour dire, Un article de compte. *Tenir une partie en ſouffrance.* C'eſt donner un tems de ſix mois, pendant lequel la quitance en doit être rapportée.

PARTIR. v. n. *Se mettre en chemin, commencer un voyage.* ACAD. FR. On dit en termes de Manege, *Faire partir un Cheval*, pour dire, Le pouſſer de viteſſe, & pour le faire de bonne grace, celui qui le monte doit baiſſer la bride de trois doigts, & appuyer délicatement les talons, ou ſeulement le gras des jambes.

PARTIR. ſ. m. On appelle *Le partir d'un cheval*, Son mouvement & ſon action, quand on le chaſſe en avant de viteſſe, & on dit, qu'*Un Cheval a un beau partir de main*, pour dire, qu'il part ſur une ligne droite ſans qu'il s'en écarte ou ſe traverſe depuis ſon partir de main juſqu'à ſon arrêt.

PARTITION. ſ. f. Terme d'Arithmetique. Operation par laquelle on diviſe un nombre par un autre plus petit, comme ſi on diviſe 12. par 3. & alors le quotien ſera 4.

On dit auſſi *Partition*, en termes de Muſique. C'eſt quand toutes les parties d'une compoſition ſont écrites les unes ſur les autres meſure contre meſure. On dit auſſi dans le Blaſon, *Partition de l'écu*, en parlant de la diviſion de l'écu. Ce mot vient de *Partiri*, Diviſer.

PARULIS. ſ. m. Terme de Medecine. Il ſe dit d'une inflammation de gencives que les Medecins mettent au rang des phlegmons, & qui quelquefois vient à ſuppuration. Ce mot eſt Grec παρυλὶς, de παρὰ, Proche, & de ἴλον, Gencive.

PARURE. f. f. Ce qu'on retranche en parant ou en preparant des cuirs & autres chofes de même nature. Les Relieurs appellent auffi *Parures*, tout ce qu'ils coupent d'une peau avec le couteau à parer, après que les couvertures font taillées.

PAS

PAS. f. m. Sorte de mesure qui fe prend de l'espace qui eft entre les deux piés d'un animal quand il marche. Le pas commun eft de deux piés de Roi, & le pas geometrique, de cinq. Le mille d'Italie eft de mille pas geometriques, la lieue de France, de trois mille pas, & la lieue d'Allemagne, de quatre mille.

On appelle *Pas de balet*, Un pas figuré qui fe fait dans les balets. Il y a auffi des pas appellés *Pas de courante*, *de bourrée*, *de menuet*, *de gavotte*, *de branle*, *de canarie*, *de bocanne*, &c. On dit dans la danse *Pas droit*, pour dire, Un pas fimple qui fe fait en ligne droite, & *Pas grave*, ou *Pas ouvert*, quand en marchant, un piés'écarte de l'autre, & décrit un demi-cercle.

Pas, fe dit de l'allure la moins élevée & la moins vîte d'un Cheval. C'eft un mouvement qu'il fait en levant toûjours à la fois les deux jambes, qui font fituées en croix de faint André, l'une devant & l'autre derriere, en forte que les deux jambes font en l'air, dans le tems que les deux autres, qui font auffi oppofés diametralement, demeurent à terre. On appelle *Un Pas & un faut*, Le manege par haut d'un cheval. Cette forte de manege fe fait lorfqu'entre deux fauts ou caprioles le cheval marque une courbette qu'on appelle *Un pas* dans cette rencontre, en forte qu'il leve le devant à chaque faut, & les hanches fuivent, ruant à la fin de chaque faut. *Deux pas & un faut*, eft un autre manege, compofé de deux courbettes que termine un faut.

Pas, Terme de Tifferand. Paffage du fil dans la lame. On dit dans ce fens, *Etre hors de pas*, pour dire, Prendre un fil pour l'autre.

Pas, fe dit d'une marche, d'un degré; & on appelle *Pas de porte*, La pierre qu'on met au bas d'une porte. Elle differe du feuil, en ce qu'elle avance au delà du nud du mur en forme de marche.

Pas, fe dit par extension d'un paffage étroit & fortifié, comme, *Le Pas de Suse*, *le Pas des Thermophyles*; & fur la mer il fignifie un Détroit entre des terres, comme celui qui eft entre Calais & Douvre, & qu'on appelle *Le Pas de Calais*.

On a dit autrefois *Pas*, ou *Pas d'armes*, pour dire, Les combats particuliers qu'un Chevalier ou plufieurs enfemble entreprenoient dans une Fête publique. Ils choififfoient un lieu qu'ils gardoient contre tous venans & ce lieu étoit comme un pas ou paffage qu'on ne pouvoit traverfer fans les combattre. On lit dans Jean le Maire, *Antenor, pour entamer le pas, fe prefenta fur les rangs, & après qu'il fe fut acquité vers les Dames, & que le Herault eut épilogué fes tiltres & fes blafons, fift fon debvoir & accomplit fes venues contre Hector*. Les Lettres de défi qui furent diftribuées pour le Tournoi où le Roi Henri II. fut bleffé à mort d'un coup de lance, portoient que le Pas étoit ouvert par Sa Majefté Très-Chrétienne & par les Princes de Ferrare, Alfonfe d'Eft, François de Lorraine, Duc de Guife, & Jacques de Savoye, Duc de Nemours, tous Chevaliers de l'Ordre, pour être tenu contre tous venans dûement qualifiez. Le combat que François, Duc de Valois, entreprit en 1514. dans la ruë faint Antoine avec neuf autres Chevaliers pour la fête qui

fe fit quand le Roi Louis XII. époufa Marie d'Angleterre, Sœur de Henri VIII. fut appellé *Le Pas de l'Arc Triomphal*. Nicod dit qu'il eft écrit au Tableau qui eft au Château d'Ecouan, du Tournoi fait à Paris par le Roi Henri II. *La bande du Roi venue fur les rangs pour ouvrir le Pas ce Dimanche 24. de Juin, pour les fix courfes de la premiere emprinfe*.

On appelle, en termes de Fortification, *Pas de fouris*, Un chemin ayant trois piés de largeur au pié du rempart, entre le rempart & le foffé. On l'appelle autrement *Retraite*, *Lifiere* & *Berme*.

On appelle en termes de Marine, *Pas de haubans*, Certaines cordes qui traverfent les haubans en maniere d'échelons.

Pas. Terme de Charpenterie. Efpeces d'embrenemens taillés dans la fabliere ou plateforme, efpacés d'un pié l'un de l'autre, pour avoir quatre chevrons à la latte.

On appelle *Pas de vis*, la diftance qu'il y a entre les filets ou arrêtes d'une vis. Il fe dit auffi d'une partie de la ligne fpirale d'une vis, qui fait la circonference de fon cylindre. Ainfi on appelle *Pas* chaque tour entier que fait cette vis.

Les Artifans difent qu'*Ils ont des outils de toutes fortes de pas*, pour dire, De toutes fortes de grandeurs.

Pas d'âne. f. m. Petite plante qui croît dans les lieux aquatiques, & dont les feuilles font un peu plus grandes que celles de lierre. Elle en jette fix ou fept dès fa racine, qui font blanches par deffous & vertes par deffus, & comparties en plufieurs angles. Sa tige eft de la hauteur d'un palme; & fa fleur eft jaune. Cette fleur fort au Printems, & fe perd foudain fur fa tige; ce qui a fait dire à plufieurs, & entre autres à Pline, que cette plante ne produit ni tige ni fleur. Elle jette l'une & l'autre avant fes feuilles, & cela eft caufe que quelques-uns l'appellent *Filius ante patrem*. Les anciens Romains lui donnoient le nom de *Farfaria*. Les Latins l'appellent *Ungula caballina* ou *Tuffilago*. Les Modernes ont inventé le fyrop de Tuffilage, qui eft bon pour ceux qui ont la poitrine foible, à caufe qu'on ne peut pas recouvrer par tout ni toujours les feuilles de cette herbe, outre que la feche n'a pas autant de vertu que celle qui eft recente. Elle a une acrimonie moyenne, de forte que, felon Galien, elle peut rompre fans danger toutes apoftumes qui feroient dans la poitrine. Ses feuilles broyées avec du miel, étant appliquées, font bonnes pour les erefipelles & autres inflammations. Elles ont auffi la faculté d'incifer & de nettoyer les gros phlegme de la poitrine, & par ce moyen elles guerifent la toux; ce qui l'a fait appeller par les Grecs βήχιον, βήξ, Toux.

Pas d'âne. Garde d'épée qui couvre la main. Il fe dit auffi d'une efpece de mors que l'on fait exprès pour les chevaux qui ont la bouche forte, & d'une forte d'anneau avec une queue, dont on fe fert fur les Navires.

PASME', E'E. adj. Qui eft en défaillance. *Pâmé*, en termes de Blafon, fe dit du dauphin fans langue, la hure ouverte, & de l'aigle fans yeux, qui a le bec fi crochu, qu'elle ne peut plus rien prendre pour fe nourrir. *D'or au dauphin pâmé d'azur*.

PASQUE. f. f. Fête folennelle que les Juifs celebroient tous les ans le quatorziéme de la Lune de Mars, en memoire de leur délivrance de la captivité d'Egypte, & dans laquelle ils mangeoient l'Agneau, que l'on appelloit l'*Agneau Pafchal*. Ils la celebrent encore aujourd'hui pendant une femaine. Au lieu de l'ancienne ceremonie de manger l'A-

Z iij

gneau avec du pain fans levain & des racines ameres , ils ont dans un plat quelque morceau d'agneau
ou de cabri tout préparé avec des azymes & des
herbes ameres , telles que le celeri , la chicorée ou
les laitues , & un petit vaiſſeau où il y a de la
ſauſſe.

Pâque , parmi les Chrétiens , eſt la Fête qu'ils
celebrent le premier Dimanche qui ſuit le quatorziéme de la Lune , après l'Equinoxe du Printems ,
en memoire de la reſurrection du Sauveur du monde. Autrefois on appelloit *Pâque* , dans l'Egliſe ,
toutes les Fêtes ſolemnelles. Celle de la reſurrection étoit appellée *La grande Pâque* , & on diſoit
La Pâque de la Nativité , pour dire , Le Jour de
Noël. On diſoit auſſi , *La Pâque de l'Epiphanie* , *de*
l'Aſcenſion , *de la Pentecôte.* Quelques anciens Peres font venir le mot de *Pâque* , du Grec πάσχω ,
Souffrir , mais il vient de l'Hebreu *Peſach* , Paſſage ; ce qui s'entend du paſſage de la Mer Rouge &
du paſſage de l'Ange exterminateur , qui voyant
du ſang ſur les portes des Iſraëlites , paſſa ſans
leur rien faire , & tua tous les premiers nés des
Egyptiens.

PASQUERETTE. ſ. f. Petite fleur blanche qui reſſemble à une marguerite , & que l'on appelle ainſi , à cauſe qu'elle vient au Printems vers le tems
de Pâques.

PASQUIN. ſ. m. Satire courte ou repreſentation
ſatirique , ainſi nommée à cauſe d'une vieille ſtatue
mutilée qui eſt dans une des Places de Rome , &
que les Italiens appellent *Paſquino*. Ceux qui ſont
mal ſatisfaits du Gouvernement & des perſonnes
d'autorité , vont attacher des vers ou quelque raillerie à cette ſtatue , qu'on a appellé *Paſquin* , d'un
homme de ce nom fameux Cordonnier de Rome ,
qui ſe plaiſoit à donner des brocards à tous ceux qui
paſſoient devant ſa boutique. Après ſa mort , en
fouillant dans le pavé devant ſa maiſon , on trouva
dans la terre la ſtatue d'un ancien Gladiateur. Comme elle étoit aſſés bien faite , quoique mutilée , on
la dreſſa à l'endroit où elle avoit été trouvée , à l'en-
coignûre du logis de Maître Paſquin , dont on lui
donna le nom.

PASSACAILLE. ſ. f. Eſpece de chaconne qui doit
toûjours avoir une cadence ou un repos à la quatriéme meſure , & commence ſur un ſecond tems
de la premiere meſure. On doit auſſi toûjours la
compoſer ſur un mode qui ait la tierce mineure , &
on la bat un peu plus lentement que la Chaconne.
C'eſt ce qui en fait preſque toute la difference. Ce
mot vient de l'Eſpagnol *Paſſar* , Paſſer , & de *Calle* ,
Rue , à cauſe que les Eſpagnols ont accoûtumé de
jouer de ces ſortes d'airs ſur des guitarres en ſe promenant la nuit dans les rues.

PASSADE. ſ. f. Terme de Manege. Chemin que
fait le cheval plus d'une fois ſur une même longueur de terrain , paſſant & repaſſant depuis un des
bouts de cette étendue juſqu'à l'autre , & faiſant un
demi-tour à chacune des extrémités de ce terrain.
On appelle *Paſſade de cinq tems* , Un demi-tour
qui ſe fait au bout d'une ligne droite , une hanche
en dedans , ou au troiſiéme tems de galop ſur les hanches. Il faut au cinquiéme tems que le cheval ait
fermé la demi-volte & qu'il ſoit ſur la ligne de la
paſſade droit & prêt à repartir. *La Paſſade d'un*
tems , ou *Paſſade en pirouette* ou *demi-pirouette d'un*
tems , eſt un tour que fait le cheval d'un ſeul tems
tant de ſes hanches que de ſes épaules. Il y a auſſi
des *Paſſades furieuſes* ou *A la Françoiſe* , & d'autres qu'on appelle *Relevées*. Il y a peu de chevaux qui ſoient capables des premieres , dont on
ſe ſert dans un combat ſingulier. Ce ſont celles

qui ſe font par une demi-volte en trois tems , en
marquant un dem-arrêt. Les *Paſſades relevées* ,
ſont celles dont les demii-voltes ſe font à courbettes.

PASSAGE. ſ. m. Action de paſſer. On appelle *Paſ-*
ſage , en termes d'Architecture , Un petit lieu qui
ſert à dégager une chambre d'avec une autre.

Paſſage , eſt auſſi un droit de paſſer ſur l'heritage d'autrui , & on l'appelle *Paſſage de ſervitude*.
Il s'acquiert par convention ou par preſcription.
Il y a un *Paſſage de ſouffrance*. C'eſt celui qu'on eſt
obligé de ſouffrir par ſa maiſon en vertu d'un titre.

Paſſage. Terme de Muſique. Il ſe dit des intervalles ou conſonantes qui forment une bonne harmonie quand elles ſont diſpoſées agreablement.

On appelle dans l'Ordre de Malte *Paſſage* , Le
droit de reception d'un Chevalier. Le paſſage de
celui qui eſt reçu Chevalier d'âge ou Page du
Grand Maître , eſt de deux cens cinquante écus
d'or pour le treſor de l'Ordre & de douze écus
blancs pour le droit de la langue ; & celui d'un
Chevalier reçû de minorité , eſt de mille écus d'or
pour le treſor , & de cinquante écus d'or pour
la langue. Le Paſſage des Chapelains eſt de cent
écus d'or avec douze écus d'or pour la langue ;
& celui des Servans d'armes eſt de deux cens
écus d'or pour le treſor & de douze écus blancs ,
pour la langue.

PASSANT, ANTE. adj. Terme de Blaſon. Il ſe dit
des animaux qui ſemblent marcher. *De gueules à*
deux lyons paſſans , l'un ſur l'autre.

PASSAVANT. ſ. m. Billet que les Commis des re-
cettes aux Bureaux des douannes on des entrées
donnent aux Marchands & aux Voituriers portant
permiſſion de paſſer outre , ſoit qu'ils ayent payé
les droits , ou qu'ils les doivent payer dans un autre Bureau , ſoit qu'ils ſoient exempts de rien payer ,
parce que ce n'eſt qu'un ſimple paſſage ſans aucun
commerce.

PASSE. ſ. f. Terme d'Eſcrime. Action qui conſiſte à
ſauter au corps de ſon ennemi pour en tirer avantage. Il y a des *Paſſes volontaires* & des *Paſſes ne-*
ceſſaires. Les premieres ſe commencent au pié gauche hors de la meſure du pié ferme , quand on ne
ſçauroit atteindre ſon ennemi. Les autres ſe font
après avoir pouſſé du pié ferme , quand on tâche
de ſe ſaiſir de la garde de ſon épée , faute d'avoir
le tems de ſe retirer , tant on s'en trouve preſſé. Il
y a des Paſſes de pluſieurs ſortes , en prenant le
tems en dedans , en deſſus ou en deſſous , en quar-
tant à droit , ou en paſſant à gauche , ou en partant du corps. *La meſure de la paſſe* , c'eſt quand
les deux foibles de l'épée ſe peuvent entretou-
cher.

Paſſe. Terme de Marine. Canal , largeur de mer
entre deux terres ou entre deux bancs , par où l'on
paſſe les Vaiſſeaux pour entrer dans un port ou dans
une riviere.

PASSE'E. ſ. f. Paſſage par un lieu. Il ſe dit particulierement de celui des gens de guerre.

Paſſée , en terme de Chaſſe , ſe dit de la trace du
pié d'une bête , comme , *La paſſée d'un cerf*. On
dit *Prendre des becaſſes à la paſſée* , pour dire , Les
prendre avec une ſorte de filet qu'on tend , & dans
lequel elles viennent donner entre chien & loup.

PASSEFLEUR. ſ. f. Plante dont Dioſcoride dit qu'il
y a deux eſpeces , l'une ſauvage & l'autre
qu'on ſeme dans les Jardins. De cette derniere , il
y en a qui portent leurs fleurs rouges obſcures , les
autres blanches comme lait , & d'autres incarnates
ou purpurines. Elles ont leurs feuilles ſemblables à
celles du coriandre , mais plus déchiquetées , plus

menues, & qui panchent contre terre. Leurs tiges font velues & deliées, & produifent des fleurs qui font comme celles du pavot. Au milieu de ces fleurs il y a de petites têtes noires ou perfes. Leur racine eft de la groffeur d'une olive, & quelquefois plus, & environnée de certaines caloſités en forme de nœuds. La Paffefleur fauvage eft plus grande, & a fes feuilles & plus larges & plus dures. Ses têtes font plus longues, & fes fleurs rouges gareneées. Ses racines font chevelues & ont plufieurs filamens. Toutes les deux efpeces ont une fort grande acrimonie, & celles qui ont les feuilles plus noires, font les plus mordantes. Leur jus tiré par le nez purge le cerveau, & leur racine mâchée attire les phlegmes. Cuite en vin cuit & enduite, elle fert aux inflammations des yeux, & aide à la foibleffe de la vûe. Matthiole en met de cinq efpeces, & n'eft point du fentiment de ceux qui difent que la Paffefleur & le pavot fauvage foient la même plante. On l'appelle auffi *Anemone* ou *Herbe du vent*, du Grec *ἄνεμος*, Vent, à caufe que fa fleur s'ouvre feulement dans le tems que le vent foufle.

PASSEGE. f. m. Sorte de Manege qu'on fait faire à un cheval *Le Paffege par le droit*, eft fort ufité en Italie, & en Allemagne, & fort peu en France. Les chevaux qui ont de l'ardeur n'y font pas propres, mais feulement ceux qui ont beaucoup de mouvement, & cette maniere de paffege demande tant d'art, qu'il y en a peu qui reüffiffent. Il fe fait en conduifant un cheval par le droit au pas & au trot, & on lui apprend à lever deux jambes enfemble en croix de faint André, l'une de devant, & l'autre de derriere. Enfuite mettant à terre ces deux jambes qu'il avoit levées, il releve alternativement les deux autres enfemble, & les tient long-tems en l'air, mais de telle forte qu'à chaque tems il ne gagne pas un pié de terrain en avant.

PASSEGER. v. a. Terme de Manege. On dit *Paffeger un cheval*, pour dire; Le mettre au pas, au trot, fur deux piftes, entre deux rennes. On le fait marcher de côté, il faut que fes hanches tracent un chemin parallele à celui que tracent fes épaules. On le paffege fur deux lignes droites fur une haye ou d'une muraille, ou bien de fa longueur fur les voltes. Dans cette derniere maniere on le fait marcher de côté dans un rond autour d'un centre, & il faut qu'il regarde dans la volte, & que la moitié de fes épaules marche avant la croupe. Ce mot vient de l'Italien *Paffeggiare*, Promener. On dit auffi *Paffager*.

PASSEMEZE. f. m. Sorte de danfe fur un chant à l'Italienne, qui fervoit autrefois d'entrée aux baffes danfes. Elle confiftoit à faire quelques tours par la falle, & à la traverfer. Ce mot eft Italien *Paffamezzo*, comme qui diroit, *Paffe par le milieu*.

PASSEMUR. f. m. Nom qu'on a donné a une coulevrine extraordinaire ; qui a quarante calibres de long, & qui tire feize livres de balle.

PASSEPAROLE. f. m. Terme dont on fe fert pour fignifier un commandement qu'on donne à la tête d'une armée, & qu'on fait paffer de bouche en bouche, afin qu'il foit connu à la queue.

PASSE-PARTOUT. f. m. Sorte de Serrure où ordinairement il y a deux clefs & deux entrées. Il faut pour cela que la clef foit grande & befnarde, pour y pouvoir mettre plufieurs gardes, quand on veut qu'elle ouvre plufieurs portes par dehors & par dedans.

Paffe-partout, eft auffi une petite clef, prefque toûjours en forme de loquet, qui fert à ouvrir plufieurs ferrures d'un même logis. Il fe dit encore des clefs de la premiere porte d'une maifon que les pro-

prietaires donnent à leurs locataires ou aux domeftiques, afin qu'ils puiffent entrer fans qu'on vienne leur ouvrir la porte.

Paffe-partout. Scie dont on fe fert à fcier de gros arbres dans les forêts. Ces fortes de fcies n'ont qu'un manche à chaque bout de la feuille, comme celles qu'on employe à fcier la pierre tendre. La difference eft que les dents des fcies de pierre ne font pas détournées, & que les dents du paffe-partout font détournées de part & d'autre avec un Tourne à gauche.

PASSE-PIEDS. f. m. Sorte de danfe qui eft mife au rang des branles. Elle eft en ufage en Bretagne, & eft d'un mouvement fort vîte.

PASSE-POIL. f. m. Petite bande de fatin, ou taffetas de couleur, qu'on met fur les coûtures d'un habit, & qu'on laiffe avancer un peu en dehors pour le relever.

PASSE-POMME. f. f. Efpece de pomme affés groffe qui a la chair tendre, & le goût aigret & agreable. Il y a des paffe-pommes rouges, & des Paffe-pommes blanches. C'eft un fruit precoce.

PASSE'. e's. adj. On dit en termes de Blafon, *Paffé en fautoir*, en parlant de ce qui eft mis en forme de croix de faint André. *D'azur à deux épées paffées en fautoir d'argent, les pointes en bas, ou en haut, les gardes & les poignées d'or.*

PASSER. v. a. *Aller d'un lieu, d'un endroit ; un autre en traverfant un milieu.* ACAD. FR. On dit en termes de Marine, *Paffer au vent d'un Vaiffeau*, lorfqu'un Vaiffeau eft porté fur un autre par le vent.

Les deffinateurs difent, *Paffer un deffein à l'encre*, pour dire, en tracer les lignes fur le trait ou crayon.

On dit en termes de guerre, *Paffer un homme à un Officier*, pour dire; Lui donner la folde pour un de fes valets, comme fi c'étoit un homme effectif. Il fe dit auffi des places qu'on lui paye, quoiqu'elles ne foient pas remplies.

PASSERAGE. f. f. Plante dont les feuilles font femblables au Nafitort, mais plus vertes au Printems. Sa tige eft haute environ d'une coudée. Elle croît aux lieux non cultivés, & jette une fleur blanche en été. C'eft dans ce tems-là qu'elle eft dans fa plus grande vertu. Sa racine eft double, chaude & brûlante, & reffemble auffi à celle de Nafitort. Diofcoride dit qu'on met ces racines en forme d'emplâtre fur les fciatiques avec de l'oingt falé pendant quatre heures, & qu'enfuite on fait entrer le malade au bain, après quoi on frotte la partie où eft le mal, avec de la laine abbreuvée d'huile. Cette plante s'appelle auffi *Lepidium*.

PASSEREAU. f. m. Petit oifeau que l'on appelle autrement *Moineau*, & dont la femelle s'appelle *Paffe*. Il eft extrêmement chaud, ce qui a fait écrire à un auteur Italien. *Il mafchio del paffero monta le femine ettanta fei volte fenza arreſtarſi.* Ce mot vient du Latin *Paffer*.

PASSE-ROSE. f.f. Plante dont la tige eft haute d'une coudée, & qui a fes fleurs de couleur de pourpre, mais vives & éclatantes. Il y en a de fauvages & de cultivées.

PASSE-VELOURS. f. m. Plante qui a fes feuilles plus grandes que celles du Bafilic. Sa tige eft groffe, graffe & rougeâtre, & jette une fleur fort rouge, faite en maniere d'épi, qui même étant feche garde toûjours fa couleur. Matthiole croit que le Paffevelours eft l'Amaranthus dont Pline parle en ces termes. L'Amaranthus eft plûtôt une maniere d'épi rouge, qu'une fleur, & n'a aucune odeur. Il a cela d'admirable que plus on le tond, plus il devient beau,

Il croît au mois d'Août, & dure toute l'Automne. Celui d'Alexandrie est le meilleur à garder. Etant sec, après qu'on ne trouve plus de fleurs, on le met dans l'eau, & il reverdit. Toute sa vertu est comprise dans son nom, & on l'a appellé *Amaranthus*, à cause qu'il ne flétrit point. Ce mot est en effet un composé de la particule α, qui est privative & du verbe μαραίνω, Flêtrir. Matthiole ajoûte que ses fleurs bûes, sont bonnes à ceux qui crachent le sang, sur-tout quand il y a un vaisseau rompu au poumon ou en la poitrine. Elles servent aussi à reprimer le flux menstrual.

PASSE-VOGUE. s. f. Terme de Marine. Vogue de galere redoublée, avec un effort de rameurs plus fort que de coûtume.

PASSE-VOLANTS. s. m. p. Soldats que supposent les Officiers dont les Compagnies ne sont pas complettes, en les faisant passer en revûe sans qu'ils ayent été enrôlés. Il y a une Ordonnance du Roi de l'année 1668. qui porte que les Passe-volants seront marqués à la joue par l'Executeur, avec un fer chaud fait en fleur-de-lis, & que leurs armes & leur équipage seront confisquées. A l'imitation de ces faux soldats, on a appellé sur mer *Passe-volants*, Certains canons qui ne sont mis que pour faire peur. Ils sont seulement de bois bronzé.

PASSULES. s. f. p. Galien appelle *Passules*, tous raisins sechés au Soleil sans avoir égard à leur petitesse ni à leur grosseur, ce qui fait connoître qu'il ne met aucune difference entre les raisins de Damas, appellés *Zibibum*, par les Apothicaires, ni ceux qu'on apporte de Smyrne, ou de Candie. Il dit encore, que quelques-uns avant que de manger les Passules, en ôtent les pepins, & qu'ils font bien, principalement quand elles sont grasses & douces, comme sont les scybelitides, qui étant gardées ont la peau fort dure & épaisse, de sorte qu'il faut les mettre tremper dans l'eau pour en tirer les pepins plus aisément. On trouve aussi en Pamphilie, des scybelitides qui sont noires. Ce sont les plus grosses de toutes. Matthiole dit que tous raisins secs n'ont pas la même proprieté, ceux qui sont doux ayant d'autres qualités que ceux qui sont âpres, & ceux qui ont des pepins, en ayant aussi d'autres que ceux qui sont doux. Ceux qui n'en ont point, étant doux, non seulement ne sont point astringens, mais ils sont laxatifs & lenitifs, & par consequent fort propres à la toux, à l'âpreté de la gorge, aux accidens des reins & de la vessie, & à ceux qui sont pris de l'estomac. Galien le fait connoître en ordonnant les Passules sans pepins à ceux qui sont sujets au mal de foie, & pour adoucir la poitrine. Au contraire les raisins secs que l'on mange avec leurs pepins ont une proprieté astringente, ce qui a obligé Dioscoride à les ordonner pour la dysenterie, de sorte que les Medecins qui ordonnent les petites Passules avec leurs pepins pour lâcher le ventre, sont dans l'erreur, puisque loin de les amollir elles le resserrent, principalement étant gardées, parce qu'elles ont perdu une partie de leur jus. On dit aussi *Passerilles*.

PAST. s. m. Mot dont on se sert en certains lieux, pour dire, Repas. On dit en ces lieux-là, *Vivre à past, traiter à past*, pour dire, Payer tant pour chaque repas, donner à manger, en faisant payer une certaine somme par tête pour chaque repas.

PASTE. s. f. Farine détrempée avec un peu de levain ou de levûre, & de l'eau. On la détrempe quelquefois avec du lait, & autre chose qu'on pétrit ensemble pour en faire du pain ou de la patisserie. *Pâte levée*, se dit de celle où l'on a mis de la levûre de biere, ou qu'on a laissé aigrir. Selon du Cange,

ce mot vient de *Pasta*, qui a été dit dans la basse Latinité.

Les Cordonniers appellent *Pâte*, de l'eau & de la farine mêlées ensemble pour faire tenir les morceaux de cuir dont les talons des souliers sont faits.

On appelle *Pâte de fourneaux*, la terre dont les fourneaux chymiques sont faits.

On dit *Pâte d'amandes, pâte d'abricots*, pour dire, Des amandes ou des abricots formés en maniere de pâte.

PASTE'. s. m. *Sorte de mets faits de chair, ou de poisson mis en pâte.* ACAD. FR. C'est une piece de patisserie composée d'une abaisse & d'un couvercle, qui renferme de la chair ou du poisson, ou autre chose. On appelle *Pâté en pot*, De la viande qu'on fait cuire dans un pot, après l'avoir haché & assaisonné, comme si on avoit voulu la mettre en pâte, & *Pâté de requête*, Un pâté froid fait de menu de volaille. Un *Pâté de godiveau*, est fait de chair de veau, avec des culs d'artichauts & des champignons. Il est découvert & en ovale.

Pâté. Terme de Perruquier. Cheveux mis en un pâté de gruau qu'on fait cuire au four, pour leur faire prendre une bonne frisure.

Les Imprimeurs appellent *Pâté*, Une forme rompue ou desarrangée.

Pâté. Terme de Fortification. Platte-forme ou terre-plein, dont la figure est irreguliere, & le plus souvent arrondie en ovale. C'est une espece de fer à cheval bordé d'un parapet, & qui d'ordinaire n'a que la simple défense, sans être flanqué d'aucunes parties. On construit le plus souvent les pâtés dans des lieux marécageux, & ils servent à couvrir la porte d'une place.

PASTEL. s. m. Herbe dont il y a de deux sortes, le cultivé & le sauvage. Le *Pastel cultivé*, a ses feuilles semblables au Plantain, mais plus noires & plus grasses, & produit sa tige haute de deux coudées. Le *Pastel sauvage*, a ses feuilles plus grandes, & semblables à celles de laitue. Ses tiges sont aussi plus branchues & plus déliées, & tirent quelque peu sur le rouge. Au haut il y a plusieurs petites vessies faites en forme de langues où sa graine est enfermée. Ses fleurs sont petites & jaunes. Galien parlant des deux sortes de Pastel, dit que le cultivé, dont usent les Teinturiers, desseche fort, quoique sans aucune mordication, étant amer & astringent, & que le Pastel sauvage a une acrimonie apparente & au goût & dans ses operations; qu'ainsi il est plus desiccatif que le cultivé, & resiste avec plus d'efficace aux pourritures humides. On l'appelle autrement *Guesde*, en Latin, *Glastum*, en Grec ισάτις.

Les Peintres appellent *Pastels*, des crayons composés de differentes couleurs que l'on broie, & dont on fait une pâte détrempée avec de l'eau de gomme & un peu de plâtre pour donner plus de corps. Il faut mêler ces couleurs ensemble selon les diverses teintes qu'on veut faire. On se sert de ces crayons pour travailler sur du papier, & pour faire des portraits, ou autres choses qui paroissent être peintes. Si on les veut conserver, il faut les couvrir d'un verre.

PASTENADE. s. f. C'est la même chose que *Panais*.

PASTENAQUE. s. f. Poisson de mer, qui a la figure d'une raye, & deux pointes sur la queue. Ces pointes sont dures, fort aigues, & dentelées de chaque côté. Pline dit qu'il n'y a venin plus dangereux que celui de l'épine de ce poisson, qui est longue environ de cinq doigts, & si venimeuse qu'elle fait mourir les arbres qui en sont piqués par la racine.

Cette

Cette piquûre cause une douleur continuelle aux Pêcheurs qui en sont quelquefois offensés, ses pointes étant si fermes & si aigues qu'elles percent & penetrent jusqu'aux nerfs, ce qui en fait mourir quelques-uns de mort soudaine. L'épine de la Pastenaque est fort bonne au mal des dents, au rapport du même Auteur, si l'on s'en frotte les gencives, après l'avoir mise en poudre. Elle est bonne aussi pour guerir les chevaux des vermines qu'ils ont entre cuir & chair, si l'on en sacrifie la peau. Ce poisson étant bien cuit est bon à manger, après qu'on en a ôté la tête & la queue, ainsi que le jaune qu'on lui trouve en l'arête & au dos. On l'appel e en Latin *Pastinaca* de *Pastrinum*, à cause que l'épine qu'il a sous la queue a quelque rapport à une houe de vigneron.

PASTILLE. s. f. Sorte de composition odoriferante qu'on fait en maniere de pâte, & qu'on forme d'ordinaire en petites pieces plates. On les brûle dans un cabinet, dans une chambre afin d'y répandre une bonne odeur. Il y a aussi des *Pastilles de bouche*, que mangent ceux qui veulent se rendre l'haleine douce.

Les Anciens faisoient des Pastilles appellées par eux *Crocomagma*, & par nous *Pastilles*, ou *Trochisques de safran*. Le safran, la myrrhe, les roses, la gomme Arabique & l'amidon étoient les drogues dont ils se servoient. Après les avoir pulverisées, ils les reduisoient en Pastilles par le moyen du vin, & on nous les apportoit autrefois de Syrie pour faire uriner, & pour guerir le mal d'yeux. C'est un remede que l'on ne connoît presque point presentement & qui est peu en usage.

PASTON. s. m. Ce qui sert à engraisser es chapons. C'est un morceau de pâte taillé en long, que l'on prepare avec du beurre & autres drogues.

PAT

PAT. s. m. Terme du Jeu des Eschecs. On dit *Etre pat*, lorsqu'un des Joueurs n'étant point en échec, ne sçauroit jouer qu'il ne s'y mette. Ainsi l'un ni l'autre n'ayant pû gagner, ils sont obligés de remettre la partie.

PATACHE. s. f. Petit Vaisseau de guerre, qui est destiné pour le service des grands Navires, & qui mouille à l'entrée d'un port pour aller reconnoître ceux qui viennent ranger la côte. On appelle *Patache d'avis*, Un petit Vaisseau qui porte quelq es paquets à l'armée.

PATAGON. s. m. Monnoie de Flandre faite d'argent qui a valu d'abord quarante-huit sols, & ensuite cinquante-huit. Elle étoit cornue & mal fabriquée, & avoit pour legende, *Albertus & Elisabetha, Dei gratia*, avec une maniere de croix de S. André, au milieu de laquelle il y avoit une couronne. Ces mots faisoient la legende de l'autre côté, *Archiduces Austria, Duces Burgundia & Brabantia*, avec un écusson couronné, au-dedans duquel étoient de petits lions. M. Ménage croit que ce mot vient de *Patac*, petite Monnoie d'Avignon, valant un double. Borel le dérive de Patard.

PATARASSE. s. f. Terme de Marine usité par quelques-uns, qui nomment ainsi une espece de ciseau à froid, dont on se sert pour ouvrir les joints d'entre deux bordages, quand ils sont trop serrés, afin de mieux faire la couture.

PATARD. s. m. Sorte de petite monnoie. On lit dans Villon,

Qu'il n'avoit vaillant un patard.

Borel fait venir ce mot de *Patar*, qui veut dire un Sol en Allemand.

Tome II.

PATARINS. s. m. Heretiques attachés à diverses erreurs qui furent condamnées en 1179. dans le Concile General de Latran sous le Pape Alexandre III. Les principales étoient, que toutes les choses visibles avoient été créées par Lucifer, que le mariage étoit un adultere, & que ce fut une illusion que Moïse vit au buisson ardent. Comme ils faisoient gloire de souffrir tout avec patience, quelques-uns croyent que le nom qui leur fut donné de *Patarins, Paterins* ou *Patrins*, vient de *Pati*, Souffrir. On les appella aussi *Les Consolés* ou *Consolateurs* en Lombardie, à cause qu'ils prétendoient être envoyés dans le monde pour la consolation des malheureux.

PATATE. s. f. Racine qui croît dans les Isles Antilles de l'Amerique, & qui est presque de la figure des toupinambous ou artichauts d'Inde, mais d'une qualité beaucoup meilleure & d'un goût plus relevé. Elle croît en perfection dans une terre legere, un peu labourée & moyennement humide. On y fait des trous le plus près qu'il est possible, & dans un tems de pluie on met en chaque trou deux ou trois brins de ces tiges rampantes que les Habitans appellent *Bois de patates*, puis on les couvre de terre, & ces tiges ayant repris, poussent des racines & quantité de feuilles mollasses d'un vert fort brun & d'une figure qui approche de celle des épinars. Elles sortent de plusieurs pampres qui rampent sur terre, & la couvrent entierement. Dans chaque trou il vient cinq ou six racines de toutes formes & de toutes grosseurs, longues, rondes & en poires. Il y en a quelquefois de grosses comme la tête, & plusieurs qui pesent plus de vingt livres : ce qui est assés ordinaire quand elles sont plantées dans une terre legere & sablonneuse, où elles se plaisent mieux que dans une terre grasse. Toutes ces racines deviennent parfaites en trois ou quatre mois. Il y en a de huit ou dix sortes differentes pour la couleur, & quelquefois dans un même champ on en tirera de blanches, qui sont les plus communes, de violettes, de rouges comme les betteraves, de jaunes & de marbrées. Elles sont toutes d'un goût excellent & d'une meilleure nourriture que la cassave qui desseche le corps, car elles ne sont pas si arides. Il y a fort peu de difference dans leurs feuilles, qui ont presque toutes la forme d'un cœur. Leurs tiges qui rampent & couvrent toute la terre, comme si c'étoit un pré, servent de pâture aux bêtes ; non pas qu'on les laisse aller dedans, mais on en coupe de grandes brassées qu'on donne pour nourriture ordinaire aux chevaux, aux bœufs & aux porcs. On coupe aussi les extrémités des tiges, qu'on lie en petits paquets pour les faire cuire & les manger en façon d'asperges. La Patate porte une fleur à peu près de la couleur qu'est la racine, & en forme de clochette, au défaut de laquelle se forme la graine. On a coûtume dans toutes les Isles de faire cuire tous les matins plein une chaudiere de Patates pour le déjeûner. On l'emplit de telle sorte, qu'on ne met de l'eau dedans que pour empêcher que la marmite ne brûle. On bouche cette marmite avec du linge ou des feuilles de Bananier, & les Patates étant cuites, deviennent molles, comme des châtaignes qu'on a fait bouillir. Elles en ont presque le goût, & ne chargent l'estomac en aucune sorte. On les mange en sortant du pot avec une sausse composée de jus de citron, & d'huile d'olive, & de cinq ou six grains de piment écaché. On fait une boisson excellente avec deux chaudieres de Patates chaudes détrempées avec un baril d'eau. Deux ou trois de ces racines rouges qui lui donnent une couleur de rubis,

A a

la font paffer pour du vin clairet.

PATENOSTRE. f. f. Terme de Blafon. Dizain du chapelet, ou un chapelet entier, dont les Chevaliers de Malte & quelques perfonnes Religieufes environnent leur Ecu.

Patenoftres. Terme d'Architecture. Maniere de grains de chapelet que l'on met pour ornement aux aftragales des corniches des architraves, des chambranles, des bandeaux & autres moulures. Il y en a de ronds, d'autres en forme d'olive, & quelques autres faits comme des côtes de melon. Quand ces grains font longs, on les nomme Fufarolles.

PATENOSTRE', E'E. adj. Terme de Blafon. Fait en forme de chapelet. D'azur à la croix patenoftrée.

PATERE. f. f. Vieux mot. Vafe d'or ou d'argent, de marbre, de bronze ou de verre, qui fervoit aux libations du vin & des autres liqueurs qu'on faifoit aux funerailles des anciens. On s'en fert pour ornement dans la frife Dorique & dans les tympans des arcades. Ce mot eft Latin, Patera, Coupe.

PATERNIENS. f. m. Heretiques qui prêcherent leurs erreurs dans le quatriéme fiecle. Ils tenoient que toutes les parties inferieures du corps humain depuis le nombril avoient été créées par le diable, & ils fe plongeoient dans toutes fortes de lafcivetés & d'infamies. Ils prirent leur nom d'un Paternus, homme abject, & furent auffi appellés Venuftiani, de Venus, qu'ils honoroient par leurs impudiques actions.

PATHOLOGIE. f. f. Partie de la Medecine qui confifte à confiderer la nature, les caufes & les symptomes des maladies. Ce mot eft Grec, παθολογία, de πάθος, Affection, & de λόγος, Difcours.

PATIENCE. f. f. Morceau d'étoffe, qui eft une maniere de Scapulaire que portent les Novices dans quelques Couvents, & qui leur pend un bon pié par devant & par derriere. Parmi les Benedictins c'eft une forte de fcapulaire fans capuchon, qu'on donne aux Religieux malades; & chés les Feuillans c'eft une chemife fans poignets, qu'ils donnent auffi aux Religieux malades.

Patience. Sorte d'herbe à feuilles larges que l'on met dans le potage & dans quelques farces. Sa racine eft amere, de couleur fafranée & entierement femblable à l'ofeille. On l'appelle autrement Parelle, & en Latin Lapathum. Il y en a une fauvage qu'on nomme Rumex.

PATIN. f. m. Sorte de foulier fort haut, auffi élevé par devant que par derriere, que les femmes portoient autrefois. ACAD. FR. Borel dérive ce mot du Grec πατεῖν, Fouler aux piés.

Patin, fe dit auffi d'une chauffure particuliere dont fe fervent les Hollandois, pour couler plus fûrement fur la glace, qu'ils ont l'adreffe de fendre avec un morceau de fer appliqué fous ce patin qui eft fait de bois.

Patin. Sorte de fer de cheval, dont on fe fert pour un cheval éhanché ou qui a fait quelque effort. Il y a une maniere de demi-boule de fer concave, foudée fous ce fer, & on l'attache fous le pié qui eft fans mal, afin que le cheval ayant de la peine à fe foûtenir deffus, fe trouve forcé d'appuyer fur le pié boiteux; ce qui empêche les nerfs de fe retirer, & fait que fa hanche ne fe deffeche point.

Patins. Terme d'Architecture. Pieces de bois qu'on met dans les fondations fur les pieux ou fur un terrain qui n'eft pas folide. On appelle auffi Patins, Des pieces de bois qu'on pofe fous les échiffres & dans lefquelles font affemblées à plomb les noyaux & les potelets. Les Patins tiennent encore lieu de piés dans

la conftruction de plufieurs machine

PATON. f. m. Terme de Cordonnier. Petit morceau de cuir qu'on met en-dedans au bout de l'empeigne d'un foulier, pour en conferver la forme.

PATRICIENS. f. m. Heretiques qui difoient que Satan avoit fait la chair humaine, & non pas Dieu, & que par cette raifon les hommes avoient la liberté de fe tuer eux-mêmes, pour être délivrés de la chair. Ils furent ainfi nommés d'un certain Patricius qui a vécu, felon quelques-uns, fous l'Empereur Arcadius, trois cens quatre-vingt-fept ans après JE-SUS-CHRIST.

PATRIPASSIENS. f. m. Heretiques qui fuivant la doctrine de Sabellius, qui confondoit la nature & les Perfonnes de la Trinité, & enfeignoit qu'il n'y avoit point de diftinction entr'elles, difoient que le Pere & le S. Efprit avoient fouffert à la croix, ainfi que le Fils. Leur nom, qui leur fut donné de Pater, Pere, & de Pati, Souffrir, fait connoître leur opinion.

PATROCINER. v. n. Vieux mot dont on fe fert encore dans le burlefque, pour dire, Parler à quelqu'un pour l'engager à un fentiment qu'on voudroit qu'il prît, contraire à celui qu'il a. Il vient du Latin Patrocinari, Plaider.

PATRONNE. f. f. On appelle Patronne, ou Galere Patronne, La feconde des Galeres de France. C'eft le Lieutenant general des Galeres qui la monte, & elle eft confiderée dans nos Efcadres de Galeres de la même forte que le Vaiffeau Vice-Amiral eft confideré entre nos Vaiffeaux de haut bord. Elle porte un étendard quarré long à l'arbre de meftre, & deux fanaux fur fa pertiguette. Si le Vice-Amiral & la Galere Patronne de France fe rencontrent, la Patronne eft obligée de faluer la premiere; & fi c'eft le Contre-Amiral, il faut qu'il falue le premier; mais le falut fe doit rendre coup pour coup.

PATRONNER. v. a. On dit Patronner, en termes de Peinture, quand par le moyen d'un papier ou d'une carte découpée & à pieces emportées qu'on applique fur une toile ou fur autre chofe, on imprime avec de la couleur les figures qui font enlevées fur la carte, de la même maniere que font les faifeurs de cartes à jouer, qui ont differens patrons pour patronner les figures, & y mettre les couleurs.

PATROUILLE. f. p. Terme de guerre. Guet de nuit, qui eft d'ordinaire compofé de cinq ou fix foldats commandés par un Sergent. Ils partent du corps de garde de la Place, & vont obferver ce qui fe paffe dans les rues, afin d'empêcher que la tranquillité des Habitans ne foit troublée.

PATTALORINCHYTES. f. m. Heretiques qui s'éleverent dans le fecond fiecle, & qui faifoient confifter tout le Service divin dans le filence, fans pratiquer aucune autre chofe; ce qui leur avoit fait prendre l'habitude de fourrer leurs doigts dans leur nés & de les mettre dans leur bouche, afin de s'empêcher de parler. Ils prirent leur nom delà, πάσσαλος, ou πάτταλος, fignifiant en Grec Un pieu, un bâton, ἦν, Le nés, & ἐγχεῖν, Infufer, comme s'ils fe fuffent bouché le nés avec une cheville. On les appela en Latin Silentiarii.

PATTE. f. f. Il ne fe dit proprement que du pié des animaux qui ont des doigts, des ongles ou des griffes. ACAD. FR. Borel fait venir ce mot du Grec πατεῖν, Fouler aux piés. Selon cette étymologie, il faudroit écrire Pate, & non Patte. M. Ménage le fait venir de Plata, comme qui diroit Plate.

Patte. Morceau de fer pointu que l'on fiche dans un mur pour y attacher quelque lambris qu'on y cloue par l'autre bout qui est plat & troué. *Patte*, se dit aussi d'un morceau de fer qu'on scelle pour faire tenir la plaque du feu au contrecœur de la cheminée.

Patte. Petit instrument à plusieurs pointes, qui sert à regler les livres de musique, & avec lequel on fait tout d'un coup plusieurs rayes sur du papier.

Les Charons appellent *Patte*, Le bout de rais de roue qui entre dans le moyeu.

Patte, se dit aussi non seulement de la partie la plus basse d'un flambeau & d'un gueridon, mais encore du bas bout du hautbois & de la flûte.

r On dit *Patte d'un verre*, pour dire, La partie sur laquelle il se soûtient.

On appelle sur mer, *Pattes de bouline*, Certains cordages qui font plusieurs branches séparées au bout de la bouline ; ce qui fait que l'on peut saisir la voile par plusieurs endroits. Il y a des pouliés par le moyen desquelles ces cordages répondent l'un à l'autre. *Pattes d'ancre*, se dit de deux plaques de fer triangulaires qui sont soudées sur chaque bout de la croisée de l'ancre, & recourbées pour pouvoir mordre dans la terre ; & on dit, *Laisser tomber la patte de l'ancre*, pour dire, Mettre l'ancre perpendiculaire à la mer, afin de la tenir toute prête à être mouillée. il y a aussi des *Pattes d'anspects.* Ce font des pattes de fer qu'on met au bout d'un levier quand on a quelque gros travail à faire.

Patte d'oye. Terme de Jardinage. Division de trois allées qui viennent aboutir à un même endroit. Les Charpentiers nomment aussi *Patte d'oye*, Certains traits dont ils marquent une partie des pieces de bois qui doivent être employées à construire une maison. Il y a des enrayûres pour les combles qu'ils appellent *En patte d'oye.* On appelle *Patte d'oye de pavé*, L'extrémité d'une chaussée de pavé, qui s'étend en glacis rond pour se raccorder aux ruisseaux d'en bas. *Mouiller en patte d'oye*, Se dit sur la mer, lorsque dans de gros tems on mouille trois ancres à l'avant du Vaisseau ; en sorte qu'étant à une égale distance l'une de l'autre, elles fassent une espece de triangle.

PATTE', 'E. Terme de Blason. Il se dit des croix dont les extrémités s'élargissent en forme de patte étendue. *D'argent à la croix pattée d'azur.*

PAV

PAVAME. s. m. Arbre fort beau à voir qui croît en quantité dans la Floride, où il y en a des forêts entieres. Il a son tronc extrêmement droit, qui dans le haut produit plusieurs branches chargées de feuilles vertes, dont la figure approche de celles du figuier. On l'appelle autrement *Saxafras*, ou *Bois de camelle.*

PAVANE. s. f. Danse grave qui est venue d'Espagne, & où les danseurs font la roue l'un devant l'autre à la maniere des paons lorsqu'ils étendent le plumage de leur queue. Elle a pris son nom delà. C'étoit autrefois une danse fort serieuse. Les Princes y avoient leurs grands manteaux, les Gentilshommes la cape & l'épée, les gens de Justice leurs longues robes, & les Dames les queues de leurs robes abbaissées & traînantes ; ce qui s'appelloit *Le grand Bal*, à cause de la majesté de cette danse.

PAVE'. s. m. On appelle *Pavé*, en general, Toutes sortes de carreaux de marbre, de pierre, ou de terre cuite, dont on se sert pour paver. L'usage du pavé de grais, qui est la meilleure pierre qu'on puisse employer à paver les grands chemins, les rues & les cours, fut introduit à Paris en 1184. par Philippe Auguste. Il est fait de quartier de grais de huit à neuf pouces, presque de figure cubique. On appelle *Pavé fendu*, celui dont on pave les petites cours, les cuisines & les écuries, & qui n'est que de la demi-épaisseur de l'autre ; & *Pavés d'échantillon*, ceux qui sont des ordinaires grandeurs selon la coûtume. Le *Pavé de pierre* est fait de dales de pierre dure à joints quarrés, ou de quartiers tracés à la sauterelle, & posés à joints incertains ; & le *Pavé de marbre* est celui qui est fait de grands quarreaux de marbre en compartimens. Le *Pavé de brique* est fait de brique posée de champ & en épi semblable au point de Hongrie ou de quatreau barlong à six pans figuré, comme les bornes de verre adossées ; & le *Pavé de moilon* est fait de moilons de meulieres posés de champ pour rendre ferme le fond d'une piece d'eau. On dit aussi *Pavé de terrasse.* C'est celui qui sert de couverture en platte-forme, ou sur un plancher de bois, ou sur une voute.

PAVER. v. a. *Couvrir le terrain, le sol d'un chemin, d'une rue, d'une cour, avec de la pierre dure, du grais, ou de la brique pour la commodité des hommes.* ACAD. FR. On dit *Paver à sec*, pour dire, Asseoir le pavé sur une forme de sable de riviere ; & *Paver à bain de mortier*, pour dire, l'Asseoir en se servant d'un mortier de chaux & de sable, ou de chaux & de ciment.

PAVESCHER. v. a. Vieux mot. Couvrir.

PAVIE. s. m. Sorte de pêche qui ne quitte point le noyau, & dont la chair est fort ferme. On prononce *Pavi*, & il y en a beaucoup qui l'écrivent.

PAVIER. v. a. Terme de Marine. Entourer le bord d'un Vaisseau d'un tour de drap rouge, ou d'une toile large d'une aune ; ce qui se fait aux jours de réjoüissance & de combat, pour ne laisser pas voir les soldats. On dit aussi *Pavoiser.* Quelques-uns veulent que cela vienne d'une coûtume des Anciens, qui lorsqu'ils avoient envie de combattre, rangeoient leurs pavois sur les bords de leurs Vaisseaux, afin de pouvoir se cacher derriere. On appelle *Paviers & Pavesades*, Ces tours de drap ou de toile ainsi étendus.

PAVILLON. s. m. Terme de Marine. Banniere que l'on arbore ordinairement à la pointe de quelque mât. Elle est chargée d'armes & de couleurs particulieres, non seulement pour faire discerner les Nations, mais pour faire distinguer les Officiers generaux d'une armée navale. Le Pavillon d'Amiral est quarré blanc, porté au grand mât. Celui de Vice-Amiral est porté au mât de misaine, & celui du Lieutenant general, au mât d'artimon. On appelle *Pavillon quarré*, celui qui a la figure d'un quarré long. Il n'y a que les Officiers generaux qui puissent le porter au haut des mâts. *Pavillon de poupe*, est celui qui est porté sur l'arriere du Vaisseau ; & *Pavillon de beaupré* est un petit Pavillon qui se porte sur le mât d'avant ou le beaupré. Il y a aussi un *Pavillon de conseil.* C'est un petit Pavillon qu'on arbore à bord du Commandant quand il veut tenir conseil. On appelle *Vaisseau-pavillon*, ou simplement *Pavillon*, le Vaisseau que commande un des Officiers generaux qui ont droit de porter pavillon dans une Armée navale ; & on dit *Etre sous un tel Pavillon*, pour dire, Etre sous un tel Commandant.

On dit, *Mettre le Pavillon en berne*, pour dire, le faire courir le long de son bâton par le moyen de son issas & le tenir ferlé. C'est un signal pour appeller la chaloupe du Vaisseau si elle est à terre, ou pour avertir les Vaisseaux inferieurs de venir à bord de leur pavillon. On dit, *Amener le pavillon*, pour dire, Le baisser, le mettre bas par respect à la rencontre de quelque Vaisseau à qui cet honneur est dû ; & , *Faire pavillon blanc* , pour dire , Arborer un pavillon blanc en signe de paix. *Faire pavillon de France* , *pavillon d'Angleterre* , c'est Arborer le pavillon de France , le pavillon d'Angleterre. On dit encore , *Embrasser le pavillon* , pour dire , Rassembler le pavillon entre les bras d'un Matelot , qui étant monté vers l'épars , fait du Pav'llon une espece de fagot , en le ramassant par une seule embrassade. On a introduit cet usage de notre tems parmi quelques Nations du Nord , pour remedier aux contestations qui arrivoient touchant les saluts de mer. C'est une sorte de temperament entre Amener le pavillon , & le laisser arboré.

On appelle *Pavillon* , Le gros du cor , de la trompe & de la trompette , où est l'ouverture qui est au bas de cet instrument.

Pavillon , en termes de Blason , se dit de ce qui enveloppe les Armoiries des Empereurs , des Rois , & des Souverains qui ne reconnoissent que Dieu au dessus d'eux. Ils ont seuls droit de porter le pavillon , qui est composé de deux parties , sçavoir des courtines & du comble. Le comble est son chapeau , & les courtines en font le manteau ou mantelet. L'usage des pavillons & des marteaux dans les Armoiries est venu des lambrequins , qui quelquefois se sont trouvés étendus en maniere de couvertures , & retroussés de part & d'autre. Il peut aussi être venu des tournois , à cause qu'on y exposoit les armes des Chevaliers sur de riches tapis , & que les chefs de quadrille faisoient élever des tentes , pour s'y tenir à couvert , jusqu'à ce qu'ils entrassent en lice. Les Rois Electifs & les Ducs , quoique Souverains qui relevent d'un Empereur , ne couvrent leurs timbres que des courtines du pavillon , dont ils ôtent le dessus , qui est le comble.

Pavillon. Terme d'architecture. Corps de logis dont la maison principale est accompagnée , ou qui est au bout d'une galerie. Il se dit aussi d'un corps de logis seul comme d'un petit bâtiment séparé , qu'on fait faire dans un jardin , pour y jouir de la belle vûe. On l'appelle ainsi à cause de la forme de sa couverture qui ressemble à celle des Pavillons ou tentes d'armée. En general *Pavillon* se dit de toute couverture qui a quatre arrestieres. Ce mot vient de *Papilio* , dont les Italiens ont fait *Padiglione* , pour dire , Une Tente.

PAULIANISTES. s. m. Heretiques Sectateurs de Paul de Samosate , Evêque d'Antioche , vers l'an 262. qui nioient la distinction des Personnes divines , enseignoit qu'il y en avoit deux distinctes en Notre Seigneur , le Fils de Dieu & le CHRIST , qui , selon la detestable doctrine de cet Heresiarque , n'avoit point été avant Marie , & avoit été recompensé de ses saintes œuvres par le nom de Fils de Dieu qu'il avoit reçu. Fondé sur des principes si remplis d'impieté , il prétendoit que le sang de JESUS-CHRIST fût corruptible dans le Sacrement de l'Eucharistie.

PAUME. s. f. *Le dedans de la main entre le poignet & les doigts.* ACAD. FR. C'est de là que l'on a dit le *Jeu de la Paume* , qui est un Jeu où l'on pousse & repousse une balle plusieurs fois avec certaines regles à observer , à cause que l'on poussoit autrefois cette balle avec la main. Il y a la longue & la courte Paume , ou la Paume absolument. On dit , *Longue Paume* , Lorsque l'on joue à ce jeu dans une grande place qui n'est point fermée , & *la Paume* simplement , quand on y joue dans un lieu fermé de murailles.

Paume. Sorte de mesure qui étoit autrefois en usage. Elle étoit de quatre doigts quand on mesu-

roit avec la main fermée , & de douze quand on la tenoit étendue. C'est encore aujourd'hui une mesure dont on se sert pour specifier la taille des chevaux. C'est la hauteur du poing fermé qui la détermine. Les Chevaux de guerre doivent avoir seize à dix-huit paumes. Ce mot vient du Latin *Palma*.

PAUMELLE. s. f. Espece d'orgue qui n'a que deux rangs.

Paumelle , Se dit aussi d'une espece de penture de porte pour les salles & les chambres. On l'attache sur le bois avec plusieurs clouds , & elle tourne sur un gond.

PAUMER. v. n. Terme de marine , dont se servent les Levantins , pour dire , Se touer en halant à force de bras.

Se paumer , a été dit anciennement pour , se pâmer.

> *C'estoit grand esbahissement ,*
> *De voir les gens qui lacrimoient*
> *Par soupirs & gemissement*
> *Et tant presque se paumoient.*

PAUMET. s. m. Terme de Marine. Il se dit d'un dé concave qui tient à un cuir à la paume de la main du voilier , & il s'en sert pour pousser son aiguille lorsqu'il doit coudre les voiles.

PAUMOYER. v. a. Vieux mot. Manier hardiment quelque chose. Ainsi on a dit , *Paumoyer sa lance.* Ce mot vient de la Paume de la main.

PAUMURE. s. f. Terme de Chasse. Il se dit du sommet des têtes de cerf , où son bois se divise en plusieurs parties qui semblent representer la Paume de la main.

PAVOIS. s. m. Grand Bouclier que les Anciens portoient à la guerre comme une arme defensive. Lorsque les Seigneurs avoient fait l'élection de leurs Rois , ils les faisoient porter au camp élevés sur un grand Pavois , & le Peuple assemblé en armes confirmoit leur choix. Ce mot vient , selon Borel , de *Pave* , vieux mot qui signifioit Couverture.

On appelle sur mer *Pavois* , Une tenture de frise ou de toile dont on environne le platbord des Vaisseaux de guerre , pour empêcher qu'on ne voye ce qui se fait sur le pont pendant un combat. On s'en sert de même dans un jour de rejouissance , & il y a de ces Pavois , faits de pieces de drap bleu , bordées de drap blanc , & toutes semées de fleurs de lis d'or.

PAVOT. s. m. Dioscoride dit qu'il y a de deux sortes de Pavot , celui des jardins & le sauvage. Ce dernier croît au Printems parmi les orges , & sa fleur ne dure guere. Ses feuilles sont semblables à celles de la roquette , ou d'origan , ou de chicorée , ou de thim , mais plus longues , rudes & déchiquetées. Il a sa tige aussi rude , faite en maniere de jonc & de la hauteur d'une coudée. Ses fleurs ressemblent à celles de la Passefleur , étant rouges & quelquefois blanches. Il produit ses têtes longues avec une graine rousse. Sa racine est de la grosseur du petit doigt , longue , blanchâtre & amere au goût. Celui des jardins produit une tête longue. Sa graine est blanche. Il y en a une troisième espece qui est plus sauvage & plus propre en Medecine. Il est beaucoup plus long que les autres , & a aussi ses têtes plus longues. Tous pavots sont refrigeratifs , & la décoction de leurs feuilles & de leurs têtes prise en breuvage , est bonne à ceux qui sont travaillés d'insomnie. Matthiole dit que toute sorte de pavots se sement , mais qu'il appelle particulierement *Pavot des Jardins* , Celui qui porte une graine blanche , à cause qu'on le seme plus ordinairement aux jardins

& près des maisons, & que pour les autres il les appelle *Sauvages*, non pas qu'il entende qu'ils viennent d'eux-mêmes, mais parce qu'ils ont les feuilles, les tiges & les têtes plus rudes & plus velues que le Pavot blanc, outre que leur graine est plus âpre & plus noire. Il ajoûte que les habitans de la haute Autriche font de l'huile de la graine de Pavot noir, & qu'ils en mangent d'ordinaire, comme si c'étoit de l'huile d'olive, sans que pourtant ils en soient plus assoupis, ce qui l'avoit enhardi de faire souvent piler cette graine, & après l'avoir passée avec decoction d'orge, de donner à boire ce qui en avoit coulé, à ceux-mêmes qui étoient attaqués de fievres fort chaudes & aigues, pour les desalterer & faire dormir.

Il y a deux autres especes de Pavot, le cornu, & l'écumant. Le *Pavot cornu* a les feuilles blanches, velues, & semblables à celles du Bouillon, incisées & déchiquetées tout autour, ainsi que celles du Pavot sauvage, auquel il ressemble encore par sa tige. Sa fleur est pâle, & porte certaines gousses, telles que les gousses de senegré. Elles sont recourbées en maniere de cornet, ce qui lui a fait donner le nom de *Pavot cornu*. Sa graine est noire & petite, & sa racine noire & grosse. Elle va à fleur de terre. Cette sorte de Pavot croit aux lieux âpres & maritimes. La decoction de sa racine cuite en eau, jusqu'à ce qu'elle soit reduite à moitié, guerit les sciatiques & les maladies du foye, si elle est prise en breuvage. La tige du *Pavot écumant*, que les Grecs appellent ἀφρώδης, & quelques-uns *Heracleum*, est de la hauteur d'un palme. Ses feuilles sont fort petites & semblables à celles de l'herbe aux foulons. Il produit un fruit blanc entre ses feuilles. Toute l'herbe est blanche & chargée d'écume. Sa racine est aussi à fleur de terre. Sa graine qu'on cueille en été lorsqu'elle est pleinement mûre, prise en eau mielée au poids d'un acetabule, purge par vomissemens, & ces vomissemens sont singuliers pour ceux qui ont le haut mal. C'est ce qu'en a écrit Dioscoride. Matthiole avoue qu'il n'a ni vû ni trouvé personne qui ait rencontré ce dernier Pavot, & qu'il aime mieux le mettre au rang des herbes inconnues, que d'en rien dire au hazard. Galien dit que le Pavot cornu, que quelques-uns appellent *mecomides*, à cause qu'il croît près de la mer, est incisif & absterfif, & que le Pavot écumant est petit & menu, & a une graine propre à purger le phlegme.

PAUPIERE. s. f. La peau qui couvre les yeux, & qui les défend par devant contre l'air, le vent, la poussiere, les moucherons, & autres incommodités. Il y a deux paupieres en chaque œil, l'une en haut & l'autre en bas. Chaque paupiere est faite d'un cartilage mince & delié, afin qu'elle soit plus mobile, flexible & legere. Elle est vêtue par dedans d'une petite membrane, & par dehors d'une peau délicate. Les poils qui la bordent sont rangés dans un très-bel ordre pour ne pas nuire à la vûe, & pour défendre les yeux des choses les plus legeres.

PAUVRE. adj. Qui n'a pas dequoi subsister, mendiant. On appelle au substantif, *Pauvres de Lyon*, Certains Heretiques qui parurent vers l'an 1160. & dont Pierre de Vaud, riche Marchand de Lyon fut l'Auteur. Il se contenta d'abord de faire des liberalités de son bien aux Pauvres, & répandit ensuite quelques points de sa doctrine. L'un des principaux étoit que tous les hommes étant Freres par Adam, il devoit y avoir entr'eux communauté de biens. Comme c'étoit un homme ignorant, ce qu'il enseignoit ne fut approuvé que de ceux qui le sui-

voient par interêt. Ce fut de là qu'ils furent nommés *Pauvres de Lyon*. La défense qu'on fit à Pierre de Vaud de se mêler d'un ministere dont sa profession devoit l'éloigner, l'ayant obligé d'en sortir, il chercha un azyle dans les montagnes de Dauphiné & de Savoye, qu'il infecta de sa mauvaise doctrine, prêchant l'indépendance à ses disciples, & voulant qu'ils ne portassent que des sandales, à la maniere des Apôtres. Il leur donnoit autant de pouvoir qu'aux Prêtres, & prétendoit qu'ils pouvoient consacrer & administrer les Sacremens. On les nomma *Vaudois*, de son nom, qu'il avoit pris du Village de Vaux dans le Dauphiné, qui étoit le lieu de sa naissance.

PAUX s. m. p. Vieux mot. Cheveux, poils.

> *Et n'avoir barbe ne grevon,*
> *Se petits paux folages non.*

On a dit aussi *Peux*.

PAX

PAX. Vieux mot. Lots & ventes.

PAY

PAYELE. s. f. Vieux mot. Pelle.

PAYCO. s. m. Nom que donnent les Indiens à une herbe fort commune du Perou. Ses feuilles, pour la forme & la couleur sont semblables à celles du Plantin, & étant seches, elles sont fort deliées, acres & chaudes. Bûes en poudre avec du vin, elles guerissent les douleurs nefretiques qui ont une cause froide, & l'experience a fait voir que la plante même a le même effet, si lorsqu'elle est cuite on l'applique en forme d'emplâtre sur la partie affectée.

PEA

PEAGE. s. m. Droit seigneurial qui se prend sur le bétail ou sur la marchandise qui passe, pour l'entretien des ponts, des ports & passages. Ce mot s'est dit autrefois en general de toutes sortes d'impôts que l'on payoit pour les marchandises que se transportoient d'un lieu à un autre, à la charge de tenir les chemins sûrs, en sorte que si un homme étoit volé entre deux soleils, & dans un chemin public, le haut Justicier qui levoit le Peage étoit obligé de le rembourser. M. Ménage fait venir ce mot de *Payage* ou de *Pedagium*, & d'autres de *Passage*, ou de *Passage*, ou de *Passage*. Borel dit qu'il vient de *Pagus*, ou de *Pays*.

PEAU. s. f. *La partie exterieure de l'animal, qui enveloppe & couvre toutes les autres parties.* ACAD. FR. La peau ressemble à un rets tendineux, composé artificiellement de trois sortes de petits vaisseaux capillaires ou de fibres, de veines, d'arteres & de nerfs. Ceux-ci sont en si grand nombre, que cela est cause que la peau est mise par quelques-uns au rang des corps tendineux. Le corps entier est enveloppé de ce rets, qui renferme une infinité de petites glandes, dont chacune a ses vaisseaux excretoires, qui se déchargent dehors vers la surpeau. Les orifices de ces petits vaisseaux sont les pores les plus considerables de la peau, & ces petites glandes excretoires sont l'organe des transpirations copieuses, ou plûtôt de la transudation. On a dit autrefois, *Pel*, pour dire, *Peau*.

On appelle, *Peaux d'Espagne: peaux de senteur*, Des peaux bien passées & bien parfumées. Les peaux se preparent diversement selon la diversité des Artisans. On dit parmi les Peaussiers , *Mettre une peau en couleur* ; parmi les Corroyeurs , *Passer une peau* , *fouler une peau* ; parmi les Pelletiers, *Lustrer une peau* , *pommeler une peau* , & parmi les Gantiers , *Paissonner une peau.*

On dit en termes de Palais , que *Les Arrêts s'expedient en peau* , pour dire , qu'ils s'expedient en parchemin , & qu'on taxe par peau , pour dire , par parchemin , à cause que les parchemins se font de peaux de mouton & de chevre.

Les animaux ont la peau velue couverte de poil, de bourre , ou de laine. Les oiseaux l'ont couverte de plumes , & les poissons d'écailles. Ettmuller dit que la peau de Vautour est un remede très-bon pour le manque d'appetit , quand elle est taillée en forme triangulaire & appliquée à l'estomac , & qu'il en en a vû plusieurs belles experiences.

On appelle *Peau* , ce qui enveloppe les prunes, les cerises , les raisins , & autres fruits semblables, tant dedans que dehors.

On dit encore *Peau* , en parlant de ce qui se forme sur les liqueurs onctueuses , comme sur l'ancre, les laitages , les syrops , quand ces liqueurs s'épaississent.

PEAUSSIER. s. m. Artisan qui prend du Tanneur ou du Megissier des peaux de mouton & de veau , & qui leur ayant donné les façons necessaires , les met en couleur , pour les vendre ensuite aux Relieurs, aux Gantiers , & autres Ouvriers qui en ont besoin.

Ce mot est quelquefois adjectif , & on appelle *Muscles peaussiers* , en Anatomie, les muscles qui font mouvoir la peau où ils sont attachés. Il n'y a guere que le visage qui ait de ces sortes de muscles.

PEAUTRE. s. m. Vieux mot. Le gouvernail d'un batteau. Quelques-uns l'ont conservé dans cette phrase proverbiale , *Envoyer aux peautres* , pour dire, Chasser loin de soi. On a dit aussi autrefois *Peautrailles* , pour dire , Canaille.

PEAU TRE' , e'e. adj. Terme de Blason. Il se dit de la queue des Poissons lorsqu'elle est d'autre couleur que le corps. Il vient de ce que cette queue est le gouvernail des poissons. *D'argent au Dauphin versé de sable : barbé & peautré d'or.*

PEC

PEC. adj. m. Epithete qu'on donne au hareng fraîchement salé qu'on a mis en caque. *Harang pec.* On a dit *Pec* autrefois , pour dire Un méchant cheval. On l'a dit aussi pour signifier un sot , d'où vient qu'on dit encore quelquefois par injure à une femme que *C'est une pecque.*

PECOIE'. adj. Vieux mot. Coupé.

PECOL. s. m. Vieux mot. Quenouille de lit.

PECT. s. m. Mot qui ne se dit qu'en parlant du serment des Ecclesiastiques à qui on fait mettre la main au Pect , c'est-à-dire sur la poitrine, du Latin *Pectus* , Poitrine.

PECTORAL. s. m. Piece de broderie que le grand Prêtre des Juifs mettoit sur son habit devant son estomac. Il est aussi adjectif , & veut dire , Qui appartient à l'estomac , à la poitrine. On appelle *Croix pectorale* , Celle que les Evêques & les Abbés reguliers portent à leur cou , & *Syrop pectoral* , Celui qui fortifie la poitrine. On appelle aussi , *Muscle pectoral* , Celui qui est sur la poitrine & qui sert à remuer le bras en devant.

PECULAT. s. m. Crime de ceux qui volent ou qui divertissent les deniers du Prince. Il y a une Ordonnance de François I. donnée en 1545. par laquelle la confiscation de corps & de biens est établie

pour punir le Peculat selon la loi *Julia* , qui étoit reçûe parmi les Romains , le Peculat étoit le crime de ceux qui par des voies injustes avoient pris de l'argent ou d'autres effets appartenans au public, ou qui avoient volé des choses sacrées & religieuses. Il y avoit peine de mort contre les Juges & les Magistrats , & la déportation étoit ordonnée contre les autres personnes. On a dit *Peculat ; quasi pecunia ablatio.*

PECULE. s. m. Fonds que peut acquerir par son industrie , & sans aucuns secours ni de pere ni de Maître , celui qui est en puissance d'autrui , comme un fils de famille ou un Esclave. Les Romains avoient un Pecule civil & un Pecule militaire. Ce mot vient du Latin *Peculium* , fait de *Pecus* , Bestail , parce que tout le bien consistoit autrefois en bestiaux.

PECUNE. s. f. Vieux mot, dont on s'est servi pour signifier de l'argent. Ce mot vient d'une certaine monnoye d'airain , qui fut fabriquée à Rome du tems de Servius Tullius. Elle avoit pour marque une brebis , que les Latins appelloient *Pecus.*

PED

PEDAGNE. s. m. Marchepié ou lo Forçat qui rame pose celui de ses piés qui est enchaîné.

PEDALE. s. f. Il se dit des plus gros tuyaux des orgues , appellés ainsi du Latin *Pes* , Pié , parce qu'on les touche avec les piés. Ordinairement il y en a treize , & ce mot se dit aussi bien des touches que des tuyaux. Il y a des Pedales de flûte , & des Pedales de trompette.

PEDANE'E. adj. On appelle *Juges pedanés.* Certains Juges de Village qui jugent debout , *Stantes in pedibus* , n'ayant point de siege pour tenir la Justice.

PEDICULAIRE. adj. Les Medecins appellent *Maladie Pediculaire* , Une maladie causée par une grande corruption , & qui fait sortir de la peau une infinité de poux , du latin *Pediculus* , Pou.

PEDICULE. s. m. C'est parmi les Botanistes , la queue qui attache les fleurs ou les feuilles à leurs branches , du Latin *Pediculus* , qui veut dire la même chose.

PEH

PEHUAME. s. m. Nom que les Mechoaquains donnent à une plante que Ximenes dit être celle que Dioscoride appelle *Aristoloche Clematis.* C'est une herbe volubile dont les feuilles ont la figure d'une coupe. Elles sont petites , & les fleurs en sont pourprines. Sa racine est longue , grosse & courte , d'une écorce rougeâtre. Elle est acre , odorante , chaude & seche au troisiéme degré , & de subtiles parties. Les Sauvages mettent cette plante entre les plus excellentes. Ses effets sont de guerir la toux inveterée , de dissiper les vents , de diminuer les petites pierres dans les reins & dans la vessie, de hâter l'enfantement , & de provoquer les mois.

PEI

PEIGNE. s. m. *Instrument de bois , de corne , &c. qui est taillé en forme de dents , & qui sert à démêler les cheveux , & à dégraisser la tête.* A c a d. F r. On appelle *Peigne*, dans un métier de Tisserand , Une espece de chassis ou de treillis , où sont quantité de petites divisions ou ouvertures , dans chacune desquelles le Tisserand passe les fils de la chaine qui doit former la longueur de la toile ou de l'étoffe pour les foûtenir, & laiſſer paſſer la navette, par laquelle ſont portés les fils qui doivent être en travers.

Peigne. Terme de Tonnelier. Morceau de douve qui eſt amenuiſé par un bout, & qu'on fait entrer à force dans les cerceaux, pour réparer un jable rompu.

Peignes. Maladie qui vient aux chevaux, & que leur cauſe une craſſe adulte & maligne, qui ſort par la racine du pié, & s'attache ſur le cuir. Son acrimonie eſt telle, qu'elle fait dreſſer le poil à la couronne & au-deſſus, & le fait enfin tomber tout à fait.

Peigne de Venus. Plante que Pline décrit, & dont la racine eſt b'anche, & la tige haute d'un demi-pié. Elle a ſes feuilles ſemblables aux paſtenages ſauvages ou à la camomille, & ſes fleurs ſont blanches & menues. A la cime de ſes branches, elle produit des bouquets, d'où ſortent pluſieurs petits becs ou aiguilles, qui ſont ſéparés les uns des autres & diſpoſés en forme d'un peigne à peigner du lin, ce qui la fait appeller *Pecten Veneris.* Matthiole dit que toutes ces marques ſe trouvent dans la ſcandix de Hermolaüs Barbarus, qu'il trouve d'une eſpece differente de la ſcandix de Dioſcoride. La racine de la plante appellée *Peigne de Venus*, broyée avec de la mauve, tire les tronçons qui ſont demeurés au corps.

PEIGNIER. ſ. m. Celui qui fait & qui vend de toutes ſortes de peignes. Il n'y a guere que les gens du métier qui ſe ſervent de ce mot.

PEINTURE. ſ. f. L'un des Arts liberaux, qui ſe ſert de couleurs pour repreſenter toutes ſortes d'objets. La Peinture a trois parties, qui ſont l'invention, le coloris, & le deſſein.

On appelle *Peinture à fraiſque*, Celle qui ſe fait contre les murailles & les voutes, fraichement enduites de mortier fait de chaux & de ſable. Avant que de commencer à peindre, on fait des deſſeins ſur du papier de la grandeur de tout l'ouvrage, & on calque ces deſſeins ſur une autre partie par partie, à meſure qu'on travaille, & une demi-heure après que l'enduit eſt fait, bien preſſé & bien poli avec la truelle. On rejette dans cette ſorte de travail toutes les couleurs compoſées & artificielles, & la plûpart des minéraux, & l'on ne ſe ſert preſque que des terres qui peuvent conſerver leur couleur & la défendre de la brûlure de la chaux. Ainſi les couleurs qu'on y emploie ſont le blanc, l'ocre ou brun rouge, l'ocre jaune, le jaune obſcur, le jaune de Naples, le rouge violet, la terre verte de Veronne, l'outremer, l'émail, la terre d'ombre, la terre de Cologne, le noir de terre, & quelques autres.

La *Peinture à détrempe*, eſt celle où toutes les couleurs ſont propres, à l'exception du blanc de chaux. Il y faut toûjours employer l'azur & l'outremer avec de la colle faite de peaux de gands ou de parchemin, à cauſe que les jaunes d'œufs font verdir les couleurs bleues, ce que ne fait pas la colle, ſoit que l'on travaille contre des murs, ſoit ſur des planches de bois ou autrement. M. Felibien dit qu'il faut leur donner deux couches de colle toute chaude avant que d'y appliquer les couleurs, qu'on détrempe ſi l'on veut ſeulement avec de la colle, la compoſition qui ſe fait avec des œufs ne ſe fait à figurer, n'étant que pour retoucher plus commodement, & n'être pas obligé d'avoir du feu, qui eſt neceſſaire pour tenir la colle chaude. Quand on veut peindre ſur la toile, on en choiſit une qui ſoit vieille, demi uſée & bien unie, & on l'imprime de blanc de craye ou de plâtre broyé avec de la

colle de gants. On broye toutes les couleurs chacune à part avec de l'eau, & on les détrempe avec de l'eau de colle à meſure qu'on en a beſoin pour travailler. Si l'on ne veut ſe ſervir que de jaunes d'œufs, on prend de l'eau parmi laquelle on aura mis, ſçavoir ſur un verre d'eau, un verre de vinaigre, le jaune, le blanc, & la coquille d'un œuf, avec quelques bouts de branches de figuier coupées par petits morceaux, & bien battues enſemble dans un pot de terre.

La *Peinture à huile*, fut miſe en uſage par un Peintre Flamand au commencement du quatorziéme ſiecle. Par ce moyen les couleurs d'un tableau ſe conſervent fort long-tems, & reçoivent un luſtre & une union que les Anciens ne pouvoient donner à leurs ouvrages, de quelque vernis qu'ils ſe ſerviſſent pour les couvrir. Ce ſecret ne conſiſte neanmoins qu'à broyer les couleurs avec de l'huile de noix ou de l'huile de lin; ce qui fait que le travail eſt bien different de celui de la fraiſque ou de la détrempe, à cauſe que l'huile ne ſechant pas ſi-tôt, le Peintre eſt obligé de retoucher ſon ouvrage pluſieurs fois. C'eſt auſſi un avantage pour lui d'avoir plus de tems à le finir, & de pouvoir retoucher autant qu'il veut à toutes les parties de ſes figures, ce qu'il ne peut faire à fraiſque ni à détrempe. Il leur donne auſſi plus de force, le noir devenant beaucoup plus noir employé avec de l'huile que quand il eſt employé avec de l'eau. Comme toutes les couleurs ſe mêlent enſemble, elles font auſſi un coloris plus doux, plus délicat, & plus agreable, & donnent une union & une tendreſſe à tout l'ouvrage qui ne ſe peut faire dans les autres manieres de peindre, le bois, ſur la toile, ſur les pierres, & ſur toutes ſortes de métaux. On y peint ſur les murailles, ſur fait ſur les jaſpes & ſur les autres pierres fines, mais de la belle maniere d'y travailler, c'eſt de peindre ſous le verre, en ſorte que les couleurs ſe voyent au travers. Pour cela on couche d'abord les rehauts & les couleurs, qu'ordinairement on met les dernieres quand on peint ſur du bois ou ſur une toile, & celles qui ſervent de fond & d'ébauches ſe couchent ſur toutes les autres.

La *Peinture ſur le verre*, ne ſe fait pas ſeulement à huile, mais encore de cette même maniere avec des couleurs à gomme & à colle qui paroiſſent avec plus d'éclat qu'à huile. L'ouvrage fini, ſoit à huile ou à détrempe, on couvre toutes les couleurs avec des feuilles d'argent, ce qui redouble l'éclat de celles qui ſont tranſparentes comme ſont les laques & les verts. Il y a une autre ſorte de Peinture ſur le verre pour faire des vitres. Le travail s'en fait avec la pointe du pinceau, principalement pour les carnations, & quant aux couleurs, on les couche détrempées avec de l'eau & de la gomme, comme l'on fait en miniature. Quand on peint ſur le verre blanc, & que l'on veut donner des rehauts, comme pour marquer les poils de la barbe, les cheveux, & quelques autres éclats de jours, ſoit ſur les draperies, ſoit ailleurs, on ſe ſert d'une petite pointe de bois ou du bout du manche du pinceau, ou bien d'une plume, pour enlever de deſſus le verre la couleur que l'on a miſe dans les endroits où l'on ne veut pas qu'il en paroiſſe. M. Felibien qui parle ainſi de toutes ces ſortes de Peintures, dit que les matieres neceſſaires pour mettre les vitres en couleur, ſont les pailles ou écailles de fer qui tombent ſous les enclumes des Maréchaux lorſqu'ils forgent, le ſablon blanc, ou les petits cailloux de riviere les plus tranſparens, la mine de plomb, le ſalpêtre, la rocaille, qui n'eſt autre choſe que ces petits grains ronds, verts & jaunes que les Merciers vendent, l'argent, le harderie, le perigueux, le faphre, l'ocre rouge, le gip ou plâtre transparent comme le talc & la litarge d'argent. L'on broie toutes ces couleurs chacune à part, fur une platine de cuivre un peu creufe, ou dans le fond d'un baffin avec de l'eau où l'on aura mis diffoudre de la gomme arabique.

Il y a une autre forte de Peinture, que l'on appelle *Peinture en émail*, qui fe fait fur les métaux & fur la terre avec des émaux recuits & fondus. Autrefois tous les ouvrages d'émail tant fur l'or que fur l'argent & le cuivre, n'étoient pour l'ordinaire que d'émaux tranfparents & clairs, & quand on employoit des émaux épais, on couchoit feulement chaque couleur à plat & féparément, comme l'on fait encore quelquefois pour émailler certaines pieces de relief. Auffi n'avoit-on pas trouvé la maniere de peindre comme l'on fait aujourd'hui avec des émaux épais & opaques, ni le fecret d'en compofer toutes les couleurs dont l'on fe fert à prefent. Pour employer les émaux clairs, on les broie feulement avec de l'eau, à caufe qu'ils ne peuvent fouffrir l'huile comme les épais. On les couche à plat, bordés du métal fur lequel on les met. Toutes fortes d'émaux ne s'employent pas indifferemment fur toutes fortes de métaux. Le cuivre qui reçoit tous les émaux épais ne fçauroit fouffrir les clairs & les tranfparents, mais l'or reçoit parfaitement auffi bien les clairs que les opaques.

PEL

PELADE. f. f. Maladie du cuir qui fait tomber le poil. Elle eft caufée par une humeur fereufe, qui ronge la racine des cheveux.

PELAGE. f. m. Qualité du poil d'une bête. On dit dans ce fens qu'il y a des vaches rouffes, noires, & de toute forte de pelage. On s'eft fervi auffi autrefois du mot de *Pelage*, pour fignifier, Un ancien droit qui fe levoit fur les peaux.

PELAGIENS. f. m. Heretiques qui enfeignoient que le peché d'Adam, n'avoit été dommageable qu'à lui feul, & non à fes Defcendants, & qu'il feroit mort quand même il n'eût pas peché. Selon leur doctrine, les hommes ne contractoient point le peché originel en naiffant, & pouvoient faire leur falut par les feules forces de la nature, & fans aucun fecours de la Grace, de forte que les petits Enfans n'avoient point befoin du baptême pour être fauvés, & jouiffoient de la vie éternelle, mais hors le Royaume de Dieu. Ils furent condamnés par divers Synodes, & enfuite par le Concile d'Ephefe. Le nom de *Pelagiens*, leur fut donné de Pelagius natif d'Ecoffe, Moine à Rome & Ancien fous Theodofe le Jeune, trois cens quatre-vingts-deux ans après JESUS-CHRIST.

PELARD. adj. On appelle *Bois pelard*, Celui dont l'écorce a été ôtée pour faire du tan.

PELARDEAUX. f. m. p. Terme de Marine. Morceaux de planches qui font couverts de poix, de bourre, & de brai, & dont on fe fert à boucher les efcubiers ou les trous qui ont été faits dans un combat par le canon ennemi.

PELASTRE. f. m. La partie la plus large de la pelle, & qui ordinairement a des rebords.

PELERIN. adj. Il y a une forte de Faucon, appellé *Faucon pelerin*, à caufe qu'il eft oifeau de paffage.

PELECTE. f. f. Vieux mot. Petite peau, épiderme.

PELISSON. f. m. Vieux mot. Sorte d'habit ancien qu'on faifoit de peaux.

Veftoit un peliffon ermin,
Sa fambue d'un drap fanguin.

M. Ménage fait venir ce mot de *Pellicium*, ou *Pellicio*, employé par les Auteurs Latins, ou de l'Italien, *Pelliccia*.

PELLE. f. f. Inftrument de fer, dont on fe fert pour prendre du feu, des balieures & autres chofes femblables. Il eft compofé d'un pelaftre avec des rebords, & d'un manche, au bout duquel il y a ordinairement un bouton de fer.

On nomme auffi *Pelle*, Un Inftrument de bois qui eft compofé d'un manche, & d'une partie appellée le plat de la pelle. On s'en fert pour prendre du fumier, de la terre, & pour remuer du blé, de l'avoine, & autres chofes. On enfourne auffi du pain avec une pelle.

PELLICAN. f. m. Oifeau aquatique qui a une efpece de hupe. Il approche de la forme du Heron, & a un fac ou poche de cuir fous la gorge, pour mettre le poiffon qu'il prend. Cet oifeau fait fon nid autour des lacs, & fe ferpent lui fue fes petits.

On appelle auffi *Pellican*, Une forte d'oifeau fort rare qui naît dans les deferts, & que l'on dit aimer fes petits jufqu'à fe faire mourir pour leur conferver la vie. Quelques-uns font venir ce mot du Grec πιλεκυς, Hache, à caufe que le Pellican a un bec large en forme de hache.

Pellican. Vaiffeau de Chymie qui eft fait ordinairement de verre avec des anfes creufes & percées. On s'en fert pour corporifer les efprits ou volatilifer les corps par circulation, & les réduire dans leurs plus petites parties.

Les Chirurgiens appellent auffi *Pellican*, Une forte d'inftrument dont ils fe fervent pour arracher les dents. Il y a une ancienne piece d'artillerie à laquelle on donne ce même nom. C'eft un quart de coulevrine qui porte fix livres de boulet.

PELOIR. f. m. Sorte de rouleau de bois long d'environ un pié & demi, dont les Megiffiers fe fervent pour faire tomber le poil de deffus la peau des brebis & des moutons qu'ils paffent en megie.

PELOTE. f. f. Maffe que l'on fait de plufieurs chofes en forme de boule. Les Pêcheurs font des Pelotes de terre & de vers, qu'ils jettent aux poiffons pour les amorcer; & ils difent *Pelotter*, pour dire, Jetter aux poiffons ces petites Pelotes de mangeaille.

Pelote. Petit coffret dans lequel les Dames ferrent leurs boucles, leurs bagues & autres chofes dont elles ont befoin à leur toilette, & qui eft rembourré fur le deffus pour y fourrer leurs épingles.

Peloto, fe dit auffi d'une marque blanche qui eft au front d'un Cheval. On l'appelle autrement *Etoile.*

PELOTE MARINE. f. f. Matthiole dit que c'eft s'abufer, que de prendre pour Adarca, ainfi que font quelques-uns, la Pelote-marine, qui croît feulement dans la mer, & non au marais d'eau douce, & qui ne fe trouve point attachée aux herbes ni aux rofeaux, mais fur la greve, parmi la mouffe marine jettée à bord par les flots. Elle eft femblable aux pelotes de poil qu'on trouve attachées à l'eftomac des chevreaux qui ont amaffé ce poil en tirant le lait pour leur nourriture, & n'eft ni mordante ni brûlante au goût. Galien parlant des médicamens ordonnés pour nourrir & épaiffir les cheveux, & empêcher qu'ils ne tombent, la nomme ερμεν θαλασσια; & Nicolaus Myrepficus la met en certain onguent qu'il ordonne pour les vers, difant qu'il faut prendre la Pelote-marine qui fe trouve en la mer, & qui eft ronde & amaffée en forme de laine.

PELOTON.

PELOTON. f. m. *Espece de boule que l'on forme en devidant du fil, de la laine, de la soie, &c.* ACAD. FR. *Peloton*, se dit aussi d'une maniere de petit coussinet, rempli ordinairement de son, & couvert de serge, ou d'étoffe de broderie ou de soie. Les petites filles portent ordinairement un Peloton pendu à leur ceinture pour y ficher des épingles.

On appelle *Peloton*, en termes de guerre, Un petit corps d'Infanterie de quarante ou cinquante hommes qu'on poste dans les intervalles des escadrons pour soûtenir la Cavalerie. On les poste aussi dans des embuscades, dans des défilés & autres lieux où il ne faut pas des Escadrons ou des Regimens entiers.

PELUCHE. f. f. *Sorte de panne dont le poil est plus long que celui de la panne ordinaire.* ACAD. FR. C'est une étoffe toute de soie, dont les filets traversans sont coupés comme ceux de la panne & du velours, mais dont le poil est laissé plus long. Les Fleuristes appellent *Peluche*, Le velouté de la fleur de l'anemone, & ils disent *L'anemone peluchée*, pour dire, Embellie d'une Peluche.

PEN

PEN. f. m. Vieux mot, qui selon Bochart, a signifié la tête. Borel dit qu'il vient de *Pennin*, qui étoit un Dieu que les Gaulois adoroient sur les sommets des montagnes; ce qui a fait appeller les Alpes *Mont Pennin*, ou *Mont Apennin*.

PENAILLONS. f. m. p. Vieux mot. Haillons.

PENALITE'. f. f. Vieux mot. Peine.

Charnalité, c'est vileté, penalité,
Et beaucoup plus que d'un homme yvre.

PENANCE. f. f. Vieux mot. Penitence, d'où l'on a fait *Penancier*, pour dire, Penitencier.

Et passerent par Notre-Dame,
Là où il vit le Penancier
Qui confessoit homme ou femme.

PENDANT. f. m. Les Horlogers appellent *Pendant*, La partie de la montre où est attachée un anneau dans lequel on passe un ruban.

On appelle *Pendants de baudrier*, Les parties du baudrier qui pendent au bas, & au travers desquelles on passe l'épée.

Les Dames appellent *Pendants d'oreille*, Les parures de pierreries qu'elles attachent aux boucles qu'elles portent à leurs oreilles. Les curieux donnent ce même nom de *Pendants d'oreille*, à deux tableaux ou autres pieces curieuses appariées, & qu'on ne peut séparer, en sorte qu'on ne vend jamais l'un sans l'autre.

Pendant. Terme de mer. Longue banderole qui est ordinairement d'étamine, & que l'on arbore aux vergues & aux hunes pour faire quelque signal, ou pour servir d'embellissement. On l'appelle autrement *Flame.*

Pendant. Terme de Blason. Il se dit des parties qui pendent au lambel au nombre de deux, trois, quatre, cinq, &c. que l'on specifie en blasonnant. *De gueules au lambel d'argent de deux pendants.* Sa situation naturelle est d'être proche du chef.

PENDELOQUE. f. f. Petit morceau de cristal taillé en poire qu'on fait pendre à un lustre, à un chandelier, à une corbeille pour leur servir d'ornement.

On appelle *Pendeloques de diamans*, Des pierreries qui pendent aux boucles ou pendans d'oreilles.

Tome II.

On appelle aussi *Pendeloques* par dérision, Les pieces d'étoffe qui pendent lorsque quelque habit est déchiré.

PENDENTIF. f. m. Terme d'Architecture. Le corps d'une voute compris entre les arcs doubleaux, ogives & formerets. On appelle *Pendentif de Valence*, Une espece de voute en maniere de cu de four racheté par quatre fourches, & l'on a donné ce nom à cette voûte, à cause que la premiere a été faite à Valence en Dauphiné. *Pendentif de moderne*, se dit de la portion d'une voute Gothique entre les formerets, arcs doubleaux, ogives, liernes & tiercerons.

PENDEUR. f. m. Bout de corde moyennement longue à laquelle tient une poulie pour passer la manœuvre. On appelle *Pendeurs de balancines*, Ceux qui sont passés à la tête des grands mâts & des mâts de misaine, qui pendent sous les hunes & où sont passées les balancines. Les *Pendeurs de bras*, sont frappés aux bouts des vergues; c'est où les bras sont passés. Les *Pendeurs de caliornes*, servent à tenir les poulies de caliorne des deux mâts. Ils sont frappés & passés comme ceux des balancines. Il y a aussi des *Pendeurs de palan.* C'est où tiennent les poulies où les palans des deux mâts se passent. Le grand palan cui est à l'étai n'a point de Pendeur. Les Provençaux les nomment *Pendeurs.*

PENDRE. f. m. Arbre de l'Isle de Madagascar, dont les feuilles sont fort aigues au bout, & poussent plus haut que celles de l'aloë. Il produit dix ou douze fleurs blanches d'une merveilleuse odeur que les Femmes font infuser au Soleil dans leur huile de Sesame.

PENDULE. f. m. Poids attaché à une corde ou à une verge de fer, qui étant une fois tiré du point de repos, fait plusieurs vibrations jusqu'à ce qu'il se soit remis en repos. Voyez VIBRATION.

PENDULE. f. f. Horloge de nouvelle invention qu'on fait avec une Pendule qui en rend le mouvement égal par le moyen d'une ligne cycloïde. La Pendule est meilleure que les horloges ordinaires. Il y a des Pendules de poche, qui sont de petites Montres dont M. Huguens a donné l'invention.

PENEAUX. f. m. p. Vieux mot, Haillons ou hardes menues, comme qui auroit dit *Paneaux*, Morceaux de drap, de *Pannus.* On s'est servi aussi de ce mot pour signifier les Pans d'une robe.

Faites-moi trousser mes peneaux,
Et dépouiller de mes drapeaux.

PENER. v. a. Vieux mot. Punir, tourmenter.

Sans lui qui se laissa pener,
Pour nous ôter hors de la peine.

PENES. Terme de Marine. M. Guillet dit que ce sont des bouchons d'étoupes à l'usage du calfateur; qu'ils sont attachés à un manche appellé *Le bâton à Vadel*, & qu'ils servent à goudronner le Vaisseau.

PENEUR, EUSE. adj. Vieux mot. Moqué. Borel dit que le mot de *Penaut* vient de-là, & qu'il signifioit autrefois Gueux, de *Pes* & de *Nudus*, Nuds piés, comme n'ayant point dequoi avoir des souliers.

PENGUIN. f. m. Oiseau marin du genre des oyes qui se trouve vers le détroit de Magellan. Il est de la grosseur d'une grande oye, en sorte qu'il y en a qui pesent jusqu'à seize livres. Les plumes qu'il a sur le dos sont noires, & il en a de blanches sous le ventre. Il a le col court & gros, & ceint comme d'un collier de plumes blanches. Sa peau est aussi épaisse que celle d'un pourceau. Il n'a point d'ailes,

B b

mais deux petits ailerons comme de cuir qui lui pendent des deux côtés en façon de petits bras. Ils sont couverts en haut de plumes blanches, courtes, étroites, & entremêlées de noires. Ces ailerons lui servent à nager, & non à voler. Les Penguins sautent la plûpart du tems dans l'eau, & ne viennent à terre que quand ils y veulent éclorre leurs petits. Ils ont le bec plus grand qu'un corbeau, mais non pas si élevé, la queue courte, les piés noirs & plats, de la forme de ceux d'oye, quoiqu'un peu moins larges. Ils marchent la tête élevée & droits, laissant pendre leurs ailerons le long de leurs côtés, comme si c'étoient des bras, en sorte qu'à les voir de loin, on les prendroit pour de petits hommes. On tient qu'ils ne vivent que de poisson; ils ne le sentent pourtant pas, & ont le goût assés bon. Ils creusent des trous très-profonds sur le rivage, & le plus souvent ils s'y cachent trois ou quatre.

PENIDES. s. m. Terme de Pharmacie. Medicament très-blanc fait de sucre cuit dans une décoction d'orge jusqu'à ce qu'il ait acquis une consistance ductile, ensorte qu'il puisse être manié, tiré & mis en bâtons entortillés en forme de corde. Les Arabes appellent les Penides *Alphenic*, à cause de leur blancheur. Ce medicament est très-convenable à la toux, à l'enrouement, à l'âpreté & sécheresse de la trachée-artere. Il est bon aussi pour faciliter les crachats & pour remedier à toutes les incommodités des poumons & de la poitrine.

PENIL. s. m. Partie anterieure de l'os barré qui est autour des parties naturelles, où croît du poil qui est la marque de la puberté dans l'un & dans l'autre sexe.

PENITENCIER. s. m. Grand Vicaire de l'Evêque pour tout ce qui regarde le tribunal de la conscience; ce qui lui donne le pouvoir d'absoudre de tous les cas dont il n'y a que l'Evêque ou l'Archevêque qui puisse donner l'absolution. La Dignité de Penitencier est établie dans toutes les Eglises Cathedrales. Le Pape a aujourd'hui son Grand Penitencier qui est Cardinal & Chef de plusieurs autres Prêtres Penitenciers, qui étant établis dans les Eglises Patriarchales de Rome, viennent le consulter dans les cas où ils ne sont pas assés éclairés. Il y a sous lui un Regent de la Penitence, & vingt-quatre Procureurs ou Défenseurs de la sacrée Penitencerie.

PENITENS. s. m. Religieux du tiers Ordre de S. François, qu'on tient que le Pape Nicolas IV. a fondés. Ils sont habillés d'une grosse étoffe grise, ainsi que les Capucins, dont ils different, parce qu'ils n'ont point de capuce en pain de sucre, & qu'ils marchent avec des hautes sandales. On appelle à Paris ces Religieux *Piquepuces*, à cause d'un petit Village du même nom qui est au bout du Fauxbourg saint Antoine, & où ils ont un Couvent. Il y a aussi des Religieuses à Paris, que l'on appelle *Filles Penitentes*.

Penitens, se dit encore de certaines Confrairies de gens seculiers, qui s'assemblent pour faire des prieres. Quand ils font des processions, ils y vont nuds piés & le visage couvert d'un linge, se donnant la discipline jusqu'à faire ruisseler le sang. Il y a des Penitens blancs en Italie, à Avignon & à Lyon. Il y a aussi des Penitens bleus & des Penitens noirs. Ces derniers assistent les criminels, & ont soin de leur donner la sepulture.

Les *Penitens* de la primitive Eglise étoient ceux à qui des crimes publics faisoient imposer des peines publiques. Il leur étoit défendu de demeurer dans l'Eglise pendant le Sacrifice de la Messe, & ils

n'étoient point admis aux Sacremens ni aux Ordres, ni aux mariages. Ils ne pouvoient même entrer en aucune dignité. S'il y avoit quelques gens de guerre du nombre de ces penitens, on les obligeoit de poser les armes. Il falloit qu'ils coupassent leurs cheveux & changeassent leurs habits, & qu'ils allassent toûjours à pié, sans se servir d'aucune voiture.

PENNACHE. s. m. On prononce *Panache*. Tour ou bouquet de plumes d'Autruche. ACAD. FR. Nicod dit sur ce mot. *Pennache est un plumar ou plumas, c'est-à-dire, un bouquet de plumes à chapeau ou bonnet, combien qu'on use de ce mot Pennache pour une grande plume recourbant sur le chapeau. Cette forme de vocable est imitée de l'Italien qui dit* Pennachio, *comme* Pistache *de* Pistachio. Voyez PANACHE.

On appelle *Pennaches de mer*, Certains petits arbrisseaux marins qui se trouvent dans les Isles Antilles de l'Amerique, & qui sont de differentes couleurs selon la qualité des rochers où ils ont leur racine. Ils sont de figure plate, & il semble que ce soient de grandes feuilles toutes percées à jour par une infinité de petits trous. Leur bois est pliant & souple comme de la baleine, & tous leurs petits branchages confus sont enduits d'un limon enduci, coloré en divers endroits de jaune, de blanc & de violet, ce qui les fait paroître au fond de la mer comme de fort beaux pennaches.

Pennache. Terme de Blason. Il se dit des plumes d'oiseau mises sur le chapeau pour orner la tête quand on les peint sur des écus. *D'azur à l'épée d'argent, la garde en haut d'or, accostée de deux Pennaches adossés d'or.*

PENNAGE. s. m. Terme de Fauconnerie. Tout ce qui couvre le corps de l'Oiseau de proie, dans lequel on compte quatre sortes de pennage; le duvet, qui est la petite plume la plus proche de sa chair; la plume menue, dont tout son corps est couvert; les grandes plumes de la jointure des ailes, & celles qui s'étendent jusqu'à la penne du bout de l'aile.

PENNE. s. f. Grosse plume d'oiseau de Fauconnerie. Il vient du Latin *Penna*, Grosse plume.

Pennes, signifie aussi les petites plumes qu'on met au bout d'une fleche ou d'un matras, afin de les faire aller droit. C'est-là qu'est venu *Trait bien empenné*, & *Matras desempenné*. On faisoit ces pennes avec des plumes d'oye ou de grue.

Penne. Terme de Marine. Le point ou le coin d'en haut des voiles latines ou à tiers point. On dit *Faire la penne dans une Galere*, pour dire, Joindre la longueur de son antenne à la longueur de son arbre; ce qui fait que la penne de la voile répond au bâton de l'étendart. Cela fait une élevation où l'on ordonne à un mousse de monter, quand on veut faire quelque découverte.

Nicod qui explique *Penne* par Plume. *Les François de jadis*, continue-t-il, *par ce mot* Plume, *n'entendoient sinon celle qu'on porte aux chapeaux, bonnets, chanfrains des chevaux, & sur les pommes des liêts de parement; mais ceux de present qui ont naturalisé tous les mots & prononciations d'estranges pays les preferans aux leurs propres, usent de* Pennache *pour ce même, l'empruntans de l'Italien* Pennachio. *Les Faulconniers usent dudit mot*, Penne, *pour toutes plumes grosses ou menues d'oiseaux de Faulconnerie. Les Charpentiers par metaphore en usent pour les chevrons d'un feste, d'autant que lesdits chevrons procedans par flanc dudit feste, ressemblent aux ailes espanies d'un oiseau volant. Penne, aussi se prend pour l'aileron d'un traict ou fleche,*

PEN

autrement appellé Pennon. Selon ce, on dit Un traict empenné, & pour l'aile de la voile enfilée en bouline. Selon ce, on dit, Bouter vent en penne.

On a dit Pennes dans le vieux langage, pour dire, des Draps, du Latin Pannus.

Où font ces lits parez, couverts
De tant de couverteurs divers,
De plices, de pennes fi fines.

PENNON. f. m. Sorte de banniere, appellée autrement Pannonceau & Pennonceau, venant auffi de Pannus. C'étoit une piece de drap fendue en deux & taillée à la maniere des banderoles qu'on voit aux girouettes des tours. On lit dans Alain Chartier : *Havart, l'Efcuyer trenchant, monté fur un grand deftrier, portoit un pennon de veloux azuré à quatre fleurs.* Le Pennon étoit proprement l'Enfeigne ou Cornette d'un Capitaine de Cavalerie, où fes Armes étoient peintes, toute laquelle il y avoit le Pennon Royal. On appelle encore à Lyon *Pennonages*, Certaines Compagnies des quartiers, & leurs Chefs s'appellent *Capitaines pennons*. Pennon, dit Nicod, *eft l'enfeigne & eftendar d'un Gentilhomme Bachelier, & a la queue longue, en quoi gift la difference d'entre Pennon & Banniere, d'autant qu'en la création de Banneret ou Baron on lui coupe la queue de fon pennon pour lui donner Banniere. Il fe prend auffi au pluriel pour les aillerons qu'on cole & met aux deux côtés d'un traict, dard ou fleche, pour les faire en defcochant aller droit, fans balancer çà ne là ; mais en cette fignification ci, la raifon du mot n'eft celle de la premiere fignification, ains differente, eftant ces aillerons ci appellez Pennons, parce qu'ils font faites de penne de grue ou d'oye.*

On appelle, en termes de Blafon, *Pennon Genealogique*, un Ecu rempli de diverfes alliances des Maifons dont un Gentilhomme eft defcendu. Il doit comprendre les armes du pere & de la mere, de l'ayeul & de l'ayeule, du bifayeul & de la bifayeule, & fert à faire fes preuves de nobleffe.

PENOMBRE. f.f. Les Aftronomes appellent ainfi cette partie qui eft entre la vraie ombre & la lumiere éclatante, dans laquelle il eft prefque impoffible de déterminer où l'ombre commence, & où finit la lumiere. La Penombre rend douteux le commencement & la fin d'une éclipfe. Ce mot vient du Latin *Penè*, Prefque, & de *Umbra*, Ombre.

PENONCEL. f. m. On appelloit ainfi autrefois le floquet qu'on mettoit auprès du fer des lances.

Et Gauvain par le penoncel
Print la lance au vert lioncel.

PENRE. v. a. Vieux mot. Prendre. On trouve ce mot dans la Coûtume du Beauvoifis citée par M. Galland au Franc alleu. *Et fe liquens s'apperçoit que il ait en ce Comté nul rez à luez, il les puez penre, en son eft tenu à nul vendre, pource que il eft fires de fon droit, de ce qui eft tenu en aluez, en ce Comté.*

PENS. f. m. Vieux mot. Penfée. C'eft-là qu'on dit encore *Guet à pens*.

PENSE'E. f. f. *Production de l'efprit qui penfe; ce que l'on penfe*. A C A D. F R. Penfée, eft auffi un mot de peinture, & veut dire, Efquiffe. On dit d'un Deffein qui n'eft pas fini, que *C'eft une premiere penfée.*

Penfée. Sorte de fleur qui eft compofée de cinq petites feuilles, chacune defquelles eft embellie de couleur de pourpre, de jaune, & de blanc. Lorfque Matthiole en parle, il dit qu'aux mois de Mai & de Juin on trouve des fleurs rouges au deffus, blanches au milieu, jaune au deffous, qui font fort belles à voir, & faites en façon de violettes de Mars, quoiqu'elles ne fentent rien. La plante

Tome II.

qui les porte, ajoûte-t-il, jette d'abord fes feuilles rondes & dentelées tout autour ; & elles s'étendent en longueur lorfqu'elles viennent à croître. Ses tiges font en triangle, creufes & crenelées, comparties également par certains nœuds, & de ces cavités de ces tiges fortent de petits rameaux qui portent la fleur. Quelques-uns l'appellent *Jacea*, & d'autres *Herba Trinitatis*, à caufe des trois couleurs de fes fleurs. Le même Matthiole dit qu'il ne fçait fi c'eft la *Jacea*, que quelques modernes eftiment fi fort pour remedier aux defcentes des boyaux. Il y en a qui la tiennent bonne à ceux qui ont peine à refpirer, & aux inflammations du poumon. Elle eft bonne auffi à la gratelle, & fert à faire partir les taches du vifage. Il s'en trouve de deux efpece, l'une grande & l'autre petite. Les fleurs de cette derniere ne font que de deux couleurs, bleues & blanches, ou jaunes & blanchâtres. On les tient fingulieres toutes deux aux tranchées des petits enfans, & fur-tout leur eau prife en breuvage.

PENTAGONE. f. m, Polygone qui a cinq angles & cinq côtés. C'eft cette figure que l'on choifit d'ordinaire pour le deffein d'une Citadelle, & l'on fait un baftion à chaque angle. Ce mot vient du Grec *πέντε*, Cinq, & de *γωνία*, Angle.

Les Medecins ont donné le nom de *Pentagone* au mufcle pectoral, à caufe de fa figure.

PENTAPASTE. f. m. Machine à cinq poulies, dont il y en a deux en la partie inferieure & trois en la fuperieure. On s'en fert pour élever des fardeaux. Ce mot eft formé du Grec *πέντε*, Cinq, & de *πάω*, Je tire.

PENTE. f. f. Inclinaifon peu fenfible d'un lieu haut vers un lieu plus bas. Elle fe fait d'ordinaire, afin que les eaux puiffent s'écouler facilement. On la regle à tant de lignes par toife, tant pour le pavé & les terres, que pour les canaux des aqueducs & conduits, & pour les chefneaux & les goutieres des combles. On appelle *Pente de comble*, l'Inclinaifon d'un de fes côtés qui le rend plus ou moins roide fur fa hauteur par rapport à fa bafe.

PENTIERE. f. f. Sorte de grand filet propre à prendre des beccaffes & autre gibier. Ce filet fe fait de mailles quarrées & à lofanges.

PENTURE. f. f. Bande de fer qui fert à foûtenir une porte ou une fenêtre fur fes gonds On met deux ou trois pentures aux portes cocheres. Ce font des bandes ou barres de fer, plátes & percées tout du long pour les attacher contre la porte avec des cloux rivés en dedans, ou bien avec un crampon qui paffe par-deffus le collet de la bande, & qui traverfant la porte, eft rivé par l'autre côté fur le bois. Le bout de la bande eft retourné en rond de la groffeur du mamelon du gond, & refoudé fur la même bande. Il y a d'autres pentures qu'on nomme *Flamandes*. Elles font faites de deux barres de fer foudées l'une contre l'autre, & repliées en rond, pour faire paffer le gond. Après qu'elles font foudées, on les ouvre & on les fepare l'une de l'autre, autant que la porte a d'épaiffeur, après quoi on les courbe quarrément pour les faire joindre des deux côtés contre la porte. On met quelquefois des feuillages fur ces fortes de penture.

PEO

PEOTE. f. f. Efpece de chaloupe très-legere qui eft en ufage parmi les Veniciens. Comme cette forte de petit Vaiffeau va d'une très-grande vîteffe, ils s'en fervent quand ils veulent envoyer des avis en diligence.

Bb ij

PEP

PEPASTIQUES. f. m. Medicamens qui auffi-bien que les fuppuratifs, ont un grand rapport en humidité & en chaleur à notre nature. Toute la difference qu'il y a, c'eft que *les Pepaftiques ou Peptiques*, qui font les maturatifs, remettent les humeurs vitieufes & corrompues en un meilleur état, & les cuifent, & les fuppuratifs les convertiffent en pus. Ils font de confiftance emplaftique, pour empêcher que la chaleur naturelle ne s'exhale. Les graiffes des animaux domeftiques font de ce nombre, auffi-bien que le beurre, les figues graffes, la poix, l'encens, les racines de guimauve, de lis & les oignons, avec les feuilles d'ofeille, le bafilicum, & le diachylon. Ce mot vient du Grec *πεπαίνειν*, Cuire, Faire venir à maturité.

PEPERIN. f. m. Sorte de pierre grife & ruftique, qu'on employe à Rome dans les bâtimens.

PEPLIS. f. f. Herbe fort branchue & pleine de lait, que quelques-uns appellent *Pourpier fauvage*, & Hippocrate, *Peplion*. Elle croît aux lieux maritimes, & à fes feuilles femblables à celles des jardins, rondes & rougeâtres du côté qu'elles panchent vers la terre. Sa graine eft ronde & cachée fous fes feuilles. Le goût en eft cauftique & brûlant. Elle n'a qu'une racine menue qui n'a point d'ufage en Medecine.

PEPLUS. f. m. Herbe à peu près femblable à celle que l'on appelle *Peplis*, étant fort branchue comme elle, & pleine de lait. Ses feuilles font petites, & reffemblent à celles de rue. Elles font pourtant plus larges. Au-deffous elle jette une petite graine ronde, & moindre que celle du pavot blanc. Le Peplus a fa chevelure ronde ; ce qui le fait appeller *Efule ronde* par les Herboriftes. Il ne croît pas feulement aux jardins & parmi les vignes, mais auffi dans les terres incultes & abandonnées. Le lait qu'il jette eft femblable en toutes chofes à celui des Tithymales, & eft bon auffi à purger les humeurs.

PEPUSIENS. f. m. Heretiques qui débitoient leurs impietés dans le fecond fiecle, & qui furent ainfi appellés, de Pepufe, ville fituée entre la Galatie & la Cappadoce, où demeuroit Montanus, dont ils fuivoient les erreurs. Ils tenoient Pepufe pour la nouvelle Jerufalem prédite par les Prophetes, difant que c'étoit-là que nous jouirions de la vie eternelle. Ils tenoient les femmes meilleures que les hommes, & prétendoient que c'étoit d'une femme, & non pas d'un homme, que JESUS-CHRIST avoit pris fa forme ; ce qui étoit caufe qu'ils leur permettoient d'entrer au fervice des Eglifes, & en faifoient de Evêques & des Prêtres pour prêcher & adminiftrer les Sacremens.

PEQ

PEQUEA. f. m. Arbre du Brefil, où il y en a de deux efpeces. L'une porte un fruit femblable à l'orange, avec une écorce épaiffe, dans laquelle eft contenue une certaine liqueur mielleufe, qui ne cede en rien au fucre en douceur. Il y a quelques noyaux mêlés. Le bois de l'autre eft eftimé le plus dur & le plus pefant de tous ceux qui croiffent dans Pays. Il n'eft point fujet à pourriture. Les Portugais l'appellent *Setim*.

PER

PERCE', E'E. adj. Terme de Blafon. Il fe dit des pieces ouvertes à jour. *D'argent à une patte d'ours en pal, percée en rond de fix pieces, trois, deux & un.*

PERCEINTE. f. f. On appelle ainfi en termes de mer, des rebords, cordons, ou pieces de bois qui regnent en dehors le long du bordage d'un Navire, & qui fervent à la liaifon des tillacs. Quelques Charpentiers donnent le nom de Perceintes aux trois cordons les plus proches de la quille, & ceux qui font au deffus, ils les nomment *Liffes*, ou *Quarreaux*.

PERCE-NEIGE. f. f. Petite fleur blanche qui vient en Hiver, & qui pouffe à travers la neige.

PERCE-OREILLE. f. m. Petit infecte fait en forme de ver, qui fe change en Nymphe, & qu'on voit enfuite avec les ailes étendues. Les Latins l'appellent *Auricularia.*

PERCE-PIERRE. f. f. Herbe que l'on fait confire dans le vinaigre pour la manger en falade. Elle croît dans les rochers.

PERCER v. a. *Faire une ouverture de part en part.* ACAD. FR. *Percer*, en termes de Chaffe, fe dit d'une bête qui tire de long, & qui va fans s'arrêter lorfqu'elle eft chaffée.

PERCEUR. f. m. On appelle *Perceur*, en termes de mer, ceux dont le métier eft de percer les Navires pour les cheviller. Selon une Ordonnance du Roi de l'année 1681. la même perfonne peut exercer les métiers de Charpentiers, de Calfateur & de Perceur de Vaiffeaux.

PERCHANT. f. m. Oifeau que les Oifeliers attachent par le pié, & qui voltigeant autour du lieu où il eft attaché de cette forte, y fait venir les autres oifeaux, ce qui donne lieu aux Oifeliers de les attraper.

PERCHE. f. f. Poiffon d'eau douce, qui a la bouche petite, fans aucunes dents, le corps large & applati, couvert de petites écailles, avec deux nageoires au dos, deux autres auprès des ouyes, & une cinquiéme vers le trou par où il jette fes excremens. Il mange les autres poiffons & ne peut être mangé du brochet, à caufe d'un aileron piquant qu'il heriffe à fon approche. Il y a des Perches de mer auffi-bien que de riviere. On l'appelle en Grec *νίγρυ*, & quelques-uns le font venir de *νίγρυ*, Noir, à caufe que ce poiffon a des taches noires.

PERCHE. f. f. *Mefure ordinairement de dix-huit ou de vingt piés du Roi.* ACAD. FR. Les chaffeurs appellent *Perches*, les deux groffes tiges du bois ou de la tête du cerf, de daim, de chevreuil, où les Andouillers font attachés. Voici ce qu'a dit Nicod fur ce mot Perche. *C'eft un long bâton de moyenne groffeur qu'on couche par travers pour y mettre deffus quelque chofe. Sur de tels eftalle on les Faulcons, defquels on dit qu'Ils font en la perche, quand les Faulconniers les y ont mis. Mais les Veneurs par ce mot Perche, entendent le marrein de la ramure du cerf, parce qu'en icelle perche, font eftallez les antoillers, furantoillers, & autres cors & les efpois du cerf. On dit auffi Les perches du bouc fauvage, pour les cornes du bouc fauvage. Perche, en outre eft la mefure à laquelle font mefurez, & arpentez les bois, prez, paftis, terres, vignes, & autres chofes femblables, laquelle eft de vingt piés de long mefure de Roy, le pié étant de douze poulces, le poulce de douze lignes. Selon ce, on dit qu'Il y a cent perches à l'arpent.*

On appelle *Perches*, dans l'Architecture Gothique, Certains piliers ronds, menus & fort hauts qui font imités des perches qu'on employoit à la conftruction des premieres tentes & cabanes. Il y a trois ou cinq de ces piliers joints enfemble. Ils portent de fond, & en fe courbant par le haut, ils forment

les arcs & les nerfs d'ogives qui retiennent les pendentifs.

PERCHE', r'e. adj. Terme de Blafon. Il fe dit des
oifeaux fur la perche & fur les branches. *D'azur à
une fleur de lis d'or, & deux oifeaux de même, af-
frontez & perchez fur les deux retours.*

PERCOIRE. f. f. Efpece de virole de fer dont les
Serruriers fe fervent. M. Felibien dit qu'il y en a
de rondes, de quarrées, de plates ou barlongues
pour percer les pieces de fer ou d'acier à chaud & à
froid, & de petites à travailler fur l'étau. On dit
auffi *Perçoir*, pour dire, Une efpece de Villebrequin dont on fe fert pour percer les muids de vin &
les pieces de vinaigre.

PERCUNTATION. f. f. Vieux mot. Demande, enquête. Du Latin, *Percontari*, Demander, Interroger.

PERCUSSION. f. f. Terme de Phyfique. Impreffion
d'un corps qui frappe, qui tombe fur un autre. On
appelle *Inftrument de percuffion*, Un corps qui étant
frappé rend un fon fenfible. Ce mot vient du Latin
Percutere, Frapper.

PERDRIGON. f. m. Sorte de prune noire, vio'ette
ou blanche, dont le goût eft eftimé.

PERDRIX. Oifeau très-bon à manger, qui ne fe perche jamais fur les arbres. Il fait du bruit en volant,
& fon vol eft bas & de fort peu d'étenduë. Il y a
des Perdrix grifes qui font les plus communes, &
d'autres rouges qui font les plus groffes. Celles-
là ont les piés rouges auffi-bien que quelques plumes autour du col. Il y en a de blanches dans les
Alpes qui font velues par les piés. On dit que la femelle Perdrix pond fes œufs en deux endroits,
qu'elle en couve une partie & le mâle l'autre.

    Il fe trouve dans la Guadeloupe de trois fortes de
Perdrix, de rouffes, de grifes, & de noires, mais
à proprement parler, ce ne font que des Tourterelles. Ce qui donne fujet de le croire, c'eft qu'elles
n'ont pas la chair courte comme les Perdrix de
France, & qu'elles fe perchent fur les arbres. Elles
ont d'ailleurs le bec droit, & ne pondent que deux
œufs, ne couvant ni ne menant leurs petits
quand ils font éclos, mais les appaftelant dans le
nid comme font les Tourterelles. Ce mot vient du
Grec *πέρδιξ*, en Latin auffi *Perdix*.

PEREGRIN. f. m. Vieux mot. Il fignifioit autrefois
Etranger, Pelerin. Aujourd'hui il n'a plus d'ufage
que joint avec Faucon. Ainfi on dit un *Faucon peregrin*, ou *Pelerin*, pour dire, Qui eft de paffage.
On a dit auffi *Peregrination*, pour dire, Un voyage
fait dans un pays éloigné.

PERFOLIATA. f. f. Plante qui produit des feuilles
graffes faites en rond, & pourtant pointues au bout,
prefque comme les feuilles des pois, & que divifent en long plufieurs groffes veines. Ces feuilles
fe tiennent étenduës par terre avant que la tige foit
jettée. Cette tige eft fort déliée, liffée, ronde &
branchuë. Matthiole dit que les feuilles qui viennent femblent en avoir été percées, deforte qu'à
fon avis on la devroit plûtôt appeller *Perforata* que
Perfoliata. Ses fleurs font jaunes & fortent d'une
maniere de petites têtes. Elles font feuilluës, en
façon d'étoiles, & font d'une bonne odeur. Elles
contiennent une graine noire, luifante, & plus
grande que celle de l'herbe à puces. Cette plante
vient parmi les blés, dans les prés & au bout des
champs. Elle fleurit en été, & n'a qu'une racine
qui eft capilleufe. Elle a un goût aftringent & un
peu amer. L'herbe cuite en vin ou reduite en poudre eft finguliere aux defcentes de boyaux, & refout les écrouelles. Enduite elle eft bonne à toutes
fortes d'inflammations.

PERGOUTE. f. f. Sorte de fleur blanche qui a quelque chofe de la Marguerite.

PERI, ie. adj. Terme de Blafon. On dit *Peri en
bande*, *en barre*, *en fautoir*, de ce qui eft mis dans
le fens de ces differentes pieces. *D'azur femé de
fleurs de lis d'or, au bâton de gueules peri en
bande.*

PERICARDE. f. m. Terme de Medecine. Membrane qui enveloppe le cœur. Elle ne le touche pas
immediatement, & lui laiffe affés d'efpace pour fe
mouvoir. Cette efpace eft plein d'une humeur fereufe qui reffemble à de l'urine dans laquelle il nage & fe meut. Ce mot eft Grec *περικάρδιον*, de *περί*,
Autour, & de *καρδία*, Cœur.

PERICARPE. f. m. Pellicule qui enveloppe le fruit ou
la fleur d'une plante. En Grec *περικάρπιον*, de *περί*,
Autour, & de *καρπός*, Fruit.

PERICRANE. f. m. Membrane épaiffe & folide, qui
environne le crane. On dit que le pericrane naît de
la dure mere, qui fortant par les futures du crane
par le moyen de plufieurs filamens, fait cette membrane épaiffe qui le couvre par dehors, à l'exception de l'endroit où les mufcles des temples ont leur
origine. Ce mot eft Grec *περικράνιον*, de *περί*, Autour,
& de *κρανίον*, Tête.

PERIDOT. f. m. Sorte de pierre pretieufe peu confiderable. Elle tire fur une couleur qui tient du vert,
& eft grande & nette. L'ufage en eft rare, à caufe
qu'elle eft fort difficile à tailler.

PERIER. f. m. Oifeau grand comme une alouette commune & de la même couleur.

    Perier, fe dit auffi d'un morceau de fer emman-
ché au bout d'une perche qui fert à faire l'ouverture des fourneaux, afin de faire couler le méta.
quand les Fondeurs veulent jetter quelque ouvrage
en bronze.

PERIGE'E. f. m. Terme d'Aftronomie. Point de l'ex-
centrique ou des autres planetes, qui eft le plus
proche de la terre, du Grec *περί*, Vers, & de *γαῖα*,
Terre. Voyez EXCENTRIQUE, APSIDES &
APOGE'E. Dans la theorie des planetes qui ont un
Epicycle, on confidere le Perigée de l'Epicycle,
auffi-bien que celui de l'Excentrique. Voyez EPI-
CYCLE.

PERIGUEUX. f. m. Mineral ou pierre noire, femblable à du charbon pefant. Cette pierre eft dure,
ce qui la rend difficile à mettre en poudre. Les
Emailleurs & les Potiers de terre fe fervent du Perigueux. Il faut prendre garde qu'il foit pur & net.
Les Verriers s'en fervent auffi pour donner une couleur de pourpre à leurs matieres. Cette pierre s'appelle autrement *Manganeze*. Les Ouvriers l'ont appellée *Perigueux*, à caufe de celle qu'on apporte
de Perigord.

PERIHELIE. f. m. Terme d'Aftronomie. Point du
cercle des planetes autour du Soleil, où elles font
les plus proches de cet Aftre, de *περί*, autour, vers,
& de *ἥλιος*, Soleil. A Perihelie s'oppofe *Aphelie*.
Voyez APHELIE.

PERIMETRE. f. m. Terme de Géometrie, circuit,
contour d'une figure, fomme de toutes les lignes
qui la terminent. Ce mot eft Grec *περίμετρος*, de *περί*,
Autour, & de *μέτρον*, je mefure. Voyez CIRCUIT,
& ISOPERIMETRE.

PERINE'E. f. m. Terme d'Anatomie. La partie qui
eft entre les parties naturelles de l'homme, & le fiege. En Grec *περίναιον* ou *περίνεον*, de *περί*, Autour, &
de *ναίω*, Habiter.

PERIODE. f. f. Revolution. Il fe dit proprement du
cours que fait un Aftre pour revenir au même point
dont il étoit parti. ACAD. FR. On appelle *Periode
de Methon*, la revolution de dix-neuf années, après

                                        B b iij

laquelle le Soleil & la Lune repaſſent les mêmes diſpoſitions où ils ſe ſont rencontrés, en ſorte qu'étantpartis d'un même point ils retournent au même endroit, ce qui fait que les nouvelles lunes reviennent aux mêmes jours des années ſolaires. Cette Revolution dite autrement *Cycle lunaire*, ou nombre d'or, a été nommée *Periode de Methon*, à cauſe que ce fut l'Aſtronome Methon, fils de Pauſanias, qui la publia l'an 4. de la 86. Olympiade, qui étoit l'an 341. de Rome, un peu avant le combat de la guerre Peloponneſiaque. Les Grecs l'appellent ἐννεαδεκαετηρὶς. La Periode, appellée *Periode Victorienne*, ſe forme par la multiplication du cycle ſolaire 28. & du cycle lunaire 19. Vingt-huit fois dix-neuf, ou dix-neuf fois vingt-huit, font 532. qui eſt le nombre de cette Periode, par laquelle on connoît que tous les changemens & toutes les differences qui ſe peuvent rencontrer entre les nouvelles lunes & les lettres Dominicales ſont enfermés dans le cours de cette revolution de 532. ans, après laquelle les combinaiſons des uns & des autres retournent dans le même ordre & continuent dans la même ſuite. La *Periode Julienne*, eſt un cercle de 7980. années conſecutives, compoſé des trois cycles, de celui du Soleil, de v.ngt-huit ans; de celui de la Lune, de dix-neuf ans, & de l'Indiction de quinze ans, multipliés les uns par les autres. Vingt-huit fois dix-neuf, ou dix-neuf fois vingt-huit font 532. nombre de la Periode Victorienne, & cinq cens trentedeux multipliés par quinze, ou quinze multipliés par cinq cens trente-deux, font en tout 7980. Joſeph de l'Eſcale s'aviſa le premier au ſiecle paſſé de joindre ces trois cycles enſemble, & de multiplier par 15. la Periode de Victorius, natif d'Aquitaine, très-habile dans la ſcience des tems, qui vivoit ſous le Pontificat du grand ſaint Leon. On appelle cette grande revolution de 7980. années *Periode Julienne*, à cauſe qu'elle eſt compoſée d'années purement Juliennes, c'eſt-à-dire, Romaines, commençant en Janvier, ſuivant la correction de Jules Céſar, & que l'on réduit par ce moyen à cette ſorte d'année qui eſt plus parfaite que toutes les années des autres Nations, Judaïques, Grecques, Egyptiennes, Arabiques, &c. Ce nombre de 7980. ans contient toutes les differentes combinaiſons de ces trois cycles, leſquels pendant tout ce tems ne peuvent jamais ſe rencontrer plus d'une fois d'une même maniere. L'année où l'on auroit compté un de chacun des trois cycles, & qui par conſequent auroit été la premiere de la Periode Julienne, n'auroit pû être que longtems avant la creation du monde, ainſi l'on dit que la Periode Julienne a commencé avant le monde, pour déterminer combien il faut établir pour ſçavoir combien le monde a duré juſqu'à preſent. *Periode* eſt un mot Grec, περίοδος, de περὶ, Autour, & de ὁδὸς, Chemin.

PERIOECIENS. ſ. m. On appelle ainſi ceux qui habitent ſous le même Meridien & ſous le même parallele, mais non pas ſous le même demi-cercle du meridien, enſorte que le pole eſt entre deux. Les Perioeciens ont les mêmes ſaiſons en même tems, mais les uns ont le jour quand les autres ont la nuit. Ce mot vient de οἶκος, maiſon, περὶ, alentour, *ceux qui hab tent alentour*, parce qu'en effet les Perioeciens ſont autour d'un même pole.

PERIOSTE. ſ. m. Membrane ou petite peau qui enveloppe les os. Ce mot eſt Grec περιόςιον, de περὶ, A t ur, & de ὀςέον, Os.

PERIPATETICIENS. ſ. m. Nom qui fut donné aux ſectateurs d'Ariſtote, qui diſputoient dans le Lycée en ſe promenant. Ce mot eſt Grec περιπατητικὸς, de περιπατεῖν, Se promener.

PERIPHERIE. ſ. f. Terme de Geometrie. Quelques-uns s'en ſervent pour expliquer la circonference ou le tour d'un cercle, d'une ellipſe, d'une parabole, & d'autres figures ſemblables. C'eſt ce que les Artiſans appellent *Pourtour*. Ce mot eſt Grec περιφέρεια, de περιφέρω, Rond.

PERIPNEUMONIE. ſ. f. Terme de Medecine. Maladie qui conſiſte en une inflammation de poumon accompagnée d'une fievre aigue, & de beaucoup de difficulté de reſpirer. Ce mot eſt Grec περιπνευμονία, de περὶ, Autour, & de πνεύμων, Poumon.

PERIPTERE. ſ. m. On appelle ainſi dans l'Architecture antique un bâtiment environné de colomnes iſolées, & ayant une aile tout autour. Les Peripteres étoient des Temples qui avoient des colomnes de tous côtés. Ils differoient en cela du Proſtyle qui n'en avoit que devant, & l'Amphiproſtyle qui en avoit devant & derriere, mais qui n'en avoit aucune aux côtés. Ce mot vient du Grec περὶ, Autour, & de πτερὸ, Aile.

PERISCIENS. ſ. m. Nom qu'on donne à ceux qui habitent les deux zones froides ou glaciales depuis le cercle polaire vers les deux poles du monde. Ce mot eſt Grec περίσκιοι, de περὶ, Autour, & de σκία, Ombre, & ces habitans ont été nommés ainſi à cauſe que pendant ſix mois de l'année que le Soleil paroît continuellement ſur leur horiſon ſans ſe coucher, l'ombre tourne toûjours autour d'eux. Voyez AMPHISCIENS.

PERISTALTIQUE. adj. Les Medecins appellent *Mouvement periſtaltique*, Certain mouvement propre aux inteſtins. Il ſe forme par le moyen des fibres ou filamens tranſverſaux & circulaires de ſes tuniques, lorſque les boyaux ſe retirent & ſe reſſerrent d'en haut contre bas, afin de pouſſer dehors par leur compreſſion les humeurs nuiſibles & les excrémens. Ce mot eſt Grec περισαλτικὸς, Qui a la force de comprimer & de reſſerrer, de περὶ, Autour & de σέλλω, Envoyer, reſſerrer.

PERISTYLE. ſ. m. Terme d'Architecture. Lieu environné de colomnes, comme ſont les cloîtres. Le Periſtyle differe du Periptere en ce que ſes colomnes ſont en dedans, & que celles du periptere ſont en dehors. *Periſtyle* ſe dit encore quelquefois d'un rang de colomnes tant en dedans qu'au dehors de l'édifice. Ce mot eſt Grec περισύλιον, de περὶ, Autour, & de σύλος Colomne.

PERISYSTOLE. ſ. f. Terme de Medecine. Repos qui eſt entre les deux mouvemens du pouls, le mouvement de contraction ou de ſyſtole, & celui de dilatation ou de diaſtole. Ce repos n'eſt pas ſenſible. *Periſſtole* eſt un mot Grec compoſé de περὶ, ὃν, & de σέλλω, Arrêter, reſſerrer.

PERITOINE. ſ. m. Terme de Medecine. Membrane fort déliée, qui eſt la derniere des parties interieures du bas ventre. Elle reſſemble à une grande toile d'araignée, & renferme les entrailles & toutes les parties de la region inferieure. Cette membrane eſt double par tout, plus épaiſſe par derriere & plus déliée par devant. La veſſie eſt cachée dans l'intervalle de ces deux membranes, qui ſe doublent & ſe ſeparent en cet endroit-là Ce mot eſt Grec περιτόνιον, ou περιτόναιον, de περὶ, Autour, & de τείνω, Tendre.

PERLE. ſ. f. Dioſcoride & Galien n'ayant fait nulle mention des Perles, Matthiole ſe contente de rapporter ce qu'en a dit Pline qui en parle de cette ſorte. Il y a dans la mer des Indes des animaux qui produiſent les Perles, & on en trouve en fort grande quantité vers l'Iſle de Taprobane, & vers le cap de Perimula qui eſt aux Indes. Les plus eſtimées ſont celles qui viennent aux environs de l'Arabie dans la

mer Rouge qui eft du côté de la Perſe. Les coquilles où croiſſent les Perles ſont preſque ſemblables
aux coquilles d'huître, & quand la ſaiſon les porte à la generation, elles s'entr'ouvrent & baillent
de nuit, ſe rempliſſant d'une roſée dont elles conçoivent les Perles qu'elles rendent ſelon la qualité
de cette roſée. Si la roſée qu'elles ont reçûe eſt
pure, les Perles qui en ſont produites ont une blancheur admirable, & ſi elle eſt trouble, elles ſont
troubles de même. Si elles reçoivent beaucoup de
roſée, les Perles qui en viennent ſont fort groſſes,
& ſi elles en reçoivent peu elles ſont petites. Elles
ont peur du tonnerre, & ſe reſſerrent auſſi-tôt qu'elles l'entendent. C'eſt de là que viennent celles qui
n'ont aucune ſubſtance, & qui ſont pleines de vent.
Les Perles ſont molles & tendres tant qu'elles ſont
dans la mer, & elles s'endurciſſent dès qu'on les en
a tirées. Quelques-uns diſent que les groſſes Perles
commandent aux autres, & les conduiſent comme
le Roi des mouches à miel conduit les abeilles, ce
qui fait que les Plongeons ne cherchent qu'à prendre les Mere-perles, ſçachant qu'après cela les autres coquilles ne leur échappent pas. Quand on les
a priſes, on les couvre de ſel dans quelque vaiſſeau
de terre pour leur ronger & manger toute la chair,
ce qui étant fait, les perles tombent au fond du vaiſſeau, nettes & purifiées. Juba dit qu'en Arabie, il
y a une ſorte de Mere-perles, qui ſont épineuſes
ainſi que les heriſſons, ayant leurs pointes preſque
diſpoſées comme ſont les dents d'un peigne. Les
Perles qui ſont dedans ſe trouvent ſemblables à la
grêle. Il y a des Voyageurs qui aſſurent que dans
les regions meridionales, ils ont vû cent trente
Perles & quelquefois davantage dans une ſeule
Mere-perle. On diviſe les Perles en orientales &
occidentales. Les orientales ſont celles que l'on eſtime le plus, & particulierement celles qui ſont blanches, polies, peſantes, rondes, pures, tranſparentes & ſans nulle tache. Les occidentales ſont de
moindre prix. Elles ſe trouvent en Bohême & en
Cilicie, & ont plus de nacre que les autres. Ceux
qui ne ſont point de l'opinion de Pline, ſçût on que
les conques s'ouvrent, & conçoivent en avalant
de la roſée, diſent que les Perles ſont formées de
l'humeur excrementeuſe d'une eſpece d'huîtres qui
ſe trouvent dans la mer du Levant, & particulierement du côté des Indes en Perſe, & qu'elles ſont
adherentes à leur ſubſtance, preſque de la même
ſorte que les grains de ladrerie à la chair du pourceau, étant engendrées de la ſuperfluité de l'aliment de ces conques. Les Perles ſont aſtringentes;
auſſi s'en ſert-on pour arrêter le flux de ſang &
tout autre flux. On s'en ſert auſſi dans les ſynco-
pes, & où il s'agit de fortifier le cœur. Elles purifient le ſang, & ſont fort bonnes aux melancoliques. Elles ont auſſi la proprieté d'éclaircir la vûe,
& de nettoyer les dents. M. Ménage fait venir le
mot de Perle, de Perula, qui eſt de la baſſe Latinité. Hotman le dérive de Berlen, mot Alleman qui
ſignifie la même choſe. Selon du Cange, il vient
de Perla, ou Pernula, & il croit à cauſe que Pline
appelle Perna, les nacres de Perle. Saumaiſe prétend que c'eſt un mot corrompu du latin Pilula,
comme ſi on avoit voulu dire Parva pila. Nicod dit
que les Portugais appellent les Perles Perolas, d'où
Perle peut être venu par ſyncope. Il parle ainſi ſur
ce mot. *Perle eſt cette eau coagulée & endurcie com-*
me en pierre dans l'huître, après qu'elle s'eſt abbreu-
vée de la roſée du point du jour, ores claire & lui-
ſant, qu'on dit de belle eau, & ores lourche & de
mauvais luſtre, quand elle a humé le brouillard par-
mi. Ces huîtres, après eſtre tirées du fond de la mer,

eſtant miſes aux rayons du Soleil ſur un linceul uni-
dent leurs Perles. Les plus belles viennent des Iſles
du Gouffre de Perſe, meſmes de la plus grande d'i-
celles, appellée Barem, où la pêche de telles huîtres
eſt ordinaire és mois de Juin, Juillet, Aouſt. Perle de compte, eſt appellée celle qui eſt exquiſe en
grandeur & beauté, pour la cauſe de celle qu'on dit.
Semence de Perle; qui ſe vendent à l'once peſées
enſemble, combien que les groſſes ſe vendent auſſi au
poids du carat, ſean le Maire és illuſtrations de
Gaule. Le dernier prix eſtoit pour le behourd des
enfans d'honneur, dont le mieux faiſant avoit un
riche chapeau de Perle de compte.

On appelle *Perles baroques*, Celles dont la figure
eſt irreguliere, & qui ne ſont ni rondes ni faites en
poire, & *Perles Parangon*, Celles qui ſont d'une
groſſeur extraordinaire. En 1579. on en apporta une
à Philippe II. Roi d'Eſpagne, qui étoit taillée en
ovale & groſſe à peu près comme un œuf de pigeon.
On l'eſtimoit quatorze mille quatre cens Ducats.
L'Empereur Rodolphe avoit une Perle Parangon
qui peſoit trente carats. Elle étoit groſſe comme une
poire muſcade.

Perle d'Arbaleſte, ſe dit d'un grain que l'on paſſe
au travers d'un fil qui eſt attaché à la fourchette de
l'Arbaleſte. Cette perle ſert à guider l'œil de celui
qui tire.

On employe auſſi le mot de *Perle*, pour dire, Un
grain de quelque matiere que ce ſoit, que l'on paſſe
dans un fil, au bout duquel il y a un plomb qui ſert
à faire pluſieurs obſervations avec des inſtrumens de
Mathematique.

PERLURE. ſ. f. Grumeaux qui ſont le long des
perches & des andouillers de la tête du cerf, du
daim, du chevreuil, & qui ſont une croûte raboteuſe.

PERME. ſ. m. Petit vaiſſeau Turc fait en forme de
Gondole, dont on ſe ſert à Conſtantinople pour le
trajet de Pera, de Galata, & autres lieux,

PERMENABLEMENT. adv. Vieux mot. A
jamais.

PERNICIAL. adj. Vieux mot. Pernicieux.

PEROT. ſ. m. Terme des Eaux & Forêts. Chêne
ou autre arbre qui a les deux âges de la coupe du
bois.

PERPENDICULAIRE. adj. On appelle *Ligne per-*
pendiculaire, Une ligne droite qui tombant ſur une
autre ligne droite, fait les angles droits de part &
d'autre. Une ligne droite eſt perpendiculaire à une
courbe quand elle l'eſt à la *tangente* menée par le
point où la droite tombe ſur la courbe. Voyez.
TANGENTE. Des courbes de même ſont perpendiculaires l'une à l'autre quand les tangentes qu'elles ont au point où elles ſe rencontrent, ſont perpendiculaires. Quelquefois on appelle ſimplement:
Perpendiculaire ce qui eſt perpendiculaire à l'hori-
ſon, Ligne perpendiculaire, Plan perpendiculaire.

PERPENDICULE. ſ. m. Ce qui tombe à plomb. On
appelle le *Perpendicule d'une horloge*, d'un ni-
veau, d'un inſtrument de Mathematique, Le filet
qui tend en bas par le moyen d'un plomb que l'on
y attache.

PERRIERE. ſ. f. Carriere. On appelle ainſi particulierement les carrieres d'Angers, d'où l'on tire
l'ardoiſe.

PERRIQUE. ſ. f. Petit Perroquet, qui n'eſt pas
plus gros qu'un Merle, & qui n'a pas même quelquefois plus de corps qu'un Paſſereau. Les Perri-
ques ſont couvertes d'un plumage entierement vert,
ſi ce n'eſt que ſous le ventre & aux bords des aîles
& de la queue le vert tire ſur le jaune. Elles volent
par bande, & ſe branchent toûjours ſur les arbres

les plus verts & les plus feuillus, où on les entend
bien plûtôt qu'on ne les voit. Elles ont là ensemble
un jargon si éclatant qu'il n'y a rien de si impor-
tun , & si elles entendent qu'on parle bien haut,
elles haussent le ton de la voix afin d'avoir toûjours
le dessus. Elles apprennent fort aisément à chanter,
à parler, à siffler, & à contrefaire toutes sortes d'a-
nimaux, & ne laissent pas de retenir toûjours un
peu du sauvage, ce qui fait que quand elles peuvent
avoir la liberté, elles gagnent les bois, où elles meurent de faim , faute de sçavoir choisir les arbres sur
lesquels il y ait des graines qui leur soient propres,
pour avoir été nourris de jeunesse dans la cage où
elles trouvoient leur nourriture toute preparée.

PERRON. s. m. Lieu élevé devant un logis , où il
faut monter plusieurs marches de pierre. On appelle
Perron quarré, Tout Perron qui est d'équerre , &
Perron cintré, Celui dont les marches sont ou ovales ou rondes. *Le Perron à pans*, Est celui dont les
encoignures sont coupées, & le *Perron double*, Celui qui a deux rampes égales qui tendent à un même
palier.

   Perron, est aussi un mot qu'on trouve souvent
dans les anciens Romans , & qui s'est dit d'une sorte de barriere que mettoient les Chevaliers , qui
dans un Tournoi entreprenoient de défendre un
passage contre tous venans. Nicod en parle en ces
termes : *Perron est comme une base quarrée élevée sur
terre de cinq ou six piés de haut, où les Chevaliers
errans pendoient ou afficheoient leurs emprinses, pour
s'essayer aux estranges & faées adventures. Il étoit
fait pour la plûpart de marbre ou d'autre pierre, ou
bien de fer ou d'autre métail. L'usage en est écrit au
second livre d'Amadis de Gaule en ces mots.* Et à demi
trait d'arc près, tirant au jardin, planta un Perron
de fer de la hauteur de cinq coudées, *Et peu après.*
Lors fit apporter deux autres Perrons, l'un de marbre
qu'il mit à cinq pas près de la chambre , & l'autre
de cuivre à cinq autres pas plus avant ; puis écrivit sur celui de cuivre tels mots : *Selon la bonté du
Chevalier qui essayera l'adventure , il passera le Perron, les uns plus oultre , les autres moins.* Sur celui de
marbre ; *Nul ne s'adventure passer cette pierre pour
entrer en la chambre, s'il ne passe en Chevalerie Apolidon,* & sur l'entrée de la Chambre, *Celui qui en-
trera ceans excedera en armes Apolidon, & sera après
lui Seigneur de ce pays.* Et étoit forcé , avant que
d'approcher de cette chambre, toucher aux deux
Perrons, & là eux éprouver, &c. Et ordonna que
à ceux qui éprouveroient l'adventure des Perrons
pour entrer en la chambre défendue, s'ils ne passoient celui de cuivre , qu'il les désarmât , c'est-à-
sast & hors de l'Isle, & si d'adventure ils le franchis-
soient, que , à la difference des autres , l'épée seule
leur fût ôtée ; mais si quelque meilleur Chevalier
pouvoit venir jusques à celui de marbre , qu'il ne
lui fût ôté que l'écu. Toutefois s'il passoit outre
sans entrer en la chambre, que les éperons seuls
lui fussent déchaussés. *Et au chapitre second*, selon
la bonté & chevalerie de ceux qui ont voulu entrer
en la chambre défendue , leurs écus sont honorés,
& ceux que vous voyez près de terre , furent aux
Chevaliers qui n'ont approché le Perron de cuivre ,
mais les dix plus hauts y sont parvenus , & plus encores ont fait ceux à qui furent ces deux autres que
vous voyez séparés & au-dessus des autres , car ils
ont passé le Perron, sans toutefois approcher celui
de marbre , comme a fait l'autre , duquel l'écu est
élevé encores plus haut que ces deux tant estimés. *Par lequel discours & autre qui s'ensuit audit
chapitre , se peut voir que les Chevaliers anciennement
en un festin royal ou court planiere , ou autre grande as-*

semblée de haute court, usoient de cette assiette de Perrons en un pas de combat, qui étoit ouvert par les tenans, ausquels Perrons il convenoit aux assaillans combattre pour les franchir & avoir honneur en forçant le
pas , & aux tenans de les rebouter par force d'armes
& apertise au combat , & que c'étoit une mêlée cour-
toise des deux parts, à la semblance de celle qui est
à oultrance , & fer esmolu entre les assaillans & dé-
fendans une frontiere. On appelle Perron aussi cet accoudoir de pierre de taille à une ou deux montées de
quatre ou cinq marches de degrez chacune, qui est
élevé en la court d'une maison vis-à-vis de la porte du
corps d'hostel par laquelle on y entre. Quelques-uns
l'appellent Pierron.

PERROQUET. s. m. Oiseau qui vient des Indes
& de quelques contrées de l'Afrique, & qui imite le
langage humain & le cri des animaux. Il vit jusqu'à
cinquante ans , & est sujet à la goute. Il y a des
relations qui portent que dans les montagnes d'E-
thiopie , il se trouve des Perroquets qui ont la queue
longue d'un pié & demi , & que ceux-là n'apprennent point à parler. On en voit presque par
toutes les Antilles , & en si grande abondance, qu'ils
vont par troupes comme les étourneaux. Les Chasseurs les mettent au rang du gibier. Ils vivent de
fruits sauvages qui croissent dans les forêts , & le
goût de leur chair est bon selon la qualité de la
nourriture qu'ils y prennent. S'ils mangent de la
graine d'Acajou, leur chair a un goût d'ail assés
agreable. S'ils se nourrissent de la graine de bois
d'Inde , elle sent le cloud de girofle & la canelle, &
a un goût amer comme fiel lorsqu'ils mangent des
graines ameres. La nourriture de prunes de momins,
de cachimas & de gouyaves , les fait devenir si
gras, qu'ils semblent n'être qu'un morceau de graisse. La graine de coton les enyvre , & fait en eux
tout ce que l'excès du vin fait en l'homme. On les
prend alors avec beaucoup de facilité. Le Perroquet de la Guadeloupe est d'une beauté particuliere.
Il est presque de la grosseur d'une poule , & a le bec
& les yeux bordés d'incarnat, toutes les plumes de
la tête, du col & du ventre , de couleur violette ,
un peu mêlées de verd & de noir , & changeantes
comme la gorge d'un pigeon , tout le dessus du dos
d'un verd fort brun , trois ou quatre des maîtresses
plumes de ses ailes noires , & toutes les autres jaunes , vertes & rouges. Sur les deux gros de ses ailes
sont deux belles roses des mêmes couleurs. Quand
il herisse les plumes de son col , il s'en fait comme
une fraise autour de sa tête , où il se mire ainsi que
le paon fait dans sa queue. Il a la voix forte , parle
très-distinctement , & apprend en peu de tems
si on le prend jeune. Il y en a d'une autre sorte
en l'une des Isles appellées *Vierges*. Ils ne sont pas
plus gros , & ont presque la même figure que l'oiseau que les Latins nomment *Hupupa*. Ils sont d'un
plumage diversifié de tant de couleurs qu'ils réjoüis-
sent merveilleusement la vûe. Ils apprennent parfaitement bien à parler, & contrefont tout ce qu'ils
entendent. Les Perroquets font leurs nids dans de
certains trous d'arbres où l'oiseau nommé Charpentier a fait son nid l'année précédente. Leurs petits
ne sont jamais mouillés dans ces trous. Ils les font
en nombre impair , trois, cinq ou sept. Ce dernier
nombre est fort rare, & le premier le plus ordinaire.
Quand on les veut élever , il faut les dénicher pendant qu'ils sont jeunes. On ne sçauroit les avoir qu'en
coupant l'arbre par le pié , cet arbre étant si droit &
si haut qu'on n'y peut monter. Ainsi quelquefois l'arbre les tue en tombant, & de deux ou trois nichées
on en sauve peu. M. Ménage dit que le mot de Perroquet, vient de *Perret*, ou *petit Pierre*, & qu'on a
nommé

hommé cet oiseau ainsi, de même qu'on a appellé une Pie *Marget*.

On appelle aussi *Perroquet* dans les Antilles, Un certain poisson fait à peu près comme nos moyennes carpes, & dont toutes les écailles du dos sont d'un verd brun, & celles qui sont en bas jusques sous le ventre d'un vert plus gai. Il a les yeux fort étincelans, & les prunelles claires comme du cristal. Elles sont entourées d'un cercle argenté, enfermé dans un autre qui est d'un vert d'émeraude, comme les écailles de son dos. Il n'a point de dents, mais il a en la place deux petites pierres ou os fort durs, de même couleur que ses écailles, & divisés par petits compartimens. Il vit de poissons à coquille, & c'est avec ces dures machoires qu'il brise comme entre deux meules, les huitres, les moules & autres coquillages dont il se nourrit. Les ailerons qu'il a sur le dos sont si agreablement diversifiés de bleu, de jaune & de rouge, ainsi que sa queue, que quand il les étend, on ne voit point de Perroquets si beaux sur les arbres que ce poisson l'est dans l'eau. Il est très-bon à manger, & il y en a de si gros qu'ils pesent plus de vingt livres. Le Pere du Tertre dit qu'il en a vû des trompes dans les rochers des fontaines bouillantes, où il ne demeure qu'un pié ou deux d'eau, quand la mer est basse.

Perroquet. Terme de Marine. Mât le plus élevé du Vaisseau, arboré sur les hunes du grand mât & de la misaine, & sur celles du beaupré & de l'artimon. Celui qu'on met au-dessus du grand mât de hune s'appelle *Grand Perroquet*, & celui qu'on met sur le hunier de misaine, *Petit Perroquet*. On appelle *Perroquet de fougue*, Celui qui se met sur le mât de l'artimon, & *Perroquets volants*, Deux Perroquets qu'on met aussi facilement qu'on les ôte. On les hisse & on les amene de dessus le pont du Vaisseau. On appelle *Tems à perroquet*, Un beau tems de vent mediocre qui porte à route, car on ne met jamais la voile de Perroquet de gros tems, à cause que si le vent étoit forcé, celui qu'elle prendroit mettroit le Vaisseau en péril d'être renversé. On dit *Mettre le perroquet en banniere*, pour dire, Lâcher les écoutes de la voile de Perroquet, en sorte qu'on la laisse voltiger au gré du vent. Cela se pratique lorsqu'on veut donner de jour quelques signes.

PERSEA. s. m. Arbre qui vient en Egypte, & qui porte un fruit profitable à l'estomac, & bon à manger. Dioscoride dit que l'on trouve dans ce fruit des araignées, appellées φαλάγγια προσκολλώμλα, & que les feuilles de cet arbre, appliquées seches, arrêtent le flux de sang. Columelle a cru que Persea étoit notre Pêcher, & Matthiole fait voir son erreur. Theophraste dit, ainsi que Dioscoride, que c'est un arbre d'Egypte beau & grand, semblable au Poitier en feuilles, en fleurs & en branches, si ce n'est qu'il demeure toûjours vert. Il produit du fruit en quantité, & l'on en trouve sur l'arbre en toute saison. Ce fruit demeure un an à mûrir, & toûjours le nouveau vient sous le vieux. Il est gros comme une poire, longuet comme une amande, & de couleur verte. Il a un noyau comme la prune, mais moindre & plus tendre. Cet arbre produit de longues & grosses racines, en grande quantité, & son bois est dur & ferme. Galien qui a vû cet arbre à Alexandrie, dit que son fruit est si venimeux en Perse, qu'il fait mourir ceux qui en mangent, mais qu'ayant été transplanté en Egypte, il s'est si fort adouci, que l'on en mange comme des poires, ou des pommes, ausquelles il est assés semblable en grosseur.

PERSICAIRE. s. f. Plante, qui, selon Dioscoride, croît auprès des eaux dormantes, ou auprès de celles qui coulent fort lentement. Sa tige est nouée & ferme, ayant quelques concavités, d'où sortent ses feuilles, qui sont semblables à celles de mente, quoique plus molles, plus blanches & plus grandes. Elles ont le goût fort comme poivre & très odorantes. Sa semence est forte, & croît au bout de certains petits tendons qui sont près des feuilles, d'où elle pend en façon de grappe. Ses feuilles & sa graine enduite resolvent toutes tumeurs, duretés inveterées & meurtrissûtes. Sa racine est petite & de nul usage en Medecine. La Persicaire s'appelle autrement *Curage*, en Grec ὑδροπίπερι, à cause de son goût qui est semblable à celui du Poivre.

PERSIL. s. m. Tous les Medecins & ceux qui traitent des simples tiennent que notre Persil des jardins, qui est une herbe potagere, est le vrai *Apium* des Anciens, appellé par eux *Apium sativum*. Galien dit qu'entre autres herbes, le Persil est la plus commune, & qu'elle est fort bonne à la bouche & à l'estomac. Chrysippus & Dionysius, au rapport de Pline, prétendoient qu'on n'en devoit point manger, à cause qu'on s'en servoit aux banquets des funerailles des morts, & que d'ailleurs on ne peut le regarder sans qu'il nuise à la vûe. Pline ajoute que la tige du Persil femelle engendre les vers, que ceux qui continuent d'en manger deviennent steriles, que si une femme accouchée en mange, l'enfant qu'elle nourrira sera sujet au haut mal, & que le Persil mâle est moins dangereux que la femelle. Le Persil ou Ache commun des Apothicaires, est, l'Eleosinum de Dioscoride, appellé *Persil de marais*. Il croît auprès des ruisseaux, & à ses feuilles plus grandes & plus clair-semées que le Persil. Le Persil de montagne que Dioscoride appelle *Oreoselinum*, a sa tige haute d'un bon palme, venant d'une racine mince & déliée. De cette tige sortent plusieurs branches qui portent des bouquets aussi menus que ceux de cigue. Sa graine est semblable à celle de cumin, longuette, acre, déliée & odorante. Il croît aux montagnes & aux lieux pierreux. Dioscoride avertit qu'on s'abuseroit en prenant pour le Persil de montagne celui qui croît parmi les rochers, principalement en Macedoine aux rochers inaccessibles, ce qui le fait appeller *Petroselinum Macedonicum*. Les feuilles en sont semblables au Persil commun, ou à celui des marais, moindres toutefois. Il a sa tige grosse, branchue & avec beaucoup de concavités, ses fleurs blanches, & sa graine petite, longuette, de couleur obscure, de bonne odeur & amere. On se sert rarement de sa racine, mais sa semence entre dans les compositions du Mithridate & de la Theriaque. Il y a un *Persil sauvage*, que les Grecs nomment κρανάλις. Il a sa tige haute d'un palme & un peu velue. Ses feuilles sont aussi velues, semblables à celles de l'ache, & déchiquetées par le bout comme celles de fenouil. A la cime de sa tige est un bouquet de fleurs blanches, odorantes, & presque semblables à celles de Daucus. Ce Persil sauvage est fort cordial. Son jus rompt la pierre, fait sortir la gravelle, & purge le foye, la rate & les reins de tout phlegme. Sa graine prise en breuvage aiguise la vûe.

PERSIQUE. s. f. Sorte de pêche qui est très-grosse, moins longue & plus ronde que n'est la pêche de Pau. Elle est rouge & pointue, & a ordinairement des bosses.

PERSIQUE. adj. Terme d'Architecture. On appelle *Ordre Persique*, Une espece d'ordre de colomnes que les Grecs ont pratiqué, lorsqu'au lieu du fust de la Colomne Dorique, ils y representé des figures de captifs, pour en soûtenir l'entablement. Le commencement de l'ordre Perſique vint de ce qu'après que Pauſanias eut défait les Perſes, les Lacedemoniens, pour marque de leur victoire; éleverent des trophées des armes de leurs ennemis, & les repreſenterent enſuite ſous la figure d'Eſclaves, portant les entablemens de leurs maiſons. L'Ordre Ionique ayant été choiſi pour les Cariatides comme celui qui convenoit davantage aux figures des femmes, les Architectes ſe ſervirent auſſi de l'Ordre Dotique pour y repreſenter les Perſes.

PERSONATA. ſ. f. Herbe qui a ſes feuilles comme la courge, mais plus grandes, plus velues, plus noires & plus épaiſſes. Sa tige eſt blanchâtre, quoique quelquefois elle n'en produiſe point. Sa racine eſt blanche au-dedans, & noire au-dehors. Matthiole dit qu'il a vû en Bohême deux eſpeces de Perſonata, qui ne different qu'en leurs têtes heriſſonnées. L'une les a plus grandes, plus dures, & munies d'aiguillons plus fermes & âpres. L'autre en a de moindres, qui ſont plus molles, & avec des aiguillons plus doux. Matthiole croit que cette derniere ſoit celle que Pline appelle *Perſolata*, diſant que ſes feuilles ſont plus grandes que celles des courges, plus pleines de bourre, plus noires & plus groſſes, & que ſa racine eſt grande & branchue. Les feuilles de Perſonata enduites ſur de vieux ulceres, y ſont bonnes au ſentiment de Dioſcoride. Les Apothicaires l'appellent *Lappa major*, ou *Bardana*. M. Callard de la Duquerie, dit que le nom de *Perſonata* a été donné à cette herbe, *Quod folia pragrandia vultui aut faciei larva in modum obtendi ſoleant*, & que celle dont parle Pline a été appellée *Perſolata, quod galeri vice ſolis aſtum à capite arceat.*

PERSONNAT. ſ. m. *Benefice dans une Egliſe Cathedrale ou Collegiale, qui donne préſéance ſur les ſimples Chanoines.* ACAD. FR. Les Docteurs ſont diviſés là-deſſus. Il y en a qui donnent le nom de *Perſonnat* à tous ceux qui ont quelque prérogative dans le Chœur ou dans le Chapitre au-deſſus des autres, ſoit dans les Proceſſions, ſoit dans les ſuffrages; & ils confondent Perſonnat avec Dignité. D'autres nomment *Perſonnats*, de ſimples Curés, & d'autres renferment ce mot à des Curés primitifs.

PERSPECTIVE. ſ. f. Science qui donne des regles pour repreſenter ſur une ſuperficie plane les choſes de la maniere qu'ils paroiſſent à la vûe ſelon leurs differentes diſtances, ou ſituations, & ſelon les differens points, où l'œil peut être placé. On ſuppoſe entre l'œil & les objets un plan élevé perpendiculairement à l'horiſon, & on imagine que l'œil étant à une certaine hauteur, & à une certaine diſtance de ce plan, les objets qui ſont de l'autre côté, par exemple les quarreaux d'une grande ſalle quarrée, envoyent leurs rayons à l'œil au travers de ce plan, & que ces rayons y laiſſent des eſpeces de traces, & y marquent des points. L'aſſemblage de tous ces points forme ſur ce plan la repreſentation de la ſalle telle que l'œil la doit voir du point où il eſt. Ce plan ou la repreſentation qui s'y fait, s'appelle le *Tableau*. Il eſt viſible que les quarreaux plus éloignés du plan du tableau viennent à l'œil par des lignes plus élevées, & en même-tems ſous de plus petits angles, ce qui fait que leur image eſt plus élevée dans le tableau, & plus petite. Comme les images vont toûjours en s'élevant & en apperiſſant, la diminution devient telle qu'enfin les deux côtés de la ſalle qui ſont réellement paralleles, concourent en un point du tableau, qu'on appelle le *point de vûe*. Il eſt dans le tableau à la même hauteur où l'œil eſt ſuppoſé être ſur l'horiſon; & toutes les lignes paralleles dont la perſpective détruit le parallelifme, concourent à ce point de vûe. D'un autre côté les diminutions cauſées par la perſpective ſont d'autant plus grandes que l'œil eſt plus éloigné, & pour cela, on prend des deux côtés du point de vûe deux points qui en ſont auſſi éloignés que l'œil l'eſt du tableau, & on les appelle *points de diſtance*, & c'eſt à ces points que l'on tire les lignes qui déterminent les raccourciſſemens, car plus ces points ſont éloignés du point de vûe, plus les raccourciſſemens ſont grands. Le tableau où les objets ſont repreſentés avec toutes ces diminutions & ces raccourciſſemens que la vûe y cauſe, s'appelle *Plan perſpectif*, & l'on appelle *Plan Geometral*, celui où les objets ſont dans toute leur étendue & leurs proportions geometriques; par exemple, la ſalle quarrée compoſée de tous ſes quarreaux, & quand on la réduiroit de grand en petit pourvû que l'on conſervât toûjours les proportions geometriques ſans nul égard aux apparences de la vûe, ce ſeroit toûjours un plan geometral. Le tableau eſt cenſé s'appuyer perpendiculairement ſur le plan geometral, & la ligne commune à ces deux plans, eſt *la ligne de terre* où la perſpective ne cauſe encore aucune diminution, & que l'on prend par cette raiſon pour la regle & l'échelle de toutes les meſures du tableau.

Outre la *perſpective lineale* ou *lineaire* qui enſeigne, comme nous venons de le dire, la diminution des lignes, les Peintres obſervent la *perſpective aërienne*, qui conſiſte dans la diminution des teintes & des couleurs, ſelon le plus ou le moins d'éloignement des objets.

PERTEGUES. ſ. m. *Terme de Marine.* Bâtons par leſquels, auſſi-bien que par la flèche, eſt portée une piece d'étoffe qu'on appelle *Tendelet*, & qui ſert à couvrir la pouppe d'une galere contre le Soleil ou contre la pluie. On les appelle auſſi *Pertiguettes*.

PERTUIS. ſ. m. Petit trou par où l'eau s'écoule ou par où le vent ſe gliſſe. Ce mot n'eſt gueres uſité dans le commerce ordinaire, mais les Tireurs d'or s'en ſervent pour ſignifier les ouvertures ou trous d'une filiere, par où ils paſſent le lingot pour faire du fil d'or ou d'argent. Ce n'eſt pourtant que l'ouverture de l'entrée de ce trou qui eſt plus large que la ſortie, qu'ils nomment *Pertuis*. Ils appellent *Oeil*, la plus petite ouverture. Il y a plus de ſept vingt pertuis par où le lingot ſe paſſe, pour le porter juſqu'au ſuperfin.

Les Serruriers appellent *Pertuis*, l'Ouverture qui eſt au panneton d'une clef. Elle ſe fait en rond, en cœur, ou d'une autre ſorte.

Pertuis, ſe dit auſſi du paſſage étroit pratiqué dans une riviere aux endroits où elle eſt baſſe, pour en hauſſer l'eau qu'on reſſerre & qu'on retrecit par une eſpece d'écluſe qu'on fait à la maîtreſſe arche d'un pont, par le moyen de batardeaux & de paliſſades ou aiguilles mobiles; ce qui facilite la navigation des bateaux qui montent ou qui deſcendent. Ce pertuis ne ſe ferme pas ſeulement avec des aiguilles, comme ſur la riviere d'Yonne, mais avec des planches en travers, comme ſur la riviere de Loin, ou avec des portes à vannes, ainſi qu'au Pertuis de Nogent ſur Seine. On fait auſſi des Pertuis avec des moulins. Ce ſont des écluſes ou paſſages pour les bateaux. Les proprietaires de ces moulins ſont obligés d'entretenir les Pertuis, & de fournir les cables & les hommes neceſſaires pour faire monter ou deſcendre les bateaux.

Les Fontainiers appellent *Pertuis de baſſin*, Le trou par où ſe perd l'eau d'un reſervoir ou d'un baſſin de fontaine, quand le plomb ou le ciment eſt fendu en quelque endroit. On difoit autrefois *Pertuifer* & *Pertuer*, pour dire, Percer.

PERTUISANNE. f. f. Arme d'baft, qui eft compofée d'une hampe & d'un fer large, aigu & tranchant au bout de la hampe. C'eft une maniere de hallebarde, qu'on donnoit à de certains foldats de chaque Compagnie d'Infanterie avant que le Roi en eût défendu l'ufage; ce qu'il fit par une Ordonnance de l'année 1670. après qu'on eut reconnu que les Pertuifannes n'étoient pas fi propres que les piques à arrêter les efforts impetueux de la Cavalerie.

PERTURBER. v. a. Vieux mot. Troubler.

PERVENCHE. f. f. Plante medecinale qui croît dans les bonnes terres. Elle produit de petits farmens de la groffeur d'un jonc, mais plus déliés. Ils font liffes, & rampent à terre, & il en fort d'un côté & d'autre des feuilles affés femblables à celles du laurier, beaucoup plus petites neanmoins, fermes, & d'une couleur entierement verte. Ses fleurs, qui paroiffent au Printems, font bleues & divifées en cinq feuilles qui fortent d'un petit bouton longuet & vert, attaché à une longue queue. Cette plante qui verdoye toûjours & qui n'eft jamais fans feuilles, a force racines déliées, blanchâtres, longues & qui fe traînent par terre. Attachée autour des cuiffes, elle arrête le flux menftrual & empêche que les femmes groffes n'avortent. Mife fraîche fur la tête & envelopée autour du col, elle étanche le fang qui fort des narines. Elle eft bonne mêlée dans les breuvages & emplâtres qui fe font pour les bleffures. Matthiole dit que les Dames d'Italie font des couronnes de Pervenche aux petits enfans & aux filles que l'on porte en terre. En Latin *Pervinca*. Elle eft appellée ainfi, felon M. Callard de la Duquerie, *Quòd pervincat virore fuo frigoris & fepultura obftacula*. En Grec, χλαμκνὶς δαχνώξης. Il y a une autre Clematis qui a fes feuilles dentelées, d'une qualité acre & ulcerative, & dont les fleurs font en façon de grappes, blanches, odorantes, & fi femblables aux mûres, qu'on auroit peine à les difcerner; mais celle-là n'eft point la Pervenche. C'eft le Liferon que les Tofcans nomment *Vitalba*.

PERVERDIR. v. n. Vieux mot. Verdoyer.

PES

PESADE. f. f. Terme de Manége. Action ou mouvement d'un cheval, qui en levant le devant, tient à terre les piés de derriere fans les remuer; ce qui eft caufe qu'il ne fait point de tems avec les hanches, avant que de mettre les jambes de devant à terre. Ces fortes de leçons lui affermiffent la tête & lui affurent les hanches, & lui faifant plier les bras, elles l'empêchent de trepigner. On dit auffi *Pofade*.

PESANCE. f. f. Vieux mot. Fâcherie, ennui; d'où vient que l'on a dit autrefois, *Il me pefe*, pour dire, Il m'eft fâcheux.

PESANTEUR. f. f. Qualité par laquelle une chofe pefante eft portée en bas. La *Pefanteur abfolue* d'un corps pefant dans un milieu liquide, eft la force que ce corps a de defcendre lorfqu'il eft libre & qu'il ne touche à quoique ce foit qu'aux parties de ce milieu. Telle eft la pierre, qui, étant libre dans l'air, ne touche qu'aux parties de l'air lorfqu'elle defcend. On appelle *Pefanteur relative d'un corps*, La force qu'il a de fe mouvoir étant appliqué à quelque autre chofe qu'aux parties du milieu. Ainfi dans un corps qui eft fur un plan incliné, fa pefanteur relative eft la force qu'il a de rouler

Tome II.

fur ce plan. Il y a encore une *Pefanteur* ou *Gravité fpecifique*. C'eft celle qui procede de la denfité des matieres, ou de quelque autre caufe, par laquelle un corps pefe plus qu'un autre de pareil volume. Tel eft un pouce cube de plomb, qui pefe plus qu'un pouce cube de fer.

PESANTUME. f. f. Vieux mot. Pefanteur.

PESCHE. f. f. Sorte de gros fruit à noyau qui a beaucoup d'eau & qui eft d'un excellent goût. ACAD. FR. Il y en a de plufieurs fortes, de blanches, de jaunes & de rouges. Celle qu'on appelle *Pêche Madelaine*, eft la plus eftimée des Pêches; elle eft groffe & ronde, & prend un peu de rouge. Il y en a une mufquée qui a plus de goût que les autres. La rouge appellée autrement *Pêche payfanne*, vient moins groffe que la blanche, & a une chair délicieufe. Il y a auffi une efpece de Pêche hâtive, plus plate que ronde, qu'on appelle *Pêche mignone*, ou la *Veloutée*. Elle eft fort colorée en dedans & en dehors.

Pêche-cerife. Sorte de petite pêche qui eft lice & ronde. La chair en eft dure, feche & de peu de goût.

Pêche violette. Pêche plus longue que ronde, qui eft vineufe & très-fondante. Il y en a de la groffe & de la petite efpece, & une tardive ou panachée qui vient en Automne. La *Pêche liffée blanche* eft plus rare & la goût moins relevé que la violette. Il y a une autre liffée jaune affés groffe. Celle-là eft plate & tardive. La Pêche commune, qu'on appelle *Pêche de Corbeil*, eft ronde, blonde & velue. Elle eft affés bonne, mais elle eft amere dans les terres fortes. Il y a une autre Pêche qu'on appelle l'*Admirable*, à caufe de fa groffeur & de fa bonté. Elle eft rouge, prefque ronde & très-fondante, comme une Pêche Madelaine tardive. La *Pêche pourprée*, qui eft auffi prefque ronde, eft groffe, fort charnue, d'un rouge brun velouté, & de très-bon goût.

Pêche d'Abricot. Sorte de pêche qu'on appelle ainfi à caufe qu'elle a le goût d'abricot. Il y en a de deux fortes, l'une velue & un peu rouge, l'autre jaune & un peu liffée. L'une & l'autre eft ronde. La pêche appellée *Pêche Dreufel*, eft fort velue & colorée, plus longue que ronde. La chair en eft toute rouge; ce qui fait qu'on la nomme *Sanguinole*. Celle qu'on appelle *Pêche bourdin*, eft d'une mediocre groffeur, mais toute ronde, très-charnue & affés rouge. Son goût eft fort relevé, & elle paffe pour une des meilleures Pêches. Il y en a une affés tardive qu'on appelle *Pêche Bellegarde*. Elle eft belle & d'un fort bon goût, groffe, ronde, & fort peu rouge dedans & dehors. La *Pêche d'Andilli* eft comme une Perfique blanche. Elle eft très-groffe, ronde, charnue, & blanche dedans & dehors. On mange de deux fortes de *Pêches de Pau*, la ronde & la longue. La premiere eft la meilleure. L'autre eft plate & fujette à pourrir au dedans. Son noyau eft rond pour l'ordinaire. La *Pêche Roffane* de Languedoc eft jaune dedans & dehors, longue, groffe & tardive, & la *Pêche de Narbonne* eft eftimée particulierement à caufe qu'on la mange dans la tardive faifon. Elle eft groffe & verdâtre, d'une chair feche & cotonneufe. Diofcoride dit que les Pêches qui font mûres font bonnes à l'eftomac, & felon Galien elles font de mauvaife nourriture, & fe corrompent très-facilement. Il veut qu'on les mange à l'entrée de table, & non pas après les viandes.

PESCHER. f. m. Arbre qui porte les pêches. Il a fes feuilles tout-à-fait femblables à celles de l'amandier, & fon bois fpongieux & foible. Sa fleur eft auffi comme celle de l'amandier, un peu plus rougeâtre. Cet arbre a une petite racine, peu profonde en

C c ij

terre ; ce qui le fait vieillir & tomber bientôt. Les fleurs de Pêcher lâchent le ventre, provoquent le vomiſſement, & aident les hydropiques. La liqueur qui ſort de l'arbre donnée en breuvage en eau de plantain & de pourpier, eſt ſinguliere pour ceux qui crachent le ſang. Il la faut donner en eau miellée & en décoction de pas d'âne à ceux qui ne peuvent reſpirer & qui ont la toux. Ses feuilles broyées au poids de deux drachmes en vin & emplâtrée ſur le ventre, font ſortir les vers. Les noyaux mangés gueriſſent la dyſenterie, & le jus qui en ſort après qu'on les a pilés avec de l'eau de verveine, appliqué au front & aux temples appaiſe les douleurs de tête. L'huile qu'on en tire à la même vertu, & outre qu'elle ſoulage les migraines, elle fait dormir. Cette même huile eſt ſouveraine pour les graveleux, étant bûe au poids de quatre onces. Il faut prendre pour cela cinquante noyaux de pêches, cent de ceriſes, une poignée de fleurs d'hieble, deux livres de malvoiſie, mettre le tout dans un pot de terre neuf, l'enterrer dix jours dans du fumier, & le diſtiller dans un alembic de verre. L'eau qui en ſortira, priſe avant le repas au poids de quatre onces, fera auſſi jetter la pierre dehors. Matthiole dit que c'eſt un remede ſingulier.

PESCHEUR. ſ. m. Sorte d'oiſeau des Antilles, tout-à-fait ſemblable au Mansféni, qui eſt un puiſſant oiſeau de proie ſemblable à l'aigle, tant en ſon plumage qu'en ſa forme, & qui en differe ſeulement par ſa petiteſſe. Le Pêcheur differe auſſi du Mansféni en ce qu'il a les plumes du ventre blanches, & celles de deſſus la tête noires. Ses griffes ſont un peu plus petites. Il n'en veut ni aux oiſeaux qui volent en l'air, ni aux animaux qui ſont ſur la terre, mais ſeulement aux poiſſons, qu'il épie de deſſus une branche ou de deſſus la pointe d'un roc. Lorſqu'il le voit à fleur d'eau, il fond promptement deſſus, les enleve avec ſes griffes, & les va manger ſur un rocher. Quoique le Pêcheur ne faſſe point la guerre aux oiſeaux, il ne laiſſent pas de le pourſuivre & de s'attrouper autour de lui en le becquetant, juſqu'à ce qu'ils l'ayent contraint de fuir & de changer de quartier. Les enfans des Sauvages prennent plaiſir à élever cet oiſeau quand il eſt petit, pour s'en ſervir à la pêche, mais il ne rapporte rien, & va manger dans un lieu inacceſſible le poiſſon qu'il a ſurpris.

Il y a un autre oiſeau qu'on appelle d'ordinaire *Martin pêcheur*, & autrement *Martinet*.

PESELIQUEUR. ſ. m. Sorte d'inſtrument par le moyen duquel on découvre combien un corps liquide peſe plus qu'un autre. Ce n'eſt autre choſe qu'une phiole de verre à demi pleine de vif argent. Il y a ſur le col de cette phiole pluſieurs diviſions qui font connoître, ſelon qu'elle enfonce plus ou moins dans les corps liquides où on la plonge, leurs differens degrés de peſanteur.

PESER. v. n. Avoir du poids, être lourd. On dit, en termes de Manege, qu'*Un cheval peſe à la main*, pour dire, qu'il s'abandonne ſur la bride, ſans forcer pourtant la main du Cavalier.

Peſer, en termes de Chaſſe, ſe dit des bêtes qui en paſſant ſur la terre molle enfoncent beaucoup leurs piés dedans ; ce qui ſert à faire connoître leur grandeur.

Peſer, en termes de Marine, ſignifie attirer du haut en bas ; & on dit, *Peſer ſur une manœuvre*, ou ſur autre choſe, pour dire, Tirer deſſus pour la faire baiſſer. On dit dans le même ſens en Mechanique, *Peſer ſur un levier, ſur une baſcule, ſur un contrepoids*.

PESNE. ſ. m. Morceau de fer qui eſt dans la ſerrure qui ferme une porte ou le couvercle d'un coffre, & que la clef fait aller & venir en tournant. M. Felibien fait venir ce mot de *Peſſulus*, d'où vient que l'on dit auſſi, *Le peſle d'une ſerrure*.

Il y a une ſorte de ſerrure qu'on appelle *Pêne en bord*, parce que le pêne doit être pliée en équerre par le bout, & recourbé en demi-rond pour faire place au reſſort.

Il y en a d'autres qu'on nomme *A pêne dormant*, où eſt un reſſort par le côté qui entre dans un cran, ou contre un arrêt qui eſt au côté du pêne. Ce pêne empêche qu'on ne le puiſſe aiſément ouvrir avec le crochet, pourvû que dans la ſerrure il y ait des rouets qui paſſent l'un par deſſus l'autre, ou quelque planche qui paſſe entre le pêne & le reſſort.

Les Pênes qu'on appelle *Pênes à pignon*, s'emploient aux ſerrures qui ont pluſieurs fermetures, & quelquefois juſqu'à neuf & dix. Comme pour cela il faut multiplier les reſſorts, il y a des cremailleres à pluſieurs crans, ſoûtenues de conſoles, & retenues avec des couliſſes, qui ſervent à conduire les pênes.

Le *Pêne à reſſort*, ou à *demi-tour*, eſt celui qui ſe ferme en tirant la porte.

On appelle auſſi *Pênes*, en beaucoup de lieux, les Cordes qui pendent au bout de quelques reſeaux, & qui par leur agitation continuelle garantiſſent les chevaux, des mouches qui les tourmentent en été.

PESON. ſ. m. Sorte d'inſtrument avec quoi on peſe ce qui eſt difficile à peſer avec des balances. Il eſt compoſé d'un fleau ou d'une verge, d'une maſſe qu'on appelle auſſi *Peſon*, & d'où cette ſorte de balance a été nommée *Peſon*, d'un crochet pour la ſuſpendre, & d'autres petites choſes que les Balanciers appellent Broches, joues, gardes & tourrets.

Peſon, ſe dit auſſi d'un morceau de plomb que les femmes mettent au bout du fuſeau pour le tourner plus facilement.

Quelques Architectes appelle *Peſons*, les Pieces qui compoſent la fuſarole, à cauſe de la reſſemblance qu'ils y trouvent aux peſons des fuſeaux à filer.

PESSAIRE. ſ. m. Medicament externe propre pour le cou & le corps de la matrice, où on l'introduit, afin d'en guerir les maladies, ou pour arrêter ou provoquer le flux menſtrual. Il eſt compoſé de racines, d'herbes, de ſemences, de fleurs & de ſucs tirés de ces choſes & incorporés avec gommes, oignons, confections, poudres, miel & coton. Le mot de Peſſaire vient du Grec πεσσος, qui veut dire la même choſe, & qui eſt formé du verbe πεσσειν, pour, πεπτειν, Cuir, amollir, mollifier.

PESSE. ſ. f. Dioſcoride dit que le Pin & la Peſſe ſont une même genre d'arbre, quoique d'une eſpece differente ; que l'écorce de l'un & de l'autre eſt aſtringente, & qu'étant broyée, appliquée ou ointe, elle eſt bonne aux écorchûres qui arrivent pour s'être échauffé, & aux ulceres qui viennent ſur la peau, & à la ſuperficie du corps. Il ajoûte que ſi on ſe lave la bouche de la décoction de leurs feuilles broyées & cuites en vinaigre, elle appaiſe le mal de dents, & que ces feuilles priſes en breuvage au poids d'une drachme avec de l'eau ſimple ou avec de l'eau miellée, ſont bonnes à ceux qui ſont travaillés du foye. La Peſſe, dit Matthiole, eſt ſi ſemblable au ſapin, que pluſieurs prennent l'un pour l'autre, à cauſe que ces deux arbres ſont d'une même grandeur, que leurs feuilles ſont également longues, dures & épaiſſes, & que leurs rameaux viennent en croix, ſortant ſeulement, ainſi que leurs feuilles des deux côtés des branches. Les feuilles de la

Pesse sont pourtant plus noires, quelque peu plus larges, plus tendres & lissées & moins piquantes. L'écorce de cet arbre, qui est gluante & pliable comme une courroie, tire sur le noir, & la plûpart de ses branches pendent contre terre. Son bois est plus beau & meilleur, & à moins de nœuds & les veines plus droites que le sapin. Son fruit est de la hauteur d'un palme, fort serré par ses écailles entrelassées, où est sa semence tirant sur le blanc, & n'ayant aucune moëlle. Il ne vaut rien à manger. Sa resine est entre l'écorce & le bois, congelée en maniere de gomme, quoique quelquefois elle produise une liqueur claire & liquide comme le bijon. La Pesse s'appelle autrement *Pignet* ou *Garipot*.

PESSONS. s. m. Vieux mot que Perceval a employé pour dire, *des Peaux*.

> *Corde de soye & d'or pessons*
> *T ot pour tenir les guerons.*

PESTE. s. f. Maladie très-contagieuse & épidémique, qui vient d'un levain venimeux reçu de l'air & multiplié ensuite par contagion, qui attaque les hommes comme par embuches & met leur vie en danger. Ce corpuscule contagieux est extrêmement subtil ; ce qui lui donne la facilité de se répandre & de se multiplier. La nature n'en a été jusqu'ici connue de personne. Kirkerus qui discute fortement l'essence de la Peste, l'attribue à une pourriture animée. Ce ferment venimeux a divers causes éloignées, dont la principale est le tremblement de terre. Il y a plusieurs exemples qui font voir que la Peste suit ces sortes de tremblemens. On en rejette la cause prochaine sur les émanations arsenicales crues & non mûres, qui infectant l'air produisent la peste. C'est par-là que certaines maladies qui regnent de tems en tems, degenerent en peste, & que la petite vero.e, les fievres malignes & les dysenteries épidémiques en sont les avantcoureurs. Ce mal infecte non seulement par le contact corporel, mais il se transporte d'un pays à un autre par des étoffes, des habits, des lettres, des marchandises. Quoique le levain pestilentiel se multiplie par l'infection de l'air, ceux d'un même sang, & qui ont quelque convenance naturelle, le reçoive l'un de l'autre plus facilement ; de sorte qu'on a vû des familles entieres que la peste a ravagées, sans que les étrangers, avec qui elles communiquoient, en ayent été attaqués ; ce qui est fondé dans l'Archée ou esprit animal, qui ayant reçu une forte impulsion du levain pestilentiel, en infecte facilement l'archée, avec qui il sinbolise. La Peste en general est ou compliquée avec la fievre, ou elle est sans fievre. Cette derniere est plus rare, & même plusieurs sont persuadés que la peste ne sçauroit être sans fievre. Les signes de la peste presente sont, outre ces fievres ardentes ou continues, les bubons, les charbons, les taches & les ulceres malins. Quelques-uns ont ces tumeurs aux aisselles, aux aines, proche les oreilles & aux lieux glanduleux ; & d'autres ont des pustules rouges ou blanches. Pour les signes de la peste à venir, on a observé que des crapauds en grand nombre & des insectes non accoutumés ou trop abondans, prédisent si bien cette dangereuse maladie, qu'elle suit presque toûjours. Comme la peste attaque principalement ceux qui sont à jeun, ce que font aussi les fievres malignes, on ne doit point sortir que l'on n'ait mangé un morceau de pain & bû un verre de vin d'absynthe. Le vin camphré est aussi une excellente précaution. On prend un verre de vin & la grosseur d'un pois de camphre. Après qu'on a allumé le camphre, on le jette dans le vin, où il brûle en nageant dessus. Il faut le rallumer s'il s'éteint, & continuer jusqu'à ce que le camphre soit consumé. Ce vin bû est un préservatif singulier.

PESTEL. s. m. Vieux mot. Pilon.

> *Et vit gelonsie venant*
> *Un pestel en la main tenant.*

On a dit aussi *Pesteil* & *Pestiller* ou *Paisteler*, pour dire, Piler, de *Pistillum*, Pilon à piler dans un mortier.

PET

PETARASSE. s. f. Terme de Marine. Espece de hache à marteau, qui a le côté du taillant fait comme un calfat double, & dont on se sert à pousser l'étoupe dans les grandes coutures.

PETARD. s. m. Machine de guerre, qui est une piece de métal creusé & à peu près de la forme d'un chapeau. Elle est profonde de sept à huit pouces & large de cinq par la bouche. Le diametre du fond ou de la culasse est d'un pouce & demi. La pesanteur du métal est de cinquante-cinq à soixante livres, & il en faut cinq de poudre ou environ pour la charge du petard. On en fait encore plus fort dont on se sert à petarder les endroits les plus renforcés; & d'autres plus foibles, pour ceux qui sont moins capables de résister. Après qu'on a rempli le Petard de poudre, on ajoûte à sa bouche une grosse piece de madrier, qui du côté en dehors est couverte d'une plaque de fer. Il faut qu'elle passe parfaitement son ouverture par l'entaillure qui doit lui avoir été faite. On ferme ensuite les fentes avec de la cire, de la poix & autres drogues, & cela fait on porte la machine par les anses à l'endroit qu'on a dessein d'enfoncer. On fait joindre exactement le madrier à la porte, & par derriere on arrête le Petard, depuis feu par une fusée qu'on laisse posée à la lumiere, afin que le Petardier ait le tems de se mettre en sûreté.

Petard, se dit aussi d'*Une sorte d'artifice de feu, fait avec de la poudre à canon & de la carte mise en plusieurs doubles, & extrêmement battue & serrée.* ACAD. FR.

PETARDIER. s. m. Celui qui applique le petard contre les portes pour les enfoncer.

PETASITE. s. m. Plante medicinale qui pousse au Printems une tige tendre, creuse & charnue, haute d'une paume & demie, ayant plusieurs petites fleurs à sa cime. Ces fleurs sont moussues & en forme de grappes de raisin, semblables à celles des olives & entassées en pyramides. Ses feuilles sortent après que cette tige est tombée, & elles sont attachées par le milieu à une queue que Dioscoride dit être longue de plus d'une coudée, & grosse comme le pouce. Ces feuilles sont grandes & larges, & pendent comme un chapeau renversé. C'est de-là que cette herbe a pris son nom, πέτασος en Grec signifiant un Chapeau, de πετάω, Etendre, ouvrir en large & en long. Sa racine est fort grasse, obscure au dehors, blanche au dedans, d'un goût amer & d'une odeur forte & fâcheuse. Elle entre dans la composition du vinaigre febrifuge. Dioscoride dit que le Petasite enduit est fort bon aux ulceres malins & corrosifs qui mangent les parties voisines. Galien est de la même opinion, & le fait dessiccatif au troisiéme degré. Il croît dans les lieux humides des montagnes. Matthiole dit qu'il n'en a point vû, & condamne Fuchsius qui, suivant Ruellius a dépeint la grande Tussilage pour le Petasite.

PETAUX. f. m. p. Sorte d'anciens Soldats, felon Froiffard. Ce font des gens de pié & des Paysans, felon Monftrelet.

PETECHIE. f. f. Tache qui s'éleve fur la peau de certaines fievres malignes; ce qui les fait appeller *Fievres petechiales*.

PETELE', ɪ'ɛ. adj. Vieux mot. Maltraité, foulé aux piés.

> *Rouges, penfifs, tondus, patibulez,*
> *Pris & furpris, pillez & petelez.*

PETITOIRE. f. m. Terme de Pratique, dont on fe fert par oppofition à *Poffeffoire*. C'eft une action par laquelle on demande le fond ou la propriété d'une chofe. Les Juges feculiers ne jugent du Petitoire que la complainte poffeffoire, dans les caufes de fpoliation ne foit jugée; c'eft aux Juges d'Eglife qu'appartient le Petitoire.

PETONCLE. f. m. Efpece de petit poiffon à coquille. On appelle auffi *Petoncle*, la coquille de ce poiffon. Elle eft grifâtre & plate, & fert d'ornement aux grotes.

PETRELEUM. f. m. Sorte de bitume noir, qui eft plus groffier que celui que l'on appelle *Naphta*, & qui ne s'allume pas fi facilement. Ce mot eft Grec, πετρελαιον, de πετρα, Pierre, & de ἔλαιον, Huile, & on lui a donné ce nom à caufe qu'il diftille des pierres en quelques lieux d'Italie. On en trouve auffi en Sicile. Le Petreleum furnage aux eaux de quelques fontaines. Ceux qui font ce mot François difent *Petreol*.

PETRICHERIE. f. f. Quelques-uns emploient ce mot pour fignifier les chaloupes, les hameçons, les coûteaux, les lignes & enfin toutes les autres uftenciles dont ont befoin ceux qui vont à la pêche des morues. Ils le font venir de *Petreches*, mot Efpagnol, qu'ils difent fignifier les équipages de guerre & de chaffe.

PETRIFICATION. f. f. Corps qui eft converti en pierre. Il fe fait dans les cavernes plufieurs fortes de Perrifications de bois & de toutes fortes d'autres corps, par le moyen des fucs lapidifiques qui tombent deffus. Toutes ces chofes congelées & devenues pierres font appellées *Petrifications*, & on s'en fert pour orner fes grotes.

PETROBRUSIENS. f. m. Heretiques du douziéme fiecle, ainfi appellés de Pierre de Bruys, auteur de leur Secte, qui fut brûlé vif en la ville de S. Gille pour fes abominations. Ils maintenoient qu'il n'étoit pas néceffaire de baptifer les enfans avant l'âge de puberté, que les prieres ne fervoient de rien aux morts, que JESUS-CHRIST n'étoit pas réellement au Saint Sacrement de l'Autel, & qu'il falloit rompre toutes les croix, à caufe de l'ignominie que Notre Seigneur avoit foufferte à la croix. Pierre de Bruys en brûla un fort grand nombre un jour de Vendredi Saint, & fe fervit de ce feu pour faire bouillir des marmites pleines de chair, dont il mangea devant tout le monde, exhortant le peuple à l'imiter.

PETROJOHANNITES. f. m. Heretiques qui prirent leur nom d'un Pierre-Jean ou Johannis, dont ils fuivoient les erreurs. Ils foûtenoient que les Apôtres n'avoient prêché l'Evangile que felon le fens qu'ils lui donnoient, & que le Baptême ne nous conferoit aucune grace. Ils difoient que JESUS-CHRIST n'étoit pas encore mort quand on lui donna le coup de lance, & publioient plufieurs autres impoftures, qu'on ne connut bien qu'après la mort de Pierre Johannis, dont on déterra le cadavre pour brûler fes os. Cet Herefiarque parut dans le douziéme fiecle.

PETUN. f. m. Herbe nommée autrement *Tabac*. Les

habitans des Ifles de l'Amerique cultivent ordinairement quatre fortes de Petun, fçavoir le grand Petun vert, le Petun à la langue, le Petun de verine, & le Petun d'amazone. Le *Petun vert*, eft le plus beau, & de plus belle apparence. Ses feuilles ont un bon pié de large & deux de long, mais il n'eft jamais de grand rapport. Le *Petun à la langue*, a été nommé ainfi, à caufe que fa feuille qui eft longue de deux piés, & large d'une paume, femble avoir la forme d'une langue. Il eft de très-grand rapport. Le *Petun de Verine* eft plus petit que les deux autres, & a fes feuilles un peu plus ridées, plus rudes, & plus pointues par le bout. Quoiqu'il rapporte le moins de tous, il eft le plus eftimé & le plus cher, à caufe que fa feuille fent le mufc, & que la fumée qu'il rend quand on le brûle, eft fort agreable. Une feule plante de ce Petun communique fa qualité à quatre autres, & les fait paffer pour Petuns de Verine. C'eft ce qu'on a coûtume de pratiquer dans les ifles, fans quoi on ne pourroit y trouver fon compte. Le *Petun des Amafones*, eft plus large que les autres, & a fa feuille arrondie par le bout, & non en pointe. Les petites côtes ou nervûres qui cette feuille a des deux côtés, la traverfent de droit fil, & non en droit fil. Toutes ces fortes de plantes de Petun croiffent de la hauteur d'un homme ou davantage, fi on ne l'empêche point en coupant le fommet de leurs tiges. Elles portent quantité de feuilles vertes, longues velues par deffous & qu'on croiroit être huilées quand on les manie. Celles qui croiffent au bas de la plante font plus larges & plus longues, comme tirant plus de nourriture de l'humeur de la racine. Elles pouffent au fommet de petits rameaux, qui portent une fleur en forme de petite clochette. Cette fleur eft d'un violet clair, & quand elle eft feche, il fe forme en la place un petit bouton dans lequel eft contenue la femence, qui eft de couleur brune, & fort déliée. Voici la maniere de planter & de cultiver le Petun. On feme d'abord la graine qu'on mêle avec cinq ou fix fois autant de cendre, pour la femer plus claire, & fi-tôt qu'elle commence à lever on la couvre tous les matins de branchages, afin de la garantir de la trop grande ardeur du Soleil qui la brûleroit entierement. Pendant le tems qu'elle atteint la perfection qu'elle doit avoir pour la replanter, on défriche, coupe & brûle les bois qui font fur la terre qu'on n'a doit faire fa recolte, & fi c'eft dans une terre déja découverte, on la nettoie entierement de toutes fortes d'herbes. Cela fait, on leve la plante en un tems de pluie, afin qu'elle reprenne facilement. L'ordre que l'on obferve en cela eft de laiffer trois piés de diftance entre deux plantes & autant entre deux rangs. Ainfi un jardin qui eft de cent pas en quarré doit tenir dix mille plantes de Petun. Il faut empêcher qu'il n'y croiffe de mauvaifes herbes, & quand la plante eft prête à fleurir, on doit l'arrêter tout court, à la coupanta la hauteur du genouil. On ôte enfuite les feuilles d'en-bas qui traînent à terre, & on ne laiffe que dix ou douze feuilles de Petun fur la tige, qu'on émonde avec foin tous les huit jours, de tous les rejettons qu'elle pouffe autour des feuilles, de forte que ces dix ou douze feuilles fe nourriffent merveilleufement, & viennent épaiffes comme un cuir. Pour connoître fi le Petun eft dans fa maturité, on plie la feuille, & fi elle fe caffe, c'eft une marque qu'il eft tems de la couper. Lorfqu'on l'a coupée, on la laiffe faner fur la terre, puis on l'attache avec des liaffes de mahot qu'on enfile dans de petites verges, en forte que les plantes ne fe puiffent toucher. On les laiffe ainfi fecher à l'air pendant quin-

ze jours ou trois semaines, après quoi ayant ar-
taché toutes les feuilles de la tige, on tire la côte
qui est au milieu. On l'arrose d'un peu d'eau de
mer, on la tord en corde, & on la met en
rouleau.

Il y a dans la Guadeloupe un fort grand nombre
de petits oiseaux noirs que les habitans appellent
Bout de Petun, à cause qu'ils s'imaginent que cet
oiseau dit ces mêmes paroles en son ramage. Il a la
voix extrêmement éclatante, & quand il chante il
étend ses ailes, tient sa queue éparpillée, & semble
danser à la cadence de son chant. Il vit de petits
lezards, auxquels il donne la chasse, & de cassave
qu'il vient dérober jusques dans les cases. On ne voit
aucun de ces oiseaux dans la Martinique.

PEU

PEUCEDANUM. f. m. Plante qui croît aux Montagnes bien ombragées, & qui dès terre produit une
chevelure grosse & épaisse, ce qui fait conclurre à
Matthiole que le Peucedanum doit avoir plusieurs
feuilles capillaires, longues & menues comme celles du fenouil ou de l'Aneth. Aussi Dioscoride dit
qu'il jette une tige maigre, grêle & semblable à celle du fenouil. Sa fleur est jaune, & sa racine noire, grosse, pleine de jus & de mauvaise odeur. On
fait une incision à cette racine lorsqu'elle est tendre,
& on met à l'ombre le suc qui en sort, & qui s'en
iroit tout en fumée si on le mettoit au Soleil. Voici
ce qu'ajoûte Dioscoride. Cette herbe excite des
vertiginosités ou douleurs de tête, si en la cueillant
on ne se frotte la tête & les narines d'huile rosat.
On tire du lait & du jus de ses branches & de sa
racine comme on fait de la Mandragore, mais le
jus est beaucoup plus efficace, plus penetrant, &
plus soudain que le lait. Cette racine perd sa force
étant rôtie sous la cendre. On y trouve quelquefois, aussi-bien qu'aux tiges, une gomme attachée
assés semblable à l'encens. Le meilleur jus de Peucedanum s'apporte de Sardaigne, & de Samothrace. Il est doux, de tout à l'entour, & d'un goût brûlant. Galien dit qu'on se sert particulierement de la
racine de cette herbe, & qu'on use aussi de son
suc & de sa gomme; que toutes ces choses ont la
même qualité, mais que le suc a plus de vertu étant
chaud & resolutif, & qu'ainsi on le tient fort bon
aux accidents qui arrivent aux environs des nerfs,
au poumon, & même à la poitrine, quand ils sont
causés par des humeurs grosses & visqueuses. Ce
jus, poursuit-il, est aussi fort bon pris interieurement, & singulier quand on ne feroit que le sentir. Comme il est penetrant, attenuatif & incisif,
si on le met dans le cœur des femmes, il en ôte la
douleur. Il est bon encore aux duretés de la rate,
à cause qu'il a la vertu de subtiliser, de resoudre
& d'inciser les humeurs grosses & visqueuses. Le
mot est Grec πευκεδανον, de πευκη, Pin, parce que
ses feuilles sont semblables à celles du Pin. On l'appelle en Latin *Fœniculum porcinum*, ou *Pinastellum*,
& en François, *Queue de cochon*.

PEUILLE. f. f. Terme de Monnoie. Petit morceau de
l'espece monnoyée ou du métal sur lequel on fait
l'essai du reste, & qu'on met à la coupelle afin d'en
connoître la bonté. Dans le second essai des Monnoies on les coupe en quatre parties, qu'on appelle *Peuilles*, & de ces quatre parties, l'Essayeur qui
les a coupées en laisse une aux Gardes, & une autre au Maître, se chargeant des deux autres dont
il garde l'une, & l'autre lui sert à faire l'essai requis.
L'Ordonnance veut que chacune des trois Peuilles
soit enfermée dans un papier ou parchemin, que

celle des Gardes soit cachetée par l'Essayeur & le
Maître, celle de l'Essayeur par les Gardes & le
Maître, & celle du Maître par les Gardes & l'Essayeur; que sur chacune des Peuilles ainsi enfermées, il soit écrit ce que la délivrance contien-
dra en quantité, poids & loi, & le jour de la délivrance; que ces trois Peuilles soient conservées
en cet état pour les representer s'il en est besoin, &
que par la Cour des Monnoies il soit ainsi ordonné
en procedant au jugement des boëtes, & que ces
Peuilles soient gardées jusqu'à ce que par le mandement exprès de la Cour après le jugement des
boëtes, il leur soit permis de les ouvrir. Ces formalités ont été ordonnées pour avoir recours à ces
Peuilles, s'il arrivoit que les deniers des boëtes &
les registres des délivrances fussent volés ou perdus.

PEUPLER. v. act. *Etablir une multitude d'habitans*
en quelque pays, en quelque endroit. ACAD. FR.
On dit en termes de Charpenterie, *Peupler de po-*
teaux une cloison, *peupler de chevrons un comble*,
pour dire, Garnir de pieces de bois espacées à distance égale, le vuide d'une cloison ou d'un comble.

PEUPLIER. f. m. Arbre fort haut qui vient sur les
bords des fossés & des rivieres, & dans les lieux
aquatiques & marécageux. Il y a trois sortes de
Peuplier, le blanc nommé simplement *Peuplier*, le
noir qu'on appelle *Tremble*, & le *Peuplier Alpin*
ou *Lybique*, que les Grecs appellent κερκις. Le peuplier blanc est haut, ayant un tronc gros, & son
écorce blanchâtre, unie & polie. Cette écorce prise
en breuvage au poids d'une drachme, soulage les
sciatiques, ainsi que ceux qui ne peuvent uriner
que goute à goute. Ses feuilles sont semblables à
celles de vigne, blanchâtres d'un côté, & moussues en maniere de pas d'âne. Matthiole dit qu'il y
a grande abondance de Peupliers en Lybie, en
Bohême, & en Allemagne; que ce Peuplier a ses
feuilles plus rondes & plus minces que les autres,
taillées à plusieurs angles & coins, & fort dentelées tout à l'entour, avec de petites branches, &
qu'elles sont pendues à une queue longue & mince,
presque toûjours mobile, & même quand il ne fait
point de vent. Son tronc, dont l'écorce est noire,
est plus court que celui des autres peupliers; le bois
n'en est ni si ferme ni si fort, il est toutefois blanc
& bien tenant. On appelle aussi le Peuplier *Peuple*,
en Latin *Populus*.

PHA

PHALANGE. f. f. Nom qui a été donné à l'Infanterie des Grecs pesamment armés. D'autres disent
que c'étoit un gros bataillon quarré des anciens,
tellement pressé, que les Soldats avoient les piés
les uns contre les autres avec leurs boucliers joints,
& leurs piques croisées, de sorte qu'il étoit presque
impossible de le rompre. Ce bataillon étoit composé de huit mille hommes.

Phalange. Sorte d'Araignée, dont Aëtius établit
de six especes. La premiere qu'il appelle ραγιον, qui
veut dire, Un pepin de raisin, à cause qu'elle en
a la figure, étant noire & ronde, a sa bouche au
milieu du ventre, & de petits piés autour. La seconde appellée *Loup*, parce qu'elle chasse aux
mouches & s'en nourrit, a le corps large & facile
à se remuer avec certaines incisions vers le col, &
la bouche relevée en trois endroits. La troisiéme
dite, *Fourmiliere*, parce qu'elle ressemble beaucoup à une grande fourmi, est de couleur fuligi-
neuse, & a le corps marqueté de petites étoiles,

fur-tout vers le dos. La quatriéme appellée *Cro-nocolapte*, a fon aiguillon auprès du col. Elle eft verte & longuette, & ne cherche qu'à piquer vers la tête quand elle attaque quelque animal. La cinquieme eft nommée *Sclerocephale*, à caufe qu'elle a fa tête dure comme pierre. Celle-là eft rayée de même que les papillons qui volent la nuit autour de la lumiere. La fixieme efpece qu'on nomme *Vermiculaire*, eft longuette & un peu tachée vers la tête.

Il y a dans les Antilles une forte de groffes Araignées que quelques-uns mettent au rang des Phalanges à caufe de leur figure monftrueufe. Leurs pattes étant étendues, elles ont plus de tour que la paume de la main n'a de largeur. Elles ont toutes un trou fur le dos, qui eft comme leur nombril & tout leur corps eft compofé de deux parties, l'une plate, & l'autre ronde qui aboutit en pointe comme un œuf de pigeon. Leur gueule eft prefque toute cachée fous un poil d'un gris blanc, entremêlé quelquefois de rouge, ce qui fait qu'on a de la peine à la difcerner. Elle eft armée de part & d'autre de deux crochets fort pointus, qui font d'une matiere folide, & d'un noir extrêmement poly & luifant. Ils ont la vertu de préferver de douleur & de corruption les parties qui en font frottées, & & c'eft pour cela que les curieux les font enchaffer en or, & s'en fervent au lieu de curedens. Quand ces Phalanges font devenues vieilles, elles font couvertes par tout d'un duvet noirâtre, auffi doux & auffi preffé que du velours. Leur corps eft fupporté par dix piés, velus par les côtés & heriffés en deffous de petites pointes, dont elles fe fervent pour s'accrocher plus facilement par tout où elles veulent grimper. Tous ces piés fortent de la partie de devant, ayant quatre jointures chacun. Ils font munis par le bout d'une corne noire & dure, qui eft divifé en deux comme une petite fourche. Leurs yeux font fi petits & fi enfoncés, qu'ils ne paroiffent que comme deux petits points. Elles fe nourriffent de mouches, & il y en a qui filent des toiles fi fortes, que les petits Oifeaux qui s'y embarraffent, ne s'en peuvent développer qu'avec peine.

On appelle auffi *Phalanges*, dans les mêmes Ifles, Une efpece de groffes Mouches, dont quelques-unes ont deux trompes pareilles à celles de l'Elephant, l'une recourbée en haut, & l'autre en bas. Quelques autres ont trois cornes dont l'une naît du dos, & les autres de la tête. Le refte du corps ainfi que ces cornes, eft noir & luifant comme du jayet. Il y en a qui ont une corne longue de quatre pouces, de la façon d'un bec de beccace, liffée par deffus & couverte d'un poil follet par deffous. Cette corne leur fort du dos, & s'avance fur la tête, au haut de laquelle eft encore une autre corne femblable à celle du cerf volant, qui eft noire comme ébene, & claire comme du verre. Tout le corps eft de couleur de feuille morte, poli & damaffé. Ces groffes Mouches Phalanges, ont la tête & le mufeau comme un finge, deux gros yeux jannes & folides, une gueule fendue, & des dents femblables à une petite fcie.

Les Medecins appellent *Phalanges*, les rangs & les difpofitions des doigts de l'homme, comme s'ils étoient rangés en bataille.

PHALANGIUM. f. m. Plante, que quelques-uns appellent *Phalangites*, & d'autres *Lucacantha*. Elle produit deux au trois rejettons & quelquefois plus éparpillés de côté & d'autre. Sa fleur eft blanche & femblable au lis, & déchiquetées en plufieurs endroits. Sa graine eft noire, large, & faite en

façon d'une lentille mi-partie, mais pourtant plus déliée. Sa racine eft petite, grêle & verte quand elle eft fraîchement tirée de terre. Le Phalangium croît aux côteaux & aux petites montagnes. Ses feuilles, fa graine & fes fleurs prifes en breuvage font bonnes aux piquûres des Scorpions, & des Araignées Phalanges, d'où cette plante a tiré fon nom. D'autres veulent qu'elle l'ait pris de ce que fes racines reprefentent les doigts de la main dans l'ordre où ils font, que les Medecins appellent *Phalanges*, quand ils font rangés dans la difpofition où ils doivent être.

PHALARIS. f. m. Herbe qui produit beaucoup de petites tiges femblables aux tuyaux d'épeautre hautes d'un pié & demi, grêles, douces & comparées de plufieurs nœuds. Sa graine eft blanche, longuette, & de la couleur du millet. Ses racines font minces & inutiles. Le jus de cette herbe pilée, bû avec de l'eau ou du vin, eft bon aux douleurs de la veffie. Sa graine a cette même vertu, fi on la prend en breuvage à la quantité d'une cueillerée On fait vênir ce mot du Grec φαλαϱὶς ou φαλαϱὸς, Blanc, à caufe que fa graine eft blanche.

PHARE. f. m. Feu allumé du haut d'une Tour élevée fur une côte, à l'entrée des Ports & des Rivieres, pour indiquer la route aux vaiffeaux pendant la nuit, & les empêcher de donner contre la côte par non vûe. Cette Tour ou lieu élevé où l'on place la lumiere, eft proprement ce que l'on appelle *Phare*. Ce mot vient d'une grande Tour que Ptolomée Philadelphe, Roi d'Egypte, fit élever fur le fommet d'une montagne de l'Ifle appellée Pharos, l'on 470 de la fondation de Rome, & qu'il appella *La Tour de Pharos*, du nom de cette Ifle. Elle a paffé pour une des fept merveilles du monde. Il y avoit un fort beau degré par lequel on y montoit pour allumer quantité de flambeaux & de lanternes qui fervoient de guide aux Pilotes. Softrate qui en fut l'Architecte, fit graver ces paroles fur le marbre. *Softrate Gnidien, fils de Dexiphare, confacre cet Ouvrage aux Dieux immortels pour le falut des Mariniers*, & après avoir gravé cette infcription, il l'enduifit de plâtre, & écrivit le nom & les titres du Roi par deffus. Ce fut une adreffe pour conferver fon nom, qui a paru lorfque le teins a fait tomber le plâtre fur lequel étoit écrit celui du Prince. L'Ifle de Pharos que les habitans nomment aujourd'hui *Magrat* ou *Magrab*, & les Arabes *Magar Alexandri*, ou *Phare d'Alexandre*, eft vis-à-vis d'Alexandrie, & tient prefque toute à la Terre ferme fans canal, ni pont. Du tems d'Homere, il y avoit une plaine de mer de vingt-quatre lieues qui la féparoit de la Ville.

PHARICUM. f. m. Sorte de poifon qui a prefque le goût du Nardus fauvage. Diofcoride dit, que pris en breuvage, il caufe une refolution de nerfs jointe à une alienation d'entendement. Matthiole avoue qu'il n'a jamais fçû comprendre en aucun Auteur ce que les Anciens entendoient par Pharicum, & fi c'eft un médicament fimple ou compofé. Il ajoûte, felon ce que rapporte le Scholiafte de Nicander, que Praxagoras dit qu'il a pris le nom de Pharicum d'un grand empoifonneur Candien nommé Pharicus qui l'avoit inventé, & que d'autres attribuent fon nom à ceux de Pharis d'Arcadie, qui les premiers l'ont mis en ufage.

PHARMACIE. f. f. *L'art de préparer & de compofer les remedes pour la guerifon des malades.* ACAD. FR. Il y a deux fortes de Pharmacie, la *Pharmacie Galenique*, qui eft la partie de la Medecine, qui enfeigne le choix, la préparation, & la mixtion des médicamens, & la *Pharmacie Chymique*. Cette derniere eft est un art qui enseigne à resoudre les corps mixtes, à connoître & à diviser les parties dont ils sont composés, pour en séparer celles qui sont mauvaises, en sorte qu'on tire le suc & la substance de tous les mixtes dans la pureté, pour les employer à la conservation, ou au rétablissement de la santé. Ce mot vient de Φάρμακον, Médicament, que quelques-uns font venir de φέρω άκος, Donner du secours.

PHARMACOPE'E. s. f. Traité qui donne la connoissance de la Pharmacie, & qui enseigne de quelle maniere les remedes doivent être préparés du Grec φάρμακον, Remede & de ποιέω, Faire.

PHARISIEN. s. m. Secte qui se forma en Judée long-tems avant la naissance de JESUS-CHRIST, & qui, selon saint Jerôme, eut Hillel & Saumai pour Auteurs. Ils prirent le nom de Pharisiens, qui veut dire Séparés, à cause qu'ils se séparoient eux-mêmes pour mener une vie austere & s'adonner à l'étude de la loi, n'ayant point de communication avec les autres, dont ils se distinguoient par leur maniere de vivre & par leurs habillemens. Ils avoient les reins ceints de grosses cordes, & couchoient sur des ais couverts de cailloux. Ils mettoient des épines aigues au bas de leurs robes, afin que leurs jambes en étant piquées les fissent souvenir des commandemens. Cette austerité de mortification n'étoit gardée, ni par tous, ni pour toûjours. Ils payoient les decimes selon que la loi l'ordonnoit, & la trentiéme & la cinquantiéme partie de leurs fruits. Ils renioient une necessité inévitable comme les Stoïciens, & la transmigration des ames d'un corps dans un autre avec les Pytagoristes, ce qui leur faisoit penser que l'ame de saint Jean-Baptiste, d'Elie ou de Jeremie, étoit passée dans le Corps de JESUS-CHRIST. Ils estimoient plus les traditions écrites, faisant consister leur plus grande sainteté dans les lavemens, de sorte qu'ils croyoient la paillardise un moindre peché que de manger sans s'être lavé les mains. Leurs lavemens journaliers les firent nommer Hemerobaptistes; aussi ne revenoient-ils jamais du marché qu'ils ne se lavassent, dans la pensée que l'attouchement des autres personnes les avoit souillés. Ils jeûnoient le second & cinquiéme jour de la semaine, & portoient leurs tablettes qui étoient de petits morceaux de parchemin où la loi étoit écrite, & qu'ils appelloient Phylacteriens, sur leur front & sur leur bras gauche, mais il n'y avoit que de l'orgueil dans leurs actions, & cet orgueil leur est souvent reproché dans l'Evangile.

PHARYNX. s. m. Gosier. Ce mot est Grec φάρυγξ, & les Medecins s'en servent pour signifier la partie de la bouche qui fait le haut & le commencement du conduit qui va à l'estomac. Cette partie est fort dilatée.

PHASE. s. f. Terme d'Astronomie. Il se dit des diverses apparences ou illuminations de la Lune. Ce mot est Grec φάσις, & entre autres significations, il veut dire, Apparence.

PHASEOLE. s. m. Espece de legume, que Matthiole dit être fort commun en Italie, où il y en a de blancs, de rouges, de jaunes, & d'autres tachés de differentes couleurs. Les rouges sont jaunes servent à couvrir les treilles, & à donner de l'ombre aux jardins. Ils s'agraffent avec leurs tendrons & crochets, ainsi que la vigne, ce qui lui fait croire que cette sorte de Phaseole, est le Smilax hortensis, de Dioscoride. Les blancs qu'on seme par tout s'étendent sur terre, & ont leurs feuilles à peu près comme le lierre les-a, un peu plus grandes pourtant, plus molles, & pleines de veines, il y en a trois en chaque queue. Leurs fleurs sont blanches, & plus petites que celles des pois, & il en sort

Tome II.

de petites cornes, rondes en long, & pointues au bout, vertes au commencement & blanches dans leur maturité. Les Phaséoles y sont enfermées, ayant presque la forme des roignons des bêtes à quatre piés, & étant blanches excepté vers le milieu qui est un peu noir. Cette sorte de legume enflé, engendre des ventosités, & est d'une difficile digestion. En Grec φασίολος.

PHATZISIRANDA. s. f. Herbe de la Floride, dont les feuilles sont semblables à celles des porreaux, mais plus déliées &, plus longues. Elle a le tuyau à la maniere du jonc, plein de poulpe, noüeux, & haut d'une coudée & demie. Sa fleur est petite & étroite, & sa racine déliée, fort longue & pleine par intervalles de bossettes rondes & velues. Cette racine dont la saveur est aromatique vient aux lieux humides. Les Sauvages broyent l'herbe entre deux pierres, & se frottent tout le corps de son suc quand ils veulent se laver, ce qu'ils font presque tous les jours croyant que ce suc fortifie la chair, & lui communique sa douce odeur. Les Espagnols employent la poudre faite de cette herbe pour remede contre la pierre des reins. Elle excite puissamment l'urine, & fait vuider tous les excremens, qui d'ordinaire bouchent les conduits.

PHI

PHIBIONITES. s. m. Heretiques dont les abominations sont décrites par saint Epiphane. C'étoit une Secte des Anostiques.

PHILLYREA. s. f. Arbre de la grandeur du Troësne, qui produit ses feuilles semblables à celles de l'Olivier, mais plus noires & plus larges. Son fruit qui approche de celui du Lentique, est noir, douçâtre & grappu comme le raisin. Cet Arbre croît dans les lieux rudes & âpres. Ses feuilles sont astringentes, & ont la même vertu que celles de l'Olivier sauvage, quand il est besoin de resserrer. Etant mâchées, ou bien si on se lave la bouche de leur décoction, elles servent aux ulceres de cette partie. Prises en breuvage elles provoquent l'urine, & les fleurs aux femmes. Matthiole fait voir l'erreur de ceux qui ont pris la Phillyrea, dont Dioscoride a fait cette description, pour le Til ou Tiller. Elle est fondée sur la ressemblance du mot φιλύρα qui veut dire, Til, & de φιλυρέα, qui leur a fait croire que Dioscoride n'avoit jamais vû de Til, ou qu'il y en avoit une espece entierement differente du Til commun, qui n'a nul rapport avec la Phillyrea, sans que ces paroles κάλλιστος φιλυρέας, qu'il employe, en disant sur la fin de la Préface de son premier Livre, que les fleurs & tout ce qui est aromatique & odorant doit être gardé dans des boëtes ou petits coffres faits de Tillet, Matthiole fait connoître que Dioscoride a mis une grande difference entre φιλυρέα & φιλύρα.

PHILOLOGIE. s. f. Espece de Science universelle, qui s'étend sur toutes sortes de connoissances. Ce mot est Grec φιλολογία, de φίλος, Ami, & de λόγος, Discours.

PHILOMELE. s. f. Nom que les Poëtes donnent au Rossignol, & qui vient de ces mots Grecs φιλέω μέλος, Aimer le chant.

PHILONIUM. s. m. Opiat, dont il y a de deux sortes, le Philonium Romanum, & le Philonium Persicum. Le premier se donne à ceux qui sont malades de pleuresie, de colique & de toute douleur interne, & on s'en sert ordinairement dans les lavemens pour adoucir les douleurs aigues de la colique. Il est composé de quinze ingrediens outre le miel. Ce sont le poivre blanc, l'opium, la semence d'a-

D d

che, le jufquiame, l'euphorbe, la cannelle, le coftus, la caffia lignea, le pyrethre, la graine de perfil, de fenouil, & du daucus creticus, la zedoara, le fpic nard & le faffran. Cet Opiat concilie le fommeil, arrête le fang qui flue des parties internes, & eft très-bon aux naufées. Il fait paffer le hocquet, & appaife les douleurs du ventre, du foye, de la ratte, & des reins, caufées d'une intemperie froide, de vents & d'humeurs crues. Le *Philonium Perficum*, eft un autre Opiat, qui a la vertu d'arrêter le fang, de quelque part qu'il puiffe fluer, comme celui des purgations immoderées & des hemorrhoides. Il retient auffi le fœtus, & empêche une femme d'avorter. Les ingrediens qui le compofent fans compter le miel, font le poivre blanc, l'opium, le jufquiame, la pierre hematite, le caftoreum, la terre fagilée, les perles, le fpic nard, le pyrethre, l'enula campana, la zedoaire, le karabé, l'euphorbe, les trochifques de ramich & le camphre. Cet Opiat a été appellé *Philonium*, de Philon, Medecin qui l'a inventé.

PHILTRE. f. m. *Breuvage ou autre drogue pour donner de l'amour.* ACAD. FR. On diftingue les Philtres en faux & en veritables, & l'on tient pour faux ceux que donnent quelquefois les vieilles femmes ou les femmes débauchées. Ceux-là font ridicules, magiques & contre nature, plus capables d'infpirer la folie que l'amour à ceux qui s'en fervent. Les fymptomes en font même dangereux. On entend par veritables Philtres, ceux qui peuvent concilier une inclination mutuelle entre une perfonne & une autre par l'interpofition de quelque moyen naturel & magnetique, qui tranfplante l'affection; mais on demande, s'il eft des Philtres de cette nature, & d'ordinaire on répond que non, ce qui eft pourtant contre l'experience, puifqu'on fçait que fi un homme met un morceau de pain fous fon aiffelle pour l'empreigner de fa fueur & de la matiere de l'infenfible tranfpiration, le chien qui en aura mangé ne le quittera jamais. On tient que Hartmannus ayant donné un Philtre tiré des vegetaux à un moineau, cet oifeau ne le quitta plus depuis, demeurant avec lui dans fon cabinet, & volant pour le fuivre quand il vifitoit fes malades. Vanhelmont a écrit qu'ayant tenu certaine herbe dans fa main durant quelque tems, & pris enfuite le pié d'un petit chien de la même main, cet animal le fuivit par tout, & quitta fon premier maître. Le même Vanhelmont dit que les Philtres demandent une confermentation de mumie pour attirer l'amour à un certain objet; & fondé par là la raifon pourquoi l'attouchement d'une herbe échauffée tranfplante l'amour à un homme ou à une brute. C'eft, dit-il, parce que la chaleur qui échauffe l'herbe, n'étant pas feule, mais animée par les émanations des efprits naturels, détermine l'herbe vers foi, & fe l'identifie, & ayant reçu ce ferment, elle attire magnetiquement l'efprit de l'autre objet, & la force d'aimer ou de prendre un mouvement amoureux. Il y a donc des philtres déterminés. Les malades, après avoir mangé ou bû quelque chofe, foupçonnent quelquefois certaine perfonne de leur avoir donné quelque charme, & ils fe plaignent principalement du defordre de l'eftomac & de l'efprit. Il eft étonnant que la paffion amoureufe caufée par un Philtre revienne periodiquement. Le Docteur Langius témoigne qu'il a gueri un jeune homme, qui ayant mangé à quatre heures après midi la moitié d'un citron qu'il avoit reçu d'une femme, fentoit tous les jours à la même heure un amour empreffé qui le faifoit courir de côté & d'autre pour le chercher & la voir. Cela lui duroit une heure, & comme

il ne pouvoit fatisfaire fon envie à caufe de l'abfence de cette femme, fon mal augmenta de jour en jour, & le jetta dans un état pitoyable. Les Philtres caufent de frequentes manies & affés fouvent la perte de la memoire. Ce mot eft Grec φίλτρον, & vient de φιλέω, aimer.

PHIMOSIS. f. f. Terme de Medecine. Sorte de mal qui arrive quand le fiege & l'anus font comme liés & refferrés par un cal qui s'eft formé. On le dit auffi d'une maladie du prépuce quand il eft fi fort ferré que l'on ne peut découvrir le gland fans faire une incifion. Ce mot eft Grec φίμωσις, qui fignifie proprement, Ligature qu'on fait avec une ficelle de φιμός, Ficelle, Licol.

PHL

PHLÉBOTOMIE. f. f. Terme de Chirurgie. Art de faigner. Ce mot eft Grec φλεβοτομία, & vient de φλὶψ, Veine, & de τέμνω, Couper. Les Medecins difent auffi, *Faire Phlebomotifer*, pour dire, Faire tirer du fang.

PHLEGMAGÓGUES. f. m. Médicamens qui fervent à purger la pituite par bas. La femence du carthame, les myroboians, chepules, embliques & bellyriques font de ce nombre, auffi bien que le turbith, l'elaterium, l'agaric, l'euphorbe, les hermodactes, & la coloquinte. On y peut ajouter toutes fortes de gommes, qui quoiqu'elles ne purgent pas felon les Grecs, ne laiffent pas d'entrer fort fouvent dans les pilules qu'on fait pour purger la pituite craffe & vifqueufe. Ce mot eft Grec φλεγμαγωγα, de φλέγμα, Pituite, & de ἄγω, Tirer, amener.

PHLEGME. f. m. Terme de Chymie. Principe paffif fort volatil qui fe prefente le premier, & fort par la moindre chaleur du feu en forme d'eau claire & infipide. Le Phlegme fort le dernier dans la diftillation du vin, & le premier du vinaigre.

Phlegme, eft auffi un terme de Medecine, & il fe dir de la pituite, la plus douce des quatre humeurs qui font dans le corps. Ce mot eft Grec φλέγμα, & vient de φλέγω, Brûler. Ainfi il s'entend par un fens contraire, comme voulant dire une pituite qui n'eft point du tout brûlée.

PHLEGMON. f. m. Nom general que donnent les Medecins à toutes les apoftumes & inflammations faites de fang. Quand ce fang eft bon & louable, & qu'il n'y a que la quantité par où il peche, c'eft le *Vrai phlegmon*. S'il eft corrompu & mêlé de bile, de pituite & de mélancolie, il eft appellé *Phlegmon bâtard*. Ce mot vient du Grec φλέγω, Brûler.

PHO

PHOENIGME. f. m. Remede externe qui s'applique en forme de cataplafme pour réchauffer quelque partie, ou attirer les humeurs du profond à la fuperficie. On s'en fert d'ordinaire dans les maux de tête inveterés, dans les longues fluxions, & dans les maladies du cerveau. Il faut pour cela rafer les cheveux, afin de le pouvoir appliquer fur toute la tête. On l'applique fur le cou, pour les maladies des yeux; derriere les oreilles pour le mal de dents; fur la poitrine pour l'afthme; fur l'hypogaftre pour l'hydropifie, & fur la cuiffe dans la fciatique, afin d'attirer l'humeur en dehors. On fe fert, pour compofer ce remede, de femence de mouftarde que l'on broye avec des figues, de bryoine, de poivre, de femence d'ortie, de ftaphyfagre, de fquille, de tithymale, de fel, de femence de creffon alenois, & de tlafpi, de ranuncule, d'hydropiper, de pyrethre, d'ellebore, de lait de figuier, de fiente de chevre & de celle de pigeon. On fait encore des Phœnigmes plus forts que ceux-ci. Ils font composés d'euphorbe, de tartre brûlé, d'anacardes & de cantarides; mais comme ils excitent des veffies fur le cuir, on les confond avec les veficatoires. Ces remedes font nommés *Phœnigmes*, en Grec φοίνιγμοὶ, de φοῖνιξ, Rouge, à caufe qu'ils demeurent fur la partie où on les applique, jufqu'à ce qu'en l'échauffant ils y excitent de la rougeur, ce que l'on fait pour y attirer l'humeur, & la détourner de la partie affectée.

PHOENIX. f. m. Oifeau que Belon fait grand comme un aigle, & qu'il dit avoir les plumes d'autour de fon cou dorées, les autres de couleur de pourpre, & la tête embellie de plumes élevées en forme de crête. Il a la queue blanche mêlée de pennes incarnates, & les yeux étincelans comme des étoiles. Il vit jufqu'à cinq cens ans, & enfuite il fe fait lui-même un bucher de rameaux d'encens, de cannelle & de caffe odoriferante. Il s'y couche après qu'il l'a allumé en battant des ailes, & s'y confume, en forte que de fa cendre il naît un ver d'où il fe fait un autre Phœnix. Les Anciens en ont encore publié d'autres merveilles qu'on tient toutes fabuleufes.

Phœnix, eft auffi une herbe qui a fes feuilles femblables à l'orge, mais plus courtes & plus étroites, & fon épi fait comme celui de l'yvraye, ce qui la fait appeller *Yvraye fauvage*. Ses tuyaux font de la longueur de fix doigts. Sa racine en eft entortillée, & produit fept ou huit épis. Cette herbe croît parmi les champs, & fur les toits recemment enduits, & faits de nouveau. Elle a pris fon nom de la couleur de fon épi, qui eft femblable en quelque façon à celle du fruit du palmier, appellé en Grec φοῖνιξ. Etant bue en vin, elle refferre le ventre, & fi on la porte au coulée avec de la laine rouge, on tient qu'elle a la vertu d'arrêter le fang. En Latin *Lolium* ou *Hordeum murinum*. Pline lui donne ce nom, à caufe peut-être que les fouris rongent les épis de cette forte d'yvraye qui croît fur les couvertures des maifons.

PHOSPHORE. f. m. Matiere luifante, de φῶς, lumiere, & de φόρος, *porter*. On peut donner ce nom à *la pierre de Boulogne*, Voyez PIERRE ; mais ce qu'on appelle principalement *Phofphore*, eft une compofition chymique qui fut trouvée en 1669. par un Allemand de Hambourg nommé Brand, qui cherchoit la pierre Philofophale. Il fit voir à quelques perfonnes fa nouvelle découverte qui confiftoit en une matiere qui luifoit dans l'obfcurité. Les lettres qui en étoient écrites, ceux qui s'en étoient froté le vifage, brilloient dans les tenebres, mais Brand ne fit part de fon fecret à perfonne, & il mourut. Kunxel, Chymifte de l'Electeur de Saxe, qui fçavoit que Brand avoit beaucoup travaillé fur l'urine, crût que c'étoit là la matiere du Phofphore, & en effet, il le trouva par cette voie. C'eft de l'urine préparée avec beaucoup d'art, & dont on tire les fouffres les plus volatils par des operations affés longues & affés difficiles. On dit que Kunxel a tiré auffi le Phofphore des gros excremens, de la chair, des os, du fang, des cheveux, du poil, des ongles, des cornes, & qu'il croyoit qu'on le pouvoit tirer encore de tout ce qui donnoit par la diftillation une huile puante. Le Phofphore eft une matiere affés dure, & reffemble à la cire jaune. On le conferve dans un vaiffeau plein d'eau, & bien fermé. Si on en écrafe un grain, il s'enflâme, & fe confume fort vîte, & ne met pas le feu à du papier fur quoi il brûle, tant cette flâme eft fubtile. Si ce papier a été trempé dans de

Tome II.

l'efprit de vin, le Phofphore ne s'enflâme point que l'efprit de vin ne foit diffipé, & il s'enflâme affés facilement fur du papier mouillé d'eau. Mais s'il y a un bout du papier mouillé d'efprit de vin, & qu'on écrafe le Phofphore fur l'autre bout, le Phofphore met le feu à l'efprit de vin, ce qu'il ne pouvoit faire lorfqu'il en étoit tout proche. Si l'on pompe l'air de la bouteille où eft le Phofphore, il perd la plus grande partie de fa lumiere; & la recouvre fi on laiffe rentrer l'air. Mais fi avant que de pomper l'air, le Phofphore avoit jetté fon éclat pendant quelque tems, on peut fans le lui faire perdre, pomper l'air, & on le lui ôte entierement & tout d'un coup, quand on laiffe rentrer l'air dans la bouteille. Il y a beaucoup d'autres Phenomenes finguliers du Phofphore.

Phofphore, eft auffi la Planete de Venus en termes d'Aftronomie, en Latin *Lucifer*. C'eft ce que nous appellons l'*Etoile du Berger*.

PHOTINIENS. f. m. Heretiques ainfi appellés de Photinus, Evêque de Sirmich, dont ils fuivoient les erreurs, ajoûtant à celles de Sabellicus, de Paul de Samofate, de Cerinthe & d'Ebion, qu'il avoit renouvellées, que JESUS-CHRIST étoit un pur homme, & qu'il n'avoit commencé à être le CHRIST, que quand le Saint-Efprit étoit defcendu fur lui dans le Jourdain. Ils difoient auffi que la Trinité étoit une étendue de la Divinité qui fe divifoit & étendoit en trois; & fe raffembloit enfuite en un, comme de la cire qui s'étend par la chaleur. Cette herefie fe répandit fort fous le regne de Valens, Empereur Arien, trois cens quarante-cinq ans après JESUS-CHRIST.

PHR

PHRENESIE. f. f. Inflammation des membranes du cerveau. C'eft une maladie ordinairement mortelle, dont les fignes font la chaleur, la rougeur, la douleur & la pulfation qui fe rencontrent dans toutes les inflammations. La douleur ne fçauroit être que très-violente, puifqu'il n'y a point de partie dans la tête qui foit plus fenfible que la dure-mere; le fang arrêté diftend la membrane, & cette diftenfion produit une douleur déchirante. Ainfi les vrais Phrenetiques, car on ne doit pas nommer *Phrenefie*, tout délire confiderable qui furvient aux fievres ardentes & malignes, s'arrachent les cheveux comme s'ils étoient remplis de fureur. Ils frappent le lit & les murailles avec leur tête, & la jettent, fans s'épargner, de côté & d'autre. Cette douleur furieufe fait devenir le mal fi aigu que l'on en meurt en trois jours; parce que les efprits étant diffipés par l'excès de la douleur, la gangrene de la partie enflammée furvient, qui eft fuivi de la mortification. Dans la veritable Phrenefie, le craquement des dents menace d'un grand délire, & c'eft le figne d'une convulfion mortelle, fi le délire eft déja venu. Les délires obfcurs & tremblans font plus à craindre que les tumultueux dans les inflammations du cerveau. Ainfi les Phrenetiques demeurent quelquefois comme endormis, quoiqu'ils ne dorment pas, & font troublés de differens fonges, fur lefquels ils répondent des chofes fans fuite, lorfqu'ils font interrogés. Cet état eft beaucoup plus perilleux, que de faire de grands cris & des contorfions de membres. *Phrenefie* vient du mot Grec φρήν, Entendement.

PHRENITIS. f. m. C'eft proprement l'inflammation du diaphragme; qui eft fuivie ordinairement du délire. Hippocrate & les Auteurs Grecs ont nommé φρήν, le diaphragme; à caufe qu'ils le

D d ij

croyoient le siege de l'ame, ou parce qu'il ne peut être enflammé que l'ame ne soit troublée. Ce mot est Grec φρένας.

PHT

PHTHIRIASIS. f. m. Maladie pediculaire dont les enfans sont fort souvent tourmentés, & quelquefois même les adultes. Sa cause est une semence singuliere d'où les poux s'engendrent, qui est particulierement exaltée dans le corps des enfans, & y fait éclorre ces petits insectes. L'huile de spicia est un des meilleurs remedes que l'on y puisse apporter. On en oint la tête le soir; on la couvre d'un bandage, & le lendemain on trouve tous les poux morts. Ensuite pour la nettoyer & pour les abattre, on la lave avec une lessive de décoction de spica. On recommande aussi dans la cure du Phthiriasis, les lotions de la tête avec le staphisagria, le scordium, l'absinthe, la coloquinthe, la petite centaurée, la racine d'ellebore noir, cuite dans des eaux appropriées. Outre ces remedes, les linges dont se servent les Orfévres pour essuyer les vaisseaux qu'ils viennent de dorer, sont très-bons, à cause du mercure, pour chasser & pour tuer les poux, si on en frotte la tête d'un enfant. Ce mot est Grec φθειρίασις, de φθείρες, Poux.

PHTHISIE. f. m. Terme de Medecine. On entend par ce mot pris en general toute sorte de consomption du corps en quelque partie, & par quelque cause qu'elle arrive. C'est dans une signification plus particuliere & plus étroite la seule atrophie, qui suit la corruption de quelque viscere considerable, & on appelle proprement Phthisie, lorsqu'on a le foye, le poumon ou les reins ulcerés. Quand les reins suppurent, c'est une Phthisie renale. Si la suppuration se fait dans le foye, la Phthisie est jecorale, & si les poumons sont exulcerés, on dit Phthisie pulmonaire. Celle-là est la plus commune, & on appelle principalement Phthisiques, ceux qui ont un ulcere aux poumons, à cause que les poumons étant plus exposés aux injures externes, que les parties internes, ont accoutumé d'en être offensés. Les plaies qui percent le thorax, les contusions ou les chûtes d'enhaut, produisent des crachemens de sang & autres semblables affections que suit la Phthisie. Ceux qui travaillent à préparer l'antimoine, les mineraux, l'esprit de vitriol, deviennent Phthisiques, aussi-bien que les faiseurs de plâtre & de chaux, & selon Vanhelmont l'odeur de l'eau forte est extrèmement pernicieuse & fait contracter ce mal à beaucoup de ceux qui la reçoivent. L'usage du vin trop acide & trop tartareux y dispose aussi, & enfin c'est un mal hereditaire qui passe du pere à la mere au foetus par la semence. Il est si contagieux, que le levain de l'ulcere se communiquant par l'haleine & les crachats, infecte les poumons des personnes saines, ce qui fait que plusieurs maris & femmes se donnent la Phthisie l'un à l'autre. On appelle Phthisie dorsale, Une maladie de nouveaux mariés, lorsque leur empressement leur fait consumer trop de suc nourricier. Ils deviennent successivement attenués par le dos; l'épine avance, & ils sentent une espece de fourmillement leur chatouillement le long du dos. Ce qu'il y a de singulier dans ce mal, c'est qu'il est periodique, & qu'étant gueri, il revient de sept ans en sept ans. Ce mot est Grec φθίσις, Corruption, attenuation, & vient de φθίω, Je corromps.

PHU

PHU. f. m. Plante qui vient de soi-même dans le Royaume de Pont où elle est nommée ainsi. Matthiole qui ne doute point que le vrai Phu ne soit ce que l'on appelle ordinairement la grande Valeriene, met trois especes de Phu, le grand, le moyen & le petit. Le grand Phu, a ses feuilles semblables à la scabieuse, mais plus grandes, & moins découpées. Sa tige est de la hauteur d'une coudée, & quelquefois plus lissée, creuse, molle, & d'une couleur tirant sur le purpurin. Elle a dès noeuds & porte à sa cime un bouquet de fleurs purpurines blanchâtres. Sa racine est de la grosseur du petit doigt, & il en sort plusieurs filamens, entrelassés les uns dans les autres, qui sont d'une odeur un peu forte ainsi que ceux de Nardus. Il vient aux montagnes dans les lieux humides. Le Phu moyen, a ses feuilles semblables à celles du frêne ou du cormier lissées, noirâtres & couchées contre terre. Sa tige & ses fleurs sont semblables au grand Phu, excepté qu'elles sont moindres. Il a beaucoup de racines. Elles sont blanchâtres & mêlées les unes dans les autres, ainsi que celles de l'Ellebore blanc, & ont aussi une odeur forte comme celles de Nardus. Il vient dans les lieux marécageux. Les feuilles du petit Phu, sont à peu près comme les feuilles du grand, quoique fort petites. Sa tige est anguleuse & haute d'un palme, & à sa cime sont des fleurs de même couleur que celles des autres. Sa racine est petite & blanchâtre, & a aussi force filamens d'une bonne odeur. Il croît aux montagnes, dans les près marécageux & dans les endroits humides. Le grand est celui que l'on préfere aux deux autres. On se sert communément de la racine & de l'herbe. Matthiole dit qu'il y a une telle sympathie entre le Phu moyen & les chats, qu'ils y accourent quand ils le sentent de loin, & le mangent avec un plaisir qu'ils font paroître en faisant entendre un je ne sçai quel murmure entre les dents. La racine de ce Phu moyen est singuliere, mise aux breuvages qu'on fait pour les blessûres interieures.

PHUCUS MARINUS. f. m. Dioscoride dit qu'il y a un Phucus marin, qui est large, un autre longuet & rouge, & un troisiéme qui est blanc. Il croît en Candie, ajoûte-t-il, produisant force fleurs, & demeure toûjours en son entier sans se corrompre. Tous les Phucus sont refrigeratifs, ce qui les rend singuliers aux podagres & aux inflammations, si on les y applique en maniere de cataplasme, il ne s'en faut neanmoins servir que quand ils sont encore verts. Nicander ordonne le Phucus rouge contre les serpents. Quelques-uns croyent que le fard dont se servent les femmes, vient de cette plante, quoiqu'il soit pris d'une certaine racine qui est aussi appellé Fucus. Pline en parlant du Phucus marin, dit qu'il croît aussi des arbres & des arbrisseaux dans la mer; que la mer Rouge & l'Ocean oriental sont pleins de grandes forêts, & que ce que les Grecs appellent φῦκος, Phucus, n'a point changé de nom en quelque langue que ce soit. Quant à notre Alga, pourtant-il, elle est mise au rang des herbes, mais le Phucus est un arbrisseau. Matthiole avoue qu'il n'a jamais vû de Phucus, & qu'il sçait ce que c'est. Il croit pourtant que si ce n'est notre Alga, c'en est une espece.

PHY

PHYLACTERE. f. m. Sorte de tablette qui consistoit à un petit morceau de parchemin, dans lequel étoit écrit quelque texte de l'Ecriture, ou le Decalogue, & que les plus zelés d'entre les Juifs portoient sur leur front ou sur leur poitrine pour marque de l'exactitude qu'ils avoient à observer leur religion.

Les Pharifiens portoient leurs Phylacteres fort larges, ce qui a obligé faint Matthieu à les appeller
Phylacteriens. Ce mot eft Grec φυλακτηρ, Gardien, &
vient de φυλάττειν, Garder. Ce nom a été donné en
general par les Anciens à toutes fortes de charmes
ou de caractères qu'ils portoient fur eux, croyant
fe garder par là de quelque danger ou fe préferver
de maladies. Les premiers Chrétiens ont appellé auffi
Phylacteres, Les châffes où les reliques des Saints
étoient enfermées.

PHYLLITIS. f. f. Herbe dont les feuilles font femblables à l'ofeille. mais plus longues & plus vertes. Elle en jette environ fix ou fept, qui font droites, polies, & liffées du côté de devant, ayant fur
le dos certaines marques, comme de petits vers qui
y feroient attachés. Elle ne produit ni tige, ni fleur,
ni graine, & croît aux lieux ombragés des jardins.
Matthiole dit que la Phyllitis eft notre *Langue de
cerf*, & que quelques-uns l'appellent fauffement
Scolopendria. Il ajoûte que quoique l'on trouve
quelquefois des plantes de langue de cerf qui ont
plus de cinquante feuilles, ce que dit Diofcoride de
la Phyllitis ne laiffe pas d'être vrai, puifque ces
cinquante feuilles viennent de plufieurs racines
amaffées enfemble, qui fe peuvent féparer, de forte qu'en prenant à part chaque racine, on ne trouvera que fix ou fept feuilles au plus en chaque plante. Il condamne auffi l'erreur de Ruellius, Fuchfius
& autres, qui ont prétendu que notre langue de
cerf ne fe rapporte point à la Phyllitis, mais à
l'hemionitis, qui ne produit ni tige, ni fleur ni
graine. Il fait voir qu'ils fe trompent en ce que l'hemionitis n'a point fes feuilles femblables à l'ofeille,
mais à celles de Dragontea, étant recourbées en
maniere de croiffant, & que ce qui les a fait tomber dans l'erreur, c'eft que la Langue de cerf eft
fort bonne aux maux de rate, ce qui eft commun à
l'hemionitis. Galien parlant de la Phyllitis dit
qu'étant verte & brufque en fa temperature, il ne
faut pas s'étonner, fi quand on la prend en breuvage elle arrête le flux de ventre & le flux de fang.
Les Grecs ont appellé cette herbe φυλλῖτις, de φύλλον,
Feuille, à caufe qu'elle n'a que des feuilles fans aucune tige.

PHYLLON. f. m. Plante que quelques-uns nomment ἰλιόφυλλον, à caufe que fes feuilles font femblables à celles de l'olivier. Elle croît parmi les
rochers & aux lieux pierreux. Il y a de deux efpeces
de Phyllon. Celui qu'on appelle *Thelygonum*, a fon
fruit femblable aux fleurs mouffues des olives, excepté qu'il eft plus pâle & qu'il a fes feuilles plus
vertes. Sa tige eft petite & menue, & fa racine
mince & déliée. Sa fleur eft blanche, & fa graine
affés groffe & femblable à celle du pavot. Le Phyllon, que l'on appelle *Arthenogonum*, ne differe du
premier que par fa graine. Ruellius prend la grande Perficaria pour le vrai Phyllon, & Matthiole
prétend qu'il fe trompe, parce qu'elle vient aux
lieux moites & humides, & le Phyllon aux endroits
pierreux, outre que leurs fleurs ne font pas femblables.

PHYSETERE. f. m. Efpece de baleine ou de poiffon teftacée, qui en foufflant fait rejaillir fa fumée
de la hauteur d'une lance. On l'appelle autrement
Souffleur. Ce mot eft Grec, φυσητήρ, & veut dire
proprement Un foufflet à fouffler le feu, du verbe
φυσάω, Souffler.

PHYSICIEN. f. m. Celui qui connoît la nature, &
qui rend raifon de fes effets. On appelloit autrefois
les Medecins *Phyficiens*.

    Ces Phyficiens m'ont tué

De ces brouillis qu'ils m'ont fait boire,
Et toutefois il les faut croire.

On a dit auffi *Phyfique*, pour dire, Medecine.

PHYSIOLOGIE. f. f. Partie de la Medecine qui obferve & confidere la nature de l'homme par rapport à la guerifon de toutes fes maladies. Ce mot
eft Grec, φυσιολογία, de φύσις, Nature, & de λόγος,
Difcours.

PHYTEUMA. f. m. Plante qui a .les feuilles femblables à l'herbe aux foulons, & toutefois moindres. Elle produit de la graine en quantité, & fa
racine à fleur de terre. Cette racine eft petite & déliée. Diofcoride, qui en parle ainfi, n'en rapporte
aucuns effets, finon qu'il y en a qui prétendent
qu'on s'en peut fervir pour fe faire aimer. Ce mot
eft Grec, φύτευμα, & fignifie proprement, Semence
propre à femer, de φυτεύειν, Planter.

PIA

PIAFFER. v. n. Terme de Manége. Il fe dit des
chevaux qui s'ébrouent, & qui par leur action pleine de feu marquent leur inquietude, voulant avancer quand on les retient, & faifant paroître une
continuelle agitation. On appelle *Chevaux piaffeurs*,
Les chevaux qui ont cette forte de mouvement, &
qui font une maniere de danfe en s'agitant.

    Piaffer, fe prend quelquefois en mauvaife part.
On dit : *Cette femme & fon mari fe ruinent en piaf-
fant.*

PIASTRE. f. f. Nom qu'on a donné à une monnoie d'argent qui vaut un écu, comme les reaux &
les richedales.

PIC

PIC. f. m. Outil de fer qui n'a qu'une pointe, & dont
fe fervent les Pionniers & autres gens qui travaillent
à fouïr la terre. Selon Nicod, le mot de Pic vient de
la dureté du bec du pic.

    On dit, en termes de mer, *A pic*, pour, A plomb.
Ainfi on dit qu'*On eft à pic fur un ancre*, pour dire, qu'on eft perpendiculairement fur cette ancre,
& qu'on la dégage.

    Pic. Sorte d'oifeau dont le bec eft long, dur, fort
& propre à percer l'écorce des arbres. Il y prend fa
nourriture par le moyen de fa langue, qu'il allonge de trois ou quatre pouces dans les trous &
fentes qu'il y trouve. Cette langue a un petit aiguillon pointu avec lequel il prend les vermiffeaux &
autres infectes. Il y a des Pics de plufieurs efpeces.
Il s'en trouve de verts, de gris, de couleur de cendre, d'autres qui font marquetés de noir & de blanc,
& d'autres qui font tout noirs comme de petites cor-
neilles.

PICA. f. m. Appetit dépravé qui fait defirer en quelque tems que ce foit des chofes abfurdes, comme
quand une femme groffe demande de la craye, de
la chaux ou des charbons. Si elle fouhaite des chofes qu'on ne puiffe avoir, pour empêcher le fœtus
d'être marqué, ou d'en recevoir quelque incommodité, il faut faire prendre à la mere de la noix
mufcade avec un peu de miel. C'eft un remede
éprouvé. Il y en a encore d'autres recommandés
en ce cas, comme l'écorce d'orange, le firop d'é-
corce d'orange & de citron, le firop d'abfynthe, le
fuc par expreffion des jeunes feuilles de vigne bû
avec le firop ou le fuc de coing, l'eau de vigne qui
tombe par la taille du pampre au mois de Mai,
l'eau aigrelette diftillée des bourgeons de vigne,
l'effence d'écorce d'orange, le pain trempé dans du

suc de coing ou de grenade , & autres. Quand une femme grosse desire des choses absurdes & apparemment de difficile digestion, comme des charbons, on doit lui donner des alcalis fixes pour absorber l'acide, tels que font la nacre de perles, les yeux d'écrevisses, le corail préparé, la corne de cerf sans feu, l'ivoire sans feu. Elle peut les prendre seuls ou arrosés d'un peu de vin ou de vinaigre. Le Pica survient au second mois de la grossesse,après que le sangmenstrual a été arrêté. Les enfans font aussi sujets au Pica , & Faber parle d'un petit garçon de trois ans qui mangeoit des cendres & de la terre , & refusoit le lait & les autres nourritures. D'autres ont avalé avec beaucoup d'appetit les crepissures & la chaux des murailles.

PICEA. f. m. Arbre du genre des pins & des sapins , dont il ne differe que par la disposition de ses branches. C'est celui qu'on appelle *Pesse*. Les anciens Grecs l'appelloient *nivus* , comme le témoigne Matthiole.

PICOLET. f. m. Terme de Serrurier. Petit crampon qui sert à tenir le pêne dans une serrure.

PICOT. f. m. Petite pointe qui demeure sur le bois dont on a arraché quelque branche , ou qui n'a pas été coupé nettement. C'est delà que peut être venu le nom de *Picot* qu'on donne à une petite engrelûre qui se fait à l'extrémité des dentelles.

Picot, se dit aussi d'une espece de rets ou de filets dont on se sert sur les Côtes de Normandie.

PIC-VERT. f. m. On prononce Pivert. Il y a un Pic-vert jaune & un Pic-vert rouge. Le premier a le bec fort & dur, deux marques rouges sur les yeux, le dessus de la tête rouge , le reste du corps vert & jaune , les jambes courtes & les ongles crochus & aigus. Il monte sur le tronc des arbres , & se nourrit de leurs excremens. Quand il croit avoir percé l'arbre , il va voir à l'opposite si le trou paroît. Les Furetieristes disent que quelques-uns l'appellent *Loriot*. Il est vrai que le Loriot est de même grosseur ; mais il est bien different de chant & de plumage. Le Pic-vert rouge a le dessus de la tête rouge , ainsi que les côtés des temples. Le dessus de son dos est brun , & il y a un peu de blanc dans ses ailes.

PIE

PIE. f. f. Oiseau blanc & noir, dont la chair est dure & ne vaut rien à manger. Cet oiseau se laisse apprivoiser , & parle quand on prend soin de l'instruire. La Pie pond neuf ou dix œufs , & fait son nid d'une maniere fort ingenieuse. En Latin *Pica*, en Grec *nissa* ou *nissa* , d'où quelques-uns croyent que *Pica* Latin a été fait.

Il y a une Pie fort belle à voir dans les Antilles , qui se trouve assés souvent le long des rivieres de la Guadeloupe. Elle a le bec & les jambes rouges, le col tout bleu environné d'un collier blanc, avec une sorte de chaperon blanc , moucheté & rayé de lignes noires, qui lui prend depuis le bec jusques sur le dos. Les plumes dont il est couvert sont tannées jusqu'au croupion qui est tout jaune. Il en sort une longue queue composée de huit plumes rayées de blanc. Deux des plumes sont plus longues que les autres de huit ou dix pouces. Elle a les petites plumes de ses ailes tannées & rayées de lignes noires. Ses grandes plumes sont mêlées de vert & de bleu , & tout le dessus du ventre est blanc. Cette Pie est encore plus défiante que les Pies de l'Europe , & ne donne presque jamais le tems de l'examiner sur les branches des arbres. Elle pousse en volant un cri qui ressemble assés à celui que font

nos Pies. On la tire à coups de fusil , & c'est plutôt pour la voir que pour la manger. La chair en est dure , & n'est pas blanche.

Pie-griesche. Espece de Pie sauvage qui est de couleur cendrée. Quelques-uns croyent que c'est celle que les Latins appellent *Pica-Graca*. La Pie-griesche n'est guere plus grosse qu'un merle , & a la tête un peu grosse & un peu large , le bec dur & gros , un peu courbé par le bout, la queue longue, les ailes noirâtres , & les jambes , & les piés noirs. Elle est grise par la tête & par le dos , & blanche par le dessous de la gorge, du ventre & de la queue. Le cri qu'elle pousse est un cri fâcheux. Il y a une petite Pie-griesche , qui mange les mulots & les souris qu'elle trouve dans les champs.

On appelle *Cheval pie* , un Cheval qui a des marques de poil blanc sur un autre poil. Quoique le blanc devroit être sur le noir pour faire appeller un Cheval-Pie , à cause de ces deux couleurs que porte l'oiseau de ce nom , il y a des pies baies & des pies alezanes. Les pies noires sont les plus ordinaires.

PIECA. adv. Vieux mot. Autrefois , comme qui diroit , Il y a une bonne piece de tems , *Buona pezza* , en Italien. Ce mot s'est fait par syncope de ces deux , *Piece a*.

PIECE. f. f. Partie , *portion* , *morceau d'un tout*. ACAD. FR. On dit qu'*Un appartement est composé de tant de pieces*, pour dire, qu'il y a un certain nombre de lieux differens pour être logé commodement , salles , chambres , cabinets , &c.

Piece de charpente. Tout morceau de bois taillé pour un bâtiment , & qu'on fait entrer dans un assemblage de charpenterie. On appelle les poutres, tirans , entraits , jambes de force & autres , *Les maîtresses Pieces*. Dans un chassis de menuiserie, *Piece d'appui* est une grosse moulure en saillie qui pose en recouvrement sur la tablette de pierre d'une croisée , afin que l'eau n'ait point de passage pour entrer dans la feuillure.

On appelle *Pieces de verre* , Tous les petits morceaux de verre , de quelque grandeur & figure qu'ils puissent être , qu'on fait entrer dans les compartimens des panneaux de vitre.

On dit d'un parterre de fleurs & de gazon , qu'*Il est de pieces coupées* , pour dire , que le compartiment en est de plusieurs petites pieces figurées ou formées de lignes parallèles & d'enroulemens , avec des sentiers qui separent ces diverses pieces l'une de l'autre.

On appelle , en termes de Fortification , *Pieces détachées* , Les ouvrages dont est couvert le corps de la Place du côté de la campagne , tels que sont les couronnemens, les cornes , les enveloppes , les tenailles , les ravelins & les demi-lunes.

Piece , en termes d'Artillerie , veut dire un Canon. Ainsi on dit , *Une piece de campagne* , *une batterie de six pieces*. On dit sur mer , *Pieces de douze* , *de dix-huit* , *de vingt-quatre* , *de trente-six* , pour dire , des Canons de douze , de dix-huit, de vingt-quatre , de trente - six livres de bales. Celles qu'on appelle *Pieces de Chasse* , sont des Canons logés à l'avant d'un Vaisseau , dont on se sert pour tirer par dessus l'éperon sur les Vaisseaux qui sont à l'avant , ou sur ceux qui prennent chasse.

On appelle *Table* , *cabinet de pieces de rapport*, une Table , un cabinet où l'on voit des fleurs, des fruits , des oiseaux & autres choses bien representées. On s'est servi pour cela de marbres de differentes couleurs , & sur-tout d'un marbre que le Duc Côme de Medicis découvrit en 1563. dans un endroit des montagnes de *Pietra sancta*, dont le dessus étoit de marbre très-blanc, tel que celui qu'on employe à des statues. On rencontra au dessous un autre marbre mêlé de rouge & de jaune & plus. on alloit avant, plus le marbre étoit de differentes couleurs. Depuis ce tems-là les Ducs de Florence ont fait employer ces sortes de marbres pour embellir leurs Chapelles, & outre les tables & les cabinets de pieces de rapport qui en ont été faits, on s'est servi de ces mêmes pierres pour faire des tableaux qui paroissent être de peinture. Même afin d'en augmenter encore la beauté, on y mêle du lapis, de l'agathe & de toutes sortes de pierres les plus précieuses. Pour faire ces sortes d'ouvrages on scie par feuilles le morceau d'agathe de lapis & d'autre pierre précieuse qu'on veut employer. On l'attache sur l'établi, après quoi on se sert d'une scie de fer sans dents pour couper la pierre, sur laquelle on met de l'émeril détrempé avec de l'eau à mesure qu'on travaille. Aux côtés de la pierre sont deux chevilles de fer, contre lesquelles on appuie la scie, & qui servent à la conduire. Ces feuilles étant coupées, si on veut leur donner quelques figures pour être rapportées dans un ouvrage, on les serre dans un étau de bois, & avec une petite scie appellée *Archet*, faite seulement d'un fil de laiton, avec de l'eau & de l'émeril que l'on y jette, on les coupe peu à peu, suivant les contours du dessein que l'on applique dessus. M. Felibien qui en parle ainsi, fait connoître que les Anciens travailloient aussi à pieces de rapport. Il dit qu'il y avoit autrefois à Rome, au Portique de S. Pierre, une table de porphire fort ancienne, où étoient entaillées d'autres pierres fines qui representoient une cage, & que Pline parle d'un oiseau fait de differens marbres, & si industrieusement travaillé que le pavé du lieu qu'il décrit, qu'il paroissoit être un véritable oiseau bûvant dans le vase qu'on avoit representé auprès de lui.

Piece, se dit aussi d'un morceau d'étoffe brodé, long d'un tiers ou environ, que les Dames attachent devant elles sur leurs corps de juppe lorsqu'elles sont en habit.

Piece, en terme de Relieur, est un morceau de marroquin qu'ils colent sur le dos d'un livre, afin d'y mettre le titre que l'auteur a donné à son ouvrage, & parmi les Cordonniers *Piece* est un morceau de cuir large qui couvre le cou du pié, & qu'ils cousent au bout de l'empeigne du soulier.

Piece, en termes de jeu d'échecs, se dit du Roi, de la Dame, des Foux, des Chevaliers & des Rocs que l'on fait marcher par l'échiquier.

On appelle *Piece*, en termes de Palais & de Pratique, tout Papier écrit qu'on produit dans un Procés.

On appelle, en termes de Blason, *Pieces honorables*, le Chef, la fasce, la bande, le pal, la barre, le chevron, la croix, le sautoir, la bordure & l'orle, à quoi le Pere Menestrier ajoûte le chesfal, la champagne, la pairle, le quartier, le giron & l'écusson. Toutes ces pieces tiennent dans leur juste largeur la troisième partie de l'écu, à l'exception du quartier & du giron, qui n'en occupent que la quattrième.

On dit en termes de Chasse, qu'*Un oiseau*, qu'*un chien sont toute d'une piece*, pour dire, qu'ils sont tout de la même robe, ou de la même couleur.

Les Patissiers appellent *Piece de four*, Une tourte, tarte, ou quelqu'autre sorte de patisserie un peu considerable.

Piece, se dit aussi des ouvrages d'esprit, comme de Poësie, & des Compositions de Musique

pour le luth, le thuorbe, le clavessin, la guitarre.

En parlant d'especes d'argent en Espagne & aux Indes, on dit *Piece de huit reaux de plate*. Cette piece y vaut un piastre, c'est-à-dire, soixante sols monnoie de France. L'Ecriture sainte vers l'an 2110. du monde, fait mention de mille pieces d'argent données à Abraham par Abimelech, pour avoir un voile à Sara qui lui couvrit le visage.

PIED. s. m. *Partie du corps de l'animal qui est jointe à l'extrémité de la jambe, & qui lui sert à se soûtenir & à marcher.* ACAD. FR. Dans le cheval les piés sont les extrémités de ses jambes depuis la couronne jusqu'au bas de la corne. Quelques uns ont appellé *Mains*, les piés de devant. Le droit se nomme *Le pié hors du montoir de devant*. Le gauche s'appelle indifferemment *Le pié de devant du montoir*, *le pié de l'étrier*, & *le pié de la main de la bride*. Le droit des deux piés de derriere est appellé *Le pié hors du montoir de derriere*, & le gauche, *Le pié du montoir de derriere*. Dans le tems qu'il y a eu des Compagnies de Lanciers, on appelloit le pié droit de derriere, *Le pié de la Lance*, à cause que quand la lance étoit à l'arrêt, son tronçon répondoit à ce pié-là. On dit d'un cheval qu'*Il a le pié comble*, pour dire, qu'il a la sole arrondie par dessous, ensorte qu'elle est plus haute que la corne; & qu'*Il a le pié gras*, pour dire, qu'il a la corne si foible & si mince, qu'à moins qu'il ne soit broché très-bas, il est en danger d'être piqué quand on le ferre. Pour pouvoir le ferrer un cheval qui a le pié comble, on est obligé de vouter le fer. On dit qu'*Un cheval a fait pié neuf*, pour dire, que le sabot s'étant détaché des javars encornés, ou par quelqu'autre infirmité, une nouvelle corne lui est revenue. Un cheval qui a fait pié neuf n'est plus propre qu'au labour. On dit *Cheval pié usé*, pour dire, Celui dont la corne est usée.

On dit qu'*Un cheval a peu de pié*, qu'*Il a mauvais pié*, pour dire, qu'il a peu de corne, que sa corne n'est pas bonne pour être ferré. On dit encore, qu'*Un cheval a le pié dérobé*, pour dire, que faute de corne il ne peut être ferré que fort difficilement; ce qui arrive quand pour avoir marché déferré; il a le pié fort rompu. On appelle *Petit pié*, dans un cheval, Un os spongieux qui est renfermé dans le milieu du sabot, & qui toute la corne du pié. On dit *Galoper sur le bon pié*, *remettre un cheval sur le bon pié*, pour dire, Le faire aller uniment, & sur les mêmes piés qu'il a commencé de partir.

Pied Marin, Terme de mer. On appelle ainsi un homme qui a le pié si sûr & si fermé, qu'il peut se tenir debout pendant le roulis d'un Vaisseau. Il se dit aussi d'un homme, ou qui aime la Marine, ou qui entend bien la navigation. On appelle sûr mer *Pié de vent*, le Vent qui semble venir d'une éclaircie qui paroît sous un nuage.

On appelle, en termes de Blason, *Pié de l'Ecu*, La pointe ou partie inferieure de l'Ecu; & on dit qu'*Un animal est en pié*, pour dire, qu'il est posé sur ses quatre piés. Quand il ne paroît que les trois fleurons de lis, qui lui est au-dessous en est retranché, on dit *Pié coupé & Pié nourri*. On appelle *Pié fiché*, Celui qui est pointu & propre à ficher en terre.

On dit, en termes de Jurisprudence, *Le pié saisit le chef*, pour dire, que L'édifice suit la nature du sol, sur lequel on peut l'élever autant qu'on veut. *Depié de fief*, se dit d'un fief qui a été démembré.

Les Furetieristes disent *Pié de fief* pour *Depié; démembrement*. On peut rétablir un fief dépiecé en reconsolidant les portions alienées, c'est-à-dire, en les réunissant à la partie restante.

On dit en termes de Peinture, *Un tableau reduit au petit pié*, lorsque pour en copier un plus grand, on en proportionne toutes les parties par quarrés suivant ceux que l'on a marqués sur l'original.

Pié. Mesure imitée de la longueur du pié de l'homme, & qui est differente selon la diversité des lieux. On s'en sert à mesurer les superficies & les solides. On donne ce même nom de *Pié*, à un certain Instrument en forme de petite regle, qui a la longueur de cette mesure, & sur lequel ses parties sont gravées. Le pié des anciens Romains étoit divisé en palmes, onces, minutes & doigts, & il avoit quatre palmes, douze pouces & seize doigts. On appelle *Pié de Roi*, Une mesure de douze pouces, chaque pouce divisé en douze lignes, & chaque ligne en dix parties. On dit *Pié courant*, pour dire, Celui qui est mesuré de sa longueur; *Pié quarré* ou *superficiel*, pour dire, Celui qui ayant douze pouces par chacun de ses côtés, en contient cent quarante-quatre superficiels, & *Pié cube* ou *cubique*, celui qui contient mil sept cens vingt-huit pouces cubes ou solides.

Pié. Terme de Poësie Greque & Latine. Mesure de quelques syllabes, selon lesquelles les vers semblent marcher de cadence. Le vers hexametre est composé de six piés. Il y en a de deux syllabes comme le spondée, & l'iambe, & de trois syllabes, comme le Dactyle & l'Anapeste.

On appelle *Pié de mur*, La partie inferieure d'un mur, qui est comptée depuis l'empattement du fondement jusqu'à hauteur de retraite. *Pié de fontaine*, se dit d'une espece de gros balustre, qui porte une coupe ou un bassin de fontaine. C'est quelquefois un piedestal rond ou à pans, avec des consoles ou des figures.

Pié d'alouette. Sorte de fleur dont la tige est déliée & haute d'environ deux piés, & qui fleurit en Juin, Juillet & Août. Il y en a de plusieurs couleurs, de violettes, de gris-de-lin, de rouges, de blanches, de bleues, & d'autres qui sont panachées. On s'en sert pour embellir les platebandes des jardins.

Pié de biche. Barre de fer avec laquelle on ferme & on appuie les portes. Un des bouts de cette barre doit être attaché par un crampon dans le mur. L'autre bout est en forme de crochet, & on l'avance ou recule dans les dents d'une cremiliere, sur un guichet de porte cochere, ce qui empêche qu'il ne soit forcé.

Pié de chevre. Barre de fer courbée & refendue par le bout, qui est une sorte de levier servant à remuer des pierres & autres fardeaux. On appelle aussi *Pié de chevre*, Une troisième piece de bois qu'on ajoute à une chevre, pour lui servir de jambe, lorsqu'on ne peut l'appuyer contre un mur pour enlever un fardeau à plomb de peu de hauteur. *Pié de chevre*, est encore une maniere d'assembler dont les Charpentiers se servent pour allonger des pieces de bois. Ils appellent cela, *Enter en pié de chevre*. On dit aussi *Pié de chevre*, en parlant d'une piece qui sert à faire la détente des horloges. C'est le composé de deux petits fers mobiles en charnieres, dont l'un se peut mouvoir d'un côté, & non pas de l'autre. *Pié de chevre*, chés les Imprimeurs, est l'outil dont ils se servent quand il faut démonter les balles.

Pié de Grifon. Instrument de Chirurgie. Il est de fer avec deux crochets, & les Chirurgiens s'en servent dans les accouchemens difficiles, à tirer la tête de l'enfant demeuré dans le ventre de la mere.

Pié de lievre, se dit d'un vrai pié de lievre dont les Ecrivains se servent à frotter, & à lisser leur papier. Il y a un oiseau qu'on appelle *Pié de lievre*, à cause de ses piés qu'il a velus comme un lievre. C'est aussi une herbe que Dioscoride dit qui croît parmi les blés. Il ajoûte que bûe en eau si on est en fievre, elle resserre le ventre, & que bûe en vin si on est hors de la fievre, elle fait le même effet. Matthiole dit qne Dioscoride a passé sur cette herbe si legerement, qu'il est presque impossible de deviner ce que c'est que le Pié de lievre, entre tant d'herbes qui croissent parmi les blés. On l'appelle en Latin *Pes leporinus* ou *Lagopus* du Grec λαγώπους, fait de λαγὼς, Lievre, & de πὸς, Pié. On appelle encore *Pié de lievre*, Une certaine espece de trefle dont les têtes ont la figure d'un Pié de lievre.

Pié de lion. Petite herbe qui a ses feuilles étroites, velues & longues de trois ou quatre doigts. Elle n'en a que deux de hauteur. A la cime de ses tiges sont de petites têtes qui semblent trouées. Sa graine est si couverte de bourre, qu'on a souvent de la peine à la trouver parmi son coton. Ses fleurs sont noirâtres, & sa racine est mince & petite. Celles de ses feuilles qui sont le plus près de sa racine sont plus cotonnés que les autres. On l'appelle en Latin *Pes leonis*, & en Grec λεοντοπόδιον, de λὼν, Lion, & de πὸς, Pié. Il y a un autre *Pié de lion*, qui a ses feuilles comme la mauve, mais plus dures & plus retirées. Elle est compartie en angles qui sont dentelés tout à l'entour, en sorte que sa feuille étant étendue, a la forme d'une étoile, ce qui la fait appeller *Stella* & *Stellaria*. Sa tige est menue, & haute de demi coudée. Plusieurs petits rameaux qui en sortent, ont à la cime de petites fleurs pâles, & faites en forme d'étoiles ainsi que ses feuilles. Sa racine est de la longueur d'un palme, & de la grosseur d'un doigt. Cette plante restreint & consolide, déterge, & incrasse le sang, & est bonne pour arrêter tout flux de sang immoderé. Elle est aussi vulneraire, soit que l'on s'en serve interieurement, ou exterieurement.

Pié de pigeon. Matthiole ne doute point que ce qu'on appelle *Pié de pigeon*, ne soit la seconde espece de Geranium, décrite par Dioscoride. Cette plante a ses branches menues & velues, & de la hauteur d'un pié & demi, & au-dessus de ses branches elle produit de petits rejettons, d'où sortent de petites têtes, en forme de têtes de grue avec le bec. Ses feuilles sont fort semblables à celles de Mauve. Ce pié de pigeon, ou seconde espece de Geranium, n'est d'aucun usage en Medecine.

PIEDESTAL. s. m. Corps quarré qui soûtient une colomne, & qui lui sert de soubassement. Il a sa base & sa corniche, & est different selon les cinq ordres. Le Piedestal Toscan n'a qu'une Plinthe pour sa base, & un talon couronné pour corniche, c'est le plus simple de tous. Le Dorique, selon Palladio, a deux diametres de hauteur, & un tiers de la colomne prise en bas, & se sert de la base attique. M. Felibien dit que ce qui nous reste des anciens bâtimens donne lieu de croire qu'il n'y avoit point de base dans cet Ordre. Le Piedestal Ionique a deux diametres de haut & deux tiers ou environ. Le Corinthien a la quatriéme partie de la colomne, & est divisé en huit parties, dont l'une doit être pour la cymaise, deux autres pour la base, & les autres pour le dé. Dans l'Ordre Composite le Piedestal doit avoir de hauteur la troisiéme partie de la colomne.

lomne. Il y a un *Piedeftal double*, & un *Piedeftal continu*. Le premier eft celui qui porte deux colomnes, & qui eft moins haut que large. L'autre eft celui qui porte un rang de colomnes fans reffauts. Celui dont le Dé eft en gorge, s'appelle *Piedeftal en adouciffement*, & on dit *Piedeftal en baluftre*, en parlant de celui dont le profil eft contourné en maniere de baluftre. Quand il a fes faces inclinées, on l'appelle *Piedeftal en talut*, & lorfque les encoignures en font cantonnées de quelques corps, c'eft un *Piedeftal flanqué*. Il y a auffi un *Piedeftal triangulaire*. C'eft celui qui étant en triangle, fert à porter une colomne avec des figures fur fes encoignures. On appelle *Piedeftaux par faillies & retraites*, Ceux qui fous un rang de colomnes, forment un avant corps au droit de chacune, & un arriere corps dans chaque intervalle.

PIEDOUCHE. f. m. Petite bafe, longue, ou quarrée en adouciffement avec moulures, qui fert à porter un bufte ou quelque petite figure de ronde boffe. Quelques-uns font venir ce mot de l'Italien *Peduccio*, qui fignifie le pié d'un animal.

PIEDROIT. f. m. Terme d'Architecture. La partie du jambage d'une porte ou d'une fenêtre, qui comprend le chambranle, le tableau, la feuillure, l'embrafure & l'écoinçon. Les Piedroits des fenêtres, doivent être fort embrafés, & refeuillés de deux à trois pouces en dedans, afin que la menuiferie puiffe joindre contre les murs. On appelle auffi *Piedroit*, chaque pierre dont le Piedroit eft compofé.

PIED-FORT. f. m. Terme de Monnoie. Piece d'or, d'argent, &c. qui eft beaucoup plus épaiffe que les pieces de monnoie communes, & que l'on frappe ordinairement pour fervir d'effai. ACAD. FR. Les Officiers de la Cour des Monnoies jouiffent d'un droit appellé *Pieds-forts*, à chaque changement & nouveau pié de Monnoie, à caufe qu'ils font obligés de confeiller au Roi ce qu'il eft à propos de faire au fait des Monnoies. Ce droit confifte à avoir chacun une piece tant d'or que d'argent, marquée de la même empreinte que la Monnoie qu'on doit fabriquer. Ils jouiffent auffi de ce même droit à chaque avenement de nos Rois à la Couronne. Cette piece qui doit être le quadruple de chaque efpece de la Monnoie ayant cours, s'appelle *Pied-fort*. On a établi les Pieds-forts pour fervir de Patron & de modelle de la Monnoie qui doit avoir cours, & pour en tenir toûjours le Pied-fort, c'eft-à-dire, pour en empêcher l'affoibliffement. Ainfi toute la perfection du poids & de la loi y doit être, fans qu'ils participent rien du remede de poids ni du remede de loi permis par les Ordonnances. On a toûjours obfervé de marquer ces mots fur la tranche des Pieds-forts, *Exemplar probata Moneta*, ou ceux-ci, *Exemplum probati numifmatis*. M. Boifard, qui a fi fçavamment écrit des Monnoies & de leurs dépendances, dit qu'il a vû des Piedsforts du tems d'Henri IV. marqués fur la tranche. *Perennitati Principis Galliarum reftitutoris*, & d'autres de Louis XIII. où ceux-ci étoient marqués. *Perennitati Juftiffimi Principis*.

PIE-MERE. f. f. Terme d'Anatomie. Membrane ou peau délicate qui foûtient les vaiffeaux du cerveau, & qui l'environne.

PIERRE. f. f. Corps dur & folide qui fe forme dans la terre, & dont on fe fert pour la conftruction des bâtimens. ACAD. FR. On appelle *Pierre de taille*, toute Pierre dure ou tendre, qu'on a dreffée avec foin & à force de petits coups, & *Pierre en œuvre*, ou *Pierre tournée à la befogne*, celle qui n'eft pas encore prête à employer, n'étant pas tout à fait
Tome II.

taillée; *Pierre verte*, ou *Pierre velue*, celle qui eft encore telle qu'on la tire de la carriere; *Pierre de couleur*, celle qui étant rougeâtre, grifâtre, ou noirâtre, fait un effet agreable dans les bâtimens, par la varieté de fes couleurs. La *Pierre à chaux*, eft une forte de pierre graffe, que l'on calcine pour faire de la chaux. Elle fe trouve ordinairement aux côtes des Montagnes. La *Pierre à plâtre*, eft une autre forte de Pierre que l'on pulverife pour faire le plâtre après l'avoir cuite dans des fours. *Pierre de bas appareil*, eft celle qui porte peu de hauteur de banc; *Pierre en debord*, celle qui fans être commandée eft voiturée près des atteliers par les Carriers, quoique l'attelier foit ceffé; *Pierre d'encoignure*, celle qui ayant deux paremens couronne l'angle de quelque avant corps ou d'un bâtiment, & *Pierres à boffage*, ou *de refend*, celles qui étant en œuvre font feparées par des canaux, & d'une même hauteur, à caufe qu'elles repréfentent les affifes de pierre. Les joints de lit en doivent être cachés dans le haut des refends, & quand elles font en liaifon, les joints montans font dans l'un des angles du refend. *Pierre d'attente*, eft celle qui eft en boffage pour recevoir quelque infcription ou ornement; *Pierre en delit*, celle qui eft pofée fur fon parement dans un cours d'affife, & non fur fon lit de carriere, & *Pierre à chaffis*, eft une dale de pierre ronde ou quarrée fans trous qui fert de fermeture à un regard ou à une foffe d'aifance. *Pierre coquilliere*, ou *coquilleufe*, eft une Pierre poreufe, & qui eft pleine de petites coquilles. On appelle *Premiere pierre* Un gros quartier de pierre dure ou de marbre qu'on met dans les fondemens d'un édifice, avec quelques Médailles qu'on enferme dans une entaille de certaine profondeur, & une table de bronze fur laquelle eft gravée quelque Infcription. Cette coûtume qui eft très-ancienne, ne s'obferve guere que dans les bâtimens Royaux & publics. On dit auffi dans la conftruction des bâtimens, *Derniere pierre*, C'eft une table où eft gravée une Infcription qui fait connoître le tems qu'un bâtiment a été achevé. Ordinairement on vend la Pierre de taille à la voie. Il y a cinq carreaux à chaque voie. Ce font quinze piés de pierre ou environ. On dit, *Pierre de libage*, lorfqu'il y en a fix ou fept à la voie.

On dit, qu'*Une pierre engraiffe*, ou qu'*Elle eft graffe*, Lorfque d'un côté elle fait un angle bien ouvert, & on dit, qu'*Une pierre eft maigre*, lorfque d'un côté elle fait un angle bien aigu.

Pierres de rapport. On appelle ainfi de petites pierres de differentes couleurs, qui fervent aux ouvrages de Mofaïque, & aux compartimens de pavé.

Pierre de Boulogne. qu'on trouve près de Boulogne la graffe dans des torrens. On a connu que fi on la faifoit calciner dans le feu pendant fix heures, qu'enfuite on la laiffât refroidir, & qu'on la portât d'un lieu éclairé dans un lieu obfcur, elle rendoit une lueur un peu plus foible que celle d'un charbon. Cette lueur s'évanouit & on ne la peut rendre à la Pierre qu'en la mettant dans un lieu éclairé, où elle s'imbibe de lumiere tout de nouveau. A la fin la vertu de luire ceffe tout à fait, fi l'on ne donne à la Pierre une nouvelle calcination. On peut la mettre au nombre des *Phofphores*. Voyez PHOSPHORE.

Pierre de touche. Pierre fort noire qu'on apporte de l'Egypte & de la Grece. Les Orfévres s'en fervent pour éprouver la bonté de l'or.

Pierre ponce. Pierre fort legere, fpongieufe, aifée à couper & à piler. Pour la brûler, il faut la couvrir de charbons fort vifs, & l'éteindre en vin
E e

odorant & fort , après qu'elle est embrasée , ce qu'on doit continuer. jusqu'à trois fois , & la garder quand elle est refroidie pour s'en servir au besoin. Dioscoride qui en parle ainsi , dit qu'elle a une vertu astringente & propre à nettoyer les gencives, qu'elle nettoie avec un peu de chaleur tout ce qui offusque la prunelle de l'œil , & incarne & cicatrise tous ulceres , reprimant & consumant les excrescences de chair. Sa poudre est fort bonne à faire tomber le poil & à nettoyer les dents. Matthiole dit que ce qu'on appelle *Pierre ponce*, n'est autre chose que des pierres brûlées aux concavités des Montagnes , d'où vient qu'on en trouve en fort grande quantité au Mont Gibel & au Mont Vesuve.

Pierres d'Eponge. Pierres qu'on trouve dans les éponges , & qui étant bûes en vin , rompent les pierres de la vessie. C'est le sentiment de Dioscoride, mais Matthiole prétend que cela ne sçauroit être parce que ces pierres ne sont pas assés grandes pour cela. Il avoue qu'elles peuvent rompre les pierres des reins. Ces Pierres d'éponge se resolvent en une humeur blanche comme du lait.

Pierre d'Aigle. Sorte de pierre qu'on trouve quelquefois dans les nids des Aigles , d'où elle a pris son nom. Quand on la secoue , il semble qu'elle enferme quelque chose qui resonne & fait du bruit. Etant liée au bras gauche , elle fait aux femmes qui sont en peril d'avorter par la relaxation de la matrice , portent leurs enfans à termes. Si elles sont en travail , il la faut ôter du bras , & la lier à la cuisse , & elles accouchent sans douleur. Pilée & incorporée dans quelque huile chaude , elle est un remede singulier pour ceux qui ont le haut mal. Dioscoride dit que pour connoître un larron , il faut mettre cette pierre parmi la viande qu'on fera cuire pour lui , & qu'il n'en pourra jamais avaler. Les Grecs l'appellent *Aetite* , d'*aetos* , Aigle.

Pierre à aiguiser. Il y en a une carriere à une lieue d'Angers à une Maison , nommée *Echarbot* , qui en est bâtie. *Les Pierres à rasoir,* se tirent d'une carriere de Lorraine.

Pierre Naxienne. Matthiole croit que cette Pierre est celle dont on se sert pour aiguiser les faux à faucher. Selon Dioscoride , ce qui en tombe , quand on fourbit les harnois , ou qu'on aiguise des armes dessus , est fort bon , étant enduit , à faire renaître le poil tombé par la pelade. Bû en vinaigre, il consume la rate , & sert à ceux qui ont le haut mal.

Pierre Armenienne. Sorte de Pierre que Pline dit avoir été appellée ainsi à cause qu'elle croît en Arménie. La meilleure est celle qui est polie & lissée , bleue , tendre , fort unie , & qui n'est chargée ni de sable ni de pierres. Dioscoride qui en parle ainsi , ajoûte , que quoiqu'elle ait les mêmes vertus que le borax , elle est moindre dans ses operations , & qu'elle est bonne aussi à entretenir les poils des paupieres. Avicenne dit que la Pierre Armenienne quoique peu de l'azur ; que toutefois elle n'est pas entierement azurée ni si dure que la Pierre appellée *Azul* , mais quelque peu sablonneuse , & qu'ainsi les Peintres s'en servent quelquefois au lieu d'azur , à cause qu'elle est aisée à rompre. Matthiole témoigne qu'on trouve beaucoup de ces pierres en Allemagne , en plusieurs mines d'argent , & que les Peintres s'en servent à faire leur vert azuré , ou le vert qui tient du blanc & du peers , ou un vert tirant sur le bleu comme est le vert obscur. Ces Pierres ont la couleur du Borax, & sont beaucoup plus dûres , ce qui fait qu'il les es-

time une espece de Pierre Armenienne , le surnom d'Armenienne n'empêchant point que cette sorte de Pierre ne puisse se trouver ailleurs qu'en Armenie. Galien dit que la Pierre Armenienne a une vertu abstersive , jointe à une acrimonie & une astriction fort petite & fort legere , & qu'ainsi elle est fort bonne aux medicamens qu'on ordonne pour les yeux.

Pierre Assienne. Pierre qu'on a appellée ainsi d'Asso , lieu de la Troade où elle croît. Elle est de la couleur de la Pierre ponce , legere , trouée , & frêle , & a certaines veines profondes & jaunes qui la mipartissent. Sa fleur est comme une écume salée & jaunâtre qui demeure attachée sur cette pierre. Elle est blanche en certains endroits & jaunâtre & de couleur de Pierre ponce en d'autres. Cette fleur est un peu piquante à la langue , & a , ainsi que la Pierre , une vertu astringente , & quelque peu corrosive. Etant sechée , elle guerit les vieux ulceres qui sont difficiles à cicatriser. On fait des cercueils de cette pierre, qui en rongeant la chair des corps morts , en empêche la putrefaction. On s'en sert aussi dans les bains au lieu de nitre , pour faire consumer la grosseur & épaisseur , & même les excrescences des chairs. Galien parlant de la même Pierre qu'il dit ressembler au tuf en matiere & en couleur , marque qu'il s'y trouve une certaine farine semblable à celle qui s'attache aux murailles des Moulins , & qui étant fort déliée , resout sans aucune mordication, la chair qui est trop molle ; que cette fleur est un peu salée , & qu'il y a beaucoup d'apparence qu'elle est faite des vapeurs de la mer , attachées sur cette pierre , & qui se sechent ensuite au Soleil.

Pierre de cerf. Pierre que quelques-uns disent s'engendrer aux coins des yeux du cerf, & qui a presque les mêmes proprietés que le Bezoar. Ils prétendent qu'en Levant les cerfs pressés de vieillesse, mangent des serpens afin de se rajeunir , & qu'ensuite , pour surmonter le venin de ces serpens , ils vont se jetter en l'eau , tenant seulement la tête dehors. Lorsqu'ils sont en cet état , il leur dégoutte des yeux une certaine humeur visqueuse , qui s'endurcit après au Soleil en forme de gland. Cette pierre tombe à terre quand ils sont sortis de l'eau , & est ramassée par ceux qui épient le tems qu'ils en sortiront. Matthiole qui ne veut pas assûrer que cela soit vrai , en laisse le jugement aux gens qui s'appliquent à examiner les secrets de la nature.

Pierre d'Ecrevisse. Matthiole dit que les Ecrevisses ont deux pierres blanches & rondes dans la tête , & qu'on les trouve seulement au tems qu'elles posent leurs écailles. Ces pierres pulverisées , & prises en breuvage avec du vin, sont bonnes à ceux qui sont tourmentés de la gravelle.

Pierre de limasses. Pierre que quelques limasses ont en la tête , & que le commun du peuple tient bonne pour les fiévres tierces quand elle est liée au bras. Pline dit qu'étant liée au bras des petits enfans ou à leur col , elle leur fait venir les dents plus aisément & plûtôt.

Pierre Phrygienne. Dioscoride dit que la Pierre Phrygienne, dont les Teinturiers de Phrygie se servent, ce qui lui a fait donner le nom de Phrygienne , croît en Cappadoce. La meilleure est pâle , moyennement pesante , n'étant ni solide ni massive , & a de petits cercles blancs , comme on en voit en la Calamine. Pour la brûler , on l'arrose de bon vin , après quoi on la couvre de charbons vifs , en soufflant le feu incessamment jusqu'à ce qu'étant devenue rouge , on la tire du feu , en l'éteignant dans le même vin dont elle a été arrosée , ce qu'il faut faire deux ou trois fois. Matthiole ne connoît point cette pierre, mais Galien dit qu'elle a les mêmes propriétés que la Marcaflite, qu'elle est fort defliccative, ayant de l'aftriction jointe à une certaine mordication, & qu'il s'en est fervi fort fouvent pour les ulceres pourris, l'appliquant feule, ou avec du vin miellé, ou du vinaigre.

Pierre infernale. Sorte de cautere qui brûle les chairs fur lefquelles on l'applique. Pour faire la Pierre infernale, on prend deux onces de limaille d'argent, le double & le triple d'eau forte, & après en avoir tiré la diffolution dans un alembic, on calcine la tête morte qui refte en forme de fel dans un grand creufet à un feu doux, jufqu'à ce que l'ébullition ceffe. On augmente alors le feu, & quand on voit la matiere comme de l'huile au fond du creufet, on la verfe dans la lingotiere bien nette & un peu chauffée. Le tout étant refroidi, on trouve une pierre dure, mais friable, qu'il faut garder dans un lieu chaud & fec. Ce cautere est excellent pour confumer les chairs baveufes. On en prend la groffeur d'un gros pois, plus ou moins fuivant l'épaiffeur de la peau, pour appliquer au lieu deftiné.

Pierre des reins & de la veffie. Gravier qui s'engendre dans la veffie ou dans les reins du corps de l'homme, & qui en l'empêchant d'uriner, lui caufe de grandes douleurs. Cette pierre fe forme d'humeurs groffes & vifqueufes, qui avec le tems fe cuifent & s'enduriffent par la chaleur naturelle du corps.

Pierre fciffile. Pierre qui croît dans l'Espagne Occidentale. La plus jaune est la meilleure, ainfi que celle qui est naturellement aifée à fendre, d'où elle a pris le nom de *Sciffile*, du Latin *Sciffilis*, aifé à rompre. Elle doit reffembler au fel ammoniac dans le compartiment des veines qu'elle a, & qui font difpofées en façon de peigne. Elle a les mêmes vertus que l'hematite, quoiqu'elle foit moindre en fes operations. On l'appelle en Grec χιςός, du verbe χίςω, Fendre.

Pierre à champignons. Maniere de pierre qui fe trouve en Italie, & principalement à Naples. Après qu'on l'a tirée hors de terre, on la met dans une cave en jettant un peu de terre deffus. On l'arrofe fouvent avec de l'eau tiede, & en moins de quatre jours cette pierre produit des champignons qui font affés bons à manger. Matthiole affure qu'il a vû de ces pierres à Rome & à Naples gardées fort foigneufement, à caufe que par ce moyen on peut avoir des champignons en tout tems.

Il croît plufieurs pierres dans le corps des animaux, qui ont des vertus médicinales, comme celle qui croît au fiel du taureau, & dont on fe fert pour la jauniffe. Kirker a fait mention d'une Pierre merveilleufe qui fe trouve dans la tête d'un ferpent qui a fur la tête une petite éminence en maniere de chapeau; ce qui fait que les Portugais l'appellent *Cobra de Cabellos.* Cette pierre est finguliere contre les piquûres des vipers ou du venin. Elle l'attire, en s'attachant fortement fur la plaie où elle est mife; ce qui quand on en est remplie, elle tombe d'elle-même. On la jette enfuite dans du lait, où elle fe décharge de tout le venin qu'elle a attiré, après quoi elle recouvre la même proprieté.

Pierre P'ilofophale. Les Chymistes l'appellent *La Benoîte.* C'est le fecret de faire de l'or par art. Le mercure des Philofophes dont on forme la Pierre Philofophale, fuppofé qu'elle foit poffible, ne fe tire d'aucun métal parfait, mais de la matiere premiere & prochaine des métaux. Quand ils difent que la matiere de la Pierre Philofophale fe trouve par

tout, qu'elle est jufques dans les étables, & que chacun la porte avec foi, ils parlent de la matiere éloignée, c'est-à-dire, de l'Efprit du monde, qui difpofe les femences métalliques à la perfection des métaux. Il y en a qui cherchent la Pierre Philofophale dans le vitriol, trompés par ce verfet Latin, dont toutes les lettres qui commencent les mots, forment celui de *Vitriolum. Vifita interiora terra, rectificando invenies optatum lapidem, veram medicinam.* Quelques-uns tiennent que Nicolas ou Colin Flamel a poffedé le fecret de la Pierre Philofophale. Il étoit né à Pontoife, & vivoit en 1393. & en 1413. comme on le voit par les livres qu'il compofoit en ces années-là. Il fut Maître Ecrivain à Paris, Peintre, Philofophe, Mathematicien, Architecte, & fur-tout grand Alchymiste. Il faifoit auffi des vers; ce qui fe prouve par quantité d'infcriptions qui reftent de lui en plufieurs endroits. Il étoit verfé en la connoiffance des Hieroglyphiques des Anciens, & il en a fait un livre, dans lequel il raconte fon hiftoire. Il dit que s'occupant à faire des Inventaires pour gagner fa vie, il lui tomba entre les mains un livre ancien qui avoit été aux Juifs qu'on avoit chaffés de Paris. Ce livre étoit écrit fur des écorces d'arbres, & couvert de lames de cuivre figurées avec des caracteres myftiques. Le dedans étoit rempli de figures hieroglyphiques de la Pierre Philofophale, avec quelques difcours qui contenoient une claire explication de la façon de la faire, à l'exception de certaines chofes qui regardent les agents. L'envie de les entendre le fit aller en Espagne, où il confulta un docte Rabin, qui lui ayant interprété la copie de ce livre, qu'il lui montra, fe mit en chemin avec lui pour en voir l'original, mais il mourut à Orleans, fans être venu jufqu'à Paris. Le livre par lequel Flamel dit qu'il est parvenu au grand œuvre, étoit d'Abraham le Juif. Après fa mort plufieurs ont travaillé à le recouvrer, mais on a fouillé inutilement en fa maifon & derriere les plaques qu'il avoit mifes aux quatre faces de S. Innocent, où l'on voit encore les marques d'où elles ont été arrachées, & à l'endroit où il avoit reprefenté un homme montrant quelque chofe du doigt, avec cet écriteau, *Je voi merveilles, dont moult je m'efbays.* Ses grands biens ont perfuadé qu'il avoit trouvé la Pierre Philofophale. Il a fondé & renté quatorze Eglifes & autant d'Hôpitaux, outre ce qu'il peut avoir fait à Bologne près Paris, qui n'est guere moins confiderable, & une quantité de biens qu'il affure avoir faits à plufieurs orphelins, veuves & captifs. Le Roi ayant oui parler de toutes ces chofes, & voulant en fçavoir la verité, envoya chés lui un Maître des Requêtes, appellé M. Cramoifi, auquel on fçait par tradition qu'il fe déclara, lui donnant un matras plein de fa poudre, pour l'obliger à abandonner les recherches que l'on vouloit faire. Borel qui raconte fon hiftoire, dit que l'on voit fon portrait à l'huile fait de fon tems chés un M. des Ardes Medecin, en la même maniere qu'il étoit, lorfqu'il alla à S. Jacques en Galice en habit de Pelerin, & qu'on y remarque même des hieroglyphiques, & fon bâton, fes habits & fon bonnet diftingué des trois couleurs que les Chymistes affûrent paroître en leur ouvrage, qui font le noir, le blanc & le rouge. On le voit reprefenté de même, ajoûte Borel, à S. Martin des Champs & à la grande Genevieve des Ardens, ayant fait des dons à cette Eglife & mis des hieroglyphiques de fon art à côté de l'Autel, comme il le témoigne. Au derriere de ce Portrait est celui de Perennelle fa femme, qui est auffi repréfentée à S. Innocent & à S. Jacques de la Boucherie, avec ces deux lettres à l'antique *N. F.* qui veulent dire *Nicolas Flamel.* Il y a un Manufcrit de Chymie d'Almafarus au Roi de Carnafant, au pié duquel eft écrit qu'il a été à Flamel, & que ce Flamel avoit fa Seigneurie de fept Paroiffes autour de Paris & quatre mille écus d'or, qui valoient beaucoup en ce tems-là, puifqu'on trouve que pour bâtir la Tour de Bourges, on ne donnoit aux Ouvriers que huit deniers par jour, & trois blancs à l'Entrepreneur. D'autres affurent qu'il étoit riche de plus de quinze cens mille écus, qu'il employa en œuvres de pieté. Il ordonna par fon teftament que l'on dît des Meffes pour lui fept ans & quarante jours. On y voit des legs faits à la plûpart des Eglifes de Paris & des environs.

Les Peintres appellent *Pierre à broyer*, une Pierre de marbre fur laquelle ils broyent les couleurs. Les meilleures & les plus dures font de porphyre ou d'écailles de mer, pierre très-dure & propre à cela.

PIERRERIES. f. f. p. Amas de pierres précieufes. Les Pierreries font compofées d'une eau très-fimple & très-dépurée, coagulée par un fel fpecifique. Elles font colorées ou non colorées. C'eft une eau très-fimple coagulée par un fel fimple qui forme les colorées, & cela fe prouve par la generation de la glace, qui eft d'autant plus claire, qu'elle eft compofée d'une eau pure. Il y a grande apparence que toutes les Pierreries fe forment de la même forte, puifqu'étant pulverifées, chaque grain de la poudre paroît comme du criftal quand on fe fert d'un microfcope pour le regarder. La fufion du verre avec les métaux qui lui donnent diverfes couleurs, eft une preuve que les Pierreries colorées tirent leur couleur du principe métallique, & l'on croit que cette faline qui fait la bafe des Pierreries venant à paffer dans des lieux fouterrains où la matiere premiere des métaux eft renfermée en forme liquide, elles combattent enfemble, & que la premiere abforbe & coagule avec foi des particules métalliques colorées, qui font la bafe de la pierre. Le Rubis, l'Efcarboucle, le Grenat & autres qui font de couleur de feu, tirent cette couleur du fouphre de l'or. Le Saphir doit la fienne à l'argent qui renferme en foi une couleur celefte. L'Emeraude & les autres vertes tirent leur couleur du cuivre; & les jaunes ou brunes, comme la Topafe & la Chryfolite, la doivent au fer. Les Chymiftes fe donnent de grandes peines pour volatilifer les Pierreries, afin d'en tirer des teintures & de rendre leur ufage medical; mais ces teintures font très-difficiles. Il eft certain que les Pierreries crues n'operent rien interieurement, & qu'on a coûtume de les rendre comme on les a prifes, foit par les felles, foit par le vomiffement. Il faut pourtant en excepter le criftal, qui à caufe de fa molleffe abforbe l'acide qui caufe les effervefcences dans le corps, & l'entraîne dehors avec foi. Il y a très-peu de teinture dans les Pierreries, & le peu qu'elles en ont eft uni fi étroitement avec le principe falin, qu'il eft malaifé de la tirer, pour ne pas dire impoffible. Les Pierreries ne laiffent pas d'être utiles exterieurement en forme d'amulette. Le Jafpe pendu au col eft d'un grand fecours dans l'hemorragie du nés & de la matrice. Un charbon peftilentiel deviendra noir en fort peu de tems & tombera, fi on tire un cerne autour avec un Saphir. Cette même Pierre eft bonne pour les maladies des yeux, en forte que dans la petite verole & dans la rougeolle, on s'en fert pour tirer un cerne autour de l'œil, ce qui préferve la vûe. On porte exterieure-

ment la Pierre nephretique contre le calcul & les affections des reins; & comme tout cela fe fait avec fuccès, on ne peut douter que les Pierreries n'ayent une vertu amuletique. Etmuller dit que quelques-uns, pour avoir la teinture des Pierreries, les fubliment en fleurs rougeâtres avec le fel armoniac, afin de les extraire enfuite avec l'efprit de vin; mais il tient que le fel armoniac ne peut radicalement extraire le fouphre des Pierreries, & que comme il ne les corrode que fuperficiellement, ces teintures n'ont pas les vertus qu'on croit.

PIERRIER. f. m. Sorte de canon, plûtôt de fer que de fonte. On s'en fert dans les petites Places où la groffe artillerie ne fçauroit être d'ufage. Il eft compofé d'une volée, d'une culaffe, de tourillons, d'un renfort, & des mêmes chofes qu'un autre canon. Il eft plus long qu'un mortier, & a le diametre du calibre tantôt plus grand, tantôt plus étroit. On s'en fert à jetter des pierres & des cailloux plûtôt fur les affiegeans que fur les affiegés, à caufe que fa portée eft moindre que celle du mortier; ce qui fait que l'ufage en eft plus facile de haut en bas. Le Pierrier eft propre particulierement dans les Vaiffeaux, pour tirer des cailloux, des balles & des ferremens empaquetés & bien ferrés dans des cartouches. Il fe charge par la culaffe avec une boëte, & n'eft point monté fur un affuft, mais fur un chandelier, qui donne la liberté de le pointer haut & bas & horifontalement. On dit auffi *Perrier.*

PIERRURE. f. f. Terme de Chaffe. Il fe dit des petites pierres qui fe trouvent fur la meule de la tête d'un cerf.

PIES. f. m. On a appellé ainfi certains Chevaliers, qui, felon Favin, furent inftitués en 1560. par le Pape Pie IV. Il les choifit indifferemment parmi les gens d'épée & de robe, & il en fit pendant fon Pontificat jufqu'à cinq cens trente-cinq. On les appelloit, comme tous les autres, *Chevaliers dorez*, à caufe de l'épée & des éperons dorés qu'ils portoient. Ils avoient le titre de Comtes Palatins, & penfion de ce Pape; lequel ils portoient lorfqu'il fortoit en public, & aufquels il voulut que les Chevaliers de l'Empire & de Malte cedaffent le pas à Rome & ailleurs. Ils avoient entre autres privileges celui de faire des Docteurs en toutes Facultés & des Notaires publics, & de legitimer les bâtards.

PIETABLE. adj. Vieux mot. Pitoyable.

PIETAILLE. f. f. Vieux mot. Infanterie.

> *Paix & Amour font de fa pietaille,*
> *Qu'il met devant en fa bataille.*

On a dit auffi *Pions* & *Pietons*, à caufe que l'Infanterie eft de gens qui vont à pié.

PIEU. f. m. Groffe piece de bois qu'on aiguife par un bout ou par les deux bouts pour faire des frifes ou des palliffades. On fe fert auffi de Pieux pour faire des bâtardeaux, & ils different des pilotis en ce qu'on ne les enfonce jamais entierement dans la terre, & que fouvent, ce qui en paroît au-dehors eft équarri.

On appelle *Pieux*, en termes de Chaffe, les Bâtons avec lefquels on tue les bêtes noires quand elles font dans le parc. Ceux dont on fe fert pour tendre & pour attacher les toiles, font appellés *Pieux fourchus.*

PIG.

PIGAYA. f. f. Herbe du Brefil, dont le tuyau eft haut d'une demi-coudée; & la racine de même longueur. Elle produit tout au plus quatre ou cinq feuilles d'une fort mauvaise odeur. Sa racine étant pilée & laissée une nuit dans l'eau au serein, purge admirablement un malade après qu'on l'a passée par le tamis. Elle est fort bonne contre la dysenterie & arrête le flux de ventre. Quelques-uns appellent cette herbe *Ispegaya*.

PIGEON. s. m. Oiseau domestique, extrêmement chaud & fécond, qui n'a point de fiel, & qui se nourrit de toutes sortes de grains. On tient qu'il connoît tous les oiseaux de proie, & que lorsqu'il en est attaqué, la Cresserelle le défend, si elle s'y trouve. Les Pigeons mâles se battent pour les femelles, & les pigeonnes se cochent les unes les autres au défaut des mâles. Elles pondent toûjours deux œufs à la fois. On appelle *Pigeon Cauchois*, une sorte de Pigeon plus gros & plus gras que les Pigeons ordinaires, & *Pigeon patu*. Celui qui a des plumes aux jambes. Le Pigeon est d'un grand usage dans la Medecine, & quelquefois on le coupe vif par la moitié pour l'appliquer sur la tête ou sur quelque autre partie, afin de fortifier la chaleur naturelle, & de resoudre les restes de l'humeur qui a été la cause du mal. On se sert aussi du sang de Pigeon pour le mal d'yeux, sur-tout pour en appaiser la douleur, & empêcher la chassie. Ce sang doit être distillé tout chaud dans l'œil, & non autrement. Quant à la fiente de Pigeon, elle est très-chaude & brûlante, à cause de la qualité nitreuse dont elle abonde. On l'emploie souvent dans les cataplasmes rubefians. Elle est admirable dans les maladies inveterées, si après qu'on l'a broyée & criblée, on l'applique avec de la graine de cresson alenois. Mêlée avec de la farine d'orge & du vinaigre, & appliquée sur des écrouelles & autres tumeurs, elle les discute. Quelques Medecins la font employer dans des lavemens pour remedier à des coliques; & quand elle est bien broyée & bien criblée, il y en a qui en donnent depuis un scrupule ou deux pour faire uriner, & même pour rompre la pierre. Le Pigeon étant fort chaud, échauffe le sang, & n'est pas bon à ceux qui ont le corps disposé à la fiévre. On fait venir *Pigeon* de *Pipio*. Borel observe qu'on écrivoit autrefois *Pip-jon*.

Il y a un Pigeon que l'on appelle *Ramier*, à cause qu'il se perche sur les branches des arbres; ce que les Pigeons domestiques ne font pas. En Latin *Palumbus* ou *Palumbes*. Dioscoride dit que son sang appliqué tout chaud dans les plaies des yeux & dans les yeux rouges, est un bon remede. Il est bon aussi pour les yeux de ceux qui perdent la vûe quand la nuit vient. Ses plumes brûlées sont lithontriptiques.

Pigeon, Ordre que Jean I. Roi de Castille, établit à Segovie en 1379. Les Chevaliers portoient une chaîne avec des rayons du Soleil qui y étoient attachés. Un Pigeon d'or émaillé de blanc pendoit au bout de la chaîne, comme s'il fût venu de voler du Ciel en bas. Cet Ordre finit dans la même année, de son établissement, par la mort du Prince qui l'avoit institué.

On dit en termes de Maçonnerie, *Lever le plâtre par pigeons*, pour dire, comme quand on fait les tuyaux & languettes de cheminée qui sont de plâtre pur. Alors on emploie le plâtre un peu serré, sans le plaquer & sans le jetter; mais en le levant doucement par pigeons avec la main & la truelle, & cela s'appelle *Epigeonner*.

PIGEONNIER. s. m. Lieu secret où un Chirurgien retire & panse des gens attaqués de maux veneriens.

PIGNE. s. m. On appelle *Pignes*, en termes de monnoie, des restes de l'argent, qui a été amalgamé quand on a fait les lavûres. Comme l'on met cet argent dans des vaisseaux pour en séparer le vif argent, il retient la figure de ces vaisseaux, ou en plaques, ou en culots, ou en pignes. On les achete au hazard sur les lieux à cause que le titre n'y est point marqué, mais quand on les a apportés en France, on en fait l'essai, & on ne les y achete que sur ce pié-là.

PIGNET. s. m. Arbre qu'on appelle autrement *Pesse*, & qui tient du pin & du sapin.

PIGNOLAT. s. m. Ce qu'on met des noyaux de pin dans des ragoûts. On appelle aussi *Pignolat*, ce qu'on en met en dragée.

PIGNON. s. m. Noyau de la pomme de Pin, que l'on en tire de ses diverses cellules ou concavités. Il est doux, agreable, & d'une substance grasse & huileuse.

Il y a dans les Antilles une sorte de *Pignon purgatif*, qu'on appelle *Pignon d'Inde*. C'est le fruit d'un arbrisseau dont on fait la plûpart des hayes le long des chemins, & que les Habitans appellent communément l'*Arbre aux noix de Medecine*. Si on le laisse croître sans le couper & sans le plier, il vient gros comme la cuisse & de la hauteur d'un moyen abricotier. Il est fort branchu, & fait beaucoup d'ombre à cause de ses feuilles qu'il a en très-grande quantité, & toutes semblables à celles des mauves, mais plus grasses, lissées & de couleur du vert naissant. Son tronc & ses branches sont tendres comme un tronc de chou & revêtues d'une écorce verte, épaisse & remplie d'un suc visqueux qui tache le linge, comme celui des bananiers & figuiers. Il porte de petits bouquets de fleurs jaunes, & quand elles sont tombées, il vient en leur place de petites pommes de même couleur & de la grosseur d'un œuf de pigeon. Chaque pomme enferme quatre pignons. Ce sont de petites noix grosses seulement comme le petit bout du doigt & longues comme nos Pignons communs. L'écorce en est noire, mince, seche & fort aisée à casser. Le dedans est très-blanc & d'un goût de noisettes. Ce Pignon purge violemment par haut & par bas, & fait vomir quantité de bile & vuider les eaux aux hydropiques. La dose ordinaire dans le pays est de trois jusqu'à six, selon la force de ceux qui en usent. Il faut prendre garde à ne pas manger une petite feuille blanche qui sépare le Pignon par la moitié, & en est comme le germe; il en pourroit arriver de grands accidents. Il y a un autre arbrisseau, apporté de la terre ferme, qui porte des Pignons assez semblables à ces premiers, & qui ont les mêmes qualités. Cet arbrisseau est tout different de l'autre, ayant ses feuilles semblables au Napellus, mais plus épaisses, plus polies, plus découpées & d'une couleur plus brune. On prendroit ses fleurs pour un bouquet de plusieurs branches de corail, dont les extrémités s'épanouissent en petites fleurs aussi rouges que les branches. Ordinairement il n'y a qu'une ou deux de ces fleurs qui réüssissent. La petite pomme qui en est produite est aussi grosse que celles de l'autre arbrisseau, mais en triangle. Elle ne renferme que trois Pignons qui purgent plus doucement que les autres. On se sert aussi de ses fleurs sechées & mises avec d'autres, qu'on fait prendre aux hydropiques au poids d'un écu dans un bouillon; ce qui les purge & leur fait vuider leurs eaux. Quelques-uns appellent cet arbrisseau *Coralina*, à cause de ses fleurs rouges.

Pignon est aussi un terme de Mathematique & signifie une roue dentelée, qui par le moyen de ses dents s'engraine dans la circonference d'une autre roue qui est aussi dentelée, & qu'elle fait tourner

E e iij

avec elle. Il faut que les dents du Pignon, qu'on nomme aussi *Ailes*, soient égales entr'elles & à leurs intervalles, & deplus égales aux dents de la roue où elles s'engrainent. Quand le Pignon avance d'une dent, il ne fait avancer la roue que d'une dent, & par consequent comme il est plus petit qu'elle, il fait plus de tours, & il en fait d'autant plus que le nombre de ses dents est plus surpassé par le nombre des dents de la roue. Par exemple, si le Pignon a huit dents, & que la roue en ait soixante & douze, comme huit est neuf fois dans soixante & douze, le Pignon fera neuf tours centre la roue un. Si ce Pignon est attaché au centre d'une plus grande roue, laquelle par consequent fera autant de tours que lui, si une *puissance* est appliquée à la circonference de cette roue, si enfin une seconde roue qui s'engraine dans le Pignon a un aissieu à la circonference duquel un *poids* soit appliqué, il est visible que la puissance fera plusieurs tours, pendant que la seconde roue & son aissieu qui porte le poids, n'en feront qu'un, & que d'ailleurs un tour de la puissance qui est mesuré par la circonference de la premiere roue, sera plus grand qu'un tour du poids qui est mesuré par la circonference de l'aissieu de la seconde roue, car on mettra telle inégalité qu'on voudra entre ces deux circonferences. Ainsi de ces deux principes la vitesse de la puissance sera extrêmement augmentée, & elle se fera tant qu'on voudra, parce que cela dépend de deux differentes proportions qu'on peut toûjours augmenter. Par consequent une très-petite force pourra soûtenir un très-grand poids, Voyez MACHINE & MOUVEMENT. On peut même multiplier tant que l'on veut les roues & les Pignons, ce qui multiplie toûjours la force. On appelle aussi *Pignon* un rouleau cannelé, qui reçoit les dents d'une roue qui s'engraine dans les canelures.

Pignon. Terme d'Architecture. La partie qui va en triangle & sur laquelle on pose l'extrêmité de la couverture. Quelques-uns font venir ce mot du Latin *Pinnione* augmentatif de *Pinna*; d'autres de *Tiguum*, & d'autres de *Pinnaculum* ou de *Pinnium*. Du Cange dit que *Pinnium* a signifié la partie plus élevée d'une muraille, & que ce que nous appellons aujourd'hui *Pignon*, a été autrefois appellé *Pinnum acutum*. Il y en a qui prétendent que l'on a dit *Pignon de maison*, à cause que l'on mettoit autrefois une pomme de pin au haut des maisons. On appelle *Pignon à redents*, Un Pignon qui est à la tête d'un comble à égouts, & dont les côtés sont par retraites en maniere de degrés; ce qu'on faisoit autrefois, afin de pouvoir monter sur le faîte d'un comble, lorsqu'il y avoit des réparations à faire à la couverture.

Les Cordiers appellent *Pignon*, tout ce qui sort du cœur du chanvre quand on l'habille.

PIGNONNE', E'E. adj. Terme de Blason. Il se dit de ce qui s'éleve pyramidalement en forme d'escaliers de part & d'autre. *De sable au chevron pignonné d'argent*.

PIGNORATIF, IVE. adj. On appelle, en termes de Jurisprudence, *Contrat pignoratif*, un Contrat par lequel on vend ou engage un heritage à faculté de rachat. Ce mot vient du Latin *Pignus*, Gage.

PIGOU. s. m. Sorte de chandelier de fer à deux pointes, dont on se sert dans les Navires, & qui est fort propre à tenir une chandelle. L'une de ces pointes est pour piquer de côté, & l'autre pour piquer debout.

PIK

PIKARDS. s. m. Heretiques qui s'éleverent en Bohéme dans le quinziéme siecle. Ce n'étoit pour la plûpart qu'une vile & ignorante populace qui se laissa éblouïr par un nommé Pikard, natif du Pays-Bas, qui renouvella les erreurs des Adamites. Celui-ci leur faisant croire que pour vivre dans l'innocence il falloit faire profession de celle d'Adam, leur donnoit l'exemple de marcher tout nuds, & dans cette nudité ils s'abandonnoient à des saletés qui font horreur. Ces malheureux se flattant d'être les seuls libres; choisirent une Isle pour leur retraite. On les en chassa en 1410. & il y en eut beaucoup de brûlés ou d'égorgés.

PIL

PILASTRE. s. m. Colonne quarrée, à laquelle on donne la même mesure, le même chapiteau & la même base qu'aux autres colonnes, suivant l'ordre qu'on veut suivre. Quand les Pilastres ne sont pas isolés, on les fait sortir ordinairement du tiers ou du quart de leur largeur, selon les differens ouvrages. Il y en a qui ne sortent quelquefois que de la sixiéme ou huitiéme partie. L'usage est de leur donner autant de largeur en haut qu'en bas. Quand ils sont cannelés, la regle ordinaire veut qu'ils ayent sept cannelures dans chaque face de leur fust. On appelle *Pilastre dans l'angle*, Celui qui ne presente qu'une encoignure, n'ayant de saillie de chaque côté que le sixiéme ou septiéme de son diametre; *Pilastre en gaine de terme*, Celui qui est plus étroit par le bas que par le haut; & *Pilastres de rampes*, tous les petits Pilastres à hauteur d'appui qui servent à retenir les travées de balustres des rampes d'escalier & des balcons.

Les Serruriers appellent *Pilastres de fer*, Certains montans à jour, qui étant mis d'espace en espace entretiennent les travées de grilles.

Pilastre de treillage. Corps d'Architecture long & étroit, qu'on fait d'échalas en compartiment, & qui sert dans les jardins à décorer les portiques & les cabinets de treillage.

Pilastre de vitre. Sorte de montant de verre, qui termine les côtés de la forme d'un vitrail d'Eglise. Il a sa base & son chapiteau avec ses ornemens peints.

PILE. s. f. Massif de Maçonnerie, tel que ceux dont sont formées les arches des ponts de pierre. M. Felibien dit que lorsqu'on fait les fondemens des Piles, il faut les élever en talus par recoupemens & retraites en forme de degrés jusqu'au niveau de la terre du fond de l'eau. On appelle *Piles*, Les deux massifs de pierre qui soûtiennent les premieres arches d'un pont, & plus proprement, les massifs qui sont entre deux arches.

On appelle, *Pile à faire de la monnoie*, Un morceau de fer bien aceré de même que sont les poinçons, au bout duquel est gravée l'effigie ou la devise. Le coin ou l'effigie qui est pareillement gravée, se met dessous, dans une boëte de fer, & lorsqu'on a mis le flan sur le coin, on met la Pile dessus. Cette Pile entre dans la boëte, & à grands coups de marteau donnés sur la Pile, on fait l'empreinte de la monnoie. Les Anciens avoient de semblables Piles pour travailler leurs medailles. Les effigies des Empereurs pour qui elles étoient faites, étoient gravées dans le coin, & la devise l'étoit dans la Pile. C'est ce qui peut-être a donné lieu de nommer *Pile*, dans nos monnoyes, le revers opposé à la croix.

Les Marchands qui détaillent appellent *Piles*, Une Masse de cuivre où sont enfermées l'une dans l'autre toutes les parties qui la composent depuis la livre juſqu'au gros : il y en a de toutes grandeurs.

Pile. Terme de Blaſon. Pointe renverſée, ou pal aiguiſé qui s'étreciſſant depuis le chef, va ſe terminer en pointe vers le bas de l'écu. Les Piles ne ſe trouvent guere qu'en certaines armoiries d'Angleterre.

Pile, eſt auſſi un vieux mot qui ſignifioit Navire. Quelques-uns font venir le mot de *Pile,* qui ſe dit dans les monnoyes, de *Pileus,* Bonnet, à cauſe qu'étant une marque de liberté, on l'avoit mis en de certaines monnoyes. D'autres le font venir de *Pile,* qui vouloit dire Navire, à cauſe que dans la premiere monnoie qui fut celle de Janus ou Noé, on avoit repreſenté un Navire.

Pile. Vaiſſeau de bois tout d'une piece, creuſé pour piller du Millet, en ôter la coquille & le préparer à cuire avec du lait.

Pile de Foulon. Gros arbre creuſé dans lequel on foule les étofes. On refoure ou regarnit le dedans d'une Pile à meſure qu'elle s'uſe.

Pile de Filaſſier. Outil à battre les chanvres.

PILIER. ſ. m. Sorte de colomne, de maſſif, qui aide à ſoûtenir la voute de quelque édifice. Le maſſif qui ſert pour porter les arcades, les plate-bandes, & les retombées des voutes, s'appelle *Pilier quarré,* & on dit *Pilier butant,* pour dire, Un corps de maçonnerie élevé, qui contretient la pouſſée d'un arc ou d'une voute.

Pilier de moulin à vent. Maſſif de Maçonnerie qui termine en cone, & porte la cage d'un moulin à vent.

Piliers de carriere. Maſſes de pierre, qui étant laiſſées de diſtance en diſtance, ſoûtiennent le ciel d'une carriere.

Pilier, eſt auſſi un terme de Manége. Il n'y en a point, où l'on ne voie des Piliers, diſpoſés deux à deux d'eſpace en eſpace. On les appelle *Les deux Piliers,* à la différence du *Pilier du centre,* qui dans la plûpart des grands manéges, eſt un Pilier planté au milieu de leur terrain, autour duquel on fait tourner le cheval, ce qui s'appelle *Travailler autour du Pilier.* Quand on fait ſauter, cabrer, ruer un cheval entre deux autres, on dit *Le travailler entre deux Piliers.*

Pilier, ſe dit auſſi des petites pieces de métal qui ſoûtiennent la platine d'une montre.

PILLAGE. ſ. m. Vol qu'on fait quand le deſordre regne en quelque lieu, & que tout y eſt en confuſion, ſoit par la guerre ou par la revolte. On appelle *Pillage,* en termes de guerre, La dépouille des coffres & des hardes de l'ennemi pris, & l'argent qu'il a ſur lui juſqu'à trente livres. Le reſte, qui eſt le gros de la priſe, s'appelle *Butin.*

PILON. ſ. m. Inſtrument de bois ou de métal, dont on ſe ſert pour piler. Les moulins à tan ont trois gros Pilons pointus qui briſent l'écorce du chêne avec quoi on fait le tan. Dans les moulins à papier, il y a auſſi des Pilons qui ſervent à hacher le drapeau. Ces ſortes de Pilons ſont de gros maillets ou marteaux, ferrés à couteaux.

Pilon, en termes de mer, eſt une côte eſcarpée ou taillée en précipice, mais qui a peu de hauteur.

PILORI. ſ. m. Poteau où l'on attache un homme avec un carcan au cou, pour le punir de quelque crime qu'on n'a pas jugé digne de mort. Le Pilori à Paris, eſt une tour de pierre dans une place des halles qui a de larges ouvertures par le haut. Au milieu de cette tour eſt une piece de bois toute droite, où poſe une machine que l'on fait tourner, & qui à l'endroit des ouvertures de la tour, a une maniere de cerceau, compoſé de deux grands ais qui ſe levent, dans lequel il y a des trous pour paſ-

ſer la tête & les bras du criminel, que l'Exécuteur fait tourner enſuite pluſieurs fois tout autour, pour le faire voir, & l'expoſer à la moquerie du peuple.

PILORIER. v. a. Attacher un homme au carcan, au pilori. Il a ſignifié autrefois Se moquer de quelqu'un, crier contre lui. Dans Pathelin,

Mon Dieu qu'on vous piloria !

M. Ménage fait venir le mot de *Pilori* de *Piluricium,* maniere de petit poteau, & du Cange le dérive de *Pilorium,* ou *Spilorium,* qui eſt employé dans la baſſe Latinité pour une marque de haute Juſtice. Borel panche à croire qu'il vient de *Pilier,* à cauſe que les échafauts publics de pluſieurs Villes ſont ronds, & en forme de Piliers.

PILORIS. ſ. m. Sorte de rat, qui eſt naturel dans l'Iſle de la Martinique. Il a le ventre blanc & le dos noir, & il ſent ſi fort le muſc qu'il embaume tout l'air voiſin du lieu où il ſe retire, ce qui fait qu'on l'appelle auſſi *Rat muſqué.* Les Piloris ſont preſque de la groſſeur des lapins. Ils font leur retraite dans des trous de la terre, & quelquefois ils nichent juſques dans ſes caſes. Ils peuplent moins que les autres rats. Les habitans de la Martinique les mangent, mais après les avoir écorchés, ils ſont contraints de les expoſer à l'air une nuit entiere, & même d'en jetter le premier bouillon pour leur faire perdre la ſenteur trop forte du muſc.

PILOSELLE. ſ. f. Plante qui a ſes feuilles longuettes diſpoſées ſur terre en façon d'étoile, & couvertes de poils blancs. Ses tiges qui rampent, reſſemblent à de petites cordes, étant ſouples, rondes en long & velues par tout. Comme elles ſe traînent par terre, elles jettent d'autres racines d'où ſortent des branches nouvelles. Ses fleurs ſont jaunes, & toutes environnées de petites feuilles qui dans leur maturité s'envolent en bourre. Cette plante qui vient aux lieux maigres & arides, ſurtout aux côteaux, à force racines minces, & qui ne ſont pas pourtant faciles à arracher. Cette plante eſt aſtringente, & quand on la coupe, elle rend du lait. On l'eſtime vulneraire, & on s'en ſert contre les ruptures, les anaſtomoſes des vaiſſeaux & les maladies des poumons, cauſées par leur trop grande molleſſe, & par l'impuiſſance de contenir le ſang. On lui a donné le nom de *Piloſella,* du Latin *Pilus,* à cauſe qu'elle a les feuilles couvertes de poils.

PILOTAGE. ſ. m. Ouvrage de fondation ſur lequel on bâtit dans l'eau. Cette fondation ſe prépare par pluſieurs fils de pieux fichés en terre par force, & à refus de mouton.

Pilotage, ſe dit auſſi de l'art de bien conduire un vaiſſeau, & de tout ce qui regarde la ſcience de la navigation.

PILOTE. ſ. m. Officier d'un équipage, qui prend garde à la route du Vaiſſeau, & qui le gouverne. On appelle *Pilote Côtier,* Celui qui reconnoiſſant le giſement de quelque côte, ſçait gouverner à la vûe de tous ſes ports & de toutes ſes rades, & *Pilote hauturier,* Celui qui dans un voyage de long cours ſçait prendre la hauteur ou l'élévation du pole, par le moyen de l'arbalête & de l'aſtrolabe.

On dit par maniere de proverbe, qu'*Il n'eſt point de Pilote Côtier en tems de brume,* pour dire, que N'y ayant point de vûe, les Pilotes ne peuvent mettre ce qu'ils ſçavent en pratique, parce qu'ils ne connoiſſent point la terre.

On appelle *Premier & ſecond Pilote,* deux Vaiſſeaux deſtinés pour être toûjours près de l'Amiral ou dans la route ou dans le combat.

Pilote. Petit poisson qui approche fort du Maquereau, tant pour sa grandeur que pour sa forme. On lui a donné ce nom à cause qu'ayant rencontré quelque Navire, il n'en quitte jamais la proue que ce Navire ne soit arrivé au port. Il nage devant à un pié d'eau s'en éloignant seulement d'une toise ou deux, sans s'écarter à droit ni à gauche. Ce poisson a la tête unie & longue avec deux nageoires qui en sont tout proche, un bec qui avance quatre doigts au-dessus de sa gueule, une empennure sur le dos depuis la tête jusqu'à la queue & autant sous le ventre. Le reste du corps est couvert d'une peau rayée en losange, & sa queue est fort petite. Il semble être fait pour inquieter le Requiem qui voudroit le dévorer, sans qu'il en puisse venir à bout. Le Pilote marche presque toûjours devant lui comme ayant dessein de le braver. S'il se trouve sur sa tête, à peine le Requiem s'est-il tourné à demi pour l'engloutir, que le Pilote est déja sur sa queue, passant & repassant sur son corps sans craindre d'en être pris, ce qui donne beaucoup de plaisir à ceux qui le voyent.

PILOTER. v. n. Mettre des pieux en terre pour soûtenir & pour affermir les fondemens d'un édifice, quand on le bâtit sur un terrein qui n'est pas assés solide. On brûle ordinairement le bout des pieux pour rendre le bois plus dur, & empêcher qu'il ne pourrisse, ou bien on le ferre pour l'enfoncer avec la sonnette ou l'engin, jusqu'au refus du mouton ou de la hie.

PILOTIS. s. m. Pieu fiché en terre pour faire des fondemens. Il y a un Pilotis de bordage, & un autre de remplage. Le *Pilotis de bordage*, se dit des pieux qui bordent & environnent le pilotage. Ceux-là portent les patins & les racinaux. Ceux qui garnissent l'espace qui est piloté, s'appellent *Pilotis de remplage*.

PILULE. s. f. Sorte de médicament rond & mediocrement solide qu'on forme de la grosseur d'une noisette pour être avalé plus facilement. On envelope les pilules ordinaires d'une feuille d'or, de pain à chanter, ou de sucre, afin qu'en les avalant on n'en sente point le mauvais goût. Leur base est le plus souvent l'aloës, auquel on mêle la scamonée, le séné, le turbith, l'agaric, la rhubarbe, les hermodactes, le mercure, &c. Il n'y a aucun remede qu'on ne puisse réduire en pilules quand les malades n'en peuvent user autrement, & on les a inventées, non seulement pour cette raison, mais encore pour attirer les humeurs des parties éloignées. Il y en a de trois sortes, de purgatives, de corroboratives, & d'alteratives, & selon les parties où elles sont propres, on en fait de cephaliques, de pectorales, de stomachiques, d'hepatiques & autres. Celles qu'on appelle *Aggregatives*, servent à diverses incommodités du cerveau, du foye, & de l'estomac, pourvû qu'il n'y ait point d'obstructions, & on les appelle ainsi, à cause qu'elles amassent de toutes parts les humeurs corrompues, afin que la nature les jette dehors plus facilement. On fait venir le mot de *Pilule*, de *Pilula*, diminutif de *Pila*, Balle à jouer à la paume, à cause de sa figure.

PIM

PIMENT. s. m. Poivre d'Inde que ceux du Pays appellent *Axi*. La plante qui le porte croît touffue comme un petit buisson sans épines. Sa tige que couvre une peau cendrée, a plusieurs petits rameaux d'une grande quantité de feuilles longuettes, dentelées, & dont la couleur est de vert naissant. Il y en a de trois sortes principales qui ne different que

dans la figure de leur écorce ou de leur fruit. L'une produit seulement un petit bouton rouge, longuet comme un clou de girofle, ayant au-dedans une semence déliée, beaucoup plus chaude que les épices qui nous viennent du Levant, & presque caustique. L'autre espece a une écorce beaucoup plus grosse & plus longue, qui dans sa maturité devient tout à fait vermeille. Les sausses où on l'emploie sont aussi jaunes, que si on y avoit mis du saffran. La troisiéme espece de Piment a une écorce encore plus grosse, assés épaisse, rouge comme le plus vif corail, & qui n'est pas également unie. La graine qui n'est ni si acre ni si épicée que celle des autres, est suspendue au milieu. C'est un très-beau fruit à voir lorsqu'il est mûr. On se sert de cette écorce & de la graine qui est dedans au lieu de poivre, parce que ce fruit donne un goût relevé qui approche de celui de cette épice, mais les effets en sont dangereux quand on s'en sert ordinairement dans son manger. Après qu'il a un peu piqué la langue & enflammé le palais par son acrimonie, au lieu de fortifier & d'échauffer la poitrine, il l'affoiblit & y cause des froideurs, de sorte que l'excès cause des maux d'estomac, & fait contracter une couleur jaune. Sa graine sechée & mise sur des charbons ardens, jette une fumée qui ayant une fois gagné les narines, trouble tout le corps, blesse la poitrine, & cause une toux si fâcheuse, qu'il faut promptement s'enfuir, à moins qu'on ne s'applique aux narines un linge mouillé dans de fort vinaigre, ce qui empêche le mauvais effet de cette fumée.

Piment. Ce mot, outre la signification d'épicerie ou de poivre, a eu aussi autrefois celle d'une certaine sorte de vin.

Que je ne beuvray de Piment.
Devant un an se je cy ment.

PIMPRENELLE. s. f. Petite plante qu'on mange en salade, & qui donne bon goût au vin. Elle a ses feuilles un peu longuettes, & porte des fleurs d'une couleur tirant sur le rouge brun. La Pimprenelle est fort amie des parties nobles, du cœur, du foye & des autres visceres. Elle purifie le sang, nettoye les reins, en fait sortir la gravelle, & remedie aux fiévres malignes. Matthiole en établit de deux sortes, la grande & la petite, & dit que la grande croît en Bohéme dans les prés, ayant ses feuilles, branches, tiges, têtes & racines beaucoup plus grandes que l'autre, & qu'elles ont toutes deux les mêmes proprietés. Il fait aussi mention d'une grosse Pimprenelle, appellée autrement *Saxifragia hircina*, & il en établit pareillement deux especes. La plus grande a une seule racine, & ses feuilles couchées sur terre en rond, déchiquetées & dentelées à l'entour. Sa tige est quarrée & produit ses fleurs menues & blanchâtres en maniere de boüquet. L'autre a une tige rouge & ses feuilles plus petites, moins déchiquetées & moins dentelées. Leur racine, en laquelle est toute leur vertu, remedie aux douleurs des reins ou de la vessie, causées par la gravelle ou la pierre. Le jus de cette racine bû en vin est singulier contre tous poisons, & contre toutes morsures de bêtes venimeuses. Quelques-uns font aussi grand cas de cette racine contre la peste. En Latin *Pimpinella*, *Bipinella*, ou *Bipennula*, à *foliorum binis ordinibus pennatim digestis*. On l'appelle aussi *Sanguisorba*, & *sanguinaria*, à cause qu'elle a la vertu d'arrêter le sang qui coule, & de remedier à toutes dysenteries.

PIN

PIN. s. m. Grand arbre qui jette plusieurs branches

au

au haut de son tronc, revêtues de feuilles épaisses, menues, longues & aignes, d'une couleur qui tient du vert & du blanc. Ces feuilles ne tombent point. Le Pin a son bois pesant & rougeâtre & se plaît aux lieux chauds & exposés au Soleil. Theophraste dit qu'il y a des Pins domestiques & des Pins sauvages, & dans les sauvages les uns montagnars & les autres maritimes. Les montagnars sont plus hauts & plus droits, & d'une matiere plus massive. Les maritimes ont leurs feuilles plus foibles & plus menues, & l'écorce plus lisse & meilleure à tanner les cuirs. La Pomme du Pin maritime s'ouvre incontinent & sa figure est plus ronde. Celle du Pin des montagnes est plus longue, plus verte, & moins ouverte. Matthiole établit de même deux sortes de Pins, l'un domestique & l'autre sauvage. Le domestique, dit-il, a quantité de branches qui tournoyent autour de son tronc. Ses feuilles sont pelues, fermes, fort longues & pointues au bout. Il a ses pignolats grands, serrés, solides, qui ont au dedans des noyaux enclos d'écailles longuettes, dures, & noircies comme de suie. Le noyau de dedans est environné d'une pellicule fort mince de couleur jaune, & que l'on ôte aisément la froissant avec les doigts. Ces noyaux ont un goût fort doux & fort agreable, & leur substance est grasse & huileuse. Il ajoûte qu'il y a beaucoup d'especes de Pins sauvages, qui sont tous sous les montagnars & les maritimes qu'il explique.

PIN ART. s. m. Petite monnoie ancienne.

PINASSE. s. f. Petit bâtiment à pouppe quarrée. Il est long, étroit & leger, ce qui le rend propre à la course, à faire des découvertes, & à descendre du monde en une côte. Il porte trois mâts, & va à voiles & à rames. On croit qu'on l'a appellé ainsi de *Pinus*, Pin, à cause que les premieres Pinasses ont été faites de Pin.

PINASTRE, s. m. Arbre qui selon Pline, n'est autre chose qu'un Pin sauvage, fort grand & fort haut, & qui croît non seulement aux montagnes, mais encore dans les plaines. Theophraste en parle aussi, & dit qu'entre les arbres sauvages, le sapin, le garipot & le pinastre gardent toûjours leur verdure.

PINCE. s. f. L'arrête que fait la corne du pié du cheval par le devant du même pié, & qui est comprise entre les quartiers. Les Maréchaux disent ordinairement *Pince devant*, *talon derriere*, à cause que les chevaux ayant la Pince des piés de devant plus forte que celle des piés de derriere, & les talons de derriere plus forts que ceux de devant, on a facilité de brocher plus haut à la Pince des piés de devant, & aussi haut aux talons de derriere. On appelle aussi *Pinces*, Les quatre dents de devant de la bouche d'un cheval, avec lesquelles il paît l'herbe. Ces Pinces lui viennent entre deux & trois ans, deux à la machoire superieure, & les deux autres à l'inferieure.

On appelle encore *Pinces*, en termes de chasse, les deux bouts des piés des bêtes fauves. C'est l'extrémité de l'ongle aux cerfs, aux daims, & aux chevreuils.

Pince. Terme de Maçon. Levier de fer qui sert à remuer les pierres & autres fardeaux. On appelle sur mer *Pinces de canon*, Des barres de fer de differente façon dont on se sert avec un pié de chevre à manier, & à remuer une piece de canon dans la batterie. Les Paveurs ont aussi leur *Pince*. C'est une barre de fer, ronde & grosse comme le bras, & qui a environ trois piés de longueur. Elle est pointue par le bout, & on s'en sert pour arracher le pavé.

Tome II.

Pince. Terme de Fonderie. Le bord ou l'extrémité inferieure de la cloche où le battant frappe. Du Cange fait venir le mot de *Pince*, sorte de levier, de *Pinca*, qui a été dit au même sens dans la basse Latinité.

PINCEAU. s. m. Instrument composé ordinairement de poil de gris, & d'une hampe, dont les Peintres se servent pour appliquer les couleurs délicatement. Ceux des Anciens étoient faits de petits morceaux d'éponge, & quelques-uns croyent que c'est ce qui a fait dire d'un certain Peintre qui ne pouvoit bien representer l'écume d'un chien, qu'il y réussit en jettant l'éponge contre son tableau.

Pinceau, est aussi terme de Relieur, & signifie Une sorte de brosse avec quoi il dore ou colle. Elle est composée de poil de cochon ou de sanglier, au bout d'un manche de bois. On se sert aussi sur mer d'un Pinceau de soye de cochon. Il est emmanché de côté, & sert à goudronner le Vaisseau ou autre chose. Ce mot vient du Latin *Penicillum*.

Pinceau de mer. Sorte d'insecte en forme de tuyau. Il est attaché aux rochers, & a au dedans une substance charnue, qui est jaune quelquefois, & quelquefois d'une autre couleur.

En termes d'Optique, on dit *Pinceau Optique*. Chaque point d'un objet envoye un nombre indefini de rayons qui couvrent toute la prunelle de l'œil, & là commencent à se rompre en se rapprochant les uns des autres pour s'aller réunir sur un seul point de la Retine. Ainsi tous ces rayons partis d'abord d'un seul point, s'étant toûjours écartés jusqu'à la prunelle, & depuis la prunelle s'étant toûjours rapprochés, & enfin se réunissant sur un seul point de la retine, font la figure de deux cones opposés, qui ont pour base commune la prunelle, & dont l'un a pour sommet un point de l'objet, & l'autre un point de la retine. Ces deux cones pris ensemble sont ce qu'on appelle un *Pinceau Optique*. Le rayon du milieu de ces deux cones est l'*Axe* du Pinceau. Voyez AXE. Il est visible que chaque point d'un objet a son Pinceau Optique, & que la base de tous ces differens Pinceaux est toûjours la prunelle. Ce qu'il y a d'admirable, c'est qu'ils ne s'y embarrassent point les uns les autres, & que les refractions les démêlent parfaitement bien. Les Pinceaux des deux extrémités de l'objet, ou si on veut leurs axes se croisent à l'entrée de la prunelle, & plus leur angle est grand, plus l'image de l'objet sur la retine est grande, plus il est vû grand. C'est cet angle qu'on appelle l'*Angle visuel*.

PINCELIER. s. m. Godet, ou autre petit vase, où l'on nettoie les Pinceaux.

PINCER. v. a. *Presser, serrer la superficie de la peau avec les doigts ou autrement*. ACAD. FR. On dit *Pincer*, en termes de Manege, pour dire, Approcher délicatement l'éperon du flanc du cheval, & le lui faire sentir sans donner coup.

Pincer, se dit aussi en termes de Monnoie. Il y a sous le quarré une écaille d'acier qui sert à hausser plus ou moins selon qu'il est necessaire pour faire pincer, c'est-à-dire, Marquer davantage la medaille ou les Monnoies dans les endroits, où elles n'auroient pas été assés marquées.

On dit en termes de Mer, *Pincer le vent*, pour dire, Aller au plus près du vent, cingler à six quarts de vent près du rumb d'où il vient.

PINCETTE. s. f. Petit instrument qui a deux branches, & dont on se sert pour s'arracher le poil & la barbe. *Pincettes*, au pluriel se dit de la partie d'une garniture de feu, qui sert à remuer & à accommoder les tisons. Les Ouvriers & sur-tout ceux qui travaillent en petit, appellent aussi *Pincettes*,

F f

Certain outil qui leur sert , ou pour tenir leur besogne , ou pour en prendre & en assembler les petites pieces , comme les Horlogers , Orfévres ,
Quincaillers. Il y a aussi de grandes Pinces ou Pincettes pour les Serruriers , Maréchaux , &c.

PINÇON. s. m. Petit Oiseau , qui a le bec fort & un
peu gros , & qu'on dit être si fin , qu'il ne donne
jamais dans le piege qu'il a découvert. Il a la tête &
le cou tirant sur le bleu. Son échine est couleur de
châtaigne , son croupion vert , son estomac entre
rouge & gris , & ses ailes sont marquées de blanc
avec du noir & du blanc aux extrémités & au milieu. Il vit sept ou huit ans , imite le chant du Rossignol , & est sujet à devenir aveugle. Il y a aussi un
Pinçon de montagne. C'est celui que les Italiens appellent *Fringuillo montanino.* La femelle du Pinçon
appellée *Pinçonne* , a la tête plus jolie que le mâle ,
mais ses couleurs ne sont pas si vives , principalement sur l'estomac. M. Menage fait venir le mot de
Pinçon , du latin *Spincio* , qui veut dire la même
chose.

PINEALE. adj. f. Terme de Medecine. On appelle
Glande Pineale , Une glande qui est vers le troisie-
me ventricule du cerveau. Elle est appellée autrement *Glande conoïde* , & *Conarium.* C'est où Des-
cartes a établi le siege de l'ame raisonnable. On
lui a donné ce nom à cause qu'elle ressemble à une
pomme de Pin.

PINGUIN. s. m. Sorte d'oiseau qui se trouve en
Orient dans une Isle du même nom , à un des coins
de laquelle il se cantonne sans se mêler avec les autres oiseaux. Il tient de l'homme , de l'oiseau &
du poisson , étant droit sur ses piés , ayant des ailerons sans plumes , qui lui pendent comme des
manches barrées , & rayées de blanc , & ne volant
point.

PINNAS. s. m. Fruit des Isles de l'Amerique , qui
croît sur un chardon rude & épineux , ayant de
longues feuilles , du milieu desquelles sort un tronc
rond qui produit ce fruit. Il est unique , & mûrit
après y avoir été dix ou douze mois. On le nomme
Pinnas , à cause de la ressemblance qu'il a avec la
pomme de Pin. Quoiqu'il n'ait ni écorce dure , ni
écailles , sa peau par dehors paroît distinguée de la
même sorte. Il est gros comme un melon ordinaire ,
& a une odeur fort agreable. Non seulement il
surpasse tous les autres fruits en douceur & en bonté , mais il a aussi une plus belle couleur. Elle est
d'un jaune verdissant , le vert se perdant peu à peu
à mesure qu'il mûrit. Quand on l'a ôté de sa plante , on la jette comme inutile , à cause qu'elle n'apporte plus de fruit. Quelquefois au bout du Pinnas ,
& à la fin du tronc au dessous du fruit , quelques rejettons croissent qui lui tiennent lieu de semence.
On les plante trois doigts sous terre , en sorte que
la moitié sort dehors. Chaque rejetton pousse ses
racines , & petit fruit en son tems. Il se trouve
trois especes de cette plante , que les Indiens appellent , l'une *Jajama* , l'autre *Bonjama* , & la
derniere *Jajaqua.* Le Jajama est plus long que les
autres , d'une chair roussâtre , & d'une saveur bien
plus agreable. Le Bonjama est d'une douceur insipide , & le Jajaqua , d'une chair blanche , & d'un
goût vineux , mais un peu acide. Ils ont tous de
certains petits filets mêlés dans la chair , qui , quoiqu'ils n'offensent pas le palais en les mangeant ,
blessent les gencives quand on en mange beaucoup.
Ce fruit ne dure mûr que quinze ou vingt jours au
plus.

PINNULE. s. f. Terme de Mathematique. Petite plaque de cuivre élevée perpendiculairement sur les
bords d'un instrument propre à observer. Elle a un

petit trou par où entre la lumiere des astres , ou les
rayons des autres objets que l'on veut voir ordinairement. Il y a deux Pinnules dont les ouvertures
sont vis-à-vis l'une de l'autre , afin que les rayons
soient parfaitement en ligne droite de l'objet à
l'œil.

PINQUE. s. f. Bâtiment de charge , fort plat de varangue , & qui a le derriere rond. C'est la même
chose que *Flûte.*

PINTADE. s. f. Oiseau des Indes , qui est une espece
de poule , appellée ainsi de l'Espagnol *Pintado* ,
Peint , à cause de la justesse des taches , ou figures
qui semblent avoir été peintes sur son plumage. Il
y en a qui prétendent qu'elle ressemble mieux à la
perdrix qu'à la poule , à cause qu'elle n'a point sa
queue retroussée en haut , mais l'appendice qui lui
pend aux deux côtés des joues , ce qui ne se trouve
en nul autre oiseau , lui donne plus de ressemblance avec la poule. Tout son plumage est de blanc &
de noir. Son col a un duvet noir qui approche plus
du poil que des plumes. Il est d'environ deux lignes , & tourné en haut contre l'ordinaire. La tête
de cet oiseau est couverte d'une peau spongieuse ,
qui fait une crête en forme de casque. Il a des membranes à ses piés comme les oiseaux aquatiques , &
son bec qui a quelquefois un bouquet à sa racine ,
est garni de deux appendices d'une substance , moitié cartilagineuse , & moitié charnue , qui lui pendent des deux côtés des joues. Ces appendices sont
attachés à la mâchoire superieure , & non à l'inferieure comme aux poules. Les femelles les ont rouges & bleus. Les œufs de la Pintade sont
peints & marquetés de blanc & de noir ainsi que
ses plumes.

PIO

PIOCHE. s. f. Outil dont se servent les Mineurs ,
Sappeurs , Carriers , Pionniers , Massons , pour
remuer la terre. Il y a des Pioches quarrées & d'autres pointues. On appelle ces dernieres , *Feuille de
sauge.* Il en est dont un côté est tranchant , l'autre
fourchu.

PIOCHON. s. m. Sorte de petite besaigue , qui sert
aux Charpentiers pour frapper dans de grandes
mortoises. Sa longueur n'est que de quinze pouces
ou environ. Cet outil a un manche de bois dans le
milieu. Un de ses bouts est fait en bec d'âne , &
l'autre en planche ou plane.

PIOIS. s. m. Vieux mot. Gazouillis d'oiseaux.

PIP

PIPE. s. f. Mesure de choses liquides , qui contient
à peu près un muid & demi. Elle est particulierement en usage en Poitou & en Anjou. La Pipe en
Bretagne est une mesure de corps arides , & contient dix charges , dont chacune est de quatre boisseaux. Elle doit peser six cens livres quand elle est
pleine de blé.

Pipe. Instrument de terre cuite , fait en forme de
petit tuyau , qui sert à prendre du tabac en fumée.
Il est composé d'un corps qui est le tuyau , & d'une
embouchure , qui est la partie où l'on met le tabac
& le feu quand on fume.

PIPEAU. s. m. Chalumeau , flûte champêtre. C'est
aussi un terme d'Oiselier , & signifie une sorte de
chalumeau , qui est un bâton moins gros que le petit doigt , & long de trois pouces. Il est fendu par
le bout pour y mettre une feuille de laurier , afin
de contrefaire le cri du vaneau. On se sert de Pipeau pour contrefaire le pipis de divers oiseaux , ce

qui fert à les attirer & à les prendre. Le porreau contrefait le cri du Rossignol.

PIPE'E. f. f. Chasse aux oiseaux, qui se fait avec des pipeaux, par le moyen desquels on en contrefait le cri. Cette sorte de chasse se fait durant la vendange dans des bois taillis de cinq ou six ans de coupe, ou dès la pointe du jour, ou demi-heure avant que le Soleil se couche. On coupe le jeune bois des branches d'un arbre, sur lesquelles on fait des entailles pour y mettre des gluaux, après quoi on coupe encore le bois taillis trente ou quarante pas autour de cet arbre, sous lequel on fait une loge propre à s'y cacher. On y contrefait le cri de la femelle du Hibou avec une certaine herbe qu'on tient entre les deux pouces, & qu'on applique entre les deux levres en poussant son vent, & en les pressant l'une contre l'autre. Les oiseaux qui croyent entendre le cri de la femelle du hibou, s'amassent autour de l'arbre où sont tendus les gluaux, & la plûpart se venant percher sur ses branches, s'engluent leurs ailes, & tombent à terre.

PIPI. f. m. Oiseau de l'Abissinie, que ceux de Tegré appellent ainsi à cause qu'il repete incessamment ces deux syllabes. Il a un instinct qui lui fait conduire les Chasseurs au lieu où il a vû quelque bête. Il ne les abandonne point, & chante continuellement autour d'eux jusqu'à ce qu'ils le suivent.

PIPOLE', n'a adj. Vieux mot. Enjolivé. On trouve dans nos anciens Poëtes, *Terre pipolée de fleurs*, pour dire, Emaillée de fleurs.

PIQ

PIQUE. f. f. Sorte d'arme, composée d'un bois à arrondi, plané & de la grosseur à peu près du bras. La pique est longue de treize à quatorze piés, & il y a au bout un fer forgé, limé, applati & pointu. Par une Ordonnance du Roi, on doit armer de piques le tiers d'une Compagnie d'Infanterie, afin d'arrêter la furie des Cavaliers. Quand on veut former un Bataillon pour combattre contre la Cavalerie en rase campagne, on commence par faire un corps de tous les Piquiers, & on les dispose de telle maniere, qu'ayant vuidé le centre & formé un octogone, ils soient en face de presenter les piques par tout. Ainsi ils couvrent les drapeaux & les bagages en même-tems qu'ils couvrent les Mousquetaires. On dit, en termes d'évolution, *Faire défiler les Piques*, pour dire, les Piquiers. Il y en a qui dérivent le mot de *Pique* de l'oiseau appellé *Pic*, à cause que cet oiseau a le bec si pointu, qu'il perce les arbres. Selon du Cange, il vient de *Pica* ou *Picca*, qui a été dit dans la basse Latinité, pour *Spica*, Epi, comme si la pique avoit quelque forme d'un épi. D'autres veulent qu'il vienne de *Spiculum*, Javelot.

PIQUER. v. a. *Poindre, percer, entamer legerement avec quelque chose de pointu.* ACAD. FR. Plusieurs Artisans se servent du mot *Piquer*. En termes de Découpeur, *Piquer du taffetas*, C'est le percer & le figurer avec un petit fer. On dit *Piquer un bonnet*, pour dire, Y faire avec l'aiguille plusieurs petits point quarrés en œil de perdrix ou autrement, & *Piquer un matelas*, pour dire, Le coudre avec de la ficelle & une aiguille à piquer. On dit encore *Piquer une sangle*, *un baudrier*, pour dire, Mettre un brin de ficelle dans du cuir, & faire de part & d'autre une rangée de points bien faits à côté de cette ficelle. Les Cordonniers disent *Piquer un soulier*. C'est faire des rangs de points tout autour de la gravûre de la premiere semelle.

Piquer. Terme de Charpenterie. On dit *Piquer*

Tome II.

le bois, pour dire, Marquer une piece de bois avec un outil de fer, pour le tailler & le façonner. On se sert du plomb percé en triangle, pour piquer les bois suivant le devers qui s'y rencontre. On dit des mortoises simples, qu'*Elles sont piquées justes en about*, & de celles où il y a des embrevemens, qu'*Elles sont piquées autant justes en gorge qu'en about.*

Piquer une pierre, en termes de Maçonnerie, veut dire, En rustiquant sur les lits avec la pointe du marteau. On le dit aussi d'un quartier de grais & d'un moilon.

On dit, en termes de Fauconnerie, *Piquer après la sonnette*, lorsque le Fauconnier suit l'oiseau.

PIQUET. f. m. Bâton pointu, long quelquefois d'un ou de deux piés, & quelquefois de quatre ou de cinq, qu'on fiche sur le terrain, ou pour aligner, ou pour tendre des cordeaux, quand on veut marquer les angles & les mesures d'un travail qu'on entreprend de conduire. Il se dit aussi des petits bâtons pointus qui ont une coche vers le haut, & qui servent à arrêter les cordages d'une tente ; ce qui fait que l'on dit *Planter le piquet*, *lever le Piquet*, pour dire, Camper, décamper. *Piquet*, se dit aussi d'une grosse épingle dont se servent ceux qui montrent à un écolier à tracer un plan.

Piquet. Cahier où l'on marque les absens dans un Chapitre, que l'on prive des distributions manuelles.

Piquet. Jeu des Cartes inventé du tems de Louis XI. comme l'a prouvé le P. Daniel dans une sçavante Dissertation dans le Journal de Trevoux de 172...

Piquet, est aussi un détachement d'une armée qui monte la garde dans un poste avancé.

PIQUEUR. f. m. Chanoine qui tient le piquet. On dit aussi *Ponctueur*. Dans les grands atteliers c'est celui qui veille sur les ouvriers, qui observe ceux qui manquent une journée.

PIR

PIRAEMBU. f. m. Sorte de poisson du Bresil, appellé ainsi en la langue du pays, comme qui diroit Ronfleur, à cause de son ronflement. Il est long de huit ou neuf paumes, d'un bon goût, & fort estimé. Au dedans de sa gueule sont deux pierres larges d'un palme qui lui servent à briser le coquillage dont il fait sa nourriture. Les Sauvages prisent fort ces pierres, & les portent autour du col.

PIRASSOUPI. f. m. Animal qui est de la grandeur d'un mulet, & qui lui ressemble presque entierement par la tête. Son corps est aussi velu que celui d'un ours, un peu plus coloré, tirant sur le fauve, & il a les piés fendus comme le cerf. On trouve cet animal en Arabie près de la mer Rouge. Les Arabes se servent de la corne, lorsqu'ils sont blessés ou mordus par quelque bête veneneuse ; & ils font pour cela tremper cette corne six ou sept jours dans de l'eau qu'ils boivent ensuite.

PIROGUE. f. f. Sorte de bateau fait d'un seul Arbre, dont les Sauvages de l'Amerique Meridionale ont accoûtumé de se servir.

PIROLE. f. f. Plante qui pousse plusieurs petites tiges, dont chacune a au bout une petite feuille rondelette. Du milieu sort une tige, à la sommité de laquelle poussent plusieurs petites fleurs blanches d'une odeur fort agreable. Toute cette plante n'a guere plus d'un pié ou un pié & demi de haut, & est aussi commune dans les pays froids, qu'elle est rare dans les chauds. On tient sa décoction un grand astrin-

F f ij

gent & propre pour la guerison des ulceres où autres maladies de même nature. On lui a donné le
nom de Pirole, de *Pyrus*, Poirier, à cause que
ses feuilles sont à peu près comme celles du poirier.
On l'appelle aussi *Verdure d'hiver*, à cause qu'elle
est verte pendant l'hiver.

PIRON. s. m. Espece de gond debout qui porte sur
une couelle, & est cloué sur le bourdin ou montant de derriere d'une grande porte.

PIROUETTE. s. f. *Sorte de jouet, composé d'un petit
morceau de bois plat & rond, traversé dans le milien par un petit pivot sur lequel on le fait tourner
avec les doiges.* ACAD. FR. Pirouette, en termes
de danse se dit d'un ou de plusieurs tours du corps
que le danseur fait sur la pointe des piés sans changer de place. M. Menage fait venir *Pirouette* d'un
vieux mot Latin *Ampirnare*, qui, selon Turnebe, s'est
dit d'un saut que le principal danseur faisoit, & qui
étoit imité par tous les autres. Du Cange le dérive
de *Pironadus* ou *Pironatus*, qui dans la basse Latinité a signifié un clou ou une cheville de bois.

Pirouette. Partie d'un rouet à filer.

Pirouette. Terme de Manege. Tour que l'on
fait faire à un cheval. Il y en a de deux sortes, l'une
d'une piste, & l'autre de deux. La *Pirouette d'une
piste* est un tour entier fort étroit que fait le cheval
presque en un seul tems, & avec tant de prestesse,
que sans que les hanches s'échappent en dehors,
la tête se trouve où étoit la queue. Les *Pirouettes de
deux pistes* sont des tours de deux pistes qu'il fait
en tournant fort étroit sur un petit terrain qui n'est
à peu près que de sa longueur. On dit aussi *Pirouette
d'un tems*, demi pirouette d'un tems, pour dire,
Une passade ou une demi-volte que fait un cheval
en faisant prestement un tour de ses épaules & de ses
jambes.

PIRRHONIENS. s. m. Philosophes; qui s'attachant
à une recherche continuelle de la verité, faisoient
profession de douter de tout. Ils disoient que la
seule suspension d'esprit pouvoit mettre l'homme
dans l'heureuse assiette, où il peut être affranchi de
toute sorte d'affections, & qu'il n'y a qu'un examen
bien exact des apparences du vrai & du faux qu'on
rencontre en toutes choses, qui lui puisse faire acquerir cette suspension d'esprit, par le moyen de
laquelle il peut jouir d'un parfait repos, non seulement à l'égard de la volonté, mais encore de
l'entendement. On les a nommés ainsi de Pyrrhon,
Chef de leur Secte, qui vivoit du tems d'Epicure
& de Theophraste vers l'année 450. de la fondation
de Rome. Ceux de son pays firent tant de cas de
son merite, qu'il fut créé Souverain Pontife de
leur Religion.

PIS

PISCINE. s. f. Les Anciens appelloient ainsi un
grand bassin rempli d'eau où les jeunes gens appre-
noient à nager. Il étoit dans une Place publique,
& fermé d'un mur, afin qu'on n'y pût jetter aucunes ordures. On appelloit encore *Piscine*, le Bassin
quarré du milieu d'un bain. On fait venir ce mot
de *Piscis*, Poisson, non seulement parce que les
hommes imitent les poissons en nageant, mais aussi
parce qu'on en conservoit dans quelques-unes de
ces Piscines. La *Piscine probatique* étoit un Reservoir d'eau près du parvis du Temple de Salomon.
On y lavoit tous les animaux qu'on devoit sacrifier,
& c'est ce qui lui a donné le nom de *Probatique*, du
Grec προβατον, Bétail. Parmi les Chrétiens c'est la partie des Fonts Baptismaux, où tombent les lotions
sacrées, & où l'on met les cendres de ce qui a été

brûlée des linges benits,& des ornemens qui ne peuvent servir à des usages prophanes.

Piscine, se dit aujourd'hui parmi les Turcs d'un
grand bassin qui est au milieu de la cour d'une Mos-
quée, ou sous les Portiques qui l'environnent. On
le fait de pierre ou de marbre, & le plus souvent
quarré long. Il y a quantité de robinets par où l'on
fait couler l'eau, & les Turcs ont soin de s'y laver
avant que de faire leurs prieres, étant persuadés
que les pechés qu'ils ont faits, sont effacés par l'ab-
lution.

PISSASPHALTUM. s. m. Dioscoride dit que c'est
une Mumie qui croît au territoire d'Apollonie aux
environs d'Epidaure, & qui étant apportée des
Montagnes Ceraunées par des chûtes d'eau, se
trouve au bord de la mer, congelée en morceaux
par la vehemence du Soleil. Il ajoute qu'elle sent
comme le bitume mêlé avec la poix. Ce n'est en
effet rien autre chose, au rapport de Pline, qui
dit que le Pissasphaltum se fait naturellement en
Apollonie, de poix mêlée avec du bitume, & qu'il
y en a qui le mêlent eux-mêmes pour composer le
Pissasphaltum. Matthiole témoigne de son
tems on en apportoit à Venise en fort grande quantité de Valoue, ville d'Apollonie pour empoisser
les Navires, à quoi il est fort propre mêlé avec de
la poix. Les Anciens s'en servoient pour embaumer
les corps des gens du commun. Ce mot est Grec,
πισσασφαλτος, de πισσα, Poix, & de ασφαλτος, Bitume.

PISSENLIT. s. m. Herbe qui sort de terre au commencement du Printems, & qui a ses feuilles semblables à la chicorée, déchiquetées en façon de
fleche, & rampante à terre. Sa tige, longue d'un
palme, est ronde, raboteuse, tirant sur le rouge,
creuse & remplie de lait. Sa fleur est jaune & feuillue, & après qu'elle est tombée, il sort du lieu même une petite tête bourrue, qui poussée du vent se
perd en l'air. Sa racine est presque comme celle de
la chicorée, pleine de lait, mais bien plus amere.
Les Latins l'appellent *Urinaria*, à cause de sa vertu
diuretique, *Dens leonis*, parce qu'elle ressemble
à une dent de lion, & *Cicorium luteum*, à cause
que c'est une espece de chicorée qui porte une fleur
jaune. On l'appelle aussi *Taraxacum*.

PISTACHE. s. f. Fruit du Pistachier, qui est un arbre dont les feuilles sont comme celles du lentisque,
arrangées par ordre de même, & de couleur verte
tirant sur le jaune. Les Pistaches pendent en forme
de grappe au bout de ses branches, & chaque grappe a sa queue. La pellicule de dessus est rousse &
de bonne odeur. Leur pelure est blanche & a la
forme de la noix de ben. Le noyau de dedans a
une peau rousse. La moëlle en est verte, & a presque le même goût que les Pignolats, excepté que
celle-ci est meilleure. Matthiole croit que l'arbre
des Pistaches est le Therebinthe Indien de Theophraste, qui n'en differe en aucune chose. Galien,
dit que les Pistaches nourrissent peu, qu'elles déso-
pilent le foye, & qu'il ne sçait si elles sont bonnes
ou non à l'estomac, laxatives ou restrictives. Avicenne assure qu'elles guerissent du dévoiement d'estomac, & fortifie l'orifice du ventricule, ce qui
doit être aisé à connoître, en la petite amertume &
âpreté qui est en leur goût. On met des Pistaches
dans les ragoûts, & on en fait des dragées & des
confitures, en Latin *Pistacium*. Pline dit que le
premier qui en ait apporté en Italie, fut Lucius
Vitellius Censeur, lorsqu'il étoit Gouverneur de
Syrie sur les derniers jours du regne de l'Empereur
Tibere.

Pistache, est aussi le fruit d'une petite plante qui

rampe fur la terre dans les Ifles de l'Amerique , & qui , de fes petites tiges qui font extrémement déliées , rouffes & velues , pouffe de petites queues fort drues , dont chacune porte quatre petites feuilles affez femblables à celles du melilot. De la jointure de ces rameaux fortent de petites fleurs jaunes & un peu rouges par le haut comme celles de Cytifus. Cette plante produit fous la terre de petites gouffes grifes , qui font du bruit quand on les caffe. Chacune contient deux ou trois fruits de la groffeur d'une aveline. L'écorce en eft rouge , & le dedans blanc , oleagineux & de même goût que nos Piftaches. On les prefente au deffert , mais cette forte de fruit caufe le mal de tête à ceux qui en mangent trop. On en fait des cataplafmes qui gueriffent les morfure- des ferpents. L'huile qu'on en tire n'eft pas moins eftimée que celle d'amandes douces.

PISTE. f. f. Terme de Manege. Trace que le cheval marque fur le terrain où il paffe. On dit qu'*Il travaille* , qu'*Il manie de deux piftes* , quand il en marque une par le train de devant & une autre par le train de derriere , en forte qu'il fuive regulierement fon terrain , fans fe traverfer ni s'entab'er.

Les Gabeleurs fuivent les Fauxfauniers à la pifte, ils ont des chiens de pifte dreffés à l'odeur du fel , comme ceux de chaffe à celle du Gibier.

PISTER. En Pharmacie fe dit de plufieurs drogues que l'on bat dans le mortier.

PISTIL. f. m. La partie d'une fleur qui eft au milieu de fon culier , où fa graine eft enfermée.

PISTOLE. f. f. Vieux mot qui a fignifié une courte & legere arquebufe que l'on tiroit d'une main. Borel dit que cette forte d'arme a été ainfi nommée de la ville de Piftoie près de Florence , où l'on faifoit des dagues qu'on appella *Piftoyers* , & qu'enfuite par abus on donna ce nom aux armes à feu , aux petits écus & petites arquebufes , & qu'enfin cela paffa aux petits hommes. Les Efpagnols nomment *Piftola*, un Piftolet.

PISTOLET. f. m. Arme à feu dont fe fervent ordinairement les Cavaliers , & qu'ils tirent d'une main. Il eft compofé d'un fût , d'une platine , d'une batterie & d'un canon. Sa longueur avec fon fût eft d'un pié & demi , & d'un pié fans fon 'fût. Le diametre de la balle eft de cinq lignes. Les Italiens & les Efpagnols les portent extrémement longs ; & ce qui eft incommode , ils les ont le plus fouvent avec des platines à roues. Quelques-uns font venir *Piftolet* de *Fiftula* , à caufe de fon conduit creux qui reffemble à une flûte.

PISTON. f. m. La partie de la pompe qui entre dans le tuyau ou le corps de pompe , & qui étant levée on baiffée afpire ou pouffe l'eau en l'air. C'eft un gros bouton cylindrique qui entre dans le corps de la pompe , & qui eft attaché à une barre de fer qui s'éleve & qui s'abaiffe le moyen d'une manivelle qui fait agir la force mouvante.

PIT

PITANCE. f. f. Ce qu'on donne à chaque Religieux pour fon repas. Ce mot a fait *Pitancier* & *Pitancerie*. On appelle *Pitancier* , un Officier Clauftral qui autrefois diftribuoit la Pitance aux Moines , & qui fubfifte encore aujourd'hui dans quelques Abbayes. *Pitancerie* , eft un Office Clauftral qu'on nomme *Celererie* en divers lieux. Du Cange fait venir *Pitance* de *Pictantia* , employé dans la baffe Latinité pour une portion monacale qu'on donnoit à deux Moines dans une écuelle , & qui étoit compofée de

poiffon ou autres mets meilleurs que ceux des legumes. Saumaife le dérive de *Pittacia* , Portion telle qu'on la donnoit aux foldats.

PITAUX. f. m. Payfans qu'on faifoit anciennement aller à la guerre. On les a auffi appellés *Petaux*.

PITE. f. f. Petite monnoie qui eft hors d'ufage , & qui vaut le quart d'un denier ou la moitié d'une obole. On l'a appellée ainfi de *Pictavina* , à caufe qu'elle étoit battue à Poitiers , & felon d'autres de *Picta* , parce qu'elle n'étoit que peinte.

Pite. Plante qui fe trouve dans les Ifles de l'Amerique. Il y en a de quatre fortes , deux domeftiques & deux fauvages , qui viennent dans les forêts. La premiere efpece des Pites fauvages , qui eft la plus petite , croît fur les branches des arbres , & s'y attache par de petits filamens dont elle les entortille. Elle a fes feuilles toutes rondes & cannelées , de la groffeur tout au plus du pent doigt , & longues d'un pié & demi. Sa tige , qui eft haute de deux piés & fort menue , fe fepare en deux rameaux qui portent de petites fleurs jaunes toutes picorées de noir. Ces fleurs ont prefque la forme d'un cafque timbré. Toute 'a fubftance dont cette plante fe nourrit , confifte en celle qu'elle peut tirer de la fuperficie de l'écorce de l'arbre où elle s'attache. On en tire du fil , & ce fil n'eft pas dans le milieu de la feuille , comme dans les autres , mais dans fa fuperficie. Il eft beaucoup plus délié que celui des autres Pites. Pour le lever , on n'a qu'à rompre le pent bout d'en haut , & le tirer en bas. La feconde efpece de Pite fauvage a la feuille large de quatre doigts , longue de deux piés , & fa tige haute d'un pié & demi , environnée de petites fleurs blanches. Le fil de ces deux Pites n'eft pas en ufage à caufe qu'il eft trop court , & beaucoup moins fort que celui des Pites domeftiques qui portent du fruit , & qui font toutes deux femblables à l'Ananas , excepté qu'elles ont leurs feuilles plus étroites & deux fois plus longues , & que leur fruit n'eft pas plus gros que le poing. L'une de ces deux fortes n'a point de piquants aux feuilles comme l'Ananas. Elles croiffent dans les jardins , & tiennent lieu de lin , & de chanvre dans toute l'Amerique. On cueille d'abord les feuilles , & après qu'on les a laiffé faner quelque tems , on fait un laqs coulant d'une petite corde qu'on attache à la branche d'un arbre. On ferre fortement la feuille par le milieu dans le laqs coulant , puis on la tire avec force tout d'un coup , en forte qu'elle fe dépouille de tout ce qu'elle a de vert. Enfuite on en fait autant de l'autre côté , & alors il ne refte plus qu'un écheveau de fil blanc , fin & fort comme de la foye , de la longueur de la feuille. Les Sauvages en font les cordes de leurs arcs , & leurs lignes à pêcher. Les Efpagnols en font des bas & d'autres ouvrages qui font fort beaux.

PITEANT. adj. Vieux mot. Pitoyable.

PITO. f. m. Oifeau des Indes Occidentales que Laët dit être de la groffeur d'un étourneau. Il a fes plumes femblables à celles d'une alouette , mais vertes fous le ventre , le bec & la queue longue. Cet oifeau a coûtume de creufer les rochers avec fon bec pour nicher dedans. Quelques-uns difent que par une induftrie naturelle il fe fert pour cela d'une certaine herbe à laquelle les Efpagnols attribuent de merveilleufes vertus pour percer le fer & tout ce qui eft dur , & qu'ils nomment communément à caufe de cet oifeau , *Yerva de Pitos*.

PITON. f. m. Clou dont la tête eft percée en anneau. Il fert à retenir des crochets & à foûtenir des tringles ou verges de fer. Les *Pitons à boucles* font des chevilles de fer où il y a des boucles ; & ce qui s'appelle sur les Vaisseaux , *Pitons d'affut* , sont des chevilles de fer dont on se sert pour tenir les platebandes d'un affut de canon.

PITUITE. s. f. L'une des quatre humeurs qui sont encloses dans le corps des animaux , & qui constituent leur temperament. La Pituite est blanche & froide. Ce mot vient du Latin *Pituita* , que quelques-uns dérivent du Grec *πίσσα*, Poix.

PIV

PIVOINE. s. f. Oiseau de la grosseur d'un pinçon , qui a le bec court , large , un peu crochu , noir & luisant , la tête & la queue noires , ainsi que les extrémités des grosses plumes de ses aîles , au milieu desquelles est un filet blanc. La Pivoine a la gorge & l'estomac d'une couleur qui tire sur le vermillon , & vit environ six ans.

Pivoine. Plante haute d'environ deux piés, qui produit plusieurs rejettons dès sa racine , & qui porte à sa cime de très-belles fleurs rouges , ou blanches tirant sur le rouge. Elles sont doubles & amples , & approchent de la rose ; ce qui fait que quelques-uns les appellent *Roses de Nostre-Dame.* Dioscoride parle de deux sortes de Pivoine , sçavoir le mâle , dont les feuilles sont semblables à celles du noyer , & la Pivoine femelle, qui les a déchiquetées , & qui porte à la cime de ses tiges des gousses qui ressemblent aux amandes. Quand ces gousses s'ouvrent , on voit au dedans plusieurs petits grains rouges , & tels que ceux des grenades , dont cinq ou six de ceux de dedans sont noirs tirant sur le rouge. La racine du mâle a un goût styptique & astringent. Elle est de la grosseur d'un doigt , & de la longueur d'un palme. Celle de la femelle a sept ou huit balbes attachées ensemble. La racine de l'une & de l'autre Pivoine a de grandes proprietés pour fortifier les nerfs & le cerveau. Elle est bonne à la jaunisse & aux douleurs de la vessie & des reins. Liée au bras & au col des petits enfans , elle les guerit du haut mal ; ce que Galien assure sçavoir , pour en avoir fait l'experience. En Latin, *Pæonia.*

PIVOT. s. m. Morceau de fer ou d'autre metal, dont le bout est arrondi en pointe , pour tourner facilement dans une virole ou dans une crapaudine.

Pivot , est aussi un terme d'Arbres & forêts , & il se dit de la principale racine que pousse un arbre dans terre en ligne perpendiculaire , en sorte que l'on peut connoître par le pivot si l'arbre a été planté de main d'homme , les vieilles souches ayant les racines éparées. Il faut couper le *Pivot* d'un arbre qu'on transplante.

PLA

PLACAGE. s. m. Sorte de menuiserie , qui consiste à plaquer du bois scié par feuilles sur des fonds faits de moindres bois , & à le coller par compartimens avec de bonne colle d'Angleterre. C'est du mot *Plaquer* , que cette sorte de travail a pris le nom de *Placage.*

PLACARD. s. m. Décoration d'une porte d'appartement , composée d'un chambranle couronné de sa frise & de sa corniche. On appelle *Porte à placard,* Celle qui est pleine & emboitée haut & bas , avec rainures , languettes , clefs , chevilles & colées. Il y a d'autres portes que l'on appelle *Placards d'assemblage.* Celles-là sont à quadres & à panneaux. Le *Placard double* , est celui qui dans une baye de porte est repeté devant & derriere , avec des embrasures entre deux sur l'épaisseur d'une cloison ou

d'un mur. Celui dont le plan est curviligne s'appelle *Placard cintré* , & on dit , *Placard feint* , en parlant de celui qui fait symmetrie avec une porte opposée , & ne sert que de lambris.

PLACE. s. f. Terme d'Architecture. Espace une figure reguliere ou irreguliere que l'on choisit pour y élever un bâtiment. On l'appelloit autrefois *Parterre.* Le mot de *Place* , en termes de guerre , comprend toutes sortes de forteresses où l'on peut se défendre , & on appelle *Place fortifiée* , Un lieu bien flanqué & bien couvert. Les places qui sont fortifiées à la moderne , ne se composent guere que de bastions & de courtines , & quelquefois de demibastions selon le terrain ; de cavaliers, fausse-brayes, fossés , contrescarpes , chemin couvert , demi-lunes , ravelins , ouvrages à corne , ouvrages à couronne , esplanades , redents , conserve , ou contre-gardes & tenailles. *Place reguliere* , se dit de celle qui a les côtés & les angles égaux , & *Place irreguliere* , de celle qui les a inégaux en tout , ou en partie.

On appelle *Places hautes, moyennes & basses* , Des flancs retirés & pratiqués en forme de degrés , & l'un derriere l'autre. La *Place haute* , est la plus élevée de trois plate-formes d'une casemate qui sont par degrés l'une au-dessus de l'autre. Elle regne avec le terre-plein du bastion , & c'est où on loge le canon qui doit battre la campagne. Les deux autres plate-formes qui sont au dessous de celleci , s'appellent la *Place moyenne* , & la *Place basse.*

Place d'armes. On appelle ainsi dans une Ville de guerre , un terrein spacieux & libre , ou au milieu de la Ville à l'endroit où les principales rues aboutissent , ou entre les maisons & le rempart. Elle sert de lieu d'assemblée à la garnison , quand il survient quelque alarme , ou qu'il y a quelque ordre de Gouverneur à executer. Dans un camp , la *Place d'armes* est un grand terrein que l'on choisit à la tête ou sur les côtés d'un campement. C'est où l'on range les troupes en bataille. Chaque Compagnie de Cavalerie ou d'Infanterie qui sert dans un camp , a sa Place d'armes, qui n'est autre chose que le lieu où elle s'assemble. On dit encore , *Place d'armes d'une attaque* ou *d'une tranchée.* C'est un fossé bordé d'un épaulement ou d'un parapet , où on loge de la Cavalerie & de l'Infanterie , pour soutenir le travail de la tranchée contre les sorties de la garnison.

PLACEL. s. m. Vieux mot. Siege. On a changé l'L en T , & on dit aujourd'hui *Placet* , pour un siege sans dos.

PLACIER. s. m. Celui qui prend à ferme le droit de louer les Places d'un marché aux Harengeres, Fruitieres , & autres gens qui y viennent étaler leurs marchandises pour les vendre.

PLAGE. s. f. Terme de Marine. Mer basse vers un rivage étendu en ligne droite, sans qu'il y ait ni rades , ni ports , ni aucun cap apparent où les Vaisseaux se puissent mettre à l'abri.

PLAGIAIRE. s. m. On appelloit *Plagiaire* , parmi les Romains , celui qui achetoit , vendoit , ou retenoit un homme libre pour un Esclave. Ceux qui demeuroient convaincus de ce crime, étoient condamnés au fouet par la loi *Flavia* , ce qu'on appelloit *Ad plagas* , d'où le mot *Plagiaire* a été fait. Aujourd'hui on appelle ainsi ceux qui s'attribuent la gloire des ouvrages d'autrui , en s'en disant les Auteurs. Furetiere est le Plagiaire du Dictionaire de l'Académie. Les Auteurs du Dictionaire Universel sont les Plagiaires de tous les Dictionaires.

PLAICT. Terme qui se trouve dans quelques Coutumes , & qui a fignifié , un cheval de fervice , dû par le Vaffal au Seigneur du Fief. Quand ce cheval étoit dû à la mort du Vaffal, on l'appelloit *Plaiſt de morte-main*. Il étoit different des autres chevaux appellés *Deſtriers, Rouſſins, & Traverſans*. On a auſſi écrit *Pleſt*.

PLAID. ſ. m. Vieux mot. Avis, conſeil, audience. *Requerent plaid pour parlementer*. On dit encore baſſement & proverbialement, *Je ne lui ai pas tenu grand plaid*, pour dire, Je ne lui ai pas dit grand choſe, je ne me ſuis pas arrêté à conteſter avec lui.

PLAINT. ſ. m. Vieux mot. Complainte.

PLAN. ſ. m. Terme de Geometrie. Surface qui n'a ni profondeur ni courbure. Ainſi une ſuperficie ſphérique eſt une ſurface, mais non pas un Plan, un parallelogramme dont on conçoit l'aire remplie par une ſurface, eſt un Plan.

Il eſt évident que les Plans auſſi-bien que les lignes , peuvent être les uns à l'égard des autres , *paralleles , perpendiculaires & inclinés* , qu'ils peuvent ſe couper ſous toutes ſortes d'angles , &c. La ligne qui eſt commune à deux Plans qui ſe coupent, s'appelle *ligne de commune ſection*.

On peut toûjours concevoir une ligne ou même deux lignes, comme faiſant partie d'un Plan, & alors on donne aſſés ſouvent au Plan le nom de ces Lignes. Ainſi on appelle Plan *de reflexion* , *Plan de refraction* , des Plans où l'on conçoit que ſont compriſes la *ligne d'incidence & de reflexion* , ou la *ligne d'incidence & de refraction*. Voyez REFLEXION & REFRACTION. De même il n'y a point de ligne courbe que l'on ne puiſſe concevoir comme remplie pour un Plan. Ainſi on dit , *Le Plan d'un cercle*, pour dire , Son *aire*. La difference qu'il y a cependant entre *Aire* & *Plan* , c'eſt que l'aire eſt préciſement renfermée dans ſes bornes , par exemple , l'aire d'un cercle dans la ligne de ſa circonference ; mais quand on dit , *le Plan* , on entend bien ſouvent cette aire prolongée autant qu'il en eſt beſoin au-delà du cercle. On dit donc le *Plan d'une parabole* , *d'une hyperbole* , &c. Le *Plan de l'horiſon* , *de l'Equateur* , &c.

Comme un Plan eſt une ſurface, & par conſequent une grandeur de deux dimenſions , on appelle en Arithmetique & en Algebre , *nombre plan* ; celui qui n'eſt formé que de la multiplication de deux nombres. 12 eſt un nombre plan ſi on le conçoit comme formé par la multiplication de 2 & de 6 , ou de 3 & de 4, Après le nombre plan , eſt le *ſolide* formé par la multiplication de trois nombres. Voyez SOLIDE, DEGRE' & PUISSANCE.

On dit auſſi en Algebre *Problême plan*. Voyez PROBLE'ME.

En Mechanique , le *Plan incliné* paſſe pour une des Machines ſimples. Il eſt compoſé d'une ligne horiſontale , d'une verticale , & d'une troiſiéme tirée de l'extrémité de la verticale à l'extrémité de l'horiſontale. C'eſt cette troiſiéme qui fait le Plan incliné , plus elle eſt longue & plus elle fait un petit angle ſur l'horiſontale, plus le plan eſt incliné. Si à l'extrémité où cette ligne rencontre l'horiſontale, il y a un poids poſé deſſus & attaché à une corde, & qu'à l'autre extrémité il y ait une *Puiſſance* qui tire ce poids le long de la ligne verticale , il eſt évident , que quand ce poids ſera parvenu à l'extrémité ſuperieure de la ligne inclinée , il n'aura monté que de la hauteur de la ligne verticale , & la puiſſance qui le tire ſera deſcendue de toute la longueur de la corde , qui étoit depuis le bas de la ligne inclinée , juſqu'au haut , c'eſt-à-dire, de toute la longueur de cette ligne. Or cet-

te ligne eſt neceſſairement plus grande que la verticale , dont la puiſſance fait plus de chemin en même-tems , c'eſt-à-dire , a plus de vîteſſe que le poids , donc par le principe general des *Machines*. (Voyez MACHINE & MOUVEMENT) elle n'a pas beſoin d'être ſi grande que le poids , & plus le Plan incliné ſera incliné , plus une petite puiſſance pourra ſoûtenir ou élever un grand poids.

PLANCHE. ſ. f. *Morceau de bois ſcié en long, & qui a ordinairement un pouce d'épaiſſeur, & un pié de largeur*. ACAD. FR. On appelle *Planches d'entre vous*, des Planches qui couvrent les eſpaces d'entre les ſolives. Elles ont neuf pouces de large & neuf lignes d'épaiſſeur. *Planches de bateau*, ſe dit des Planches de chêne ou de ſapin qu'on tire des bateaux qu'on rompt , & dont on ſe ſert à faire des cloiſons legeres , lambriſſées de plâtre de chaque côté afin d'empêcher le bruit & le vent. Quelques-uns font venir le mot de Planche, du Grec πλάξ , Ais , & d'autres du Latin *Planca* , dont Pline & Feſtus ſe ſont ſervis dans la même ſignification. Les Vinaigriers appellent *Planche* , Une ſorte de ſolive qui preſſe la lie.

Planche , parmi les Graveurs , eſt une feuille de cuivre polie & fort déliée ſur laquelle on grave au burin , ou en eau forte. Il s'en fait auſſi de bois , & les eſtampes qu'on tire ſur celles-là s'appellent *Tailles de bois*.

Planche , eſt auſſi un terme de Jardinier , & il ſe dit d'un eſpace de terre cultivé , long de quinze à vingt piés , & large environ de quatre , où s'élevent diverſes fleurs ou legumes. Dans les beaux jardins potagers ces ſortes de Planches ſont ſouvent bordées de fines herbes. On appelle *Planche coſtiere* , celle qui eſt au pié d'une paliſade.

PLANCHER. ſ. m. Epaiſſeur faite de ſolives qui ſépare les étages d'une maiſon. Il ſignifie auſſi l'aire ſur laquelle on marche. On appelle *Plancher de plateformes*, Un eſpace peuplé de pilotis, pour recevoir les premieres aſſiſes de pierre de la pile d'un pont , d'un môle , d'une digue.

PLANCHETTE. ſ. f. Petite Planche. Les Tourneurs & les Vanniers appellent *Planchette* , Une petite Planche qu'ils mettent devant leur eſtomac quand ils ont à percer quelque choſe qui reſiſte trop. Le Vannier appelle encore *Planchette* , Trois brins d'oſier debout, & travaillés à plein au dos de certaines hottes.

On appelle *Planchette*, Un petit ais ſuſpendu de côté à une ſelle pour femme, pour porter ſes piés : c'eſt un des effets de la dépravation que les femmes montent à cheval ſur les ſelles d'hommes,

Planchette , eſt auſſi une languette de bois qui ſert à tendre pluſieurs engins , lacs , filets , pour prendre des oiſeaux , rats , &c. elle fait détendre le reſſort quand la bête touche l'appât qui y eſt attaché.

PLANÇON. ſ. m. Branche de ſaule , de Peuplier , de Frêne , & de quelques autres arbres , que l'on coupe lorſqu'elle a deux ou trois ans, & qu'on plante enſuite en terre , afin qu'elle prenne racine.

PLANE. ſ. m, Arbre grand & haut , qui a de longues racines. Ses branches ſont grandes & fort étendues. Il a l'écorce groſſe & épaiſſe , ſes feuilles fort larges , & attachées à faire des bayes rondes & groſſes comme une noiſette , & eſt ſeulement propre à faire de l'ombre. Dioſcoride dit que les plus tendres feuilles du Plane cuites en vin , & appliquées en emplâtres , arrêtent toutes fluxions des yeux , & ôtent toutes inflammations , humeurs & enflûres. Les anciens Romains faiſoient apporter des Planes avec grand ſoin par la mer Ionique , & on les eſtimoit tellement à Rome qu'on les a long-tems arrosés de vin, parce que le Plane, quoiqu'il vienne aux lieux où il y a des ruisseaux & des rivieres, aime fort le vin. Licinius Mutianus, à ce que dit Pline, étant Gouverneur de la Lycie, y vit un grand Plane auprès d'une fontaine, qui étoit creux par le bas & d'une grandeur si extraordinaire, qu'au pié il y avoit une taniere de quatre-vingts piés de long. Ses branches étoient comme de grands arbres, & dans le creux il y avoit une croupe faite en rond, comme de tuf, ou de pierre ponce couverte de mousse, sur laquelle il assûroit avoir banqueté fort à son aise, lui dix-huitiéme. Matthiole dit que les Planes d'Italie, étant des arbres étrangers, n'y deviennent pas fort grands, qu'ils ont l'écorce massive & les feuilles larges, semblables à celles de vigne, & tenant à une queue longue & rouge, & qu'ils produisent une petite fleur blanche tirant sur le jaune, & des grains ronds, rudes & moussus. Quelques-uns disent *Platane*, du Latin *Platanus*, qui vient du Grec πλατύς, Etendu, à cause que ses branches sont fort étendues, & font beaucoup d'ombre.

Il y a dans le Perou une sorte d'Arbre que les Espagnols ont nommé *Plane* ou *Platane*, quoiqu'il n'ait rien de commun avec les Planes de l'Europe. Au contraire, il ressemble à la palme, soit pour la forme, soit pour la grandeur de ses feuilles, qui sont d'un verd gai, legeres, & si grandes qu'elles couvrent un homme depuis la tête jusques aux piés. Du milieu de ces feuilles sort une grappe qui contient plus ou moins de fruit, quelquefois au nombre de trois cens, longs de deux palmes, & gros de deux doigts ou environ. L'écorce s'en ôte facilement, & alors il en reste la chair, qui est tendre, bonne à manger, saine & d'une fort bonne nourriture. Ordinairement on cueille ce fruit vert, & on le met dans quelques Vaisseaux sous certaines feuilles. Ceux qui mûrissent sur l'arbre sont de meilleur goût, & rendent une odeur plus agreable. Il y a des fruits de cet arbre tous les mois, car son tronc qui est en terre, & d'où sortent plusieurs surgeons, qui croissent en grandeur & en grosseur d'arbre, il naît continuellement de nouveaux rejettons qui viennent après avoir porté du fruit, chacun n'en portant qu'une seule fois. Cet arbre demande une terre humide & un air chaud.

PLANE. s. f. Outil d'acier, large à peu près de deux doigts, & long d'un pié & demi, dont les Charrons, Tonneliers & quelques autres Artisans se servent pour polir, & applanir uniment le bois. Il a une poignée à chaque bout, & coupe ordinairement des deux côtés. Il y en a une grande de Corroïeur à deux branches dont un a le fil retourné.

Les Plombiers ont aussi leur *Plane*. C'est un morceau de cuivre quarré qui a une poignée d'une côté, & qu'ils font chauffer pour planer le sable.

PLANER. v. a. Les Charrons & autres disent, *Planer un morceau de bois*, pour dire, En ôter quelque chose avec la Plane, le polir avec la Plane. Les Orfévres & Potiers d'étain disent, *Planer un plat*, pour dire, L'unir à force de petits coups de marteau, & les Plombiers, *Planer le sable*, pour dire, Passer la Plane sur le sable du moule, afin de le rendre uni & égal par tout avant que le plomb y soit jetté. La plus belle vaisselle d'étain est d'étain plané sonnant comme de l'argent.

PLANETE. s. f. *Astre qui a un mouvement propre & periodique contraire à celui du premier mobile.* ACAD. FR. Outre le mouvement commun à tous les corps celestes, & égal en tous, d'Orient en Occident en vingt-quatre heures sur les poles de l'Equateur, il y

a le mouvement propre d'Occident en Orient sur les poles du Zodiaque, inégal dans tous les corps qui l'ont, selon qu'ils sont plus ou moins éloignés de la terre, les plus proches ont plûtôt achevé leur tour qui est plus petit. Les Astres qui par ce mouvement inégal se trouvent en differentes situations les uns à l'égard des autres, ont été appellés *Errans* ou *Planetes*, de πλανάω, j'erre. A la difference des Etoiles fixes qui ne changent jamais de situation entre elles. Voyez FIXE. On compte ordinairement sept Planetes, la Lune, Venus, Mercure, le Soleil, Mars, Jupiter, & Saturne. Dans le sisteme de Copernic, la terre devient Planete en la place du Soleil qui est immobile au centre du Monde. De plus les Modernes avec leurs lunettes de longue vûe ont découvert neuf Planetes nouvelles, qui sont les quatre *Satellites de Jupiter & les cinq de Saturne*. Voyez JUPITER, SATURNE, & SATELLITES. Ces nouvelles Planetes ont fait faire une division des *Planetes en Principales & Subalternes*. Les *Principales* sont celles qui tournent autour du Soleil, car on ne peut plus du tout supposer qu'elles tournent autour de la terre, & les *subalternes* sont celles qui tournent immediatement & premierement autour d'une autre Planete, & ne tournent autour du Soleil que comme par accident, & parce qu'elles y sont emportées par la Planete principale. Ainsi les quatre Satellites de Jupiter tournent autour de lui, & les cinq de Saturne autour de Saturne. Selon cette idée la Lune est aussi une Planete subalterne, parce qu'elle tourne immediatement autour de la terre, & ne tourne autour du Soleil que pour suivre la terre. Ainsi il y a six Planetes principales, Mercure, Venus, le Soleil ou la terre, Mars, Jupiter, Saturne, & dix subalternes, la Lune, les quatre Satellites de Jupiter, & les cinq de Saturne. On divise les Planetes Principales en *inferieures*, & *superieures*. Les inferieures sont Venus & Mercure qui sont plus basses & plus proches du Soleil que nous. Les superieures sont Mars, Jupiter & Saturne, qui sont plus élevées que la terre, & toûjours plus éloignées du Soleil. On ne considere point dans cette division les Planetes subalternes, parce qu'elles suivent la destinée des principales. Il est clair que nous ne pouvons jamais voir les deux Planetes inferieures opposées au Soleil, puisque nous ne pouvons jamais être entr'elles & le Soleil. Nous les devons voir dans leur cours deux fois conjointes au Soleil, une fois en-deçà, une fois au-delà du Soleil. Pour les Planetes superieures nous les voyons conjointes au Soleil, & opposées, conjointes quand le Soleil est entre elles & nous, ce qui est leur plus grand éloignement, opposées quand nous sommes entre elles & le Soleil, ce qui est leur plus grande proximité de la Terre. Tant les deux Planetes inferieures que les superieures peuvent être *Directes stationnaires & Retrogrades*. Voyez DIRECT, STATION, & RETROGRADER. En Astrologie on fait beaucoup d'autres divisions des Planetes. Les Planetes les plus chaudes, comme le Soleil, Jupiter, Mars & Saturne, sont appellées *Planetes masculines*, & les plus humides, comme la Lune & Venus, *Planetes feminines*. On dit aussi *Planetes hermaphrodites* ou *Androgynes*. Ce sont celles qui sont tantôt chaudes & tantôt humides. Mercure est du nombre. Quand il est près du Soleil, il est chaud & sec, & lorsqu'il est proche de la Lune, il est humide. Il y a des Planetes qu'on appelle *Planetes bienfaisantes*, à cause qu'elles sont fecondes & vivifiantes par leur chaleur & par leur humidité, comme Venus, Jupiter, & en quelque façon la Lune. D'autres sont appellées *Planetes malfaisantes*, comme Mars qui desseche

che & brûle , & Saturne qui refroidit & desseche ;
& d'autres , *Planetes communes* , comme le Soleil &
Mercure , qui selon qu'ils sont conjoints avec des
Astres bienfaisans ou mal-faisans de leur nature ,
font tantôt du bien & tantôt du mal. On dit, qu'*Une
Planete a des joies* , pour dire, qu'Elle a des dignités dans les signes du Zodiaque & dans les maisons
celestes. On la nomme *Planete étrangere* , quand
elle n'a aucune dignité au lieu où elle se trouve.
Planete en son détriment , lorsqu'elle est dans un
signe opposé à sa maison, & *Planete en sa chûte* ,
quand elle est dans un signe opposé à son exaltation.
Si une Planete domine dans une maison du Ciel ,
on l'appelle *Seigneur de cette maison*. Les Astrologues
disent, qu'*Une Planete est au cœur du Soleil*, quand
elle n'en est éloignée que d'environ seize minutes ;
si elle l'est davantage, ils l'appellent *Planete brûlée* ;
& quand elle est au-dessous de dix-sept degrés devant ou après le Soleil, elle est dite, *Etre sous les
rayons du Soleil*. Elle est dite aussi, *Augmentée* ou
diminuée de lumiere, selon qu'elle s'approche ou s'é-
loigne du Soleil ou le Soleil d'elle.

PLANETAIRE. adj. On appelle *Region Planetaire* ,
L'espace où se meuvent toutes les Planetes, & *Heures planetaires* , Les heures où les Astronomes s'imaginent que chaque Planete domine le plus.

PLANEUR. s. m. Nom que les Orfévres donnent à
un Artisan qui gagne sa vie à planer de la Vaisselle.
Les Potiers d'étain l'appellent *Forgeur*.

PLANGE. adj. Terme bas , dont se servent quelques
Matelots en cette phrase, *La mer est plange*, pour dire, qu'Elle est unie.

PLANIER , iere. adj. Vieux mot, dont on s'est servi
particulierement en cette phrase *Court planiere*, surquoi Nicod dit : Planier & planiere *ne viennent pas
de ce mot Plain , qui est fait du Latin Planus ainsi de ce
mot Plein , qui est fait du Latin Plenus , & signifie ,
Rempli & remplie. Ainsi dit-on Tenir court planiere
par un Prince, quand il y appelle tous ses Vassaux, Dames & Damoiselles , & y fait passer de magnificence.
Aussi pour expliquer ce mot Planiere , disoient les Anciens , Le Roi teint Court planiere en tel lieu , & là
manda tout son bernage & tous les Barons & Chevaliers de son Pays & eut une Court moult riche en
foison de Chevalerie , habillement exquis , festins ,
dances , devis , tournois & livrées.*
　　On a dit aussi, *Tenir état Royal* , pour dire, Tenir
Court planiere , comme on le voit par cet endroit
d'Enguerrand de Monstrellet livre 1. chapitre 38.
*Et la veille dudit jour de Noël , le Roi alla tenir
son Estat au Palais* , à quoi il ajoûte, *Et à cette
Court planiere le Roi seoit au milieu de la table moult
notablement aorné & vestu d'habillemens royaux , &
il y avoit huit Princes, dix-neuf Comtes , & dix-huit
cens Chevaliers sans les Escuyers ; & plusieurs autres
Princes & grands Seigneurs y estoient mandez , mais
ne y furent pas.*

PLANIMETRIE. s. f. Partie de la Geometrie pratique , qui enseigne l'art de mesurer les surfaces & les
Plans ; de *Planus* , Plain , plat , uni par dessus , &
de μέτρον , Mesure.

PLANISPHERE. s. m. Instrument d'Astronomie , ou
sur le plan d'un cercle de la sphere on represente
tous les autres en plat par le moyen de leur *projection*. Voyez PROJECTION. Le planisphere est
ainsi nommé de *Planus* , Plat , & σφαῖρα , Globe.
Sphere plate. Il s'appelle aussi *Astrolabe*. Voyez AS-
TROLABE.

PLANTAIN. s. m. Sorte d'herbe ou de plante , qui
croît dans les Marais & les lieux humides , & parmi les hayes. Dioscoride en met de deux sortes. Le
plus petit a ses feuilles étroites , moindres , plus
Tome II.

molles , plus lissées & plus minces que celles de
l'autre. Sa tige est angueuse & recourbée vers la
terre , & à sa cime est sa graine. Ses fleurs sont pâles. Le grand Plantain qui est plus vert , & mieux
nourri , a sa tige haute d'une coudée , anguleuse ,
rougeâtre & environnée de petites graines depuis
son milieu jusques à sa cime. Sa racine est tendre ,
velue , blanche , & de la grosseur d'un doigt. Ses
feuilles qui sont larges & bonnes à manger , sont
dessiccatives & astringentes , ce qui rend le Plantain
propre aux eresipelles , aux inflammations , & à
toutes sortes de flux de ventre & de sang. Il empêche la pourriture & fortifie toutes les parties. En
Latin *Plantago* , de *Planta* , à cause qu'elle est souvent foulée par la plante des piés , & en Grec
ἀρνόγλωσσον , d'ἀρήν , Agneau , & de γλῶσσα , Langue , à
cause que les feuilles du grand Plantain ressemblent
en quelque sorte à une langue d'Agneau.

　Matthiole parle d'une troisiéme espece de Plantain , & dit , qu'il a la feuille plus grosse que toutes
les autres sortes , plus charneuse , plus forte , plus
lissée , sa largeur allant en aiguisant , comme le fer
d'une pique , ce qui lui a fait donner le nom de
Lanceolata. Sa tige est haute d'une coudée , quelque peu branchue, & jette de petites fleurs blanches.
Cette espece de Plantain qui vient aux lieux humides & marécageux , a quantité de racines , qui sont
blanches comme l'hellebore.

PLANTAIRE. adj. Les Medecins appellent *Muscle
plantaire* , Certain muscle qui sert au mouvement
de la plante du pié.

PLANTE. s. f. *Corps vegetable , qui tire sa nourriture , & ses accroissemens de la terre , par le moyen des
racines qu'il pousse*. Acad. Fr. Ce mot est general ,
& comprend l'arbre , l'arbrisseau , le sous arbrisseau,
& l'herbe. Il y a dans l'Amerique des plantes sans
nom qui ont une vertu merveilleuse & une entre
autres dont les femmes sauvages se servent pour
avoir des enfans , quand elles se trouvent steriles.
C'est une maniere de petit champignon renversé fait
comme une petite coupe , capable de contenir seulement un grain de lentille. Au milieu de cette coupe sont trois petits grains , semblables à ceux qui
croissent au fonds de la rose. Ils sont extrêmement
durs. Toute la plante est grise , cendrée & croît
dans les bois & dans les lieux humides sur des bâtons de bois pourri. Les femmes après avoir mis
secher cette plante , la réduisent en poudre & en
prennent chaque fois une pincée qui fait environ le
poids d'un écu. Elles assurent du succès en est infaillible. Elles se servent de la racine pulverisée
d'une autre plante , pour faciliter leur acouche-
ment , quelque rude que le travail en puisse être.
Cette Plante est une espece de jonc semblable à
ceux des rivieres. Sa racine est composée de certains
bulbes en forme de boutons , qui sont grosses comme le bout des doigts. Etant desséchées & mises
en poudre , elles exhalent une odeur fort aromatique. Il n'y a point de femme , qui après en avoir
pris dans du vin blanc au poids d'un écu , n'a-
couche sur l'heure avec beaucoup de facilité.

　Il y a une autre Plante qui guerit les blessures
faites par les fleches empoisonnées de Mancenille. Ses feuilles sont longues d'une paume , larges de trois pouces ; d'un vert gai , lissées , polies , & comme du satin. Elle porte de
petites fleurs longuettes , & a ses feuilles separées,
violettes par dehors , blanches par dedans , ouvertes de jour , & la nuit fermées. Sa racine pilée
& appliquée sur les playes des fleches , en amortit entierement le venin & arrête même la gangrene qui commence. Elle ôte aussi toute sorte

G g

d'inflammation & les enfleures que caufe l'aiguillon des Guêpes de ce pays-là , qui eft affès dangereux.

On trouve dans toutes les habitations des Antilles une autre Plante , qui eft un remede fouverain contre les morfures des ferpens. Ses feuilles font petites , dentelées , veluës , d'un vert naiffant & deux à deux le long de fes petites branches. Entre deux feuilles il croît un petit umbel de petites fleurs vertes & rouges , & toutes veluës. Cette Plante fe feme de foi-même , & gâte entierement les jardins , fi on n'a le foin de la facler. Elle eft toute remplie d'un lait qui coule à la rupture de fes branches , & fait mourir les ferpens. Etant broyée & appliquée fur une morfure de ferpent avec fon fuc, elle attire le venin , & guerit la playe. Si le cœur en étoit déja atteint , un peu de poudre de cette Plante feche le fortifie , & lui rend les forces que le venin lui avoit fait perdre.

Il croît encore le long des lifieres des mêmes habitations , une Plante fort commune , que les habitans appellent *Coufin* , à caufe que fa graine qui n'eft pas plus groffe qu'un grain de Coriandre eft toute heriffée , ce qui fait qu'elle s'attache aux habits & aux cheveux des Paffans. Ses feuilles font comme de petits écuffons. Sa tige eft ligneufe , & s'éleve quelquefois jufqu'à trois ou quatre piés de haut. On prend dans fa boiffon ordinaire le poids d'un écu de fes feuilles feches. C'eft un remede qui a beaucoup de fuccès contre toute forte de dyfenterie. S'il ne reuffit point la premiere fois , il faut redoubler la dofe.

Le Pere du Tertre parle de deux autres Plantes qui lui furent un jour apportées toutes entieres par un Sauvage pour le mal des dents. L'une & l'autre avoit fes feuilles & fa racine. La premiere étoit une efpece de Solanum fort petit , dont les feuilles reffembloient à celles de la Morille , quoique plus petites & velues , au haut de la tige , il y avoit de petites fleurs blanches , & quelques petits grains rouges affès femblables à des grofeilles. L'autre étoit une plante plus forte , & avoit fa tige ligneufe. Ses feuilles étoient femblables à la Mercuriale , mais un peu plus rondes & plus fortes , avec une queue au deffus de la tige comme l'Agrimoine, environnée de petites fleurs blanches. Il éprouva l'une de ces racines qu'il preffa & tint long-tems fur la dent qui lui faifoit mal. La douleur ceffa dans le même inftant , mais la gencive en demeura engourdie , ainfi que la moitié de la tête du côté où ce remede étoit appliqué. Il fit l'épreuve de l'autre racine dans une autre occafion , & croit que c'eft un poifon qui pourroit caufer la paralyfie , ou quelque autre accident à ceux qui en uferoient fouvent.

Les Chymiftes divifent les Plantes en cinq claffes dont la premiere comprend les Plantes aqueufes & prefque infipides. Telles font le pourpier , la joubarbe , la laitue , les endives , qui contiennent un fel volatil , tempéré & caché. Elles font appellées *Rafraichiffantes* à caufe de ce fel qui corrige l'acide qui caufe les chaleurs & les inflammations. Les Plantes aqueufes , mais acides comme toutes les efpeces d'ofeille , d'alleluya , & toutes celles qui ont une faveur acide , font contenues dans la feconde claffe. Elles ont un acide retenu dans un alcali caché , & leur eaux ne font pas bonnes comme leurs fucs , principalement à l'égard du fuc rouge de l'ofeille qui eft d'une très-agreable faveur. Toutes ces Plantes font propres pour l'eftomac , & on s'en fert avec beaucoup de fuccès dans les fievres

ardentes pour temperer la chaleur de la bile. Quand leur fuc eft évaporé fuivant l'art , il donne un veritable tartre ou fel effentiel criftalin , de la même faveur & figure que le tartre de vin. Les Plantes qui ont une faveur amere fans odeur, & un fel fubtil de la nature des alcaIis & nitreux font de la troifiéme claffe , comme la chicorée , le chardon benit , le chardon de notre Dame , le houblon , la petite centaurée , la dent de lion , la fumeterre , & autres. Le nitre qui eft dans ces plantes , les rend déterfives , diuretiques & fudorifiques. Ainfi elles conviennent dans les maladies chroniques où il s'agit de nettoyer les ordures & de rétablir la conftitution de la maffe du fang. On s'en fert dans les décoctions avec fuccès , & elles leur communiquent leurs vertus fort promptement. On s'en fert auffi dans des nouets diuretiques ! es Plantes acres & penetrantes , comme le creffon , la moutarde , la cochlearia , le raifort , le poivre , la roquette , l'armoracia , & autres qui poffedent un fel volatil très-acre , forment la quatriéme claffe , & font nommées *Antifcorbutiques.* On les donne pour corriger l'acide qui peche dans le mal hypocondriaque , dans la Cakexie &c. Leurs eaux diftillées entrainent avec elles quelque portion de fel volatil acre , & c'eft ce qui les rend efficaces. Ces mêmes Plantes fourniffent par la fermentation , un efprit qu'elle n'avoient pas auparavant , & qui s'eft formé des particules falines , qui fe font volatilfées & jointes avec les huileufes , & enfin fe font changées en efprit à force de fermenter. La fauge , le thim , le romarin , le ferpolet , le pouliot , l'angelique , le leviffticum , la femence de fenoüil , d'anis , de cumin , & autres Plantes odoriferantes & aromatiques compofent la cinquiéme claffe. Ces Plantes ont un fel volatile huileux , & donnent dans la diftillation une furnagée par une huile , en laquelle la vertu de la Plante eft concentrée. Le fel fixe refte dans la tête morte. On en tire auffi de l'efprit par la fermentation , mais il vaut mieux en tirer l'huile , parce que la vertu de la plante y eft moins altérée. Ces Plantes font la bafe de toutes les eaux apoplectiques & epileptiques , à caufe de leur fel volatil aromatique très-falutaire aux nerfs que l'efprit de vin exalte. Leur partie huileufe les rend bonnes contre les vents ; en empêchant la fermentation contre nature qui les engendre.

PLANTÉ, f. f. Vieux mot. Abondance. On a auffi écrit Plenté, du Latin *Plenitas.*

On grand planté de bien abonde.

PLANTEIVEMENT. adv. Vieux mot. Abondamment.

Et de nouvel faonement
Emply Dieu planteivement.

C'eft de là qu'eft venu le mot de *Plantureux.*

PLANTER. v. a. *Mettre une Plante en terre pour faire qu'elle prenne racine , & qu'elle croiffe.* ACAD. FR. On dit en termes d'Architecture , *Planter un bâtiment* , pour dire , En difpofer les premieres affifes de pierre dure fur la maçonnerie des fondemens , après que cette maçonnerie a été dreffée de niveau , fuivant les mefures prifes. On dit auffi , *Planter les pieux* , pour dire , Les enfoncer avec un inftrument convenable jufqu'au refus du mouton ou de la hie.

PLANTOIR. f. m. Terme de Jardinier. Outil en forme de petit bâton fort aiguifé , au bout duquel il y a du fer pour faire un trou en terre , lorfqu'on veut planter des herbages , comme des laitues , de la chicorée.

Les Furetieristes le confondent avec la houlette qui est le Déplantoir.

PLANURE. s. f. Bois que la plane coupe , & qui tombe au pié de l'artisan qui plane.

PLAQUE. s. f. Lame de métal peu épaisse & applatie , dont on revêt quelques portes , & qui sert quelquefois à renforcer par dedans les coffres forts. M. Ménage dérive ce mot du Grec πλάξ , qui veut dire , Planche.

On appelle aussi *Plaque* , Une piece d'Argenterie ouvragée , au bas de laquelle il y a un chandelier. On met quelquefois ces sortes de plaques dans des chambres pour les éclairer.

Plaque de cheminée. Morceau de fer ou de fonte figuré , qu'on attache avec des pattes au contre-cœur de la cheminée afin que le feu ne le gâte pas. Il est épais d'un bon pouce , haut pour l'ordinaire d'un pié & demi , & large d'autant.

Plaque en termes d'Arquebusier , est un morceau de fer délié , qui est au bout de la poignée d'un pistolet , de la couche d'un mousquet ou d'un fusil. Les Fourbisseurs appellent aussi *Plaque* , La partie de la garde de l'épée qui couvre la main. Elle est ordinairement ouvragée & treillisée.

On appelle en termes de Monnoie *Plaque d'affinage* , L'argent qui se fixe dans la coupelle en maniere de pain plat , quand on ne le retire pas en coquillons.

Les Perruquiers appellent *Plaque* , le dessus de la Perruque , C'est la partie de la Perruque qui est tressée d'une maniere particuliere , & qui est faite quelquefois à l'aiguille. Elle sert à mettre sur le devant de la tête ou pour imiter une tonsure Ecclesiastique.

Plaque , en termes d'Eaux & Forêts , se dit de la marque du marteau qu'un met sur les arbres piés cormiers , afin de tirer des alignemens de l'un à l'autre.

PLAQUER. v. a. Terme d'Ebeniste & de Maçon. On dit *Plaquer le bois* , pour dire , l'appliquer par feuilles déliées sur un assemblage d'autre bois , & *Plaquer le plâtre* , pour dire , Le jetter fortement avec la main comme pour hourdir.

PLAQUESEIN. s. m. Morceau de plomb grand comme la main , un peu creux & en ovale , où les Vitriers détrempent le blanc pour signer le verre.

PLAQUIS. s. m. Espece d'incrustation d'un morceau mince de pierre & de marbre , qui est mal faite sans liaison.

PLASTRE. Pierre fossile dont on se sert pour bâtir. Matthiole dit que l'on fait du Plâtre d'une certaine Pierre blanche , tendre & aisée à couper & à brûler. On la met dans un four chaud , seulement quatre ou cinq heures , après quoi il faut la piller & la passer par le crible. Le Plâtre est bon étant frais. S'il est gardé , il prend difficilement démêlé avec de l'eau. Dioscoride dit que le Plâtre est propre à restraindre la sueur & tout flux de sang & qu'il étouffe & étrangle si on en boit. Selon Galien , outre la vertu dessicative que le Plâtre a commune avec toutes les terres & les pierres minerales , il a cela de particulier qu'il est emplastique. Etant trempé , il se raffermit & devient dur comme pierre , ce qui le fait employer dans les medicamens secs qui sont propres au flux de sang. On fait venir ce mot de πλάσσειν ou πλάττειν , Former , à cause qu'il n'y a rien de si propre à prendre une forme ou une figure que le Plâtre.

On appelle *Plâtre noyé* , du Plâtre menu sur lequel on a versé de l'eau par excès. On y trempe des toiles dont on fait des draperies aux figures qu'on ne fait que pour durer seulement en quelques ceremonies. *Plâtre mouillé* , est celui que la pluye a rendu de nulle valeur.

On appelle *Plâtre cru* , la pierre de Plâtre qui est propre à cuire. On le laisse quelque tems à l'air avant qu'on s'en serve , & on l'employe quelquefois dans les fondations au lieu de moilon. Le *Plâtre blanc* , est celui dont le charbon a été ôté dans la Plâtriere ; *Plâtre gris* , celui dont on n'a pas ôté le charbon , & *Plâtre vert* , celui qui se prend trop tôt en le gachant , & qui se dissout pour n'avoir pas été assés cuit. *Gros Plâtre* , se dit de celui que l'on employe tel qu'il vient du four de la Plâtriere , ou qui est fait de gravois de Plâtre qu'on rebat après qu'on les a criblés , & *Plâtre gris* , celui qui est le plus doux à manier , & qui se darcissant promptement fait bonne liaison pour avoir été cuit à propos. On dit aussi *Plâtre au panier* & *Plâtre au sas.* Le premier est celui qui est passé au mannequin & qui sert pour les crépis , & l'autre , celui qui étant passé au sas , sert pour les enduits , pour l'Architecture & la Sculpture. Il est appelé aussi *Plâtre fin* , Celui où il y a peu d'eau , & que l'on employe aux soudures des enduits , s'appelle *Plâtre serré* , & celui où il y a davantage d'eau est le *Plâtre clair.* On s'en sert pour ragréer les moulures trainées.

PLASTRES au pluriel , se dit generalement de tous les menus ouvrages de Plâtre d'un édifice , qu'on marchande séparément à des compagnons Massons , sans les confondre avec les autres ouvrages.

PLASTROIR. s. m. Instrument dont se servent les Serruriers pour pousser la brique , le mortier ou la pierre avec le Plâtre dans les trous , lorsqu'ils scellent quelque ouvrage.

PLAT. s. m. *Sorte de Vaisselle creuse servant à l'usage de la table.* ACAD. FR. On appelle en termes de Marine *Plat de l'équipage* , Un nombre de sept rations ou portions , soit de chair , soit de poisson ou de legumes , pour nourrir sept hommes qui mangent ensemble , chaque Plat de l'équipage étant pour sept hommes.

Plat. Bassin de la balance. Il se dit particulierement de celles dans lesquelles on pese les marchandises pesantes ou en balle.

On appelle aussi *Plats* , les rosettes de cuivre telles qu'on les apporte des mines.

Plat. Terme de Vitrier. Grand morceau de verre rond en forme de grand bassin à laver , dont on fait des paneaux de vitre. Ces sortes de pieces de verre se vendent à la somme ou au panier , & il y a vingt-quatre Plats au panier. Chaque Plat doit avoir deux piés , & six à sept pouces de diametre.

PLATAIN. s. m. Nom qu'on donne dans le pays d'Aunix à une côte plate de la mer.

PLAT-BORD. s. m. Terme de Marine. Extrêmité du bordage qui regne par enhaut sur la lisse du vibord autour du pont , & qui termine les allonges de revers. L'élevation en doit être de telle maniere que les Mousquetaires puissent aisément tirer par dessus.

Plat-bord. Signifie aussi un retranchement de planches fait sur le haut du côté du Vaisseau quand on le veut carener , afin d'empêcher l'eau d'entrer sur le pont & dans le Vaisseau.

PLATE. s. f. Terme de Monnoie. Il se dit quelquefois d'un besant d'argent , qui est une monnoie ronde sans marque. *Il portoit de gueules à trois plates d'argent* , de l'Espagnol *Plata* , qui veut dire , Argent.

Plate. Efpece de grand bateau qui eft plat.

PLATEAU. f. m. On appelle ainfi le fond de bois des groffes balances dans lefquelles on pefe de lourds fardeaux.

PLATEAUX. f. m. p. Terme de Chaffe. Les fumées des bêtes fauves, appellées ainfi, à caufe qu'elles font plates & rondes.

PLATEBANDE. f. f. Terme d'Architecture. Moule quarré qui termine l'architrave de l'Ordre Dorique. C'eft la fafce qui paffe immediatement fous les tri-glyphes, & qui eft à cet Ordre ce que la cymaife eft aux autres. C'eft auffi la fafce des chambran-les. On donne ce même nom de Platebande à plu-fieurs autres membres d'Architecture, qui n'ont qu'une largeur fans ornemens & fans beaucoup de faillie. On appelle *Platebande de baye*, la fermetu-re quarrée qui fert de linteau à une fenêtre ou à une porte, foit qu'elle foit faite de plufieurs cla-veaux ou d'une pièce. *Platebande de compartiment*, eft une fafce entre deux moulures, qui bordent les plufieurs figures, des panneaux en façon de qua-dres dans les compartimens des platfonds & des lambris. *Platebande de parquet*, eft un affemblage qui fert de bordure au parquet d'une pièce d'un ap-partement. Il eft long & étroit avec compartiment en lofange. Ce que l'on appelle *Platebande de fer*, eft une barre de fer encaftrée fous les claveaux d'une Platebande de pierre, dont elle foulage la por-tée, & *Platebande de pavé*, fe dit de toute dale de pierre ou tranche de marbre, qui renferme quelque figure dans les compartimens du pavé. On appelle de la même forte, les compartimens en lon-gueur, qui répondent fous les arcs doubleaux des voutes.

Platebande. Terme de Jardinier. Morceau de ter-re affés étroit qui regne le long d'un parterre, & où l'on met d'ordinaire des arbuftes & des fleurs. On appelle auffi *Platebande*, Une planche de terre con-tinue, ménagée le long des murs & des paliffades d'un jardin.

On appelle *Platebande* en termes d'Artillerie, la partie de la culaffe d'un canon, qui regne toute unie autour de la pièce, & fur laquelle on paffe l'archet de fer pour fermer la lumiere qui eft ordinairement au milieu. *Platebandes d'affuft*, font des bandes de fer, dont l'ufage eft de retenir les tourillons des ca-nons dans les entailles des flafques.

PLATE'E. f. f. Maffif de fondement, qui comprend toute l'étendue d'un édifice.

PLATEFORME. f. f. On appelle ainfi dans un bâ-timent une maniere de terraffe d'où l'on décou-vre une belle vûe dans un jardin; un plancher uni à découvert où l'on peut fe promener, & on dit qu'*Un bâtiment eft couvert en Plateforme*, quand on n'apperçoit point de toits. C'eft ainfi que font couverts les bâtimens des Orientaux. *Plateforme*, en Architecture, fe dit des pièces de bois qui foû-tiennent la charpente d'une couverture, & qui fe posent fur le haut de la muraille où l'entablement doit être.

Il y a des *Plateformes*, qui fervent pour les fon-demens fur pilotis. Après qu'on a enfoncé le plus avant qu'on a pû des pieux de bon bois de chêne rond, ou d'aulne, ou d'orme, on remplit tout le vuide avec du charbon, & par deffus les pieux, on met d'efpace en efpace des poutres de huit à neuf pouces que l'on cloue fur la tête des pieux coupés d'égale hauteur. C'eft fur ces poutres que l'on fait la Plateforme, qui eft comme un plancher, en y attachant de groffes planches de cinq pouces d'épaif-feur.

Plateforme. Terme de guerre. Lieu préparé pour dreffer une batterie de canons, ce qui fe fait, ou par des élevations de terre fur des remparts, ou en arrangeant des Madriers, qui s'élevent infenfible-ment, & fur lefquels roule le canon, foit dans une cafematte, foit dans une attaque par dehors. M. Felibien fait remarquer que dans les flancs bas & dans les fauffes-brayes, l'efpace plein qui eft entre l'efcarpe de la Place, & le parapet du flanc bas, eft appellé *Plateforme*, dans laquelle on ne laiffe pas de faire d'autres Plateformes de bois pour mettre le canon.

Plateforme dans un Navire, fe dit d'un arrange-ment de planches pour les batteries de canon. C'eft une élevation irréguliere qui fe fait fous chaque ca-non, lorfque le pont du Vaiffeau a trop de rondeur ou de tonture. Cela fe pratique fur-tout dans les flûtes à caufe que leur arriere va fort en montant de proue à poupe. On appelle *Plateforme de l'é-peron*, la partie du Vaiffeau contenue depuis l'étra-ve jufques au coltie. On appelle auffi de ce nom un petit lit de repos dans une falle.

PLATELONGE. f. f. Longe de fil, qui eft épaiffe d'un doigt & large de trois. Elle a de longueur quatre toifes ou environ. On s'en fert dans un tra-vail pour lever les jambes d'un cheval, & quelque-fois pour l'abattre, felon l'operation que le Maré-chal veut faire.

Platelonge. Terme de Chaffe. Longuebande de cuir qu'on met au col des chiens trop vîtes, pour les arrêter.

PLAT-FOND. f. m. Le deffous d'un plancher, droit ou cintré, qui eft lambriffé de lattes & de plâtre, en Latin *Lacunar*. Quand il eft fait de da-les de pierre dure, ou de pierre de leur hauteur d'ap-pareil, on l'appelle *Plat-fond de pierre*. Le deffous du larmier d'une corniche s'appelle *Plat-fond de cor-niche*.

Plat-fond. Terme de Peinture. Ouvrage fait pour être vû de bas en haut, & dont les figures doivent être racourcies & vûes en-deffous.

PLATIAUX. f. m. p. Vieux mot. Plats.

PLATINE. f. f. Grand rond de cuivre qui eft foûtenu de trois piés de fer, & dont on fe fert, pour fecher & accommoder le linge deffus.

Les Patiffiers appellent *Platines*, de grands ronds d'étaim foûtenus d'un pié, qu'ils mettent fur leur bou-tique, & où ils étalent leurs clayons chargés de patif-ferie.

Platine. Terme d'Imprimerie. Morceau de fer ou de fonte qui eft quarré & attaché à la boîte de la preffe, & qui pofe fur le timpan lorfqu'on im-prime.

Platine, eft auffi un terme de cannonier fur mer, & veut dire, L'archet de fer qui couvre la lumiere du canon.

Platine de montre, fe dit parmi les Horlogers, d'u-ne petite plaque déliée qui foûtient les roues d'une montre. Il y a la *Platine des piliers* & la *Platine du balancier*.

Platine de loquet, eft parmi les Serruriers, une ma-niere de plaque de fer, plate & déliée, qu'ils attac-hent à la porte au-deffus de la ferrure. On dit auffi *Entrée*.

PLAYE. f. f. Terme de Chirurgie. Divifion de l'u-nion naturelle, faite dans une partie molle par quel-que caufe externe, violente, qui coupe, qui pique, qui mord ou qui meurtrit. Elle arrive indifferem-ment aux parties nerveufes & aux fanguines. *Playe mortelle*, fe dit de celles qui caufent neceffairement la mort. Cela arrive ou parce qu'un des vifceres ne-ceffaires à la vie eft bleffé confiderablement, ou parce qu'on ne fçauroit arrêter un écoulement exceffif de fang qui fe fait. Ainfi un coup d'épée qui coupe le rameau iliaque à la jambe eft mortel à caufe que l'hemorragie qui s'enfuit ne fçauroit être arrêtée. Par cette même raifon il n'y a point de Playe profonde du foye qui ne foit mortelle, les vaiffeaux confiderables qu'il renferme faifant une hemorragie que l'on ne peut étancher. Si les Plaies du cœur ne font pas grandes, & fi elles ne penetrent pas dans fes cavités, elles ne font pas toûjours mortelles, mais celles du ventricule qui bleffent premierement l'orifice gauche, puis le droit, le font ordinairement auffi-bien que les Playes du diaphragme, Celles du cerveau font differentes. Les Plaies qui ne bleffent que la fubftance corticale fans une grande contufion, font moins dangereufes quand elles font bien panfées, mais d'ordinaire celles qui penetrent profondement la fubftance moëlleufe font mortelles. Outre la Plaie fimple il arrive affés fouvent que l'inftrument qui l'a faite foit empreint de quelque malignité venimeufe. On doit toûjours foupçonner qu'il y ait du poifon dans la morfure des animaux, mais on a beaucoup de peine à connoître, fi les bales ou les armes qui ont fait une Plaie étoient empoifonnées. On a pourtant lieu d'en être perfuadé, quand la douleur eft beaucoup plus grande qu'elle ne doit être naturellement, fi peu de tems après le coup reçu, la couleur naturelle du bleffé fe change & devient livide & noire, ce qui eft une marque de gangrene, & enfin s'il furvient de fâcheux fymptômes, non feulement à la Plaie, mais dans tout le corps, fur-tout le refferrement du cœur, les fueurs froides, des chaleurs, & des douleurs de tête cruelles. Les Plaies des veines & des arteres demandent une grande application du Chirurgien, à caufe des grandes hemorragies qui furviennent & qui fouvent font mortelles, mais moins dangereufes aux veines qu'aux arteres, parce qu'elles s'arrêtent plus facilement aux veines. Ce qui eft caufe que le vomiffement furvient aux Plaies de la tête, ce font les membranes du cerveau, fur-tout les internes, qui font communes à l'eftomac & à toutes les autres parties.

Quand on referme une Plaie trop tôt, on dit qu'on renferme le Loup dans la Bergerie.

PLAYE', E'E. adj. Vieux mot. Bleffé.

Qui n'êtes pas à mort playez.

PLE

PLEBEIEN. adj. Mot dont on ne fe fert guere, pour dire, Qui eft du Peuple, qui n'eft pas noble, que lorfqu'on parle des anciens, Romains, qui étoient divifés en Senateurs, en Chevaliers & en Plebeiens.

PLEIADES. f. f. p. *On appelle ainfi une Conftellation de fept étoiles qui font au derriere du Signe du Taureau.* ACAD. FR. Les Poëtes ont feint que les Pleiades étoient fept Filles d'Atlas & de Pleione, qui étoit fille de l'Ocean & de Thetis, & qu'ayant été pourfuivies cinq ans par Orion qui en étoit amoureux, elles eurent recours à Jupiter, qui pour les garantir de fes perfecutions, les fit monter au Ciel, où il les plaça parmi les Etoiles. Leurs noms font Electre, Merope, Maia, Taigete, Sterope, Alcione & Celeno. Elles fe levent vers le commencement de l'Eté, comme pour marquer le tems propre à la navigation; ce qui fait que quelques-uns tirent leur nom de πλεῖν, Naviger, ou de πλείονες, Plufieurs, à caufe qu'elles font au nombre de fept, & d'autres le font venir de leur mere, que l'on appelloit *Pleione*. Du tems de Ptolomée Philadelphe elles donnerent le nom à fept Poëtes des

plus fameux de la Grece, & à l'imitation des Grecs on a appellé *Pleiade Poëtique*, dans le feiziéme fiecle, fept Poëtes François qui s'étoient diftingués parmi les autres fous Henri II. Charles IX. & Henri III. Ces fept Poëtes font Ronfard, du Belai, Jodelle, Pontus de Tiard, Dorat, Belleau & Baif.

PLEIGE. f. m. Celui qui s'oblige devant le Juge de prefenter quelqu'un dont il fe rend caution, ou de payer ce qui fera jugé contre lui. Ce mot n'eft pas d'un ufage univerfel. Il eft particulier à quelques Provinces. Du Cange le fait venir de *Plegius*, qui a fignifié la même chofe dans la baffe Latinité. M. Ménage le derive de *Prægius*, fait de *Præs*, *prædis*, qui fignifie auffi Caution.

PLEIN. f. m. Les Philofophes demandent fi les corps fe peuvent mouvoir dans le plein. Dans cette phrafe, *Plein* fe prend pour ce qui eft oppofé au vuide.

Parmi les Maîtres à écrire, *Plein* fe dit d'une certaine longueur ou groffeur du trait de la plume, felon qu'elle eft maniée differemment. Il y a le Plein parfait & le Plein imparfait, le demi-plein & le délié.

Plein. Terme de Tanneur. Efpece de cuvier dans terre, où il y a de l'eau & de la chaux pour mettre les cuirs.

PLEION. f. m. Paille mife en bottes que vendent les Chandeliers pour mettre dans les paillaffes, & dont les Natiers fe fervent pour faire des nattes & des chaifes de pailles. Ce mot peut être particulier aux Natiers de Paris. On appelle auffi *Pleion*, Le menu ofier avec quoi on attache les vignes ou les branches d'arbres, & dont on fe fert pour relier les muids.

PLENITUDE, f. f. Terme de Medecine, Abondance du fang & des humeurs. Les Medecins connoiffent deux fortes de Plenitudes; l'une appellée *Ad vires*, quand le fang opprime les forces debiles d'un malade, & l'autre *Ad vafa*, quand les veines font remplies d'une fi grande abondance de fang, qu'elles en fouffrent violence & font quelquefois en danger de fe rompre.

PLENTEIVE. adj. Vieux mot. Fertile, abondant. On a dit auffi *Champs plentieux*, pour dire, Abondans. Villehardouin a dit *Pleinteuros*, dans le même fens. Tout cela vient de *Plenitas*, Abondance.

PLESSER. v. a. Vieux mot. Pliffer. On a dit auffi *Pleffier*, pour dire, Plier, à caufe des plis qu'on fait en pliant quelque chofe.

PLETHORE. f. f. Terme de Medecine. Vice qui regarde particulierement la maffe du fang, lorfqu'il eft en trop grande quantité pour circuler dans les vaiffeaux. Les alimens de trop de fuc & pris trop abondamment, joints à une vie fedentaire qui empêche l'infenfible tranfpiration, caufent neceffairement la Plethore du fang, qui ne peut que s'arrêter dans les vaiffeaux, ou produire quelque hemorragie. Il y a une Plethore apparente, quand le fang gonflé par l'effervefcence de la fiévre, ou de quelque autre chofe, & femblable à du vin qui bout extraordinairement, diftend les vaiffeaux & circule d'un mouvement très-rapide avec une pulfation frequente, vîte & grande. Il y a auffi en quelque façon une Plethore apparente à l'égard des forces. Elle vient à ceux qui ont coûtume de fe faire faigner en certains tems, ou de s'appliquer des ventoufes fcarifiées. Ils ne manquent point de reffentir en ces tems-là de grandes diftenfions à tous les vaiffeaux, de grandes laffitudes aux membres, & un changement de pouls qui eft quelquefois accompagné de tumeurs, d'hemorragies & d'autres ſymptomes. Ce n'eſt pas là proprement ce qu'on appelle *Plethore* ; mais la nature ayant été accoutumée par la ſaignée à une certaine quantité de ſang, eſt incommodée de ce qu'il y a par deſſus. Au lieu de ces ſaignées periodiques, on peut employer la ſobrieté ; les ſueurs ou les exercices. Ce mot eſt Grec, πληθώρη, & vient de πλέω, Beaucoup.

PLEVIR. v. a. Vieux mot. Cautionner.

Je le vos plevis & aſſie.

On a dit auſſi *Fille plevie*, pour dire, Fille promiſe en mariage.

PLEVRE. ſ. f. *La membrane qui entoure le dedans de la poitrine ; la membrane qui environne les côtes en-dedans.* ACAD. FR. Elle eſt déliée & mince, & pourtant très-forte, de même ſubſtance que le peritoine, & de la même figure & grandeur que le thorax. Les Latins appellent cette membrane *Succingens.* Elle eſt double manifeſtement, mais plus épaiſſe auprès du dos, à l'endroit où elle eſt attachée aux ligamens des vertebres. Elle ſe double au milieu de la poitrine pour former le mediaſtin, qui va de l'épine du dos au brechet, & qui ſépare le thorax en deux parties. Ce mot vient de πλευρὰ ou πλευρὸν, Côté.

PLEURESIE. ſ. f. Maladie cauſée par l'inflammation de la plevre ou de la membrane qui environne les côtes. La plevre étant enflammée, le poumon du même côté ſe trouve toûjours enflammé en même-tems. Ainſi quand il n'y a que la moitié du poumon qui ſoit enflammée, c'eſt ce qu'on appelle proprement *Pleureſie.* Le froid externe, inſpiré après une grande chaleur du corps, cauſe aſſés ſouvent la Pleureſie, en coagulant le ſang, & lui donnant lieu par conſequent de s'arrêter & de s'enflammer dans les poumons. Pluſieurs perſonnes ſont tombées dans les Pleureſies pour avoir bû de l'eau froide après un exercice violent. La dyſenterie ſupprimée ou mal guerie cauſe auſſi de frequentes pleureſies, ce qui a fait dire à Vanhelmont, qu'il faut remarquer dans la pratique, que la dyſenterie & la Pleureſie ne different point par leur nature, mais ſeulement par la partie affectée ; de ſorte qu'il n'eſt pas extraordinaire que les Pleureſies ſoient malignes & contagieuſes. On diviſe la Pleureſie en *Pleureſie aſcendante*, qui conſiſte dans les deux entre-deux des trois côtes ſuperieures, ſçavoir entre la ſeconde & la troiſiéme vertebre, en commençant de compter par la gorge ; & en *Pleureſie deſcendante*, qui conſiſte dans les quatre intervalles des cinq côtes inferieures. Elle ſe diſtingue encore en Vraie & en Fauſſe. La *Vraie pleureſie* eſt l'inflammation de la moitié du poumon, & de la plevre du même côté, jointe à une fiévre aigue. Celle qu'on nomme communément *Fauſſe pleureſie*, eſt une douleur inſigne avec ponction à l'un des deux côtés ſans fiévre & ſans ſoif ; le pouls eſt bon, & quelquefois la douleur le rend un peu plus frequent. Il n'y a point de toux, ou s'il y en a, c'eſt une toux caterreuſe qui vient du défaut de la lymphe, & à quoi il arrive fort ſouvent qu'une fiévre caterreuſe ſe joigne. Enfin on peut dire que c'eſt plûtôt une douleur pleuretique qu'une Pleureſie. Le défaut de fiévre aigue la fait diſtinguer facilement d'avec la vraie. D'ailleurs il eſt bien plus malaiſé de ſe coucher ſur le côté malade dans la Pleureſie fauſſe, que dans la vraie. La ſaignée ſe doit faire le plus ſouvent au commencement de la Pleureſie, mais elle n'eſt pas abſolument néceſſaire, puiſque ſans un tel ſecours les remedes appropriés pour reſoudre les grumeaux du ſang & procurer la ſueur, ſont capables ſeuls d'emporter le mal. Rien ne le ſçauroit

mieux ſoulager que la ſueur, & on doit s'attacher uniquement à la procurer à tout le corps, & principalement au thorax. *Pleureſie* vient du Grec πλευρὰ ou πλευρὸν, Côté.

PLEUROPNEUMONIE. ſ. f. Terme de Medecine. Inflammation qui afflige les parties internes de la poitrine. Sa cauſe prochaine eſt un acide qui peche dans le ſang & qui le diſpoſe à ſe coaguler & à ſe grumeler, & qui produit ces affections, en s'arrêtant dans le poumon ou dans les parties voiſines, en picotant en même-tems les membranes, & en leur faiſant faire pluſieurs contractions. Le ſang qu'on tire par la ſaignée eſt tantôt à demi grumelé, & tantôt il ſe prend d'abord, & ſe grumele preſque en ſortant. Enfin ce ſang tiré ſe couvre d'une pellicule viſqueuſe & adherente. Les reſtes de cet acide morbifique dans la partie affligée cauſent de frequentes recidives après la cure du premier abſcès. Si le ſang n'eſt pas beaucoup coagulé, ni fortement attaché, il cauſe moins de douleur, & peut être repris par les veines, & transferer la Pleuropneumonie à diverſes parties. Ce terme eſt general, & comprend toutes les inflammations des parties internes de la poitrine. Quand les poumons, c'eſt-à-dire, les deux lobes ſont enflammés, ce mal s'appelle *Peripneumonie* ; & on l'appelle *Pleureſie*, quand l'inflammation n'eſt que de la moitié du poumon.

PLEURS. ſ. m. p. Larmes, eau qui tombe des yeux par quelque violente émotion de l'ame, & ſur-tout quand elle eſt cauſée par la triſteſſe.

On appelle *Pleurs de terre*, Les eaux qu'on ramaſſe à la campagne de diverſes hauteurs. On ſe ſert pour cela de puiſards qu'on fait pour les découvrir, & de pierrées glaiſées dans le fond, avec des goulettes de pierre qui conduiſent ces eaux à un receptacle, où elles ſe purifient avant qu'elles entrent dans un aqueduc.

PLI

PLI. ſ. m. *Redoublement d'une étoffe ou autre choſe pliée.* ACAD. FR. Il ſe dit auſſi, en Anatomie, de diverſes rides qui ſe font ſur les peaux & les membranes. On tient auſſi y a auſſi des plis dans les veines.

Pli, dans la continuité d'un mur, ſe dit de l'effet contraire d'un coude.

On appelle, en termes de Marine, *Pli de cable*, La longueur de la roue du cable de la maniere qu'il eſt roué dans la foſſe ; & on dit, *Mouiller un pli de cable*, pour dire, Ne filer que très-peu de cable en mouillant l'ancre ; ce qui ſe fait quand on la mouille en un lieu où l'on n'a envie de demeurer que fort peu de tems.

PLIE. ſ. f. Poiſſon de mer plat & large qui a l'ouverture de la bouche petite, & qui eſt ſans dents. Dans la Logre les Plies ſe forment dans le ſable, il eſt difficile de connoître la vraie forme où la Plie eſt cachée d'avec celle qu'elle a frappé. Il y en a dans la Loire de plus délicates que celles de mer.

PLIE', é▪e. adj. Terme de Blaſon. Il ſe dit de ce qui eſt ſimplement courbé. *D'or au chevron plié de gueules.* Il ſe dit auſſi des oiſeaux qui n'étendent pas les ailes, & ſur-tout de l'aigle, que l'on dit alors, *Au vol plié.*

PLIER. v. a. *Mettre en un ou pluſieurs doubles, & avec quelque arrangement.* ACAD. FR. On dit, en termes de mer, qu'*Un Vaiſſeau plie le côté*, pour dire, qu'Il a le côté foible, & qu'il ne demeure pas bien droit quand le vent eſt frais ; ce qui lui fait mal porter la voile.

PLINGER. v. a. Terme de Chandelier. Donner la première trempe à la meche, lorsqu'on fait de la chandelle.

PLINTHE. f. f. Terme d'Architecture. Membre quarré & plat, tel que celui qui est aux bases des colomnes. Vitruve dans son quatriéme Livre appelle aussi *Plinthe*, La partie superieure du chapiteau Toscan, qui est son Tailloir, parce qu'elle est de la forme d'un quarreau de brique, appellé en Grec πλίνθος, n'ayant point la cymaise qui est au chapiteau Dorique & à l'Ionique. On donne le même nom de *Plinthe* à une épaisseur de muraille où l'on voit deux ou trois rangs de briques avancées en forme de plattebande. On appelle *Plinthe ravalée*, Celle qui a une petite table refouillée, quelquefois avec des ornemens, & *Plinthe arrondie*, Celle dont le plan est rond.

PLIOIR. f. m. Petit instrument de bouis ou d'ivoire, plat & arrondi par les bouts, & dont on se sert pour plier les feuilles des livres qu'on veut relier.

PLION. f. m. Petit lien d'osier, &c. qui sert à lier les espaliers, les chicorées & pour les faire blanchir.

PLO

PLOC. f. m. Certaine composition qui est faite de verre pilé & de poil de vache, & que l'on met entre le doublage & le bordage des vaisseaux qu'on double pour la navigation d'entre les Tropiques. Elle empêche que dans la Zone Torride il ne s'engendre des vers dont le bordage & le doublage seroient percés sans cette précaution. *Ploc*, se dit aussi du poil de vache.

PLOI. f. m. Vieux mot. Pli.

PLOMB. f. m. Métal qui tient du blanc & du noir, & qui est le plus mou, le plus fragile & le moins considerable de tous. Il est composé d'un sel & d'un souffre, qui sont terrestres, impurs & mal digerés. Ses parties sont petites, mais assés égales; & comme leurs branches sont fort pliantes, elles se joignent de plus près, & rendent ce métal plus pesant. Ses pores sont assés semblables à ceux de l'argent, & l'usage qu'on fait du plomb pour purifier l'or & l'argent, marque qu'il a des parties qui ont beaucoup de rapport au souffre. Le mercure copieux du plomb lui fait absorber tous les métaux, & cela vient de ce que mercure est affamé de leur terre saline. Il ne laisse pas d'épargner l'or & l'argent, à cause de leur souffre acide, qui est trop fixe pour être absorbé par le plomb. On trouve ce métal en diverses sortes de terre où il y a l'argent mêlé, & même de l'or; ce qui oblige les Essayeurs d'en faire l'essai avant que de l'employer. On le trouve aussi dans les mines particulieres, dont la veine est quelquefois en forme de terre cendrée, où brillent de petites paillettes, & quelquefois comme une terre blanche ou rousse, reluisant de couleur de plomb. Galien dit que le plomb est refrigeratif, étant congelée d'une substance fort humide, congelée par la froideur qui est en lui, & qu'il participe à une vertu aërienne & quelque peu terrestre; ce qui se connoît en ce que si on l'approche du feu, il est aussi-tôt fondu. C'est le seul métal qui croisse en poids & en grosseur, si on le tient en un lieu bas, & qui ait un air si trouble, que tout ce que l'on y met se chancisse incontinent. On a vû même souvent le plomb dont on avoit plombé les piés de quelques statues qu'on vouloit garder, croître & s'enfler tellement, qu'il y en avoit des morceaux qui pendoient aux pierres de ces statues

de la même sorte que l'on y voit pendre le cristal. Il est rafraîchissant & très-bon, selon le même Galien, pour remedier aux ulceres malins, & de difficile guerison pour qu'on en employe seul, soit qu'on le mêle avec d'autres medicamens. Quand on le veut mettre en état de servir pour l'usage de la Medecine, on le lave & on le met en poudre. La maniere de le laver est de mettre du plomb avec de l'eau de pluye dans un mortier de même métal. On l'agite avec un pilon aussi de plomb, jusqu'à ce que l'eau s'épaississe & paroisse comme si c'étoit de la fange noire. Cela fait, on coule cette liqueur, on la seche & on la met en trochisques pour le besoin qu'on en peut avoir. On pulverise le plomb en mettant du plomb purifié dans un pot de terre, non verni, entre les charbons ardens dans un fourneau à vent, sans pourtant que le feu soit violent. C'est assés que le pot soit rougi, & que le plomb se tienne en fusion. On se sert d'une verge de fer pour le remuer jusqu'à ce qu'il soit changé en poudre grisâtre, qui tire sur le vert. On laisse refroidir cette poudre, après quoi on la crible pour en ôter les impuretés metalliques. Cette maniere de calciner le plomb est enseignée par Glaser, qui dit que pour le purifier, on le fait fondre dans une grande cueiller de fer, & qu'on y ajoûte peu à peu de petits morceaux de cire ou de suif, qui s'enflamment aussi-tôt & laissent une petite crasse sur le plomb. Il faut ôter cette crasse avec une spatule de fer, jetter de nouveau de petits morceaux de cire ou de suif, & continuer, en ôtant toûjours la crasse jusqu'à ce que le plomb demeure en fusion claire comme un miroir. On le verse alors dans un vase propre pour cela, & on l'y laisse refroidir. Le Plomb lavé, selon ce que dit Dioscoride, est refrigeratif, astringent, incarnatif, mollicatif & fort bon pour reprimer les caterres & les fluxions des yeux, & les excrescences de chair qui viennent aux ulceres. Appliqué avec l'huile rosat, il est singulier à ceux qui sont difficiles à cicatriser, aussi-bien qu'aux ulceres de fondement & aux hemorroïdes. Le plomb brûlé a de semblables effets, mais il est plus vehement.

Le Plomb est d'un grand usage pour les couvertures. Les Plombiers qui y travaillent en fondent les tables avec de la mine d'étain & de plomb mêlés ensemble. Quelquefois ils couvrent sans soudure, mais seulement avec des coutures, en sorte que le plomb soit retourné l'un sur l'autre, & attaché avec de bons clouds, ce qui empêche le plomb de se casser par le grand chaud, ou par le grand froid.

Le Plomb que les Vitriers employent aux vitres, est du Plomb qu'ils ont versé fondu dans une lingotiere, & retiré ensuite par petits lingots. Ils font passer ces petits lingots dans le Tireplomb, où le Plomb s'allonge & forme les verges fendues de chaque côté, qui servent à enfermer les pieces de verre.

Plomb. Petit poids de quelque metal, dont les Charpentiers & les Maçons se servent pour niveler, & pour prendre les aplombs. Il y a de la difference entre ces deux Plombs. Celui des Charpentiers est fort plat, & percé à jour, afin de donner passage à la vûe, pour pouvoir mieux adresser à l'endroit où ils veulent marquer le bois. Le Plomb des Maçons, est plein, quarré ou rond, & au dessus il y a une plaque de cuivre, aussi grande que le Plomb. Cette plaque monte & descend le long du cordeau qui tient le Plomb, & sert pour appuyer contre la muraille. Ces sortes de Plombs sont appellés *Plombs à chas*. On disoit autrefois *Plomb à chaas*, & Nicod en parle ainfi. *Plomb à chaas eft une piece de cuivre ronde, groffe d'environ trois poulces, longue d'environ trois doigts, pendant d'une ligne, laquelle paffe par le milieu d'une piece auffi de cuyvre, tenve,quar-rée, equidiametrale audit rond de cuyvre appelé* Chaas, *avec lequel Plomb à chaas le Maçon plom-me fes ouvrages de plaftre, cueillure de feneftres, & jambages de manteaux de cheminées, pour juger s'ils font à plomb, c'eft-à-dire, en leur droiture, & s'il y a point de frit, & les juge eftre en leur Plomb fi ladite piece ronde touchant à l'ouvrage par bas, le chaas le touche auffi par haut, & fi le chaas ne touche, c'eft alors qu'il dit qu'il y a frit, c'eft-à-dire, qu'il panche en dedans du dit chaas. Et la difference qui eft entre le Plomb à ruyle & le Plomb à chaas, eft que le premier eft de pur Plomb, & pend d'une ligne cou-chée fur un ruyle, & ne fert qu'à plommer ouvra-ges de Maçonnerie; & l'autre eft de pur cuyvre, pen-dant de la ligne qui coule par le milieu dudit chaas, & ne fert qu'à plommer ouvrages de plaftre ou de brique en meillages de feneftres, huifferies & jamba-ges de cheminées.*

Les Ingenieurs fe fervent auffi d'un Plomb, qu'-on nomme *Plomb à talus.* C'eft d'ordinaire un trian-gle de bois dont on met la bafe en haut.

Plomb à la main. Terme de Graveurs de Medail-les. Lorfqu'ils veulent voir leur travail, ils verfent du plomb fondu fur un morceau de papier. Enfuite ils renverfent le quarré deffus, & appliquant la fi-gure fur le plomb, ils frappent avec la main fur le quarré, qui imprime la figure dans le plomb, ce qui leur fait voir une empreinte entiere de tout le creux, dont ils ne découvrent qu'une partie, quand ils fe fervent d'une empreinte de cire.

Plomb, en termes de Marine, eft pris fouvent pour fignifier la fonde. C'eft un Plomb fait en cone que l'on jette dans la mer attaché à une corde pour fçavoir combien il y a de braffes d'eau.

On appelle auffi *Plomb,* Une forte de maladie dont font attaqués les Ouvriers qui ne font point encore bien accoûtumés au travail de vuider les foffes des privés. C'eft une forte fuffocation dont les accidents font prefque pareils à ceux de l'apo-plexie.

PLOMBAGINE. f. f. Diofcoride dit que la bonne Plombagine eft blonde, femblable à la litharge d'ar-gent, & quelque peu luifante & rouffe quand on la pile, & qu'elle prend fa couleur du foye, étant cuite en mine. Elle a les mêmes proprietés que la litharge d'argent ou celle de plomb, & elle fe calci-ne & fe lave de la même forte. On la met aux me-dicamens mollitifs, & en emplâtres qui n'ont au-cune mordacité. Elle eft incarnative & cicatrifante, fans être bonne aux medicamens abfterfives, ni en ceux qu'ont fait pour fouder des plaies. Selon Mat-thiole, la Plombagine minerale n'eft autre chofe que la pierre de la mine d'argent & de plomb qui fe rencontre de differentes couleurs. Il affure qu'en frequentant les mines, il a vû de ces pierres mine-rales dont les unes étoient jaunes, les autres cen-drées, les autres bleues, & d'autres étincelantes, felon les diverfes vapeurs de la terre dont ces pier-res avoient été engendrées. Il y a une *Plombagine artificielle,* qui fe fait aux fourneaux où l'on fond la mine d'or ou d'argent. Quand ces mines n'ont point de plomb affés mêlé pour les pouvoir faire fondre, on prend de la mine de plomb ou du plomb même qu'on jette au-deffus, & par ce moyen une partie du plomb fe mêle parmi l'or ou l'argent, & l'autre partie demeure attachée au pavé du fourneau en ma-niere de litharge. C'eft cette derniere partie qu'on nomme *Plombagine artificielle;* En latin *Plumbago,*

en Grec μολύβδαινα, de μόλυβδος, Plomb.

PLOMBATEUR. f. m. Officier de la Chancellerie Romaine, dont la fonction eft de plomber les Bulles.

PLOMBE'. f. m. Compofition de mine de plomb, de colle, & d'eau bien détrempée, dont les Relieurs fe fervent pour plomber de certains Livres. Il y en a qui difent *Plombée,* en parlant d'une compofition faite avec du minium, ou de la mine de plomb, qu'employent plufieurs Artifans, quand ils veulent colorer en rouge.

PLOMBER. v. a. Terme de Potier. Verniffer de la vaiffelle de terre avec de la mine de plomb.

On dit, *Plomber une couverture de bâtiment;* pour dire, Mettre du plomb fur le faîte, fur les ar-reftiers; *Plomber des filets,* pour dire, Y attacher du plomb pour les charger par embas; *Plomber des ballots,* pour dire, Mettre un plomb fur quelque ballot de marchandifes avec la marque du Roi, afin que les Commis des douanes par où pafferont ces balots, ne les ouvrent point. On dit auffi *Plomber des Bulles,* pour dire, Y attacher le plomb ou le fceau de Rome.

Plomber, en termes de Relieur, fignifie, Met-tre le plombé fur la tranche d'un livre, & le bru-nir quand le livre eft fec. Cela ne fe fait qu'à quel-ques livres de priere pour des Religieux ou Reli-gieufes, ou à des heures de deuil.

Plomber, s'emploie auffi en termes de Maçonne-rie, pour dire, Juger par un plomb fi un mur ou quelqu'autre ouvrage de maçonnerie eft droit, ou s'il a du fruit.

Les Emailleurs difent que *Les émaux clairs mis fur un bas or plombent & deviennent louches,* pour dire, qu'il y a un certain noir comme une fumée qui obfcurcit la couleur de l'émail, ôte de fa viva-cité & la bordoye, fe rangeant tout autour comme fi c'étoit du plomb noir.

On dit, *Plomber un arbre,* pour dire, Pefer du pié fur la terre qui environne cet arbre, après qu'il eft planté d'alignement dans la terre meuble, & comblée jufqu'au niveau de l'allée, afin de l'affer-mir & de l'affurer à demeure.

On dit auffi, *Plomber un Navire,* pour dire, Voir avec un inftrument ou de l'eau, s'il eft droit, s'il eft fur l'avant ou fur l'arriere. On dit encore *Plomber les efcubiers,* pour dire, Y couvrir du plomb en table tout autour, pour les conferver, ou conferver les canons.

PLOMBIERE. adj. Qui n'a d'ufage que joint avec *Pierre.* Diofcoride dit que la Pierre plombierre eft nommée ainfi de ce qu'elle eft fort femblable au plomb, & qu'elle a les mêmes proprietés que l'é-cume de plomb. Matthiole ajoûte à cela que quel-ques-uns veulent que ce foit cette efpece de cala-mine minerale, qui eft de couleur de plomb com-me le marcaffis d'étain, & qu'il n'ofe pourtant pren-dre le marcaffis d'étain pour la molybdoide ou pier-re plombiere, à caufe qu'aucun Auteur n'en écrit plus amplement que Diofcoride,& qu'il croit qu'il n'y auroit pas d'inconvenient à dire que la vraie Pierre Plombiere eft la mine de plomb, qui n'a point encore paffé par le feu, cette mine étant fort fem-blable au plomb, & en pefanteur & en couleur.

PLOMME'E. f. f. Vieux mot qui a fignifié une forte d'arme ancienne. Elle étoit en forme de maffue, & garnie de plomb afin qu'elle fût plus lourde.

PLOMMET. f. m. Vieux mot. Niveau de plomb, regle.

Auffi ces fols en mainte guife
Qui d'amour porte la devife,
Vivent fans regle & fans plommet.

PLONGEON.

PLONGEON. f. m. Espece d'oiseau aquatique, qui se trouve sur les rivieres aussi-bien que sur la mer. Le *Plongeon de mer*, est de la grosseur d'une Sercelle. Il a le bec noir aussi-bien que les jambes & tout le dessus du corps. Il a aussi la queue noire; elle est assés courte, & son ventre est blanc. Il est couvert d'un duvet très-fin. Le *Plongeon de riviere*, est noir sur le dos, & blanc sous le ventre, & a le bec long & rouge, les plumes fort déliées, trois doigts en chaque pié, & les ongles extrémement plats. Cet oiseau est plus petit que le canard.

On appelle aussi *Plongeons*, Certains Nageurs qui descendent au fond de l'eau & trouvent moyen d'y demeurer quelque tems pour y chercher des perles ou quelqu'autre chose que l'on voudroit retirer.

PLONGER. v. a. Mettre, enfoncer dans l'eau. On dit en termes de guerre, que *Le canon plonge*, quand les décharges s'en font de haut en bas. M. Menage fait venir *Plonger*, de *Plombiare*, à cause du plomb qui fait enfoncer les filets dans l'eau.

PLOREIS. f. m. Vieux mot. Pleurs.

Alors vissiez un ploreis
Si fort & un sospiradis.

PLOUMEON. f. m. Vieux mot. Tas de gerbes renversées.

PLU

PLUMART. f. m. Aïle entiere d'un oison qui sert à nettoyer. Quelques-uns disent, *Plumail* ou plus mal encore *Plumas*.

PLUMASSEAU. f. m. Petit bout de plume que l'on taille exprès, & dont on se sert à plusieurs usages, comme pour mettre à des fleches, à des clavessins, & à quelques autres instrumens. Les Chirurgiens nomment *Plumasseaux*, Les tentes de Charpie qu'ils mettent dans les plaies, pour empêcher qu'elles ne se referment trop tôt, ou que les bandages n'incommodent la partie. Ils les appellent ainsi, à cause qu'on se servoit autrefois de plumes pour le même usage.

On met des Plumasseaux dans les narines des chevaux malades de la gourme pour le leur faire jetter.

PLUME. f. f. *Ce qui couvre les oiseaux & sert à les soûtenir en l'air.* ACAD. FR. On fait difference en Fauconnerie entre les plumes des oiseaux & leurs pennes. *Plume*, dit Nicod, c'est toute plume de volatile, combien que aucuns veulent appeller *Penne*, celle qui est de gros tuyau; & *Plume*, celle qui est de court & gresle, & *Duvet*, celle qui est la plus menue, molle & flouette. Les anciens François par ce mot Plume, entendoient celle qu'on porte aux bonnets, chappeaux, chanfrains des chevaux, & sur les pommes de lict de parement, ce qu'à present par un mot & prononciation foraine on dit *Pennache*. Plume aussi s'appelle celle dont on escrit, & *Plume*, entre Faulconniers est la cure qu'on donne à l'oiseau, faite de pied de lievre ou de connin ou bien de coton, ou de la plume qui est sur le joinct de l'aïle d'une vieille geline. Plumes traversaires, grosses & bien coulourées de vermeil & de noir, grosses sont celles qui ensuyvent celles de la poïctrine du Faulcon.

On appelle aussi *Plume*, en termes de Botanique, La partie de la graine, cachée dans les cavités qui se trouvent dans ses lobes. C'est elle qui paroît la premiere hors de la terre, & qui dans la vegetation forme le corps ou la tige de la plante. Elle est presque de même couleur que la radicale sur la base de laquelle elle est appuyée.

Tome II.

On dit en termes de Fauconnerie, *Donner la plume à l'oiseau*, pour dire, Lui donner une cure de plume.

PLUMEE. f. f. On dit, *Prendre une plumée d'ancre*, pour dire, Plein la plume d'ancre.

Plumée, est aussi un terme de Maçon, & on dit, qu'*On fait une plumée*, quand avec le marteau on dresse à la regle les paremens d'une pierre pour la dégauchir.

PLUMET. f. m. Simple plume qu'on met autour du chapeau. On appelle en termes de mer, *Plumet de Pilote*, Plusieurs plumes que l'on met dans de petits morceaux de liege, & qui voltigeant au gré du vent, font connoître d'où il vient.

PLUMETE', E'E. adj. Terme de Blason. C'est la même chose qu'on appelle moucheté du papelonné. *Plumeté d'argent & d'azur.*

PLUSOR, ou PLUSHORS. Vieux mot. Plusieurs.

De vous parler en plushors lieux.

PLUSOUR. Vieux mot. La plûpart.

Et si say bien que li plusour,
Tendront mes sermons à folour.

PLUVIAL. f. m. C'étoit autrefois une sorte de chappe ou de manteau que les Ecclesiastiques, & particulierement les Religieux, portoient à la campagne pour se garantir de la pluye, du Latin *Pluvia*, Pluye. C'est aujourd'hui une grande chappe ou habillement de ceremonie, que les Evêques, les Prêtres, & autres Ecclesiastiques portent en certaines fonctions. Telle est la chappe de l'Officiant quand il encense. Le Pluvial entoure toute la personne, & s'attache avec deux agraffes par le devant.

PLUVIER. f. m. Sorte d'oiseau brun, marqueté de jaune. Il est de la grandeur d'un pigeon. Il a le bec noir, rond & court, & n'a que trois doigts aux piés. Quelques-uns tiennent qu'il a pris son nom du latin *Pluvialis*, à cause que l'on prend mieux les Pluviers en tems de pluye.

PLUYE. f. f. Eau qui tombe du Ciel & qui provient de la compression des nues. M. Rohaut dit que la cause la plus commune & la plus efficace qui ait pour convertir les nues en pluye, n'est autre que la chaleur de l'air qui a été quelque tems contre la terre, & que quelque vent qui est survenu a enlevé assés loin de nous. Cet air échauffé s'appliquant aux nues, dispose la neige très-subtile dont elles font composées, à se fondre & à s'épaissir en plusieurs petits tas ou flocons, qui ont la force de surmonter la resistance de l'air qui s'opposoit à leur descente, après quoi achevant de se fondre par l'action de la chaleur qu'ils rencontre dans les lieux par où ils passent en tombant, ils se convertissent en gouttes de pluyes, qui sont fort grosses quand la nue est fort épaisse, & que l'air échauffé qui se porte vers cette nue la prend par le dessus. Alors tout conspire à faire que les petites gouttes d'eau ou parcelles de glace qui la composent, se joignent plusieurs ensemble, & forment d'abord des gouttes assés sensibles que leur pesanteur fait descendre & qui grossissent encore beaucoup par l'union de celles qu'elles rencontrent en penetrant toute l'épaisseur de la nue. Ainsi les goutes de pluyes se font plûtôt par assemblage que par division, quoiqu'il soit vrai que de grosses gouttes en tombant avec vitesse, peuvent être divisées en d'autres moindres; mais il n'y a pas lieu d'entrer dans le sentiment de ceux qui s'imaginent que la pluye s'engendre à la maniere d'un seau d'eau, qui étant jetté en bas d'une fenêtre se divise & se répand en diverses petites

goutes , comme ſi dans la region des nues il ſe formoit quelque eſpece de grand lac , qui en tombant,
ſe diviſât premierement en de groſſes goutes , celles-ci en d'autres plus petites,& ces dernieres encore en de plus petites.Il n'y a nulle apparence qu'une ſi
grande maſſe d'eau puiſſe ainſi ſe former en haut
en un moment. Si elle s'y étoit formée , elle cou-
leroit & ſe précipiteroit comme un torrent à l'heure
même. Tant que les petites goutes ſont inviſibles,
elles peuvent être ſoutenues fort aiſément , pouſ-
ſées par l'effort de celles qui montent , ou par les
moindres petits vents , comme il y en a preſque
toûjours ; mais ſi-tôt qu'elles acquierent quelque
grandeur ſenſible , elles peſent alors ſenſiblement , & ne peuvent être ſoutenues de telle
ſorte que le vent ou autre choſe les empêche de
tomber.

PNE

PNEUMATIQUE. adj. Terme de Mechanique. On
appelle , *Machine Pneumatique* , Une machine
qui ſe remue & agit par la modification ou compreſſion du vent. Il vient du Grec πνευμα , Souffle ,
vent. On a vû dans ce ſiecle des experiences
très-curieuſes par le moyen de cette Machine
de Meſſieurs Boile ,Rohaut ,Guezrik de Magdebourg.
   On appelle plus particulierement *Machine Pneumatique* , une machine de nouvelle invention par
le moyen de laquelle on tire tout l'air qui eſt dans
un *Recipient* , de ſorte que s'il eſt encore rempli de
quelque matiere , comme la plûpart des Philoſophes
le croyent , il eſt ſûr du moins que ce n'eſt pas d'air.
L'eſpace vuide d'air qui demeure au haut du tuyau de
Mercure dans l'experience de *Torricelli* , (voyez
BAROMETRE ,) a donné l'idée de la *Machine
Pneumatique.* On la peut executer en pluſieurs manieres , mais le principe general de la Machine ,
eſt que dans un *recipient* plein d'air on pouſſe un *piſton* qui le remplit exactement , & par conſequent en
chaſſe tout l'air , enſuite on tourne un *robinet* qui
ferme le recipient très-juſte , & empêche que l'air.
chaſſe n'y puiſſe rentrer quand on vient à en retirer le
piſton. Le piſton retiré , le recipient eſt vuide d'air,
du moins pour la plus grande partie , & pour le
vuider encore plus exactement , on y fait rentrer le
piſton , & l'on r'ouvre le robinet que l'on referme
enſuite pour retirer le piſton , cela ſe recommence
pluſieurs fois , & s'appelle *pomper l'air* , ou ſimplement *pomper*. On donne auſſi à cette machine le
nom de *Machine du vuide* , parce qu'elle eſt vuide
d'air. Elle ſert à faire une infinité d'experiences
qui vont toutes à connoître la nature de l'air , & ſes
effets ſur les corps , car il eſt aiſé d'en juger , par ce
qui leur arrive lorſqu'ils ne ſont plus environnés
d'air. Par exemple on voit dans le vuide la plûpart
des animaux tomber dans des convulſions & mourir
en peu de tems ; s'il y a des corps qui enflent parce
qu'ils ne ſont plus comprimés par l'air exterieur,
l'eau par la même raiſon y bouillonne comme ſi elle
étoit ſur le feu , & l'air qu'elle contient s'éleve en
petites bulles au haut de ſa ſuperficie , & monte
dans le recipient , preſque tous les corps pareillement jettent de l'air , & cet air que l'on appelle *artificiel* ou *factice* , a des proprietés aſſés differentes
de l'air *commun*. On voit par le moyen du vuide ce
que l'air contribue à la corruption des corps , à la
fermentation , à la vegetation des plantes , &c. On
peut par cette machine ne pas chaſſer entierement
l'air , mais ſeulement le rarefier juſqu'à tel degré

que l'on veut. Par une machine dont le principe eſt
le même , & l'effet contraire , on comprime & on
condenſe l'air , & on compare en toutes les manieres que l'on ſouhaite les effets , ou de la privation
d'air , ou de ſa rarefaction , ou de ſa compreſſion.

PNEUMATIQUES. ſ. m. Heretiques qui combattoient le Saint Eſprit , enſeignant qu'il n'étoit ſemblable ni au Pere ni au Fils , mais creature , & un
des Miniſtres de Dieu , qui differoit des autres Anges,en excellence ſeulement. C'eſt la même choſe
que les Macedoniens. On les appelloit auſſi πνευμα-
τομαχοι. Cette Hereſie fut opiniâtrement ſoûtenue
ſous Conſtantin , fils de Conſtantin , 312. ans
après JESUS-CHRIST , & condamnée ſous
Theodoſe le Grand au ſecond Concile univerſel de
Conſtantinople.

PNEUMONIQUES. ſ. m. Medicamens faits pour remedier aux incommoditez du poumon & de la poitrine. Il y en a qui ſont froids & humides , & d'autres qui ſont chauds & ſecs. Ce mot vient du Grec
πνευμων , Poumon.

PNI

PNIGITE. adj. Qui n'a d'uſage que joint avec *Terre*. Dioſcoride dit que la *Terre Pnigite* , tire ſa
couleur de l'Eretrienne , ce qui fait que quelques-
uns la vendent pour cette terre. Ses morceaux ſont
pourtant un peu plus longs. Elle rafraîchit la main
de celui qui la tient , & eſt tellement gluante à
la langue qu'elle y demeure pendue. Elle a les
mêmes proprietés que la Cimolie , quoiqu'elle ſoit
moins efficace en ſes operations. En Grec πνιγιτις
γη. Cette terre , l'Eretrienne , la Cimolie , & autres , étoient fort connues anciennement & d'un
grand uſage en Medecine , mais dans la ſuite des
tems on les a ſi peu eſtimées , que peu de perſonnes
les connoiſſent aujourd'hui.

PO

PO. Vieux mot. Peu.
   S'ils fuſſent un po menſongier.
   On a dit auſſi *Poi* , & *Pol.* Si nos repoſerons un *pol.*

POA

POALLIER. ſ. m. Terme de Fondeur. Groſſe piece
de cuivre , dans laquelle potte le tourillon du ſommier de la cloche , qui la tient ſuſpendue en l'air.
On dit auſſi *Couette*. Le Clocher d'une Egliſe a été
auſſi nommé *Poaillier* par extenſion , ce qui a fait
appeller autrefois *Poaillier* , l'Inventaire de tous les
Clochers de France,d'où pluſieurs prétendent qu'eſt
venu par corruption le mot de *Pouillié.*

POC

POCHE. ſ. f. Sorte de filet en forme de ſac & de
bourſe qu'on tend pour y prendre des lapins & des
oiſeaux.
   Poche. Petit violon , compoſé d'un collet , d'un
manche , de touches , d'une table , de deux ouies ,
d'un chevalet , d'une queuë , de cordes , & d'un
corps. On l'appelle ainſi à cauſe que les Maîtres à
danſer qui vont en ville donner leçon à leurs écoliers , le portent dans leur poche. Il y a des Poches
rondes , & d'autres quarrées. La poche rend un
ſon qui fait peu de bruit.

POCHE'. ε'ε. adj. Vieux mot. Semblable.
   Onq Fils ne ſembla mieux à Pere,

Regardez quel menton fourché ;
Vraiment, c'estes vous tout poché.

On a dit aussi *Tout poché*, pour dire, Entierement.
En Anjou tout *Pacré*.

Il vous ressemble tont poché.

Les nouveaux Lexicographes disent que Borel se trompe en mettant *semblable* pour synonime à *poché*, & pour preuve rapporte ces mêmes exemples, on ne voit pas où est l'erreur, si ce n'est dans leur censure.

POCILLATEUR. f. m. Yvrogne, du latin *Poculum*, Vase à boire.

POCOAIRE. f. m. Arbrisseau haut de dix ou douze piés, qui a quelquefois son tronc de la grosseur de la cuisse, & pourtant si tendre qu'on le peut couper d'un coup avec une épée. Il croît au Bresil, & porte des fruits de la longueur d'un palme, fort semblables aux concombres pour la forme, & de la même couleur quand ils sont mûrs. Les Sauvages les appellent *Pacoba*, & les Portugais *Bachores*. Ces fruits croissent par grappes en des branches particulieres, & le plus souvent jusques à vingt-cinq ensemble. Quand ils ont atteint leur maturité & qu'ils sont hors de leur peau, ils sont grumilleux ainsi que les figues fraîches, dont ils ont le goût en les mangeant. La racine des feuilles de cet arbrisseau, est assés semblable à celles de l'oseille aquatique. Elles sont fort grandes, étant longues de six piés, & large de deux, mais en même-tems elles sont si déliées, que quand il vente un peu fort, elles se découpent par lambeaux, ensorte qu'il n'y demeure d'entier que la côte du milieu, ce qui fait qu'à les regarder de loin, il semble que ces arbrisseaux ayent pour ornement des plumes d'Autruche.

POCONE. f. f. Sorte de plante de la Virginie qui croît aux montagnes, & dont les racines sont longues & déliées. Les Pocones sechées & pilées rendent un suc rouge qui amollit les humeurs. Les Sauvages se mêlent avec de l'huile, & s'en frottent la tête & les épaules, prétendant que ce suc les défend l'hiver contre le froid, & l'été contre le chaud. Ils s'en frottent aussi le visage pour être plus beaux.

POD

PODAGRE. f. m. Ce mot se dit non seulement de celui qui a la goutte aux piés, mais aussi de cette même goute des piés, sur-tout quand l'humeur a attaqué les orteils ; d'où vient que les Latins l'appellent *Articularis morbus*, & les Grecs ἀρθρῖτις. *Podagre* est un mot Grec, fait de πὸς, Pié, & de ἄγρα, Capture, comme si on disoit, *Capture de pié.*

Podagre de lin. Ce n'est autre chose que la plante que l'on appelle autrement *Cuscute*, qui se jette & s'entortille autour du lin, du houblon & des orties, produisant seulement certains capillamens fort longs qui sortent des concavités des ailes de ces plantes, & n'ayant point de racines. Elle ne jette jamais de feuilles, mais seulement des fleurs blanches, & ensuite une graine fort menues. Ses capillamens sont rousslâtres, & de la grosseur des tendons des vignes, ausquels ils ressemblent. Plusieurs croyent que les qualités de la Cuscute ou Podagre de lin, sont les mêmes que celles des plantes qui la supportent. Matthiole trouve cette opinion recevable, & dit que cette plante est absstersive & a une certaine astriction qui conforte & fortifie les Parties interieures ; qu'elle desoppile le foye & la rate, & évacue les humeurs phlegmatiques & bilieuses qui sont aux veines, & qu'outre qu'elle pro-

Tome II,

voque à uriner, elle est bonne à la jaunisse, & singuliere aux sievres des petits enfans. Elle pourroit nuire à l'estomac si elle étoit trop continuée, mais on la peut corriger en y ajoûtant quelque peu d'anis.

PODESTA. f. m. Mot Italien, qui est en usage pour signifier un Officier de Justice & de Police dans une Ville libre. A Venise & à Gennes, c'est un Magistrat, par qui la Justice est administrée dans tous les lieux dont il a le département. Du tems que la Ville d'Arles étoit République, le Podesta en étoit le premier Consul. Il étoit élu par le corps des habitans pour juger souverainement pendant un an, & après ce tems, on le pouvoit déposer ou continuer.

PODOMETRE. f. m. Instrument de Mechanique fait en forme de montre, qui sert à mesurer fort exactement telle distance de chemin qu'on veut. Il est composé de plusieurs roues dentelées qui sont dans un même plan, & qui entrent l'une dans l'autre. Ces roues par le moyen d'une chaine ou d'une courroye qu'on attache au pié d'un homme, ou à une roue de carrosse, avancent d'un cran à chaque pas ou tour de roue que fait l'homme ou le carrosse ; & comme le nombre en est marqué sur le bord de chacune de ces mêmes roues dentelées, il est aisé de sçavoir combien on a fait de pas. Ce mot est Grec, & vient de πὸς, Pié, & de μέτρον, Mesurer.

POE

POEIR. v. n. Vieux mot. Pouvoir, qui a fait *Poëz*, pour, Vous pouvez. On a dit aussi *Poumin.*

POELE. f. f. Ustencile de Cuisine, qui est une sorte d'instrument de fer, composé d'un corps rond & creux avec des rebords, & une assés longue queue. On s'en sert à cuire & à frire.

Les Plombiers ont aussi une grande Poële de fer, dont ils se servent quand la matiere est fondue. Elle est de figure triangulaire, plate dans le fond, & bordée par les côtés & par le derriere, si bien que les bords vont en diminuant du derriere de cette poële au devant. On la chauffe sur la fosse qui est bâtie avec de la terre franche & du grais en forme de chaudiere bien maçonnée de plâtre tout autour ; puis on en appuie le devant sur le bout du moule, & le derriere sur un treteau, moins haut que le moule, après quoi on prend le plomb fondu & le charbon tout ensemble avec une grande cueiller à puiser, & on le verse dans la poële, qui doit contenir tout ce qu'on veut jetter dans le moule. Cela va quelquefois à quinze & seize livres pesant & plus.

La poële dont se servent les Vitriers pour recuire leur besogne, est de terre. Quand ils veulent cuire les couleurs, & mettre le verre au feu après qu'il est peint, ils font un petit fourneau quarré de brique, qui n'a en tout sens que dix-huit pouces. Leur poële est de la forme de ce fourneau, c'est-à-dire, quarrée, & faite de bonne terre bien cuite, ayant son fond épais d'environ deux doigts. Elle doit avoir à peu près un demi pié de hauteur par ses bords, & être de telle grandeur, qu'étant posée sur deux ou trois barres de fer quarrées, qui traversent le fourneau & le separent en deux, il s'en faille trois bons doigts ou plus qu'elle ne touche aux parois du même fourneau. Cette Poële doit aussi avoir un trou qui réponde à celui du fourneau qui est au dessus de la porte par où l'on met le feu, afin que les pieces de verre dont on fait les essais, passant droit de l'un à l'autre, entrent dans la

H h ij

poële, & y cuisent de même que tout le reste.

POÊLE, ou POILE. s. m. Grand fourneau de terre ou de métal, qui est posé sur des piés, & embelli fort souvent de petites figures. Il sert à échauffer une chambre sans on voye le feu, & cela par le moyen d'une ouverture qu'il a dans cette chambre, qui est voisine de celle où il est placé. Il a un conduit par où s'exhale la fumée du bois qu'on y brûle. Ces Poëles sont fort communs en Allemagne, en Suede, & autres pays septentrionaux. On appelle aussi Poële, La chambre que le Poële échauffe. C'est ce que les Anciens appelloient ὑπόκαυσος.

POESLE, ou POILE. s. m. Dais sous lequel on porte le Saint Sacrement aux Malades & dans les Processions. ACAD. FR. On donne ce même nom de Poile, au Dais qu'on presente par honneur aux Rois & aux Princes quand ils font leur entrée en quelque Ville. Poile, se dit aussi d'un drap mortuaire que l'on met sur un cercueil pendant la ceremonie d'un enterrement. Les Poiles sont de velours noir, & il y en a en broderie dans les Confrairies. M. Menage croit que Poësle vient de Apatendo, à cause qu'on l'étend sur le cercueil. Borel le fait venir du vieux mot Paile, qui signifioit la même chose, comme il paroît par ces vers.

> Si ot dedans la bierre un corps,
> Et sur le paile par defors
> Avoit une espée couchie.

Nicod est persuadé que Poisle, vient de Pallium, Manteau de drap qu'on étend sur ceux qui se marient, ce qui a fait dire, Mettre des enfans sous le poisle, en parlant de la ceremonie qui se fait pour legitimer les enfans que l'on a eus avant que d'en épouser la mere. Poile, dit-il, est un dais ou ciel quarré à pentes ès quatre côtés, frangées ou non, porté à chacun des coings sur un bâton, dont on use ès processions, & entrées de Rois & Princes, en leurs Villes, car & le Sacrement est soubs icelui Poile, & le Roi en est surcouvert, estant chascun desdits quatre bastons porté au poing par quelque personne d'honneur. Il semble venir de ce mot latin Pallium, & partant aucsuns l'escrivent mal par ſ Poisle. Budes l'interprete en latin Umbella, non trop hors de propos. Il est different du dais, parce que le dais est suspendu & devale en dossier bien bas, & n'est porté ni soustenu de bastons, ains pendant du plancher sur la table ou siege royal, où le Roi prend ses repas, ou se sied en authorité.

POELETTE. s. f. Vieux mot. Palette de Chirurgien.

> En sang qu'on met en poëlettes secher,
> Chez les Barbiers, quand pleine Lune arrive.

Poëlette, est aussi une poële de cuivre à deux anses à faire des onguents, des confitures, &c.

POELIER. s. m. Artisan qui fait des poëles. Il y a à Angers une ruë de ce nom où ces Artisans sont obligés de loger, & ont la faculté d'en faire déloger tous les autres.

POESTE. s. f. Vieux mot. Puissance. On a dit aussi Poëstez, pour dire, Puissans.

POETERIE. s. f. Vieux mot. Poësie. On a dit aussi Poitoie.

POG

POGE. Terme de commandement dont les Levantins se servent sur mer, & qui signifie Arrive tout. L'Officier prononce ce mot, quand il veut, que le Timonier pousse la barre sous le vent

comme si on vouloit faire vent arriere. On dit aussi Ponge.

POI

POI. s. m. Oiseau de proye qui se trouve au Pays des Noirs. Il a les griffes crochues, & se tient au bord de la mer pour prendre des Ecrevices.

POIDS. s. m. Qualité de ce qui est lourd. Il se dit aussi de certains morceaux de cuivre, & de certaines masses de fer ou de plomb dont on se sert pour connoître combien une chose est lourde. ACAD. FR. Les Poids sont differens selon les tems & les lieux, & il y en a depuis une livre jusqu'à cent.

En Méchanique on appelle Poids tout ce que l'on regarde comme devant être mû ou soutenu, & on l'oppose à Puissance ou force, qui est ce qui doit agir pour mouvoir ou soutenir le poids dans toutes les machines. On suppose le poids plus grand que la puissance, & l'on rend la puissance égale ou superieure par l'augmentation de sa vîtesse. Voyez MACHINE & MOUVEMENT.

On appelle Poids de marc, Celui qui sert à peser les choses precieuses, ou celles qui sont en petit volume, & il se dit generalement de tous les Poids dont on se sert à peser avec les balances ordinaires qui ont deux bras. On n'a commencé à s'en servir en France que sous Philippe I. & jusques-là, la livre de Poids composée de douze onces, y avoit été en usage. On s'est servi depuis de differens Poids de marc, & aujourd'hui il est divisé en huit onces, qui sont soixante & quatre gros. Il y a d'autres poids qu'on appelle Poids de fin, dont les Essayeurs se servent pour peser la matiere de leurs essais. M. Boisard fait remarquer que leur pesanteur n'est qu'imaginaire, & qu'ils ne pesent que ce que l'on veut, ces sortes de Poids n'étant qu'un diminutif & un abregé du Poids de marc. On les appelle autrement Semelles. On les a mis en usage pour faciliter l'épreuve de l'or & de l'argent par le feu, afin de n'être pas obligé d'avoir recours aux affinages, tant parce qu'on n'en a pas toûjours une assés grande quantité pour affiner, que parce qu'il coûteroit trop à le faire. Les Orfevres & les Jouaillers ont aussi leurs Poids de fin qu'ils nomment Karats, dont ils se servent pour peser les perles & les pierres precieuses, ausquelles ils donnent le prix, sur le pié de chaque karat, qui ne pese que quatre grains. Le Poids de marc original est gardé sous trois clefs, dont le premier President de la Cour des Monnoies a l'une le Conseiller commis à l'instruction & au Jugement des Monnoies a l'autre, & le Greffier en chef garde la troisième.

En Medecine, le Poids se divise en livre, once, drachme, scrupule, obole & grain. Le grain est le plus petit de tous, & s'entend d'un grain d'orge bien nourri, mediocrement gros, & qui n'est pas trop sec. Il faut dix grains pour faire une obole, deux oboles pour un scrupule, trois scrupules pour une drachme, huit drachmes pour une once, & douze onces pour une livre.

On a appellé chés les Juifs, Le Poids du Sanctuaire. Un Poids celebre qui étoit sous l'intendance des Prêtres qui en gardoient l'étalon ou l'original. C'étoit pour cela qu'on l'appelloit Poids du Sanctuaire. Il ne differoit en rien du Poids profane. L'étalon qu'on en gardoit étoit de pierre.

POIGNANT. s. m. Terme de Monnoies. Il est dit dans une Ordonnance de l'année 1586. en parlant des pesées & essais qui sont quelquefois trouvés plus forts que le papier des Gardes , *Esquelles pesées & essais , tant en poids qu'en loi , sera donné le poignant au Maître.* Voici ce que M. Boisart dit là-dessus. *Par ce terme de Poignant, on entend le Tre-buchant en faveur du maistre pour le poids ; & à l'égard de l'escharceté , le peu plus de fractions du cal-cul que l'on en fait.*

POIGNARD. ſ. m. Arme longue environ d'un bon pié , qui a un manche de bois , d'os ou de corne , & une lame qui coupe des deux côtés. Elle eſt fort aiguë au bout & large au milieu.

POIGNE'E. ſ. f. *Autant que la main fermée peut contenir.* Ac A D. Fr. On appelle *Poignée de piſto-let ou d'épée* , La partie par laquelle on tient le piſtolet ou l'épée.

On appelle *Poignée de loquet* , Un fer plié qu'on empoigne pour ouvrir le loquet.

Les Emballeurs donnent auſſi le nom de *Poignée* à un petit morceau de toile en forme d'oreille qu'ils laiſſent aux coins des balots , afin de pouvoir les manier.

POIGNIE. ſ. f. Vieux mot. Combat.

POIL. ſ. m. Ce qui ſort par les pores des animaux à quatre piés , & qui couvre naturellement la par-tie exterieure de la peau. Ce mot , en parlant des chevaux , ſignifie Couleur , & on dit que *Deux che-vaux ſont du même poil* , pour dire, qu'ils ont le poil de la même couleur. Il veut dire auſſi quel-quefois la partie du ſlanc du cheval qui reçoit le coup d'éperon , & on dit en ce ſens-là , *Avoir l'é-peron au poil* , ôter *l'éperon du poil.* On dit auſſi *Mon-ter un cheval à poil* , pour dire ; Le monter ſans ſel-le , & *Frotter un cheval à poil* , pour dire, Suivre le poil ſelon qu'il eſt naturellement couché. On dit encore d'un cheval, qu'*Il a le poil planté* , pour dire, Heriſſé & élevé tout droit ; ce qui lui arrive par ſa maladie , ou pour avoir été mal panſé , & on ap-pelle *Poil lavé* ou *déteint,* Certains endroits du poil d'un cheval qui ſont plus déchargés , & qui appro-chent plus du blanc que le reſte. *Souffler au poil,* eſt une maniere de parler dont on ſe ſert lorſqu'un cheval a une encloûure qu'on a manqué d'ouvrir par le bas , & que la matiere ou l'apoſtume a coulé entre la corne & le petit pié. Quand elle gagne le poil , & qu'étant montée au deſſus du ſabot , elle paroît à la couronne, on dit que *La matiere a ſoufflé au poil.*

POILIER. ſ. m. Groſſe piece de fer qui porte la fu-ſée & la meule dans un moulin & ſur laquelle on poſe la poilette qui eſt un vaiſſeau de gros fer dans laquelle on met la graiſſe.

POINDRE. v. a. Vieux mot. Peindre.

POINE. ſ. f. Vieux mot. Peine.

POINÇON. ſ. m. Petit inſtrument rond fait de fer poli , dont on ſe ſert pour percer. Les Poinçons des Serruriers ſont de diverſes figures. Ils en ont de ronds , de quarrés , de plats, d'autres en ovale,pour percer leurs ouvrages chacun ſelon ſa figure. Les *Poinçons barlongs* leur ſervent pour percer les trous des piés de reſſorts , coques & autres pieces de cette façon. Les *Poinçons à piquer* ſont des Poinçons plats, propres à piquer les rouets des ſerrures & au-tres pieces limées en demi rond. Ils ont encore des *Poinçons à emboutir,* dont ils ſe ſervent à relever les roſettes en travaillant ſur le plomb , & à faire d'au-tres ouvrages. En general , tous les ferremens avec leſquels les Serruriers percent ſur l'établie à froid, s'appellent *Poinçons,* à la difference de ceux qui ſer-vent à la forge pour percer à chaud , que l'on ap-pelle *Mandrins.* Le Poinçon des Graveurs & des Sculpteurs eſt une maniere de ciſeau.

Poinçon, ſe dit auſſi des coins, qui ſervent à frap-per & à marquer les Monnoïes & les Médailles qu'on fait au marteau ; & on appelle *Poinçon d'effi-gie* , Une compoſition de fer & d'acier , de longueur d'environ quatre pouces , & d'une groſſeur propor-tionnée à l'eſpece pour laquelle on s'en doit ſervir. Le Tailleur general grave l'effigie du Roi en relief ſur l'un des bouts de cette matiere , & alors c'eſt un poinçon d'effigie parfait , ſi ce n'eſt que n'étant pas aſſés dur pour ſervir , on le trempe , afin qu'en dur-ciſſant il ſoit capable de reſiſter aux coups de mar-teau. Son uſage eſt d'en faire l'empreinte à force de coups ſur un quarré d'acier , haut de deux ou trois pouces , & d'une largeur proportionnée à l'ef-figie. Il y a auſſi des *Poinçons de croix* ou *d'écuſſon* & des *Poinçons de legendes.* Ceux-là ſont fort petits, parce que le Tailleur general ne grave en relief ſur chaque poinçon qu'une des pieces qui compoſent les croix & les écuſſons , & qu'une des lettres qui compoſent la legende. Quand tous ces Poinçons ont été gravés , on les trempe pour les durcir , & on en frappe un quarré d'acier haut auſſi de deux,ou trois pouces, & large à proportion de la croix ou de l'écuſſon ; & lorſque l'empreinte de tous ces pe-tits Poinçons y a été faite en creux, on trempe ces quarrés pour les durcir.

Poinçon, parmi les Orfevres , eſt un petit inſtru-ment d'acier gravé en creux, dont ils ſe ſervent pour marquer la vaiſſelle d'argent.

Poinçon. Terme de Manege. Pointe de fer dans un manche de bois , qui ſert à piquer un cheval ſau-teur à la croupe au-delà du défaut de la ſelle , pour l'obliger à ſauter & à ruer. On s'en ſert quand on monte les ſauteurs entre deux piliers , & en ce ſens on dit qu'*Un cheval répond au poinçon* , connoît le *poinçon.*

Poinçon, en termes de Charpenterie, eſt une pie-ce de bois qui eſt toute droite ſous le faîte d'un bâtiment ; & qui ſert pour l'aſſemblage des fermes, faîtes ou ſousfaîtes. Le poinçon s'aſſemble & ſe poſe ſur le milieu de l'entrait avec les jambettes ſous les Arbaleſtriers , & les doubles entraits aſſem-blés de niveau ou en contreſiche dans les arbaleſ-triers , ce qui fait & forme la ferme entiere. On ſe ſert auſſi de Poinçons dans la fabrique des ponts de bois.

On appelle encore *Poinçon,* La principale piece de bois qui ſoutient les engins & autres machines à élever des fardeaux. Ce Poinçon eſt aſſemblé par le bout d'en bas à tenon & à mortoiſe dans ce qu'on appelle la Sole aſſemblée à la fourchette, & il eſt appuyé par l'échellier & par deux liens en con-treſiche.

Les femmes appellent *Poinçon,* Une ſorte d'ai-guille de tête dont elles ſe ſervent pour arranger leurs cheveux en ſe coëffant,& qu'elles y mettent auſſi pour ornement.

Poinçon, ſe dit encore d'une ſorte de tonneau qui ſert à mettre du vin & autres choſes liquides. Le Poinçon eſt à Paris la même choſe qu'un demi-queue.

POING. ſ. m. Ce qui eſt depuis l'os du poignet juſ-qu'à l'extremité des doigts de la main. *Poing* , ſe dit auſſi de la main fermée , & on appelle *Oiſeau de poing,* un Oiſeau qui revient ſans leurre ſur le poing du Fauconnier lorſqu'on le reclame.

On dit en termes de Manege , qu'*Un cheval ſuit le poing de la bride,* qu'*Il ne refuſe pas le poing de la bride* , pour dire, qu'il obéît à la main. *Poing de la bride* , eſt le poignet de la main gauche du Cava-lier , qui doit être deux ou trois doigts au deſſus du pommeau de la ſelle.

POINT. ſ. m. Terme de Mathematique. *Ce qui eſt*

confideré comme n'ayant aucune partie. ACAD. FR.
Dans toutes les differentes parties de Mathematiques on confidere une infinité de *Points* differens aufquels on donne des noms fuivant leurs ufages & leurs rapports. Tous ces noms font expliqués à leur ordre, & l'on ne mettra ici que ceux que l'on n'a rapportés à rien de particulier.

On appelle *Points perdus*, trois Points, qui n'étant pas donnés fur la même ligne, peuvent toutefois être compris dans une portion de cercle, dont une operation geometrique fait trouver le centre. Cela fert pour les cherches rallongées. *Points perdus*, fe dit encore des centres par lefquels on trace des portions circulaires, qui étant recroifées forment des lofanges curvilignes, qu'on rend differentes par la couleur des marbres & par la varieté des ornemens. Les *Points courans*, font de petites lignes en maniere de hachures, qui fervent à marquer dans les plans les fillons des terres labourées & les couches de jardin ; & dans l'operation du nivellement on appelle *Points de niveau*, Les deux extrémités d'une ligne horifontale, lorfqu'elles font éloignées également du centre de la terre.

Le *Point d'afpeſt*, eſt l'endroit où l'on s'arrête à une diſtance fixée, lorſqu'on cherche l'aſpeſt qui peut être le plus avantageux à un bâtiment. Il fe prend d'ordinaire à une diſtance pareille à la hauteur de ce bâtiment. Le *Point vague* differe de ce *Point d'aſpeſt*, en ce que regard'nt un bâtiment d'une diſtance qui n'eſt point fixe, on ne peut fe former d'idée de la grandeur de la maſſe, que par rapport aux édifices qui lui font contigus.

On appelle *Point faillant*, en termes d'Anatomie, La premiere marque de conception qui eſt l'endroit où le cœur fe forme. Il eſt aifé de l'appercevoir, par le moyen du Microfcope, dans es œufs de poule que l'on met couver. Durant l'incubation la cicatrice, qui eſt u e petite tache blanche en forme de cercle, & qui reſſemble à une petite lentille fe dilate & s'étend le premier jour en certains cercles, & on y obſerve le ſecond jour, & même le premier, certaine liqueur claire & luiſante, plus pure qu'aucun criſtal, & que po.ır cela un nomme Gelée. Les deux jours fuivans on apperçoit dans la gelée une ligne de fang vermeil, & le Point faillant au milieu de la gelée, qui eſt le commencement du cœur. On remarque enſuite autour de ce Point quelque choſe de groſſier & de blanchâtre en forme d'un petit nuage diviſé en deux parties, dont la plus grande fait le commencement de la matiere de la tête ; on diſtingue quatre petites veſſies, qui font le cerveau, le cervelet & les deux yeux. L'autre partie eſt plus petite & au deſſous elle repreſente la quille d'un Vaiſſeau, & donne l'épine du dos, d'où peu à peu on voit ſortir les bras & les jambes. Enfin les viſceres s'attachent fucceſſivement aux vaiſſeaux qui contiennent le fang & qui font le fœtus parfait.

Les Chirurgiens appellent *Point doré*, Une operation qu'ils employent pour guerir les hergnes, à cauſe qu'elle fe fait quelquefois avec un fil d'or tortillé. Après avoir fait une inciſion au deſſus de l'os pubis, ils y paſſent une fonde, qui fert à relever les parties qui ont cauſé la deſcente. On coud enſuite avec une aiguille & du fil l'endroit où elle s'eſt faite, puis on laiſſe mondifier & incarner la playe, qui vient en cicatrice.

En termes de Monnoie, on appelle *Point fecret*, Un petit point qui fe mettoit autrefois fous les lettres des legendes, pour faire connoître où les mon-

noies ont été fabriquées. Le Point ſecret, dans la monnoie de Paris, fe marquoit fous le ſecond *E* du mot *Benedictum*, qui eſt la dix-huitiéme lettre de cette legende, *Sit nomen Domini benedictum*, & dans la monnoie de Rouen fous le *B* du même mot qui en eſt la quinziéme lettre ; mais cela ne fe pratique plus, & par une Ordonnance de François I. de 1549. chaque Ville où la monnoie fe fabrique eſt ſeulement deſignée par une lettre de l'Alphabet, ſçavoir celle de Paris par A, celle de Rouen par B, celle de ſaint Lo par C, &c. Les Furetieriſtes ne doivent pas dire que ces points fe mettent ordinairement, puiſque cela eſt abrogé.

Les Brodeurs appellent *Point de poil*, ou *point refendu*, Celui qui eſt conduit d'une telle ſorte, qu'on lui fait repreſenter les cheveux la barbe, &c. & *Point velu*, Celui qui fait reſſembl'er au naturel le même poil, comme celui de la mouſſe, des chenilles & autres corps qui font cotonnés.

Point, fe dit auſſi des diviſions marquées ſur le compas avec lequel les Cordonniers prennent la meſure du pié de ceux qui leur commandent des ſouliers. Ils en font à fix, à ſept, à huit points.

Point, eſt auſſi un terme de mer, & on appelle *Point de la voile*, Le coin ou l'angle du bas de la voile, où eſt paſſé le couet & l'écoute.

POINTAGE. ſ. m. Terme de Marine. Deſignation que fait le Pilote ſur la carte marine, du lieu où il croit qu'eſt arrivé le Navire. Cette deſignation fe fait par le moyen de deux compas communs ou d'une roſe des vents faite de corne tranſparente & appliquée ſur la carte, ſur laquelle le Pilote établit & marque le point de la longitude & de la latitude, où ſes eſtimes lui font preſumer que le Vaiſſeau doit être arrivé.

POINTAL. ſ. m. Terme de Charpenterie. Grande piece de bois miſe debout ſur des verrins pour ſervir d'étaye aux poutres qui menacent ruine, ou pour redreſſer la charpente d'un plancher, de quelque grange.

POINTE. ſ. f. *Bout piquant & pointu de quelque choſe que ce ſoit.* ACAD. FR. Il fe dit auſſi du ſommet d'un obeliſque, d'un clocher, d'un comble.

On appelle *Pointe de raſoir*, La partie qui en eſt la plus groſſe & la plus large.

Pointe. Outil de fer bien ceré dont fe ſervent les Sculpteurs de marbre pour ébaucher leurs ouvrages après que le bloc de marbre a été dégroſſi. Cela s'appelle *Approcher à la pointe*. Après qu'ils ont travaillé avec cet outil, ils en prennent un autre qui a une double pointe pour ôter moins de matiere, & ils appellent cela *Approcher à la double pointe*.

Les Vitriers ont une *Pointe d'acier*, dont ils fe ſervent pour percer des pieces de verre en rond, ou même pour en découper par figures, comme il fe pratique quelquefois.

Pointe, fe dit auſſi d'une eſpece de petit clou ſans tête, dont on fe fert pour attacher des panneaux de vitre avec le bois des chaſſis.

Il y a des *Pointes à tracer*, pour portraire & deſſiner ſur le fer & ſur l'acier. Les Serruriers s'en ſervent pour tracer les rouets & autres pieces. Ils appellent *Pointes en dos de dés*, Les Pointes courtes & preſque rondes, comme l'on en fait pour tourner dans les crapaudines ou couettes, afin d'avoir plus de force.

Les Graveurs à l'eau forte travaillent auſſi avec des *Pointes*. Ce font des pointes d'aiguilles, étêtées & emmanchées, pour deſſiner ſur le vernis.

Les Tourneurs ont accoutumé de façonner leurs

ouvrages fur deux *Pointes de fer* , qui font encla-
vées folidement dans le bois au haut de chaque
poupée. Elles fe regardent l'une l'autre , & font difpofées horifontalement, & fi juftes, qu'elles fe touchent dans un même point quand on les approche.

Pointe. Terme d'Imprimerie. Inftrument de fer
en forme de petite aleîne , avec lequel les Imprimeurs enlevent les lettres , en corrigeant les épreuves. Ils appellent *Pointe de timpan,* Une forte de machine compofée d'une branche & d'un ranguillon ,
& qui eft attachée au timpan avec deux viz , pour
aider à faire les regiftres.

On appelle *Pointe de pavé,* La jonction en maniere de fourche qui fe fait des deux ruiffeaux d'une
chauffée, en un ruiffeau entre deux revers de pavé.

Pointe , en termes de Marine, fe dit d'une longueur de terre qui avance dans la mer, & l'on dit,
A la pointe de l'Eft, de l'Oueft , du Sud , ou *du
Nort ,* pour dire , A la pointe d'une terre qui regarde quelqu'une de ces differentes parties du monde. On appelle dans le Navire , *Pointe de l'éperon ,* La derniere piece de bois la plus avancée au
devant du Vaiffeau, fur laquelle quelque figure
d'un monftre marin , ou d'un lion, eft ordinairement appuyée.

Pointe, eft auffi une des marques & des divifions
de la bouffole ou du compas de mer. Il y en a trente-deux qui marquent les vents. Un rumb de vent
vaut quatre pointes ; un demi rumb deux , & un
quart de rumb en vaut une , quand on fuppofe huit
rumbs de vent principaux.

La pointe d'une maifon celefte, en terme d'Aftrolo-
gie, eft le commencement de cette maifon, c'eft-à-dire, le demi-cercle, qui borne la maifon precedente.

Pointe. Terme de Manege. On dit d'un cheval,
qu'*Il fait une pointe* , lorfqu'en maniant fur les voltes , au lieu de fuivre le rond , il fort un peu de fon
terrain ordinaire , & fait une maniere d'angle ou
de pointe à côté de fa pifte circulaire. On appelle
Pointe de l'arçon , La partie qui forme le bas de
l'arçon de devant d'une felle.

On dit , en termes de Fauconnerie , qu'*Un oifeau
fait pointe,* pour dire , qu'Il va d'un vol rapide, foit
en s'élevant, foit en s'abaiffant.

On appelle auffi *Pointe* , le Confluent de deux
rivieres. Lyon eft bâti à la pointe de la Saone &
du Rhône.

Pointe. Terme de Blafon. La partie inferieure de
l'Ecu , qui aboutit d'ordinaire à une petite pointe.
C'eft auffi une piece qui monte du bas de l'Ecu en
haut , & qui étant plus étroite en fa largeur que le
chappé , occupe feulement le tiers de la pointe de
l'Ecu. On appelle *Pointe en bande , pointe en barre,*
Celle qui eft pofée dans la fituation de la bande ou
de la barre. *Pointe en fafce* , eft celle qui eft mouvante d'un des flancs de l'Ecu ; & *Pointe renverfée ,* Celle qui étant mouvante du chef contre bas,
occupe les deux tiers du chef en diminuant jufqu'à
la pointe de l'Ecu, fans neanmoins la toucher.

POINTE', E'E. adj. Terme de Blafon. On appelle *Ecu
pointé fafcé* , Un Ecu chargé de plufieurs pointes
en fafces , qui font en nombre égal , d'émaux differens. *Pointé,* fe dit auffi d'un Ecu marqué de poin-
tures ou piquûres, comme font les pointes qui fervent de chaffe à la rofe , tandis qu'elle eft en bouton. *Il porte trois rofes de gueules boutonnée d'or &
pointée de finople.*

POINTER. v. a. On dit , en termes de guerre,
Pointer le canon, pour dire , le dreffer & le mettre
en état de tirer. On dit en termes de Marine, *Pointer à démâter* , pour dire , Pointer haut, afin de
couper les mâts ou les manœuvres du Vaiffeau

qu'on veut mettre hors de combat. *Pointer à couler bas* , fe dit quand on pointe en forte que le boulet perce la partie du navire qui eft dans l'eau , &
Pointer à donner dans le bois, quand on pointe d'une
maniere que le boulet donne dans la partie du Vaiffeau qui eft hors de l'eau.

On dit auffi , en termes de mer , *Pointer la carte,*
pour dire , Se fervir de la pointe d'un compas pour
trouver fur la carte en quel parage le Vaiffeau peut
être.

On dit , en termes d'Architecture , *Pointer une
piece de trait* , pour dire , Rapporter avec le compas fur un deffein de coupe de pierre le plan ou le
profil au dévelopement des panneaux. On le dit
auffi , quand on fait la même operation en grand
avec la fauffe équerre fur des cartons feparés, pour
en tracer les pierres.

POINTURE. f. f. Terme de Marine. Raccourcif-
fement de la voile, dont on ramaffe & trouffe le
point pour l'attacher à la vergue, afin de ne prendre
pas beaucoup de vent. On fait cela de gros tems.

POIRE. f. f Fruit à pepins qui eft d'été & d'hiver, de
figure oblongue , & plus menue vers la queue que
vers la tête. Il y en a d'une infinité de fortes. Les
Poires font moins faines que les pommes. Elles
ont toutes une qualité aftringente , mais les unes
plus & les autres moins , felon qu'elles font â-
pres ou douces au goût. Etant crues elles pefent à
l'eftomac, & font affes faines quand elles font cuites.

Poire d'angoiffe. Sorte de cadenas qui par de certains refforts qui fe lâchent quand on le met dans
la bouche, force à la tenir ouverte fans que l'on
puiffe crier.

Poire à feu. Efpece d'Eolipile fait de cuivre. Il a
la figure d'une poire, & un petit trou par où l'on
fait entrer l'eau quand on l'y trempe étant échauffée. Le vent en fort avec violence lorfqu'on la met
fur du feu.

Poire. Fourniment où l'on met de la poudre à canon
pour porter dans la poche & s'en fervir à tirer. On
l'appelle ainfi, parce qu'il eft fait en forme de poire.
Il y a une forte d'embouchure que les Eperon-
niers appellent *Poires fecrettes.*

POIRE'. f. m. Sorte de Boiffon faite avec des poires. Elle eft plus faine & profite plus au corps que
le cidre qui fe fait avec des pommes. Outre la proprieté qu'a le poiré de fortifier l'eftomac , à caufe
de fa fubftance terreftre & aftringente , il a une
vertu occulte qui combat toute forte de poifons.
Il eft vrai qu'il caufe plus fouvent des tranchées,
fur-tout s'il eft aigret , parce que ne s'écoulant pas
fi tôt par le ventre & par les urines , il s'arrête plus
long-tems dans les hypochondres & en l'eftomac.
Enfin il eft plus à propos de le boire fur la fin qu'au
commencement du repas, pourvû qu'il n'y ait ni
vomiffement ni flux de ventre.

POIREAU. f. m. Plante potagere qui vient en hiver, & qui a fes feuilles comme l'ail , mais plus larges, plus longues , cavées & faites en dos d'âne.
Sa tête eft longue , bulbeufe , blanchâtre & groffe
dans fon fommet. Le Poireau a force capillamens ,
& il fe jette en deux tiges longues & creufes. Sa
fleur eft arrangée en rond à fa cime , & il a fa graine noire & prefque femblable à la graine de l'oignon. Diofcoride parle de Poireaux têtus , non pas
comme étant d'une autre efpece que les Poireaux
qu'on tond & que l'on appelle *Sectiles* , mais parce qu'ils font d'un meilleur goût. Matthiole dit
que quoique les Jardiniers s'appliquent à avoir des
Poireaux, longs , gros , blancs & tendres , ils n'ont
encore pû venir à bout de les faire têtus ; ce qui
étoit fort commun anciennement. On fait pour

cela une incifion au bout des feuilles au-devant du cœur ou de la moëlle du Poireau, en lui emondant la tête & les premieres pelures, après quoi on met un morceau de brique fur cette tête qu'on replanté; & cela fe fait afin d'empêcher le Poireau de croître en bas & de fe jetter en feuilles, ou bien on l'émonde legerement avec le farcloir, afin que l'humeur ne fe confume pas après fes racines & fes barbes, & que la tête ne foit mieux fournie par ce moyen. Les Anciens affûroient que pour avoir des Poireaux fectiles, il falloit les femer fort dru, & les laiffer de la forte, jufqu'à ce qu'ils fuffent crûs de femence, puis les ébarber; mais l'experience a fait connoître qu'ils croiffent mieux fi on les planté loin à loin, comme les têtus, en laiffant quatre doigts d'efpace entre deux & les ébarbant enfuite. Toute forte de Poireau échauffe fort, deffeche, extenue, ouvre, refout & incife. C'eft un bon remede à la brûlure & à la morfure des ferpens. Sa graine broyée & bûe avec du vin doux ou du vin blanc, provoque l'urine, en dilatant les conduits qui fervent à fon paffage. On dit & on écrit auffi *Porreau*, en Latin *Porrum*, que M. Callard de la Ducquerie dit venir de l'ancien mot πράσον, d'où l'on a fait πρήσω de πύαω, J'allume, à caufe que cette herbe eft chaude.

Poireau. Excrefcence ou petite tumeur qui vient fur la peau de l'homme, & qui eft compofée d'une pituite épaiffe & endurcie.

Poireau, eft auffi une excrefcence de chair fpongieufe qui vient aux boulets & aux paturons aux piés de derriere des chevaux. Elle eft de la forme d'une verue, & groffe environ comme une noix. Le Poireau fuppure des eaux rouffes & puantes, & ne fe guerit que pour un tems.

Poireau, a été dit dans le vieux langage pour fignifier un Pendant d'oreille.

> *Quelque jour en lieu d'un poireau,*
> *On portera une fonnette,*
> *Qu'on cachera en fa cornette.*

POIRE'E. f. f. Plante potagere, à larges feuilles, & qui a au milieu une grande côte que l'on mange. On l'appelle *Carde de poirée*, ou *Belle blanche*.

POIRIER. f. m. Arbre d'une moyenne hauteur, dont le tronc eft gros, & qui a plufieurs branches garnies de feuilles rondes, qui font liffes par deffus. On fait des buffets de bois de Poirier, que l'on rend noir comme de l'ébene, & qui reçoit un fort beau poli.

POIS. f. m. Sorte de legume rond, fortant d'une tige qui a force trous, rameaux, tendrons & agraffes, & beaucoup de feuilles longuettes, graffettes, & groffes. La gouffe des Pois, qui eft longue & ronde, enferme un grain blanc & rond, & de la grandeur des chiches blancs. Leur fleur a la forme d'un papillon, & eft purpurine au milieu. Ils ont une racine fort foible. On les feme au Printems, & on les recueille en Eté. Il y en a de deux fortes, de grands & de petits. Les plus grands font foûtenus par des branches fourchues que l'on met auprès, & aufquelles ils s'accrochent; ce qui leur a fait donner le nom de *Pois ramez*. Les petits rampent fur terre, & étant plus grêles que les autres, ils ne font pas auffi de fi bon goût. Quelques-uns tiennent que la purée de Pois purge les accouchées & leur fait avoir beaucoup de lait. Matthiole affure qu'ils fe trompent, & qu'un médicament auffi refrigeratif & defficcatif que celui-la ne fçauroit produire cet effet. Il ajoûte que c'eft Tragus qui a caufé cette erreur en prenant les Pois pour les Ciches de Belier, aufquels cette vertu eft attribuée.

Quant aux *Pois chiches*, que quelques-uns nomment *Cices*, en Latin *Cicera*, il y en a de trois fortes, le blanc, le rouge & le noir. Les noirs font les moindres, & c'eft ce que l'on appelle *Cices de belier*, à caufe qu'ils reffemblent prefque à la tête d'un belier. La plante des pois chiches, qui n'eft ordinairement que de la hauteur d'une coudée, jette de longues feuilles dentelées, velues & blanchâtres. Leur tige eft fort dure, courbe, & munie de force branches qui produifent des fleurs prefque purpurines, d'où fortent de petites gouffes bien remplies, & faites en aiguifant, dans lefquelles il n'y a que deux chiches tout au plus. Leur racine eft auffi extrêmement dure, chevelue & profonde en terre. Les Pois chiches, à ce que dit Galien, font flatueux & engendrent des ventofités comme les féves, mais ils font fort nourriffans & abfterfifs, & il y en a une forte qui rompt la pierre & les gravelles des reins. Ils provoquent les urines & les mois, font fortir l'enfant hors du ventre de la mere, & ont d'ailleurs une vertu vulneraire. Il y a auffi des Pois chiches fauvages, qui ne different des domeftiques qu'à l'égard de la femence.

On trouve dans les Antilles deux fortes de Pois qu'on appelle *Pois d'Angole*, parce qu'on prétend qu'ils ont été apportés par des Negres d'Angole en Afrique. Les premiers ont les feuilles trois à trois, & de la même grandeur que les autres Pois, mais plus fortes & plus dures. Leur tige fe divife en divers farmens qui s'élevent jufques au fommet des plus grands arbres. Quand ils ne trouvent point d'arbres où s'accrocher, ils rampent, & un feul pié de ces Pois couvre plus de trente pas de terre en quarré. Leurs fleurs font blanches, & ajuftées quelquefois autour d'une petite verge, longue d'un demi-pié. Elles font fuivies d'environ un pareil nombre de petites gouffes larges d'un pouce, & longues de trois, remplies de fruits affés femblables à nos lupins, mais d'un goût plus favoureux, même fans beurre, que les nôtres ne le font avec l'affaifonnement de leur fauffe. L'autre forte de Pois d'Angole croît en arbriffeaux, dont les branches fe ferrent le long de la maîtreffe tige, & s'élevent jufqu'à dix ou douze piés de haut. Leurs feuilles font larges d'un pouce, longues de deux, & triplent fur chaque queue qui exhale une odeur fort douce. Ils portent de petites fleurs jaunes, aufquelles fuccedent de petites gouffes, remplies de petits Pois de couleur de chair picotés de noir, & qui ne font pas plus gros que les plus petits grains de coriandre. Le goût en eft affés bon, mais ils font fi difficiles à écoffer, qu'une perfonne feule n'en peut avoir fait un plat en deux heures.

Les *Pois Anglois*, que l'on trouve dans les mêmes Ifles, & qu'on a nommés ainfi à caufe qu'ils viennent des Anglois, font blancs ou tannés. Tous deux ont leurs feuilles femblables à nos Pois communs, mais un peu plus fortes. Dès leur fortie de terre, leurs piés fe divifent en dix ou douze tiges qui portent chacune une coffe, groffe comme le tuyau d'une plume d'oye. Cette coffe eft longue d'un pié, & remplie de quinze ou vingt petits Pois longuets, qui font plus délicats, & d'un goût beaucoup meilleur que les nôtres.

Il y a encore dans ces mêmes Ifles deux autres fortes de Pois, qu'on appelle *Pois à faire gratter*, à caufe qu'il y a dans leur coffe du poil rougeâtre qui fe réduit en poudre, & que cette poudre mife fur la chair caufe les mêmes démangeaifons que l'alun de plume. Tous les deux rampent fur les haies, & les coffes de l'un font toutes hériffées d'un poil auffi fâcheux que celui qui eft au-dedans. Elles fon longues de de trois pouces, & larges d'un & demi, & contiennent trois ou quatre Pois de la grosseur d'un œuf de pigeon, mais un peu applatis. Ces Pois sont gris, & ont un demi cercle noir, dont sont environnés les deux tiers du fruit qui se polit aisément. On en fait de petites boëtes à mettre du tabac.

On appelle *Pois noirs*, Certaines petites coquilles de mer qu'on fait servir aux ouvrages de rocailles. On les nomme ainsi à cause qu'elles ne sont pas plus grosses que des Pois. Lorsqu'on les découvre, elles ont un éclat de nacre & semblent des perles. Il s'en trouve de jaunes de cette même nature que l'on appelle *Pois jaunes*.

POISER. v. n. Vieux mot. On a dit *Il me poise que*... pour dire, Il me fâche que, &c.

POISON. s. m. Venin, ce qui empoisonne, & donne la mort. Matthiole distingue les Poisons qui operent seulement par l'excès de leurs qualitez, en Poisons chauds, froids, secs & humides. Les Poisons qui sont excessivement chauds font mourir de deux manieres, l'une quand on les prend par la bouche, puisqu'ils échauffent, brûlent & rongent la personne jusqu'au cœur; l'autre quand on les applique en dehors, & alors ils mangent & rongent la chair jusqu'anx os, comme on le voit au liévre marin. Il y en a qui sont chauds dans un tel excès, qu'ils brûlent dedans & dehors, comme font l'Euphorbe & l'Ellebore. Les Poisons froids font aussi mourir de deux manieres; l'une quand par leur excessive froideur, ils gelent le cœur, comme on le peut voir en ceux qui ont pris de l'opium, & l'autre quand ils resserrent les veines & les arteres, de sorte que le soufle étant empêché, & de forte que le soufle étant empêché, la personne, ainsi qu'il arrive à ceux qui ont pris du plomb brûlé, ou qui ont mangé des champignons venimeux. Les Poisons secs consument l'humeur sanguine qui est au cœur, ainsi que fait la chaux vive, ou bien ils mettent en pieces & séparent les parties du corps, jusqu'à ce que tous les membres & le cœur même soient divisés en petites pieces, ce qui est l'effet du réagal. Pour les Poisons humides, quoiqu'il y en ait qui prétendent qu'il soit impossible de trouver une chose humide au quatriéme degré, Matthiole donne l'exemple d'un homme, qui ayant été mordu d'un serpent la nuit en dormant, fut trouvé mort le lendemain. Son valet qui le croyoit éveiller, le tira par le bras, & la chair qui étoit toute par cette secousse, en sorte que ses os demeurerent tout dénués & sans chair, ce qui arriva par l'excessive humidité du venin qui se rencontra aux dents du serpent. Galien dit que quand l'année est fort pluvieuse, humide & sujette au vent du Midi, l'Eté suivant cette humidité cause des charbons, & des maladies de telle nature, qu'il en a vû plusieurs de son tems qui eurent les bras pourris. A d'autres la chair des cuisses, des genoux & des piés tomba, & même les nerfs, les os, & leurs jointures & liaisons se trouverent toutes resolues, ce qui fait connoître qu'il y a des Poisons tellement humides, qu'ils font mourir par la putrefaction qu'ils engendrent dans les membres. Avicenne & Averroës, distinguent trois especes de Poisons. D'aucuns viennent des plantes venimeuses, comme l'Ellebore, l'Aconit, la Cigue, le Napellus, l'Ache de Sardaigne, la Rosage, & plusieurs autres, qui étant mangées, bien loin de se convertir en nourriture, sont si fort contraires à l'aliment qu'elles convertissent en leur substance les membres déja nourris. Les autres viennent des animaux venimeux qui sont tout à fait contraires à la nature de l'homme, comme le Vipere, l'Aspic, le Basilic, Liévres marins, Raines vertes,

Tome II.

Scorpions, Araignées, Phalanges, bêtes à quatre piés enragées, & toutes chairs de bêtes mortes d'elles-mêmes, ou qui ont été tuées par la foudre ou par d'autres bêtes venimeuses ou enragées, & enfin il y a d'autres Poisons qui viennent de choses minerales, telles que le Vif-argent, l'Orpin, la Sandaraque, l'Aimant & autres. Le mot de *Poison*, vient du Latin, *Potio*.

POISSON. s. m. *Animal qui naît & qui vit dans l'eau.* ACAD. FR. Il se dit plus particulierement de celui qui a la chair couverte d'écailles qui a des ouïes & des nageoires sur le dos, & à quelques autres parties du corps, pour fendre l'eau & nager. Matthiole dit que tous les Poissons naissent des œufs, à l'exception du Dauphin, du Veau marin & de quelques autres. La même chose se passe dans les Poissons ovipares, comme dans la carpe, que dans la poule, qui étant toute couverte par le coq est rendue féconde pour plusieurs mois, elle & tous les œufs qu'elle fait successivement, tant que la vertu qu'elle a reçue du coq peut durer. Ainsi dans la carpe, sa laite n'est rien autre chose qu'un amas de petits œufs qu'elle jette en frayant avec le mâle, c'est-à-dire, en se frottant l'un contre l'autre les parties de la generation. Les œufs qui ont été arrosés de la semence du mâle acquierent la fécondité necessaire pour produire de petits Poissons, & ceux qui n'en ont pas été arrosés, demeurent steriles. Le même Matthiole assure qu'il a vû entre les mains d'un Gentilhomme Espagnol, certaines tables de pierre, apportées d'auprès Veronne, qui étant fendues en long, donnoient apparence de plusieurs Poissons gravés dans la pierre, en laquelle ils avoient été entierement convertis. Il parle encore de Poissons qu'on trouve en terre, & rapporte ce passage de Polybe, il y a une plaine qui s'étend jusqu'à la Riviere de Narbonne, & par laquelle passent deux Rivieres, nommées Illiberis & Rhoscinus. La terre de cette plaine est fort menue, toute herbue, & couverte de gramen. Deux ou trois coulées avant dans cette terre, l'eau de ces Rivieres passe par dessous l'herbe, & s'il arrive qu'elle se déborde, la plaine toute remplie de Poissons, qui sortent avec l'eau, & qui se fourrant dans la terre, vivent des racines de gramen dont ils sont friands. Les gens du pays les tirent de cette terre & les mangent. On appelle sur la mer *Poisson vert*, le Poisson fraichement salé, & qui est encore tout moite, & *Poisson sec*, celui qui est salé & seché. Selon l'Ordonnance de la Marine, les Dauphins, Esturgeons, Saumons & Truites, quand on les trouve échoués sur le bord de la mer, appartiennent au Roi seul, & on les appelle *Poissons Royaux*, à la difference des Baleines, Marsouins, Veaux de mer, Thons, Souffleurs & autres Poissons à lard qui sont partagés comme simples espaves. M. Ménage fait venir Poisson de *Piscione*, formé de *Piscis*.

On trouve le long de toutes les côtes des Indes Occidentales plusieurs sortes de Poissons que les habitans appellent *Poissons armés*. Il y en a un qui est gros comme un balon, presque tout rond, & n'ayant qu'un petit moignon de quenë, qui empêche qu'il ne paroisse une boule. Il n'a point de tête, & a les yeux & la queuë attachés au ventre. Au lieu de dents, il a deux petites pierres blanches, fort dures & larges d'un pouce, qui servent comme deux petites meules, dont il se sert à briser & à casser les cancres de mer, & les petits coquillages dont il fait sa nourriture. Il est tout armé de pointes pointes, grosses & longues comme des fers d'aiguillettes, aussi pointues qu'une aiguille. Il les dresse, baisse, & biaise comme il veut, & il les he-

Ii

riffe de telle forte lorfqu'il fe fent pris à l'hameçon,
& qu'on le tire au rivage, qu'on eft contraint de le
porter un peu loin avec le bout de la ligne, fans
pouvoir le prendre par aucune partie de fon corps,
jufqu'à ce qu'il expire faute d'eau. Quoique ce
Poiffon foit quelquefois de la groffeur d'un boiffeau.
il n'y a pas plus à manger qu'à un maquereau mediocre. On lui trouve dans le ventre certaine bourfe remplie de vent, dont on fait la colle la plus tenace & la plus forte qui fe puiffe faire. Il y a quelques autres Poiffons armés, qui ne different de celui-ci qu'en la fituation ou en la longueur de leurs
pointes. Les uns les ont en forme de grandes étoiles, les autres plus courtes, & les autres plus menues.

Dès qu'on a paffé les Canaries, jufqu'à ce qu'on
approche des Ifles de l'Amerique, on voit fouvent
fortir de la mer de groffes troupes de *Poiffons volans*,
dont on en remarque principalement de deux fortes,
qui different, non feulement en la forme de leurs
ailes, qui à proprement parler font leurs nageoires,
mais en leur vol & en leur grandeur. Les plus grands
font prefque femblables au hareng, mais ils font
plus larges fur le dos, & ont la tête plus ronde.
Leurs ailes qu'ils ont comme une chauve-fouris,
commencent un peu au-deffous de la tête, & s'é-
tendent prefque jufques à la quenë de forte qu'elles ont bien une paume de long, & deux ou trois
pouces de large. Leur vol eft auffi plus fort, plus
élevé & plus roide, ils volent de la hauteur d'une
pique, & à cent pas loin, après quoi leurs ailes fe
fechent, ce qui les oblige à retomber. Les plus petits, qui n'ont que la groffeur des petits goujons,
ont les ailes arrondies par le bout, plus courtes, &
beaucoup plus larges que les autres. Ces Poiffons
donnent fouvent en volant contre les voiles des Navires, & tombent même en plein jour fur le tillac.
Ceux qui en ont mangé les trouvent très-délicats.
Ce qui les oblige à quitter la mer, c'eft qu'ils veulent éviter plufieurs grands Poiffons, & entre autres
la Dorade, dont ils font cruellement pourfuivis,
mais ils ne font pas plutôt en l'air, qu'un grand
nombre d'oifeaux fondent fur eux, & en tuent &
dévorent autant qu'ils en peuvent attraper. S'ils
retombent dans la mer, les grands Poiffons en font
leur curée.

On donne le nom de *Poiffons*, à une Conftellation
qui fait le douzième figne du Zodiaque où le Soleil
entre au mois de Janvier. Elle a trente-quatre étoiles felon les uns, & trente-neuf felon les autres.

Poiffon. Mefure qui tient la moitié d'un demi-
feptier, & dont on fe fert pour mefurer quelque
forte de liqueur, comme le lait. Le mot en ce fens,
vient du Latin *Potio.*

POISSONNERIE. f. f. Halle où l'on vend le Poiffon.
On dit à Lyon, *La pêcherie*, & non *Poiffonnerie*,
comme difent les Furetieriftes; à Nantes, *La cohue
au poiffon.*

POISSONNIERE. f. f. Uftencile de cuifine, qui eft
un vaiffeau de cuivre fait en long, mediocrement
creux, avec des rebords & une ance. On l'étame
proprement, & on y fait cuire du poiffon.

POITRAIL. f. m. La partie du devant du Cheval,
qui eft au deffous du gofier, & au devant des épaules. On appelle auffi *Poitrail*, la bande de cuir,
qui paffe par devant le Poitrail du Cheval, pour tenir la felle ferme, & l'empêcher d'aller en arriere
quand le Cheval monte. Ce mot vient du Latin *Pectorale.*

Poitrail. fe dit auffi d'une groffe piece de bois qu'-
on pofe de travers fur des piés droits de pierre, fur
des colomnes, des pilaftres, ou de gros murs. Elle

porte tout un pan de charpenterie, & quelquefois
tout un mur de maçonnerie. C'eft ce qu'on appelle
Architrave, dans l'Architecture. C'eft auffi une
piece de bois de 4. à 5. pouces en quarré qu'on
paffe dans les jumelles de devant d'un preffoir pour
foûtenir le fût quand il eft dans fon repos.

POITRON. f. m. Efpece de Prune jaune, qui eft la
moindre de toutes les Prunes.

POIVRE. f. m. Sorte d'Aromate chaud au troifiéme
degré, qui vient en grains, & dont on fe fert pour
l'affaifonnement des viandes. La plante qui le produit eft farmenteufe, pliable & pleine de nœuds.
Les grains qui n'ont prefque point de queue, viennent en grappes, & chaque branche en produit ordinairement fix, longues de trois doigts, & pareilles à celles des raifins. Chaque grappe de Poivre a trois feuilles qui la couvrent. Il y a du Poivre
mâle qui a fes feuilles plus grandes. Le Poivre femelle les a plus petites, plus pointues, & repre-
fentant un cœur. Ces feuilles ont une longue queue,
& font vertes en dehors, & jaunâtres en dedans.
Le Poivre nous vient des Indes, & les lieux qui
en produifent le plus, font Malabar, Conor, Ca-
licut, Cranganor, Cochim, Camper, & Andragir
dans l'ifle de Sumatra. Bantam, & plufieurs autres
lieux dans celle de Java. Celui de Sumatra eft eftimé le meilleur de toutes les Indes après le Poivre
de Cochim. On le plante ordinairement au pié d'un
autre arbre, ou bien en l'appuie de cannes ou de
perches, à caufe que fon bois étant auffi foible que
celui de la vigne, ne pourroit fe foûtenir s'il n'avoit
pas un appui. Il vient à de petites branches comme
la grofelle rouge ou comme le genievre. Il eft vert
tant qu'il tient à l'arbre, & ne fe noircit que quand
on l'a cueilli & feché, ce qui fe fait en Decembre &
Janvier. Quelques-uns difent qu'il y a des Poivriers
qui produifent du Poivre blanc, mais non en fi
grande quantité. C'eft le fruit d'une plante rampante à terre, qui a fes feuilles tout-à-fait femblables à celles de nos grofelles. Après ces feuilles naiffent de petites grappes garnies de grains ronds,
verts dans leur commencement, & qui deviennent
grifâtres quand ils ont atteint leur maturité. Cependant les Auteurs modernes demeurent d'accord
que le Poivre blanc vient de la même plante,
& qu'il fe fait de Poivre noir qu'on arrofe &
qu'on humecte de l'eau de la mer, en l'expofant
enfuite au Soleil, & en rejettant l'écorce, qui alors
abandonne le grain, ce qui eft caufe qu'il fe trouve
blanc.

Il y a auffi un *Poivre long*. Le Sieur de Mandeflo
dans fon Voyage des Indes, dit qu'il ne vient qu'-
en Bengala, & que c'eft une autre forte de fruit,
de la forme d'un fer d'aiguillette, mais un peu plus
gros, ridé & grifâtre, contenant une certaine petite graine blanche, qui a le même goût & le même
ufage que le Poivre commun. Selon ce que rapporte le Pere du Tertre, il y a une très-grande
quantité de Poivre long dans toutes les Ifles de l'A-
merique, qui donne très-bon goût aux viandes avec
lefquelles on en fait cuire la graine. Elle vient à
un arbriffeau qui croît à la hauteur de fept à huit
piés. Ses feuilles font larges comme les grandes
feuilles du Plantain, en forme de cœur, minces,
feches, & d'une odeur forte & aromatique. Ses
branches font menues & nouées de demi-pié, ou
quelque peu davantage. La decoction de fes rejettons & de fes racines, prife avec un peu de fucre,
diffipe les humeurs groffieres du corps & guerit les
hydropiques. Si on applique fes feuilles fur de vieux
ulceres, c'eft un remede affûré fans qu'il foit befoin d'aucune autre emplâtre. Ces mêmes feuilles

mêlées dans des bains chauds, sont singuliers aux fluxions froides. Le bois de cet arbrisseau est fort tendre & fort moëlleux, & quand on le coupe de travers, il marque de petites rosettes ou rayons ainsi que le gui de chêne. Les Sauvages au défaut des cailloux employent ce bois pour en faire des fusils à allumer du feu quand ils veulent. Ils en prennent un morceau bien sec, long d'un pié ou environ, & font un petit trou au travers, un peu plus étroit en bas qu'en haut, & comme pour fourrer un petit pois. Ensuite ils font une petite verge d'un bois fort dur, un peu pointuë par le bas, & de la grosseur du petit doigt, en sorte qu'elle s'ajuste à la forme du trou, sans passer que de fort peu par dessous. Cela fait ils serrent ce morceau de bois par les deux bouts entre les genoux, puis frottant la petite verge avec leurs mains, ils la font tourner si vite que la violence de la friction fait tomber au dessous de ce trou, de petites bluettes de feu, qui étant reçuës dans du coton, l'allument au même instant.

Il se trouve encore un *Poivre long noir* ; il est peu connu & fort rare en France. C'est le fruit d'une tige rampante qui ne produit ni feuilles ni fleurs. Elle jette seulement cinq ou six têtes, grosses comme le bout du pouce & à demi-rondes, d'où sortent plusieurs gousses de la longueur du petit doigt, brunes au dessus & jaunâtres au dedans. Ces gousses sont divisées par nœuds, dont chacun contient une petite feve, rougeâtre dedans & noire dessus, sans avoir presque ni goût ni odeur. On appelle aussi ce Poivre *Grain de Zelim*, ou *Poivre d'E-thiopie*. La gousse où est contenuë la petite fève, est d'un goût acre, chaud, piquant & assés aromatique, & c'est cette grande acrimonie qui oblige les Ethiopiens à s'en servir pour remedier au mal de dents.

On appelle *Poivre à queuë* ou *Poivre musqué*, De petits fruits qu'on n'en sçauroit remarquer la difference que par leur petite queuë, & parce qu'ils sont un peu plus gris que le Poivre. On les appelle autrement *Cubebes.*

Le *Poivre de Guinée*, dit autrement, *Corail de jardin*, est un Poivre rouge dont il y a de trois sortes, L'un vient en gousse, & il est de la grosseur & de la longueur du pouce ; l'autre est plus menu, & vient presque en forme de faucille, & comme relevé en bosse, & le troisième est le plus petit, & presque tout rond. On n'apporte que de la premiere espece de ces trois sortes de Poivre, & on laisse les deux autres aux Sauvages, comme étant trop acres. La Plante qui porte le Poivre de Gui-née est fort commune dans le Languedoc, où il s'en cultive beaucoup, en sorte qu'il s'en trouve presque dans tous les jardins. Les Vinaigriers s'en servent pour faire du vinaigre.

POIX. s. f. Resine brûlée & mêlée avec la suye du bois dont elle est tirée. Il y en a une liquide & une solide. Pour faire la Poix, on prend une grande quantité de torches que l'on appelle en latin *Tæda.* Ce sont de vieux Pins que la quantité de resine a fait mourir, en bouchant les pores & les conduits par où ils doivent avoir leur nourriture, & suffoquant leur chaleur naturelle vegetative. On range toutes ces torches dans un grand creux fait exprès, & on les couvre par dessus, de telle sorte que la fumée ne puisse s'exhaler, de même qu'on fait en brûlant le bois pour en faire du charbon. Ces torches que l'on allume distillent leur résineuse, qui sort par un canal fait à ce dessein dans la partie inferieure du creux, & qui est reçuë dans des vaisseaux préparés. Celle qui sort la première,

Tome II.

est comme une serosité qu'on pourroit appeller *Phlegme*, la seconde est la Poix liquide, & la troisième, comme étant la plus tenace, lorsqu'elle se refroidit degenere en seche. Si on la recuit on l'appelle πεαλμενα, c'est-à-dire, Poix recuite. Il y a une autre Poix qu'on appelle *Poix navale.* Ce n'est pas celle dont on se sert pour enduire les Navires nouvellement fabriqués, mais la Poix qu'on racle des vieux Navires & qui a acquis une vertu astringente de l'eau de la mer. La Poix liquide ramollit, digere, cuit l'humeur qu'elle change en pus, & dissipe les duretés du siege & de la matrice. La seche produit les mêmes effets avec moins de force, mais elle desseche plus puissamment, & elle est beaucoup plus propre à rejoindre les ulceres. En Latin *Pix*, en Grec πίσσα.

On appelle, *Poix de Bourgogne*, Une Poix blan-che qui tire sur le jaune, qui vient de certains ar-bres résineux qui se trouvent dans la Franche-Com-té, vers le mont Jura.

Dioscoride parle de l'huile de Poix & de la suye de la Poix liquide. Il dit que l'*Huile de poix* se fait en separant l'aquosité qui nage sur la Poix, comme le lait clair nage sur le lait ; qu'ensuite on couvre avec de la laine nette bien étenduë la marmite où cuit la Poix ; qu'après que cette laine s'est abreuvée des vapeurs de la peau qui cuit, on l'espreint en un autre vaisseau, & que l'on poursuit cette maniere jusqu'à ce que la Poix soit tout à fait cuite. Elle a les mêmes proprietés que la Poix liquide, & en s'en oignant avec de la farine d'orge, elle fait revenir les cheveux qui tombent. Cette huile est bonne aussi aux ulceres & au farcin des bêtes à qua-tre piés. Quant à la *Suye de la poix liquide*, il faut pour la faire, mettre la Poix en une lampe neuve qui ait sa meche. Après qu'on l'a allumée, on met cette lampe en un vase de terre fait en forme de four, rond au dessus & voué, & ouvert en bas comme sont les fours. Ce vaisseau étant couvert, on laisse brûler la Poix en sorte qu'elle soit entiere-ment consumée, puis on y remet d'autre, jus-qu'à ce qu'on ait de la suye suffisamment. Cette suye a une vertue aigre & astrictive, & l'on s'en sert aux linimens que l'on fait pour embellir les sourcils & pour leur donner de la couleur. Elle est bonne aussi pour faire renaître le poil aux pau-pieres dénuées. C'est encore un bon remede pour les yeux qui pleurent, & pour les ulceres qui y viennent.

POL

POLACRE. s. f. Vaisseau Levantin dont on se sert dans la Mediterranée, & qui porte des voiles quar-rées au grand mât & au beaupré & des voiles lati-nes à la misaine & à l'artimon. Il va à voiles & à rames & porte couverte. On l'arme de pierriers & de cinq ou six canons quand on l'employe pour le service des grands Vaisseaux. On l'appelle aussi *Po-laque.*

POLAINE. s. f. Vieux mot de Marine, qui a été dit au lieu de *Poulaine*. Nicod en parle en ces termes. *Polaine en fait de Navires, est l'équipage de la fle-che telle que s'ensuit. Par dehors la proue du Navi-re, environ douze Piés, & parsus l'estrave, sort une piece de bois appellée Fleche, soutenuë hors ladite proue par une courbe clouée à l'estrave & à la même fleche, & par dedans aboutie sur le bân, qui est joi-gnant les équibiens. Sur le bout de ladite fleche est dressée une piece de bois, de trois ou quatre piés de haut, faite en forme de S, & aux deux côtés d'i-celle fleche sont deux séliveaux forts, se venans join-*

dre à la pointe de ladite fleche d'un bout , & de l'autre s'en vont en eſlargiſſant contre le Navire un peu au deſſus les eſquibiens. Au milieu dudit S , & de chaſque côté d'icelui , eſt attaché un petit ſoliveau arrondi par le dehors , qui de l'autre bout s'attache contre le Navire , & la forme que cela rend s'appelle Lice , en eſtant fait tout autant au bout dudit S. Or ladite fleche ainſi équippée & aſſortie ſe nomme Polaine , laquelle ſert à ſerrer le beaupré.

POLASTRE. ſ. m. Terme de Plombier. Poële quarrée de cuivre fort mince , dans laquelle on met de la braiſe & qu'on fait entrer dans de gros tuyaux quand il eſt neceſſaire de les chauffer par dedans pour les ſouder. Cette poële eſt de deux ou trois piés de long ſur quatre ou cinq pouces de large , & autant de haut.

POLE. ſ. m. Terme de Mathematique. Quand un globe tourne ſur ſon centre de quelque ſens que ce ſoit , il y a neceſſairement ſur ſa ſurface un cercle où le mouvement eſt le plus fort & le plus viſte des deux côtés de ce cercle le mouvement va toûjours en ſe rallentiſſant juſqu'à deux points qui en ſont également éloignés de part & d'autre , & qui ſont immobiles. Ce ſont ces deux points qu'on appelle *Poles* , de πολέω , *je tourne* , parce que c'eſt ſur ceux qui demeurent immobiles que tout le globe tourne. La ligne qui les joint en paſſant par le centre , & qui eſt toute compoſée de points immobiles auſſi eſt l'*Axe* , (voyez AXE ,) ſi le mouvement du globe ſe fait dans un autre ſens que le premier qu'on aura déterminé , il y aura un autre cercle où ſe fera le plus grand mouvement d'autres *Poles* , & un autre axe. Les *Poles* ſont également *Poles du globe* , ou *poles de ce cercle* où ſe fait le plus grand mouvement , on *Poles de l'Axe* , ou *Poles de ce mouvement*. Ce cercle du plus grand mouvement a toûjours le même centre que la ſphere en quelque ſens que ſe faſſe le mouvement , c'eſt ce qu'on appelle un *grand cercle* , (voyez CERCLE & SPHERE ,) & par conſéquent tous les grands cercles ont le même centre , c'eſt-à-dire , tous ceux ſur leſquels on peut imaginer que ſe faſſe un mouvement , mais ils ſont tous differens Poles , qui ſont toûjours à 90. degrés de leur circonference. Des deux côtés d'un grand cercle on en peut imaginer qui lui ſont paralleles , qui ont tous differens centres pris dans l'axe du globe , & qui vont toûjours en diminuant juſqu'aux Poles du grand cercle , qui ſont auſſi ceux de tous ſes *Paralleles*. Quand un globe ſe meut ſelon un grand cercle déterminé , tous les points de ſa ſurface pris hors de ce grand cercle , ſe meuvent par de petits cercles qui lui ſont paralleles. Deux grands cercles d'une ſphere ſe coupent toûjours par la moitié , mais pour ſe couper à angles droits il faut qu'ils paſſent par les Poles l'un de l'autre , & quand deux grands cercles ſe coupent à angles droits , ils coupent par la moitié tous les petits cercles paralleles l'un à l'autre.

On ne laiſſe pas d'imaginer dans une ſphere de grands cercles avec leurs paralleles & leurs poles , quoiqu'on ne prétende pas qu'il ſe faſſe aucun mouvement ſur eux , mais il s'y en pourroit faire.

Dans la Sphere du Monde , il n'y a que deux mouvemens réels & effectifs , celui qui eſt commun à tous les corps celeſtes d'Orient en Occident en 24. heures , & celui qui leur eſt propre & inégal en tous d'Occident en Orient. Le premier ſe fait ſur les Poles de l'Equateur , le ſecond ſur ceux du Zodiaque.

Le premier mouvement étant univerſel , égal dans tous les corps celeſtes , & le plus ſenſible , les Poles ſur leſquels il ſe fait ſont appellés *Poles du*

Monde , ou ſimplement *Poles*. L'un eſt appellé Pole *Arctique* , ou *Septentrional* , l'autre Pole *Antarctique* , ou *Meridional*. Voyez ARCTIQUE & ANTARCTIQUE.

Nous appellons ſimplement Pole le Pole Arctique , parce que c'eſt celui vers lequel nous habitons , & le ſeul qui nous ſoit viſible. Ainſi nous diſons Hauteur ou Elevation du Pole , pour dire , la hauteur ou l'élévation du Pole Arctique.

Pole , ſelon Nicod , ſe dit auſſi d'une eſpece de poiſſon plat , fort approchant de la ſole.

POLEMIENS. ſ. m. Sectateurs de l'Hereſie de Polemius qu'on a confondus avec les Apollinariſtes , à cauſe qu'il avoit tiré ſes erreurs des Livres d'Apollinaire. Il les débita dans le quatriéme ſiecle vers l'an 373. & diſoit entre autres choſes qu'il s'étoit fait une mixtion du Verbe & de la chair.

POLEMIQUE. adj. On appelle *Livres polemiques* , les Livres des Auteurs qui ſont des critiques les uns contre les autres. Ce mot eſt Grec πολεμικός , de πόλεμος , Guerre.

POLEMONIA. ſ. f. Herbe dont les branches ſont menues , & les feuilles diſpoſées des deux côtés en maniere d'ailes. Ces feuilles ſont un peu plus longues & plus larges que celles de rue , & ſemblables aux feuilles de calament ou de la corrigiole. A leur cime ſont certains corymbes qui ont une graine noire. Sa racine eſt blanche, longue d'une coudée, & ſemblable à celle de l'herbe aux foulons. Cette racine priſe en breuvage avec du vin , eſt bonne à la dyſenterie , & contre les ſerpens , & priſe avec de l'eau, elle eſt ſinguliere aux difficultés d'urine & aux ſciatiques. La Polemonia que Dioſcoride dit que quelques-uns appellent *Philetaria* , & ceux de Cappadoce *Chyliodynamis* croît aux montagnes & aux lieux âpres. Les uns tiennent qu'elle a pris le nom de πολεμώνιον , que les Grecs lui donnent , de πόλεμος , Guerre , à cauſe que deux Rois fort anciens ont entrepris un combat , chacun pour ſoûtenir qu'il en étoit l'inventeur. Les autres prétendent qu'elle a été appellée ainſi à cauſe qu'elle combat les poiſons. Matthiole ne dit point qu'il ait connu la Polemonia. Il ſe contente de reprendre Braſardus qui la croit être l'herbe appellée en Italie *Lavaneſe* , ou *Galega* , ou *Ruta Capraria* , & Fuchſius , qui croit que Polemonia eſt l'herbe que les Apothicaires nomment *Ben album*.

POLICAN. ſ. m. Inſtrument fait en forme de tenailles , dont les Chirurgiens ſe ſervent , quand ils ont des dents à arracher. Il eſt crochu par un bout , & arrondi par l'autre.

POLICE. ſ. f. *Ordre , reglement qu'on obſerve dans un Etat , dans une Republique , dans une Ville*. ACAD. FR. Ce mot vient du Grec πόλις , Ville ; mais quand on dit en termes de Marine , *Police d'aſſurance* , il vient de l'Eſpagnol *Poliça* , billet cedule. La *Police d'aſſurance* , eſt un contrat par lequel un particulier s'oblige de reparer les pertes & les dommages qui arriveront à un vaiſſeau ou à ſon chargement pendant un voyage , ce qui ſe fait moyennant certaine ſomme que l'aſſuré paye à l'aſſûreur , lorſque le Vaiſſeau eſt de retour. On dit ſur la Mediterranée , *Police de chargement* , pour dire , Un écrit par lequel le Maître d'un Navire confeſſe avoir reçu dans ſon bord telles & telles marchandiſes , & s'oblige de les poſter dans les lieux qui lui ſont marqués par celui qui les envoye.

POLISSOIR. ſ. m. Inſtrument qui ſert à polir. C'eſt ordinairement une dent de loup , de chien , de renard , de pierre ſanguine. Les Orfevres & les ouvriers qui travaillent ſur les métaux , ont des poliſſoirs d'acier , d'émeril , ou de dent de loup , &

ceux qui travaillent en marqueterie ont un Polif-
foir de jonc. Ils difent aufli *Poliment.*

POLISSOIRE. f.f. Sorte de groffe broffe de jonc dont
on fe fert pour polir les quadres & les bordures des
miroirs & des tableaux.

On appelle aufli *Pol ſſoire ,* Une meule de bois
dont les Couteliers & les Emouleurs fe fervent
pour polir les outils émoulus.

POLIUM. f. m. Petite plante qui ne vient pas plus
haute que la main , & qui pouffe grand nombre de
petites tiges d'une même racine , ayant un goût &
une odeur affés aromatiques. On en trouve quantité en Provence & en Languedoc , tant dans les
plaines & lieux fablonneux que fur les montagnes.
Cela répond à ce que dit Diofcoride , qu'il y a deux
efpeces de Polium. Celui des montagnes qui eft en
ufage , & que l'on appelle *Teuthrion ,* eft une petite herbe blanchâtre , qui a fes feuilles longuettes ,
dentelées tout autour , & qui environne la tige
par intervalles , depuis la racine jufques à la cime.
D'entre ces feuilles il en fort d'autres beaucoup
plus petites. Il a plufieurs tiges droites accouplées
enfemble comme de petites têtes , & qui reffemblent à la chevelure d'un vieil homme , ce qui lui
a fait prendre le nom de *Polium ,* du Grec πολιὸς ,
qui veut dire , Qui a les cheveux blancs. Toute
l'herbe eft odorante , mais d'une odeur aigue & un
peu fâcheufe. L'autre Polium jette plus de branches,
& outre qu'il n'eft pas fi odorant , il n'a pas tant de
vertu. Sa décoction prife en breuvage eft bonne aux
piquûres des ferpens , aux hydropiques & à la jauniffe , & prife avec du vinaigre , elle fert à ceux qui
font incommodés de la rate. Galien dit que le Polium eft amer au goût & un peu acre & mordant ,
& qu'ainfi il défoppile toutes les parties nobles &
interieures , & émût le flux menftrual ainfi que l'u-
rine. Etant vert il eft bon à fouder les plaies & celles fur-tout qui font profondes. Celui qui jette le
plus de branches y eft le plus propre. Sec & enduit
il eft fingulier pour les ulceres malins & malaifés à
guerir.

Matthiole met entre les efpeces de Polium une
plante que les Herboriftes nomment *Iva mufcata,*
& dit qu'elle s'y rapporte beaucoup , tant par la
figure de fes têtes , feuilles & tiges , que par fon
odeur & par fa propriété. Elle croît fur les côtaux ,
& principalement aux lieux fecs , rampant par terre , & jettant quantité de feuilles qui font un peu
moindres que celles du Rofmarin commun , plus
dures , & blanches à l'envers. Ses tiges font minces,
rondes , blanchâtres & fouples , & produifent à
leur cime de petites têtes , aufli blanchâtres , &
prefque femblables à l'autre forte de Polium. Sa racine eft entierement la même , & toute la plante
n'a pas une odeur moins aigue que l'autre , mais
elle ne frappe pas fi-tôt le nez.

POLTRON. f. m. Vieux mot. Lit. Il vient de l'Italien
Poltro , qu'on trouve dans la même fignification.
C'eft-de-là que quelques-uns font venir le mot de
Poltron , qui veut dire , Lâche , faineant , qui
manque de courage , à caufe que les faineans aiment à fe tenir dans le lit. D'autres dérivent ce mot
de *Poltron ,* pour dire , Lâche , de l'Italien *Poltro ,*
ou *Poltro ,* Poulain , à caufe que les jeunes chevaux ou poulains , ont accoutumé de fuir quand on
s'en approche , & d'autres veulent qu'il vienne *à
pollice truncato ,* à caufe que ceux qui vouloient fe
difpenfer d'aller à la guerre , fe coupoient le pouce. Il y a grande apparence que c'eft dans ce dernier fens qu'on a appellé *Oifeau poltron ,* Un oifeau
de proie auquel on a coupé les ongles des pouces ,
qui font les doigts de derriere où confifte fa force ,

pour lui faire perdre le courage , & l'empêcher de
voler le gros gibier.

POLYCHRESTE. f. m. Terme de Pharmacie. Il fe
dit d'un Medicament qui eft employé à plufieurs
ufages , du Grec πολύχρηστος , Utile à beaucoup de
chofes , formé de πολὺ , Beaucoup , & de χϛίω , Utilité. On appelle *Sel polychrefte ,* Un fel artificiel
qui fe fait fur le feu par projection avec du fouffre
& du nitre en criftaux.

POLYCNEMON. f. m. Herbe qui jette un grand
nombre de branches , & dont les feuilles reffemblent à celles de l'Origan. Sa tige eft femblable à
celle du pouliot , & compartie par differends nœuds.
Elle ne produit point de bouquet , mais elle jette
de petits boutons à fa cime , qui font de bonne
odeur & acres. Galien dit que le Polycnemon eft
chaud & fec au fecond degré , & qu'ainfi il eft bon
à fouder les plaies. Matthiole avoue qu'il n'a jamais vû de Polycnemon. Ce mot eft Grec πολύ-
κνημον.

POLYEDRE. f. m. Terme de Geometrie. Corps terminé par plufieurs plans rectilignes , & qui peut
être infcrit dans une fphere. Voyez INSCRIT. Le
Polyedre eft *regulier* ou *irregulier.* Le regulier eft
celui dont tous les plans font égaux & femblables.
L'irregulier eft celui dont tous les plans ne font pas
égaux & femblables. Il n'y a que cinq Polyedres
reguliers , le Tetraëdre , l'Exaëdre , l'Octaëdre , le
Dodecaëdre , & l'Icofaëdre , ainfi nommés du nombre de leurs plans. Voyez ces mots. Le mot de
Polyedre eft Grec πολύεδρος , Qui a plufieurs fieges,
de πολὺ , Beaucoup , & de ἱδϼα , Siege.

On appelle *Lunettes polyedres ,* des lunettes à
plufieurs facettes qui multiplient les objets. Il y a
aufli un *Polyedre gnomonique.* C'eft une pierre à
plufieurs faces fur laquelle font plufieurs fortes de
cadrans.

POLYGALA. f. f. Herbe de la hauteur d'un palme ,
qui a fes feuilles comme la lentille , & un goût aftringent. En Grec πολύγαλον , de πολὺ , Beaucoup , &
γλα , Lait , à caufe qu'elle fait venir le lait en abondance aux nourrices.

POLYGAMISTES. f. m. Heretiques du feizième fiecle , qui approuvoient qu'un homme fe mariât à
plufieurs femmes. On tient que l'Auteur de cette
Secte a été Bernardin Ochin , qui abandonnant
— l'Ordre des Capucins , dont il avoit été General ,
paffa chés les Heretiques. Ce mot vient de πολὺ ,
Beaucoup , & de γαμέω , Se marier.

POLYGLOTTE. adj. Nom donné à la Bible qui a été
imprimée avec les Langues Orientales. Il y a plufieurs Bibles Polyglottes , dont la premiere a été
imprimée en Efpagne en Langue Hebraïque, Chal-
daïque , Grecque & Latine. C'eft celle du Cardinal Ximenés. Elle eft en fix volumes , & on l'appelle la *Bible de Complute.* Il y a aufli une Polyglotte d'Anvers , qu'Arias Montanus y fit imprimer en
1571. on l'appelle autrement la *Bible Royale ,* ou la
Bible de Philippe fecond. La Polyglotte de Paris que
M. le Jay Préfident , & non pas Avocat comme dit
Fufchere , a fait imprimer avec des dépenfes extraordinaires la furpaffe de beaucoup , aufli bien que
celle de Complute. On n'a rien vû jufqu'à préfent
qui égale la beauté de cet ouvrage , tant pour les
caractères que pour le papier. *Polyglotte* eft un mot
Grec , formé de πολὺ , Beaucoup , & de γλῶττα ,
Langue.

POLYGONATUM. f. m. Plante dont la tige eft haute d'une coudée , & quelquefois plus , & qui a fes
feuilles femblables à celles du lautier , mais plus
liffées & plus larges. Ces feuilles font compartie
d'un plus grand nombre de veines fermes , inégales,

& d'un goût qui a quelque peu d'aſtriction. Ses fleurs ſont blanches, & ſortent du même lieu que les feuilles, trois à chaque queue, qui rendent des perles groſſes comme un pois, de couleur noir tirant ſur le vert, & quelquefois rouſſes. Sa racine eſt blanche, tendre, ſemblable à celle des roſeaux, peu profonde, longue, épaiſſe, pleine de nœuds, & d'une odeur un peu forte. Cette racine enduite eſt fort bonne pour les plaies. Matthiole dit que les Dames en Italie en font une eau qui leur embellit la peau du viſage & en fait partir toutes les taches. Il ajoûte que quelques-uns l'appellent *Sigillum Mariæ*, ou *Sigillum Salomonis*, ſans qu'il en ait pû ſçavoir la raiſon, & refute Manardus qui prend le Secacul des Arabes, pour le vrai Polygonatum. Ce mot eſt Grec πολύγονατον, & il eſt fait de πολὺ, Beaucoup, & de γόνυ, Genouil, ce qui l'a fait appeller en François *Genouillet*, à cauſe des nœuds de ſa racine.

POLYGONE. ſ. m. Terme de Geometrie. Figure rectiligne qui a plus de quatre côtés, car on ne commence qu'au Pentagone, qui a cinq côtés à donner le nom de Polygone. Enſuite viennent l'Exagone, l'Eptagone, l'Octogone, l'Enneagone, le Decagone, l'Ondecagone, le Dodecagone, ainſi nommés du nombre de leurs côtés, ſix, ſept, &c. Le Polygone eſt *regulier* ou *irregulier*, le regulier eſt celui qui a tous ſes angles & tous ſes côtés égaux, l'irregulier, celui qui ne les a pas. Il eſt clair que dans un Polygone, ſoit regulier ſoit irregulier, ſi d'un des angles on tire des lignes aux autres pour faire autant de triangles qu'il ſe pourra, il ſe formera autant de triangles qu'il y aura de côtés moins deux, & comme chaque triangle vaut 180. dégrés, tous les angles du Polygone vaudront autant de fois 180. dégrés, qu'il y aura de côtés au Polygone moins deux. Ainſi tous les Angles d'un Pentagone vaudront trois fois 180. dégrés, ou 540. Si le Polygone eſt regulier, on l'imagine *inſcrit* dans un cercle, (voyez INSCRIT,) ſoit le centre devient celui du Polygone. On trouve la ſomme de tous ſes angles de la façon que nous venons de dire, & comme ils ſont tous égaux on n'a qu'à diviſer cette ſomme par le nombre des côtés du Polygone, & on a la valeur de chaque angle 540. diviſé par 5. donne 108. pour chaque angle du Pentagone. C'eſt cet angle formé par deux côtés qu'on appelle *angle du Polygone*, par oppoſition à l'*angle du centre*, qui eſt formé par deux rayons tirés du centre du Polygone aux deux extrémités d'un même côté. Cet angle eſt toûjours le complement de celui du Polygone juſqu'à 180. l'angle du centre du Pentagone eſt donc de 72. dégrés. Plus le Polygone a de côtés, moins il differe du cercle dans lequel il eſt inſcrit, & il peut avoir tant de côtés qu'il ne differera du cercle que d'une grandeur moindre que quelqu'autre grandeur que l'on puiſſe déterminer, & à la fin ſi l'on imagine un *Polygone infini*, c'eſt-à-dire, à une infinité de côtés, il ne differera nullement du cercle, & toutes ſes proprietés conviendront au cercle, Voyez CERCLE.

On appelle en termes de Fortification, *Polygone exterieur*, celui qui aboutit aux pointes des baſtions, & *Polygone interieur*, celui qui aboutit à leurs centres. Ce mot eſt Grec, πολύγωνος, de πολὺ, beaucoup, & de γωνία, angle.

En Arithmetique, il y a des *Nombres Polygones*. On prend une progreſſion arithmetique dont le premier terme eſt l'unité, & quelle ſoit la difference qui regne dans la progreſſion, en faiſant la ſomme des deux premiers termes, ou des trois premiers, ou des quatre premiers, &c. on trouve des nombres qui peuvent être arrangés ou en forme de triangle, ou en forme de quarré, ou de Pentagone, ou d'Exagone, &c. ce qui a fait donner à ces nombres le nom de *Polygones*. Leur differente figure dépend de la difference qui regne dans la progreſſion. Si cette difference eſt 1, alors la progreſſion eſt la ſuite naturelle des nombres 1, 2, 3, 4, &c. & la ſomme des deux premiers termes qui eſt 3, ou celle des trois premiers, qui eſt 6, ou des quatre premiers qui eſt 10. &c. ſont des *nombres triangulaires*, parce qu'ils peuvent être diſpoſés en triangles équilateraux. Si la difference de la progreſſion eſt 2, la progreſſion ſera la ſuite naturelle des nombres impairs, & en les ajoûtant toûjours enſemble, on trouvera toûjours des nombres qui peuvent être diſpoſés en quarré, & qui effectivement ſont quarrés. Si la difference eſt 3, la progreſſion ſera 1, 4, 7, &c. & les ſommes des nombres qui la compoſent, ſeront 5, 12. &c. qui ſont des *Nombres pentagones*. Et ainſi de ſuite, la difference de la progreſſion augmentant d'une unité, le Polygone numeral augmente d'un côté. La ſomme des deux premiers termes a toûjours autant d'unité que le Polygone a de côtés, & l'on peut juger par là quelle ſorte de Polygone une progreſſion formera.

POLYGRAPHIE. ſ. f. l'Art d'écrire en diverſes façons cachées, il ſe dit auſſi de l'art de déchiffrer, de πολὺ, beaucoup, & de γράφειν, écrire.

POLYNOME. ſ. m. Terme d'Algebre. C'eſt la même choſe que *Multinome*, grandeur compoſée de pluſieurs grandeurs incommenſurables entre elles. S'il n'y en a que deux ou trois, ou quatre, on dit, *Binome*, *Trinome*, ou *Quadrinome*.

POLYPE. ſ. m. Sorte de poiſſon appellé ainſi de πολὺ, Beaucoup, & de πὸς, Pié, à cauſe qu'il a pluſieurs piés, ou façons de mains avec quoi il prend ce qu'il veut manger. Il y en a qui diſent que quand il n'a pas de quoi ſe nourrir, il mange quelquefois ſes piés, qu'il a au nombre de huit, & que ce qu'il en a mangé renaît. Ce poiſſon jette une humeur, qui eſt de couleur de pourpre.

Polype, Terme de Medecine. Chair ſuperflue dans les narines qui nuit à la reſpiration & à la parole. Elle pend quelquefois juſque ſur la levre, & croît auſſi en derriere, bouchant le trou du palais, par où l'air & les excremens deſcendent du nés au détroit de la gorge, avec danger que le malade n'en ſoit étranglé. Cette exceſcence a été nommée *Polype*, à cauſe de la reſſemblance quelle a avec le pié du poulpe marin. Il s'en trouve dans d'autres parties & même dans le cœur, ce qui eſt mortel.

POLYPODE. ſ. m. Plante, haute d'un paume qui croît ſur des pierres mouſſues & ſur de vieux troncs d'arbres, & particulierement ſur ceux des chênes. Elle eſt ſemblable à la fongere, quoiqu'un peu velue, & n'étant pas déchiquetée ſi menu. Sa racine qui eſt verte au dedans à certaines nodoſités de la groſſeur du petit doigt, comme on en voit aux poulpes de mer, & un goût quelque peu âpre & douceâtre. Le Polypode eſt laxatif, & pour le rendre tel, il le faut cuire avec une poule ou du poiſſon, ou avec des betes ou des mauves; c'eſt ainſi qu'en parle Dioſcoride. Matthiole fait mention d'une ſeconde eſpece de Polypode qui a la feuille comme le cetrac, mais plus longue, plus verte, & plus déchiquetée & repliée. Il dit que peu de perſonnes la connoiſſent. Sa racine eſt ſemblable à celle de l'autre Polypode, quoique plus menue & plus grêle. Il ajoûte que Meſué fait grand cas du Polypode qui croît ſur les troncs des arbres, & ſur-tout des chênes, le préferant à celui qui croît en terre ou ſur les pierres chargées de mousse, qui est fort contraire à l'estomac qu'il renverse & qu'il remplit de ventosité à cause de l'abondance de l'humeur qu'il a, qui est crue & indigeste. Galien dit que le Polypode abonde en qualité douce & âpre, de sorte qu'on le peut juger fort dessicatif sans aucune mordication. Il faut choisir celui qui est de substance compacte ; d'un rouge noir par dehors, intérieurement vert, noueux, garni de cheveux ou de filamens, & d'une saveur mêlangée de doux & d'austere. On l'a appellé ϰλουύδιϱν, de πολὺ, Beaucoup, & de πῦς, Pié, ou à cause que cette plante s'attache aux pierres & aux arbres par plusieurs racines, ou parce que sa racine est fort chevelue.

POLYSPASTE. f. m. Sorte de machine qui par le moyen de trois moufles contenant plusieurs poulies, sert à élever des fardeaux en peu de tems. M. Perrault qui en a fait la description, dit qu'on a une longue piece de bois, levée & arrêtée bien par les quatre côtés avec des cordes ; qu'au haut de cette piece de bois un peu au dessous de l'endroit où ces cordes sont attachées, on cloue deux amarres, ausquelles on attache la moufle avec des cordes, qu'on appuye la moufle par une regle longue environ de deux pieds large de six doigts, & épaisse de quatre; que les moufles ont chacune selon leur largeur trois rangs de poulies, ensorte qu'il y a trois cables, qui étant attachés au haut de la machine viennent passer du dedans au dehors sous les trois poulies qui sont au haut de la moufle inferieure ; que retournent à la moufle superieure ils passent dehors en dedans sur les poulies qu'elle a en bas ; que de là descendant à la moufle inferieure, ces cables passent encore du dedans au dehors sur les poulies qui sont au second rang, & retournent à la moufle superieure, pour passer sur les poulies qui sont au second rang, & ensuite retourner à la moufle inferieure, & enfin encore à la superieure, où ayant passé sur les poulies qui sont en haut, ils descendent au bas de la machine à une troisiéme moufle, nommée Artemon. Cette moufle qui est attachée au pié de la machine, a trois poulies, sur lesquelles passent les trois cables qui sont tirés par des hommes, de sorte que trois vindas trois rangs d'hommes peuvent tirer & élever fort promptement les fardeaux. Il faut avoir de l'adresse pour le bien servir de cette machine. Polyspaste, est un mot Grec, formé de πολὺ, Beaucoup, & de σπάω, Je tire.

POLYTRICHON. f. m. Plante qui ressemble à la fougere, mais plus menue, & dont les feuilles sont semblables à celles de lentilles, fort menues, & disposées par ordre l'une contre l'autre en certains petits rameaux, menues âpres & noirs. Elle a les mêmes propriétés que le Capillus veneris, & on l'a appellée πολύϑϱιϰον, de πολὺ, Beaucoup, & de ϑϱὶξ, Cheveu, à cause que ses tiges ont du rapport avec les cheveux.

POM

POMATIES. f. f. Sorte d'Escargots que Dioscoride dit venir aux montagnes de Genes. Matthiole dit qu'ils sont fort bons, & qu'on les tire de terre en hiver avec une pioche auprès des haies, & au pié des arbres. Leur coquille est blanche comme plâtre & dure, ce qui les arme contre le froid. Ils sont meilleurs sans comparaison que ceux qu'on trouve au Printems en été, ce qui fait que ceux agités en tems-là, par les pluies & les orages, au lieu que ceux-ci se tiennent cachés en terre pendant tout l'hiver.

POMME. f. f. *Sorte de fruit à pepin, de forme ronde, bonne à manger, & dont on fait le cidre.* ACAD. FR.

Il y a diverses sortes de Pommes. Selon Galien les unes sont âpres, les autres aigres, & les autres douces. Il y en a aussi qui ont un goût mêlé, étant ensemble douces & âpres, d'autres aigres & âpres. On en trouve même qui ont les trois goûts ensemble. Les Pommes lâchent presque toutes le ventre, mais particulierement celles qui sont douces, & elles temperent la bile & la melancolie. Les douces sont temperées, les acides & âpres plus froides, & les ameres plus chaudes. Il ne s'en faut pas servir, quelque bonnes qu'elles soient, à moins qu'elles n'ayent mûri sur l'arbre, à cause qu'elles sont froides & de difficile digestion. Celles qui sont bien mûres & qui ont été hivernées, sont fort bonnes aux malades, cuites à la braise. Il les faut donner si-tôt que l'on a mangé, & même quelquefois avec du pain pour fortifier le ventre & l'estomac de ceux qui ont perdu l'appetit, & qui digerent difficilement. Ceux qui ont écrit de l'Agriculture disent que les Pommes qui sont si rouges qu'on les croiroit teintes dans du sang, & qui ont d'ailleurs un goût aigre, ne viennent de cette sorte que parce qu'elles ont été entées sur un Mûrier noir. Les Pommes douces sont souveraines aux mélancoliques.

On appelle *Pomme d'Adam*, De certaines Pommes fort peu differentes des limons. Quoique l'arbre qui les porte ait les feuilles plus grandes & plus larges que celui où les limons viennent, ses branches ne laissent pas d'être fort semblables. La fleur qu'il produit ressemble à celle du citronnier, & son fruit est deux ou trois fois plus grand que l'Orange, ayant l'écorce assés mince, pâle, nerveuse, inégale, à cause des petites fentes qui y paroissent comme si c'étoient des morsures. C'est pour cela que le peuple lui a donné le nom de *Pomme d'Adam*. Ces Pommes rendent force jus, & ont leur chair aigre, qui approche assés de celle des limons, quoique le goût n'en soit pas si bon. Leur graine y est enfermée, pareille en tout à la graine des citrons & des limons. Leur jus a la même proprieté, mais avec moins d'efficace.

Pommes d'amours. Selon Hermolaüs, ces Pommes viennent en une Plante qui croît par tout, comme font les pompons & les melons; aussi les cultive-t-on de la même sorte. Leurs feuilles sont presque semblables à celles de la figuier & leurs fleurs longues, blanches & belles à voir. On les fait cuire ordinairement comme les potirons & les champignons, & on les mange avec de l'huile, du sel & du poivre. Matthiole dit qu'il y en a en abondance en Italie, où on les fait bouillir, puis on les coupe par quartiers, & on les fait âpres, & on les fricasse en huile ou en beurre, saupoudrées de farine. Cette plante ne se plaît point aux lieux froids, ce qui est cause que son fruit ne vient presque jamais en maturité ni en Allemagne ni en Boheme. Elle n'a qu'une seule tige, haute de demi coudée, branchue, ronde, ferme, purpurine, & velue comme ses feuilles, qui sont âpres, faites à ondes à l'entour, semblables à celles du grand Solatrum. Ses fleurs sont blanchâtres, tirant sur le purpurin, taillées en façon d'étoiles, d'où sort un fruit long & gros comme un concombre de couleur purpurine blanchâtre, & couvert d'une écorce bien lisse, ayant une chair blanchâtre avec quantité de petite graine, semblable à celle du poivre d'inde. Sa racine est peu profonde en terre, & fort divisée. Matthiole ajoûte qu'il n'y avoit pas long-tems que l'on avoit commencé à avoir une autre espece de Pommes d'amours, plates, rondes comme pommes, & divisées par côtes comme des melons. Elles sont vertes d'abord, & quand elles viennent à mûrir, elles sont dorées en quelques plantes, & rouges en d'autres ; ce qui fait, dit-il, qu'on les appelle communement *Pommes d'or*. On les mange comme les autres.

Pommes de merveilles. Plante qui jette beaucoup de menus sarmens, qui s'attachent aux arbrisseaux & aux herbes qu'ils rencontrent. Elle a ses feuilles semblables à celles de la couleuvrée ou de la vigne, mais plus petites & plus déchiquetées. Sa fleur est jaunâtre, & ressemble aux fleurs de concombre. Le fruit qui en vient va en diminuant d'un côté & d'autre, & a presque la figure d'un œuf. Il devient rouge à la fin, & lorsqu'il est extrèmement mûr, il s'ouvre & se creve facilement. Sa peau & sa poulpe sont charnues, & toutes couvertes de petites bosses qui ont une pointe.

Pomme de Pin. On appelle ainsi un ornement de Sculpture qui a de la ressemblance avec une veritable pomme de pin. Cet ornement se met dans les angles du plafond d'une corniche avec des denticules, ou sur les vases d'amortisement.

On appelle aussi *Pommes*, Certains ornemens qu'on met sur mer aux flames, aux girouettes & aux pavillons. *Pommes de flammes*, sont des manieres de Pommes de bois que l'on tourne en rond ou en cul de lampe, & qui se mettent à chaque bout de bâton de la flamme. Les *Pommes de girouettes* sont aussi en cul de lampe. On les met au haut des fers des girouettes, pour les empêcher de sortir de leur place. Les *Pommes de pavillon* se mettent sur le haut d'un bâton de Pavillon & d'enseigne, & sont tournées, rondes & plates.

POMMELLE. s. f. Instrument de bois sur lequel il y a une manique de cuir. Il est long d'un pié, large d'environ un demi pié, épais d'un bon pouce, & plein de plusieurs dents qui le traversent, & qui sont à quelques distances les uns des autres. Les Corroyeurs se servent de cet instrument pour faire venir le grain au cuir.

POMETE, E'E. adj. Terme de Blason. Il se dit des croix & des rais tournés en plusieurs boules ou pommes. *De gueules, au rai d'escarboucle, pommeté & fleureté d'or*.

POMMETTE. s. f. Petit ouvrage de bois tourné en forme de pommes. On met des Pommettes dorées pour ornement sur les imperiales des carrosses.

Les Couturieres en linge appellent *Pommettes*, De fort petits Pelotons de fil qu'elles placent également sur les poignets des chemises, & de quelque autre besogne, entre les arriere-points.

POMMIER. s. m. Arbre qui porte les pommes, & qui devient assés haut. Il n'a qu'un tronc, dont il jette force branches, qui s'étendent en long & en large. L'écorce tant des branches que du tronc, est assés épaisse, & tire sur la couleur du gris cendré. Il a des feuilles longuettes, verdoyantes, aigues, charnues & un peu dentelées. Elles tombent au commencement de l'hiver, & reviennent en Mai. Ses fleurs sont feuilles & blanches, ou de couleur blanche changeant en rouge. Il a fort peu de racines, & elles sont presque à fleur de terre. Matthiole dit que pour faire porter un Pommier qui a toûjours été sterile, il faut ceindre le tronc un pié hors de terre avec un cercle de plomb qui soit bien joint, & cela avant que l'arbre fleurisse, & qu'on doit ôter ce cercle lorsque les pommes commencent à croître.

POMPE. s. f. Machine qui sert à élever l'eau. Elle est composée d'un tuyau dont une partie est appellée *Corps de pompe*. Le reste s'appelle *Tuyau de con-*

duite, ou *Tuyau montant*. Elle a un piston qui s'abaisse & qui s'eleve par le moyen d'une manivelle, & deux soupapes par où entre l'eau. Il y a de plusieurs sortes de Pompes. Celle qu'on appelle *Pompe aspirante*, attire l'eau au dessus de la soupape du corps de pompe jusqu'à la hauteur de trente & un pié & demi, ou à peu près ; ce qui se fait par le mouvement d'un piston creux garni d'une soupape, ce piston élevant en même-tems l'eau qu'il avoit fait passer au dessus de sa soupape en s'abaissant. La Pompe appellée *Pompe soulevante*, a son corps de pompe renversé. Son piston, qui est aussi creux garni d'une soupape, agit dans l'eau, qu'il souleve & pousse au dessus de la soupape du corps de pompe dans le tuyau de conduite par le moyen d'un chassis de fer. On l'appelle encore *Pompe à estrier*, à cause que l'on appelle *Estrier* ce chassis de fer. Il y a une *Pompe mixte*, composée en partie de la Pompe aspirante, & en partie de celle qu'on appelle *Pompe de compression*, ou *refoulante*. Cette Pompe refoulante a son tuyau montant à côté du corps de pompe, qui aussi-bien que son piston ressemble en quelque maniere à une seringue commune. Ce piston n'étant pas creux, & n'ayant pas de soupape, comme on ont les autres, l'eau ne passe pas au travers ; il l'attire seulement en s'élevant au dessus de la soupape du corps de pompe, & il la pousse en s'abaissant au dessus de l'autre soupape qui est au bas du tuyau montant. Le mot de Pompe vient du Grec ‌πεμπειν, Envoyer, à cause que cette machine envoye l'eau en haut.

La Pompe dont on se sert dans les Navires est une machine propre à puiser & à faire monter les eaux qui entrent dans le fond de cale. Ces eaux ayant été élevées par le moyen de cette machine, qui est longue, creuse & faite en canal, vont tomber dans les dalots. D'ordinaire il y a deux Pompes dans un Vaisseau, l'une à stribord & l'autre à babord. On les place entre le grand mât & le ca-Bestan ; & quand il y en a une troisiéme, on la met proche de l'artimon. Il y a une sorte de Pompe qu'on appelle *Pompe à la Venitienne*, à cause qu'elle est d'un fort grand usage parmi les Venitiens. Elle est percée par tout également, & a une verge de bois, qui agissant avec un contrepoids, jette plus d'eau que les autres Pompes. On dit *Charger la pompe*, pour dire, Mettre de l'eau dedans pour attirer celle qui est au fond du Vaisseau, & on dit que *La pompe est prise*, pour dire, qu'On a mis de l'eau dedans, & qu'elle en a assés retenu pour pouvoir servir. On dit aussi que *La pompe se décharge*, pour dire, que L'eau qui y étoit demeurée après avoir pompé, retombe dans le fond de calle, & que cette pompe n'est point en état de servir, à moins qu'on ne la recharge. On dit encore, que *La pompe est haute*, que *La pompe est franche*, pour dire, qu'Il n'y a plus d'eau dans le Vaisseau, & qu'il n'en vient plus à la pompe. On appelle *Pompe éventée*, une Pompe qui est pendue, & qu'il faut accommoder si on veut la faire servir ; & *Pompe engorgée*, Celle où il vient du sable avec de l'eau, ou quelque autre chose qui l'empêche de bien attirer.

Pompe. Terme d'Oiselier. Espece d'auget, ordinairement de plomb, qui a une ouverture au milieu pour passer la tête d'un oiseau, & une autre en haut, où l'on fait entrer le goulot d'une phiole pleine d'eau ou de mangeaille, & qui est renversée perpendiculairement pour la pompe.

POMPHOLYX. s. m. Espece de Cadmie artificielle qui s'attache à la voute du fourneau où se fond l'airain, en forme de vessie ou de petite boureille, le , & qui venant enfuite à croître devient comme un flocon de laine. Il y en a de deux fortes, l'une blanche & fi legere , qu'on la feroit prefque voler en l'air. Elle eft faite de la vapeur de calamine pulverifée quand les forgerons en jettent beaucoup fur le cuivre pour l'affiner. L'autre eft bleue & graffette , & fe fait quand on ne jette point de calamine fur le cuivre. Le Pompholyx eft la vraie Tuthie, differente de celle dont ufent les Apothicaires ; qui eft une efpece de calamine ayant une croûte dure comme pierre , au lieu que la vraie Tuthie eft faite des étincelles de bronze ou de calamine , & tombe en poudre fi-tôt qu'on la touche. Le Pompholyx deffeche & nettoye , & eft fort bon pour tous ulceres humides & remplis de pourriture , qu'il cicatrife à la fin , fur-tout après qu'il a été lavé. On l'appelle ainfi du Grec πομφόληξ , Petite bouteille qui fe forme & s'éleve fur l'eau , à caufe que la vraie Tuthie eft fort legere , & vole par l'air , comme les petites bouteilles que les enfans forment avec de l'eau de favon.

PON

PONCE. f. f. Morceau de toile ou de ferge où il y a du charbon broyé, dont les Maîtres à écrire fe fervent pour tirer des lignes fur le papier de leurs Ecoliers , afin qu'ils puiffent aller droit en écrivant. La Ponce eft d'un grand ufage chés les Brodeurs. On lui a donné ce nom , à caufe qu'au commencement on fe fervoit de poudre de pierre de ponce pour tirer des lignes , & pour marquer des deffeins de broderie.

PONCEAU. f. m. Sorte d'herbe qui vient parmi les blés & les fegles , qui fleurit rouge & quelquefois blanc en forme de fimple tulippe. On l'appelle autrement Coquelicoc ou Pavot fauvage. Cette herbe eft refrigerative , & provoque le fommeil lorfqu'elle eft cuite & prife en breuvage. Ponceau , fe dit auffi d'un rouge fort foncé , à caufe que cette couleur reffemble à celle du Ponceau ou Coquelicoc.

Ponceau , fe dit auffi d'un petit pont fait d'une feule arche pour paffer un canal d'eau. Il y a un très-grand nombre de ces Ponceaux à Venife , où l'on en compte jufqu'à trois cens foixante-treize. On l'appelle en Latin Ponticulus. On difoit autrefois Poncel, pour fignifier un petit Pont. Le Roi fit faire une barbacane devant le poncel , en maniere qu'on pouvoit entrer dedans par deux côtés tout à cheval , & il fit cela pour retraire fes gens aifément.

PONCER v. a. Regler le papier avec la ponce. On dit , en termes d'Orfévre , Poncer la vaiffelle , pour dire , La rendre matte avec de la pierre de ponce. Quand les Deffinateurs & Graveurs piquent un deffein fur tous les contours avec des points près à près, & qu'ils le frottent enfuite avec du charbon en poudre , cela s'appelle Poncer.

PONCIRE. Gros citron qui rend peu de jus , & dont la côte eft extrêmement épaiffe. C'eft de cette forte de citron qu'eft faite l'écorce de citron confite. M. Mége dérive ce mot de Mala cerea.

PONCIS. f. m. Terme de Deffinateur. Deffein piqué & frotté avec du charbon en poudre. On l'appelle auffi Poncis , en matiere d'écriture , Une demifeuille de papié coupée avec le canif & la regle le plus droit qu'il eft poffible , & qu'on met fur le papier où l'on veut écrire , afin de ne point écrire de travers.

PONCTION. f. f. Terme de Medecine. Ouverture artificielle de l'abdomen des hydropiques pour vuider les eaux qu'on n'a pû vuider d'une autre ma-

niere. Cette operation , qui eft fort fûre quand on la fait à propos , trompe en deux rencontres , ou quand on la fait trop tard , parce que les vifceres fe corrompent & que le mal ne peut plus être guéri , ou quand l'hydropifie eft compliquée avec le vice confiderable de quelque vifcere noble. On vuide l'eau , mais la caufe refte , & la cure eft feulement palliative. Cette forte d'operation s'appelle autrement Paracenthefe.

PONT. f. m. Ouvrage d'Architecture ou de Charpente qu'on fait fur une riviere ou fur un foffé pour les traverfer. Tous les Ponts font de bois ou de pierre. Les Ponts de bois fe font avec des palées & des, travées de groffes pieces de bois , & ceux de pierre avec des piles , des arcades & des culées de pierre de taille.

On appelle Pont de bateaux , un Pont fait de bateaux affemblés près à près avec des ancres , & couverts de planches , pour faire paffer une riviere à des Troupes. Celui qu'on fait de plufieurs bottes de jonc liées enfemble , qu'on couvre de planches , pour les faire paffer dans des lieux marécageux , eft appellé Pont de jones.

Pont , Efpece d'eftrade dans un chœur plus élevé du côté du banc du Chantre , & qui va en diminuant jufqu'à l'aigle.

PONT-LEVIS. Pont fait en maniere de plancher , qui s'éleve & qui s'abaiffe devant la porte d'une Ville ou d'un Château. Il y en a qui font à bacules , & d'autres à fléche. Les Ponts à bacules fe levent d'un côté & baiffent de l'autre en forme de trebuchet par le moyen d'un effieu qui eft au milieu. Les Ponts à fléches fe baiffent & fe levent tout entiers. Leurs mouvemens font du côté de la porte. L'autre bout eft fufpendu par des chaînes de fer que foûtiennent des fléches dont le mouvement les fait hauffer & baiffer. Il y a auffi un Pont dormant , & celui-là ne differe du Pont-levis qu'en ce qu'il eft fixe, & qu'au lieu d'avoir des chaînes pour gardefous ; il a des bras ou des contrevents de bois. Les Furetieriftes font deux finonymes de Pont-levis & Pont dormant nonobftant la contradiction dans ces mots & dans les effets. Le Pont à couliffe eft un petit Pont fait dans œuvre pour traverfer un foffé ; & le Pont tournant , Celui qui tourne fur un pivot , afin de laiffer paffer les bateaux.

Pont-volant. Pont compofé d'un ou de deux bateaux que joint enfemble un plancher entouré d'un gardefou avec un ou plufieurs mâts , où un long cable eft attaché par un bout. Ce cable eft porté de diftance en diftance fur de petits bateaux jufqu'à une ancre où l'autre bout eft arrêté au milieu de l'eau ; ce qui fait mouvoir ce pont d'un côté de la riviere qu'on veut traverfer jufqu'à l'autre. On n'a befoin pour cela que d'un bateau , quand on veut paffer beaucoup de monde en même-tems, foit Cavalerie ou Infanterie , on fait cette forte de pont à deux étages. Tous les ponts qu'on jette fur des rivieres , faits de bateaux de cuir, de pontons de cuivre , de tonneaux ou de poutres creufes , font appellés auffi Pont-volans. On les couvre de planches , afin qu'une armée paffe promptement.

Pont-volant , eft auffi un terme d'Artillerie , & il fe dit d'une machine prefque femblable à celle qu'on appelle Fléche. Il y a feulement cette difference , que le Pont-volant garde toûjours la même largeur ; que l'extrémité qui s'attache au Pontlevis eft compofée de deux à trois pointes , & que de petites planches jointes enfemble forment le deffus.

Pont , en termes de Marine, fignifie le tillac ou la plateforme fur laquelle on met la batterie. Les plus grands Vaiſſeaux de guerre n'ont que trois ponts à cinq pié de hauteur l'un ſur l'autre. L s Fregates de guerre n'en ont que deux. Le premier pont eſt celui qui eſt le plus près de l'eau. C'eſt ce qui eſt general parmi les Charpentiers & les Calſas, quoique pluſieurs Officiers entendent par le *Premier pont* celui qui eſt le plus élevé, & qu'ils appellent *Second* ou *troiſiéme Pont*, ſelon qu'il y a deux ou trois Ponts dans un Vaiſſeau, celui qui regne ſur le fond de cale. Il eſt certain cependant qu'on donne le nom de premiere Batterie à celle qui eſt ſur le pont le plus bas. Chaque pont eſt ſoûtenu par des poutres qu'on nomme Baux ou Barrots. On appelle *Pont-volant*, un Pont de Vaiſſeau qui eſt ſi leger, qu'on ne ſçauroit poſer de canon deſſus ; & *Pont de corde*, Un entrelaſſement de cordages dont on couvre tout le haut d'un Vaiſſeau en forme de pont. Il n'y a guere que les Vaiſſeaux Marchands qui portent cette ſorte de pont. Il ſert à ſe défendre contre les Corſaires ou autres ennemis qui oſent venir à l'abordage, parce que de deſſous ce pont on perce aiſément à coups d'épée ou de ſponton, ceux qui ont ſauté deſſus.

On appelle *Pont coupé*, Celui qui a ſeulement l'accaſtillage de l'avant & de l'arriere, & qui ne regne point entierement de proüe à pouppe, en quoi il differe du *Pont courant devant arriere*, qui eſt entier. On dit, *Faux pont*, en parlant d'une eſpece de pont fait à fond de cale pour la conſervation & pour la commodité de la cargaiſon.

Pont-levis. Terme de Manege. Action du cheval qui ſe cabre & qui ſe dreſſe ſi fort ſur ſes jambes de derriere, qu'il eſt en péril de ſe renverſer. On dit qu'*Un cheval double des reins & fait un pont-levis*, pour dire, qu'il ſe cabre & fait pluſieurs ſauts de ſuite, en reſiſtant au Cavalier qu'il tâche de jetter à bas.

PONTAL. ſ. m. Terme de Marine. Hauteur ou creux d'un Navire.

PONTE', 'EE. adj. Terme de Marine. On appelle *Vaiſſeau ponté*, un Vaiſſeau qui a un pont.

Ponté. ſ. m. Terme de Fourbiſſeur. La partie de l'épée qui couvre le corps de la garde.

PONTENAGE. ſ. m. Droit que le Seigneur feodal tire des marchandiſes qui paſſent ſur les rivieres, ſur les bacs, & ſur les ponts. On a appellé ce droit *Pontaticum, pontonagium* & *pontagium* ; ce qui fait qu'on dit auſſi *Pontonage*.

PONTIERE. ſ. f. Ouverture par où la poule fait ſortir ſes œufs.

PONTIFE. ſ. f. Nom qui étoit donné parmi les Payens à celui qui adminiſtroit les choſes ſacrées. Il y en eut quatre inſtitués d'abord par Numa. Ils étoient de famille Patricienne, & l'an 454. de la fondation de Rome, on en créa quatre autres qui furent tirés des familles Plébeiennes. L. Sylla Dictateur en créa encore ſept l'an 673. & ces ſept furent appellés *Petits Pontifes*, à la difference des huit autres qu'on appelloit *Grands Pontifes*. Ces quinze ne faiſoient qu'un même College. L'Empereur Auguſte après avoir permis quelque tems au College des Pontifes, d'y admettre ceux qu'ils croiroient dignes d'y être reçûs, ſe réſerva à lui ſeul le pouvoir de les créer, ainſi que les autres Prêtres. Celui qui leur préſidoit étoit appellé *Souverain Pontife*, & c'étoit le Peuple qui l'éliſoit dans l'Aſſemblée des Tribus. Il n'y eut d'abord que ceux qui étoient de famille Patricienne à qui cette dignité fût conferée, mais enfin on y éleva auſſi des perſonnes qui n'étoient pas nobles, après que l'on eut admis le Peuple aux charges de la République, ce qui ſe fit juſques à Jules Ceſar, qui eut Lepicus

pour ſucceſſeur, & enſuite l'Empereur Auguſte, après quoi tous les Empereurs prirent ce titre, & même pluſieurs Empereurs Chrétiens permirent qu'il leur fût donné, mais enfin l'Empereur Theodoſe abolit entierement le College des Pontifes & tous les Prêtres de l'ancienne ſuperſtition. On reſpectoit tellement la dignité des Pontifes, qu'ils ne rendoient compte de leurs actions ni au Sénat ni au Peuple. Quelques-uns tiennent que le nom de *Pontife* vient de ce qu'on avoit accoûtumé autrefois de ſacrifier auprès des ponts, mais pluſieurs autres le dérivent de *Potis* & de *Facere*, & veulent qu'on ait dit *Pontifex* pour *Potifex*, Qui peut ſacrifier. Dans l'ancienne Loi il y avoit parmi les Juifs un *Grand Pontife*, qui étoit le ſouverain Sacrificateur. C'étoit lui ſeul qui pouvoit entrer dans le Sanctuaire où les autres Sacrificateurs n'entroient jamais. Il y avoit du myſtere dans ſes habits & ſes ornemens. Outre la longue tunique de lin des autres Sacrificateurs, il portoit une autre tunique de couleur d'hyacinte qui lui deſcendoit juſqu'aux talons, & dont la ceinture étoit entrelacée d'or & ornée de diverſes fleurs. Par deſſus cette robe, dont le bas étoit orné de franges avec des grenades & des clochettes d'or également entremêlées, il avoit le vêtement appellé *Ephod*. Sa tiare étoit ſemblable en partie à la mitre des Sacrificateurs ordinaires, & il la portoit ſur le derriere de la tête, à cauſe qu'il avoit ſur le front une bande d'or ſur laquelle étoit écrit le nom de Dieu. Aaron, frere de Moïſe, fut le premier Grand Pontife. Ceux de ſa famille & autres du peuple Juif poſſederent cette dignité depuis l'an du monde 2545. juſqu'en l'an 70. depuis la naiſſance de JESUS-CHRIST, que l'Empereur Titus prit Jeruſalem. Selon la Loi nouvelle, le mot de *Pontife* eſt pris dans S. Paul pour celui qui offre des dons & des ſacrifices à Dieu pour ſes pechés & pour ceux du peuple. Il veut dire Prêtre, Sacrificateur, & c'eſt dans ce ſens qu'on dit que JESUS-CHRIST eſt le grand & le ſaint Pontife. On appelle aujourd'hui le Pape *Souverain Pontife*, comme étant le Vicaire de JESUS-CHRIST en terre.

PONTILLES. ſ. f. Terme de Marine. Pieces de bois que l'on met debout ſur le platbord d'un Vaiſſeau, & qui ſervent à ſoûtenir les pavois quand on eſt prêt de combattre. On dit auſſi *Eſpontilles*.

PONTON. ſ. m. Terme de guerre. Machine dont on ſe ſert quand on a quelque bras d'eau à paſſer. C'eſt un pont compoſé de deux bateaux qui ſont à quelque diſtance l'un de l'autre, & tous deux couverts de planches, ainſi que l'intervalle qui eſt entre-deux. Ils ont des appuis & des gardefous, & la conſtruction en eſt ſi ſolide, que cette ſorte de pont peut tranſporter du canon & de la Cavalerie. Nicod dérive ce mot de *Ponto*, qui en Latin ſignifie un Bac.

Ponton. Terme de Marine. Grand bateau plat qui a trois ou quatre piés de bord, & qui ſert à ſoûtenir les Vaiſſeaux que l'on met ſur le côté pour leur donner la carène.

PONTONNIER. ſ. m. Batelier qui tient un bac ou un grand bateau pour traverſer les rivieres aux lieux où il y a des Ports établis. On a dit autrefois *Pantonier*, & on appelloit *Fier pantonier*, par maniere de proverbe, Un homme revêche & ſottement orgueilleux, à cauſe que ceux qui ſont commis à recevoir les peages des ponts & paſſages, ſont ordinairement des gens arrogans & peu traitables.

Ainſi le devez-vous eſpargnier
Plus qu'un orgueilleux Pantonier.

PONTURE. ſ. f. Point d'aiguille.

Et tout ainſi comme fait eſt
De pontures le Cambeſon.

POP

POPLITAIRE. adj. On appelle *Muſcle poplitaire*, un Muſcle quarré qui eſt entre les adducteurs de la jambe; & *Veine poplitaire*, une Veine qui eſt auprès des jarrets, du Latin *Poples*, Jarret.

POPULEUM. ſ. m. Sorte d'onguent dont parle Matthiole, & ſur quoi il dit que les Apothicaires doivent prendre garde à ne pas compoſer leur Populeum des grappes & raiſins du Peuplier, comme l'enſeigne Ruellius, trompé par Pline, qui veut que ces grappes ſoient bonnes aux onguents. Autre choſe, pourſuit-il, eſt notre Populeum, & autre choſe l'onguent dont uſoient les Anciens pour ſe parfumer, auquel on veut qu'ils ayent mis des grappes & raiſins de Peuplier pour le faire ſentir bon. Il ajoûte qu'il doute que l'Antiquité les ait mêlés aux onguents odorans, à cauſe que Pline a crû que la mouſſe du Peuplier ne differoit en rien de ſa grappe, qui cependant n'a aucune odeur. C'eſt ce qui eſt cauſe que Nicolaüs Myrepſicus ne l'a point ordonnée dans la compoſition du Populeum, mais ſeulement les petits bourjeons du Peuplier, qui ſortent au commencement du Printems, & qui ſont fort odorans & un peu cireux. On appelle cet onguent *Populeum*, du Latin *Populus*, Peuplier.

POPULO. ſ. m. Breuvage qui eſt une eſpece de roſſolis, mais moins fort. Il ſe fait avec de l'eau de veau, de l'eau de vie & du ſucre.

POQUER. v. a. Joüer la boule en l'élevant pour la faire tomber juſtement où l'on veut qu'elle demeure ſans rouler, *Poquer mou.*

POR

PORACE', ɛ'ʀ. adj. Terme de Medecine, qui n'a guere d'uſage qu'en cette phraſe, *Bile poracée*, pour dire, Une bile qui eſt preſque de la couleur du poireau appellé *Porrum* en Latin.

PORC. ſ. m. *Animal domeſtique qui s'engraiſſe beaucoup & qui eſt couvert d'un poil fort rude.* ACAD. FR. Sa chair eſt humide, & plus elle l'eſt, plus elle abonde en ſuperfluités, & par conſequent eſt moins nourriſſante. Il n'y a que ſa graiſſe qui ſoit en uſage en Medecine. On l'appelle proprement *Axonge*. Elle eſt émolliente, ſuppurative, anodine & rarefiante. Le Porc eſt un animal immonde, & en abomination chés les Juifs & chés les Mahometans.

Les Eſpagnols ayant reconnu que la Guadeloupe leur étoit la plus commode de toutes les Iſles Cannibales pour le rafraîchiſſement de leur armée, tant pour l'abondance de ſes fruits, qu'à cauſe de ſes belles eaux, de ſes torrens & de ſes rivieres, y jetterent en paſſant grand nombre de Porcs qui ont fort multiplié. Ceux qu'on y trouve à preſent ſont tout differens des nôtres, ayant la hure plus groſſe, & étant plus courts d'un tiers & armés de deux horribles dents, bouclées comme des cornes de belier. Ils ſont auſſi noirs que les Sangliers, & ont la peau épaiſſe d'un bon pouce, ſur-tout les mâles. Leur chair a meilleur goût que celle de nos Porcs communs. Il y en a dans l'Iſle de Tabaco & autres Iſles voiſines, qui ont une choſe fort remarquable. C'eſt un évent ou un certain trou ſur les reins, qui pénétre juſqu'au creux, & où l'on pourroit fourrer aiſément le petit doigt. Ces ſortes de Porcs reſpirent par cet endroit; ce qui fait qu'ils ont l'haleine plus

Tome II.

forte, & que reſiſtant à la courſe plus long-tems, ils ſont plus de peine à ceux qui les chaſſent. La nourriture de ces animaux eſt un fort bon ménage dans les Iſles, & il n'y a guere d'habitation bien reglée où l'on ne prenne ce ſoin. Il n'en coûte que la peine d'un Negre qui leur donne tous les jours une braſſée ou deux de patates dans leurs Parcs, qui ſont des clos quarrés faits d'arbres couchés les uns ſur les autres.

Porc, eſt auſſi une ſorte de poiſſon de mer. Il eſt plat & tout couvert d'écailles fort rudes.

PORC-EPI. ſ. m. Sorte d'animal grand comme un lapin, & tout couvert de gros aiguillons, qui ſont plus longs à proportion, que ceux dont le heriſſon eſt revêtu. Sa ſoye, qui eſt un gros poil luiſant, ſt ſemblable, tant par ſa figure que par ſa groſſeur, à celle du Sanglier. Elle a environ trois pouces de long par tout le corps, mais au-deſſus du cou elle eſt trois fois auſſi groſſe qu'ailleurs, & longue d'un pié. Cette ſoye fait un panache ſur ſa tête d'environ huit pouces, & des mouſtaches de ſix. On en a vû quelques-uns en qui ce panache étoit blanc depuis la racine juſqu'au milieu, & le reſte châtain brun. Le Porc épi porte ſur le dos des piquants de deux eſpeces, les uns plus forts, plus gros, plus courts, plus pointus & tranchans comme des alênes, qui tiennent peu à ſa peau, en ſorte qu'en ſe ſecouant il les lance & les décoche de telle roideur, que les chiens & les Chaſſeurs en ſont quelquefois bleſſés. La pointe des autres, qui ſont longs d'un pié & plus flexibles, eſt applatie & moins forte. Cet animal a quatre doigts aux piés de devant & cinq aux piés de derriere, formés comme ceux de l'ours, le gros orteil étant en-dehors. Il n'a que la plante qui ſoit garnie de piquants. Sa lévre ſuperieure eſt fendue comme celle du lievre, & ſes dents, qui ſont comme celles du caſtor, ne tranchent pas moins que des ciſeaux. Sa langue eſt garnie par deſſus de pluſieurs petits corps offeux en forme de dents, & à de petits yeux comme le pourceau. Ses oreilles ſont couvertes d'un poil extrêmement délicat, & applaties contre la tête comme celles du Singe. Il vit de fruits & de raiſins, & naît en Afrique. Il y en a une grande quantité dans l'Iſle de Madagaſcar, où l'on en voit d'une certaine eſpece qu'on y appelle *Tendrac*. Leur chair, quoiqu'inſipide, à long filet & mollaſſe, eſt eſtimée par les Inſulaires une choſe fort délicate. Ils dorment ſix mois ſous terre ſans manger, & pendant ce tems leurs piquants leur tombent. Il en revient d'autres en la place, qui ſont aigus comme ceux des heriſſons.

Porc-épi. Ordre de Chevalerie, dont Louis de France, Duc d'Orleans, ſecond Fils du Roi Charles V. fut l'Inſtituteur en 1393. Il fut appellé ainſi, à cauſe des Chevaliers de cet Ordre, qui furent au nombre de vingt-cinq, tous nobles de quatre races, & dont le Duc étoit le premier, fut un mantelet d'hermines ſur lequel on mettoit une chaîne d'or, au bout de laquelle, un Porc-épi d'or leur pendoit ſur l'eſtomac avec ces paroles, *Cominus & minus*, qui leur ſervoient de deviſe. On tient que le Duc d'Orleans la prit pour faire connoître à Jean de Bourgogne ſon ennemi, qu'il ne manqueroit ni d'armes, ni de courage pour ſe venger dans l'occaſion. Le Roi Louis XII. lorſqu'il vint à la Couronne abolit cet Ordre, qu'on a auſſi appellé l'*Ordre d'Orleans.*

PORCELAINE. ſ. f. Terre fine, blanche & tranſparente, qui vient de la Chine & du Japon, & dont on fait des vaſes que l'on appelle auſſi *Porcelaine*, du nom de la terre dont ils ſont compoſés. On en fait

K ĸ ij

encore des carreaux de diverses formes, grandeurs & couleurs, qu'employent les Orientaux dans les compartimens de leurs beaux édifices. La plus belle en France se fait à S. Clou & à Orleans.

Porcelaine, se dit aussi d'une petite coquille blanche qui se trouve dans les éponges. C'est encore une espece de coquille appellée *Coquille de Venus*, qui est belle & unie, un peu ovale, plate le long de la fente, blanche au-dedans, & du reste extrêmement dure. Il y en a d'autres qu'on nomme aussi *Porcelaine*, qui sont marquetées ainsi que la peau d'un Tygre. On s'en sert aux ouvrages de Rocailles, On trouve aux Antilles de deux sortes de Porcelaines sur le sable de la mer, & même on en détache des rochers où le poisson est encore vivant, mais elles sont peu considerables. L'une est de couleur d'ardoise, un peu jaspée de quelques couleurs brunes, & l'autre, plus longue & plus ménue que les autres. Celle-là est à fond blanc jaunâtre & ondoyée de quelque couleur minime.

Il y a dans la Chine une Tour appellée *Tour de Porcelaine*, dont on prétend que la beauté & la richesse surpassent les ouvrages les plus vantés de l'Antiquité. Elle est dans une plaine que les Habitans nomment *Paolinxi*, ou *Paul ingyng* proche la celebre ville de Nanking. Cette Tour a neuf étages voutés & cent quatre-vingt-quatre degrés de hauteur au dedans. A chaque étage est une galerie ou cloison de barreaux, le tout taillé avec une juste proporti n & une symmetrie admirable. Aux côtés des fenêtres on voit de petits trous quarré & treillissés de fer blanc. Cette machine est toute unie & plombée par dehors, & si délicatement émaillée & glacée de vert, de rouge & de jaune, qu'il semble qu'elle ne soit composée que d'or, d'émeraudes & de rubis. Toutes les pieces de porcelaine y sont emboîtées avec une adresse merveilleuse, en sorte qu'il est presque impossible d'en distinguer les soudures & les liaisons. Toutes les galeries sont couvertes de toits verts, qui poussent au dehors des soliveaux embellis avec de l'or. Ces soliveaux soutiennent de petites cloches de cuivre, auxquelles les vents font rendre un son fort réjouissant & agreable. La pointe de cette tour qu'on ne sçauroit toucher qu'en dehors, est couronnée d'une pomme de Pin que ceux du Pays assurent être d'or massif. On peut découvrir de là, non seulement toute la ville & les fauxbourgs de Nanking, mais encore toutes les campagnes qui bordent la riviere de Kiang. On tient que les Tartares s'étant rendus maîtres de la Chine, il y a sept ou huit siecles, comme ils l'ont fait encore de nos jours, contraignirent les Chinois d'élever à leurs dépens ce superbe ouvrage.

PORCHAISON. Terme de Chasse. On dit, qu'*Un Sanglier est en porchaison*, pour dire, qu'il est bon à chasser, parce qu'il est gros & gras.

PORCHE. s. m. Espece de vestibule ou de lieu couvert, soûtenu de colomnes, qui étoit autrefois à l'entrée des Temples & des Palais. *Porche cintré*, est celui qui a son plan sur une ligne courbe, & *Porche circulaire*, Celui dont le plan est en rond. Je ne sçai où les Furetieristes ont pris que les Eglises de sainte Genevieve & de saint Victor ont encore conservé leurs porches.

On appelle *Porche de menuiserie*, Des constructions qui se font en retranchant une petite partie d'une Eglise ou d'une chambre, pour y ménager une double porte.

PORE. s. m. *Petit trou, ouverture presque imperceptible dans la peau de l'animal, par où se fait la transpiration, par où sortent les sueurs & par où les va-* peurs s'exhalent. ACAD. FR. Outre les Pores de la peau qui partent de chaque petite glande, il y a d'autres pores moins visibles, mais qui distillent beaucoup de lymphe, quand on presse la peau après en avoir ôté la surpeau. Ce sont les orifices des arteres capillaires, qui étant corrodés ou relâchés par quelque medicament acre, ramassent la liqueur en maniere de vessie. Il y a de troisiémes Pores, sçavoir, les points indivisibles du corps qui est tout transpirable, par où s'exhalent les plus petites vapeurs, & celles que la solidité ne peut retenir. On a remarqué que ceux qui ont les pores ouverts vont moins souvent à la selle que ceux qui ont le cuir épais. La raison est que les derniers transpirant peu, ce qui est retenu se precipite en embas, d'où vient que cette habitude du corps les rend sujets à la diarrhée. *Pore*, se dit aussi des petites ouvertures de toute sorte de corps. Les Pores sont serrés dans les métaux, ce qui les rend lourds, & les éponges sont legeres à cause de leurs Pores qui sont fort ouverts. Le mot est Grec πόρος, Passage, de πείρω, Passer.

PORISME. s. m. Terme de Mathematique, Theoreme ou Problème que l'on découvre à l'occasion de quelque autre chose que l'on avoit principalement en vûe. C'est la même chose que *Corollaire*, si ce n'est que le Corollaire doit être plus court & plus simple. Ce mot vient de πόρισμα qui vient de πορίζω, dans le sens de *gagner, acquerir*. C'est comme un profit que l'on a fait en n'y pensant pas.

PORPHYRE. s. m. Marbre precieux, le plus dur de tous. Il est d'un rouge brun, & plein de petites taches blanches. On l'amenoit autrefois d'Egypte, à Rome; où l'on voit plusieurs morceaux de Porphyre qui ont été travaillés les uns avec le ciseau, les autres avec la scie, d'autres avec les roues, & d'autres qui ont été usés peu à peu avec l'émeril. Le plus grand morceau qu'on en ait en France, est la cuve du Roi Dagobert dans l'Abbaye de saint Denys, que ce Prince fit apporter de Poitiers, & qu'on dit avoir servi au Baptême de saint Martin. Parmi les Antiquités du Roi qui sont au Palais des Thuilleries, il y a une Pallas, & les bustes des douze Empereurs Romains, tous de Porphyre. Il y a déja long tems qu'on ne travaille plus le Porphyre avec la même perfection & facilité que faisoient les anciens, à cause que les Ouvriers n'ont pas le secret de tremper leurs outils, & ne sçavent point que c'étoient ceux dont on se servoit autrefois dans un travail si difficile. Quand les Sculpteurs d'Italie veulent employer un vieux morceau de colomne que l'on y trouve encore aujourd'hui, ils se servent d'une scie de cuivre qui n'a point de dents, & avec de l'émeril réduit en poudre & de l'eau qu'ils versent dessus, ils les usent & les coupent enfin en y employant un très-long-tems. D'autres ont essayé differens moyens de travailler; les uns avec des roues & l'émeril, & d'autres avec de gros marteaux en pointe de diamant, & forgés de bon acier trempé dans le sang de bouc, avec lequel frappant à petits coups sur le Porphyre, & le diminuant peu à peu, ils venoient enfin à bout de lui donner une forme ronde ou plate, mais avec beaucoup de tems & de patience, & sans en pouvoir faire aucune figure. M. Felibien qui a remarqué toutes ces choses; dit qu'en 1555. le Duc Côme de Medicis ayant trouvé quelques pierres de Porphyre parmi plusieurs morceaux de vieux marbres, choisit un nommé Francesco Tadda pour lui en faire un bassin de fontaine, & qu'afin de lui en faciliter le travail, il distilla certaines herbes, & en tira une eau qui avoit tant de vertu, qu'en y trempant les outils tout souges , elle leur donnoit une dureté extraordinaire. Par ce moyen cet Ouvrier fit un baffin de deux braffes & demie de diametre , auquel il tailla auffi un pié. Ce fuccès lui fit entreprendre d'autres ouvrages , fçavoir trois ovalles , dans l'une defquelles il repréfenta une tête de C H R I S T en demirelief , & dans les deux autres , le Duc Côme de Medicis & la Ducheffe fa femme. Il y a grande apparence que fon fecret a été perdu , puifqu'aujourd'hui fort peu de perfonnes travaillent fur le Porphyre. On a pourtant trouvé depuis peu en France , celui de le couper avec une fcie de fer fans dents & du grais mouillé , & même ceux à qui l'on doit cette invention , prétendent avec facilité couper tout le tour d'une colomne de Porphyre. Il eft vrai que comme ce qui refte de cette pierre dont les carrieres font perdues , confifte en quelques morceaux antiques qu'on trouve dans les ruines ; on n'en peut faire aujourd'hui que très peu d'effais. Le même M. Felibien obferve que le Porphyre qui a fouffert le feu , s'éclate & fe caffe facilement quand on le travaille. Quoiqu'il n'ait pas perdu toute fa couleur naturelle , elle eft neanmoins fort diminuée , & n'a point cette vivacité ni un poli auffi beau & auffi luifant , qu'avant qu'on l'eût mis au feu. Ce n'eft pas , continue-t'il , que le feu le rende plus tendre ; car fi l'on en met quelque morceau dans un fourneau , non feulement il ne fe cuit pas , mais il a une telle proprieté qu'il s'endurcit davantage , & ne fouffre pas que les autres pierres qui font autour de lui reçoivent une parfaite cuiffon. Le Porphyre eft appellé en Grec πορφυρίτης , de πορφύρα , Pourpre.

Il y a auffi du Porphyre vert , mêlé de petites taches de vert avec de petits points gris. Il a la même dureté que le rouge , & il eft beaucoup plus rare. Les anciens le nommoient *Lapis Numidicus* , Pierre de Numidie. Il ne s'en trouve aujourd'hui que quelques tables & vafes.

PORPHYROGENETE. adj. Né dans la pourpre. On donnoit ce nom aux Enfans des Empereurs d'Orient , qui naiffoient dans un appartement du Palais Imperial de Conftantinople , qui étoit incrufté de Porphyre.

PORQUES. f. f. p. Terme de Marine. Pieces de Charpenterie qui ont la même rondeur que celles qui fervent de membres au vaiffeau , & dont l'ufage eft de faire la liaifon des pieces qui foutient le bâtiment. Elles fe mettent fur la carlingue , & font paralleles aux varangues. Il y en a qu'on appelle *Porques de fond*. Celles-là fe mettent vers le milieu de la carlingue , & font moins cintrées & plus plates que celles qu'on appelle *Porques acculées*. On met ces dernieres vers les extrémités de la carlingue , & chaque Porque a fes allonges qui fervent à entretenir & à lier toute la maffe du bâtiment.

PORT f. m. Ance ou avance d'une côte de mer qui entre dans les terres , où les Vaiffeaux peuvent faire leur décharge ou prendre leur chargement , & qui eft plus ou moins propre au mouillage , felon qu'elle a plus ou moins de fond & d'abri. Il y a des *Ports de Havres* , où les Vaiffeaux peuvent entrer en tout tems , y ayant toûjours affez de fond , & des *Ports de Barre* , où ils ont befoin de flot & de la haute marée pour y entrer. On dit , *Avoir un Port fous le vent* , pour dire , Avoir un lieu de retraite pour le befoin , & *Fermer les Ports* , pour dire , Empêcher qu'aucun des bâtimens qui y font n'en forte.

Port , fe dit auffi de certains lieux fur les rivieres où les bâtimens qui abordent fe chargent & fe dé-

chargent , & on appelle *Maître des Ports* , Les Officiers établis pour la levée des traites & impofitions foraines.

On dit , qu'*Un Vaiffeau eft du Port de deux cent tonneaux* , pour dire , que Sa capacité eft telle , que l'eau de la mer qui feroit contenue dans l'efpace qu'il occupe en enfonçant , peferoit autant que deux cens tonneaux qui en feroient pleins , c'eft-à-dire , qu'il pourroit porter une charge de quatre cens mille livres , chaque tonneau étant pris pour un poids de deux mille livres.

Port , fe dit auffi , felon quelques-uns , d'un chemin étroit ferré entre deux montagnes , par lequel on trouve à paffer d'un Pays à un autre. C'eft ce qu'on appelle autrement *Col* ou *Pas*.

On dit en Mufique , *Port de voix* , & cela s'entend de la facilité de faire avec la voix , certains fredons , paffages & diminutions fort l'agrément du chant. C'eft toûjours fur les finales , fur les mediantes & autres cadences principales , que fe fait le Port de voix. Il confifte en trois chofes , à Soûtenir la note inferieure , au doublement du gofier qui fe doit faire fur la note fuperieure , & au foûtien de la même note quand on l'a doublée. Cette derniere condition ne s'obferve point dans les *Demi ports de voix* , qui fe font en des lieux moins confiderables , ce qui s'appelle *port de voix gliffé* ou *coulé* , ou *Port de voix perdu* , quand on fe fert de quelque chofe de la valeur d'une note pour la donner toute entiere à une autre.

PORTAGE. f. m. Terme de Mer. Privilege que chaque Officier d'un Vaiffeau ou chaque Matelot a d'y mettre pour foi jufqu'au poids de tant de quintaux , ou jufqu'à un certain nombre de barils. On dit fur quelques grands Fleuves , tels que celui de faint Laurent , où il y a des chûtes d'eau qui empêchent de remonter en canot , *Faire portage* , pour dire , Porter le canot par terre avec ce qui eft dedans , pour paffer ces chûtes d'eau.

PORTANT. f. m. Fer courbé , & attaché aux côtés des chaifes des porteurs. C'eft où ils font paffer les bâtons dont ils tiennent les deux bouts devant & derriere , lorfqu'ils portent dans les rues. Les Serruriers , & les Bahutiers appellent auffi *Portants* , Un fer en forme d'anfe , qui eft attaché aux bouts des coffres , des bahuts & des caffetes , & par où deux perfonnes les prennent pour les foulever & les porter où l'on veut.

Portant , en termes de Ceinturier , eft la partie du baudrier qui pend depuis la fin d'un des côtés de la bande jufques aux pendans , & qui fert à raccourcir , ou à allonger le baudrier.

Portant , efpece d'échelon large en haut qu'on met à une charrette devant & derriere , pour foutenir les pailles , chaume , &c.

PORTE. f. f. *Ouverture faite au mur d'un lieu fermé pour entrer & pour fortir* , ACAD. FR. Il y en a de deux fortes , de ronde & de quarrées , & les unes & les autres font toûjours grandes , ou moyennes , ou petites. M. Felibien dit , felon ce que Scamozzi rapporte , que les Anciens n'ont donné une figure ronde qu'aux grandes portes , & qu'ils n'ont fait des portes rondes qu'aux arcs de triomphe & aux grands paffages publics , fans en avoir fait à aucuns bâtimens particuliers , ni même aux Temples.

On appelle *Porte biaife* , Celle dont les tableaux ne font pas d'équerre avec le mur. Il y a de ces fortes de Portes , dont la moitié de l'ouverture de chaque côté eft biaife , & l'autre moitié quarrément ouverte , foit pour recevoir du jour , foit pour la commodité du paffage. Il y en a d'autres que les

K x iij

Ouvriers nomment *Biais par tête*. Celles-là ne font biaisesque par en haut.

Les bonnes Portes de menuiserie doivent être épaisses d'un pouce & demi, emboîtées en haut & en bas, assemblées à clefs & à languettes & collées. Celle qui est pleine & emboîtée haut & bas avec rainures, languettes, clefs, chevilles & colées, s'appelle *Porte à placart*. Celles qui se font à quadres & à panneaux sont appellées *Placarts d'assemblage*. Les panneaux sont simples & de bois commun, & les quadres de relief & à moulures. On appelle *Porte arrasée*, Celle dont les panneaux & l'assemblage affleurent, & sont d'égale épaisseur.

Il y a plusieurs autres Portes de differentes especes, comme *Porte en niche*, qui est en manière de niche ; *Porte en tour ronde*, qui est percée dans un mur circulaire, & vûe par dehors ; *Porte en tour creuse*, Celle qui fait un effet contraire ; & *Porte à pans*, Celle qui a sa fermeture en trois parties, l'une de niveau & les deux autres rampantes. Celle qu'on appelle *Porte sur le coin*, a une trompe au dessus,& est en pan coupé sous l'encoignure d'un bâtiment, & celle que l'on appelle *Porte dans l'angle*, est à pan coupé dans l'angle rentrant d'un bâtiment. On donne le nom de *Porte bourgeoise*, à celle qui a environ quatre piés de large, & celle qui a cinq & six piés de largeur, & qui sert d'entrée à une maison, s'appelle *Porte bâtarde*. Il y a difference entre Porte croisée & Porte de croisée. *La Porte croisée*, est une fenêtre sans appui, par laquelle on passe pour aller sur une terrasse ou sur un balcon, & *Porte de croisée*, se dit d'une porte à droit ou à gauche de la croisée d'une grande Eglise. On appelle *Porte d'enfilade*, Toutes celles qui sont d'alignement dans les appartemens des grandes maisons & *Porte Flamande*, Celle qui a deux jambages avec un couronnement, & une fermeture de grilles de fer. Lorsque l'on dit *Porte feinte*, on entend une décoration de porte de pierre ou de marbre, ou un placard de menuiserie avec des ventaux dormans. Cette décoration doit être parallele à une vraie porte, afin que la symmetrie soit observée.

Nicod sur le mot *Porte*, en rapporte l'étymologie en ces termes. *Porte est proprement l'endroit par où l'on entre & sort, & par où l'on porte quelque chose, en un lieu clos où on la transporte, & met hors d'icelui, car ce mot vient de* Porter, *tout ainsi que* Porta *latin A* portando. *Donat estime que ce lieu d'entrée & issue que dit est, soit appellée* Porte, *parce que anciennement,quand on faisoit le dessing & l'alignement des murs d'une Ville, ce qui se faisoit avec observation de ceremonies religieuses, celui qui tenoit le mancheau de la charruë tirée par un taureau & une vache, dont le soc alloit marquant d'une raye le lieu & contour de la muraille future, quand il arrivoit aux endroits où les Portes de la Ville devoient être faites, il portoit à force de bras le soc suspendu en l'air, afin que la terre ne fust ouverte celle part, ne rayée, ne renversée par dessus. Ce mot* Porte *est proprement usurpé pour celles qui sont grandes, comme en Portes de Villes, Bourgs, Chasteaux, parcs, granges, & semblables, lesquelles on entre dans quelque pourpris, car les moindres qui sont dans iceluy, comme celles des chambres,garderobes & salles,on les appelle plus usitéement* Huys,*dont vient le nom de* Huissier, *qui est different de* Portier, *estant appellé* Portier, *Celui qui garde,ouvre & serre la premiere entrée qui regarde le dehors, &* Huissier, *Celui qui garde, ouvre & serre les entrées du dedans. Ainsi on dit,* Portiers du Roi, & *Huissier de salle & de la chambre de

sa Majesté, &* Huissier du privé & grand Conseil & des Cours de Parlement, *lesquels sans doubte ont prins le nom de leur charge d'*Huissiers, *de ce que leur deu estoit d'estre à l'huys des chambres desdits Cours, pour estre prests & recevoir les commandemens des Seigneurs d'icelles Cours quoiqu'ils ayent depuis leur institution primitive esté eslargis & appellés à autres exercices servans à l'execution ordinaire de la Justice en maintes sortes.* Porte *aussi signifie ce petit annelet en ovale, dans lequel est addentée l'agraffe, & en cette signification cy, il semble qu'il soit prins de ce mot Grec* πορπη, *qui est de mesme signification, car mesmes* πορπαω, *signifie* Agraffer, *&* κρικου, *Boucle, qui est une espece de* Porte.

On appelle *Porte d'écluse*, Une grande clôture de bois qui arrête l'eau dans les écluses. Les deux battans de cette clôture se joignent en angle au milieu, & souvent par le moyen d'une grande queuë qui a la force du levier.

Il y en a plusieurs sur la Maine & autres rivieres navigables par art.

PORTE'. adj. f. Il n'est en usage qu'en cette phrase, *Veine-porte*. C'est une veine considerable qui sort de la partie cave du foye, qui ressemble au tronc d'un arbre, d'où il en sort plusieurs autres qui entrent dans la vessie du fiel, le ventricule, la rate, les intestins & l'epiploon. La veine-porte tient lieu d'artere à l'égard des veines que le foye reçoit de la veine-cave.

Porte à dîner. Vaisseau de cuivre, d'étain, ou de terre dans lequel les femmes de campagne portent à leurs maris, & enfans, de quoi dîner dans le champ.

PORTECOLE. f. m. Vieux mot. *Portecole*, dit Nicod, *est celui qui porte le roolet des Joueurs de farce ou moralité, & leur va par derriere ramentevant ce qui est de leur roolet, si d'aventure ils l'oublient.*

PORTE'E. f. f. Ce qui reste en l'air d'une plate bande entre deux colomnes ou deux piedroits. On appelle aussi *Portée*, la longueur d'une poutre entre deux murs, ou d'une travée entre deux poutres. On dit, qu'*Une goutiere*, qu'*Un auvent*, qu'*Une cage de croisée*, ou *Une saillie ont trop de portée sur la rue*, pour dire, qu'Elles y avancent trop.

Portée, Terme de Marine. Capacité d'un Vaisseau. On dit, *Designer la portée d'un Navire*, pour dire, Marquer sa grandeur, ce qu'il est capable de porter. *Portée*, se prend aussi pour portage, c'est-à-dire, pour la quantité de marchandises qu'on permet aux Matelots de porter sans qu'ils en payent rien pour le fret.

On appelle encore *Portée*, Une espece de mesure qui est la longueur de la chaine d'un Arpenteur qu'on porte d'un piquet à l'autre. Il y a de certaines lieues qu'on mesure par portées, dont chacune est de trois cens soixante piés. Ce même mot est en usage chés les Ouvriers qui travaillent en rubans & en étoffes, & on dit que *Le peigne d'un bon velours doit avoir soixante portées de chaine*, c'est-à-dire, soixante fois quatre-vingts filets.

On dit en termes de Chasse, qu'*Un Cerf fait des portées de sa tête*, pour dire, qu'en passant dans un bois épais qui est jeune & tendre, il fait plier & tourner les branches avec sa tête, ce qui fait juger de la grandeur de sa perche.

PORTELOTS. m. Terme de Charpenterie. Pieces de bois qui regnent au pourtour d'un bateau foncet ou autre Vaisseau, au dessous des plasbords.

PORTE-BAGUETTE. f. m. Terme d'Arquebusier. Le Porte-baguette consiste en deux petits morceaux de fer en rond, qui sont attachés au fust de l'arme à feu, fur lefquels pofe la baguette du fufil, du piftolet & du moufquet.

PORTE-CRAYON. f. m. Petit Inftrument de la groffeur d'un tuyau de plume, & qui eft long de fept ou huit pouces.

PORTE-ETRIER. f. m. Petit bout de courroye qui eft attaché au derriere d'une felle pour trouffer les étriers quand le Cavalier a mis fon cheval à l'écurie.

PORTE-HAUBANS. f. m. Terme de Marine. On appelle ainfi de longues pieces de bois mifes en rebord & en faillie, & qui font clouées & chevillées de côté à l'arriere de chaque mât fur les côtés du haut d'un Vaiffeau, pour foûtenir les haubans & empêcher qu'ils ne portent contre le bordage.

PORTE-PIECE, f. m. Outil dont les Cordonniers fe fervent pour percer les fouliers.

PORTE-TRAIT. f. m. Petit morceau de cuir plié en deux, qui fert à foutenir le trait des chevaux de carroffe.

PORTE-VENT. f. m. Canal de bois bien fermé, par lequel le vent des foufflets d'une orgue eft porté dans le fommier, Porte-vent fe dit auffi d'un chalumeau qui eft fur la cornemufe, & qui fert à l'enfler avec la bouche. On appelle encore Porte-vent, La partie d'une mufette par où l'on fait entrer le vent avec un foufflet.

PORTE-VERGUES. f. m. Terme de Marine. Pieces de charpenterie qui font prefque en forme d'arc, & qui faifant la partie la plus élevée de l'éperon dans un Vaiffeau, regnent fur l'aiguille depuis le chapiteau jufqu'au deffous des Boffeurs.

PORTE VOIX. f. m. Sorte d'inftrument de métal dont l'ufage eft de porter la voix dans un lieu fort éloigné.

PORTENDU. adj. Vieux mot. Mis en vûe.

PORTER. v. a. *Avoir un fardeau fur foi, être chargé de quelque chofe de lourd, de pefant.* ACAD. FR. On dit dans l'art de bâtir, qu'*Une piece de bois*, qu'*Une pierre porte tant de long & tant de gros*, pour dire, que Cette piece de bois, cette pierre a tant de longueur & tant de groffeur. Ce verbe s'emploie au neutre, & on dit, *Porter de fond*, Porter à plomb & par empattement dès le rez de chauffée. On dit de même, qu'*Un corps porte à crû*, pour dire, qu'il eft fans empattement ou fans retraite, & qu'*Il porte à faux*, pour dire, qu'il porte en faillie & par encorbellement. On dit auffi d'une colomne qui eft hors de fon aplomb, qu'*Elle porte à faux*. On le dit de même d'un pilaftre.

Porter, en termes de Marine, fignifie Gouverner, faire route. Ainfi l'on dit d'un vaiffeau, qu'*Il porte au Sud*, qu'*Il porte le cap au Sud*, pour dire, qu'il fait route au Sud; & qu'*Il eft porté d'un vent de Sud*, d'un vent frais, pour dire, qu'il eft conduit de l'un ou de l'autre de ces vents. *Porter à route*, c'eft Aller en droiture fans louvier. On dit qu'*Un Vaiffeau porte le feu*, pour dire, que pendant la nuit il a une ou plufieurs chandelles allumées dans des fanaux fur la pouppe. C'eft d'ordinaire le Commandant de la flote qui porte le feu, afin qu'il en puiffe être fuivi à vûe.

Porter, eft auffi un terme de Manege, & on dit d'un cheval, qu'*Il porte beau*, pour dire, qu'il porte la tête haute & de bonne grace; & qu'*Il porte bas*, pour dire, qu'il la baiffe trop.

PORTEREAU. f. m. Conftruction de bois qui fe fait fur de certaines rivieres, pour les rendre plus hautes en retenant l'eau; ce qui en facilite la navigation. Le Portereau eft fait en forme de Pompe d'étang. C'eft une grande palle de bois qui barre la riviere, & qui fe leve par le moyen d'un grand manche tourné en vis, qui eft dans un écrou, étant au milieu d'un fort chevalet, quand quelque bateau arrive. C'eft auffi un bâton court & de brin, dont les Charpentiers fe fervent pour porter des pieces au chantier, & de-là au bâtiment.

PORTEURS d'épée. f. m. Ordre Militaire de Livonie, qui fut établi en 1203. par Albert, Moine de Breme, de l'Ordre de Cîteaux, & Evêque de Riga, entre les mains de qui Engilbert, Thierri de Tyffench & d'autres riches Marchands, pouffés du defir de combattre contre les Infidelles de Livonie, firent vœu d'obéiffance & de chafteté. Albert, qui reçut leurs vœux, leur donna l'habit de ceux de Cîteaux, leur prefcrivant cette même regle. Cet habit fut une longue cafaque blanche avec une chappe noire fur laquelle étoit une épée rouge croifée de noir, tout proche l'épaule gauche. Ils portoient fur l'eftomac deux épées femblables paffées en fautoir, la pointe en-bas. C'eft ce qui les fit appeller *Porteurs d'épées*, ou *Freres Porte-glaives*. Cet Ordre fut approuvé par le Pape Innocent III. & incorporé vers l'an 1237. avec celui des Teutons. Ainfi ils ne firent plus qu'un même Ordre enfemble, jufqu'à ce qu'Albert de Brandebourg, Grand-Maître de l'Ordre de Pruffe, s'étant fait Lutherien, les Porteurs d'épées fe feparerent des Teutoniques.

PORTIERE. adj. fem. Il fe dit de quelques animaux qui portent. *Brebis portiere*, eft celle qui eft en âge de porter, & *Lice portiere*, eft une chienne qu'on fait couvrir pour en avoir de la race.

PORTIQUE. f. m. Lieu long & couvert ou par une voute, ou par un plancher que foûtiennent des colomnes. Ce mot vient de *Porte*, d'où l'on a nommé *Portique*, Toute difpofition de colomnes en galerie. Le *Portique circulaire*, eft une galerie avec des arcades, qui entoure une cour ronde; & on appelle *Portique de treillage*, Une décoration d'Architecture de pilaftres, d'arcades, &c. faits de barres de fer & d'échalas de chêne maillés. Cette forte de décoration fert pour l'entrée d'un berceau dans un jardin. On dit *Portiques d'appui*, en parlant de certaines efpeces de petites arcades eu tiers point, qui tenant lieu de baluftres, garniffent les appuis évidés des bâtiments gothiques.

PORTOIRE. f. m. Vaiffeau de bois ovale, fait de douves & de cerceaux pour porter la vendange fur des chevaux, de la vigne au Preffoire.

POS

POSADE. f. f. Terme de Manege. C'eft la même chofe que *Pefade*, c'eft-à-dire le mouvement que fait un cheval, qui en levant le devant, tient en même-tems les piés de derriere à terre fans fe remuer, en forte qu'avant qu'il y mette les jambes de devant, il ne fait aucun tems avec les hanches.

POSE', E'E. adj. Terme de Blafon. Il fe dit du lion quand il eft arrêté fur fes quatre piés. *D'or au lion de finople pofé*. Il fe dit auffi d'une Tour. *A une Tour d'or*, *pofée fur un tertre de finople*.

POSER. v. act. *Placer, mettre fur quelque chofe.* ACAD. FR. On dit en ce fens dans l'Académie de Peinture, *Pofer un modelle*, pour dire, Placer une perfonne, afin de pouvoir deffiner d'après.

On dit parmi les Maçons, *Pofer une pierre*, peut dire, La mettre en place & à demeure. On appelle *Pofer à fec*, quand on frotte les pierres avec du grais & de l'eau par leurs joints de lit bien dreffés, jufqu'à ce qu'il n'y ait point de vuide; & *Pofer à cru*, quand on dreſſe ſans fondation un pilier ou une étaie pour ſoûtenir quelque choſe. On *Poſe de champ*, lorſque l'on met une brique ſur ſon plus mince côté, ou une piece de bois ſur ſa plus étroite face; & quand on fait le contraire, cela s'appelle *Poſer de plat*. Si on poſe une piece de bois obliquement, ſoit pour empêcher la charge, ſoit pour arbouter & contreventer, On dit alors qu'*On poſe en décharge*.

POSEUR. ſ. m. Celui qui dans les grands Atteliers poſe & arrête les pierres ſur le tas en la ſituation qu'elles doivent être; celui qui les reçoit de la grue, & qui les place à demeure de niveau & d'alignement.

POSITIF. ſ. m. Petit buffet d'une orgue d'Egliſe. Il eſt ordinairement derriere ou au pié de l'Organiſte, & joue avec les mêmes ſoufflets & le même vent. Il a un pareil nombre de jeux, mais ces jeux ſont plus petits & proportionnés à ceux du grand corps.

POSITION. ſ. f. Terme dogmatique. Theſe ou propoſition qu'on ſoûtient dans les Ecoles. *Poſition*, en termes d'Aſtronomie, veut dire Situation, diſpoſition. Les ſix grands cercles qui paſſant par l'interſection du Meridien & de l'Horiſon, diviſent l'Equateur en douze parties égales, ſont appellés *Cercles de poſition*.

Poſition, en termes d'Arithmetique, ſignifie Suppoſition, & on appelle *Regle de fauſſe poſition*, Une regle par laquelle en calculant ſur des nombres faux, & que l'on ſuppoſe à ſa fantaiſie, on trouve, par les differences qui s'y rencontrent, le vrai nombre qu'on cherchoit.

Les Architectes appellent *Poſition*, La partie du devis d'un bâtiment qui contient en general le plan du logis, & en particulier le plan de chacune de ſes pieces.

Les Maîtres de danſe ſe ſervent auſſi du mot de *Poſition*, en parlant de la maniere de poſer ſes piés l'un à l'égard de l'autre. Il y a parmi eux diverſes ſortes de Poſitions regulieres.

POSITIVE. ſ. m. Partie de la Theologie qui enſeigne les dogmes de la Foi conformément à l'écriture, aux Conciles & aux ſaints Peres.

POSSON. ſ. m. Sorte de petite meſure qui contient ſix pouceons. On dit autrement *Poiſſon*.

POSTCRIT. ſ. m. Ce que l'on ajoute à une lettre ou à un memoire, après qu'on a dreſſé le memoire ou fini la lettre. Ce mot vient du Latin *Poſtſcriptum*, Ecrit après.

POSTE. ſ. m. On appelle ainſi, en termes de guerre, Toute ſorte de terrain où l'on peut loger quelques Soldats, ſoit que le lieu ſoit fortifié, ou non. *Poſte avancé*, ſe dit d'un terrain dont on ſe rend maître pour s'oûvrir les poſtes qui ſont derriere, & s'aſſûrer des devants.

POSTE. ſ. f. *Chevaux ou autres voitures établies de diſtance en diſtance, pour faire diligemment des courſes & des voyages*. ACAD. FR. Cyrus, au rapport de Xenophon, a établi le premier les poſtes. Il fit bâtir pour cela des lieux commodes pour les grands chemins, où il ſe trouvoit des hommes & des chevaux tous prêts à courir, en ſorte que celui qui arrivoit à une Poſte; mettoit le paquet des nouvelles entre les mains d'un autre homme qui en partoit auſſi-tôt; ce qui ſe continuoit de poſte en poſte. Il y en a qui attribuent à Auguſte le premier établiſſement des Poſtes. Suetone dit qu'il fit bâtir ſur les grands chemins des ſtations deſtinées à cet uſage dans des diſtances peu éloignées, choiſiſſant de jeunes hommes experts à la courſe, qui couroient d'une poſte à l'autre, donnoient les paquets de main

en main. Après cela il établit des chevaux & des chariots, afin de faire plus de diligence. Dans le tems de Charlemagne il y eut quelque commencement de Poſtes en France, en Allemagne & en Italie; mais cet établiſſement n'ayant pas été continué, on croit que ce fut Louis XI. qui les rendit ordinaires & perpetuelles en France vers l'an 1477. Ce fut en ce tems que les logemens où l'on tenoit des chevaux prêts s'appellerent *Poſtes*, ainſi que les courſes & les Couriers mêmes.

On appelle *Poſtes*, Les petites bales de plomb dont la plûpart des Chaſſeurs chargent leurs fuſils.

On appelle *Poſtes*, en matiere de Sculpture, Certains ornemens plats en maniere d'enroulemens repetés. Il y en a qui ſont fleuronnés avec des roſettes, & d'autres qui ſont tout ſimples. On leur a donné ce nom, à cauſe qu'ils ſemblent courir l'un après l'autre. Il ſe fait auſſi des *Poſtes de fer* pour les ouvrages de ſerrurerie.

On appelle dans les Académies de jeu, *Prêteurs en poſte* ou *Prêteurs à poſte*, Ceux qui prêtent aux joueurs l'argent qu'ils leur demandent, moyennant un certain interêt ſelon la ſomme, de laquelle ils ſe rembourſent dans une autre occaſion.

POSTILLE. ſ. f. Vieux mot. Ce qu'on écrivoit autrefois à la marge d'un livre. C'eſt de-là que nous eſt venu *Apoſtiller*.

POSTILLON. ſ. m. Celui qui conduit les gens qui courent la poſte. Il ſe dit auſſi du Courier qui porte les lettres; & c'eſt en ce ſens qu'on dit, *Un cornet de Poſtillon*, qui donne avis de ſon arrivée. On appelle encore *Poſtillon*, Celui qui mene les chevaux de devant d'un carroſſe, quand ce carroſſe eſt tiré par ſix chevaux.

Poſtillon, en termes de mer, ſe dit d'une petite Parache qu'on entretient dans un Port, & dont on ſe ſert lorſque l'on veut envoyer à la découverte, ou porter quelque nouvelle.

POSTURE. ſ. f. En terme de Gravûre & de Peinture, Attitude. On dit, *Les poſtures de Callot*, &c.

POT

POT. ſ. m. Vaiſſeau de métal ou de terre qui ſert à divers uſages.

Pot, en termes de guerre, ſe dit d'une eſpece de morion ou de ſalade que portent les gens de pié, & qui ne couvrent que la moitié de la tête.

Pot à feu. Eſpece de bombe longue & creuſe en dedans. Il y en a qui pour faire des pots à feu prennent une des plus groſſes grenades chargées. Ils la mettent dans un pot de terre rempli de poudre & couvert d'une peau. Au deſſus de cette peau ſont des bouts de meche allumés, attachés en croix. On jette ce pot par le moyen d'une corde que l'on attachea ſon anſe, & en ſe briſant il ne manque point de prendre feu, de même que la grenade qui eſt enfermée dedans.

POTAGER. ſ. m. Jardin à legumes. Le Potager de Verſailles n'a rien d'égal.

POTAMOGETUM. ſ. m. Plante qui a ſes feuilles velues & ſemblables à la Bete. On les voit nager & ſortir de l'eau en divers lieux. Elle croît dans les marais & autres lieux aquatiques, d'où elle a pris ſon nom, ποταμὸς en Grec ſignifiant Fleuve, & γείτων Voiſin. Dioſcoride dit qu'elle eſt bonne aux démangeaiſons & aux ulceres inveterés, & Galien qu'elle eſt aſtrictive & refrigerative au même degré que la Renoncule, qui eſt pourtant compoſée d'une eſſence plus ſubtile.

POTASSE. ſ. f. Sorte de terre dont les Teinturiers ſe ſervent.

fervent. Elle eft affés femblable à la gravelée , & on nous l'apporte de Dantzic , & même de Mofcovie. On l'appelle auffi *Vendaffe*.

POTEAU. f. m. Les Charpentiers appellent *Poteau* , Toute piece de bois mife debout. Elle eft de differente groffeur , felon fa longueur & fes ufages. Les gros Poteaux font les encoignures , & font ordinairement d'un feul brin. C'eft ce qu'on appelle *Poteau cornier*. On dit *Poteau de membrure* , en parlant de la piece de bois qui fert à porter de fond les poutres dans les cloifons & pans de bois. Elle doit être de douze à quinze pouces de gros , reduite à fept à huit d'épaiffeur jufqu'à la confole qui la couronne & qui fe prend dans la piece même. Tout Poteau qui porte à plomb fur un autre dans tous les étages d'un pan de bois , s'appelle *Poteau de fond* , & celui qui fert à garnir un pan de bois , *Poteau de remplage*. Ceux qui font pofés à plomb & retenus à tenons & à mortoifes dans les fablieres d'une cloifon font des *Poteaux de cloifon*, & ceux qui font le côté d'une porte ou d'une fenêtre , font appellés *Poteau d'huifferie ou de croifée*. Il y a auffi des *Poteaux de décharge*. Ce font ceux qui étant inclinés en façon de Guette , foulagent la charge dans une cloifon ou un pan de bois. On appelle *Poteaux de lucarne* , Ceux qui étant à côté d'une lucarne , fervent à en porter le chapeau. Les *Poteaux d'écurie* font des morceaux de bois tournés , qui ont environ quatre piés de haut hors de terre & quatre pouces de gros. Ils fervent dans les écuries à feparer les places des chevaux. Lorfque l'on conftruit un pont, on y appelle *Poteau montant* , Une piece qui eft retenue à plomb par deux contrefiches audeffous du lit , & par deux décharges au deffus du pavé , pour en entretenir les gardefous. On fait venir le mot de *Poteau de Poftellum* , qui a fignifié un gros pieu de bois fiché en terre debout , où l'on attache un carcan dans un carrefour.

POTE'E. f. m. Terme de Chymie. Etaim calciné & reduit en poudre très-fine. Il fert à donner le dernier poli aux miroirs d'acier , & à d'autres chofes qui demandent un fort grand éclat. *Potée d'émeril*, fe dit de la poudre que l'on trouve fur les pierres qui ont fervi à tailler des pierreries. Les Potiers appellent auffi *Potée*, De l'eau épaiffe où il y a de l'ocre rouge pour faire prendre le plomb au pot.

POTELET. f. m. Petite piece de charpente qui eft affemblée à tenons & à mortoifes au deffous des fenêtres entre l'appui & la fabliere. On appelle *Petits potelets* , de petits Poteaux qui font tant au deffus des portes & des fenêtres , qu'aux exhauffemens des entablemens.

POTENCE. f. f. Piece de bois que l'on met fous une poutre , pour foûtenir un plancher qui eft trop chargé. Il y a des Potences à un lien ou à deux liens. Les premieres fe mettent à une des extrémités proche la muraille , & celles qui font à deux liens avec leur chapeau , fe mettent au milieu de la même poutre pour la foulager , lorfqu'elle eft d'une trop longue portée , ou pour la foûtenir , lorfqu'elle eft commencé à s'éclater.

On dit en Architecture , qu'*Une maifon eft bâtie en potences* , lorfqu'elle a des aîles à côté du grand corps de logis.

Potence , en termes de Serrurier , fignifie le fer à quoi eft attaché l'Enfeigne qui pend devant la boutique d'un Marchand ou d'un Artifan. C'eft une maniere de grande confole en faillies , ordinairement ornée d'enroulemens & de feuillages de tole.

On appelle auffi *Potences* , Les bouts des branches d'une Trompette qui font formés en arc.

Potence , eft auffi une verge de fer , qui paffe
Tome II.

diametralement fur le bord du minot. Elle fert à l'élever , & eft attaché par deux oreilles à fon cintre.

On dit en termes de courfe de bague , qu'*On a bridé la potence* , lorfqu'avec la lance on a touché le bois d'où pend la bague ou l'anneau.

POTENCE' , E'E. adj. Terme de Blafon. Il fe dit des pieces qui fe terminent en potence. *D'azur au chevron potencé d'argent*. On appelle *Croix potencée* , celle qui a fes extrémités faites en potence double ou felon la figure de la lettre T , comme la croix de Jerufalem.

POTENCIEL , ELLE. adj. On appelle en termes de Medecine , *Cautere potenciel* , La pierre de chaux ou autres drogues cauftiques , à la difference du cautere actuel , qui eft , le bouton de fer ardent.

POTENTILLE. f. f. Herbe , felon Matthiole , affés femblable à l'agrimoine , ayant neanmoins fes feuilles plus veües , vertes deffus , & blanches deffous. Elle jette de petites branches qui traînent à terre comme celle de la Pilofelle , & produit des fleurs jaunes qui tiennent à une fimple queue, & qui font femblables aux ranuncules des jardins. Sa racine eft rouge en dehors & blanche en dedans. Elle croît le long des fentiers & aux lieux humides. Toute cette plante eft defficcative & aftringente , ce qui la rend propre aux dyfenteries , & aux autres flux de ventre. Prife en breuvage elle eft bonne à ceux qui crachent le fang. La décoction de l'herbe faite en vin & prife auffi en breuvage, guerit les tranchées du ventre & les douleurs des reins. La farine de cette même herbe feche, étant prife en eau diftillée de l'herbe même , arrête les fluxions blanches des femmes , & plus efficacement fi on y mêle du coral & de la brifure d'ivoire. Quelques-uns l'eftiment merveilleufe , tant bûe que mangée , pour la defcente des boyaux. Si on fe lave fouvent la bouche avec fa décoction , elle appaife la douleur des dents qu'elle raffermit quand elles branlent , & refferre les gencives. Si on y mêle un peu d'alun , elle remet la luette baffe. On tient que cette plante mife aux creux de la main , & fous la plante des piés , fait ceffer l'ardeur de quelque fievre que ce puiffe être. On l'appelle auffi *Ar entine* , & il y en a qui veulent qu'on lui ait donné le nom de *Potentille* , du Latin *Potentia* , Puiffance , à caufe des grandes vertus qu'elle a.

POTERIUM. f. m. Plante dont l'écorce eft menue , & qui a quantité de branches , longues , molles , déliées , & pliables , femblables à celles de Tragacantha. Ses feuilles font petites & rondes , & fes fleurs blanches. Sa graine eft odorante & piquante au goût , mais inutile. Ses racines qui ont deux ou trois coudées de long, font dures & nerveufes,& jettent une liqueur femblable à la gomme lorfqu'on les coupe près de terre. Etant pilées & appliquées en forme d'emplâtre , elles font fingulieres aux nerfs coupés & à fouder les plaies. Leur décoction eft bonne auffi pour tous accidens des nerfs. Cette herbe croît aux lieux aquatiques , ce qui lui fait donner le nom de *πotιγενon* , de *πίνω* , Qui aime à boire.

POTERNE. f. f. Il fe dit en termes de Fortification d'une fauffe porte qui fe fait pour l'ordinaire plus commodement dans l'angle du flanc & de la courtine , pour faire des forties fecretes par le foffé. Du Cange fait venir ce mot de *Poterna* , qu'on trouve en ce même fens dans les auteurs de la baffe Latinité. Il s'eft dit autrefois de toute porte fecrete & cachée.

Par une poterne defcend
Que trois Sergents li vont ouvrir.

POTIEUX, euse. adj. Vieux mot. Qui a mal de cœur de toutes choses. On a dit aussi, *Etre potieux*, *faire le potieux*, pour dire, Faire le délicat, être difficile à contenter.

POTIN. s. m. Laiton jaune, dur, cassant & sonnant, où il entre du plomb ou de l'étain. On ne peut dorer cette sorte de métal. Quelques-uns veulent qu'on l'appelle ainsi, à cause qu'on en fait souvent des pots. On en fait des chandeliers, des lampes de cuisine, des pommes de chenets.

POTION, s. f. Terme de Chymiste ou d'Apothicaire. Toute sorte de remede liquide qu'on prend par la bouche, pour la conservation ou pour le rétablissement de la santé. Il y a des Potions de diverses sortes. Les unes sont purgatives, cordiales, astringentes, pectorales ; les autres aperitives, somniferes, diuretiques, hepatiques, hysteriques, vulneraires, carminatives &c. Les remedes purgatifs se prennent plus souvent en potion que d'une autre sorte, à cause que la potion va plus promptement par tout le corps, & par toutes les veines les plus déliées, ce qui fait qu'elle leve les obstructions avec plus de facilité, & qu'elle purge mieux toutes les humeurs qu'elle rencontre. Ce mot vient du Latin *Potio*.

POTIRON. s. m. Gros fruit rond, & couvert d'une écorce qui tient du jaune & du rouge. C'est une espece de citrouille de difficile digestion, qui vient, à une p'ante rampante. Il y en a qui ne valent rien. Ceux qui sont bons à manger se cuisent, se fricassent, & se mettent quelquefois au potage. *Potiron*, se dit aussi d'une espece de Champignon noir au dedans, que les Latins appellent *Fungus*. Pline dit qu'il y a des Potirons, appellés πεζικαι par les Grecs, qui n'ont ni queue ni racine. Quelques-uns veulent que le mot de *Potiron* vienne du Grec πυθίων, à cause que le Potiron, qui est l'espece du champignon appellée *Fungus* par les Latins, a de la ressemblance avec une coupe, ou un vase à boire renversé.

POU

POU. s. m. Vermine qui pique, & qui s'engendre de la chair, sur-tout dans la tête. La crasse & la sueur les engendrent quelquefois dans les chemises & dans les habits de laine, principalement pendant l'été. Le Pou a un grouin fait comme celui du pourceau. Ses yeux sont derriere ses cornes sont environnés de poil. Ses cornes se font de même, & on voit à l'extrémité de son bec une petite éminence, qui peut bien servir d'étui à son aiguillon, à cause qu'il n'a point de bouche qui s'ouvre. Du dessous de sa poitrine sortent six jambes, divisées chacune en six parties fort distinctes, dont la peau est assés semblable à du cuir de chagrin. Celle du reste de son corps est luisante. La derniere partie de ses piés est armée de deux pinces d'une grandeur inégale. Sur son dos sont des incisions en forme d'anneaux, des poils & des marques, telles que les verges en font sur le corps de ceux qui l'on a fouettés. On tient que les poux s'enfuient des corps morts, & que quand il en vient à la tête d'un malade c'est signe de guerison. Il s'engendre aussi des poux dans la plûpart des bêtes, mais jamais les Asnes n'en ont. On dit qu'ils mettent le lion en rage tant ils le tourmentent.

On trouve aussi des *Poux aquatiques*, dont la couleur tire sur le rouge. Il y en a quelquefois une si grande quantité dans de certains fossés remplis de fange & de bourbe, qu'on croiroit que l'eau auroit été changée en sang. On appelle aussi *Pou*, Une

sorte d'insecte d'étang de mer, qui tourmente le poisson.

Poux de bois. Espece de fourmis ou de vermisseaux qui ont une petite tache noire sur la tête, & le reste du corps tout blanc. Ils l'ont plus mollasse que nos fourmis ordinaires. Leur dent est pourtant si acerée qu'ils rongent & cavent le bois où ils s'attachent. Les Habitans des Antilles, où ils se rencontrent en quantité, les ont appellés *Poux de bois*, à cause qu'ils s'engendrent de bois pourri. Ils bâtissent avec de la terre de petites galeries, ou conduits un peu plus amples que le tuyau d'une plume, & leur font faire tant de milliers de tours & de détours, qu'ils en composent enfin une motte plus grosse qu'un demi baril. Ils sont là dedans comme dans une petite forteresse, à couvert des embuches des petits oiseaux & des lesards, qui les avalent avec grande avidité comme un très-friand morceau. Si on y fait quelque breche, ils s'appliquent aussi-tôt à la reparer, & leur travail avance à vûe d'œil, sans que l'on puisse comprendre comment ils peuvent en venir à bout avec tant d'adresse. Lorsqu'ils se font un peu trop multipliés, ils font comme une ligne de communication tout le long de la sole jusqu'au premier joint qu'ils trouvent. Ils y bâtissent tout de nouveau, & allant ainsi de coin en coin & de joint en joint, ils pourrissent tous les lieux où ils s'arrêtent, & en peu de tems ils font tomber un bâtiment en ruine. On ne leur coupe chemin qu'en frottant d'huile de vache de mer les lieux par où ils passent, & même si on en verse sur la motte, ils l'abandonnent incontinent. Lorsqu'ils ont quitté leur demeure, elle noircit, desseche & brûle aussi vîte qu'on verse des allumettes. On a observé que quand ces petits insectes vieillissent, les aîles leur viennent ainsi qu'aux fourmis, & qu'ils s'élevent en l'air, mais ils n'y vivent tout au plus qu'un jour ou deux.

Poux de Pharaon. Animaux du Bresil qui entrent dans les piés entre la chair & la peau, & qui y font une playe qui les pourrit. Ils deviennent en un jour de la grosseur d'une feve.

POU. adv. Vieux mot. Peu.

A pou que je ne vous occi.

Pour dire, *Il s'en fallut peu.* On a dit aussi *Poy.*

Moult est Poy de trels Amans.

POUACRE. s. m. Vieux mot. Paralytique.

Elle guerit les Ytropiques,
Les Puuacres, les Frenatiques.

POUAIR. v. n. Vieux mot. Pouvoir. On a dit aussi *Pouer* & *Pouir* ; *Post*, pour, Il peut, & *Pouiß*, pour, qu'il pût.

POUCE. s. m. *Le plus gros des doigts de la main.* ACAD. FR. C'est aussi une mesure qui comprend la douziéme partie d'un pié de Roi, contenant douze lignes, dont chacune est large de la grosseur d'un grain d'orge. Le Pouce superficiel quarré a cent quarante-quatre de ces lignes, & le Pouce cube en a mille sept cens vingt-huit. Le mot de *Pouce* vient du latin *Pollex*, qui veut dire la même chose, & *Pollex* de *Pollere*, à cause que le Pouce a plus de force que les autres doigts.

Ce que l'on appelle *Pouce d'eau*, est une quantité d'eau courante qui passe sans cesse par une ouverture ronde d'un pouce de diametre. La superficie de l'eau doit toûjours demeurer plus haute d'une ligne que la partie superieure de cette ouverture, fournissant treize pintes d'eau dans une minute, & huit cens pintes pendant une heure.

POUCEON. f. m. Sorte de mesure qui contient un pouce cubique. Douze Pouceons pesent huit onces.

POUCIER. f. m. Maniere d'ongle de fer blanc , de cuir , d'yvoir , ou d'argent , dont quelques ouvriers se couvrent le pouce pour se conserver l'ongle. On appelle aussi *Poucier* , Une espece de pouce de métal , dont les Tireurs d'or se couvrent le pouce pour travailler. Ce Pouce est fait à peu près comme le dez de ceux qui manient l'aiguille.

Poucier , se dit aussi d'une figure de pouce faite de fer blanc que les Chirurgiens ont l'adresse d'attacher à une main pour tenir la place d'un pouce coupé. Il sert à faire encore manier la plume & les armes.

POUDRE. f. f. *Petits corpuscules de terre dessechée , qui s'élevent en l'air à la moindre agitation , au moindre vent.* ACAD. FR.

Poudre à canon. Elle se fait en prenant six parties de salpêtre avec du soufre , & du charbon de saule , une partie de chacun. On pulverise le tout ensemble dans un mortier de fonte pendant l'espace de trois ou quatre heures , & on humecte la Poudre de tems en tems avec du vinaigre , ou de l'esprit de vin , ou de l'eau de chaux. Ensuite on passe cette pâte presque seche , dans un crible de parchemin , dont les trous doivent être de la grandeur qu'on souhaite pour grossir ou diminuer les grains , & par ce moyen on a de très-bonne poudre lorsqu'elle est seche. Le salpêtre cause le grand effet par son étrange rarefaction , qui se résout tout en vapeur & en air. Le soufre est ce qui l'enflame , & parce que la flame de soufre est fort legere , & que le salpêtre l'éteindroit bientôt , on y ajoûte du charbon qui est sec & plus solide pour le soûtenir. Il y a de la *Poudre muette* , appellée autrement *Poudre sourde*, qui se fait avec de la Poudre commune , en y ajoûtant du Borax , de la pierre calamine , ou du sel armoniac , ou des taupes vives calcinées , ou de la seconde écorce du sureau.

Poudre de plomb. Petit plomb menu de forme ronde , dont on charge les fusils pour tirer au menu gibier.

Poudre de sympathie. Vitriol qui est calciné & dont on se sert quand on veut arrêter le sang. La vertu de la Poudre de sympathie qui guerit les playes par une faculté magnetique , est renfermée dans la testemure du vitriol de cuivre ou de Venus. On expose du vitriol de cuivre aux rayons du Soleil pendant les Jours Caniculaires , pour le calciner en jauneur. Les rayons ne doivent pas être trop chauds , à cause que le soufre de Venus , en quoi la vertu sympathique consiste , se dissiperoit. Il faut aussi empêcher que la pluye ne tombe sur la préparation , parce qu'elle en seroit un veritable vitriol.

Poudre de Cypre. Composé de racine d'Iris, de musc, de civette , qui sert à dessecher ou à poudrer les cheveux.

On appelle *Poudres* , parmi les Apothicaires & les Chymistes des medicamens préparés de plusieurs medicamens simples , ou composés de plusieurs purgatifs ou confortatifs pour purger ou fortifier. Toutes ces poudres se font par trituration , qui n'est autre chose qu'une reduction du medicament en menues parties. Il y a une Poudre febrifuge , dont il ne faut prendre que deux fois avant l'accès pour arrêter la fievre quarte , à moins qu'elle ne soit bien enracinée. On prend pour la faire quinze grains de sel ammoniac depuré , qu'on mêle avec huit à dix grains d'yeux d'écrevisses.

On appelle *Poudre Duc* , Une poudre faite de muscade battue avec du sucre. Quelques-uns y

Tome II.

ajoûtent de la canelle. La dose ordinaire est , deux onces de muscade sur une livre de sucre. Cette poudre prise dans du vin chaud , est admirable pour guerir le rhume qui vient d'une cause froide.

Il y a une *Poudre cordiale* , qui est universelle & propre à guerir plusieurs maladies qui arrivent aux chevaux. Elle est composée des rapures des oranges,avec une égale partie d'écorce de citron seche.

Les Chymistes appellent *Poudre de projection* , Une poudre qu'ils prétendent avoir la vertu de convertir en or tout autre métal , lorsqu'on en jette dessus , & qu'on les fond ensemble.

POUDRIER. f. m. Nom que l'on donne sur mer à une horloge de sable dont on se sert , & qui dure demi-heure.

POUF. Mot indeclinable , dont se servent ceux qui travaillent en marbre. Ils disent qu'*Une pierre* ou qu'*un marbre est pouf*, pour dire , qu'il s'égraine sous l'outil. Il se dit aussi du grais , qui s'en va en poudre ou par morceaux.

POUGER. v. n. Terme de Marine. Faire vent arriere , porter à droitte. Ce terme est d'usage sur la Mediterranée.

POUILLEUX , EUSE. adj. Les Ouvriers nomment *Bois pouilleux* , Un bois qui étant échauffé , devient tout plein de petites taches blanches , noires & roußes , qui marquent de la pourriture.

POULAIN. f. m. Espece de traineau sans roue , sur lequel on voiture de gros fardeaux. On fait venir ce mot de *Pulvinus* , qui est employé dans le même sens pour un assemblage de charpenterie propre à trainer des fardeaux.

Poulain , est aussi un Instrument de Tonnelier , qui sert à trainer du vin , & à le descendre dans la cave. Il est composé de deux barres & de quatre éparts qui passent au bout & au bas de cette sorte de machine & aux trav is des barres , & qui servent à les faire tenir ensemble.

Quelques-uns appellent aussi *Poulains* , des étances qui tiennent l'étrave du Vaisseau dans le tems qu'il est sur le chantier. On ôte ces étances les dernieres quand on veut le mettre à l'eau.

Poulain. Terme de Chirurgie. Sorte de tumeur maligne qui vient à l'aine par le commerce qu'on a eu avec une femme qui en est attaquée.

POULAINE. f. f. Terme de Marine. Assemblage de plusieurs pieces de bois , qui font une portion de cercle , & qui se terminent en pointe. On en fait la partie de l'avant du Vaisseau qui s'avance la premiere en mer par une grande saillie qu'elle fait. M. Guiller dit que c'est au bas de la Poulaine contre l'étrave que l'on va laver & blanchir le linge , & & se décharger le ventre.

On a dit autrefois *Souliers à Poulaine* , pour dire, Souliers à la Polonoise , *Poulaine* s'étant dit au lieu de Pologne. C'étoient des souliers , dont la pointe étoit longue d'un demi pié pour les personnes du commun , d'un pié pour les riches , & de deux piés pour les Princes. Cette sorte de souliers aigus fut défendue sous Charles VI. & ensuite on en fit d'autres que l'on appella *Becs de canne* , à cause qu'ils avoient un bec au devant. Ce bec étoit long de quatre ou cinq doigts.

POULE. f. f. Oiseau domestique fort connu qui pond des œufs & les couve pour faire éclorre ses petits que l'on appelle *Poulets*. Il y a dans l'Isle de Madagascar dont les œufs ne sont pas plus gros que ceux de pigeon. Les *Poules d'Inde* , sont de très-grosses Poules venues de l'Amerique. M. Menage veut que *Poule* vienne de *Pullus* , qui a été dit des Poules de tout âge.

Poule de Guinée. Oifeau de la groffeur de nos Poules ordinaires, mais enjambé bien plus haut. Son plumage eſt noir, & tout parſemé de plumes blanches.

Poule d'eau. Sorte d'oiſeau de riviere qui a la tête preſque ſemblable à celle de la Poule privée avec une crête blanche ou rouge. Il eſt noir, & beaucoup garni de plumes. Il y a dans les Iſles de l'Amerique appellées *Vierges*. Une eſpece de petites Poules d'eau qui ont un très-beau plumage. Elles ſont de la groſſeur d'un pigeon, mais leur bec eſt beaucoup plus long, de couleur jaune, & elles ont les cuiſſes plus hautes, d'un rouge fort vif ainſi que les piés. Les plumes du dos, des ailes & de la queue ſont d'un incarnat luiſant, mêlé de vert & de noir, qui ſert comme de fond pour relever ces autres couleurs. Le deſſous du ventre & des ailes eſt d'un jaune doré. On admire dans leur col & leur poitrine une agréable mélange des vives couleurs qu'elles ont dans le reſte de leur corps. Leur tête eſt menue avec deux petits yeux brillans, & elle eſt couronnée d'une petite hupe tiſſue de pluſieurs petites plumes de differentes couleurs. Les Poules d'eau ſont graſſes l'hiver. Leur chair eſt d'aſſés bon goût, mais fort difficile à digerer.

POULETTE. ſ. f. Corde qui ſert à bander une charge ſur un cheval, & à y lier de gros ballots.

POULIE. ſ. f. Corps rond fait de bois ou de métal en forme de diſque ou d'aſſiette avec un creux tout autour pour entortiller une corde. Elle a un trou dans le centre, pour y paſſer un eſſieu autour duquel elle tourne. On s'en ſert aux grues, engins & autres machines pour empêcher que les cordages ne ſe frottent en élevant ou relevant des fardeaux. La Poulie eſt emboîtée dans ce qu'on appelle Echarpe ou Mouſle. La Poulie ne ſert qu'à faciliter le mouvement en épargnant le frottement, & elle n'augmente point la force quand ſon centre eſt fixe, car le poids eſt appliqué d'un côté de ce centre fixe, & la puiſſance de l'autre a des diſtances égales, puiſque la poulie eſt un levier, ainſi la puiſſance n'a point plus de viteſſe que le poids, (voyez MACHINE & MOUVEMENT,) mais quand le centre de la Poulie eſt mobile, & l'une de ſes extrémités fixe, alors ſi le poids eſt appliqué au centre, & la puiſſance à l'autre extrémité, & elle tire par une ligne parallele à la ligne de ſuſpenſion du poids, alors une puiſſance qui n'eſt que la moitié du poids eſt en équilibre avec lui, & ſi elle eſt un peu plus de la moitié elle l'emporte, parce qu'elle eſt une fois plus éloignée du point fixe, & que par conſequent elle fait une fois plus de chemin. Cela fait une eſpece de *LEVIER*. Les Poulies mobiles où les cordes font pluſieurs tours, s'appellent particulierement *Mouſles*, & multiplient extrêmement la force. Voyez MOUFLE. M. Menage dérive ce mot de l'Anglois *Pullie*, fait de *Pult*, qui ſignifie Tirer. *Poulie ſimple*, ſe dit d'une mouſle où il y a ſeulement une Poulie, & *Poulie double*, de celle où il y en a deux ſur un même eſſieu l'une à côté de l'autre.

Il y a dans les Vaiſſeaux differentes ſortes de Poulies. Celles qu'on appelle *Poulies plates de bouline*, tiennent à un pendeur ſous la hune. C'eſt où ſont paſſées les balancines des grandes vergues. On appelle *Poulie de palan*, Une mouſle double où ſont deux Poulies l'une ſur l'autre, & *Poulie d'une grande driſſe*, Une mouſle fort longue qui ſert à hiſſer & à amener la grande vergue. C'eſt où la grande itaque eſt paſſée. Il y a dans cette mouſle trois Poulies ſur le même eſſieu, ſur quoi paſſe la grande driſſe. La *Poulie d'itaque du grand hunier*, qui eſt double

ou ſimple, tient au bout de l'itaque de la hune. Là fauſſe itaque y eſt paſſée, & elle ſert à hiſſer & à amener la vergue du grand hunier. La *Poulie de Guindereſſe*, eſt une groſſe Poulie qui a ſa mouſle entourée d'un lien de fer, au bout duquel eſt un croc, dont l'uſage eſt de hiſſer & d'amener les mâts de hune. Il y a auſſi une Poulie de driſſe de miſaine, qui avec l'itaque ſert à hiſſer & à amener la vergue de miſaine. On appelle *Poulie de coupée*. Une Poulie qui a ſa mouſle échancrée d'un côté pour y paſſer la bouline quand il eſt beſoin de la haler, & *Poulie de retour*, Une Poulie oppoſée à une autre qu'on employe au même uſage. Les *Poulies de retour d'écoutes de hunes*, ſont de groſſes Poulies qui tiennent par une herſe ſous les vergues près des hunes, par où ſont paſſées les écoutes des hunes. *Poulie étropée*, ſe dit d'une poulie avec une étrope, & *Poulie d'écoute*, *de miſaine*, *de ſivadiere*, ſe dit de celles qui ſont à l'avant des grands porte-haubans & auſquelles le côté du Vaiſſeau ſert de mouſle. On dit auſſi *Poulies d'écoute de hune*, en parlant de celles qui ſont au bout des grandes vergues, où ſont paſſées les écoutes des hunes & les balancines. Les *Poulies de caliornes*, ſont des Poulies à trois rouets ſur un même eſſieu.

Les Medecins appellent *Poulies*, Certaines emboîtures des os & des muſcles qui paſſent par deſſus comme ſi c'étoit une Poulie. Ils en trouvent en divers endroits, comme aux coudes, aux genoux, & aux machoires.

POULIOT. ſ. m. Herbe qui ſe traine à terre ainſi que le ſerpolet, & dont les tiges ſont grêles & hautes d'un palme. Elle a ſes feuilles un peu plus grandes que celles de marjolaine, & ſes fleurs ſortent de loin à loin par toute la tige, proche l'endroit d'où viennent les feuilles, & elles tirent ſur le pupurin. Sa racine eſt grêle & chevelue. Toute la plante eſt de bonne odeur, & d'un goût piquant, accompagné de quelque peu d'amertume. Pline parle de deux eſpeces de Pouliot, le mâle qui a ſa fleur blanche, & la femelle qui a ſa fleur rouge. Matthiole dit qu'on les trouve toutes deux en Italie, ſur-tout en Toſcane où il croît du Pouliot parfaitement bon. Galien dit qu'il eſt fort chaud & ſubtil, que l'on connoît combien ſa chaleur eſt vehemente, en ce que ſi on s'en frotte il rubrifie la partie, & même l'écorche & l'ulcere, quand on l'endure trop long-tems, & que ſa ſubtilité pénetrante paroît, en ce qu'il fait cracher aiſément les humeurs groſſes & viſqueuſes qui chargent l'eſtomac & la poitrine, & qu'il provoque le flux menſtrual. En latin *Pulegium*.

POULPE. ſ. f. Terme de Medecine, qui ſignifie le plus gras & le plus ſolide de la chair, & qui ſe dit principalement de la partie ſuperieure du ventre, à cauſe qu'étant charnue, c'eſt par-là qu'on tâte les animaux pour connoître s'ils ſont gras. Cette partie eſt appellée en latin *Pulpa*, que pluſieurs font venir de *Palpare*, Tâter.

On dit auſſi *Poulpe* de la chair des fruits, comme des prunes, des pommes & autres. Il y a une ſorte de poiſſon appellée *Poulpe*, c'eſt celui qu'on nomme autrement *Polype*.

POULS. ſ. m. Terme de Medecine. *Mouvement des arteres qui ſe fait ſentir en pluſieurs endroits du corps & particulierement vers le poignet.* ACAD. FR. Le Pouls a deux mouvemens, l'un d'expanſion, l'autre de conſtriction, ou plûtôt il n'a que celui de conſtriction, lorſque le double muſcle du cœur ſe raccourcit ſuivant ſes fibres, & pouſſe dehors ce qu'il y a dans le cœur; car le ſang ayant reçû ſa perfection dans le ventricule gauche, ne doit pas s'y arrêter, puiſque ce ſeroit nous mettre en peril de perdre la vie , mais il doit continuer son chemin , pousé par le mouvement de constriction du cœur dans les arteres. C'est ce qu'on appelle *Battement* ou *Pouls*. Comme ce battement n'est considéré que pour connoître l'état de la fermentation du sang dans le cœur , il y a trois choses à obsserver dans le Pouls : le sang qui est pousé , la cause qui le pousse & les canaux par où il est pousé , d'où ressultent dans le Pouls cinq differences generales. Le Pouls est grand ou petit à raison du sang : grand lorsque l'artere est bien distendue par le sang gonflé, & petit , quand elle est peu distendue. Le Pouls est fort si la contraction du cœur étant vigoureuse, le sang est lancé vigoureusement , & il est foible, lorsque le contraire arrive. Le Pouls est vîte ou tardif ; vîte , lorsque le cœur irrité poussant le sang avec impetuosité , communique son irritation aux arteres , & il est tardif quand l'irritation du cœur diminuant , fait diminuer aussi celle des arteres. Lorsque l'artere est aride , & qu'elle resiste au toucher. Le Pouls est dur , & il est mol quand l'artere ne resiste point au doigt. Le Pouls est encore frequent ou rare ; frequent , lorsque les impulsions sont vîtes , & que le sang bouillonnant dans le cœur le dilate entierement , & rare , quand la fermentation du sang est diminuée. L'endroit le plus ordinaire où l'on tâte le Pouls est le poignet. L'intestin entre le pouce & l'index est aussi un endroit où on le tâte. On le tâte encore vers le talon du pié , & aux temples , il ne faut pas découvrir le corps , comme dans les femmes grosses. On distingue trois vices dans le Pouls , l'un quand il est mol ou tardif , debile & petit , ce qui arrive dans l'abattement des forces & dans la syncope ; l'autre , quand il est impetueux & excessif , comme dans la palpitation du cœur , & le troisiéme , quand il est frequent contre nature dans les fievres. Il devient naturellement frequent par la rarefaction & par la fermentation du sang dans la poitrine & dans le cœur , lorsque le cœur ne se dilate point assés , qu'il est en quelque sorte irrité , & qu'il se retire frequemment. Comme la contraction frequente du cœur vient de la fermentation augmentée du sang , elle fait le Pouls frequent , & le Pouls frequent marque la fievre , qui consiste formellement dans la fermentation du sang , qui fermente dans le cœur avec trop de violence ou d'impetuosité , ou d'une maniere vitiée. L'abattement ou le mouvement du cœur & des arteres , que l'on appelle *Le Pouls* , étant assés connu par l'experience , on est en peine de sçavoir quelle est la cause primitive & generante , ou productrice de ce mouvement. Galien dit que les uns veulent que ce soit la chaleur naturelle , les autres une proprieté particuliere des esprits , & d'autres une certaine faculté corporelle qui se sert des instrumens particuliers du mouvement , tels que sont la chaleur naturelle , les esprits & les autres parties qui font la conformation du cœur. Selon le sentiment de M. Rohaut , ce mouvement n'étant qu'une espece de dilatation qui arrive au cœur & aux arteres , laquelle se fait à certaines reprises reglées , par telle mesure que les arteres ne battent ni plus ni moins de fois que le cœur , on peut penser qu'il dépend d'une même cause , & que cette cause n'est autre que l'alteration de le sang reçoit dans le cœur. Il y a donc apparence , poursuit-il , qu'à chaque fois qu'il tombe du sang dans les deux cavités du cœur , ce sang se mêle avec celui qui y étoit resté auparavant , lequel lui sert comme de levain , pour le faire dilater tout d'un coup , & par même moyen la distance même du cœur est con-

trainte de se dilater & de s'élargir ; après quoi , comme la plus grande partie du sang qui étoit dans ces cavités , en sort , celui de la cavité droite entrant dans la veine arterieuse , & celui de la gauche dans l'aorte , le cœur se relâche & se rallonge , & c'est dans ce chargement continuel de la figure du cœur que consiste son battement. Et quant aux arteres , leur mouvement consiste en ce qu'elles s'enflent par le nouveau sang qu'elles reçoivent du cœur , & se désenflent quand le sang ayant aussi-tôt perdu de sa force & de son agitation , elles se remettent d'elles-mêmes dans leur premier état. Le même M. Rohaut reconnoît dans la machine particuliere du cœur , des dispositions à se pouvoir dilater & resserrer par une autre voie , à cause qu'étant composé de deux muscles , on peut penser qu'ils exercent alternativement leurs actions , c'est-à-dire , que les esprits animaux passent alternativement d'un muscle dans l'autre , mais il étoit toûjours que c'est la dilatation qui se fait du sang dans le cœur qui détermine ses actions , ce qui se prouve , parce que le cœur se dilate plus ou moins vîte , selon que les diverses qualités qui se rencontrent dans le sang , le rendent susceptible d'une plus prompte ou plus lente dilatation ; & cette seconde cause du mouvement du cœur étant supposée , il dit qu'il n'est pas plus étrange qu'il batte encore quelque tems , quand il est hors du corps d'un animal vivant , qu'il l'est , qu'une cloche continue de se mouvoir quand on cesse de tirer la corde ; mais il ne croit pas qu'on pût autrement rendre raison de ce Phenomene. Le cœur suivant Gassendi , ne se meut jamais sans chaleur , tant parce qu'au commencement il y a une chaleur seminale , & dans la suite du tems celle qui est excitée par le mouvement , que parce que de même que dans un automate , il faut de necessité qu'il y ait de l'air ou de l'eau qui coule , ou une corde tendue , ou un poids , ou quelqu'autre chose de la sorte qui donne le premier branle à la machine , & qui fasse le commencement de la suite des mouvemens , ainsi il est necessaire que dans le cœur il y ait de la chaleur ou comme une espece de petit feu , dont les corpuscules agités donnent le branle aux petites machines interieures du cœur , & fassent le commencement de la suite de leurs mouvemens , surquoi il observe que la chaleur est veritablement necessaire , afin que le mouvement même soit excité , mais que le mouvement même est necessaire afin que la chaleur soit conservée & augmentée , de sorte qu'on peut dire par consequent que la chaleur n'est point cause du mouvement du cœur , que le mouvement est cause de la chaleur continuée. Il ajoûte à l'égard des arteres , qu'elles ne battent pas d'elles-mêmes , & qu'elles n'ont pas une vertu pulsifique qui leur soit propre & particuliere , parce que si après avoir fendu une artere en long, & y avoir introduit un petit canal d'une grosseur convenable , par lequel le sang puisse couler , l'on fait une ligature tout à l'entour , l'artere battra veritablement depuis le cœur jusques à la ligature , & ne battra point , de la ligature vers les extrémités , ce qui est une marque évidente que les arteres ne battent pas d'elles-mêmes , comme le cœur. Elles ne battent pas aussi , continue-t-il , par l'introduction & l'impulsion du sang qui les fasse enfler comme des outres , puisque par la même experience elles ne battent pas au de-là de la ligature , quoique ce sang y passe & y coule à l'ordinaire. Il conclud de là qu'il faut que leur mouvement dépende originairement de la vertu pulsifique du cœur même , ce qui paroît d'autant plus probable que la teneur, l'acceleration ou le retardement du Pouls se fait dans les arteres, selon la teneur. l'acceleration, ou le retardement qui est dans le cœur, outre que la diastole & la systole des arteres se fait en même-tems que la diastole & la systole du cœur, comme il est visible dans la dissection des animaux vivans. Le mot *Pouls*, a été fait du latin *Pulsus*, Battement, pulsation.

POULVERIN. s. m. Maniere d'étui couvert de cuir ou de velours, qui pend avec les charges à la bandouliere, & où l'on met de la poudre fine froissée, dont on se sert pour amorcer.

POUMON, s. m. *Partie interne de l'animal, & le principal organe de la respiration.* ACAD. FR. C'est une substance spongieuse, composée d'une chair changeante entre rouge & blanc, qui est legere & peu dense, ainsi qu'elle est plus de facilité à obéïr au mouvement de la poitrine, qui dilate & resserre le Poumon par le moyen de soixante & cinq muscles. Il est situé dans la poitrine entre le mediastin & les côtes, & ce sont l'artere trachée & le larynx qui lui font recevoir l'air exterieur, afin que le cœur en soit rafraîchi. Il a en general quelque ressemblance à un pié de bœuf ou de cerf, & n'adhere à aucune partie afin qu'il se puisse mouvoir plus facilement, prenant diverses figures, selon la capacité & la disposition de la poitrine, où il est quelquefois bossu & quelquefois creux. Il y a trois vaisseaux qui le suspendent & empêchent qu'il ne tombe. Ces trois vaisseaux sont l'artere trache, l'artere veineuse & la veine arterieuse. Le Poumon est divisé en plusieurs lobes qui paroissent plus sur le devant que sur le derriere. *Poumon* vient du latin *Pulmo*, à *pulsu seu spiratione*; en Grec πνεύμων, de πνέω, Je souffle.

Poumon de mer. Sorte d'insecte marin qui est couvert d'un cuir dur, & que l'on appelle ainsi à cause qu'il est semblable aux poumons des animaux. Dioscoride dit qu'étant frais, broyé & appliqué, il soulage les goutes & les mules aux talons. Pline lui donne la même proprieté qu'à l'éponge, à l'ortie marine & à l'étoile de mer. Quand on voit les Poumons marins nager à fleur d'eau, c'est un signe de tempête. Leur vertu est telle que si on en frotte un bâton il luira de nuit comme une torche allumée. Matthiole a éprouvé que si on met un Poumon marin sur quelque personne, il excite de la démangeaison, & même de la rougeur sur la partie.

POUPART. s. m. Vieux mot, qui a signifié Damoiseau.

Cil n'a pas grandeur de poupart.

Aujourd'hui il n'est en usage que pour signifier un petit enfant en maillot ou une poupée sans bras, & emmaillotée, qui sert de jouet à un enfant.

POUPE'E. s. f. Figure de carton, de plâtre, ou de cire, qui est habillée comme un enfant, & qui sert de jouet aux petites filles. *Poupée*, se dit aussi d'une envelope de linge autour d'un doigt où l'on s'est coupé ou blessé.

Poupée. Terme de Tourneur. On appelle *Poupées* dans un Tour, deux pieces de bois d'égale grosseur & longueur, proportionnées aux jumelles dont ce tour est composé. Une partie de ces Poupées qui est entaillée, se met entre les deux membrures. Le reste qui est la tête de la Poupée, & qui est coupé quarrément de la largeur entiere de ces deux membrures, pose solidement dessus, & afin qu'elles soient plus fermes, il y a des clefs de bois que l'on fait entrer à coups de maillet dans les mortaises qui sont au bout des Poupées, au dessous des membrures. Au haut de chaque poupée, il y a une pointe de fer solidement enclavée dans le bois. Les

deux pointes se regardent l'une l'autre, disposées horisontalement, & si juste qu'elles se touchent dans un même point quand on les approche. C'est ainsi que M. Felibien en parle.

POUPELIN. s. m. Piece de four faite de fleur de pur froment avec du lait & des œufs frais qu'on fait tremper toute chaude dans du beurre lorsqu'elle est cuite, & où l'on mêle du sucre & de l'écorce de citron. Quelques-uns dérivent ce mot du Grec πόπανον, qui signifie, Une sorte de gâteau mince & rond, qui étoit d'usage autrefois dans les sacrifices.

POUPPE. s. f. L'arriere du Vaisseau, qui est appellé *Queue* par quelques-uns, à cause que le gouvernail qu'on y attache fait le même effet aux navires que la queue fait aux poissons. Son pourtour est orné de balcons, de galeries, de balustres, de pilastres & autres ornemens avec les armes du Prince le tout richement doré. On dit, *Voir une flotte, une isle par pouppe*; pour dire, La voir sur son sillage ou derriere soi; *Mouiller en pouppe*, pour dire, Jetter une ancre par l'arriere; & *Avoir vent en pouppe*, pour dire, Porter à droiture également entre deux écoutes en faisant vent arriere.

On appelle *Vaisseaux à pouppe quarrée*, Ceux dont l'arcasse est construite selon la largeur & la structure des grands Vaisseaux de guerre.

Pouppe. Nom qu'on donne aux tettes de l'ourse & de quelques autres femelles d'animaux qui mordent. Endroit par où tettent leurs petits. On fait venir ce mot du latin *Pupa*, d'où dérivent ceux de *Poupard*, *Poupon* & *Poupée*.

L'os du front, qu'on nomme autrement Os coronal, est appellé par les Medecins l'*Os de la pouppe*.

POURCEAU. s. m. Gros cochon qu'on nourrit pour le manger salé après qu'il a fait beaucoup de graisse Dioscoride dit que le talon du Pourceau, c'est-à-dire, selon Matthiole, le dernier os du pié, qui est attaché à celui de la jambe, & que l'on appelle communément l'*Os de la cheville du pié*, étant brûlé jusqu'à ce qu'il devienne blanc, pilé ensuite & pris en breuvage, est fort bon à la colique & aux tranchées de ventre qui durent trop. Il y a deux sortes de Pourceaux au Royaume de Quoja, Pays des Noirs. Les uns sont rouges, gros comme les nôtres, & ils les nomment *Couja*. Les autres appellés *Souja Quinta*, sont noirs, bien plus gros & fort dangereux. Ils ont des dents si aigues, qu'ils brisent tout ce qu'ils mordent, comme si c'étoit autant de haches.

POURCELET. s. m. Petit animal qui a plusieurs piés, & qui se met en rond cul & tête ensemble pour peu qu'on le touche avec la main. C'est ce qu'on appelle autrement *Cloporte*, en Latin *Millepeda*, *multipeda*, *Asellus*. Galien dit que les Asnons, qu'on appelle *Millepiés*, qui viennent & naissent sous les Vaisseaux où l'on tient de l'eau, ont une grande proprieté, étant cuits en huile, pour les douleurs inveterées de la tête. Selon Dioscoride pris avec du vin, ils servent à la jaunisse & à la difficulté d'urine. Pline dit que le Millepiés est un ver de terre velu, qui a plusieurs plis, & qui marche de biais.

POURCHAS. s. m. Vieux mot qui s'est dit pour signifier Une longue poursuite qui se fait, afin d'obtenir quelque avantage.

POURCHASSER. v. a. Terme de Chasseur. On dit, *Pourchasser un cerf*; pour dire, Le poursuivre avec ardeur, avec opiniâtreté, jusqu'à ce qu'on l'ait pû prendre.

POVRE. adj. Vieux mot. Pauvre. On a aussi écrit

Paovre, & dit **Povreté** & **Povrement**, pour Pauvreté & Pauvrement.

POURPIER. f. m. Herbe qu'on mange en falade & dans le potage. Il y en a de deux fortes. Le Pourpier domeftique & cultivé, a fes feuilles plus larges que le fauvage, graffes, luifantes & blafa-des d'un côté, d'une aigreur fort âpre & de mauvais goût. Sa tige eft groffe, ridée & droite, de couleur prefque tirant fur le rouge, & du refte graffe. Sa graine eft noire, petite & enfermée en de petites écailles herbeufes, & fa racine fendue en plufieurs racines. Celui qui vient de lui-même & fans culture dans les jardins & les vignes, a fes tiges rondes, fouples, graffes, un peu rouffes, & qui rampent à terre. Ses feuilles font femblables à celles de l'autre, moindres pourtant & longuettes. Le Pourpier mangé cru eft bon aux fentes & aux crevaffes des levres, & pour affermir les dents qui branlent. Le Pourpier fauvage rampe par terre & a fes feuilles plus entaffées, quoiqu'elles foient moindres & plus déliées que celles du Pourpier cultivé. Le Pourpier domeftique rafraîchit, étant humide au fecond degré & froid au troifiéme. Il incraffe, repercute, reftreint & condenfe. Il eft cephalique & nephretique, & fait mourir les vers. Selon quelques-uns le Pourpier fauvage échauffe. On l'appelle en Grec ἀνδράχνη, en Latin **Portulaca**. Saumaife prétend que c'eft par corruption de **Porculata**, comme qui diroit Pié de porc. M. Menage dit de même qu'on a dit **Pourpié**, par corruption de **Poulpied**, fait de **Pullipes**, à caufe que cette herbe a quelque rapport au pié d'un poulet.

POURPOINTIER. f. m. Vieux mot qui a été en ufage pour fignifier un Ouvrier qui faifoit des pourpoints. Le Pourpointier étoit autrefois un Maître dans un corps de Marchands de Paris, qui vendoient feulement des pourpoints & des manteaux. Il y avoit un corps particulier de Drapiers Chauffetiers qui ne vendoient que des hauts & bas de chauffes; de forte que pour s'habiller on étoit obligé de fe fervir de ces deux fortes d'ouvriers, les chauffes & le pourpoint étant alors de différente parure. Pour éviter les differends que cela caufoit, on a uni le corps des Pourpointiers au corps des Tailleurs, qui n'étant point Marchands, n'avoient pas droit de faire des fournitures.

POURPRE. f. f. Poiffon de mer du genre de ceux qui font couverts de coquille. Les Pourpres, felon le témoignage de Pline, ont une liqueur de grand prix, dont on ne fe fervoit autrefois que pour teindre les robes des Rois & des Empereurs. Elle eft de la couleur d'une rofe parfaitement rouge, enfermée en leur gofier dans une veine affés blanche. Elles rendent cette liqueur en mourant. Ainfi on ne peut l'avoir qu'en les prenant vives. Leur langue eft de la grandeur d'un doigt, & fi dure & fi piquante, qu'elles en percent les écailles des autres poiffons de mer dont elles fe nourriffent. Pour prendre les Pourpres il faut que les filets foient rares & clairs comme des naffes. On leur met pour amorce des moules & autres poiffons couverts d'écailles, que l'on met ainfi dans ces filets quand ils font à demi morts, après quoi on les rejette en la mer, où ils commencent à reprendre vie. Si-tôt qu'ils y font, les Pourpres les viennent aiguillonner avec leurs langues piquantes; ce qui les oblige à fe refferer dans leurs coquilles, & les Pourpres y demeurent pendues & attachées par la langue. On les fait mourir dans de l'eau douce, où on les noye; autrement leur feule falive fuffiroit à les faire vivre encore cinquante jours. Elles prennent leur grandeur en un an, & ont fur le dos autant de cercles qu'elles

ont d'années. On met au nombre des Pourpres celles qui font nommées **Porcelaines** ou **Buccines**; mais la Pourpre eft plus groffe & a fon bec long & creux de côté comme un canal, qui lui fert de tuyau pour tirer fa langue. Ce tuyau eft tout armé de cercles garnis de pointes; ce qui ne fe trouve pas aux buccines ou porcelaines. Les Anciens faifoient grand état de la Pourpre Tyrienne qui étoit rouge. La Pourpre ordinaire étoit violette. Il y en a de claire & de foncée. On en fait prefentement avec de la cochenille ou de la graine d'écarlate. On l'appelle en Latin **Purpura**, & en Grec πορφύρα. Pline dit que les Pourpres vivent fept ans, & qu'elles fe tiennent cachées pendant trente jours vers le lever de la canicule. Elles s'affemblent au Printems, & en fe frottant les unes contre les autres, elles rendent une certaine falive épaiffe comme de la cire molle.

POURPRE. f. m. Terme de Blafon. L'une des cinq couleurs des Armoiries, mêlées de gueules ou d'azur tirant fur le violet, felon quelques-uns, felon d'autres, de noir & de rouge, ou de la couleur de mauves. Le Pourpre n'eft pas generalement admis, comme n'étant point une couleur fimple, mais compofée d'un mélange egal des quatre couleurs reçûes, qui font azur, gueules, finople & fable. Ceux qui l'admettent, s'en fervent pour les raifins, pour les mûres & pour quelques autres fruits, & le repréfentent par des traits diagonaux de gauche à droit.

Pourpre. Terme de Medecine. Efpèce de pefte qui confifte à avoir le corps couvert de taches bleues ou noirâtres caufées par une fievre maligne. Elles s'étendent fort au large quelquefois, comme les erefipelles, fuivant la qualité du venin. Quand ces taches paroiffent en fort grande quantité, on tient que c'eft un bon figne.

POURPRENDRE. v. a. Vieux mot. Prendre depuis un bout jufqu'à l'autre. *Les racines de cette plante pourprennoient toute la planche. Ils ont pourprise la terre & affiegé la Ville tout autour.*

POURPRIS. f. m. Enceinte, enclos, ce qui renferme un lieu ou efpace. Le Pourpris d'une Ville. *Il vieil lit,* AGAD. FR. *Pourpris vient du vieux mot Pourprendre, & fignifie, dit Nicod, La totalité d'un lieu où il y a baftiment qui confifte en plufieurs membres joignant enfemble, que le François appelle auffi La préclofture d'un lieu. Ainfi les Notaires, après avoir particularifé les parties de quelque lieu dont ils paffent le contrat de vente, efchange, louage ou autre, adjouftent fouvent ces mots, Et tout le pourpris dudit lieu, ainfi qu'il fe pourfuit & comporte. Et ès droits d'ainefse l'on dit en maints lieux Le manoir principal & le pourpris d'icelui, quieft la fuite des autres édifices, comme cours, baffecours, jardins, clos à arbres fruitiers, parc & garenne feans tout autour & joignant icelui fous même clofture. Ainfi le Pourpris eft maintesfois plus que le vol du chapon reduit à un arpent; car le Pourpris prend fondement de la perpetuelle & invariée deftination du Pere de famille, decedé Seigneur du lieu, & n'efchet entierement à l'aifné. On dit auffi Pourpris, pour le regard d'un lieu champeftre entouré de foffé, haye ou mur, accommodé de plufieurs pieces, comme jardins potagers & fruitiers, bois garenne en une totalité, ores qu'il n'y ait baftiment. Se fait-on pareillement au regard d'une maifon fuit de ville ou des champs, ores qu'il n'y ait jardins ni autres fuites, deffus dites; mais toûjours l'énergie de ce mot eft collective de plufieurs parties joignantes enfemble en une totalité integrée par lefdites parties.*

POURQUERRE. v. a. Vieux mot. Chercher de toutes parts , poursuivre. On trouve *Pourquist* , pour,
Qu'il poursuivît.

POURSUIVANT. f. m. *Qui brigue pour obtenir
quelque chose*, ACAD. FR. On appelle *Poursuivant* , en termes de Palais, Celui qui poursuit un
decret, une licitation , un ordre & une distribution
de deniers. Le poursuivant en criées represente tous
les creanciers.

On appelloit autrefois *Poursuivans d'armes* , Des
Gentilshommes qui s'attachoient aux Herauts, pour
pouvoir avoir leur charge , qu'ils ne pouvoient obtenir , s'ils n'avoient fait pendant sept années leur
apprentissage dans cet exercice. Ils étoient de la dépendance des Herauts , au chapitre desquels ils
avoient droit d'assister.

POURSUIVIR. v. a. Vieux mot. Poursuivre. *Ce
mot* , dit Nicod , *estoit en frequent usage envers
les Anciens* , *lesquels le syncopant disoient aussi
'Poursuyr* , *mais il a une particuliere signification,
qui est Errer & aller de pays en pays* , *dont sont appellez* Poursuivans , *ceux qui pour parvenir à la dignité de Herant* , *vont par l'espace de sept ans errant de contrée en contrée pour voir & apprendre
& sçavoir rapporter ce qu'ils auront veu en fait
d'armes* , *courts* , *honneurs* , *blasons & tournois de
divers Princes*. Gaguin au Traité des Herauts. *Les
Poursuivans estoient chargez de poursuivre en ce
Royaume les guerres si elles y estoient* , *ou és autres
marches* , *& ce par l'espace de sept ans* , *avant
qu'estre créez Herauts*.

On a dit aussi *Poursuivir à cor & à cri* , sur
quoi Nicod ajoûte , *Proprement c'est aller après
une bête* , *cornant ou trompettant & huant* , *c'est-
à-dire* , *Poursuivre sa chasse en toutes sortes de diligence* , *parce que les Veneurs poursuivent les bêtes qu'ils ont lancé pour les couvrir avec houppement
de bouche & mots de trompe* , *au lieu de laquelle
on usoit anciennement du cor* , *& par metaphore on
dit* , Poursuivre quelque chose que ce soit à cor
& à cri , *c'est-à-dire en toute extrémité*.

POURTOUR. f. m. Longueur , étendue de quelque chose autour d'un espace. On dit qu'*Une cheminée* , *un lambris* , *une corniche de chambre ont tant
de pourtour* , pour dire , qu'ils ont tant de longueur
ou d'étendue dedans ou hors œuvre. *Pourtour* , se
dit aussi de la circonference d'un corps rond. *Le
pourtour d'un dome* , *Le pourtour d'une colomne*. C'est
ce que les Geometres appellent *Peripherie*.

POUSSE. f. f. Maladie de cheval, qui consiste à une
difficulté de respirer , causée par l'embarras des
poumons , par l'obstruction de l'égout du poumon
qui se fait par le conduit des reins , le tout accompagné d'un battement de flancs , & d'une dilatation
de narines, sur-tout lorsque le cheval qui en est atteint , court ou monte. Ce défaut est un des essentiels qui obligent le vendeur à reprendre dans les
neuf jours , un cheval vendu. Ainsi tous chevaux
poussifs sont sujets à garantie.

Pousse. Terme de Jardinier. Il se dit du même
bois que les arbres poussent dans l'année.

POUSSE', E'E. adj. On appelle *Vin poussé* , du Vin
gâté pour avoir bouilli hors de la saison , soit par
quelque chaleur , ou parce qu'il a été agité. Cela
arrive souvent par les grands tonnerres.

POUSSE'E. f. f. On appelle *Poussée d'une voute* ,
l'Effort que le poids de cette voute lui fait faire
contre les murs sur lesquels elle est bâtie. Il se dit
d'un pareil effort que font les terres d'un quai ou
d'une terrasse. On dit , *Faire le trait des poussées
des voutes* , pour dire , Chercher & marquer les
épaisseurs que doivent avoir les murs & les piliers

boutans , qui sont des corps saillans qui portent &
appuyent les voutes.

POUSSER. v. n. *Faire effort contre quelque chose
pour l'ôter de sa place*. ACAD. FR. On dit d'un
mur , qu'*Il pousse au vuide* , pour dire , qu'il boucle ou fait ventre. On dit aussi , *Pousser à la main* ,
pour dire , couper les ouvrages en plâtre faits à
la main , & qui ne sont pas trainez. *Pousser à la
main* , en menuiserie , signifie Travailler des balustres , des moulures à la main.

Pousser , est aussi un terme de Doreur sur cuir , &
on dit , *Pousser les bouquets* , *les filets* , *les nerfs
d'un livre* , pour dire , Prendre de l'or avec le
fer à dorer , & l'appliquer sur la couverture d'un
livre.

POUSSIER. f. m. Poudre des recoupes de pierres
passée à la claye , que l'on mêle avec le plâtre
en carrelant, pour empêcher qu'il ne bouse. On
appelle aussi *Poussier* , le menu charbon qui demeure au fond des bateaux qui en sont chargés.
Les Doreurs sur cuivre se servent de ce poussier ,
& on en met entre les lambourdes d'un parquet,
pour le tenir sec & le garantir de l'humidité. On
le dit aussi de la poudre de quelques menus grains,
quand on nettoye le blé ou qu'on le passe dans
le Van.

POUSSOIR. f. m. Instrument de Chirurgie. C'est
un fer qui a trois pointes. Il sert à pousser dehors
la dent qu'on a déchaussée.

POUSSOLANE. f. f. Espece de sable ou terre rougeâtre qu'on tire de terre en Italie en faisant des
puits. On la mêle avec la chaux & on en fait un
mortier qui durcit à l'eau. On l'appelle aussi *Poz-
zolane*. Il a pris son nom du territoire de Pouzzol
où il se trouve.

POUT de soye. f. m. Quelques-uns écrivent *Pou-de-
soye*. Grosse étoffe toute de soye , qui est toute unie
& qui n'a point de lustre. Son grain est pareil au
gros de Naples , un peu moins serré que le gros
de Tours , mais qui jette un gros grain. Il y en a
qui croyent ce mot corrompu , & qu'on l'a dit au
lieu de *Tout de soye*.

POUTRE. f. f. Grosse piece de bois, dont le principal usage est d'être mise de travers sur de gros
murs , pour porter les solives d'un plancher. Il y
en a de differentes longueurs & grosseurs. Celles
qui sont en mur mitoyen doivent plûtôt porter dans
toute l'épaisseur du mur , à deux ou trois pouces près , que de ne porter qu'à moirié , ce n'est
quand elles sont directement opposées aux poutres
du voisin. On en soulage alors la portée de chaque
côté par des corbeaux de pierre ; & de peur que ces
deux poutres opposées ne s'échauffent & ne se corrompent , on met une table de plomb entre les deux
bouts. On appelle *Poutre armée* , une Poutre sur laquelle sont assemblées deux décharges en abouts
avec une clef que retiennent deux liens de fer. Cela se pratique , ou quand on veut faire porter à faux
un mur de refend , ou quand l'étendue du plancher
est telle , qu'on est obligé de faire un faux plancher
par dessus l'ouverture pour soulager la portée de la
poutre.

POUTRELLE. f. f. Petite poutre dont l'équarrissage
est de dix à douze pouces. Elle sert à soûtenir un
mediocre plancher.

PRA

PRAEL. f. m. Vieux mot. Pré. On a dit aussi *Prat-
let* , pour , Petit pré.

> *J'allai à li el praelet,*
> *Et sot la vielle & l'archet.*

PRAGMATIQUE.

PRAGMATIQUE. Mot qui étant adjectif se joint toûjours avec *Sanction*, fait du Latin *Sancire*, Ordonner. On appelle *Pragmatique Sanction*, Une Ordonnance du Roi Charles VII. faite en 1438. dans une Assemblée de l'Eglise Gallicane tenue à Bourges. Elle contient un Reglement de la Discipline Ecclesiastique en conformité des Canons du Concile de Basle. Il y a une Pragmatique bien avant celle de Charles VII. qui fut faite au mois de Mars 1228. Cette Pragmatique regarde la collation des Benefices, & le choix des personnes Ecclesiastiques pour les posseder, & conformément aux anciens canons, elle donne aux Collateurs ordinaires, aux Evêques, aux Abbayes & aux Chapitres le droit des élections que la confusion des siecles passés leur avoit ôté Le Concordat qui a été fait entre le Pape Leon X. & le Roi François I. a aboli la Pragmatique Sanction en France. Le mot de *Pragmatique* en Grec. πραγματικος, & veut dire. Prudent, qui sçait bien conduire les choses qu'il traite.

PRAIN. adj. Vieux mot qui a été fait du Latin *Pregnans*, pour signifier la même chose. Nicod remarque qu'il ne s'est guere dit des femmes, ni de toutes sortes de bêtes, & qu'on disoit ; Cette femme est grosse ou enceinte, une jument, une ânesse pleire, mais de certaines manieres de bêtes, comme *Une ourse prain*.

PRALINE f. f. On appelle *Pralines*, ou *Amandes à la praline*, certaines Amandes qu'on fait bouillir dans du sucre jusqu'à ce qu'elles soient un peu seches & rissolées, & qu'elles croquent sous la dent.

PRANGELER. v. n. Vieux mot. Ruminer comme font les vaches. Nicod fait venir ce mot de *Prendere*, Manger, dîner.

PRATIQUE. f. f. Terme de Palais. Usage des coûtumes & des differentes procedures, selon les Reglemens faits & les formes prescrites par les Ordonnances. On dit *Vendre, acheter la pratique d'un Procureur*, pour dire, Les sacs & les papiers qui sont dans l'Etude d'un Procureur. Il se dit aussi des minures des Notaires, de leurs habitudes & de leurs cliens.

Pratique. Terme de mer, Traité, commerce, communication. On dit, dans ce sens, *Mettre Pavillon blanc le long de la côte pour avoir pratique*, c'est-à-dire, Pour avoir communication avec les gens du Pays. On dit aussi d'un Pilote, qu'*Il est pratique d'un lieu*, pour dire que Plusieurs voyages qu'il y a faits lui en ont donné la connoissance. Il est adjectif dans cette derniere phrase.

Pratiques. Petites gratifications que l'on fait aux domestiques des maisons où l'on va. Dans les grandes hôtelleries les valets & les servantes, n'ont point de gages, ils n'ont que les *pratiques*.

PRÆ

PRÆADAMITE. f. m. Qui a été avant Adam. Quelques passages difficiles à expliquer dans la Bible sont cause qu'on a établi des Præadamites, & pour resoudre les objections que l'on pouvoit faire, quelques-uns ont prétendu qu'il y avoit eu deux hommes qui avoient porté le nom d'Adam, l'un qui est le Pere commun de tous les hommes, créé dans le Paradis terrestre, dont il est parlé dans le premier livre de la Genese, & l'autre qui est le premier des Hebreux, dont les generations sont décrites dans la suite. Il a parut depuis quelques

Tome II,

années un livre touchant les Preadamites ; que le Pape a condamné.

PRE

PREBENDE. f. f. Vieux mot qui a signifié en general le revenu & la portion de viande que l'on doit avoir. C'est dans ce sens que Flamel a dit dans son Roman, *Reçoivent si douce prebende*. Ce mot vient de *Prebere*, Fournir. De là est venu que l'on appelle aujourd'hui *Prebende*, Le droit qu'a un Ecclesiastique dans une Eglise Cathedrale ou Collegiale où il dessert, de jouir de certains revenus en argent ou en especes.

PRECELLER. v. a. Vieux mot. Valoir mieux qu'un autre.

Puisqu'en ce dont tous autres precellez.

PRECENTEUR. f. m. Il y a quelques Cathedrales en France ; comme celle de S. Jean de Lyon, où le Chantre, qui est le maître du Chœur, est appellé *Precenteur*, à cause qu'il chante avant les autres, du Latin *Præ*, Avant, & de *Canere*, Chanter.

PRECESSION. f. f. Terme d'Astronomie. Les Etoiles fixes ayant un mouvement fort lent par lequel elles vont d'Occident en Orient d'un degré à peu près en 72. ans sur les pôles du Zodiaque. (Voyez FIXES,) il arrive que le point du Firmament où se fait cette année l'intersection de l'Equateur & de l'Ecliptyque, & par consequent l'Equinoxe sera dans 72. ans d'un degré vers l'Orient au-delà de cette intersection, & du point des Equinoxes, & ainsi de suite. C'est ce qu'on appelle la *Precession des Equinoxes*, parce que le point où l'Equinoxe s'est fait une fois, avance toûjours vers l'Orient *precedent*. Si l'on veut déterminer le commencement au tems où l'Equinoxe se faisoit au premier degré d'Ariès, ce ne sera plus que le mouvement de ce premier degré qu'on appellera *Precession des Equinoxes*.

PRECINTE. f. f. Grosse & longue piece de bois qui regne par dehors sur le bordage d'un Vaisseau. Les Precintes sont paralleles les unes aux autres, & servent à affermir les membres & à lier les tillacs. On les appelle autrement *Carreaux* & *Lisses*, quoi qu'il y ait quelques Charpentiers qui y mettent de la difference, donnant le nom de Precintes aux trois cordons qui sont les plus près de la quille, & appellant Lisses ou Carreaux les autres qui sont au dessus. On dit que *La Precinte n'est point coupée*, lorsque la toûture d'un Vaisseau est de maniere, qu'aucun sabort n'a été coupé dans la Precinte. Ce mot vient du Latin *Præcincta*, qui veut dire Le tour ou enclos qui environne quelque lieu particulier.

PRECIPITANS. f. m. On appelle *Precipitans*, en termes de Medecine. Les remedes qui sont capables de calmer la fermentation fievreuse, de separer & de precipiter les superfluités qui sont effervescence & corrompent le tissu de la masse du sang. Ils sont tout ce qu'il y a à faire dans les fievres benignes, en corrigeant l'intemperie du sang & diminuant l'activité & la fermentation des parties étrangeres. C'est ce qu'on appelle autrement, Cuire, la matiere morbifique devant se cuire. La crudité consiste dans l'effervescence impetueuse, & la coction dans la separation des parties qui disposent à l'effervescence. Il arrive par ce moyen que les parties separées nagent en forme de tête morte dans la masse du sang sans effervescence, & sont faciles à pousser dehors. Comme la Precipitation des Chymistes se-

M m

pare ce qui est contenu dans quelque liqueur , les Medecins par analogie se servent du même terme de Precipitation. Dans les fievres ardentes, où c'est la bile qui cause l'effervescence de la masse du sang, on doit donner des acides , & il faut donner des alcalis , quand cette effervescence est causée par l'acide , comme dans les fievres intermittentes. Ce sont-là les *Precipitans propres*. Les choses qui ont la force de changer les acidités vitiées qui causent diverses inflammations & effervescences en differentes parties, sont appellées *Precipitans impropres*, quoi que mal à propos , puisque ces sortes de remedes absorbent ou fixent plûtôt qu'ils ne precipitent. Tel est le mars , qui absorbe simplement l'acide qui peche dans la mélancolie hypochondriaque & dans le scorbut.

PRECIPITATION. s. f. Terme de Chymie. Lorsqu'un corps qui a été dissous , & dont toutes les petites particules nagent dans le dissolvant, & y sont tenues comme suspendues , vient à quitter son dissolvant, & à tomber au fond du Vaisseau, cela s'appelle *Precipitation*. On en peut imaginer trois causes , ou que les portes du dissolvant deviennent trop étroites pour recevoir les particules du corps dissous , ou que ces particules deviennent trop pesantes pour être portées par la liqueur, ou qu'il se presente un autre corps sur lequel le dissolvant agit plus aisément, ce qui lui fait quitter le premier. La dissolution ou l'extraction de quelque vegetal avec de l'esprit de vin lorsqu'on y verse de l'eau commune , qui en s'insinuant dans les pores de cet esprit de vin , les retressit & en chasse ou precipite les particules resineuses dissoutes , fait paroître la premiere sorte de Precipitation , & la dissolution de l'or par l'eau regale quand on y ajoûte du mercure , fait connoître la seconde. L'or prend aussi-tôt le fond ; ce qui vient de ce que le mercure s'unissant aux particules de l'or, les rend trop pesantes , & les entraîne au fond avec soi. La Precipitation du lait avec le vinaigre distillé est de cette sorte. Enfin l'argent dissous par de l'esprit de nitre , que l'on precipite en mettant du cuivre dans la dissolution , est un exemple d'une precipitation de la troisiéme espece , les acides du nitre disposés par leur figure à entrer dans les pores du cuivre , & n'y pouvant entrer avec l'argent qu'ils tiennent dissous le quittent & s'en debarassent. Il y a une *Precipitation spontanée*, quand les particules dissoutent se séparent d'elles-mêmes de leur menstrue ; & une *Precipitation violente*, lorsque l'on ajoûte quelque chose pour la procurer. Ainsi le magistere nephretique qui est une dissolution des esprits nephretiques faite avec l'esprit de sel , se precipite par le moyen de l'esprit de vitriol qu'on y ajoûte. La dissolution des perles ou du corail dans le suc de citron est claire d'abord , mais elle se trouble dans la suite & les particules dissoutes tombent d'elles-mêmes au fond , ce qui est une Precipitation spontanée. On dit aussi *Precipitation totale* , quand les particules dissoutes se détachent, & se precipitant totalement , tombent au fond de la liqueur avec impetuosité ; & *Precipitation partiale* , quand les particules dissoutes n'allant pas jusqu'au fond , sortent tant soit peu hors des pores du menstrue. Ainsi l'urine où l'on jettera un peu de sel ne fera qu'une Precipitation partiale des parties salines , & si l'on verse un peu d'eau simple sur une dissolution de racine de jalap, avec l'esprit de vin qui fait une belle teinture rouge & claire , celle-ci devient tout d'un coup pâle ou blanchâtre , & la resine se precipite au fond.

PRECIPITE' , r'i. adj. Terme de Chymie , qui ne

se dit proprement que des substances que l'on a dissoutes dans quelque liqueur corrosive , & qu'on a contraintes de quitter leur dissolvant & de se precipiter au fond du vaisseau ; ce que l'on fait en y versant de l'eau commune. Il y a deux sortes de *Mercure precipité* à l'égard de la couleur , le rouge & le blanc .Le rouge est le Turbith mineral des Chymistes , & il se fait en dissolvant une once de mercure cru dans deux onces d'eau forte. Quand la dissolution est faite , on vuide par inclination la liqueur dans un petit matras, & on l'évapore à siccité au sable, à feu du premier degré , jusqu'à ce qu'au fond du matras il paroisse une matiere fixe , vermeille comme cinabre , & à la sommité une matiere volatile de couleur jaune. Alors on retire le matras , & après qu'on l'a rompu , on sépare la matiere plus fixe qui est au fond du même matras, de l'autre moins fixe , & on garde celle qui est plus vermeille pour l'usage de la Medecine. Quant à l'autre qui étoit au dessous , on la mêle avec la poudre ou masse pour la sublimation du mercure. Pour rendre cette poudre propre à l'usage de la Medecine , on la met dans un mortier de marbre, & on verse par dessus de l'esprit de vin, en sorte qu'il surnage quelque peu. Après cela on l'enflamme & on la remue avec un bâton jusqu'à ce que l'humidité de l'esprit de vin soit toute consumée. Cela fait on la tire & on la garde dans un verre , pour s'en servir dans le besoin. Quand on veut connoître si cette preparation est bien faite , on n'a qu'à frotter une piece d'or de cette poudre , & si elle ne blanchit point , c'est une marque que la poudre a été bien preparée. La vertu du Precipité rouge est de purger par les selles & par les vomissemens , & quelquefois par les sueurs & par les urines. La dose en doit être de trois grains jusqu'à cinq, incorporée avec quelque extrait purgatif. Ce precipité n'est pas propre seulement pour la guerison de la gale & de la verole , mais encore pour celle des fievres tierces , bâtardes & quartes , & generalement pour guerir toutes les maladies où il y a beaucoup de corruption d'humeurs. On s'en sert exterieurement pour les ulceres chancreux & puttides.

Le *Precipité blanc* se prepare en dissolvant une once de mercure cru dans deux onces d'eau forte. On separe ensuite la liqueur par inclination , & on la precipite avec de l'eau salée dans un vaisseau propre pour cela. Aussi-tôt une poudre blanche se precipite au fond du vaisseau , & quand la precipitation est faite , on agite la matiere qu'on filtre , & qu'on edulcore pour la garder. Ce precipité opere avec moins de vehemence que le rouge , & il est propre particulierement à la verole , tant interieurement qu'exterieurement. Il y a un *Precipité composé*, qui est ce qu'Harteman appelle *Or de vie*. C'est un mercure precipité avec d'autres metaux , & particulierement avec le soleil qu'on dissout dans l'eau regale , & le mercure dans l'eau forte. Après qu'on a joint ensemble les deux dissolutions , on les distille & cohobe plusieurs fois , & ensuite on edulcore la poudre qui reste avec de l'esprit de vin , & il est très-bon , ou en qualité de vomitif dans la verole , ou en qualité de purgatif dans l'hydropisie. Le *Precipité vert*, qui est un mercure precipité avec le cuivre , est un remede certain dans la gonorrhée maligne , qu'il guerit parfaitement , quoique d'abord il semble augmenter le mal.

PRECIPITER. v. a. Terme de Chymie. Separer le mixte dissout , & le faire tomber en poudre au fond de son dissolvant. On dit , que l'*Huile de tartre & l'esprit de vitriol se precipitent* , Lorsqu'étant mêlés après quelque effervescence ils se coagulent

& fe lient enfemble pour ne faire plus qu'un même corps.

PRECOCE. f. f. Fleur ou fruit qui vient avant la faifon ordinaire. Il fe dit abfolument d'une efpece de cerife. *Des Precoces.*

PRECONISATION. f. f. Propofition de celui que le Roi a nommé pour être Archevêque ou Evêque, faite dans le Confiftoire de Rome par un Cardinal, en vertu des Lettres dont il eft porteur, afin de la faire agréer au Pape, qui donne enfuite fa collation. Voici de quelle maniere le Pape & le Roi font un Evêque. Quand celui qui eft nommé a fon Brevet, & trois lettres que le Roi écrit au Pape, au Cardinal Protecteur des affaires de France à Rome, & à l'Ambaffadeur de Sa Majefté auprès du Pape, il fait une information de vie & de mœurs devant le Nonce du Pape, & en fon abfence devant l'Evêque du lieu où il eft né, ou devant l'Evêque du lieu où il demeure. Il fait auffi fa Profeffion de Foi entre les mains de fon Evêque, & fait faire de plus une information de l'état de l'Evêché auquel il a été nommé. Il envoye à Rome ces trois actes, avec les trois Lettres du Roi. Le Banquier Expeditionnaire en Cour de Rome à qui il les adreffe, porte d'abord les Lettres à l'Ambaffadeur; l'Ambaffadeur met l'*Expediatur* fur celle qui s'adreffe au Pape, & le Banquier la porte au Dataire qui la donne au Pape. Le Banquier donne enfuite au Cardinal Protecteur la Lettre que le Roi lui écrit, en execution de laquelle ce Cardinal déclare dans le premier Confiftoire qui fe tient enfuite, qu'il propofera dans le Confiftoire fuivant une telle Eglife pour un tel, & cette declaration s'appelle *Preconifation*, & quand le jour du fecond Confiftoire eft venu, le Cardinal Protecteur propofe l'état de l'Evêché à pourvoir & les qualités de la perfonne que le Roi a nommé, & le Pape après avoir pris l'avis des Cardinaux, ordonne qu'on expedie pour celui qui a été propofé, neuf Bulles. La premiere & la principale fe nomme la Bulle de provifion & s'adreffe à l'Evêque même. Par cette Bulle le Pape dit au Sujet qui a été nommé par le Roi, qu'il le pourvoir d'un tel Evêché. La feconde qu'on appelle *Manus confecrationis*, eft la Commiffion que le Pape donne à un ou à plufieurs Evêques pour faire la ceremonie du Sacre. Cette Bulle contient la forme du ferment que doit faire l'Evêque lorfqu'on le facre. La troifiéme s'addreffe au Roi; la quatriéme au Metropolitain, & quand ce font les Bulles d'un Archevêque, cette quatriéme Bulle s'adreffe aux Evêques fuffragans; la cinquiéme au Chapitre; la fixiéme au Clergé; la feptiéme au peuple; la huitiéme aux Vaffaux, & la neuviéme eft la Bulle d'abfolution.

PREDESTINATIENS. f. m. Heretiques qui s'éleverent fur la fin du cinquiéme fiecle. Ils enfeignoient que les bonnes œuvres étoient inutiles, & que l'on pouvoit pecher librement, puifque ceux qui étoient predeftinés pour être fauvés ne devoient point craindre la damnation, quelques crimes qu'ils commiffent, & que ceux qui étoient predeftinés pour la reprobation, ne pouvoient efperer d'être fauvés, quelque fainte qu'ils puffent mener. Cette herefie n'étoit pas la même que celle du Pelagianifme; c'eft la même que celle des Libertins.

PREDICABLE. adj. Terme de Logique. Epithete ou qualité qui fe donne à un fujet. On dit dans ce fens, que l'*Animal eft predicable tant de l'homme que de la bête.*

PREDICAMENT. f. m. C'eft l'une des Categories, aufquelles Ariftote a voulu rapporter tous les

Tome II.

objets de nos penfées. Les Philofophes ne font pas d'accord fur le nombre des Predicamens, parmi lefquels ils reçoivent la fubftance, la quantité, la qualité, les habitudes, la forme, la relation, &c.

PREFET. f. m. On appelloit ainfi autrefois un des plus confiderables Magiftrats de Rome, qui en avoit le gouvernement en l'abfence des Confuls & des Empereurs. Il avoit l'Intendance de la Police des vivres, des bâtimens, & de la navigation. Aujourd'hui le Prefet de Rome eft une maniere de Gouverneur. Celui qu'on y appelle *Prefet de la fignature de Juftice*, eft un Cardinal Jurifconfulte qui voit & approuve les Requêtes, & qui met fon nom au bout, en maniere de Vifa, quand elles font ordinaires. Lorfqu'il les trouve douteufes, il en confere avec les Officiers de la Signature. Il donne auffi des Referits de droit pour les Provinces. Ces Referits font la même autorité que s'ils étoient fignés par le Pape. Le *Prefet de la fignature de grace*, eft un autre Cardinal Jurifconfulte qui fait la même fonction à l'égard des lettres de grace, qu'il expedie fort fouvent en prefence du Pape, ou au moins de douze Prelats. Il y a auffi un *Prefet des Brefs*. Celui-là figne la minute des Brefs ou des Referits que le Pape envoie. Il eft Chef du Corps appellé des Secretaires, & les expeditions qu'il fait, font en cire fous l'anneau du Pêcheur. Il y avoit anciennement un *Prefet du Prétoire*. C'étoit le Chef de la Legion Prétorienne, deftinée à la garde de l'Empereur. Cette Legion étoit d'environ mille hommes. Ce fut Augufte qui créa le premier Prefet du Pretoire, & il le choifit d'entre les Chevaliers Romains. Macrin qui poffedoit cette charge étant parvenu à l'Empire, les Senateurs & les Confuls mêmes fe firent un honneur de l'exercer jufqu'à Conftantin qui l'abolit, à caufe que les Gardes Pretoriennes avoient appuyé les interêts de Maxence. Cet Empereur ayant enfuite divifé l'Empire en quatre Diocefes, qui furent l'Italie, les Gaules, l'Illyrie & l'Orient, créa quatre Prefets du Pretoire pour adminiftrer la Juftice dans chacun de ces quatre Diocefes.

PREGATON. f. m. Nom que donnent les Tireurs d'or aux dix ou douze plus petits pertuis de leurs filieres, après que leur fil a paffé fur le banc à dégroffir.

PREJUDICIAUX. adj. m. p. Terme de Palais. On appelle *Frais préjudiciaux*, Les frais des défauts qu'on eft obligé de rembourfer avant que l'on foit reçu à fe pourvoir contre un Jugement.

PRELART. f. m. Terme de Marine. Groffe toile goudronnée qu'on met fur les endroits ouverts d'un Vaiffeau, tels que font les caillebotis, les fronteaux, les panneaux & les Efcaliers.

PRELATION. f. f. Terme de Palais. Droit par lequel les Enfans font maintenus preferablement aux étrangers dans les charges qui ont été poffedées par leurs Peres.

PRELEGS. f. m. Legs dont on ordonne la délivrance avant qu'on partage une fucceffion, une heredité. On dit auffi *Preleguer*, pour dire, Faire des legs payables avant qu'une fucceffion foit partagée.

PRELONGE. Cordage long & gros, qui fert à guinder & à traîner le canon fur les montagnes.

PREMERAIN. adj. Vieux mot. Premier. On a dit auffi *Primerain*.

PREMONSTREZ. f. m. Ordre de Religieux, fondé vers l'an 1120. par faint Norbert, qui avant que d'être Archevêque de Magdebourg, ne pouvant fouffrir la maniere de vivre des Moines, qu'il ne trouvoit pas aſſés reguliere, choiſit un Deſert dans l'Evêché de Liege pour s'y retirer avec treize autres, ſortant nuds piés pendant le plus grand froid de l'hiver, & prêchant là penitence. Ces Moines vivoient ſous la Regle de ſaint Auguſtin, qu'ils prétendoient leur avoir été donnée dans un ſonge par lui-même en lettres d'or. On les nomma *Pramonſtratenſes*, d'un lieu de l'Evêché de Laon, appellé *Pramonſtratum*, où ils s'établirent d'abord, ou parce que cette place leur fut montrée dans la viſion qu'ils eurent. Leur habit eſt une robe blanche avec un ſurplis ſous un manteau blanc. Le Pape Calixte II. confirma cet ordre, & leur donna le titre de libres Chanoines Reguliers. Leur Abbé, ſelon leur Regle, ne pouvoir porter ni mitre ni gands, quoique les autres Abbés portent tous les deux. Ces Religieux ne peuvent ou ne doivent élever ni cerfs, ni chiens, ni éperviers, ni ſangliers, & autres animaux ſemblables qui apporteroient du ſcandale à leur Ordre. Tous les Abbés qui en ſont ou leurs Députés, ſont obligés de s'aſſembler une fois à Prémontré pour conferer des affaires de leur Ordre. Si quelqu'un d'eux s'obſtine à n'y pas venir, les autres Abbés lui peuvent impoſer une penitence, dont il n'y a que le Pape ſeul qui puiſſe l'abſoudre.

PRENDRE. v. a. *Mettre en ſa main, en ſon pouvoir quelque choſe ſans violence.* ACAD. FR. Il eſt en uſage en termes de mer pour pluſieurs choſes. On dit *Prendre vent de vent*, pour dire, que Le vent s'eſt jetté ſur les voiles d'un Vaiſſeau ſans qu'on le voulût; *Prendre un ris*, pour dire, Raccourcir la voile à une hauteur déterminée; *Prendre une boſſe*, pour dire, Attacher la boſſe ou l'amarer; & *Prendre les armures de quelque bord*, pour dire, Amurer de ce bord-là. On dit auſſi *Prendre volte*, pour dire, Tourner & virer diverſement un Vaiſſeau, afin de le dreſſer au combat; *Prendre Chaſſe*, pour dire, Prendre la fuite, & *Prendre hauteur*, pour dire, Prendre la hauteur du Soleil ou d'un autre Aſtre ſur l'horiſon, afin que par ſon moyen on ait la hauteur du pole ou la latitude du lieu où l'on eſt. Lorſqu'on prend l'inſtrument tourné du côté de l'aſtre, cela s'appelle *Prendre hauteur par devant*, & quand on la prend avec l'inſtrument oppoſé à l'aſtre, on dit, *Prendre hauteur par derriere*.

PREPARATION. ſ. f. Terme de Medecine. Reduction artificielle d'un medicament en l'état où il doit être pour pouvoir s'en ſervir utilement. Il y a quatre ſortes de préparation, qui ſont la coction, la lotion, l'infuſion & la trituration. Elles ſe font, ou avec addition, lorſque par exemple on fait tremper la ſcammonée dans l'huile d'amandes douces, quand on la fait cuire dans un coing, & quand on calcine avec des eaux fortes; ou ſans addition ni mélange, comme quand on terrefie la rhubarbe, que l'on calcine l'alun, ou que l'on brûle le plomb dans une cueiller pour le reduire en chaux.

PRE'SANTIFIEZ. ſ. m. Les Grecs appellent *Liturgie des Préſantifiés*, Une Liturgie ou Meſſe, qu'ils diſent en de certains jours, où ils ne ſacrifient point le pain & le vin, ſe ſervant du pain qui a été conſacré ou ſacrifié auparavant, de même que l'on celebre la Meſſe dans l'Egliſe Latine, le jour du Vendredi Saint. Ils diſent cette Meſſe des Préſantifiés dans tout le Carême, à la reſerve du Samedi, du Dimanche, & du jour de l'Annonciation, qui étant des jours de fête, ne ſont point des jours de jeûne.

PRESBYTE. ſ. m. & f. Terme d'Optique. Il ſe dit d'une perſonne qui ayant la configuration du criſtallin plate, voit de loin ainſi que font les vieillards. Ce mot vient du Grec πρέσβυς, Vieillard.

PRESBYTERIENS. ſ. m. Sorte d'Heretiques qui ſe trouvent en Angleterre, en Ecoſſe, dans les Pays bas, & en pluſieurs parties d'Allemagne. On les a nommés ainſi du mot Grec πρεσβύτερος, Avancé en âge, à cauſe qu'ils tiennent que l'aſſemblée a été gouvernée au commencement par des Anciens, & qu'elle doit être continuée de la même ſorte, l'office d'Evêque n'ayant point été diſtingué de celui d'Ancien pendant près de trois cens ans après JESUS-CHRIST, & les Prêtres étant Evêques pour lors, comme ils prétendent le faire croire par l'autorité de l'Epître à Tite, & par celle de S. Jérôme. Comme ils ſoûtiennent que leurs noms ſont un, ils veulent auſſi que leur office de prêcher & d'adminiſtrer les Sacremens ait été le même. Ils diſent encore que la puiſſance de confirmer a été annexée au Presbyteriat, & qu'il n'y a point de difference dans le gouvernement. Leurs opinions ſont conformes en beaucoup de points à celles des Catholiques, mais auſſi elles ſont extrêmement differentes en beaucoup d'autres.

PRESCHIERES. ſ. m. Vieux mot. Predicateur.

PRESCRIPTIBLE. adj. Qui eſt ſujet à preſcription. Quand une rente a été conſtituée à prix d'argent, la faculté de la racheter n'eſt point preſcriptible.

PRESCRIPTION. ſ. f. Terme de Palais. Exception qu'on allegue contre ceux dont on eſt inquieté lorſqu'il s'eſt écoulé un certain eſpace de tems, après quoi les Loix & les Ordonnances ne permettent plus que l'on ſoit troublé dans ce qu'on poſſede. Ainſi il y a preſcription contre celui qui demande un benefice dont un Eccleſiaſtique a joui trois ans paiſiblement.

PRESENTATION. ſ. f. Action de preſenter. Il ſe dit au Palais de pluſieurs choſes qu'on lit, qu'on publie, & dont on donne la connoiſſance. On fait toûjours des harangues à la Preſentation des Lettres du Chancelier de France & des Ducs & Pairs. Quand un porteur de remiſſion fait la Preſentation de ſes Lettres, il doit la faire à genoux, & en entendre la lecture dans cette même ſituation. *Preſentation* ſe dit auſſi d'une comparution en Juſtice, & il n'y a perſonne qui ſoit reçu à plaider ſans avoir fait ſa Preſentation à un Greffe que l'on appelle par cette raiſon *Le Greffe des Preſentations*. On le dit encore du droit d'un Procureur qui offre d'occuper en une cauſe.

Preſentation. Terme de Juriſprudence canonique. Acte de nomination, fait au Collateur par le Patron d'un benefice, afin d'obtenir ſa proviſion. Un Laïque qui a droit de patronnage à un benefice, a quatre mois pour en faire la Preſentation, & s'il l'a faite d'une perſonne qui eſt trouvée incapable, il peut faire une ſeconde Preſentation dans quatre autres mois.

Il y avoit parmi les Juifs deux ſortes de Preſentation, dont l'une étoit commandée par la Loi. Quand une femme avoit mis un enfant au monde, elle étoit obligée, ſi c'étoit un garçon, de le preſenter au Temple au bout de quarante jours, ce qu'elle ne faiſoit que quatre-vingts jours après ſon accouchement lorſque c'étoit une fille. L'offrande étoit d'un agneau & d'un petit pigeon, ou d'une tourterelle, & ſi la femme étoit pauvre, elle n'offroit que deux tourterelles ou petits pigeons. Comme dès le commencement de la Loi de Moyſe, les Hebreux avoient accoûtumé de vouer leurs enfans à Dieu, ou pour toûjours, ou en ſe reſervant le pouvoir de les racheter avec des preſens ou des ſaerifices , l'autre forte de Prefentation fe faifoit par ceux qui avoient fait un vœu , & cet ufage fut caufe que faint Joachim & fainte Anne , ayant promis à Dieu de lui confacrer l'enfant qu'il leur donneroit , menerent leur fille Marie au Temple dans la troifiéme année de fon âge pour s'acquiter de leur vœu. On tient que faint Zacharie fut le Prêtre qui reçut cette petite vierge. Cette ceremonie a donné lieu à la Fête que l'Eglife celebre le 21. de Novembre fous le nom de *la Prefentation de la Vierge.* Cette Fête qui étoit fort celebre parmi les Grecs dès l'an 1150. n'eft paffée en Occident qu'en 1375. par le rapport que le Chancelier de Cypre qui y vint, fit de cette folemnité au Pape Gregoire XI. & au Roi Charles V. Le Pape commença alors à faire celebrer la Fête de la Prefentation dans l'Eglife Romaine , ce que fit auffi le Roi Charles V. avec beaucoup de folemnité dans la fainte Chapelle , en prefence du Nonce de fa Sainteté.

PRESENTER. v. a. *Offrir quelque chofe à quelqu'un.* ACAD. FR. On dit en termes de Marine , qu'*Un Vaiffeau prefente plus au vent qu'un autre*, pour dire , qu'il a le cap plus au vent. On dit , *Prefenter la grande bouline*, pour dire , La paffer dans la poulie coupée pour être halée , & *Prefenter un bordage , un membre*, pour dire , Le pofer au lieu où il doit être , pour fçavoir s'il fera jufte.

PRESIDIAL. f. m. Jurifdiction établie dans les Villes confiderables , pour y juger les appellations des Juges fubalternes & des villages , dans des matieres de mediocre importance. Les Juges des Prefidiaux peuvent juger en matiere civile en dernier reffort & definitivement jufqu'à la fomme de deux cens cinquante livres & jufqu'à dix livres de rente. Ils jugent le double par provifion nonobftant l'appel. En matiere criminelle , ils jugent de toutes fortes de cas , à l'exception du crime de leze-majefté.

PRESIDIALEMENT. adv. Terme de Palais. On dit , qu'*Une Sentence a été rendue prefidialement*, Lorfqu'un Prevôt des Marchands a inftruit un procès pour un cas royal & prevôtal contre des vagabonds & autres gens de la competence , & qu'il vient le juger avec fept Juges du Prefidial.

PRESLE. f. f. Plante dont la tige eft creufe & ronde. C'eft une efpece de jonc qui a le brin inégal & tellement rude , qu'il fert comme de lime à plufieurs Artifans pour polir leurs ouvrages. Les Tourneurs s'en fervent pour adoucir le bois , & les Doreurs , pour adoucir le blanc qu'ils couchent fous l'or. En Latin *Equifetum.*

PRESME. f. m. Vieux mot , qui en termes de pratique a fignifié Retrait lignager. On a dit auffi *Premeffe*, Ragueau & M. Menage le dérivent de *Proximus* ou *Proximicius*, parce qu'anciennement on difoit *Prefme*, pour dire , Le plus proche.

Prefme d'Emeraude. Pierre demi tranfparente & demi-opaque. On en trouve de quatre fortes dans les Indes orientales & occidentales , & dans la Boheme. La premiere eft de la couleur de la fougere. la feconde tient du jaune & du vert , la troifiéme eft mêlée de differentes couleurs , & la quatriéme eft d'une couleur blanche & bleue , avec quelques taches tirant fur le noir.

PRESOMPCIER. v. n. Vieux mot. Prefumer , ou être préfomptueux.

PRESSE. f. f. Sorte de pêche qui ne quitte point le noyau. En latin *Malum Perficum.*

PRESSE. f. f. Machine compofée de deux pieces de bois unies , qui fe ferrent tant qu'on veut par le moyen de deux vis qui les affemblent , & dont l'u-

fage eft de tenir une chofe ferrée fort étroitement. Il fe dit particulierement de la machine qui fert à imprimer les diverfes feuilles d'un Livre , ou des Eftampes. Elle eft compofée de jumelles , de fommiers , d'étançons , d'une tablette , d'un barreau , d'une vis , d'une boîte , d'une platine , de chevalets , & de ce qu'on appelle le train de la Preffe.

La *Preffe* qui fert à marquer la monnoie fans le fecours du marteau , eft un inftrument de fer en forme d'étrier avec une vis pour ferrer les moules. Elle differe du Balancier , qui a fa force aux deux bouts d'une barre de fer où il y a deux groffes boules de plomb , tirées par deux hommes avec des cordages qui font agir la vis du balancier qui preffe les carrés & fait l'effet de l'ouvrage , en ce que c'eft une même vis où il y a auffi une barre qui n'eft tirée que par un bout , & qui n'a ni boule ni cordages.

PRESSEMENT. f. m. Action de ce qui preffe. On dit en termes de Phyfique , *Preffement de l'air.* Il fert à expliquer differents effets de la nature.

PRESSOIR. f. m. Grande machine avec arbre & vis qui fert à preffer la vendange ou autres fruits , dont on veut efpreindre le jus , en forte que le marc demeure tout fec. *Preffoir*, dit Nicod , *eft un inftrument de bois , fait pour en preffant tirer à force & efpreindre le jus de quelque chofe , & eft dit notamment pour efpreindre le jus , car telle maniere d'inftrument qui ne fait qu'imprimer quelque marque , ou plaquer fimplement , eft plus communement appellé* Preffe , *comme la Preffe des Imprimeurs , & la Preffe de ceux qui eftampent les ferges , draps , fuftaines , & autres eftoffes , & la Preffe dont les femmes & drappiers preffent leurs chaperons ; linges & draps. Defquels Preffoirs il y a trois fortes , l'un eft à deux tablettes , l'une baffe en laquelle font endentées des vis ; l'autre haute , laquelle à tour de moulinet , étant abbaiffée en gifant fur l'antre , efpraind le jus de ce qui eft entre deux , & à le nom de* Preffe , *étant ufitée aux Apothicaires , & faifeurs d'efpraintes. Les autres deux fortes font propres aux Preffuriers du vin , defquelles l'une eft à roue , l'autre à arbre.*

Les Furetieriftes difent comme d'une chofe très-commune. *Ce Seigneur a un Preffoir bannal où tous les habitans doivent porter leur vendange*, il n'y en a prefque plus en France , la Coûtume d'Anjou reformée en 1508. qui a confervé la bannalité du Four , & du Moulin à fagement retranché celle du Preffoir. Ils ont tort de dire qu'on ne paye gueres la dixme que fur le vin de preffurage. On la paye en charge de raifins qu'on appelle *fommes*, quand il n'y a point d'abonnement , & quand il y en a à tant par quartier , le dixmier puife en liberté dans la cuve.

Les Chaircutiers appellent auffi *Preffoir*, Une maniere de faloir , où ils falent leur lard.

PRESTANT. f. m. Un des principaux Jeux de l'orgue , appellé ainfi à caufe qu'il fert à en regler les tons , & reftant proportionné à la voix de l'homme. On l'accorde à la quinziéme de la montre , & il eft de quatre piés quand il eft ouvert , ou de deux quand il eft bouché.

PRESTATION. f. f. Terme de Palais. On dit , *Preftation de ferment*, en parlant du ferment qu'un Officier eft obligé de faire entre les mains du Roi , ou de ceux qui ont droit de le recevoir , avant que d'exercer une charge. On dit ainfi *Preftation annuelle ou quotidienne* ; & on entend par-là certaines rentes ou livrées de fruits en efpece , qu'on donne à des Religieux , Chanoines , ou autres perfonnes femblables , comme les Curés aux Archidiacres.

M m iij

PRESTE, l'S ne fe prononce pas. Ofier fendu en trois pour tenir les cerceaux à relier les Tonneaux, *Un paquet, une torche de Preste.*

PRESTESSE. f. f. On dit, en termes de Manege, qu'*Un cheval manie avec beaucoup de prestesse*, pour dire, Avec grande diligence.

PRESTIMONIE. f. f. Efpece de Benefice que deffert un Prêtre. Ce mot vient *A prestatione quotidiana,* d'une retribution journaliere. Quoique quelques-uns ayent donné le nom de *Preftimonie* à des Cha-pelles Presbyterales qu'il n'y a qu'un Prêtre qui foit en pouvoir de poffeder, fa fignification la plus ve-ritable eft la defferte d'une Chapelle fans titre ni collation. La plûpart de celles qui font dans des Châteaux où l'on dit la Meffe, font de ce nombre, puifque ce font de fimples Oratoires non dotés. Auffi le dit-on des Offices perpetuels don-nés à des Prêtres habitués dans des Chapitres ou autres Eglifes, ou à des Religions; & ces Offices ne font que des commiffions de Meffes à dire, afin que la retribution qu'on en tire foit une aide pour les faire fubfifter. Il y a diverfes opinions touchant la Preftimonie. La plus certaine la détermine à un fond ou revenu qu'un Fondateur a affecté à l'entre-tien ou à la fubfiftance d'un Prêtre, fans que ce revenu foit érigé en titre de Benefice, de Chapel-le, de Prebende ou Prieuré. Ainfi il n'eft fujet ni au Pape ni aux Ordinaires, & le Patron & ceux qui ont droit de lui, en font Collateurs, y nom-mant & conferant de plein droit.

PRESTAIGE. f. m. Vieux mot. Sacerdoce.

PRESTRE. f. m. Celui qui a le pouvoir d'offrir le fa-crifice de la Meffe, & de faire les autres fonctions du Sacerdoce. Ce mot vient du Grec πρεσβύτερος, An-cien, quoique l'on ait plus d'égard à la prudence qu'à l'âge pour conferer la Prêtrife. On avoit fixé cet âge à trente ans dans l'ancien Teftament, & nous apprenons par l'Ecriture que ce n'a été qu'à ce tems-là que Notre Seigneur a commencé fa mif-fion; mais dans le Nouveau, où le nom de Prêtre fignifie fouvent Evêque, il fuffit d'avoir vingt-cinq ans pour la Prêtrife. Cette Dignité eft d'un fi grand prix, que l'honneur qui lui eft rendu a été en tout tems le plus fort foutien de toutes les Religions. Ce que les Juifs ordonnoient pour l'entretien des Prêtres & des Levites étoit exceffif. Le Peuple les reveroit, & le Grand Prêtre n'étoit pas moins honoré que le Prince même, l'un ayant une mitre pour ornement, comme l'autre avoit une couronne, & tous deux étant oints d'une huile precieufe. La Prêtrife a été fi eftimée parmi les Payens, que le Prince ne recherchoit rien avec plus d'ardeur, que l'honneur de porter le nom de Prêtre. Numa l'étoit auffi-bien que Roi, & Augufte & fes Succeffeurs ne fouhaitoient pas moins être appellés *Pontifices maximi*, Grands Prêtres, que d'avoir le titre d'Empereurs. Les Prêtres portoient diverfes couronnes. Elles étoient de laurier pour les Prêtres d'Apollon, & de feuilles de peuplier pour ceux d'Hercule. Quelques-uns en avoient de myr-the, d'autres de lierre, & d'autres de feuilles de chêne. Le Grand Prêtre à Rome n'étoit obligé de rendre compte de fes actions ni au Senat ni au peu-ple, & il n'y avoit que lui qui eût droit de venir en litiere fur le Capitole. Les Prêtres de Mars, que les Romains nommoient *Salii*, étoient telle-ment confidérés qu'il falloit être de famille Pa-tricienne pour obtenir cette dignité. Les Prêtres à Tyr avoient la premiere place auprès du Roi, & étoient vêtus de pourpre; & les Prêtres du Soleil, parmi les Pheniciens, portoient une longue robe de pourpre & d'or, & fur leur tête une couronne

d'or garnie de pierreries. Les Egyptiens élifoient leurs Rois entre les Prêtres, & tous leurs Philofo-phes étoient honorés du même titre. Le Prêtre de Jupiter appellé à Rome *Flamen dialis*, avoit l'a-vantage que fa fimple parole avoit l'autorité d'un ferment. Sa prefence tenoit lieu d'un fanctuaire, & un criminel qui fe retiroit chez lui, ne pouvoit y être pris. La Prêtrife chés les Indiens eft heredi-taire, comme elle l'étoit anciennement parmi les Juifs. Le Fils d'un Bramine eft Prêtre, & il époufe une fille de la même condition.

PRETERITION. f. f. Terme de Palais. Omiffion du nom d'un fils dans un teftament. *Preterition* fe dit auffi d'une figure de Rhetorique qui confifte à fein-dre qu'on ne veut point parler d'une chofe dont on ne laiffe pas de faire mention en peu de mots, comme en cet exemple, *Je ne dirai point qu'il a fait telles & telles actions qui lui ont donné beaucoup de gloire; qu'il s'eft trouvé à un tel fie-ge*, &c.

PRETEUR. f. m. Magiftrat fameux du tems de l'an-cienne Rome, qui rendoit la juftice aux Citoyens, & qui faifoit & caffoit des Edits. On l'appelloit *Prator Urbanus*. Il y avoit un autre Préteur, ap-pellé *Prator peregrinus*, à caufe qu'il connoiffoit des differends furvenus entre les Etrangers qui de-meuroient à Rome. Enfuite on créa des Préteurs pour chaque Province conquife. Ce fut après qu'on fe fut rendu maître de la Sardaigne & de quelques autres contrées. Ces Préteurs étoient les Magiftrats qui gouvernoient les Provinces & y rendoient la juftice. Tite-Live & Varron font venir ce mot *A praeeundo ou praeundo*.

PRETOIRE. f. m. Lieu où le Préteur rendoit la juf-tice. C'étoit auffi fon Palais. *Prétoire*, s'eft dit en-core de la Tente du General d'Armée où s'affem-bloit le Confeil de guerre.

PRETORIEN, ENNE. adj. On appelloit à Rome *Fa-milles Prétoriennes*, Celles où la Charge de Pré-teur étoit entrée; & *Garde Prétorienne*, ou *Cohorta Prétorienne*, la Compagnie des Soldats de la garde d'un Empereur.

PRETURE. f. f. Charge & Dignité de Préteur.

PREU. f. m. Vieux mot. Profit, avantage, de *Profi-cio.*

> *Quer certes c'eft fous vaffeloges,*
> *Faire fon preu d'autrui dommages.*

Preu, s'eft dit auffi pour fignifier Un homme de bien, du Latin *Probus*, & *Preude*, pour, Sage, d'où l'on a dit *Prend'hommie*, pour dire, Probité. On a dit encore *Prode* & *Proude*, pour dire, Fem-me vertueufe.

PREVOST. f. m. Celui qui eft revêtu d'une Charge, d'une Dignité, d'une Commiffion, en vertu de laquelle il eft prepofé pour avoir foin de quelque chofe, pour avoir autorité, autorité fur quelque chofe. Ce mot vient du Latin *Praepofitus.*

Prevôt, étoit autrefois le Seigneur qui admi-niftroit lui-même la Juftice. Il faifoit la même cho-fe dans les Prevôtés, que les Baillis & les Sene-chaux font aujourd'hui dans les Bailliages & les Se-nechauffées. Tel eft le Prevôt de Paris, Juge d'é-pée. Il prefide quelquefois au Châtelet, recueille les voix, & fait prononcer par fes Lieutenans. Il n'y a ni Sentence ni Contrat en forme, qui ne foit intitulé du nom du Prevôt de Paris. Il eft à la tête de l'Arriereban, lorfque la Nobleffe eft convo-quée.

On appelle *Grand Prevôt de l'Hôtel*, ou *Grand Prevôt de France*, un Juge d'épée qui a jurifdic-tion dans la Maifon du Roi, & qui eft le plus an-cien Juge Royal ordinaire du Royaume, puifque fon inftitution eft auffi ancienne que la Monarchie, n'y ayant eu aucun Roi en France qui n'ait eu un Juge dans fa Maifon & pour fa fuite. Il juge de toutes fortes d'affaires en matieres civiles & criminelles entre les Officiers du Roi, & pour ceux contre ceux qui ne le font pas. Il a droit lui feul d'appofer des fcellés & de faire des Inventaires & autres Actes de Juftice dans le Louvre, dans les Galeries & leurs dépendances, même dans les Maifons Royales qui ne font éloignées de Paris que de quatorze lieues. Il peut auffi informer dans Paris de tous crimes & delits particuliers pour & contre les gens de la Cour & fuite du Roi & des Maifons Royales, contre les vagabonds, & entre autres cas, concurrement & par prevention avec les autres Prévôts. A la fuite du Roi il arrête le taux des vivres, & fait d'autres chofes neceffaires pour la Police par fes Lieutenans de Robe longue, ou en leur abfence par les Lieutenans & Exempts de Robe courte, qui appellent avec eux les Officiers & principaux Habitans des lieux. Quand le Roi fait voyage, il commande bon nombre de Marchands & Artifans privilegiés pour fournir la Cour de toutes fortes de vivres & des autres chofes neceffaires. Ces Marchands & Artifans ont pouvoir de tenir boutique ouverte à Paris & autres Villes, & jouiffent des exemptions.

Prevôt des Maréchaux. Officier Royal, reputé du corps de la Gendarmerie. Toutes ces fortes d'Officiers font Lieutenans des Maréchaux de France, & ont jurifdiction fur les vagabonds, fur ceux qui volent à la campagne, & fur les Faux-monnoyeurs. Ils prennent auffi connoiffance des meurtres de guet-à-pens. Il y a en France cent quatre vingts fieges de Prevôts des Maréchaux. Celui de Paris y eft connu fous le nom de *Prevôt de l'Ifle.*

Il y a un *Prevôt General des Monnoies*, créé en 1635. avec un Lieutenant, trois Exempts, un Greffier, quarante Archers, & un Archer-Trompette, pour faciliter l'execution des Edits & des Reglemens touchant le fait des Monnoies; pour prêter main forte aux Députés de la Cour, tant dans la ville de Paris, que hors la Ville; pour executer les Arrêts & Commiffions qui leur font adreffées de la Cour, & pour envoyer plus ou moins d'Archers felon le befoin. Ce Prevôt eft obligé de faire juger à la Cour les procès de fauffe monnoie qu'il a inftruits; ce qui eft caufe qu'il y a rang & feance après le dernier Confeiller, mais il n'a pas voix déliberative. Il eft feulement prefent au jugement des Procès dont il a fait l'inftruction, pour rendre compte de fes procedures.

On appelle *Prevôt des Marchands*, à Paris, à Lyon & dans quelques autres Villes, Un Officier très-confiderable qui fait garder & obferver les Arrêts, les Edits & les Reglemens intervenus fur le fait de la Police. Il a foin de la taxe des marchandifes qui arrivent par la riviere & de la navigation, & donne ordre aux Ceremonies publiques de la Ville.

Prevôt d'Armée. Officier qui a l'œil fur les Deferteurs & fur les Soldats coupables. Il met auffi la taxe fur les vivres de l'Armée, & a d'autres Officiers fous lui, fçavoir un Lieutenant & un Greffier, avec une Compagnie d'Archers à cheval & un Executeur de Juftice. Le Prevôt d'un Regiment d'Infanterie a les mêmes Officiers que celui de l'armée, mais il n'a que fix Archers.

Prevôt General de la Marine. Officier établi pour inftruire les Procès des gens de mer qui ont commis quelque crime. Par l'Ordonnance de 1674. il a entrée au Confeil de guerre, ainfi que fes Lieute-

nans, qui y font le rapport de leurs procedures, mais ils fe font debout & découverts, & n'y ont point voix déliberative. Il y a dans chaque Vaiffeau un *Prevôt Marinier.* C'eft un homme de l'Equipage, qui a les prifonniers en fa garde, & qui eft chargé du foin de faire nettoyer le Vaiffeau.

Prevôt, eft auffi un grand Officier dans les Ordres Militaires. Il a le foin des Ceremonies, & porte le Cordon & la Croix de l'Ordre. Il y en a dans ceux de faint Michel, du Saint Efprit & de Saint Louis.

Prevôt, eft encore une Dignité dans quelques Chapitres Eccléfiaftiques. C'eft la premiere à Albi, la feconde au Pui, & à Tulles la troifiéme. Ce font dans d'autres Eglifes des Dignités dont les Benefices paffent pour fimples Perfonats.

Prevôt de Sale. Celui qui en fait d'armes tient la falle fous un Maître, enfeignant les Ecoliers, & faifant affaut contre tous venans.

PREUX. adj. Vieux mot. Vaillant,

Chevaleureux, vaillant & preux.

Les Anciens donnoient le nom de *Preux Chevalier* à tous leurs Avanturiers. M. Menage fait venir ce mot de *Probus*, & Proueffe de *Prob. tia*, qui a été dit pour *Probitas.* On dit auffi *Prox* dans le même fens.

PRI

PRIAPISME. f. m. Terme de Medecine. Maladie de la verge qui s'enfle par une plenitude de flatuofités trop épaiffes, fans aucun defir de femme, ni aiguillon de volupté. Les melancoliques & les ladres font tourmentés de ce mal; ce qui fait que quelques-uns le confondent avec celui qui eft appellé *Satyriafis*, à caufe qu'on donne quelquefois ce nom à la ladrerie. Ce mot vient de *Priape*, qui étoit le Dieu des Jardins dans le Paganifme, & dont le nom a été donné à la partie honteufe de l'homme, d'où vient qu'on a nommé *Priapée*, les Epigrames obfcenes & autres Pieces de même nature.

PRIEUR. f. m. *Celui qui a la fuperiorité & la direction dans un Monaftere de Religieux.* ACAD. FR. On appelle *Prieur Clauftral*, Celui qui gouverne les Religieux dans les Abbayes ou Prieures qui font en Commande; & *Prieur Conventuel*, Celui qui ne reconnoît point de Superieur dans le Couvent où il eft. *Prieur feculier*, fe dit de celui qui n'eft foumis à aucune Regle, qui poffede un Benefice fimple qui a titre de Prieuré.

Prieur, fe dit auffi de certains Officiers qui s'élifent dans les Communautés pour y prefider pendant un certain tems. Ainfi on appelle *Prieur de Sorbonne*, un Bachelier de Sorbonne, qui pendant un an eft Superieur de la Maifon de Sorbonne. Ses fonctions font de prefider aux Affemblées de cette Maifon, & il eft obligé de faire un difcours Latin au commencement de chaque Sorbonique qui s'y fait.

Celui qui eft le premier dans une Abbaye, lorfqu'elle a befoin de plufieurs Superieurs, eft appellé *Grand Prieur*, comme dans celles de Clugni & de Fefcamp. Il y avoit autrefois cinq Prieurs dans l'Abbaye de faint Denys, & le premier étoit nommé *Grand Prieur.* Il y a des Grands Prieurs dans l'Ordre de Malte.

PRIME. f. m. Vieux mot. Le prochain. *Édifier mon prime.* Ce mot a été dit auffi comme adjectif pour fignifier Premier, & on a dit *Prime*, pour dire, Une heure, la premiere heure.

PRIME. ſ. f. Terme de Marine. Somme qu'un Marchand, qui veut aſſurer ſa marchandiſe, paye à l'Aſſureur pour le prix de l'aſſûrance. On l'appelle ainſi à cauſe qu'elle ſe paye par avance. Il y a des lieux où on l'appelle *Primeur*.

Prime, ſe dit chés les Maîtres en fait d'armes, de celle des gardes qui eſt la premiere & la principale, où le corps ſe rencontre en achevant de tirer l'épée du côté. C'eſt celle qui eſt la plus propre à étonner l'ennemi, à cauſe que la pointe de l'épée eſt plus proche de ſes yeux que dans aucune autre garde.

On dit, en termes de Chaſſe, qu'*Un loup ne s'arrête point où il a mangé, & qu'il s'en va de haute prime*, pour dire, Fort promptement, & ſelon les Italiens *Quanto prima*.

La fraction décimale, en termes d'Arithmetique, eſt une fraction qui exprime une ou pluſieurs dixiémes parties de l'unité; & quand cette fraction eſt une ſimple fraction decimale, on l'appelle *Prime*, comme $\frac{3}{10}$.

Prime, ſe dit auſſi d'une ſorte de poids qui peſe vingt-quatre minutes.

Prime. Sorte de jeu de cartes. Il y a la grande Prime & la petite Prime.

PRIMEVERE. ſ. f. Plante qui fleurit en Février, Mars & Avril, & que l'on a appellée ainſi, à cauſe qu'elle eſt l'une des premieres fleurs qui annoncent le Printems. Il y en a de violettes fort pâles, de gris de lin, de blanches & de jaunes. Elle eſt fort bonne aux goutes & à la paralyſie, & on fait grand cas de ſa racine pour rompre la pierre de la veſſie & des reins. On tient que ſon ſuc pris en breuvage eſt bon aux rompures & aux diſlocations. Les Primeveres ſont chaudes & ſeches, & leur ſuc eſt bon à ôter les taches du viſage. Il y en a de doubles, de ſimples, de ſauvages & de cultivées. Cette plante a differens noms parmi les Latins, *Primiveria*, *Primula veris*, *Verbaſculum*, *Herba paralyſeos*, *Arthritica*, *Herba ſancti Petri*, *Brachula cuculi*, *Viola tuſculana*, & *Betonica alba*.

PRIN. adj. Vieux mot. Premier.

Ce fut au prin ſomme tout droit.

C'eſt delà qu'eſt venu *Printems*.

PRINCES. ſ. m. Les Fureteriſtes diſent que lorſqu'un Pape eſt élû tous ſes parens ſont Princes; c'eſt beaucoup que les Neveux & Nièces le ſoient, les autres reſtent ce qu'ils étoient. Ils ajoûtent qu'on appelle les Cardinaux, *Princes* de l'Egliſe, pourquoi ne le pas dire des Evêques qui ſont les ſucceſſeurs des Apôtres pendant que les Cardinaux ne le ſont que des ſoixante & douze Diſciples.

PRINCIPALITE'. ſ. f. Titre du Superieur d'un College qu'on appelle quelquefois mal à propos *Principauté*, terme qui n'appartient qu'aux Princes.

PRISCILLIANISTES. ſ. m. Heretiques ainſi appellés de Priſcillianus, qui ſemerent d'abord leur hereſie en Eſpagne ſous l'Empereur Gratien trois cens quarante-huit ans après JESUS-CHRIST, & qui la répandirent enſuite dans tout l'Occident. Ils confondoient les Perſonnes de la Trinité avec les Sabelliens, & enſeignoient avec les Origeniſtes que les ames des hommes étoient créées en quelque endroit du Ciel avant les corps; avec les Manichéens, qu'elles faiſoient partie de l'eſſence divine, & que le Monde avoit été créé d'un méchant Dieu; avec les Aſtrologiens, que toutes nos actions dépendoient des étoiles; & avec les Stoïciens, que nous étions neceſſités à pecher. Ils rejettoient avec les Gnoſtiques les anciens Prophetes comme gens qui n'avoient pas penetré dans la volonté de Dieu, & condamnoient auſſi avec eux le mariage, & avec les En-

cratites l'uſage de la chair. Ils permettoient le menſonge avec les Audiens, & même le parjure dans ſes affaires de la Religion.

PRISE. ſ. f. Terme de Marine. Vaiſſeau pris ſur l'Ennemi. En ce ſens on dit qu'*On a fait deux priſes, trois priſes*, &c. pour dire qu'On a pris tel nombre de Vaiſſeaux.

Quand du pain & un pâté ne prennent pas aſſés de couleur, on fait un feu clair à l'entrée du Four pour leur donner de la priſe à dorer & affermir la croute.

PRISME. ſ. m. Terme de Geometrie. Il y a aſſés d'apparence que ce nom de *Priſme* a été donné d'abord à une moitié d'un parallelepipede que l'on avoir coupé en deux par un plan diagonal, car πρισμα vient de πρίω, Scier, & c'eſt là la notion du Priſme qui convient le mieux au mot. Selon cette idée il n'y auroit de Priſmes que les *Priſmes triangulaires*, c'eſt à-dire, qui ſeroient terminés aux deux bouts par deux triangles ſemblables, égaux & paralleles, & dans leur longueur, par trois parallelogrammes non paralleles entre eux. Mais on a étendu l'idée de ce mot, & l'on entend par Priſme un corps ſolide terminé aux deux bouts non ſeulement par deux triangles, mais par quelques polygones égaux ſemblables, & paralleles que ce puiſſe être, & dans ſa longueur par un nombre de parallelogrammes égal à celui des côtés des polygones. Selon cette définition le parallelepipede même devient une eſpece de Priſme. Les deux plans égaux & paralleles qui ſont aux deux bouts du Priſme, s'appellent ſes *baſes*. On oppoſe les *Priſmes Polygones* aux *Triangulaires* qui ſont les plus ſimples, & on reſout les Polygones en triangulaires pour trouver leurs proportions & leurs meſures. Le Priſme triangulaire étant la moitié d'un parallelepipede ſe meſure de la même façon. Voyez PARALLELEPIPEDE.

On appelle *Priſme de verre*, Un triangle ſolide de verre, avec quoi on voit les couleurs de l'arc-en-ciel. On dit auſſi *Verre priſmatique*, pour dire, Qui a la figure d'un Priſme.

PRISON. ſ. m. Lieu fort & gardé, où l'on enferme les débiteurs & les criminels. Il y a des cachots dans les Priſons, où l'on met les plus coupables. Ce ſont des caveaux, les uns noirs & ſans lumiere, & les autres qui reçoivent le jour par des ſoupiraux. Les Anciens avoient de trois ſortes de Priſons, l'une pour reprimer les inſolens & les débauchés, l'autre pour les banqueroutiers & débiteurs inſolvables, & une troiſiéme pour ceux qui avoient commis des crimes dignes de mort. Borel fait venir *Priſon* de l'Italien *Prigione*. Du Cange le dérive de *Priſo*, terme de la baſſe Latinité, qui ſignifie Priſon.

On appelle *Priſon des vents*, dans de certains édifices, Un lieu ſouterrain où l'on trouve moyen de conſerver des vents frais, qui par des conduites ſouterraines ſe communiquent dans des ſalles pour les rendre fraiſches pendant l'Eté.

PRIVE', E'E. adj. Particulier, ſecret. On appelle *Conſeil privé*, un Conſeil d'Etat où l'on traite d'affaires d'une nature particuliere, & qui regardent le Roi directement ou indirectement. C'eſt où ſe jugent les évocations & les renvois des Reglemens de Juges, les interpretations d'Edits & les caſſations d'Arrêts.

PRO

PROBATIQUE. adj. Mot qui ne ſe trouve que dans l'Ecriture Sainte, où il eſt dit, *Probatique piſcine*,

. *piscine*, pour dire, la Piscine près de laquelle Jesus-Christ fit la guerison miraculeuse du Paralytique.

pROBLEME. f. m. En Algebre ce mot signifie seulement une Question ou proposition qui tend à découvrir quelque verité cachée, & qui demande qu'on en fasse la démonstration. Dans le reste des Mathematiques, c'est une Proposition qui tend à la pratique, comme de trouver une *Moyenne proportionnelle*, de *couper un angle en deux*, &c. & alors Problème s'oppose à *Theorême* qui est une proposition purement speculative. Voyez THEOREME.

Ce qu'on appelle *Equation* en Algebre s'appelle aussi *Problême*, parce que toute Equation aboutit à trouver la valeur de l'Inconnue, Voyez INCONNUE & EQUATION. Plus l'Inconnue a de dimension ou de degrés, (voyez DEGRE',) plus l'Equation ou Problême est difficile à resoudre ; ainsi le Problême prend son nom du nombre de degrés qu'a l'Inconnue. Si elle en a deux, il est *Plan*, si elle en a trois, il est *solide*, si elle en a quatre, *surfolide*, &c.

On dit aussi en Géometrie Problème, *Lineaire*, *Plan*, *solide*, *surfolide*, &c. mais c'est par rapport aux lignes dont on a besoin pour la solution du Problème. Celui qui se peut resoudre par des lignes droites est un *Problême Lineaire* ou *simple*. Celui où il faut faire entrer le cercle est un *Problême Plan*, celui où il doit entrer quelqu'une des sections coniques autres que le cercle, est *solide*, celui qui ne se peut resoudre que par des courbes plus composées & d'un genre plus élevé que les sections coniques, est *surfolide*.

Les Problèmes se divisent encore en *Déterminés* & *Indéterminés*. Les Problèmes déterminés sont ceux qui ne peuvent recevoir qu'une solution, & les Indéterminés sont ceux qui en peuvent recevoir plusieurs differentes. Par exemple, si l'on demande que d'un point de la circonference d'un cercle on tire une perpendiculaire au diametre qui le coupe de telle sorte qu'elle soit moyenne proportionnelle entre les deux parties du diametre formées par la section, le Problème sera *indéterminé*, parce que de quelque point de la circonference que l'on tire une perpendiculaire sur le diametre, elle sera moyenne proportionnelle entre les deux parties du diametre. Mais si l'on a déterminé la raison que doivent avoir entre elles ces deux parties du diametre, alors le Problème devient *déterminé*, parce qu'il n'y a plus qu'une perpendiculaire qui puisse être moyenne proportionnelle. Quelquefois on appelle Problème déterminé un Problème qui peut recevoir plusieurs solutions differentes, mais qui se réduisent à un certain nombre que l'on détermine, au lieu qu'il y a des Problèmes indéterminés à l'infini.

Soit que le Problème soit d'Algebre ou de Géometrie, quand on l'a d'abord mis en lettres, & qu'on a fait des équations, qui étant réduites autant qu'il est possible, laissent deux ou plusieurs inconnues, il est certain que le Problème est indéterminé. Car la valeur de ces inconnues n'étant fixée par rien de connu, on pourra mettre à leur place telles grandeurs que l'on voudra, pourvû que l'on demeure dans les bornes du Problème. Ce Problème se résout en Géometrie par des lignes dont plusieurs ou une infinité de points également satisfont à la question. Ces lignes s'appellent *Lieux*. Voyez LIEU. & le Problème est appellé *Local*. Problème est un mot Grec, προβλημα, du verbe προβαλλειν, Proposer.

PROBOSCIDE. f. f. Terme de Blason. Il se dit de la trompe d'un Elephant, lorsqu'on en trouve de pein-

tes sur des Armoiries. Ce mot est Grec, προβοσκις, & signifie Trompe de la mouche & de l'éléphant.

PROCLIENS. f. m. Heretiques ainsi appellés d'un certain Proclus ou Proculus, homme inconnu, qui outre les opinions des Hermogeniens qu'il suivoit, prétendoit que Jesus-Christ n'étoit pas encore venu en chair. On les appelle aussi *Proclianites*.

PROCONSUL. f. m. Nom qui dans les commencemens de la République Romaine fut donné à celui qui par des raisons importantes étoit continué dans l'exercice de la Charge de Consul après l'année de son Consulat. Celui que l'on faisoit Gouverneur d'une Province Consulaire après qu'il étoit sorti du Consulat, eut ensuite le titre de Proconsul, & du tems des Empereurs on donna ce même nom à celui que le Sénat élisoit pour gouverner une des Provinces du peuple. Ce n'étoit pas le peuple assemblé qui élisoit les Proconsuls après leur année de Consulat, mais l'une des deux Provinces Consulaires leur venoit par sort, & ils commandoient l'Armée qui étoit dans leur Province, & y rendoient aussi la Justice.

PROCURATEUR. f. m. Magistrat Venitien qui est à vie, & qui a l'administration des biens des orphelins, & de ceux qui meurent sans laisser d'enfans & sans avoir fait de testament. Il y a aussi des Procurateurs à Gênes.

PROCUREUR. f. m. *Celui qui a pouvoir d'agir pour les affaires d'autrui. Il signifie plus particulierement un Officier établi par Justice pour agir au nom de ceux qui plaident en quelque Jurisdiction.* Acad. Fr. Le Procureur qui agit en Justice, & qu'on a nommé Procureur *ad lites*, est constitué, ou pour toutes les causes pendantes en la Jurisdiction où il a droit d'occuper, & alors sa charge dure jusqu'à ce qu'il soit revoqué, ou pour un certain procés, une instance ou une cause, & en ce cas son pouvoir ne finit qu'après le Jugement définitif, à moins qu'il n'y ait révocation pendant l'instruction de l'affaire. Son ministere ne passe point la procedure. Ainsi quand il est question de faire des offres, de transiger, de donner main-levée, de s'inscrire en faux, & d'autres choses qui dépendent de la Partie, il faut qu'il ait une Procuration speciale, autre que celle qui le constitue Procureur *ad lites*. Les Procureurs sont obligez de nommer deux Substituts dans le tems de leur reception, de faire résidence, & communiquer les affaires aux Avocats avant que de conclure, & de leur faire faire les écritures. Ils peuvent en substituer un autre à leur place, pour signer les expeditions lorsqu'ils sont absens, pourvû que ce soit l'un de leurs Substituts. On peut les rechercher dans cinq ans pour les procés jugés, & dans dix pour ceux qui ne le sont pas. De leur côté ils ont deux ans pour demander leurs frais, leurs salaires & vacations, en cas que les Parties meurent, ou qu'il y ait revocation ou discontinuation de procedures ; & autrement, ils ont six ans du jour qu'ils ont occupé.

Procureur General du Parlement. Officier qui a soin des interets du Roi & du Public dans l'étendue du ressort du Parlement. Il tient le premier rang entre les deux Avocats Generaux, & est la quatriéme personne de la Justice, dont les trois autres sont le Roi, le Chancelier & le premier Président. Son principal devoir est d'entreprendre la cause des foibles contre les plus puissans, de faire executer les Provisions, les Arrêts & Mandemens de la Cour, & de prendre communication des accords, appointemens, acquisitions & transactions, afin d'y mettre opposition, ou de consentir qu'ils s'execu-

N n

rent. Il a droit auſſi de pourſuivre les criminels ſur la plainte d'une Partie Civile, & même d'office, ſans aucune dénonciation, quand les crimes ſont d'une nature à mériter une peine afflictive, de conſerver le domaine & de proteger l'Egliſe, les Hôpitaux & les Mineurs. Non ſeulement il jouit de tous les droits des Conſeillers du Parlement, mais il ſert de regle à tous les Procureurs Generaux des autres Cours Superieures. Il porte la robe rouge & le chaperon fourré d'hermine, & exerce la Charge de Prévôt de Paris pendant le ſiege vacant. Dans les Provinces il marche à côté des Lieutenans Generaux, & eſt entierement attaché à l'inſtruction des procès par écrit. On ne fait point le procès au Procureur General tant qu'il eſt en charge, il a le privilege d'entrer chés le Roi ſans être annoncé.

On appelle *Procureur du Roi*, un Officier qui a dans l'étendue d'un Préſidial & d'un Bailliage la même Charge que le Procureur General du Parlement, pour intervenir dans les Cauſes où le Roi & le Public ont intereſt, comme ſont celles de l'Egliſe & des Mineurs. Dans les Juriſdictions Royales le Procureur du Roi eſt un Subſtitut du Procureur General. Il eſt obligé de pourſuivre les criminels qui ſont dans les priſons, afin qu'elles ne ſoient pas trop chargées, & qu'on ne laiſſe pas les crimes ſans punition. Il lui eſt enjoint d'envoyer tous les ſix mois au Procureur General dont il eſt Subſtitut, un état de tous les accuſés qui ſont détenus.

Procureur de Nation. Dans les Univerſités eſt en même tems le Chef, & le Syndic de ſa Nation, il préſide à ſes aſſemblées, les convoque quand bon lui ſemble & eſt Aſſeſſeur du Tribunal du Recteur.

Procureur Fiſcal. Celui qui eſt établi dans la Juſtice des Seigneurs, pour défendre & ſoûtenir leurs droits & ceux du Public.

PRODITION. ſ. f. Vieux mot qui vient du Latin *Prodere*, Trahir, qui a été dit pour Trahiſon. On dit encore, en termes de Palais, *Proditoirement*, pour dire, En trahiſon.

PRODOM, ou PRODON. Vieux mot. Preudhomme, de *Probus* & *Homo*.

PRODUCTION. ſ. f. Ouvrage, effet. Il ſe dit également des ouvrages de la nature & de ceux de l'art & de l'eſprit. ACAD. FR. On appelle *Production*, en termes de Pratique, Les titres & papiers qu'on fait paroître en Juſtice, afin d'appuyer le bon droit qu'on prétend avoir. Quand il s'agit d'un procès, il y a des *Productions principales*, qui ont été faites en premiere inſtance, des *Productions nouvelles*, qu'on fait en cauſe d'appel, & des *Productions ſommaires* ſur les appointemens à mettre des Inventaires.

PRODUIT. ſ. m. Terme d'Arithmetique. Nombre formé de la multiplication de deux ou de pluſieurs nombres l'un par l'autre. Six eſt le produit de 2. par 3. 25. le produit de 5. par 5. quand un nombre ſe multiplie lui-même le produit eſt un quarré. Voyez QUARRE'.

On dit auſſi en Geometrie le *Produit de deux lignes l'une par l'autre*, & c'eſt ce qui forme le parallelogramme. Si le parallelogramme eſt multiplié par une troiſième ligne le produit eſt un parallelepipede. Voyez PARALLELOGRAMME & PARALLELEPIPEDE.

Produit, en termes de Pratique, ſe dit de l'Acte qu'on fait ſignifier de ce qu'on enregiſtre, quand on met ſa production au Greffe. On en fait mention ſur l'étiquette du ſac, & c'eſt ce qu'on appelle autrement *Le jour du mis*.

PROEME. ſ. m. Vieux mot. Préface, entrée de diſ-

cours. Il vient du Grec προοίμιον, Exorde.

PROESME. ſ. m. Vieux mot. Parent. On trouve dans la Coûtume d'Anjou, *Choſes immeubles acquiſes de ſon proïſme*. On a dit auſſi *Proïſme* & *Proſme*, du Latin *Proximus*.

PROFESSEUR. ſ. m. Docteur qui enſeigne publiquement la Theologie, le Droit, la Medecine, ou la Philoſophie. Louis XIV. établit dans toutes les Univerſités des Profeſſeurs de Droit François, il ſeroit à propos qu'il y en eût deux dans les grandes Univerſités, l'un qui donneroit des inſtitutions, l'autre qui donneroit des traités par leur alternative.

PROFIL. ſ. m. Contour de quelque figure. On appelle *Profil d'une Fortereſſe*, La coupe ou ſection imaginaire d'un plan ou d'une Place à angles droits, pour marquer & repreſenter exactement toutes les hauteurs & largeurs des remparts, parapets, murailles, talus, foſſés, chemins couverts, & eſplanades ; ce que ne fait pas l'Ichnographie, qui ne marque que les longueurs & les largeurs.

PROFILER. v. a. Deſſiner ſeulement les contours de quelque choſe que ce puiſſe être.

PROFIT. ſ. m. Gain, émolument, avantage, utilité. ACAD. FR. On appelle, en matiere feodale, *Profits de fief*, Les droits Seigneuriaux, comme quint & requint, lods & ventes qui ſe payent à chaque mutation des heritages ou fiefs ſervans, quand le fief eſt ouvert ou vacant.

On appelle, en termes de Marine, *Profit avantureux*, l'Interêt de l'argent que l'on a prêté ſur un Vaiſſeau marchand, ſoit pour un voyage, ſoit pour chaque mois qu'il eſt en mer, moyennant quoi le prêteur court les riſques de la guerre & de la mer. C'eſt ce qu'on appelle autrement *La groſſe avanture*.

On dit en termes de Pratique, *Un défaut emportant profit*, pour dire, Emportant gain de cauſe. Il eſt ſouvent ordonné que *L'on en viendra au premier jour à peine de l'exploit*, dont le profit ſera jugé ſur le champ. Vendre & acheter quelque choſe au profit, c'eſt ſur le pié de la facture à deux pour livres ou trois ſuivant la qualité de la marchandiſe, il faut bien connoître ſon Marchand pour acheter au profit.

PROFITEROLES. ſ. m. Les Cuiſiniers appellent *Potage de profiteroles*, Un potage fait avec de petits pains dégarnis de mie, ſechés, mitonnés & remplis de beatilles. Ce mot s'eſt dit autrefois d'une pâte cuite ſous les cendres.

PROFONTIE', E'E. adj. Terme de mer. On appelle *Navire profontié*, Celui qui tire beaucoup d'eau, ou à qui il en faut beaucoup pour le faire floter.

PROGENIE. ſ. f. Vieux mot. Race, du Latin *Progenies*.

PROGRE'S. ſ. m. Il ſe dit de toute ſorte d'avancement, d'accroiſſement, d'augmentation, en bien ou en mal. ACAD. FR. C'eſt auſſi un terme de Muſique, & quand des notes procedent par des intervalles déſagreables & défendus. Cela s'appelle *Mauvais progrès*.

PROGRESSION. ſ. f. Terme de Mathematique. Proportion continuë ſoit *Arithmetique*, ſoit *Geometrique*, ſoit *Harmonique* compoſée de plus de trois termes. (Voyez PROPORTION.) On appelle *Mouvement de Progreſſion*, un Mouvement qui porte en avant.

PROJECTION. ſ. f. Operation Chymique qui doit être faite en petite quantité, & qui eſt dans la Pharmacie une préparation qui ſe fait de quelques ſubſtances en jettant dans un creuſet poſé ſur un feu violent, quelques drogues convenables au deffein qu'on a ; ce qui fe doit faire à differentes reprifes.

On appelle en Chymie, *Poudre de Projection*, Certaine poudre que les Charlatans feignent avoir la vertu de changer un métal imparfait en un métal plus parfait, comme l'or & l'argent, pour peu que l'on y en mêle.

Projection eſt encore un terme de Méchanique & de ſtatique. La *Projection* d'un poids eſt le mouvement d'un poids jetté par une puiſſance, ou la ligne que ce poids décrit par ſon mouvement. La projection eſt ou *verticale*, ou *horiſontale*, ou *compoſée de la verticale ou de l'horiſontale*. On peut concevoir la peſanteur comme une cauſe exterieure agiſſant perpendiculairement de haut en bas ſur la ſurface de la terre, & par conſequent agiſſant avec moins de force ſur les corps qu'elle ne rencontre pas ſelon ſa ligne perpendiculaire. Elle rencontre dans cette ligne les corps qui ſe meuvent en l'air, ſoit verticalement ſoit horiſontalement, & par conſequent ce ſont ceux ſur leſquels elle a le plus de priſe & qu'elle rabat le plus vîte contre terre. D'où il ſuit que ceux qui ſe meuvent ſelon une ligne qui ſoit préciſément moyenne entre la verticale & l'horiſontale, c'eſt-à-dire inclinée à l'horiſon de 45. degrés, ſont ceux que la peſanteur fait retomber le plus tard, tout le reſte étant égal, en un mot que la projection faite ſous l'angle de 45. degrés eſt celle qui a le plus grande portée horiſontale. C'eſt ſur ce principe qu'eſt fondé l'Art de tirer le Canon & les Bombes. La projection verticale eſt une ligne droite qui en tems égaux diminue toujours ſelon la même proportion que la ligne de la chûte des corps deſcendans augmente. Voyez ACCELERATION. Pour la projection horiſontale, c'eſt une ligne courbe compoſée de l'horiſontale & d'une verticale par laquelle la peſanteur rabat ſans ceſſe le corps contre la terre, ſelon la proportion *de la chûte des graves*. Cette courbe eſt ſenſiblement parabolique, car ſi on prend ſur la verticale les eſpaces que le corps doit parcourir en des tems égaux, ils feront les nombres quarrés, 1. 4. 9. &c. (Voyez ACCELERATION,) & ſi par chacun de la verticale on tire des horiſontales qui croiſſent toûjours également, ou comme les nombres, 1. 2. 3. &c. car le mouvement horiſontal eſt égal & uniforme, il eſt viſible que les horiſontales feront comme les racines quarrées des parties de la verticale qui leur répondront, ce qui eſt la raiſon des *Ordonnées* d'une Parabole aux *Abſciſſes*. Voyez PARABOLE. Donc la ligne compoſée de la verticale & des horiſontales que nous avons déterminées ſera une parabole. Il en va de même de toute projection qui n'eſt pas ſimplement verticale. Le point le plus élevé de la verticale s'appelle *la hauteur* ou *l'élevation de la projection*, & le point de l'horiſontale le plus éloigné eſt ſa portée ou ſa longueur.

Projection en termes de Perſpective eſt la repreſentation ou l'apparence d'un, de deux ou de pluſieurs objets ſur un plan. La repreſentation d'un cercle ſur un plan auquel il eſt perpendiculaire eſt une ligne droite, parce que toutes les lignes qui ſont tomber du cercle ſur le plan, n'y laiſſent qu'une ſuite de points en ligne droite, & c'eſt cette eſpece de trace qu'on appelle la *Projection de ce cercle ſur ce plan*. Ainſi un cube perpendiculaire à un plan, y laiſſe pour trace un quarré qui eſt ſa projection. Si l'objet eſt incliné à l'égard du plan, & ſelon qu'il l'eſt differemment, la projection eſt differente. Le plan s'appelle *Plan de projection*. La projection eſt auſſi differente ſelon que l'on ſuppoſe l'œil dans un

point de vûe different. Pour réduire la ſphere en plat, on prend le plan d'un grand cercle, & la projection ou repreſentation de tous les autres cercles ſur ce plan. Cette projection s'appelle *Aſtronomique*. Elle eſt differente, c'eſt-à-dire, les cercles de là ſphere ſe repreſentent par des lignes ou droites ou courbes, ou ſous differens angles, ſelon le cercle qu'on a pris pour plan de projection, & le point où l'on a ſuppoſé l'œil. Ordinairement la projection aſtronomique ſe fait ſur le plan de l'horiſon, ou d'un Meridien. C'eſt par là que l'on conſtruit les Planiſpheres ou Aſtrolabes. Voyez ces mots. L'Analemme eſt une projection de la ſphere qui fait une des eſpeces d'Aſtrolabe. Voyez ANALEMME. La ſcience des Quadrans eſt fondée ſur la projection. Voyez QUADRAN.

Projection, eſt auſſi un terme de Fondeur, & veut dire Un jet de métal en ſable, en cire, &c.

PROJECTURE. ſ. f. Terme d'Architecture. Saillie, avance, du Latin *Projectura*.

PROIER. v. a. Vieux mot. Prier. On a dit auſſi *Proiere*, pour Priere.

PROJETTER. v. a. Terme de Chymie. Faire la projection de quelque matiere.

PROISE', z z. adj. Vieux mot. Priſé.

PROLATION. ſ. f. Terme de Muſique. La Prolation eſt quand ſur une des cinq voyelles de l'Alphabet la voix fait une fuſée, c'eſt-à-dire, des roulemens qui conſiſtent à une durée de chant par une ſuite de pluſieurs notes.

PROLEGOMENE. ſ. m. Terme dogmatique. Diſcours preparatif & fort ample qu'on met au-devant d'un Traité, pour inſtruire le Lecteur des choſes qu'il doit ſçavoir pour tirer de l'utilité de ce qu'il va lire. Ce mot eſt Grec, *αριλεγόμενα*, de *πρὸ*, Devant, & de *λέγω*, Dire.

PROLONGER. v. a. *Faire durer plus long-tems, rendre de plus longue durée*. ACAD. FR. On dit, en termes de Marine, *Prolonger un navire*, pour dire, Le faire avancer contre un autre, pour ſe mettre flanc à flanc & venir vergue à vergue, en ſorte que ſi leurs vergues étoient prolongées, elles ne feroient qu'une ligne.

PROMECONDE. ſ. m. Vieux mot qu'on trouve dans Rabelais en la ſignification de Dépenſier.

PROMONTOIRE. ſ. m. Cap, pointe de terre ou de rocher qui s'avance dans la mer.

PROMOTEUR. ſ. m. Celui qui eſt la partie publique dans une Cour Eccleſiaſtique, dans une Officialité. Il y fait les mêmes fonctions que le Procureur du Roi dans la Juriſdiction laïque. Il eſt informer d'office contre les Eccleſiaſtiques qui ſont en faute, & maintient les droits, les libertez, & les Immunitez de l'Egliſe. Le Promoteur eſt auſſi chargé du ſoin de faire maintenir la diſcipline Eccleſiaſtique, de faire punir & ranger les déſobéiſſans à leur devoir.

PRONATEUR. adj. Terme de Medecine. On appelle *Muſcle pronateur*, deux des quatre muſcles qui ſervent au mouvement de l'avant bras, qui eſt depuis le coude juſques à la main. Ce mot vient du Latin *Pronus*, Qui panche ſur le devant.

PRONONCER. v. a. *Proferer, Articuler les lettres, les ſyllabes, les mots, en exprimer le ſon*. ACAD. FR. En termes de Peinture, *Prononcer* ſe dit, pour, Marquer & ſpecifier les parties de toutes ſortes de corps avec autant de force & de netteté qu'il eſt beſoin, pour les rendre plus ou moins diſtinctes. On dit d'un Tableau, que *Certaines parties en ſont bien prononcées*, pour dire, Bien débrouillées, bien ſpecifiées.

PROPINE. ſ. f. Terme de la Chancellerie de Rome.

Droit qui fe paye au Cardinal Protecteur, pour tous les Benefices qui paffent par le Confiftoire, & pour les Abbayes taxées au-deffus de foixante & fix ducats deux tiers. On paye ce droit à proportion de ce que valent les Benefices.

PROPOLIS. f. f. Cire naturellement rouge qu'on trouve dans les trous des ruches, & qui eft plus chaude & plus fubtile que l'autre. On l'appelle vulgairement *Cire Vierge.* Pline dit qu'elle eft de matiere plus épaiffe que la cire, étant compofée de fleurs, & que toutefois ce n'eft pas cire, mais comme un fondement des rayons des ruches pour les défendre du froid. Elle eft d'odeur forte. Selon Galien, la Propolis eft plus attractive qu'aucune refine. Ainfi elle eft bonne étant mife aux médicamens que l'on ordonne pour les bleffures des nerfs.

PROPORTION. f. f. Terme de Mathematique. Deux *raifons* étant égales, (Voyez RAISON,) elles font une Proportion. La raifon de 2. à 3. étant égale à celle de 4. à 12. ces quatre termes, 2. 3. 8. & 12. font en proportion, & l'on dit, comme 2. eft à 3. ainfi 8. eft à 12. Les *antecedens* & les *confequens* de chaque raifon, font auffi les antecedens & les confequens de la proportion. Le premier terme & le dernier s'appellent les deux *termes extrêmes* de la proportion, & le fecond & le troifiéme font les *deux moyens.* L'égalité de deux raifons arithmétiques,(Voyez RAISON,) fait une *proportion arithmétique,* & l'égalité de *deux raifons géometriques* fait une *proportion géometrique.* La principale proprieté de la proportion arithmétique, eft que la *fomme* des extrêmes eft égale à la *fomme* des moyens, & dans la proportion géometrique le *produit* des extrêmes eft égal au *produit* des moyens. Ainfi dans cette proportion arithmétique, 2. 4. 6. 8. 2. & 8. font égaux à 4. & 6. & dans cette proportion géometrique 2. 3. 8. 12. 2. fois 12. eft égal à 3. fois 8.

Une proportion au lieu d'avoir quatre termes, peut n'en avoir que trois, & alors le terme du milieu eft le confequent de la premiere raifon & l'antecedent de la feconde ; & c'eft la même chofe que s'il étoit repeté deux fois. Ainfi l'on peut faire cette proportion, 2. 4. 8. qui s'exprime de cette forte, 2. eft à 4. comme 4. eft à 8. Le terme du milieu s'appelle *Moyen proportionnel,* & il eft arithmétique ou géometrique, felon la nature de la proportion. Il eft vifible que les proprietés fondamentales de ces deux proportions, que dans la proportion arithmétique, le double du moyen proportionnel eft égal à la fomme des extrêmes, & que dans la proportion géometrique, le quarré du moyen proportionnel eft égal au produit des extrêmes. Deux étant arithmetiquement à 6. comme 6. eft à 10. le double de 6. eft égal à la fomme de 2. & de 10. & 2. étant à 4. géometriquement, comme 4. eft à 8. le quarré de 4. eft égal au produit de 2. par 8.

Ces proportions de trois termes s'appellent *Continues,* & il eft clair qu'on les peut pouffer auffi loin que l'on voudra, en repetant toûjours chaque terme. Deux, 6. 10. 14. 18, &c. eft une *proportion arithmétique continue,* 2. 4. 8. 32. 64. eft une *proportion géometrique continue.* Ces proportions continues, foit arithmetiques, foit géometriques, pouffées au-delà du troifiéme terme s'appellent *Progreffions.*

Il y a une troifiéme efpece de Proportion, nommée proportion *Harmonique* & compofée de trois termes, qui confifte en ce que le premier eft au troifiéme, comme la difference du premier au fe-

cond eft à la difference du fecond au troifiéme. Tels font ces trois termes, 2. 3. 6. car 2. eft à 6. géometriquement comme 1. difference de 2. à 3. eft à 3. difference de 3. à 6. Une proprieté de cette proportion eft que fon fecond terme eft égal à deux fois le produit du premier par le troifiéme divifé par la fomme du premier & du troifiéme, 3. eft égal au double de 2. fois 6. divifé par 2. & 6. c'eft-à-dire par 8.

On appelle *Regle de proportion,* autrement *regle de trois* celle qui enfeigne à trouver un quatriéme nombre géometriquement proportionnel à trois autres que l'on a donnés, comme fi trois degrés de l'Equateur contiennent 72. lieues, combien 360. degrés qui font le tour de la terre, doivent-ils contenir ? Dans cette regle on donne toûjours un extrême & deux moyens, & il ne refte qu'un extrême à trouver. Il ne faut pour cela que prendre le produit des deux moyens donnés, qui doit être égal au produit des extrêmes, & comme on en a un, en divifant par lui le produit des moyens. Le quotient de la divifion eft neceffairement le quatriéme terme que l'on cherche. Dans l'exemple propofé, le produit des deux moyens 72. & 360. étant 25920. & devant être égal au produit de 3. premier extrême, par l'autre extrême qu'on cherche, il eft évident que 25920. divifé par 3. donnera cet autre extrême, c'eft-à-dire 8640. lieues. Cette proportion s'appelle *Droite* ou *Directe* par oppofition à celle qu'on appelle *Reciproque, Inverfe* ou *Renverfée.* Voyez RÉCIPROQUE.

On appelle *Compas de proportion,* Un Inftrument de Mathematique compofé de deux branches, qui font plates & mobiles dans une charniere, & qui par le moyen de plufieurs divifions des lignes marquées fur ces branches, eft en ufage pour plufieurs operations géometriques, & obfervations aftronomiques, & pour la fonte des canons, des cloches & des boulets.

PROPOSITION. f. f. Terme de Logique. Partie d'un Argument dans laquelle on attribue à un fujet quelque que l'il pofitive ou regulete. En termes de Geometrie, c'eft l'allegation d'une verité prouvée par démonftration.

Propofition d'erreur, s'eft dit au Palais d'un remede extraordinaire de droit pour revenir contre un Arrêt, où il y avoit eu erreur dans le fait ou une injuftice manifefte. L'Ordonnance de 1667. a abrogé les Propofitions d'erreur. Elles differoient de la Requête civile qui n'accufe que le fait ou la furprife de la partie, au lieu que dans la Propofition d'erreur, il s'agiffoit de ce qui regardoit les Juges qui s'étoient trompés dans le fait, & non dans le droit.

On appelle *Pains de propofition,* en Theologie, les douze pains fans levain que les Juifs offroient à Dieu, & qui étoient rangés fix à fix fur la table du Tabernacle.

PROPRE. f. m. Terme de Jurifprudence. Heritage venu par fucceffion du Pere, ou de l'Ayeul, & qu'on n'a point acquis par fon induftrie. Il fe dit par oppofition à Acquêt ou Conquêt. Il y a le Propre paternel, & le Propre maternel. *Propre ancien,* eft celui qui a fait fouche dans une famille, & qui vient de l'ayeul ou du bifayeul. Le *Propre naiffant,* eft celui qui n'a point fait encore fouche, de forte qu'un acquêt du Pere eft un Propre naiffant en la perfonne du Fils. Il y a auffi des Propres qui fe font par ftipulation d'une dot qui confifte en argent, On en fait entrer une partie en communauté, & le refte tient lieu de Propre à la femme.

PROPRETEUR. f. m. Nom, qu'avoit parmi les

Romains, celui qui après avoir exercé l'office de Préteur pendant une année, y étoit continué par des raisons que la République jugeoit importantes. Ce même nom fut donné à ceux qui ayant été Préteurs, étoient faits ensuite Gouverneurs d'une Province Prétorienne. Ils les tiroient au sort, & alloient y rendre la Justice, & y commander l'armée. Du tems des Empereurs, celui que nommoit le Prince pour gouverner une des Provinces qu'il avoit unies à son domaine, étoit aussi nommé *Propreteur*.

PRORATA. f. m. L'interêt qu'on doit payer d'un argent constitué pour le tems courant d'une année qui n'est point encore finie. Quand on rembourse le prix d'une rente, il en faut payer les arrerages & le Prorata, c'est-à-dire, toutes les années échûes des arrerages, & le courant de celle qui n'est point encore échûe. On dit aussi *payer au Prorata*, c'est-à-dire, à proportion. Ce mot est purement Latin, & vient de *Pro rata parte*, pour la part échûe, déterminée.

PROSELYTE. f. m. Nom qui étoit donné aux Payens qui embrassoient la Religion Judaïque. Ce mot est Grec προσηλύτος, & veut dire, Qui vient d'un autre Pays. Il y avoit deux sortes de Proselytes. Les *Proselytes de Justice*, étoient ceux qui se faisoient circoncire. Il falloit aussi qu'ils reçussent le baptême des Juifs & qu'ils offrissent un Sacrifice. Le baptême & le Sacrifice suffisoient aux femmes. Après que le Proselyte étoit gueri de la plaie de la Circoncision, on le conduisoit au lieu que l'on avoit preparé pour la ceremonie du baptême, & on le plongeoit dans un grand reservoir d'eau, ou par une seule immersion il se lavoit tout le corps. Cela ne se pouvoit faire en un jour de fête, à cause que c'étoit un Acte Judiciaire, où il falloit que trois Juges assistassent. Ce baptême qui ne se réïteroit point, étoit bien different des ablutions que les Juifs renouvelloient tous les jours. Ce qu'il y avoit de particulier, c'est qu'après cette nouvelle profession de Foi, le Proselyte étoit tellement censé renaître de nouveau, selon ce qu'enseignent les Docteurs Hebreux, que ceux qu'il avoit pour Parens dans le tems qu'il étoit Gentil, cessoient de l'être dès qu'il avoit embrassé la Religion des Juifs, & même les enfans qu'il avoit eus avant qu'il l'eût embrassée, n'heritoient pas de ses biens. Quant à ceux qu'on appelloit *Proselytes de domicile*, ils n'avoient besoin ni de circoncision, ni de baptême. On leur faisoit seulement promettre en presence de trois personnes qu'ils garderoient les commandemens des enfans de Noé, & alors ils pouvoient demeurer parmi les Juifs, qui étoient persuadés que ces Proselytes pouvoient être sauvés en les observant. La coûtume de recevoir les Proselytes cessa environ 757. ans avant la naissance du Sauveur du monde. Encore aujourd'hui les Juifs nomment *Proselytes*, les Gentils ou Chrétiens qui embrassent leur Religion. Quand quelqu'un demande à se faire Juif, après que trois Rabbins lui ont remontré que la Loi de Moyse est fort severe, & que les Juifs sont méprisés dans toute la terre, on le circoncit, & on le plonge tout entier dans l'eau en leur presence. Si c'est une femme, les trois Rabbins ordonnent qu'elle soit plongée dans l'eau jusqu'au col, & ce sont des femmes qui prennent ce soin.

On appelle aussi *Proselyte*, Celui qui a fait nouvellement profession des vérités Catholiques.

PROSTAPHERESE. f. f. Terme d'Astronomie. Arc du Zodiaque compris entre la ligne du mouvement d'une Planete, & la ligne du *moyen*. Voyez

MOYEN. Comme le mouvement moyen est quelquefois plus grand, quelquefois plus petit que le vrai, il est clair que pour reduire le mouvement moyen au vrai, il faut quelquefois l'augmenter, & quelquefois le diminuer. Cette augmentation ou diminution est la *Prostapherese* ou *Equation*, qui par consequent est tantôt *additive*, tantôt *soustractive*. Quand la Planete est dans l'apogée ou dans le perigée, les lignes du moyen mouvement & du vrai étant la même, (voyez MOYEN,) il n'y a point de Prostapherese, c'est-à-dire, que la planete est vue du centre de la terre au même endroit du Zodiaque où elle seroit vûe du centre de son excentrique. Plus elle s'éloigne de l'apogée ou du perigée, plus la Prostapherese augmente, jusqu'à la ligne des moyennes longitudes, (voyez LONGITUDE, & APSIDES,) où la Prostapherese est la plus grande qu'elle puisse être, c'est-à-dire, la difference de son vrai lieu & de son lieu moyen. Mais il faut bien remarquer qu'il n'en va pas de la difference de vîtesse entre le vrai mouvement & le moyen, comme de la Prostapherese qui est la difference du vrai lieu & du lieu moyen. Car vers l'apogée & le Perigée où le vrai lieu & le moyen sont peu éloignés, la difference de vîtesse est grande entre le vrai mouvement & le moyen, & vers la ligne des moyennes longitudes où les deux lieux sont les plus éloignés qu'ils puissent être, les deux mouvemens ont une vîtesse égale. Le mot de Prostapherese exprime sa nature, ἀφαίρεσις, *soustraction*, *retranchement*, & πρός devant, *soustraction qui est quelquefois une addition*.

PROSTATES. f. f. On appelle ainsi en termes d'Anatomie, deux corps blancs & glanduleux qui sont situés auprès du col de la vessie, tout contre le muscle sphincter. Ils sont revêtus d'une membrane fort déliée. C'est où se garde la semence cuite & preparée. Ils servent aussi à humecter le conduit de l'urine pour empêcher son acrimonie. Les Prostates sont spongieuses & glanduleuses, & ne sçauroient se gonfler sans presser l'uretre, & empêcher le passage de l'urine.

PROTASE. f. f. Premiere partie d'un Poëme Dramatique, dans laquelle on explique au peuple le sujet de la Tragedie qu'on represente. Ce mot est Grec πρότασις. Aristote l'employe souvent dans la signification de ce qu'on propose pour sujet d'une dispute.

PROTE'E. f. m. Les Chymistes donnent ce nom au vif argent, à cause de ses differentes preparations.

PROTESTANT. f. m. *Nom qui a été donné d'abord aux Lutheriens, & qu'on a étendu depuis aux Calvinistes & à ceux de la Religion Anglicane.* ACAD. FR. Les Protestans s'accordent avec l'Eglise Grecque, avec les Nestoriens & avec les Jacobites, en ce qu'ils n'admettent point la confession auriculaire, en confessant leurs pechés que devant Dieu, permettant aux Prêtres de se marier, communiant sous les deux especes & avec du pain sans levain, rejettant les prieres pour les morts & le Purgatoire, ainsi que l'Extrême-onction, & ne reconnoissant point la Souveraineté du Pape. Ils en different en ce qu'ils croyent que le saint Esprit procede du Fils. Les Protestans Anglois permettent la Confirmation, & tiennent que les ames bienheureuses jouïssent de la presence de Dieu, & que les impies sont tourmentés dans l'enfer, si-tôt qu'ils sortent du monde. Quoiqu'il leur semble qu'ils ne suivent pas entierement les erreurs de Calvin & de Luther, mais la pure & veritable doctrine de l'Eglise Anglicane qu'ils appellent Reformée, ils ne sont pas neanmoins exempts de l'heresie, tant des Anabaptistes que des Puritains, puisqu'ils communiquent avec eux, & qu'ils ne se chassent point de leurs assemblées lorsqu'ils s'y rencontrent. Au contraire, ce sont presque tous Ministres Puritains, infectés des erreurs de Calvin, qui traitent & administrent les choses sacrées de cette fausse Eglise d'Angleterre. Ceux d'Allemagne ont été nommés *Protestans*, à cause qu'ils protesterent d'appeller d'un decret de l'Empereur à un Concile general.

PROTHESE. s. f. On a donné ce nom dans l'Eglise Grecque à une sorte de petit Autel sur lequel on met les symboles du pain & du vin avant qu'on les porte sur le grand Autel où la consecration se fait. La plûpart des autres Chrétiens d'Orient observent la même ceremonie, & rendent de très-grands honneurs aux Symboles avant qu'ils soient consacrés. Ce mot est Grec πρόθεσις, & signifie proprement ce que chacun se propose en soi-même de faire. En cet endroit, il veut dire Preparation, à cause que ce petit Autel sert à préparer le pain & le vin qui doivent être consacrés sur le grand Autel.

PROTOCOLE. s. m. *Formulaire pour dresser des Actes publics.* ACAD. FR. Ce mot s'employoit autrefois pour livret, rolle, histoire.

Lisez en cestui protocole.

M. Menage veut que ce fût la premiere feuille d'un livre, comme *Escato colla*, étoit la derniere, ce qui est purement Grec. D'autres disent que le Protocole étoit la marque du papier qu'on mettoit au bord, ce qui étoit cause qu'on défendoit aux Notaires de rogner leurs registres, afin qu'on pût découvrir les faussetés s'il s'en faisoit, ce qu'on n'auroit pû si la marque avoit été emportée. Borel qui en parle ainsi, ajoûte qu'il y en a d'autres qui croyent que le Protocole étoit un premier brouillon où les Notaires mettoient en peu de mots l'affaire dont on vouloit faire dresser un Acte, ce qu'ils étendoient ensuite à loisir.

PROTONOTAIRE. s. m. C'étoit autrefois le premier des Notaires de la Cour des Empereurs & des Papes, comme le marque le mot Grec πρῶτος, Premier, dont Protonotaire est composé. Aujourd'hui c'est un Officier de la Cour de Rome, qui a un degré de prééminence sur les autres Notaires, & qui reçoit les Actes des consistoires publics, & les expedie en forme quand on l'en requiert. Il y a un College de douze Protonotaires, appellés *Participans*, à cause qu'ils participent aux droits des expeditions de la Chancellerie. Ils sont mis au rang des Prelats, & precedent ceux qui ne sont pas consacrés. Leur fonction est d'expedier dans les grandes causes les Actes que les simples Notaires Apostoliques expedient dans les petites, comme les procès verbaux de prise de possession des Papes. Ils portent le violet, le rochet & le chapeau avec le cordon & bord violet, assistent aux grandes ceremonies, ont rang & seance en la Chapelle des Papes, & se trouvent à quelques Consistoires & à la canonisation des Saints. *Protonotaire*, en France n'est qu'une simple qualité qui n'a point de fonction. On l'obtient à fort bon compte par un rescript du Pape.

Protonotaire, dans l'Eglise Grecque est le nom d'un des Grands Officiers de l'Eglise de Constantinople. Il a droit d'être dans le Sanctuaire où il est debout auprès du Patriarche pour le servir, & il lui donne à laver les mains lorsqu'il est prêt d'élever l'Hostie. Une de ses fonctions est d'écrire toutes les Depêches du Patriarche au Grand Seigneur. Il a

aussi droit de visiter deux fois chaque année ceux qui font profession des Loix, & il a l'œil sur toutes sortes de contrats d'achats & de vente, sur les testamens, sur la liberté qu'on donne aux esclaves. Il fait rapport de toutes ces choses au Patriarche.

PROTOSYNCELLE. s. m. L'une des premieres dignités Ecclesiastiques chés les Grecs. Le premier domestique du Palais Patriarchal, est appellé *Protosyncelle*, dans la grande Eglise de Constantinople. Il est en quelque façon le Vicaire du Patriarche. Il y a aussi un Protosyncelle dans les autres Eglises Episcopales. Ce mot est Grec πρωτοσύγκελλος.

PROU. adv. Vieux mot, qu'on dit encore quelquefois en riant, & qui veut dire, Beaucoup.

PROUE. s. f. Terme de Marine. La partie d'un Vaisseau que soûtient l'estrave, & qui s'avance la premiere en mer. Les Anciens mettoient des becs d'oiseaux à la Proue de leurs Navires, ce qui les a fait appeller en Latin *Rostra* de *Rostrum*, Bec d'oiseau. On dit, *Voir par proue*, pour dire, Voir devant soi; & *Donner la proue*, quand on parle de Galeres, pour dire, Leur prescrire la route qu'on veut qu'elles tiennent. On dit, *Donner la route*, quand on parle de Vaisseaux.

PROVEDITEUR. s. m. Magistrat considerable de la Republique de Venise. Il y a deux sortes de Provediteurs, celui du commun, qui est à peu près le même chose que l'Edile des Romains, & le Provediteur de mer, qui est un Officier ayant autorité sur la Flote en l'absence du General.

PROVENDIER. s. m. Vieux mot. Boisseau contenant la Provende, c'est-à-dire, ce qu'on donne à la fois à un cheval, ou à quelqu'autre bête de travail pour sa nourriture ordinaire. Quelques uns font venir ce mot de *Prebere*, Donner, fournir, & non pas de *Prebenda*, comme disent les Furetieristes, il peut venir de *providere*.

PROUEUIL. s. m. Morceau de bois fourchu qui sert à attacher les bœufs à la charrette.

PROVIN. s. m. Branche de sep de vigne qu'on couche dans une fosse, & que l'on couvre de terre, afin qu'en prenant racine, elle produise de nouvelles souches.

PROVINCE. s. f. *Etendue considerable de Pays qui fait partie d'un grand Etat, & dans laquelle sont comprises plusieurs Villes, Bourgs, &c. sous un même gouvernement.* ACAD. FR. Les Romains donnoient le nom de *Provinces* aux Pays qu'ils avoient soumis par la force de leurs armes, & qu'ils faisoient gouverner par leurs Magistrats. Il y avoit des *Provinces Consulaires*, destinées pour les Proconsuls, c'est-à-dire, pour les Consuls qui sortoient de Charge. Le Senat nommoit ces deux Provinces avant qu'on élût de nouveaux Consuls. Il nommoit de même les *Provinces Prétoriennes* qui étoient en aussi grand nombre qu'il y avoit de Préteurs qui avoient fini leur année. Ces Provinces étoient tirées au sort par les Proconsuls & les Propreteurs, qui alloient les gouverner après que les nouveaux Magistrats avoient été élus.

PROVISEUR. s. m. Protecteur d'une Maison, d'un College; celui qui en appuit les interêts, & qui prend soin d'en regler les plus importantes affaires.

PROVISION. s. f. Terme de Negoce. On dit d'un Marchand, qu'*Il n'a pas voulu accepter une lettre de change, jusqu'à ce qu'il eût provision*, pour dire, Jusqu'à ce que son correspondant lui eût envoyé du fond pour l'acquiter.

PROVOIRES. s. f. p. Vieux mot. Prieres. On a dit aussi *Provoire*, pour dire, Oratoire.

PROVOIRRE. f. m. Vieux mot. Pourvoyeur.

PROXENETE. f. m. Courtier, Entremetteur d'un marché. On appelle ainfi certains honnêtes Entremetteurs, qui font vendre des Offices, & fe mêlent de faire des mariages & d'autres affaires. Ce mot vient du Grec προξένετης, qui veut dire la même chofe.

PRU

PRUD'HOMME. f. m. Vieux mot, qui a fignifié Un vaillant homme, un homme d'honneur & de probité. Aujourd'hui il ne fe dit que des Experts qu'on nomme en Juftice pour vifiter & eftimer des chofes fur lefquelles des conteftations fe font formées. On dit dans ce fens que des Experts & Prud'hommes ont été nommés pour vifiter telle & telle chofe & en faire leur rapport. *Prud'homme*, fe dit auffi de certains Artifans Jurés & nommés pour vifiter des marchandifes.

PRUNE. f. f. Fruit d'été qui eft à noyau, & dont la chair eft couverte d'une peau fleurie. Il y en a d'une infinité de fortes differentes entre elles, foit par la couleur, foit par le goût & la forme. Diofcoride dit en general que ce fruit eft bon à manger, mais qu'il nuit à l'eftomac & lâche le ventre. Mefué n'y met de la difference que par le goût & par la couleur, ces deux qualités étant neceffaires à obferver pour choifir celles qui purgent davantage. Il tient les jaunes, les blanches & les rouges moins medicamenteufes que les noires, parmi lefquelles les aigres font plus alteratives, & les douces plus purgatives, à quoi celles de Damas & d'Armenie font les plus propres, d'où vient qu'on fe fert plûtôt des Prunes noires & douces que des autres, pour faire le Diaprunum.

Il y a de plufieurs fortes de Prunes qui ont le nom de Damas comme la Prune, dite de faint Cyr, qui eft un Damas noir, hâtif & fort fleuri qui quitte le noyau, le gros Damas noir hâtif, dit de Tours, dont la chair eft jaunâtre, & qui quitte le noyau fort fec; la Prune de Damas d'Italie, qui s'ouvre net, qui eft groffe, hâve, violette, & pleine d'une eau fucrée; le double Damas, belle & groffe Prune violette, fleurie & hâtive, mais d'un goût peu relevé; celles qu'on appelle communément Prunes de Damas, qui font rouges, blanches, ou violettes, plus fucrées, & qui quittent le noyau; celle qu'on appelle *Prune de drap d'or*, qui eft un Damas jaune, tavelé de rouge, quittant le noyau & d'une eau fucrée. Outre ces Damas hâtifs, il en a de plufieurs efpeces plus tardives, le Damas mufqué, autrement Prune de Cypre ou de Malte, qui eft noir & fort fleuri; le Damas orangé tavelé de rouge; le Damas vert, qui l'eft toûjours quoique mûr, & bon à confire; le Damas blanc tardif plus plat que long, qui eft fort fucré & s'ouvre net, & le Damas jumelle, qui eft fort fleuri affés gros & long, d'une eau très-fucrée, & que l'on appelle ainfi à caufe que l'arbre qui porte ces Prunes n'en produit que de jumelles. Le Damas gris, appellé auffi gros Damas mufqué tardif, eft une Prune violette fort fleurie, affés groffe, qui a la chair jaune, un goût relevé, & qui quitte le noyau. Quelques-uns l'appellent encore *Prune de Monfieur.* Il y a une efpece de gros Damas vert, rond, & un peu plat, qu'on appelle *la Reine Claude.* Cette Prune eft des plus fucrées. Elle quitte le noyau & a la chair très-ferme & épaiffe. Il y a auffi un petit Damas noir tardif qui ne quitte point le noyau, qu'on appelle *Prune Norberte.* On en fait les meilleurs pruneaux, qui font d'un beau bien azuré. On en voit encore une diaprée noire tardive, un gros

Damas violet tardif de Tours, un autre rouge, & un autre noir, qui ne fe fend pas bien, & qui eft d'un goût moins relevé que les autres. Le Damas d'Efpagne eft très-bon. C'eft une Prune noire & tardive.

La Prune de Catalogne eft blanche, groffe & très-hâtive, & ne quitte point le noyau. La Prune de Jerufalem ou de Bourdeaux, eft d'une groffeur extraordinaire, d'un violet brun, plus quarrée que ronde & fort fleurie. On l'appelle autrement *Oeil de bœuf.* La Prune de Pologne eft affés femblable à l'imperiale blanche, mais beaucoup meilleure. La Prune de Rhodes eft bonne, belle & groffe, noire, un peu longuette & tardive. La Prune de Suiffe eft auffi tardive, fort longue, menue & rouge; elle quitte fon noyau, & a bon goût. La Prune de fainte Catherine eft blanche, groffe, des plus fucrée & ne quitte point le noyau. Elle eft bonne à faire des pruneaux. La Prune de faint Julien eft d'un noir violet fort fleuri. Elle ne s'ouvre pas & fe fane fur l'arbre où elle demeure toûjours aux gelées. La Prune de Monmirel eft blanche, longue & pointue, & ne s'ouvre pas. Elle n'eft bonne que pour faire des Pruneaux. On l'appelle autrement *Culot.* La Prune d'iflevert demeure toûjours verte. Elle eft très-longue & menue & fort eftimée. La Prune de Maugeron eft ronde & fe fend des mieux. C'eft une maniere de gros damas violet. La Prune de Brugnolle a la chair jaune, & eft bonne crue, feche & en marmelade, & la prune abricotée ou d'abricot, appellée ainfi parce qu'elle en a le goût, reffemble à l'imperiale.

La Prune datte eft une efpece d'imperiale tardive, bonne à faire des pruneaux. Il y en a de blanches & de rouges. Il y a de deux fortes de Prunes dattes, l'une blanche, longue & menue; l'autre plus petite & violette. Toutes les deux s'ouvrent bien. La Prune à fleur double eft de deux fortes; l'une eft longue, rouge, fort fleurie & s'ouvre net; l'autre eft blanche, ronde, très-groffe, & ne s'ouvre pas. Celle qu'on appelle *Prune fans noyau*, à caufe qu'elle n'a qu'une amande, s'ouvre fort bien, & eft petite, noire & faite en cœur.

Il y a encore trois autres fortes de Prunes, appellées, l'une, *Prune tranfparente*, l'autre *Prune virginale*, & la troifiéme, *la mignonne*, à caufe de fa bonté. Cette derniere eft fucrée & délicate, affés longue & groffe, blanche, tavelée de rouge, & s'ouvre des mieux. La Prune tranfparente appellée ainfi à caufe qu'on voit fon noyau fort clairement quand on l'expofe au Soleil, eft groffe, blanche, longue, & s'ouvre net. La Prune virginale eft une efpece de gros damas blanc.

Prune Imperiale. Il y en a fort fortes, de rouges, de blanches & de noires. La rouge eft une excellente Prune, groffe, longue & fort fleurie. La blanche n'eft pas fi bonne, & la noire eft plus en pointe. Cette derniere eft tardive & excellente, & s'ouvre net.

Prune Mirabelle. Efpece de petit Damas blanc qui change beaucoup, & qui quitte des mieux fon petit noyau. Elle eft affés fucrée & fort bonne en confiture. Il y a une groffe & une petite Mirabelle. La Mirabelle a un goût mufqué.

Prune de Perdrigon. Il y en a de blanches, de rouges, de noires, & une autre appellée *Petit Perdrigon.* Le Perdrigon blanc eft gros & long, & a la chair fucrée; le rouge ou violet l'a ferme, & quitte rarement le noyau. Le Perdrigon noir ne le quitte pas, & eft plus petit. Le petit Perdrigon violet tardif eft prefque rond. Il eft de bon fuc & s'ouvre net.

PRUNELLA. f. m. Terme de Medecine. Symptome de la langue & de la gorge, qui est l'esquinancie ordinaire qui arrive dans les fievres aigues, & surtout dans les fievres militaires.

PRUNELLE. f. f. Petite ouverture dans les tuniques de l'œil, qui donne passage aux rayons de la lumiere, pour s'aller briser dans le cristalin, pour s'épandre dans la retine & former ainsi la vision. La premiere chose qui empêche l'entrée des rayons par la Prunelle, est le manque de transparence par la cornée, ce qui arrive par une espece de tunique contre nature que les Grecs nomment *πτερύγιον*, Aîle, à cause de la ressemblance qu'elle a avec une aîle. Cette membrane a pour l'ordinaire son origine dans le grand angle de l'œil, où elle s'augmente toûjours, en avançant jusqu'à ce qu'elle couvre la cornée, & bouche enfin le trou de la prunelle.

On appelle aussi *Prunelle*, Une Prune sauvage qui vient parmi les ronces & les haies. L'arbre qui la porte est fort petit, ayant plusieurs rameaux très-piquans, & ses feuilles comme le prunier, si ce n'est qu'elles sont plus âpres, plus dures & plus étroites. Il fleurit au printems, & jette force fleurs blanches, d'où sortent les Prunelles qui sont de couleur presque violette. Leur chair est verte & âpre, d'un goût astringent, & a au dedans des noyaux semblables à ceux des cerises. Ce fruit est astringent ainsi que la plante, & souverain contre les fluxions d'estomac & les flux du sang. Leur decoction faite en eau avec leur racine, ou en vin gros & rude, guerit les ulceres de la bouche, de la langue, des gencives, & est bonne pour la luette offensée quand on l'en gargarise. Les pauvres gens en font une espece de boisson, en mêlant ce fruit avec de l'eau, d'où vient que quand on veut mépriser du vin, on dit que *C'est du vin de Prunelle*.

PRUNIER. f. m. Arbre qui porte des prunes. Il jette ses racines à fleur de terre, & pousse plusieurs branches de son tronc, qui est droit & âpre. Ses feuilles sont un peu longues & dentelées tout autour. Ses fleurs sont blanches. Dioscoride dit que la decoction des feuilles de Prunier cuites en vin, restreint les fluxions qui descendent sur la luette & sur les gencives, & est bonne aux glandes qui viennent derriere les oreilles, si on s'en lave la bouche, ou qu'on la gargarise, & que la gomme des Pruniers qui est conglutinative prise en breuvage avec du vin, fait rompre la pierre. Si on l'applique avec du vinaigre, elle guerit le feu volage & les dartres des petits enfans.

PRY

PRYTANE'E. f. m. Nom qui a été donné à un lieu public d'Athenes, où l'on nourrissoit ceux qui avoient rendu des services considerables à la Republique. Il y avoit dans le Prytanée un feu sacré & perpetuel entretenu en un feu sacré & perpetuel en l'honneur de la Deesse Vesta, & c'étoient des femmes veuves appellées *Prytanitides*, qui avoient soin de ce feu, & non pas des Vierges comme à Rome. En Grec *πρυτανεῖον*.

On appelloit aussi *Prytanée*, Le lieu où s'assembloient les Juges de la Police dans Athenes. On en choisissoit cinquante de chaque Tribu de l'Attique; & quand il n'y avoit que dix Tribus, cela faisoit le Conseil des cinq cens; mais quand il y en eut treize, ce Conseil fut de six cens cinquante. Ces Juges étoient appellés *Prytanes*.

PSA

PSALETTE. f. f. Maison où le Maître de Musique loge & enseigne les enfans de chœur. Un bon Maître de Psalette fait honneur à un chœur.

PSALLANS. f. m. Heretiques appellés ainsi du Grec *ψάλλειν*, Psalmodier, & qu'on a nommés aussi *Prieurs*, à cause qu'ils prétendoient que la priere seule suffisoit pour toutes les bonnes œuvres. Ils s'éleverent vers l'an 361. Il y a quelques Auteurs qui rapportent qu'en ce même-tems il se trouva dans l'Egypte certains Moines, qui ne voulant prier avec personne, osoient celebrer les saints Mysteres sans être Prêtres. Il y en eut d'autres qui s'établirent eux-mêmes Evêques, en firent les fonctions, & renonçoient à l'Arianisme. Il s'en trouva encore d'autres, qui étoient persuadés qu'il ne falloit ni cracher ni se moucher pendant l'oraison.

PSALTERION. f. m. Instrument de Musique, qui a été fort en usage chés les Hebreux, & dont on ne sait pas précisément la figure. Celui dont on se sert maintenant est triangulaire, ayant treize rangs de cordes, les unes d'acier & les autres de laiton. Elles sont montées sur deux chevalets qui sont sur les deux côtés, & accordées à l'unisson ou à l'octave. Cet instrument rend une grande harmonie. On le touche avec une petite verge de fer ou un bâton recourbé. Son coffre est comme celui de l'épinette. Ce mot est Grec *ψαλτήριον*, & vient de *ψάλλειν*, qui signifie, Toucher, frapper doucement, comme les Musiciens font leurs cordes. Quelques-uns appellent aussi *Psalterion*, Une espece d'orgue ou de flûte, dont on se sert à l'Eglise pour accompagner le chant, & que les Latins nomment *Sambucum*, du Grec *σαμβύκη*, sorte d'instrument de musique. C'est une maniere de serpent, ou de cornet à bouquin.

PSATIRIENS. f. m. Heretiques qui dans le Synode d'Antioche qu'ils tinrent vers l'an 360. disoient sur la Trinité, que le Fils n'étoit pas semblable de volonté à son Pere; qu'il avoit été fait de rien, comme Arius l'avoit enseigné au commencement, & qu'engendrer & créer étant la même chose dans Dieu, la generation du Verbe étoit sa création.

PSE

PSEAUME. f. m. *Sorte de Cantique sacré. Il ne se dit proprement que des Cantiques de David, ou attribués communément à David.* ACAD. FR. Saint Augustin témoigne que les Anciens ont mis de la difference entre un Pseaume & un Cantique. Le Cantique étoit simplement chanté, & on accompagnoit de quelque instrument le chant du Pseaume. Les Pseaumes qu'on appelle *Pseaumes Graduels*, ont eu ce nom, à cause qu'on les chantoit autrefois sur les dégrés du Temple. Ils sont maintenant distribués dans l'Office de la Vierge. Le mot de *Pseaume*, vient du Grec *ψάλλειν*, Toucher un instrument de Musique, ce qui fait voir que le chant des Pseaumes étoit toûjours accompagné de quelque instrument.

PSEAUTIER. f. m. *Recueil de tous les Pseaumes de David, ou attribués communément à David.* ACAD. FR. Pseautier se dit aussi parmi les Religieuses, d'un grand chapelet qui a cent cinquante grains, qui est le nombre des Pseaumes. On tient que saint Dominique en a été l'inventeur.

PSEUDOBUNIUM. f. m. Bunium bâtard qui croît en Candie à la hauteur d'un palme, & qui a ses feuilles

feuilles & ſes branches comme le naveau , mais d'un goût piquant. Dioſcoride dit que quatre ou cinq de ſes branches bues en eau , gueriſſent les tranchées du ventre , & ſont bonnes aux douleurs des côtés & à ceux qui ne peuvent uriner que goute à goutte. Etant un peu tiedes & enduites avec du vin & du ſel , elles reſolvent les écrouelles. Matthiole rapporte là-deſſus ce que dit Pline de deux eſpeces de naveaux utiles en Medecine , l'un appellé *Bunion* , qui a ſes tiges anguleuſes & garnies de fleurs & de feuilles , & l'autre que l'on nomme *Bunias* , qui eſt aſſés ſemblable à la rave , mais il avoue que le Bunion bâtard lui eſt inconnu , dont il n'eſt pas étonné , Dioſcoride faiſant entendre que le Pſeudobuniom , qui croît en Candie , ne croît pas ailleurs facilement. Ce mot eſt Grec ψευδοβύνιον , compoſé de ψευδος , Faux , & de βύνιον , Sorte de navet.

PSEUDODICTAMUM. ſ. m. Dictame bâtard , que Matthiole dit avoir la feuille ſemblable à l'un vrai Dictame , mais ſes branches plus petites. Il eſt moindre auſſi dans ſes operations. Ce mot eſt Grec ψευδοδίκταμνον.

PSEUDODIPTERE. ſ. m. Eſpece de Temple des Anciens , qui avoit des portiques tout autour , dont chacun étoit auſſi large que le double portique , qui étoit au diptere. Ce mot eſt formé du Grec ψευδος , Faux , & de πτερον , Qui a deux ailes.

PSEUDONYME. adj. Les Critiques ont appellé *Auteurs pſeudonymes* , Ceux qui ont publié des Livres ſous de faux noms du Grec ψευδος , Faux , & de ὄνομα , Nom , que les Æoliens ont dit pour ὄνομα.

PSI

PSILOTHRES. ſ. m. Medicamens propres à faire tomber le poil. Il y en a qui brûlent actuellement, comme eſt l'or ſur toutes choſes , & d'autres qui ne brûlent que potentiellement , comme eſt la leſſive forte , la chaux vive , les œufs de fourmi , la ſandaraque , & les huiles de ſouphre & de vitriol. Ce mot eſt Grec ψίλωθρον , du verbe ψιλόω , J'ôte, l'écorce , & de θρίξ , Poil.

PSO

PSORA. ſ. f. Sorte d'herbe dont parle Aëtius , & que quelques-uns croyent être la Scabieuſe, mais on n'en ſçait que juger , à cauſe qu'il n'en fait point la deſcription. *Pſora* , en termes de Medecine , eſt une rogne puante où il ſe trouve de petits corps farineux. Le peuple l'appelle mal de ſaint Main , Le mot eſt ψώρα eſt Grec , & ſignifie , Gale.

PSOROPHTHALMIE. ſ. f. Terme de Medecine. Le premier degré de l'affection appellée *Ophthalmie ſeche.* C'eſt quand une fluxion ſalée & acre eſt jointe à la demangeaiſon. Ce mot eſt Grec ψωροφθαλμία de ψώρα , Galle , & de ὀφθαλμός , Oeil.

PSY

PSYLLIUM. ſ. m. Petite plante qui croît dans les terres labourables , & dans les foſſes ſablonneuſes. Matthiole dit qu'il y en a de deux eſpeces. L'une a ſes feuilles velues , longues, blanches , & ſemblables au cotonopus , mais non pas cornues. Elle jette force hautes tiges d'un palme , rondes , grêles & feuillues , qui s'étendent plûtôt vers la terre , qu'elles ne montent en haut. A leur cime ſont des boutons écaillés , & attachés à de longues queues , d'où

Tome II.

fortent de petites fleurs lanugineuſes , déliées & blanches. Ces boutons renferment une graine dure , noire & ſemblable à une puce , d'où les Grecs l'ont appellée ψύλλιον de ψύλλα , Puce , & les Latins, *Herba pulicaris.* Sa racine eſt blanchâtre , longue d'un palme & bien garnie de capillamens. L'autre eſpece eſt beaucoup plus ſarmenteuſe & plus feuillue , & a ſes feuilles plus longues , plus velues , en plus grande quantité , blanches , & entortillées l'une parmi l'autre. Ses boutons ſont plus petits , & auſſi en plus grand nombre , contenant la même graine. Sa racine à force branches , & eſt toute pleine de capillatures. Meſué met le Pſyllium au rang des medicamens , qui alterent en humectans & en rafraîchiſſant. Les Apothicaires s'en ſervent principalement pour les inflammations , & les ſechereſſes de la langue , tirant le mucilage de ſa graine , laquelle amollit & lâche doucement le ventre.

PTA

PTARMIQUE. ſ. f. Petite herbe , jettant pluſieurs branches petites , rondes & aſſés ſemblables à celles d'auronne. Ses rejettons ſont minces , longs d'un palme & demi , garnis de feuilles longuettes , & preſque ſemblables à celles d'olivier. A leur cime ſont de petites fleurs comme celles de camomille , à l'exception de leur milieu qui eſt plus clair , & moins coloré. L'odeur en eſt telle que portées au nés , elles ſont éternuer. C'eſt ce qui a fait appeller cette herbe πταρμική , de πταρμός , Eternuement. Elle croît aux montagnes & lieux pierreux , & on l'appelle autrement *Pyrethrum ſylveſtre.* Sa racine mangée appaiſe la douleur des dents , & fait ſortir l'humeur pituiteuſe. Matthiole appelle *Ptarmiquæ* , Une autre plante , à cauſe qu'elle a ſes tiges minces , ſes feuilles ſemblables à celles d'olive , & des fleurs & chapiteaux qui cauſent l'éternuement, mais ce n'eſt point celle dont Dioſcoride a fait mention. On appelle auſſi *Ptarmiques* , Tous les medicamens qui cauſent l'éternuement.

PTI

PTISANNE. ſ. f. Breuvage qui ſe fait avec de l'eau, de l'orge & de la regliſſe bouillies enſemble. Dans les maladies de la poitrine , on y peut ajoûter les figues , les dattes , & les raiſins damas mondés. Celle des Anciens étoit une eſpece de nourriture , qui ſe faiſoit avec de l'orge choiſi , & mondé de ſon écorce qu'on avoit ôtée en le broyant dans un mortier. On faiſoit cuire cette orge à feu lent dans douze parties d'eau. La Ptiſanne eſt rafraîchiſſante & bonne à ceux qui ſont travaillés de fievre, d'intemperie chaude , du foye , des reins , du poumon , de l'eſtomac , & autres parties conſiderables. Non ſeulement elle déterge la craſſe qui eſt ſur le corps , mais auſſi elle purge les humeurs pituiteuſes qui ſont dans les inteſtins & dans l'eſtomac. Ce mot vient du Grec πτίσσω , qui veut dire , Oter l'écorce.

PTO

PTOLOMÉENS. ſ. m. Heretiques du ſecond ſiecle qui ſuivoient les rêveries d'un certain Ptolomæus , Diſciple de Valentin. Il appelloit Dieu βύθος , c'eſt-à-dire , La Profondeur , & lui donnoit deux femmes , ſçavoir ἔννοια , La penſée ou l'intelligence qui produiſit le ſens , & σίγησις , La volonté , par laquelle la verité fut engendrée. Ces

O o

Heretiques méprisoient aussi l'ancienne loi.

PTY

PTYALISME. s. m. Terme de Medecine. Symptome qui suit la petite verole. Quoiqu'il soit rare, il ne laisse pas d'être souvent observé par Sydenham, qui enseigne la methode de le guerir, en expliquant de quelle maniere il faut remedier aux fievres. Ce mot est Grec πτυάλισμος, Crachement, ce qui fait connoître de quelle nature est ce symptome.

PUB

PUBERE. adj. On appelle *Puberes* en Droit, les Filles qui ont atteint l'âge de douze ans, & les Garçons qui en ont quatorze.

PUBIS. s. m. Terme de Medecine. Il ne se dit que de la seconde partie de l'os ischion, ou os barré.

PUBLICAIN. s. m. On appelloit ainsi parmi les Romains, tout fermier des impôts & des revenus publics. Ce nom étoit fort odieux chés les Juifs, qui tenoient les Publicains pour des pecheurs & des gens à detester; ce qui a fait dire à JESUS-CHRIST en parlant à ses Disciples, que *Celui qui refusera d'écouter les admonitions de l'Eglise, doit être su comme un Payen ou un Publicain.*

PUC

PUCE. s. f. Petit insecte qui mord, & va en sautant, & qui s'attache principalement à de certains animaux, comme aux Chiens, aux chats & aux renards. Les Puces mordent aussi les personnes, & rendent tout rouge l'endroit de la chair qu'elles ont mordu, mais elles ne s'attachent jamais aux personnes mortes, non plus qu'à celles qui tombent du haut mal, non pas même aux moribonds, à cause que leur sang est corrompu. Elles ont six jambes, dont chacune a trois jointures diversement articulées. Quand la Puce veut sauter, elle étend ses six jambes en même tems, & ses differents articles venant à se débander ensemble, sont comme autant de ressorts, qui par leur vertu elastique, lui font faire un saut si prompt qu'on la perd de vûe. On dit qu'il n'y a point de Puces en Laponie, parce que c'est au point de l'été qu'elles naissent, & qu'il n'y a presque point d'été en ce pays-là. C'est la poussiere & l'urine qui les engendrent. On les chasse avec de la décoction d'arsenic & de sublimé, ou avec de la chaux vive mêlée dans de l'ellebore blanc. Les fleurs du pouliot, de la coloquinte & de la rue leur sont aussi fort contraires aussi bien que la semence de rave, & de cumin. En latin *Pulex*, ou de *Pulvis*, Poussiere, ou de *Pullus*, qui veut dire, Noir, à cause de la couleur noire de cet insecte.

On appelle *Lunette à puce*, Un petit microscope qui augmente les especes des objets, étant appliqué à l'œil.

On appelle aussi *Herbe aux puces*, Une petite herbe dont les feuilles sont grasses, velues & semblables à l'olivier, & la fleur jaune & si frêle qu'elle s'en va en papillotes. Ce n'est autre chose que le psyllium.

PUCELAGE. s. m. Les Orfevres ont appellé ainsi autrefois, Un agrément qui pendoit au demiceint d'argent, & qui étoit fait en maniere de petit vase. On n'y en met plus presentement.

PUCELLE. s. f. Sorte de poisson qui est fait à peu

près comme l'alose, mais qui est moins grand, & qui n'a pas la chair aussi bonne.

PUCERON. s. m. On appelle ainsi une sorte de vermine qui s'engendre dans les pois & dans d'autres grains.

PUCHIER. v. a. Vieux mot. Puiser.

PUCHOT. s. m. Terme de Marine. Tourbillon de vent qui se forme dans une nue opaque, trop ardemment échauffée par les rayons du Soleil. On voit sortir de cette nue comme une corne d'abondance, composée de la matiere de la même nue, dans laquelle ce tourbillon est enfermé. Cette corne descend en tournoyant sans pourtant quitter la nue, jusqu'à tremper son extrêmité dans la mer, & elle aspire & enleve plus gros qu'une maison d'eau, qu'elle porte si haut dans l'air, que si cette eau rencontroit un Navire en retombant, quelque grand qu'il fût, il seroit en grand danger de perir. Les Matelots craignent fort ce tourbillon, & si tôt qu'ils le découvrent, ils brouillent toutes les voiles, s'arrêtant tout court jusqu'à ce qu'il soit passé. Il est ordinairement suivi de grandes pluyes.

PUG

PUGILLE. s. m. Terme de Medecine. Mesure de drogues ou d'herbes, qui n'est autre chose que ce qu'on en peut prendre legitimement entre trois doigts. Il vient du latin *Pugillus*, Petit poing.

PUGNER. v. n. Vieux mot. Combattre, du latin *Pugnare.*

Veu qu'il ne sçait quand il bataille ou pugne.

PUI

PUIS. Preposition de tems, qui a été autrefois employée pour *Depuis*, comme en ces exemples, *puis que li mons sut esforez*, pour dire, Depuis que le monde sut créé, & *Puis les cieux*, pour, Depuis le ciel.

PUISARD. s. m. Puits bâti à pierre seche dans le milieu d'une cour, & que couvre une pierre trouée, où se rendent les eaux de pluyes qui se perdent dans la terre. On appelle aussi *Puisard*, dans le corps d'un mur, ou dans le noyau d'un escalier à viz, Une maniere de puits avec un tuyau de bronze ou de plomb, par où les eaux des combles s'écoulent. Il y a aussi des *Puisards de sources*, & des *Puisards d'aqueducs*. Les premiers sont certains puits faits d'espace en espace pour la recherche des sources. Ils ont leur communication par des pierrées qui portent toutes leurs eaux dans un receptacle, d'où elles entrent dans un aqueduc. Les autres sont certains trous dans les aqueducs, qui portent des conduits de fer & de plomb, pour vuider l'eau qui peut s'échapper des tuyaux dans le canal.

PUISSANCE. s. f. Terme de Philosophie scolastique. Il se dit de ce qui n'est pas actuellement une certaine chose, mais qui peut le devenir, ou en contient la force. Ainsi un gland est un chêne *en puissance*, Puissance s'oppose à Acte.

Puissance est aussi un terme d'Algebre, & signifie la multiplication d'une grandeur par elle même. La grandeur, non encore multipliée est la premiere puissance, cette grandeur multipliée par elle même est la seconde puissance, ou le *Quarré*, ce produit multiplié par la premiere grandeur, est la troisiéme puissance ou le *Cube*, & ainsi de suite à l'infini, multipliant toûjours les nouveaux produits, par la premiere *racine*. Puissance est la même chose que *Degré*. Voyez DEGRE'.

On appelle grandeurs *commensurables* en puissance , *commensurables en seconde* , en troisiéme puissance , &c, Celles qui étant incommensurables
dans leur premiere puissance , font des quarrés ou
des cubes , &c. commensurables. Voyez INCOM-
MENSURABLE.

Puissance est encore un terme de Mechanique
& se dit de ce qui doit agir pour mouvoir ou pour
soutenir un poids. Il s'oppose toûjours à *Poids*.
Voyez POIDS. Un poids qui en enleve ou en
soutient un autre devient une puissance à son é-
gard. Ainsi les mots de poids & de puissance peuvent assés souvent convenir à la même chose. *Force*
est la même chose que puissance.

Puissance d'un verre en terme d'Optique est la
distance de la convexité de ce verre à son foyer.

En matiere feodale , *Puissance de Fief* est un
droit Seigneurial qui donne pouvoir au Seigneur
de retirer un heritage dépendant de lui pour le
même prix qu'il est vendu , pourvû que celui qui
l'a acheté ne soit point lignager de son vendeur.

PUITS. s. m. *Trou profond , creusé de main d'homme pour avoir de l'eau.* ACAD. FR. On fait ce
trou dans la terre jusqu'à-ce qu'on ait trouvé l'eau
& on l'accommode ensuite de telle sorte que l'on
en puisse tirer quand on veut avec une corde ou
autre chose. Le Puits est rond d'ordinaire , & on le
fait ovale quand il doit servir à deux proprietaires
sous un mur mitoyen. Une languette du Puits dure
en fait alors la separation jusques à quelques piés
au dessous de la hauteur de son appui. On appelle
Puits commun , Celui qui est dans une ruë ou dans
une place pour la commodité du public. On lui
donne plus de largeur qu'à un Puits particulier. Celui qu'on appelle *Puits perdu* , est un Puits qui ne
retient pas son eau tant il a le fond d'un sable mouvant. Il n'a pas ordinairement deux piés d'eau pendant l'été. On rapporte qu'il y a une Province de
la Chine où il se trouve des Puits de feu , comme
nous en avons d'eau. On met des Vaisseaux sur
leur ouverture , pour y faire cuire tout ce qu'on
veut.

Puits de carriere , se dit d'une ouverture ronde,
& creusée à plomb , par laquelle on tire les pierres
d'une carriere avec une roue. Elle doit avoir douze à quinze piés de diametre , & l'on y descend par
un escalier.

Puits , en termes de Guerre , signifie la profondeur que le mineur fait dans les terres , & d'où il
pousse des galeries , pour preparer des fourneaux,
ou pour aller chercher ceux des Ennemis & les
éventer.

Puits. Terme de Marine. Enceinte de planches
qui forment un quarré au fond de cale , pour y
puiser l'eau qui entreroit avec abondance. On appelle aussi *Puits* , Une grande profondeur , qui se
trouve à la mer dans un fond uni.

PUL

PULEGIUM. s. m. Ce n'est autre chose que le Pouliot , quoique quelques-uns en doutent , à cause
que Dioscoride en parlant du Pulegium n'a décrit ni l'herbe ni ses feuilles. Matthiole dit que
les plus doctes Simplistes tiennent pour certain que
c'est la même herbe , non seulement à cause que
le Pouliot a les mêmes proprietés que le Pulegium
de Dioscoride , mais parce qu'il est tout-à-fait conforme à la description qu'en fait Pline , qui met
deux especes de pouliot , le mâle qui a la fleur blanche , & la femelle qui a la fleur rouge. Le mot de
Tome II.

Pulegium , vient de *Pulex* , à cause que les fleurs
du pouliot font mourir les puces.
PULENT , ENTE. adj. Vieux mot. Puant.

   Les dents os pleines de ressoir ,
   Et de pulente pourrissoir.

PULMONAIRE. s. f. Herbe qui croît aux forêts,
dans les troncs des chênes & d'autres arbres sauvages. Elle est assés semblable à l'hepatique , plus
seche & plus large en rondeur , verte dessus , &
pâle du côté de la terre , avec plusieurs taches. Sa
figure approche de celle du poumon , ce qui lui a
fait donner le nom de *Pulmonaire*, si ce n'est qu'elle l'ait pris de ce qu'on.la fait servir aux ulceres
du poumon. Quelques-uns en font grand cas, pour
restreindre toutes fluxions des femmes , tant blanches que rouges, l'ordonnant aussi aux dysenteries.
Matthiole dit qu'elle est bonne encore aux chevaux
poussifs & à la toux du bestail. Il y a une autre herbe fort differente de celle-ci qu'on appelle *Pulmonaire*. Elle croît dans les lieux pleins d'ombre , & a
ses feuilles semblables à celles de la buglose , âpres,
velues , & toutes couvertes de taches blanches. Elle
produit sa tige au printems , & à la cime de cette
tige sont des fleurs rouges semblables à celles de
Lingua canis. Plusieurs sçavans Modernes la tiennent singuliere aux ulceres du poumon.

PULPE. s. f. La partie des fruits bonne à manger,
qui leur tient lieu de chair. Elle est entre la pelure
& le noyau ou les pepins , comme dans les cerises
& les pommes. La Pulpe est le parenchyme de l'arbre , qui s'étend & s'enfle par le moyen d'un suc,
qui est grossier & desagreable d'abord , mais qui
dans la suite devient trente , délicat, & de bon goût.
En latin *Pulpa* ; que du Laurer fait venir de *Pul-
pare*, Tâter. Beaucoup disent *Poulpe*.

PULPITRE. s. m. Petit meuble de bois fait d'un ais
incliné sur un rebord qui l'arrête par le bas , &
dont les gens de lettres se servent dans le cabinet
pour soûtenir quelques livres. Il y en a d'assés
grands pour porter trente ou quarante volumes ;
on les fait tourner sur des roues. Les Lutrins d'E-
glise sont de grands Pulpitres. On ne prononce
point l'*L* dans ce mot. Il vient du latin *Pulpi-
tum*.

Pulpitre , dans l'ancienne Architecture étoit chés
les Grecs & les Romains , l'endroit du theatre , où
l'on faisoit des déclamations , & où les Acteurs venoient reciter. C'étoit la même chose que le *Proscenium*.

PULSATILLA. s. f. Sorte d'herbe que Fuchsius a mise dans son Herbier pour l'Anemone incarnate ,
quoiqu'elle n'ait point de rapport avec l'Anemone.
Elle pousse en sortant de terre une feuille fort velue & déchiquetée fort menu , qui a une grande
acrimonie en son goût , en sorte qu'elle n'est pas
moins ulcerative que la Flammula. Au commencement du Printems, avant que de produire ses feuilles , elle jette une fleur velue & rouge garancée,
faite en maniere d'étoile , au milieu de laquelle
sont de petits fleurons jaunes , comme ceux qui
sont au milieu des roses , au cœur desquelles il y
a un petit floc rouge. Dans le dehors , au pié de
la fleur qui est à la cime de la tige , il y a un autre floc velu, semblable à de la soye fine , soit pour
être delié , soit pour être lissé & poli. Sa graine est
enfermée dans un chapiteau velu & blanc, qui est
environ de la grosseur d'une noix. La racine a un
bon pié de longueur. Elle est comme rongée ainsi que celle du chameleon , & douceâtre , & non
acre comme sa tige & ses feuilles. Plusieurs en font
grand état contre la peste , & contre toutes sortes

Oo ij

de poifons , & de morfures de bêtes venimeufes, auffi l'employe-t'on aux contrepoifons & prefervatifs.

PULSATION. f. f. Terme de Medecine. Il fe dit du battement de l'artere ou de l'action du pouls, du latin *Pulfare*.

PULVERIN. f. m. Petite poudre dont on fe fert pour amorcer les armes à feu. On dit auffi *Poulverin*, du latin *Pulvis*, Poudre.

On appelle *Pulverin de l'eau*, Ces goutes menues & prefque imperceptibles qui s'écartent dans les chûtes des jets d'eau, aux cafcades & aux fauts de riviere. On a remarqué qu'aux cataractes du Nil les vent pouffent le pulverin fort loin.

PUN

PUNAISE. f. f. Sorte d'infecte plat , qui fent trèsmauvais, qui mord , & qui s'engendre fur-tout aux bois de lit , qui font faits de noyer & de fapin. Il y a des *Punaifes de jardin*, qui font vertes & auffi puantes que les autres ; & des *Punaifes de terre volantes*, qu'on trouve fur les arbres dans les champs , & des *Punaifes d'eau*, qui volent de même , & qui ont un aiguillon qui pique très-fort. M. Ménage dérive ce mot du latin *Punicea*, Rouge , qui a été dit d'abord des Punaifes rouges , & enfuite de toutes les autres. Il y en a qui le font venir de *Putere*, Sentir mauvais. Diofcoride dit que fept punaifes de lit font un grand remede pour les fievres quartes , fi on les avale avant l'accès en gouffes de feves. Plufieurs Modernes les mettent vives dans la verge ou dans les lieux naturels des femmes pour les faire uriner, ce qu'approuve Matthiole , difant que les Punaifes en marchant par les membres naturels , provoquent les conduits de l'urine à s'ouvrir. Les Punaifes des champs fe nourriffant d'herbe , n'ont aucune propriété en Medecine.

PUNAISIE. f. f. Efpece de maladie que l'on met entre les caufes qui annullent un mariage. Elle eft caufée par un ulcere profond qui eft au dedans du nez , d'où fortent plufieurs croûtes d'une odeur forte & defagreable. Galien dit que la Punaifie provient d'une humeur acre & pourrie , qui tombe du cerveau vers les apophyfes mammillaires.

PUO

PUOUR. f. m. Vieux mot. Puanteur.

PUP

PUPILLAIRE. adj. On appelle en termes de Droit, *Age pupillaire*, L'âge d'un mineur de douze ou quatorze ans.

PUR

PURAQUE. f. m. Sorte de poiffon du Brefil , qu'on croit être la Torpille , à caufe qu'en le touchant, il caufe un engourdiffement aux membres comme la Paralyfie. Si quelqu'un le touche avec un bâton, fon bras demeure endormi. Ce poiffon eft bon à manger & n'a nul venin.

PUREAU. f. m. Terme de Couvreur. Partie de la tuile ou de l'ardoife qui demeure à découvert , & qui n'eft pas cachée par une autre ardoife ou une autre tuile, quand on les met en œuvre. Une ardoife qui a quinze ou feize pouces de longueur, n'en doit avoir que quatre à cinq de Pureau & la

tuile trois à quatre. Le refte doit être couvert. Moins elles ont de Pureau, plus elles font preffées , ce qui rend la couverture meilleure , la pluye & la neige n'y pouvant entrer.

PURGATIFS. f. f. Terme de Medecine. Medicamens qui purgent. Parmi les Purgatifs déjectoires, c'eft-à-dire , qui purgent par bas il y en a qui purgent proprement , tirant du corps les humeurs vicieufes & qui leur font familieres. On les divife en benins & en malins. Les premiers purgent fans nulle incommodité , comme la caffe, les tamarins, l'aloës, les myrobolans , la manne , le petit lait , les rofes & autres femblables. Les malins , tels que font la fcammonée , l'agaric , le turbit , la coloquinte , & autres , purgent avec fâcherie. Les Purgatifs qui purgent inproprement , comme l'antimoine & la catapuce , font jetter dehors pêle - mêle les humeurs telles qu'ils les rencontrent. Il feroit à fouhaiter qu'on eût de vrais Purgatifs , qui ne fiffent feulement que chaffer hors du corps les matieres excrementeufes étrangeres & contre nature , & qui ne corrompiffent pas en même tems les fucs utiles & nourriciers , mais les Purgatifs renferment toûjours quelque poifon très-nuifible , e qui fe connoît en ce qu'ils ne tourmentent pas moins les fains que les malades , procurant jufqu'à trente ou quarante felles. Il n'eft pas vraifemblable qu'il y eût tant d'ordures dans le corps fans que l'on perdît la vie. D'ailleurs , on voit tous les jours que la purgation abbat les malades; que les maladies font auffi opiniâtres qu'elles l'étoient avant la Purgation & qu'il y en a qui caufent des tranchées , des convulfions & autres fymptomes. Les Purgatifs emportent toûjours quelque chofe de notre fubftance , par confequent diminuent nos forces. Ils fondent les bons & les méchants fucs , le fang même & la matiere alimenteufe des parties. C'eft ce qui fait la pauteur horrible , les couleurs étranges , & les autres qualités fâcheufes des felles , & à l'exception de l'aloës & de la rhubarbe , il n'y a prefque point de Purgatifs qui n'ayent affés de malignité pour caufer toutes fortes de corruptions , à moins qu'un bon eftomac ne corrige leur violence par fon acide ; de forte qu'on peut dire qu'ils font des ordures , & qu'ils ne les trouvent pas. Quoiqu'il foit difficile d'expliquer ce qui fait la purgation , quand on confidere que les Purgatifs font toûjours le même effet bien qu'ils foient appliqués differemment , on peut établir en general qu'ils operent , ou par la forte irritation des inteftins , ou par la fufion ou colliquation de fang & des autres humeurs. Lorfque c'eft de la premiere maniere , ils font en picotant que les fibres des inteftins s'irritent , fe recoquillent & fe refferrent diverfement , & qui fecoue , detache & pouffe tout ce qui eft contenu dans leur cavité ou attaché à leurs parois ; & les embouchures des canaux pancreatique & coledoque recevant la même irritation que les inteftins où ils aboutiffent , ils déchargent auffi les fucs qu'ils contiennent, C'eft ainfi que l'antimoine , fur-tout fi on le prend en fubftance , a coûtume d'operer. Il purge puiffamment en picotant les inteftins par fes pointes. La feconde maniere d'operer , c'eft-àdire , par la fufion ou colliquation de fang & des autres humeurs , convient aux vegetaux acres, & particulierement aux narcotiques. Ceux-là refolvent , fondent & liquefient tellement les humeurs du corps & la maffe du fang , que les matieres ainfi liquefiées , étant portées en differentes parties felon les loix de la circulation , elles s'y féparent & en fortent par les pores qui leur font conformes en configuration. Il n'y a point à douter que ce ne foit de cette maniere que l'odeur des Purgatifs reçue par le nez eft capable de purger. C'eft auffi de la même forte qu'operent ordinairement les Purgatifs injectés dans les veines, ou appliqués extérieurement, & la plûpart de ceux qu'on avale. Les vegetaux purgatifs ont coûtume d'operer en irritant l'eftomac & les inteftins qui font des parties très-fenfibles, & en fondant en même tems les humeurs contenues de notre corps. Les minéraux comme l'antimoine, n'agiffent qu'en irritant, mais le mercure non feulement irrite puiffamment, mais il liquefie auffi les humeurs. Il y a quelques Auteurs qui font une remarque extrêmement curieufe. Ils difent que certains Purgatifs purgent par le haut ou par le bas, felon qu'on les a cueillis ou arrachés de bas en haut ou de haut en bas, & ils affurent cela des bourgeons ou tendrillons de fureau, des feuilles d'afarum, & des racines d'iris & d'aunée. Ces effets font attribués par Marcus Marci à l'idée expreffe de l'imagination de celui qui cueille, laquelle paffe à la plante par le moyen de quelques influences. On demande pourquoi le même Purgatif purge mieux les uns que les autres. Cela vient du levain de l'eftomac qui eft plus ou moins acide en divers fujets. Ainfi les Purgatifs n'operent pas beaucoup fur un homme qui à le levain de l'eftomac trop acide, ou qui boit quelque acide après qu'il a pris le Purgatif. Cela fe confirme par les melancoliques & les hypochondriaques, qui à caufe de l'acide des premieres voies, font émûs difficilement & peu par les Purgatifs. On voit par expérience que le verre d'antimoine, qui eft un des plus forts Purgatifs, avalé par un chien jufqu'à plufieurs grains, n'opere point du tout fur cet animal, ou du moins très-peu, & au contraire, fi un Purgatif de même nature eft injecté dans fes veines, l'operation en eft affés prompte. Cela ne fçauroit venir que de ce que le levain de l'eftomac du chien eft trop acide.

PURGATION. f. f. Terme de Chymie. Sorte de preparation qu'on donne aux metaux & aux minéraux, lorfqu'on veut ôter leurs impuretés. Pour faire la purgation du mercure, on le paffe par le chamois, & il en fort par fes pores. Celle de l'or fe fait par le feu, par la coupelle, par l'inquart, par la cementation, & fes autres purgations des métaux ou par des fufions réïterées. Purgation fe dit auffi des medicamens, lorfqu'on les monde pour en retrancher les fuperfluités, comme les noyaux des dattes & autres fruits, & le bois & les pepins de la caffe.

Purgation, en termes de Chymie, fe dit proprement d'un medicament avalé qui pouffe par les felles. Il y a une Purgation purgative & une Purgation laxative. La Purgation laxative, que les Anciens ont appellée Lenitive, eft celle par laquelle on évacue peu à peu, en fe contentant de nettoyer ou de mondifier les premieres voies. On employe pour cela quelque chofe du tartre & du nitre, animés par quelque aiguillon purgatif, ou l'infufion de fenné ou de quelque nouet, & cette maniere de purger eft la meilleure de toutes. La Purgation purgative ne vuide pas feulement avec abondance les impuretés des premieres voies, mais encore celles qui fe rencontrent dans la maffe du fang & dans les parties folides ou leurs cavités, & elle ne doit être donnée qu'à ceux qui ont les vifceres affés robuftes pour la fupporter. Le lieu de la purgation font les inteftins, quoique toutes les matieres qui fortent n'y foient pas effectivement. On connoît qu'elles n'y font pas toutes, en ce qu'une feule purgation entraîne fouvent beaucoup plus qu'il n'en fçauroit être contenu dans tous les inteftins; mais la maffe du fang s'y décharge fucceffivement, & par les canaux pancreatique & coledoque, & par les vaiffeaux mefenteriques qui fe terminent aux glandes des inteftins, dans lefquels ces glandes jettent beaucoup de fuc par le moyen de leurs petits vaiffeaux excretoires. La maniere dont fe fait la chofe eft telle. Lorfqu'on a avalé le purgatif, il commence à irriter & à picotter les inteftins qui fe refferrent avec violence, & fouffrent des mouvemens convulfifs fort frequens, d'où s'enfuit l'excretion des matieres contenues. Les orifices des canaux coledoque & pancreatique & des petits vaiffeaux excretoires des glandes qui regardent le dedans des inteftins, font en même-tems irrités & picotés & rejettent les humeurs qu'ils contiennent; ce qui eft caufe que toutes les matieres qui avoifinent le premieres voies, font plus ou moins altérées & attenuées par le purgatif & entraînées dehors. Cependant cela, les parties les plus fubtiles du purgatif ayant penetré la maffe du fang, la diffolvent & alterent les fucs qu'elle contient, auffi-bien les louables & les nourriciers que les fucs excrementeux. Elles en rompent la tiffure, & les fuent en forme de bouillie claire que la circulation porte en differentes parties du corps, où trouvant des pores & des trous proportionnés, elle y paffe comme par un crible, & le refte de la maffe du fang paffe outre, étant d'une autre configuration. Ainfi l'operation des purgatifs ne doit pas être reftreinte aux inteftins feuls, puifque la vertu purgative eft diftribuée à tout le corps par la circulation du fang.

Purgation menftruale. C'eft ce que les femmes appellent communément leurs Ordinaires. Cette Purgation leur eft particuliere, quoiqu'on ait plufieurs exemples de quelques hommes qui perdoient tous les mois du fang par la verge, ou d'autres qui avoient regulierement les hemorroïdes. Il y a même des Auteurs que Skenkius eft du nombre, qui rapportent que plufieurs femmes, qui n'ont jamais eu leurs mois, n'ont pas laiffé d'être fort fécondes. La purgation menftruale leur furvient vers leur quatorzieme année, fi-tôt qu'elles font capables d'engendrer, & lorfque cette vertu les quitte, leurs mois ceffent en même-tems, c'eft-à-dire, vers leur quarante-neuviéme année, qui eft après fept fois fept ans. La matiere de la Purgation menftruale eft le même fang que celui qui eft enfermé dans les vaiffeaux. Ce fang eft porté à la matrice, & furtout au col de la matrice par les arteres hypogaftriques, d'où les veines hypogaftriques le rapportent. Ce qui fe trouve d'impur dans la maffe du fang fe fépare & fe précipite par le moyen de la fermentation qui fe fait alors & fort avec le fang. Le fang forti, étant hors des vaiffeaux, & privé par conféquent du commerce vital des efprits, tend à fa corruption; & prend enfin la nature de cadavre. On remarque dans chaque Purgation menftruale un certain gonflement dans le fang, qui étant porté rapidement vers la matrice par les vaiffeaux hypogaftriques, les diftend, dilate leurs orifices, & fe répand par anaftomofe. Cela eft fi vrai, que lorfque l'éruption du fang eft empêchée par ces parties-là, elle a coûtume de fe faire ou par les mammelles, ou par le nés, ou par les poumons, ou par les oreilles ; & c'est par cette raison que la lassitude avec tension & pesanteur, & la douleur picotante jointe à une forte distension des lombes, précede ordinairement le flux menstrual. Il est malaisé de rendre raison pourquoi entre tous les animaux il n'y a que la femme, & peut-être la Guenon qui y soient sujettes. Quelques-uns tiennent que c'est parce que la femme a plus de sang que les autres animaux, mais cela ne suffit pas, puisque les femmes qui travaillent beaucoup, ne laissent pas d'avoir ce flux menstrual, & qu'il ne s'en consume pas assés au commencement de la grossesse pour l'arrêter tout-à-fait. Ceux qui disent que ce flux arrive aux femmes pour servir à la generation & à la nutrition du fœtus, se trompent, puisque tous les autres animaux font ces deux mêmes choses sans ce flux.

Il y a eu une *Purgation canonique*, appellée ainsi parce qu'elle se faisoit suivant le Droit Canonique. C'étoit un serment par lequel on se purgeoit de quelque crime dont on étoit accusé, & ce serment étoit fait devant un certain nombre de personnes dignes de foi qui assuroient qu'ils le croyoient veritable. Cette Purgation canonique étoit distinguée de la *Purgation vulgaire*, qui se faisoit, ou par le combat, ou par des épreuves de l'eau ou du feu. Les Ordonnances de l'Empereur Charles le Chauve furent très-severes contre ceux qui pour justifier leur innocence se servoient du combat qui étoit un duel en champ clos, qui se faisoit par l'ordre des Juges. Les manieres de juger par les épreuves de l'eau ou du feu se font long-tems conservées parmi plusieurs Nations, & on les tenoit si legitimes, que comme si Dieu se fût obligé de faire un miracle pour faire connoître l'innocence, outre les exorcismes du feu & de l'eau, on faisoit des cérémonies Ecclesiastiques & des prieres publiques à la Messe avant qu'on les commençât. Quelquefois on obligeoit l'accusé à mettre le bras dans de l'eau bouillante, & quelquefois à se jetter dans l'eau froide, pour voir s'il iroit à fond. Cette épreuve de l'eau froide fut défendue en 840. par l'Empereur Louis le Débonnaire, & celle de l'eau bouillante & du fer chaud le fut par l'Empereur Frideric II. vers l'an 1240. L'épreuve du fer chaud consistoit à porter un fer rouge dans sa main le long d'un certain espace, ou à marcher sur des charbons allumés sans que le feu fît aucun effet.

PURIFICATION. s. f. *Nettoyement, rétablissement dans l'état de pureté*. ACAD. FR. La Purification étoit une cérémonie des Juifs. Selon ce qui est porté dans le Levitique, la femme qui avoit mis un garçon au monde, demeuroit quarante jours dans la maison, & si c'étoit une fille, elle y demeuroit quatre-vingts jours, après quoi elle alloit au Temple, où elle offroit pour son enfant un agneau avec un petit pigeon ou une tourterelle, & deux tourterelles ou deux pigeons si elle étoit pauvre. La Fête de la Purification qui se celebre parmi les Chrétiens, fut établie dès les premiers siecles de l'Eglise pour honorer le mystere du jour où la Vierge Marie étant allée au Temple, y presenta son Fils JESUS, pour lequel elle donna une paire de tourterelles. Cette Fête ayant été negligée en plusieurs endroits par le relâchement des Chrétiens, l'Emperur Justinien la fit renouveller l'an 541. sous le Pontificat du Pape Vigile, & le Pape Sergius I. pour representer plus sensiblement le mystere de ce jour, où Simeon appella JESUS-CHRIST la Lumiere des Gentils, ajoûta à cette solennité la Procession avec les cierges ; ce qui la fit appeller *Chandeleur*, à cause des chandelles de cire que l'on y porta.

Purification. Terme de Chymie. Il se dit des feces & impuretés que l'on sépare des corps naturels. La purification de l'or se fait en le faisant fondre avec du plomb dans une coupelle. Les autres métaux s'attachent au plomb, & l'or tombe au fond. Pour séparer l'argent d'avec le cuivre, on le met dissoudre dans de l'eau forte, ou fondre avec du plomb dans la coupelle. L'eau forte s'attache au cuivre & laisse tomber l'argent au fond, & le plomb cherche les métaux qui se trouvent mêlés avec l'argent, pendant quoi l'argent prend le fond. La Purification du mercure se fait avec du sel & du vinaigre, ou bien en le passant simplement au travers d'une peau de chamois. La meilleure de toutes les purifications du mercure est de revivifier le mercure sublimé en le sublimant avec des alcalis. On fait la purification du sel en le faisant fondre dans l'eau. On filtre la dissolution par un papier gris, après quoi on fait évaporer toute l'humidité dans une terrine, & il reste un sel très-blanc.

PURIM. s. m. Nom que les Juifs donnent à une de leurs Fêtes qu'ils appellent *La Fête de Purim*, & qu'ils celebrent le quatorziéme d'Adar ou de Mars, en memoire d'Ester, qui empêcha que le peuple d'Israël ne fût massacré ce jour-là par la conjuration d'Aman. Le mot de *Purim* veut dire Sorts. Aman avoit ordonné que ce même jour tous les Juifs seroient massacrés dans le Royaume de Perse, mais Aman & ses dix fils furent prévenus par les Juifs, & perirent avec cinq cens autres hommes. Le jour suivant on en tua encore trois cens, & le même jour les Juifs en défirent jusqu'à soixante & quinze mille dans les autres Seigneuries d'Assuerus. Ils celebrent cette Fête de Purim pendant deux jours, dont il n'y a que le premier qui soit solemnel. On jeûne la veille, & le premier soir ils vont à la Synagogue, où après les prieres ordinaires on fait la commemoration de cette délivrance du Peuple, & on lit tout le livre d'Ester. Chaque fois qu'ils entendent le nom d'Aman, ils frappent des piés & font un bruit effroyable. Ils lisent le passage de la mort des dix fils d'Aman tout d'une haleine, pour donner à entendre quelle en fut la promptitude. Ils passent ces deux jours-là à chanter, à boire, & à jouer. Les hommes portent des habits de femme, & les femmes des habits d'hommes, contre la Loi de Dieu, mais ils sont persuadés que cela leur est permis dans ce tems de réjouïssance. Il se fait ce jour-là de grandes aumônes en public, & des presens comme au jour de l'an.

PURITAINS. s. m. Secte de rigides Calvinistes qui s'éleverent en Angleterre vers l'an 1565. Ils croyent avoir seuls la vraie & veritable doctrine, & sont si ennemis de tous ceux qui ne suivent pas leurs opinions, & sur-tout des Catholiques, qu'ils ne veulent pas prier dans un lieu que des Orthodoxes auroient consacré. Ils nient le libre arbitre, & font Dieu auteur du peché. Ils disent qu'il en damne plusieurs parce qu'il le veut ; que JESUS-CHRIST n'est pas mort pour tout le monde, mais seulement pour les prédestinés, qu'il a enduré les peines des damnés, & que les Enfans peuvent l'être, quoiqu'ils meurent avant avoir reçû le Bâptême. Ils ne veulent point porter de surplis, de bonnet ni de soutane, comme les autres Presbyteriens d'Angleterre, qu'ils nomment *Calvinopapistes* & *Parlementaires*. Ces Puritains furent cause des troubles arrivés sous Charles I. à cause qu'ils ne voulurent pas se soumettre à une Declaration de ce Prince, par laquelle il ordonnoit que les Eglises d'Angleterre & d'Ecosse suivroient la même créance & auroient les mêmes ceremonies ; ce qui s'appelloit *La Conformité*.

PURPURINE. f. f. Bronze moulu qui s'applique à l'huile & au vernis.

PURUTU. f. m. Sorte de legume du Perou , fait comme une feve , mais plus petit. Les Habitans en font leur nourriture ordinaire.

PUS

PUS. f. m. *Matiere corrompue qui se forme dans les parties où il y a inflammation , contusion , playes , abcès , &c.* ACAD. FR. Le sang extravasé & croupissant dans la partie fermente bientôt. Il s'échauffe , se gonfle , se corrompt en pus , & on appelle cela *Suppurer* ; ce qui arrive de cette maniere au sang épanché. Quand les parties spiritueuses , subtiles & tenues s'échappent & se dissipent , ce qui reste s'épaissit peu à peu , & se prend en grumeaux à mesure qu'il se corrompt. Il contracte une aigreur ou une acidité putride , qui excite ensuite une effervescence acre avec les sels volatils & huileux du sang même. Cette effervescence s'augmentant , non seulement cause un sentiment de chaleur plus grand que de coûtume dans la partie affligée , mais en la gonflant au milieu de sa circonference , elle la grossit & l'enflamme extraordinairement , & la tension des parties produit une douleur distensive accompagnée de pulsation à cause des arteres dont le mouvement est embarrassé. Enfin le sang se convertit en pus par l'acide qui prend presque toûjours le dessus aux autres principes ; & c'est ce qui lui donne la couleur blanche , car les acides mêlés avec les huileux & les sulphureo-salés ont accoûtumé de paroître blancs.

PUT

PUTCHAMIN. f. m. Nom que les Sauvages de la Virginie donnent à un fruit que produit une espece de prunier. Ce fruit qui ressemble aux nesles , est vert premierement , ensuite jaunâtre , & rouge quand il est mûr. Le goût en est fort bon en ce tems-là , mais avant qu'il ait atteint sa maturité , il est fort âpre , & astreint la bouche avec douleur.

PUTE. f. f. Vieux mot. Femme débauchée , suivant ces vers qui se trouvent dans le Roman de la Rose.

Toutes , estes , serez , ou fustes ,
De fait ou de volonté putes.

Ce mot autrefois vouloit dire Fille , venant de *Puta* , Petite fille , de même que *Putus* se disoit pour Petit garçon. Il y en a qui prétendent que ce soit une sincope du mot de *Puante*. On a dit aussi *Putage* , pour dire , Débauche avec des femmes.

Et tout est leur intentions ,
Et le desir de leur corage ,
En lecherie & en putage.

Puterie , a été dit dans le même sens.

D'yvrognerie , de puterie
Scandale & bruit.

On dit encore *Putasser* , pour , Frequenter les femmes débauchées ; *Aller en putefy* , pour dire , Aller en perdition ; & *Putefoy* , pour , Mauvaise foi.

Tant cruel & de putefoy.

PUTOIS. f. m. Espece de Belette ou chat sauvage qui a le poil brun. On l'a appellé ainsi du Latin *Putidus* , Qui put , à cause de sa puanteur. On ne laisse pas de faire des fourrures de sa peau.

PUTREFIER. v. a. Terme de Chymie. Resoudre les corps par pourriture naturelle ; ce qui se fait par le moyen de l'humidité prédominante sur le sec. Par consequent putrefaction & puanteur ne sont pas synonymes , comme le font entendre les Furetieristes.

PYC

PYCNOCOMUM. f. m. Plante dont les feuilles sont semblables à la Roquette , mais plus épaisses , plus âpres & plus mordantes. Sa tige est quarrée , & porte sa fleur ainsi que le basilic. Sa graine est semblable à celle du marrube , & sa racine est noire ou pâle , & ronde comme une petite pomme , ayant une odeur de terre. Le Pycnocomum , dont le nom veut dire en Grec , Qui a des feuilles pressées & en quantité , croît dans les rochers. Dioscoride qui en fait cette description , dit que sa racine prise en breuvage au poids d'une drachme , cause des songes fâcheux , & qu'étant enduite avec de la griotte seche , elle resout toutes tumeurs & enflûtes , & attire aussi toutes épines & tronçons qui sont demeurés dans le corps. Matthiole avoue que cette plante lui est entierement inconnue.

PYCNOSTYLE. f. m. Edifice où les colomnes sont si pressées , que les entrecolonnemens n'ont qu'un diametre & demi de la colomne. Ce mot vient du Grec πυκνὸς , Epais , où il y a beaucoup d'une chose , & de ςῦλος , Colomne.

PYCNOTIQUES. f. m. Medicamens qui sont d'une nature aqueuse , & resserrent foiblement , c'est-à-dire , qu'ils peuvent bien condenser les petits pores , mais non pas toute une partie. L'eau froide , le psyllium , le pourpier , la lentille du marais , & le *semper vivum* sont de ce nombre. Ce mot est Grec , πυκνωτικὸς , & veut dire , Qui a la vertu de condenser.

PYL

PYLORE. f. m. Terme de Medecine. Orifice inferieur du ventricule , par où les excremens passent dans les intestins. En Grec πυλωρός , qui signifie proprement Portier , de πύλη , Porte , & de ὄρος , Garder.

PYR

PYRACHANTA. f. f. Espece d'épine toûjours verte. Sa feuille ressemble à celle du Phillyrea. Il pousse quantité de bouquets de fleurs blanches & de graines d'un beau rouge , dont l'éclat l'a fait nommer *Buisson ardent*. Les Merles en sont fort friands.

PYRAMIDE. f. f. Terme de Geometrie. Corps solide qui finit en un seul point & qui est terminé par autant de surfaces triangulaires que sa base a de côtés.

On appelle Pyramide *triangulaire* , *quadrangulaire* , &c. celle dont la base , a trois , quatre côtés , &c. Le point où aboutit la Pyramide s'appelle sa *Pointe* ou son *sommet*. Toute Pyramide est la troisiéme partie d'un *Prisme* de même base , & de même hauteur , (voyez PRISME ,) & par consequent , pour mesurer une Pyramide , il faut multiplier sa base par la troisiéme partie de sa hauteur. Les Pyramides *semblables* sont donc aussi comme les prismes & les parallelepipedes semblables en raison triplée de leurs côtés homologues. Le mot est Grec , πυραμὶς , de πῦρ , feu , parce qu'une Pyramide s'éleve en pointe comme le feu. Les plus superbes monumens de l'Antiquité sont les Pyramides d'Egypte.

Ces Pyramides sont à neuf milles du Caire , & on commence à les voir dès qu'on est sorti de la petite Ville de Dezize qui en est à six milles. Ce qui les fait paroître de si loin , c'est qu'elles sont situées sur un terrain pierreux & inferile , qui est beaucoup plus relevé que la Plaine. L'on ne peut voir sans étonnement ces énormes Masses, que l'on n'admire pas tant pour la dépense incroyable qu'il a fallu faire pour achever un Bâtiment si prodigieux , que parce qu'on ne peut comprendre comment il a été possible de monter si haut des pierres aussi grandes que celles que l'on y voit, dans un tems où la plûpart des belles Inventions étoient inconnues. Il y a trois grosses Pyramides distantes l'une de l'autre d'environ deux cens pas, mais l'on ne sçauroit entrer que dans la plus grande , qui est du côté du Nord. Elle est d'une hauteur si prodigieuse , que sa pointe paroît seulement un peu émoussée, bien qu'il y ait une place considerable au sommet. Quelques-uns tiennent qu'elle fut bâtie il y a plus de 3000. ans par un Roi d'Egypte appellé Chemmis , qui employa pendant vingt années trois cens soixante mille ouvriers à ce travail. Pline qui en parle , ajoûte qu'il y fut dépensé dix-huit cens talens , seulement en raves & en oignons , les anciens Egyptiens étant grands mangeurs de raves & de legumes. Il y a des pierres si haut élevées & d'une grosseur si excessive , qu'il a fallu des Machines bien extraordinaires pour les placer. Plusieurs croyent que ces Pyramides étoient autrefois plus élevées sur la terre qu'elles ne le sont presentement, & que le sable a caché une partie de leur base. Cela pourroit être , puisque le côté de la Tramontane en est tout couvert jusqu'à la porte, & que les trois autres côtés n'en ont point de même ; ce qui donne lieu de croire que la Tramontane soufflant de ce côté-là avec plus de violence qu'aucun autre vent, y a plus porté de sable que n'ont fait les autres vents aux autres côtés. L'ouverture de la grande Pyramide, où l'on peut entrer, est un trou presque quarré , d'un peu plus de trois piés de haut. Il est relevé de dessus le terrain , & l'on y monte sur des sables que le vent jette contre , & qui le bouchent souvent , en sorte qu'on est obligé de le faire ouvrir. On dit qu'autrefois il y avoit près de l'entrée une grosse pierre qu'on avoit taillée exprès pour boucher cette ouverture , lorsque le corps qui devoit y être mis seroit dedans , & que cette pierre l'eût fermée si juste, qu'on n'auroit pû reconnoître qu'on l'eût ajoûtée , mais qu'un Bacha la fit enlever, quelque grande qu'elle fût , afin qu'on ne pût fermer cette Pyramide. Sa forme est quarrée , & en sortant de terre elle a onze cens soixante pas, ou cinq cens quatre-vingts toises de circuit. Toutes les pierres qui la composent ont trois piés de haut & cinq ou six de longueur , & les côtés qui paroissent en dehors sont tous droits , sans être taillés en talud. Chaque rang se retire en dedans de neuf ou dix pouces , afin de venir à se terminer en pointe à la cime , & c'est sur ces avances que l'on grimpe pour aller jusqu'au sommet. Vers le milieu il y a à l'un des coins des pierres qui manquent & qui font une breche ou petite chambre de quelques piés de profondeur. Elle ne perce pourtant point jusqu'au dedans. On ne sçait si les pierres en sont tombées , ou si elles n'y ont jamais été mises. Il y a grande apparence qu'on se servoit de cet endroit pour assurer les machines qui tiroient les materiaux en haut. C'est encore une raison qui a obligé de bâtir la Pyramide avec des degrés à chaque rang , puisque si les pierres eussent été taillées en talud , & posées l'une sur l'autre , sans

qu'il y fût demeuré aucun rebord , il auroit été absolument impossible de conduire jusqu'à son sommet les lourdes masses qu'on y a portées. On se repose ordinairement dans cette breche , le travail étant grand à s'élancer ainsi trois piés chaque fois pour monter jusqu'au faîte. Il y a environ deux cens huit degrés formés par le rebord de ces grosses pierres , dont l'épaisseur fait la hauteur de l'un à l'autre. Ce qui semble être pointu d'en bas , a quinze & seize piés en quarré , & fait une plateforme qui peut contenir quarante personnes. Ceux qui y montent découvrent de-là une partie de l'Egypte , le Desert sablonneux qui s'étend dans le pays de Berca , & ceux de la Thebaïde de l'autre côté. Le Caire ne paroît presque pas éloigné de ce lieu , quoiqu'il en soit à neuf milles. On entre aussi dans la même Pyramide , & il faut se pourvoir de lumieres pour cela. On passe la premiere entrée en se courbant & l'on trouve comme une allée qui va en descendant environ 80. pas. Elle est voutée en dos d'âne , & apparemment toute entiere dans l'épaisseur du mur , puisqu'on n'y voit rien qui ne soit solide de tous côtés. Cette allée a assés d'elevation & de largeur pour y pouvoir marcher , mais son pavé baisse encore bien plus droit qu'un glacis , sans avoir aucun degré , & la pierre n'a que de legeres piquûres de pas en pas pour retenir les talons; de sorte que pour s'empêcher de tomber on est obligé de se tenir avec les mains aux deux côtés du mur. Les pierres sont si bien unies ensemble, qu'à peine peut-on appercevoir les jointures. Au bout de cette allée on trouve un passage qui n'a d'ouverture que ce qu'il en faut pour laisser passer un homme. Il est ordinairement rempli de sable , qui n'est pas si-tôt poussé par le vent dans la premiere ouverture , qu'il suit le penchant de la pierre, & se vient tout rassembler en ce lieu-là. Lorsqu'on a ôté ce sable & qu'on a passé ce trou , en se traînant hors de soi sur le ventre , on voit une voûte à la main droite , qui semble descendre à côté de la Pyramide. On trouve aussi un grand vuide avec un puits d'une grande profondeur. Ce puits va en bas par une ligne perpendiculaire à l'horison, qui ne laisse pas de biaiser un peu , & quand ceux qui y descendent sont environ à soixante & sept piés en comptant de haut en bas , ils trouvent une fenêtre quarrée qui entre dans une petite grotte creusée dans la montagne , qui en cet endroit n'est pas de pierre vive. Ce n'est qu'une espece de gravier attaché fortement l'un contre l'autre. Cette grotte s'étend en long de l'Orient à l'Occident , & de-là à peu près en continuant de descendre en bas , est une coulisse fort panchante & entaillée dans le roc. Elle approche presque de la ligne perpendiculaire , & est large d'environ de deux piés & un tiers , & haute de deux piés & demi. Elle descend cent vingt-trois piés en bas , après quoi elle est remplie de sable & de fiente de chauve-souris. On croit que ce puits avoit été fait pour y descendre les corps que l'on déposoit dans les cavernes qui sont sous la Pyramide. Après qu'on est arrivé à ce grand vuide où le puits est à la gauche , on est obligé de grimper sur un rocher, dont la hauteur est de vingt-cinq ou trente piés. Au-dessus est un espace long de dix ou douze pas , & quand on l'a traversé on monte par une ouverture qui n'est pas plus large que le passage où l'on est obligé de se traîner , mais qui a pourtant assés d'élevation pour y marcher sans que l'on se baisse. Il n'y a point de degrés non plus qu'au reste. On y a fait seulement des trous de chaque côté , qui sont de distance en distance. On y met les piés en s'écartant un peu , & l'on

s'appuie

s'appuie contre les murs, qui font de pierres de taille fort polies & jointes ensemble avec autant d'adresse que toutes les autres. Les niches vuides que l'on y voit de trois en trois piés, & qui en ont un de large & deux de hauteur, donnent lieu de croire qu'elles étoient autrefois remplies d'Idoles. Ce passage est haut de quatre-vingts pas, & on n'y sçauroit monter sans beaucoup de peine. On trouve au-dessus un peu d'espace de plein pié, & ensuite une chambre qui a trente-deux piés de long & seize de large. Sa hauteur est de dix-neuf piés, & au lieu de voûte, elle a un plancher ou lambris tout plat. Il est composé de neuf pierres, dont les sept du milieu sont larges chacune de quatre piés & longues de seize. Les deux autres qui sont à l'un & à l'autre bout, ne paroissent larges que de deux piés seulement. Cela vient de ce que l'autre moitié de chacune est appuyée sur la muraille. Elles sont de la même longueur que les sept autres, & toutes les neuf traversent la largeur de cette chambre, ayant chacune un bout appuyé sur la muraille, & l'autre sur la muraille qui est de l'autre côté. Cette chambre, dont les murs sont fort unis, n'a aucun jour, & dans le bout qui est opposé à la porte, il y a un tombeau vuide, fait tout d'une pièce. Il est long de sept piés & large de trois, & à trois piés quatre pouces de hauteur & cinq pouces d'épaisseur. La pierre en est d'un gris tirant sur le rouge, pâle, & à peu près semblable au porphire. Quand on la frappe, elle rend un son clair comme une cloche. Elle est fort belle lorsqu'elle est polie, mais tellement dure que le marteau a peine à la rompre. Il y a une autre chambre à côté de celle-ci, mais plus petite & sans aucun sepulcre. C'est-là le plus haut endroit où l'on puisse aller au dedans de la Pyramide, qui n'a pour toute ouverture que le passage d'en bas, au-dessus duquel est une pierre en travers qui a onze piés de long & huit de large. Vers cette entrée est un Echo qui repete les paroles jusqu'à dix fois. Ce manque de jour dans toute la Pyramide, est cause qu'on y respire un air extrêmement étouffé. La flâme des flambeaux que l'on y porte paroît toute bleue, & l'on s'en fournit toujours d'un fort bon nombre, puisque s'ils venoient à s'éteindre lorsqu'on est monté bien haut, il seroit absolument impossible d'en sortir. Les deux autres Pyramides ne sont ni si hautes ni si grosses que la première. Elles n'ont aucune ouverture, ou bien qu'elles soient aussi bâties par degrés, on n'y peut monter, à cause que le ciment dont l'une & l'autre est enduite n'est pas assés tombé. Elles paroissent d'en bas tout-à-fait pointues dans leur sommet. On attribue ces superbes monumens à celui des Pharaons qui fut englouti dans la Mer Rouge. On prétend que les deux moindres étoient pour la Reine sa femme & pour la Princesse sa fille, & que leurs corps y ayant été mis, on les a fermées ensuite, en sorte que l'on ne peut reconnoître de quel côté en étoit l'entrée. La grande étoit destinée pour ce malheureux Monarque, & comme il n'a pas eu besoin de tombeau, elle est toûjours demeurée ouverte.

Il y a une autre Pyramide à seize ou dix-sept milles du Caire, qu'on appelle la Pyramide des Momies, à cause qu'elle est proche du lieu où elles se trouvent. Elle est aussi grande que les deux moindres des trois dont il vient d'être parlé, mais bien plus rompue. Elle a quarante-huit degrés de grosses pierres pareilles à celles des autres, & il manque un espace à son sommet qui semble n'avoir jamais été achevé. Son ouverture est du côté du Nord, & à trois piés & demi de largeur & quatre

de hauteur. On descend au dedans encore plus bas qu'à la grande Pyramide, & il n'y a rien à observer qu'une Salle au fond, dont le plancher est d'une élevation extraordinaire. Quelques-uns font venir le mot Pyramide du Grec πυρος, Froment, & de αμάω, J'assemble, j'accumule, prétendant que le Patriarche Joseph fit bâtir plusieurs greniers en pointe pour y amasser le blé d'Egypte; ce qui a fait inventer les Pyramides. Les autres le dérivent de πυρ, Feu, à cause qu'elles s'élèvent de même que le feu monte.

Pyramide, se dit aussi des buchers des Anciens sur lesquels ils brûloient les corps morts, à cause qu'ils étoient composés de plusieurs pieces de bois mises les unes sur les autres, qui diminuoient insensiblement en pointe.

Les Plombiers appellent Pyramide, Un morceau de plomb formé en pyramide qui se met pour ornement sur les pavillons des maisons. Ce morceau de plomb soûtient d'ordinaire une girouette.

Parmi les Gantiers, Pyramide est un morceau de bois tourné en pommettes, gros comme le bras, & haut d'un pié, dont ils se servent pour élargir les gands, à l'aide des bâtons à gands.

PYRER. v. n. Vieux mot. Suppurer. Quelques-uns le font venir de πύον, Pus.

PYRETHRE. s. m. Plante dont les feuilles & les branches ressemblent au Daucus sauvage & au fenoüil, & qui porte un bouquet également rond, semblable à celui d'aneth. Sa racine est de la grosseur d'un pouce, & d'un goût fort brûlant & chaud. Elle est longue & de couleur rousse tirant sur le noir. Etant tenue à la bouche & mâchée, elle attire quantité d'humeurs pituiteuses, & fait distiller beaucoup de salive, ce qui la fait appeller Herba salinaris. Elle est aussi très-bonne au mal de dents qui vient de cause froide, à une douleur de tête inveterée, à l'apoplexie, à l'épilepsie, à la paralysie, & à toutes les maladies qui proviennent de pituite amassée dans le cerveau. Ce mot est Grec, πύρεθρον, & vient de πυρ, Feu. Il y a un Pyrethre sauvage qui fait éternuer, & n'est autre chose que la Ptarmica. Matthiole dit que les Simplistes montrent une autre espece de Pyrethre qui croît presque par tout, même dans les prés & dans les lieux que l'on ne cultive point. Il a les feuilles semblables au panais des jardins, & quoique d'abord sa racine ne paroisse pas brûlante, elle ne laisse pas lorsqu'on l'a mâchée un peu de tems, de brûler & d'échauffer la langue & la gorge.

PYRITES. s. m. Pierre qui semble tenir beaucoup des métaux, tant par la couleur, étant tantôt marquetée d'argent & tantôt de cuivre & de laiton, que parce qu'elle se fond dans la fournaise comme eux. Elle porte pourtant beaucoup de la pierre, en ce qu'elle n'est point malleable. Si elle est frappée de quelque corps dur, elle fait feu, & c'est de-là qu'elle a pris son nom, πυρ, en Grec voulant dire Feu. Les Apothicaires, suivant les Arabes, appellent Marchassite la pierre Pyrite, & quoique toutes les Pierres qui sont feu puissent être appellées Pyrites, toutefois comme la marchassite en rend plus que toute autre pierre, on l'appelle plus particulierement Pierre à feu. La Marchassite se trouve presque en toutes les mines, & n'est pas toûjours de même couleur. Elle est d'or ou dorée, ou argentée dans ses pailles, & s'engendre des plus grosses vapeurs des mines; d'où vient que l'on en trouve toûjours aux cimes des montagnes où il y a des mines d'or ou d'argent. La Pyrite, ainsi que les autres pierres à feu, a la vertu d'échauffer, de dessecher, de dissiper & de digerer. Ainsi quand toutes ces pierres font préparées comme il faut , on les mêle dans les emplâtres digeſtives.

PYROBOLISTE. ſ. m. Nom que prennent les Ingenieurs à feu , qui enſeignent la compoſition de tous les feux d'artifice , tant pour la guerre que pour le divertiſſement. Ce mot eſt Grec , de πῦρ , Feu , & de βάλλειν , Jetter.

PYROLE. ſ. f. Herbe qui a ſes feuilles ſemblables à celles du poirier , d'où elle a pris ſon nom , du Latin *Pyrus*. Elles ſont pourtant quelque peu moindres , fortes & toûjours verdoyantes. La Pyrole a ſa tige longue , mince & ronde , d'où ſortent par intervalles des fleurs blanches qui ont des rayes en forme d'étoiles , & qui jettent de leur milieu pluſieurs capillatures , comme on le voit dans la roſe. Sa racine eſt blanchâtre & fort peu profonde en terre. Cette plante deſſeche , reſtraint & eſt fort bonne à conſolider les plaies & à ſouder les os rompus. On en tire une eau qui eſt un remede ſouverain pour les ulceres des reins & pour toutes les plaies internes. On s'en ſert auſſi pour les inflammations externes.

PYROTECHNIE. ſ. f. Art qui enſeigne l'uſage du feu & le menagement qu'il en faut faire en differentes operations. La *Pyrotechnie militaire* eſt celle qui apprend à faire toutes fortes d'armes à feu , canons , bombes , carcaſſes , grenades , mines , &c. Elle comprend auſſi toutes fortes de feux d'artifice , fuſées , petards , pots & lances à feu. La *Pyrotechnie Chymique* , conſiſte à enſeigner l'art de ménager le feu pour les cuiſſons , calcinations , diſtillations & autres operations chymiques. Il y a encore une autre ſorte de Pyrotechnie. Celle-là regarde la fonte , l'affinement & la preparation des metaux. Ce mot vient du Grec πῦρ , Feu , & de τέχνη , Art. Ce qu'on appelle *Graine pyrotechnique* parmi les Ingenieurs à feu , n'eſt autre choſe que les cailloux , bales de plomb ou carreaux de fer que l'on envoie ſur les ennemis par le moyen de certaines pieces de canon fort courtes qui ont , comme nos mortiers , un fort grand calibre.

PYROTIQUES. ſ. m. Sorte de medicamens qui brûlent. Il y en a de trois ſortes. Les uns ſont très-doux, comme les Veſicatoires , qui par leur ardeur font ſeulement des veſſies ſur la partie où on les applique. Les autres rongent la chair ſuperflue , comme l'alun , la cendre de chêne & de figuier , la chaux vive , le vitriol calciné & autres medicamens ſarcophages ; & les autres ne brûlent pas ſeulement la peau , mais ils brûlent auſſi tellement la chair de deſſous , qu'ils font une croûte , comme l'arſenic , le ſublimé , l'orpiment & autres dont on compoſe les cauteres appellés *Potentiels*. Ce mot eſt Grec , πυρωτικὸς , Qui a la faculté de brûler.

PYT

PYTHONISSE. ſ. f. Femme Sorciere & Devinereſſe, qui par la connoiſſance que l'Eſprit malin lui donne , prédit les choſes futures. Ce mot vient de ce que les Grecs appelloient *Pythons* les Eſprits qui aidoient à prédire l'avenir , peut-être à cauſe qu'on appelloit Apollon πυθιος , & la Prêtreſſe qui rendoit ſes oracles πυθία. Ce Dieu avoit été ſurnommé ainſi, à cauſe du ſerpent Python qu'il avoit tué. La Pythoniſſe dont il eſt parlé dans l'Ecriture , fit paroître devant Saül l'ombre de Samuel qui lui predit le tems de ſa mort.

PYX

PYXACANTHA. ſ. m. Arbre épineux qui a ſes branches longues pour le moins de trois coudées. Il a quantité de feuilles , & les a ſemblables à celles du bouis , d'où il a pris le nom de πυξάκανθα , de πύξος , Bouis , & de ἄκανθα , Epine. Son fruit eſt ſemblable au poivre , mais il eſt noir , liſſé , amer & maſſif. Cet arbriſſeau eſt appellé autrement *Lycium*.

Q

QUA

QUACHEOR. f. m. Vieux mot. Cheval à combattre.

QUADRAN. f. m. *Horloge Solaire. Superficie fur laquelle les heures font marquées, & où il y a un ſtyle ou une aiguille, qui par ſon ombre fait connoître l'heure qu'il eſt.* ACAD. FR. On attribue l'invention du Quadran Solaire à Anaximene Mileſien, Diſciple de Thales, & on tient que le premier fut fait à Lacedemone. La conſtruction des Quadrans eſt fondée ſur la ſuppoſition que le bout du ſtile eſt le centre de la terre qui jette ſon ombre ſur un plan, & en differens points de ce plan à meſure que le Soleil tourne alentour. Quoique cette ſuppoſition ſoit fauſſe en elle-même, elle ne produit point d'erreur, parce que la grande diſtance de la terre au ſoleil, rend inſenſible la diſtance d'un point de la ſurface de la terre à ſon centre. On fait donc paſſer par le bout du ſtile pris pour le centre de la terre des lignes tirées de tous les points du Ciel dont on a beſoin, & les prolongeant juſqu'au plan qui porte le ſtile on voit quelles lignes elles y décrivent, & quels angles elles y forment, ce qui n'eſt autre choſe qu'une eſpece de *Projection.* (Voyez PROJECTION.) Ces lignes tracées ſur le plan du Quadran ſont differentes, & font differens angles, ſelon que le plan eſt differemment ſitué à l'égard du centre de la terre, ou du bout du ſtile, qui eſt la même choſe. Ce plan peut être ou *Horiſontal* ou *Vertical*, ce qui donne déja deux eſpeces de Quadran, les *Horiſontaux* & les *Verticaux*. Les premiers ſont ſur un plan parallele à l'Horiſon, les autres ſur un plan parallele à un Azimuth ou cercle vertical. Les Quadrans qui ne ſont pas parfaitement horiſontaux ou paralleles à l'horiſon, y ſont *inclinés*, & il y en a de deux eſpeces principales, ceux qui ſont inclinés à l'horiſon du même nombre de degrés que l'Equateur dans la ſphere oblique, on les nomme *Equinoxiaux*, & ceux qui ſont inclinés à l'horiſon du même nombre de degrés que le pole, & on les appelle *Polaires*. Il peut y avoir autant de ſortes de Quadrans verticaux qu'il y a d'Azimuths ; mais comme il y a deux principaux Azimuths, dont l'un eſt le meridien & l'autre le premier vertical qui paſſe par les points du vrai lever & du vrai coucher, il y a par rapport à ces deux cercles deux ſortes de Quadrans verticaux reguliers, ceux qui ſont ſur un plan parallele au Meridien qu'on appelle *Quadrans meridiens orientaux ou occidentaux*, ſelon qu'ils regardent l'Orient ou l'Occident, & ceux qui ſont ſur un plan parallele au 1. vertical qu'on appelle *Verticaux meridionaux*, ou *Septentrionaux*. Hormis ces deux eſpeces tous les autres Quadrans verticaux ſont appellés *Declinans*, parce qu'ils ſont un angle avec l'un ou l'autre de ces deux premiers plans verticaux. On connoît les Quadrans declinans à ce qu'ils ne marquent pas un nombre d'heures égal devant & après

Tome II.

QUA

midi. Ceux qui déclinent vers l'Orient marquent un plus grand nombre d'heures pour le matin, & ceux qui declinent vers l'Occident marquent davantage pour le ſoir.

On diviſe encore les Quadrans par rapport aux Heures, en *Aſtronomique, Babilonique, Italique, & Judaïque.* Voyez HEURE.

Il y a encore le Quadran particulier qui eſt fait pour la latitude particuliere d'un certain lieu, & le *Quadran univerſel* qui eſt conſtruit de maniere qu'il peut faire connoître les Heures par toute la terre.

Ce mot vient de *Quadrans, quart*, ſoit à cauſe du grand uſage dont eſt le *Quadran Aſtronomique* ou quart de cercle gradué pour la conſtruction des Quadrans, ſoit à cauſe de quelque rapport de figure de ce Quadran Aſtronomique à un Quadran Solaire.

QUADRANGLE. f. f. Figure de quatre côté, ou qui a quatre angles. Il y a un *Quadrangle regulier*, & un *Quadrangle irregulier.* Un quarré eſt un Quadrangle regulier, & un Trapeſe eſt un Quadrangle irregulier.

QUADRANGULAIRE. adj. On appelle *Figure quadrangulaire*, Une figure qui a quatre côtés, & quatre angles. Ces ſortes de figures ſont les moins propres à la fortification, à cauſe que les flancs & les angles flanqués ſont trop petits.

QUADRAT. f. m. Terme d'Imprimerie. Petit morceau de fonte plat, quarré, & ſans lettres, qui ſert à faire le blanc des commencemens des Chapitres & des articles. Il y a auſſi de petits Quadrats quarrés qui ſervent au même uſage, & que les Imprimeurs nomment *Quadratins.*

On appelle auſſi *Quadrat*, en termes d'Aſtronomie, Un aſpect des Aſtres quand ils ſont dans un éloignement d'un quart de cercle, l'un de l'autre, c'eſt-à-dire, de quatre-vingt dix degrés.

QUADRATURE. f. f. Reduction Geometrique d'une figure curviligne en cercle, par exemple, à un quarré qui lui ſoit préciſément égal. On n'a encore pû trouver la Quadrature geometrique du cercle. On dit auſſi *Quadrature de la parabole de l'hyperbole, &c.*

On dit auſſi *Quadrature*, en termes d'Aſtrologie, pour ſignifier, La rencontre de la Lune à quatre-vingt-dix degrés du Soleil. Le premier & le troiſiéme quartier de la Lune ſont appellés *Quadrature.*

QUADRILATERE. f. m. Figure rectiligne qui eſt terminée par quatre côtés. Ce mot vient de *Latus, Côté, A quatuor lateribus.*

QUADRIN. f. m. Ce mot, ſelon Nicod, a été en uſage, pour ſignifier un liard.

QUADRINOME. f. m. Terme d'Algebre. Grandeur formée de l'addition de quatre grandeurs incommenſurables entre elles. Voyez BINOME & INCOMMENSURABLE.

QUADRISACRAMENTAUX. f. m. Nom qu'on a donné à de certains Heretiques qui n'admettent

P p ij

pour Sacremens que le Baptême, l'Euchariſtie, l'Abſolution & l'Ordre de Prêtriſe.

QUADUPEDE. ſ. m. Terme dogmatique. Bête à quatre piés. Les animaux ſont diviſés en oiſeaux, en poiſſons, en quadrupedes, en reptiles & en inſectes. Ce mot vient *A quatuor pedibus.*

QUADRUPLE. ſ. m. Piece d'or qui fut fabriquée en 1641. ſous le regne du Roi Louis XIII. ayant d'un côté pour legende *Chriſtus vincit, regnat, imperat,* avec une croix couronnée de quatre couronnes, & cantonnée de quatre fleurs de lis, & pour legende de l'autre côté, *Ludovicus XIII. Dei gratiâ Francorum Rex,* avec la tête de ce Prince. Elle ne valoit alors que vingt livres. Le Quadruple d'Eſpagne qui étoit du même prix, a une croix d'un côté, & de l'autre des armes qu'on ne ſçauroit déchifrer. Ce mot vient de *Quadruplum.*

QUAI. ſ. m. Muraille de pierres de taille élevée dans un port au rivage de la mer, ou le long d'une riviere pour retenir les terres trop hautes, & empêcher les débordemens. On appelle auſſi *Quai,* Un eſpace reſervé ſur le rivage d'un port pour la charge & la décharge des marchandiſes. L'Officier ou Commis ſur les ports, qu'on charge du ſoin de faire ranger les Vaiſſeaux, de marquer le lieu pour les radouber, & qui eſt obligé de prendre garde aux bouées, tonnes & baliſes, s'appelle *Maître de Quai.* Il eſt reçû à l'Amirauté, & quand des Vaiſſeaux du Roi ſont dans le port, il doit coucher toutes les nuits au bord de l'Amiral.

QUAIAGE. ſ. m. Terme de Marine. Droit que les Marchands ſont obligés de payer, pour pouvoir ſe ſervir du port, & y décharger leurs marchandiſes.

QUAICHE. ſ. f. Petit Vaiſſeau à un pont qui porte une corne. Il eſt mâté en fourche comme l'Yach ou le Heu.

QUAKERS. ſ. m. Fanatiques d'Angleterre appellés ainſi de l'Anglois *Quaken,* qui veut dire, Trembler, à cauſe qu'ils affectent de trembler quand ils prophetiſent, ou qu'ils prient, d'où vient qu'on les nomme auſſi *Trembleurs.* Ils rejettent toutes les loix Eccleſiaſtiques, ainſi que les connoiſſances qui s'acquierent par l'étude, & qui produiſent une lumiere interieure de l'eſprit, prétendant que celles que l'on acquiert par prêcher, entendre, lire, ou catechiſer, ne ſont que raiſonnement & de chair. Ils diſent avec blaſphême que JESUS-CHRIST avoit ſes défauts comme un autre homme, & qu'il deſeſperoit de Dieu quand il cria en la Croix, *Mon Dieu, pourquoi m'avez-vous abandonné?* Ils ne veulent point avoir de maiſons particulieres pour prêcher & pour prier, défendant l'explication de l'Ecriture, parce que ſelon eux, elle ceſſe d'être la parole de Dieu dès qu'on y ajoûte. On ne doit point faire de prieres publiques dans l'Egliſe, puiſque Dieu nous avertit de prier en ſecret, ni avoir de jours particulierement deſtinés pour le Service Divin, ni d'heures aſſignées pour la priere. Ils s'oppoſent au chant des Pſeaumes, & à la retribution ou dîme, qu'ils appellent Recompenſe, qui eſt donnée aux Miniſtres. Ils condamnent le Baptême des enfans, faiſant paſſer la foi & la converſion comme une conſequence neceſſaire pour les en exclure, & diſant que l'aſperſion qu'on leur fait dans ce Sacrement eſt de l'Ante-chriſt. Ils ſe fondent pour cela, ſur ce qu'il n'eſt parlé dans l'Ecriture que du baptême des peuples. Quelques-uns d'entre eux ſe diſent Chriſt, d'autres Dieu même, d'autres ſe font ſemblables à Dieu, parce qu'ils prétendent avoir en eux le même eſprit qui eſt en Dieu. Ils ſoûtiennent que l'ame eſt une partie de Dieu, & long-tems avant le corps; qu'il n'y a point de Trinité; que JESUS-CHRIST n'a point d'autre corps que ſon aſſemblée; que ſa venue en chair a été ſeulement une figure; que tous les hommes ont en eux une lumiere qui ſuffit pour le ſalut; que l'homme Chriſt n'eſt point monté au Ciel; qu'il n'y a point de ſatisfaction de la juſtice de JESUS-CHRIST; que la priere pour la remiſſion des pechés eſt inutile; que nous ſommes juſtifiés par notre propre juſtice; qu'il n'y a point d'autre vie ni de gloire à attendre qu'en ce monde; qu'il n'y a ni Ciel ni Enfer local, ni de reſurrection des morts; que pluſieurs d'entre eux ne peuvent pecher; que nous n'avons point de Sacremens; que Dieu n'eſt point honoré dans nos Egliſes, qui ſont diſent-ils, les Maiſons des bêtes; que JESUS-CHRIST eſt venu pour renverſer toute proprieté, & que par cette raiſon toutes choſes doivent être communes; que perſonne ne peut être appellé Maître, ou Seigneur, ni être ſalué en paſſant; & qu'un homme ne doit point avoir de puiſſance ſur un autre.

QUALIFICATION. ſ. f. Declaration des qualités d'une propoſition erronée. Il en eſt d'heretiques, de mal-ſonnantes, d'offenſives d'oreilles pieuſes, &c. On ne qualifie plus gueres ſpecialement chaque propoſition, mais il ſuffit qu'elle ſoit ſuſceptible d'une des qualifications generales pour être juſtement condamnée.

QUALITE'. ſ. f. Accident par lequel les choſes ſont qualifiées en Medecine, comme d'être chaudes, froides, blanches, noires, odorantes, puantes, aigres, douces, &c. Les Pharmaciens admettent trois ſortes de qualités; les premieres qui ne dépendent d'aucunes, mais deſquelles il y en a d'autres qui dépendent. Elles ſont au nombre de quatre, & ont chacune quatre degrés, la chaleur, la froideur, l'humidité & la ſechereſſe. Les qualités ſecondes ſont celles qui dépendent des premieres, ou à la generation deſquelles les premieres peuvent contribuer en quelque façon. Il y en a cinq, les viſibles qui regardent les couleurs, les olfactiles, qui regardent les odeurs, les guſtatiles qui regardent les ſaveurs, les auditives qui regardent les ſons, & les tactiles qui regardent le toucher. Les Qualités troiſiémes, ſont celles qu'on appelle *Specifiques,* du nombre deſquelles on met les alexiteres & les deleteres, & autres proprietés occultes. On diviſe encore les Qualités premieres en actives qui ſont la chaleur & la froideur; en paſſives, ſçavoir, la ſechereſſe & l'humidité; en actuelles, qui agiſſent perpetuellement ſans avoir aucun beſoin d'être aidées, comme le feu qui brûle toûjours, & en potentielles ou virtuelles, qui ſont celles que la chaleur naturelle reduit de puiſſance en acte, comme la vertu des Cantharides qui n'agiroit point ſi elle n'étoit excitée par cette chaleur naturelle.

QUANTITE'. ſ. f. Terme de Philoſophie. Ce qui fait que les corps ſont ſuſceptibles de nombre ou de meſure. La *Quantité diſcrete,* eſt celle dont les parties ne ſont pas liées, comme le nombre, & la *Quantité continue,* celle dont les parties ſont liées. Cette Quantité continue eſt, ou ſucceſſive, comme le tems & le mouvement; ou permanente, & c'eſt ce que l'on appelle étendue en longueur, en largeur, & en profondeur.

En Mathematique, le mot de *Quantité* ſignifie grandeur. *Quantités commenſurables, incommenſurables, connues, inconnues,* &c.

On conſidere *la Quantité,* en matiere de Medicament, ſelon ſa grandeur ou petiteſſe. Parmi ceux qui n'ont que bonté, les petits, c'eſt-à-dire, les mediocres ſont meilleurs que les grands, ce qu'il faut obſerver ſelon Meſué, dans les fruits de même eſpece, à cauſe que la grandeur exceſſive marque une humidité alimenteuſe trop abondante, qui ne pouvant être cuite comme il faut, tient une bonne partie de la nature de l'humeur excrementeuſe, plûtôt que du veritable ſuc qui eſt naturel à la plante ou aux fruits. Ainſi pour les choiſir comme il faut par rapport à la petiteſſe ou à la grandeur, on doit toûjours prendre ceux qui ſont de la grandeur que l'arbre les produit dans l'ordinaire, qui ſont les mediocres, non ſeulement à l'égard de ceux qui n'ont que bonté, mais encore des autres qui ont quelque choſe qui doit être corrigé. Ceux-là ſont toûjours meilleurs que les plus petits & les plus grands, & ſur-tout aux purgatifs.

QUAOQUE. ſ. m. Sorte d'arbre des Indes Occidentales, qui ſe trouve dans le nouveau Royaume de Grenade. Il porte un fruit fort bon à manger, de la groſſeur d'un œuf d'oye.

QUAPATLI. ſ. m. Arbre de la nouvelle Eſpagne, qui a cela de particulier, que l'on y trouve une eſpece de vers velus & rudes, de couleur rouge, longs de deux pouce, & gros comme un tuyau d'orge. Les Sauvages les font cuire dans de l'eau juſqu'à ce qu'ils ſoient conſumés, & que toute la graiſſe nage deſſus. Ils la recueillent, & s'en ſervent à pluſieurs uſages. Elle appaiſe toutes les douleurs en quelque partie que ce ſoit du corps, relâche les nerfs retirés, reſout les humeurs, & étant mêlée avec de la Terebentine & du ſuc de Tabac, elle eſt fort bonne contre les hergnes.

QUARANTENIER. ſ. m. Terme de Marine. Sorte de petite corde qui eſt de la groſſeur du petit doigt. On s'en ſert pour raccommoder les autres, & on l'appelle auſſi Quarantaine.

QUARANTIE. ſ. f. Sorte de Cour où la Juſtice eſt rendue parmi les Venitiens. On l'appelle ainſi, à cauſe qu'elle eſt compoſée de quarante Juges.

QUARDERONNER. v. a. Rabattre les arêtes d'une poutre, d'une ſolive, d'une porte, en pouſſant deſſus un quart de rond. Ainſi Poutre quarderonnée, ſe dit de celle ſur les arêtes de laquelle on a pouſſé un quart de rond, une doucine ou quelque autre moulure entre deux filets. Cela ſe fait moins pour ornement, que pour ôter la flache.

QUARRE'. ſ. m. Terme de Geometrie. Figure qui a les quatre angles droits, & les quatre côtés égaux. Le Quarré long a auſſi les quatre angles droits, mais il eſt plus long que large.

En termes d'Arithmetique, on appelle Nombres quarrés, ceux qui ſont formés de la multiplication d'un nombre par lui-même. 4, eſt un nombre quarré, parce que c'eſt le produit de 2 par 2; 9, eſt quarré parce qu'il eſt formé de trois fois 3, &c. Le nombre qui a été multiplié par lui-même, s'appelle la Racine du quarré. 2, eſt la racine de 4 : 3 eſt celle de 9, &c. Les nombres quarrés ont été ainſi nommés, parce qu'ils repreſentent un quarré Geometrique qui eſt toûjours formé de la multiplication d'une ligne par elle-même, & en effet le côté d'un quarré Geometrique étant diviſé en parties égales, le nombre de ces parties multiplié par lui-même donne l'eſpace que le quarré contient. Si le côté a 2, pouces, 3, pouces, &c. il contient 4, pouces, 9, pouces quarrés, &c.

Un eſt le premier nombre quarré, parce qu'une fois un, c'eſt un ; 4 eſt le ſecond quarré ; 9, le troiſiéme, &c.

Quand on multiplie un nombre quarré par ſa racine, on fait un nombre cubique. Voyez CUBE.

Ainſi 4 par 2, 9 par 3, font 8 & 27, qui ſont des nombres cubiques. Si on multiplie encore le cube par ſa racine, c'eſt un Quarré-quarré, 8 par 2, fait 16, & 9, par 3 fait 81, qui ſont des quarrés-quarré, car 16 eſt 4 fois 4, & 81 eſt neuf fois 9.

Le quarré-quarré s'appelle plus communément quatriéme Puiſſance, ou quatriéme degré, car la grandeur ſimple où la racine eſt la premiere puiſſance, le quarré la ſeconde, &c. Voyez PUISSANCE & DEGRE'. Il eſt viſible qu'une racine double d'une autre, fait un quarré quatre fois plus grand, car 1 & 2, étant ces racines, le quarré de 1, n'eſt que 1, & le quarré de 2 eſt 4. Une racine triple fait un quarré neuf fois plus grand, les quarrés de 1 & 3 ſont 1 & 9, &c.

Le Quarré Magique, ſe fait de cette façon, on prend des nombres en progreſſion Arithmetique, enſuite on les diſpoſe dans un Quarré diviſé en un nombre quarré de cellules, & on les y arrange de telle ſorte, qu'un rang de ces cellules de quelque ſens qu'on le prenne, ſoit de haut en bas, ſoit de droit à gauche, ſoit diagonalement, faſſe une ſomme de nombres toûjours égale à la ſomme des nombres de quelque autre rang que ce ſoit.

On appelle en Perſpective, Quarré perſpectif, La repreſentation d'un Quarré en perſpective. Il comprend d'ordinaire toutes les aſſiettes des objets qu'on veut repreſenter dans le tableau, & on a coûtume de le diviſer en pluſieurs petits Quarrés perſpectifs, dont on ſe ſert pour décrire avec abregé les apparences de tout ce qu'on a deſſein de repreſenter dans le tableau.

On appelle Quarré Geometrique, Un inſtrument qui eſt fort grand uſage pour faire des obſervations tant ſur terre que ſur mer. Il a un centre à l'un de ſes angles, & les deux côtés qui ſont éloignés de ce même centre, ſont diviſés en pluſieurs parties égales. L'un de ceux qui eſt vers le centre eſt chargé de deux pinnules, & il y a une alhidade mobile partant du centre, qui ſert aux Geometres & aux Aſtronomes pour obſerver.

Quarré de reduction, en termes de mer, eſt un inſtrument dont on ſe ſert pour reduire les routes d'Eſt & d'Oueſt en degrés de longitude, & à reſoudre promptement les triangles rectangles. Voyez QUARTIER.

Quarré de Mars ou de Saturne, chés les Aſtronomes, c'eſt la même choſe que quadrat.

Quarré. Terme d'Architecture. Ce qui paroît dans l'Architecture comme une petite regle ou liſtel, & qui en termine ſouvent quelque partie. Les Ouvriers diſent, Faire le trait quarré, Ce qui veut dire en termes de Geometrie, élever une ligne perpendiculaire ſur une autre ligne.

Quarré de medaille ou de monnoye. Morceau d'acier fait en forme de dé, dans lequel eſt gravé en creux ce qui doit être en relief dans la medaille ou dans la monnoye. Les quarrés à monnoyer ſont de figure quarrée par le bas & conoïde par le haut, & d'une grandeur proportionnée à l'eſpece. Les Tailleurs frappent ces quarrés, des poinçons de l'effigie, de la croix ou écuſſon, des legendes & des differents de la Ville du Tailleur & du Maître, pour y marquer en creux les empreintes que l'on voit marquées en relief ſur les eſpeces. Quand ils ont été marqués de ces empreintes, on les polit du côté des empreintes avec certaines pierres dures, appellées Pierres à huile, & après cela ils ſont en état de ſervir à monnoyer les eſpeces.

On appelle Bataillon quarré, Un Bataillon qui a le nombre des hommes de la file égal au nombre des hommes du rang ; & Bataillon quarré de terrain,

Celui qui a le terrain de chacune de ses ailes, égal en étendue au terrain de la tête, ou à celui de la queue.

On dit en termes de Manege, *Travailler en quarré*, pour dire, Conduire un cheval sur la longueur de chacune des quatre lignes que l'on a imaginées, comme étant droites, égales, disposées en quarré, & éloignés également du centre, tournant la main à chacun des coins que l'on suppose en être formés, & passer ainsi d'une ligne sur l'autre.

On appelle *Bonnet quarré*, Une espece de citrouille ronde & platte.

Les Furetieristes appellent *Bonnet quarré*, Un bonnet de Prêtre, d'Avocats, & d'autres hommes de Robbe. Il falloit dire, que c'est un ornement de Docteur ou Licencié, que les Ecclesiastiques gradués portoient seuls autrefois, que les autres ont usurpé peu à peu, comme ont fait au Palais les Elûs & les Procureurs.

QUARREAU. s. m. Pavé de terre cuite. Quarreau de Vitres. Voyez CARREAU.

Quarreaux d'or ou d'argent. On s'est servi de ce terme du tems qu'on fabriquoit les especes avec le marteau. On allioit les matieres d'or ou d'argent, & on les fondoit, les jettant en lames pour en faire des essais, après quoi on faisoit recuire les lames qu'on étendoit sur l'enclume. Quand elles étoient étendues environ de l'épaisseur des especes à fabriquer, le Prevôt ou le Lieutenant des Ouvriers s'en chargeoit & les distribuoit aux Ouvriers pour les couper en morceaux à peu près de la grandeur des especes, & cela s'appelloit *Couper quarreaux.* Ensuite on faisoit recuire les Quarreaux, & après qu'on les avoit étendus avec un Flatoir, on en coupoit les pointes avec des cisoirs, ce qui s'appelloit *Ajuster quarreaux.* On les pesoit avec les denraux à mesure que l'on en coupoit, afin de les rendre du poids juste qu'ils devoient être. C'étoit *Approcher quarreaux*, après quoi on rabattoit les pointes des Quarreaux pour les arrondir, ce qui étoit *Rechauffer quarreaux.*

QUARREL. s. m. Vieux mot. Pierre.

Et clause eront de haut mur
Dont li quarrel étoient dur.

QUARRER. v. a. Vieux mot. Reduire en quarré. On a dit *Quarrer une poutre*, pour dire, l'équarrir.

C'est aussi un terme d'Arithmetique & d'Algebre. *Quarrer* un nombre, c'est le multiplier par lui-même. *Quarrer les termes d'une Equation.*

QUART. s. m. La quatriéme partie d'un tout. On appelle *Quart de rond*, en termes d'Architecture, Un membre saillant fait de la quatriéme partie d'un cercle. *Quart de rond*, dans un navire, se dit d'une piece de bois en forme d'arc, qui est dans la sainte Barbe, & sur laquelle est posé un taquet lié à la barre du gouvernail pour le soûtenir.

Quart, en termes de Marine, est l'espace du temps qu'une partie des gens de l'équipage du Vaisseau veille pour faire le service, tandis que le reste dort. Le *Premier quart*, est à l'entrée de la nuit, & il est fait d'ordinaire par les Officiers subalternes en pié. Le *second quart* se fait à minuit, & presque toûjours par les Officiers subalternes qui sont en second, & on appelle *Quart de jour* Celui qui est pris à la fin du second Quart, & qui amene le jour. On appelle aussi le premier quart *Quart de Tribord*, & il est fait par les anciens Officiers subalternes du Vaisseau, à la difference du *Quart de bas bord*, qui est celui que font les moins anciens des subalternes. On dit *Prendre le quart*, pour dire, entrer de garde avec la moitié de l'équipage, &

Faire bon quart sur la hune, pour dire, Faire bonne sentinelle, afin de se parer des Corsaires & des bancs. C'est une fonction qui appartient au Gabier. Chaque fois que l'on commence le Quart ou qu'on le leve, la cloche sonne pour en avertir ceux de l'équipage qui doivent veiller. Le Quart est toûjours déterminé par horloges, qui sont toutes d'une demi-heure. Il est fort souvent de huit dans les Vaisseaux de Sa Majesté. Dans les autres, il est tantôt de six & de sept, & tantôt de huit. En Angleterre, il est de quatre heures, & en Turquie de cinq.

Quart de vent ou *quart de rumb.* Air de vent ou pointe de compas comprise entre un vent principal qui est un rumb entier, & un demi-vent qui suit ou precede un rumb. En general, c'est un air de vent séparé d'un autre air par un arc d'onze degrés & quinze minutes.

Quart de conversion, se dit en termes de guerre, d'un mouvement que l'on fait faire aux soldats pendant l'exercice, afin de changer la face d'un bataillon, auquel on fait faire un quart de cercle.

Quart de nonante. Instrument de Geometrie, appellé ainsi à cause qu'il consiste seulement en un quart de cercle divisé en quatre-vingt dix degrés, & garni de son alhidade & de ses pinnules. On s'en sert à prendre les angles & les élevations, tant sur terre que sur mer.

Quart-d'écu. Espece d'argent qui a eu cours sous le regne de Henri II. & des Rois ses successeurs, & qui n'a cessé à être de mise que vers l'année 1641. lorsque le Roi Louis XIII. fit faire des écus blancs, & des pieces de trente sols, de quinze & de cinq. Elle a valu quinze sols, & puis seize sols, & enfin vingt, sous le regne du feu Roi. Dans le tems qu'elle valoit seize sols, on disoit qu'on étoit payé en écus quarts, lorsqu'un payement se faisoit en ces quatre pieces qui va'oient soixante & quatre sols. On paye encore les épices en Ecus-quarts, c'est-à dire, de valeur de soixante & quatre sols, quoiqu'il n'y ait plus de cette espece d'argent. Le Quart-d'écu étoit du poids de sept deniers treize grains au titre d'onze deniers, & du tems de Henri II. il avoit d'un côté une croix fleurdelisée, avec cette legende, *Henricus secundus Dei gratia Rex Navarra*, & de l'autre côté des armes & cette legende. *Dei gratia sum id quod sum.* Sous le regne de Henri III. Il y avoit d'un côté une croix fleurdelisée avec cette legende *Henricus tertius, Dei gratia Francorum & Poloniæ Rex*, & de l'autre trois fleurs de lis & cette legende, *Sit nomen Domini benedictum.*

On appelle *Quart denier*, dans une vente d'Office le quart du quart du prix de l'Office. On le paye aux parties casuelles comme étant un droit de mutation, dans lequel le Roi est le Seigneur, & celui qui succede à l'office, le vassal.

On dit en termes de Manége, *Travailler de quart en quart*; pour dire, Conduire un cheval trois fois de suite sur la premiere des quatre lignes qu'on s'imagine droites, égales, disposées en quarré, éloignées également du pilier qui represente le centre au milieu du terrain des maneges, puis changer le cheval & le conduire encore trois fois de suite sur la seconde de ces quatre lignes, & ainsi sur la troisiéme & de la quatriéme en changeant toûjours de main.

QUARTADECIMANI. Heretiques ainsi appellés, de ce qu'ils celebroient la Fête de Pâque le quatorziéme jour de Mars, à la maniere des Juifs. Ils faisoient saint Jean Auteur de cette coûtume, qui fut fuivie des Eglifes d'Orient, jufqu'à ce que le Pape Victor les excommunia, comme des faifeurs de divifion. Le Concile de Nicée condamna cette Herefie arrivée fous Severus Empereur, & qui dura deux cens ans, & il ordonna que la Fête de Pâques feroit celebrée à la maniere des Eglifes d'Occident. Les Quantadecimani nioient auffi la converfion de ceux qui venoient à pecher après le Bâpteme ce qui étoit l'herefie des Novatiens.

QUARTAN, f. m. Terme de Chaffe, On dit, qu'*Un Sanglier eft à fon quartan*, qu'il commence fon quartan, pour dire, qu'il eft à fa quatrième année.

QUARTE. f. f. Mefure de vin ou d'autre liqueur qui contient deux pintes. *Quarte*, en termes de Mufique, eft un intervalle de quatre tons, foit en montant, foit en defcendant. La Quarte contient deux tons & un demi-ton majeur. La *Quarte fuperflue*, que l'on appelle auffi *Fauffe Quarte* en contient trois, & la *Quarte diminuée*, contient un ton & deux demi-tons majeurs.

Quarte, terme de Comptable. *Le Receveur d'un Chapitre doit à chaque Chanoine tant par quarte; les Collecteurs n'ont payé que leur premiere quarte au Receveur des Tailles, il les va emprifonner.*

On appelle *Quarte*, en termes d'Efcrime, Une maniere de fe mettre en garde, d'allonger, ou de porter les bottes. La Quarte eft une des quatre gardes generales de l'épée, qu'on ne peut bien concevoir, fi l'on ne fe reprefente un cercle décrit fur un mur à plomb, & divifé en fes quatre points cardinaux de haut en bas, & de droit à gauche. Elle fe fait en portant la pointe de l'épée au quatrième point du cercle, directement oppofé à celui de la feconde garde, en defcendant à droit à un quart de la tierce, le côté exterieur du bras, & le plat de l'épée étant tournés vers la terre, le corps étant hors la ligne à droite, & le fort de l'épée vers la ligne à gauche.

Quarte Falcidie, en termes de Droit, eft une loi en forme de Plebifcite qu'on n'obferve point en pays Coutumier, où l'inftitution d'heritier n'a point de lieu. Le Tribun Falcidius l'ayant propofée du tems d'Augufte, lui donna fon nom. Elle porte fqu'aucun Teftateur ne peut faire de legs. audela des trois quarts de fon bien, au préjudice de l'heritier inftitué. Par la *Quarte Trebelliane*, l'heritier chargé d'un Fideicommis qui l'obligeoit de remettre l'heredité à un autre, en retenoit la quatrième partie.

QUARTEMENT. adv. Vieux mot. quatriémement, en quatrième lieu.

QUARTER. v. n. Terme de Maître d'armes. Oter fon corps hors de la ligne. Cela fe fait en fe tournant comme fur un pivot & pirouettant pour fe défendre des paffes.

Quarter, eft auffi un terme de Cocher & de Chartier, & fignifie, marcher entre deux ornieres, quand celles du chemin où ils fe trouvent engagés font fi profondes. qu'ils auroient de la peine à s'en tirer. On dit auffi *Quartoyer* ou *Carteyer*.

QUARTIER. f. m. Terme de Manege. On appelle *Quartiers du pié d'un Cheval*, Les côtés du fabot qui font compris de part & d'autre du pié entre le talon & la pince. Il y a des *Quartiers de dedans* & des *Quartiers de dehors*. Les derniers font fitués aux côtés exterieurs du fabot. Les Quartiers de dedans font toûjours plus foibles que ceux de dehors. Ce font ceux qui fe regardent l'un pié oppofé à l'autre. On dit d'un Cheval, qu'*Il faut quartier neuf*, pour dire, qu'il faut lui couper un

des quartiers de la corne, à caufe de quelque infirmité du fabot.

Quartier de Vignes, Manière de mefurer les Vignes ; le grand partage eft de cinquante cordes, le petit de vingt-cinq. On paye la dixme abonnée à vingt pintes pour le grand Cartage, & dix pour le petit.

On appelle *Quartiers de felle*, Des pieces de cuir ou d'étoffe attachées par en bas aux côtés de la felle, & qui débordent des mêmes côtés.

Quartier tournant, fe dit dans un Efcalier, d'un nombre de marches d'angle, qui tiennent par un tuyau par un collet, & *Quartier de vix. fufpendu*, fe dit, dans une cage ronde d'une portion d'efcalier à vix fufpendue pour raccorder deux appartemens qui ne font pas de plein pié.

Quartier de voye. Groffe pierre, dont il ne faut qu'une ou deux pour faire la charge d'une charrette attelée de quatre chevaux.

Quartier-Meftre. Maréchal des Logis d'un Regiment d'Infanterie étrangere.

Quartier-Maître. Officier Marinier, qui eft comme l'aide du Maître & du Contremaître. Il a le foin de faire prendre & larguer les vis, de faire monter les gens du quart, & fa fonction eft particulierement d'avoir l'œil fur le fervice des pompes.

On appelle *Quartier de reduction*, Un inftrument qui confifte en un quarré divifé en un grand nombre d'autres petits quarrés égaux, & fur lequel eft tracé un quart de cercle gradué, de forte que du cencre on peut tirer des lignes fous tels angles qu'on voudra, & reprefenter tous les triangles rectangles imaginables. C'eft pourquoi l'on fe fert de cet inftrument à réfoudre les *triangles Loxodromiques* qui font tous rectangles. (Voyez LOXODROMIE.) Ce même inftrument avec une échelle des *Latitudes-croiffantes*. (Voyez HYDROGRAPHIE) fert auffi à réduire en milles de l'Equateur les degrés de longitude pris fous tel parallele que l'on veut, & à réduire reciproquement les milles de l'Equateur en degrés de longitude fur un parallele déterminé, (voyez LONGITUDE.) De là vient qu'on appelle cet inftrument *quartier ou quarré de reduction*.

Vent de Quartier, fe dit de tous les airs de vent qui font compris entre le vent de bouline & le demi-rumb qui approche le plus du vent arriere.

QUASERETE'. f. f. Vieux mot. Panier d'ofier.

QUASSER. v. a. Vieux mot. Chaffer.

Et cil dedans fine quidaffent
Que cil de fors ne les quaffaffent.

QUATRE-TEMS. f. m. Jeûnes que l'Eglife a inftitué les Mercredi, le Vendredi & le Samedi d'une femaine, dans les quatre faifons de l'année, tant pour confacrer à Dieu ces quatre faifons par la mortification, que pour demander la grace du Saint Efprit dans les Ordinations des Prêtres & des Diacres, qui fe faifoient chaque Samedi de ces Quatre-Tems. Ce jeûne s'obfervoit au commencement de fon inftitution dans la premiere femaine du mois de Mars, dans la feconde de Juin, dans la troifième de Septembre, & dans la quatrième de Decembre, ce qui marquoit regulierement les differentes faifons ; mais vers la fin du onzième fiecle, fous le Pontificat de Gregoire VII. il fut ordonné qu'on obferveroit les Quatre-Tems comme il fe pratiquent aujourd'hui ; fçavoir, dans la premiere femaine du Carème, dans celle de la Pentecôte, le premier Mercredi qui fuivroit la Fê-

de l'Exaltation de la Sainte Croix fixée au 14. de Septembre , & dans la troifiéme femaine de l'Avent.

QUAUHCONEX. f. m. Moyen arbre de l'Ifle de Saint Jean Porto-rico. Il eft d'une bonne odeur , & a le tronc gros , d'une matiere dure & folide , & qui dure long-tems fans fe corrompre. Ses feuilles font femblables au Grenadier. Sa fleur eft blanchâtre , & fon fruit reffemble aux graines de laurier. On coupe l'écorce de cet arbre en parties fort menues , & on la laiffe tremper quatre jours dans l'eau , après quoi on l'expofe au Soleil. On la preffe quand elle eft échauffée , , & on en tire une liqueur fort femblable au baume , & qui eft utile à beaucoup de chofes.

QUE

QUELONGNE. f. f. Vieux mot. Quenouille.
QUENNE. f. f. Vieux mot. Sorte de vafe.

De S. Martin bon vin d'Efpaigne
Je lui donrai plein une Quenne.

QUENOUILLE. f. f. Bâton tourné & delié qu'on entoure vers le haut , de lin , de chanvre , ou de laine , pour filer.

On appelle auffi *Quenouille* , Les pilliers des colomnes d'une couche qui en foûtiennent le ciel & les rideaux , & les bâtons qui fervent à porter l'imperiale d'un caroffe.

Quenouille fauvage. Plante qui n'eft autre chofe que le Cartamum , appellé *Atraélylis.* Pline dit qu'entre les Cartamum fauvages les uns font plus doux & plus menus , & ont la tige plus unie , quoiqu'elle foit un peu âpre. Les femmes fe fervoient autrefois de leurs tiges au lieu de Quenouille. Leur graine eft blanche , groffe & amere.

QUENOUILLETTE. f. f. Verge de fer , dont un bout eft de forme ronde , & de la groffeur neceffaire pour boucher l'ouverture des godets par où les Fondeurs font couler le métal dans leurs moules , lorfqu'ils jettent quelque ouvrage en bronze.

QUENS. f. m. Vieux mot, Comte.

Sire , Quens , dites-moy , pour Dieu je vous en prie.

QUER. f. m. Vieux mot. Cuir. C'étoit auffi un verbe qui fignifioit Choir , tomber.

QUERAT. f. m. Terme de Marine. La partie du bordage , qui eft comprife depuis la quille jufqu'à la plus proche des Perceintes.

QUEREIVA. f. m. Sorte d'oifeau du Brefil , qui a toute la poitrine d'un fort beau rouge , des aîles noires , & le refte du corps bleu. Les Sauvages l'eftiment fort , à caufe de la beauté de fon plumage.

QUERIR. v. a. Vieux mot Chercher , d'où eft venu *Queiffe* , Je cherchaffe.

Qu'amour me dit que me queiffe ,
Un compagnon cui je deiffe ,
Mon confeil tout entierement.

QUEROLER. v. n. Vieux mot. Danfer.

Et ces gens, ce dit-il querolent
Sur les florettes qui bien olent.

QUERRE. v. a. Vieux mot. Chercher.

Qui la voudront chercher & querre ,
Et puis trouvée mettre en terre.

QUESLIER. v. a. Vieux mot. Faifeur de chaifes. On a dit auffi *Cholier* , & *Cayelier.*

QUESTABLE. adj. Vieux mot , qui s'eft dit de gens de condition fervile , tant hommes que femmes , que les Seigneurs pouvoient quêter , c'eft-à-dire , Chercher & revendiquer quand ils étoient fortis de leurs Seigneuries , pour aller faire leur établiffement en quelque autre lieu.

QUESTE. f. f. *Aélion par laquelle on cherche.* ACAD. FR. On dit en termes de Chaffe , qu'*Un chien eft bon pour la quête* , pour dire , qu'il eft bon pour trouver le gibier.

Terres de quête , fe dit dans plufieurs coûtumes de celles qui doivent une rente qui fe leve par une collecte que les habitans font fur eux-mêmes ; & on appelle *Droit de quête* , Celui que le Seigneur peut faire demander , mais qu'on n'eft pas obligé d'apporter chés lui. *Le Cens à la quête* eft de la même nature.

Quête. Terme de Marine. La longueur du vaiffeau qui excede celle de la quille , c'eft-à-dire , la faillie & l'élancement , que l'étrave & l'étambord font aux extrémités de la quille. L'Etrave a toûjours plus de Quête que l'étambord , auquel on ne donne de Quête que la vingtiéme partie de la quille , ou à peu près , au lieu qu'on en donne la cinquiéme partie à l'étrave. On appelle auffi *Quête* , L'avance que font les bateaux du côté du chef & de celui de la quille , lorfqu'elle s'éleve & ne touche plus fur le chantier. La Quête du chef d'un Foncet eft de la feptiéme partie de la longueur du fond , & la Quefte de la quille eft feulement de la fixiéme partie de celle du chef.

QUESTER. v. a. Terme de Chaffe. Chercher une bête pour la lancer , & pour la chaffer avec les chiens courans.

QUESTEUR. f. m. Officier de l'ancienne Rome , qu'on chargeoit du foin du trefor public. Il faut prononcer l'S dans ce mot , ce qui le rend different de *Quefteur* , Celui qui fait une Quefte.

QUESTION. f. f. *Torture, gêne que l'on donne aux Criminels pour leur faire confeffer la verité.* ACAD. FR. Il y a la Queftion preparatoire , & la Queftion définitive. La *Queftion préparatoire* eft ordonnée , *Manentibus indiciis* , enforte que fi la force de la douleur ne fait rien avouer à l'accufé , on ne peut le condamner à la mort , quoiqu'on lui puiffe impofer toute autre peine. La *Queftion définitive* , eft celle qui eft ordonnée pour découvrir les complices quand le criminel eft condamné à la mort. Elle fe donne à Paris ou avec de l'eau , ou avec des coins , & quatre petits ais. Quand on la donne à l'eau à un criminel , on le deshabille , & on lui lie les mains à un gros anneau de fer qui eft à la muraille de la chambre de la queftion. Enfuite on lui attache les piés à un autre anneau , qui eft plus bas au plancher , à deux ou trois piés de la muraille. Une maniere de banc que l'on met fous lui , foûtient fon corps , & alors le Queftionnaire par ordre du Rapporteur , lui ouvre la bouche , & lui fait emboucher une corne où il verfe peu à peu une pinte d'eau. Il lui en fait ainfi avaler quatre pintes pour la queftion ordinaire , & huit pour l'extraordinaire. La queftion qui fe donne avec des ais & des coins , s'appelle *les Brodequins.* Le criminel ayant été amené en la chambre de la Queftion , & l'Arrêt ou la Sentence de mort lui ayant été lue , l'executeur lui lie les mains , & lui donne une chaife où étant affis , le Queftionnaire le déchauffe & lui chauffe les brodequins qui font quatre petits ais bien polis , épais de deux bons pouces , larges d'un pié , & longs d'un pié & demi , au travers du haut & du bas defquels paffent des cordes. On lui met deux de ces ais entre les jambes , & les deux autres , l'un d'un

côté

côté d'une jambe, & l'autre de l'autre, après quoi on les ferre fortement avec des cordes. Si le Patient n'avoue rien au Rapporteur qui l'interroge, le Questionnaire, à grands coups de marteau, lui fait entrer un coin au milieu des deux ais qu'il a entre les jambes. Quand il lui en enfonce quatre, c'est la Question ordinaire; il lui en enfonce huit pour l'extraordinaire.

QUEUE. s. f. La partie qui termine le corps de l'animal par le derriere. Elle differe, selon leurs divers genres, tant pour l'usage que pour la figure. Aux animaux à quatre piés, elle est ordinairement couverte de poil & garnie d'os, & sert à les émoucher. Les oiseaux ont leur queue de plumes, & les poissons l'ont de cartilages & elle leur sert de gouvernail pour nager. Matthiole dit que dans le bout de la queue du cerf on trouve un ver qui est presque de la couleur du fiel. Il cause des douleurs insupportables à celui qui l'a avalé, avec des défaillances de cœur, & les mêmes accidents que cause le Napellus. On y remedie de la même sorte qu'aux autres poisons. La Queue de Cheval est l'enseigne ou le drapeau sous lequel les Chinois & les Tartares vont à la guerre, & parmi les Turcs, c'est un signal de bataille quand elle est sur la tente d'un General.

QUEUE DE CHEVAL. s. f. Plante qui croît aux lieux aquatiques & qui jette de petites tiges, creuses, nouées, & amassées ensemble. Elles sont rougeâtres & un peu âpres, & tout autour il y a force feuilles menues & minces comme jonc. Elle pousse fort en haut, s'agraffant aux troncs des arbres; & quand elle y est entortillée, elle fait pendre une grande chevelure noire faite en maniere de Queue de Cheval. Sa racine est dure comme bois. Cette herbe a une vertu astringente, ce qui fait que son jus bû en vin est bon aux dysenteries, & qu'il étanche le sang qui coule du nez. Ses feuilles broyées & appliquées servent à souder les plaies fraîches. Il y a une autre espece de Queue de Cheval, dont la tige est droite, creuse & haute de plus d'une coudée. Les feuilles qu'elle produit sont par intervalles, plus courtes, plus blanches, & plus molles. Dioscoride lui donne les mêmes propriétés qu'à la premiere. Matthiole dit que quand la Queue de Cheval, appelée par les Grecs ἵππουρις, de ἵππος, Cheval, & de σὴς, Queue, commence à germer, elle jette un germe long & tendre, semblable aux chattons des Noyers; que les Paysans de Toscane appellent ce germe Paltrusfalo, & le mangent au lieu de poisson pendant le Carême, le faisant bouillir premierement, & le fricassant en huile ou en beurre après l'avoir saupoudré de farine, mais que cette sorte de manger les resserre tellement qu'ils en ont le plus souvent la colique. Quelques-uns gardent toute l'année ce germe de la premiere espece de Queue de Cheval, & le donnent à manger à ceux qui sont travaillés de flux de ventre. L'herbe est fort propre à nettoyer la vaisselle qu'on veut rendre claire, & sert aux Tourneurs pour lisser & polir ce qu'ils ont tourné.

On appelle en termes de Manege, Cheval queue de rat, Un Cheval qui a la Queue dégarnie de poil, comme les rats l'ont. Plusieurs soûtiennent que l'on peut connoître la sixième & la septième année d'un Cheval en examinant le tronc de sa queue. Ils prétendent que quand le germe de feve commence à s'effacer, & le creux à se remplir, le tronçon de la Queue s'allonge, la nature n'ayant plus assés de force pour nourrir & entretenir les nœuds dont il est formé. On dit aussi Queue de rat, autrement Arrête, pour signifier des calus ou

Tome II.

des duretés qui viennent le long du nerf du Cheval plus bas que le jarret, à la jambe du train de derriere. Ce mal fait tomber le poil, & s'étend jusqu'au boulet.

On appelle Queue de rat, en termes de mer, Une manœuvre telle que l'écouet, qui va en amenuisant par le bout.

On appelle aussi de ce nom une livre ou rape ronde & menue.

Queue de cochon. Plante dont la tige est maigre, grêle & semblable à celle de fenouil, & qui dès sa racine produit une chevelure grosse & épaisse, de mauvaise odeur & pleine de suc. Elle croît dans les montagnes fort ombragées. Voyez PEUCEDANUM.

On appelle en Medecine, Queue de muscle, La partie qui aboutit en tendon, qui est un mélange de fibres, de nerfs & de ligamens en confusion.

On dit en termes de Chancellerie, qu'Une Lettre est scellée à simple Queue, quand le sceau est attaché à un coin du parchemin de la Lettre que l'on a fendu exprès, & on dit qu'Elle est scellée à double Queue, quand le sceau est pendant à une bande en double de parchemin passée au travers de la Lettre.

Les Marchands disent d'une étoffe, qu'Elle a cap & queue, pour dire, qu'Elle n'a point encore été entamée, & qu'elle a deux chefs par les deux bouts.

Queue de Dragon. Terme d'Astronomie. L'une des deux intersections de l'Ecliptique & du cercle de la Lune, lorsqu'elle passe dans l'Ecliptique du Septentrion au Midi. On appelle Queue de Comete, Les rayons de la Comete qui s'étendent vers la partie du Ciel, d'où son mouvement propre semble l'éloigner.

Queue d'Yronde. Terme de guerre. Ouvrage détaché dont les ailes ou côtés s'élargissent vers la tête de la Campagne & vont en s'étrecissant vers la gorge. Il y a des tenailles simples, de doubles tenailles & des ouvrages à corne qui sont à Queue d'Yronde. On appelle Queue de tranchée, La partie de la tranchée qui est la plus éloignée des Ennemis. C'est le lieu où l'on a commencé à ouvrir la terre pour faire ses approches, & qui demeure derriere à mesure que l'on pousse la tête de l'attaque vers la Place. On dit, Queue d'un bataillon, pour dire, le rang du serrefile; & Queue d'armée, pour dire, l'Arriere-garde.

Queue d'Aronde, Terme de Charpenterie. Il se dit du plus fort des assemblages, quand on fourre une piece de bois dans une autre par dessus, ou à côté, en sorte qu'y étant emboîtée, elle n'en puisse plus sortir, parce que l'entrée est plus étroite que le fond, ainsi qu'il se voit en la figure de la queue d'une hirondelle. Cela s'appelle Assembler en queue d'aronde; & outre les assemblages de cette nature, il y en a A queue perdue & A queue percée.

On appelle Queue de moulin à vent, Une piece de bois longue de cinq à six toises, qui est au dehors du moulin, & qui par le moyen de l'engin sert à tirer le moulin au vent.

Queue de pierre. Terme de Maçonnerie. Bout brut ou équarri d'une pierre en bousse, qui sert à faire liaison en dedans d'un mur.

Queue de Paon. On appelle ainsi tous les compartimens qui dans les figures circulaires vont s'élargissant depuis le centre jusqu'à la circonference, à cause que c'est une maniere d'imitation des plumes de la queue d'un Paon. Il y en a de diverses formes & grandeurs.

QUEUE. s. f. Vaisseau qui contient cinquante-quatre septiers à huit pintes le septier mesure de Paris.

C'eſt un muid & demi, puiſque le muid eſt de trente-ſix ſeptiers. On dit *Queue de Champagne*, &
Queue d'Orleans, parce qu'on s'y ſert de cette meſure. Il y a auſſi des *Demi-queues*.

QUEUX. ſ. m. Vieux mot qui a ſignifié Cuiſinier.
Aujourd'hui il n'a plus d'uſage que dans la Maiſon
du Roi, où il y a quatre *Maitres Queux*, qui
ne ſont que de ſimples Officiers ſous les Ecuyers de
la bouche. Leur fonction particuliere eſt de faire
les ragoûts, les entrées & les entremets. Ce mot
vient du latin *Coquus*, Cuiſinier. Il y en a qui le
dérivent de *Quens*, qui autrefois ſignifioit Comte,
à cauſe que c'étoit un Office à vie très-conſiderable qu'on tenoit à foi & hommage du Roi. On trouve dans Rabelais, *Les Maitres Queux lardent
ſouvent perdrix*. Il y avoit autrefois un *Grand
Queux de France*. C'étoit un Officier de la Couronne, qui commandoit à tous les Officiers de cuiſine de la bouche du Roi. On trouve par les vieux
Titres que Louis de Prie, Sieur de Buſançon, étoit
Grand Queux de France ſous Charles VIII. On
ſupprima cette Charge après ſa mort.

Ce terme ſignifie auſſi *Pierre à aiguiſer* & vient
de Cos. Les Payſans diſent une Coue ou Qnouſſe,
d'où vient le mot *Coyer* ou *Quoyer*.

QUEX. On trouve dans le Vieux langage, *Quex a*,
pour dire, Qui les a. *Et le franc Coneſtable quex a
à Juſticier*.

QUI

QUIBEI. ſ. m. Herbe fort nuiſible qui ſe trouve dans
l'iſle de ſaint Jean Porto-Rico. Elle a ſes feuilles
piquantes, & ſa fleur imite les violettes, quoiqu'un peu plus longue. Cette herbe fait mourir incontinent les bêtes ſauvages qui en mangent.

QUIERRE. ſ. f. Vieux mot. Quarré, anglet.
  Sus toutes précieuſes pierres,
  Treſtous reçus à quatre quierres.

QUIETISTES. ſ. m. Nom qui a été donné aux Sectateurs de Michel Molinos, Prêtre, natif d'Arragon,
du mot Latin *Quies*, Repos, à cauſe que le principal de ſes dogmes étoit, qu'il falloit s'ancantir
pour s'unir à Dieu, & demeurer enſuite dans une
entiere tranquillité, ſans ſe mettre en peine de ce
qui pouvoit arriver au corps. On pouvoit, ſur cette
déteſtable doctrine, commettre les crimes les plus
infames & ſe ſouiller de toutes ſortes d'ordures,
puiſque ceux qui la ſuivoient, avoient pour principe, que l'ame & ſes puiſſances demeurant anean-
ties par cette union à Dieu, elle ne prenoit aucune
part aux plaiſirs du corps, & qu'ainſi aucun acte
poſitif n'étoit ni meritoire ni criminel. Molinos
ayant été pris en 1687. ſes Propoſitions, après un
examen fort exact qui en fut fait dans la Congregation generale de l'Inquiſition, tenue en preſence
du Pape & des Cardinaux inquiſiteurs, furent dé-
clarés Heretiques, ſcandaleuſes & blaſphematoi-
res. On condamna Molinos à une priſon étroite
& perpetuelle, où il mourut peu d'années après.

QUIEX. Pronom adjectif. Vieux mot. Quel. On a dit
auſſi *Liquiex*, pour, Lequel.
  Demande li quiex eſt li Rois.

QUIGNET. ſ. m. Vieux mot. Coin.
  Comme povre choſe en quignet.

QUILBOQUET. ſ. m. Sorte d'inſtrument dont les
Menuiſiers ſe ſervent.

QUILLE. ſ. f. Morceau de bois tourné, plus gros par
le bas que par le haut, dont on ſe ſert pour jouer.
Les Furetieriſtes euſſent bien fait de ne pas dire,
qu'un beau joueur de quilles eſt celui qui en abat
9. tout d'un coup, parce qu'ils reveillent une idée

obſcene d'un conte de la Fontaine. Les Gantiers
appellent auſſi *Qsille*, Un morceau de bois en
forme de quille à jouer, dont ils ſe ſervent pour
redreſſer les doigts des gands, & pour mettre les
gans en couleur.

Quille, ſe dit auſſi d'une longue piece de charpenterie qui regne depuis la proue juſqu'à la poupe
d'un Vaiſſeau, & qui ſert de fondement & de baſe
à tout le bâtiment, toutes les autres pieces de bois
étant poſées ſur cette premiere, qui eſt un aſſemblage de pluſieurs pieces miſes bout à bout dans la
partie la plus baſſe du même Vaiſſeau. C'eſt ce qui
détermine la longueur du fond de cale. M. Menage derive ce mot de κοῖλος, Creux, à cauſe qu'on
dit κοίλη νηῦς, pour ſignifier le Ventre, la partie
concave d'un Navire.

On a dit autrefois *Se quiller*, pour dire, Se planter, ſe tenir debout comme une quille.

QUILLON. ſ. m. Terme de Fourbiſſeur. Sorte de
branche qui tient au corps de la garde d'une épée.

QUIMBA. ſ. m. Plante qui croît aux Indes Occidentales. Elle eſt de la hauteur d'un homme, & a ſes
feuilles comme la blette de Barbarie, & ſa ſemence menue. Cette ſemence eſt blanche ou rouge, &
les Habitans en font un breuvage, ou la mangent
bouillie comme on fait le ris. L'Ecluſe dit que le
Quimba ou Quinua n'eſt autre choſe que cette ſorte
de grande blette qui croît quelquefois plus haut
qu'un homme, ayant le tuyau gros, ferme, diviſé
en pluſieurs branches inégales, & les feuilles comme la blette vulgaire, mais plus larges & plus longues, portant pluſieurs épics au haut des branches,
longs d'un palme ou plus, quelquefois plus larges
au bout, & aucunement crêtés, à la maniere de la
crête du paſſe-velours crêté, de couleur d'un rouge
pâle, & qui étant mûrs, contiennent pluſieurs petits grains blancs & ronds.

QUINCONCE. ſ. m. Plant d'arbres qui a été diſpoſé dans ſon origine en quatre arbres qui avec un
cinquiéme arbre au milieu faiſoient un quarré en
ſorte que cette diſpoſition repetée formoit un bois
qu'on voyoit planté de ſymmetrie. Aujourd'hui
Quinconce eſt la figure d'un plant d'arbres poſés en
pluſieurs rangs paralleles, tant pour la longueur
que pour la largeur. Le premier du ſecond rang
doit commencer au centre du quarré qui ſe termine
par les deux premiers arbres du premier rang & les
deux premiers du troiſiéme rang; ce qui marque la
figure d'un cinq au jeu de cartes. On dit auſſi *Quin-
conge*. Ce mot vient du Latin *Quincunx*, qui veut
dire, cinq onces ou cinq parties.

QUINDECIMVIRS. ſ. m. Magiſtrats Romains appel-
pellés ainſi de *Quindecim*, Quinze, & de *Vir*,
Homme, à cauſe qu'ils étoient au nombre de quinze, Sylla qui les établit pendant le tems de ſa Dictature, ayant ajoûté cinq nouveaux Magiſtrats aux Decemvirs. Leur ſoin principal étoit de garder les livres
des Sibylles & d'executer tout ce qui s'y trouvoit
preſcrit. Ils conſultoient ces Oracles quand le Senat avoit jugé à propos de l'ordonner, & ils mê-
loient leurs avis au rapport qu'ils en faiſoient. Ils
avoient auſſi le ſoin de faire celebrer les Jeux ſe-
culaires. Ces fonctions regardoient auparavant les
Decemvirs & les Duumvirs.

QUINOLA. ſ. m. Mot qui vient de l'Eſpagnol, &
dont on ſe ſert dans le jeu de Reverſis pour ſignifier le Valet de cœur. C'eſt la principale carte en ce
jeu-là, & celle qui prend la poule qui eſt l'argent
du jeu.

QUINQUENNIUM. Certificat que les Univerſités
accordent aux Gradués d'une étude de 5. ans après
avoir examiné les atteſtations des Profeſſeurs. L'e-

xactitude de celle d'Angers fur ce point, eft un modele à fuivre. Voyez les Arrêts celebres d'Anjou, liv. 2. chap. 25.

QUINQUINA. f. m. Ecorce d'un arbre grand à peu près comme un cerifier, & qui a fes feuilles dentelées & rondes. Il croît au Perou dans la Province de Quitto près la Ville de Loxa, & porte une fleur longue & rougeâtre, d'où naît une maniere de gouffe qui enferme une graine faite comme une amande plate & blanche, & revêtue d'une legere écorce. Le Quinquina qui croît au milieu de ces montagnes eft le meilleur de tous, à caufe qu'il n'a ni trop ni trop peu de nourriture. Celui qui vient dans le bas eft le plus épais & a fon écorce liffée d'un jaune blanchâtre par dehors & d'un jaune pâle par dedans. Le Quinquina qui croît fur le haut de la montagne a l'écorce bien plus déliée, mais plus raboteufe, plus haute en couleur par dedans & plus brune par dehors. Ce fut le Cardinal de Lugo, Jefuite, qui apporta le premier cette écorce en France en 1650. & par la vertu qu'elle a de guerir la fievre, elle y fut venduë d'abord au poids de l'or. C'eft à caufe de cette vertu merveilleufe que les Efpagnols ont appellé l'arbre qui la produit, *Palo de calenturas*, Bois des fievres. Il y a une autre forte de Quinquina qui vient des montagnes de Potofi. Celui-là eft plus brun, plus aromatique & plus amer que les autres, mais il eft auffi beaucoup plus rare. Pour le bien choifir, il faut prendre garde qu'il foit pefant, d'une fubftance compacte, feche & bien ferrée; qu'il ne foit ni pourri ni penetré d'eau; qu'il ne fe diffipe point en pouffiere quand on le rompt, & qu'il n'y ait point d'ordures. On doit auffi preferer celui qui eft en petites écorces fines, noirâtres, raboteufes en maniere de chagrin, parfemées de quelques mouffes blanches ou de quelques petites feuilles de fougere, rougeâtre au dedans, d'un goût amer & défagreable, & rejetter celui qui eft filandreux ou de la caffe, d'une couleur rouffe, auffi-bien que celui qui eft de couleur de cannelle au deffus. Il faut encore prendre garde qu'il ne foit point mêlangé de plufieurs éclats de l'arbre, qui tiennent fi peu fouvent à l'écorce. Cette écorce incife & attenuë l'humeur terreftre; ce qui fait que l'on s'en fert pour la fievre quarte que cette humeur caufe. On s'en fert auffi pour la fievre tierce & pour les autres fievres intermittentes qu'elle guerit, ou donnant au moins elle fufpend les accès pour quinze jours ou pour trois femaines après qu'on a purgé le malade, ce qu'on doit faire toûjours un jour avant qu'on lui faffe prendre cette écorce. Ce remede réïteré plufieurs fois lorfque la fievre revient, donne enfin une guerifon parfaite. En brûlant le Quinquina, on en peut tirer un fel qui eft fort aperitif & propre pour la guerifon des fievres quartes. Il faut le prendre dans une liqueur convenable depuis dix grains jufqu'à vingt. On en tire auffi un extrait par le moyen de l'eau de noix diftillée & du feu. C'eft une très-bon febrifuge, fi on le prend en pilules, ou délayé dans du vin depuis douze grains jufqu'à trente-fix.

On appelle *Quinquina d'Europe*, La racine de la Gentiane, à caufe qu'on s'en fert avec fuccès dans les fievres intermittentes. Elle eft fudorifique, & a une vertu alexitere.

QUINQUINELLE. f. f. Vieux mot. Terme de cinq ans, pris ou donné pour payer. Quand il étoit expiré, fi le débiteur ne fatifaifoit pas fes creanciers, on l'expofoit à cul nud fur une pierre. On a dit auffi *Quinquernelle*.

Qui ne leur faifoit nul refpit,
Delay, grace, ne quinquernelle.
Tome II.

QUINT, INTE. adj. La cinquiéme partie d'un tout. On appelle *Quint & requint*, en termes de Jurifprudence feodale, La cinquiéme partie du prix & la cinquiéme du cinquiéme, qui eft un droit acquis au Seigneur dominant toutes les fois que l'on vend un fief fervant. Le quint & requint fait vingtquatre francs fur cent.

QUINTADINER. v. n. Terme de Facteur d'Orgues. On dit que *Des tuyaux d'orgues quintadinent*, pour dire, qu'ils refonnent en maniere de quinte, & qu'ils ne parlent pas d'une façon harmonieufe.

QUINTAINE. f. f. Jacquemart, ou groffe piece de bois plantée en terre, à laquelle on attachoit autrefois un bouclier, & contre laquelle on jettoit en courant quelques traits, quelques dards, ou contre laquelle on rompoit des lances. Cette forte d'exercice n'eft plus en ufage; la courfe au faquin & les têtes lui ont fuccedé. Le Pere Meneftrier dans fon livre des Tournois, fait venir ce mot d'un certain Quintus fon Inventeur. Borel le dérive du Latin *Quintus*, Cinquiéme, à caufe que ce jeu étoit une imitation de ceux des anciens, qui fe faifoient de cinq ans en cinq ans.

QUINTAL. f. m. Poids de cent livres. Il eft different felon les lieux. Sur la mer, chaque livre de quintal n'eft que de quinze onces.

Les Potiers donnent le nom de *Quintal* à une groffe cruche de grès.

QUINTAU. f. m. Quantité de gerbes, fagots, &c. qu'on affemble dans un champ, dans un bois pour la commodité du compte ou de la charge.

QUINTE. f. f. Inftrument de Mufique à cordes & à archet. Il fe dit auffi de la partie de la viole ou du violon, qui eft entre la baffe & la taille. On appelle encore *Quinte*, en Mufique, un intervalle dont les fons extrémes font éloignés de cinq degrés, & qui eft compofé de trois tons & demi. La *Quinte diminuée* ou *Fauffe quinte* contient deux tons & deux demi-tons majeurs, ou deux tierces mineures, & la *Quinte fuperfluë* contient quatre tons ou deux fecondes majeures.

Quinte. Terme d'Efcrime. Cinquiéme garde qui n'eft que le retour de l'épée à droit après la revolution du corps au point inferieur de la prime, d'où elle étoit partie, & negative avec une autre difpofition du corps, du bras & de l'épée. On dit, *Agir de prime en quinte*, pour dire, Achever en quinte après qu'on a commencé de prime.

On dit *La Quinte du Mans*, les *Quintes d'Angers*, pour dire, La banlieuë, l'étenduë de la Jurifdiction du Juge ordinaire ou du Prevôt, qui enferme la banlieuë de ces deux Villes.

QUINTEFEUILLE. f. f. Herbe qui croît aux lieux aquatiques, près des conduits d'eau. Ses rameaux portent fa graine, & font grêles comme feftus de blé, de la longueur d'un palme. Ses feuilles, qui font dentelées tout autour, reffemblent à celles de menthe, & il en fort cinq à la fois, qui tiennent toutes à une queuë, d'où elle a pris le nom de *Quintefeuille*, en Grec πενταφυλλον. Ses fleurs tirent fur le jaune paillet, de couleur d'or, & fa racine eft rougeâtre & longue & plus groffe que celle de l'Ellebore noir. En Medecine on fe fert communément de l'herbe. On ne doit cueillir avec les fleurs; mais dans les compofitions confiderables, deftinées pour la bouche, telle qu'eft la Theriaque où elle entre, on n'employe que fa racine, qui eft defficative, aftringente, cordiale, fudorifique & arthritique. Elle eft auffi repercuffive & glutinative, & arrête le fang. Matthiole dit qu'outre la Quintefeuille dont Diofcoride a fait mention, il y en a trois autres, dont la premiere ne differe de celle

Q q ij

qu'il a décrite, qu'en ce que ses feuilles sont blanchâtres & velues, & que la fleur en est blanche. L'autre a une petite feuille blanchâtre, & rampe par terre ; & la derniere a ses feuilles mi-parties en cinq & semblables à celles de vigne. Le même Marthiole contredit Pline, qui a écrit dans son livre 25. chap. 9. que la Quintefeuille est connue de tout le monde par les fraises qu'elle porte, & declare qu'il n'a jamais vû de plante de Quintefeuille qui en portât.

QUINTELAGE. s. m. Terme de Marine. Amas de sable & de cailloux qu'on met au fond d'un Navire pour le tenir dans le contrepoids qu'il doit avoir, pour empêcher que les coups de mer ne le renversent. On l'appelle aussi *Lest* ou *Balast*, en Latin *Saburra*.

QUINTEUX. adj. Capricieux, fantasque. On appelle *Oiseau quinteux*, en termes de Fauconnérie, un Oiseau sujet à s'écarter, & qui a coûtume de monter à l'essor quand le chaud le presse.

QUINTILIENS. s. m. Heretiques, disciples de Montanus, appellés ainsi de Quintilla, compagne de Priscilla & de Maximilla, qu'ils suivoient comme une Prophetesse. Ils tenoient les femmes meilleures que les hommes, & non seulement ils leur permettoient de servir à l'Eglise, mais ils en faisoient des Evêques & des Prêtres, pour prêcher & administrer les Sacremens. Ces Heretiques parurent au deuxiéme siecle. Eusebe rapporte que Montanus & Maximilla, femme de qualité, qui s'étoit laissé tromper par cet heresiarque, finirent leurs jours en s'étranglant l'un & l'autre.

QUINTINISTES. s. m. Heretiques ainsi appellés d'un Jean Quintin, Tailleur d'habits, qui étoit de Picardie, & qui fut l'auteur des Libertins au commencement du seizième siecle. Ils permettoient toutes sortes de Religions, & quelques-uns d'entre eux se mocquoient de toutes. Quelques autres nioient l'immortalité de l'ame, & ne reconnoissoient point de Divinité, à l'exception du Ciel & de la Terre.

QUIRINALES. s. f. Fêtes des Anciens Romains. Elles étoient celebrées en l'honneur de Romulus le 17. Janvier, & on les nommoit ainsi du mot *Quirinus*, surnom de ce Fondateur de Rome, à qui on faisoit des sacrifices solemnels pendant cette Fête. La montagne sur laquelle il avoit son Temple, ainsi que la porte par où on passoit pour y aller, étoit aussi nommée *Quirinale*. C'est celle qu'on appelle aujourd'hui *Montecavallo*, à cause de deux chevaux de marbre de la façon de Phidias & de Praxitelle, qu'on y a placés. *Quiris*, veut dire une Lance dans la langue des Sabins, & quelques-uns croyent que Romulus fut surnommé de là *Quirinus*, parce qu'il étoit toûjours representé portant une lance. Selon Tite-Live, on lui donna ce surnom, à cause qu'ayant fondé les Romains, il les avoir appellés *Quirites*, lui-même, après avoir reçu dans sa nouvelle Ville

les Sabins, qui avoient abandonné celle de *Cures* pour s'y venir établir.

QUIS. s. m. Espece de marcassite de cuivre dont se font les vitriols. On trouve quantité de ce Quis en France, & on en pourroit tirer beaucoup de dessous la terre glaise de Passi proche Paris. Il est pesant, d'un gris de souris, rempli de petites taches jaunes & brillantes.

QUIS. adj. Vieux mot. Cherché. C'est le participe du verbe *Querir*, qui a été dit pour, Chercher, comme *Enquis* est le participe d'Enquerir.

QUO

QUOGELO. s. m. Animal qui se trouve au Pays des Noirs, & qui est semblable au Crocodile. Il a la langue fort longue, & six ou sept piés de long. On en voit aussi de plus petits. C'est une bête qui se nourrit de fourmis, & qui ne sçait pas se défendre, quoiqu'elle soit naturellement assés forte. Elle a le leopard pour ennemi, & quand il l'attaque, elle s'enfonce dans ses écailles dont tout son corps est couvert, en sorte qu'il n'y peut trouver à mordre.

QUOQUART. s. m. Vieux mot. Jeune homme qui parle sans trop sçavoir ce qu'il dit, & qui fait le fier comme de enfans, qui se croyent parés avec des plumes de coq qu'ils mettent sur leur bonnet.

Et s'il le dit, c'est un quoquart.

On a dit aussi *Quoquetereau*, pour, Parleur, ce que Borel dit venir du jargon des coqs & des poules. Ainsi on auroit dû écrire *Coquart* & *Coquetereau*.

QUOTIDIEN. s. m. Se dit dans certains Chapitres des distributions manuelles & petits émolumens.

QUOTIENT. s. m. Terme d'Arithmetique. Nombre qui exprime combien de fois le *diviseur* est contenu dans le *dividende*, (voyez ces mots, & DIVISER.) En divisant 12, par 3, 4 est le quotient, car 3 est 4 fois dans 12. Si on avoit divisé 12 par 4, 3 eût été le quotient. Le *Dividende* étant le même, les deux mêmes nombres sont reciproquement l'un à l'autre Diviseur & Quotient. Le Diviseur & le Quotient multipliés l'un par l'autre sont égaux au dividende ; car la multiplication refait ce qu'avoit défait la division.

QUOUE. s. f. Vieux mot. Queue.

QUS

QUSONFOO. s. m. Oiseau du Royaume de Quoja, Pays des Noirs, qui est noir & gros à peu près comme un corbeau. Il bâtit son nid de terre sur le haut des arbres, & quand les œufs sont prêts à éclorre la femelle s'arrache toutes les plumes, afin de coucher ses petits dessus. Le mâle prend soin de les nourrir, jusqu'à ce qu'ils soient assés grands pour n'avoir plus besoin de secours, & que les plumes soient revenues à la mere.

R

RAA

RAAISIER. v. n. Vieux mot. Se remettre à l'aise.

RAB

RABAN. ſ. m. Terme de Mer. Petite corde faite de vieux cables & de filets dont on se sert pour ferler les voiles, & pour renforcer les autres manœuvres. On appelle *Rabans de voiles*, Les cordes de cette nature, qui servent à amarrer les voiles aux vergues ; *Rabans de pavillon*, ceux qui sont passés dans sa gaine pour les amarrer au bâton du pavillon, & *Rabans de sabords*, ceux qui servent à les fermer & à les ouvrir. On dit *Rabans d'avuste*, pour dire, Du cordage fait à la main de quatre ou six fils de caret.

RABANER. v. a. On dit en termes de mer, *Rabaner une voile*, pour dire, Y passer des rabans, afin de pouvoir l'amarrer à la vergue.

RABAT. ſ. m. Colet d'homme. Les Teinturiers appellent *Rabat*, Une legere façon de teinture, qu'ils donnent aux étoffes de peu de valeur, comme *Rabat de soie de cheminée*. C'est celle qui se donne aux couleurs brunes.

On appelle en termes de Vanier, *Rabat de cage*, Le dessus d'une cage.

On appelle en termes de Chasse, *Chasse au Rabat*, Celle où l'on va la nuit avec des filets. On rabat ces filets sur le gibier après que des chiens secrets, l'ont poussé dedans.

Rabelais s'est servi du mot *Rabats*, pour dire, Des esprits, des lutins. *La mommerie des rabats & lutins*. C'est de-là qu'est venu le vieux mot *Rabater*, pour dire, Faire du bruit.

RABATTRE. v. a. Diminuer, retrancher. On dit en termes de Palais, *Rabattre un congé*, rabattre un défaut, quand celui contre qui on les a obtenus, les fait revoquer par le Juge en se presentant devant lui, & offrant de plaider avant qu'il soit levé de son siege. On dit en termes de Maître d'Armes *Rabattre les coups*, pour dire, Empêcher qu'ils ne portent.

Rabattre, Chés les Tailleurs signifie Prendre un petit morceau de l'étoffe, la remplier & la coudre. Les Tanneurs disent aussi *Rabattre*, pour dire, Jetter un cuir dans un plein.

Rabattre, est encore un terme de Chasse. Il se dit lorsqu'un limier ou un chien tombe sur les voies de la bête, & en donne connoissance à celui qui le mene.

On dit en termes de Tireur d'or, *Rabattre du trait*, pour dire, Faire passer sur la rochette le trait qui est autour de la bobine, ce qui se fait par le moyen du rouet.

Les Laboureurs disent *Rabattre les avoines*, pour dire, Rouler, adoucir, & aplanir la terre lorsqu'elle est mouillée & que les avoines ont levé.

RAB

On dit en termes de Manege, qu'*Un cheval rabat bien ses courbettes*, lorsque maniant à courbettes, il porte à terre les deux jambes de derriere à la fois, & qu'il suit tous les tems avec la même justesse.

RABBANITES. ſ. m. Nom qu'on a donné aux Juifs, qui suivent la doctrine de leurs Peres qu'on appelle *Rabbanim*, & qu'on distingue par là de la secte des Caraïtes qui s'attachent principalement aux Livres de la Bible, sans recevoir les traditions que les Rabbins avoient inventées. Les Rabbanites, appellés aussi *Rabbanistes*, & *Rabbinistes*, sont proprement ceux qui ont succedé aux anciens Pharisiens.

RABBIN. ſ. m. Docteur de la loi Judaïque, que les Hebreux appellent *Rab*, *Rabbi* & *Raboni*, c'est-à-dire, *Maître*, quoique selon ce qui a été remarqué par quelques-uns, Rab fût un titre d'honneur pour ceux qui avoient été reçus Docteurs dans la Chaldée, *Rabbi*, un nom propre aux Israëlites de la Terre-Sainte, & *Rabboni*, un nom particulier aux Sages qui étoient de la Maison de David. Les Rabbins, loin de rechercher le Doctorat, tiennent qu'il y a une vanité honteuse à faire paroître qu'on voudroit être Docteur. Aussi ne les examine-t-on pas pour leur donner ce titre, mais quand on voit quelque sçavant, qui a étudié la loi de bouche plus que toute autre science, alors la voix commune l'appelle *Rabbin*. Ces Docteurs prononcent sur toutes sortes de differends, decident des choses permises ou défendues, & jugent de toute matiere de Religion, se mêlant même du civil. Ils celebrent les mariages, & déclarent les divorces. Ils prêchent & sont chefs des Académies. On leur donne les premieres places dans les assemblées, & ils punissent les desobéissans, ayant même le pouvoir de les excommunier. Lorsqu'ils excommunient quelqu'un, ils le maudissent publiquement, après quoi aucun Juif n'ose lui parler, ni approcher de lui plus près d'une toise. L'entrée de la Synagogue lui est défendue, & l'excommunié est obligé de se seoir nuds piés à terre ; jusqu'à ce qu'un ou plusieurs Rabbins l'ayent absous & bien tout de nouveau. Ce sont les Rabbins qui examinent ceux qui veulent se faire Juifs. Ils doivent être au nombre de trois, & representent au Postulant que la Loi de Moïse est très-severe, & qu'aujourd'hui ceux qui la suivent sont fort méprisés. S'il persiste, on le circoncit, & après sa guerison, on le baigne tout entier dans de l'eau, en presence de ses Examinateurs. Cela fait, il est censé Juif, comme les autres.

RABDOIDE. adj. Les Anatomistes appellent *Suture rabdoïde*, La seconde vraie suture du crane. Ce mot est Grec ῥαβδοειδὴς, & signifie proprement qui a la forme d'une verge.

RABDOLOGIE. ſ. f. Partie de l'Arithmetique qui enseigne à en faire facilement les deux plus difficiles regles, sçavoir la multiplication & la division, par les deux plus simples, qui sont la soustraction &

Q q iij

l'addition. On se sert pour cela de petites languettes separées, timbrées des nombres simples qu'on change suivant l'occasion. Ce mot est composé de *ράβδος*, Verge ou baguette, & de *λόγος*, Discours.

M. Paschal inventa une machine de plusieurs mouvans sur un cylindre suivant les principes de Neper pour faciliter cette operation.

RABDOMANCE. s. f. Divination par une verge, par une baguette. De *ράβδος*, Verge, & de *μαντεία*, Divination.

RABIH. s. m. Sorte de fruit qui se trouve dans le Royaume de Fez. Il ressemble aux cerises, & a le goût des Jujubes.

RABLE. s. m. La partie du Liévre & du Lapin, qui est depuis les côtes jusqu'aux cuisses. Les Medecins donnent le nom de *Rable* à la troisiéme division de l'épine qui est composée de cinq vertebres. Ces vertebres sont entre celles du dos & celles de l'os sacré.

Rable. Terme de Plombier. Outil de bois dont on se sert pour faire couler & étendre le plomb sur les moules. Cet outil est épais d'un pouce, large de quatre, & aussi long que le moule est large. Il porte par les deux bouts sur les bords du chassis, & il est entaillé dans ces deux extrémités, afin que tenant de champ sur les éponges qui sont les bords du chassis, le reste entre dans le moule, pour donner aux tables de plomb une épaisseur égale, & telle qu'on veut. Les Plombiers ont encore un autre Rable dont ils se servent dans une autre maniere de jetter le plomb, lorsqu'ils veulent qu'il soit par tables fort minces & fort égales. Ils ont un moule fait d'un assemblage de grosses pieces de bois, & qui n'est bordé d'un chassis que par un côté. Au lieu de sable, il est couvert d'une étoffe de laine bien tendue, & par dessus il y a un treillis fin. On ne le pose pas de niveau sur deux treteaux, mais on lui donne beaucoup de pente. Le Rable est composé de trois morceaux de bois assemblés quarrément & d'une égale hauteur. Ceux des deux côtés ont douze ou quatorze pouces de long, & venant à diminuer sur le bout en forme de deux angles aigus, ils ne gardent leur hauteur qu'à l'endroit où ils sont assemblés avec la piece du milieu, qui a sept ou huit pouces de haut sur une longueur égale à la largeur qu'on veut donner à la table de plomb que l'on doit jetter. Le plomb étant fondu dans un degré de chaleur convenable pour bien couler, on pose sur le haut du moule une carte pour servir comme de fond au Rable & empêcher que la toile ou le treillis ne brûle, pendant qu'on verse le plomb dedans pour faire la table, après quoi on met le Rable sur la carte, en sorte que la piece de traverse soit en bas, & les deux extrémités des côtés vers le haut du moule, & lorsqu'avec la cueiller, on a mis dans le Rable la quantité de plomb qu'on desire, il y a deux hommes des deux côtés du moule qui ne font que laisser aller le Rable en bas, ou qui le tirent avec vîtesse, le plomb demeurant plus ou moins épais, selon qu'ils le laissent couler avec plus ou moins de promptitude. Tout ceci est de M. Felibien.

Rable, se dit aussi des pieces de bois qui traversent le fond des bateaux, & y font le même effet que les varangues dans les bâtimens de mer. C'est sur ces pieces de bois qui sont rangées comme des solives, qu'on attache les femelles, planches ou bordages du fond.

Les Boulangers nomment aussi *Rable*, Un Instrument à manche de bois, au bout duquel il y a un fer courbé en maniere de crosse. Ils s'en servent à

remuer les tisons, & à manier la braise dans le four.

RABLURE. s. f. Terme de Marine. Cannelure ou entaille que le Charpentier fait le long de la quille d'un Vaisseau, pour emboîter les premieres planches d'en bas qui en font le bordage exterieur, & qu'on appelle *Gabords*.

RABOT. s. m. Outil dont se sert le Menuisier pour polir le bois. Il est fait d'un morceau de bois fort poli en dessous qui lui sert de fust, au milieu duquel est une lumiere par où passe un fer ou un ciseau incliné, & fort tranchant, qui emporte les inégalités du bois sur lequel on le fait couler. *Rabot replané*, est celui qui sert pour ragréer sur la fin de l'ouvrage. Les Menuisiers de placage ou Ebenistes, ont des Rabots disposés d'un autre sorte que dans la Menuiserie ordinaire, à cause des bois durs & pleins de nœuds qu'ils employent. Ils en ont dont le fer est demi couché, d'autres où il est debout, & d'autres dont les fers ont des dents. Ils se servent des premiers lorsqu'ils ont à travailler sur du bois rude. Quand il est d'une dureté extraordinaire, ils se servent des Rabots dont le fer est debout, & quand cette dureté est telle qu'ils apprehendent de faire éclater le bois, ils employent ceux qui ont de petites dents comme des limes, afin de ne faire que comme limer le bois. Cela sert aussi à le redresser. Les Charpentiers ont de gros Rabots qu'ils nomment *Galeres*, & ils s'en servent pour dresser & planir les poutres, solives & autres grosses pieces. Ils en ont aussi de ronds. Les Rabots des Serruriers leur servent à planir le fer & à pousser des filets & des moulures. M. Menage fait venir le mot de *Rabot* de *Rabuttum*, qu'on a dit pour *Radutum*, venant de *Radere*, Racler, ratisser.

On appelle aussi *Rabot* Un morceau de bois emmanché au bout d'un long bâton qui sert aux Maçons quand ils veulent détremper la chaux. *Rabot*, se dit encore d'un bâton au bout duquel il y a une petite douve, dont se servent les Vinaigriers pour remuer leurs lies, & les Boueurs pour faire avaler les boues.

Rabot. Sorte de pavé fait de pierre dure qui est ordinairement une espece de liais rustique. On en pave les Eglises, les Jeux de Paumes, & autres lieux publics.

RABOTIER. s. m. Terme de Monnoye. Table cannelée de sillons, dans lesquels les Monnoyeurs arrangent les carreaux l'un contre l'autre, qu'ils pincent par le milieu de leur plat avec de grandes tenailles fort legeres, après quoi ils les couchent sur l'enclume, & en les tournant, ils frappent avec le rehaussoir sur les pointes & les carnes, qu'ils arrondissent en cinq ou six tours.

RABOTIR. v. a. Vieux mot. Polir.

RABOUGRI, IE. adj. On appelle *Bois rabougris*, Des bois qui ne profitent pas bien, qui ne sont pas de belle venue, qui sont étêtés, & qui ont le tronc court & noueux.

RABOUILLERE. s. f. Creux à l'écart où la lapine fait ses petits, afin d'empêcher qu'ils ne soient mangés par les gros lapins.

RAC

RACAGE. s. m. On appelle *Racages*, en termes de Marine, de petites Boules de bois enfilées l'une avec l'autre, de la même sorte que des grains de chapelet sont enfilés. On les met autour du mât vers le milieu de la vergue, afin que le mouvement de cette vergue soit plus facile, & qu'on puisse la faire amener plus promptement. Comme l'on n'a mene point la vergue de sivadiere, elle n'a point de racages.

RACAMBEAU. f. m. Terme de Marine. Anneau de fer fort menu, par le moyen duquel la vergue d'une chaloupe à voile est assujettie au mât.

RACCOLT. adj. Vieux mot. On a dit autrefois *Pas raccolt*, en termes de Manege, pour dire, Un pas averti, un pas d'école.

RACCOURCI, ie. adj. Terme de Blason. Il se dit des pieces honorables, retraites de toutes leurs extrémités, comme d'une fasce d'un chef, d'une bande, qui ne touchent pas les deux bords ou les deux flancs de l'écu. *D'or au chevron raccourci de sable.*

RACCOURCIR. v. a. Terme de Peinture. Il se dit des figures qu'on diminue par les regles de la Perspective, selon que l'on veut qu'elles paroissent plus ou moins éloignées de ce qui est sur le devant du tableau.

RACHE. f. f. Les Matelots appellent *Rache de goudron*, la lie du méchant goudron.

RACHETER. v. a. Terme d'Architecture. Regagner, retrouver. On dit qu'*Une descente biaise de cave rachette un berceau*, pour dire, qu'Elle le regagne & qu'elle s'y joint. *Racheter*, signifie encore dans la coupe des pierres, Joindre par raccordement deux voutes de differentes especes. Ainsi on dit qu'*Un cu de four rachette un berceau*, lorsque le berceau y vient faire lunette.

RACINAL. f. m. Piece de bois dans laquelle la crapaudine du seuil d'une porte d'écluse est encastrée. On appelle aussi *Racinaux*, de grosses pieces de bois qui servent aux fondemens des ponts & à d'autres édifices. Lorsqu'on maçonne dans l'eau, on met d'abord des pilotis qui sont des pieux de bon bois de chêne rond, ou d'aune, ou d'orme, qu'on enfonce le plus avant que l'on peut. On remplit tout le vuide avec du charbon, & par dessus les pieux, d'espace en espace, on met des Racinaux, c'est-à-dire, des poutres de huit à neuf pouces, que l'on joue sur la tête des pieux coupés d'égale hauteur, & sur les poutres on attache de grosses planches de cinq pouces d'épaisseur, dont l'on fait la plate-forme qui est comme un plancher. *Racinaux*, se dit encore des petites Pieces de bois dans lesquelles sont assemblées les auges des écuries. Ces Racinaux sont debout & enfoncés deux piés avant dans la terre. *Racinaux de grue*, sont des Pieces de bois croisées qui font l'empattement d'une grue, & l'arbre & les arcboutans sont assemblés dans ces pieces. Il y a aussi des *Racinaux de comble*, Ce sont des especes de corbeaux de bois qui portent en encorbellement sur des consoles le pié d'une ferme ronde, dont le pignon d'un vieux bâtiment est couvert en saillie.

RACINE. f. f. Partie de la plante qui demeure en terre, & qui en attire l'humeur propre & familiere, tant pour la nourrir, que pour la communiquer au reste de la plante, ou pour en produire une nouvelle, comme aux herbes qui se perdent tous les ans. En general il y en a de trois sortes pour la Medecine, les bulbeuses faites en façon d'oignon, comme la squille & les aulx; les tubereuses, faites en façon de truffes comme l'aristoloche ronde & le cyclamen; & les fibreuses qui ont des filamens, comme le fenouil & l'éryngium. Les dernieres durent plus que les autres, à cause qu'elles ont moins d'humidité excrementeuse, dont elles se purgent par la quantité des filamens qu'elles ont. Les racines mucilagineuses sont à preferer, quand ellessont grosses, succulentes, pesantes & recentes. Les aperitives sont en fort grand nombre, mais il y en a

dix qui surpassent toutes les autres en vertu; cinq appellées *Aperitives majeures*, sçavoir celles d'ache, d'asperges, de fenouil, de persil & de bruscus; & cinq qu'on appelle *Aperitives mineures*, qui sont les racines de chiendent, de capres, de rubia tinctorum, d'eryngium &d'ononis. Quand on dit *Les deux racines*, on entend les racines de fenouil & de persil.

Racine Idenne. Plante qui a ses feuilles semblables au brusc, & d'où sortent de petits tendrons qui portent fleur. Dioscoride dit qu'elle a la proprieté d'épaissir & de restraindre, & quand Galien en parle, il dit, comme lui, qu'elle guerit tout flux de sang & de ventre, les fluxions immoderées des femmes, & generalement toutes fluxions, tant appliquées par dehors que prises par breuvage. Elle est fort âpre au goût. Matthiole n'en dit autre chose sinon qu'il n'a jamais lû en aucun Auteur de quelle forme est la plante qui produit cette racine, & que, selon le nom qu'elle porte, elle doit croître ou au mont Ida, près de Troye, ou en Candie, au mont qui s'appelle Ida ainsi que l'autre.

Racine qui sent les roses. Plante qui croît en Macedoine, & qui est semblable au costum, quoique plus legere & raboteuse. Matthiole dit qu'encore qu'elle ne soit pas connue de chacun, on en trouve assés au mont Apennin & au mont saint Ange dans la Pouille. Ses tiges sont rondes & de la hauteur d'une coudée, quelque peu creuses, & environnées de feuilles longuettes, qui ont une petite denteléure tout autour, & qui sont grasses comme celle de pourpier. A leur cime elle porte de petits bouquets verts, à la maniere du Tithimalus cyparissius, appellé par quelques-uns *Esula minor*, & ces bouquets deviennent rouges quand ils fleurissent. Sa racine est toute raboteuse & pleine de nœuds, & grosse comme celle de costum. Etant fraîche elle a une écorce lissée, luisante en dehors, & blanchâtre par dedans. Si on la mâche, ou si on la pile en cet état, elle sent les roses, & c'est de là qu'elle a pris son nom. Etant seche, elle est legere, rouge en dedans & écaillée en dehors. Entre toutes les racines, celle-ci est la plus vive, puisqu'après son on l'a tirée, à moins qu'on ne la mette dans un lieu sec, elle garde sa verdeur pendant plusieurs mois, en sorte qu'elle regerme si on la replante. Elle croit aux cimes des hautes montagnes parmi les rochers & aux lieux inaccessibles où il y a peu de terre, & seulement autant qu'elle peut en prendre. Elle fortifie le cerveau par son odeur, & est bonne à toutes douleurs de tête, de quelque cause que proviennent ces douleurs. Il faut la piler fraîche & l'arroser d'eau rose si le mal est causé de chaleur, ou d'eau de marjolaine si c'est de froideur, après quoi on l'applique aux temples ou sur le front. Galien dit que la Racine qui sent les roses, & sur-tout celle qui croît en Macedoine, est composée de parties subtiles, & a une vertu resolutive.

Les Allemans appellent *Racine de peste*, la Racine de la grande Tussilago, à cause que prise en vin au poids de deux dragmes, elle a beaucoup de vertu contre la peste & contre les fievres pestilentielles. Il faut se faire suer après l'avoir prise.

On appelle en termes de Palais *Fruits pendans par les racines*, Ceux qui ne sont pas encore coupés ou cueillis. Ces fruits lorsqu'ils sont en cet état font partie du fond, & peuvent être saisis réellement avec la terre.

Racine. Terme de Teinturier. Couleur fauve. On se sert de trois ingrediens pour la faire, qui sont la coque de noix, l'écorce & la feuille de noyer. Tout cela se doit entendre quand les Teinturiers disent

Racine. Ils employent aussi le mot de *Raciner*, pour dire, Teindre avec des racines. On doit raciner de coques de noix ou d'écorce de Noyer, les laines que l'on destine à la manufacture des draps & des serges, & l'écorce d'aune n'y doit pas être employée. Il y a défense pour cela.

Racine. Terme d'Arithmetique ou d'Algebre. Quand on multiplie deux grandeurs l'une par l'autre, ces deux grandeurs s'appellent les *Racines* du produit qui en resulte. Ainsi 3. & 4. sont les racines de 12. Quand un nombre est multiplié par lui-même, il est la *Racine quarrée* du produit. (Voyez QUARRE'.) 2. est la Racine quarrée de 4; 3. de 9; 4. de 10. &c. Si l'on multiplie encore le quarré par sa racine, il vient un cube, (Voyez CUBE,) & la même racine qui étoit quarrée devient *cubique*, 2. est la racine cubique de 8; 3. de 27; 4. de 64. &c. Si l'on va jusqu'au quatriéme, cinquiéme, sixiéme *degré*, &c. car on peut aller jusqu'à l'infini, (voyez DEGRE' ou PUISSANCE,) le premier nombre qui a été multiplié par lui-même s'appelle racine quatriéme, cinquiéme, sixiéme, &c. 2. est la racine quatriéme de 16. la cinquiéme de 32. &c.

On appelle *Racines sourdes ou irrationnelles*, les racines quarrées ou cubiques, &c. des nombres qui ne sont point quarrés, ni cubiques, &c. Ces racines ne se peuvent exprimer par nombre, & sont incommensurables à tous les nombres. (Voyez INCOMMENSURABLE.) Ainsi comme 5. ou 7. ou 10., &c. ne sont le produit d'aucun nombre par lui-même, leurs racines quarrées ne peuvent être des nombres, & on ne les exprime qu'en disant *Racines* de 5. de 7. de 10. &c. mais on peut toûjours approcher en nombres de ces sortes de racines, sans y pouvoir jamais arriver. Par exemple. Puisque 5. est entre 4. & 9. qui sont deux nombres quarrés, il faut que sa racine soit entre 2. & 3. leurs racines quarrées, & l'on trouvera une infinité de nombres rompus toûjours plus grands que 2. & toûjours plus proches de la racine de 5. C'est ce qu'on appelle l'*Approximation des Anciens.*

L'*Extraction des racines*, est une operation d'Arithmetique par laquelle on trouve dans un nombre donné, sa racine, soit quarrée, soit cubique, soit quatriéme, soit cinquiéme, &c.

En Algebre, on appelle *Racines de l'Equation*, les valeurs de l'*inconnue*, soit égales, soit inégales. (Voyez EQUATION.) Les Racines se divisent en *Vrayes*, *fausses* & *imaginaires* Les vraies sont des grandeurs *Positives* ou *vrayes*, les fausses sont des grandeurs *negatives* ou *fausses*, (Voyez GRANDEUR,) & les imaginaires sont des racines d'une grandeur fausse ou negative, parce qu'elles renferment necessairement une contradiction. Ces trois especes de Racines sont d'une tresgrande importance dans l'Algebre.

Racine est aussi un terme d'Astronomie. Quand on calcule des Tables de quelque mouvement celeste, il faut commencer à un certain tems déterminé, que l'on choisit comme l'on veut, & où l'on suppose que l'Astre étoit à un certain point du Ciel. Ce tems d'où l'on commence le calcul, en est la racine. Il s'appelle autrement *Epoque* ou *Ere* Voyez EPOQUE & ERE.

RACINER. Faire raciner des plantes des arbustes. Les charmes racinent beaucoup & ce n'est que sur la surface de la terre.

RACLE. s. f. Terme de Marine. Petit ferrement coupant, qui est emmanché de bois, & qui sert à gratter les Vaisseaux pour les tenir propres. On dit *Racle double*, quand il y a deux racles dos à dos sur un même manche.

RACLOIR. s. m. Outil dont se servent ceux qui travaillent de marqueterie & de placage. Les Racloirs s'affutent sur une pierre à huile, & servent à emporter les rayes ou bretures que le rabot debout & celui à dents ont laissées, & à finir tout-à-fait l'ouvrage.

Les Doreurs sur tranche & les Imprimeurs en taille douce ont aussi leur *Racloir*. Celui des Doreurs est une maniere de marteau à deux pointes avec quoi ils ratissent la tranche & les bouts des livres avant que de les dorer. L'autre est un instrument d'acier dont les Imprimeurs en taille douce se servent pour gratter & effacer sur les planches de cuivre ce qui s'y trouve à gratter & à effacer.

RACLOIRE. s. f. Fer tortillé de la grosseur environ d'un pouce qui est attaché à de certaines portes qui donnent sur la rue. Il y a un anneau de fer de même grosseur passé dans cette Racloire. Cet anneau est mobile, & on le hausse & le baisse contre la Racloire pour faire du bruit, afin d'avertir ceux de la maison qu'ils ayent à venir ouvrir la porte. Quelques-uns disent *Racloir*. Il n'est plus gueres en usage.

Racloire, se dit aussi d'un morceau de bois, large environ de trois doigts avec un rebord. Il sert à couper le bled quand on le mesure. En plusieurs endroits on dit en ce sens *Radoire* & *Rader le blé.*

RACLURE. s. f. Ce qu'on enleve, ce que l'on emporte de la superficie de quelque chose. Dioscoride a fait un chapitre de la Raclure d'huile, dont il explique les proprietés. Cette Raclure n'est plus en usage parmi nous. Les Anciens avoient accoutumé de se froter le corps d'huile ; ce qu'ils faisoient fort souvent, afin d'avoir plus d'agilité dans toutes sortes d'exercices. Cela leur faisoit frequenter les bains & les étuves, où l'office des Esclaves étoit non seulement de laver les corps de leurs Seigneurs, mais aussi de leur racler toutes les ordures que l'huile avoit pû y mettre. Ils se servoient pour le faire de petites étrilles fort propres, les unes d'or, les autres d'argent, & d'autres d'ébene, ou de quelque pierre precieuse, selon la richesse des personnes qui venoient aux bains. De cette raclure qui tomboit au bain, on faisoit des linimens aux crevasses, & aux apostumes qui viennent au fondement. Celle qui tomboit du corps des Luiteurs qui entroient dans la carriere où ils disputoient le prix tout nuds, en sorte que la poussiere s'attachoit facilement à leur corps, étoit bonne pour la goutte, en l'appliquant sur les nœuds des jointures, & comme plusieurs Luiteurs se frottoient aux murailles du lieu où ils combattoient, & quelquefois aux statues de pierre qui étoient au même lieu, & qu'ils engraissoient de ce moyen les statues & les murailles, la poudre qui s'y attachoit ensuite y causoit une croûte crasseuse, dont la raclure échauffoit & resolvoit les apostumes difficiles à guerir, & servoit aux vieux ulceres qui avoient perdu leur croûte & escarre.

RACORDEMENT s. m. Terme d'Architecture. Reunion de deux corps à un même niveau, ou d'un vieux ouvrage avec un neuf. On appelle aussi *Recordement*, La jonction de deux terrains inégaux, soit par pentes ou par perrons dans un jardin. On dit *Racorder*, pour dire, Faire un racordement.

RAD

RADE. ſ. f. Eſpace de mer à quelque petite diſtance de la côte, où les vaiſſeaux peuvent jetter l'ancre & y demeurer à l'abri de certains vents. Ainſi on dit, *Bonne rade d'Eſt*, *de Sud*, pour dire, Que dans cette rade on eſt à l'abri de ces vents-là. On dit ſimplement *Bonne rade*, pour dire, Un eſpace de mer où le fond eſt net de roches, & où la tenue eſt bonne. On appelle *Rade foraine*, Celle où il eſt permis à tous Vaiſſeaux de mouiller l'ancre, ſans avoir à craindre le canon des Foreteˇreſſes du Pays. Quelques-uns diſent *Rader*, pour, Mettre à la rade.

RADEAU. ſ. m. Aſſemblage de pluſieurs pieces de bois jointes près à près, liées & accommodées fortement enſemble, qui ſert à voiturer les marchandiſes ſur des rivieres où l'on ne peut naviger avec des bateaux. Les Radeaux des Indiens ſont compoſés de cinq ſolives attachées les unes aux autres. Celle du milieu eſt la plus longue, & les quatre autres vont toûjours en diminuant, afin de mieux couper l'eau.

On appelle auſſi *Radeau*, Un train de bois à brûler que l'on fait venir à flot ſur une riviere.

RADEUR. ſ. m. Terme de Gabelles. Sorte d'Officier dont la fonction eſt de meſurer le ſel & de le raſer ſur le minot.

RADICATION. ſ. f. Terme de Phyſique. Action des plantes, par laquelle elles pouſſent leurs racines.

RADICULE. ſ. f. Petite pointe qui eſt dans toutes les graines. C'eſt l'Embryon, ou le commencement de la racine.

RADIE', E'E. adj. On a appellé dans l'Académie des Sciences, *Fleurs radiées*, Certaines fleurs rondes & planes, compoſées d'un diſque & d'un ſimple rang de feuilles longuettes & pointues, arrangées tout autour à la maniere des rayons. Ce mot eſt auſſi d'uſage dans les Médailles & dans le Blaſon, & l'on appelle *Couronnes radiées*, Certaines couronnes antiques.

RADIOMETRE. ſ. m. Inſtrument geometrique & aſtronomique, appellé autrement *Bâton de Jacob*. On s'en ſert pour obſerver les hauteurs.

RADOIRE. ſ. f. Inſtrument dont les Meſureurs de ſel, de blé & autres grains ſe ſervent pour raſer les minots & rendre la meſure juſte, en ſorte que ce qu'on meſure ne puiſſe exceder le bord. Ce mot vient du Latin *Radere*, Raſer. Pluſieurs diſent *Racloire*.

RADOUB. ſ. m. Terme de Marine. Travail qui ſe fait pour raccommoder ce qui a été briſé au corps d'un Vaiſſeau. Quelques-uns diſent *Radoubement*. On ſe ſert pour cela de planches, d'étoupes, de brai, de goudron & de tout ce qui eſt propre pour arrêter les voies d'eau.

RADOUBER. v. a. Terme de Marine. Il ſe dit pour Calfater, raccommoder un Vaiſſeau, & *Radoubeur* eſt l'ouvrier qui radoube. On lui donne plus ordinairement le nom de *Calfat* & de *Calfateur*.

RAF

RAFFALE. ſ. f. On appelle ainſi en termes de mer, Certaines bouffées de vent qui s'engendrent dans les lieux marécageux, & peut-être des froides vapeurs qui s'élevent du creux des vallées. Ces bouffées de vent étant repouſſées par la chaleur de l'air, ſe roulent deçà & delà avec impetuoſité,

Tome II.

& ſe precipitent enfin du haut des montagnes ſur la mer, appuyant ſi rudement ſur les voiles des navires, que ſi l'on n'uſe d'une grande diligence à baiſſer les huniers & à larguer les écoutes, on eſt en danger de perdre des mâts, ou de ſombrer ſous les voiles. Ces Raffales ſont frequentes aux avenues des terres qui ſont montagneuſes le long de la mer ; mais les Pilotes experts les ſçavent bien reconnoître.

RAFFINERIE. ſ. f. Maiſon où l'on raffine le ſucre. Il y a de ces raffineries à Roüen, à Nante, à Saumur, à Angers, &c.

RAFLE. ſ. f. Le petit rameau de la vigne qui forme la grappe, & d'où les grains de raiſin ont été ôtés. Du Cange fait venir ce mot de *Riſflare*, qui a été dit dans la baſſe Latinité pour, Piller, emporter de force. D'autres le dérivent du mot Allemand *Raffen* qui veut dire la même choſe. Auſſi quelques-uns prononcent *Raſle*.

Rafle, *raffanum*, herbe bonne contre la morſure des ſerpens, la feuille eſt grande comme le Lapathos ou pareille.

Rafle, ſe dit auſſi d'une ſorte de filet triple ou contremaillé pour prendre de petits oiſeaux ou des poiſſons. Les Pêcheurs l'appellent *Rafle*, à cauſe que lorſqu'il eſt bien tendu on y prend un grand nombre de poiſſons.

On appelle *Rafle*, au jeu de dés, Trois dés qu'on amene ayant tous un même point. Ainſi on dit *Rafle de cinq*, *rafle de ſix*, quand en jettant les dés on amene trois cinq ou trois ſix.

RAFRAISCHIR. v. a. On dit en termes de guerre, *Rafraîchir des Troupes*, pour dire, Les mettre en lieu de repos, pour les empêcher ſur le travail & des fatigues qu'elles ont ſouffertes.

Rafraîchir, eſt auſſi un terme de Canonnier. Quand le canon a tiré, on le rafraîchit en mettant du vinaigre & de l'eau dans la volée, ou en enveloppant la Piece avec des toiſons de mouton, en ſorte que la laine la touche. On dit encore, qu'*On rafraîchit le Canon*, quand on en bouche la lumiere en mettant de l'eau dans la volée, la levant un peu & abaiſſant la culaſſe.

On dit en termes de Marine, *Rafraîchir la fourrure*, pour dire, Faire que la garniture que l'on met autour d'un cable pour l'empêcher de ſe gâter, change de place. On dit ſur mer, que *Le vent ſe rafraîchit*, pour dire, qu'il redouble ſa force. Hors de la mer, quand on dit *Le vent ſe rafraîchit*, cela veut dire, Le vent devient plus frais.

RAFRAISCHISSEMENT. ſ. m. On dit en termes de mer, *Prendre des rafraîchiſſemens*, pour dire, Prendre toutes ſortes de vivres agreables & neceſſaires, comme des pains frais, de la viande fraîche, des herbes, du fruit & autres choſes. Les Rafraîchiſſemens ordinaires des Matelots ſont du tabac, de l'ail & de l'eau de vie.

RAG

RAGAS. ſ. m. Vieux mot qui eſt encore en uſage dans quelques Provinces, & qui veut dire Inondation, ſoit qu'elle ait été cauſée par une pluye abondante, ſoit par la chûte de quelque torrent.

RAGE. ſ. f. *Sorte de maladie qui rend furieux, & qui ſe communique par la morſure*. ACAD. FR. Selon Galien, la rage n'eſt propre qu'aux chiens auſquels elle vient particulierement, & ſur-tout pendant les grandes chaleurs. Cette maladie leur ôte la connoiſſance, & les pouſſe à mordre indifferem-

R r

ment tous ceux qu'ils rencontrent. La marque de la rage , c'est quand un chien ne veut ni manger ni boire , qu'il écume par la gueule & par les nazeaux , qu'il a un regard morne & de travers , & qu'il se jette sans aboyer sur tout ce qu'il voit , soit homme , soit bête. Ce venin ne se communique aux hommes que neuf jours après qu'ils ont été mordus d'un chien enragé , & quelquefois même long-tems après. Cette maladie change l'homme en bête , en sorte qu'il n'a presque plus rien d'humain , representant les airs & la nature de l'animal dont il a été mordu ; car les chats , les coqs , les chevaux , les loups & les mulets ne font pas moins sujets à la rage que les chiens. Bartholin parle de quelques bœufs qui devinrent enragés par la morsure d'un chien enragé , & il fait même mention d'un homme qu'un coq enragé mordit. La morsure de tous les animaux en colere , même de l'homme , est maligne & venimeuse , & ce qu'il y a de surprenant dans la rage , c'est que la plus legere blessure , ou le moindre attouchement de la bave ou de la salive de l'animal enragé la donne en son tems. Hildanus rapporte qu'un homme ayant reçu une égratignenre de la patte d'un chat enragé , laquelle offençoit à peine l'épiderme du pouce droit , tomba dans la rage , & qu'une femme , dont un chien enragé avoit un peu déchiré la robe , voulant la recoudre trois mois après , & ayant rompu le fil de son aiguille avec ses dents , devint enragée. Zacutus Lusitanus écrit une chose encore plus extraordinaire. Certains hommes ayant été blessés avec une épée , dont huit ans auparavant on avoit tué un chien enragé , devinrent enragés eux-mêmes trois ans après leur blessure , tant le venin de la rage est malin & penetrant. Ce levain demeure quelquefois caché dans le corps plusieurs années sans se faire appercevoir , & on a l'exemple d'une hydrophobie mortelle , qui est une marque de la rage , dans une homme à qui elle arriva treize ans après qu'il eut été mordu d'un chien enragé. Il s'engendre , & on voit quelquefois de petits animaux dans la salive ou l'urine des enragés , semblables en espece à ceux qui ont donné la rage ; & Salmuch écrit qu'une femme ayant été mordue à la frange de sa jupe par un chien enragé qui mouilla cette frange avec sa bave , la jupe qu'elle fit étendre à l'air , afin qu'elle sechât , se trouva remplie de petits animaux ayant des têtes de chien , & cela dans l'endroit où avoit été la bave. Un homme à qui la morsure d'un chien ou d'un chat donne la rage , imite les actions de ces animaux , ou en aboyant comme les chiens , ou en égratignant comme font les chats. Il y en a un exemple singulier dans Borellus. Un homme qu'avoit mordu un chien enragé , tomba subitement dans la rage , & acquit un odorat si délicat & si fin , qu'il sentoit de loin ceux de ses amis qui le venoient voir. Quand on veut connoître si le chien qui a mordu est enragé , quelques-uns ordonnent de mettre des noix broyées sur la playe qui a été faite sur la morsure & de les y laisser pendant quelques heures. Après cela il faut les jetter à un coq ou à une poule. La poule ou le coq meurt le lendemain si le chien est enragé. Il y en a d'autres qui prenant du sang de la playe , en forment une pâte avec de la farine , & la donnent à une poule. Si la poule meurt , c'est une marque infaillible que l'animal étoit enragé. Selon Avicenne , il faut frotter la playe avec de la mie de pain , & la jetter à un chien. S'il ne veut pas la sentir , c'est signe de rage. Tous les enragés en general ont horreur des choses liquides ou aqueuses , & la vûe seule de quelque liqueur leur donne de grandes inquietudes , & même des con-

vulsions. Ils reçoivent rarement guerison parfaite. Le levain de la rage qui demeure long-tems dans le corps mortel à la fin , & c'est d'ordinaire trois ou quatre jours après que l'hydrophobie a commencé. Il y a plusieurs remedes internes pour chasser le poison reçu , soit inveteré , soit qu'il soit encore recent. Le chien même enragé en fournit contre la blessure qu'il a faite. Son sang pulverisé & pris durant trois jours , délivre les hydrophobiques , mais rien n'est plus sûr que de les jetter dans l'eau froide. Il faut les y laisser quelque-tems , pour leur donner lieu de craindre d'être noyés. Quant à la playe causée par la morsure d'un animal enragé , il faut la laisser ouverte autant qu'on peut lorsqu'elle est nouvelle , en essuyant avec soin & diligence ce qui peut y être resté de salive. Si on neglige les secours chirurgiques dans les premiers jours , en sorte que le poison ait penetré en dedans , ils ne servent plus de rien. Le remede le plus singulier & le plus prompt , c'est de brûler la partie affectée avec un cautere actuel.

RAGOT, OTE. adj. Petit , court , ramassé. On appelle *Cheval ragot* , Un cheval qui a la taille renforcée , la croupe large & les jambes courtes.

RAGOT. s. m. Sanglier qui a deux ans , & qui sort de compagnie.

Ragot. Terme de Charretier. Sorte de crampon de fer qui est attaché au limon d'une charrette , & où l'on accroche la chaîne de l'avaloire.

RAGOUISTE. s. m. Cuisinier de bon goût qui fait de bon ragoûts.

RAGRE'E', E'E. adj. On appelle *Pierre ragrée au fer,* Celle qui a été repassée au riflard.

RAGREER. v. a. Repasser le marteau & le fer aux paremens des murs d'un bâtiment , après qu'il est fait , pour les rendre unis & en ôter les balevres. On dit aussi *Ragréer un ouvrage de menuiserie , de serrurerie* , pour dire , Y mettre la derniere main. *Ragrément* se dit de l'action de ragréer.

RAGUE', E'E. adj. On dit sur mer , *Cable ragué , corge ragué* , pour dire , Un cable , un cordage gâté , écorché , ou coupé.

RAJ

RAJACE on *Rapasse.* Pierre dure fort blanche & fort nette , propre à faire des figures. On n'en connoît plus les carrieres. L'Hôtel Barrault , & les Autels de la Chapelle des Chevaliers d'Angers en sont.

RAIFORT. s. m. Espece de grosse rave qui a le goût piquant. Sa feuille est semblable à la feuille de navet , plus étroite que celle de la rave , plus velue , plus raboteuse. Elle a sa tige ronde en long , la gousse enflée & plus grande quatre fois que la rave. Elle est ronde , & enferme une graine qui est ronde , rousse & piquante au goût , plus petite & plus dure que celle de la rave & du navet. Sa racine est de façons differentes. Il y en a qui l'ont longue , blanche , ronde en long , tendre , frêle , & non aigue pour le goût. Matthiole dit que cette espece de Raifort passe pour la meilleure en Toscane. D'autres ont la racine grosse & en forme de navet. Celle-là est beaucoup plus dure que l'autre , & a le goût plus piquant. Il y a aussi de la difference dans la couleur , puisqu'on en trouve de blanches & de noires par tout. Les noires sont pourtant plus rares. Dioscoride parle de deux sortes de Raifort , l'un de jardin , & l'autre sauvage. Il veut qu'on en mange sur la fin du repas , sur ce qu'étant pris au commencement , ils soulevent les viandes & les font vomir. Galien dit au contraire qu'il faut les manger à l'entrée de table , afin d'ouvrir l'appetit. Les Raiforts font chauds au troifiéme degré & fecs au fecond , felon le même Galien , qui ajoûte que les fauvages furpaffent les domeftiques en l'une & en l'autre qualité , que la graine eft plus chaude & plus defficcative que la plante , qu'elle eft auffi refolutive , & qu'ainfi on s'en fert à ôter toutes meurtriffures & terniffures. En Grec *japanis.* Quelques-uns font venir ce mot de *Radix fortis.* La racine du Raifort fauvage eft recommandée comme un puiffant remede dans le manque d'appetit.On la fait infufer avec de la racine d'aunee, partie égale de chacune , dans du vin du Rhin. La dofe eft un verre tous les matins.

RAIN. f. m. Vieux mot. Orée de forêt. Il veut dire auffi Rameau.

Si cueillis un rain d'Eglantier.

M. Ménage le fait venir de *Ramus,* comme Main a été fait de *Manus.* On a dit auffi *Rainceau ,* qui eft encore en ufage en Architecture , lorfqu'on parle des branches feuillues dont on charge les frifes , & dont on fait d'autres ornemens. On dit auffi dans le Blafon , *Aux rainceaux paffés en fautoir ,* en parlant des branches croifées & enlacées fur un Ecu.

Voici ce que dit Nicod fur le mot *Rein ,* Raim, *qu'aucuns écrivent par* n Rain *, femble defcendre du Latin* Ramus *& qu'il fignifie Rameau.* Toutefois il fe trouve en des vieilles notes de Notaires de l'an mil quatre cens , qu'en ce tems-là , en matiere de def-emparement ou deveft & faififement ou veft de chofes immenbles , ils ufoient c: lettres de vendition de cefte claufe. S'eft deffaify & deveftu & defmis en noftre main comme en main de Juftice , par Raim de bafton pour & au profit dudit Acheteur ; ce qui monftre que Raim *a autre fignification que de Rameau ,* & ufoit-on en cela dudit Raim *de bafton, tout ainfi comme en l'inveftiture d'un fief on ufoit d'une courte lance ou javeline , que le Seigneur faifont ladite inveftiture me:toit au poing de fon futur Vaffal. Ainfi en la Couftume du Baillage de Vermandois au chapitre de Saifine & deffaifine appellez. Veft & Deveft , article 116. eft efcrit* & fe fait communément ladite vefture par tradition d'un petit bafton ou buchette.

RAINURE, ou REINURE. f. f. Terme de menuiferie. Ouverture ronde qui fe fait en longueur fur l'épaiffeur d'une planche , pour fervir de couliffe , ou pour recevoir une languette. M. Felibien avertit que les Charpentiers difent *Ruine.*

RAIPONCE. f. f. Plante de la hauteur d'une coudée , & de la racine de laquelle ,avant qu'elle pouffe fa tige , fortent des feuilles longuettes qui fe tiennent contre terre. Celles qui font part outre la tige ont plus d'apparence & font plus courtes. Les fleurs fortent de la cime de fes branches , au nombre de quatre , autant qu'il y a de feuilles. Elles font rouges tirant fur le pers. Sa racine eft blanche longue de trois ou quatre doigts , groffette , & enflée vers le milieu , qui eft blanc & tendre , & rempli d'un fuc un peu doux au goût. On mange les Raiponces en falade. En Latin *Rapuntium* ou *Rapunculus,* Petite rave.

RAIS. f. m. Rayon. Il ne fe dit guere que de la lumiere de la lune. ACAD. FR. On appelle *Rais de cœur,* en termes d'Architecture, Un petit ornement accompagné de feuilles d'eau , qui fe taille fur les fortes de moulures que l'on appelle *Talons.*

Les Charons appellent *Rais ,* Un morceau de bois rond & plané qui eft attaché au moyeu, les *Tome II.*

Furetieriftes difent noyau au lieu de moyeu) & aux jantes des roues des chariots , des charrettes & des carroffes. On donne auffi le nom de *Rais* aux pointes des molettes d'éperon.

Rais , en matiere de Blafon , font des bâtons pommetés & fleurdelifés ou bourdonnés ou mis en pal , fafce , bande & barre , comme les ais d'une roue. Quand ils ont en cœur une efcarboucle , on les appelle *Rais d'efcarboucle.*

RAISIN. f. m. Fruit qui pend en grappe au fep de la vigne , ou à quelque treille , & qui eft bon à manger & à faire du vin. Il y en a de plufieurs efpeces. Le *Pinguant-paul* eft un raifin blanc fort doux que l'on appelle autrement *Bec d'oifeau ,* à caufe qu'il aboutit en pointe des deux côtés. Le Raifin *Sniffe* a les grains rayés de blanc. Le *Roignon de coq* eft une efpece de bourdelas blanc. Il y a auffi un bourdelas rouge & un autre noir. Le *Noirant,* dit *Plant d'Efpagne ,* a le grain extrémement ferré & teint fort noir ; ce qui fait qu'on l'appelle *Teinturier.* Le fuc en eft plat , & il ne fert qu'à couvrir le vin. Il eft fort bon pour les bleffures. Celui que l'on appelle *Ploqué ,* reffemble au Noirant , mais il ne teint point. Le *Raifin de Corinthe ,* qui eft un Raifin délicieux & fucré , a le grain preffé & fort menu & la grape fans pepins. Celui qu'on nomme *le gros Corinthe ,* eft rouge ou violet. C'eft une efpece de Bar-fur-aube. On appelle *Beaunier ,* un raifin fort commun à Beaune , qui tire fur le gouais blanc. Ce gouais blanc a une fort groffe grappe , & le plan en dure un fiecle en terre. Il y a auffi un Gouais violet , dit à fleur. Le *Bourgnignon ,* eft un raifin noir affés gros. Le *Raifin d'Afrique ,* a fes grains de la groffeur d'une prune. Le mot de *Raifin,* vient du Latin *Racemus ,* qui veut dire la même chofe.

On dit , *Raifin de lierre ,* pour dire , Le fruit du lierre , à caufe qu'il vient en grappe de même que le raifin.

RAISINIER. f. m. Arbre des Antilles qui croît de moyenne hauteur , & rampe prefque par terre au bord de la mer. La plûpart des rives de ces Ifles font bordées de ces arbres, qui font crochus, noueux, confus , & mêlés enfemble , mais dans une bonne terre le Raifinier devient auffi haut qu'un des plus beaux arbres des forêts. Sous l'écorce de fon tronc, qui eft grife , tirant fur le jaune , feche , & d'un goût falé , après qu'on a enlevé un aubel blanc de l'épaiffeur de deux ponces , on trouve un bois ronge , plein , maffif , & fort propre à faire d'excellents ouvrages de Menuiferie. Ses feuilles font entierement rondes , larges comme une affiette , épaiffes & liffes , & vertes au four de l'été , & rouges fur le declin. Quoiqu'elles foient à demi-pié l'une de l'autre , elles ne laiffent pas de faire grande ombre. De deffous la plûpart des feuilles il fort de petites queues , qui dans les premieres pluyes , fe garniffent de bout en bout de petites fleurs comme celles de la vigne , & enfuite de raifins , qui font de couleur de rofe & de la groffeur d'une noifette. Au lieu de pepins , chaque grain a fous une tendre pellicule , & fous fort peu de fubftance , aigrette , rafraichiffante , & d'affés bon goût , un noyau gros comme une balle de piftolet , & auffi dur que le noyau d'une prune. Le fruit a auffi un goût de prune , & l'arbre ne porte guere deux années de fuite.

RAISON. f. f. *Puiffance de l'ame par laquelle l'homme difcourt , & eft diftingué des bêtes.* ACAD. FR. Ce mot a été employé autrefois dans la fignification de harangue. *Et il commença orgueilleufement fa Raifon, & dit.*

R r ij

Raison d'Etat. L'art de gouverner avec prudence sans blesser la pieté ou la justice. Ammirat (*l.* 12. *ch.* 1.) dit que c'est une dérogation du Droit Civil pour un bien public ou pour une cause majeure & une fin plus universelle. Botero *raggione di stato* pr. la definit une connoissance des causes, & des moyens qui établissent, affermissent, & augmentent un état. Boccalin cent. 2. ragg. 86. *essere una legge utili a gli stati nia in tutto contraria alla legge di dio & de gli huemini*, il n'entend parlà que la *cattira raggione*, qu'on appelle *flagitium dominationis*. Clapmarius, *l.* 4. *c.* 2. dit que c'est un droit souverain, ou privilege introduit pour le bien public contre le droit commun ou ordinaire, mais qui n'est pas éloigné de la Loi Divine, & qui est comme une legitime tyrannie. Ces derniers termes sont repris par Boxhornius, *l.* 1. *c.* 6. §. 10. *de arcanis rerum publ.* il ne peut souffrir deux motifs si disparates.

Raison. Terme de Mathematique. Rapport, relation d'un nombre à un autre, & en general d'une quantité à un autre quantité. Les deux grandeurs que l'on compare, s'appellent *Termes*, celle qu'on met la premiere est l'*Antecedent*, l'autre *le consequent*. On peut dans cette comparaison considerer de combien une grandeur surpasse l'autre, ou combien de fois l'une contient l'autre. Par exemple, en comparant 3 & 15 de la premiere façon, je trouve que 15 surpasse 3 de 12, & en les comparant de la seconde, je trouve que 15 contient 5 fois 3. La premiere sorte de rapport qui consiste dans l'*excès*, d'une grandeur sur l'autre, ou ce qui est le même chose, *dans leur difference* s'appelle *Raison Arithmetique*, la seconde s'appelle *Raison Geometrique*, ou absolument *Raison*, car c'est celle qui est du plus grand usage.

Les Raisons de quelque espece qu'elles soient peuvent être ou d'*égalité* ou d'*inegalité*, selon que l'on compare des grandeurs égales ou inégales. Mais les raisons comparées les unes aux autres peuvent être *égales* ou *inégales*. Ainsi la Raison Arithmetique de 4 à 6 est égale à celle de 18 à 20, & la Geometrique de 4 à 6 est égale à celle de 8 à 12. Deux raisons égales font une *Proportion.* Voyez PROPORTION. Ce que l'on va dire ne s'entend plus que de la raison Geometrique.

Une raison est *plus grande qu'une autre*, quand le plus grand de ses termes contient plus de fois le plus petit, ou ce qui revient au même, une aliquote du plus petit, que le plus grand terme de l'autre Raison ne contient le plus petit, ou une de ses aliquotes. Voyez ALIQUOTE. Ainsi la Raison de 12 à 3 est plus grande que celle de 9 à 3, celle de 7 à 2, est plus grande que celle de 15 à 5, car 7 contient 7 fois 1, moitié de 2, & 15 ne contient que 5 fois 3, moitié de 6. Il faut toûjours que les aliquotes que l'on compare dans deux Raisons, soient des aliquotes *pareilles*, c'est-à-dire que si l'une est une moitié, un tiers, un quart, &c. de son tout, l'autre soit aussi une moitié du sien, ou un tiers, un quart, &c.

Lorsque de deux Raisons on en multiplie les antecedens l'un par l'autre, & ensuite les consequens, on a deux nouveaux termes dont la Raison est *composée* des deux premieres Raisons. Si ces deux premieres Raisons étoient égales, la Raison qui en est composée s'appelle *Doublée*, si la Raison composée a été formée de la même façon de trois Raisons égales, elle s'appelle *triplée*, &c.

Il ne faut pas confondre la Raison *doublée*, ou *triplée*, &c. avec la Raison *double* ou *triple*, ou *quadruple*. La Raison double, ou triple, ou quadruple, &c. n'est que la Raison de deux termes dont l'un est double, triple, quadruple de l'autre. Mais la Raison doublée, triplée, &c. est composée de deux, de trois Raisons égales quelles qu'elles soient. Chacune de ces deux Raisons 6 à 2, & 9 à 3, est triple, mais si on en fait une Raison composée de la Raison de 2 à 3, & de la Raison de 2 à 3, on a celle de 4 à 9, qui sont des quarrés, & si on repete encore une fois la Raison de 2 à 3, on a celle de 8 à 27, qui sont des cubes. Et quoique les termes ne soient pas les mêmes dans les raisons composantes, les Raisons composées ne laissent pas de se reduire toûjours à des quarrés ou à des cubes, comme la Raison doublée que nous avons trouvée ci-dessus, de 6 à 54, composée de Raisons égales, dont les termes sont differens, ne vaut que celle de 1 à 9, qui sont des quarrés. De-là vient que quand on dit en Mathematique, que deux grandeurs sont en Raison *doublée* ou *triplée* de deux autres, c'est la même chose que si on disoit qu'*Elles sont entre elles comme les quarrés ou les cubes de ces deux autres.*

La Raison *soudoublée*, *soutriplée*, est celle des racines de deux quarrés ou de deux cubes. Voyez RACINE. Quand on dit que deux grandeurs sont en raison soudoublée, soutriplée de deux autres, on entend qu'elles sont comme les racines de ces deux dernieres grandeurs qui sont des quarrés ou des cubes, ou que l'on considere comme quarrés & comme cubes quand elles ne le seroient pas en effet. La Raison soudoublée, ou soutriplée est fort differente de la Raison *soudouble* ou *soutriple*, qui est celle d'un terme à un autre deux fois ou trois fois plus grand.

Quand on prend pour quarré ou pour cube, un nombre qui ne l'est effectivement pas, il est impossible que sa racine quarrée ou cubique, soit un nombre. Cependant on a très-souvent besoin de ces sortes de racines, & on les exprime simplement en disant racine quarrée de 3, de 5, de 6, &c. racine cubique de 7, de 9, de 10, &c. Ces racines sont appellées *sourdes*, ou *irrationnelles*, ou *incommensurables*, ou *nombres sourds*, irrationnels, incommensurables, & comme ces nombres, qui proprement n'en sont pas ne peuvent être exprimés, aussi leur Raison à de vrais nombres ne peut être exprimée par nombres, & on l'appelle *Raison sourde*, par opposition à la *Raison exacte de nombre à nombre.* Voyez INCOMMENSURABLE. La Raison sourde se trouve aussi dans les lignes, par exemple, le côté d'un quarré, & sa diagonale étant incommensurables, leur Raison est sourde.

On dit en termes de Charpenterie, *Mettre les pieces de bois en leur raison*, pour dire, Disposer les pieces de bois qui doivent servir à un bâtiment, & mettre chaque morceau en sa place, après qu'elles ont été mises en chantier.

Raison. Portion de boisson, de viande, ou d'autre chose à manger, qu'on distribue dans le bord à chacun de ceux de l'équipage. C'est la même chose que *Ration.*

RAISONNER. v. n. *Discourir, se servir de la rai-*

son , *pour connoître* , *pour juger.* ACAD. FR. On dit en termes de Marine , *Raisonner à la Patache* , *Raisonner à la Chaloupe* , & cela se dit d'un Vaisseau , qui voulant venir mouiller dans un Port , est obligé de montrer à la Patache ou à la chaloupe, qui étant de garde vient le reconnoître , les permissions qu'il a d'y mouiller ; il est aussi obligé de lui rendre compte , non seulement de la route qu'il a faite , mais encore de celle qui lui reste à faire. Cela se fait pour ôter les défiances qu'on pourroit avoir.

RAL

RALIAS. s. m. Vieux mot. Raillerie , medisance.

RALINGUES. s. f. On appelle ainsi sur mer des cordes qui sont cousues en ourlet tout autour de chaque voile , & de chaque branle. On les y cond afin que les bords en soient renforcés. On dit , *Tenir en Ralingue* , *mettre en Ralingue* , pour dire , Tenir un Vaisseau , mettre un Vaisseau en sorte que le vent ne donne point dans les voiles. *Ralinguer* , *faire ralinguer* , c'est la même chose.

RALLER. v. n. Vieux mot. Retourner.
Raller , se dit du cri des Daims & des Cerfs , sur tout de celui du Cerf , quand il est en rut.

RALLIER. v. a. Rassembler des troupes qui ont été défaites & mises en fuite. On dit en termes de Mer, *Rallier un Navire au vent* , pour dire , Le mener vers le vent , & *Se rallier à terre* , pour dire , S'en approcher.

RALLONGEMENT. s. m. On appelle dans l'art de bâtir , *Rallongement d'arrestier* , la ligne diagonale depuis le poinçon d'une croupe jusqu'au pié de l'arrestier qui porte sur l'encoignure de l'entablement. On l'appelle aussi *Reculement*.

RAM

RAMADAN. s. m. Carème d'un mois parmi les Mahometans. Ils jeûnent avec tant d'exactitude pendant ce mois , qu'ils ne boivent ni ne mangent depuis le Soleil levé jusqu'à ce qu'il se couche. Ils l'appellent *Ramadan* , du nom du mois où il tombe , & disent que ce fut pendant ce mois que l'Alcoran descendit du Ciel. Ils commencent ce Carème de cette maniere. Quand la Lune de Chaaban qui est leur huitième mois & qui precede immediatement celle du Ramadan , est passée , ils regardent le soir s'ils découvriront la Lune nouvelle. Il y a des gens qui se tiennent pour cela sur des montagnes & autres lieux élevés , & aussi-tôt que quelqu'un l'a apperçûe , il vient le dire à la ville. Si c'est un homme de foi , on le récompense , & le Ramadan est ordonné par tout à cri public , outre qu'un coup de canon qu'on tire le soir l'annonce. Alors on entoure tous les minarets de lampes , qui representent diverses figures & qui sont si industrieusement accommodées que le vent ne peut les éteindre. Le verre où l'on met l'huile est rond , de la grosseur du bras , long d'un pié , & plat par le dessous , avec un bord de demi pouce en haut. On met ce verre dans un morceau de planche percé , qui sert à le soûtenir. De son rebord en haut il y a une une un sac de toile long d'un pié , & au dessus une petite piece de bois ouverte au milieu , pour laisser évaporer la fumée , avec des cordes attachées pour soûtenir la piece de bois. Ce sac est fendu par le côté, pour pouvoir faire entrer la meche & l'allumer, mais il se rejoint sans que le vent y passe , & le verre n'a de l'huile que jusqu'au tiers , afin que la lumiere pa-

roisse au travers , & demeure fort éloignée de la toile. On allume ces lampes toutes les nuits que dure le Ramadan , & ceux qui l'observent , peuvent boire & manger toutes les viandes qui leur sont permises dans les autres tems jusqu'à ce qu'ils puissent distinguer le filet blanc & le filet noir par la lumiere de l'Aurore. Les boutiques des Revendeurs sont ouvertes tout ce tems-là , & on se traite les uns les autres à peu près comme il se pratique ici au Carnaval , mais tout le jour , ils ne peuvent ni boire ni manger , ni fumer du tabac , ni rien mettre dans leur bouche , jusqu'à ce que la Lune paroisse le soir , ce que les Muezims leur font sçavoir en criant la Priere du haut des Minarets lorsqu'il est tems de rompre le jeûne. Cette sorte de Carême est fort rude , sur-tout quand la chaleur est bien grande , parce qu'ils n'osent pas même boire un peu d'eau pendant la journée , & leur mois de Ramadan n'est pas toûjours dans une même saison. Cela vient de ce que l'année des Arabes , dont tous les Mahometans se servent , est composée de douze Lunes , six de vingt-neuf jours, & six de trente , ce qui fait trois cens cinquante-quatre jours , & comme il reste tous les ans huit heures & quelques minutes sur ces douze Lunes, cela les oblige d'intercaler onze jours sur trente années , ce qu'ils observent afin que le premier jour de leurs mois soit toûjours le premier de chaque Lune. La difference de douze jours à l'année Solaire est cause que leurs mois circulent , & qu'ils se trouvent tantôt à une saison , & tantôt à l'autre , parce que leurs années ne s'accordant pas au cours du Soleil , sont plus courtes d'onze jours que ne sont les nôtres. Ainsi le Ramadan remonte de ce nombre de jours chaque année , & change toûjours de saison , en sorte que s'il arrive le premier de Janvier en une année , celle d'après il sera le dix-neuviéme de Decembre , & l'année suivante le septiéme , parce qu'il retourne toûjours en arriere. Ce Carême est commandé fort étroitement aux Mahometans , & ceux qui ne le font point pendant le mois ordonné , soit par voyage , maladie , ou quelqu'autre occasion qui ne leur permet pas de jeûner , sont obligés de le faire le plûtôt qu'ils peuvent. C'est la même chose que s'ils l'avoient fait dans le tems prescrit , pourvû qu'ils jeûnent pendant trente jours. Ils ont dans le Ramadan de plus étroites défenses de boire du vin que pendant le reste de l'année , & si l'on trouvoit pour lors un homme yvre , on le condamneroit à la bastonnade ou aux galeres. On leur verse quelquefois du plomb fondu dans le gosier pour les en punir , mais cela est rare.

RAMAGE. s. m. Terme de Chasse. Il se dit des branches d'arbres , & c'est de-là qu'on appelle *Epervier Ramage* , Un Epervier qui a volé parmi les forêts. *Ramage* , en termes de Coûtumes , est un droit qu'ont quelques Sujets de couper des branches d'arbres dans les bois de leurs Seigneurs.

On prend aussi ce mot pour ligne de parenté , Celui qui prétend une succession éloignée qu'on lui dispute , ou qui veut faire un retrait doit justifier son ramage.

RAMASSE. s. f. Sorte de Traineau sur lequel les Voyageurs se font ramasser en de certains lieux.
Ramasse , dit Nicod , *est une façon de Civiere à deux cornes , longues de deux piés sur le devant, que celui qui conduit la Ramasse tient , une à chacune main , & a un siege où celui qui est ramassé est assis , des accoudoirs & un dossier , soutenue par derriere par un autre homme qui tient les piés en contraire démarche de ceux du premier avec laquelle en*

R r iij

temps de grandes neiges , ès Monts du Piémont , Geneure & Seny , on descend les passagers du haut du Mont jusques au pié d'icelui : & est telle façon de Civiere appellée Ramasse , de ce qu'auparavant l'agencement d'icelle , on ramassoit les passagers sur des grosses branches d'arbres , tirées avec une corde par celui qui ramassoit. Et faut sçavoir que ledit conducteur de ceste Ramasse a à chasque corne un grand anneau fait de haud , qu'il laisse couler le long desdites cornes quand il veut allentir le cours de la Ramasse , & un bâton ferré pour l'arrêter tout court quand il en est besoin.

RAMBADE. s. m. Terme de Marine. Poste dans une galere où il peut tenir quinze ou seize soldats pour combattre avec avantage , outre les Matelots qui y sont. Il y a deux Rambades dans une galere. Ce sont des exhaussemens auprès de l'éperon , qui sont plus élevés que le Tabourin , & separés l'un de l'autre par la Coursie.

RAMBERGE. s. f. Sorte de petit Vaisseau propre à aller faire des découvertes. Les Anglois ont appellé ainsi autrefois leurs plus grands Vaisseaux de guerre.

Ramberge , autrement *Mercuriale* , herbe très-commune , qui sert aux clisteres , elle gâte les vignes où elle abonde , & donne un mauvais goût au vin.

RAME. s. f. Aviron. Longue piece de bois , dont le bout qui porte dans l'eau est applati & l'autre arrondi. On s'en sert pour naviger sur les mers & sur les rivieres. La partie qui est hors du Vaisseau s'appelle *Le plat de la Rame* , & celle qui est au dedans , & à la main des Forçats ou Rameurs , *Le manche de la Rame.*

On appelle aussi *Rame* , Une simple branche d'arbre , mais particulierement celles qui servent à soûtenir des plantes dont la tige n'est pas forte , comme des pois.

On dit encore *Rame* , en parlant d'une quantité de papier qui contient vingt mains ou cinq cens feuilles. Ce mot en ce sens , vient selon Borel , du chassis où se fait le papier. Ce chassis est composé de fil de cuivre que les Italiens appellent *Rame.* Il dit que les Imprimeurs de Lyon appellent aussi *La Rame* , ce qui enferme la lettre sur leur Presse.

Les Rubaniers donnent ce même nom de *Rame* , aux ficelles qui soûtiennent les Lices du métier sur quoi ils travaillent.

RAME'. e'e. adj. On appelle *Pois ramés* , Les Pois dont la tige est soûtenue avec des rames , & *Balles Ramées* , Deux ou trois balles enfilées dans une aiguille de fer.

Ramé , est aussi un terme de Blason , & à la même signification que *Cheville.* Il se dit des Ramures d'une corne de cerf. *D'argent au cerf de gueules , ramé d'or.*

RAMEAU. s. m. Petite branche d'arbre. On appelle *Rameaux* , en termes de Fortification , des lignes ou chemins sous terre qui vont d'un puits en un autre. On les appelle autrement *Contremines.*

Rameau , se dit aussi des veines d'or & d'argent & autres métaux , qui se trouvent dans les mines , & qui se separent comme les veines du corps.

RAMENDER. v. a. Terme de Doreur. Prendre quelque petit morceau de feuille d'or avec des pinceaux , & le mettre aux endroits où il s'est cassé.

RAMENER. v. a. Terme de Manege. Faire baisser le nés à un cheval qui se tend , & qui porte au vent. On se sert pour cela d'une branche qu'on appelle *Hardie* , c'est-à-dire , qui a le trou du touret au de-là de la ligne du banquet au respect de l'encolure.

RAMENERET. On appelle en termes de Charpente-

rie *Trait Rameneret* , Le trait qui se fait avec le cordeau pour prendre la longueur des arrestiers. Ainsi quand on prend cette longueur , on dit *Tirer un trait Rameneret avec le cordeau.*

RAMEQUIN. s. m. Sorte de ragoût fait de fromage étendu sur une rôtie assaisonnée avec du sucre , du poivre , ou quelqu'autre épicerie. Il se fait parmi les goinfres pour se provoquer à boire.

RAMETTE. s. f. Terme d'Imprimerie. Chassis de fer qui n'a point de barre au milieu.

RAMIER. s. m. Pigeon sauvage , appellé ainsi de *Ramus* , Branche , à cause qu'il se perche sur les arbres. Il y en a un fort grand nombre dans les Isles de l'Amerique , où ils sont passagers , & ne s'arrêtent jamais long-tems en un même lieu. Ils branchent & nichent sur les plus hauts arbres deux ou trois fois l'année , & suivent les graines qui ne mûrissent pas en même-tems dans toutes ces Isles. Quand ils en rencontrent qui leur soient propres , ils s'amassent en si grande quantité que les arbres en sont tout couverts. Ils sont gras & d'aussi bon goût que les pigeons de l'Europe , lorsqu'ils ont mangé de bonnes graines. On tient que les Ramiers vivent trente ou quarante ans , & que le frequent usage de leur chair empêche que l'on ne soit porté à l'amour. On appelloit autrefois *Ramiers* , des Pelerins , à cause des rameaux de palme que portoient ceux qui venoient du Temple de Jerusalem. On les appelloit aussi *Roumiers & Romieux* , à cause de la Ville de Rome d'où ils venoient. Les Espagnols disent *Romero* , pour dire , Pelerin , & *Romeria* , pour dire , Pelerinage.

RAMIFICATION. s. f. Terme de Medecine. Il se dit de la division des nerfs & des veines qui sortent d'une tige commune.

RAMILLES. s. m. Terme d'Eaux & Forêts. Menu bois qui reste dans les forêts , après qu'on en a tiré celui de corde & les cotrets. Il n'est propre qu'à mettre en bourrées. On dit aussi *Ramassis* , à cause qu'on le ramasse lorsque l'autre est enlevé.

RAMINGUE. adj. Terme de Manege. On appelle *Cheval Ramingue* , Un Cheval retif qui ne veut point obéir à l'éperon , & qui en sautant plusieurs fois de suite en l'air , tâche à jetter en bas le Cavalier.

RAMOLLIR. v. a. Rendre une chose plus molle. On dit , en termes de Fauconnerie , *Ramollir un oiseau* , pour dire , Redresser son pennage avec une éponge trempée.

RAMOLLISSANTS. s. m. Terme de Medecine. Medicamens qui échauffent , dissolvent & liquefient ce qui est endurci contre nature , & qui le remettent dans un état naturel. Ils doivent avoir une faculté emplastique , sans être ni trop chauds ni trop secs. Ceux que l'on emploie pour ramollir une dureté qui vient de siccité , doivent être plus temperés en chaleur & plus humides. Ces Medicamens qu'on appelle aussi *Ramollitifs & Malactiques* , sont la mercuriale , le senegré , la mauve , la guimauve , les oignons de lis , les figues grasses , la graine de lin , l'huile simple , la graisse de poule , l'aronge de porc , la plûpart des moëlles , le beurre , la cire , la poix , le bdellium , le galbanum , l'ammoniaque , le labdanum , & autres.

RAMON. s. m. Vieux mot. Balai. Voici ce qu'en dit Nicod. Ramon est en commun langage Picard ce que Balay en commun langage François. Il vient du latin Ramus , parce que tels Ramons ou Balais sont faits de rameaux d'arbres , ou de brins de genest , ou autre virgulte feuilleux. De-là , dit-on Ramonneur de cheminée , Celui qui les ayant ratissées avec une ratissoire de fer , puis après avec un Ramon , & Ramonner les cheminées, *pour les nettoyer en cette sorte. Les Pressuriers en France ont neanmoins particularisé ce mot à leur mestier , n'usant sans danger d'amande d'autre mot que ledit* Ramon *, quand ils veulent nommer le balay dont la met du pressoir est netto yée.* Ramonneur *devroit estre indifferemment appellé quiconque use du Ramon , mais le François l'a restreint à ceux qui ramonent les cheminées à cause de ladite generalité.*

RAMPANT , ANTE. adj. Qui marche en se traînant sur la terre. On appelle en termes d'Architecture *Marches rampantes ,* Celles qui ont leur giron fort large & en pente , en sorte que les chevaux y montent facilement. On appelle aussi *Porte rampante ,* Une porte dont le cintre ou la platebande est rampante , comme dans un mur d'échifre.

Rampant , est aussi un terme de Blason , & il se dit des lions , ours , chiens & autres animaux qui sont distingués , comme s'ils vouloient s'élever , & monter le long d'une rampe. *D'azur au lion d'or rampa-t.*

RAMPANT. s. m. Terme de Chirurgien. Sorte de bandage , qui est simple & inégal.

RAMPE. s. f. Terme d'Architecture. Suite des marches d'un escalier depuis un palier jusqu'à un autre. C'est aussi la balustrade à hauteur d'appui qui termine les marches. Cette balustrade se fait ou de balustres de pierre ronds ou quarrés , ou de balustres de bois tournés ou poussés à la main. On en voit aussi de fer en quantité d'escaliers. On appelle , *Rampe courbe ,* Une portion d'escalier suspendue ou à noyau. Elle se trace par une cherche rallongée , & les marches de cette Rampe sont posées sur une voute rampante , si ce n'est qu'elles portent leur délardement afin de former une coquille. Celle dont le contour est interrompu par des paliers ou quartiers tournans , est appelée *Voute par vessant.* Il y a des Rampes de menuiserie dont l'ouvrage n'est pas aisé. Telles sont celles de plusieurs chaires de Predicateur , qui étant courbes suivent le contour d'un pilier rond. On en fait aussi qui sont droites pour de petits escaliers dégagés.

RAMPIN. adj. On appelle en termes de Manege , *Cheval Rampin ,* Un cheval qui lorsqu'il marche leve le talon & marche sur la pince , sans poser également ses piés de derriere sur tout le fer.

RAMPONER. v. a. Vieux mot. On disoit autrefois *Ramponer un homme ,* pour dire , Se moquer de lui, *Rampone ,* pour Moquerie , & *Ramponeres ,* pour Moqueur.

Parcen qui fu fel & crueux
Ramponieres & mal palliers
Dessus tous autres Chevaliers.

Ramponeuse , a été dit aussi pour , *Fâcheuse ,* Qui cherche à quereller , & c'est de-là qu'est venu le mot de *Rampogne* en Languedoc , pour signifier une querelle faite mal à propos , sans sujet.

RAMURE. s. f. Le haut de la tête d'un Cerf.

RAN

RAN. s. m. Vieux mot. Mouton. Borel dit qu'il a été fait de *Aran ,* Belier , le mâle des brebis.

RANATITES. s. m. Secte des Juifs , qui à cause que Dieu avoit fait naître des grenouilles pour tourmenter Pharaon , croyoient lui plaire par la veneration qu'ils faisoient paroître pour ces insectes. Du latin *Rana ,* Grenouille.

RANCHE. s. f. Terme de Charon. Morceau de bois qui entre dans le lisoir qui est à côté des ridelles d'une charrette. Il sert à les appuyer & à les tenir en état. On appelle aussi *Ranches , Les chevilles*

de bois dont l'eschelier d'un engin est garni. Elles passent au travers , & servent d'échelons pour monter au haut de l'engin & pour y mettre la sellette , le fauconneau , les poulies & le cable.

RANCHER. s. m. Longue piece de bois traversée de ranches que l'on pose en arc-boutant pour monter au haut des grues & des engins. Il y en a qui ne se servent de ce mot que pour les engins , & qui employent celui de Gruau ou d'Eschelier pour les grues.

RANCHIER. s. m. Vieux mot. Le fer d'une faux à faucher de l'herbe. Il est encore en usage dans le Blason , où l'on peint le Ranchier sur divers écus en differentes assietes. Quand il a un manche , on doit blasonner une faux. On dit aussi *Rangier.*

RANCOEUR. s. f. Vieux mot. Haine cachée & inveterée.

RANCOLINER. v. a. Vieux mot. On a dit *Rancoliner les preaux ,* pour dire , Relever les prés avec de la terre.

RANCON. s. m. Sorte d'arme ancienne. C'étoit un fust ou bâton armé d'un fer en pointe , avec deux ailerons tranchans , qui étoient recourbés en maniere de fleur de lis.

RANDON. s. m. Vieux mot. On disoit autrefois , *Le sang couloit à randon de sa playe ,* pour dire , Couloit en abondance. On dit en Fauconnerie , qu'*Un oiseau de proye fond en randon ,* pour dire , qu'il fond sur le gibier d'une maniere fort impetueuse & se jetter à terre.

RANDONNE'ES. s. f. Lieux où les Cerfs se font battre dans l'étendue de leur course.

RANDONNER. v. n. Vieux mot. On a dit *Laisser randonner un cheval ,* pour dire , Le laisser galoper.

RANETE. s. f. Vieux mot. Grenouille.

Qu'elle endormit serpentiaux & ranetes.

RANG. s. m. Mot dont on se sert sur la mer pour distinguer les vaisseaux de guerre , selon la grandeur & la quantité des canons qu'ils portent. On étend cette distinction jusques à cinq differences. Les Vaisseaux du premier rang , ont environ cent trente piés de quille ou de tille , & sont de quatorze à quinze cens tonneaux. Ils portent depuis soixante & dix pieces de canon jusques à six vingts , & ont trois ponts entiers & non coupés , & deux chambres l'une sur l'autre , celle du Conseil & celle des Capitaines , outre la dunette & la sainte Barbe. Ceux du second rang ont depuis cent cinq jusqu'à six vingt piés de quille , trois ponts entiers , ou quelquefois le troisiéme coupé avec deux chambres dans leur château de pouppe , outre la sainte Barbe & la dunette. Leur port est d'onze à douze cens tonneaux , & ils sont montés depuis cinquante-six jusqu'à soixante & dix pieces de canon. Les Vaisseaux du troisiéme rang n'ont qu'environ cent dix piés de quille. Ils ont seulement deux ponts & la sainte Barbe , la Chambre du Capitaine & la dunette dans leur Château ou Château de pouppe , mais aussi ils ont un château sur l'avant du second pont sous lequel sont les cuisines. Leur port est de huit à neuf cens tonneaux , & ils sont montés de quarante à cinquante pieces de canon. Ceux du quatriéme Rang ne le sont que de trente à quarante pieces. Ils ont à peu près cent piés de quille , deux ponts courants devant arriere , avec leurs châteaux de proue & de pouppe comme les derniers. Leur port est de cinq à six cens tonneaux. Les Vaisseaux du dernier Rang sont de trois cens tonneaux , & de dix-huit à vingt pieces de canon. Ils ont quatre-vingt-dix piés de quille & au dessous , & deux ponts

courants devant arriere , mais sans château sur l'a-
vant.

Rang , se dit sur la Mediterranée , & dans les
Vaisseaux de bas bord , du travail des Forçats qui
sont sur les bancs , & de l'effet des rames. Ainsi ,
Aller à la voile, & aux Rangs, C'est aller à la voile
& aux rames , & *Lever les Rangs* , C'est cesser de
ramer.

RANGE. s. f. On appelle *Range de pavé* , Un rang
de pavé qui sont tous d'une égale grandeur , &
que l'on met sans contre-jumelles ni caniveaux le
long d'un ruisseau , ce qui est assés ordinaire dans
les petites cours.

RANGE', E'E. adj. Terme de Blason. Il se dit de
plusieurs choses mises sur une même ligne en chef,
en fasce ou en bande. *De gueules à trois étoiles
d'or , rangées en chef.*

RANGER. v. a. *Mettre en ordre , mettre en sa place,
mettre en son rang.* ACAD. FR. On dit en termes
de mer, *Ranger la côte* , pour dire , Naviger terre
à terre , en côtoyant le rivage ; & *Ranger le vent* ,
pour dire , Cingler à six quarts de vent près du
rumb d'où il vient. On dit, *Le vent se rangea de
l'avant* , pour dire , Il prit le Vaisseau par proue ,
& *Le vent se rangea au Nord , au Sud* , pour dire , Le vent se fit Nord , se fit Sud.

RANGIER. s. m. Sorte d'animal à quatre piés , dont
Nicod parle en ces termes. *Rangier , est une espece de beste entre Daim & Cerf , de la hauteur
du Daim, mais un peu plus gros , de teste plus grande & plus chevillée que le Cerf , car il porte bien
quatre-vingts cors , ayant toute la paulmure derriere,
horsmis les antoilliers, là où le Cerf l'a devant , ausquels sont paulmures , car ils ne les ont aigus comme
le Cerf. Etant mal mené , il met sa teste bas , se estant
acculé à quelque arbre , & en fait tout son rampart,
s'en couvrant tout le corps comme d'un bouclier.
Ainsi que le Cerf fiert des Antoilliers de dessoubs , le
Rangier frappe des ergots de dessus , mais c'est bien
moindre coup. Il est de plus grande venaison que le
Cerf , & va au rut quand le Cerf l'abandonne , comme fait aussi le Daim , & porte comme la biche.
Phebus dit que de Rangier il n'en a point veu en Romain pays , sinon bien en Mauritanie , où il l'a veu
prendre à force à des chiens qu'il nomme* Baulx.

RANGUILLON. s. m. Nicod dit que c'est ce qu'on
appelle *Ardillon* , c'est-à-dire , poursuit-il , *cette
languette de fer qui est annullée au diamettre de la
boucle , & jette sa pointe outre les barreaux d'icelle , perçant & retenant la courroye , qui est mise à
travers ladite boucle , soit en ceinture , esperons ,
harnois de guerre , ou ailleurs que bouclure soit.*

On appelle *Ranguillon* , en termes d'Imprimerie,
Une petite pointe de fer , attachée à chaque larme de fer , longue quelquefois d'un demi-pié , &
qui avance sur le tympan. Le Ranguillon est au bout
de cette lame. Il y en a deux, un de chaque côté
du tympan. Il y en a deux , un de chaque côté
du tympan. Il en perçant le papier & la feuille
qu'on tire du premier côté , ces deux ranguillons
font deux petits trous qui font tenir le registre égal,
quand on tire la feuille de l'autre côté.

RANNES. s. m. Vieux mot. Rameau.

RANTERS. s. m. Heretiques qui ont beaucoup de
rapport avec les Quakers , tant pour leur vie que
pour leurs manieres. Ils tiennent que Dieu , les
Diables , les Anges , le Ciel & l'Enfer ne sont que
des fables ; que Moyse & saint Jean-Baptiste sont
des trompeurs ; que tout ce que JESUS-CHRIST &
ses Apôtres ont enseigné comme points de Religion, a peri avec eux , sans qu'il nous en soit rien
demeuré ; que la predication & la priere sont sans
fruit ; que le baptême est une pure administration

de la loi , qui provient de saint Jean ; que le peché
ne consiste qu'en l'imagination de l'homme , &
qu'on ne doit point s'arrêter à l'Ecriture. Enfin
il n'y a rien qui approche de leurs horribles blas-
phemes touchant les points de la Religion Chrétienne.

RANULAIRE. adj. Les Medecins appellent *Veines
ranulaires* , Deux veines qui sont au dessous de
la langue , & qui viennent de la Jugulaire externe.
Ces veines s'appellent *Ranules*, & on les ouvre dans
l'esquinancie , à cause que c'est par elle que le sang
qui est arrêté autour de la gorge , doit être repris
& reporté au cœur.

RAP

RAPAREILLER. v. a. Vieux mot. Reparer.
Pour rapareiller le damage.

RAPATELLE. s. f. Sorte de toile faite du poil de
la queue d'un Cheval , & dont on se sert pour faire
des sacs.

RAPE. s. f. Outil d'acier , qui est une espece de lime dont se servent les Sculpteurs en marbre , lorsqu'ils travaillent à finir l'ouvrage , & qu'ils n'ont
plus besoin de ciseau. Il y a des Rapes droites. Il
y en a aussi de coudées & d'autres piquées de differentes grosseurs. Les Sculpteurs en pierres & en
bois en ont de grosses & de petites , de quarrées,
de plates, de rondes & de demi-rondes. Les Plombiers & les Menuisiers ont aussi leurs Rapes. Celles des Serruriers sont de diverses façons. Ils en
ont de grosses , qui sont quarrées , plates & demi-rondes pour dresser les pieces de bois , &
d'autre petites qui sont rondes & demi-rondes
pour faire les entrées des clefs , & autres ouvertures.

Rape , se dit aussi d'une ustencile de cuisine , qui
est un morceau de fer blanc courbes en voute. Il
est monté sur du bois , & percé de plusieurs trous,
& sert à détacher plusieurs menues parties des corps
que l'on frotte contre , comme du sucre & de la
muscade.

RAPE'. s. m. Raisin nouveau dont on remplit le
tiers d'un tonneau pour faire repasser dessus le
vin gâté. Les Religieux Mendians en font de coquilles d'Hêtres pour y jetter le vin qu'ils ramassent
à la quête. Dans les grandes Communautés comme les Seminaires , & dans les grandes hôtelleries
il y a tousjours un rapé qui n'est pas le moindre vin.

RAPERIES. s. f. p. Nom qu'on donne à certaines
gens d'Irlande amassés par troupes , qui vont en
parti sans aucun aveu , & qui pillent dans leurs
courses tout ce qu'ils peuvent trouver.

RAPHE. s. f. Vieux mot , sur lequel Nicod rapporte
ce passage de Nicoles Giles en la vie de Dagobert
*Nostre Seigneur Jesus-Christ afin qu'ils l'en vou-
lissent croire s'approcha du ladre , & lui passa la
main par dessus le visage , & lui osta une Raphe de
la maladie de lepre qu'il avoit au visage , si qua
la face luy demeura belle , claire & nette , & le resti-
tua en santé , laquelle Raphe est encores gardée en
un reliquaire en ladite Eglise de saint Denys. Par lequel mot* , continue Nicod , *il semble vouloir dire ,
Une poignée , un plein poing , car on dit Raphet ,
quand au jeu de dez qu'on appelle la Raphe , ayant
gagné on prend hastivement , oubien plustost rapidement
la mise qui est sur le jeu , ce qu'on dit aussi Raphier
ou Raffler*, & par methaphore Raffler tout , *quand on
prend rapidement tout ce qu'on trouve en un lieu.*

RAPHILEUX, EUSE. adj. Vieux mot. Raboteux. Borel
le fait venir du Grec ῥαφή , Fente.

RAPIDES. s. m. On appelle ainsi dans quelques
fleuves

fleuves comme dans celui de saint Laurent, Certains lieux où l'eau descend avec une telle rapidité, qu'on est obligé d'y faire portage quand on remonte.

RAPIERE. s. m. Epée longue & vieille & de peu de prix, telles que sont celles dont on a coûtume d'armer les Soldats. On disoit autrefois *Rapierer* & *Rapiereur*, pour dire, Un coupe-jaret. Borel fait venir ce mot du Grec ραπίζω, qui veut dire, Frapper avec un bâton de ῥάπις, Brin de bois, verge.

RAPONNER. v. a. Vieux mot. Tancer, reprendre.

Mais pource raponnez en fui.
Qu'à clerevaux quatre mois fuy.

RAPPORT. s. m. Terme de Palais. Recit que fait un Juge ou un Commissaire en pleine Chambre de toutes les pieces d'un procès qu'on lui a données à examiner. Il se dit aussi, des sommes que l'on doit remettre dans la masse d'une succession avant que les coheritiers la partagent. Ceux qui ont eu quelque avancement d'hoirie, sont obligés à rapport.

Rapport, en termes de Chasse, signifie le recit que fait le Veneur de ce qu'il a observé en faisant la quête qui lui a été départie. Lorsque ce Rapport se fait au Roi, celui qui en est chargé lui doit être presenté par le grand Veneur.

Rapport. Terme de Mathematique. C'est la même chose que *Raison*. Voyez RAISON.

RAPPORTEUR. s. m. Juge ou Conseiller qui est chargé de rapporter un procès. *Rapporteur*, se dit aussi d'un Instrument de Geometrie fait en demi-cercle, & divisé en cent quatre-vingts degrés. Quoi qu'on le fasse ordinairement de cuivre, il y en a de corne transparente, & ceux-là sont les plus commodes. Cet Instrument sert à prendre les ouvertures des angles, & à les rapporter du Graphometre sur le papier.

On appelle aussi *Rapporteur*, Un instrument dont on se sert dans la Trigonometrie à supputer sans calcul les triangles rectilignes. Il est composé de plusieurs cercles ou demi-cercles concentriques tracés sur une même superficie, & divisés en degrés par des rayons qui vont du centre à la circonference.

RAPSODEURS. s. m. Nom qu'on donnoit anciennement à ceux qui chantoient les poësies d'Homere, dont l'Iliade étoit intitulée *Rapsodie*, de ῥάπτω Coudre, & de ᾠδή, Chant; parce qu'on prétend qu'elle est composée de diverses pieces séparées dont on a fait un seul corps. On tient que lorsque les Rapsodeurs la chantoient, ils prenoient un habit rouge, & qu'ils en prenoient un bleu quand ils chantoient l'Odyssée.

RAQ

RAQUE. s. f. Terme de Marine. Boule percée qui sert avec d'autres à faire un racage. Quand on y a fait une échancrure sur le côté telle qu'on y puisse faire entrer une corde moyennement grosse, on l'appelle *Raque gougée*, & si cette Raque gougée, a tout autour une coche, pour y poser le bitort avec quoi on l'amare, on l'appelle *Raque entochée*.

RAQUEDENASE. s. m. On appelle ainsi populairement, celui qui est si avare, qu'il voudroit rapiner jusqu'au moindre denier, & les enfans n mment *Raquedon*, celui d'entr'eux qui ayant
Tome II.

donné quelque chose veut se le faire rendre un peu après.

RAQUETTE. s. f. Instrument dont on se sert pour jouer à la paume & au volant. Il est fait d'un bois courbe en ovale, dont les extremités attachées ensemble, & couvertes d'un cuir blanc, forment le manche. Ce bois ainsi plié en ovale, est garni de cordes de mouton tendues en long & en travers dans l'entre-deux, dont les unes s'appellent *Montant*, & les autres *Travers*, Un des côtés de la Raquette est nommé *les Droits*, & l'autre *les Nœuds*. M. Ménage fait venir le mot de *Raquette*, du Latin *Retiquetta*, diminutif de *Retis*, *Reticus*, & *Reticulum*.

On appelle aussi *Raquette*, Une certaine machine faite en forme de Raquette à jouer, que les Sauvages de Canada attachent à leurs piés, & par le moyen de laquelle ils marchent plus commodement sur la neige.

Il y a dans les Isles de l'Amerique une Plante admirable appellée *Raquette*, à cause de ses grandes feuilles en ovale, qui sont quelquefois larges comme une Raquette. Elles sont épaisses d'un pouce, & toutes couvertes de longues épines fort piquantes, d'une couleur jaune. Une de ces feuilles plantée dans la terre en produit deux autres semblables qui en poussent chacune deux ou trois, & s'étendent jusques à couvrir plus de dix piés de terre en quarré. A côté de l'extremité des feuilles, croissent de petites fleurs jaunes, &, ensuite des fruits qui ont du rapport avec nos figues, mais elles sont rouges, mêlées de vert & d'épinenses, & ces petites épines sont tellement disposées, qu'elles s'enfoncent toûjours dans le lieu où elles sont entrées. Ceux qui en ont mangé, ont trouvé les unes fades, & les autres aigrelettes, & d'un goût assés agreable. Une heure après qu'on en a mangé, l'urine qu'on rend est rouge comme de l'écarlate.

RAR

RAREFACTIF. adj. Qui a le pouvoir de Rarefier. On appelle en Medecine, *Remedes rarefactifs*, Certains remedes qui ouvrent les porosités du cuir & les élargissent de telle maniere que les vapeurs qui s'y trouvent contenues ont moins de peine à se dissiper. Tels sont l'aneth, l'althæa, les fleurs de camomille, la semence du lin & du senegré & autres.

RAREFACTION. s. f. Terme dogmatique. Action par laquelle les parties d'un corps s'étendent, & occupent plus de place. Le plus souvent c'est la chaleur qui produit cet effet.

RAS

RAS, RASE. adj. Qui a le poil fort court. On appelle en termes de Marine, *Bâtiment ras*, un Vaisseau qui n'est point ponté, & qui ne porte point de couverte. Le Brigantin, la chaloupe, & la barcue longue sont Vaisseaux ras. *Bâtiment ras à l'eau*, se dit de celui qui étant ponté, est bas de bordage, & qui a sa ligne d'eau proche du platbord, ou du moins proche du feuillet des sabords de sa batterie basse.

RASANT, ANTE. adj. On appelle en termes de Fortification, *Flanc rasant*, Celui c'où les coups tirés ne font que raser la face du bastion.

RASE. s. f. Poix mêlée avec du brai qui sert à calfater un Vaisseau.

RASER. v. a. Terme de Manége. On dit d'un che-

S f

val, qu'*Il rafe*, qu'*il a rafé*, pour dire, qu'il a la
dent rafe & unie, ce qui arrive lorfqu'il n'a plus
les coins creux, & que le creux, où étoit la marque noire fe trouve rempli. Cela fait connoître
qu'il a environ huit ans. On dit à l'actif, qu'*Un
cheval rafe le tapis*, pour dire, qu'il ne leve pas affés le devant, & qu'il a les mouvemens trop près
de terre lorfqu'il galope.

On dit en termes de Marine, *Rafer un Vaiffeau*,
pour dire Oter à un Vaiffeau ce qu'il a d'œuvres
mortes fur fes hauts.

RASETTE. f. f. Terme d'Organifte, Fil de fer qui
fert à accorder les Jeux d'anche, en faifant hauffer
ou baiffer leurs tons, felon que leurs languettes
en font plus ou moins preffées.

Rafette, fe dit auffi en termes de Chiromance, des
lignes qui font immediatement au delà de la paume de la main, & à la jointure du bras, & que ceux
qui fe mêlent d'horofcope, prétendent marquer la
brieveté ou la longueur de la vie.

RASLE. f. m. Oifeau qui a le bec & le col long, la
queue & les jambes courtes, & qui eft un peu plus
gros qu'un merle. Il eft très-bon à manger. Il y
en a de trois efpeces, fçavoir le *Rafle de geneft*,
appellé ainfi de la femence de geneft qu'il mange, le *Rafle rouge*, qui tire fur le roux & vit
dans les bois taillis, & le *Rafle noir*, dont le
dos eft tout marqueté de noir. Il y a auffi des
Rafles d'eau.

RASPATOIR. f. m. Inftrument de Chirurgie dont on
fe fert pour racler un os, quand il eft fendu &
fracturé, afin de voir jufqu'où penetre la fente. On
s'en fert auffi pour applanir un os quand il eft raboteux, noir & vermoulu.

RASSEMBLER. v. a. On donne ordinairement trois
façons de labour aux terres avant que de les femer.
La premiere eft labourer, la feconde refendre, &
la troifiéme raffembler.

RASTEAU. f. m. Les Serruriers appellent ainfi de
petits morceaux de fer qui garniffent une ferrure.
Ce font des pointes faites en forme de Râteau,
qui entrent dans les fentes & dans les dents du paneton de la clef, & qui empêchent qu'une autre
clef ne puiffe ouvrir la même ferrure.

On appelle en termes de Mer, *Râteaux de vergue*, de menues pieces de bois dentelées, que l'on
cloue au deffous du milieu des deux grandes vergues. On y paffe les aiguillettes qui tiennent la tête de la voile en la place des rabans, à caufe
qu'on n'en peut mettre en cet endroit-là. On donne auffi le nom de *Râteau*, à cinq ou fix poulies
que l'on met de rang l'une fur l'autre le long de
la lieure du beaupré. C'eft où l'on paffe la manœuvre de ce mât.

Les Cordiers appellent auffi *Râteau*, la partie du
Râteau où font les dents au travers defquelles paffe
le fil quand ils travaillent.

RASTELER. v. a. Terme de Jardinier. Nettoyer une
allée, une planche de jardin, en ôtant avec le Râteau, les pierres, les mottes, & les herbes qui en
ont été arrachées. On dit auffi *Râteler des foins*,
pour dire, Les ramaffer avec un râteau.

RASURE. f. f. p. Coquilles d'Etain qui tombent
quand on travaille la vaiffelle fur le tour. Voyez
RATURE.

RAT

RAT. f. m. Petit animal noirâtre qui a quatre piés
avec une longue queue. Il a l'ouïe très-fubtile, &
ronge tout ce qu'il trouve. Son antipathie eft grande pour le chat, pour la belette & pour l'éprevier.

Il y a des Rats mufqués, qui font naturels dans
l'Ifle de la Martinique & dans quelques autres. Ils
font de la même forme que les Rats communs,
mais tellement grands, que quatre des autres ne
pefent pas un de ces Rats mufqués. Ils embaument
l'air voifin des lieux où ils fe retirent, d'une odeur
de mufc, & ne peuplent gueres. On les appelle autrement *Piloris*. Le *Rat d'Egypte*, a quelque chofe
de l'Ecureuil. Il entre dans la gueule du Crocodile,
& fe gliffant dans fon ventre, il lui ronge les entrailles. Matthiole parle des Rats de Ponte, de Laf-
fe, de Nuremberg, de Hongrie, & des Indes, &
croit que ceux de Ponte font la même chofe que
l'hermine. Ils font blancs & gros comme des Ecu-
reuils, & chaffent aux oifeaux & aux fouris. Leur
queue eft longue feulement d'un doigt, & le deffus
en eft noir. Les Rats Laffiques font blancs & cendrés & plus grands que les hermines. Leur ventre
eft tout blanc. Ceux de Nuremberg ont le poil prefque femblable à celui d'un liévre, la queue courte,
& deux trous feulement en la place où devroient
être les oreilles. Ils font de la groffeur des fouines.
Les Rats de Hongrie ne font guere plus gros que
les fouris. Ils reffemblent aux belettes, & font d'une
couleur tirant fur le vert. Le poil des Rats d'Inde
eft prefque femblable au poil des Marmotes, mêlé de plufieurs poils blancs qui le rendent argenté.
Ils ont la tête & le mufeau longs, les oreilles fort
petites, la queue groffe d'en haut, & qui va toûjours en amoindriffant, & les cuiffes grandes à peu
près d'une paume. Ils font gros comme des chats,
mais ils ont les piés plus petits, & le poil beaucoup plus rude, fur-tout fi on le frotte à contre-
poil.

Rat, fe dit en termes de Marine, d'une efpece
de ponton compofé de planches qui font attachées fur quelques mâts. Les Calfateurs s'en fervent dans les ports pour donner la carenne à un
Vaiffeau.

On dit auffi *Rat*, pour dire, Un endroit de mer
où il y a quelque grand courant. Le Rat d'ordinaire eft dans un canal. Il y a pourtant des Rats de marée, c'eft-à-dire, des contre-marées dans le large
de la mer.

Rat, fe dit encore d'un paffage d'eau entre des
mafures fur lefquelles on veut bâtir une pile neuve pour un pont. Il empêche de puifer les bâtardeaux.

On fe fert encore du nom de *Rat*, en parlant
de certaines manœuvres, comme l'écoute & le
couet quand le cordage en eft plus gros par en
haut que par en bas. Ainfi on dit, *Couets, Econ-
tes à queue de rat*, à caufe que le bout que tiennent les Matelots eft moins fourni de torons que le
refte de ces fortes de manœuvres. On en manœuvre plus facilement, mais auffi le cordage fe caffe plûtôt.

Les Tireurs d'or nomment *Rats*, les trous mediocres des filieres qui fervent à dégroffir l'or
& l'argent & à reduire ces métaux en fils déliés.

RATE. f. f. corps membraneux compofé de plufieurs
replis & cellules diftinctes, qui ont du rapport
avec les alveoles des abeilles. Tous ces replis font
parfemés d'une infinité de petites glandes rondes
qui dépendent des fibres & des extrêmités des arteres & des nerfs de ce parenchyme. Plufieurs animaux n'ont point de rate ainfi que la plûpart des
oifeaux. Les chiens & les porcs à qui on l'a coupée, ne laiffent pas de vivre, & continuent à faire toutes les fonctions vitales, animales & geni-
tales, mais il n'eft pas vrai que l'homme puiffe

être fans rate , & il eft très-dangereux de la lui couper. Ceux qui ont la Rate tendre , mal affectée, gonflée , ou viciée de quelque manière que ce foit, crachent beaucoup , & fe guériffent par les reme-des falins diurétiques. Les urines qui étoient aupa-ravant blanchâtres & crues , deviennent , un peu après qu'on a rétabli la Rate , troubles , chargées de fediment , noires & obfcures , & enfin naturel-les. Quand on a la Rate bien conftituée on a le corps vermeil , & on eft maigre quand on l'a gon-flée. La Rate n'a aucune cavité , & par confequent elle n'eft pas deftinée pour recevoir ou engendrer aucune humeur ou excrement particulier. Il n'y entre point de fang qui n'aille immediatement dans la veine porte. Il paffe par le foye , & va de là à la veine cave , puis au cœur fans aller ailleurs. La grandeur , la couleur & les autres proprietés de la Rate , font particulieres à chaque animal. Quant à l'homme , elle eft rouge dans les fœtus , & obfcure ou plus ou moins noire dans les adul-tes , & même à proportion des parties , eft plus grande dans les premiers que dans les der-niers. La plûpart des maladies qu'on attribue à la rate , viennent des nerfs fpleniques, qui caufent par confentement les douleurs des autres parties & plu-fieurs fymptomes qui furviennent. La Rate n'eft pourtant pas un vifcere inutile. Sa ftruction feule avec fa connexion , fait connoître qu'elle ne fert pas peu , foit pour rétablir , foit pour conferve l'é-tat naturel du fang. Les Anciens croyoient que la Rate recevoit la partie de fang la plus groffiere , la plus terreftre & la plus boueufe, & renvoyoit l'autre partie au ventricule court pour aider la digeftion , ce qui ne peut être , puifqu'il n'y a aucune connexion entre la Rate & l'eftomac. Ettmuler ne voulant rien déterminer fur les differentes opinions des Mo-dernes qui lui ont paru douteufes , a dit feulement qu'on peut penfer qu'il y a dans la Rate un certain ferment tirant fur l'acide , & très-volatile , à caufe des efprits que les nerfs y apportent en grand nom-bre ; lequel levain empreigne le fang qui eft appor-té , volatilife les parties groffieres du chyle qui ne font pas encore affimilées, facilite la fermentation , qui fe fait dans le cœur , la generation des efprits , & la precipitation des parties heterogenes du fang, & non affimilables , lefquelles font chaffées dehors par les couloires ordinaires, & particulierement par les reins. Tant que ces chofes font ainfi difpofées & bien reglées , le corps eft en bon état lorfqu'el-les font viciées, le fang s'épaiffit & fermente len-tement , les efprits s'engourdiffent & viennent à manquer , comme il arrive dans les maladies de la Rate. Les Rates du cerf & du bœuf en decoction, ou reduites en effences , font fpecifiques contre les cakexies des filles , par la fuppreffion de leurs or-dinaires.

RATEPENNADE. f. f. Oifeau nocturne , qui eft une forte de Chauve-fouris, en Latin *Mus pen-natus.*

RATIERE. f. f. Sorte de petite trape de bois , où l'on prend les rats en vie.

    Les Rubaniers appellent *Ratiere,* Le metier dont ils fe fervent pour faire de la gance.

RATIOCINER. v. n. Terme de Logique. Ufer de la faculté de raifonner , faire fes arguments.

RATION. f. f. Portion de pain de munition qu'on diftribue chaque jour aux Fantaffins & aux Cava-liers. On appelle *Ration de fourrage* , ce qu'il faut diftribuer de foin , de paille & d'avoine à un Cava-lier pour faire fubfifter fon cheval. On dit auffi *Ration,* dans les Vaiffeaux. C'eft la mefure du bifcuit , de la pitance & de la boiffon , qu'on

    Tome II.

diftribue à chacun dans le bord. Ce mot vient du Latin *Ratio* ; ce qui fait qu'on dit *Raifon* , en plufieurs lieux de la mer & *Double raifon* , quand on l'augmente dans les occafions de réjouif-fance.

RATIONAL. f. m. Efpece de vêtement facerdo-tal que faint Jerôme dit avoir été une petite piece d'étoffe brodée , longue d'un palme en quarré. Se-lon du Cange , c'étoit un double quarré de quatre couleurs , & tiffu d'or. Douze pierres precieufes d'un très-grand prix , attachées deffus , étoient dif-pofées en quatre rangs , chacun de trois pierres. Il y avoit une topafe , une fardoine, & une emeraude dans le premier ; un faphir , un rubis , & une pier-re de jafpe dans le fecond ; une amethyfte , un lyncure , & une agate dans le troifiéme ; & une onix , une chryfolite & un beril dans le quatriéme, avec le nom d'un des douze fils de Jacob gravé fur chacune de ces pierres. Les Hebreux ont ap-pellé ce Rational *Effen* , & les Grecs λόγιος , Une ceinture de differentes couleurs,& tiffue d'or, y étoit coufue , & nouée au deffous. Les Evêques de la nouvelle loi ont auffi porté un Rational. Il y en a qui croyent qu'il reffembloit à celui des Juifs , & d'autres que c'étoit fimplement un Pal-lium.

RATIONEL , ELLE. adj. Terme de Mathematique. Se dit des quantités qui ont entre elles une rai-fon exacte de nombre à nombre , c'eft à-dire , qui peut être exprimée par des nombres. Toutes les grandeurs commenfurables font rationelles. Voyez COMMENSURABLE , INCOMMENSURA-BLE, RAISON, IRRATIONEL.

RATISSOIRE. f. f. Inftrument de fer à manche de bois , dont on fe fert pour ratiffer les montées d'une maifon , & les allées d'un jardin. Les Ra-monneurs ont auffi un petit Inftrument de fer qu'ils appellent *Ratiffoire* ; c'eft avec quoi ils nettoyent les cheminées.

RATON. f. m. Sorte de petite tarte que les Appren-tis Pâtiffiers vendent ordinairement fur des clayons dans les rues. Elle eft faite de pâte avec du fro-mage ou de la crème cuite.

RATURE. f. f. Terme de Potier d'Etain. Petite ban-de d'étain en forme de ruban étroit & délié , que le crochet enleve quand on tourne l'étain fur la roue. Les Potiers d'étain, après avoir refondu leurs Ratures , s'en fervent à faire plufieurs for-tes de befogne. Les Parcheminiers appellent *Ratu-res* , ce qu'ils ôtent du parchemin avec le fer à ra-turer. On fait de la colle avec ces Ratures de par-chemin. *Raturer,* fe dit auffi , pour dire, Oter avec un fer propre pour cela , le fuperflu du parchemin en coffe.

RAV

RAVALEMENT. f. m. Petit renfoncement fimple, ou bordé d'une baguette ou d'un talon qui fe fait dans des pilaftres & corps de Maçonnerie ou de Menuiferie.

RAVALER. v. a. Les Maçons difent , *Ravaler un mur* , pour dire , Le finit avec le crepi ou l'enduit. On dit auffi , *Ravaler un mur de pierre de taille* , quand on le nettoye avec la râpe ou avec un autre fer. On s'eft fervi du mot de *Ravaler* , pour cette forte d'ouvrage à caufe qu'on le commence par en haut , & qu'on le finit par en bas en rava-lant.

    Les Boureliers difent auffi *Ravaler* , pour dire, Rendre le cuir plus mince , & en ôter un peu avec le couteau à pié.

RAVAUX. f. m. p. Terme de chasse. Grandes perches garnies de branches , qui servent à rabattre le long des hayes , les oiseaux que d'autres Chasseurs qui sont de l'autre côté de ces mêmes hayes sont partir la nuit avec du feu de paille.

RAVE. f. f. Racine blanche que l'on mange avec du sel après l'avoir ratissée. Elle est aperitive & de difficile digestion. Matthiole dit qu'il y en a de trois especes , de plattes , de rondes & de longues ; qu'on en trouve en certaines regions , comme en Savoye , qui pesent jusqu'à cent livres ; qu'il en a vû plusieurs fois au Val d'Ananie qui en pesoient plus de trente , & qui étoient longues & rouges , & qu'on ne peut assés admirer qu'une fort petite graine produise en trois mois une racine si grosse. On estime fort les raves aux hautes montagnes , où l'on n'a pas les commodités du plat Pays , & l'on s'en sert tant pour la nourriture des personnes , que pour celle du bestail. Si l'on s'en rapporte à l'histoire des Incas , il s'est trouvé au Perou une rave d'une grosseur si prodigieuse, que pour la transporter d'un lieu à un autre on fut contraint d'attacher cinq chevaux au bout de ses feuilles. Elle étoit dans la vallée de Cusapa. Sa tige avoit deux aunes & demie de long , & à peine un homme pouvoit l'embrasser. Il y eut plusieurs personnes qui en mangerent , & elle se trouva fort tendre.

RAVELIN. f. m. Terme de Fortification. Ouvrage composé de deux faces, qui sont un angle saillant. Il se met d'ordinaire au devant des portes & de la contrescarpe d'une Place. C'est ce que tous les gens de guerre nomment *Demi-lune* , le mot de *Ravelin* n'étant demeuré en usage que parmi les Ingenieurs.

RAVENELLE. f. f. Fleur jaune qui vient au Printems. Il y en a de double dans les jardins , & d'autre qui croît d'elle-même sur les murailles. Il y a aussi une fleur qui vient dans les champs parmi les blés , & qui est comme blanche , qu'on appelle *Ravenelle.*

RAVET. f. m. Petit Animal semblable à un hanneton dépouillé de ses plus dures aîles ; mais qui est un peu plus plat & plus tendre. Il y en a une grande quantité dans les Antilles , & sur tout dans l'Isle de la Guadeloupe. On en trouve de deux sortes. Les plus gros sont d'ordinaire de même grosseur & de la même couleur que les hannetons. Les autres sont plus petits de la moitié. Il y en a dans la Martinique & dans les autres Isles , qui sont larges d'un pouce & longs d'un pouce & demi , & qui volent comme des oiseaux. Ces animaux , tant les gros que les petits , sont beaucoup de tort aux Habitans , en se glissant à milliers dans leurs coffres, où ils rongent tout ce qu'ils peuvent attraper , de même que font les rats ; ce qui leur a fait donner le nom de *Ravets.* Ils épargnent seulement les étoffes de soye & de cotton. Sur-tout , le cotton qui n'a pas encore été mis en œuvre n'est pas de leur goût. On a remarqué qu'ils sont ennemis des bonnes odeurs , & qu'ils ne se fourent pas volontiers dans les coffres qui sont faits de cedre & de ces excellents bois de senteur qui sont communs dans toutes les Isles.

RAVIN. f. m. Fosse, chemin creux, qu'ont cavé les eaux qui coulent avec violence. On se sert quelquefois des ravins pour faire des tranchées , des lignes ou des approches contre les Ennemis.

RAVIRER v. a. *Ravirer* le feu , c'est le rendre plus vif , *Ravirer* le cuivre , c'est le raper , le limer pour le rendre propre à recevoir la soudure.

RAVISSANT , ANTE. adj. Qui enleve par force. Il se dit , en termes de Blason , d'un loup qui porte sa proye *D'or au loup ravissant d'azur.* Il se dit aussi du lion lorsqu'il est rampant.

RAVOIR. f. m. Terme de marine. Parc de rets ou de filets qui est tendu sur les greves que la mer couvre & découvre.

RAY

RAYAUX. f. m. p. Terme de Monnoye. Il se dit des moules ou canaux dans lesquels on jette l'or ou l'argent que l'on fond pour en faire les lingots dont on taille les carreaux.

RAYE. f. f. Sorte de poisson de mer plat & cartilagineux , & qui a la queue piquante. Il y en a d'une grandeur prodigieuse dans les Isles de l'Amerique & celle qui fut prise à saint Christophe en 1634. en est une preuve. Ayant été vûe en mer à une portée de mousquet de la rive , on y envoya deux chaloupes avec quinze ou vingt hommes dans chacune. Elle fut frappée de plusieurs harpons tout à la fois , & malgré les efforts que firent tous ceux qui étoient dans les deux chaloupes , elle les entraîna si loin dans la mer, qu'ils perdirent presque l'esperance de s'en rendre maîtres. Enfin après qu'elle eut perdu tout son sang , elle fut amenée à terre. Sa grandeur étant de douze piés depuis la tête jusqu'à la queue , & de dix depuis un aileron jusqu'à l'autre. Elle se trouva si dure , que personne n'en put manger , de sorte qu'on ne profita que de son foye , qui fut traîné par dix hommes avec grand peine au lieu où l'on en devoit faire le partage. Thevenot a écrit que le long de la côte des Abyssins il y a des Rayes plus longues qu'un bateau , & larges à proportion , mais que leur peau est si dure , que le harpon n'y peut mordre.

On trouve dans les Antilles une autre sorte de Raye fort particuliere. Elle a le groin de porc & une queue longue de trois piés , quelquefois de quatre. Cette queue est toute noire , & va toûjours en s'amenuisant. Au haut de la même queue sont deux Petits dards en maniere d'hameçon. La piquûre en est mortelle , mais pour en guerir , il ne faut qu'appliquer dessus un morceau de la chair de ce même animal. La cendre de la chair brûlée , & même celle du dardillon mêlée avec du vinaigre , fait le même effet.

RAYER. v. a. *Effacer , faire une raie sur l'écriture.* ACAD. FR. On dit en termes d'Arquebusier , *Rayer un fusil , une arquebuse* , pour dire , Faire une rayure à force de viz dans le canon de l'arme à feu , ce qui fait qu'elle porte bien plus loin qu'elle ne seroit si le canon n'étoit pas rayé.

RAYERE. f. f. Vieux mot. Fente ou flanc d'une tour pour donner un peu de lumiere.

RAYEURE. f. f. Changement de couleurs qui se fait par raies sur de certaines étoffes.

Rayeure , se dit aussi de la raie en forme de vis qui se fait dans le canon d'une arme à feu.

On appelle encore *Rayeure* , Un assemblage de pieces de bois qui se fait dans un comble de charpenterie , au droit des croupes ou des noues. On dit aussi *Enrayeure.*

RAYON. f. m. *Trait de lumiere.* Il se dit particulierement du Soleil. ACAD. FR. Il veut dire , en termes d'Optique , une Ligne qu'on s'imagine partir de l'œil vers l'objet , ou de l'objet vers l'œil. C'est ce qu'on appelle *Rayon visuel.* Il y a une pyramide de rayons qui vient frapper la retine , & ces rayons se rompent dans le cristallin. Voyez CRYSTAL-

LIN & PINCEAU. On dit , *Rayons convergens* , *divergens* , *directs* , *de reflexion* , *de refraction* , *&c.* Voyez ces mots.

On appelle , en termes de Geometrie , *Rayon d'un cercle* , une Ligne droite tirée du centre du cercle jufqu'à la circonference ; & *Rayon d'une fphere* , une autre ligne droite tirée du même de la fphere à la fuperficie de la même fphere.

On appelle abfolument *Rayon* dans la Trigonometrie le *Sinus total*. Voyez SINUS.

On appelle auffi *Rayon* , les Lignes qui vont du centre d'une figure à fes angles ou à fa circonference.

Rayon Aftronomique. Inftrument compofé d'un long bâton & d'un autre plus court mis en croix, qui peut fe mouvoir le long du grand. Ces deux bâtons ont des divifions propres à mefurer les hauteurs fur mer. Cet inftrument s'appelle autrement *Bâton de Jacob & arbaleftrille.*

Les Vignerons appellent *Rayon* , Une forte de foffe où l'on couche du plant de vigne quand on plante la vigne. Il fe dit auffi des fillons que fait la charrue quand on laboure en droite ligne , fur-tout de ceux qui fe font pour donner de l'écoulement aux eaux.

Rayon , en termes de Medecine , fe dit d'un des deux os qui s'étendent depuis le coude jufqu'au poignet. C'eft le plus petit & celui qui eft le fuperieur. Il reffemble en quelque façon à la navette d'un tifferand , & il a quatre mufcles qui fervent aux divers mouvemens de la main.

On appelle encore *Rayons* , Les creux & cannelures qui font dans les lingotieres , & qui fervent de moules aux lingots.

RAYONNANT , ANTE. adj. Terme de Blafon. Il fe dit du Soleil & des Etoiles. *D'or au chef d'azur chargé d'un Soleil rayonnant d'or.*

REA

READJOURNEMENT. f. m. Terme de Pratique. Nouvel exploit , nouvelle affignation que donne un Sergent à celui qui a fait défaut fur la premiere.

REAGAL. f. m. Efpece d'arfenic , qui étant extrêmement fec, retire les nerfs de ceux qui en ont pris. C'eft un des poifons les plus dangereux , que les Latins appellent *Rifagallum*. M. de Meuve dans fon Dictionaire Pharmaceutique , dit que par le mot d'*Arfenic* , on entend vulgairement l'Orpiment fublimé plufieurs fois avec le fel , qui par ce moyen degenere en une maffe très-pure & criftalline ; mais que les Grecs & quelques modernes entendent trois chofes par ce même mot d'arfenic , fçavoir l'Orpiment , qui eft l'arfenic jaune , la Sandaraque , qui eft l'arfenic rouge , & le Reagal , qui eft l'arfenic blanc ; de forte qu'il femble que l'orpiment , l'arfenic , la fandaraque & le reagal ne different que de nom , puifqu'on les tire des mêmes mines , qu'ils font tous feptiques , & que l'extrême acrimonie de chaleur qu'ils ont , détruit les principes de la vie. Il ajoute que Diofcoride fait deux efpeces d'orpiment en particulier , dont la premiere & la meilleure eft écailleufe , enforte que les écailles femblent entaffées les unes fur les autres , & fe feparent facilement fans que l'on y mêle d'autre matiere ; que la feconde , dont fe fervent les Orfevres , eft en petits morceaux en forme de gland , moins pure , de couleur plus jaune , à peu près comme celle de la fandaraque , ne fe levant pas facilement par écailles comme l'autre , & que celle-là eft appellée proprement *Reagal.*

REAGGRAVE. f. f. La derniere des monitions qu'on fait dans les cenfures Ecclefiaftiques , pendant laquelle on allume une chandelle ; & fi celui contre qui cette derniere monition fe publie , ne vient fe foumettre aux ordres de l'Eglife avant que l'on éteigne cette chandelle , on fulmine l'excommunication , & on déclare que toutes les peines en font encourues,

REALE. f. f. Terme de mer. Il fe dit de la principale Galere d'un Royaume indépendant , mais non pas d'un Royaume Feudataire & qui eft annexé à un plus grand. La Reale eft deftinée en France pour le General des Galeres , & elle a l'étendard Royal qui la diftingue des autres. Cet Etendard eft de figure quarrée & de couleur rouge , femé de fleurs de lis d'or. La principale Galere du Pape eft auffi appellée *Reale* , à caufe du pas que toutes les Têtes Couronnées des Etats Catholiques donnent à ce Souverain Chef de l'Eglife. Les Royaumes de Cypre , de Candie , que la République de Venife a poffedés , l'autorifent à donner la qualité de *Reale* à la premiere de fes Galeres. Les Genois prétendent la même chofe à caufe du Royaume de Corfe , mais les conteftations arrivées pour le falut entre cette Galere & les Capitanes de Tofcane & de Malte, empêchent depuis long-tems cette Galere de paroître en mer. Les principales Galeres des Efcadres de Naples , de Sicile & de Sardaigne s'appellent chacune *Capitane Reale.*

Reale. Efpece de monnoye blanche qui fe battoit en Efpagne , ou fur les terres du Roi d'Efpagne, & qui a eu cours en France du tems de François I. & des Rois fes fucceffeurs. Cette Reale , que l'on appelloit *Simple Reale* , ou *Reale d'Efpagne* , avoit d'un côté un écuffon couronné , & pour legende , *Fernandus & Elifabetha Dei gratiâ* , & de l'autre plufieurs fleches liées enfemble avec ces mots pour legende , *Arragoniæ Rex & Regina Caftelle.* Elle valoit trois fols fix deniers fous François I. trois fols feulement fous Henri III. & cinq fols fous Henri IV. La Demi-Reale étoit une efpece de monnoye grande comme un demi écu d'or , & a valu deux carolus , quelquefois fix blancs , & d'autres fois deux fols huit deniers , mais cela fous divers regnes. La double Reale ou Piece de deux Reales, étoit large comme un écu d'or. Elle a valu d'abord fept fols fix deniers , & jufqu'à dix fols huit deniers fous Henri IV. La piece de quatre Reales valoit quinze fols tournois , & a auffi valu vingt fols. Elle étoit large comme un écu blanc. Celle de huit Reales étoit encore plus large. Elle valoit cinquante-huit fols , & a eu cours fous le regne de Louis XIII. jufques vers l'année 1642. Quoique l'on dife *Reale* au fingulier , le pluriel eft *Reaux* , & on parle ainfi quand on parle d'efpeces d'argent en Efpagne & aux Indes. La Reale y vaut une Piece de huit Reaux de Plate , c'eft-à-dire , une Piaftre qui vaut un écu de foixante fols , monnoye de France. Le marc des barres de toute loy eft évalué à foixante & dix Reaux de Plate aux Indes , & fur ce pié-là , fi un Marchand y vend pour deux mille piaftres de marchandifes , on le paye en ces fortes d'efpeces , ou bien on lui donne deux cens vingt-huit marcs quatre onces quatre gros & demi , poids d'Efpagne en barre de toute loi. Il y a eu auffi une efpece dont on appelloit *Reale de Flandre.* Elle étoit du poids de deux deniers quatre grains trebuchans , & avoit d'un côté la tête de Philippe I. Roi d'Efpagne avec une couronne fur la tête , & pour legende du même côté , *Philippus , Dei gratiâ , Hifpaniæ & Angliæ Rex , Dux Brabanti* & de l'autre côté un écuffon avec des armes femées de petits lions, & pour legende, *Dominus mihi protector*. Elle valoit sept livres dix sols, & a eu cours sous le regne de Louis XIII.

REALISER. v. a. Rendre réel, effectif. On dit, en termes de Coûtume, *Realiser un contrat, un partage*, & cela se fait lorsqu'on reconnoît le contrat pardevant le Seigneur dont l'heritage est tenu, ou pardevant les Officiers de sa Justice, afin d'acquerir un droit réel, hypotheque & nantissement. On dit dans le pays où le nantissement a lieu, qu'*Une rente a été realisée & nantie*, pour dire, qu'elle a une hypotheque privilegiée.

Realiser. C'est aussi acheter des effets réels pour des billets, ce qu'on pratiqua en 1720. jusqu'au menopole.

REB

REBAISER. v. a. Terme de Monnoye. Il se dit quand on ajuste les quarreaux pour les rendre de leurs juste poids. La premiere fois quel'on y touche, c'est *Approcher*, & les autres fois c'est *Rebaiser*; ce qui se fait d'ordinaire par les Tailleresses ou filles des Ouvriers.

REBANDER. v. n. Terme de Marine, dont il n'y a que le commun des Matelots qui se serve, pour dire, Remettre à l'autre bord, retourner à un autre côté. Il se dit encore, quand après avoir changé de bord, on court un autre air de vent.

REBARDER. v. a. Vieux mot. Chanter une reprise ou un refrein de chanson, comme les Bardes Gaulois, de *Barde*, qui vouloit dire Chantre. Il a signifié aussi le Refrain.

 Et de geste chanté nos ont
 Le rebarder à grand deduit.

REBATTEMENT. s. m. On appelle *Rebattemens*, en termes de Blason, diverses Figures qu'on fait selon le caprice. Elles sont d'un fort grand usage en Allemagne. *Rebattemens*, se dit aussi de plusieurs divisions extraordinaires de l'Ecu. On les nomme ainsi, à cause que les figures étant opposées, il semble qu'elles se rebattent l'une l'autre.

REBATTRE. v. a. Chez les Tonneliers, *Rebattre les tonneaux*, c'est les resserrer, y remettre des cerceaux. Les Marchands de vin donnent tant pour le rebat des tonneaux sur le port.

REBAUDI, 1E. adj. Vieux mot. Joyeux.

REBAUDIR. v. n. Terme de Chasse. Ce mot se dit quand les chiens ont la queue droite, le balay haut; ce qui fait connoître qu'ils sentent quelque chose d'extraordinaire.

REBEC. s. m. Vieux mot. Sorte d'instrument de Musique qui n'avoit que trois cordes. C'étoit une maniere de violon, avec lequel on menoit les épousées à l'Eglise.

 A tel Menetrié tel Rebec
 Tenant toûjours le verre au bec.

Borel fait venir ce mot de l'Hebreu *Rebiac*, Sistre. M. Menage dit qu'il vient de l'Espagnol *Rabel* pris de l'Arabe *Rebab* ou *Rebaba*, qui signifie la même chose.

REBLANDIR. v. n. Terme de Coûtume. Il se dit quand un Vassal va trouver son Seigneur ou ses Officiers pour retirer son aveu & dénombrement, & les prier de lui vouloir bien apprendre pourquoi les saisies ont été faites, & quelles difficultés lui peuvent être opposées.

REBONNER. v. a. Vieux mot. Renouveller.

REBORDER. v. n. Terme de Marine. Tomber une seconde fois sur un Vaisseau, & se détacher de ses amarres. On dit aussi *Deborder*.

REBOURSER. v. a. Terme d'Appréteur de Draps.

Relever le poil du Drap à rebours. On a dit autrefois Rebourssé, pour retroussé.

 Rechignée estoit & froncié.
 Avoit le nez & rebourssé.

Ces mêmes Artisans qui apprêtent des draps ont une sorte de peigne pour en relever le poil à rebours qu'ils appellent *Rebourssoir*.

REBRAS. v. a. Vieux mot. Rebord, repli de quelque chose. On a dit *Le Rebras des manches*, pour dire, Ce qui se retourne des manches d'un habit sur le bras, & *Donner un soufflet à double Rebras*, pour dire, De toute sa force. On a dit aussi *Rebrasser les manches*, pour dire, En retrousser les bords.

REBRESCHE. s. m. Vieux mot. Conte, propos.

 Et pour venir à mon Rebresche.

On a dit aussi autrefois *Rebrescher*, pour, Censurer.

REBIFFER. v. n. Vieux mot. Etre relevé en haut.

 Son nez rebiffoit contre mont.

REC

RECAIGNERE. v. n. Vieux mot. Braire comme un Asne.

RECALCITER. v. n. vieux mot. Regimber, du Latin *Calcitrare*, Ruer des piés.

RECALER. v. a. Terme de Menuisier. Oster du bois avec une varlope, ou une autre outil à fust. Il y a des *Varlopes à recaler*, & elles different de celles qui sont à ébaucher, en ce que ces dernieres sont plus droites, & que le fer sort davantage du fust, & les varlopes à Recaler au contraire.

RECAMER. v. a. Terme de Brodeur. Enrichir un brocard d'or ou d'argent, d'un nouvel ouvrage en forme de broderie élevée de fleurs ou d'Arabesque, en y ajoutant sur le métier de nouvelles chaînes & tremes d'or & d'argent qui le relevent. Ce mot est pris de l'Espagnol *Recamar*, ou de l'Italien *Ricomare*, qui veulent dire, Broder.

RECAPITULATION. s. f. Un Orateur dit, faire une Recapitulation de ce qu'il a prononcé quand un Prince, une Princesse, un Evêque dans son Diocese, un Rhetoricien dans ses Colleges, entre sur son discours.

RECELER. v. a. *Garder & cacher le vol de quelqu'un.* ACAD. FR. On dit en termes de chasse d'une bête fauve, qu'*Elle se Recele sur soi*, pour dire, qu'Elle est demeurée dans son fort sans en sortir. On a dit autrefois *A recelée*, pour dire, En cachette.

RECELLE'. s. m. Terme de Monnoie. On dit *Faire des Recellés*, Quand un Maître de Monnoye de concert avec les Officiers, ne fait mention sur le registre des délivrances que d'une petite quantité de marcs fabriqués, quoiqu'il en ait été fabriqué un plus grand nombre. Toutes les fois que l'on a pû découvrir cette fraude, on a condamné les Maîtres à restituer le quadruple sur le pié de ce qui avoit été fabriqué. On a interdit les Officiers, & les uns & les autres ont été condamnés à de fortes amendes envers le Roi, & quelquefois à des peines encore plus grandes selon les cas.

RECERCELE'. E'E. adj. Vieux mot. Recoquillé comme un carreau. Il est encore en usage dans le Blason, & se dit de la croix ancrée tournée en cerceaux, & de la queue des cochons & levriers. *D'or à la croix ancrée, recercelée de sable.*

RECENSER. v. a. Vieux mot. Raconter.

RECET. s. m. Vieux mot. Retraite.

RECETIERE. adj. Vieux mot. Receleur.

 Mes donc, qu'en je n'en suis fesiere,
 J'en puis bien estre Recetiere.

RECHABITES. s. m. Secte de Juifs, ainsi appellés,

à cause qu'ils étoient fils de Jonakab , fils de Rechab Prophete. Ils ne bûvoient point de vin , ne plantoient point de vignes , & ne femoient point de femence. Ils paffoient auffi toute leur vie dans des tentes comme des étrangers , fans conftruire de maifons.

RECHAMPIR. v. n. Terme de Peinture. Quand on dore quelque grand ouvrage dont les fonds font blancs ordinairement , il arrive prefque toûjours qu'en couchant de jaune & d'affiette , cette couleur fe répand fur les fonds , & pour reparer cela , on prend du blanc de cerufe broyé avec de l'eau , & détrempé enfuite dans une autre eau où de la colle de poiffon coupée par petits morceaux doit avoir trempé un jour , puis bouilli un bouillon ou deux, après quoi la colle doit avoir été paffée au travers d'un linge. De ce blanc ainfi infufé & détrempé dans cette colle, on couvre ce que le jaune ou l'affiette peut avoir gâté. On y donne deux ou trois couches, & c'eft ce que l'on appelle *Rechampir.*

RECHANGE. f. m. Terme de Marine. On appelle *Rechange de Vaiffeau* , Toutes les manœuvres qu'on met en referve , pour s'en fervir au défaut de celles qui font en place. Ainfi on dit *Voile* , *Vergue* , *Funin de Rechange* , pour dire , Voile , Vergue , Funin , que l'on tient tout prêts pour en changer au befoin. Les Levantins difent , *Voile* , *Vergue de refpeEt* , *Voile* , *Vergue de repit.*

Rechange , fe dit auffi en termes de Negoce, d'un fecond droit de change qu'on doit pour les lettres qui reviennent à proteft , lorfque celui qui en eft porteur , fur le refus qu'on a fait de les acquitter à été obligé de prendre de l'argent fur les lieux, ou des lettres de change fur d'autres Marchands & en d'autres places.

RECHARGER. v. a. Terme de Charron. Recharger un effieu de charette , c'eft regroffir les bras quand ils font foibles.

RECHASSER. v. a. Terme de Chaffe. Faire rentrer dans les forêts des bêtes qui en font forties , & qui fe font écartées aux buiffons. Il y a des Charges de Rechaffeurs des bêtes fauves. Le Roi les donnoit à des Gentilshommes ou à de vieux Chaffeurs , avec des appointemens pour nourrir des Chiens courans qui les rechaffoient dans les forêts. Quand les bêtes y étoient rentrées , les Rechaffeurs étoient obligés de rompre les chiens & de fe retirer.

RECHAUSSER. v. a. Terme de Jardinier. On dit *Rechauffer un arbre* , pour dire , Lui mettre du fumier ; ou de la terre nouvelle au pié.

Rechauffer , dans les Mechaniques , fignifie , Remettre des dents aux roues & aux machines dentées , comme à celles des moulins.

Rechauffer , veut dire auffi en termes de Monnoye & d'Orfevrerie , Rabattre une piece de métal , pour la rendre plus épaiffe , & amoindrir fon volume. *Rechauffer* , fignifie encore , Arrondir & rabattre les pointes des carreaux. C'eft la cinquiéme façon qu'on donne aux monnoyes au marteau.

RECHAUSSOIR. f. m. Terme de Monnoie. Inftrument qui fert à arrondir & à rabattre les pointes des quarreaux. Il eft fait comme les marteaux des Tonneliers , long & recourbé d'un côté & court & petit de l'autre.

RECHERCHE. f. f. Soin que l'on prend de chercher, de recueillir quelque chofe. On appelle *Recherche de couverture* , la reparation qui s'y fait lorfqu'on met des ardoifes ou des tuiles fur une couverture de maifon , en la place de celles qui y manquent ; & *Recherche de pavé* , la même reparation qui fe fait pour le pavé , lorfque l'on en met des neufs en la place de ceux qu'on trouve brifés , & qu'on en raccommode les flafches.

RECHERCHER. v. a. *Chercher une autre fois* , *chercher curieufement.* ACAD. FR. On dit en termes de Peinture , *Rechercher toutes les parties d'une figure* , pour dire , Apporter tout le foin, toute l'application poffible à bien finir , à perfectionner un ouvrage. *Rechercher* , fe dit particulierement en Cifelure & en Sculpture , lorfqu'avec divers outils , on finit un travail avec tant d'art , que chaque partie s'en trouve bien terminée.

RECHIN. adj. Vieux mot. Chagrin , melancolique, qui eft d'une humeur fauvage & rude. Foulque , Comte d'Anjou , a été furnommé *Le Rechin* , à caufe de fon air melancolique & de fon vifage toûjour rechigné.

RECIPIANGLE. f, m. Inftrument de Geometrie fait de deux regles mobiles en façon de fauffe équerre. Autour du centre de l'un de fes bras , il a un demi cercle gravé & divifé en cent quatre-vingt degrés , dont le diametre eft d'équerre avec les côtés de ce même bras. Ainfi le bout de l'autre bras étant coupé en angles droits jufqu'auprès du centre , marque à mefure qu'il fe meut , la quantité de degré s qu'a l'ouverture de l'angle qu'on prend. C'eft de-là qu'il a pris le nom de *Recipiangle.* On l'appelle autrement *Sauterelle graduée.*

RECIPIENT. f. m. Terme de Chymie. Vaiffeau qu'on attache au bec d'un alembic pour recevoir les liqueurs qui fe diftillent. On appelle auffi *Recipient* , Un Vaiffeau qui fert dans la machine vuide dont on tire l'air par le moyen d'une pompe.

RECIPROQUE. adj. Terme de Mathematique. Quand les termes de deux raifons Geometriques égales , fe répondent par la nature de la chofe dont il s'agit , de forte que le plus grand terme de la premiere raifon répond au plus petit de la feconde , & le plus petit de la premiere au plus grand de la feconde. On dit que les termes d'une de ces raifons font en *Raifon Reciproque* des termes de l'autre. Ainfi dans la Mechanique, (voyez MOUVEMENT & MACHINE) un poids plus petit qu'un autre étant en équilibre avec lui , s'il ne peut fe mouvoir fans le furpaffer en vîteffe autant qu'il en eft furpaffé en maffe. On dit que deux poids font en équilibres quand leurs vîteffes , ou ce qui eft la même chofe , leurs diftances du point fixe , font en *Raifon Reciproque* de leurs maffes. Alors il eft vifible que la grande vîteffe appartient à la petite maffe , & la petite vîteffe à la grande maffe , & cela en raifon reciproque de la fuppofition. Les quatre termes de ces deux raifons étant arrangés comme ils fe doivent être naturellement , *grand pòids* , *petits poids* , *vîteffe du grand poids* , *vîteffe du petit poids* , font une proportion qu'on appelle *Reciproque* ou *Inverfe* , ou. Renverfée , parce que pour faire une *Proportion Droite* ou *Directe* , il faudroit que comme le premier terme eft au fecond , ainfi le troifiéme fût au quatriéme , & ici c'eft un autre ordre , car comme le premier terme eft au fecond , ainfi le quatriéme eft au troifiéme. De même en Geometrie , quand la longueur d'un parallelogramme eft à la longueur d'un autre , comme la largeur du premier à la largeur du fecond , les quatre côtés de ces parallelogrammes font en raifon ou proportion droite. Mais fi la longueur du premier eft à la longueur du fecond , comme la largeur du fecond à la largeur du premier , alors les côtés des parallelogrammes font en raifon ou proportion reciproque.

En ces cas les parallelogrammes eux-mêmes font appellés *Reciproques* , à la différence des parallelogrammes *semblables*, dont les côtés sont en proportion droite.

Un rectangle n'étant que le produit de sa longueur par sa largeur, & d'ailleurs la nature de la proportion Geometrique étant telle que le produit des extrémes y est égal au produit des moyens. Voyez PROPORTION. Il est aisé de conclure que les rectangles reciproques doivent être égaux, parce que les deux côtés de l'un sont toûjours les deux extrémes, & les deux côtés de l'autre les deux moyens de la même proportion, au lieu que dans les rectangles *semblables*, les côtés de l'un étant le premier & le troisiéme terme de la proportion, & les côtés de l'autre étant le second & le quatriéme, leurs produits ne sont point égaux, ni par consequent les parallelogrammes.

Cette dénomination de *reciproques* convient également à toutes les figures, qui sont égales entre elles par la raison reciproque des côtés dont elles sont formées.

On appelle *Regle de trois reciproque* ou *renversée*, celle par laquelle on trouve un quatriéme terme qui soit en proportion reciproque, par exemple, on dit 18. ouvriers ont fait un ouvrage en 2 mois, si l'on prend 30. ouvriers, en combien de tems feront-ils un ouvrage égal ? Il est visible que par la proportion directe, si 18 donne 2, 30 donneroit plus de 2, & par consequent un plus grand nombre d'ouvriers employeroit plus de tems à faire un même ouvrage, ce qui est contre la nature de la chose. Il faut donc prendre une autre route, & arranger les termes, de sorte que la proportion de reciproque qu'elle étoit devienne droite, & dans l'exemple proposé, faire qu'il vienne un quatriéme nombre plus petit que 2. Pour cela, il ne faut que disposer ainsi les termes, 30, 18, 2, & alors il viendra 1 ⅕ pour le tems que les 30 ouvriers employeront.

Il faut reconnoître par la nature de la question si la proportion est droite ou renversée, & en cas qu'elle soit renversée, la rendre directe, en disposant les trois termes, de sorte qu'ils en produisent un plus grand ou plus petit, selon que la nature de la question le demande, car toute proportion renversée en renferme une directe.

RECLAMATION. s. m. Terme de Palais, Revendication d'un meuble, que celui qui le revendique prétend lui appartenir.

RECLAME. s. f. Terme de Chasse. Il se dit des Pipeaux, sifflets & autres choses dont on se sert pour faire amasser des Oiseaux qui viennent étant trompés par un son qu'ils croyent être celui d'un oiseau de leur espece. *Reclame*, se dit aussi des Oiseaux de proie, comme les Autours & les Eperviers, qu'on reprend au poing avec les Oiseaux & la voix.

Reclame. Terme d'Imprimerie. Mot, ou premieres lettres d'un mot qu'on imprime au bas de la derniere page de chaque feuille d'un Livre, & qui sont les mêmes qui commencent la feuille suivante, ce qui sert à faire connoître l'ordre des feuilles.

RECLAMER. v. a. Terme de Venerie. On dit *Reclamer un Oiseau*, pour dire, Le dresser en le faisan revenir à soi avec la filiere.

RECLAMPER. v. a. Terme de Marine. On dit *Reclamper un Mât*, *une Vergue*, pour dire, Raccommoder un mât, une vergue, quand elle est rompue.

RECLUSAGE. s. m. Vieux mot. Lieu où l'on est enfermé.

Que fais-tu en cette prison,

Trop y as rendu le musage.

Viens-t'en, laisse ce reclusage.

RECOIRDIE. s. f. Vieux mot. Sorte de poësie où quelque vers se repete, comme dans la Ballade, du vieux mot *Recorder*, qui a été dit, pour, Reciter, repeter.

Et maint sonnet, & mainte recoirdie.

RECOLEMENT. s. m. Terme de Palais. Lecture qu'on fait à un témoin des choses qu'il a déposées, après quoi on lui demande s'il veut persister dans sa déposition sans y rien ajoûter ni diminuer.

Recolement, se dit aussi lorsque l'on confere les meubles ou les papiers qui sont en nature avec l'inventaire qui en a été fait quelque tems auparavant, ce qui se fait pour connoître s'il n'y manque rien.

Recolement, se dit encore de la lecture du procès verbal de visite que font les Officiers des Eaux & Forêts, six semaines après la coupe des bois, pour voir si cette coupe a été faite conformément au procès verbal. *Recoler*, se dit de même dans tous ces sens.

RECOLER. v. a. vieux mot. Dire, reciter par cœur. On a dit aussi *Recorer* dans le même sens, & *Recore* pour, Memoratif.

RECOLLETS. s. m. Religieux de Saint François, qui vont déchaussés avec des manieres de grosses & hautes sandales, appellées *Socs*. Leur robe est d'une grosse étoffe grise. Ils ont un petit capuce & une ceinture, & par dessus la robe un manteau de même étoffe. Il y avoit eu plusieurs Congregations de Religieux dans l'Ordre de saint François, qui se vantoient chacune d'observer la Regle de leur Fondateur dans sa pureté, & Leon X. ayant ordonné qu'elles seroient reduites toutes à une sous le nom de *Reformés*, quelques-uns d'entre eux montrerent de l'empressement à la garder à la lettre, & cette rigidité dont ils firent gloire, fut cause qu'en 1531. Clement VII. leur assigna des maisons, où ceux qui avoient l'esprit de recollection furent reçus. Ce fut de-là qu'ils prirent le nom de *Recollets*. Ils ont près de cent cinquante Couvents en France, & sont divisés en sept Provinces.

RECOMMANDATION. s. f. Priere qu'on fait à quelqu'un pour quelque personne, ou pour quelque affaire. *Recommandation*, parmi les Orfevres, veut dire un billet qu'on leur envoie quand on a perdu de la vaisselle d'argent, afin que sur la description qu'on leur en fait, ils retiennent cette vaisselle, & arrêtent la personne qui la veut vendre.

On le dit aussi pour de nouvelles causes de retention d'un prisonnier en prison, ou pour des créanciers sur une saisie.

RECONDUCTION. s. f. Terme de Pratique. On dit, qu'*Un homme occupe une maison par reconduction tacite*, pour dire, qu'après le tems de son bail expiré, il continue à y demeurer au même prix, quoiqu'il n'ait point fait un nouveau bail. Ce mot vient du latin. *Conducere*, Prendre à louage.

RECONNOISTRE. v. a. *Se remettre dans l'esprit, l'idée, l'image d'une personne, d'une chose quand on vient à les revoir*. ACAD. FR. On dit en termes de guerre, *Reconnoître une Place*, pour dire, En faire le tour avant que de l'assieger, & observer exactement les avantages & les défauts de son assiette & des fortifications qui la défendent, afin de choisir l'endroit le plus foible pour l'attaquer. On dit à peu près dans le même sens, *Reconnoître un passage*, reconnoître le camp des ennemis.

On dit en termes de Mer, *Reconnoître un Vaisseau*, pour dire, Examiner sa grosseur, les forces qu'ils qu'il peut avoir , & de quelle nation il eft. On dit de même *Reconnoître une terre* , pour dire , En obferver la fituation afin de fçavoir quelle terre c'eft.

Reconnoître , Eft auffi un terme de Palais , & fignifie , Declarer par écrit qu'on eft obligé à payer ou à faire quelque chofe.

En termes de Gabelles , on dit *Reconnoître* un Fauxfaunier en recidive. On appelle Gabeleurs ceux qui l'avoient pris la premiere fois.

RECORS. f. m. Celui qui accompagne un Sergent lorfqu'il va faire un exploit , qui en eft témoin , & qui fui prête main forte s'il eft neceffaire. *Recors* , vient du vieux mot *Recorder , fe recorder* , qui fignifioit , Se fouvenir , parce qu'originairement *Recors* , étoit un témoin qui fe fouvenoit de quelle maniere la chofe s'étoit paffée.

RECORVELE' , E'E. adj. Vieux mot. Recourbé.

RECOUPE. f. f. Terme de Tailleur de Pierre. Ce qui s'abbat des pierres , lorfqu'on les taille pour les mettre en œuvre. On les mêle avec moitié de bon fable & de la chaux , pour en faire du mortier. On fe fert auffi du plus gros des Recoupes à faire des aires dans les allées des jardins , & à affermir le fol des caves , fur-tout quand ces Recoupes font de pierres fort dures.

RECOUPE' , E'E. adj. Terme de Blafon. On appelle *Ecu recoupé* , Un écu mi-coupé , & recoupé un peu plus bas.

RECOUPEMENT. f. m. Retraite fort large qui fe fait à chaque affife de pierre dure , afin que certains ouvrages qui fe conftruifent fur une pente roide , ou qui font fondés dans l'eau , puiffent avoir plus d'empatement.

On dit auffi *Retraite , Frit , Refuit* , c'eft ordinairement d'un pouce par pié , à moins que le mur ne foit aplomb de plinthe en plinthe où fe fait le recoupement. En Architecture Militaire , on dit *Efcarpe* ou *Talus*.

RECOURIR. v. n. Courir une feconde fois. On dit en termes de mer , *Recourir fur une manœuvre* , pour dire , La fuivre dans l'eau avec une Chaloupe , ou la tenant à la main , & Faire *recourir une manœuvre* , pour dire , Pouffer une manœuvre jufqu'où elle doit aller. On dit auffi *Faire recourir l'écoute , la bouline , l'écouet de revers* , pour dire , Les pouffer hors du Vaiffeau en avant , afin de leur donner du balan. On dit encore *Recourir les coûtures d'un Vaiffeau* , pour dire , Y repaffer legerement le calfat.

RECOURS. f. m. Recherche d'affiftance , de fecours dans le befoin. ACAD. FR. Les Ordonnances faites pour les Monnoyes , veulent que les Gardes pefent les efpeces piece à piece au trebuchet , avant que d'en faire la délivrance au Maître , pour examiner fi elles font de *Recours de la piece au marc & du marc à la piece*. Ce ftermes font en ufage pour marquer que chaque efpece d'or ou d'argent doit être taillée d'un poids fi jufte & fi égal , qu'il n'y en ait aucune plus forte ni plus foible que l'autre , afin que les efpeces étant pefées par marc , il y en ait juftement la quantité dont doit être compofé le marc pour être droit de poids.

RECOUSSE. f. f. Dans une vente judiciaire le 'faifi;a huitaine pour la recouffe de fes effets. Il y a des cas où elle ne lui eft pas permife. Les Furetieriftes difent que dans la Coûtume d'Anjou on appelle le retrait lignager *Recouffe* , il falloit dire le retrait de l'heritage vendu à grace à faculté de remeré.

RECOUVERT , ERTE. adj. Qui eft couvert de nouveau après avoir été découvert. On appelle en termes de Menuiferie *Panneaux recouverts* , Ceux

qui excedent & recouvrent l'affemblage.

On fait auffi dans la Maçonnerie *Des joints recouverts* avec des pierres de taille , fur-tout aux terraffes.

RECOUVREMENT. f. m. *Action de recouvrer ce qui eft perdu*. ACAD. FR. Recouvrement , en termes de Menuiferie , eft une maniere de rebord de quelque forte d'ouvrage. On appelle auffi *Recouvrement* , en parlant d'un coffre fort , le rebord de fon couvercle.

RECOUVRER. v. a. *Retrouver , acquerir de nouveau une chofe qu'on avoit perdue*. ACAD. FR. On dit en termes de mer , *Recouvrer une manœuvre* , pour dire , La tirer dans le Vaiffeau.

RECREANCE. f. f. Terme de Pratique. Provifion de la chofe litigieufe , que l'on adjuge à celui qui a le droit le plus apparent. On dit en ce fens , *Avoir , obtenir la recreance d'un benefice*. On appelloit autrefois *Recreance* , Toute forte de jouiffance que l'on adjugeoit par provifion , foit en matiere de complainte & de réintegrande , à l'égard des heritages , foit en matiere de faifie pour les fruits des loyers , des penfions , du bétail , ou même des perfonnes arrêtées. Quand on refaififfoit l'exécuté des biens que l'on avoit pris fur lui par voye d'execution , cela s'appelloit *Recreancer* ou *recroire*. *Recreance* , vient du latin *Recredentia* , qui vouloit dire , Remife en poffeffion.

RECREANDIE. f. f. Vieux mot. Recreation , divertiffement.

RECREDENTIAIRE. f. m. Celui qui a la jouiffance d'un benefice par recreance.

RECROISETE' , E'E adj. Terme de Blafon. Il fe dit des croix , lorfqu'à l'extrémité de leurs branches , elles ont d'autres croix. *De fable à trois croix recroifetées*.

RECROYAUMENT. adv. Vieux mot. A regret , par force.

> Car qui le fien donne recroyaument ,
> Son gré en pert , & fi coufte enfement.

RECTANGLE. f. m. Terme de Geometrie. Ce mot n'étoit naturellement qu'adjectif , & fignifioit , Qui a les angles droits , & alors il fe difoit également d'un triangle qui avoit un angle droit , & d'un Parallelogramme qui avoit fes quatre angles droits , *Triangle , Rectangle , Parallelogramme rectangle , &c.* Mais il eft devenu fubftantif dans cet dernier fens , & l'on dit fimplement le *Rectangle de deux lignes* , pour dire , Le Parallelogramme a angles droits qui fe fait de leur multiplication. On appelle en ce fens *Rectangle* en Algebre , le produit de deux nombres l'un par-l'autre , & même de deux lettres , le *Rectangle de 3 par 4 vaut 12*.

RECTEUR. f. m. On appelle ainfi dans la Republique de Venife , Celui qui gouverne les Villes de l'Etat. Ce titre eft commun au Podeftat & au Capitaine des armées de Venife.

Recteur , fe dit auffi de celui qui eft le chef d'une Univerfité. Il s'élit tous les trois mois dans l'Univerfité de Paris , & fe prend toûjours entre les Maîtres ès Arts & les Bacheliers , à caufe que fon premier établiffement fut fait du tems que la Faculté des Arts étoit feparée de celle de Theologie , & qu'on n'avoit pas encore établi celles du Droit & de la Medecine. On le continue quelquefois deux ou trois ans , felon qu'il gagne les diverfes Nations qui compofent le Corps de l'Univerfité. Il marche precedé de fes Bedeaux , & fuivi des quatre Facultés. La Proceffion du Recteur fe fait quatre fois l'année , & ce jour-là , non feulement on ne prêche dans aucune Eglife ; mais les claffes ne font ouvertes dans aucun College , pas même dans celui des Jesuites qui ne font pas de l'Université de Paris, non plus que de celle de Rheims.

Recteur, fignifie auffi le Superieur d'un Couvent de Jesuites, & on donne ce même nom dans l'Hôpital General à un Ecclefiastique qui a foin du fpirituel de cet Hôpital.

A Bourdeaux & dans toute la Bretagne on appelle les Curés *Recteurs*, & les Vicaires s'appellent *Curés*.

RECTIFICATION. f. f. Terme de Chymie. Diftillation réiterée pour l'exaltation & plus grande purification des liqueurs. La rectification fe fait quelquefois fans diftillation par la feule digeftion. Ainfi les eaux de qualité froide fe rectifient étant mifes quinze jours en digeftion au Soleil, & les chaudes par l'efpace d'un mois, le Vaiffeau étant enfeveli dans du fable froid en une cave.

RECUEILLOIR. f. m. Terme de Cordier. Morceau de bois dont fe fert le Cordier pour tortiller & pour recueillir la ficelle.

RECUIRE. v. a. Il fe dit des metaux que l'on met au feu pour leur faire perdre l'aigreur & la trop grande dureté qu'ils peuvent avoir acquife par la trempe, ou par l'écrouiffement. On dit auffi *Recuire les flans & les quarreaux des monnoyes*, ce qui fe fait dans une poële de fer avec du charbon qu'on remue en l'air, jufqu'à ce que les flancs foient blancs ou rouges, & on les nettoie avec un plumeau fait de cinq ou fix aîles d'oifeau adoffées & coufues enfemble. *Recuire*, fe dit auffi des verres & des émaux lorfqu'on les remet au feu pour faire fondre & faire tenir les couleurs minerales qu'on y applique. On dit encore dans les Monnoies, *Recuire les creufets*, c'eft-à-dire, que quand on fe veut fervir des creufets de terre aufquels le Potier a donné une premiere cuiffon, on les met dans un fourneau que l'on emplit de charbon, & à mefure que le charbon s'allume, le creufet s'échauffe & fe recuit. On examine alors s'il n'y a point de fente ou de rayure, & quand il eft au plus haut degré de chaleur, ce que l'on connoît lorfqu'il eft fort blanc, on y jette des matieres.

RECUIT. f. m. On dit d'un morceau de fer, qu'*Il s'endurcit au recuit*, Quand on le met au feu pour le travailler.

RECUITE. f. f. Action par laquelle on recuit. On dit des pieces de verre peintes mifes par les Vitriers dans les fourneaux, que *La recuite s'avance*, pour dire, Que ces pieces de verre fe parfondent.

RECUITEUR. f. m. Nom que l'on donne aux Ouvriers des Monnoies, pendant leur année d'apprentiffage. Cela vient de ce que dans le tems qu'on fabriquoit les efpeces au marteau, les Ouvriers faifoient recuire les lames & les quarreaux, pendant l'année de leur accueillement, qu'ils font leur apprentiffage.

RECUL. f. m. Mouvement d'une chofe qui recule. Il n'eft guere ufité que dans cette phafe *Recul du canon*. C'eft un mouvement en arriere qu'imprime au canon la force du feu, qui dans le tems que la piece tire cherchant un paffage de toutes parts, la chaffe en arriere, & pouffe la poudre & le boulet en avant. Le Recul du Canon eft d'ordinaire de dix à douze piés, & pour le rendre moindre, on fait un peu pancher la platte-forme des batteries vers les embrafures.

RECULEMENT. f. m. Terme d'Architecture. On dit *Reculement d'Areftier*, qui eft la même chofe que *Ralongement d'Areftier*, c'eft-à-dire, La ligne diagonale depuis le poinçon d'une croupe, jufqu'au pié de l'areftier qui porte fur l'encoignure de l'entablement.

RECURRENT. adj. On appelle en termes de Mede-

cine *Nerf recurrent*, Un nerf qui jette plufieurs petits rameaux dans les mufcles du larynx. On l'appelle ainfi à caufe qu'il fe replie, & qu'il remonte & recourt du thorax en haut.

RED

REDEMPTION. f. m. Rachat. On appelle *Ordre de la Redemption des Captifs*, Un Ordre Militaire, puis Religieux, qui fut fondé par faint Pierre Nolafque en 1228. & approuvé en 1230. ou 1235. par le Pape Gregoire IX. fous la Regle de faint Auguftin. Saint Pierre de Nolafque étoit François, natif d'un lieu fitué dans le Diocefe de faint Papoul en Languedoc, près de Carcaffone. La refolution qu'il prit d'abandonner fon Pays, par l'averfion qu'il avoit pour les Heretiques Albigeois, lui ayant fait vendre tout fon bien, il s'en alla en Efpagne, où il l'employa à racheter les Efclaves Chrétiens que les Infideles détenoient. Il y connut faint Raimond de Rochefort, qui s'appliqua avec lui à établir l'Ordre de la Redemption des Captifs, dit autrement *de la Merci*. Outre les trois vœux ordinaires de chafteté, pauvreté, & obéïffance, les Religieux de cet Ordre en font un quatriéme, par lequel ils s'obligent de s'employer à la délivrance des Captifs Chrétiens detenus par les Barbares, & même d'entrer en fervitude pour leur procurer la liberté.

Il y a un autre Inftitut Religieux de la Redemption des Captifs, qui fe vante de n'avoir point été fabriqué par les hommes, & pour l'établiffement duquel on dit que Jean de Matha, qui en eft le premier Patriarche, eut une admirable vifion en difant fa premiere Meffe à Paris, en prefence de l'Evêque Maurice de Sulli. Dieu lui ayant fait connoître dans cette vifion le deffein qu'il avoit de fe fervir de lui pour l'inftitution de cet Ordre, il s'affocia à un faint Hermite, nommé Felix de Valois, dans la folitude de Gerfroi près de Meaux, & ils allerent enfemble à Rome où le Pape Innocent III. approuva cet Ordre, qui eft appelé *De la Trinité & Redemption des Captifs*. Il le confirma onze années après par des Lettres Apoftoliques, qui furent données en 1209. Les Religieux qui l'embraffent font auffi un quatriéme vœu de racheter les Captifs. Saint Jean de Matha fonda vers l'an 1200. le premier Monaftere de fon Ordre en France à Arles. C'étoit un Gentilhomme Provençal, natif d'un Bourg, appellé Faucon, dans la Vallée de Barcelone, où depuis l'an 1661. les Religieux Déchauffés ont bâti un Monaftere.

REDENT. f. m. Terme de Fortification. On appelle ainfi des angles faillans en forme de dents de fcie, qu'on met d'ordinaire aux parapets d'un chemin couvert, ou d'un autre ouvrage enfilé par quelque eminence qui le voit obliquement. Cela fe fait pour couvrir les Soldats. On fait auffi des Redents fur les côtés d'une place qui regardent le bord d'un marais ou d'une riviere. On les appelle autrement *Ouvrages à fcie*.

On appelle auffi *Redents*, dans la conftruction d'un mur fur un terrain en pente, plufieurs reffauts qu'on fait d'efpace en efpace à la retraite, afin de la conferver de niveau par intervalles.

On donne ce même nom dans les fondations à diverfes retraites que caufe, ou une pente fort fenfible; ou l'inégalité de la confiftance du terrain.

REDORTE. f. f. Terme de Blafon. Il fe dit d'une branche de frêne ou d'un autre arbre, qui eft retortillée en anneaux les uns fur les autres. Il y a des Redortes feuillues, & des Redortes qui n'ont point de feuilles.

REDOUTE. f. f. Terme de Fortification. Petit fort, destiné à servir de corps de garde, & à assurer la circonvalation, la contrevalation, & les lignes d'approche. Sa figure est quarrée, & il n'a que la simple défense de front. Les Redoutes ont dix à quinze toises de face, avec un fossé de huit à neuf piés de largeur & de profondeur. Leur parapet n'en doit avoir qu'autant d'épaisseur. Il est soûtenu de deux ou trois banquettes, & n'est pas fait pour resister au canon.

REDRESSEUR. f. m. Vieux mot. On appelle dans les anciens Romans, *Redresseurs de torts*, Les Chevaliers qui couroient le monde, pour reparer les injures faites aux femmes qui se plaignoient d'avoir été opprimées.

REDRESSOIR. f. m. Terme de Potier d'étain. Instrument au bout duquel il y a une maniere de bale. On s'en sert pour redresser la vaisselle bossuée.

REDUCTIBLE. adj. Terme dogmatique. Qui peut être reduit. Les corps sont reductibles en de très-menues parties, mais non jusqu'à leurs atomes.

REDUCTIF, IVE. adj. Les Chymistes appellent *Sel reductif*, Un sel qui aide à reduire.

REDUCTION. f. f. Terme de Chymie. Rétablissement des mixtes ou de leurs parties en leur état naturel.

Reduction, est aussi un terme de Chirurgie, & s'entend d'une operation par laquelle on remet & on reduit les os en leur place.

Reduction, en termes d'Arithmetique, signifie la conversion d'une espece en une autre. On dit la Reduction des entiers en fractions, & des fractions en entiers, & celle des livres en sols, & des sols en livres.

REDUIRE. v. a. Terme de Chymie. Redonner aux chaux des métaux la forme metallique qu'ils avoient auparavant, ce qui se fait par la violence du feu, & par l'aide de quelques sels reductifs comme nitre, tartre, borax, & autres.

On dit en termes d'Algebre, *Reduire une equation*, pour dire, Lui donner une disposition propre & commode pour en pouvoir reduire les racines plus facilement.

REDUIT. f. m. Sorte de petit retranchement fait dans un appartement pour s'y retirer. On appelle *Reduit*, en termes de guerre, tout lieu avantageux & retranché dans une Place contre le soulevement du Peuple, ou contre les ennemis de l'Etat. C'est aussi un detour ou retour pour prendre l'ennemi par le flanc quand il avance.

REE

REER. v. a. Vieux mot. Ratisser, racler.

Comme un navet qu'on rée ou pele.

REER. v. n. Terme de Chasse. Il se dit du menglement que font les cerfs, les daims & les chevreuils, dans le tems qu'ils sont en rut, pour appeller leurs femelles.

REEMBRER. v. a. Vieux mot. Racheter.

Celui pour qui l'humain lignage,
Reembre de mort & delivre.

On a dit aussi *Reimbrer*.

REF

REFAIRE. v. a. Faire une seconde fois. Parmi les Tanneurs *Refaire le cuir*, C'est remettre le cuir avec du tan.

On dit en termes de Cuisine, *Refaire la viande*, Tome II.

pour dire, La mettre un peu de tems sur le gril afin de la rendre plus propre à être lardée ou assaisonnée.

REFAIT, AITE, adj. Raccommodé. En termes de Charpenterie, on dit du bois bien équarri, qu'*Il est refait & remis à l'équerre*, & quand des pieces de bois sont bien équarries de tous les côtés, on dit, qu'*Elles sont refaites & dressées sur toutes les faces*.

REFEND. f. m. On appelle *Murs de refend*, Les murs qui separent les pieces du dedans d'un bâtiment, à la difference des gros murs qui en font la face. Il se dit aussi des murs qui separent des chapelles dans des Eglises.

Les Menuisiers appellent *Refend*, Un morceau de bois, une tringle ôtée d'un ais trop large, ur reste d'un ais qu'on a refendu pour y prendre le bois du premier travail, ils ont des scie à refendre.

On appelle aussi *Refends*, Les entre-deux des pierres de taille qui sont aux encoignures des murs, & autres endroits d'un bâtiment.

REFENDRE. v. a. Fendre derechef. *Refendre*, en termes de Charpenterie, signifie, Debiter de grosses pieces de bois avec la scie pour en faire des solives, des chevrons, ou des membrures. *Refendre*, parmi les Menuisiers, c'est scier du bois sur sa longueur. Les Serruriers disent *Refendre*, pour dire, Couper le fer à chaud sur sa longueur avec la tranche & la masse. Les Couvreurs & les Paveurs se servent aussi du mot de *Refendre*, les uns pour signifier, Diviser l'ardoise par feuillets avant que de l'équarrir, & les autres pour dire, Partager de gros pavés en deux, & en faire du pavé fendu pour paver les écuries & les cours.

Refendre, est aussi un terme de Palais qui ne se trouve dans aucune Coûtume. Quand des cadets ne sont pas contents des partages offerts par l'aîné, ils peuvent les refaire ou refendre.

REFERE'. f. m. Rapport que fait un Conseiller ou Juge commis, des difficultés, des contestations qui se sont formées devant lui, lorsqu'il a fait un procès verbal de scellé, de descente, de reception de caution, ou autre chose, pour y être fait droit par sa compagnie.

REFERENDAIRE. f. m. Officier créé dans les petites Chancelleries, qui fait le rapport des lettres à sceller devant le Maître des Requêtes. On l'a dit même du Garde des Sceaux du Prince & du Chancelier. Pendant la premiere race de nos Rois, on appelloit *Grand Referendaire*, Celui qui avoit la garde du cachet royal, qui faisoit rapport au Roi des placets & des requêtes qui lui étoient presentées, & qui portoit les commissions aux Juges. Il y a dans la Chancellerie Romaine des *Referendaires de l'une & de l'autre signature*, qui furent institués avec de beaux privileges par le Pape Alexandre VI. Ce sont les douze plus anciens Prelats, qui ont droit de rapporter devant le Pape les suppliques des parties pour la signature de Grace ou pour celle de Justice. Ils connoissent des causes où il ne s'agit que de cinq cens écus d'or; si elles excedent, elles sont de la Jurisdiction de la Rote.

REFEUILLER. v. a. Terme d'Architecture. Faire deux feuillures en recouvrement, soit pour recevoir les volets d'une croisée ou les ventaux d'une porte, soit pour loger un dormant.

REFICHER. v. a. Terme de Maçonnerie. On dit *Reficher & rejointoyer les vieilles assises*, pour dire, Remaçonner les joints dans une muraille.

REFLAMBER. v. n. Vieux mot. Renvoyer par repercussion. On lit dans Jean le Maire. *Il avoit les yeux tous esblouis de la radiation des harnois très-luisants*

T t ij

d'or & d'argent & de pierreries, qui reflamboient à la repercuffion du Soleil.

REFLET. f. m. Terme de Peinture. Ce qui eft éclairé dans les ombres d'un tableau par la lumiere que reflechit quelque corps poli, qui eft peint dans le même tableau.

REFLEXION. f. f. *Rejalliffement, reverberation.* ACAD. FR. Quand un corps en mouvement en rencontre un qu'il ne peut ébranler, & qui l'empêche de continuer fon mouvement fur la même ligne, il faut neceffairement qu'il commence à fe mouvoir fur une autre ligne. Si fon mouvement, par exemple, étoit de haut en bas, il fera de bas en haut, s'il étoit de gauche à la droite, il fera de la droite à la gauche. Ce changement de détermination, ce détour s'appelle *Reflexion.* Voyez MOUVEMENT.

Le point où le corps rencontre la furface reflechiffante eft le *Point d'incidence*, l'angle qu'il fait avec cette furface par la ligne de fa chute eft l'*Angle d'incidence*, & celui qu'il fait avec cette même furface par fa Reflexion, eft l'*Angle de reflexion.*

On demontre que les Angles d'incidence & de Reflexion font égaux, parce qu'il n'y a rien de changé dans le mouvement que fa *détermination.* Un corps dont l'incidence eft perpendiculaire, doit fe reflechir par la même ligne.

REFOILIR. v. n. Vieux mot. Jetter des feuilles. L'Auteur du Roman de la Rofe en parlant de deux Forêts, dit,

> L'un de refoilir ne fine,
> L'autre eft de feuilles orpheline.

REFONDER. v. a. Terme de Pratique. Il ne fe dit que des dépens ou frais préjudiciaux que les parties qui ont fait quelque défaut ou contumace, font obligées de rembourfer avant qu'on les reçoive à pourfuivre.

REFORME. f. f. Terme de Guerre. Licentiement d'un corps de gens de guerre, comme quand on fupprime un Regiment entier, ou de quelqu'une de fes parties, ce qui fe fait en retranchant quelques-unes de fes compagnies, dont on incorpore les hommes dans celles que l'on conferve, fi ce n'eft qu'on réduife le Regiment en Compagnie franche.

REFORMÉ, ÉE adj. On appelle *Officier reformé*, Celui dont on a fupprimé la place & la charge, ce qui n'empêche pas qu'il ne demeure quelquefois dans la même place, comme étant Capitaine en pié reformé. Il y demeure auffi quelquefois en qualité de Capitaine ou de Lieutenant en fecond, en forte qu'il foulage l'Officier en pié, en faifant une partie du fervice. Il peut encore y demeurer comme Capitaine ou Lieutenant Reformé, entretenu à la fuite d'une compagnie maintenue fur pié, & toûjours avec l'avantage de conferver fon rang d'ancienneté. On appelle *Capitaine reformé en pié*, Un Meftre de Camp, dont on a réduit le Regiment de Cavalerie en Compagnie franche.

REFOULER. v. a. On dit en termes de mer, *Refouler la marée*, ou *le courant*, pour dire, Aller contre la marée. Ce verbe fe prend auffi dans une fignification neutre, & on dit que *La mer refoule*, pour dire, qu'Elle defcend.

On dit en Anjou, que la Loire refoule, quand elle fait refluer la Maine ou remonter vers fa fource.

REFOULOIR. f. m. Inftrument dont on fe fert pour refouler les charges des pieces d'artillerie. C'eft un long bâton garni d'un gros bouton plat. On appelle fur mer, *Refouloir de cordes*, Un bouton de Refouloir, qui eft emmanché de corde. On ne

s'en fert que quand on eft obligé de charger une piece de canon par dedans le Vaiffeau.

REFRACTION. *Brifure de rayons qui fe fait quand un rayon paffe par des milieux differens.* [ACAD. FR. Quand un rayon de lumiere paffe d'un milieu dans un autre, comme de l'air dans l'eau, ou de l'eau dans le verre, il quitte la ligne droite qu'il décrivoit, & commence à en décrire une autre, ce détour s'appelle *Refraction.* Elle fe fait de deux façons. On imagine une perpendiculaire au point d'incidence fur la furface où fe fait la refraction, & alors ou le rayon s'en approche plus qu'il ne faifoit par fa ligne d'incidence, ou il s'en écarte davantage, car les rayons perpendiculaires ne fouffrent aucune refraction. Le rayon s'approche de la perpendiculaire quand il paffe d'un milieu où il fe mouvoit plus difficilement dans un où il fe meut plus aifément, & au contraire il s'en écarte, quand il paffe d'un milieu plus aifé dans un plus difficile. Comme les corps diaphanes les plus denfes font ceux où la lumiere paffe avec le plus de facilité, & en perdant le moins de fon mouvement fuperieur, elle s'approche de la perpendiculaire en paffant de l'air dans l'eau, & plus encore en paffant dans le verre, & elle s'en écarte en paffant de l'eau ou du verre dans l'air.

La Refraction fait paroître les objets dans des lieux où il ne font pas, car nous les rapportons toûjours au bout d'un rayon direct, & cependant ils n'y font pas, puifque le veritable rayon eft brifé.

Les rayons qui tombent perpendiculairement fur une furface n'y fouffrent aucune Refraction. A l'égard des rayons obliques, on tire une perpendiculaire au point où ils tombent fur la furface qui les doit rompre, ce point s'appelle le *Point d'incidence*, & l'angle que fait le rayon avec cette perpendiculaire, eft l'*Angle d'incidence.* Celui que fait le rayon avec la même perpendiculaire continue, eft l'*Angle de refraction*, & celui que fait le rayon rompu avec le rayon incident continu, eft l'*Angle rompu.*

On mefure les Refractions par la proportion qu'ont entre eux les finus des angles d'incidence & de Refraction.

La lumiere des Aftres en paffant de la matiere éthérée dans l'air épais qui nous environne, fe brife en s'approchant de la perpendiculaire, c'eft-à-dire, d'une ligne tirée au centre de la terre, & par confequent elle fait paroître les aftres plus élevés qu'ils ne font. C'eft ce qu'on appelle leur *lieu brifé.*

La plus grande Refraction des Aftres eft à l'horifon, & quelquefois ils paroiffent au-deffus lorfqu'ils font encore au deffous. Elle va toûjours en diminuant depuis l'horifon, & à 45. degrés de hauteur, on ne la compte plus. La Refraction hauffe les Aftres, au lieu que la Parallaxe les abaiffe. Voyez PARALLAXE.

REFRANCHIR. v. n. On dit en termes de mer, *Se refranchir*, en parlant de l'eau de pluye ou des vagues qui entre dans un Vaiffeau, quand l'eau diminue & s'épuife, comme l'on connoît à l'Archipompe.

REFREIN. f. m. Vers qui fe repete à la fin de tous les couplets d'un Chant royal, d'une Balade, ou d'un autre Poëme de cette nature. *Refrein*, en termes de mer, fe dit du retour, du rejalliffement des houles, des groffes vagues de la mer, qui vont fe brifer contre les rochers.

REFRESTELER. v. n. Vieux mot. Rejouer du Freftel, forte d'ancien inftrument.

Puis met en cymbales sa cure,
Puis prend fresteaux & refresselle.

REFRIGERANT. f. m. Terme de Chymie. Vaiffeau dans lequel on met la partie superieure de l'alembic, pour le rafraîchir, & pour faire retourner en liqueur les vapeurs que le feu a élevées, en forte qu'elles s'écoulent par le bec. Ce vafe eft rempli d'eau froide qu'on change de tems en tems, & quelquefois on n'y emploie qu'un linge mouillé.

REFUI. f. m. Vieux mot. Refuge.

Son dernier refui ce font larmes.

REFUIR. v. n. Terme de Chaffe. On dit d'un Cerf, qu'*Il refuit fur foi*, pour dire, qu'il rufe & retourne fur fes pas.

REFUITE. f. f. Rufe dont fe fert un Cerf, lorfqu'étant pourfuivi des chiens, il tâche de leur échaper. Quand le Cerf reprend les voies de fon buiffon, cela s'appelle auffi *Refuite*.

Refuite, fe dit par les Charpentiers, du trop de profondeur d'une mortoife, & ils difent qu'*Un trou a de la refuite*, quand il eft plus profond qu'il ne devroit être pour l'ufage qu'il en veulent faire.

REFUS. f. m. Denegation d'une chofe qui eft demandée. On dit en termes d'Architecture, *Pieux enfoncés jufqu'au refus du mouton, jufqu'à refus de mouton*, pour dire, Enfoncés auffi avant que le mouton a pû les enfoncer.

REFUSER. v. a. Rejetter une offre ou une demande qu'on nous fait. ACAD. FR.

On dit abfolument en termes de Marine, qu'*Un Vaiffeau a refufé*, pour dire, qu'il a manqué à prendre vent de vent.

REG

REGAIN. f. m. *La feconde herbe qui vient dans les prés bas quand ils ont été fauchés.* ACAD. FR. Les Tailleurs de pierre & les Charpentiers difent, qu'*Il y a du regain à une pierre, à une piece de bois*, pour dire, qu'Elle eft plus longue qu'il ne faut, & qu'on ne la peut placer à l'endroit où on la deftine, fi on ne coupe ce qu'elle a de trop.

REGALE. f. f. Pouvoir qu'a le Roi de nommer les Evêques & les Archevêques, de jouïr des revenus des Evêchés & des Archevêchés pendant leur vacance, & de conferer les Benefices que ces Prelats ont droit de conferer quand les fieges font remplis. Les Rois de France ont jouï de tems immemorial du droit de Regale de la temporalité des Eglifes de leur Royaume, jufqu'à ce que le nouvel Evêque ou Archevêque leur ait rendu hommage & prêté ferment de fidelité. Le refus que Philippe premier, & Louis le Gros, firent de donner mainlevée de la Regale à un Clerc que le Pape avoit élû Evêque de Beauvais, en eft une preuve, le droit de confirmer emportant celui de rejetter la perfonne élue. Si certaines Eglifes Cathedrales ou Metropolitaines ont été exemptes du droit de Regale, ce n'a été qu'en vertu des remifes qui leur en ont été faites, & qui ne pouvoient être en force que pendant la vie des Princes qui les accordoient, puifque ce droit de la Couronne n'eft pas moins inalienable & imprefcriptible que tous les autres. L'interêt a eu fi peu de part à porter nos Rois à le conferver, que loin qu'aucun d'eux en ait jamais profité, les revenus des Evêchés ou Archevêchés qui ont vaqué dans les deux premiers tems, étoient employés en œuvres pies. Dans la fuite, le don en fut obtenu par le Chapitre de la Sainte Chapelle de Paris, & n'a été revoqué qu'en 1641. Prefente-

ment fi-tôt qu'un Siege vient à vaquer, Sa Majefté nomme un Oeconome pour adminiftrer le temporel, & en rendre compte au nouvel Evêque, qui en profite du jour qu'il a fait enregiftrer fon ferment de fidelité en la Chambre des Comptes, & fignifier la main-levée de la Regale au Procureur du Roi fur les lieux. Pendant la vacance, le Roi exerce tous les droits de l'Ordinaire; de forte que fi un Benefice de la collation de l'Evêque vaque de droit, Sa Majefté le confere, pourvû qu'il foit fimple. Le litige fait auffi vaquer un Benefice en Regale. Ainfi l'Evêque meurt pendant que deux Clercs pourvus du même titre font en procès, le Roi le peut conferer à l'un des deux, ou à un troifiéme qui n'y avoit aucun droit. Par une Ordonnance de Louis XII. le droit de conferer un Benefice en Regale, duroit trente ans, à compter du jour de l'ouverture, & le Roi qui avoit manqué pendant la vacance à difpofer d'un Benefice que le nouvel Evêque conferoit lorfqu'il rempliffoit le fiege, pouvoit pendant trente années en priver celui qui avoit été pourvû par l'Ordinaire & le conferer à un autre, mais cette Jurifprudence n'eft plus obfervée, & on s'en tient au Decret qui porte, Que tout Beneficier qui a joui fans trouble trois ans confecutifs, ne fçauroit plus être depoffedé. La Cour de Parlement de Paris prétend avoir feule la connoiffance des Regales.

On appelle auffi *Regale*, Une forte d'inftrument qui eft compofé de dix-fept bâtons d'un bois refonnant, fur lefquels on joue plufieurs chanfons en frapant deffus avec une boule qui eft au bout d'un autre bâton. Ils font enfilés enfemble près à près, & feparés l'un de l'autre par des grains de chapelet, & vont en augmentant depuis le premier jufqu'au dernier qui eft le plus grand de tous. L'invention de cet inftrument eft venue de Flandre.

Il y a dans l'orgue un jeu appellé *Jeu de regale*. Il eft accordé à l'uniffon de la Trompette, & il a la longueur d'un demi pié avec une boîte qui fe foude au bout, longue de deux pouces. Comme ce jeu qui eft l'un des plus confiderables de l'orgue, imite en quelque façon la voix de l'homme, on l'appelle autrement *Voix humaine*.

REGALE. adj. On appelle *Eau Regale*, Une eau forte compofée qui fuffit feule à diffoudre l'or. Elle fe fait en diftillant deux parties de nitre, avec une partie de fel ammoniac, d'où il fort un efprit de nitre affilé fur le fel ammoniac.

REGALEMENT. f. m. Partition d'une fomme impofée, d'une taxe entre plufieurs. On dit dans ce fens *Travailler au regalement des tailles*, pour dire, Travailler à departir entre plufieurs la fomme à quoi elles montent pour un bourg, pour un village, felon ce que chacun en doit porter.

On fe fert auffi du mot de *Regalement*, pour dire, La reduction d'une aire ou de quelque autre fuperficie, felon fa pente, ou à un même niveau.

REGALER. v. a. Applanir un terrain qu'on veut dreffer, le mettre à niveau ou felon une pente reglée, après que les terres maffives en ont été enlevées.

REGALEUR. f. m. Celui qui a mefuré que l'on décharge la terre, a foin de l'étendre avec la pêle, ou de la fouler avec des barres.

REGALIEN. adj. On appelle *Droits regaliens*, Les droits de battre monnoie, de donner des graces, de faire des loix, & autres qui appartiennent aux Rois & aux Princes, comme Souverains.

REGARD. f. m. *Action de la vûe, action par laquelle on regarde*. ACAD. FR. *Regard*, en termes de

T t iij

Peinture, se dit de deux portraits de même grandeur qui se regardent l'un l'autre, l'un étant tourné à droit & l'autre à gauche.

Regard. Terme d'Astronomie. Aspect ou situation de deux astres qui se regardent selon certain angle, ou qui sont en distance d'un certain nombre de degrés.

Regard. Terme d'hydraulique. Reservoir où des eaux de source ou de fontaine s'amassent pour en faire ensuite la distribution. On y place les clefs ou robinets pour les faire couler ou élever en haut. On a coûtume de faire aussi des *Regards* de distance en distance pour observer les défauts d'une Fontaine, & faciliter le rétablissement des tuyaux.

REGARDANT. adj. Terme de Blason. Il se dit d'un animal qui ne montre que la tête, & quelque petite partie du cou, mouvant de quelque division de l'écu. *D'azur à trois bandes d'or, au chef d'argent, chargé d'un lyon regardant de gueules.*

REGARDURE. s. f. Vieux mot. Regard.
Lors voy qu'Envie en la peinture
Avoit trop laide regardure.

REGATES. s. f. On appelle ainsi des courses de barques, qui se font en forme de carrousel sur le grand canal de Venise. Il y a un prix destiné pour le Vainqueur.

REGAYER. v. a. On dit, *Regayer le chanvre,* pour dire, Le préparer, en le passant par les dents d'une maniere de serran, afin de le purger de ses ordures.

REGAYOIR. s. m. Ustencile de campagne qui sert à regayer le chanvre.

REGAYURE. s. f. Ce qui demeure dans le regayoir, lorsqu'on accommode le chanvre.

REGETAIRE. s. f. Nom que l'on donne aux Courtisanes dont le Roi de Benin, pays des Noirs, tire une forte de tribut. Quand l'une d'elles devient grosse & qu'elle accouche d'un Fils, elle est affranchie de ce tribut. Si c'est d'une fille, le Roi la prend en sa protection, & la loge en tems & lieu. Quand un homme est mort dans ce Royaume, toutes les femmes qui lui appartiennent, & qu'il a connues, sont à la disposition du Roi, qui en fait souvent ses plus jolies Regetaires. Ces Courtisanes forment une espece de Republique à part, & ont leurs Officieres Collecteuses qui ressortissent immediatement aux grands Fiadors ou Conseillers d'Etat.

REGIMENT. s. m. Terme de guerre. Certain nombre de Compagnies de Cavalerie ou d'Infanterie, qui ont chacune leur Capitaine, leurs Officiers subalternes, & leurs hautes payes. Les Regimens de Cavalerie sont d'ordinaire de six Compagnies, chaque Compagnie de quarante-cinq ou cinquante Maîtres, & commandées par un Mestre de camp. Les Regimens d'Infanterie sont d'un plus grand nombre de Compagnies, & commandées par un Colonel. Le Regiment de Picardie est quelquefois de six vingts, & souvent d'un plus grand nombre.

On appelle *Regiment des Gardes,* Un Regiment d'Infanterie qui garde le Roi. Il est fixé aujourd'hui à trente Compagnies, & chacune est de cent cinquante hommes. Les Compagnies d'Ordonnance & les Compagnies Franches, ne font point en corps de Regiment.

REGION. s. f. Grande étenduë de terre qu'habitent plusieurs peuples contigus sous une même Nation, qui a ses bornes & ses limites. Une Region se divise en Ulterieure & Citerieure, & en Interieure & Exterieure. On appelle *Region Ulterieure,* à l'égard d'une autre, la partie de la même Region qui a l'égard de cette autre est au-delà d'une riviere ou d'une Montagne, par laquelle la Region est separée en deux autres; *Region Citerieure,* La partie de la même Region qui est entre cette autre & la riviere ou la montagne qui separe la Region en deux autres; *Region Interieure,* La partie d'une Region la plus engagée dans les terres de la même Region, & *Region Exterieure,* La partie d'une Region la plus dégagée, & comme au dehors des terres de la même Region. On dit encore *Region haute,* & *Region basse,* par rapport au cours des rivieres, ou à l'égard de la mer, & aussi à l'égard des Montagnes.

On appelle en termes de Cosmographie, *Region elementaire,* Une sphere terminée par la concavité du Ciel & de la Lune. Cette sphere comprend les quatre élemens, & tous les corps inférieurs qui sont incorruptibles. *Region etherée,* se dit de la vaste étendue de l'Univers, dans laquelle sont compris tous les Cieux & tous les corps celestes qui sont incorruptibles.

L'Air se divise en trois Regions qui sont la superieure, la moyenne & la basse. On appelle *Region superieure de l'air,* Celle qui est entre la Region du feu elementaire & les plus hautes Montagnes de la terre; *Region moyenne de l'air,* Celle qui suit depuis la cime des plus hautes montagnes, jusqu'à la plus *Basse region de l'air,* qui est celle que nous habitons, & que l'on borne par la reflexion des rayons du Soleil. La superieure est chaude & humide de sa nature, plus rare, plus rare, & plus legere que les deux autres. La moyenne est plus pesante que la superieure, & moins à proportion que l'inferieure. Les vapeurs & les exhalaisons que le Soleil tire par l'attenuation des parties de la terre & de l'eau qu'il divise par sa chaleur, & que leur legereté y fait monter, la rendent humide & froide. Quant à la basse, elle est tantôt chaude & tantôt froide suivant la diversité des climats & des saisons.

Le corps de l'homme se divise aussi en trois Regions appellées *Ventres* & *capacités.* La premiere comprend les premieres voies, c'est-à-dire, l'oesophage, l'estomac & les intestins, le canal du fiel & du suc pancreatique, & les embouchures des vaisseaux meseraïques. La seconde contient le sang du sang, & les vaisseaux qu'elle arrose, sçavoir le poumon, le coeur, le foie, la rate, les reins, & la lymphe en quelque maniere, & dans la troisiéme Region sont compris le cerveau & le systeme nerveux, avec les membres les plus éloignés, & toute l'habitude du corps.

REGISTRATA. s. m. Terme de Palais. Extrait de l'Arrêt d'enregistrement qu'on met sur le repli des Edits & autres Lettres de Chancellerie, après qu'on les a verifiées & enregistrées. Il y a une grande R, qui marque le Registrata de la Cour de Rome, & elle tient tout le revers de la signature.

REGISTRATEUR. s. m. Officier de la Cour de Rome. Il y a vingt-quatre Registrateurs des Bulles & des Suppliques de cette Cour là.

REGISTRE. s. m. Livre où l'on écrit les Actes & les affaires de chaque jour pour y avoir recours. ACAD. FR. Nicod fait venir *Registre,* du Latin *Regerere,* qui signifie, Reduire en un lieu certain, pour y avoir recours au besoin, & dit qu'aux anciennes Chartres de Normandie, *Registre* est usité tantôt pour la Coûtume de cette Province, & tantôt pour la Chartre aux Normands, & que selon cette signification, il est écrit dans les Ordonnances de l'Echiquier, que *Les Advocans plaidans ou consultans en l'Echiquier, ne proposeront, ne allegueront fait ne Coûtume, usage ne Registres, s'ils ne croyent que ce soit verité.*

On appelle en termes de Finances *Registre sexté*, Un Regiftre contenant les noms, qualités & emplois des habitans des Paroiffes, les fommes aufquelles les Collecteurs des tailles les ont impofés, le nombre des perfonnes qui compofent chaque famille, & ce qu'ils ont pris du fel au grenier.

On appelle dans les Monnoyes, *Regiftres des fourneaux d'effai*, De petites plaques de fer, qui font difpofées en couliffe au devant & aux côtés du fourneau, qu'on ouvre & qu'on ferme, felon qu'il eft neceffaire d'arrêter l'ardeur du feu ou de l'augmenter. On le dit de même des tampons qui bouchent l'ouverture par laquelle on gouverne le feu d'un fourneau chymique.

Regiftres, fe dit en termes d'Organifte, des bâtons qu'on tire pour faire jouer les differens jeux d'une orgue. Ces bâtons tirés ouvrent le paffage au vent, pour entrer du fommier dans le porte vent des tuyaux.

Regiftres, en termes d'Imprimerie, veut dire, La rencontre des lignes & des pages placées & rangées également les unes fur les autres.

REGLE. f. m. Inftrument mince & étroit, dont on fe fert pour tracer les lignes droites. Il eft le plus fouvent de bois dur. La Regle d'Apareilleur fe divife en piés & en pouces, & eft d'ordinaire de quatre piés. La Regle de Pofeur fert fous le niveau pour égaler des piedroits & regler un cours d'affife. Elle a de longueur douze ou quinze piés. Celle des Charpentiers eft divifée en fix piés de long. Ils ont une grande & une petite Regle. Les Serruriers ont des Regles de fer pour dreffer les pieces, lorfqu'elles font chaudes ou froides.

REGLE', E'E. adj. On appelle *Papier reglé*, du Papier fur lequel on a tiré des lignes, des rayes. *Troupes reglées*, fe dit en termes de guerre de celles qui font enrollées, & on le dit par oppofition à des Milices de Bourgeois & de payfans armés, qui ne s'affemblent & ne fervent que dans quelque occafion preffante.

On dit en termes d'Architecture, qu'*Une piece de trait eft reglée*, pour dire, qu'Elle eft droite par fon profil.

REGLET. f. m. Regle de Menuifier. Il y a des Reglets plats, & des Reglets à pié.

On appelle auffi en terme d'Imprimerie *Reglet*, Un petit morceau de cuivre, de fer blanc ou de fonte, de differentes longueurs, dont on fe fert ordinairement pour mettre au deffus des chapitres d'un Livre, & ailleurs où on le juge neceffaire.

Reglet, eft auffi un terme d'Architecture, & fignifie, une petite moulure plate & étroite, qui fert à feparer les parties des compartimens & des panneaux.

REGLETTE. f. f. Terme d'Imprimerie. Petite regle de bois qui fert à prendre les lettres de deffus le compofteur pour les mettre fur la galée.

REGLEUSE. f. f. Ouvriere qui lave & regle les livres. On appelle *Reglure*, les rayes rouges que la Regleufe a faites fur les marges d'un livre.

REGLISSE. f. f. Racine d'une plante qui porte le même nom, & qui jette force branches hautes de deux coudées. Ses feuilles qui reffemblent à celles du lentifque, font maffives, graffes, & gommeufes quand on les manie. Ses fleurs font femblables à celles de la vaciete, & fon fruit eft un peu plus grand que les grains de plane, plus rude & plus velu, enfermé en de petites bourfes, en maniere de lentilles, qui font velues, & de couleur noire rouffe. Ses racines font longues comme celles de gentienne, de couleur de bouis, quelque peu âpres,

& neanmoins douces. On en épaiffit le jus, comme on fait le lycium. Ce jus eft fort bon à l'âpreté de la gorge, en le laiffant fondre fous la langue. Il eft fort bon aux chaleurs de l'eftomac, de la poitrine & du foye, & pris en breuvage avec du vin cuit, il guerit les douleurs des reins & la gratelle de la veffie. Il defaltere quand il eft fondu, & eft propre aux playes, enduit deffus. Etant mâché, il eft bon à l'eftomac, & la coction de la racine fraîche a les mêmes vertus que le jus. C'eft ce qu'en a écrit Diofcoride, qui dit que la Regliffe croît en abondance dans la Cappadoce & dans le Pont. Marthiole dit que cette plante vient auffi abondamment dans la Pouille; & après avoir condamné Pline au fujet de la regliffe au rang des Plantes piquantes & épineufes, & ayant fes feuilles heriffonnées, il ajoûte qu'il faut qu'il n'ait jamais vû de Regliffe en plante, & que s'en rapportant à Diofcoride, il ait lû dans fon exemplaire λεиλα λχлер, c'eft-à-dire, Semblables à l'heriffon, & par confequent épineufes; au lieu de λεоλα χλол, Semblables au lentifque, parce qu'il n'y a aucune vrai-femblance dans l'opinion de ceux qui fur le temoignage de Pline, veulent croire que la Regliffe a été autrefois épineufe, & que depuis ayant été cultivée, elle a perdu fes pointes & fes épines. Les Latins l'appellent *Liquiritia* & *Dulcis radix*, & les Grecs γλиνρρίζа, Douce racine.

REGNE. f. m. *Gouvernement, adminiftration d'un Royaume par un Roi.* ACAD. FR. Le mot de *Regne* fignifioit autrefois une Couronne d'or que les Rois portoient. Les Papes en eurent une enfuite fur leur mitre, & depuis ils y en ont mis jufqu'à trois. Ainfi la Tiare du Pape, qui eft ceinte de trois Couronnes, eft appellée aujourd'hui *Regne*. On rapporte que Clovis ayant envoyé prefenter une Couronne d'or enrichie de pierreries fur l'Autel de faint Pierre de Rome, on la nomma *Regne*. Ce mot, pour dire *Couronne*, a été fort en ufage à Rome du tems du Pape Innocent III. & de quelques-uns de fes fucceffeurs. On a donné ce même nom de *Regne* aux Couronnes qui ont été fufpendues fur le maître Autel des Eglifes.

REGNE. f. f. Vieux mot. Refne.

Et li chevaux s'enfuit la regne abandonnée.

REGNON. f. m. Vieux mot. Renom, renommée.

REGOUSEMENT, ou REGOUS. f. m. Ce terme eft en ufage en quelques lieux pour fignifier une chofe qui eft cachée. *Le Soleil eft dans un beau regous à fon coucher.* Peut-être veut-on dire *Reconfement* ou *Recous*.

REGRACIER. v. n. Vieux mot. Remercier de l'Italien *Ringratiare*.

REGRATER. v. a. Ratiffer quelque chofe de vieux. On dit *Regratter un vieux bâtiment de pierre*, pour dire, Le nettoyer avec des ripes, des fers à retondre, ou d'autres fortes d'outils, en emporter la fuperficie pour le blanchis.

Regrater, fe dit auffi des Fripiers & des Revendeufes qui gagnent leur vie à revendre des meubles, des habits raccommodés. *Regrater* fignifie plus particulierement en ce fens, Vendre du fel à petite mefure.

REGREDILLER. v. a. Vieux mot. Frifer les cheveux avec un fer chaud.

REGRER. v. a. Vieux mot. Recréer.

Se regrer n'eft pas peché,
Chacun en prife la façon.

REGRE'S. f. m. Terme de Droit canonique. Action

qu'on a pour rentrer dans un Benefice refigné ou permuté, quand il y a lefion ou fraude vifible, & que le Refignataire ne tient pas les conditions ftipulées par le concordat. *Regrés* vient du Latin *Regreffus* Retour.

REGUINDER. v. n. Terme de Fauconnerie. Il fe dit de l'oifeau, lorfqu'il fait une nouvelle pointe au deffus des nues.

On le dit auffi en Maçonnerie & en Charpenterie. Il faut fouvent reguinder les matieres.

REGULE. f. m. Terme de Chymie. La partie pure du métal que l'on fait precipiter au fond du creufet, lorfqu'on fond la mine metallique. Le *Regule d'antimoine* n'eft autre chofe que la plus noble partie de l'antimoine & la plus metallique, ou bien le mercure de l'antimoine concentré & raffemblé, qui n'a retenu qu'autant qu'il faut de fon foulphre pour faire corps. La preparation du Regule confifte à féparer le foulphre fuperflu de l'antimoine par le moyen des alcalis, & à donner lieu à la partie metallique mercurielle de fe réunir en un corps. Il faut prendre pour cela partie égales d'antimoine, de nitre & de tartre. Après qu'on a fait détonner le tout dans un creufet, on trouve le regule au fond ; ce qui arrive à caufe que les alcalis, qui ont une convenance radicale avec les foulphres, fe raffafient & fe rempliffent du foulphre de l'antimoine, lequel quittant le mercure, lui donne moyen de tomber au fond, où il fe réunit & forme le Regule. On appelle *Regules compofés*, Ceux où il entre d'autre metaux, comme le Mars, le Jupiter, le Soleil. Dans la preparation du Regule avec le mars ou l'acier, comme l'antimoine qui fe fond facilement & l'acier qui ne fe fond qu'avec peine, & demeure long-tems rouge avant que de fe fondre au feu, ont de la peine à fe bien fondre enfemble, il faut mettre dans le creufet une livre ou du moins huit onces de limaille de fer ou de cloux, & les faire rougir jufqu'au dernier degré. Alors on y ajoûte feize ou dix-huit onces, ou fuivant quelques-uns, feulement douze onces d'antimoine pulverifé, & par ce moyen tous les deux fe fondent en même tems, & fe réuniffent en une maffe à force de feu. Le feu doit être continué pour faire fondre cette maffe, dans laquelle, quand elle eft fondue, il faut jetter de la poudre de nitre échauffée, jufqu'à quatre ou cinq onces, à plufieurs reprifes. Quand les detonations feront finies, le regule fera fondu. On doit avoir foin de le jetter promptement dans un culot, fans quoi la croûte que formeroient les fcories, empêcheroit la matiere de couler. Ce regule n'étant pas bien dépuré, on le purifie & le polit en le refondant deux ou trois fois avec la même quantité de nitre. Pour faire le Regule avec le Jupiter ou l'étaim, on ajoûte une quantité fuffifante de Jupiter, & on le fond en une maffe prefque argentée, & pour le faire avec le Soleil ou l'or, on met fondre une fois autant d'antimoine fur le fimple d'or, & le regule fe trouve au fond. La diffolution ou leffive des fcories du regule d'antimoine eft très-falutaire dans l'obftruction des mois, & admirable pour les lotions des ulceres malins, dont elle mondifie & deterge toutes les ordures. Le *Regule d'arfenic* eft de l'arfenic, de la poudre gravelée & du favon, que l'on met dans un creufet, & par le moyen du feu d'un culot ou d'un mortier graiffé, on en tire un regule qui a beaucoup moins de force que l'arfenic des fcories du regule d'arfenic bouillies dans l'eau & philtrées.

REH

REHABILITATION. f. f. *Rétabliffement au pre-*

mier état. Acad. Fr. Il fe dit tant d'un Prêtre qu'on remet dans l'état où il étoit avant qu'il eût encouru quelque cenfure ecclefiaftique, que d'une perfonne noble, qui par des Lettres du Roi eft remife dans tous les honneurs & dans tous les privileges dont elle jouiffoit avant qu'elle eût dérogé. On appelle auffi parmi les Marchands *Lettre de rehabilitation*, la Lettre qu'un Marchand obtient du Roipour être relevé de la rigueur desOrdonnannances, à caufe qu'il a manqué à fes creanciers.

REHAUSSER. v. a. Faire paroître davantage, comme lorfqu'on dit que *Les ombres d'un tableau rehauffent les couleurs vives.* On dit, *Rehauffer un bas relief avec de l'or*, pour dire, Appliquer de l'or fur la couleur dans les endroits les plus clairs.

REHAUTS. f. m. p. Terme de Peinture. On dit, *Les rehauts d'un tableau*, pour dire, Les endroits les plus clairs d'un tableau, & où font les couleurs les plus vives.

REI

REIN. f. m. *Rognon, vifcere dans l'animal, dont le principal ufage eft de recevoir les ferofités du fang, qui paffent enfuite dans la veffie.* Acad. Fr. L'inflammation des reins eft un mal dangereux & fouvent mortel aux perfonnes maigres & peu robuftes, fur-tout fi la fievre s'y trouve avec le delire. Cette inflammation eft la caufe la plus frequente de l'ulcere des reins, ou bien les calculs âpres & raboteux qui les déchirent & les exulcerent fucceffivemeut. Quand l'érofion vient du calcul, l'urine fort blanche comme du lait de beurre. Elle fe precipite auffi-tôt & devient d'une autre confiftance dont la couleur reffemble à des cendres. On fent outre cela une douleur mordicante & corrofive aux lombes, & cette douleur eft caufée par un ferum acre & vicieux qui irrite & corrode en paffant avec un fentiment de chaleur. Les reins viciés engendrent fouvent l'Afcites, & cela vient de ce que lorfque les reins ne philtrent pas le ferum, il diftille dans l'abdomen & y fait l'hydropifie. On fait venir *Reins* du Grec ϸιν, Fluer, couler, à caufe que l'humeur férufe, qui eft la matiere de l'urine, eft paffée par les reins comme par une étamine. Selon Malpighi, les reins font compofés, fur-tout vers leur partie convexe, d'une infinité de petites glandes, qui paroiffent rondes comme les yeux des poiffons, & d'une infinité de fibres, ou de petits canaux membraneux, qui font proprement les vaiffeaux excretoires des reins, & qui en compofent la fubftance exterieure par leur jonction. Toutes ces petites glandes font attachées à autant de rameaux d'arteres, d'où ayant reçû la matiere de l'urine, elles la tirent & la feparent du fang, après quoi elles la déchargent dans le baffinet par les fibres membraneufes creufes, qui partant de la partie convexe du rein, fe ramaffent en une efpece de faifceau, & fe terminent par caroncules papillaires qui fortent du baffinet & entrent dans les tuyaux avancés. Il paroît par là que les petites glandes font l'organe de la feparation de l'urine, & que les fibres creufes font celui de la diftribution de l'urine au baffinet, où s'étant déchargée du rein, elle diftille fucceffivement dans la veffie par le canal de l'uretere.

On appelle, en termes d'Architecture, *Reins de voute*, Les parties d'une voute qui pofent fur les impoftes ; & *Reins vuides*, celles qui n'étant pas remplies ne foulagent point la charge.

Reins, fignifie auffi les bords ou côtés d'une forêt. On croit qu'on a écrit *Reins*, au lieu de *Rains*, qui

qui eſt un mot que l'on a fait de *Rainceaux*, qui
s'eſt dit pour *Rameaux*.

REINETTE. ſ. f. Sorte de pomme dont la chair eſt
ferme & de bon goût. Il y a une Reinette griſe,
& une Reinette blanche.

REINTEGRANDE. ſ. f. Terme de Pratique. Jugement par lequel une perſonne eſt remiſe en la
jouiſſance d'une choſe dont elle avoit perdu la poſſeſſion.

REINTEGRER. v. a. On dit en termes de Palais,
Reintegrer quelqu'un dans ſes biens, pour dire,
Le rétablir dans la poſſeſſion de ſes biens dont il
avoit été dépouillé. On dit dans le même ſens,
qu'*Un Officier a été reintegré dans la fonction de
ſa Charge*, pour dire, qu'Après l'avoir interdit, on lui a permis de l'exercer comme auparavant.

    On dit particulierement d'un homme ſorti de
priſon à caution, ou par un Arrêt ſurpris, qu'*On
a ordonné qu'il ſeroit reintegré*, pour dire, qu'Il
rentreroit en priſon.

REJOINTOYER. v. a. Terme de Maçonnerie.
Remplir & ragréer avec du Mortier de chaux
& de ciment les joints des pierres d'un vieux
bâtiment, quand l'eau ou le tems les a cavés.

REJOUVENIR. v. n. Vieux mot. Rajeunir.

REL

RELAIS. ſ. m. Terme de Fortification. Eſpace où
retraite de trois, quatre ou cinq piés, ſelon la hauteur qu'on laiſſe en dehors entre le pié du rempart & l'eſcarpe du foſſé, pour recevoir la terre qui
s'éboule.

    On appelle *Relais*, en termes de Chaſſe, des
Chiens qu'on tient en de certains lieux dans la refuite des bêtes qu'on court, afin de les donner
quand la bête paſſe. On appelle auſſi *Chevaux de
relais*, des Chevaux qu'on fait tenir prêts en certains endroits, pour en changer en y arrivant.

    On appelle encore *Relais*, Une ouverture qu'on
laiſſe dans les tapiſſeries, quand il faut changer de
couleurs & de figures. Cela vient de ce qu'en ces
occaſions on change ſouvent d'ouvriers, ou de ce
qu'on les laiſſe à faire à la fin de l'ouvrage. Il
faut reprendre les relais d'une tapiſſerie qui s'eſt
découſue pour avoir été trop long-tems tendue.

RELAISSE', E'E. adj. Terme de Chaſſe. On appelle
Lièvre relaiſſé, un Lièvre qui eſt tellement couru, que la laſſitude le fait s'arrêter ſans qu'il aille
au gîte.

RELANCER. v. a. Terme de Chaſſe. Lancer de
nouveau une bête qui eſt ſur ſes fins. *Relancer*,
veut dire auſſi, Relever un défaut & faire repartir
le lievre quand il eſt relaſſé.

RELASCHER. v. a. Débander, rendre lâche, faire qu'une choſe ne ſoit pas ſi tendue.

    Relâcher, eſt auſſi un verbe neutre, & ſignifie
en termes de Marine, Diſcontinuer le cours en
droiture, y étant forcé par le vent contraire, &
retourner dans le Port du partement, ou aller mouiller en quelque autre lieu de ſûreté.

RELAXATION. ſ. f. Terme de Chirurgie. Etat de
la partie qui n'eſt pas auſſi tendue qu'elle devroit
l'être naturellement. Ainſi on dit, *Relaxation de muſcles, de nerfs, de tendons*, pour dire, Extenſion
de muſcles, de nerfs, de tendons, ſoit que cela arrive par la foibleſſe de la partie, ſoit par
violence.

RELAXE', E'E. adj. Terme de Chirurgie. On ap-

pelle *Nerf relaxé*, Un nerf qui n'a pas ſa tenſion
ordinaire.

RELENQUI. adj. Vieux mot. Abandonné, de-
laiſſé.

    *Pourquoi ſont-ils de leurs meres naſquis,
    S'ils doivent eſtre à jamais relenquis.*

RELENQUIR. v. a. Vieux mot. Abandonner,
delaiſſer.

    *Tous ceux qui auront par deloy
    Relenqui la divine loy.*

RELEVE', E'E. adj. On appelle, en termes de Manege, *Airs relevés*, Les mouvemens d'un cheval
qui s'éleve plus haut qu'au terre à terre, & qui manié à courbettes, à balotades, &c. Avant que de
demander des Airs relevés à un cheval, il faut lui
avoir rendu les épaules fort ſouples, à cauſe que
ces ſortes d'airs mettent en colere un cheval qu'on
preſſe trop.

RELEVE'. ſ. m. Même fer replacé ſous le pié d'un cheval avec des clous neufs après lui avoir paré la
corne. On dit auſſi *Vaſſi*. On doit au Maréchal tant
de fers & tant de relevés.

RELEVEMENT. ſ. m. Terme de Marine. On appelle ainſi la hauteur d'une partie d'un Vaiſſeau
à l'égard d'une autre partie. On dit *Relevement au
pont d'un Vaiſſeau en avant & en arriere*, en parlant de la difference qu'il y a en ligne droite du milieu du pont à ſon avant & à ſon arriere.

RELEVER. v. a. Remettre ce qui étoit tombé ou paſſant, en l'état où il étoit auparavant. On dit en
termes de Marine, *Relever un Vaiſſeau*, pour dire,
Le remettre à flot quand il a donné fond dans
quelque ancrage; *Relever l'ancre*, pour dire, La
changer de place, la mettre dans une autre ſituation; & *Relever les branles*, pour dire, les attacher
par le milieu près du pont, afin qu'ils n'empêchent
point de paſſer entre les ponts.

    Relever, eſt auſſi un terme de guerre, & on dit
Relever la tranchée, pour dire, Prendre à la tranchée le poſte d'un autre corps de troupes qui deſcend la garde. On dit dans le même ſens, *Relever une Sentinelle, relever une compagnie*.

    Relever, en termes de Manege, ſignifie Faire
porter un cheval en beau lieu, en plaçant ſa tête
lorſqu'il porte bas. On ſe ſert ordinairement pour
cela d'un mors fait en branches de genouil.

RELIEF. ſ. m. Tout ce qui eſt relevé en boſſe dans
les ouvrages de Sculpture, de Poterie & de Fonte.
Il y a trois ſortes de relief. Le *Plain relief* ou *haut
Relief*, eſt figure taillée d'après nature; le *Bas relief*, eſt la repreſentation un peu élevée en boſſe,
& on dit, *Demi-relief*, quand la figure ſort à demi
corps du plan ſur lequel elle eſt poſée.

    On dit auſſi en platte Peinture, qu'*Une figure a
beaucoup de relief*, qu'*Elle eſt de grand relief*, quand
la lumiere eſt bien choiſie pour faire avancer les
parties ou les figures les plus proches, & qu'elle eſt
bien répandue ſur les maſſes, en ſorte qu'elle diminue peu à peu & avec douceur, & qu'elle finiſſe
& ſe termine dans une ombre large, diffuſe, legere, & qu'enfin devienne comme inſenſible & de
nulle couleur.

    Relief, en termes de Brodeur, eſt un enrichiſ-
ſement d'or ou d'argent ſur un ouvrage de ſoye ou
d'étoffe.

    Relief. Terme de Juriſprudence féodale. Droit
que doit un Fief au Seigneur dominant preſque en
toutes mutations. Il conſiſte à une année de revenu, ou à l'eſtimation qui en eſt faite. Ce droit eſt
fort different ſelon les Coûtumes.

On appelle *Relief d'appel*, en termes de Chancellerie, Les lettres qu'on y obtient, pour relever un appel interjetté, & faire intimer sa partie devant le Juge superieur, afin de voir intimer par lui la sentence que cette partie a obtenue à son avantage.

REM

REMANOIR. v. a. Vieux mot. Demeurer. On trouve ce verbe en plusieurs tems dans les vieux Poëtes, *Je remains*, & *Il remaint*, pour, Je demeure, & *Il demeure*; *Je remansi*, pour, Je demeurai, & *Remansirent* & *remistrent*, pour, Ils demeurerent; qu'*Ils remanroient*, pour, qu'Ils demeureroient; qu'*Il remaigne*, pour, qu'Il demeure, *O que son fils erres remaigne*, & *qu'il remansist*, pour, Qu'il demeurast.

Miex voudroy que fussiez rez,
Sans aigue la teste & cout,
Que je mi remansist chrvoil.

On a dit aussi *Remez*, pour, Demeuré, & *Le remenant*, pour dire, Le reste, le residu.

Que riens n'a plus que sa cornette,
Gueres ne vaut le remenant.

REMBLAI. s. m. Travail de terres rapportées & battues, soit pour applanir quelque terrain, ou pour faire une levée.

REMBRE. v. a. Vieux mot. Retirer par faculté de remeré une chose vendue. *Et pourra ledit vendeur Rembre & ravoir ledit heritage ou rente par lui vendue, en payant audit acheteur, &c.* Nicod fait venir ce mot de *Redimere*, Racheter.

REMBUCHER. v. n. Terme de Venerie. On dit que *Les chiens ont fait Rembucher un cerf dans la forêt*, qu'*Un cerf s'est Rembusché dans le bois*, pour dire, Que les chiens l'ont fait rentrer dans son fort, qu'il est rentré dans son fort.

REMEDE. s. m. *Ce qui sert à guerir un malade, une maladie*. ACAD. FR. Les remedes par rapport au corps sont internes ou externes. Ces derniers agissent tantôt sur la superficie seule du corps, où ils ne font qu'ôter les matieres morbifiques cutanées, ou alterer les fibres de la partie, comme les mixtes fixes, le saturne, le lait, les ramollissans, & les astringens. Tantôt ils penetrent jusqu'au fond en s'insinuant sous la forme d'influences très-subtiles ou d'odeurs successivement dans les pores, & ils alterent immediatement la partie solide sur laquelle ils font avec l'esprit implanté. Tels sont les onguents purgatifs qu'on applique sur le nombril, qui purgent en irritant les intestins de dessous, & en alterant le sang avec les autres humeurs contenues. On prend d'ordinaire les remedes internes par la bouche, qui se descendent immediatement dans l'estomac & dans les premieres voies, où l'on ne sçauroit douter qu'ils ne reçoivent quelque alteration, non seulement du levain digestif de l'estomac, mais encore du concours de la bile & du suc pancreatique qui se fait dans le duodenum, ce qui brise plus ou moins la vertu operative du Remede, en lui donne une nouvelle vertu avec une nouvelle tissure par le mélange de ces liqueurs, Le levain de l'estomac, selon qu'il est actif ou acide, s'attache à tout ce que l'on avale, pour lui donner la nature d'aliment. Il s'ensuit de là que plus il agit sur les Remedes, plus ils approchent de la nature alimenteuse, & que moins ils sont alterés, plus ils gardent de la vertu medicamenteuse. C'est ce qui est cause qu'un même Remede opere diversement, non seulement en divers sujets, mais sur le même en differens tems, parce qu'il opere suivant qu'il reçoit plus ou moins d'alteration de l'acide de l'estomac. Les Remedes ne perdent pourtant pas toute leur vertu medicamenteuse dans l'estomac, & ne laissent pas d'operer à cause qu'ils retiennent toûjours plus ou moins de leur constitution materielle. Ainsi il y a certains alimens qui sont medicamenteux, comme le raifort, le cresson & la moutarde. On doit preparer les Remedes, & ces preparations se font tant pour les rendre plus faciles à prendre, & plus appropriés à notre corps, qu'afin d'en mieux tirer la vertu specifique medicamenteuse, qui est ou cachée, ou embarrassée avec les autres principes, & de corriger ce qu'il y a de virulent & de nuisible. L'experience accompagnée du raisonnement, est le meilleur de tous les moyens qui font trouver les Remedes des maladies. Elle a confirmé l'efficacité des specifiques ou appropriés, qui agissent sans qu'on puisse expliquer demonstrativement leur action. Cependant les Remedes les plus éprouvés n'ont pas toûjours le même effet sur divers sujets. Cela vient du temperament particulier de chaque individu, qui fait qu'un Remede a plus de rapport avec l'un qu'avec l'autre. Ainsi un scrupule de poudre de jalap qui a coûtume de purger copieusement ne purgera point certaines personnes, par cette seule raison que l'agent reçoit toûjours sa détermination du patient.

On appelle en termes de Monnoyeur *Remede de loi*, Une permission accordée par le Roi aux Maîtres de ses Monnoies de tenir la bonté interieure des especes d'or & d'argent plus écharsée ou moindre que le titre ordonné, comme vingt & un Karats trois quarts pour les louis d'or au lieu de vingt-deux Karats, qui est le quart de Karat de Remede que l'Ordonnance permet, & dix deniers vingt-deux grains pour les louis d'argent, au lieu de onze deniers, qui sont les deux grains de Remede aussi permis. Comme il est bien malaisé que les especes d'or & d'argent, qui doivent être chacune d'un poids égal, & d'une certaine partie du marc, soient taillées si justes dans leur poids qu'il ne se rencontre quelques grains plus ou moins en un marc d'espece d'or & d'argent, on a introduit un *Remede de poids*, à l'*Instar* du Remede de loi. C'est une permission accordée par Sa Majesté aux Maîtres de ses Monnoies, de pouvoir tenir le marc d'especes plus foible d'une certaine quantité de grains que le poids juste. Il y a des Remedes sur les poids de marc aussi bien que sur les especes, avec cette difference que les Remedes sur les especes sont sur le foible, & que ceux de poids de marc sont sur le fort. On ne trouve point de mention plus ancienne des Remedes de poids & de loi que du regne de saint Louis. Toutes les Monnoies qu'on a fabriquées depuis ce tems-là ont toûjours été ordonnées avec les Remedes de poids & de loi.

Remedes de droits, se dit en terme de Palais, de l'appel, & de l'opposition & de la Requête Civile. Ce sont des moyens qui servent à reparer les griefs que les premiers jugemens ont fait souffrir aux Parties.

REMEIL. s. m. Terme de Chasse. Courant d'eau qui ne glace pas en hiver où les Becasses se retirent. *Allons au Remeil.*

REMEMBRANCE. s. f. Vieux mot. Souvenir. On a dit aussi *Se remembrer*, pour dire, Se ressouvenir.

REMENE'E s. f. Espece de petite voute mise au derriere du tableau d'une porte, d'une fenêtre, pour couronner l'embrasure. C'est ce qu'on appelle autrement *Arriere voussure.*

REMERE'. f. m. Terme de Palais. Faculté de retirer dans un certain tems un heritage qu'on vend, en remboursant à l'acheteur le prix qu'il en a payé. Ce mot vient du Latin *Redimere*, Racheter.

REMOLADE. f. f. Appareil ou charge que les Maréchaux appliquent sur les efforts d'épaule, sur les enflures, & foulures des chevaux. C'est un onguent qui a la consistance d'une bouillie épaisse. On en frotte la partie incommodée, que l'on peut couvrir ensuite avec du papier brouillard. Cet onguent se fait avec de la lie de vin, du miel, de la graisse, & de la terebenthine.

REMOLAR. f. m. Nom que l'on donne à l'Officier d'une Galere qui a soin des rames.

REMOLE. f. f. Terme de Marine. Contournement d'eau qui est quelquefois si dangereux que le Vaisseau en est englouti.

REMOLLIENT., ENTE. On appelle en termes de Medecine *Remedes Remollients*, certains remedes anodins, qui ramollissent, adoucissent, & resolvent les duretés.

REMONSTRANS. f. m. Heretiques qui ont pris ce nom à cause du Livre, nommé par eux *Remontrance*, qu'ils presenterent aux Etats Generaux en 1611; & qui contenoit les principaux articles de leur croyance. Ils se sont separés des Reformés au sujet des cinq points qui leur furent enseignés par Jacques Arminius, Professeur en Theologie à Leyden, & sur lesquels le Synode de Dordrecht tenu en 1618. les condamna. Depuis la mort d'Arminius qui vouloit que Dieu eût élû les Fideles par la prevision de leur foi, ils ont adopté plusieurs erreurs des Sociniens, & la plûpart même ont quitté l'opinion de ce premier Ministre sur le point de la Predestination & de l'élection éternelle, en sorte que s'il revenoit au monde, il auroit peine à les reconnoître pour les Sectateurs de sa doctrine. Ils croyent que celle de la Trinité des personnes dans une seule naissance n'importe en rien au salut; qu'il n'y a dans l'Ecriture aucun precepte par lequel on nous commande d'adorer le saint Esprit, ni rien qui marque qu'il ait été adoré; que JESUS-CHRIST n'est pas égal au Pere, & que la loi en JESUS-CHRIST qui nous sauve n'a point été commandée, & n'a point eu lieu sous la vieille alliance. Ils pressent avec grand soin la tolerance de toutes les opinions de ceux qui professent la Religion Chrétienne, & disent que tous les Chrétiens s'accordans dans les points essentiels & fondamentaux de la Religion, il n'a point été décidé jusques ici par un jugement infaillible, qui sont ceux d'entr'eux, qui ont embrassé la Religion la plus pure & la plus conforme à la parole de Dieu; & que pour cela tous peuvent s'unir pour composer un seul corps d'Eglise sans que l'on doive contraindre personne à condamner & à quitter ses sentimens, ou à approuver & suivre les opinions d'autrui. Ils appuyent ce qu'ils soûtiennent par l'exemple des Juifs; parmi lesquels les Pharisiens, les Saducéens & les Esséens, qui étoient des Sectes très-differentes, & dont quelques-unes avoient une doctrine fort dangereuse, ne laissoient pas d'être tolerés, en sorte qu'on les recevoit tous dans le Temple pour presenter leurs Sacrifices & leurs Prieres à Dieu, & faire toutes les autres fonctions du service de la Religion.

REMONTANT. f. m. Terme de Ceinturier. L'extrêmité de la bande du baudrier qui est fendue en deux & qui tombe sur les pendans.

REMORE. f. f. Petit Poisson que les Anciens ont

Tome II.

crû avoir la force d'arrêter un Vaisseau navigeant à pleines voiles, ce qui est cause qu'on lui a donné le nom de *Remore*, du Latin *Remorari*, Arrêter. Ce qu'ils en ont dit est une fable. Les Remores sont en si grande quantité dans toutes les Indes Occidentales, qu'à peine y a-t-il un feu Navire où l'on n'en trouve plusieurs attachées. Cependant depuis plus d'un siecle que l'on frequente ces Isles on n'a point vû qu'elles ayent arrêté aucun Vaisseau. Elles ont un pié, & quelques-unes jusques à deux piés de long, & sont grosses à proportion. Leur peau est brune, tirant sur le violet, & un peu verdâtre par les deux côtés. Elle va toûjours en blanchissant jusques sous le ventre & est gluante & visqueuse, ce qui est cause que le Poisson s'échape des mains, comme fait l'anguille. Les Remores ont une empennure sur le dos qui va jusques vers la queue, & une autre depuis le nombril, mais plus courte que celle de dessus. Leur queue est faite de ces mêmes empennures. Elles ont aussi deux ailerons ou nageoires affés proche de la tête avec un trou rond sous le menton. Ce qu'on leur voit de particulier, c'est une maniere de semelle platte comme celle d'un soulier, qu'elles portent moitié sur la tête, moitié sur le dos. Elle est toute découpée d'un double rang de rides qui en traversent la largeur. Une raye tirée d'un bout jusqu'à l'autre par le milieu de cette semelle, separe ces deux rangs de rides. C'est par là aussi bien que par le trou qu'elles ont sous le menton, qu'elles s'attachent non seulement aux Navires, mais aux rochers, & aux Poissons, & surtout aux Requiens, ce qu'elles font d'une maniere si ferme que souvent on ne les en peut arracher qu'en les tuant. Leurs yeux sont petits, ronds & jaunâtres, & leur tête est affés semblable à celle des chiens de mer. La seule difference qu'il y a, c'est que la machoire de dessus est un peu plus courte que celle de dessous. Au lieu de dents, elles ont de petites éminences qui leur servent à briser ce qu'elles avalent. Elles sont gourmandes, engloutissent l'ameçon aussi-tôt qu'il est dans l'eau, & ne se rebutent point, encore qu'on les ait manquées trois ou quatre fois. Cette sorte de Poisson est un peu molasse, mais d'affés bon goût.

REMORQUER. v. a. Terme de Marine. Faire voguer un Vaisseau à voile par le moyen d'un Vaisseau à rames. C'est ce qui rend ce mot different de *Touer*, parce qu'on toue par le cabestan ou par la hansiere, au lieu qu'on remorque en tirant un Vaisseau qu'on a attaché à l'arriere d'un autre. On dit *Prendre la remorque*, *quitter la remorque*, pour dire, Se faire tirer, cesser d'être tiré par une Galere ou un autre Vaisseau à rame. On fait venir ce mot du Latin *Remulcare*, ou du Grec ρουμλκιω, dont Polybe s'est servi & qui est composé de ρυμα, Cable & de ιλκυω ou ελκυω, Je tire.

REMOULIN. f. m. Vieux mot de Manege, dont on s'est servi pour signifier une Pelotte, c'est-à-dire, une marque blanche sur le front d'un cheval.

REMOUX. f. m. Terme de Marine. On appelle ainsi certains tournans d'eau qui se font lorsque le Vaisseau passe.

REMPART. f. m. Terme de Fortification. Levée de terre tirée du fossé, & qui couvre & environne la Place. Un rempart a d'ordinaire son parapet, terreplain, talus interieur & exterieur, une muraille de maçonnerie, lorsqu'il est revêtu, & une berme quand il ne l'est pas. Il ne doit avoir ni plus de trois toises de hauteur, ce qui suffit à mettre

V u ij

les maisons de la Place à couvert de l'insulte du canon, ni plus de dix ou douze d'épaisseur, à moins qu'on n'y soit contraint par la necessité d'employer toutes les terres qu'on a tirées du fossé en le creusant.

REMPLAGE. f. m. Terme de Maçonnerie. Moilon ou blocage dont on remplit le vuide d'une muraille après qu'on a fait les paremens de grosse pierre. On dit aussi *Remplissage.* Les Charpentiers appellent *Chevrons, poteaux de remplage, fermes de remplage,* Les poteaux, les fermes qui se mettent pour remplir les intervalles qui sont entre les poteaux corniers ou les maîtresses fermes.

REMPLI, IE. adj. Terme de Blason. Il se dit d'un écusson vuidé & rempli d'un autre émail. *D'argent à trois rustres de sable remplis d'or.*

REMPLIER. v. a. Terme de Tailleur ou de Couturiere. *Remplier un étoffe,* c'est la rendoubler.

REMPRONANT, f. m. Vieux mot. Celui qui fait des rapports, qui reprend, qui tance quelqu'un.

Ne ja ne soyez nouveliers
Ne rempronans ne fox vanterres.

On a dit aussi *Remproner,* pour, Tancer, reprendre.

Felonessement la resone
Et par paroles la remprone.

REMUCIE', E'E. adj. Vieux mot. Caché.

REN

RENARD. f. m. Animal sauvage à quatre piés, qui est gros comme un moyen chien, & qui d'ordinaire tire sur le roux. Il a les oreilles courtes, & la queue fort chargée de poils. Il est ami des serpents & vit avec eux, mais il haït les oiseaux, les bêtes à quatre piés & certaines plantes, comme la rue. Il est malicieux & fort fin, & fait plusieurs trous à sa taniere, afin de pouvoir se sauver plus aisément. Il vit de poules, d'oyes, d'outardes, de lapins, de lievres, de chats, de petits chiens, de souris, de sauterelles, & à l'adresse de contrefaire le mort pour mieux attraper les oiseaux. On tient qu'il fait mourir le herisson en pissant dessus. Il y a une prodigieuse varieté de Renards dans la Laponie. Outre les communs on y en voit de roux, de tannés, de blancs, & de marqués à une croix, & de cendrés. Les noirs sont ceux que l'on estime le plus à cause qu'ils sont plus rares. Les personnes qui tiennent le plus haut rang en Moscovie, s'en font faire des chapeaux, ce qui est cause qu'une de leurs peaux se vend dix écus d'or, & quelquefois quinze. Les peaux de Renard de couleur de tanné sont les moyennes entre les communes rousses & les noires. Les marqués à une croix, ont une ligne noire, qui leur prend depuis le museau le long de la tête & du dos jusques à la queue, & une autre qui la coupe depuis les épaules jusques aux piés de devant, & ces deux lignes font une forme de croix. Ils sont d'ordinaire plus grands, & ont le poil plus épais que les communs roux, aussi en fait-on plus d'état. Les Renards cendrés ont leur couleur mêlée de cendre & de bleu. Olaüs Magnus les appelle de couleur celeste ou d'azur, & dit qu'on les estime moins que les autres, & que les blancs, à cause que leur blancheur n'est point mêlée d'une autre couleur, sont ceux dont on fait le moins de cas, parce que ce sont les plus communs, & que le poil de ces deux dernieres especes tombe en peu de tems. Ce qui

fait qu'ils sont moins rares, c'est que la chasse en est plus facile, & cela vient de ce qu'ils ne vont point se cacher dans les forêts, & qu'ils ne s'arrêtent que sur les montagnes toutes nues, qui sont entre la Norvege & la Suede.

Renard. Terme de Maçon. Pierre attachée au bout d'une ficelle, qui sert aux Maçons & aux Limousins, à élever les murs droits. Un des bouts de cette ficelle qu'ils attachent aux deux extremités du mur qu'ils construisent, est arrêté à une de ces extremités, & l'autre bout passe seulement sur un morceau de bois qui est mis en travers sur l'autre extremité de ce même mur. Il y a une hoche sur le bois pour empêcher que la ficelle ne change de place, & parce que si les Maçons attachoient le cordeau à ce morceau de bois, il pourroit se relâcher ou se bander par les changemens des tems, ils le laissent passer par dessus l'écoche ou hoche, en y attachant au bout une pierre assés pesante pour le tenir toûjours dans le même état, & c'est ce qu'ils nomment un *Renard.* Ce mot sert aussi de signal parmi ceux qui battent ensemble des pieux ou des pilotis à la sonnette. Il faut ordinairement seize hommes pour lever le mouton des sonnettes, lesquelles frappent jusques à cinquante coups de suite, plus ou moins avant que de se reposer ; après quoi l'un d'entre eux qui a pris garde au nombre des coups, crie tout haut *au Renard.* Ce signal fait cesser tous les autres en même-tems.

Les Fontainiers appellent *Renard,* Un petit pertuis par où l'eau d'un bassin ou d'un reservoir se perd, & ils lui donnent ce nom à cause de la peine qu'ils ont à le découvrir pour le reparer.

Renard, Terme de Marine. Espece de croc de fer avec lequel on prend les pieces de bois qui servent à construire les Vaisseaux pour les transporter d'un lieu à un autre. Il se dit aussi d'une petite Palette de bois sur laquelle sont figurés les trente-deux airs de vent. Elle est attachée à l'artimon proche l'habitacle. A l'extremité de chaque air de vent sont dix petits trous en ligne droite. Les six trous de chaque rumb representent les six horloges, chacune de demi-heure, du quart du Timonnier, qui marque sur le Renard par une cheville qu'il met dans un des petits trous, combien le Vaisseau a couru d'horloges sur chaque air de vent.

Renard de mer. Gros Poisson du genre des testacées cartilagineux & non plats. On en a disséqué un à l'Académie Royale des Sciences, qui étoit long de huit piés & demi & avoit quatorze pouces dans sa plus grande largeur. Sa peau étoit lissée & sans écailles, d'un gris fort brun, & ses nageoires, au nombre de trois de chaque côté, étoient dures, composées d'arêtes couvertes de peau, & semblables aux ailes d'un oiseau plumé. Il avoit une grande crête élevée sur le milieu de son dos, & une petite vers la queue, & cette queue n'étoit pas moins longue que le reste de son corps. On lui voyoit cinq ouies de chaque côté. Ses yeux étoient gros comme ceux d'un bœuf, & il n'avoit presque point de cervelle. L'ouverture de sa gueule étoit de cinq pouces avec deux sortes de dents. Il y en avoit un rang à sa mâchoire superieure jusques à l'endroit où sont les canines des autres animaux, & ces dents, toutes d'un seul os, étoient pointues en forme de scie. Le reste de cette mâchoire & toute l'inferieure, en avoient six autres rangs. Celles-là étoient luisantes, aigues, & de figure triangulaire. Sa langue âpre & rude, & revêtue de petites pointes articulés ensemble par une chair fibreuse, étoit adherente à la mâchoire inferieure. Quelques-uns tiennent que ce Poiſſon , lorſque ſes petits ont peur, les cache dans ſon ventricule , en les avalant pour les revomir enſuite.

RENCHIER. ſ. m. Terme de Blaſon. Il ſe dit d'une eſpece de grand Cerf , plus haut de taille, & d'un bois plus long que les ordinaires, plus plat & plus large que celui d'un Daim. On croit que cet animal eſt le même que le Renne qui eſt ſi commun en Laponie , & que quelques-uns appellent auſſi *Rengier*. *D'azur à trois Renchiers d'or*. Voyez RANGIER.

RENCONTRE. ſ. f. *Hazard , avanture par laquelle on trouve fortuitement une perſonne ou une choſe*. ACAD. FR. Rencontre , dit Nicod , *eſt proprement ce que , ſans eſtre prévenu & ineſperément , s'offre à nous* ; *car Rencontre , preſuppoſe adventure*. Ainſi en dit : J'ai fait une bonne Rencontre ; *mais par abuſion de la naïfveté du mot , il ſe prend auſſi pour ce qui s'offre avec pourchas , comme* , Il a fait rencontre d'une femme bien riche , *ce qui eſt dit ores qu'il l'ait pourchaſſée , mais c'eſt avec dénotation de fortune & adventure , car cela preſuppoſé qu'il l'a rencontrée plus opulente qu'il ne lui appartient*. Ainſi dit-on , il a fait rencontre d'une bonne femme ; *ores qu'il en ait fait grande queſte , parce que c'eſt cas d'adventure d'en trouver une bonne. Selon cette même énergie du mot , on dit Rencontre , en fait militaire , le combat de deux tropes , de deux armées ennemies , s'étant adventurierement & en endroit inopiné vencontrées , en quoy Rencontre differe de Bataille , car elle ſe fait d'une ſeule partie de l'armée querant adventure , & ſouvent par combat tumultuaire , & tantoſt de ſeules gens de cheval & tantoſt de ſeulos gens de pied , là où Bataille eſt de toute l'armée & de gens de cheval & de pied enſemble par bataillons ordonnez & rangez , & avec artillerie , ce que Reconttre n'a pas. Et voilà pourquoi le caſuel conflict entre les François & des Anglois pendant le ſiegt de Teroueune , ſurnommé des Eſperons , quoique Nic. Gilles en la vie du Roy Louys XII. luy donne le tiltre de* Journée , *neanmoins eſt par lui appellé* Rencontre , *& une* Bataille , *non plus que les courſes & ribleries de guerre ne le ſont. Ce n'eſt pas pourtant à dire qu'une armée marchant dans le pays de l'Ennemi , & vencontrant quelque tronpe d'iceluy ennemi , on ne puiſſe dire qu'Elle ait euе Rencontre , mais ce n'eſt que dans dicte ſignification d'eſpece de conflict. Ainſi peut-on dire qu'il y a deux eſpeces de conflict campal , à ſçavoir* Bataille *&* Rencontre , *car courſe , riblerie , pillerie & ſaccagement ſont grevances , tout ainſi que feu & abbatis ſont degaſt*.

Les Chymiſtes appellent *Rencontre* , Une ſorte de petit vaſe qui entre dans l'alembic , & les Horlogers diſent *Roue de rencontre* , en parlant de celle qui eſt ſituée perpendiculairement dans une montre.

Rencontre , eſt auſſi un terme en uſage parmi les ſcieurs de long , & ils appellent ainſi l'endroit , où à deux ou trois pouces près , les deux traits de ſcie ſe rencontrent , & où la piece ſe ſepare.

On fait *Rencontre* , maſculin en termes de Blaſon, & il ſe dit de la tête d'un bœuf , d'un cerf , d'un belier , & de tout autre animal qui la preſente de front , en ſorte que l'on en voye les deux yeux. *De ſable au rencontre de belier d'or.*

RENDAGE. ſ. m, Terme de Monnoye. Droit qui comprend le braſſage & le Seigneuriage. Il eſt de dix livres dix ſols pour le marc d'or , ſçavoir ſept livres dix ſols pour le Seigneuriage & trois livres pour le braſſage , & quant au marc d'argent , le Rendage eſt de vingt-huit ſols douze vingt-troiſiémes , ſçavoir dix ſols douze vingt-troiſiémes pour

le ſeigneuriage , & dix-huit ſols pour le braſſage. M. Boiſard croit que ce terme vient de ce que dans tous les états qui ſont faits aux Maîtres des Monnoyes à fait-fort & aux Commies des Regies , il eſt ordonné qu'ils rendront au Roi les ſommes auſquelles ſe trouveront monter tous les droits de ſeigneuriage & de braſſage qui y ſont employés ſous le nom de Rendage , parce que ces Maîtres & Commis aux Regies , ſont obligés d'en compter de clerc à maître.

RENDRE. v. a. *Redonner , reſtituer , remettre une choſe entre les mains de celui à qui elle appartient, ſoit qu'on l'ait priſe , ſoit qu'on l'ait empruntée.* ACAD. FR.

On dit en termes de Manege , *Rendre la main*, *rendre la bride* , pour dire , Lâcher la bride , & en termes de Marine , *Rendre le bord* , pour dire , Venir mouiller , donner fond dans un port , dans une rade. On dit auſſi qu'*Un Vaiſſeau a rendu le bord* , pour dire , qu'Il a deſarmé.

RENDU. ſ. m. Terme de guerre. Soldat qui deſerte, & qui vient prendre parti au camp ennemi.

RENETTE. ſ. f. Inſtrument d'acier fin , dont les Maréchaux ſe ſervent pour chercher une encloueure dans le pié d'un cheval.

RENFLEMENT. ſ. m. Terme d'Architecture. On appelle *Renflement de colomne* , Une petite augmentation au tiers de la hauteur du fuſt d'une colomne qui diminue inſenſiblement juſqu'aux deux extrémités. M. Felibien dit que ce renflement ſe fait toujours au tiers vers le bout d'enbas du fuſt de la colomne , & que le milieu dont Vitruve parle , ne ſe doit pas entendre à la lettre , mais en general de ce qui eſt ſeulement entre les extrémités.

RENFONCEMENT. ſ. m. Il ſe dit d'un parement au dedans du nud d'un mur , comme d'une niche ou arcade feinte. On appelle *Renfoncement de ſophite*, La profondeur qui reſte entre les poutres d'un grand plancher. Ces poutres étant plus près que les travées , cauſent des compartimens quarrés , ornés de corniches architravées , ou avec de petites coupoles dans ſes eſpaces. On dit auſſi *Renfoncement de theatre*. C'eſt dans un theatre la profondeur qu'augmente l'éloignement qui paroît par la perſpective de la decoration.

RENFORMIR. v. a. Terme de Maçonnerie. Rétablir une muraille bien endommagée , en mettant des pierres ou des moilons à tous les endroits où il en manque. On dit auſſi *Renformir un mur* , Lorſque ce mur étant foible en un endroit , & trop épais en un autre , on le hache , après quoi on le charge & on l'enduit ſur le tout.

RENFORMIS. ſ. m. Reparation qu'on fait à un mur rompu ou crevaſſé , lorſqu'il y a quelque choſe de plus qu'un ſimple enduit à y faire.

RENFORT. ſ. m. Augmentation de forces. *Renfort* , parmi les Fondeurs , eſt la partie la plus forte d'une piece de canon , qui eſt une eſpece de gros anneau qui ſert à la renforcer , & qui regne depuis la volée juſqu'aux tourillons.

RENGRENER. v. a. Terme de Monnoye. Remettre les eſpeces entre les quarrés , & faire entrer le grenetis & autres empreintes des eſpeces dans le grenetis & empreintes des quarrés. Quand les empreintes des eſpeces rentrent juſte dans celle des quarrés, en ſorte qu'elles ne varient point , on eſt aſſuré que ce ſont les mêmes ſur leſquelles elles ont été monnoyées , ce qui n'eſt pas lorſqu'elles varient. C'eſt ainſi qu'on rengrenoit autrefois les eſpeces ſur le trouſſeau & la pile , & qu'on rengrene aujourd'hui ſur les quarrés celles où il y a quelque défectuoſité. On appelle auſſi *Rengrener* , quand on frappe le
           V u iij

poinçon d'effigie fur une matrice pour y marquer l'empreinte de l'effigie en creux, ou quand on frappe des poinçons fur cette matrice pour y marquer l'effigie en relief, ou enfin quand on frappe ces poinçons fur les quarrés à monnoyer pour y marquer l'effigie en creux. Si l'Ouvrier qui donne les coups de marteau ne fait pas chaque fois le rengrenement, il arrive que les effigies fe trouvent doublées.

RENNE. f. m. Animal qui naît en Laponie, & reffemble au Cerf, excepté qu'il eft plus grand & plus gros, & que fon bois a plus d'andouliers. Il a deux cornes qui vont en arriere, & il en fort au milieu une branche plus petite, mais partagée ainfi que le bois d'un cerf en divers andouliers. Elle eft tournée fur le devant, & à caufe de cette fituation, elle peut paffer pour une troifiéme corne. Il arrive fort fouvent que chacune des deux grandes cornes pouffe une branche, & qu'ainfi il paroît jufqu'à quatre cornes, deux en arriere comme aux Cerfs, & deux en devant, ce qui eft particulier aux Rennes. Les Rennes mâles les ont grandes, larges, & avec beaucoup de branches; les femelles les ont plus petites, & avec moins de rameaux. Ces cornes font d'ordinaire couvertes d'une efpece de duvet. Cela arrive particulierement lorfqu'elles renaiffent après que les premieres font tombées; car quand elles pouffent au printems, elles font tendres, velues & pleines de fang au dedans, & quand elles ont acquis leur naturelle grandeur, le poil leur tombe en automne. Cet animal a les piés femblables à ceux des buffles, plus courts que le Cerf, & beaucoup plus gros. Il a naturellement la corne du pié fendue en deux comme une vache, & de quelque maniere qu'il marche, foit qu'il aille lentement, ou qu'il coure, les jointures de fes jambes font autant de bruit que des cailloux qui tomberoient l'un fur l'autre, ou des noix qu'on cafferoit, de forte que ce bruit s'étend dès que l'on peut découvrir la bête. Sa couleur differe de celle des Cerfs, en ce qu'elle tire plus fur le gris cendré, & outre cela les Rennes ont non-feulement le poil de deffous le ventre blanc, mais encore celui des côtés & des épaules. Ils ont des poils affés longs & qui pendent fur le cou, tout-à-fait femblables à ceux des boucs & des chevres. Ces animaux ne ruminent point, quoiqu'ils ayent la corne du pié fendue, & qu'au lieu de la veffie du fiel, ils ayent feulement un petit conduit ou filet noir dans le foye, dont l'amertume n'approche point de celle du fiel. La Renne eft farouche de fa nature, & il y en a une très-grande quantité de fauvages par toute la Laponie, mais les habitans ont trouvé moyen de l'apprivoifer. Celui qui provient d'un Renne privé, eft privé de même, & on en voit plufieurs grands troupeaux. Il y en a une troifiéme efpece qui provient de tous les deux, & qui tient le milieu entre le fauvage & le domeftique. Quand les Lapons veulent prendre des Rennes fauvages, ils leur prefentent dans les bois des femelles privées lorfqu'elles font en chaleur, c'eft-à-dire, vers la fin de Septembre, & quelquefois il arrive que ces femelles retiennent, & mettent bas cette troifiéme efpece de Rennes; qui étant plus grands & plus forts que les autres, font auffi plus propres à amener le traineau. Ceux-là retiennent toûjours quelque chofe de leur ferocité, & font quelquefois retifs & fantafques, en forte qu'ils fe ruent fur celui qui eft dans le traineau, & lui donnant des coups de pié. L'unique moyen qu'on a de s'en garantir, eft de renverfer le traineau fur foi, & de fe tenir à couvert deffous jufqu'à ce que la colere de cet animal foit paf-

fée, car il eft fi fort qu'on ne le fçauroit dompter à force de coups. Les Rennes femelles portent quarante femaines, & mettent bas dans le mois de Mai. Elles ne portent chacune qu'un Fan à la fois, & il y en a fort peu de fteriles. Celles-ci ont la chair fort fucculente dans l'automme, comme fi on les avoit engraiffées exprès; auffi on les tue d'ordinaire dans cette faifon. Celles qui ont mis bas demeurent au milieu des champs où elles nourriffent leurs petits de leur propre lait fans fe retirer fous aucun toit, & fans que le grand nombre qu'il y en a empêche chaque petit de fuivre fa mere, qu'il reconnoît même au bout de deux ou trois ans comme il en eft pareillement reconnu. Lorfqu'ils font devenus un peu grands, ils fe nourriffent d'herbes, de feuilles, & d'autres herbages qu'ils trouvent fur les montagnes. La couleur de leur poil eft premierement d'un jaune & d'un roux mêlés, & rougeâtre en quelque forte. Ce poil étant tombé il leur en vient une autre tirant fur le noir. Le Renne âgé de quatre ans eft dans fa jufte grandeur. Si-tôt qu'il eft dans fa force, on le dompte & on le dreffe au travail. On apprend aux uns à traîner les traineaux à la courfe & en pofte, & aux autres à tirer des charges. Les Lapons ont accoûtumé de couper tous ceux dont ils doivent fe fervir pour travailler, afin qu'ils foient plus traitables, ce qu'ils font avec les dents, dès qu'ils ont un an, affoibliffant & brifant par la morfure tous les nerfs qui font autour des genitoires, afin qu'ils foient enervés, fans quoi ils feroient feroces & difficiles à manier. Ainfi pour une centaine de femelles, on tient garde-t'on vingt Rennes entiers. Les femelles fourniffent aux Lapons du lait, du fromage, & des petits. Les hommes & les femmes les traient indifferemment, & feulement une fois par jour fur les deux ou trois heures après midi, ce qui leur peut venir de lait jufqu'au lendemain matin étant deftiné pour la nourriture de leurs petits. Celles-ci en ont d'ordinaire beaucoup plus que celles dont le petit eft mort ou a été tué. Ce lait eft gros & épais comme fi on l'avoit mêlé avec des œufs, & par confequent fort nourriffant. Les Lapons en vivent, & font du fromage de celui qu'ils ne font pas cuire. Les utilités qu'ils tirent de ces animaux les obligent d'en avoir grand foin, de les garder nuit & jour l'hiver & l'été, & de les mener paître en des lieux fort fûrs, de crainte qu'ils ne s'écartent, ou que les bêtes fauvages ne les infultent. On les diftingue avec quelque marque particuliere, afin que s'ils s'égarent, & qu'on les retrouve bien loin mêlés avec les autres, on les puiffe reconnoître. Ces marques fe gravent fur les cornes, mais parce que les cornes leur tombent, elles fe font auffi aux oreilles, & de forte qu'il eft fouvent arrivé à des Lapons de prendre des Rennes fauvages, qu'ils trouvoient avoir leur marque. Ils fe fervent de parc aux lieux qui font voifins des forêts, où ils renferment un efpace convenable par le moyen de bâtons forts longs & fort gros qu'ils mettent autour fur de petites fourches avec deux portes, l'une pour faire entrer les Rennes dans le parc, & l'autre pour les en faire fortir & les mener paître. Leur pâture dans l'été confifte en des herbes excellentes qu'ils trouvent dans les vallées. Ils mangent auffi des feuilles tendres qui font épaiffes & graffes, & de petits arbriffeaux qui naiffent fur les côteaux des montagnes de Norvege. Ils ne broutent jamais de joncs, ni aucune herbe qui foit dure & rude. En tout autre tems, ils fe nourriffent d'une efpece très-particuliere de mouffe blanche qui croît en fort grande quantité fur les montagnes & dans les bois de la Laponie. Lorfque la terre eft couverte de neges fort hautes, cet animal par un inftinct naturel fait un trou avec les ongles du pié, & ayant découvert un peu de terrain, il mange la mouffe qu'il y trouve. C'est une chofe affés finguliere, qu'encore qu'il ne mange en hiver que de cette mouffe & fort abondamment, il eft neanmoins plus gras, plus net, & couvert d'un plus beau poil, que quand il mange en été les meilleures herbes. Ce qui eft caufe que les Rennes font plus gras & fe portent mieux en automne & en hiver, c'eft qu'ils ne peuvent nullement fouffrir le chaud, de maniere qu'en été ils n'ont que les nerfs, la peau & les os. Ils font tous les ans attaqués d'un mal qui leur vient après le mois de Mars. Ce font des vers qui s'engendrent dans leur dos, & qui en fortent auffi-tôt qu'ils ont pris vie. Si on tue un Renne en ce temslà, fa peau fe trouve toute pleine de petits trous, percée comme un crible, & n'étant plus prefque propre à rien. Les Rennes vivent rarement plus de treize ans. On tient qu'ils meurent quand on les tire du pays où ils font nés.

RENONCULE. f. f. Quelques-uns difent *Ranoncule*, & font ce mot mafculin. Petite plante qui fleurit en Mai. Il y a des Renoncules d'un jaune orangé, d'un jaune doré & d'un jaune pâle. Il y en a de rouges à fleurs doubles, qui en pouffent une autre petite qui fort du milieu de cette fleur. Il en eft auffi de blanches à fleurs doubles.

RENOUE'E. f. m. Petite plante qu'on appelle ainfi à caufe de la quantité de nœuds dont fes petits troncs font garnis. Elle croît dans les cours des maifons & dans les lieux incultes & arides, qui font près des grands chemins. La Renouée maffe, qu'on appelle auffi *Corrigiola* ou *Centinodia*, jette plufieurs branches menues, tendues & nouées, qui rampent par terre comme du chiendent. Elle porte fa graine fous chaque feuille, & fa fleur eft blanche ou rouge. La femelle n'a qu'une tige femblable au rofeau lorfqu'il eft jeune & tendre, & divifée par plufieurs nœuds entaffés l'un fur l'autre. Autour de ces nœuds font force petites pointes. Il n'y a que le tronc garni de fes feuilles qui foit bon en Medecine. La Renouée incraffe & repercute, & eft aftringente & vulneraire. On s'en fert particulierement pour arrêter toute forte de flux de fang, & même pour remedier à toutes inflammations.

RENOYER. v. a. Vieux mot. Renier. On a dit auffi *Renoyé*, pour, Renieur.

RENTOU, ou RENTON. f. m. Jointure de deux pieces de bois de même efpece fur une même ligne. Le Renton d'une fabliere, l'endroit où il fe joint de demi à demi.

REP

REPAIRER. v. n. Vieux mot, Revenir. *Et lors rencontrerent deux nes qui repairoient de furie.* On a dit auffi *Reparer*; dans le même fens, & *Repairer l'oft*, pour dire, Regagner le camp. *Repairer*, fe trouve encore dans la fignification de Revenir, arriver de dehors.

REPARER. v. a. *Refaire, rétablir quelque chofe à un bâtiment.* ACAD. FR. On dit *Reparer une figure de bronze, de plâtre*, pour dire, En ôter les barbes & ce qui fe trouve de trop dans les joints & les jets du moule. On dit auffi, *Statue bien nettoyée, & reparée*, pour dire, Une Statue à laquelle on a mis la derniere main. On fe fert du même mot en plufieurs autres ouvrages.

REPARON. f. m. C'eft la feconde qualité du lin ferancé, la première & la meilleure s'appelle le *Brin*.

Quand on fait des poupées du total enfemble, on l'appelle *tout à tout*.

REPASSER. v. a. Mot ufité dans les vieux Romans, où il fignifie Guerir. *Et pource que Thierry étoit tout guery & repaffé, vint en courage à Meffire Guy partir d'illec Guy de Warwick.*

REPENTAILLES. f. f. p. Vieux mot. Repentir.

En repentailles, en latebres,
Trebufcha la fus en tenebres.

REPERE. f. m. Trait de pierre noire ou blanche qu'un Menuifier fait aux pieces de bois qu'il affemble, afin de pouvoir les reconnoître quand il faut les raffembler. Ce mot vient du Latin *Reperire*, Trouver. On appelle *Pieces reperées*, Celles qui ont ces fortes de marques, & en general *Repere*, fe dit de toutes fortes de points marqués & fixés, à caufe qu'ils font retrouver les veritables joints & la place de chaque chofe.

Repere, fe dit auffi des marques qu'on fait fur les tuyaux d'une lunette à longue vûe, qu'on peut allonger ou rétreffir pour les mettre à leur point felon la portée de la vue de celui qui s'en veut fervir.

REPLEIN. adj. Vieux mot. Rempli. On a dit auffi, *Replenie*, pour dire, Remplie.

REPOSTAILLE. f. f. Vieux mot. Apoftille, note. On a dit auffi *Repoftaille*, pour, Réponfe.

Car je fçay trop de repoftaille.

REPOSTEMENT. adverbe. Vieux mot. En cachette, en fecret. On a dit *Repotement*, & *Repote*, pour, Cache.

REPOS. f. m. *Ceffation de travail.* ACAD. FR. Repos, en termes de Peinture, fe dit des maffes & des grands endroits des clairs ou des ombres qui étant bien entendus empêche que l'on ne confonde les objets, en forte que n'attirant point la vue tous à la fois, ils font que l'on peut confiderer les divers groupes l'un après l'autre.

REPOUS. f. m. Terme de Maçon. Sorte de mortier fait de petits platras d'une vieille Maçonnerie qu'on bat & rebat, & qu'on mêle avec de la brique concaffée & de la chaux. On s'en fert au lieu de fable ou de ciment pour affermir les aires des chemins.

REPOUSSOIR. f. m. Long cifeau de fer dont fe fervent les Tailleurs de pierre, quand ils ont des moulures à pouffer. Il a feize à dix-huit pouces de long. Les Charpentiers & les Menuifiers ont auffi leurs repouffoirs. Ce font des efpeces de chevilles de fer, dont ils fe fervent pour faire fortir les chevilles d'affemblage.

Les Graveurs en cuivre appellent *Repouffoir*, ce petits quarrés d'acier, qui font auffi gros que les gros burins, & longs de deux pouces. Ils s'en fervent à repouffer les planches de cuivre dans les endroits où on a été quelquefois obligé d'effacer avec le bruniffoir, ou de grater avec le gratoir. Il y en a de quarrés, de ronds & d'ovales. On pofe le repouffoir fur le derriere de la planche, & enfuite on frappe deffus avec un marteau.

On fe fert dans les Navires de deux Repouffoirs, l'un appellé *Repouffoir à cloués*, & l'autre, *Repouffoir à chevilles*. Le premier eft une longue chevi le de fer terminée un peu en pointe, dont on fe fert pour chaffer les clouds d'où ils font cloués; & l'autre eft une autre efpece de cheville de fer, dont l'ufage eft de chaffer les chevilles hors de leurs trous.

REPRENDRE. v. a. *Prendre de nouveau ce qu'on avoit renvoyé, abandonné ou perdu.* ACAD. FR. On dit en termes de Maçonnerie , *Reprendre un mur* , pour dire , Reparer ce qui en est rompu dans sa hauteur. On dit aussi , *Reprendre un mur par sous œuvre* , pour dire , Le refaire petit à petit avec peu d'étaies.

On dit en termes de mer , *Reprendre une manœuvre* , pour dire , Travailler sur une manœuvre où l'on est obligé de replier pour refaire une amarrage plus haut ou plus loin à cause qu'elle est trop longue.

REPRISE. s. f. Terme de Marine. Vaisseau que l'Ennemi avoit pris d'abord , & que les Vaisseaux du parti contraire ont repris ensuite.

On appelle en termes de Monnoie , *Reprise d'essai* , Un nouvel essai de l'espece que l'Essayeur general , & l'Essayeur particulier ont rapporté hors des remedes. Pour parvenir le Conseiller qui est dépositaire du reste de cette espece , en fait couper un morceau qu'il met entre les mains de l'Essayeur general , qui en fait l'essai en presence de l'Essayeur particulier. Le Conseiller fait après cela un procès verbal de cette Reprise.

Reprise , est aussi un terme de Manege , & veut dire , Une leçon rêîterée , un manege qu'on recommence. On dit d'un cheval , qu'*Il manie sur les quatre coins de la volte d'une seule reprise* , pour dire , Tout d'une haleine.

REPUDIATION. s. f. Action par laquelle un mari repudie sa femme , & fait divorce entier avec elle. La Repudiation a été jugée legitime pour cause d'adultere dans la loi de Moïse. Ainsi parmi les Juifs lorsqu'un homme a sujet de se plaindre de la conduite de sa femme , il peut la repudier pour toûjours , & elle peut se remarier avec telle personne qu'elle veut choisir , pourvû que ce ne soit pas avec celui qui a donné lieu à la repudiation. Les Rabbins , voulant empêcher que l'on n'abuse de ce privilege , ont prescrit de longues formalités qui rendent cette action fort difficile , & demandent beaucoup de tems. Ainsi il arrive très-souvent qu'avant que l'on puisse écrire le libelle du divorce , le repentir prend , & fait qu'on se reconcilie. La Repudiation étant faite , le Rabbin défend à la femme de se remarier qu'après que trois mois seront passés, afin de connoître si elle n'est point grosse. Il n'y a que parmi les Chrétiens où la Repudiation ne soit point permise.

REQ

REQUESTE. s. f. Acte Judiciaire par lequel on demande quelque chose aux Juges. On appelle *Maîtres des Requêtes* , les Magistrats qui rapportent les Requêtes des particuliers dans le Conseil du Roi. Ils ont un Tribunal au Palais , appellé *les Requêtes de l'Hôtel*. Ils y jugent souverainement des causes que le Conseil leur renvoie , & jugent aussi en premiere instance des affaires de ceux qui ont droit de Committimus du grand sceau. Ce qu'on appelle , *Requêtes du Palais* , est une Jurisdiction qui juge de même en premiere instance les causes de ceux qui ont un privilege de Committimus du petit sceau. Il y en a deux chambres à Paris , & une dans les autres Parlemens. Les Juges des Requêtes du Palais sont des Commissaires qui achetent des Commissions separées de leurs Charges de Conseiller au Parlement.

REQUESTER. v. a. Terme de Chasse. Quester avec le limier une bête qu'on a coutue & brisée le soir précedent , pour la redonner aux chiens. *Requester*, se dit aussi , quand-il y a un défaut.

REQUIEM. s. m. Poisson semblable en tout & par tout au chien ou au loup de mer , mais d'une si pro-

digieuse grandeur , qu'il s'en trouve assés communément aux côtes des Antilles qui ont dix-huit à vingt piés de long , & qui sont gros à proportion. C'est le plus goulu de tous les poissons , & le plus avide de chair humaine. Toutes choses lui sont bonnes , ne fussent que des morceaux de bois , pourvû qu'ils soient graissés d'un peu d'huile. Il avale tout sans mâcher , & suit souvent les Navires pour se repaître des immondices qu'on jette à la mer. Il est surtout fort à craindre quand on se baigne. S'il peut joindre un homme dans l'eau , il se jette dessus lorsqu'il en pense sortir , lui coupant un bras , une cuisse , & telle partie qu'il peut attraper , & s'il est bien grand , il l'emporte tout entier. Il est furieux, hardi , & s'avance quelquefois sur la rive jusqu'à demeurer à sec pour devorer les passans. C'est ce qui a obligé les François à l'appeler *Requiem* , parce qu'on n'a qu'à faire chanter *Requiem* , pour ceux qui en sont mordus. D'autres veulent qu'on lui ait donné ce nom , qui signifie *Repos* , à cause qu'il a accoûtumé de paroître lorsque le tems est tranquille. Quelques Nations l'appellent *Phibxron* , ou *Tuburon*. C'est une chose affreuse que de voir la gueule de cet animal. La machoire d'en bas est garnie de trois , de quatre , de cinq rangs de dents , selon qu'il est puissant & âgé. Ces dents ne sont pas égales en tous. On en a vû qui étoient larges d'un pouce & hautes de deux , toutes fatcillées , tranchantes comme des rasoirs , & extrémement dures. Elles sont cachées dans les gencives, & attachées à de petits cartilages nerveux qui les levent & les baissent comme il veut. Il a la tête plate, & sa gueule directement dessous & à près d'un pié de la pointe du museau , de maniere qu'il ne peut prendre sa proye , qu'il ne soit tourné & renversé sur le dos. C'est ce qui est cause qu'il y a des habitans assés hardis pour se jetter à la nage après lui , & le combattre à coups de couteau s'il ne fuit pas. Il paroît de couleur jaune dans l'eau , & n'a qu'un seul os dans tout le corps. Cét os qui est composé de plusieurs vertebres rondes & larges comme un écu blanc , prend depuis la tête jusques à la queue, & diminue vers la fin jusqu'à la largeur d'un double. Sa peau est rude , & l'on en fait des limes douces propres à polir le bois. Il est souvent escorté de deux ou trois petits poissons , & quelquefois davantage , qui le précedent avec une telle vitesse , & un mouvement si mesuré , qu'ils s'avancent ou s'arrêtent plus ou moins selon qu'ils s'apperçoivent que le Requiem s'arrête ou s'avance. La femelle porte ses petits dans son ventre , enveloppés dans une grande peau à laquelle ils sont attachés avec un boyau par le nombril. Il s'y en trouve quelquefois jusques à vingt. On les tire du ventre de la mere, & étant conservés en vie dans de grandes cuves d'eau de mer , ils sont assés bons en cet état. Quand le Requiem est vieux , sa chair sent fort le bouquin, & n'est presque que de la filasse ; aussi peu de personnes en mangent , si ce n'est sur mer par necessité. On trouve dans sa tête deux ou trois cueillerées de cervelle blanche comme nege , qui étant sechée, mise en poudre & prise dans du vin blanc , est très-bonne à ceux qui sont travaillés de la pierre ou de la gravelle. Son foye étant bouilli, rend une grande quantité d'huile , qui est très-propre pour entretenir les lampes.

REQUINT. s. m. La cinquiéme partie du quint qui se paye au Seigneur dominant avec le quint , quand on vend un fief. C'est quelque chose de moins que la quatriéme partie du total , ce que l'on peut voir par ce qu'en écrit Nicod. *Requint* , dit-il , qu'on dit aussi *Requint denier* , *est un profit de fief par sus*

le

le quint deu au Seigneur par l'achepteur d'un fief mouvant de lui, vendu francs deniers au vendeur, qui est le quint denier du quint du prix pour lequel ledit fief a été vendu, comme par exemple, de cent livres, le quint c'est vingt livres, & le requint, quatre livres. On dit selon ce, Les droits de quints & requints.

RES

RESARCELE', E'E. adj. Terme de Blason. Il se dit des croix qui en ont une autre conduite en filet d'un autre émail. *D'or à la croix de sable resarcelé d'or.*

RESBAUDIR. v. a. Vieux mot. Encourager.

RESCOLS. adj. Vieux mot. Recours, recoura. On a dit aussi *Rescosse*, pour Recousse, & *Rescorre*, pour Recourre.

RESE. s. f. Vieux mot. Course.

RESEPAGE. s. m. Terme des Eaux & Forêts. Nouvelle couppe d'un bois qui a été mal coupé, ou qui n'est pas de belle venue.

RESEPER. v. a. Couper de nouveau un bois, ou qui n'est pas de belle venue, ou qui n'a pas été bien taillé la premiere fois.

On dit aussi *Reseper un pieu, un pilotis*, pour dire, En couper la tête avec la scie ou la cognée, soit pour le mettre de niveau avec tout le reste du pilotage, soit parce qu'il auroit trouvé de la roche, il refuse le mouton.

RESEUIL, ou *Reseul*. s. m. Vieux mot. Reseau, ouvrage de fil tissu & entrelassé, où il y a des mailles.

Et vos Reseuils & vos filets.

Reseul, dit Nicod, *vient de* Reticulum, *& signifie cette tissure de fil faite à mailles, dont les filets, rets, poches, bourses, & tirasses à prendre poissons, connils, cailles & autres oiseaux, sont faits. Les femmes en font de fil delié, dont elles font des collets & autres leurs equipages, qu'elles nomment pour des* Collets de Reseuil.

RESINE. s. f. Liqueur oleagineuse, condensée & epaissie sur les pins, sapins, melezes, cyprès, terebinthes & autres arbres de même nature, dont les bois sont gras. Cette liqueur en sort, ou par le trou qu'on fait dans le bois avec une tariere, comme dans le bois de la melese, ou par les incisions qui se font sur leurs écorces, d'où elle découle abondamment, comme elle fait du sapin. La Resine se divise en liquide & en solide, & l'une & l'autre provient du même arbre. Pline dit que la liquide découle du terebinthe, de la melese & du cyprès, comme la seche du pin, mais on ne doit pas croire pour cela qu'il n'en vienne aucune resine liquide du pin, quoique par rapport à ces autres arbres, il en produise beaucoup plus de seche que de liquide. La Resine solide se peut diviser en naturelle & en artificielle. La Resine naturelle est celle qui se trouve sur les arbres, comme le mastic sur le lentisque, & l'artificielle celle qui se fait par l'évaporation de la partie spiritueuse & aqueuse de la terebenthine & autres resines liquides, comme la Resine ou Poix d'Espagne, la Resine des Grecs, & même celle qu'on appelle *Colophone*. Entre toutes les liquides la vraie terebenthine qui decoule du terebinthe, est la meilleure, & après celle-la la Resine de melese, appellée *Terebenthine commune*. Le mastic passe pour la plus noble entre les solides. On dit que trois onces de Resine pulverisée & mise dans un muid de vin, rendent le vin fort aperitif.

RESJOYER. v. a. Rejouir. Vieux mot.

    Tome II.

C'est ce qui les bons cuers resjoye.

RESNABLE. adj. Vieux mot. Raisonnable.

RESNES. s. f. p. On appelle ainsi deux longes de cuir qui répondent de la bride à la main du Cavalier. Elles servent à faire agir l'embouchure & à tenir la tête du cheval sujette. *Fausse resne*, se dit d'une longe de cuir qui est quelquefois passée dans l'arc du banquet, & par le moyen de laquelle on fait donner un cheval dans la main, ou plier l'encoleure.

RESOLUTIFS. s. m. Terme de Medecine. Medicamens qui par leur chaleur & par la tenuité de leur substance, ouvrent les pores, attenuent & font exhaler par insensible transpiration les humeurs & autres matieres superflues des parties où elles sont arrêtées. Il y en a de deux sortes, les uns plus foibles, appellés *Areotiques*, & d'autres plus forts. Ces derniers sont dits proprement *Diaphoretiques*.

RESORDEMENT. s. m. Vieux mot. Resurrection.

Samort & son resordement
Revelerent apertement.

RESORT. s. m. Vieux mot. Ressource.

RESOYNDER. v. n. Vieux mot. Retentir.

RESPIRATION. s. f. Entrée & sortie réiterée de l'air dans les poumons. Il y a sujet de s'etonner de ce que l'homme, qui ne respire point dans la matrice, ne sçauroit plus vivre s'il ne respire si-tôt qu'il a commencé de respirer en voyant le jour; de sorte que la vie commence par l'inspiration, & finit par l'expiration. La respiration a été instituée pour l'inspiration. Les Anciens ont crû qu'elle servoit à rafraîchir le cœur & le sang qui y étoit allumé, sçavoir par le froid de l'air même, ou par les vapeurs froides & aqueuses qu'il contient. Les Modernes, qui sont presque dans la même opinion, disent que l'usage de la respiration est de temperer la trop grande effervescence du sang, en le condensant doucement par les particules salines nitreuses que l'air contient en soi, & par lesquelles il modere la chaleur excessive du sang. C'est ce qu'Ettmuller ne trouve pas vrai-semblable. Il dit que le sang allant au cœur pour s'y réchauffer & y prendre une fermentation nouvelle, il n'est pas besoin de le troubler au milieu du chemin par la respiration. Il ne peut croire non plus que le principal usage de la respiration soit d'avancer la circulation du sang par les poumons, puisque le même air ne suffit pas pour respirer, & qu'il faut le renouveller souvent, outre que la circulation du sang se peut faire sans les poumons, puisqu'elle se fait dans le fœtus sans la respiration. Après avoir bien consideré tout ce qui peut faire penetrer dans son veritable usage, il dit que c'est d'elle que dépend la derniere perfection vitale du sang, & que le principal usage de l'inspiration est de se disposer à renouveller sa fermentation vitale, & à acquerir la volatilité requise, tant pour la formation des esprits, que pour l'insensible transpiration. Il admet pour fins moins principales & secondes de la respiration, l'avancement de la circulation du sang par les poumons, à cause que tout ce qui augmente son effervescence, rend son mouvement plus rapide, & la respiration plus rapide & plus frequente; la modification de la voix par le moyen du larinx, qui est comme une anche qui ferme la voix, & pour troisiéme usage, celui de faciliter l'excretion des gros excremens par les sels, la sortie du fœtus par la matrice en inspirant, & l'excretion des excremens des poumons par la toux en expirant.

RESPIT. s. m. *Relâche, delai, surseance.* ACAD. FR.

                              Y x

On appelle *Lettres de respit*, des Lettres délivrées en Chancellerie aux debiteurs de bonne foi, pour faire surseoir pendant un certain tems les poursuites trop rigoureuses de leurs creanciers. Quand ces Lettres sont signées en commandement, elles n'ont point besoin de verification. Ce fut le Pape Urbain II. qui introduisit les Respits en faveur de ceux qui se croisoient pour la guerre sainte. Quelques-uns font venir *Respit*, de *Respectus*. Nicod qui écrit *Respi*, & non *Respit*, dit qu'il semble qu'il vienne de *Respirare*.

Respit, en matiere feodale est la souffrance donnée au Vassal par le Seigneur, pour lui rendre la foi & hommage, ou pour s'acquitter de ses autres devoirs.

Les Agrès que l'on reserve dans les Navires pour rechanger au besoin, s'appellent *Respit*, en termes de Marine de Levant.

RESPITE', E't. adj. Vieux mot. Recours, sauvé. On a dit aussi *Respitié*, pour dire, Garanti.

Et de maint grand peril sont par ce respiti.

RESPOITIE. s. m. Vieux mot. Respit, delai.

Et luy a dit sans respoitié.

Respoitié, se trouve aussi dans Villehardouin, pour Diff. ré.

RESPONSIF, IVE. adj. Terme de Palais. On appelle *Ecritures responsives*, Celles qui répondent aux écritures qui ont été produites auparavant.

RESPONSION. s. f. Ce terme est en usage dans les Ordres Militaires, & on dit qu'*Un Chevalier paye cent francs*, ou une autre somme, *de responsion à son Ordre*, pour dire, qu'il possede une Commanderie qui est chargée de cette somme envers l'Ordre.

RESSAC. s. m. Terme de Marine. Choc des vagues de la mer qui se déployent avec impetuosité contre une terre, & s'en retournent de même.

RESSAUT. s. m. Terme d'Architecture. Avance d'une corniche ou d'un autre membre, qui au lieu de continuer uniment, se rejette en dehors, & fait saillie. On dit qu'*Un escalier fait ressaut*, pour dire, que L'appui n'est pas continué sur une même ligne suivant sa rampe.

RESSE. adj. fem. Terme dont on s'est servi autrefois en parlant d'une étoffe usée, pour dire qu'Elle étoit rase.

RESSENTI. s. m. Terme de Peinture & d'Architecture. Contour, renflement d'un corps plus bombé ou plus fort qu'il ne doit être, tel que celui d'une colomne fuselée.

RESSIF. s. m. Chaîne de rochers qui sont sous l'eau. Ce terme n'est en usage que dans l'Amerique.

RESSORT. s. m. Piece d'acier trempée qu'on met dans plusieurs machines pour faire aller & remuer d'autres pieces. On appelle *Ressort de serrure*, *de pistolet*, *de fusil*, Une piece d'acier qu'on bande avec violence, & qui repousse le pêne, ou qui fait abattre le chien, quand elle se remet en liberté. Il y en a qui pour qu'une porte ferme d'elle-même, font faire un *Ressort double*, qui bande contre la feuillure de la porte, lorsqu'elle s'ouvre. D'autres se servent d'un *Ressort à boudin* dans un petit tambour, où il y a une queue avec une petite poulie au bout, qui repousse la porte. Il y a d'autres ressorts, appellés *Ressorts de chien*. On les fait d'acier battu, mince & trempé, afin qu'ils soient moins sujets à se casser; mais ils ne sont pas si bons que les autres.

On appelle *Ressort de montre*, Une piece d'acier enfermée dans un barrillet, laquelle fait mou-

voir les roues en s'étendant. *Ressort*, se dit dans l'orgue du fil de laiton qui supporte & presse les soupapes contre le sommier, & du fil de fer qui sert à accorder les tuyaux d'anche.

RESSUAGE. s. m. Terme de Monnoye. Maniere de fourneau de deux à trois piés de haut, & qui en a deux de long ou environ sur deux de large en dedans. L'un des côtés est en pente pour laisser couler les métaux dans la casse qui est au dessous. On s'en sert quand on veut *Faire ressuer les culots*, c'est-à-dire, Separer les métaux des culots. Lorsqu'on fait fondre l'argent qui est attaché au creuset, cela s'appelle *Faire ressuer le creuset*.

RESSUI. s. m. Terme de Chasse. Le lieu où se met le cerf ou une autre bête fauve pour s'essuyer de la rosée du matin.

RESTAUR. s. m. Terme de Marine. Ressource, dédommagement qu'ont les Assureurs les uns contre les autres, suivant la date de leurs assurances, ou contre le Maître, si l'avarie provient de son fait.

Restaur, est aussi un terme de Pratique en Normandie, & signifie, Le recours qu'on a contre son garant. *Il a été condamné à payer, sauf son restaur contre tels & tels.*

RESTIF, IVE. adj. *Qui s'arrête ou qui recule au lieu d'avancer*. Il ne se dit que des chevaux ou autre monture. ACAD. FR. Nicod donne aussi la qualité de Restif aux chiens. *Chiens restifs*, dit-il, *sont ces chien, couvans, lesquels voyant le cerf estre venu emmy le change, s'arrêtent & demeurent tout court & coy, attendant leurs maistres.*

RESTORRER. v. a. Vieux mot. Brûler.

RESUMPTE. s. f. Acte qui se doit soûtenir par les nouveaux Docteurs depuis une heure jusqu'à six, pour avoir suffrage aux Assemblées de la Faculté, & jouir des droits de Docteur. Ce mot vient de *Resumere*, Reprendre, à cause que dans cet Acte on soûtient de toute l'Ecriture sainte, de tout ce qui regarde l'histoire de l'ancien & du nouveau Testament, & des passages dont on se sert dans les Controverses contre les Heretiques. Les loix de la Faculté l'ont rétabli en 1676. & on le doit soûtenir dans l'une des six années immediatement après la Licence, avant l'accomplissement desquelles les nouveaux Docteurs ne sont point admis aux Assemblées de la Faculté. On ne sçauroit non plus les choisir pour presider aux Theses, avant qu'ils ayent fait leur Resumpte.

RESUMPTIFS. s. m. Terme de Medecine. Medicamens qui rétablissent l'habitude du corps que le manque de nourriture, ou la longueur d'une maladie a consumé & attenuée. Ils sont composés d'une matiere non seulement medicamenteuse, mais qui peut aussi servir d'aliment, en sorte qu'en partie ils servent de nourriture au corps, & remedient en partie aux maladies qui l'abattent. C'est en quoi ils different des Restauratifs, qui ne font que rétablir les forces réduites en une extreme langueur. Les Grecs les appellent ἀναληπτικὰ, *Reficientia*.

RESURE. s. f. Terme de Mer. Appât fait avec des œufs de morue pour attirer la sardine.

RET

RETABLE. s. m. Ornement d'Architecture. Il est de marbre, de pierre, ou de bois, & sert de bordure à un Autel.

RETENTIF, IVE. adj. Terme dogmatique. Qui retient. Il y a des muscles retentifs à l'anus & au cou de la vessie. C'est ce que les Medecins appellent en Grec σφυγκτῆρες.

RETENTION. f. f. On appelle *Retention d'urine*, Une forte de maladie qui bouche les conduits de l'urine, & qui eft fouvent fuivie d'une mort fort douloureufe.

RETENU, *ue*. adj. On appelle en termes de Manege, *Cheval retenu*, un Cheval qui ne part pas franchement de la main, & qui faute au lieu d'aller en avant. C'eft la même chofe qu'*Econteux*.

RETENUE. f. f. Terme de Charpenterie. On dit d'une piece de bois, qu'*elle a fa retenue fur une muraille* ou *ailleurs*, pour dire, qu'Elle eft entaillée de telle forte, qu'elle ne peut avancer ou reculer de part ni d'autre.

On appelle auffi *Retenue*, en termes de Marine, Une corde qui fert à relever un Vaiffeau qui eft en carenne.

RETIAIRE. f. m. Nom qui a été donné à une forte de Gladiateurs qui combattoient contre les Myrmillons, du Latin *Rete*, Filet de Pêcheur, à caufe qu'ils avoient un de ces filets, avec lequel ils tâchoient d'embarraffer leurs ennemis. Ils étoient outre cela armés d'une fourche à trois pointes. On attribue l'invention de cette forte de combat à Pittacus, l'un des fept fages de la Grece, qu'on pretend avoir apporté un filet caché fous fa tunique, pour embarraffer Phrinon, contre lequel il eut à combattre pour finir le different furvenu entre les Atheniens & les Mitylenéens touchant les limites de leur pays.

RETINE. f. f. L'une des tuniques de l'œil, qui eft une forte de lacis fort delicat, que forment dans l'œil les filets du nerf optique. Cette tunique, appellée auffi *Retiforme & Reticulaire*, à caufe qu'elle eft faite en forme de rets, naît de la fubftance moëlleufe du nerf optique dilaté. Elle eft très-mince & très-deliée, & reçoit les impreffions des objets par le moyen des rayons de lumiere, qui partant de chaque point de l'objet, & fe brifant dans le cryftallin, fe vont peindre au fond de l'œil fur la Retine. Voyez PINCEAU & CRYSTALLIN. Il y a des Philofophes qui croyent que la vifion fe fait fur la Choroïde, & non pas fur la Retine. Voyez CHOROIDE.

RETIRADE. f. f. Terme de guerre. Sorte de retranchement qui fe fait dans le corps d'un baftion, ou d'un autre ouvrage, dont on veut difputer le terrein pié à pié, après que les premieres defenfes ont été rompues. Il fe forme d'ordinaire par deux faces qui font un angle renverfé.

RETIRATION. f. f. Terme d'Imprimerie. Dernier côté de la feuille, qui eft oppofé à celui qu'on a tiré le premier.

RETOMBE'E. f. f. Pente, telle qu'eft celle des reins d'une voute. Ainfi *Retombée* fe dit de chaque affife de pierre qu'on érige fur le couffinet d'une arcade pour en former la naiffance, & qui par leur pofe peuvent fubfifter fans cintre. Quelques-uns difent que *Le profil des feuilles d'un chapiteau a peu de retombée*, *a beaucoup de retombée*, pour dire, Peu de pente, beaucoup de pente.

RETONDRE. v. a. Terme des Tailleurs de pierre. Abattre, recouper quelque chofe qui excede, comme une partie de l'épaiffeur d'un mur. On dit auffi *Retondre*, pour dire, Repaffer dans les moulures avec un fer à retondre pour les mieux terminer, & en rende les arêtes plus vives.

RETORTE. f. f. Terme de Chymie. Vaiffeau de verre ou de terre qui a un bec recourbé pour fe joindre au recipient. On s'en fert pour diftiller les chofes qui ne s'élevent en haut qu'avec peine, comme les gommes, les refines, les larmes & les graiffes.

Tome II.

RETOUCHER. v. a. Terme de Peinture. On dit, *Retoucher un tableau*, pour dire, Refaire ce qui s'y trouve gâté. On dit auffi qu'*Un tableau n'eft que retouché*, pour dire qu'Un habile Peintre a mis la derniere main à un tableau qui avoit été fait par fon éleve.

On dit encore *Retoucher une planche*, pour dire, Repaffer le burin fur une planche un peu ufée.

RETOUR. f. m. Terme d'Architecture. On dit qu'*Un membre de bâtiment fait retour*, pour dire, qu'Il a deux faces, comme une corniche qui eft pofée fur deux faces differentes. On donne auffi le nom de *Retour* à l'encoignure d'un bâtiment. *Retour d'équerre*, eft une encoignure en angle droit.

On appelle *Retours de tranchée*, Les coudes, les obliquités que forment les lignes de la tranchée, pour empêcher qu'elles ne foient vues & enfilées par ceux de la Place. On dit auffi *Retours de mines*, pour dire, Les branches & les rameaux d'une mine.

RETOURNER. v. a. Les Ouvriers difent *Retourner une pierre*, pour dire, Lui faire un fecond parement, oppofé à telle forte au premier, qu'ils foient paralleles entre eux. On dit, *Se retourner d'équerre*, pour dire, Etablir une perpendiculaire fur la longueur ou extrémité d'une ligne effective ou fuppofée.

RETRACTION. f. f. Terme de Medecine. Convulfion tonique, appellée ainfi du Grec *vius*, qui, felon Celfe, fignifie l'imbecillité & la roideur d'un membre qui devient immobile. Ainfi la convulfion tonique eft la retraction d'un membre roide, qui demeure toûjours dans une même figure. *Retraction* vient du Latin *Retrahere*, Retirer.

RETRAHIER. v. a. On trouve dans Alain Chartier, *Se retrahier*, pour dire, Se retirer, du Latin *Retrahere*.

RETRAIRE. v. a. Vieux mot. Raconter, reprefenter.

  Et celles ne te puis retraire,
  Sinon que tu la voye faire.

RETRAIT, AITE. adj. Vieux mot. Accourci.

  Qui eftoit bien un pied retraite.

Retrait. Terme de Blafon. Il fe dit des bandes, des paux & des fafces, dont il y a un côté qui ne touche pas les bords de l'Ecu. *De gueules à trois bandes d'or, retraites en chef*.

RETRAITE. f. f. Terme d'Architecture. Diminution d'un mur en dehors qui fe fait au deffus de fon empatement & de fes affifes de pierre dure, comme s'il y avoit retreciffement ou reculement des parties. *Faire une retraite d'une groffe muraille*, c'eft la diminuer d'épaiffeur.

On appelle, en termes de Marine, *Retraite de hune*, des Cordes qui fervent à trouffer le hunier.

Des Charriers donnent auffi le nom de *Retraite* à une efpece de longe de cuir qui eft attachée à la bride du cheval de devant & liée à un cordeau. On s'en fert pour manier le cheval.

RETRANCHE', *ee*. adj. Qui eft feparé d'un tout. On appelle en termes de guerre, *Quartier retranché*, Un quartier fortifié & qui eft couvert d'un foffé & d'un parapet.

RETRANCHEMENT. f. m. *Privation ou diminution de quelque chofe*. ACAD. FR. On appelle *Retranchement*, en termes d'Architecture, ce qu'on retranche d'une grande piece pour la proportionner, ou pour rendre le logement plus commode. On le dit auffi des avances & faillies qu'on ôte des rues

des voies publiques , afin de les rendre d'alignement.

Retranchement , en termes de guerre, eft un
foffé bordé de fon parapet. Il fe dit auffi des fafci-
nes chargées de terre , des gabions , & en general
de tout ce qui fortifie un pofte , & le peut mettre à
couvert des attaques des ennemis. On le dit quelquefois d'une fimple retirade ou coupure qui fe fait
fur un baftion ou fur un ouvrage à corne , pour difputer le terrain pié à pié.

RETROGRADER. v. n. Terme d'Aftronomie. Les
Planetes fe meuvent ordinairement fous le Zodiaque d'Occident en Orient , felon la fuite des fignes,
c'eft-à-dire, qu'elles vont du Belier dans le Taureau,
dans les Gemeaux , &c. & alors on les appelle *Directes* , (voyez DIRECTE.) mais elles vont auffi
quelquefois d'Orient en Occident contre la fuite
des fignes ; c'eft-à-dire , par exemple , des Gemeaux
dans le Taureau , ou du Taureau dans le Belier ,
&c. Alors on dit qu'elles *Retrogradent* , ou qu'elles
font *Retrogradées*. Avant que de paroître Retrograder , elles femblent s'arrêter quelque tems fous un
même endroit du Zodiaque , & alors on les appelle
Stationnaires. Voyez STATION. Après une retrogradation , revient encore immediatement une
Station. Ainfi cet ordre ne fe change jamais , Mouvement direct , Station , Retrogradation , Station ,
Mouvement direct.

Le Soleil & la Lune font les feules planetes qui
ne font jamais ni Retrogrades ni Stationnaires.
Mercure & Venus font retrogrades quand ils font
entre le Soleil & la Terre , Mars , Jupiter &
Saturne le font , quand la Terre eft entre eux & le
Soleil , & ce qui eft le même lorfqu'ils font oppofés
au Soleil , & alors leurs grandeurs apparentes augmentent , Mars paroît fix fois plus grand que quand
il eft direct , Jupiter trois fois , Saturne près de deux.
L'arc de la retrogradation de Mars eft plus grand
que de celle de Jupiter , & celui de la retrogradation de Jupiter plus grand que de celle de Saturne.

REV

REVEL. f. m. Vieux mot. Revelation.

Par paroles ou par revel.

REVENDICATION. f. f. Action par laquelle on faifit ou recouvre par autorité de Juftice une chofe qui nous a été volée & qui eft entre les mains
d'un autre. On dit auffi *La revendication d'une
perfonne , d'une caufe*, lorfqu'il y a diftraction de
reffort.

REVENDIQUER. v. a. Terme de Palais. Saifir &
redemander en Juftice une chofe qui nous appartient , & qui a été égarée , ou qu'on nous a prife.
Il fe dit des perfonnes , & un Procureur d'office peut aller revendiquer un Jufticiable qui a dif-
trait fa jurifdiction , comme un Official peut revendiquer un Ecclefiaftique qui plaide en Cour
laïque.

REVENU. f. m. *Ce qu'on retire annuellement du fond
des biens que l'on a.* ACAD. FR. On appelle *Revenu*,
en termes de Chaffe , La maffe de chair qui vient
fur la tête des bois. Elle fe forme de vers blancs
qui leur font tomber le bois , parce qu'ils en rongent la racine en dedans. On tient que ce revenu
diftillé aide fort à faire accoucher les femmes.

REVENUE. f. f. Vieux mot. Retour de quelqu'un.
On a employé ce même mot pour une forte de
fief.

REVERBERATION. f. f. Terme de Chymie. Ignition par laquelle les corps mixtes font calcinés à
feu de flame dans un fourneau de reverbere. Il y
a double reverberation. L'une fe fait à feu clos ,
c'eft-à-dire , dans un fourneau où non feulement
le feu frappe le vaiffeau , mais où il fe réflé-
chit & le frappe par deffus & tout autour. Ce feu
s'appelle *Feu de reverbere clos* , & fert pour les dif-
tillations , & on lui donne ce nom , à caufe que la
chaleur du feu rabat & agit de tous côtés fur la matiere ou fur le vaiffeau qui la contient. L'autre Reverberation fe fait à feu ouvert , c'eft-à-dire , dans
un fourneau qui n'a point de couverture ; & le feu
que l'on appelle *Feu de reverbere ouvert* , fert aux
calcinations. On fe fert auffi du feu de reverbere clos , à pouffer les efprits & les huiles par la
retorte.

REVERDIE. f. f. Vieux mot. Joie. Il y a de certains
lieux en Bretagne où on fe fert de ce même mot de
Reverdie , pour dire , Les grandes marées qui arrivent au défaut , ainfi qu'au plein de la Lune.

REVERENCE. f. f. Honneur , refpect. Nicod appelle *Reverence Papale* , la Preftation d'obéïffance
faite par un Prince ou par une Republique au Pape
nouvellement créé , & rapporte ce paffage d'Enguerrand de Monftrelet. *Les Florentins vindrent devers le Pape Jean I. & lui firent Reverence Papale,
& eftoient trois cens chevaux , dont y avoit dix-huit
Chevaliers vêtus de vermeil à beaux plumas pointe-
tés d'or , & y avoit fix trompettes , deux herauts &
dix hommes jouant d'inftrumens de mufique.*

REVERS. f. m. Ce qui eft au dos , ce que l'on ne voit
qu'en le retournant.

Revers , en termes de Médailliftes , eft la partie
qui eft oppofée à la principale empreinte ou figure ,
& où il n'y a que quelque devife.

Revers , en termes de Marine , fe dit de tous les
membres qui jettent en dehors du Vaiffeau. Ainfi
on appelle *Allonge de revers* , La piece de bois qui
acheve la hauteur du côté du Vaiffeau , & *Revers
d'arcaffe* , Une portion de voute de bois , faite à la
pouppe d'un Vaiffeau , foit pour foûtenir un balcon
pofé deffus , foit pour un fimple ornement. On appelle auffi *Manœuvres de revers* , Les écoutes , les
boulines & les bras qui font fous le vent , que l'on
a largués , qui n'étant point halés , ne font d'aucun ufage jufqu'à ce que l'on revire , auquel tems
elles fe mettent au vent , & deviennent manœuvres
de fervice en la place des autres , qui en ceffant d'être au vent , deviennent manœuvres de
revers.

On appelle en termes de guerre, *Commandement
de revers* , Une hauteur qui découvre & bat un
pofte par derriere , prenant les Troupes à dos.

Revers de pavé , fe dit de l'un des côtés en pente du pavé d'une rue depuis le ruiffeau jufqu'au pié
du mur.

REVERSIS. f. m. Sorte de jeu de cartes. Il fe joue
avec toutes les cartes , dont le valet de cœur , appellé *Le quinola* , eft la principale. On dit *Faire
le Reverfis* , pour dire , Lever feul toutes les cartes,
fans que les autres joueurs faffent une main.

REVERTIR. v. n. Vieux mot. Revenir , retourner.

*Le Roy de ce bien averty
Y a mis grand provifion ,
Car à Paris eft reverty ,
Pour y faire information.*

REVESCHE. adj. Intraitable , de méchante humeur.
On dit d'un morceau de fer qu'on met au feu pour
le travailler , qu'*Il devient revefche* , pour dire ,
qu'Il s'endurcit au recuit.

REVESTEMENT. f. m. Terme de Fortification. On

appelle ainſi le mur que le foſſé a du côté de la Place, ſoit qu'il ſoûtienne la fauſſe braie, ou ſimplement le rempart.

On appelle en Menuiſerie, *Lambris de reveſtement*, Un mur couvert d'un lambris ; & on dit en Maçonnerie, *Faire un revêtement à une terraſſe*, pour dire, Y faire un mur pour en ſoûtenir les terres.

REVESTIR. v. a. *Donner des habits à une perſonne qui n'en a point*, l'habiller. Acad. Fr. Ce mot eſt en uſage dans pluſieurs Arts, pour dire, Couvrir, environner. Ainſi on dit ; *Revêtir un modelle de cire avec de la terre*, ou *autre choſe*. Les Peintres & les Sculpteurs diſent *Revêtir des figures*, pour dire, Les habiller. Les Charpentiers diſent auſſi *Revêtir un pan de bois*, pour dire, Aſſembler les tenons dans les mortoiſes de toutes les pieces dont un ouvrage de charpenterie eſt compoſé. *Revêtir*, ſignifie encore en Maçonnerie, Fortifier l'eſcarpe & la contreſcarpe d'un foſſé avec un mur ; & en Jardinage, Paliſſer de charmille, de filaria, un mur de clôture ou de terraſſe pour le couvrir.

REVESTISSEMENT. ſ. m. Terme qui n'eſt en uſage qu'en matiere feodale, quand le Vaſſal eſt revêtu de ſon fief, en prêtant foi & hommage au Seigneur.

REVIREMENT. ſ. m. Terme de Marine. Changement de route ou de bordée, quand le gouvernail, eſt pouſſé à bas-bord ou à ſtribord, afin de courir ſur un autre air de vent que celui ſur lequel le Vaiſſeau a déja couru quelque tems.

REVIRER. v. a. Terme de Marine. Tourner le Vaiſſeau par le jeu du gouvernail & la manœuvre des voiles, pour lui faire changer de route. On dit d'une Eſcadre qui eſt en ligne ſous les voiles, qu'*Elle revire par la tête* ou *par la queue*, ſelon qu'elle commence par l'une ou par l'autre quand elle change de route. On dit auſſi *Revirer dans les eaux d'un Navire*, pour dire, Changer de bord derriere lui, en ſorte qu'on courre le même rumb de vent en le ſuivant.

REVISEUR. ſ. m. Terme de Chancellerie Apoſtolique. Il y a trois Officiers à Rome qu'on appelle *Reviſeurs*. L'un eſt pour les Diſpenſes matrimoniales, & les deux autres pour les beneficiales.

REVISION. ſ. f. Action de revoir & de retoucher quelque ouvrage. Il ſe dit auſſi du ſecond examen qu'on fait d'un procès criminel, lorſqu'on allegue qu'il y a eu de l'erreur au premier jugement. Il faut pour cela obtenir des lettres de reviſion, qui ne s'accordent que très-difficilement. On dit *R viſions d'un compte*, & ces reviſions ſont fort ordinaires. La *Reviſion finale d'un compte*, eſt lorſqu'il y a eu des debats formés au tems que le premier examen a été fait, & qu'on en reforme les articles ſuivant les Jugemens qui ſont intervenus, afin de proceder enſuite à ſon calcul & à ſa clôture.

On appelle auſſi *Reviſion*, Un droit que ſe font taxer les Procureurs pour revoir & relire les écritures des Avocats. Ce droit montoit à dix ſols par rôle, & l'Ordonnance de 1667. l'a reduit à deux.

REVIVIFIER. v. a. Terme de Chymiſte. Faire une operation par laquelle le mercure qui avoit été réduit en ſublimé, cinabre, précipité & autres, eſt remis en mercure volant, ainſi qu'il étoit avant cette operation, qui eſt le contraire de mortification.

REVOIR. ſ. m. On appelle ainſi, en termes de Chaſſe, La piſte qu'on voit de la bête.

REVOLIN. ſ. m. Terme de Marine. Vent qui n'étant pas pouſſé droit, ne ſe fait ſentir qu'après avoir donné contre quelque choſe qui l'a renvoyé ; ce qui cauſe des tourbillons ſurprenans dont les Navires qui ſont ſous les voiles ou à l'ancre ſont tourmentés.

REVULSION. ſ. f. Terme de Medecine. *Action par laquelle une humeur eſt détournée*. Acad. Fr. La Revulſion priſe en ce ſens, eſt une évacuation de ſang faite en la region oppoſée au ſang arrêté, pour le faire couler vers la premiere avec plus de promptitude, & pour empêcher l'augmentation de la douleur en diminuant la maſſe du ſang. Cette évacuation faite à la region oppoſée, s'appelle *Revulſion univerſelle* ; & quand on la fait dans la même region, elle eſt appellée *Revulſion particuliere* ou *Diverſion*. Ainſi dans l'eſquinancie la ſaignée du pié eſt une Revulſion generale, & celle du bras, une Revulſion particuliere. On tire deux avantages de ces Revulſions ; l'un, qu'il monte moins de ſang à la region ſuperieure, au moins pendant que la veine demeure ouverte ; car un peu après qu'elle eſt refermée, le ſang circule également dans tous les vaiſſeaux ; & l'autre, qu'en diminuant la quantité du ſang, il s'en arrête moins à l'endroit où eſt l'obſtacle, une partie de celui qui eſt arrêté étant repris par les vaiſſeaux voiſins à meſure qu'ils ſe déſempliſſent, ce qui ſe fait d'autant mieux que la ſaignée eſt copieuſe. *Revulſion* vient du latin *Revellere*, Arracher, ôter à force.

REZ

REZ. ſ. m. Niveau du terrain de la campagne qui n'eſt ni creuſe ni élevée. Ce mot s'emploie ſeul fort rarement. On dit *Rez de chauſſée*, pour dire, Le ſol de la terre, la ſuperficie de tout lieu conſiderée au niveau d'une chauſſée, ou ſa terre. On dit *Rez terre*, pour dire, Tout contre le ſol, tout contre la terre.

REZMUR. ſ. m. Le nud d'un mur dans œuvre. On dit en termes de Charpentier, *Depuis le rezmur juſqu'à une te le diſtance*, quand les Charpentiers meſurent les longueurs d'une poutre, d'une muraille à l'autre en dedans.

RHA

RHAA. ſ. m. Arbre de l'Iſle de Madagaſcar qui devient de la grandeur d'un Noyer. Lorſqu'on y a fait des inciſions, il en ſort au travers de l'écorce de ſes branches & du tronc, un ſuc ou maniere de gomme qui eſt auſſi rouge que le ſang d'un animal. C'eſt ce qui a obligé les naturels du Pays à lui donner le nom de *Rhaa*, qui ſignifie *Sang* en leur langue. Ils l'appellent auſſi *L'arbre du Dragon*, prétendant que la figure de cet animal paroît fort diſtinctement tracée ſur ſon fruit après qu'on en a ôté la peau, ce que quelques-uns qui l'ont ouvert, n'ont pas trouvé veritable. Ce fruit a la forme d'une petite poire, excepté qu'il eſt gros auprès de la queue, & qu'il fait comme cinq cornes, Au dedans eſt un noyau qu'une ſimple membrane envelope, & qui a la même forme, la même couleur, & preſque la même odeur que la noix muſcade. Le bois de cet arbre eſt blanc, & fort ſujet à ſe carier. Ses feuilles ſont un peu plus longues que les feuilles du poirier, ſa fleur eſt auſſi rouge que du feu, de la longueur d'une aiguillette, & preſque de la même figure. Les Apothicaires appellent communément la gomme que ces arbres jettent, *Sang de Dragon*. Il y en a trois eſpeces qui portent chacun des fruits differens. La decoction de l'écorce a la vertu d'arrêter l'hemorragie, & on tire des noyaux que le fruit enferme, une huile graſſe & épaiſſe,

X x iij

que l'on tient être un remede souverain contre les inflammations, les érésipelles & la galle.

RHABILLER. v. a. *S'habiller encore une fois, fournir de nouveaux habits.* AGAD. FR. On dit en termes de Chirurgie, *Rhabiller une partie rompue ou laxée*, pour dire, La renouer, la remettre en son lieu.

RHAGADES. f. f. p. Nom que les Medecins donnent aux crevasses qui se font sur les levres, du Grec *ρωγας*, qui veut dire, Fente. Il se dit particulierement de celles qui arrivent au fondement.

RHAGOÏDE. adj. On appelle la troisiéme tunique de l'œil, *Rhagoïde*, du Grec *ρωγωειδης*, Qui a la forme d'un grain de raisin, à cause qu'elle est semblable à un grain de raisin. C'est celle que l'on appelle autrement *Uvée*. Elle est immediatement sous la cornée, & a un trou en devant qui fait la prunelle, le tour de laquelle paroissant au dehors se nomme *Iris*. Il paroît de differentes couleurs dans sa partie posterieure aux animaux brutes, & dans sa partie anterieure elle est plissée. On y remarque de petites fibres dont ses p'is sont traversés, ce qui sert à les dilater ou à les resserrer les uns contre les autres, selon le degré de lumiere.

RHAMNUS. f. m. Dioscoride parle de trois sortes de Rhamnus dont le premier produit ses branches droites & piquantes comme l'épine vinette. Il croît dans les haies, & a ses feuilles longues, molles & grassettes, son écorce blanche & lissée, & son fruit rouge. Le second Rhamnus est plus blanc, & le troisiéme, qui est noir, est haut environ de cinq coudées. Ses épines ne sont pas si fermes que celles du premier. Il y en a de droites & de courbes. Ses feuilles sont plus larges & plus nerveuses, ses fleurs mousseuses & tirant sur le jaune. Son fruit est mince, fait en bourse, rond, & assés semblable au peson d'un fuseau. Au dedans est un noyau rond & dur, & presque de la grosseur d'une chiche. Sa graine, plate comme une lentille, y est enfermée. Cette espece de Rhamnus a son écorce rouge & sa moëlle blanche. Les feuilles de tous les trois étant appliquées, sont fort bonnes au feu saint Antoine & aux ulceres corrosifs & chancreux. Il n'y a guere que son fruit qui est en usage en Medecine. On en fait un syrop purgatif, appellé communement *Syrop de Nerprun*, qui est bon pour évacuer les humeurs sereuses des hydropiques, & la pituite par les urines. Ce mot est Grec *ραμνος*.

RHAN. f. m. Vieux mot. On a dit, *Mettre un porc en rhan*, pour dire, Le mettre à l'engrais.

RHAPONTIQUE. f. m. Racine noire, semblable au grand Centaurium, selon ce qu'en dit Dioscoride. Elle est pourtant moindre, plus rousse, & trouée, un peu polie, lissée, & sans nulle odeur. Le meilleur est celui qui n'est point vermoulu, mais gluant & quelque peu astringent au goût, & qui étant mâché, se trouve pâle ou jaune, comme saffran. Pris en breuvage il est bon aux ventosités de l'estomac, aux tranchées, aux douleurs de la rate, & aux maux de reins, de la vessie, & de la poitrine. Matthiole dit qu'il a pris son nom du Fleuve Rha, qui passe par une contrée voisine de Pont, à cause que cette racine croît en abondance aux bords de ce Fleuve. Elle approche assés de la rheubarbe, si ce n'est qu'elle est longue & deliée, & que la Rheubarbe est courte & épaisse. Le Rhapontique est de la couleur de la Rheubarbe au dedans & au dehors, ce qui fait que quelques-uns l'ont pris pour la même plante. Il est neanmoins beaucoup plus leger, de substance plus rare, moins amer, & moins odorant, rendant lorsqu'il est mâché, un suc & une teinture jaune & haute en

couleur, & laissant une astriction à la bouche presque comme la Rheubarbe. Ainsi il est astringent, & non purgatif.

RHEINGRAVE. f. m. Titre de dignité Allemande. C'étoient autrefois des Juges ou Gouverneurs que l'Empereur envoyoit dans les Provinces avec ce titre, & par succession de tems, non seulement ils se sont rendus proprietaires des Villes de leur gouvernement, mais ils sont même devenus Comtes de l'Empire. Il y en a qui trouvent leur origine dans Tacite, qui parle des Comtes du Rhin, qui commandoient les Legions Romaines, logées le long de cette riviere. Il n'est pas pourtant certain que ceux qui les commandoient fussent de même maison que les Rheingraves d'apresent. Le premier de cette famille que les Ecrivains connoissent est Adelhelmus qui gouvernoit le Rhingau l'an 670. en qualité de Rheingrave. Les Seigneurs qui en sont sortis portent la qualité de Wil de Sauvages, à cause que le Rheingrave Jean, premier de ce nom, épousa en 1310. Hedvige Comtesse sauvage de Daun, qui lui apporta ces terres en dot.

RHETORIENS. f. m. Heretiques du quatriéme siecle, qui soûtenoient que chacun seroit sauvé dans la Religion qu'il auroit suivie, & que l'on devoit abandonner au choix des hommes celle qu'ils voudroient choisir. Ils ont pris leur nom d'un certain Rhetorius qui avoit semé cette opinion.

RHEUBARBE. f. f. Plante dont la tige jette force feuilles, longues de deux paumes, étroites à leur sortie, larges au bout & recourbées contre bas. Elles ne sont point dentelées, mais environnées de bourres vertes au commencement, & roussies sur la fin. Du milieu de ses feuilles au bout de sa tige, sort un germe portant à sa cime des fleurs assés semblables à la violette. Leur couleur est blanchâtre celeste, & leur odeur forte, piquante & desagreable. Ses racines sont roussies, noirâtres en dehors, & les plus grosses, car elles ne sont pas d'égale grosseur en toutes, ne passent point la jambe d'un homme. Elles ont force capillemens, par le moyen desquels elles tirent l'humeur de la terre qui leur sert de nouriture. Leur poulpe du dedans est de couleur d'or, & toute pleine de veines rouges, rendant un jus jaune & purpurin, qui à cause de sa viscosité s'attache aux mains & les tache, quand on veut les nettoyer & tailler en pieces. Lorsqu'on les a arrachées, ce qui se fait au Printems quand les feuilles commencent à poindre, à cause que si on les arrachoit en été apres que la plante a jetté ses feuilles, elles n'auroient point ce jus jaune & purpurin qui en fait le prix, on les étend bien nettoyées sur des ais par ordre, & on les tourne & retourne souvent pendant quatre jours. Ensuite on les enfile pour les pendre à l'ombre en un lieu aëré, en sorte pourtant que le Soleil ne les touche point. On les laisse ainsi secher au vent environ deux mois avant que de les vendre aux Marchands. Les Anciens n'ont point connu la Rheubarbe, qui est un medicament si benin qu'on le peut prendre en tout tems & en tout âge, de sorte qu'on le donne même aux petits enfans & aux femmes grosses. On l'appelle en Latin *Rhubarbarum*, ou *Rheum-barbaricum*, & les Modernes ne sont pas d'accord touchant l'origine de ce nom. Fuchsius & quelques autres veulent qu'il vienne de la contrée de Barbarica en Afrique, disant que les Soldats Imperiaux apporterent la vraie Rheubarbe au retour du voyage que l'Empereur

Charles-Quint fit à Tunis & à la Goulette. D'autres prétendent qu'elle a pris son nom de Barbari, Ville des Indes , située sur le fleuve Indus, & d'autres , qu'il lui vient d'une Isle nommée Barbaris , qui est dans la mer Erythrée, où les Indiens font grand trafic , passant de là par le Golfe d'Arabie, pour apporter leurs marchandises & leurs drogues en Egypte. Matthiole est d'une opinion toute differente , & croit que la Rheubarbe vient de l'Ethiopie Troglodytique où elle croît abondamment, & que les Anciens appelloient *Barbarica*. Il se fonde sur ce que dit Galien , que le Gingembre & le Ben s'apportent de Barbarie, quoique Dioscoride rapporte qu'ils viennent en Ethiopie où est la Region des Troglodytes , ce qui fait voir que les Anciens ont crû , que Barbarica, & la Region Troglodytique n'étoient qu'une même Region.

RHI

RHINOCEROT. s. m. Animal sauvage , qui a la tête & le museau comme un cochon. Sa peau est sans poil, cendrée , grosse , dure , pleine de rides, disposée en forme d'écailles de couleur de châtaignes , & très-difficile à percer. Il porte une corne fort pointue sur le nez, & dont la couleur est d'un gris obscur. Il est de la grosseur d'un mediocre Elephant , mais il n'a pas les jambes si hautes. Il vit de chardons , de ronces & autres herbes piquantes, & d'arbrisseaux chargés d'épines. Il n'attaque point s'il n'est attaqué , mais quand on l'a blessé ou mis en furie, il renverse de gros chênes, & s'il terrasse un homme ou un cheval, il le décharne jusqu'aux os avec sa langue qu'il a extrêmement rude , il naît en Asie & aux Deserts de l'Afrique. On ne chasse cet animal que pour en avoir la peau , qui étant toute couverte d'écailles très-fortes, sert de cottes-d'armes & de boucliers. C'est ce qui cause qu'on ne tue cet animal que fort difficilement , tous les coups glissant, si on ne le prend au defaut des côtes ou de l'épaule. Il a la ruse de tourner toujours sa tête vers ceux qui l'attaquent, ce qu'il fait sans peine , étant beaucoup plus leger que l'Elephant. Les Chasseurs qui l'environnent avec de grands chiens , prennent quelquefois si bien leur tems , que comme en se débattant il donne quelque jour aux lieux où les écailles se levent & s'ouvrent , ils l'affoiblissent tellement en le frapant de leurs traits ou demi-piques, qu'ils le portent enfin par terre. Le mot de *Rhinocerot* est Grec ρινόκερως , & est composé de ῥίν, Nez, & de κέρας , Corne.

On fait des vases de cornes de Rhinocerot, il y en a un en l'abbaye de la Roë qui a huit pouces de haut & à la coupe de plus de six pouces de diametre. On juge qu'il est ancien par le travail de l'argent doré dont il est garni.

On trouve vers le Cap de Bonne-Esperance une espece de Rhinocerot qui a deux cornes sur le nez. Son poil est d'un gris cendré , à l'exception d'un floquet noir qu'il a sur la nuque. Quoiqu'il soit gros comme un Elephant , il est si leger qu'il n'y a point d'homme qui puisse courir avec tant de vitesse. Il a la queue & les piés semblables à ceux de cet animal , & les oreilles droites & rondes.

RHO

RHOMBA. s. f. Herbe qui est une espece de baume qui croît à la hauteur de deux coudées dans l'Isle de Madagascar. Elle pousse de grandes feuilles, & sent le girofle & la canelle.

RHOMBE s. f. Terme de Geometrie. Figure de quatre côtés égaux , mais qui a deux angles opposés aigus , & les deux autres obtus , en quoi elle differe du quarré. Ce mot vient de ῥόμβος , qui a signifié une espece de *toupin* qu'il faut s'imaginer formé de la circonvallation d'un rhombe posé à terre sur un de ses angles aigus. Ce toupin nommé ῥόμβος de ῥέμβω, je fais tourner en rond, a donné son nom à la figure nommée rhombe par le rapport que cette figure avoit à lui, puisqu'il paroissoit en être formé, & de là vient que les Geometres appellent encore *rhombe solide* un corps composé de deux cones droits , dont les bases sont égales & jointes ensemble , ce qui n'est autre chose que ce toupin tel que nous l'avons décrit.

RHOMBOÏDE. s. m. Figure quadrangulaire , dont les angles & les côtés opposés sont égaux, sans qu'elle soit équilaterale ou equiangle. Elle répond au rhombe, comme le quarré est oblong au quarré.

Les Medecins ont appelé *Rhomboïde* Un muscle qui a la figure d'un turbot. C'est celui qui fait mouvoir l'épaule en arriere. Tous ces mots viennent du Grec ῥόμβος , qui signifie proprement , Une roue ou ce qui en a la forme. Les Romains ont appelé *Rhombus* , Une sorte de poisson, que les Grecs ont appelé autrement ψῆτα , selon ce que rapporte Athenée.

RHY

RHYAS. s. m. Terme de Medecine. Sorte de maladie qui arrive quand la glande située dans le grand coin de l'œil a été mangée ou emportée par quelque cause externe , ou relâchée , d'où s'ensuivent la chassie , le pus , & tout ce qui sort de l'œil , ou des glandes voisines irritées. Ce mot est Grec ῥύας , & vient de ῥέω , Je coule.

RIB

RIBADOQUIN. s. m. Ancienne piece d'artillerie de trente-six calibres de long , qui tire une livre trois quarts de plomb avec une égale quantité de poudre , suivant Hanzelet. Il y en a un bâtard , de trente calibres qui tire une livre & demie , & un autre extraordinaire de quarante-quatre calibres avec pareille charge.

RIBAUD. s. m. Vieux mot dont on s'est servi , pour signifier un homme fort & robuste, d'où vient que les Crocheteurs étoient appelés Ribauds.

Maints ribauds ont le cuer si haut.
Portans sacs de charbon en Greve,
Que la peine vient ne leur greve.

Pasquier dit que le nom de *Ribaud* n'étoit point odieux au tems de Philippe Auguste , & qu'on le donna à des Soldats d'élite, rangés à la suite du Roi pour sa garde sous des Capitaines comme ceux de la Compagnie Pretorienne dans Rome. Il prétend que leur Capitaine étoit celui que l'on appelle *Roi des Ribauds*, dans les vieux titres , comme étant le chef de ces Soldats. Selon du Cange, ceux qu'on appelloit autrefois *Ribaldi* , étoient des Soldats pietons, que presentement on appelle *Enfans perdus*. Ce mot fut donné depuis à des débauchés , des bandits , larrons & autres ; ce qui fut cause , suivant ce que du Tillet rapporte que le grand Prevôt de l'Hôtel du Roi fut nommé Roi des Ribauds , parce qu'un des devoirs de sa charge étoit de faire justice des crimes qui se commettoient à la suite de la Cour, & sur-tout par ces Ri-

bauds , d'où vient qu'en plusieurs arrêts il est aussi
appellé *Prevôt des Ribauds* , n'ayant été nommé
Prevôt de l'Hôtel que du tems de Charles VI.
Borel rapporte ces termes d'un arrêt de l'an 1355.
qui est aux titres de saint Martin des Champs. *Comme de nostre commandement le Roy des Ribaux dudit Hostel eut pris des Lettres & emporté comme
ainsi qu'en plusieurs des biens Geoffroy Gastalier ,
executé pour ses demerites faites audit Hostel de
Chastillon , qui estoient en la Jurisdiction de Saint
Martin des Champs , lez Paris Et plus bas. Et
combien que le Chambrier & Maire de ladite E-
glise se fussent traits par devers nous & par devers
ledit Roy des Ribaux , en requerant a eux être rendus lesdits biens , sçavoir faisons que Nous voulant garder l'Eglise & ses droits en conseil & deli-
beration aux choses dessus dites , & aussi oster le
Roy des Ribaux desdits procez. Avons voulu &
ordonné , &c.* Fauchet dit que le Roi des Ribauds étoit un Officier qui tiroit dehors de chés
le Roi ceux qui n'y devoient ni manger ni coucher , ce qui l'obligeoit à visiter tous les soirs
tous les recoins de l'Hôtel. Quelques-uns veulent que Ribaud vienne de *Rivalis* , mot ancien
dans la langue , d'où vient que Pasquier appelle *Ribaux* , des corrivaux , des concurrens. D'autres le font venir de l'Anglois *Baud* , qui signifie , Celui qui corrompt des femmes , qui les
prostitue.

RIBAUDEQUIN. s. m. Machine ancienne pour la
guerre semblable au scorpion. C'étoit un arc de
douze ou de quinze piés de long , arrêté sur un
arbre large d'un pié , dans lequel étoit creusé un
canal , pour y mettre un javelot de cinq ou six
piés de long , ferré , empenné , & fait quelquefois
de corne. On le dressoit sur les murailles des Villes , & par le moyen d'un tour , les javelots é-
toient poussés avec tant de force , qu'il n'en falloit qu'un pour tuer quatre hommes tout à la fois.
Ribaudequin, s'est dit aussi pour une sorte d'habillement de guerre , appellé autrement *Ri-
bauderin* , suivant ce qui se trouve dans Enguerrand de Monstrelet , lorsqu'il parle de l'assemblée
du Duc Jean de Bourgogne contre le Duc d'Orleans. *Et se mirent bien sus , dit-il , jusques au
nombre de quarante à cinquante mille combattans
très-bien armez & embastonnez selon la coustume
& maniere du Pays , & si avoient pour porter &
mener leurs harnois , vivres & habillemens de guerre , environ douze mille chars que charrettes &
très-grand nombre de Ribauderins ou Ribaudequins,
ausquels falloit pour les mener , à chacun un cheval.
Et estoient iceux Ribauderins ou Ribaudequins , habillemens qui se portoient sur deux roues , & y avoit
manteaux daisselez , & sur le derriere longues broches
de fer pour clorre une bataille si besoin leur estoit ;&
à chacun s'estoit assis un venglaire ou deux.*

RIBES, s. m. Nom qui est en usage parmi les Apothicaires pour signifier des Groseilles rouges , d'où
vient qu'ils appellent *Robe de ribes* , le suc de ce
fruit , lorsqu'il est confit. Ce fruit rafraîchit le
corps , appaise la soif , fortifie l'estomac , & resserre tout flux de ventre , dont la cause est bi-
lieuse.

RIBLER. v. n. Vieux mot. *Ribler* , dit Nicod , *est
avec port d'armes troller çà & là , & courre sus
à chacun. Ainsi on dit* , Il ne fait que ribler toute la nuit. Nicole Gilles en la vie de Louis XII.
*Il fut publié à son de trompe & cry public , que là
où on trouveroit des Adventuriers & autres larrons riblants & mangeans les povres gens des villages , que sur l'heure & sans appel , fussent pendus*

& *estranglez , tuez & desconfits.*

On a aussi appellé *Ribleurs* , Ces coureurs de
nuit , & *Riblerie* , Cette sorte de pillage ; surquoi Nicod a fait observer que Nicole Gilles dans
la même vie de Louis XII. a appliqué le mot de
Riblerie , au fait d'une guerre legitime. Il en cite
ce passage. *Et se dit an cut grande esmeute de
guerre entre les Rois de France & d'Espagne en Picardie & en Champagne , où se trouva le Très-Chré-
tien Roy de France bien accompagné , & y eut plusieurs courses & ribleries les uns sur les autres ,
mais il n'y eut bataille universelle.*

RIBORD. s. m. Terme de Marine. Second rang
de planches qu'on met au dessus de la quille , pour
faire le bordage d'un Vaisseau.

RIBORDAGE. s. m. Ce que les Marchands ont établi qu'on payeroit pour le dommage qu'un Vaisseau fait quelquefois à un autre , en changeant de
place , soit dans un quai , soit dans une flote. On
a coûtume de payer le dommage par moitié , lorsque l'action est intentée.

RIBOT. s. m. Pilon d'une Baratte pour battre la crême & faire du beurre.

RIC

RICHEDALE. s. f. Monnoie d'argent , qui se bat
en Allemagne. C'est celle de toutes les Monnoies
qui a le plus de cours dans le monde , puisqu'elle passe en Moscovie , chés le Mogol , & jusques au fond de l'Inde. Les Allemans écrivent
Reichdale , & quelques-uns écrivent *Risdalt*. La
Richedale vaut quarante-huit sols en Allemagne ,
& elle en vaut soixante dans les Pays hereditaires
de l'Empereur. Elle vaut plus ou moins en Suede
& en Danemarck , selon que ces Royaumes sont
ou en guerre ou en paix. Son ordinaire valent est
quarante-huit sols. Il y a deux sortes de Richedales en Hollande , l'une appellée simplement *Richedale* , & l'autre *Richedale de banque*. Les Lettres de change se payent parmi les Hollandois &
les Nations Septentrionales en Richedales de banque.

RICINUS. s. m. Herbe appellée autrement *Palma
Christi* , & *Catapucia major* , qui devient grande comme un arbre de la hauteur d'un petit Figuier. Elle a ses feuilles comme le platane , mais
plus noires , plus grandes & plus lissées. Son tronc
est creux comme un roseau , ce que sont aussi
ses branches. Sa graine a la forme & la couleur
de ces gros vers que les Italiens appellent *Zecca*,
& que nous appellons *Tiques* ou *Tiquets* , qui
tourmentent les chiens , les chevres & les pourceaux , & parce que cet animal est appellé *Ricinus* par les Latins , on a donné ce même nom
à cette herbe. Dioscoride dit que trente de ses
grains bien émondés , pilés & pris en breuvage ,
purgent par le bas & par le haut les phlegmes &
les aquosités , mais que cette purgation est fort
fâcheuse , à cause qu'elle renverse entierement
l'estomac.

RICOCHON. s. m. Terme de Monnoye. Nom qu'on
donne aux Monnoyeurs pendant leur année d'apprentissage , comme on donne celui de *Recui-
teurs* aux Ouvriers pendant cette même année. Les
Juges gardes , les Contregardes , les Essayeurs ,
les Tailleurs , les Procureurs du Roi , les Greffiers,
& les Huissiers des Monnoies , sont pourvûs par
Lettres de Roi en cas de mort ou de resignation,
mais il suffit aux Ouvriers , aux Tailleresses & aux
Monnoyeurs d'être d'estoc & de ligne , c'est-à-dire , descendans d'Ouvriers , de Tailleresses , ou
de

de Monnoyeurs , qui ayent été reçûs & prêté ferment , pour avoir droit d'être Monnoyeurs. Il n'y a pourtant que leurs aînés. Tous les autres Enfans, tant des Ouvriers & des Tailleresses , que des Monnoyeurs , ont seulement droit d'être reçûs Ouvriers ou Tailleresses , en quelque nombre qu'ils puissent être & en même tems. M. Boisard avoüe qu'il ne sçait d'où a pû venir le mot de *Ricochon*, & qu'il a inutilement consulté pour cela les plus anciens Monnoyeurs.

R I D

RIDDE. f. f. Sorte de Monnoie d'or dont Nicod parle en ces termes. *Ridde est une espece de Monnoie d'or usitée au pays de Flandres. Nicolle Gilles en la vie de Charles VII. parlant de la mutinerie de ceux de Bruges contre leur Seigneur le Duc de Bourgogne , qui s'en estoit sauvé par une poterne ; pour lequel excez , dit-il , il y en eut plusieurs executez & luy payerent pour l'amende deux cens mille Riddes d'or & plusieurs dons qu'ils firent à la Duchesse , & autres qui étoient autour dudit Duc qui firent leur appointement.* La Ridde est du poids de deux deniers dix-huit grains tresbuchant , évaluée par l'Ordonnance à cinquante sols tournois , le coing de laquelle est d'un côté une croix florencée issant d'un écu de Bourgogne surmonté au bord d'une croisette mousse , ayant pour Lettrier au bord , *Sit nomen Domini benedictum* , & au costé de la pile , un Chevalier armé de toutes pieces , l'épée au poing dextre brandie , monté sur un coursier bardé & gallopant sous lequel est écrit *Fland* , & autour pour Lettrier , *Philippus , Dei gratia , Dux Burgundiæ , Comes Flandriæ.* On fait venir *Ridde* , du Flamand *Ridder* , Cavalier , à cause que cette Monnoye represente un homme armé qui galope.

RIDE. f. f. *Morceau d'étoffe , de toile qui est fait pour cacher , couvrir , entourer ou conserver quelque chose , & qui se tire ordinairement par le moyen des anneaux qui coulent sur une tringle.* ACAD. FR. *Rideau* , en termes de Fortification , est un fossé dont la terre est élevée sur le bord ; une petite éminence qui regne en longueur sur une plaine & qui sert à mettre un poste à couvert.

RIDE. f. f. *Pli qui se fait sur le front , sur le visage , sur les mains & qui vient ordinairement par l'âge.* ACAD. FR. Ride en termes de Marine , Signifie une corde qui sert à en roidir une plus grosse. Elle sert aussi à accourcir la voile , quand à cause du gros temps , il est dangereux de la porter toute entiere. On appelle *Rides de haubans* , Les cordes qui servent à tenir les haubans aux cadenes, & *Rides d'étai* , Celle qu'on employe à joindre l'étai avec son collier.

RIDEAU. f. m. *Morceau d'étoffe , de toile qui est fait pour cacher , couvrir , entourer ou conserver quelque chose , & qui se tire ordinairement par le moyen des anneaux qui coulent sur une tringle.* ACAD. FR. *Rideau* , en termes de Fortification , est un fossé dont la terre est élevée sur le bord ; une petite éminence qui regne en longueur sur une plaine & qui sert à mettre un poste à couvert.

RIDELLE. f. f. Terme de Charron. Morceau de bois rond & plané , qui regne sur le haut & tout le long d'une charrette , qui soutient un petit treillis de bois servant à arrêter ce qu'on met dedans. *Ridelles* , dit Nicod , *Sont ces petites eschelles ou rasteliers , qui sont couchées és deux costez du long de la charrette , pour tenir la voiture. Au second livre d'Amadis.* Apperceurent sur le chemin qu'il estoit venu une charrette que douze chevaux traynoient, & deux Nains qui les conduisoient , dans laquelle estoient enchaisnez plusieurs Chevaliers armez,leurs escus attachez le long des Ridelles. *Toutefois Ridelle , proprement prins , signifie la perche du brancar qui est en haut , qui est par des petits eschelons, à la perche d'embas appellée Le gisant , faisant des deux avec la fausse Ridelle , qui est la perche du Tome II.*

milien , *l'entier brancar , ce qui conforme plus au passage d'Amadis.*

RIDER. v. a. Causer , produire des Rides. On dit en termes de Marine , *Rider la voile* , pour dire , L'accourcir par en haut avec des Rides qui sont, trois piés audessous de la vergue. Cela se fait lorsque le gros tems ne permet pas de porter la voile entiere. Quand on l'accourcit par en bas, ce qui est une manœuvre moins longue , cela s'appelle *Carguer.* On dit *Rider une corde* , pour dire, La roidir.

RIDER. v. n. Terme de Chasse. On dit qu'*Un Chien ride* , quand ayant senti la bête , il en suit la piste sans crier ; c'est un défaut.

R I E

RIENS. f. f. Vieux mot. Chose , du Latin , *Res.*

> *Sur toutes riens , gardez ces points ,*
> *A donner ayez les clos poings.*

Et ailleurs. *L'avoit plus aimé que riens nées.*

RIERE. Prep. Vieux mot. Arriere , d'où vient qu'on a dit *Rieresié* , pour , Arriereresié.

RIEULE', E'R. adj. Vieux mot. Regulier. *Chanoine rieulé.*

R I F

RIFFLART. f. f. Outil de Menuisier dont le fer est en creux. Il sert à dégrossir la besogne. Ceux qui travaillent en pierre ont un Rifflart breté ou bretelé. Il y en a de differentes largeurs. C'est ordinairement de huit ou neuf pouces.

RIFFLOIR. f. m. Espece de lime taillée douce par le bout , dont les Sculpteurs & Graveurs se servent ainsi que les Serruriers , pour dresser , pour atteindre & pour nettoyer les figures de relief ou en creux , & autres pieces.

R I G

RIGAUDON. f. m. Terme de Musique. Le Rigaudon est composé de deux airs à deux tems. Il doit y avoir huit mesures dans la premiere partie du premier , & douze dans la seconde. Le second air qui est un peu plus gai , a aussi deux parties , & chacune de ces deux parties est de huit mesures. Au milieu de chaque partie des deux airs qui commencent par une crochée , il faut qu'il y ait un repos. Le Rigaudon est aussi une danse. C'est une maniere de bourrée redoublée qui n'est pas moins en vogue en Provence que le Menuet en Poitou. Cette danse est d'ordinaire champêtre.

RIGOLAGE. f. m. Vieux mot. Raillerie. On a dit aussi *Rigoler* , pour dire , Railler.

RIGOUREUSETE' f. f. Vieux mot. Rigueur.

R I M

RIMAIRIE. f. f. Vieux mot. Rime. On a dit aussi *Rimoyer* , pour dire , Mettre en vers.

> *Or-vüeil ce songe rimoyer.*

Et *Rimare* , pour dire , Rimeur.

RIME. f. f. *Uniformité de son dans la terminaison de deux mots.* ACAD. FR. On dit en termes de Mer , *Donne longue rime.* Quand on veut commander à l'équipage d'une chaloupe , de prendre beaucoup d'eau avec les pelles des avirons , & de tirer longuement dessus, *Donne bonne rime* , est une autre

Y y

forte de commandement qui fe fait aux Matelots du dernier banc d'une chaloupe , quand on veut qu'ils donnent une bonne maniere de nager.

R I N

RINGARD. f. m. Barre de fer dont on fe fert pour manier de groffes pieces à forger comme une enclume. On le dit auffi d'un gros bâton ferré.

RINGEAU , ou RINJOT. f. m. Piece de bois qui fait partie de la quille & de l'étrave d'un Vaiffeau. Elle tient de la ligne droite & de la courbe. C'eft proprement l'extrémité de la quille du côté qu'elle s'affemble avec l'étrave.

R I P

RIPAILLE. f. f. *Grande chere , débauche de table.* ACAD. FR. On tient que ce Proverbe commun, *Faire ripaille ,* pour dire, Faire grande chere, vient de ce qu'Amedée VIII. dernier Comte & premier Duc de Savoye , ayant réfolu de quitter le grand monde & l'embarras des affaires , fe retira à Ripaille , lieu folitaire fur le bord du lac de Geneve , il remit le Gouvernement de fes Etats entre les mains de Louis fon fils aîné en l'année 1439. Comme on lui fervoit des mets exquis & des vins délicieux dans fa folitude , le mot de *Ripaille* , a été donné à toute débauche de table. Amedée V I I I. fut celui que le Concile de Bafle , mal fatisfait d'Eugene I V. qui l'avoit interdit & transferé à Ferrare , élût Pape le 25. Juin de la même année 1439. fous le nom de Felix V. & qui par le confeil du Roi Charles V I I. confentit à fe démettre du Pontificat en 1449. pour rendre la paix à l'Eglife troublée par l'élection de Nicolas V. qu'on avoit fait fucceder en 1447. à Eugene I V.

RIPE. f. f. Outil de Tailleur de pierre de quinze ou feize pouces de long. Il eft prefque fait en forme de truelle , & on s'en fert à gratter & à nettoyer la pierre , quand elle eft pofée. Les Sculpteurs ont auffi leur Ripe , avec quoi ils grattent leurs figures. Il y en a qui font faites comme un cifeau dentelé.

RIPER. v. a. Ratiffer , gratter une pierre ou une figure avec la ripe.

RIPEUX , EUSE. adj. Vieux mot Roupieux.

Car elle devint tant ripeufe,
Corbe , boffuë & tripeufe.

RIPUAIRE. adj. On appelle *Loi ripuaire* , Une Loi compofée de divers articles , qui contiennent un ancien droit des François , qui n'a prefque plus de lieu. On a auffi appellé *Peuples ripuaires* , Les Peuples qui habitoient en deçà des rives du Rhin, de l'Efcaut & de la Meufe , comme ceux de Hollande , de Juliers , de Gueldre.

R I S

RIS. f. m. Efpece de blé qui croît dans les lieux marécageux & arrofés d'eau. Il a fa feuille comme les cannes & les rofeaux charneufe, & affés femblable à la feuille du porreau. Son tuyau eft de la hauteur d'une coudée , noué , & plus gros que n'eft celui du froment. L'épi fort au bout , fe jettant deçà & delà en petits rameaux , & portant fon grain inégalement de côté. & d'autre. Ce grain qui eft blanc étant émondé , a la figure d'un œuf , & fa

gouffe eft jaune , & cannelée par petites côtes. L'Afie , la Syrie & l'Egypte font fort fertiles en Ris. Il nourrit mediocrement , mais il refferre le ventre, ce qui le rend bon à ceux qui ont la dyfenterie , ou quelque dévoyement d'eftomac. Les Grecs l'ont appellé ὄρυζα.

Ris , fe dit parmi les Bouchers , d'une glande qui fe trouve aux veaux dans le quartier de devant. Elle a deux parties , l'une appelée *la fagoue* , & l'autre *La gorge.* Ces petites parties de la gorge d'un veau font très-délicates , & on s'en fert dans les ragoûts & dans de certains pâtés. Quelques uns veulent qu'on les ait nommées *Ris de veau* , à caufe que la fagoue étant blanche & grenue , eft femblable aux grains de ris.

Ris Terme de Marine. Rang d'œillets qui font au travers d'une voile à une certaine hauteur. On y paffe des garcettes , & quand le tems y oblige , ces garcettes fervent à rappetiffer la voile. Ainfi *Prendre un ris* , veut dire , Rappetiffer, raccourcir la voile,

RISBAN. f. m. Terme de Fortification pour fignifier un terreplain pour mettre des batteries à la défenfe d'un port. Le Rifban de Dunkerque.

RISPOSTE. f. f. Terme d'Efcrime. Action de celui qui pare & qui pouffe. Il y a quatre fortes de ripoftes & de parades pour fe garantir des gardes & des attaques qui font en même nombre.

RISSOLE. f. f. Sorte de petite Patifferie faite de viande hachée & épicée , & qu'on enveloppe dans de la pâte déliée. La *Riffole commune* , eft garnie de chair de boucherie & de moële de bœuf. Il y a une *Riffole feuilletée* , faite de pâte feuilletée , garnie de blanc de chapon haché , de moële de bœuf, de pigeons & de raifins de Corinthe. On appelle *Riffole à frire* , Une forte de pâtifferie que l'on fait frire au fein-doux , garnie de blanc de chapon haché , de moële de bœuf, & d'un peu d'épices.

RISSON. f. m. Terme de Marine. Ancre à quatre bras , que M. Guillet appelle autrement *Heriffon* ou *Grapin.* Elle eft à l'ufage des galeres & des Vaiffeaux de bas bord.

RISTE. f. m. Vieux mot. Colet. Borel dit que ce mot vient des Riftres qui s'en fervoient.

RISTER. v. a. Vieux mot. Preffer.

R I V

RIVERAIN. f. m. Qui a des terres près les rivages. Il eft tenu de laiffer dix-huit piés fur les bords de la riviere pour faciliter la navigation. Ceux qui font chargés d'y veiller s'appellent *Balifeurs.*

RIVET. f. m. Terme de Maréchal. Extrémité du clou laquelle eft retrouffée fur la corne , & qui paroît quand le cheval vient d'être ferré. Les Serruriers, Couteliers & autres appellent *Rivets* , des clous que l'on a rivés pour tenir quelque piece. *Rivet,* chez les Cordonniers , eft la même chofe que *Tranchefile.*

RIVEURE. f. m. Terme de Serrurier. Morceau de fer rond & en forme de broche , qui traverfe & entretient les charnieres des fiches & des couplets.

R O A

ROABLE. f. m. Vieux mot. Sorte d'outil pour tirer la braife. On lit dans la Bible hiftoriaux. *Roables pour affembler les cendres , ou pour nettoyer le pavement.*

R O B

ROB. adj. Vieux mot. Rouge , Borel dit qu'il vient

de *Robeus*, qui en vieux Gaulois, veut dire la même chose.

Les Apothicaires donnent le nom de *Rob*, aux sucs des fruits depurés, & cuits jusqu'à la consomption des deux tiers de leur humidité. Ils font des Robs de coins, de mûres, de baye de sureau, d'acacia, de berberis, de regliffe, & autres pour diverses maladies. Ils appellent *Rob de ribes*, le suc confit des groseilles rouges.

ROBBE. f. f. Ornement de ceux qui ont obtenu le degré de Maître-ès-Arts, des Bacheliers, des Licenciés ou Docteurs dans une Université. Deux chofes l'ont avilie, la premiere qu'on retrancha la soutanne il y a foixante ans, la deuxiéme que les Elûs, les Greneriers, Notaires & Procureurs l'ont usurpée depuis trente ans, les Ecclesiastiques ne s'en font plus honneur, & ne portent que le manteau aux ceremonies.

ROBER. v. a. Vieux mot. Voler, derober.

Comment pense-t'il faire l'or
S'il ne me robe mon tresor?

On a dit aussi Roberie, pour dire, Larcin.

De frande, ne de tricherie,
De volte, ne de roberie.

ROBES. f. f. Terme de la Marine du Levant, dont les Provençaux & autres fe fervent, pour fignifier toute forte de marchandifes. Ce mot vient de l'Italien *Roba*, qui fe dit de toutes fortes de biens.

ROBORATIF, IVE. adj. Les Medecins appellent *Medicament roboratif*, Un medicament qui a la vertu de fortifier & de conferver le corps.

ROC

ROC. f. m. *Masse de pierre très-dure, qui a fa racine en terre.* ACAD. FR. On appelle aussi *Roc*, le fer d'une lance de tournois qui est recourbé comme font les croix ancrées.

On appelle en termes de mer *Roc d'issas*, Une grande piece de bois quarrée que l'on met debout derriere les grands mâts, & au bout de laquelle il y a trois ou quatre rouets de poulie surquoi passent les cordes, appellées *Issas*.

Nicod en parle en ces termes. *Roc en fait de Navires est une courbe de la grosseur d'un homme, de trois piés de haut, plantée hors le Château devant, vis-à-vis de la porte du mitant d'icelui qui est bouchée, dedans laquelle courbe y a deux roues ou poulies de cuivre, pour passer la guindresse de la misaine, afin de yffer ou amener, ainfi que le besoin se offre, lequel Roc a quelquefois au bout d'enhaut entaillé un chef de More, pour laquelle cause il est auffi appellé* Tête de More.

Roc. Piece du jeu des échecs, qu'on pose aux extrémirés du jeu ; fon mouvement est droit, & elle va par toute la ligne. C'est celle que l'on appelle autrement *La Tour.* On charge les écus dans le Blafon d'un meuble qui la represente, à la reserve que l'on figure la partie d'en haut avec deux crocs en forme de crampons, dont les pointes tendent en bas. *D'azur à trois rocs d'argent.*

ROCAILLE. f. f. On appelle *Ouvrage de rocaille*, ce qui est fait de plufieurs fortes de pierres brutes & coquillages, comme les marcaffites, les branches de corail rouge, blanc & noir, les amethyftes, les criftaux, les émaux qui fortent des verreries, & une infinité de coquilles de mer & de riviere qui ont differens noms, ainfi qu'on en voit aux grottes & aux baffins de fontaine. C'est une composition d'Architecture ruftique qui imite les

Tome II.

rochers naturels. On y met même du laittier de forge.

On appelle auffi *Rocaille*, De petites patenôtres ou petits grains ronds verts & jaunes que vendent les merciers, & dont on fe fert à faire les couleurs que l'on emploie pour peindre fur le verre. La *Rocaille jaune*, fe fait avec trois onces de mine de plomb & une once de fable que l'on calcine, & la *Rocaille verte*, avec une once de mine de plomb & trois de fable.

ROCAMBOLE. f. f. Graine d'une espece d'oignon qui vient au haut de fa tige, & qui n'est pas fi forte que l'ail.

ROCHE. f. f. Pierre la plus ruftique, & la moins propre à être taillée. Il y a quelques-unes de ces pierres qui fe délitent par écailles. *Roche*, est auffi une espece de mineral jaune, dont on fe fert pour fouder. Il est plus commun & à plus bas prix que le borax.

Roche à feu. Sorte de composition qui fe fait de trois parties de foufre qu'on fait fondre, après quoi on y jette deux parties de poudre, une de falpetre, & une autre de charbon pilé, que l'on mêle bien ensemble. La *Roche de feu* entre dans la charge des bombes, & fert à frotter les fagots ardents.

ROCHER. f. m. C'est fouvent la même chofe que *Roc & Roche*. Il fe dit pourtant plus particulierement des maffes ou pointes de pierre dure qui font dans la mer, fur-tout vers les côtes & les ifles, & qui caufent les naufrages des Vaiffeaux.

On appelle *Rocher d'eau*, Une espece de fontaine adoffée ou ifolée & cavée en forme d'antre, d'où par differens endroits, il fort des bouillons & des napes d'eau. C'est auffi une espece d'écueil maffif, d'où il fort de l'eau par divers endroits.

ROCHET. f. m. Ornement d'Evêques ou d'Abbés. C'est un surplis à manches étroites comme celles d'une aube, ordinairement bien empefé, & garni de riches dentelles. Les Chanoines & Chanoineffes de faint Auguftin portent auffi des rochettes. M. Menage fait venir *Rochet*, de *Rochettus*, diminutif de *Rochus*, que les Ecrivains de la baffe Latinité ont employé, pour dire, Tunique.

Rochet, fe dit auffi d'un petit inftrument de bois, avec un rebord à chaque bout, furquoi les Rubaniers devident leurs foyes. C'est une maniere de bobine, mais plus courte que la bobine ordinaire. Les Tireurs d'or ont auffi de grands rochets qui leur fert à tirer & à devider leur or.

Rochet, dit Nicod, *est auffi appellé le fer de lance*, qui fert à jouster par esbatement aux lices & tournois, qui est le contraire de fer de guerre. On lit dans Enguerrand de Monstrelet. *Le Duc de Bourgogne fit peindre deffus l'huys de fon logis par dehors deux lances, dont l'une fi avoit fer de guerre, & l'autre fi avoit fer de Rochet, en fignifiance que qui voudroit avoir à lui paix ou guerre, fi la prenfift.*

ROCHOIR. f. m. Petite boîte de figure cylindrique, dans laquelle tous les Ouvriers en metal mettent la roche dont ils ont besoin pour faire couler & appliquer leur foudure. Elle s'écoule par un petit canal qui est au bas de la boîte, & qui a une petite crête dentelée par le moyen de laquelle le moindre mouvement de l'ongle qu'on passe deffus, fait que la roche tombe lentement, & ne fe diftribue qu'aux endroits où elle est neceffaire. Les Orfévres ont auffi un Rochoir où ils mettent leur borax.

ROCOURT. f. m. Drogue étrangere, qui vient de l'Amerique, & prefque toûjours falfifiée. Elle est défendue dans les teintures, & sert à faire une couleur plus chere & moins assurée que celle qui se fait avec la bourre. Les Sauvages se plaisent à s'en peindre tout le corps. Voyez ROUCOU.

ROD

RODE. s. f. Terme de Marine. On dit sur la Mediterranée *Rode de proue*, pour dire, La grosse piece de Charpenterie appellée *Etrave*, qu'on met sur l'extrémité de la quille à l'avant du Vaisseau, pour soûtenir & former la proue ; & on dit *Rode de poupe*, pour dire, La piece de charpente que l'on appelle *Etambor*, & qui est mise en saillie à l'arriere du Vaisseau pour soûtenir la poupe.

RODOUL. s. m. Petit arbrisseau, dont les feuilles servent aux Teinturiers pour teindre en noir.

ROE

ROE. adj. Vieux mot. Rouge ou roux.

ROG

ROGATIONS. s. f. p. *Prieres publiques, & Processions que l'Eglise fait pendant les trois jours qui precedent la Fête de l'Ascension.* ACAD. FR. Saint Mammert, Evêque de Vienne en Dauphiné, établit ces prieres dans son Diocese l'an 474. On tient que ce fut pour implorer le secours de Dieu contre quantité de bêtes nuisibles qui desoloient la campagne, & contre les lions enragés qui venoient devorer les hommes jusques dans les villes. On observoit un jeûne aussi exact qu'en Carême pendant ces trois jours. Ce fleau de Dieu ayant cessé par le jeûne & par les prieres, on les continua par devotion, & dans le Concile d'Orleans tenu en 511. il fut ordonné que les Rogations se feroient par toute la France. On changea seulement le jeûne en abstinence des viandes à cause de la proximité du tems de Pâques. Le mot de *Rogations*, vient du latin *Rogare*, Prier. On a dit autrefois *Rouvaisons*, & *Roisons*.

ROGNON. s. m. Partie double de l'animal où s'amassent les urines. Il y a des gens qui ont trois & quatre Rognons ; d'autres n'en ont qu'un. Ils sont situés un peu au dessous du foye, & attachés aux lombes, au diaphragme, à l'intestin colon par l'extrémité du peritoine, & à la vessie par les ureteres. Leur substance est charneuse, rouge, épaisse & solide, peu differente de celle du cœur, mais sans filamens, & ils ont la figure d'un croissant, étant courbés du côté de la veine cave, & par dehors voutés, gibbeux & longuets.

ROI

ROIE. s. f. Vieux mot. Ligne, raie, & voie.

Et s'arresta à lé la plaine roie.

On a dit de-là *Deroyé*, pour, Devoyé.

ROILLER. v. n. Vieux mot. Regarder d'une maniere qui fait paroître qu'on a la vue égarée.

Fronce le nez, des yex roille
Et fu plein d'ire & de ruille.

On a dit aussi *Roillée*, pour, Haïssable.
ROINETTE. s. f. Petit outil dont les Charpentiers se servent pour marquer leur bois. Les Tonneliers & Courtiers de vin ont aussi des Roinettes avec quoi ils marquent les tonneaux.

ROINSSE. s. f. Vieux mot. Ronce.

ROISSOIR. s. f. Vieux mot. Rouille, rousseur.

Les dents et pleines de ressoir,
Et de pulente pourrissoir.

ROISTE. adj. fem. Perceval l'a employé dans la signification de Droite.
ROITELET. s. m. Oiseau fort petit, qui est vif & plein de feu, & qui niche dans les murs. Il vit trois ou quatre ans, & chante presque toute l'année, mais sur-tout au mois de Mai.

ROM

ROMAIN. s. m. Terme d'Imprimerie. On appelle *Gros Romain*, Un caractere qui est entre le parangon & le saint Augustin ; & on appelle *Petit Romain*, Un autre caractere qui est entre le Cicero & & le petit Texte.

On donne le nom de *Droit Romain* au Droit écrit, qui a été compilé par l'ordre de Justinien. On s'en sert dans le Lyonnois, en Gascogne & en Languedoc.

On appelle aujourd'hui *Roi des Romains*, un Prince qui est élû & designé pour succeder à l'Empire.

ROMAINE. s. f. Sorte de peson qui est tout de fer. On appelle aussi *Romaine*, Un grand instrument de fer avec quoi on pese de fort gros fardeaux, & même de moyennes pieces d'Artillerie. On lui a donné ce nom ; à cause que c'est de Rome que l'invention en est venue.

Romaine. Terme de Papetier. Sorte de papier *in folio.* On appelle *Petite Romaine*, du petit Papier qui est après le Poulet.

ROMAN. s. m. Langage dont on se servit dans la Cour Gauloise, lorsque les Romains s'en furent rendus les maîtres. C'étoit un mélange de Gaulois & de Romain, qui a été en usage jusqu'à l'Ordonnance de 1539. Comme c'étoit le langage le plus poli qu'on parloit à la Cour des Princes, les histoires les plus serieuses que l'on écrivoit en ce tems-là, s'appelloient *Romans*, parce qu'elles étoient écrites dans le beau langage. Perceval parlant de son Histoire dit,

Qui ce riche Romans lira.

On trouve divers livres que les Traducteurs disent avoir traduits du Latin ou d'une autre langue en Roman.

M'entremis de ce livre faire,
Et de l'Anglois en Roman traire.

On a dit aussi *Enromancer*, pour dire, Faire une Histoire, & selon Merlin, *Romain* a signifié François ; ce qui se connoît, par ce qu'il dit en parlant du duel du Roi Artus avec le Roi de France Frolles, fait à l'Isle qui est sous Paris, que *Li Bretons & li Romains les esguarderent.*

ROMANCE. s. f. Sorte de Poëme Espagnol contenant le recit de quelque évenement amoureux, de quelque action glorieuse.

ROMANCIER. s. m. Nom que l'on donne aux Auteurs de nos anciens Romans.

ROMANIN. s. m. Ancienne espece de monnoye qui valoit autant que le gros de Tours. Elle avoit cours tandis que les Papes tenoient leur siege à Avignon.

ROMBALIERE. s. f. Terme de Marine. Bordage fait d'un revêtement de planches, dont sont couverts les membres d'une galere par sa partie exterieure.

ROMPRE. v. a. *Briser, casser, mettre un corps solide*

& continu en deux ou plusieurs pieces, sans le couper. ACAD. FR. On dit en termes de Manege, *Rompre un cheval au galop, au trot*, pour dire, L'exercer peu à peu à galoper, à troter. On dit aussi, *Le rompre à la chasse*, pour dire, Lui faire prendre l'habitude de courir. Ainsi on dit qu'*Un cheval n'est pas rompu*, pour dire, qu'il ne sçait pas encore courir, troter, galoper. On dit aussi *Rompre l'eau à un cheval*, pour dire, Le faire boire à differentes reprises, ce que l'on fait en lui levant la tête de tems en tems, afin qu'il ne boive pas tout d'une haleine.

On dit en termes d'Optique, que *La lumiere ou le rayon visuel se rompt*, lorsqu'il passe d'un milieu à un autre plus rare ou plus dense.

Rompre, est aussi un verbe neutre, & lorsqu'on a mis du vin exprès dans un verre & qu'on l'y a laissé quelque tems sans le couvrir, pour voir s'il est bon, les Gourmets disent, qu'*Il n'a point rompu*, pour dire, qu'il n'a point perdu sa couleur, ce qui est une marque de sa bonté. Ils disent de même, *C'est du vin qui garde son essai, & qui ne rompt point*; pour dire, qu'Il a gardé sa force & sa couleur, quoiqu'il ait été exposé à l'air.

ROMPU, ue. adj. Brisé, cassé, mis en pieces. C'est aussi un terme de Blason, & il se dit des chevrons qui n'ont point la pointe d'en haut coupée. *D'azur au chevron rompu d'or.*

On appelle en Arithmetique, *Nombre rompu*, Une unité divisé en plusieurs fractions.

On dit, *Bâtons rompus*, en Tapisserie, & il se dit d'un dessein ou ornement de quelques gravures, qui se fait par l'assemblage & la disposition de plusieurs bâtons ensemble.

RON

RONCE. s. f. Sorte de plante qui vient dans les haies, dont la racine, qui est fort remplie de nœuds, pousse plusieurs branches longues, déliées, piquantes & garnies d'épines. Theophraste dit qu'il y a des Ronces de plusieurs especes; les unes grandes & grosses comme des arbres, d'autres qui s'entortillent parmi les buissons, & d'autres qui rampant par terre, y prennent racine, ainsi que fait le gramen. Il y en a même qui ne croissent que dans les montagnes & dans les forêts. La Ronce qui vient parmi les buissons, produit des verges ou branches quarrées, roussâtres, souples & pleines d'épines fort piquantes. De ses verges sortent des queues, aussi épineuses, qui ont chacune trois feuilles attachées, âpres & faites en pointe, faisant un dos d'un côté, garni de petites épines. Elle porte ses fleurs au bout de ses branches en maniere de raisin, & ces fleurs, qui sont blanchâtres produisent des mûres. Sa racine est longue, & va se traînant par terre comme le gramen. La decoction de ses branches, au rapport de Dioscoride, prise en breuvage, resserre le ventre & arrête le flux des femmes. Ses feuilles mâchées affermissent les gencives & sont bonnes aux maladies de la bouche. Elles repriment les ulceres corrosifs, & sont propres aux yeux qui sont trop lâchés & presque tombans. Etant enduites, elles guerissent les hemorroïdes, les crevasses & les durillons du fondement. Pilées & appliquées, elles font un fort bon remede pour ceux qui sont sujets au mal de cœur & aux douleurs d'estomac. Le jus de ses mûres, lorsqu'elles font dans leur parfaite maturité, est bon aux medicamens qu'on prépare pour la bouche. Si on les mange à demi-mûres, elles resserrent le ventre, ainsi que ses fleurs étant bûes en vin. M. Menage fait venir le mot de *Ronce*, de l'Italien *Ronca*, qu'il dit que quelques-uns dérivent du Syriaque *Romcha*. Du Cange le tire de *Runchi*, mot de la basse Latinité, pour dire, Ronce.

Le même Dioscoride fait mention d'une *Ronce Idéenne*, appellée ainsi à cause qu'elle vient en grand abondance au mont Ida. Elle est beaucoup plus tendre que l'autre, & ses épines ne sont pas si grandes. Il y en a même qui n'ont point d'épines. Les proprietés sont les mêmes. Matthiole dit que quoique le nom d'*Idéen* marque qu'elle vient du mont Ida, il y en a une telle quantité en Boheme, que les montagnes en semblent couvertes. Les feuilles de cette Ronce, qui est moins épineuse que l'autre, sont plus larges & plus molles, ses branches rondes & déliées, ayant peu d'épines ou point du tout. Elle porte des fleurs blanches comme la Ronce commune. Son fruit est plus tendre, douceâtre, un peu astringent & de couleur toûjours rouge, sans devenir noir. Quand ce fruit est mûr, les Ours, qui en sont friands, sont fort aisés à trouver.

ROND. s. m. Terme de Manege. Piste circulaire. On dit *Couper le rond*, quand le cheval qui travaille sur les voltes d'une piste, divise la volte en deux, & qu'en changeant de main, il passe sur une ligne droite pour recommencer une autre volte.

Rond de Meules. Quantité de pierres à faire une meule de moulin, qu'on arrange en rond pour les mettre en vente.

RONDACHE. s. f. Sorte de Bouclier rond & fort, dont les Espagnols se servent encore aujourd'hui en courant la nuit.

RONDEAU. s. m. Terme de Patissier. Ais large & façonné en rond où se mettent les patisseries lorsqu'elles sont faites.

Rondeau, est aussi une sorte de poësie originairement Françoise. Il est composé de treize vers, dont huit sont d'une rime & cinq de l'autre. On le divise en trois couplets, & à la fin du second & du troisième, on doit repeter le commencement du premier vers du Rondeau. On appelle *Rondeau redoublé*, Une autre sorte de poësie de vingt vers qui sont disposés par cinq quatrains. Il faut que les quatre vers du premier quatrain, fassent successivement le dernier vers des quatre autres, & que le cinquième soit suivi de la repetition du premier mot ou de l'hemistiche du premier vers de cette sorte de rondeau.

Rondeau, ou plûtôt *Rond d'eau*, se dit aussi d'un grand bassin d'eau de figure ronde. Il est paré de grais ou revêtu de plomb ou de ciment, & bordé d'une tablette de pierre, ou d'un cordon de gason.

RONDELIERS. s. m. On appelloit ainsi autrefois des soldats qui étoient armés de Rondelles. *Rondelle*, dit Nicod, *estoit une espece d'arme defensive, contenue sous ce genre subalterne Bouclier, dont les gens de pié usent pour parer aux coups ruës par les ennemis, & est faite de bois ou racine d'arbre, comme figuier, & couverte de cuir bouilli, ou de nerfs detachés & empâtés de forte colle pour les meilleures, ainsi appellée, parce qu'elle est ronde. Les pietons la portent au bras gauche.*

RONDELLE. s. f. Piece de fer forgée en rond, comme est un anneau. Il y a des Rondelles de cuivre qui servent pour les moules des Plombiers. On appelle aussi *Rondelles*, Un outil fait en forme de ciseau arrondi, dont se servent les Sculpteurs en marbre.

On appelle en quelques endroits *Rondelle*, la Cuve du pressoir.

RONDIN. f. m. Morceau de bois rond & propre à brûler, tels que font ceux dont font faites les falourdes.

Les Plombiers appellent *Rondins*, Des rouleaux de bois, gros & longs, felon que l'ouvrage le demande, fur lefquels ils arrondiffent les tables de plomb.

Rondin. Sorte de poiffon du Brefil, qu'on tient être le poiffon volant.

Rondin, dit Nicod, *est une efpece de mefure de grains, & contient un picotin & demi, & conte-on quatre pour le boiffeau ufité au Bailliage de Melun.*

RONGER. v. n. Vieux mot. Ruminer. *Le pourceau ne ronge mie*, encore qu'il ait le pié fendu. Ronger, ne fignifie aujourd'hui que Rogner avec les dents. On dit en termes de chaffe, que *Le cerf fait le ronge*, pour dire. qu'il rumine.

RONTOILES. Terme qui fe trouve dans ce vers de Villon.

Je fus battu com à rontoiles.

On explique *A rontoiles*, Tout nud.

ROQ

ROQUER. v. n. Terme du Jeu des échecs. C'eft approcher le Roc auprès du Roi, & paffer le Roi par derriere pour le placer à l'autre cafe joignante. On ne roque qu'une fois, & pour roquer, il faut n'avoir point remué le roc & ne point paffer en échec.

ROQUET. f. m. *P.tit chien à oreilles droites.* ACAD. FR.

On appelle auffi *Roquet*, Une efpece de petit lezard, qu'on trouve dans quelques petites Ifles qui font dans les culs de facs de la Guadeloupe. Ces Lezards, qui ont tout au plus un pié de long, font portés fur quatre piés, dont ceux de devant font affés hauts. Ils ont les yeux fort étincelans & vifs, & la peau de couleur de feuille morte, marquée de petits points jaunes ou noirâtres. Ils portent la queue retrouffée en arcade fur le dos, au lieu que tous les autres la portent trainante à terre, & tiennent toûjours la tête élevée en l'air. Ils font fi agiles qu'on les voit toûjours fauteler autour des hommes qu'ils prennent plaifir à voir, enforte qu'ils s'arrêtent au lieu où ils fe rencontrent. Quand ils font un peu pourfuivis, ils ouvrent la gueule & tirent la langue comme de petits chiens de chaffe, ce qui leur a fait donner le nom de *Roquets*. Ils fe fourrent auffi dans la terre, non pour y pondre leurs œufs, mais pour manger les œufs des autres lezards, & ceux des tortues.

Nicod donne deux autres fignifications à ce même mot. *Roquet*, dit-il, *tantôt fignifie, un furvestement de toile groffe que les Villageois en maint lieu portent fur leurs habits és jours ouvriers, & peut venir de ce mot Grec* ῥάκος, *qui fignifie une robe defchirée, & de nul prix. L'Allemand auffi appelle Rock, Une robe. La plûpart le prononcent par ch Rochet. Tantôt il fignifie, une efpece d'arme & baston de guerre à fer rebouché dont on combattoit en lice. Jean le Maire és Illuftrations des Gaules. Le dernier pris eftoit pour le behourd des enfans d'honneur courans fur des chevaux legiers, armés à la legiere, combattans de dards non efmoulus de courtois Roquets & d'efpées rabatues. On dit auffi, Roquet & Rochet, pour cet habit de toile blanche ou farge noire, que les perfonnes Ecclefiaftiques, felon la diverfité de leur ordre, portent fur leurs robbes, qui eft pendant pardévant & par derriere bien bas &*

eftroit, *pour laquelle caufe on appelle la ferviette, celuy qui eft de toile, & a un trou ou entéture à la vétir.*

ROQUETTE. f. f. Plante dont la tige eft haute d'un pié, ou d'un pié & demi. Il y en a une domeftique & l'autre fauvage. Celle des jardins a fes feuilles profondément longues, déchiquetées de loin à loin, & ayant un goût aigu & amer. Ses fleurs font blanchâtres, & fa graine eft enclofe en de petites cornes fort minces. Sa racine eft blanche, mince, & aigue au goût. La fauvage aime les lieux arides & fecs, & a fes feuilles plus étroites, & déchiquetées plus près à près, d'un goût mordant, quoique favoureux. Elle a auffi forces tiges, des fleurs jaunes, & une infinité de petites cornes dont les pointes s'élevent en haut. Sa graine eft amere & piquante, & reffemble à la graine de moutarde. La Roquette fe mange en falade, mais comme elle eft manifeftement chaude, on ne la mange guere qu'avec des feuilles de laitue, afin que leur froideur diminue la grande chaleur de cette herbe, que les Latins nomment *Eruca*. Mangée feule, felon Galien, elle caufe le mal de tête. Quelques-uns des Anciens tiennent que fa graine eft bonne aux morfures des Mus-araignes. Elle fait mourir les vers du corps, & diminue la rate. Ointe avec du miel, elle efface les lentilles & les taches du vifage.

ROR

RORELLE. f. m. Petite herbe qui croît dans les lieux humides & dans les foffés. Sa racine eft fibreufe, & jette quatre ou cinq petites tiges rouges, hautes environ de quatre travers de doigts. Ces tiges portent de petites fleurs blanches, qui produifent une graine extrêmement déliée. Ses feuilles qui font proportionnées à la petiteffe de la plante fortent de la racine, avec de petits piés longuets & courbés qui les foûtiennent. Elles font caves, rougeâtres, courbées tout à l'entour, & couvertes au dehors d'un poil affés rude. Leur figure eft d'une petite cueiller, & ce qu'il y a de fingulier, c'eft qu'en quelque tems que ce puiffe être, elles font chargées de petites goutelettes d'eau, auffi claire que criftal. C'eft de là que cette plante a pris le nom de *Rorelle*, de *Ros*, Rofée. On l'appelle autrement *Rorida*, ou *Ros folis*. Elle a la vertu d'arrêter les humeurs qui fluent, de quelque partie que ce foit, & d'empêcher que la pituite falée ne tombe fur les poumons. Ainfi non feulement elle eft très-bonne à les défendre d'ulceres, mais c'eft auffi un remede pour les guerir, quand ils en font attaqués.

ROS

ROSAGE f. m. Arbriffeau femblable au Laurier, haut & beau à voir, fur-tout quand il eft en fleurs. Il a fes feuilles femblables à celles de l'amandier, plus longues pourtant, & plus épaiffes. Sa fleur eft faite en façon de rofe, & fon fruit en maniere de cornet. Il eft femblable à l'amande, & étant ouvert, il fait paroître une bourre pareille aux papillotes des chardons. Sa racine eft longue, aigue, dure comme bois, & falée au goût. Ses fleurs & fes feuilles fervent de poifon aux chiens, aux ânes, & à plufieurs autres bêtes à quatre piés, & en bûvant de l'eau où elles auroient trempé, ils meurent incontinent. Diofcoride dit que tout le contraire arrive aux hommes, & que ces fleurs & ces feuilles bûes en vin, leur font un préfervatif contre les morfures des ferpents, fur-tout en les bûvant avec de la Rue. On dit auſſi *Roſagine*. Les Italiens appellent communement cette plante *Oleandro*, en Latin *Oleander* ; en Grec ῥοδοδάφνη, & ῥοδόλυρον, à cauſe de ſes fleurs qui reſſemblent à la roſe, & de de ſes feuilles qui approchent du Laurier. Les Grecs la nomment auſſi νήριον, de νηρὸ, Ce qui eſt humide, à cauſe que cet arbriſſeau vient le long des rivieres, & dans les endroits humides.

ROSASSE. ſ. f. Terme d'Architecture. Certain ornement en forme de roſe. On en remplit les caiſſes des compartimens des voutes. On l'appelle auſſi *Roſon*.

ROSE. ſ. f. *Sorte de fleur odoriferante, qui eſt ordinairement d'un beau rouge un peu pâle, & qui croît ſur un arbriſſeau plein de petites épines.* ACAD. FR. Matthiole dit qu'on ſe ſert en Medecine de pluſieurs ſortes de Roſes, & que les ordinaires ſont les blanches, les rouges, & les incarnates. Les blanches ſont les moindres, à la reſerve de celles de Damas qui ſurpaſſent toutes les autres en odeur & en vertu & qui ſont plus laxatives. Les Roſes fraîches ſont plus ameres qu'aſtringentes, ce qui fait voir que ſi elles ſont laxatives, & non pas les ſeches, cela procede de leur amertume. Le jus de Roſes eſt aperitif, reſolutif, abſterſif, & laxatif. Il modifie le ſang bilieux, purge la colere, eſt fort bon à la jauniſſe, & aux opilations de l'eſtomac & du foye, fortifie le cœur, & chaſſe hors les humeurs qui en cauſent les battemens. Toutes les eſpeces de roſes ſont differentes entre elles. Les unes produiſent plus de feuilles, les autres ſont plus âpres, d'autres plus liſſées, quelques-unes plus hautes en couleur, & d'autres plus odorantes. La moins feuillue a cinq feuilles. Il y en a qui portent cent feuilles. Pline dit que la Roſe vient de l'épine. Son germe ſort premierement de leur écorce qui eſt grenée, & après qu'elle eſt venue ſuffiſamment en pointe, elle jette je ne ſçai quoi de rouge, & s'épanouit, produiſant en ſon milieu pluſieurs petites pointes jaunes, & auſſi menue que les cheveux. Les Anciens ont remarqué que la Roſe eſt compoſée de ſix parties, qui ont toutes leur utilité en Medecine. Il y en a deux dans les feuilles, l'une eſt le blanc que l'on appelle *Ongle*, & qui eſt la partie la plus proche de la queue de la Roſe ; l'autre eſt tout le reſte de la feuille. Le jaune qui eſt au milieu de la Roſe a auſſi deux parties. Les petits boutons qui ſont à la cime des filets jaunes, d'une qualité, & les filets ſont d'une autre ; pareillement le deſſus du vaſe vert qui ſoutient la Roſe, eſt d'une autre qualité que le deſſous. Ses feuilles ſont bonnes à fortifier le cœur, l'eſtomac & les yeux : elles appaiſent toutes douleurs qui proviennent de chaleur, & ôtent toutes ſortes d'inflammations. Matthiole ſe mocque de ceux qui diſent, que ſi on met une Roſe de Hierico dans de l'eau, lorſqu'une femme eſt en travail d'enfant, elle ſe délivrera ſi-tôt que la Roſe commencera à s'épanouir.

On appelle *Roſe pivoine*, Une ſorte de fleur rouge ou de couleur de chair, qui fleurit en Mai, & *Roſe gueldre*, Une ſorte de fleur blanche qui fleurit dans le même-tems.

Roſe, en termes d'Architecture, eſt une fleur qui eſt au milieu de l'Abaque du Chapiteau Corinthien. Il y a auſſi des Roſes qui ornent le deſſous des Corniches & qui ſont miſes entre les modillons. On appelle *Roſe de compartiment*, Certains bouquets ronds, dont ſont remplis les renfoncemens de voute.

Roſe de pavé, ſe dit d'un compartiment rond de pluſieurs rangées de pavé, dont l'une eſt de grais, l'autre de pierre noire, & l'autre de pierre à fuſil.

leſquelles par leur mélange font un ornement à une cour ou à une grotte.

On appelle *Roſe de luth*, *de guittare*, *de claveſſin*, pluſieurs petits trous qui forment la figure d'une Roſe, & qui ſont au milieu de la table de ces ſortes d'inſtrumens.

Roſe. Terme de Marine. On appelle *Roſe des vents*, Un Inſtrument compoſé d'un carton mince coupé circulairement, où les trente-deux airs de vent ſont repreſentés par trente-deux pointes de compas qui ſortent d'un centre, & qui ſe prolongent au-de-là d'un petit cercle décrit pour diſtinguer chaque vent. Il y a auſſi des Roſes des vents qui ſont faites de corne tranſparente pour le pointage des cartes. On marque des Roſes des vents dans les Cartes Marines, & on en met dans tous les endroits où l'on a coûtume de trouver des vents differents.

Il ſe trouve un arbre que les Habitans de la Guadeloupe appellent *Bois de Roſe*, qui eſt proprement celui qu'on appelle *Bois de Cypre* de la Martinique. Il croît fort haut & fort droit, & a ſes feuilles longues comme celles du Châtaignier, mais plus ſouples, velues & blanchâtres. Les plus gros n'ont guere plus d'un pié quarré. Cet arbre porte de gros bouquets de petites fleurs blanches qui ſont ſuivies de petites graines noires & liſſées. Son écorce eſt d'un gris blanc & reſſemble aſſez à celle des jeunes chênes. Son bois eſt au dedans de couleur de feuille morte, & quand le rabot a paſſé par deſſus, on y remarque pluſieurs veines de differentes couleurs qui ſont comme des ondes qui le font paroître marbré. Il l'eſt plus ou moins ſelon la difference des terroirs où il croît. Il a tant de rapport au Noyer, quand il eſt unis en œuvre, qu'il ſeroit difficile de le diſtinguer. En le travaillant il exhale une odeur fort agreable qui paſſe en douceur celle des Roſes. Le tems la diſſipe, mais elle ſe renouvelle quand on coupe le bois ou qu'on le frotte bien fort. Ce bois eſt bon à bâtir.

ROSE-CROIX. ſ. m. Nom qu'on a donné à ceux d'une certaine cabale, qui a paru en Allemagne au commencement du XVII. ſiecle. Lorſqu'ils ſont reçus dans cette cabale, ils promettent le ſecret, s'écrivent par énigmes, & font ſerment d'obſerver les loix de cette ſocieté, dont le but eſt de rétablir toutes les diſciplines & les ſciences, & ſur-tout la Medecine, qu'ils prétendent être ignorée & mal pratiquée. Ils ſe diſentilluminés, immortels & inviſibles, & en 1622. ils firent afficher cet avis aux Curieux. *Nous députés de notre College principal des Freres de la Roſe-Croix, faiſons ſejour viſible & inviſible en cette Ville, par la grace du Très-Haut, vers qui ſe tourne le cœur des juſtes. Nous enſeignons ſans livres ni marques, & parlons les langues du Pays où nous voulons être pour tirer les hommes nos ſemblables de l'erreur de mort.* Il y a un certain Allemand nommé Henricus Neuhuſius, qui a fait un Livre contre les Freres de la Roſe-croix, intitulé *Pia & utiliſſima admonitio de Fratribus Roſæ Crucis*. Un autre Allemand, appellé Euchatius Cygnæus, y a répondu par une Apologie qui a été imprimée ſous le titre de *Conſpicilium notitiæ inſervicns oculis ægris*. Il pouſſe fortement Neuhuſius avec ſon pieux & très-utile avertiſſement. Cet Auteur dit en quelque endroit de ſon Livre *Fratres Roſæ Crucis ſunt Philoſophi adepti, qui non ſolum rerum naturalium cognitione, ſed opere quoque ſunt occupati, & talé Collegium in ſchola practica, qua dicta factis, & facta dictis æquat, natura adita, ipſiſque penetrans, ejuſque gremium, quaad licet, aperit.* C'eſt ce qui lui fait appeller leur Philoſophie *Panſophia*, & traiter toute autre Philosophie de *Logomachia & umbratilis Philosophiæ*. Il ne parle point de la raison qui les fait nommer *Freres de la Rosée cuite*. Quelques Auteurs très-éclairés disent qu'on n'en peut parler sans découvrir de très-grands mysteres cachés sous cette simple denomination. Il dit seulement qu'on les appelle *Freres de la Rose-Croix*, parce que *Rosa, Aurore est dicata, signum habetur silentii & lætitia, & omnium florum est regina*. Aussi couvrent-ils par un profond silence la grande joie qu'ils ont de se voir les seuls possesseurs de tous les secrets de la nature, & il soûtient dans cette vue, que cette societé merite seule l'estime de tout le reste des hommes, & que tous les contes ridicules qu'on a faits sur leur prétendu invisibilité, n'ont été imaginés que sur le grand soin qu'ils ont de ne se découvrir que bien rarement. Cet Auteur ajoûte qu'ils sont les seuls depositaires de la science des anciens Patriarches, qu'il appelle *Ambulatorium munus*, qui est proprement ce qu'on appelle *la Cabale*, de l'Hebreu, *Kabal, Tradidit*, parce qu'elle passa d'une Nation à l'autre par tradition. Les Hebreux en decouvrirent beaucoup de choses aux Egyptiens chés lesquels le premier College en fut établi. Le second fut assemblé chés les Eumolpides Eleusiniens ; le troisiéme, chés les Cabires de Samothrace ; le quatriéme, chés les Mages de la Perse, ou des Chaldéens à Babylone ; le cinquiéme, aux Indes parmi les Brachmanes ; le sixiéme, des Gymnosophistes en Ethiopie ; le septiéme, chés les Druides chés les Gaulois ; le huitiéme, celui des Pythagoriciens dans la grande Grece ou l'Italie Ulterieure ; le neuviéme dans l'Arabie Heureuse ; & le dixiéme, chés les Maures de Fez. Cet Auteur assure que cette science est enfin venue toute pure jusqu'à eux depuis plusieurs siecles, & qu'ils s'assemblent en certain tems marqué, pour se communiquer ce qu'ils ont découvert par leur étude & leurs operations. Ils voyagent par toute la terre, & ne refusent pas leur lumiere à ceux qu'ils trouvent déja initiés dans leur cabale. Ils ont leurs partisans & leurs ennemis ; mais on remarque que ceux qui se sont declarés contre eux, n'ont pas un grand nom parmi les Sçavans, & que les autres qui ont écrit en leur faveur distingués par une grande reputation, comme Robert Flud Anglois, qui a fait leur défense, & sollicité son entrée dans leur compagnie; un Maïerus, un Michel Poterius de Vestphalie, & quantité d'excellens hommes qui les ont défendus par leurs écrits. Après tout, il est bien difficile de penetrer la verité de cette societé dans des personnes qui se tiennent si cachées. Il faudroit avoir le *Conspicilium notitia* dont on a parlé ; il faudroit voir le *Speculum sopticum* de Theophilus Schvveighartus qui en dit beaucoup de choses. Il y a encore un Livre intitulé *Rhodostauroticum*, qui traite de leurs ceremonies & de leurs statuts. L'Apologiste Neuhusius soûtient que cette Societé cachée sera un jour connue par toute la terre, & que ses mysteres seront revelés ; que cependant on ne peut en rien découvrir, parce que Dieu ne le veut pas & que le tems n'est pas encore arrivé ; que quelque rayon sort quelquefois de cette obscurité pour favoriser quelques personnes choisies, mais que cela est bien rare. Il dit encore que la raison pour laquelle on a cru beaucoup de mal de ces Philosophes, est que, *Multi errones, tenebriones, stelliones, flagriones & compilatitii nomen. F. R. C. sibi arrogant, omine nescio quo cruce digni*. Ensuite il ajoûte, *Sileant Ranæ ad lampadem incensam*. Pour ce qui regarde leur Religion, la plus commune opinion est que chacun d'eux se conserve dans celle où il s'est trouvé enga-

gé par sa naissance, en sorte qu'il y a des Catholiques, des Heretiques, des Juifs, des Mahometans & des Payens même, qui tout contraires qu'ils sont en ce point les uns aux autres, sont neanmoins très-unis par les loix de leur institution, qui les obligent encore à mener une vie très-reguliere. Quelques personnes de grande erudition doutent que cette societé soit fort ancienne, alleguant que Roger Bacher, Raymond Lulle, Basile, Valentin, & plusieurs autres n'en ont point parlé dans leurs écrits, ce qu'ils auroient vrai-semblablement fait, si elle eût été établie de leur tems, parce que ces grands hommes, étoient eux-mêmes infiniment éclairés dans les choses les plus cachées de la nature.

ROSEAU. s. m. Plante qui vient dans les lieux aquatiques & marécageux, & dont la feuille se roule comme celle des cannes. Il y a un Roseau dont la tige est d'un bon pié, & c'est celui qu'on appelle *le petit Roseau*. Il s'en trouve un autre dont les feuilles sont longues larges & aigues, & qui a une tige haute & à plusieurs nœuds. Celui-là sert à faire des fleches, des cannes & même des flûtes. Il y en a aux Indes d'une grosseur si extraordinaire, qu'un seul nœud suffit pour faire un esquif où trois hommes peuvent à la fois passer des rivieres. Les Habitans des Antilles tirent de grandes utilités des Roseaux qui sont en très-grande quantité dans toutes ces Isles le long de la mer. Ils ne leur servent pas seulement de lattes & de couverture, mais encore de materiaux pour faire les murailles des maisons. On lie les Roseaux de demi-pié en demi-pié sur les chevrons avec des aiguillettes de mahot, & on les couvre des feüilles des mêmes Roseaux. Quant aux murailles des cases, on ne fait que ficher en terre des Roseaux si près à près qu'ils s'entretouchent, après quoi on lie de travers avec d'autres Roseaux fendus, ce qui fait comme une claye de Roseaux.

Roseaux, se dit en Architecture de certains ornemens en forme de cannes, dont on remplit jusqu'au tiers les cannelures des colomnes rudentées.

ROSE'E. s. f. *Petites gouttes d'eau qui tombent le matin sur les herbes, les fleurs & les feüilles des arbres, & qui sont formées d'une legere vapeur*. ACAD. FR. M. Rohaut dit qu'il sera aisé de concevoir comment la Rosée se forme, si on considere que dans le tems le plus calme & le plus serein, qui est celui auquel on observe qu'elle tombe, il y a toûjours dans l'air une grande quantité de parties d'eau très-subtiles, qui y volent en forme de vapeur, lesquelles perdant peu à peu leur agitation, s'amassent ensemble, & retombant en gouttes insensibles, qui s'attachent d'ordinaire aux feüilles des plantes, & qui s'unissent les unes aux autres, se convertissent en eau, & rendent la Rosée visible. Ceci arrive presque toûjours un peu avant le lever du Soleil, à cause qu'y ayant alors assés long-tems que l'air n'a été échauffé par ses rayons, il doit aussi avoir plus de fraicheur, & être plus propre à faire assembler les vapeurs qui se rencontrent dans l'air. Toutefois il y a des lieux où l'air se refroidissant peu de tems après que le Soleil s'est couché, la Rosée doit aussi se faire plûtôt sentir. On tient que de la Rosée putrefiée au Soleil, il se forme plusieurs insectes qui se changent d'une espece en une autre. La Rosée se réduit en un sel blanc & menu, qui a des angles pareils en nombre & en figure à ceux du salpêtre, quand elle a été évaporée à siccité, broyée, calcinée & filtrée plusieurs fois.

Rosée. Terme de Chasse. On dit d'un Cerf qu'il fait Rosée, quand le sang coule après qu'il a été blessé.

ROSETTE.

ROSETTE. f. f. Sorte de petits clouds dont les Selliers & les Bahutiers se servent, pour l'embellissement des selles & des bahuts. Il est bordé de petits points en forme de Rose.

Les Couteliers appellent *Rosette*, Une plaque en forme de petite rose qui soutient le rivet du rasoir ou de la lancette.

Rosette, en termes de Tourneurs, est un morceau de bois tourné, au bout duquel il y a un rebord en forme de Rose épanouie, qu'on attache à un ratelier avec plusieurs autres pour mettre des armes ou des habits.

Rosette, se dit aussi du cuivre rouge, lorsqu'il a été fondu la premiere fois, & on l'appelle ainsi ou à cause de sa couleur rouge, ou à cause qu'on le tire par grandes pieces rondes.

Les Regleuses appellent *Rosette*, L'encre rouge dont elles se servent pour regler des livres. On la fait avec du bois du Bresil, & de l'alun de Rome.

On appelle aussi *Rosette*, la partie de la botte où est attaché l'éperon.

ROSIER. f. m Espece de ronce ou d'épine dont la racine jette de longues branches garnies d'aiguillons, entre lesquels viennent les Roses.

On appelle *Rosier de Gueldre*, Une sorte de plante dont les branches sont étendues, & qui produit des fleurs blanches qui s'amassent ensemble en forme de globe.

Rosier, signifie aussi un Artisan qui fait des peignes & des lames pour les Tisserans.

ROSMARIN. f. m. Dioscoride fait mention de deux sortes de Rosmarin, dont l'un porte un fruit que les Grecs nomment κάχρυ. Il a ses feuilles semblables au fenouil, mais plus larges & plus épaisses. Elles sont couchées à terre, en rondeur comme une roue, & sentent fort bon. Sa tige est haute d'une coudée & quelquefois plus, & de ses concavités sortent plusieurs branches. Elle produit a l'un des bouquets garnis d'une graine blanche, qui est ronde, anguleuse, forte, & sent la resine. Cette graine brûle la langue quand on la mâche. Sa racine qui est grande & blanche, a l'odeur d'encens. Il y a un autre Rosmarin tout semblable à celui-ci, qui porte une graine noire, large, & odorante sans être brûlante. Elle est semblable à celles de sphondylium aussi-bien que l'autre. Il y a un Rosmarin sterile tout-à-fait semblable aux autres, qui ne produit ni tige, ni fleur, ni graine, & qui croît parmi les rochers & dans les lieux âpres. L'herbe de tous ces divers Rosmarins, lorsqu'elle est broyée, arrête le flux des hemorroïdes, appaise les inflammations du siege, & resout les apostumes qui sont difficiles à suppurer. Les racines seches appliquées avec du miel, mondifient & prises en breuvage, elles guerissent les tranchées, servent aux morsures des serpents, font uriner, & étant enduites, elles resolvent toutes sortes de tumeurs inveterées. Le jus de la racine ou de l'herbe enduit avec du miel, éclaircit la vue, & qui fait aussi la graine prise en breuvage. Le Rosmarin dont on fait les bouquets, & que les Latins appellent *Rosmarinum*, a de petites branches menues, qui sont toutes environnées de petites feuilles épaisses, longues, déliées, blanches au dessous, vertes au dessus, & qui sentent bon. Sa decoction faite en eau, est fort bonne à la jaunisse, si on la boit avant que de faire aucun exercice. Mathiole parle d'une plante qui croît en Bohême, & qu'on appelle *Rosmarin sauvage*. Elle croît de la hauteur d'une coudée, & produit force rejettons & branches bien minces, & toutefois aussi dures que du bois, frêles & rouges, comme si elles étoient teintes en vermillon. Les

Tome II.

feuilles, vertes dessus, & rouges dessous, sont attachées à des queues rouges, & ressemblent à celles du Rosmarin. A la cime paroissent de petits corymbes rouges d'où sortent des fleurs jaunâtres. Sa racine est foible & inutile. La plante est odorante. Ses fleurs & ses feuilles sentent le citron, & laissent au goût quelque chose d'aromatique accompagné d'un peu d'astriction. Mathiole dit que ceux de Bohême en font grand cas, & qu'ils en mettent dans leurs coffres pour conserver leurs habits.

ROSSE. f. f. Poisson qui approche de la Vendaise, mais dont la chair est moins savoureuse. Gesner lui donne le nom de *Rutilus*.

ROSSIGNOL. f. m. Petit Oiseau tirant sur le rouge, dont le chant est fort agreable, mais qui ne chante jamais si bien que durant le mois d'Avril & jusqu'à la mi-Août. Cet Oiseau a une sympathie naturelle avec tous les sons harmonieux, & M. l'Abbé Goussaut rapporte dans son excellent Portrait de l'honnête Femme, qu'une Dame de ses amies jouant du lut dans un bois, plusieurs Rossignols la suivirent de branche en branche, & qu'il y en eut un qui se percha sur sa tête pour l'entendre de plus près. On tient que le Rossignol ne chante jamais autour de son nid, de peur de le faire découvrir, & d'être cause qu'on lui ôte ses petits. Il y a un petit oiseau aussi commun dans la Martinique qu'il est rare dans la Guadeloupe, que les habitans nomment *Rossignol*. Il est assés semblable au Roitelet, mais un peu plus gros, & son ramage, qui qu'on se plaît fort à entendre, lui a fait donner ce nom. Il vit de mouches & de petites araignées, & fait son nid fort pesamment dans les cases.

On appelle *Rossignol de l'Orgue*, Un jeu qui imite le chant du Rossignol.

Rossignol. Terme de Charpentier. Coin de bois que l'on fait entrer à force dans des mortoises qui sont trop longues, quand on veut serrer quelque piece de charpente.

Rossignol, est aussi un Crochet de fer, dont les Serruriers se servent pour crocheter des serrures.

ROSSOLIS. f. m. Sorte de liqueur douce & agreable, composée d'eau de vie brûlée, de sucre, de canelle, & autres choses qui flattent le goût, & rejouissent le cœur. Celui de Turin est le meilleur. Le Rossolis aide à la digestion.

ROSTER. v. a. Terme de Marine. Lier quelque chose bien uniment avec une petite corde.

ROSTRAL, ALE. adj. Il n'a d'usage qu'en cette phrase, *Couronne Rostrale*, pour dire, Une Couronne relevée de proues & de poupes de Navire, qui se donnoit autrefois à celui qui le premier avoit accroché un des Vaisseaux ennemis ou sauté dedans. Ce mot vient du Latin *Rostrum*, Bec d'oiseau, & figurement *Proue de Navire*.

ROSTURE. f. f. Terme de Marine. Endroit qui est lié de plusieurs tours de corde.

ROT

ROT. f. m. *Ventosité, vapeur qui sort avec bruit de l'estomac par la bouche*. ACAD. FR. Les vents qui restent dans l'estomac sont fâcheux, & causent quelquefois d'étranges symptomes. Ils s'y engendrent par une fermentation viciée de l'acide avec une matiere visqueuse, grossiere & pituiteuse. Ainsi l'acide est la cause efficiente des vents. Il est certain que les vents ne sont point dans les alimens, avant qu'on les prenne, puisque de deux hommes qui usent des mêmes alimens, l'un engendrera des vents, & l'autre n'en engendrera point. Cela vient

Z z

de la diversité des levains de l'estomac. Les hypochondriaques & les femmes hystériques engendrent des vents de presque toutes sortes d'alimens, ce que ne font pas les autres sujets. Quand ils font éruption par en haut avec bruit, cela s'appelle des Rots. Vanhelmont en a établi de quatre sortes; le *Rot acide*, comme dans les hypochondriaques & dans ceux qui sont à jeun; le *Rot nidoreux*, dans la crudité nidoreuse; le *Rot specifique*, qui a la saveur simple de ce que l'on a mangé, & le *Rot insipide*, qui n'a point de saveur déterminée. Il y en a un cinquiéme, qui est le *Rot fetide & puant*. Il est de mauvais augure, mais rare. Dans la lienterie, la dysenterie, & la diarrhée, où l'appetit est tout-à-fait aboli, ainsi que la digestion, les Rots acides sont de bon augure, à cause qu'ils font connoître que le levain de l'estomac se rétablit.

Les Foretieristes en admettent deux autres, sans parler de ceux-ci, Rot de *Repletion*, Rot d'*Inanition*; le premier est le specifique, le second se nomme *Hocquet*, & est un signe de mort prochaine.

ROTATEUR. adj. Epithere que donnent les Medecins aux deux muscles de l'œil qu'on appelle *Obliques*, tant à cause de leur situation qu'à cause de leur mouvement.

ROTE. s. f. La principale Jurisdiction de la Cour de Rome, composée de douze Prelats, appellés *Auditeurs de Rote*, dont chacun a quatre Clercs ou Notaires sous lui. Ils jugent par appel de toutes les Causes beneficiales & profanes, tant de Rome, que des Provinces Ecclesiastiques, & de tous les Procès des Etats du Pape au dessus de cinq cens écus. Ils ont succedé aux anciens Juges du sacré Palais, qui jugeoient dans la Chapelle. Ce fut le Pape Jean XXII. qui les établit. Clement VIII. augmenta leurs privileges, & Alexandre VII. les fit Soûdiacres Apostoliques. Leurs appointemens sont de cent ducats par mois pour chacun. Ils ont une robbe violette, & le cordon qu'ils portent à leur chapeau est de la même couleur. Ils sont de nations differentes. Il y en a trois Romains, un Toscan, un Milanois, un Bolonois, un Ferrarois, un Venitien, un François, deux Espagnols & un Allemand. Le mot de *Rote* vient de *Rota*, Roue, ou parce qu'ils sont assis en rond, ou parce que le pavé du lieu où ils s'assemblent pour exercer leur Jurisdiction, étoit autrefois de porphyre & taillé en forme de roue. C'est la pensée de du Cange.

Rote. Vieux mot. Instrument de musique.

Salterions, guignei & votes
Y rendoient diverses notes.

A rote, tote à rote. Vieilles façons de parler, qui ont signifié A la fois, Tout à la fois.

Li Rois a mis en un repaire,
Mais je ne sçai pas pourquoi faire;
Trois cens aveugles tote à rote.

Cela a été dit en parlant de saint Louis.

ROTIE. s. f. Exhaussement sur un mur de clôture mitoyen, qui avec la hauteur du mur ne doit pas passer dix piés sous le chaperon. Cet exhaussement doit être d'environ neuf pouces avec des petits contreforts d'espace en espace qui portent sur le reste du mur. Il se fait, ou pour palisser les branches d'un espalier qui est en belle exposition ou pour empêcher la vue du voisin.

ROTIS. s. m. Nouveau labourage d'une terre qui étoit en friche, en landes. On dit, Rotisser, pour *Labourer, renouveller*.

ROTONDE. s. f. Bâtiment rond par dedans & par dehors. Il se dit également d'une Eglise & d'un Sa-

lon. On appelle à Rome, *Notre-Dame de la Rotonde*, Un ancien Temple bâti de cette maniere, qu'Agrippa, gendre d'Auguste, dédia à Cibele & à tous les faux Dieux; ce qui le fit nommer *Pantheon*.

On a appellé *Rotonde*, Une sorte de collet empesé, où il y avoit souvent du passement, & qui se soûtenoit ferme autour du cou.

ROTULE. s. f. Terme d'Anatomie. Petit os rond, cartilagineux & large, qui est situé sur le genouil. Il passe dans l'ouverture du grand & du petit foci-le de la jambe, & sert à les attacher avec les os de la cuisse.

ROU

ROUAGE. s. m. La partie qui consiste en roues dans une machine, comme dans un moulin à vent & dans une montre. L'Orme & le Cormier sont propres à faire ses Rouages.

Rouage, est aussi un terme de Coutume, & se dit d'un droit seigneurial qui se prend sur le vin vendu en gros, & qui se doit transporter par charroi. On l'appelle ainsi à cause qu'il doit être pris avant que la roue tourne & que l'on charie le vin.

ROUAN. adj. On appelle *Cheval Rouan*, Un cheval qui a du poil gris ou blanc semé fort épais, en sorte que ce poil domine presque sur un poil bay ou alezan. Le cheval qui a ce mélange, s'appelle *Rouan, cap de more*, ou *Cavesse de more*, lorsqu'il a la tête & les extrémités noires; & on dit *Rouan vineux*, quand ce mélange domine sur un alezan chargé. Les Italiens disent *Roano*, d'où nous avons pris ce mot.

ROUANNE. s. f. Sorte d'instrument dont se servent les Commis aux Aides qui vont dans les Caves pour marquer les tonneaux de ceux qui vendent du vin en détail.

Rouanne, est aussi un instrument de fer aceré qui coupe dessus & dessous, & qui sert à aggrandir le trou d'une pompe. Il est droit & courbe comme une gaffe, & concave comme une tariere.

ROUANNER. v. a. Marquer le vin avec la Rouanne. On dit sur mer, Rouanner une pompe, pour dire, La raggrandir.

ROUANNETTE. s. f. Petit instrument que les Courtiers de vin portent dans un étui, & dont ils se servent pour marquer le vin qui est acheté par les Bourgeois. Les Charpentiers ont aussi un instrument qu'ils appellent *Rouannette*, avec lequel ils marquent leur bois.

ROUANT, ANTE. adj. Terme de Blason. Il se dit du paon qui fait la roue en étendant sa queue. *D'azur au paon rouant d'or*.

ROUCHE. s. f. Terme de Charpentiers. Corps d'un Vaisseau lorsqu'il est sur le chantier, & qu'il n'a encore ni mâts ni agrès. On dit aussi *Ruche*.

ROUCOU. s. m. Arbre des Antilles qui ne croît qu'à la hauteur d'un petit oranger, & qui dès sa racine pousse plusieurs branches qui deviennent arbrisseaux, & se divisent en plusieurs autres petites branches. Ses feuilles, qui sont pointues par l'un des bouts, ont la figure d'un cœur. Il porte deux fois l'année plusieurs bouquets de fleurs blanches mêlées d'incarnat, & semblables à celles de l'ellebore noir. Elles sont composées de cinq feuilles qui ont la forme d'une étoile & la largeur d'une rose. A la chûte de ces fleurs croissent des boutons tannés, tout herissés de petites pointes brunes, délicates & non piquantes. Ils sont de la grosseur d'un petit pois, & quand ils ont atteint leur maturité, il y a dans le milieu deux doubles rangs de petits grains ou pepins couverts d'un vermillon le plus éclatant & le plus vif que l'on puisse voir. Cette teinture qui est enfermée dans cette écorce, est si molle & si gluante, qu'elle s'attache aux doigts si-tôt qu'on la touche. Pour avoir cette couleur, dont les Sauvages se peignent lorsqu'ils font voyage, on secoue dans un vaisseau de terre les grains sur lesquels elle se trouve. On verse de l'eau tiede dessus, & on les lave dans cette eau jusqu'à ce qu'ils n'ayent plus de vermillon. Après qu'elle a reposé quelque tems, on fait sécher à l'ombre la lie épaisse qui se forme au fond du vaisseau de terre, & l'on en forme des tablettes ou petites boules, dont les Peintres & les Teinturiers font beaucoup de cas lorsqu'elles sont pures & sans nul mélange. Le bois de cet arbre se brise aisément, & est très-propre pour entretenir le feu. Si l'on en frotte quelque tems deux pieces l'une contre l'autre, elles jettent des étincelles qui allument le coton ; ou toute autre matiere susceptible de feu, que l'on aura mise auprès. On fait des cordes de son écorce & sa racine donne un fort bon goût aux viandes. Si on en met dans les sausses, elle leur donne l'odeur & la couleur du saffran.

ROUE. s. f. *Sorte de machine ronde & plate, qui en tournant sur son centre, sert au mouvement de quelque chose.* Acad. Fr. En Mathematique, la Roue avec son aissieu est une des machines simples. Le *Poids* est appliqué à l'aissieu, & la *Puissance* à la Roue ; & il est visible que la Roue & l'aissieu qui traverse tournant ensemble, un tour que fait la Roue est plus grand qu'un tour que fait l'aissieu, & cela dans la même raison que la circonference de la Roue est plus grande que celle de l'aissieu, ou ce qui est la même chose, le demi diametre de la Roue plus grand que celui de l'aissieu. La puissance fait donc plus de chemin que le poids & a plus de vitesse dans cette même proportion du demi diametre de la Roue à celui de l'aissieu ; & par consequent la force est augmentée, & une petite puissance peut soutenir ou élever un grand poids. (Voyez MACHINE & MOUVEMENT.) Les Roues à dents que l'on nomme aussi *Pignons*, servent encore à augmenter les forces. Voyez PIGNONS.

Les *Roues* qui servent à fendre le plomb, sont deux petites roues d'acier, au travers desquelles passent les arbres, & qui n'ont d'épaisseur que celle qu'on veut donner à la fente des lingots de plomb. Elles sont entre deux bajoues d'acier, & aussi près l'une de l'autre, qu'on veut que le cœur ou entredeux du plomb ait d'épaisseur.

Les Chymistes appellent *Feu de roue*, Le feu qu'on allume tout autour du creuset, & que l'on approche peu à peu autour du vaisseau également, & pour l'échauffer.

ROUER, v. a. Terme de mer. On dit *Rouer une manœuvre*, pour dire la plier en rond. Quand on dit *Rouer à tour*, on entend plier de gauche à droit, & on dit *Rouer à contre*, pour dire, plier de droit à gauche.

ROUET. s. m. *Machine à roue qui sert à plusieurs usages.* Acad. Fr. Les Meuniers appellent *Rouet*, Une petite roue qui est attachée au bout de l'arbre d'un moulin. Elle a huit à neuf piés de diametre, & environ quarante-huit chevilles longues de quinze pouces, qui entrant dans les fuseaux de la lanterne du moulin, font tourner les meules.

Ils appellent ces chevilles *Alluchons*.

Rouet. Instrument dont les Rubaniers, Ferandiniers & quelques autres Artisans se servent pour

Tome II.

travailler, devider & faire d'autres choses qui regardent leur métier. Ce rouet est monté sur un pié & fait en maniere de petite roue.

Rouet, se dit aussi d'une petite roue de fer de certaines armes à feu, au travers de laquelle passe l'arbre. On la bande avec une clef, & en se relâchant avec violence, elle fait du feu par le moyen d'une pierre.

Les Serruriers appellent *Rouet*, un petit fer rond qui fait la principale garniture d'une serrure. C'est où passe la premiere ouverture de la clef.

Rouet. Terme de Maçonnerie. Piece de bois ronde sur laquelle la premiere assise de pierre ou de moilon à sec est posée en retraite, quand on veut fonder un puits ou un bassin de fontaine.

Rouet, se dit aussi de la grande ou petite enrayeure d'une fleche de clocher de bois, soit qu'elle soit ronde ou à pans.

ROUGE. s. m. Couleur rouge. Il y a un *Rouge brun*, qui est une terre naturelle. Le *Rouge violet* est aussi une terre naturelle qui vient d'Angleterre, & que l'on employe au lieu de lacque. Le rouge dont on se sert pour peindre sur le verre, se fait de litarge d'argent, d'écaille de fer, & de gomme Arrabique. On prend le poids d'un écu de chaque sorte, demi-écu de ferrette, trois écus de sanguine, & trois écus & demi de rocaille. Après que l'écaille de fer, la litarge, la rocaille & la ferrette ont été broyées ensemble une bonne demi-heure sur la platine de cuivre, on prend la sanguine & on la pile fort déliée dans un mortier de fer bien net. On la met à part ; & après cela on broye dans le même mortier la gomme Arrabique, afin qu'elle tire ce qui reste de sanguine. Elle doit être si seche, qu'elle se mette facilement en poudre. La gomme & la sanguine étant ainsi pilées, on les mêle & on les verse sur la platine de cuivre, où les autres drogues sont déja. Lorsque le tout a été broyé le plus promptement qu'il est possible, à cause que la sanguine se gâte en la broyant trop cette fois-là, on leve cette composition de dessus la platine, & on la met dans un verre pointu en bas, où l'on verse un peu d'eau claire. Il faut détremper cette matiere le plus qu'on peut avec le bout du doigt, en y ajoûtant encore un peu d'eau, jusqu'à ce qu'elle soit de la même consistance, ou un peu plus claire qu'un jaune d'œuf délayé. Cela étant ainsi détrempé, on le couvre d'un papier, & on le laisse reposer trois jours & trois nuits sans le remuer, puis on verse doucement dans un autre vaisseau de verre le plus pur de la couleur qui surnage délié, en prenant garde à ne rien troubler ; & quand cette couleur est ôtée, on la laisse reposer encore deux jours, après quoi on en verse comme la premiere fois. Quand cela est fait, on met la derniere couleur sur une piece de verre un peu creuse, & posée sur un sable dans une terrine ordinaire mise sur le feu pour la faire sécher lentement & la garder. Ceux qui s'en veulent servir, versent sur une piece de verre une goutte d'eau claire avec laquelle ils détrempent autant de couleur qu'ils croyent en avoir besoin. Cette couleur sert pour les carnations. La plus épaisse, qui demeure au fond du verre, n'est bonne que pour faire des couleurs teintes de bois, ou des draperies. C'est M. Felibien qui en a parlé ainsi.

Les beaux *Rouges clairs* pour émailler se font avec du cuivre calciné, de la rouille d'acre de fer, de l'orpiment, de l'or calciné que l'on prepare & que l'on met avec proportion dans le fondant qui se fait avec du cristal, ou du caillou, ou de l'agathe, ou de la calcedoine, du sable & de la soude ou sel

de verre, le tout avec les proportions qui sont necessaires.

Rouge, se dit d'un fard dont les femmes se colo-
rent les joues & les levres. Il y a un rouge en feuilles & un autre en liqueur. Le premier est nommé
Rouge d'Espagne.

Il y a quantité de bois dans les Antilles, que l'on
appelle *Bois rouge*. Ce sont des arbres qu'on trouve de deux lieues en deux lieues, dont la plûpart
ne cedent point en beauté à celui du Bresil. Ils ont
le bois rouge, solide, pesant, & qui resiste aux
vers & à la pourriture. Il y en a un qui surpasse tous
les autres en solidité & en pesanteur, & que les
Habitans appellent *Arbre de fer*, à cause de sa dureté. Il est revêtu de beaucoup de branches, &
croît jusqu'à une pique & demie de hauteur. Il est
gros comme le corps d'un homme, & a son écorce
presque semblable à celle de l'érable, mais plus dure & un peu plus grise. Il porte un grand nombre
de petites feuilles qui aboutissent en pointe & sont
divisées près de la queue. Il fleurit deux fois l'année, au mois de Mars & à celui de Septembre. Ses
fleurs, qui sont de couleur violette, & semblables
à celles du lilac, sont suivies d'un petit fruit, gros
comme une cerise, qui devient noir étant mûr,
& dont les oiseaux sont fort friands. Son bois, lorsqu'il est coupé nouvellement, est d'un rouge extrêmement vif, mais étant à l'air il en perd beaucoup de
son lustre. Le cœur de l'ambre est d'un rouge fort
obscur, ou plûtôt d'un violet si brun, qu'il semble
presque noir comme de l'ébene, il est extrêmement
dur & les haches de la meilleure trempe rebroussent
dessus quand on le frappe.

ROUGE-GORGE. s. f. Petit oiseau qu'on appelle
ainsi à cause de la couleur de sa gorge, qui est d'un
rouge qui tire sur l'orangé. Il a le ventre blanc &
la tête & le cou d'un gris tirant sur le vert. Cet
oiseau haït la chouette autant qu'il aime le merle, &
il vit quatre ou cinq ans. On tient qu'il est d'un
naturel fort jaloux, ne pouvant souffrir d'autres
oiseaux aux lieux où il est ordinairement.

ROUGE-QUEUE. s. f. Petit oiseau qui chante, &
à qui ce nom a été donné à cause de sa queue
qui est d'un rouge fort vif. Il a l'estomac & le ventre de couleur de rouille, la tête & le cou noirâtres, avec quelques marques de couleur de terre. Il
vit sept ou huit ans.

ROUGEOLE. s. f. Sorte de maladie qui vient ordinairement aux Enfans, & qu'on a nommée ainsi
à cause que ceux qu'elle attaque sont tout couverts
de petites pustules rouges.

ROUGET. s. m. Sorte de poisson de mer qui est
rond & rouge. Sa chair est ferme, seche & de bon
goût. Il a la tête grosse, & le dos armé de grands
& forts aiguillons. Son museau s'étend en deux cornes larges.

ROUIR. v. Mettre du chanvre ou du lin dans
l'eau où il rouisse. Le chanvre corrompt l'eau & fait
mourir le poisson qui y est. Quand on fait Rouir
le lin à la rosée sur les prés le fil en est plus beau
& la toile en blanchit mieux.

ROULE', E'E. adj. Les Ouvriers appellent *Bois roulé*, Le Bois d'un arbre qui a été battu des vents,
tandis qu'il étoit jeune & en seve, & celui dont
les fibres marquées par les seves se separe & dont
le cœur reste comme un noyau ou rouleau. Il ne
vaut rien au travail si ce n'est en grosses pieces,
& même on le travaille peu. On le brûle.

Roulé de charbon, se dit quand on le tire du
fourneau pour l'éteindre & le mesurer.

ROULEAU. s. m. Piece de bois de figure cylindrique, qui sert à faire mouvoir les plus gros far-

deaux pour les faire aller d'un lieu à l'autre. Il
y a de ces Rouleaux qu'on nomme *Rouleaux sans
fin*. Ce sont des Rouleaux de bois assemblés avec
des moises ou des entretoises, que l'on fait tourner
par le moyen de leviers.

Les Laboureurs appellent *Rouleau*, Un morceau de bois rond qu'un Cheval traîne pour casser
les mottes.

Rouleaux, en termes d'Architecture se dit des
enroulemens des modillons & des consoles.

On appelloit autrefois *Rouleau*, ou *Volume*, ce
qu'aujourd'hui l'on appelle *Livre*, à cause qu'au
lieu de plier les feuilles pour les coudre ensemble,
on se contentoit de faire un Rouleau de chaque
feuille qu'on mettoit les unes sur les autres ; en
sorte qu'un volume entier n'étoit composé que
d'une feuille, au bas de laquelle on en cousoit
une autre, & au bas de celle-là encore une autre. Ainsi toutes ces feuilles ensemble ne faisoient
qu'un seul Rouleau. Les Juifs ont encore leur Loi
écrite fort exactement dans ces sortes de Rouleaux. Ces feuilles cousues bout à bout se roulent sur deux bâtons de bois qui sont aux deux
bouts. L'Ecriture parle souvent de ces Rouleaux
ou volumes.

ROULER. v. a. Faire avancer une chose d'un lieu
à un autre en la faisant tourner, ACAD. FR.

On dit en termes de Laboureur, *Rouler les
avoines*, pour dire, Faire aller le Rouleau sur le
champ plusieurs fois, afin de casser les mottes.

Ce verbe est actif, & on dit en termes de Marine, qu'*Un Navire roule*, pour dire, qu'il se renverse sans cesse sur l'un ou sur l'autre de ses côtés,
sans qu'on le puisse mettre en son assiete. On dit
aussi que *La mer roule*, pour dire, que Les vagues
s'élevent, & se déployent sur un rivage uni.

Rouler, Terme de Guerre. On dit que *Deux Officiers roulent ensemble*, pour dire, que Chacun d'eux
a son jour pour commander.

ROULETTE. s. f. Sorte de petite roue qu'on met
aux chaises des malades, au bas de chaque colomne de lit, aux cabannes des Bergers, pour les
faire rouler, & aller où l'on veut.

Les Doreurs sur cuir appellent *Roulette*, Un
instrument de fer en maniere de petite roue à manche de bois, dont ils se servent pour faire le bord
des Livres.

Roulette, est aussi un terme de Geometrie. *La
Roulette*, c'est la même chose que la *Cycloïde*,
Voyez CYCLOIDE.

ROULIS. s. m. On appelle en termes de Mer,
Roulis d'un Vaisseau, L'agitation qu'il a en roulant
d'un bord à l'autre.

ROULON. s. m. Bâton rond qui tient aux ridelles
des charrettes. On appelle aussi *Roulons*, de petits morceaux de bois rond, qu'on met aux échelles
& aux râteliers. On donne encore le nom de *Roulons*, aux petits balustres des bancs d'Eglise.

ROUPIE. s. f. Goute d'eau froide & claire qui distille du cerveau & qui pend au bout du nez. ACAD.
FR.

Roupie, se dit aussi d'une monnoie d'argent fort
commune dans les Indes. Elle vaut vingt-huit sols
selon Tavernier. D'autres Voyageurs lui font valoir
soixante & cinq sols de notre monnoie. Le trafic
chés le Mogol se fait principalement en Roupies.
Il y en a qui ne valent que quinze sols, & d'autres quatre.

ROUPILLE. s. f. Sorte d'habillement ancien. C'étoit
une espece de petit manteau, ou de hongreline serrée & courte.

ROUPT, ROUPTE. adj. Rompu. Vieux mot.

Qui autrement seroit rompt ou desbareté.

ROUQUET. f. m. Nom que l'on donne en termes de chasse au mâle du lievre.

ROUSSELET. f. m. Sorte de petite poire, qui est un peu roussle, & qui a le goût fort sucré. Il y a du gros & du petit Rousselet. Celui qu'on estime davantage est le Rousselet de Rheims.

ROUSSETTE. f. f. Petit oiseau brun, semé de plusieurs petites taches. Il a le bec pointu & noirâtre, & les jambes & les piés tirant sur le blanc.

On appelle aussi *Roussette*, Une sorte de poisson, dont quelques Ouvriers employent la peau, la faisant quelquefois passer pour être une peau de chien de mer auquel ce poisson ressemble. On apporte ces sortes de peaux de la Hougue en basse Normandie. Il y a pourtant une grande difference entre la peau des chiens de mer qui est extrêmement rude & toûjours brune, & celle des Roussettes qui sont de differentes couleurs & toûjours garnies de petites étoiles sur le dos, outre qu'elles sont beaucoup plus petites que les chiens de mer, & que leur peau n'est presque point rude.

ROUSSIN. f. m. Cheval épais & entier. Ces sortes de chevaux viennent ordinairement d'Allemagne & de Hollande. Il y a beaucoup de Coûtumes où les Vassaux sont obligés de donner à leur Seigneur un Roussin de service à chaque mutation. On fait venir ce mot de l'Allemand *Ross*, Cheval.

ROUTAILLER. v. a. Terme de Chasse. Suivre une bête avec le limier, pour la faire tirer aux Arquebusiers.

ROUTE. f. f. Vieux mot. Troupe de Soldats.

La veissiez les routes assembler.

Route Terme de Marine. Le cours d'un Vaisseau. On dit, *Faire route*, pour dire, Naviger, *Porter à route*, pour dire, Courir en droiture au parage où l'on a dessein d'aller, & *Donner la route*, pour dire, Prescrire la route que doivent tenir tous les Vaisseaux d'une flotte. On appelle *Fausse route*, La Dérive d'un Vaisseau qui s'écarte & qui ne fait point sa course ordinaire. *Fausse route*, se dit aussi quelquefois d'un changement de course qu'on fait volontairement pour couper son ennemi. On dit, qu'*On a fait plusieurs routes*, pour dire, qu'On a couru plusieurs bordées en louviant.

ROUTIER. f. m. On nommoit ainsi un Garde ou Sergent traversier, qui étoit établi pour la garde des Forêts, & dont on a supprimé la fonction par la derniere Ordonnance. On appelloit aussi autrefois *Routiers*, certains Paysans armés, à cause qu'ils brisoient tout ce qu'ils rencontroient. Ce mot vient du Latin *Ruptus*, Rompu. D'autres le dérivent de *Rota*, Roue, d'où ils prétendent qu'est venu *Roturier*, qui a été dit pour Laboureur.

ROUVERIN. adj. masc. On appelle *Fer rouverin*, Celui qui se casse à chaud, & qui se forge difficilement.

ROUVRE. f. m. Sorte de chêne qui est moins haut que les autres, & que les Latins appellent *Robur*, d'où il a pris le nom de *Rouvre*. Il a le tronc & le branchage tortu, creux & fort dur, l'écorce raboteuse, & la feuille un peu plus petite que le vrai chêne. Les glands qu'il porte sont gros, longs, & attachés à une assés longue queue.

ROUX. f. m. Couleur qu'on appelle ordinairement poil de Judas. Quand l'ivoire est roussle on le met à la rosée de Mai pour la faire blanchir.

R O Y

ROY. f. m. *Monarque, Prince souverain couronné.* AC AD. FR. *Roy*, dit Nicod, *est celui qui est preferé, oinct & couronné sur tout un Pays; en estat, puissance, dignité & majesté monarchique, royale, & pour estre tel, il doit avoir du moins quatre Duchez, l'une tenant à l'autre, & pour chacune Duché quatre Comtez, lesquelles ne soient mouvans ne tenuës de nul autre que de luy ou de l'Empire. Et en ces quatre Duchez doit avoir dix Citez, dont l'une soit en dignité Archiepiscopale, qu'on dit Province, & raisonnablement doit recevoir sacre & couronne en la plus noble & plus puissante Cité de tous ses Pays, & de tout iceluy Pays se renommer Roy. Mais par privilege d'aucunes Citez & lieux, aucuns sont sacrez en moindre cité, au regard de la puissance, opulence & grandeur, qu'en la capitale du Royaume, & couronnez autre part aussi, comme on voit estre observé au sacre du Roy Très-Chrestien, qui se celebre en la Ville de Rheims, & non à Paris, si on ne veut dire que Rheims, pour estre Archevesché precede Paris qui n'est que Evesché, & couronné à saint Denys en France, & non audit Paris.*

Roi d'Armes. Officier, autrefois fort considerable dans les armées & dans les grandes ceremonies, qui commandoit aux Herauts, presidoit à leur Chapitre & avoit Jurisdiction sur les armoiries. Quelques-uns font Clovis Instituteur de ces sortes d'Officiers, & disent qu'il les baptisa du nom de son cri, *Saint Denys Montjoye*. D'autres prétendent que ce fut le Roi Dagobert, & d'autres le Roi Robert. On observoit de grandes formalités dans leur établissement en cette charge. Celui que le Chapitre des Herauts avoit choisi, étoit presenté au Roi qui lui donnoit des habits Royaux d'écarlate fourrés de menu vair qu'il lui faisoit vêtir par ses valets de chambre, après quoi le Connétable, plusieurs Chevaliers & tous les Herauts & poursuivans d'armes, deux à deux, le conduisoient jusqu'au lieu où le Roi devoit entendre la Messe. On le plaçoit devant l'Autel dans une chaise sur un tapis velu, & il avoit à ses côtés des Chevaliers qui portoient les honneurs, sçavoir la couronne, la cotte-d'armes & l'épée. Le Roi étant arrivé, lui faisoit prêter serment sur les Evangiles, & lui donnoit le cri de *Montjoye Saint Denys*, avec plusieurs articles concernant ses fonctions. Ensuite il le faisoit Chevalier, dont la ceremonie étoit de lui donner l'épée qu'il lui faisoit ceindre par le Connétable. Il lui mettoit aussi sa cotte d'armes & la couronne sur la tête, & lui accrochoit à la poitrine le blason émaillé des armes de France. Pendant le service, ce Roi d'armes étoit assis dans la chaise du Roi vis-à-vis de lui, & le Roi le faisoit dîner au bas bout de sa table & servir par ses mêmes Officiers. Il lui faisoit un grand present dans une coupe d'or, & deux Maréchaux de France & plusieurs Chevaliers le reconduisoient ensuite avec beaucoup de ceremonie en son hôtel, où il se remettoit après la couronne sur la tête, & la cotte-d'armes sur l'habit royal. Presentement les Rois d'armes sont bien déchus de leur ancienne élévation. Le grand Ecuyer prétend que c'est une qualité qui est comme annexée à sa charge, & il en fait plusieurs fonctions. Celui qui a le titre

Z z iij

de *Montjoye* tient. le premier rang fur les autres Rois d'armes des Provinces, & il eft diftingué par fa cotte-d'armes de velours violet cramoifi, ornée devant & derriere de trois grandes fleurs de lis en broderie d'or, furmontées & couvertes d'une couronne royale frangée & galonnée d'or, avec trois fleurs de lis fur la manche droite, & le nom & titre de *Montjoye*, écrit en broderie d'or, & *Roi d'arme de France* fur la gauche, mais il ne porte qu'un cordon large d'où pend une médaille d'or avec l'effigie du Roi, au lieu qu'anciennement il portoit fur fa poitrine un camayeu ou émail de criftal rehauffé d'or, garni & bordé de pierreries fines où les armes du Roi étoient peintes. Son bonnet eft une toque de velours noir avec un cordon d'or, femé de deux rangs de perles & des touffes ou aigrettes de heron. Il porte à la main droite un fceptre couvert de velours violet, femé de fleurs de lis d'or en broderie, & orné au bout d'une fleur de lis maffive, chargée d'une couronne royale de même. Ce qui a fait donner le nom de *Roi* au Roi d'armes, qui eft le premier des Herauts c'eft qu'autrefois on donnoit ce même nom à plufieurs principaux Officiers, comme au *Roi des Merciers*, qu'on appella depuis *Vifiteur*, au *Roi des Ribauds*, qui faifoit les fonctions de Prevôt fur ceux qui commettoient des crimes dans les lieux où étoit la Cour, & au *Roi des Archers & des Arbaleftriers*, outre qu'on mettoit une couronne fur la tête du Roi d'armes le jour qu'il étoit reçû, & qu'il la portoit en plufieurs occafions où il avoit l'avantage de reprefenter la perfonne du Roi.

R U

RU. f. m. Canal d'un petit ruiffeau, tel que les ruiffeaux des prés. Ce mot eft vieux, & Nicod en parle ainfi. Ru, *fignifie tantoft un petit courant ou canal d'eau partant d'une fontaine, & vient du verbe Grec jﬂω, qui fignifie Fluer, ou bien de jﬂω, nom attique, qui fignifie* Ru, *felon laquelle derivaifon on le pourroit efcrire par diphtongue* Reu, *pour marquer la difference d'avec* Ru, *qui vient de* Ruer, *qui vient de jﬂθω, car la mutation de i en u eft aifée. Il fe prend auffi pour le milieu d'une rüë par où l'eau s'efcoule, & felon ce on dit, Il n'y a que le* Ru *entre les deux maifons. Et tantoft fignifie Jett. Selon ce on dit,* Le ru du bafton; *& par metaphore* le Ru du bafton, *en cas d'exercice d'Office pour la manigance que fait un Officier pour tirer la quinteffence des proufits de fon office, ce qui eft prins en mauvaife part.* On dit *Ruau* en quelques Provinces.

R U A

RUADE. f. f. Elancement des piés de derrier d'un cheval. Il fe dit auffi des mulets, & de quelques autres bêtes qui ruent. On appelle *Ruade*, en termes de danfe, le mouvement élevé d'un pié en arriere que fait le Danfeur.

R U B

RUBAN. f. m. *Efpece de tiffu plat, fort mince dont la largeur ne paffe point trois ou quatre doigts, & qui eft fait de foye, de laine, ou de fil.* ACAD. FR.
    Rubans, en termes d'Architecture, fe dit d'un ornement tortillé fur les baguettes ou fans baguettes. Il fe taille du bas relief ou eft évidé.

RUBE. f. m. Sorte de monnoie de Mofcovie, qui vaut environ cent huit fols de celle de France.

RUBEBE. f. m. Vieux mot. Sorte d'inftrument Rebec.

Harpes, gigues & Rubebes,
Qu'oncques n'euft Amphion de Thebes.

RUBESTE. adj. Vieux mot. Robufte.

Que cil qui a femme rubefte,
Eft garnis de méchante befte.

RUBICAN. adj. On appelle *Cheval rubican*, Un cheval qui a du poil gris ou du blanc femé fort clair fur les flancs, ayant d'ailleurs le poil bai, alezan ou noir.

RUBIS. f. m. Pierre rouge tranfparente, qui eft fort confiderable parmi les pierres precieufes. Le Rubis fe nourrit dans la mine, où il eft d'abord blanchâtre. Il n'acquiert fa rougeur qu'en mûriffant, d'où vient qu'on en voit qui font moitié blancs & moitié rouges. Il y a de trois fortes de Rubis. L'*Oriental*, qui eft le plus dur de tous, & d'un feu fort vif. C'eft celui qui eft eftimé le vrai Rubis. Le *Rubis balais*, qui eft plus grand que l'Oriental, a une couleur de rofe vermeille. On tient qu'il naît d'une matiere pierreufe de couleur de rofe, appellée matrice de Rubis. La troifiéme efpece de Rubis fe nomme *Rubis fpinelle*. Il eft plus rouge que le Rubis balais, mais il a bien moins d'éclat que le vrai Rubis, à caufe qu'il fe rencontre en de certains endroits des Indes, où le Soleil n'a pas tant de force. C'eft auffi ce qui lui donne moins de dureté.

RUBORD. f. m. Terme de Charpenterie. Premier rang des planches, ou bordages d'un bateau foncet, ou autre qui fe joint à la femelle, & qui eft la premiere piece qui s'éleve du bâtiment.

RUBRIQUE. f. f. Diofcoride établit deux fortes de Rubrique. L'une qu'il appelle *Rubrica finopica*, eft une terre rouge, épaiffe, pefante, retirant au foye, & qui n'eft point pierreufe. Elle eft toute d'une couleur, & fort aifée à fe démêler quand on la mouille. On la trouve en Cappadoce, & après l'avoir bien nettoyée, on l'apporte en la ville de Sinope où l'on en fait grand commerce, ce qui la fait appeller *Sinopique*. Elle eft deficcative & aftringente & on la met aux emplâtres qu'on prepare pour les playes. Matthiole dit, que perfonne n'a pû lui montrer cette forte de Rubrique, mais que n'y ayant aucune chofe minerale qui en approche plus que le bol d'Armenie commun qu'on voit ordinairement chés les Apothicaires digeré par maffes quarrées, & dont les Chirurgiens fe fervent pour étancher le fang, & pour refouder les os rompus, il croit que ce pourroit être la *Rubrica Sinopica*, quoiqu'il ne veuille pas l'affurer. L'autre eft la Rubrique que les anciens ont appellée *Rubrica fabrilis*, & que Matthiole dit n'être autre chofe que la craye rouge dont les Charpentiers teignent leur corde pour marquer au jufte ce qu'il faut ôter des pieces de bois qu'ils veulent équarrir. Elle eft de moindre vertu que l'autre. La meilleure croit en Egypte, & autour de Carthage. Elle eft fort aifée à rompre, & n'eft point pierreufe.

RUBUS-CANIS. f. m. Arbriffeau qui eft de la hauteur d'un arbre & beaucoup plus grand que la ronce. Ses feuilles font plus larges que la myrthe, & il y a quantité d'épines fermes & dures qui environnent fes branches. Sa fleur eft blanche & fon fruit longuet, femblable au noyau d'une olive. Ce fruit devient roux lorfqu'il eft mûr & à une certaine mouffe ou cotton par dedans. Quand il eft fec, il refferre le ventre. Il en faut ôter la mouffe qui eft dedans. En Grec κυνόσβατος, Ronce de chien. Matthiole fait voir que tous ceux qui prennent le *Rubus-canis* pour l'églantier, fe trompent.

R U C

RUCHE. f. f. Ouvrage de Vanier enduit de terre, & fait en forme de cloche, propre à loger les abeilles. On en fait auffi de verre, afin d'avoir le plaifir de voir de qu'elle maniere elles travaillent. M. Ménage fait venir ce mot de *Rupes*, Roches, à caufe que les abeilles fe mettent quelquefois dans les rochers.

On appelle *Ruches*, en termes de Medecine. La cavité qui eft auprès du conduit de l'oreille, & dans laquelle s'amaffent les ordures que le cure-oreille en tire.

Ruche, fe dit en termes de Marine, du corps d'un Vaiffeau, lorfqu'il eft fans mâts & fans cordages fur le chantier, & qu'il n'a aucuns agrés. On dit auffi *Ronche*. On appelle encore *Ruche*, Un Inftrument à pêcher fait à peu près comme une Ruche à mouche.

R U D

RUDENTE', E'E. adj. Terme d'Architecture. On appelle *Colomne cannelée & rudentée*, Celles dont le bas des cannelures eft plein & rempli en forme de bâtons ronds. Ce mot vient du Latin *Rudens*, Cable.

RUDENTURE. f. f. Bâton fimple, ou taillé en maniere de corde, dont les cannelures d'une colomne font remplies jufques au tiers. Il y a auffi des Rudentures de relief fans cannelures, elles fe taillent fur des pilaftres en gaine.

RUDERATION. f. f. La maçonnerie la plus groffiere, que les Maçons appellent *Hourdage*.

R U E

RUE. f. f Plante que Diofcoride dit être de deux fortes, la fauvage, qui ne vaut rien à manger, & celle des jardins. La Sauvage eft entierement femblable à l'autre, à l'exception de fes feuilles, qui font plus petites, & plus grêles, & qui ont un goût plus fort & plus amer. La Rue eft toûjours verdoyante & jette plufieurs feuilles d'une même queue, groffes, graffettes, étroites à leur iffue, & larges au bout. Elle produit force branches, à la cime defquelles oftent des fleurs jaunes, affés femblables à celles d'hypericum. Ces fleurs pouffent de petits boutons de forme quadrangulaire, dans lefquelles on trouve une petite graine noire. Sa racine eft dure comme bois & bien munie. Elle eft mordante & amere, mais la fauvage l'eft encore plus. On tient que quand la Belette veut combattre le ferpent, elle prend auparavant de la Rue comme un préfervatif qui la garantit de fon poifon. La Rue a la vertu de digerer & d'incifer les humeurs groffes & vifqueufes, & provoque les urines. El'e eft de fubtiles parties, convient aux tranchées, & diffipe les ventofités. Il y a une autre Rue fauvage qui produit plufieurs branches d'une feule racine, & qui a fes feuilles plus longues & plus tendres que celles de l'autre Rue. L'odeur en eft forte & puante. Elle eft blanche, & produit des têtes comparties en trois, qui font un peu plus groffes que celles de la Rue des Jardins. Ces têtes enferment une graine faite en triangle, rouffâtres & ameres au goût. Cette graine eft mûre en automne. Matthiole dit qu'étant pilée & appliquée avec miel, vin, faffran, fenouil & fiel de poulets; elle eft finguliere à ceux qui ont la vûe foible & courte. Quelques-uns l'appellent *Harmola*, ceux de Syrie, *Befafan*, & ceux de Cappadoce *Moli*, à caufe de la conformité qu'el-

le a avec le Moli, ayant la racine noire & la fleur blanche. Elle croît aux côteaux & aux lieux gras.

RUE'E. Amas de litieres feches, chaumes, bruyeres, &c. que l'on fait dans les baffecours, dans les chemins, pour les froiffer fous les piés, & faire pourrir, afin de les mêler enfuite avec du fumier, & engraiffer les terres.

R U G

RUGINE. f. f. Inftrument dont les Chirurgiens fe fervent fur un os qui eft raboteux, noir & vermoulu, que pour le racler quand il y a fracture, pour voir jufqu'où la fente penetre.

R U I

RUILLE. f. f. Vieux mot. Regle. *C'eft une ruille generale que les poiffons qui ont écailles & noûs font nets.*

RUILLE'E. f. f. Enduit de plâtre ou mortier que les Couvreurs mettent fur les tuiles, pour joindre la couverture & la tuile à la muraille.

RUILLER. v. n. Faire des repaires pour dreffer toutes fortes de furfaces & de plans.

RUIMER. v. n. Vieux mot. Rugir. On a dit auffi *Rument*, pour Rugiff' ment

RUINER. v. a. Terme de Maçonnerie. On dit *Ruiner & tamponner des folives* un mur, dire, Entailler, hacher les côtés des folives & y ficher à force des tampons ou chevilles de bois, pour tenir les plâtras, & la maçonnerie, dont on en remplit l'entredeux enfuite.

RUINURE. f. f. Entaille qu'on fait aux côtés des folives ou des poteaux avec la coignée, pour retenir les panneaux de maçonnerie dans une cloifon & les entrevoux dans un plancher.

RUISTE. adj. Vieux mot. Rude.
Tant mar fu ta ruifte fierté.

RUIT. f. m. Vieux mot. Bord d'un Ruiffeau
Sur le ruit d'une fontenelle.

R U M

RUM Efpace que l'on pratique dans le fond de cale d'un vaiffeau, pour y arranger les marchandifes, de fa cargaifon. On l'appelle autrement *Reun*, & c'eft de là qu'on a dit *Arrumer*, ou *arreumer*, pour dire, Ranger les marchandifes dont le Vaiffeau eft chargé. Les mots d'*Arrimer* & d'*arrimage* qui veulent dire, Arranger & arrangement viennent auffi de là.

On a dit en termes de mer, *Etre en bon rum*, pour dire, en bon ordre; *Avoir du rum à fond de cale*, pour dire, Y avoir de l'efpace, & *Donner rum à une pointe de terre, à une roche*, pour dire, S'en éloigner.

RUMB. f. m. Ligne, par laquelle un des trente-deux vents qui fervent à conduire les Vaiffeaux, eft reprefenté fur la bouffole, ou fur les cartes marines. La divifion qui eft la plus generalement reçue établit huit Rumbs entiers, dont la diftance de l'un à l'autre eft de quarante-cinq degrés; huit demi-Rumbs, & feize Quarts de Rumb; ce qui accomplit le nombre des trente-deux vents.

Nicod a écrit *Rum*, & non pas *Rumb*, Rum dit-il, *eft le trait en ligne droite d'un vent à autre, comme Nort, Sud, Eft, Vueft, Nordeft, Sudoveft; ce qui eft entendu non feulement d'un vent entier à autre, ainfi auffi d'un demi vent à autre, & d'une quarte de vent à autre; & de plus grande menuife de vents s'il s'en faifoit en la navigation. Selon ce on dit Arrumer une carte, c'eft-à-dire, Tirer en icelle lefdits Rums de vents entiers, demi-vents, ou quars d'iceux, d'un*

point à son opposite en droite ligne ; ce qui est usité és
cartes de navigation ou de mer , parce que les routes
& chemins de la mer sont en haut & en l'air , & non
en bas comme ceux de la terre, c'est-à-dire, aux vents.
Lesquels *Rums* sont marquez de noir , de rouge & de
vert , pour distinguer les *Rums* des vents entiers d'a-
vec ceux des demi vents & des quartes, servans tres-
tous pour tenir droicte route , & la reprendre quand
la fureur du vent traversain a fait desronter & four-
voyer le navire ; & s'il se trouve des cartes de terre
arrumées , à la façon de celles de mer, comme en l'an
mil cinq cens soixante & quatre , il m'en fut monstré
une de ce Royaume ,toute arrumée, faite par un Cosmographe Portugais , à la requeste de l'Ambassadeur
du Roy de Castille , que j'envoyay avec ledit Cosmographe au Roy Charles IX. estant alors à Escoüen, à
ce qu'il retinst ladite carte comme pernicieuse à son
Estat , & le Pourtroyeur & Cosmographe à son service ; ce qu'il feit , sont cartes pour la guerre servant à
un estranger ennemy , pour sans guide , connoissant le
Païs & à la faveur d'un quadran ou bussole , mener
une armée à travers tout le païs : desseigné en ladite
carte arrumée, & ne tomber point en danger , auquel
Tite-Live escrit en son vingt-deuxiéme Livre estre
tombé Annibal quand il se vit rendu au champ stella-
tes. Le mot peut estre prins de *juy's* , diction grecque,
qui signifie *Le timon d'une charrette, qui la fait aller
droit sans balancer, car le Rum monstre aussi le droit
de la route qu'il faut tenir sans varier.* Aucuns l'appellent *Ryn , autres Lys de vent.*

RUP

RUPTUOIRE. s. m. Terme de Chirurgie. Cautere
Potentiel, qui par sa vertu caustique brûle & fait escarre. On a coûtume de l'appliquer aux bubons veneriens & pestiferés, & aux piquûres des bêtes venimeuses , pour attirer & faire évacuer les humeurs.

RUS

RUSTARIN. adj. Vieux mot , dont Coquillard s'est
servi pour dire , Rustre.
RUSTIQUE. adj, *Champêtre qui est des champs , qui
appartient aux champs.* ACAD. FR.
    On appelle *Colomne Rustique,* Une colomne qui
est de proportion toscane, ou qui a des bossages unis,
rustiquez , ou piquez , & *Porte rustique,* Celle dont
les paremens des pierres sont en bossages rustiques.
RUSTIQUER. Terme de Tailleur de pierres. Piquer
une pierre avec la pointe du marteau entre les ci-

selures relevées. On dit qu'*Un Ouvrage est rustique,*
quand les pierres sont taillées rustiquement , & que
l'on n'a point d'exactitude à observer avec soin les
parties des cinq ordres ordinaires de l'Architecture.
RUSTRE. s. s. f. Terme de Blason. Losange percée
en rond. *De sable à trois rustres d'or.* Le Pere Menestrier fait venir Rustre du mot Allemand *Rutten ,*
qui signifie ces losanges percées à jour qui servent à arrester les gros clouds à vis des serrures & des
happes des portes.
    Rustre, Espece de lance ancienne dont se servoient
ceux qui combatoient dans les lices. Le bout de
cette lance étoit fait comme une navette percée
d'un bâton.

RUT

RUT. s. s. f. Tems ou les bêtes fauves & autres sont
en amour Les Fureteristes disent qu'on le dit de la
troupe des biches après laquelle le cerf court. Lisés
Harde des biches. Les cerfs entrent en Rut en Septembre , & ils y sont trois semaines. Le Chevreuil
n'y est qu'en Octobre , & environ pendant quinze
jours. On tient que sa femelle ne souffre aucune approche d'un autre que de celui qui l'a couverte au
commencement. Les Sangliers sont en rut dans tout
le mois de Decembre , & on prétend que faute
de layes , ils couvrent des truyes , lorsqu'ils en rencontrent. Le rut des Loups commence à la fin de
Decembre , & dure tout le mois de Janvier. Celui
des Renards est en Decembre & en Janvier. Quelques-uns font venir ce mot de *Rugitus,* Rugisse-
ment , à cause du bruit que font les Cerfs & les
Lions pendant qu'ils sont en chaleur. Borel le dérive de *Ruere ,* à cause de l'impetuosité des bêtes
dans tout le tems qu'elles sont en amour. On disoit autrefois *Ruit.*
    Ferme comme un Sanglier en ruit.

RYP

RYPTIQUES. s. m. Medicamens qui mondifient &
détergent toutes sortes d'humeurs salées, corrompues & puantes , & qui ont la faculté d'entraîner
celles qui sont lentes , glutineuses & adherentes
au corps. Ils sont composés d'une maniere chaude,
amere & salée au goût , & un peu dessicatives,
comme l'hyssope, l'absynthe , le nasitort , le centaurium minus , l'Iris , l'orge , le suc de limons , le
nitre , le miel , & autres. Ce mot est Grec ῥυπτικὸς, &
vient de ῥύπτω, Nettoyer , Oter les ordures.

S

SAB

ABBAT. f. m. Fête que les anciens Juifs obſervoient avec beaucoup de reſpect, au ſeptiéme jour auquel Dieu ſe repoſa, après avoir créé le monde de rien en ſix jours. Il ne leur eſt pas permis ce jour-là de parler d'affaires, du prix de quoi que ce ſoit, de vente, d'achat, de donner, de recevoir ni de manier rien qui ſoit peſant, ni aucuns outils d'Artiſans. Dès le Vendredi on ſonge à tout ce qu'il faut pour le Sabbat, & on n'entreprend aucun ouvrage qui ne puiſſe être achevé avant le ſoir. Le ſoleil étant prêt de ſe coucher, toutes les défenſes commencent à s'obſerver. Alors les femmes allument une lampe dans la chambre, & cette lampe qui dure la plus grande partie de la nuit, doit avoir ſix lumignons, ou tout au moins quatre. Elles dreſſent auſſi une table couverte d'une nappe blanche, & mettent du pain deſſus, qu'elles couvrent d'un autre linge long & étroit, ce que les Juifs font en memoire de la manne qui tomboit de cette ſorte ayant de la roſée deſſus & deſſous. Il y en a qui prennent du linge blanc pour bien commencer cette Fête du Sabbat, & qui après s'être lavé les mains & le viſage, vont dire dans la Synagogue le Pſeaume 91. & les premieres accoûtumées, auſquelles ils ajoûtent la commemoration du Sabbat. Ils ſe ſaluent au ſortir, & ſe diſent *Bon Sabbat*, & non pas bon ſoir. Le lendemain ils ſe levent plus tard que de coûtume pour mieux garder le repos, & lorſqu'ils ſont arrivés à la Synagogue, ils chantent pluſieurs Pſeaumes & prieres propres à la louange de la Fête. On tire auſſi le Pentateuque, & ſept perſonnes liſent toute la ſection où l'on eſt, après quoi on lit un endroit des Prophetes qui a rapport avec ce qu'on a lû de la Loi, & cette derniere lecture eſt faite ordinairement par un enfant. Cela eſt ſuivi de la benediction qu'on donne ſur le livre à tous ceux qui ſont preſens, & d'une autre pour le Prince ſous la domination duquel on eſt aſſemblé. On fait enſuite une autre priere qui renferme les paroles du ſacrifice qu'on faiſoit au Temple le jour du Sabbat, & c'eſt par-là qu'on finit. Le ſoir on retourne à la Synagogue, & après les prieres ordinaires, auſquelles la commemoration du Sabbat eſt ajoûtée, on lit à trois perſonnes dans le Pentateuque le commencement de la Section de la ſemaine où l'on entre. Les Juifs ont accoûtumé de manger trois fois pendant les vingt-quatre heures du Sabbat, la premiere le Vendredi après la priere du ſoir, & les deux autres le lendemain la nappe demeurant toûjours ſur la table pendant ce tems-là. Lorſque la nuit eſt venuë, & que l'on peut découvrir quelques étoiles, il eſt permis de retourner au travail. Comme ils croyent que les ames des Damnés & de ceux qui ſont en Purgatoire ne ſouffrent point pendant tout ce jour, ils en prolongent la durée par leurs chants & par la priere. Chacun

Tome II.

SAB

étant de retour chés ſoi, on allume un flambeau ou une lampe, & le Maître de la Maiſon prenant du vin & des épiceries de bonne odeur, les benit & les ſent pour commencer la ſemaine avec plaiſir. Il benit enſuite la clarté du feu dont on ne s'eſt point encore ſervi, & ſonge à reprendre le travail. *Sabbat*, eſt un mot Hebreu qui ſignifie, Ceſſation ou Repos.

SABBATHARIENS. f. m. Heretiques ainſi appellés de ce qu'ils ne vouloient point admettre le Jour du Seigneur, comme n'étant pas commandé dans l'Ecriture. Ils tenoient ſeulement le Sabbat pour Saint, à cauſe que Dieu ſe repoſa ce jour-là, & qu'il commanda de le garder. On les nomme auſſi *Sabbatariſes*.

SABBATINE. f. f. Theſe qu'on a appellée ainſi, parce qu'on ne la ſoûtenoit autrefois que le Samedi. On donne à preſent ce nom à toutes les petites theſes, qui ſe font d'une partie de la logique & de la morale. C'eſt auſſi le nom d'une Bulle accordée à Simon Stoc, en conſequence d'une prétenduë viſion qui a été vivement attaquée par le Docteur de Lannoi, l'Abbé Pirot en a ſoûtenu la verité dans un manuſcrit qui n'a pas encore été publié. Voyez SCAPULAIRE.

SABBATIQUE. adj. Mot qui n'a d'uſage qu'en parlant des années des anciens Juifs, qui les comptoient par ſemaines. La ſeptiéme étoit appellée *Année Sabbatique*. Ces ſept ſemaines d'années faiſoient quarante-neuf ans, & ils étoient obligés de ſanctifier la ſuivante qui étoit la cinquantiéme. Dans cette année les ſerviteurs ſe repoſoient étant remis en liberté, & on reſtituoit les poſſeſſions qui on avoit achetées. Ainſi les achats qui ſe faiſoient chés les Juifs n'étoient que juſqu'à l'année du Jubilé, qui étoit une année Sabbatique. La terre ſe repoſoit pendant cette même année, & il étoit défendu de la cultiver & de la ſemer.

SABE'ENS. f. m. Nom qui a été donné à ceux d'une Secte qui demeurent dans les confins de la Perſe, & qu'on appelle autrement *Chrétiens de ſaint Jean*, à cauſe qu'ils l'honorent particulierement, quoiqu'ils ſoient plus Gentils que Chrétiens. Ils n'admettent que quatre Sacremens, qui ſont le Baptême, l'Euchariſtie, l'Ordre & le Mariage. Pour le Baptême, ils ne le conferent jamais que le Dimanche, quand même l'enfant ſeroit tout prêt à mourir. Ils n'habitent que des lieux voiſins des rivieres, à cauſe qu'ils ſont perſuadés qu'on ne ſçauroit baptiſer qu'en eau courante. Ils ne donnent point ce Sacrement au nom de la Sainte Trinité, mais le Miniſtre étant au bord d'une riviere, jette un peu d'eau ſur la tête de l'enfant, en diſant en leur langue, *Au nom du Dieu Seigneur, ancien, avant la lumiere du monde, qui ſçait tout ce que nous faiſons.* Il repete ces mots trois fois en baignant chaque fois l'enfant. Dans l'Euchariſtie, ils diſent quelques prieres ſur l'hoſtie qui eſt faite avec de la farine détrempée dans du vin & de l'huile, & ſans prononcer les paroles de la conſecration, & pour le vin qui ſert auſſi à la

A a a

confecration , il eft tiré de raifins fecs humectés dans l'eau qu'ils preffent enfuite. Leur Meffe ne confifte qu'en quelques Oraifons , & en la communion du pain & du vin , & on ne dit point d'Evangile. Ils ont des Miniftres fuperieurs & inférieurs , & toute la ceremonie du Sacrement de l'Ordre ne confifte parmi-eux qu'à quelques prieres que dit le Miniftre fur celui qu'il ordonne. Les enfans fuccedent à leurs peres dans le Miniftere , pourvû qu'ils ayent feize ou dix-fept ans , & à leur défaut leurs plus proches parens rempliffent ces charges. Ces Sabéens ne travaillent point le Dimanche , & ont feulement trois fêtes par an , dont il y en a deux qui durent chacune trois jours , & une autre cinq. Cette derniere eft en mémoire du Baptême de Notre-Seigneur. Ils la celebrent au commencement du feptiéme mois , & fe font tous baptifer une fois tout de nouveau dans chacun de ces cinq jours. Les deux autres fêtes font celebrées l'une au premier jour de l'année en mémoire de la creation d'Adam , & l'autre au commencement de leur quatriéme mois , qui eft la fête de faint Jean. C'eft le feul qu'ils reconnoiffent pour faint , avec faint Zacharie fon pere , & fainte Elifabeth fa mere. J E S U S - C H R I S T ne paffe chés eux que comme fon ferviteur. Quand quelques-uns d'entre eux fe marie , le Miniftre les baptife encore , & oblige l'Epoufe en préfence des femmes qui fe rencontrent à cette ceremonie , de jurer qu'elle eft vierge , ce qui eft fuivi du rapport qu'en fait la femme du Miniftre qui eft commife à la vifiter , après quoi il fait mettre l'Epoux & l'Epoufe dos à dos , & quelques prieres qu'il lit font le mariage. Il leur eft permis d'avoir deux femmes. Ils ne connoiffent point de Purgatoire , & difent que les méchans pafferont après leur mort par un chemin fort étroit , où des tygres , des lyons , & des ferpents les devoreront , fans faire aucun mal aux bons qui pafferont par deffus ces bêtes , pour aller jouir des plaifirs du Paradis , qu'ils font materiel , ainfi que les Turcs. Ils ne fe nourriffent que des animaux , tant chair que poiffon , qui auront été tués par un Sabéen. Toute viande touchée par un autre leur paroît impure , & ils n'en veulent point manger. Leurs Miniftres font parmi-eux la fonction de Bouchers , en prenant un habit de toile. Si c'eft une poule qu'ils doivent tuer , ils lui lavent les piés & le bec , à caufe qu'elle gratte & mange des faletés , & après l'avoir égorgée , ils difent en leur langue , *Au nom de Dieu mifericordieux , que cela profite à ceux qui le mangeront.* Ils ne boivent jamais dans un vafe où un autre qu'un Sabéen aura bû , & ont la même horreur du bleu que les Juifs l'ont du pourceau. Leur année eft compofée de trois cens foixante & fix jours , fçavoir de douze mois chacun de trente jours , & de fix jours furnumeraires.

SABELLIENS. f. m. Heretiques qui ont pris leur nom de Sabellius , Africain de naiffance , qui fuivoit les erreurs de Noëtus. Le Sabellianifme commença à être connu vers l'an 224. fous la perfecution de Valerien. Ceux de cette Secte attaquoient la Trinité des Perfonnes Divines , foûtenant que ce n'étoit autre chofe qu'une difference de noms en une feule Perfonne, d'où il s'enfuivoit que le Pere avoit fouffert. Cette opinion les fit auffi appeller *Patrepaffiani.*

SABINE. f. f. Sorte d'arbre petit & court qui fe jette plus en largeur qu'en longueur , & dont les rameaux font fouples & difficiles à rompre. On l'appelle autrement *Savinier.* Il y en a de deux fortes , l'un qui porte du fruit , & l'autre qui eft fterile. Ce dernier à fes feuilles femblables au cyprès , mais très-

épineufes à la cime , fortes en odeur , aigues & brûlantes. Celui qui porte du fruit , quoique rare en Italie , eft affés abondant en Allemagne , où il vient naturellement. Il a fes feuilles femblables au Tamarifc , plus groffes & non piquantes. L'odeur n'en eft pas fi forte que du premier. Leur grain ou perle eft femblable en ce qui regarde l'odeur & le goût , mais l'un eft rougeâtre , & l'autre de couleur celefte. Galien dit que la Sabine provoque les mois , qu'elle fait mourir l'enfant au ventre de fa mere , & qu'étant mort elle le pouffe dehors. Elle eft fort contraire aux vers , & fes feuilles étant broyées & incorporées avec du miel , mondifient les ulceres les plus fales , & refolvent les charbons.

SABLE. f. m. *Sorte de terre legere , menue , & fans aucune confiftance , mêlée de petits grains de gravier.* ACAD. FR. Il y en a de differentes natures , & qui fe lient mieux avec la chaux que les autres. Les uns font fi gras , qu'on en met cinq parties , & quelquefois jufqu'à fept contre une de chaux , & il en eft d'autres fi fecs , qu'il faut prefque autant de chaux que de fable. En beaucoup d'endroits le meilleur eft celui qu'on appelle *Sable de cave.* C'eft un fable qu'on fouit & qu'on prend en terre. Il a de gros grains comme de petits cailloux , & fait du bruit quand on le manie. Il y a des fables blancs , d'autres jaunes , d'autres rouges & d'autres noirs. Pour connoître leur bonté , il les faut mettre fur l'étoffe. Il n'y a que les mauvais fables qui la faliffent , & qui y demeurent attachés. On appelle *Sable mâle ,* celui qui dans un même lit eft plus fort qu'un autre. Cet autre qui n'eft pas fi fort fe nomme *Sable femelle.*

On appelle auffi *Sable blanc ,* Une forte de fable fait de gyp calciné , dont les Faux Monnoyeurs fe fervent pour mouler. *Jetter en fable ,* fe dit , en termes de Fonderie , de ce qui eft jetté dans de petits moules faits de fable ou de poudre d'ardoife , de piés de mouton , d'os de feche , de cendres & autres chofes de cette nature ; & on appelle *Piftole fablée ,* Celle que l'on a moulée & jettée en fable , & qui n'a point été faite à la monnoye au moulin ou au marteau.

Sable. Sorte d'horloge qui mefure des heures ou demi-heures par l'écoulement du fable qui fort d'une phiole pour entrer dans une autre. Ces deux phioles , qui font proprement abouchées l'une fur l'autre , fe mettent dans une boîte à jour , & il y a autant de fable dans l'une qu'il en peut couler pendant une heure ou une demi-heure. Le fable fe fait de coquilles d'œuf fechées au feu , bien pulverifées & bien tamifées. On fe fert de ces horloges dans les Navires , & l'on dit , qu'*Un matelot a mangé fon fable ,* pour dire , qu'il a tourné l'horloge avant que tout le fable en fût écoulé , afin de faire finir fon quart plûtôt.

Sable , en termes de Blafon , veut dire , Noir. On le reprefente fur des écus gravés , par des traits croifés , c'eft-à-dire , par de doubles hachures de lignes qui fe croifent à angles droits. Borel dit que *Sable ,* dans ce fens , ne vient pas de fable , terre noirâtre , mais des martes zibelines , que quelques-uns nomment *Sabulines ,* qui font fort noires.

Voici ce que M. Rohaut trouve de plus vrai-femblable touchant la maniere dont le fable fe forme. Au lieu , dit-il , que les endroits de la terre où fe forment les metaux font fort ferrés par le poids de toute la matiere terreftre qu'il y a depuis ces endroits-là jufqu'à nous , les parties qui approchent le plus près de la furface , le font fi peu , qu'elles fe trouvent feparées les unes des autres par une infinité de fentes qui font entre ouvertes en tout fens, par où elles donnent un libre passage aux vapeurs & aux exhalaisons, & à quantité d'autres parties de matiere, que la chaleur qui se rencontre quelquefois dans les entrailles de la terre, a agitées; & comme les exhalaisons ont cette proprieté, que de se mêler facilement avec les parties terrestres fort delicates qu'elles détachent, il arrive qu'elles composent divers petits tas, dont les parties après s'être diversement agitées, s'accordent à la fin à se mouvoir en même sens, ce qui les met en repos les unes à l'égard des autres; puis le corps qui resulte de cet assemblage ayant la force d'ébranler la matiere voisine, il lui transfere peu à peu tout son mouvement, & s'arrête enfin revêtu d'une figure approchante de la ronde; & c'est, à mon avis, ce qui forme un grain de sable, qui peut être accompagné d'une infinité d'autres qui ont une semblable origine. Ces grains sont pesans, parce qu'ils sont faits d'une matiere terrestre; & ils sont durs, parce qu'elle est sans mouvement. Ils doivent être transparens, à cause que les petites boules du second élement qui les agitoit au commencement, s'y sont conservé des passages. Toutefois ces passages ne sont point en si grand nombre, qu'il n'y ait beaucoup de parties solides qui peuvent reflechir la lumiere; & parce que leur superficie est diversement âpre & raboteuse, cela cause quelques modifications aux rayons de la lumiere, & fait aussi que les grains de sable peuvent paroître sous toutes les diverses couleurs que l'on experimente. La production de l'argille n'est pas beaucoup differente de celle du sable. Il faut seulement ajoûter que ses grains sont incomparablement plus petits, pour laisser entre eux de plus petits intervalles, & ainsi composer un tout que l'eau puisse plus difficilement penetrer. Comme les parties qui s'enlevent de la terre ne sont pas par toutes égales, ni en même quantité, & que les vapeurs & les exhalaisons ne s'élevent pas aussi également par tout, il s'ensuit visiblement que les grains de sable & d'argile ne sont pas par tout de même grosseur ni de même qualité. Bien que chaque grain de sable soit transparent, neanmoins quand il y en a une grande quantité, ils sont ensemble un corps opaque: car la lumiere qui se presente pour passer au travers, ayant à passer plusieurs fois alternativement de l'air dans du sable, & du sable dans l'air, chaque superficie reflechit toûjours quelque peu de rayons, en sorte qu'à la fin il n'en reste plus du tout qui rendent du côté où ils se portoient au commencement; mais si la matiere qui compose un seul grain de sable, s'étoit rencontrée en si grande quantité, qu'elle pût faire une masse d'une grosseur assés considerable, cette masse seroit toute transparente, & selon les divers degrés de dureté qu'elle auroit, & l'arrangement de ses parties, elle auroit la forme de certains cailloux, ou de cristal, ou même de diamant.

SABLIERE. s. f. Terme d'Architecture. Piece de bois qui se met dans les cloisons, & qui étant aussi longue qu'une poutre, n'a que la moitié de sa grosseur. On appelle aussi *Sabliere*, La piece qui à chaque étage d'un pan de bois en reçoit les poteaux, & porte les solives du plancher. Il y a encore des especes de membrures, ausquelles on donne le nom de *Sablieres*. On les attache aux côtés d'une poutre, afin de n'en pas alterer la force, & elles reçoivent les solives dans leurs entailles.

SABORD. s. m. Terme de Marine. Embrasure dans le bordage d'un Vaisseau pour pointer une piece de canon. Il y a d'ordinaire sept piés de distance entre

Tome II.

deux Sabords, & toûjours autant de rangs de Sabords qu'il y a de ponts. Chaque rang est presque toûjours de quinze Sabords, sans comprendre ceux de la Sainte Barbe & les batteries qui sont sur les châteaux. *Fermer les sabords*, c'est laisser tomber les mantelets dessus.

On appelle *Faux sabord*, Un cadre de bois garni d'une toile goudronnée. On y fait une ouverture avec une petite manche par laquelle la volée du canon passe. On s'en sert à couvrir un Sabord que l'on ne veut pas couvrir d'un mantelet.

SABOT. s. m. Sorte de soulier fait d'un bois creusé, dont les pauvres gens se servent au lieu de souliers de cuir. Les Dames du Limosin portent des Sabots fort propres & fort mignons. M. Richelet dit que le dessus de ces Sabots, qui sont faits d'un bois leger, est delicatement travaillé à jour, & embelli de quelqu'autre ornement fait avec beaucoup d'art, que l'on dore ces Sabots, & que par dedans où le pié pose, on les double de velours rouge cramoisi, bleu ou de quelque autre couleur. Ces Sabots se lient avec deux courroies qui sont attachées d'un petit clou à chaque côté du Sabot. Boret fait venir *Sabot de Bot*, qu'il dit avoir signifié Un trou en terre ou une fossette à jouer aux noix, à cause que le Sabot lui ressemble par sa cavité dans laquelle on fourre le pié. M. Menage le derive de *Saputus*, diminutif de *Sapus*, que l'on a dit pour *Sapa*, dont il pretend que l'on a fait *Savate*.

On appelle aussi *Sabot*, Une sorte de toupie qui est sans fer au bout d'en bas, & qui sert de divertissement aux enfans, qui la font tourner avec un fouet de cuir.

Sabot, en parlant du pié du cheval, se dit de toute la corne qui est au dessous de la couronne. Le Sabot renferme la sole, la fourchette & le petit pié.

Sabot. Outil de bois dont se servent les Cordiers pour cabler le cordage en trois ou en quatre.

SABRE. s. m. Gros & pesant coutelas. C'est une sorte d'épée à lame large qui ne tranche que d'un côté, & qui est moins courbée que le cimeterre. Sa longueur la plus commune est de deux piés quatre pouces, à se prendre depuis sa garde. Quelques-uns font venir *Sabre* du mot Allemand *Sabal*, tiré de Hongrois ou Sclavon *Sabla*, qui signifie Coutelas.

SABURRE. s. m. Terme de Marine. Grosse arene qu'on met au fond des Navires pour les tenir en état de naviger. C'est ce qu'on appelle communément *Lest*. Ce mot vient du Latin *Saburra*.

S A C

SAC. Quantité de marc qui reste après un pressurage soit de vin, soit de cidre. On dit, couper, lever un Sac, c'est encore à la portée du pressoir. On dit aussi, Un Sac de 5, de 6. pipes.

SACADE. s. f. Terme de Manege. Sorte de châtiment dont se sert le Cavalier pour obliger le cheval à porter en beau lieu. On en doit user rarement, de peur de lui gâter la bouche. Il consiste à une secousse plus ou moins violente que le Cavalier lui donne, en tirant les resnes de la bride tout à coup lorsque le cheval pese à la main.

SACHE. s. m. Vieux mot. Le fourreau d'une épée.

Et de l'épée li enseigne,
Que le sache & pendant la ceigne.

SACHER. v. a. Vieux mot. Tirer.
Des playes sacha hors la fente
On a dit *Sacher l'épée*, pour dire, La tirer hors

A a a ij

du fourreau, de l'Espagnol *Sacar*, Tirer. On a dit aussi *Sacher*, pour dire, Aller à la chasse.

Li un pechent, li autre sachent.

SACOME. f. m. Terme d'Architecture, dont quelques-uns se servent, pour dire, Moulure en saillie. Il vient de l'Italien *Sacoma*.

SACONDRE. f. m. Sorte de Papillon qui se trouve dans l'Isle de Madagascar. Ces Papillons proviennent des escarbots, & se tiennent sur l'écorce d'un petit arbrisseau appellé *Tentele sacondre*, où ils paroissent comme des fleurs blanches, & se changent ensuite en des escarbots de differente couleur. Ils sont bigarrés de verd, de rouge & de plusieurs autres couleurs, & font du miel aussi doux que du sucre sur les feuilles de cet arbrisseau.

SACOPER. v. a. Vieux mot. S'enfermer soi-même.

SACQUATIER. f. m. Charroyeur de charbon dans les Forges.

SACQUIER. f. m. Terme de Marine. Petit Officier qui est établi en de certains Ports de mer. Sa fonction est de charger & décharger les Vaisseaux de sel & de grains & de les transporter dans des sacs, dont on a fait le mot de *Sacquier*.

SACRAMENTAIRES. f. m. Secte établie par André Carlostad, Archidiacre de Vvirtemberg, & l'un des premiers Disciples de Luther. Il a été le premier d'entre les Prêtres de Vvirtemberg qui se soit marié, qui ait interdit la Messe, rejetté les vêtemens sacrés & renversé le sacrifice & l'état sacerdotal. Il n'a pas voulu que JESUS-CHRIST fût au Saint Sacrement, sinon au tems qu'on le recevoit, & a défendu de lui rendre honneur & reverence, Luther déclama aussi-tôt contre ces Sacramentaires, les excommuniant, sans que jamais ni lui ni ses sectateurs ayent voulu se reconcilier avec eux.

SACRE. f. m. Oiseau femelle qui est court empieté, & le troisiéme des oiseaux de proie. Il a ses plumes d'un rouge enfumé, le bec, les jambes & les doigts bleus. Il est hardi, courageux, & propre au vol du Milan, du Heron & autres. Belon dit que l'on ne sçait où il fait ses petits. Son mâle s'appelle *Sacret*. M. Ménage fait venir le mot de *Sacre* de l'Arabe *Sacron*, qu'il dit être une espece d'épervier. D'autres veulent qu'on lui ait donné ce nom, à cause que toutes sortes de gens ne doivent pas toucher cet oiseau. Nicod en nomme trois especes differentes. *Sacre*, dit-il, *tantost est une espece d'oiseau de proye, laid de pennage, court empieté, plus grand que le Pelerin, & hardi à toutes manieres de volerie de passage, si qu'on ne sçait où il aire, ne où il fait ses petits; & parce qu'il fait annuellement son passage vers le Sud & vers les Indes, & est pris és Isles de Levant, Candie, Cypre & Rhodes & autres de l'Archipelage, les maistres Faulconniers tiennent qu'il vient des marches de Roussie, Tartarie & de la mer Majour, & en font trois especes, la premiere appellée Seph, qui hante l'Egypte & la contrée de Babylone; & prend lievres & biches; l'autre nommée Semi, qui prend petites gazeles; & la tierce Hynair, qui prend petites gazeles; & la tierce Hynair, qui prend petites & bien enduisant le past. Et par metaphore on dit, C'est un terrible sacre, de celui qui se gouverne par sa folle tête à l'estourdie; & tantost se prend pour l'aîle de la consecration & onction du Roy, qui se fait avec onction sacrée & autres grandes ceremonies.*

Celles du Sacre de Louis XIV. qui se fit dans l'Eglise de Notre-Dame, Cathedrale de Reims, au mois de Juin de l'année 1654. attirerent un nombre infini de Peuples qui s'y rendirent de toutes parts.

Voici en quoi elles consisterent. On avoit élevé une Tribune à main droite, vis-à-vis le fauteuil du Roi, pour la Reine & les Princesses. Le Nonce du Pape, les Ambassadeurs des Rois & des Princes Souverains, & les Cardinaux Mazarin & Grimaldi étoient de l'autre côté. Il y avoit des sieges pour les Pairs de France Ecclesiastiques & Seculiers, & d'autres pour des Seigneurs qui representoient les Ducs de Bourgogne, de Normandie & d'Aquitaine, & les Comtes de Toulouse, de Flandre & de Champagne. Six Heraults vêtus de velours blanc marchoient les premiers, & les Cent Suisses & les Gardes du Corps qui suivoient, precedoient le Roi qui étoit vêtu d'une camisole de satin rouge, ouverte au dos & par les manches. Ce Prince avoit par dessus une robe de toile d'argent, & portoit un chapeau de velours noir avec un cordon de diamans & une aigrette noire. Il étoit accompagné de Monsieur, qui avoit une veste d'or & d'argent, un manteau violet doublé d'hermines, & un chapeau de velours noir environné d'une couronne Ducale enrichie de diamans. Le Cardinal Mazarin & deux Pairs Ecclesiastiques suivoient, ainsi que le Chancelier avec ses habits de ceremonie. Le Roi se mit sur le fauteuil qu'on lui avoit préparé devant l'Autel, & quelque tems après la Sainte Ampoule fut apportée de l'Abbaye de saint Remi par le Prieur, qui étoit vêtu de ses habits Pontificaux, & monté sur un cheval blanc. Il marchoit sous un dais de toile d'argent, que portoient quatre de ses Religieux en chapes, & ayant des couronnes de fleurs. Les Habitans du Village du Quesne les precedoient, par un privilege particulier qu'ils ont, à cause que leurs Ancêtres ont autrefois retiré la sainte Ampoule des mains de quelques Sacrileges par qui elle avoit été enlevée. Les Marquis de Coislin & de Richelieu, & Messieurs Mancini & Biron, qui representoient les quatre anciens Barons, marchoient ensuite, chacun d'eux, portant un étendard blanc, où étoient les Armes de la Couronne, & celles de leurs Maisons. L'Evêque de Soissons, qui en l'absence de l'Archevêque de Reims, dont il est le premier Suffragant, fait la fonction de sacrer nos Rois, s'étant approché de Sa Majesté qui se leva pour lui faire honneur, la pria de vouloir octroyer aux Eglises de son Royaume & aux Evêques, la conservation de leurs privileges, & se tournant du côté des Princes & Seigneurs, de toute la Noblesse & du Peuple, il leur demanda s'ils l'acceptoient pour leur Roi. Chacun ayant fait ses acclamations, ce Prelat prit du Roi le serment accoûtumé, qu'il fit ayant les mains sur les saints Evangiles. Alors ce Monarque s'avança devant l'Autel, & se mit à genoux sur un carreau de velours rouge, semé de fleurs de lis d'or. Le Comte de Vivonne, depuis Maréchal de France, ayant une veste de toile d'or ou d'argent traînant avec un manteau d'écarlate violette, doublé d'hermines, le chapeau de velours noir & la Couronne Ducale enrichie de diamans & de pierreries, en qualité de premier Chambellan, s'étant approché du Roi, lui ôta sa robe longue. L'Evêque de Soissons, après avoir dit quelques prieres, benit l'épée Royale dans le fourreau, & en ceignit Sa Majesté; & l'ayant ensuite tirée du fourreau, la mit entre les mains de Sa Majesté, qui la tint la pointe en haut, & l'alla porter à l'Autel pour l'offrir à Dieu. Alors l'Evêque la reprit, & la remit dans les mains du Roi qui la donna au Maréchal d'Estrées, qui representoit le Connétable. En même-tems le Prelat prit la patene du calice de Saint Remi, sur laquelle il mit du saint Chrême & de l'huile de la sainte Ampoulle avec une aiguille d'or.

Après les avoir mêlés ensemble, il commença à oindre Sa Majesté sur la tête, sur l'estomac & sur les deux épaules, au pli du bras droit & du bras gauche, & ensuite le Duc de Joyeuse, Grand Chambellan, ayant donné au Roi par dessus sa camisole la tunique & le manteau Royal, l'onction fut continuée aux paumes des mains ; après quoi on lui donna des gants benis, & la benediction se fit aussi de l'anneau avec lequel Sa Majesté épousoit le Royaume. L'Evêque prit le Sceptre Royal sur l'Autel, le mit en la main droite du Roi, & la main de Justice en sa main gauche, & ayant mis sur sa tête la Couronne de Charlemagne, il le conduisit sur un trône au devant du Jubé, étant accompagné des Ducs & Pairs. Là, ayant ôté sa mitre, & lui ayant fait la reverence, il le baisa ; ce que firent ensuite tous les Ducs & Pairs.

Sacre. C'est ainsi qu'on appelle à Angers la Procession de la Fête-Dieu, qui s'y fait avec beaucoup de pompe, en expiation de l'Heresie de Berenger, qui en étoit Archidiacre. Froissard, vol. 3. fol. 225. édition de 1513. s'en sert en parlant de l'assassinat fait par Pierre de Craon en la personne du Connétable de Clisson.

SACROLOMBAIRE. adj. Les Medecins appellent *Muscle sacrolombaire*, un Muscle qui sert au mouvement du Thorax. On lui a donné ce nom à cause qu'il naît de l'os sacré ou de l'épine des lombes.

SAD

SADE. adj. Vieux mot. Gentil.

Il estoit viste, gent & sade.

SADINET. adj. Vieux mot. Joli, propre, net, mignard.

Tant de propos, tant de minettes,
Et tant de façons sadinettes.

SADUCE'ENS. s. m. Sorte d'Heretiques qui étoient autrefois parmi les Juifs. Ils rejettoient toutes les Traditions & Ecritures, à l'exception des cinq livres de Moyse, & nioient la resurrection, les punitions & les recompenses après cette vie, les Anges & les esprits, la destinée & la providence, attribuant la liberté à tous les hommes. Ils tenoient aussi que l'ame mouroit avec le corps.

SAF

SAFRAN. s. m. Plante qui a ses feuilles étroites, longues, & s'inclinant vers la terre, pleines de capillamens épaisses & fort douces à manier. Elles sortent des fleurs qui viennent auparavant, & qui sont rouges, belles à voir, & semblables à l'éphemeron. Dans le milieu sont des filamens rouges qui ont une sommité assés grosse, & avec ces filamens sortent comme de petites languettes de couleur d'or, & toutes semblables à celles qui viennent à la barbe de bouc. Le Safran fleurit pendant un mois, & ses feuilles verdoyent tout l'hiver en dépit du froid. Le printemps venu, elles sechent & se perdent sans plus paroître l'été. Sa racine est bulbeuse & revêtue de plusieurs cartilages jaunissans comme le glayeul. La quatriéme année on ôte les bulbes qu'on met en été dans des greniers, après quoi on les plante dans un champ non engraissé. Matthiole dit que les Toscans appellent cette plante *Zaffaran*, comme les Arabes, & qu'en d'autres lieux d'Italie on l'appelle *Gruogo*, du Latin *Crocus*. On l'appelle quelquefois *Crocus Orientalis*, à cause que

le meilleur vient de Corycie, qui est une Province du Levant. Il en croît d'excellent en France, sur-tout dans le Gâtinois & dans tout le pays d'Orange. Ce qu'on appelle proprement *Safran*, & ce qu'on vend sous ce nom, ce sont trois ou quatre filets qui viennent dans chaque fleur, qui ont le bout de couleur de feu, & assés gros. On s'en sert dans la Medecine, dans les teintures & dans les viandes. Les Enlumineurs l'employent pour faire du jaune doré. Le bon Safran doit être pliant, difficile à broyer, & quelquefois entremêlé de filamens blanchâtres. On le prépare pour la composition de la Theriaque, où l'entre, en le repassant entierement poil à poil, afin d'en ôter le petit pié jaune avec la pointe des ciseaux, pour n'y laisser que la partie purpurine, qui ne cede à aucune écarlate en vivacité de couleur. La nature du Safran, selon Dioscoride, est de resoudre, de mollifier & de restreindre legerement. Il provoque l'urine, & en le bûvant avec du vin cuit, il empêche qu'on ne s'enyvre. Enduit avec du lait de femme, il arrête & restreint toute fluxion des yeux. On le met aux breuvages qu'on ordonne pour les vers & vermines du corps. Quelques-uns tiennent que le Safran fait mourir ceux qui en boivent avec de l'eau au poids de trois drachmes. Il y a un Safran bâtard, qui n'est autre chose que le Carthamus.

Les Chymistes appellent *Safran des metaux*, l'Antimoine préparé. Ce n'est autre chose qu'une poudre d'un jaune obscur, qui se précipite au fond lorsqu'on dissout le foye d'antimoine dans de l'eau commune. Sa couleur lui fait donner le nom de *Safran*, & on y joint, *Des metaux*, à cause que l'antimoine est consideré comme le pere de tous les métaux. Quand il se fait seulement avec partie égale d'antimoine & de nitre, c'est le veritable Safran des métaux, de Rutland. Il a un peu de malignité, mais il opere plus doucement que le verre d'antimoine, & même avec plus d'effet & de promptitude. Neanmoins la meilleure composition est celle où l'on met parties égales d'antimoine, de nitre & de tartre, à cause que le tartre fixe la vertu purgative de l'antimoine. Le *Safran de Mars* est proprement la rouille du fer, & c'est sa couleur jaunâtre qui lui fait prendre le nom de *Safran*. Il n'est aperitif que par accident, & pour lui donner une vertu astrictive, on calcine le Mars à un feu violent, jusqu'à ce qu'il soit reduit en poudre rougeâtre, & c'est ce que l'on appelle *Safran de Mars astringent*. Quelques-uns se contentent de ramasser avec une patte de lievre la poudre rouge qui se trouve attachée aux barreaux des fourneaux ; elle est un bon Safran de mars. Son usage est dans les affections où l'astriction est necessaire, comme dans tous les flux de sang & d'excremens, dans la dysenterie & la diarrhée. Cette poudre est excellente dans les ulceres pour absorber l'acide corrosif. Le *Safran de Mars aperitif* redonne par son usage l'état naturel à la tissure viciée de la masse du sang, & en absorbant les sels viciés, il corrige les vices de toutes les digestions ; ce qui devroit le faire appeller *Alteratif*. Pour faire cette préparation, on prend de la limaille de fer, sur laquelle on verse un peu d'eau simple, & on laisse le tout au Soleil pendant la Canicule. Au bout de quelques jours la limaille est changée en Safran après une grande effervescence. L'acide qui abonde dans le mars étant dissout dans l'eau & agité ensuite par la chaleur du Soleil, s'attache à son propre corps. Il le corrode & le change en ce Safran, qui est d'autant plus aperitif, que pour le rassasier, il n'a point eu d'acide externe. Quelques-uns, pour préparer le

Safran de Mars aperitif, animent l'eau simple avec quelques alcalis, sur-tout avec le sel d'absynthe, après quoi ils versent le tout sur de la limaille d'acier dans un lieu riede, où elle se rouille facilement. On fait aussi un fort bon remede en préparant le Safran de Mars aperitif avec du vin.

Safran. Terme de Marine. Piece de bois plate & droite qu'on applique sur la longueur du gouvernail, afin qu'en lui donnant plus de largeur, elle en facilite le mouvement. On appelle aussi *Safran*. La planche qui est à l'extrémité du gouvernail d'un bateau foncet. Les barres qui soûtiennent les planches du remplage sont appuyées sur celle-là.

SAFRE. s. m. Terre minerale de couleur grise qui teint le verre, & qui lui donne une couleur bleue propre pour les émaux. On l'appelle ainsi du mot *Saphir*, à cause qu'elle donne la couleur de cette pierre. Les Potiers reduisent le *Safre*, ou *Zaphre* en poudre, & ils en enduisent leurs ouvrages, qui étant cruds paroissent noirs, & qui sont d'un très-beau bleu, quand ils ont passé par le fourneau.

SAFRE. adj. Vieux mot. Doux, agreable.

Après marchoit en safre convoisie.

On a dit aussi *Safrée*, pour mignonne, jolie.

C'est un tresor qu'elles sont bien tissées,
Et outre ce, sont si bien des safrées.

SAG

SAGAPENUM. s. m. Suc d'une herbe ferulacée qui croît en Medie. Le meilleur est, au rapport de Dioscoride, celui qui est transparent, roux au dehors & blanc au dedans, ayant une odeur qui participe du laser & du galbanum. Il est acre au goût, & bon aux douleurs des côtés & de la poitrine, aux toux inveterées, & à faire évacuer les phlegmes gros & visqueux qui sont au poumon. On l'ordonne au haut mal & aux spasmes qui font retirer les nerfs & la tête en arriere. Pris en breuvage & principalement avec decoction de rue & d'Enula campana, il purge violemment la poitrine & guerit les douleurs des flancs. Galien dit que le Sagapenum est une liqueur chaude & subtile en ses parties, comme toutes autres resines, mais qu'il a cela de propre qu'il est abstersif, & a une vertu propre à mondifier, ce qui le rend bon aux cataractes des yeux & aux foiblesses de la vue, causées par des humeurs grosses & visqueuses. La plante qui le porte est semblable au ferula, mais inutile & inefficace en Medecine. On l'appelle Sagapenum, en Grec σαγάπηνον. Son jus, qu'on devroit nommer *jus de Sagapenum*, est ce que les Apothicaires appellent *Serapinum*.

SAGETTE. s. f. Arme ancienne qui étoit une sorte de fleche, du Latin *Sagitta*, Fleche.

Ni dard ni sagette qui point.
De jour en l'air volante.

On a dit aussi *Sagittons*, pour dire, Dard.

SAGITTA. s. f. Plante qui croît dans les eaux dormantes, aussi-bien que dans les fleuves, & que Pline appelle ainsi du Latin *Sagitta*, Fleche, à cause de la forme de ses feuilles. Il y a la grande & la petite. La feuille de cette derniere est semblable à une fleche à trois pointes, l'une devant & les deux autres derriere, au travers desquelles elle est attachée à une queue triangulaire, qui est creuse & longue d'une coudée & demie, & quelquefois

plus, selon la profondeur de l'eau où vient cette plante. Sa tige est droite, lisse, ronde, creuse & branchue vers la cime, d'où sortent des fleurs blanches, qui ont chacune trois feuilles. Ces fleurs laissent enfin de petites têtes purpurines, de la grosseur d'une noix purpurine, où une petite graine est enfermée. Sa racine, qui se divise en plusieurs parties, est blanche & capilleuse comme celle du plantain aquatique, dont la Sagitta peut être une espece. La grande ne differe de la petite qu'en ce qu'elle est plus grande en toutes ses parties, & que ses feuilles ne sont pas si pointues au bout. On les trouve toutes deux en Bohême, tant au fleuve Multa qu'en plusieurs autres endroits.

SAGITTAIRE. s. m. Vieux mot. Archer.

Li autre archer & sagittaire.

Aujourd'hui il n'a plus d'usage que pour signifier le neuviéme Signe du Zodiaque, où le Soleil entre au mois de Novembre, & qu'on represente en archer qui tient une fleche prête à décocher. C'est une constellation composée de trente-deux étoiles, selon Ptolomée, & de trente-quatre, selon Quepler.

SAGITTALE. adj. Les Anatomistes appellent *Suture sagittale*, La seconde des sutures vraies du crane qui s'étend le long de la tête.

SAGOUIN. s. m. Sorte de petit singe qui a une longue queue.

SAI

SAIE. s. f. Sorte d'habit de gens de guerre, dont se servoient les anciens Perses & Romains. Il étoit fait de laine, & de forme quarrée, & il y en avoit d'hiver & d'été. Cet habit avoit quelque rapport au hoqueton ou au juste-au-corps de la maniere qu'on le fait presentement. Ce mot vient du Latin *Sagum*, qui selon Bochart étoit un vêtement des anciens Gaulois. C'étoit une espece de saye, sur quoi Borel dit qu'il faut remarquer que les saies de laine des Gaulois étoient faites à fuseaux de losanges de differentes couleurs.

SAIE. s. f. Terme d'Orfevre. Sorte de petite brosse faite d'une petite poignée de soies de porc liées ensemble, qui sert aux Orfevres à nettoyer & à épousseter leur besogne, ce qu'ils appellent *Sajetter*.

SAIGNE'E. s. f. Operation de Chirurgie, qui se fait en ouvrant la veine avec une lancette pour tirer du sang. Il y a quatre cas qui indiquent necessairement la saignée, comme quand la vie oisive & la suppression des évacuations ordinaires augmentent la masse du sang, ou à l'égard de quelque circonstance, telle que l'habitude à se faire ouvrir la veine en de certains tems, & l'effervescence de la fievre. Quoique la saignée ne satisfasse de soi qu'à l'intention qu'on a soin d'évacuer, elle ne laisse pas de soulager quelquefois par accident les maladies, lorsqu'elles dépendent de l'abondance du sang, de son mouvement empêché, de sa fermentation diminuée, ou d'une autre circonstance. C'est ce qui est cause que la saignée du bras provoque le flux menstrual, qu'elle pousse l'urine arrêtée, empêche l'avortement, & facilite les accouchemens fâcheux. Ceux qui prétendent que la saignée rafraîchit dans les fievres, se trompent; puisque la chaleur que cause l'effervescence est si excessive, que ce qu'on tire de sang n'est pas capable de la temperer, à moins qu'on en tire jusqu'à la défaillance, ainsi que faisoient les Anciens; ce qui tueroit fort promptement les malades. Les principaux usages de la saignée font de diminuer la maffe du fang, & d'en modifier le mouvement circulaire & celui des autres humeurs, ce qu'on nomme *Ventiler*. Il ne faut jamais ouvrir la veine, qu'il n'y ait une indication preffante qui demande l'évacuation, la revulfion ou la derivation du fang, & que les contreindications & les autres circonftances touchant les forces ne le permettent. Il y a deux tems de faigner, celui de commodité & celui de neceffité. Le premier regarde les personnes faifies qui ufent de la faignée par précaution. Hippocrate dit que ce doit être à l'Equinoxe du Printems & à celui de l'Automne, plûtôt en croiffant qu'en decours, & le matin lorf que l'eftomac n'eft point chargé. Il n'y a aucune regle pour le tems de neceffité. La faignée qui n'eft jamais neceffaire de foi dans les maladies chroniques, eft très-falutaire dans le commencement des aigues avec fievre, après avoir vuidé les premieres voies. Dans les pleurefies ou efquinancies preffantes on doit faigner même le foir & la nuit, ainfi que dans l'apoplexie, dans le caterre fuffocatif, & autres maladies aigues & fans fievre. L'intenfion revulfive ou évacuative montre la veine & l'endroit qu'il faut ouvrir, & ce font les forces du malade & la violence du mal qui font connoître la quantité de fang que l'on doit tirer. Si en faignant on pique le tendon ou le nerf de deffous la veine, il faut prendre une once d'huile diftillée de therebentine, avec une drachme d'efprit de vin & demi-drachme d'Euphorbe, & mêler le tout pour le verfer dans la plaie. C'eft rarement que l'on faigne les arteres. L'ouverture des groffes eft très-dangereufe à caufe des hemorragies & de la difficulté de confolider. Les petites arteres fe peuvent ouvrir avec fuccès, fur-tout dans les maux de tête, & elles doivent s'ouvrir aux temples & derriere les oreilles. On tient que l'ufage de la faignée a été enfeigné aux hommes par l'Hippotame, qui fe fentant trop chargé de fang, fe frotte contre un rofeau pointu pour s'ouvrir la veine. Après qu'il s'eft déchargé de fa plenitude, il trouve moyen d'étancher fon fang en fe veautrant dans la boue.

On appelle en termes de guerre, *Saignée du foffé*, L'ouverture qu'on y fait pour en faire écouler l'eau. Après qu'elle eft écoulée, on jette fur la bourbe qui y refte des claies couvertes de pierres, ou des ponts de jonc, afin de n'y affermir le paffage. *Saignée*, fe dit auffi d'un petit foffé qu'on fait dans un pré pour y amener l'eau & y entretenir la fraicheur.

SAILLANT, **ANTE.** adj. Qui avance, qui fort en dehors. On appelle, en termes de Fortification, *Angle faillant*, Celui qui prefente la pointe vers la campagne.

Saillant, eft auffi un terme de Blafon, & il fe dit d'une chevre, d'un mouton, ou belier en pié. *D'argent au bouc faillant d'azur*.

SAILLIE. f. f. Terme d'Architecture. Avance que les moulures & membres d'Architecture ont au-delà du nu du mur. Cette avance doit être proportionnée à leur hauteur.

Saillie, en termes de Maçon, fe dit d'une maniere de petite ceinture qui fert d'ornement à une cheminée.

SAIN, **SAINE.** adj. *De bonne conftitution, qui n'eft point fujet à être malade*. **ACAD. FR.** On dit en termes de mer, qu'*Une côte eft faine*, pour dire, qu'il n'y a point de roches ni de bancs aux environs, que c'eft une côte fûre. On dit auffi qu'*Une roche eft faine*, pour dire, qu'il n'y a rien de dangereux que ce qui en paroît.

SAINFOIN. f. m. Sorte d'herbe ou de plante qu'on

feme dans les terres labourées, ainfi que les autres grains, & qui eft deux ans à venir. Elle fert à engraiffer le bétail, & elle a plufieurs petites tiges tendres & rondes qui ne peuvent fe foûtenir. Les fleurs qu'elle porte font de couleur de pourpre ou violette. Sa femence eft groffe comme une lentille; quand elle eft verte, elle a bon goût. Etant une fois femée, elle dure plus de trente ans. Pline dit qu'on l'appelle *Medica*, parce qu'on l'apporta premierement de Medie. Il y a un Sainfoin fauvage, dont les fleurs font jaunâtres.

SAINTE-AUBINET. f. m. Terme de Marine. Pont de corde que fupportent des bouts de mâts pofés en travers fur le plat-bord à l'avant des Vaiffeaux marchands. Il couvre les cuifines & les marchandifes.

SAINTE-BARBE. f. f. Terme de Marine. Lieu où le Maître Canonnier tient une partie de ce qui concerne les uftenciles de fon artillerie: C'eft un retranchement de l'arriere du vaiffeau, au deffus de la foute.

SAIQUE. f. f. Sorte de Vaiffeau Grec, dont le corps eft fort chargé de bois. Il porte un beaupré, un petit artimon, & un grand mât, qui s'eleve avec fon hunier à une hauteur extraordinaire, & il eft foûtenu par des couftieres & par un étai qui répond de la pointe du mât de hune fur le beaupré. Ce bâtiment n'a ni mifaine, ni perroquet, ni haubans. Son pacfis porte une bonnette maillée.

SAISIE. f. f. Terme de Palais. *Acte de Juftice par lequel on faifit les biens meubles ou immeubles d'un debiteur*. **ACAD. FR.** On appelle *Saifi & Arrêt*, Celle qui fe fait entre les mains du debiteur d'un debiteur, en vertu d'une condamnation, d'un contrat en forme, ou d'une permiffion de Juge au bas d'une Requête qui lui eft prefentée à cette fin, quand on n'a qu'une fimple promeffe pour tout titre. La *Saifie & execution de meubles* fe fait fur le debiteur à la requête d'un creancier par un Sergent que l'on rend porteur d'une condamnation ou d'un contrat figné & fcellé en bonne forme.

Saifie réelle. Saifie qui fe fait par criées lorfqu'on s'attaque aux immeubles & qu'on veut les faire vendre par decret au plus offrant & dernier encheriffeur. Il faut pour cela être creancier d'une fomme de cent livres tout au moins, & que la créance foit fondée fur un titre executoire.

Saifie feodale. Saifie que fait le Seigneur des terres de fon Vaffal, faute de foi & hommage, de droits & devoirs non faits & non payés. Le Seigneur s'approprie les fruits tant que dure la faifie.

SAISINE. f. f. Terme de Pratique. *Prife de poffeffion d'un fond ou heritage, en vertu de l'Acte qui en eft donné par le Seigneur dont l'heritage releve*. **ACAD. FR.** Nicod en parle en ces termes. Saifine, c'eft emparement fait à aucun d'un heritage, c'eft-à-dire, quand on le redempare dudit heritage. Selon ce, on dit, le commun acquefteur prendre faifine du Seigneur cenfier ou foncier, c'eft pour lui eftre fait empare de l'heritage en ce faifant en fa cenfive ou feigneurie fonfiere, qu'on dit eftre par lui enfaifiné, ufant tels Seigneurs en ce faifant de ces mots, Saifi par moi, &c. Selon cela, on dit, Payer les droits de Saifine audit Seigneur, c'eft le denier qui lui eft deu pour telle faifine baillée, & par confequent Saifine fe prend pour Poffeffion, comme Je fuis en poffeffion & faifine de telle heritage.

SAISIR. v. a. *Prendre tout d'un coup & avec effort*. **ACAD. FR.** On dit en termes de Mer, *Saifir une Manœuvre*, pour dire, La bien amarrer; & *Saifir l'ancre contre le bord*, pour dire, l'Amarrer à fa place.

SAISON. f. f. L'une des quatre parties de l'année Solaire, qui font le Printems, l'Eté, l'Automne & l'Hiver. Le Printems commence à l'équinoxe du Printems qui arrive vers le 20. de Mars; l'Eté au Solftice d'Eté, environ le 23. de Juin; l'Automne à l'équinoxe d'Automne, vers le 24. de Septembre; & l'hiver au Solftice d'Hiver, à peu près le 22. de Decembre, de forte que les quatre Saifons ne font pas égales entre elles quant à leur durée, le Soleil demeurant plus long-tems dans les Signes Septentrionaux, que dans les Meridionaux. Cela arrive à cause de fon ciel qui n'eft pas concentrique à la terre.

Saifon, fe dit en matiere de labourage, de certaine portion de terre qu'on laboure chaque année, tandis qu'on en laiffe repofer une autre, & qu'on en feme une troifieme de ménus grains. On a coûtume de partager les terres de France en trois faifons. On feme du blé dans l'une.

SAL

SALADE. f. f. Mets compofé de certaines herbes, comme chicorée, laitue, pourpier & quelques autres que l'on affaifonne dans un faladier avec du fel, du vinaigre & de l'huile d'olive, & que l'on mange l'Eté pour fe rafraîchir. M. Menage fait venir ce mot du Latin Salata, venu de Sal, Sel; & du Cange le dérive de Salgama, qu'il dit qu'on trouve en cette même fignification dans quelques Auteurs.

Salade, Leger habillement de tête que portoient autrefois les gens de guerre. Quelques-uns ont dit Celate, du mot latin Calatus, Gravé, à cause des figures, des têtes & des dépouilles des animaux qu'on avoit vaincus, qui s'y gravoient ordinairement. On appella ces habillemens des Bourguignotes, à cause que c'étoit une invention des Bourguignons. D'autres veulent que ce foit une arme venue des Orientaux, & derivent Salade de Saladinus.

SALAMANDRE. f. f. Animal femblable au lezard en groffeur & en figure, mais qui a le ventre plus gros ainfi que la tête, & la queue plus courte. Quoique la Salamandre ait les jambes grandes, elle ne laiffe pas de marcher fort pefamment, au contraire du lezard qui eft prompt à fuir. Elle eft noire & marquetée de taches jaunes, qui font fi vives, qu'il femble qu'elles ayent été brunies & liffées. Elles font fort vilaines, & font vomir fouvent ceux qui les voyent. Pline dit que les Salamandres n'engendrent point, qu'il n'y a ni mâle ni femelle en leur efpece, & qu'elles viennent du limon de la terre corrompu. Elles ne commencent jamais à fe montrer qu'auPrintems & durant les grandes pluies, & difparoiffent quand le beau tems eft venu, ne craignent point de leux trous pendant le froid & le chaud, qu'elles craignent également. Il ajoûte que la Salamandre eft fi froide, qu'elle éteint le feu à le toucher feulement, de même que fait la glace, pourvû que ce foit fur un feu de charbon qu'on la mette; mais que fi le feu étoit trop grand, ou qu'on la jettât dans une fournaife, elle feroit incontinent confumée; ce que Matthiole affure avoir vû lui-même. Galien dit auffi que le feu ne nuira point à la Salamandre pendant quelque tems, mais que fi on l'y laiffe trop, il la confume; ce qui eft contraire à ce qu'en dit Ariftote, que la Salamandre ne fçauroit être brûlée, & qu'elle fe promene fur le feu, éteignant feu & flamme. Cet animal n'eft pas feulement venimeux reduit en poudre, & pris en breuvage, ou mêlé parmi les viandes, fes morfures font auffi mortelles que celles des viperes & autres ferpens. Il empoifonne même les herbes par où il paffe, d'une bave qu'il rend par tout le corps. Quelques Modernes affurent qu'il y a eu des maifons entierement dépeuplées de ceux qui les habitoient, pour avoir bû de l'eau d'un puits où par hafard une Salamandre étoit tombée, on pour avoir mangé du pain cuit dans un four échauffé du bois infecté de la Salamandre. En quelque partie que tombe fa bave, fût-ce à la plante du pié, cette bave fait tomber incontinent tout le poil du corps. Matthiole parle d'une efpece de Salamandre aquatique, qui eft fort commune dans le Frioul. Elle a la tête plus courte & tout rond que la Salamandre de terre. Son dos eft noir & fon ventre roux & tout marqueté de taches jaunes. Elle eft auffi fort hideufe à voir.

Les Amans appellent Salamandres, Les Dames infenfibles à l'amour.

SALDITS. f. m. Plante agreable & boifeufe qui fe trouve dans l'Ifle de Madagafcar, & qui produit des fleurs rouges. Ces fleurs font difpofées fi près l'une de l'autre, qu'elles forment une maniere de panache. Sa femence a une vertu vomitive. On peut appaifer le vomiffement qu'elle caufe en faifant prendre de la racine de la même plante.

SALE. adj. Qui eft mal propre, qui n'eft pas net; qui eft plein d'ordure. ACAD. FR. On dit en termes de mer, qu'Une côte eft fale, pour dire, qu'Elle eft dangereufe, qu'elle eft pleine de bancs & femée de baffes & de batures.

SALERON. f. m. Les Orfevres appellent ainfi la partie fuperieure d'une faliere. C'eft celle où l'on met le fel.

SALICOQUE. f. m. Sorte de petit poiffon de mer qui a la figure d'une écreviffe, mais qui eft beaucoup plus petit.

SALIGNI. f. m. p. Nom que les Italiens donnent à de certains marbres qui reffemblent à des congellations, & dont on fait malaifément des figures; à caufe qu'ils ont le grain fort rude & fort gros, & que dans les tems humides il en dégoute de l'eau en maniere de fueur. Ils font un peu tranfparents, & ont un brillant femblable à celui qui paroît dans le fel, ce qui les a fait nommer Saligni.

SALIGNON. f. m. Pain de fel blanc, fait d'eau de fontaine falée, cuit & formé dans une écliffe comme un fromage. Les Salignons fervent à attirer les pigeons dans les colombiers, & on y en met dans les lieux qui font exempts de gabelles.

SALIQUE. adj. On appelle Loi Salique, Une Loi ancienne & fondamentale du Royaume de France, qui exclut les femmes de la Couronne. On prétend qu'elle a été faite par Pharamond, ou tout au moins par Clovis, & non feulement pour la fucceffion Royale, mais auffi pour les particuliers, ce qui eft probable, puifqu'on appelloit autrefois Terres ou Heritages Saliques, Toutes les terres, tant fiefs que rotures, de la fucceffion defquelles les femmes étoient exclues, n'heritant que des meubles & acquêts lorfqu'il y avoit des mâles, fuivant le fixiéme article du titre des Alleuds, qui eft en ces termes dans le Recueil intitulé, Le paît de la Loy Salique. Nulle portion de la Terre Salique ne doit paffer aux femmes, mais le fexe viril l'acquiert, c'eft-à-dire, que les Fils fuccedent dans l'heritage. Quelques-uns veulent que le mot Salique vienne de ce que plufieurs articles de cette Loi commencent par Si aliquis, fi aliqua. D'autres le derivent des anciens François, appellés Sali, Salici, Salingi, de la riviere Sala, Fleuve de l'ancienne Germanie. Bouteroue le tire du mot Salich, qui en vieux langage Teuton fignifioit Salutaire, & il

observe

obſerve que la Loi Salique fut faite par les François, pour imiter la police des Romains, qui avoient
fait des Loix ſalutaires, que le Queſteur devoit
avoir devant lui, quand il rendoit la Juſtice.

SALIVAIRE. adj. On appelle en termes d'Anatomie,
Conduits ſalivaires, De certains petits conduits par
où la ſalive tombe dans la bouche. On tient que
c'eſt depuis peu de tems qu'ils ont été découverts.
Cependant Theodore Janſon aſſure que Galien les
a connus.

SALIVATION. ſ. f. Provocation du cours de la
ſalive par le moyen du mercure. Les Chirurgiens
ſe ſervent de ce mot pour ne pas dire *Flux de bouche*. C'eſt le remede le plus aſſuré pour la gueriſon des maux Veneriens. On purge tout le corps
par cette voie, & l'uſage qui ſe fait de la *Salivation univerſelle*, eſt dû au haſard, ainſi qu'on lui
doit celui de la plûpart des autres medicamens.
Jean Carpi, Medecin de Boulogne, ayant lû dans
les Memoires des Medecins Arabes, que le mercure convenoit aux ulceres inveterés & rebelles, jugea qu'il pourroit s'en ſervir utilement pour la gueriſon de quelques ulceres veroliques. La Salivation ſurvint par accident, & le malade ſe trouva
gueri non ſeulement des ulceres, mais encore de
la maladie qui les avoit cauſés. Cette methode pratiquée enſuite pour la verole, enrichit le Medecin.
On a reconnu depuis par pluſieurs experiences que
la Salivation étoit efficace pour d'autres maladies
compliquées avec la verole, & un Epileptique,
qui en étoit infecté depuis plus de 40. ans, fut gueri de l'un & de l'autre mal par le moyen de la Salivation. On la procura de même à un gouteux à l'occaſion de la verole dont on vouloit le guerir, & ſa
goutte diſparut, quoiqu'elle eût été toûjours fort
opiniâtre. Ces cures fortuites ont donné l'envie de
s'en ſervir dans les gales malignes, pour les ulceres cacoétiques des jambes, pour la ladrerie, pour
l'aſthme humide, & pour d'autres maladies de même nature, en quoi elle a réuſſi, de ſorte qu'on
peut dire en general qu'elle eſt propre aux affections
opiniâtres, qui dépendent de certaine humeur viſqueuſe, gluante & acide, dont les parties ſolides
ſont principalement affligées. La Salivation ſeul procure la Salivation, & il ſe donne de deux manieres,
exterieurement par des onguents, par des parfums
& par des emplâtres, & interieurement en ſe ſervant du mercure doux qu'on réitere pluſieurs fois &
qu'on donne d'ordinaire dans un jaune d'œuf, ou
du mercure précipité avec l'eſprit de nitre, ou du
turbith mineral de Crollius preparé avec l'eſprit de
ſouphre. On n'eſt pas d'accord touchant la maniere
dont la Salivation eſt cauſée par le mercure. Ce que
dit Tachenius eſt aſſés probable, que le mercure
eſt inſeparablement uni à certain ſouphre étranger,
volatil & preſque arſenical, qui produit les effets
qui ſont connus, par ſon acrimonie très-forte, laquelle ouvre & fond la roſée chyleuſe & nourrice-
re des parties & avec elle les ſucs acides, viciés,
veroliques, & autres qui ſortent dehors par les
conduits ſalivaires, à cauſe que ces ſucs ainſi fondus, ſont, à raiſon de leur tiſſure, diſpoſés &
propres à paſſer par les pores & les glandes maxillaires, comme par des cribles qui leur ſont proportionnés. La Salivation agit plus ſur les parties
ſolides & nerveuſes que ſur les liquides & les ſan-
guines, ce qui eſt cauſe qu'elle amaigrit & affoiblit
extremement les malades; de ſorte qu'on n'y doit
avoir recours, que quand on a éprouvé l'inutilité
des autres remedes. Si la Salivation devient exceſſive, on l'arrête par les narcotiques & par l'opium
donnés interieurement. L'or l'arrête auſſi en tirant

Tome II.

le mercure hors du corps par une ſympathie admirable. On frotte la peau avec une piece d'or, ou
bien le malade la tient dans ſa bouche. Quand cette
piece eſt devenue blanche par le mercure qui s'y
attache, on la jette dans le feu pour la depurer,
après quoi on la remet dans la bouche. Le mercure quitte le corps pour s'attacher à l'or, ce qui
fait que la ſalivation ceſſe. Il y a auſſi une *Salivation particuliere*. Elle ſert par le moyen d'un aiguillon externe à vuider la ſalive des glandes de
la bouche & des lieux voiſins, & à décharger par
conſequent la tête de la lymphe contre nature qui
la charge. Tout ce qui ſe purge par ce moyen,
vient des glandes preſque innombrables de deſſous
les membranes pituitaires, qui ſe déchargent dans
la bouche. Ces glandes reçoivent la lymphe de certains rameaux des arteres carotides, & à meſure
qu'elles ſe vuident par cette ſorte de ſalivation, la
lymphe y vient de ces vaiſſeaux, & ainſi les parties
internes de la tête en ſont déchargées. La Salivation particuliere convient aux affections caterreu-
ſes de la tête, & des parties voiſines, aux douleurs des dents, des mâchoires, des gencives, &
les remedes qui l'excitent, operent ſimplement en
irritant les glandes dont on a parlé, par certains
ſels qui s'exaltent & ſe mettent en action par la
maſtication quand ils ſont donnés en conſiſtance
ſeche, comme les racines de pyretre & de gingembre, le tabac, le maſtic, ou en forme liquide &
de decoction qu'on retient quelque tems dans la
bouche pour le faire mieux penetrer. Telles ſont
les decoctions de marjolaine, de tabac, de ſemence de moutarde dans du vin, de l'eau ou du
vinaigre.

SALIVE. ſ. f. Pituite, ou humeur blanche & acide
que la nature fait tomber dans la bouche, pour détremper les alimens & les diſpoſer à recevoir plus
facilement la digeſtion de l'eſtomac par l'impreſſion
qu'elle leur donne. Ce qui rend le mélange des alimens & de la Salive neceſſaire, c'eſtque la Salive
en les penetrant diſſout les ſels qui ſont cachés dans
les alimens, les fond. & leur imprime un caractere qui les prepare à la fermentation à venir. Elle
eſt compoſée de beaucoup d'eau & de ſerum, empreint d'un acide ſubtil, & temperé par un eſprit
ſalin, volatil, huileux qu'elle reçoit des nerfs.
Lorſque la Salive eſt jointe aux alimens, elle en
commence aiſément la fermentation, en diſſolvant
les ſels dans ſa partie aqueuſe, en inciſant & penetrant par ſon acide, & en volatiliſant par ſon eſprit
volatil, de ſorte qu'on peut la regarder comme
le levain qu'on ajoûte à la farine pour la faire fermenter. La ſalive vient des glandes, qui ſont en
grand nombre dedans & dehors la bouche, ſçavoir les maxillaires, ſous leſquelles on comprend
les parotides, les glandes du palais, & celles de
deſſous la langue, auſquelles les amygdales peuvent être jointes. Ces glandes reçoivent les rameaux très-déliés des arteres, d'où elles expriment
par l'eſpece d'éponge une humeur limpide, ſereuſe,
ſaline, & même empreignée d'un acide occulte,
ſelon ce que penſent quelques-uns, auquel ſe
joint l'eſprit animal volatil, que des nerfs conſiderables y apportent, & cette humeur conſtituée de
ſorte étant portée à la bouche par des vaiſſeaux
excretoires, fait la Salive, dont l'uſage en general
eſt qu'étant avalée ſans ceſſe, elle nettoye l'eſtomac
de ſes ordures & rend par-là le levain acide plus
puiſſant & plus efficace, & concourt même à la
production d'un nouveau levain. Elle a d'autres uſages moins principaux, comme, d'humecter la langue afin qu'elle ſe remue plus promptement, de

lubrefier la gorge & l'œsophage pour faciliter la deglutition , d'empêcher la soif en lavant la gorge , & de procurer la perception des saveurs par la dissolution qu'elle fait des sels. Rien ne prouve mieux que la Salive a une vertu penetrative , & fermentative , que la communication de certaines maladies comme le scorbut & autres , qui se fait par la salive , soit en buvant dans le même verre , ou d'une autre sorte. Joignez à cela que le biscuit de mer bien mâché & empreigné abondamment de la Salive , fait lever la farine comme le levain ordinaire. L'experience fait voir que la Salive des personnes saines est un bon remede pour les maux externes comme les dartres , & on ne sçauroit douter que les chiens ne guerissent les plaies en les lechant.

SALMI. f. m. Hachis de viande qu'on fait cuire dans une casserole avec des assaisonnements. On dit en Anjou *Salmigondis* , ailleurs *Hochepot*.

SALORGES. f. m. Amas de sel. Il y a une clause expresse dans les loix des Gabelles , qui défend à toutes sortes de personnes de tenir Salorges , à cinq lieues près des limites des Greniers , qui sont contenus dans les fermes.

SALPESTRE. f. m. Mineral qui est rapporté entre les sels , quoique de substance plus tenue & plus legere. Il se forme dans la terre d'une exhalaison fort chaude & acre que le froid a condensée. Cette exhalaison par sa chaleur lui communique un peu d'amertume. On le tire des démolitions des bâtimens, des voutes des caves , & particulierement des étables à cause de la grande quantité de sel volatil de l'urine , & des excremens des bestiaux. Ce sel se joint au sel de la terre par l'action continuelle de l'air. Le Salpêtre pour être bon , doit être blanc & cristallin , & d'un goût acide tirant sur l'acerbe. Si en s'exhalant en l'air , il y laisse quelque chose, c'est une marque évidente qu'il a trop d'impureté. Ainsi il doit être raffiné avant qu'on l'emploie aux operations. Il est detersif & absorbant , tue les vers, efface les cicatrices , & est très-bon à blanchir & à nettoyer les dents , lorsqu'il est fondu ou brûlé sur une tuile. Outre cela il resiste à la pourriture , apaise la soif, & adoucit la grande chaleur , ce qui fait que l'on s'en sert interieurement dans les aposemes jusqu'à une drachme , pour remedier aux fievres ardentes du foye & du mesentere , pourvû qu'on n'ait pas le ventre trop libre ni l'estomac foible. Le Salpêtre est le principal ingredient de la poudre à canon , & a une merveilleuse qualité pour se rarefier. Ses menues parties sont faites en aiguilles.

SALSEPAREILLE. f. f. Racine fort longue que l'on nous apporte du Perou , & qui a de longs & menus filets. La bonne est celle qui n'est point noueuse, qui est recente, pesante, grosse, rude , dure, fibreuse , ridée , fans vermoulure , & qui se rompt en plusieurs parties fans exciter aucune poussiere. Il faut encore qu'elle soit insipide , fans acrimonie & d'une couleur un peu noirâtre. Elle a d'abord la vertu d'échauffer moderément , d'ouvrir ensuite & d'exciter la sueur, & enfin d'éteindre le virus venerien , ce qui la rend un des medicamens simples dont on a coûtume de se servir pour la guerison de la verole. On l'appelle en latin *Sallaparilla* , ou *Sarzaparilla*.

SALSIFIX. f. m. Racine qu'on mange cuite avec du beurre , du sel & du vinaigre. On la confit aussi avec du sucre pour la conserver. Le Salsifix commun fleurit violet , & le Salsifix d'Espagne fleurit jaune. On l'appelle *Scorsonnere*.

SALVAGE. f. m. Terme de Coûtume. Droit qui est ordinairement de la dixiéme partie des marchandises que l'on sauve après qu'il est arrivé quelque naufrage , & qui appartient à ceux qui ont aidé à sauver ces marchandises. On dit aussi *Sauvelage*.

SALVATELLE. f. f. Terme de Medecine. Les Arabes appellent ainsi un rameau fameux de la veine cephalique qui s'étend au petit doigt , & à celui qui en est proche. On en saigne quelquefois aux fievres quartes , & aux maladies que causent la melancolie , ou qui viennent des obstructions de la rate.

SALVATIONS. f. f. p. Ecritures d'Avocats qui servent de réponse aux contredits & objections de la partie adverse , & par lesquelles ils défendent les pieces que l'on a produites & les inductions qu'on en a tirées. On dit *Salvations de témoins* , quand on détruit les reproches que l'on a donnés contre eux.

SALUER. v. a. *Donner à quelqu'un une marque de civilité en l'abordant ou en le rencontrant , ou en quelques autres occasions.* ACAD. FR. On dit en termes de Marine. *Saluer du canon* , pour dire , Tirer un nombre de coups de canon , cinq , sept , neuf , à balle ou fans balle , selon qu'on veut rendre plus ou moins d'honneur à ce qu'on salue. Les Navires saluent toûjours par un nombre impair , & les Galeres par un nombre pair. Le Vaisseau qui est sous le vent d'un autre , est obligé de saluer le premier. Par l'Ordonnance du Roi de 1670. toutes les Villes & Forteresses Maritimes du Royaume sont obligées de saluer le Pavillon Amiral de treize coups de canon , & il doit leur en rendre cinq. Le Vice-Amiral & le Contre-Amiral saluent les Places Maritimes chacun de cinq coups , & elles leur rendent coup sur coup. Les Cornettes & les Flames saluent de trois coups & n'en reçoivent que deux. Le Pavillon Amiral & l'étendard Réal des Galeres d'une Tête Couronnée , saluent les premiers les Places maritimes d'une autre Tête Couronnée , soit qu'ils y viennent mouiller , ou qu'ils ne fassent que passer devant , & ces Places ne font que leur rendre coup pour coup.

On dit *Saluer de la Mousqueterie* , quand on tire une ou trois salves de mousqueterie. C'est une maniere de saluer , qui a coûtume de preceder le salut du canon , & qui se fait seulement à l'occasion de quelque fête. On dit *Saluer de la voix* , quand tout l'équipage ayant la tête nue , crie une ou trois fois *Vive le Roi*. Ce Salut se fait après celui du Canon , ou quand on ne peut , ou qu'on ne veut pas tirer du canon. On *Salue du Pavillon* de deux manieres , ou en l'embrassant & le tenant contre son bâton , en sorte qu'il ne puisse voltiger , ou en l'amenant & le tenant de telle maniere qu'il soit impossible de le voir. C'est-là le plus grand Salut de tous. On dit encore , *Saluer des voiles* , ce qui se fait en amenant les huniers à mi-mât ou sur le ton. Il n'y a que les Vaisseaux qui sont fans canon qui saluent de cette sorte.

SALUT. f. m. *Conservation dans un état heureux & convenable.* ACAD. FR. On a donné le nom de *Salut* , à une sorte de monnoie d'or fort ancienne , à cause de ces mots de sa legende, *Salus populi suprema lex*. On en battit aux Armes de France en 1422. sous Charles VI. Ils valoient vingt-cinq sols tournois , & portoient d'un côté un écu avec trois fleurs de lis entre la Vierge & un Ange & le mot AVE dans la legende. Il y avoit au revers une croix pleine entre deux lis , & au dessous la lettre K.

SAMARITAINS. ſ. m. Secte ſeparée de long-tems des Juifs, & dont le ſchiſme ſubſiſte encore aujourd'hui. Les anciens Samaritains tenoient avec les Saducéens, qu'il n'y avoit point de vie éternelle ni de reſurrection, & qu'aucunes traditions ne devoient être permiſes. Ils en differoient en ce qu'ils reconnoiſſoient les Anges, & qu'ils prioient ſeulement ſur la montagne Garizim, & non en Jeruſalem, comme les Saducéens, qui entretenoient une grande correſpondance avec les Juifs, au lieu que les Juifs & les Samaritains n'avoient nul commerce entre eux, ſe maudiſſant, & s'excommuniant les uns les autres. Les Samaritains d'apreſent ſont à Gaza, à Sichem, à Damas, au Caire, & en d'autres Villes du Levant où ils ont des Pontifes, qu'ils prétendent venus d'Aaron. Ils ont leur temple ſur la même montagne Garizim, & y ſont leurs ſacrifices. Ils obſervent le Sabbat dans toute la regularité que preſcrit l'Exode, perſonne d'entre eux ne ſortant ce jour-là du lieu où il ſe rencontre, que pour aller à la Synagogue. Cette nuit-là ils ne couchent point avec leurs femmes, & ils la paſſent ſans faire allumer de feu. La Pâque eſt la premiere de toutes leurs fêtes. Ils la celebrent tous les ans le quatorziéme du premier mois ſur cette montagne où ils ont un autel de pierre qui fut élevé par les Iſraëlites, après qu'ils eurent paſſé le Jourdain. Ils la commencent au Soleil couchant par le ſacrifice que l'Exode ordonne, & ne ſacrifient que ſur la montagne de Garizim où ils liſent la Loi, & font des prieres à Dieu, après quoi le grand Prêtre donne la benediction à l'aſſemblée. Ils celebrent auſſi pendant ſept jours la Fête de la Moiſſon ou Pentecôte, & font celle de l'expiation le dixiéme jour du ſeptiéme mois. Ils en paſſent les vingt-quatre heures à prier & à chanter, & ils ne prennent aucune nourriture ce jour-là, à l'exception des enfans à la mammelle. Le 15. du même mois ils celebrent la Fête des Tabernacles, & ne different jamais la circonciſion au-delà de huit jours. Ils ſont obligés de ſe laver lorſqu'ils ont couché avec leurs femmes, & croyent qu'avant qu'ils ſe ſoient lavés, leur attouchement rend ſouillé tout ce qui peut l'être. Ils ôtent la graiſſe des ſacrifices, & donnent au Prêtre l'épaule, les mâchoires & le ventre. Ils n'épouſent point leurs nieces comme les Juifs, & n'ont qu'une ſeule femme. Ils croyent au Seigneur, à Moyſe & à la Montagne de Garizim, & diſent qu'ils ne font que ce qui eſt expreſſément ordonné dans la Loi par le Seigneur qui s'eſt ſervi du miniſtere de Moyſe, au lieu que les Juifs quittent ce que le Seigneur a commandé dans la Loi, pour faire ce qu'ont inventé leurs Peres & leurs Docteurs. Ils ſe diſent ſortis de la tribu de Joſeph le Juſte par Ephraïm, d'avoir le ſepulcre de Joſeph fils de Jacob & de pluſieurs autres, & aſſurent que leurs caracteres Samaritains ſont ceux dont Dieu ſe ſervit pour écrire la Loi, & qu'il les donna à Moyſe. Ils ont des Prêtres de la race d'Aaron, qu'ils appellent Aaroniſtes. Ces Prêtres ne ſe marient jamais qu'avec des femmes de leur famille, pour ne point confondre la race Sacerdotale. Il n'y a que le Pentateuque de Moyſe de tous les Livres de la Bible qu'ils tiennent pour autentique. Celui qu'ils ont ne differe du Juif qu'en caracteres, l'un & l'autre étant des copies tirées d'un même original que chacun a écrit dans les caracteres qui lui étoient propres. Ils en ont auſſi deux verſions, c'eſt-à-dire, de leur Pentateuque Hebreu écrit en caracteres Samaritains, l'une écrite en Arabe, l'autre en Syriaque ou Chaldéen,
Tome II.

qui eſt ce que l'on appelle *La verſion Samaritaine.*

SAMBARAME. ſ. m. Eſpece de ſantal blanc, que l'on apporte rarement en France.

SAMBE. ſ. m. Oiſeau de l'Iſle de Madagaſcar, dont les plumes ſont auſſi rouges que la flame, ce qui le fait auſſi appeller *Brûlant.*

SAMBUE. ſ. f. Vieux mot. Sorte de harnois de cheval.

Un Palefrois bien enſelés
D'une moult riche Sambue.

SAMBUQUE. ſ. f. Ancien inſtrument de Muſique en forme de flûte. Quelques-uns croient que ce mot vient du latin *Sambucus*, Sureau, à cauſe que cet inſtrument étoit fait de Sureau. C'étoit auſſi une ancienne machine de guerre. Plutarque témoigne que Marcellus s'en ſervit pour aſſieger Syracuſe. Elle étoit d'une groſſeur ſi extraordinaire qu'il falloit deux Navires pour la porter.

SAMEQUIN. ſ. m. Sorte de Vaiſſeau Marchand Turc. On ne s'en ſert que pour aller terre à terre.

SAMIENNE. adj. On appelle *Terre Samienne*, Une terre blanche, legere & gluante à la langue, qu'on apporte de l'Iſle de Samos. Elle eſt molle, frèle, & pleine d'humeur, ainſi que la pierre appellée *Collyre*. Dioſcoride dit qu'il y en a une autre qu'on appelle *Aſter*. Celle-là eſt crouteuſe & maſſive comme une pierre à toucher l'or. On la brûle & on la lave comme la terre Eretrienne, dont elle a les proprietés. Elle arrête les vomiſſemens de ſang, & bûe avec de l'eau, elle eſt bonne contre les morſures des ſerpents. Matthiole fait connoître l'erreur de ceux qui prennent pour Aſter Samien, la pierre que les Apothicaires appellent *Talchus.*

Il y a auſſi, ſelon Dioſcoride, Une *Pierre Samienne*, qui ſe trouve dans la terre qu'on apporte de Samos. Les Orfevres, dit-il, ſe ſervent de cette pierre pour brunir l'or, afin de le rendre plus luiſant. Les meilleures ſont les plus blanches & les plus dures. Cette pierre a une vertu aſtringente & refrigerative. Priſe en breuvage, elle eſt bonne à ceux qui ont quelque douleur d'eſtomac, mais elle hebete les ſens. Avec du lait, c'eſt un bon remede pour les ulceres & les fluxions des yeux. On tient qu'en la portant ſur ſoi, elle fait promptement delivrer les femmes qui ſont en travail d'enfant, & que même elle fait porter les enfans à terme.

SAMIT. ſ. m. Vieux mot. Sorte d'étoffe fort riche, qui étoit tramée de lames d'or & d'argent.

En celle chambre avoit deux lits
Couverts de deux riches ſamits.

On dit que l'Oriflame étoit d'un vermeil ſamit.

SAMOSATENIENS. ſ. m. Heretiques ainſi appellés de Paulus Samoſatenus dont ils ſuivoient les erreurs. Ils croyoient que JESUS-CHRIST étoit un pur homme, qui n'avoit point eu d'être avant ſon incarnation. Cette Hereſie, qui parut ſous le nom de Samoſatenus au commencement du troiſiéme ſiecle, avoit été enſeignée ſoixante ans auparavant par Photinus, & enſuite par Lucianus, Marcellus, Arrius & Mahomet, qui ſoûtenoient que la Divinité n'habitoit point corporellement en JESUS-CHRIST, mais comme dans les anciens Prophetes, par grace & par operation, & qu'il étoit ſeulement exterieurement, & non pas interieurement la Parole de Dieu. C'étoit ce qui les empêchoit de baptiſer en ſon nom. Auſſi le Concile de Nicée rejetta-t-il leur baptême, ordonnant qu'-

B b b ij

on rebaptiferoit tous ceux d'entre eux qui avoient été baptifés.

SAN

SANCIR. v. n. Terme de Marine. Couler à fond. On dit, qu'*Un Navire a fancy fous fes amarres*, pour dire, qu'il s'eft perdu tandis qu'il étoit à l'ancre.

SANDAL. f. m. Bois des Indes, dont Borel dit qu'il y a de trois fortes, le rouge, le blanc & le citrin. On s'en fert à faire une teinture rougeâtre, appellée *Couleur de Sandal*. Il en croît une fort grande quantité le long de la baffe terre de l'Ifle de la Guadeloupe dans les lieux les plus arides. Ce Sandal paroît être le citrin. C'eft un arbre qui pour l'ordinaire n'eft pas plus gros que la jambe, & qui eft de la hauteur d'un petit Abricotier. Son écorce eft rude, grife, & comme tachée de blanc en plufieurs endroits. Il a quantité de menues branches, éparfes en rond, & toutes chargées de petites feuilles larges deux fois comme l'ongle, liffées, & d'un vert gai fort agreable. Elles font trois à trois fur une petite queue. Il porte de petites fleurs blanches, aufquelles fuccedent de petites graines noires, de la groffeur des graines de poivre. Par tout où cet arbre croît, on en voit beaucoup de fecs & de renverfés, ce qui donne lieu de croire qu'il ne dure pas long-tems. Lorfqu'il eft tombé tout l'aubier fe pourrit, & il ne demeure plus que le cœur de l'arbre, qui eft blanc, tirant un peu fur le jaune, à peu près comme le bouis. L'odeur en eft bien meilleure alors, que quand il eft vert. Il en exhale une odeur fort agreable en brûlant. Les habitans fe fervent pour faire cuire leur caffave, à caufe qu'il brûle fort clair. On en fait auffi des flambeaux pour fe conduire la nuit, & parce que c'eft un bois fort droit, plufieurs en font des bâtons fur lefquels ils montent le petun en rouleau.

SANDALE. f. f. Efpece de foulier plat & coupé par deffus avec des courroies, qui fert de chauffure à certains Religieux reformés. C'étoit anciennement une riche chauffure d'or & de foye, ou d'une étoffe prétieufe que l'on appelloit *Cendal*, dont on faifoit les bannieres. L'Oriflamme en étoit faite fuivant ces vers.

L'Oriflamme eft une banniere
De Cendal roufoyans & fimple
Sans pourtraiture d'autre affaire.

La chauffure du Pape & des Evêques quand ils officient, eft appellée *Sandales*.

Sandale, fe dit auffi d'une forte de bâtiment du Levant. Il eft fait pour l'allege des gros Vaiffeaux.

SANDARAQUE. f. f. Efpece d'arfenic naturel qui fe trouve dans les mêmes mines d'or & d'argent que l'orpiment. Ainfi ce n'eft autre chofe comme du Matthiole, qu'un orpiment parfaitement cuit dans les veines de la terre, qui eft devenu par-là plus fubtil & plus rouge, ce qu'on peut voir par experience, puifque fi on brûle l'orpiment à feu de charbon, en un pot de terre ou de verre, il prendra en peu de tems une couleur rouge, & enflammée, pareille à celle de la Sandaraque. Il faut prendre garde que cette Sandaraque n'eft point celle des Apothicaires qu'ils appellent *Vernix*, & qui eft la gomme du Genevrier. Cette erreur eft venue de quelques Modernes, qui, s'attachant à fuivre les Arabes qui appellent *Sandarax* la gomme du Genevrier, ont appellé cette même gomme *San-*daraque. Quelques-uns d'entre eux appellent auffi *Sandaraque*, le Sandix ou Vermillon qui eft fait de cerufe brûlée, à caufe qu'il eft fort rouge, mais le Sandix eft bien different en propriétés de la Sandaraque. Il y a auffi une autre Sandaraque, que Pline dit être une efpece de miel cireux. En Grec ϰανδαρἀχη.

SANDERA. f. m. Racine rougeâtre du Perou, dont les Indiens fe fervent pour mettre dans le chocolat.

SANDYX. f. m. Diofcoride dit que la cerufe brûlée eft nommée Sandyx par quelques-uns. C'eft le fentiment de Galien qui dit de même que la cerufe brûlée fe convertit en Sandyx & jamais en Sandaraque, qui eft d'une qualité brûlante, au contraire du Sandyx qui eft fort rafraîchiffant, & qui n'a aucun veftige de chaleur en toutes fes parties.

SANER. v. a. Vieux mot. Guerir, du latin *Sanare*.

Amours va paraventure
Sane chacun & mehagne, &c.

SANG. f. m. *Liqueur rouge qui coule dans les veines & dans les arteres de l'animal.* ACAD. FR. La conftitution du Sang confifte principalement en deux fels, dans l'urineux & l'acide volatil. Ces fels étant bien proportionnés, bien mêlangés avec les autres particules & temperés par les huiles, entretiennent une fermentation douce & égale, mais fi l'un furpaffe l'activité de l'autre, fi l'un ou l'autre ou tous les deux enfemble font dépravés, la fermentation du Sang fe déprave auffi. Quand l'urineux excede, la maffe du Sang fe diffout & fe détruit, & faute d'efprits les forces s'abbattent. Lorfque l'acide domine, cette même maffe fe coagule, fe grumelle & eft lente à fermenter, faute de ces mêmes efprits. La prefence de ces fels dans le Sang eft confirmée tant par fes excremens, par la fueur & par l'infenfible tranfpiration qui ont toutes une faveur compofée de l'acide & de l'urineux, que par la diftillation même du Sang qui donne un fel amoniac, en y ajoûtant un fel fixe. Après que le Sang a fermenté & qu'il a été rarefié dans les poumons, il entre dans le cœur proprement tel, c'eft-à-dire, dans le ventricule gauche qu'il diftend. Celui-ci revient & en fe refferrant il pouffe dehors la liqueur contenue; laquelle fe jette dans les arteres, d'où eft diftribuée à tout le corps jufqu'aux plus petits vaiffeaux capillaires, d'où elle paffe dans les capillaires des veines, en partie immediatement par de petites anaftomofes, & en partie mediatement par la fubftance ou par les petits pores des parties, par où elle regagne les gros troncs qui la reportent au cœur. Ce mouvement fe faifant en cercle, Hervée Anglois, & Coringius, qui en font les inventeurs, l'ont appellé circulaire. Le cœur en fait le centre, & les veines & les arteres en font la circonference, les veines rapportant au cœur ce que les arteres en ont emporté. Le Sang étant tombé dans les ventricules par leurs oreillettes, fe rarefie & dilate le cœur. Dans cette action les fibres s'étendent, & font fort affectées de certain fentiment de lefion ou de trop de diftenfion, ce qui fait que les efprits animaux font déterminés à y venir avec plus d'impetuofité par les nerfs, & cela ne peut arriver que les fibres mufculaires ne fe retirent, & que leur contraction ne meuve la bafe du cœur d'un mouvement approchant de celui d'une pirouette, pendant quoi le parenchyme du cœur s'enfle & retreffit les ventricules. L'expulfion du Sang étant faite, les efprits quittent ce mouvement. Le cœur fe remet, s'allonge; & reçoit d'autre Sang qui fe prefente. Celui qui coule par les arteres & par les veines eſt le même Sang, & il n'a que quelques differences accidentelles. Le Sang des arteres eſt plus fereux que celui des veines, à cauſe que l'urine, la lymphe & l'infenſible tranſpiration diminuent la ſéroſité du Sang veneux qui eſt groſſier & tiede, obſcur & noir, au lieu que le Sang arteriel eſt vermeil & rouge, ce qui vient de l'air qui l'attenue dans les poumons, & le fait paroître plus vermeil que le veneux. La fin du paſſage tant de fois réïteré du ſang par les poumons & par le cœur, c'eſt qu'il s'y empreigne d'une nouvelle vigueur virile, après le déchet qu'il a ſouffert en circulant par tout le corps, ce qui conſiſte dans le renouvellement de la fermentation du Sang, dans une nouvelle production de chaleur, & une nouvelle generation d'eſprits animaux. Le Sang eſt diſtribué du cœur à toutes les parties pour les nourrir, pour les animer de l'eſprit vital influant, & pour leur communiquer la chaleur requiſe. La dilatation des poumons ne ſe faiſant point dans le fœtus, ce qui cauſe qu'il ne reſpire point, toute la maſſe du Sang paſſe en partie de la veine cave par le trou en ovale dans la veine pulmonaire & le ventricule gauche, & en partie du ventricule droit & de la veine pulmonaire par un petit canal arteriel qui le porte dans l'artere. Ainſi le Sang qui circule dans le fœtus ne paſſe pas dans la même circulation par les deux ventricules du cœur, mais ſeulement par l'un des deux.

Sang de Bouc. Ce Sang eſt d'uſage en Medecine, & afin qu'il ait les qualités qui lui ont été attribuées par les Anciens, il faut que l'on nourriſſe le Bouc pendant quelque tems d'herbes aromatiques & propres à rompre la pierre, & qu'il n'ait au plus que quatre ou cinq ans. Après qu'on l'a égorgé, on doit jetter le premier Sang de cet animal, à cauſe qu'il eſt trop rempli d'humidité. On reſerve ſeulement le ſecond ſang qu'on met dans un plat de fayence couvert d'un linge clair, afin d'empêcher qu'il n'y tombe des ordures, après quoi on l'expoſe au Soleil ou à l'ombre, & on le ſerre dans un vaiſſeau de verre ou de fayence pour le beſoin quand il eſt bien ſec. Cette preparation ſe fait d'ordinaire au mois de Juillet, quand le Bouc a eu le tems de ſe nourrir de plantes aromatiques. Le troiſiéme Sang doit auſſi être jetté comme trop groſſier. On prépare & on fait ſecher de la même ſorte le Sang du Bouc eſtain ou Bouc ſauvage, que les Suiſſes, qui vont à la chaſſe de ces animaux, ſe ſervent pour briſer la pierre, à cauſe qu'il a bien plus de vertu que le Sang de Bouc ordinaire, ſur-tout quand il a été nourri de ſaxifrage & autres herbes ſemblables. Les Boucs eſtains qui ſe trouvent dans les montagnes de Crete, ſont à peu près de la grandeur des Chevres privées, & ont bien autant de chair qu'un grand Cerf. Ils ſont couverts d'un poil fauve & court, & les mâles portent une grande barbe brune. Ils deviennent gris en vieilliſſant, & portent une ligne noire ſur l'échine. Il y a de leurs cornes qui ont juſqu'à quatre coudées de longueur.

Sang de Dragon. Liqueur qui ſort en larmes du fruit & du bois d'un arbre qui croît dans l'Amerique. Matthiole dit que pour l'avoir en abondance les gens du Pays font des inciſions à l'écorce de cet arbre, & qu'après avoir reçu cette liqueur dans des chauderons de cuivre, ils la font cuire au feu comme la reſine, juſqu'à ce qu'elle ſe ſoit épaiſſie; qu'elle eſt tout-à-fait ſemblable au ſang en ſubſtance & en couleur, & qu'il ne ſçait pourquoi on l'a appellée *Sang de Dragon*, ſi ce n'eſt que l'on appelle *Dragon*, dans la langue du Pays, l'arbre qui

rend cette gomme. Il conjecture que ce pourroit être le cinnabre dont Dioſcoride dit que les Peintres ſe ſervent en leurs feux rouges couleurs. Selon Pline, le Cinnabre n'eſt autre choſe qu'une matiere de ſang que vomiſſent les Dragons, lorſqu'après s'être remplis de celui des Elephans, ils ſont écraſés par la peſanteur de ces animaux qui tombent ſur eux. On emploie le Sang de dragon en certains ouvrages de vernis, & les Doreurs s'en ſervent de même pour donner du vif à l'or. Le Sang de dragon eſt auſſi d'uſage en Medecine. Il reſtreint, repercute & deſſeche les caterres, étant pris interieurement. Appliqué ſur la tête, il eſt bon pour arrêter le flux de ſang & pour conſolider les plaies.

Quelques-uns écrivent *Sang-dragon* en un ſeul mot. Il y a celui des Indes & celui des Canaries. Le *Sang-dragon des Indes* eſt une gomme qui diſtille du tronc de pluſieurs arbres qui ont leurs feuilles comme des lames d'épée, & de couleur verte. Au bas de ces feuilles naiſſent des fruits ronds qui ont la groſſeur de nos ceriſes. Ils ſont jaunes au commencement, rouges enſuite, & d'un très-beau bleu lorſqu'ils ont atteint leur maturité. Les Habitans ayant inciſé les troncs de ces arbres, il en ſort incontinent une liqueur fluide & rouge comme du ſang, qui ſe durciſſant dès que le Soleil ſe leve, ſe forme en petites larmes friables & d'un très-beau rouge. Ce premier Sang-dragon eſt fort rare en France. Lorſqu'il eſt tombé, il en diſtille un ſecond, qu'on apportoit autrefois enveloppé dans des feuilles de l'arbre, de la figure d'un gros œuf de pigeon; preſentement on l'apporte enveloppé dans ces mêmes feuilles, mais de la groſſeur & longueur du petit doigt. Le *Sang-dragon des Canaries* eſt pareillement une gomme qui diſtille du tronc & des groſſes branches de deux arbres après qu'ils ont été inciſés. L'un a ſes feuilles comme celles du poirier, mais un peu plus longues, & ſes fleurs comme un ferret d'aiguillette, & d'un très-beau rouge. Les feuilles de l'autre approchent de celles du ceriſier. Ses fruits ſont jaunes par côtes, & gros comme un œuf de poule. Ils renferment un noyau qui a la figure de nos muſcades, & dans lequel eſt une amande de la même forme & de la même couleur, dont les Habitans de l'Iſle de Madagaſcar tirent une huile propre à guerir la brûlure, les éreſipelles & autres maladies que la chaleur cauſe. Ces arbres y ſont appellés *Rha* ou *Rhaa*. Il y a une maniere de Sang-dragon qui vient de Hollande, & qu'on peut nommer *Sang-dragon faux*. Ce n'eſt autre choſe qu'un mélange du véritable Sang de dragon & de deux autres gommes. Il eſt en petits pains, d'un rouge foncé & luiſant tant en deſſus que dedans, aſſés friable, & d'un beau rouge étant écraſé. Il a l'odeur de la cire d'Eſpagne quand on le brûle.

SANGLE. ſ. m. Terme de Cordier. Sorte de tiſſu large d'environ trois doigts, qui eſt compoſé de pluſieurs fils de chanvre. *Sangle* ſe dit auſſi de ce qu'on met par deſſous le ventre d'un cheval ou d'une autre bête de ſomme, pour attacher une ſelle ou un bât, & les faire tenir ferme.

On appelle *Lit de ſangles*, Un bois de lit pliant qui n'eſt ſuſpendu que par des ſangles. Ce mot vient du latin *Cingula*, qui veut dire la même choſe.

Sangle. Ceinturon de cuir que l'on attache autour de ſon corps ſur les hanches, pour porter une épée. Les Porteurs de chaiſe & les Porteurs d'eau ont auſſi leurs *Sangles*. C'eſt une ſorte de bande de cuir que les premiers ſe mettent ſur le chignon du cou, &

qu'ils attachent aux bâtons de leur chaise pour porter une personne; & pour les Porteurs d'eau, la bande de cuir, qui est forte & large au moins de trois doigts, a trois crochets. Ils se la mettent sur le dos en forme de baudrier, pour porter une voie d'eau.

On appelle *Sangles*, en termes de Marine, Un entrelassement de bitord qu'on met en differens endroits d'un Vaisseau, comme sur les cercles des hunes, sur les premiers des grands haubans & ailleurs. Ces sortes de sangles empêchent que les manœuvres ne se coupent.

SANGLE', E'E. adj. Terme de Blason. Il se dit du cheval, des pourceaux & des sangliers qui ont par le milieu du corps une espece de ceinture d'un autre émail. *D'azur au poisson d'argent en fasce, sanglé de gueules.*

SANGLIER. s. m. Porc sauvage qui est ordinairement noir, ou d'une couleur tirant sur le noir, & qui se retire dans les forêts, sans se laisser jamais apprivoiser. Il a les yeux furieux, & quatre dents ou défenses, dont les deux d'en haut ne servent qu'à éguiser les deux de la barre de dessous qui tuent tous ceux qu'il peut atteindre. Celles de la machoire inferieure sortent de sa gueule, se tournent en demi-cercle, & sont à pans comme un prisme. Il évente les chiens & les chevaux avec ses défenses. Il mange des herbes, des figues, des glands & des pommes. A six ans on l'appelle *Grand Sanglier*, & à sept ans *Grand vieux Sanglier*. La chasse du Sanglier se fait en beaucoup de manieres. La premiere est à force, c'est-à-dire, par des chiens de meute & par quantité de relais. On a peine à forcer les grands vieux Sangliers, à cause qu'ils courent long tems, & qu'à la fin ils se jettent dans les étangs, où ils demeurent relaissés dans les bourbes, sans qu'on puisse les y aller attaquer, n'y ayant point d'animal qui nage si bien. Quand on attaque les grands vieux Sangliers, on se sert de chariots chargés d'arquebusiers qu'on pose dans les passages pour les tirer. Il n'y a personne qui ose demeurer en pié, parce que ces animaux accourent au bruit & à la voix des personnes, à qui ils font de grandes blessures, s'ils ne les déchirent. Ils sont à craindre sur-tout dans leur quart an, car en vieillissant ils deviennent mirés, & leur défenses étant tournées, ils ne coupent plus. La chasse des accours se fait en mettant des levriers d'estrique derriere une lice faite exprès à bon vent sur les côtés, & les gros levriers au fond de l'accours. Dès que le Sanglier sort, on lui donne une lesse d'un côté. Il veut fuir de l'autre, où il en trouve encore une, ce qui l'engage à se vouloir sauver au milieu. C'est-là qu'il trouve les gros levriers en tête, qui l'arrêtent jusqu'à ce que les Chasseurs l'ayent tué à coups d'épée. On chasse encore le Sanglier avec des chiens que l'on appelle *Abboyeurs*. Ils quêtent dans les grands bois, & ayant trouvé la bête, ils abboyent tant qu'ils fuyent. Ils fuyent chaque fois que le Sanglier tourne sur eux. Cependant les Arquebusiers qui se coulent à l'entour, le tirent, & jamais les abboyeurs ne le laissent qu'il ne soit tué. Si on chasse une femelle, elle a la ruse de ramasser tous ses petits marcassins dans un buisson fort épais & fuira l'autre bout de la forêt, sans plus approcher du lieu où elle a mis ses petits. S'ils sont assés grands pour la suivre, elle se met à leur tête, & s'en va à dix lieues de-là sans tourner, passant par plaines, côteaux, rivieres, marais & bois avec sa troupe. Les femelles sont appellées *Layes*. Elles vont au rut en Décembre & en Janvier, & portent quatre mois & une semaine, ainsi que les Truyes communes.

En ce tems-là elles se recelent fort, & on a beaucoup de peine à les trouver. M. Menage prétend que le mot de Sanglier a été fait du Latin *Singularis*, à cause que le Sanglier marche seul, à l'exception de ses deux premieres années, où il est nommé *Bête de compagnie*.

On appelle aussi *Sanglier*, un poisson de mer qui est couvert d'écailles fort dures. Il a le corps velu & presque rond avec un museau qui approche fort de celui du cochon.

SANGLONS. s. m. p. Terme de Marine. Pieces de bois triangulaires, qui se posent en l'une de leurs extrémités sur la troisiéme partie de la quille vers l'arriere, au lieu de varangues. L'autre extrémité d'en haut se joint avec des genoux qu'on nomme *Revers*. On appelle aussi *Sanglons*, des Pieces de bois, comme de fausses côtes, qui se mettent à l'intrade de proue, & à l'aissade de pouppe de côté & d'autre. Elles sont de même force, & en égales distances.

SANGSUE. s. f. Petit insecte ordinairement noirâtre ou d'un rouge obscur, qui vit de fange & de limon, & qui par consequent ne se plaît que dans les marais & dans les étangs. Au bout de sa tête est un trou rond comme celui d'un lamprion, avec trois petites dents dont il se sert pour percer la peau de l'homme, du cheval, du bœuf, afin d'en sucer le sang. Il est long d'un doigt, & n'a ni os ni arête. Les bonnes Sangsues sont celles qui sont de couleur de foye, menues, rondes, qui ont la tête petite, le ventre rougeâtre, & le dos vert & rayé de couleur d'or par dessus. Celles-là se trouvent dans les eaux claires & coulantes. On les applique aux endroits du corps où les ventouses & les cornets ne peuvent tenir. Il les faut tirer quelques jours avant que de s'en servir, & les garder dans de l'eau pure, afin qu'étant épuisées & comme affamées, elles succent avec plus d'avidité. Il y a des Sangsues venimeuses qui ont une grosse tête de couleur verdoyante, & qui reluisent comme si c'étoit des vers ardens. Elles sont rayées de bleu sur le dos, ainsi que celles qui viennent dans les eaux bourbeuses. Ceux qui boivent de l'eau dormante, comme celles des marais, avalent quelquefois une Sangsue, qui s'attache d'ordinaire à l'orifice de l'estomac; ce que l'on connoît par un tirement que l'on y sent comme d'une personne qui succe. Dioscoride dit que pour la faire sortir, il faut boire de la saumure, ou prendre des feuilles de laserpitium ou de bettes avec du vinaigre, ou boire une pelote de neige avec du vinaigre & de l'eau. Que si la Sangsue se tient attachée à la gorge, il faut que celui qui l'a avalée entre dans un bain chaud, & qu'il tienne de l'eau fraîche dans sa bouche: car la Sangsue pour fuir l'eau chaude du bain, se jettera dans l'eau froide qu'il lui sera aisé de cracher. Si elle entre dans quelque cavité, comme dans le fondement, il faut faire une injection d'eau chaude salée, & la réiterer plusieurs fois jusqu'à ce qu'elle sorte avec l'injection. Si par hazard elle étoit entrée dans l'oreille, il faudroit frotter l'oreille en dehors de sang tout chaud, & la Sangsue sortant aussi-tôt accourroit au sang. On n'applique les Sangsues que pour faire revulsion, & quelquefois pour faire derivation. Elles ouvrent les vaisseaux capillaires des arteres & des veines, & on les attache exprès fort souvent sur les premiers. Les temples & la nuque sont les lieux ordinaires pour les affections de la tête. Quand elles sont trop attachées, & qu'on veut les faire tomber, il ne faut que jetter du sel commun dessus. Si leur piqûre a de la peine à se consolider, & degenere en ulcere, elle se consolidera, pourvû qu'on ait foin de la laver fouvent avec de la theriaque & du vin. Le mot de *Sangfue* vient du Latin *Sanguifuga ,* Qui fuce le fang.

SANGUIFICATION. f. f. Terme de Medecine. La transformation de la nourriture en fang. Tandis que le chyle eft confondu & circule avec le fang, il fe brife peu à peu & s'altere fucceffivement, & enfin par fucceffion de tems il fe change en fang. C'eft ce changement qui eft appellé *Sanguification*. Le cœur & les vaiffeaux qui y font attachés, font purement paffifs dans cette action, & ne contribuent aux liqueurs pour leur fermentation que le lieu & l'efpace puifque la Sanguification n'eft pas une action organique, mais fimilaire, qui confifte dans l'affimilation du chyle avec le fang ; de forte que la Sanguification fe fait par le mouvement inteftin ou fermentatif des particules, en quoi confifte l'action fimilaire, non pas par un mouvement local fenfible qui demande des parties organifées, en quoi confifte l'action organique. Ainfi le cœur n'eft que le lieu où ce changement arrive, ou comme un pot dans lequel fe fait la coction.

SANGUINE. f. f. Sorte de pierre rouge dont l'on fait des crayons pour deffiner. C'eft auffi une pierre dont les Orfevres fe fervent pour brunir l'or dans les lieux où ils jugent que cela eft neceffaire pour mieux dégager, faire fortir & faire paroître toutes les parties de l'ouvrage. Avant que de brunir, ils enfoncent avec la pointe de cette pierre tout l'or dans les creux où il n'avoit point été enfoncé avec le pinceau, après quoi ils fe fervent d'un gros pinceau pour l'épouffeter.

SANGUINO, ou SANGUINELLO. f. m. Plante que Matthiole dit croître en Tofcane, appellée ainfi à caufe de fes verges de couleur fanguine, mais plus minces que celles du cormier, avec qui elle a quelque rapport. Elles font fortes & pleines de nœuds, & fes feuilles reffemblent auffi au cormier, fi ce n'eft qu'elles font plus larges, nerveufes & attachées à une queue rouge. Son écorce eft de couleur de fang. Cette plante fleurit au Printems, & croît dans les haies & les buiffons. Ses fleurs produifent des perles qui s'entretiennent comme des grains &, qui font attachées à de petites queues minces & rondes. Ces perles ou grains font de la groffeur de l'orobe ; verds premierement, & noirs étant mûrs. Ceux d'autour de Trente, après les avoir fait bouillir dans de l'eau , en tirent de l'huile en les preffurant, & cette huile leur fert dans leurs lampes. Le bois de cet arbre eft fort dur , & autant que le cormier ; ce qui fait que quelques-uns le croyent un cormier femelle.

SANHEDRIN. f. m. Tribunal Souverain chez les Juifs. Les Furetieriftes affirment qu'il fubfiftoit du tems de JESUS-CHRIST. Ce n'eft pas le fentiment le plus commun.

SANICLET. f. m. Herbe que les Allemans mettent au rang du Symphytum , & qui a fes feuilles plus grandes que celles de la Quintefeuille. Sa racine eft blanche & pleine de petits nœuds, &, de petits dechiquetures fi bien compaffées, qu'on ne les peut affés admirer. Elle produit à la cime de fes tiges & de fes branches, de petits boutons blancs qui ont la forme de fraife. Quelques-uns l'appellent *Dentaria minor*, à caufe de fes racines qui ont en quelque forte la figure d'une dent. On l'ordonne en breuvage aux defcentes de boyaux & aux plaies internes, principalement à celles qui ont penetré jufqu'aux creux de la poitrine. En Latin *Sanicula*. Les Allemans montrent plufieurs efpeces de Saniclet, entre lefquelles il y en a une appellée *Oreille d'ours* par les Herboriftes. Elle a de grandes feuilles com-

me le plantain , mais plus groffes, d'une couleur blanche tirant fur le roux, & dont les bords fort bien travaillés font voir avec admiration l'adreffe de la nature. Cette herbe croît abondamment autour de Goritie, & a les mêmes vertus que l'autre. Les Allemans s'en fervent pour toutes fortes de plaies, la prenant en breuvage par la bouche, & l'appliquant en dehors.

SANIE. f. f. Terme de Medecine. Humidité fubtile & aqueufe qui eft contenue dans les veines parmi les humeurs, & qui fort des ulceres malins & exude des corps morts. La Sanie eft une matiere crue & indigefte que jette un ulcere qui commence. Ce mot eft Latin *Sanies*, Sang pourri qui vient à putrefaction.

SANSONNET. f. m. Petit oifeau noir qui fiffle , & qui eft gros comme un merle. Il a le bec jaune, le ventre marqueté & le cou d'une couleur luifante tirant fur une maniere de verd noirâtre. On lui apprend à parler.

SANT. f. m. Arbre qui croît en Egypte dans les lieux de ce Royaume les plus éloignés de la mer fur la montagne de Sinaï. Il paffe pour le veritable Acacia des Anciens. Son tronc, dont l'écorce eft noire, vuide & heriffée d'épines, eft de la hauteur d'un prunier. Ses feuilles font petites & en ovale, & fe ferment quand le Soleil fe couche, & s'ouvrent lorfqu'il fe leve. Son fruit eft une gouffe plate, large d'un pouce, & de la longueur d'un doigt. Cette gouffe renferme quatre ou huit grains, & quelquefois davantage. On pile ces gouffes, lorfqu'elles font vertes, dans un mortier de pierre, & le jus que l'on en tire s'épaiffit au four, où on le met à deffein dans un pot étamé, jufqu'à ce qu'une goutte jettée à terre fe caille d'abord. Le jus qu'on extrait des feuilles n'eft pas fi bon. Les Courroyeurs du Caire employent ce jus pour teindre leurs peaux en noir. On s'en fert auffi dans la Medecine, à caufe qu'il a une vertu aftringente, & il eft bon contre l'inflammation & la cire qui vient aux yeux, à quoi les Egyptiens font fort fujets. Il eft bon encore contre la goutte & autres maladies caufées par des humeurs qui fe débordent. Du tronc de cet arbre, fort une gomme que les Apothicaires appellent *Gomme Arabique*. C'eft le feul qui dans toute l'Egypte & l'Arabie qui porte la gomme.

SANTAL. f. m. Arbre qui croît dans les grandes forêts des Indes Orientales & Occidentales. Il y en a de trois fortes, le blanc, le citrin & le rouge. Le citrin eft le meilleur & le plus aromatique de tous, mais il s'en trouve bien peu. Le rouge eft mis au dernier rang, à caufe qu'il n'a aucune odeur. Matthiole dit que tous les Santaux font contre les fievres chaudes, & que pris en breuvage ils fervent beaucoup à ceux qui ont l'eftomac échauffé. On en fait une emplâtre avec de l'eau rofe, & cette emplâtre appliquée fur le ventricule dans les fievres chaudes & aigues, en ôte la chaleur vehemente qui y eft. Selon Avicenne, le Santal ne rejouit pas feulement le cœur, mais il le conforte ; ce qui fait employer aux medicamens dont on fe fert pour les battemens du cœur. Ces arbres font de la grandeur d'un noyer, & ont leurs feuilles extrêmement vertes & femblables à celles des lentifques. Il porte un petit fruit à peu près comme nos cerifes. Il eft vert d'abord, & il noircit à mefure qu'il prend fa maturité , après quoi il tombe aifément de l'arbre. Son goût eft entierement infipide. Le Santal rouge eft employé d'ordinaire avec les deux autres ; & il fait entrer en poudre dans plufieurs onguents. On nous l'apporte en groffes & longues buches de l'Ifle de Tanaffarim & des lieux maritimes de la Côte de Coromandel. Il faut le choisir noirâtre au deſſus, brun au dedans, & difficile à fendre, à cauſe qu'il n'eſt pas de fil. Il doit auſſi être preſque ſans odeur. Il y a un quatriéme Santal, appellé *Santal en taffetas*, qui eſt apporté de Conſtantinople. C'eſt du taffetas auquel on a fait prendre la teinture du Santal rouge en poudre, en les faiſant bouillir dans de l'eau avec quelques acides. On s'en ſert pour les maux des yeux au lieu de taffetas vert.

SANTON. ſ. m. Nom que les Mahometans & les Idolâtres donnent à de faux Saints & Prophetes, qui par leur hypocriſie s'attirent le reſpect & la veneration des Peuples.

SANVE. ſ. f. Sorte d'herbe. Dioſcoride dit que les Sanves blanches, quoiqu'elles ſoient ſauvages, ſe mangent comme les autres herbes. Matthiole croit que comme il n'en a point fait de deſcription, cette herbe devoit être fort commune en ſon pays, & il tient que c'étoit une eſpece de chou ſauvage, qui ſe trouve abondamment en Toſcane, en la Pouille, & en pluſieurs autres endroits d'Italie, ſur-tout dans les terres qui ſe repoſent. Cette ſorte de chou ſauvage eſt de la hauteur d'un pié, à ſes feuilles velues & ſemblables à celles des navets, dont il differe, en ce que ſes fleurs ſont blanches. Aujourd'hui, continue-t'il, on ne mange les Sanves blanches que dans un tems de famine. Selon Galien elles engendrent de mauvaiſes humeurs. Il dit pourtant qu'étant enduites & appliquées, elles font quelque peu abſterſives & reſolutives.

SANZENELAHE. ſ. m. Bois d'une odeur' à peu près comme la ſemence du cumin, mais qui eſt de beaucoup plus forte. Il vient dans l'Iſle de Madagaſcar, & ſon écorce qui reſſemble à celle du ſureau, eſt encore plus odorante. Ceux du Pays ſe ſervent de ce bois contre la fievre & pour guerir toutes ſortes de plaies. Ils le broyent pour cela ſur une pierre avec de l'eau. Celui de Sanzenevave, qui eſt un autre bois de même nature, eſt encore meilleur.

SAO

SAORRE. ſ. f. Terme de Marine. Amas de ſable & de cailloux, dont on ſe ſert pour faire enfoncer une galere, & empêcher qu'elle ne ſe rende jalouſe. On dit autrement *Leſt* & *Quintillage*.

SAP

SAPA. ſ. f. Terme de Pharmacie. Ce mot proprement pris, ne ſignifie autre choſe que le ſuc des raiſins mûrs nouvellement exprimé, coulé & cuit, à la conſomption de deux tiers, en ſorte qu'il demeure en conſiſtance de miel. Improprement pris, c'eſt toute ſorte de ſucs ou de ſucs, de quelque plante que ce puiſſe être, cuits en la même conſiſtance de miel, ſans aucun mélange de miel ni de ſucre. Le Sapa des Apothicaires ſe fait de vin doux tout recent, tiré d'excellens raiſins blancs & bien mûrs, & cuit ſur un feu bien clair dans un chauderon juſqu'à la conſomption des deux tiers, en ôtant toûjours l'écume qui nage deſſus, afin de le rendre plus clair & plus beau. On s'en ſert particulierement dans les maladies de la bouche. Outre qu'il fortifie par ſon aſtriction, & qu'il empêche l'humeur de tomber ſur les parties, il deterge & digere celle qui y eſt déja tombée. Si par le mot de *Sapa* on veut ſignifier autre choſe, il faut ajoûter le nom de la plante dont on a tiré le ſuc, comme *Sapa Abſynthi, Sapa Eupatorii*.

SAPAJOU. ſ. m. Sorte de Singe qui eſt fort petit. Il

y en a qui tiennent que ceux qui ont le dos roux, la poitrine, le ventre & le dedans des cuiſſes & des bras gris ou blancs, ſont les veritables Sapajous.

SAPHENE. ſ. f. Terme de Medecine. Veine conſiderable qui naît auprès des glandules de l'aine, & qui deſcendent le long de la cuiſſe juſqu'au malleole externe, ſe perd parmi la peau de deſſus du pié.

SAPHIR. ſ. m. Pierre précieuſe fort dure qui reſiſte à la lime & qui ne peut ſouffrir la gravûre. Elle eſt d'une couleur bleue fort éclatante, ſans aucun mêlange de rouge, par où elle eſt differente de l'Amethyſte. Pline dit que le Saphir a certains petits points d'or, à quoi Matthiole eſt contraire, qui n'en a jamais vû de marquetés d'or, & qui aſſure que tous les Saphirs qu'on voit aujourd'hui ſont bleus, & clairs comme un diamant. Selon Dioſcoride, le Saphir pris eſt bon pour les piquûres des Scorpions, & étant bû il remedie aux ulceres qui ſont aux parties interieures du corps. Il repercute les excreſcences & carnoſités des yeux & les taches & puſtules qui y viennent. Il y a le mâle & la femelle. Le mâle, comme le plus parfait, a une très-belle couleur azurée. La femelle tire beaucoup ſur le blanc, ſi elle n'eſt pas tout-à-fait blanche. On trouve des Saphirs de pluſieurs ſortes. L'*Oriental* vient de Calecut, de Zeilan, Pegu & autres lieux des Indes. Le *Saphir d'eau* & le *Saphir du puits* ſe tirent des confins de la Sileſie, & leur couleur approche de celle de la Calcedoine. Le Saphir que l'on appelle *Oeille de chat*, eſt embelli de pluſieurs couleurs differentes.

SAPIN. ſ. m. Arbre qui croît aux montagnes, & qui jette une excellente Reſine. Il eſt fort haut, fort droit, & n'a pas beaucoup de nœuds. Il a l'écorce blanchâtre & ſes branches droites, qui en jettent de petites en forme de croix, & il porte des pommes longues de la paume de la main. Son bois eſt leger & propre à faire des bâtimens de mer. M. Menage fait venir ce mot de *Sapinus*, qu'on trouve dans quelques Auteurs Latins, & du Cange le derive de *Sappus*.

SAPINE. ſ. f. On appelle *Sapines*, des Solives de bois de ſapin, que l'on ſcelle de niveau ſur des taſſeaux, quand on veut tendre des cordeaux pour ouvrir les terres & dreſſer les murs. On ſe ſert de Sapines dans l'échafaudage, & on en fait auſſi des planchers.

SAPINETTE. ſ. f. Petit coquillage qui s'engendre ſous un Vaiſſeau qui a été long-tems à la mer.

SAPPE. ſ. f. Terme de guerre. Travail que l'on fait en s'attachant avec le pic & la pelle au pié de quelque corps de terre, pour le renverſer ſans poudre à canon. Comme ce travail eſt un enfoncement qu'on fait ſous les terres, en les taillant de haut en bas par échelles, on n'y eſt à couvert que de côté, & afin de ſe couvrir par en haut, on jette des madriers ou des claies couvertes de terre par le travers de la ſappe. On donne auſſi le nom de *Sappe* au travail qu'on fait en s'attachant à une eſplanade pour la percer, & même lorſqu'on pouſſe une tranchée droite & enfilée, mais enfoncée en terre & couverte avant que d'arriver à faire un logement ſur un chemin couvert.

Sappe, ſe dit auſſi d'une ouverture qu'on fait au pié d'un mur pour le faire tomber tout d'un coup faute d'appui. On fait venir le mot de *Sappe* de l'Italien *Zappa*, Hoyau, beche.

SAQ

SAQUEBUTE. ſ. f. Sorte d'inſtrument qui imite le
ſon

fon de la trompette , à laquelle il reffemble , excepté qu'il eft bien plus long , & qu'outre qu'il a quatre branches qui fe démontent & fe brifent à l'endroit des nœuds , il a fouvent un tortil. C'eft le même tuyau qui fait deux cercles au milieu de l'inftrument. Il a deux branches interieures qu'on ne voit que lorfqu'on les tire par le moyen d'une barre qu'on pouffe jufqu'vers la potence , & qui s'allongent comme on veut pour faire differens tons. La Saquebute fert de baffe dans toutes fortes d'inftrumens à vent. Elle n'eft pas en ufage en France , mais on tient qu'elle l'eft beaucoup en Allemagne.

SAQUER. *v* a. Vieux mot. Tirer. On difoit autrefois *Saquer l'épée* , & les Normands difent encore *Saquer la voile* , pour dire , Ferler , ferrer , mettre la voile dedans.

S A R

SARABANDE. f. f. Air de mufique à trois tems. Il a deux parties , dont la premiere eft de quatre mefures. Si elle en a huit , on ne la recommence pas. La feconde partie a huit ou douze mefures , & fe recommence. Après la feconde fois on fait une petite reprife des quatre dernieres mefures. De quatre en quatre il doit y avoir un repos ou une cadence.

SARCHE. f. m. Cercle haut & large , auquel on attache une étamine , une toile , ou une peau percée , pour faire un tamis , une grele. On s'en fert auffi pour hauffer les vaiffeaux à faire la leffive.

SARCLOIR. f. m. Inftrument dont on fe fert pour arracher les méchantes herbes d'un champ , d'un jardin. Il eft compofé d'un manche de bois & d'un petit fer qui eft au bout de ce manche.

SARCOCELE. f. f. Terme de Medecine. Hernie charnue qui eft commune aux deux tefticules. C'eft une chair fuperflue qui naît deffus & qui les éleve & les enfle. Cette excrefcence n'arrive pas feulement aux tefticules , mais encore à la membrane interne du fcrotum fans aucune participation des tefticules. Cette maladie fe plus fouvent une caufe externe , fçavoir les coups , la contufion , le déchirement. Le fang alimentaire s'arrêtant & s'amaffant avec plus d'abondance dans les fibres déchirées & les pores relâchés des vaiffeaux rompus , il fe change en une efpece de chair , qui s'augmentant fucceffivement dans les tefticules , ou dans la membrane du fcrotum , y engendre la Sarcocele. Cette forte de hergne fe fent au toucher ; elle croît peu à peu , & la tumeur eft dure & indolente. S'il y a de la douleur , on doit apprehender que la chair ne foit chancreufe & ne degenere en un cancer. La Sarcocele eft difficile à guerir , & s'il y a des remedes , il faut preferer la racine d'Ononis à tous les internes. Matthiole & plufieurs autres en recommandent l'ufage continué jufqu'à une drachme. Ce mot eft Grec καρκώνη , de ὄρξη, Chair , & de κήλη, Tumeur.

SARCOCOLLE. f. f. Gomme qui fort d'un arbre noueux & épineux qui croît en Perfe. Les Grecs lui ont donné ce nom de ὄρξη , Chair , & de κόλλα , Colle , parce que de même que la colle forte fait tenir & joindre le bois , la gomme qu'on recueille de cet arbre fait fouder la chair. Elle eft femblable à la manne d'encens. Il y en a de deux fortes , la blanche & la rouffâtre. La derniere eft plus amere & meilleure. Les Arabes difent que la Sarcocolle évacue les crudités phlegmatiques &, les humeurs groffieres & vifqueufes , & fur-tout celles qui font au creux des jointures, & à l'entre-deux des hanch es

Tome II.

qui caufent les fciatiques. Elle purge le cerveau , les nerfs , le poumon , & eft fort bonne à la toux , & à ceux qui ont de la peine à refpirer. Quelques-uns tiennent que la Sarcocolle eft une gomme qui fe recueille dans l'Arabie deferte , & que l'arbre en eft petit & fort épineux.

SARCOMA. f. m. Terme de Medecine. Excrefcence de chair qui vient dans le nez , autour du fiege , & ailleurs. Si une partie charnue ou nerveufe eft bleffée par quelque chofe d'exterieur , en forte qu'elle fouffre une trop grande diftenfion , quelque déchirement , de la confufion & du déregiement dans fes conduits & fes pores , il arrive que l'aliment prochain de la partie eft reçu & retenu trop abondamment , & que ne pouvant être entierement affimilé , il s'en forme des tumeurs de même nature que les parties aufquelles l'aliment s'attache, C'eft ainfi que fe fait le Sarçoma , qu'on doit extirper par le fer , fi on le peut faire fans peril, comme quand il n'eft point adherant à des nerfs ou à des vaiffeaux & à des arteres confiderables. Après qu'on a arrêté l'hemorragie , il faut enlever la racine & la membrane radicalement avec des fuppuratifs & des corrofifs doux & benins , fi on veut empêcher que la tumeur ne revienne. Ce mot eft Grec σάρκωμα , & il eft fait de ὄρξη , Chair.

SARCOTIQUES. f. m. Medicaments qui ont la vertu de faire naître une nouvelle chair dans une playe ou dans un ulcere. Ils doivent être moderement chauds au deffous du fecond degré & fecs au premier , & avoir une faculté déterfive fans mordacité, comme l'encens, le fymphytum , l'ariftoloche , le pompholix , la tuthie , la aloës , l'ariftoloche , le pompholix , la tuthie , la cerufe , la farine d'orge , & autres.

SARDIENNE. adj. On appelle *Pierre Sardienne* , Une pierre precieufe qui fe rencontre dans le cœur d'un caillou , & qui a pris fon nom de Sardes , Ville d'Ionie , dans l'Afie mineure où elle a été premierement trouvée. On en trouve auffi dans les Indes, & celles-là font les plus belles & les plus éclatantes de toutes. La femelle eft obfcure & épaiffe, & a bien moins d'éclat que le mâle. Il faut choifir celle qui eft teinte d'une vraye couleur de chair, & qui n'eft point tranfparente. La propriété de cette pierre, felon ce qu'en dit Albert le Grand , c'eft de rendre l'homme gai en lui aiguifant l'efprit ; ce qui arrive à caufe qu'elle purifie le fang & qu'elle engendre des efprits très-purs.

SARDINE. f. f. Poiffon de mer , qui a la tête dorée, le ventre blanc , & le dos vert & bleu. Il eft peu different du harenc & plus eftimé. La Sardine n'a point de fiel.

SARDOINE. f. f. Pierre precieufe rouge , tirant fur le blanc , ainfi que l'ongle de l'homme. On l'appelle *Sardoine* , comme qui diroit une Sarde ou pierre Sardienne , jointe à l'Onyx qui eft une autre pierre precieufe , qu'on nomme communément *Cornaline* Quelques-uns tiennent que la Sarde étant prefente , la pierre Onyx n'a nulle vertu. On prendroit la Sardoine pour une Cornaline , ayant le fond blanc , comme fi on mettoit de la chair fous l'ongle. Les grandes chûtes des eaux qui coulent comme des torrens découvrent ces pierres dans les Indes. Celles-là ont un mélange de couleurs comme l'arc en ciel , leur fond étant noir , blanc , d'azur , de pourpre & d'amethyfte. Les Arabefques ont leur jour en la boffe & au cabochon , & non pas à fleur de peau ni au fond, Il n'y a pierre qui marque la cire plus nettement. On tient que ce fut une Sardoine que Polycrate jetta dans la mer , & qui fut retrouvée au ply du boyau d'un poiffon qu'on lui fervit.

C c c

SARDONIA. f. f. Espece de Grenouillette , qui selon Dioscoride , fait perdre le sens à ceux qui en mangent , & retire tellement la bouche & les nerfs, qu'il semble que ceux qui en meurent , rient en mourant. Pline dit que c'est la plus velue & la plus feuillue des Grenouillettes de Sardaigne. Sa tige est haute , & ses feuilles sonsort déchiquetées. Elle est extrémement mordante & acre en son goût. Plusieurs l'appellent *Apium risus* , c'est-à-dire , Ache qui fait rire. Saluste confirme le sentiment de Pausanias , sur ce que cette herbe est venimeuse & fait que ceux qui en mangent meurent en riant. Il croît , dit-il , une certaine herbe en Sardaigne , qu'on appelle *Sardou* , & qui est fort semblable à l'Ache sauvage. Elle retire la bouche par la douleur qu'elle cause , en sorte qu'il semble que ceux qui en meurent , rient. C'est de là que l'on a dit *Ris Sardonien* , pour dire , Un ris qui presage quelque chose de funeste.

SARFOUER. n. a. Bêcher legerement la terre entre les plantes pour les rafraîchir & les faire mieux pousser après les avoir sarclées avec la main.

SARGACO f. m. Plante dont Acosta a donné la description & qui croît sur des rochers qui sont au fond de la mer , d'où les flots arrachent la plus petite herbe. Cette petite herbe vient sur l'eau par gros pelotons , qui en couvrent toute la superficie , & la remplissent si fort que les Vaisseaux en sont quelquefois notablement retardés. Sa plante a les branches menues & entortillées les unes dans les autres. Ses feuilles sont minces , étroites, & toutes dentelées , de la longueur d'un demie pouce , & à l'extremité de chaque feuille , il y a un grain attaché qui est creux & gros comme un grain de poivre. La couleur de cette plante tire au feuille-morte, & est toute semblable à celle des herbes qu'on voit croître sur des rochers qui sont couverts d'eau de mer. Plusieurs assurent qu'elle fait jetter le gravier des reins , & qu'elle facilite les urines.

SARMANT. f. m. Bois d'une vigne qu'on taille , sa cendre sert à peindre en gris à colle.

SARONIDES. f. m. On a appellé ainsi certains Theologiens Gaulois que quelques-uns confondent avec les Druydes , qu'on nommoit ainsi de ἀρῦς , Chêne, & selon Hesychius ὡρωιδὶς , veut dire des Chênes que leur vieillesse a creusés.

SARRASIN. f. m. Sorte de blé qu'on dit avoir été apporté d'Afrique. Il a la feuille rondelette d'abord , après quoi elle prend la forme de celle du lierre , à l'exception qu'elle est plus pointue & plus molle. Son tuyau est frêle , rond , vuide , rouge , & feuillu , & il en sort une petite fleur blanche , grappeuse , qui rend une graine de forme triangulaire. Cette graine a la moëlle blanche dedans , & l'écorce de dessus noire. Les Paysans en font du pain qui est noir. On seme ce blé en Avril, & on le moissonne en Juillet. Il y a des lieux où l'on en fait la moisson deux fois l'année.

SARRASINE. f. f. Terme de fortification. Porte à treillis ou à barreaux , qu'on appelle autrement *Herse*. On la met au dessus de la porte d'une Ville , où elle est suspendue à une corde , & on la laisse tomber quand on craint quelque surprise.

SARRETTE. f. f. Sorte de plante , dont la feuille est propre aux Teinturiers pour teindre en jaune.

SARRIETTE. f. f. Herbe semblable au Thim, mais plus molle & plus petite. Elle produit un épi plein de fleurs vertes , & vient aux lieux maigres & pierreux. Il y en a une autre , que Matthiole croit être celle dont parle Columella , lorsqu'il dit touchant les mouches à miel ; il faut que le lieu où elles seront soit rempli de petits arbrisseaux , & particulierement de thim , d'origan , de thymbre , & de notre cunila que les Paysans nomment *Satureie*, & nous *Sarriette*. Celle-là est plus grande , & jette plus de surgeons , produisant tout à l'entour beaucoup de rameaux , ronds & durs comme bois. Ses feuilles sont plus grandes que celles du thym , un peu âpres & dures , & sortent distinctement autour des rameaux. De ces feuilles viennent de petites cimes garnies d'épis , & ayant des feuilles beaucoup plus petites que ne sont les autres , parmi lesquelles proviennent ses fleurs qui sont purpurines blanchâtres. Sa racine est dure comme bois. Il y a de la Sarriette cultivée , qui est plus petite & n'est pas si acre ni si forte que la sauvage. On s'en sert dans quelques sausses. La Sarriette attenue les humeurs pituiteuses , dissipe les vents , aide à la coction , aiguise la vue , & provoque les urines. On l'appelle *Satureia* en Latin ; en Grec θυμβρα.

SART f. m. Vieux mot. Champ. L'*Hermite avoit labouré un Sart & semé du métail en la terre qu'il avoit Sartée*. On appelle *Sart*, en termes de Marine , des herbes qui croissent au fond de la mer , & qu'elle en arrache en de certains tems. Elle les rejette à la côte , & ces herbes servent à fumer les vignes & les champs. On les nomme *Goësmon* , sur les côtes de Bretagne , & *Varech* sur celles de Normandie.

SARTIE. f. f. Terme qui est en usage sur la mer du Levant , pour signifier toutes sortes d'agreils & d'apparaux pour équipper un Vaisseau.

SAS

SAS. f. m. Sorte de tamis de figure cylindrique , qui a au milieu une toile ou un réseau de crin par les trous duquel on passe les poudres que l'on veut avoir fort déliées. Les Parfumeurs ont des Sas avec un couvercle pour passer leurs poudres. Il y a du *Plâtre au Sas*. Les Maçons s'en servent pour les cheminées & autres ouvrages de même nature. On dit *Faire tourner le Sas* , & cela se dit des Charlatans qui pour éblouir les bonnes gens qui les vont consulter sur une chose qu'on leur a volée , font tourner le Sas si adroitement , qu'il s'arrête lorsqu'on nomme la personne qui est soupçonnée d'avoir fait le vol. On fait venir le mot de *Sas* du latin *Seta* , Soye de pourceau.

SASSAPHRAS. f. m. Arbre qui croît dans la Floride, d'où l'on apporte son bois en Europe. Cet arbre est fort grand & a ses feuilles comme le Figuier. Son écorce est chaude & seche au commencement du troisiéme degré , & les autres parties le sont seulement au second. La decoction de son bois est excellente en toutes sortes de maladies , sur-tout pour ouvrir les obstructions , pour fortifier les parties internes , & pour guerir quantité de maux que l'on gagne avec les femmes. C'est l'un des six medicamens simples dont on se sert pour la guerison de la verole. Comme il est fort rare, & cher , il faut prendre garde à ne se laisser point tromper par ceux qui font passer pour vrai Sassaphras de la scieure de bouis dans laquelle il y a de la graine de fenouil broyée. Ce bois ; pour être bon , doit être solide & jaune , & avoir son écorce tenue , de couleur cendrée , & de saveur un peu acre & aromatique , & semblable à celle du fenouil , auquel son odeur se doit aussi rapporter.

SASSOIRE. f. f. Piece du train de devant d'un carrosse qui est au bout des armons. Elle soûtient la fleche , & sert à faire braquer le carrosse.

SAT

SATELLITE. f. m. Ce nom qui eft aujourd'hui odieux, marquoit une dignité du tems des Empereurs d'Orient. C'étoit comme un Capitaine des Gardes du Corps, du moins les Gardes des Empereurs étoient nommés *Satellites*. Prefentement on entend par *Satellite*, Un homme d'épée qui eft aux gages & à la fuite d'un autre, comme le miniftre & l'executeur de fes violences.

Les Aftronomes appellent *Satellites de Jupiter*, quatre petites étoiles qui tournent autour de cette Planete, & que Galilée a découvertes le premier avec le telefcope, fans quoi on ne les peut voir. La premiere & la plus proche de Jupiter fait fon tour en un jour & demi ou environ, la feconde en trois jours & demi, la troifiéme en un peu plus de fept jours, la quatriéme en feize jours & demi. On appelle aufsi Satellites de Saturne, cinq Planetes qui tournent autour de lui, dont la plus proche fait fon tour en près de deux jours, la feconde en près de trois, la troifiéme en quatre & demi, la quatriéme en près de feize, & la cinquiéme en quatre-vingts à peu près.

La Lune peut bien être appellée *Satellite de la Terre*, car elle eft à la terre précifément ce que les Satellites font à Jupiter & à Saturne.

Les Satellites de Jupiter étant au nombre de quatre, & tournant tous autour de Jupiter qui eft fort gros, ils doivent très-fouvent être éclipfés par Jupiter, ou les uns par les autres. Cette grande quantité d'éclipfes, car il ne fe paffe pas de jours fans cela, les rend beaucoup plus utiles que la Lune, pour trouver les longitudes. Voyez ECLIPSE. De plus, leurs éclipfes fe font fans *Pénombre*, (voyez PENOMBRE,) & par conféquent le moment précis en eft bien plus aifé à déterminer, ce qui eft de grande importance.

Les Satellites de Saturne feront du même ufage, quand leurs mouvemens auront été calculés aufsi exactement que ceux de Jupiter, dont l'illuftre M. Cafsini a fait des Ephemerides excellentes.

SATRAPE. f. m. Nom que les anciens Perfes donnoient aux Gouverneurs de Province. Ce mot a été tranfporté chés les Grecs, qui ont dit *σατράπης*, dans la même fignification.

SATURNALES. f. f. Fête que les Romains celebroient en l'honneur de Saturne avec de grandes réjouiffances. Elles duroient cinq ou fix jours dans le mois de Decembre, & les Efclaves pendant ces jours-là changeoient leurs habits en ceux de leurs Maîtres qui les fervoient même à table. Il y en a qui difent que les Saturnales ont été inftituées avant que Tarquin ait été chaffé de Rome, & d'autres qu'on ne les a établies que plus de cent ans après que la Republique a commencé.

SATURNE. f. m. Planete la plus éloignée de la terre, & dont le mouvement paroît le plus lent. Saturne, felon quelques-uns, eft foixante & dix-neuf fois plus gros que la terre; & felon d'autres, quatre-vingt-onze fois. Il fait fa revolution du Zodiaque en vingt-neuf ans cent cinquante-fept jours, & vingt-deux heures. Sa plus grande diftance de la terre eft de 244000. demi-diametres de la terre, & la plus petite de 176000. Il a cinq *Satellites* qui tournent autour de lui, (voyez SATELLITE,) & un *Anneau*. Voyez ANNEAU. Les Aftrologues difent que c'eft une Planete froide, feche, & malfaifante.

Parmi les Chymiftes, *Saturne* fignifie le Plomb, & ils appellent *Sucre de Saturne*, Une chaux en
Tome II.

laquelle le plomb calciné fe change lorfqu'il eft diffous par un acide, & fur-tout par l'acide volatil du vinaigre. Pour cela, on verfe par inclination la diffolution qui a été faite dans du vinaigre diftillé. On la philtre, on la laiffe évaporer, après quoi on la laiffe quelque tems, & il fe forme des criftaux que l'on purifie par plufieurs diffolutions réïterées. Si on prend interieurement ce fucre de Saturne, il abforbe tous les acides, & eft fpecifique dans le mal & la melancolie hypochondriaque, dans la fievre quarte opiniâtre & dans les inflammations caufées par l'effervefcence des fels viciés, ainfi que dans les érefipeiles. Il y a aufsi un *Beurre de Saturne*. Il fe diftille en prenant de la mine de plomb, non pas de la vulgaire, mais de la volatile qui vient de Hongrie. Après qu'elle a été pulverifée, on la mêle avec une partie égale de mercure fublimé, & on diftille le tout dans une retorte, ce qui fait avoir une liqueur groffiere compofée de l'efprit acide de fel commun qui étoit renfermé dans le mercure fublimé, & des particules de plomb que l'efprit de fel a enlevées avec foi. Le beurre de Saturne doit être rectifié, à la maniere ordinaire, après quoi il faut le precipiter avec de l'eau fimple en forme de poudre blanche. Il a le même ufage que le fucre de Saturne, & il purge doucement. Ce beurre & ce fucre de Saturne diftillés enfemble, donnent une huile rouge extrêmement douce & fort efficace dans les maladies chroniques, & particulierement dans les ulceres corrofifs, & qui font difficiles à guerir. Il eft bon de donner auparavant un peu de *Bezoard de Saturne*, qu'on fait en precipitation avec le Beurre de Saturne & l'efprit de nitre. Après trois abftractions, trois edulcorations & trois calcinations, on a un Bezoard Saturnin fimple, qui ne tient aucunement de l'antimoine, comme les autres befoards metalliques & qui eft un très-bon remede dans la pefte, & dans les fievres malignes peftilentielles. Quoique le fucre de Saturne foit affés bon, on tache d'en extraire le *Baume de Saturne*, & pour en venir à bout, on met le fucre de Saturne en digeftion, avec de l'huile diftillée de therebentine ou de genevrier, jufqu'à ce que le tout devienne rouge, ce qui n'arrive qu'à force de bien remuer cette mixtion.

SATYRE. f. m. Selon les fictions des Poëtes Payens, c'étoit un demi-Dieu des bois, moitié homme & moitié bouc. ACAD. FR. On trouve dans le Royaume de Quoja une efpece de Satyres que les Negres appellent *Quojas Morrou*. Ils ont la tête groffe, le corps gros & pefant, les bras nerveux, & n'ont point de queue. Ils marchent tantôt tout droit, & tantôt à quatre piés. Les Negres prétendent que ces animaux naiffent des hommes, & qu'ils deviennent demi-bêtes à force de demeurer dans les bois. Ils fe nourriffent de fruits & de miel fauvage, & fe battent à tous momens les uns contre les autres. Ils ont même affés de courage pour attaquer des hommes armés. Il y a quarante ans ou environ, qu'on apporta en Hollande un de ces Satyres, dont on fit prefent au Prince Frideric Henri de Naffau. Il étoit d'une taille quarrée, de la grandeur d'un enfant de cinq ans, mais bien plus épais, fort, vigoureux & agile, en forte qu'il levoit des chofes très-pefantes, & les portoit d'un lieu en un autre. Il avoit le devant de fon corps nud, & le dos couvert de poil noir. Sa face avoit quelque chofe de l'homme, mais fon nez étoit plat & retrouffé. C'étoit un animal femelle, dont les oreilles, le fein, les mammelles, les coudes, les mains, le bas de fon ventre, les parties naturelles, les jambes & les piés reffembloient parfaitement à ceux d'une femme. Il

C c c ij

se tenoit debout & marchoit souvent tout droit. Il
bûvoit fort proprement, portant d'une main le pot
à sa bouche, & le soûtenant de l'autre. Il avoit la
même adresse à se coucher, & après avoir mis sa
tête sur le chevet, il ajustoit sa couverture sur son
corps, ce qui l'auroit fait prendre pour un homme,
lorsqu'il étoit étendu de cette sorte. Les Negres assurent que cet animal force les femmes & les filles
lorsqu'il en rencontre.

SATYRION. s. m. Plante qui ne jette que trois feuilles, qui panchent contre terre, comme si elles
étoient rompues, & qui sont semblables à la Pareille ou aux feuilles du lis, quoique moins grandes.
Elles sont rouges, & sa tige qui n'a point de feuilles est de la hauteur d'une coudée. Ses fleurs sont
blanches & faites en façon de lis. Sa racine est
grosse & ronde comme une pomme, bulbeuse,
rousse en dehors, & blanche en dedans comme un
œuf. Elle a un goût doux & agreable à la bouche,
& porte à l'amour ceux qui en mangent. Prise en
breuvage avec de gros vin, elle est bonne aux spasmes, qui font retirer la tête & les nerfs en arriere.
Il y a une autre espece de Satyrion, appellé Ery-
thronium, parce qu'il est rouge. Sa graine est semblable au lin, mais plus grosse, dure, legere &
luisante. L'écorce de sa racine est déliée & rousse.
Au dedans il y a une moëlle blanche, douce &
bonne à manger. Ce Satyrion croît dans les montagnes, & dans les lieux battus du Soleil. C'est une
plante si feconde, que si sa tige est recouchée, &
provignée comme la vigne, elle produit plus de
cinquante bulbes d'un seul.

SAU

SAUCISSE. s. f. Boyau de porc ou d'autre animal,
rempli de viande crue, hachée & assaisonnée. ACAD.
FR. On appelle Saucisse, en termes de guerre,
Une longue charge de poudre mise en rouleau dans
de la toile goudronnée, arrondie & mise en longueur. On attache à ce rouleau une fusée lente qui
sert d'amorce pour faire jouer une mine. On a
coûtume de mettre deux Saucisses à chaque fourneau, afin que s'il y en a une qui manque, l'autre
fasse son effet.

On appelle aussi Saucisses, ou plûtôt Saucissons,
Des fagots faits de grosses branches d'arbres. On les
lie par le milieu & par les deux bouts, & on s'en
sert pour se couvrir, & pour faire des épaulemens.
La difference qu'il y a entre les Saucissons & les
fascines, c'est que les fascines sont faites de menus branchages.

SAUCISSON. s. m. Sorte de Saucisse qui est fort
grosse, & de fort haut goût. ACAD. FR. On appelle
aussi Saucisson, Une fusée qui est sans étoiles &
sans serpenteaux, & dont on garnit les feux d'artifice. On met plusieurs Saucissons ensemble, afin
qu'ils fassent un plus grand bruit.

SAVEUR. s. f. Qualité qui est l'objet du goût, qui
se fait sentir par le goût. ACAD. FR. Les Chymistes prétendent avec raison que le sel est dans les
choses la principale cause des Saveurs, & que les
corpuscules qui forment le sel, appliqués à l'organe du goût s'y insinuent & le meuvent selon la proportion ou le rapport qu'ils ont avec lui. On n'en
peut douter, puisqu'il n'y a rien de savoureux
dont on ne puisse tirer le sel, & qui ne devienne
insipide près qu'on l'en a tiré, de même qu'il n'y
a rien d'insipide qu'on ne rende savoureux, si l'on
y mêle du sel. D'ailleurs on observe que rien ne
devient capable d'être goûté, qui ne soit humide,
& qu'ainsi il n'ait pû imbiber du sel dissous, ou qui

ne soit penetré d'une humeur par laquelle le sel entremêlé puisse être dissous ou exprimé avec l'humeur, & se puisse insinuer dans l'organe du goût.
C'est pour cela que la nature a donné une humidité
particuliere à la langue & au palais, afin qu'il y ait
de quoi humecter les choses qui sont trop seches,
& qu'elle puisse en tirer le sel & le faire penetrer
en elle-même. Le sel qui est adherant à la langue,
a cela de commode, que l'eau qui de soi est moins
savoureuse qu'elle n'est propre pour apprêter les
Saveurs lorsqu'elle dissout le sel qui est dans les
choses, est rendue par son moyen savoureuse &
desirable, si elle est necessaire à l'estomac, & ce
qui le prouve, c'est que l'eau est d'autant plus
agreable & savoureuse, que la langue est plus seche, ou qu'elle a moins d'humeur & plus de sel,
qui étant dissous l'affecte plus doucement. Comme
la diversité des sels est innombrable, & que leur
figure & leur tissure s'alterent diversement par les
combinaisons qu'ils font entre eux, & avec les particules huileuses & terrestres, il s'ensuit qu'il y a
un nombre presque infini de Saveurs differentes
dans tous les sujets, que ce qui n'avoit point de
saveur en peut acquerir par le mélange de quelque
corps, ou changer celle qu'il avoit en une autre
differente, comme le vinaigre qui devient fort
doux par le mélange du sel de Saturne, qui est très-
insipide. Il semble qu'entre les Saveurs les deux
plus opposées soient l'Acide & l'Acre, entre lesquelles le doux tient le milieu. L'acide consiste en
des particules longues, aigues, roides & tranchantes des deux côtés qui penetrent en faisant une
incision subtile.

L'Acre est composé de parties qui ont une surface âpre, & raboteuse, & qui rongent ou raclent
rudement les corps auxquels elles s'appliquent.
L'Acerbe & l'Austere sont des especes d'Acide,
car leurs sels acides sont mêlés avec des soufres grossiers, qui herissent la surface de ces sels de plusieurs
petits poils diversement recourbés, & propres à
s'attacher fortement à la langue. L'Amer est une
espece d'Acre, mêlé aussi avec des soufres grossiers, ou des huiles fixes. Les fruits commencent
par être acides, & même acerbes, parce qu'ils ont
beaucoup de sels roides & pointus, & souvent mêlés avec des soufres qui les herissent ; mais par la
fermentation continuelle que cause le soleil, ces
acides s'étant brisés, & se dégageant de leurs soufres grossiers, ils perdent & l'acerbité, & la trop
grande acidité, & parviennent à composer cette
Saveur moderée, qu'on appelle Douceur. Enfin les
acides continuant à se briser plus qu'il ne faut, &
par-là les plus volatils s'évaporant avec les soufres
legers, & les plus fixes demeurant engagés avec
des soufres grossiers, & ayant même perdu leur
figure longue & pointue, pour en prendre une irreguliere & inégale, les fruits deviennent acres ou
amers. Ce qui prouve assés bien que l'amer n'est
pas opposé au doux, mais à l'acide, & que le doux
est entre les deux.

SAUGE. s. f. Herbe qui produit plusieurs branches,
longues, blanches & quarrées, & qui a ses feuilles semblables à celles du Coignier, mais plus longues, plus âpres, & plus épaisses. Elles sont rudes comme un drap à demi usé, velues, blanchâ-
trés, d'odeur agreable & forte. Elle croît dans les
lieux âpres, & produit sa graine à la cime de ses
branches, ainsi que la Toute-bonne. La decoction
de ses feuilles & de ses branches prise en breuvage provoque le flux menstrual, fait uriner, & a
la vertu de faire sortir l'enfant hors du ventre de la
mere. Elle étanche aussi le sang des plaies, & mon-

difie les ulceres malins, noires & sales. En Latin *Salvia*. Quand on examine cette herbe par le moyen du microscope, on la voit toute couverte d'araignées vivantes, & qui paroissent marcher.

Il croît dans la Guadeloupe des arbrisseaux de Sauge, qui sont quelquefois aussi gros que le bras, & hauts de sept à huit piés. Leurs fleurs sont comme de petites roses composées de plusieurs petites fleurs violettes de très-bonne odeur.

SAUGRENNE'E Assaisonnement des pois avec du beurre, des herbes fines, de l'eau & du sel. Les Furetieristes disent qu'on les cuit à l'eau & au sel seulement, ils n'en ont apparemment gueres mangé.

SAUGUE. s. m. Nom que l'on donne à un certain bateau pêcheur de Provence.

SAVINIER. s. m. Arbre qui se jette plus en largeur qu'en longueur, & dont les rameaux sont souples, difficiles à rompre, & revêtus tout autour de feuilles & d'écailles. Il y en a de deux sortes, l'un qui porte fruit, & l'autre qui est sterile. C'est la même chose que *Sabine*.

SAULE. s. m. Sorte d'arbre qui aime les lieux humides, & qui croît très-vîte. Matthiole dit que dans la riviere de Gennes il y en a qui croissent en telle grandeur, que l'on en fait des perches & des échalas pour les treilles & les vignes; que d'autres moindres qu'on appelle *Franc osier*, servent à lier les cercles des tonneaux, & qu'on fait des corbeilles & des paniers d'autres Saules qui sont encore plus petits. Ils ont leurs feuilles semblables à celles de l'olivier, longuettes, vertes par dessus, & blanchâtres par en bas. Le Saule gris n'est pas pliant, le rouge est le plus doux, le blanc s'appelle *Liserre* ou *Lisette* à ligando. Selon Pline, il y a trois sortes de *Larmes de Saule*. L'une sort de l'arbre naturellement & sans nulle incision. L'autre coule lorsque le Saule fleurit, & que l'on a incisé l'écorce de trois doigts de long. La troisième distille en Automne quand on ébranche les saules. Matthiole s'étonne de ce que personne n'a fait mention de l'écume blanche qui pend aux branches des Saules en maniere de raisin, si-tôt qu'ils sont défleuris, & qui y demeure jusqu'à ce que le vent l'emporte, volant par l'air comme une plume. Elle n'est pas de longue durée. Selon Galien on peut user des feuilles de Saule pour souder une plaie fraîche. La plûpart des Medecins employent les fleurs lorsqu'ils préparent une emplâtre dessicative, à cause qu'elles dessechent sans aucune mordication, quoiqu'elles tiennent quelque peu de l'astringent. Quelques-uns se servent de la liqueur qui sort de l'écorce du Saule qu'on incise lorsqu'il est en fleur, pour ôter tout ce qui empêche & trouble la prunelle de l'œil. L'écorce du Saule est si dessechante, qu'elle guerit & emporte les clous, durillons & porreaux, sur-tout si étant reduite en cendres, elle est trempée dans de bon vinaigre & appliquée dessus. On dit aussi *Saulx*, en Latin *Salix*.

SAUMACHE. adj. Les gens de Marine appellent *Eau saumache*, de l'eau qui est un peu salée par l'eau de la mer.

SAUMON. s. m. Gros poisson dont la chair est rouge, & qui est couvert de petites écailles marquées de taches rondes. Il a le ventre luisant, le dos bleuâtre & la queue large. Ce poisson naît dans la mer Oceane, & l'eau douce l'attire dans les rivieres qui se déchargent dans cette mer.

Les Truites du Lac de Geneve sont saumonnées, & ont la chair rouge comme le Saumon.

Les Potiers d'étain appellent *Saumon*, Un morceau d'étain en maniere de navette, pesant quatre-

vingt, & quelquefois jusqu'à cent cinquante livres. Ils le fondent pour en faire differens ouvrages.

Saumon, parmi les Plombiers, est une grosse piece de plom. en forme de navette de tisserand, qui pese environ trois cens livres. Elle vient d'Angleterre, & sert à divers ouvrages de Plombiers.

SAUMURE. s. f. La liqueur qui se fait du sel fondu & du suc de la chose salée. Elle a les mêmes proprietés que le sel, & est abstersive. On la clysterise aux dysenteries, encore qu'il y ait corrosion de boyaux, & on s'en sert en la même sorte pour les sciatiques inveterées. Elle a la même vertu que l'eau marine dans les fomentations. Ce mot vient du Latin *Sal*, Sel, & de *Muria*, qui veut dire, Une liqueur qui provient de sel fondu. Nicod fait venir ces deux mots *Sal* & *Muria*, d'un autre mot Grec. *Saulmure*, dit-il, est l'eau ou jus qui est fait d'une chair ou poisson salés en caque, mot composé de ce vocable *Sal*, selon la prononciation du Languedoc & Provençal, qui le prononcent Sau, & de cet autre mot Muria, lesquels deux mots peuvent venir aisément de ce mot Grec ἁλμνρις, qui signifie cela même, selon laquelle prononciation sont écrits & prononcés en François ces mots aussi Saulnier, saulpiquer, saulpoudrer & Saulse, combien que ce dernier ait quelque raison à part : car le François dit Salpetre, plus approchant du Latin, & non Saulpetre.

Les Anciens se sont servis d'une saumure aigre, que les Grecs appelloient ὀξάλμη, & qui étant fomentée étoit fort bonne aux ulceres pourris, aux morsures des chiens, & aux piquûres venimeuses. Elle étoit composée de sel & de vinaigre, ou de saumure & de vinaigre. Matthiole dit que l'Oxalme des Grecs a perdu son cours.

SAVON. s. m. Sorte de composition dont on se sert pour blanchir le linge, & à d'autres usages. Il y a le Savon blanc & le Savon noir. Le Savon blanc, qu'on appelle *Sapo Gallicus*, se fait de capitel & de suif de bouc bouillis ensemble. Le noir, appelé *Sapo Sarracenicus*, se fait aussi de capitel, mais au lieu de suif on prend de l'huile, & on le fait bouillir le tout jusqu'à ce qu'il devienne épais. Tout Savon, & sur-tout le noir, est dersesif & caustique. On s'en sert pour faire des cauteres, & pour cela on le mêle parmi la chaux, le Vitriol Romain, & autres medicamens semblables qui sont acres & caustiques.

SAVONNIER. s. m. Arbre dont les Habitans des Antilles se servent au lieu de savon. Il y en a de deux sortes, dont l'un a cette qualité dans son fruit, qui croît par grappes, rond, jaunâtre, & de la grosseur d'une petite prune. Ce fruit a aussi un noyau noir & dur, qui se peut polir, & est appellé communément *Pomme de savon*. L'autre a cette même qualité dans la racine qui est blanche & mollasse. L'un & l'autre rend l'eau blanche & écumese comme s'étoit du savon même, mais on se sert plus volontiers de la racine du dernier de ces arbres, que du fruit du premier, qui brûleroit le linge si on en usoit trop souvent. Cette proprieté de blanchir a fait donner le nom de *Savonnier* à ces arbres.

SAURE. adj. de tout genre. On appelle *Cheval saure*, un Cheval dont le poil est d'une couleur de jaune obscur. Voici ce qu'en dit Nicod. Saure, & par apocope Saur, qui est prononcé Sore, est couleur de flamme de feu brun. Ainsi on dit un cheval estre de couleur ou de poil saure, auquel le manteau est de couleur vive tirant à celle du feu. L'Italien dit Sauro, & le rend en Espagnol par Alezan, comme auſſi Saure eſt appellé le cheval qui eſt de ladite couleur. Le hareng eſt auſſi appellé Saut, & ſelon la prononciation Françoiſe Sor, qui a prins couleur de feu au Rouſſable, qui eſt une forme de ſalle cloſe appropriée à faire ſaurir & rouſſir le hareng. De la couleur ſaure, en cas de poil de chevaux, y a deux eſpeces, Saure obſcur ou brûlé, que l'Eſpagnol appelle Alezan toſtado, & l'Italien Sauro bruſciato & metallino ; & Saure doré, que l'Italien dit Sauro dorato & indorato, qui eſt le Saure clair.

On appelle en termes de Fauconnerie, Oiſeau ſaur, ou Saure, un Oiſeau qui étant dans ſa premiere année, porte encore ſon premier pennage qui eſt roux. Il ne ſe dit que des oiſeaux de paſſage. On ſe ſert du mot de Sauvage en parlant de la premiere année d'un oiſeau, quel qu'il ſoit, qui n'a point encore mué, & en ce ſens on dit, qu'Un oiſeau croit toute l'année du ſauvage.

SAURIR. v. a. Vieux mot. Saler, boucaner, mettre quelque viande à la fumée. Saurir, dit Nicod, c'eſt faire devenir de couleur ſaure, qui eſt dorée obſcure. Ainſi dit-on, Saurir les harens, que par après on appelle Saurs & Sors ; ce qui ſe fait les eſtendant ſur des clayes en une ſalle cloſe appellée Rouſſable, & leur donnant le feu & fumée des feuiles ſeiches d'arbres d'orme, ou de cheſne, ou bien du tan ; leſquels feu & fumée leur donnent telle couleur.

SAUT. ſ. m. Action de ſauter, mouvement par lequel on ſaute. ACAD. FR. On appelle Saut, en termes de danſe, Un pas de baler, qui ſe fait en élevant en même-tems ſon corps & ſes deux piés en l'air pour friſer la cabriole, & pour marquer les doubles cadences. On dit qu'On fait un ſaut ſimple, quand les jambes étant en l'air ne font aucun mouvement, ſoit qu'il ſe faſſe en avant, en arriere, ou de côté. Le Saut battu, eſt celui où les jambes étant en l'air, les talons battent une ou pluſieurs fois l'un contre l'autre. On appelle Saut majeur, Celui où l'on remue les piés en l'air.

On dit en termes de Manege, Un pas & un ſaut, en parlant en air relevé d'un cheval qui entre deux ſauts marque une courbette, qu'on appelle Pas en cette rencontre, à ſorte qu'à chaque ſaut il leve le devant, & les hanches ſuivent ; ce qui le fait ruer des piés de derriere. Il y a un autre manege compoſé de trois courbettes que termine une cabriole. Celui-là s'appelle Deux pas & un ſaut.

On dit en termes de mer, Donner un ſaut à la bouline, pour dire, La larguer d'un ou de deux piés.

SAUTELLE. ſ. f. Terme d'Agriculture. Sarment qu'on tranſplante avec ſa racine. Nicod en parle en ces termes. Saultelle eſt un brin de ſarment tenant à la ſouche, lequel en taillant la vigne, eſt laiſſé debout par le tailleur de la vigne ; ce qui eſt pour tirer au vin, & eſt l'intereſt de la ſouche, qui en demeure d'autant plus chargée au porter, & parce que la Saultelle demeure ſans eſtre taillée, elle eſt auſſi appellée Bois de bout, qui eſt un indice d'un mauvais pere de famille és vignes, où elles ſont en grand nombre.

SAUTER. v. n. S'élever de terre avec effort, ou s'élancer d'un lieu à un autre. ACAD. FR. On dit en termes de mer, que Le vent ſaute, pour dire, qu'Il change de paſſe d'un rumb à l'autre. On dit en termes de commandement, Saute ſur le beaupré, defreſler le pavillon ; ſaute ſur la vergue alleger les cargues, pour dire, Va defreſler, va alleger, &c.

SAUTEREAU. ſ. m. Petit morceau de bois dans une mortoiſe, qui ſe remue & fait ſonner la corde d'une épinette, d'un claveſſin par le moyen d'une plume que l'on met dans la languette.

On appelle Sautereau, en termes de guerre, Une piece d'Artillerie qui n'eſt pas renforcée ſur la culaſſe, & qui n'eſt pas ſi propre que les autres à tirer juſte.

C'eſt auſſi une branche de Sarment née au bas du ſep dont on fait une eſpece de provin en la coupant, à moitié la premiere, & entierement la ſeconde.

SAUTERELLE. ſ. f. Sorte d'inſecte qui ne volant qu'avec peine, va en ſautant, & gâte les blés & les jardins. Les ſauterelles ont ſix piés, & des ailes quelquefois rouges, d'autres de couleur de pourpre, & d'autres tirant ſur le bleu & ſur le verd. Il y a des regions où en peu de jours elles mangent tout le fruit de la terre. Les mâles, ſelon Ariſtote, ſont moindres que les femelles, qui font leurs petits en fichant leur queue en terre. Il ſemble, à voir ces femelles que ce ſoient des ruches de mouches à miel, quand elles font leurs petits toutes enſemble, en produiſant des petits vers ronds comme des œufs, qui ſont couverts d'une terre déliée comme d'une taye fort mince qu'ils rompent, & d'où ils ſortent & s'envolent ; ce qui arrive ſur la fin du Printems, après quoi ces femelles meurent incontinent, à cauſe de certains autres petits vers qui leur viennent autour du col lorſqu'elles font leurs petits, & qui les étranglent. Les mâles n'ont point de queue, & ne ſurvivent pas les femelles. Les Sauterelles ne viennent point aux lieux des montagnes, ni aux terres maigres ; elles demandent la plaine, & font leurs œufs dans les fentes d'une terre graſſe & crevaſſée. Pline qu'elles traverſent de larges mers, venant comme de groſſes nuées, & qu'elles font grand degât de blés, en brûlant en partie à les toucher, & rongeant tout ce qu'elles rencontrent. Il en vint des marais Meotides en grandes troupes l'an 1542. & elles gâterent toute la Hongrie & la plus grande partie de l'Allemagne & de l'Italie, rongeant toutes les herbes, & ne laiſſant aucun fruit entier. Quelques uns les appellent Locuſtes, de leur nom Latin Locuſta. Les Parthes en ſont fort friands. Ainſi il n'y a point à s'étonner de ce que Moyſe en fait mention entre les choſes bonnes à manger, & que ſaint Jean-Baptiſte en ait vécu au deſert avec du miel ſauvage. En Cypre il y avoit une loi qui obligeoit de faire trois fois chaque année la guerre aux Locuſtes, premierement en caſſant leurs œufs, ſecondement en tuant leurs petits, & enfin en faiſant mourir les grandes. On dit qu'il y en a dans les Indes qui ont trois piés de longueur, & dont les cuiſſes ſervent de ſcie quand elles ſont bien ſeches.

Sauterelle. Inſtrument de Geometrie fait ordinairement de bois, & qui eſt tout droit comme une équerre pliante qui s'ouvre & ſe ferme avec un compas, pour former & tracer des angles & pour prendre des meſures ſur le trait & ſur l'ouvrage. La Sauterelle ſert auſſi pour couper une pierre par le bout, ou autrement, avant que de la mettre en œuvre, quand il y doit avoir du biais. Elle eſt differente du Buveau, en ce que ſes deux branches doivent être également larges par tout. On appelle Sauterelle graduée, Celle qui a autour du centre d'un de ſes bras un demi-cercle grand & diviſé en cent quatre-vingts degrés, dont le diametre eſt d'équerre avec les côtés de ce bras, en ſorte que l'autre bout de l'autre bras qui eſt coupé en angles droits juſqu'auprès du centre, marque à meſure qu'il ſe meur la quantité de degrés qu'a l'ouverture de l'angle qu'on prend.

SAUTEUR. f. m. Celui qui s'exerce à fauter, qui en fait profeffion.

Sauteur, en termes de Manege, fe dit d'un cheval qui fait des fauts avec ordre & dans l'obéïffance entre deux piliers, & qui va à taprioles, à balotades ou à croupades. Chaque faut d'un fauteur ne doit jamais gagner plus d'un pié & demi de terrain en avant. On ne met ni le terre à terre, ni les courbettes au nombre des fauts, à caufe que le cheval ne s'y éleve pas extraordinairement.

SAUTOIR. f. m. Terme de Blafon. Piece honorable de l'écu, faite en forme de croix de faint André. Sa largeur ordinaire eft le tiers de l'écu quand elle eft feule. *D'argent au fautoir de fable.* Le Sautoir étoit autrefois une piece du harnois du Chevalier qu'on attachoit à la felle de fon cheval, & qui lui fervoit d'étrier pour fauter deffus. Elle étoit faite de cordon de foye, ou d'une corde couverte d'une étoffe précieufe.

SAUVAGE. f. m. On dit en termes de mer, *Faire le fauvage*, quand on s'emploie à recouvrer & à fauver les marchandifes perdues par un naufrage, ou jettées dans la mer à caufe du gros tems qui a obligé d'alleger le Vaiffeau. Le tiers en appartient à ceux qui les fauvent.

SAUVAGEON. f. m. Petit arbre qui n'a point été enté & qui eft venu naturellement & fans culture. On ente des fruits des autres arbres fur les Sauvageons, & le plus fouvent fur un Sauvageon d'amandier ou de coignaffier.

SAUVEGARDE. f. f. *Protection accordée par le Prince on par ceux de fes principaux Officiers qui ont droit de l'accorder.* Ac ad. Fr. On appelle *Sauvegarde*, en termes de Marine, une Corde amarrée au bas du beaupré, & qui montant à l'étai de mifaine en defcend pour s'amarrer aux barres de la hune de beaupré. Elle fert aux Matelots qui font quelques manœuvres de la fivadiere & du tourmentin, pour marcher en fûreté fur le mât du beaupré. On appelle *Sauvearde du gouvernail*, Un bout de corde qui un traverfe la meche, & qui eft faifie à l'arcaffe du Vaiffeau. On donne auffi le nom de *Sauvegarde* à deux cordes que l'on fait regner depuis les bouts de l'éperon jufques aux foubarbes des boffoirs. Elles fervent à empêcher que les Matelots qui font dans l'éperon pendant la tempête, ne tombent dans la mer.

SAUVEMENT. f. m. On a dit dans le vieux langage, *Noftre fauvement*, pour dire, Noftre falut.

SAUVE-RABAN. f. m. Terme de Marine. Anneau de corde qu'on met près des bouts des grandes vergues, afin d'empêcher que les rabans ne foient coupés par les écoutes de hunes.

SAUVETERRE. f. m. Marbre de differentes couleurs, dont le fond eft noir avec des taches & des veines blanches, mêlé auffi de veines jaunes, & qui reffemble à differens cailloux congelés & joints enfemble. Il prend un fort beau poli, & a une grande dureté. On l'appelle *Sauveterre*, à caufe qu'il fe tire d'une carriere qui eft proche du village de Sauveterre à trois lieues de faint Beat. On en a tiré des pieces de plus de vingt piés de long, dont on a fait des colomnes.

SAUVEUR. f. m. Liberateur, celui qui fauve. Il fe dit par excellence du Fils de Dieu, qui eft appellé *Le Sauveur du monde.* On dit vulgairement *La faint Sauveur*, pour dire, La fête qui a été inftituée, & que l'on celebre le 6. d'Août, en memoire du jour auquel Jesus-Christ parut glorieux avec Moyfe & Elie fur la Montagne de Thabor, où il

avoit conduit S. Pierre, S. Jacques & S. Jean, qui virent la gloire éclatante dont le fils de Dieu étoit revêtu. S. *Sauveur*, fe dit d'un Hofpice de Jerufalem, où tous les Chrétiens d'Occident qui vont vifiter la Terre-Sainte, font reçus pendant le fejour qu'ils font en cetteVille-là, fans qu'ils fe puiffent retirer ailleurs fur peine d'une groffe amende. C'eft un Couvent de Religieux de faint François, qui eft en la partie Occidentale de la Ville, entre la porte du Château & la porte de Damas. Ils y font ordinairement au nombre de trente ou de trentecinq, & font l'Office Divin à la Romaine. Le Gardien y a Jurifdiction Epifcopale & autorité fpirituel'e fur tous les Chrétiens Latins & Romains qui vont en Jerufalem, ce qui lui donne le privilege de porter l'anneau; & d'officier avec la mître & la croffe.

Il y a eu un Ordre Militaire, appellé *Saint Sauveur de Montreal*, & autrement l'*Ordre d'Arragon.* Il fut établi en 1110. par Alphonfe, dix-huitiéme Roi de Navarre, & premier d'Arragon. Les Chevaliers portoient un habit blanc & une croix rouge fur la poitrine en façon d'ancre. Leur regle étoit femblable à celle des Templiers, & ils la fuivoient à Montreal. Toute la difference qui fe rencontroit entre eux, c'eft que ceux-ci étoient en pouvoir de fe marier. Ces Chevaliers de faint Sauveur avoient été mis dans la Ville de Montreal par le Roi Alphonfe qui l'avoit bâtie, & ils la devoient défendre & faire la guerre aux Infidelles, de forte que les Maures ayant été détruits en Efpagne, cet Ordre le fut auffi.

Sauveurs, en termes de Marine, eft un nom qu'on donne à ceux qui ont fauvé ou pêché les marchandifes perdues en mer, ou par un naufrage, ou parce que la tempête a obligé d'en décharger le Vaiffeau. Ils ont le tiers de tout ce qu'ils fauvent.

On appelle auffi *Sauveurs*, Des fourbes qui fe vantent de pouvoir guerir les maladies avec leur falive & leur haleine, ou avec des Oraifons. Le Pere Delrio qui en parle comme des Magiciens, dit qu'ils obfervent certains nombres avec des ceremonies pleines de fuperftition. La plûpart d'eux ont la figure d'une roue entiere ou d'une roue rompue, qu'ils montrent empreinte fur quelque partie de leur corps. Quoiqu'ils fe foient fait cette figure à eux-mêmes, ils affurent qu'ils l'ont apportée en naiffant, & l'appellent de *Sainte-Catherine*, dont ils ofent fe dire parens. Ils difent qu'ils peuvent manier le feu fans fe brûler. Les Efpagnols les appellent *Saludadores.* Il y en a d'autres en Italie qui prétendent être parents de faint George, & qui portent fur leur chair la figure d'un ferpent qu'ils veulent faire paffer pour naturelle, ce qui leur fait dire que les ferpents ni les fcorpions ne leur peuvent nuire. Ces impofteurs font traités de Magiciens par Gafpard Pucer & par Delrio.

SAX

SAXATILE. adj. Qui eft parmi les cailloux, de *Saxum*, Pierre, rocher. On appelle *Plantes Saxatiles*, Celles qui viennent entre des cailloux, comme le blé noir ou farafin.

SAXIFRAGE. f. f. Petit arbriffeau qui vient dans les lieux pierreux & âpres, & qui produit force tiges. Il eft fi femblable au Thim, qu'on n'en fçauroit faire la difference par le goût Il y en a une autre forte qui de fa tige jetté des feuilles par intervalles, petites, longuettes & étroites, une de chaque côté. Elles font accompagnées de quelques autres petites feuilles qui viennent ensemble comme amassées. Vers la cime ces feuilles se jettent en plus grand nombre, & c'est de-là que sortent ses fleurs qui sont purpurines & de bonne odeur. Leur couleur de pourpre fait appeller cette Saxifrage, *Saxifrage jaune*, ou *dorée*, à la difference de la *Saxifrage blanche*, appellée ainsi à cause que ses fleurs sont blanches. Matthiole dit qu'outre celles-ci il se trouve encore trois autres sortes de Saxifrages, qui sont estimées fort souveraines pour rompre la pierre des reins & pour la pousser dehors. La première croît sur de grandes & dures pierres, ou dans un lieu sec & maigre, & a ses feuilles menu comme des cheveux & assés semblables à celles du fenouil, si ce n'est qu'elles sont plus longues, plus minces & plus rares. Sa tige est aussi comme celle du fenouil, petite & mince, ayant un bouquet à sa cime, qui contient une graine semblable à celle du persil commun, plus longue pourtant & odorante. Sa racine est blanchâtre, & toute la plante quelque peu acre & douceâtre. La seconde espece a ses feuilles comme le lierre terrestre commun, moindres toutefois, se couchant à terre & dentelées tout autour. Sa tige est mince, ronde, droite, velue, moins haute qu'une coudée, & produit bien peu de branches, d'où sortent des fleurs blanches, semblables à celles du Basilic sauvage, lesquelles, quand elles tombent, ne laissent aucune graine. Sa racine est mince & munie de force capillamens, parmi lesquels sortent des grains ronds, gros à peu près comme la graine de coriandre, d'une couleur purpurine & d'un goût amer. Quelques-uns tiennent que ces grains sont la graine de la plante, à cause qu'elle n'en produit point, & qu'étant semés ils produisent la plante; ce qui est aussi merveilleux qu'extraordinaire, qu'une plante ait sa graine à sa racine. Elle est chaude, dessicative, aperitive, absterfive & repulsive. La decoction de l'herbe & de sa racine faite en vin blanc, rompt & fait sortir la pierre, nettoie la vessie & fait uriner, sur-tout si on prend avec la decoction une drachme de sa farine avec sa graine. Cette herbe croît, ou entre les pierres, ou dans les lieux secs & sablonneux, sur la fin du Printems. La troisième espece, que Matthiole appelle *La grande Saxifrage*, croît au mont Baldo sur des pierres vives & fort dures. C'est une maniere de petit arbrisseau; dont la tige a la dureté du bois. Elle est tortue & de la grosseur d'un doigt, & produit force rejettons plus & pleins de fentes, ayant leur écorce de dessus blanchâtre. Ses feuilles sont petites, longuettes & pointues au bout. Cette plante porte des fleurs blanches en forme de petits vases, semblables entierement à ceux du Basilic sauvage, & dentelés tout autour de leur sommité. Ils contiennent une graine rouge moindre que celle du pavot. Sa racine est blanchâtre, & si étroitement cachée parmi les pierres, qu'il est malaisé de l'arracher. On a donné à toutes ces plantes le nom de *Saxifraga*, à cause de la vertu qu'elles ont de rompre les pierres, du Latin *Saxum*, Pierre, & de *Frangere*, Rompre.

S C A

SCABIEUSE. s. f. Plante fort commune & dont l'usage est frequent. Matthiole blâme Matthæus Sylvaticus, qui dans ses Pandectes a pris la Scabieuse pour le Stoebé, quoique les Grecs ni les Arabes n'ayent jamais fait mention de la Scabieuse. Il y a la petite & la grande. La petite Scabieuse produit des feuilles cannelées tout à l'entour, se couchant

par terre, blanchâtres & velues. Sa tige est droite mince & ronde, & jette force branches, au bout desquelles viennent ses fleurs, qui sont feuillues, bleues & quelquefois pâles, & qui étant défleuries, laissent une petite tête verte, pleine d'un grand nombre de petits yeux, dont la couleur ressemble aux plumes de paon, & qui sont disposées avec un ordre & une industrie surprenante. Sa racine est haute d'un palme, fibreuse & blanchâtre. L'autre Scabieuse, qu'on appelle grande, a ses feuilles d'en bas fort grandes & non cannelées. Celles qui les suivent ont la même déchiqueture que les feuilles de la petite Valerienne, mais celles d'en haut sont moindres & plus dentelées. Elle jette ses tiges en été, hautes d'une coudée & demie; rondes, cannelées & blanches, produisant leurs branches à leur cime. Au haut de ces branches viennent de petites têtes qui se terminent en pointe, toutes comparties par écailles à la maniere du Cyanus, auquel ressemblent aussi les fleurs qui en sortent, excepté qu'elles sont rousses. Elles portent une petite graine noirâtre semblable au Lychnis cotonné. Sa racine est grosse comme le pouce & quelquefois plus, divisée en beaucoup de parties, & d'un goût douceâtre comme la Pastenaille. Elle vient parmi les blés & aux lieux non cultivés, surtout s'ils sont argilleux. Les deux Scabieuses sont chaudes, absterfives & desiccatives; ce qui les rend singulieres à décharger la poitrine, & le poumon des gros excremens, tant leur herbe prise en breuvage, que leur jus pris en miel en façon d'Electuaire, ou même leur decoction bûe pendant plusieurs jours. On les a nommées *Scabieuses*, du Latin *Scabies*, Gale, à cause qu'elles sont bonnes à guerir la rogne & la gratelle. La Scabieuse évacue toutes les pourritures qui causent inflammation dans la poitrine, & purge toutes les superfluités qui la chargent. Elle est aussi singuliere étant appliquée sur les charbons pestilentieux, & son jus pris au poids de quatre drachmes avec une drachme de Theriaque, est excellent au commencement de la peste. Ce même jus enduit avec de la farine de Chrysocolla & un peu de camfre, ôte toutes dartres, lentilles, feux sauvages & autres taches du visage, & même les tayes des yeux. Sur-tout les racines de la grande Scabieuse sont souveraines à ces rognes dangereuses qui viennent en plusieurs parties du corps.

SCALENE. adj. Terme dont s'est servi Euclide, qui a appellé σκαληνον τρίγωνον, Scalene triangle, Un triangle dont les trois côtés & les trois angles sont inégaux, de-là on a dit *Cone Scalene*. Voyez CONE. Les Medecins ont nommé *Scalenes*, deux Muscles qui servent au mouvement du col, à cause que ces muscles ont la figure d'un triangle scalene.

SCALIN. s. m. Sorte de monnoie qui vaut vingt-sept sols, & qui est en usage parmi ceux qui trafiquent du côté du Senega. Il y a des demi Scalins, des quarts de Scalin & des huitiémes de Scalin. Ces derniers valent trois sols neuf deniers.

SCALME. s. f. Terme de Marine. Le bout de la piece de bois qui forme la côte d'un navire, & sur laquelle s'appuyent les rames pour se mouvoir. Ce mot vient du Grec σκαλμος, qui a fait le Latin *Scalmus*, pour signifier la cheville à laquelle on attache l'aviron.

SCAMMONE'E. s. f. Plante qui d'une seule racine jette plusieurs rameaux qui sont gras, hauts de trois coudées & un peu gros. Ses feuilles ressemblent à celles de la Parietaire ou du Lierre, quoique plus molles. Elles sont velues & triangulaires. Sa fleur est

est blanche , ronde & faite en maniere de hotte. L'odeur en est fort mauvaise , aussi-bien que celle de sa racine , qui est longue , grosse comme le bras, blanche & remplie de jus. On tire ce jus en cavant la racine avec un couteau après qu'on a coupé la tête , en sorte que le jus puisse tomber en cette concavité , après quoi on le tire dehors avec des coquilles. D'autres creusent & font une fosse en façon de voute , & l'ayant couverte de feuilles de noyer , ils y mettent secher le jus de Scammonée , qu'ils retirent quand il est sec. Le meilleur est celui qui est leger , net , clair , ayant presque la couleur de la colle de taureau , spongieux , plein de fistules , comme celui qu'on apporte de Mysie. Celui de Surie & de Judée est le plus mauvais de tous , étant pesant , massif & sophistiqué de Tithymale & de farine d'Orobe. Matthiole ajoûte à ce qu'en a dit Dioscoride , que les Apothicaires doivent prendre garde à choisir le bon Scammonium , sans croire qu'il soit tel lorsqu'ils le voyent blanchir en le touchant la langue , parce que ce medicament étant presque la base & le fondement de toutes sortes d'Electuaires & des pilules laxatives ; il n'y a point à douter qu'en y mettant du Scammonium falsifié , ils ne donnent le plus souvent des medecines qui nuisent plûtôt qu'elles ne profitent. Le suc de Scammonée est propre à purger la bile & les serosités. Notre Scammonée est bien differente de celle des Anciens dont parle Dioscoride. Elle fournissoit un si doux remede , que Mesué assure qu'on en donnoit jusqu'à une drachme , au lieu que notre Scammonée est un suc lactée épaissi & coagulé de Tithymale , qui se tire par expression de toute la plante , & non pas de la racine par incision. Aussi est-ce un purgatif qui purge avec violence les humeurs saines ainsi que les morbifiques. La Scammonée passée au souphre quitte quelque chose de sa virulence , mais aussi elle perd beaucoup de sa vertu purgative , à cause que le souphre allumé laisse aller son esprit , qui s'insinuant dans la Scammonée tempere son sel volatil , le fixe & le détruit successivement. Quand on a préparé ainsi la Scammonée , elle est d'autant plus ou moins purgative , qu'elle a été plus ou moins souphrée ; & il faut bien prendre garde qu'elle ne se fonde dans sa preparation. Si cela étoit , comme la substance ne pourroit être penetrée par la fumée du souphre , elle garderoit toûjours sa premiere violence : de sorte qu'il la faut pulveriser , afin que la fumée du souphre la penetre mieux & corrige en quelque sorte sa malignité. On doit faire la même observation pour le magistere de Scammonée preparé. On dissout ordinairement la Scammonée pulverisée dans de l'esprit de vitriol bien rectifié , & la dissolution étant distillée , on précipite cette liqueur distillée avec l'huile de tartre par défaillance. La dose de ce magistere est d'un scrupule à un scrupule & demi. Quelques-uns la font aller depuis une drachme jusqu'à quatre scrupules , au lieu que la veritable Scammonée ne se donne que jusqu'à six ou neuf grains au plus.

SCANDIX. f. m. Herbe sauvage qui est amere , un peu forte & bonne à l'estomac. Dioscoride dit qu'on la mange cuite & crue , & que sa decoction prise en breuvage est bonne à la vessie , aux reins & au foye. Matthiole rapporte qu'Hermolaüs Barbarus , homme singulier sur la matiere des simples , atteste avoir vu le portrait de cette herbe dans un vieil exemplaire de Dioscoride , & que quant aux feuilles elle étoit semblable au fenouil , ayant ses fleurs blanches ou jaunes avec de petits cornichons à la cime de ses branches. Le même Matthiole témoigne

Tome II.

avoir vu souvent cette plante qu'Hermolaüs a décrit , parmi les blés , & au bord des champs dans les mois de Mai & de Juin , & dit que ses feuilles lui paroissoient plûtôt ressembler à celles de Camomille ou Fumeterre qu'au fenouil. Cette Herbe , continue-t'il , jette ses fleurs blanchâtres & presque semblables à celles du cerfeuil. Venant à grainer , elle pousse de petites cornes minces , longues , droites , pointues & semblables à celles de l'herbe Robert , ou cerfeuil , quoique celles du cerfeuil soient plus frêles & plus déliées , de sorte que qui considerera bien les deux plantes , les croira d'un même genre , encore qu'elles soient differentes en espece ; ce que fait connoître le rapport de leur saveur.

SCAPULAIRE. f. m. Partie de l'habit d'un Religieux , qui est composée de deux petits lés d e drap qui couvrent le dos & la poitrine. Le Scapulaire qui prend jusqu'aux piés des Religieux profes , ne prend que jusqu'aux genoux des Freres Convers en beaucoup d'Ordres. Il y en a de certains où les Religieuses novices portent le Scapulaire blanc , & prennent le noir lorsqu'elles ont fait profession. Ce mot vient du Latin *Scapula*, Epaule, à cause qu'autrefois c'étoit un habit dont les moines se servoient lorsqu'ils s'appliquoient à quelque travail corporel. Comme il ne leur couvroit que les épaules , il étoit moins embarrassant que le froc.

Scapulaire, se dit aussi de deux petits morceaux d'étoffe fort brune , attachés l'un haut & l'autre bas à quelque distance l'un de l'autre avec deux rubans que les personnes laïques de l'un & de l'autre sexe sont bénir aux Carmes , & qu'ils portent ensuite à l'honneur de la Vierge , en disant certaines prieres chaque jour. La Confrairie du Scapulaire a été établie aux Carmes sur une vision qu'eut Simon Stok , Anglois , qui étoit leur General dans le treiziéme siecle. On tient que cette vision la Vierge lui donna le Scapulaire , en l'assurant de la protection particuliere qu'elle donneroit à tous ceux qui porteroient ce petit habit. Il y a eu de sçavans Hommes qui ont écrit contre cette Histoire , qui est rapportée dans plusieurs Bulles des Papes , entre lesquelles il y en a une de Jean XXII. où il déclare que la Vierge l'avoit assuré dans une apparition , qu'elle délivreroit du Purgatoire les Religieux du Mont Carmel , & les Confreres du Scapulaire , le Samedi d'après leur mort , s'ils y étoient detenus , pourvû qu'ils eussent rempli les devoirs ausquels cette Confrairie oblige. Par un Decret du Pape Pie V. il est permis de prêcher & de publier dans les Carmes & d'une protection speciale ceux qui sont de la Confrairie du Scapulaire.

SCARABE'E. f. m. Sorte d'insecte qui est une espece d'escarbot. Il y en a de cornus , d'autres qui sont pleins de poil , & d'autres onctueux. Ce mot vient du Grec κάραβος , en y ajoûtant un *s* , qui signifie un animal marin du genre des cancres , & qui differe seulement par la queue , selon Aristote , des autres de son espece.

SCARE. f. m. Poisson qui dort entre les rochers , & qu'Aristote dit être le seul qui ait des dents propres à broyer. Les Modernes n'en demeurent pas d'accord. M. Callard de la Duquerie fait venir le mot de *Scare* du Grec σκαίρειν , Palpiter , paître , & dit que c'est un Poisson ruminant qui devore l'herbe & la mousse de mer que les Latins appellent *Alga.*

SCARIFICATEUR. f. m. Instrument de Chirurgie. Il est fait en forme de petite boîte , au bas de laquelle il y a dix-huit roues qui tranchent comme

D d d

un rafoir. On bande cet inftrument avec un reffort, & il fe débande avec un autre. On s'en fert pour faire évacuer le fang épandu fous le cuir, & il fait tout à la fois autant d'incifions qu'il y a de roues, avec bien moins de douleur que fi on les faifoit l'une après l'autre.

SCAZON. f. m. Sorte de vers Latin, compofé de fix piés , dont le cinquiéme eft un Iambe & le fixié-me un Spondée. Il ne différe en rien du vers jambique dans les autres piés. Ce mot vient du Grec σκάζειν, Boiter ; ce qui l'a fait appeller *Vers Boiteux.*

SCE

SCEAU. f. m. *Lame de metal qui a une face plate, ordinairement de figure ronde ou ovale, dans laquelle font gravées en creux la figure , les armoiries , la devife d'un Roi, d'un Prince , d'un Etat , d'un Pre-lat , d'un Seigneur particulier , & dont on fait des empreintes avec de la cire fur des lettres en papier ou en parchemin pour les rendre authentiques.* ACAD. FR. Le grand Sceau eft le Sceau de nos Rois, dont on fcelle les Edits , Privileges , Graces & Patentes, & il demeure entre les mains du Chancelier de France , ou du Garde des Sceaux. On gravoit ordinairement les Sceaux anciens fur le chaton des bagues , ou fur des agathes , emeraudes , faphirs & autres pierres. La figure du Prince y étoit repre-fentée , & quelquefois des fymboles. Les actes importans ont été fcellés d'un fceau d'or par les Empe-reurs, & c'eft de-là que la Bulle d'or a pris fon nom. Elle eft de l'Empereur Charles IV. pour l'élection de l'Empereur. Le Pape a deux Sceaux, dont le premier s'appelle l'*Anneau du Pêcheur* ; auffi eft-ce un gros anneau où eft la figure de faint Pierre, tirant fes filets remplis de poiffon. Il s'en fert pour les Brefs Apoftoliques , & pour les Lettres fecre-tes. L'autre Sceau eft pour les Bulles. On y voit la tête de faint Pierre à droit , & celle de faint Paul à gauche , avec une croix entre deux. De l'autre côté eft le nom du Pape , quelquefois avec fes armes. Le fceau des Brefs s'imprime fur la cire rouge , & celui des Bulles fur du plomb. Il y a des fceaux anciens où l'on voit les Rois reprefentés affis avec majefté, la couronne en tête , le fceptre à la main , & une tu-nique ou un long manteau. On les voit armés en d'autres & à cheval avec une épée nue & un oifeau fur le poing. Les Comtes de Poitou fcelloient avec de la cire blanche. C'eft de cette cire que les Che-valiers du Saint Efprit fcellent à prefent. Les Uni-verfités & Communautés fe fervent de cire rouge, auffi-bien que la Provence & le Dauphiné On fcel-le de cire verte les Lettres qu'on appellent *Chartres Edits & Remiffions* & toutes celles qui font inti-tulées , *A tous prefens & à venir* , fans marquer le jour , mais feulement le mois & l'année pour faire connoître qu'on les a long-tems deliberées & que la chofe doit demeurer toûjours en vigueur. On commence par ces mots les autres lettres qui font fcellées en cire jaune , *A tous ceux qui ces prefentes Lettres verront.* Les Rois de France , felon du Tillet , fe font refervés particulierement le Sceau de cire jaune , & le Roi Louis XI. accorda comme un grand Privilege à René d'Anjou Roi de Sicile , le droit de fceller de cette maniere tant en Sicile qu'en France. Les Sceaux de Juftice étoient autre-fois tous differens ; mais Philippe le Long ayant joint à fon domaine les Sceaux des Juftices Roya-les , les Sceaux font devenus publics , royaux , & domaniaux. Les Evêques étoient autrefois re-prefentés dans leurs Sceaux en habits Pontificaux,

la mitre en tête , la gauche tenant la croffe , & la droite en action de donner la benediction, mais prefentement leur Sceau n'eft que celui de leurs ar-mes.

SCELLER. v. a. On dit *Sceller* hermetiquement, c'eft-à-dire , felon la methode d'Hermés de même ma-tiere comme une phiole ou tuyau de verre d'émail que l'on refout au feu de lampe , fans que l'air y puiffe entrer.

SCENOGRAPHIE. f. f. Maniere de deffiner un édi-fice lorfqu'il eft reprefenté en perfpective , c'eft-à-dire , avec les diminutions & les raccourciffemens que la perfpective caufe. Voyez PERSPECTIVE. On le dit auffi d'un Pays tel qu'il fe prefente aux yeux , & d'une Ville telle qu'elle paroît quand on la regarde par une de fes faces , & qu'on decrit fon enceinte , fes clochers , & tout ce qui eft vû en perfpective , & qui fait des ombres. A Scenogra-phie on oppofe *Ichnographie, & Orthographie* , qui font des plans puremens geometriques où la perf-pective n'eft point obfervée. Voyez ces mots. Ce mot eft Grec σκηνογραφία , de σκηνή , Scene, taberna-cle , tente , & γράφειν , Décrire.

SCEPTIQUES. f. m. Sorte d'anciens Philofophes Grecs, qui faifant leur entiere occupation de la recherche de la verité , combattoient les opinions des autres , doutant de tout , & niant tous les principes. Le chef de leur fecte , fut Pirrhon Elien , qui étant devenu Difciple d'Anaxarque , après avoir été Peintre , s'attacha fi fort à lui qu'il le fuivit dans les Indes pour voir les Gym-nofophiftes. Le mot de *Sceptique* eft Grec σκεπτι-κός , & vient de σκέπτομαι , Speculer , exami-ner.

SCEPTRE. f. m. *Sorte de bâton orné, qu'il n'appar-tient qu'aux Rois de porter, & qui eft une des mar-ques de la Royauté.* ACAD. FR. C'étoit autrefois un bâton long de la taille du Prince , & cela fe prouve par plufieurs Medailles. Voici ce qu'en dit Nicod. *Sceptre vient du Grec σκῆπτρον , comme fait auffi le latin Sceptrum , & fignifie proprement une ja-veline ou pertuifane , dont les Rois ufoient ancienne-ment , & peu ou tant le regne de Romulus pour dia-deme & marque de leur royauté , comme recite Iuf-tin au 43. livre de fon abregé , & ce d'autant que dès la plus grande ancienneté , les premiers hom-mes payens adoroyent , & tenoyent à Dieux im-mortels telles armes , dont audit temps elles eftoyent appofées tout joignant des Idoles qu'ils tenoyent à Dieux. Auffi eut pour cel dit Romulus le nom de Quirinus , mot latin , qui fignifie Haftalis ou Hafta-tus , depuis fa canonization entre les Dieux , com-me dit Ciceron au premier Livre* De legibus*, & de-là vient le mot de Subhaftation extrait du latin Subhaftatio , pour l'expofition en vente des biens d'au-cun , au plus offrant & dernier encheriffeur faite par authorité & commiffion du Prince ou Officier d'icelui , d'autant qu'en tel inventaire la javeline ou pertuifane eftoit eflevée pour marque de ladite authorité & commiffion , par laquelle ladite vente fe faifoit ; mais aujourd'hui les Sceptres des Rois ne font ainfi faits , ains font plus courts & femés de divers fleurons , celui de France d'une Fleur de lys , & autres d'autres chofes. Quoyque foit, les Archers des Gardes des Rois , Princes , Vicerois & Lieutenans de Roy , Senefchaux , Prevofts de l'Ho-ftel , & autres qui ont le droit de les avoir , portans devant eux la hallebarde ou pertuifane , comme en Efpagne , ne furent anciennement introduits que pour indice & marque de la majefté ou authorité publique de ceux devant lefquels ils les portoient , combien que après ils ayent efté appellez comme font encore, Gardes*

SCH

SCHELIN. f. m. Sorte de monnoie étrangere, qui a cours en Angleterre, en Flandre, en Hollande, en Prusse, en Danemarc & en plusieurs autres lieux, & qui a d'un côté les armes de l'Etat où elle a été battue, & de l'autre un lyon, un Aigle, ou quelqu'autre figure avec une legende. Le Schelin en Angleterre est à peu près de la grandeur de nos pieces de quinze sols, mais moins épais, & il y vaut treize sols ou environ. Il n'est pas si grand ailleurs, & ne vaut que sept sols & demi en Flandre. Il vaut seulement quinze deniers dans la basse Saxe, & moins en Norvege & en Danemarck. Il faudroit dire *Schilling*, selon ce que rapporte M. Richelet, à qui un Allemand de ses amis a fait lire ce qui suit, traduit en François dans une Chronique de Prusse. En Prusse, sous le seizième Maître de l'Ordre Teutonique, Bernard Schilling, Bourgeois de Thorn, tira d'une mine de la Ville de Niclas Dorff, la matiere de plusieurs saumons d'argent, & sur ce qu'il y avoit alors ce grand abus dans la monnoie qui avoit cours en Bohême & en Pologne, on permit à Schilling de battre de petites pieces qu'il appella de son nom.

SCHOENANTHUM. f. m. Sorte de jonc odorant que Dioscoride dit croître en Afrique & en Arabie, & dont il témoigne que la fleur, la racine & le roseau, sont d'usage en Medecine. On ne peut douter surtout qu'on n'emploie sa fleur, suivant l'étymologie du mot Schoënanthum, qui veut dire, Fleur de jonc de χοῖνος, Jonc, & de ἄνθος, Fleur. Le meilleur est celui qui est frais, roux, plein de fleurs, dont les morceaux tirent sur le rouge, & qui a quelque odeur de roses quand il est frotté entre les mains. Son goût est mordant, aigu, & brûle la langue. Il faut éplucher exactement l'une après l'autre, les fleurs qu'on achete, & en separer la poussiere, les fétus, & autres superfluités qui s'y trouvent toûjours mêlées. C'est la seule preparation qui soit necessaire au Schoënanthum. Selon Galien il échauffe & resserre moderement, & comme il est de parties tenues, il digere & repercute mediocrement. Ainsi pris en breuvage & en fomentation, il est bon à provoquer l'urine & émouvoir les fleurs des femmes. Il est propre aussi aux inflammations, & aux chaleurs du foye, du ventre, de l'estomac. Sa racine a plus d'astriction que toutes ses autres parties. Sa fleur est le plus chaud de tout. On fait entrer le Schoënanthum dans les Medecines qu'on ordonne à ceux qui crachent le sang.

SCHOENE. f. m. Mesure itineraire qui étoit particuliere aux Egyptiens, & qui contenoit communément quarante stades, qui font cinq mille pas geometriques. Ce mot est Grec χοῖνος, & est pris dans la même signification. Selon Herodote, le Schoëne est une mesure de Perse contenant soixante stades.

SCHOENOBATE. f. m. Danseur de corde. Ce mot est Grec χοινοβάτης, & vient du verbe χοινοβατεῖν, qui signifie, Marcher sur une corde tendue, & χοῖνος, Corde. Bulenger parle de quatre sortes de Danseurs de Corde des anciens. Les uns voltigeoient autour d'une corde, comme une roue autour de son essieu, & se suspendoient par les piés ou par le cou. Les autres tenoient leurs bras & leurs jambes étendues, & voloient de haut en bas appuyés sur l'estomac. Il y en avoit d'autres qui couroient sur une corde tendue en droite ligne ou de haut en bas, & d'autres qui faisoient des tours &

Tome II.

des sauts sur la corde, après avoir quelque tems marché dessus. Les Latins ont appellé les Danseurs de corde *Funambuli.* Ceux qui recherchent l'origine de cet art, le croyent inventé peu de tems après les Jeux comiques, où les Grecs dansoient sur des outres de cuir.

SCHOLASTIQUE. f. f. Partie de la Theologie, qui en discute les questions par le secours de la raison & des argumens. Elle est en quelque façon opposée à la positive qui se fonde sur l'autorité des Saints Peres & des Conciles.

Scholastique, est aussi adjectif, & c'est un nom qui dans le siecle d'Auguste fut donné aux Rheteurs qui pour faire paroître quelques essais de leur éloquence, s'exerçoient dans leurs ecoles à faire des declamations avec leurs disciples. Ensuite on appella *Scholastiques,* des Avocats qui plaidoient dans le barreau, comme Socrate, Eusebe & plusieurs autres. Constantin Harmenopule portoit encore le nom de *Scholastique* dans le douzième siecle, comme une marque de sa profession, ce qui fait voir qu'il a long-tems subsisté parmi les Grecs. On l'a aussi donné à de certains tems à toutes sortes de Jurisconsultes. Nos Rois de la premiere race ayant établi des Ecoles Ecclesiastiques, on appella *Scholastiques,* ceux que l'on commettoit pour gouverner ces Ecoles, & pour enseigner les Clercs de chaque Eglise. Celui qui en étoit appellé *Scholastique,* avoit en de certains lieux le nom d'*Ecolâtre,* de *Theologal,* ou de *Primicier.* Fortunat & Sedulius ont eu le titre de *Scholastissimi,* pour marquer en eux un degré éminent d'érudition. Il n'est pas vrai comme le disent les Fureteristes, que dans les Villes où il y a Université il soit toûjours nommé *Chancelier,* à Angers, &c. on l'appelle *Maître-Ecole,* mais il est Chancelier né de l'Université, excepté dans les Universités Modernes où l'Evêque s'est reservé cette qualité, comme celui de Bayeux à Caën, celui de Rheims, de Nantes, &c.

SCHOLIE. f. m. Terme de Geometrie. Remarque faite seulement comme en passant sur quelque discours. On se sert de ce mot lorsqu'après avoir démontré une proposition, on enseigne une maniere de la faire encore d'une autre façon quand on en tire quelque autre consequence, ou qu'on fait quelques observations, afin de prendre des précautions pour empêcher que l'on ne se trompe.

Scholie, se dit aussi d'une courte annotation qu'on fait sur quelque passage d'un Auteur. C'est ce que signifie proprement le mot Grec σχολή, soit qu'on le prenne dans le sens d'*Ecole,* ou dans le sens de *loisir.*

SCHVVENKFELDIENS. f. m. Heretiques appellés ainsi d'un certain Schvvenkfeldius, Chef de leur Secte. Il enseignoit que l'écriture n'étoit pas la parole de Dieu, & que loin que notre foi fût fondée dessus, l'Ecriture étoit fondée sur notre foi. Il prétendoit que JESUS-CHRIST avoit apporté son corps avec lui du Ciel; qu'après son Ascension son humanité étoit devenue Dieu; que chaque homme étoit doué de la même essentielle vertu de justice & de sagesse qui est en Dieu, & que la force de la parole de Dieu prêchée, étoit le Fils de Dieu même.

SCI

SCIE. f. m. *Lame de fer longue & étroite, taillée d'un des côtés par petites dents.* ACAD. FR. Il y en a de diverses sortes pour scier le marbre, la pierre & le bois. On a même trouvé moyen d'en faire qui tournent, & qui scient les marbres dans le

Ddd ij

roc. Il y a des moulins à scie qui par leur seul mouvement scient des poutres pour faire des ais. Il faut des Scies sans dents pour le marbre. Les Scies avec des dents détournées de part & d'autre sont pour le bois, & les Scies dentelées, pour la pierre tendre. Les Scies à scier de long ont un affutage à chaque bout, que les Ouvriers appellent *Main*. Les Scies appellées *Passe par tout*, servent à scier de gros arbres dans les forêts. Elles n'ont qu'un manche à chaque bout de la feuille, comme celles avec quoi on scie la pierre tendre, mais il y a cette difference que les dents des Scies de pierres ne sont pas détournées, & que celles à bois le sont de part & d'autre avec un Tourne à gauche. Les Menuisiers ont diverses Scies, soit pour refendre, soit pour débiter. Leur Scie à tenon est large, fort mince & a de petites dents aussi fort minces. Celle qu'ils appellent *Scie à tourner*, est étroite avec des viroles au bout des bras. Ils ont aussi une Scie à enraser, une Scie à main, & une Scie à cheville. Ces deux dernieres ont une poignée. *La Scie à guichet*, est une scie dont les Serruriers se servent pour faire les entrées des serrures.

Les Habitans des Antilles ont donné le nom de *Scie* à un poisson monstrueux aussi dangereux & aussi hardi que le Requiem, auquel il ressemble assès en sa peau & en sa forme. Il est plus ventru, & toute sa difformité est dans sa tête. Le P. du Tertre qui en a vû un, dit qu'il avoit bien huit piés de longueur, que l'os qui sortoit de son musle en avoit trois & demi, qu'il étoit plat & large de quatre doigts, & tout armé des deux côtés, de deux pouces en deux pouces, de dents plates & tranchantes & longues comme le doigt, & qu'il auroit mis en pieces le filet où il avoit été pris si on ne l'eût promptement assommé à coups de levier. La chair n'en vaut rien & sent le bouquin.

SCIENTIEUX, *euse*. adj. Vieux mot. Sçavant.

SCIER. v. a. Couper avec une scie. C'est aussi un verbe neutre, & il signifie en termes de Marine, Nager en arriere, ramer à rebours, pour se retirer en reculant, ce qui fait qu'on revient sur son sillage sans montrer ni la poupe ni le flanc. Tous les bâtimens à avirons évitent par-là le revirement, & présentent toûjours la proue. On dit, *Mettre à scier*, pour dire, Mettre le vent sur les voiles, ce qui fait que le Vaisseau recule au lieu d'avancer. On dit aussi *Scier sur le fer*, pour dire, Ramer à rebours, ce qui se fait quand une Galere est chargée d'un vent traversier dans une rade où elle est à l'ancre. Les rames par ce mouvement la soûtiennent sur son fer contre les vagues qui en venant de la mer pourroient la jetter contre la côte. Il y a deux termes de commandement, dont l'un qui est *Scie escourre*, oblige tous les rameurs d'un bâtiment à rames, à pousser la rame en avant, au lieu de la tirer à soi, ce qui est le mouvement ordinaire. L'autre est *Scie vogue*. Ce dernier commandement oblige tous les rameurs qui sont sur un des côtés d'une Galere, à voguer en avant pour seconder le jeu du timon, tandis que tous ceux qui sont sur l'autre côté voguent en arriere.

SCINQUE. s. m. Petit animal aquatique à quatre piés qui se trouve en Egypte, dans les Indes & vers la mer Rouge, tout couvert d'écailles sur le dos, de couleur jaunâtre, semblable en quelque sorte au lezard, ayant la queue large & courte, mais plus recourbée contre terre, avec une ligne qui occupe le long de l'espine, depuis la tête jusqu'à cette queue. Pausanias dit qu'en Lybie on trouve des Scinques longs de deux coudées. Il s'en trouve dans la terre de Vicenze proche de Venise, dont les

Apothicaires se servent au défaut de ceux qu'on apporte du Levant, mais ils n'ont pas la même vertu, & si l'on en croit Matthiole, il y a du danger à s'en servir. Le vrai Scinque qui est celui du Levant, a la tête longue & le dos un peu relevé, & tout couvert de petites écailles blanches tirant sur le jaune, le ventre, comme celui du lezard, & la queue ronde, & le Scinque d'Italie a le corps d'un grand lezard, le ventre gros & marqueté de quantité de taches de differentes couleurs, la tête un peu ronde, & le dos noir ainsi que la queue. Matthiole ajoûte que cette sorte de Scinque est aussi semblable à la Salamandre terrestre, que les Tortues d'eau se sont à celles qui se nourrissent sur la terre, ce qui est cause que ceux qui habitent auprès des marais de Friuli, & aux environs de la ville d'Udene, l'appellent Salamandre aquatique, & l'ont en horreur comme une bête extrémement venimeuse. Si tôt que le Scinque est pris & hors de l'eau, on le sale, après quoi on le fait secher, afin d'empêcher qu'il ne se pourrisse. On estime particulierement celui qui est gros, sec moderément, & sans aucune corruption. Il est chaud & sec au troisiéme degré & augmente la semence. On fait entrer ses roignons dans la composition de la Theriaque, & on rejette le reste du corps. En Grec *σκύγκος*.

SCIOGRAPHIE. s. f. Dessein d'un bâtiment coupé sur sa longueur ou sa largeur, afin d'en voir les dedans, & les épaisseurs des murs, voutes, planchers & combles. C'est ce qu'on appelle Profil de bâtiment. Ce mot est Grec *σκιογραφία*, de *σκια*, Ombre, & de *γράφω*, Décrire. *Representation avec les ombres* à la difference de la simple *Ichnographie*, qui n'a point d'ombres.

SCITIE. s. f. Petit Vaisseau à un pont que l'on navige avec des voiles latines. C'est une maniere de barque que l'on appelle autrement *Setie*.

S C L

SCLEROPHTALMIE. s. f. Terme de Medecine. Le troisiéme degré de l'affection appellée *Ophtalmie seche*. Elle est sans démangeaison & sans fluxion avec la dureté & l'âpreté des paupieres. Ce mot est Grec *σκληροφθαλμία*, de *σκληρός*, Dur, sec, & de *ὀφθαλμός*, Œil.

SCLEROPTIQUES. s. m. Medicamens humides & froids qui endurcissent, comme la joubarbe, le psyllium, le pourpier, la lentille de marais, & la morelle. Ce mot vient du Grec *σκληρός*, Dur.

On appelle en Optique & en Medecine, *Membrane Sclerotique*, Certaine membrane dure qui couvre l'œil en dedans & en dehors.

S C O

SCOLOPENDRE. s. f. Sorte d'Insecte terrestre, long de trois ou quatre doigts, qui naît & vit dans des pieux fichés en terre ou dans des troncs d'arbres. Cette insecte mord, & a le corps marqueté avec plusieurs piés. On trouve dans les Antilles une sorte de Scolopendre, dont les morsures ne sont pas moins douloureuses que celles des Scorpions de ces Isles. Elles sont plus longues que le doigt, grosses comme un tuyau de plume à écrire, mais plus plates & de couleur de fer rouillé. Elles ont la tête ronde, deux petites dents fort aigues, & tout le corps divisé par dix ou douze jointures & autant de raies noires. Ces Scolopendres ont deux piés assés longs au bas de chacune de ces raies, deux petites cornes à la tête, & la queue fourchue. El-

vivent dans le bois pourri , & mordent avec ces deux petites dents quand on les preſſe. On guerit ces piquûres avec les mêmes remedes dont on ſe ſert pour celles des ſcorpians..

Il y a auſſi une *Scolopendre aquatique* ou de mer, qu'Ariſtote dit reſſembler à la terreſtre , quoique plus petites. Les Scolopendres marines viennent dans les lieux pierreux , & ſont plus rouges que celles de terre, outre qu'elles ont un plus grand nombre de piés , mais auſſi ſont-ils plus minces. Elles ne ſe tiennent point dans les lieux profonds, non plus que les ſerpents.

Scolopendre. Herbe medicinale. C'eſt un des capillaires qui n'eſt autre choſe que l'Aſplenium ou le Cetrach des Apothicaires. Il y en a une autre appellée communément *Langue de Cerf* , qui croît d'ordinaire dans les forêts , & les lieux couverts, même dans les puits. Elle ne porte ni fleur ni ſemence, & eſt verdoyante toute l'année. Elle ſoulage le foye , & ſur-tout la rate , dont elle n'emporte pas ſeulement les obſtructions , mais elle en diminue encore la dureté & la tumeur , quelque facheuſes qu'elles puiſſent être. Il y a dans les Antilles une Scolopendre , qui croît ſur le bord des étangs & même dans l'eau. On voit s'élever de chaque groſſe touffe quinze ou vingt tiges, haute d'une demi pique & quelquefois plus , & aux deux côtés de chacune de ces tiges, trente ou quarante belles feuilles de Scolopendre.

SCORBUT. ſ. m. Maladie qui prend ſur mer , & principalement dans les voyages de long cours , pendant leſquels la corruption de l'air marin , les choſes ſalées qu'on mange , & le vin pur que l'on eſt contraint de boire lorſque les eaux ſont gâtées, alterent la maſſe du ſang , enflent le corps, le rempliſſent de puſtules & infectent l'haleine. On commence à s'appercevoir de cette maladie par une grande enflûre de gencives où il ſe forme enſuite de malins ulceres. La langueur qu'elle cauſe ne peut être ſoulagée qu'en prenant terre , ou en ſe frottant du ſang des tortues de mer. On ſe peut auſſi ſervir utilement du jus d'Orange ou de citron. On tient que les Peuples voiſins de la mer Baltique ſont fort ſujets à ce mal , & en general le Scorbut n'eſt familier dans tous les lieux maritimes, qu'à cauſe que l'air y eſt empreigné de particules acres ſalines qui s'échappent de la mer. Quelques-uns diſent *Scorbut.* M. Menage dit que ce mot eſt Hollandois & pris des Danois, qui appellent cette maladie *Crobut*, c'eſt-à-dire , Ventre rompu. Les Allemans l'appellent *Scormunt* , Os rompu ou bouche rompue , à cauſe qu'elle fait ſouffrir les hypochondres & les gencives. Il s'éleve diverſes taches ſur le corps, aux cuiſſes, aux bras, tantôt petites comme des morſures de puce, & tantôt de la grandeur d'une piece de quinze ſols. Il y en a de diverſes couleurs , de rouges, de jaunes, de couleur de pourpre, & de noires ou livides. Les urines de ceux qui ont le Scorbut , ſont quelquefois rouges teintes & brillent comme l'eſprit de nitre quand il ſort. Elles ont un ſediment ſemblable à la poudre de briques, & en regardant le fond de l'urinal en dehors, il repreſente une eſpece de ſang. Le Scorbut eſt terrible par les douleurs des cuiſſes & des jambes vers le gras, & ſur-tout du ventricule & de l'abdomen. Ces dernieres ſont les plus cruelles de toutes, & commencent à la region des lombes. Elles courent de-là par diverſes parties de l'abdomen , avec un ſentiment de contorſion très-douloureux juſques aux parties interieures. Diverſes tumeurs s'élevent en differentes parties du corps, & diſparoiſſent enſuite. Pendant cela le bras , la jambe , ou quelque autre membre , ſont affligés ſucceſſivement d'une très-vive douleur , ſans qu'il y paroiſſe aucune alteration. On regarde le Scorbut comme un Prothée qui ſe cache dans toutes les autres maladies, qu'il rend plus opiniâtres, & dans les Pays ſeptentrionaux , de dix malades, à peine on trouve-t'on deux qui n'ayent rien de ſcorbutique. Le Scorbut eſt un mal épidemique dans les Pays-Bas, dans la baſſe Saxe & en Angleterre , & l'air & les alimens en ſont les cauſes éloignées les plus ordinaires. Ceux qui navigent aux Indes Orientales en ſont ſouvent tourmentés à cauſe de l'air marin , cotonneux, ſalé, d'ou ſont les vapeurs acides & ſalées qui s'élevent de la mer & qu'ils reſpirent , infecte la maſſe du ſang , la ſalive , le ferment de l'eſtomac, & produit enfin le Scorbut. Ses principaux ſignes ſont l'ardeur & le chatouillement des gencives, & leur ſaignement pour peu qu'on les frotte. Le ſang qui ſort eſt aqueux, ſalé , & fetide dans la ſuite. D'ailleurs on voit ſous la cavité des yeux une couleur de pourpre en forme de demi-lune, ce que Lindanus dit être un ſigne infaillible du Scorbut, à quoi on peut ajoûter le chancellement des genoux qui manquent de force pour ſoûtenir le corps. Le Scorbut eſt le plus haut degré du mal hypochondriaque , & dans la diſpute qui s'eſt élevée , ſi les Anciens ont connu cette maladie , quelques-uns prétendent qu'Hippocrate l'ait décrite ſous le nom de *Graſſerate* , & d'autres que ce ſoit le *Stomacacé* , & le *Scelotirbé* de Pline qui regnoit de ſon tems dans l'armée d'Allemagne.

SCORÇONERE. ſ. f. Plante medicinale dont on ſe ſert contre les morſures des ſerpents. Matthiole dit qu'elle a été premierement trouvée en Catalogne par un Eſclave , qui l'avoit vûe en Afrique , & en ſçavoit la vertu. Pluſieurs moiſſonneurs ayant été mordus de viperes dans les champs avec danger de leur vie , il leur fit boire le jus de la racine de cette herbe & les guerit tous , ce qui lui fit donner le nom de *Scorçonere* , de *Scorſo* , ou *Scurzo* , mot Eſpagnol qui ſignifie Vipere. Cette plante a ſes feuilles de la longueur d'un palme , & preſque comme celles de *Morſus Diaboli*. Elles ſont pourtant plus longues & plus près de terre , ayant force filaments, & ſortent d'une longue queue. Il y en a quelques-unes courbées en arc. Sa tige eſt haute d'un empan & demi, & quelquefois plus , ronde, nouée , de laquelle ſortent encore d'autres feuilles petites & étroites. Sa fleur eſt jaune & ſi ſemblable à celle de Barbe-bouc qu'on ne les peut diſtinguer. Quand cette fleur vient à ſe flétrir , elle ſe change en un bouton cotonneux , qui renferme une graine blanche & longue. Sa racine a un peu plus d'un pié de longueur , & un pouce d'épais. Elle eſt ſans chevelure, & a ſon écorce noirâtre, vive, tendre, frêle , ſucculente. La poulpe de dedans eſt blanche, pleine de lait, douce & ſavoureuſe. La Scorçonere croît aux forêts dans les lieux humides. Celle de Bohême a ſa racine plus longue & moins groſſe que celle d'Eſpagne. Toute la plante eſt fort ſinguliere, non ſeulement pour les morſures des ſerpens & autres bêtes venimeuſes , mais pour la peſte , pour le mal caduc , & pour divers autres accidents.

SCORDIUM. ſ. m. Plante aſſés petite , aſſés molle, & aſſés tendre , qui croît dans les lieux marécageux , & qui a ſes feuilles ſemblables à la Germandrée , mais plus grandes & non déchiquetées à l'entour. Elles ſont d'une couleur verte, pâle , & ſa fleur eſt fort petite , de couleur bleue pâle, ti-

D d d iij

rant fur le rouge. Elle fort parmi les feuilles le long
de la tige , & fur-tout vers les fommités. Son goût
eft affès amer & défagreable , & fon odeur approche fort de celle de l'ail , mais elle eft bien plus
moderée , & fent quelque peu le marécage. Selon
Galien le bon Scordium s'apporte de Candie. Il eft
fort propre à purger , & à échauffer les parties nobles & intérieures , à faire uriner & à provoquer le
flux des femmes. Appliqué verd il foude les plaies ,
quelque grandes & profondes qu'elles foient , &
mondifie les ulceres fales. Appliqué fec , il fait cicatrifer ceux qui font malins , & malaifés à guerir.
Scordium eft un mot Grec , qui vient de σκόρδιον,
Ail.

SCORODOPRASUM. f. m. Plante qui a fes feuilles comme le porreau. Auffi le fentent-elles auffi-
bien que l'ail , quand on les broye entre les doigts,
ce qui fait qu'elle participe des deux plantes , mais
avec moins d'efficacité. Marcellus Virgilius croit
que l'ail porreau fe fait artificiellement , en liant un
ail & un porreau , & les enterrant enfemble ,
mais Matthiole affure que le Scorodoprafum vient
de foi-même en plufieurs lieux d'Italie. Ce mot
eft Grec σκοροδόπρασον, de σκόρδον, Ail , & de πράσον,
Porreau.

SCORPIOIDES. f. f. Petite herbe qui jette fort peu
de feuilles & qui a fa graine faite en maniere de
Scorpion. Enduite fur les piquûres de cet animal,
elle y donne un prompt remede. Elle a pris fon
nom du Grec σκορπιοειδές, Qui eft femblable à un
Scorpion.

SCORPION. f. m. Petit animal qui eft fi commun en
Italie , qu'il n'y a ni maifon , ni chambre , ni cave
où l'on n'en trouve. Sa tête paroît jointe & continue avec fa poitrine , où il y a deux yeux au milieu , & deux autres vers l'extrémité de la tête,
entre lefquels fortent comme deux bras qui fe divifent en deux , ainfi que les ferres d'une écreviffe. Huit jambes fortent de fa poitrine , & chacune
fe divife en fix parties couvertes de poil , dont les
extrémités font de petits ongles. Le ventre fe divife
en fept anneaux , du dernier defquels fort la queue,
qui fe divife auffi en fept petits boutons , dont le
dernier eft creux & d'un aiguillon. Cet aiguillon eft
creux & rempli d'un venin froid que le Scorpion
jette dans la partie qu'il pique. On guerit cette piquûre en l'écrafant fur la plaie. On voit fix yeux
dans les Scorpions , & il y en a quelques-uns où
l'on en découvre huit. Cet animal a le corps en
ovale , la queue longue & faite en maniere de pa-
tenotres attachées bout à bout l'une contre l'autre.
Il marche de biais , & s'attache fi fort avec le bec
& les piés contre une perfonne , qu'on ne peut l'en
arracher qu'avec peine. On établit de neuf efpeces diftinguées par la diverfité des couleurs. Il
y en a de jaunes , de roux , de cendrés , de couleur de rouille , de verts , de jaunâtres qui ont la
queue tirant fur le noir , de vineux , de blancs &
d'obfcurs comme la fuie. Matthiole affure en avoir
un jour trouvé plus de quinze cens cachés fous des
pierres , dans les jours caniculaires. Parmi ce grand
nombre de Scorpions il y en avoit plufieurs femelles , qui avant fait leurs petits depuis peu de tems,
les portoient fous leur ventre , attachés un à un à
leurs cuiffes , & feulement gros comme des poux.
Cela fe rapporte à ce qu'Ariftote dit , que les Scorpions font de petits vers ronds comme des œufs ,
au nombre d'onze affès ordinairement , qu'ils
couvent ces vers , & que leurs petits tuent leurs
meres lorfqu'ils font en état de perfection. Selon
quelques Auteurs , entre lefquels eft Strabon , il y
a des Scorpions qui ont des ailes & qui font portés

en l'air d'une region à l'autre. Pline dit qu'en
Ethiopie au-de-là des Cynamolues , il y a un grand
Pays que les Scorpions ont rendu defert , n'y ayant
laiffé ni hommes ni bêtes , & que fi on lie dix cancres enfemble avec une poignée de bafilic , tous les
Scorpions qui feront en ce lieu-là , fe rangeront
vers ces cancres. Il dit encore que les Scorpions
morts reprennent vie , fi on les frotte d'ellebore
blanc. Quelques Medecins fe fervent de la cendre
des Scorpions brûlés tout vifs , pour provoquer
l'urine à ceux qui ont la pierre aux reins ou à la
veffie. On fait une huile de Scorpion qui eft merveilleufe , étant appliquée , pour rompre la pierre
& la faire jetter dehors , & pour guerir ceux qui
ont été mordus des viperes ou autres fortes de bêtes veneneufes. On s'en fert auffi en tems de pefte,
& on fe préferve de ce mal , fi on s'en met aux environs des aines , des aiffelles. On choifit pour cela les plus vigoureux & les plus gros Scorpions qui
ont fix ou fept nœuds à la queue. On les prend au
mois d'Avril , qui eft le tems où ils peuvent être
dépouillés de l'humidité fuperflue que leur donnent
les lieux couverts qu'ils habitent. Il faut qu'ils
foient de couleur cendrée ou blanchâtre , les autres
étant trop malins. On a remarqué que les femelles
voulant faire leurs petits , tiffent une petite toile
large comme l'ongle , d'un fil qu'elles tirent de
leur corps , comme font les araignées , & qu'elles
y pondent onze œufs , qui ne font guere plus gros
que des pointes d'épingles. Elles portent cela par
tout avec elle jufqu'à ce que les petits foient éclos.
Si-tôt qu'ils le font , fi on les effarouche , ils gagnent le dos de la mere , laquelle recourbant fa
queue par deffus eux , les défend fur fon aiguillon.
Les uns font venir le mot de Scorpion du Grec σκορπίος,
τὸ σκαπεῖν , ἔρπειν , de ce qu'il rampe de biais ; les autres de σκορπίζειν , Répandre , difperfer , & de ἰός ,
Venin.

Il y a auffi un Scorpion de mer. C'eft une forte de
poiffon heriffé de piquants fur le dos & à la tête ,
qui pique & empoifonne par les bleffiures qu'il fait.Il
eft rouge par tout le corps,& a deux cornes à la tête,
qui font neanmoins tendres & molles. Ses dents ,
quoique petites , font fort aigues , & fes ailes pointues & épineufes , tant celles de deffus le dos , qui
font les feules avec quoi il pique , que celles qu'il a
devant & derriere. Il eft couvert d'écailles prefque
imperceptibles , & a le corps rond , la tête grande,
& dure , & l'ouverture de la gueule grande. Le
vin dans lequel on aura tué le Scorpion marin , eft
fingulier pour la pierre du foye , auffi-bien que
la pierre qu'il a en la tête , fi on la prend au poids
d'une obole.

On appelle Scorpion d'eau , Une petite Araignée
qui a fon aiguillon dans fa bouche.

Scorpion. Grande Arbalète dont les Anciens fe
fervoient pour attaquer & défendre les murailles.

Scorpion, s'eft dit auffi d'une efpece de fouet épineux & fort piquant , & quelquefois d'une maniere de difcipline ayant plufieurs nœuds , & qui étoit
plombée par les bouts.

Scorpion. Terme d'Aftronomie. Signe du Zodiaque de nature très-maléfique , qui eft le huitiéme
depuis Aries. Il occupe la moitié de fa Balance , &
a vingt & une étoiles felon Ptolomée , vingt-huit
felon Quepler , & vingt-neuf felon Bayer.

SCOTIE. f. f. Terme d'Architecture. Concavité ou
partie creufe en forme de demi-canal , qui eft entre
les tores ou les aftragales dans la bafe des colomnes.
On appelle Scotie inferieure , La plus grande des
deux d'une bafe Corithienne , & Scotie fuperieu-

re, La plus petite qui est au dessus. Ce mot vient du Grec *σκότ*, Tenebres, obscurité.

SCOTTE. s. f. Terme des Capucins & Recollets, quand ils secouent leurs habits sur le feu, pour se défaire de la vermine. Ils disent, *Faire la Scotte.*

SCOVE. s. f. Terme de Marine. L'extrémité de la varangue, qui se courbe doucement pour être entée avec le genou.

SCOURGEON. s. m. Espece d'orge. On dit aussi *Secourgeon*, & plus ordinairement *Escourgeon*. Ce mot, si l'on s'en rapporte à Ruellius, vient de *Succursus gentium*, parce qu'on en mange dans la disette du blé.

SCR

SCRIBE. s. m. Celui qui gagne sa vie à écrire & à copier. On a donné le nom de *Scribe* aux Greffiers des Cours Ecclesiastiques; & parmi les Chartreux le Secretaire du General est nommé *Dom Scribe*. Les Greffiers & les Tabellions étoient aussi autrefois appellés *Scribes*; & dans la Loi des Juifs *Scribe* étoit un principal Officier qui écrivoit ou qui interpretoit l'Ecriture.

SCRIPTEUR. s. m. Terme de Banque & de Chancellerie Romaine. Officier du premier banc, qui écrit les Bulles que l'on expedie en original Gothique. Ces Officiers font partie de ceux du Registre, & sont au nombre de cent. C'est à eux qu'il appartient de taxer les graces.

SCROFULAIRE. s. f. Herbe qui croît ordinairement dans les fossés & les lieux moites & aquatiques; & non pas le long des haies & des grands chemins, comme fait l'ortie puante; ce qui fait voir que Matthiole a eu raison de condamner Fuchsius, qui prend la grande Scrofulaire pour la Galiopsis ou ortie puante. D'ailleurs, les feuilles de la grande Scrofulaire ne ressemblent point à celles de l'ortie, & ne sont point puantes. Sa racine est grande, blanche & toute garnie de petites glandules, d'où elle a pris son nom. Cette racine est fort singuliere aux ecrouelles & aux hemorroides. On la tire en Automne pour s'en servir, & après l'avoir bien nettoyée, on la broye avec du beurre frais. On la met ensuite dans un pot de terre qui n'a point servi, & que l'on tient bien couvert dans un lieu humide pendant quinze jours, après quoi on fait fondre le beurre à petit feu, & l'ayant coulé, on le garde pour l'une & l'autre de ces maladies. C'est ce qu'en dit Matthiole. La petite Scrofulaire n'est autre chose que la petite Eclere. On appelle encore la grande *Millemorbia*, *Ficaria*, *Ferraria*, ou *Castran ula*.

SCROTUM. s. m. Terme d'Anatomie. Membrane commune des testicules, appellée vulgairement *Bourse*, à cause qu'elle a la figure d'une bourse de cuir, que les Anciens nommoient *Scortea*, faite de cuir ou de peau. Il y a une hernie du Scrotum. C'est quand l'omentum descend avec les intestins, ou les intestins sans lui. On ouvre quelquefois dans l'hydropisie le Scrotum enflé; mais si cette ouverture est salutaire quand la nature la fait elle même, elle n'est pas sûre quand les Chirurgiens la font, à cause que la gangrene s'y met, & que le Scrotum tombe en pourriture; & on ne la doit faire que fort rarement par cette raison. On ne laisse pas d'ouvrir le Scrotum sans la perte du malade, puisqu'après que les eaux sont vuidées, il renaît autour des testicules une espece de chair qui les envelope.

SCRUPULE. s. f. Le plus petit des poids dont se servoient les Anciens. C'étoit chez les Romains la vingt-quatriéme partie de l'once, & dans l'Arpentage, cent piés de terre quarrés. Aujourd'hui les Apothicaires le Scrupule est seulement de vingt grains, quoiqu'il soit de vingt-quatre, selon l'usage approuvé par tous les Royaumes du monde, & selon les Marchands Orfevres & Maîtres des Monnoies. On appelle aussi *Scrupule*, en termes d'Astronomie, Une fort petite partie de la minute.

SCRUTIN. s. m. Maniere de recueillir les suffrages, sans qu'on sçache le nom de celui qui donne sa voix. Les Papes se font ordinairement par le Scrutin, & c'est la meilleure voie de faire des élections. Le Scrutin se fait par des billets cachetés ou d'un caractere qu'on ne connoît pas, qu'on jette dans quelque vase. Il se fait aussi par des boules diversement colorées, dont on se sert pour marquer l'approbation ou l'exclusion. Parmi les Augustins, *Scrutin* signifie le Livre dans lequel le Provincial ou les Visiteurs interrogent les Religieux sur le fait de leur visite, & dans ce sens on dit, *Aller au Scrutin*, *être appellé au Scrutin*. Ce mot a été fait du Latin *Scrutinium*, Recherche, enquête, d'où vient qu'autrefois la quatriéme ferie de la semaine sainte étoit appellée *Le jour du Scrutin*, parce que ce jour-là on faisoit l'instruction des Cathecumenes & l'enquête de leur foi.

SCU

SCULPTEUR. s. m. Celui qui fait des figures de ronde bosse, ou en bas relief, de quelque matiere que ce soit. Les Sculpteurs en bois choisissent celui qui est le plus propre pour les ouvrages qu'ils entreprennent. Si c'est quelque chose qui demande de la force & de la durée, ils prennent le chêne & le châtaignier. S'ils veulent faire un ouvrage de mediocre grandeur, ils choisissent le poirier & le cormier; & quand ils ne veulent faire que de petits ouvrages d'ornemens, ils se servent d'un bois tendre, mais pourtant ferme & serré comme celui du Tilleul, qui est très bon pour cela, à cause que le ciseau le coupe plus nettement & plus aisément que tout autre bois. Les Anciens on fait des statues presque de toute sorte de bois. Il y avoit à Sycione une image d'Apollon qui étoit de bouis, & à Ephese celle de Diane étoit de cedre. On a vû une image de Mercure, qui étoit de citronnier, de huit piés de haut, dans le Temple bâti à l'honneur de ce Dieu sur le mont Cyllene. On faisoit aussi des statues de cyprès, à cause que cet arbre n'est pas sujet aux vers ni à se corrompre, & on en faisoit aussi d'ébene, de palmier & d'olivier. Il faut que le bois ait été coupé plus de dix ans avant qu'il soit propre à être employé dans la Sculpture, & il vaut mieux dans un grand ouvrage se servir de plusieurs pieces que d'une piece entiere de gros bois, qui peut n'être pas seche dans le cœur, quoiqu'elle paroisse l'être par dehors. Les Sculpteurs en bois se servent des mêmes outils que les Menuisiers; mais ceux des Sculpteurs en marbre & en autres sortes de pierres, sont de bon acier, trempés & forgés selon que la matiere qu'ils employent est dure. Quand ils entreprennent un ouvrage considerable, statue ou bas relief, ils font toujours un modele de terre de la grandeur que doit être ce qu'ils veulent faire; & parce que la terre s'amaigrit en se sechant, & peut se rompre, elle sert seulement à faire un moule de plâtre, dans lequel ils font une figure aussi de plâtre, qu'ils reparent, & qui ensuite leur sert de modele. C'est sur ce modele qu'ils prennent toutes leurs mesures, & qu'ils se conduisent en taillant le marbre. Pour bien se regler dans leur travail , ils mettent sur sa tête un cercle immobile divisé par degrés , avec une regle mobile , arrêtée au centre du cercle , & divisée aussi en parties. Du bout de la regle pend un fil avec un plomb , qui sert à prendre tous les points qui doivent être rapportés de la figure sur le bloc , du haut duquel pend une même ligne que celle qui est au modele. M. Felibien dit qu'il y a d'excellens Sculpteurs qui n'approuvent pas cette maniere , & la raison qu'ils en donnent , c'est que pour peu de mouvement que reçoive le modele, leurs mesures peuvent se changer , ce qui est cause qu'ils aiment mieux se servir du compas pour mesurer toutes les parties.

SCULPTURE, s. f. Art par lequel en ôtant ou en ajoûtant de la matiere , l'on forme toutes sortes de figures , comme lorsqu'on travaille de pierre ou de cire , ou bien sur le bois , sur les pierres ou sur les métaux. Ce travail se fait aussi , ou en creusant, comme on fait sur des agathes & sur d'autres pierres , ou en travaillant de relief , comme à faire des statues , qui sont des figures que l'on voit de tous côtés , ou à des figures de bas reliefs qui ne paroissent jamais entieres. Les Idoles de Laban , qu'enleva Rachel , & le veau d'or que les Israëlites dresserent dans le Desert , font connoître dans l'Ecriture sainte combien la Sculpture est ancienne. Parmi les Auteurs profanes , M. Felibien nous apprend que les uns veulent qu'un Potier de Sycione, nommé Dibutade , ait été le premier Sculpteur , & que sa fille donna commencement à la Portraiture , en traçant l'image de son amant sur l'ombre que la lumiere d'une lampe marquoit contre une muraille. D'autres attribuent l'invention de la Sculpture à Ideocus & à Theodore , qu'ils prétendent avoir fait des ouvrages dans l'Isle de Samos long-tems avant qu'on parlât de Dibutade. Ils disent que Demaratus , pere du premier Tarquin , en se retirant en Italie , y porta cet art , ayant mené avec lui Euchirape & Eutigramme , excellens Sculpteurs , qui le communiquerent particulierement aux Toscans ; à quoi ils ajoûtent que Tarquin fit venir Taurianus , l'un des plus celebres d'entre eux , pour faire de terre cuite la statue de Jupiter , & quatre chevaux de même matiere que l'on mit au frontispice de son temple. Les premieres Images des Divinités Payennes ne furent d'abord que de terre ou de bois , & ce n'a été que le luxe & la richesse des Peuples qui les a portés à en faire de marbre ou de bronze , ce que l'on n'a vû qu'environ trois cens ans après la fondation de Rome. Ce fut alors que parut Phidias d'Athenes , qui surpassa tous ceux qui avoient eu jusqu'en-là quelque reputation dans cet Art , & il s'éleva aussi-tôt quantité d'excellens hommes qui le mirent au plus haut point de perfection où il n'eût encore été. Les Figures de Polyclete furent l'admiration de tout le monde. L'Image d'Alexandre fut jettée en bronze par Lysippe , & Praxitelle & Scopas firent les admirables figures & les chevaux que l'on voit encore à Rome à *Montecavallo* devant le Palais du Pape. Le dernier travailla avec Briaxis , Timothée & Leocharés , au fameux tombeau qu'Artemise fit faire à Mausole , son mari , Roi de Carie. Agesandre , Polydote , & Athenodore ont fait le Laocoon , qui est un ouvrage qui les a comblés de gloire. L'excellence du travail a toûjours fait preferer les statues Grecques aux statues Romaines, entre lesquelles il y a cette difference , que la plûpart des Grecques font presque nues , à la maniere de ceux qui s'adonnoient à la lutte ou aux autres exercices du corps , en quoi la jeunesse d'alors faisoit consister toute sa gloire , & que les autres sont

couvertes d'habillemens ou d'armes , & particulierement de la robe appellée *Toga* , qui étoit la plus grande marque d'honneur parmi les Romains.

SCUTE. s. m. Petit esquif ou canot que l'on emploie au service d'un Vaisseau.

SCUTIFORME. adj. Les Medecins donnent ce nom au premier des cartilages du larynx , qui est le plus grand & le plus large , du Latin *Scutum* , Bouclier, à cause qu'il a la figure d'un Ecu ou d'un Bouclier quarré. Ce cartilage est gibbeux en dehors & cave en dedans , & quelquefois double , principalement aux femmes , ausquelles il avance moins en devant qu'aux hommes. C'est ce que le peuple appelle *La Pomme d'Adam.*

S C Y

SCYTALE. s. f. Escourgée ou fouet de cuir , du Grec σκυταλη , qui a cette même signification. On appelloit *Scytale Laconique* , Une maniere secrete d'écrire qu'avoient trouvée les Lacedemoniens pour instruire leurs Correspondans de ce qu'il falloit qu'ils fissent, afin que si leurs Lettres étoient surprises , ceux qui les intercepteroient ne pussent les lire. Ils se servoient pour cela de deux rouleaux de bois d'une épaisseur tout-à-fait égale , dont l'un se gardoit dans Lacedemone , & l'autre étoit entre les mains du Correspondant. Celui qui vouloit mander quelque chose de secret , tortilloit autour de l'un de ces rouleaux une laniere de parchemin fort déliée , sur laquelle il écrivoit tout ce qu'il vouloit que sçût son Correspondant , qui l'ayant reçue , appliquoit ce parchemin sur son rouleau , qui étant de même grosseur que l'autre , lui faisoit trouver les mots & les lignes dans le même ordre qu'on avoit écrit le tout. Les chiffres sont bien plus sûrs & aussi plus difficiles. On en fait un Art dans l'Académie de politique , qui malheureusement ne subsiste plus. Chacun peut en inventer un à sa fantaisie.

S E A

SEANCE. s. f. Vieux mot. Agrément.
De bonne amour vient seance & beauté.

S E B

SEBESTEN. s. m. Arbre qui fut premierement apporté en Italie du tems de Pline. Il est fort semblable au Prunier , quoique moins grand. L'écorce du tronc est blanche , celle des branches verte. Ses feuilles sont fermes & rondes. Son fruit est comme une petite prune , & a un noyau au dedans fait en triangle & proportionné au fruit , qui étant mûr , est vert tirant sur le noir , & fort doux. Il a une chair tenante & gluante , dont les Egyptiens & les Syriens font la glu qu'on appelle *Glu d'Alexandrie* à Venise ; elle est fort bonne pour chasser aux oiseaux. Ces fruits sont temperés en chaleur & en siccité. Ils humectent neanmoins & sont lenitifs & laxatifs amollissant le ventre , & incrassant la bile & toute humeur tenue qui tombe sur la poitrine , ensorte qu'ils la font jetter dehors par les crachats. Le mot de *Sebesten* est Arabe. Cet arbre est de deux sortes en Egypte. Le sauvage est semblable au prunier , & le franc a ses feuilles plus larges & mieux nourries que celles du sauvage. L'un & l'autre a une petite fleur blanche , & son fruit semblable à une petite ronde , dont le noyau est fait en triangle. Toute la difference qu'il y a , c'est que le fruit du Sebesten cultivé est plus gros & meilleur. L'extrait en est bon pour desenrumer, contre

toux,

toux, l'oppression de poitrine, les maux de côté, & contre toutes sortes de maladies d'estomac & de poumon. Ce fruit qui ne mûrit qu'en Automne, pend toute l'année à l'arbre. On en fait des cataplasmes pour les ulceres inveterés & les tumeurs dures.

SEBILLE. f. f. Jatte dont se servent les Sculpteurs & plusieurs Artisans en differentes occasions. On donne ce même nom à un vaisseau de bois fait en rond, qui sert en vendanges à tirer le vin de la cuve pour l'entonner.

SEC

SEC, SECHE. adj. *Qui participe de celle des quatre premieres qualités qui est opposé à humide.* ACAD. FR. On dit en termes de peinture, qu'*Un ouvrage est sec*, quand les clairs sont trop près des bruns, & que les contours ne sont pas mêlés. C'est le contraire d'*Ouvrage moëlleux*.

On dit en termes de Mer, qu'*Un Vaisseau est à sec*, qu'*on le met à sec*, pour dire, qu'Il est échoué, qu'on le met hors de l'eau pour le radouber. On dit aussi qu'*Un Vaisseau met à sec*, pour dire, qu'Il navige avec ses voiles ferlées, c'est-à-dire, serrées à cause du gros vent.

Les Gourmets appellent *Vin sec*, Du vin qui n'est ni gras ni onctueux.

On dit en termes de Manege, qu'*Un Cheval a la jambe seche*, pour dire, qu'Il n'a sans eaux & sans fluxions. On dit *Remettre un Cheval au sec*, pour dire, Lui donner le foin & l'avoine, après l'avoir mis à l'herbe ou au vert.

Les Maçons appellent *Mur de pierres seches*, Un mur qui se fait sans mortier ni plâtre, mais seulement de pierres qu'on a arrangées les unes sur les autres. C'est ainsi qu'étoient faits les grands édifices des anciens.

SECACUL. f. m. Racine, qui, selon Avicenne & Serapion, est semblable au Gingembre, & differente de celle d'Eryngium, qu'on apportoit autrefois toute confite des Indes. On tient qu'elle produit une graine noire de la grosseur d'un pois chiche. Les racines de Secacul, qui, au rapport de Serapion, sont grosses comme le pouce, & longues comme le second doigt de la main, ont une écorce cendrée, & leur cœur dur & nerveux, ce qui les rend different du Polygonatum, où cela ne se trouve point, contre le sentiment de Manardus qui le prend pour une même chose, outre que le Polygonatum n'a point ses feuilles semblables au pois, ainsi que le Secacul. Ce mot est Arabe.

SECANTE. f. f. Terme de Geometrie. On sousentend *Ligne*. On entend generalement par ce mot toute ligne qui coupe un cercle, ou même qui étant prolongée pourroit le couper, à la difference des *tangentes* qui ne le coupent ni ne le peuvent couper. On peut dire aussi *Secante* dans le même sens à l'égard de toute autre ligne courbe, mais quand on dit *Secante d'un arc ou d'un angle*, c'est à un sens plus particulier. Un arc de cercle étant déterminé, la ligne tirée du centre par une des extrèmités de cet arc, & prolongée hors du cercle jusqu'à ce qu'elle rencontre la *tangente* tirée par l'autre extrèmité de même arc, est la *Secante* de l'arc, & de l'angle dont il est la mesure, Chaque arc a sa secante & chaque secante à sa tangente qui lui répond, (Voyez TANGENTE,) & ces lignes servent au même usage que le *Sinus*. La Secante est l'hypotenuse d'un triangle rectangle dont le rayon du cercle est un des petits côtés, & la tangente l'autre. C'est-là le principi-

Tome II.

pe de tout le calcul des tangentes & des secantes. Voyez TANGENTE.

SECHE. f. f. Poisson de mer qui n'a point de sang & qui est long quelquefois de deux coudées. Il est charnu & ferme de corps, & couvert d'une peau mince. Ce poisson est fait à peu près comme le poulpe, excepté qu'il est plus gros, & que les poulpes ayant une infinité de piés, la Seche en a seulement huit au devant de la tête, & deux autres plus grands que ceux-là, qui lui servent de jambes. Elle a sur le dos un os dur & lisse au dessus & composé au dessous d'une moëlle & matiere spongieuse un peu âpre à manier. Cet os est rayé de veines ainsi que le bois, & sert aux Orfevres pour mouler nettement ce qu'ils veulent fondre. La bouche & le bec de la Seche sont semblables au bec & à la bouche d'un perroquet. Elle a un noir qui lui sert de sang, & quand elle se sent pressée, ou que le pêcheur ou par quelque poisson de proye, elle vomit ce noir, qui en troublant l'eau, lui donne moyen de s'échaper. Cette liqueur est tellement noire, qu'une goute seule noircit un seau d'eau & la rend opaque. Anaxilaüs rapporte que si l'on en met dans une lampe qui brûle sans qu'il y ait d'autre lumiere, ceux qui sont presens paroissent tout noirs. Pline dit que les Seches font des petits tous les mois, & souvent à trois dans les roseaux, & qu'elles ne vivent que deux ans, ce qu'Aristote attribue aux poulpes. Elles sont sans dents, & ont un bec noir à-fait semblable à celui d'un perroquet. L'os de la Seche brûlé & reduit en cendres, est fort bon, selon Galien, à nettoyer la gratelle, & à mondifier les lentilles & peaux mortes & blanches qui viennent sur le corps. On même os reduit en poudre sans le brûler, blanchit les dents, & desseche les ulceres étant appliqué dessus. La Seche s'appelle en latin *Sepia*.

SECOND, ONDE. adj. Qui est après la premiere. On appelle en Physique *Causes secondes*, Celles que la Providence fait agir. *Vaisseau second*, en termes de mer, est un Vaisseau de guerre destiné à escorter, & à secourir un Vaisseau Pavillon. Ainsi l'Amiral, le Vice-Amiral, le Lieutenant general, le Contre-Amiral, le Chef d'Escadre, & le Commandant d'une division ont chacun deux Vaisseaux destinés à les secourir, l'un à leur avant que l'on appelle *Second de l'avant*, & l'autre à leur arriere, appellé *Second de l'arriere*.

En Chymie on appelle *Eau seconde*, de l'eau forte qui a déja servi à graver, ou que l'on a employée pour dissoudre des méraux.

Le Regain est appellé *Seconde herbe*, en termes d'Agriculture.

SECOND. f. m. Celui qui aide à un autre, qui le défend en quelque combat, en quelque affaire. On appelle *Second*, en termes de Paume, le moindre de deux Joueurs, qui tient un des coins du Jeu, & qui ne reçoit pas le service. *Capitaine en second*, se dit en termes de guerre, d'un Capitaine reformé, qui sert de Lieutenant à un autre dans la Compagnie duquel on l'a incorporé.

On appelle *Second* dans un Tripot, La partie de la galerie qui est après celle que l'on appelle *Premier*. On dit dans ce sens que *La chasse est au second*, pour dire, Entre la premiere & la seconde division de la galerie.

SECONDE. f. f. Terme d'Astronomie & de Geometrie. C'est la soixantiéme partie d'une minute, soit en la division des cercles, soit en la mesure du tems. Voyez MINUTE.

SECONDINE. f. f. Les Medecins appellent *Secondines*, ou *Secondes*, Les rayes ou membranes dont

                                   Eee

le fœtus est enveloppé dans le ventre de la mere. Ils leur ont donné ce nom , à cause que ces membranes , que les Matrones ont accoûtumé d'appeller *Arrierefaix* , fortent des dernieres dans l'accouchement. On a appellé *Secondine* , dans un Traité de l'Anatomie des Plantes , la derniere enveloppe des grains , parce qu'elle fait à l'égard des plantes , ce que font à l'égard des animaux les membranes où le fœtus est enveloppé.

SECOURIR. v. a. *Aider, affister , donner aide , procurer affistance à qui en a besoin.* ACAD. FR. On dit en termes de Manege , *Secourir un cheval* , pour dire , Lui donner les aides à tems & à propos , lorsqu'il travaille & veut demeurer. Ce secours lui est donné des deux talons en le pinsant délicatement.

SECRET , ETTE. adj. *Caché , qui n'est connu que d'une , ou de peu de personnes.* ACAD. FR. On appelle en termes de Chasse , *Chien secret* , Un limier qui pousse la voie sans appeller.

SECRET. f. m. *Chose qui ne doit pas être revelée , qui doit être tenue secrette.* ACAD. FR. Il se dit en termes de guerre , de la lumiere d'un canon , & on appelle *Secret d'un brulot* , L'endroit du brulot par où le Capitaine qui le veut brûler , y met le feu.

SECRETAIRE. f. m. *Celui dont l'emploi est d'écrire pour son maître , de faire des lettres , des dépêches pour son maître , pour celui dont il dépend.* ACAD. FR. Le Roi a quatre Secretaires d'Etat ou de ses commandemens , qui ont souvent la qualité de Ministres. Ils signent les Lettres & les Ordonnances du Roi , & expedient les dépêches pour les affaires d'Etat. Chacun d'eux expedie celles que le Roi envoye aux Parlemens que le Secretaire d'Etat a dans son département , & c'est lui qui conduit à l'audience du Roi les Députés de ces Parlemens ou des Etats des Provinces. Nos premiers Rois ne prenant aucune connoissance des affaires, ne signoient ni ne faisoient expedier aucunes Lettres. Ce soin regardoit le Maire du Palais, par qui l'expedition en étoit commandée au Chancelier qui étoit un Notaire & Secretaire auquel le sceau étoit confié. Les Rois de la seconde race , en ayant voulu signer les plus importantes , les faisoient encore signer par les grands Officiers de la Couronne. Ces Lettres étoient dressées & signées par le Chancelier qui ajoûtoit le mot *Scripsit* , & en son absence elles étoient écrites & signées par des Notaires, que l'on commença à appeller Secretaires en ce tems-là , parce que les Rois en prirent quelques-uns auprès de leurs personnes pour les affaires secrettes. Ainsi Eginhart fut Secretaire de Charlemagne , dont il sçut si bien gagner l'esprit , qu'il parvint à l'honneur d'être son gendre. Guerin , Evêque de Senlis , Chancelier de France , & Premier Ministre de Philippe Auguste , & de Louis VIII. ôta le *Scripsit* , que les autres Chanceliers avoient employé dans l'expedition des Lettres , & les signa simplement après les grands Officiers de la Couronne. Ses successeurs , devenus Chefs des Conseils du Roi & de la Justice , abandonnerent le Secretariat aux Notaires & Secretaires, s'en reservant seulement la superiorité avec le sceau. Les Secretaires s'étant mis par là dans une plus grande consideration, les Rois en employerent quelques-uns aux affaires les plus importantes de l'état. Le Roi Jean fixa le nombre de ces Secretaires & Notaires à cinquante-neuf , sans qu'il soit specifié dans son Ordonnance combien il y avoit de Secretaires. Charles VI. par un Edit de l'an 1418. créa le College des cinquante-neuf Clercs Notaires de la Chancellerie , & reduisit les Secretaires des Finances au nombre de cinq. Charles VII. en établit de

nouveaux , & Charles VIII. confirma les Secretaires des Finances. Florimond Robertet ayant commencé sous son regne à donner beaucoup d'éclat à la charge de Secretaire , fut toûjours maître des affaires importantes sous Louis XII. & François I. Enfin Henri II. reduisit à quatre le nombre des Secretaires d'Etat , sous le titre de *Conseillers & Secretaires des Commandemens & Finances* , & ces quatre furent Guillaume Bocherel , Côme Clausse , Claude de l'Aubépine , & Jean du Thier , qui prirent la qualité de *Secretaires d'Etat* , comme avoit fait Robertet. Leurs successeurs ont aussi le titre de *Secretaires des Finances* , au College des Secretaires du Roi , qui signent toutes les Lettres que l'on expedie dans les grandes & petites Chancelleries , au nom de Sa Majesté , & de son paraphe fait en forme de grille qu'ils mettent au devant de leur. Ils prennent la qualité de Conseillers , Notaires & Secretaires du Roi , Maison & Couronne de France & de ses Finances. Ils ont de grands privileges , dont le principal est d'être anoblis , eux & leurs Enfans nés & à naître. Il y a quatre *Secretaires du Cabinet* , qui servent le Roi dans ses dépêches particulieres.

On appelle *Secretaires du Conseil* , Les Greffiers du Conseil d'Etat & des Finances. Il y a aussi quatre *Secretaires du Parlement* , créés en titre d'Office. Ils ont pouvoir de porter la robe rouge & de signer les Arrêts.

On appelle *Secretaire d'Ambassade* , Celui qu'on met auprès d'un Ambassadeur , pour écrire les dépêches qui regardent la négociation qu'il est chargé de traiter. Le nom de *Secretaire* , est aussi donné à celui qui fait l'extrait des procès d'un Conseiller ou d'un autre homme de robe considerable.

SECTEUR. f. m. Terme de Geometrie. *Le Secteur d'un cercle* , est la partie de l'aire d'un angle comprise entre deux rayons qui ne font point une ligne droite , & un arc de la circonference terminé par ces deux rayons. *Le Secteur d'une Sphere* , est un solide compris sous plusieurs rayons de la Sphere , terminé en pointe à son centre , & ayant pour base la portion de la surface de la Sphere qui est déterminée par tous ces rayons. Le Secteur de Sphere est en solide ce que le Secteur de cercle est en plan.

SECTION. f. f. Terme de Geometrie. Le point où deux lignes se coupent s'appelle *point de Section* , ou simplement *Section*. De même la ligne commune a deux plans qui se coupent est leur *commune Section*. La commune Section de deux grands cercles d'une Sphere , en est toûjours un Diametre.

On appelle *Sections Coniques* , des lignes courbes , formées sur la surface d'un cone par des plans qui le coupent. Le cone étant formé comme il a été dit , (Voyez CONE ,) son axe , son côté , & le rayon de sa base font un triangle qu'on appelle *Triangle de l'axe*. Ce triangle pouvant être formé par un plan qui couperoit le cone en passant par l'axe , pourroit passer pour une des Sections coniques , mais on ne l'y compte point , parce qu'il n'a que des lignes droites , & on ne met dans ce rang que des lignes courbes , formées par un plan qui coupe le cone , ou par rapport à son côté , ou par rapport à sa base ne prenant alors qu'un *Cone droit*. Le plan qui se coupe par rapport à sa base ou par rapport à son côté , le peut couper ou parallelement , ou non parallelement. Un plan qui coupe un cone droit parallelement à sa base , forme sur sa surface une ligne courbe qui eſt un *cercle* auſſi bien que la baſe, ſi ce même plan coupe ce cone non parallelement à la baſe, la ligne courbe qu'il forme ſur le cone eſt une *ellipſe* ou *ovale*. Par rapport au côté, ſi un plan perpendiculaire au plan du triangle de l'axe coupe un cone parallelement à ſon côté, il décrit ſur ſa ſurface une courbe qu'on appelle *parabole*, ſi ce même plan coupe le cone non parallelement au côté, il fait une *hiperbole*.

Mais ſi le cone eſt *ſcalene*, un plan qui le coupera non parallelement à ſa baſe ne laiſſera pas de faire un cercle, pourvû qu'il retranche vers le ſommet du cone un triangle ſemblable au triangle de l'axe, & ayant ſes deux angles ſur la baſe égaux aux deux de l'autre dans une ſituation contraire à celle qu'ont des angles égaux ſur des baſes parallels. C'eſt par cette raiſon que cette Section s'appelle *Souſcontraire*.

On ne met pas communément le cercle au nombre des Sections Coniques, quoiqu'effectivement il en ſoit une, mais c'eſt qu'on peut l'avoir par des voies plus ſimples que la Section d'un cone. Il reſte la Parabole, l'Hyperbole & l'Elliſpe, ainſi nommées toutes trois par rapport à une eſpece de meſure qui leur eſt commune.

On tire au dedans de ces trois eſpeces de lignes courbes des *Ordonnées*, (Voyez ORDONNE'ES,) dont on compare le quarré au rectangle de l'*Abſciſſe* ou *Interceptées* par le *Parametre*; Voyez ABSCISTE, INTERCEPTE'ES & PARAMETRE. Le quarré des ordonnées comparé ou appliqué au rectangle des abſciſſes par le Parametre lui eſt préciſément égal dans la Parabole, qui a pris ſon nom de cette application ou comparaiſon juſte παραβάλλειν, *appliquer*, *comparer*. Dans l'Hyperbole, ces rectangles formés de la même façon ſurpaſſent les quarrés des ordonnées, & dans l'Elliſpe ils en ſont ſurpaſſés. De là l'une eſt appellée Hyperbole de ὑπερβάλλειν, *ſurpaſſer*, & l'autre Elliſpe, de ἐλλείπειν, *manquer*.

Toutes ces trois lignes ont des *Ordonnées*, des *Abſciſſes*, un *Parametre*, & un *Foyer*. Voyez ORDONNE'ES, ABSCISTES, PARAMETRE & FOYER.

La ſuperficie qui paroît d'un corps coupé, s'appelle *Section*. *Section d'un bâtiment*, *d'une fortification*, ſe dit en Architecture du profil, de la delineation qui ſe fait des hauteurs & des profondeurs qui ſont élevées ſur le plan, comme ſi on avoit coupé le bâtiment pour voir le dedans.

SECULAIRE. adj. Qui ſe fait de cent ans en cent ans. Il y avoit dans l'ancienne Rome des *Jeux Seculaires*, qui ſe celebroient à la fin de chaque ſiecle. Valerius Publicola, le premier des Conſuls, qui fut créé après qu'on eut chaſſé Tarquin le Superbe, fut le premier qui inſtitua ces Jeux pour faire ceſſer la peſte. On tira d'un livre des Sibylles l'ordre des ceremonies qu'on y devoir obſerver. Septimus Severus, ſelon ce que rapporte Soſime, fut le dernier qui les celebra.

SECURIDACA. ſ. f. Herbe fort branchue, dont les feuilles ſont ſemblables aux chiches. Elle porte une graine rouſſe dans des gouſſes recourbées en maniere de cornet, leſquelles reſſemblent à une hache qui tranche des deux côtés. C'eſt auſſi du mot latin *Securis*, Hache, qu'elle a pris ſon nom. Elle eſt amere au goût, & eſt pourtant bonne à l'eſtomac, priſe en breuvage. On la met dans les antidotes, & preſervatifs. Dioſcoride qui en

Tome II.

parle ainſi, dit qu'elle croît parmi les blés & les orges, à quoi Matthiole ajoûte qu'elle vient encore plus ſouvent parmi les veſſes ſauvages. Il met deux ſortes de *Securidaca*, l'une grande, qui a ſes feuilles ſemblables aux chiches, & qui en jette onze tout à la fois d'une même queue. Ses tiges ſont minces & ſouples, ſes fleurs purpurines & claires, rouſſâtres comme celles des pois, mais moindres; il en ſort de petites gouſſes cornues, plattes & pointues à la cime, qui contiennent une graine rouſſâtre ayant une figure de hache, & d'un goût amer. Elle n'a qu'une ſeule racine blanche & capilleuſe. La petite Securidaca eſt preſque ſemblable à la grande, excepté que ſes feuilles paroiſſent moindres & en plus grand nombre. Ses fleurs ſont petites, & il en ſort de petites cornes rondes, pointues à la cime, qui deviennent rouſſes étant mûres, & portent une graine ſemblable à l'autre, mais moindre & plus mince. Sa racine eſt grêle, blanche, longue, & profonde en terre. Galien dit en parlant de cette herbe, appellée auſſi *Pelecynum* du Grec πέλεκυς Coignée, à cauſe que ſa graine eſt faite en maniere de coignée qui coupe des deux côtés, qu'elle eſt amere, un peu bruſque au goût, qu'ainſi priſe en breuvage elle eſt bonne à l'eſtomac, & deſopile les parties nobles & interieures, ce que font auſſi les branches de la plante.

SED

SEDANOISE. adj. On dit en termes d'Imprimerie, *Lettre Sedanoiſe* ou abſolument *Sedanoiſe*. Le plus petit des caractères dont on ſe ſerve pour imprimer, à cauſe que le premier uſage en a été fait à Sedan.

SEDIMENT. ſ. m. Terme de Medecine. Lie, partie craſſe ou épaiſſe des humeurs, qui tombe au fond des vaiſſeaux après qu'elle eſt repoſée. On dit dans ce ſens, *Le ſediment de l'urine*. Ce mot eſt Latin, *Sedementum*. Matthæus Sylvaticus le derive à *diuturna ſede*.

SEE

SEER. v. a. Vieux mot. S'aſſeoir.

SEETE. ſ. f. Vieux mot. Eſpece de dard, du Latin *Sagitta*.

    Qui dards & ſeetes portoient.

SEG

SEGLE. ſ. m. Sorte de blé qui porte un grain plus long que celui du froment, & qui croît plus haut. Ce grain eſt beaucoup plus maigre que n'eſt le froment. Il lâche le ventre, échauffe & reſout, & l'on ſe ſert du levain de ſegle pour faire mûrir & crever les abſcés. En Latin *Secala*, d'où l'on a formé ce mot. Il y a du Segle blanc, appellé en Latin *Olyra*. C'eſt une eſpece d'épeautre. Ce blé eſt plus nourri & plus épais que le blé rouge & barbu, que Pline appelle *Far*.

SEGMENT. ſ. m. Terme de Geometrie. La partie du cercle qu'une ligne coupe. Auſſi on appelle *Segment de cercle*, Une portion de cercle terminée par une corde & par un arc de la circonference, & *Semblables ſegmens de cercle*, Ceux qui comprennent les angles égaux. *Segment de Sphere*, ſe dit d'une partie de la Sphere terminée par une partie de la ſurface de la Sphere, & par un plan qui la coupe hors de ſon centre, & *Semblables ſegmens de Sphere*, ſe dit de ceux dont les angles ſont égaux.

SEGNELLE. f. f. Vieux mot. Sorte de fruit.

Mais qui en prend par trop, il a gouft de fegnelle.

SEGRAIER. f. m. Terme des Eaux & Forêts. Celui qui poffede par indivis la proprieté d'un bois avec d'autres proprietaires, celui qui le tient en fegrairie.

SEGRAIRIE. f. f. Bois poffedé, ou par indivis, ou en commun, foit avec le Roi, foit avec des particuliers. Ce mot, felon du Cange, vient de *Segrearius*, autrefois *Secretarius*, qui étoit un Officier des Forêts, appellé *Segraier* dans l'Ordonnance de Henri II. de l'année 1558.

SEGRAIS. f. m. Il ne fe dit que des bois qui font feparés des grands bois qu'on coupe, & que l'on exploite à part.

SEGREAGE. f. m. Terme de Coûtumes. Ce droit eft commun dans le Duché de Vendômois, & reconnu par divers Vaffaux du Duché. Voyez *la Coûtume locale de l'Ifle* ; Savari *à la fin de la Coûtume de Touraine*, où ce droit eft expliqué, mais approuvé par les Reformateurs qu'autant qu'il fera prouvé par titres ou longue poffeffion.

SEGROIES. adj. Vieux mot. Sacrées.

SEI

SEIDA. f. m. Animal fauvage à quatre piés, qui naît en Afrique, & qui eft haut environ d'une demi-coudée. Il a le mufeau d'un Lievre, les mouftaches d'un Tigre, & les oreilles d'un homme ; & il eft tout couvert de longs piquans ronds, blancs & noirs, qui lui fervent de défence contre les animaux qui l'attaquent. Il ne boit point, & mange de toutes fortes de chofes.

SEIGNE'. adj. Vieux mot. Marqué, du Latin *Signatus*. Joinville en parlant de faint Louis dit, *Et ouy dire au bon Roy qu'il euft voulu avoir efté feigné d'un fer tout chaud, & il euft pû tant faire qu'il euft oufté tous les iuremens de fon Royaume.*

SEIGNEUR. f. m. Terme de Droit. Celui qui eft maître & proprietaire d'une chofe. On appelle *Seigneur direct*, Celui de qui releve une terre, & *Seigneur domanial*, Celui qui en a le domaine utile. Les Ducs, les Comtes & autres grands Seigneurs qui relevent immediatement du Roi, font appellés *Seigneurs fuzerains* ou *mediats*, par rapport aux *Seigneurs immediats*. Les Furetiériftes appellent *Seigneur lige*, Le Seigneur immediat ou prochain. On ne dit point *le Seigneur lige*, mais le vaffal lige, qui eft celui qui doit une foi & hommage lige, c'eft-à-dire, envers & contre tous. On appelle en termes d'Aftronomie, *Seigneur d'une maifon celefte*, La planete qui domine dans une maifon du Ciel.

SEIGNEURIAGE. f. m. Droit qui appartient au Seigneur. Il ne fe dit gueres qu'en fait de monnoies, dans la fonte defquelles il revient au Roi quelque profit. Sa Majefté a fixé ce droit à fept livres dix fols pour marc d'or, & à douze fols douze deniers pour marc d'argent. M. Boifard dit que le plus ancien monument qu'on ait de l'établiffement du Seigneuriage, fe trouve dans un accord paffé entre Philippe Augufte, & le Maître de la Monnoie de Tournai qui appartenoit alors à l'Evêque. Par cet accord fait en 1201. il eft pleinement juftifié que la troifiéme partie du profit de la monnoie, appellé dans cet acte *Monetagium*, devoit appartenir au Roi, & les deux autres parties au Maître de la même Monnoie. Ce droit a été d'une fomme tantôt plus petite & tantôt plus grande, fuivant les tems & les conjonctures.

SEIGNOURIR. v. n. Vieux mot. Dominer. Il vient de *Senior*, à caufe que les plus vieux ont de l'empire fur les plus jeunes.

SEILLE. f. f. Vieux mot. Seau. On fe fert encore du mot de Seilleau fur mer pour dire la même chofe.

SEILLURE. f. f. Terme de Marine. La trace qu'un Vaiffeau fait fur la mer. C'eft la même chofe que *Sillage*.

SEIME. f. m. Vieux mot. Rets, filet de Pêcheur.

On appelle *Seime*, en termes de Manege, Une fente dans la corne des quartiers d'un cheval, qui s'étend depuis la couronne jufqu'au fer. Le fang qui fort de cette fente caufe grande douleur au pié du cheval, & le fait boiter.

SEIN. f. m. *La partie du corps humain qui eft depuis le bas du cou jufqu'au creux de l'eftomac.* ACAD. FR. *Sein*, eft au regard de la mer, ce qu'une peninfule, eft au regard de la terre, Un golfe d'une petite étendue : c'eft-à-dire, Une petite mer environnée de terre qui n'a de communication à une autre mer que par un paffage.

SEINCOS. f. m. Bête à quatre piés qui eft une efpece de petit Crocodile, de la groffeur d'une Salamandre ou d'un lezard vert. Cet animal a la queue ronde & écaillée, & fe nourrit de fleurs odoriferantes. Les petits fortent de la coquille où la mere a pondu les œufs. Sa chair avec d'autres ingrediens eft un bon remede contre plufieurs maladies. Le Seincos naît près du Nil, d'où on le tranfporte à Venife par Alexandrie.

SEINE. f. f. Efpece de filet qui fe traîne fur les greves. On donne ce même nom à un rets à pêcher dont on fe fert dans les petites rivieres. Il a deux grandes ailes & une longue naffe. Plufieurs l'appellent *Seime*. Le mot de *Seine* vient du latin *Sagena*, Filet à pêcher, formé du Grec σαγήνη, qui veut dire la même chofe.

SEING. f. m. Vieux mot. Sorte de Cloche élevée dans un clocher qu'on appelloit *Signum* en latin. C'eft-là que nous eft venu le mot de *Tocfin*.

SEL

SEL. f. m. *Eau de la mer, ou de certaines fources coagulée par le Soleil ou par le feu, qui fert pour affaifonner les viandes ou les préferver de corruption.* ACAD. FR. Outre le fel marin, il y a du fel de riviere, du fel de lacs, & du fel mineral. Mathiole dit que toute l'Italie fe fert de fel marin, à l'exception des Calabrois, qui ufent du fel mineral, qu'ils ont en quantité & fort beau. On en trouve beaucoup en Hongrie. Il y a des fontaines falées en Allemagne & au Comté de Bourgogne à Salins. On en fait cuire l'eau pour faire du Sel. Les Apothicaires fuivant les Arabes, appellent le Sel mineral *Sel gemme*. Il y en a de fort belles mines en Calabre, auprès d'un lieu appellé communément *Alto monte*. On le taille comme on fait la pierre dans les carrieres, & il eft clair & tranfparent comme criftal. Celui qu'on tire au Comté de Tyrol, en un lieu nommé *Halis*, n'eft ni clair ni tranfparent. Il eft comme le marbre, & de couleur tirant fur le roux. Ce Sel jetté dans le feu ne petille point comme fait le Sel marin, mais il y devient rouge ainfi que le feu. Tout Sel, dit Pline, eft naturel ou artificiel, l'un & l'autre fe fait de plufieurs fortes, quoique le tout ne vienne que de deux moyens, d'une humeur falée qui fe congele, ou de l'eau falée qui feche. Le Sel fe fait au lac de Tarente dans les plus grandes chaleurs de l'été. Tout le lac fe fechant prefque en ce tems-là, fe trouve changé en Sel-

Le même Pline parle encore d'autres lacs qui se deffechent, & où l'on ne sçauroit tant cueillir de Sel le jour, qu'il n'en revienne la même quantité la nuit. Tout ce Sel est fort menu, & n'est point amassé en morceaux comme l'autre. Il y a aussi des rivieres où le Sel nage au dessus comme fait la glace. Celles qu'on appelle *Ochus* & *Oxus*, qui sont au Pays des Bactriens, charient & amenent plusieurs pieces de Sel des montagnes voisines par où passent ces rivieres. Dans la Cappadoce on tire du Sel mineral qui a le voir n'est autre chose qu'une humeur congelée, & on y taille ce Sel comme on fait le *Lapis specularis*, dont on fait des pieces appellées *Miettes*, qui sont fort pesantes. En la Ville de Carthos, qui est en Arabie, on fait les murailles & on bâtit les maisons de Sel; au lieu de mortier on se sert d'eau simple. Theophraste Paracelse, & en établissant dans ces derniers siecles cinq principes des corps naturels, a mis le Sel parmi les actifs, & on entend par le mot de *Sel*. Certaines particules de la matiere, qui se fondent aisément dans l'eau, & qui en picotant la langue causent le sentiment du goût. Le pouvoir des Sels est d'une grande étenduë. Il y a un *Sel universel*, qui fut répandu par tout l'Univers, quand le monde fut créé, & qu'on appelle ordinairement l'*Esprit du monde*; & *Sel central de la terre*, quand il est caché dans ses entrailles pour la vegetation à tant d'especes diverses de vegetaux. Ce Sel universel engendre dans differentes matrices le *Sel particulier*, qui est de deux sortes, l'Acide & l'Alcali. Ces deux Sels unis ensemble en composent un troisiéme que l'on nomme *Sel salé*, & qui n'est ni l'un ni l'autre, mais qui participe de tous les deux. Ainsi l'esprit de vitriol est un sel acide; le sel de tartre est un sel alkali, & tous les deux ensemble font un sel salé. Les sels acides se trouvent dans les mineraux, dans les vegetaux & dans les animaux, ce que l'on appelle *Les trois Familles*. Les sels alcalis sont nommés *Sels urineux*, à cause qu'ils ont la saveur de l'urine, & on les distingue en sels volatils & en sels fixes. Le *Sel volatil*, est celui qui monte avec les vapeurs dans la distillation, & le *Sel fixe*, est celui qui demeure avec la matiere terrestre sans s'évaporer. Pour les préparer, on a coûtume de reduire les parties des animaux & des vegetaux en cendre qu'on fait bouillir dans de l'eau commune, & après qu'elle a bouilli fort long-tems on filtre l'eau par le papier gris jusqu'à ce qu'elle soit bien claire. On la met ensuite sur le feu, & on la fait consumer peu à peu à petits bouillons, en sorte que le Sel demeure au fond tout à sec. Les Sels chymiques tirés des vegetaux sont fort utiles pour la guerison d'un grand nombre de maladies, & particulierement les sels qu'on tire des plantes odoriferantes, lesquels retiennent une qualité aperitive, fortifiante, diuretique & sudorifique. Leur dose est depuis six jusqu'à trente grains dans quelque bouillon ou autre liqueur. Les Sels volatils abondent dans la famille animale. Il y en a dans la vegetale, & ils sont très-rares dans la minerale. Quand l'acide & l'alcali combattent ensemble, ils composent un sel salé qui n'est ni l'un ni l'autre, mais fait de l'un & de l'autre. Les Sels salés, suivant la nature des alcalis combinés avec les acides, font ou Sels salés volatils, qui se font quand les acides s'accrochent à des alcalis volatils, & qui s'évaporent, ne pouvant soûtenir le feu, ou Sels salés fixes, quand un alcali fixe se joint à un acide. Le Sel ammoniac est un Sel salé volatil, composé du Sel commun dissous dans beaucoup d'urine humaine, à quoi on ajoûte un peu de suie que l'on cuit ensemble jusques à certaine consistance, après quoi on laisse le tout dans un lieu froid, & il se cristalise certain sel blanc qui est notre sel Ammoniac, different de celui des Anciens qui étoit naturel & se trouvoit dans les sables de la Lybie vers le lieu où se rendoit l'oracle de Jupiter Ammon, d'où il a pris son nom du Grec ἄμμος, Sable. Ce Sel est un stomachique singulier pour déterger les ordures adherantes de l'estomac, & il n'y a rien de meilleur pour les indigestions, si on le joint avec quelques aromates. C'est un febrifuge excellent pour les fievres intermittentes. On s'en sert encore dans la Chymie pour volatiliser les souphres fixes des metaux & des mineraux.

On appelle *Grenier à Sel*, Un dépôt public où l'on met le Sel que le Roi vend à son peuple. *Sel gabellé*, est celui qui a demeuré deux ans dans ce grenier, & que les Officiers livrent. *Grenier à Sel* se dit aussi d'une Jurisdiction établie aux lieux où sont ces greniers. Elle est composée d'un President & de plusieurs Greneriers ou Conseillers, d'un Procureur du Roi & d'un Greffier, outre les Archers & Gardes.

SELENITE. s. f. Pierre qu'on appelle ainsi du Grec σελήνη, Lune, à cause de la propriété qu'elle a de croître & de decroître selon que la Lune est vieille ou noúvelle. Dioscoride, qui l'appelle *Pierre speculaire* ou *de miroir*, dit qu'elle croît en Arabie, qu'elle est blanche, legere & transparente, que liée à un arbre elle le rend fructueux, & que les racleures en breuvage sont bonnes à ceux qui ont le haut mal. Selon Matthiole, la Selenite est claire comme verre, & se fend facilement par petites lames.

SELENOGRAPHIE. s. f. Partie de la Cosmographie, qui apprend à faire la description de la Lune & de toutes ses parties. On fait presentement des cartes selenographiques à l'Observatoire du Roi. Ce mot vient du Grec σελήνη, Lune, & de γράφω, Décrire. Voyez LUNE.

SELLE. s. f. Siege de bois à trois piés, sur lequel les garçons Cordonniers & quelques autres Artisans sont assis quand ils travaillent. On appelle à Paris *Bateaux des selles*, certains Bateaux immobiles qui sont disposés pour y battre & laver la lessive, & où il y a des pieces de bois qui les divisent en plusieurs quarrés.

Selle, en termes de Manege, est un ouvrage de Sellier qu'on met sur le dos d'un cheval pour la commodité du Cavalier qui le monte. Il y a une Selle rase & une Selle à piquer. La *Selle rase* est composée de deux arçons, de deux bandes, des battes de devant, des contresanglons & des panneaux, & la *Selle à piquer*, outre ces mêmes parties, a la batte de derriere le troussequin & les lieges, toutes ces deux Selles ont un pommeau. On dit *Feutrer une selle*, monter, harnacher une selle, pour dire, Lui mettre les sangles, les surfaix, les étriers & la croupiere. Autrefois avant qu'on exécutât un homme condamné à mort, on lui faisoit porter une selle d'un Comté à un autre Comté voisin pour marque d'infamie. Quelques-uns font venir ce mot de l'Allemand *Sattel*, qui a la même signification.

Les Sculpteurs appellent *Selle*, Ce sur quoi ils mettent la terre quand ils commencent à travailler.

SELLE', E'E. adj. Terme de Blason. Il se dit du cheval qui a une selle. *D'azur au cheval d'argent, sellé, bridé & caparaçonné de gueules.*

SELLETTE. s. f. Sorte de petit banc où l'on fait asseoir une personne accusée, pour l'interroger avant que de la juger entierement. Si cette personne est qualifiée , on couvre la Sellette d'un tapis.

Sellette , en termes de Laboureur , est la partie de la chatrue sur quoi pose le bout de la haye , & les Crocheteurs appellent *Sellette* , Le morceau de bois plat qui fait le fond des crochets. *Sellette* , se dit encore d'un petit morceau de planche élevé & soûtenu de quatre especes de bâtons. C'est sur ce morceau de planche que le Gagne-petit pose son sceau.

On appelle *Sellette* , en termes de Maçonnerie, La partie d'un Engin qui consiste à une piece de bois en maniere de moise arrondie par les deux bouts. Cette piece de bois accole l'arbre de l'engin, & son usage est , avec deux liens , d'en porter le fauconneau.

SELVE. s. f. Vieux mot. Forêt , du latin *Silva*.

Li oisel chantent cler en la selve ramée.

SEM

SEMAINE. s. f. Espace de sept jours qui recommence successivement. Les Juifs qui celebroient le septiéme jour , appellé *Jour du Sabat* , en memoire de ce que Dieu s'étoit reposé après avoir créé le monde en six jours , ont trouvé cette maniere de compter le tems , sans avoir donné le nom aux six premiers jours de la Semaine. Quelques-uns croyent neanmoins que cette separation du tems en sept jours a été faite par la veneration que la plûpart des Nations ont eue pour le nombre de sept , si celebre parmi les anciens sectateurs de Pythagore. D'autres veulent que cette separation soit venue des sept Planetes dont on donné le nom aux sept jours de la Semaine , celui du Soleil au Dimanche qui en est le premier , celui de la Lune au Lundi ; de Mars au Mardi ; de Mercure au Mercredi ; de Jupiter au Jeudi ; de Venus au Vendredi , & de Saturne au Samedi. Ce qui a causé cet ordre , c'est qu'ils faisoient toutes les heures de chaque jour Planetaires , donnant la premiere au Soleil , après quoi en descendant ils donnoient la seconde à Venus , la troisiéme à Mercure , la quatriéme à la Lune , & ensuite en prenant les plus hautes Planetes , la cinquiéme à Saturne , la sixiéme à Jupiter , & la septiéme à Mars. Ils continuoient toûjours dans ce même ordre : de sorte que le Soleil étant pour la premiere , la huitiéme , la quinziéme , & la vingt-deuxiéme heure du premier jour , Venus étoit pour la vingt-troisiéme de ce même jour, Mercure pour la vingt-quatriéme , & par consequent la Lune étoit pour la premiere heure du second jour ; ce qui l'a fait appeller *Lundi*. La Lune étant encore pour la huitiéme , la quinziéme & la vingt-deuxiéme du second jour , Saturne étoit pour la vingt-troisiéme , & Jupiter pour la vingt-quatriéme ; ce qui faisoit que Mars se trouvoit pour la premiere heure du troisiéme jour , qui a été appellé *Mardi* par cette raison , & ainsi des autres jours , en observant toûjours ce même ordre des Planetes pour chaque jour. Les Chrétiens n'ont rien changé aux noms que les jours ont pris de ceux des Planetes , à l'exception du Dimanche qu'ils ont appellé *Jour du Seigneur* , au lieu que les anciens l'appelloient *Jour du Soleil*. Pour le nom de *Samedi* , il vient de *Sabbatum* , & non de Saturne. Le mot *Semaine* vient du Latin *Septimana* , fait de *Septem*, Sept , à cause que le tems qu'elle comprend est divisé en sept jours.

SEMAQUE. s. m. Sorte de bâtiment à un mât , avec lequel on navige dans les rivieres de Hollande. On s'en sert quand il est besoin d'alleger les gros Vaisseaux.

SEMBLABLE. adj. Terme de Geometrie. Quand deux figures sont telles que les côtés de l'une répondant aux côtés de l'autre , sont toûjours en même raison , par exemple , si la longueur d'un rectangle est à la longueur d'un autre , comme la largeur du premier est à la largeur du second , ces deux figures sont appellées *Semblables*. Les côtés qui se répondent dans chaque rectangle , comme les deux lignes qui font la longueur de chacun , ou celles qui font la largeur , s'appellent *côtés homologues*. Les corps solides , comme les parallelepipedes , sont semblables , quand leurs trois dimensions sont en même raison. Les triangles dont les angles sont égaux , ceux de l'un à ceux de l'autre , sont semblables , c'est-à-dire , que leurs trois côtés homologues , sont en même raison , & si deux triangles sont semblables , leurs angles sont égaux. Il y a grande difference entre *reciproque* & *semblable*. Les figures reciproques sont toûjours égales (voyez RECIPROQUE ,) les figures semblables ne le sont que dans le seul cas où la raison des côtés homologues est une raison d'égalité ; car quand deux figures , par exemple , deux parallelogrammes sont semblables , les côtés appartenans au même parallelogramme , sont le premier & le troisiéme terme d'une proportion , & les côtés appartenans à l'autre en sont le second & le quatriéme ; or le produit du premier par le second pour le troisiéme , ce qui fait un des parallelogrammes , n'est pas au produit du second par le quatriéme , qui donne l'autre parallelogramme. Voyez PROPORTION. Il faut toûjours observer que dans deux parallelogrammes semblables , non seulement les côtés doivent être proportionnés , mais encore les angles doivent être égaux , ceux de l'un à ceux de l'autre , parce que quand deux parallelogrammes ne sont pas rectangles ce ne sont plus leurs côtés qui sont leurs veritables dimensions , mais une perpendiculaire tirée sur un côté , & ce côté , (voyez PARALLELOGRAMME ,) & ces perpendiculaires dans deux parallelogrammes different ne sont en même raison que les côtés , que quand les angles obliques des parallelogrammes sont égaux. Il en va de même de toutes les autres figures *poligones* , & comme on ne mesure les figures curvilignes que par des polygones inscrits ou circonscrits. Voyez POLYGONE. On appelle *Figures curvilignes semblables* , celles où l'on peut inscrire ou circonscrire des Polygones semblables , deux cercles par cette raison sont toûjours semblables.

SEMBLABLETE'. s. f. Vieux mot. Ressemblance.

SEMBLANCE. s. f. Vieux mot. Similitude.

*Hom qui raison as & engien,
Icheste semblance retien.*

SEME' , E'E. adj. Terme de Blason. Il se dit des pieces dont l'écu est chargé , tant plein que vuide , & dont on en voit sortir quelques parties de chaque extrémité du même écu. *D'argent semé de fleurs de lis de sable*.

SEMELLE. s. f. *Piece de cuir qui fait le dessous du soulier , de la botte , de la pantousle , & qui a , à peu près , la figure de la plante du pié*. ACAD. FR.

Semelle , se prend aussi pour une sorte de mesure qui contient la grandeur du pié. On dit en ce sens qu'*Un homme a sauté tant de semelles*. On appelle *Semelle* , Une sorte de pain d'épice plat qui a la figure d'une semelle ; & en termes de Monnoie. *Semelle* se dit quand les Essayeurs battent sur le sas le bouton d'or ou d'argent qu'on leur a donné à effayer , & qu'ils rendent plat & mince comme une femelle.

Semelle , en termes de Charpenterie , eft une efpece de tirant fait d'une platte-forme. On y affemble les piés de la ferme d'un comble , & cela empêche qu'ils ne s'écartent. On appelle auffi *Semelle*, des Tirants moins épais que de coûtume , lorfqu'il n'eft pas befoin qu'ils fupportent des planchers où des folives. *Semelle d'étaye* , eft une piece de bois couchée à plat fous le pié d'une étaie.

Semelle. Terme de Marine. Affemblage de trois planches mifes l'une fur l'autre & taillées en femelle de foulier. Les Belandes & les Heus s'en fervent pour aller à la bouline , & d'ordinaire chacun de ces bâtimens a deux femelles pendues à chaque côté de fon bordage. Lorfqu'on veut aller à la bouline, foit à ftribord , ou à bas-bord , on empêche le Heu de dériver , en laiffant tomber à l'eau la femelle qui eft fous le vent , & l'autre demeure pendue au bordage jufqu'au premier revirement. On appelle auffi *Semelles* , Les pieces de bois qui font le pourtour du fond d'un batteau , & qui fervent à en couturer le rebord.

SEMENCE. f. f. Petit corps produit par la plante après la fleur , & qui étant jetté en terre produit une autre plante de la même efpece. Les femences font louables lorfqu'elles font recentes , pleines & bien nourries , ayant leur couleur , odeur & faveur naturelles , & étant exemptes de toute putrefaction. On les cueille lorfqu'étant mûres & dans leur parfaite plenitude , elles commencent à fe deffecher. Celles dont la fubftance eft compacte , & qui ont une groffe écorce , particulierement fi elles font d'un temperament chaud , fe gardent affés long-tems , comme les lupins , les femences de fenegré & de lin , qui fe confervent pour le moins trois ans dans des pots de verre & dans des boîtes au lieu le plus fec qu'on puiffe avoir. Celles qui font d'une fubftance plus tenue ; comme le fefeli , les femences d'ache , de perfil , d'agnus caftus , d'ortie & de Nafitort ne peuvent fe garder qu'un an ou deux. On appelle *Les quatre Semences chaudes ,* Celles d'anis , de fenouil , de cumin & de carvi ; & *Les quatre Semences froides ,* Celles de courge , de citrouille , de concombre & de melon.

SEMENCINE. f. f. Petite graine que les Latins appellent communément *Semen contra vermes* , ou abfolument *Semen contra* , & qui a pris fon nom de fa principale vertu , qui eft de faire mourir les vers qui s'engendrent dans le corps de l'homme , & fur-tout dans celui des petits enfans. Elle vient de Perfe , & la Plante qui la porte a fes feuilles fi petites , qu'il eft difficile de les feparer d'avec cette graine. Tavernier dit que c'eft une herbe qui croît dans les prés & qu'il faut laiffer mûrir. Elle eft chere à caufe qu'il s'en perd une grande partie entre les herbes où la fait tomber le vent lorfqu'elle approche de fa maturité. Comme elle feroit plûtôt gâtée fi on la touchoit avec la main , les Perfans , lorfqu'ils veulent recueillir ce que l'épi en a confervé , fe fervent de deux paniers à anfes , & en marchant dans ces prés , ils font aller un des paniers de la droite à la gauche , & l'autre de la gauche à la droite , comme s'ils fauchoient l'herbe , qu'ils ne prennent que par l'épi , & toute la graine tombe ainfi dans les paniers. Cet Auteur ajoute , qu'il croît auffi de la Semencine dans la Province de Kerman , mais qu'elle eft moins bonne que celle de Boutan , où l'on n'en recueille guere que ce qu'il en faut pour le Pays. Toute la proprieté qu'a cette graine , eft de chaffer les vers du corps des enfans. Les Perfans & tous les Peuples qui font vers le Nord,

& même les Anglois & les Hollandois s'en fervent comme d'anis pour la mettre dans les dragées. Il faut la choifir bien nourrie , verdâtre , d'une bonne odeur & la plus nette qu'il eft poffible , parce qu'elle eft fort fujette à être augmentée de petits corps étrangers dont elle reçoit beaucoup de dechet.

SEMINAIRE. f. m. Maifon de pieté & d'étude où l'on prépare les jeunes Ecclefiaftiques aux ordres. Il n'eft pas vrai , comme difent les Furetieriftes , qu'il foit enjoint à chaque Eglife Cathedrale , d'avoir au moins un Seminaire fous la conduite de l'Evêque. Cette obligation ne regarde que les Evêques & non les Cathedrales.

SEMIVULPA. f. m. Animal de terre qui naît en Afrique , & qui a cela de particulier , qu'ayant un fac attaché au fternon , fes petits en fortent pour teter , après quoi ils y rentrent.

SEMOIR. f. m. Efpece de fac qu'on remplit de grain, & que l'on s'attache au cou. C'eft-de-là que le Laboureur tire fon grain & le feme en marchant toûjours d'un pas égal dans le champ où il le jette.

SEMONNER. v. a. Vieux mot. Prier.

Et li bons Rois le femonnoit.

SEMOULE. f. f. La plus belle farine du froment , appelée ainfi par les Italiens , de *Semol* , qui fignifie parmi eux , Son de farine , ou Une forte de grain qui vient en Lombardie , & que l'on mange comme on fait l'orge mondé. Ils prennent de cette farine & de l'eau , en font une pâte , & de cette pâte ils font des filets de telle longueur & groffeur qu'ils veulent par le moyen de certaines feringues qui ont plufieurs petits trous. Comme ces filets font en forme de vermiffeaux , cette figure les fait appeller *Vermicelli*. Ceux qui font par petits grains comme la moutarde , prennent le nom de *Semoule*, de celui de la farine dont on les fait.

SEMPITERNEUSE. adj. Vieux mot. Vieille , decrepite. On dit à prefent *Sempiternelle*.

SEMPSEN. f. m. Plante que les Grecs & les Latins nomment *Sefamus* , & qui n'a qu'une tige haute d'un pié & demi. Ses feuilles font affés femblables à celles de la Morelle. Ses fleurs qu'elle a petites & blanches , font fuivies de gouffes quarrées , pentagones & hexagones , dans lefquelles eft renfermée une graine jaune & douce comme celle du lin. On en tire une huile appelée *Zeid-taib* , Bonne huile. Cette huile eft vendue beaucoup plus cher que celle d'olive. Les feuilles , la femence & l'huile ont la proprieté de diffiper les humeurs , & fervent dans beaucoup de maladies. La graine a paffé depuis long-tems en aliment chés les Egyptiens. Sa fubftance huileufe rend le corps gras , & on fe fert de l'huile pour les taches de la peau. Pour cela on en mange beaucoup , ou bien on en baffine les parties qui font marquées.

SEN

SENATEUR. f. m. Les Romains donnerent ce nom à des Magiftrats , qui furent créés par Romulus au nombre de cent , pour juger les differends du Peuple. Il vient de *Senior* , parce qu'ils furent choifis âgés , ou à caufe de leur prudence qui eft la vertu propre aux Vieillards. Lorfque les Sabins eurent été reçus dans la Ville , Romulus & leur Roi Tatius créerent cent autres Senateurs qu'ils tirerent des plus confiderables familles de Rome. Ce nombre fut augmenté par Tarquin l'ancien , qui choifit cent perfonnes diftinguées par leur vertu dans les familles plébéiennes , & le Sénat où il les fit recevoir fe trouva alors compofé de trois cens Senateurs. Il y en eut jufques à neuf cens pendant la Dictature de Jules Cefar , & plus de mille après fa mort durant le Triumvirat. Quand il y avoit des places vacantes , on prenoit pour les remplir ceux qui avoient le plus de nobleffe & de merite dans l'Ordre des Chevaliers. Le nouveau Senateur qu'on choififoit devoit avoir huit cens mille fefterces de bien , & il perdoit fa charge & fon rang fi dans le tems qu'il en jouiffoit , fon revenu fe trouvoit diminué par quelque perte confiderable. Il y a encore aujourd'hui à Rome un Senateur qui demeure au Capitole. Il eft le Juge ordinaire des Citadins.

Senateur , fe dit auffi d'une perfonne qu'on fuppofe confommée dans les grandes affaires , & qui par fes confeils aide à gouverner un Etat, un Royaume , une Republique. Tels font les Senateurs de Venife. Avant que Frederic III. Pere de Chriftian V. Roi de Danemarc , eût rendu le Royaume hereditaire , ce qui lui en fit reformer le gouvernement , les Senateurs étoient des perfonnes confiderables dont le Roi prenoit les avis fur les Reglemens qu'il avoit à faire , mais aujourd'hui ce ne font plus que des Senateurs de nom. Il y en avoit quelques-uns qu'on appelloit Senateurs du Roi , parce que le Prince les confultoit plus particulierement que les autres. Les Senateurs de Suede font fort confiderés de leur Prince , qui n'entreprend aucune affaire importante fans avoir leur agrément. Ils font appellés Senateurs du Roi & du Royaume , & leur nombre qui avoit été autrefois fixé à douze, a été depuis jufqu'à quarante. Il y a auffi des Senateurs en Pologne.

SENAU. f. m. Barque longue dont fe fervent les Flamans pour la courfe. Elle ne porte que vingt ou vingt-cinq hommes au plus.

SENE' , f. m. Plante qui vient du Levant , & dont les feuilles ont un goût de feve , étant épaiffes , graffettes & femblables à la regliffe. Sa tige eft de la hauteur d'une coudée , & il en fort plufieurs petites branches douces & pliables comme l'ofier. Ses fleurs font jaunes & femblables à celles du chou, avec de petits traits rouges. Après ces fleurs tombent de petites gouffes recourbées en maniere de faucille. Elles font fi plates naturellement , que la gouffe de deffus touche la gouffe d'en bas , & renferment une graine noire tirant fur le vert, qu'on a peine à difcerner d'un pepin de raifin , tant elle lui eft femblable. Ces gouffes pendent de toute la plante , & tiennent à une queue fi menue , que lorfque la graine eft mûre , le premier vent fait tomber la gouffe. Cette plante , dont aucun Auteur Grec n'a fait mention , fe feme au mois de Mai , & elle ne paffe point l'Automne fans mourir. Le Sené eft chaud au fecond degré & fec au premier , & a la vertu de purger la melancolie & le phlegme. Il maintient le corps dans un état vigoureux , à caufe qu'il fait évacuer les humeurs. C'eft celui de tous les purgatifs que l'on emploie davantage.

On a en France un arbriffeau nommé Seena colathea qui fleurit jaune comme du genet , & eft purgatif, il s'en faut beaucoup qu'il ne vaille le Sené du Levant.

SENECON. f. Plante dont la tige eft rougeâtre & de la hauteur d'une coudée. Ses feuilles s'entretiennent & fe fuivent l'une l'autre , étant déchiquetées au bord comme celles de roquette, quoiqu'elles foient de beaucoup moindres. Ses fleurs font jaunes & decoupées fort menu,& tombent enfin en papillotes. Cette plante eft refrigerative & quel-

que peu refolutive & fort en ufage dans les lavemens émollients & dans les cataplafmes fuppuratifs. Sa racine eft inutile.Le Seneçon eft vert toute l'année, & croît d'ordinaire parmi les démolitions des maifons & contre les vieilles murailles. En Latin Senucio. Les Grecs l'appellent ἠριγέρων , comme qui diroit ἔαρ γέρων , Vieux dans le Printems , à caufe qu'en ce tems-là fes fleurs deviennent blanches comme la perruque d'un vieillard. Matthiole dit qu'on peut mettre au nombre des Seneçons l'herbe que les Allemans appellent Herbe de S. Jacques. Elle a fes feuilles femblables à la roquette fauvage , cannelées en leur circonference , noirâtres , d'un goût amer , & fe couchant par terre avant que la plante fe jette en tige. Cette tige eft haute d'une coudée & demie, comme celle d'Artemifia , & depuis fon milieu en haut elle produit force branches & rejettons. Sa fleur eft jaune, moindre que celle de Bupthalmum, & à la fin tombe en papillotes. Sa racine eft courte & capilleufe. Elle fleurit en Juin & en Août , & croît dans les Landes.

SENEFIANCE. f. f. Vieux mot. Signification , témoignage.

SENEGRE'. f. m. Plante femblable au trefle , qui a fes feuilles toutes dentelées à l'entour , force tiges minces & fortant toutes d'une même racine. Sa fleur eft blanche & petite , & jette de petites gouffes faites en maniere de cornes courbées & pointues , où fa graine eft renfermée. Cette graine eft un peu fauve , graffe & forte en odeur. Sa racine eft fort pleine & bien fournie , & pourtant fort mince. La farine que l'on tire de la graine feche du Senegré , avec du foufphre & du nitre , efface les lentilles du vifage. Elle fert auffi à la gratelle pleine d'ulceres , fi on l'applique de jour à autre incorporée en vinaigre avec une quattiéme partie de creffon alenois. La décoction de fa graine guerit les fluxions des yeux, fi on fomente fouvent le front avec des linges que l'on y aura trempés. Galien dit que le Senegré étant chaud au fecond degré & fec au premier , accroît la malignité des apoftumes rouges & enflammées , & qu'au contraire il refout & guerit celles qui font dures , pourvû qu'il n'y ait point d'inflammation. En Latin Fœnum græcum.

SENELLE. f. f. Petites prunes violettes qui viennent fur l'Epine noire , les pauvres gens font de la boiffon de ce fruit.

SENESCHAL. f. m. Dignité qui fous le regne de Philippe Premier a été reconnuë en France pour la premiere de la Couronne. Celui qui en étoit revêtu avoit la Surintendance de la Maifon du Roi, & la conduite des Troupes , & portoit même l'Etendard Royal. Les anciens Titres font connoître qu'en 980. Geofroi Comte d'Anjou , furnommé Grifegonnelle , fut honoré de la Charge de Sénéchal hereditaire de France , en confideration des grands fervices rendus par lui à l'Etat. Le dernier que l'on connoiffe avoir poffedé la même Charge , eft Thibaud I. dit le Bon , Comte de Blois & de Chartres , pour avoir fervi très-utilement les Rois Louis le Jeune & Philippe Augufte. Il y a plufieurs endroits dans le Livre manufcrit des Affifes qui font connoître quelles étoient les fonctions du Sénéchal , l'un eft en ces termes. Le Sénéchal doit au jour du couronnement du Roi ordonner le manger , & doit tenir le fceptre & le porter devant le Roi au Mouftier , & le tenir jufqu'à ce que le Roi le prenne de fa main. On lit dans un autre endroit , Quand le Roi voudra manger , le Sénéchal doit mander au Chambellan qu'il porte l'aigua aux mains , & quand le Roi aura mangé , puis doit le Sénéchal manger , & toutes les écuelles & les greaux en quoi il aura
fervi

servi le corps du Roi du premier mets, doivent être servies de telle viande comme le Roi ce jour-là. Et dans un autre. *Le Sénéchal doit visiter les Châteaux & Forteresses; & faire leur avoir ce que mêtier leur est, & changer & remuer Sergents & Officiers qui y seront sous le corps de Châtelain sans commandement du Roi.* Les Anciens ont confondu la Charge de *Senescallus* avec celle de *Dapifer*; ce qui fait connoître qu'on appelloit aussi *Sénéchal*, le Maître d'Hôtel, suivant ces vers.

Et li Baron sont as tables assis,
Li Seneschal s'en sont bien entremis,
De bien servir chacun fut bien appris.

On a dit aussi *Sénéchal*, d'un vieux Chevalier, de *Seuex* & de *Caballus*. Quelques-uns tirent ce mot de *Scalco* ou *Siniscalco*, qui en langage Theutfranc veut dire Intendant sur la viande.

Aujourd'hui par le mot de *Sénéchal* on entend celui qui est le Chef de la Justice d'une certaine Contrée, au nom duquel on prononce les Sentences, & qui, lorsqu'il est necessaire, convoque la Noblesse & conduit le Ban & Arriereban des Gentilshommes de sa Contrée.

SENNE. s. f. Vieux mot. Assemblée faite à son de cloche, du Latin *Signum*, qu'on a rendu autrefois par *Sein*, c'est-à-dire, Cloche, d'où nous est venu *Tocsein*.

On dit que femmes tiennent senne
Avec Bietrix, Berthe & Johanne.
En leur senne n'a rien celé.

Nicod a écrit *Sene* par une seule *N*. C'est, dit-il, *l'Assemblée des Curez d'un Diocese par devant leur diocesain Evêque, faite à certain jour de l'année, pour être exhortez par lui du devoir & accomplissement de leur charge, & corrigez des abus par eux commis le long de la précedente année*, Synodus, duquel mot Grec il vient par apoc pe, & est inferieur au Concile Provincial, cestui au National, & le National à l'Oecumenique.

SENER. v. a. Mot dont on se sert pour dire Châtrer, en parlant d'un porc ou d'une truye. On dit aussi *Sener une lice*, quand on lui ôte les racines.

SENESTRE', ED adj. Terme de Blason. Il se dit d'une piece qui en a une autre à sa gauche. *D'argent à une grue de sable, senestr'e en chef d'une croix de gueules.* On appelle aussi, en termes de Blason, *Senestrochere*, La figure d'un bras gauche representée sur l'Ecu par opposition à *Dextrochere*, qui se dit du bras droit. Ce mot de *Senestrochere*, vient du vieux mot *Senestre*, fait du Latin *Sinister*, & veut dire Gauche, & de χὺρ, Main.

SENEVE'. s. m. Herbe qui produit un menu grain avec lequel on fait la moûtarde. Il y a trois sortes de Senevé selon Pline. Les feuilles de la premiere espece sont grêles. La seconde les a semblables aux feuilles de rave, & la troisiéme les a déchiquetées comme la Roquette. Matthiole dit qu'on a de ces trois especes de Senevé en Italie; que celui qui a les feuilles & la graine petite & mince, est la moûtarde sauvage; que celui dont les feuilles sont comme celles de la rave, est la moûtarde des jardins dont les Apothicaires se servent, & que la troisiéme espece de Senevé se seme aussi, ayant la graine blanche, & non tout-à-fait si forte que l'autre. La farine de graine de Senevé pétrie en vinaigre & enduite, est singuliere aux morsures des scorpions & serpents, & prise en breuvage elle guerit le venin des champignons & des potirons. La graine mangée ôte la douleur des dents, & est fort utile à ceux qui ne peuvent avoir leur haleine. Elle purge les sens, & fait sortir l'urine & les mois aux femmes. Enduite

Tome II.

avec de l'urine de petit enfant, elle est merveilleuse pour les hydropiques.

SENEZ. adj. Vieux mot. Qui est sensé, qui a un bon sens.

Le daulphin, le preux, le senez.

SENSITIF, IVE. adj. Qui a la faculté de sentir. Le Pere du Tertre parle d'une *Plante sensitive* qu'il a vûe dans l'Isle de S. Christophe. Il dit que la racine de cette plante pousse une tige verte, haute de deux piés, ligneuse, mais fort mince, fragile & moëlleuse, laquelle se divise en divers rameaux, dont les branches poussent deux petites verges longues de huit à dix pouces, & toûjours opposées l'une à l'autre. Aux deux côtés de ces petites verges il y a grand nombre de petites feuilles de la longueur d'un grain d'orge, mais plus étroites, & qui sont si près l'une de l'autre, qu'elles se touchent. Leur couleur est d'un vert fort brun & picoté de rouge. Outre la séparation du rameau d'avec la tige, il y croît une maniere de rose de petites fleurs d'un bleu purpurin, auxquelles succedent une ou deux petites gousses, qui contiennent de petites graines plates, noires & luisantes. La nature de cette plante est telle, que si quelqu'un la touche, elle resserre toutes ses petites feuilles le long de ses branches, & demeure toute flétrie comme une plante qui se meurt. A un moment delà elle s'épanouit, & devient aussi belle qu'elle étoit auparavant.

On voit encore une autre espece de *Plante vive & sensitive* en plusieurs autres Isles. Elle croît quelquefois de la hauteur d'un arbrisseau, & est revêtue de beaucoup de petites branches, chargées en tout tems d'une infinité de feuilles longuettes & étroites qui sont émaillées en la saison des pluyes de certaine, menues fleurs dorées qui ressemblent à de petites étoiles. Ce qui fait sur-tout estimer cette plante, c'est qu'aussi-tôt qu'on veut l'empoigner, elle retire ses feuilles & les recourbe sous ses petits rameaux, comme si elles étoient flétries; ensuite elle les épanouit de nouveau quand on retire la main & qu'on s'en éloigne.

SENTELET. s. m. Vieux mot. Petit sentier.

SENTIMENT. s. m. On dit en termes de Chasse, quand un chien est en défaut, & qu'il ne sçauroit plus suivre la piste du gibier, qu'*Il n'a point de sentiment.*

SENTINE. s. f. Terme de Marine. Le lieu le plus bas du Navire, où regnent de proue à pouppe les égouts qui conduisent les eaux à la pompe. C'est ce qu'on appelle autrement *Vitonniere*. Sur les rivieres on dit *Sentineau*. On appelle aussi *Sentine*, L'eau puante & croupie qui se corrompt en ce lieu-là.

SENTIR. v. a. *Recevoir quelque impression dans les sens.* ACAD. FR. On dit en termes de Manége, *Sentir un cheval de la main*, pour dire, Remarquer qu'il goûte la bride & qu'il a un bon appui pour obéir aux mords, & *Sentir un cheval sur les hanches*, pour dire, Remarquer qu'un cheval plie les hanches.

SENTU, UE. adj. Participe du verbe *Sentir*, qui étoit autrefois en usage.

Les oiseaux tant se sont teus
Pour l'hiver qu'ils ont tous sentus.

SENVE. s. f. Sorte de fleur qui fleurit jaune en maniere de bouquet, & qui a quelque air de la giroflée. Elle croît parmi les blés.

SEP

SEP. s. m. Petite tige de bois de vigne avec plusieurs branches. Quelques-uns dérivent ce mot du Latin *Seps*, espece de Serpent, à cause que le bois de vi-

F f f

gne eſt tortueuſe. D'autres le font venir de *Cippus*, & écrivent *Cep*.

On appelle *Sep de charrue*, La partie de la charrue où tient le ſoc, & on dit en termes de Marine, *Sep de driſſe*, pour dire, Une grande piece de bois quarré, que l'on met debout ſur la carlingue d'où elle s'éleve ſur le pont. Au bout d'en haut de cette piece de bois ſont trois ou quatre rouets de poulie ſur un même eſſieu, ſur quoi paſſent les grandes driſſes. Il y a deux Seps de driſſe, l'un appellé, *Sep de driſſe du grand mât*, qui ſert à la grande vergue, l'autre, *Sep de driſſe de miſaine*, qui ſert à la vergue de miſaine. Chacun eſt élevé au pié de ſon mât.

SEPEAU. ſ. m. Souche de bois ſur laquelle ceux qui fabriquent les monnoyes poſent leur tas ou leur pile pour les frapper & marquer.

SEPE'E. ſ. f. Touffe de pluſieurs arbres qui ont pouſſé d'un même tronc ou d'une même racine. Les Aulnes viennent en Sepées, & ſi on ne les arrache d'un pré, en ſort peu de tems elles en occupent la moitié.

SEPS. ſ. m. Le lezard ou ſerpent appellé *Seps*, que quelques-uns nomment *Lezard de Chalcide*, bû en vin ſert de contrepoiſon à ſes piquûres. Voilà ce qu'en dit Dioſcoride. Matthiole rapporte qu'il ne ſe trouve point de ces ſortes de lezards en Italie, mais qu'on tient qu'il y en a quantité dans l'Iſle de Chypre & dans la Lybie, où ils ſe nourriſſent dans les lieux ſecs entre les pierres. Ceux qui en ont écrit en parlent diverſement, les uns les faiſant ſemblables à nos lezards, & les autres une eſpece de ſerpent. Le ſerpent appellé *Seps*, dit Aëtius, eſt quelquefois long de deux coudées, & va roûjours en amoindriſſant contre la queue. Il marche droit ſans ſe tordre le corps, & fort lentement. Il a le muſeau pointu, la tête large, & le corps tout marqueté de petites taches blanches. Ceux qui ſont piqués de cet animal ne vivent que trois ou quatre jours tout au plus. Pauſanias parlant d'Egitus Roi d'Arcadie qui fut tué par ce ſerpent à la chaſſe, cette bête, pourſuit-il, eſt ſemblable à une bien petite vipere, & de couleur cendrée. Elle eſt marquetée par intervalles, ayant la tête plate, le chignon du col étroit, le ventre gros & la queue petite. Elle marche en ſe pliant preſque comme le cancre, ce qui eſt auſſi le propre du ſerpent Ceraſte.

SEPTAINE. ſ. f. Terme de quelques Coûtumes, qui ſe dit non ſeulement dans l'enclos d'une Ville, mais auſſi de ſes environs, de ſa banlieue, & de ſa Juriſdiction. Ce mot vient du Latin *Septum*, Enceinte.

SEPTANTE. adj. numeral. Nombre compoſé des ſept dixaines. Quoique ce nombre ne faſſe que ſoixante & dix, on ne laiſſe pas d'appeller la traduction que les ſoixante & douze Interpretes qu'employa Ptolomée Philadelphe, Fils de Lagus Roi d'Egypte, firent en Grec de l'ancien Teſtament Hebreu, trois cens ans avant la naiſſance de Jesus-Christ, *La verſion des Septante*. Ce fut Eleazar ſouverain Pontife, qui lui envoya ces ſoixante & douze Traducteurs, & il choiſit pour cela dans chaque tribu du Peuple Juif, ſix des plus ſçavans en Hebreu & en Grec. Saint Juſtin Martyr, ſaint Clement & ſaint Irenée aſſurent qu'ils furent enfermés chacun dans une chambre particuliere, par ordre de Ptolomée, pour voir quel rapport il y auroit entre un ſi grand nombre de Traductions faites ſéparément, & qu'elles ſe trouverent toutes conformes, mais quoique ſaint Juſtin ajoûte qu'il avoit vû à Alexandrie l'endroit & les ruines de l'édifice où étoient toutes ces chambres, ſaint Auguſtin doute que cela ſoit vrai. Saint Jerôme croit que les Septante n'ont traduit que les cinq Livres de Moïſe, & la plûpart des anciens Peres ont crû qu'ils avoient traduit auſſi tout les Livres du vieux Teſtament. Il eſt certain que cette traduction eſt très-ancienne, & que les Juifs n'en ont point eu d'autres avant Jesus-Christ; auſſi a-t-elle eu toûjours beaucoup d'autorité dans l'Egliſe.

On appelle *Les ſeptante ſemaines de Daniel*, Un nombre de ſoixante & dix fois ſept ans, qui ſont quatre cens quatre-vingt-dix années. C'eſt un nombre myſterieux que l'Ange Gabriel revela au Prophete Daniel, pour marquer le tems de la naiſſance de Jesus-Christ & de ſa mort. Les termes de la revelation qui ſont, *Et in medio hebdomadis deficiet hoſtia & ſacrificium*, marquent que le Meſſie devoit mourir au milieu de la ſoixante & dixiéme ſemaine, auquel tems ceſſeroient l'hoſtie & le ſacrifice, c'eſt-à-dire, que les victimes ne ſeroient plus immolées ſuivant la Loi, & que les anciens ſacrifices finiroient par l'oblation de celui dont ils étoient les figures.

SEPTERE'E. ſ. f. Morceau de terre de la conſiſtance d'un arpent ou environ. Il ne ſe dit que dans certaines Provinces, & ſignifie auſſi un ſeptier de ſemence.

SEPULCRAL, ALE. adj. Qui appartient aux ſepulcres. On appelloit anciennement *Colomne ſepulcrale*, Une colomne élevée ſur un tombeau avec une épitaphe gravée ſur ſon fuſt. Il y en avoit de grandes & de petites; les unes pour les ſepulcres des perſonnes diſtinguées, & les autres pour ceux du commun.

On appelle *Sepulcraux*, Certains heretiques qui diſent que Jesus-Christ n'eſt deſcendu aux Enfers que quant au corps, & non quant à l'ame. Leur opinion eſt fondée ſur ce qu'ils interpretent le mot d'Enfer par Sepulcre.

SEQ

SEQUENCE. ſ. f. Terme de Jeu du Hoc, de l'Imperiale, & de quelques autres Jeux de carte. C'eſt une ſuite de pluſieurs cartes de même couleur, qui doivent être du moins au nombre de trois. Ce mot vient du Latin *Sequi*, Suivre.

Sequence, ſe dit auſſi en termes de vieux Breviaires, d'une certaine Proſe rimée qui ſe dit après l'Epître dans les fêtes ſolemnelles. Selon Durandus, Notkerus, Abbé de ſaint Gal, a compoſé la premiere Sequence, & ce fut le Pape Nicolas qui ordonna qu'on la chantât à la Meſſe. Il y a eu une Sequence faite par le Roi Robert pour la Pentecôte, à ce qu'affirme du Cange.

SEREQUE. ſ. m. Sorte de plante dont les feuilles ſont vertes, & qu'on fait venir de Provence pour les Teinturiers. On l'appelle auſſi *Herbe à jaunir*, ou *Petit Geneſt*. Les habitans des Canaries d'où la premiere eſt venue la nomment *Oriſel*. On dérive *Serreque*, de *Sereth*, mot Arabe.

SEQUIN. ſ. m. Sorte de monnoie qui a cours parmi les Turcs. Ablancourt veut que ce mot vienne de *Cizique* ou *Cizicenique*, parce qu'c'étoit une piece d'or de la Ville de Cizique. M. Ménage le dérive de l'Italien *Zecchino*, qui eſt un ducat d'or de Veniſe qu'on a appellé ainſi de *Zocca*, qui veut dire en cette langue le lieu où l'on bat la monnoie.

SER

SERAN. ſ. m. Inſtrument de Filaſſier & de Cordier;

qui a un fond de bois où sont près à près plusieurs rangs de pointes de fer, au travers desquelles on passe plusieurs fois le chanvre, le lin ou se crin que l'on veut accommoder. On a dit delà *Serancer du chanvre*, pour dire, Le passer par le Seran afin de le rendre en état d'être filé.

SERANCOLIN. s. m. Sorte de marbre qui vient des Pyrenées, & qui est isabelle & rouge & couleur d'agathe. La carriere en est dans la vallée d'or près Serancolin, d'où il a pris son nom. On en tire des pieces longues de neuf à dix piés, d'une beauté & d'un lustre extraordinaire. La difficulté qu'il y a d'aborder à la montagne où est la carriere pour tailler le marbre dans son centre, empêche qu'on n'en puisse avoir de plus grands morceaux.

SERCOT. s. m. Vieux mot. Chemisette, sorte de cotte, ou fourreau pour conserver les cottes.

Chacun ot sercot & chemise,

SERDEAU. s. m. Office où l'on porte tous les plats qui sont desservis de devant le Roi. C'est dans ce lieu-là que mangent plusieurs Officiers qui servent près de la personne.

SERE. s. m. Vieux mot. Puîné.

Le Sere & le Fils aisnez.

SEREIN. s. m. *Vapeur froide & maligne qui tombe au coucher du Soleil.* ACAD. FR. Quand la chaleur de l'air a été fort grande pendant tout le jour, il peut arriver, dit M. Rohaut, que la superficie de la terre soit tellement émue en certaines contrées, qu'elle envoyera & poussera des exhalaisons, qui monteront & s'éleveront dans l'air en la compagnie des vapeurs, mais parce que ces exhalaisons perdent beaucoup plus aisément leur agitation, que ne font les vapeurs, aussi doivent-elles être les premieres à retomber quand la disposition s'y rencontre, & c'est en cela que consiste le Serein, qui peut avoir des qualitez nuisibles selon les lieux, & des choses dont il a été enlevé, car il est fort croyable que ce qui exhale de quelque lieu fort infect, ou de quelques herbes veneneuses, doit causer plus de mal que ne peuvent faire de simples vapeurs qui s'élevent du sein de la terre. Il ajoûte que c'est une erreur de croire qu'on se puisse entierement garantir du mal qu'on s'imagine que le Serein est capable de produire en se couvrant fort la tête. La raison est que comme on l'attire avec l'air de la respiration, il nous peut nuire beaucoup plus en pénétrant le poumon, & corrompt plus aisément nôtre sang, qu'il ne pourroit faire en touchant simplement quelque partie exterieure du corps qui n'est pas si délicate. Ce mot vient du Latin *Serum*, Le soir.

SEREUR. s. f. Vieux mot. Sœur. On a dit aussi *Seror*.

De ma seror qui m'a battue.

On a fait delà *Serorge, Serourge*, & *Sœurorge*, pour dire, La sœur de ma femme, ou le mari de ma sœur, du Latin *Sororius*.

SEREUX. s. m. Sang mêlé d'eau, on le dit aussi du lait dont les parties liquides séparées du caillé s'appellent *Serum*.

SERGE. s. f. Etoffe commune & legere, faite de laine seche & dégraissée avec du savon noir. Les grosses Serges sont pour habiller les pauvres gens. Il y a des Serges à deux envers, des Serges d'Aumale, des Serges de Beauvais & autres. On manufacture à Amiens la Serge appellée *Serge de Rome*, & l'on en fait des habits longs d'été. Les Serges qui ne sont pas de pure laine, doivent avoir la lisiere bleue. La *Serge de Seigneur* se fait à Reims. C'est une Serge fine & luisante qu'on a appellée ainsi à cause que les

Tome II.

personnes de qualité s'en sont habillées pendant quelque tems. On en fait de soye qui sont travaillées & croisées comme la Serge, & c'est ce qui a donné lieu à M. Ménage de faire venir *Serge* de *Serica*, Qui est fait de soye.

SERGENT. s. m. Le plus bas Officier de Justice. Il est appellé ainsi du mot Latin *Serviens*, comme étant serviteur des Juges, dont il execute les ordres. Un Sergent à verge a le droit particulier d'être Juré Priseur & vendeur de biens. On appelle *Sergent à cheval*, Celui qui va exploiter à la campagne, & *Sergent Royal*, Celui d'une Jurisdiction Royale. Il y a aussi un *Sergent fieffé*, C'est celui qui a la charge de faire les exploits pour la recherche & conservation des droits du Seigneur.

Il est parlé dans la Charte aux Normands d'un *Sergent de l'épée*. Ses fonctions y sont amplement marquées. Ce Sergent étoit obligé d'aller à la guerre sous les Châtelains, & on le commettoit souvent à la garde des Châteaux & Forteresses. Il y a eu aussi un *Sergent de querelle*. C'étoit celui qui servoit autrefois au fait des duels, & il se disoit par opposition au *Sergent de paix*, qui rendoit service dans les Justices des Villes.

On appelle *Sergents d'armes*, des Massiers & des Huissiers qui portent des masses devant le Roi. On les employoit autrefois dans les cérémonies, & ils pouvoient faire office de Sergenterie dans tout le Royaume, & sur-tout contre les Princes & les grands Seigneurs. Ils devoient suivre le Roi lorsqu'il alloit à la guerre, & avoient plusieurs privileges, à cause qu'ils tenoient lieu des Archers de sa garde.

Sergent, en termes de guerre, se dit d'un bas Officier d'une Compagnie d'Infanterie, qui en l'absence des prémiers Officiers a soin de la Compagnie, qui fait garder les distances & dresser les files & les rangs, & qui va tous les soirs prendre l'ordre au logis du Sergent-Major, ou de son aide, afin de le porter à son Capitaine. Il y a six Sergens dans les Compagnies aux Gardes, & deux seulement dans les autres Compagnies. On appelle *Sergent Major* dans un Regiment d'Infanterie, un Officier qui a soin de former le bataillon de son Regiment & de lui faire faire l'exercice. Il en a soin aussi pendant la marche & le campement, & dans un jour de combat il doit être à cheval tantôt à la tête, tantôt à la queue de son Regiment, pour le rallier, si les ennemis le faisoient plier, & pour remedier au désordre s'il y en arrivoit. Le *Sergent de bataille* est un Officier considerable, qui lorsqu'il doit y avoir combat, prend du General le plan de la forme qu'il veut donner à son Armée, la disposition des corps d'Infanterie & de Cavalerie, l'assiette de l'Artillerie & l'ordre qu'on doit tenir au combat, après quoi le Sergent de bataille & les Maréchaux de Camp disposent l'Armée selon ce qu'a arrêté le General. *Sergent*, ou *Serjant*, a signifié autrefois simplement Serviteur. L'Ange dit à Jean lorsqu'il le vouloit adorer, *Garde que tu ne le fasses, je suis serjant Dieu comme toi*. Il a signifié aussi Amoureux, amant.

Mais ce n'est pas loyautez ne franchise
De son serjant qui loyal la greve.

On trouve encore *Sergents* dans Villehardouin, pour dire Soldats. *Vingt mille serjants à pié.*

Sergent. Terme de Menuiserie. Barre de fer quarrée qui a un crochet en bas & un autre qui monte & descend le long de la barre. Il est d'usage pour les Menuisiers, lorsqu'ils ont besoin de joindre & de tenir les pieces de bois qu'ils veulent coler. Ils

F f f ij

s'en fervent auffi pour faire approcher & preffer le bois l'un contre l'autre.

On appelle *Serjant*, en certaines Provinces, Un long bâton fiché en terre au bout ou au bord d'un champ nouvellement enfemencé le long des chemins, au haut duquel on met un vieux chapeau, pour marque de la défenfe faite aux paffans de paffer par dedans & d'y faire des fentiers.

SERGENTERIE. f. f. Qualité ou Charge de Sergent. Il y a certains lieux en Normandie où *Sergenterie* fe dit de la partie d'une Juftice, & même d'une efpece de Fief noble fans Jurifdiction. On a appellé *Grande Sergenterie*, Celle dont le Vaffal étoit obligé, à caufe de fon Fief, d'aller fervir le Roi en perfonne dans fes Armées, ou de mettre plufieurs perfonnes en fa place. C'étoit du Roi feul qu'elles fe tenoient, & elles étoient beaucoup audeffus des tenemens des Ecuyers. On appelloit *Petites Sergenteries*, Celles qui ne regardoient point le Roi & qui étoient chargées de moindres devoirs, tels que ceux d'accompagner le Seigneur, de prendre foin de fes chiens & de fes oifeaux, & autres de même nature.

SERGETTE. f. f. Chés plufieurs Religieux fignifie leur chemife qui eft de Serge.

SERIN. f. m. Petit Oifeau fort eftimé pour fon chant, & dont quelques-uns veulent que le nom vienne de *Syrena*. Il y a le *Serin commun*, qui eft un petit Oifeau vif, ayant le bec court & rond, le deffous de la gorge & le ventre d'un jaune qui tire fur le vert. Il chante agreablement quand il chante avec d'autres oifeaux. Le *Serin de Canarie*, qu'on nous apporte des Ifles Canaries, eft auffi fort vif, & a un chant très-melodieux.

SERINGUE. f. f. Inftrument compofé d'un cylindre concave & d'un pifton qui l'emplit exactement. Il fert à compreffer l'air & les liqueurs, & fon mouvement fait fortir avec violence, par un trou qui eft à l'extrêmité, l'air ou la liqueur qui y eft enfermée. La Seringue des Apothicaires, qui fert à donner des lavemens, eft compofée d'un corps d'étain, d'une boîte d'étain, du bâton & d'une bobine d'étain enfilacée qui eft au bout du bâton, & au bout de laquelle on met un canon qui eft une maniere de petit tuyau par où coule la liqueur du lavement. Les Ecoliers enflent leurs balons avec un inftrument de fer blanc en maniere de feringue. On fait des injections dans les plaies avec de petites Seringues qui fervent auffi à faire entrer des liqueurs colorées dans les vaiffeaux deffechés des parties des animaux, pour en faire voir fenfiblement l'anatomie & la difpofition. Nicod fait venir *Seringue* du Grec ϲύριγξ, Tuyau, flûte.

SERPE. f. f. Outil de fer aceré, & tranchant d'un côté, qui a une poignée de bois. Il y en a qui font droites, & d'autres courbées par le bout. On a des tranchans fur mer, qu'on appelle *Serpes*, qui fervent à couper les cordages de l'ennemi quand deux Vaiffeaux s'étant accrochés par des grapins, difputent l'un l'autre à gagner le bord. M. Ménage fait venir le mot de *Serpe* du Latin *Serpa*, dont on a fait *Sirpicula*, de *Sarpere*, qui veut dire Couper, à caufe qu'on tailloit le farment des vignes avec des ferpes.

SERPEGER, v. n. Terme de Manége qui vieillit. Conduire un cheval en ferpentant, en forte qu'il trace une pifte tournée en ondes, comme les replis d'une couleuvre.

SERPENT. f. m. Animal venimeux & reptile, qui eft rond, long & menu en forme d'anguille. Les Anciens ont nommé *ferpents*, tous les Monftres venimeux. Les Serpents fe cachent pendant les

quatre mois les plus froids de l'année, & changent de peau en quittant leur trou. Ils commencent par les yeux à la dépouiller, après quoi ils dépouillent la tête, & pofent ainfi le refte jufques à la queue; ce qu'ils achevent en vingt-quatre heures, & cependant la nouvelle peau leur revient. La décoction de cette dépouille, appellée en Latin *Senecta anguium*, faite en vin, étant diftillée dans les oreilles, fert aux douleurs qu'on y fent, & eft bonne aux mal de dents, fi on s'en lave la bouche. On la met auffi dans les médicamens qu'on ordonne pour les yeux, & fur-tout la dépouille de vipere. C'eft ce qu'en dit Diofcoride. Il y a en plufieurs endroits de l'Amerique un ferpent très-dangereux, nommé *Serpent à fonnettes*, à caufe qu'avec le bout de fa queue il fait un bruit pareil à celui des fonnettes qu'on remue. Il eft long d'environ cinq piés, affés gros & de couleur brune mêlée de jaune. Il a les dents longues & fourchues, la langue fendue, & il fe remue avec une telle viteffe, qu'il femble voler. On dit que dans le Royaume de Congo il fe trouve des ferpents de vingt-cinq piés de longueur, qui avalent une brebis tout d'un coup.

Il y a de trois fortes de Serpents dans les Antilles, mais qui rarement font dangereux. Les premiers & les plus communs n'ont pas plus de deux piés ou deux piés & demi de longueur, & leur groffeur eft d'un pouce. Ils fuyent toûjours devant le monde, & ceux du Pays marchent nuds piés deffus fans qu'ils leur faffent aucun mal. Ils les prennent même à la main fans aucun danger. Les feconds ont la peau de deffus le dos toute marquetée de noir & de jaune, & le ventre grifâtre mêlé auffi de jaune. Ceux-ci ont quelquefois jufqu'à fix piés de longueur, & quoique l'agreable varieté de leur peau faffe plaifir à la vûe, ils ont un regard affreux qui fait rebrouffer les plus hardis. Ils repairent ordinairement aux lieux montagneux, fecs, pierreux & arides. On fe fert de leur peau à faire des baudriers qui font parfaitement beaux. Les derniers font tout noirs, beaucoup plus gros & plus longs que les deux autres efpeces. Ils pourfuivent opiniâtrement ceux qui les attaquent, & vivent, ainfi que les autres, de petits lezards, de petits oifeaux, de ravets & de grenouilles. L'Ifle de la Dominique en produit une quatriéme forte. Ce ferpent n'eft pas plus gros que le bras & a dix ou douze piés de long. Il fe jette d'ordinaire fur les poules, autour defquelles il s'entortille en un moment & les étouffe fans les piquer ni les mordre, en les ferrant feulement, après quoi il les avale fans les mâcher.

On s'étonne avec raifon que les Ifles de la Martinique & de fainte Aloufie, quoique fituées au milieu de toutes les Antilles qui n'ont point de bêtes venimeufes, ne laiffent pas de produire des ferpents dont les piquûres font mortelles. Les Sauvages rapportent que cela eft venu des Arouagues, Peuples de la terre-ferme, qui fe voyant tourmentés par les continuelles incurfions des Habitans de ces Ifles, s'aviferent pour fe vanger d'eux, d'amaffer un grand nombre de ferpents, qu'ils renfermerent dans des paniers & des calebaffes, & les ayant apportés dans l'Ifle de la Martinique, ils leur donnerent la liberté, afin que fortant de leur rente, ils leur puiffent nuire par le moyen de ces Animaux. Quoiqu'il en foit, il y en a de trois fortes, tous fort dangereux. Les uns font gris veloutés & tachetés de noir en plufieurs endroits, les autres jaunes comme de l'or, & les troifiémes roux. Quelques-uns prennent les gris veloutés pour de veritables viperes, fur tout ceux qui n'ont guere plus de deux piés de long, & qui quelquefois font plus gros que n'est le bras. Cette groffeur eft égale jufqu'à deux ou trois pouces près de la queue, laquelle depuis cet endroit fe termine tout à coup en pointe par un petit ongle. Ces Serpents ont la tête très-plate & large prefque comme la main, armée de quatre dents & fouvent de huit, longues ordinairement d'un pouce. Ces dents font pointues comme des aiguilles & courbées en forme de croc. Il a à chacune un petit pertuis qui penetre depuis la racine jufqu'au bout, & c'est par là qu'ils font glisser le venin dans la playe où fe rencontre la dent. Ce venin eft enfermé dans de petites vessies qui environnent les dents, & qui font grosses comme des pois. Les jaunes ont leur venin un peu jaunâtre, & plus épais que les autres, & c'est le moins dangereux. Les gris l'ont comme de l'eau un peu trouble, & les roux, clair comme de l'eau de roche. On croit celui-là le plus fubtile. Ces Serpents ne mâchent jamais les alimens dont ils fe nourriffent, mais ils les avalent tout entiers après les avoir preffés & aplatis s'ils font trop gros. Quelques-uns difent que s'ils employoient leurs dents à les mâcher, ils s'empoifonneroient eux-mêmes, & que cela eft caufe qu'ils couvrent leurs dents de leurs gencives en prenant leur nourriture. Le meilleur remede que l'on puiffe pratiquer quand on a été mordu de ces Serpents, c'est de boire avec de l'eau rofe ou du vin la racine broyée d'une plante qui croît dans toutes ces Ifles, & que l'on appelle *Bois de conleuvre*. Tous les Auteurs qui en ont écrit affurent qu'il y a une telle antipatie entre cette plante & les Serpents, qu'ils la fuyent, & ne mordent jamais ceux qui la portent. On tient même qu'ils crevent & meurent fi-tôt qu'ils en font touchés. Le Pere du Tertre affure qu'il a vû au pié d'un arbre tout couvert de cette plante fur le bord de la riviere du Fort faint Pierre dans l'Ifle de la Martinique, fept ou huit Serpens de differentes grandeurs, morts fur ces tiges. Il y en avoit quelques-uns gros comme le bras.

Il y a un *Serpent marin*, qui a le mufeau fi pointu, qu'en un moment il fait un trou dans le fable pour s'y cacher. Il eft prefque femblable au Congre en groffeur & en couleur, mais plus noir & plus dangereux.

Serpent. Inftrument de mufique à vent, qui eft de métal ou de bois de noyer couvert de cuir. Il eft compofé de trois parties, de fon bocal, de fon col & de fa queue. Il a fix trous & environ cinq ou fix piés de long. On l'a appelé *Serpent*, à caufe que fes replis lui en donnent la figure.

On appelle ainfi le Muficien qui s'en fert. *Un tel eft ferpent de la fainte Chapelle.*

SERPENTAIRE. f. f. Plante medicinale. Il y a la grande & la petite Serpentaire. La grande Serpentaire a fa tige droite, liffée de la groffeur d'un bâton & de deux coudées de haut. Elle eft tachetée comme la peau d'un ferpent, d'où elle a tiré fon nom. Il y a pourtant plus de taches rouges que d'autres. Elle a fes feuilles femblables à celles de la patelle, & enveloppées les unes dans les autres, & jette un fruit grappu à la cime de fa tige. Il eft cendré au commencement, & dans fa pleine maturité il devient jaune & rouge. Sa racine eft groffe, ronde, blanche & couverte d'une pelure menue & deliée. La petite Serpentaire a fes feuilles grandes & femblables à celles du lierre, toutes mouchetées de petites taches blanches. Dans tout le refte elle ne differe en rien de la grande pour fon fruit ni pour fa tige. Matthiole fait mention d'une autre Serpen-

taire, qu'il croit avec Fufchfius la troifiéme efpece dont a parlé Pline. Elle a fes feuilles femblables au Cornouiller, & fa racine comme les rofeaux noueufe, longue, piquante & chaude. De fes nœuds fortent quantité de filamens, par lefquels elle demeure attaché à la terre. Elle jette dès fa racine des feuilles longues, de la fource defquelles fortent d'autres feuilles attachées à de longues queues un peu plus grandes que celles du Cornouiller & plus minces. Il y en a quelques-unes qui font clofes & portent un fruit grappu, rendant leur perles rouffes à leur maturité, d'où provient une graine noire, petite, longuette & enveloppée d'un gros jus. Cette efpece de Serpentaire croît aux montagnes dans les lieux toûjours moites & humides. Sa racine a un goût fade d'abord, mais peu après il devient mordant, & pique tellement la langue & le gofier, qu'on diroit qu'on l'a plein d'épines. Elle a une merveilleufe vertu d'échauffer & de fecher, jointe à celle d'ulcerer & de brûler. Auffi eft-elle incifive & propre à fubtilifer les gros & tardifs excremens, de même que les autres Serpentaires.

SERPENTE. f. f. Sorte de papier qui eft bon à faire des chaffis. Il y a de la petite & de la grande Serpente.

SERPENTEAU. f. m. Petit ferpent tout nouvellement éclos. On appelle auffi *Serpenteaux*, De petites fufées qui fortent d'une plus groffe lorfqu'elle a crevé dans l'air, & qui s'y diffipent en ferpentant.

SERPENTIN. f. m. Terme d'Arquebufier. La partie de la platine du moufquet qui a deux branches qui fe ferrent & qui s'ouvrent avec une viz, & où l'on pofe la mêche lorfque l'on veut tirer le moufquet.

Serpentin, eft auffi une forte de marbre dont la couleur eft d'un vert un peu obfcur avec certains filets de couleur jaune qui fe croifent & vont tout le long de la pierre; ce qui la fait appeller par les Italiens *Serpentine*, à l'imitation des Grecs qui donnent le nom de ὄφις, qui veut dire, Serpent, à tous les marbres, & à l'albâtre même, de quelque couleur qu'ils fuffent lorfqu'ils avoient des taches & des lignes difpofées & marquées comme la peau des ferpens. Quoique ce marbre ne foit guere moins dur que le Porphyre, il fe caffe plus aifément & n'eft pas fi difficile à mettre en œuvre. Il vient d'Egypte & de Grece, mais il ne s'en trouve pas de grandes pieces. On en a vû feulement quelques colomnes de moyenne grandeur, comme nous l'apprend M. Felibien, des tables & des morceaux de pavé, quelques mafques, mais nulle figure entiere. Il ajoûte qu'il y a une efpece de Serpentin en Allemagne dont ce marbre fe tire, mais que cette pierre n'eft pas plus dure qu l'albâtre commun.

SERPENTIN, INE. adj. On appelle, en termes de Manege, *Langue ferpentine*, La langue fertillante d'un cheval qui la fait mouvoir inceffamment, & la paffe quelquefois fur l'embouchûre.

On dit auffi *Pierre ferpentine*, & Diofcoride en établit de plufieurs efpeces; de noires qui font fort pefantes, d'autres cendrées & mouchetées de certains points, & d'autres qui font comme environnées de certaines lignes blanches. Toutes ces pierres, pourfuit-il, fi on les porte pendues au col, font bonnes aux douleurs de tête & pour les piquûres des Serpents. Pline dit qu'on trouve des colomnes faites de pierre ferpentine, mais qu'elles font fort petites, & qu'il y a deux efpeces de cette pierre, l'une blanche & tendre, & l'autre noirâtre

& dure , ayant toutes deux les qualités que Dioscoride attribue à la pierre serpentine , sur quoi Matthiole observe que le marbre serpentin qui a la dureté du Porphire , n'est ni noirâtre , ni blanc ni cendré , mais de couleur verte , obscure & marqueté de plusieurs taches de vert gai , ce qui fait voir que la pierre serpentine des Anciens que les Grecs ont appellée ὄφιτες , & celle-ci , sont des pierres differentes. Galien parlant de la pierre serpentine , dit qu'elle a une vertu abstersive, & que bûe avec du vin blanc qui soit petit , elle est singuliere pour rompre les pierres de la vessie.

SERPENTINE, s. f. Herbe qui croît dans les prés où elle sort au mois de Mai , mais qui ne demeure guere sans se flétrir & s'évanouir. Elle produit seulement une feuille grasse assés semblable à celle du plantin aquatique. De la partie inferieure de cette feuille sort une petite tige qui porte au bout une petite langue pâle comme celle d'un serpent ce qui l'a fait appeller par les Grecs ὀφιόγλωσσον , c'est-à-dire , Langue de serpent. Elle est fort bonne à souder des playes , & plusieurs en font grand cas pour les descentes. Les Chirurgiens en font de l'huile pour ces operations , & ils s'en servent avec beaucoup de succès. On la donne en breuvage en eau de l'herbe appellée Queue de cheval contre les blessures des intestins, de la poitrine & autres parties interieures. Elle est singuliere aussi à ceux qui crachent le sang.

Serpentine. Sorte d'alembic , ainsi appellé à cause de son bec tortueux qui est fait en forme de serpent. Cet alembic est fort propre à distiller l'eau de vie.

SERPER. v. m. Terme de Marine. Lever l'ancre. Il ne se dit que pour les Galeres & les Bâtimens de bas bord, qui ont une ancre à quatre bras.

SERPILLIERE. s. f. Grosse toile de vil prix , dans laquelle les Marchands emballent leurs marchandises. On appelle aussi *Serpilliere* , Ce morceau de toile qui par devant entoure tout le haut de la boutique des Merciers , & de plusieurs autres marchands.

SERPOLET. s. m. Petite herbe odoriferente , dont il y a de deux sortes , le *Serpolet des jardins*, qui a une odeur semblable à la marjolaine , & qu'on a nommé ainsi du latin *Serpere* , Ramper , à cause qu'il ne peut si peu demeurer sur terre qu'il n'y prenne racine. Ses feuilles & ses branches sont semblables à l'origan; elles sont pourtant plus blanches. Il se nourrit merveilleusement parmi les vieilles masures. Le *Serpolet sauvage* croît en hauteur sans ramper , & produit quantité de branches déliées & menues , toutes garnies de feuilles plus longues que celles de rue , qui sont pourtant dures & étroites. Ses fleurs sentent bon & ont un goût acre & mordant. On ne se sert point de sa racine. Il croît dans les lieux pierreux & est plus médicinal que celui qu'on seme. Il provoque les urines & les mois ; appaise les douleurs de la colique , & non seulement il est bon contre les morsûres des bêtes veneneuses , mais il fait fuir les serpents par sa fumée lorsqu'on le brûle. En latin *Serpyllum* , du Grec ἕρπυλλος , fait de ἕρπειν , Ramper.

SERRAGE. s. m. Terme de Marine. Assemblage des planches qui font le revêtement ou le lambris interieur d'un Vaisseau. On dit aussi *Serres.*

SERRAIL. s. m. Nom que l'on donne au Palais d'un Prince ou d'un grand Seigneur en Orient. Il se dit plus particulierement de celui où le Grand Seigneur tient sa Cour à Constantinople. C'est un vaste enclos qui vient aboutir à la pointe de terre où l'ancienne Bisance fut bâtie sur le Bosphore de Thrace , & à la jonction de la mer Egée & du Pont Euxin. Cet enclos fait un triangle ; dont l'un des côtés est appuyé de la terre & touche à la ville. La mer & une riviere qui s'y jette , battent les deux autres. Ce triangle est inégal , de sorte qu'en le divisant en huit parties , le côté de la terre en emporte trois & les cinq autres sont pour les deux de la mer. Il a de circuit environ trois mille d'Italie. De hautes & fortes murailles ferment ce Palais. Des tours quarrées, qui sont dans une assés grande distance les unes des autres , les flanquent du côté de la mer; & du côté de la ville, il y a des tours rondes qui sont plus voisines , depuis la grande porte du Serrail qui regarde sainte Sophie , jusques à la mer où l'on passe pour aller à Galata. C'est dans ces tours que l'on tient la nuit des Azamoglans , afin d'empêcher qu'on n'approche du Serrail ni par terre ni par mer. Au besoin ils peuvent mettre le feu à quelques pieces d'artillerie , qui sont toûjours chargées sur un quai large de cinq toises, qui regne le long du Serrail. Du côté du port , vis-à-vis de Galata, on voit sur le quai un Kiosque ou Pavillon fort peu élevé de terre , & soûtenu de plusieurs belles colomnes de marbre. Le Grand Seigneur y vient souvent prendre l'air , & quand il veut se promener sur la mer , il s'embarque en cet endroit dans sa Galiotte. Il y a encore une espece de pavillon assés élevé où il vient se divertir. Il est bâti sur des arcades à l'autre côté du Serrail qui est sur la mer , & qui va vers les sept Tours. Proche de ce lieu est une grande fenêtre , d'où l'on jette dans la mer pendant la nuit ceux qu'on a étranglés dans le Serrail , & l'on tire autant de coups de canon qu'on y en jette. Les deux premieres Cours du Serrail , sont tout ce que les Etrangers en peuvent voir. Au bout de la seconde est la salle où se tient le Divan , & l'on n'y remarque pas de grandes beautés , non plus qu'en la salle d'audience. Il y a quantité de marbre & de porphyre dans tous les appartemens , mais ce sont des appartemens confus qui n'ont rien de regulier. La plûpart des chambres reçoivent fort peu de jour , pour tout ornement que d'assés riches tapis qui en couvrent le plancher , & des carreaux de brocard d'or & d'argent, dont une broderie de perles en releve quelques-uns. Outre ce Serrail , il y en a un autre à Constantinople, appellé *le vieux Serrail.* Il ne sert que pour loger les femmes du Grand Seigneur dernier mort , & elles y sont toutes envoyées , à moins qu'il n'y en ait quelqu'une que son Successeur veuille retenir. Ce Palais est bien bâti , & environné de hautes murailles où il n'y a aucune ouverture par dehors que par la porte. On voit à Constantinople plusieurs Serrails de particuliers , mais les dehors en sont fort vilains , & cela se fait exprès pour ne point donner de jalousie au Grand Seigneur. Ces Palais sont grands , & clos tout autour de hautes murailles. Le dedans des appartemens est magnifique. Les platsfonds sont couverts d'or & d'azur , & il y a de très-beaux tapis étendus sur le plancher où l'on marche. Les murailles sont revêtues de quarreaux fins comme la porcelaine , & il y a dans toutes les salles & les chambres des façons d'estrade élevées de terre d'un demi-pié ou d'un pié , que couvrent des tapis encore plus riches que ceux dont le plancher est couvert , avec quantité de coussins en broderie qui sont appuyés contre les murailles. Les appartemens des femmes sont separés du reste de ces Palais , & ceux qui en sont les maîtres n'y laissent entrer que des Eunuques. Le mot de *Serrail* , tire fon origine de *Serrai*, qui veut dire Hôtel en langue Perfane.

SERRE. f. f. Endroit d'un Jardin où l'on met pendant l'hiver les orangers & autres arbres qui craignent le froid. Les ouvertures doivent être au Midi. *Serre*, en termes de Fauconnerie, fe dit des mains & des doigts d'un oifeau de proie.

On dit en termes de mer, *Serres de mât*, pour dire, Des pieces de bois que l'on met au pié du mât dans le trou du tillac afin d'affermir le mât. C'est ce qu'on appelle autrement *Etambres* ou *Etambraies*.

SERREBAUQUIERES. f. f. p. Nom que l'on donne à de longues pieces de bois fur lefquelles le bout des baux est passé. Elles regnent autour du Navire.

SERREBOSSE. f. f. Grosse corde amarée aux bosseurs & aux environs, & qui saifit la bosse de l'ancre quand on la retire de l'eau. On le dit aussi du bout de corde qui tient & arrête les ancres sur les hanches du Vaisseau.

SERREFILE. f. m. Terme de Guerre. C'est le dernier rang d'un bataillon qui en termine la hauteur, & qui en forme la queue. On appelle *Serre demi-file*, Le rang du bataillon qui termine la moitié de la hauteur de ce même bataillon, & qui marche devant le Demi-file. On dit aussi *Serre-file*, & *Serre-demi-file*, pour dire, Le dernier Soldat de la file, de la demi-file.

SERREGOUTIERES. f. f. p. Termes de mer. Pieces de bois qui faifant le tour du Vaisseau en dedans lui fervent de liaison.

SERRER. v. a. Estreindre, presser. On dit en termes de Manege, *Serrer la demi-volte*, pour dire, Faire revenir le cheval avec justesse, sur la ligne de la passade, ou sur le terrain où il a commencé la demi-volte. On dit aussi qu'*Un cheval fe serre*, pour dire, qu'Il ne prend assés de terrain, qu'il ne s'étend pas assés à une main ou à l'autre.

Serrer, est aussi un terme de Marine, & on dit, *Serrer le vent*, pour dire, Prendre l'avantage d'un côté du vent. On dit encore, *Serrer de voiles*, pour dire, larguer, filer les manœuvres; *Serrer les voiles*, pour dire, Les plier & les trousser en fagot, & *Serrer à file*, pour dire, Faire approcher les Vaisseaux les uns des autres, quand ils font en ligne.

SERRURE. f. f. *Ouvrage, machine de fer, de cuivre, de bois, &c. qui s'ouvre avec une clef, & qu'on applique à une porte, à un coffre, &c. pour la fermer.* ACAD. FR. Il y a differentes fortes de Serrures. Celles qu'on faifoit anciennement, tant des portes que des coffres & des cabinets, s'attachoient en dehors, & M. Felibien remarque qu'il y a encore des lieux où les Ouvriers en cet art font obligés d'en faire de femblables pour leur chef-d'œuvre quand ils fe font passer maîtres. On appelle *Serrures Befnardes*, Celles qui s'ouvrent des deux côtés. Elles font garnies d'une, de deux ou de trois planches fendues qui passent par la clef; *Serrures Tresfieres*, Celles qui n'ouvrent que d'un côté; *Serrures à houffette*, Celles qui font ordinairement pour des coffres fimples; elles fe ferment à la chute du couvercle, & s'ouvrent avec un demi-tour à droit. Il y a certaines Serrures qu'on nomme *Un pene en bord*, parce que le pene doit être plié en équerre par le bout & recourbé en demi-rond pour faire place au ressort, & d'autres appellées *A deux fermetures*, à caufe qu'elles fe ferment par deux endroits dans le bord du Palastre. Les *Serrures à ressort* fe ferment en tirant la porte, & on les ouvre par le dehors avec un demi-tour de clef, & par de-

dans avec un bouton qui fe tire avec la main. Les *Serrures à pene dormant*, ne fe ferment & ne s'ouvrent qu'avec la clef. Il y a encore des *Serrures à clenches*, qu'on met aux grandes portes des maifons, & qui font ordinairement compofées d'un grand pene dormant à deux tours avec un reffort double par derriere.

SERSE. f. f. Terme de Marine qui fignifie la même chofe que *Gabarit*. C'est le modele qu'on fait pour la conftruction d'un Navire.

SERTIR. v. a. Terme de Lapidaire. Enchaffer une pierre précieufe dans un chaton. Ainfi on appelle, *Diamant ferti*, Un diamant bien ferré dans le chaton, ce qui fe fait en rabattant les petites parties du metal qui l'y tiennent arrêté.

SERVANT. adj. On appelle chez le Roi, *Gentil-homme fervant*, Celui qui porte les plats fur la table. Il y a des *Servans d'armes*, ou *Chevaliers fervans* dans l'Ordre de Malte. Ils font du troifiéme rang & portent l'épée, mais ils ne font pas nobles de quatre races. Ainfi quoique Gentilshommes, ils ne peuvent avoir rang qu'après les Chevaliers & les Chapelains ou Prêtres.

SERVIR. v. a. *Etre à un maître comme un domeftique.* ACAD. FR. On dit en termes de mer, *Faire fervir*, pour dire, Mettre à la voile. On dit aussi *Faire fervir la grand voile, la mifaine, les baffes voiles*, pour dire, Porter ces voiles.

Servir, fe dit en matiere de fi.fs, lorfqu'il y en a un qui doit quelques redevances à l'autre, comme en cette phrafe, *Un arriere-fief fert au feigneur feodal.* On dit en ce fens, qu'*Il y a long-tems qu'un homme n'a été fervi d'une rente*, pour dire, qu'Il lui en est dû beaucoup d'arrerages, & qu'*Il est bien fervi d'une rente*, pour dire, qu'On a foin de l'en payer.

SERVIS. f. m. Rentes feigneuriales. On le joint prefque toûjours avec *Cens*, & on dit *Payer les Cens & fervis*, ce qui est commun dans le Lyonnois & dans tout le pays de droit écrit.

SERVISSABLE. adj. Vieux mot. Serviable, officieux.

SERVITES. f. m. Ordre de Religieux qui fuivoient la Regle de faint Auguftin, & qu'on a nommés ainfi, à caufe qu'ils s'attachoient au fervice de la Vierge. Il fut inftitué premierement dans l'Evêché de Marfeille en 1257. confirmé neuf ans après par une Bulle de Clement IV. & abrogé depuis fous Gregoire X. dans le Concile de Lyon. Leur habit étoit une robe, un fcapulaire & un manteau noir. Il y a eu aussi un Ordre Religieux de *Servites*, ou *Serviteurs de la Vierge*, autrement de l'*Annonciade*, fondé à Florence vers l'an 1131. par faint Philippes Beniti ou Benizi. C'est la même Congregation que celle des Serviteurs de la Vierge établie à Venife. Cette derniere a eue de grands hommes, & entre autres Fra Paolo qui a écrit l'hiftoire du Concile de Trente.

SERUM. f. m. Terme de Medecine. Partie la plus aqueufe des alimens, qui fe fepare du chyle dans les premieres voies mêmes, & avant qu'il foit confondu avec le fang. Quoique l'on ne fçache pas précifement par où fe fait cette excretion, il est probable que le chyle que les vaiffeaux lactées portent en abondance dans les glandes du mefentere y fouffre quelque feparation de la partie inutile aqueufe d'avec l'utile, & que la premiere qui est le Serum du chyle est portée aux parties de l'urine par des vaiffeaux propres. Le Serum, qui est la partie tenue & aqueufe du fang, fert non-feulement pour rendre toute la masse fluide, mais encore pour imbiber les fels ufés, foibles, & excrementeux qui ont été engendrés dans toutes les digeſtions avec toutes les autres impuretés de la ſeconde digeſtion, dont la maſſe du ſang ſe décharge par la couloire des reins. Vanhelmont appelle *Latex aquoſus*, cette ſeroſité du ſang, qui eſt appellée *Urine*, quand elle ſort par les reins & par la veſſie, & à laquelle on donne le nom de *Sueur*, quand elle ſort d'une maniere ſenſible par les pores de la peau. On ne doute point que le Serum ne ſe ſepare d'avec le ſang dans les reins par une eſpece de tranſcolation, & comme cette tranſcolation ne ſuffit pas ſeule, on croit que le ſang ſouffre quelque fuſion dans les reins, que cette fuſion l'attenue & le diſpoſe à quitter plus facilement ſa ſeroſité, laquelle apparemment reçoit en ſe ſeparant certaine alteration, qui donne à la matiere de l'urine une odeur & une ſaveur particuliere avec d'autres attributs & proprietés, bien differentes du ſang, & qui ne ſe trouvent dans aucuns autres ſucs du corps, que dans l'urine. VVilis attribue la fuſion du ſang & l'alteration du Serum à un certain ferment propre aux reins, qui eſt appellé par Vanhelmont le ferment putrefactif de l'urine. Le Serum trop abondant rend le ſang fluide, ce qui eſt cauſe que les ſuppreſſions des évacuations accoûtumées produiſent tant d'aſthmes. Rhodius parle d'une grande orthopnée, qui procedoit du Serum du ſang, & qui fut guerie en vingt-quatre heures par l'évacuation de trente-ſix livres d'urine. L'abondance du Serum qui relâche le reſſort tonique des fibres & des parties, eſt cauſe auſſi que le ſang par ſa trop grande tenuité penetre facilement & ouvre les orifices des vaiſſeaux, d'où l'hemorragie s'enſuit. Le vice du Serum qui en ſe débordant dans le cerveau l'inonde & remplit ſes pores, cauſe quelquefois l'apoplexie, ce qui ſe connoît par l'exemple que Marcellus Donatus rapporte d'un homme qui en étoit mort. Après qu'on lui eut ouvert le crane, on trouva la ſubſtance du cerveau inondée d'une humeur aqueuſe qui regorgeoit même dans les ventricules du cerveau. On coupa les carotides, & il en ſortit quantité de ſang groſſier. *Serum* eſt un mot latin, qui ſignifie le lait clair qui dégoute lorſque l'on fait un fromage.

SES

SESAME. ſ. m. Plante, dont la tige eſt ſemblable à celle du milet, mais plus haute & plus groſſe. Ses feuilles ſont rouges, & ſa fleur verte & de couleur d'herbe. Sa graine qu'on appelle auſſi *Seſame*, eſt enfermée dans de petits vaſes comme le pavot. C'eſt ce qu'en dit Theophraſte. Pline témoigne que le Seſame fut premierement apporté des Indes, & que les Indiens en font grand cas à cauſe de l'huile qu'ils en tirent, & dont ils ſe ſervent nonſeulement pour brûler, mais encore pour aſſaiſonner leurs viandes. Selon Dioſcoride, le Seſame eſt une nourriture très-dommageable à ceux qui en uſent, & renverſe l'eſtomac. Galien eſt de même ſentiment, & dit que le Seſame eſt gras & viſqueux, & par conſequent remolitif, emplaſtique & moderément chaud. En Grec σήσαμον.

SESAMOIDE. ſ. m. Dioſcoride parle d'une grande & d'une petite Seſamoïde. La grande eſt ſemblable au Senecon ou à la rue, & a ſa feuille longue, la fleur blanche, & la racine menue & de nul uſage. Sa graine eſt ſemblable pour le goût, & reſſemble à la jugioline. Ceux d'Anticyre la nomment *Ellebore*, à cauſe que quand ils veulent purger une perſonne ils la mêlent avec l'ellebore blanc. Elle lâche le ventre. La petite Seſamoïde a ſes tiges de la hauteur d'un palme, & ſes feuilles ſemblables à

celles de Coronopus, mais moindres & plus velues. A la cime de ſes tiges, elle produit de petits bouquets de fleurs rouges & blanches au milieu. Sa racine eſt menue, & ſa graine comme celle du Seſame, noire, & amere, d'où elle a pris le nom de *σησαμοειδὲς*, ſemblable au Seſame. Cette graine priſe en breuvage avec de l'eau miellée au poids d'un demi acetabule, évacue les humeurs coleriques & phlegmatiques, & étant enduite avec de l'eau, elle reſout toutes enflûres & petites duretés. Matthiole n'a connu que la petite Seſamoïde, ſans avoir ſçu que la grande ait été apportée d'Anticyre en Italie.

On appelle en termes d'Anatomie, *Os ſeſamoïdes*, Pluſieurs os fort petits, qui ſont placés dans les jointures des doigts pour les fortifier, & pour empêcher qu'ils ne ſe diſloquent. La reſſemblance qu'ils ont à la graine de Seſame leur a fait donner ce nom.

SESBAN. ſ. m. Arbriſſeau qui croît en Egypte de la hauteur du myrte, & dont quelquefois le tronc eſt armé d'épines. Il en vient beaucoup le long du Nil, depuis le Caire juſques à Roſette, & les Habitans le plantent autour de leurs champs pour leur ſervir de haies. Cet arbriſſeau porte des fleurs jaunes avec des gouſſes longues ſemblables à celles du ſenegré. La graine a une vertu aſtringente.

SESELI. ſ. m. Dioſcoride marque quatre ſortes de Seſeli, le *Seſeli de Marſeille*, qui a ſes feuilles ſemblables au fenouil, mais plus épaiſſes. Sa tige eſt auſſi plus nourrie & plus forte, & jette ſes bouquets comme l'aneth. Ils portent une graine longue, faite par quarrés, forte & acre au premier goût. Sa graine & ſa racine ſont chaudes. C'eſt le meilleur de tous, & il croît abondamment tant aux plaines qu'aux montagnes des environs de Marſeille. Toutes ſes parties ſont aromatiques, mais ſa ſemence l'emporte, & c'eſt elle ſeule qui eſt employée dans la theriaque. Elle eſt plate, anguleuſe & longuette, fort acre & aromatique, & approche aſſés en forme de celle du fenouil ſauvage. Le *Seſeli Ethiopique*, a ſes feuilles ſemblables à celles du lierre, mais moindres & longuettes comme celles de matriſylva. Cette plante produit pluſieurs branches, noires, hautes de deux coudées, d'où ſortent pluſieurs rejettons d'un pié & demi de long. Ses fleurs ſont ſemblables à celles d'aneth, & ſa graine eſt maſſive comme le froment, noire & amere. Ce Seſeli eſt plus odorant que celui de Marſeille. Le *Seſeli Peloponeſien* ou de la Morée, a ſes feuilles ſemblables à celles de la cigue, mais plus larges & plus épaiſſes. Sa tige eſt comme celle de Feru'a, & jette à ſa cime un bouquet large. Sa graine eſt large, charnue & odorante. Le *Seſeli de Candie*, appellé autrement *Tordylion*, eſt une petite herbe qui jette pluſieurs branches. Sa graine eſt double, ronde, faite à écuſſon, odorante & un peu mordante & acre. Galien parlant generalement de toutes les ſortes de Seſeli, dit que leur racine & leur graine échauffent ſi fort, qu'elles ſont uriner en abondance, & que ce medicament étant compoſé de parties déliées & penetrantes, eſt propre au haut mal, & à ceux qui ne peuvent avoir leur haleine ſans tenir la tête droite. Les Apothicaires appellent lo Seſeli *Siler montanum*. Selon Ariſtote, les biches ont trouvé le Seſeli. Il dit que ſi-tôt qu'elles ont mis bas leur faon, elles vont chercher de cette plante pour en manger, & qu'auſſi-tôt elles ſont en rut & cherchent le mâle.

SESQUIALTERE. adj. Terme de Geometrie & d'Arithmetique. Il ſe dit de deux lignes ou de deux nombres

nombres, dont l'un contient l'autre une fois avec l'addition de sa moitié. Ainsi 4. & 6. sont en raison sesquialtere, puisque 6. contient une fois 4. & encore la moitié de 4. qui est 2.

SESQUITIERCE. adj. Terme d'Arithmetique & de Geometrie. Il se dit de deux grandeurs, soit nombres, soit lignes, dont l'une contient l'autre une fois avec l'addition de son tiers. Ainsi 4 contient 3 une fois, plus 1 qui est le tiers de 3. Cette raison s'appelle *Sesquitierce.*

SESSE. s. m. Ustencile de bois long de 3 à 4 piés, quelquefois tout d'une piece, creux en parties pour ôter l'eau des petits bateaux où il n'y a pas de pompe.

SESTERCE. s. m. Sorte de monnoie ancienne de Rome. Il y avoit le petit & le grand Sesterce. Le petit Sesterce valoit deux sols un denier & un peu plus de notre monnoie. Originairement les Romains ont pris les deniers pour une piece valant quatre Sesterces, dont chacun valoit deux asses ou deux petites livres & demie; de sorte que le denier valoit dix asses, & fut appellé par cette raison *Denarius.* De même les Romains appellerent les deux sols ou deux livres & demie *Sestercius,* comme qui auroit dit *Semistercius,* & ils le marquoient par une double L & S, avec une ligne traversante qui les joignoit. Ainsi la double L, avec sa ligne traversante, avoit la figure d'une H, & ils y ajoûtoient un S en cette sorte HS. La double L signifioit les deux petites livres ou les deux asses, & la lettre S signifioit la demie, du mot *Semis.* D'Ablancourt sur Tacite dans sa Table des termes anciens, dit que le petit Sesterce ne valoit que dix-niers de notre monnoie, & que le grand Sesterce en valoit mille petits; ce qui revient à vingt-cinq écus & plus.

S E T

SETIE. s. m. Nom que les Turcs ou Orientaux donnent à leurs barques.

SETON. s. m. Terme de Chirurgie. Remede qui sert comme un cautere à détourner les fluxions des yeux. On fait pour cela une piqûure au cou, & par le moyen de cette piquûre on passe au travers de la peau du chignon du cou un fil de coton, retors en quatre ou cinq doubles, & on entretient la plaie en suppuration autant qu'on le juge necessaire. On applique aussi des Setons à ceux qui tombent souvent en épilepsie.

S E V

SEVE. s. f. *Liqueur qui se répand par tout l'arbre, & lui fait pousser des fleurs, des feuilles, de nouveau bois.* ACAD. FR. Cette liqueur, qui sert de nourriture aux plantes & aux arbres, monte de la racine jusqu'à l'extrémité de leurs branches. Selon quelques-uns, c'est la pesanteur de l'air qui la fait monter, & selon d'autres elle est élevée par la chaleur du Soleil. Le bois coupé en Seve est sujet aux vers; cependant les Charpentiers coupent du bois en tout tems & l'employent verd, mais les paysans ne coupent les bois émondables que dans le tems de la Seve, parce qu'il n'est pas si dur, quoiqu'ils perdent le produit d'une année. Borel dit sur ce mot *Seve,* que c'est une graisse de la terre qui monte entre les écorces dans telle abondance, que quelquefois elle sort dehors; de sorte que leurs écorces se separant alors aisément, les Bergers en font des flûtes. Il ajoûte que *Seve* vient non de *Sapor,* mais de *Sepum,* Suif, sorte de graisse, comme qui

Tome II.

l'appelleroit *Sepve,* M. Menage le fait venir de *Sapa,* Vin cuit.

Seve, se dit aussi d'une certaine verdeur qui est dans le vin, & qui se tourne en force quand il est tems de le boire.

SEVERONDE. s. f. Sortie d'un toit sur la rue. On dit plus souvent *Subgronde,* du Latin *Subgrundium,* qui signifie le bas de la couverture d'une maison. *Severonde,* dit Nicod, *est le rang des chevrons issans de la couverture d'un édifice & faisans sourcil au mur, couverts de tuiles, jettant les gouttieres loing du mur, pour le sauver de l'eau celeste, & vient du Latin* Suggrunda.

SEUIL. s. m. *Piece de bois ou de pierre qui est au bas de la porte, & qui la traverse.* ACAD. FR. On appelle *Seuil d'écluse,* Une piece de bois qu'on met de travers au fond de l'eau entre deux poteaux, & qui sert à appuyer la porte ou les aiguilles d'une écluse. On dit aussi *Seuil de pont-levis,* C'est une grosse piece de bois avec feuillure, qui est arrêtée aux bords de la contrescarpe d'un fossé, afin de recevoir le battement d'un pont-levis, quand on l'abbaisse. M. Menage fait venir *Seuil* de *Solum.*

SEUILLET. s. m. Terme de Marine. Planche qui étant mise sur la partie inferieure du sabord, couvre l'épaisseur du bordage, & empêche l'eau de pourrir les membres du Vaisseau. On appelle *Hauteur des seuillets des sabords,* La partie du côté du Navire, qui est depuis le pont jusqu'aux sabords.

S E X

SEXTIL. adj. On dit, en termes d'Astronomie, *Aspect sextil,* quand deux Planetes sont éloignées entre elles de soixante degrés, ou de la sixieme partie du Zodiaque.

SEXTULE. s. m. En termes de Medecins & d'Apothicaires, c'est une sorte de poids qui pese une drachme & un scrupule.

S E Z

SEZAIN. s. m. Vieux mot. *C'est,* dit Nicod, *La seizième partie qui partit & divise le quarteron de la livre à seze onces (qui est la commune dont on use en toutes marchandises debitées par once, fors qu'en l'or & argent) si que ledit quarteron se mespart en quatre onces, l'once en quatre sezains & le sezain en deux trezeaux, le trezeau en deux gros, le gros en deux demi-gros, qui est la plus basse espece de poids au regard desdites marchandises.*

S G R

SGRAFFIT. s. m. Maniere de peindre de blanc & de noir, qui ne se fait qu'à fraîque, & qui se conserve à l'air, de l'Italien *Sgraffito,* qui veut dire Egratigné, à cause que ce n'est proprement qu'un Dessein égratigné, qui, selon ce que dit M. Felibien, se fait de cette maniere. On détrempe du mortier de chaux & de sable à l'ordinaire, dans lequel on mêle de la paille brûlée, afin que la couleur soit noirâtre. De ce mortier on fait un enduit bien uni que l'on couvre d'une couche de blanc de chaux, ou d'un enduit bien poli & bien blanc; après quoi on ponce les cartons dessus pour dessiner ce qu'on veut, & le graver ensuite avec un fer pointu, lequel découvrant l'enduit ou blanc de chaux qui cache le premier enduit composé de noir, fait que l'ouvrage paroît comme dessiné à la plume & avec du noir. Etant achevé on passe sur

Ggg

tout le blanc qui fert de fond , une teinte d'eau un peu obfcure , afin que les figures foient plus détachées , & qu'elles paroiffent comme celles qu'on lave fur du papier. Si on ne reprefente que quelques grotefques ou feuillages , on ombre feulement le fond avec cette eau auprès des contours qui doivent porter ombre.

S I B

SIBYLLE. f. f. *Propheteffe ancienne dont les Payens croyoient avoir des ouvrages qui prédifoient l'avenir.* ACAD. FR. Les anciens Ecrivains ne font pas d'accord fur le nombre des Sibylles. Les uns croyent qu'il n'y en a eu qu'une , fille d'Apollon & de Lamie ; les autres deux , quelques autres trois , quatre , dix & même douze. Martianus Capella rapporte qu'il n'y a eu que deux Sibylles , fçavoir Erophile Troyenne , fille de Marmefus , qu'il croit être la même que la Phrygienne & la Cumée , & Symmachia , fille d'Hippotenfis , qui étant née à Erythrée , ville d'Ionie en l'Afie Mineure , a prophétifé auffi à Cumes. Pline parle de trois ftatues de Sibylles élevées à Rome , plus petites que les autres , l'une par les foins de Pacuvius Taurus , Edile du Peuple , & les deux autres par Marcus Valerius Meffala , Augure. Varron nous apprend que les livres Sibyllins n'ont pas été d'une feule Sibylle , mais qu'on les a appellés ainfi à caufe que l'on donnoit le nom de Sibylles à toutes les femmes qui prédifoient l'avenir. Son fentiment eft qu'il y a eu dix Sibylles , & Onuphrius les met dans cet ordre. La premiere & la plus ancienne eft la Delphique , qui a prophetifé long-tems avant la guerre de Troie , & dont on dit qu'Homere a employé plufieurs vers dans fon ouvrage. Selon Diodore de Sicile , elle s'appelloit Daphné , & étoit fille de Terefias. La feconde eft la Sibylle Erythrée , qu'Apollodore Erythréen affure avoir été fa concitoyenne. Il dit qu'elle a predi la perte de Troye , & qu'Homere écriroit beaucoup de menfonges. Strabon parle de deux Sibylles Erythrées , l'une ancienne & l'autre appellée Athenaïs , qui a vêcu du tems d'Alexandre. La troifiéme eft la Cumée , dite autrement l'Italienne. Elle étoit de Cimmere , petit Bourg près de Cumes dans la Campanie , & prophetifa en Italie un peu après la prife de Troie. La quatriéme eft la Samienne qu'Eratofthenes , ancien Auteur , dit avoir été appellée Phyto. Eufebe écrit dans fes Chroniques qu'elle vivoit du tems de Numa Pompilius , & qu'on appelloit Heriphile. La cinquiéme eft la Cumane , nommée Ampathée , & par quelques-uns Demophile ou Herophile. Suidas l'appelle Hierophile. Solin dit qu'elle a prophetifé après la Delphique & l'Erythrée , & que de fon tems on voyoit encore fon fepulcre en Sicile. La fixiéme eft l'Hellefpontique , native du Bourg de Marneffe dans l'Hellefpont. Elle vivoit du tems de Cyrus & de Solon , fi l'on en croit Heraclides Ponticus. La feptiéme eft la Libyque. On eft convaincu qu'elle prophetifoit avant la quatre-vingtiéme Olympiade , à caufe qu'Euripide , qui vivoit dans ce tems-là , en fait mention. La huitiéme eft la Perfique. Saint Juftin Martyr la fait fille de l'Hiftorien Berofe & d'Erimantha , femme noble. D'autres la font Juive , & veulent que fon vrai nom ait été Sambetha Noé. Elle a vécu dans la cent vingtiéme Olympiade & a écrit vingt-quatre livres , où il y a plufieurs chofes de la venue du Meffie. La neuviéme eft la Phrygienne. Elle a fait fes prédictions à Ancyre , mais on n'en fçait point le tems. La dixiéme eft la Tiburtine , qu'on reveroit à Tibur comme une Déeffe , & qu'on nommoit Albunée. On tient que fon fimulacre fut trouvé dans le fleuve Aniene , avec un livre à la main. Il y a encore eu d'autres Sibylles , comme la Colophonienne , appellée Lampufia , fille de Calchas & l'Epirotique qui a écrit des oracles. Quelques-uns font venir le mot de *Sibylle* du Grec ειος , qui fignifie Dieu dans le Dialecte Æolique , & de βολι , Confeil , decret. Ainfi on a dit *Sibylla* en Latin pour *Sibula* , parce que les Sibylles ont déclaré les decrets de Dieu aux hommes. Lactance dit que de fon tems les vers des Sibylles étoient lûs & portés par tout , à l'exception de ceux de la Sibylle Cumane , dont les Romains tenoient les livres cachés , ne les laiffant voir qu'à quinze hommes à qui ils avoient donné le foin de les garder , & qui étoient prepofés aux chofes facrées. Lorfque quelque fedition arrivoit , & qu'il y avoit une guerre étrangere à entreprendre , ou que la Ville étoit affligée de pefte , on alloit confulter ces livres , n'y ayant point de malheurs dont on ne crût qu'ils fourniroient le remede. Ils tomberent au pouvoir des Romains de cette maniere. Une Vieille que perfonne ne connoiffoit , & qui depuis a été reconnue pour la Sibylle Cumane , nommée Amalthée , felon ce qu'en ont écrit Varron , Pline , Solin , Lactance , Suidas & plufieurs autres , alla trouver Tarquin le Superbe (quelques-uns difent que ce fut Tarquinius Prifcus) lui porta neuf livres qu'elle affuroit être pleins des oracles des Sibylles , & qu'elle vouloit lui vendre. Tarquin n'en ayant point voulu donner trois cens Philippées , qui revenoient à peu près à trois cens écus de notre monnoie , elle en brûla trois , & revint un peu après lui offrir les fix qui lui reftoient , dont elle demanda encore trois cens écus. Tarquin la traita d'une perfonne à qui la vieilleffe avoit ôté la raifon , puifqu'elle demandoit le même prix pour fix livres , qu'elle avoit d'abord demandé pour neuf. Ce nouveau refus n'empêcha point qu'en ayant encore brûlé trois autres , elle ne le vînt trouver une troifiéme fois , lui demandant de nouveau les mêmes trois cens écus pour les trois livres reftans. Sa conftance ayant étonné Tarquin , il confulta les Pontifes , qui prefumerent fur de certains fignes que les Dieux avoient envoyé cette femme pour le falut de la Ville , & qu'il falloit lui donner le prix qu'elle demandoit ; ce qui fut executé. Cette femme , en lui mettant fes trois livres entre les mains , lui recommanda de les faire garder avec tout le foin poffible , & elle ne fut plus vûe depuis ce tems-là. Tarquin choifit d'abord deux hommes des plus illuftres familles Patriciennes , pour en être les depofitaires , & ayant fçu que l'un d'eux , appellé Marcus Attilius , les avoit donnés à décrire à Petronius Sabinus , il fit jetter cet Marcus Attilius dans la mer , coufu dans un fac de cuir. Ces livres furent confervés jufqu'au tems de la guerre fociale , & le Capitole ayant été brûlé fous le Conful de C. Norbanus & de P. Scipion , il fut impoffible de les fauver de l'embrafement. Lucius Cornelius Sylla Dictateur rétablit le Capitole , & alors on députa Publius Gabinius , Marcus Otacilius Craffus & Lucius Valerius Flaccus dans toutes les Villes d'Italie , de Grece & de l'Afie , & furtout à Erythrée , pour en rapporter ce qu'ils pourroient recouvrer des vers des Sibylles. Ils en ramafferent environ mille ; & comme on en trouva beaucoup d'inutiles , & dans les autres plufieurs chofes mutilées , on nomma quinze perfonnes pour les revoir. Il s'en répandit un affés grand nombre qui couroient par tout fous le nom des Sibylles , ce qui obligea Tibere d'ordonner qu'ils feroient

tous mis entre les mains de Lucius Pison , Prefet
de la Ville , afin que les Particuliers ne les euffent
pas. Il eft conftant que les livres des Sibylles ont
été gardés à Rome jufqu'au tems d'Honorius & du
jeune Theodofe , que Stilicon les brûla pour exciter
une fedition contre l'Empereur Honorius fon gendre , en la place duquel il avoit deffein de mettre fon fils Eucherius. Nous avons prefentement
un recueil de vers Grecs attribués aux Sibylles ,
qu'Obfopœus Bretannus a divifés en huit livres.
Beaucoup de Sçavans font perfuadés qu'ils ont été
fuppofés dans le fecond fiecle.

SIC

SICAMOR. f. m. Terme de Blafon. Cerceau ou cercle lié , comme celui d'un tonneau. Il y a des écus
de fable à un Sicamor d'or.

SICILIQUE. f. m. Sorte de poids dont fe fervent les
Medecins & les Apothicaires. Le Sicilique pefe un
fextule & deux fcrupules.

SICLE. f. m. *Certain poids & certaine monnoie ancienne , en ufage particulierement parmi les Juifs.*
ACAD. FR. On tient que le Sicle eft la premiere
monnoie dont on fe foit fervi dans le monde. Elle
étoit en ufage du tems d'Abraham , & felon ce
qu'on lit dans la Genefe , fit pefer quatre cens ficles
d'argent qu'il paya à Ephrem en bonne monnoie
reçue de tout le monde; ce qui fait voir que les
ficles fe donnoient au poids. M. Boifard dit que ces
quatre cens ficles valoient un peu plus de fix cens
livres de notre monnoie.

SID

SIDERITIS. f. f. Plante divifée en trois efpeces par
Diofcoride. La premiere , que quelques-uns appellent *Heraclea* , a fes feuilles femblables au marrube , mais plus longues & qui approchent beaucoup de celles de chêne ou de fauge , étant pourtant moindres & âpres. Ses tiges font quarrées ,
hautes d'un palme & quelquefois plus , & ont un
affés bon goût , qui eft neanmoins un peu aftringent. Elle croît aux lieux pierreux. Ses feuilles enduites font bonnes à fouder des plaies fans leur
caufer aucune inflammation. Matthiole dit fur cette
premiere efpece , qu'il ne faut pas s'étonner fi Diofcoride varie en la defcription de fes feuilles , puifqu'elles reffemblent à celles de fauge en longueur ,
à celles de marrube & de fauge en l'âpreté & couleur blanchâtre qu'elles ont ; & enfin à celles de
chêne en leur déchiqueture. La feconde efpece de
Sideritis jette des branches menuës. Elle eft haute
de deux coudées , & produit plufieurs feuilles femblables à celles de fougere , qui font déchiquetées
deçà & delà par les bords , & tiennent à une longue queuë. D'entre les feuilles de deffus fortent
des rejettons longs & menus qui pouffent des boutons âpres & longs , dans lefquels eft une graine
plus longue & plus dure que celle de bete. Cette
graine n'eft pas moins finguliere pour les plaies que
les feuilles de la plante. La troifiéme efpece croît
aux mafures & ruines des maifons & parmi les vignes. Elle produit plufieurs feuilles qui viennent
directement de fa racine , & qui font femblables à
celles de coriandre. Elles proviennent autour de
certaines petites tiges qui font de la hauteur d'un
palme , liffées , tendres , rougeâtres & blanchâtres ,
d'où fort une fleur rouge , petite , amere & vifqueufe au goût. Cette herbe appliquée a la vertu
d'étancher le fang de toutes plaies , quelque fraîches
qu'elles foient. Les Grecs l'ont appellé σιδηρῖτις , de
Tome II.

σίδηρος , Fer , à caufe qu'elle eft propre à fouder les
plaies faites par le fer.

On appelle auffi *Siderite* , Une forte de pierre
précieufe qui eft comme parfemée de petites taches
de fer. L'aiman eft auffi appellé *Siderite* , à caufe
de la vertu qu'il a d'attirer le fer.

SIDRE. f. m. Boiffon faite de jus de pomme pilées
& preffurées. Le meilleur Sidre eft celui qui eft de
couleur d'ambre , & qui a je ne fçai quoi de doux
& de piquant tout enfemble. On fait venir *Sidre*
du mot latin *Sicera* , qui fe dit de toute forte de
breuvage qui peut enivrer , à l'exception du vin.
Quelques-uns prononcent *Sitre*.

SIE

SIEGE. f. m. *Meuble fait pour s'affeoir , comme un
fauteuil , une chaife , un tabouret.* ACAD. FR. On
appelle , *Siege de Cocher* , Le devant d'un carroffe
où le cocher eft affis. Nicod explique en ces termes toutes les differentes fignifications de ce mot.
Siege , *tantôt fignifie une chaire ou autre chofe à fe
feoir , tantôt , mais par metaphore , le lieu de la
feance , comme le Siege d'un Bailli ou du Senefchal , c'eft-à-dire , fon auditoire où il fied pour adminiftrer la Juftice , la Cour du Bailli ou Senefchal,
& les Gens tenans le Siege Préfidial , c'eft-à-dire ,
tenans la Cour Préfidiale. Selon ce on dit , Le Siege
Epifcopal d'un Diocefe , pour la Ville où l'Eglife
Cathedrale eft affife , & en laquelle l'Evefque doit
faire fa refidence. Tantôt Siege fignifie le cul par abu-
fion du mot pour ce qu'il femble qu'on fe fiée fur icelui.
Tantôt Siege fignifie l'obfidion d'une Ville ou Forte-
reffe pour la prendre par affault ou par famine , ce que
l'Efpagnol par mefme mot dit Sitio , l'Italien , Affe-
dio , le Latin Obfidio , en toutes lefquelles langues
il vient de Sedeo , prins de ceux qui s'affient en un
lieu , guettans & faifans eftat de n'en bouger , tant
que ce qu'ils attendent fe prefente , qui eft ce qu'on difoit anciennement & au tems des guerres des Anglois,
Jurer le Siege , & n'eft gueres efloigné de ce que les
Grecs appellent ἐφεδρία , dont Demofthene ufe pour
exprimer l'aguet continuel que Philippe faifoit pour
furprendre les Atheniens , lorfqu'il les verroit plus
incommodez & malaifez en leurs affaires publiques.
Par-là connoift-on affez que le Siege n'eft pas la Ville
ou Forterefe qui eft affiegée , comme aucuns eftiment
ains l'armée qui fied devant pour la prendre , eftant
le Siege de l'affaillant , & la Ville ou Forterefe de
l'affailli. Auffi dit-on , Mettre le Siege devant une
Ville , & tenir le Siege devant une Ville ou Forterefe , Affieger & eftre au Siege d'une Ville , &
defaffieger & lever le Siege , le tout du cofté de l'affaillant , combien que lever le fiege s'attribue auffi
à celui qui par force d'armes , inundation d'eane , ou
autre engin , contraint l'affaillant de lever fon fiege ,
c'eft-à-dire , fon armée de devant la Ville affiegée :
mais lever le fiege en ce cas n'eft pas proprement prins,
ains Ab effectu , d'autant qu'il eft caufe que l'affaillant leve fon Siege de devant la Place par lui affiegée. Quant au mot Grec περίτειχισμα , qui auffi fignifie Siege , il a autre raifon de fignification , c'eft à
caufe du foffé & paliffade , dont ceux qui mettoient
anciennement le Siege devant une Ville , environnoient , comme d'une clofture , icelle Ville , afin
d'empefcher les faillies des Affiegés , & l'entrée du fecours & des vivres.*

SIF

SIFFLET. f. m. Petit inftrument à vent qui fert à fiffler. Il est composé d'une embouchure , d'une lumiere & d'une patte.

On appelle *Sifflet de Chauderonnier*, Une sorte de flûte qui a un rang de sept petits tuyaux de bois ou de fer blanc. Le Chauderonnier accompagne toûjours son cri d'un coup de sifflet.

Sifflet, se dit aussi du conduit de la respiration, tant aux hommes qu'aux animaux. C'est proprement le nœud de la gorge nommé λάρυγξ par les Grecs.

SIG

SIGILLE'E, adj. fem. qui n'a d'usage qu'en cette phrase, *Terre sigillée*, du Latin *Sigillare*, Sceller. Cette terre n'a été autre chose chez les Anciens que la Terre Lemnienne qui se trouvoit dans l'Isle de Lemnos auprès d'une Ville appellée Ephestias au haut d'une colline rougeâtre qui ne produisoit ni arbre ni herbe , comme si elle avoit été brûlée. Galien , qui dit y avoir été , témoigne que le Sacrificateur de l'Isle étoit chargé d'aller querir cette terre avec de grandes ceremonies. Etant venu au lieu où on la tiroit , il offroit du froment & de l'orge en signe de satisfaction , sans faire aucun sacrifice de bête , & ensuite il portoit la terre en la Ville avec le plus d'honneurs qu'il pouvoit. Après cela il la mettoit détremper dans de l'eau, & la reduisoit en limon , la troublant & la demêlant toûjours pour la mieux purifier ; ce qui étant fait , il la faisoit rasseoir , puis il ôtoit l'eau qui étoit au dessus , & par même moyen il écumoit le limon qui étoit sous la même eau, laissant le sable & les pierres qui étoient descendues au fond comme choses inutiles. Quant au limon gras qu'il avoit cueilli , il le faisoit secher jusqu'à ce qu'il fût devenu comme de la cire molle, & le separant en petites masses , il les marquoit du sceau sacré de Diane , mettant secher ces trochisques à l'ombre , jusqu'à ce qu'ils fussent entierement secs.

Dioscoride parlant de la terre Lemnienne , dit qu'elle croît dans l'Isle de Stalimene , dans une baume caverneuse qui est en certains marais. Les gens du Pays l'amassent , & l'incorporant en sang de chevre, ils en font des Trochisques qu'ils marquent de l'image d'une chevre. De-là est venu que les Grecs lui ont donné le nom de σφραγίς αἰγός , Sceau de chevre. Cette terre , dit-il , est fort singuliere contre tous poisons qu'elle fait vomir , ainsi que pour les piquûres ou morsures des bêtes venimeuses. Elle est bonne aussi aux dysenteries & flux de ventre. Aujourd'hui la terre sigillée nous est apportée de Constantinople , & il y en a de deux sortes , l'une plus rouge , formée en petits pains , & l'autre en plus grandes pastilles , d'un blanc qui a quelque chose de cendré. L'une & l'autre est marquée de caractères Arabes. On doit choisir celle qui est grasse sans aucun mêlange de sablon , fort astringente , & qui s'attache à la langue.

SIGLATON. s. m. Vieux mot. Sorte d'étoffe.

*D'une grand' chambre portendue
De siglatons & de cendaux.*

SIGMOIDE. adj. Terme d'Anatomie. On appelle *Cartilages Sigmoïdes*, Certains cartilages , comme ceux de la trachée artere , qui sont faits en forme d'anneaux , sans neanmoins achever tout le cercle , ce qui les fait ressembler à la lettre Grecque appellée *Sigma*, d'où ils ont pris leur nom. On appelle par cette même raison *Apophyse sigmoïde*, Une Apophyse de l'omoplate , en Grec σιγμοειδὴς , Qui a la figure d'un Sigma.

SIGNAGE. s. m. Terme de Vitrier. Dessein d'un compartiment de vitres tracé au blanc sur le verre , ou à la pierre noire sur un ais blanchi , qui sert à faire les panneaux , ou les chef-d'œuvres de vitrerie.

SIGNAL. s. m. Tout ce qui se fait de concert entre gens de même parti pour se donner des avis les uns aux autres. Les Signaux sur mer sont des instructions données par le Commandant de l'Armée ou de l'Escadre, de ce qu'il fera , ou de ce qu'il veut qu'on fasse. Les Signaux de jour se font par le maniement des voiles , par des pavillons ou par des flammes de differentes couleurs & grandeurs ; ceux de nuit par de faux feux , par le nombre & la situation des fanaux , ou par une certaine quantité de coups de canon. Il y a aussi des *Signaux pour la brume*, quand les brouillards empêchent que les Vaisseaux ne se voyent , & qu'il y a lieu de craindre que faute de se voir ils ne s'abordent les uns les autres. Ces Signaux se font en tirant des coups de mousquet de tems en tems , en battant la caisse ou en sonnant de la trompette ou des cloches.

SIGNANDAIRE. adj. Terme de Palais. On dit qu'*Il faut des Témoins signandaires dans les Testamens , Donations , & autres actes importans* , pour dire, qu'il faut des témoins qui sçachent effectivement signer ces actes, & non pas de ceux qui disent qu'ils ne sçauroient faire qu'une marque.

SIGNATURE. s. f. *Le seing de quelqu'un apposé à une lettre , à un contract*. ACAD. FR. On appelle *Signature de Cour de Rome*, La minute originale écrite en abregé & en papier d'une grace , dispense , ou concession d'un benefice , sur laquelle le Pape a mis le *Fiat* de sa propre main , ou bien où le *Concessum* est écrit en sa presence. Ces Signatures sont de trois sortes ; l'une en forme gracieuse lorsqu'elle s'expedie sur une attestation de l'Ordinaire ; l'autre en forme commissoire , qui s'expedie pour les Cures ou Dignités , Canonicats des Eglises Cathedrales & pour les Devoluts , en sorte qu'on ne puisse prendre possession que l'Ordinaire dont le benefice dépend n'ait accordé son *Visa*. La troisième , est comme une seconde signature ou lettre executoriale, qui lorsque l'Ordinaire manque à executer dans les trente jours la commission portée par la signature , enjoint à l'Ordinaire le plus voisin de l'executer à son refus.

On appelle *Signature*, en termes d'Imprimerie , les lettres de l'Alphabet qu'on met par ordre au bas de chaque feuille imprimée , la lettre A , à la premiere , la lettre B , à la seconde , en recommençant par un double A a , quand l'Alphabet est fini , afin qu'en voyant ces lettres les Relieurs ne se trompent point à coudre les feuilles l'une après l'autre dans l'ordre qu'elles doivent avoir.

SIGNE. s. m. *Indice, ce qui est la marque d'une chose ou presente , ou passée , ou avenir*. ACAD. FR. Les Medecins appellent *Signes diagnostics* , Certains milieux qui leur servent à découvrir les causes morbifiques, les maladies & les parties affectées qui sont bien souvent cachées aux sens. Ainsi le signe est quelque chose de connu qui les mene à la connoissance d'une autre chose inconnue , c'est-à-dire, qui conduit l'esprit où les sens ne sçauroient aller , & le détermine à découvrir en raisonnant la chose inconnue par celle qui est connue. De tous les Signes diagnostics ou pronostics , les principaux sont ceux qui se tirent des urines & du pouls , à cause qu'ils désignent immediatement l'état de la puissance ou vertu vitale , qui a son fondement dans le sang.

Signe, en termes d'Astronomie, se dit d'un assemblage de plusieurs étoiles dans le Ciel qu'on suppose faire une certaine figure. Il se dit particulierement des douze Maiſons du Ciel, qui ſont le Belier, le Taureau, les Jumeaux, l'Ecreviſſe, le Lion, la Vierge, la Balance, le Scorpion, le Sagittaire, le Capricorne, le Verſeau, & les Poiſſons. Ces douze Conſtellations ſont appellées *Signes du Zodiaque*, & on les diviſe en *Signes ſeptentrionaux*, & en *Signes méridionaux*, ſelon qu'ils ſont dans la partie ſeptentrionale ou meridionale du Zodiaque. Le Soleil entre dans un Signe particulier vers le vingtiéme de chaque mois, & on dit qu'il eſt dans un certain Signe, lorſqu'il eſt entre notre œil & le Signe. Les étoiles fixes qui ſont hors du Zodiaque, ſont dites auſſi être dans un tel Signe, quand elles ſe trouvent entre ce Signe, & le plus proche pole du Zodiaque.

Signe, eſt auſſi un terme d'Algebre. On conſidere en Algebre toutes les grandeurs comme étant *Poſitives* ou *Negatives*, (Voyez GRANDEUR.) ou comme étant ajoûtées ou retranchées les unes des autres. Celles qui ſont poſitives ou aiguiſées à quelque autre ſont précedées d'un caractere particulier, qui veut dire *plus*, & celles qui ſont negatives ou retranchées de quelque autre, ſont précedées d'un caractere qui veut dire *moins*. Ces caracteres s'appellent *Signes*. Ce ſont les differens Signes qui reglent la maniere d'operer ſur chaque grandeur.

SIGNER. v. a. *Mettre ſon ſeing à une lettre, à une promeſſe, à une obligation, à un contrat ou autre acte pour l'authoriſer.* ACAD. FR. On dit par exaggeration, *Signer de ſon ſang*, ſur quoi Nicod rapporte pluſieurs choſes curieuſes. *C'eſt*, dit-il, *une maniere de parler dont on uſe quand on veut aſſurer de tout point, & mettre hors de doubte & de meſcreance ce qu'on a dit & promis, comme ſi on diſoit ne vouloir eſpargner l'effuſion de ſon ſang pour le maintien de ce qu'on a dit on convient. On ne peut bonnement extraire ceſte maniere de parler de la façon des Romains & autres tels Peuples, leſquels aſſuroyent leurs traictez de paix & conventions publiques par effuſion du ſang des bêtes qui eſtoyent par eux ſacrifiées à cet effect, comme au traicté d'entre le Roy Latinus & Enée, comme Virgile recite avoir eſté faict. Moins la peut-on prendre par imitation de ce que les Latins appellent* Sanctiones, *dont l'infraction eſtoit punie d'effuſion de ſang, comme Ciceron dit livre 3. chap. 11. narre que les* Axiaces Scythiens faiſans traictez, paſſions & convenances entre eux, ſe navrent & entament leur chair eux-mêmes, & ayans meſlé leur ſang enſemble ſ'en mettent dans la bouche, tenans ceſte cerimonie pour gage certain de l'inviolabilité de leurs conventions, promeſſes & foy donnée, & Herodote livre 3. dit que les* Arabes *font leurs traictez d'alliance & confederation avec autres Princes & Nations par extraction de ſang de la paulme de la main de chacun des futurs Confederez, en l'endroit de la racine des plus grands doigts, ce que un tiers eſtant au milieu d'eux fait avec une pierre aigue, baignant par après en ces deux ſangs meſlez un houppillon qu'il tire de la frange de leurs robbes, & avec icelui teignent de ce ſang double ſept pierres, qui à cet effet ſont placées entre les futurs alliez, quoy faiſant il reclame* Dionyſium & Uranjam, *que les* Arabes *tiennent à Dieux ſans plus, laquelle invocation faite, celui qui baille la foy pour l'alliance, prend par promeſſe celle de l'eſtranger, laquelle cerimonie pouvoit ſignifier que* Dionyſius & Urania *eſtoyent appellez conſervateurs de telle confederation, pour juſticier de peine de ſang & capitale de celui deſdits Confederez qui en ſeroit violateur, comme en cas*

pareil le *Foecial des Romains, après les articles de la confederation recitez, frappoit rudement d'un caillou à feu un porc qui eſtoit à ſes piés à ceſte fin, reclamant Dieſpiter à conſervateur du traicté & vengeur de l'infraction d'icelui par peine de bris & de mort.* Ainſi, *Signer de ſon ſang, ſe pourroit expoſer, Promettre & aſſeurer une choſe au peril & perte de ſa vie en cas de non accompliſſement.* Auſſi le *François dit*, Je lui donnerois de mon ſang ſ'il en avoit beſoin; *&*, J'aymerois mieux avoir eſpandu une pinte de mon ſang que mal lui fuſt advenu, *quand il veut monſtrer l'extrême amitié qu'il porte à celui-là.*

Les Vitriers diſent, *Signer le verre*, pour dire, Le marquer ſur le carreau ou ſur la table, ce qu'ils font avec une eſpece de pinceau qu'ils appellent *Dragne.*

SIGNET. ſ. m. Vieux mot. Cachet.

     Lettres cloſes & de ton ſignet cachetées.

SIGNIFICATEUR. ſ. m. Terme d'Aſtrologie. Il ſe dit de certains lieux dans le Ciel deſtinés à recevoir les actions des autres Aſtres qui font leur effet après un certain nombre de revolutions qu'on trouve en calculant les directions de l'Aſtre agiſſant à celui qui reçoit ſon action pour la réfléchir ſur l'objet terreſtre. Ces directions s'appellent *du Promiſſeur au Significateur.*

SIGUENOC. ſ. m. Eſpece d'Ecreviſſe qui ſe trouve dans les mers des Indes Occidentales, & qui eſt couverte de deux écailles fort dures, dont celle de devant eſt boſſée & un peu épaiſſe. Elle eſt double autour du front & taillée en demi-lune à l'endroit où elle ſe joint à l'autre. Le dehors eſt relevé par boſſettes ou pointes obtuſes diſpoſées par rang. Celle de derriere eſt plus déliée que l'autre & en forme de loſange, dentelée des deux côtés, & picotée de petits trous. Sa queue ſurpaſſe en longueur le reſte du corps, & depuis le milieu juſques au bout, elle eſt dentelée de pointes fort rudes. En la partie convexe du premier teſt ſont les yeux de ce poiſſon, aſſés apparents pendant qu'il vit, mais plus retirés & couverts d'une membrane comme de corne quand il eſt mort. Il a pluſieurs jambes à la maniere des cancres. Les huit premieres ſont plus courtes que les autres, les deux qui ſuivent plus longues, & les deux dernieres encore plus courtes. Il n'a point de nageoires, mais il eſt muni de chaque côté d'un petit os obtus qui lui ſert comme de rame, avec quoi on croit qu'il nage. Auprès de la gueule il a deux petites pates dont il ſe ſert pour mâcher, & ſous le teſt de deſſous on lui voit quelques petites veſſies qui s'enflent à la façon de la gorge des grenouilles. Ce poiſſon, que quelques-uns appellent auſſi *Siĝnoc* ſe plaiſt aux rivages & aux lieux qui ne ſont guére profonds. Il y en a de differentes groſſeurs, les uns ayant la queue longue de plus d'un pié. Ils ſe prennent particulierement à l'embouchure des rivieres.

SIGUETTE. ſ. f. Terme de Manége. Caveſſon de fer avec un demi cercle de fer creux, & voûté avec des dents comme celles d'une ſcie. Il eſt compoſé de deux ou trois pieces que des charnieres joignent l'une à l'autre, & monté d'une têtiere & de deux longes, & ſert à dompter les chevaux fougueux. On appelle auſſi *Siguette*, Un fer rond d'une ſeule piece, & qui eſt couſue par deſſous la muſerolle de la bride, afin qu'on ne la voye pas. Le Cavalier fait agir cette Siguette par une martingalle, lorſque le cheval bat à la main.

SIL

SIL. ſ. m. Terre minerale de couleur jaune qu'em-

ployoient les Anciens pour faire des couleurs. C'é-
toit une espece de limon qui se rencontroit dans les
mines d'argent. M. Felibien dit qu'il y a apparence
que le Sil & l'Ochre n'étoient qu'une même matiere,
Sil étant le nom Latin, & ὤχρα, qui veut dire, Couleur pâle, étant le nom Grec. Quelques-uns font venir *Sil*, du Grec εἶλας, Eclat, comme celui du Soleil & de la Lune.

SILIQUASTRE. f. m. Sorte d'herbe qui rend une
saveur de poivre. On appelle aussi *Siliquastre*, le
Poivre d'Inde ou de Calecut.

SILIQUE. f. f. Sorte de poids de Medecine, qui
contient deux chalques ou quatregrains. *Silique* du
Latin *Siliqua*, est proprement la gousse des féves
ou poix, du Grec ἐολακὰ, Ligneuse, selon quelques-
uns.

SILIK. v. n. Vieux mot. Cligner les yeux. On a dit
aussi *Seillir*.

SILLAGE. f. m. Terme de Marine. Trace du cours
d'un Vaisseau. Il se prend aussi pour le chemin que
fait un Vaisseau, & en ce sens on dit qu'*Un Vaisseau
double le sillage d'un autre Vaisseau*, pour dire, qu'il
va une fois aussi vîte.

SILLER. v. n. Terme de Manége. On dit d'un cheval, qu'*Il sille*, qu'*Il est sillé*, pour dire, qu'Il commence à avoir les sourcils blancs, ce qui lui arrive
dans sa quinziéme ou seiziéme année.

　　Siller, est aussi un terme de Marine, & on dit *Mettre un Vaisseau dans la situation dans laquelle il peut
mieux siller*, pour dire, En laquelle il peut mieux
cheminer.

SILLET. f. m. Terme de Lutier. Petit morceau
d'yvoir, appliqué tout le long du haut du manche
d'un lut ou autre instrument semblable, & sur lequel posent toutes les cordes.

SILLON. f. m. Longue raye ou ouverture que le
soc de la charrue fait dans la terre quand on la laboure.

　　Quelques-uns appellent encore *Sillon*, en termes
de guerre, Une élevation de terre faite au milieu
d'un fossé pour le fortifier quand il a trop de largeur. On plus communément *Enveloppe*, que
Sillon. M. Guillet qui en parle, dit que le trait de
cette élevation forme de petits bastions, des demi-
lunes, & des redans qui sont plus bas que le rempart de la Place, mais plus élevés que le chemin
couvert.

SILYBUM. f. m. Herbe épineuse & large, qui a
ses feuilles semblables à la carline. Fraîche cuite,
elle est bonne à manger avec de l'huile & du sel. Le
jus de sa racine provoque à vomir si on le prend au
poids d'une drachme. C'est tout ce qu'en dit Dioscoride, surquoi Matthiole avoue, que cette description étant legere, il n'a pû distinguer le vrai
Silybum entre la quantité d'herbes épineuses qu'il y
a, quoiqu'il ne croye pas que l'Italie en soit dénuée.

SIM

SIMBLEAU. f. m. Cordeau, regle ou perche qui sert
au Charpentier à tracer des cercles plus grands
que la portée du compas. On devroit écrire cim-
bleau *à circulo*.

SIMILAIRE. adj. On appelle en termes de Medecine, *Parties similaires*, Les parties du corps des animaux qui sont semblables entre elles, & qui sont aussi
semblables à leur tout à l'égard de la manere. Il y en
a de deux sortes, les unes sanguines, sçavoir la graisse & la chair, & les autres spermatiques qui sont au
nombre de neuf, l'os, le cartilage, le ligament, les
membranes, les fibres, le nerf, la veine, l'artere &
le cuir. Selon les Observations de M. Grevv, les

plantes ont aussi leurs parties Similaires & organiques. Elles sont enfermées dans une cuticule qui est
transparente.

SIMILLE. f. m. Vieux mot. Froment.
　　Gasteaux faits d'huile, & de fleur de Simille.

SIN

SINA. f. m. Racine medicinale, qui pour être bonne
doit être solide, pesante, noueuse, insipide, rouge
au-dehors & blanche au-dedans. Elle croît dans une
Province qui appartient aux Chinois, & on l'apporte
delà en Europe. Voyez CHINA.

SINAPISME. f. m. Remede exterieur composé de
simples acres & échauffans suivant la nature du corps
auquel on l'applique en forme de cataplasme pour
réchauffer quelque partie, ou pour attirer les humeurs du profond à la superficie. On l'appelle
ainsi à cause qu'il y entre beaucoup de semence de
moûtarde. On s'en sert d'ordinaire dans les maux
de tête inveterés, dans les longues fluxions, &
dans les maladies froides du cerveau, en l'appliquant sur toute la tête, après qu'on en a rasé les
cheveux.

SINGE. f. m. Animal à quatre piés qui approche
de la figure de l'homme, par les dents, les narines
& les oreilles, & qui en contrefait les actions. Il
a une grande queue & est couvert d'un gros poil. Il
tue & mange les vers & les araignées, aussi bien que
les poux qui viennent à la tête des personnes. Il y
en a de differentes especes dans les Isles de l'Afrique, de gros qui sont blancs avec des taches noires
sur l'endroit des côtes & sur la tête, & un long
museau. Leur naturel est farouche, & ils ne sont pas
moins cruels que les Tigres. Le fracas, & le tintamarre qu'ils font dans les bois est tel, qu'il suffit
qu'il y en ait dix ensemble pour faire croire qu'ils
sont plus de cent. Il y en a d'autres beaucoup plus
petits que les premiers. Ils ont le poil gris, & le
nés plat, & sont aisés à apprivoiser. D'autres qui
sont gris aussi, ont de longs museaux, & de grandes
queues garnies de poil comme celle d'un Renard.
On les apprivoise aussi facilement pourvû qu'on les
prenne jeunes. Ils font plusieurs grimaces & postures qui divertissent. Il y a d'autres Singes blancs que
les habitans appellent *Sifac*. Ils sont bien munis de
dents, ont des queues blanches & deux taches en
façon de dents sur les côtés. D'autres ont leurs queues
bigarrées de blanc & de noir, & courent par troupes dans les bois quelquefois jusqu'au nombre de
cinquante. Il en a d'autres qui ont le poil court, &
les yeux aussi étincelans que le feu. Ils sont gris, &
agreables à voir, mais on ne les sçauroit apprivoiser, & ils se laissent mourir de faim quand ils font
pris. Les Singes ont une poche de chaque côté de la
machoire, & c'est là qu'ils serrent tout ce qu'ils veulent garder. M. Ménage fait venir le mot de *Singe*
du Latin *Simia*.

　　Singe. Engin dont se sert dans les bâtimens
& avec lequel on décharge les marchandises qui
sont dans les bateaux. Il n'est d'ordinaire composé
que d'un treuil qui tourne dans deux pieces de bois
mises en croix de saint André. Il y a des leviers ou
manivelles à chacun des bouts du treuil, qui le font
tourner au lieu de roues.

　　On appelle aussi *Singe*, Un instrument de perspective qui sert à copier des tableaux, & à les réduire du grand au petit pié, ou du petit pié en
grand. Il est composé de quatre regles plates, percées de differens trous en des distances égales,
afin de le pouvoir allonger & accourcir selon la
proportion que l'on desire. Cet instrument est

mobile fur quatre pointes qu'on fiche dans quatre de ces trous. L'une de ces pointes fe promene fur les traits de l'original, & cependant elle fait tracer par celle qui lui eft oppofée, & qui eft armée d'un crayon, une copie qui reffemble entierement à l'original.

SINGLER. v. n. Terme de Marine. Naviguer, faire route fur l'eau. Il fignifie auffi Aller ou marcher à toutes voiles. C'eft dans cette derniere fignification que Nicod l'a expliqué en ces termes. Singler *eft dit par Onomatopée pour, Naviguer à plein vent, parce que le voile pouffé de la violence d'icelny & les anbans qui le contretiennent chifflent, on bien eft rendu ce chifflet par le vent mêmes forçant lefdits voile & aubans ; felon laquelle onomatopée, on dit auffi* Singler de verges, *pour, Battre de verges, parce que les verges ou fonet, en battant quelqu'un, rendent un chifflet.* Selon du Cange, *Singler* vient de *Siglare,* que les Auteurs de la baffe Latinité ont dit dans la même fignification. Plufieurs écrivent *Cingler.*

SINGOFAU. f. m. Grande feuille de trois paumes de long & de quatre doigts de large. Elle fort d'une plante qui s'attache au tronc d'un arbre, & qui fe trouve dans l'ifle de Madagafcar. On tient que cette feuille pilée & mife fur l'œil, éclaircit la vûe.

SINOPLE. f. m. C'eft proprement une forte de craie ou de mineral qu'on trouve au Levant, & qui eft bonne pour teindre en vert. *Sinople,* en termes de Blafon veut dire Vert, & on le reprefente dans la gravûre par des hachures, ou des traits diagonaux de droit à gauche. Le Pere Menêtrier fait venir *Sinople* de ces deux mots Grecs πράσινον ωπή, Armoiries vertes en retranchant la premiere fyllabe du premier.

SINUS. f. m. Terme de Chirurgie. Efpece de petit fac qui fe fait à côté d'une plaie ou d'un ulcere & où il s'amaffe du pus.

On appelle *Sinus,* & autrement *Sein* ou *Anfe,* Un bras de mer qui s'avance dans les terres.

Sinus, eft auffi un terme de Geometrie. La principale connoiffance des triangles, & celle qui eft l'objet de toute la Trigonometrie, eft de les fçavoir *refoudre,* c'eft-à-dire, de trouver la valeur de leurs côtés, & par elle, l'efpace que les triangles contiennent, cette connoiffance feroit affez aifée, fi les côtés avoient entre eux la même proportion que les angles, & que par exemple un angle double d'un autre, donnât un côté double d'un autre côté, mais cela n'eft pas, & il a falu chercher dans le triangle d'autres grandeurs proportionnelles aux côtés. Ce font ces *Sinus.* Un arc étant déterminé, on tire d'une de fes extrêmités au-dedans du cercle une perpendiculaire fur le diametre qui paffe par l'autre extrêmité. Cette perpendiculaire eft le *Sinus* de cet arc, & de l'angle que l'arc mefure. Et comme le Sinus eft la moitié de la corde du double de cet arc, & qu'une corde appartient en même-tems à deux arcs qui font le cercle entier, il eft vifible que le même Sinus appartient à deux arcs qui font le demi cercle, & que le Sinus d'un angle aigu eft auffi le Sinus de l'angle obtus qui eft le complément de cet aigu jufqu'à 180. degrés. Un angle aigu étant déterminé, le Sinus de l'arc qui lui manque pour aller jufqu'à 90. degrés. s'appelle le *Sinus de fon complément.* La partie du diametre comprife entre l'arc & fon Sinus qui tombe toûjours fur le diametre, s'appelle *Sinus verfe* par oppofition au Sinus proprement dit qu'on appelle *Sinus droit.* Les Geometres ont trouvé que dans un triangle les côtés font entre eux comme les Sinus droits des angles aufquels ces côtés font oppofés. Ainfi fi l'on connoiffoit les trois angles d'un triangle, & les Sinus de ces angles, on connoîtroit la proportion que doivent avoir entre eux les trois côtés, & fi de ces côtés, on connoiffoit la grandeur réelle d'un feul, la proportion donneroit la grandeur réelle des deux autres. Il faut donc d'abord connoître les Sinus de tous les angles, & pour cela on fuppofe que le rayon d'un cercle qu'on appelle auffi *Sinus total,* parce qu'étant le Sinus de l'angle de 90. degrés, il eft le plus grand de tous, eft d'un certain nombre de parties par exemple de 10000000. après quoi on trouve combien les Sinus de tous les autres angles depuis 90. degrés jufqu'à 1. contiennent de ces parties. On conduit même les Sinus par toutes les minutes de chaque degré, & on en fait des Tables qu'on appelle *Tables des Sinus,* par le moyen defquelles on trouve les Sinus de tous les angles que l'on connoît, & par les Sinus la proportion de tous les côtés d'un triangle, & même leur grandeur réelle, pourvû que l'on en connoiffe quelqu'un.

On prend de grands nombres pour les Sinus, car on eft fouvent obligé dans le calcul de negliger des fractions, & de prendre pour *rationnelles* des racines qui effectivement ne le font pas, & ces erreurs ne font pas confiderables dans de grands nombres.

S I P

SIPHON. f. m. Tuyau recourbé pour tirer l'eau d'un Vaiffeau, ou telle autre liqueur que ce puiffe être. On fait des Siphons de verre, de plomb & d'autre matiere. Ce mot eft Grec, σίφων, & veut dire fimplement un Tuyau.

Siphon, en termes de Marine, fe dit d'un orage dans lequel l'eau de la mer s'éleve en maniere de colomne à la hauteur de cent braffes, & tournoie fpiralement par la largeur de quinze à vingt piés de diametre, comme fi c'étoit par un Siphon ou une viz d'Archimede. On ne voit d'abord paroître en l'air qu'une petite nuée de la groffeur à peu près du poing. Elle vient du côté du Sud au Cap de Bonne-Efperance aux côtes de Barbarie & aux Plages orientales de l'Amerique. Les Mariniers l'appellent *Dragon,* ou *Grain de vent,* les Levantins *Typhon* ou *Siphon,* & les Ameriquains *Puchot.* Du tems de Pline les Matelots verfoient du vinaigre pour appaifer ce tourbillon quand il s'approchoit; prefentement ils croyent le repouffer en ferraillant & en efcrimant fur le tillac avec grand bruit.

S I R

SIRAMANGHITS. f. m. Arbre mince dont le bois eft propre à fortifier le cœur, & qui fe trouve dans l'Ifle de Madagafcar. Son écorce fent le clou de girofle, & il produit une refine odoriferante. On l'appelle *Siramanghits,* qui en langage du Païs veut dire Odoriferant, à caufe de l'agreable odeur de fes feuilles, qui eft la même que rendent le fantal blanc & le jaune.

SIRE. f. m. On s'eft fervi autrefois de ce mot pour dire Maître, Seigneur. *Et fciez fires de ceft chaftel.* Ainfi on difoit, *Sire de l'oft,* pour dire, General de l'armée. *Sire,* dit Nicod, *eft un terme d'honneur préexcellent qu'on donne par antonomafie au Roi Très-Chreftien fans adjection, & à autres inferieurs de l'eftat de robbe courte,* foient *Chevaliers,* Sire Chevalier, foient *du commun eftat,* Sire Pierre, Sire Simon. L'Italien dit *Sere.* Nous difons par compofition *Meffire,* pour, *Monfire, comme fi l'on difoit,* Men fire, *à la façon des Picards*, & Messere, *pour Mi* fere, *ce qu'aucunes Nations d'Italie prononcent en un mot* Misser. *Le tout vient originairement de ήρως, vocable Grec qui signifie un homme signalé en vaillance, prouesse & excellence de vertu, car tels personnages estoient communément de tous appellez* Sires, Messires, *comme se voit en* Amadis *& ès anciens Romans pour estre recogneus par leur grande vaillance à Seigneurs & Maistres par le peuple bas, & ainsi viendroit du mot Latin* Heres, *qui est provenu dudit mot Grec* ήρως, *& signifioit au premier,* Maistre & Seigneur, *comme dit* Festus, *disant encore aujourd'hui l'* Allemand Her, *par apocope pour* Seigneur. *Le Latin* Herus *en dépend, combien qu'il n'ait signification si hautaine que ledit Grec, pour ne s'étendre si n'est du serviteur au maistre. Le Sire François & le Sere des Italiens qui plus tient & du Grec & Latin, en viennent aussi, estant presques ordinaire le changement de l'aspiration Grecque en la lettre* S, *quand le mot Grec passe en autre langage, comme de* ΰπνος, Somnus, Sommeil, ΰπό, Sub, Sous. *Aucuns veulent que ce mot* Sire *vienne de κύριος Grec, ce que ne veux advouer ne debattre. Quoyque soit, le François en commun usage donne ce titre* Sire *aux Marchands avec adjonction de leur nom ou surnom, & par antonomasie sans adjonction au Roy seulement. Vray est qu'il y a aucuns fiefs en France aux Seigneurs desquels est attribué le tiltre de* Sire, *comme le* Sire de Ponts *en Guienne, qui est un tiltre signalé & petroyé à bien fort peu de fiefs en ce Royaume. On trouve aux anciens Romains François ce mot* Sire *avoir esté jadis plus commun pour quelconque Seigneur de place, comme, le* Sire du Pays, *c'est-à-dire, le Seigneur du Pays. Quant à ce mot* Messire, *les François luy ont donné une grande prérogative, pour ne pouvoir estre usurpé entre gens Laics, que par les seuls Chevaliers de Chevalerie Françoise : le* François n'useta de ce mot envers tous ceux que l'Espagnol & l'Italien appellent Cavallero & Cavagliere, *ains envers ceux sans plus qui sont faits Chevaliers par l'Ordre on accolée & autre ceremonie y appartient, ou qui ont dignité de Chevalerie en consequence de leurs degrez & estats, comme le Chancelier & autres, & entre gens Ecclesiastiques aux Prestres : de sorte que le* Messere *ou* Misser *des Italiens est grandement inferieur en rang au* Messire *des François.*

SIRENES. f. f. Les Païens ont feint que c'étoient des Monstres marins qui etoient femmes de la ceinture en haut, & poissons de tout le reste du corps, & que ces Monstres par la douceur de leur chant attiroient dans les écueils ceux qui s'arrêtoient pour les écouter.

On trouve en divers Lacs du Royaume d'Angole dans la basse Ethiopie, ainsi que dans le fleuve de Quanfa, un Monstre aquatique appellé *Ambisangolo* par les *Negres, Pexxe-mouler* par les *Portugais*, & *Sirene* par les *Pilotes François*. Il y en a de mâles & de femelles. Leur longueur est de huit piés, & leur largeur de quatre. Ils ont les bras courts & les doigts de la main longs ; mais quoique leurs doigts soient divisés en trois jointures, ainsi que les nôtres, ils ne sçauroient fermer tout-à-fait la main. Ils n'ont ni oreilles ni menton. On remarque seulement que dans l'endroit où devroient être les oreilles, la peau est plus mince, ce qui fait juger que les nerfs de l'ouïe y aboutissent. Ces Sirenes ont la tête & les yeux ovales, le front élevé, le nés plat & la bouche grande. On distingue deux petits tetons aux femelles, mais dans l'eau il est impossible de s'appercevoir du sexe. Leur couléur est d'un gris brun. On leur tend des pieges pour les

prendre, & alors on les tue à coups de dards, malgré les cris qu'elles poussent d'une maniere lugubre. Leurs entrailles & leur chair n'ont pas seulement la figure de celles d'un pourceau, mais encore l'odeur & le goût. Le lard en est fort épais, & il y a peu de maigre. Les Portugais disent que l'os qui aboutit à l'endroit où devroit être l'oreille, est bon contre le mauvais air. On tient aussi que la limure de certain os du crane des Sirenes mâles est un singulier remede contre la gravelle. Les côtes de ce poisson, & sur-tout la côte gauche qui est plus proche du cœur, servent à faire des grains qui ont la vertu d'étancher le sang. On en fait aussi des bracelets qu'on porte comme des préservatifs. On prend quantité de ces Sirenes sur la côte Orientale d'Afrique aux environs de Sofala. On les sale pour les transporter ailleurs ; mais il est dangereux d'en manger sur mer, lorsqu'on a quelques impuretés dans le corps, à cause que cette chair étant forte, les fait sortir avec tant de violence, qu'il est malaisé d'en échaper.

Il y a dans les Moluques un poisson que l'on appelle *Sirene*, à cause qu'il a le sein & le visage comme celui d'une femme. Sa chair a le goût de celle de vache, & il est grand comme un veau. On tient que ses dents ont la vertu de guerir la dysenterie.

SIROC. f. m. Nom que donnent les Italiens au vent qui est entre l'Orient & le Midi. C'est celui qu'on nomme *Sud-Est* sur l'Ocean.

SIS

SISON. f. m. Petite graine que Dioscoride dit croître en Syrie, semblable à la graine d'ache. Elle est longue, noire & brûlante, & prise en breuvage, elle sert pour les défauts de la rate & pour la difficulté d'uriner. Matthiole avoue qu'elle lui est entierement inconnue, & la laisse aux Syriens qui la mettent parmi leurs sausses avec des courges & du vinaigre, selon le même Dioscoride.

SISYMBRIUM. f. m. Plante dont il y a de deux sortes, sçavoir le Sisymbrium des jardins & le Sisymbrium sauvage. Celui des jardins est une plante que quelques-uns appellent *Serpolet sauvage*, qui croît dans les lieux qui ne sont point cultivés. Elle est si semblable à la mente des jardins, qu'on lui a donné le nom de *Menta-crispa*. Elle est toutefois plus odorante, & a ses feuilles plus larges. Le vrai Sisymbrium, selon Galien, est composé de parties subtiles, chaud, resolutif & dessicatif au troisiéme degré. Le Sisymbrium sauvage est une plante qui croît dans les ruisseaux des fontaines. Elle a un goût aigu & mordant, & jette d'abord ses feuilles rondes, lesquelles venant à croître sont déchiquetées comme celles de la roquette, ayant l'odeur & la saveur du cresson alenois, qu'on appelle *Cardamum*, d'où vient qu'on donne le nom de *Cardamine* au Sisymbrium sauvage. Cette plante est lithontriptique & provoque à uriner. Quelques-uns font venir le mot de *Sisymbrium* de σίον, qui veut dire la Berle, & de χμβρος, Pluie, à cause que cette plante croît dans les lieux aquatiques.

SIV

SIVADIERE. f. f. Terme de Marine. La voile du beaupré. Comme elle est la plus basse du Bâtiment, elle prend le vent à fleur d'eau.

SIX

SIXAIN. f. m. Petite piece de Poësie composée de

six vers. Il y a des stances dont chaque couplet est un Sixain. Il faut que les vers de toutes les strophes soient d'une mesure semblable à ceux du premier couplet.

On dit *Sixain de cartes*, pour dire, Un paquet composé de six jeux de cartes.

Sixain, se dit aussi d'un ancien ordre de bataille pour six bataillons qu'on range sur une ligne. On fait marcher le second & le cinquiéme à l'avant-garde, & le premier & le sixiéme à l'arriere-garde. Le troisiéme & le quatriéme demeurant sur leur terrain forment le corps de bataille. Tous les bataillons, dont le nombre est produit par celui de six, peuvent être mis en bataille par l'ordre du Sixain. Ainsi douze & dix-huit Bataillons y seront mis, en formant deux ou trois Sixains. On doit placer un Escadron à la droite de chaque Bataillon, & un à la gauche.

SIXTE. On a dit autrefois *L'heure de Sixte*, pour dire, Six heures.

Pour t'envoyer viron l'heure de sixte.

On a dit aussi, *Siste*, pour dire, Sixiéme.

Sixte est un terme de Musique, & on dit *Sixte diminuée*, pour dire, Un ton qui contient deux tons & trois demi-tons majeurs, ou une tierce diminuée & une quarte. La *Sixte mineure* contient trois tons & deux demi-tons majeurs, ou une tierce mineure & une quarte. La *Sixte majeure* contient quatre tons & un demi-ton majeur, ou une quarte & une tierce majeure ; & la *Sixte superflue* contient quatre tons & deux demi-tons, un majeur & un mineur.

S M A

SMARAGDOPRASE. s. f. Sorte de pierre qui semble tenir le milieu entre l'émeraude & la preme d'émeraude. Elle est distinguée de cette derniere en ce qu'elle n'a aucune couleur jaune, & elle differe de l'émeraude en ce qu'elle n'a point de verdure. Cette pierre, qui se prend plûtôt pour un jaspe que pour une vraie émeraude, n'est ni tout-à-fait opaque, ni tout-à-fait diaphane, quoi qu'on puisse dire qu'elle a tout ensemble de la transparence & de l'opacité. *Smaragdoprase* est un mot Grec formé de σμάραγδος, Emeraude, & de πράσον. Porreau.

S M E

SMECTIN. s. m. Terre glaise, grasse & luisante, pesante, tantôt jaunâtre & tantôt noirâtre. Les Cardeurs de laine, qui s'en servent fort en Angleterre, l'ont appellée *Soterard*; & à cause qu'elle fait presque la même chose que le savon, les Latins la nomment *Terra saponaria*.

S M I

SMILAX. s. m. Il y a trois sortes de Smilax, le rude, le doux & le Smilax des jardins. Ce dernier est un arbrisseau dont les feuilles sont semblables à celles du lierre, à la reserve qu'elles sont plus tendres. Sa tige est mince & grêle, & a des tendons pour s'agraffer aux plantes voisines. Ces tendons deviennent si grands, que l'on s'en sert pour donner de l'ombre aux allées, & pour couvrir les treilles & les berceaux des jardins. Ses gousses ressemblent à celles du senegré, quoiqu'elles soient plus longues & plus bossues. Sa graine est faite comme un oignon, & est de differentes couleurs. Selon Matthiole, ce n'est autre chose que ce qu'on appelle *Faseoles de Turquie*. On les mange avec leurs gous-

Tome II.

ses, comme l'on fait les asperges. Elles provoquent l'urine, & causent des songes fâcheux & tumultueux.

Le *Smilax âpre* ou *rude*, a les feuilles semblables à la Matrisylva, & produit plusieurs menus sarmens, piquans comme ronces. Il s'agraffe aux arbres depuis le pié jusques à la cime, & s'y entortille de branche en branche. Il porte de petits raisins qui sont rouges étant mûrs & un peu mordants au goût. Sa racine est dure & grosse. Ses feuille & ses fruits, pris avant & après le poison, servent de preservatifs ; & on tient que si on en fait avaler à un enfant sitôt qu'il est né, aucun poison ne pourra lui nuire.

Le *Smilax doux*, ou *lisse*, a ses feuilles comme le lierre, mais plus molles, plus menues & plus unies. Ses sarmens sont moins piquans que ceux du Smilax âpre, auquel il ressemble en s'agraffant aux arbres de la même sorte. Son fruit est petit & noir & semblable aux lupins. Ses fleurs sont rondes sans être entaillées, & viennent en grande abondance. Matthiole dit que cette plante croît par tout, & principalement en Toscane, où on la nomme *Viluchio maggiore*. Les Latins l'appellent *Volubilis major*, en François *Liset* ou *Liseron*. Quelques-uns font venir ce mot du Grec ξύω, Je ratisse, je racle, d'où a été fait ξύλον, Burin, lancette, à cause que le Smilax âpre a ses branches armées de pointes.

SMILLE. s. f. Espece de marteau qui a deux pointes propres à piquer le grais ou le moilon.

SMILLER. v. a. Piquer du grais ou du moilon avec la smille. On dit aussi *Esmiller*. M. Felibien observe qu'il y a plusieurs Ouvriers qui disent *Escheniller*.

S O C

SOC. s. m. Fer large & pointu qui sert à fendre la terre, & qui fait la principale partie de la charruë qu'on employe à labourer.

Soc, s'est dit d'une sorte de chaussure dont les anciens Comediens se servoient en representant quelque Comedie. Le Coturne étoit la chaussure pour les Tragedies.

Soc, est aussi la chaussure d'un Recollet, ou d'un Religieux du tiers Ordre de saint François. Elle est de bois & haute de trois ou quatre pouces. On dit plus communément *Socque*. Cette chaussure s'attache aux piés avec des courroyes.

Les Feuillans en portoient autrefois, & même alloient piés nus ; mais toute reforme degenere.

SOCINIENS. s. m. Nom qu'on a donné aux Antitrinitaires d'aujourd'hui, à cause de Fauste Socin, l'un des principaux Chefs de ce parti, dont le premier établissement s'est fait en Pologne, ce qui les fait nommer *Freres Polonois*. Ils y faisoient profession de n'approuver que le seul Symbole des Apôtres, rejettant le Symbole de Nicée & celui que l'on attribuë à saint Athanase, comme n'étant point conformes à la parole de Dieu, qui selon eux n'établit qu'un seul Dieu qui est le Pere. Ainsi ils nient la divinité de JESUS-CHRIST, l'existence du Saint Esprit, le peché original, la satisfaction de JESUS-CHRIST, la resurrection des méchans, & le rétablissement des mêmes corps que les Fidéles ont eu pendant leur vie dans le monde. Après qu'on les eut chassés de Pologne par un Arrêt public dans une Diete generale, ils se retirerent en Hollande, où ils sont en grand nombre, sur-tout à Amsterdam. Comme les Assemblées publiques leur

H h h

font défendues, ils se cachent sous le nom des Arminiens & des Anabaptistes. Ils ne laissent pas d'avoir quelques Assemblées secretes, dans lesquelles ils font des prieres à Dieu en gemissant & pleurant. Ils se plaignent de ce qu'ils sont odieux & en abomination à la plûpart des Chrétiens à cause de leur doctrine, qu'ils protestent n'avoir aucun interêt à soûtenir, que parce qu'ils sont persuadés que cette doctrine est vraie, & qu'ils ne peuvent renoncer au zele qui les porte à vouloir conserver au grand, seul, unique & souverain Pere de Notre-Seigneur JESUS-CHRIST, la gloire de sa divinité. Ils disent qu'ayant été confirmés dans leur foi par la lecture de la parole de Dieu & des livres qui ont été publiés contre eux, ils supplient ce grand Dieu, s'ils sont dans l'erreur, de la leur faire connoître, afin qu'y renonçant aussi-tôt, ils rendent gloire à la verité. Si l'on en peut juger par ce qu'on en voit, leur conduite est sainte, aussi-bien que leur conversation. Ils forment toute entiere sur les preceptes de JESUS-CHRIST, & prennent si peu de soin des choses du monde, qu'ils semblent ne penser uniquement qu'aux œuvres de pieté & de charité, & au salut de leurs ames. Ils s'occupent entierement à la lecture de la parole de Dieu, que beaucoup d'entre eux sçavent par cœur. Quand ils font une Assemblée, comme elle se fait toûjours pour les exercices de pieté, tous ceux qui s'y trouvent ont la liberté de parler. L'un commence un chapitre de l'Ecriture, & après avoir lû quelques versets où le sens est achevé, il dit ce qu'il pense, ainsi que ceux qui l'écoutent, touchant ce que signifient les paroles qui ont été lûes. Quoique la plûpart soient honnêtes gens sans lettres, il semble qu'ils ayent un talent particulier pour l'intelligence & pour l'explication de l'Ecriture sainte. Fauste Socin dont les Sociniens ont pris leur nom, étoit Italien, d'une des plus illustres Familles de Siene. Il commença à étudier la Theologie à l'âge de trente-cinq ans, rempli des préjugés de son oncle Lelius, qui mourut à Zuric en 1532. & dont il eut les Ecrits. La connoissance de la Theologie qu'il y puisa, le fit s'ériger en réformateur du genre humain. Il a fait beaucoup d'ouvrages, & il paroît dans tous bien plus de subtilité & de raffinement, que de jugement & de solidité.

SOCLE. s. m. Terme d'Architecture. Membre quarré plus bas que sa largeur, sur lequel on pose quelque corps qui lui sert comme de base ou de piedestal. On fait venir Socle du latin Soccus, Sandale, à cause que cette partie sert à élever le pié des bâtimens, comme sur des patins ou sandales. Les Italiens lui donnent le nom de Zoccolo, qui veut dire, Patin. On appelle Socle continu, Une espece de piédestal continu qui sert à porter un bâtiment, & qui n'a ni base ni corniche. On dit aussi Zocle.

SOD

SODA. s. m. Nom que donnent les Auteurs Allemans à une ébullition ou effervescence de matieres excrementeuses qui se fait dans l'estomac & qui est accompagnée d'une douleur & ardeur d'estomac, comme s'il s'elevoit des fumées enflammées par l'estomac. Cette effervescence est excitée par un acide vitié avec un salin huileux: car le salin & l'acide fermentant ensemble, produisent une chaleur d'autant plus grande, qu'il y a plus d'huile & de souphre. Les personnes coleres, ou à qui la bile regorge du duodenum dans l'estomac, sont sujettes à ce mal par l'effer-

vescence de la bile avec l'acide de l'estomac alors vitié. Il en est de même des hypochondriaques, à cause qu'un acide billieux domine dans leur estomac, sur-tout quand ils avalent des choses douces miellées & sucrées, qui en fermentant avec l'acide excitent ces troubles.

SOE

SOEF, EVE. adj. Vieux mot. Doux, débonnaire, aisé à manier. On a dit aussi Soüef, & soüefvement ou soüefvement, pour, Doucement.

SOF

SOFA. s. m. On appelle ainsi parmi les Turcs une estrade de bois, élevée de terre d'environ la hauteur d'un pié & qui est placée au bout d'une salle ou d'une chambre. C'est le lieu d'honneur où l'on a coûtume de recevoir les personnes dont le caractere est distingué. Le Grand Visir a été obligé d'accorder le Sofa aux Ambassadeurs de France, qui n'ont point voulu aller à son audience, qu'il ne leur fût permis de s'asseoir dessus. Les Sofas sont couverts de beaux tapis avec de grands coussins d'une étoffe riche. On se peut asseoir ou coucher dessus, & comme on y fait des fenêtres tout autour, on a la commodité de voir dans cette posture tout ce qui se passe dans la rue.

SOFFITE. s. m. Terme d'Architecture. Le dessous de ce qui est suspendu. On dit, Le soffite d'une architrave, pour dire, La face de dessus. On dit aussi quelquefois Le soffite de la couronne, ou du larmier. C'est ce qu'on appelle Platfond, & que les Anciens nommoient d'ordinaire Lacunar. Il est orné par compartimens de roses, & dans l'ordre Dorique cet ornement est de dix-huit gouttes faites en forme de clochettes disposées en trois rangs de six à chacun, & mises au droit des gouttes qui sont au bas des triglyphes. Le dessous d'un plancher est aussi appelé Soffite. Ce mot vient de l'Italien Soffito, Soupente, galetas, plancher de grenier.

SOI

SOIF. s. f. Alteration, desir, envie, besoin de boire. ACAD. FR. La soif vient du picotement fâcheux de l'orifice gauche de l'estomac par une acrimonie salée proprement telle, ou plus ou moins urineuse. Ces sels acres picotent d'une maniere particuliere & irritent l'orifice superieur de l'estomac, & l'eau simple est necessaire pour les délayer & les laver. Plus ils sont acres ou temperés, plus ou moins huileux, billieux ou visqueux, plus la soif augmente ou diminue sa violence. Ainsi la soif ne dépend pas seulement du défaut de salive ni de la siccité de l'œsophage ou de la trachée artere, quoique le défaut de lymphe en ces parties & la chaleur des mêmes parties contribuent beaucoup à augmenter la soif, parce que la déglutination de la salive cessant, les sels ne sont point délayés, & l'humectation de la gorge manque, ce qui rend la soif beaucoup plus sensible, à cause de la continuité de la membrane interne de l'estomac avec ces parties. M. Rohaut voulant expliquer comment on est excité à la soif, dit que si l'humeur qui a coûtume de monter de l'estomac vers le gosier en forme d'une vapeur moitte & grossiere, pour y entretenir ses parties dans l'humidité qui leur convient pour le bien du corps

étant trop échauffée & trop agitée , soit parce que son action n'est point temperée par celle de quelque autre liqueur , soit parce que le feu qui est par tout le corps en augmente l'agitation , soit enfin par quelque autre cause , y monte en forme d'air ou d'une vapeur trop subtile , alors au lieu d'humecter & de rafraîchir le gosier, elle l'échauffe & le dessseche , ce qui produit un mouvement dans ses nerfs propre à exciter en nous le sentiment de la soif. Il est excité par toutes les choses acres & salées ou urineuses , les aromates ou épiceries plus ou moins empreignées d'un sel acre , & les vegetaux acres & chargés de sel volatile acre & à demi caustique , comme la scammonée & l'ésula. La crudité nidoreuse que le défaut d'acide excite dans l'estomac cause aussi la soif. C'est ce qui fait que dans les fievres ardentes où manque le levain acide , & où tous les alimens sont corrompus & changés en des cruditée de cette nature , la soif est ordinairement continuelle & si fâcheuse, que l'eau ne sçauroit l'éteindre , parce qu'elle ne corrige pas suffisamment la cause prochaine , & que la matiere de la fievre s'alcalise alors dans l'estomac. La soif en est plus ou moins grande selon que l'acide de l'estomac est actif ou énervé. Elle est soulagée sur-tout par les acides , & un verre de vin fait plus que ne feroit deux pintes de bierre. Le lait ou le petit lait , qui radoucit & émousse la pointe du sel trop acre , éteint admirablement la soif des scorbutiques. On ôte la soif survenue pour avoir mangé des choses acres & salées , en rinsant & gargarisant simplement sa bouche , mais en d'autres cas on la trompe plûtôt qu'on ne l'éteint.

SOL

SOL. s. m. Petite piece de monnoie qui vaut douze deniers. On prononce Sou. Ce mot vient de *Solidus* , & ce qui en est une preuve , c'est que les écus d'or sol , qui étoient des écus d'or en espece , ont été appellés autrefois *Gallici solidi*. Nicod veut que l'on ait dit *Ecu sol* , à cause qu'il y avoit un Soleil par dessus l'écu de France. Le Sol étoit la plus grosse & la plus forte espece de monnoie, de sorte que les vingt faisoient la livre d'argent , & comme dans les Provinces on forgeoit les Sols plus abondans ou plus foibles d'argent , cela a causé la diversité des sols & des livres. Le Sol parisis tenoit un cinquieme de fin plus que le sol Tournois , & la livre Bourdeloise ne valoit que demi-livre Parisis. Les Sols ou deniers *Nerets* , dit Borel selon Raguean , valoient les soixante , trente-six sols Parisis. Le Neret vaut moins que le Tournois , & le Parisis un quart moins que le Tournois. Le sol du Mans valoit un sol Normand & un demi, d'où est venu le proverbe , *Un Mançais vaut un Normand & demi*. Le même Ragueau dit que *Le sol Mançais* valoit le double des Tournois , & que les sols , ou *souls Viennois* , étoient certaines monnoies dont on usa anciennement en Dauphiné & Forêt. Il y en a eu, ajoûte Borel , de beaucoup d'autres noms expliqués dans les livres des Monnoies, comme *Sol de franc, de livre* ou *deniers Parisis, Tournois* , dits de la Ville de Tours, *Lovisiens* ou *Donisiens, Tolosains*, dits *Tolsas* & *Tolsains* , c'est-à-dire, de *Toulouse* , *Morlais en Bearn* , *Blanc , forts , Nerets , Bourdelois , Barrois, de Brabant , Estevenans* , comme aussi des *Sols Melgorois* , dits ainsi du Comté de Maugnio , près de Montpellier , *Sols Ramondois* , dits du Comté Raimond de Toulo-
Tome II.

lose , & *Sol à forte monnoie* qui valoit trois sols. Le *sol Parisis* valoit treize deniers , à cause dequoi fut dit *Trezain* , mais Pasquier dit qu'il valoit quinze deniers.

L'ancienne Monnoie de France étoit de quatre especes de Sols , de demi-sols , de tiers de sols qui étoient d'or , & de deniers qui étoient d'argent. La tête du Prince étoit d'un côté avec son nom, ou celui du Monetaire pour legende. Il y avoit quelque figure historique ou une croix de l'autre côté , & pour legende le lieu où ils avoient été fabriqués. Sous Clovis , les Sols d'or étoient à la taille de soixante-douze à la livre , ou de quatre-vingt-quatre grains de poids , qui avoient cours pour quarante deniers d'argent. La premiere espece dont Bouteroue donne la figure dans son Livre des Monnoies , est un tiers de sol d'or fabriqué sous Theudomer qui regnoit avant Pharamond, ce qui fait connoître que nos Rois faisoient fabriquer des monnoies d'or dans un tems où ceux de Perse n'osoient faire battre que de la monnoie d'argent ou de cuivre.

Sol. Aire , superficie de la terre sur laquelle on bâtit , rez de chaussée. Il vient du Latin , *Solum* , La terre. La Coûtume de Paris dit que qui a le Sol , c'est-à-dire , la proprieté du fond d'un heritage , a le dessous & le dessus , s'il n'y a titre contraire. *Sol* se dit aussi du partage qui se fait des terres labourables d'une metairie. Ce partage se fait en trois sols dans beaucoup de lieux. L'un se seme en blé , l'autre en menus grains , & le troisiéme demeure en jachere. On se sert aussi quelquefois du terme de *Sol* dans le Blason , en parlant du champ de l'écu qui porte les pieces honorables & les meubles.

Les Chymistes disent *Sol*, pour dire, L'or. *La teinture du Sol.*

On a dit *Sol* & *Sole* dans le vieux langage , pour dire , Seul & Seule. On a dit aussi *Soul*.

SOLACIER. v. a. Vieux mot. Donner de la recreation. On a dit aussi *Solicieux* , pour Recreatif.

SOLAIRE. adj. Qui tient du Soleil , qui concerne le Soleil. *Année solaire* , se dit lorsque le Soleil ayant fait son cours par les douze signes du Zodiaque , retourne au point d'où il étoit parti. On appelle *Quadran solaire* , Celui qui marque l'heure par l'ombre que fait le Soleil , & on dit *Eclipse solaire* , pour signifier , La privation de la lumiere du Soleil par l'interposition du corps de la Lune.

On appelle en termes de Medecine , *Muscle solaire* , Un muscle qui sert à mouvoir la sole ou la plante du pié.

On a appellé *Solaires* , Certains Peuples de la Mesopotamie & des environs , qui n'ont ni Eglise ni Temples , & qu'on croit adorer le Soleil. Ils sont au nombre de neuf ou dix mille de leur secte , & ne s'assemblent que dans des lieux soûterrains & qui sont fort écartés des Villes. On n'a jamais pû rien découvrir de ce qu'ils font dans ces assemblées , tant ils y traitent secretement toutes les choses qui regardent leur Religion , s'étant engagés tous par serment à assassiner ceux qui en reveleront les mysteres. C'est qui est cause que quand quelqu'un d'eux se convertit à la foi , il est impossible de l'obliger d'en parler. Comme ils ne font aucun acte de Religion public, il y a quelques années que les Bachas du Grand Seigneur leur ordonnerent de se déclarer , afin de sçavoir si on pouvoit tolerer leur Religion dans l'Empire Turc. Ils éluderent cet or-

Hh h ij

dre en se joignant aux Jacobites , sans vouloir pourtant observer aucunes pratiques du Christianisme , & ils ont continué à s'assembler en secret ainsi qu'ils faisoient auparavant.

SOLANUM. s. m. Herbe fort branchue & bonne à manger , qui croît dans les jardins , & qui a sa feuille noire , plus grande & plus large que celle du basilic. C'est ce que nous appellons *Morelle* , dont Dioscoride dit qu'il y a une autre espece nommée par les Grecs ἁλικάκαβος , qui produit de petites bourses rondes & semblables à de petites vessies , au dedans desquelles il y a un bouton roux , rond , lisse & fait en maniere de grain de raisin. Les Arabes l'appellent *Alkekengi.* Voyez MORELLE & ALKEKINGI. Dioscoride , après avoir parlé de l'une & de l'autre , parle du *Solanum dormitif.* Il produit plusieurs branches épaisses , sarmenteuses & difficiles à rompre, beaucoup de feuilles grasses & semblables à celles du coignier, des fleurs tirant sur le rouge , & un fruit jaune enfermé en de certaines vessies velues. Il croît parmi les rochers aux côtes de la mer , & a sa racine longue & grosse quelquefois comme le bras , & couverte d'une écorce roussâtre. Cette écorce bûe dans du vin au poids d'une drachme , fait dormir , mais moins que l'opium. Sa graine est vehemente à faire uriner. Matthiole dit qu'on trouve une autre sorte de Solanum dormitif , dont les feuilles sont velues & veneneuses, la tige anguleuse , les fleurs en façon de cloche tirant sur le purpurin , dentelées tout à l'entour , & attachées à de longues queues , d'où sortent des perles noires tirant aussi sur le purpurin , vineuses & pleines d'une petite graine , ainsi que le fruit des autres Solanum. Sa racine est grande , tendre , blanche & noueuse. Il fleurit à la mi-Mai & jette son fruit en Juin. Il ajoûte que le grand Solanum , appellé par les Venitiens *Herba bella dona* , vient dans les montagnes parmi les bois , qu'il a ses feuilles plus grandes que la Morelle , sa tige haute de deux ou trois coudées , roussâtre & produisant plusieurs branches d'où sortent de longues fleurs attachées à de longues queues , & faites en cloche , de couleur pâle purpurine. Ces fleurs produisent des perles enfermées dans de petits boutons taillés en forme d'étoiles. Ces perles , qui deviennent noires à leur maturité , prennent la grosseur d'un grain de raisin & ont la peau de dessus luisante. Elles sont remplies , comme les autres , d'un jus vineux & de quantité de petites graines. Sa racine est longue , grosse , blanchâtre & succulente. La semence du grand Solanum cause un poison , dans lequel on croit être tourmenté par les diables , par les serpents & par les Archers. Doringius en rapporte plusieurs exemples, & entre autres , d'une démence où les malades sont d'abord joyeux , ensuite en colere & à la fin tristes, ce qui fait voir que les vegetaux peuvent donner des delires déterminés en fixant les esprits. Il y a encore le *Solanum furieux* , qui, selon Dioscoride , a ses feuilles comme la roquette , mais un peu plus grandes & assés semblables à celles de Branca ursina. Il produit directement de sa racine dix ou douze grandes tiges de la hauteur de quatre coudées , & à leur cime une tête faite en façon d'olive , mais plus velue. Sa fleur est noire , & il en sort une petite grappe noire & ronde qui a dix ou douze grains semblables aux grains de lierre , & qui sont plus mols que ceux de raisin. Sa racine est blanche, grosse , creuse & de la longueur d'une coudée. Etant bûe en vin au poids d'une drachme , elle fait ve-

nir de plaisantes visions ; & si c'est une femme qui en boit , elle croit être la plus belle personne du monde. Si on lui en fait prendre deux drachmes trois jours durant, elle devient folle tout-à-fait , & meurt si elle en prend jusqu'à quatre drachmes. Ce Solanum croît dans les montagnes exposées au vent , & sur-tout en celles où viennent les Planes. Voici ce que dit Galien de chaque espece de Solanum. Le Solanum qui est bon à manger & qui croît dans les jardins , est connu de tout le monde ; & comme il est froid & astringent au second degré , on s'en sert en toutes les choses qui ont besoin de refrigeration & d'astriction. Quant aux autres que l'on ne mange point , il y en a un appellé *Halicacabus* , qui porte son fruit roux & semblable à un grain de raisin en grosseur & en figure. On s'en sert pour embellir les chapeaux de fleurs. L'autre Solanum , qui est dormitif , est fort branchu. Il y en a encore un troisiéme , qu'on appelle *Manicum,* c'est-à-dire , Furieux. Le Solanum Halicacabum , que nous appellons *Alkekengi* , a ses feuilles de même propriété que celles de Morelle , mais son fruit est propre à faire uriner. Aussi le mêle-t-on en plusieurs compositions qu'on fait pour le foye , pour la vessie & pour les reins. L'écorce de la racine du Solanum dormitif , bûe en vin au poids d'une drachme , provoque à dormir. Du reste , il est semblable au jus de pavot , à l'exception qu'il est plus foible , n'étant froid qu'au troisiéme degré , au lieu que l'opium l'est au quatriéme. La graine de ce Solanum a la vertu de faire uriner. Toutefois il feroit perdre le sens à ceux qui en prendroient plus de douze grains. Le dernier Solanum ne vaut rien à prendre interieurement. Il fait mourir si on en prend quatre drachmes , & il ôte la raison si on en prend moins. Appliqué en forme de cataplasme , il guerit les ulceres malins & corrosifs , à quoi l'écorce de sa racine est fort bonne , étant dessicative au plus haut du second degré , ou au commencement du troisiéme , & refrigerative au commencement du second.

SOLAUX. s. m. Vieux mot. Le Soleil.

Li Solaux est levez
Qui abbat la rousée.

SOLBATU. adj. On appelle en termes de Manege, *Cheval solbatu* , Un Cheval dont la sole a été foulée.

SOLBATURE. s. f. Meurtrissure de la chair qui est sous la sole d'un cheval , & qui a été froissée par la sole. Cette meurtrissure arrive quand le cheval ayant marché quelque tems pié nud , la sole est trop desseschée & trop aride.

SOLDAN. s. m. Nom qu'on donnoit autrefois aux Lieutenans Generaux des Califes dans leurs Provinces & leurs armées. Ils se rendirent souverains ensuite. Saladin , General des troupes de Noradin , Roi de Damas , prit ce titre , qui veut dire en langue Moresque , Roi ou Prince , & fut le premier Soldan d'Egypte en 1146. après qu'il eut tué le Calif Caym. On a dit aussi *Soudan.*

Il y a un Magistrat à Rome que l'on appelle *Soldan* ou *Juge de la Tour de Nove.* Il a la garde des Prisons , & quelquefois celle du Conclave , & il juge de plusieurs affaires criminelles , & des Courtisanes.

SOLDANELLE. s. f. Plante que Matthiole dit être entierement semblable au chou marin , excepté que ses feuilles sont plus petites que la sarrasine ronde. Elles sont pleines de lait , salées , ameres au goût & un peu mordantes. La Soldanelle croît aux côtes de la mer , & a ses branches rouges , dont sort chaque feuille en façon de lierre. Matthæus Sylvaticus a cru que la Soldanelle étoit la Cachile des Arabes, & Serapion montre son erreur en disant que la Cachile est semblable à la mousse des arbres, & que ses feuilles ressemblent au cresson alenois, & non à la sarrasine.

SOLDAT. f. m. *Homme de guerre qui est à la solde d'un Prince, d'un Etat.* ACAD. FR. M. Guillet fait remarquer que quoique ce mot signifie en general un homme de guerre, il s'attribue particulierement à l'homme de pié. Il dit que la plûpart des ordonnances que le Roi a faites pour la guerre, sont pleines de cette distinction, & qu'après avoir nommé *le Soldat,* elles ajoûtent *le Cavalier,* afin d'établir leur difference.

Les François appellent *Soldats,* Une espece d'escargots ou de limaçons qui sont en abondance dans les Antilles, parce qu'ils n'ont point de coquilles qui leur soient propres & particulieres, & qu'ils ne les forment pas de leur propre bave comme le limaçon commun. C'est d'une matiere corrompue qu'ils sont produits, & aussi-tôt ils cherchent une maison étrangere, pour mettre leur petit corps à couvert des injures de l'air & des autres bêtes. Comme ils s'ajustent dans le coquillage qu'ils trouvent leur être propre, à la maniere des soldats, qui n'ayant point de demeure fixe, sont presque toûjours leur maison de celle d'autrui, cela les a fait nommer *Soldats.* On les voit plus communément dans des coques de Burgau, qui sont de gros limaçons de mer qu'ils rencontrent à la côte après la mort du poisson qui y logeoit. Ils ont tout le corps fort tendre hormis la tête & les pattes, & se servent pour défense d'un gros mordant semblable au pié d'un gros cancre, avec lequel ils ferment l'entrée de leur coquille. Ce mordant est dentelé au dedans, & serre si fort ce qu'il attrape, qu'il ne demord point sans en emporter une partie. Le Soldat va plus vîte que le limaçon commun, & l'endroit par où il passe n'est point sali de sa bave. Quand on le prend, il s'en fâche & fait du bruit, & il ne faut qu'approcher du feu la maison qu'il a prise pour l'obliger d'en sortir. Si on lui presente la même coquille pour y rentrer, il s'y remet par le derriere. Quelques habitans en mangent comme on fait les escargots en d'autres endroits, mais leur usage le plus propre regarde la medecine. Après qu'on les a ôtés de leur coquille & mis au soleil, ils rendent une huile excellente pour guerir les gouttes froides, & que l'on employe aussi avec succès, pour amollir les callus & les duretés du corps.

SOLDURIER. f. m. Vieux mot. On a nommé *Solduriers,* Des gens qui suivoient les anciens Chevaliers afin de courir la même fortune. On a dit aussi *Soldurieur,* pour dire, Courageux, & *Aller en soldée,* pour dire, Se mettre à la solde.

SOLE. f. f. Sorte de poisson de mer qui est plat, & d'un très-bon goût. Il a la partie de dessous blanche, & celle de dessus noirâtre, la bouche de travers & sans dents, & il est couvert de petites écailles. La chair en est blanche & ferme. M. Menage fait venir le mot de *Sole* du latin *Solea,* Semelle de soulier, à cause de la ressemblance que ce poisson a avec une semelle.

Sole, se dit d'une place publique ou d'une étape. Par l'ordonnance des Aides, les Marchands de Vin en gros sont obligés de mettre dans les Soles de l'Hôtel de Ville, & en la halle au vin, tous les vins qu'ils font venir. Cela se fait afin qu'ils en payent le gros.

Sole. Terme de Manege. Ongle ou espece de corne au dessous du pié d'un cheval, beaucoup plus tendre que l'autre corne qui l'environne, & qu'on appelle proprement *la Corne,* à cause de sa dureté. Les Maréchaux doivent prendre garde à mettre le fer sur la corne d'une telle sorte, que jamais il ne porte sur la Sole. Si la Sole étoit foulée, elle feroit boiter le cheval & pourroit meurtrir la chair qui la separe du pié.

On appelle *Soles,* en termes de Charpenterie, toutes les pieces de bois posées de plat qui servent à faire les empâtemens des gruës, engins, & autres machines. On donne ce même nom de *Soles,* aux pieces de bois qui portent la cage d'un moulin à vent. Elles posent sur quatre massifs de maçonnerie, & sur le milieu de ces pieces de bois est encastré un des bouts de l'attache qui porte le moulin. C'est sur ces Soles qu'il tourne.

Sole. Terme de Marine. C'est le fond plat & large des bâtimens de mer qui n'ont point de quille. On dit dans ce sens, qu'*Un bas est bâti à sole.*

SOLEIL. f. m. Planete ronde & lumineuse, qui étant la cause de la chaleur & des feux, luit de sa propre lumiere, & de qui les autres planetes reçoivent la clarté dont elles brillent. Le Soleil est cent soixante & six fois plus grand que la terre, & son disque paroît rond dans son Midi, & elliptique en son levant & en son couchant. Sa plus grande distance de la terre est de 22374. demi-diametres de la terre, & sa plus petite de 21626. Quand on dit que le Soleil est dans un Signe, on entend qu'il est dessous, c'est-à-dire, que la ligne tirée de la terre par le Soleil rencontre ce point dans l'écliptique, il sert en un an à faire le tour de l'écliptique, (voyez AN,) ou bien dans le sytême de Copernic, c'est la terre qui fait ce tour en un an, & qui par consequent devient planete au lieu du Soleil qui cesse d'en être une.

On dit en termes de Marine, que *Le Soleil monte encore,* pour dire, qu'il n'est pas encore arrivé au Meridien lorsque le Pilote prend hauteur; & on dit que *Le Soleil a baissé,* pour dire, qu'il a passé le Meridien, ou qu'il a commencé à décliner. On dit que *Le Soleil ne fait rien,* quand il est au Meridien, & qu'on ne s'apperçoit pas en prenant hauteur qu'il ait commencé à décliner. *Le Soleil chasse le vent,* est une autre façon de parler dont on se sert lorsque le vent courre de l'Est à l'Ouest devant le Soleil. On dit encore que *Le Soleil a passé le vent,* lorsque par exemple le vent est au Sud, & que le Soleil a passé jusqu'au Su-Sud-Ouest; & au contraire on diroit que *Le vent auroit passé le Soleil,* s'il s'étoit levé vers l'Est, & qu'il fût plûtôt au Sud que le Soleil.

Soleil signifie de l'or en termes de Chymie, & ordinairement en Armoiries on donne douze rayons au Soleil, les uns en ondes, & les autres droits. Son émail est d'or. Quand il est de couleur, on l'appelle proprement *Ombre de soleil.*

Soleil, se dit aussi d'une grande fleur jaune qui a la figure d'un Soleil. Elle a une tige haute & des rayons jaunes. C'est celle que l'on appelle autrement *Tournesol* ou *Heliotrope.*

Soleil de feu. Terme de feux d'artifice. Il y a des roües à feu qui sont des roües mobiles autour d'un petit essieu, dont l'une allumant l'autre, fait tourner la roüe qui est appellée *Soleil de feu.*

SOLEN. f. m. Coquille de deux pieces articulées ensemble par un bout. Ces pieces sont longues de quatre à cinq pouces sur sept à huit lignes de largeur, creuses en gouttieres, voutées par dessus, minces, coupées quarrément par les bouts. Lorsqu'elles sont jointes enfemble , elles ont la forme d'un étui où l'on met un couteau de table & une cueiller. Selon Rondelet , le *Solen mâle* , eft celui qui a la coquille de couleur d'ardoife , ou bleuâtre. Il nomme *Solen femelle* , Celui dont les coquilles font blanches ou roufsâtres. Elles font ordinairement plus petites que les autres & affés communes dans la Mediterranée. On trouve auffi une efpece de Solen fur les Côtes de Normandie. Les coquilles en font blanches tirant fur le purpurin , mais plus épaiffes que celle de la Mediterranée , & longues d'environ fept pouces fur un de large.

SOLERETS. f. m. p. Vieux mot. Armes de fer pour les piés.

SOLFIER. v. Soit en mufique , foit en pleinchant , c'eft chanter les notes fuivant leur jufte valeur. Il faut folfier pour apprendre , ou prévoir un chant.

SOLIDE. f. m. Terme de Geometrie. Quantité qui a une longueur , une largeur & une hauteur ou profondeur. Ainfi le Solide a trois dimenfions , au lieu qu'une ligne n'en a qu'une , & un plan deux. En Algebre on appelle *Nombres folides* , ceux qui à l'exemple des corps folides font formés ou confiderés comme formés par deux multiplications , 3 fois 4 n'eft qu'un nombre *Plan* , parce qu'il n'y a qu'une multiplication , & il reprefente une furface qui auroit 3 piés de longueur , & 4 de largeur , & par confequent contiendroit un efpace de 12 piés. Mais 12 fois 2 qui eft 24 , eft un nombre folide , parce qu'il fe forme par une feconde multiplication , & reprefente un parallelepipede ou corps folide qui ayant 3 piés de longueur , 4 de largeur , auroit 2 de hauteur , & contiendroit dans toute fa folidité 24 piés. Un même nombre que l'on regarde comme folide , peut n'être regardé que comme plan , ainfi 24 eft plan fi je le prens fimplement pour le produit de 2 par 12 , & que je n'aye formé 12 , par aucune multiplication ; même 24 peut n'être pris que pour une *grandeur lineaire* , fi je ne le prens que pour une fuite d'unités où il n'entre point de multiplication. Voyez LINEAIRE.

Solide , en termes d'Architecture , eft un maffif , un corps plein. Lorfqu'on fait les fondemens d'un édifice , on dit qu'*On a trouvé le folide* , pour dire , qu'On a trouvé le bon fonds. Une colomne , ou un obelifque fait d'une feule pierre eft auffi nommé *Solide*.

Solide , s'emploie auffi à l'adjectif , & on appelle *Angle folide* , ce que le vulgaire appelle *Carne* , c'eft-à-dire , un angle fait de plufieurs angles plans diverfement inclinés fur un même point.

SOLIER. f. m. Vieux mot. Le fecond étage d'une maifon , le haut d'une maifon. On lit dans Rabelais , *Le folier de la maifon embrunché de fapin*.

SOLINS. f. m. p. Terme d'Architecture. Efpaces qui font entre les folives au deffus des poutres. On appelle auffi *Solins* , dans les couvertures de tuiles , les enduits de plâtre ou de mortier qu'on fait tout le long de l'extrémité du pignon de haut en bas pour enclaver & retenir les premieres tuiles.

SOLIVE. f. f. Piece de bois de brin ou de fciage , qui fervent à foûtenir. Les Solives , fur la longueur de fix piés , doivent avoir tout au moins quatre pouces de large & fix d'épaiffeur , & être toûjours plus hautes à proportion de leur groffeur ; ce qui fe fait , dit M. Felibien , à l'imitation des triglyphes , qui reprefentent la hauteur , la largeur & la difpofition des folives ou poutrelles : car elles doivent être mifes de champ , & non pas de plat , fi on veut qu'elles ayent plus de force. On appelle *Solive de brin* , Celle qui eft de toute la groffeur d'un arbre équarri ; *Solive paffante* , Celle de bois de brin qui fait la

largeur d'un plancher fans poutre , & *Solive de fciage* , Celle qui eft debitée dans un gros arbre fuivant fa longueur. Les deux plus fortes folives d'un plancher , qui fervent à porter le chevêtre , font appellées Solives d'enchevêtrure , auffi-bien que les plus courtes , qui font affemblées dans le chevêtre. M. Menage derive *Solive* , de *Soliva* ou *Suliva* , venant de *Solum* , Plancher , à caufe que la folive le foûtient.

SOLIVEAU. f. m. Petite folive. C'eft une moyenne piece de bois qui n'a que cinq à fix pouces de gros & qui eft plus courte qu'une folive ordinaire.

SOLLERS. f. m. Vieux mot. Souliers.

SOLSTICE. Terme d'Aftronomie. Le tems où le Soleil eft dans fon plus grand éloignement de l'Equateur , fçavoir à vingt-trois degrés & demi. Il y a le *Solftice d'Hiver* , quand le foleil eft au tropique du Capricorne , & alors c'eft le plus court jour de l'hiver. On a le *Solftice d'Eté* quand le foleil eft au tropique du Cancer ; ce qui nous donne le plus long jour de l'Eté. Ce mot vient de *Sol* , Soleil , & de *ftare* , Demeurer , s'arrêter. Soit parce que le Soleil s'arrête à ces deux points en ne les paffant point , foit parce qu'il femble s'arrêter en effet & retarder fon cours , l'augmentation ou la diminution des jours étant alors moins grande que vers les Equinoxes.

SOLSTICIAL , ALE. Qui eft du folftice , qui appartient au folftice. On appelle *Points folfticiaux* , Les points où le foleil s'emble s'arrêter.

SOLUTION. f. f. *Denouement d'une difficulté*. ACAD. FR. On dit *Solution Geometrique* , & *Solution mecanique d'un probléme*. La premiere eft celle qui fe fait par des lignes convenables à la nature du probléme , comme d'un probléme fimple par l'interfection de deux lignes droites ; d'un probléme plan , par l'interfection d'une ligne droite & d'une circonference de cercle , ou par l'interfection de deux circonferences de cercle. La Solution mechanique d'un probléme eft celle qui fe fait en tâtonnant , & encore celle qui fe fait par le moyen d'une ligne qui n'eft pas geometrique. Voyez LIGNE.

Solution , en termes de Chirurgie , fignifie une divifion contre nature , & fe dit des plaies ouvertes par des inftrumens tranchans. Alors il y a *folution de continuité* , c'eft-à-dire , divifion des parties qui font naturellement continues , & même qui font naturellement continues.

On appelle auffi *Solution* , en termes de Chymie & de Medecine , l'Action par laquelle les corps mixtes font reduits en leurs parties , foit par le feu , foit par les eaux fortes , ou feulement en les délayant dans une liqueur. C'eft par le feu que fe fait la folution des metaux & des mineraux. Celle des refines fe fait par l'efprit de vin bien rectifié.

Solution fe dit quelquefois pour payement en termes de Pratique , du Latin *Solvere* , Payer.

SOM

SOMACHE. adj. On appelle , en termes de mer , *Eau fomache* , de l'Eau falée. *On ne trouva dans cette Ifle que des eaux fomaches.*

SOMBRER. v. n. Terme de Marine. On dit qu'*Un Vaiffeau a fombré fous voiles* , pour dire , que lorfqu'il étoit fous voile , il eft venu un grand coup de vent qui l'a renverfé & fait couler bas.

SOMMAGE. f. m. Terme de Coûtume. Droit Seigneurial dont on s'acquitte par fervice de cheval & à fomme.

SOMMAIL. f. m. Terme de Marine. Baffe , lieu où la terre eft haute fous l'eau.

SOMMAIRE. f. m. Abregé , extrait. Les Imprimeurs

appellent *Sommaire* , Un titre un peu long & difposé de telle maniere , que la premiere ligne est de la longueur , & que celles qui suivent avancent d'un quadratin.

SOMME. s. f. *Charge , fardeau que peut porter un cheval , un mulet , un âne.* ACAD. FR. Chez les Indiens les bœufs sont bêtes de somme. Du Cange dérive ce mot de *Sagma , salma* ou *sauma* , qu'on a dit dans la basse Latinité pour signifier Une charge ou une selle de cheval. On appelle *Somme de verre* , Un panier de verre propre aux VITRIERS , qui ont vingt-quatre plats ou pieces de verre , qui sont rondes , & à peu près de deux doigts de diametre. Ces vingt-quatre plats de verre font la charge d'un homme , & peuvent faire quatre vingt-dix ou quatre-vingt-quinze piés quarrés de vitrage.

Somme , en termes d'Arithmetique , se dit d'un nombre formé de l'addition de deux ou de plusieurs nombres. 5 , est la somme de 2 & de 3 ; 9 , est celle de 1 , de 3 , & de 4. On appelle *Somme par soi* , quand on tire en ligne la dépense d'un chapitre qui n'a qu'un article.

Somme se dit aussi en Geometrie de plusieurs lignes que l'on ajoûte les unes aux autres , de plusieurs quarrés &c. Enfin de toutes grandeurs mises ensemble.

On appelle en termes de mer , *Pays sommé* , Un fond où il se trouve peu d'eau ; & on dit que *La mer a somme* , pour dire ; que le fond baisse , ou qu'il y a plus de u en profondeur.

SOMMÉ , adj Terme de Blason. Il se dit d'une piece qui en a une autre au dessus d'elle , comme d'une petite tour au sommet d'une grosse. *D'azur au cerf passant d'argent sommé d'or , cheville de dix cors.*

SOMMEIL. s. m. Etat de l'homme durant lequel l'action ordinaire des objets exterieurs sur les organes des sens n'excite en lui aucun sentiment , en sorte qu'il paroît dans un plein repos. Comme les esprits animaux , lorsqu'ils se meuvent regulierement & suivant leur subtilité naturelle , reçoivent promptement les impressions des objets sensibles , & entretiennent la passion des sens , de même ils excitent & souffrent alors divers mouvemens , & on dit qu'en cet état l'animal est éveillé. La privation de cet état fait le sommeil , & ces deux choses se suivent mutuellement par une vicissitude necessaire , l'état du sommeil étant opposé à celui de la veille. M. Rohaut dit que pour établir en quoi il consiste , il ne faut que supposer une autre disposition dans le cerveau que celle qui cause l'état de la veille , & que comme celle-ci consiste dans une abondance d'esprits , l'autre par une raison contraire doit être causée par un manquement d'esprits , qui fait que les pores du cerveau par où les esprits ont accoûtumé de couler sont comme celui-ci consiste dans une plus ténus entr'ouvert par le passage frequent des esprits , se bouchent d'eux-mêmes. Cette obstruction étant faite , les esprits animaux qui étoient déja dans les nerfs , venant à se dissiper , & n'y en affluant point d'autres , les filets de ces nerfs deviennent lâches & comme collés les uns contre les autres ; & si alors un objet fait impression pour quelque endroit de notre corps , ils ne peuvent servir pour la transmettre jusqu'au cerveau. Il suit de-là , qu'aucun sentiment n'en doit resulter. D'ailleurs les muscles qui sont toûjours vuides d'esprits , venant à se relâcher , ne peuvent plus servir à mouvoir les membres où ils sont inserés , & même ils ne sçauroient non plus contribuer à retenir le corps dans une certaine posture , que s'ils étoient tout-à-fait détruits. Toute la difficulté est de sçavoir de

quelle maniere les nerfs se bouchent. Pour cela il faut concevoir que pendant la veille , les commencemens , les portes ou les petites entrées interieures des nerfs sont comme dressées , ouvertes & tendues , & que souffrant l'impetuosité des esprits qui vont & qui viennent , elles se dessechent extrémement avec le tems & s'échauffent ; ce qui fait dire ordinairement que les longues veilles dessechent & échauffent le cerveau. Il arrive de-là qu'il s'engendre en elle une espece de soif & comme une envie d'être humectées & refroidies , qui est l'envie même de dormir , & qu'ainsi elles s'affaissent d'elles-mêmes & s'abattent , soit que ces esprits ayent déja été fort épuisés , n'ayent pas la force d'empêcher l'affaissement , soit qu'il soit survenu quelque cause qui sollicite & procure cet affaissement , qui est necessaire pour pouvoir être humectées , rafraîchies & rétablies dans l'état qu'il faut. Sans s'arrêter à tout ce raisonnement , on peut dire que le sommeil est causé de deux manieres , l'une quand les esprits diversement exhalés & dissipés par les veilles & par le travail , sont tellement épuisés , qu'ils ne peuvent plus tenir les entrées des nerfs dressées & ouvertes ; ce qui fait qu'ils sont retenus dans le cerveau , & qu'ils s'y ramassent & accumulent en quelque sorte avec ceux qui s'y engendrent continuellement jusqu'à ce qu'ils soient en telle abondance , qu'ils puissent de nouveau redresser & r'ouvrir les embouchures des nerfs & influer dedans. L'autre maniere de causer le sommeil , est lorsqu'un froid , une humeur , une vapeur humide ou gluante , ou quelques autres causes surviennent qui font affaisser ou retiennent affaissés les commencemens des nerfs , & qui sont telles que les esprits qui restent ne les peuvent dissiper ; ce qui paroît en ce qu'incontinent après le repas , ou quand la coction se fait dans l'estomac , le sommeil vient aisément , parce que comme les extrémités des membres se refroidissent alors par le rappel des esprits à l'estomac , le cerveau se refroidit aussi par la même cause ; de sorte que les esprits qui y restent ne suffisent pas pour empêcher l'affaissement des nerfs , & l'on continue de dormir ensuite lorsque les esprits retournent & que les extrémités se réchauffent , parce que lorsqu'une nouvelle abondance de sang venal & arterial monte au cerveau , il y monte en même-tems quelque humeur flegmatique & sereuse , qui pendant qu'elle s'épaissit dans le cerveau pour être chassée ensuite vers la glande pituitaire ou salivaire , occupe premierement l'endroit où se rencontre l'origine des nerfs , les humecte & les tient abattus. L'obstruction des pores du cerveau , qui sont les origines des nerfs , étant une suite necessaire du grand épuisement des esprits , quand il y en a encore dans le cerveau une quantité suffisante pour pouvoir être employée avec un peu d'effort aux actions de la veille , on peut dire que lorsqu'on ne les y emploie pas , le commencement du sommeil est volontaire. Ainsi une personne qui se sent de la disposition à dormir , s'en peut encore abstenir pour quelque tems , s'appliquant attentivement à quelque travail , & employant les esprits animaux , qui sans cela auroient eu quelqu'autre usage , aux actions qui servent à entretenir la veille. On peut dire aussi que le repos cause le sommeil , parce qu'ayant deux causes qui tiennent les orifices des nerfs tendus & ouverts , sçavoir le jaillissement ou l'impulsion des esprits sortans du cerveau , & le rebondissement des mêmes esprits contre le cerveau , dans le repos le rebondissement manque , & ainsi la premiere & unique cause qui reste , resiste moitis à l'affaissement ,

& eſt par conſequent plus facilement vaincuë. De-là vient que quand on eſt aſſis ou couché, & qu'on n'eſt ni piqué,ni preſſé,on s'endort plus aiſément,& mieux encore dans le ſilence quand rien ne frappe les oreilles, & pendant la nuit, lorſque les paupieres ne ſont pas penetrées par la lumiere. On de-mande pourquoi on a coûtume de s'échauffer en dormant. Cela vient de ce que les eſprits animaux ayant beaucoup d'agitation, s'ils ne ſont point em-ployés à entretenir l'état de la veille, & s'ils de-meurent dans le ſang même, ils doivent augmen-ter l'agitation de ſes parties ; & comme c'eſt en cela que conſiſte l'augmentation de la chaleur du ſang, & par conſequent celle de tous les membres, il s'en-ſuit que ſi l'on s'endort dans un lit au plus fort de l'hiver, on s'échauffe davantage, que ſi étant dans le même lit on ſe contraignoit à veiller. Le ſommeil exceſſif eſt une vraie maladie quand l'impuiſſance de veiller le cauſe : c'eſt-à-dire, que les malades ont ſi peu de forces, & que les operations animales ſont ſi foibles, qu'ils ne peuvent remuer aucun de leurs membres ni tenir les yeux ouverts. Ils veil-lent effectivement, quoiqu'ils ſemblent endormis, & ce qui le prouve, c'eſt que s'il entre quelque perſonne inconnuë qui leur parle, ils ouvrent les paupieres qui retombent auſſi-tôt ; & ſi on les in-terroge, ils tâchent de répondre, ſans le pouvoir faire, la foibleſſe où ils ſe trouvent les en empê-chant. Il faut diſtinguer cette ſorte de ſommeil d'a-vec le ſommeil exceſſif qui eſt naturel, c'eſt-à-dire, cauſé par les laſſitudes & par des travaux penibles, comme il arriva à un voyageur fatigué, dont Pla-terus parle, qui eut un ſommeil de trois jours & de trois nuits. Salmut rapporte l'exemple d'une fille, qui ayant paſſé deux jours & deux nuits à danſer ſans dormir,fut enſuite quatre jours & quatre nuits entieres ſans s'éveiller. Ces eſpeces de ſommeil ſont naturelles, le ſommeil naturel dépendant de l'influence diminuée des eſprits animaux dans les organes externes & de leur engourdiſſement, lorſ-qu'ils ne ſont pas aſſés volatils ni aſſés ſubtils, mais phlegmatiques & tardifs à faire les fonctions animales par les expanſions & les mouvemens re-quis.

SOMMER. v. a. Ce mot ſignifioit autrefois, Mettre le ſommet à quelque choſe, à un bâtiment, à un frontiſpice.Preſentement il ne ſe dit plus qu'en ter-mes de guerre & de Palais, *Sommer une place de ſe rendre, Sommer quelqu'un de répondre.* Il ſignifie auſſi Joindre pluſieurs ſommes enſemble pour voir à combien elles montent. Nicod a expliqué toutes ces diverſes ſignifications en ces termes. *Sommer, proprement prins, eſt mettre comble & ſommité à quelque choſe. Delà on dit en Venerie,* La perche du cerf eſt ſommée d'eſpois en paulmeure, trocheu-re, forcheure ou couronneure, *c'eſt-à-dire, a pour la ſommité des eſpois rangez en trocheure, &c. Et en Faulconnerie,* Les pennes du Faulcon ſont toutes ſommées, *c'eſt-à-dire, parcreuës & parvenuës à la ſommité & grandeur qu'elles doivent être.* Som-mer, *eſt auſſi reduire pluſieurs petites ſommes en une, parce que la ſomme totale eſt emmenée ſur leſ-dites petites.* Sommer en outre, *eſt interpeller au-cun de faire quelque choſe à laquelle il eſt tenu, comme,* Je l'ay ſommé à garant; & en cette ſigni-fication ou en termes de guerre, Sommer, ou Faire ſommer une place, *c'eſt-à-dire, interpeller les ennemis qui la tiennent, de la rendre volontaire-ment ſans ſe faire forcer par le canon, & par breches & aſſauts, ou par famine, à long ſiege. Nicolas Gil-les en la Chronique du Roi Lois XI.* Le Roi trouva façon d'avoir la Ville de Heſdin, & après que ſes

gens y furent entrez, il y alla en perſonne, & fit ſommer ceux qui étoient dedans le Château pour la Comteſſe de Flandres, de lui rendre & mettre la Place entre ſes mains ; ce que de prime-face ils refuſerent faire. Et à cette cauſe, le Roi fit mettre le ſiege devant & par divers côtés fit battre la mu-raille. *On dit auſſi,* Sommer quelque pourſuite à celui qui eſt tenu nous indemniſer, *c'eſt-à-dire, la lui faire ſçavoir & ſignifier.*

Sommer, en Mathematique, ſignifie auſſi, Met-tre pluſieurs grandeurs en une *Somme,* les ajoûter les unes aux autres.

SOMMIER. ſ. m. Terme de Meſſagerie. Cheval ou autre bête de ſomme. M. Menage veut que ce mot ait été dit par corruption de *Saunier,* fait de *Salma,* qui ſignifie le bât ou la charge d'un che-val.

On appelle chez le Roi *Sommier de Chapelle,* Un Officier qui a ſoin de porter les draps de pié & les carreaux dans la Chapelle du Roi. Il ſe dit auſſi des Officiers qui doivent fournir les bêtes de ſom-me pour tranſporter les bagages de la Cour lorſ-qu'elle fait voyage.

Sommier, en termes de Tapiſſier, eſt un gros matelas rempli de crin & piqué, qui ſert de paillaſſe & fait partie de la garniture d'un lit.

Sommier. Terme de Charpenterie. Piece de bois plus groſſe qu'une ſolive & moins groſſe qu'une poutre. Il y a des endroits où les poutres ſont nom-mées *Sommiers.* Cette piece de bois eſt portée ſur deux piedroits de maçonnerie, & ſert de linteau à une croiſée ou à une porte.

On appelle auſſi *Sommier,* La premiere pierre qui poſe ſur les colomnes ou ſur les pilaſtres, quand on forme un arc ou quelque ouverture quarrée.

Sommier, ſe dit encore d'une groſſe piece de bois avec feuillure, qui eſt arrêtée aux bords de la contreſcarpe d'un foſſé pour recevoir le battement d'un pont-levis quand on l'abbaiſſe. Il ſe dit de même de la piece de bois qui portant une groſſe cloche ſert de baſe à la hune, & au haut de laquelle les tourillons de fer ſont attachés.

On appelle *Sommier d'orgues,* Un vaiſſeau ou reſervoir dans lequel le vent des ſoufflets eſt con-duit par un porte-vent, d'où enſuite il ſe diſtribue dans les tuyaux qui ſont poſés ſur les trous de la partie inferieure. Les ſoupapes par où entre le vent, s'ouvrent en peſant ſur les touches du clavier après qu'on a tiré les regiſtres qui empêchent l'air d'entrer en d'autres tuyaux que ceux où l'on a be-ſoin de le faire aller. Les orgues de ſeize piés ont deux ſommiers qui ſe communiquent le vent l'un à l'autre par un porte-vent de plomb. Le Sommier des cabinets d'orgue eſt de deux à trois piés de long.

Il y a auſſi un *Sommier de preſſe.* Celui de la preſſe des Imprimeurs en taille-douce, eſt une piece de bois poſée ſous le milieu de la preſſe, & qui la tient en état par le bas. Le Sommier de la preſſe des Imprimeurs en lettres eſt une piece de bois où tient l'écrou.

Les Parcheminiers appellent *Sommier,* Une peau de veau qui eſt attachée ſur la herſe avec des clous, & ſur laquelle on étend la peau de parchemin en coſſe qu'on veut raturer.

Sommier, ſe dit auſſi en termes de Finances. C'eſt un gros regiſtre que tiennent les Commis des Bureaux des Aides, ſur lequel ils comptent de leur recette. Il y a auſſi des Sommiers pour les Gabel-les, pour les Tailles, & pour d'autres droits des fermes du Roi.

Nicod dans les diverſes ſignifications de *Sommier,*
       comprend

comprend les cerceaux doubles qui se mettent sur le jable des tonneaux. Sommier, dit-il, *vient de ce mot Somme, & signifie ce qui porte somme.* Ainsi il se prend aucunefois pour la poultre sur laquelle sont posées les solives & le faix de tout le plancher. *Quelquesfois pour un cheval portant en somme, c'est-à-dire sur le dos, soit bahu ou autre charge.* Selon ce, *au Pays de Languedoc ou adjacens, on dit,* Une Sommade de blat, *pour la quantité de blé que communément un cheval peult porter en somme.* Quelquefois pour le cerceau double qui suyt le talu en la reliure d'une futaille, qui ainsi est appellée par les Tonneliers, parce qu'estant droitement sur le jable, il porte tout le fais de ladite reliure. *Quelquefois pour le canon musical, sur lequel se font les conduits ou postes qui portent le vent d'un tuyau d'orgnes à l'autre.* En consequence de ce on appelle Sommier, *assemblée, corps, ou communauté, qui porte sur luy tous les affaires de ladite communauté & s'en charge.* Et d'un porte-fais qui est chargé à *oultrance on dit,* Il est chargé en Sommier. *Sommier aussi est appellée la grosse piece de bois taillée en dos de chameau, à laquelle une cloche est attachée à liains & bandes de fer, & pendant d'iceluy Sommier, les deux bouts duquel faicts de tourillons de fer portent sur le pouailler fait d'airain, & tournant encelluy quand la cloche est sonnée à branle; & ce Sommier porte tout le fais & pesanteur de la cloche sur son dos accolé desdits liains de fer, tout ainsi qu'un cheval la Somme sur le dos, dont luy est donné ce nom.*

Sommier. Morceau de bois à monter une scie de long.

Sommier. Cheval qui dans les pays vignobles porte la somme de vendanges, il en faut 5. pour faire une pipe, & même 6. quand la vendange n'est pas bonne. On appelle aussi Sommier l'homme qui le conduit.

Sommiers. Grosses pieces de bois qui portent la pile dans un moulin à draps.

SOMMISTE. s. m. Terme de Chancellerie Romaine. Ce nom est donné au principal Ministre de la Chambre pour l'expedition des Bulles. C'est celui qui en fait faire les minutes, qui les fait recevoir & plomber.

SOMNANBULE. s. m. Celui qui se leve & marche la nuit tout endormi. Ce mot vient du latin *Somnus*, Sommeil, & de *Ambulare*, Marcher, se promener.

SOMPTUAIRE. adj. Qui concerne la despense. On a appellé parmi les Romains, *Loix somptuaires*, Certaines loix faites pour moderer la despense, & pour empêcher le luxe des citoyens. Il y a encore à Venise des Loix somptuaires qui reglent la despense qu'on permet de faire.

SON

SON. s. m. Ce qui reste de la farine lorsqu'elle est blutée. On appelle *Son gras*, Celui où l'on a laissé encore beaucoup de farine, & *Son maigre ou sec*, Celui d'où toute la farine a été tirée.

Son étant pris pour ce qui est l'objet de l'ouie, est un mouvement particulier de l'air. Le *corps resonnant* étant remué ou frappé de sorte que les petites parties soient d'abord enfoncées, & qu'ensuite par la force du ressort elles se redressent, & fassent ainsi plusieurs vibrations vives & brusques, elles impriment aux parties de l'air les plus proches d'elles un mouvement brusque comme le leur; celles-ci à d'autres, & ainsi de suite jusqu'à l'oreille de celui qui entend. Ce mouvement est tel que chaque par-

Tome II.

tie d'air qui pousse celle qui est devant elle, avance très-peu; mais elles se poussent les unes les autres avec une très-grande vitesse, & cela ressemble à ce qu'on appelle au billard des *corps secs*, supposé qu'il y eût plusieurs boules rangées en ligne droite l'une contre l'autre. Comme chaque partie d'air ne se meut que dans un très-petit espace, & ne fait presque que pousser celle qui la touche, leur mouvement se communique toûjours également vite, quoiqu'elles n'ayent pas été frappées également fort, ou s'il y a quelque difference dans la vitesse, elle est absolument insensible. De-là vient qu'à une même distance, un son plus foible s'entend aussi vite qu'un son plus fort. Selon cette idée, le son ne seroit porté que sur une seule ligne droite, ce qui est contre l'experience, mais ce qui fait qu'il est porté à la ronde, c'est que les particules du corps *resonnant* qui sont ébranlées par le choc en ébranlent d'autres de tous côtés dans ce même corps, qui produisent aussi du son, & d'ailleurs un son qui n'iroit d'abord que sur une ligne droite, se réflechit sur tous les corps qu'il rencontre, & comme tous ces mouvemens sont extrêmement prompts, les reflexions arrivent aussi vite à l'oreille que le mouvement direct, & elles y arrivent de toutes parts. Elles se joignent même au mouvement direct, & fortifient extrêmement le son, qui seroit sans comparaison plus foible, s'il se faisoit dans un lieu où il n'y eût pas de corps reflechissans. Si ces corps sont assés éloignés pour n'envoyer à l'oreille le son reflechi que quelque tems après le son direct, & si d'ailleurs ils sont propres à faire des reflexions bien nettes, c'est ce qu'on appelle des *Echos*. Le son peut être *grave* ou *aigu*. Il est grave si les particules du corps resonnant, ou par leur grosseur, ou par leur figure, ou par leur peu de liaison, ont des vibrations lentes & tardives, & par conséquent n'impriment à l'air qu'un semblable mouvement, des dispositions contraires dans les particules du corps resonnant, rendent le son aigu. Si les cordes d'un instrument sont plus longues ou moins tendues, elles ont des vibrations plus lentes, & par conséquent un son plus grave, & cela peut s'appliquer à proportion aux particules des autres corps resonnans. Entre deux cordes également tendues, si l'une est une fois plus courte que l'autre, elle rend un son qui est d'une *octave* au dessus, & c'est-là le fondement de la *division du Monochorde, des Consonances, & des Dissonances.* Voyez ces mots. La voix procede d'un certain mouvement imprimé à l'air dans le larynx par le moyen de l'épiglotte, laquelle en pressant l'air qui sort, fait une voix aiguë & subtile comme celle des femmes & des enfans, & en le laissant sortir librement, elle fait une voix grave & sonore ou de quelque autre genre. L'état de la trachée artere y contribue beaucoup. Plus elle est seche, plus la voix est claire; plus elle est grande & large, plus le son est bas & gros, & tel que celui des gros tuyaux d'orgues. C'est ce qui fait que les Ours dont la trachée artere est très-large, ont une voix si forte & si rude, & qu'au contraire les Rossignols qui l'ont très-étroite, ont la voix tenue & douce. La mobilité de l'épiglotte en divers sens fait les differens fredons & les diverses harmonies du son.

Son, dans le vieux langage, a signifié Sommet.

Quand de branche en branche monta
Du grand arbre de sec en son.

SONAILLE. s. f. Clochette que les bêtes portent pendue au col en passant ou en voyageant. On appelle *Sonailler*, Le cheval, bœuf ou mulet qui marche à la tête des autres avec cette sonnette.

SONDE. f. f. Inſtrument long & rond dont les Chirurgiens ſe ſervent pour ſonder les plaies. Il ſe dit auſſi d'un fer emmanché de bois dont les Commis aux portes ſe ſervent pour voir, par exemple, en le fourrant dans un chariot de foin qui paſſe, s'il n'y a point quelque marchandiſe cachée.

Sonde. Terme de Marine. Petite maſſe de plomb en quille, attachée à un long cordeau, que l'on fait deſcendre dans la mer, tant pour ſçavoir la profondeur du parage, que pour reconnoître la nature & la qualité du fond qui s'attache à la partie inferieure de la ſonde. On frotte ce deſſous de ſuif, & lorſqu'il vient à porter ſur le ſol de la mer, il en enleve du ſable ou de la vaſe s'il y en a. S'il n'en rapporte rien, c'eſt une marque que le fond eſt de cailloux ou de roche. Cette petite maſſe de plomb peſe d'ordinaire dix-huit livres. La terre que l'on rapporte au bout du plomb de ſonde, eſt auſſi appellée *Sonde*, & on dit *Etre à la ſonde*, pour dire, Etre en lieu où l'on peut trouver le fond de la mer avec la ſonde. Quand on dit ques *Les ſondes ſont marquées*, on entend par là que les braſſes ou piés d'eau, qui ſont en profondeur, ſont marqués ſur des cartes près des Côtes. On dit, *Venir juſqu'à la ſonde*, pour dire, Quitter le large de la mer & venir juſqu'à un endroit où l'on trouve fond avec la ſonde ; & on dit, *Aller la ſonde à la main*, quand on va dans un païs inconnu ou dangereux, qui oblige d'y aller en ſondant. On appelle *Sonde de pompe*, Une meſure de bois marquée par pouces avec du plomb au bout, qui ſert à faire connoître la quantité d'eau qui eſt à fond de cale.

SONDER. v. a. *Tâcher de reconnoître la qualité du fond en la profondeur d'un lieu couvert, où l'on ne peut pénétrer par la vûe.* ACAD. FR. Les Chirurgiens diſent *Sonder une plaie*, pour dire, Mettre la ſonde dans une plaie, afin d'en connoître la profondeur. Les Changeurs ſondent la monnoie avec les burins. Les Marchands de bois ſondent auſſi les arbres quand ils achetent une forêt, pour voir s'ils ne ſont point faux en cœur.

Sonder. Terme de Marine. Jetter un plomb de ſonde où il y a du ſuif, pour connoître le fond par le ſable qu'il rapporte, ou pour ſçavoir combien il y a de braſſes ou de piés d'eau juſqu'au fond. On dit, *Sonder la pompe*, pour dire, Voir par la meſure de bois qui a un plomb au bout, combien il y a de piés ou de pouces d'eau au fond d'un Navire.

SONGE. f. m. Ce qu'on imagine, ce qu'on penſe en dormant. M. Bernier dans ſon Abregé de la Philoſophie de Gaſſendi, dit que les Songes ſemblent naître ſeulement de ce que les ſens étant aſſoupis, les eſprits qui cependant ſe meuvent ſans ceſſe, & çà & là dans le cerveau, entrent dans les veſtiges imprimés, qui ſont comme des eſpeces de plis qui s'y ſont faits, & meuvent la phantaiſie de la même ſorte que pendant la veille. Cela ſemble d'autant plus vrai-ſemblable, qu'on ne peut entendre delà pourquoi il ne paroît point de difference entre les choſes vûes en dormant & en veillant, & que pendant le ſommeil, ainſi que pendant la veille, l'on obſerve cette ſucceſſion continuelle d'imaginations, qui étant quelquefois ſans liaiſon, ne laiſſent pas d'en avoir ſouvent une ſecrette & cachée. La phantaiſie étant remuée de la même ſorte par les eſprits à cauſe des veſtiges imprimés, il s'excite en dormant comme en veillant de pareilles imaginations, auſquelles nous donnons ou refuſons de même notre conſentement ; & parce que les eſprits ſurvenant diverſement ſautent quelquefois

& s'inſinuent dans des ſuites de ces plis ou veſtiges tout-à-fait ſéparées & éloignées, il peut arriver des ſonges tout-à-fait disjoints. S'il s'y trouve quelque liaiſon ſecrette, comme il y en a ſouvent, quand même l'on ſonge des choſes qui n'en ont aucun, cela peut venir de ce que lorſque les eſprits ſoufflent, pour ainſi dire, le long d'une ſuite de plis, ils remuent aiſément le pli de la ſuite voiſine, ou de celle qui eſt en travers, & que laiſſant alors la premiere ſuite, ils en enfilent une nouvelle, paſſant de même à une autre, de telle ſorte que la derniere ſemble enfin n'avoir rien de commun avec la premiere. Comme la phantaſie n'eſt jamais en repos durant la veille, elle ne l'eſt jamais non plus pendant le ſommeil, & elle imagine toûjours quelque choſe. Quelques-uns diſent, ſelon le rapport même d'Ariſtote, qu'il ſe trouve des perſonnes qui n'ont jamais ſongé, ce qui n'eſt pas vrai. Ils ſongent effectivement, mais ils ne ſe ſouviennent pas de leurs ſonges ; ce qui eſt un effet de leur temperament particulier : car de même que quand nous dormons quelque peu de tems après le repas, nous ſongeons, & qu'étant reveillés nous ne nous ſouvenons pas des choſes que nous pouvons avoir dites en begayant ; ce qui arrive de la même ſorte à pluſieurs perſonnes qui en dormant ſe levent, crient & vont d'un côté & d'autre, ſongent effectivement & ne ſe ſouviennent de rien étant réveillés, ainſi il s'en peut trouver dont la conſtitution du cerveau ſoit telle, que tout ce qu'ils ſongent pendant tout le cours de leur vie, s'efface entierement. Pline & Galien n'ont pas été du ſentiment d'Ariſtote, qui prétend que les enfans ne ſongent point avant leur quatrième ou cinquième année. Les ſecouſſes, mouvemens, frayeurs & ſucemens qu'on remarque en eux pendant qu'ils dorment, prouvent le contraire. Deux raiſons nous empêchent de nous ſouvenir de quelques-uns de nos ſonges. L'une eſt, que les eſprits coulent & s'inſinuent d'une telle maniere par les plis & les ſuites des plis, qu'ils ne les troublent pas, & que ne les mêlant point, ils n'en font aucunes nouvelles, de ſorte que ne ſe faiſant aucune impreſſion differente de celles qui y ſont, nous ne remarquons rien qui ſoit different de ce que nous avons connu auparavant. Ainſi il ne nous ſemble pas avoir rien penſé de nouveau, comme il arrive quand une choſe extraordinaire a ébranlé la phantaiſie, à cauſe du mêlange des veſtiges qui a été fait par les eſprits. L'autre raiſon eſt, qu'encore que les eſprits s'inſinuent & coulent de ſorte qu'ils mêlent & confondent quelque choſe, & qu'ils faſſent de nouveaux plis & de nouvelles ſuites, ſoit en aſſemblant, ſoit en ſéparant, toutefois l'impreſſion qui ſe fait eſt offuſquée & preſque effacée par la vapeur qui s'y mêle, ou par les eſprits qui y ſuccedent, en ſorte qu'il n'en reſte aucun veſtige. De-là vient apparemment que les ſonges du matin ſont plus clairs, & demeurent plus facilement dans la memoire, que ceux qui arrivent quand on dort un peu après le repas, ſur-tout quand la tête eſt appeſantie par les vapeurs : car l'impreſſion qui ſe fait peut être effacée par l'ébranlement, comme l'eſt celle qui ſe fait quand une chûte imprévûe, ou quelque coup violent nous fait perdre le jugement & le ſentiment, étant certain que nous ne nous ſouvenons ni d'avoir été en danger de choir, ni de la chûte ni du coup, quoique nous ayons vû la choſe de nos yeux & avec beaucoup de frayeur. Nous ſongeons ſur-tout aux choſes auſquelles nous nous ſommes attachés pendant la veille, & cela vient de ce qu'ayant imaginé une choſe fortement &

avec affiduité, les veftiges qui ont été formés font tellement larges & ouverts, que les efprits y accourent particulierement, & en s'infinuant plus aifément ils remuent plus fortement la phantaſie. Hippocrate prétend que ſi l'on fonge que la terre ſoit inondée par le déluge des eaux des fleuves ou de la mer, c'eſt ſigne de maladie, à cauſe de l'abondance d'humidité qui eſt dans le corps, & que ce n'eſt pas même un bon augure de ſonger qu'on nage dans un étang ou dans une riviere. Il dit au contraire que ſi lorſque l'on s'endort le ſoir, les choſes ſe preſentent de la même façon qu'elles ſe ſont paſſées pendant le jour, cela doit être pris pour un préſage heureux de ſanté, parce que l'eſprit n'étant ſurmonté ni par la plenitude, ni par l'inanition, ni par aucune. autre choſe de même nature, il perſiſte dans ce qu'il penſe le jour. Si en ſongeant, nous doutons quelquefois, & prenons garde avec quelque attention ſi ce qui nous paroît eſt un ſonge ou non, ce que ne peuvent faire les brutes, tout cette attention n'eſt fondée que ſur cette ſeule eſpece de mémoire, que quelquefois en veillant les abſurdités de nos ſonges nous font venues en penſée, & que nous avons ſongé au moyen de les examiner & reconnoître; & comme cette attention eſt très-foible & très-legere, il n'intervient aucune fonction du ſens, laquelle comme plus forte & plus puiſſante occupe la place & convainc que l'imagination de fauſſeté. Il y a des perſonnes qui courent la nuit en dormant, & entre pluſieurs exemples, Gaſſendi en rapporte un qui eſt tout-à-fait extraordinaire. Un homme de ſa connoiſſance ſortoit de ſon lit, ouvroit les portes, marchoit dans la rue, deſcendoit dans une cave qu'il avoit vis-à-vis de ſa maiſon, & tiroit du vin de la piece qui étoit en perce. Il écrivoit même quelquefois, & quoiqu'il fît toutes ces choſes & pluſieurs autres dans la plus grande obſcurité de la nuit, il ne voyoit pas moins clair que s'il eût été en plein jour. Il eſt vrai que s'il arrivoit qu'il ſe réveillât dans la rue, ou dans ſa cave, ou ailleurs, il ceſſoit de voir. Il y avoit cela de particulier, qu'il ſe ſouvenoit toûjours de l'endroit où il étoit, & retournoit dans ſa chambre & dans ſon lit en tâtant. Neanmoins il ne ſe réveilloit qu'avec un grand tremblement & une forte palpitation de cœur. Il s'habilloit quelquefois, & quelquefois il faiſoit toutes ces choſes à demi habillé ou n'ayant que ſa chemiſe. Souvent s'étant levé & habillé, il ſortoit & alloit juſqu'à un certain endroit, après quoi il retournoit à ſa chambre & ſe déshabilloit ſans ſe réveiller avant qu'il ſe fût remis dans ſon lit, & ſe ſouvenant toûjours d'où il venoit & de ce qu'il avoit fait. S'imaginant quelquefois qu'il ne voyoit pas aſſés clair, & qu'il s'étoit levé avant le jour, il allumoit du feu & de la chandelle. Ariſtote dans ſon livre de la generation des animaux, dit que toutes ces choſes arrivent à ceux qui ſont dans la fleur de leur âge, & que les vieillards, dont la chaleur naturelle eſt languiſſante ou éteinte, ne ſont point capables de les executer.

SONNET. ſ. m. Petit Poëme de quatorze vers, diviſé en deux quatrains de deux rimes ſemblables, & en deux tercets dont le dernier doit finir par quelque penſée ingenieuſe. Ce mot, ſelon M. Menage, vient du ſon que font les doubles rimes des deux quatrains. Voici ce qu'en dit Nicod. Sonnet *ſemble eſtre diminutif de Son, c'eſt-à-dire, un petit ſon, ſi mieux on n'aime dire qu'il eſt fait de ce mot Latin Sonitus, & qu'il ne ſoit point de la forme diminutive; mais le François ne l'a ni d'une ſorte ni d'autre, en courant uſage; & ce qu'il dit depuis ne*

Tome I.

ſçay quel temps, Sonnet, *pour une façon de rime comprinſe en deux quatrains & deux tiercets, qui ſont quatorze vers, dont le premier rime aux quatriéme, cinquiéme & huitiéme, & le ſecond aux troiſiéme, ſixiéme & ſeptiéme; le neufiéme au douziéme, le dixiéme au treiziéme, & l'onziéme au quatorziéme, c'eſt un mot par luy emprunté de l'Italien Sonetto, qui l'a pris des Provençaux ou Catalans premiers Poëtes, duquel l'Italien l'Eſpagnol a puis n'a gueres prins & le mot & la tiſſure de la rime. Aucuns eſtiment que ladite rime de quatorze vers ſoit appellée Sonnet, parce que les Italiens le chantent en le liſant; mais cela n'en eſt pas la cauſe, car le chant leur eſt commun & uſité en toutes ſortes de leurs rimes, dont le vers eſt de onze ſyllabes, ſoit de fait ou d'equipolence. Comme auſſi tous vers quelconques en quelque langue qu'ils ſoient écrits, diſſent ſelon leur ſon de chant, ainſi que le mot Carmen, que le Latin leur a baillé, le donne aſſez à entendre. Autre diſent que le Sonnet ayant eſté la premiere façon de rime uſitée par les Italiens, a en ce nom, parce que leſdits Poëtes Provençaux, pour donner à entendre ce que c'eſt que Rime, la definiſſoient par ces deux vocables accomplex Son & Mot, & vont alleguant pour preuve de ce, ce vers d'Aymeric de Belennti*,

Per ço no pueſſe mots ny ſos accordar.

Et ceux-cy de Honand Daniel:

Mas amors mi aſſura
Qu'ils mots ab lo ſon accorda.

Et ceux-cy de Janfre Rudel,

No ſap chantar qu'il ſo non di,
Ni vers trobar qu'il mots non fa.

Et ceux-cy de Pierre d'Auvergne,

Cui bon vers agrad' auſir
De mi Conſeilh he l'eſcout
Aqueſt que ora comenſa a dir
Que pos li er' ſos cors aſſis.
Deu ben entendre 'l ſon e' ls mots.

Diſent outre que Petrarque l'a monſtré à ſigne d'œil en ces vers de ſon premier Sonet.

Voi ch' aſcoltate in rime ſparſe il ſuono
Di quei ſoſpiri, ond' io nudriva il cuore.

Mais à eux eſt l'altercation & le jugement.

SONNETTE. ſ. f. Petite cloche de cuivre, d'argent ou de vermeil doré, qui ſert à appeller ou à avertir. On appelle auſſi *Sonnettes*, de petits grelots que l'on attache aux tambours de baſque, aux jambes des Pantalons pour danſer, au cou des petits chiens, afin d'empêcher qu'ils ne ſe perdent, & aux oiſeaux de proie. On attache auſſi des Sonnettes aux mulets, & aux bêtes de ſomme, & elles ſervent à avertir ceux qui ſe trouvent dans le grand chemin de ſe retirer à l'écart.

Sonnette, Machine dont ſe ſert pour enfoncer des pilotis. Elle eſt compoſée d'un gros belier ou mouton de bois ou de fonte, de fer ou de cuivre, & s'éleve entre deux couliſſes ou moutons de bois avec un cordage que l'on tire & qu'on laiſſe aller.

SONNETTES. ſ. f. p. Cordages à main dont les Charpentiers ſe ſervent à lever de petits fardeaux à l'aide de la poulie ſans chêvre ni autre engin.

SOP

SOPHI. ſ. m. Titre que l'on donne aux Rois de Perſe. Il vient d'un jeune Berger qui portoit ce nom, & qui par ſon courage & par ſon eſprit, trouva les moyens de parvenir à la Couronne de Perſe vers l'an 1370. Il ſe diſoit deſcendu de la race d'Ali, l'un des Interpretes de la Loi de Mahomet, & autoriſant ſa ſecte contre celle d'Homar, il prit un

I ii ij

turban de laine rouge pour se distinguer de ceux qui suivoient Homar, & dont le turban étoit de lin blanc. C'est delà que quelques - uns tiennent qu'il fut appellé *Sophi*, Vossius disant que ce mot vient de *Suf*, qui en Arabe signifie Laine. Selon Bochart *Sophi*, veut dire celui qui est pur en sa religion.

SOPHISTE. s. m. Celui qui trompe par de fausses raisons ceux qu'il tâche de persuader. Ce nom qui est aujourd'hui odieux, étoit autrefois un titre honorable, & signifioit un homme sçavant & éloquent. Ainsi on le donnoit à tous ceux qui excelloient en quelque science que ce fût, comme aux Theologiens, Medecins & Jurisconsultes. On appelloit particulierement *Sophistes*, les Déclamateurs & les Philosophes. Ce titre étoit encore en honneur chés les Latins du tems de saint Bernard, & avoit commencé à s'avilir dans la Grece, dès celui de Platon & de Philippe de Macedoine, à cause de Protagoras, d'Hippias, de Prodicus & de Gorgias, qui firent un trafic sordide de l'éloquence, l'enseignant à prix d'argent à leurs écoliers. Ceux qui professoient la Philosophie par la seule vûe du gain, couroient de Ville en Ville pour débiter leur science avec une vaine ostentation de paroles, & c'est ce qui a porté Seneque à les appeller des Sophistes Charlatans. Ce mot est Grec σοφιστης.

SOR

SORBE. s. f. Fruit du Sorbier, arbre grand & droit, qui s'aime dans les lieux humides, & dont le bois est massif & coloré. Il y a des Sorbes rondes, ovales, & en forme de poire, mais les meilleures sont celles qui ont des feuilles molles & délicates autour de la queue. Elles sont astringentes, mais moins que les nesles. Pline en marque de quatre sortes. Les unes rondes en façon de poires que les Païsans appellent *Cormes*, & qui sont plus communes que les autres. Il en fait une espece differente de celles qui sont rondes en façon de pommes. Il y en a d'autres longuettes en forme d'olives, & d'autres qui donnent ordinairement des tranchées & douleurs de ventre. Dioscoride parle seulement de celles qui sont communes, & que l'on cueille en automne sur le Cormier. Celles-là sont d'un plus grand usage. On s'en sert pour arrêter les vomissemens, pour retenir les flux de sang immoderés, & pour fortifier les parties. Le menu peuple des divers Païs fait une maniere de vin paillet avec des Sorbes bien mûres.

SORBET. s. m. Breuvage fort agreable, composé de chair de citron avec du sucre, & qui nous vient du Levant. Il est fort ordinaire chés les Turcs, à qui on défend le vin.

SORBONIQUE. s. f. Acte solemnel de Theologie qu'on fait pour être reçû Docteur, & qu'on a nommé ainsi, à cause qu'il se fait toûjours dans la Salle de Sorbonne. Cet acte s'ouvre tous les ans le premier Vendredi d'après la fête de saint Pierre, & dure douze heures. L'on y soûtient la Theologie scolastique, & on doit répondre à tous venans & sur-tout aux Bacheliers du premier & du second ordre, & du Prieur de Sorbonne qui commence par neuf argumens. La premiere Sorbonique se fait par un Cordelier, à cause ce fut Maurice Cordelier qui établit cette sorte d'acte en 1315. C'est un Jacobin qui soûtient la derniere Sorbonique, & le Prieur de Sorbonne ouvre l'une & l'autre par une harangue.

Dans quelques Facultés de Theologie on l'appelle

d'un autre nom. On dit à Angers *la Jovine*, parce le se tient le Jeudi.

SORCEUX. s. m. Sorte de Prêtres anciens. Borel dit que c'est delà qu'est venu le mot *Sorcier*. On a dit *Sorcerie*, pour Sorcellerie.

Mais garde que ne soit si sotte
Que ja riens d'enchantement croye
Ne sorcerie ne charroye.

SORCUIDANCE. s. f. Vieux mot. Témérité.

SORDOIER. v. n. Vieux mot. Sourdre, sortir d'une source d'eau.

SORDOIS. adj. Vieux mot. Sourd.

SORNE. s. f. Vieux mot. Commencement de la nuit, quand l'obscurité ôte la connoissance de ce que l'on a devant les yeux. Nicod dit que *Sorne* peut être tiré par double syncope de *Serotinum*, fait de *Serum*.

SORNER. v. n. Vieux mot. Se moquer.

Dites, je vous pri, sans sorner.

SOROISON. s. f. Vieux mot. Le tems du soir.

SORTIE. s. f. Action de sortir. On appelle *Sortie*, en termes de guerre, la marche de quelques troupes qui sortent d'une Place assiegée pour venir insulter le travail des Assiegeans, & quelquefois un quartier entier, quand les lignes de contrevallation ne sont pas en défense, ou bordées des Mousquetaires. On dit *Couper une sortie*, quand on prend à dos les troupes qui l'ont faite.

SORVANTOIS. s. m. Sorte de vers ou de chanson que chantoient les Trouverres, Poëtes Provençaux. On les appelloit aussi *Servantois*.

SORY. s. m. Espece de mineral que Dioscoride dit n'être pas trop dissemblable du Melanteria, quoiqu'il ait son genre à part. Il a une odeur fâcheuse & qui provoque à dormir, & se trouve en Egypte & en plusieurs autres regions, comme en Libie, en Espagne & en Chypre. Celui d'Egypte est estimé le meilleur. Il est troué, gras & astringent, & mis au creux d'une dent malade, il en ôte la douleur, & raffermit celles qui branlent. Galien & plusieurs autres tiennent que le Sory, le Chalcitis & le Misy se forment dans les mines de cuivre, & qu'il s'y trouve lit sur lit, le Sory qui est le plus terrestre au-dessous, le Chalcitis au milieu, & le Misy au-dessus de tous les deux. Ils different fort peu l'un de l'autre, si ce n'est en pureté, & même Galien a remarqué qu'avec le tems les trois dégenerent & se changent l'un en l'autre.

SOT

SOT. Prep. Vieux mot. Sous.

Et sot les reins & les espaules.

On a dit aussi *Sot*, pour dire, Il sceut.

Vestu comme François, & sot parler Romant.

SOTOFRINS. s. m. Terme de Marine. Pieces de bois qui croisant les courbatons, ne servent qu'à les lier & les affermir.

SOU

SOUBANDES. s. f. Terme de Chirurgien. Bandes qu'on met les premieres aux fractures sous les autres Le Soubandage sert à assembler en un les parties écartées & à écarter celles qui s'approchent contre le naturel.

SOUBARBE. f. f. Terme de Manége. Nom que donnent quelques-uns à la partie du cheval où porte la gourmette.

On appelle *Soubarbes*, en termes de Mer, Deux pieces de bois qui sont appuyées sur la coltie d'un Vaisseau, afin de soûtenir les bossoirs. *Soubarbe*, se dit aussi d'une piece de bois fort courte qui est debout, & par laquelle le bout de l'étrave du Vaisseau est soûtenu lorsqu'il est sur le chantier.

SOU-BARQUE. Terme de Charpenterie. Le dernier rang des planches ou bordages d'un bateau foncet, qui est immediatement au-dessus du platbord.

SOUBASSEMENT. f. m. Terme de Tapissier. Morceau d'étoffe de soye, de drap, ou de serge, que l'on met au bas d'un lit quand les rideaux ne vont pas jusques à terre. C'est aussi un morceau de tapisserie que l'on attache au-devant de l'appui ou de l'accoudoir d'une fenêtre.

Soubassement, en termes d'Architecture, est une large retraite ou une espece de piedestal continu, qui sert de base à un édifice.

SOUBERME. f. m. On appelle ainsi en termes de Marine, ce qu'on appelle autrement *Torrent*, c'est-à-dire, des eaux causées par les pluies & par les neiges fondues, qui ne coulent qu'en été & grossissent les rivieres.

SOUBRIGADIER. f. m. Officier de Cavalerie qui soulage le Brigadier dans les fonctions de sa charge. Il est Haute-paye dans les Regimens de Cavalerie.

SOUCHE. f. f. *La partie du tronc de l'arbre qui est en terre, & d'où sortent les racines.* ACAD. FR. On appelle en termes d'Architecture, *Souche de cheminée*, Un ou plusieurs tuyaux de cheminée, qui paroissent au-dessus d'un comble. Ils doivent n'avoir que trois piés de haut au-dessus du faîte. *Souche ronde*, se dit d'un tuyau de cheminée de figure cylindrique, en maniere de colomne creuse, qui sort hors du comble. Ces sortes de Souches ne se partagent point par des languettes pour plusieurs tuyaux, & sont accouplées en groupées.

SOUCHET. f. m. La moindre des pierres qui se dans les carrieres & qui est au-dessous du dernier banc. Elle n'est quelquefois que comme du gravois & de la terre.

Souchet. Plante nommée fort semblables au porreau, mais plus longues & plus grêles. Sa tige est de la hauteur d'une coudée, quelquefois plus grande, & ressemble à celle du jonc odorant. Elle a plusieurs angles, & porte à sa cime quelques feuilles menues & sa graine. Ses racines dont on se sert principalement, s'entretiennent & se touchent, étant faites en façon d'olives longues ou rondes, noires, odorantes & ameres. Elles sont chaudes & aperitives, & prises en breuvage, elles servent à ceux qui ont la pierre, ou qui sont mordus des scorpions, & aux hydropiques. Leur fomentation est singuliere aux froideurs & aux opilations de la matrice, & pour provoquer le flux menstrual. La même racine étant seche & réduite en poudre, est fort propre aux ulceres corrosifs de la bouche. Le Souchet croît aux lieux cultivés & marécageux. Dioscoride parle d'une autre sorte de Souchet qui croît aux Indes, & qui ressemble au Gingembre. Il est amer quand il est maché & rend une couleur de safran. Matthiole dit qu'on en voit encore une autre sorte en plusieurs lieux d'Italie, qui a ses racines longues, noüées, éparpillées à fleur de terre, & noires tirant sur le rouge. Le meilleur croît vers les sources de Timavo, & dans quelques marais qui sont aux limites de Curse. Il est fort semblable au Galenga, tant en

odeur qu'en figure.

SOUCHETAGE. f. m. On donne ce nom à une visite que font les Officiers des Eaux & Forêts, après que les bois ont été coupés. C'est pour compter le nombre & la qualité des souches qui ont été abatties. Le compte & la marque des bois de fustaye qu'on permet d'abbattre, se nomme aussi *Souchetage*. L'Ordonnance veut que cela soit fait avant l'adjudication.

SOUCHETEUR. f. m. Expert que chaque partie nomme de son côté pour assister au souchetage & à la visite des souches.

SOUCHEVER. v. n. Terme de Carrier. Tirer le souchet, pour faire tomber les autres bancs de pierre qui sont dessus.

SOUCHEVEUR. f. m. Carrier, qui travaille particulierement à ôter le Souchet pour séparer & faire tomber les pierres, ce qu'il fait avec la masse & les coins du fer.

SOU-CHEVRON. f. m. Terme d'Architecture. Piece de bois d'un dome ou d'un comble en dome, dans laquelle est assemblé un bout de bois qu'on appelle *Clef*. Il y a deux chevrons courbes qui sont retenus par ce bout de bois.

SOUCI. f. m. Petite plante qu'on cultive dans les jardins, & qui porte une fleur de même nom. Cette fleur est ronde, & a de petites feuilles d'un jaune foncé qui tire sur l'orangé. M. Ménage veut que ce mot vienne du Latin *Solsequium*, comme les Grecs ont dit *Heliotropium*. Il n'y a que la fleur qui soit en usage en Medecine, où l'on se sert rarement des feuilles. Elle est aperitive & resout avec un peu d'astriction, provoquant les mois & facilitant l'accouchement. Elle est d'ailleurs tellement cordiaque, qu'on s'en sert souvent avec succès dans les bouillons contre la peste, & autres maladies pestilentielles. On l'appelle en Latin *Caltha* & *Calendula*, & en Grec χρυσάνθεμον.

SOUCLAVIERE. adj. Terme de Medecine. On appelle *Veines souclavieres*, Deux veines ou branches qui font la division du tronc ascendant de la veine-cave. Elles ont été nommées ainsi, à cause qu'elles sont sous les clavicules du gosier, dont une partie va aux aisselles, & forme les rameaux axillaires. *Muscle souclavier*, est le premier muscle qui sert au mouvement du thorax.

SOUCOUPE. f. f. Ouvrage d'Orfévre ou de Potier d'étain, composé d'un pié & du dessus, qui est une sorte d'assiette large avec de petits rebords. C'est là-dessus que l'on sert à boire proprement aux personnes qui sont d'un rang distingué. On y met les verres & des caraffes de plusieurs sortes de vin ou de liqueurs.

SOUDART. f. m. *Soldat. Ce mot vieillit.* ACAD. FR. *Soudard* étoit preferé à *Soldat* du tems de Nicod. Voici ce qu'il dit. *Soudard est un mot approprié aux gens de pié, non de cheval, combien que l'étymologie & l'origine du mot comprenne tous ceux qui prenans soude servent un Prince de leur corps à la guerre. Il est mieux écrit & prononcé* Soudard *que ni* Souldard *ni* Soldat, *car il vient de ce mot latinisé* Solidum, *espece de monnoie que le François prononce* Soud, *& comme le Baron de Tautenberg dit, selon Cassiodore, Vege & Frontin, anciennement entre les gens de guerre, Solidatus, s'appelloit l'homme de guerre, qui recevoit soude & gages militaires de l'Empereur, car comme il eut esté longuement usité entre les Romains que les gens de guerre guerroyassent à leurs propres cousts & despens, neanmoins depuis la prinse de la ville d'Anxur, furent ordonnez gages & soude, des deniers de la Ville aux gens de guerre avec certaine quantité de grain & quelque habillement, &*

Iii iij

à ceux qui combattoient à cheval, un cheval, qui tous
estoient appellez Auctorati, & par traité de temps
après furent dits Matriculati & Solidati. Le Fran-
çois l'appelle aussi Soudoyer. L'Italien dit Soldato,
& l'Espagnol Soldado, mais le François ne peut bon-
nement dire Soldat, sans italienniser, ou espagnoliser,
dequoy il n'a aucune contrainte, veu qu'il a les deux
dessusdits, & plus beaux & plus seants à luy que le-
dit Soldad.

SOUDE. ſ. f. Herbe dont les ſels alkalis oppoſés
aux acides ont pris leur nom, *Kali,* ſignifiant *Soude*
en Arabe. On en tire un ſel lexivial qui eſt le plus
poreux de tous les ſels, ce qui eſt cauſe que par excellence on l'appelle *Sel alkali.* Cette herbe appellée *Soude* ou *Kali,* croît en Egypte aux bords du
Nil, fleuve rempli de nitre. Elle eſt d'une ſaveur ni-
treuſe, & on en trouve auſſi quantité auprès des Salines de Trieſti, & en Languedoc proche de la mer.
Elle reſſemble à la petite joubarbe, & les Verriers
font des verres de ſes cendres. La Soude qu'ils eſtiment davantage eſt la *Soude d'Alican.* Elle doit
être ſeche & ſonnante, d'un gris bleuâtre au-deſſus & au-dedans, garnie de petits trous, & faite en
forme d'œil de perdrix. Il faut prendre garde que
quand on crache deſſus, & qu'on l'approche du
nés, elle ne ſente point un goût de mer ou de marécage. On doit preferer celle qui eſt en petite
pierre de la groſſeur des cailloux, à celle qui eſt en
groſſe pierre ou en pierres fort menues. Les Savon-
niers ſe ſervent auſſi beaucoup de la Soude d'Alican, pour en tirer ſel qu'ils font entrer dans la
compoſition du ſavon blanc & marbré, mais la plus
grande quantité de Soude qui vient d'Eſpagne, eſt
venduë aux blanchiſſeuſes qui s'en ſervent dans
leurs leſſives. Il y a une *Soude de Cartagene,* qui eſt
moins bleuë & a plus de croûte que celle d'Alican.
Les trous en ſont plus petits, & elle n'eſt pas ſi
bonne. Celle qu'on appelle *Soude de Bourde,* eſt entierement à rejetter. Elle eſt ordinairement humide,
noirâtre, verdâtre, & fort puante. La Soude de
Cherbourg, appellée *Soude de Varecq,* n'eſt guere
meilleure. Elle ſe fait d'une herbe qui ſe trouve le
long des côtes de la mer de Normandie, & a l'o-
deur & la couleur de celle de Bourde.

SOUDER. v. a. *Lier des pieces de métal enſemble par*
le moyen de l'étain ou du cuivre. ACAD. FR. Les
Serruriers ſoudent deux morceaux de fer en les mettant dans le feu juſqu'à ce qu'ils ſoient tous blancs
& comme dégoûtans, après quoi ils les joignent
l'un contre l'autre, en faiſant qu'un des deux avec
le marteau. On ſoude le plomb avec de la ſoudu-
re faite de plomb ou d'étain, & on ſoude auſſi le
cuivre avec de l'étain, & quelquefois avec un mêlange de cuivre & d'argent ſelon que l'ouvrage eſt
délicat.

SOUDIACRE. ſ. m. Miniſtre qui eſt promû au
premier des Ordres ſacrez, & qui ſert le Diacre à
l'Autel. Il prépare les ornemens & les Vaiſſeaux ſacrés, le pain & le vin neceſſaires pour le Sacrifice,
verſe de l'eau au Prêtre lorſqu'il lave les mains
après l'Offerte, & lave & nettoye les Corporaux.
Il aſſiſte à la Meſſe proche le Diacre, & chante
l'Epître.

SOUDIVANT. adj. Vieux mot. Séduiſant, ſé-
ducteur.

   Mont fut ſoutis & ſoudivans
   Guillem chapuis & bon truans
   Qui les blancs chaperons trouva.

SOUDURE. ſ. f. Mêlange fait de deux livres de
plomb & d'une livre d'étain, ce qui le fait appeller
Soudure au tiers. On s'en ſert à joindre les tables

de plomb ou de cuivre. On appelle *Soudure en lo-*
ſange ou en épi. Une groſſe ſoudure avec bavures
en maniere d'arête de poiſſon. Quand elle eſt plus
étroite, n'ayant d'autre ſaillie que ſon arrête, elle
eſt appellée *Soudure plate.* Par *Soudure en maçon-*
nerie, on entend le plâtre ſerré, dont on raccor-
de deux enduits qui n'ont pû être faits en même-tems ſur quelque mur ou ſur quelque lambris.

SOUFAISTE. ſ. m. Terme d'Architecture. Piece de
bois au-deſſous du faîte, liée par des entretoiſes, des
liernes & des croix de ſaint André.

SOUFFLAGE. ſ. m. Terme de Marine. Renforce-
ment de planches qu'on donne à quelque Vaiſſeau. On appelle *Soufflage vif,* quand on ſouſle ſur
les membres du Vaiſſeau, au lieu de ſouffler ſur le
bordage.

SOUFFLER. v. n. *Faire du vent en pouſſant l'air*
par ſa bouche avec force. ACAD. FR. Nicod remarque ſur ce mot qu'on s'en ſert quelquefois à l'imperatif, quand on veut faire entendre que ce que
quelqu'un a dit eſt un menſonge, & que toutes
ſes promeſſes ſeront ſans effet. C'eſt, dit-il, comme quand quelqu'un a raconté quelque nouvelle é-
trange, ou promet & ſe vante de faire quelque choſe
outre ſes moyens, on lui reſpond en voix eſlevé & par
dériſion, Soufflez, *comme ſi on lui diſoit que ce qu'il a*
dit & promis ne ſont que fables. La ſignification &
uſage procede, ce ſemble, des Batteleurs, leſquels
ayant fait ſemblant de mettre en la main quelque noix
de galle ou autre choſe, le preſentent à quelqu'un qui
leur eſt à l'environ, lui diſant, Soufflez en mon
poing, *& après qu'il y a ſouffle, le r'ouvrant il ne*
s'y trouve rien dedans.

On dit en termes de Manege, que *La matiere*
a ſouffle un poil, pour dire, qu'Un cheval ayant
une encloeure qu'on n'a pas ouverte par en bas,
la matiere a coulé entre la corne & le petit pié,
& qu'Elle a gagné le poil étant montée au deſſus
du ſabot, en ſorte qu'elle paroît à la couronne.
On dit auſſi que *La chair ſouffle ſur la fourchette,*
quand une excreſcence de chair vient ſur la fourchette ou à côté, ce qui fait que la fourchette
pouſſe comme une ceriſe de chair qui rend le cheval boiteux.

On emploie auſſi ce mot à l'actif, & on dit en
termes de Palais, *Souffler un Exploit,* pour dire,
Faire paroître qu'un exploit a été donné, quoiqu'il
n'ait point été donné effectivement aux parties ni
à leurs perſonnes, ni à leur domicile, ni à celui
de leurs Procureurs.

On dit en termes de Chaſſe, *Qu'Un chien ſouf-*
fle le poil à un lievre, pour dire, qu'Il eſt tout prêt
de l'attraper.

On dit en termes de Marine, *Souffler un Vaiſ-*
ſeau, pour dire, Renforcer le bordage d'un Vaiſſeau, en le revêtant de fortes & nouvelles planches, afin qu'il puiſſe mieux reſiſter au canon & aux
coups de mer. Cela ſe fait d'ordinaire aux Vaiſſeaux de guerre, quand ils ne portent pas bien
leurs voiles, & qu'ils roulent & ſe tourmentent
trop à la mer.

SOUFFLET. ſ. m. Sorte d'Inſtrument qui ſert à ſouffler & à allumer le feu, en attirant le vent &
le comprimant enſuite pour le faire ſortir avec
violence par un trou étroit. Les ſoufflets des forges de fer ſe meuvent par des moulins. Les *Souf-*
flets d'orgue, ſont des inſtrumens qui donnent le
vent à l'orgue & ſe font parler, quand on les fait
aller & qu'on touche les claviers. Il faut quatre
ſoufflets pour fournir le vent à une orgue de ſeize piés, & ſix quand il y a un poſitif. Ils doi-

vent avoir fix piés de long fur quatre de large, dont il faut que chacun ait des lunettes de quatre pouces, afin que la foupape s'ouvre aifément. Il doit y avoir auffi une foupape au mouffle des foufflets, pour les empêcher d'emprunter du vent l'un de l'autre. On fait les plis des foufflets de plufieurs petits ais de bois fort minces, fur lefquels on colle le cuir. Il y en a en triangle qui ne fe levent que d'un côté, & d'autres appellés *Soufflets à lanterne*. Ceux-là fe levent également des deux côtés, & demeurent paralleles à l'air inferieur, en forte qu'ils repréfentent une lanterne de papier.

Soufflet. Efpece de chaife roulante fur leurs roues, fort legere, & qui n'eft que pour une ou deux perfonnes. Le deffus & le dedans de cette forte de voiture font de cuir ou de toiles cirées, qui fe levent & fe plient comme un foufflet pendant le beau tems. On les étend quand on veut fe garantir de la pluye.

Soufflet. Coup de la main étendue fur la joue. *Ce nom*, dit Nicod, *peut venir de ce que quand on fouffle, les joues fe vauffent & enflent, & fe haiffent & defenflent, fi que frappant aucun fur la joue, on peut dire qu'on le frappe fur le foufflet, étant les joues le foufflet de l'homme. Auffi voit-on quand aucun veut par vilipende donner de la main defployée fur la joue d'aucun, il lui dit par braverie, Souffle, ou bien, Enfle, & le frappe fur la joue ainfi pleine de vent.*

SOUFFLEUR. f. m. Celui qui fouffle. On appelle *Souffleur*, dans les Antilles, Un grand poiffon qui fouffle & feringue l'eau dans l'air par les nafeaux, de même que la baleine, à laquelle il eft femblable, & dont il ne differe qu'en grandeur. C'eft cependant une efpece de poiffon toute differente. Les Souffleurs vont en bandes comme les Marfouins, & femblent aimer le bruit qu'ils puiffent, puifqu'ils fuivent les barques & les canaux, comme s'ils prenoient plaifir à entendre le bruit qu'on y fait. On n'a qu'à fiffler pour faire qu'ils tournent tout court & approchent des Navires, mais il eft dangereux de les vouloir prendre, à caufe de leur force extraordinaire. Un Capitaine de Vaiffeau en ayant un jour fait harponner un, le Souffleur fit un effort fi furieux fur la corde qui tenoit le harpon, qu'il fit éclater la grande vergue de fon mât où cette corde étoit attachée. Ces poiffons font en grand nombre par toutes les Côtes de l'Amerique.

SOUFRE. f. m. *Mineral qui s'enflâme facilement & qui fent mauvais en brûlant.* ACAD. FR. Il contient deux fubftances, l'une graffe, bitumineufe & inflammable, l'autre acide & faline; ce qui fe démontre par le feu; la partie graiffeufe s'y enflammant, & la partie acide fortant en forme de vapeur qui frappe le nés & refferre la poitrine, & qui fe concentre en une veritable liqueur fpiritu-fe par le moyen de la cloche. Le foufre eft en naturel & en artificiel. Le premier eft rare, quoiqu'il s'en trouve en certaines mines. Il eft gris, & comme il eft le plus fimple, c'eft le meillent pour la medecine. On l'appelle *Soufre vif*. L'artificiel fe fait par la fufion du mine, ou par l'évaporation des eaux fulfureufes. On ne fe fert point du Soufre en Medecine qu'il ne foit purifié, ce qui fe fait fur-tout avec la leffive de chaux vive, dans laquelle on fait bouillir le foufre pour lui faire perdre toutes fes ordures. On le dépure auffi en fort peu de tems, en le faifant cuire avec de l'urine humaine & un peu de vinaigre. La dépuration du foufre avec la chaux vive fait voir la gene-

ration des eaux minerales fulphureufes, qui s'engendrent des mines de foufre par le moyen de l'efferevefcence qui rend ces eaux là chaudes. On compofe des eaux minerales chaudes avec de l'eau de chaux vive & du foufre, & on peut les fubftituer aux eaux chaudes naturelles, en y faifant bouillir quelques arômates ou plantes deftinées pour les nerfs, qui rendront ces eaux encore meilleures. Le Soufre dans l'ufage externe fert à mondifier & à guerir toutes fortes de playes & d'ulceres. Hippocrate le recommande contre la pefte, & c'eft l'unique remede contre la galle. On peut employer le baume de foufre fans craindre qu'elle ne rentre, pourvû qu'on l'anime avec quelque alcali, & particulierement avec l'huile de tartre, en forme d'onguent. Pour plus de fûreté on doit donner les viperes & l'antimoine interieurement, pendant qu'on applique le Soufre en dehors.

Le *Soufre de l'antimoine* eft beaucoup plus noble que le commun, auquel il eft tout femblable, excepté qu'il eft moins jaune & qu'il tire un peu fur le vert. Le Soufre mineral de l'antimoine fe tire ou par diftillation en pulverifant l'antimoine & le mettant quelque tems en digeftion avec de l'efprit de vitriol, après quoi on diftile le tout à un feu violent, & fur la fin de la diftillation le foufre s'eleve & s'attache au col de la retorte; ou par diffolution, ce qui fe fait en diffolvant l'antimoine dans l'eau regale compofée de nitre, dans lequel on a diffous du fel commun. On verfe fur la diffolution de l'antimoine de l'eau commune, qui precipite un veritable foufre tirant fur le vert. On appelle *Soufre doré d'antimoine*, un Soufre antimonial folaire de couleur rouge, que les fcories qui fe feparent dans la circulation, lorfqu'on prepare le regale d'antimoine, donnent par le moyen de la precipitation avec quelque acide, & particulierement avec le vinaigre diftillé.

Les Chymiftes appellent *Soufre* leur fecond principe actif, & par *Soufre* ou *Corps fulfureux*, ils entendent une graiffe très-inflammable, telle qu'il s'en trouve principalement dans le foufre crud dont elle tire fon nom. Cette graiffe fulfureufe qui ne fe trouve jamais feule eft toujours incorporée avec diverfes autres particules, de forte que ce n'eft pas un premier principe, puifqu'elle a quelque compofition. Elle s'unit & fe coagule particulierement avec l'acide, qui ne manque point de fe trouver dans tous les Soufres, où fes pointes font cachées & temperées par la partie fulphureufe. Les charbons contiennent un foufre, compofé d'un acide & d'un graiffeux, comme les mineraux, & ce foufre des charbons eft tiré par les alcalis fixes qui feparent le foufre en imbibant l'acide. Ettmuller ne decide point s'il y a du veritable foufre dans les métaux. Il ne veut pas s'affurer, parce qu'il faut tant de preparation pour avoir le foufre inflammable qu'on tire de quelques-uns, qu'il y a fujet de douter s'il étoit dans les métaux avant qu'ils euffent paffé par le feu, ou s'il s'y eft formé depuis, d'autant plus que les métaux font trop ferrez, & qu'ils ne donnent de foufre qu'après qu'on les a mêlés avec d'autres corps. Neanmoins comme nous voyons que les foufres inflammables à raifon de leur foufre, que l'étain s'enflâme dans la preparation de l'*Antihectum* de Poter, lorfqu'on remue un peu trop fort les parties, & que l'or fulminant a la vertu de s'enflâmer, de faire effervefcence avec le nitre & d'exciter un grand bruit, il conclut qu'il y a grande apparence que les corps metalliques renferment un veritable Soufre, qui n'eft autre chofe que certaines particules qui s'enflâment facilement dans le feu ; ce qui fait que les métaux y rougiſſent.

Paracelſe & Vanhelmont recommandent fort le *Soufre anodin de vitriol* pour ſa vertu anodine à appaiſer les douleurs & les furies de l'archée. Ce ſont leurs termes. Ce ſoufre eſt le ſoufre fixe du cuivre, dont pourtant on ne le prepare pas immediatement, mais du vitriol de cuivre, c'eſt-à-dire, du cuivre ouvert par l'eſprit acide du ſoufre, parce qu'on en tire le ſoufre plus aiſément. Il y a un Soufre qui a rapport à ce ſoufre anodin dans le mars & dans le vitriol de mars, mais la vertu en eſt beaucoup moindre que celle du ſoufre du vitriol de cuivre ou de Venus.

SOUGARDE. ſ. f. Terme d'Arquebuſier. Morceau de fer plié en forme de demi-cercle, qu'on met au deſſus de la détente d'une arme à feu. Il empêche que le reſſort ne ſe lâche, & que l'arme ne tire toute ſeule.

SOUGORGE. ſ. f. Morceau de cuir qui paſſe ſous la gorge d'un cheval, & qui eſt attachée à la têtiere avec une bouche, afin de la tenir en état.

SOUIL. ſ. m. Terme de Venerie. Lieu bourbeux & rempli de fange où le ſanglier ſe veautre.

SOUILLARD. ſ. m. Terme de Charpenterie. Piece de bois aſſemblée ſur des pieux, & que l'on poſe au devant des glacis qui ſont entre les piles des ponts de pierre. On en met auſſi aux ponts de bois.

Nicod nous apprend que *Souillard* eſt auſſi le nom d'un chien. *Ce fut, dit-il, le premier de la race des chiens courans blancs, dits Bauds, ſurnommez Greffiers, qui ſont en France, lequel fut donné par un Gentilhomme au Roy Loys douziéme, & par luy au Senechal de Normandie, & dès lors on commença à luy faire couvrir Lyce & en faire race, duquel & d'une Lyce, nommée Baude, appartenant à Madame Anne de Bourbon fille du Roy, yſſirent quinze chiens bauds, & entre autres ſix d'excellence, Cleraut, Joubart, Mirant, Maigret, Marteau & Heyſe, la bonne Lyce. Depuis, la race s'eſt augmentée en France.*

SOUILLE ſ. f. Terme de Marine. On appelle *Souille d'un Vaiſſeau*, Le lieu où le Vaiſſeau a poſé lorſque la mer étoit baſſe.

SOUILLER. v. a. *Gâter, ſalir, couvrir d'ordure, de boue, de ſang.* ACAD. FR. On dit en termes de Venerie, *Souiller*, pour dire, Se veautrer dans le ſpuil, & on lit dans Phœbus chap. 9. *Quand les ſangliers ſont chaſſez, ils ſe ſouillent volontiers ès boues, & s'ils ſont bleſſez, c'eſt leur medecine que de ſe ſouiller, c'eſt-à-dire, Veautrer au ſouil.*

SOULACIER. v. a. Vieux mot. On a dit *Se ſoulacier*, pour dire, Se recréer. Il y a une Inſcription au bois de Vincenne qui porte *Philippo Loys, fils de Charles Comte de Valois, qui de grand proneſſe habonda, juſques ſur terre la fonda pour s'enſoulacier & esbatre, l'an 1334.*

SOULANDRES. ſ. f. Gales ou crevaſſes qui viennent à la jointure du jarret des chevaux Celles qui leur viennent aux genoux s'appellent Malandres.

SOULDE'E. ſ. f. Vieux mot. Payement, recompenſe.

Et Amen a maille ſouldée,
Car il fut au gibet pendu.

SOULIER. ſ. m. Chauſſure de cuir pour les piés. Le Soulier eſt compoſé d'une empeigne de deux quar-

tiers, de ſemelles & d'un talon. Nicod fait venir *Soulier de Solea* ou de *Solum*. Selon M. Ménage il vient de *Sotularis*, ou de *Subtularis*, qui ſe trouvent l'un & l'autre dans la même ſignification.

Soulier, eſt auſſi un terme de Marine, & il ſe dit d'une piece de bois concave dans laquelle on met le bout de la patte de l'ancre pour empêcher qu'elle ne s'accroche ſur la precinte quand on la laiſſe tomber. On ne s'en ſert guere que dans le Nord.

SOULIEUTENANT. ſ. m. Officier de quelque corps de Cavalerie ou d'Infanterie. Il partage les fonctions de Lieutenant dans l'un & dans l'autre. Il y a un Soulieutenant dans chaque Compagnie des Gendarmes, des Chevaulegers d'ordonnance & des Dragons. Chacune de celles du Regiment des Gardes Françoiſes a deux Soulieutenans, & chaque Compagnie des Gardes Suiſſes en a un. Le poſte d'un Soulieutenant d'Infanterie eſt à la tête des Piquiers.

SOULOIR. v. a. Vieux mot. Avoir de coûtume.

SOULTRE. prep. Vieux mot. Deſſous.

SOUMULTIPLE. ſ. m. Terme d'Arithmetique. On appelle *Soumultiple d'un nombre*, Un nombre plus petit qui ſe trouve compris exactement un certain nombre de fois dans le plus grand. Ainſi 5. eſt ſoumultiple de 20. parce qu'il ſe trouve quatre fois préciſément dans 20.

SOUPAPE. ſ. f. Terme de Mecaniques. Tout ce qui ſert pour arrêter l'eau dans une pompe. C'eſt une platine de cuivre auſſi ronde qu'une aſſiette avec un trou au milieu en maniere d'entonnoir, qui reçoit quelquefois une boule, mais plus ſouvent une autre platine ajuſtée, en ſorte qu'elle le bouche exactement, étant dirigée par ſa tige, qui paſſe dans la guide au deſſous de la premiere platine. Il y a de differentes ſortes de Soupapes, dont l'une eſt nommée *Clapet*. Celle-là eſt toute plate comme un ais. Le Clapet eſt pourtant different d'une Soupape, puiſqu'il n'a qu'un ſimple trou couvert d'une plaque qui s'éleve & s'abaiſſe par le moyen d'une charniere. Il y a d'autres Soupapes rondes & convexes, qui ſont à preſent le plus en uſage, & d'autres qui ſont rondes & en pointes comme un cone ou un fauſſet. Les Soupapes ſervent dans le fond des reſervoirs & des baſſins pour les vuider ; ce qu'on fait en les ouvrant avec une bacule ou une vis. Elles ſervent dans les corps de pompes à laiſſer paſſer l'eau que le piſton pouſſe par deſſous, & à la retenir enſuite par deſſus. On appelle *Soupape à queue*, une Soupape ronde & convexe, avec une queue qui ſort perpendiculairement de ſa convexité, afin que la peſanteur de cette queue tienne toûjours la convexité en état de boucher un trou rond qui donne entrée à l'eau, lorſque le piſton étant levé, elle pouſſe la Soupape.

Soupape. Terme d'Organiſte. Petits tampons qui ſont dans le ſommier d'une orgue, & qui bouchent les rainures ou porte-vents juſqu'au pié de chaque tuyau. Il y a un petit reſſort de laiton qui les ſoutient. Une orgue a quarante-huit Soupapes, & il n'en faut que toucher le clavier pour les faire mouvoir toutes. On appelle auſſi *Soupapes*, De petites languettes qui s'ouvrent ou qui ſe ferment avec un reſſort, pour donner ou fermer le paſſage au vent dans les balons & dans les ſoufflets.

SOUPE. ſ. f. *Patage, ſorte de mets, ſorte d'aliment fait de bouillon & de tranches de pain.* ACAD. FR. Quelques-uns font venir *Soupo* de l'Italien *Zuppa* ou *Suppa*, fait du Latin *Sapa*, qui ſignifie, Boüillon que la cuiſſon a reduit au tiers. D'autres le derivent

rivent de l'Allemand *Soupp*, qui veut dire la même chose.

Les Potiers difent *Tailler la terre par foupes*, pour dire, par petites tranches.

Soupe de lait. Terme de Manege. Il fe dit d'un certain poil de cheval qui approche de la couleur du potage au lait bien fucré. Il eft mêlé de roux & de blanc. On a appellé auffi *Pigeons couleur foupe de lait*, Certains pigeons qui ont leur plumage de cette même couleur.

SOUPENTE. f. f. Efpece d'entrefolle. Petite conftruction qui eft entre deux planchers pour la commodité d'un appartement. On a coûtume de la pratiquer dans un lieu de beaucoup de hauteur, & elle fe fait de planches jointes à rainure & à languette, & qui font portées fur des foliveaux ou des chevrons.

Soupente, fe dit auffi des barres de fer qui fervent à foûtenir le faux manteau d'une cheminée.

On appelle encore *Soupente*, Une piece de bois qui eft retenue à plomb par le haut, & fufpendue, pour foutenir le treuil & la roue d'une grue ou autre machine.

SOUPIRAIL. f. m. Ouverture en glacis qui fe fait entre deux jonées rampantes, par où une cave & un celier reçoivent un peu de jour. Cette ouverture fe fait ordinairement en abatjour. Elle fe fait de cette maniere dans un aqueduc couvert, ou bien à plomb dans un aqueduc fouterrain. Il y a de ces foupiraux d'efpace en efpace, afin de donner échappée aux vents qui empêcheroient le cours de l'eau, s'ils demeuroient renfermés.

SOURAVIS. f. m. Vieux mot qui fe trouve dans Joinville, & qu'il a employé pour dire, Des habits qu'on met par deffus les autres.

SOURCE. f. f. *Endroit où l'eau commence à fourdre, à fortir de terre, pour avoir un cours continuel.* ACAD. FR. L'origine des fources a été expliquée de plufieurs manieres par les Anciens. Ariftote la rapporte à un changement continuel d'air en eau, & foûtient qu'il eft humide & vaporeux dans les concavités des montagnes s'épaiffit en petites gouttes, que ces gouttes diftillant & s'affemblant font comme de petits ruiffeaux, & que plufieurs de ces ruiffeaux joints enfemble font les fources, D'autres attribuent cette origine aux eaux de pluye, & quoiqu'ils avouent que lorfqu'il pleut pendant l'hiver, une partie des eaux s'écoule fur la terre, & que par les torrens, par les rivieres & par les fleuves elle va fe rendre dans la mer, ils prétendent qu'il y en a une partie qui eft bûe par la terre, & que penetrant par les fentes des rochers & des montagnes, elle eft reçue & ramaffée dans quelques-unes de leurs cavités, qui font comme des baffins, d'où enfuite elle coule peu à peu par de petits trous & devient enfin en fortant hors de la terre ce que l'on appelle *Source*. Selon quelques-uns, les fontaines tirent leur origine de la mer, d'où par des conduits fouterrains l'eau eft portée jufqu'aux montagnes & à tous les lieux où l'on voit des fources; & parmi ceux-ci il y en a qui veulent que la mer foit plus haute que la terre, & que l'eau pouvant autant monter que defcendre, elle paffe par des canaux fouterrains, & s'en aille jaillir jufqu'au fommet des montagnes, qui fe trouve être ou plus bas ou d'une égale hauteur avec la furface de la mer; mais ils ne prennent pas garde que chaque rivage eft plus élevé que la mer voifine, & que toutes les terres & les montagnes d'où les eaux découlent aux rivages, font auffi plus élevées. Ainfi ce rivage étant plus élevé que la mer voifine, & que celle qui fuit, ou qui eft un peu plus éloignée, il eft par confe-

quent plus élevé que la mer la plus éloignée, puifque, fi dans le progrès, on en avançant en pleine mer, il fe trouvoit une plus grande hauteur de mer, l'eau en découleroit & fe répandroit fur le rivage plus bas. D'ailleurs la mer ne fçauroit être plus élevée que les rivages des Ifles qui fe rencontrent en pleine mer, ni plus que les terres & les montagnes qui font au delà des rivages. Et par quelle prerogative pour ces Ifles feroit-elle plus baffe que leur rivage & élevée plus haut que celui des Continens, qui ne font autre chofe que de grandes Ifles. Il en eft d'autres qui font perfuadés que la mer eft plus baffe que la terre, & entre ceux-ci les uns tiennent que l'eau qui eft au fond de la mer, & qui entre dans les conduits fouterrains, eft preffée avec tant de force par le grand poids de toute la mer qui eft au deffus, qu'elle monte & rejaillit avec beaucoup d'impetuofité tout le long du conduit jufqu'à ce qu'elle parvienne à quelque endroit de la terre où elle rencontre une ouverture pour fortir. Les autres s'imaginent que les terres qui font au deffus des veines d'eau ont la vertu de fuccer & de les attirer jufqu'au fommet des montagnes, à la maniere d'une éponge que l'on met fur un peu d'eau; mais cette comparaifon n'eft pas recevable, puifque l'eau ne monte que très-peu à l'éponge, outre que fuivant cette explication, les eaux devroient être falées, le fel paffant toûjours aifément par tous les endroits où l'eau paffe, quand la quantité en eft un peu confiderable. M. Rohaut dit que ce que l'on peut raifonnablement penfer touchant la maniere dont l'eau eft élevée des lieux affés bas & éloignés de la mer, où fa pefanteur & fa liquidité l'ont premierement conduite, c'eft qu'elle eft reduite en vapeurs par la chaleur qui fe rencontre dans les entrailles de la terre. Ces vapeurs ne pouvant s'étendre ni continuer commodement leur mouvement en fe répandant vers les côtés, où il y en a d'autres qui tendent en même-tems à fe dilater, c'eft une neceffité qu'elles fe portent vers le haut des montagnes, en forte qu'il y en a même qui s'élevent jufque dans l'air, où elles fervent enfuite à former des pluyes, de la neige & de la grêle. On comprend de-là, que ces vapeurs rencontrant les parties froides de la terre, quand elles font parvenues vers fa fuperficie, perdent la plus grande partie de leur mouvement, ce qui eft caufe que n'en ayant pas affés pour s'élever, il le leur en refte que ce qu'il leur en faut pour gliffer les unes auprès des autres & compofer de petites gouttes d'eau que leur pefanteur fait couler vers le bas, où il arrive que plufieurs fe rencontrent en affés grand nombre pour former un petit fi & d'eau qui coule encore vers quelques endroits, où il fe joint avec d'autres filets d'eau, qui tous enfemble compofent une veine d'eau affés groffe, laquelle trouvant quelque fente qui la conduit hors de la maniere, fait ce que l'on appelle une fource d'eau vive. Comme le fel ne s'élève point en vapeurs avec les parties de l'eau douce, il eft aifé de juger que les eaux des fources & des fontaines doivent être douces. S'il s'en trouve de falées, comme en Bourgogne & en Lorraine, c'eft parce qu'elles détrempent du fel qui fe trouve dans les terres par où elles coulent; & fi au lieu de fel les veines d'eau douce rencontrent une matiere metallique, ou un mineral, tel qu'il puiffe être, elles en détachent quelques parties plus délicates. C'eft de-là que viennent les diverfes proprietés des eaux qui ont des ufages particuliers dans la Medecine. Celles de Bourbon font principalement confiderables à caufe de la chaleur de leurs eaux. Il eft vraifemblable que cette chaleur provient de certains petits corps fort agités qui reſſemblent en quelque façon à ces petites parties qui s'élevent les premieres du vin qu'on diſtile, & que les Chymiſtes nomment des Eſprits. Cela ſe connoît en ce que ſi l'on tranſporte ces eaux, elles perdent preſque auſſi-tôt leur vertu, à moins que l'on n'ait grand ſoin de bien boucher les vaiſſeaux où on les renferme.

Les Fontainiers appellent *Sources*, pluſieurs rigoles de plomb, de rocaille ou de marbre, qui ſont bordées de mouſſe ou de gazon, & qui par leurs ſinuoſités & détours forment dans un boſquet planté ſans ſymmetrie ſur un terrain en pente, une eſpece de labyrinte d'eau, ayant quelques jets aux endroits où elles ſe croiſent. Il y a de ces ſortes de ſources au jardin de Trianon.

SOURCIL. ſ. m. *Le poil qui eſt en maniere de demicercle au deſſus de l'œil.* ACAD. FR. Les Medecins appellent auſſi *Sourcils*, certaines Apophyſes de cartilage qui ſont aux emboîtures de quelques os. Telle eſt celle de l'os Iſchion, qui comprend la tête de l'os de la cuiſſe.

On appelle *Sourcil*, en termes d'Architecture, Le haut de la porte qui poſe ſur les piédroits. Dans la baſe de la colomne Ionique, qui eſt compoſée de deux Aſtragales, il y en a une qui touche le ſourcil ou la partie d'en haut du trochile inférieur.

SOURD. ſ. m. Eſpece d'Aſpic, le plus dangereux de tous. Il eſt gris & ſemé de taches jaunes, il a 4. jambes & eſt de la forme & de la groſſeur d'un lezard vert, il fait périr les arbres aux piés duquel il ſe trouve.

SOURD, SOURDE. adj. *Qui ne peut ouïr, par le vice, par le défaut de l'organe de l'ouïe.* ACAD. FR. On dit en Mathematique, *Raiſon ſourde*, qu'on oppoſe à la raiſon de nombre à nombre, & qui eſt celle qui ſe trouve entre deux grandeurs *incommenſurables*, ou *irrationnelles*. Voyez INCOMMEN-SURABLES & IRRATIONNEL. On appelle auſſi *Nombres ſourds*, ou *Racines ſourdes*, les *Racines* quarrées, ou cubiques, ou quarté quarrés, &c. des nombres qui ne ſont ni quarrés, ni cubiques, ni quarré-quarrés, &c. Voyez RACINE & QUARRÉ.

On appelle *Pierres ſourdes*, en termes de Jouaillier, des pierres qui n'ont pas tout le brillant que doivent avoir les pierres parfaites, c'eſt-à-dire, qui ont des pailles, des glaces ou quelque choſe de ſombre & de brouillé qui en diminue le prix.

On appelle *Lanterne ſourde*, Une petite lanterne de fer blanc noirci, qui n'a qu'une ouverture qu'on ferme quand on ne veut pas laiſſer appercevoir la lumiere. Elle eſt faite de telle maniere, que celui qui la porte peut voir quand il veut ſans être vû.

SOURDELINE. ſ. f. Sorte de muſette fort agréable, qui n'eſt en uſage qu'en Italie. Quatre chalumeaux qu'elle a avec pluſieurs trous garnis de boîtes, qui ſervent à les ouvrir ou à les fermer, la rendent differente de nos muſettes. Ces boîtes s'avancent ou ſe reculent par de petits reſſorts.

SOURDETE. ſ. f. Vieux mot. Surdité. On a dit auſſi *Sourdiſe*.

SOURDINE. ſ. f. Sorte de trompette qui fait un bruit ſourd, & dont on ſe ſert pour donner le ſignal aux gens de guerre quand on veut déloger ſecretement. La Sourdine eſt faite d'un morceau de bois qu'on pouſſe dans le pavillon de la trompette, pour en affoiblir le ſon en le bouchant en partie.

Sourdine, parmi les Lutiers, eſt un inſtrument de muſique à cordes, qui repreſente un lut ou un violon, quoiqu'il n'en ait ni la roſe ni les ouïes. Il ſert ſeulement pour jouer du luth ou du violon,

d'une maniere ſourde, en ſorte que le ſon en ſoit fort peu entendu. *Sourdine*, ſe dit auſſi d'une petite plaque d'argent ou d'autre choſe, que l'on plie en arc, & qu'on met ſur le chevalet d'un inſtrument, afin d'empêcher qu'il ne reſonne.

SOURDRE. v. n. Ce mot ne ſe dit proprement qu'en parlant d'eaux, & veut dire, Sortir de terre, de quelque rocher, ou d'un autre endroit ſemblable. On dit en termes de Mer, qu'*Un Navire ſourd au vent*, pour dire, qu'il tient bien le vent, & qu'il avance à ſa route, en ſinglant à ſix quarts de vent près du rumb d'où il vient.

SOURIS. ſ. m. Petit animal à quatre piés, qui eſt ordinairement de couleur de cendre, & dont l'antipathie eſt naturelle avec les chats, la belete & l'épervier. La Souris a l'ouïe fort ſubtile, vit de froment, de legumes & de chair, & ronge tout ce qu'elle trouve quand elle manque d'eau. Ariſtote dit que la procreation des Souris eſt admirable ſur tous autres animaux, tant pour leur grand nombre que pour la promptitude de leur production, ce qu'il fait voir en parlant d'une Souris pleine, qui ayant été enfermée dans un vaiſſeau plein de millet, d'où elle ne put ſortir, y fit en fort peu de temps ſix-vingts petites Souris qui furent toutes trouvées quand on eut débouché le vaiſſeau. Les rates rouſſes, qui ſont les Souris des champs, y peuplent en abondance, & font un ſi grand dégât de blés en divers lieux, qu'elles mangent quelquefois en une nuit tout le blé d'un champ qu'on eſt prêt de moiſſonner. Elles meurent toutes en peu de jours ſans qu'on puiſſe rendre raiſon de la maniere dont elles meurent. Il n'y a rien qui en nettoie mieux tout un pays que les grandes pluyes. On tient pour certain, dit Matthiole, qu'une Souris conçoit ſans mâle en lechant du ſel, à quoi il ajoute que cet animal eſt ſi fertile, qu'en un certain lieu de Perſe, on fendit une Souris pleine, qui avoit dans ſon ventre des Souriceaux pleins avant qu'ils fuſſent nés. Les Souris d'Egypte ont le poil dur, & auſſi piquant que les Heriſſons.

Souris. Terme de Manege. Cartilage qui eſt dans les nazeaux du cheval, & qui le contraint de faire un certain reniflement, par le moyen duquel il tâche de ſe débarraſſer de ce cartilage.

Les Medecins appellent *Souris*, L'eſpace qui eſt dans la main entre le pouce & l'indice.

On dit en termes de Fortification, *Le pas de la Souris.* C'eſt une petite retraite du parapet de la muraille au deſſus du cordon.

On appelle *Dent de ſouris*, Certaines entaillures qu'on fait ſur les roues, & on leur donne ce nom à cauſe qu'elles reſſemblent aux dents des Souris.

SOURSOMMEAU. ſ. m. Eſpéce de panier monté ſur des piés, tenant une quantité réglée de fruit. *Un ſourſommeau de ceriſes.*

SOUS. Prepoſition locale qui ſert à marquer la ſituation d'une choſe à l'égard d'une autre qui eſt au deſſus. ACAD. FR. On dit en termes de Manege, *Cheval qui eſt bien ſous lui*, pour dire, Un cheval qui en cheminant approche ſes piés de derriere de ceux de devant, & dont les épaules ſont ſoutenues en quelque maniere par les hanches. Ainſi on dit, *Mettre un cheval ſous lui*, pour dire, Le mettre ſur les hanches.

SOUSAGE. ſ. m. Terme de Coûtume. Il ſe dit d'un Mineur en Normandie, & on le dit d'autres lieux d'un vieillard qui étant revenu en enfance a beſoin d'un Curateur.

SOUSPRIEUR. ſ. m. Les Feuillantiſtes diſent que ſon emploi particulier eſt d'avoir ſoin des Novices, &

de l'office. Le Maître des Novices est le plus souvent different du Sousprieur, & ils ne sont pas toûjours unis.

SOUSTRACTION. s. f. Terme d'Arithmetique. Operation par laquelle on ôte un plus petit nombre d'un plus grand pour en reconnoître la difference. Il y a une Soustraction simple & une Soustraction composée. La simple est la maniere d'ôter un nombre d'un autre nombre plus grand ou égal de même espece, comme trois livres de sept livres, & alors la difference sera quatre livres. Par la Soustraction composée, on ôte une somme composée de plusieurs differentes especes d'une autre somme composée d'especes semblables aux premieres, comme d'ôter quatre livres neuf sols trois deniers, de neuf livres trois sols onze deniers, & alors la difference sera quatre livres quatorze sols huit deniers.

SOUSTYLAIRE. adj. f. *Ligne soustylaire.* Terme de Gnomonique, voyez STYLE.

SOUTANGENTE. Voyez TANGENTE.

SOUTANNE. s. f. Habit des Ecclesiastiques & autrefois des Gens de Robbe. Les Furetieristes disent que les Evêques portent une Soutanne noire. Oui lorsqu'ils sont en deuil & aux jours de jeûne, & hors leur Diocese ; mais dans leur Diocese ils la portent violette.

SOUTE. s. f. Terme de Marine. Le plus bas des étages de l'arriere d'un Vaisseau, qui consiste en un retranchement fait à fond de cale, où l'on enferme les poudres & le biscuit. Il est enduit de plâtre pour mieux servir de magasin à les renfermer.

Soute, se dit aussi d'un composé de certaine herbe marine, dont on fait une maniere de sel qui est propre à blanchir le linge. C'est ce qu'on appelle *Soude.*

SOUTENDANTE. s. f. Terme de Geometrie. On sousentend *Ligne.* Ligne qui sert de base à un angle, qui le soutient, lui est opposée. L'*Hypotenuse* est la Soutendante de l'angle droit, & le mot d'Hypotenuse ne veut dire en Grec que Soutendante.

SOUTENIR. v. a. *Porter, appuyer, supporter une chose.* ACAD. FR. On dit en termes de Marine, que *La marée soûtient un Vaisseau,* & cela se dit d'un Vaisseau qui va auprès du vent, & qui trouvant le courant de la mer qui lui est contraire, est soutenu par l'un contre la force de l'autre, en sorte qu'il va où il veut aller. On dit encore sur la mer, *Soutenir chasse,* pour dire, Se battre en retraite.

Soutenir est aussi un terme de Manege, & on dit *Soutenir la main,* ou *Soutenir un cheval,* pour dire, Tenir la bride ferme & haute. On dit aussi, *Soutenir un cheval de la jambe de dedans,* ou *du talon de dedans,* quand il s'entable. On dit encore, *Soutenir un cheval,* pour dire, L'empêcher de se traverser, ce qui se fait quand on le conduit également, ensorte que la croupe ne puisse échaper, & qu'il ne perde ni cadence ni son terrain.

On dit à la danse, *Soutenir un pas, soutenir un tems,* ce qui se fait pour bien observer la cadence.

En termes de Geometrie, *Soutenir* se dit des lignes qui sont opposées à un angle, qui le soutiennent, qui le mesurent.

Et en Musique, on dit que *Les basses soutiennent le chant.*

SOUTENU, UE. Terme de Blason. Il se dit d'une piece qui en a une autre au-dessous. *D'or à trois bandes de gueules, au chef d'or, chargé d'un Lyon naissant de sable, soutenu d'une devise consue d'or, chargé de trois trefles de sable.*

Tome II.

SOUTIEX. adj. Vieux mot. Subtil. On a dit aussi *Souris,* d'où sont venus ces autres vieux mots, *Soutillesse, soutillier, soutiment & soutivement,* pour dire, Subtilité, subtilier, & subtilement.

SOU-VENTRIERE. s. f. Courroie de cuir qu'on met sous le ventre des chevaux de carrosse & de voiture, pour tenir leurs harnois en état.

SOY

SOYE. s. f. Maniere de fil extrémement doux & delié dont on fait les plus belles étoffes. Il y a des Soyes de plusieurs couleurs, de la blanche, de la jaune, & ces differentes Soyes se trouvent sur de petits coucons que font les vers à soye, de la grosseur & de la figure d'un œuf de pigeon. On la file par le moyen de l'eau chaude, & de certains devidoirs, après quoi on la teint avec differentes drogues, & on lui donne la couleur qu'on veut. On appelle *Soye crue,* Celle qu'on tire sans feu & qu'on devide sans faire bouillir le coucon. Cette Soye est fort pure, pourvû que l'on en separe la derniere enveloppe exterieure & la pellicule qui se trouve joignant le ver. C'est celle-là qu'on appelle *Soye grege* ou *matasse.* Elle est usitée en Medecine après qu'on l'a reduite en poudre, ce qui n'est pas fort facile, & elle entre dans plusieurs compositions, comme dans la confection d'alxermes, dans celle d'hyacinte & autres. On se sert aussi de la Soye teinte en écarlate, & on la fait prendre aux femmes grosses qui sont tombées, au lieu de leur donner de la graine d'écarlate. Il y a des Auteurs qui veulent que la Soye ait la vertu de fortifier les esprits, & purger le sang & de rejouir le cœur. On peut la reduire en poudre en la coupant fort menu, en sorte qu'elle puisse passer par un tamis, & l'on doit préferer la Soye cramoisi à toute autre dans la confection d'alkermes & d'hyacinte, quoique la plûpart de ceux qui en parlent, demandent de la soye crue, & qui n'ait souffert aucune teinture, c'est-à-dire, la blanche ou celle dont la couleur est dorée. On appelle *Bourres* & *Strasse de Soye,* de grosses Soyes que l'on fait souvent passer pour bonnes, & *Soyes apprêtées,* Celles qui sont filées & moulinées, & prêtes à mettre en teinture. On dit *Soye cuite,* en parlant de celle qu'on a fait bouillir pour la devider plus aisément. La Soye étoit quelque chose de si precieux du tems des Empereurs, qu'elle étoit vendue au poids de l'or, & même on ne permettoit pas d'avoir des habits qui fussent tout-à-fait de soye. Les Anciens ont été persuadés que la soye venoit d'une espece d'araignée ou d'escarbot, qui l'ayant tirée de ses entrailles, l'entortilloit avec les piés autour de petites verges ou branches d'arbres. Pausanias en parle en ces termes. Le fil que les Serces Peuples de Scythie, employent dans leurs toiles, ne sort d'aucune plante ni racine. Il vient en leur Pays un Ver appellé *ser* par les Grecs, deux fois aussi grand qu'le grand Scarabée, & fait comme l'araignée dans tout le reste. Les gens du pays prennent beaucoup de peine à nourrir ces sortes de vers, & leur font de petites logettes tant pour l'hiver que pour l'été. Ce ver bâtit sa toile & file des piés, car il en a huit autant que l'araignée. On le nourrit de panis presque l'espace de quatre ans. La cinquième année, car il ne vit pas plus long-tems, on lui donne à manger d'un roseau verd qu'il aime extrémement, dont étant rempli il creve de graisse, & alors ils tirent leurs filacées & filets de ses boyaux & entrailles. En 1710. on fit des gans & autres ouvrages de fil d'araignée. Ils sont au Cabinet du Roi.

Kkk ij

Il y a une *Soye d'Orient*, qui est une plante dont les feuilles sont peu larges & hautes d'un pié avec un aiguillon semblables à celui des artichauts. Elle a pour fruit une gousse qui ressemble parfaitement à un perroquet. Ce fruit est vert, ayant des piés, une tête, & une queue comme cet oiseau, & de petits cercles jaunes vers la tête, qui representent ses yeux. Il contient une matiere fort blanche & fort déliée qu'on file, & qui est de la soye.

Soye. Terme de Fourbisseur. Morceau de fer pointu, long d'un bon doigt & d'une grosseur mediocre, au haut bout de la lame d'une épée, d'un sabre ou d'un cimeterre, qui entre dans la poignée & dans le pommeau.

S P A

SPAGE, ou SEPAGE. s. m. Qualité bonne ou mauvaise du raisin, le pineau est le meilleur Spage blanc. Les bons vignerons arrachent les mauvais Spages, & les font marquer en vendangeant, en coupant les branches.

SPAGIRIQUE. adj. On appelle *Medecin spagirique*, Un Medecin Chymiste. Ce mot vient du Grec ϲπάω, J'attire, & de ἀγείρω, J'assemble, qui sont les deux principales fonctions des Chymistes, la Chymie étant un art qui cuit les métaux, & qui separe le pur de l'impur.

SPAHIS. s. m. Cavalier payé de l'épargne du Grand Seigneur, & qui sert dans son armée. Ricaut dans son Histoire de l'Etat present de l'Empire Ottoman, dit que les Spahis sont de deux sortes, & au nombre de douze mille, les uns appellés *Silhatari*, qui portent une cornette jaune quand ils marchent, & les autres *Spahaoglari*, ou *Serviteurs des Spahis*, qui en portent une rouge. Ces derniers sont aujourd'hui plus considerés que les autres qui sont fort anciens, ayant été institués par Hali l'un des quatre compagnons de Mahomet. Cela vient de ce que Mahomet III. voyant fuir en desordre les Silhatari en une bataille qui se donnoit en Hongrie, après avoir tâché inutilement de les rallier, exhorta l'escadron de leurs valets qui étoient demeurés en corps, de reparer la lâcheté de leurs Maîtres, en chargeant les ennemis, ce qu'ils firent si heureusement que Mahomet gagna la bataille. Le Sultan pour reconnoître un si grand service, préfera les Serviteurs à leurs maîtres, & ce nouvel ordre de Spahis a toûjours subsisté depuis ce tems-là. Leurs armes sont un cimeterre avec une lance qu'ils nomment *Mifrak*. Il y en a quelques-uns qui portent à la main une espece de dard appellé *Gerit*, ferré par un bout, & de deux piés de longueur. Ils le dardent avec beaucoup de force & d'adresse, & quelquefois l'ayant jetté devant eux, & courant à toute bride, ils le ramassent sans sortir de la selle & sans s'arrêter. Ils ont aussi une épée qu'ils appellent *Gaddare*, & qu'ils attachent à côté de la selle de leurs chevaux. La lame en est large & droite, & ils s'en servent, ou bien de leur cimeterre, lorsqu'ils combattent, selon qu'ils le jugent à propos. Les Spahis d'Asie sont bien mieux montés que ceux d'Europe, & ils étoient autrefois si puissans, qu'ils ne venoient jamais à l'armée sans avoir chacun une suite de trente ou quarante hommes, sans leurs chevaux de main, leurs tentes & leur bagage. Le grand Vizir Cuproli, à qui cet équipage déplut, les voyant portés à la revolte & à la faction qui regnoit alors parmi la plûpart des grands de l'Empire, fit perir leurs chefs l'un après l'autre, & les affoiblit si bien, qu'ils sont aujourd'hui reduits à se mettre dix ou douze ensemble pour entretenir une tente, deux ou trois chevaux & une mule qui sert à porter leurs provisions & leur bagage. Quand on les punit pour quelque faute, on les bat sous la plante des piés, comme on fait à l'égard des Janissaires sur les fesses, ce qui se pratique de cette maniere, afin que les Fantassins ne soient point incommodés par la partie qui leur sert à marcher, & les Cavaliers par celle qui leur sert à se tenir à cheval. Quand les crimes sont capitaux, le grand Visir les fait étrangler sous les murailles du Serrail, & deux ou trois heures après que le Soleil est couché, on jette leurs corps dans la mer, après quoi on tire trois coups de canon qui servent d'avertissement à leurs camarades. La paye des Spahis est differente, & va en general depuis douze âpres jusqu'à cent par jour, selon qu'on les tire des chambres plus ou moins éminentes. Les fils des Spahis peuvent obtenir le privilege d'être enrôlés sur les registres du Grand Seigneur; ce que le Visir leur accorde assés souvent, mais leur paye, qui est au moins de douze âpres par jour, se prend sur celle de leur pere. Quand le Sultan va en personne à la guerre, il fait un present de cinq mille âpres à chaque Spahis. Ce present s'appelle *Sadak Akchiasi*, c'est-à-dire, Don pour acheter des arcs & des fleches. L'armée des Spahis pendant la guerre n'est autre chose qu'une multitude d'hommes sans conduite. Ils marchent par pelotons, n'étant distribués ni en Regimens ni en Compagnies, & cela fait qu'ils marchent sans nul ordre. Outre les Silhatari & les Spahaoglari, il y a encore quatre sortes de Spahis, qui se levent selon le besoin que l'on en a quand on veut faire la guerre. La premiere s'appelle *Sag Vlefigi*, & ceux-là marchent ordinairement à la droite des Spahaoglari, portant des cornettes blanches & rouges. La seconde s'appelle *Sol Vlefigi*, & ils marchent à la gauche des Silhatari avec des cornettes blanches & jaunes. La troisiéme s'appelle *Sagureba*, c'est-à-dire, Soldats de fortune. Ils portent des cornettes vertes & marchent à la droite des Vlefigi, à la gauche desquels marchent ceux de la quatriéme sorte appellée *Sol Gureba*, ayant des cornettes blanches. La paye de tous ces Spahis est de douze âpres jusqu'à vingt par jour; mais il y en a encore une autre sorte que l'on considere beaucoup plus, & que l'on appelle *Mutafaraca*. Ceux-là sortent du serrail avec plus de faveur que les autres, & sont quatre ou cinq cens en route. On leur donne par jour quarante âpres, & leur principale fonction est de suivre & de servir le Grand Seigneur dans les promenades qu'il fait de village en village pour son divertissement.

SPALT. s. m. Pierre écailleuse, luisante & assés semblable au Gip, si ce n'est qu'elle est plus blanche. On trouve quantité de ces pierres en Allemagne, & sur-tout auprès d'Ausbourg. Il y en a aussi en Angleterre, mais elles ne sont pas si bonnes. Le Spalt doit être en longues écailles, & assés tendres pour en pouvoir faire de la poudre avec l'ongle. Celui d'Angleterre est dur. Plusieurs particuliers se servent du Spalt comme d'un fondant qui a le pouvoir d'aider à fondre les métaux.

SPARADRAP. s. m. Sorte de toile qui étant enduite d'emplâtre de chaque côté, est nommée par les Modernes *Toile de Gauthier*, ce qui vient apparemment de ce que celui qui l'a inventée s'appelloit Gauthier. Elle se fait en prenant une quantité suffisante d'une emplâtre qu'on fait fondre, après quoi on y trempe la toile mediocrement vieille jusqu'à ce qu'elle soit imbibée entierement. Cela étant fait on la retire, & on l'expose à l'air pour la faire refroidir, & pour s'en servir dans le besoin. Il y a autant de sortes de Sparadrap, qu'il y a d'emplâtres dans lesquelles on trempe cette toile , mais il n'y a point de maladie où l'usage en soit plus frequent que dans les vieux ulceres & dans les fistules qui proviennent d'une autre.

SPARGANIUM. f. f. Plante dont les feuilles font femblables au glayeul , mais plus étroites , & panchent davantage contre terre. A la cime de fa tige font certaines boules toutes entaffées de graine. Dioscoride dit que fa racine prife en vin est bonne contre les venins des serpens. Selon Galien, le Sparganium est defficatif. On l'a appellé ainsi du mot Grec *σπάργανον*, qui fignifie Une bande pareille à celles qui fervent à envelopper un enfant dans le maillot , parce que fes feuilles en ont la figure.

SPARIES. f. f. Terme de mer. On appelle ainfi , tout ce que la mer jette & difperfe vers fes bords , comme l'ambre , le corail. Ce mot vient du Grec *σπείρω*, Semer.

SPARTON. f. m. Terme de Marine. Cordage fait de genêt d'Efpagne. Les Grecs appellent *σπάρτον* , Un cable de Navire , & ils appellent *σπάρτιον* , le genêt qui eft un arbriffeau jettant de grandes verges fans feuilles , qui font fermes, mal-aifées à rompre & fort propres à lier la vigne. Voyez GENEST.

SPASME. f. m. Terme de Medecine. Convulfion qui arrive quand les mufcles fe meuvent fans attendre le commandement de la volonté , & avec une douleur confiderable , & que les parties internes fe retirent violemment. Cette maladie eft appellée *σπασμός* par les Grecs , du verbe *σπάω* , Je tire , à caufe qu'alors les parties font plûtôt tirées par une violence extraordinaire & prefque déchirées qu'elles ne fe meuvent legitimement. La convulfion eft de deux fortes , la retraction qui eft une convulfion tonique, & la fecouffe qui eft une convulfion clonique. Ettmuller parle de trois efpeces fameufes de la convulfion tonique, aufquelles il dit qu'on peut ajoûter le Satyriafis , la convulfion canine jointe au ris Sardonien , la roideur du bras par la piquûre du nerf dans une faignée mal faite , & enfin une maladie fans nom où les genoux font retirés & demeurent roides à caufe de la retraction du nerf & du tendon qui paffent par la cavité du genouil. La convulfion clonique ou le mouvement convulfif , felon le même Ettmuller , c'eft lorfqu'un ou plufieurs membres font agités inégalement , comme dans l'épilepfie.

SPATA. f. f. Arme antique des Gaulois , felon Bochard. Elle étoit pefante , longue & fans pointe. C'eft delà que quelques-uns font venir Epée.

SPATULE. f. f. Inftrument de Chirurgien & d'Apothicaire , plat par un bout & rond par l'autre. Les Chirurgiens s'en fervent pour étendre leurs onguents fur les emplâtres. Les Apothicaires ont de grandes Spatules de bois pour remuer les drogues qu'ils délayent ou qu'ils font cuire. Les Grecs appellent *σπάθη ἰατρική* , Un inftrument qui eft Spatule par un bout,& qui par l'autre bout a une fonde. On fait venir Spatule du Grec *σπάθη* , fait de *σπάω* , Je tire , qui eft une forte d'inftrument dont on fe fert pour ôter l'écume du pot , & qu'on appelle *Ecumoire*.

SPE

SPECIOSITE'. f. f. Vieux mot. Beauté.

SPECULAIRE. adj. Qui concerne les miroirs , du Latin *Speculum* , Miroir. On appelle *Science speculaire*, Celle qui traite de l'art de faire des miroirs , & *Pierre speculaire* , Une pierre qui croît en Arabie, & qui eft legere, transparente & blanche. Matthiole dit qu'elle fe fend aifément en petites lames ,

& que ceux du Païs où elle fe trouve en grande abondance , en mettent à leurs fenêtres au lieu de verre. Comme elle reprefente tous les objets qu'on lui met au-devant, cela eft caufe qu'on l'a appellée *Pierre à miroir*. Dioscoride dit qu'on ordonne les raclûres en breuvage à ceux qui ont le haut mal , & que fi on la lie à un arbre , l'arbre devient fructueux.

SPERMATIQUE. adj. Qui appartient à la femence , du Grec *σπέρμα* , Semer. Les Medecins divifent les parties du corps des animaux en parties Spermatiques & en parties charneufes. Les Spermatiques font celles qui font faites du plus épais de la femence , comme les os & les cartilages. Elles fe forment en même-tems , & paroiffent au fœtus le feptième jour. Elles s'achevent le trentième aux mâles & le quarantième aux femmes. On appelle plus particulierement *Vaiffeaux fpermatiques* , Ceux où la femence eft enfermée , & qui fervent à la generation. Il y a auffi une veine appellée *Veine fpermatique*. Cette veine fort du tronc defcendant de la veine-cave. Elle porte la matiere de la femence aux tefticules , & vient du côté droit immediatement de ce tronc , & du côté gauche de l'émulgente.

SPERME. f. m. *La femence dont l'animal eft engendré*, Acad. Fr. On appelle improprement en termes de Pharmacie , *Sperma ceti* , ou *Sperme de baleine* , que l'en doit appeller *Blanc de baleine*. Ce n'eft autre chofe que la cervelle du Cachalot , animal que quelques-uns appellent *Baleine mâle* , & que les Latins nomment *Orca*. Ceux qui travaillent à la préparation du Blanc de baleine , prennent la cervelle du Cachalot , & après l'avoir fondûe fur un petit feu , ils la mettent dans des moules faits comme ceux où l'on jette le fucre. Quand cette cervelle eft refroidie & égoutée de fon huile, ils la retirent & la refondent , ce qu'ils continuent de faire jufqu'à ce qu'elle foit bien purifiée & très-blanche. Alors ils la coupent avec un couteau fait exprès , & la reduifent en écailles. Il faut la choifir en belles écailles blanches , claires & tranfparentes , & ayant une odeur fauvagine. Il n'y a point de plus beau blanc pour les Dames , foit qu'on en faffe du fard, foit qu'on en faffe des pâtes dont elles fe lavent les mains , mais il faut le conferver avec foin dans des vaiffeaux de verre , ou dans les barils dans quoi on l'apporte , qu'on doit tenir bien bouchés , afin d'empêcher que l'air n'y entre. Le Sperme de baleine a une vertu admirable pour refoudre , & il convient principalement dans l'afthme des vieillards. Il faut le donner avec l'eau de canelle jufqu'à deux onces , & une once d'oxymel fquillitique.

SPH

SPHACELE. f. m. Terme de Medecine. Mortification totale de quelque partie. C'eft ce que les Anciens nommoient *σφάκελος* , quand la partie étoit entierement morte. Si la mortification fe faifoit encore , ils la nommoient *Gangrene* , & ce nom qui a gardé fa fignification jufqu'à prefent , eft pris pour le chemin au Sphacele , du Grec *σφάκελος* , Gangrene. On dit ordinairement que la gangrene & le Sphacele font une mortification de la partie , ayant pour caufe l'extinction de la chaleur naturelle , qui confifte dans un acide volatile & fpiritueux , qui fait la fonction de caufe efficiente dans la ftructure & la coagulation , ou plûtôt dans la premiere formation de la partie. Cet acide vital fe conforme & fe repare continuellement par le fang & l'efprit vital , aufquels fe joignent une falure & une acidité occul-

Kkk iij

te qui abordent à la partie, de sorte que tout ce qui détruit cet acide, & tout ce qui est capable d'en empêcher l'entretien, produit la gangrene & le Sphacele. Ce mot avoit une autre signification chés les Anciens, qui appelloient l'inflammation des membranes du cerveau *σφακελος*, ou *σφακελισμός*, ce qui a fait dire à Hippocrate que ceux qui ont le cerveau sphacelé meurent en trois jours, & que s'ils passent le troisième jour ils échappent.

SPHENOIDE. adj. Terme de Medecine. On appelle Os *sphenoide*, Un os de la tête, qui est situé entre le tét & la joue superieure. Il a divers trous par où passent plusieurs conjugaisons des nerfs, & touche presque tous les os de la tête des joues. Il est unique aux personnes avancées en âge; & aux enfans nouveaux nés, il est tantôt de trois & tantôt de quatre pieces. Ce mot est Grec *σφηνοειδης*, Qui est semblable à un coin, de *σφην*, Coin, dont on se sert à fendre du bois, à cause que l'insertion de cet os dans ceux de la tête est faite en forme de coin.

SPHERE. s. f. Terme de Geometrie. *Corps solide dont toutes les lignes tirées du centre à la circonference sont égales.* ACAD. FR. On peut imaginer la sphére comme composée d'une infinité de pyramides dont toutes les pointes sont au centre de la sphére, dont les bases étant infiniment petites, ne different point, prises ensemble de la surface de la sphére, & dont les côtés sont autant de rayons. Or toutes ces pyramides ensemble vaudroient le tiers du produit de leur hauteur commune par toutes leurs bases, (Voyez PYRAMIDE,) donc pour mesurer la sphére, il faudra aussi prendre le tiers du produit de son rayon par sa surface, & parce que toutes ces pyramides infinies qu'on imagine dans une sphére, seroient à une infinité de pyramides dans une autre sphére, comme une seule des pyramides la premiere sphére, à une seule des pyramides de la seconde, & que ces deux pyramides seroient entre-elles en raison triplée de leurs hauteurs, il s'ensuit que les sphéres sont en raison *triplée de leurs rayons. Sphére*, se dit particulierement d'un instrument vulgaire qui est composé de divers cercles, & d'un axe qui le traverse avec un petit globe au milieu. Il sert à representer la machine du monde & les mouvemens celestes. On l'appelle autrement *Sphere artificielle*, & *Sphere armillaire*. La plûpart des Auteurs attribuent l'invention de la Sphere à Archimede, parce qu'on lit dans l'histoire de sa vie, qu'il en avoit composé une de cristal, dans laquelle des mouvemens artificiels faisoient voir tout ce qui se fait naturellement dans la machine du monde.

Sphere, se dit aussi de la disposition du Ciel, relative à la situation de divers peuples, & comme il y a trois sortes d'horison, l'horison droit, l'horison oblique & l'horison parallele, (Voyez HORISON,) la Sphere se divise aussi en Sphere droite, oblique & parallele. La *Sphere droite*, est celle où l'équateur coupe l'horison à angles droits. Ceux qui habitent la Sphere droite ont en tout tems les jours égaux aux nuits, parce que tous les jours le Soleil se leve & se couche à six heures. Ainsi ils l'ont deux fois par année, en deux tems les jours de midi dans le tems des équinoxes. La *Sphere oblique*, est celle où l'équateur tombe obliquement sur l'horison, ce qui cause l'inégalité des jours & des nuits pour ceux qui ont cette Sphere oblique, à l'exception du tems des équinoxes. La *Sphere parallele*, est celle où l'équateur est parallele à l'horison. Ceux qui ont cette Sphere n'ont qu'un jour & qu'une nuit dans toute l'année, la nuit & le jour chacun de six mois.

Voyez PARALLELE.

Chaque Planete a aussi sa Sphere. C'est l'étendue du Ciel où chacune fait son cours. Sphere est un mot Grec *σφαιρα*, Globe, figure ronde.

SPHEROIDE. s. m. Corps qui approche de la Sphere, mais qui n'est pas exactement rond, qui a un diametre plus long que l'autre. On appelle *Spheroide*, ou *Conoide elliptique*, Un solide produit par le mouvement achevé d'une ellipse autour de l'un de ses deux axes. Quand il est produit par la circonvolution entiere d'une ellipse autour de son grand axe, on l'appelle *Spheroide oblong*, & quand il est produit par la circonvolution entiere d'une ellipse autour de son petit axe, il est appelé *Spheroide plat*. Ce mot est Grec *σφαιροειδης*, Qui est arrondi en globe.

SPHINCTER. s. m. Terme de Medecine. Muscle qui serre en rond ou l'extrémité de l'intestin appellé *Rectum*, ou le col de la vessie. La constriction du Sphincter manque par la paralysie ou resolution, lorsque les nerfs relâchés ne peuvent plus servir de chemin aux esprits animaux, où ils doivent être apportés. En cet état le Sphincter, étant relâché lui-même, ne peut fermer la vessie. Cette resolution du Sphincter vient souvent d'une chûte sur la region des lombes ou de l'os sacrum, d'où les nerfs qui sont portés à la vessie, dérivent. La constriction du Sphincter de la vessie manque aussi par la trop grande relaxation de ses fibres, & le plus souvent à cause du trop de distension, ce qui est ordinaire aux femmes dans l'accouchement que la grosseur du fœtus rend difficile. Le fœtus en s'efforçant de sortir distend le vagina, le col de la vessie en même-tems, le Sphincter placé sur le vagina, & cela est cause qu'elles ne peuvent plus garder leur urine. Sphincter est un mot Grec *σφιγκτηρ*, & vient de *σφιγγειν*, Resserrer, étreindre.

SPHINX. s. m. Monstre imaginaire que les Poëtes ont feint avoir la tête & le sein d'une fille, le corps d'un lion & les ailes d'un aigle. Il sert d'ornement en Architecture, comme aux rampes, perrons & autres endroits.

Il y a auprès du Nil & de la grande pyramide d'Egypte, une figure monstrueuse & d'une forme extraordinaire, qu'on appelle *Sphinx*. Quelques-uns veulent que ce soit la figure de Rhodope. Elle a la tête d'un homme & le corps d'un lion. Comme la terre des environs n'est que de sable plein & uni, & qu'elle y est ensevelie jusques aux épaules, cela donne lieu de croire qu'elle a été apportée d'ailleurs en cet endroit. Ce Sphinx est tout d'une piece. Les proportions du visage, du front, des yeux, des nés, de la bouche, y sont si bien observées, qu'il est aisé de connoître que c'est l'ouvrage d'un fort habile Sculpteur. Si l'on en croit Pline, c'est la divinité champêtre des habitans, & le Roi Amasis y est enterré. Il dit que cette figure a été taillée d'une seule pierre polie, que la tête a six vingt piés de circuit, quarante-trois de longueur, & que depuis le ventre jusqu'au sommet de la tête, il s'y trouve cent soixante & deux piés de profondeur. On dépeignoit le Sphinx en deux manieres selon le sens allegorique qu'on lui donnoit, sçavoir sous la forme d'un lion furieux pour un lit de justice, & sous celle d'un monstre qui avoit le corps d'un lion & le visage d'une vierge. La premiere representoit Mempha, Divinité d'Egypte qui présidoit sur les eaux, comme étant la directrice des débordemens du Nil, & la seconde marquoit l'accroissement de ce fleuve, de sorte que ces figures, parmi les Egyptiens, étoient des emblêmes & des caracteres sensibles qui exprimoient leurs pensées. Le Sphinx ne signifie autre chofe que les inondations du Nil dans les mois de Juin & de Juillet, lorfque le Soleil parcourt les fignes du Lion & de la Vierge. Pline a écrit qu'il y avoit un grand nombre de ces Sphinx en Egypte, qui étoient des maſſes d'une grandeur prodigieuſe, & que la plûpart étoient placés dans les endroits inondés du Nil, comme dans la Ville d'Heliopolis, dans celle de Saïs, & dans les deſerts de Memphis ou du Caire où l'on voit encore le Sphinx dont on vient de faire la deſcription. Les Anciens poſoient des Sphinx devant les poteaux de leurs temples, pour apprendre aux hommes que la ſcience des choſes divines conſiſte dans une ſageſſe cachée ſous des myſteres & ſous des énigmes. Tout ceci eſt rapporté par M. de la Croix, dans la Relation univerſelle de l'Afrique ancienne & moderne.

SPHONDYLIUM. ſ. m. Plante qui a ſes feuilles preſque comme le plane ou le panacés, & ſa tige comme celle du fenoüil, haute d'une coudée & quelquefois davantage. A ſa cime eſt une graine double ſemblable au ſiler montanum, mais plus large, plus blanche, plus pailleuſe & ayant une odeur forte, qui approche de celle des punaiſes. Ses fleurs ſont blanches auſſi-bien que ſa racine qui tire au raiſfort. Matthiole dit qu'il y a peu de prés humides ou marécageux où l'on ne trouve du Sphondylium en abondance. Sa graine priſe en breuvage, ſelon Dioſcoride, purge le phlegme par le bas, & eſt bonne au défaut du foye, à la jauniſſe, au haut mal, aux ſuffocations de matrice & à ceux qui ne peuvent reſpirer qu'ils n'ayent le cou droit. Son parfum éveille les eſprits des lethargiques. Quelques-uns écrivent Spondylium. Cependant le mot Grec eſt σφονδύλιον. Galien en parle ainſi. La graine de Sphondylium a une vertu acre & deſſiccative; ce qui la rend bonne à ceux qui ont l'haleine courte & qui ſont travaillés du haut mal. Elle eſt bonne auſſi à la jauniſſe, & ſa racine, outre qu'elle a les mêmes proprietés, mange les duillons des fiſtules, mais elle doit être raclée avant qu'on l'y mette. Le ſuc des fleurs ſe garde avec ſoin pour les ulceres inveterés des oreilles.

SPI

SPICNARD. ſ. m. Maniere d'épi, long & gros comme le doigt. Il eſt tout garni de petits poils bruns & aſſés rudes, qui ſortent d'une petite racine de la groſſeur d'une plume, & aſſés ſemblable à la pirette, ſi ce n'eſt qu'elle eſt moins longue. On l'appelle autrement Nard Indique, à cauſe qu'il vient des Indes, & il y en a de deux ſortes, le grand qui eſt ordinairement plus brun ou plus rougeâtre que le petit, qui lui doit être preferé. Ce dernier eſt d'un goût amer, & d'une odeur forte & aſſés déſagreable. Il y a auſſi un Spic celtique, qui eſt une plante fort aromatique qui croît aux Pyrenées & ſur les montagnes du Tirol, & qu'on apporte en petites javelles. Elle n'a aucune apparence d'épi qu'en ſa racine, & on ne lui a donné le nom de Spica qu'à cauſe de ſon odeur, qui eſt auſſi forte que celle du Spica nardi. Ce Spicnard Celtique eſt en petites racines écailleuſes & remplies de fibres aſſés longues, d'où ſortent de petites feuilles longues qui ſont étroites par en bas, larges vers le milieu, & un peu pointues par le bout. Leur couleur eſt jaune tirant ſur le rouge quand elles ſont ſeches. Du milieu des feuilles ſort une petite tige d'environ un demi-pié, au bout de laquelle il y a quantité de petites fleurs d'un jaune doré en forme de petites étoiles. On ne ſe ſert guere du Nard Celtique que pour la Theriaque, & la préparation en eſt longue & difficile. Voyez NARD.

SPINELLE. adj. Qui n'a d'uſage qu'étant joint avec Rubis. Les Joüailliers appellent ainſi un Rubis qui eſt de couleur de vinaigre ou de pelure d'oignon,ce qui diminue beaucoup de ſon prix.

SPIRAL, ALE. adj. Terme de Geometrie. On appelle Ligne ſpirale, Une ligne courbe dont la generation eſt telle. On imagine dans un cercle un rayon mobile qui fait le tour entier du cercle d'un mouvement égal & uniforme, & dans le même tems un point mobile de ce rayon qui partant du centre du cercle doit arriver à l'autre extrêmité du rayon lorſque le rayon achevera ſon tour, de ſorte qu'à meſure que le rayon mobile avance dans ſon tour, le point mobile du rayon avance ſur le rayon d'une quantité proportionnelle. Alors la ligne que décrit ce point mobile par ſon mouvement compoſé du mouvement circulaire du rayon, & du ſien propre, qui eſt droit, eſt une ligne courbe nommée ſpirale ou Helice, qui du point où elle commence, qui eſt le centre du cercle, va toûjours en embraſſant un plus grand eſpace. On appelle Montres ſpirales, Celles qui ont un reſſort qui tourne en maniere de limaçon, & qui s'attache au balancier pour rectifier les inégalités du grand reſſort & du balancier. La plûpart font M. Huguens l'inventeur de cette montre.

SPIRATION. ſ. f. Les Theologiens voulant expliquer de quelle maniere le Saint-Eſprit eſt produit, diſent que c'eſt par la Spiration active du Pere & du Fils, & par l'action de leur volonté.

SPIRE. ſ. f. M. Felibien dit que Spire, Aſtragale, Boſſet, & Tore ſont indifferemment employés par pluſieurs Ouvriers & Architectes, & que Spire ſignifie proprement la baſe entiere de la colomne, à laquelle ce nom a été donné à cauſe de la reſſemblance qu'elle a avec les replis d'un ſerpent, appellés Spira, quand il eſt couché en rond, ou avec ceux d'un cable. Ce mot eſt Grec, σπείρα.

SPIRITUALISATION. ſ. f. Terme de Chymie. Réduction des corps compactes en eſprits, de la maniere qu'il ſe pratique ſur les ſels que la diſtillation peut entierement réduire en eſprit. Le même eſprit ne peut être recorporiſé ſans addition de quelque corps. La Spiritualiſation appartient particulierement aux ſels, & enſuite aux ſucs & aux liqueurs fermentées qui rendent leurs eſprits volatiles & inflammables.

SPIRITUALISER. v. a. Terme de Chymie. Réduire les corps compactes en eſprits, en extraire les parties les plus pures & les plus ſubtiles. On ſpiritualiſe ſi fort l'eſprit de vin, que quand on le jette en l'air, tout cet eſprit s'évapore ſans qu'il en tombe une goutte à terre.

SPL

SPLENIQUE. adj. Terme de Medecine. On appelle Vaiſſeau ſplenique, la Veine qui fait le premier des deux gros rameaux de la veine-porte, qui entre preſque toute dans la rate. Ce mot vient du Grec σπλήν, Rate. Il y a des médicamens appellés Spleniques, c'eſt-à-dire, qui conviennent à la rate, ſoit qu'elle ſoit travaillée d'obſtruction, ou humectée. Ces médicamens ſont les racines aperitives, tous les capillaires, & particulierement la ſcolopendre, la bugloſe, la cuſcute, le polypode, le lapathum acutum, la rubia tinctorum, les ſommités du thim, le houblon, les ſemences de fenoüil, d'anis, la racine de capres, & pluſieurs autres.

SPO

SPODIUM. ſ. m. Terme de Pharmacie. Eſpece de

cendre qui fe trouve fur le pavé des fournaifes d'airain. Diofcoride dit que le Spodium & la Tutie
different feulement en efpece, & non en genre; que
le Spodium eft noir, & qu'il fe rencontre fouvent
plus pefant que la tutie, étant plein de paille & de
poil, & prefque comme une forte d'excrement
qu'on trouve fur le pavé des forges & fur les fournaifes. Ce mot eft Grec, *σποδίον* de *σποδὸς*, Cendre.
Ce Spodium eft ce qu'on appelle *Le Spode des Grecs*,
qui eft extrêmement corrofif, & par confequent
très-dangereux fi on le prend interieurement. On
appelle *Spode des Arabes*, le faux Spode, qui eft
fait de cannes brûlées ou d'ivoire calciné. Galien
témoigne que la racine des cannes a de foi-même
une grande vertu abfterfive; & comme elle eft encore plus chaude & plus acre quand elle eft brûlée,
Fuchfius a raifon de dire qu'on ne la peut prendre
par la bouche avec fûreté. Le Spode ou ivoire brûlé ou calciné, eft de l'ivoire que l'on brûle exprès,
pour s'en fervir dans l'occafion en Medecine. Le
meilleur eft celui qui eft blanc deffus & dedans, pefant, facile à caffer, en belles écailles, & le moins rempli d'ordures. On broye le Spode fur une écaille de
mer ou quelque autre pierre, & on le réduit en trochifque. Quand il eft réduit ainfi, on lui attribue les
mêmes proprietés qu'au Corail.

SPOLIER. v. a. On dit Spolier un prifonnier, voulant dire l'ôter des mains des Archers : c'eft un crime
digne du dernier fupplice.

SPONDYLE. f. m. Terme de Medecine. Os qui fait
partie de l'épine du dos, & qu'on appelle autrement
Vertebre. Ce mot eft Grec *σπόνδυλος*.

On appelle auffi *Spondyle*, Un gros ver qui a la tête noire, & qui eft blanc dans tout le refte du corps.
Il n'y a point de plus gros infecte. Il a fix piés auprès
de la tête, & mange l'écorce des racines de toutes
fortes de plantes.

SPONTON. f. m. Terme de Marine. Efpece de demi-pique dont on fe fert dans les abordages. Le
Sponton eft particulierement en ufage parmi les Venitiens & les Chevaliers de Malthe.

SPORADIQUE. adj. Terme de Medecine. On appelle *Maladies fporadiques*, diverfes maladies qui
attaquant féparément plufieurs perfonnes, ont des
caufes particulieres qui femblent éparfes çà & là. Ce
mot eft Grec *σποραδικὸς*, & vient de *σπείρειν*, Semer,
épandre.

SPORTE. f. f. Ce mot eft en ufage parmi quelques
Religieux, qui nomment ainfi un panier de jonc
dont ils fe fervent pour faire la quête. Il vient
du Latin *Sporta*, Panier, dont le diminutif a fait
Sportule, qui a été employé parmi les Romains
pour fignifier cent quadrins, & un repas que les
riches donnoient à ceux qui venoient leur faire la
Cour. Nicod en parle en ces termes. *Sportule n'eft
pas originaire François, ainfi imité du Latin* Sportula,
*qui anciennement confiftoit en la fomme de cent qua-
drins, que ceux du grand eftat de la ville de Rome
donnoient par jour à ceux qui les accompagnoient par
honneur, & qui au matin fe trouvoient à leur lever pour leur dire le bon jour, & fut cefte façon inventée au lieu de donner la repeüe franche pour ceux
aufquels il grevoit de tenir maifon ouverte : car les
fportules eftoient de moindre couft. Toutefois Augufte
ordonna qu'au lieu des fportules, c'eft-à-dire, des livrées, on donneroit le fouper entier, comme eftant plus
honorable & de plus grande liberalité. Au contraire
Neron, au lieu de fouper ou cene droite, car la table que tenoient les Senateurs & autres grands Seigneurs à telle maniere de gens eft appellée en Latin
Cœna recta, ordonna qu'on donneroit les fportules,
qui eftoient comme les livrées. Cette fomme valoit dix*

*carolus & demi; & pour cefte caufe Martial blaf-
mant ceux qui eftoient fi miferables que d'aller dès le
matin courir les rues de Rome, & attendre à la porte
en tout temps pour fi peu de guerdon, appelle cette fomme* Les cent miferables quadrins.

SPU

SPUTER. f. m. Efpece de nouveau métal qui a
été apporté en Europe par les Hollandois. On ne
le peut employer qu'en fonte, à caufe qu'étant
trop aigre & caffant, il ne fçauroit fouffrir le marteau. Il fouffre feulement l'ignition, & eft blanc
& dur.

SQU

SQUAMMEUX, EUSE. adj. Ecaillé. Les Anato-
miftes appellent *Sutures fquammeufes*, Les fauffes
futures du crane, à caufe qu'elles font jointes en
maniere d'écailles ou de tuiles qui montent l'u-
ne fur l'autre. Ce mot vient du Latin *Squamma*,
Ecaille.

SQUELETE. f. m. *Carcaffe. Tous les offemens d'un
corps mort & décharné, tels qu'ils font dans leur fituation naturelle.* ACAD. FR. Les Medecins écrivent
Scelet, à caufe que les Grecs difent *σκελετὸς*, pour dire, Aride, qui eft devenu fec; & ceux qui ont écrit
des os, ont employé ce nom de *Scelet*, ou d'Ofteo-
logie dans le titre de leurs livres. Ce mot vient du
Grec *σκέλλειν*, Deffecher.

Quelques gens de mer appellent *Squelete*, un Navire dont il n'y a que les principales pieces affemblées, comme la quille, l'eftambord, les varangues
& les genoux, & qui n'eft pas couvert de fes planches.

SQUILLE. f. f. Racine d'une plante bulbeufe,
revêtue de plufieurs tuniques & pelures, à la maniere des oignons, ayant fes feuilles en quelque façon femblables. Il y en a deux fortes, le mâle qui
a fes feuilles blanches, & la femelle qui les a rouges tirant fur le noir. Plufieurs Auteurs préferent la
rouge, comme étant moins acre & mordicante. La
Squille croît dans la Pouille, dans la Sicile, dans
le Portugal & dans l'Efpagne. On la cueille au
commencement de l'Automne, quand fes feuilles
font prefque feches, & que leur humidité fuperflue
eft confumée par la chaleur de l'Eté. Les meilleures Squilles font celles qui font nouvellement tirées de terre & arrachées dans des lieux fecs & fablonneux, d'une epaiffeur mediocre, bien nourries,
bien fermes & bien pefantes. Diofcoride dit que le
dedans de la Squille crue, cuit en huile, ou appliqué avec de la refine fondue, eft un fingulier remede pour les fentes & les crevaffes des piés, & que
cuit en vinaigre il fert d'un bon cataplafme à ceux
qui font mordus des viperes. Pour lâcher le ventre, on prend une partie de Squille rôtie, & huit
parts de fel brûlé, & le tout étant broyé enfemble, on en donne à jeun une cueillerée ou deux.
Il y a une *Squille commune*, qu'on appelle *Pancratium*. Matthiole avertit qu'il y a des Squilles venimeufes qui ne font pas moins dangereufes pour les
hommes que les champignons venimeux. Cette forte de Squille vient toute feule, & croît ordinairement aux lieux fales & puants. Elle ulcere l'eftomac & les inteftins, & même les veines mezaraïques, & autres vaiffeaux qui de l'eftomac vont au
foye. Il arrive delà qu'on fent de grandes épreintes
& douleurs aux parties nobles, & qu'on tombe enfin
dans une dyfenterie.

Squille, fe dit auffi d'une forte d'écreviffe, qui

n'a

n'a toutefois ni piés ni branches. On l'a appellée ainfi à caufe qu'elle a plufieurs envelopes comme la fquille. La chair de ces Squilles eft de très-difficile digeftion.

SQUILLITIQUE. adj. Il y a divers médicamens qu'on appelle *Squillitiques*, à caufe qu'ils font compofés de fquille. L'*Eglegme fquillitique* fe fait de deux manieres, fuivant Mefué dans fon Antidotaire. La premiere reçoit le fuc de fquille avec parties égales de miel defpumé, le tout cuit enfemble en confiftance de Looch. L'autre reçoit la fquille rôtie avec le miel & autres ingrediens qui augmentent la vertu incifive de la fquille, tels que le fafran, l'hyffope, l'iris & la myrrhe. Comme ces Eglegmes font très-chauds, fur-tout le dernier, il faut bien prendre garde à ne les pas donner aux perfonnes qui font d'un temperament chaud & qui ont la fièvre. Le *Vinaigre fquillitique* fe fait d'une livre de fquille fechée, qu'on coupe avec un couteau de bois, & qu'on met dans une bouteille de verre. On verfe par deffus huit livres du meilleur vinaigre blanc ou fort clairet, & après qu'on a bien bouché la bouteille, on l'expofe au Soleil chaud d'Eté l'efpace de quarante jours. Si on eft preffé, on la met quelques heures fur les cendres chaudes ou dans le fable. Cela étant fait, on exprime bien la fquille, & on la jette. Le vinaigre étant raffis, on le met dans une autre bouteille de verre qu'on a foin de bien boucher. Ce vinaigre eft d'une fort grande efficacité pour les maladies froides du cerveau, pour l'épilepfie & pour le vertige. Il guerit les gencives pourries, arrête les dents qui branlent, & rend l'haleine agreable en chaffant entierement la puanteur de la bouche. Il excite l'appetit, aide la coction, purge le foye & la rate & foulage leurs douleurs. Sylvius dit que les Anciens s'en fervoient fouvent, mais qu'aujourd'hui l'ufage en eft rare, en le prenant feul, à caufe de fon amertume & de fon acrimonie mordicante. On en fait l'*Oxymel fquillitique* avec le miel. Cet Oxymel eft de deux fortes, le fimple qui fe fait de même que l'oxymel de Galien, fi ce n'eft qu'au lieu du vinaigre commun on y met la fquillitique; & le compofé, dont la compofition eft la même que celle de l'oxymel compofé des trois racines aperitives; à l'exception du vinaigre fquillitique qu'on y met. Le premier a les mêmes facultés que le vinaigre fquillitique, mais le goût en eft plus agreable, & il eft plus eftimé pour les maladies pituiteufes ou mélancoliques les plus opiniâtres du cerveau, du poumon & du ventricule. L'autre incife, attenue, déterge & ouvre les obftructions, tant dans les fièvres quartes, que dans les quotidiennes inveterées. Le *Vin fquillitique* fe fait en prenant vers les Jours Caniculaires une fquille blanche de montagne, que l'on fait fecher. Après qu'on en a mis quelques pieces, dans un vaiffeau de verre, on verfe douze fextiers de vin blanc vieux deffus, & on laiffe ce vaiffeau quarante jours pendu, après qu'on ôte la fquille. Ceux qui ufent de ce vin, en prennent fouvent deux onces avant le repas. Si c'eft après le repas, il fuffit d'en prendre une demi-once. Galien dit que ce vin pris en breuvage attenue toutes les humeurs & fur-tout le phlegme, ne laiffant croupir ni dans l'eftomac, ni au ventre, ni au foye, ni à la rate, ni aux nerfs, & encore moins dans les os, nulle humeur gluante qui pourroit caufer de l'obftruction. Le *Miel fquillitique* fe fait felon Baudron, d'une partie de fquille fechée & de trois parties de miel écumé le plus vieux qu'on peut trouver. On met le tout dans un pot de terre verniffé que l'on expofe au foleil, en le tournant tantôt

Tome II.

d'un côté & tantôt de l'autre, pour faire que la chaleur donne également par tout. On laiffe les fquilles dans le miel jufqu'à ce qu'on veuille s'en fervir, & alors on ajoûte un peu de vin, après quoi on les fait cuir avec leur miel, & on les exprime. Ce miel eft fort bon pour incifer & attenuer les humeurs craffes, lentes & vifqueufes. Les *Trochifques fquillitiques* ont cette même proprieté, & conviennent d'ailleurs à l'épilepfie & aux maladies veneneufes. Ce trochifque fe fait en prenant deux ou trois fquilles qu'on enveloppe de pâte un peu folide faite avec de la farine de froment. On en met tout autour environ l'épaiffeur d'un travers de doigt, & on les fait cuire ainfi enveloppées dans un four de Boulanger, où on les laiffe autant de tems qu'il en faut pour cuire un gros pain. Après qu'on les a tirées du four, & qu'elles ont été refroidies, on ôte la pâte de froment & les premieres tuniques des fquilles que l'on trouve rouges & comme feches. On rejette auffi le cœur & la partie dure qui eft au bas de chaque fquille, n'en prenant que les écailles ou lamines blanches & mœlleufes, dont ayant pefé trois livres, on les pile dans un mortier de marbre avec un pilon de bois, ce qui étant fait on y incorpore peu à peu deux livres de menue farine d'orobe blanc, afin d'augmenter la vertu alexitere des fquilles. On pétrit le tout ayant les mains teintes d'huile & on en forme des Trochifques que l'on fait fecher le plûtôt que l'on peut fur le tamis renverfé en un lieu fort aëré hors des rayons du foleil & loin du feu. On les garde enfuite pour le befoin dans de petits pots de verre bien bouchés. Andromaque l'aîné, premier Medecin de Neron eft l'Auteur de ces Trochifques, & ce qui lui a fait preferer l'orobe blanc à l'orobe roux, c'eft qu'il a moins d'amertume & qu'il refifte beaucoup davantage aux venins & aux pourritures des humeurs.

SQUINANCIE. f. f. Maladie aigue qui vient à la gorge & qui empêche la refpiration. On dit plus ordinairement *Efquinancie*. Voyez ESQUINANCIE.

SQUIRRE. f. m. Tumeur dure qui refifte au toucher, & qui s'engendrant peu à peu fans douleur, occupe outre les glandes les parties charnues, foit internes, foit externes. Le Squirre fuccede fouvent aux inflammations mal panfées, & provient de la coagulation du fang feule, ou du chyle crud & vifqueux, qui étant diftribué avec le fang, ou avec quelque vehicule étranger, engendre en fe coagulant une tumeur dure. Le fang & le chyle vifqueux joints enfemble s'amaffent, s'accumulent & fe coagulent encore en paffant fucceffivement par les pores des parties, & particulierement des vifceres où ils s'arrêtent & engendrent des Squirres par le moien de l'acide contre nature, ou trop abondant ou trop fixé, ou qui peche de quelque autre maniere. Les fignes font la dureté & l'indolence dont le vrai Squirre eft toûjours accompagné, au lieu que la lividité & la douleur font les marques du faux Squirre, qui tient quelque chofe du cancer. Lorfque le Squirre eft externe, il fuffit pour le guerir de mettre deffus une plaque de plomb enduite de mercure. S'il ne peut pas bien fe refoudre, on doit le faire mûrir & le mener à fupuration avec des remedes temperés & un peu plus forts que ceux qu'on employe dans l'inflammation, & fi c'eft un Squirre douloureux, fâcheux par fes picotemens fourds, & livide dans une perfonne déja âgée, ou qui a une fuppreffion d'hemorroïdes ou de mois, ce Squirre ne pouvant fe refoudre ni fe confumer infenfiblement, il ne faut point y toucher à moins

L l l

qu'on n'y applique du nitre diſſout dans du vinaigre diſtillé pour l'endurcir en forme de pierre. Ce mot eſt Grec, *σκληρος*. Quelques-uns le font venir de *σκληρος*, Dur.

S T A

STACHYS. ſ. m. Herbe ſemblable au Marrube, mais plus grande, qui produit quantité de feuilles velues, claires, blanches, dures & fort odorantes. Elle pouſſe pluſieurs branches dès ſa racine, & croît aux montagnes & dans les lieux âpres. Galien lui donne un goût âcre & amer, & dit qu'elle eſt chaude au troiſiéme degré. La decoction de ſes feuilles priſes en breuvage fait ſortir le flux menſtrual & l'arrierefaix. Quelques-uns ſont venir ſon nom du Grec *σάχης*, Epi, à cauſe qu'elle porte des épis.

STACTE. ſ. f. Graiſſe qu'on tire de la myrrhe fraîche pilée avec un peu d'eau, & eſpreinte au preſſoir. Cette liqueur eſt fort odorante & precieuſe, & fait d'elle-même l'onguent appellé *Stacté.* La meilleure eſt celle qui eſt de bonne odeur, ſentant la myrrhe amere & pure, mais il eſt difficile d'en trouver qui n'ait point été ſophiſtiquée, & qui n'ait reçu aucune mixtion d'huile en forme d'onguent liquide. Ce mot vient du Grec *σάζω*, Diſtiller. Les Apothicaires appellent *Stacté*, le ſtorax liquide, qui, ſuivant ce que dit Serapion, ſe fait de myrrhe abbreuvée premierement d'eau & enſuite preſſurée.

STADE. ſ. f. Meſure de chemin particuliere aux Grecs, & qui a cent vingt-cinq pas geometriques de long ou de ſix cens vingt-cinq piés. Il faut huit ſtades pour faire un mille d'Italie. Ce mot vient du Grec *σάδιον*, Lieu où l'on s'exerçoit à la courſe. C'étoit chés les Grecs un eſpace découvert de la longueur de cent vingt-cinq pas, qui faiſoient environ quatre-vingt-dix toiſes entre deux bornes. Il y avoit un amphitheatre tout le long de cet eſpace, & cet amphitheatre étoit occupé par ceux qui venoient voir avec quelle adreſſe les Athletes s'exerçoient à la courſe & à la lutte. Dans le mauvais tems on faiſoit ces exercices dans des Stades couverts, qui étoient environnés de portiques & de colomnades.

STAGE. ſ. m. Les Eccleſiaſtiques appellent ainſi la réſidence actuelle & exacte que doit faire un Chanoine dans ſon Egliſe pendant ſix mois, afin de pouvoir jouir des honneurs & des revenus attachés à la Prebende dont il a pris poſſeſſion.

Cette réſidence ſe diviſe ordinairement en *Rigoureuſe* & *gracieuſe* ; pendant la *rigoureuſe* il faut aſſiſter à l'un des trois grands Offices du jour depuis le commencement juſqu'à la fin. On la recommence s'il y avoit un ſeul Pſeaume chanté ou le *Kyrie* de la grand'Meſſe. La *gracieuſe* ſe fait ſans contrainte.

STAIMBOUC ſ. m. Animal qui eſt une eſpece de Chamois. On connoît ſon âge par le nombre des nœuds dont ſa queue eſt entourée.

STAMENAIS. ſ. m. Terme de Marine. Pieces de bois courbes de part & d'autre en forme de genouil, ce qui les fait auſſi appeller *Genoux.* Elles ſervent en divers endroits à la conſtruction d'un Vaiſſeau.

STAPHISAGRE. ſ. f. Plante dont les feuilles ſont mi-parties comme la Lambruſque, & qui produit ſes tiges droites, tendres & noires. Ses feuilles ſont vertes, grandes, fort découpées & aſſés épaiſſes. Elles ſont ſuivies de fleurs d'un bleu celeſte après leſquelles viennent des gouſſes qui enferment ſa ſemence. Tant que cette graine eſt dans ſa gouſſe, chaque grain eſt ſi étroitement joint avec un autre, qu'à peine peut-on voir par où ils ſont joints. Lorſqu'on l'a ſéparée, elle eſt faite en triangle, de la groſſeur d'un pois chiche, âpre & noire, tirant ſur le baſané, blanche au dedans, & acre & mordante au goût. Dioſcoride dit que quinze de ſes grains pilés & pris en eau miellée, purgent par vomiſſement les groſſes humeurs, pourvû qu'après qu'on les aura pris on ſe promene toûjours. Il faut cependant en uſer avec prudence de peur qu'ils ne brûlent le goſier, ce que l'on évite en tenant de l'eau miellée prête pour en avaler ſouvent. Le Staphiſagre, que les Apothicaires appellent *Stafuſaria*, ou *Herbe aux poux*, à cauſe de la vertu qu'elle a de les faire mourir, fait deſcendre force phlegmes lorſqu'elle eſt mâchée. Elle eſt d'ailleurs abſterſive, & fort bonne à la gratelle. *Staphiſagre* vient des deux mots Grecs *σαφις αγρια*, à cauſe qu'elle a ſes feuilles comme la vigne ſauvage.

STAPHYLODENDRON. ſ. m. Plante baſſe & petite, dont Pline fait mention, & qui a ſa feuille ſemblable au Sureau. Son bois eſt fort frêle, & ſes fleurs ſont blanches & grappes ainſi que ſon fruit, qui vient en de petites gouſſes rouſſes, faites à peu près comme celles des pois chiches. Il eſt plus gros, & enferme un noyau verdoyant doux à manger, mais qui provoque à vomir. Il y a des lieux où l'on appelle ce fruit *Piſtache ſauvage*, quoiqu'il ſoit fort different des vraies piſtaches en forme & en goût. Ce mot eſt Grec *σαφυλόδενδρον*, formé de *σαφυλι*, Grappe de raiſin, & de *δενδρον*, Arbre.

STATERE. ſ. f. Nom que quelques-uns donnent à la balance Romaine, appellée autrement *Peſon.* Elle eſt compoſée d'une verge, d'une maſſe, d'un crochet, de broches, gardes, joues & tourets, & ſert à peſer ce qu'on ne ſçauroit peſer commodement avec les balances ordinaires. Dans l'ancienne balance que l'on appelloit *Statere*, il y avoit un baſſin au lieu du crochet qu'on met au peſon pour ſoutenir le fardeau. Ce mot eſt Latin *Statera*, & ſignifie Balance. Quelques-uns le font venir de *Statuere*, Regler, arrêter, à cauſe que la balance regle ce que peſe chaque choſe.

STATICE. ſ. m. Sorte de fleur gris de lin, qui vient en forme de bouquet, & qui fleurit en Août, en Septembre & en Octobre.

STATION. ſ. f. *Pauſe, demeure de peu de durée qu'on fait en un lieu pour ſe repoſer.* ACAD. FR. En parlant de meſures de chemin, la Station ordinaire eſt de deux mille pas geometriques.

Station, en termes de Geometrie Pratique, ſe dit du changement des lieux qu'on choiſit pour faire des obſervations, ce qui oblige ceux qui font des cartes topographiques à faire differentes Stations ſur les éminences, d'où ils peuvent conſiderer les diſtances & les angles des villages, pour les placer où ils doivent être mis.

On appelle *Station* dans le nivellement l'endroit où l'on poſe le niveau pour en faire l'operation de ſorte qu'un coup de niveau eſt compris entre deux Stations.

Station, eſt auſſi un terme d'Aſtronomie, & ſo dit du repos apparent d'une Planete, qui après avoir parcouru par ſon mouvement propre une certaine partie du Zodiaque ſelon la ſuite des ſignes, ſemble s'arrêter quelque tems ſous un même endroit, après quoi elle *retrograde*, (Voyez RETROGRADER.) Cette Station s'appelle *Sta-*

tion premiere , parce qu'après la retrogradation il revient encore une Station qui s'appelle *seconde* , après quoi la Planete reprend le mouvement direct. Voyez DIRECT.

STATIONNAIRE. adj. On appelle *Planete Stationnaire* , Celle qui fait une Station , c'est-à-dire , qui semble cesser de se mouvoir sous le Zodiaque. Saturne paroît stationnaire pendant huit jours , Jupiter pendant quatre , Mars pendant deux , Venus pendant un jour & demi , & Mercure pendant la moitié d'un jour.

STATIQUE. s. f. Science par laquelle on acquiert la connoissance des poids , des centres de gravité , & de l'équilibre des corps naturels. Cette science consiste purement dans la theorie. Ce mot est Grec *στατικη.*

STATUE. s. f. Figure de métal , de bois , de pierre ou de marbre qui represente une personne d'un merite distingué , & qu'on met ordinairement dans un lieu public afin d'en conserver la memoire. Quand la figure est en pié on la nomme principalement *Statue* , du Latin *Stare* , Etre debout , ou de *Statura.* La taille du corps. On distingue les Statues Romaines d'avec les Grecques , qui étoient des Statues nues ainsi que les Grecs representoient leurs divinités , les Heros & les Athletes des Jeux olympiques. Les Statues Romaines étoient vêtues , & prenoient differens noms suivant leurs habillemens. Celles des Empereurs qui avoient un long manteau sur leurs armes , s'appelloient *Statua paludata.* Celles des Capitaines & des Chevaliers qui étoient avec leurs cotte-d'armes , *Statua Thoracata,* & celles des Soldats avec leur cuirasse , *Statua loricata.* On distinguoit aussi les Statues des Senateurs & des Augures que l'on appelloit *Statua trabeata* , & celles des Magistrats , appellées *Statua togata* , à cause de leur robbe longue. Le Peuple & les femmes avoient aussi leurs Statues. Les premieres qui étoient une simple tunique s'appelloient *Statua tunicata* , & on appelloit celles des femmes *Statua stolata* , à cause de leurs longs habillemens.

Il y a des Statues pedestres & d'autres equestres. Les unes sont en pié & debout , & les autres representent quelque homme illustre à cheval. On a appellé *Statues currules.* Celles qui étoient dans des chariots de course , tirés par deux ou quatre chevaux comme il y en avoit aux Cirques & aux Hippodromes. On en voit dans des chars & des arcs de triomphe sur des médailles antiques.

On appelle *Statue Allegorique.* Celle qui par une Image de figure humaine, represente les saisons, les âges, les elemens. *Statue hydraulique* , Une figure qui servant d'ornement à quelque grotte , jette de l'eau par l'une de ses parties, & *Statue colossale* , Celle qui excede le double de la figure de nature, telle que celles que les Anciens élevoient à leurs Dieux. *Statue Persique* , se dit de toute figure d'homme entiere ou en terre qui sert de colomne dans les bâtimens , & *Statue Cariatique* , Celle d'une femme, qui y sert au même usage.

STATUTS Synodaux. s. m. p. Recueil des Synodes de chaque Diocese. Les Evêques vigilants les ont fait imprimer depuis 50. ans; ceux d'Angers sont fort estimés.

STE

STEATOME. s. m. Terme de Medecine. Sorte d'excrescence qui renferme une humeur semblable à du suif ou de la graisse. La cause en est fort souvent externe , & on rapporte qu'un Cavalier eut

Tome II.

un grand Steatome qui lui vint peu à peu au Perinée à cause des courses violentes qu'il avoit faites sur un cheval rude. La cure de ces excrescences consiste à ôter entierement la matiere qui est contenuë dans la tumeur , en la resolvant & dissipant insensiblement, comme il est facile de le faire ayant qu'elle soit inveterée. Steatome est un mot Grec στεατωμα , de στεαρ , Suif.

STECHAS. Fleur violette fort utile en Medecine. On l'ecrit aussi sans h.

STEGANOGRAPHIE. s. f. Science qui apprend à faire des lettres en des chiffres si obscurs qu'on ne les peut deviner , ou à déchifrer celles que l'on trouve écrites d'une maniere obscure. Polybe parle d'un Æneas Tacticus , qui avoit inventé vingt manieres differentes d'écrire de telle sorte , qu'à la reserve de ceux qui en sçavoient le secret , il étoit impossible d'y comprendre quelque chose. Ce mot est Grec στεγανογραφια , formé de στεγνος , Epais, étroit, dur , ferme , impenetrable , & de γραφειν , Ecrire.

STEGNOTIQUES. s. m. Terme de Medecine. Medicamens qui par leur substance crasse , bouchent & rétrecissent le conduit qui est trop ouvert. Ils sont froids & secs , & l'on s'en sert quand on a besoin d'arrêter les evacuations excessives. Les Myrobolans sont de ce nombre aussi-bien que l'écorce de grenade , la racine de tormentille , les balaustes , les nesles , les noix de galle , les roses , la rhubarbe rôtie , le plantain , les pepins de raisins secs , l'acacia , les coraux & autres. Ce mot est Grec στεγνωσις , & vient de στεγω , Je bouche, je resserre.

STELE. s. m. Colomne quarrée , qu'on nomme autrement *Colomne Ante* , *pilastre* , ou *Colomne attique* , & à laquelle on donne la même mesure, & les mêmes chapiteaux & bases qu'aux autres colomnes , selon l'ordre qu'on veut suivre. Stele vient du Grec στηλη , Colomne.

STELLION. s. m. Sorte de lezard , que quelques-uns prennent pour certains gros lezards verts , que les Italiens nomment *Ramarri* , d'autres *Raçani* , & d'autres *Liguri* ou *Lacerti* , ce qui n'est point la pensée de Matthiole , à cause que ces lezards vivent de cigales , d'escargots , de sauterelles & de papillons , au lieu que le Stellion au rapport de Pline , vit seulement de rosée & d'araignées. Ainsi sur ce qu'a dit Aristote , qu'en certains endroits d'Italie il y a des Stellions dont les morsures font mourir les hommes , il prend pour Stellions cette espece de lezards qui se trouvent aux maisons de la Toscane , & sur-tout en certains trous près de terre , & ausquels les Italiens ont donné le nom de Tarentole. Ils chassent ordinairement aux araignées, & ont sur le dos des taches étincelantes en façon d'étoiles , dont leur est venu le nom de *Stellion.* Celui dont Pline assure ressemble au Cameleon , & est ennemi déclaré de l'homme. Il niche l'hiver dans les maisons , aux coins des fenêtres & des portes , & ceux qui chassent aux Stellions ayant remarqué le trou où ils se retirent , lorsque le Printems commence à venir , mettent au devant certaines trapes faites de roseaux fendus , pour les attraper & jouir de leur dépouille , qui est singuliere au mal caduc , car les Stellions changent de peau chaque année , aussi-bien que les Serpens.

STENTE'. adj. Terme de Peinture. On appelle *Tableau stenté* , Un tableau qui paroît avoir été fait avec peine , & qui ne vient point d'une main libre. Ce mot a été fait de l'Italien *Stentare* , Travailler avec beaucoup de peine.

STENTORE'E. adj. Il n'a d'usage que joint avec *Voix.* On appelle *Voix Stentorée* , Une voix extrémement forte. Cela vient de Stentor , qui avoit la voix si haute , à ce que rapporte Homere , qu'il la faisoit entendre au dessus des cris de cinquante hommes.

STEREOBATE. s. m. Terme d'Architecture. La partie de la base ou fondement d'un édifice , laquelle n'est pas sous une colonne , du Grec *στιβώς* , Solide, dur , ferme , & de *βαίνω* , Je marche.

STEREOMETRIE. s. f. Partie de la Geometrie pratique , qui apprend à mesurer les solides , afin de sçavoir ce qu'ils contiennent. Ce mot est Grec , formé de *στιρεός* , Solide , & de *μιτρέω* , Mesurer.

STEREOTOMIE. s. f. Science qui apprend la coupe des solides , comme dans les profils d'Architecture , les murs & les voutes , de *στιρεός* , Solide , & de *τίμνω* , Couper.

STERLING. s. m. C'étoit autrefois une monnoie blanche au titre de huit deniers de fin , où le Duc de Guienne étoit representé , tenant une épée de sa main droite , & une main de justice de la gauche. Comme *Sterling* signifie Bec d'étourneau , & que cette figure en avoit la ressemblance ; quelques-uns veulent que ce soit de-là que cette monnoie ait tiré son nom. D'autres le font venir d'un Château d'Ecosse , appellé *Sterling* ou *Strivveling* , dans lequel Buchanan dit qu'elle commença à être battue. Il y en a qui le derivent d'*Esterlin* , ou *Estelin* , monnoye d'argent ancienne qui se trouve encore en Angleterre , & que l'on nomme ainsi , à cause de la figure d'une étoile que l'on y voit empreinte. Ce mot a passé depuis pour poids , & faisoit valoir une somme le decuple. Les Marchands Anglois font encore leurs comptes de cette sorte , c'est-à-dire , par livres sols & deniers Sterlins , de sorte que la livre vaut dix livres , & le sol dix sols. Quand on dit communément *Livres sterling* , on entend treize livres quatre sols pour chaque livre.

Sterlin , dit Nicod , *est une espece de poids en pierrerie , qui divise l'once en vingt-quatre parties appellées* Sterlins *, & contient chacun huit karats , & selon une autre division , vingt-huit grains quatre quints de grains , tellement que les deux* Sterlins *& demi font soixante-deux grains qui valent trois deniers , & selon autre division , il se divise en quatre felins qui valent huit karats.*

STERNON. s. m. Terme de Medecine. Le devant de la poitrine ou du thorax , où les côtes aboutissent. La diversité des âges y fait distinguer tantôt sept os , tantôt cinq , tantôt trois , & tantôt un. Il est tout de cartilage aux enfans. Ce sont seulement des cartilages qui le bornent dans les autres. Ce mot est Grec *στῆνον*.

STERNUTATOIRES. s. m. Medicamens qui servent à tirer par le nez la lymphe d'autour l'os cribleux & de la membrane pituitaire superieure. Ils ne different des errhines que du plus au moins. Les errhines irritent plus foiblement , & font couler la lymphe successivement par le nez , & les Sternutatoires la font couler avec plus de violence ; ce qui fait suivre l'éternuement. Pour faire une poudre sternutatoire , il faut prendre de la poudre de feuilles d'anemone de tabac , de marjolaine & de fleurs de muguet , une drachme de chacune , un scrupule de racine d'ellebore blanc en poudre , & demi scrupule de poudre de castoreum. On mêle le tout ; après quoi on l'arrose de quatre gouttes d'huile distillée de marjolaine. C'est une formule de sternutatoire qu'enseigne Etmuller. En general , les medicamens sternutatoires sont tous ceux qui ont une faculté acre & mordante , comme l'euphorbe , le poivre , le pyrethre , le castoreum , le tabac & autres de même nature ; mais il ne faut jamais s'en

servir qu'après qu'on a été bien purgé , si ce n'est dans les affections soporeuses , où la nature doit être excitée par toutes sortes de moyens.

S T I

STIGMATES. s. m. Les Anciens appelloient ainsi une marque qu'on mettoit sur l'épaule des soldats qui s'enrôloient. Il y avoit aussi de certaines abbreviations faites seulement de points disposés en triangle en croix , en quarré ou autrement , tels que sont ceux des figures de geomance , qui étoient appellées *Stigmates.* Aujourd'hui ce terme n'est plus en usage que pour signifier les marques des clous des mains & des piés de Notre-Seigneur , qui ont été imprimées sur le corps de saint François & d'autres personnes saintes. Ce mot vient du Grec *στίζω* , Poindre.

Stigmates , se dit aussi , en termes de Medecine, des points qu'on voit d'ordinaire aux côtés du ventre des insectes. Ce sont les extremités de certains vaisseaux qui y sont attachés , & qui paroissent en dehors de chaque nœud.

STIGMATISER. v. a. Marquer une personne au front. Les Esclaves fugitifs étoient autrefois stigmatisés , & encore aujourd'hui au Levant ; ceux qui commettent des fautes sur mer , sont condamnés à avoir le visage Stigmatisé avec un fer chaud. Les Reglemens de la Hanse Teutonique condamnent les Deserteurs à être stigmatisés de la même sorte.

STIL DE GRUN. s. m. Couleur pour peindre. On dit aussi *Stil de grain* M. Felibien croit que ce mot peut venir du Flamand *Schytgel* , qui signifie Une couleur jaune , ou de l'Anglois *Grain* , qui veut dire , Vert , à cause que la graine dont on fait cette couleur , appellée vulgairement *Graine d'Avignon* , fait du vert & du jaune. Cette graine vient d'un arbrisseau épineux qui a ses branches longues de deux à trois piés avec des écorces grisâtres , ses racines jaunes & ligneuses , ses feuilles petites , épaisses , disposées comme celles du myrthe , & de la grandeur des feuilles de bouis. Il croît abondamment aux environs d'Avignon , & presque en tous les lieux âpres & pierreux du Comtat Venaissin , ainsi qu'en plusieurs endroits du Dauphiné , de la Provence & du Languedoc. Sa graine est de la grosseur d'un grain de froment , faite quelquefois en cœur , & quelquefois à trois & à quatre angles. Elle est d'un goût astringent , & fort amere , & d'une couleur verte tirant sur le jaune. Les Teinturiers s'en servent pour teindre en jaune. Les Hollandois , après l'avoir fait bouillir dans de l'eau avec de l'alun de Rome ou d'Angleterre , & avec le blanc dont ils falsifient la ceruse , en font une pâte qu'ils mettent en petits pains. Quand ces petits pains sont tortillés , ils les envoyent en France sous le nom de , *Stil de Grain* , & ce stil de grain sert à peindre en huile & en miniature.

STINC. s. m. Animal amphibie , long d'un demipié & ayant un pouce de diametre. Sa figure est assés semblable à celle d'un petit lezard. Il a le museau pointu , deux petits yeux penetrans , la gueule extrémement fendue , quantité de petites dents blanches & rouges , & quatre piés d'environ quatre pouces de hauteur , faits à peu près comme ceux d'un Singe. Son corps , qui va toûjours en diminuant jusqu'au bout de la queue , comme la vipere , est couvert de petites écailles rondes , differentes de celles de la tête. Ces écailles sont larges & longues , d'un gris bordé de brun sur le dos , & argenté sous le ventre. C'est apparemment le Seincos des Grecs , que l'on trouve en quantité dans le

Nil en Egypte, où il a le nom de petit Crocodyle; ce qui a donné lieu au Pere du Terrre d'appeller *Scincs* - & non pas *Stincs*, certains Lezards qu'il dit avoir vûs dans la Guadeloupe & dans les autres Isles, tout-à-fait semblables à ceux qu'on nous apporte d'Egypte. Ces Scincs, qui sont plus charnus que tous les autres lezards, ont aussi la queue plus grosse, mais leurs jambes ou pattes sont si courtes, qu'ils rampent contre terre. Toute leur peau est couverte d'une infinité de petites écailles semblables aux écailles des couleuvres, mais d'une couleur jaune, argentée & luisante, comme si ces animaux étoient frottés d'huile. Leur chair est bonne contre les venins & pour les blessures des fleches empoisonnées, pourvû qu'on en use avec moderation, à cause qu'elle dessèche plus les humeurs que celle des autres lezards.

STIPULATION. s. f. Terme de Pratique. Convention par laquelle une personne promet à une autre de faire ou de donner une certaine chose, comme elles en sont demeurées d'accord ensemble. Autrefois les Stipulations se faisoient chés les Romains avec beaucoup de formules, dont la principale étoit, qu'il falloit qu'une partie interrogeât l'autre, & que cette autre répondît pour consentir & pour s'obliger. *Stipulation* vient du Latin *Stipula*, Fétu, à cause qu'anciennement on donnoit un fétu à l'acquereur, lorsqu'on faisoit une vente; ce qui marquoit que la tradition étoit réelle. C'est qu'on observe encore en quelques Coûtumes de France. Autrefois aussi aucune obligation n'étoit contractée, qu'on ne rompît une paille ou un bâton. Chaque contractant en emportoit un morceau, & ils reconnoissoient leur promesse en rejoignant ces morceaux.

STO

STOCKFICHE. s. m. Poisson salé & desseché dont on fait un grand trafic en Hollande. La Merluche ou Morue seche, est une espece de Stockfiche. Ce mot vient de *Stock*, qui en Allemand & en Suedois veut dire un bâton, & de *Fisch*, Poisson, à cause que le Stockfiche est une sorte de poisson que l'on fait secher, & qu'on a coûtume de battre fort, avant qu'on le fasse cuir.

STOEBE. s. f. Plante que Dioscoride dit être fort commune, à quoi il ajoûte sans en faire au cune description, que sa graine & ses feuilles sont astringentes, ce qui rend leur decoction clisterisée fort bonne aux dysenteries. Pline met cette plante au rang des herbes qui ont les tiges épineuses & piquantes, & dit que la Stoëbé, que quelques-uns appellent *Phleos*, est singuliere pour les oreilles fangeuses. Selon Theophraste, la Stoëbé croît au lac Orchomene, avec une graine molle & de couleur rouge. En grec στοιβή. M. Callard de la Duquerie, le fait venir de στείβω, Fouler, à cause que cette herbe est propre à servir de bourre pour les matelas.

STOECHAS. s. m. Herbe qui a pris son nom des Isles Stoëcades où elle croît, & qui sont vis-à-vis de Marseille. Elle produit des rejettons grêles & menus, & a sa chevelure semblable à celle du thim. Sa feuille est plus longue, & un peu amere & piquante au goût. C'est la description que Dioscoride en fait. Matthiole dit que les Apothicaires appellent cette plante *Sticados*, & qu'elle ne croît pas seulement en France, mais encore en Arabie, d'où on l'apporte à Venise. La Stoëchas, dit-il ensuite, approche fort de la lavande, ayant ses feuilles longuettes, grosses & blanches, & jettant d'une

seule racine plusieurs tiges dures comme bois. Elle porte ses fleurs semblables à celles du thim, en petites têtes longuettes, faites en façon d'épi, & qui tirent sur le bleu. La graine qui en sort approche de celle de la melisse, & sa racine n'est pas moins dure que ses tiges. La Stoëchas a une odeur forte & penetrante, & tient beaucoup de celle de l'aspic &du rosmarin. Il est cephalique, discute les humeurs froides, remet les esprits, & est salutaire pour toutes les maladies du cerveau qui viennent d'intemperie froide, fortifiant non seulement les visceres, mais encore tout le corps. La fleur du Stoëchas entre dans la theriaque & le mitridat, & pour cela il faut la cueillir dans le tems où elle est le plus dans sa force.

STOICIENS. s. m. Philosophes sectateurs de Zenon, qui prirent leur nom de στοά, Portique, à cause des Portiques où il discouroit publiquement dans Athenes. Un Oracle lui ayant recommandé la couleur des morts, on tient que ce fut ce qui l'obligea de s'addonner à l'étude, ayant crû que cette couleur des morts vouloit dire la couleur pâle que les Gens de lettres ont accoûtumé de contracter. Il y a eu de grands hommes de cette secte. Les Stoïciens mettoient le bonheur suprême à vivre conformément à la nature, selon la droite raison, & ont parlé de Dieu comme n'en reconnoissant qu'un, auquel tout le nom des autres appartenoient, comme des titres, dont les Grecs s'étoient servis pour marquer tous les differents effets de sa bonté & de sa puissance, mais ils prétendoient en même-tems que Dieu n'est autre chose que l'ame du monde, qu'ils consideroient comme le corps de cette ame, & tous les deux comme un animal parfait. Ils avoient un grand mépris pour les richesses & pour les arts liberaux, s'attachant à ce qu'avoit dit Zenon, qu'une partie de la science consistoit à ignorer les choses qui ne devoient pas être sçues.

STOMACACE. s. m. Mal qui est une espece de Scorbut, & qui cause à ceux qui en sont atteints une extrême puanteur qui vient de la bouche & des gencives, ce qui l'a fait appeller *Stomacace*, du Grec στόμα, Bouche, & de κακή, Défaut, vice. Pline qui en parle, dit que l'on gagnoit ce mal en bûvant de l'eau d'une fontaine qui étoit en Allemagne.

STOMACHIQUE. adj. On appelle *Veine stomachique*, Une veine qui sort du rameau splenique qui entre dans l'orifice superieur du ventricule, & qui descend au Pylore. Ce vaisseau est aussi appellé *Coronal Stomachique*, parce qu'il est fait en forme de couronne. Il y a des medicamens stomachiques, & on les divise en *Stomachiques échauffans & dessechans*, tels que l'absinthe, le fenoüil, l'anis, le calamus aromaticus, la sauge, le rosmarin, le galanga, le cardamum, la canelle, le poivre, la zedoaire; & plusieurs autres, & en *Stomachiques rafraichissans*, comme la laitue, l'endive, le plantain, la chicorée, les roses, les courges, les concombres, les melons, les groseilles rouges, l'épine-vinette, le suc de citron, les grenades, les mûres, les fraises, & autres de même nature.

STOMOMA. s. m. Quelques-uns prennent l'écaille stomomatique pour la plus menue écaille de bronze, & l'autre pour la plus menue écaille du fer. Matthiole fait voir qu'ils se trompent, & que c'est celle d'acier. Il rapporte ce que dit Galien, que l'écaille de bronze est la principale de toutes les écailles qui ont la vertu de dessecher, que l'écaille de fer est plus astringente que celle de bronze, & que la stomomarique l'est encore plus que celle de fer; ce qui fait voir qu'elle est differente des deux autres, & qu'elle vient d'un métal plus dur & plus terreſtre. Il eſt évident par pluſieurs paſſages d'Aëtius & de Galien, que le Stomoma n'eſt autre choſe parmi les Grecs que notre acier; ce qui ſe prouve par un paſſage d'Ariſtote, qui dit en parlant de faire l'acier, qu'on prend du fer qui a été déja travaillé, qu'on le fait fondre pour l'endurcir encore une fois, & que c'eſt ainſi que ſe fait le Stomoma. Ce mot eſt Grec, ςόμωμα, & peut venir de ςόμα, Bouche, l'acier ayant été employé de tout tems à acerer les pointes & les tranchans des épées, glaives, couteaux, & autres outils de fer auſquels ces tranchans ſervent de bouche. D'autres veulent qu'il vienne du verbe ςομόω, Je fais un tranchant, une pointe à une épée ou à une autre arme.

STOMPER. v. n. Terme de Marine. Deſſiner avec des couleurs en poudre. On ſe ſert de petits rouleaux de papier pour les appliquer, & le bout de ces rouleaux tient lieu de pinceau. Pluſieurs diſent *Eſtomper.*

STORAX. ſ. m. Plante qui en grandeur & en forme eſt ſemblable à l'arbre qui porte les coings, & qui rend une liqueur qui porte le même nom. Le Storax a pourtant les feuilles beaucoup plus petites que le coignier, fort blanchâtres d'un côté, fermes & longuettes. Sa fleur eſt blanche, & ſes grumeaux ſont pendus à de longs rejettons, couverts d'une peau legere, ronds & aigus au bout de la grandeur d'une noix pontique, & où il y a de petits os d'où la graine eſt priſe. Il y a de trois ſortes de Storax, celui qu'on ſurnomme *Calamite*, eſt le meilleur, & il a été appellé ainſi, parce qu'on l'apportoit autrefois de Pamphilie dans des cannes ou tuyaux, que les Latins nomment *Calamus.* Le Storax rouge eſt le Storax ordinaire, & dans cette eſpece il y en a un plus pur, plus net & plus gras que l'autre. Ils ont tous deux une bonne odeur, mais ils ſont bien moindres que la Calamite. Le Storax liquide eſt crû artificiel & moins eſtimé que tous les autres, comme étant fait de pluſieurs liqueurs reſineuſes que l'on a mêlées enſemble. Les uns aſſûrent que c'eſt un compoſé de Storax Calamite détrempé dans du vin & de l'huile & cuit enſemble après qu'on y a mêlé de la reſine de Meleſe, & que cette décoction étant refroidie, ce qui va au fond oſt le Storax appellé Liquide. Serapion croit que c'eſt une huile tirée des noyaux de l'arbre, & d'autres que ce n'eſt autre choſe que le Stacté. Il eſt très-certain que c'eſt une liqueur graſſe, épaiſſe comme baume, & qui a une odeur fâcheuſe. Si ce Storax eſt tout chaud, il a, ainſi que le ſec, la faculté d'amollir, mais il charge le cerveau & fait mal à la tête, à cauſe qu'il eſt fort aſſoupiſſant. Le ſec eſt cephalique, & bon pour la toux, pour les caterres & pour la matrice bouchée & endurcie. Les Apothicaires l'appellent ςόραξ, du nom que les Grecs lui donnent.

STORE. ſ. f. Piece de natte couverte de toile, ou groſſe toile que l'on met en double par dehors devant les fenêtres d'une chambre, pour empêcher que la grande ardeur du Soleil ne l'échauffe. On dit plus ordinairement *Paillaſſon.* Le mot de *Store* a été fait de l'Italien *Stora*, ou *Stoia*, Natte de jonc.

STR

STRAMONUM. ſ. m. Plante qui eſt priſe pour le Solanum, tant elle en approche. Ses feuilles ſont pourtant plus grandes, & ont du rapport aux fleurs du grand volubilis. Son fruit eſt vert, épineux & fait comme un nombril de quelque côté qu'on le regarde. Du Renou met de deux ſortes de Stramonium, l'un de la hauteur d'un homme,

& l'autre haut ſeulement de deux coudées. Il a les proprietés du Solanum, ainſi qu'il en a la reſſemblance. On l'appelle autrement *Strychmonium.*

STRANGURIE. ſ. f. Maladie qui vient d'ordinaire du refroidiſſement de l'abdomen, & ſur-tout de la veſſie, & dans laquelle l'urine ne ſort que goutte à goutte avec une extrême douleur, ſoit en piſſant, ſoit après avoir piſſé, & une envie extraordinaire d'uriner. Les boiſſons mal fermentées, mais capables d'une plus grande fermentation & de s'aigrir, comme la bierre nouvelle & le moût, ont accoutumé de donner la Strangurie. Sa cauſe prochaine eſt l'acide vitié de l'urine qui excite la veſſie par ſon aigreur, corrode le conduit urinaire, & donne l'envie continuelle qu'on a de piſſer. La douleur ſe fait ſentir particulierement dans l'urethre, après que l'on a piſſé; & Etmuller dit que ce qui la rend plus ſenſible que celle de la veſſie & de ſon col, c'eſt qu'encore que l'urethre & la membrane interieure de la veſſie ſoient d'une même ſubſtance, neanmoins la veſſie eſt enduite interieurement d'une mucoſité craſſe & viſqueuſe qui la défend contre l'acrimonie acide corroſive de l'urine. Cela eſt cauſe que la douleur de la veſſie eſt beaucoup moins vive, au lieu que l'urethre, qui n'a point cette ſorte d'onguent naturel, eſt plus ſenſible à l'urine acide qui paſſe. La Strangurie ſe guerit par tout ce qui eſt propre à précipiter & à abſorber l'acide, & à empêcher qu'il s'engendre dans les premieres voies. Les coques d'œufs y ſont bonnes, auſſi-bien que les coraux, la noix muſcade, les écorces d'oranges, & les huiles de ces ſimples. Il eſt bon auſſi d'oindre le nombril avec du ſuif de bouc & quelques gouttes d'huile de macis. La craie & le ſel de tartre ſont bons interieurement. Les Latins appellent ce mal *Stillicidium urinæ*, Degoutement d'urine, & les Grecs ςρανγγυρία, de ςράγξ, Goutte, & de ἔρον, Urine.

STRAPONTIN. ſ. m. Lit que l'on ſuſpend en l'air, & qui eſt attaché à deux arbres ou deux pieux. On s'en ſert dans les Pays chauds, comme l'Amerique pour ſe garantir des inſectes qui importunent, ou des bêtes venimeuſes. On attache cette ſorte de lit à deux cordes dans les Navires.

Strapontin, ſe dit auſſi d'un petit ſiege qu'on met au devant d'un carroſſe couppé, où il n'y a que le fond de derriere. Pluſieurs diſent *Eſtrapontin.*

STRASSE. ſ. f. Terme de Negoce. La bourre ou le rebut de la ſoye qui eſt imparfaite.

STRATIFICATION. ſ. f. Terme de Chymie. Corroſion qui ſe fait par des poudres corroſives miſes dans un vaſe avec des lamines de metal. On met un lit de poudre ſur la matiere qu'on veut calciner, & on continue ainſi alternativement autant de fois qu'on le veut, & ſelon la capacité du vaſe. On l'appelle auſſi *Cementation* & *Commixtion.* La Stratification ordinaire, qui eſt celle des boutiques, ſe fait par des poudres alteratives ou corroboratives. Ainſi pour faire une coëffe, appellée par les Latins *Cucupha*, on met un lit de poudres cephaliques, puis un lit de cotton, & enſuite un autre lit de poudre ſur un autre lit de coton; ce qui eſt continué de la même ſorte juſqu'à ce qu'on ait achevé la coëffe.

STRATIOTES. ſ. m. Herbe qui nage ſur l'eau, & qui n'a aucune racine. Elle eſt ſemblable à la Joubarbe. Ses feuilles ſont pourtant plus grandes, refrigeratives & propres à arrêter le flux de ſang qui vient des reins, ſi on les prend en breuvage. Pline dit que le Stratiote croît ſeulement en Egypte de l'inondation du Nil. Quelques uns veulent qu'on l'ait appellé ainsi de *τερνίωτος*, Soldat, à cause que cette herbe est bonne à souder les plaies, & que les soldats sont fort sujets à en recevoir. Il y a une autre herbe appellée par les Grecs *στρατιώτης χιλιόφυλλος*. C'est la mille-feuille.

STRIBORD. s. m. Terme de Marine. Le côté droit du Vaisseau, quand le Pilote étant à la pouppe regarde la proue. Ce mot a été fait par corruption de *Dextribord*, que quelques-uns disent aussi-bien que *Extribord*, *Tribord*, & *Trienbord*. Le plus usité de tous est *Stribord*, qu'on emploie comme un terme de commandement.

STRIEURE. s. f. Terme d'Architecture. Ce mot signifie, non seulement les concavités des colomnes cannelées, mais encore l'espace plat qui est entre chaque cannelure. On le fait venir de *Striare*, Creuser une raie le long d'une colomne de pierre. Quelques-uns le derivent de *Striges*, qui signifie les plis d'une robe, à cause que les strieurs imitent les plis droits des vêtemens.

STU

STUC. s. m, Sorte de mortier qu'on fait avec de la chaux & du marbre blanc bien broyé & bien passé. Ce mot vient de l'Italien *Stucco*, qui veut dire un Composé de differentes matieres pour boucher des fentes.

STUCATEUR. s. m. Ouvrier qui travaille en stuc.

STY

STYLE. s. m. Sorte de poinçon ou de grosse aiguille dont les Anciens se servoient pour écrire sur des tablettes de cire ou de plomb. Il signifie aujourd'hui, en termes de Gnomonique, Une petite verge de métal qui est élevée à angles droits sur le plan d'un quadran, & qui par l'extrémité de son ombre fait connoître l'heure & le lieu où le Soleil est dans le ciel. On suppose que le bout du Style est le centre de la terre dont l'ombre se jette sur un plan, & tourne avec le Soleil. Voyez QUADRAN. Si le Style n'est pas élevé à angles droits sur le plan du Quadran, on imagine une perpendiculaire tirée du bout du Style sur le plan. Le point où elle tombe s'appelle *Pié du Style*, & c'est elle qui est la veritable longueur du Style. Si par l'extrémité du Style incliné qui pose sur le plan, & par le pié du Style on tire une ligne, on l'appelle *La soustylaire*. Dans les Quadrans *Horisontaux* & *Verticaux Meridionaux*, la soustylaire & la meridienne ne font qu'une même ligne; mais elles sont differentes dans les *Verticaux declinants*. Voyez QUADRAN.

Le Style ne marque les heures que par l'extrémité de son ombre, mais souvent par le bout d'un Style élevé à angles droits, on fait passer une autre verge de métal qui part du *centre du Quadran*, & qu'on appelle l'*Axe du Quadran*, & alors ces deux verges avec la soustylaire qui leur sert de base, composent un triangle élevé à angles droits par le plan du Quadran, & qui marque les heures par l'ombre entiere de l'Axe. Dans les Quadrans Horisontaux cet Axe doit faire avec la *Soustylaire* un angle aigu égal à celui de l'élévation du pole, & dans les verticaux il fait cet angle égal à celui du complément de l'élévation du pole. L'Axe d'un Style triangulaire est toûjours parallele à l'Axe du monde, ou plûtôt il ne fait qu'une même ligne avec lui. Style vient du Grec *στύλος*, qui signifie la même chose. *στύλος* vient de *στάω ἵστημι*, je suis debout.

STYLOBATE. s. m. Mot purement Grec, *στυλοβάτης*, qui veut dire le piedestal d'une colomne; la partie qui la soutient de *στύλος*, Colomne.

STYPTIQUES. s. m. Terme de Medecine. Medicamens qui ont la vertu d'arrêter toutes évacuations excessives. Il y en a de simples & de composés. Les simples sont les racines du grand symphytum & du sigillum salomonis, la sanicle, le plantain, l'écorce moyenne du chêne, l'ortie non piquante, la centinode, la queue de cheval, l'osmonde royale, la bourse de pasteur, les semences de pourpier, de sumach, de plantain, de pavot, de coings, les fleurs de nenuphar, les roses, & autres. Les Styptiques composés sont les syrops de grenades, de roses seches, de coings, de myrtilles, le julep Alexandrin, les trochisques de spode & ceux de terre sigillée. Ce mot vient du Grec *στύφω*, Resserrer.

SUA

SUAGE. s. m. Terme de Serrurerie. Outil dont les Serruriers se servent pour forger & enlever les barbes des penes, & pour forger aussi les pieces en demi-rond, triangulaires & autres.

Suage, en termes d'Orfévre, est la partie quarrée d'un flambeau. Quand le pié du flambeau est rond elle est appellée *Doucine*, à cause de la ressemblance qu'elle a avec la doucine d'architecture.

Les Poitiers d'étain appellent *Suage*, Une maniere de petit ourlet sous le bord & tout autour de l'extrêmité du bord du plat ou de l'assiette.

Parmi les Chaudronniers, *Suage* est une maniere de petite enclume pour faire des bordures.

Suage, se dit aussi en termes de Marine, & signifie le coût des graisses & des suifs, dont on est obligé de tems en tems d'enduire un Vaisseau, pour faire qu'il coule plus doucement sur les eaux.

SUB

SUBALTERNE. adj. *Subordonné*, *qui est sous un autre*. ACAD. FR. On appelle *Juge Subalterne*, Un Juge, qui exerce sa charge sous le commandement ou sous le ressort d'un autre. On dit dans ce sens *Jurisdiction subalterne*, & il se dit quelquefois des Jurisdictions Royales, mais plus particulierement des Juges & Jurisdictions des Justices des Seigneurs. Il vient de *Sub*, Sous, & de *Alter*, Autre.

On appelle en termes de guerre, *Officiers subalternes*, Les Lieutenans, les Soulieutenans, les Cornettes & les Enseignes de chaque Compagnie, qui sont au-dessous du Capitaine. Ils different des Caporaux & des Sergents qu'on appelle *Bas Officiers*.

SUBGRONDE. s. f. La partie de la couverture d'un bâtiment qui est en saillie en-dehors, afin d'empêcher que les eaux de pluie ne coulent le long des murs & ne les endommagent. Ce mot vient du Latin *Subgrunda*. Les Italiens disent *Gronda*. Les Ouvriers disent aussi *Severonde*.

SUBHASTATION. s. f. Terme de Pratique. Vente solemnelle qui se fait à cri public par autorité de Justice, au plus offrant & dernier encherisseur. Il ne se dit que des immeubles. Ce mot vient de *Sub*, Sous, & de *Hasta*, Espece de pique que le Crieur, appellé *Præco* chés les Romains, enfonçoit en terre au lieu où il faisoit une vente.

SUBHASTER. v. a. Vendre un heritage à cri public. On dit dans ce sens qu'*Une maison a été criée & subhastée*, pour dire, qu'elle est prête à être vendue par decret.

SUBLIMATION. s. f. Terme de Chymie. Extraction des parties les plus seches & les plus subtiles du mixte,élevées par le feu qui les fait adherer au haut du vase. Ainsi les parties élevées du soufre sont les fleurs de soufre. Cette sublimation est simple ou composée. La simple est la meilleure de toutes. Quelques-uns y ajoûtent du sel décrepité, de l'alun brûlé, de la tête morte de vitriol, pour empêcher que le soufre ne flue au feu,& ne donne moins de fleurs. Il faut prendre garde que la tête morte de vitriol soit bien calcinée, autrement les fleurs de soufre seroient corrosives & chargées de l'acide corrosif du vitriol, ce qui les rendroit le poison des poumons, au lieu d'en être le baume.

On appelle *Sublimation de mercure*, Une sorte de préparation du mercure qui se fait ou avec des sels corrosifs ou avec le soufre. On le sublime avec les sels en prenant parties égales de mercure dissous dans l'eau forte de vitriol desseché & de sel décrepité. Après qu'on a bien mêlé le tout, on le sublime dans une cucurbite basse, & le mercure sublimé s'éleve. Si on le sublime à un feu violent avec le double de nitre & de vitriol calciné, il s'éleve un mercure rouge qui n'est ni corrosif ni plus pesant qu'il étoit avant le mélange des sels, dont il n'a reçu nulle pesanteur. Cela vient de ce que le soufre du nitre agit seul sur le soufre du mercure, & le calcine en forme de poudre rouge: mais si la sublimation du mercure se fait avec le sel commun, le mercure en montant devient corrosif & plus pesant, de ce qu'il reçoit le sel commun, de quoi il tient aussi sa corrosiveté. La sublimation du mercure avec le soufre se fait en prenant demi-livre de mercure crud & trois onces de soufre commun. Le tout étant mêlé pour le sublimer, on en tire le cinabre artificiel. Ce qu'il y a de fort surprenant, c'est que le mercure étant blanc & le soufre jaune, ils puissent produire un troisiéme corps qui soit rouge. Cela prouve la doctrine des Modernes touchant les couleurs, qu'ils font dépendre du changement de la tissure des corps, qui reçoit & brise les rayons solaires.

Quant à la sublimation de l'or, ce métal ne se sublimant point de soi-même, on y ajoûte du beurre d'antimoine pour l'élever au-dessus de l'alembic. L'esprit besoardique de nitre enleve aussi l'or, & le sel armoniac le sublime en forme de fleurs, qu'on remêle avec de l'or pour en avoir de plus efficaces & une plus grande quantité. Il y en a qui prétendent sublimer l'or avec l'esprit de suye, mais cette operation n'est pas entendue de tout le monde.

SUBLIME'. s. m. Terme de Chymie. Corps blanc & rempli de veines, luisantes & cristalines. Il se dit par excellence du mercure, & il y en a de deux sortes, le *Sublimé commun*, qui se fait avec le mercure purifié, le colcothar, & le nitre, & le *Sublimé dulcifié*, qui se fait en sublimant une seconde fois le sublimé commun, mêlé avec le mercure purifié & le sel préparé. Le sublimé qui se fait avec du sel ammoniac & du vitriol est un poison violent. On se sert du sublimé doux dans la cure de diverses maladies. On appelle *Sublimé essentifié*, Celui qui se fait avec l'or purifié par la pierre philosophale, le regule de Mars étoilé & le mercure sublimé.

SUBLIMER. v. a. Terme de Chymie. Faire exhaler & monter un corps sec, en sorte que les parties les plus seches s'arrêtent au haut du vaisseau par le moyen du feu reglé.

SUBREPTICE. adj. Terme de Pratique. On appelle *Lettres subreptices*, Celles qu'on obtient par fraude, en cachant quelque verité qui auroit empêché qu'on n'eût accordé la grace si cette verité avoit été expri-

mée. On appelle aussi *Bulles subreptices*, Des Bulles qu'on a obtenues par fraude, en n'expliquant pas au Pape le vrai état du benefice, & la maniere dont il est vacant.

SUBREPTICEMENT. adv. On dit en termes de Palais, qu'*Un Arrêt a été obtenu subrepticement*, pour dire, qu'Il a été obtenu sans ouir partie & sur un faux exposé.

SUBREPTION. s. f. Terme de Palais. Ce qu'on ajoûte ou ce qu'on déguise dans l'exposition d'un fait. Elle differe en cela de l'obreption qui est ce que l'on supprime.

SUBSIDE. s. m. *Impôt, levée de deniers qu'on fait sur le peuple pour les necessités de l'Etat.* ACAD. FR. Le Roi Philippe de Valois leva un subside en 1349. qu'il nomma *Subside gracieux*, à cause qu'il fut levé du consentement du Prévôt de Paris. Il consistoit en six deniers pour livre sur les denrées qui s'y pourroient vendre.

SUBSIDIAIRE. adj. Terme de Palais. On appelle *Moyens subsidiaires*, Des moyens surabondans qu'on allegue par maniere d'aide à ce qui est principal. On dit aussi *Conclusions subsidiaires*. Ce sont des conclusions incidentes que l'on prend, si l'on trouve quelque difficulté dans les premieres.

SUBTENDANTE. s. f. Terme de Geometrie. Ligne droite opposée à un angle, & que l'on présume être tirée des deux extrémités de l'arc qui mesure ce même angle. Plusieurs disent *Soutendante*.

SUBVENTION. s. f. Terme de Finance. Droit du vingtiéme denier ou du sol pour livre qu'on établit sur les marchandises, pour subvenir aux affaires de l'Etat.

S U C

SUC. s. m. *Liqueur qui s'exprime de la viande, des plantes, des herbes, des legumes, des fleurs, & qui contient ce qu'elles ont de plus substanciel.* ACAD. FR. On appelle en termes de Medecine *Suc pancreatique*, Certain suc qui est apporté du Pancreas dans les intestins. Il tire ordinairement sur l'acide, & quelquefois sur le salé ou sur quelque autre saveur. Ce suc trouvant le chyle déja délayé, & rendu fluide par la bile, y entre facilement, & par son acidité ou salure en quelque façon styptique, il sépare les parties les plus grossieres du chyle, les coagule doucement & les précipite par le moyen de la fermentation. Il est en partie avec elles & en partie avec le bon chyle que la bile a perfectionné, & forme avec celui-ci un corps qui est ensuite porté dans la masse du sang. Le Suc pancreatique sert encore en passant dans les intestins, à fondre, à attenuer & à inciser la mucosité qui est aux parois des intestins. On appelle *Suc nerveux des Anglois*, Un certain suc blanchâtre & balsamique, imaginé par les Anglois qui prétendent que les nerfs portent ce Suc aux parties spermatiques pour les nourrir. Cette opinion a été refutée par Deusingius & par Bartholin.

Il y a un *Suc de reglisse*, qui étant mâché comme le tabac, ou pris dans une liqueur convenable, est fort en usage pour les pulmoniques & pour ceux qui sont attaqués de rhume. Il y en a de noir & de blanc. Le *Suc de reglisse noir* est une teinture jaune qu'on tire de la reglisse par le moyen de l'eau chaude, & qui devient noire après avoir été évaporée sur le feu & reduite en consistance solide. On l'apporte de Hollande, d'Espagne & de Marseille en pains de differentes grosseurs, qui sont souvent de quatre onces ou de demi livre. Il faut que ce suc, pour être de la bonne qualité, soit noir dessus,
d'un

d'un noir luifant en dedans, facile à caffer & d'un goût agreable. Celui qui eft mollaffe, rougeâtre, qui a un goût de brûlé, & qui étant caffé paroît graveleux, eft à rejetter. Le *Suc de reglisse blanc*, qui eft beaucoup moins bon que le noir, eft une compofition de reglisse feche, d'amidon, de fucre, & d'iris en poudre.

SUCCEDANE'E. adj. Terme de Pharmacie. On appelle *Medicamens fuccedanées*, Ceux qui fe mettent en la place d'autres, ce qu'on ne doit faire que dans une preffante neceffité, parce qu'il eft extrêmement difficile de bien fuppléer au défaut d'un medicament qui manque. Il y a toûjours quelque difproportion entre le vrai & celui qu'on fubftitue. On s'en fert pourtant quand les chofes ordonnées manquent, ou qu'elles font fi rares ou fi cheres qu'on n'en fçauroit recouvrer, ou que la depenfe en feroit trop grande, mais il faut toûjours, autant qu'on le peut, mettre un fimple pour un fimple, un compofé pour un compofé, une plante, une racine, une écorce, & des feuilles, pour une plante, une racine, une écorce & des feuilles. Il faut encore que les Succedanées, que l'on appelle auffi *Subftituts*, ayent les mêmes qualitez que la plante ou la racine en la place de laquelle on les fubftitue, ou du moins que leur vertu n'en foit pas fort éloignée. Quand ces medicamens fuccedanées font trop forts, on doit en diminuer la qualité par la diminution de la quantité; lorfqu'ils font trop foibles, leur qualité doitêtre recompenfée par l'augmentation de la quantité, ce qui demande de l'habileté & de la prudence.

SUCCENTEUR. f. m. On appelle ainfi dans quelques Eglifes Cathedrales, comme à S. Jean de Lyon, celui qui eft appellé ailleurs *Souchantre*.

SUCCENTURIER. adj. Terme de Médecine. On appelle *Mufcles fuccenturiers*, deux petits Mufcles triangulaires qui naiffent de la partie anterieure de l'os pubis. On les appelle autrement *Subftituts*, à caufe qu'ils aident aux autres à faire leur fonction.

SUCCIN. f. m. Efpece de bitume formé d'une exhalaifon aërienne graffe & pure, qui eft élevée audeffus de la mer, enfuite coagulée & deffechée par le Soleil, & pouffée aux rivages par les flots. Selon que l'exhalaifon eft plus ou moins pure, le Succin a fa couleur plus ou moins belle. Comme ce bitume fort liquide des entrailles de la terre, & qu'il furnage aux eaux de la mer & de quelques rivieres où il eft chatié par celles qu's'y rendent de divers lieux fouterrains, lorfqu'il vient à fe condenfer par le froid, il entraîne & enferme avec lui tout ce qu'il rencontre, comme pailles, mouches, fourmis, & autres chofes; d'où vient que les Arabes l'appellent *Karabé*, qui veut dire Tire-paille. Le mot de *Succin* vient du Latin *Succinum*, qui fignifie Ambre.

SUCCUBE. f. m. Demon qu'on tient qui emprunte la figure d'une femme pour porter les hommes à pecher. On l'oppofe à *Incube*, qu'on prétend être un autre demon qui fait pecher les femmes.

SUCCURSALE. adj. On appelle *Eglife fuccurfale*, une Eglife bâtie pour le fecours d'une Paroiffe dont l'étenduë eft trop grande.

SUCER. v. a. On a depuis peu la methode de fucer les plaies recentes pour en tirer le fang caillé, & empêcher la corruption qui ne pourroit être reparée qu'avec beaucoup de tems par les remedes; les foldats pour un écu fucent jufqu'au fang clair.

SUCRE. f. m. *Certain fuc extrêmement doux qui fe*

Tome II.

tire *d'une forte de cannes qui viennent dans les Païs chauds, & fur-tout aux Indes, & qui s'épaiffit, fe durcit & fe blanchit par le moyen du feu.* ACAD. FR. Les cannes de fucre qui croiffent dans le Brefil & dans toutes les Ifles de l'Amerique, font entierement femblables aux gros rofeaux d'Efpagne, fi ce n'eft qu'elles ont les nœuds plus courts & les feuilles en plus grand nombre, & qu'elles font de moitié plus baffes. Il y a encore cette difference, que la canne n'eft pas creufe, mais qu'elle eft remplie d'une moëlle fpongieufe, toute imbibée d'une eau blanchâtre dont on fait le fucre. Ces cannes étant dans terre pouffent de chaque nœud une autre canne haute de cinq à fix piés & garnie de feuilles vertes, longues, étroites & tranchantes. A la moitié de la hauteur de chaque canne fort une efpece de fléche terminée en pointe, au haut de laquelle il y a une maniere de fleur de couleur argentée & en forme de panache. Les Ameriquains, après avoir bien labouré leurs terres, y font des rigoles d'un demipié de profondeur, en y mettant une canne de deux piés ou environ. Ils la font couvrir d'un pié par chaque bout par deux autres cannes, & ils continuent ainfi jufqu'à ce qu'ils ayent rempli la terre qu'ils ont preparée. Ces cannes font fix ou fept mois à atteindre leur maturité parfaite, c'eftà-dire, avant que de fleurir & que de pouffer la verge qui porte le panache où la graine & la fleur font enfermées. Elles font jaunes comme de l'or en ce tems-là, & alors on coupe les cannes qu'on émonde de leurs feuilles, après quoi on les applique au moulin. Ce moulin eft compofé de trois rouleaux égaux en groffeur & également revêtus de lames de fer au lieu où les cannes paffent. Celui du milieu eft beaucoup plus élevé, afin que les deux arbres qui le tiennent par le haut, & aufquels les bœufs font attelés, puiffent tourner fans que la machine les empêche. Ce rouleau eft environné d'un heriffon dont les dents s'emboîtent dans des hoches que l'on fait exprès dans les deux autres qui font tout proche, & ces rouleaux qu'elles font tourner, ferrent, écrafent & font paffer les cannes de l'autre côté; en forte qu'elles demeurent toutes feches & épuifées de leur fuc, qui tombe dans un vaiffeau que l'on met fur le moulin. Ce fuc tiré de cette forte coule par un petit canal dans la premiere chaudiere qui tient environ deux muids. Les deux autres vont en diminuant, & la derniere de ces deux ne tient tout au plus que le tiers de la premiere. C'eft dans celle-ci que l'on échauffe le fuc à feu lent. Il n'y fait que fremir, & pouffe en haut fa plus groffe écume, qu'on ôte avec foin, & qui ne fert qu'à mettre dans la mangeaille des animaux. Le fuc eft transporté auffi-tôt après dans la feconde chaudiere, où on lui donne un feu plus violent qui le fait bouillir à gros bouillons, pendant qu'un Negre s'attache toûjours à l'écumer. Pour l'aider à fe purifier, on y jette en tems en tems quelques cueillerées d'une leffive fi forte, qu'elle cauterife la langue quand on la met deffus. Après l'avoir ainfi écumé, on le met dans la troifiéme chaudiere, où l'on fait la même chofe. Dans les Sucréries où il n'y a que deux chaudieres, on le laiffe plus longtems dans la feconde. Après cela on le paffe par un linge & on le verfe dans de petites chaudieres de bronze où l'on ne fe fert plus de leffive; mais comme elles font fort baffes, & que le fucre qui eft en confiftance de fyrop y bout extraordinairement, on y jette de tems en tems quelques goutes d'huile d'olive avec un afperfoir, pour l'empêcher de les furmonter & de fe répandre. Les Negres ne ceffent point de le remuer, l'élevant en l'air avec de gran-

M m m

des écumoires, & le laiſſent retomber enſuite de
fort haut. Quand il eſt parfaitement cuit, ce qui ſe
reconnoît au bouillon, on le met dans le refrige-
ratoire, où on le remue continuellement avec une
ſpatule de bois, juſqu'à ce que le grain paroiſſe
dans le ſyrop ainſi que du ſable blanc, & auſſi-tôt
on le verſe dans les formes, qui ſont quelquefois
de terre, mais pour l'ordinaire on les fait de bois,
quarrées & en pyramides. Elles ſont poſées ſur de
grands treteaux, & il y a des canots diſſous pour
recevoir ce qu'elles dégoutent. A l'extrémité de ces
formes ou moules eſt un petit trou dans lequel on
fourre une petite verge de fer ou de bois auſſi avant
qu'on le peut, juſqu'à ce qu'elle n'y puiſſe plus entrer, & que le ſucre ſoit tout-à-fait purgé, après
quoi on le fait ſecher au Soleil dans des caiſſons.
Les écumes des ſecondes & des troiſiémes chaudieres, & tout ce qui ſe répand lorſqu'on remue le ſuc,
tombent dans les glacis des fourneaux, & coulent
dans un canot, où on les reſerve pour en faire l'eau
de vie. Les cannes briſées ne demeurent pas non plus
inutiles, puiſqu'elles ſervent à engraiſſer les porcs,
dont elles rendent la viande excellente. Il faut avoir
ſoin de laver ſouvent le vaiſſeau qui reçoit le ſuc
des cannes & le canal par où il paſſe, de peur qu'il
ne contracte quelque acrimonie qui empêcheroit
que le ſucre ne ſe fît. Il ne pourroit ſe faire ſi on
jettoit un peu d'huile dans les grandes chaudieres,
ou un peu de leſſive dans les petites.

On appelle *Sucre royal*, du petit Sucre blanc ou
de la Caſſonade de Breſil fondue & miſe en pain.
Il doit être extrêmement blanc & égal par tout,
d'un grain fin, ſerré, brillant, ferme & neanmoins
facile à caſſer; ce qui eſt la marque des bons ſucres. Le *Sucre demi-royal* eſt auſſi du ſucre en petit
pain, extrêmement blanc, qui vient de Hollande,
enveloppé de papier violet. Il en venoit autrefois
des ſucres du poids de dix-huit à vingt livres dans
des feuilles de palmier; ce qui le faiſoit appeller
Sucre de palme. Ce ſucre étoit blanc, gras, de très-
bonne qualité & d'un goût de violette. Le *Sucre
rouge* eſt la moëlle du ſucre telle qu'on la tire des
cannes ſans être affinée.

Le Sucre candi eſt de deux ſortes, le blanc & le
roux. Le *Sucre candi blanc* eſt de la caſſonade blanche du Breſil & du ſucre blanc fondu enſemble. On
le cuit à la grande perle, & on le met enſuite dans
des poilons de cuivre avec de petits bâtons, afin
d'y faire attacher le ſucre, qui ſe candit pendant
quinze jours qu'il demeure à l'étuve. Durant tout
ce tems il faut que le feu de l'étuve ſoit toûjours
égal, après quoi on l'en retire pour le faire égoutter & ſecher. Il faut le choiſir blanc, ſec, clair &
transparent. Le *Sucre candi roux* ſe fait de la même
ſorte, avec cette différence, qu'il faut prendre des
Caſſonades brunes, le faire cuire à la feuille ou à
la plume, & le mettre enſuite dans des pots de terre, parce
que la terre attache plus que le cuivre. Ces Sucres
ſont bons pour guerir le rhume & pour humecter la
poitrine.

Le Sucre appellé *Sucre d'orge blanc*, eſt du ſucre
cuit à caſſer, & jetté ſur un marbre enduit d'un
peu d'huile d'amandes douces, & enſuite manié
comme de la pâte. On lui donne telle figure qu'on
veut par le moyen d'un cloud ou crochet, & pour
ne ſe pas brûler les mains on ſe les frotte d'amidon. Il y a un autre Sucre à caſſer que l'on appelle
auſſi *Sucre d'orge*, quoique ce ne ſoit que de la
caſſonade fondue dans de l'eau clarifiée & jettée
enſuite ſur une pierre graiſſée d'un peu d'huile d'a-
mandes douces, après quoi on la forme en petits
bâtons. On lui a donné ce nom à cauſe qu'il eſt

d'une couleur jaune comme l'orge.

On appelle *Sucre roſat*, un Sucre blanc, clarifié
& cuit en conſiſtance de tablettes dans de l'eau roſe. Lorſqu'il eſt cuit, on en forme des tablettes de
telle grandeur qu'on veut, ou bien on le fait en petites grenailles, en le remuant juſqu'à ce qu'il ſoit
ſec & refroidi. On l'ordonne à ceux qui prennent
dn petit lait.

Sucre, ſe dit auſſi en Chymie, & on appelle *Sucre d'alun*; l'alun tiré & imbibé tant de fois de ſon
propre phlegme, qu'il eſt ſans acrimonie & inſipide. Ce ſucre d'alun eſt ſingulier dans la fiévre hectique & dans la dyſenterie. Le plomb calciné diſſous par un acide, & particulierement par l'acide
volatile du vinaigre, acquiert une ſaveur douce, &
ſe change en une chaux qu'on appelle vulgairement
Sucre de Saturne. On verſe par inclination la diſſolution qui a été faite dans du vinaigre diſtillé.
Sur le philtre, & après qu'on l'a laiſſé évaporer,
il ſe forme des criſtaux qu'on purifie par pluſieurs
diſſolutions réïterées. Ce Sucre de Saturne, ſi on le
prend interieurement, abſorbe tous les acides. Il eſt
ſpecifique dans le mal hypocondriaque, dans la fiévre quarte opiniâtre & dans les éreſipeles, & ſalutaire dans la dyſenterie à cauſe de ſa vertu alumi-
neuſe aſtringent. Il eſt auſſi d'un fort grand uſage
dans la Chirurgie, & comme il abſorbe effectivement l'acide des plaies & des ulceres, il fait la baſe
de pluſieurs emplâtres. Il eſt auſſi admirable contre
la brûlure. On prépare le *Sucre de Jupiter* avec l'é-
taim granulé. Il ſe donne interieurement pour les
affections hyſteriques & les autres maladies auſquelles le Sucre de Saturne convient; mais il n'y a rien
de plus inutile que de l'appliquer ſur le nombril,
comme on le fait ordinairement, avec quelque huile appropriée, pour détourner le paroxiſme hyſte-
rique.

SUCRIER. ſ. m. Petit vaiſſeau ordinairement d'argent, que l'on ſert ſur table plein de ſucre en poudre.
Il eſt compoſé d'un corps, d'un fond & d'un couvercle qui eſt en forme de dome & percé de petits
trous, au travers deſquels paſſe le ſucre qui eſt dedans.

SUCTION. ſ. f. Action de ſucer. Terme de Medecine. Les Anciens avoient établi la Suction des
vaiſſeaux du ventricule pour la cauſe de l'appetit, mais les Modernes ont entierement détruit
cette hypotheſe, & ils tiennent que la digeſtion
des alimens, ou la faim, dépend du ſuc fermentatif de l'eſtomac qui picote l'orifice gauche
ou ſuperieur du ventricule.

SUD

SUD. ſ. m. Terme de Marine. On s'en ſert ſur l'O-
cean pour ſignifier le vent du Midi & les Regions
Meridionales, & on dit abſolument *Le Sud*, pour
ſignifier celui des quatre Vents cardinaux qui vient
du Midi. *Sud-Eſt & Sud-Oueſt*, ſont deux Vents
collateraux qui tiennent également, le premier du
Sud & de l'Eſt, & l'autre du Sud & de l'Oueſt. Il
y a des quarts de vent qu'on appelle *Sud quart de
Sud-Eſt, Sud-Eſt quart de Sud, Sud-Eſt quart
d'Eſt, Sud quart de Sud-Oueſt & Sud-Oueſt
quart de Sud-Sud-Oueſt*. On dit *Etre Sud de la
Ligne*, pour dire, Etre au Sud, ou par delà l'E-
quateur.

SUDORIFIQUE. adj. Terme de Medecine. Qui
provoque la ſueur. Il eſt auſſi ſubſtantif, & on appelle *Sudorifiques*, des Medicamens, qui en penetrant juſques aux plus profondes parties du corps,
inciſent & attenuent les humeurs, entraînant avec

eux tout ce qu'ils rencontrent, & le pouffant à la fuperficie. Ils font maigres ou graiffeux. On fe fert des maigres quand on veut procurer la fueur fans échauffer, & des autres quand on a deffein de réchauffer. Les volatiles huileux qui font falins au fond, font auffi de puiffans Sudorifiques, comme les efprits volatils de fureau, de romarin, les huiles de tartre, de bouis, de guajac; & comme ce ne font que des refines rarefiées par la force du feu, cela fait connoître que la faculté fudorifique eft attachée aux mixtes refineux. Les effences theriacales compofées d'aromatiques acres & de refines volatiles, & les effences de bois font pareillement fudorifiques, avec les alcalis fixes, foit terreftres, foit fulphureux & mineraux, comme la terre figillée, la licorne foffile, l'antimoine diaphoretique, la corne de cerf brûlée, le befoard mineral, le cinabre d'antimoine, l'or diaphoretique & autres. Il y a deux fortes de Sudorifiques, fi on confidere leur maniere d'operer. Ceux qui font d'une fubftance foluble volatile & penetrante, & qui paffant les premieres voies parviennent jufqu'aux dernieres regions du corps, operent pofitivement. Les fels & les efprits volatiles, les huiles diftillées, les effences refineufes, les décoctions des vegeraux & les fels fixes font de ce nombre; on ne peut douter que toutes ces chofes étant nos alcalis purs ou huileux ne fondent effectivement le fang & ne le difpofent à la fueur. Ceux qui font d'une confiftance trop fixe pour paffer au-delà des premieres voies où ils s'arrêtent, abforbant l'acide naturel ou contre nature, & empêchant ainfi fon activité dans les autres regions du corps, agiffent pivativement. Tels font la pierre de befoard, la corne de cerf brûlée, l'antimoine diaphoretique, la machoire de brochet & la pierre figillée, puifqu'à mefure que ces alcalis imbibent l'acide, & que cet acide s'atrache à eux, on dérobe au fang le fuc acide qu'il reçoit des premieres voies, de forte qu'en étant privé, il s'attenue, fe diffout, & la fueur fuit.

SUE

SUELTE. adj. Terme de Peinture. Les Peintres, dit M. Felibien, fe fervent de ce mot pour exprimer dans les figures ce qu'on appelle d'ordinaire dans les hommes & dans les femmes Une taille dénouée, dégagée, aifée, égayée. Il vient de l'Italien *Suelto*, qui veut dire Adroit, agile, déchargé de taille.

SUETTE. f. f. Terme de Medecine. Maladie peftilentielle qui a été commune en Angleterre & en la baffe Allemagne, où quand elle fe répand, elle fait mourir beaucoup de peuple. On l'a appellée ainfi, à caufe que ceux qui s'en trouvent attaqués, ont une fueur univerfelle avec friffon, tremblement & palpitation de cœur. Il y a beaucoup d'apparence que c'eft cette maladie ou efpece de pefte que l'on a appellée *Sueur Angloife*, & qui emporta en Angleterre la troifiéme partie du peuple en 1485. qu'elle commença. Elle s'eft renouvellée plufieurs fois depuis ce tems-là.

SUEUR. f. f. *Humeur, eau, ferofité qui fort par les pores quand on fue*. ACAD. FR. La fueur fe fait lorfque quelque caufe externe, quelque exercice du corps, la chaleur ambiante, ou quelque remede interne attenue le fang, ce qui le rend plus fluide. Le fang, à mefure qu'il fe liquefie & fe diffout, circule avec plus de rapidité, paffe plus fouvent par le cœur & les poumons, fermente & acquiert toujours quelque nouveau degré de chaleur. Pendant cela la partie aqueufe qui fe trouve mêlée avec le fang;

Tome II.

s'attenue de même. Elle s'échauffe & imbibe les parties qui ne font point corps, & fur-tout les particules falines. C'eft ce qui eft caufe que les fueurs font tantôt falines, tantôt acides, & ont tantôt une autre faveur. Le ferum circulant ainfi avec le fang dans les parties folides, s'y charge des ordures que le vice de la nutrition y a engendrées, après quoi il entre fucceffivement dans les glandes de la peau, d'où il fort par leurs vaiffeaux excretoires, qui font les pores de la peau. Si ces pores ne fe trouvent pas affés ouverts, fouvent la fueur refoule, & l'évacuation fe fait par les urines: car la matiere de la fueur & de l'urine eft la même, & il n'ya que la diverfité des couloires qui la diftingue. On tire de grands avantages de la fueur, & l'un des principaux eft que le fang s'attenuant & fe liquefiant confiderablement, ce qui le fait circuler avec plus de viteffe dans les vaiffeaux, le croupiffement des humeurs dans les parties, eft levé ou empêché, oûtre que le fang étant en cet état, fa partie aqueufe, qui fe rarefie auffi & s'attenue, fe charge plus abondamment des parties heterogenes qui fe féparent & fe précipitent de la maffe du fang, pour les emporter par les pores de la peau qui font ouverts; de forte que par ce moyen tous les ferments étrangers font chaffés dehors, ainfi que les particules contagieufes des fievres malignes & des diarrhées. On tire encore un autre avantage de la fueur, qui eft que la même partie aqueufe penetre en mêmetems les parties folides, & particulierement celles de deffous la peau, qu'elle lave & nettoye par fa faveur faline & favonleufe, entraînant les lavûres avec foi. Ainfi on peut dire que la fueur eft le purgatif univerfel du fang & des parties folides, & le purgatif particulier de la furface du corps dans les maladies cutanées. La conftitution du fang eft très-importante pour rendre la fueur bonne & falutaire. Il faut qu'il ne foit ni trop rarefié ni trop condenfé, mais d'une tiffure & d'une confiftance mediocre, afin qu'il puiffe être plus facilement rarefié & attenué, que le ferum s'en détache mieux, & que la maffe circule avec plus de liberté. Lorfque le fang eft trop condenfé, quoique la maffe puiffe être rarefiée par les fudorifiques, ils ne peuvent produire la fueur qu'après diverfes reprifes. S'il eft trop rarefié, les fudorifiques le diffolvent encore, & le ferum & le fang fe trouvent fi intimement mêlés & unis, que rien ne les fçauroit détacher. Comme les fueurs abbattent les forces par l'épuifement des efprits, & qu'elles amaigriffent le corps par la diffolution & l'évacuation du fuc nourricier avec la fueur, on ne doit les procurer que felon que le malade fe trouve en état de les fouffrir. Il faut furtout avoir foin dans chaque fueur que les premieres voies foient bien nettes & la maffe du fang un peu purifiée par des évacuatifs & des diuretiques, principalement dans les maladies chroniques. Les aigues, foit avec fievre ou fans fievre, ne permettent pas qu'on prenne toutes ces precautions. Matthiole dit que la fueur des bêtes à quatre piés eft fort dangéreufe, fur-tout celle des chevaux, des ânes & des mulets, & que celle des autres bêtes n'eft guere bonne. Si on boit de cette fueur, elle fait le vifage enflé & vert, & caufe une fueur fort puante par tout le corps, & fur-tout fous les aiffelles. Elle renverfe d'ailleurs l'eftomac & le ventre, à caufe des ventofités qu'elle y produit. Il ajoûte que fi on la boit avec du vin elle trouble l'entendement & rend infenfée la perfonne qui l'a bûe. L'eau tiéde prife en breuvage eft bonne pour faire vui-

Mmmij

der toute cette fueur poudreuse , & après qu'on a vomi on doit prendre de l'huile rofat avec du vin , ou une demi-drachme de rheubarbe avec un peu de fel mineral. Quelques-uns tiennent que les chiens & les chats ne fuent jamais , quelque chaleur qu'ils puiffent avoir , à caufe qu'ils n'ont point de pores dans la cuticule. La fueur des chiens dégoute par la langue.

SUF

SUFFOCATION. f. f. Etouffement , perte de refpiration qui arrive quand on eft fuffoqué. ACAD. FR. Le caterre fuffocatif eft de ce genre , & n'eft autre chofe que l'empêchement de la circulation du fang dans les poumons , où en s'arrêtant il caufe le fentiment de Suffocation. Elle vient en general ou de l'abondance du fang qui occupe trop d'efpace dans les poumons par la rarefaction qu'il reçoit , ou de la vifcofité du fang qui lui donne cette difpofition à s'arrêter , ou de quelque acide vitié , ou enfin de l'air trop froid qui coagule le fang & qui l'épaiffit. Ainfi l'on ne peut douter que le caterre fuffocatif ne foit un effet du regorgement & de la coagulation du fang dans la poitrine & dans les poumons. De là vient que tout ce qui peut le coaguler , caufe cette efpece de caterre. Ceux qui après quelque exercice violent boivent incontinent de l'eau froide , parce que le fang agité , attenué & rarefié pendant l'exercice , circule rapidement , & que l'eau froide de coagule & l'épaiffit , ce qui le fait s'arrêter dans les poumons. La Suffocation dans les eaux arrive en partie , du paffage de l'air qui eft bouché , & en partie de l'irruption de l'eau , car ceux qui fe noyent , meurent , non feulement parce qu'ils ne peuvent attirer d'air , mais parce que l'eau froide remplit les poumons & coagule le fang. Le polype ou l'excrefcence charnue du cœur caufe la fuffocation , parce que la circulation du fang en eft interrompue. On peut mettre dans ce même genre , les Suffocations que caufent les exhalaifons des vins & des bieres qui bouillent , les fumées du vin nouveau & des murailles blanchies , celles des charbons , les fumées metalliques de l'antimoine , des minieres de fouffre , de l'efprit de nitre , de l'eau forte , & de femblables vapeurs minerales. Il eft furprenant que fi on entre dans une cave lorfque la biere fermente & que l'on y porte une chandelle allumée , elle s'éteigne auffi-tôt , fans que la moindre étincelle refte. Toutes ces fumées attaquent le fang qui circule dans le poumon , fans qu'on puiffe dire fuivant l'hypothefe des Anciens , qu'elles montent au cerveau foit le premier attaqué , & jettent les efprits animaux en letargie. Il eft certain que nous fentons leur effet dans la poitrine avant que la tête en foit troublée ; & fi au fortir du paroxifme les malades tombent dans le délire , il ne s'enfuit pas que le cerveau foit le premier attaqué. Ce n'eft qu'après que les efprits vitaux ont été empreignés de ces fumées , & qu'ils fe font portées au cerveau, que ces fymptômes arrivent. On fçait que les fumées metalliques & minerales , antimoniales , vitriolées & fulfureufes , poffedent toutes un puiffant acide , dont l'odeur fubtile eft capable de coaguler promptement le fang. Ainfi à la fumée du foufre on fent une acidité fubtile qui fait craindre la Suffocation. Une forte apoplexie la produit , à caufe du mouvement des poumons interrompus. Dans la fyncope, la fermentation & le gonflement du fang tombent quelquefois. Le

fang s'arrête dans les poumons , & alors la Suffocation furvient à caufe que le mouvement des nerfs qui font jouer les poumons , eft interrompu par leur relaxation. Elle arrive encore par la convulfion. Telles font les Suffocations hypochondriaques des hommes qui font les mêmes que les hyfteriques , & qui viennent principalement de la convulfion des nerfs qui fervent au larynx & au diaphragme. C'eft par là que les hommes hypochondriaques & les femmes hyfteriques , fentent des refferremens à la gorge , comme fi on les étrangloit avec une corde , parce que la convulfion des mufcles du larynx les fait retirer & refferrer par ce moyen le larynx , à quoi fe joignent les mufcles de la gorge , qui en fouffrant les mêmes convulfions, augmentent beaucoup l'étranglement.

SUFFUMIGATION. f. f. Terme de Medecine. Medicament externe préparé & fait de racine , de feuilles , de fleurs & de femences propres , dont un malade reçoit les vapeurs , étant affis fur une chaife percée. Il y a des Suffumigations qui arrêtent , & d'autres qui provoquent les ordinaires des femmes. Suffumigation , étoit auffi autrefois une ceremonie qui fe faifoit dans les facrifices des Payens.

SUFFUSION. f. f. Terme de Medecine. Epanchement des humeurs qu'on remarque fur la peau. Il fe dit principalement du fang & de la bile. On appelle Suffufion de l'œil , Un mal qui arrive quand quelque matiere plus épaiffe que l'humeur aqueufe s'y ramaffe d'abord en forme de poudre très-fine, qui fe réduit fucceffivement en filets fort déliés , & femblables à ceux des araignées , qui fe font toile , & membrane enfuite , en s'épaiffiffant toujours. Ce mal eft un coagulum membraneux engendré dans l'humeur aqueufe , entre l'humeur criftalline & la prunelle. Quand la membrane , qu'on appelle Catarafte , couvre toute la prunelle , la vue eft tout-à-fait abolie. Si elle n'en couvre que la moitié , elle ne couvre que la moitié des objets ; fi elle eft petite ne faifant que commencer , & qu'elle occupe exactement le point du milieu de la prunelle , les objets paroiffent percés. C'eft-là la veritable Suffufion , dont les fignes font que dans le commencement les malades fe plaignent de divers objets devant les yeux. La vue s'obfcurcit peu à peu , & la prunelle eft d'une couleur verte ou de mer. Moins la Suffufion eft vieille , foit qu'elle fe faffe encore , ou qu'elle foit déja faite , plus il eft aifé de la guerir. Plus elle eft inveterée , plus la guerifon en eft difficile. La Suffufion fpontanée , qui vient à un œil dans la vieilleffe , fe communique fucceffivement à l'autre , & rend tout à fait aveugle celui à qui elle arrive. Il y a une autre Suffufion, appellée Suffufion fauffe ou bâtarde. Elle arrive à certaines gens à jeun qui ont l'eftomac malade. Elle arrive même dans l'état des fievres ; on voit alors des floccons de laine , de la pouffiere & des mouches devant les yeux. Ce mal paffe promptement , mais il revient quelquefois.

SUI

SUIF. f. m. Graiffe de mouton , de bœuf ou de vache que les Bouchers fondent , & qu'ils vendent aux Chandeliers pour faire de la chandelle , & aux Corroyeurs pour travailler leurs cuirs. Les Fureteriftes ajoutent de porc. On n'a jamais fait de chandelle de fuif de porc. Les Payfans en font de la foupe & le nomment du Sein. M. Ménage fait venir le mot de Suif , du latin Suebum , fait de Sus , Pourceau , parce qu'il eft le plus gras des animaux. On appelle *Suif*, en termes de Medecine, l'ordure qui s'amasse dans la cavité des oreilles appellée *Ruche*, & que l'on en tire en les curant.

On dit en termes de Mer, *Donner le Suif à un Vaisseau*, ou *Suiver un Vaisseau*, pour dire, Frotter de Suif la partie qui entre dans l'eau, & on appelle *Suif noir*, Une mixtion de Suif & de noir à noircir brouillés ensemble, dont on frotte le fond des Vaisseaux, afin qu'il ne paroisse pas qu'on l'ait suivé.

SUINT. s. m. Sueur ou crasse qui s'engendre sur la peau des animaux, & particulierement sur celle des bêtes à laine. *Suint*, se dit proprement de la laine grasse ; telle qu'elle sort de dessus la peau des moutons avant qu'elle soit lavée. Quelques-uns font venir ce mot de *Lana succida*, qui veut dire la même chose. Nicod a écrit *Suin*, & non pas *Suint*. C'est, dit-il, *cette moiteur crasseuse qui part de l'exhalaison du corps. Aussi semble-t-il qu'il vienne de Sueur, qui vient du latin Sudor, ainsi que Suinter, de Sudare. Ainsi dit-on, Suin de laine, ou Laine avec le suin.*

C'est aussi le nom qu'on donne à la crasse qui s'amasse dans l'oreille qu'on ôte avec un curoreille d'or, d'argent, ou d'yvoir.

On appelle *Suint de verre*, Une seconde écume du verre qu'on ôte quand il est en fusion, après qu'on a déja ôté la plus grosse. Cette écume ne peut venir que de la soude ou des cendres dont se servent les Verriers pour faire le verre ; puisque les cailloux qu'ils y employent ne sçauroient rendre d'écume. On fait differens ouvrages de ce suint de verre.

SUL

SULTAN. s. m. Titre qu'on donne aux Empereurs d'Orient, & qui vient des anciens Souldans d'Egypte, dont le dernier s'appelloit Tommumbay II. Il étoit de la race des Mammelus, & fut élû à cause de sa valeur, afin de remettre l'Empire des Sultans sur pié. Un Prince More qui le trahit, le livra à Selim Empereur des Turcs, qui le fit traîner à la queue d'un chameau en 1517. Ce même Selim avoit remporté une grande victoire l'année precedente, sur le Sultan Campson Gauri, & la perte d'un grand nombre de Mammelus qui demeurerent sur la place, affoiblit tellement l'Egypte, & les autres Provinces qui relevoient du Soudan, que le Grand Seigneur s'en rendit maître. *Souldan, Soltan ou Sultan en langage Egyptien & Moresque, dit Nicod, signifie Roy, Prince & souverain Seigneur d'un Pays. Dominicus Marius Niger au troisiéme livre de sa Geographie, parlant du Caire qui est au Pays d'Egypte, dit que au langage du Pays les Roys sont appellez Soldans. Les Turcs attribuent ce mot Sultan au Roy de Perse, disant Sahi Sultan Zmail, combien que aucunesfois ils luy donnent ce mot Patissah, qui signifie Roy. L'Autheur de l'Histoire generale des Turcs au premier Livre, écrit que au temps passé on attribuoit au Seigneur du Caire le nom de Sultan, & que disant Sultan Suleiman, on entend le grand Suleiman, mais que postposant ce mot Sultan, & disant Suleiman Sultan, il signifie Visultan & Lieutenant de Sultan ; comme quand nous disons Viroy ou Viceroy, mais il ne rend pas raison de ceste difference. & au second Livre de ladite Histoire, dit que Mahomet, fils de Dimbayazeth, a esté le premier de la maison & race des Ottomans, qui s'est fait appeller Sultan. Sultan aussi est une espece de monnoye d'or Turquesque qui rapporte au poix & au fin du Ducat Venitien, & vaut cinquante-quatre, ou comme il dit ailleurs, cinquante-cinq aspres turquesques. Et au Livre premier il dit que ces ducats y sont appellez Sultane, portant tels mots en l'une des faces. Atajar Saffiar Sultan Ahamar morar cham, c'est-à-dire, comme ledit Autheur l'interprete ; A l'honneur & reverence de l'ame de Sultan Mahomet Conquesteur de la Seigneurie de Constantinople, & en l'autre face ceux-cy, Sultan Mahomet cham, Sultan Pajaxit bin Sultan Selim Scia, Sultan hamot, sexchi jus sexenalti, qui est à dire, Sultan Mahomet Sieur & Pere de Sultan Pajaxit fils de lui, Sultan Scelim Seigneur de l'Estat, l'an huit cens soixante & tant d'années. Mais ceste interpretation dudit Autheur n'exprime bien lesdits mots turquesques.*

SULTANIN. s. m. Espece de monnoie de Turquie. C'est apparemment la même chose que les Sultans ou Sultanes dont parle Nicod.

SUM

SUMACH. s. m. Graine d'un arbrisseau qui croît en des lieux pierreux de la hauteur à peu près de deux coudées, & dont la feuille est longue, rougeâtre & dentelée tout autour comme celle de l'Yeuse. Son fruit est comme de petits raisins épais, de la grosseur de celui de terebenthine, tirant un peu sur le large. Ses feuilles sont astringentes & ont la même vertu que l'Acacia ; ainsi elles arrêtent toute sorte de flux de sang. Les mêmes proprietés sont attachées à la graine, & l'eau où elle a été mise en infusion, étant cuite ou épaissie, est encore plus efficace que la graine même. Ce même arbrisseau produit une gomme, qui mise au creux d'une dent, en fait cesser toute là douleur. Les Tanneurs preparent leurs peaux avec ces feuilles seches. Les Anciens se servoient de Sumach dans leurs sausses au lieu de sel. Ainsi le Sumach des Cuisiniers est la graine, comme la feuille est le Sumach des Tanneurs. Ce mot est Arabe, & les Apothicaires l'ont pris. Les Grecs l'ont appellé *ρῦς*, & les Latins *Rhus*. Il y a un *Sumach rouge* ; ce n'est autre chose que son fruit quand il n'est pas encore mûr. Il est alors bien plus astringent que lorsqu'il est noir & dans sa maturité.

SUMPTUM. s. m. Terme de Banquier & de Chancellerie Romaine. Seconde expedition d'une signature de Cour de Rome, d'une dispense, ou de quelque autre acte, quand la perte de l'original ou d'autres raisons obligent à la tirer des Registres de la Chancellerie.

SUP

SUPER. v. n. Terme de Marine. On dit qu'*Une voie d'eau a supé*, pour dire, qu'il y est entré de l'herbe, ou quelque autre chose qui a bouché l'ouverture.

SUPERABLE. adj. Vieux mot. Excellent, qui va au-dessus des autres.

SUPERATION. s. f. Terme d'Astronomie. On appelle *Superation de deux Planetes*, La difference qui est entre le mouvement d'une planete plus vîte, & celui d'une plus tardive.

SUPERFETATION. s. f. Nouvelle generation qui arrive quand une femme ayant conçû en divers tems, porte deux fœtus d'une grosseur inégale, & qui naissent l'un après l'autre. Aristote & plusieurs autres Auteurs rapportent des exemples de la

M m m iij

Superfetation des femmes. On tient que la Superfetation arrive souvent aux lievres & aux truies.

SUPERFICIE. ſ, f. Surface, étendue en long & en large, qui n'a point de profondeur, ou dont on ne confidere point la profondeur. *La ſuperficie plane*, eſt celle qui n'a dans toute ſon étendue aucune inegalité, telle qu'eſt celle d'un parallelogramme, d'un cercle, &c. *La ſuperficie courbe* ou *curviligne*, eſt celle qui a des inegalités produites par des lignes courbes, qu'elle contient, des endroits plus ou moins élevés, &c. telle eſt la ſuperficie d'un globe. Les ſuperficies courbes ſe diviſent generalement en *convexes* & *concaves*, du reſte il y en a d'autant d'eſpeces differentes que de corps compris en tout ou en partie ſous des lignes courbes.

SUPERFIN. adj. Les Tireurs d'or appellent *Trait ſuperfin*, Celui qui eſt extrémement fin.

SUPERPARTIENT, ENTE. adj. Terme de Geometrie & d'Arithmetique. On s'en ſert pour expliquer la proportion de deux lignes ou de deux nombres, dont le ſecond contient une ou pluſieurs fois le premier avec quelques-unes de ſes parties aliquotes. Ainſi 4. & 15. ſont en proportion triple ſuperpartiente trois quattiémes, puiſque 15. contient trois fois quatre & trois de ſes quattriémes parties.

SUPINATEUR. adj. Terme de Medecine. On appelle *Muſcles ſupinateurs*, deux des quatre Muſcles qui font mouvoir le rayon ou l'avantbras. L'un de ces muſcles ſe nomme *Le Rond*, l'autre *le Quarré*.

SUPPLIQUE. ſ. f. Terme de la Chancellerie Romaine. On appelle ainſi la premiere partie d'une proviſion ou ſignature de Cour de Rome, contenant la memoire que l'on donne au Pape de la grace qu'on veut obtenir. Toutes les choſes qui ſe peuvent rendre plus difficile à l'accorder, y doivent être expliquées, autrement elle eſt reputée nulle & obreptice. On appelle auſſi *Supplique*, La priere qu'un Bachelier fait à chaque Docteur, pour être reçu dans quelque Maiſon de la Faculté. Ce mot eſt Italien, *Supplica*.

SUPPLOYER. v. a. Vieux mot. Supplier. Borel veut que *Souployer* ait été dit, comme de Souſplier les genoux pour obtenir ce que l'on demande.

SUPPORT. ſ. m. *Aide*, *appui*, *ſoûtien*, *protection*. ACAD. FR. *Supports*, dans un tour, ſont des pieces de bois qu'on met à une barre qui eſt percée pour cela en quelques endroits. Cette barre, qui va à tout du long, & qui eſt ſoûtenue par les bras des poupées qui s'approchent & s'éloignent comme on veut, eſt poſée de champ, & étant un peu moins élevée que les pointes des poupées, elle ſert d'appui pour les outils lorſqu'on travaille & que l'on coupe le bois. Les Supports que l'on y met aux endroits où elle eſt percée, ſervent à ſoûtenir les pieces qu'on tourne, qui ont trop de portée.

Supports, en termes de Blaſon, ſe dit de certains animaux à quatre piés, oiſeaux ou autres qu'on repreſente aux côtés de l'écu, en ſorte qu'ils ſemblent le ſupporter. Les Rois d'Angleterre ont d'un côté un leopard & de l'autre une licorne. D'autres y ont mis des aigles, des lions ou des griffons. Les Urſins y ont mis des ours par alluſion à leur nom. Les Supports des Armes de France ſont des Anges, & on tient que Charlemagne eſt le premier qui s'en ſoit ſervi. D'autres diſent que ce fut Philippe VI. ayant fait ſa deviſe d'un Ange qui renverſoit un dragon, à cauſe que les Anglois avoient pris cet animal pour deviſe. Il y en a qui veulent que quand l'Ecu eſt porté ou par des

Anges ou par des figures humaines, on les doit appeller *Tenans*, à cauſe que c'eſt le propre de l'homme de tenir, & que *Supports* ne ſe doit dire que des animaux. D'autres prétendent que s'il n'y a qu'un ſeul animal qui porte l'écu, on le doit nommer *Tenant*, & que s'il y en a deux, ce ſont des Supports. Ceux des Princes de Monaco ſont des Moines Auguſtins.

SUPPORTANT, ANTE. adj. Terme de Blaſon. Il ſe dit de la faſce quand elle ſemble ſoûtenir quelque animal, qui eſt peint au chef de l'écu, quoiqu'il ne porte que ſur le champ.

SUPPORTÉ, E'E. adj. Terme de Blaſon. Lorſqu'un écu eſt diviſé en pluſieurs quartiers, il ſe dit des plus hauts que ceux d'en bas ſemblent ſoûtenir. Quand le chef eſt de deux émaux, & que l'émail de la partie ſuperieure en occupe les deux tiers, on l'appelle *Chef ſupporté*.

SUPPOSITION. ſ. f. Allegation d'une choſe pour une autre. *Suppoſition*, eſt auſſi un terme de Muſique, & il ſe dit quand après un bon accord, l'une des parties procedans par degrés conjoints, fait contre l'autre qui tient ferme des diſſonances en paſſant. Cela s'appelle *Suppoſition*, à cauſe que les cordes qui font diſſonance, ſuppoſent leurs compagnes, qui feroient conſonance ſi elles étoient employées.

SUPPOSITOIRE. ſ. m. Terme de Pharmacie. Medicament ſolide, arrondi & fait en pyramide, & qui eſt deſtiné pour le fondement. Il eſt de la groſſeur & de la longueur du petit doigt, & compoſé de choſes qui ſervent à lâcher le ventre. On en donne pour pluſieurs autres fins, ſoit quand le malade a trop peu de force, ou qu'on n'a pas le loiſir d'appêter un lavement, ſoit pour faire rendre ceux que l'on garde trop long-tems. On s'en ſert auſſi pour les affections ſoporeuſes ou pour diſſiper les vents, ou lorſque quelque deſcente de boyaux du d'autres incommodités du ſiege ne permettent pas les lavemens. Il y a deux ſortes de Suppoſitoires, l'un facile à préparer & fort familier à la campagne. Il ſe fait de la racine ou de la tige de mauve, de bete, d'arroche, de chou, ou de mercuriale, ointe de beurre ſalé, de ſavon blanc & de farine cuite dans de l'eau & du ſel, ou d'une chandelle de cire ointe d'huile. Celui-là eſt propre pour les enfans. L'autre ſe fait de miel cuit en conſiſtance ſolide, auquel on ajoûte quelquefois un peu de ſel, & quelquefois des poudres purgatives ſuivant la force qu'on lui veut donner & la neceſſité qu'en a le malade. Si les matieres ſont trop fermes, ou que la faculté expultrice ſoit trop aſſoupie, on doit recourir à la poudre de hiere, à la ſcammonée, à l'ellebore, & quelquefois à l'euphorbe. Comme l'uſage exceſſif des medicamens acres & corroſifs peut exulcerer l'anus, il faut garder la mediocrité autant que l'on peut, en mettant au Suppoſitoire de la poudre d'hiere picre, ou d'aloés, ou d'agaric, avec le ſel commun, à moins qu'une puiſſante neceſſité n'oblige d'avoir recours à des medicamens plus forts. Les Latins appellent un Suppoſitoire *Balanus*, du Grec βάλανος, *Gland*, parce qu'il étoit fait autrefois en forme de gland. Le mot de *Suppoſitoire*, a été fait du Latin *Sub*, Sous, & de *Ponere*, Mettre.

SUPPOST. ſ. m. Terme dogmatique. Ce qui ſert de baſe & de fondement à quelque choſe. En ce ſens on dit que *L'humanité eſt le ſuppoſt de l'homme*.

SUPPRESSION. ſ. f. Action de ſupprimer. Il ſe dit de l'extinction d'une charge, de droits, de rentes. Les Medecins appellent *Suppreſſion d'urine*, Une maladie qui en general dépend du vice des reins

SUR

qui ne philtrent point , ou du vice de la veſſie qui ne jette point l'urine dehors. Voyez ISCHURIE.
On dit auſſi , qu'*Il y a en ſuppreſſion de part* , pour dire , qu'Une femme a caché ou détruit l'enfant qu'elle a mis au monde.

SUPPRESSURE. ſ. f. Vieux mot. Diſſimulation , tromperie.

SUPPURATIF , ɪvᴇ. adj. Terme de Chirurgie. Qui ſert à faire ſuppurer. Les Suppuratifs , c'eſt-à-dire , ceux qui engendrent le pus , ſont en general les remedes des tumeurs. On les appelle auſſi *Concoctifs* , & *Maturatifs* , à cauſe de l'alteration du ſang en pus , qui étoit attribuée à la chaleur par les Anciens. Quand la partie coagulée du ſang , & les autres humeurs mélées de ſang , ou avec leſquelles le ſang s'eſt enfin épanché , commencent à faire efferveſcence par l'acide contre nature , alors cet acide degagé du ſang grumelé ſe joignant au ſel volatile , & fermentant avec lui , il ſe fait un changement total du ſang en pus. Les Suppuratifs ſont d'une ſubſtance huileuſe & mucilagineuſe. Ces deux qualitez temperant les ſels relâchent la partie tumefiée , & ce n'eſt pas ſans raiſon qu'on donne le premier rang au lait dans ce genre. La maniere de ſe ſervir des ſuppuratifs eſt d'en faire des cataplaſmes , des emplâtres , des onguents , & quelquefois des linimens.

SUPPURATION. ſ. f. Terme de Chirurgie. *L'écoulement du pus qui s'eſt formé dans une plaie.* Acᴀᴅ. Fʀ. La Suppuration arrive au ſang épanché , quand les parties ſpiritueuſes , ſubtiles & tenues s'échappant & ſe diſſipant , ce qui reſte s'épaiſſit peu à peu & ſe prend en grumeaux. A meſure qu'il ſe corrompt , il contracte une aigreur ou une acidité putride qui excite enſuite une efferveſcence acre avec les ſels volatiles & huileux du ſang même. Cette efferveſcence s'augmentant , outre un ſentiment de chaleur plus grand qu'à l'ordinaire qu'elle cauſe dans la partie malade , la gonfle au milieu de ſa circonference , ce qui la groſſit & l'enflamme extraordinairement. Cela produit une douleur diſtenſive , à cauſe de la tenſion des parties , accompagnée d'une pulſation que produit le mouvement embarraſſé des parties. Enfin le ſang ſe convertit en pus par l'acide qui prend preſque toûjours le deſſus aux autres principes , & c'eſt ce qui fait paroître le pus blanc , tous les alcalis huileux ou ſulphureux , prenant une couleur blanche quand on les mêle avec un acide. La Suppuration eſt facilitée par les choſes qui temperent moderément l'acide , & font que ſa fermentation avec l'urineux eſt bien proportionnée , & par celles qui reſolvent en quelque façon le ſang coagulé en le penetrant doucement. Cela avance la Suppuration , car tant que la concretion dure ou que l'acide domine , il ne ſçauroit y avoir de ſuppuration bonne & parfaite. Les choſes qui temperent l'acrimonie des ſels , laquelle les fait agir l'un contre l'autre avec trop d'impetuoſité , tendent la Suppuration moins douloureuſe. Par ce moyen on ôte l'aigreur & les picotemens , parce que l'action des ſels étant retenue , ils font une efferveſcence moins impetueuſe. Pour avancer la ſuppuration dans la petite verole & défendre les parties internes , les yeux d'écreviſſes uſitez ſouvent avec la myrrhe , ſont très-convenables. On prend demi-drachme d'yeux d'écreviſſes preparez , quinze grains de myrrhe , un ſcrupule de corne de cerf ſans feu , cinq grains de ſel de chardon benit , & on mêle le tout pour trois doſes.

SUPREMATIE. ſ. f. Terme dont on ſe ſert pour ſignifier la ſuperiorité Eccleſiaſtique , dont s'eſt emparé le Roi d'Angleterre.

SUR. *Propoſition locale , qui ſert à marquer la ſituation d'une choſe à l'égard de celle qui la ſoûtient , qui eſt au deſſous.* Acᴀᴅ. Fʀ. En termes de Blaſon , *Sur le tout* , ſe dit d'un écuſſon qui eſt ſur le milieu d'une écartelure & des pieces qui brochent ſur les autres. *Parti , d'or & de gueules au lyon de ſable ſur le tout.* On dit , *Sur le tout du tout* , en parlant de l'écuſſon qui eſt ſur le milieu de l'écartelure d'un écuſſon qui eſt déja Sur le tout.

Sur ſa foi , en termes de chaſſe , ſe dit d'un oiſeau à qui on ne donne plus de filiere & que l'on reclame en liberté.

SURALE. adj. Terme de Medecine. On appelle *Veine ſurale* , Une veine conſiderable , qui ſe diſtribue dans le muſcle du mollet de la jambe ; & qui va juſques au gros doigt du pié. Ce mot vient du latin *Sura* , Le gras de la jambe , fait de *Surus* , Pieu.

SURALLER. v. n. Terme de Chaſſe. Il ſe dit quand un chien paſſe ſur les voies ſans crier , & ſans faire mention de la vieille date , ou ſans marque que la bête y ait paſſé. On dit auſſi *Se ſuraller* , pour dire , Revenir ſur ſes erres , ſur ſes pas.

SURANDOUILLER. ſ. m. Terme de Chaſſe. Second cor qui eſt ſur la tête du cerf , & qui pouſſe au-delà de l'andouiller.

SURANNATION. ſ. f. Terme de Chancellerie. On appelle *Lettres de Surannation* , Celles qu'on obtient du Prince pour rendre la valeur à d'autres lettres de vieille date , parce que la force du Sceau ne dure qu'un an pour ce qui n'eſt pas jugé ou executé.

SURBAISSE' , ɪᴇ. adj. On appelle en termes d'Architecture , *Voute ſurbaiſſée* , Une voute qui n'étant point en plein cintre , s'abaiſſe par le milieu & forme une figure elliptique.

SURBAISSEMENT. ſ. m. Les Architectes appellent ainſi le trait de tout arc bandé en portion circulaire ou elliptique , & qui n'ayant pas tant de hauteur que la moitié de ſa baſe , eſt par conſequent au deſſous du plein cintre.

SURBANDE. ſ. f. Terme de Chirurgien. Ce qui s'applique par deſſus les compreſſes. C'eſt une ſeconde bande ou ligature que l'on ajoûte à une premiere pour la tenir plus ferme ſur la plaie.

SURCENS. ſ. m. Terme de Juriſprudence feodale. Cens qui a été établi ſur l'heritage depuis le premier cens. C'eſt une rente , noble , fonciere , dûe au Seigneur du Fief , outre le cens déja impoſé. Il y a des lieux où on appelle *Sourcens* ou *Souſcens* , *Surcenie* , & *Surcharge*. Quelques-uns l'appellent *Rente ſurfonciere*.

SURCHAUFFURE. ſ. f. Défaut qui ſe trouve dans l'acier. Pour connoître le petit acier commun qu'on vend par carreaux ou biſles de quatre pouces de long ou environ , il faut prendre garde ſi ces carreaux ne ſont point pailleux ou ſurchauffés : car quand l'acier a eu trop chaud , ce qui le fait paroître par petits grumeaux & comme grillé ou plein de veines noires ou de pailles que l'on voit en le caſſant , on s'aſſure qu'il n'eſt pas bon. Si les carreaux ſont ſans pailles & ſans ſurchauffures , en ſorte que dans la caſſe que l'on en fait par en haut , il paroiſſe net & d'un grand blanc & delié , c'eſt un témoignage qu'il eſt bon.

SURCOT. ſ. m. Vieux mot. Riche habillement que les Princeſſes mettoient autrefois par deſſus leurs habits. Nicod en parle ainſi. Surcot *eſt compoſé de* 'Sur, *Preposition* , & Cotte , *par apocope de la derniere ſyllabe* , & *eſt l'habillement que les Roines* , *comme aucuns veulent, (quoyque ce soit) les Grandes portent pour richesse de couverture sur leurs cottes. L'apocope lui change le genre, avec la terminaison qui est masculine.*

SURDENT. s. f. Terme de Manege. Dent macheliere du cheval qui croît trop haut, & qui poussant des pointes à mesure qu'elle s'allonge, lui pique la langue & lui blesse les levres en mangeant. Les Surdents empêchent quelquefois qu'un cheval ne mâge, par la douleur qu'elles lui causent en lui pinçant la chair ou la langue.

SURDIRE. v. n. Vieux terme de Pratique qui a signifié Encherir dans quelque publication de vente. On dit encore dans quelques Provinces *Surdisant,* pour dire, Encherisseur, & *Surditte,* pour Enchere.

SURDITE'. s. f. Vice de l'ouïe, qui vient de l'oreille & qui est cause que l'on n'entend pas, ou que si on entend, on ne sçauroit distinguer les divers tons de la voix. L'ouïe est diminuée ou abolie par le vice de l'oreille externe, lorsqu'elle est coupée ou blessée de quelque autre sorte. On n'entend alors qu'un son obscur, & en cet état on est obligé de fermer les mains en forme d'entonnoir & de les appliquer aux oreilles pour faire passer la voix. Le conduit auditif peut être bouché ou embarrassé par des poix, noyaux de cerises & autres choses externes qui tombent dans les oreilles, & même par l'ordure qui y reste trop long-tems & s'y endurcit. Le plus grand vice de l'oreille vient du nerf auditif ou acoustique, lorsqu'il est mal conformé, & que ce nerf, au lieu d'entrer dans l'oreille interne, est distribué ailleurs. En ce cas on est sourd dès la naissance, & d'ordinaire muet. La même chose arrive si ce nerf étant bouché empêche l'influence des esprits animaux par quelque cause que ce soit, ou par une lymphe subtile qui s'y insue, comme dans les affections caterreuses & dans les maladies aigues qui doivent se terminer par une hemorragie critique. Le vice de la membrane ou du même nerf qui s'élargit en membrane dans le limaçon ou le labyrinthe, peut aussi causer la surdité ; ce qui arrive quand ses fibres sont ou rompues, ou separées, ou relâchées, ou vitiées de quelque autre sorte qui leur fassent perdre leur état tonique & naturel. Ce manque de ressort de la membrane la mettant hors d'état d'être ébranlée par l'impulsion de l'air, abolit l'ouïe, & c'est par cette raison que les sons trop aigus la rendent dur. Ainsi ceux qui n'ont pas accoûtumé d'entendre le bruit du canon, perdent l'ouïe pour quelque moment, parce que la force de ce bruit agite avec tant de violence la membrane auditive qui est étendue sur le limaçon, que ses fibres ou quelques-unes de ses plus petites parties se déchirent, se rompent, ou sont blessées de quelque autre sorte qui empêche que les sons ne soient perçus. Il est rare de pouvoir guerir les sourds de naissance ; mais comme leurs yeux leur servent d'oreilles, ils peuvent s'accoûtumer à entendre ceux qui leur parlent, en observant les mouvemens des levres & de la langue des autres. Il y a un Traité fait en Anglois qui a pour titre, *Philocophos,* où l'Auteur démontre la maniere d'enseigner aux sourds à entendre & à parler. C'est ce qu'a fait M. Vvallis, Mathematicien d'Oxford, qui par le seul mouvement des levres, a appris à deux jeunes Gentilshommes Anglois, sourds de naissance, à entendre ceux qui parloient & à leur répondre pertinemment. Digby assure la même chose d'un Gentilhomme sourd dès sa naissance, qu'on avoit si bien instruit, qu'en regardant seulement ceux qui lui parloient, il les entendoit, quand même c'étoit en

une langue inconnue. Le meilleur de tous les remedes pour la surdité, est de tenir dans le conduit de l'oreille un peu de coton, avec du musc ou de la civette. Le baume du Perou appliqué avec du coton fait le même effet. Quelques Medecins ordonnent, comme un secret singulier, demi drachme d'ellebore noir, deux scrupules de jonc aromatique, un scrupule de pulpe de coloquinte, une drachme de bayes de laurier sans l'écorce, deux scrupules & demi de semence de cumin, & quatre onces d'esprit de vin. Après les avoir mêlés ensemble, il faut les faire infuser deux jours dans un vaisseau de verre bien bouché. Ensuite on cueille le tout & on l'exprime. Cet esprit mis avec du coton dans le conduit de l'oreille, est un remede éprouvé qui a guéri même une surdité inveterée.

Surdité, en termes de Jouaillier, veut dire un défaut qui se rencontre dans la plûpart des pierreries. Ce défaut est d'être obscures ou mal nettes & d'avoir quelques pailles ou glaces qui diminuent de leur prix.

SURDOS. s. m. Terme de Bourelier. Sorte de bande de cuir large de deux doigts, qui pose sur le dos d'un cheval quand on l'a mis au carrosse, & qui sert à tenir les traits & le reculement. On appelle aussi *Surdos,* Un morceau de cuir qui tient les deux fourreaux qui passent au travers des traits des harnois.

SUREAU. s. m. Dioscoride dit qu'il y a deux sortes de Sureau. Le premier est grand comme un arbre, & produit quantité de rejettons faits en maniere de cannes, qui sont ronds, grands, creux & blanchâtres. Il en sort trois à trois ou quatre à quatre, & par certains intervalles, des feuilles semblables à celles du noyer. Elles rendent une odeur puante & sont déchiquetées & dentelées tout autour. A la cime de ses branches il produit des bouquets garnis de fleurs blanches, qui sont suivis de grains noirs tirant sur le rougeâtre. Ces grains sont remplis de vin, comme une grappe que produit la vigne. L'autre espece de Sureau est beaucoup moindre, & ressemble plûtôt à une herbe qu'à un arbre. Sa tige est quarrée & ronde, & ses feuilles sont semblables à celles de l'amandier, mais plus longues, puantes, dentelées tout à l'entour & disposées deçà & delà le long de la tige comme des aîles par certains intervalles. Ses fleurs & ses grains ressemblent à ceux de l'autre Sureau, & sa racine est de la grosseur & de la longueur du doigt. Les Grecs l'appellent χαμαιακτῆ, & les Latins *Ebulus.* Le grand Sureau est appellé *Sambucus.* Ils ont tous deux les mêmes proprietés, aussi s'en sert-on quand il s'agit de dessecher & d'évacuer les aquosités. Ils sont pourtant contraires à l'estomac. Leurs feuilles cuites & mangées comme des herbes potageres, purgent le phlegme & la bile. Matthiole parle d'un *Sureau de montagne,* qui a son fruit amassé en forme de grappe de raisin. Ce fruit est toûjours rouge, au lieu que celui de l'autre Sureau est noir. Il parle aussi d'un *Sureau de marais.* C'est un petit arbrisseau qui croît dans les lieux marécageux, qui produit des verges nouées & semblables à celles du Sureau. Il a au dedans une moëlle blanche, mais la matiere de son bois est frêle. Ses feuilles approchent de celles de vigne, & l'odeur de ses fleurs est agreable. Ces fleurs sont suivies de boutons rouges, de la grosseur de ceux d'aubepin, qui sont pleins de vin. Ils provoquent à vomir si on les mange. L'eau des fleurs de Sureau appliquée sur le front, appaise les maux de tête qui proviennent d'humeurs chaudes. Matthiole enseigne la maniere de faire un onguent

guent de Sureau, qu'il dit être singulier pour les brûlures. Il faut prendre une livre d'écorce verte de Sureau, de celle qui joint le bois, & deux livres d'huile lavée plusieurs fois dans l'eau de ses fleurs, les faire bouillir quelque tems ensemble, les couler & les épreindre. On y ajoûte ensuite quatre onces de cire odorante & autant de jus de rejettons de Sureau, faisant bouillir de nouveau le tout jusqu'à ce que le jus soit consumé ; ce qui étant fait on l'ôte du feu & on le remue assidument avec une spatule, après quoi on y met deux onces de vernis liquide, & quinze onces d'encens blanc pulverisé fort menu, avec la glaire de deux œufs bien battue auparavant. Le tout mêlé, on l'incorpore avec soin, & on le garde pour s'en servir dans l'occasion. Le même Matthiole assure que les champignons qui viennent au pié de la tige de sureau, étant détrempés dans de l'eau rose, font un remede excellent pour les inflammations & douleurs de tête.

SUREPINEUX. adj. Terme de Medecine. On appelle Muscle surépineux, un Muscle qui vient du dessus de l'épine de l'omoplate.

SURFACE. s. f. Terme de Geometrie. Etendue qui n'a que de la longueur & de la largeur. Voyez SUPERFICIE.

Surface, en termes de Fortification, est la partie du côté exterieur, terminée par le flanc prolongé & par l'angle du Bastion le plus proche.

SURFAIS. s. m. Sorte de sangle qui sert à sangler un cheval de selle. C'est une sangle grosse & large qu'on met par dessus les autres pour faire tenir la selle plus ferme.

SURFAITS. s. f. Vieux mot. Forfaits, crimes.

SURFEUILLE. s. f. Petite membrane dont le bourgeon est couvert, & qui ne s'ouvrant que peu à peu, n'y laisse entrer le soleil, le vent & la pluie que par degrés, c'est-à-dire, seulement, autant qu'il est necessaire pour la plante.

SURGEON. s. m. Rejetton d'un arbre. Il se dit principalement de celui qu'il pousse par le pié On a dit autrefois Sourgeon, du Latin Surgere, & Surgeon de fontaine, pour dire, La source.

SURGIR. v. n. Terme de Marine qui commence à vieillir, & qui signifie Arriver ou prendre terre, Jetter l'ancre dans un Port.

SURHAUSSER. v. a. Terme d'Architecture. Elever une voute au delà de son plein cintre. La plûpart des voutes gothiques étoient surhaussées.

SURJAULE', E'E. adj. On appelle en termes de Marine Cable surjaulé, un Cable qui a fait un tour autour du jas de l'ancre qui est mouillée.

SURJET. s. m. Terme de Tailleur. Couture ronde & élevée qui se fait à des bas de chausses, & à d'autre besogne de cette nature.

SURJETTER. v. a. Coudre une étoffe en la repliant en dedans. Surjetter, signifie aussi Passer du fil sur les bords d'un étoffe, de peur qu'elle ne s'effile.

SURJETTON. s. m. Espece de Serpent fait comme une couleuvre.

SURLONGE. s. f. Terme de Boucher. La partie du Bœuf qui reste après qu'on en a tranché l'épaule & la cuisse, où se levent les aloyaux & les flanchers.

SURMARCHER. v. n. Terme de Chasse. Il se dit quand la bête revient sur ses erres, & repasse par le même lieu ; & on appelle Voies surmarchées, Celles que les chiens ou les chevaux foulent dans quelque retour. Surmarcher, s'est dit dans le vieux langage pour, Marcher par dessus un autre.

Cil qui vainqueur son ennemy surmarche.
Tome II.

SURMENER. v. a. Terme de Manege. On dit Surmener un cheval, pour dire, L'outrer en le faisant travailler avec excès. Cheval surmené, se dit de celui que l'on a fait travailler par de-là ses forces, soit en le poussant à la course, soit en lui faisant faire des journées trop grandes.

SURMONTE', E'E. adj. Terme de Blason. Il se dit lorsque l'émail de la partie inferieure du chef excede le reste de ce même chef. C'est aussi la même chose que Sommé, & il se dit en ce sens d'une piece de l'écu qui en a une autre au dessus d'elle. D'argent au chevron d'azur, surmonté d'un croissant de gueules. On dit encore Surmonté, quand une fasce est accompagnée de quelques pieces qui sont au chef de l'Ecu. D'argent à une fasce de gueules surmontée de trois roses de même.

SURMULET. s. m. Poisson dont Dioscoride dit seulement que ceux qui continueront trop d'en manger, sentiront une notable diminution de vue, & qu'étant appliqué crud & mis en pieces sur les piquûres des dragons, araignées & scorpions de mer, c'est un remede pour les adoucir. Matthiole ajoûte que le Surmulet appellé Mullus autrefois par les Latins, a pris le nom de Triglia en Italie, du Grec τριγλαι ou τρηγλα, qui signifie cette sorte de poisson. Il y en a, dit-il, de deux especes, qui sont differentes en couleur, en grandeur & en grosseur. Le plus gros n'a guere qu'un pié de long. Il est rouge, & a de petites lignes jaunes qui descendent de la tête à la queue. Le moindre est purpurin, marqueté de petites taches jaunes & plombines, & ne devient guere plus grand que la paume de la main. Tous deux ont des barbillons, ce qui fait que les Venitiens les appellent Barboni. Les Anciens en faisoient grand cas, achetant le Surmulet un marc d'argent, à cause de son foye & de sa tête dont ils étoient fort friands. Galien témoigne que le Surmulet a la chair ferme & seche sur tous les autres poissons, en sorte qu'il semble n'avoir aucune humeur, graisse ou viscosité, ce qui le rend extrêmement nourrissant quand il est bien cuit. Selon Pline, le Surmulet fait des petits trois fois l'an, & est si goulu, qu'il se paît même des corps morts.

SUROS. s. m. Terme de Maréchal. Calus ou dureté qui vient au canon du cheval au-dessous du genouil en-dedans & quelquefois en-dehors. Cette dureté ne lui fait point de douleur. Il y en a qui l'appellent improprement Sur-eau. On dit Sur-os chevillé, pour dire Un double Sur-os. Il est double quand l'un est en-dedans du canon, & l'autre en-dehors, vis-à-vis l'un de l'autre. Dioscoride dit que les Sur-os des chevaux broyés & bûs avec du vinaigre font un bon remede pour ceux qui ont le haut mal. Selon Pline, étant broyés & distilés dans l'oreille avec de l'huile d'olive, ils guerissent du mal de dents. Galien & Ægineta témoignent que quelques-uns s'en servent contre les morsures de toutes sortes d'animaux.

SURPEAU. s. f. Petite peau déliée qui est étendue sur toute la peau, & qui la couvre par tout le corps.

SURPELIS. s. m. Ornement Ecclesiastique que les Prêtres seculiers portent par dessus leurs soutanes en chantant l'Office. C'est une espece de vêtement de toile blanche, embelli souvent de dentelles, & qui ne va que jusqu'aux genoux. Il est à manches ouvertes & volantes. Nicot croit que l'on pourroit dire que Surpelis ou Surplis est composé de Super, & de Pallium ou Palla, comme si on disoit Suppallicium, parce qu'en quelques contrées de ce Royaume Pelle signifie Robe. Il ajoûte que quelques-uns

N n n

le font venir de *Sub* & de *Pellis* , à cause que le camail & l'aumuſſe ſont par deſſus le ſurplus , & le rendent *Subpellicium*.

SURPENTE. ſ. f. Terme de Marine. Groſſe corde , longue de trente à quarante braſſes, qui eſt amarrée aux deux grands mâts & que l'on roule autour d'un canon ou de quelque autre peſant fardeau , afin de ſoûtenir la piece quand on la veut embarquer ou débarquer , ou l'enlever avec un palan.

SURPLOMBER. v. n. Terme de Maçonnerie. Etre en ſurplomb. On dit qu'*Un mur ſurplombe* , qu'*Il eſt en ſurplomb* , pour dire, qu'il deverſe & n'eſt pas à plomb.

SURPOINT. ſ. m. Raclûre que les Corroyeurs tirent de leurs cuirs imbibés de ſuif , quand ils leur donnent la derniere préparation. Le Surpoint eſt bon pour rétablir la corne des piés des chevaux , lorſqu'elle eſt uſée.

SURQUANIE. ſ. f. Vieux mot. Sorte d'habillement de femme.

Femme eſt plus cointe & plus mignotte
En ſurquanie que en cotte.

SURSEME', z'e. adj. On appelle *Pourceau ſurſemé* , un Pourceau ladre qui a des grains ſemés deçà & delà ſur la langue.

SURSOLIDE. ſ. m. Terme d'Arithmetique & d'Algebre. Les corps n'ont que trois dimenſions , & tout corps· eſt conſideré en Geometrie comme formé par deux multiplications , la premiere de ſa longueur par ſa largeur , ce qui fait ſa ſurface , & la ſeconde de ſa ſurface par ſa hauteur ou profondeur , ce qui fait *le corps ſolide* ou ſimplement *le ſolide.* Cette idée *de lignes , de plans & de ſolides* , ſe tranſporte aux nombres , (Voyez LINEAIRE , PLAN , & SOLIDE.) de ſorte qu'un nombre que l'on conſidere comme formé par deux multiplications s'appelle *ſolide* , à l'exemple du corps. Mais comme il n'y a point de bornes dans les multiplications des nombres , ſi on paſſe la ſeconde multiplication , on fait un ·nombre *ſur-ſolide* , & de 4. de 5. de 6. enfin de tant de dimenſions que l'on veut; ce qui ne peut jamais être dans les corps. Si une même grandeur eſt toûjours multipliée par elle même , les ſur-ſolides ſont des *Quarré-quarrés , Quarré-cubes , Cube-cubes* , &c. ou pour parler plus ſimplement des grandeurs de la quatrième , de la cinquième *.puiſſance* ou *degré* , &c.Voyez PUISSANCE & DEGRE'.

SURTAUX. ſ. m. Taxe injuſte qui eſt.au-deſſus des forces de celui qu'on veut qui la paye , & qui paſſe la proportion dont il pourroit en être tenu.

SURTOUT. ſ. m. Groſſe caſaque ou juſte-au-corps qu'on met en hiver par deſſus ſes autres habits. Ce mot n'eſt en uſage que depuis fort peu d'années. C'eſt à peu près ce qu'on appelloit anciennement *Souravis* , comme qui auroit dit *Surhabits.*

SURVIE. ſ. f. Terme de Pratique. Vie plus longue que celle d'une autre perſonne avec qui on a relation. Par tout où l'on ſuit le Droit écrit , le droit de ſurvie eſt ſtipulé dans les Contrats de mariage comme un préciput.

SURVIVANCE. ſ. f. Terme de Palais. Privilege que le Roi accorde à quelqu'un pour ſucceder à une Charge , que celui qui en jouit veut bien aſſûrer , en cas de mort , à ſon heritier ou à quelque autre. On appelle ce privilege *Survivance* , parce qu'il fait ſurvivre la Charge après la mort de l'Officier qui la poſſede. Nos Rois accorderent quelques ſurvivances à de certains Officiers dès l'an 1559. mais Charles IX. par ſon Edit donné dix années après, permit de reſigner les Offices quand on le voudroit , pourvû qu'on lui en payât la valeur du tiers. C'eſt ce qu'on appelle *Survivance generale.* Il y en a d'autres , comme la *Simple ſurvivance.* C'eſt quand on reſigne l'Office à une certaine perſonne , pour en jouir ſeulement en cas que cette perſonne ſurvive le reſignant. Ce qu'on appelle *Survivance reçûe* , c'eſt quand le reſignataire eſt reçû dans la Charge pendant la vie du reſignant; & *Survivance jouïſſante* , lorſqu'il eſt permis par Lettres au reſignant & au reſignataire d'exercer l'Office tour à tour , ou en l'abſence l'un & l'autre. On appelle *Survivance en blanc* , Une ſorte de Survivance indéfinie , & qui eſt expediée en blanc ou en termes generaux , ſans que le nom d'aucune perſonne y ſoit employé.

SURVIVANCIER. ſ. m. Celui qui a la ſurvivance d'un Office , d'une Charge.

SUS

SUSBEC. ſ. m. Terme de Fauconnerie. Rhûme chaud & ſubtil qui diſtile du cerveau des oiſeaux , & qui en fait mourir un grand nombre.

SUSCITEMENT. ſ. m. Vieux mot. Reſurrection. On a dit auſſi *Suſciter* , pour Reſſuſciter.

SUSERAIN. ſ. m. Terme de Juriſprudence dont on ſe ſert dans les Fiefs. Le Suſerain eſt le ſuperieur en quelque Charge ou en quelque Dignité , autre neanmoins que le Roi. Paſquier fait venir ce mot de *Ceſarianus.*

SUSIN. ſ. m. Pont briſé , ou une partie du Tillac qui regne depuis la dunette juſqu'au grand mât , à l'oppoſite du ſaint-Aubinet.

SUSPENSE. ſ. f. Cenſure par laquelle un Eccleſiaſtique , qui a fait quelque faute conſiderable, eſt privé pour quelque tems du pouvoir de faire les fonctions de ſon Benefice en tout ou en partie.

SUSPENSOIRE. adj. Terme de Medecine. On appelle *Muſcles ſuſpenſoires* , deux Muſcles qui tiennent les teſticules ſuſpendus. C'eſt ce que les Grecs ont nommé κρεμαστηρε, de κρεμαω , Je ſuſpens ; ce qui fait qu'on l'appelle auſſi *Cremaſteres.* Il y en a qui reconnoiſſent auſſi deces ſorte de muſcles à la matrice , pour l'attacher & la ſuſpendre avec les membranes du peritoine.

SUT

SUTURE. ſ. f. Terme de Chirurgie. Réunion des parties molles de la tête quand elles ſont diviſées & ſéparées contre nature. C'eſt une couture qui ſe fait par le moyen d'une aiguille & d'un fil. Il ſe fait auſſi des ſutures dans les playes , quand le bandage ne ſuffit pas pour ramener les lévres de la playe , ni pour les retenir. Les unes ſe font avec des aiguilles & du fil , & elles ont lieu dans des ſujets robuſtes & à des parties qui ne ſont ni bien ſenſibles ni expoſées à la vûe. Les autres qu'on appelle *Sutures ſeches* , ſe font dans les ſujets foibles avec de la colle. On applique un linge de chaque côté de la playe avec des fils ou des cordons attachés à la bordure , pour pouvoir joindre les linges & ramener en les joignant les lévres de la playe. Les deux morceaux de linge doivent être enduits auparavant d'un liniment fait de gomme tragacanthe & arabique , de maſtic ,·d'encens , de ſarcacolle , une drachme de chacun. On pulveriſe le tout , & on ſe ſert d'une ſpatule pour le battre avec un blanc d'œuf , juſqu'à ce que le tout ſe reſolve en écume & enſuite en liqueur. Ce liniment doit ſervir de colle. Il faut obfervei dans l'une & l'autre fut ure de ne les faire que quand la neceffité eft fort preffante , & de ne point trop ferrer les lévres de la playe , qui font toûjours un peu enflées. Il faut prendre garde auffi à ne les point joindre par tout , afin que le pus & les ordures trouvent une fortie libre , & à ne pas percer le nerf avec la chair. Ainfi on ne doit fe fervir des futures avec l'aiguille dans les parties nerveufes qu'avec de très-grandes précautions, à caufe de la douleur , qui irritant ces parties, leur fait perdre leur fuc.

Suture, fe dit auffi de la jointure de quelques os du corps de l'animal. Elle eft femblable à une futur re , & fe fait de deux façons; l'une eft en forme de fcie ou de dents de peigne , quand le bord des os eft fait en fcie dont les dents entrent l'une dans l'autre. La feconde fe fait en maniere d'ongle, dont l'un monte fur l'autre. Les dernieres s'appellent *Fauffes futures*, à la difference des autres qui font les vraies. Le crane a ordinairement trois futures vraies , la coronale , la fagittale & la lambdoïde. La premiere eft arcuée & fur le devant au lieu où fe mettent les couronnes. La feconde eft droite , & la troifiéme a la figure de la lettre Grecque appellée Lambda. Celle-là eft fur le derriere.

SUY

SUYE. f. f. *Matiere noire & épaiffe que la fumée produit , & qui s'attache au tuyan de la cheminée.* A C A D. F R. Galien parlant de la fuye de poix, dit que toutes fuyes font defficcatives & de fubftance terreftre , & que toute la difference qui fe trouve entre elles , vient de la difference des matieres. Une matiere chaude & aigue rendra une fuye de la même qualité , & les matieres plus douces & plus moderées rendent auffi leur fuye plus douce. La Suye qu'on tire des bois eft l'efprit acide qui s'envole. Cet efprit eft compofé d'un acide volatile & d'un fel volatile urineux. On tire de la fuye de bois un phlegme , un efprit , un fel volatile , une huile & la tête morte. L'emplâtre de terebenthine & de fuye eft merveilleux pour appliquer aux pouls dans les fiévres longues , & fon fel volatile eft d'une grande utilité dans les ulceres chancreux. L'efprit de fuye pouffe par les fueurs , & il eft falutaire pour la pleurefie. La dofe eft d'une drachme. Diofcoride enfeigne la maniere de faire la fuye d'encens , & dit qu'elle appaife l'inflammation des yeux , fait les caterres & les fluxions qui y defcendent, nettoye les ulceres & en remplit les concavités. La Suye de poix liquide , qui eft bonne auffi pour les yeux foibles & pour les ulceres qui y viennent, a une vertu aigue & aftrictive , & l'on s'en fert dans les linimens qu'on fait pour donner de la couleur aux fourcils & pour faire renaître le poil aux paupieres. La fuye qui eft en ufage parmi les Peintres, fe cueille aux lieux où l'on fait le verre. C'eft la meilleure de toutes. Elle eft fort aftringente & corrofive.

SYC

SYCOMORE. f. m. Grand arbre femblable au figuier , qui jette beaucoup de lait & force feuilles comme celles du Meurier. Il ne produit fon fruit ni en graine ni à l'extrêmité de fes branches , mais de fon trone même. Ce fruit eft de la groffeur d'une figue, & lui reffemble. Son goût fe rapporte aux figues fauvages. Il eft neanmoins plus doux & n'enferme point de grains. Matthiole dit qu'il ne peut mûrir lorfque l'arbre eft trop chargé ; fi on

Tome II.

ne l'égratigne avec les agraffes de fer; qu'il eft mûr quatre jours après que l'égratignure eft faite , & qu'au lieu même où on le cueille , il en revient d'autres jufqu'à trois & quatre fois. Il ajoûte que fon bois , qui eft ferme , noir & dur , eft bon à beaucoup de chofes , & qu'il a cela de particulier , qu'il demeure toûjours verd quand on l'a coupé , à moins qu'on n'ait foin de le noyer d'eau. C'eft ce qui eft caufe qu'on le met fecher au fond des étangs, & lorfqu'il vient au-deffus de l'eau , cela fait connoître qu'il eft fec. Galien rapporte avoir vû en Alexandrie une plante de Sycomore avec fon fruit , qui reffembloit à une petite figure blanche. Ce fruit n'avoit rien d'aigu , & étoit un peu plus humide & plus froid que la Mûre. *Sycomore* eft un mot Grec, ςυκομορεα , de ςυκῆ , Figue , & de μορια , Mûre. Il croît quantité de Sycomores en plufieurs lieux de l'Egypte, fur-tout dans les environs du Caire , & il y en a qui ont le trone de telle groffeur , qu'à peine trois hommes le peuvent-ils embraffer. On en tranfporte d'Egypte à Tripoli & dans l'Ifle de Cyros , mais ils n'y portent point de fruit. Pour rendre fécond cet arbre , il faut faire des fentes dans l'écorce , & il découle continuel ement du lait de ces fentes, ce qui fait qu'il s'y forme un petit rameau chargé quelquefois de fix ou fept figues. Elles font creufes , & on y trouve une petite matiere jaunâtre , qui eft ordinairement une fourmilliere de vers. Ces figues ne font pas bonnes pour l'eftomac ; elles affoibliffent & dégoûtent , mais elles humectent & rafraîchiffent , & font faines pour ceux qui fe trouvent échauffés , ou qui ont marché long-tems au Soleil. Elles tiennent le ventre libre , & gueriffent les humeurs chaudes & endurcies en les y appliquant en forme d'emplâtre. Le fruit du Sycomore n'a point de graine. On plante les rameaux qui acquierent bientôt la grandeur d'arbre , & fe rent long-tems. Dans le Village de Matarea en Egypte , qu'on croit être l'ancienne Hermopolis , & qui n'eft pas fort éloigné du Caire , on voit un Sycomore eftimé fort ancien par les Habitans. Ils font perfuadés que lorfque la Vierge fuyoit la perfecution d'Herode avec fon Fils J e s u s , cet arbre s'entr'ouvrit miraculeufement pour la recevoir dans la cavité de fon trone , & fe referma enfuite. C'eft une tradition populaire qui n'a nulle autorité. Cet arbre eft tout pelé & déchiqueté au bas de fon trone, à caufe que quantité de gens qui viennent le baifer par devotion , en coupent des morceaux , qu'ils emportent comme des Reliques.

SYM

SYMMETRIE. f. f. Rapport de parité , foit de hauteur , de largeur ou de longueur de parties pour compofer un beau tout. M. Felibien fait remarquer que M. Perrault dans fes Notes fur Vitruve a parfaitement bien obfervé que le mot de *Symmetrie*, de la maniere qu'on en ufe ordinairement en notre langue , ne fignifie point, comme en Grec & en Latin , le rapport que la grandeur d'un tout a avec fes parties , quand ce rapport eft pareil dans un autre tout , à l'égard de fes parties ou la grandeur eft differente ; mais qu'il veut dire le rapport que les parties droites ont avec les gauches , les hautes avec les baffes , & celles de devant avec celles de derriere. En termes d'Architecture on appelle *Symmetrie uniforme* , Celle dont l'ordonnance regne d'une même maniere dans un pourtour, & *Symmetrie refpective*, Celle qui a fes côtés oppofés pareils entre eux. *Symmetrie* eft un mot Grec formé de συν , Avec , & de μετρευ , Mefurer.

N n n ij

SYMPATHIE. f. f. *Faculté, vertu naturelle par laquelle deux chofes, deux perfonnes ont un rapport enfemble, s'accordent reciproquement, & agiffent l'une fur l'autre.* ACAD. FR. On fe fert du mot de *Sympathie* en termes de Medecine, en parlant d'une indifpofition qui arrive à une partie du corps par le vice d'une autre partie. Ettmuller dit que la Sympathie eft proprement un confentiment, & que confentir n'eft rien autre chofe que quand l'on fent en même-tems que l'autre, foit de même, foit diverfement ; ce qu'il fait confifter dans l'archée ou efprit vital, dont une portion étant détachée du corps & attachée à un autre fujet, reçoit diverfes alterations, fur quoi elle forge diverfes idées femblables aux diverfes paffions de l'ame. Voyez MAGNETISME. Il y a des guerifons merveilleufes qui fe font par fympathie, comme quand le vitriol calciné au Soleil, qui eft la poudre de fympathie, guerit une playe ou une hemorragie, fi on jette du fang du malade deffus, ou fi on en faupoudre un linge trempé de ce même fang ; quand on guerit une playe en appliquant de l'onguent magnetique fur l'épée qui l'a faite, foit qu'elle foit teinte du fang forti de la bleffure, foit qu'il n'y ait point de fang ; quand une nourrice perd fon lait, fi elle en fait tomber quelques gouttes fur des charbons ardens ; quand du fang renfermé dans une coque d'œuf mis fous une poule qui couve, & mêlé enfuite avec un morceau de chair qu'on donne à un chien qui mange le tout, guerit les maladies chroniques de la perfonne, fur-tout la jauniffe. L'urine fait le même effet que le fang, & il eft fort furprenant qu'on guerifse les verrues en les touchant avec un morceau de lard, ou avec une pomme coupée en deux. Cependant ces verrues difparoiffent à mefure que la pomme fe pourrit, ou que le lard fe deffeche à la cheminée. *Sympathie* eft un mot Grec, συμπάθεια, formé de σὺν, Avec, & de πάθος, Affection.

SYMPHONIE. f. f. *Concert d'inftrumens, foit qu'il n'y ait point de voix, foit qu'ils fervent à accompagner les voix,* ACAD. FR. Les Anciens n'avoient point de mufique à plufieurs parties, & leur Symphonie n'étoit qu'un chant de deux voix ou de deux inftrumens accordés à l'uniffon. *Symphonie* eft un mot Grec, συμφωνία, formé de σὺν, Avec, & de φωνή, Voix.

SYMPHYSE. f. f. Terme de Medecine. Il fe dit d'une naturelle union des os, par laquelle deux os féparés fe font continus & deviennent un. *Symphyfe* fe dit auffi des os qui étant féparés dans les corps des enfans qui viennent au monde, fe joignent & ne font qu'un os dans les perfonnes âgées. Ce mot eft Grec, σύμφυσις, Affemblage de deux chofes jointes enfemble.

SYMPHYTUM. f. m. Plante qui croît dans les lieux pierreux, ce qui l'a fait appeller *Symphytum petræum.* Toute cette plante, dit Diofcoride, eft dure comme bois, odorante & douce au goût. Ses branches petites & menues & femblables à celles d'origan. Elle a fes feuilles & fes tiges faites comme le thim. Les Latins l'appellent *Confolida, ou Solidago.* Voyez CONSOLIDE. Du Renou établit trois fortes de grand Symphytum, dont le premier a fes feuilles affés grandes, longues, larges, épaiffes, rudes, velues & femblables à l'oreille d'un âne, ce qui a fait appeller la plante *Auricula afini.* Ces feuilles ont quelque rapport avec celles de buglofe, quoiqu'un peu plus larges, plus obfcures & plus pointues. Le *Symphytum maculatum* eft une autre efpece du grand Symphytum. Il a fa tige femblable à celle de l'autre, mais fes feuilles font plus petites & marquées de quantité de pe-

tites taches blanches. Il y a encore le *Symphytum tuberofum.* Le Symphytum reftraint, incraffe, arrête tout flux de fang, & eft bon pour les os rompus & fracaffés. Ce mot eft Grec, σύμφυτον, & vient de σὺν, Avec, & de φύω, Je nais auprès, d'où vient que συμφύειν, fignifie Coller, faire tenir, joindre enfemble.

SYMPTOME. f. f. Terme de Medecine. *Accident qui arrive dans une maladie, & dont on tire quelque conféquence.* ACAD. FR. Les Symptomes font du nombre des chofes contre nature, & on entend par ce mot certains accidents qui fuivent la conftitution de la partie bleffée par la maladie. Il y en a de trois fortes, dont les premiers font les Symptomes des actions bleffées, qui font ou abolies, ou diminuées, ou augmentées, ou dépravées, & enfuite les Symptomes des excremens, & les Symptomes des qualités changées ; ce qui fuit l'ordre naturel, les vices des excremens ou des qualités changées ne pouvant arriver que les actions, & particulierement les digeftions & les diftributions ne foient vitiées auparavant. Ce mot eft Grec σύμπτωμα, & vient de συμπίπτω, & vient de συμπίπτω, Tomber avec.

SYN

SYNAGOGUE. f. f. Lieu où s'affemblent les Juifs pour faire quelques prieres, quelques lectures. Ils appellent leurs Synagogues *Ecoles,* & les font petites ou grandes, en bas ou en haut, dans une maifon ou dans un lieu féparé, comme ils peuvent, n'ayant pas le moyen de faire des bâtimens magnifiques. Les murailles font blanches par dedans, & couvertes par bas de lambris ou de tapifferies, & au-deffus, de paffages & de fentences qui font fouvenir qu'il faut être attentif à la priere. Il y a tout autour des bancs pour s'affeoir, & dans quelques-unes, de petites armoires, où l'on met les livres, & autre chofe. Au milieu font des lampes & des chandeliers qui pendent, pour éclairer le lieu lorfqu'on s'y affemble. On trouve des troncs aux portes, & c'eft-là qu'on met le fecours qu'on donne aux pauvres. Les Juifs ont dans chaque Synagogue du côté d'Orient une arche ou armoire qu'ils appellent *Aron,* en memoire de l'Arche d'alliance qui étoit dans le Temple. On y enferme les cinq Livres de Moïfe écrits à la main fur du velin avec grande exactitude, & tirés de l'original écrit de celle d'Efdras. Ce Pentateuque n'eft point écrit dans la forme des Livres dont nous nous fervons, mais en maniere de volume ou de rouleau, fuivant la coutume des Anciens, c'eft-à-dire, qu'il eft écrit fur des peaux de velin qui ne font point coufues avec du fil, mais avec les nerfs d'un animal monde. Toutes ces peaux font roulées fur des bâtons de bois, & il y a quelquefois dans ces armoires plus de vingt de ces livres, appellés *Livres de la Loi.* Au milieu ou à l'entrée de la Synagogue on voit comme un long autel de bois un peu élevé. C'eft fur cette maniere d'autel que l'on déroule le livre quand on lit. Les femmes font féparées des hommes, & fe mettent pour prier dans un lieu qui eft à côté de la Synagogue, & fermé de jaloufies de bois. Elles voyent delà tout ce qui fe fait, & ne fçauroient être vûes. Il y a plus ou moins de ces Synagogues dans chaque Ville, felon la quantité & la diverfité des Juifs qui s'y trouvent. Comme les Levantins, les Italiens & les Allemans ne different en rien tant les uns des autres, que dans leurs prieres, chacun eft bien aife d'avoir un lieu particulier pour ceux de fa Nation. Ce mot eft Grec, συναγωγή, Affemblée, & vient de συνάγειν, Affembler.

SYNANCHIE. f. f. Quelques Medecins diftinguent l'Efquinancie en quatre efpeces, dont la Synanchie eft la premiere. C'eft quand les mufcles internes du pharynx font affligés. Ce mot vient du Grec συνάγχω, & eft fait de σὺν, Avec, & de ἄγχω, Pref-fer, fuffoquer.

SYNCHONDROSE. f. f. Terme de Medecine. L'u-nion qui fe fait des os & des cartilages, fans qu'il y ait aucuns ligamens, en forte qu'ils paroiffent com-me collés enfemble, ainfi qu'on le voit au cartilage du nés. Ce mot eft Grec, συγχόνδρωσις, formé de σὺν, Avec, & de χόνδρος, Cartilage.

SYNCOPE. f. f. Terme de Medecine. Défaillance violente dans laquelle on tombe fubitement & fans y penfer. On ne remarque aucun pouls ni aucune refpiration dans ceux qui y tombent. Une fueur froide & gluante s'échape par les pores de leur pean, toutes les parties de leur corps deviennent froides & pâles, & comme l'urine & les excremens fe perdent, on peut dire qu'ils font en quelque fa-çon plus morts que vifs. Il n'en faut chercher la caufe que dans l'effervefcence du fang, qui fuivant qu'elle eft plus ou moins grande, fait que la conf-triction du cœur eft plus ou moins forte, & en general la Syncope a deux caufes prochaines prin-cipales, dont la premiere eft la fermentation vitale du fang qui manque fubitement, parce que le fang eft en trop petite quantité après des évacuations im-moderées, ou dépravé par le pus, ou coagulé tout d'un coup par une boiffon froide après la chaleur, ou épaiffi & incraffé de quelque autre maniere, en forte qu'il n'eft plus capable de la fermentation & de l'expanfion requife. La Syncope arrive auffi quand les efprits animaux manquent, comme après les grandes évacuations, ou quand ils font fi trou-blés dans leur mouvement, qu'ils ne vont point du tout au cœur, ou n'y vont pas affez d'abon-dance. Les paffions de l'ame donnent la fyncope, parce qu'alors les efprits font attaqués & en de-fordre. Ce qui fait tomber tout le corps dès que le fang s'épaiffit & fe coagule dans le cœur, c'eft que non feulement la circulation du fang eft neceffaire pour le foûtenir, mais il faut auffi que les rayons de l'efprit vital foient envoyés du cœur dans tout le corps fans nulle interruption. Ainfi fi-tôt que le fang s'arrête au cœur par la fyncope, & qu'il ne fermente plus, le mouvement du cœur ceffe ou eft interrompu, & c'eft une neceffité que toutes les fa-cultés ceffent avec lui. C'eft ce qui a fait dire à quelques-uns que la fyncope eft une efpece d'apo-plexie du cœur. Il y en a plufieurs caufes éloignées, & l'odeur ou la vûe même d'une rofe y fait tom-ber certaines perfonnes. La civette, le mufc, la canelle & autres de même nature mettent les femmes hyfteriques dans ces violentes défaillances. Outre les odeurs, la prefence d'une chofe qu'on a en horreur caufe la fyncope, comme les chats & les écreviffes. La terreur fubite & forte la caufe de même, ainfi que l'imagination vivement frappée; fur quoi Hildanus raconte, que fon valet étant à cheval, le recit des cruautés de la guerre qu'il lui faifoit en chemin le fit tomber en fyncope. Ce mot eft Grec συγκοπὴ, formé de σὺν, Avec, & de κόπτω, Couper.

Syncope fe dit, en termes de Mufique, & fignifie la liaifon de la derniere note d'une mefure avec la premiere de la mefure fuivante, pour ne faire com-me une feule note. La Syncope fe fait auffi quel-quefois au milieu d'une mefure. Elle a toûjours une diffonance dans la derniere de fes deux parties, & caufe par tout des contre-tems.

SYNNEVROSE. f. f. Terme d'Anatomie. Liaifon ou jointure des parties du corps qui fe fait par le moyen des nerfs. Ce mot eft Grec, συνεύρωσις, formé de σὺν, Avec, & de νεῦρον, Nerf.

SYNODAL. f. m. Témoin qui a figné dans une af-femblée de Paroiffe : s'il vient de figner il faudroit dire *Sygnodal*.

SYNODE. f. m. Ne s'entend dans notre langue que d'une affemblée des Abbés & Curés d'un Diocefe. Les Furetieriftes difent que les Curés portent l'éto-le aux proceffions Synodales, cela n'eft pas vrai dans la plûpart des Diocefes.

SYNOQUE. adj. Terme de Medecine. On appelle *Fiévre Synoque*, Une forte de fiévre continue, qui dure depuis le commencement jufqu'à la fin fans aucun redoublement. Ce mot, qui eft Grec, συνόχος, formé de σὺν, Avec, & de ἴσχω, Avoir, étoit incon-nu à Hippocrate, & il ne fe trouve point dans les an-ciens Auteurs.

SYNOVIE. f. f. Terme de Medecine. Ettmuller en parlant des playes des articles, dit que la Synovie n'eft rien autre chofe que la liqueur chyleufe nour-riciere qui dégenere dans la partie bleffée en une li-queur fanieufe & aqueufe & contracte en dégene-rant un acide occulte qui rend les playes des arti-cles ou des parties nerveufes dangereufes & opiniâ-tres. Il dit ailleurs que la caufe qui afflige particu-lierement les articles dans la goutte, c'eft la Syno-vie ou l'eau glaireufe, qui eft une rofée douce & chyleufe, ou remplie d'un alkali temperé, qui fert d'aliment aux ligamens, aux membranes & peut-être aux os, ramaffée abondamment dans les articles, & qui facilite leur mouvement en graiffant les articu-lations des os. C'eft-là, pourfuit-il, l'objet de l'aci-de fpecifique de la goutte, le premier corrompu, & la fource des principaux fymptomes des articles, après que les parties membraneufes voifines com-mencent à être corrodées. La Synovie corrompue par l'acide morbifique s'épaiffit fucceffivement en forme de blanc d'œuf, & enfin en forme de craye ou de plâtre, comme il paroît par les nodus & les tufs qui fe ramaffent dans les articles, qui reffemblent à une matiere gypfeufe, qui font l'effet, & non pas la caufe de la goutte.

SYNTHESE. f. f. Terme de Pharmacie. Compo-fition des medicamens. Ce mot eft Grec σύνθεσις, for-mé de σὺν, Avec, & de τίθημι, Je mets.

Synthefe, fe dit auffi en termes de Mathematique, & fignifie la même chofe que *Compofition*. Ce mot ne peut abfolument s'expliquer fans celui d'*Ana-lyfe* auquel il eft perpetuellement oppofé. Voyez ANALYSE.

S Y R

SYROP. f. m. Terme de Pharmacie. Medicament liquide fait de fucs, infufions, ou décoctions d'un ou de plufieurs fimples, cuit avec du fucre, & quel-quefois avec du miel jufqu'à la confiftance que l'on croit lui être propre. Il y a trois fortes de Sy-rops que l'on divife en trois claffes, fçavoir fui-vant les parties aufquelles on les deftine, fuivant leurs effets, & fuivant leur compofition. Parmi ceux qui font pour les parties differentes, il y en a de Cephaliques, comme ceux de betoine & de Stœchas, l'oxymel fquillitique & les miels rofat & anthofat; de cardiaques comme les Syrops de pommes, de buglofe & de regliffe; de pectoraux, tels que ceux de capillaires, de juffialge, de juja-bes, d'yffope & autres; de ftomachiques, comme ceux d'abfynthe, de mente; de Nephritique, com-me ceux de rave, d'althæa; d'Hepatiques, comme ceux d'endive, de chicorée; de Spleniques, commet ceux de chamædrys , de scolopendre ; d'Hysteriques , comme le Syrop d'armoise ; & d'Arthitiques , comme l'oxymel squillitique. A regarder les Syrops par leurs effets , il y en a d'alteratifs , & ce sont ceux qui échauffent ou rafraîchissent , ouvrent ou resserrent , endorment ou éveillent , & d'autres qu'on appelle *Purgatifs*. Ces derniers qui purgent par les dejections sont simples ou composés. Il n'y en a que deux simples , le *Syrop rosat* , qui en humectant purge la bile dans ceux qui sont d'une nature fort délicate & même dans les enfans , & le *Syrop violat* , qui en fortifiant & rafraîchissant , fait sortir la bile & les serosités avec bien plus d'efficace que le rosat. Parmi les Syrops purgatifs composés , il y a celui de chicorée , qui n'est autre chose que le *Syrop de chicorée simple* , auquel on a ajoûté une infusion de rhubarbe & de nard indique dans une partie de la décoction clarifiée. Il est alteratif , corroboratif & purgatif , convient à toutes maladies bilieuses à tout âge & à tout sexe & se donne en toute saison. Le *Syrop de pommes composé* , appellé autrement le *Syrop du Roi Saper* , qui étoit un Roi des Perses , en faveur de qui Mesué l'a inventé , est un Syrop purgatif composé de suc de pommes odorantes & des sucs depurés de buglose & de bourrache , de follicules de sené , de semence d'anis & de safran. Il remet les esprits vitaux , tempere l'humeur mélancolique , attenue celles qui sont crasses & lentes , dissipe les vents , lâche doucement le ventre , & purifie le sang. Le *Syrop de fumeterre* , est composé des myrobolans citrins & cepules , des fleurs de buglose , de violes , d'absynthe & de cuscute , on ajoûte du tan , la reglisse , des roses , de l'épithyme , du polypode de chêne , des prunes , des raisins damas mondés , de la tamarinde & de la poulpe de casse. Ce Syrop est propre à guerir toutes les maladies du cuir , & toutes les incommodités que peut causer une humeur salée ou brulée. Le Syrop d'épithyme est bon à preparer & à purger tout ensemble le phlegme salé & mélancholique qu'il évacue par le siege & par les urines. Les ingrediens qui entrent dans ce Syrop sont l'épithyme , les myrobolans indiens , sepules , ambliques & belliriques , la semence de cuscute & de fumeterre , le thin , la buglose , la reglisse , le polypode , l'agaric , les semences d'anis & de fenouil , les prunes , les roses rouges & autres. Le *Syrop de Nerprun* , est un Syrop composé du suc de Rhamnus , dit vulgairement Nerprun , bien depuré. On y met autant pesant de sucre , & lorsqu'il est cuit en consistance convenable , on l'aromatise de canelle & de mastic enfermés dans un nouet qu'il faut exprimer souvent pendant que le Syrop cuit. Il évacue les eaux des hydropiques , la pituite , & les serosités qui tombent sur les piés & sur les jambes de ceux qui sont mal habitués. Il y a qui en font un frequent usage , pour remedier à la goutte. Quelques -uns font venir *Syrop* du mot Arabe *Sirab* , qui veut dire , Potion. Les autres le tirent du Grec οὄψις , Tirer , & de ἱσὄς , Suc.

SYRTES. s. m. Sables mouvans qu'agite la mer. Ils sont quelquefois amoncelés & quelquefois dissipés , mais toujours très-dangereux pour les Vaisseaux. Ce mot est Grec σύρτις , & se dit du lieu où ces sables sont dans la mer.

SYS

SYSSARCOSE. s. f. Terme d'Anatomie. Il se dit des liaisons ou jointures des parties du corps , qui

se font par le moyen des chairs ou des muscles. Ce mot est Grec σσσσαρκωσις , formé de σὺν , Avec , & de σάρξ , Chair.

SYSTEME. s. m. *Supposition d'un ou de plusieurs principes , dont on tire des consequences , & sur lesquels on établit une opinion , une doctrine , un dogme.* ACAD. FR. Il y a trois fameux Systemes du monde. Les Astronomes qui suivent le Systeme de Ptolomée , qui est celui d'Eudoxe , de Calippe , d'Aristote , d'Hipparque , & de la plûpart des anciens Philosophes , mettent la terre immobile au centre de l'univers & croyent que les Planetes tournent à l'entour ; que la Lune est la plus proche de la terre , ensuite , Mercure , Venus , le Soleil , Mars , Jupiter & Saturne , qui est le plus élevé de toutes les Planetes. Ils placent le Ciel des Etoiles fixes au dessus de Saturne , puis le premier mobile & enfin les deux cristallins , du premier desquels ils se servent pour expliquer le mouvement tardif des étoiles fixes , qui les fait avancer d'un degré en soixante & dix ans , selon l'ordre des signes. Le second cristallin leur sert à faire entendre le mouvement appellé , *Mouvement de trepidation* , dont ils croyent que la Sphere est portée vers l'un & l'autre des poles , & qui fait qu'en divers tems , il y a de la difference dans la plus grande déclinaison du Soleil. Le premier mobile produit la constante & perpetuelle vicissitude du jour & de la nuit par le mouvement rapide qu'il imprime à tous les cieux & à toutes les étoiles fixes & errantes , qu'il entraîne uniformement en vingt-quatre heures autour de la terre , comme étant le centre de l'univers , & l'obliquité du Zodiaque qui fait que le Soleil parcourant sa revolution annuelle , s'approche de notre zenith en un tems , & s'en éloigne en un autre , nous fait connoître la cause de la diversité des saisons.

Copernic a renouvellé depuis près de deux cens ans une hypothese toute contraire à celle de Ptolomée. Il suppose par son Systeme que le Soleil est au centre du monde , & que la terre tournant en vingt-quatre heures autour de son propre essieu , décrit en une année un cercle autour du Soleil , & par là il a expliqué les phenomenes avec beaucoup moins de suppositions que Ptolomée. Toutes les Planetes , & la terre même qui peut passer pour une Planete selon ce Systeme , tournent non seulement autour de leur centre , mais aussi autour du soleil par des mouvemens differens qui leur sont particuliers , à l'exception de la Lune , qui dans l'espace de vingt-sept jours & demi tourne autour de la terre par un mouvement particulier comme les satellites de Jupiter & de Saturne tournent autour de ces deux Planetes. Mercure fait en trois mois son cours autour du Soleil , dont il est la Planete la plus proche , Venus en sept & demi , la terre en un an , Mars en deux , Jupiter en douze , & Saturne en trente. Pythagore , Archimede , & plusieurs autres grands hommes de l'antiquité , ont cru avant Copernic que la terre étoit mobile , & le Soleil immobile au centre du monde , mais ils n'avoient pas expliqué ni défendu ce Systeme de la même sorte.

Tycho-brahé , celebre Astronome , ne croyant pas qu'on dût être de l'opinion de Ptolomée touchant la disposition des Planetes , & persuadé qu'il étoit absurde de suivre l'hypothese de Copernic dans le mouvement de la terre , introduisit sur la fin du siecle passé un Systeme qui tient des deux autres. Il suppose , comme Copernic , que Saturne , Jupiter , Mars , Venus & Mercure se meuvent autour du Soleil , & veut , comme Ptolomée , que la terre soit immobile au centre du monde, & que le firmament & les étoiles fixes fassent leur cours autour d'elles, n'y ayant qu'elles avec le Soleil & la Lune qui ayent la terre pour le centre de leur mouvement.

Systême, en termes de Musique, est l'étendue d'un certain nombre de cordes qui a ses bornes vers le grave & vers l'aigu, & qui a été déterminée differemment par les differens progrés de la Musique, & selon les differentes divisions du Monocorde. Le Systeme des Anciens étoit composé de quatre tretracordes & d'une corde surnumeraire, le tout faisant quinze cordes, en prenant le mot de corde pour un ton, comme il se prend bien souvent dans la Musique. Systeme est un mot Grec σύστημα, & veut dire proprement Assemblage.

SYSTOLE s. f. Terme d'Anatomie. Mouvement de constriction qui se fait quand le double muscle du cœur se racourcit suivant ses fibres, & pousse dehors ce qu'il y a dans le cœur. Dans ce mouvement de constriction du cœur, le sang se jette avec impetuosité dans les arteres & les dilate, & dans le tems que le cœur est vuide, & qu'il s'étend par le nouveau sang qui s'y jette, l'impulsion du sang se rallentit dans les arteres qui reviennent par leur Systole propre. Ce mot est Grec σύστολη, & vient de συστέλλειν, Resserrer.

SYSTYLE. s. m. Bâtiment où les colomnes sont moins près à près qu'elles ne le sont dans le picnostyle. Cette maniere d'espacer les colomnes, est selon Vitruve, de deux diametres, ou de quatre modules entre deux fusts. Ce mot est Grec σύστυλος, fait de σὺν Avec, & de στῦλος, Colomne.

SYSYGIE. s. f. Terme d'Astronomie. Rencontre de deux Planetes dans une même ligne droite où est la terre. Ainsi quoiqu'il semblât que *Sysygie*, qui vient du Grec συζυγία, Conjonction, dût ne signifier que les conjonctions des Planetes il signifie aussi leurs oppositions, parce que dans les oppositions elles ne sont pas moins jointes par une même ligne où est la terre que dans les conjonctions mêmes. Toute la difference est que dans les oppositions la terre est entre les deux Planetes, & dans les conjonctions elle est à une extrémité de la ligne qui les joint,

T

TAB

TABAC. f. m. Sorte de plante qui a les feuilles longues & larges, & les côtes groffes, & qu'on accommode diverfement pour s'en fervir. Elle a pris le nom de *Tabac*, de *Tabaco*, Province de Jucatan, où les Efpagnols commencerent à la connoître. Hernandés de Tolede, fut le premier qui l'envoya enEfpagne & en Portugal. On vend de deux fortes de Tabac, en corde & en poudre. Le Tabac en corde eft un Tabac noir, gros comme le doigt, que l'on appelle *Tabac de Brefil*. Il y a auffi le *Tabac à l'andouille*, qui eft un Tabac en feuille feche & rougeâtre, de la groffeur à peu près d'une moyenne andouille, & le *Petit briquet* ou *Tabac de Dieppe* qui eft en corde noire, de la groffeur à peu près du petit doigt d'un enfant, fans parler des Tabacs de Virginie, de Verine, de faint Domingue & autres. Le Tabac en poudre fe prend par le nez; le plus eftimé eft celui de Pongibon, de Malte & d'Efpagne. Le *Tabac de Jafmin*, eft celui où l'on a mis du Jafmin, & on appelle *Tabac mufqué*, Celui où l'on a mêlé du peu de mufc. On prétend que le Tabac qu'on prend en fumée, gâte le cerveau, & noircit le crane. On tire du Tabac par le moyen de la diftillation & du phlegme de vitriol, une liqueur vomitive, propre à guerir la galle & les dartes, fi on s'en frotte legerement. En le mettant dans une cornue, on en tire une huile noire & puante, qui a à peu près les mêmes proprietés. On en tire auffi un fel fort fudorifique, qu'il faut prendre depuis quatre grains jufques à dix, dans une liqueur convenable. Comme fes feuilles rendent un fuc gluant & refineux tirant fur le jaune, d'un goût acre & mordicant, on a eu lieu de conjecturer que le Tabac eft chaud du moins au fecond degré & fec au premier. Voyez PETUN.

TABART. f. m. Vieux mot. Sorte d'habit dont parle Froiffard.

TABAXIR. f. m. Nom que les Perfes, les Maures & les Arabes donnent à une liqueur blanche gelée, qui fe trouve dans une forte de cannes que les Javans appellent *Mambu*. Ces cannes qui croiffent fur la côte de Malabar, & particulierement fur celle de Coromandel, en Bifnagar, & auprès de Malacca, font auffi groffes que le tronc d'un peuplier, & ont des branches droites & des feuilles un peu plus longues que celles de l'olivier. Elles font diftinguées par plufieurs nœuds, entre lefquels eft une matiere blanche & collée enfemble comme l'amidon. Les Perfes & les Arabes l'achettent fort cher à caufe de l'ufage qu'elle a dans la Medecine contre la dyfenterie & les fievres chaudes, fur-tout au commencement des maladies. Les Indiens l'appellent *Sacar-Mambus*, c'eft-à-dire, Sucre de Mambu. Ces cannes font d'une telle groffeur qu'ils les creufent pour en faire des bateaux, laiffant à cha-

TAB

que bout un nœud fur lequel ils s'affeent pour le conduire l'un devant & l'autre derriere. Ils font d'autant plus portés à fe fervir de ces barques, qu'ils croyent que les Crocodilles ont du refpect pour le mambu, & qu'ils n'attaquent jamais les batteaux que l'on fait de cette canne.

TABELLION. f. m. Il ne fe dit plus prefentement que d'un Notaire dans une Seigneurie ou Juftice fubalterne, pour recevoir les actes qui fe paffent fous fceel authentique & non Royal. Les Greffiers des petites Juftices font Tabellions. On appelloit autrefois *Tabellions*, Ceux qui mettoient en groffe les Contrats dont les Notaires avoient paffé les minutes, & on difoit alors *Tabellionner*, pour dire, Groffoyer. Ils appofoient les Sceaux aux Contrats qu'ils rendoient executoires, & les Clercs qui faifoient partie de leur famille, furent par fucceffion de tems appellés *Notaires*, ayant emporté fur leurs maîtres l'avantage d'être érigés en titre d'Office. Tabellion a été fait de *Tabellio*, & vient, dit Nicod, de Tabella, *diminutif de Tabula, qui eftoit envers les anciens Romains une tablette de bois quarrée plus longue, plaftrée de cire; en laquelle avec un poinçon ou broche de fer, ils gravoient leurs actes d'entre privées perfonnes, mefmes leurs lettres miffives, lequel poinçon ils appelloient Style : car quant aux actes & monumens publiques, ils eftoient en plus communufage gravés, ou en des grands & larges tableaux de fonte ou cuivre avec le burin & l'eau forte, ou de marbre ou autre pierre dure, comme l'eft la Tyburtine, avec le cifeau. Or n'y avoit-il anciennement entre les Romains des perfonnes eftablies par adveu & auctorité fouveraine, pour rediger par ftyle efdites tablettes cirées les convenances & contracts qui advenoient entre les privées perfonnes, fuffent-ils d'entre vivants ou de derniere volonté, mais eftoient redigez entre ceux qui contractoient, prefques en la maniere des fcellez jadis tant ufitez entre les Gentilshommes François, & defquels les archifs des Evefchez du pays du Nort font pleins, & depuis déclinant l'Empire ils furent eftablis, en trop plus de grandeur d'office qu'il n'eft en France, où Tabellions font dits ceux qui paffent és Villes de moindre importance & és bourgs & villages les actes d'entre perfonne privée, nous fervants en cela du diminutif Tabella, dont ce vocable eft tiré, ne daignant appeller du nom de Notaires que ceux qui font eftablis és Villes de plus refpect.*

TABERNACLE. f. f. Tente, pavillon. *En ce fens il n'a d'ufage qu'en parlant des tentes, des pavillons & des huttes des Ifraëlites.* Acad. Fr. L'Ecriture appelle *Tabernacle*, Le lieu où repofoit l'arche d'Alliance chés les Juifs, foit quand elle étoit fous des tentes, foit quand elle fut pofée dans le Temple. C'étoit une Chapelle portative faite de quarante-huit planches de bois de cedre revêtües de lames d'or, qu'ils dreffoient dans chaque endroit où ils campoient dans le defert. Sous chacun de ces quarante-huit ais étoit un foubaffement d'argent, & au fommet un chapiteau d'or. Cette efpece de Chapelle

pelle étoit environnée de dix pieces de tapifferiesde diverfes couleurs precieufes, d'hiacinthe, de pourpre & d'écarlate. Chacune étoit longue de vingt-huit coudées, & en avoit quatre de largeur. Le Tabernacle étoit long de trente & large de dix, & environné d'un parvis de cent coudées de longueur & de cinquante de large. Soixante peaux de cedre, revêtus d'argent, le fermoient. L'Arche dorée dedans & dehors étoit pofée dans le fecret Oratoire au milieu du Tabernacle, & le deffus, qui étoit comme un couvercle, étoit appellé *Propiciatoire*, à caufe qu'il appaifoit l'ire de Dieu. Elle étoit environnée de plufieurs voiles tendus avec des crochets & des boucles d'or.

On appelle parmi les Juifs *Fête des Tabernacles*, une Fête folemnelle qu'ils celebroient le quinziéme du mois de Tifri, en memoire de ce qu'ils camperen tdans des tentes dans le defert à la fortie d'Egypte. Pour celebrer cette Fête, chacun fait chés foi dans un lieu découvert une cabanne couverte de feuillage, tapiffée tout à l'entour & ornée le mieux qu'il eft poffible. Ils y boivent & mangent pendant les neuf jours que dure la Fête, & même quelques-uns y couchent. Les deux premiers & les deux derniers de cette Fête font folemnels comme la Pâque, mais les autres le font moins. Après les prieres ordonnées, on recite le facrifice qui fe faifoit le jour de la Fête des Tabernacles, & enfuite ils portent des branches de myrre, de faule, de palmier & de citronnier avec leur fruit, & en chantant quelques Cantiques ils font une fois le tour du petit autel qui eft dans la Synagogue. Le feptiéme jour ils chantent feulement le Pfeaume vingt-neuviéme avec des branches de faule. Le dernier jour eft appellé *Joie pour la Loi*, à caufe qu'on acheve de lire tout le Pentateuque, fuivant la divifion qui en a été faite dans chaque femaine, & comme c'eft la fin de l'année, on choifit deux hommes, que l'on appelle *Epoux de la Loi*, dont l'un la finit & l'autre la recommence auffi-tôt; ce qu'ils accompagnent de quelques témoignages d'allegreffe. La même chofe fe fait dans toutes les Synagogues, & on paffe tout le refte de ce jour en joie.

Tabernacle, parmi les Chrétiens, eft un ouvrage de menuiferie ou d'orfevrerie, fait en forme de petit temple, que l'on met fur un autel pour y renfermer le ciboire où font les faintes Hofties. On appelle *Tabernacle ifolé*, un Tabernacle dont les quatre faces, refpectivement oppofées, font pareilles.

On appelle *Tabernacle*, dans une Galere, un petit exhauffement fur la pouppe, qui fert de pofte au Capitaine lorfqu'il faut qu'il faffe les commandemens.

TABIDE. adj. Terme de Medecine. Il fe dit des malades de phtifie, ou de ceux qui y ont de la difpofition. Ce mot vient du Latin *Tabes*, Maladie par laquelle on tombe en chartre.

TABIS. Sorte d'étoffe de foye faite par ondes, qui fert à faire des jupes & des doublures. On applique fur un cylindre où il y a plufieurs ondes gravées. C'eft ce qui rend la fuperficie de l'étoffe plus enfoncée en un endroit qu'elle n'eft en l'autre, en forte que la lumiere reflechit differemment à nos yeux. On n'y ajoûte aucune eau ou teinture pour faire paroître les ondes.

TABLE. f. f. *Meuble ordinairement de bois, fait d'un ou de plufieurs ais & pofé fur un ou plufieurs piés, & dont on fe fert pour manger, pour écrire, pour jouer, &c.* ACAD. FR. Il y a diverfes fortes de ta-

Tome II

bles, des tables rondes, quarrées & pliantes. Quand elles ne font pas de bois, on marque toûjours en parlant la matiere dont elles font compofées. La Table que fit faire Moyfe dans le Tabernacle pour y mettre les Pains de propofition, étoit longue de deux coudées, large d'une, & haute d'une & demie.

Table, fe prend auffi pour une maniere de petit ais de pierre ou d'airain, fur lequel les Loix étoient anciennement gravées,& nous apprenons par l'Ecriture, que Dieu donna à Moyfe, deux Tables de pierre où il avoit gravé fes commandemens de fa propre main. Les Loix que les Romains envoyerent chercher chés les Grecs, furent gravées fur douze manieres de petites planches de cuivre, que l'on pofa aux endroits les plus apparens de la place publique, afin que tout le monde les pût lire, ce qui les fit appeller *Loix des douze Tables*. On lappelle *Tables neuves*, Un certain Edit qui fut fait dans la Republique Romaine, par lequel toutes fortes d'obligations furent rendues nulles. Ce qui lui fit donner ce nom de *Tables*, c'eft qu'avant qu'on fe fervît de Papier ou de parchemin pour écrire-les Actes publics, on les gravoit avec un petit ftyle fur de petits ais de bois mince couverts de cire, qu'ils appelloient *Tabula*, & tous les Actes publics garderent ce mot Latin après même que l'on eut ceffé de les graver fur du bois. Ainfi cet Edit porta le nom de *Tables neuves*, à caufe qu'il obligeoit de faire de nouvelles Tables pour écrire les Actes, ce qui faifoit que les vieilles étoient inutiles, & que les creanciers ne pouvoient plus fe fervir de leurs contrats & obligations.

Table, en termes de Palais, fe dit de deux Jurifdictions appelléés *Table de marbre*. L'une eft la Connétablie & Maréchauffée de France, & l'autre le Siege de la generale reformation des Eaux & Forêts qui juge au fouverain,quand il y a un Prefident & quatre Confeillers de la Cour. Ces deux Jurifdictions ont gardé ce nom d'une grande table de marbre qui tenoit autrefois tout le travers du Palais, fur laquelle ils faifoient leurs Jugemens.

On dit en termes d'anatomie, que *Le crane eft compofé de deux tables*, pour dire, qu'il eft double, comme s'il y avoit deux os appliqués l'un fur l'autre.

On appelle *Table de verre*, le Verre qui fe fait par pieces longues,un peu étroites en bas, & n'ayant point de nœuds au milieu. Le Verre qu'on appelle de Lorraine, quoiqu'il fe faffe à Nevers, eft ainfi par tables. Il fe coule fur le fable, au lieu que les autres fe foufflent avec une verge de fer creufe; ce qui fait qu'ils font ronds. Les Vitriers fe fervent d'une table de bois tracée en compartiment, pour tailler leurs pieces de verre & les mettre en plomb, afin de compofer leurs panneaux de vitres.

On appelle *Table d'attente*, Ce qui fe pofe ordinairement fur des portes ou dans des frifes, pour mettre des infcriptions, des armes ou des devifes.

Table, dans la décoration de l'Architecture, fe dit d'une partie unie & fimple de differente figure, mais plus fouvent quarré longue, & on appelle *Table en faillie*, Celle qui excede le nû du parement d'un mur d'un piedeftal, ou de toute autre partie dont elle fait l'ornement. *Table fouillée*, eft celle qui eft renfoncée dans le lé d'un piedeftal & ailleurs,& *Table de Crepi*,eft un panneau de crepi,entouré de naiffances badigeonnées dans les murs de face les plus fimples. Ce font des piédroits, des montans ou pilaftres & bordures de pierre qui l'entourent dans les plus riches. *Table à croſſettes*, ſe dit de celle qui eſt cantonnée par des croſſettes ou oreillons ; *Table couronnée* , de celle qui eſt couverte d'une corniche , & dans laquelle on taille un bas relief. Celle qui eſt piquée , & dont le parement paroît brut, s'appelle *Table ruſtique.*

On appelle *Table d'autel* , Une grande dale de pierre qui ſert pour dire la Meſſe. Elle eſt portée ſur de petits pilliers ou jambages , ou ſur un maſſif de maçonnerie.

Il y a auſſi des *Tables de cuivre* & des *Tables de plomb.* Les premieres ſont des planches ou lames de cuivre dont on couvre les combles en Suede. On y en voit même qui ſont taillées en écailles ſur quelques Palais. Les Tables de plomb ſont des pieces de plomb fondues d'une certaine épaiſſeur , longueur & largeur. On les employe à divers uſages.

Table , dit Nicod , *vient par ſyncope du Latin Tabula* , *& ſignifie en general Un ais long & quarré , ſelon laquelle ſignification on dit Entablature , où pluſieurs tels ais ſont rangez pair à pair enſemble. L'Eſpagnol dit Tablado* , *& l'Italien Intavolatura. Tantoſt il ſignifie la table quarée ſur laquelle on boit & mange d'ordinaire, que l'Italien dit auſſi Tavola , & l'Eſpagnol Meſa , au plus près de Menſa , de laquelle ſignification dépendent ces manieres de parler* , Mettre la table , lever la table , *d'où vient ceſte maniere de parler* ,De relevée, *pour dire, Après diſner , car anciennement , les tables eſtoient leviſtes , ainſi qu'on le void encore uſiter és hoſtels du Roy , de la Roine & des Enfans de France , & preſque en toutes les Maiſons & Seigneuries en Eſpagne. J'ay dit Table de bois, & Table quarrée , en cette dite ſignification , parce que pour ſe ſignifier on n'uſe d'aucune a ljection, ce qu'on faſt quand la table n'eſt ni de bois ni quarrée , car en tel cas on dit ou Table d'airain , ou Table de pierre , ou Table de marbre , mot aſſez cognu & uſité au Palais à Paris , & Table ronde , qui eſt un mot rehauſſé & ſignalé és Romans & Hiſtoires Françoiſes , à cauſe des Chevaliers de la Table ronde miſe en avant par Artus , Roi d'Angleterre, au lieu de Vveſtmonſtier , laquelle eſt faite en demies loſenges vertes & blanches entremêlées , dont le large faiſoit le bord , & la poincte d'icelle table; ce qui étoit ainſi diviſé par ledit Roy pour monſtrer la grande proueſſe de tous leſdits Chevaliers eſtre pareille , ſi qu'on n'euſt ſceu à qui en donner l'advantage , & que l'innocence & integrité de cœur à maintenir & exercer Chevalerie , eſtoit ſans tache & en vigueur, ſans ſener ni flaiſtrir en eux. On dit auſſi Tenir table ronde , pour le meſme que Tenir table ouverte. Nicole Gilles parlant du retour du Roy Philippe Dieudonné , ayant obtenu la journée d'auprés le pont de Bouynes. Tant chevaucha qu'il vint à Paris. Les Bourgeois , l'Univerſité , les Colleges , les Egliſes, Religions & Convents allerent au devant à grands triomphes , chantans louanges & trompettes, clairons , Meneſtriers , toutes les cloches de la cité ſonnans , les rues tendues de tapiſſeries , & tous autres ſignes de triomphe & joie , & toute la nuit étoient allumées torches , falots , flambeaux & lanternes , tellement qu'on voyoit clair comme le jour , & tindrent table ronde à tous venans par l'eſpace de ſept jours , à grands fraiz & à deſpens , c'eſt-à-dire ; bouche à court , table ouverte à desfray à tous qui venir y vouloient. Et en la Vie de Charles ſeptieſme.* Tantôt après commencerent à ſonner toutes les clochés de la Ville & chanter par toutes les Egliſes *Te Deum landamnus* ; & le ſoir fit-on feu de joie & grande ſolemnité , & par les carrefours tenoit-on table ronde à tous venans. *Matthieu de*

Vveſtmonſtier en ſon Flores Hiſtoriarum , prend auſſi Table ronde , *pour Tournoy de Chevaliers armez en lices , eſcrivant des cas advenus en Angleterre l'an* 1252. Factum Haſtiludium , *quod* Tabula rotunda vocatur , ubi periit ſtrenuiſſimus mi ſes Hervaldus de Monteinni.

TABLEAU. ſ. m. *Ouvrage de peinture ſur une table de bois , de cuivre , &c. ou ſur de la toile.* ACAD.
FR. On appelle *Tableaux de chevalet* , De moyens Tableaux qui ſe mettent dans les manteaux de cheminée , les deſſus de portes ou les panneaux des lambris , ou ſur les tapiſſeries contre les murs. Les grands ſervent dans les Egliſes , dans les ſalons & les galeries, & les petits ſe diſpoſent avec ſymmetrie dans les chambres & les cabinets des curieux. *Tableau bien colorié* , ſe dit d'un tableau quand on y voit les vraies teintes du naturel parmi les lumieres & les ombres bien choiſies , & qu'on y rencontre des maſſes de couleurs où l'amitié & la ſympathie qui doit être entre elles , a été ſoigneuſement obſervées , en ſorte qu'il y ait une telle union , qu'il ſemble que tout le Tableau ait été peint d'une ſuite & d'une même palette de couleurs.

On appelle *Tableau* , dans la baſe d'une porte ou d'une fenêtre , La partie de l'épaiſſeur du mur qui paroît au dehors depuis la feuillure , & qui eſt ordinairement d'équerre avec le parement. On nomme auſſi *Tableau du piédroit*, La partie qui n'eſt pas de face , mais qui eſt ſous l'arc ou ſous la voute.

TABLETTE. ſ. m. Sorte de petits ais ſur quoi l'on met quelque choſe. On appelle *Tablettes* , en termes de Tourneur , deux petits ais de bois de noyer bien polis , rangez au deſſus l'un de l'autre à quelque diſtance , & ſoûtenus de quatre petites colomnes torſes , qu'on attache dans une chambre , & ſur quoi l'on met de petits bijoux.

Les Imprimeurs appellent *Tablette*, Un petit ais qui ſert à maintenir la boîte de la vis de la preſſe & à mettre quelques-uns de leurs uſtenſiles. Les Chandeliers ont auſſi leur *Tablette.* C'eſt une maniere de petite table ſur quoi poſe le moule qui leur ſert à faire de la chandelle.

Tablettes , au pluriel , ſe dit d'une eſpece de petit livre où ſont cinq ou ſix feuillets de velin , & preſque toûjours avec un almanach de l'année au bout. Ces Tablettes ſont d'ordinaire couvertes de chagrin & compoſées de deux couvertures , de quatre roſettes , qui ſont quatre petites plaques de metal , de quatre tenons qui ſont au dedans de la couverture & qui tiennent aux roſettes , & d'une aiguille qui paſſe au travers des tenons pour fermer les tablettes.

Tablette , en termes de maçonnerie , eſt une pierre débitée de peu d'épaiſſeur , pour couvrir un mur de terraſſe ou un bord de reſervoir ou de baſſin. *Tablette d'appui* , ſe dit de celle dont l'appui d'un balcon ou d'une croiſée eſt couvert , & *Tablette de jambe étriere* , eſt la derniere pierre qui couronne une jambe étriere, On appelle *Tablette de cheminée* , Une planche de bois , ou une tranche de marbre profilée d'une moulure ronde ſur le chambranle , au bas d'un attique de cheminée.

Tablette. Terme de Pharmacie. Electuaire ſolide ou extrait de quelque drogue reduite à ſec, & que l'on appelle ainſi à cauſe qu'on la taille en forme de petite table. On fait des tablettes de jus de regliſſe pour le rhume. On en fait auſſi de cordiales , de ſtomachales , d'aperitives , d'hepatiques & autres.

TABLIER. ſ. m. Piece de cuir que la plûpart des artiſans portent devant eux , & qui eſt attaché à la ceinture. Ceux des Maréchaux ont une trouſſe où font leurs marteaux , leurs cloux , &c.

TABLOUINS. ſ. m. Planches ou madriers dont eſt faite la platte-forme où l'on place les canons que l'on met en batterie. Elles ſoûtiennent les roues des affûts & empeſchent que la peſanteur du canon ne les faſſe enfoncer dans les terres. On fait un peu pancher cette platte-forme vers le parapet, afin que le canon aitmoins de recul & qu'il ſoit plus aiſé de le remettre en batterie.

TABORUCU. ſ. m. Arbre qui croît aux Indes Occidentales dans l'Iſle de ſaint Jean. Il diſtile un bitume blanc dont on poiſſe les Navires, & qui eſt utile aux Peintres & fort ſingulier pour guérir les plaies & les douleurs des membres cauſées par le froid.

TABOURER. v. a. Vieux mot dont Nicot a parlé ainſi. *Tabourer eſt batre dru & menu du pied , de la main , ou avec baſton , pierre ou autre choſe contre quelque huys , feneſtre ou autre choſe de bois. Ainſi on dit , Qui taboure à la porte. Le mot eſt imité de* Tabourin , *parce que celui qui taboure ainſi , fait rendre un ſon comme un tabourin de guerre.* On a dit auſſi *Tabourement ,* pour dire , Le bruit que fait celui qui frappe de cette ſorte contre une porte ou une fenêtre.

TABOURDEUR. ſ. m. Vieux mot. Joueur de tambour.

TABOURET. ſ. m. *Placet , ſorte de ſiege qui n'a ni bras ni dos.* A C A D. F R. On appelle *Droit de Tabouret ,* Un des premiers honneurs du Louvre, qui n'appartient qu'aux Ducheſſes , qui ont droit de s'aſſeoir ſur un Tabouret quand la Reine tient ſon cercle. Nicot donne trois ſignifications de ce mot. *Tabouret , dit-il , ſignifie ores ce petit ſiege bas embourré couvert de tapiſſerie de point ou autre eſtoffe où les femmes s'eſſeent tenans leur caquetoire , ou faiſans leurs ouvrages ; & ores ce petit peloton quarré farcy de bourre que les femmes portent pendant de leur demy ceint , où elles piquent leurs eſpingles & eſguilles , qu'on appelle pour ceſte cauſe Eſpinglier ou Eſguillier ; & ores ſignifie une eſpece d'herbe que les Herboriſtes appellent* Burſa paſtoris.

TABOURIN. ſ. m. Sorte de petit tambour qui ſert à faire jouer les enfans , ou à faire danſer les gens de village ou le petit peuple. Il auroit eſté dit Tabour, qui a eſté dit autrefois pour Tambour. Tabourin, dit Nicot , *ſemble eſtre diminutif de* Tabour , *& faire difference d'entre le gros* Tabour *de guerre & les moindres des* Tabourineurs *& petits enfans , tout ainſi que* Muſequin *&* Chevalin *le ſont de* Muſeau *&* Cheval. *Toutefois on dit* Tabourin *de Suiſſe , &* Tabourin *de guerre , &* Battre le Tabourin, *& appelle-t'on auſſi* Tabourin , *au recenſement des membres d'une compagnie de guerre , celui qui le bat, tout ainſi qu'on appelle* Enſeigne , Celui qui bat la porte. Tabouriner , *eſt* Sonner du tabourin, *verbe commun à tous* tabourins , *ſoit de guerre ou autres ; mais on l'applique plus uſitement au tabourin de danſerie.* Tabourineur , *eſt celui qui ſonne du* tabourin de danſerie , *car celui qui joue du tabourin de danſerie , car celui qui bat le tabourin de guerre , ne l'appellera-t'on pas* Tabourineur ; *ains* Tabourin.

On appelle *Tabourin ,* dans une Galere , Un eſpace qui regne vers l'arbre du trinquet & les rambades. C'eſt où ſe charge l'artillerie & d'où l'on jette les riſſons en mer.

TABOURINET. ſ. m. Vieux mot. Petit tabourin. Nicot en parle en ces termes , *Tabourinet eſt le diminutif uſité de* Tabourin , *un petit tabourin dont les enfans paſſent le tems. Selon ce on dit par metaphore,* Mener quelqu'un au Tabourinet, *c'eſt-à-dire, l'enjauler & l'attirer comme un enfant où l'on veut.*

Tome II.

Tabourinet ſignifie auſſi ce petit reduict qu'on fait en l'encoignure d'une ſalle quarrée , ſoit avec de la tapiſſerie , ou avec des ais , d'où ceux qui ſont muſſez peuvent voir ce qui ſe fait en ladite ſalle ; de laquelle ſignification par autre raiſon peut avoir émané ladite maniere de parler , Mener au tabourinet.

TABOURNER. v. n. Vieux mot. Sonner du tambour.

   Cil fleves court ſi joliement ,
   Qu'il reſone , tabourne & timbre ,
   Plus ſouef que tabour ne timbre.

TABUTER. v. a. Vieux mot. Inquieter , cauſer du chagrin.

TAC

TAC. ſ. m. Maladie contagieuſe des moutons. Au commencement du quinziéme ſiecle il y eut une maladie preſque univerſelle qu'on nomma *Le Tac.* Elle cauſoit beaucoup de dégoût , une grande laſſitude avec une toux violente & des crachemens de ſang , tout cela accompagné de fievres & d'inſomnies.

TACAHAMACA. ſ. m. Reſine fort odoriferante qui découle par les inciſions qu'on fait à un arbre de la Nouvelle Eſpagne , qui eſt de la grandeur d'un Peuplier. Il a ſon fruit rouge ſemblable à la grappe de Pivoine ; & enferme quantité de petites pierres blanches.

TACHE. ſ. f. Entrepriſe d'un ouvrier ſubalterne. *Ce compagnon s'eſt chargé de cette tâche en deux jours ; voilà la tâche de l'apprentif pour chaque jour. Nous ne ſommes pas à la journée , nous ſommes à la Tâche.*

TACLE. ſ. m. Vieux mot. Tout trait collé , ferré , pour tirer l'arc , c'eſt-à-dire , dont les pennions ſont collés , & non pas cirés.

TACT. ſ. m. *Le toucher , l'attouchement , celui des cinq ſens par lequel on connoît ce qui eſt chaud ou froid , dur ou mol , uni ou raboteux.* A C A D. F R. L'organe du tact eſt diffus & répandu par tout le corps , au lieu que les autres ſens ont leurs organes externes déterminés ou placés à de certaines parties du corps , comme l'ouïe à l'oreille & la vûë à l'œil. Cet organe conſiſte en certains petits corps ronds & nerveux , nommés *Mammelons ,* qui ſortent de la peau & ſont recouverts de l'épiderme. Plus ils ſont grands & en grand nombre , plus le toucher eſt exquis , d'où vient qu'il l'eſt beaucoup plus dans la paume de la main & aux extrémités des doigts , que dans aucune autre partie ; ce qui eſt cauſe qu'on porte ordinairement la main & les doigts quand on veut experimenter quelque choſe par le tact. L'épiderme n'eſt pas neceſſaire pour pouvoir ſentir quelque choſe en touchant , mais elle eſt neanmoins fort commode pour pouvoir ſentir ſans douleur , puiſque lorſque la peau en eſt dénuée , les choſes les plus temperées & les plus legeres ne la peuvent toucher ſans faire ſentir une douleur fort piquante. Il eſt vrai que les ſerpents & les autres animaux , qui en hiver ſe dépouillent de leur peau , qui tient lieu de cuticule , ne reſſentent point cette douleur; mais cela vient de ce que tandis que la vieille peau ſe ſeche , il en naît inſenſiblement une autre par deſſous ; ce qui fait qu'ils ne ſe trouvent jamais abſolument denués de peau. Notre propre experience nous l'apprend , quand après quelque maladie cette peau ſe ſepare de deſſus nos membres , étant certain qu'elle ne s'en ſepare jamais avant qu'il s'en ſoit fait une autre très-ſubtile par deſſous. Voici de quelle maniere ſe fait le Tact. Les objets externes étant appliqués à la ſurpeau , frottent & preſſent à travers diversement , tant selon l'arrangement & la conformation de leurs petites surfaces , que suivant le mouvement & le repos des mêmes particules , les mammelons nerveux gonflés d'esprits animaux. Ceux-ci ne sont pas plûtôt émus , qu'ils communiquent leur mouvement & leur agitation au cerveau , & ce mouvement étant apperçu par l'ame est nommé le *Tact*. Ainsi quand la surface inégale de quelque corps , à raison de la diverse situation de ces particules , agit sur les mammelons qui sont rangés de telle maniere que les uns soient touchés & les autres non , il s'y fait un mouvement, interrompu & inégal ; ce qui fait dire que l'objet est âpre & raboteux. Lorsque tous les mammelons sont touchés également, on dit que le corps est uni & poli. S'ils pressent l'objet en sorte qu'ils cedent, on dit qu'il est mol , & s'il resiste , on dit qu'il est dur. Si quelques particules de l'objet s'attachent aux mammelons , on dit qu'il est gluant & humide; & si rien ne s'y attache , on dit qu'il est sec. Quand l'objet excite un mouvement rapide & violent dans les mammelons , on dit qu'il est chaud ; & s'il n'en fait point , on dit qu'il est froid. Quand l'objet ne touche qu'un ou deux mammelons , on dit qu'il pique & qu'il est aigu , & on dit qu'il est obtus, lorsqu'il en touche plusieurs doucement. Etmuller , qui raisonne sur le Tact de cette sorte , ajoûte que si les mammelons sont le principal organe du toucher , ils ne sont pas l'organe total , & que ce sont les fibres nerveuses qui forment ces mammelons. Ces fibres sont tantôt seules , comme dans les parties internes , & tantôt unies avec les muscles; & dans tous ces cas lorsqu'elles sont tendues & remplies d'esprits animaux, & que quelque objet externe vient à les toucher , elles sont secouées par certaines vibrations qui se communiquent au cerveau & font le sentiment du toucher. Cela se connoît quand on touche une plaie & par la douleur des parties internes , où les fibres nerveuses ne forment point de mammelons ; mais il y a cette difference , que le sentiment du toucher qui se fait par les mammelons est doux & naturel , & que c'est proprement le sens du toucher , au lieu que le toucher qui se fait dans les fibres nerveuses est toûjours violent , douloureux & presque contre nature.

TACTION. s. f. Terme de Geometrie. Il se dit des lignes qui touchent un cercle ou une autre ligne courbe. Ce mot vient du Latin *Tangere* , Toucher.

On dit plus souvent dans le même sens , *Attouchement* , *le point d'attouchement*.

TACTIQUE. s. f. Science de construire les machines des Anciens , qui se servoient d'arcs bandés , de bacules & de contrepoids , pour lancer les fleches, les dards , les pierres & les globes à feu. On appelle plus ordinairement *Tactique* , La science de ranger les Soldats en bataille , & de faire des évolutions militaires. Ce mot est Grec, ταικτικὸς, de τάττειν , Ranger , mettre en ordre.

TAF

TAFFETAS. s. m. Sorte d'étoffe de soye fort déliée & fort legere. On appelle *Taffetas armoisin* , Un taffetas qui vient d'Italie & de Lyon. Il y en a de toutes sortes de couleurs. Celui d'Avignon est le moindre, & on l'appelle *Demi armoisin*. Du Cange derive *Taffetas* du Latin *Taffata* , qui a été dit au même sens dans la basse Latinité. M. Menage le fait venir du Grec παφυρὰ , à cause du bruit que fait cette étoffe. Ce mot παφυρὰ ne m'est point connu.

TAFTOLOGIE. s. f. Vice du discours , quand on repete la même chose en des termes differens , ou qu'on se sert de deux mots qui ont la signification tout-à-fait semblable. Ce mot est Grec, ταυτολογία, de ταυτὸ , La même chose , & de λέγειν , Dire.

TAG

TAGAROT. s. m. Oiseau de proie fort long & flouet, que l'on apporte du côté d'Egypte , & qui est d'une espece particuliere.

TAI

TAILLE. s. f. Couppe , division d'un corps naturel. La Taille de bois se fait en long avec les coings , de travers avec la scie , & en d'autres sens avec la coignée , la serpe & le ciseau. On appelle *Pierre de taille* , De gros quartiers de pierre propre à bâtir & à être taillés.

On dit en termes de chasse , que *Le gibier gagne les tailles* , pour dire , qu'il gagne les taillis. On dit dans ce sens , que *Les tailles sont d'un an , de deux ans.*

Taille. Terme de Chirurgie. Operation qui se fait pour tirer la pierre de la vessie.

On appelle *Taille douce* , une Image ou estampe gravée sur une planche de cuivre ; & *Taille de bois* , Celle qui est gravée sur une planche de bois. La gravûre de celle-ci differe de celle de cuivre, en ce que dans ces dernieres ce sont les parties enfoncées qui marquent les traits , & que ce sont les parties élevées qui les marquent dans les tailles de bois. *Tailles basses*, se dit des ouvrages des Sculpteurs ou des Fondeurs qui sont de bas relief , & dont les corps ne paroissent qu'à demi.

Taille , en termes de Monnoie , n'est autre chose que la quantité des especes que le Prince ordonne qu'on fasse d'un marc d'or , d'argent , ou de cuivre. Ainsi les demi-louis d'or sont à la taille de soixante & douze pieces & demie au marc , & les louis d'or sont à la taille de trente-six pieces & un quart au marc. La taille a toûjours été réglée sur le poids principal qu'a eu chaque nation , comme de la livre chés les Romains qui étoit de douze onces , & du poids de marc en France , qui est de huit onces.

Taille. Partie de la Musique qui soûtient le chant & qui est de la portée ordinaire de la voix , quand elle est moins élevée que le dessus , & moins creuse que la basse. Il y a quelquefois deux Tailles , l'une appellée *Haute taille* , & qui se dit d'une voix qui en chantant approche de la Haute-contre, & l'autre qu'on appelle *Basse taille*. Celle-ci est une voix qui approche de la taille.

Taille, s'est dit autrefois d'un droit que la plûpart des Seigneurs avoient sur des heritages tenus roturierement. Ces heritages devoient tailles aux quatre cas , sçavoir quand le Seigneur étoit pris en juste guerre , quand il faisoit son fils aîné Chevalier , quand il marioit sa fille aînée à un Gentilhomme , & quand il alloit au voyage d'Outremer. Celles que devoit un homme franc , ou tenant heritages affranchis , ou à devoir d'argent , étoient appellées *Tailles franches* ; & celles que devoient des hommes de condition servile ou de morte-taille, étoient nommées *Tailles serves*. On appelloit *Taille jurée* , Celle qui se payoit sans s'enquerir de la valeur des biens des Habitans , & que les Seigneurs imposoient sur leurs Sujets , ou à volonté , ou selon l'abonnement qu'ils en avoient fait ; & *Taille mortaille*, Celle que levoit le Seigneur sur les hommes de corps & de condition servile , sçavoir la taille une fois par an , & la mortaille au deceds de l'homme de serve condition sur ce qu'il laissoit de biens.

Taille, se dit aujourd'hui des subsides que les personnes du tiers état payent au Roi à proportion de leurs biens. Saint Louis est le premier qui ait levé la taille en forme de subsides necessaires pendant la guerre , ce que fit ensuite le Roi Charles V. à cause des guerres des Princes. Elles se leverent d'abord par le consentement unanime des trois Etats , & Louis XI. ayant fait hautement payer la taille , on a continué de la même sorte depuis ce tems-là. Le Conseil du Roi ayant resolu la somme d'argent qui doit être levée pour la Taille , envoie des Commissions aux Tresoriers Generaux établis dans les Bureaux des Generalités du Royaume , pour lever dans leur Election la somme qui leur est ordonnée. Les Tresoriers ayant fait dans chaque Election le departement de la somme qu'ils peuvent lever , l'envoyent au Conseil du Roi , qui envoye aux Tresoriers generaux pour chaque Election des Commissions qui portent ordre aux Elûs des diverses Elections de lever dans l'étendue de chacune la somme que la Commission leur prescrit. Les Elûs dans les Rôles qu'ils font des tailles , cottisent chaque Bourg & chaque Village de leur Election à une certaine somme , & envoient le Rôle de cottisation à chaque Parroisse , qui élit un ou plusieurs Collecteurs pour lever la Taille qu'on a imposée. Les Ecclesiastiques , les Gentilshommes & tous les Officiers commensaux de la maison du Roi, des Fils & Filles de France & des Princes du Sang sont exempts de Taille. Il y a des lieux , comme en Languedoc & en Provence , où les Tailles sont réelles , c'est-à-dire , qu'elles se levent sur les heritages roturiers.

On appelle , en termes de mer , *Tailles de point*, Des cordes amarées au bas de la voile pour la trousser vers la vergue ; & *Tailles de fond* , D'autres cordes qui sont amarées au milieu du bas de la voile , & qui servent à trousser ou à relever le fond de la voile , c'est-à-dire , la voile.

Nicot est entré dans un grand détail de ce mot, & en a parlé ainsi. Taille *signifie tantôt une couperure faite avec fer ou pierre tranchant , & selon ce est le verbe* Tailler. *Ainsi dit-on* , Un coup de taille, Frapper de Taille , La taille de la vigne ; & *d'un Tailleur d'habits* , Il a bonne taille , *quand il taille un habit séamment au corps dont il a prins la mesure. Tantost une petite piece de bois , en laquelle par osches & inciseurs on marque le compte & nombre de quelque chose , & lors vient de ce mot latin* Talea. *Selon ce* , on dit , Prendre du pain , du vin & autres telles choses à la taille. Et de ceste signification vient* Taille , *pour* , Tribut imposé sur le peuple pour estre payé au Prince , d'autant peut-estre que les impositeurs , ou asseeurs , ou distributeurs de tel subside bailloyent anciennement à chacun taillable sa quotité du tribut marquée & oschée en tels petits bastons: Selon ce , on dit* , Imposer ou asseoir la Taille ; *mais si en ceste signification on le vouloit tirer de ce latin* Talea , *ains de cestuy Grec* ταλια , *ou de cestuy* τιλανίου, *qui viennent de cet autre Grec.* τιλῶ , *qui est* , Payer la taille , je n'y resiste pas. Taille , se prend aussi pour la coupeure du marc du vin , estant sur le pressoir quand on le veut serrer derechef. Ainsi on dit , un marc avoir eu un , deux ou trois tailles. Il se prend encore pour la façture du corps en grosseur & en haulteur , soit d'homme , soit de beste , disant d'un*

François, Il est de belle taille , *quand l'homme ou femme est de haulteur & grosseur proportionnée , & Un cheval de legere taille , en Amadis au premier livre , Un cheval qui a le corps & les jambes allegres. Selon ce , on dit* , Pour sa taille , *on eu esgard à sa petitesse , il a une* très-grande voix , *& Il est de cette taille & façon ou grandeur , mais en Musique , Taille est la partie de quatre qu'on dit Tenor. L'Italien dit* , Taglia , *esdites deux premieres significations , & dit aussi* Taglione.

TAILLE' , *E'E*. adj. On appelle , en termes de Blason , *Ecu taillé* , Celui qui est divisé en deux parties par une diagonale tirant de l'angle senestre du chef au dextre de la pointe. Quand il y a une tranche au milieu de la taille , on dit *Taillé tranché* , & quand il y a une entaille sur la trenche , on dit *Trenché taillé*. Ce mot vient du Latin *Talea* , qui signifie un Rejetton , une petite branche d'arbre que l'on plante en terre.

TAILLEORS. s. m. Vieux mot. Assiette.

TAILLER. v. a. Couper , *retrancher d'une matiere , en oster avec le marteau , le ciseau ou autre instrument ce qu'il y a de superflu , pour lui donner certaine forme , pour la mettre en certain état*. ACAD. FR. Les Tailleurs de pierre disent , Tailler , *traverser & polir au gräis* , quand c'est une pierre dure qu'ils veulent rendre parfaitement taillée.

Tailler. Terme de Chirurgie. On dit *Tailler un homme* , pour dire , Lui faire une incision entre les bourses & le fondement , afin d'en tirer la pierre avec la renette.

Tailler. Terme de Monnoie. On dit *Tailler les especes* , pour dire , Faire la juste quantité des especes qui doivent être au marc selon ce que porte l'Ordonnance.

Les Imprimeurs se servent aussi du mot de *Tailler*, dans les ouvrages rouges & noirs , pour dire , Couper la frisquette par fentes & trous , afin que par là les lettres qui doivent être rouges , puissent imprimer.

TAILLERESSE. s. f. Nom que l'on donne dans les Monnoies aux femmes & filles des Monnoyeurs. Ce sont elles qui nettoyent , ajustent & mettent les flans aux poids que l'Ordonnance prescrit. On les fait répondre de leurs ouvrages , & si les flans ne sont pas bien ajustés , ils sont rebutés & cisaillés aux dépens des Tailleresses. On leur a donné ce nom dans le tems de la fabrication avec le marteau , parce qu'elles tailloient alors les quarreaux & les ajustoient.

TAILLEVAS. s. m. Vieux mot. Espece de bouclier qui differoit de la targe , en ce qu'il étoit courbé des deux côtés comme un toit.

TAILLEUR. s. m. Ouvrier qui fait des habits. On appelle *Tailleur de pierre* , un Artisan qui taille la pierre & qui la met en état d'être employée dans les ouvrages d'Architecture.

Tailleur. Terme des Monnoies. Il y a un Tailleur general pour toutes les Monnoies de France , & un Tailleur particulier pour chaque Monnoie. Le Tailleur general est un Officier qui est obligé de demeurer à Paris & de fournir toutes les Monnoies du Royaume de poinçons d'effigie & de matrices de croix & d'écusson pour fabriquer toutes les especes d'or , d'argent & de billon. Le Tailleur particulier est obligé de recouvrer des matrices & poinçons de la taille du Tailleur general , & de frapper les quarrés à monnoyer avec les poinçons d'effigie & ceux qui ont été tirés des matrices de croix ou d'écusson du même Tailleur general. Ce Tailleur particulier a cinq sols pour chaque marc d'or & un sol pour chaque marc d'argent , & c'est le Maître de la Monnoie qui lui paye ce droit. Le Tailleur general fut créé en 1547.

TAILLEURE. f. f. Terme de Brodeur. Il fe dit quand on fe fert de diverfes pieces couchées de fatin, de velours, de drap d'or & d'argent, qu'on applique fur l'ouvrage, comme des pieces de rapport, & qui quelquefois s'élevent en relief.

TAILLIS. f. m. Bois que l'on met en couppes reglées de neuf ans en neuf ans, ou en plus long terme. Les bois taillis appartiennent à l'ufufruitier.

TAILLOIR. f. m. Terme d'Architecture. Partie la plus haute du chapiteau des colomnes. C'eft ce que les anciens Architectes nommoient *Abacus*, qui fert de couvercle au vafe & tambour qui fait le corps & la principale partie du chapiteau. On lui a donné le nom de *Tailloir*, à caufe qu'étant quarrée, elle reffemble aux affiettes de bois qui anciennement avoient cette forme.

TAILLON. f. m. Impofition qu'on met fur le peuple, & qu'on leve tous les ans. Elle monte environ au tiers de la Taille, & fut établie en 1549. par Henri II. pour augmenter la folde des gens de guerre.

TAINS. f. m. Terme de Marine. Pieces que l'on fait groffes & courtes & couchées à terre, & fur lefquelles on pofe la quille d'un Vaiffeau quand on le met fur le chantier.

TAISIBLE. adj. Vieux mot. Qui parle peu.

TAL

TALAPOINS. f. m. Sorte de Prêtres ou Religieux des Indes. Il y en a de deux fortes. Les uns vivent dans les bois, & les autres dans les Villes, & tous font obligés fous peine du feu de garder le celibat, tant qu'ils demeurent dans cette profession. Le Roi de Siam ne leur fait nulle grace là-deffus, à caufe qu'ayant de grands privileges, & entre autres celui d'être exemts des fix mois de corvée, il lui importe qu'il y ait de l'incommodité dans le genre de vie qu'ils menent, afin que le nombre de ceux de fes Sujets qui l'embraffent ne foit pas fi grand. Ils vont nuds piés & nue tête comme le refte du peuple, & portent autour des reins & des cuiffes une pagne de toile jaune, qui eft la couleur de leurs Rois & celle des Rois de la Chine. Ils n'ont ni chemife de mouffeline, ni aucune vefte, & leur habit eft de quatre pieces. La premiere eft une maniere de bandouliere de toile jaune, large de cinq ou fix pouces, qu'ils portent fur l'épaule gauche, la boutonnant avec un feul bouton fur la hanche droite. Elle ne defcend guere plus bas que la hanche, & ils mettent par deffus une autre grande toile jaune, qui eft rapiecetée en plufieurs endroits. C'eft une efpece de fcapulaire qui defcend prefque jufqu'à terre par derriere & par devant, & qui ne couvrant que l'épaule gauche revient à la hanche droite, & laiffe les deux bras & toute l'épaule droite libres. Par deffus cette grande toile jaune ils en mettent une de quatre ou cinq pouces, qui eft auffi fur l'épaule gauche en forme de chaperon. Elle defcend par devant jufques au nombril, & autant par derriere que par devant. Sa couleur eft quelquefois rouge. Pour tenir ces deux toiles en état, ils fe ceignent le milieu du corps d'une écharpe de toile jaune, qui eft la derniere piece de leur habit. Les Talapoins des Villes vivent dans des Couvents & fervent dans les Temples, & le Temple & le Couvent occupent un fort grand terrein quarré, entouré d'une clôture de bambou. Le Temple eft au milieu du terrein, & aux extrêmités & le long de la clôture des Talapoins, font rangées leurs cellules com-

me des tentes d'armée, les rangs en étant quelquefois doubles & quelquefois fimples. Ce font de petites maifons ifolées & élevées fur des piliers, & celle du Superieur eft de même, quoiqu'un peu plus grande & plus haute que les autres. Les enfans Talapoins, qu'ils appellent *Nens*, font difperfés un, deux ou trois dans chaque cellule de Talapoin, & ils fervent celui auprès duquel ils ont été mis par leurs parents. Ces Nens ne font pas tous jeunes. Il y en a qui vieilliffent dans cette condition, qui n'eft pas cenfée tout-à-fait Religieufe. C'eft au plus vieux de tous à arracher les herbes qui croiffent dans le terrein du Couvent, ce que les Talapoins font perfuadés qu'ils ne peuvent faire euxmes fans péché. L'école des Nens eft une falle de bambou ifolée. Il y en a encore une autre, auffi ifolée, où le Peuple porte fes aumônes aux jours que le Temple eft fermé, & où les Talapoins s'affemblent pour leurs conferences ordinaires. L'efprit de leur Inftitut eft de mener une vie penitente pour les péchés de ceux qui leur font les aumônes dont ils vivent. Ils ne mangent pas en communauté; & quoiqu'ils foient fort hofpitaliers envers tous ceux qui ont befoin d'être fecourus, il ne leur eft point permis de fe faire part les uns aux autres des aumônes qu'ils reçoivent, parce que chacun d'eux eft cenfé mener une vie affés penitente, pour ne pas avoir befoin de racheter fes péchés en faifant l'aumône à fon compagnon. Outre qu'ils élevent la jeuneffe, ils expliquent leur doctrine au Peuple, qui eft toûjours affés affidu aux Temples. Ils préchent le lendemain de toutes les nouvelles & de toutes les pleines Lunes; & quand le lit de la riviere eft plein de l'eau des pluies jufqu'à ce que l'inondation commence à diminuer, ils préchent tous les jours depuis fix heures du matin jufqu'au dîner, & depuis une heure après midi jufqu'à cinq du foir. Le Prédicateur eft affis les jambes croifées dans un fauteuil, & eft relevé par plufieurs Talapoins qui préchent les uns après les autres. Ils ont un Carême, & leur jeûne eft de ne rien manger depuis midi, à l'exception du betel qu'ils peuvent mâcher. Quand même ils ne jeûnent pas, ils ne mangent que du fruit depuis midi. Après qu'on a recueilli le ris, les Talapoins vont veiller les nuits au milieu des champs pendant trois femaines. Ils ont de petites huttes de feuillages rangées en quarré, fous lefquelles ils fe mettent, celle du Superieur étant au milieu des autres & plus élevée, & le jour ils reviennent vifiter le Temple & dormir dans leurs cellules. Ils ne font point de feu la nuit pour écarter les bêtes feroces; ce qui fait que le Peuple regarde comme un miracle qu'ils n'en foient point dévorés, & ne fçauroit affés admirer la fureté dans laquelle vivent les Talapoins des forêts, qui n'ont ni Couvent ni Temple pour fe retirer. Il croit que les Tygres & les Elephants les refpectent, & qu'ils leur lechent les piés & les mains quand ils en trouvent quelqu'un endormi. Il eft vrai que pour fe garantir de ces animaux, ceux-là peuvent faire du feu de bambou, & coucher dans les forts bien épais. Les Talapoins ne fe levent que quand il fait affés clair pour difcerner aifément les veines de leurs mains. Ils craindroient de tuer quelque infecte en marchant, faute de l'appercevoir, s'ils fe levoient plus matin; & cela eft caufe qu'ils fe levent un peu plus tard dans les jours plus courts, quoique leur cloche, qui n'a qu'un battant de bois, les éveille avant le jour. Etant levés, ils vont avec leur Superieur au Temple, où pendant deux heures ils chantent ou recitent ce qui eft écrit fur des feuilles d'arbre un peu longues & rattachées par l'un des bouts. Pendant ce tems ils font affis les jambes croifées, & agitent toûjours une forte d'éventail qu'ils ont en forme d'écran, comme s'ils vouloient fe donner du vent. Cet éventail va ou vient à chaque fyllabe qu'ils prononcent, & ils les prononcent toutes fur le même ton & à tems égaux. En entrant dans le Temple, & lorfqu'ils en fortent, ils fe proſternent trois fois devant l'Idole, après quoi ils vont en Ville demander l'aumône pendant une heure, fe prefentant feulement aux portes. Ils s'y arrêtent un peu de tems fans rien dire, & fi on ne leur donne rien, ils paffent outre. Ils portent un Bandage de fer pour recevoir les aumônes, & ils le portent dans un fac de toile qui leur pend au côté gauche aux deux bouts d'un cordon paffé en bandouliere fur l'épaule droite. Ils ont liberté de déjeûner au retour de cette quête, & s'occupent à l'étude ou à telle autre chofe qu'ils veulent jufques à midi, qui eſt l'heure du dîner. Ils font enfuite la leçon aux petits Talapoins & dorment, & fur le déclin du jour ils balayent le Temple & y chantent comme le matin pendant deux heures avant que de fe coucher. S'ils mangent le foir, ce n'eſt jamais que du fruit. Ils fe rafent la barbe, la tête & les fourcils; & comme perfonne n'oferoit toucher à la tête du Superieur fans lui manquer de refpect, il eſt obligé de fe rafer lui-même. La même raifon fait qu'un jeune Talapoin n'en ofe rafer un vieux, mais il eſt permis aux vieux de rafer les jeunes. A la pleine Lune du cinquiéme mois les Talapoins lavent l'Idole avec des eaux parfumées, mais ils s'abſtiennent par refpect de lui laver la tête. Si quelqu'un veut fe faire Talapoin, il convient avec quelque Superieur pour être reçû dans fon Couvent. Il faut que ce Superieur foit Sancrat, qui eſt une dignité au-deffus de celle de Superieur. Cette profeffion étant lucrative, & ne durant pas toute la vie neceffairement, les parents font toûjours fort aifes de la voir embraffer à leurs enfans. Si quelqu'un s'oppofoit à la reception d'un autre, il pecheroit. Celui qu'on doit recevoir eſt accompagné à cette cérémonie de tout ce qu'il a d'amis, avec des inſtrumens & des danfeurs, & de tems en tems ils s'arrêtent en chemin pour voir danfer. Pendant la cérémonie le Poſtulant & ceux qui font de fa fuite, à l'exception des femmes, les inſtrumens & des danfeurs, entrent dans le Temple où eſt le Sancrat qui lui donne l'habit, mais feulement de la main à la main. Le Poſtulant s'en revêt, & laiffe tomber l'habit feculier par deffous quand il a mis l'autre. Cependant le Sancrat prononce plufieurs paroles, & la cérémonie étant achevée, le nouveau Talapoin s'en va au Couvent où il doit demeurer, & il ne lui eſt plus permis d'entendre d'inſtrument, ni de regarder aucune danfe. Quelques jours après les parents donnent un repas à ce Couvent, ce qui eſt accompagné de quantité de fpectacles qu'il eſt défendu aux Talapoins de regarder. M. de la Loubere, qui s'eſt inſtruit avec foin de toutes ces chofes fur les lieux, en rapporte plufieurs autres fort curieufes fur la doctrine des Talapoins dans fon Hiſtoire du Royaume de Siam.

TALASPIS. f. m. Sorte de fleur en forme de parafol, qui eſt blanche ou gris de lin.

TALC. f. m. Sorte de mineral qui vient des montagnes d'Allemagne, des Alpes & de l'Apennin. On eſtime fort le *Talc de Venife*. C'eſt une forte de pierre verdâtre, écailleufe, qui quoique fort feche & pefante, femble être graffe quand on la manie. Elle a pris le nom de *Talc de Venife*, à caufe qu'elle fe trouve dans des carrieres qui en font proche. Le plus beau Talc eſt celui qui eſt en

groffes pierres, d'un blanc verdâtre & luifant, & qui étant caffé reluit en maniere de paillettes d'argent. Il fe leve en feuilles très-déliées, claires & tranfparentes, & on fe fert de ces feuilles pour en couvrir les tableaux qui font en paſtel & en migniature, qui fe gâteroient fans cette précaution. L'ufage du Talc eſt fort recherché pour faire du fard; mais comme c'eſt une pierre extrêmement difficile à mettre en poudre, & même à calciner, on fe contente de la raper avec une peau de chien, & de paffer cette rapure par un tamis de foye ou de taffetas. On apporte de Mofcovie & de Perfe une autre forte de Talc, que l'on appelle *Talc rouge*, à caufe de la couleur rougeâtre qu'il a. Il fe leve en feuilles auffi minces qu'on fouhaite. Quelques-uns croyent qu'on ne fe fert que de cette forte de Talc pour mettre fur les tableaux au lieu de verre, & qu'on n'y emploie point celui de Venife, qui eſt fort difficile à connoître, étant fujet à fe trouver d'une méchante qualité, par beaucoup de veines jaunâtres ou rougeâtres qui font dedans; ce qui eſt accompagné d'une efpéce de terre qui le rend défectueux.

Quelques Chymiſtes fe vantent fauffement de pouvoir tirer du Talc une huile qui eſt un fard admirable pour entretenir le teint des femmes, blanchir la peau & dérider le vifage; mais cette huile de Talc, à laquelle on donne de fi belles proprietés, & qui devroit être fans addition de fels ou d'acide, ne fe trouve point. Ce qui a donné lieu à cette huile imaginaire, c'eſt que les Anciens, & particulierement les Arabes, ayant crû qu'on pouvoit tirer du Talc un remede propre à entretenir le corps dans fon embonpoint, ont appellé cette pierre *Talc*, qui parmi eux ne fignifioit rien autre chofe qu'une égale difpofition des humeurs, qui tenoit le corps dans un bon temperament, & qui empêchant toute forte de maladies, faifoit en quelque façon rajeunir les vieilles gens.

TALED. f. m. Voile dont les Juifs fe couvrent quand ils font dans la Synagogue. Ce voile eſt quarré, fait de laine, & a des houpes aux coins.

TALENT. f. m. Poids & monnoie des Anciens qui étoit de differente valeur felon les païs. Budée dit qu'il n'eſt pas poffible de faire la vraie eſtimation d'un Talent chés les Hebreux, à caufe que felon les divers paffages, c'eſt tantôt un poids, tantôt un nombre & tantôt une mefure. Le talent en poids pefoit chés-eux trois mille ficles fans aucune marque, ou cinquante mines antiques ou fix vingt nouvelles, ou quinze cens onces, c'eſt-à-dire, cent vingt-cinq livres de douze onces chacune, ou douze mille drachmes. Le Talent d'argent Hebraïque, Perfique & Babylonien valoit foixante & dix mines attiques, qui font fept cens écus de France, & le talent d'or des mêmes lieux valoit fept mille huit cens cinquante & quinze écus. Le Talent Thracien étoit de fix-vingts livres, & l'Egyptien de quatrevingt. Les Talents étoient de trois fortes chés les Romains. Le plus grand étoit de cent vingt-cinq livres, le fecond étoit de fix-vingts livres, & le plus petit de quatre-vingt-quatre livres. Le Talent attique d'argent le plus commun, felon ce que rapportent les Hiſtoriens, valoit foixante livres ou mines, ou bien fix mille deniers ou drachmes. C'eſt autant que fix cens écus monnoie de France. Le talent d'or valoit fix.mille fept cens cinquante écus.

Talent, dans le vieux langage a fignifié Defir, volonté.

Agamemnon tint Brifeis
Longuement en fit fes talens.

TALER. ſ. m. Groſſe monnoie d'argent valant un écu. Elle a été premierement fabriquée en la vallée de Joachim en Bohême vers l'an 1520. par les Comtes de la Maiſon de Selicon, dont elle porte les Armes d'un côté, & l'effigie de l'Abbé Joachim de l'autre. Il y a auſſi des Talers des Rois de Pologne, & de quelques autres Souverains de l'Europe.

TALEVA. ſ. m. Sorte d'oiſeau de riviere de l'Iſle de Madagaſcar. Il eſt gros comme une poule, & a les plumes violettes & le bec & les piés rouges.

TALINGUER. v. a. Terme de Marine. On dit *Talinguer les cables*, pour dire, Les amarer à l'arganeau de l'ancre. C'eſt la même choſe qu'*Etalinguer*.

TALISMAN. ſ. m. *Piece de métal fondue & gravée ſous certains aſpects de Planetes, ſous certaine conſtellation, & à laquelle on attribue des vertus extraordinaires, comme de vaincre ſes ennemis, de gagner les bonnes graces des perſonnes, de chaſſer les bêtes nuiſibles d'un païs*, &c. ACAD. FR. Borel veut que *Taliſman* ſoit un mot Perſan qui ſignifie une gravûre conſtellée. Les effets des Taliſmans ſont différens, ſelon la conſtellation ſous laquelle la figure a été gravée. Ainſi on tient que ſi la figure d'un lion eſt gravée en or pendant que le Soleil eſt dans ce Signe, ceux qui portent ce Taliſman ſont garantis de la gravelle, & que la figure d'un ſcorpion gravée ſous ce Signe, empêche qu'on ne ſoit piqué de cet animal. On grave la figure de Venus en la premiere face de la Balance, des Poiſſons ou du Taureau, pour faire acquerir ou de la beauté ou de la force du corps; & pour parvenir aux honneurs & aux dignités, on porte ſur ſoi l'image d'un homme ayant une tête de belier. Cette figure doit être gravée ſur de l'argent ou ſur une pierre blanche. Si on veut être heureux en marchandiſe ou au jeu, on repreſente Mercure ſur l'argent; & pour devenir courageux & vaincre ſes ennemis, on grave la figure de Mars en la premiere face de Scorpion. Le Soleil repreſenté ſous la figure d'un Roi aſſis ayant un lion à ſes côtés, eſt un Taliſman qui fait obtenir la faveur des Rois, ſi cette figure eſt gravée ſur de l'or très-pur en la premiere face du lion. On diſtingue de trois ſortes de Taliſmans, les Aſtronomiques qui ſe reconnoiſſent aux conſtellations celeſtes qui y ſont gravées avec d'autres figures & quelques caracteres intelligibles; les Magiques, qui ont des figures extraordinaires avec des mots ſuperſtitieux & des noms inconnus d'anges, & enfin les Mixtes, qui ſans être ſuperſtitieux ni d'anges inconnus, ſont compoſés de ſignes & de noms barbares. Si on ne les porte pas ſur ſoi, on les enſevelit dans la terre, ou bien on les place dans des lieux publics. On croit les Egyptiens inventeurs des Taliſmans. Ils en avoient pour toutes les parties du corps; ce qui a fait croire que c'eſt par cette raiſon qu'on trouve tant de petites figures de Dieux, d'hommes & d'animaux dans les anciens tombeaux de ce païs-là. Il y en a qui font Apollonius Thianæus le premier auteur de cette ſcience. Les Habitans de l'Iſle de Samothrace ſe ſervoient d'anneaux d'or ayant du fer enchaſſé au lieu d'une pierre précieuſe, pour faire des Taliſmans. On apporte pluſieurs raiſons pour combattre les Taliſmans, comme n'étant que des artifices du Démon pour ſurprendre les hommes & les engageant dans des ſuperſtitions, toûjours criminelles. D'autres au contraire oſent ſoûtenir qu'il n'entre aucune magie dans les Taliſmans, & qu'on en peut faire par des principes tirés de la Philoſophie, ou ſur des experiences qu'on ne doit pas condamner, quoique la cauſe en ſoit inconnuë. Du Cange fait venir le mot

de *Taliſman* de *Talamaſca littera*, qui veut dire, Lettres ſecrettes ou en chiffre, dont ſe ſervent les Sorciers, *Talamaſca*, voulant dire Maſque, faux viſage.

TALLARD. ſ. m. Eſpace qui eſt depuis le courſier juſqu'à l'apoſtil dans une Galere. C'eſt où l'on met les eſcomes.

TALMACHE. ſ. m. Vieux mot. *Talmache de teaux.* Borel dit que c'eſt ce qu'on appelle *Lerva* ou *Larva*, comme qui diroit Le muſle, le maſque, venant de *Talamaſca*, Faux viſage, à cauſe dequoi on appelle *Maſques*, Les Sorcieres, & *Littera talamaſca*, Les lettres en chiffre.

TALMELIER. ſ. m. Mot qui a ſignifié autrefois la même choſe que *Boulanger*. Il ſe trouve encore dans les Statuts & Lettres de ce métier, où les Maîtres ſont appellés *Boulengers Talmeliers*. On le fait venir de *Talemaris* ou *Talmarins*, qui ont été dits dans la baſſe Latinité.

TALMUD. ſ. m. Livre qui contient les regles & les conſtitutions des ſages Rabins & des Docteurs Juifs pour le bien & la conduite des Juifs. Il y avoit parmi eux, outre la Loi écrite de Moïſe, la Loi orale ou de bouche des Rabins, qui eſt l'expoſition de la premiere. Tant que ſubſiſta le Temple, les Juifs ne purent rien mettre par écrit de cette ſeconde Loi, qui enſeignoit ſeulement de vive voix par tradition; mais environ ſix vingts ans après que le Temple fut été détruit, le Rabin Juda, fort eſtimé pour ſa ſainteté, voyant que la diſperſion des Juifs faiſoit oublier la Loi de bouche, redigea par écrit toutes les conſtitutions & les traditions des Rabins juſques à ſon tems, & enfin un Livre qui fut appellé *Miſna*, c'eſt-à-dire, Repetition de la Loi. Il le diviſa en ſix parties, dont la premiere traite de l'agriculture & des ſemences; la ſeconde traite des jours de Fête; la troiſième, des mariages & de ce qui concerne les femmes; la quatriéme, des procès & des differends qui naiſſent; des dommages & interêts, & de toutes ſortes d'affaires civiles; la cinquiéme, des ſacrifices; la ſixiéme, des puretés & impuretés. Il y eut beaucoup de diſputes touchant ce Livre qui ſe trouva trop ſuccint, & ne parut pas aſſez intelligible, & ces diſputes s'augmentant toûjours, deux Rabins de Babylone formerent enfin le deſſein de recueillir toutes les expoſitions & additions qui avoient été faites ſur le Miſna pendant trois cens cinquante ans, à quoi ils ajoûterent quantité de choſes qui étoient en forme d'explication du Miſna, qu'ils employerent comme le texte. C'eſt ce qui a fait le Livre appellé *Talmud de Babylone*, qui eſt diviſé en ſoixante Parties. On en a tiré divers extraits, & particulierement des Traités des Jours des Fêtes, des Mariages & des Procès, l'uſage des autres ayant tout-à-fait ceſſé. Depuis ce tems-là il y a eu des Papes qui ont défendu le Talmud, & d'autres qui l'ont ſouffert. Il eſt interdit preſentement, & ſur-tout en Italie, où il n'eſt ni lû ni vû.

TALMOUSE. ſ. f. Sorte de petite tarte qui eſt de figure triangulaire, & qui ſe fait avec du fromage & des œufs. M. Ménage fait venir *Talmouſe* de l'Arabe *Tarmouth*.

TALON. ſ. m. *Partie du derriere du pié.* ACAD. FR. Le talon de pourceau, c'eſt-à-dire, le dernier os du pié, qui eſt attaché à l'os de la jambe, brûlé juſqu'à ce qu'il devienne blanc, pilé & pris en breuvage, eſt, ſelon Dioſcoride, un fort bon remede de pour la colique & les tranchées du ventre qui durent trop.

On appelle *Talon*, dans les chevaux, La partie de derriere du bas du pié, qui eſt compriſe entre les quartiers

quartiers & opposée à la pinse. Ce mot entre dans plusieurs façons de parler de Manége , & alors il est pris pour l'éperon dont le talon du Cavalier est armé. On dit en ce sens , qu'*Un cheval entend bien les talons , connoît les talons , obéit aux talons , répond aux talons , est bien sous les talons*, pour dire, que Le cheval craint & fuit les éperons. On dit aussi *Porter un cheval d'un talon sur l'autre*, pour dire, Le faire aller de côté , tantôt d'un talon , & tantôt de l'autre; & *Promener un cheval dans la main & dans les talons*, pour dire, Lui faire prendre finement les aides de la main & des talons.

Talon, en termes de Talonnier, se dit d'un petit morceau de bois leger bien plané qu'on met sous des souliers & des mules de femmes, & qui, quand elles sont chaussées, répond à la partie du pié appellée *Talon*. Les Cordonniers appellent aussi *Talon*, Plusieurs petits morceaux de cuir collés & chevillés les uns sur les autres, qu'ils attachent au bout d'un soulier, ou d'une botte, pour répondre au talon de l'homme.

On appelle *Talon de pique*, Le bout du pas de la pique; & *Talon*, quand on parle de rasoir, est la derniere partie du taillant d'un rasoir.

Talon, en termes d'Architecture, est un petit membre composé d'un filet quarré & d'une cymaise droite. Il est different de l'astragale, qui est un membre rond , au lieu que le talon est formé de deux portions de cercle, l'une en dehors & l'autre en dedans. Quand la partie concave est en haut, on l'appelle *Talon renversé*.

Talon. Le plus large du tranchant d'une faux.

Les Serruriers appellent *Talon*, dans un pêne de serrure, son extrèmité qui est dans la serrure vers le ressort. Ce talon qui est au derriere du pêne, & qui fait arrêt contre le cramponnet, peut servir de barbe, si on veut, pour le demi-tour.

Talon, en termes de Marine, est l'extrèmité de la quille vers l'arriere du Vaisseau du côté qu'elle s'assemble avec l'étambord. On appelle *Talon de rode*, Le pié de l'étrave ou de l'étambord , qui s'enchasse à la carene. On lui a donné ce nom de *Rode*, à cause que *Rode de prouë* & *Rode de poupe*, dans les Vaisseaux , est ce qu'on appelle *Etrave* & *Etambord*.

TALONNIER. s. m. Ouvrier qui fait des talons de bois pour femmes.

TALONNIERES. s. f. Ailes que les Poëtes attribuent à Mercure, & qu'ils feignent qu'il met à ses talons quand il va faire des messages pour les Dieux. Ce mot est d'usage parmi les Religieux qui vont avec des sandales ou avec des socs. C'est un morceau de cuir qui leur couvre le cou du pié où il s'attache.

TALUS. s. m. Pente, tout ce qui va en panchant. On appelle *Talus*, en Maçonnerie, quand une muraille diminue de son épaisseur à mesure qu'elle s'éleve.

On appelle ; en termes de Fortification, *Talus de bastion* ou *de rampart*, La pente qu'on donne à la terre ou muraille, afin qu'elle ait plus de pié & plus de force pour soûtenir la pesanteur du rampart. Il y a le *Talus exterieur*, qui est la pente donnée à un ouvrage du côté de la campagne , & le *Talus interieur*, qui est celle qu'on lui donne en dedans. Comme on tâche de ne pas fournir à l'Ennemi le moyen de monter sur l'ouvrage par escalade,on fait toûjours le Talus exterieur le moindre qu'on peut ; mais lorsque la terre n'est pas bonne , on est obligé de lui donner un grand Talus , afin qu'elle puisse se soûtenir , & en ce cas on appuye la terre d'une muraille qu'on doit faire assés haute pour découvrir la campagne , sans qu'elle empêche la vûe du rempart. On lui donne un talus considerable , qui est la cinquiéme ou la sixiéme partie de ce qu'elle a de hauteur ; & afin de la renforcer , on fait des contreforts en dedans pour l'appuyer. Quelques-uns disent *Talut*. On fait venir ce mot du Latin *Talus*,Talon. Sur quoi Nicod dit. *Combien ou Talut ou Talus vienne de Talus , mot Latin , toutefois il n'est usurpé par les François en la proprieté de son origine , disant le François Talon , pour ce que le Latin dit Talus & Talus ou Talut par translation, pour La pente ou escoulant d'un heurt , ainsi qu'on en voit entre le val du fossé & le pié de la muraille. Lucian appelle cela* κλίσις , *Antepedamentum , & l'usurpe le François ainsi , parce que le talon de l'homme est ainsi fait ,selon laquelle signification on dit ; Faire en talut ou en talus , c'est-à-dire , en adoncissant du haut en bas. Les Tonneliers ont attiré ce mot metaphorisé à leur métier , appellant Talus ce Cerceau qui est tout le premier en l'embouchure des douves , parce que ce cerceau-là , en esgard au sommier,qui est ce cerceau double qui l'ensuit , gist en la relieure de la fustaille , comme en talut dudit sommier.*

TAM

TAMALAPATHRA. s. m. Feuille d'un grand arbre qui croît fort communément aux grandes Indes, & particulierement vers Cambaye, ce qui l'a fait appeller *Folium Indum*. On l'appelle autrement *Malabatrum*. Voyez MALABATRUM.

TAMANDUA. s. m. Animal du Bresil grand comme un chien , selon ce qu'en a écrit de Leri. Il a le corps fort plûtôt que long , & la queue trois fois plus longue que le corps. Elle est si velue, qu'il s'en couvre tout le corps contre les injures de l'air , en sorte qu'on ne peut le voir. Sa tête est petite , & son museau extrêmement délié. Il a la gueule petite , ronde , & vit de fourmis , qu'il attrape avec sa langue qui est fort longue. Il les va chercher dans leurs fourmillieres , qu'il creuse avec ses ongles qui sont fort aigus. Cet animal est très-furieux , & attaque plusieurs animaux , & même les hommes. On tient qu'il est craint des tygres. Il y en a qui l'appellent *Tamandoua*, & qui le font de la grandeur d'un cheval de ces Païs , ayant la tête d'un pourceau , les oreilles d'un chien , un museau aigu & long d'une paume , la langue longue & étroite, des piés de bœuf , & un crin presque semblable à celui d'un cheval. Sa chair est d'un mauvais goût , ce qui fait que les Sauvages en mangent fort rarement.

TAMARIN. s. m. Fruit d'un arbre des Indes , dont les feuilles sont fort petites , après lesquelles naissent des fleurs blanches qui ressemblent assés à celles des orangers. Il en sort des gousses qui sont vertes au commencement , & qui se brunissent en mûrissent. On doit choisir les Tamarins gras , nouveaux , d'un noir de jayet , d'un goût aigrelet & agreable , & qui n'ayent point été encavés. Ils sont d'un fort grand usage en Medecine à cause de leurs qualités purgatives & rafraîchissantes. Il croît dans le Senega quantité d'arbres de Tamarins , dont les Negres mettent les fruits en pain , après en avoir ôté les grappes & les noyaux. Ils s'en servent pour étancher la soif. Ces pains de Tamarins sont rougeâtres , & on en voit rarement en France. On monde les Tamarins comme on fait la casse , & avec du sucre on en fait une confiture assés agreable. Il est parlé en détail des Tamarins dans le Voyage des Indes de Mandeslo , où ils sont appellés *Tamarindes*. Il dit que ces fruits viennent sur de grands arbres fort branchus, dont les feuilles ne font pas plus grandes ni autrement faites que celles de la pimprenelle , à l'exception qu'elles font un peu plus longues. Sa fleur reffemble d'abord à celle du Pêcher , mais elle blanchit à la fin , & pouffe fon fruit au bout de quelques filets qui en fortent. Dès que le Soleil fe couche , les feuilles enferment le fruit pour le conferver contre le ferein , & auffi-tôt qu'il paroît fur l'horifon , elles fe rouvrent. Ce fruit eſt vert au commencement , & devient gris cendré tirant fur le rouge lorfqu'il a atteint fa ma-turité. Il eſt dans des gouffes brunes & tannées , & a le goût à peu près de nos pruneaux. Chaque gouffe contient trois ou quatre feveroles dans une certaine chair , qui eſt ce que les Portugais appel-lent Tamarinho. Ils lui ont donné ce nom , à caufe que ce fruit reffemble à la datte , appellée Tamar par les Arabes , comme fi les Portugais vouloient dire Dattes d'Inde. Il eſt glaireux & tient aux doigts, mais les Indiens le trouvent d'un fi bon goût , qu'ils s'en fervent à la plûpart de leurs fauffes , comme l'on fait ici du verjus. Ces arbres produi-fent du fruit deux fois chaque année , & viennent par tout fans être plantés ni cultivés. Ils font de la grandeur d'un noyer, fort chargés de feuilles , & portent leur fruit pendu à leurs branches ainfi qu'u-ne graine de couteau. Il n'eſt pourtant pas fi droit , mais courbé & prefque en arcade. Les Medecins l'employent contre les fiévres chaudes , contre les chaleurs de foye & contre les maux de rate , & cette drogue infufée une nuit dans de l'eau froide , purge doucement. Quand les Indiens veulent tranf-porter les Tamarindes , ils les ôtent de leurs gouf-fes , & en font des boules auffi groffes que le poing. Ces boules font fort défagreables à voir , & encore plus à manier.

TAMARISC. f. m. C'eſt , felon Diofcoride , un arbre vulgaire qui croît auprès des eaux mortes & non courantes, & qui porte fon fruit comme une fleur cotonnée. Il dit qu'en Egypte & en Syrie il croît un Tamarifc domeſtique entierement femble-ble au fauvage , fi ce n'eſt qu'il porte fon fruit comme une noix de galle. Ce fruit inégalement aftringent au goût , & on s'en fert au lieu de galle & aux médicamens des yeux & de la bouche. Pris en breuvage il fert à ceux qui crachent le fang, aux fluxions de l'eſtomac & à la jauniffe. Matthiole dit que le Tamarifc domeſtique n'eſt autre chofe que le Tamarifc fauvage qui a été replanté, & qu'il s'étonne de ce que Diofcoride ait dit qu'il croît auprès des eaux mortes , puifque le Tamarifc fauvage croît en Italie ordinairement aux bords des rivieres , & qu'il en a vû un fort grand & branchu proche du Tybre , qu'on tenoit pour Tamarifc domeſtique, & qui neanmoins produifoit fon fruit & fa fleur fem-blables au Tamarifc fauvage ; ce qui donne fujet de croire ou que le paffage de Diofcoride eſt corrom-pu , ou que le Tamarifc croît en Grece aux bords des étangs & des lieux marécageux autrement qu'en Italie. On fe fert , felon Columelle , du tronc de cet arbre pour faire des auges propres à donner à boire aux pourceaux , afin de leur diminuer la rate , qui leur devient fort groffe, & qui les tourmente l'é-té, quand les fruits tombent des arbres, à caufe que ces animaux les mangent fort goulument. Galien dit que le Tamarifc eſt abfterfif & incifif , fans avoir grande apparence de deffecher, qu'il eſt neanmoins un peu aſtringent , & que par cette raifon la racine, ou les feuilles , ou les cimes des branches, cuites dans le vinaigre ou le vin fervent aux dure-tés de la rate , & guerifſent le mal de dents. Son fruit & fon écorce font fort reftrictifs, & appro-

chent de l'aſtriction des galles vertes. Il croît dans le Languedoc quantité de Tamarifcs , qui ont leurs feuilles fort petites & leurs fruits par grappe , d'u-ne couleur tirant fur le noir. Les Teinturiers s'en fervent au lieu de noix de galles. Pour choifir le bois de Tamarifc , il faut le prendre garni de fon écorce , blanc au-deffus & au-dedans , fans aucune odeur , & d'un goût prefque infipide. On s'en fert , ainfi que de fon écorce , pour la guerifon des maux de rate , ce qui en fait faire de petits barils , que ceux qui font attaqués de ce mal rempliffent de vin. Après qu'ils l'y ont laiffé quelque tems , ils en ufent pour leur boiffon ordinaire , & le boivent même dans des taffes ou gobelets faits du même bois. On appelle Sel de Tamarifc , Un fel blanc & par criſtaux que l'on tire de ce bois. Il a encore la vertu de guerir du mal de rate. On dit auffi Ta-maris.

TAMBA. f. m. Efpece de métal très-rare & fort cher qu'on trouve dans les Indes , fa couleur tient de l'or & de la Rofette.

TAMBOUR. f. m. Inſtrument militaire très-ancien dont on fe fert dans toute l'Infanterie , dans les Moufquetaires du Roi & dans les Dragons. On a dit autrefois Tabour , & voici la defcription qu'en fait Nicot. Tabour eſt nom general à cet inſtrument circulaire, lequel ès deux fonds eſt bouché & convert de peau d'âne , en forte de parchemin tendue par des cordelettes tout autour , laquelle battue d'un ou deux bâtons , par le moyen de l'air enclos entre lefdits deux fonds, & d'une cordelette tendue à travers d'iceluy d'icelui inſtrument, vend un gros fon & efclattant: car & celui duquel les tabourineurs accompagnent leur fleute, en fait de danferie , & celui dont l'Infanterie eſt conduite en la guerre , & animée ès batailles & aſ-fauts , font appellez Tabours ou Tambours, felon le mot Italien Tamburo , ou Efpagnol Atambor ; car Atabal eſt de gens de cheval & pur morifque, com-bien que du petit Atabal , qu'en Languedoc on ap-pelle Tymbale , il foit auffi ufé en danferie & en tou-tes lefdites quatre langues , eſt mot par onomatopée. Quoique Nicot dife que les deux fonds de tambour font couverts de peaux d'âne , on tient qu'on ne les couvre que de peaux de mouton , tendues fur des cercles de métal ou de bois , que l'on appelle Vergettes , & qui fe bandent avec des cordons appel-lés Tirans. La corde qui eſt au-deffous & fou-vent en double, eſt appellée Timbre. C'eſt celle qui eſt caufe du fon. Le Tambour eſt auffi haut qu'il eſt large , & fa largeur n'eſt au plus que de deux piés & demi , à caufe qu'il eſt difficile de trouver de plus grandes peaux pour le couvrir.

On appelle auffi Tambour , Celui qui eſt deſtiné à battre la quaiffe , ou pour avertir les Troupes des differentes occafions de fervice , ou pour propofer quelque chofe à l'ennemi. Il y a un Tambour Ma-jor dans chaque Regiment d'Infanterie , & chaque Compagnie a fon Tambour particulier , & quelque-fois deux. Quand un Bataillon eſt fous les armes, les Tambours font fur les ailes ; & quand il file , il y en a qui font poſtés à la tête , & d'autres dans les divi-fions & à la queue.

Tambour de Bafque. Sorte de petit tambour com-pofé d'un bois large de trois bons doigts , délié & plié en maniere de cerceau. Il eſt ordinairement en-jolivé de papier marbré & garni de fonnettes on de petites plaques de cuivre , qui font enchaffées dans des fentes de fon corps pour faire du bruit. Il n'eſt enfoncé que par un bout en forme de fas. Il y a une peau de mouton bandée fortement fur ce fond, & on en joue en le tenant d'une main & en le frappant de l'autre. Les Bohémiens ont accoûtumé de s'en fervir en danſant leurs Sarabandes.

Tambour, en termes d'Architecture, ſe dit d'une avance de maçonnerie ou de menuiſerie dans un bâtiment où l'on veut faire une double porte comme l'on en voit dans les Egliſes, afin d'empêcher le vent. On appelle auſſi *Tambour*, Une aſſiſe ronde de pierre ſelon ſon lit de carriere, ou une hauteur de marbre, dont pluſieurs forment le fuſt d'une colomne, & ſont plus bas que ſon diametre. On donne encore le nom de *Tambour* à chaque pierre pleine ou percée, dont eſt compoſé le noyau d'un eſcalier à viz.

Tous les Jeux de paume de dedans ont leur *Tambour*. C'eſt une avance de la muraille qui eſt vers le jeu; elle fait un angle fort oblique, & cauſe une certaine réflexion de la balle, très-difficile à juger.

Quelques-uns appellent *Tambour*, dans une montre, le Barillet qui enferme le reſſort. C'eſt une roue ſur laquelle ſe roule la chaîne qui ſert à monter la montre.

Tambour, ſe dit encore d'une machine ronde comme un tambour, qui ſert à faire jouer des orgues, des carillons ou des claveſſins ſans que perſonne y mette la main. Il y a des reglets ſur ce tambour, comme il y en a ſur un papier de muſique. Des pointes de fer ſont à la place des notes. Ces pointes accrochent & font baiſſer les touches ſuivant le ſon qu'on en veut tirer.

Tambour, en termes de Medecine, ſignifie une membrane très-forte & tranſparente, qui termine la cavité exterieure de l'oreille, qu'on appelle *Conque*. Cette membrane eſt attachée dans une chaſſure qui eſt à la partie interieure du cercle oſſeux. Elle forme un plan incliné, & non pas droit, dans le fond de cette cavité, ſans quoi elle auroit pû être enfoncée par les fortes impulſions de l'air, qui par ce moyen roule ſur ſa ſuperficie fort doucement. Ceux qui en naiſſant ont cette membrane épaiſſe, ſont des ſourds incurables. Le cercle oſſeux où elle eſt enchaſſée, eſt échancré à ſa partie ſuperieure.

On appelle, en termes de Marine, *Tambours d'éperon*, Pluſieurs planches que l'on cloue ſur les jautereaux de l'éperon, & dont l'uſage eſt de rompre les coups de mer qui donnent ſur cette partie.

TAMBOÜRE-CISSA. ſ. m. Arbre de l'Iſle de Madagaſcar, qui porte des pommes qui s'ouvrent en quatre parties lorſqu'elles mûriſſent. La chair de ce fruit eſt pleine de pepins au-dedans, & couverte d'une peau tendre orangée qui donne une teinture pareille à celle du fruit de l'Amerique, appellé *Roucou*.

TAMBUSTEIS. ſ. m. Vieux mot. Bruit.

TAMIS. ſ. m. Vaiſſeau rond au milieu duquel il y a un tiſſu de toile, de crin ou de ſoye, par lequel on paſſe des drogues pulveriſées, ou que l'on veut épurer pour en retirer le plus délié. Les Parfumeurs ſe ſervent de Tamis pour paſſer leurs poudres. Ce mot, ſelon M. Ménage, vient du bas Breton *Tamoues*.

Les Organiſtes appellent *Tamis*, Une piéce de bois percée qui ſert à tenir en état les tuyaux de l'orgue. Ces tuyaux paſſent au travers de cette piece de bois.

TAMISAILLE. ſ. f. Terme de Marine. Petit étage qui eſt à une flûte entre la grande chambre & celle du Capitaine. C'eſt où paſſe la barre du gouvernail.

TAMOUATA. ſ. m. Nom que les Sauvages du Breſil donnent à un poiſſon long d'un palme & plus
Tome II.

petit que nos harencs. Sa tête eſt monſtrueuſe en groſſeur pour la petiteſſe de ſon corps. Il a deux nageoires ſous les oreilles, & les dents plus aigues que celles de nos brochets, & depuis la tête juſqu'au bout de ſa queüe il eſt armé d'écailles ſi dures, qu'à peine le peut-on percer avec une épée. Sa chair eſt d'un fort bon goût. On l'appelle auſſi *Tamouriata*.

TAMPON. ſ. m. Bouchon, *morceau de bois ſervant à boucher un tuyau, un muid, une cruche, ou quelque autre ſorte de vaſe.* Acad. Fr. Les Graveurs en cuivre ont un Tampon de feutre ou de liſiere de drap noirci, & ils s'en ſervent pour frotter leur planche & remplir les traits à meſure qu'ils gravent.

Les Imprimeurs en taille douce appellent *Tampon*, Un morceau de linge tortillé dont ils ſe ſervent pour encrer la planche.

Tampons, en termes de Charpentier & de Menuiſier, ſont des chevilles de bois qu'ils mettent dans les rainures des poteaux d'une cloiſon, afin d'en tenir les panneaux de maçonnerie, ou dans celles des ſolives d'un plancher, pour en arrêter les entrevoux. *Tampons*, ſe dit auſſi des petites pieces qui ſervent aux Menuiſiers à remplir les trous des nœuds de bois & à cacher les clous à tête perduë des lambris & des parquets.

On appelle ſur mer *Tampons de canon*, Des plaques de lieges avec leſquelles on bouche l'ame du canon, afin d'empêcher que l'eau n'y entre; & *Tampons d'écubiers*, Certaines pieces de bois longues à peu près de deux piés & demi, qui vont en amenuiſant, & dont l'uſage eſt de fermer les écubiers quand on eſt à la voile. Il y en a d'échancrés par un côté, qui bouchent les écubiers quand les cables y ſont encore. Quelques-uns diſent *Tapons d'écubiers*.

Tampon, eſt auſſi la partie de la flûte ou du flageolet qui aide à faire l'embouchure de l'un & de l'autre, & ſert à donner le vent.

TAMPONNER. v. a. Boucher avec un tampon. On dit en termes d'Architecture, *Ruiner & tamponner*, pour dire, Hacher des poteaux de cloiſon par les côtés, en y mettant des chevilles de bois pour tenir les plâtras, & la maçonnerie, dont on remplit enſuite l'entredeux des ſolives.

TAN

TAN. ſ. m. Poudre d'écorce de jeune chêne pilée fort menu, dont ſe ſervent les Tanneurs pour donner au cuir la couleur & la nourriture dont il a beſoin. Nicot en parle en ces termes. Tan eſt *la poudre de cheſne mouluë & brayée, & reduite à force de coups de pilons peſans, ſoubſleveſz & baiſſez avec une rouë, tournée par courant ou cheute d'eau, ou à force de cheval ou de bras, de laquelle poudre les Tanneurs couldrent & tannent les cuirs, tant au couldroir qu'en la foſſe; ce qui les affirmiſt, endurciſt, & teinſt de la couleur blaſphaſtre dont ils ſont avant qu'ils paſſent par la main du bauldroyeur.* On fait venir *Tan* de *Tannum*, mot de la baſſe Latinité, auſſi-bien que *Tannare*, pour dire Tanner.

TANCE. ſ. f. Vieux mot. Querelle, débat.

N'avoit talent de mouvoir tance,
Quand Hector & ſa compagnie
Miſtrent le feu en la navie.

TANCHE. ſ. f. Poiſſon de lac & d'étang qui a la chair aſſés ferme, mais qui ſent ſouvent la bourbe, à cauſe qu'il ſe nourrit dans des eaux bourbeuſes & dormantes. La Tanche tire ſur le vert & ſur le jaune, & a de petites écailles très-gliſſantes, deux ailes auprès des ouies, deux autres au ventre, une auprès du trou des excremens & une autre ſur le dos. Celle-là eſt courte & ſans aiguillon.

TANGAGE. ſ. m. Balancement d'un Vaiſſeau de l'avant à l'arriere.

TANGARA. ſ. m. Oiſeau du Breſil, gros comme un moineau, qui a la tête jaunâtre & tout le reſte du corps de couleur noire. Il ne chante point, & il y en a de pluſieurs eſpeces. Les Saüvages ne veulent point en manger, parce qu'ils le croyent ſujet au mal caduc. Ils diſent que ces oiſeaux ſe divertiſſent à faire une maniere de danſe, & que l'un d'entre eux s'étant étendu comme mort ſur terre, les autres font autour de lui un murmure ſourd, juſqu'à ce qu'il ſe leve & faſſe le même bruit, & alors ils prennent tous leur vol vers quelque autre endroit.

TANGENTE. ſ. f. Terme de Geometrie. On ſous-entend Ligne. C'eſt une ligne droite tirée ſur une courbe de ſorte qu'elle la touche en un point, & ne la peut couper. On appelle point d'attouchement le point où la Tangente touche la courbe. La Tangente d'un cercle eſt toûjours perpendiculaire à un diametre qui paſſe par le point d'attouchement. Les Tangentes ſont d'une extrême importance dans la connoiſſance des courbes, car il y a beaucoup d'affections des courbes que l'on n'a que par les Tangentes, par exemple, on dit qu'une ligne droite eſt perpendiculaire à une courbe, quand elle l'eſt à la Tangente tirée par le point où elle rencontre la courbe, on dit que deux courbes ſont perpendiculaires entre elles, quand leurs Tangentes tirées par le point où elles ſe rencontrent, ſe coupent l'une l'autre perpendiculairement, on dit que deux courbes ſe touchent quand la ligne qui paſſe par le point où elles ſe rencontrent, eſt Tangente de l'une & de l'autre. Au lieu de Tangente, on dit aſſés ſouvent Touchante.

Dans la Trigonometrie, on appelle plus particulierement Tangente d'un arc ou de l'angle meſuré par cet arc, une ligne droite tirée perpendiculairement ſur l'extrémité du diametre, qui paſſe par une des extrémités de cet arc, & terminée à la rencontre d'une ligne tirée par le centre & par l'autre extrémité de l'arc, juſques hors le cercle. Cette derniere ligne s'appelle Secante, parce qu'elle coupe le cercle, & on l'oppoſe à la Tangente. Tous les arcs imaginables ont leur Tangente & leur Secante, qui ont une certaine raiſon fixe & déterminée au rayon du cercle. Ainſi en donnant une certaine valeur ou un certain nombre de parties au rayon, on trouve combien de ces parties & quelle valeur doivent avoir la Tangente & la Secante de chaque arc, ce qui eſt du même uſage que les Sinus, Voyez SINUS. Auſſi ce calcul ſe fait ſur les mêmes principes, & l'on joint ordinairement des Tables des Tangentes & des Secantes à celles des Sinus. On appelle Soutangente une Abſciſſe quelconque prolongée juſqu'à ce qu'elle rencontre la Tangente tirée par l'extrémité de l'Ordonnée correſpondante à cette abſciſſe, Voyez ABSCISSE & ORDONNE'E.

TANGER. v. a. On dit en têrmes de mer Tanger la côte, pour dire, Courir terre à terre, c'eſt-à-dire, Courir le long de la côte.

TANIERE. ſ. f. Caverne où ſe retirent les Lions, les Ours, les Renards & les Blereaux.

TANNE. ſ. f. Petite tache noire qui paroît ſur le viſage & qui vient d'un petit bourbillon qui engendre quelque bube dans le cuir. Les Tannes ſe tirent avec des épingles, ou en preſſant la peau du viſage avec les doigts.

TANNES. ſ. f. p. Petites marques qui reſtent ſur les peaux des bêtes fauves même apprêtées; ce ſont les marques des inſectes qui les ont piquées.

TANNE'E. ſ. f. Terme de Tanneur. Tan uſé, & qui ſort des foſſes.

TANNER. v. a. Mettre les cuirs dans le tan, afin d'en faire tomber le poil ou la bourre, & de le mettre en état d'être courroyé. On diſoit autrefois Tanner quelqu'un, pour dire, Lui donner de la peine, l'ennuyer, & en ce ſens il y en a qui le font venir de Tamar, qu'ils diſent être un mot Celtique ou bas Breton qui ſignifie Gehenne. Ce n'eſt pas l'opinion de Nicot, qui dit. Taner, tantoſt & proprement eſt outrer les cuyrs de tan, qu'on appelle proprement Couldrer; tantoſt, teindre quelque choſe en couleur tanée, c'eſt reſſemblant à celle du tan; & tantoſt par tranſlation, Faſcher, ennuyer & moleſter autruy: car à ceux qui ainſi ſont outrez de faſcherie & ennuy, le viſage leur devient jaunaſtre & blaſphaſtre comme couleur de tan. Le même Nicot fait venir le mot de Tanné de Caſtaneus, en ôtant les trois premieres lettres, à cauſe que c'eſt une couleur de châtaigne.

TANQUER. v. n. Terme de Marine. On dit qu'Un Navire tanque, pour dire, qu'il enfonce & tombe par ſon avant, ſur tout s'il fait vent arriere, en ſorte que ſa ſivadiere & ſon beaupré ſont couverts d'eau. Cela arrive ordinairement aux Vaiſſeaux que l'on a conſtruits trop courts. D'autres diſent Tanguer, & entendent par Un Navire qui tangue, Un Vaiſſeau qui ſe hauſſe de l'avant & enſuite de l'arriere, comme s'il ſe balançoit ſur les lames de la mer.

TANQUEUR. ſ. m. Portefaix qui ſert à charger & à décharger les Navires & les Galeres; ce qui ſe fait auſſi appeller Gabarier.

TANTIN. ſ. m. Vieux mot. Petite quantité de quelque choſe.

Vers eux s'adreſſe ce mutin,
Diſant, Attendez un tantin.

On a dit auſſi Tatin.

Un tour de bec édifie un tatin.

C'eſt delà qu'eſt venu le vieux mot Tantinet.

Si luy plaiſt un tantinet,
Qui luy retienne le butinet.

TAO

TAON. ſ. m. Groſſe mouche qui a un aiguillon dont en Eté elle pique les chevaux, les bœufs, les vaches & les ſerpens. Quelques-uns écrivent Tahon. Il faut prononcer Ton. Ce mot vient du Latin Tabanus, dont les Eſpagnols ont fait Tavano, & les Italiens Tafano. On tient que les nymphes des Taons s'engendrent de certains petits animaux qui vivent dans les rivieres. On n'a pas de peine à diſtinguer dans le ver du Taon ſa tête, ſa poitrine, ſon ventre, & comme douze petits cercles qui diviſent ſon corps en douze parties. Son bec ſe ſépare en trois parties, qui pendant la vie de cet inſecte ſe meuvent continuellement, de même que la langue des ſerpens.

Rondelet parle d'un Taon, qu'il dit être un petit animal marin de la grandeur d'une araignée, qui tourmente les poiſſons appellés Dauphins & Empereurs.

TAP

TAP. ſ. m. Terme de Marine. On appelle Taps de

pierriers, six Pieces de bois qui ont deux piés de longueur & six pouces en quarré, & que l'on attache sur l'apostil, afin de soûtenir les pierriers.

TAPABOR. f. m. Sorte de bonnet à l'Angloise, qu'on porte à la campagne & sur mer, & dont on rabat les bords sur les épaules pour se garantir du mauvais tems. Quelques-uns disent Tapebord, de Bord, Navire, comme étant un bonnet de Vaisseau, de même qu'on appelle Habit de bord, Un habit qu'un homme de marine porte à la mer.

TAPECU. f. m. La partie chargée d'une bascule qui sert à baisser & à lever un pont-levis.

On appelle, en termes de Marine, Tapecu, Une voile qui se met à une vergue suspendue vers le couronnement d'un Vaisseau, & que l'on ne porte que de vent arrière. Elle n'est d'usage que pour les Vaisseaux Marchands, & on doit la suspendre de telle sorte, qu'elle couvre le dehors de la poupe, & déborde à stribord & à basbord de deux brasses de chaque côté.

TAPIERE. f. f. Terme de Marine. Longue piece de bois de quatre pouces en quarré, qui est reçûë par les coudelates dans la construction d'un Vaisseau.

TAPIRETE. f. m. Nom que les Sauvages du Bresil donnent aux Elans. De Leri les appelle Tapiroussou, & Thevet Tapihire. Ils ressemblent assés aux mulets & ont un long museau qu'ils allongent & retirent, les oreilles déliées, longues & pendantes, le col court, une courte queue, & les ongles solides & durs. Ils sont sans corne, & leur chair approche de celle du bœuf. Cet animal nage & plonge fort bien, gagnant aussi-tôt le fond, & quand il a nagé fort loin sous l'eau, il en retire sa tête. Il y en a un fort grand nombre en ce païs-là ; les Sauvages couvrent leurs boucliers de leur peau. Ils en font aussi des rondaches, en l'étendant en rond & la sechant au Soleil.

TAPIS. f. m. Piece d'étoffe ou de tissu de laine, de soye. &c. dont on couvre une table, une estrade, &c. ACAD. FR. Il y a des Tapis de Perse extrêmement riches, & on les estime beaucoup plus que ceux de Turquie. Tapis vient du Latin Tapes, fait du Grec τάπης, qui veut dire Couverture, comme celle que l'on met sur un lit ou sur un cheval.

On appelle, en termes de Jardinage, Tapis de gazon, Toute piece de gazon pleine sans découpure, & qui est plûtôt quarré-longue, que d'une autre figure.

Tapis est aussi un terme d'Anatomie, & se dit d'une membrane déliée qui est posée sur le fond de l'œil des animaux terrestres. Cette membrane est couchée sur la choroïde, dont elle peut neanmoins être séparée, & à un lustre de nacre qui la fait paroître de plusieurs couleurs.

On dit, en termes de Manége, qu'Un cheval rase le tapis, pour dire, qu'il ne leve pas assés le devant, & qu'il galoppe contre terre à la maniere des chevaux Anglois.

TAPITI. f. m. Sorte d'animal du Bresil, qui approche fort de nos lapins. Il a son poil rougeâtre, & abboye à la maniere des chiens, & sur-tout de nuit, ce que les Sauvages tiennent de mauvais augure. Il y en a de differentes especes, dont les uns n'ont point de queue, & les autres en ont une de demi-pié de longueur. Ces animaux, que l'on appelle aussi Tapati, ont trois ou quatre petits à la fois. On en voit pourtant fort peu, à cause qu'ils servent de proye aux bêtes sauvages & aux oiseaux de rapine.

TAPIYRE-ETE. f. f. Sorte de vache sauvage qui se trouve aux Isles Occidentales dans l'Isle de Ma-

ragnan. Elle est sans cornes & a les oreilles longues, les dents fort aigues & les jambes courtes, ainsi que la queue. On prétend que la pierre de besoar, si estimée, est cachée dans les entrailles de ces animaux.

TAQ

TAQUET. f. m. Terme de Marine. Crochet de bois à deux branches, où l'on amarre diverses manœuvres. Il y en a de simples qui sont presque faits comme un coin, & d'autres appellés Taquets à cornes, qui ont les deux bouts pointus, & qui sont élevés par le milieu. Ceux qui sont échancrés par dedans & cloués par les deux bouts, s'appellent Taquets à gueule ou à dent. Quand on construit ou radoube des Vaisseaux, on a un Taquet de fer, qui est une espece de Taquet à gueule, dont on se sert pour faire approcher les membres, les précintes & les bordages les uns des autres. Les Taquets de mât sont de longs taquets que l'on y cloue, & où l'on passe des chevillots pour y lancer des manœuvres. On appelle Taquets de haubans, de longues Pieces de bois amarées aux haubans d'artimon, où il y a des chevillots qui servent à y lancer les cargues ; Taquets d'écoute, de grands Taquets de deux pieces où les écoutes s'amarent, & Taquets de chasteau, de courtes Pieces de bois que l'on met au chasteau pour le renfler. Les Taquets d'amure sont de grosses & courtes pieces de bois trouées, qui étant appliquées sur chaque côté du Vaisseau, y servent de dogue d'amure ; & les Taquets de ponton sont de gros taquets par où passent les attrapes quand on carene. On dit Taquets de hune à l'Angloise, pour signifier deux demi-ronds qui servent de hune, étant mis aux deux côtés du bout du mât du beaupré. Il y a encore des Taquets d'échelle & des Taquets de potence. Les premiers sont des pieces de bois qui servent de marches aux échelles des côtés d'un Vaisseau, & les autres, de petits taquets couverts par un bout, dans lesquels s'emboîte le bas de la potence de la bringuebale.

On dit aussi Taquet d'un petit morceau de cercle aiguisé par les deux bouts qu'on met en rabattant les tonneaux entre les Torches pour les maintenir.

TAR

TARABAT. f. m. Sorte d'instrument dont on se sert la nuit pour réveiller les Religieux qui sont obligés par leur Institution d'aller au Chœur à minuit, ou à d'autres heures. Il y a de deux sortes de Tarabat. L'un est une maniere de cresselle qui est en usage la Semaine sainte pour avertir d'aller à Tenebres. L'autre consiste en un petit ais qui a deux gros clous de chaque côté, l'un en haut, & l'autre en bas, avec une poignée à chaque bout & une vergé de fer en forme d'anse qui tient à ses poignées. Cette vergé est aussi grande que l'ais, & lorsqu'elle vient à frapper sur les clous, le bruit qu'elle fait réveille.

TARANCHE. f. f. Grosse cheville de fer qui sert à tourner la vis d'un pressoir par le moyen des omblets & des leviers.

TARANTE. f. m. Animal sauvage, gros comme un bœuf, qui naît dans les Païs Septentrionaux. Sa tête est plus grande que celle d'un cerf, & il est couvert d'un poil long comme celui de l'ours.

TARAU. f. m. Rouleau d'acier en forme de cone taillé spiralement en vis pour faire des écrous. M.

Felibien dit qu'il y a des Taraux pour faire des écrous de fer, & d'autres pour faire des écrous de bois, comme il y a differentes filieres pour faire des viz.

TARAUD. f. m. Grosse flûte qui a onze trous, & qui sert de basse dans les concerts de musettes & de hautbois. C'est ce qu'on appelle autrement *Basson*. Quelques-uns disent *Tarot*.

TARAUDER. v. a. Faire un trou en façon d'écrou, dans une piece de métal ou de bois, pour arrêter une viz.

TARCAIRE. f. m. Vieux mot. Carquois.

Le tarcaire où l'en seult répondre
Les dards qui bien y vent espondre.

TARE. f. f. Déchet, diminution qui se trouve en quelque chose. Il se dit principalement des monnoyes & des métaux.

Tare, est aussi un terme de la Manche, & signifie du goudron.

TARENTOLE. f. f. Sorte d'insecte venimeux, de couleur de cendre, marqueté de petites taches blanches & noires ou de taches rouges & vertes. Quelques-uns disent *Tarentule*. Matthiole dit que c'est une espece de phalange plus dangereuse que toutes les autres, & qu'on l'a appellée *Tarentule*, à cause de Tarante Ville de la Pouille. Ceux qui en sont piqués, poursuit-il, sont tourmentés de differentes manieres. Les uns chantent, les autres rient, d'autres pleurent, & d'autres ne cessent point de crier. Il y a qui sont assoupis & d'autres à qui il est impossible de dormir. Enfin il arrive à chacun d'eux des symptômes differens, comme de sauter & de danser, de suer, de trembler, d'être dans de continuelles frayeurs, ou d'entrer en phrenesie. Ces diversités de passions ne viennent que de la diversité des venins de ces animaux, ou de la diverse constitution de ceux qui en sont mordus. Il y en a qui sont persuadés que le venin de la Tarentole change de qualité de jour en jour & d'heure en heure, & que c'est delà que viennent ces diversités de passions. Il y a quantité de Tarentoles aux environs de Senes & de la Romagne, & particulierement aux lieux maritimes, quoiqu'il y en ait moins à la Pouille. Elles se tiennent dans les trous parmi les blés, & quittent ces trous pour piquer les moissonneurs qui ont ordinairement les jambes nues. Ce qu'il y a de fort surprenant, c'est que la musique empeche qu'on ne sente la douleur de ces sortes de piquûres, & que ceux qui les ont reçûes commencent à sauter ou à danser si-tôt qu'ils entendent quelque instrument musical. Si l'instrument cesse, ils tombent par terre sans se pouvoir soûtenir à cause de la violence de la douleur, si ce n'est qu'ils ayent tant sauté, que le venin se soit évaporé en partie par la sueur & en partie par les pores.

TARER. v. n. Terme de Blason. On dit *Tarer de front*, *de côté*, *de profil*, selon le tour que l'on donne au timbre de l'écu. Quand il est taré de front, c'est une marque de grande noblesse.

TARERONDE. f. f. Poisson qui est mis, comme la raye, au rang des poissons plats & cartilagineux. Il y en a de deux sortes, l'une qui n'a qu'une pointe sur la queue, & l'autre qui en a deux. Les Pêcheurs disent que l'un est mâle & l'autre femelle. Ces pointes sont si fermes & si aigues, qu'elles percent & penetrent jusqu'aux nerfs, en sorte que quelques-uns en meurent sur l'heure. Dioscoride dit que l'épine qu'on voit à la queue de la Tareronde courbée contre les écailles, a la vertu d'appaiser la douleur des dents. Pline assûre qu'elle y est fort bonne,

si après qu'on l'a mise en poudre, on y mêle de l'ellebore blanc pour s'en frotter les gencives. Les dents tombent par ce moyen sans faire aucun mal. Matthiole croit que les Charlatans s'en servent lorsqu'ils arrachent des dents sans ferrement. On appelle aussi ce poisson *Glorin* & *Pastenaque*. Voyez PASTENAQUE.

TARGE. f. f. Bouclier dont les Romains se servoient aussi-bien que les Espagnols & les Africains, & qui étoit fait en façon de croissant courbe & quarrélong. Les premieres targes étoient des boucliers ou écus de gens à pié, & ce mot, selon du Cange, a signifié quelquefois un grand bouclier qui servoit dans les assauts & dont tout le corps étoit couvert. Marot au Pseaume 31.

Sa défense te servira.
De targe & de modele.

Ce mot vieillissoit déja du tems de Nicot. *Targe*, dit-il, *est une espece de bouclier presque quarré & plissé par travers en forme de la lettre* S, *dont les Espagnols usent encore ès lieux frontiers de l'Afrique, à la façon des Afriquains, qui le nomment* Adarga, *& le Languedoc* Targue. *Si fait le François, disant aussi* Targue, *quoiqu'il en ait presque aboli l'usage.* M. Menage prétend que *Targe* a été fait de *Tergum*, Cuir, à cause que les boucliers étoient faits autrefois de bois couvert de cuir bouilli.

Targe se dit, en termes de Jardinage, d'un ornement en maniere de croissant, qui est fait de traits de bouis & arrondi par les extrémités. Il entre dans les compartimens des parterres, & est imité des anciens boucliers appellés *Targes*.

TARGER. v. n. Vieux mot. Tarder. On a dit aussi *Targier*.

Tost après gueres ne targierent,
Qu'an qu'il orent fait depecierent.

Quelques-uns veulent que ce mot soit venu de *Targe*, qui a signifié un grand bouclier qui couvroit presque tout le corps, à cause que sa pesanteur obligeoit ceux qui le portoient à marcher fort lentement, ce qui les faisoit tarder.

TARGETTE. f. f. Plaque de fer fort deliée, composée d'un verrouil & de deux cramponnets qui le tiennent. Cette Targette est de forme ovale, & on l'attache au chassis de la vitre. Il s'en fait de differentes façons, & il y a des croisées où l'on en met de vuidées & qui sont entassées de leur épaisseur dans le bois, à quoi M. Felibien ajoûte qu'il en est quelques-uns dont les verrouils sont par dessous la platine, retenus avec une petite couverture ou deux cramponnets entaillés dans le bois. Cette façon est ancienne.

Targette est aussi une verge de fer qui soûtient par des anneaux les rideaux d'un lit, d'une fenêtre.

TARGON. f. m. Herbe qu'on mange en salade, & dont on se sert pour donner du goût aux sauces. Matthiole dit que ses feuilles sont longues & ses racines rampantes presque à fleur de terre, comme celles de l'herbe des prés. Il ajoûte que quelques-uns croyent que cette plante n'est point naturelle, & qu'elle se fait artificiellement de graine de lin mise en un oignon cavé & planté ensuite, mais que plusieurs qui l'ont essayé, ont été trompés. Les Italiens l'appellent *Dragonello*, & les Latins *Dragunculus hortensis*.

TARIERE. f. f. Outil de fer dont les Charpentiers se servent. Il est emmanché de bois en potence, & en tournant il fait que le fer perce le bois où il touche, & fait de grands trous propres à y mettre des

chevilles. Il y en a de plufieurs fortes & groffeurs.
M. Felibien fait venir ce mot du Grec τέρετρον, qui
vient de τείρω, Je perce, je fais un trou ; & il obferve que les ouvriers difent *Vn gros tariere*, au
mafculin, lorfque le Tariere eft gros, & *Vne petite
tariere*, quand il eft petit. Il fe fait de petites Tarie-
res qu'on appelle *Lacerets*.

TARIN. f. m. Petit oifeau vert qui a une petite tache
noire fur la tête. Il chante en cage, & reffemble
affés au Serin. Plufieurs Oifeliers difent *Terin*.

TAROTS. f. m. p. Cartes à jouer dont les Efpagnols
fe fervent, & qui au lieu des figures de cœurs,
carreaux, piques & trefles qui font marquées fur les
nôtres, en ont de deniers, d'épées, de coupes &
de bâtons.

TAROUPE. f. m. Poil qui croît fur le haut du né,
entre les deux fourcils, & que les mélancoliques
ont fort épais, & qu'on arrache avec des pincettes.

TARSE. f. m. Terme d'Anatomie. La premiere partie
du petit pié, ou du pié proprement dit. C'eft ce
qu'on appelle ordinairement *Le coû du pié*. Le Tar-
fe eft compofé de fept os, dont le premier eft appellé *Aftragale*. Ce mot eft Grec, ταρσός.

TARTANE. f. f. Barque dont on fe fert fur la mer
Mediterranée, & qui ne porte qu'un arbre de meftre & une mifaine, ce qui la fait differer des autres
barques. La voile d'une Tartane eft à tiers point,
& elle en appareille une à trait quarré, qu'on appelle *Voile de fortune*, quand il eft gros tems.

TARTAREUX, EUSE. adj. Qui a la qualité du tartre.

TARTARISER. v. a. Terme de Chymie. Purifier par
le fel de tartre. Ainfi l'on dit *Tartarifer l'efprit de
vin*, pour dire, Le purifier.

TARTAVELE. f. f. Vieux mot. Sorte d'inftrument
propre à faire du bruit.

Qui font ces afnes fans cervelles,
Qui fonnent de leurs tartavelles
A vos huis ?

TARTE. f. f. Piece de patifferie, de fruit, de confitures ou de creme, avec des œufs & du fromage.
Elle eft compofée d'une abbaiffe & d'un couvercle
decoupé, ou par petites bandes arrangées proprement à quelque diftance les unes des autres. Il y a
auffi des *Tartes de maffepains*. Elles font faites d'a-
mandes pilées & glacées avec du fucre. M. Menage
fait venir ce mot du Latin *Torta*, auffi-bien que
Tourte, Du Cange dit *Tarta* fe trouve dans la
baffe Latinité.

On appelle *Tartes bourbonnoifes*, Certains bour-
biers qui font dans les prés ou autres endroits du
Bourbonnois, où les hommes & les chevaux s'abî-
ment fi on ne leur donne un prompt fecours.

TARTRE. f. m. Terme de Chymie qui fignifie trois
chofes, dont la premiere eft l'acide du vin infeparablement, qui eft plus ou moins fixe en divers
vins. Ainfi l'acide du vin d'Efpagne monte dans l'a-
lembic & ne laiffe qu'une liqueur infipide. Celui
des autres eft plus fixe & embarraffé avec des parties terreftres, qui font que les parties volatiles
montent dans la diftillation, & que les fixes demeurent en forme de chaux. On démontre l'acide
du vin, en ce que fi on y laiffe un œuf durant quelque tems, cet œuf paroîtra couvert de petits criftaux, parce que l'acide du vin corrode l'alcali de la
coque de l'œuf, & forme avec lui un troifiéme fel
falé en maniere de criftal. *Tartre*, fe prend auffi
pour la lie du vin, & voici comme il s'engendre.
Pendant que l'acide du vin corrode la lie, il fe coagule lui-même avec les parties falines qu'il diffout,

retenant en même-tems les parties terreftres, &
c'eft l'union de ces trois chofes qui fait le Tartre.
Ce tartre s'attache aux côtés du tonneau, non feulement parce que le vin a plus d'acide en cet endroit, comme on le connoît, en ce que fi on expofe ce tonneau rempli de vin à un grand froid, le
vin fe gele vers les côtés du Vaiffeau, & l'efprit de
vin prend le milieu ; mais auffi parce que les fels
ne fçauroient fe coaguler, fans avoir un fujet ferme
à quoi ils s'attachent, tel que le bois de chêne,
dont d'ordinaire on fait les tonneaux ; & c'eft cette
pierre fort dure qui fe trouve adherante aux parois
des tonneaux de vin, que veut dire proprement le
mot de *Tartre*. C'eft la troifiéme fignification , &
en ce fens le Tartre eft blanc ou rouge felon la couleur du vin qui l'a produit. Les Chymiftes en tirent
un medicament qu'ils appellent *Creme* ou *Criftal de
tartre*. Il fe fait en mettant le Tartre en poudre
groffiere, & verfant de l'eau chaude fur cette poudre. Après qu'on l'a un peu agitée, l'eau fe charge
des impuretés. Il faut alors y en mettre d'autre, &
réiterer la même operation, jufqu'à ce que l'eau
chaude ne puiffe plus enlever d'impuretés. Enfuite
on feche le Tartre, qu'on garde pour le befoin. Il
y a auffi une huile de Tartre qui fe prépare de deux
manieres, ou *Per defcenfum*, ou *per afcenfum*. Pour
faire cette huile de la premiere maniere, on prend
du tartre blanc ou rouge, qu'on fait calciner dans
un pot de terre au four ou en un fourneau, jufqu'à
ce qu'il foit entierement blanc. On le pulverife enfuite, & on le met dans un fachet de drap blanc
ou de toile, qu'on pend à la cave, ou dans quelque endroit femblable. On met un pot au-deffous
pour y recevoir une liqueur auffi claire que de l'eau,
qui en diftille. L'huile de Tartre fe prepare *per afcenfum* en broyant le tartre que l'on met enfuite
avec du fel ou des cailloux concaffés à la retorte.
On allume du feu deffous, & ce feu eft augmenté
peu à peu. Après l'eau il en fort une huile puante,
que l'on rectifie en la diftillant de nouveau par le
fable. Cette huile prife interieurement avec du vin
blanc rompt la pierre, provoque l'urine & mondifie
les ulceres interieurs. Etant appliquée elle eft excellente contre toutes fortes de douleurs de nerfs &
de jointures. Quelques-uns, pour avoir un efprit
de tartre très-volatile, le rectifient fur fa tête morte,
d'autres avec la chaux vive, & d'autres avec un alcali approprié. Par ce moyen, ce qui refte d'acide
dans l'efprit de tartre eft abforbé par l'alcali fixe,
& il ne monte que l'efprit le plus pur & l'alcali le
plus volatile qui fe peut tirer au feu de fable. L'efprit
volatile de tartre a des propriétés admirables, & il
n'y a point de meilleur remede pour le mal hypochondriaque, la goutte, la paralyfie, la pleurefie, l'hydropifie & toutes les maladies chroniques,
qu'il guerit en chaffant leur caufe materielle par
les urines & par les fueurs. Les Alchymiftes n'ont
point de meilleure menftrue que le fel de tartre,
pour diffoudre prefque tous les mineraux & pour
extraire leur foufre. Il y a une *Terre foliée de tartre*, qui fe fait avec le fel de tartre & l'acide volatile
du vinaigre. C'eft proprement un tartre regene-
ré, dont on peut tirer, ainfi que du tartré, de
l'efprit, de l'huile & du fel fixe. Cette terre foliée
avec l'efprit de fel ammoniac eft un bon remede
contre le mal hypochondriaque & les maladies de
l'urine.

On appelle *Tartre vitriolé*, Un fel falé, compofé du fel de tartre & de l'efprit de vitriol. Il n'y a
point un meilleur aiguillon pour les purgatifs, &
quand on le joint à un purgatif, le quart de la dofe de ce purgatif fuffit pour bien purger. C'eft auffi

un puiffant diuretique , qui non feulement pouffe les urines , mais qui diffout & déterge même les coagulations & les ordures qui fe trouvent dans & autour des conduits urinaires. Il y a encore un Tartre qu'on appelle *Tartre martial*. Il fe fait en diffolvant du tartre dans de l'eau des forgerons , & en jettant de la limaille d'acier dans la diffolution. L'acide du Tartre corrode le mars , après quoi on filtre & on laiffe évaporer la diffolution. Cette diffolution ayant été réiterée , on l'expofe dans la cave ou en quelqu'autre lieu froid , où il fe forme des criftaux admirables dans les maladies chroniques , & fur-tout pour la fuppreffion des ordinaires des femmes.

TARUGA , ou *Tarnca*. f. m. Animal fauvage du Perou , qui eft une efpece de cerf , mais plus petit que ceux de l'Europe. Il eft de couleur brune , & a les oreilles pendantes & deliées. Ces animaux fe tiennent rarement par troupes , & aiment à vivre feuls parmi les precipices des rochers.

TAS

TAS. f. m. *Monceau , amas de quelque chofe.* ACAD. FR. On appelle *Tas* , en termes de Maçonnerie , La maffe de pierres arrangées qu'on maçonne , & en ce fens on dit *Retailler une pierre fur le tas* , pour dire , La retailler avant que de l'affûrer à demeure. *Tas de charge* , fe dit des premières pierres que l'on voit fur les angles ou dans le plein d'un mur , & qui montrent le commencement & la naiffance d'une voute ou des branches des ogives , tiercerons , formerets & arcs doubleaux. On dit *Vouter en tas de charge* , pour dire , Mettre les joints de lit partie en coupe du côté de la douelle , & partie de niveau du côté de l'extrados , afin de faire une voute fpherique.

Les Paveurs appellent *Tas droit* , Une rangée de pavé fur le haut d'une chauffée , d'après laquelle s'étendent les ailes en pentes à droit & à gauche jufques aux ruiffeaux d'une large rue , ou jufques aux bordures de pierre ruftique d'un grand chemin pavé. Nicot dit que le mot de *Tas* , femble venir du Grec τάσσιν , Mettre en ordre , arranger , ou de *vátis* , Arrangement , ordre. M. Ménage le fait venir de *Taffus* , que les Auteurs de la baffe Latinité ont dit pour fignifier un Monceau de foin ou d'épis.

Les Orfevres appellent *Tas* , Une forte de petite enclume dont ils fe fervent pour faire des vis , des moulures. Elle eft attachée à un gros rond de fer , & ils travaillent fur cette enclume aux ouvrages delicats. Les Monnoyeurs ont auffi une enclume qu'ils appellent *Tas*. Elle a neuf ou dix pouces de diametre , & fa queue entre dans une fouche de bois que les Ouvriers appellent *Seppeau*. C'eft fur ce tas qu'ils flattiffent , élaizent & bouent les quarreaux.

TASSART. f. m. Efpece de Brochet que l'on trouve en Amerique , & qui fe prend d'ordinaire aux entre deux des Ifles en approchant des rochers où les marées font plus fortes & où la mer eft plus agitée qu'ailleurs. La chair en eft blanche , & auffi bonne que celle du brochet , mais elle eft plus dure à cuire & indigefte. Ceux qui mangent trop de ce poiffon , ou qui le mangent à demi-cuit , font fujets à des coliques bilieufes ou à des dégorgemens de bile. Il y en a de fort grands , & qui ont cinq à fix piés de longueur. Le Taffart eft fort goulu , & fe jette brufquement fur l'hameçon attaché au bout de la corde qui traîne derriere la barque. Quand elle la pafferoit plus vîte qu'un trait , il la pourfuit

& l'atttrape. Tout lui eft indifferent , lard , poiffon ou crabe , & même un morceau de linge , fi la ligne en eft converte ; il l'engloutit auffi-tôt ; mais fi elle n'eft bien armée & revêtue de fil de laiton ou d'une chaîne de fer , il la coupe avec les dents , & on a pris des Taffarts qui avoient trois hameçons dans le ventre , prefque auffi gros que les doigts.

TASSE', E'E. adj. Qui eft mis en un tas , qui eft rangé l'un fur l'autre , On dit que *Un bâtiment eft taffé* , pour dire , qu'il a pris fa charge dans toute fon étendue , ou dans une partie.

TASSE. f. f. Sorte de vafe de bois , de terre , de fayence , de porcelaine ou de métal , dans lequel on boit. Il y a des taffes ovales & qui n'ont ni piés ni anfes. Il y en a d'autres qui font rondes & qui ont deux petites anfes façonnées avec un pié embelli de feuillage & d'autres petits ornemens. M. Menage fait venir ce mot de l'Arabe *Taffon* , Grand verre , & du Cange le derive de *Tacea* , qui dans la baffe Latinité veut dire la même chofe.

Taffe , fe dit auffi d'un petit vaiffeau de bois en forme de taffe qui eft au-deffus d'une tournette. C'eft où l'on met la pelote de coton ou de fil quand on devide.

TASSER. v. Terme de Jardinage , S'élatgir. *Cette giroflée a bien taffé.* Il y a bien dequoi la multiplier , il y a déja bien des drageons. *Une Taffe d'ofeille.*

TASSEAU. f. m. Maniere de petite enclume que les Artifans pofent ordinairement fur l'établie , & dont ils fe fervent pour percer , couper , river & dreffer le fer. Il y en a de quarrés , & d'autres qui ont une petite bigorne. Les Charpentiers appellent *Taffeaux* , de petites Pieces de bois qui fervent à porter les pannes ; & parmi les Menuifiers *Taffeau* eft un petit morceau de bois quarré qu'on attache avec des cloux , & qui fert à foutenir quelque chofe. On appelle auffi *Taffeaux* , de petits dés de moëllons maçonnés de plâtre , où l'on felle des folives de fapin appellées *Sapines* , afin de tendre fûrement des lignes pour planter un bâtiment.

On appelle encore *Taffeau* , Le moule ou la forme fur laquelle on applique & on colle les écliffes dont le corps d'un luc ou d'un inftrument de même nature eft compofé.

TASSETTE. f. f. Terme d'Armurier. Partie de l'armure d'un homme de guerre , qui eft au-deffous de la cuiraffe , c'eft-à-dire , tout le fer qui couvre les cuiffes de l'homme armé ; ce qui fait que les Taffettes font auffi nommées *Cuiffards.*

TASTER. v. a. *Toucher , manier doucement une chofe , pour connoître fi elle eft dure ou molle , feche ou humide , froide ou chaude.* ACAD. FR. On dit en termes de Manege , qu'*Un cheval tâte le pavé* , *tâte le terrein* , pour dire , qu'ayant le pié douloureux ou la jambe fatiguée , il n'appuie pas fur le pavé , de crainte de fe faire mal en marchant.

TAT

TATOU. f. m. Animal du Brefil , grand comme un cochon de lait , de couleur grife , & couvert par tout le corps d'écailles d'os comme de lames prefque à la maniere du Rhinoceros , hormis fous le ventre & autour du cou. Ces écailles font difpofées dans un très-bel ordre , & tellement dures , qu'elles émouffent la pointe des fleches. Les Efpagnols appellent cet animal *Armadillo* , & les Portugais *Encubertado*. Il vit fous terre comme font les taupes , & il la creufe avec une extrème promptitude , en forte qu'il trompe fouvent l'adreffe de ceux qui la fouillent pour l'attraper. Il a le mufeau comme un heriffon ; mais un peu plus long & menu , les
oreilles

oreilles cartilagineufes & fans poil , quatre orteils dans les jambes de devant , & cinq dans les jambes de derriere. Il y a grand nombre de Tatous dans l'Ifle de la Grenade , qui eft la feule de toutes les Ifles habitées par les François où ils puiffent vivre;& comme ils terriffent , ainfi que font les lapins , on juge qu'ils dorment dans leur tapiere du moins un tiers de l'année , ou qu'ils y vivent des fruits & des racines qu'ils y amaffent , puifqu'il n'en paroît au-cun pendant tout ce tems , quoiqu'ils foient auffi communs pendant fept ou huit mois dans cette Ifle, que les lapins ont accoûtumé de l'être dans nos ga-rennes. Laët dans fa Defcription des Ifles Occiden-tales dit qu'il s'y trouve plufieurs efpeces de cet animal , qui ne different que de grandeur , fçavoir le *Taton-onaſou*, grand à peu près comme nos bre-bis , le *Taton-ete*, qui n'eſt guère plus grand qu'un Renard , le *Taton-appar*, le *Taton oüainchou*, & le *Tatou-miri*. Ce dernier eſt le plus petit de tous.

TAU

TAU. f. m. Terme de Blaſon. Figure d'un *T*. C'eſt une efpece de croix potencée , dont on a retranché la partie qui eſt au deſſus de la traverſe. Cette croix ſe trouve dans tous les Blaſons des Commandeurs de l'Ordre de faint Antoine , ce qui fait que l'on croit que c'eſt le deſſus d'une croſſe Grecque , & qu'on ne l'a miſe ſur ſon habit que pour faire voir qu'il étoit Abbé. Il y en a pourtant qui veulent que le Tau ſoit une potence d'eſtropié , ce qui convient à cet Ordre qui étoit hofpitalier.

TAVAYOLE. f. f. Grand linge quarré fort fin , bordé de dentelle ou de point , qui fert dans quelques ceremonies de l'Egliſe , comme on porte le pain benit, ou qu'on préſente un enfant au baptême. Il y a des Tavayoles qui ſont tout-à-fait de point. Ce mot vient de *Tonaille* , qui veut dire Nappe , de *Tobalea* ou *Tabula*.

TAUDIR. v. n. Vieux mot. Se couvrir. C'eſt de-là qu'on a appellé autrefois *Taudis* , Certains mante-lets comme la Tortue , pour approcher des murs à couvert. Aujourd'hui *Taudis* ſe dit d'un petit gre-nier dans le faux comble d'une manſarde. Il ſe dit auſſi d'un petit lieu pratiqué ſur la rampe d'un eſ-calier , comme étant commode à y mettre du bois ou autre choſe. On appelle plus ordinairement *Taudis*, Un petit logement étroit, ſale & malpro-pre où logent de petites gens. Du Cange fait venir *Taudis* du Latin *Tuldum* , qui s'eſt dit proprement du deſordre & de la confuſion que fait le bagage dans un camp. On l'a étendu de-là à tout ce qui eſt mal arrangé.

TAVELEURE. f. f. Terme de Fauconnerie. Il ſe dit des mailles ou taches de differentes couleurs, qu'on voit ſur les ailes des oiſeaux de proye.

TAVERNAGE. f. m. Vieux mot. Il ſe trouve dans quelques Coûtumes , & ſignifie l'amende où eſt condamné celui qui vend ſon vin à un prix plus haut qu'il n'a été reglé par le Juge.

TAUMIER. f. m. Vieux mot. Nom injurieux qu'on a donné autrefois à des perſonnes peu conſidera-bles

M'entend-tu bien ; vilain Taumier.

TAVEVOULE. f. m. Arbre qui ſe trouve dans l'Iſle de Madagaſcar , & dont les feuilles qui n'ont point de tige , & qui ſont longues & étroites , croiſſent tout autour des branches , de ſorte que quand on eſt au deſſous , il ſemble qu'elles y ſoient collées.

TAUGOURS. f. m. p. Petits leviers dont on ſe ſert pour tenir un eſſieu de charette , bandé ſur les bran-cards.

Tome II.

Ce ſont auſſi des bâtons dont on ſe ſert pour atta-cher les deux bouts d'un filet à traîner : on y attache les cordes de halée.

Ce ſont encore des bâtons qu'on attache au mou-ton d'une cloche avec des étriers pour mettre la corde à ſonner.

TAUPE. f. f. Petit animal qui tient du rat & qui eſt couvert d'un petit poil noir , épais , luiſant & ſoyeux. Il ne voit goutte & vit ſous la terre des vers qu'il y peut trouver. Quand il n'y en trouve point , la terre qu'il ne fait que fouiller & remuer , prés fa nourriture. Il fait par-là grand préjudice aux prés & aux jardins. La Taupe a l'ouie extrèmement ſubtile , à cauſe qu'elle a la membrane du tambour très-grande.

On appelle *Taupe*, Un petit peloton de velours ou de tripe noire , avec quoi on nettoie les cha-peaux & les habits , & on lui a donné ce nom à cau-ſe de la reſſemblance qu'il a avec une taupe.

TAUPINAMBOUR. f. m. Racine ronde qui vient par nœuds. On la pelle après qu'elle eſt cuite, & les pauvres gens l'accommodent avec du beurre , du ſel & du vinaigre pour la manger.

TAUREAU. f. m. Animal qui mugit & qui a deux cornes. C'eſt le mâle d'une vache. Il eſt d'ordinaire rouge ou noir , & a le cou gros , le regard affreux & la tête dure. On tient que le Taureau aime les abeilles & qu'il haït les taons , les bourdons , les frelons , les guêpes , les ours, les tiques , & quel-ques couleurs , mais particulierement le rouge. Dioſcoride dit que le ſang d'un Taureau frais tué , pris en breuvage , cauſe la difficulté de reſpirer & étouffe la perſonne , après quoi il enſeigne de quel-le maniere il faut remedier à ce poiſon , ce que Matthiole trouve inutile , puiſque ce ſang devant être pris tout chaud pour empoiſonner , il faudroit avoir entierement perdu la raiſon pour en vouloir boire. Auſſi lorſque Nicander en parle , il dit que ſi quelqu'un , ou par rage , ou par folie , a bû du ſang de Taureau , il ſe plaint inceſſamment quand ce ſang ſe fige auprès du cœur ou en l'eſtomac , à cauſe qu'il bouche les conduits des eſprits , ce qui fait que le malade ne fait que ſanglotter & s'éten-dre , & trépigne en terre , ſe veautrant & écumant. La chair de Taureau eſt de mauvais ſuc & fort diffi-cile à digerer. Borel fait venir *Taureau* du mot Sy-riaque *Thaur*.

TAUTE. f. f. Poiſſon de Marſeille qui a deux petits os comme un couteau & une plume , & dont le ſuc eſt noir comme l'encre. Borel dit , après Charles Etienne, que c'eſt le *Loligo* ou *Calamartium* , & ſelon Nicot , il a été nommé *Tauté*, de τευθὶς , qui eſt le nom que les Grecs lui donnent.

Taute ou orgueil , dit le même Nicot , *eſt un bil-lot que les Ouvriers mettent devant quelque groſſe pierre , ou autre choſe , la voulant mouvoir de lieu en autre , puis deſſus aſſient le dos de leurs pinſes ou pieds de chevres ou leviers , & mettent les billots ſous la groſſe pierre , ou autre gros faix. Cela fait, ils ſoulent & poiſent tant qu'ils peuvent ſur les queues ou bouts d'iceux outils , & par ce moyen ſouſlevent cette groſſe pierre ou piece de bois.*

TAUTER. v. a. Vieux mot. Mettre une taute ſur quelque choſe.

TAY

TAYE. f. f. Maladie de l'œil , qui arrive quand la nutrition de la partie tranſparente de la cornée eſt dépravée , & reçoit un aliment un peu trop groſ-ſier & trop viſqueux. C'eſt ce qui obſcurcit la cor-née , & fait qu'on voit les objets comme au travers

Qqq

d'un nuage. La taye de la cornée paroît blanchâtre, & pour la guerir, il faut que la matiere grossiere soit atténuée & dissipée. Les Medecins nomment aussi *Tayes*, plusieurs Membranes qui sont dans le corps, comme l'amnios & le chorion qui sont les enveloppes du fœtus.

Taye, se dit encore, non seulement de la toile dont un oreiller est enveloppé, mais aussi de celle qui couvre & enveloppe un lit de plumes.

TAYGANS. adj. Vieux mot. Qui est attaqué de la toux.

    Vers lui s'en vint lasse & taygans.

TAYON. s. f. Terme des Eaux & forêts. Chêne qui a été reservé depuis trois coupes, & qui a trois fois l'âge de taillis.

    Vieux chesnes, dits chesnes tayons.

Ce nom a été donné à un vieux chêne, du vieux mot *Tayon*, qui a signifié autrefois Grand pere. On le fait venir du Latin *Atavus*.

TEC

TECA. s. m. Sorte de blé qui croît aux Isles Occidentales, & dont les feuilles different fort peu de celles de l'orge. Le tuyau croît de la hauteur de l'avoine, & le grain est un peu plus menu que celui du segle. La coûtume des Sauvages est de le moissonner avant qu'il soit entierement mûr, & de le faire sécher au soleil. Ils le tirent des épis dans leur besoin, & le grillent sous les cendres. Quand il est rôti, ils le reduisent en pâte sur une pierre quarrée avec une autre pierre ronde, & portent cette pâte avec eux dans leurs voyages. Elle est extrémement nourrissante, & une petite mesure suffit à un homme pour huit jours. Ce qu'il y a de particulier, c'est qu'elle leur sert de viande & de boisson. En y mêlant un peu d'eau, c'est leur manger, & étant fort détrempée, ils s'en servent pour breuvage.

TED

TEDIEUX, EUSE. adj. Vieux mot. Ennuyeux, qui fait de longs discours que l'on voudroit bien ne pas entendre. Il vient du Latin *Tædium*, Ennui, qui a fait aussi le vieux mot *Attedier*, pour dire, Ennuyer.

TEI

TEIGNASSE. s. f. Perruque ou cheveux mal arrangés, mal peignés. On dit en ce sens, qu'*Un homme n'a jamais qu'une vilaine teignasse*, pour dire, qu'il est toûjours mal peigné. Quand on parle de la coiffure d'une femme du bas peuple, qui a les cheveux gras, mal peignés en desordre, on dit, *Teignon* ou *Tignon*.

TEIGNE. s. f. Sorte de petit ver qui s'attache aux étoffes gardées trop long tems, & qui les ronge.

Teigne, se dit aussi d'une sorte de galle épaisse qui vient à la tête avec des écailles & des croûtes, de couleur cendrée & quelquefois jaune, qui sent très-mauvais. Il y a une *Teigne squammeuse*, appellée ainsi à cause de plusieurs écailles semblables à du son qui en sortent quand on la gratte. On en marque encore deux autres especes, dont l'une a de petits grains de chair rouge sous une croûte jaunâtre, pareils à ceux d'une figue. L'autre est corrosive, & a plusieurs ulceres & petits trous qui jettent une sanie sanglante & puante de couleur plombine. On fait venir *Teigne* de *Tinea*, Ver qui

ronge les habits, à cause que la teigne mange la tête, comme les vers mangent les étoffes.

On appelle encore *Teigne*, Une maladie de chevaux très-difficile à guerir. C'est une pourriture qui vient à la fourchette du cheval, & qui a une senteur fort puante. Ce sont quelquefois des vers faits à peu près comme des cloportes, que les Maréchaux leur ôtent du fondement avec la main.

Il y a aussi une maladie d'arbres qu'on appelle *Teigne*. C'est une maniere de galle qui vient sur leur écorce. Plusieurs écrivent & prononcent *Tigne*.

TEILLE. s. f. Ecorce déliée d'un brin de chanvre ou de lin. On a dit de là *Teiller le chanvre*, pour dire, Rompre le tuyau où le chanvre est enfermé, & l'en tirer. Il y en a qui le teillent en longs filets avec la main, & d'autres qui brisent le tuyau de chanvre dans un instrument qui est fait exprès, qu'on appelle *Braye*. Il est de bois, long de 4. piés, les dents de dessus entrent dans le creux du dessous, & les dents du dessous dans le creux du dessus. Quelques-uns disent *Tiller*. On fait venir ce mot de *Tilea* ou *Tilleul*, arbre, dit Borel, qui a une peau comme le chanvre, tenace & longue. Il y a grande apparence que les premieres cordes en ont été faites avant l'usage du chanvre. D'autres derivent *Teiller*, du Grec τίλλειν, Arracher.

TEINT. s. m. Terme de Teinturier. Bain avec les drogues qui y sont infusées pour teindre. On dit en ce sens, qu'*Une étoffe est dans le teint*. Selon les reglemens du métier, il y a des choses qui doivent être teintes du grand Teint, & d'autres du petit Teint, & cela fait deux Maîtrises separées. Les Teinturiers du grand Teint & du bon teint donnent aux étofes un pié necessaire de pastel, garence ou cochenille, après quoi ils les mettent dans les mains des Teinturiers du petit Teint pour les raciner, engaller, noircir, brunir ou griser. Le bleu, le rouge & le jaune leur appartiennent pour les teindre seuls sans la participation du petit Teint, & le fauve & le noir appartiennent aux uns & aux autres, le noir devant recevoir le pié de guesde ou garence du bon Teint, & être engallé & noirci par le petit Teint. Il faut que les plombs ou les marques soient connoissables & fassent voir clairement si les étoffes ont été teintes dans le grand ou le petit Teint.

Les Miroitiers disent *Mettre une glace au Teint*, pour dire, Mettre une lame ou feuille d'étaim derriere la glace, appliquant ensuite du vif argent sur cette feuille d'étaim; ce qui est cause qu'on voit les objets dans la glace du miroir en jettant les yeux dessus.

TEINTE. s. f. Terme de Peinture. Maniere d'appliquer les couleurs pour donner du relief aux figures, en sorte que les jours, les ombres & les éloignemens soient bien marqués. On appelle *Demy-teinte*, Un ménagement de lumiere par rapport au clair obscur, & en general, Une Teinte extrémement foible & diminuée.

TEINTURE. s. f. Ce mot signifie non seulement la liqueur qu'on a préparée pour teindre, mais encore la couleur que prend la soye ou la laine lorsqu'elle sort dans le teint. La matiere qui sert à teindre en bleu, c'est l'indigo; la cochenille sert à teindre en écarlate, & la noix de galle à teindre en noir.

Teinture. Terme de Chymie. La pierre philosophale est nommée *Teinture*, à cause qu'elle teint les métaux moins nobles de la couleur des métaux plus nobles. Les Teintures sont ou universelles, & c'est ce mystere des philosophes qu'on prétend qui teint toutes fortes de couleurs , ou bien elles font particulieres , & celles-là ne teignent qu'un ou deux fujets. Elles fervent dans la Chymie ou dans la Medecine. Les Teintures medicales font des extraits liquides colorés , ou bien les extractions de la plus noble fubſtance du mixte en forme de teinture. Ainſi la teinture ou eſſence des vegetaux eſt tirée avec l'eſprit de vin qui imbibe toute la vertu du fujet , & laiſſe le corps du mixte ſans la vertu la plus noble qu'il a perdue. Ce qu'on appelle *Teinture de ſoufre de vitriol* , n'eſt qu'une teinture de Mars , compoſée avec la tête de vitriol de Mars , ou la terre douce & balfamique de vitriol , ſur quoi on verſe l'eſprit de ſel commun , ou de l'eſprit de ſel compoſé avec l'alun. Après qu'on a philtré la diſſolution , il la faut diſtiller au feu de fable , & de la matiere qui reſte , on tire avec l'eſprit de vin une Teinture aſtringente extrêmement rouge. C'eſt un remede aſſuré pour toutes les hemorragies , pour la dyſenterie , la diarrhée & les crachemens de ſang. La *Teinture veritable d'antimoine* , paſſe pour un chef-d'œuvre de la Chymie , & on croit que demi-once de cette teinture ſuffiroit pour donner la couleur de l'or à vingt onces d'argent. Elle conſiſte en l'extraction requiſe du ſoufre ſolaire , qui ſe fait par des menſtrues acides , ſur-tout par le vinaigre diſtillé , l'eſprit de verdet , l'eſprit de ſel , &c. & en l'exaltation convenable de ce ſoufre extrait. Cette exaltation dépend de ſa digeſtion avec l'eſprit de vin , & de ſa diſtillation ſuivant les regles de l'art. Les acides qui ſervent à l'extraction du ſoufre d'antimoine le fixent , & le rendent ſudorifique en lui ôtant ſa vertu émetique. Après qu'il eſt fixé , la digeſtion avec l'eſprit de vin le détermine à purger par en bas. La *Teinture d'antimoine tartariſé* , ſe prépare avec parties égales d'antimoine & de tartre fondus enſemble dans un creuſet , & que l'on calcine juſqu'à ce qu'on voye la mixtion parfaitement jaune. On la retire alors du creuſet , & on la diſſout dans de l'eau chaude. On extrait avec l'eſprit de vin la poudre qui reſte , & on évapore la liqueur juſqu'à une conſiſtance requiſe. Cette Teinture eſt fort bonne dans les maladies chroniques , comme dans les cutanées , dans les fievres intermittentes , dans la ſuppreſſion des mois & dans les autres affections des femmes. Il y a d'autres Teintures d'antimoine ; mais la meilleure de toutes eſt celle qui ſe tire avec le vinaigre & l'eſprit de vin. On appelle vulgairement *Teinture ſeche d'antimoine* , Les fleurs rouges d'antimoine ſublimées avec le ſel ammoniac. On les tient admirables dans la cakexie , & dans les indiſpoſitions de même nature. Les preparations liquides du mars font auſſi appellées ordinairement *Teintures*. On les diviſe en aperitives & en aſtringentes. L'eau des Forgerons eſt l'une & l'autre. Elle eſt ſalutaire dans la diarrhée & dans la dyſenterie comme aſtringente , & fait de fort bons effets dans la cakexie & dans la jauniſſe , comme aperitive. On tire auſſi une Teinture alterative d'une fort grande efficacité , en éteignant le mars rougi au feu dans un menſtrue aigrelet , tiré des vegetaux , ou dans une liqueur alcaline. Ettmuller , de qui tout ceci eſt pris , dit que pour mieux faire , on n'a qu'à mettre infuſer de la limaille d'acier dans du vin , parce que l'acide du vin corrode & imbibe le mars. Ce vin bû avec un peu de canelle , eſt merveilleux dans la cakexie , dans la melancolie hypochondriaque & dans les autres maladies des femmes. Il y en a qui tirent la Teinture du mars avec du ſuc d'oſeille , d'autres avec le ſuc de tamarins , d'autres avec du moût , & d'autres avec le ſuc de berberis. Le meilleur de tous eſt

Tome II.

celui de pommes de reinette. Après qu'on a épaiſſi la diſſolution , on y verſe l'eſprit de ces ſucs ou quelqu'autre convenable , & on en tire une eſſence de mars , qui fait de très-grands effets dans les maladies chroniques opiniâtres , & particulierement dans la fievre quarte. Il y a une excellente Teinture de mars que Panarole prépare avec une diſſolution de limaille d'acier dans du ſuc de chicorée , & on peut tirer une Teinture rouge de mars avec l'eſprit acide volatile du pain , qui diſſout le mars fort promptement. On appelle *Teinture antipthiſique* , Celle que l'on tire du ſucre de Saturne avec le vitriol de mars ou de cuivre bien dépuré & l'eſprit de vin. Elle eſt bonne pour conſolider les ulceres des poumons , des reins & des autres parties. Les *Teintures d'or* ne ſont que des éroſions ſuperficielles du corps de l'or en des particules très-petites qui peuvent être aiſément reduites en or. Les *Teintures d'argent* , ſont toutes d'un fort beau bleu. Les uns prennent de l'argent diſſous dans de l'eau forte , & par le moyen de l'eſprit de vin animé avec le ſel ammoniac. Les autres ſubliment l'argent pluſieurs fois avec ce même ſel , après quoi ils en tirent l'extrait avec l'eſprit de vin animé avec le ſel ammoniac , & laiſſent évaporer le tout juſqu'à la conſiſtance requiſe d'une Teinture , mais toutes ces Teintures ne ſont que des éroſions ſuperficielles du corps ſalin du métal , & on en peut faire la reduction avec des alcalis , de ſorte qu'il y a beaucoup d'apparence , que les Teintures veritables , ſoit d'or , ſoit d'argent , ſont chimeriques.

TEL

TELAMONES. ſ. ſ. Figures humaines qui ont été employées dans l'ancienne Architecture , pour porter des corniches & pour ſoûtenir des conſoles & des mutules. Les Grecs les ont nommées ατλαντες , du nom d'Atlas , qui ſelon les Poëtes , ſoûtenoit le Ciel ſur ſes épaules , & les Romains *Telamones*, mais Vitruve ne dit pas pourquoi elles ont été appellées ainſi. Ainſi M. Felibien rapporte l'opinion de Baldus , qui dit qu'il eſt vrai-ſemblable que celui qui s'eſt ſervi le premier de ce mot pour exprimer des figures qui portent quelque fardeau , n'a point écrit τλαμονας , mais τλαμονας , ce mot ſignifiant des miſerables accoûtumés aux plus durs travaux , ce qui convient à ces ſortes de figures qui portent des corniches ou des conſoles , & qu'on voit aſſés ordinairement aux piliers des anciennes Egliſes ſous les images de quelques Saints.

TELEPHIUM. ſ. m. Herbe que Dioſcoride dit être ſemblable au pourpier en tige & en feuilles. Le Telephium porte deux feuilles en manieres d'ailes à chaque nœud , & pouſſe ſix ou ſept branches couvertes de feuilles bleues , groſſes , charnues & gluantes. Sa fleur eſt jaune ou blanche & il croît dans les terres cultivées , & ſur-tout dans les vignes au Printemps. Pluſieurs Simpliſtes diſent que la *Craſſula minor* eſt le vrai Telephium , ce que Marthiole n'oſe aſſurer , à cauſe que les feuilles de Craſſula ſont beaucoup plus grandes que les feuilles de Pourpier ; & que d'ailleurs la craſſula n'eſt ni deſſiccative ni abſterſive , comme l'eſt le Telephium ſelon Galien , qui dit qu'il eſt bon aux ulceres pourris , & qu'il guerit les ulceres blancs & qui tirent au feu volage. M. Callard de la Ducquerie , veut que cette plante ait été nommée *Telephium* , de Telephus , qui a le premier connû ſes vertus pour les ulceres.

TELESCOPE. ſ. m. Lunette de longue vûe. Voyez LUNETTE. La grande Lunette de l'Obſervatoire

Q q q ij

à Paris a 76. piés de tuyau. Ce mot vient de τῆλε, *Loin*, & de ἐννέω, *j'obſerve, je contemple.*

TELLINE. ſ. f. Sorte de moule fort commune en Italie, & particulierement à Rome. Les Tellines ſont moins groſſes que les moules, & ont leur coquille rayée au dehors des rayes âpres à manier, & claire au dedans. Dioſcoride dit que les Tellines fraîches font le ventre bon, & qu'étant ſalées, brûlées, réduites en poudre & mêlées avec de la reſine de cedre ; elles empêchent que le poil qu'on s'eſt arraché des paupieres ne revienne, après qu'on s'en eſt frotté. Quelques-uns font venir *Telline*, de πλεία, *Parfaite*, à cauſe que cette petite coquille croît & ſe perfectionne en peu de tems.

TEM

TEMOIN. ſ. m. *Qui a vû ou oui quelque choſe & qui peut en faire rapport.* ACAD. FR. On appelle *Témoins* dans la fouille des terres maſſives, des hauteurs ou buttes que les Entrepreneurs laiſſent d'eſpace en eſpace, ſoit pour bâtir, ou pour quelqu'autre deſſein, afin que ces buttes faſſent connoître combien on a ôté de terre des endroits qui demeurent vuides. Il y a auſſi des *Temoins de bornes.* Ce ſont de petits tuileaux poſés par les Arpenteurs d'une certaine maniere ſous les bornes qu'ils plantent ou à une certaine diſtance, pour la ſeparation des heritages. Si on tranſporte ces bornes par uſurpation ou par fraude, on reconnoît par ces tuileaux comment elles ont été d'abord ſituées.

Les Cordeurs de bois appellent *Témoins*, Deux buches qu'ils mettent de côté & d'autre de la membrure quand ils cordent les bois aux chantiers.

TEMPERAMENT. ſ. m. *Complexion, mélange des quatre humeurs dans le corps de l'animal.* ACAD. FR. Marcus Marci dans la Philoſophie ancienne rétablie, dit qu'on n'entend pas par Temperament les premieres qualités ou leur accord entre elles, mais la conſtitution radicale de chaque individu, dont ces qualités procedent comme des effets de leur cauſe, & dont la principale vertu conſiſte dans le ſang qui eſt le ſujet prochain de l'ame & le premier vivant, pour qui tout le corps a été bâti, & duquel il reçoit la vie, à quoi Ettmuller ajoûte que le Temperament vital eſt diſtingué du temperament élementaire, & qu'il conſiſte formellement dans une certaine temperature de chaud & de froid, ou dans une certaine proportion & harmonie de l'acide vital avec l'alcali ſon aliment ou ſon ſujet ; que le premier fait la chaleur, & le ſecond l'humidité, en certaine proportion ou temperature qui dure toute la vie. Pendant que le ſang eſt agité dans le corps par le mouvement fermentatif, qu'il ſe volatiliſe & ſpiritualiſe par le moyen de l'air il acquiert dans ces alterations diverſes proprietés qu'il n'avoit point, ſelon que la chaleur eſt plus ou moins étenduë, & qu'il eſt plus ou moins humecté par la nutrition. Le Temperament vital de tout le corps dépend de ces qualités, & on l'a nommé ainſi à cauſe qu'il ſe trouve toûjours quand la vie eſt dans ſa perfection. Quoiqu'il y ait une diverſité innombrable de temperamens, tant à cauſe des divers individus, que parce que les climats, le genre de vie, & l'âge tout differens, on peut les reduire à quatre, en conſiderant leurs differences, à raiſon des deux principales parties contenuës du corps, le chyle & le ſang, & à raiſon des deux principaux inſtrumens de la nature qui ſont l'acide & l'alcali. Les deux premiers produiſent le Temperament ſanguin & le Temperament phlegmatique, & les deux autres, les Temperamens coleriques & melancoliques.

TEMPLE. ſ. m. Lieu où anciennement le Peuple de Dieu prioit & faiſoit ſes ſacrifices. Il n'y avoit dans la vieille Loi qu'un Temple dedié au vrai Dieu. On l'appelle *Temple de Jeruſalem* ou *Temple de Salomon*, à cauſe que Salomon le bâtit par ordre de Dieu à Jeruſalem. *Temple* ſe dit auſſi des édifices que les Payens élevoient en l'honneur de leurs Dieux, & où ils faiſoient pluſieurs choſes qui regardoient la Religion Payenne. M. Felibien obſerve que les Temples des Anciens, avoient ordinairement quatre parties, ſçavoir ce qu'ils appelloient *Pteromata*, qui étoit les ailes en forme de galerie ou de portique, le *Pronaos* ou porche, le *Poſticum* ou *Opiſtodomos*, qui étoit oppoſé au Pronaos, & *Cella* ou *Secos*, qui étoit au milieu des trois autres parties. Ces Temples étoient de ſept ſortes, ſçavoir les Temples à antes ; les Proſtyles, les Amphiproſtyles, les Peripteres, les Dipteres, les Pſeudodipteres & les Hypetres. Ces derniers appellés ainſi du Grec ὕπαιθρος, Qui eſt à l'air, avoient leur partie interieure à découvert, & dix colonnes de front, avec deux rangs de colonnes en leur pourtour exterieur & un rang dans l'interieur. Vitruve dit que le *Temple à antes*, étoit le plus ſimple de tous les Temples, n'ayant à ſes encoignures que des pilaſtres angulaires appellés *Antes*, du mot latin *Ante*, devant, & deux colomnes d'Ordre Toſcan aux côtés de ſa porte. On appelloit *Temple Proſtyle*, celui qui n'avoit des colomnes qu'à la face exterieure, de πρὸ, Devant, & de ϛῦλος, Colomne.

TEMPLE. ſ. f. Partie double de la tête qui eſt à l'extrémité du front entre les yeux & les oreilles. Ce ſont deux os dont l'un eſt ſitué contre une oreille & l'autre contre l'autre oreille. Le haut de la Temple eſt formé d'un os appellé l'*Os écaillé*, à cauſe qu'il eſt amenuiſé en forme d'écaille. Sa partie inferieure eſt appellée, l'*Os pierreux*, parce que l'os eſt raboteux en cette partie, & reſſemble à un rocher. Il n'y a point de plaie en cet endroit-là qui ne ſoit mortelle ; la raiſon eſt que l'os de la temple eſt le plus foible des os de la tête. Les Latins ont appellé les Temples *Tempora*, à cauſe qu'elles ſont la marque de l'âge, le poil qui les couvre étant le premier qui blanchiſſe.

TEMPLET. ſ. m. Maniere de bâton quarré ou de petite tringle que les Relieurs de Livres levent du couſoir, & qui va preſque tout le long de ce couſoir. Ils s'en ſervent pour tenir les chevillettes quand ils couſent quelques Livres.

TEMPLETTE. ſ. f. Vieux mot. Sorte de bandelette que les femmes mettent à leur tête.

TEMPLIERS. ſ. m. Ordre militaire, qui commença à Jeruſalem vers l'an 1118. Neuf Gentilshommes zelés, du nombre deſquels furent Hugues de Paganis & Geoffroi de S. Ademar, s'étant ſacrés à Dieu, à la maniere des Chanoines Reguliers, firent vœu de Religion entre les mains du Patriarche de Jeruſalem. Baudouin II. touché de leur pieté, leur prêta une maiſon près du Temple de Salomon, ce qui les fit nommer *Templiers*, ou *Chevaliers de la milice du Temple*. Comme ils ne vivoient que d'aumônes, chacun à l'envi leur fit du bien, les uns pour un tems, & les autres à perpetuité. Leur nombre n'augmenta point juſqu'en l'année 1128. après qu'on eut celebré un Concile à Troye en Champagne. Hugues de Paganis s'y trouva avec cinq de ſes Confreres, & demanda une Regle à laquelle ſaint Bernard eut ordre de travailler. Il fut ordonné par ce Concile qu'ils porteroient l'habit blanc, & le Pape Eugene III. y ajoûta une croix rouge ſur leurs manteaux. La fin de cet Inſtitut étoit de tenir les chemins libres pour ceux qui voyageroient dans la Terre-Sainte. Leur nombre s'étant augmenté jusqu'à trois cens , ils demeurerent quelque tems dans une fort grande reputation , mais les grands biens qu'ils acquirent les firent tomber dans une telle arrogance , que ne se contentant pas de ne plus vouloir obéir au Patriarche de Jerusalem , ils oserent s'élever sur les Têtes couronnées, leur faisant la guerre, & pillant indifferemment les terres des Chrétiens & des Infideles. Les Maisons qu'ils eurent en France & dans les autres pays furent nommées *Temples* , par la même raison qui les avoit fait nommer *Templiers*. Voici ce que dit Mezerai en parlant des Templiers. *Les trop grandes richesses de ces Chevaliers, leur orgueil insupportable , leur conduite avare & choquante envers les Princes & Seigneurs qui passoient en la Terre-Sainte , le mépris qu'ils faisoient des Puissances temporelles & spirituelles , leurs dissolutions & libertinage, les avoient rendus fort odieux , & donnoient un specieux pretexte à la résolution qu'on avoit prise de les exterminer. Cette année donc (c'est-à-dire en 1307.) sur la dénonciation de quelques scelerats d'entre eux , que la grandeur de leurs crimes , ou le desir de l'impunité & de la récompense poussoit à cela , le Roy , du consentement du Pape , avec lequel il s'estoit nouvellement abouché à Poitiers , les fit tous arrêter en un même jour douzième d'Octobre par tout le Royaume , saisit leurs biens , & s'empara du Temple à Paris , & de tous leurs tresors en papier. Le Grand Maitre , il s'appelloit Jacques de Moley Bourguignon , ayant esté mandé par des lettres du Pape , de l'Isle de Chypre , où il faisoit vaillamment la guerre aux Turcs , se presenta à Paris avec soixante Chevaliers de son Ordre , desquels estoit Guy, Frere du Dauphin de Viennois , Hugues de Paralde & un autre des principaux Officiers. On les arrêta tous à la fois , & on leur fit aussi-tôt leur procès , hormis aux trois que j'ay nommez , dont le Pape voulut se reserver le jugement. Il en fut brûlé cinquante-sept tout vifs & à petit feu , mais qui demeurent à la mort tout ce qu'ils avoient confessé dans les tourmens. Sans doute qu'ils estoient coupables de plusieurs crimes énormes , mais non pas peut-être de tous les cas , je ne sçai s'il faut dire horribles ou ridicules qu'on leur imposoit. Cependant à l'instance du Roy Philippe , les Templiers furent aussi arrêtez par tous les autres Etats de la Chrestienté , & fort mal-traitez , non pourtant en plusieurs endroits jusqu'à la mort. Cette poursuite dura jusqu'à l'an 1314.* Le même dit que le Concile general fut ouvert à Vienne le premier d'Octobre 1311, le Pape déclarant que c'étoit pour le procès des Templiers , pour le recouvrement de la Terre Sainte , pour la reformation des mœurs & de la discipline , & pour l'extirpation des heresies ; que le Roi Philippe le Bel s'y rendit l'année suivante , & que l'Ordre des Templiers y fut condamné & éteint, ses biens laissés en disposition du Pape qui en donna une partie aux Chevaliers de Saint Jean.

TEMPORAL , ALE , adj. Terme d'Anatomie. On appelle *Sutures temporales* , Les fausses Sutures du crane , à cause que les os des temples en sont bornés , & *Muscle temporal* , Un muscle qui surpasse tous les autres en excellence. Il naît aussi de toute la cavité des temples par un principe large , charneux & demi-rond qui s'amenuisant peu à peu est porté par l'os pugil , & s'insere dans l'apophise de la mâchoire inferieure. Ce muscle est la principale cause de son mouvement.

TEMPRE. adv. Vieux mot. Promptement , vîte. On a dit aussi *Temprement*.

TEMPS. s. m. *La mesure du mouvement , ce qui mesure la durée des choses. Il est opposé à éternité.* ACAD. FR.

On appelle en termes de Marine , *Gros tems*, ou *Tems de mer* , Un tems de tempête , lorsque les vagues s'élevent & que la mer est fort agitée. On disoit autrefois *Grand tems*. On dit *Tems embrumé*, pour dire , Celui qui est couvert de brouillards , & *Tems affiné*, pour dire , Un tems qui s'éclaircit , & qui devient beau. On dit dans le même sens , que le tems affine. *Tems de perroquet* , est un beau tems où le vent souffle mediocrement & porte à route. Cette façon de parler vient de ce qu'on ne porte jamais la voile de perroquet que de beau tems , à cause qu'étant extrêmement élevée , elle donneroit trop de prise au vent , si elle étoit portée de gros tems.

Tems , en termes de Musique , signifie Une partie de mesure , qui consiste à lever ou à abaisser la main un certain nombre de fois tandis qu'on chante , & que l'on bat la mesure. *Tems* est aussi un terme de danse ; & il se dit principalement en parlant de courante & de sarabande , dont la mesure se fait en trois tems.

Tems , en termes de Manege , signifie quelquefois le mouvement d'un cheval qui manie avec mesure & justesse , & quelquefois l'intervalle qui se passe entre deux de ses mouvemens. Il se prend aussi pour l'effet de quelques-unes des aides du Cavalier ; & en ce sens on dit , qu'*Un Cavalier dispose un cheval aux effets du talon , en commençant par un tems des jambes , & que jamais il ne precipite ses tems.*

TEN

TENAILLES. s. f. p. Instrument de fer qui sert à tenir ou à arracher quelque chose. Il est composé de deux branches presque entierement rondes , qui sont attachées avec un clou à quelque distance du bas , & depuis ce clou jusques à l'extrémité, elles sont quelquefois arquées , & quelquefois un peu recourbées afin de mieux prendre & de mieux pinser. Les Serruriers ont des Tenailles de beaucoup de sortes. Les Tenailles droites leur servent à tenir les petites pieces dans le feu ; les Tenailles croches , à tenir les grosses pieces , les Tenailles rondes à tenir les boutons , les Tenailles à vis à tenir les pieces à la main ; celles qui sont à vis & de bois , à tenir les pieces polies ; les Tenailles ordinaires , à arracher les cloux & à détacher l'ouvrage ; les tenailles de bois , à mettre sous l'étau, pour polir les grosses pieces , & les Tenailles à chamfraindre , à mettre dans l'eau pour chamfrainer les pieces.

Les Monnoyeurs , quand ils veulent monnoyer les médailles, se servent aussi de Tenailles , dans lesquelles on emboîte un carré d'un côté , & un autre de l'autre pour faire les deux côtés de la médaille.

Tenaille. Terme de fortification. Ouvrage pareil à ceux à corne , mais qui en differe ordinairement en ce qu'au lieu de deux demi-bastions , il ne porte en tête qu'un angle rentrant entre les mêmes ailes sans flancs. Elles en ont quelquefois comme les autres. On appelle *Tenaille simple* , Un ouvrage qui a sa tête formée par deux faces qui font un angle rentrant , & dont les côtés viennent répondre de la tête à la gorge ; & *Tenaille double* , Un ouvrage dont la tête est formée par quatre faces qui font deux angles rentrans & trois saillans. Les ailes ou côtés de cet ouvrage vien-

Qqq iij

nent auſſi répondre de la tête à la gorge.

On appelle *Tenaille de Place*, Ce qui eſt compris entre les pointes de deux Baſtions voiſins, ſçavoir la courtine, & les deux flancs des Baſtions qui ſe regardent. C'eſt la même choſe que *Face* ou *Front de Place*.

TENANCIER, ERE. adj. Qui tient & poſſede le domaine utile des heritages, dont la directe appartient au Seigneur. On appelle auſſi quelquefois *Tenancier*, Celui qui tient une petite metairie, lorſqu'elle dépend d'une plus grande.

TENANT. ſ. m. L'extremité d'un heritage. On dit dans ce ſens au plurier, que *Quand on donne une declaration au Seigneur, les tenans & aboutiſſans y doivent être ſpecifiez.*

Tenant, en termes de Blaſon, ſe dit des Figures d'Anges, de faux Dieux, de Déeſſes ou d'hommes qui tiennent l'écu ſans le lever, à la difference des ſupports que quelques-uns veulent être des figures d'animaux. On fait venir l'origine des Tenans de ce que dans les anciens Tournois les Chevaliers faiſoient porter leurs écus par des Valets déguiſés en Mores, en Sauvages, en Satyres, ou Dieux fabuleux de l'antiquité.

Tenant eſt auſſi un Champion qui ſe preſente dans un Tournoi, ou dans un autre exercice de Chevalerie pour combattre & ſoutenir contre tous venans les défis qu'il a fait publier par ſon cartel, ou qui entreprend de défendre quelque pas ou paſſage. Dans un Carrouſel les Tenans ſont ceux qui l'ouvrent, & qui compoſent la premiere quadrille.

Nicod parle ainſi des diverſes ſignifications de ce mot. Tenant, *tantoſt ſignifie un homme chiche, tantoſt le limité par flanc, ſoit d'un champ, ſoit d'une maiſon, dont l'oppoſite eſt Abboutiſſant, qui eſt le limité par front, Selon cette ſignification, on dit, Bailler la déclaration d'un heritage par tenans & aboutiſſans. Tantoſt ſignifie un qui a entreprins & ſonſtient un Tournoy contre quiconque s'y veut preſenter pour faire armes, dont l'oppoſite eſt Aſſaillant. Selon cette ſignification, on dit en fait de Chevalerie Les Tenans les Aſſaillans, Aydes, Juges & Maiſtres de Camp du Tournoy, comme ſe lit au tableau du Tournoy de Henry II. eſtant à Ecouan. Tantoſt auſſi ſignifie continuation de quelque choſe. Selon ce on dit Tout d'un Tenant, c'eſt-à-dire, tout d'une ſuite & ſans diſcontinuation.*

TENDELET. ſ. m. Terme de Marine. Piece d'étoffe qui eſt portée par la fleche & par les pertiguettes, pour couvrir la pouppe d'une Galere contre les incommoditez de l'air.

TENDEUR. ſ. m. Celui qui prend les oiſeaux de proye au paſſage. Il ſe ſert pour cela d'un filet & d'un Duc dreſſé, qui appelle les oiſeaux, & les fait donner dedans. Dès que le Tendeur a pris l'oiſeau, il le cille, lui met des gets avec la vervelle à la longe, & l'ayant garni de ſonnettes avec un chaperon à bec, il le deſarme des pointes des ſerres, & de la pointe du bec. Enſuite il le veille, le paiſt, & le purge, & ne le met ſur ſa foi, & hors de ſiliere, que quand il eſt bien aſſuré & de bonne creance.

TENDON. ſ. m. Terme d'Anatomie. La partie du muſcle par laquelle il eſt attaché à l'os. C'eſt une production des fibres du ligament & du nerf, qui étant éparſes par tous les muſcles, aboutiſſent enſemble, & s'uniſſent pour faire une corde par le moyen de laquelle ſe fait le mouvement volontaire. Le Tendon eſt fort délicat & fort ſenſible, & participe de la nature du nerf & du ligament, mais il eſt plus dur & ſeize fois plus gros que le nerf,

& plus foible & plus mol que le ligament. Il arrive quelquefois qu'en ſaignant on pique le tendon ou le nerf de deſſous la veine. Pour remedier à cet accident, il faut jetter ſur le champ dans la playe un peu d'huile chaude diſtillée de terebenthine, ou de l'huile diſtillée de cire, c'eſt-à-dire, qu'on prend une once d'huile diſtilée de terebenthine avec une drachme d'eſprit de vin & demi drachme d'euphorbe, & le tout étant mêlé on le verſe dans la playe, ou bien, on prend un ſcrupule d'euphorbe avec demi-once de réſine de terebenthine & un peu de cire. Le tout étant étendu ſur un linge en forme d'emplâtre, on l'applique ſur la bleſſure.

On appelle *Tendon*, dans les chevaux, Une eſpece de cartilage dont une partie du pié eſt entourée. La ſituation de ce cartilage eſt entre la corde & le petit pié près de la couronne. On ne guerit bien ſouvent un javart à un cheval qu'en lui coupant & extirpant le tendon, à cauſe que la matiere qui ſe forme entre la corne & le petit pié, gâte ce tendon & le noircit.

TENDIS. ſ. m. Vieux mot. Court eſpace de tems.

Si la feis toute fiée
Habiter à toy un tendis.

TENDRAC. ſ. m. Eſpece de porc épi qu'on trouve dans l'Iſle de Madagaſcar. La chair en eſt inſipide, à long filet & molaſſe. Les Inſulaires ne laiſſent pas de l'eſtimer comme une choſe fort délicate. Ces animaux dorment ſix mois ſous terre, & pendant ce tems leurs piquans leur tombent. Il en revient de nouveaux, auſſi aigus que ſont ceux des heriſſons.

TENDRE. adj. Terme de Sculpture & de Peinture. C'eſt le contraire de dur & de ſec. On ſe ſert auſſi dans le même ſens des mots de *Tendreſſe* & de *Tendrement*, & on dit, *Il y a beaucoup de tendreſſe dans ces plis, tout eſt peint avec beaucoup de tendreſſe & de douceur, cela eſt peint, ou travaillé tendrement*, pour dire, délicatement, poliment, lorſque les clairs & les bruns ſont bien mêlés, & que les couleurs ſont bien noyées & bien adoucies.

Tendre des collets à prendre des perdrix, liévres ou lapins, des liraſſes, des alliers, à prendre des cailles, des pentieres pour des becaſſes, des naſſes & autres engins pour prendre du poiſſon.

TENEMENT. ſ. m. Terme de Pratique. Metairie dépendante d'une Seigneurie. *Tenement proprement prins*, dit Nicot, *eſt le païs, contrée & terre que quelqu'un tient & poſſede. Jean le Maire.* Noé ordonna Sabbatius Roy ſur une bande de gens qu'il envoya habiter en Armenie, & confina leur tenement depuis Armenie juſques à la terre des Bactriens. *Et en meſme Livre*, Priam proſpera en ſi merveilleuſe affluence de richeſſes, qu'il aggrandit ſon tenement de neuf Provinces. *Mais il ſe prend auſſi pour ce qu'un Vaſſal ou Roturier tient en fief ou en cenſive & rente fonciere d'un Seigneur qui lui en a fait octroy.* L'Auteur du traité des *Admortiſſemens, franc-fiefs & nouveaux acquets.* Car ſi ſimplement un Prelat ou Vaſſal du Roi pouvoient admortir au préjudice & ſans le conſentement du Roi, ils pourroient finalement admortir la totalité de leurs tenemens par parties, c'eſt-à-dire, ce qu'ils tiennent du Roy en fief ou en cenſive.

TENESME. ſ. m. Envie continuelle d'aller à la ſelle ſans faire rien, ou du moins peu d'excremens. C'eſt un mal leger, qui étant négligé degenere en un ulcere fordide , & cet ulcere en fiftule de l'anûs qu'on ne peut guerir que par l'operation chirurgicale. Sa caufe eft l'irritation continuelle du rectum, qui fait des contractions , & excite ces envies de fe décharger des moindres matieres. Cette irritation eft , ou par effence, venant d'un mucilage acide, ou d'une pituite vifqueufe acide qui corrode , excorie, & enfin exulcere le rectum ; ou bien elle eft par confentement , comme il arrive dans la nephretique , à caufe des nerfs du plexus mefenterique, qui communiquent des rameaux aux reins & au rectum. Le Tenefme eft frequent dans la dyfenterie, à caufe que les matieres font acres & corrofives, & quand il arrive aux femmes groffes à caufe de la matrice qui eft couchée fur le rectum , il leur caufe prefque toûjours l'avortement. Ce mot eft Grec τινισμὸς, & vient de τεινω, Tendre , à caufe que les efforts que fait faire l'envie d'aller à la felle , tendent le ventre.

TENETTE. f. f. Terme de Chirurgie. Inftrument en forme de petites pincettes , dont on fe fert pour tirer la pierre de la veffie lorfqu'on taille un homme

TENEUR de livres. f. m. Commis qui tient les memoires & charge les livres des faits de commerce de credit & debet. Ce font des gens fort employés chés les Marchands des Villes comme Lyon , Rouen , &c.

TENIE. f. f. Terme d'Architecture. Partie de l'Epiftyle Dorique qui reffemble à une regle , & qui tient lieu de cymaife. Elle eft comme attachée à l'epiftyle au deffous des triglyphes , aufquelles elle fert en quelque façon de bafe. Ce mot vient du Grec ταινία , qui veut dire une bande ou bandelette , en latin Vitta ou Fafcia.

TENIR. v. a. Avoir à la main , avoir entre les mains. ACAD. FR. On dit en termes de Marine , Tenir une manœuvre , pour dire, l'Attacher ; Tenir le balant d'une manœuvre , pour dire, l'Amarrer de telle forte qu'elle ne foit point lâche., qu'elle ne balance point ; & Tenir un bras , pour dire , Le haler & l'amarrer. On dit auffi Tenir en garant , pour dire, Tenir une corde , qui étant chargée d'un pefant fardeau , eft tournée un ou deux tours autour d'un bois ou de quelque autre chofe. Tenir en ralingue, C'eft faire tenir un Vaiffeau de telle forte que le vent ne donne point dans les voiles ; Tenir le vent C'eft être au plus près , & Tenir le lit du vent , C'eft fe fervir d'un vent qui femble contraire à la route, ce qui fe fait en prenant ce vent de biais. On met pour cela les voiles de côté par le moyen des boulines. Quand on prend l'avantage d'un vent de côté, cela s'appelle Tenir le lof , & on dit Tenir au vent, pour dire , Naviger de vent contraire. On dit encore , Tenir la mer, pour dire , Etre & demeurer à la mer ; & Tenir le large , pour dire, Se fervir de tous les vents qui font depuis le vent de côté , jufqu'au vent d'arriere inclufivement.

TENON. f. m. Terme de Charpenterie. Bout d'une piece de bois qui entre dans une mortoife. On appelle Tenon à tournices ou onlices , Ceux qui font coupés tout quarrément & en about auprès les paremens de bois quand l'ouvrage eft fait. Tenon à queue d'aronde , eft celni qui eft le plus large à fon bout qu'à fon décolement , pour être encaftré dans une entaille. On dit Faire un décolement à un Tenon , pour dire , En couper du côté de l'épaulement pour cacher la gorge de la mortoife.

On appelle dans un Vaiffeau, Tenon de mât, La partie qui eft comprife dans les barres & le chouquet. Il y a une cheville quarrée de fer qui affemble les tenons l'un avec l'autre, & qui les en-

tretient par en bas. Le chouquet les affemble par en haut. Ce qu'on appelle Tenon de l'étambord , eft une petite partie du bout de la piece de charpenterie de ce nom , qui s'emmortoife dans la quille du Vaiffeau. Les Tenons de l'ancre font deux petites parties jointes au bout de la verge , qui s'entaillant dans le jas , font qu'il eft tenu plus ferme.

Les Sculpteurs appellent Tenons , Les pieces de marbre qu'ils laiffent en certains endroits de leurs figures , pour en foutenir quelques parties qui font en l'air , comme les bras & les mains , jufqu'à ce que ces figures foient en place. Comme ces parties détachées fe pourroient rompre en les tranfportant , ils y laiffent ces Tenons qu'ils n'ont accoûtumé de fcier,qu'après qu'on les a portées au lieu où l'on doit les mettre. Tenons , fe dit auffi dans les ouvrages de Sculpture , des boffages qui en entretiennent les parties qui paroiffent détachées , comme ceux que les Sculpteurs laiffent derriere les feuilles d'un chapiteau , afin de les conferver.

Tenon , en termes d'Arquebufier , eft un petit morceau de fer mis au deffous du canon d'une arme à feu. Son ufage eft de faire que le canon tienne dans le fuft.

Les Horlogers , appellent Tenons , Certaines pieces d'acier qui font fur une montre de poche. Elles fervent à tenir ferme le grand reffort , & parmi les Vitriers Tenons , fe dit de deux petits morceaux de bois , qui font collés ou attachés fur la regle à main , & que le Vitrier tient en coupant le verre.

TENSON. f. f. Vieux mot.. Different , difpute.

> Si dit qu'onque en nul ae ,
> Beauté n'ot paix avec chaté ,
> Toûjours y a fi grand tenfon.

C'eft de là qu'on a appelé Tenfons , Certains ouvrages des Trouverres ou Troubadours , qui contenoient des difputes d'amours. Ces difputes étoient jugées par des Seigneurs & des Dames qui s'affembloient à Romans & à Pierrefeu , & leurs jugemens s'appelloient Arrêts d'amours.

TENTATIVE. f. f. Action par laquelle on tente , on effaye de faire reuffir quelque chofe. ACAD. FR.

On appelle en termes de Theologie ; Tentative , Un acte qu'on fait dans l'Ecole , pour éprouver la capacité d'un Répondant , qui afpire à être reçu Bachelier de la Faculté de Theologie. Cet Acte dure depuis fept heures du matin jufqu'à midi , ou depuis une heure après midi jufqu'à fix heures , & il fe fait de quelques matieres de Theologie fcolaftique. La Tentative eft precedée d'un examen rigoureux de Philofophie & de Theologie de l'Ecole.

TENTE. f. f. Sorte de Pavillon portatif qu'on tend lorfqu'on eft campé en quelque lieu , & qui fert à mettre à couvert un Officier ou des Cavaliers. Ce mot vient du latin Tentorium.

On appelle Tente , en termes de Chaffe , Certains filets que l'on tend , pour prendre les becaffes , & quelques autres oifeaux de paffage.

Tente. Terme de Chirurgie. Lin entortillé en charpie roulée qu'on met dans une playe pour la faire fuppurer. On la fait de figure pyramidale , plus ample & plus large vers fa bafe , & on la compofe de telle forte qu'elle ne caufe pas de douleur , ce qu'elle feroit fi elle entroit trop avant. Les tentes bien appliquées font neceffaires dans les playes faites de pointe dans les abfcès & dans les ulceres fiftuleux. On s'en fert fur-tout a a nsles playes, que l'on doit tenir ouvertes en superficie, jusqu'à ce que le fond en ait été bien purifié, & que la chair qui renaît monte peu à peu jusques aux bords, autrement, comme elle viendroit trop tôt à la superficie, la peau se réuniroit, & le pus & les ordures n'en pourroient sortir, ce qui causeroit des douleurs, des inflammations, des fistules, des sacs profonds, & quantité d'autres maux. On doit examiner, lorsque l'on se sert de tentes, s'il n'y a point de parties nerveuses au fond, ou au côté de la playe. En ce cas, les tentes trop longues ou trop grosses causent une douleur qui aigrit beaucoup les parties nerveuses blessées, en corrompt le suc, & produit une grande secheresse dans la partie. Il faut prendre garde que les tentes qui ont coutume de s'enfler toûjours un peu, ne remplissent pas exactement les playes. Il faut aussi que leur pointe soit tendre & douce, afin de ne pas blesser & irriter les parties sensibles, & de n'empêcher pas la chair qui revient de croître. Une tente trop ferme qui resisteroit au pus qui se forme, augmenteroit son acrimonie en le resserrant. Il y a une autre incommodité dans celles qui sont trop grosses, c'est d'ouvrir les lévres réunies des vaisseaux, que le sang grumelé avoit en quelque façon bouchées, ce qui excite de nouvelles hemorragies.

TENTURE. s. f. Ce qui sert à tapisser. *Cette tapisserie a vingt aunes de courant.*

TENUE. s. f. Terme de Marine. Prise ou accrochement de l'ancre du fond de la mer. On appelle *Fond de bonne tenue,* Celui où l'ancre a de la prise, ce qui le rend propre pour l'ancrage, & *Fond de mauvaise tenue,* Celui où l'ancre n'a aucune prise.

Tenue, se dit en termes de Musique, quand une ou deux parties soutiennent le même ton plus d'une mesure, pendant que les autres marchent.

TER

TEREBENTHINE. s. f. Resine qui coule du Terebinthe par l'incision qu'on fait à cet arbre. La meilleure vient de l'Isle de Chio, & c'est celle qu'on doit employer dans toutes les compositions considerables qu'on destine pour la bouche. Il faut la choisir fort transparente, d'un blanc tirant sur le vert, d'une consistance solide, & presque sans goût & sans odeur. Cette Terebenthine, qui est la vraie, est fort peu usitée en Medecine à cause de sa cherté. Il y a une autre Terebenthine debitée sous le nom de *Terebenthine de Venise,* quoiqu'elle n'en vienne point, & qu'elle ne soit que la Terebenthine de bois de Pilatre en Forêt. Elle découle premierement sans incision des meleses, pins & sapins; & quand ces arbres ne jettent plus rien, les pauvres gens qui demeurent dans les bois de Pilatre, & même dans les montagnes, incisent ces arbres; ce qu'ils font deux fois l'année, au Printems & en Automne. Il en sort une liqueur aussi claire, que de l'eau, d'un blanc doré & qui s'épaissit en vieillissant & prend enfin une couleur de citron. Elle a de grandes proprietés, & quantité d'ouvriers s'en servent, & sur-tout ceux qui font le verax. La *Terebenthine commune,* appellée *de Bayonne,* ou *de Bourdeaux,* est blanch & épaisse comme du miel, & ne découle pas du tronc des pins & sapins, comme la plûpart le croyent. Elle est faite d'une resine blanche & dure, que l'on nomme *Galipot,* & que les Montagnards appellent *Barras.* La veritable Terebenthine échauffe,

ramollit & mondifie. La commune est plus acre que la vraie en goût, en odeur & en vertu. Elle est de substance plus tenue, & par consequent plus propre à dissiper. On lui substitue le mastic.

TEREBINTHE. s. m. Arbre dont le bois & l'écorce sont semblables au lentisque, & qui a ses feuilles comme le frêne, mais un peu plus grosses & plus grasses. Sa fleur est comme celle de l'olivier, & son fruit en sort en grappe. Ce fruit est dur, resineux, gros comme celui de genevre, & à de petites cornes rouges, de même que celles des chevres dans lesquelles s'engendrent certains moucherons. Elles ont aussi quelque liqueur comme le lentisque. Sa resine vient du tronc, comme aux autres arbres qui en jettent. C'est ce que Matthiole nous a écrit. Theophraste, en parlant du Terebinthe, dit qu'il y a le mâle & la femelle. Le mâle est sterile. Le Terebinthe femelle est de deux especes, dont l'un porte un fruit qui est roux d'abord, gros comme une lentille, de difficile digestion. L'autre espece a son fruit vert au commencement, roux ensuite, & enfin noir lorsqu'il a atteint sa maturité. Il est de la grosseur d'une feve, chargé de resine d'odeur sulphureuse, & il mûrit au tems des raisins. Dans les environs de la Macedoine & du mont Ida, le Terebinthe croît petit, recourbé, & produit quantité de branches. Vers Damas les Terebinthes sont grands, hauts, amples & fort beaux à voir, & il y a une grande montagne où il ne croît autre chose. Les racines en sont profondes & saines, sans qu'il y ait de pourriture en tout l'arbre. Sa fleur est rousse & produit des feuilles deux à deux & en grand nombre. Ces feuilles, qui sortent de ses petites branches à peu près comme le cormier les jette, ressemblent à celles du laurier, mais la derniere est seule & pointue. Son fruit, quoique gluant à la main, rend peu de liqueur. Il s'attache & tient l'un à l'autre, si on ne le lave pas en le cueillant. Quand on le lave, celui qui est blanc, & qui n'est pas encore entierement mûr, nage sur l'eau, ce que ne fait pas le noir, qui va au fond. Le même Theophraste dit qu'il y a des Terebinthes aux Indes, qui ne different des autres que par ce que leur fruit ressemble aux amandes. On tient que le goût en est meilleur. Dioscoride dit que les feuilles, le fruit & l'écorce du Terebinthe, si on les prepare de la même sorte que le lentisque, ont la même qualité. M. Callard de la Duquerie dérive ce mot du Grec τριβίνθος, Pois chiche, à cause que le fruit du Terebinthe a la forme d'un pois chiche.

TEREBRATION. s. f. Action par laquelle on tire la liqueur des arbres, en perçant le tronc, des gommes, le baume, la resine, &c.

TERENIABIN. s. m. Manne liquide blanche & gluante, qui ressemble à du miel blanc, & qui se trouve sur certaines plantes, dont les feuilles sont d'un vert blanchâtre l, & garnies d'épines rougeâtres, ainsi que ses fleurs, d'où sortent des gousses qui sont à peu près comme celles du baguenaudier. Ces plantes croissent en grand nombre dans la Perse, & autour d'Alep & du grand Caire. Le Tereniabin est rare en France. Ce mot est Arabe. Serapion dit que c'est une certaine rosée qui tombe du ciel, semblable à du miel grené, & que le Tereniabin est appellé autrement *Miel de rosée.*

TERGIER. v. n. Vieux mot. Tarder, demeurer long-tems à revenir.

Son char retourna sans tergier.

TERGIVERSATION. s. f. Terme de Palais. Il se
dic

dit des chicanes, des détours, des difficultés que l'on fait naître pour empêcher qu'une affaire ne se termine, ne se juge. On dit aussi *Tergiverser*, pour dire, Apporter ces sortes d'obstacles à la conclusion d'une affaire. Ce mot est Latin, *Tergiversari*, Reculer, ne vouloir point venir au point.

TERMAILLET. f. m. Vieux mot. Sorte de bijou dont les femmes ornoient autrefois leur tête. *Quand la Déesse eut deffublé, coife, guimple & autres accoustremens de teste, termaillets, chaines, anneaux, bulletes & tissus.*

TERME. f. m. En Mathematique on appelle *Termes* toutes les grandeurs que l'on compare ensemble. Deux grandeurs dont on considere le rapport, sont les deux termes de ce rapport ou *raison*, & la premiere est l'*Antecedent* & la seconde le *Consequent*.

En Algebre on appelle *Terme* chaque grandeur qui a un signe de plus ou de moins, quoiqu'elle puisse être composée de plusieurs autres grandeurs.

Quelquefois cependant plusieurs Termes qui ont chacun des Signes de plus ou de moins, ne passent, dans les Equations que pour un seul Terme. Voyez EQUATION.

Terme est aussi une Statue d'homme ou de femme, dont la partie inferieure se termine engaine, & qu'on met ordinairement dans les jardins, au bout des allées & des palissades. Ce mot vient du Grec *τέρμα*, Borne, limite, à cause que c'étoient autrefois des bornes plantées au bout des heritages, afin d'en faire la séparation. On donnoit à ces bornes la figure du Dieu Terme, Divinité fabuleuse que les Payens peignoient sans bras & sans piés, afin qu'elle ne pût changer de place. Quand c'est une figure à deux demi-corps, on l'appelle *Terme Angelique* ; & quand c'est celle d'une Divinité champêtre, elle est appellée *Terme rustique*. Quand au lieu de gaine on donne à la figure une double queue de poisson torrillée, c'est un *Terme marin*. Il y a aussi un *Terme en console*, & un *Terme en buste*. Le dernier est celui qui est sans bras & n'a que la partie superieure de l'estomac. La gaine de l'autre finit en enroulement, & le corps qu'elle porte est avancé pour soutenir quelque chose. Le *Terme double* est celui d'où deux demi-corps ou deux bustes adossés sortent d'une même gaine. On a appellé *Termes milliaires*, les Grecs, certaines têtes de Divinités, que l'on posoit sur des bornes quarrées ou sur des paires de termes, & qui servoient à marquer les stades des chemins.

TERMINAISON. f. f. En pleinchant d'un verset ou antienne suivant les huit differens tons, il faut pour bien chanter en chœur sçavoir l'intonation, la mediation & la terminaison pour les Pseaumes & Cantiques.

TERMINE. f. m. Vieux mot. Tems.

Emporta par l'air la meschine,
Si l'assit en po de termine
En Syre, & là fut prestresse.

On disoit, *En ces termins*, pour dire, En ce tems-là.

TERMULONS. f. m. Froissard se sert de ce mot pour signifier une sorte de Soldats.

TERNE. f. m. Sorte d'oiseau, suivant ces vers anciens,

Abusé m'a & fait entendre
Toûjours d'un que c'estoit un autre,
De farine que c'estoit cendre
De busars que se fussent teruss.

TERNI, IE. adj. Qui a perdu son lustre. On dit d'un tableau, qu'*Il est terni*, pour dire, que les couleurs en sont passées.
Tome II.

TERRAGE. f. m. Droit seigneurial qui se leve en plusieurs lieux de dix ou douze gerbes l'une, comme la dîme. Le Seigneur qui jouissoit de ce droit étoit autrefois appellé *Terrageur* ou *Terrageau*, & on a dit *Terrager*, pour dire, Lever le terrage, & *Grange terrageresse*, pour dire, La grange où ce droit étoit porté. Les terres qui l'avoit payé s'appelloient *Terres terragées*.

TERRAIGNOL. adj. Terme de Manège. On appelle *Cheval terraignol*, un Cheval qu'on ne sçauroit mettre sur les hanches, & qui ayant peine à lever le devant, & étant chargé d'épaules, a les mouvemens trop retenus & trop près de terre.

TERRA-MERITA. f. f. Racine jaunâtre au-dessus & au-dedans, qui produit des feuilles vertes qui sont assés grandes, & des fleurs qui viennent en façon d'épis. Cette racine est presque semblable au gingembre, & on l'apporte de plusieurs endroits des grandes Indes. Ceux du Païs s'en servent pour donner une couleur jaune à leur ris & autres denrées. Aussi est-elle principalement en usage pour les Teinturiers. Les Fondeurs s'en servent aussi pour donner la couleur d'or au métal, & les Boutonniers en frottent le bois qu'ils veulent couvrir d'argent doré filé, afin d'empêcher que sa couleur ne paroisse.

TERRASSE. f. f. Levée de terre dans un jardin, dans un parc, faite de main d'homme pour la commodité de la promenade & pour le plaisir de la vûe. ACAD. FR. On appelle *Terrasse de bâtiment*, Les toits d'une maison qui sont plats, en sorte que l'on peut s'y promener. *Terrasse*, se dit aussi d'un balcon qui est en saillie. Le dessus du plinthe, qui est quelquefois en maniere de terre en pente sur le devant, où pose quelque statue ou un groupe, est appellé *Terrasse de sculpture*. Les Marbriers appellent *Terrasse de marbre*, Un tendre qui se trouve dans les marbres ; comme le bousin dans les pierres. C'est un défaut qu'ils reparent avec de petits éclats & de la poudre du même marbre qu'ils mêlent avec du mastic d'une semblable couleur. Ce marbre est appellé *Terrasseux*. Celui de Hou, Païs de Liege, qui est grisâtre & blanc, mêlé de rouge comme du sang, & le marbre de Languedoc qui a le fond rouge vif avec de grandes veines blanches, sont de cette sorte.

On appelle *Terrasse*, en termes de Peinture, le devant des paisages.

Terrasse, en termes de Tireur d'or, est une espece de cuvette longue, faite de briques ou de pavés avec de hauts rebords, où l'on chauffe l'argent que l'on veut dorer.

On appelle en quelques Provinces *Terrasses* une clôture ou plancher fait avec de la terre & du foin filé sur du bardeau pour faire un plancher ou garnir un colombage.

TERRASSE, EE. adj. Terme de Blason. Il se dit de la pointe de l'écu faite en forme de champ plein d'herbes.

TERRE. f. f. *Le plus pesant des quatre Elemens, & celui que les Philosophes definissent ordinairement, Element sec & froid.* ACAD. FR. La terre est ronde, & placée au milieu de l'Air, qui l'environne jusqu'à une certaine distance, après quoi l'on suppose qu'est la matiere celeste ou étherée beaucoup plus subtile que l'air. Pour trouver la mesure de la terre on prend deux lieux où l'on soit sûr qui soient éloignés l'un de l'autre d'un degré de *latitude*, ou de *longitude*. La distance de ces deux lieux que l'on mesure par differens moyens, est ce que vaut un degré d'un grand cercle du Ciel transporté sur la terre, & l'on trouve que ce degré répond à peu

R r r

près à 25. lieues communes de France, lesquelles multipliées par 360. qui sont le nombre des degrés de la circonference d'un grand cercle, donnent 9000. lieues communes pour le tour de la terre pris sous un grand cercle. Le diametre étant à la circonference en la raison de 100. à 314. celui de la terre doit avoir 2866. lieues, & le demi diametre ou la distance de la surface au centre 1433. lieues. C'est ce demi diametre de 1433. lieues qui est le fondement & la base de la plûpart des mesures astronomiques. C'est par ce demi-diametre multiplié que l'on mesure toutes les distances des astres, &c.

Dans le sistème de Copernic la Terre est une Planete qui se meut en un autour du Soleil dans le plan de l'Ecliptique, qui éclaire les autres Planetes & principalement la Lune comme elle en est éclairée. Voyez SYSTE'ME. On appelle *Terre-ferme*, Une grande étenduë, dans laquelle sont comprises plusieurs regions, & que les mers ne séparent point, & *Terres Polaires*, deux Continens situés vers les Poles, l'un vers le Septentrion & l'autre vers le Midi, qu'on ne connoît pas encore assés pour assurer que ce soient veritablement des Continens. Le plus grand est appellé *Terre Australe*, ou *Terre Magellanique*, à cause de Magellan qui le premier en a découvert les Côtes. On l'appelle aussi *Terre de Quir*, de Ferdinand de Quir qui en a donné une connoissance plus certaine. Les Terres se divisent en Terre mediterranée & en Terre maritime, & on appelle *Terre mediterranée*, Une terre éloignée de la mer & située au milieu des terres. La *Terre maritime* est celle qui est voisine de la mer, & que l'on appelle autrement *Côte*.

On appelle, en termes de Navigation, *Terre embrumée*, Une terre que les brouillards couvrent ; *Terre défigurée*, Celle qu'on ne peut bien reconnoître à cause de quelques nuages qui la couvrent ; *Terre fine*, Celle qu'on voit clairement, sans aucun brouillard qui en dérobe la vûe ; *Grosse terre*, Une terre haut élevée ; *Terre qui fuit*, Celle qui faisant un coude s'éloigne du lieu où l'on est ; *Terre qui se donne la main*, Celle que l'on voit sans qu'elle soit séparée par aucun golfe ni aucune baye, & *Terre qui affecie*, Une terre ou une roche que la mer fait voir après qu'elle est retirée. *Terre de beurre*, est un nuage à l'horison, qu'on prend pour la terre, & que le Soleil dissipe. On dit *Aller terre à terre*, pour dire, Naviger le long des Côtes. Quand les vapeurs font paroître la terre comme si elle étoit élevée sur de bas nuages, on dit que *La terre se mire*. On appelle *Terres basses*, Les rivages qui sont bas, plats, sans remarques, & où il y a peu de profondeur d'eau, & *Terres hautes*, Les montagnes ou rivages de bonne remarque. On dit *Prendre terre*, pour dire, Aborder.

On appelle *Terre naturelle*, par rapport à l'art de bâtir, Celle qu'on n'a point encore fouillée, & celle qu'on a transportée d'un lieu en un autre, pour rendre un terrein uni, ou pour combler quelque fossé, s'appelle *Terre rapportée*. On dit *Terre reposée*, en parlant de celle que l'on a laissé un ou deux ans travailler ; *Terre amendée*, de celle qui ayant été plusieurs fois labourée & amendée, est propre à recevoir tout ce qu'on y veut planter, ou dont on a pris soin de corriger les mauvaises qualités en y en mêlant quelque autre ; & *Terre usée*, de celle qui a travaillé long-tems sans qu'on l'ait cultivée ni amendée. *Terre franche* est celle qui est grasse & sans gravier, qui tient aux doigts & se paîtrit aisément ; *Terre forte*, Celle qui tenant de l'argile ou de la glaise, & étant trop serrée, n'est bonne à rien si on ne l'amende ; *Terre hâtive*, Celle

qui étant en belle exposition & de bonne qualité, fait produire de bonne heure ce qu'on y plante ; *Terre gronette*, Celle qui est pierreuse, & qu'on ne peut ameliorer qu'en la passant à la claye ; *Terre maigre*, Celle qui est sablonneuse & sterile ; *Terre froide*, Celle qu'on amande avec du fumier, à cause qu'elle est humide, ce qui fait qu'elle a peine à s'échauffer au Printems ; *Terre chaude*, Celle qui étant legere & seche, fait périr les plantes dans la chaleur si elle n'est amandée ; *Terre neuve*, Celle qu'on a tirée à cinq ou six piés de la superficie, & qui n'a encore rien produit, & *Terre meuble*, Celle qui est legere & en poussiere. On se sert de cette derniere, quand on plante un arbre pour en garnir le dessous, & pour entretenir l'arbre à plomb. On appelle *Terre massive*, Toute terre considerée solide & sans vuide, & réduite à la toise cube, pour faire l'estimation de sa fouille.

Il y a des Terres qui ont de l'usage en Medecine, ou dont les Peintres se servent. La lemnienne, la samienne & la sigillée sont de ce nombre. On les trouvera dans leur ordre alphabetique. La Terre verte est de deux sortes ; l'une fort dure & obscure qu'on apporte d'auprès de Verone en Lombardie, ce qui la fait appeller *Terre verte de Verone*. Elle doit être pierreuse, & on doit prendre garde qu'il n'y ait point de veines de terre dedans. L'autre est la terre verte ordinaire. Elle est plus claire que l'autre, & il faut la choisir la plus verte qu'il se peut & plus approchante de la terre de Verone. La *Terre d'Ombre*, est en pierres de differentes grosseurs. Elle vient d'Egypte, & d'autres endroits du Levant. Il faut la choisir tendre, en gros morceaux, d'une couleur minime tirant sur le rouge. Celle-là est meilleure que la grise ; on la rend plus belle & plus brune en la calcinant dans une boîte de fer, ce qui lui fait recevoir un plus bel œil. On doit avoir soin d'en éviter la fumée, qui est nuisible & fort puante. La *Terre de Cologne*, est un noir roussâtre qui est sujet à se décharger & à rougir. On la doit choisir tendre & friable, la plus nette & la moins remplie de menu qu'il se peut. La *Terre de Chio* est blanche tirant sur le cendré. Dioscoride lui donne les mêmes proprietés qu'à la Terre Samienne, & dit qu'elle est bonne à décider le teint, & à le rendre luisant. La *Terre Selinusienne* a les mêmes qualités. Celle qui est blanche, fort luisante, fraile, & aisée à resoudre quand elle est trempée, est la meilleure. Il y a deux sortes de Terre Erethrienne, dont l'une est fort blanche & l'autre cendrée. La cendrée qui est fort tendre est la meilleure. Cette terre est refrigerative & astringente. La *Terre pnigite* ressemble en couleur à l'Egyptienne, mais ses morceaux sont un peu plus gros. Elle a les mêmes proprietés que la cimolie, & si gluante à la langue, qu'elle y demeure penduë.

TERRE A TERRE. s. m. Terme de Manége. Suite de sauts fort bas qu'un cheval fait en avant, étant porté de côté & mantant sur deux pistes. On dit en ce sens, qu'*Un cheval entend bien le terre à terre*, qu'*Il manie bien terre à terre*, quand il leve les deux jambes de devant tout à la fois, & que dans le tems qu'elles sont prêtes à descendre, celles de derriere les accompagnent par une cadence toûjours soûtenue, en sorte que les mouvemens du train de derriere sont courts & vîtes. Cette sorte de manége a été appellée *Terre à terre*, à cause que le cheval étant toûjours bien ensemble & bien assis, ses jambes de devant s'élevent mediocrement sur le terrein, & que celles de derriere sont fort basses près de terre & ne font que couler. Le cheval se léve moins haut au

Terre à terre , qu'il ne fait quand il manie à cour-bettes.

TERREAU. f. m. Terre noire mêlée de fumier pour-ri, dont on fait des couches pour faire venir des me-lons, des champignons dans les jardins potagers. On s'en fert auffi pour garnir les platebandes , & pour détacher de leur fond les feuilles des parterres de broderie.

TERREIN. f. m. Fond fur lequel on bâtit , & qui fe rencontre quelquefois de tuf, de roche, de gravier, & quelquefois de fable ; de glaife ou de vafe. On appelle *Terrein de niveau*, Une étendue en fuperfi-cie de terre dreffée fans qu'elle ait aucune pente, & *Terrein par chûtes*, Celui dont la continuité eft inter-rompue , & que des perrons ou des glacis racordent avec un autre terrein.

Terrein, en termes de Manége , fignifie l'efpace du manége par où le cheval marque fa pifte. Ainfi on dit , qu'*Un cheval obferve bien fon terrein, garde bien fon terrein, embraffe bien fon terrein*, pour dire, qu'il ne s'élargit ni ne fe ferre pas plus à une main qu'à l'autre.

Terrein. Terme de Potier. Vafe où il y a de l'eau pour tremper les mains quand on tourne des pots.

TERREPLAIN. f. m. Terme d'Architecture civi-le. Il fe dit de toute terre rapportée entre deux murs de maçonnerie pour fervir de terraffe ou de che-min , afin d'avoir communication d'un lieu à un autre.

Terreplain, en termes de Fortification , eft la par-tie fuperieure du rempart horifontée & applanie avec un peu de pente du côté de dehors pour le recul du canon. Elle eft terminée du côté de la campagne par un parapet, & c'eft le talus interieur qui la termi-ne du côté de la Place.

TERREUR. f. f. *Epouvante , grande crainte , agi-tation violente de l'ame , caufée par l'image d'un mal prefent , ou d'un péril prochain.* Acad. Fr. La Terreur engendre fouvent l'épilepfie , & des mou-vemens convulfifs , violens , en donnant un mou-vement impetueux & dérèglé aux efprits. Les En-fans ont affés fouvent des terreurs nocturnes, ce qui fait qu'ils ont des nuits inquietes & s'éveillent en furfaut. Les crudités de l'eftomac en font la caufe , & fur-tout les crudités des enfans , en forte que les en-fans qui y font fujets pleurent quelquefois & font tourmentés de tranchées. Après les clyfteres un peu actes que l'on donne contre les terreurs nocturnes , le mechoacan fert à purger le lait corrompu. Outre cela , il faut faire prendre à l'enfant dans fa bouil-lie , de la poudre des femences d'anis, d'ancolie, & de fuccin préparé , ou lui donner le *fpecificum* , le *cephalicum*, avec la femence d'anis. L'huile d'anis diftillée eft auffi un puiffant remede pour le même mal. On en enduit fur les temples quelques gouttes temperées de l'huile de mufcade tirée par expref-fion. Ettmuller qui enfeigne ces remedes, dit que la peur pendant le fommeil vient de l'explofion im-petueufe des efprits animaux dans les nerfs , qui au lieu de couler lentement & avec douceur, fe jettent en foule , & fecouent inopinément tout le corps par le moyen des convulfions momentanées des fibres des nerfs , ce qui eft regardé avec raifon par les femmes comme les avancoureurs des convulfions epileptiques très-familieres aux enfans , qui proce-dent d'un pareil mouvement des efprits animaux dérèglé dans le cerveau , & de leur explofion vio-lente dans les nerfs.

TERRINE. f. f. Ouvrage de terre , qui n'a ni anfes ni piés , & qui eft creux. C'eft un vafe qui a le bord rond ; & qui va toûjours en étreciffant depuis le haut

Tome II.

jufqu'au fond. On appelle *Terrine de départ* , Une forte de vafe dont on fe fert dans les operations de Chymie & de Pharmacie.

TERRIR. v. n. Il ne fe dit que des Tortues , qui en un certain tems fortent de la mer , & viennent ter-rir fur le rivage. Elles y pondent leurs œufs, & après les avoir couverts de fable , elle les laiffent éclorre par la chaleur du Soleil.

Terrir , eft auffi un terme de mer , & fignifie non feulement, Prendre terre après une longue traverfée, mais auffi , Avoir la vûe de la terre.

TERS. adj. Vieux mot. Frotté. Il vient du Latin *Ter-gere*. On trouve ce mot employé au paffé indéfini dans cet exemple : *J'avoye un fidoine , fi en ters la chiere de Jefus* , & au prefent dans ce vers.

Qui ly terft les yeux , la face.

TERSET. f. m. Terme de Poëfie. On appelle *Terfets*, dans un Sonnet, les fix derniers vers de cet-te forte d'ouvrage , dont l'un des trois du premier Terfet rime avec l'un des trois du fecond.

TERTRE. f. m. Petite éminence de terre , forte de petite montagne qui s'élève dans le milieu d'une plaine , & qui n'eft attachée à aucune côte. Nicot croit qu'il vient de *Terreftre* , en retranchant la fyl-lable du milieu. D'autres le dérivent de *Terratum*, à caufe que c'eft une efpece de terraffe.

TERTULLIANISTES. f. m. Sectateurs de la doc-trine de Tertullien , qui vivoit fous l'Empereur Se-vere environ cent foixante & dix ans après Je-sus-Christ , & qui , quoiqu'il fût une des lumieres de fon fiecle , ne laiffa pas de tomber dans des erreurs qui le firent excommunier. Les princi-pales erreurs étoient que l'Eglife Romaine n'ordonnoit point affés de jeûnes & d'aufterités corporelles ; qu'on y pardonnoit à ceux qui faifoient penitence , & que Montanus avoit eu raifon de dire , qu'elle ne fervoit de rien après qu'on avoit commis quel-que grand crime. Il ne croyoit pas d'ailleurs que Dieu fût purement fpirituel , & il enfeignoit que l'ame de l'homme étoit corporelle avec forme & figure , que celle du Fils étoit engendrée par celle du Pere , qui l'empêchoit pas d'être immor-telle ; qu'elle recevoit de l'accroiffement ou de la diminution avec le corps ; & que celles des mé-chants après la mort étoient converties en diables. Il prétendoit avoir reçû le S. Efprit auffi abondam-ment que les Apôtres , condamnoit toute forte d'u-fage d'armes & de guerres parmi les Chrétiens , & traitoit les fecondes noces d'adultere.

TES

TESIR. v. n. Vieux mot. Se taire.

TESSEAUX. f. m. Terme de Marine. Pièces de bois qu'on met de travers l'une fur l'autre , & qui font faillie autour de chaque mât au-deffous de la hune , pour la foûtenir. Elles fervent même de hune aux mâts qui en manquent , & on les appelle autrement *Barres de hune*. C'eft auffi une piece de bois four-chée dans laquelle la viz d'un preffoir eft mouvante & engagée.

TESSON. f. m. Petit animal qui fait fa retraite fous terre dans les bois & dans des garennes , d'où il ne foit bien fouvent qu'après le Soleil couché. Il s'en-graiffe à force de dormir , & eft ennemi des chats & des renards. Il n'a point de fentiment, ne voit gue-re clair, & vit de fruits , de vermine & de charo-gne. On l'appelle ordinairement *Blereau*. Plufieurs écrivent *Taiffon*.

TESTAMENT. f. m. Témoignage de derniere vo-lonté. Acte par lequel une perfonne marque dans

Rrr ij

les formes que les Loix ou les Coûtumes locales prescrivent, ce qu'elle veut que l'on fasse de ses biens après sa mort. Dans les Païs où les Loix Romaines servent de Coûtumes ; il y a deux sortes de Testamens, l'un appellé *Testament écrit ou solemnel*, & l'autre *Noncupatif*. Le premier est ou mystique ou public. Le public est presenté ouvert, & le mystique est un Testament presenté clos & fermé aux Témoins par le Testateur, après qu'il l'a écrit de sa main & signé, ou qu'il l'a seulement signé. Il y a aussi de deux sortes de Testamens noncupatifs. L'un se fait sans écriture, & l'autre se redige par écrit. Celui-là doit être écrit & signé d'un Notaire qui sert de témoin, & signé aussi du Testateur, & de six autres Témoins, afin de faire le nombre de sept personnes, dont les signatures sont d'une necessité si absolue, que si le Testateur ne sçavoit pas signer, il faudroit en choisir une huitiéme qui le representât, afin que le Testament fût valide. Il faut le même nombre de témoins dans un Testament noncupatif fait sans écriture, mais le Notaire peut recevoir la declaration de ces Témoins après que le Testateur est mort. Dans les Provinces qui ont des Coûtumes qui les reglent, on fait un *Testament olographe*, c'est-à-dire, un Testament écrit & signé de la main du Testateur, où ce Testament est seulement signé par celui qui teste, & reçû par deux Notaires, ou par le Curé ou son Vicaire. Il n'est pas necessaire que le Testament reçû par le Notaire ou par le Curé soit signé du Testateur : il n'est pas requis ailleurs qu'à Paris qu'il soit lû & relû au Testateur, comme le disent absolument les Fureteristes.

On a appellé chés les Anciens, *Droit de Testament*, Un droit que les Evêques prétendoient avoir de disposer tantôt du quart, & tantôt de la neuviéme partie des legs pieux d'un Testament. Cela vient de ce qu'il falloit autrefois employer l'autorité de l'Eglise pour faire cette disposition. Cela se pratiquoit encore de cette maniere sur la fin du douziéme siecle. Depuis, les Evêques se sont attribué ce quart, dont ils ont joui assés long-tems en pleine propriété.

TESTAMENTER. v. n. Vieux mot. Faire Testament.

TESTARD. s. m. Insecte petit & noir qui nage & vit dans l'eau, & qu'on prétend avoir été ainsi appellé à cause de la grosseur de sa tête.

TESTE. s. f. *Partie de l'animal qui tient au reste du corps par le col, & qui est le siege des organes des sens.* ACAD. FR. Dans les hommes c'est la plus haute partie du corps sur laquelle, & autour du derriere de laquelle viennent les cheveux. Elle prend depuis le sommet jusqu'à la premiere vertebre du cou. Ses principales parties sont le visage, le crâne dont la haut est appellé *Sommet de la tête*, les côtés, les temples, le devant & le derriere de la tête.

Les Medecins appellent *Tête* dans les os, Un bout rond qui avance en dehors soit par apophyse, ou par épiphyse.

Tête, en termes de Chasse, est le bois du cerf ; & on dit en ce sens, que *Les cerfs mettent tous les ans leur tête bas.* Les cerfs dans leur troisiéme année sont appellés *Cerfs à la premiere tête*, dans leur quatriéme année *Cerfs à la seconde tête*, & dans leur cinquiéme année, *Cerfs à la troisiéme tête*. On appelle *Tête bien née*, Une tête grosse de marrein, & *Tête faux marquée*, Celle qui n'a pas les cors & chevilles pareils dans les deux perches. La *Tête couronnée*, est la belle tête qui doit avoir aussi les andouilles dans les meules, les rayeures enfoncées & être

bien ouvertes. Les *Têtes ramées*, sont ou couronnées, ou pommées, ou simples de trois par à mont ou de deux.

On se sert du mot de *Tête* dans le Manége pour marquer l'action de l'encolûre du cheval, & de l'effet de la bride & du poignet, comme en ces phrases. *Ce cheval place bien sa tête*, pour dire, qu'il porte en beau lieu ; *Ce cheval refuse de placer sa tête*, pour dire, qu'il tend le nés, qu'il n'est jamais dans la main, & qu'il a trop ou trop peu d'appui. On dit encore *Passeger un cheval la tête & les hanches dedans*, pour dire, Le porter de biais ou de côté tête avec la lance au pas ou au trot, en sorte que faisant une volte, ses épaules marquent une piste dans le tems que les hanches en marquent une autre, & que pliant le col il tourne un peu la tête au-devant de la volte, & regarde le chemin qu'il va faire.

Tête, en parlant des exercices que font ceux qui apprennent à se servir adroitement de la lance, est une tête de bois qui a la figure de celle d'un homme. Le Cavalier va à toute bride pour frapper cette tête avec la lance, & on appelle cela *Courir les têtes*.

Tête, en termes d'Architecture, est un ornement de Sculpture, qui sert à la clef d'un arc, d'une platebande & à d'autres endroits. Ces têtes representent des Divinités, des Vertus & des Saisons, & autres choses avec leurs attributs qui les font connoître. On employe aussi des têtes d'animaux par rapport aux lieux, comme une tête de bœuf ou de belier pour une boucherie. Les anciens Architectes mettoient des têtes de bœuf dans les metopes des Temples à cause des sacrifices. Les petits canaux qu'on fait pour l'écoulement des eaux sur les corniches des bâtimens sont ornés encore aujourd'hui de têtes de lion attachées à la cymaise, justement au-dessus du milieu des colomnes ou pilastres, ce qui se fait à l'imitation des Anciens. On dispose ainsi plusieurs têtes de lion le long de la corniche d'un grand bâtiment ; mais quand il y a des colomnes au-dessous, il n'y a que celles qui sont au droit des colomnes qui soient percées pour jetter l'eau, & cela s'observe, afin que l'on ne soit pas en danger d'être mouillé lorsque l'on passe entre les colomnes. La face de front d'un arc ou arceau de voute est appellée *Tête*, Dans l'étendue des piedroits, on l'appelle *Tête des piedroits*, & dans l'étendue de l'arc, *Tête au front de l'arc*. Ce qui paroît de l'épaisseur d'un mur, & que l'on revêt souvent d'une chaine de pierre ou d'une jambe étriere, se nomme *Tête de mur* ; & *Tête de chevalement* se dit d'une piece de bois qui porte sur deux étayes pour soûtenir quelque pan de mur ou quelque encoignure, tandis que l'on fait une reprise par sous-œuvre. Toutes les têtes des boulons, viz & clous, qui n'excedent point le parement de ce qu'ils retiennent ou attachent, se nomment *Têtes perdues*.

On appelle *Tête de canal*, La partie la plus proche d'un jardin embelli d'eaux, où ces eaux viennent se rendre après qu'on a fait jouer les fontaines. *Tête de canal*, se dit aussi d'un bâtiment rustique en forme de grote, avec des fontaines & des cascades au bout d'une longue piece d'eau.

Tête du camp, en termes de guerre, se dit de la partie anterieure du Terrein du campement qui fait face vers la campagne. *Tête* se prend aussi pour une avenue, & en ce sens on dit, qu'*On ne peut aller à quelque Place que par une Tête.* On dit *Tête de bataillon*, pour dire, La file du bataillon la plus proche de l'ennemi, & *Tête de la tranchée*, *de la sappe, du travail*, pour dire, La partie la plus avancée vers l'ennemi. Quand on dit qu'*Il y a deux têtes à la tranchée*, on veut dire, Deux attaques.

On dit en termes de Fauconnerie, *Faire la tête à un oiseau*, pour dire, Lui découvrir souvent la tête pour la faire au chaperon.

On appelle *Tête*, dans une Comete, La partie qui est assés éclatante & dense.

Tête de more. On appelle ainsi un cheval de poil rouan, qui outre son mélange de poil gris & bai, a la tête & les extrêmitez noires. *Tête de more*, en termes de guerre, est une espece de grenade que composent les Ingenieurs, & qui se tire avec le canon. On appelle en termes de mer, *Tête de more*, Une espece de billot taillé presque en quarré. Il est percé en mortoise pour embrasser le tenon des mâts, & on l'appelle autrement *Chouquet*. Il se met ordinairement sur le montant d'un bâton d'enseigne, & sur le bout du perroquet de beaupré. Les Chymistes appellent aussi *Tête de more*, La chappe ou le chapiteau d'un alembic, qui a un long col pour porter les vapeurs dans un Vaisseau qui sert de refrigerant. *Têtes de more*, dans le Blason, se dit des têtes qui sont ordinairement representées de profil, & bandées, liées & tortillées. Les têtes d'oiseaux & des autres animaux où le poil paroît encore, s'appellent dans le même Blason, *Têtes arrachées*, & on dit *Têtes coupées*, en parlant de celles dont la séparation est faite autrement.

On appelle dans un ancre de Vaisseau *Tête de l'ancre*, La partie où la verge est jointe avec la croisée, & *Tête de la potence*, La partie de la pompe qui supporte la bringuebale.

Le commencement d'un vent, c'est-à-dire le tems où ce vent commence à souffler, est appelé en termes de mer, *La tête du vent*.

On dit en termes de Musique, *Tête d'un lut*, *tête d'un tuorbe*, ou de quelque autre instrument semblable, pour dire, La partie attachée au manche où se mettent les chevilles qui servent à monter ou à baisser les cordes.

Tête morte. Terme de Chymie. Tout ce qui reste du mixte, après l'extraction des principes actifs & du phlegme. C'est communément le residu du vitriol, qu'on appelle *Colcothar*, nom que Paracelse a fait exprès, & par lequel on entend la tête morte du vitriol seul, restant après la distillation de l'esprit & de l'huile. La tête morte du vitriol de cuivre guerit la dysenterie, laquelle s'arrête sitôt que l'on a jetté dessus, des excremens du malade.

TESTICULE. s. m. Partie double de l'animal qui sert à perfectionner la matiere de la geniture. C'est un amas de plusieurs petits vaisseaux, dont quelques-uns sortent du corps des testicules, & font divers plis & replis pour former un autre petit corps qui est sur le dos de chaque testicule, que l'on appelle *Epididyme*, qui se dilate & fait le vaisseau deferant, après quoi il se termine aux vesicules seminales, où la semence qui a été travaillée dans le testicule & perfectionnée, dans l'épididyme est apportée & mise en dépôt par le canal deferant. Les testicules sont exterieurs aux hommes, & quelques-uns n'en ont qu'un. D'autres en ont trois, & il y a des Medecins qui assurent que quelques hommes en ont eu jusqu'à quatorze. Leur figure est oblongue ou ovale, & ils sont de nature glanduleuse & caverneuse comme les mammelles. Les testicules des femmes sont au dedans, posés sur les muscles des lombes, & d'une qualité, figure & substance differente. Les observations de Stenon, de Kerkinguis & des Modernes font foi que les

femmes engendrent des œufs, en quoi leur semence consiste; de sorte que les testicules des femelles vivipares sont proprement des ovaires. On voit par l'anatomie que leur substance, c'est-à-dire, la substance des testicules des femelles, tant de la femme, que des brutes, est toute membraneuse, & remplie de plusieurs vesicules, revêtues chacune de sa tunique propre, très-déliée, détachée des autres, & pleine d'une humeur limpide, qui se coagule comme le blanc d'œuf, lorsqu'on met ces vesicules dans de l'eau bouillante. C'est ce qui fait croire que toutes ces vesicules sont de veritables œufs destinés pour la generation, qui se grossissent & se perfectionnent successivement. Ils sont de la grosseur d'un pois dans les femmes.

TESTIERE. s. f. Sorte de voile de toile qu'on met à un enfant nouveau né pour tenir sa tête, & qu'il porte jusqu'à ce qu'il puisse un peu la soûtenir. *Testiere*, parmi les Chartreux, est la partie de la robe du Religieux, qui lui couvre la tête.

Testiere. Terme de Sellier. La partie de la bride où se met la tête du cheval. Elle est composée de deux porte-mords, d'un frontal, d'une muserole & d'une sougorge.

TESTIMONIALES. s. f. Lettres par lesquelles on connoît qu'un Religieux ou quelqu'autre Ecclesiastique est envoyé par son Superieur, & qu'il est Profès ou Prêtre.

TESTON. s. m. Ancienne monnoie de France qui a valu quinze sols six deniers, & depuis dix-neuf sols six deniers. Du tems de François I. elle ne valoit que dix sols, & étoit du poids de sept deniers douze grains. Il y a eu des Testons de Lorraine, de Suisse, de Sion, de Milan & autres lieux; un saint Ambroise étoit au revers de ceux de Milan. Les autres avoient d'un côté la tête du Prince, ou du Pays, ou de la Ville qui l'avoit fait battre, avec ses armes de l'autre. Le Teston sous Henri II. avoit l'effigie de ce Prince d'un côté avec cette legende *Henricus II. Dei gratiâ Francorum Rex*, & de l'autre trois fleurs de lis dans un Ecusson couronné; & pour legende, *Christus vincit, regnat, imperat*. Sous Charles IX. le Teston valoit quatorze sols, & avoit d'un côté la tête du Roi & cette legende, *Carolus Dei gratiâ Francorum Rex*, & un ecusson de l'autre avec trois fleurs de lis. La legende *Sit nomen Domini benedictum*. Le Teston étoit fait de même sous Henri III. avec cette seule difference, qu'il avoit deux *H* du côté des trois fleurs de lis, & que sous Charles IX. il avoit deux *C*. Les Testons continuerent d'avoir cours sous Henri IV. & ils n'ont cessé d'être dans le commerce qu'en 1641. Ils valoient alors dix-neuf sols six deniers.

TESTU. s. m. Terme de Maçon. Gros marteau qui sert à démolir. On appelle *Têtu à arrête*, Celui qui a un taillant de chaque côté, & dont on se sert particulierement à tailler & à façonner le pavé. Ces taillans s'avancent en forme de coins, & font au milieu un angle entrant.

TET

TETANOS. s. m. Mot purement Grec, dont se servent les Medecins pour signifier une des trois especes fameuses de la convulsion tonique. C'est celle des muscles anterieurs & posterieurs de la tête, qui la tiennent roide & immobile, sans qu'elle panche d'un côté ni d'autre. Ce mot vient du verbe τεινω, Etendre.

TETRACHORDE. s. m. Terme de Musique. Il signi-

fie la tierce , & est une consonance ou un intervalle de trois tons. Le Tetrachorde des Anciens étoit
une suite de quatre cordes , en prenant le tetrachorde pour un ton , comme il se prend fort souvent
dans la Musique. Ce mot est Grec , τετράχορδον ; de
τέσσαρες , Quatre , & de χορδὴ , Corde.

TETRAEDRE. s. m. Terme de Geometrie. Pyramide qui est terminée par quatre triangles équilateraux égaux entre eux. C'est l'un des cinq corps reguliers. Ce mot est Grec, formé de τέσσαρες , Quatre , & de ἕδρα , Siege.

TETRAGONE. s. m. Terme de Geometrie. Figure
rectiligne de quatre côtés égaux , qui a les quatre
angles droits. Ce mot est Grec, τετράγωνος , de τέσσαρες ,
Quatre , & de γωνία , Angle.

TETRASTYLE. s. m. Bâtiment qui a quatre colomnes à la face de devant. Ce mot est Grec , τετράστυλος ,
de τέσσαρες , Quatre , & de στύλος , Colomne.

TEU

TEUCHTLATCOZAUHQUIN. s. m. Bête fort
cruelle qui se trouve dans la Province de Mexique appellée Tlascala. Les Espagnols lui donnent
le nom de Vipere , à cause que sa morsure est mortelle. Cette bête est longue au moins de quatre
palmes ; moyennement grosse , & a la tête de vipere , le ventre blanc tirant sur le fauve , les côtés
couverts d'écailles blanches & distinguées par intervalles de lignes noires , le dos brun & presque
noir , avec quelques raies brunes qui finissent au
dos. Il y en a de plusieurs especes , dont la seule
difference est en la couleur. Cette sorte de serpent
se remue fort vîte parmi les rochers & les précipi-
ces , & plus lentement dans un lieu uni. Le nombre de ses années est marqué par celui des sonnettes qu'on lui trouve au bout de la queue , qui se
suivent l'une à la maniere des os de l'épine
du dos , & qu'il remue violemment lorsqu'on l'a
mis en colere. Ses yeux sont petits & noirs , & il a
deux dents courbées dans la mâchoire haute , par
lesquelles il communique son venin. Il en a encore
cinq autres à chaque mâchoire , qu'il est fort aisé
de voir dans le tems qu'il ouvre sa gueule. Ceux qui
en sont mordus , meurent en vingt-quatre heures
dans de grands tourmens , à cause que tout leur
corps se fend en petites crevasses. Les Sauvages
mangent sa chair , & leurs Medecins se servent de
ses dents & de sa graisse.

TEUCRIUM. s. m. Herbe faite en maniere de ver-
verge , & fort semblable à la Germandrée. Sa feuille est petite & ressemble assés à celle des chiches.
Elle croît en grande abondance en Cilicie, & elle a
été nommée Teucrium , du nom de Teucer qui l'a
trouvée. Cette herbe prise en breuvage , quand elle
est fraîche , avec de l'eau & du vinaigre , consume efficacement la rate. Pour soulager ceux qui
en sont travaillés , il faut l'enduire avec des figues
& du vinaigre. Sa propriété commença à être
connue , lorsqu'ayant jetté un jour le dedans d'une
bête sur cette herbe , on trouva que s'étant attachée
à la rate , il l'avoit consumée , ce qui fait que
plusieurs l'appellent Splenion. Pline dit que le Teucrium produit ses branches menues comme joncs ,
qu'il a ses feuilles petites , qu'il croît aux lieux
âpres , & qu'il n'a ni fleur ni graine. Il ajoûte que
la commune opinion est qu'on ne trouve point de
rate aux pourceaux qui ont mangé la racine de cette
herbe , & que quelques-uns appellent aussi Teucrium , une Plante qui a force rejettons , les branches comme l'hyssope , & les feuilles comme la feve ; qu'il faut cueillir lorsqu'elle est en fleur , &

qu'on fait grand cas de celle que l'on apporte des
montagnes de Cilicie.

TEVERTIN. s. m. Pierre dure , grisâtre ou roussâtre. C'est la meilleure de toutes les pierres qui s'employent à Rome ; en Latin Lapis Tiburtinus.

TEULX. adj. Vieux mot qui a été dit pour tels. On a
dit Tex , tieul , tiex & til.

> Johannes hom non pas ancien
> Portoit tiex armes , ce disoient.

On a dit aussi Tieulement , pour Tellement.

TEUTONIQUE. adj. Mot qu'on employe pour Ger-
manique en quelques façons de parler. Ainsi on appelle Hanse Teutonique , l'alliance des Villes Han-
séatiques ou maritimes qui se sont alliées pour le
commerce , & qui ont fait entre elles une ligue of-
fensive & défensive. Ce mot vient de ce qu'on appella Teutons les anciens Allemans voisins des Cim-
bres. C'est de ces Teutons que les Allemans ont depuis eu le nom de Tentach.

Il y a un Ordre militaire fort considerable , appellé Ordre Teutonique , dont l'établissement est dû
à la pieté d'un Allemand , qui s'étant retiré à Jerusalem avec sa famille après la conquête de la
Terre-sainte , employa ses biens à recevoir & à
nourrir les Pelerins de sa Nation qui venoient visiter les saints Lieux dans la Palestine , & qui n'entendoient pas la langue du Pays. Pour pouvoir plus
facilement exercer sa charité , il obtint du Patriarche de Jerusalem la permission de bâtir un Hôpital avec une Chapelle à l'honneur de la Vierge.
Plusieurs Gentilshommes Allemans que poussa le
même zele , s'étant joints à lui pour cette bonne
œuvre , firent leur unique attachement d'avoir
soin de ceux que la devotion obligeoit à faire le
voyage d'outre-mer. Quelques riches citoyens des
Villes de Bremen & de Lubec qui étoient en Levant , s'associerent avec ces premiers , & vers l'an
1171. ils firent bâtir un magnifique Hôpital en la
Ville d'Acre , prenant tous le titre de Chevaliers
Teutons & la regle de saint Augustin. Leur habit
fut une robe & un manteau blanc , & ils eurent
pour armes une croix potencée de sable , chargée
d'une autre croix d'argent. Il y en a qui assurent
que le Roi saint Louis , lorsqu'il eut passé la mer ,
ajoûta le chef de France , portant cette croix sur
l'estomac. Ils firent profession & vœu de pauvreté , de chasteté & d'obéïssance entre les mains du
Patriarche de Jerusalem , & composerent leur regle sur le modelle de celle des Chevaliers Hospita-
liers de saint Jean & des Templiers. En 1195. le
Pape Celestin III. approuva l'établissement de cet
Ordre , obligeant les Chevaliers à dire chaque
jour certaines prieres , leur commandant de laisser
croître leurs barbes à la maniere des Hermites de
saint Augustin , & défendant que l'on y reçût
personne qui ne fût Gentilhomme , & Allemand.
Henri de Valpot en fut le premier Grand-Maître.
Le Duc de Massovie dans la Pologne donna à ces
Chevaliers toutes les terres qu'ils pourroient con-
querir dans la Prusse sur les Payens , pour les posseder , avec droit de souveraineté ; ce que le Pape
& l'Empereur confirmerent. Les Chevaliers les
ayant tous chassés de la Prusse penetrerent jusqu'en
Russie , & en 1255. ils s'emparerent de la Samo-
gitie , faisant main basse sur tous ceux qui refusoient
de recevoir le baptême. Pendant ces progrès le
Soudan d'Egypte prit la Ville d'Acre , & les Chevaliers Teutons qui étoient dans la Syrie furent obligés de revenir en Allemagne. La principale Maison de l'Ordre établie d'abord à Marpurg , Ville de
la Hesse dans le Cercle du Haut Rhin , fut ensuite

transferée à Mariembourg dans la Prusse. Albert, Marquis de Brandebourg, fils de la sœur de Sigismond Roi de Pologne, ayant été élû Grand Maître de l'Ordre en 1510. goûta malheureusement les nouvelles opinions de Luther, & ayant embrassé son heresie il traita avec Sigismond son oncle pour se rendre Maître absolu de la Prusse, à la charge de la tenir relevante de la Couronne de Pologne. Les Chevaliers Teutoniques contraints de quitter la Prusse, élurent Albert de Vvolffgang pour leur Grand-Maître, & se retirerent en Allemagne, où ils avoient de grands biens & des Benefices dont ils jouissent encore. Cet Ordre consiste à present en douze Provinces, qui sont Alsace, Bourgogne, Austriche, Coblens, Etsch, que l'on nomme encore Provinces de la jurisdiction de Prusse, Franconie, Hesse, Viessen, Vvestphalie, Lorraine, Turinge, Saxe & Utrecht. Ces sept dernieres Provinces sont de la Jurisdiction d'Allemagne. Tout ce que possedoit l'Ordre dans la Province d'Utrecht, est presentement au pouvoir des Hollandois. Il y a des Commanderies particulieres pour chaque Province, & on y appelle *Commandeur Provincial*, Le plus ancien des Commandeurs. Les douze Commandeurs Provinciaux étant assemblés ont droit d'élire un Grand-Maître ou un Coadjuteur, & ils sont tous soumis au Grand-Maître d'Allemagne, qu'ils regardent comme leur Chef. Il fait sa residence ordinaire à Mariendal en Franconie depuis que les Chevaliers ont été chassés de la Prusse. Les puînés des Princes & des grands Seigneurs Allemans possedent la plûpart des Commanderies de cet Ordre, qui porte d'argent à une croix pattée de sable, chargée d'une croix potencée d'or.

ITEX

TEXTE. s. m. Livre des Epîtres & Evangiles couvert d'orfevrerie dans lesquelles les Diacres & Sousdiacres chantent l'Epitre & l'Evangile. Les Soudiacres portent aux processions à côté de la croix. Les Furetieristes disent que le Sousdiacre le donne à baiser à l'Evêque qui officie avant qu'il baise l'Autel. Il falloit dire qu'en Anjou il le tient devant tout Prêtre celebrant aux grandes Fêtes pendant la Confession & le lui fait baiser quand il monte à l'Autel, le porte après l'Evangile à baiser à tout le chœur, en disant à chacun *Hæc sunt verba sancta*, & qu'on répond *Credo*, *confiteor*, *&c*.

THA

THALICTRUM. s. m. Plante que Dioscoride dit avoir ses feuilles semblables au Coriandre, mais un peu plus grasses. Elles tiennent à sa tige qui est semblable à celle de rue. Broyées & enduites, elles font cicatriser les vieux ulceres. Elle croît parmi les champs, & Galien qui en dit la même chose l'appelle *Thalistron*, Ruellius dit que les Herboristes l'appellent *Argentine*, à cause qu'elle est blanche, & que l'argentine est entierement conforme à la description du Thalictrum, sur quoi Matthiole ne prononce pas, avouant qu'il n'a jamais vû de Thalictrum.

THAPSIA. s. f. Plante qui est une espece de ferule, ayant neanmoins sa tige plus menue, & ses feuilles comme celles du fenouil. Ses bouquets qui sont à la cime ressemblent à ceux d'aneth, & il n'y en a qu'un sur chaque branche. Sa fleur est jaune, & sa graine large comme celle de ferule, mais un peu moindre. Sa racine est longue, acre, noire en dehors & blanche au dedans, & revêtue d'une écorce assés épaisse. Cette racine, & le jus que l'on en tire, ont une vertu si attractive, qu'ils poussent dehors les profondes humeurs. Si on les applique avec un peu de cire & d'encens, ils ôtent toutes fortes de meurtrissures, mais il ne faut pas laisser l'emplâtre plus de deux heures. Pline dit que c'est le remede qu'employoit Neron, lorsqu'allant courir la nuit sans être connu, il revenoit quelquefois le visage tout meurtri. Theophraste dit que la Thapsia croît en plusieurs lieux, & particulierement au territoire d'Athenes où les bêtes du Pays n'en mangent point, mais que celles qui viennent des lieux éloignés en mangent, & qu'il faut necessairement ou qu'elles meurent, ou que le ventre leur lâche. Cette plante a été nommée par les Grecs *Thapsia*, de l'Isle de Thapsos où elle a été premierement découverte.

THE

THE'. s. m. On appelle ainsi, non seulement une petite feuille desséchée qu'on nous apporte des Indes Orientales, mais aussi la teinture de cette feuille dont on fait une boisson assés agreable par l'addition du sucre. Cette feuille est celle d'un arbrisseau qui s'étend en diverses petites branches & qui croît en assés grande quantité autour de Pekin & de Nankin dans la Chine. Il en croît aussi en plusieurs endroits du Japon où il est appellé *Cha* ou *Tcha*. Le Thé est une feuille verte, mince, pointue par un bout, arrondie par l'autre & découpée un peu tout autour. Au milieu de chaque feuille il y a une moyenne nervure, d'où sortent quantité de petites fibres. Après ces feuilles naissent plusieurs coques aussi grosses que le bout du doigt, & d'une figure fort particuliere. Chacune enferme deux ou trois fruits tels que l'Areca, d'un gris de souris au dessus, & garnis au dedans d'une amande blanche, fort aisée à se vermoudre. Cet arbrisseau pousse en Eté sa premiere fleur, qui ne sent pas beaucoup, & sa baie de verte devient noirâtre. Ses branches sont revêtues de fleurs blanches & jaunes, dentelées & pointues depuis le bas jusqu'au haut. Le Thé de la Chine a ses feuilles plus grandes, d'un vert plus brun, & d'une odeur bien moins douce que le Cha du Japon. Aussi sa teinture est-elle plus verte & beaucoup moins agreable, en forte même que l'infusion du plus commun a un goût qui approche de quelque sorte de celui du sené. Le meilleur Thé a la plûpart de ses feuilles petites & delicates. Lorsque ces feuilles se sont un peu dilatées dans l'eau chaude, elles reprennent leur premiere verdeur, & après une infusion suffisante, elles donnent à l'eau une teinture d'un jaune clair & verdâtre, mais d'un goût & d'une odeur si plaisante, qu'il semble que la violette & l'ambre même y ayent quelque part. Cela se connoît quand même on approche ses feuilles du nez, ou qu'on les mâche avant qu'elles ayent été mises en infusion. Elles n'ont qu'une legere astriction & une mediocre amertume. Le mechant Thé au contraire a ses feuilles bien plus grandes & plus épaisses, & elles demeurent d'un brun enfoncé. Après même que l'eau chaude les a dilatées, elles n'ont presque point d'odeur, & l'on découvre par la langue qu'elles ont beaucoup d'amertume & d'astriction. Tavernier assure que la fleur du Cha, qui n'est autre chose que la feuille du plus fin Thé du Japon, se vend jusqu'à cinq cens francs la livre dans le Japon même, & qu'on en trouve de la Chine à cent sols ou à six francs. Les Japonnois & les Chinois l'échangent toûjours volontiers poids pour poids, & quelquefois encore plus avantageusement contre les feuilles de notre sauge, en laquelle ils trouvent de grandes vertus. La teinture & l'infusion du Thé est la même chose. C'est cette boisson si connue de tout le monde, & qui se prepare en faisant bouillir dans un vaisseau convenable, autant d'eau qu'on veut avoir de teinture, & en la tirant du feu quand elle bout pour y jetter les feuilles de Thé en quantité proportionnée. On couvre le vaisseau ensuite, & on laisse le Thé en infusion pendant la troisiéme partie d'un quart d'heure. Durant ce tems les feuilles du Thé, s'affaissent au fond du vaisseau à mesure que la teinture en est extraite par l'eau, en sorte qu'elle se trouve entierement precipitée quand on verse la liqueur dans les tasses pour boire. Elle doit être bûe fort chaude, & même dans sa premiere chaleur, parce que lorsqu'elle a été refroidie & ensuite rechauffée, elle est très-desagreable, & aussi inutile que celle qu'on tire des feuilles dont on a déja tiré une premiere teinture, & qui ne peuvent servir dans cet état qu'à l'extraction d'un sel fixe. Le Thé est d'un si grand usage parmi les Orientaux, qu'il y a fort peu de personnes qui ne s'en servent. Il a une vertu particuliere de fortifier le cerveau & de dissiper les vapeurs dont il se sent attaqué. Il empêche les assoupissemens, rend l'esprit propre à l'étude, & le délasse après une trop grande application. Il est bon aussi pour la migraine & pour les douleurs de tête que les vapeurs causent. Il y a quelques années que presque tout le monde en usoit en France, mais depuis que le Caffé & le Chocolat ont été connus, on ne s'en sert presque plus.

THEATINS. s. m. Ordre de Religieux qui sont les premiers Clercs Reguliers qui ayent paru dans l'Eglise. Jean Pierre de Caraffe, Evêque de Theate dans le Royaume de Naples, s'étant uni par inspiration divine avec saint Gaëtan, Comte de Thiene, Protonotaire Apostolique participant, natif de Vicence dans le Duché de Venise, & avec deux autres personnes considerables par leur vertu, fonda cette Congregation en 1524. par le consentement du Pape Clement VII. & sa dignité Episcopale l'en fit élire Superieur. Quoiqu'il se fût demis de son Evêché, on ne laissa pas de l'appeller toûjours l'Evêque Theatin, & c'est ce qui donna lieu de nommer aussi ces Religieux Theatins. Cet Ordre est dans une fort grande reputation en Italie, où il n'est composé que de personnes d'une naissance distinguée, dont une partie, à cause de leur pieté & de leur science, est élevée à l'Episcopat. On en compte actuellement plus de quarante qui sont aujourd'hui Archevêques ou Evêques; & il y en a eu depuis le commencement de leur Institut plus de trois ou quatre cens qui ont possedé cette dignité, sans parler de ceux qui l'ont refusée, du nombre desquels a été le Bienheureux André Avellin, qui fut destiné par le Pape à l'Archevêché de Naples, à cause du zele ardent qu'il avoit pour le salut des ames. Jean Pierre Caraffe leur Fondateur, fut fait Pape sous le nom de Paul IV. Il y a eu aussi deux Cardinaux de cet Ordre, sçavoir Bernardin Scot, Evêque de Plaisance, & Paul Areso, François d'origine, Archevêque de Naples. Ce dernier a mené une vie si sainte, que la Congregation des Rits travaille à sa Beatification. Les Theatins sont établis en Espagne, en Portugal, en Allemagne, en Pologne, dans la Georgie, à Goa Capitale des Indes, dans l'Isle de Borneo, où ils donnent tous leurs soins à la conversion des Infidelles. Le Cardinal Mazarin fonda une Maison de cet Ordre à Paris en 1644. C'est la seule qu'ils ayent en France. Ils

en ont plus de quatre-vingts en d'autres Royaumes, & leurs Eglises sont des plus belles qu'on voie en Europe. La principale vûe de leurs Fondateurs a été de rétablir l'ancienne maniere de vivre des Apôtres, en s'abandonnant entierement à la Providence, en sorte qu'ils ne demandent rien, & ne possedent aucun revenu. Leur habit est noir, & n'est distingué de celui des Jesuites que par leur chaussure qui est blanche.

THEATRE. s. m. On a appellé ainsi chés les Anciens un édifice public, qui étoit composé d'un amphitheatre en demi-cercle, entouré de portiques, & & garni de sieges de pierre, qui environnoient un espace appellée Orchestre. Au devant de cet espace étoit le Proscenium, c'est-à-dire, le plancher du Theatre avec la scene, qui étoit une grande façade décorée de trois ordres d'Architecture. Le Postscenium, lieu où se preparoient les Acteurs, étoit derriere cette façade. Il ne reste rien de l'antiquité de plus celebre en ce genre que le Theatre de Marcellus qui est à Rome. Theatre se dit aujourd'hui d'une grande salle où l'on represente des Tragedies, des Comedies, des Balets & des Opera. Il y a une partie occupée par la scene qui comprend le Theatre même, les decorations & les machines. Le reste est un espace que les Auditeurs remplissent, & qui est terminé par un amphitheatre quarré ou circulaire, avec plusieurs rangs de loges par étages tout autour pour les personnes distinguées.

On appelle Theatre, dans un jardin, Une espece de terrasse élévée, sur laquelle est une decoration perspective d'allées d'arbres. Comme cette terrasse est faite de telle sorte que l'on y pourroit representer des Comedies, il y a un espace plus bas qui tient lieu de parterre, avec un amphitheatre qui le termine, & sur lequel sont plusieurs degrés de gazon ou de pierre. Theatre d'eau se dit d'une disposition de plusieurs allées d'eau, ornées de rocailles & de figures, afin de former divers changemens dans une decoration perspective. Ce mot est Grec θέατρον, Spectacle.

Theatre, en termes de Marine, se dit de l'exhaussement qui est à la proue des grands vaisseaux au dessus du dernier pont vers la misaine. C'est ce qu'on appelle autrement Château de proue ou Taillard d'avant.

THEION. s. m. Vieux mot. Oncle. On a dit aussi Theie, pour dire, Tante, du Grec θεῖος, & θεία, qui veulent dire la même chose. Les Espagnols disent encore aujourd'hui Tio & Tia, pour, Oncle & Tante.

THEODOTIENS. s. m. Heretiques appellés ainsi, parce qu'ils suivoient les erreurs d'un certain Theodotus ou Theodotion qui vivoit sous l'Empereur Severe sur la fin du second siecle, & enseignoit qu'il étoit permis de nier JESUS-CHRIST dans les tems de persecution, & qu'on ne renioit point Dieu en le faisant, puisque JESUS-CHRIST, selon sa doctrine, n'étoit qu'un pur homme, & qu'il étoit né de semence humaine. Il ajoûtoit aussi quelque chose aux écrits des Evangelistes, & en étoit ce qu'il lui plaisoit.

THEOPASCHITES. s. m. Heretiques qui prétendoient que la Divinité de JESUS-CHRIST eût souffert, comme s'il n'y avoit eu en lui qu'une nature, parce qu'il n'y a qu'une personne. Ce mot est formé du Grec θεός, Dieu, & de πάσχω, Souffrir.

THERAPEUTIQUE. s. f. Partie de la Medecine qui enseigne à guerir les maladies, & qui consiste dans l'art de trouver les secours convenables aux malades, & de les appliquer après les avoir trouvés; ce
qui

qui demande un bon jugement fondé sur la connoiſſance de l'œconomie animale en particulier, & ſur celle de toute la nature en general, Ce mot eſt Grec *Θεραπευτικος*, Qui a la faculté de guerir.

THERIAQUE. ſ. f. Compoſition de drogues choiſies, préparées, pulveriſées & reduites en opiat ou en électuaire liquide, pour la gueriſon des maladies froides, & où la chaleur naturelle ſe trouve affoiblie. Ce mot eſt Grec *Θεριακη*, de *Θηρ*, Bête venimeuſe, à cauſe de la chair de vipere qui lui ſert de baſe. La plus fameuſe Theriaque eſt celle qui a été compoſée par Andromaque le pere, natif de Candie, & premier Medecin de Neron. Les Venitiens ſont en reputation depuis pluſieurs ſiecles d'être les ſeuls qui ont la veritable maniere de la preparer. Cependant de très-habiles Apothicaires de Paris, tels que Meſſieurs Rouviere, Geoffroi, & quelques autres, en ont compoſée d'excellente depuis peu d'années, dont on ſe peut ſervir avec ſûreté, & ſans apprehenſion d'être trompé, comme on l'eſt ſouvent par ceux qui en vendent ſous le nom de *Theriaque fine de Veniſe*. C'eſt en general un preſervatif contre le mauvais air, la peſte, les poiſons, & ſur-tout les poiſons froids & les morſures des bêtes venimeuſes & enragées. Il faut la prendre dans l'eau de ſcorçonere, ou de chardon benit, ou dans quelque autre eau cordiale, ou l'appliquer en forme d'emplâtre ſur le partie affligée, ou bien la frotter ſouvent en la détrempant dans l'eau de vie, dans du vin, ou dans une autre liqueur ſemblable. On l'applique auſſi fort utilement ſur les bubons, charbons, clous, anthrax, & on peut dire qu'elle eſt ſouveraine pour la rougeole, pour la petite verole, ou pour les fievres malignes, ainſi que pour l'apoplexie, la paralyſie, la lethargie, l'épilepſie & autres maladies froides du cerveau. Priſe dans l'eau de betoine, elle eſt ſpecifique pour les maux de tête inveterés ; & ſi on la prend dans l'eau de ſcabieuſe, ou dans quelque decoction pectorale, elle appaiſe l'aſthme, & toutes ſortes de difficultés de reſpirer. Elle tue les vers des petits enfans priſe le matin ſeule ou avec de bon vin blanc, & appliquée en forme d'emplâtre ſur l'eſtomac & ſur le nombril, & facilite l'accouchement des femmes en pouſſant au dehors ce qui les peut incommoder, ſi elles en prennent dans de l'eau de canelle, ou dans quelque autre vehicule convenable. On n'en ſçauroit aiſément preſcrire la doſe, ce qui dépend de la conſtitution plus ou moins forte du malade, de ſon âge, & de la neceſſité où il ſe trouve ; mais on en donne aux petits enfans depuis douze grains juſques à vingt, à ceux d'un âge plus avancé depuis vingt juſques à trente, & aux grandes perſonnes, depuis une demi-drachme juſqu'à une drachme, & même juſques à deux, lorſque ces perſonnes ſont robuſtes, ou que l'occaſion eſt preſſante. Ceux qui ſe portent le mieux s'en peuvent ſervir par precaution le matin à jeun, en la prenant ſeule à la pointe d'un couteau, ou dans de bon vin.

Il y a une Theriaque ſurnommée *Diateſſaron*, à cauſe qu'on y fait ſeulement entrer quatre ingrediens ; ſçavoir la gentiane, l'ariſtoloche ronde, les baies de laurier & la myrrhe. Après que le tout a été reduit en poudre, on en compoſe un opiat ou électuaire liquide, par le moyen du miel blanc & de l'extrait de genevre. Cette Theriaque, quoique de peu de valeur & peu compoſée, a de bonnes qualités & eſt fort propre pour toutes ſortes de beſtiaux. Il y en a qui l'appellent *Theriaque des Allemans* ou *Theriaque des pauvres*.

THERMES. ſ. m. p. Nom que les Anciens donnoient

Tome II.

à de grands édifices compoſés de divers appartemens où il y avoit des ſalles de bain, dont les unes étoient pour les hommes & les autres pour les femmes. Un grand baſſin entouré de ſieges & de portiques étoit au milieu de chaque ſalle, & à côté du bain il y avoit des cuves, d'où l'on tiroit de l'eau froide & de l'eau chaude, afin d'en compoſer une eau tiede. Ces bains, qui ſervoient plûtôt à la propreté qu'à la ſanté, recevoient de la clarté par en haut, & des étuves ſeches pour faire ſuer étoient à côté des ſalles. Thermes eſt un mot Grec *Θερμος*, comme ſi on diſoit Eaux chaudes, & vient du verbe *Θερμω* Echauffer. Les Levantins ſe ſervent auſſi de bains artificiels, & ils en ont de publics, outre les particuliers. On voit à Paris à l'Hotel de Clugni & à la croix de fer rue de la Harpe les thermes de l'Empereur Julien l'Apoſtat. Il y a des Bulles des Papes aux Docteurs de Sorbonne, *Commorantibus anté palatium thermarum*.

THERMOMETRE. ſ. m. Inſtrument dont on ſe ſert pour connoître les divers degrés de la chaleur ou de la fraîcheur de l'air. C'eſt un tuyau de verre bien bouché par les deux bouts, à l'extrémité duquel il y a une boule pleine d'eſprit de vin ou de quelque autre liqueur colorée. Cette liqueur monte ou deſcend dans le tuyau, ſelon que l'air qui y demeure enfermé, ou ſe rarefie, ou ſe condenſe. Le tuyau eſt poſé ſur une platine où ſont marquées des diviſions qui font voir de combien de degrés cette chaleur ou fraîcheur eſt augmentée ou diminuée. Il y a des Thermometres ouverts par un des bouts, où la liqueur monte quand il fait froid, & deſcend quand il fait chaud. Elle monte au contraire quand il fait chaud & deſcend quand il fait froid, dans ceux qui ſont ſcellés hermetiquement par les deux bouts. Ce mot vient du Grec *Θερμος*, Chaud, & de *μετρεω*, Meſurer.

THIE. ſ. m. Petit canon d'argent d'acier ou de cuivre, avec une pointe où il y a une petite mouche qu'on met au bout d'un fuſeau pour filer.

THL

THLASPI. ſ. m. Petite herbe qui a ſes feuilles étroites & longues d'un doigt, graſſettes & pendantes contre terre. Sa tige eſt mince, branchue, & haute de deux palmes. Son fruit qui eſt tout autour va en s'élargiſſant depuis la queue. Sa graine eſt ſemblable à celle de naſitor, & eſt enfermée en de petites bourſes fendues & inciſées à la cime, en maniere de lentille. Elle eſt preſſée & platte de l'autre côté, d'où elle a pris le nom de *Θλαομαι*, de *θλαω*, Je preſſe, je comprime. Le Thlaſpi croît dans les lieux incultes pierreux qui ſont expoſés au Soleil, & même ſur les toits & les murailles. On ſe ſert ordinairement de l'herbe & de ſa ſemence dans la Medecine, mais ceux qui compoſent la Theriaque n'y employent que la graine qui eſt de couleur jaune tirant ſur le rouge & d'un goût acre & piquant. Elle a une qualité fort attractive, & purge la bile par haut & par bas. Galien dit que l'on uſe du Thlaſpi qu'on apporte de Candie, & de celui qui croît par tout, & qui eſt de couleur entre jaune & roux, rond, & ſi petit, qu'il reſſemble quelquefois plus que le millet, mais que le meilleur Thlaſpi eſt celui de Cappadoce. Il ajoûte que ce Thlaſpi tire ſur le noir, n'étant pas tout-à-fait rond, & qu'il eſt beaucoup plus gros que l'autre & un peu plat d'un côté, d'où il a pris le nom de *Thlaſpi*.

THO

THOLUS. ſ. m. Terme d'Architecture. M. Felibien dit que c'eſt la clef & la piece du milieu où s'aſſem-

S ſ ſ

blent toutes les courbes d'une voute quand elle est de charpente ; & où anciennement les presents que l'on faisoit aux Dieux dans les Temples étoient suspendus. Quelquefois aussi, dit-il, ce mot est pris pour la coupe d'un temple, ou bien pour ce que nous appellons la lanterne qu'on met au dessus, selon Philander & Barbaro. Ce mot est Grec Θόλος, Voute, Berceau. Platon appelle Θόλος, Le lieu où l'on conservoit les Ecritures publiques à Athenes, & où ceux qui étoient nourris dans le Prytanée avoient accoûtumé de manger.

THON. s. m. Grand poisson de mer massif & ventru couvert de grandes écailles & d'une peau déliée. Il a le museau pointu & épais, les dents aigues & petites, les ouies doubles, deux nageoires auprès des ouies & le dos noirâtre. Il se trouve en abondance dans la Mediterranée, & principalement en Provence. Sa chair ressemble assés à celle du veau. L'endroit le plus delicat est la poitrine. En latin *Thunnus* ou *Thynnus*, que quelques-uns font venir du Grec Θύω, S'élancer avec impetuosité, à cause que le Thon se meut avec beaucoup de vitesse. Ce poisson est fort craintif, & c'est ce qui est cause qu'on n'a qu'à faire beaucoup de bruit pour le prendre, parce que la crainte l'oblige pour se sauver à se jetter dans des fosses où les filets sont tendus.

Matthiole fait remarquer que les Thons ont diversité de noms, étant appellés *Cordilles*, en sortant de l'œuf ; *Limaites*, quand ils sont un peu plus gros ; *Pelamides*, lorsqu'ils laissent la boue, & *Thons* quand ils passent un pié de grandeur. Athenæus dit que le Thon vit long-tems & devient fort gros, & Aristote au contraire, qu'il vit seulement deux ans. C'est un poisson assés petit, selon Pline, & qui ressemble à un scorpion de mer. Dans les Jours Caniculaires, les Thons ont un certain aiguillon qui les agite comme celui des Taons tourmentent les bœufs ; & ce qui les oblige quelquefois à se lancer hors de l'eau, & à se jetter dans les Vaisseaux. Ils sont alors venimeux, & il seroit fort dangereux d'en manger.

THONNAIRE. s. m. Sorte de filet dont on se sert sur la mer Mediterranée, pour prendre les Thons, & autres poissons de même grosseur.

THONNINE. s. f. Chair de Thon salée, & que l'on a coupée par morceaux. La Thonnine la plus maigre est la meilleure. Après qu'on a retiré de la mer le filet où les Thons ont été pris, & que les Pêcheurs appellent *Thonnaire* ou *Madrague* ces poissons meurent d'eux-mêmes, ne pouvant vivre hors de l'eau, après quoi on les pend en l'air, on les vuide & on leur ôte la tête. Ensuite étant coupés par tronçons & ayant été rotis sur de grandes grilles de fer, on les fricasse dans l'huile d'olive, & après qu'on les a assaisonnés de sel, de poivre, de girofle, & de quelques feuilles de laurier, on met dans de petits barils la Thonnine cuite de cette maniere, & toute prête à manger, avec d'autres huiles d'olives & un peu de vinaigre, pour la transporter en divers endroits.

THORA. s. f. Plante qui ne vient que dans les hautes montagnes, & qui a sa racine grumelée comme celle du Renoncule de Constantinople. Ses feuilles sont assés rondes, fermes, dentelées autour, & des queues fort déliées les soûtiennent. Elle a ses riges branchues vers le sommet, hautes seulement de sept ou huit pouces, & garnies de quelques fleurs jaunes. Ces fleurs n'ont que quatre feuilles, parmi lesquelles un petit bouton se forme pareil à celui des renoncules. Des semences plates, & telles que celles des renoncules des prés, suc-

cedent aux fleurs de cette plante. Le suc qu'elle rend est propre à empoisonner les fleches dont on se sert pour tuer les loups, les renards, & autres bêtes semblables. M. Callard de la Duquerie fait venir *Thora* du Grec φθορά, Corruption, à cause que c'est une plante veneneuse.

THORACIQUE. adj. Terme de Medecine. On appelle *Veine Thoracique*, Une veine qui naît au rameau axillaire, qui est double, & qui étend ses petits rameaux aux muscles qui sont devant & derriere l'estomac. Ce mot vient du Grec θώραξ, la poitrine, l'estomac. On appelle aussi *Medicamens Thoraciques*, ou absolument *Thoraciques*, Certains medicamens qui sont propres pour remedier aux incommodités du poumon & de la poitrine.

THORAX. s. m. Terme de Medecine. Les Grecs appellent ainsi la seconde partie superieure du tronc du corps de l'homme, qui forme la capacité de la poitrine, où le cœur & le poumon sont renfermés. Sa partie anterieure est la poitrine. Les laterales sont les côtes, & par derriere il a le dos & ses vertebres, & son paleron ou l'omoplate. Il est en partie osseux & en partie charneux. On fait venir ce mot de θρώσκω, Sauter avec quelque impetuosité à cause que le cœur qui est enfermé dans le Thorax a un mouvement continuel.

THORIE. s. m. Vieux mot. Taureau.
Sont moëlles de jeunes Thories.

THR

THRACIENNE. adj. On appelle *Pierre Thracienne*, Une pierre que Dioscoride dit qui croît en une riviere de Scithie appellée *Pontus*, & à laquelle il donne les mêmes proprietés qu'à la Gagates. Matthiole avoue qu'il n'a jamais rencontré personne qui l'eût vûe ; mais Galien, sur le rapport de Nicander, qui ne lui attribue nulle autre vertu sinon que son parfum chasse les serpents, dit que si on brûle cette pierre dans un feu ardent, & qu'on la jette ensuite dans l'eau, elle s'allume, & qu'en mettant de l'huile dessus on l'éteint incontinent.

THRINGLE. s. m. Vieux mot. Sommet, du Grec θρίγκιον, ou θρίγκος, Le faîte d'une maison.

THU

THURIFERAIRE. s. m. Terme d'Eglise. Acolythe ou Clerc qui dans les jours solemnels porte l'encensoir ou la navette. Ce mot vient du latin *Thus*, Encens, & de *Ferre*, Porter.

THY

THYITES. adj. Dioscoride parle d'une *Pierre Thyites*, qui croît en Ethiopie. Il dit qu'elle est verdâtre tirant sur le jaspe, & que quand on la détrempe, elle rend une humeur blanche comme le lait, étant d'ailleurs fort mordante, en sorte que l'on s'en sert à nettoyer la prunelle des yeux, & à en ôter tout ce qui la peut couvrir de tenebres. Matthiole, à qui cette Pierre est inconnue, ne laisse pas de refuter Fuchsius, qui croit que ce n'est autre chose que la Turquoise.

THYM. s. m. Petite herbe odoriferante & un peu forte, sur laquelle les abeilles vont cueillir leur miel. Elle produit force branches, environnées de plusieurs feuilles petites, étroites & menues, à la cime desquelles sont de petits chapiteaux garnis de fleurs incarnates. Le Thym croît aux lieux maigres & pierreux. Theophraste dit qu'il y en a de blanc

& de noir, & que sa graine est si bien mêlée parmi ses fleurs, qu'il est impossible de la trouver, de sorte que pour avoir du Thym, on est obligé de semer ses fleurs au lieu de la graine. Galien dit que le Thym est manifestement chaud & incisif, & qu'il est propre à faire uriner, à provoquer les mois, à faire avorter, & à nettoyer les parties nobles & intérieures en le prenant en breuvage. Ce mot est Grec *Θυμος*. On le fait venir de *Θυω*, Odeur.

Thym, en termes de Medecine, se dit d'une espece de verrue qui naît aux ailes & au col de la matrice, & qui a quelque ressemblance avec la tête du thym.

THYMELÆA. s. f. Plante qui porte le granum gnidium, & qui pousse force rejettons beaux & menus, encore qu'ils soient hauts de deux coudées. Ses feuilles sont comme celles de Chamelæa, plus étroites & plus grasses, gluantes & gommeuses quand on les mâche. Sa fleur est blanche & sa graine ronde comme celle du Myrtille. L'écorce de son fruit est dure, noire en dessous & blanche en dedans. C'est ainsi que Dioscoride en parle, à quoi Matthiole ajoûte que les Arabes ont écrit assés confusément de la Chamelæa & de la Thymelæa, les appellant toutes deux *Mezereon*. Il dit que les Montagnards d'Ananie appellent le fruit de Thymelæa, *Poivre de montagne*, à cause qu'étant seché, il ressemble au poivre, & est piquant à la langue, & que ces deux plantes, tant la Chamelæa que la Thymelæa, purgent avec une telle violence, qu'il est dangereux de s'en servir, à moins qu'on ne soit d'une complexion très-robuste. La plûpart de ceux qui ont l'estomac foible en meurent, à cause que raclant les intestins, & ouvrant entierement les orifices des veines, elles leur font perdre toute leur vertu & toute leur force. Cette plante a été appellée *Thymelæa*, comme si on avoit dit *Θυμε ἰλαια*, Olive de Thym, parce que ses feuilles sont aussi étroites que celles du Thym, & longuettes en forme d'olive.

THYMIQUE. adj. Les Medecins appellent *Rameau Thymique*, Un rameau de la veine souclaviere, qui sert à nourrir la glande qu'ils nomment *Θυμος*. Cette glande est située sous le haut du sternon, où la veine cave montante se fourche, & lui sert d'appui & de coussinet. C'est ce que vulgairement on nomme *Fagoue*.

THYRSE. s. m. Sorte de sceptre entouré de feuilles de vignes, que les Poëtes donnent à Bacchus, & que portoient les Bacchantes dans les fêtes de ce Dieu qu'on appelloit *Bacchanales*. Ce mot est Grec *Θυρσος*, & quelques-uns le font venir de *Θυω*, S'élever, se porter en haut avec quelque sorte d'impetuosité, à cause que le Thyrse est une maniere de verge ou de canne qui s'éleve au milieu des autres herbes.

TIA

TIARE. s. f. Sorte d'ornement de tête, en forme de mitre ou de couronne, dont se servoient les anciens Rois de Perse. Le Pape seul porte aujourd'hui la Tiare. C'est une maniere de grand bonnet, autour duquel sont trois couronnes d'or pur l'une sur l'autre en forme de cercle. Ces couronnes sont toutes brillantes de pierreries, & ornées d'un globe sur lequel est une croix avec un pendant de chaque côté de la Tiare. L'ancienne Tiare n'étoit qu'un bonnet rond, élevé & environné d'une couronne, à laquelle Boniface VIII. en ajoûta une seconde, lorsqu'il s'attribua un droit souverain sur les domaines temporels. Ce fut Benoît XII. qui ajoûta une

Tome II.

troisiéme couronne à ces deux premieres, après qu'il eut decidé que l'autorité Pontificale s'étendoit sur l'Eglise militante, sur l'Eglise souffrante, & sur l'Eglise triomphante.

TIB

TIBIAL, ALE. adj. Les Medecins appellent *Muscle tibial*, Un des muscles étendeurs de la jambe. Ce mot vient du latin *Tibia*, qui signifie l'os de devant de la jambe.

TIBURIN. s. m. Poisson cruel & friand de chair humaine, qui se trouve en abondance dans l'Isle de Cuba, qui est une des principales des Indes. C'est une espece de Taon que les Espagnols appellent *Pesce espada*, Poisson épée. Vincent le Blanc qui en parle, dit qu'on l'appelle aussi *Taburint*, & qu'il est fort dangereux de se baigner aux lieux où il se rencontre à cause de ses dents qui coupent comme un rasoir. Il ajoûte qu'il a trois pointes sur le dos en forme de pertuisanes, & que l'envie d'attraper quelque corps d'homme l'oblige quelquefois à suivre un Vaisseau plus de cinq cens lieues, ce qu'il confirme par l'exemple d'un Capitaine, qui venant de la Floride, fut suivi d'un Tiburin jusques à Porto-rico, où enfin ce poisson tomba entre ses mains. On lui trouva dans le corps la tête d'un mouton, avec ses cornes, que ceux de son Vaisseau reconnurent avoir été jettée dans la mer il y avoit déja plusieurs jours.

TIC

TIC. s. m. Sorte de maladie qui vient aux chevaux, & leur donne de tems en tems une espece de mouvement de tête convulsif qui leur fait appuyer les dents contre la mangeoire, ou contre la longe du licol, comme s'ils avoient envie de la mordre, ce qui est toûjours suivi de quelque rot qu'ils ne manquent point de faire. Tic se dit aussi du mouvement convulsif où l'on voit plusieurs personnes sujettes.

TICTE, EE'. adj. Les Fleuristes appellent *Fleur tictée*, Celle qui est marquetée.

TIE

TIENBORD. s. m. Terme de Marine. On appelle ainsi sur l'Ocean le côté du Vaisseau qui est à la main droite de celui qui étant à la pouppe fait face vers la proue.

TIER-AN. s. m. Terme de Chasse, On dit qu'*Un sanglier est à son tier-an*, pour dire, qu'il est en sa troisiéme année. C'est comme si l'on disoit en son tiers an.

TIERC AIRE. s. m. Nom qu'on donne à ceux qui sont du Tiers Ordre de saint François & du Mont-Carmel.

TIERCE. s. f. Terme de Musique. Consonance, mélange de deux sons, qui contient un intervalle de deux tons & demi. La Tierce appellée *Tierce majeure*, a ses termes comme cinq à quatre, & contient deux tons, & la Tierce appellée *Tierce mineure*, a ses termes comme six à cinq, & contient un ton, & un demi-ton majeur. On appelle *Tierce diminuée*, Celle qui contient deux demi-tons majeurs, & *Tierce superflue*, Celle qui contient deux tons, & un demi-ton majeur.

Il y a un jeu de l'orgue qu'on appelle *Tierce*. C'est un tuyau d'un pié sept pouces, qui est ouvert & accordé à la tierce du jeu de deux piés ou-

vert. La Tierce a coutume de ſervir à jouer le deſſus en l'orgue.

Tierce, en termes d'Imprimerie, ſe dit de la ſeconde épreuve que voit ordinairement l'Auteur d'un
Livre, après que les Correcteurs ont vû la premiere.

Tierce, en termes d'Aſtronomie, eſt la ſoixantiéme partie d'une ſeconde.

Tierce, terme de jeu de piquet & de quelques
autres jeux de cartes. Suite de trois cartes de même couleur, comme le Valet, la Dame & le Roi,
que l'on appelle *Tierce de Roi*, On appelle *Tierce major*, l'as, le Roi & la Dame d'une même
couleur.

Tierce, Terme d'Eſcrime. Mouvement du poignet en dehors qu'on fait en ſe battant à l'épée,
ou en faiſant des armes. La Tierce qui eſt la troiſiéme garde, ſe fait en poſant la pointe de l'épée
du point ſuperieur d'un cercle qu'il faut ſe repreſenter décrit ſur un mur à plomb, & diviſé en
ſes quatre points cardinaux de haut en bas, &
de droit à gauche. Ce point eſt diametralement
oppoſé à l'Inferieur de la prime, & alors le bras,
le corps & l'épée ſont dans leur diſpoſition naturelle & dans le milieu des extremités de leurs
mouvemens.

On appelle *Tierce*, parmi certaines Religieuſes,
une Compagne de la Superieure envoyé au Par-
loir avec la Religieuſe que l'on y demande, afin
d'entendre tout ce qu'y ſe dit. On l'appelle autrement *Ecoute* ou *Sœur aſſiſtante*.

Tierces ou *Tierches*, ſe dit en termes de Blaſon
des faſces en deviſes qui ſe mettent trois à trois,
comme les jumelles deux à deux, ces trois faſces
n'étant comptées que pour une, & n'occupant que
la largeur de la faſce ordinaire ou de la bande, ſi
elles y ſont poſées, pourvû qu'il n'y en ait qu'une
dans un écu.

TIERCE', E'E adj. Terme de Blaſon. Il ſe dit de
l'écu diviſé en trois parties en long & en large, diagonalement ou en mantel. *Tiercé & retiercé en
faſce d'or, d'azur & d'argent.* On dit de même,
Tiercé en pal, & Tiercé en bande.

TIERCE-FEUILLE. ſ. f. Terme de Blaſon. Figure
dont on charge les écus des armoiries. Elle a une
queue, ce qui la diſtingue des trefles qui n'en
ont point.

TIERCELET. ſ. f. Terme de Fauconnerie. Oiſeau
de proye qui eſt le mâle de l'autour. *Il eſt ainſi
nommé*, dit Nicod, *d'autant qu'il naiſt trois autours en une nyaie, deux femelles qui ſont l'autour
& le demi autour, & un mâle qui eſt le Tiercelet. Ainſi on dit,* C'eſt un Tiercelet d'autour. *Aucuns eſtiment qu'il ſoit ainſi appellé, parce qu'il eſt
un tiers plus menu que ſa femelle, parce que la
femelle des oiſeaux vivans de proye eſt plus grande
que ſon maſle, là où le maſle des autres oiſeaux ne
vivans de rapine, eſt plus grand que ſa femelle.*

TIERCEMENT. ſ. m. Terme de Finances. Enchere qui ſe fait ſur une ferme adjugée en Juſtice, du tiers au-delà du prix que porte l'adjudication qui en a déja été faite. Il faut que le tiercement ſe faſſe dans les vingt-quatre heures de cette adjudication.

TIERCER. v. a. Terme d'Agriculture. Donner aux
terres une troiſiéme façon, c'eſt-à-dire, leur dernier labour. On le dit auſſi pour dire, Donner la
troiſiéme façon aux vignes.

Tiercer. Terme de Finances. Faire un tiercement,
mettre une enchere d'un tiers ſur une Ferme adjugée.

TIERCERON. ſ. m. Terme d'Architecture. On ap-

pelle *Tiercerons*, dans les voûtes gothiques, certains Arcs qui naiſſent des angles & vont ſe joindre aux liernes. M. Felibien dit, que comme on
appelle *Ogives* ou *Diagonales*, deux lignes ou arcs
qui forment une croix de ſaint André, on nomme auſſi *Tiercerons*, Les lignes qui prennent de
l'extrémité des deux lignes diagonales, & qui viennent ſe joindre dans le pendentif entre la clef du
milieu & le formeret ou arc doubleau.

TIERCEUR. ſ. m. Celui qui met une enchere du
tiers au delà du prix où l'adjudication d'une Ferme a été faite.

TIERCINE. ſ. f. Terme de Couvreur. Morceau d'une
tuile fendue en longueur, que l'on employe aux
battrellemens.

TIERS. ſ. m. La troiſiéme partie d'un tout. *Avoir le
tiers, les deux tiers dans une ſomme.*

On appelle *Tiers*, en Juriſprudence, Un entremetteur, un expert, un ſurarbitre. Celui qui en
matiere de taxe de depens eſt choiſi pour regler
ceux dont les Procureurs ne demeurent pas d'accord, eſt nommé *Le tiers.*

Tiers & danger, en termes d'Eaux & Forêts, ſe
dit d'un droit qu'a le Roi, ainſi que quelques Seigneurs, ſur un bois poſſedé par des Vaſſaux. Ce
droit conſiſte au tiers de la vente qui s'en fait, outre le dixiéme, qui eſt ce qu'on paye pour le danger. Ainſi ſur un bois vendu ſix mille livres, il en
faut payer deuxmille ſix cens livres.

On appelloit autrefois *Tiers de ſou*, Une ſorte de
monnoie d'or du tems des Rois de la premiere Race. D'un côté étoit la tête de Merouée, ornée du
diademe perlé.

TIERS, ERCE. adj. Qui eſt après le ſecond. On appelle dans ce ſens, le *Tiers Etat*, Le corps que
compoſent ceux qui ne ſont pas nobles, à cauſe
qu'il eſt après le corps de l'Egliſe & celui de la Nobleſſe.

Tiers point, en termes de Perſpective, ſe dit
d'un ouvrage qu'on prend à diſcretion ſur la ligne de
vûe, où aboutiſſent toutes les diagonales que l'on
tire pour raccourcir les figures. On dit en Architecture qu'*Une voute eſt en tiers point*, pour dire,
qu'Elle eſt élevée au deſſus du plein cintre. Ce
qui donne un branle à pluſieurs machines dans
la mechanique, eſt auſſi nommé *Tiers point.*

Tiers poteau, en termes d'Architecture, ſe dit
d'une piece de bois de ſciage de cinq & trois pouces & demi de groſſeur, faite d'un poteau de
cinq & ſept pouces refendu. On s'en ſert pour
les legeres cloiſons & pour celles qui portent à
faux.

On appelle, en termes de Marine, *Voiles à tiers
points*, des Voiles de figure triangulaire, comme
celles d'artimon & des étais. On les appelle autrement *Voiles latines* & *Voiles à oreilles de lievre.* On
s'en ſert particulierement ſur la Mediterranée, &
dans les Vaiſſeaux de bas bord qui vont à voiles
& à rames.

TIEULE. ſ. f. Vieux mot. Tuile.

TIEUXTE. ſ. m. Vieux mot Texte.

TIF

TIFFE', E'E adj. Vieux mot. Ajuſté, orné.

Si fu ſi cointe, ſi tiffe,
Qui ſembloit eſtre une Fée.

Nicot dit que *Tiffe* a été fait du Grec τῦφος, Vanité, orgueil. D'autres le font venir de στέφειν, Orner, Couronner.

TIG

TIGE. f. f. *La partie de l'arbre ou de la plante qui sort de la terre & qui porte la branche & les feuilles.* ACAD. FR. En termes d'Architecture, *Tige* se dit du fust ou du vif d'une colomne. *Tige de rainceau*, est une espece de branche qui part d'un culot, ou d'un fleuron, & qui porte les feuillages d'une branche d'ornement.

Les Serruriers appellent *Tige de clef*, Le morceau rond de la clef qui prend depuis l'anneau jusqu'au panneton, & les Orfevres disent *Tige de flambeau*, pour signifier le tuyau du flambeau qui prend depuis la patte jusqu'à l'embouchure inclusivement.

Tige de plume, est le tuyau d'une plume de chapeau ; *Tige de botte* ; Le corps de la botte depuis le pié jusqu'à la genouillere ; & *Tige de gueridon*, La partie du gueridon qui prend depuis la patte jusques au dessus.

On appelle *Tige de fontaine*, Une espece de baluftre creux, qui est d'ordinaire rond, & qui sert à porter une ou plusieurs coupes de fontaine jaillissante. Cette sorte de baluftre a son profil different à chaque étage.

TIGE, E'E. adj. Terme de Blason. Il se dit des plantes & des fleurs quand elles sont representées sur leurs tiges.

TIGETTE f. f. Terme d'Architecture. Maniere de tige dans le chapiteau corinthien. On l'a appellé aussi *Caulicole*. C'est un cornet, ordinairement cannelé & orné de feuilles, d'où naissent les volutes & les helices.

TIGRE. f. m. Animal cruel & furieux qui naît dans les Indes & dans quelques autres pays étrangers. Ses yeux sont brillans ; il a le col assés court, les dents aigues ainsi que les ongles, & la peau tachetée. Il y a des Tigres gros comme de petits ânes, & qui vont nuit & jour à grandes troupes. Ils ont la tête de chat, les pattes de lion, & sont de couleur blanche, rouge & noire & fort luisante. On fait grand cas de leurs peaux. Les Rois & les grands Seigneurs de ces pays-là se font une gloire d'aller à la chasse des Tigres, mais il est fort dangereux de les attaquer dans des avenues étroites, à cause qu'ils sautent avec fureur sur les hommes de cheval, & en un instant les étranglent & les déchirent, après quoi ils se sauvent à la course, sans qu'on les puisse attraper.

On appelle *Tigres*, ou *Chevaux tigres*, certains Chevaux qui ont le poil tacheté comme les tigres.

Les Jardiniers nomment *Tigres*, Une sorte de petit insecte gris qui vole en plein midi, & qui s'attache principalement derriere les feuilles des poiriers. Il en ronge le suc, & gâte peu à peu toutes les feuilles d'un arbre, en commençant depuis le bas jusqu'en haut.

On en trouve principalement près des murs recrepis de chaux. Si on asperge les poiriers avec de l'eau où l'on a fait tremper du tabac on fait mourir les tigres.

TIL

TILLAC. f. m. Terme de Marine. Plancher ou étage d'un Navire, sur lequel la batterie est posée comme sur une plate forme ou sur un plancher. On appelle *Franc tillac*, Le premier pont, ou l'étage qui est le plus près de l'eau, & *Faux tillac*, Une maniere de pont que l'on fait à fond de cale des Vaisseaux qui n'ont qu'un pont. C'est sur ce Tillac que couche une partie de l'équipage.

TILLET. f. m. Les Libraires de Paris appellent *Tillet*, Un billet daté & signé qu'ils envoyent à un autre Libraire, afin d'avoir de la marchandise.

TILLEUL. f. m. Grand arbre qui a plusieurs branches étendues fort au large, qui font beaucoup d'ombre. Il y en a de deux fortes, selon Theophraste, & ils font fort differens l'un de l'autre, foit pour le bois, foit pour la figure. Le mâle est sterile, ne portant ni fleur ni fruit. & ayant son bois dur, massif & épais, en forte qu'on ne sçauroit le plier. Le bois du Tilleul femelle est plus blanc, aussi bien que son écorce, qui est plus simple & plus odorante que celle du mâle. Celui-là porte du fruit. Sa fleur resserrée en son bouton, outre la queue qui dépend de la feuille qui doit lui tenir lieu de tige, a une autre petite queue, à laquelle elle est attachée. Elle est verte pendant qu'elle est enfermée en ce bouton, & devient jaunâtre quand elle est épanouie. Son fruit est rond, long, de la grosseur d'une féve, ressemblant aux grains de lierre, & divisé en cinq angles, comme cinq nerfs élevés ; qui accompagnent le grain jusques à la cime toujours en diminuant. Dans les plus gros grains on voit ces cinq angles fort bien distingués ; ils font plus confus dans les petits. Lorsqu'on rompt les grands, il en fort une petite graine semblable aux arroches. L'écorce & les feuilles font savoureuses au goût, & toute la difference qui se rencontre entre les feuilles de lierre & celles-ci, c'est que ces dernieres en s'arrondissant deviennent plus pointues ; & quoiqu'elles foient plus recourbées vers la pointe, elles ne laissent pas de s'allonger & de venir en pointe vers le milieu, étant un peu replissées avec une legere denteleure à l'entour. L'écorce & les feuilles avec l'eau qui en distille après en avoir coupé quelques branches, sont d'usage en Medecine. Matthiole dit que l'écorce mâchée & mise en emplâtre est fort utile à souder les playes ; que ses feuilles broyées & arrosées d'eau resolvent toutes sortes de tumeurs & les enflûres des piés, & que l'eau qui en dégoutte fait renaître les cheveux & raffermit ceux que l'on en frotte quand ils sont prêts à tomber. On dit aussi *Tilleau*, & les Anciens se sont servis de l'écorce entiere de cet arbre, au lieu de papier.

TIM

TIMAR. f. m. L'étendue de terre que le grand Seigneur donne à cultiver & en usufruit à ses Sujets, à la charge d'entretenir un ou plusieurs hommes de guerre dans ses armées. Ceux qui possedent ces sortes de terres ou fiefs sont nommés *Timariots*. Ils font répandus par toutes les Provinces de l'Empire Turc, & quand ils vont à la guerre, on les oblige de mener autant d'hommes & de chevaux que leurs Timars valent de fois six vingt livres de revenu. Comme ils ne furent pas estimés d'abord selon leur juste valeur, à cause de la diminution que la guerre y avoit apportée, & qu'on n'a point reformé cette ancienne appréciation, ceux qui jouissent de ces Timars tirent deux ou trois cens livres de ce qui leur a été donné pour six-vingt. Le nombre de ces Spahis de Timar est grand, y ayant des Timariots qui du revenu de leur Timar font obligés quelquefois d'entretenir jusques à dix hommes. Ainsi avec les Milices d'Egypte, de Damas & des

autres Païs , ils font plus de fept cens mille qui fervent actuellement dans les Provinces , & qui fe
trouvent toujours prêts à marcher au premier ordre.
Leurs armes font l'arc & le cimeterre. Quelques-
uns portent une rondache de cuir bouilli , avec une
demi-pique , dont ils fe fçavent affés bien aider.
Il y en a qui pour armes défenfives ont un pot &
une jaque de maille. Les Timariots font de deux fortes, les uns appellés *Tezkerebir*. Ceux-là reçoivent
les provifions de leurs terres de la Cout du grand
Seigneur , & ils ont de revenu depuis cinq ou fix
mille âpres jufqu'à dix-neuf mille neuf cens quatre-
vingt-dix-neuf. Si on y ajoûte encore un âpre , ils
entrent au nombre des Zaims. Les autres Timariots,
qu'on nomme *Teskeretis* , prennent leurs Lettres du
Beiglerbei du Païs , & leur revenu eft depuis trois
mille âpres jufques à fix mille. Les uns ni les autres ne peuvent être difpenfés de fervir par terre
avec les Soldats qu'ils doivent fournir, nulle ex-
cufe n'étant recevable lorfque le grand Seigneur fait
la guerre. S'ils font malades , on les porte fur des
lits dans des littieres , & fi ce font des enfans, on les
mer dans des paniers fur des chevaux, afin de les accoûtumer dès l'enfance à la fatigue, au danger , &
à la difcipline militaire.

TIMBALE. f. f. Sorte de Tambour qui fa caiffe
d'airain, & dont quelques Regimens de Cavalerie
fe fervent. Ainfi on dit, *Une paire de Timbales*,pour
dire, Deux vaiffeaux d'airain ronds par deffous, dont
les ouvertures font couvertes de peau de bouc. On
les frappe avec des baguettes pour les faire refon-
ner.

On appelle auffi *Timbale* , Un inftrument fait en
maniere de bois de raquette, & couvert de parchemin de chaque côté. On s'en fert depuis peu d'années, lorfque l'on joue au volant, à caufe que le
tuyau du volant venant à être frappé de cette Timbale , produit un fon qui plaît davantage que celui
de la palette.

TIMBO. f. m. Herbe du Brefil , qui monte au
fommet des plus hauts arbres , & qui s'y attachant
comme une corde , les embraffe à la maniere du
lierre. Elle eft quelquefois de la groffeur de la cuiffe
d'un homme , pliable & fi forte, que de quelque
côté qu'on la puiffe tordre , elle ne rompt point.
Son écorce eft un venin dont les Sauvages fe fervent
pour prendre le poiffon. Cette écorce jettée dans
une riviere , y fait couler un poifon dont les poiffons qui s'y trouvent meurent tous en peu de
tems.

TIMBRE. f. m. *Sorte de cloche ronde qui n'a point
de battant au-dedans , & qui eft frappée en dehors
par un marteau.* ACAD. FR. Il y a un Timbre dans
les Cloîtres qui fert à appeller les Religieux au Refectoire. Les montres fonnantes ont auffi un Timbre
que frappe un marteau autant de fois qu'il faut
qu'elles fonnent d'heures. M. Ménage fait venir ce
mot de *Timpanum* , Tabourin.

Timbre , en parlant de Tambour , fe dit de deux
cordes de boyau qui font fur la derniere peau de
quelque caiffe , & qui lorfqu'on bat la peau de deffus , font que la caiffe refonne.

Timbre , fe dit auffi d'une marque qui fe met fur
le parchemin & fur le papier qu'on doit employer à
toutes les expeditions de Juftice, afin qu'elles foient
valables. C'eft une fleur de lis , autour de laquelle
il y a le nom de quelque Generalité, chaque Generalité ayant fon Timbre particulier.

On appelle *Timbre* , en termes de Blafon, le Cafque qu'on met au-deffus de l'écu , & en general ,
Timbre , fe dit de tout ce qui fe met fur l'écu pour
fervir à diftinguer les degrés de nobleffe ou de di-

gnité. Les Anciens ont donné particulierement le nom
de *Timbres* , aux Cafques, à caufe qu'ils approchoient
de la figure des Timbres d'horloge , ou parce qu'ils
refonnoient comme les Timbres quand on les frappoit.

Timbre , fe trouve employé dans le vieux langage,
pour dire. Bâton.

    Qui ne finoient de ruer
    Le timbre en haut.

TIMBRE' , E'E. adj. On appelle dans le Blafon , *Armes timbrées* , Celles qui n'appartiennent qu'aux
Nobles ; & *Ecu timbré* , Celui qui eft couvert d'un
cafque ou d'un timbre.

On appelle *Papier timbré* , *Parchemin timbré*, Le
papier , le parchemin que l'on a marqué d'un timbre , & que l'on employe dans tous les actes de
Juftice.

TIMEUR. f. f. Vieux mot. Crainte , du Latin
Timor.

TIMON. f. m. Piece de bois de neuf ou dix piés ,
bien arrondie & bien planée , qui eft arrêtée par le
gros bout au milieu du train de devant d'un carroffe ou d'un chariot, & qui fert à les conduire &
à les tirer , par le moyen des chevaux qu'on y attelle.

Timon , en termes de Marine, eft une piece de
bois longue & arrondie , dont l'une des extrémités
répond du côté de l'habitacle à la manivelle du gouvernail que tient le Timonnier. Elle paffe delà par
la fainte Barbe, & portant fur le traverfin elle fe termine par la jaumiere à la tête du gouvernail qu'elle
fait jouer à ftribord & à basbord.

TIMONNIER. f. m. Matelot qui tient la barre du
gouvernail pour conduire & gouverner un Vaiffeau.
à fon pofte au-devant de l'habitacle.

On appelle auffi *Timonnier* , le Cheval qu'on met
au timon d'un carroffe. Il eft oppofé à celui que l'on
met à la volée.

TIMOTHE'ENS. f. m. Heretiques, appellés ainfi
de Timotheus Ælurus , qui s'éleva vers le milieu du
cinquiéme fiecle. Ils foûtenoient que les deux natures de JESUS-CHRIST furent tellement mêlées
dans le ventre de la Vierge , qu'ayant ceffé d'être
ce qu'elles étoient auparavant , il s'en fit une troifiéme fubftance , comme un corps mêlé & compofé d'élemens qui dans le mélange perdent leurs
noms & leurs formes. Ces Heretiques, après avoir
quitté le nom de *Timothéens* , furent appellés *Monothelites* & *Monophyfites.*

TIN

TIN. f. m. On appelle *Tins*, en termes de Marine, de
groffes Pieces de bois que l'on couche à terre , afin
qu'elles foûtiennent la quille & les varangues d'un
Vaiffeau , lorfqu'on le met en chantier & qu'on le
conftruit.

Acheter du vin fur le Tin , c'eft fur le chantier ,
fur le lieu où l'on a cueilli & dès qu'il eft dans le tonneau.

TINE. f. f. Petit vaiffeau en forme de cuve. M. Ménage le fait venir du Latin *Tina*, qui a été dit d'un
vaiffeau à vin.

TINEL. f. m. Vieux mot. Salle baffe où mangent les
domeftiques d'un Grand. On a dit autrefois que *Le
Roi tenoit fon tinel* , qu'*Il avoit affemblé fes Princes &
fon tinel* , pour dire, qu'il tenoit Cour pleniere , &
qu'ayant convoqué plufieurs grands Seigneurs , il
leur donnoit à manger & à leur fuite. Les Italiens
difent *Tinello* , pour fignifier ce qu'on appelle en
France *Salle du Commun.*

TINET. f. m. Terme de Tonnelier. Maniere de joug, au milieu duquel eft un crochet, d'où pendent deux chaînes, qu'on attache à un quartaud ou à un demi-muid de vin que l'on veut porter à clair. Deux hommes ayant mis ce joug fur leurs épaules, portent le vaiffeau au lieu qu'on leur a marqué, & le pofent doucement fur des chantiers.

TINTAMARRE. f. m. *Grand bruit, plein de confufion & de defordre.* ACAD. FR. Ce mot, felon Pafquier, vient de *Tinter* & de *Marre*, à caufe du bruit que font les Vignerons pour s'avertir les uns les autres qu'il eft midi. Le premier qui l'entend fonner, frappe fur fa marre ou fon hoyau, & les autres répondant de même, il s'éleve un fort grand bruit qui leur fait quitter le travail à tous. Borel fait obferver qu'à Montpellier les Vignerons travaillant fort âprement, & faifant beaucoup de befogne depuis le matin, quittent à midi, ou pour ne pouvoir fuffire à travailler ainfi vivement le refte du jour, ou parce que l'on raconte que le Roi dit *Gros nez*, s'étant travefti & loué pour Vigneron, ne put refifter au travail que jufqu'à midi, ce qui leur fit acquerir le privilege de quitter à la même heure.

TINTEMENT. f. m. *Le bruit, le fon de ce qui tinte.* ACAD. FR. On appelle *Tintement d'oreille*, Une maladie affés frequente de l'oreille. Ce tintement dépend de l'agitation & du mouvement de l'air qui eft dans la caiffe. Etmuller dit que la caufe de cette maladie confifte dans l'air implanté qui eft renfermé dans le tympan, le limaçon & le labirynthe. Ce qui l'agite eft, felon ce qu'on dit communément, un efprit venteux, ou certains vents ou vapeurs fubtiles de la maffe du fang qui fe mêlent à cet air, & qui étant enfermés dans ces lieux anfractueux, y excitent par leur agitation des fons contre nature. La pulfation trop forte des petites arteres qui rampent au-dedans de l'oreille, peut agiter auffi l'air interne, reprefenter ce fon étranger. Cela fait que l'accès des fiévres & les maux de tête produifent un tintement fort frequent, à caufe que le fang étant en effervefcence, les petites arteres battent plus fort qu'elles n'ont accoûtumé. Le tintement furvient de la même forte aux coups reçus à l'oreille externe. En ce cas le vice eft principalement dans l'expanfion du nerf membraneux, dont le limaçon eft tapiffé. Les petites fibres déchirées ou féparées, reprefentent par leur vibration continuelle, un grand bruit, & qui eft défagreable. On n'a point befoin de médicamens pour le tintement qui arrive dans les fiévres, de quelque nature qu'elles foient ; il fe guerit de lui même. Quand il eft inveteré & de plus de deux années, il eft mal aifé de fe guerir parfaitement. Il n'y a prefque point de remede au tintement arrivé par les coups qu'on a reçus à la tête & fur les temples.

TINTOUIN. f. m. *Bourdonnement, bruit dans les oreilles.* ACAD. FR. Nicot en parle en ces termes. Tintouin eft un nom imité du choiflement qui fe fait aux ventricules du cerveau & corne iffant par les oreilles, & vient de Tinter. Auffi les Latins appellent tel tintouin Tinnitus aurium, *Tintement d'oreille*; & parce que tel tintouin empêche le repos de la perfonne, on l'ufurpe auffi par metaphore pour Soucy rongeant, travail d'efprit & fatigation de l'entendement. Selon ce on dit, Il a bien des tintouins dans la tête cela lui a mis un grief tintouin en la tête ; on bien on le peut tirer de ce mot Tintinnum, qui fe lit au vingt-cinquiéme livre de la Loi Salique, qui eft un vieux mot François latinifé, fignifiant la clochette ou fonnette qu'on pend au cou des chevaux & aumailles laffchez en pafture, pour aifément les retrouver, la-

quelle en paiffant ils font fonner fans ceffe ; & à ce donne couleur ce que l'Italien dit, Avere martello in tefta, & Dar martello a alcuni ; & ce que nous difons, Il a un réveil-matin, *pour dire*, Il a un cuifant foucy qui lui ofte le long fommeil & repos, comme fi par dire, Il a un tintouin en la tête ; on difoit, Il a une fonnette d'un angoiffeux panfement, qui fe ramentoit fans ceffe.

TIP

TIPHAINE. f. f. Vieux mot. La Fête des Rois, de *Epiphania*, ou θεοφανια.

TIQ

TIQUE. f. f. Petit infecte noirâtre qui ne jette aucun excrement, & qui pendant les grandes chaleurs de l'Eté s'engendre dans la chair, rongeant les oreilles d'un chien, d'un bœuf & autres animaux. Cet infecte creve après qu'il s'eft bien rempli de fang. On dit qu'on en preferve les chiens, en leur frottant les oreilles d'huile de noix d'amende & d'huile de noix d'aveline.

TIQUER. v. n. Ce mot fe dit des chevaux qui ont la mauvaife habitude d'appuyer le haut des dents fur la mangeoire, comme s'ils avoient envie de la mordre, ce qui s'appelle le *Tic*. Ainfi on dit qu'*Un cheval tique*, pour dire, qu'Il a le tic.

TIQUEUR. f. m. Terme dont on fe fert pour fignifier Un cheval qui tique, qui a le tic.

TIR

TIR. f. m. Terme de guerre. Ligne fuivant laquelle on tire un canon ou un moufquet. Les Canonniers, difent, qu'Ils ont fait un bon tir, un tir excellent, pour dire, qu'Ils ont fait un excellent coup.

TIRADE. f. f. Ce qui fe fait d'une traite, tout d'une fuite, longue file de paroles. Il fe dit particulierement des beaux endroits de quelque compofition, & on appelle dans un Poëme, *Belle tirade de vers*, Une fuite de plufieurs vers tendres, pathetiques, & remplis de paffion.

Tirade. Parmi les Maîtres d'Inftrumens à corde, fignifie la liaifon d'une lettre dans la tablature qu'ils donnent à leurs écoliers, avec une ou plufieurs autres lettres qu'il ne faut que battre & pinfer une fois, & tirer les autres lettres de la main gauche, c'eft-à-dire, les cordes que marquent ces lettres.

TIRANT. f. m. Cordon avec quoi on tire, comme ceux d'une bourfe, qui fervent à l'ouvrir & à la fermer. Les Cordonniers appellent *Tirant*, Un cordon de fil de differente couleur qu'ils attachent au-dedans de la tige des bottes, & dont on fe fert pour fe botter plus facilement.

On appelle auffi *Tirant*, Une forte de bande de cuir de bœuf, qu'on met des deux côtés de la quaiffe d'un tambour, & qui fert à en bander ou lâcher les peaux.

Tirant, fe dit encore d'un petit morceau de parchemin long & étroit que les gens de Pratique mouillent & tortillent, pour s'en fervir à attacher des papiers enfemble.

Tirant. Terme de Boucher. Nœud grand & large qui eft fur le cou des veaux & des bœufs.

Tirant eft auffi un bouton qui tient la queue d'un violon, d'une baffe attachée au corps de l'inftrument.

Tirant. Terme de Serrurier. Groffe & longue barre de fer ayant un trou au bout, où l'on fait paffer une ancre. Elle fert à empêcher qu'une voute ne s'écarte, & à retenir un mur ou une fouche de cheminée.

Tirant. Terme d'Architecture. Longue piece de bois de toute la largeur d'un lieu, fur laquelle font pofées les forces qu'elles empêchent de s'écarter, Les entraits s'appellent quelquefois *Tirants.*

Tirant. Terme de Marine. La quantité de piés d'eau, dont un Navire a befoin, afin de pouvoir être mis à flot.

TIRASSE. f. f. Grand filet de Chaffeur qu'on traîne par la campagne, & qui fert à prendre des perdrix, des cailles & autre menu gibier. Il eft de mailles quarrées, & plus ordinairement de mailles en lofange.

TIRE. f. f. Traite de chemin qu'on fait fans fe repofer. On dit en ce fens, qu'*On a fait trois, quatre poftes tout d'une tire.*

Tire. Il y a des lieux où les Tonneliers appellent *Tire,* Une forte de crochet, qui tire & pouffe en même-tems.

Donner de la *Tire* à une cheville, C'eft percer un peu en biais afin que la cheville forcée preffe mieux les pieces d'affemblage.

On dit en termes de mer, *La tire du vent,* pour marquer la force qu'a le vent, lorfqu'un Vaiffeau eft à l'ancre, de faire roidir ou travailler fon cable.

On appelle *Tires,* en termes de Blafon, Les traits ou rangées de vair dont on fe fert pour diftinguer le beffroi, le vair ou le menu vair. Le menu vair eft compofé de fix tires, le vair de quatre, & le beffroi a trois tires. On en doit fpecifier le nombre quand une fafce ou un chef font vairez.

TIREBALLE. f. m. Inftrument de Chirurgie fait en maniere de villebrequin avec une pointe en viz, dont on fe fert à percer une balle demeurée dans le corps d'un homme, quand elle eft appuyée contre une partie folide, & à la tirer enfuite. Il y a de ces Tireballes faits en forme de petite cueiller, pour prendre la balle dans fa cavité.

TIREBORD. f. m. Terme de Marine. Sorte de grand tirefond, dont on fe fert pour retirer le bordage d'un Vaiffeau quand il eft enfoncé.

TIREBOTTE. f. m. Petits bâtons ou offelets qui fervent à chauffer les bottes. On appelle auffi *Tirebotte,* Une petite planche qui eft élevée d'un côté, & qui a une entaille proportionnée au talon d'une botte. On s'en fert pour fe débotter tout feul.

TIREBOUCLERS. f. m. Les Charpentiers appellent ainfi en quelques lieux, certains outils qui leur fervent pour dégauchir le dedans des mortoifes.

TIREBOURRE. f. m. Sorte de fer en forme de viz, qu'on met au bout d'une baguette bien arrondie, & dont on fe fert pour tirer la bourre du canon des fufils, piftolets & autres armes.

TIREBOUTON. f. m. Terme de Tailleur. Petit fer de la longueur à peu près du doigt, qui eft percé par le haut & crochu par le bas, afin de tirer les boutons d'un habit neuf, & de les mettre dans la boutonniere.

TIRECLOU. f. m. Outil de fer plat & dentelé des deux côtés, & qui a un manche condé quarrément en deffus. Lorfque les Couvreurs travaillent à des toits couverts d'ardoife, ils arrachent les clous avec cet outil, ce qu'ils font en le paffant entre deux ardoifes. Alors les dents prennent & accrochent les clous, & en frappant du marteau fur le manche du Tireclou, ils attirent les clous à eux.

TIREFOND. f. m. Terme de Tonnelier. Outil de fer, fait en façon de cercle ou d'anneau, ayant une pointe tourné en viz. Il fert à élever la derniere douve du fond d'un muid, afin de la faire entrer dans le jable.

TIRELIGNE. f. m. Petit inftrument d'argent, d'acier ou de cuivre, dont l'une des extrêmités eft faite en maniere de porte-crayon & l'autre en forme de pincettes, qui fe ferrent plus ou moins par un anneau pour faire les lignes plus ou moins groffes. L'on s'en fert à tirer nettement des lignes droites, lorfqu'on trace un plan ou un deffein. Les compas à trois pointes en ont une de rapport qui fert à décrire les cercles.

TIRELIRE. f. f. Sorte de petit pot de terre, rond, creux & couvert, qui n'a qu'une petite fente par le haut. Quelques-uns font venir ce mot de *Tireliard,* parce que la Tirelire eft propre à enfermer de la menue monnoie, qu'on amaffe pour un enfant ou pour les pauvres.

TIREPIED. f. m. Terme de Cordonnier. Courroye qui prend depuis le pié jufques au genouil du Cordonnier, & qui lui fert à tenir ferme le foulier qu'il coud. Il fe dit auffi de la peau qui fert à chauffer un foulier, & qu'on appelle autrement *Chauffepié.*

TIREPLOMB. f. m. Rouet dont les Vitriers fe fervent pour filer le plomb qu'ils employent aux vitres. C'eft une machine compofée le plus fouvent de deux jumelles ou plaques de fer jointes & affemblées avec deux eftoquiaux qui fe démontent avec des écrous & des viz, ou avec des clavettes. Il y a auffi dans cette même machine des effieux ou arbres, qui paffent au travers de deux petites roues d'acier, & au bout defquels font deux pignons. Ces roues n'ont que la même épaiffeur qu'on a deffi in de donner à la fente des lingots de plomb, & font auffi près l'une de l'autre, qu'on veut que le cœur ou entre-deux du plomb ait d'épaiffeur. Elles font entre-deux bajoues d'acier, & il y a une manivelle qui en faifant tourner l'arbre de deffous fait auffi tourner celui de deffus par le moyen de fon pignon. Le plomb qui paffe entre les bajoues ou couffinets, étant preffé par les roues, s'applatit des deux côtés & forme les ailerons au même-tems que les roues le fendent. Quelques-unes de ces machines ont quatre effieux & trois roues, & fervent à tirer deux plombs tout à la fois. Il faut que les arbres foient tournés & arrondis au Tour ainfi que les roues. M. Felibien, après cette defcription du Tireplomb, fait obferver que l'invention en eft nouvelle, & qu'on n'avoit pas anciennement l'intelligence de ces fortes de rouets pour fendre le plomb. Il dit qu'on fe fervoit d'un rabot pour le creufer, & qu'on voit encore aux vieilles vitres du plomb fait de cette forte, ce qui étoit un travail auffi pénible que long.

TIREPOIL. f. m. Maniere dont on s'eft fervi autrefois pour donner la couleur aux Flans d'or, & pour blanchir ceux d'argent. Lorfqu'on les avoit affés recuits, on les jettoit dans un grand vaiffeau plein d'eau commune, où il y avoit huit onces d'eau forte pour chaque feau d'eau quand on y jettoit des flans d'or qu'on y jettoit, & fix onces de la même eau forte par feau d'eau quand on y jettoit des flans d'argent. Cette maniere étoit nommée *Tirepoil,* à caufe qu'elle attiroit au-dedans ce que les flans avoient de plus vif; mais comme cela couftoit beaucoup plus que la maniere qui eft prefentement en ufage, & que même le poids des flans d'argent étoit diminué par l'eau forte, on a difcontinué de s'en fervir.

TIRER. v. a. *Mouvoir vers foi, amener à foi.* ACAD. FR. En parlant des armes à feu, *Tirer,* fe dit pour, Décharger une arme en y mettant le feu,

afin

afin de blesser, de tuer, ou de faire quelque bréche. On dit *Tirer de point en blanc*, pour dire, Tirer un canon par le moyen de la ligne visuelle. On dit aussi *Tirer en barbe*, pour dire, Tirer tout le long du glacis du parapet.

Tirer, en termes d'Imprimerie, signifie, Imprimer tout-à-fait les feuilles que l'on croit correctes après avoir vû les épreuves necessaires. On dit en ce sens *Tirer un livre à mille*, *à quinze cens*, *à deux mille*, pour dire, En faire imprimer mille, quinze cens, deux mille exemplaires.

On dit en termes de Fauconnerie, *Faire tirer un oiseau*, pour dire, Le faire bequeter en le paissant, & sur-tout en lui donnant un past nouveau, afin de lui faire avoir de l'appetit.

Tirer, est aussi un terme d'Arithmetique, & on dit, *Tirer la racine quarrée d'un nombre*, pour dire, En trouver un autre qui produit le nombre proposé, quand il est multiplié par lui-même. Ainsi, Tirer la racine quarrée de 25. c'est trouver 5. dont le quarré est 25. On dit de même, *Tirer la racine cubique, la racine quarré-quarrée, la racine sursolide d'un nombre*, pour dire, En trouver un autre, dont le cube, le quarré-quarré, ou le sursolide soit égal au nombre proposé.

Tirer. Terme de Manége. On dit, qu'*Un cheval tire à la main*, pour dire, qu'il bande la tête contre la main du Cavalier, refuse les aides de la main & résiste aux effets de la bride, soit par ardeur de vouloir aller trop avant, soit par roideur d'encolure. Quelques-uns disent, mais bassement, qu'*Un cheval tire*, pour dire, qu'il rue.

On dit en termes de Charpenterie, *Faire tirer les tenons*, pour dire, Percer le trou de biais vers l'épaulement du tenon, pour le faire serrer en about, & mieux faire joindre du bois.

On dit en termes de mer, qu'*Un Vaisseau tire dix, douze piés d'eau*, pour dire, qu'il lui faut dix ou douze piés d'eau pour le mettre à flot. On dit aussi *Tirer à la mer*, pour dire, S'alarguer, prendre le large, s'éloigner d'une Côte ou d'un Vaisseau.

On dit en termes de guerre, *Tirer au billet*, Quand de plusieurs Soldats qui ont commis quelque faute considerable, on n'en veut pendre qu'un pour l'exemple. On met plusieurs billets blancs avec un noir dans quelque chapeau, & celui qui tire le noir est le seul puni.

Les Tireurs d'or disent, *Tirer de l'or, tirer de l'argent*, pour dire, Faire passer l'or, l'argent ou l'argent doré par les fers & par les filieres.

TIRET. s. m. Longue piece de bois avec des liens qui arcboute la porte d'un moulin.

TIRETAINE. s. f. Sorte de droguet dont les hommes se font faire quelquefois des habits. C'est aussi une sorte de grosse étoffe, moitié de fil & moitié de laine, dont les femmes de village se font des jupes. La Tiretaine doit avoir trois quartiers de large, & on en fait les pieces de trente-cinq à quarante aunes de long.

Selon Jean de Melun, *Tiretaine* s'est dit autrefois d'une étoffe précieuse, des draps de laine & d'écarlate, comme il paroît par ces vers qui se lisent au Codicile.

> *Puis lui remest par maintes guises*
> *Robes faites par grand mestrises*
> *De blanc drap de senefve lainé,*
> *D'escarlate & Tiretaine.*

TIREVIEILLE. s. f. Terme de Marine. On appelle *Tirevieilles*, Deux cordes qui ont des nœuds de distance en distance. Elles pendent le long du

Tome II.

bordage une de chaque côté de l'échelle, & on s'en sert à se tenir pour monter dans un Vaisseau & pour en descendre. La Sauvegarde a aussi le nom de *Tirevieille*. C'est une corde dont on se sert pour marcher en sûreté sur le mât de beaupré, au bas duquel elle est amarée, & monte à l'étai de misaine, d'où elle descend pour s'amarer aux barres de la hune de beaupré.

TIROIR. s. m. Petite layette qui se coule & s'enferme dans les séparations d'un cabinet, où elle est emboîtée, & d'où elle se tire par le moyen d'un bouton ou d'un anneau. Il y a aussi des Tiroirs de table, de comptoir.

Tiroir, en termes de Fauconnerie, se dit de ce qui sert à rendre gracieux les oiseaux, & à les reprendre au poing, avec des ailes de chapon ou de coq d'inde.

TIS

TISANE. s. f. Portion préparée d'une décoction faite d'orge, de reglisse, & quelquefois de racines, de semences & de médicamens. Voyez PTISANE.

TISONNIER. s. m. Crochet, ou espece de palette de fer, dont se servent les Serruriers & autres Artisans qui travaillent à la forge, pour couvrir le feu & sablonner le fer. Il y a des Tisonniers coudés.

TISSER. v. a. Terme de Faiseuses de point, qui disent *Tisser*, quand elles couchent & rangent le tissu selon l'ordre du patron qui leur est donné. Ainsi pour faire du point, on cordonne, on tisse, on fait les brides, on brode, & ensuite on fait les piquûres.

TISSERAND. s. m. Artisan qui avec une navette garnie de sa treme, met en œuvre du fil de chanvre ou de lin, & qui avec l'un ou l'autre de ces fils montés sur un métier fait de toutes sortes de toiles. On disoit autrefois *Tissier* & *Texier*. On le dit encore en Anjou, Poitou & Maine. Il y a quelques Provinces, où l'on dit *Tellier*, du latin *Tela*, *Toile*.

TISSU. s. m. Sorte de petit ruban de fil que les Faiseuses de point & de dentelle rangent sur le patron selon l'ordre où il doit être placé. Les Rubaniers appellent *Tissu*, Un ruban fort large; & une sangle de chanvre parmi les Cordiers, est aussi nommé *Tissu*.

TISSUTIER. s. m. On appelle *Tissutiers Rubaniers*, les Ouvriers qui travaillent à toutes sortes de passemens, galons & rubans unis ou figurés. Ils font un corps séparé d'avec les ouvriers en draps d'or & de soye, ne pouvant faire d'ouvrages qu'au dessous d'un tiers d'aune de largeur, ni avoir chés eux des métiers des étoffes de la grande navette.

TIT

TITELLE. s. m. Vieux mot. Inscription.

TITHYMALE. s. m. Plante qui rend un suc blanc comme du lait & fort caustique. Dioscoride dit qu'il y a sept especes de Tithymales, le Characias, le Myrtites, le Paralius, l'Helioscopius, le Cyparissus, le Dendroide & le Platyphyllos. Le Characias est le mâle. Ses tiges sont hautes de plus d'une coudée, rouges, & pleines d'un lait blanc & acre. Ses feuilles, qu'il produit autour de ses branches, ressemblent à celles de l'olivier, quoiqu'elles soient plus étroites & plus longues. A la cime de ses tiges il jette une chevelure semblable au jonc, & au dessus il y a des manieres de petits vases où sa graine est enfermée. Sa racine est grosse & dure comme du bois. Il croît aux montagnes & autres lieux âpres. Son suc pris au poids de deux oboles

T t t

purge le ventre & évacue les humeurs phlegmatiques & coleriques. Pris en eau miellée, il provoque le vomissement. On le tire vers la saison des vendanges en découpant les branches du Tithymale, & en les mettant dans un Vaisseau, pour leur laisser jetter leur suc d'elles-mêmes. Quelques-uns font tomber trois ou quatre gouttes de ce lait dans des figues seches que l'on garde pour s'en servir au besoin. D'autres après avoir pilé le Tithymale tout seul, le laissent secher pour en faire des Trochisques. Il faut avoir soin en tirant ce lait de ne se pas mettre du côté où est le vent, & s'abstenir de frotter ses yeux. Il est bon même auparavant de s'oindre le corps de vin & d'huile ou de graisse, principalement le col & le visage. Il faut aussi que ceux qui en prennent, enveloppent les pilules de cire ou de mie cuit; afin d'empêcher que le gosier n'en soit écorché. Cependant on peut se purger suffisamment en prenant deux ou trois figues preparées comme il a été marqué. Le lait frais tiré du Tithymale fait tomber les cheveux, si on les en frotte au Soleil, & ceux qui renaissent, sont blonds & menus. Mis au creux des dents, il en ôte la douleur; mais il faut que la dent malade soit armée de cire, de peur que s'il sortoit de son creux, ce lait n'écorchât la langue & le gosier. On cueille sa graine en Automne. Après qu'elle a été un peu concassée on la fait bouillir, & on la met en un lieu bien propre pour la garder. On garde aussi ses feuilles seches, & cette graine & ces feuilles prises au poids d'un demi acetabule font les mêmes operations que le lait. Le Tithymale femelle, qui est le Myrtites, a ses feuilles semblables à celles du Myrthe, mais plus grandes & plus fermes & aigues au bout. Ses tiges sont hautes d'un palme, & viennent directement dès sa racine. Son fruit qu'il porte de deux ans, l'un est acre & mordant au goût & semblable à une noix. Son jus, sa racine, sa graine & ses feuilles, ont la même proprieté que le Tithymale mâle, mais il est moins vehement à faire vomir. Le Tithymale Paralios, que quelques-uns appellent Tithymalis ou Mecon, croît dans les lieux maritimes, & a ses branches rougeâtres & de la hauteur d'un palme. Il en jette cinq ou six dès sa racine, & a ses feuilles approchantes de celles du lin, étroites, petites, longuettes & arrangées par certaines lignes. A la cime est une tête ronde, qui renferme une graine semblable à celle de l'orobus, excepté qu'elle est de differentes couleurs. Sa fleur est blanche, & l'herbe & sa racine sont pleines de lait. Les feuilles du Tithymale Helioscopius sont comme celles du pourpier, mais plus menues & plus rondes. Il jette ses branches dès sa racine, rougeâtres, hautes d'un palme, grêles & pleines de lait. Il a sa chevelure comme l'aneth, & il la tourne toûjours vers le Soleil, ce qui l'a fait appeller ἡλιοσκόπιος. De petites têtes renferment sa graine. Il croît parmi les masures & ruines des maisons, & le long des murailles des Villes. Les tiges du Tithymale Cyparissus sont aussi rougeâtres & de la hauteur d'un palme, & ses feuilles approchent de celles du pin. Elles sont toutefois plus tendres & plus menues. Ainsi on diroit que c'est un pin qui ne fait que sortir de terre, ce qui lui a fait prendre le nom de Cyparissus. Il a du lait & les mêmes proprietez que les autres, aussi-bien que le Tithymale Dendroïde, dont les tiges sont rougeâtres, & les feuilles à peu près comme celles du petit myrthe. Il croît dans les lieux pierreux, & fait beaucoup d'ombre, jettant à sa cime une chevelure fort feuillue. Le Tithymale Platyphillos ressemble au Bouillon, & sa racine & son jus, ainsi

que ses feuilles, évacuent les aquosités par le bas. Tous les Tithymales ont un suc caustique, à cause d'un sel volatile très-acre qu'ils contiennent. Ce sel fermente également avec le chyle & les sucs excrementeux, & purge les matieres saines comme les morbifiques, ce qui ne se peut faire qu'en causant de grandes irritations aux intestins, des tranchées & des superpurgations mortelles. Matthiole dit, que quoiqu'il y ait plusieurs especes de Tithymale, les Apothicaires les appellent tous indifferemment Esula. C'est par le moyen du Tithymale qu'on a observé le suc d'aiguillette, & il se fait une circulation de suc dans les plantes, comme il s'en fait une de sang dans le corps des animaux. Ce mot est Grec τιθύμαλος. Il y a encore des Tithymales amygdaloïdes que les paysans appellent Omblette, ils s'en servent contre la fievre quarte appliquée à froid sous la plante des piés dans le frisson.

TITIRI. s. m. Petit poisson appellé ainsi par les Sauvages de l'Amerique. Il se trouve dans la plûpart des Isles des Antilles. Il n'est pas plus gros qu'un fer d'aiguillette, & a le corps tout marqueté de noir & de gris avec deux petites empennures, l'une sur le dos, l'autre sous le ventre, deux petites nageoires proche de la tête, & une queue de la même étoffe. Tout cela est mêlé de trois ou quatre couleurs de rouge, de vert & de bleu. Elles sont si vives, qu'il semble que ce soit de l'émail appliqué sur ces poissons. Cela ne paroît pourtant guere si ce n'est dans l'eau, quand ils se jouent & qu'ils font de petites caracoles les uns après les autres. On les voit en de certains tems remonter de la mer vers la montagne en si grande quantité, que les rivieres en sont toutes noires. Comme ces rivieres sont des torrens qui se précipitent avec impetuosité à travers les rochers, ces petits poissons gagnent tant qu'ils peuvent le long des rives où les eaux ont moins de rapidité, & quand ils rencontrent un saut d'eau qui les emporte, ils s'élancent hors de l'eau & s'attachent contre la roche, se glissant à force de remuer jusqu'au dessus du courant de l'eau. On en voit de plus de deux piés de large & de plus de quatre doigts d'épais, attachés sur une roche, où tous les uns sur les autres semblent disputer à qui aura plûtôt gagné le dessus. C'est-là qu'on les prend; on met un vaisseau dessous, & on les y pousse avec la main.

TITRE. s. m. Inscription, ce qu'on met au-dessus d'une chose pour la faire connoître. Titre, en matiere de Jurisprudence, se dit de tout ce qui contient plusieurs Loix dans le Code, dans le Digeste, ou bien dans les Instituts. Il signifie, en termes d'affaires, Toute piece & tout écrit qui sert de preuve, & peut faire foi de quelque chose.

Titre. Terme de Monnoie. On s'en sert pour faire connoître le fin, la loi & la bonté interieure de l'or & de l'argent; ce qui se mesure à raison de vingt-quatre carats pour l'or, & de douze deniers de fin pour l'argent, sur quoi il y a une certaine quantité d'alliage ou de remede, qui est differente selon les Loix & les tems. L'Ordonnance de l'année 1586. porte que les Orfevres employeront l'argent à onze deniers douze grains, au remede de deux grains, & l'or à vingt deux carats au remede d'un quart de carat, ce qui a été confirmé par l'Ordonnance du mois de Decembre 1679. La même Ordonnance de 1586. veut que les Tireurs & les Batteurs d'or & d'argent employent l'or à vingt-quatre carats au remede d'un quart de carat, & l'argent à douze deniers au remede de quatre grains; mais celle de l'année 1657. a accordé aux Tireurs d'or de la Ville de Lyon six grains de remede de l'argent qu'ils employent, de forte qu'il eſt dans le remede permis lorſque les Eſſayeurs le rapportent à onze deniers dix-huit grains.

Titre. Terme de Chaſſe. Lieu ou relais où l'on a ſoin de poſer les chiens, afin que quand la bête viendra à paſſer, ils la courent bien à propos. On dit en ce ſens, *Mettre les chiens en bon tître*, pour dire, Les mettre dans un bon poſte pour courre.

On écrivoit autrefois *Tiltre*, ſur quoi Nicot dit, Tiltre *ſignifie tantôt une ligne qu'on met ſur des lettres, pour ſuppléer l'abbreviation des lettres totales d'un mot, que l'Eſpagnol appelle* Tilde, *le tirant du Latin* Titulus, *ainſi que nous, comme qui écriroit ce mot,* Lettre, *par* L. R. E, & *une ligne traverſale par deſſus. Selon ce diſoit le Roy Loys Unziéme, Où il y a tant de tiltres, il n'y a gueres de lettres, pour dire metaphoriquement, Que ceux qui ont grandes Seigneuries & honneurs, ne ſont que bien peu lettrés. Tantoſt ſignifie le nom de chaque dignité, eſtat, ſeigneurie, qualités, vaillance & proueſſe d'un perſonnage, qui eſt la ſignification plus approchant celle dudit mot Latin. Selon ce dit Jean le Maire en ſes Illuſtrations parlant de* Hector, *Et que le Herault eut épilogué ſes Tiltres & ſes Blaſons. Tantoſt ſignifie Un inſtrument d'acquiſition, ou autre maniere que ce ſoit. Selon ce on dit, Il a fourni de ſes tiltres & enſeignemens. Tantoſt les couples de chiens courans, levriers & autres, ſervans à la chaſſe eſtablie en certain lieu, pour laiſſer courre quand meſſier ſera. Selon ce on dit auſſi par metaphore, Il m'a attiltré un homme pour me ſurprendre, &, Gens attiltrez.*

TITRIER. ſ. m. Nom qu'on donne aux Procureurs des Moines qu'on accuſe de tous tems de fabriquer des Titres. Le Traité de la Diplomatique eſt un beau rudiment pour les Doms Titriers. Voyez les Factums de Mr. l'Evêque de Soiſſons contre les Moines de S. Corneille de Compiegne.

TLA

TLALAMATL. ſ. m. Herbe qui croît aux Indes Occidentales dans la Province de Mechoacan. Les Eſpagnols l'appellent l'*Herbe de Jean Lenfant*, parce qu'il fut le premier qui la fit connoître. Les Mechoacains la nomment *Yurintetaquarum*, & d'autres *Cureci*. François Ximenés, qui la décrit, lui donne des feuilles preſque rondes & diſpoſées trois à trois, & la fait ſemblable à la *Numularia*. Ses myaux ſont purputins & rampent à terre. Elle a ſes fleurs rouſſes en forme d'épis, ſa ſemence petite & ronde, ſa racine deliée, ronde & fibreuſe. Cette herbe, qui eſt froide, ſeche & aſtringente, guerit les plaies recentes & vieilles, & on tient qu'elle fait mûrir les tumeurs & les abſcés. Elle arrête auſſi le vomiſſement, & étant pilée & bûe en quantité de deux drachmes, elle fait vuider toutes les humeurs nuiſibles. Etant appliquée aux yeux, elle en corrige les inflammations.

TLAQUATZIN. ſ. m. Sorte d'animal qui eſt de la forme d'un petit chien, & qu'on trouve dans la Nouvelle Eſpagne. Il a le muſeau delié, long & ſans poil, la tête petite, les oreilles déliées, de petits yeux noirs, le poil long, blanc, & châtain & noir au bout. Sa queue eſt ronde, longue de deux palmes, comme une couleuvre, de couleur griſe & au bout noire. Il s'en ſert pour ſe pendre tout le corps quand il veut. Il fait quatre ou cinq petits, qu'il porte par tout où il va dans un ſac fait d'une pellicule qu'il a ſous le ventre auprès des tetines. Cet animal monte ſur les arbres avec beaucoup de viteſſe, & imite le renard dans le dégat des pou-

Tome II.

les & autres oiſeaux domeſtiques. Sa quene eſt un excellent remede contre le mal nephritique. La quantité d'une drachme priſe avec de l'eau nettoye les ureterres, chaſſe la gravelle & pouſſe dehors les pierres, & les autres excremens dont les conduits ont accoûtumé d'être bouchez. Elle fait venir le lait ; guerit les douleurs de la colique, & facilite les accouchemens.

TOC

TOCANHOA. ſ. m. Fruit d'un arbre fort haut & ſemblable à un petit poirier, qui donne la mort aux chiens. Le bois de cet arbre eſt de couleur de muſc, & plus dur & plus maſſif que celui d'aucun autre arbre de l'Iſle de Madagaſcar, où celui-là croît. On peut le rendre fort poli. Ses feuilles ont la longueur de celles d'un amandier, & ſont découpées de cinq en ſix échancrures, à chacune deſquelles il y a une fleur de la même forme & de la même couleur que celles du Romarin. Elle eſt ſans odeur, & ſe change en fruit ; ce qui fait qu'on eſt ſurpris de voir ſes feuilles toutes bordées de ces fruits.

TOCKOVVOUGE. ſ. m. Sorte de racine de la Virginie, qui vient en grande abondance dans les lieux humides & fangeux, & qui reſſemble aux patates en groſſeur & en ſaveur. Les Habitans les enfouiſſent en une foſſe, & les couvrent de feuilles de chêne & de feugere. Ils mettent enſuite le feu tout autour, & les font griller pendant vingt-quatre heures, les eſtimant veneneuſes quand elles ſont cruës, & même quand elles ſont cuites, à moins qu'on ne les laiſſe refroidir long-tems, & qu'elles ne ſoient attenuées & fort ſeches. Elles piquent la bouche par leur aigreur. Ils ne laiſſent pas de s'en ſervir l'Eté au lieu de pain, en les mêlant avec de l'oſeille.

TOCSIN. ſ. m. *Bruit d'une cloche qu'on ſonne à coups preſſés & redoublés pour donner l'alarme, pour avertir du feu*, &c. ACAD. FR. Ce mot eſt compoſé de *Tocquer*, Frapper, & de *Sing*, qui a été dit autrefois pour Cloche, d'où eſt venu le proverbe, *Il en fera bien ſes ſings ſonner*, pour dire, Il en fera beaucoup de bruit ; ce que le peuple prononce comme ſi on devoit écrire, *Il en fera bien les Saints ſonner.*

TOI

TOIEN. adj. Vieux mot. Tien. C'eſt de-là que vient *Mitoyen*, pour lequel on a dit autrefois *Moytoyen.*

TOIERE. ſ. f. Pointe d'une hache, hachereau, &c. qu'on engage dans le manche.

TOILE. ſ. f. *Tiſſu de fils de lin & de chanvre.* ACAD. FR. Il y a diverſes ſortes de toile, les unes qu'on appelle *Toiles à embourrer ; toiles à emballer*, & d'autres appellées *Toiles de Laval, toiles de Friſe, toiles de Hollande, toiles batiſtes.* Ces dernieres ſont les plus fines de toutes. On appelle *Toile cruë*, celle qui n'a point été mouillée, *Toile d'ortie* ſe dit d'une Toile jaune dont les Dames ſe font des cornettes, & *Toile de ſoye* eſt une Toile très-claire faite de ſoye, dont elles ſe faiſoient autrefois des mouchoirs de cou. *Toiles de coton*, & *Toiles peintes*, ſont certaines toiles que l'on nous apporte des Pays Orientaux. *Toiles d'or & d'argent*, ſe dit d'une étoffe dont les fils ſont d'or ou d'argent, & l'on appelle *Toile cirée*, une Toile enduite de cire ou de quelque gomme qui l'empêche de percer à l'eau.

On appelle *Toile de Tableau*, une Toile imprimée où l'on met certaines colles & couleurs, & que

que l'on étend sur un chassis pour peindre. On dit aussi *Toile graticulée* ou *craticulée*. C'est une toile divisée en plusieurs carreaux, & qui sert à copier un original, à le reduire au petit pié & à le mettre en grand.

Toiles, en parlant de Chasse, sont de grandes pieces de toile, bordées de grosses cordes, qu'on tend autour d'une enceinte, & dont on se sert pour prendre les bêtes noires.

On appelle *Toile de Melie*, la Toile qui sert à faire les petites voiles, comme les voiles d'étaie & les perroquets ; & *Toile de Noyalle*, Celle qui sert à faire les grandes voiles.

Toile d'araignée, est un tissu que fait l'araignée, de certains filets qu'elle tire de sa substance, & dont elle se sert comme d'un rets pour prendre les mouches qui tombent dedans. Cette toile d'araignée resserre, rafraîchit, desseche, & sert à arrêter la dysenterie & autre flux.

Toile, dit Nicot, *est toute toile en general, car on dit* , Toile de lin, de chanvre, de couton, d'escorces d'arbres, *qui vient des Pays Barbares* ; *& Toile de Cambray, de Hollande, & Toile batiste. On dit aussi Toile d'or & Toile d'argent, mais c'est d'autant que le fil d'or ou d'argent est tissu en tissure de toile toute pleine & desliée. Toile aussi, entre Chasseurs, est prinse pour une toile peincte de la figure d'un bœuf, & de la couleur de la bête qu'ils veulent surprendre, laquelle toile ils portent devant eux pour amuser la bête, & l'ayant approchée, lui tirent de derriere, ou par dessus ladite toile. Selon ce on dit, Chasser à la toile. Toiles, au pluriel, ce sont de grandes pieces de toile grosse & espesse, tissue en coutil, bordée de grosse corde, qui servent pour le deduict des Princes, quand ils veulent enclorre un sanglier pour le courre, comme dedans un parc, car les Veneurs environment desdites toiles comme d'un mur, le buisson où la beste est, & l'ayant enclose, la font lancer aux dogues, ayant ceux qui sont dedans lesdites toiles, un espieu en la main pour l'enferrer ainsi qu'elle tournoye, deduict familier & usité aux Rois de France. Selon ce on dit*, Le Roy est allé aux toiles, *c'est-à-dire, à la chasse de ceste maniere, & autres telles phrases.*

Toile, membrane qui joint les doigts des oiseaux de mer ou de riviere, qui leur sert à nager.

Toiles, les ailes d'une chauve-souris.

TOILE'. s. m. Les Faiseuses de dentelles appellent *Toilé*, Le fond des dentelles qu'elles font. Après qu'elles ont fait le Toilé, elles travaillent au reseau, à l'engrelure & aux piquots.

TOILETTE. s. f. *Toile qu'on étend sur une table, pour y mettre le deshabillé & les hardes de nuit, comme le peignoir, les peignes, le bonnet, &c.* ACAD. FR. Les Marchands Drapiers appellent *Toilette*, Un grand morceau de toile de couleur qui sert à couvrir les pieces d'étoffe, & sur lequel ils en marquent fort souvent le prix.

TOISE. s. f. Mesure de fortification & d'arpentage qui contient six piés, le pié douze pouces, & le pouce douze lignes. La Toise de Paris qu'on appelle *Toise de Roi*, parce qu'on s'en sert dans tous les ouvrages que le Roi fait faire, sans avoir égard à la toise d'aucun lieu. La *Toise d'échantillon*, est celle de chaque lieu où l'on mesure, quand elle ne se rapporte pas à la Toise de Paris. Celle de Bourgogne est de sept piés & demi. On appelle *Toise courante*, Celle qu'on mesure seulement suivant sa longueur ; *Toise quarrée*, Un quarré dont chaque côté est d'une toise, en sorte qu'une toise courante ayant six piés courans, la toise quar-

rée a trente-six piés, & *Toise cube* ou *cubique*, Un cube dont chaque côté est d'une toise. Il s'ensuit de-là que la Toise cube, qu'on appelle autrement *Massive* ou *Solide*, étant mesurée en largeur, en longueur & en profondeur, produit deux cens seize piés cubes. M. Menage fait venir *Toise*, du latin *Tesa*, fait de *Tensus*, Etendu, & du Cange le dérive de *Teisia*, ou de *Toisia*, que les Auteurs de la basse latinité ont dit dans le même sens.

TOISE'. s. m. Denombrement par écrit des toises de chaque sorte d'ouvrage, qui entre dans la constrution d'un bâtiment. Le Toisé se fait afin qu'en reglant les prix des Ouvrages qu'on doit faire on puisse sçavoir qu'elle en sera la dépense.

TOISER. v. a. Mesurer un Ouvrage avec la toise afin d'en prendre les dimensions. On dit *Toiser la taille de pierre*, pour dire, Reduire la taille de toutes les faces d'une pierre aux paremens seulement, mesurés à un pié de hauteur sur six piés courans pour toise, & *Toiser aux us & coûtumes*, pour dire, Mesurer tout plein que vuide & toutes les faillies. Ainsi la moindre moulure porte demi-pié, & toute moulure couronnée un pié, lorsque la pierre est piquée & qu'il y a enduit. On dit *Toiser à toise bout avant*, qui est une maniere de toiser bien plus avantageuse aux Bourgeois que celle de toiser aux us & Coûtumes. Cette maniere où l'on ne toise point les moulures & saillies, ni le vuide, fut établie en 1557. par une Ordonnance de Henri II. *Toiser le bois*, c'est évaluer des pieces de bois de differentes grosseurs à la quantité de trois piés cubes ou de douze piés de long sur six pouces de gros, reglée pour une piece ; & *Toiser les couvertures*, c'est à mesurer la superficie sans aucun égard aux croupes ni aux ouvertures.

TOISEUR. s. m. Celui qu'on employe à mesurer quelque bâtiment. Ceux qui mesurent le plâtre sont nommés *Toiseurs de plâtre*, dans les Ordonnances de la Ville.

TOISON. s. f. *La laine que l'on a tondue sur une brebis, sur un mouton.* ACAD. FR. Il y a un Ordre de Chevalerie, appellé l'*Ordre de la Toison*, qui fut érigée en 1429. par Philippe le Bon, Duc de Bourgogne, le jour qu'il se maria avec Isabelle, Fille du Roi de Portugal, & qu'il fit pour exciter les Chevaliers de cet Ordre à exposer leur vie pour la défense de l'Eglise Catholique, à l'imitation des Argonautes qui les Poëtes feignent avoir exposé leur sang pour la conquête de la Toison d'or. Philippe le Bon créa trente Chevaliers dont il fut le Chef. Ils portoient une grande chaîne, à un collier fait d'anneaux avec des pierres à fusil entredeux qui donnoient des flammes de feu d'elles-mêmes. Ces pierres à feu étoient les armes des autres Rois de Bourgogne, & les flammes faisoient entendre la promptitude avec laquelle ces Chevaliers devoient attaquer leurs ennemis, avec cette devise, *Ante ferit quàm flamma micet*, il frappe avant que la flamme paroisse. Il y a au bas du collier la representation d'un mouton pareil à celui dont Jason remporta la Toison à Colchos. Le Roi d'Espagne, par le droit du Duché, est aujourd'hui le Chef & Grand-Maître de la Toison.

TOIT. s. m. Le faîte, le haut d'une Maison, composé de lattes, de chevrons, & de tuiles ou d'ardoises. M. Felibien dit qu'il y a de deux sortes de Toits, l'une que les Latins appellent *Displuviatum*, lorsque le faistage va d'un pignon à l'autre, jettant l'eau des deux côtés, & l'autre qu'ils nomment *Testudinatum*, qui est ce que nous appellons, En croupe ou en pavillon. L'eau tombe des quatre côtés par le moyen de ce Toit. On appelle *Toits* coupés, & autrement *Toits à la mansarde*, des Toits un peu plats par le dessus. Plus la matiere dont on le couvre a de pesanteur, plus le Toit doit être surbaissé. C'étoit par cette raison que l'on donnoit autrefois plus de hauteur aux maisons qui étoient couvertes d'ardoises, qu'à celles qu'on ne couvroit que de tuiles; mais depuis qu'on a inventé les Toits coupés, on donne bien moins de hauteur à toutes sortes de Toits que l'on ne faisoit auparavant. *Toit* vient du Latin *Tectum.*

TOL

TOLE. f. f. Fer qui est en feuilles & de plusieurs largeurs & hauteurs. On se sert de cette sorte de fer à faire les platines, les verroux & des targettes, les cloisons des moyennes serrures, & les ornemens ciselés en coquille. On fait aussi des ornemens de Tole evidée ou découpée à jour. La Tole s'appelle en latin *Ferrum bracteatum.*

TOLET. f. m. Terme de Marine. Cheville de bois ou de fer qui sert à tenir en même endroit la rame du matelot qui nage. C'est ce qu'on appelle autrement *Echome.* Les Tolets sont longs d'environ un pié, & vont en amenuisant par les deux bouts.

TOLLART. f. m. Vieux mot. Bourreau. Il vient du Latin *Tollere*, Oter. On appelle ainsi par opprobre, dit Nicot, *les Archers d'un Prevost des Mareschaux, & les Sergens d'un Chevalier ou Capitaine du Guet, que les Tolosains appellent aussi par opprobre Tourtons.*

TOLLIEU. f. m. Vieux mot dont Nicot parle en ces termes: Toulieu, *qu'aucuns escrivent & prononcent* Toulieu, *est un mot frequent & usité aux Traitez de paix & de trefves marchandes entre les Princes en l'article des Marchands, traffic & commerce, qui dit ainsi,* Le commerce sera libre, *& pourront les Marchants d'une part & d'autre porter & rapporter toutes sortes de marchandises licites & non défendues, en payant les Toulieux anciens & accoûtumés. Ainsi,* Toulieu *est autant que* Dace, *tribut ou droit de peage, passage, rouage foraine & semblables. Le Flamand dit* Tol, *pour ce mesme, & a nommé* Tolen, *une petite Ville, assise en une Isle en Zelande, qui en a prins le nom, parce que le Tol, c'est-à-dire, le Tollieu du peage souloit estre acquitté en cette Villette. Le mot François & le Flamen viennent du Latin* Tollo, *dont vient aussi* Maletoste, *qu'on deust escrire par cette deduction* Maletolte, *qui signifie* Lever, *exiger & recevoir. Aussi use-t'on de ce mot* Lever, *en cas de tailles & subsides, disant,* Lever la taille; *ou bien ce qui a plus de couleur, tous deux viennent de ϕ̔ρος, en signification de tribut, subside, & de ce mot Grec ϕ̔ρίον, qui signifie le comptoir ou le bureau des Exacteurs & Malotoltiers, où les tributs, tailles, impositions & autres subsides sont portez, acquittez & serrez, comme si on disoit par syncope de la lettre* u, *Tellion; car la lettre* n, *se trocque ordinairement en* l, Bononia, Boulogne, *& par corruption du mot* Tollieu. *Ceux qui aiment mieux l'extraire dudit mot Latin Tollo, le font, parce qu'en tels affaires on use aussi de ce verbe* Lever, *& de son opposite,* Imposer; *car on dit,* Imposer tributs & subsides, *&* Lever la taille, *les impôts & subsides, & Faire une grande levée de deniers sur le peuple.*

Selon Borel on a dit *Toulieu*, pour dire, Imposition, tribut de même sorte que ceux de rouage, de poudrage & de passage de pont. M. Menage le dérive de *Telonium* ou *Telonium.*

TOLLIR. v. a. Vieux mot. *Oster.*

De m'embler & tollir mes pannes.

On trouve *Toldroit*, pour dire, Ostéroit, & *Tols* & *Tollu*, pour, Oté.

Qui maintes fois par leurs flavelles,
Ont aux varlets & aux pucelles
Leurs droitez heritez tollus.

On trouve aussi, *Se tolt*, pour, Il s'ôte, il se retire, que quelques-uns expliquent par, Il se teut.

A tout se tole, ne voit plus dire.

On a dit *Tolt* & *Tolture*, pour dire, Vol.

Vivans de tolte & de rapine.
Qui vivez de rapine, de tolte & de tolture.

TOM

TOMBE. f. f. *Table de pierre, de marbre, de cuivre, dont on couvre la fosse d'un homme.* ACAD. FR. Cette pierre sert de pavé dans une Eglise ou dans un Cloître. Ce mot vient du Grec τύμβος, Sepulcre. M. Menage le derive de *Tomba*, qu'il prétend être Latin.

Tombe. Planche de terrier élevée dans un jardin, *J'ai deux belles tombes de laituës d'hiver, elles pommeront bien en Printems.*

TOMBELIER. f. m. Chartier qui conduit un tombereau pour transporter des materiaux ou des decombres.

TOMBER. v. n. *Cheoir, être porté de haut en bas par son propre poids ou par impulsion.* ACAD. FR. On dit en termes de Marine, *Tomber sur un Vaisseau*, pour dire, Arriver & fondre dessus, & *Tomber sous le vent d'une terre*, ou *de quelque bâtiment*, pour dire, Perdre l'avantage du vent qu'on avoit gagné, ou que l'on vouloit gagner. On dit aussi, *Le vent tombe*, pour dire, qu'il cesse, & qu'il n'y a plus de mer ni de lames. *Tomber la galere*, c'est quand la Galere panche d'un côté à cause de sa vieillesse, & qu'elle ne va point droit. *Laisser tomber l'ancre*, se dit pour, Mouiller.

TOMBEREAU. f. m. Sorte de charrete dont le fond & les deux côtés sont de grosses planches enfermées par des gisans. On s'en sert particulierement dans les bâtimens pour mener du sable, de la terre & des decombres. Les criminels que l'on condamne à la mort pour quelque grand crime comme les criminels de leze-Majesté, les parricides, les empoisonneurs & autres semblables, sont menés au supplice dans des Tombereaux. Ce mot vient, selon M. Menage, de l'Anglois *Tumberell*, qui signifie la même chose. Du Cange le derive de *Tumbrellum*, sorte de charrete, sur laquelle Corvellus dit qu'on promenoit par la Ville les femmes coupables d'adultere, & que l'on faisoit plonger plusieurs fois dans l'eau en certains lieux. Cela s'appelloit *La peine du Tumburel.*

Tombereau, petite claie quarrée & profonde comme une tremie renversée pour prendre des oiseaux pendant l'hiver & sur la neige.

TOMBIR. v. n. Vieux mot. Faire bruit; resonner. On a dit aussi *Tombissement*, que Nicot explique par ce qu'on entend quand la terre tombit du bruit & petelis des chevaux.

TON

TON. f. m. *Certain degré d'élevation ou d'abaissement de la voix ou de quelqu'autre son.* ACAD. FR. Les Musiciens appellent *Ton*, Un mode, ou une maniere de chanter. Il y a huit modes ausquels on a donné le nom des huit tons de l'Eglise. *Ton*, en termes de Musique, est la sixième partie d'une octave, & en ce sens on dit que l'octave est composée de cinq tons & de deux demi-tons, &

que le ton eſt la difference de la quatte à la quinte.

On appelle *Ton*, en termes de Marine, La partie du mât qui ſe trouve entre les barres de hune & le chouquet. C'eſt l'endroit où chaque arbre eſt aſſemblé avec l'autre, & qui aſſemble les tenons par en haut. Une cheville. quarrée de fer entretient & aſſemble ces tenons par en bas l'un avec l'autre.

On appelle en termes de Peinture, *Ton de couleur*, Un degré de couleur par rapport au clair obſcur.

TONDEUR. ſ. m. Artiſan, qui fait le métier de tondre. On appelle *Tondeur de moutons*, Celui qui gagne ſa vie à les tondre. Il y a parmi les Jardiniers des Tondeurs de bouis & de paliſſades. *Tondeur de draps*, eſt celui qui avec de groſſes forces tond les draps & les met en l'état où ils doivent être pour ſervir. Les Tondeurs de draps ſont obligés de ſe ſervir de chardons de Bonnetiers pour coucher leurs draps & leurs ſerges, & il ne leur eſt point permis de ſe ſervir de cardes ni d'en avoir dans leurs maiſons.

TONDIN. ſ. m. Terme d'Architecture. Petite baguette. M. Felibien dit que *Tondini*, parmi les Italiens, ſe dit des Aſtragales qui ſont au bas des colomnes, & que, ſelon Baldus, c'eſtce qu'on appelle *Spire*, dans la baſe de la Colomne Ionique, qui eſt compoſée de deux Aſtragales, dont l'un touche la partie d'enhaut du trochile inferieur, & l'autre ſoûtient le quarré du trochile ſuperieur, ayant toutes deux la figure d'un anneau.

TONDOISON. ſ. f. Vieux mot. Action de tondre.

TONGA. ſ. m. Sorte d'inſecte fort petit, qui naît au Breſil dans la pouſſiere, de la groſſeur d'une puce. Quand il s'eſt inſinué une fois ſous les ongles des piés ou des mains, il y cauſe une démangeaiſon ſemblable à celle d'un ciron; & ſi on n'a ſoin de l'en tirer auſſi-tôt, il y croît en peu de tems juſqu'à la groſſeur d'un pois, & alors on ne l'en peut arracher qu'avec de grandes douleurs. Les Sauvages pour s'en garantir, ſe frottent les parties que ces inſectes peuvent attaquer, d'une certaine huile épaiſſe & rouge qu'ils tirent des fruits qu'on nomme *Couroq*.

TONIQUE. adj. Terme de Medecine. Il ſe dit d'un certain mouvement des muſcles qui ſe fait lorſque les fibres s'étendent, & demeurent étendues en telle ſorte, que la partie paroiſſe immobile, quoiqu'elle ſe meuve effectivement, comme il arrive aux hommes qui ſont debout & aux oiſeaux qui planent. On appelle *Convulſion tonique*, La retraction d'un membre roide, qui demeure toûjours dans le même état. Ce mot eſt Grec τόνος, & vient de τείνω, Etendre.

TONNE. ſ. f. Grand Vaiſſeau de bois qui eſt propre à garder du vin de pluſieurs feüilles. Il y a des Tonnes en Allemagne, qui tiennent juſqu'à deux cens muids de vin. On les nomme *Foudres* dans le pays. *Tonne*, ſe dit auſſi des petits Vaiſſeaux ronds faits comme des muids dans leſquels les Marchands Merciers, Epiciers & autres, envoyent leurs marchandiſes.

Tonne, en termes de Marine, ſe dit d'une groſſe boüée faite en forme de baril, qu'on met dans la mer, & qui ſurnageant au deſſus d'un rocher ou d'un banc de ſable, avertit les Pilotes qu'ils doivent s'en éloigner. On appelle encore *Tonnes*, de pareils Vaiſſeaux non foncés par le gros bout, que l'on fait ſervir de couverture à la tête des mâts quand ces mâts ſont dégarnis. Quelques-uns deri-

vent ce mot de l'Allemand *Thonne*, qu'on dit dans le même ſens; & d'autres d'*Automne*, à cauſe que c'eſt la ſaiſon des vendanges, & qu'on a beſoin de Tonnes en ce tems-là. Du Cange le fait venir de *Tunna* ou *Tonna*, mots de la baſſe Latinité.

Tonne, eſt auſſi une eſpece de coquille.

TONNEAU. ſ. m. Vaiſſeau de bois où l'on met particulierement des liqueurs. Il eſt compoſé de deux fonds, de deux barres, de douves & de cerceaux qui le lient, & qui tiennent les douves & les fonds en état. On ſe ſert du terme de *Tonneau*, ſur mer pour exprimer un poids de deux mille livres, ou de vingt quintaux, & en ce ſens quand on veut déſigner la capacité & le port d'un Navire, on dit, par exemple, qu'*Il eſt de quatremens tonneaux*, par où l'on entend qu'il porte quatre cens fois la valeur de deux mille livres, c'eſt-à-dire, huit cens mille livres. Il faut pour cela que l'eau de la mer qu'occupe le Vaiſſeau en s'enfonçant peſe une pareille quantité.

On appelle *Tonneau de pierre*, La quantité de quatorze piés de pierre cube. Le Tonneau étoit autrefois de deux muids, & chaque muid contient ſept piés cubes. La pierre de ſaint Leu & de Vergelé ſe vend au tonneau, comme la pierre de taille ordinaire ſe vend à la voie. Le Tonneau peſe à peu près un millier ou dix quintaux, ce qui fait la moitié d'un tonneau de la cargaiſon d'un Navire. La navée d'un grand bateau peut porter depuis quatre cens juſqu'à quatre cens cinquante tonneaux de pierre, quand la riviere a ſept ou huit piés d'eau.

TONNELLERIE. ſ. f. Lieu où l'on travaille du métier de Tonnelier. C'eſt auſſi parmi quelques Religieux, Un lieu dans le Monaſtere, où ſont les cuves & les fûtailles, & où l'on cuve le vin,

TONNELET. ſ. m. Partie d'un habit antique qui ſe diſoit des manches & des lambrequins. On le diſoit auſſi dans les Carrouſels, d'un pourpoint pliſſé, enflé, & tourné en rond avec un bas d'attache qui alloit juſque ſous le Tonnelet. On lit ce qui ſuit dans les Illuſtrations de Jean le Maître. *Le ſeptieſme pris eſtoit pour le mieux combattant à pied à la barriere, armez de tomelets, d'eſcus & demi-lances à fer eſmoulu avec certains coups d'eſpées, tranchans ſans eſtoc.*

TONNELEUR. ſ. m. Chaſſeur qui prend du gibier avec la Tonnelle.

TONNELLE. ſ. f. Berceau de treillage, que l'on couvre de filaria, de chevre-feuille, de coulevrée & autre verdure. Il n'y a plus que le vulgaire qui ſe ſerve de ce mot en ce ſens-là. Il ſignifie en termes de chaſſe, Une ſorte de filet qui ne doit pas avoir plus de quinze piés de queuë ou de longueur, ni guere plus de dix-huit piés de largeur ou d'ouverture par l'entrée. Nicot ſe ſert de ces mots pour expliquer comment ſe fait cette chaſſe. *Tonnelle eſt un bœuf ou cheval de bois peint, que le chaſſeur pouſſe devant lui devers les perdrix, en les approchant, pour les faire entrer dedans les filets qui ſont devant, laquelle façon de chaſſe eſt prohibée par les Roys de France.* On dit *Tonneler*; pour dire, Prendre des perdrix à la Tonnelle.

TONNERRE. ſ. m. *Bruit éclatant & redoublé cauſé par une exhalaiſon enflammée qui fait effort pour ſortir de la nuë.* ACAD. FR. Rohaut entreprenant d'expliquer de quelle maniere ſe fait le Tonnerre, veut que l'on ſe repreſente qu'il ſe forme quelquefois pluſieurs nuës les unes au deſſus des autres, qui ſont alternativement compoſées de vapeurs & d'exhalaiſons, & que la chaleur a enlevées à diverſes repriſes des entrailles de la terre. Il fait ensuite observer que l'été étant la saison la plus propre pour cela, à cause que l'air qui a demeuré dans le voisinage de la terre a pû s'échauffer, au moins si le tems a été calme, il peut arriver qu'une partie de cet air soit chassée par l'action de quelque vent qui se sera élevé depuis vers l'une des plus hautes nues, à laquelle il s'applique par le dessus, en sorte qu'il y condense presque en un moment la neige très-subtile dont elle est composée, en faisant approcher les parties les plus hautes contre celles qui sont au dessous; ce qui fait que cette nue descend toute entiere, & avec assés de vitesse sur la plus basse, sans pourtant que celle-ci puisse descendre, par l'obstacle qui y mettent les causes ordinaires qui tiennent les nues suspendues à certaine distance de la terre, & le vent qu'on a supposé s'être élevé depuis. Cela étant, l'air qui est entre ces deux nues est chassé d'un lieu où il est, en sorte que celui qui est vers les extrémités des deux nues échappe le premier, & donne moyen aux extrémités de la nue de dessus de s'abaisser un peu plus que ne fait le milieu, & d'enfermer ainsi une grande quantité d'air, qui achevant de sortir par un passage assés étroit & irregulier qui lui reste, nous fait concevoir facilement que par la façon dont il échappe, il doit produire un grand bruit, pour la même raison que l'air qui sort du sommier de nos orgues produit un grand son en passant par les pedales. Ainsi, sans qu'on voye aucun éclair, on peut bien entendre le bruit du Tonnerre, il est vrai, continuer-t'il, que celui qui se fait de cette sorte ne sçauroit être fort éclatant; mais parce que les exhalaisons qui se rencontrent quelquefois entre deux nues, dont l'une tombe sur l'autre avec impetuosité, sont pour l'ordinaire tellement pressées en certains endroits, que les parties du second élement, qui étoient mêlées entre leurs branches avec la matiere du premier, sont contraintes d'en sortir, il arrive que ce qui se trouve d'exhalaisons en ces endroits, ne nageant plus que dans la seule matiere du premier élement, prend la forme du feu, laquelle se communiquant en moins de rien à tout ce qu'il y a de combustible à l'entour, dilate extrêmement l'air, & augmente à proportion la vitesse avec laquelle il échappe d'entre les deux nues; ce qui fait qu'au lieu d'un simple grondement de tonnerre, on entend un bruit qui éclate effroyablement. Comme la chaleur qui appesantit assés une nue pour l'obliger à tomber fort vite sur une autre, doit être aussi assés grande pour fondre une partie de la neige dont elle est composée; il s'ensuit qu'à chaque coup de Tonnerre il doit tomber une ondée de pluie assés abondante; ce que nous voyons toûjours arriver, si ce n'est que le Tonnerre se fasse un peu loin de l'endroit qui correspond sur nos têtes. On a coûtume de sonner les cloches pendant le Tonnerre, & on a raison de croire que ce son le fait cesser. Cela vient de ce que par ce moyen, l'air le plus proche des cloches ébranle celui qui est plus haut, & cet air ébranlé les parties de la nue inferieure qu'il dispose à tomber en pluie, avant que celle de dessus ait occasion de descendre; de sorte que quand après cela elle viendroit à tomber, elle ne pousseroit les exhalaisons que dans un air libre, où n'étant point serrées, elles n'auroient pas lieu de s'embraser. Quand même cette nue inferieure ne seroit encore tombée qu'en partie, l'ébranlement que la cloche imprime à l'air, pourroit disposer les exhalaisons qui sont audessus de l'ouverture, à prendre leur cours par-là. Ainsi la matiere de la foudre manquant au lieu où elle se pourroit former, on ne doit pas s'étonner s'il ne s'y en forme point en effet.

TONTINE. s. f. Espece de banque. On en fait valoir les fonds dont les revenus augmentent au profit des survivans à proportion que les autres meurent. Laurent Tontin en fut l'inventeur en 1653.

TONTURE. s. f. Poil que l'on tond sur les draps, *laine tondue, branches, feuilles que l'on coupe, que l'on taille aux palissades, aux bordures de buis, &c.* ACAD. FR. On appelle *Tonture*, en termes de Marine, Un rang de planches dans le revêtement du bordage contre la ceinte du franc tillac. C'est la rondeur qu'on voit aux précintes qui lient les côtés d'un Vaisseau. *Tonture du pont*, se dit de la difference qu'il y a de l'élévation du milieu du pont à l'élévation de l'avant & de l'arriere. On dit qu'un *Vaisseau a sa tonture*, qu'*Il est dans sa tonture*, pour dire, qu'il est dans sa bonne & juste assiette, en sorte qu'étant à flot, sa cargaison se trouve si bien arrumée, qu'il garde son contrepoids tant sur l'avant que sur l'arriere.

TOP

TOPASE. s. f. Pierre précieuse, qui tient le troisiéme lieu après le diamant, & qui est aussi dur que le saphir lorsqu'elle est Orientale. Celle-là est diaphane & de vraie couleur d'or quand elle a la perfection qu'elle peut avoir. La Topase du Perou est beaucoup moins dure, & la couleur en est orangée. La Topase d'Allemagne est celle que l'on estime le moins entre toutes les Topases. Elle est si peu chargée de couleur jaune, qu'on la prendroit pour quelque cristal sans la couleur noirâtre qui la distingue. Cette pierre a pris le nom de *Topase*, d'une Isle de la mer rouge de ce même nom, où Pline prétend que Juba, Roi de Mauritanie, ait été le premier qui l'ait trouvée. La Topase se blanchit dans l'or fondu entre deux creusets, mais avec le tems elle reprend sa couleur. On tient que cette pierre a la vertu d'arrêter le sang, d'ôter ou du moins de diminuer la tristesse, & même de rendre les hommes chastes. Albert le Grand lui attribue la propriété, non seulement d'empêcher que l'eau ne bouille davantage, mais aussi de la refroidir tout à coup de telle sorte qu'on puisse y mettre la main sans se brûler.

TOPICQUER. v. n. Vieux mot, dont Coquillard s'est servi dans la signification de Disputer.

TOPIQUE. adj. Terme de Medecine. On appelle *Remedes Topiques*, Certains remedes exterieurs qui s'appliquent sur une partie affligée & douloureuse. Ce mot est Grec τοπικὸς, & vient de τόπος, Lieu.

On appelle *Topiques*, en termes de Philosophie, certains Chefs generaux ausquels on peut rapporter toutes les preuves dont on se sert dans les matieres que l'on traite. *Topique*, en Rhetorique est un argument probable qu'on tire de plusieurs lieux & circonstances du fait.

TOPOGRAPHIE. s. f. Carte particuliere contenant la description d'un lieu de la terre, comme d'une Ville avec ses environs. Ce mot est Grec τοπογραφία, formé de τόπος, Lieu, & de γράφειν, Decrire.

TOQ

TOQUE. s. f. Sorte de Chapeau de feutre couvert de panne ou de velours, & qui n'a qu'un petit bord. Les Officiers de la Chambre des Comptes, les Consuls, les Maîtres & Gardes des Corps des Marchands portent de ces sortes de Chapeaux. Les Pensionnaires des Colleges de l'univerſité de Paris en portent auſſi lorſqu'ils ſont en robe dans leur College.

On appelle auſſi *Toque* , un linge de chanvre ou de gros lin qui couvre les épaules & l'eſtomac des Religieuſes du ſaint Sacrement.

TOQUER. v. a. Vieux mot. Heurter , frapper , d'où eſt venu le Proverbe , *Qui toque l'un toque l'autre. Toquer* a été dit auſſi , pour Coiffer.

TOQUET. ſ. f. Bonnet d'enfant , de ſerge ou de velours , embelli de paſſement ou de dentelle. *Toquet* , ſe dit plus ſouvent d'un bonnet ou d'une ſorte de coiffure de petites filles , ou de femmes du menu peuple.

T O R

TOR. ſ. m. Vieux mot. Taureau.

> *Si feiſt le ſacrifice*
> *D'un grand Tor ou d'une geniſſe,*

On a dit auſſi *Tor* , pour dire , Une Tour.

TORASSE. ſ. f. C'eſt , dit Nicot , *Une eſpece de vache de baſſe taille & petit corſage , laquelle appete plus & ſuit plus le taureau que les autres vaches , & partant n'eſt pas guere lectiere, car outre ce qu'elle ne porte guere , & n'a pluſtoſt veellé qu'elle deſire le ſault du taureau , & à ce moyen n'eſt bonne à garder ne pour laict ne pour race. Le mot eſt de la façon de ceſtui-cy , Hommaſſe , pour la femme qui tient plus de l'homme que de la femme.*

TORCHE. ſ. f. Bâton d'auſne ou de tilleul , qui eſt rond , gros comme le bras , & haut depuis ſept juſqu'à dix piés. Il y a du lumignon au bout , c'eſt-à-dire , une ſorte de chanvre à moitié filé qu'on couvre de cire jaune ou blanche. On ſe ſert des torches allumées pour les porter aux Proceſſions & en d'autres ceremonies de l'Egliſe. On donne en même nom de *Torche* à la graiſſe ou à la reſine qui ſort du pin , de la meleſe , & des autres arbres dont on fait la poix.

Les Chirurgiens appellent *Torches* des Bâtons appropriés aux jambes & aux cuiſſes rompues. Ils ſont gros comme le doigt , & ils les enveloppent de paille avec un demi linceul.

Torche eſt auſſi en uſage parmi les Vanniers , & ils diſent que *la Torche du panier eſt mal faite* , pour dire que le panier n'eſt mal fait.

Torches , terme de Tonnelier , rangé de quatre ou cinq cerceaux ſur un tonneau. Il y a pour une pipe ſix torches ; on poſe le tonneau en chantier ſur les torches ; il ne doit pas porter ſur les douves.

Torches au pluriel , ſignifie en termes de Chaſſe , les fientes des bêtes fauves qui ſont à demi formées.

TORCHE-NEZ. ſ. m. Terme de Manege. Bâton qui a de longueur environ dix pouces , & qui eſt percé par un bout. On y fait paſſer une courroye de cuir , dont on noue les deux bouts enſemble , pour ſerrer étroitement le nez du cheval , tandis que le bâton eſt arrêté au licol ou au filet ; ce qui l'empêche de faire deſordre & l'oblige à demeurer ſans ſe débattre , quand on lui fait le poil ou qu'on le ferre.

TORCHE-PINSEAU. ſ. m. Petit linge dont ſe ſervent les Peintres pour eſſuyer leurs pinceaux & leur palette.

TORCHERE. ſ. f. Eſpece de grand gueridon , dont le pié triangulaire & la tige , qu'on enrichit de ſculpture , ſoutiennent un plateau pour porter de la lumiere. On ne trouve des Torcheres que dans les ſalles des grandes maiſons & des Palais.

Torcheres , grands gueridons hauts de quatre à cinq piés qu'on met au côté du trône Royal avec des girondoles deſſus.

TORCHETTE. ſ. f. Terme de Vanier. Oſiers tortillés au milieu d'une hotte.

TORCHIS. ſ. m. Compoſition de terre graſſe mêlée & pâtrie avec du foin ou de la paille , dont on ſe ſert en pluſieurs endroits pour faire des cloiſonnages & des planchers. On s'en ſert auſſi à faire des murailles de bauge & les entrevoux des granges de la campagne. On l'appelle *Torchis* , à cauſe qu'on tortille cette compoſition autour de certains bâtons en forme de torches.

TORCHON. ſ. m. *Eſpece de petite ſerviette de groſſe toile , dont on ſe ſert pour torcher , pour eſſuyer la vaiſſelle , la batterie de cuiſine , des meubles , &c.* ACAD. FR. On appelle auſſi *Torchon* , Une poignée de paille ou de foin que l'on tortille pour écurer de la vaiſſelle. Il ſe dit encore de la paille tortillée dont on ſe ſert pour frotter des chevaux.

Les Maçons & les Tailleurs de pierre appellent *Torchon* ou *Torche de paille* , De la paille qu'ils tortillent & qu'ils mettent ſous les pierres , de crainte qu'elles ne s'écornent lorſqu'on les taille, qu'on les porte en beſogne , ou qu'on les poſe par le lit avec les grues , gruaux ou engins. Les Anciens tailloient groſſierement les pierres en rond , afin d'empêcher que leur parement ne ſe gâtât; & quand elles étoient ſur le tas , ils avaloient & abatoient cette rondeur.

TORDE. ſ. f. Terme de Marine. Anneau de corde que l'on met près des bouts des grandes vergues , pour empêcher les rabans d'être coupés par les écoutes de hune. C'eſt par cette même raiſon que la Torde eſt auſſi appellée *Sauverbans.*

TORDEURS. ſ. m. Celui qui tord la laine pour les Lainiers.

TORDION. ſ. m. Ancienne danſe qu'on danſoit avec une meſure ternaire après la baſſe danſe & ſon retour , & elle en faiſoit comme la troiſiéme partie. Le Tordion n'étoit different de la gaillarde , qu'en ce qu'il ſe danſoit bas par terre d'une maniere legere & prompte , au lieu que la gaillarde ſe danſoit par haut d'une maniere lente & peſante.

TORE. ſ. m. Terme d'architecture. Gros anneau de la baſe d'une colomne. On l'appelle ainſi à cauſe de la reſſemblance qu'il a avec le bord d'un lit que les Latins appellent *Torus* , à la difference des petits anneaux qui dans la baſe Ionique ſont appellés *Aſtragales.* Les baſes des Colomnes Toſcanes & Doriques n'ont qu'un Tore , & les baſes attiques ou articurges en ont deux , l'un ſuperieur , & l'autre inferieur. Ce dernier a plus de groſſeur que l'autre. On appelle *Tore corrompu* , Celui qui a ſon contour ſemblable à un demi cœur.

TORMENTILLE. ſ. f. Herbe dont les feuilles ſont moindres que celles de la quinte-feuille & ont ſept dentelures à l'entour , ce qui la fait appeller *Septifolium* par les Latins , ἑπτάφυλλον par les Grecs. Sa racine eſt petite , noueuſe , amaſſée , rouge & aſtringente au goût. Elle a ſes tiges menues & rougeâtres , & ſes fleurs jaunes , de ſorte que l'on peut dire que c'eſt une eſpece de quinte-feuille. Les Herboriſtes aſſûrent , après l'avoir éprouvé , que la Tormentille a les mêmes proprietés que la Biſtorta. Toutes deux priſes en breuvage , ou enduites ſur les reins & ſur le ventre avec du vinaigre , font porter l'enfant à terme , & bûes avec du jus de plantain elles font garder l'urine à ceux qui ne la peuvent tenir. On ne ſe ſert guere que de la racine de la Tormentille. Elle eſt ſudorifique , aſtringente

&c

& vulneraire. Ainſi elle ſoude les plaies & les ci-catriſe. Elle fait auſſi mourir les vers, & eſt un remede ſûr pour les panaris.

TORMINAL. ſ. m. Sorte de Cormier, dont les feuilles ſont ſemblables à celles de vigne, à la ma-niere du plane, fermes & liſſées. Son fruit eſt lon-guet, âpre, rond, attaché à une longue queuë, aigre & âpre au goût. L'arbre eſt d'une moyenne hauteur & l'écorce en eſt liſſée.

TORON. ſ. m. Terme de Marine. Aſſemblage de pluſieurs fils de caret tournés enſemble, dont un gros cordage eſt compoſé. Il y a d'ordinaire quatre Torons dans le grand étai des grands bâtimens, & chaque Toron eſt fait de quarante fils.

TORPILLE. ſ. f. Poiſſon que l'on met au rang des poiſſons plats & cartilagineux, comme ſont la raie, le turbot, la ſole, la tareronde & autres ſembla-bles. Il a le corps rond, après qu'on en a ôté la queuë, & ſa tête eſt tellement enfoncée entre les épaules, qu'elle ne paroît en aucune ſorte. On ne laiſſe pas de voir ſes yeux au deſſus ; ils ſont fort pe-tits, & outré ces yeux il a deux trous, en ma-niere de croiſſant & toûjours ouverts. La Torpille a auſſi une petite bouche en la partie ſuperieure, garnie de petites dents. Elle n'a point de langue, & un peu au deſſus de ſa bouche ſont deux pertuis qui lui ſervent de naſeaux. Ariſtote lui donne cinq ouïes de chaque côté, mais petites & recourbées. Sa queuë eſt petite & charnuë, ayant au bout une aile fort large. Sur le dos de cette queuë il y a deux autres ailes, dont la premiere eſt plus grande que la derniere, & même au commencement de la queuë elle en a qui ſont plus larges, & qui ont quelque forme de croiſſant. Ce poiſſon a la peau de tout le corps molle & liſſée. La partie de deſſus eſt blanchâtre, mais celle de deſſous eſt jaunâtre, & preſque de couleur de vin. Toutes les Torpilles n'ont pas le dos de la même ſorte. Les unes y ont cinq taches noires rondes, & qui reſſemblent aux yeux. Il y en a d'autres qui les ont moins noires, & au milieu un petit rond qui reſſemble en quel-que ſorte à la prunelle de l'œil. D'autres n'ont point ces cinq marques, & ont ſeulement tout le dos ſemé de petites taches. D'autres n'en ont point du tout, & n'ont que le dos noirâtre. Quoique la Torpille faſſe ſes œufs dans ſon ventre, ſes petits ne laiſſent pas d'en ſortir vifs. Elle eſt très-feconde, & ſi on en croit Ariſtote, on en a vû une qui en a fait juſqu'à quatre-vingts. Elle a une ſi grande pro-prieté d'engourdir, qu'elle amortit le bras des Pê-cheurs ſans qu'ils la touchent, & fait la même cho-ſe étant priſe à l'hameçon, c'eſt-à-dire, qu'elle pe-netre depuis le poil du cheval qui tient l'hameçon, juſques à la ligne, & de la ligne à la main du Pê-cheur qu'elle rend amortie en peu de tems. Cela ſe rapporte à ce que dit Pline, que ſi on touche la Torpille de loin avec une verge ou une perche, elle amortira le bras de celui qui tient la verge ou la per-che, & lui appeſantira les jambes, quelque legeres qu'elles puiſſent être. Auſſi endort-elle les poiſſons qui s'en approchent, quand elle ſe tient cachée pour cela dans le limon ou le ſable, & enſuite s'en nourrit. Appliquée vivante aux douleurs de tête, elle les ſoulage ; & Galien dit l'avoir éprouvé. Sa chair eſt bonne à manger ; ce qui fait voir qu'étant morte elle perd cette vertu d'amortir. Les Latins l'appellent *Torpedo*, qui veut dire Engourdiſſement, & les Grecs. *νάρκη.*

TORQUE. ſ. f. Terme de Blaſon. Bourlet de figure ronde, tant en ſa circonference qu'en ſon tortil. Il eſt compoſé d'étoffe tortillée comme le bandeau dont on charge la tête de more qui ſe poſe ſur les

Tome II.

écus. C'eſt le moindre des enrichiſſemens qu'on met ſur le heaume pour cimiers. Ce mot vient du latin *Torques*, Collier.

TORREFACTION. ſ. f. Terme de Pharmacie. C'eſt un diminutif de l'Aſſation. La Torrefaction ſe fait quand on met ſur des platines de fer ou d'argent des remedes tels que la rheubarbe, les myrobolans & autres ſur le feu moderé d'un rechaut juſqu'à ce que la poudre s'obſcurciſſe, ce qui fait connoître que la vertu purgative eſt diſſipée. Ce mot vient du latin *Torrefacere*, ou *Torrere*, Brûler, rôtir.

TORRIDE. adj. Mot qui n'a d'uſage que joint avec *Zone*. On appelle *Zone torride*, L'eſpace de la terre qui eſt ſous la ligne, & qui s'étend en-de-çà & au-delà juſqu'aux deux tropiques. Cette Zone eſt au milieu des deux temperées, & diviſée par l'Equateur en deux parties égales, l'une ſeptentrio-nale, & l'autre meridionale. Elle eſt appelée *Tor-ride*, c'eſt-à-dire, chaude, brûlante, à cauſe qu'étant directement ſous le lieu par où paſſe le So-leil en faiſant ſon cours, ſes rayons la battent à plomb. Ainſi ſa preſence continuelle y produit une chaleur ſi exceſſive, que les Anciens ont crû qu'elle étoit inhabitable. Cependant les dernieres Naviga-tions nous ont appris que la fraîcheur des nuits y tempere la grande chaleur des jours.

TORS, TORSE. adj. On appelle, en termes d'Ar-chitecture, *Colomne torſe*, Une colomne qui a ſon fût en ligne ſpirale. M. Felibien nous apprend que les Colomnes torſes, telles qu'on les fait preſente-ment, ſont d'une invention nouvelle, & que les Anciens qui n'avoient en vue que la ſolidité de leurs bâtimens, n'en auroient jamais employé de ſem-blables, quand même elles n'euſſent dû ſervir que d'ornement, & cela, parce qu'ils vouloient que la nature & la vrai-ſemblance paruſſent dans tous leurs ouvrages, ce qui ne ſe peut trouver dans ces ſortes de colomnes qui n'ont ni la force ni une figu-re propre à porter un grand fardeau. Il ajoûte que les Colomnes torſes n'ont commencé à être beau-coup en uſage que depuis que l'on a fait les gran-des Colomnes de bronze qu'on voit à Rome dans l'Egliſe de ſaint Pierre ; mais que Michel Ange très-grand Architecte, s'eſt fait un devoir d'imiter dans ces ſortes d'ornemens peſants, qui ne ſe trouveront point dans les anciens édifices, non plus que les Colomnes torſes.

Au Val de Grace les colomnes ſont torſes & can-nelées au tiers de feuillages de bronze doté. Voyez CHEVREFEUIL.

On appelle en certaines Provinces *Tors*, le vin de preſſurage par oppoſition au vin de goute.

TORSE. ſ. m. Terme de Sculpture. Corps ſans tête, ſans bras & ſans jambes, de l'Italien *Torſo*, Tron-qué. Le beau Torſe qui ſe voit au Vatican eſt de ce genre. C'eſt un des plus ſçavans ouvrages des Anciens. Quelques-uns le croyent un reſte d'une figure d'Hercule.

TORSE. ſ. f. Terme de Tourneur. Bois tourné d'une maniere qui va en ſerpentant. On dit en ce ſens, *Faire de la Torſe.*

Torſe, bandage d'une charpente pour en finir l'aſſemblage qui eſt neceſſaire à un Dome quand on aſſemble le dernier quartier.

TORSER. v. a. Terme d'Architecture. Contourner le fût d'une colomne en ſpirale ou vis, afin de la rendre torſe. Ce mot vient du latin *Torquere*, Tor-dre.

TORSIORS. adv. Vieux mot. Toûjours.

TORSFAITS. ſ. m. p. Vieux mot. Forfaits.

La Coûtume d'Anjou article 67. 68. 70. exem-pte le vaſſal ou tenancier de la juriſdiction de

V u u

son Seigneur pour *tort fait.*

TORSONIERE. adj. Vieux mot. Injuste, retenant à tort.

TORTES-BANNES. ſ. f. p. Vieux mot. Sorte d'étoffes.

Se vous voulez de Tortes-bannes,
Par ma foy, j'en ay de bien fines.

TORTICOLIS. ſ. m. Sorte de maladie qui eſt une contorſion de col, où le muſcle maſtoïde demeure roide & en convulſion. Alors la tête eſt tournée, la trache-artere comprimee, & enfin les malades ſont étouffés.

TORTIL. ſ. m. Terme de Blaſon. Diadème qui ceint les têtes de Mores ſur les Ecus.

Tortil, ſe dit auſſi d'un tuyau des inſtrumens à vent, qui eſt tortillé ou qui fait un ou pluſieurs tours & replis, comme celui qui eſt au milieu de la ſaquebute ou des cors à chaſſe.

Tortil a été dit dans le vieux langage, pour Flambeaux, Torches.

Oú par nuit devers les courtils,
Seul, ſans chandelle & ſans tortils.

* On a dit auſſi *Teurtis* & *Torteis,* dans le même ſens, à cauſe que les torches ſont entortillées.

Et mout y ont ars de grands torteis.

Tortil. Terme de Broderie, cordon d'or, d'argent, de ſoye, de laine, &c.

TORTILLANT, ANTE. adj. Terme de Blaſon. Il ſe dit du ſerpent ou de la guivre qui entourent quelque choſe. *De gueules au baſilic tortillant d'argent en pal, couronné d'or.*

TORTILLE', E'E. adj. Terme de Blaſon. Il ſe dit de la tête qui porte le tortil. *De gueules à une fronde tortillée en double ſautoir d'or.*

TORTILLER. v. a. Une mortoiſe; c'eſt l'ouvrier avec le laceret ou la tarriere.

TORTILLIS. ſ. m. Terme d'Architecture. Maniere de vermoulure faite à l'outil ſur un boſſage ruſtiqué.

TORTILLON. ſ. m. *Sorte de coiffure de payſanne qui eſt comme une eſpece de bourrelet.* ACAD. FR. Les Laitieres nomment *Tortillon,* Un linge tortillé en rond qu'elles mettent ſur leur tête pour porter leur pot à lait par les rues.

On appelle auſſi *Tortillon,* en termes de Bahutier, des clous blancs qu'on met autour de l'écuſſon d'un bahut, & qui font une maniere de figure tortillée.

TORTOIR ou *Garot.* ſ. m. Bâton gros & court pour aſſurer ſur les charrettes les charges qu'on y met par le moyen d'une groſſe corde.

TORTUE. ſ. f. *Eſpece d'amphibie qui marche fort lentement, & dont tout le corps eſt convert d'une grande écaille dure, à la reſerve de la tête, des piés & de la queue.* ACAD. FR. On peut dire en general que les Tortues ſont des animaux ſtupides, peſans. Elles n'ont ni langue ni aucune organe pour ouïr, & ont ſi peu de cervelle, que dans toute leur tête, qui eſt auſſi groſſe que celle d'un veau, il ne s'en trouve pas autant que pourroit avoir de groſſeur une petite féve. Elles ont la vûe très-ſubtile, & leur foye eſt comme celui d'un veau, & de ſubſtance telle que le foye d'un homme. Leur grandeur eſt ſi prodigieuſe, que la ſeule écaille de deſſus porte quelquefois cinq piés de long & quatre de large. Leur chair, & ſur-tout celle de la Tortue franche, eſt compoſée de groſſes fibres qui contiennent beaucoup de ſuc, & une piece de Tortue reſſemble ſi fort à une piece de bœuf, qu'on ne les peut diſtinguer l'une d'avec l'autre, que par la couleur de la graiſſe qui

eſt d'un jaune verdâtre. Elles ont cette graiſſe ſur le ventre, aux côtés & proche des aîles. Celle de leur boyau eſt jaune comme ſafran, & leur ſert de nourriture; ce que l'on a remarqué dans une Tortuë qu'on laiſſa trois ſemaines ſans lui donner à manger. Lorſqu'elle fut morte après ce tems-là, on l'ouvrit, les lieux où cette graiſſe a accoûtumé d'être, furent trouvés vuides, en ſorte qu'il n'y reſtoit que des membranes & des fibres gluantes où elle eſt attachée. Il y a des Tortues franches qui étant deſoſſées, donnent plus d'un demi-baril de viande, ſans y comprendre la tête, le col, les pattes, la queue, les trippes & les œufs. Trente hommes en auroient aſſés pour faire un fort bon repas, & outre cela on tire quelquefois, tant de pannes, que de la graiſſe ſuperflue, de quoi faire quinze ou vingt pots d'huile jaune comme l'or, & excellente pour les fritures & pour toutes ſortes de ſauces, pourvû qu'elle ſoit nouvelle. Etant vieille, elle ne ſert plus que pour les lampes. Le ſang des Tortues eſt toûjours liquide, & comme il ne ſige jamais, on n'y ſçauroit remarquer ni froideur ni chaleur. Quand on le cuit, il ne laiſſe pas de ſe congeler, ainſi que celui de porc. Tous leurs vaiſſeaux ſont ſemblables, & on ne peut dire ſi ce ſont veines ou arteres. On ſçait ſeulement que quand on a tiré ces ſortes de veines, le cœur palpite long-tems, & quelquefois juſqu'à dix-huit heures. La chair fait la même choſe, & étant coupée par morceaux le ſoir, on la voit encore remuer le lendemain, tant elle eſt remplie d'eſprits vitaux. Les Tortues ont quatre pattes en forme d'aîlerons avec des ongles, & les os y ſont dans le même ordre que dans les animaux parfaits. Les pattes de devant ſont compoſées de l'omoplate & de l'*humerus,* qui ſont renfermés ſous l'écaille qu'on appelle *Carapace,* & en-dehors il y a le *Radius,* le *Cubitus* & les oſſelets du carpe, du métacarpe & des doigts. A celles de derriere ſont les iles, l'os *femur,* qui ſont auſſi ſous la carapace, avec les deux fibres & les oſſelets du tarſe & du métatarſe. En dehors ſont les orteils, qui compoſent les pattes de derriere. La queue finit par vertebres, comme le col, mais ces vertebres ne vont pas tout du long. Elles ſont attachées à la carapace à certaines demi-vertebres, qui vont le long de la même carapace depuis le cou juſques à la queue. *Carapace,* eſt le nom qu'on a donné dans les iſles au deſſus de leur écaille. Ce deſſus eſt fait comme le dome d'une maiſon. Le deſſous eſt plat, & on le nomme *Plaſtron.* C'eſt une ſubſtance oſſeuſe & cartilagineuſe qui compoſe l'un & l'autre. La chair des Tortues eſt de fort bon goût & aſſés nourriſſante, & la graiſſe que l'on mange avec de la viande eſt ſi pénétrante, qu'on la ſue comme on la mange. On peut dire auſſi qu'elle purifie la maſſe du ſang, ce qui ſe connoît en ce qu'une perſonne mal ſaine recouvre une parfaite ſanté, quand elle ne mange pendant deux ou trois mois que de cette ſeule viande. La Tortue ſe nourrit d'herbe, ainſi que les vaches, ſur certains fonds qui ſont le long des Iſles de l'Amerique, & où il y a ſept à huit braſſes d'eau. Comme elle eſt fort claire quand la mer eſt calme, c'eſt une choſe plaiſante que de voir ce fond tout vert. L'herbe qui y croît eſt longue d'un pié, & ſa feuille eſt unie & plate de chaque côté. Après que les Tortues ont bien mangé dans ces ſortes de prairies, elles vont à l'embouchure des rivieres boire de l'eau douce. Il faut obſerver qu'elles ne pouvant demeurer dans ce fond plus d'un quart d'heure ſans prendre l'air, elles viennent ſouffler, & y retournent enſuite. Lorſqu'elles ne mangent point, elles ont toûjours la tête hors de l'eau, &

dès la moindre chofe qu'elles voyent , elles s'enfoncent auffi-tôt dedans. Leur terriftage fe fait tous
les ans depuis la Lune d'Avril jufqu'à celle d'Août.
Se fentant alors incommodées par l'accroiffement ,
la pefanteur & le grand nombre de leurs œufs, elles
fortent de la mer pendant la nuit, afin de reconnoître le long de la rive un lieu propre pour fe
décharger de leur fardeau , ou au moins d'une partie. Lorfque la Tortue en a reconnu un qui lui a
paru commode , & qui eft toûjours une ance de fable , elle attend au lendemain à y venir pondre.
Tout le long du jour elle fe promene paiffant l'herbe fur des rochers dans la mer, fans toutefois s'é-
loigner du lieu dont elle a fait choix la nuit précédente , & le Soleil venant à baiffer , on la voit paroître proche de la lame , regardant de tous côtés ,
comme fi elle craignoit les embuches. Quand elle
ne voit perfonne , elle vient à terre , & commence
à creufer dans le fable avec les pattes de devant ,
faifant un trou, large d'un pié & profond d'un
pié & demi ; ce qui étant fait , elle s'ajufte dedans , & pond jufqu'à deux ou trois cens œufs tout
d'une fuite. Ces œufs font gros & ronds comme des balles de jeu de paume , & ont leur écaille
auffi fouple que du parchemin mouillé. Le blanc
ne cuit jamais , quoique le jaune durciffe facilement. Ils font très-bons à manger & fort nourriffans. La Tortue emploie plus d'une heure à pondre , & ne remueroit pas de fa place pendant tout
ce tems, quand même un chariot lui paffroit fur
le corps. Ayant achevé de pondre , elle bouche
fi proprement le trou qu'elle a fait, & remue tant
de fable tout autour , qu'il eft bien fouvent fort difficile de trouver fes œufs. Ils font abandonnés par
la Tortue qui s'en retourne à la mer , & ils fe couvent d'eux-mêmes dans le fable , où ils fe tiennent d'eux-mêmes dans le fable , où ils font quarante jours, après quoi les petites Tortues fortent
groffes comme de petites cailles , & fuyent vers la
mer fans qu'on leur en ait montré le chemin. Elles
n'y entrent pas aifément , à caufe que la lame qui
bat au rivage , les rejette toûjours à terre. D'ailleurs, comme elles font neuf jours fans pouvoir
couler à fond , les oifeaux qui vivent de poiffon en
mangent la plus grande partie. Ainfi de cent à
peine y en a-t-il une qui réchappe. Auffi les Vaiffeaux ne pourroient-ils voguer fans pouvoir aux
Tortues, tant le nombre en feroit grand , fi elles
fe fauvoient toutes. Celles qui échapent, fe retirent
dans des étangs d'eau falée fous des rochers , & dans
des racines de paretuviers, dont les arcades font fi
embarraffées l'une dans l'autre, que les grands poiffons qui pourroient les engloutir,n'y peuvent entrer,
& elles y demeurent jufqu'à ce qu'elles foient en état
de fuir ou de fe défendre. On en prend beaucoup
au fortir de leurs trous, avant qu'elles ayent gagné
la mer. Etant fricaffées toutes entieres , c'eft un
mets délicieux. Il y a differentes manieres de prendre les Tortues, dont l'une eft au chevalage , c'eft-
à-dire , depuis le commencement de Mars jufqu'à
la mi-Mai, lorfqu'elles s'accouplent. Cette action
fe faifant fur l'eau, il eft aifé de les découvrir. Alors
deux ou trois perfonnes fe jettent dans un canot , &
les abordent fans peine. On leur paffe un laqs coulant dans le col ou dans une patte , & même on les
prend avec la main par deffus le col ou dans la patte de
l'écaille. Ordinairement la femelle échappe. Les
mâles font fort durs & maigres en ce tems-là.
On les prend auffi en tendant de certains rets , appellés Folbes, fur les fonds d'herbe où les Tortues
ont accoûtumé de paître. Elles fe mettent ces ret-
tes dedans & y demeurent accrochées. Quand elles
commencent à terrir, on garde les lieux par où l'on
Tome II.

fçait qu'il faut qu'elles paffent ; & quand on en a
découvert quelqu'une , on la renverfe fur le dos &
on la laiffe jufqu'au lendemain en cet état , fans
craindre qu'elle puiffe fe retourner. Si après lui
avoir fait faire cent tours , & l'avoir menée à dix
lieux delà fur la terre , on lui redonnoit la liberté ,
elle reprendroit fa route tout droit vers la mer. On
prend encore les Tortues avec les harpons, qui font
des clous de la groffeur de ceux des charrettes , fans
tête , à quatre quarres égales , & fort pointus &
trempés. Le clou eft attaché au bout d'un ligne ,
longue de cinquante braffes , & de la
groffeur du petit doigt. On en met le bout qui eft
tout rond dans un bâton, au bout duquel eft une
virolle de fer , dans quoi s'enchaffe ce clou. La
longueur de ce bâton eft communément de deux
braffes & demie , & on l'attache à la ligne avec une
petite ficelle coulante, afin qu'on la puiffe toûjours
reprendre. On va cinq ou fix dans un canot à cette
forte de pêche. L'un eft tout debout fur le devant ,
& tient en fa main un bâton appellé *Vara* , du nom
Efpagnol qui veut dire Gaule. Il a fon bras gauche la ligne roulée , à quoi le clou eft attaché. Si-
tôt qu'il découvre une Tortue au fond , il lui lance
ce clou fur le dos dans la carapace, & fe clou y tient
comme s'il étoit fiché dans un bois de chêne. La
Tortue fe fentant bleffée , fuit fi promptement,
qu'elle entraîne le canot plus vîte que s'il alloit à
la voile; mais comme elle ne peut demeurer long-
tems fous l'eau fans refpirer, le harponneur fe
tient prêt à lui lancer l'autre clou qui eft à l'autre
bout de fa ligne , & quand elle a ces deux clous,
on la tire dans le canot, où étant mife à la renverfe , elle ne fçauroit plus fe débattre. Le tems le
plus propre à cette pêche eft la nuit, & même la
nuit la plus obfcure eft la plus commode , à caufe
que les Tortues en nageant remuent l'eau qui eft
fort claire ; de forte qu'on voit comme quatre feux
allumés qui font un grand jour au mouvement des
quatre nageoires ou pattes de la Tortue, qui paroît
blanche comme de l'argent fur le fond de l'herbe
qui femble noir ; & on ne manque jamais à l'attraper , pourvû qu'on jette la vare au milieu de ces
quatre lumieres. Outre les tortues franches, il y en
a de trois autres fortes,l'une qu'on appelle *Kaoüanne* , l'autre *Caret*, & la troifiéme, qui ne differe de la
Kaoüanne, qu'en ce qu'elle eft encore plus groffe
& plus groffe. Celle-là ne fert à rien qu'à faire de
l'huile pour brûler. Toute fa carapace eft cartilagi-
neufe , & on la peut couper comme on veut. Ce
qu'il y a de particulier dans ces quatre fortes de
Tortues , c'eft qu'elles ne fe mêlent point les unes
avec les autres , mais demeurent avec leurs femba-
bles , la franche avec la franche & le caret avec le
caret. De quelque forte qu'elles puiffent être , il
n'eft pas aifé de les tuer, puifqu'on fçauroit les
affommer avec un levier en les frappant fur la tête.
Le fecret eft de prendre la Tortue d'un couteau , &
de les en frapper fur le nés qui eft au-deffus du bec,
en forme de deux petits trous par où elles prennent
l'air. Elles faignent en abondance, & meurent bientôt après. On voit auffi des Tortues de terre, qui ne
vont jamais à l'eau. Elles font longues de deux
piés ou environ & larges d'un. Ce font-là les plus
groffes. Elles ont le dos en arcade, & tellement dur,
qu'on ne fçauroit caffer avec les inftrumens les
plus forts, la Tortue étant en vie. Cette Tortue eft
entierement femblable à celle de mer , à l'exception des pattes, où elle a cinq griffes qui lui fervent à creufer des trous dans la terre pour s'y retirer. Elle n'a point d'écaille fur fa carapace , mais
elle eft figurée de jaune & de noir. Les Efpagnols

mangent ces Tortues,& en ont beaucoup dans leurs magasins. Il se trouve encore une sorte de Tortue qui ne quitte point l'eau douce, & qui ne diffère de celle de mer qu'en ce qu'elle est plus petite, & a des griffes, tout de même que les Tortues de l'Europe que l'on voit dans les étangs. Il en est aussi de fort petites, & qui ne sont pas plus grandes que la main. Elles se retirent dans les rivieres,& sentent mauvais; ce qui vient d'un limon salineux & sulphuré qui leur sert de nourriture.

Tortue, en termes de guerre, est une machine composée de deux écuelles de bronze, dont le diametre est d'un pié, la profondeur de cinq à six pouces, & l'épaisseur de deux. Après qu'on les a remplies de poudre, on les joint ensemble, & on pose une fusée à la lumiere. La Tortue sert à briser les ponts-levis qui sont trop pressés contre la muraille quand on les a élevés, & cela se fait en posant cette machine entre la muraille & le pont. *Tortue* étoit aussi autrefois une grande tour de bois qu'on faisoit rouler sur plusieurs roues. Elle étoit couverte de peaux de bœufs nouvellement écorchés, & servoit à mettre à couvert ceux qui approchoient des murailles pour les miner & pour les battre avec les beliers. On leur donnoit le nom de *Tortue*, à cause de la force de son toit, dont les Travailleurs étoient couverts, comme la Tortue l'est de son écaille. M. Ménage prétend que dans ce sens ce mot vient de *Tarda eruca*, comme qui diroit, Une chenille, un limas qui marche lentement, *Eruca* signifiant en Latin Chenille. On a dit dans l'ancienne Milice des Romains, *Faire la tortue*. C'étoit lorsqu'à l'approche des murailles d'une Place que l'on tenoit assiegée, plusieurs Soldats s'assembloient, se serroient de près, & se couvroient la tête & les côtés d'une quantité de boucliers, en sorte que les premiers rangs étant plus élevés que ceux qui suivoient, tout cet assemblage faisoit comme une espece de toit, afin que tout ce qui étoit jetté sur cette tortue, pût glisser. Elle se formoit ordinairement pour aller à l'escalade.

Tortue, en termes de mer, se dit d'un Vaisseau qui a le pont élevé en maniere de toit de maison, afin de tenir les Soldats & les passagers & leurs hardes à couvert.

TOS

TOSCAN. adj. Terme d'Architecture. On appelle *Ordre Toscan*. Le plus simple & le plus dépourvû d'ornemens de tous les ordres. Il est même si grossier, qu'on le met fort rarement en usage, si ce n'est pour quelque bâtiment rustique, où il n'est besoin que d'un seul ordre, ou pour quelque amphitheatre ou autre ouvrage de même nature. On tient qu'il a pris son origine dans la Toscane, & que c'est delà qu'on lui a donné le nom de *Toscan*. Cet Ordre a sa colomne sept diametres de hauteur, & son chapiteau & sa base avec peu de moulures & sans ornemens, comme l'entablement.

TOSTE. Terme de Marine. On appelle *Tostes de Chaloupe*, Des bancs posés à travers les Chaloupes, où s'asseient les Matelots qui doivent ramer.

TOT

TOTOCKE. s. m. Fruit qui croît dans les regions voisines de la grande riviere des Amazones. L'arbre qui le porte est grand & branchu avec de grandes feuilles à peu près comme celles de l'Ormeau. Leur couleur est d'un vert brun, si ce n'est que la partie qui approche de la queue paroît un

peu plus blanchâtre. Il ne porte point de fleurs, mais des bourgeons, dont la couleur est semblable à celle des feuilles. Ces bourgeons ayant grossi peu à peu, produisent un fruit gros quelquefois comme la tête d'un homme. Il est presque rond & un peu plat sur la partie de devant, d'une écaille ligneuse, dure & fort épaisse, rayée par dehors & pleine de bosses, d'une couleur brune & presque noire. Certains entre-deux le divisent par dedans comme en six parties, chacune desquelles enferme huit, dix & jusques à douze noix fort pressées ensemble. Chaque noix est couverte aussi d'une écaille épaisse & dure, & de differentes formes. La plûpart sont pourtant triangulaires & cavées d'un côté avec trois coutures raboteuses, longues de trois pouces, & larges d'un & demi, de couleur rousse, & quelquefois brune, ou cendrée. Un long noyau les remplit entierement, ainsi que fait celui de l'amande. Il est d'une chair blanche, ferme & un peu huileuse, & couvert d'une petite peau rougeâtre. Le goût approche plus des noisettes que de l'amande. Ce fruit étant fort pesant, & les arbres qui le portent extrêmement hauts, les Sauvages n'oseroient entrer dans les forêts, quand il est mûr, sans avoir la tête couverte de quelque rondache, ou de quelque chose d'une égale force, pour les garantir des coups dangereux que leur porteroit ce fruit en tombant.

TOTOQUESTAL. s. m. Sorte d'oiseau des Indes Occidentales, un peu plus petit qu'un Pigeon ramier. Il a ses plumes vertes comme le souci, & la queue longue. Les naturels du Païs qui s'ornoient des plumes de cet oiseau dans leurs principales fêtes, le regardoient autrefois avec une très-grande veneration, & c'étoit un crime capital que de le tuer.

TOU

TOUAGE. s. m. Terme de Marine. Changement de place qu'on fait faire à un Vaisseau, avec une hansiere attachée à une ancre mouillée ou amarée à terre, quand on le veut approcher ou reculer de quelque poste. *Touage*, se dit aussi du travail des Matelots, qui à force de rames, tirent un Vaisseau qu'on a attaché à une Chaloupe, afin de le faire entrer dans un Port, ou monter dans une riviere.

TOUAILLE. s. f. Linge qui est pendu d'ordinaire sur un rouleau auprès d'un lieu où l'on se lave les mains, comme dans les Sacrifties. Il sert à les essuyer. Il vient de l'Italien *Touaglia*, Nappe. M. Ménage dit qu'on trouve dans le Pontifical *Tobalea*, d'où peuvent être venus *Touaille* & *Tavayole*. On a dit dans la basse Latinité, selon ce que du Cange rapporte, *Toacula*, *Toalia*, *Togilla*, & *Tuella* dans le même sens.

TOUAILLONS. s. m. Vieux mot. Serviettes. On lit dans le Roman de Merlin. *Atant vint une Damoiselle qui tint deux petits tailloers d'argent, & ovent toüaillons en lor bras.*

TOUCAN. s. m. L'une des douze Constellations Australes qui ont été observées par les Modernes, depuis les grandes Navigations. Les onze autres sont, la dorade, le poisson volant, le cameleon, l'abeille, la mouche indienne, le triangle austral, le triangle indien, le paon, la grue, le phenix & l'hydre ou le serpent royal.

Toucan, est aussi le nom que de Leri & Thevet donnent à un oiseau du Bresil, gros comme un ramier. Il a un bec long & large, jaune par dehors, d'un fin rouge par dedans, la poitrine blanche, le dos d'un rouge parfait , & les ailes noires ainſi que la queue. Il eſt agreable à voir , & a la chair délicate.

TOUCHANTE. ſ. f. Terme de Geometrie. Ligne droite qui ne rencontre une courbe qu'en un point ſans la couper , c'eſt-à-dire , ſans que ces deux lignes étant prolongées , l'une entre au-dedans de l'autre proche du point où elles ſe rencontrent. Ainſi la Touchante d'une parabole , d'une ellipſe , d'une hyperbole , &c. eſt une ligne droite qui ne rencontre la parabole, l'ellipſe ou l'hyperbole qu'en un point , ſans entrer au-dedans. Voyez TANGENTE.

TOUCHAUX. ſ. m. On appelloit autrefois *Touchaux* , en termes de Monnoye , de petits morceaux d'or de differents titres éprouvés dont on ſe ſervoit pour faire les eſſais d'or. Ils étoient en maniere de ferets d'aiguillettes aſſés plats , & le titre étoit marqué ſur chacun. On frottoit l'eſpece, ou autre matiere d'or ſur la pierre de touche : on y frottoit auſſi les Touchaux que l'on croyoit approcher le plus du titre de l'eſpece ; & comme le titre de chaque Touchau y étoit marqué , on jugeoit ainſi à peu près du titre de l'or par celui du Touchau qui en approchoit le plus.

TOUCHE. ſ. f. Ce que le Maître d'Ecole tient à la main pour indiquer les lettres aux enfans à qui il apprend à lire. On appelle auſſi *Touche*, La pointe dont on ſe ſert pour écrire ſur des tablettes.

Touche, dans un violon ou une poche, eſt une petite piece de bois déliée & polie, plus longue que large , qui eſt proprement collée le long du manche, & ſur laquelle paſſent les cordes. Dans d'autres inſtrumens de muſique à cordes , comme le lut , la guitarre , le tuorbe , la mandole , *Touche* , ſe dit de certains petits bouts de corde qui en entourent le manche , & qui ſervent à faire la ſéparation des tons. Le manche d'un lut eſt diviſé en neuf touches qui font monter chaque corde depuis le ſon qu'elle fait à vuide juſqu'à la ſixième majeure , c'eſt-à-dire , par neuf demi-tons. *Touche*, en parlant d'orgue, de claveſſin , d'épinette , eſt un morceau d'ébene ou d'ivoire quarré , ſur quoi on poſe les doigts pour jouer tout ce qu'on veut ſur ces inſtrumens.

On dit en termes de Peinture, qu'*Il faut encore une touche à un tableau* , pour dire , qu'il n'eſt pas fini , & qu'il y faut travailler encore une fois. *Touche*, ſe dit particulierement des feuilles des arbres peints , & en ce ſens on dit que *Les arbres d'un païſage ſont de touche differente*.

On dit en termes de Monnoye, qu'*Une piece a ſenti la touche*, pour dire, qu'Elle a été éprouvée non ſeulement ſur la pierre , mais auſſi avec l'eau forte ou le burin. Ce qu'on appelle *Pierre de touche*, eſt une pierre noire & reſplendiſſante qui ſert à éprouver les métaux.

TOUCHER. v. a. *Mettre la main ſur quelque choſe, à quelque choſe.* ACAD. FR. On dit en termes de Marine. *Toucher terre*, ou ſimplement *Toucher*, pour dire, Heurter contre un terrain faute de trouver aſſés de fond. On dit auſſi, *Toucher à une Côte*, pour dire, Y aborder, y mouiller l'ancre.

On dit , en termes de Chaſſe, qu'*Un cerf a touché au bois*, pour dire, qu'Il a dépouillé la peau de ſa tête, en ſe frottant contre des arbres.

TOUDIS. adv. Vieux mot. Toûjours.

TOUE. ſ. f. Action de Touer. On dit en ce ſens, *Tenir des chaloupes prêtes pour la toue des grands Vaiſſeaux*, c'eſt-à-dire, Pour les tirer ou faire avancer en les touant. C'eſt la même choſe que *Touage*. Quelques-uns appellent auſſi *Toue*, Un bateau qui

ſert à paſſer une riviere. L'uſage en eſt commun ſur la Loire où ce mot eſt employé, non ſeulement pour dire, Un petit bateau qui ſert à pêcher, mais auſſi un grand bateau qui tient lieu de bac pour paſſer cette riviere.

TOUER. v. a. Terme de Marine. Tirer, faire avancer un Vaiſſeau avec la hanſiere qui y eſt attachée par un bout. L'autre bout de cette hanſiere eſt amaré quelquefois à une ancre mouillée, & quelquefois la hanſiere va répondre à terre, où les Matelots la ſaiſiſſent & halent deſſus, afin que le Vaiſſeau avance. On dit auſſi *Touer*, pour dire, Faire voguer un Vaiſſeau à voiles par le moyen d'un Vaiſſeau à rames. On appelle *Ancre à touer*, ou *Toueur*, Une petite ancre dont on ſe ſert dans les rades pour changer le Navire d'un lieu à un autre.

TOUILLER. v. a. Vieux mot. Mêler confuſément avec ſaleté & ordure. Nicot dit que c'eſt delà que vient *Patouiller*, & *Touillon* en Picard, pour dire. Un Torchon, à cauſe qu'en torchant & eſſuyant le ménage ou la vaiſſelle, il ſe touille & ſalit. On a dit auſſi *Touillon*, que le même Nicot explique par Brouillis en choſes ſales.

TOULDRE. v. a. Vieux mot. Oter, du Latin *Tollere*. On trouve qu'*Il touſſit*, pour dire, qu'Il ôtât.

TOULLONS. ſ. m. Coquillard employe ce mot pour dire, de Vieux habits.

TOUPET. ſ. m. Bouquet de cheveux ou de barbe. Les Turcs ont un toupet de cheveux ſur le haut de la tête. Les Lazariſtes & Eudiſtes ont la barbe en toupet ſur le menton.

TOUPIE. ſ. f. Eſpece de ſabot qu'on entoure d'une corde depuis le bas juſqu'au haut, & qui a un fer au bout ſur lequel il tourne, après qu'on l'a jetté avec force ſur la terre dégagé de cette corde.

Il y en a qui ne ſont point ferrés qu'on nomme quelquefois *Trompe*. On la fait tourner à coup de fouet fait de lanieres de cuir.

TOUR. ſ. f. Sorte de bâtiment élevé, rond ou quarré, dont on fortifie ordinairement les murailles des *Villes*, des *Châteaux*. ACAD. FR. M. Felibien obſerve que les Anciens ſe ſervoient de Tours de bois pour élever juſqu'à la hauteur des murailles d'une Place ceux qui l'aſſiegeoient, afin de combattre les aſſiegés à coups de flèches & de pierres, & de pouvoir entrer dans les Villes ſur des ponts qui s'abbattoient. Ces Tours qu'on faiſoit mouvoir avec des roues, avoient quelquefois juſqu'à trente toiſes de hauteur, & pluſieurs étages qui ſervoient de logemens à quantité de ſoldats. Il ſe fait encore aujourd'hui des Tours mobiles de charpente, nommés *Chariots* par les Jardiniers. Elles ſervent à tondre & dreſſer les paliſſades des jardins, & à réparer & peindre les voutes. Il ſe fait auſſi des Tours fixes de charpente pour élever des eaux.

On appelle *Tour iſolée*, Une Tour qui eſt détachée de tout bâtiment. Elle ſert quelquefois de Clocher, & quelquefois de Fort, comme celle qu'on appelle *Tour marine*. C'eſt une Tour qu'on bâtit ſur les Côtes de la mer, pour y mettre des ſoldats, qui donnent avis par un ſignal lorſqu'ils découvrent quelques Vaiſſeaux ennemis. Ces ſortes de Tours ſont d'ordinaire ſans porte, & on y entre par des fenêtres qui ſont au premier ou ſecond étage, avec une échelle que l'on tire en haut quand on eſt dedans.

Tour de Dome, eſt le mur circulaire ou à pans qui porte la coupe d'un dome. Il eſt percé de vitraux avec des ornemens d'Architecture par dehors & par dedans.

Ce que l'on appelle *Tour de moulin à vent*, est un mur circulaire qui porte de fond, & dont le chapiteau de charpente couvert de bardeau tourne verticalement, afin d'exposer au vent les ailes du moulin.

Les Ouvriers appellent *Tour ronde*, Le dehors d'un mur circulaire, & ils en appellent le dedans *Tour creuse*.

On donnoit autrefois le nom de *Tour* à un petit Château de bois qu'on posoit sur le dos des Elephans que l'on menoit à la guerre. On remplissoit ces petites Tours de plusieurs soldats armés pour combattre.

Tour, est aussi une piece du jeu des échecs. On la pose aux extrêmités du tablier, & elle ne se remue qu'à angles droits. Les Furetistes qui s'appliquent à de meilleures choses qu'au Tricquetrac disent *gagner un tourbredouille*, on dit bien *partie bredouille*, mais il ne paroît pas possible qu'on fasse un tour bredouille.

On appelle *Tours terrieres*, en termes de Mechaniques, de gros rouleaux de bois dont on se sert dans les atteliers quand on veut transporter de gros fardeaux. Ces rouleaux sont assemblés avec entretoises.

TOUR. s. m. Terme de Tourneur. Machine dont on se sert pour tourner le bois. Le Tour ordinaire est principalement composé de deux jumelles soûtenues par des jambages appellés *Les piés de Tour*, & de deux poupées. Les jumelles qu'on fait de deux membrures de bon bois, aussi grosses & aussi longues que l'ouvrier les demande, sont posées de niveau, distantes l'une de l'autre de trois à quatre pouces, & assemblées par les bouts sur les jambages qui ont environ quatre piés de haut, & qui sont assemblées en bas dans deux autres pieces de bois qui leur servent de semelles & arboutés par deux liens en contrefiches, emmortoisés dans les jambages & dans les extrêmités des semelles, afin que la machine soit ferme & solide. Une partie des poupées qui est entaillée, se met entre les deux membrures, & le reste qui est la tête de la poupée, & qui est coupé quarrément de la largeur entiere des deux membrures, posé solidement dessus. Pour les rendre encore plus fermes, on fait entrer à coups de maillet des clefs de bois dans des mortoises qui sont au bout des poupées au dessous des membrures. Au haut de chacune de ces poupées est une pointe de fer enclavée solidement dans le bois. Les deux pointes qui se regardent l'une l'autre sont disposées horisontalement, & tellement justes, qu'elles se touchent dans un même point quand on les approche. D'ordinaire à un bout des jumelles, il y a une des poupées qu'on ne change pas souvent de place, & cela oblige à faire que sa pointe soit une vis qui traverse tout le bois, & qui avec une petite manivelle s'avance & se retire comme on veut, afin de s'épargner la peine de déchasser si souvent les clefs de bois de l'autre poupée pour la reculer & l'approcher. Il y a au dessus des jumelles une barre de bois, épaisse de deux pouces ou environ, & large de quatre. Cette barre qui est posée de champ va tout du long, & est soûtenue par les bras des poupées, qui s'approchent & s'éloignent selon le besoin. Elle est aussi percée en quelques endroits, pour y pouvoir mettre des supports & des clavettes, qui soûtiennent les pieces qu'on tourne lorsque ces pieces ont trop de portée. Il y a contre le plancher & au dessus du tour une longue perche disposée en archet ou autrement, & au bout de cette perche est une corde qui descend au-delà des membrures jusqu'à un pié de terre, & qui s'attache au bout d'une piece de bois appellée *la Marche*. Celui qui veut travailler tourne la corde autour de la piece qu'il veut tourner, & en appuyant le pié sur la marche, il fait tourner l'ouvrage par le moyen de l'arc ou de la perche qui fait ressort. Après cela il prend des gouges ou biseaux qu'il appuie sur la barre, & qu'il pose contre la besogne; il la dégrossit, & se sert ensuite d'outils plus délicats pour le finir. M. Felibien qui décrit ainsi le tour, fait d'autres observations utiles & curieuses, & dit que c'est une invention très-ancienne. Selon Diodore de Sicile, Talus, neveu de Dedale, est le premier qui l'ait mis en œuvre, & c'est un Theodore de Samos, selon Pline, qui parle aussi d'un Tericle, que ces sortes d'ouvrages rendirent celebre.

Tour, parmi les Religieuses, se dit d'une petite machine de forme ronde, qui tourne sur deux pivots, & dont on se sert dans leurs Couvents pour y faire passer ou pour en faire sortir des choses qui n'ont pas beaucoup de grosseur.

Les Patissiers appellent *Tour*, Une sorte de table grande & épaisse, sur quoi ils travaillent en patisserie.

TOURBILLON. s. m. Vent violent qui tournoye sur la terre en maniere de peloton, & qui est mêlé d'une poussiere épaisse. On appelle aussi *Tourbillon*, Une maniere de colomne tournante de vent qui se forme en l'air, & qui descend sur l'eau comme sur la terre. M. Bernier dans son Abregé de la Philosophie de Gassendi, voulant expliquer de quelle maniere se fait ce Tourbillon, si dangereux pour les Mariniers, dit que lorsqu'un vent pressé exterieurement une grosse nuée, qui contient dans son milieu quantité de semences de vents, comme pourroient être ces esprits de sels, & principalement de salpêtre qui sont dans une agitation continuelle, il arrive que le vent qui s'engendre dans la nue, cherchant à sortir, choque, reflechit, tourne & roule diversement au dedans de la capacité de la nue, & que son impetuosité s'augmentant de plus en plus, il fait impression sur la partie la plus foible de la nue qui se trouve être l'inferieure, d'autant plus que la froideur de la region resserre & condense davantage la superieure; & parce que la nature & la condition de la nue est telle qu'elle ne se rompt pas facilement, cela est cause que le vent interieur l'enfonce & l'allonge, en sorte que l'on remarque une espece de colomne, qui tend & descend en bas. Comme ce vent s'est toûjours fortifié en tournant sans cesse & en descendant, si par hazard il tombe sur une forêt, il fait tourner & arrache même quelquefois les plus grands & plus gros arbres, & s'il tombe sur la mer & sur un Navire, il agite l'eau d'une maniere si impetueuse, qu'il la fait bouillonner comme à gros bouillons, cause un grand tournant très-violent, fait tourner le bâtiment, brise les antennes, & l'engloutit enfin dans ce tournant, comme dans un goufre qui s'est ouvert.

TOURD, ou TOURDE. s. m. Espece de Grive, dont les fruits du myrte font la nourriture. En latin *Turdus*. Il y en a de quatre sortes, sçavoir le *Tourd calandré*; le *Tourd commun*, qui est de la grosseur d'un merle, le *Tourd mauvais* (celui-là est rougeâtre) & le *Tourd licorne*, ou *Thrale*. C'est le plus petit de tous.

TOURELLE. s. f. Petite tour ronde ou quarrée, qui est portée sur un cul de lampe, ou par encorbellement, comme on en voit à quelques encoignures de maisons. *Tourelle de dome*, est une espece de lanterne ronde ou à pans, qui porte sur le massif du plan d'un dome pour l'accompagner, & pour couvrir quelque escalier à viz. On appelle *Tourelle*, en termes de Faiseur d'orgue, plusieurs tuyaux qui sont ensemble au milieu & aux côtés de la montre d'une orgue; & on leur donne ce nom, à cause que par la maniere dont ils sont posés, ils forment une maniere de petite Tour.

TOURET. s. m. Sorte de machine dont les Lapidaires se servent pour graver des cachets ou des medailles. Ce n'est autre chose qu'une petite roue de fer dont les deux bouts des essieux tournent, & sont enfermés dans deux pieces de fer mises debout, comme les lunettes des Tourneurs ou les chevalets des Serruriers. Ces deux pieces s'ouvrent & se ferment comme on veut, & sont pour cela fendues par la moitié, se rejoignant par le haut avec une traverse qui les tient. A un bout d'un des essieux de la roue, on met les outils dont on se sert. Ils s'y enclavent & s'y affermissent par le moyen d'une vis qui les serrant, les tient en état. On fait tourner cette roue avec le pié pendant que d'une main l'on presente & l'on conduit son ouvrage contre l'outil qui est de fer doux, si ce n'est quelques-uns des plus grands qu'on fait quelquefois de cuivre.

Touret, en termes de Balancier, se dit de trois manieres de petits anneaux, dont il y en a deux aux gardes du peson.

Touret, est aussi un terme d'Eperonnier, & signifie un clou tourné en rond comme un anneau, & qui a une grosse tête arrêtée dans la partie de la branche de la bride d'un cheval, appellée *Gargouille*.

On appelle encore *Touret*, en termes de Fauconnerie, ce qui est au bout des jets d'un Faucon pour passer la longe.

Les Bateliers appellent *Touret*, Une maniere de cheville qui est sur la nage d'un bachot, & où ils mettent l'anneau de l'aviron quand ils rament.

Touret, est aussi un vieux mot qui signifioit une espece de masque ou d'ornement que les Dames portoient autrefois, & qui ne leur cachoit que le nez, ce qui le faisoit appeller *Touret de nez*. Il s'est dit aussi d'une maniere de petit oreiller, & Borel fait venir ce mot de *Torus*, Pli de graisse, ou Lit, l'un venant de l'autre.

> *Et porte un long touret derriere*
> *Pour musser une fausse épaule.*

TOURILLON. s. m. Terme d'Architecture. Espece de pivot sur lequel tournent les fleches des bascules des pont-levis, & autres choses. C'est aussi un gros pivot de fer qu'on met au bas des portes cocheres, des portes d'écluses & des roues de moulin, & dont l'usage est de les faire mouvoir facilement.

On appelle *Tourillons*, en termes de Canonnier, Deux pieces rondes de métal qui joignent le canon à côté, pour le tourner & le contrebalancer. Ce sont deux manieres de bras qui sont à peu près vers la moitié de sa longueur. On appelle *Jour du tourillon*, Les deux entailles qui sont destinées à placer ces deux manieres de bras du canon.

Tourillon, se dit aussi de la partie du fût de la cloche qui entre dans le poaillier, & sur laquelle elle se meut.

Les Meûniers appellent *Tourillon*, Une espece de gros rouleau de fer qui est au bout de l'arbre du moulin, & qui sert à faire tourner cet arbre.

TOURLOUROU. s. m. Nom que les Habitans des Antilles donnent aux plus petites de toutes les crabes. Ce sont celles qui y sont les moins estimées, à cause qu'il faut une demi-journée pour en éplu-

cher de quoi rassasier un homme, tant il y a peu à prendre. On tient d'ailleurs qu'elles donnent le flux de sang. On ne laisse pas d'en manger dans la Martinique au défaut des autres crabes qui s'y rencontrent assés rarement, & elles n'ont rien qui ne plaise au goût. Elles ont leur coque rouge, marquée d'une tache noire qui releve fort l'éclat de cette couleur.

TOURMENTER. v. a. *Faire souffrir quelque tourment de corps ou d'esprit.* ACAD. FR. On dit en termes de Peinture, *Tourmenter les couleurs*, pour dire, Les manier trop avec le pinceau ou la brosse en peignant, lorsqu'on les bat trop au couteau sur la palette, ce qui les altere. On appelle *Bois qui se tourmente*, Du bois qui se dejette, pour n'avoir pas été employé assés sec dans les ouvrages.

TOURMENTEUX, EUSE. adj. Les Geographes appellent *Promontoires tourmenteux*, certains Promontoires, comme le Cap de Bonne-Esperance, où les mers sont orageuses.

TOURMENTIN. s. m. Terme de Marine. Nom que donnent quelques-uns au perroquet de beaupré.

TOURNANT. s. m. *Le lieu, l'espace où l'on fait tourner un carrosse, une charrette.* ACAD. FR. On appelle aussi *Tournant*, Le coin d'une rue, d'un chemin. Il y a dans l'Ocean certains abîmes qu'on appelle *Tournans de mer*, où la plûpart des Vaisseaux qui s'y rencontrent perissent. Il se trouve un de ces goufres entre deux Isles à la Côte de Norvegue, où aucun Vaisseau n'oseroit passer de crainte de couler bas.

TOURNE. s. f. On dit en termes de jeu de berlan, de bête & de quelques autres, *De quelle couleur est la tourne*, pour dire, La carte qui est retournée sur le talon. On dit plus souvent *Retourne*.

Tourne est aussi un Terme de Pratique, & il se dit du retour des deniers qu'on paye lorsque l'on fait le partage ou un échange, afin que les choses partagées ou échangées ayent l'égalité requise.

TOURNE-A-GAUCHE. s. m. Outil de fer qui sert comme de clef pour tourner d'autres outils. Le Tourne-à-gauche des Menuisiers est un morceau de fer fendu par le milieu pour tourner les dents de côté & d'autre. Les Serruriers ont aussi leur Tourne-à-gauche, & il leur sert pour tourner les vis, taraux, pour demonter les serrures, & quelquefois pour redresser les rouets.

TOURNE-BOELE. s. f. Vieux mot. On a dit autrefois *A tourne-boële*, pour dire, A la renverse, de *Boële*, qui a signifié Boyaux, intestins, comme qui auroit dit, *A boyaux renversés*.

TOURNE-BOUT. s. m. Sorte d'instrument de Musique, dont l'extrémité inferieure est courbée en arc. C'est une espece de flûte qui est percée comme les autres chalumeaux. Cet instrument a une anche par le bout d'en haut, qu'on met dans la bouche, & dont la languette est enfermée dans une boîte. On en fait des concerts à quatre, à cinq & à six parties. Sa basse & sa taille ont quatre ou cinq piés de long, & une ou deux clefs pour boucher les trous où les doigts ne peuvent atteindre. On peut rapporter les sons des Tournebouts à ceux des musettes, mais ils ne sont pas si agréables. L'usage en est frequent en Angleterre.

TOURNE-BROCHE. s. m. Petite machine qui sert pour faire tourner devant le feu des broches garnies de viande. Elle est composée d'un balancier, de poulies, de roues, de vis, d'un chassis & d'un contrepoids.

TOURNELLE. s. f. Vieux mot. Petite tour.

> *Les portes furent entaillées,*
> *A grands tournelles bataillées.*

Tournelle, dit Nicot, *est un diminutif de Tour*,
& signifie une petite Tour, *tont ainsi que ces deux*
autres diminutifs, Tourelle *&* Tourette *; mais ce*
diminutif Tournelle *vient de ce vocable* Tourn,
comme en aucuns endroits de ce Royaume on prononce
le mot Tourn, *parce que*, *comme il a semblé à ceux-*
là que la tour n'est bâtie en ligne droite comme la
muraille, *ains en ligne tournant & circulaire ; en*
laquelle signification Tournelle *est nom general; mais*
en individue c'est la Chambre criminelle du Palais à
Paris, *qui est aussi appellée* La Salle saint Louis.
Tournelle *aussi en individue est appellé le quai estant*
derriere le College du Cardinal le Moine, *où la ri-*
viere de Seine embouche dans Paris, *& ce à cause*
de la tourelle qui est bâtie sur la pointe dudit quai,
qui autrement est appelé Le port & rue saint Bernard,
à prendre depuis le pavé jusqu'à ladite Tournelle.
Du nom de Tournelle *sont appellez aucuns fiefs*
par cy par-là, *à cause desquels les Vassaux pro-*
prietaires d'iceux sont appellez Seigneurs de la
Tournelle.

En parlant de Chambres du Parlement, il y a la
Tournelle Civile & la Tournelle Criminelle. Ces
Chambres sont composées de Presidens & de Conseillers, tirés de la Grand'Chambre & des Enquêtes. On juge à l'Audience de la Tournelle
Civile les petites affaires où il ne s'agit que de
mille écus, ou au dessous ; cette Chambre est supprimée. Celles du grand Criminel sont jugées à
la Tournelle Criminelle ; & quand on dit simplement *La Tournelle*, on entend la Chambre où
sont rendus les Arrêts de peine inflictive. La
Chambre Criminelle du Parlement de Paris ne fut
établie en Chambre particuliere qu'en 1436. Elle
est composée de deux Presidens de la Cour, de
huit Conseillers de la Grand'Chambre, & de
deux Conseillers de chacune des cinq Chambres des
Enquêtes. Elle a été appellée *Tournelle*, à cause
que les Conseillers y servent par semestre, chacun
à son tour.

TOURNE', E'E. adj. Terme de Blason. Il se dit du
Croissant & d'autres pieces tournées. *D'azur au*
Croissant tourné d'argent.

TOURNER. v. a. *Mouvoir en rond*. ACAD. FR.
On dit en termes de Marine, *Tourner le bord*, pour
dire, Revirer, tourner le Vaisseau par la manœuvre
des voiles & par le jeu du gouvernail, en portant
le cap sur un autre vent.

Tourner, est aussi un terme de Manege, & veut
dire, Changer de main. *Tourner les talons*, *les jam-*
bes, *les cuisses*, c'est être à cheval de telle sorte que
le dedans du genouil touche la selle.

TOURNESOL. s. m. Plante qui éleve une grosse tige,
haute de cinq ou six piés, au bout de laquelle est
une grande fleur d'un fort beau jaune doré, qu'on
dit se tourner toûjours vers le Soleil, ce qui lui a
fait prendre le nom de *Tournesol.*

On appelle *Tournesol*, Une poudre bleue
qui vient dans une plante de ce même nom, appellée autrement *Verrucaria*, à cause qu'on la tient
bonne pour les verrues. Cette poudre est enfermée
dans une petite baye ou gousse ronde, qui est le
fruit de la plante, & sert à donner de la couleur
à l'empois.

On appelle *Tournesol fin en drapeau*, De la toile
de Hollande ou de crespon délié que l'on a teint
avec de la cochenille & quelques acides. On s'en
sert pour colorer l'eau de vie, & autres liqueurs
aqueuses. Il y a aussi du *Tournesol en coton*, qu'on
envoie ici de Portugal. Il est de la figure, rondeur
& épaisseur d'un écu, & on s'en sert pour teindre
les gelées de fruits. Il a beaucoup moins d'usage

que le *Tournesol en toile*, & il faut le prendre d'un
beau rouge, le plus propre & le plus sec qu'il se
peut.

TOURNETTE. s. f. Petit instrument de bois qui sert
à devider du fil, de la laine, du coton qu'on met à
l'entour, & qu'on a nommé ainsi à cause qu'il tourne sur des pivots.

TOURNEVIRE. s. m. Terme de Marine. Gros cordage à neuf tourons qu'on amare au cabestan &
qui sert à retirer l'ancre du fond de l'eau. Comme le
Tournevire est si gros qu'on ne sçauroit le rouler
autour du cabestan, on le met en rond dans la fosse
aux cables, à mesure qu'il est mis dans la fosse en
levant l'ancre.

TOURNEUR. s. m. Artisan qui façonne du bois au
tour. On appelle *Tourneur en bois de noyer*, Celui
qui fait des tables, des gueridons, des chaises,
des cabinets & des armoires de bois de noyer ; &
Tourneur en bois blanc, Celui qui fait des échelles,
des chaises de bois sans être tournées, & autres
choses de bois blanc.

Tourneur, en termes de Potier d'étain, est celui
qui tient le crochet pour tourner la vaisselle ; & parmi les Couteliers, c'est celui qui tourne la roue
quand on émoud.

TOURNIQUET. s. m. Petite barriere faite de deux
pieces de bois ou de fer croisées & mobiles horisontalement sur un pivot perpendiculaire. On la met
devant des portes ou autres passages étroits, afin
qu'on n'y passe qu'un à un.

Les Menuisiers appellent *Tourniquet*, Un petit
morceau de bois, de la grandeur à peu près d'un
pouce, & un peu creusé par les deux bouts. Il sert
à soûtenir un chassis quand on le leve.

Tourniquet, en termes de Serrurier, est un petit morceau de fer plat, dont l'un des bouts a un
piton rivé où l'on met le crochet de la tringle ou
verge de fer. Dans l'autre est un trou où entre le
bout de la fiche de la colomne du lit.

On appelle aussi *Tourniquet* Certain ouvrage de
Tabletier ordinairement de bois, & de forme ronde ou quarrée. Il y a divers nombres en chiffre
marqués tout autour, & au milieu un piton de fer
avec une aiguille de même métal, qu'on fait tourner. Cette aiguille, selon l'endroit du tourniquet
où elle s'arrête, fait le bon ou le mauvais destin de
ceux qui jouent à ce jeu, appellé *jeu du tourniquet*,
ou *Roue de fortune.*

TOURNOIR. s. m. Terme de Potier. Bois de houx
dont on se sert pour faire tourner la roue.

TOURNOIS. s. m. Petite monnoie bordée de fleurs
de lys, dont on se servoit autrefois, & qu'on appella ainsi de la Ville de Tours où on la battoit. Il
y en avoit de deux sortes, de gros Tournois, &
de Parisis. Les Tournois avoient à l'entour douze
fleurs de lis, & les Parisis en avoient quinze. On en
parle ainsi dans les Observations sur Joinville. Le
Roi Philippe mit le petit florin à dix sols parisis,
le gros Tournois d'argent à neuf deniers parisis, &
le petit denier valant deux deniers, n'en valut qu'un
l'an 1331.

Tournois, est aujourd'hui une désignation d'une
somme qui est opposée à *Parisis*, & quand on dit
Cent livres tournois, on entend cent francs comp-
tés en quelque monnoie que ce soit, sans qu'il y
ait rien de plus ; mais quand on dit *Cent livres pa-*
risis, on entend l'augmentation du quart en sus,
c'est-à-dire, cent vingt-cinq livres ; ce qui vient
de la difference qu'il y avoit autrefois entre les monnoies de Tours & de Paris.

TOURNOI. s. m. Joûte. C'étoit autrefois une fête publique & militaire, où il y avoit d'ordinaire un grand
concours

concours de Princes & Seigneurs, Chevaliers, & où l'on s'exerçoit à plusieurs sortes de combats, soit à cheval, soit à pié. ACAD. FR. Les premiers Tournois ont été des courses de cheval en tournoyant avec des cannes en façon de lances, au lieu que les Joûtes sont des courses accompagnées d'attaques & de combats de lance, tant sur l'eau qu'à la barriere. On a combattu dans la suite avec des épées rebouchées & des lances sans fer, que l'on appelloit *Armes courtoises*, & il étoit défendu de combattre de la pointe. Henri surnommé l'*Oiseleur*, Duc de Saxe, & depuis Empereur, fut le premier qui introduisit l'usage des Tournois en Allemagne, l'an 994. On y en faisoit de solemnels tous les trois ans, & ils servoient de preuves de noblesse, en sorte qu'un Gentilhomme qui y avoit assisté deux fois, étoit suffisamment blasonné & reconnu pour noble ; ce qui lui faisoit porter deux trompes en cimier sur son écu de Tournoi. Ceux qui ne s'étoient trouvés dans aucun Tournoi, demeuroient sans armoiries, quoiqu'ils fussent Gentilshommes. Les Dames couronnoient les Chevaliers qui avoient gagnés le prix en surpassant les autres par leur adresse, & ces couronnes appellées *Chapelets d'honneur* dans les vieux Romans, c'est-à-dire, petits chapeaux ou guirlandes. M. Ménage fait venir *Tournoi* de *Tornensis*, ou de *Tourner*, à cause que les Combattans tournent de côté & d'autre.

Tournoy, dit Nicot, *est un combat courtois & de plaisir ; que deux ou plusieurs bandes d'hommes en armes, soit à pied, soit à cheval, m'espartis en Tenans & Assaillans, font en camp clos de lices & barrieres soubs certaines specifications des venues, coups & armes qu'ils y doivent accomplir, donner & porter, qu'on nomme aussi Tournoyement, parce peut-estre que accomplissant par les Assaillans leurs venues, tant eux que les Tenans, pour prendre leur advantage, virent & tournent çà & là dedans lesdisles listes. Jean le Maire au premier Livre de ses Illustrations va mettant pesle mesle ces mots, Tournoy, Esbanoy, Tournoyement, Esbanoyement ; Behourts, Pas, Combat & Joustes ; mais si ont-ils diverses raisons de leur imposition, estant, les autres tous especes de ce genre, Combat de plaisir & tournois. Et dit que le fameux Tournoy fait devant Troye, aux nopces de Ilione, Fille au Roy Priam, dont le behourt fut des enfans d'honneur, a esté l'introduction des joustes & Tournois dont on use apresent és Cours des grands Princes Occidentaux, ce qui porte faveur à l'opinion de Bude, estimant que de ces deux mots latins Trojana agmina, a esté fait celui corrompu Torneamina ; mais rien ne me persuade que le mot Tournoy soit venu de Trojana agmina, quoy que nos Tournois rapportent en beaucoup de choses à ce jeu ancien appellé Troia par les Romains & frequenté par eux, que Virgile descrit à plein au cinquiesme Livre.*

TOURNOYEMENT. s. m. Tournoi. *Plusieurs jeunes Princes venus aux jeux & tournoyemens faisoient une bande d'assaillans à part.* Et dans un ancien Poëte.

> *Sans moy remuer de ma place*
> *Regarday le Tournoyement*
> *Qui commençoit trop asprement.*

TOURON. s. m. Terme de Marine. Assemblage de plusieurs fils de caret, dont un gros cordage est composé. On a coûtume d'employer quatre Tourons à faire le grand étai des grands bâtimens, & chaque Touron est composé de quarante fils. On dit aussi *Toron*.

TOURRION. s. m. Vieux mot. Petite Tour. C'est, dit Nicot, le *diminutif* de Tour, & differt en signi-
Tome II

fication du diminutif Tournelle, *parce qu'il est plus petite que la Tournelle & communement est soubspendu en la muraille, là où la Tournelle sourd de fondement posé sur la terre.*

TOURTE. s. m. Patisserie faite de pigeonnaux, de beatilles, de moëlle ou de confitures. M. Ménage fait venir ce mot du latin *Torta*.

TOURTEAU. Sorte de gâteau que l'on faisoit autrefois pour les sacrifices. Nicot dit qu'on a aussi appelé *Tourteau*, Un grand pain bis dont on use en Lyonnois & en Dauphiné. Ce mot n'a plus guere d'usage que dans le Blason, où il signifie ces representations de gâteaux qui sont de couleur, à la difference des besans qui sont de métal. Le Tourteau ainsi appellé à cause de sa rondeur, est plein comme le besant, & sans aucune ouverture. *D'or à trois tourteaux de gueules*. On appelle *Tourteau besant*, Une piece ronde d'armoirie, moitié de couleur, moitié de métal, soit qu'elle soit partie tranchée ou coupée de l'un en l'autre. Le Latin *Torta* qui a fait ce mot, ainsi que celui de *Tourte*, signifioit un espece de pains tortillés que des Tourteaux representent.

Tourteau, en termes de guerre, est un composé en forme de gâteau de douze livres de poix noire, de six livres de graisse, & d'autant d'huile de lin. On y trempe de la corde d'Arquebuse, & cette corde sert à éclairer.

TOURTERELLE. s. f. Oiseau qui est à peu près de la grosseur d'un pigeon, & ordinairement cendré sur le dos avec un peu de mélange de couleur tirant sur la rouille ou le gris brun. La Tourterelle est blanche aux ailes & sous le ventre, mais elle a quelque peu de vert au cou, les piés jaunes & les ongles noirs. Il y en a qui sont toutes blanches. Cet oiseau est le symbole de la chasteté conjugale, puisque les Tourterelles vont à deux, & que quand il en meurt une des deux, celle qui demeure vit seule sans en vouloir souffrir aucune autre. On tient que leur sang reduit en poudre est bon contre la dysenterie & le cours de ventre. Il y a des lieux où la Tourterelle est appellée *Tourtre*.

TOURTIERE. s. f. Piece de batterie de cuisine de cuivre étamé, & quelquefois d'argent. Elle est ronde, creuse d'environ trois doigts, & a des rebords hauts d'autant & qui vont en talus. On s'en sert à faire cuire des Tourtes. Il y en a qui ont trois piés & d'autres qui n'en point, mais seulement un couvercle.

TOURTOIRE. s. f. Terme de Venerie. Houssine dont on se sert pour faire les battues dans des buissons. Nicot en parle en ces termes. *Tourtoire vient de ce verbe Tourner, prins pour Destourner, & signifie, selon Phebus, Une maniere de houssine forte & de la grosseur d'un eschalas de saulx, que les Veneurs & Picqueurs de la meutte portent en la main, pour brosser & tourner les branches, marchants & picquants par les forts, laquelle ils ne portent pelée, tant que le cerf ait touché au bois & frayé. C'est aussi un instrument de fer affusté de bois, duquel les Tonneliers endentent les cerceaux appellez* Talu & Sommier, *les tirans à forces pour y faire entrer le jable de la fustaille, selon laquelle signification il viendroit de ce verbe latin* Torquere, *Ramener à force & contraindre en pressant, en tirant quelque chose.*

TOURTOUSE. s. f. Nom qui se donne à certaines cordes que le Bourreau met au cou de ceux qu'il pend.

TOUSE. s. f. Vieux mot. Amante. Femme qu'on aime.

> *Ainsi se complaint & donlouse*

X x x

Li lais pour l'amour de la Touse.

On a dit aussi *Tousiaux*, pour dire , Amant, amoureux.

Et un tousiaux
Aperut qui devers rosiaux.

TOUTE-BONNE. f. f. Plante dont la tige est haute d'une coudée & demie , & qui a ses feuilles quatre fois plus grande & plus larges que l'horminum , ce qui l'a fait appellet *Grand Horminum* par Matthiole. Voyez ORVALLE.

TOUTES VOIES. Vieux mot. Toutefois. Il est pris de l'Italien *Tuttavia*.

TOUX. f. f. Maniere d'expiration , dans laquelle on pousse l'air par la bouche , & quelquefois avec lui les matieres contenues dans la trache-artere , & dans les parties voisines , & non pas en une fois , mais en plusieurs fois interrompues avec de violentes secousses de tout le corps. Quand par les efforts que la toux fait faire on rejette par la bouche des humeurs , du sang , du pus , de la lymphe ou quelque autre matiere semblable, on l'appelle *Toux humides;* & elle est appellée *Toux seche* , lorsqu'à force de tousser le corps se fatigue inutilement, & qu'on ne rejette rien , quelque grands efforts qu'on fasse. La Toux se fait quand les muscles qui resserrent le Thorax & poussent l'air , ne s'abbaissent pas naturellement & avec douceur , mais violemment & promptement , & par une contraction momentanée, réiterée fort souvent & très-courte chaque fois. Ainsi la Toux est plûtôt un mouvement convulsif de la poitrine , qu'une veritable convulsion. Sa cause est tout ce qui peut irriter ou picoter les muscles ou les nerfs qui servent à la respiration , soit mediatement quand une partie avec laquelle les muscles ou les nerfs intercostaux ont consentiment, renferment cette cause ; ou immediatement , quand ce qui excite la toux reside dans les nerfs mêmes ou dans les muscles. Le picotement ébranlant les fibres des muscles & des nerfs y excitent le mouvement & le cours rapide des esprits , ce qui fait retirer necessairement les muscles , & par consequent le Thorax , dont le mouvement est interrompu & entrecoupé , à proportion que l'irritation est interrompue. Le siege de l'irritation est non seulement dans la trache-artere , partie très-sensible , sur-tout dans la tunique interne qui la tapisse , mais dans l'œsophage & l'estomac, dont le premier est contigu & attaché à la trache-artere & le dernier au diaphragme , & dans les muscles & les nerfs mêmes , moteurs des muscles. Les causes de l'irritation de la trache-artere sont externes , ou internes. Les externes sont tout ce qui est inspiré avec l'air , qui lui est contraire, comme les fumées minerales acides. La moindre goutte de boisson ou une miette de pain qui entre dans la trache artere , cause aussi une extrême irritation , & engendre une toux opiniâtre. Les internes sont , la lymphe acide ou trop salée , la mucosité vitiée & tirant sur l'acide qui y est attachée. Cette lymphe étant trop acide , la toux est excitée necessairement. De même si elle est trop salée , comme on le connoît souvent à la langue , elle picote la trache artere & produit la toux. La mucosité tirant sur l'acide qui enduit interieurement la trache artere , & qui est une des causes internes qui la picotent, vient principalement du vice de l'assimilation de la trache artere , qui arrive quand quelque chose de dehors offensé cette trache artere. Ainsi en inspirant des fumées métralliques , on est sujet à ce vice de nutrition, & à la Toux qui s'en ensuit. La Toux qui vient d'une lymphe acide & salée prend d'ordinaire

la nuit,& tourmente les malades depuis sept ou huit heures jusques à minuit. Hors cela ils toussent assés rarement. L'irritation de l'estomac produit la toux , sur-tout lorsqu'elle est vers l'orifice superieur qui est joint au diaphragme , d'où s'ensuivent des toux rebelles , qui ne cessent qu'après le vomissement. La Toux appellée *Ferine* , est toûjours de l'estomac. Alors la matiere qui est souvent tenue , demeure attachée à l'orifice , jusqu'à ce que l'estomac secoué par des efforts de tousser opiniâtres , rejette ce qu'il contient. Le troisiéme lieu de l'irritation étant dans les muscles & les nerfs qui resserrent l'estomac , les Anatomistes demandent pourquoi l'irritation de la membrane interieure de l'oreille avec un cure-oreille , donne une toux seche , & on leur répond que c'est par consentement à cause de l'irritation du nerf auditif qui a communication avec l'intercostal ou avec le plexus qui va à la trache artere. Ainsi de l'irritation du nerf auditif, suit celle du nerf de la trache artere , & par consequent la toux seche à cause du chatouillement du dedans de l'oreille. Il y a des Toux contre nature , comme toutes les Toux convulsives ; & non seulement les nerfs , mais les muscles mêmes étant irrités peuvent produire la toux ; ce qui est prouvé par l'exemple que Bartolin donne , d'une toux inveterée d'une vache, qui dura un an. On trouva ses poumons sains & entiers après sa mort,& une fléche fichée dans le diaphragme. Cette fléche irritant continuellement le diaphragme avoit causé necessairement cette toux inveterée & continuelle. Il y a aussi des Toux épidemiques par le vice particulier de l'air , & autant de differens sons dans la toux qu'il y a d'endroits où elle reside. Même la diversité de la matiere est distinguée par celle du son. Quand la lymphe salée & tenue est dans le ventricule, la Toux est ferine & farouche , & on rejette fort peu de matiere. Si le son vient de loin & comme du fond de la poitrine , la cause est dans l'estomac , & les malades ressentent de la douleur en devant avec un picotement avant qu'ils toussent, ce qui fait connoître que l'estomac est le siege de la Toux. Que si le son est superficiel & suivi de près par la matiere , alors le mal est dans les bronchies des poumons.

TRA

TRABE. f. f. Sorte de meteore enflammé que l'on voit paroître dans le ciel en forme de poutre ou de cylindre. C'est , en termes de Blason , la partie de l'ancre qui en traverse la tige droite par le haut , comme fait la partie superieure d'une potence , *Trabe*, se dit aussi du bâton qui supporte l'enseigne & la banniere. *Il porte une banniere semée de France à la trabe d'argent.* Ce mot vient du Latin *Trabes*, Poutre.

TRABEATION. f. f. Terme d'Architecture. C'est ce qu'on appelle d'ordinaire *Entablement* , c'est-à-dire, La saillie qui est au haut des murailles d'un édifice, & le lieu où pose la charpente de la couverture. La Trabeation est different suivant les ordres , & comprend l'Architrave, la Frise & la Corniche.

TRAC. f. m. Vieux mot. Route , trace. On le fait venir du Latin *Tractus*. Marot l'a employé en plusieurs endroits.

Qui au conseil des malins n'a esté
Qui n'est au trac des pecheurs arresté.

Nicot croit qu'il vient d'un mot Hebreu , qui signifie Marquer la terre par foulure de piés , *de sorte* , dit-il , *que Trac est proprement la fouleure &*

batteure de la terre ou plusieurs ont marché, *La marche ou la forme du pied qu'on dit en fait de Venerie*, Piste , *dont est fait ce verbe Tracasser*, *c'est-à-dire*, *Aller & errer par chemins* , *& delà dependent ces façons de parler* Refuser tout à trac , *ce qu'on dit* Refuser tout desrouteement, *c'est-à-dire* , *Rompant toute route par où le Demandeur peut retourner à demander ce qui lui a esté refusé*. Et Destracquer, *composé de* Tracquer *inusité* , *c'est-à-dire* , *Faire perdre ses alleures à une beste d'amble*. *Mais quand on dit* , Destracquer un lievre , *C'est suivre un lievre par ses erres* , *& l'aller degister & lancer de son lict* , *ce que le Fouillou au chapitre 55. de sa Venerie dit* , Desfaire la nuit du lievre , *quand par ses erres on va chercher le lieu où il a fait son viandy* , *& comme il parle* , *qu'on va trouver sa nuit* , *ou bien* , Destracquer le lievre , *est Desfaire les ruses d'un lievre & les demesler pour trouver le droit du trac d'iceluy*, *ainsi qu'il dit le mesme* , Desfaire la ruse d'un cerf , *& desfaire le desfaut auquel les chiens font tombex*.

TRACE', E E. Terme de Blason. Il se dit des figures qui sont tracées de noir pour les mieux distinguer. *d'or à une croix ancrée : tracée à filets de sable*. C'est ce qu'on appelle autrement *Ombré*.

TRACER. v. a. *Tirer les premieres lignes d'un dessein* , *d'un plan* , *sur le papier* , *sur la toile* , *sur le terrein*. ACAD. FR. On dit, en termes de Maçonnerie , *Tracer en grand* , pour dire, Tracer sur un mur ou sur une aire , une épure pour quelque piece de trait. Les Charpentiers se servent aussi des mots de *Tracer en grand* , pour dire , Marquer sur un étalon une enrayeure , une ferme , le tout aussi grand que l'ouvrage. On dit *Tracer au simbleau* , pour dire , Se servir du simbleau pour tracer d'après plusieurs centres les ellipses , arcs surbaissés , rampans , corrompus , &c. *Tracer en cherche* , se dit lorsqu'on veut tracer & décrire un arc qui ne se peut faire que par des points trouvés. Pour rapporter ensemble toute la cherche sur l'ouvrage, on se sert de la ligne ou du cordeau , qui est étendu d'un bout de la cherche à l'autre. On passe dans le cordeau de petits morceaux de bois dressés à plomb , & dont une des extrêmités aboutit à la courbe de la cherche. En transportant ensuite le cordeau sur la piece de bois ou sur une autre chose que l'on veut tailler , les extrêmités de ces petits morceaux de bois donnent les pointes de la cherche. *Tracer par dérobement*, ou par *équarrissement* , c'est dans la coupe de pierre ou dans la construction des pieces de trait, une maniere de tracer les pierres par des figures prises sur l'épure, & cottées pour trouver les recordemens des panneaux de douelle , de joint, &c.

TRACERET. f. m. Terme de Charpenterie. Petit outil de fer pointu , dont les Charpentiers se servent pour piquer le bois.

TRACHE'E. adj. Terme de Medecine. Il se joint toûjours au mot *Artere* , & on appelle ainsi le canal qui porte l'air aux poumons , & qui est l'instrument de la respiration & de la voix. La Trachée artere , appellée ainsi du Grec τραχεῖα , Aspre, rude , à cause qu'elle est rude & raboteuse , est toute composée de cartilages , membranes, petites veines, arteres & nerfs. Ces cartilages sont faits en forme d'anneaux qui sont plats d'un côté, & qui n'achevent pas tout le cercle. Il y a deux tuniques qui revêtent cette artere. L'une est interieure & lui est commune avec l'œsophage, la langue, le palais & la bouche. L'exterieure est plus mince & plus molle. La Trachée artere est ce qu'on appelle ordinairement le *Sifflet*. On dit aussi *Trachée artere*. Quand elle est trop seche, elle rend la voix déplaisante & *Tome II.*

rude ; & quand elle est humide , elle la fait enrouée.

TRACOIR. f. m. Espece de petit poinçon d'acier , dont les Graveurs en médailles se servent.

TRAGACANTH. f. m. Gomme blanche , tortillée , & faite en maniere de petits vers. On l'appelle ordinairement *Gomme Adragan*. Elle découle par incision du tronc & des grosses racines d'un arbrisseau, petit , épineux , qui croît en grand nombre dans la Syrie, & sur-tout autour d'Alep. Les Marseillois l'appellent *Barbe de renard*, ou *Rane de bouc*. Ce mot qui est Grec τραγάκανθα , veut dire *Epine de bouc*. Cet arbrisseau est garni de feuilles fort petites , d'un vert blanchâtre. L'humidité qui sort de son tronc s'épaissit par le moyen de la chaleur , & se change en substance de gomme. Il y en a de trois sortes. La blanche est la meilleure , si elle est claire & pure , & c'est celle que l'on doit choisir pour la mettre dans les remedes froids. Il y a une jaunâtre qu'on met dans ceux qui sont chauds , & une autre rougeâtre ou de couleur de citron qui est la moindre de toutes. Cette gomme se peut garder soixante ans, & a la vertu de modifier & de rafraîchir , d'humecter & de conglutiner. Il y a beaucoup d'ouvriers qui employent la blanche, mais peu d'autres que les Peauciers se servent de la rougeâtre.

TRAGIUM. f. m. Plante que Dioscoride dit croître seulement en l'Isle de Candie. Elle a ses feuilles, sa graine & ses branches comme le lentisque , mais moindres. Son jus est semblable à la gomme & blanc comme lait. Sa graine , ses feuilles & sa gomme enduites, attirent toutes sortes d'épines & de tronçons demeurés dans le corps. Prises en breuvage , elles sont bonnes pour ceux qui ne peuvent uriner que goute à goute, rompent les pierres de la vessie , & attirent le flux menstrual. La vraie prise est d'une drachme. On tient que les daims qui ont des traits dans le corps, les jettent dehors quand ils mangent de cette herbe. Quelques-uns prennent le Dictame blanc pour le *Tragium* , ce que Matthiole condamne , quoiqu'il avoue qu'il n'a jamais vû de Tragium. Il y a une autre espece de Tragium, selon le même Dioscoride, appellé par quelques-uns *Corne de bouc*. Il a ses feuilles semblables au Cetrac. Sa racine est blanche , menue & faite comme celle du refort sauvage. Elle est bonne au flux de sang étant mangée crue ou cuite. Ce Tragium croît aux montagnes & aux rochers les plus élevés. Ses feuilles sentent le bouquin en Automne , & c'est ce qui l'a fait nommer τράγιον , de τράγος , Bouc.

TRAGORIGANUM. f. m. Herbe semblable à l'origan ou au serpolet sauvage dans ses branches & ses feuilles , & qui produit quantité de petites branches. Il y a des lieux où il en croît de plus grands. Il est mieux nourri ,plus vert,plus visqueux & gluant, & a ses feuilles plus larges. Il s'en trouve encore un autre qui produit de petits rejettons à ses feuilles minces & petites.Quelques-uns l'appellent *Prasium*. Tous sont chauds & provoquent à uriner. Le meilleur croît en Cilicie, en Candie , Smirne , Chio , & en l'Isle de Coo.

TRAGOS. f. m. Herbe haute d'un palme ou un peu plus , qui croît aux lieux maritimes & produit diverses branches. Elle est longuette , toute épineuse , & sans feuilles. Autour de ses branches sont plusieurs petits grains roux , de la grosseur d'un grain de froment. Ils sont pointus à la cime & astringens au goût. Dix de ces grains , bûs dans du vin , sont fort bons pour les fluxions de l'estomac, & pour les femmes qui sont sujettes à des fluxions de matrice. On appelle auſſi cette herbe *Scorpion* & *Traganon.*

TRAICTIS. adj. Vieux mot. Maniable, doux, bien taillé.

> *Les yeux rians, le nez traictis,*
> *Qui n'eſt ne trop grans ne petits.*

On a dit auſſi *Traictiſſe* au feminin.

> *Les bras longs, & ſes mains traictiſſes.*

TRAICTOIRE. ſ. f. Inſtrument dont les Tonneliers ſe ſervent pour tirer & allonger leurs cerceaux quand ils relient des futailles. On dit auſſi *Tretoire.* Nicot fait venir ce mot de *Tractoria.*

TRAILLER. v. n. Terme de Venerie, ſur quoi Nicot dit. *On dit querir le rangier en traillant des chiens, & non pas queſter ne laiſſer courre du limier.*

TRAIN. ſ. m. Alleure, démarche d'un cheval. On dit dans ce ſens, qu'*Un cheval a un bon train,* qu'*Il a un train rompu,* qu'*Il ne va point de train,* pour ſignifier ſon alleure bonne ou mauvaiſe. *Train de devant,* en termes de Manége, ſe dit des épaules & des jambes de devant d'un cheval, & *Train de derriere,* ſe dit des hanches & de ſes jambes de derriere.

On appelle *Train de carroſſe, Train de caleche,* Ce qui ſupporte un carroſſe, une caleche, qui les fait rouler, c'eſt-à-dire, les quatre roues, la fleche, ou les brancards, le timon & les moutons.

Train de preſſe, en termes d'Imprimerie, ſe dit des parties qui ſervent à la faire mouvoir. Ces parties ſont le cofre, le marbre, le tympan, le rouleau & le pié de la preſſe.

On dit en termes de Fauconnerie, *Train de l'oiſeau,* pour dire, Son derriere ou ſon vol. Quand on lui donne un oiſeau dreſſé qui lui montre à quoi on veut l'employer, & ce qu'il doit faire, cela s'appelle, *Faire le train à un oiſeau.*

Train, ſignifie auſſi Une eſpece de radeau, fait de cinquante cordes de bois qu'on met ſur une riviere navigable, & dont on arrange & lie de telle ſorte les buches & les rondins les uns auprés des autres, & les uns au bout des autres, que cela fait environ trente piés de large ſur quatre-vingts de long. Il y a ſur cette maniere de radeau trois ou quatre hommes qui tiennent des avirons & qui le conduiſent.

On appelle *Train de bateaux,* pluſieurs bateaux qu'on attache à la queue les uns des autres pour les remonter.

TRAINASSE. ſ. f. Herbe menue qui vient dans les vignes, & qu'on a nommée ainſi à cauſe qu'elle s'étend beaucoup.

TRAINE. ſ. f. Terme de Marine. Menue corde où les Matelots & les Soldats d'un Vaiſſeau attachent leur linge, pour le laiſſer trainer à la mer, afin qu'il blanchiſſe en y demeurant autant qu'on le juge neceſſaire. On dit dans ce ſens *Mettre ſon linge à la traine.*

Traine, en termes de Cordier, ſe dit de deux petits chameaux de muid, qui ſont joints enſemble par de petits bâtons, & qui ſervent à tenir la corde quand on cable.

TRAINEAU. ſ. m. Aſſemblage de quelques pieces de bois ſans roue, dont on ſe ſert à trainer & à tranſporter des balots & des marchandiſes. Les Traineaux ſont d'un fort grand uſage en Pologne, & dans les Païs Septentrionaux, pour aller ſur les neiges & les glaces. C'eſt une maniere de chariot, où deux ou trois perſonnes peuvent avoir place. Il eſt fait d'un aſſemblage de petites pieces de bois, qui n'a

point de roues, mais qui a deux limons où l'on attelle un cheval.

Traineau, eſt auſſi une ſorte de filet bien délié qui ſert à prendre des perdrix, des cailles, des vaneaux, & autre gibier de même nature. Ce filet a deux ailes fort longues que deux hommes trainent par la campagne, qui eſt cependant battue par les Chaſſeurs. On ſe ſert auſſi de Traineaux pour pêcher du poiſſon dans les rivieres; ce qui a fait dire dans le Roman de la Roſe.

> *Et la povreté ils nous preſchent,*
> *Et les grandes richeſſes peſchent*
> *Aux grands ſeſmes & aux traineaux,*
> *Par mon chief il en yſtra maux.*

TRAINE'E. ſ. f. Longue amorce de poudre, diſpoſée de telle ſorte qu'elle fait jouer les boîtes, ou d'autres feux d'artifice. On employe ce mot dans le Blaſon. *De gueules à une bande d'or, chargée d'une trainée de ſable.*

On appelle auſſi *Trainée,* Une eſpece de chaſſe du loup qu'on fait en l'attirant dans un piege, par le moyen de l'odeur d'une charogne qu'on traîne dans une campagne ou le long du chemin.

Il y a une petite herbe qui traîne par terre, à laquelle on donne ce même nom de *Trainée.* Elle croît dans les blés & le long des grands chemins.

TRAINER. v. a. *Tirer quelque choſe aprés ſoi.* Acad. Fr. On dit en termes d'Architecture, *Trainer en plâtre,* pour dire, Faire une corniche avec le calibre qu'on traîne ſur deux regles arrêtées, en la garniſſant de plâtre clair. On doit la repaſſer pluſieurs fois, juſqu'à ce que les moulures ayent le contour parfait. La même choſe ſe dit d'un cadre.

TRAINEUR. ſ. m. Soldat fatigué, ou fripon, qui ne ſuit pas le gros, ou par foibleſſe, ou pour piller.

TRAIRE. v. a. Vieux mot. Traduire d'une langue en une autre.

> *M'entremis de ce Livre faire,*
> *Et de l'Anglois en roman traire.*

Il a ſignifié auſſi *Tirer des fleches,* & en ce ſens on trouve *Trait,* pour *Tiroit,* & *Traiſt,* pour *Tiraſt.* On le dit encore aujourd'hui dans cette phraſe, *Traire les vaches.*

TRAIT. ſ. m. Ce qu'on pouſſe, ce qu'on chaſſe au loin par quelque machine. C'eſt dans ce ſens que les Arbalêtriers & ceux qui portoient des javelots & des frondes étoient autrefois nommés *Gens de trait.* Les Baliſtes qui pouſſoient de gros matras paſſoient auſſi pour *Armes de trait.*

Trait, en termes de Bourrelier, ſe dit de pluſieurs morceaux de cuir larges d'environ trois doigts, qu'il plie & coud enſemble, & dont les Cochers enharnachent les chevaux qu'ils attellent à un chariot ou à un carroſſe pour le tirer. Les Chartiers appellent auſſi *Trait,* La corde au travers de laquelle on paſſe un fourreau, & qui tient de part & d'autre au collet du cheval pour le faire tirer. La longe avec laquelle on conduit les chiens à la chaſſe, eſt auſſi appellée *Trait.*

On dit en termes de Tireur d'or, *Faire du Trait,* pour dire, Tirer & paſſer de l'or ou de l'argent par les filieres. On appelle cét or & cet argent. *Or trait, argent trait.*

Trait, en termes d'Architecture, ſignifie la coupe des pierres, & en ce ſens on dit *Sçavoir le trait & la coupe,* pour dire, Sçavoir l'art de tracer les pierres pour être taillées & coupées hors leurs angles quarrés, quand il s'agit de faire des voutes, des arcs, des arceaux, des portes & des fenêtres, *Trait d'équerre*, est une ligne perpendiculaire tirée sur une ligne droite. On appelle *Trait quarré*, Une ligne qui en coupe une autre perpendiculairement & à angles droits, de sorte qu'elle rend les angles d'équerre; *Trait biais*, Une ligne inclinée sur une autre ou en diagonale dans une figure, & *Trait corrompu*, Celui qui est fait à la main & hors des figures regulieres de la Geometrie, sans qu'on y employe ni le compas ni la regle.

Les Scieurs disent, *Trait de scie*, pour dire, Le passage que fait la scie en coupant une piece de bois que l'on veut refendre ou accourcir.

On appelle *Trait de bouis*, en termes de Jardinage, Un filet de bouis nain continué & étroit, qui renferme les carreaux & les platebandes, & dont la broderie d'un parterre est formée.

Les Peintres disent, *Le trait d'une figure*, *d'un portrait*, & en ce sens, N'avoir marqué sur une toile que les premiers traits d'un visage ou d'une main, c'est n'en avoir representé ou marqué que les contours.

Trait de compas, en termes de Marine, signifie un des trente-deux airs de vent qu'on trouve marqués dans la boussole, & qui divisent la circonference de l'horison en trente-deux parties égales. *Trait de vent*. C'est la route que fait un Vaisseau en suivant un de ces vents. On appelle *Voile à trait quarré*, Une voile qui est coupée à quatre côtés, comme sont la plûpart de celles dont on se sert sur l'Ocean.

On appelle *Trait*, en termes de Mechanique, le poids ou la force mouvante qui emporte l'équilibre. Ainsi un poids en équilibre ne trebuche point, si on n'y ajoûte quelque chose pour le Trait.

Trait, en termes de Breviaire, sont certains versets chantés par les Choristes, entre le Graduel & l'Evangile en plusieurs tems de l'année, & particulierement le Carême depuis la Septuagesime qu'on ne dit plus l'*Allelnia*. Il differe des Répons, en ce qu'il se chante seul sans que personne y réponde. C'est un chant lent & lugubre, representant les soupirs que poussent les Saints en figure de pénitence. Du Cange dit qu'il a été nommé *Trait*, à cause que *Tractim canitur*.

Trait, se dit aussi des coups d'encensoir; on donne au Patron deux traits d'encensoir, deux à sa femme & un seul pour tous les termes collectivement.

Trait, est aussi un terme de Blason, & signifie Une ligne qui partage l'Ecu. Cette ligne prend depuis le haut jusqu'au bas, & sert à faire differens quartiers. *Ecu parti d'un*, *& coupé de deux traits*.

Autrefois on écrivoit *Traict*, selon le Latin *Tractus*, d'où il vient. Nicot explique en ces termes les diverses significations de ce mot. Traict signifie ores *un dard*, *selon laquelle signification on appelle en une armée les Archers & les Arbalestriers*, Les gens de traict; ores la *volée & portée d'un arc ou arbalestre*, comme, Vostre maison est loing d'icy un traict d'arc; ores *une ligne ou tirée d'un Peintre ou d'un Escrivain*. Selon ce, on dit: Voilà un beau traict & un traict hardy. Et conformement à ce, on dit aussi, Une femme avoir beaux les traicts du visage, c'est-à-dire, les lineamens du visage bien-faits; & le traict de la personne, & le traict & façon de quelque chose. Ores le *progrez*, *cours & suite d'une chose du commencement à la fin*, comme, Il faut que le rheume ou melancholie prenne son traict. On prend aussi Traict pour *un acte ingenieux & subtil*, comme, Il a usé en cette affaire d'un traict admirable. Traict en outre entre Veneurs est *une corde déliée faite de queue*

de cheval avec laquelle ils menent les limiers en queste. On prend aussi ce mot Traict pour *une avallée de quelque boisson que ce soit*, vin, eaue ou autre, comme, Il boit de grands traicts.

TRAITE. s. f. Etendue de chemin, distance d'un lieu à un autre. On appelle *Traite*, en termes de mer, Le commerce qui se fait entre les Vaisseaux & les Habitans de quelque Côte, comme la Traite des Noirs de Guinée.

Traite. Terme de Monnoie. Charge excessive sur les especes, qui fait la diminution de leur valeur. Ce terme est plus general que celui de *Loudage*, qui comprend seulement le seigneuriage & le brassage, au lieu que le mot de *Traite* comprend encore les remedes de poids & de loi.

Traite, se dit aussi d'un transport de marchandises, & on appelle *Traite foraine*, Un droit qui se leve sur toutes celles qui entrent dans le Royaume, ou qui en sortent. Ce droit, par un Edit de Henri II. de l'an 1556. fut fixé à douze deniers pour livre. Il y a encore une *Traite domaniale*. C'est une nouvelle imposition, augmentée sur quatre especes de marchandises, sçavoir blé, vin, toile & paste par Edit de Henri III. de l'an 1577. mais seulement lorsqu'on transporte ces sortes de marchandises hors du Royaume. La Traite domaniale a été jointe à la Traite foraine. Quelques-uns font venir *Traite de Tributum*. M. Ménage le dérive du Latin *Tratta*, formé de *Trahere*, Tirer.

TRAITOR. s. m. Vieux mot. Traître.

TRAMAIL. s. m. Sorte de filet qu'on tend au travers des petites rivieres, & où le poisson se prend de lui-même. Le Tramail est composé de trois rangs de mailles les unes devant les autres. Celles de devant & de derriere sont fort larges, & faites d'une petite ficelle, & la toile du milieu que l'on appelle *La nappe*, est faite d'un fil délié. Elle s'engage dans les grandes mailles, qui en bouchent l'issue au poisson qui y est entré: Ce mot vient de l'Italien *Tramaglio*, qui signifie une sorte de rets pour pêcher. Il y en a qui le dérivent du Latin *Tremaculum*, de *Macula*, Trou de rets, à cause que le Tramail est composé de trois rangs de mailles.

TRAME. s. f. Fil passé, conduit par la navette entre les fils qui sont tendus sur le métier pour faire de la toile, de la serge, du drap & autres choses. ACAD. FR. La chaîne est de soye dans les moëres, & la trame de laine. M. Ménage le fait venir du latin *Trama*, qui veut dire la même chose. Il y en a qui disent *Treme*, sur quoi M. Richelet dit que les habiles gens qu'il a consultés sur ces deux mots, se servent de *Trame*, mais que les Couverturiers, les Ferrandiniers, les Tapissiers & les Tisserans qu'il a vûs, disent *Treme*, & qu'il pense que quand on parleroit comme les gens du métier, on ne parleroit point mal, outre qu'au propre le mot de *Treme* est plus doux que celui de *Trame*, qui est très-élegant & très-usité, soit en vers, soit en prose au figuré, où l'on ne dit jamais *Treme*, mais *Trame*.

TRAMONTAIN. adject. Qui est au-delà des Monts. M: Felibien observe que les Italiens appellent *Peintres Tramontains*, les Peintres étrangers, & particulierement ceux d'Allemagne & de Flandre, à cause qu'ils habitent au-delà de leurs montagnes.

TRAMONTANE. s. f. Vent du Nort où du Septentrion, appellé ainsi sur la Mediterranée, de l'Italien *Tramontana*, qui veut dire la même chose. On lui a donné ce nom, à cause qu'il souffle du côté qui est au-delà des Monts à l'égard de Rome & de Florence. *Tramontane* signifie aussi l'Etoile du Nord qui sert à conduire les Navires su la mer.

TRANCHE', E'E. adj. Terme de Blason. Il se dit de l'Ecu divisé diagonalement en deux parties égales, de droite à gauche. *Tranché d'argent & de gueules.* Quand la division du tranché est faite par creneaux, on dit *Tranché crenelé*; & quand les deux parties de l'Ecu entrent l'une dans l'autre, cela s'appelle *Tranché endenté.* On dit *Tranché retranché*, de ce qui est tranché, puis taillé & retranché; & *Tranché taillé*, quand sur les tranches il y a une petite entaille au cœur de l'Ecu.

TRANCHE. s. f. *Morceau coupé en long & un peu mince. Il ne se dit guere que des choses qu'on mange.* ACAD. FR. On appelle à la Boucherie *Tranche de bœuf*, La même partie qui est appellée *Ronelle* dans le veau. C'est une piece fort charnue, & qui fait le gras de la cuisse.

On appelle *Tranche de marbre*, Un morceau de marbre mince qu'on incruste dans un compartiment, ou qui sert de table à mettre une inscription.

On dit en termes de Monnoye, *Tranche des especes.* M. Boisard examinant la maniere de marquer les flans d'or & d'argent sur la tranche, dit qu'on se sert d'une machine dont les principales pieces sont deux lames d'acier épaisses d'une ligne ou environ; que la moitié de la legende, ou du cordonnet est gravée sur l'épaisseur de l'une des lames, & l'autre moitié sur celle de l'autre, & que ces deux lames sont droites, quoique les flans qui en sont marqués soient en ronds. Il ajoûte que quand on veut marquer un flan, on le met entre les lames, en telle sorte que chacune étant à plat sur une plaque de cuivre qui est attachée à une table d'un bois fort épais, & le flan étant mis aussi à plat sur la même plaque, la tranche du flan touche de chaque côté les deux lames par leur épaisseur; que plusieurs vis tiennent ferme l'une des lames; que l'autre coule par le moyen d'une roue dentée ou à pignon, qui engraine dans les dents qui sont sur la surface, & que cette lame coulante fait tourner le flan qui se marque en tournant, de sorte qu'après avoir fait le tour il se trouve marqué sur la tranche. Il faut observer qu'on ne peut marquer que les écus & les demi-écus de la legende, *Domine salvum fac Regem*, parce que leur volume peut porter des lettres sur la tranche; mais le volume des autres especes, tant d'or que d'argent, ne sçauroit porter qu'un cordonnet sur la tranche.

Tranche, en termes de Doreur sur cuir, est une petite bande d'or pour faire les bords des livres qu'on relie en veau & qu'on dore; & en termes de Relieur c'est la partie du livre par où il a été rogné sur la presse, après quoi on le rougit, on le dore & on le marbre sur tranche, c'est-à-dire, sur l'extrémité de ses feuillets.

Tranche, se dit aussi d'un coin ou ciseau dont les Ouvriers en fer se servent pour fendre à chaud les barres de fer. Il y a de ces sortes de ciseaux qui ont un manche.

TRANCHE'E. s. f. Fosse creusée dans la terre pour faire écouler les eaux d'un marais, d'un pré, & pour détourner le cours d'une riviere. On appelle aussi *Tranchée*, La fouille des fondemens ou fondations d'un bâtiment, & toutes les ouvertures que l'on fait pour poser & réparer des conduits de plomb, de fer ou de terre, ou pour planter des arbres. *Tranchées* en termes de bâtiment, se dit encore des murs se croisent pour faire des murs de refend, ou pour faire liaison avec des murs de face ou autres.

Tranchée, en termes de guerre, signifie le travail qu'on fait pour pouvoir gagner à couvert le fossé & le corps d'une Place qu'on assiege. Ce travail est de differente nature, suivant la qualité du terrein. Si les environs de la Place sont de roche, la Tranchée est une élevation de fascines, de sacs à terre, de gabions, & de balots de laine & d'épaulemens de terre portée de distance en distance. Si les terres peuvent être facilement remuées, la tranchée est un chemin qu'on y creuse, & que l'on borde d'un parapet du côté des assiegés. Elle doit avoir sept à huit piés de largeur, & à peu près six à sept de profondeur. On la conduit par des retours & des coudes qui forment des lignes paralleles en quelque façon à la face de la Place qu'on attaque, en sorte que les assiegés ne puissent en découvrir ni battre la longueur. On dit, *Monter, relever, descendre la tranchée*, pour dire, En monter, en relever, ou en descendre la garde. On dit qu'*On a nettoyé la tranchée*, pour dire, qu'On a fait une vigoureuse sortie sur la garde de la tranchée, qu'on l'a fait plier, qu'on a mis en fuite les Travailleurs, rasé le parapet, comblé le fossé, & enlevé le canon des assiegeans.

On appelle *Tranchées*, au pluriel, Les douleurs que souffrent les intestins & qui viennent de deux causes, sçavoir de la matiere qui s'y trouve contenue & de la convulsion spasmodique des mêmes intestins, qui endurent des contorsions & des contractions très-dangereuses. C'est ce que font les Latins appellent les tranchées *Tormina de Torquere*, Tordre, presser, parce qu'il semble qu'on tord & qu'on met les intestins à la presse. Quant à la matiere contenue, qui est la premiere cause de ces douleurs violentes, il faut prendre garde sur tout à l'acide, n'y ayant point de collique veritable qui ne naisse d'un acide vitié ennemi des intestins, qui par sa presence excite des tranchées ou des vents qui distendent les intestins. Cet acide leur est envoyé par une mauvaise digestion, ou bien il est apporté par le pancreas; de sorte que c'est l'acide de l'estomac, ou du pancreas vitié, qui a coûtume de produire les tranchées. Il arrive de là qu'après les alimens difficiles à digerer, qui fournissent beaucoup de mucilage visqueux au lieu de chyle, les coliques sont frequentes à cause du mucilage visqueux mal digeré qui s'aigrit, & qui étant dans les intestins y cause de grands desordres. Cela est cause que l'on défend l'acide aux nourrices, pour empêcher les enfans d'avoir des tranchées; qui se font ordinairement lorsque l'acide coagulant le lait dans l'estomac, y engendre un mucilage visqueux qui descend dans les intestins qu'il corrode. La fermentation même violente de l'acide & de la bile excite des vents qui distendent prodigieusement les hypochondres des enfans & tout l'abdomen, ce qui est quelquefois suivi d'une hernie du scrotum. Les enfans sujets à ces tranchées ont souvent les excremens verts ou porrachées, plus ou moins, selon que l'acide peche. Ces excremens ressentent manifestement l'acide, & sont d'une couleur verte qui naît de l'acide corrompu du lait fermentant avec la bile. On a raison d'accuser le froid qui blesse facilement l'estomac tendre de l'enfant & l'empêche de bien digerer le lait qui descend mal digeré dans les intestins; & seulement empreint d'un acide corrompu. La seconde cause des tranchées est la convulsion spasmodique & la contorsion des intestins. Telle est la colique jointe aux douleurs nephretiques suivie de vomissement & d'autres symptomes de même nature. Elle part des plexus du mesentere, qui distribuent des rameaux de nerfs aux inteftins , aux reins & à l'eftomac. Ainfi la convulfion du nerf diftribué au rein fe communique par ce nerf au plexus d'où il dérive , & le plexus la communique à tous les autres nerfs de fon reffort ; de forte que tous les inteftins entrent en convulfions & entretiennent une colique opiniâtre qui caufe aux malades de très-cruelles douleurs, & qu'aucuns remedes ni purgatifs ni évacuatifs n'adouciffent. Telles font les tranchées des femmes hyfteriques , qui ne font rien autre chofe que les convulfions du mefentere , des plexus des nerfs, & des inteftins qui y font attachés. Ces convulfions font fuivies de celles de la gorge & d'une maniere d'étranglement : car on ne fçauroit douter que la fuffocation hyfterique ne foit une efpece de colique convulfive , qui a fon origine dans les plexus du mefentere irrités & mis en convulfion. Les douleurs de l'enfantement dans l'abdomen , & celles dont l'enfantement eft fuivi , ne font que de femblables convulfions du mefentere & des inteftins , avec la contraction convulfive de la matrice dans l'accouchement ; ce qui eft caufe que les femmes nouvellement accouchées ont fort fouvent la colique.

On donne auffi le nom de *Tranchées* à une maladie de chevaux. Ce font des douleurs dans les boyaux excitées par l'acrimonie des humeurs qui bouillonnent & fe fermentent dans les entrailles , ou par des vents , ou par des matieres crues.

TRANCHEFILE. f. f. Terme de Relieur. Petit morceau de papier ou de parchemin roulé entre deux ais , autour duquel il y a de la foye de couleur , & qu'on met à la tête & à la queue des livres qu'on relie.

Tranchefile , en termes d'Eperonnier , eft une petite chaîne fort deliée qui paffe le long de l'embouchure d'une des branches du mords jufqu'à l'autre.

Les Cordonniers appellent *Tranchefile* , Une couture de fil qu'ils font au dedans du foulier , afin d'empêcher que le cuir ne fe déchire.

Tranchefile fe dit auffi , en termes de Bourrelier, d'un cuir tortillé pour foutenir le furnez & la foubarbe de la bride des chevaux de caroffe.

TRANCHEFILER. v. a. Les Relieurs difent *Tranchefiler un Livre* , pour dire , Mettre de la foye fur la tranchefile.

TRANCHER. v. a. *Couper , feparer en coupant.* ACAD. FR. On dit en termes de Medecine , que *Le Sené tranche les boyaux s'il n'a quelque correctif* , pour dire , qu'il caufe des tranchées , des douleurs de ventre , & des coliques.

Trancher , au neutre , fignifie en termes de Peinture , Paffer d'une couleur vive à une autre couleur vive fans aucune nuance & fans adouciffement. On dit en ce fens que *Toutes les couleurs qui tranchent bleffent la vûe.*

TRANCHET. f. m. Sorte d'outil dont les Serruriers fe fervent pour couper à chaud de petites pieces de fer.

Tranchet eft auffi un inftrument de fer arrondi & fort tranchant , dont les Cordonniers , les Bourreliers & autres Artifans travaillant en cuir fe fervent pour le couper.

RANCHIS. f. m. Rang d'ardoifes ou de tuiles échancrées , qu'on met en recouvrement fur d'autres entieres dans l'angle rentrant d'une noue ou d'une fourchette.

TRANCHOIR. f. m. Sorte de billot de bois fur quoi l'on tranche ou hache les viandes. On appelle auffi *Tranchoir* , Une affiette de bois fur quoi l'on coupe du lard , lorfqu'on a befoin de lardons pour piquer la viande.

Tranchoir , fe dit auffi en Architecture, pour dire, Abaque , Tailloir. Ainfi *Tranchoir quarré* , eft cette table quarrée qui fait le contournement du chapiteau des Colomnes , & qui dans celles de l'ordre Corinthien reprefente cette efpece de tuile quarrée qui couvre la corbeille ou le panier qu'on feint entouré de feuilles.

Les Vitriers appellent *Tranchoir pointu* , Une forte de piece de verre qu'ils mettent dans les panneaux de vitre qui font en façon de croix de Lorraine. Outre le Tranchoir pointu , il y a un *Tranchoir en lozange* , & un *Tranchoir à tringlettes doubles.*

TRANGLES. f. f. Termes de Blafon. Il fe dit des fafces retreffies qui n'ont que la moitié de leur largeur , & qui font en nombre impair.

TRANLER. v. a. Terme de Chaffe. Il fe dit quand n'ayant point détourné il faut quêter un cerf au hazard.

TRANSACTION. f. f. Terme de Pratique. Acte que les perfonnes qui ont entre elles quelque differend en Juftice , paffent pardevant Notaires , s'accordant à l'amiable & dans les formes prefcrites.

TRANSFIGURATION. f. f. Changement en une autre figure. Il ne fe dit que du Myftere de la Transfiguration de Notre Seigneur , dont l'Eglife a inftitué une Fête le 6. d'Août en memoire du jour auquel JESUS-CHRIST parut avec Moyfe & Elie fur une montagne , où il avoit conduit faint Pierre , S. Jacques & S. Jean , qui virent la gloire éclatante dont il étoit revêtu , & entendirent ces paroles du Pere Eternel , *C'eft ici mon Fils bien aimé en qui je me plais uniquement , écoutez-le.* On tient par Tradition que cette montagne fut le mont Thabor , quoique l'Ecriture ne la nomme point. On ne peut douter , fuivant le Texte facré , que Moyfe & Elie n'y ayent paru en perfonne , les avoir été reprefentés par des Anges ; mais comme on ne fçaut fi Moyfe avoit fon propre corps ou un corps que les mains des Anges avoient formé , il eft vraifemblable qu'il n'avoit qu'un corps emprunté , à caufe que cette refurrection l'auroit obligé à mourir une feconde fois. Quant à Elie , il n'y peut avoir de difficulté , puifqu'il n'eft point mort & qu'il vit encore. L'inftitution de la Fête de la Transfiguration eft très-ancienne ; ce que Baronius prouve , en rapportant le Martyrologe de Vandelbert qui vivoit vers l'an 850. Elle fut rendue plus folemnelle en 1456. par le Pape Calixte III. qui en voulut lui-même compofer l'Office , & qui accorda en ce jour-là les mêmes Indulgences qu'en la Fête du Saint Sacrement.

TRANSFRETER. v. n. Vieux mot. Aller outre mer , du latin *Trans* , Au-delà , & de *Fretum* , Mer.

TRANSFUSION. f. f. Action par laquelle on fait couler une liqueur d'un vaiffeau dans un autre , comme il arrive dans plufieurs preparations de Chymie & de Pharmacie. La plus furprenante des Transfufions eft celle qui s'eft faite de nos jours , du fang d'un animal dans le corps d'un autre. Robert Lovver Medecin Anglois s'en dit l'inventeur , & il en fit l'experience publique à Oxford en 1665. Les Journaux d'Angleterre & de France enfeignent comment on peut faire cette forte de Transfufion , & marquent les experiences qui en ont été faites avec les objections & les réponfes.

TRANSGLOUTIR. v. a. Vieux mot. Avaler.

TRANSLATER. v. a. Vieux mot. Traduire d'une langue en une autre.

TRANSPIRATION. f. f. Terme de Medecine. Sortie infenfible ou prefque infenfible des mauvaifes humeurs que la nature pouffe par les pores. L'infenfible Tranfpiration feule eft plus grande que toutes les évacuations fenfibles enfemble. L'expiration qu'on fait par la bouche en un jour va jufques à demi-livre, & fi les alimens d'un jour pefent huit livres', la Tranfpiration infenfible montera jufques à cinq. Il y a même des gens qui s'évacuent autant en un jour naturel par l'infenfible Tranfpiration, qu'en quinze jours par les felles. Comme la maffe du fang eft dans un mouvement continuel de perte & de reparation, & qu'un homme dans l'âge de confiftance fait à peu près chaque jour huit onces de fang, il faut qu'il en tranfpire autant mediatement ou immediatement, faute dequoi fon corps prendroit en fort peu de tems une groffeur extraordinaire. Cette Tranfpiration fe fait fans qu'il refte aucune lie ou aucune tête morte, & ce n'eft pas l'ouvrage de la chaleur feule, puifque la chaleur, fur-tout fi elle eft fans flamme, reduit tous les mixtes humides en tuf & en charbon, & jamais fans refidu. Elle fe fait en partie par le mouvement continuel de la fermentation, & en partie par la continuelle infpiration de l'air. L'air qui volatilife plufieurs chofes que le feu rendroit fixes, penetrant tout le corps de l'animal dans la refpiration, l'expiration & la Tranfpiration, eft la caufe principale de la volatilifation & de la diffolution totale du fang & du fuc nourricier, & par fa vertu élaftique il avance puiffamment le mouvement de la Tranfpiration. C'eft à raifon de l'air que l'on mange davantage, & que l'on fue moins dans le grand froid & dans un air trop pur, fans compter qu'on fait peu de felles, & fort dures. Un homme qui eft fur mer mange deux fois plus qu'il ne fait fur terre, & rend beaucoup moins de gros excremens. Cela vient de ce que l'air pur, & celui de la mer difpofent le corps à une plus grande Tranfpiration & le fang à fe volatilifer, étant impoffible qu'on mange plus & qu'on rende moins de gros excremens fans tranfpirer davantage. La Tranfpiration de l'aliment eft plus ou moins grande felon le fexe, l'âge & la maniere de vivre. Ainfi les hommes tranfpirent plus que les femmes, les jeunes gens plus que les enfans, & les perfonnes laborieufes plus que les pareffeux à l'égard du fang & du fuc nourricier. Cette difference vient de la conftitution du fang & de la fermentation plus ou moins grande. Le vehicule & la matiere de l'infenfible Tranfpiration eft une humeur aqueufe empreignée de particules falines, volatiles, huileufes, inutiles, c'eft-à-dire, qui ont été comme ufées, & rendues fans vertu à force de circuler & de fermenter, & qui font pourtant affez attenuées & volatilifées pour tranfpirer par le moyen de la fermentation du fang & de diffolution de l'air infpiré. Son organe eft la peau qui reffemble à un rets tenneux compofé artificiellement de trois fortes de petits vaiffeaux capillaires, ou de fibres, de veines, d'arteres & de nerfs. Ce rets enveloppe tout le corps & renferme une infinité de petites glandes que leur petiteffe fait appeller *Miliaires*, & qui ont chacune leurs vaiffeaux excretoires qui fe déchargent en dehors vers la furpeau. Les orifices de ces petits vaiffeaux font les pores les plus confiderables de la peau. Ces petites glandes excretoires font l'organe des Tranfpirations copieufes; à quoi Pechlimus ajoute deux fortes de pores très-petits & très-nombreux, par lefquels la Tranfpiration fe fait principalement. Ainfi outre les pores de la peau qui partent de chaque petite glande, il y a d'autres pores qui bien que moins vifibles, diftillent beau-

coup de lymphe quand on preffe la peau après en avoir ôté la furpeau. Ce font les orifices des arteres capillaires, qui étant corrodés ou relâchés par quelque medicament acre, ramaffent la liqueur en maniere de veffie. Il y a de troifiémes pores, fçavoir les pores indivifibles du corps qui eft tout tranfpirable, par où s'exhalent les plus petites vapeurs, & celles que la folidité ne peut retenir. Quant à la maniere de l'infenfible Tranfpiration, Ettmuller de qui toute cette doctrine eft tirée, dit que les glandes miliaires de la peau tirent la partie aqueufe du fang que les vaiffeaux capillaires y apportent; que cette partie aqueufe du fang eft chargée des particules ufées, des fels fuperflus & d'autres particules inutiles, tant de la maffe du fang que des parties contenues, & fort fous la forme de vapeurs invifibles par les vaiffeaux excretoires, tandis qu'une même matiere fort de la même façon infenfiblement par les autres petits pores de la peau, à quoi l'ufage du corps qui tranfpire, foit des corps environnans, contribuent beaucoup. Il ajoûte à cela que comme l'air infpiré & mêlé aux corps fluides ne favorife pas peu leur mouvement fermentatif & leur attenuation fans beaucoup de tête morte, de même il facilite confiderablement la Tranfpiration; & fe trouvant renfermé avec les humeurs du corps, il ne manque pas de fe jetter dehors par les pores de la peau, & n'entraîne pas moins avec foi de matiere tranfpirable, qu'on voit qu'il entraîne en hiver de particules fenfibles hors des poumons dans l'expiration. La caufe efficiente de la Tranfpiration eft ou principale ou inftrumentale. La premiere fe divife en éloignée, fçavoir le mouvement circulaire de la maffe du fang qui pouffe la matiere tranfpirable vers la peau; & en prochaine, fçavoir les fibres nerveufes qui font le rets de la peau, & chaffent en fe refferrant doucement, ce qui eft contenu tant dans les pores que dans les glandules & les vaiffeaux excretoires. La caufe inftrumentale de la tranfpiration eft ou premiere, comme l'air infpiré, ou feconde, comme la chaleur. Lorfque la maffe du fang reçoit un mouvement trop rapide, qu'elle bouillonne, s'échauffe & s'attenue trop, comme il arrive dans les exercices violens du corps, dans les grandes chaleurs des corps qui nous environnent, ou quand on eft trop couvert, la fueur furvient de ce que la ridité du fang augmente fi fort la matiere de la Tranfpiration, qu'elle fort des glandes en forme de gouttes, & quelquefois en maniere de petits ruiffeaux, & toute l'habitude du corps en paroît gonflée.

TRANSPLANTATION. f. f. Action de tranfplanter. Il y a en Medecine des cures qui fe font par Tranfplantation. C'eft quand les maladies paffent d'un fujet à un autre, qui en devient malade ou non, la maladie fe gueriffant par l'accroiffement ou par la corruption de ce dernier. Cette Tranfplantation fe fait par un certain milieu ou moyen, nommé pour cela l'*Aiman*, ou fans ce milieu & par un contact feulement. La premiere efpece, appellée proprement, *Tranfplantation*, parce qu'elle fe fait par ce milieu, & que l'air en reçoit la mumie, c'eft-à-dire, la portion de l'efprit vital qui fait l'effet qu'on fouhaite, c'eft lorfqu'en mettant de la fiente du malade avec de la terre, on tranfplante fa maladie dans la plante qui naîtra de la graine qu'on aura femée dans cette terre, ou quand les rognures des ongles des piés d'un goutteux font renfermées dans un trou de tariere fait dans un chêne pour le délivrer de la goute. La fiente du malade eft l'aiman, & l'efprit vital de la plante qui naît
de

de la graine femée dans la terre où l'on a mis cette fiente, eſt la mumie que l'aiman reçoit. Il en eſt de même des rognures des ongles du goutteux & de l'eſprit vital du chêne, dans lequel ces rognures auront été renfermées. La feconde eſpece de Tranſplantation, qui eſt appellée *Approximation*, c'eſt quand un doigt malade d'un Panaris ſe guerit en le frottant dans l'oreille d'un chat qui prend la douleur. Alors le ſujet non malade reçoit les eſprits vitaux, s'unit avec eux, & corrige leur état morbifique; & comme certaines maladies ſe gagnent par approximation, quand les eſprits infectés d'un corps malade s'inſinuent dans un corps ſain & en infectent pareillement les eſprits, elles ſe gueriſſent auſſi par approximation, lorſque les eſprits d'un corps malade entrant dans un corps ſain, ceux de ce corps ſain corrigent & rétabliſſent les eſprits morbifiques de l'autre. La Tranſplantation par le moyen de l'aiman eſt de cinq ſortes; ſçavoir l'inſemination, l'implantation, l'impoſition, l'irroration, & l'inreſcation, qui ſont expliquées dans leur ordre alphabetique. Il y a auſſi une *Tranſplantation d'idées*. Par exemple, le ſang d'un animal qu'on avale, comme celui d'un chat, donne au buveur les façons de chat, & fait qu'il cherche les coins & donne la chaſſe aux rats. Non ſeulement les idées ou impreſſions externes, mais les internes mêmes on les eſpeces fortement gravées dans l'imagination ſont capables d'alterer le corps. Ainſi l'imagination de quelque choſe qui dégoûte produit le vomiſſement, & la vûe des pilules qu'un malade avalle excite en nous la purgation. Ceux qu'a mordus un chien enragé ſe croyent changés en chiens, & ils en font toutes les actions, ce qui vient des idées communiquées dans la morſure. La rage ne laiſſe pas de ſe guerir aiſément, ſi on plonge ſubitement & inopinément le malade dans l'eau froide, parce que les nouvelles idées de la crainte de la mort s'imprimant fortement, ont le pouvoir d'effacer celles de la rage. Les idées de fureur & de folie des maniaques ſe gueriſſent de la même ſorte par l'apprehenſion de la mort lorſqu'on les plonge dans l'eau.

TRANSPORT. ſ. m. Terme de Pratique. Acte qui ſe fait devant Notaires, par lequel une perſonne fait ceſſion d'une rente, d'une obligation à un autre. On appelle auſſi *Tranſport*, en termes de Palais, la deſcente des Juges ſur un lieu contentieux pour le viſiter.

Tranſport, eſt auſſi un terme de Medecine, & ſignifie un ſymptome qui arrive au cerveau cauſé par une fievre continue & par une impureté d'entrailles, d'où naît un dereglement dans toutes ſes fonctions qui eſt ſouvent ſuivi de la mort. Si les vuidanges d'une accouchée viennent à s'arrêter tout d'un coup & que la fievre continue avec douleur de tête & delire, ou la pleureſie ſurvienne, cela s'appelle *Tranſport à la tête ou à la plevre*. De même ſi la petite verole diſparoît après l'iruption, & qu'en rentrant elle cauſe des convulſions avec delire, on dit, qu'*Il s'eſt fait tranſport de la matiere au principe des nerfs*. Ettmuller raiſonnant ſur cela, dit que les humeurs ne ſe meuvent pas d'elles-mêmes, mais par une impulſion étrangere; & que ſi elles affligent & occupent une partie plûtôt qu'une autre, c'eſt à cauſe du vice de la partie, non pas du ſang ni des humeurs qui circulent indifferemment par toutes les parties. Ces mêmes humeurs, continue-t-il, ſont proprement retenues dans les parties, non pas tranſportées, quoiqu'on ait coûtume d'employer ce terme pour exprimer la promptitude de leur action. ainſi dans la ſuppreſſion des vuidanges, les excre-

Tome II.

mens de la matrice ſont également communiqués à tout le corps par le ſang; & s'il arrive qu'il y rencontre en quelque endroit un obſtacle qui nuiſe à ſon mouvement, comme la maſſe eſt gonflée & remplie de beaucoup de particules heterogenes qui ne ſont pas également corps, le ſang pur qui eſt pouſſé avec impetuoſité paſſe comme il peut par les vaiſſeaux ordinaires, tandis que les particules heterogenes deſunies & mal conformées s'arrêtent ſucceſſivement, & demeurent au paſſage, où elles s'accumulent par la circulation non interrompue & font un dépôt ſur la partie; & comme cela demande fort peu de tems, on dit que *C'eſt un tranſport*. L'obſtacle qui fait que ces humeurs ſont retenues dans quelque partie, dépend de quelque vice, quoique leger, de conformation dans les vaiſſeaux capillaires & dans les pores de la partie qui fait que le ſang paſſe, mais avec peine, ou bien il dépend de l'irritation de la partie cauſée par le ſang ainſi mêlangé. Cette irritation fait non ſeulement retirer les fibres, mais auſſi retrecir les pores, de ſorte que le ſang pur paſſe outre à cauſe de ſon mouvement, mais les parties heterogenes reſtent au paſſage; ce qui eſt cauſe que ces ſortes de tranſports ſe font tantôt avec inflammation, & tantôt ſans inflammation.

TRAPAN. ſ. m. Quelques-uns appellent ainſi le haut d'un eſcalier où la charpente finit. Ils derivent *Trapan* du latin *Trabs*, Poutre, à cauſe qu'un eſcalier ſe termine par quelque piece de bois qui l'entretient.

TRAPEZE. ſ. f. Terme de Geometrie. Figure irreguliere enfermée par quatre lignes droites, dont toutes les oppoſées ne ſont pas paralleles & égales, comme dans le quarré ou le rhombe. Ce mot vient du Grec τραπέζα, Table. Apparemment qu'il y a eu chez les Anciens Grecs quelque ſorte de table qui avoit cette figure.

Trapeſe, eſt auſſi un terme de Medecine, & ſignifie un muſcle qui ſert au mouvement de l'épaule.

TRAPEZOIDE. ſ. m. Corps ſolide décrit par la circonvolution d'un trapeſe, comme le cylindre eſt décrit par la circonvolution d'un parallelogramme. Il eſt clair qu'il peut y avoir une infinité de Trapeſoïdes de differentes eſpeces, au lieu que tous les cylindres ſont de la même eſpece.

TRAQUENARD. ſ. m. Terme de Manege. Train rompu d'un cheval, qui a quelque choſe de l'amble, & qui ne tient ni du pas ni du trot. On l'appelle autrement *Entrepas*. C'eſt le train des chevaux qui n'ont pas de reins & qui vont ſur les épaules, ou qui ont les jambes ruinées. Borel fait venir Traquenard de *Tricenarius* ou *quod intricet pedes*. D'autres le dérivent de *Trac*, Sorte d'alleure. On appelle auſſi *Cheval Traquenard*, Un cheval qui va ce train.

Traquenard. Sorte de danſe gaie, qui a des mouvemens particuliers du corps, & qu'on danſe ſeul.

Traquenard, ſe dit auſſi d'un piege que les Chaſſeurs tendent aux bêtes nuiſibles, telle que les fouines & les belettes. Ce piege eſt compoſé d'ais en maniere de cercueil.

TRAQUET. ſ. m. Terme de Meûnier. Petit morceau de bois attaché à une corde & paſſant à travers la tremie, pour faire tomber ce qu'il faut de grain ſous la meule d'un moulin afin de le moudre. Nicot donne ce même nom de *Traquet* à un oiſeau qu'il dit être appellé autrement *Thyon* ou *Groulard*, à cauſe qu'il remue toûjours les aîles, & n'a pas plus de repos qu'un Traquet de moulin en peut avoir tandis que la meule tourne.

Yyy

TRASI. f. m. Petite racine bulbeuse, ayant beaucoup de petites têtes, de la grosseur d'une feve, longuettes, & qui se retirent lorsqu'elles sont seches. La plante produit de longues feuilles pointues au bout, comme celles du souchet. Ses tiges sont de la hauteur d'une coudée, anguleuses, & ayant à leur cime de petites feuilles en façon d'étoiles, parmi lesquelles sortent les fleurs de couleur fauve, & garnies d'épis. Cette plante a quantité de racines minces, d'où pendent force boules grosses comme une feve, roussâtres, ayant au dedans une moëlle blanche & douce, du goût des châtaignes. On les broye fort menu, & après avoir jetté du bouillon de chair dessus, on les passe, ce qui est un remede singulier aux maux de côté & de poitrine. Ceux de Veronne, qui est le lieu où le Trasi croît en Italie, les font servir à table avec leur écorce, quand on apporte le fruit. On en suce seulement le jus, & on en rejette l'écorce à cause de son âpreté. Ces racines sont chaudes & humides. Tout cela est tiré de Matthiole.

TRATTES. f. f. Terme de Charpenterie. Pieces de bois, longues de trois toises, & grosses de seize pouces qu'on pose au dessus de la chaise d'un moulin à vent, & qui en portent la cage.

TRAU. f. m. Chemin étroit, serré entre des montagnes, par lequel on peut passer d'un Pays en un autre. C'est ce qu'on nomme plus communément, Pas & Col.

On a dit Traux dans le vieux langage, pour dire, des Trous.

TRAVADE. f. f. Les Mariniers appellent Travades, Certains vents si inconstans, que quelquefois en une heure ils font les trente-deux pointes du compas. Ces vents sont accompagnés d'éclairs, de tonnerres, & d'une pluie abondante, qui est de telle nature, qu'elle pourrit les habits de ceux sur qui elle tombe. De la corruption qu'elle cause, il se forme plusieurs sortes d'insectes très-incommodes.

TRAVAIL. f. m. Labeur, peine, fatigue, soit du corps, soit de l'esprit, qu'on prend pour faire quelque chose. ACAD. FR. Il signifie aussi l'Ouvrage que fait l'Ouvrier, & on dit en termes de Peinture, Voilà un beau travail, pour exprimer la beauté de l'exécution.

On dit d'une femme, qu'Elle est en travail, que Son travail est fort long, pour dire, qu'Elle ressent les douleurs dont l'accouchement est precedé, qu'elle le la souffertes long-tems avant que de mettre son enfant au monde.

Travail. Terme de Maréchal. Sorte de machine de bois, composée de quatre piliers joints par des traverses où l'on enferme un cheval, pour empêcher qu'il ne se débatte quand on le ferre, ou quand il y a quelque operation à lui faire. Ces piliers forment une petite enceinte en quarré long, que l'on menage devant la boutique d'un Maréchal.

Travail, en termes de guerre, se dit du remuement des terres, du transport & de l'arrangement des gabions, sacs à terre, des bariques, des fascines, & en general de tout ce qu'on fait pour se loger & pour se couvrir. On dit en ce sens, qu'On a poussé le travail à tant de pas du glacis. On appelle Travaux avancés, Les ouvrages qui couvrent le corps d'une Place du côté de la campagne. Les ravelins, demi-lunes, cornes, queues d'ironde, couronnes, tenailles & enveloppes, sont de ce nombre. On les appelle autrement Dehors.

TRAVAILLER. v. a. Faire une besogne, un ouvrage penible, prendre quelque fatigue de corps ou d'esprit. ACAD. FR. On dit en parlant de bâtimens,

Travailler à la tâche, pour dire, Faire une partie d'ouvrage pour un certain prix dont on convient; Travailler à la piece, pour dire, Faire des pieces pareilles, comme bases, balustres & chapitaux pour un prix égal, quoique chacune ait son prix; & Travailler à la toise, pour dire, Marchander de l'Entrepreneur ou du Bourgeois, la toise cube, courante, ou superficielle de divers ouvrages; comme Taille de pierre, gros & menus ouvrages de Maçonnerie. On dit aussi, Travailler par épaulées, C'est faire pié à pié & par reprises un ouvrage qui ne se peut faire tout à la fois, comme lorsqu'il faut reprendre peu à peu un ouvrage qui est en peril où soûtenir les terres mouvantes.

On dit que Du bois travaille, Lorsqu'ayant été employé sans être sec, ou mis en œuvre dans quelqué lieu trop humide, il éclatte & se dejette. On dit aussi d'un bâtiment, qu'Il travaille, Lorsqu'il est si mal fondé ou si mal construit, que les murs bouclent & sortent de leur aplomb; ce qui fait que les voutes s'écartent, & que les planchers s'affaissent. Dans les Mechaniques on dit qu'Une piece ne travaille pas, Lorsqu'elle est en équilibre, & qu'on ne l'applique pas à lever ou à soûtenir un poids plus fort.

On dit aussi quelquefois que Le vin travaille, pour dire, qu'Il souffre un peu d'alteration, ce qui arrive, ou quand il bout, ou quand la vigne est en fleur.

Travailler est aussi actif, & on dit parmi les Tanneurs, Travailler un cuir, pour dire, Le bien façonner avec la quiosse.

On dit en termes de Manege, Travailler un cheval, pour dire, Le faire manier, l'exercer au pas, au trot, au galop. Travailler, mis absolument, signifie, Faire manege. On dit en ce sens, Travailler en quarré, en long, travailler sur les voltes, travailler à l'air des courbettes.

TRAVAILLEUR. f. m. Terme de guerre. Pionnier qui est commandé, ou pour remuer les terres, ou pour quelqu'autre travail. Ce sont bien souvent des Soldats qu'on y employe.

TRAVAISON. f. f. Saillie qui est au haut des murailles d'un édifice. On dit aussi Trabeation & Entablement. C'est le lieu où pose la charpente de la couverture au dessus du chapiteau.

TRAVAT. adj. On appelle Cheval travat, ou travé, Un cheval qui a des marques blanches aux deux piés qui sont d'un même côté, l'un devant, l'autre derriere. Ce mot vieillit, & n'a plus guere d'usage, non plus que celui de Trastavat, qui signifie un cheval qui a deux marques aux deux piés qui se regardent en croix de saint André, comme le pié droit de devant & le gauche de derriere.

TRAVE'E. f. f. Espace d'une chambre ou d'un plancher qui est entre deux poutres. On appelle aussi Travées, Les espaces qui sont entre les palées des pieux qui soûtiennent les ponts de bois, & qui tiennent la place des arches des ponts de pierre. On dit encore Travée de comble. C'est sur deux ou plusieurs pannes la distance d'une ferme à une autre, peuplée de chevrons des quatre à la latte. Travée d'impression, est la quantité de six toises superficielles d'impression de couleur à huile ou à détrempe, à quoi on reduit les planchers plafonnés, les lambris, les placards & autres ouvrages de differentes grandeurs imprimés dans les bâtimens pour en faire le toisé. Ce mot vient du latin Trabs, Poutre.

Travées de balustres, se dit d'un rang de balustres de bois, de fer, ou deux pierres entre deux piédestaux, & Travée de grilles de fer, veut dire Un rang de barreaux de fer, qui est entretenu par les traverses entre deux pilastres ou montans à jour, ou deux piliers de pierre.

Nicot s'est expliqué au long sur *Travée*. C'est, dit-il, l'espace & longueur d'un plancher entre le mur & la poultre ou entre deux poultres, ou entre deux murs, tant que la solive de convenable longueur s'estend. Selon ce, on dit, Un corps d'hôtel ou grange de trois ou plusieurs travées ; &, Il a vendu une travée de maison. *En aucunes contrées de France*, on l'appelle *Espace*, & *aux Villages* Chaas, & contient douze pieds de large, c'est du long de ses solives dans œuvre & de dix-neuf à vingt pieds de long, qui est du traict de la poultre qui porte lesdites solives, & est la *Travée* la mesure par laquelle sont mesurez les édifices planchez en leur longueur & estendue. Ainsi dit-on, Une maison de deux, trois, quatre Travées. J'ay dit *Travée* estre mesure d'édifices en longueur, car pour la hauteur & profondeur d'iceux, qu'on dit de fonds en comble, on use du mot Estage, qui vient de ειρα Grec, que les Latins disent aussi Contignatio. En cette sorte n'est la *Travée* de l'entiere longueur de la solive, car la demi-pié de portée de chacun bout de la solive en est hors, & ne faut compter les pieds de longueur d'icelle solive, si n'est de ce qui en est dans œuvre & hors les portées, lesquelles ostées, la solive de sa dene longueur de treize pieds revient à douze, pour modelle de la mesure d'icelle *Travée*.

TRAVERS. f. m. *Estendue d'un corps considéré selon sa largeur*. ACAD. FR. On appelle aussi *Travers*, Une piece de bois ou de fer qu'on met au milieu d'un assemblage de pieces de charpenterie, de Menuiserie, de Serrurerie. *Travers*, en termes de Cordeur de bois, est une buche qu'on jette sur la voie de bois quand elle est cordée.

Les Doreurs sur cuir appellent *Travers*, Un filet d'or qu'ils mettent le long du côté du dos d'un livre relié en veau. *Travers*, dans une raquette, est une corde qui passe au travers de sa largeur.

Travers, signifie encore certain droit domanial qui se leve au passage des ponts & bacs de riviere, tant sur les personnes que sur les denrées & les marchandises que l'on fait passer d'une Province en une autre. Ce droit a eu plusieurs autres noms, suivant les tems & les lieux.

On dit en termes de mer, *Se mettre par le travers*, *Mouiller par le travers*, pour dire, vis-à-vis, à l'opposite. On dit aussi, *Mettre un Vaisseau côté à travers*, le mettre en *travers*, pour dire, Virer le bord, & presenter le côté au vent.

TRAVERSE. f. f. Terme de Charpenterie, ou de Menuiserie. Piece de bois qui s'assemble avec les battans d'une porte, ou qui se croise quarrément sur le meneau montant d'une croisée. On donne ce même nom de *Traverse* à des barres de bois que l'on pose obliquement & que l'on cloue sur une porte de menuiserie.

On appelle *Traverse de chassis*, Le morceau de bois qui est audessus & au bas du chassis, & qui se joint avec son battant.

Traverse, en termes de Serrurerie, est une sorte de barre de fer, au travers de laquelle passent les barreaux des fenêtres, & qui est scellée dans la muraille de part & d'autre. Les grilles de fer ont aussi des traverses qui en fortifient les barreaux.

Traverse, en termes de guerre, se dit d'un fossé bordé d'un parapet, & quelquefois de deux, l'un à droit & l'autre à gauche. Ce fossé est tantôt découvert & tantôt couvert de planches chargées de terre. *Traverse*, est bien souvent pris pour Galerie, & signifie un retranchement ou une ligne fortifiée par des parapets, par des sacs à terre, par des gabions.

Tome II.

tifiée par des parapets, par des sacs à terre, par des gabions.

On appelle en termes de Mer, *Traverse de gouvernail*, Une piece de bois en maniere d'arc, qui est dans la sainte Barbe. Il y a un taquet posé dessus, & ce taquet est lié à la barre du gouvernail pour la soûtenir.

Traverse dans le Blason, est une espece de filet qui se pose dans les armes des bâtards, traversant l'Ecu de l'angle senestre du chef à l'angle dextre de la pointe. Cette traverse ne contient en sa largeur que la moitié du bâton.

TRAVERSE'E. f. f. Terme de Marine. Le trajet qu'on fait d'un Port à un autre.

TRAVERSER. v. a. *Passer au travers d'un côté à l'autre*. ACAD. FR. On dit en termes de mer, qu'Un Navire *se traverse*, pour dire, qu'il presente le côté. *Traverser l'ancre*, c'est la mettre le long du côté du Vaisseau pour la remettre en sa place ; & *Traverser la misaine*, c'est haler sur son écoute pour faire rentrer dans le Vaisseau le point de la voile, afin de le faire abattre lorsqu'il est trop près du vent.

Traverser la riviere. On dit en quelque lieux, *Tramater* de *transmeare*.

Traverser du bois, en Menuiserie, le raboter ou rifler sur la largeur avant que de le dresser de fil.

Traverser une piece de bois, C'est le scier de travers, la couper de longueur à la difference de scier au long.

On dit en termes de Manege, qu'Un cheval *se traverse*, pour dire, qu'il coupe sa piste de travers & jette sa croupe d'un autre côté que sa tête.

TRAVERSIER. f. m. Petit bâtiment qui sert pour la pêche ou pour faire de petites traversées. Il n'a qu'un mât, & porte souvent trois voiles, l'une a son mât, l'autre à son étai, & une autre à un boutehors qui regne sur son gouvernail. On dit aussi *Traversier*, pour dire, à cause que le ponton est propre aux petites traversées.

Traversier de chaloupe, se dit, non seulement d'une piece de bois qui lie les deux côtés d'une chaloupe par l'avant, mais aussi de deux autres pieces qui la traversent de l'avant & de l'arriere, & où sont passées les herses qui servent à l'embarquer.

On appelle *Traversier de Port*, Le vent qui vient en droiture dans un Port, & qui en empêche la sortie.

TRAVERSIN. f. m. Chevet d'un lit. C'est une maniere d'oreiller rond qui en occupe toute la largeur. Il est ordinairement fait de coutil & rempli de plumes.

On appelle, en termes de Marine, *Traversin du timon*, Une piece de bois qui regne par la largeur de la sainte Barbe, & qui soûtient le timon qui va & vient sur ce traversin. On dit aussi *Traversin des bittes*, C'est une piece de bois mise en travers pour entretenir une bitte avec l'autre. Il y a encore un *Traversin des linguets*. C'est une grosse piece de bois endentée sur le haut du Vaisseau au derriere du cabestan. La tête des linguets y est entaillée.

On appelle *Traversin de balance*, Une verge de fer polie avec une aiguille au milieu & deux trous à chaque extrémité. C'est à ces trous que les bassins de la balance sont attachés & suspendus.

TRAVON. f. m. On appelle *Travons*, dans un pont de bois, les maîtresses Pieces qui traversant toute sa largeur, servent non seulement de chapeau au

Yyy ij

fil de pierre, mais encore à porter les travées des poutrelles.

TRAVOUIL. ſ. m. Devidoire à mettre le fil en écheveaux, en pieces.

TRAVOUILLETTE. ſ. m. Petit bois pour soûtenir les fuſées en travouillant ou devidant.

TRAVOUL. ſ. m. Terme de Marine. On appelle ainſi quatre petites pieces de bois endentées à angle droit l'une dans l'autre, ſur quoi les Pêcheurs plient leurs lignes.

TRAYER. *Se trayer.* v. n. p. Vieux mot. Se traîner.

Les ſardes & botereaux ;
Qui ſe trayent de leurs pieds.

TRAYON. ſ. m. Petit morceau de chair rond, long d'un doigt ou environ, qui eſt pendant au pis d'une vache, & qu'on tire pour faire venir le lait. Il ſe dit auſſi d'un des bouts du pis d'une jument, d'une âneſſe, d'une chevre.

TRAYOT. ſ. m. Vieux mot. Vaiſſeau propre à traire dedans, le lait d'une vache.

TRE

TREBUCHANT, ANTE. adj. Qui trebuche. Il ne ſe dit guere que d'une piece de monnoie qu'on peſe, & qui étant dans un des baſſins du trebuchet, & le poids dans l'autre, fait baiſſer celui où on l'a miſe. On appelle auſſi *Le trebuchant*, Un certain nombre de grains qu'on retranche ſur le marc, & qu'on regale ſur le nombre des pieces qui le compoſent, en ſorte que chaque piece ſoit un peu plus forte que le poids requis. Pour bien entendre ce que c'eſt que ce Trebuchant, il faut obſerver que le poids de marc étant compoſé de 4608. grains, & ce nombre de grains étant departi ſur la quantité des eſpeces qui font au marc, chaque eſpece doit porter une partie de ces 4608. grains ; mais parce que les eſpeces d'or & d'argent, qui doivent ſervir dans le commerce, peuvent être trop tôt uſées par le maniement, & à force d'être maniées, & devenir par-là trop legeres, on a toûjours ordonné de les tailler de telle maniere, qu'il fût laiſſé quelque grain, ou partie de grain, ſur chaque eſpece, outre le poids reglé pour chacune, afin qu'elles puiſſent être trebuchantes plus long-tems & en état d'être expoſées dans le commerce. Ainſi les demi-louis d'or étant à la taille de ſoixante & douze pieces & demie au marc chacune doit peſer ſoixante & trois grains, ſans y comprendre le Trebuchant. Si vous multipliez 72. par 63. vous trouverez 4536. grains, auſquels ajoûtant trente & un grains & demi pour la demi-piece, on aura en tout 4567. grains & demi. Il reſte donc quarante grains & demi pour fournir les 4608. grains qui compoſent le poids de marc. Si vous départiſſez également pour chaque demi-louis d'or par deſſus les ſoixante & trois grains qu'il doit peſer, ce ſera un demi-grain un peu plus pour chacun, & ce demi-grain un peu plus outre les ſoixante & trois grains, eſt ce qu'on appelle *Le Trebuchant*, parce qu'il ſert à faire trebucher le demi-louis d'or, & empêche qu'il ne devienne trop tôt leger par le maniement. Ce mot vient de *Trebucher*, qui ſignifie Broncher, faire une chûte, du Latin *Trabuccare*, ſelon M. Ménage, comme qui diroit, *In buccam cadere*, Tomber dans un trou. D'autres veulent qu'il ſoit compoſé de *Tre*, qui autrefois ſignifioit Outre, & de *Buche*, comme ſi on vouloit dire à celui qu'une buche, rencontrée en ſon chemin, a fait tomber, qu'il paſſe outre la buche.

TREBUCHET. ſ. m. Sorte de petite balance fort juſte & fort délicate qui a deux baſſins de cuivre ; & ſert à peſer l'or & l'argent avec de petits poids. On y peſe auſſi les perles & les pierreries. Les Affineurs ont des Trebuchets ſi juſtes, que la quatre mille quatre-vingt-ſeiziéme partie d'un grain les fait trebucher.

Trebuchet, en termes d'Oiſelier, eſt une machine en forme de petite cage qui ſert à attraper de petits oiſeaux. Elle eſt compoſée d'une échelle & d'un abatant qui eſt ſa partie ſuperieure que l'on tient ouverte. Ce deſſus de la machine eſt arrêté par l'échelle de telle ſorte, que dès que l'oiſeau ſe met ſur cette échelle, le reſſort ſe lâche & ferme le trebuchet, d'où il ne peut plus ſortir.

Les Anciens nommoient *Trebuchet*, Une machine dont ils ſe ſervoient pour jetter des pierres. Borel dit qu'elle étoit appellée *Trebuchetum*, de *Trabs*, Poutre, parce que c'étoit une poutre qui ſe détachoit.

TRECEOUR. ſ. m. Vieux mot. Treſſe pour les cheveux. On a dit auſſi *Trecheur*, dans la même ſignification.

Et ces beaux dorez trecheurs,
Et ces très-riches formeurs.

TREF. ſ. m. Vieux mot. Poutre, du Latin *Trabs*. Il s'eſt dit auſſi pour une ſorte de tente.

Orent ja tendu en un pré
Le tref le Rois, & environ
Firent loges à grand' foiſon.

On a dit auſſi *Tres*, dans le même ſens.

Mont y a Coutes & Barons,
Tentes & tres & pavillons.

Voici ce que dit Nicot en parlant de *Tref*. *C'eſt une poultre ſur laquelle les ſoliveaux portent. Ainſi on dit*, Trefs faits de pluſieurs pieces aſſemblées. Il ſe prend auſſi pour une eſpece de voile de navire. A plein tref, c'eſt-à-dire, A pleine voile. En Baudoüyn. Ils nageoient en mer ſans voile & ſans tref. Il ſe prend auſſi pour une tente & pavillon de Camp, comme, Il fit dreſſer les trefs, & mettre le ſiege devant Hieruſalem, *& cela, parce que les tentes & pavillons ſont dreſſez & ſoûtenus d'une groſſe perche en maniere de ſolive.*

TREFFEAU. ſ. m. Tiſon ou ſouche que les Païſans mettent la veille de Noël. Ils ont beaucoup de ſuperſtition là-deſſus. Il vient de *Ter focus*, ſoit qu'il ſoit trois fois plus grand qu'à l'ordinaire, ſoit qu'il doive durer trois jours.

TREFFOYER. ſ. m. Vieux mot. Chevet.

TREFLE. ſ. m. Herbe qui vient dans les prés, & qui a trois feuilles, ce qui l'a fait appeller par les Latins, *Trifolium*, d'où eſt venu *Trefle*. Il y a un Trefle que Dioſcoride appelle Aſphaltite du Grec ἀσφάλτιον, Bitume, à cauſe que ſes feuilles qui ont l'odeur de la reſine & en commençant à ſortir, ſentent le bitume lorſqu'elles viennent à croître. Cette herbe eſt haute de plus d'une coudée, & produit certaines verges menues, noires & faites en forme de jonc, d'où ſortent d'autres petites verges menues qui ont chacune trois feuilles ſemblables à celles de melilot. Sa fleur eſt rouge, & ſa graine quelque peu large & velue, longue d'un côté, & portant une petite gouſſe traverſée comme une antenne. Sa racine eſt menue, longue & roide. Sa graine & ſes feuilles bûes en eau ſoulagent les pleureſies & les douleurs de côté, & ſont bonnes au haut mal, aux difficultés d'urine, aux hydropiſies qui commencent à venir, & aux femmes ſujettes aux maux de mere. On employe ſa racine dans les antidotes, contrepoiſons & préſervatifs. Matthiole cit qu'il y a trois sortes de Trefle en Italie. Le premier a ses feuilles rondes & larges, le second les a longuettes, & le troisième les a rondes comme le premier, mais plus petites. Ils sont differens aussi en leurs fleurs, les unes étant blanchâtres, les autres rouges, & les autres jaunes. Le Trefle des prez, si l'on en croit Pline, présage le mauvais tems. Il dit qu'il se herissonne & dresse ses feuilles, comme se voulant armer contre la tempête, quand il y en a quelque menace en l'air. On appelle *Trefle de Marais*, Une sorte de plante odoriferante dont la tige est haute d'un pié & demi, & qui porte de petites fleurs blanches semblables à des jacintes.

Trefle, Se dit aussi, en termes d'Architecture d'un ornement en forme de Trefle, qui se taille sur les moulures. Il y en a à palmettes & à fleurons. On appelle *Trefles de moderne*, dans les compartimens des vitraux, pignons & frontons Gothiques, de petites roses à jour faites de pierre dure avec nervures. Elles sont formées par trois portions de cercle, ou par trois petits arcs en tiers point.

TREFLE', E'E. adj. Terme de Blason. Il se dit de la figure du Trefle posé sur l'écu ou aux extremités d'une croix. *D'azur à la croix de gueules Treflée.*

TREFLER. v. n. Terme de Monnoyeur & de Medailliste. Il se dit d'une Medaille ou monnoye qui a été frappée au marteau à plusieurs reprises, lorsque les dernieres fois elle n'a pas été rengrenée juste, ce qui la rend défigurée, parce que les mêmes points ne se sont pas rencontrés ensemble. *Rengrener*, se dit lorsqu'on frappe le poinçon d'effigie sur une matrice, afin d'y marquer l'empreinte de l'effigie en creux, ou quand on frappe des poinçons sur cette matrice, pour y marquer l'effigie en relief, ou enfin quand on frappe ces poinçons sur les quarrés à monnoyer pour y marquer l'effigie en creux; & si l'ouvrier qui donne les coups de marteau, manque à faire chaque fois le rengrenement, les effigies se trouvent doublées. C'est-là ce qu'on appelle *Trefler.*

TREFONDS. s. m. Quelques-uns écrivent, *Tresfonds*. Voici ce qu'en dit Nicot. Trefonds ou Tresfons, *est ce qu'on dit, Chauffée, quand on dit, le rez de chaussée, & signifie le fonds & le champ de quelque heritage que ce soit. Il est composé de* Terre *par Syncope, &* Fonds, *comme si on disoit,* Terrefonds, Fonds de terre. *Ainsi on dit,* Il a vendu le taillis, trefonds & tout, *dont le contraire est quand la seule couppe du bois est vendue, & non le fonds.* Trefoncier, *selon le même* Nicot, *est le Seigneur du Trefonds auquel en appartient la Seigneurie directe.*

TREHUS. s. m. Vieux mot, qui selon Pasquier a signifié Tribut. On a dit aussi *Trus, Truc* & *Truage*, dans le même sens. Borel fait venir delà *Truanger*, autre vieux mot, qui a été dit pour Piller, gourmander, fouler.

TREILLAGE. s. m. Ouvrage fait d'échalas droits & planés, qui étant liés quarrément avec du fil de fer, forment des mailles de cinq à sept pouces, soit pour faire des berceaux, soit pour soûtenir des espaliers contre les murs des jardins. Il faut les peindre de blanc ou de vert à l'huile, tant pour l'ornement, que pour les mieux conserver. Scaliger fait venir *Treillage*, du Latin *Trichila*, qui veut dire, Treille ou ombrage.

TREILLIS. s. m. Sorte de toile assés fine qui est gommée, lissée & luisante, & dont on se sert à faire quelques doubleures dans le petit deuil. On appelle aussi *Treillis* une sorte de grosse toile dont s'habillent les Charriers, les Matiniers, & autres

gens de même nature. On s'en sert encore à faire des sacs.

Treillis, signifie aussi la clôture d'une porte ou d'une fenêtre, faite de barreaux de fer ou de bois, qui en se croisant, laissent plusieurs quarrés vuides. Les parloirs, les ouvertures du chœur & les grilles des Religieuses sont fermés d'un Treillis de fer, & quelquefois d'un double treillis.

On appelle *Treillis de fil d'archal*, Un ouvrage fait de fil de fer ou de laiton, séparé en plusieurs mailles. Ce Treillis se met aux voïets des armoires à livres, ou au-devant des vitres qui sont en danger d'être cassées.

Les Peintres appellent *Treillis*, Un chassis qui est divisé en plusieurs quarrés, & qui leur sert à copier des tableaux & à les réduire de grand en petit, ou bien de petit en grand.

Treillis se dit encore d'un morceau d'étaim rond, fin & délié, fait en forme de jalousie, que les Potiers d'étaim pendent devant leur boutique, & dont les Chaudronniers se servent pour étamer les casseroles, & autres vaisseaux de cuivre.

Treillis. Terme de Blason. Espece de frette. Les Treillis sont garnis de cloux dans le solide & aux endroits où les listes & bâtons se rencontrent, ce qui les fait differer des frettes qui ne sont point clouées. *Treillis* se dit aussi des grilles qui sont en la visiere des casques & heaumes qui servent de timbre aux armoiries.

TREILLISSE', E'E. adj. Terme de Blason. C'est le fretté plus serré, *D'argent treillissé de gueules cloué d'or.*

TRELINGAGE. s. m. Terme de Marine. Corde qui finit par plusieurs branches, comme les Marticles & les pattes de bouline. Le Trelingage s'amarre aux barrots du pont.

TRELINGUER. v. n. Terme de Marine. Se servir d'un cordage à plusieurs branches. C'est ce que l'on fait pendant l'orage à l'égard des branles, afin d'en diminuer le balancement.

TREMA. adj. Les Imprimeurs appellent, *ë Trema, ï Trema,* & *ü Trema,* Un *e* un *i* ou un *u* sur lequel ils mettent deux points, comme dans ces mots. *Tuër, Pais, Loüer.*

TREMAIL. s. m. Vieux mot, dont Nicot parle en ces termes. Tremail, *est la meslange de ces trois especes de grains, Avoine, Orge, & Vesse, qu'on dit par corruption de prononciation,* Tremoy, *ou* Tremoye *&* Tramoy. *On l'appelle ainsi à cause de ladite meslange.*

TREMAILLE', E'E. adj. Vieux mot. Tremaillé, dit le même Nicot, *qu'aucuns écrivent & prononcent plus delicatement,* Tremeillé, *est composé de ce mot Latin,* Termaille, *& de cetuy François, ou plustost de ces deux François,* Trois *&* Maille, *comme si l'on disoit,* A trois rangs, *ou* à trois doubles de Maille. *Ainsi dit-on,* Alier tremaillé. *C'est une espece de filet à tendre aux perdrix, qui à deux panneaux de grosse & large maille, & entre iceux un panneau de menu maille, auquel les perdrix se prennent, servans les deux de large maille pour les decevoir sans plus, soit qu'elles viennent par devant ou par derriere.*

TREMBLAISON. s. f. Vieux mot. Tremblement, crainte.

TREMBLANT. s. m. Terme d'Organiste. Sorte de jeu qui se mêle à plusieurs autres, & qui fait une espece de tremblement harmonieux. C'est un petit ais mobile avec un ressort qui est dans le portevent. Cette espece de soupape étant agitée par le vent à qui elle donne ou ferme l'entrée, produit cet effet. Les tuyaux tremblent quand on l'abaisse, & on les empêche de trembler en la levant. Il y a un *Tremblant à vent ouvert*, ou *perdu*, qui se voit encore dans les vieilles orgues, & un *Tremblant à vent clos*. C'est celui dont on se sert à present. Ce n'est autre chose que la soupape dont on a parlé; doublée de trois ou quatre cuisses. Elle est suspendue un peu en panchant dans le portevent, & portée sur un petit quarré creusé par le milieu, sur quoi elle s'ouvre & se ferme librement. On y attache un petit poids quand on en veut temperer le mouvement, & alors on l'appelle *Le tremblant doux*.

TREMBLE. s. m. Arbre de haute fustaye, qu'on appelle autrement *Peuplier noir*. Le Tremble est plus haut & plus droit que le Peuplier, & a ses feuilles comme le lierre, pleines, quoiqu'un peu pointues, & attachées à une longue & fort tendre queue. Son écorce est de couleur cendrée, & son bois blanc & propre à bâtir. Elles remuent presque toûjours, & même sans vent; ce qui a fait appeller cet arbre *Tremble*, du Latin *Tremulus*. Son fruit est grappu portant des perles qui ressemblent à l'orobe, & qui s'évanouissent dans l'air en petits flocs quand elles sont mûres. Le Tremble est propre à faire des ais.

TREMBLEMENT. s. m. *Agitation, mouvement de la chose qui tremble*. A c a d. F r. Les Medecins nomment *Tremblement*, Une affection mêlée de mouvement naturel & volontaire & de quelque chose de convulsif. Ainsi quand on veut lever quelque membre, il s'abaisse & tire du côté contraire, & resiste au mouvement volontaire qui à la fin devient pourtant le plus fort. Le Tremblement des parties est ou simple ou convulsif. Le simple est un petit tremblement qui succede à la crapule, aux fortes passions, & sur-tout à la colere. Le convulsif est un fort tremblement, tel que celui qu'on voit souvent arriver dans le déclin des paroxysmes épileptiques, & qui cesse avec le paroxysme. Ceux qui ont ce mal ne peuvent remuer librement leurs membres, ni les tenir allongés ou suspendus. Soit que tout le corps & tous les articles en soient affligés, soit quelque membre particulier, il sera toûjours agité & ira en sautillant. Etmuller dit que la veritable cause du tremblement est l'action conjointe de deux muscles antagonistes, ou non, qui contribuent au mouvement de quelque membre, & que ce sont proprement deux actions, dont l'une est principale & volontaire, & l'autre moins principale & contre nature. Ainsi en même-tems qu'un muscle étend le bras, l'autre le retire & le fait mouvoir de quelque autre maniere, d'où le tremblement s'ensuit. C'est par le vice de la partie qu'il arrive quand le nerf qui doit porter les esprits ou le muscle où ils doivent être portés ont les pores mal conformés, ou les fibres mal disposées ou mal arrangées, ou même quelques tuyaux bouchés ou embarrassés, en sorte que le mouvement des esprits en étant dépravé, ces esprits se jettent en même-tems dans le muscle destiné au mouvement requis, & dans le muscle voisin. Les Orfévres qui manient souvent du mercure, ont de frequens tremblemens, ainsi que ceux qui portent la ceinture de mercure pour se déliver de la galle. Le trop grand refroidissement de la partie cause aussi le tremblement. Celui des vieillards est presque incurable, & il est rare qu'on puisse guerir parfaitement le tremblement hereditaire, ou qui est venu successivement par les erreurs d'une diete vitieuse. Le tremblement qui succede à la paralysie, n'est point un mal, mais une marque que la paralysie décline, & que le mouvement naturel revient.

Il y a aussi un mal appellé *Tremblement de cœur*. C'est un battement diminué & tremblotant qui suit la constrution du cœur qui est diminuée, débile & dépravée. On a coûtume de confondre ce mal avec la palpitation, mais il lui est opposé, puisque la palpitation est une secousse immoderée & violente avec une systole & diastole impetueuse & importune, & que ce qu'on appelle *Tremblement du cœur*, c'est quand les pulsations sont petites, frequentes, tremblotantes, & semblables aux pouls languissant & frequent. On ne peut nier que ce tremblement ne vienne de l'irritation du muscle du cœur; mais il y a cette difference, que le cœur irrité palpite quand les forces sont vigoureuses, & que quand elles sont foibles & abbatues, il tremblote seulement, ce qui fait que le tremblement du cœur est un symptome des forces qui sont sans vigueur, & en quelque façon de la lipothymie.

On appelle *Tremblement de terre*, Un mouvement causé par une inflammation soudaine de quelque exhalaison sulphureuse & bitumineuse, qui est dans les cavernes souterraines qui ne sont pas beaucoup éloignées de la surface de la terre. Les Philosophes ont en là-dessus diverses opinions. Democrite, Anaximenes, Epicure, Lucrece & quelques autres, supposant que de grands fleuves rouloient sous la terre, où il y avoit de grands lacs & de grandes cavernes, ont crû que l'eau, le feu, ou une longue suite des ans, ayant rongé les soutiens de ces cavernes, elles tomboient & se précipitoient tout d'un coup, entraînant avec elles les masses de terre qu'elles soutenoient, & quelquefois des montagnes toutes entieres; ce qui ébranloit & faisoit trembler non seulement toutes les terres circonvoisines, mais encore celles qui sont éloignées. Ils s'imaginoient encore que s'il tomboit de ces grosses masses de terre ou de rocher dans ces grands lacs souterrains, le mouvement alternatif de l'eau étoit capable de faire branler la terre, & de lui causer une espece de tremblement en la faisant pancher de divers côtés. Il y en a qui ont crû qu'il se pouvoit faire que les vents se jettassent tout d'un coup dans les concavités de la terre, soit qu'ils vinssent de dehors, soit qu'ils s'élevassent des entrailles mêmes de la terre, & que roulant & fremissant entre les cavernes, ils en ébranlassent les fondemens & causassent un tremblement. Cette derniere opinion a si peu de vrai-semblance, que plusieurs s'étonnent qu'elle ait trouvé de tout tems des défenseurs. C'est avec raison qu'on s'est toûjours mis en peine de rechercher la cause des tremblemens de terre, qui n'est autre que les feux souterrains qui s'allument dans ses entrailles, & qui ne paroissent pas toûjours au-dehors: car il se peut faire qu'ils soient suffoquez immediatement après leur naissance, faute de trouver des soupiraux par où leurs fumées puissent s'exhaler; ce qui est cause que ceux mêmes qui habitent les terres, au-dessous desquelles certains feux se sont allumez, ne peuvent pas toujours les appercevoir. Si pourtant il arrivoit que la caverne souterraine se trouvât remplie d'une exhalaison extrêmement épaisse, semblable à peu près à celle qui s'éleve d'une chandelle que l'on vient d'éteindre, elle prendroit feu tout à coup, & se dilatant elle souleveroit la terre qui seroit au-dessus, de la même sorte à peu près que la poudre à canon qu'on met dans les mines, souleve les terres au-dessous desquelles on les a faites, après quoi, l'exhalaison étant consumée, ce qui auroit été élevé retomberoit par son propre poids; & c'est en cela que les tremblemens de terre consistent. Il arrive même quelquefois qu'un de ces tremblemens est suivi de plusieurs autres, lorfqu'il y a plufieurs cavernes voifines les unes, des autres, & que ces cavernes ont quelque forte de communication, pour faire que les exhalaifons dont elles font pleines s'enflamment fucceffivement. Il peut auffi arriver qu'une feule caverne foit fi grande, & que la chute de la contrée de la terre qui lui tenoit lieu de voute, foit fi rude, qu'elle fe fende & s'entrouvre vers le milieu, & qu'ainfi les parties qui y répendent s'enfoncent, & defcendent beaucoup plus bas qu'elles n'étoient auparavant. C'eft ce qui explique comment un feul tremblement de terre a pû abimer des Villes entieres. Pline en marque un fort extraordinaire qui arriva proche de Rome à la vûe d'une quantité de Chevaliers Romains. Il dit que deux Montagnes s'entrechoquerent plufieurs fois avec un grand bruit & un grand fracas, & que dans le tems qu'elles s'approchoient & s'éloignoient l'une de l'autre, il fortoit entre les deux d'épais tourbillons de flâme & de fumée. Il n'y eut peut-être jamais un tremblement de terre fi épouvantable que celui qui caufa tant de defordre le fiecle paffé dans le Perou proche de Lima. Il s'étendit près de trois cens lieues le long du rivage de la mer, & du moins foixante & dix au dedans du continent. Les Villes & les Montagnes en furent boulverfées. On vit difparoître des fontaines, des lacs & des fleuves, & on commença d'en découvrir dans des lieux où aucune eau ne couloit auparavant. La mer même s'abaiffa pendant un tems proche du rivage, comme pour aller s'abîmer dans les cavernes fouterraines qui s'étoient entr'ouvertes. Ce que Puteanus rapporte eft prefque incroyable, qu'en une nuit on ait vû naître des montagnes de pierre-ponces & de cendres au milieu d'un continent, & des Ifles dans la mer, comme Pline & Strabon l'affûrent; ce qui toutefois ne paroît pas impoffible, puifqu'il fe peut faire qu'il y ait eu fous la mer même des cavernes & des voutes que la force de la flâme ait foulevées & fracaffées de telle maniere, que les terres & les rochers qui étoient par deffus, n'ayent été amoncelées dans le fond de ces cavernes qui fe feront remplies d'eau, mais que ces maffes ayent été jettées & renverfées de côté fur un fond folide, ce qui fait qu'étant ainfi amoncelées & élevées au-deffus de la furface de la mer, elles paffent pour de véritables Ifles. Il eft certain qu'en 1538. il fe forma ainfi une Ifle nouvelle telle que celles des Terceres. Elle a environ trois lieuës de long, & une demi-lieuë de large, dans un endroit où la mer a foixante braffes de profondeur. Il fe fit alors un bruit & un fracas effroyable des pierres que la mer jettoit, & qui retomboient les unes fur les autres. Les lieux caverneux font les plus fujets aux tremblemens, & principalement ceux qui abondent en foufre, & en bitume.

Tremblement. Terme de Mufique. Mouvement précipité des fons qui fe fait particulierement dans les doubles cadences. Les joueurs de guitarre font leurs tremblemens en tirant plufieurs fois fort vîte la même corde avec la main droite. Il y a une forte de tremblement qu'ils appellent, *Tremblement étouffé.* Il fe fait en tirant la corde une fois, comme fi on vouloit trembler, & la preffant auffi-tôt du même doigt. Le tremblement des joueurs de violon & de viole, eft un mouvement délicat qui fe fait avec le doigt fur quelque corde de la touche du manche de l'inftrument; & les joueurs de flûte & de mufette appellent *Tremblement,* Un mouvement qu'ils font avec art fur le trou de la flûte ou du chalumeau.

TREMBLO. f. m. Petit oifeau qui fe trouve dans la Guardeloupe & dans quelques autres Ifles des An-

tilles. Il eft de la groffeur d'une caille; & à fon plumage d'un gris un peu plus obfcur que celui de l'alouette. On lui a donné le nom de *Tremble,* à caufe qu'il tremble fans ceffe, principalement des ailes qu'il entr'ouvre.

TREMEAU. f. m. Terme de fortification. La partie du parapet que les deux embrafures d'une batterie terminent. Sa largeur eft d'ordinaire de neuf piés en-dedans & de fix en-dehors, & fon épaiffeur & fa hauteur font les mêmes que celles du parapet. On l'appelle autrement *Merlon.*

TREMEFACTION f. f. Vieux mot. Crainte, tremblement.

TREMENTER. v. a. Vieux mot. Tourmenter.

TREMER. v. a. Terme de Ferrandinier & de Tifferand. Devider du fil, de la laine, de la foye, fur un petit tuyau appellé *Treme,* ou *Trame.* Les gens du métier ont accoutumé de dire *Treme.* Voyez TRAME.

TREMIE. f. f. Terme de Meûnier. Sorte de vaiffeau de bois, large par en haut, & étroit par en bas, où ceux qui veulent moudre jettent le grain. Le grain coule peu à peu par un auget fur la meule de moulin qui l'écrafe & le réduit en farine. On fe fert auffi de Tremies dans les greniers à fel pour faire couler le fel dans les mefures.

On appelle en terme de Maçonnerie, *Bandes de Tremie,* Des bandes de fer qui fervent pour tenir les atres & foûtenir les languettes des cheminées. Ainfi le mot de *Tremie,* dans cette façon de parler, fe prend pour la partie quarrée où s'allume le feu, qui eft appellée *Atre,* ou *Foyer,* lorfqu'elle eft carrelée, ou que l'on commence y alumer le feu.

TREMION. f. m. Terme de Meûnier. Pieces de bois qui foûtiennent la tremie. Ce font deux pieces qui s'entretiennent par des chevalets. On appelle auffi *Tremion,* La baire de bois qui fert à foûtenir la hotte d'une cheminée.

TREMPE. f. f. Maniere de tremper le fer. Il y a des trempes pour chaque forte d'acier. Pour tremper le petit acier limofin, clamefy & l'artificiel; après que l'on a forgé, aceré & dreffé les pieces, on les fait rougir dans le feu un peu plus que la couleur de cerife, après quoi on les trempe dans de l'eau de puits ou de fontaine la plus froide qui fe trouve. L'acier ayant été refroidi, on lui donne un peu de recuit, c'eft-à-dire, qu'après que l'on a trempé l'outil, on le met auffi-tôt fur une piece de fer chaud, jufqu'à ce que la blancheur qu'il a contractée par la trempe, vienne à fe perdre en devenant de couleur d'or, & alors on le rejette encore promptement dans l'eau, fans attendre qu'il devienne bleu, à caufe qu'il perdroit fa force, à moins que ce ne foit de ces fortes d'aciers à la rofe qui font forts & fe foûtiennent affés. Quant à celui de Piémont, fi c'eft pour des outils tranchans, il faut le tremper en couleur de cerife, & enfuite lui donner le recuit, qui fera bon, fi en paffant un morceau de bois fec par deffus, on voit que la raclure ou pouffiere qui en fortira fe brûle incontinent fur la piece. Tout acier devient caffant fi on le trempe trop chaud. Si on ne l'a pas trempé affés chaud, & que l'outil ne fe trouve pas bon, on peut le faire meilleur en le trempant encore une fois. Quelques-uns tiennent que la rofée du mois de Mai, amaffée le matin au lever du Soleil en quelque lieu élevé fur le blé ou autres herbes, eft la plus naturelle de toutes les eaux pour tremper les refforts d'acier d'Allemagne. On prend de cette eau fix, fept, & jufqu'à neuf fois autant pefant que d'acier; on la met dans un vaiffeau où on le trempe après qu'on l'a chauffé doucement & mis en couleur de cerife, & on le trempe fi avant, qu'il ne puiffe prendre ni vent ni air, jufqu'à ce qu'il foit refroidi. On l'ôte enfuite & on le nettoye avec du fable jufqu'à ce qu'il devienne blanc & que toute l'écaille foit ôtée de deffus. Cela étant fait, on met le reffort fur le feu & en lui laiffant prendre le recuit doucement, on attend qu'il vienne en couleur jaune, fanguine, violette, couleur d'eau & gris noir. Lorfque ces couleurs paroiffent, on doit l'ôter de deffus le feu & paffer un bois fec, comme à l'acier de Piémont. Ce bois, ou fa raclure, commençant à brûler deffus, on prend une corne de mouton, de chévre, de bœuf, ou de quelque autre animal, qui foit graffe, & on la paffe par deffus le reffort, ou bien une plume, de l'huile, du fuif de chandelle ou d'autre graiffe, & on le met un peu fur le feu. Si on fe fert d'huile, il faut la laiffer flamber & brûler fur le reffort, & voir de nouveau fi le bois dont on fe fervira pour le frotter, brûlera. Ce fera une marque que l'ouvrage fera achevé, & il n'y aura plus qu'à le laiffer refroidir. L'acier de carme ou l'acier à la rofe, doit être trempé dans de l'eau trèsfroide de puits ou de fontaine, après qu'on l'a fait chauffer en couleur de cerife feulement avec du charbon de bois. Si l'acier qu'on trempe eft deftiné à faire des burins, des cifelets, des cifeaux ou d'autres outils propres pour couper du fer, on leur doit donner le recuit en couleur jaune, tirant un peu fur le rouge, après quoi on les laiffe refroidir. Si ces outils viennent à fe rompre ou à s'éclater en travaillant, on doit les remettre un peu fur le feu ou fur quelque autre fer chaud, qui leur donnera plus de recuit, jufqu'à ce que tirant un peu fur le violet, ils deviennent tels qu'on les demande. L'acier d'Efpagne, qui eft par groffes barres, fe doit tremper comme le foret ou le clamefi. La trempe la plus affurée pour des limes & autres pieces que l'on fait de fer, eft celle qui fe fait ordinairement avec de la fuye de cheminée, la plus groffe, la plus dure, & la plus feche qu'on puiffe trouver. Il faut la bien mettre en poudre pour la paffer avec un tamis, & la détremper enfuite avec de l'urine & du vinaigre, fans y en trop mettre, & en y ajoûtant un peu de fel commun ou de faumure, c'eft-à-dire, du fel fondu. Le tout étant détrempé, on doit rendre cette fuye auffi liquide que de la montarde. Après cela, on frotte les limes de vinaigre & de fel pour en ôter la graiffe que l'on met deffus quand on les taille, ce qui étant fait, on les couvre de la fuye détrempée & faifant un paquet de plufieurs limes, au milieu duquel il y a un canon de fer avec une verge de fer dedans, que l'on appelle *Efprouvette*, on couvre tout ce paquet de terre franche. On le met chauffer avec du charbon de bois dans un fourneau à vent fait de briques ou autrement, jufqu'à ce que les limes foient en couleur de cerife ou un peu plus rouges, ce que l'on connoît par l'efprouvette qu'on tire doucement hors du canon. Lorfqu'on voit que les limes font affés chaudes, on les jette dans quelque vaiffeau rempli d'eau de puits ou de fontaine, & fi elles fe courbent ou s'envoilent à la trempe, on les pourra redreffer en les pliant doucement dans l'eau avant qu'elles foient tout à fait froides. Lorfqu'elles le font, on les nettoye avec du charbon de bois ou avec du linge, pour en ôter la fuye qui demeure dans la taille. On les met fecher devant le feu, & enfin on les enferme dans quelque boîte avec du fon de froment pour les garantir de la rouille. Si ce font des limes douces, on les faut envelopper dans du papier huilé, de crainte que la fleur qui eft dans le fon n'entre dans les tailles. Ceux qui en voudront fçav

voir davantage, le trouveront dans l'excellent Livre des Principes de l'Architecture & autres Arts de M. Felibien.

Trempe, en termes de Peinture, eft une maniere de peindre, appellée autrement *Détrempe*, & *Tempera* par les Italiens, qui nomment particulierement *Peindre à trempe*, lorfqu'ils fe fervent feulement de jus de figuier & de blanc d'œuf au lieu de colle.

TREMPIS. f. m. Eau où l'on a laiffé tremper de la morue ou de la faline. *Trempis de morue.* On appelle *Trempis de cuir*, dans les Tanneries, l'eau où l'on a laiffé tremper le cuir.

TREMPLIN. f. m. Terme de Danfeur de corde, Sorte d'ais fort large qui a un pié à un bout, & qui n'en a point à l'autre. On s'en fert à faire des fauts perilleux. Ce mot vient de l'Italien *Trempellino*, Treteau.

TREMPURE. f. f. Terme de Meûnier. Poids qui fert à faire moudre d'une certaine maniere.

TREMUE. f. f. Terme de Marine. Paffage de planches qu'on fait dans quelques Vaiffeaux, depuis les écubiers jufques au plus haut point. La Tremue fert à faire paffer les cables qui font frappés aux ancres.

TRENQUESON. f. f. Vieux mot. Tranchée de ventre.

TRENTANEL. f. m. Sorte de plante d'une odeur forte, qui croît dans le Languedoc & dans la Provence. On s'en fert à teindre, & elle fait une couleur entre jaune & fauve.

TRENTE. adj. pluriel. *Nombre contenant trois fois dix.* ACAD. FR. On dit en termes du Jeu de la paume, *Avoir trente*, pour dire, Avoir gagné deux coups fur un jeu; & *Donner Trente à quelqu'un*, pour dire, Lui donner de deux coups fur chaque jeu, comme s'il les avoit gagnés.

On appelle *Trente & un*, Une forte de Jeu de carte, où l'on donne trois cartes couvertes à chaque Joueur. Si ces trois cartes approchent du nombre de trente & un, il peut n'en pas prendre davantage. S'il en prend encore quelques autres, & que toutes enfemble elles faffent plus de points que trente & un, il perd ce qu'on joue. Le Joueur qui a trente & un de point, ou qui en approche davantage, eft celui qui gagne. *Trente & quarante* eft un autre Jeu, où l'on prend d'abord quatre cartes. On en prend encore d'autres, quand ce qu'elles font de points eft au deffous du nombre de trente Le Joueur qui paffant ce nombre en approche davantage, eft celui qui gagne.

Trente-fix mois, Nom que l'on donne à celui qui voulant aller chercher quelque établiffement dans les Indes, s'oblige de fervir pendant trois ans celui qui paye fon paffage. On l'appelle autrement *Engagé*. Les Hollandois exigent fept années de fervice d'un Engagé, dont ils payent le paffage aux Indes Orientales, & les Anglois en exigent cinq d'un Engagé qui paffe aux Indes.

TREOU. f. m. Terme de Marine. Voile quarrée que les Galeres, les Tartanes, & quelques autres bâtimens de bas bord, portent de gros tems. Les voiles ordinaires dont ces bâtimens fe fervent, font latines ou à tiers point.

TREPAN. f. m. Inftrument de Chirurgie en forme de villebrequin, dont la méche eft dentelée & faite en maniere de fcie ronde. Il doit y avoir un clou aigu ou une pointe au milieu fon circuit, afin de le rendre ftable pendant l'operation qui eft auffi appellée *Trepan*. Cet inftrument doit encore avoir un chaperon qui fe hauffe & fe baiffe felon le befoin qu'on en peut avoir, afin qu'il ne puiffe paffer ni couper l'os plus qu'il n'eft neceffaire. On s'en

fert

fert pour guerir les playes du crane quand il n'est tontus que jusqu'à la seconde table. Il y en a à deux jointes & en triangle, & d'autres dont les pointes sont quadrangulaires ou hexagones, pour guerir la carie des os. Il y a aussi des Trepans perforatifs, & des Trepans exfoliatifs. Quelques-uns font venir Trepan, du Grec τϱύπαω, Trouer, percer, d'autres de τϱυπάω, Je perce, d'où a été fait τϱυπάνη & τϱύπανον, Tariere.

Trepan se dit encore d'un outil dont les Tailleurs de pierre se servent pour percer de gros murs de pierre de taille ou de maçonnerie. Il est fait presque en forme de tariere. Les Sculpteurs ont aussi des Trepans, & ils s'en servent pour fouiller & percer dans les endroits de leurs figures, où ils ne peuvent s'aider du ciseau, sans se mettre au hazard de gâter ou d'éclater quelque chose. Il y a de ces Trepans à archet, & d'autres en maniere de villebrequin.

TREPAS DE LOIR. s. m. Droit que l'on paye sur cette riviere en passant d'une Province en l'autre.

TREPASSER. v. n. Mourir, deceder, rendre l'ame, Il ne se dit guere que des personnes qui meurent de leur mort naturelle, & n'a guere d'usage dans le discours. ACAD. FR. Nicot écrit Trespasser, C'est, dit-il, passer & franchir outtre, de Trans & passer. En Baudouin, Il trespassa Vermandois & le Pays prochain: Et en Jourdain de Blaves, Il trespassa le commandement du Roy. De là est venu qu'on en use pour mourir, car qui meurt franchit la borne de sa vie & passe outtre, ce qu'on dit autrement, mais par mesme raison, Il est outiré, c'est-à-dire, il est mort. Aucuns veulent en ce verbe composé interpreter Très, pour Extremment; comme si on disoit, Passer extremement de la vie à la mort. Trespasser dans la signification de Passer outre, se lit dans le Roman de la Rose.

Des Chevaliers en une lande
Voit trespasser, & si demande.

TREPER. v. n. Vieux mot. Petiller, sauter avec bruit des piés. C'est de là qu'a été fait Trepigner, On a dit aussi Treper, pour dire, Jouer aux piés.

Qu'ils bastent, & trepent, & foulent.

On a dit encore, Treperser le corps, pour dire, L'agiter, le secouer.

TREPIDATION. s. f. Terme de Medecine. Tremblement de membres & de nerfs. En Astronomie, mouvement de trepidation est le même que Mouvement de Libration. Voyez LIBRATION & CRYSTALLIN.

TREPIED. s. m. C'étoit autrefois une sorte de table à trois piés au Temple d'Apollon, sur laquelle la Prêtresse de ce Dieu montoit pour prophetiser. On nommoit aussi Trepied, Une sorte de table à trois piés, dont parmi les Grecs on presentent aux vaillans hommes. Elle s'appelloit τϱίπους, d'où a été fait Trepied. Aujourd'hui c'est un instrument de fer, rond ou triangulaire, qui a trois piés & qu'on met sur le feu ou sur les cendres chaudes, pour mettre quelque plat, quelque marmite dessus.

TREPIGNER. v. a. Battre des piés contre terre en les remuant, d'un mouvement prompt & frequent. ACAD. FR. M. Ménage détive ce nom de Trepidinare, diminutif de Trepidare ou Tripudiare, qui signifie Ter pede terram ferire, comme faisoient les Sauteurs & les Baladins des Anciens.

On dit, en termes de Manége, qu'Un cheval trepigne, pour dire, qu'Il bat la poudre avec les piés de devant en maniant sans embrasser la vol-

Tome II.

te, & qu'il fait ses mouvemens ou ses tems courts près le terre, sans être assis sur ses hanches. Les chevaux sujets à trepigner sont ceux qui n'ayant pas les épaules souples & libres, n'ont guere de mouvement.

TREPOINT. s. m. Terme de Cordonnier. Couture de semelles de soulier, qui paroît en dehors entre la semelle & l'empeigne, & qui regne tout autour en façon d'arriere-point.

TREPORT. s. m. Terme de Marine. Grosse & longue piece de Charpenterie, qui est assemblée avec le bout superieur de l'étambord pour former la hauteur du château de pouppe. On l'appelle autrement. Allonge de Pouppe.

TRES. s. m. Vieux mot. Tente, selon ces vers du Roman d'Artus.

Quant la Court li Roy fut ostée,
Monst vissiez belle assemblée,
Les Mareschaux oster, livrer,
Soliers & chambres delivrer,
Et ceux qui n'avoient ostex,
Faire loges & tendre tres.

TRESACERTES. adv. Vieux mot. A bon escient. Elle mit tresacertes son amour en lui. Nicot dit que ce mot est composé de Tres, & de Acertes, qui veut dire Tout de bon, sans déguisement.

TRESANNE'. E'E. adj. Vieux mot. Suranné.

TRESCHE. s. f. Vieux mot. Danse.

Oiseaux privez, bestes domesches,
Parolis, & dances & tresches.

Tresches a été dit aussi, pour Tresse.

TRESCHEUR. s. m. Terme de Blason. Tresse ou orle fleuré conduit dans les sens de l'Ecu. Il y en a de simples & de doubles, quelquefois fleuronés, & contrefleuronés, & quelquefois fleurdelisés. Ce mot vient de ce qu'il represente une tresse qu'on appelloit autrefois Trechoir ou trescheur, tresche, & treschie.

TRESEAU. s. m. Assemblage de trois gerbes ensemble qu'on laisse sur le champ après qu'elles sont liées, jusqu'à ce qu'on les ait dîmées ou champartées.

Treseau, est aussi un terme de Mercier, & signifie Un gros, ou demi-quart d'once. Le fil, la soye & autres menues marchandises s'achetent ordinairement au Trezeau. Trezeau, dit Nicot, en cas de poids de toutes marchandises qui se debitent, excepté l'or & l'argent, vaut demi-sexain, & est la huittiesme partie de l'once audit poids, & se divise en deux demis treseaux qui valent un gros, & le gros en deux demis gros qui est la plus basse espece de cette maniere de poids.

TRESEILLE. s. f. Terme de Charon. La partie d'un chariot qui entre dans les deux ridelles pour les tenir en état.

TRESGETTE. E'E. adj. Vieux mot. Designé, marqué. Un ancien Poëte a dit en parlant de la Déesse Discorde qui ne fut pas invitée au festin des Dieux qui se fit pour les nôces de Thetis & de Pelée.

Despit en eut la mescheans
Et pour troubler les Noceans
A une pomme entr'eux gettée,
Si fu de fin or tresgettée.

TRESILLON ou Etresillon. s. m. Morceau de bois qu'on met entre des ais nouvellement sciés pour les tenir en état & les faire secher plus aisément & sans gauchir. On dit Tresillonner une pile de bois,

Z z z

crainte qu'il ne se tourmente.

TRESPENSE', z'z. adj. Vieux mot , qui selon Gouvain a signifié Pensif. Fauchet lui donne la signification de Temeraire ; & en apporte ces vers pour exemple.

Quiconz m'en tiene a trespensé ,
Pour dire mon nouvel pensé.

TRESQUE. Vieux mot. Dès que , jusqu'à ce que. On a dit aussi *Trescique* , pour Jusqu'à ce que , & *Tressiaux* , pour dire , Jusqu'aux.

De l'homme tressiaux bestes.

TRESSAUT. f. m. Terme de Monnoie. Quand l'Essayeur general & l'Essayeur particulier ne se rapportent pas en faisant les essais d'une même espece , & qu'il y a quelques trente-deuxiémes ou grains de fin de difference entre eux , cela s'appelle *Faire un tressau.*

TRESSE. f. m. Cordon plat fait de plusieurs brins de fil ou de soye , ou d'autres filets entrelassés en forme de natte. C'est aussi un tissu de cheveux qu'on attache ensemble par les racines sur quelque ruban pour en faire une perruque. *Tresse* parmi les Nattiers n'est autre chose que de la paille cordonnée.

TRESTANS. Vieux mot. Tout autant.

TRESTOR. f. m. Vieux mot. Détour , finesse pour échaper. On a dit aussi *Trestour* & *Trestorner* , ou *Trestourner* , pour dire , Se remuer de tous côtés , se renverser.

Quand sanses ce regarde vid cheoir Beranger ,
La selle trestourner & fuir le destrier.

TRETOUS. adj. Vieux mot. Tous. On a dit aussi *Trestuit.*

TRESTRANCHER. v. a. Vieux mot. Interrompre.

TRETEAU. f. m. Petit chevalet composé de quatre piés , dont on se sert pour soutenir des ais , des dessus de table , & autres choses pareilles. Les Treteaux des Scieurs sont une sorte de piés assés hauts , sur quoi ils posent la piece de bois qu'ils ont à scier.

Les Plombiers ont aussi un *Treteau* , pour porter la poële où ils mettent le plomb fondu afin de le jetter dans le moule.

TRETRATRETRE. f. m. Animal de la grandeur d'une genisse de deux ans , qui se trouve dans l'isle de Madagascar. Cet animal a la tête ronde, le visage d'une personne , & les piés de devant & de derriere semblables à ceux d'un singe.

TREU f. m. Vieux mot de Coûtume. Il se dit d'un peage & impôt que le Seigneur prend sur les marchandises qui passent d'un pays à l'autre. On le dit encore d'un droit qui appartient au Seigneur de la terre où une bête qu'on chasse aura été abattue quoi qu'elle ait été levée sur la terre du Veneur qui la poursuit. Ce droit s'appelle *Treu* & *Truage.*

TREVIER. f. m. Terme de Marine. Nom que l'on donne à celui qui travaille aux voiles , qui a soin de l'envergure , & qui les visite à chaque quart pour voir s'il n'y a rien qui y manque.

TREUIL. f. m. Terme de Mechanique. Rouleau ou cylindre de bois , autour duquel s'entortille la corde lorsqu'on tourne un moulinet.

TREVIRER. v. n. Terme de Marine. Mettre en dessus , quand une manœuvre toue , le double de cette manœuvre qui passe est dessous.

TREUQUE. f. f. Vieux mot. Treve. On a dit aussi *Trive.*

TREZEAU. f. m. Se dit de trois hommes qui battent du blé dans un aire.

TRIAIRE. f. m. Sorte de Soldat Fantassin de l'ancienne Rome. Il étoit armé d'une pique & d'une rondache , & portoit le casque & la cuirasse. Il y avoit des Triaires dans chaque Cohorte.

TRIANGLE. f. m. Terme de Geometrie. Figure comprise sur trois lignes , & qui par consequent a trois angles. Le triangle se divise ou par rapport à la nature des lignes qui le forment , ou par rapport à ses côtés , ou par rapport à ses angles. Selon le premier rapport il est *rectiligne* , s'il est formé de lignes droites , ou *spherique* , s'il l'est de trois arcs de grands cercles qui se coupent dans une Sphere selon le second rapport , le triangle est *équilateral* , s'il a ses trois côtés égaux , ou *isoscelle* , s'il n'en a que deux , ou *scalene* s'il les a tous trois inégaux. Selon le troisiéme rapport il est *rectangle* s'il a un angle droit , *ambligone* ou *obtus* s'il en a un obtus , *oxygone* , s'il les a tous trois *aigus.*

La base d'un triangle est celui des trois côtés que l'on veut choisir pour lui donner ce nom; ordinairement c'est celui qui est opposé à quelque angle que l'on considere principalement , ou c'est le côté horisontal.

La hauteur d'un triangle est une perpendiculaire tirée sur sa base de l'angle qui lui est opposé.

Resoudre un triangle , c'est trouver la valeur de ses côtés & de ses angles , & l'espace qu'il contient , cet espace est toûjours la moitié de l'espace d'un parallelogramme qui auroit même base & même hauteur que le triangle. La *resolution des triangles* se fait par les *Sinus.* Voyez SINUS.

On appelle *Triangle* , en termes de Marine , Un échafaut qu'on fait de trois planches , & qui sert à travailler sur les côtés d'un Vaisseau. *Triangle* , se dit aussi de trois barres de cabestan que l'on suspend autour des grands mâts , quand on veut racler ou gratter. Cela se fait avec un petit ferrement coupant emmanché de bois qu'on appelle *Tacle.*

Triangle quarré , est un Instrument de bois dont les Menuisiers se servent. Ils en ont un autre qu'ils appellent *Triangle anglé.*

Les arracheurs de dents appellent *Triangle* Un petit instrument denté & fait en triangle , autour duquel ils mettent du linge pour porter quelque essence ou quelque liqueur dans une dent.

TRIBALLE. f. f. Chair de porc frais cuite dans sa graisse qui se vend dans les foires.

TRIBALLER. v. a. Vieux mot. Remuer , branler.

TRIBARD. f. m. Bâton que l'on pend au col d'un chien pour l'empêcher de courir après les brebis ou d'entrer dans les vignes qui commencent à mûrir. Les Ordonnances de Police d'Angers disent , *Landou.*

TRIBORD. f. m. Terme de Marine. Côté de la main droite d'un Vaisseau , en se figurant un homme qui est à la pouppe & qui regarde la proue. C'est la même chose que *Stribord* & *Trienbord.*

TRIBOUL. f. m. Vieux mot. Tourbillon.

TRIBOULE', z'z adj. Vieux mot. Foulé , maltraité.

Tapez , trompez , tourmentez , troudelez ,
Brisez , riflez , tempestez , triboulez.

TRIBOULET. f. m. Morceau de bois fait en pain de sucre exactement rond qui sert aux Orfevres, &c. à rendre bien rondes des pieces qu'ils veulent fouder après les avoir forgées, cizelées, &c. comme des cercles, des fuages, &c.

TRIBU. f. f. *Une des parties dont un Peuple eft com-poſé, & qui dans ſon origine comprenoit tous ceux qui étoient ſortis d'une même tige.* ACAD. FR. Ce mot s'eſt pris autrefois pour une partie du Peuple d'Iſraël, ou pour un Pays de la Terre promiſe à ce même Peuple, qui s'étant fort multiplié, ſe di-viſa en treize Tribus du nom de leurs Chefs. Ces Chefs furent Ruben, Simon, Levi, Juda, Iſachar, Zabulon, Dan, Nepthalim, Gad, Aſer, Ben-jamin, Manaſſé & Ephraïm. Joſué, qui étoit de la Tribu d'Ephraïm, ayant eu le commandement des Iſraëlites par la mort de Moïſe, partagea la terre de Chanaan à douze de ces Tribus, celle de Levi, qui étoit la treiziéme, n'ayant eu aucune portion de cette terre pour ſon partage, mais ſeu-lement la ſacrificature. Cet état des douze Tribus ſubſiſta juſqu'au tems de Roboam, ſous lequel il arriva une grande ſedition qui les diviſa. Un cer-tain Jeroboam mit de ſon parti dix de ces Tribus, qui ſe ſeparerent des deux autres, de ſorte que Roboam ne conſerva que celles de Juda & de Ben-jamin, qui depuis ce tems prirent le nom de Juda, & on appella ces peuples *Juifs.* Le nom d'Iſraël & d'Ephraïm demeura aux dix Tribus qui s'attache-rent à Jeroboam.

Tribu ſignifie auſſi certaine partie du peuple Ro-main, que Romulus diviſa d'abord en trois Tribus, partageant entre elles les trois quartiers de la Ville. Tarquin l'Ancien voyant le peuple augmenté en fit ſix Tribus, & enfin l'an 512. de la fondation de Rome, le nombre de ces Tribus alla juſques à tren-te-cinq, dont les unes étoient appellées *Urbaines*; & les autres *Ruſtiques*; de ſorte que ceux qui de-meuroient dans la Ville compoſoient les Tribus Urbaines, & ceux qui vivoient à la campagne, faiſoient les Tribus Ruſtiques.

TRIBULE. f. m. Dioſcoride parle de deux ſortes de Tribule, l'un terreſtre qui croît le long des rivie-res & parmi les maſures, & qui a ſes feuilles com-me le pourpier, mais plus menues. Ses ſarmens traînent par terre,& entre ſes feuilles il y a certaines épines fortes & dures. L'autre eſpece eſt celle qui eſt appellée *Tribule aquatique,* à cauſe qu'il croît dans les rivieres. Ses feuilles, qui ſont larges & qui tiennent à une longue queue, cachent ſes épines & ſon tronc, où ſa tige eſt plus groſſe au deſſus que par le bas. Il a certains filamens accommodés en forme d'épis. Sa graine eſt fort dure & aſſés ſem-blable à l'autre. Matthiole dit que ſon fruit eſt noir & de la groſſeur d'une châtaigne, ayant trois pointes d'où il a pris ſon nom, & qu'il eſt couvert d'une écorce cartilagineuſe. Il ajoûte que le com-mun peuple de Veniſe appelle cette eſpece de Tri-bule, qui ne ſe trouve pas ſeulement dans les eaux douces, mais auſſi dans les rivieres, *Châtaigne aqua-tique*; qu'on en mange & qu'on en uſe comme des autres châtaignes, & que même on fait du pain en certains endroits, en reduiſant en farine cette ſorte de châtaigne après l'avoir fait ſecher. Les deux Tribules dont Dioſcoride a fait mention, rafraîchiſſent & épaiſſiſſent, & en les mettant en maniere de cataplaſme, ils ſont fort propres à toutes inflammations, & gueriſſent tous les ulceres qui viennent à la bouche, aux gencives, & aux amygdales.

TRIBUN. f. m. Magiſtrat qui fut établi parmi les Romains, pour ſoutenir les droits du peuple con-tre les entrepriſes des Conſuls & du Senat; ce qui le faiſoit appeller *Tribun du Peuple,* à la differen-ce du *Tribun militaire,* qui étoit un Officier com-
Tome II.

mandant en chef à un corps de gens de guerre. Il étoit appellé parmi les Romains *Tribunus Celerum.* Ces Cavaliers nommés *Celeres,* étoient comme nos Dragons, & ils combattoient à pié ou à cheval, ſe-lon que l'occaſion le demandoit. Il y en avoit ſeu-lement trois cens, que Romulus diviſa en trois Centuries, les ayant tirés des plus nobles familles de Rome.

TRICOISES. f. f. Sorte de tenailles dont les Maré-chaux ſe ſervent pour couper les clous qu'ils ont brochés avant que de les river. On s'en ſert auſſi pour deſerer un cheval.

TRICOTET. f. m. Eſpece de danſe gaie. *Danſer un tricotet, les tritotets.*

TRICTRAC. f. m. *Sorte de jeu où l'on joue avec deux dés & trente tables, quinze d'une couleur, & quin-ze d'une autre.* ACAD. FR. Nicot en parle en ces termes. *Trictrac eſt la face du damier en laquelle à jeté, ſort & rencontre des dez, on joue aux ta-bles, le nom étant fait par onomatopée, du ſon des dez & cliquetis deſdites tables, en les remuant de lieu à autre. Il ſe prend auſſi pour tout ledit da-mier entier, comme; Il a prêté ſon trictrac, & pour une particuliere ſorte de jeu qui ſe joue à dez & ta-ble ſur ledit damier, car il y en a pluſieurs ſortes, comme Toutes tables, le Pair, la Reinette, le Lour-che, qui tous ſe jouent à ſort & à adventure de dez & remuement de tables, ſelon l'eſcheute des pointts marquez ès ſix faces d'iceux dez.*

TRICUSPIDE. ad. Les Medecins appellent *Valvules tricuſpides,* Les valvules ou petites portes qui em-pêchent que ce qui eſt entré dans le cœur n'en ſorte. Leur figure triangulaire les a fait nommer ainſi. Elles ont trois pointes ou trois angles, dont neanmoins il n'en paroît que trois qui ſe ſoient dégagé.

TRIDE. adj. Terme de Manege. On appelle *Pas tri-de,* Un pas qui a les mouvemens courts & prompts; encore qu'ils ſoient unis & aiſés, & on dit, *Un cheval manie ſur les voltes fort trides,* pour dire, que les tems qu'il fait des hanches ſont courts & avec preſteſſe.

TRIEULE. f. f. Vieux mot. On a dit auſſi *Triule.* C'eſt, dit Nicot, *ce tour à raiz aux deux bouts, à l'entour duquel la corde du puis s'entortille quand on le tire à mont du fonds du puis à tours de ladite Trieule.*

TRIGLYPHE. f. m. Terme d'Architecture. Eſpece de boſſage qui par intervalles égaux a dans la friſe Dorique deux gravures entieres en anglet, appel-lées *Canaux,* & ſeparées par trois côtés d'avec les deux demi-canaux des côtés. Ce mot eſt Grec, τρίγλυφος, & ſignifie, Qui a trois gravures. M. Fe-libien dit qu'il doit toûjours y avoir un Triglyphe qui réponde ſur le milieu des colomnes, & qui ait de largeur le demi-diametre de la colomne priſe par le pié. Les Triglyphes ſont compoſés dans le milieu de deux cannelures ou coches en triangle, & de deux demi cannelures ſur les deux côtés. Chaque eſpace qui eſt entre les deux cannelures, s'appelle *Coſte* ou *Liſtel.*

TRIGONE. f. m. Terme d'Aſtrologie. Il ſe dit de l'aſpect des Planetes quand elles ſont éloignées les unes des autres de ſix vingts degrés, parce que cela forme un triangle.

TRIGONOMETRIE. f. f. Art de meſurer les trian-gles, c'eſt-à-dire, de trouver la valeur de leurs an-gles & de leurs côtés, & l'eſpace ou air qu'ils con-tiennent. Toute la Trigonometrie roule ſur les ſinus. Voyez SINUS. Elle ſe diviſe en *Trigono-metrie rectiligne,* qui enſeigne à meſurer les trian-gles rectilignes, & en *Trigonometrie ſpherique,* qui apprend à meſurer les triangles ſpheriques. Ce mot eſt compoſé de *τειγωνος*, Triangle, & de *μετρώ*, Meſurer.

TRINE. adj. Terme d'Aſtrologie Judiciaire, qui ſe joint toûjours avec *Aſpeɛ̌*. L'*Aſpeɛ̌ trine* eſt quand deux Planetes ſont éloignées entre elles de ſoixante degrés, ou de la troiſiéme partie du Zodiaque. On le marque par cette lettre Grecque △.

TRINGLE. ſ. f. *Verge de fer menue, longue & ronde, dont on ſe ſert ordinairement pour y paſſer les anneaux d'un rideau.* ACAD. FR. Nicot donne ſes conjectures ſur l'étymologie de ce mot. *Peut-être*, dit-il, *que Tringle vient de Regula, en adjouſtant un t, comme de Ranunculus, Renouille. Aucuns adjouſtent un g, & diſent* Grenouille.

Tringle ſignifie auſſi une Regle de bois longue & étroite, dont les Menuiſiers ſe ſervent pour boucher quelques ouvertures de portes, de fenêtres, de chaſſis. Les Tapiſſiers appellent *Tringle*, Un morceau de bois qui eſt de la grandeur d'un lit, & qui poſe ſur les colomnes.

Tringle, en termes de Charpenterie, ſe dit d'une piece de marrein de deux piés de long & de cinq ou ſix pouces de large. Ils s'en ſervent à couvrir les joints des planches d'un batteau, tant du fond que des bords.

Tringle, en termes d'Architecture, eſt un membre quarré qui eſt au droit de chaque triglyphe ſous la platebande de l'architrave, & d'où pendent les gouttes dans l'Ordre Dorique.

Les Bouchers appellent *Tringle*, Une barre de bois qui eſt au-deſſus de leur étal, & où il y a des clous à crochets, pour pendre la viande.

TRINGLER. v. a. Terme de Charpenterie. Marquer ſur une piece de bois une ligne droite avec un cordeau frotté de pierre blanche, noire ou rouge, que l'on fait bander aux deux extrémités de la ligne. En élevant ce cordeau par le milieu il fait reſſort, & par ſa percuſſion il marque la couleur dont il a été frotté.

TRINGLETTE. ſ. f. Outil en forme de couteau dont les Vitriers ſe ſervent pour ouvrir le plomb où ils enchaſſent le verre. C'eſt un morceau d'yvoire, d'os ou de bouis, long de quatre ou cinq pouces & un peu pointu. Ils appellent auſſi *Tringlettes*, Certaines pieces de verre dont ils compoſent des panneaux de vitre. Il y a des Tringlettes doubles, & des Tringlettes en tranchoir.

TRINITAIRES. ſ. m. Heretiques, qui ont des ſentimens contraires à ce que croit l'Egliſe Romaine ſur le myſtere de la Trinité.

On appelle *Trinitaires*, Un Ordre de Religieux qui commença en 1211. par Jean Matha & Felix Anachoretes, qui ayant été avertis en ſonge de ſe rendre auprès d'Innocent III. qui avoit eu un pareil avertiſſement, reçurent de lui un manteau blanc avec une croix de couleur rouge & de bleu celeſte bordée par devant. Le Pape les nomma *Freres de la Trinité & Moines de la Redemption des Captifs*, leur office étant d'amaſſer le plus d'argent qu'ils pourroient pour le rachat des Chrétiens retenus Captifs par les Infideles. Cet Ordre vint en Angleterre l'an 1357. Ils devoient garder les deux tiers de leur revenu pour leur entretien, & la troiſiéme partie devoit s'employer à délivrer les Captifs. Suivant leur Regle, trois Eccleſiaſtiques, & trois Freres lais pouvoient demeurer enſemble avec un Procureur appellé Miniſtre. Leur habit devoit être de drap blanc, & il falloit qu'ils couchaſſent dans de la laine, & allaſſent ſur des ânes quand ils voyageoient, & non pas ſur des chevaux.

TRINITÉ. ſ. f. Herbe qui croît parmi les arbres &

aux lieux humides, & qui a ſes feuilles faites en triangle. Elles tiennent à de longues quenes, & ſont ronges d'en bas ainſi que le cyclamen. Au deſſus elles ſont mouchetées de certaines taches blanches. A la cime de ſes tiges qui ſont fort menues, elle produit une fleur perſe ou bleue lorſque le printems commence. Matthiole dit que les Anciens, tant Grecs qu'Arabes, n'ont fait nulle mention de cette plante, mais que les Modernes en ſont cas pour ſouder des plaies, l'appliquant au dehors, & l'ordonnant par la bouche. Ils s'en ſervent auſſi aux deſcentes des boyaux, donnant à boire une cueillerée de la poudre de cette Herbe tous les matins avec de gros vin.

TRINOME. ſ. m. Terme d'Algebre. Grandeur compoſée de trois grandeurs incommenſurables. Voyez BINOME, & INCOMMENSURABLE.

TRIQUENIN. ſ. m. Nom que l'on donne ſur la mer au bordage exterieur, qui eſt le plus élevé du corps d'une Galere.

TRINQUET. ſ. m. Terme de Marine. Les Levantins appellent ainſi le mât de miſaine ou de l'avant. C'eſt celui qui eſt mis debout ſur la proue d'un navire entre le beaupré & le grand mât. *Trinquet* ſe dit auſſi du ſecond mât d'une Galere.

TRINQUETTE. ſ. f. Voile de figure triangulaire qu'on met à l'avant de certains Vaiſſeaux. Telle eſt celle de l'artimon, des étais & de la plûpart des bâtimens du Levant. On l'appelle auſſi *Triquette*, & autrement, *Voile Latine*, ou *à tiers point*.

TRIO. ſ. m. Terme de Muſique. Piece à trois parties. C'eſt la partie d'un concert où il n'y a que trois perſonnes qui chantent.

TRIOLET. ſ. m. Petite piece de cinq vers de huit ſyllabes en maniere de rondeau, dont le premier ſe repete après le troiſiéme, & le premier & le ſecond après le cinquiéme.

TRIOMPHE. ſ. m. *Ceremonie pompeuſe & ſolennelle qu'on faiſoit chez les Romains à l'entrée d'un General d'armée, lorſqu'il avoit remporté une victoire conſiderable.* ACAD. FR. Il y avoit deux ſortes de Triomphe, le grand, qu'on appelloit ſimplement *Triomphe*, & le petit, qu'on nommoit *Ovation*. Le Triomphe étoit terreſtre ou naval, ſelon que la bataille s'étoit donnée ſur mer ou ſur terre. On tient que Tarquin l'Ancien fut le premier qui entra dans Rome ſur un char avec une pompe magnifique, & qu'après que l'on eut chaſſé les Rois de Rome, Valerius Publicola Conſul fut le premier à qui la Republique accorda l'honneur du Triomphe. L'an 522. de Rome, Papirius Maſo n'ayant pû obtenir du Senat celui du Triomphe ordinaire, ſortit de la Ville, & alla triompher ſur le mont Alban, en quoi il fut imité par pluſieurs autres. Cajus Duellius ayant gagné la bataille contre les Carthaginois, obtint le premier Triomphe naval l'an 493. de la fondation de Rome. Le Triomphe ne s'accordoit qu'à un Dictateur, à un Conſul, ou à un Préteur. Ainſi ce fut par un privilege particulier que l'Ovation fut accordée l'an 553. à Lucius Cornelius Lentulus Proconſul, & que Pompée qui n'avoit que quatorze ans, & n'étoit encore que Chevalier, obtint l'honneur du Triomphe l'an 672. Le General d'armée qui le demandoit, étoit obligé de quitter le commandement des Troupes, & de demeurer hors de Rome juſqu'à ce qu'on eût reſolu ſi cet honneur lui devoit être accordé. Il envoyoit au Senat une fidelle Relation de la victoire qu'il venoit de remporter. Le Senat qui s'aſſembloit pour cela au Temple de Mars, après s'en être fait faire la lecture, prenoit le ferment des Centurions qui atteſtoient que tout ce que la Relation contenoit étoit veritable, & qu'il y avoit eu cinq mille hommes tués du côté des ennemis. Un moindre nombre étoit une exclusion pour le Triomphe. Lorsque le Senat avoit donné son decret, on assembloit le peuple qui étant d'avis du Triomphe, rendoit le commandement à ce General d'armée. Voici en quoi consistoient les ceremonies du Triomphe. Celui à qui il avoit été accordé, ayant sur la tête une couronne de laurier & tenant à sa main droite une branche de cet arbre, commençoit par faire une harangue au Peuple & aux Soldats qui s'assembloient en un même lieu, après quoi il distribuoit ses presens & une partie des dépouilles des ennemis. Pendant ce tems la pompe commençoit à paroître vers la porte triomphale. Les trompettes étoient à la tête, & precedoient les Taureaux que l'on avoit destinés pour le sacrifice. Ces animaux étoient ornés de rubans & couronnés de fleurs, & quelquefois avoient leurs cornes dorées. Les dépouilles des ennemis portées dans des chariots ou par de jeunes soldats, paroissoient ensuite avec les images des Villes & des Nations subjuguées. Ces images se representoient en or ou en argent, ou étoient faites de bois doré, d'ivoire ou de cire avec leurs noms & inscriptions en grosses lettres. On y portoit aussi les figures des fleuves & des montagnes les plus remarquables des lieux qui avoient été assujettis par celui qui triomphoit. Tout cela étoit suivi des Rois & des Capitaines captifs qu'on chargeoit de chaînes de fer, d'or ou d'argent, & qui avoient la tête rasée pour marquer leur servitude. Les joueurs de flutes & de guittare les accompagnoient avec plusieurs Officiers de l'armée. Un boufon marchoit le dernier dans cette pompe, raillant les vaincus, & élevant la gloire de Rome. Enfin on voyoit le Triomphant dans un char d'ivoire, à deux roues, que tiroient du tems de la Republique quatre chevaux blancs, attelés de front. Ce Char étoit rond en forme de tour, & enrichi d'or. Les Empereurs se servirent d'Elephans au lieu de chevaux, & si l'on en croit le témoignage de Pline, ce fut pour imiter le triomphe de Bacchus qui vainquit les Indes sur un char tiré par quatre Elephans, que Pompée le Grand en introduisit l'usage. Le char d'Heliogabale fut attelée de lions, de chiens & de tygres, & celui d'Aurelien fut traîné par des cerfs, afin de faire connoître la captivité des Ennemis. Les Senateurs & la Milice Romaine suivoient le char du Triomphateur, qui porta d'abord une couronne de laurier, & ensuite d'or. Il faisoit aussi porter devant lui les couronnes d'or que les Provinces lui avoient données, pour servir d'ornement à son triomphe. Il avoit une robe de pourpre, chargée de figures & de palmes en broderie d'or, & outre la branche de laurier qu'il tenoit à sa main droite, il tenoit à sa gauche un sceptre d'ivoire, surmonté d'une petite aigle d'or. Pendant la pompe de son triomphe un Officier qui étoit derriere lui, prononçoit à haute voix, *Souvenez-vous que vous êtes homme*, pour l'avertir de ne se point laisser surprendre à l'orgueil. Lorsqu'il étoit arrivé au Capitole, il faisoit un sacrifice à Jupiter, ce qui étoit suivi d'un magnifique festin, après quoi on le conduisoit dans son Palais. Les Triomphes étoient fort souvent suivis de chasses, de comedies, de combats de Gladiateurs, & d'autres jeux publics qui duroient plusieurs jours, ainsi que la suite de la pompe dans quelques Triomphes, comme en ceux de Quintus Flaminius, de Cesar & d'Auguste. Quelquefois aussi les enfans du Triomphant l'accompagnoient dans son chariot, & l'on y vit ceux de Paul Emile, dont le Triomphe qui fut le plus magnifique qu'on ait

jamais vû ne s'acheva qu'en trois jours. Le mot de *Triomphe* vient du Grec Θριαμβος, qui veut dire la même chose.

TRIPARTITE. adj. Qui est divisé en trois. Ce mot n'a d'usage qu'en cette façon de parler, *Histoire tripartite*, du Latin *Tres*, Trois, & de *Partiri*, Separer.

TRIPE. s. f. On appelle *Tripes*, Les boyaux des animaux, & *Tripe de velours*, Certaine étoffe de laine qu'on manufacture & que l'on coupe comme le velours. Quelques-uns font venir *Tripe*, en ce sens, de l'Espagnol *Terciopelo*, Velours.

TRIPE-MADAME. s. f. Sorte de petite herbe qu'on mange en salade, & qui a plusieurs petits brins fort serrés que pousse sa tige. Les Latins l'appellent *Semper vivum*. On disoit autrefois *Triquemadame*.

TRIPER. v. n. Vieux mot. Danser. Borel fait venir ce mot de *Trepigner*, ou du Latin *Tripudiare*.

Cil en patience travaillent
Et balent, & tripent, & saillent.

TRIPLIQUER. v. n. Terme de Palais. Répondre à des dupliques.

TRIPOLI. Maniere de craie blanche un peu rougeâtre qu'on vend chés les Chandeliers, & dont on se sert pour éclaircir la vaisselle & plusieurs autres choses de métal qui sont déja nettes. Ce mot a fait *Tripolir*, dont les femmes se servent pour dire, Nettoyer avec du Tripoli. En Bretagne on en tire beaucoup à Poligni, à quelques lieues de Rennes.

TRIPOLIUM. s. m. Plante qui selon Dioscoride croît où va le flot de la mer quand la marée vient, en sorte qu'il ne croît ni dans la mer ni sur la greve. Ses feuilles sont semblables à celles de pastel, mais plus épaisses. Sa tige qui est mi-partie à sa cime, est de la hauteur d'un palme. On dit que ses fleurs changent chaque jour trois fois de couleur, étant blanches au matin, purpurines à midi & rouges le soir. Sa racine est blanche, odorante & chaude au goût. Cette racine prise bûe en vin au poids de deux drachmes, évacue l'urine & toutes les aquosités. On la met aussi aux préservatifs & contrepoisons. Serapion appelle le Tripolium *Turbit*; ce qui le fait prendre par quelques-uns pour le Turbit des Apothicaires. Matthiole qui n'a point vû de Tripolium en Italie, le tient different du Turbit, qui n'est ni odorant ni piquant au goût, mais un peu salé & âpre.

TRIPUDIER. v. n. Vieux mot. Danser.

Il s'en alla tripudier
Avec les Inferes là-bas.

TRIQUE. s. f. Gros bâton ou pareiment de fagot.

TRIQUENIQUE. s. f. Affaire de neant. C'est, dit Borel, comme qui diroit Debat, dispute pour un cheveu, du Grec θριξ, Cheveu.

TRIQUER. v. a. Trier les triques & les morceaux de bois pour les mettre derriere lui. *Triquer* se dit aussi en parlant de vin, & on dit *Triquer les cuvées de vin*, pour dire, Les choisir & les mettre à part.

TRIQUET. s. m. Espece de petit battoir étroit, avec lequel on joue à la courte paume. On appelle aussi *Triquet*, & autrement *Traquet* ou *Chevalet*, Un échafaut de Couvreur, fait de plusieurs pieces de bois assemblées en triangle, qui s'applique contre les murs. C'est aussi le nom de l'épée de bois fendu, large comme une latte, qui fait du bruit quand un Arlequin en frappe.

TRIREGNE. s. m. Terme de Blason dont se servent quelques-uns pour dire, La triple couronne du

Pape. On l'appelle absolument *Le regne* en Italie.

TRISACRAMENTAUX. f. m. Sorte d'heretiques appellés ainsi, à cause qu'ils n'admettoient que trois Sacremens, sçavoir le Baptême, l'Absolution & l'Eucharistie.

TRISECTION. f. f. Separation en trois. Les Geometres disent *La trisection de l'angle*, lorsqu'ils parlent de sa division en trois parties égales. C'est un de ces grands problèmes qu'ils cherchent depuis un si grand nombre d'années, aussi-bien que la quadrature du cercle.

TRISMEGISTE. f. m. Terme d'Imprimerie. Caractere qui est entre le gros Canon & le petit, du Grec τρεις, Trois fois, & de μεγιστος, Très-grand.

TRIPASTE. f. m. Machine faite de trois poulies, dont on se sert aux Temples & aux ouvrages publics. Ce mot vient de τρεις, Trois fois, & de πάω, Je tire. M. Perrault, qui en fait la description, dit qu'on dresse trois pieces de bois proportionnées à la pesanteur des fardeaux qu'on veut élever. Ces pieces de bois sont jointes par en haut avec une cheville, & écartées par en bas. Le haut, qui est attaché & retenu de chaque côté par des écharpes, soutient une moufle dans laquelle on met deux poulies qui tournent sur leurs pivots. On passe sur la poulie d'en haut le cable qui doit tirer, & après qu'on l'a fait encore passer sur une autre poulie qui est dans la moufle inferieure, on le fait revenir passer sur celle qui est au bas de la moufle superieure, en faisant encore descendre la corde pour en attacher le bout au trou qui est en la moufle inferieure. L'autre bout de la corde descend en bas, où les grandes pieces de bois équarries se retirent en arriere en s'écartant. Les amarres qui reçoivent les deux bouts du moulinet, sont attachées à ces grandes pieces, afin qu'ils y puissent tourner aisément. Le moulinet a deux trous vers chaque bout, & ces trous sont disposés de telle maniere, que l'on y puisse passer des leviers. On attache des tenailles de fer à la partie inferieure de la moufle, avec des crochets qui s'accommodent aux trous qu'on fait pour cela dans les pierres. L'effet de toute cette machine pour pouvoir & poser des fardeaux en haut, est que l'on attache le bout de la corde du moulinet, qui étant tourné par les leviers, ébranle la corde qui est entortillée à l'entour.

TRISSE. f. f. Terme de Marine. Palan à canon qui sert à approcher & à reculer la piece de son sabord. On l'appelle autrement *Drosse*.

TRITHEISTES. f. m. Sorte de secte, dont un Georgius Pauli de Cracovie a été reputé l'Auteur. Ceux qui suivoient les erreurs de cette Secte, enseignoient qu'il y avoit trois divers Dieux qui differoient en degrés.

TRITHEITES. f. m. Heretiques qui divisoient l'essence de Dieu en trois parties. Ils nommoient l'une le Pere, l'autre le Fils, & la troisiéme le Saint Esprit, comme si chaque Personne n'avoit pas été parfaitement Dieu.

TRITON. f. m. *Espece de poisson, qui, selon quelques Naturalistes & quelques Relations, est presque de figure humaine.* ACAD. FR. On trouve de ces Tritons dans la mer du Bresil, & les Sauvages les appellent *Ypupiapia*. Ils en ont beaucoup d'horreur, leur voyant une face humaine, sans nulle autre difference que celle des yeux, qui sont bien plus profonds dans la tête. On dit que les femelles ont de longs cheveux & de beaux visages; ce qui les fait approcher de ce qu'on dit des Syrenes. Ces Tritons se tiennent ordinairement dans l'embouchure des rivieres, au dessous de la Lagoaripe à sept ou huit

lieuës de la Baie de tous les Saints, & auprès de *Porto Seguro*, où l'on prétend, selon ce que dit Laët, qu'ils ont tué beaucoup de Sauvages. Ils les embrassent par le milieu, les serrant si fortement qu'ils les étouffent, après quoi on les entend soupirer; ce qui donne lieu de croire qu'ils sont embrassés par affection, sans avoir voulu leur ôter la vie. Lorsqu'ils les voyent morts, ils s'en retirent laissant leur corps tout entier, à l'exception des yeux, du nez & du bout des doigts, que l'on ne retrouve plus en quelques-uns, lorsque la mer les jette au rivage. On trouve aussi frequemment dans les rivieres du même Pays une espece de Triton de la forme d'un enfant & aussi grand. Cet animal, que les Habitans appellent *Baëpapina*, ne fait aucun mal.

Triton. Terme de Musique. Dissonance majeure ou faux accord, & qui est composé de six tons, de la tierce majeure & du ton majeure.

TRITURATION. f. f. Terme de Chymie. Action par laquelle on reduit des corps solides en poudre subtile. On se sert des mortiers de fonte pour faire la trituration des bois, écorces, mineraux, & autres corps durs & secs. *Trituration*, en termes de Pharmacie, se dit de la reduction d'un medicament en menues parties. Il y a la *Trituration propre*, qui se fait avec des mortiers & des pilons, & la *Trituration impropre*. Celle-là se fait autrement qu'en pilant ou en broyant. La confrication est de ce genre aussi-bien que le raclement & le rapement. La Trituration propre se doit faire doucement. Ainsi quoique le medicament la demande forte, il faut neanmoins garder la mediocrité, à cause que la vertu est dissipée par la trituration violente. On connoîtra si elle doit être forte ou legere, en examinant la substance du medicament. Une substance legere, subtile & friable, n'a besoin que d'une fort legere trituration; & si elle est dure, lente ou crasse, une très-forte trituration sera necessaire. Il n'en faut qu'une mediocre à une substance qui est dans la mediocrité. Ainsi la scammonée, qui est d'une substance rare, legere & friable, veut être triturée legerement, & les Aromates mediocrement, parce qu'ils sont de substance mediocre; mais les pierres & toutes les choses dures qui ne sont point sujettes à s'exhaler, demandent à être triturées fortement.

TRITURER. v. a. Terme de Chymie. Reduire en poudre les matieres seches dans un mortier pour les passer ensuite dans un tamis. Ce mot vient du latin *Tritura*, Batterie de blé en grange.

TRIVIAIRE. adj. On appelle *Lieu triviaire*, Un lieu, une place, où trois chemins aboutissent. Ce mot vient du Latin *Trivium*, Lieu où se rencontrent trois chemins, trois rues, où l'on aborde de trois côtés ou plus.

TRIUMVIR. f. m. L'un des trois Magistrats qui gouvernerent la Ville de Rome avec une autorité souveraine depuis l'an 710. de sa fondation, jusqu'à l'an 720. Ces trois Magistrats, nommés *Triumvirs*, furent Octavien, que l'on appella depuis Auguste, Antoine & Lepide, qui s'étant associés pour cinq ans, continuerent leur association pour cinq autres années; mais dès l'an 716. Octavien rompit l'alliance avec Lepide, & lui ayant fait la guerre, il la fit ensuite à Antoine qu'il vainquit, & qui le rendit seul maître de Rome & de la Republique.

Il y eut de moindres Officiers créés en l'an 463. de la fondation de la Ville, que l'on appella *Triumvirs capitaux*. Ils avoient la garde des prisons, & c'étoit à eux à faire exécuter les criminels. M. Boi-

fard dans fon Traité des Monnoies , rapporte qu'-
en ce même-tems on créa des Magiſtrats pour veiller ſur leur fabrication , & qu'à cauſe de leur nombre & de leur emploi ils furent nommés III. VIRI
MONETALEIS. ÆREFLANDO , FERIUNDO,
c'eſt-à-dire , Triumvirs Monetaires ; ce qu'ils exprimoient en cette ſorte , III. VIRI. A. F. F. Les
Romains ayant commencé vers l'an 484. à faire fabriquer de la monnoie d'argent , ces Triumvirs Monetaires , qui étoient des Officiers fort conſidera-
bles , tirés du corps des Chevaliers , & faiſant partie des Centum-virs , ajoûterent à leurs qualités le
mot ARGENTO en cette ſorte , III. VIRI. A.A.
F.F. Ils firent la même choſe lorſqu'on fabriqua
de la monnoie d'or l'an 546. ajoûtant le mot
AURO , qu'ils exprimoient par trois A de ſuite,
III. VIRI. A.A.A. F.F. Ces Officiers , Triumviri ,
Triumviri , ſubſiſtoient encore l'an du ſalut 212.
ſous Caracalla. Il reſte des Inſcriptions qui font
connoître que cet emploi étoit joint aſſez ſouvent avec les Charges les plus conſiderables de
l'Etat.

TRIUMVIRAT. ſ. m. Gouvernement abſolu de trois
perſonnes. Le Triumvirat d'Auguſte , de Marc-
Antoine & Lepide a été fameux à Rome.

Sylvius a reçû de grands applaudiſſemens de toute la Medecine , pour avoir établi un Triumvirat
dans les inteſtins , ſçavoir la bile , le ſuc pancreatique & la pituite. Ces trois ſucs dans l'état requis &
naturel y font une efferveſcence douce & temperée ; mais lorſqu'ils font viciez & hors de leur état
naturel , l'efferveſcence eſt violente & impetueuſe,
d'où reſultent differentes maladies qui travaillent
tantôt l'abdomen , tantôt tout le corps ſucceſſivement.

TRO

TROCHANTERE. ſ. m. Terme de Medecine. Il ſe
dit de deux apophyſes de l'os de la cuiſſe qui ſervent à ſon mouvement. Il y a le grand Trochantere,& le petit Trochantere. Ce mot eſt Grec τροχαντηρ,
& vient de τρεχω , Je cours , je tourne comme une
roue.

TROCHES. ſ. f. Terme de Venerie. On appelle ainſi
les fumées d'hiver, c'eſt-à-dire, les vuidanges & excremens des bêtes. Les fumées d'Eté ſont rondes &
huileuſes quand les bêtes ſont en venaiſon.

TROCHET. ſ. m. Terme d'Agriculture. Il ſe dit de
pluſieurs fruits jointes enſemble ſur les branches d'un
arbre en maniere de bouquet.

TROCHILE. ſ. m. Terme d'Architecture. Sorte d'ornement que l'on appelle autrement Scotie ou Nacelle. C'eſt une moulure concave & obſcure entre
les tores d'une baſe de colomne. Ce mot vient du
Grec τροχιλος , Poulie , à cauſe que cet ornement en
a la forme.

TROCHISQUE. ſ. m. Terme de Pharmacie. Médicament compoſé d'un ou de pluſieurs ingrediens.
Il eſt dur & ſolide, formé en maniere de petits pains
ou gâteaux ſemblables à des lupins. Ce mot vient
du Grec τροχισκος , Petite roue. Les Trochiſques ſont
ordinairement du poids d'une drachme , & on les
forme quand il n'y entre que des choſes ſeches &
arides , comme il arrive preſque à tous les Trochiſques , ſi ce n'eſt à ceux de viperes & de ſquille , en
malaxant les poudres en conſiſtance de pilules avec
quelques liqueurs, vin, eau diſtillée, lait, ſuc, gomme ou mucilage. Au contraire , lorſque leur matiere eſt molle , on y ajoûte quelque poudre , comme
celle de pain rôti aux Trochiſques de viperes , & la
farine d'orobe à ceux de ſquille, pour les réduire en

pâte dure dans le mortier ; après quoi on en forme
les Trochiſques que l'on fait ſecher à l'ombre , ſi ce
ſont des medicamens dont la vertu ſe puiſſe exhaler,
ou au Soleil quand ils ſont d'une matiere pierreuſe
& metallique.Il faut que le lieu ſoit aëré,chaud,ſec
& ſans pouſſiere. On les conſerve dans des pots de
verre ou de terre verniſſés & bien bouchés. Il y en
a de trois ſortes ſelon leurs facultés , de purgatifs ,
comme ſont ceux d'agaric , d'alhanda & de viole ;
d'alteratifs , tels que ſont les incraſſans , des opila-
tifs & aſtringens , & de corroboratifs , comme les
Trochiſques d'Alipta moſchata de Nicolas Alexandrin. On a inventé cette ſorte de compoſition ſeche
pour conſerver ſans miel & ſans ſucre la vertu des
ſimples pulveriſés qui compoſent la plus grande partie des Trochiſques, de ſorte qu'on a des remedes
toûjours prêts & propres à tout , ſoit pour entrer
dans les opiates , ou dans les électuaires ſolides, ſoit
pour être diſſous & appliqués en poudre , ſoit pour
en recevoir la fumée , ou pour être pris dans un jaune d'œuf ou en pilules.

TROCHURE. ſ. f. Terme de Chaſſe. Il ſe dit des
bois de cerf , lorſqu'ils ſe diviſent en trois ou quatre
cors ou eſpois au ſommet de la tête.

TROESNE. ſ. m. Arbre qui produit autour de ſes
branches des feuilles ſemblables à celles de l'olivier, excepté qu'elles ſont plus larges , plus tendres
& plus vertes. Les Arabes & les apothicaires l'appellent Alcanna. Matthiole dit qu'il croît dans la
plûpart des grands chemins d'Italie , & qu'il fleurit au commencement de l'Eté. Sa fleur eſt mouſ-
ſue, blanche & de bonne odeur ; mais elle ſe flétrit auſſi-tôt qu'elle eſt cueillie. Le Troëſne produit à la cime de ſes branches comme un raiſin de
grains noirs , fait en pyramide. Ces grains ſont plus
petits que les grains du lierre , plus noirs , plus polis , d'un goût amer & deſagreable , & pleins d'un
ſuc purpurin. Ils demeurent tout l'hiver ſur l'arbre ,
& ſervent de nourriture aux grives & aux merles.
Les feuilles du Troëſne ſont aſtringentes , ce qui
fait qu'étant mâchées, elles gueriſſent les ulceres de
la bouche. Si on les met en emplâtre , elles ſervent
aux charbons & aux inflammations chaudes & aigues. Leur décoction fomentée eſt bonne aux brûlures. On appaiſe les douleurs de tête en appliquant
la fleur de cet arbre ſur le front. L'onguent odorant
qui ſe fait du Troëſne, étant mêlé & incorporé à des
choſes chaudes , a la vertu de mollifier les nerfs. Le
Troëſne eſt appellé Liguſtrum par les Latins, quoique pluſieurs croyent que le Liguſtrum doive être
entendu de ces fleurs blanches qui s'enroüillent
parmi les buiſſons , & quelquefois aux échalas des
vignes.

Alba liguſtra cadunt , vaccinia nigra leguntur.

Ainſi Liguſtrum , c'eſt la fleur du Troëſne , vacci-
nium en eſt le fruit.

TROIS. adj. pl. Nombre impair , contenant deux &
un. ACAD. FR. On dit, en termes de Blaſon, Trois
deux , un , pour déſigner ſix pieces diſpoſées , ſçavoir trois en chef ſur une ligne , deux au milieu , &
une en pointe de l'Ecu. D'or à ſix annelets de gueules, trois, deux , un.

On appelle , en termes de Guerre , Trois quarts
de tour , Les trois quarts de cercle qui ſe décrivent
en continuant le demi-tour dans un mouvement
militaire appellé Converſion , à cauſe qu'il fait tourner la tête d'un bataillon du côté où étoit le flanc.
C'eſt ce qu'on nomme autrement Troiſiéme converſion.

TROIS-QUARTS. ſ. m. Inſtrument de Chirurgie ,
d'argent ou d'acier, compoſé en maniere d'aiguille

longue à peu près de la largeur de trois doigts, & dont le bout est fait en triangle. On passe cette aiguille dans une canule qui a une tête, & après qu'on a percé le ventre d'un hydropique en faisant l'operation appellée *Paracenthese*, on retire le Trois-quart, & on laisse la canule dans l'endroit du ventre que l'on a percé, afin que les eaux de l'hydropique puissent couler par cette canule aussi long-tems qu'on le juge necessaire. Quelques-uns appellent cet instrument *Troquart* par corruption.

TROLLER. Faire une espece de clisse avec des branches d'arbres sur des pieux frappés en terre & lacés comme un panier. Quand on en fait à fermer une étable on la terrasse. Cet ouvrage s'appelle *Trolle*; ainsi que les branches d'arbres propres à ce travail.

TROMPE. f. f. *Cor, tuyau d'airain recourbé, dont on se sert à la chasse pour sonner.* ACAD. FR. C'est un instrument à vent, fait en forme de demi-cerceau, & composé d'une embouchure d'argent, d'un corps, d'une branche, d'un pavillon & de deux anneaux, l'un à un bout, & l'autre à l'autre, pour mettre l'enguichure. *Trompe*, se prend quelquefois pour *Trompette*, & on dit *Publier à son de trompe*, en parlant des choses qu'on fait sçavoir au public par autorité des Magistrats.

On appelle aussi *Trompe*, Un petit instrument de fer, dont on met l'extrémité dans la bouche pour en jouer. Il est composé de deux branches & d'une languette que l'on touche avec le doigt quand on joue de la trompe; ce qui se fait en appliquant les branches contre les dents & soustant un peu.

Trompe, se dit encore d'une sorte d'instrument de fer blanc, fait en maniere de pyramide, par la pointe duquel on parle pour se faire entendre de loin.

On appelle *Trompe d'Elefant*, Une espece de nés allongé qui lui sort du muzeau, & qui lui pend presque jusqu'à terre entre les deux grandes dents de devant. Cette Trompe lui tient lieu de main. On donne aussi une trompe au Cameleon. C'est sa langue, qu'il lance hors de sa gueule comme s'il la crachoit, après quoi il la raccourcit en un moment en la retirant. Les mouches & les cousins ont encore une maniere de petite trompe, par le moyen de laquelle ils sucent le sang des animaux & les liqueurs qui peuvent leur servir de nourriture.

Trompe. Terme d'Architecture. Espece de voute qui va en s'élargissant par le haut, & qui semble se soûtenir en l'air. On l'appelle ainsi à cause de la ressemblance qu'elle a avec une trompe ou conque marine. On appelle *Trompe sur le coin*, Celle qui porte l'encoignure d'un bâtiment pour faire un pan coupé au rez de chaussée; & *Trompe dans l'angle*, Celle qui est faite au coin d'un angle rentrant. *Trompe ondée*, est celle dont le plan est cintré en ondes par sa fermeture; *Trompe reglée*, Celle qui est droite par son profil; *Trompe en tour ronde*, Celle dont le plan sur une ligne droite rachete une tour ronde par le devant, & est faite en maniere d'éventail; & *Trompe en niche*, Celle qui n'est pas reglée par son profil, & qui est concave en maniere de coquille.

On appelle *Trompe*, en termes de mer, Certain tourbillon de vent qui se fait dans un même lieu, & qui attire l'eau de la mer jusques au plus haut de l'air. Quand un nuage creve sur quelque Vaisseau, c'est avec une telle violence, que bien souvent il le fait couler bas.

TROMPER. v. a. *Decevoir, user d'artifice pour induire en erreur.* ACAD. FR. On dit, en termes de Manége, *Tromper un cheval à la demi-volte d'une piste, ou de deux pistes*, quand le cheval maniant à droit, & n'ayant encore fourni que la moitié de la demi-volte, on le porte un tems un avant avec la jambe de devant. Alors on reprend à main gauche dans la même cadence que l'on avoit commencé ce qui fait regagner l'endroit où la demi-volte avoit été commencée à droit, & on se trouve à gauche. M. Guillet ajoute dans ses Arts de l'Homme d'épée, qu'on peut tromper un cheval à quelque main qu'il manie.

TROMPETTE. f. f. Terme de guerre. Instrument de Musique à vent, fort ancien, qui se fait d'ordinaire de laiton, quelquefois d'argent, & qui se peut faire de toute sorte de métal. Il est composé d'un bocal par où l'on l'embouche, large de dix lignes, quoique le fond ne soit que de trois. On appelle *Branches*, Les deux premiers canaux qui portent le vent, & les deux endroits par où cet instrument se recourbe & se replie s'appellent *Potences*. Le canal qui est depuis la seconde courbure jusqu'à son extrémité, est appellé *Pavillon*, & les endroits où les branches se peuvent briser & séparer ou souder, s'appellent, *Les nœuds*. Ils sont au nombre de cinq, & en couvrent les jointures. On se sert de la Trompette aux réjouissances publiques, & particulierement à la guerre, pour assembler la Cavalerie, la faire marcher & l'animer au combat. Quand on en sçait bien ménager le son, il est de grande étendue & passe les quatre Octaves qui font l'étendue des claviers des épinettes & des orgues, pouvant aller jusqu'à trente-deux intervalles. Celui qui embouche la Trompette, met les bouts des lévres dans le bocal, & le jeu dépend de son adresse. M. Ménage fait venir *Trompette*, du Grec ϛϱόμϐος, Espece de conque dont on se servoit autrefois au lieu de cet instrument. Du Cange le dérive de *Tromps*, mot de la basse Latinité, ou de l'Italien; *Tromba*, ou *Trombetta*, que l'on a dit dans le même sens. Voici en quels termes Nicot parle de Trompette. *C'est*, dit-il, *Un nom ores feminin & originel, & signifie cet instrument musical fait d'airain, ayant embouchure plate, le tuyau estroit en icelle, & eslargissant peu à peu jusques au bas qui est evasé en petite cloche, & sonné à puissance de vent à pleines joües; usité aux guerre ès Compagnies de gens de cheval à maints effects, que aux Chasteaux de garde en frontiere, pour signifier les retraites & la diane, qu'aux galeres pour icelle diane, & autres mots publiez par le son, que aux Villes & esdits lieux pour les bans, cris & proclamations publiques, & aussi en autres endroicts. Et en ce genre feminin, le mot qui est general & es especes, Trompette, clairon & sacquebute, estant Trompette; ce qui ja a esté dit: car quant à ce mot Trompe, qui ores est le mesme que Trompette, ores signifie ce cor d'airain entortillé usité par les Veneurs en la chasse pour corner les mots d'icelle, tant pour les chiens que pour leurs Compagnons, n'est le mot entier dont on puisse dire le diminutif estre ledit mot Trompette, & clairon, La Trompette claironnant pour estre plus gresle de tuyau; au moyen dequoi on dit clairon & Trompettes & sacquebute, un presque semblable instrument d'airain, qui est sonné non seulement par estre entonné à puissance de vent & joües renflées comme les dessusdits, ains par poussement & attraict avec la main droite faits par celxi qui en joue, d'un tuyau qui contient dans luy un autre sur lequel il coule pour rendre le son ores gros, ores gresle. Et ores est masculin, & signifie celuy qui sonne de la Trompette en une armée, ou compagnie de gens de cheval. Selon*

Selon ce on dit ; Il envoya un Trompette au camp de l'ennemi ; *ou bien celui qui sert pour faire les cris & proclamations à son de Trompe en une Ville.* Et *selon ce on dit* : Le Trompette juré d'une Ville. Et font ces deux genres concurrens par *diversité de signification en ce mot* Trompette. *Tout ainsi qu'en cet autre mot* , Enseigne , *lequel au genre féminin signifie le Drapeau , & au masculin celui qui le porte.* L'*Allemand dit* , Trommet Teltrommet , *pour la* Trompette , *&* Trommetter , *Pour le Trompetenr.*

Trompette , en termes d'Organiste , se dit d'un jeu d'orgue qui imite le son de la Trompette. Ce jeu a huit piés de long , & s'élargit par en haut , ainsi que le pavillon des trompettes militaires. Il a environ un demi-pié de diametre par en haut , & un pouce & demi par en bas. Il y a aussi une Trompette de Pedales, qui est de huit piés. Ce jeu est accordé à l'octave de la moutre.

On appelle *Trompette marine* , Un instrument de musique qui a quatre ou cinq piés de hauteur , & qui est triangulaire en rond , d'une forme qui tient de la pyramidale. Il est composé d'un manche fort long & d'un corps de bois resonnant , & a une seule corde de boyau fort grosse, montée sur un chevalet qui est ferme d'un côté sur un de ses piés , & tremblottant de l'autre côté sur un pié qui n'est point attaché à la table. On touche la corde d'une main avec un archet, pendant que de l'autre on la pressure le manche avec le pouce ; & c'est ce tremblement du chevalet qui lui fait imiter le son de la trompette ordinaire.

Il y a aussi une *Trompette parlante*, (Tuba stentorophonica.) C'est une trompette qui a sept ou huit piés de longueur , & quelquefois quinze. Elle est toute droite , faite de fer blanc , & a un fort large pavillon. Son bocal est assés large pour y pouvoir introduire les deux lévres. En parlant dedans , on fait aller la voix fort distinctement jusqu'à mille pas. On attribue l'invention de cette trompette au Chevalier Morlan Anglois.

On appelle *Trompette de mer* , Un limaçon fait en forme de cornet, long de huit à dix pouces. Sa coque est blanche & polie , particulierement sur le haut , & toute ondoyée d'une couleur minime fort vive. Le limaçon qui est enfermé dans cette coque , est de meilleur goût & plus tendre que les autres.

TROMPILLON. s. m. Terme d'Architecture , Petite trompe de peu de plan & de portée. On appelle *Trompillon de voute* , La pierre ronde qui sert de coussinet aux voussoirs du cu de four d'une niche , & pour porter les premieres retombées d'une trompe.

TRONC. s. m. *Le gros d'un arbre , la tige considérée sans les branches.* ACAD. FR. On dit , en termes d'Architecture , *Le tronc d'une colomne* ; pour dire , Le fust , & on appelle *Tronc de piedestal* , Le corps solide du milieu , qui est entre la base & la corniche.

TRONCHE. s. f. Grosse piece de bois de charpente que l'on n'a pas encore mise en œuvre.

TRONCHET. s. m. Terme de Tonnelier. Sorte de gros billot , qui est ordinairement élevé sur trois piés , & qui sert à doler & à hacer.

TRONCIR. v. n. Vieux mot. Rompre. On a dit aussi *Trancir* , dans le même sens.

TROPHE'E. s. m. *La dépouille d'un ennemi vaincu, que l'on mettoit ordinairement sur un arbre dont on avoit coupé les branches.* ACAD. FR. Les Grecs voulant faire honneur à leurs Capitaines lorsqu'ils

Tome II.

avoient mis en fuite leurs Ennemis , furent les premiers qui mirent les Trophées en usage. Ils ôtoient toutes les branches du premier arbre qu'ils rencontroient dans le lieu où l'avantage avoit été remporté ; & ne laissant que le tronc ,ils y attachoient les boucliers , les casques , les cuirasses & les autres armes que les vaincus avoient abandonnées dans leur déroute. On avoit soin d'ôter ces trophées lorsque la paix se faisoit , afin d'épargner ce juste sujet de confusion à ceux qui cessoient d'être ennemis. On fit ensuite la représentation de ces trophées en pierre & en marbre , comme ceux de Marius & de Sylla au Capitole. La plûpart des ornemens en Architecture, Peinture & Gravure sont des representations de trophées, d'enseignes, de piques, de corcelets, de canons & autres armes mêlées ensemble d'une maniere agreable. Ce mot *Trophée* vient du Grec τρόπαιον , fait du verbe τρέπω ; Je mets en fuite.

TROPIQUE. s. m. Terme de Geographie & d'Astronomie. On appelle *Tropiques* , deux Cercles paralleles à l'Equateur , qui passant par les points de l'Ecliptique les plus éloignés de l'Equateur jusques où va le Soleil vers le Septentrion & vers le Midi, & dont il s'éloigne après qu'il y est arrivé. L'un est le *Tropique du Capricorne* , marqué d'une double ligne en la partie meridionale du globe , & de la mappe du Monde, & l'autre le *Tropique du Cancer* , marqué aussi d'une double ligne en la partie septentrionale du même globe. Ce mot vient de τρέπω , Je tourne , je retourne , parce que le Soleil étant arrivé à un Tropique semble retourner sur ses pas.

Les Tropiques sont éloignés de l'Equateur de 23. degrés & demi, & l'un de l'autre de 47. Cet espace de 47. degrés est la Zone Torride. Voyez ZONE.

TROQUE. adv. Vieux mot qui se trouve dans Villehardouin pour dire , Jusques à.

TROS. s. m. Vieux mot. Morceau. C'étoit proprement un éclat de lame.

TROSNIERE. s. f. Terme d'Artillerie. Ouverture qui se fait dans les batteries & les attaques des Places pour tirer le canon. La largeur d'une Trosniere doit être de trois piés en dedans. Elles doivent être distantes de vingt piés l'une de l'autre, & on les ouvre dans la terre naturelle , lorsqu'on fait des batteries de pieces enterrées.

TROSSE. s. f. Terme de Marine. On appelle *Trosses* , autrement *Racages* , De petites boules de bois enfilées l'une avec l'autre , ainsi que des grains de chapelet. Ces boules sont mises avec le milieu de la vergue qui porte sur ces trosses ou racages , afin de courir plus librement sur le mât.

TROT. s. m. Alleure des bêtes de voiture, dont le mouvement se fait par les deux jambes qui sont en croix ou diametralement opposées. , que le cheval leve à la fois, tandis que les deux autres jambes sont en terre ; ce qui continue dans le même ordre. On appelloit autrefois *Trottiers* , certains Chevaux qui n'alloient qu'au trot.

TROU. s. m. *Ouverture dans quelque chose.* ACAD. FR. Ce mot est d'usage en plusieurs jeux. On dit au trictrac , *Gagner un trou, avoir tant de trous* ; pour dire , Gagner une partie , avoir tant de parties des douze qui font le trou. Quand on gagne douze points de suite , sans que celui contre qui on joue en gagne aucun, on marque deux trous. Le Trou, dans un jeu de paume , est une petite ouverture à fleur de terre , au coin du côté du jeu qui est opposé à la grille. Quand une chasse est au pié du mur, on dit , *Au trou*, ou *à l'ais*, c'est-à-dire qu'on

A A a a

ne sçauroit la gagner; à moins qu'on ne donne dans l'un ou dans l'autre.

On appelle en termes de Marine, *Trou d'écoute*, Un trou rond percé en biais dans un bout de bois en maniere de dalot, par où passe la grande écoute.

TROU-MADAME. s. m. Sorte de jeu de bois composé de treize portes & d'autant de galeries. On joue à ce jeu avec treize petites boules, qu'on laisse couler dans des trous ou des rigoles, marquées diversement pour la perte ou pour le gain.

TROUBLATION. s. f. Vieux mot. Trouble. On a dit aussi *Troublement*, que Nicot a expliqué par *Perturbation d'esprit*. Ainsi dit-on en proverbe, a-t-il ajoûté, *Après grand'joye & grand esbatement vient souvent grand douleur & troublement. Et est ainsi dit par metaphore, car l'eau troublée oste le jugement du gué & du fonds, ce qui met en perplexité les voyageurs.*

TROUBLEAU. s. m. Filet avec lequel on pêche; on bat l'eau, & on la trouble, quand il est tendu dormant pour prendre du poisson.

TROUDELER. v. a. Maltraiter, frapper.

Tapez, trompez, tourmentez, troudelez.

TROUSSE. s. f. Faisceau de plusieurs choses liées ensemble. ACAD. FR. *Trousse de foin*, se dit en ce sens de cinq ou six bottes de foin qu'on lie ensemble avec une corde pour les monter au grenier.

Trousse, signifie aussi une espece de haut de chausse, qui ne prend point en bas, & qui serre les fesses & les cuisses. On s'en servoit autrefois, & les Trousses font encore aujourd'hui une partie de l'habit que les Chevaliers du Saint-Esprit portent dans les jours de ceremonie. Les Pages ont aussi leurs trousses quand on les presente. au Roi, ce qui fait que lorsqu'on dit qu'*Un Page a quitté les Trousses*, on entend qu'il est sorti hors de Page.

Trousse, se dit encore d'un Carquois garni de fleches; & parmi les Barbiers, *Trousse*, est une espece d'étui de cuir, ou d'étoffe à plusieurs chambres, dans l'une desquelles ils mettent les rasoirs, dans l'autre les peignes, & dans une autre les ciseaux & les fers pour la moustache.

Trousse, en termes de Charpentier & de quelques autres Ouvriers, signifie des cordages mediocres dont ils se servent pour lever de petites pieces de bois & autres moindres fardeaux, ou pour lier les pieces de bois sur le Chevalet pour les refendre.

TROUSSEAU. s. m. Petite Trousse, comme en cette phrase, *Un Trousseau de clefs*. On le dit aussi du linge & des autres hardes qu'une mere donne à sa fille en la mariant.

Trousseau, en termes de Monnoye, signifie le coin qui porte l'empreinte de l'effigie du Prince ou de la croix dont on se servoit à monnoyer quand on fabriquoit la monnoie au marteau; ce qui se faisoit ainsi. On enfonçoit la pile à plomb dans un billot que les vieilles Ordonnances appellent, *Ceppeau*, & qui étoit vers le bout du banc du monnoyeur. On posoit le flan sur cette pile, qui étoit un coin long de sept à huit pouces, ayant un debord appellé *Talon*, vers le milieu, & une queue en forme d'un gros clou quarré, pour le ficher jusques au talon dans le ceppeau. On mettoit le Trousseau sur le flan, & on le pressoit ainsi d'une main entre la pile, & le Trousseau à l'en-

droit des empreintes. On donnoit de l'autre main trois ou quatre coups de marteau en maniere de petit maillet de fer sur le trousseau, & de cette sorte, le flan se trouvoit monnoyé des deux côtés; après quoi on le retiroit, & s'il y avoit quelques endroits qui n'eussent pas été bien marqués, on le remettoit entre le trousseau & la pile, & on donnoit quelques coups du même marteau sur le Trousseau, jusqu'à ce que le flan fût monnoyé aussi parfaitement qu'il le pouvoit être. On croit que le mot de *Trousseau*, vient en cette signification, de ce qu'on tenoit & troussoit ce coin de la main.

TROUSSEQUEUE. s. m. Terme de Manege. Cuir aussi long que le tronçon de la queue d'un cheval, & qui sert à envelopper celle des chevaux sauteurs, pour la tenir en état, empêcher qu'ils n'en joue & les faire paroistre plus larges de croupe. Ce cuir s'attache par des contresanglots au culleron de la croupiere, & à des courroyes qui passent entre les cuisses du cheval, & le long des flancs jusqu'aux contresanglots de la selle.

TROUSSEQUIN. s. m. Terme de Sellier. Morceau de bois taillé en ceintre, qui s'eleve sur l'arçon de derriere des selles à piquer & de celles qui sont à la Hollandoise. Le Troussequin sert à affermir les barres.

TROUSSER. v. a. Replier, relever ce qui pend trop bas. ACAD. FR. On dit aussi *Trousser*, en termes de Marine, & en parlant de Galere, il signifie se courber en dedans.

TROUSSOIRE. s. f. Vieux mot, dont Coquillard s'est servi pour dire, Une robe.

Aujourd'hui il faut le corset.
On la troussoire d'un grand prix.

TROUVEOR. s. m. Nom qu'on a donné aux premiers Poëtes Provençaux qui avoient inventé les fables que les anciens Menestriers alloient chanter chez les Grands pour les divertir. On lit dans Merlin. *Mes de ce ne palloient mie, ne ne cressoient li trouveor qui ont trouvé pour faire lor rimes plaisans.* On les a aussi appellés *Trouvadours; Trouverres*, & *Trouvaires*.

Li Trouverre qui sa bouche œuvre,
Par bonne œuvre contor & dire.

TROUVEUR. adj. Qui trouve. On appelle *Chiens trouveurs*, en termes de Chasse, Une espece de chiens d'un nez si fin, qu'ils vont requerir un renard vingt-quatre heures après qu'il est passé.

TRU

TRUAGE. s. m. Vieux mot. Imposition, subside, du Latin *Tributum*, comme si c'étoit un abregé de *Tributage. Et envoyoit chacun à truage de cent besans d'or.* On a dit aussi *Tru* & *Tven*, dans le même sens; & on trouve *Estre fait sous treu*, pour, Rendu tributaire. Dans la Bible historiaux, *Et celle qui estoit Dame des contrées, est faite sous treu.*

TRUAND. s. m. Vieux mot. Un gueux.

Quand je vois tous nuds ces truand
Trembler sur ces fumier puant.

On a dit aussi *Truander*, pour Gueuser, & *Truandise*, pour actions de truand; & quelquefois, selon Nicot, pour des malices, & méchancetés; & *Atruandé*, pour Maniere de gueuser.

Et prie , & requiert , & demande
Comme mandiant à truande.

On a dit aussi *Trualté*, pour Gueuserie, & *Truandaille ,* pour une troupe de Truands.

Vous n'estes rien que Truandaille ,
Vous ne logerez point ceans.

Truandaille , dit Nicot , *est par metaphore une compagnie de vaunleans, de canailles & de belistres, ran-
dant les cagnards.*
TRUAU. f. m. Mesure qui tient un boisseau & demi en usage en certains cantons.
TRUBLE. f. m. Petit filet qui sert à pêcher le poisson dans les boutiques & les reservoirs. Il est attaché au bout d'une perche , & on s'en sert aussi
à prendre des écrevisses ou autres petits poissons &
à pêcher les gros dans des canaux & des lieux
étroits. Du Cange fait venir ce mot du Latin *Tru-
bleo.* On dit aussi *Hatteneau.*
TRUCHEMAN. f. m. Interprete. Celui par le moyen
duquel deux personnes se parlent , quoiqu'elles
n'entendent point la langue l'une de l'autre. Voici ce qu'en dit Nicot. *C'est un qui interprete les
langages incognens respectivement de deux ou plusieurs personnes de diverse langue conferants ensemble.
Selon ce on dit qu'Un Prince, Un Ambassadeur ont
parlé par trucheman, c'est-à-dire, par interposition
d'un qui exposoit tant le langage incognen à celui à
qui ils parloient, que aussi le parler à eux incognen
de celui qui leur faisoit response. Autrement c'est celui qui entre deux ou plusieurs de langues diverses,
est exposeur de leur propos respectivement, par le
moyen de l'interpretation duquel ils traitent & par-
lementent ensemble, quoiqu'ils ne s'entendent en leur
langue naturelle l'un à l'autre. L'Espagnol dit aussi
Truchman, ou Trujaman pour le mesme. Il vient
du mot Chaldée Targeman, qui signifie, Exposteur,
lequel vient de Targum aussi mot Chaldée qui signifie Exposition d'une langue en autre. Les Arabes l'u-
surpent de mesme ; ce qui a fait dire à Antoine Ne-
brisse que c'est un mot Arabique. Les anciens Ri-
meurs Provençaux disoient Drogeman, à
present au païs de Surie & adjacens, ce mot rogo-
man est en usage, qui est fait dudit Chaldée par
mutation de la lettre t, tenuë en sa moyenne d & par
transposition des lettres a, r. Nicot employe aussi
le mot de Truchemander, & il l'explique par Servir
d'Expositeur de langages incognens entre deux de differentes langues, qui ne s'entr'entendent. Quelques-
uns font venir Trucheman du Chaldée Meturge-
man, Interprete, & M. Ménage le derive du Turc
Terguiman, qu'il dit signifier la mesme chose. D'autres croyent qu'il vient du vieux mot Truncher, qui
veut dire Gueuser, mandier, à cause que pour cette fonction d'interprete on s'est servi d'abord de
gueux & de vagabonds ; qui ayant couru les pays
voisins en sçavoient la langue. Il y en a qui veulent
que Trucheman a été dit par corruption de Trucho-
man, comme qui diroit de Turcomanie, pour designer un pays si éloigné, que si l'on n'a le secours
de quelqu'un d'un occasion, on n'en sçauroit entendre
la langue.*
TRUCHET. f. m. Petit morceau d'argent ou de cuivre qu'on donne aux enfans pour indiquer les lettres quand ils apprennent leur A B C.
TRUELLE. f.f. Outil dont se servent les Maçons pour
prendre le mortier & le plâtre , le jetter dans les
abreuvoirs ou les godets , & enduire toutes sortes de murs de plafonds & autres ouvrages. Il est
composé d'un manche de bois , d'un collet, & d'u-
ne feuille qui est un fer clair & large , avec quoi
Tome II.

ils manient & tournent le plâtre dans l'auge. Il y
a une *Truelle brettée.* C'est une sorte de Truelle particuliere qui a des dents, & dont les mêmes Maçons
se servent pour nettoyer le plâtre lorsque le mur est
enduit.
TRUELLE'E. f. f. La quantité de plâtre ou de mortier qui peut tenir sur une truelle chaque fois que le
Maçon en prend dans une auge.
TRUFFE. f. f. Vieux mot. Moquerie. Borel dit qu'il
vient de *Truffa.* On a dit aussi *Truffer,* pour dire ,
Moquer.

Certes, disent-ils, se fol vous truffe,
Bien vous va cy passant de truffe.

TRUFFLE. f. f. Racine ronde sans tige ni feuilles.
Matthiole dit qu'elles sont fort communes en Toscane , & qu'il y en a de deux especes dans la Romagne , où les unes ont leur chair blanche , & les
autres l'ont noirâtre. Il s'en trouve une autre espece au Val Ananie , qui a son écorce lissée & polie , & qui est roussâtre. Elle a un goût fâcheux
& fade , & est la moindre de toutes, On dit aussi
Truffe , & quand Pline en parle , il ne sçauroit assés
admirer qu'une plante naisse sans racine , comme
font les Truffes , qui sont environnées de la terre ,
sans y être aucunement attachées, non pas même
d'un seul filament , n'y ayant aucune apparence ni
de bosse , ni de fente ou crevasse au lieu où elles
viennent. On en trouve fort souvent d'aussi grosses que les pommes de coing & qui pesent une livre. Elles sont de differentes couleurs ; les unes
roussées au-dedans, les autres noires & les autres pales. Pline ajoute , que Licinius, qui avoit été Préteur à Rome , & qui pourlors étoit Gouverneur
en Espagne , mordant une Truffe , à *Cartagena la
nueva* , y rencontra un Denier Romain, qui lui
rompit une des dents de devant , ce qui a fait connoître , dit-il , que les Truffes viennent de la terre qui s'amasse & s'épaissit de soi-même , comme
font toutes les choses qui naissent, & qui neanmoins ne se peuvent planter ni semer. Les Truffes
ont cela de particulier , que lorsque l'Automne est
pluvieux , & que l'air est souvent agité par les tonnerres & par les éclairs ; la terre les produit en
quantité , mais elles ne durent qu'un an , & font
plus tendres au Printems que dans les autres saisons. Il y a quelque païs où l'on n'en a que par le
coulant des eaux qui les y apportent, après quoi on
les replante. Elles sont pourtant moins aqueuses
que terrestres, selon Avicenne , & engendrent des
humeurs grossieres & mélancoliques , plus qu'aucune autre chose qu'on puisse manger. Les pourceaux en sont fort friands , & servent souvent à découvrir les lieux où ils s'en trouve. On fait venir le
mot de *Truffe,* du Latin *Tuber,* ou *Tuberculum ,*
Bosse, tumeur.

Truffles, a été employé dans le vieux langage
pour signifier, *Bombance ;* & l'on trouve dans un endroit du Roman de la Rose, où l'on parle du trop
de parure d'une femme.

Toutes vous osteray vos truffles ,
Qui vous donnent occasion ,
De faire fornication.

TRUIR. v. a. Vieux mot. Trouver.

Que mort le truis devant la porte.

Et dans un autre endroit du Roman de la Rose.

Fors qu'il les truisse destiées.

TRUITE. f. f. Sorte de poisson fort délicat qui se
trouve ordinairement dans les eaux vives. ACAD.

A A a a ij

Fr. Il y a des Truites de riviere, & des Truites faumonnées. La *Truite de riviere* ne paſſe pas en grandeur une coudée. Elle a le dos entre blanc & jaune, le corps couvert de petites écailles, & la peau ſemée de petites taches rouges avec une large queue. La *Truite ſaumonnée*, que quelques-uns diſent être proprement un Saumon de riviere, eſt un Truite de lac, qui croît juſqu'à deux ou trois coudées. Sa chair eſt ferme & rouge. Les Truites ont des dents ſur la langue, & mangent des vers, des poiſſons & du gravier. M. Ménage fait venir le mot de *Truite*, du Latin *Trutta*, ou *Trotta*. Nicot en parle en ces termes. *La Truite eſt une eſpece de poiſſon ſaxatile, aymant & hantant l'eaue froide & claire, telle qu'on voit ès cavernes des rochers aquatiques ou pluſtoſt fluviaux, qui eſt la cauſe qu'elle a l'interieur rougeâtre, & la peau & eſcaille griſaſtre & tavelée. Elle eſt de moyenne longueur & largeur de corps communément, & quand elle l'excede eſt appellée Truitte ſaulmonnée, ſelon Rondelet, non tant pour la couleur du dedans rougeaſtre, que pour la grandeur irreguliere du corps. Aucuns rendent ce mot en Latin par Turtur, autres par Muſtela, autres par Salar, mais de commun eſt Trutta.*

TRUITE', ꜰ'ꜰ.adj. Onappelle en termes de Manége, *Poil truité*, Un poil blanc, ſur lequel il y a des marques de poil noir, de bai ou d'alezan, ſur-tout à la tête & à l'encoleure.

TRULLE. ſ. m. Terme qui ſe trouve dans Nicot. Trulle, dit-il, *n'eſt mot François, ains Grec corrompu & Conſtantinopolitain, duquel eſtoit anciennement appellé le lieu d'un Palais des Empereurs Orientaux aſſis en la Ville de Conſtantinople où ils traictoient des affaires d'Eſtat, comme il ſe peut comprendre de la dix-ſeptieſme Seſſion du Sixieſme Concile tenu à Conſtantinople, & des Decrets du Pape Agathon, où il eſt dit, In Baſilica, quæ & Trullus appellatur, intra Palatium, ſub regali cultu reſidente Imperatore, & cum eo Georgio Patriarcha Conſtantinopolitano, ac Machario Antiocheno, ſuſcepti ſunt Miſſi ſedis Apoſtolicæ. Et n'eſt ce dit mot mis en ce Dictionaire, ſi n'eſt pour autant qu'il ſe trouve en aucuns anciens Livres François.*

TRULLISATION. ſ. f. M. Daviler dit que ce mot s'entend dans Vitruve de toutes ſortes de couches de mortier, travaillées avec la truelle au-deſſus des voutes, ou bien des hachures qui ſe font ſur la couche du mortier, afin de retenir l'enduit de ſtuc.

TRUMEAU. ſ. m. Jarret d'un bœuf, la partie qui eſt au-deſſus de la jointure du genouil en montant. Il y a le Trumeau de devant & le Trumeau de derriere. Quelques-uns diſent *Tremeau*.

Onappelle *Trumeau*, en termes d'Architecture, le maſſif ou eſpace d'un mur qui ſe trouve entre deux fenêtres. Les moindres Trumeaux ſont érigés d'une ſeule pierre à chaque aſſiſe.

TRUPIGNEYS. ſ. m. Vieux mot. Trepignement.

Se renforça le chapleis.
La fu ſi fort le trupigneys.

TRUSQUIN. ſ. m. Outil d'Artiſan, dont ſe ſervent particulierement les Menuiſiers, pour marquer des tenons & les mortoiſes aux lieux où il doit y en avoir. Il eſt compoſé d'un gros reglet avec une pointe au bout, qui entre dans un tailloir ou un ais de bois quarré qui eſt mobile. Les Truſquins ſervent à mettre les pieces d'épaiſſeur. Il y a un Truſquin à longue pointe.

RUYE. ſ. f. La femelle d'un Verrat. Les Truyes portent deux fois l'an, & contre l'ordinaire des au-

tres bêtes, elles ſe font couvrir, quoiqu'elles ſoient pleines. Il y en a qui ont en juſques à trente-ſept cochons en une portée. M. Ménage fait venir le mot de *Truye*, de *Porcus Troianus*. Borel dit que c'eſt auſſi une machine de guerre, ou eſpece de belier.

<h3 style="text-align:center">TRY</h3>

TRYPHERE. ſ. f. Maniere d'opiate dont il y a de trois ſortes. La premiere eſt appellée *Tryphera magna de Nicolas Alexandrin.* Elle eſt compoſée de vingt-ſix Ingredients, ſans y comprendre le miel ou le ſucre. Ces Ingredients ſont l'opium, la canelle, la zedoaire, le galanga, le coſtus blanc, les gyrofles, le calamus aromaticus, le gingembre, le nard indique, le ſtyrax calamite, les racines du peucedanum & du vrai à corne, le cyperus, l'écorce de la racine du mandragore, l'iris d'Illyrie, le nard celtique, le poivre noir, les roſes rouges, les ſemences d'anis du perſil de Macedoine, de l'ache de montagne, de l'ache de marais, de fenouil, de daucus creticus, de juſquiame & de baſilique. Cette opiate eſt propre contre toutes les maladies de la matrice qui proviennent de froidure, étant appliquée en forme de peſſaire avec la poudre d'armoiſe & l'huile de muſcade. Elle eſt bonne auſſi aux maladies de l'eſtomac, dont elle fortifie la debilité. On la donne avec du vin à jeun. Elle arrête le flux immoderé du ventricule & des hemorrhoïdes, guerit la cachexie, cuit les humeurs crues, & fortifie la veſſie, La ſaveur en eſt fort déſagreable, & on l'a nommée *Tryphere*, du Grec τρυφϕερος, Mol, délicat, à cauſe qu'elle donne du repos & de la joie à ceux qui en uſent. Elle a été ſurnommée *Magna*, Grande, à la difference de la Tryphere Perſique de Meſvé, appellée *Perſique*, à cauſe que les Medecins de Perſe l'ont premierement miſe en uſage. Il entre trente Ingredients en celle-là, ſçavoir les violettes, l'agaric, le ſené, la ſemence de cuſente, les prunes de damas, les myrobalans citrins, cepules & indiens, les tamarindes, l'épithyme, le nard indique, la caſſe, la rhubarbe, la mauve, le vinaigre, la conſerve de violette, les myrobolans belliriques & embliques, le maris, les cubebes, les trochiſques diarrhodon, les ſemences d'anis & de fumeterre, le maſtic, le ſantal citrin, le ſpode & les quatre ſemences froides. On ſe ſert de cette opiate aux fiévres aigues, lorſqu'elles regnent en un Eté peſtiferé & en Automne, & dans toutes les maladies engendrées d'humeurs brûlées. Bauderon ajoûte à cela qu'elle appaiſe la ſoif, guerit la jauniſſe chaude qui vient de l'obſtruction du foye, diſcute la ſuffuſion qui incommode la vûe, à cauſe des humeurs bilieuſes, & purge l'une & l'autre bile & la pituite. Il y a encore la Tryphere Sarracenique de Nicolas Alexandrin, appellée *Sarracenique*, à cauſe des Medecins Saraſins qui l'ont inventée. Les Ingredients qui la compoſent ſont, la manne, la caſſe, les tamarindes, les myrobolans cepules, belliriques & embliques, les écorces des myrobolans citrins, la rhubarbe, les violettes recentes ou leur ſemence, celle d'anis & de fenouil, le maris & le nard indique. Cet Electuaire eſt efficace pour ceux qui ont la jauniſſe, pour les mélancoliques & les hepatiques, & contre tous les maux de tête, de l'eſtomac & des hypochondres. Il fortifie la vûe & refait le teint.

<h3 style="text-align:center">TSI</h3>

TSIMANDAM. ſ. m. Arbre qui a fort peu de feuilles,

& dont on tire de grandes utilités contre les maux de cœur, la peste, & les maladies contagieuses. Il croît dans l'Isle de Madagascar.

TSITSIHI. f. m. Sorte d'Ecureuil de l'Isle de Madagascar, qui se tient ordinairement dans les trous des arbres, & qu'on ne sçauroit apprivoiser.

TUB

TUBE. f. m. Terme dogmatique. Tuyau, du Latin *Tubus*, Tuyau de fontaine. Il se dit particulierement des Tuyaux qui portent les verres des grandes lunettes. Celui de la grande lunette de l'Observatoire de Paris, est de soixante & dix-sept piés.

TUBEREUSE. f. f. Sorte de fleur blanche, qui a une odeur très-agreable. Elle vient d'un oignon & sur une tige de la hauteur de celle des lis. La Tubereuse fleurit toute l'année, pourvû qu'on la mette en un lieu propre pour cela, & qu'on en prenne grand soin.

TUBEREUX, EUSE. adj. Les Fleuristes & les Jardiniers appellent *Plantes tubereuses*, Celles qui ont des fibres & des racines rougeâtres, de couleur rousse ou brune, n'ayant ni peau ni écailles, jettant plusieurs tiges.

TUBEROSITE'. f. f. Terme de Medecine. On le dit d'une bosse ou tumeur qui vient naturellement à quelque partie, par opposition aux tumeurs causées, ou par maladie, ou par accident. Ce mot vient du Latin *Tuber*, Bosse.

TUC

TUCUARA. f. m. Sorte de canne du Bresil qui est de la grosseur de la cuisse. Parmi la quantité de cannes & de roseaux qui se trouvent en ce Païs-là, il y en a dans les forêts qui étant nourries de l'humidité de la terre, ne cessent point de croître, jusqu'à ce que leur sommet ait surpassé celui des plus hauts arbres. Ces roseaux occupent quelquefois beaucoup de terre, & même des Provinces entieres.

TUD

TUDESQUE. f. m. On appelle ainsi le langage des anciens Allemans.

TUF

TUF. f. m. *Sorte de pierre blanche & fort tendre, & la premiere qu'on trouve d'ordinaire en fouillant la terre.* ACAD. FR. Lorsque le Tuf est trop près de la superficie de la terre, il rend les jardins steriles. C'est ce qui oblige à l'ôter, pour y mettre de la bonne terre avant que l'on y plante des arbres. On dit aussi *Tufeau*, du Latin *Tophus*, Pierre rustique. Quand on fait un bâtiment, on peut faire les fondations sur un terrein de Tuf, à cause qu'il fait masse solide.

TUFFES. f. f. Vieux mot. Troupes, sorte de Soldats.

TUFFIER, ERE. adj. On appelle *Terre tuffiere*, Une terre qui approche du Tuf, & qu'on ôte d'un jardin, parce qu'étant trop ingrate & maigre, elle coûteroit plus à amander, qu'il n'en coûte à y apporter de bonne terre.

TUG

TUGUE. f. f. Terme de Marine. Espece de faux

tillac ou de couverte qu'on fait de caillebotis ou de simples barreaux, & que l'on éleve sur quatre ou sur six piliers au-devant de la dunette, afin de se garantir du Soleil ou de la pluye. Comme les Tugues rendent un Vaisseau pesant à la voile, le Roi défendit celles de charpente en 1670. & permit à l'équipage de se couvrir avec des tentes soûtenues par des cordages. On dit aussi *Tuque*.

TUI

TUILE. f. f. Quarreau de terre grasse pairrie, seichée & cuite de certaine épaisseur, qu'on employe à couvrir des bâtimens. Il y a de deux sortes de Tuile en general, les plates & les rondes ou courbées. Les rondes sont encore de deux sortes; sçavoir, celle qui est *à la maniere de Guienne*, c'est-à-dire, creuse, ayant son profil en demi-canal, & celle qu'on appelle *A la maniere de Flandre*, qui est aussi une Tuile creuse, ayant son profil en S. Les Tuiles rondes se posent sur des toits fort plats, parce qu'elles n'y sont point arrêtées par des clous ni par des crochets. On les nomme aussi *Tuiles faistieres* ou *gontieres*. On fait les Tuiles plattes de trois differentes grandeurs. La première est appellée *du grand moule*, & on lui donne quatre pouces de pureau. La seconde est *du moule bâtard*, & celle-là n'est plus d'usage à Paris. La troisième est celle qu'on appelle *du petit moule*, à laquelle on donne trois pouces de pureau. On appelle *Tuiles gironnées*, Celles qui sont plus étroites en haut qu'en bas. On s'en sert à couvrir les chapiteaux des tours rondes & des colombiers. Il y en a d'autres qu'on nomme *Tuiles hachées*. Ce sont celles qu'on échancre avec la hachette pour les arêtiers, les fourchettes & les noues. La *Tuile vernissée*, est celle qui est plombée. On s'en sert à faire des compartimens sur les couvertures. On fait venir *Tuile* du Latin *Tegula*, fait de *Tegere*, Couvrir.

TUILEAU. f. m. Morceau de tuile cassée. On fait les voutes des fours; & les contrecœurs des atres de cheminée avec des tuileaux. On s'en sert aussi pour sceller en plâtre des corbeaux, gonds & autres pieces de fer. On fait du ciment avec des Tuileaux en les concassant.

TUIT. adj. Vieux mot. Tous & Toutes.
   Ce orent bien tuit cist Barons.
Dans le Roman de Fauvel.
   Tuit ces choses que j'ay nommées,
   Qui de tout mal sont renouvées.

TUI

TULIPE. f. f. Sorte de fleur qui ne sent rien, & qui fleurissant en Avril, dure jusqu'à la mi-Mai. Il n'y a point de fleur qui se diversifie en tant de couleurs. Les Tulipes de graine sont celles qu'on seme pour avoir de belles couleurs & qui soient fantasques. Les Tulipes qui viennent d'un cayeu ou d'un morceau de l'ognon qui se sépare. Ce sont celles-là qui deviennent panachées. Le mot de *Tulipe*, ainsi que sa fleur, nous est venu de Turquie, où on l'appelle *Tulipant*, à cause de sa ressemblance avec la figure du Tulbent, que nous appellons ici *Turban*. C'est le sentiment de M. Ménage. Les Relations de Thevenot nous apprennent que la Tulipe est la fleur la plus commune qui se trouve dans les prés de Tartarie.

TUM

TUMEUR. f. f. Terme de Medecine. Grandeur d'u-

A Aaa iij

ne partie augmentée contre nature, en longueur, largeur & profondeur. Les causes en general de toutes les tumeurs sont les parties mêmes hors de leur situation naturelle & disloquées, qui tombent sur la partie voisine, ou quelque humeur qui grossit la partie, ou les vents qui la gonflent. L'humeur est la plus ordinaire de ces causes. Quoiqu'il se trouve quelquefois des pierres, des vers, des poux, quantité de petits œufs, des cheveux & autres choses semblables dans les tumeurs & dans les abscès qui en dépendent, Ettmuller dit que ce sont des jeux de la nature, qui arrivant rarement, ne peuvent déroger à ce qui est ordinaire. L'humeur qui engendre la tumeur en grossissant la partie, n'y étoit point auparavant, mais elle s'y est amassée de nouveau, ou parce que le mouvement circulaire de quelque humeur a été arrêté, ou qu'elle s'est épanchée, ou parce qu'une nouvelle humeur s'est engendrée dans la partie. Il y a des *Tumeurs sereuses* ou *aqueuses*, qui s'élevent lorsque la circulation de la lymphe est interrompue à cause de l'obstruction ou de la ruption de quelques vaisseaux lymphatiques, & qu'il se fait un amas contre nature & un épanchement de la lymphe en quelque partie. Ces tumeurs sont molles & lâches au toucher, & indolentes, en sorte que quand on les presse avec le doigt, il ne reste aucun vestige. Si on les regarde de côté où à la chandelle, elles paroîtront transparentes. C'est cette lymphe ramassée dans quelque cavité, qui fait les hydropisies particulieres, & l'Anasarca, lorsqu'elle occupe toute la surface du corps. Le but de la cure de ces sortes de tumeurs est de resoudre & de dissiper la lymphe épanchée, & sur-tout les humeurs grossieres qui bouchent les vaisseaux lymphatiques.

TUN

TUNA. Sorte d'arbre de la Nouvelle Espagne, qui croît sans tuyau & sans branches, & qui n'a presque rien de bois. Les Mexiquains l'appellent *Nochtli*, & les Européens, *Figuier Indique*. Il y en a de deux sortes, l'un sauvage qui ne porte point de fruit, ou du moins qui en produit un si épineux qu'il n'est utile à aucune chose. L'autre qu'on appelle *Domestique* ou *franc*, porte un fruit long & rond, approchant assés des figues, & de la même couleur. Ce fruit est poli, & quand on en a ôté l'épaisse peau, on voit la poulpe du dedans pleine d'un fort grand nombre de grains. Cette poulpe est douce, & d'un goût fort agreable. La blanche est estimée la meilleure. Celle qui est rouge ou purpurine, teint les mains de couleur de sang comme les mûres. Elle teint aussi l'urine quand on l'a mangée. Il s'en trouve d'une autre espece, appellée par les Ameriquains *Nochez-eli Nopalli*, ou *Nopal Nochez-tli*, qui, quoiqu'elle ne produise pas de semblables fruits, est cultivée avec tout le soin possible, à cause qu'elle porte ce précieux grain qu'on appelle *Cochenille*. Ce grain, dit Herrera, vient en plusieurs Provinces de la Nouvelle Espagne sur l'arbre appellé *Tuna*, qui a des feuilles épaisses, & qui croît aux lieux qui sont exposés au Soleil & à couvert du vent de Nord-Est. C'est un petit animal vivant, ou plûtôt un insecte, presque semblable à une punaise. Il est un peu plus petit qu'une puce lorsqu'il commence à s'attacher à la plante, & vient d'une semence de la grosseur d'une mitte. Il remplit tout l'arbre, & on l'amasse une fois ou deux l'année. Les Habitans disposent ces arbres en certains rangs de la maniere qu'on plante les vignes, & ôtent les herbes qui leur pourroient nuire. Plus les plantes sont jeunes, plus elles portent abondamment, & don-

nent de bonne graine. Ils se servent de queues de renard pour les nettoyer, de peur que la semence nouvelle de ces insectes ne soit gâtée. Quand ils sont devenus assés gros, on les ôte de l'arbre avec un grand soin, & on les tue en les arrosant d'eau fraîche. On les tue aussi avec de la cendre qu'on jette dessus, après quoi on les seche à l'ombre, & on les met dans des vaisseaux de terre pour les conserver. M. Pomet dans son Histoire generale des Drogues, dit qu'il avoit toûjours crû, comme beaucoup d'autres, que la Cochenille étoit un petit animal, mais qu'il est sorti d'erreur par une lettre que lui a écrite le sieur Rousseau, habitant de Leoganne, Côte Saint Domingue, du 15. Mai 1692. Cette Lettre porte que la plante de la Cochenille vient environ de deux à trois piés de haut tout par balais garnis de feuilles de deux doigts d'épais, d'un assés beau vert, & garnis d'épines de tous côtés; que sa graine se ramasse dans de petites cosses faites en cœur, & tirant sur le jaune quand elles sont mûres; qu'on fait secher cette graine, & qu'ensuite on la met dans des canasses de cuir ou de toile, comme on la reçoit en France. M. Pomet ajoûte, que cette Lettre lui paroît d'autant plus digne de foi, qu'on ne sçauroit découvrir ni piés, ni ailes, ni tête, ni aucune autre partie d'animal dans la cochenille, & qu'elle a en soi toutes les marques d'une veritable graine.

TUNICELLE. s. f. Petite tunique blanche que quelques Religieux portent sous leur habit.

TUNIQUE. s. f. *Sorte de vêtement de dessous que portoient les Anciens, & qui n'est maintenant en usage que parmi les Religieux.* ACAD. FR. Les Bernardins appellent *Tunique*, Une maniere de chemise de serge; & parmi les Augustins, c'est une sorte de robe blanche qu'ils mettent sous leur robe, & qui leur va jusques à mi-jambe. La tunique des Religieuses est une espece de camisole blanche ou brune qui va jusqu'aux piés, & qu'elles mettent de nuit avec un Scapulaire.

Tunique, en termes d'Eglise, est un vêtement dont certains Ecclesiastiques se servent quand ils officient. Il a de petites manches qui ne sont pas fermées, & ne differe de la chasuble que parce qu'il est plus court, & n'a point de croix sur le derriere. Il n'est propre qu'à ceux qui font les fonctions de Diacre & de Soudiacre aux grandes Messes.

Tunique. Terme d'Anatomie. Partie similaire froide, seche & légere, engendrée par la faculté formatrice de la semence la plus tenace, pour être l'organe de l'attouchement, pour couvrir quelques parties, en attacher quelques-unes, & en séparer quelques autres. La tunique, qui n'est autre chose qu'une membrane, a le sens fort vif. On ne l'a nommée ainsi qu'à cause que l'un de ses principaux usages est de couvrir les parties en forme d'habillement.

Voici ce que dit Nicot sur *Tunique*, qu'on a autrefois appellée *Tunicle*. Tunique *est un mot que le François a approprié à la cotte d'armes. Robert Gaguin en son Traicté des Rois d'armes, Herauts & poursuivants.* Après ces Officiers d'armes & Chevaliers pour la dignité & excellence des armes du Roi, viendra un autre Chevalier, qui dessus une lance croisée en façon d'un confanon, portera la Tunicle ou cotte d'armes du Roi, en laquelle sera fichée en la poitrine une couronne d'or, & chargée de pierres prétieuses, où sera seulement émaillé le blason du Roi. *Et en autre passage.* Le Roi Alexandre le Grand, pour exaucer le nom de vaillance de ses Chefs de guerre & autres vaillans Seigneurs victorieux Combattants, afin qu'ils eussent plus grand

tuyau qui donne libre entrée au vent. Elle doit avoir le quart de la largeur du tuyau, & la cinquiéme partie aux Tuyaux ouverts. Il y a des tuyaux de quatre sortes. Les uns sont ouverts, les autres bouchés. Ces derniers rendent les sons deux fois plus bas & plus graves. Ceux à anche sont de laiton avec une anche au milieu, & ceux à cheminée sont des Tuyaux bouchés, sur lesquels on applique un petit cylindre, dont la circonference est la quatriéme partie du Tuyau. Il doit avoir quatre fois plus de hauteur que de largeur. Lorsque les Tuyaux sont longs, sans qu'ils s'élargissent en haut, on les appelle *Cromorne*, & quand ils s'élargissent, on les nomme *Trompettes* & *Clairons*. Les grands Tuyaux parlent plus facilement & avec moins de vent que les petits, à cause que leurs bouches sont plus basses, & plus étroites, & les trous de leurs piés beaucoup moindres à proportion.

On appelle *Tuyau de blé*, La tige qui porte le grain, & quand l'herbe est crue, & qu'elle commence à se nouer, on dit que *le blé est en Tuyau*.

TUYERE. s. f. On appelle *Tuyere de forge*, Le conduit par où passe le vent des soufflets.

TYM

TYMPAN. s. m. Terme de Medecine. Petite peau tendue au fond de l'oreille, qui reçoit les impressions de l'air agité, & qui cause le sentiment de l'ouie. Ce mot est Grec τύμπανον, Tambour.

On appelle ordinairement *Tympan*, en termes d'Architecture, le fond & la partie d'un fronton qui est enfermée entre les corniches, & qui répond au nud de la frise. *Tympan d'arcade*, est une table triangulaire dans les encoignures d'une arcade. Les plus simples de ces Tympans n'ont qu'une table renfoncée, quelquefois avec des branches de laurier, d'olivier, de chêne, ou avec des trophées, & conviennent à l'ordre Dorique & à l'Ionique. Les plus riches reçoivent des figures volantes comme des Renommées ou des Figures assises telles que sont les Vertus, & ceux-là sont propres à l'ordre Corinthien & au Composite. On donne aussi le nom de *Tympan*, aux panneaux des portes de Menuiserie, & au Dé du piédestal des colomnes.

Tympan de machine, se dit de toute roue creuse, dans laquelle marchent des hommes pour la faire tourner, comme celle d'une grue.

Tympan, en termes d'Imprimerie, est une feuille de parchemin bandée sur un chassis de bois. L'endroit où l'on met la feuille pour imprimer est le *grand Tympan*, & ce qui s'enclave dans ce grand Tympan, est appellé le *petit Tympan*.

Tympan, chés les Horlogers & Machinistes, est un pignon garni de son arbre, qui se meut par le moyen d'une roue dentelée qui entre dans les dents du pignon.

Tympan. Sorte d'oiseau de la Virginie, dans la tête duquel on trouve une certaine matiere gluante & épaisse, qu'on tient un remede souverain pour les femmes grosses, en la sechant & la reduisant en poudre.

TYMPANITES. s. m. Maladie dans laquelle l'eau qui se trouve entre cuir & chair, distend la peau comme celle d'un tambour. Le Tympanités n'est pas proprement une hydropisie, & on ne le met du nombre des hydropisies particulieres qu'à cause de la tumeur qui ressemble à celle de l'Ascites, qui est une hydropisie particuliere dans laquelle les piés s'enflent successivement, après quoi la tumeur monte peu à peu, jusqu'à ce qu'elle occupe l'abdomen. Ce mot est Grec τυμπανίτης, fait de τύμπανον, Tambour.

TYMPANON. s. m. Sorte d'instrument de Musique fort harmonieux qui vient d'Allemagne, qui est sur du bois monté de cordes de laiton, qu'on touche avec une plume; qu'on appelle ici *Psalterion*.

TYP

TYPHOMANIE. s. f. Terme de Medecine. Symptôme ordinaire dans les fievres malignes, qui designe la phrenesie & les convulsions prêtes d'arriver. C'est un assoupissement contre nature, qui survient aussi quelquefois aux fievres tant continues qu'intermittentes, où les malades ont de grandes envies de dormir, & dorment même profondement, c'est-à-dire, qu'ils dorment effectivement à l'égard de l'habitude du corps & des organes externes des sens, & qu'ils veillent veritablement à l'égard des operations animales internes, étant agités de songes violens, criant à gorge ouverte, jettant leurs membres de côté & d'autre, & faisant des réponses qui n'ont aucun sens à ceux qui les éveillent. Ce mot est Grec τυφομανία, & est formé de τῦφος, qui outre la signification de Fumée, a celle de ce que les Latins appellent *Stupor*, Etonnement qui semble ôter la raison, & de μανία, Folie.

TYR

TYROQUI. s. m. Herbe du Bresil, qui a ses feuilles comme la dragée ou vesse, sa racine divisée en plusieurs parties, ses branches tendres & des fleurs d'un rouge roussâtre, au bout de ces mêmes branches. Cette herbe est comme flétrie de nuit; & s'épanouit tout de nouveau lorsque le Soleil se leve. Elle se trouve par tout en grande abondance. Elle jaunit quand elle est nouvellement coupée, & ensuite blanchit peu à peu. On en fait grand cas contre la dysenterie. Les Sauvages qui l'appellent aussi *Tareroqui*, sont persuadés que la fumée de cette herbe est utile à la santé, & ils s'en font parfumer quand ils sont malades.

V

VAC

Article qui marquoit autrefois le datif, & signifioit *Au*, comme en ces exemples.

U champ viennent sans plus d'aloigne.

Et dans le Roman de la Rose.

Et u menton une fossette.

VAC

VACHE. s. f. Bête à cornes, qui porte les veaux, & qui donne beaucoup de lait. C'est la femelle du Taureau. Les Vaches sont en grande véneration au Royaume de Narsingue, & quand le Roi crée les Naires qui sont comme des Chevaliers, il leur recommande les Bramins & les Vaches. Ce qui les oblige à estimer tant cet animal, c'est qu'ils croyent que les ames des morts passent dans le corps des Vaches, plûtôt qu'en celui d'aucune autre bête. Il y a des *Vaches de Barbarie*, qui ressemblent à un cerf par l'encolure & les jambes. Elles ont la tête étroite, & les cornes grosses, longues, recourbées en arriere, noires, & torses comme une vis. Leur queue qui est terminée par un bouquet de crin noir, est moins large par son extremité que par sa racine. Leurs yeux sont hauts & proche des cornes, & leurs oreilles semblables à celles de la gazelle. Elles ont deux bosses; l'une au commencement du dos, & l'autre opposée au bas du sternon, & elles n'ont que deux mammelons. Les Vaches de Quivira, Province des Indes Occidentales, sont de la grandeur & de la couleur de nos Taureaux, mais elles ont les cornes petites, presque droites, & fort aiguës avec une bosse entre les épaules. Leur poil est comme de la laine, plus long au devant du corps qu'il n'est au derriere, & crêpe comme du crin sur le col & sur l'épine du dos. Elles muent tous les ans, & le poil qui leur revient est presque noir & bigarré de certaines taches blanches. Elles ont les jambes courtes, & couvertes d'un long poil depuis les genoux. Le front en est aussi couvert entre les cornes & sous la gorge, & il pend si bas qu'on le prendroit pour une barbe de bouc. Les mâles ont la queue longue & velue au bout, de sorte qu'ils ont quelque chose de commun avec le lion & le chameau. Ils frappent des cornes, & quand ils sont irrités, ils tuent même les chevaux qui ont peur de leur rencontre, tant cet animal est difforme & d'un regard affreux & cruel. Leur chair est de fort bon goût, & les Sauvages se couvrent le corps de leur cuir. Ils en couvrent aussi leurs cabanes.

On voit à la Chine un certain poisson appellé *Vache*, qui vient fort souvent à terre, & qui attaque les Vaches domestiques. Dans ce combat ce poisson se sert de sa corne pour les heurter; mais quand il a demeuré un peu de tems hors de l'eau, il est obligé de se retirer dans la mer pour faire re-

VAC

prendre sa premiere dureté à sa corne qui s'est amollie à l'air.

Vache louée. Les Paysans appellent ainsi celle qui ne se laisse point traire, ou qui retient son lait à moins qu'on ait un peu de fourage devant elle. Cela est assés commun.

La fiente de Vache est appellée *Bouze.* Selon Galien elle est dessiccative & attractive, ce que Matthiole dit être aisé à voir, en ce qu'elle guerit les piquûres des mouches à miel & des guêpes. Il ajoute que cela peut arriver de la proprieté universelle de sa substance. La fiente claire que la Vache rend aux premieres herbes, resout les apostumes enflammées des Laboureurs & des gens de grand travail. Elle est bonne encore aux hydropiques.

Vache, se dit aussi de la peau entiere d'une Vache, & en termes de Tanneur, *Coudrer une Vache,* C'est apprêter le cuir d'une Vache dans le tan. On appelle *Vache de Roussi,* Du cuir de Vache que l'on façonne hors de France. On le passe en redon, c'est-à-dire, en herbe, après quoi on lui donne une charge de bresil bouilli & de noix de galles pour le rougir; ce qui étant fait, on le pare on le foule, on le travaille, & on lui donne toutes les façons dont il a besoin pour être employé & mis en œuvre.

Vache, dans les marais salans, signifie le Sel qu'on garde en meulons pendant plusieurs années. Ce sont de petites piles de sel fort longues, mais qui ont peu de hauteur & de largeur, & qui sont couvertes en dos d'âne.

On appelle en termes de danse. *Rut de Vache,* Un pas que l'on fait en jettant le pié à côté.

En termes d'Imprimerie, on donne le nom de *Vache* aux cordes qui tiennent au berceau de la presse & au train de derriere.

On met de la difference dans le Blason entre la Vache & le Bœuf, en ce qu'on représente la Vache avec un museau long & délié, & sans aucun poil qui paroisse entre les deux cornes, au lieu qu'on y voit un gros floquet de poil dans le Taureau, & qu'on lui fait le museau plus court. D'ailleurs la Vache est toûjours représentée passante, & ayant la queue tournée sur le flanc. Le Bœuf & le Taureau l'ont trainante par derriere.

VACIET. s. m. Plante qui croît par tout, tant dans les forêts que parmi les blés, & qui a les feuilles & la racine comme le bulbe. Sa tige est verte, menue, lissée, & de la hauteur d'un palme. Le Vaciet fleurit sur la fin de Mars, & au commencement d'Avril, & dès le milieu de sa tige, il jette une chevelure toute garnie de fleurs rouges. Ces fleurs venant à mûrir, se recourbent contre terre, & durent long-tems avant qu'elles se flétrissent. Leur vive couleur est cause que les enfans en font des bouquets. Galien dit que la racine du Vaciet est bulbeuse, dessiccative au premier degré & refrigerative au second entier, ce qui fait que l'enduisant avec du vin, elle empêche que la barbe ne vienne si-tôt aux jeunes gens. Sa graine est legerement abstersive

& aftringente, & bonne, étant prife en vin, à ceux qui ont la jauniffe.

VACUE. adj. Terme de Palais, du latin *Vacuus*, Vuide. On dit en ce fens, *Laiffer la poffeffion libre & vacue de quelque heritage.* Peu de perfonnes fe fervent prefentement de ce mot. On a dit auffi *Vacuité.*

VAD

VADE. f. m. Terme de Jeu, & qui eft particuliere-ment en ufage à la grande Prime. La fomme que les Joueurs ont reglée entre eux, & dont celui qui va le premier au Jeu eft obligé d'aller.

VADEMANQUE. f. m. Terme de Banque. On dit d'un Banquier, qu'*On n'a vû ni déroute ni vademanque à fa banque*, pour dire, qu'On ne s'eft apperçu d'aucune diminution du fond de fa quaiffe.

VADROUILLE. f. f. Terme de Marine. Sorte de balai dont on fe fert pour nettoyer un Navire. Il eft fait de vieux cordages défilés que l'on attache au bout d'un bâton, & on trempe enfuite dans la mer. On dit autrement *Fauber* & *Efcouppe.*

VAG

VAGANS. f. m. Mot que l'on trouve employé dans les Us & Coûtumes de la mer, pour dire, Des gueux ou valides mendians, qui dans le tems des grandes tempêtes courent fur les côtes, pour voir s'il n'y aura point quelque butin à faire pour eux. On les appelle auffi *Rouffiniers, Truands, Pinçons de riviere.* Fauchet dit qu'on a appellé *Vagans*, Certains Payfans qui fe revolterent autrefois contre leur Prince.

VAGISSEMENT. f. m. Vieux mot. Cri d'un enfant nouveau né, du latin *Vagitus*, qui veut dire la mê-me chofe.

VAGUE-MESTRE. f. m. Terme de Guerre. Offi-cier, dont le foin eft de faire charger & atteler les bagages d'une armée, & d'en faciliter la marche, afin qu'il n'y ait point de confufion. Il y a un Va-gue-meftre de chaque aile de Cavalerie, & un de chaque ligne d'Infanterie. Chaque Brigade, cha-que Bataillon, chaque Regiment, a auffi fon Va-gue-meftre. Ce mot vient de l'Allemand *Vvagen-meifter*; qui fignifie, General commis fur les cha-riots de guerre, & eft formé de *Vvagen*, ou *Vua-re*, Chariot.

VAH

VAHATS. f. m. Petit arbriffeau de l'Ifle de Mada-gafcar. On fe fert de l'écorce de fes racines pour la teinture, & on l'en fepare fort facilement avec de l'eau, quand elles font encore toutes fraîches, mais on ne fçauroit la faire qu'avec un petit couteau de bois lorfqu'elles font feches. Ceux qui veulent fe fervir de cette écorce, la font un peu bouillir fur un petit feu avec la foie ou la laine qu'ils ont à teindre, dans une leffive faite avec les cendres de la même écorce. L'étoffe fe charge d'un rouge couleur de feu. Si on y ajoûte un peu de fuc de li-mon, elle prend un fort beau jaune.

VAI

VAIGRE. f. m. On appelle *Vaigres*, en termes de Mer, Les planches qui font le revêtement ou le lambtis du dedans d'un Vaiffeau, & qui forment le ferrage; ce qui les fait auffi nommer *Serves.*

VAIGRER. Terme de Marine. Attacher ou pofer

Tome II.

en place les planches dont on revêt où lambriffe un Navire par dedans. On peut lever, quand on veut, celles qui font pofées tout joignant l'ef-carlingue de part & d'autre, & on voit par ce moyen s'il y a quelques ordures dans la lumiere des varangues, qui empêchent l'eau de couler aux pompes.

VAILLANTISE. f. f. Vieux mot. Action de bravou-re. On trouve auffi *Vaillefcant*, pour, Vaillant, dans Perceval.

VAIR, VAIRE. adj. Vieux mot. Verdâtre.

En ce lai du vair palefroy,
Oirrez le fens huom le Roy.

Et dans Perceval.

De pennes vaires ou grifes.

VAIR. f. m. Terme de Blafon. Fourrure faite de plu-fieurs petites pieces d'argent & d'azur, à peu près comme une cloche de melon. Les Vairs ont la pointe d'afur oppofée à celle d'argent, & la bafe d'argent oppofée à celle d'afur. Quand il y a feu-lement deux ou trois pieces de Vair, on dit *Befroy de vair.* C'eft ce que les anciens Blafonneurs ont appellé *Gros Vair* ou *Grand Vair.* Quand il y en a quatre, c'eft ce qu'on appelle proprement *Vair.* On dit *Menu Vair*, quand il y en a davantage. *Vair*, dit Nicot, *eft une efpece de pane riche, chargée de poil blanc & bleu, dont nos Rois ont ufé ancienne-ment en fourrure.* Gaguin au Traitté des Herauts, parlant des paremens de Montjoye, *Premier Roy d'armes des François.* Et là feront les Varlets de chambre, qui le vêtiront de toufles habits Royaux, comme la propre perfonne du Roy, qui feront d'ef-carlate, & tous fourrez de menu vair, que le Roy lui donnera. *Cette pane & l'ermine font les feules qui ont efté recenes és armoiries des Seigneurs & Gentilshommes.* Ce que dit Nicot nous fait connoî-tre qu'anciennement nos Rois fe fervoient de menu Vair au lieu de fourrure. On en a doublé les man-teaux des Prefidens à mortier & les Robes des Con-feillers de la Cour, jufques au quinziéme fiecle. Il étoit auffi permis aux femmes de qualité de s'en ha-biller. Cette fourrure étoit faite de la peau d'une efpece d'Ecureuil, qui fe nommoit auffi *Vair*, & en latin *Sciurus.* Elle étoit colombine par deffus & blanche par deffous. C'eft ce qui eft appellé entre-tement *Petit gris*, par les Pelletiers. On la diver-fifioit en grands ou petits carreaux, qu'on nom-moit *Grand Vair*, ou *petit Vair.* Aldroandus, qui décrit cet animal, dit qu'il a le dos d'un gris appro-chant affés du bleu, & le deffous du ventre blanc. Ces deux peaux jointes enfemble font la figure des Vairs d'armoiries, qui font naturellement d'a-zur & d'argent. Quand les Vairs ont leurs pointes qui tendent au cœur de l'Ecu, cela s'appelle *Vair affronté*; & on dit *Vair appointé*, ou *Vair en pal*, quand la pointe d'un Vair eft oppofée à la bafe d'un autre Vair. On appelle *Vair contre Vair*, quand les Vairs ont le metal oppofé au metal, & la couleur oppofée à la couleur.

VAIRE', E'E. adj. Qui eft de Vair. Quelques Anciens ont appellé *Peaux vairées*, Les fourrures de grand ou de petit Vair. On tient que les robes vairées étoient l'habit des Gaulois, comme les hermines étoient celui des Armeniens. *Vairé*, en termes de Blafon, fe dit de l'Ecu, & des pieces chargées de Vairs. *Il porte Vairé d'or & de fable.*

VAIRON. adj. Terme de Manege. On appelle *Che-val vairon*, Un cheval qui a un œil d'une façon, & l'autre d'une autre. On dit auffi *Œil vairon*,

pour dire , L'œil d'un cheval qui a la prunelle entourée d'un cercle blanchâtre. M. Menage fait venir *Vairon* , du latin *Varius* , Divers , diversifié.
Vairon , se dit encore de ce qui est de plusieurs
couleurs , & qui a les poils tellement mêlés , qu'on
ne sçauroit presque distinguer les blancs d'avec les
noirs , & les blancs d'avec les bais.

VAISSEAU. s. m. Mot general qui signifie toute forte de vase capable de contenir quelque chose , &
particulierement la liqueur , de quelque matiere
qu'il puisse être. M. Menage derive ce mot du latin *Vascellum* , ou *Vascillum* , Petit vase , qu'on
trouve dans les gloses d'Isidore. Il ajoûte qu'on a
appellé *Bafellus* , Un Navire qui s'appelloit d'a-
bord *Phaselus* , d'où le changement de B. en V. a
été fait.

Vaisseau , en termes de Marine , est un bâtiment
de Charpenterie , construit d'une maniere propre
à floter , & à être mené sur l'eau. Ces bâtimens
sont distingués en *Vaisseaux de haut bord* , qui vont
seulement à voiles , & dont on se sert pour courir
sur toutes les mers , & en *Vaisseaux de basbord* , qui
sont des Vaisseaux à voiles & à rames , comme les
Galeres , qui ne vont ordinairement que sur la
mer Mediterranée. On n'appelle proprement *Vaisseaux* à Marseille , que ceux qui ont toutes leurs
voiles quarrées , à l'exception de la voile de pouppe qui est latine.

On appelle *Vaisseau de conserve* , Un Vaisseau de
guerre qui accompagne des Vaisseaux Marchands
pour les défendre s'ils sont attaqués : *Vaisseau matelot* ou *Vaisseau second* , Celui qui suit un grand
Officier pour le secourir s'il est necessaire : *Vaisseau
Corsaire* , Un Vaisseau qui court les mers pour piller ce qu'il rencontre , & qui n'a aucune commission de Prince ni de Republique ; & *Vaisseau Gar-
decôte* , Un Vaisseau qui étant armé pour défendre
les Côtes de quelque Pays , donne la chasse aux
Corsaires.

Vaisseau , en termes d'Anatomie , se dit des veines , arteres , & autres petits conduits , comme le
Vaisseau Choledoque , qui est dans le duodenum proche du pylore. C'est un Vaisseau par où la bile descend & se mêle exactement avec le chyle. Le mot
de *Choledoque* est Grec , χοληδόχος , de χολὴ , Bile , &
de δίχομαι , Je reçois.

VAISSELLEMENT. s. m. Vieux mot. Meubles ,
ustenciles , vaisselle.

VAISSELLE. s. f. Vaisseaux destinés au service de la
table , comme , assiettes , plats , écuelles , aiguieres , salieres , brocs , soit d'argent , de vermeil
doré , d'étain , de fayence , ou de terre pour le
ménage. On appelle *Vaisselle plate* , Celle qui est
sans soudure , comme sont les plats & les assiettes ,
& *Vaisselle montée* , Celle où il y a de la soudure ,
comme , Flambeau , chandeliers , aiguieres , salieres , flacons , & autres.

On a dit autrefois *Vaisselle* , pour dire , Vassale ,
Paysane , comme dans la Bible historiaux. *De la
Vaisselle qui n'est mie ancelle , mais concubine.*

VAL

VALANCINE. s. f. Terme de Mer. Manœuvre qui
est frappée par un bout à la tête du mât , & qui
passe par une poulie au bout de la vergue. Elle
sert à tenir la balance quand elle est dans
sa situation naturelle , ou bien à la tenir haute ou
basse , selon le besoin. On dit plus ordinairement
Balancine.

VALERIANE. s. f. Plante que Matthiole divise en

trois especes. La grande Valeriane a ses feuilles
semblables à la scabieuse , mais plus grandes &
un peu moins découpées. Sa tige est haute d'une
coudée & quelquefois plus , lissée , creuse , molle , & d'une couleur tirant sur le purpurin. Elle
porte à sa cime un bouquet garni de fleurs purpurines blanchâtres. Sa racine est de la grosseur du petit doigt. Il en sort quantité de petites racines à la
maniere de celles de Flambe , entrelassées les unes
dans les autres , & qui rendent une odeur un peu
forte comme celle du nardus. Cette plante vient
aux montagnes dans les lieux humides , & même
dans les champêtres , d'où on la transporte dans
les jardins. La Valeriane moyenne a ses feuilles à
peu près comme le frêne ou le cormier , lissées noirâtres , & couchées contre terre. Sa tige & ses fleurs
ressemblent à celles de la grande Valeriane , excepté qu'elles sont moindres. Ses racines sont blanchâtres , & mêlées les unes dans ses autres comme
l'ellebore blanc , & ont une odeur très-forte. Cette espece de Valeriane croît aux lieux marécageux.
Les feuilles de la petite Valeriane , quoique fort petites , ne laissent pas d'approcher de celles de la
grande. Sa tige est anguleuse , haute d'un palme ,
& à sa cime sortent des fleurs de même couleur que
celles des autres. Sa racine est petite , blanchâtre ,
& a quantité de capillamens d'une odeur fort agreable. La petite Valeriane croît dans les montagnes , & dans les lieux humides & marécageux.
Matthiole ne blâme point ceux qui croyent que la
grande Valeriane soit le vrai Phu , à cause que ses
feuilles & sa tige s'y rapportent entierement ; il ne
laisse pas d'y trouver quelque difference sur les
fleurs. On se sert de la racine de la Valeriane
dans la Theriaque. Elle est mediocrement chaude
quand elle est seche. Elle provoque les mois & fait
uriner.

VALET. s. m. *Serviteur* , celui qui est domestique-
ment au service de quelqu'un dans les bas emplois.
ACAD. FR. Il y a plusieurs sortes de Valets. On
appelle *Premier Valet de chambre du Roi* , Un Officier considerable de sa Maison , qui couche aux
piés de son lit , qui est toûjours dans sa chambre ,
& qui garde sa cassette. Les *Valets de Chambre* ,
sont ceux qui aident à habiller le Roi , & qui servent aux Offices de Chambre. Il y en a qui sont
tailleurs , d'autres Tapissiers , d'autres Horlogers.
Les Valets de chambre des particuliers , sont gens
qui servent , & qui ne portent point de livrées.
Ceux que l'on appelle *Valets de garderobbe* , sont
des Officiers qui ont soin des habits & du linge de
la personne du Roi ou des Princes , & qui servent à
leur garderobbe. *Valets de pié* , se dit des Valets
qui suivent à pié le carrosse d'un Prince ou d'une
Princesse & qui portent les couleurs. Il y a de
grands & de petits Valets de pié chez les Princes.

On appelle *Valets d'artillerie* , Ceux qui par les
ordres du Canonnier , chargent le canon , & mettent le feu , le nettoyent , & apportent toutes les
choses dont il a besoin. Leur fonction est aussi de
mettre le canon dans l'embrasure pour le pointer ,
quand il y a quelque occasion de le tirer. C'est
aussi à eux de le retirer de l'embrasure pour le charger.

On appelloit autrefois *Valets* , selon Du Cange ,
en latin *Valeti* , ou *Valecti* , Les enfans des
Grands qui n'étoient pas encore faits Chevaliers ,
& Pasquier dit , ainsi que Fauchet , que les Ecuyers
tranchans étoient appellés *Valets*. Villehardouin a
employé ce mot pour dire Prince , *Al Roy Phe-
lippe & al Valet de Constantinople*. Rien ne prouve
mieux que *Valet* a signifié Prince & Fils de Roi ,

VAL (left column)

que ces vers de Jean de Melingeris, en fon Doctrinal royal.

Li Valet fiert de l'esperon,
Et s'embronchant de chaperon,
Son Destrier riste à grand randen,
Le giroyant de long en rond.
Li Rois qui voit tel abandon,
L'Enfant Royal prend à tenson,
Li Valet cois fans faire bond
A Rois fon pere quiert pardon,
Qui le grasele, & li fait don
D'un Giboyeur & d'un Faucon
Armé de pis à becheron.

Une marque de l'ancienneté de ce mot en cette fignification de Prince, eft que dans le Jeu des cartes, le Valet eft après le Roi & la Dame, & que ces Valets portent les noms d'Hector, d'Ogier, & autres Princes. Borel fait venir *Valet de Varlet* & *Varlet de Bar*, qui veut dire Fils en Hebreu & en Chaldéen. Les Sarafins ayant habité l'Espagne, y ont laiffé ce mot *Bar*, que les Efpagnols ont changé en *Varon*, Homme robufte, d'où nous avons fait Baron, & on a dit *Varlet*, par fyncope de *Varolet*. Il a auffi fignifié fimplement, *Garçon*, comme en cet exemple.

Faites-moi de Femme un Varlet.

Prefentement, dit encore Borel, *Valet* ne fignifie qu'un homme de fervice, & vient de l'Hebreu *Valed*, Serviteur, ou bien c'eft un diminutif de *Vaffal*, difant *Vaffalet* & *Vaffet*.

Valet, en termes de Menuiferie, fe dit d'un crochet de fer, dont les Menuifiers fe fervent pour tenir le bois fur l'établie. Ce crochet a deux branches rondes difposées en équerre, mais qui ne font pas tout-à-fait à angles droits. On appelle auffi *Valet*, Une petite machine, qui confifte à un morceau de bois attaché à une corde fortement tortillée derriere une porte, & qui fert à la fermer auffi tôt qu'on l'a ouverte. Il y a une autre façon de *Valet*, fait avec un poids qui defcend le long d'une couliffe attachée au bout d'une corde qui tient au mur de l'autre côté.

Valet de chaife à cremiliere, eft un morceau de fer quarré qu'on met dans les bras d'une chaife, & qui fert, quand on l'a tiré, à pofer une petite table deffus.

Les Miroitiers appellent *Valet de miroir*, Le morceau de bois qui eft attaché derrier le fond d'un miroir de toilette, & qui le foutient quand on le pofe fur la table.

On appelle *Valet à debotter*, Une planche de bois avec une entaille où l'on met le talon, & par ce moyen un homme fe peut debotter tout feul.

On appelle, en termes de Guerre, *Valet d'Ingenieur à feu*, Un cylindre de bois folide chargé de poudre, & qui eft percé en plufieurs endroits. On y met des balles de plomb & des petards, & cette machine fe tient toûjours debout.

Valet, en termes de Marine, eft une efpece de peloton de fil que l'on a tiré de quelque vieux cable, & dont on fe fert pour bourrer la poudre quand on charge le canon.

On appelle auffi *Valet*, en termes de Manege, Un bâton qui eft armé par l'un de fes bouts d'une pointe de fer émouffée. On s'en fert pour pinfer & aider le cheval fauteur. Le Valet étoit autrefois nommé *Aiguillon*. Il y en avoit qui étoient armés d'une molette d'éperon, dont les pointes avoient été rabattues. Quand on commençoit un

VAL VAN (right column)

cheval autour du pilier, fans qu'il y eût perfonne deffus, on lui pinfoit les flancs avec le Valet, pour lui apprendre à connoître l'éperon. On ne fe fert plus aujourd'hui du Valet pour cela dans les Maneges.

VALETON. f. m. Vieux mot. Enfant. On dit dans la Chronique de Flandre de Denys Sauvage ; *Il garda fi bien la fille qu'il en eut deux Valetons, dont l'aîfné a nom Jean, & l'autre Baudouin.* Il a fignifié auffi *Jeune garçon*, comme en cet exemple du Roman de la Rofe.

Toutes herbes, toutes fleurettes,
Que Valetons & pucelettes
Vont au Printemps au bois cueillir.

VALISSANT, ANTE. adj. Vieux mot. Qui Vaut.
Cil Jougleour vous en ont dit pertie,
Mais ils n'en fçavent valiffant une alie.
Le fruit de l'Alifier étoit autrefois appellé *Alie*. Il femble par ces deux vers que l'on ait dit autrefois *Valir*, pour Valoir. On difoit *Vale*, pour Vaut, comme on le connoît par ces autres vers.

Car en terre que rien ne valt,
Buene femence foie & falt.

VALUE f. f. Vieux mot. Prix, valeur. Il n'a plus d'ufage qu'au Palais, où l'on dit encore, *La plus value*, pour dire, La fomme que vaut une chofe par de-là ce qu'on l'a prifée ou achetée.

VALVULE. f. f. Terme d'Anatomie. Peau qui fert comme de porte pour ouvrir & pour fermer les ouvertures du cœur. *Valvule* fe dit auffi des petites ouvertures qui fe trouvent dans la plûpart des vaiffeaux du corps, dans les veines, dans les arteres, pour faire circuler le fang & couler les humeurs & les alimens dans une partie du corps dans une autre. Les endroits où ces Valvules font placées & où fe joignent les veines & les arteres s'appellent *Anoftomofes*. Il y a à l'embouchure des ureteres dans la veffie, & dans la veficule du foye d'un bœuf, une valvule qui a rapport à la foupape en clavet. On appelle *Valvule figmoïde*, Une membrane en forme de fac, qui fe trouve prefque dans tous les vaiffeaux. Elle reffemble à la feconde forte de foupape, à caufe que lorfqu'elle eft dilatée, elle eft faite en cone ou en capuchon. Les Valvules du cœur font appellées *Tricufpides*, & reffemblent aux foupapes des éclufes. Quoique leur forme foit triangulaire, elles font neanmoins le même effet que les portes des éclufes qui font quarrées, puifqu'en s'approchant & fe joignant par leurs côtés, elles empêchent que le fang ne forte des ventricules du cœur, quand il y eft entré, & qu'il n'y rentre après qu'il en eft forti.

VAN

VAN. f. m. Inftrument que fait le Vanier, & qui fert à vaner toute forte de grains & de graine, c'eft-à-dire, à féparer la paille & les ordures d'avec le bon grain, ce qui fe fait en jettant le grain en l'air. Le Van eft compofé d'un cerce, d'un devant, d'un derriere & de deux anfes. Le derriere eft courbé en rond, & le creux diminue fenfiblement jufques fur le devant.

Ce n'eft fouvent qu'un balai compofé de branches de bouleau longues & menues pour ôter legerement les menues pailles de deffus le grain, ou le petit grain qu'on appelle *Vanailles*.

VANANT, ANTE. adj. Terme de Papetier. On appelle *Papier vanant*, Une forte de papier, qui eft moins fin & moins blanc, que le papier fin.

VANCOHO. f. m. Sorte de Scorpion de l'Ifle de Madagafcar. Il a un gros ventre rond & noir. C'eft

BBbb iij

une bête extrêmement dangereuse. Celui qui en est piqué, tombe en défaillance dans le même instant. Il y en a même qui demeurent en foiblesse deux jours entiers, & que l'on sent froids comme la glace. Le remede qu'on employe pour les guerir est le même dont on se sert contre la piqure des Scorpions. On met le malade devant un grand feu, & on lui rend la santé, en lui faisant prendre tout ce qui peut conforter contre le venin.

VANDOISE. f. f. Poisson de riviere, qui a le museau pointu, la chair molle & assés agreable au goût, & le corps tirant sur le brun vert & jaune. Il est de la grosseur d'un harenc.

VANEAU. f. m. Oiseau gros comme un pluvier, qui a une houppe noire sur la tête, la gorge marquée de blanc & de noir, le bec court, rond & noir, & les plumes de dessus les ailes changeantes & qui tirent sur le vert. Il y a des lieux où on l'appelle *Dix & huit*, à cause qu'il exprime ces mots en chantant. Le Vaneau est plus estimé pour sa beauté que pour autre chose. Il mange les mouches, les limaçons & les sauterelles. M. Ménage est du sentiment de Belon, qui croit que ce mot vient de *Pavonneau*, ou de *Phavonneau*, à cause que le Vaneau a quelque rapport avec le Paon.

On appelle *Vaneau*, en termes de Fauconnerie, Les plus grandes plumes des ailes des oiseaux de proye.

VANELER. v. a. Vieux mot. Etre à l'aise & vêtu au large. Borel qui l'explique ainsi, en apporte pour exemple ces deux vers de Coquillard.

Pour mieux à l'aise vaneler,
On met étoupes par dedans la sainture.

VANILLE. f. f. Gousse, longue d'environ un demi-pié, & grosse comme le petit doigt d'un enfant. Elle pend à une plante qui a douze à quinze piés de haut, & qui se rame, comme les feves qui sont ici nommées *Aricots*. Ainsi elle est fort souvent le long des murailles, ou au pié de quelques arbres ou échalats qui la soutiennent. Sa tige est ronde, disposée par nœuds comme une canne de sucre, & de chaque nœud il sort des feuilles larges épaisses & longues d'un doigt. Elles sont vertes ainsi que sa tige & assés semblable à celles du grand plantin. Elles sont suivies de gousses, qui étant vertes au commencement & jaunâtres dans la suite, brunissent en murissant. Quand ces gousses ont atteint leur maturité, les Mexicains & les habitans de Gottimale & de Saint Domingue les cueillent, & les ayant liées par les bouts, ils les font secher à l'ombre, après quoi ils les frottent d'huile pour les empêcher de se secher trop & de se briser. On nous les envoye en France par des paquets de cinquante, de cent, & de cent cinquante. Les grands Seigneurs de Mexique aiment fort ces plantes à cause de l'agreable odeur de leurs gousses, & parce qu'ils en mettent quantité dans leur chocolat. On s'en sert aussi en France pour le même usage, & même pour parfumer le tabac. On prétend qu'elles sont propres à fortifier l'estomac en les prenant interieurement. Il faut les choisir bien nourries, grosses, nouvelles, pesantes, non ridées ni frottées de baume. Elles doivent aussi être grasses & fort souples, & accompagnées d'une bonne odeur. On doit sur-tout prendre garde qu'elles soient égales; à cause que le milieu des paquets n'est souvent rempli que de Vanilles petites & seches, & sans nulle odeur. Il faut encore, que la graine du dedans, qui est très-petite soit noire & luisante. Les Espagnols les ont appellées *Vanilles*, de *Vanilla*, Petite graine, à cause qu'elles ont

quelque ressemblance avec une gaine.

VANNE. f. f. Maniere de pelle large, qui se leve pour faire couler l'eau de l'écluse dans l'auge d'un moulin, ou qui s'abaisse pour arrêter l'eau de l'écluse. On appelle aussi *Vannes*, De gros venteaux de bois de chêne qui se haussent & se baissent dans des coulisses, pour laisser couler ou retenir l'eau d'un étang ou d'une écluse. Les deux cloisons d'un bâtardeau sont aussi appellées *Vannes*.

VANNER. v. a. Terme de Batteur en grange. Nettoyer le grain, & en faire sortir les pailles, la poussiere & autres ordures, en les secouant & les tournant & retournant dans le van.

On dit aussi, *Vanner de dosses quelque endroit*, pour dire, Y mettre des vantaux de bois, quand on veut arrêter l'eau, ou faire des bâtardeaux.

VANNETS. f. m. On appelle ainsi en termes de Blason, Les coquilles dont on voit les creux. Cela vient de la ressemblance qu'elles ont avec un van à vanner.

VANNETTE. f. f. Sorte de corbeille platte & peu creuse, dont on se sert pour vanner l'avoine, avant que de la donner aux chevaux.

VANTAIL. f. m. Manteau, ou battant d'une porte, qui s'ouvre des deux côtés. On dit aussi *Vantaux de fenêtre*, pour dire, Les volets qui ferment une fenêtre de haut en bas.

Vantail, s'est dit autrefois d'une partie de l'habillement de tête par où respiroit le Cavalier. En ce sens on a dû écrire *Ventail*, comme venant du mot *Vent*.

VANTELER. v. a. Vieux mot. Il s'est dit d'un étendard que l'on voyoit ondoyer.

Li confanons de soye sur hiaume li vantal.

VANTERRE. f. m. Vieux mot. Vanteur. On a dit aussi, *Faire Vantisson*, pour dire, Se vanter.

VANTILLER. v. a. Terme de Charpenterie. Mettre des dosses ou de bonnes planches de deux pouces d'épais pour retenir l'eau.

V A P

VAPORATION. f. f. Terme de Chymie. Il se dit de l'action de la vapeur, & on appelle *Bain de vaporation*, ou de *Vaporatoire*, Certain bain qui fait agir la chaleur ou l'humidité d'une vapeur sur un autre corps qu'on veut échauffer ou humecter.

VAPOREUX. euse. adj. Qui est plein de vapeur. Les Chymistes donnent le nom de *Bain vaporeux*, au bain marie.

V A Q

VAQUETTE. f. f. Petite monnoie de Bearn, appellée ainsi à cause des Vaches qui y sont representées, les six font un double. Les Vaches sont les armoiries de Bearn.

V A R

VARANDER. v. a. *En matiere de Harangerie*, dit Nicot, *est seicher, esgoutter & bien conditionner le harenc, si qu'il soit bon & appareillé à encaquer*. Ainsi les Harangeres disent, Le harenc est bien varandé, quand il est bien assaisonné pour estre transporté avec caques.

VARANGUAIS. f. m. Terme de Marine. Nom que les Levantins donnent aux marticles. Ce sont de petites cordes disposées par branches en façon de fourches qui viennent aboutir aux poulies que l'on appelle *Araignées*.

VARANGUE. f. f. Membre d'un Navire que l'on pose le premier sur la quille lorsqu'on le construit. Les Varangues en general ne sont autre chose que des chevrons de bois antés & rangés de distance en distance à angles droits & de travers entre la quille & la carlingue, afin de former le fond d'un Vaisseau. On appelle *Maitresse Varangue*, & autrement *Premier Gabarit*, Celle qui se met sous le maître bau, & *Maitresses Varangues de l'avant & de l'arriere*. Celles que l'on place par proportion sur l'avant & sur l'arriere de la quille. Il y a des *Varangues plates*, ou *de fond*, & des *Varangues acculées*. Celles de fond se mettent vers le milieu de la quille, & ont moins de rondeur que les acculées, qui se posent en allant vers les extremités de la quille proche les fourques, au devant & au derriere des Varangues plattes. Il y a aussi des *Varangues demi acculées*. Celles-là ont moins de concavité que les acculées, & se posent proche les Varangues plates. On dit *Vaisseau à platte Varangue*, pour dire, Un Vaisseau qui a le fond plat, qui tire peu d'eau, & qui porte une plus grande charge. Les Vaisseaux de courte Varangue, non seulement vont mieux à la bouline, & derivent moins que ceux qui ont les Varangues plates, mais aussi ils tirent plus d'eau & resistent mieux aux coups de mer. Il est vrai qu'ils ont le desavantage de courir plus de danger dans les havres de barre, & d'être plus sujets à toucher.

VARASSE. f. f. Bête devorante qui se trouve dans l'Isle de Madagascar. Elle a une grosse & longue queue, & le poil pareil à celui d'un loup. Sa grosseur est à peu près comme celle d'un renard.

VARAUCOCO. f. m. Plante qui croît dans l'Isle de Madagascar, & qui s'entortille à de grands arbres. Les Fruits qu'elle porte sont aussi gros qu'une pesche, d'un goût agreable qui tient du doux, & de couleur violette, & au milieu quatre gros pepins. Son bois sert à faire des cerceaux pour des seaux & des barils; mais comme ils se vermoulent facilement, ils ne sçauroient durer qu'une année. Il en sort une gomme rouge comme du sang au travers de son écorce, qui est un peu resineuse. Son écorce du milieu, qui est d'une épaisseur mediocre, se fond à la chandelle de même que la gomme laque, & rend à peu près la même odeur.

VARE. f. f. Terme de Negoce. Espece d'aune dont se servent les Marchands en de certains lieux. La Vare d'Espagne contient une aune & demie de Paris, & est égale à la canne de Toulouse. Ce mot vient de l'Espagnol *Vara*, Aune.

VARECH. f. m. Terme de Marine. Nom que l'on donne sur les Côtes de Normandie à une herbe qui croît en mer sur les roches, & que la mer arrache en montant & jette sur ses bords. C'est ce qu'on appelle *Goüesmon* sur les Côtes de Bretagne, & *Sart* sur celles du pays d'Aunis. Elle tient lieu de fumier aux riverains pour engraisser leurs terres.

On appelle *Varech*, sur les mêmes côtes de Normandie, tout ce que l'eau jette à terre par tourmente ou fortune de mer, ou qui est poussé si près de terre, qu'un homme à cheval y puisse toucher avec sa lance. Les droits que les Seigneurs des fiefs voisins de la mer prétendent en cette Province sur les effets que l'eau jette sur ses bords, sont nommés *Droits de Varech*. Il y a un titre particulier du Varech dans la Coûtume de Normandie, qui appelle autrement *Choses gayves*, Tous les effets que la mer jette sur ses rivages, soit de son cru, soit qu'ils viennent du debris & du naufrage de quelque Vaisseau. M. Menage fait venir *Varech* de l'Anglois *Vrac*, qu'il dit signifier bris & Naufrage; &

Du Cange le derive de *Vrekum*, comme si on disoit *Derelictum*, Abandonné, d'un mot Saxon qui signifie Abandonner.

VARENNE. f. f. *Certaine étenduë de Pays, qu'un Roi, qu'un Prince reserve pour la chasse.* ACAD. FR. Nicot dit que c'est le platfond d'une vallée, comme quand entre deux costeaux gist une plaine. Le mot de *Varenne* ne se dit qu'en parlant de chasse, & c'est une plaine ou une étenduë de pays qui ne se fauche ni ne se laboure. Ce qu'on appelle *La varenne du Louvre*, est une capitainerie dans laquelle sont comprises toutes les plaines qui sont six heuë à la ronde autour de Paris, & où il y a une Jurisdiction qui se tient au Louvre, établie pour la conservation de la chasse dans toutes ces plaines. Les Officiers de cette Capitainerie sont un Bailli & Capitaine, un Lieutenant General, un Procureur du Roi, un Greffier, & huit Gardes à cheval & douze à pié. Ce mot vient du Latin *Varenna*, qui signifioit autrefois *Garenne*. Il a été dit tant dans les forêts pour la nourriture des lapins, que des étangs, viviers & autres eaux pour la nourriture des poissons. Quelques-uns tiennent que la permission de chasser & de pêcher étoit appellée *Libera Varenna*.

VARET. f. m. On appelle ainsi, en termes de Marine, un Vaisseau qui a été coulé à fond.

VARIATION. f. f. Changement. Ce terme est usité sur la mer. *La variation de l'aiguille aimantée est* un mouvement inconstant de l'aiguille, qui en de certains parages decline du Nord au Nord-Est, & qui en d'autres se tournent du Nord au Nord-Ouest. La plûpart des Pilotes justifient & determinent la variation de l'aiguille en appliquant & bandant un filet sur le verre dont la boussole est couverte, en sorte que le filet convienne & s'accommode sur la ligne qui va du Nord au Sud; ensuite ayant pris exactement hauteur à midi, ils regardent si dans cet instant l'ombre du fil s'accorde précisement avec les deux pointes de l'aiguille & avec cette ligne qui va du Nord au Sud; quand cela se rencontre, il n'y a point de variation dans le parage où cette observation se fait; mais si les deux pointes de l'aiguille s'écartent de cette ombre meridienne, il y a variation; & elle est determinée par l'arc de la boussole, compris entre l'aiguille & l'ombre du fil. Cette variation se prenant du Nord vers l'Orient ou vers l'Occident, on la distingue en Orientale & en Occidentale. Elle est Orientale, lorsque le bout de l'aiguille qui se tourne vers le Septentrion, ne regarde pas le vrai Nord du ciel, mais qu'il s'en écarte du côté de l'Est ou de l'Orient; & elle est Occidentale, quand ce même bout de l'aiguille, c'est-à-dire, sa fleur de lis, se retire du Nord à l'Oüest. La declinaison est la même chose que la variation. Voyez DECLINAISON. On dit que *La variation vaut la route*, quand la variation & le vent sont d'un même côté, & qu'ils font des effets contraires, en sorte que l'un soûtienne la perte que l'autre cause. On dit aussi *Observer la variation*, pour dire, Observer le rumb de vent & le degré où se leve le Soleil, ou celui où il se couche.

VARICE. f. f. Terme de Medecine. *Veine excessivement dilatée par quelque effort.* ACAD. FR. Cette dilatation se fait quelquefois d'un simple rameau, & quelquefois de plusieurs. Les Varices sont courbées & repliées en plusieurs circonvolutions. Quoiqu'elles puissent venir aux temples, au dessous du nombril, à la matrice, au siege & à quelques autres endroits, elles viennent beaucoup plus souvent aux cuisses & aux jambes. Les varices ou endures des veines de la jambe surviennent assés ordinairement aux femmes grosses dans les derniers mois de leur grossesse, & disparoissent ensuite. Lorsque par leur grandeur ou leur grosseur on apprehende qu'elles ne se rompent, le meilleur est de les oindre avec de l'huile de laurier & de l'onguent de baies de laurier, ou avec de l'huile de grenouille ou de vers de terre. On doit aussi envelopper les piés où les Varices seront avec de larges linges, qu'il faut tremper dans du vin ou dans une decoction mediocrement astringente. Lorsque les Varices sont fermées, elles causent la manie. L'Histoire Romaine nous en fournit un exemple dans Marius, qui devint maniaque par cette cause; ce qui se trouve contraire à ce qu'Hippocrate assure, que les Varices & les Hemorroides survenant, terminent la manie. Ce mot est latin, *Varix*.

Varice, est aussi une maladie de cheval. C'est une grosseur au dedans du jarret proche de l'endroit où la courbe est située. La veine crurale, en se dégorgeant dans cette partie, y cause une tumeur molle & sans douleur, qui est ce qu'on appelle *Varice*.

VARLOPE. s. f. Terme de Menuisier. Outil en maniere de rabot, qui sert à rendre le bois fort uni. Il y en a de plusieurs façons, *La grande Varlope*, *la petite Varlope*, & *la demi-Varlope*. Il y a aussi la *Varlope anglée ou à onglet*. Celle-là est sans poignée, & le fer en est plus étroit.

VAS

VASART. adj. Terme de Marine. On appelle *Fond vasard*, Un fond de vase dans quelque endroit de la mer.

VASE. s. m. *Sorte d'ustencile qui est fait pour contenir quelque liqueur, mais dont on ne se sert d'ordinaire que pour l'ornement.* ACAD. FR. Les Orfevres appellent *Vase*, Le milieu d'un chandelier d'Eglise, qui a souvent quelque figure ronde tirant sur la forme de vase.

On appelle *Vases*, en termes d'Architecture, Certains ornemens que l'on met d'ordinaire au dessus des corniches, à cause que ces ornemens representent les vases dont les Anciens se servoient, principalement aux sacrifices. On leur fait porter des fleurs ou exhaler de l'encens. Ces *Vases* de sacrifices étoient souvent employés dans les bas reliefs des Temples des Anciens, comme ceux qu'ils appelloient *Præfericulum*, *Simpulum*, & autres. Le premier étoit une espece de grande burette ornée de sculpture, & l'autre un plus petit vase en forme de lampe. On appelle *Vases d'amortissement*, Ceux qui terminent la decoration des façades. La plûpart sont isolés, ornés de guirlandes & couronnés de flames. On employe aussi cette sorte d'ornement au dedans des bâtimens, au dessus des portes & des cheminées. Les *Vases d'enfaitement* sont ceux que l'on met sur les poinçons des combles; & ils sont ordinairement de plomb, & quelquefois dorés. *Vase de treillage* est un ornement à jour qu'on fait de verges de fer & de bois de boisseau contourné selon un profil, qui sert d'amortissement aux portiques & aux cabinets de treillage. Le corps du chapiteau Corinthien & du Composite est appellé *Vase*, & on donne ce même nom à un ornement de sculpture isolé & creux; qui étant posé sur un piédestal, sert à la decoration des jardins & des bâtimens.

VASE. s. f. Terrain marécageux qui n'a point de consistance. Il faut pilotage ou grille, afin de pouvoir fonder sur la vase.

VASIERE. s. f. Grand bassin dans les salines où on fait venir, & où on laisse chauffer l'eau pour la faire couler dans les œillets par l'arene & les canaux.

VASQUINE. s. f. Vieux mot. Cotte de femme.

VASSAL. s. m. *Celui qui relevé d'un Seigneur superieur à cause d'un fief.* ACAD. FR. On appelle *Arriere vassal*, Celui qui releve d'un Seigneur qui est lui-même vassal d'un autre Seigneur. Ce mot *Vassal* vient, selon Cujas, du Latin *Vassus*. Ragueau le derive de l'Allemand *Gesel*, Compagnon d'armes; ou de *Gessi*, Armes anciennes, dit Borel, comme qui diroit, Soldats obligés à servir. Vossius veut qu'il vienne de *Vas*, Caution, d'où vient que les Vassaux ont été nommés *Fidelles & Feaux*. On a dit autrefois *Vasseur* pour Vassal, & même *Vas*, comme on le connoit par ces deux vers,

> *Onques ne vis, n'enques ne soy*
> *Si vas vilain en tout le monde.*

Nicot témoigne qu'on a pris aussi *Vassal* pour Gentilhomme. *Es anciens Romans*, dit-il, *Vassal se prend pour le contraire du Souldoyer, d'autant que c'estui cy prend souldée, & le Vassal n'en prent point tant qu'il sert pour le deu de son fief. Vassal aussi és anciens Romans est usurpé pour tout Gentilhomme en General, fût-il Roy.*

VASSELAGE. s. m. *Etat, condition de vassal.* ACAD. FR. *Le droict nom seroit* Vasselage, dit Nicot, *car il vient de Vassal. C'est le droit de subjection d'un vassal envers son Seigneur feodal. Ainsi ledit Vassal se prend pour le contraire du Souldoyer, d'autant que c'estui cy prend souldée, & le Vassal n'en prent point tant qu'il sert pour le deu de son fief. Vassal aussi, se trouve aussi usurpé és Livres des anciens Romans, pour acte de vaillance, de magnanimité, hardi, & preus. Ce qui est ainsi prins, en ce que les Vassaux, c'est-à-dire, les Gentilhommes feudataires, sont tenus à tous faits hardis, preus & de haut courage. Et voila pourquoi on dit par ironie, d'un couard, vile & bas acte,* C'est un beau Vasselage.

VASSOLES. s. f. Terme de Marine. Pieces de bois que l'on met entre chaque panne de caillebotis.

VAT

VATICINATEUR. s. m. Vieux mot. Devin, celui qui se mele de prédire l'avenir. On a dit aussi *Vaticiner*, pour, Prédire l'avenir; & *Vaticination*, pour Divination, prediction des choses futures.

VAV

VAVAIN. s. m. Gros cable de Marine & de riviere.

VAVASSEUR. s. m. Vieux mot de la Jurisprudence feodale. Celui qui a des vassaux, mais dont la Seigneurie dépend d'un autre Seigneur. Ragueau l'explique, *Arriere vassal*; & Nicot en parle ainsi, *Vavasseur est un Seigneur ayant des Subjects & Vassaux, duquel toutefois la Terre & Seigneurie dépend & releve d'un autre Seigneur feodal. Et ne peut ce Vavasseur avoir ou instituer en sa Terre Seneschal ou Juge; ains s'il veut faire convenir en Justice aucun de ses subjects, force luy est de le faire convenir par devant le Juge de son Seigneur feodal.* M. Menage tient que ce mot vient de *Valvasor*, que quelques Ecrivains d'Allemagne ont employé en cette signification. D'autres le dérivent *à valvis*, Battans de portes, comme si le Vavasseur étoit obligé de s'arrêter aux portes du Seigneur, ou qu'il fût digne

digne d'entrer au delà. Cambden dit que *Vavaf-*
feur étoit une dignité en Angleterre , qui tenoit le
premier lieu après celle de Baron. Selon Du Cange on a appellé les Vavasseurs *Vafvaffores* & *Valva-*
fini. Il dit qu'il y en avoit de deux sortes ; les grands
qui relevoient du Roi , ainsi que les Comtes & les
Barons , & les petits qui relevoient de ces Comtes
& Barons.

VAVASSORERIE. f. f. L'état & la Seigneurie d'un
Vavasseur. Il y a beaucoup de Vavassoreries en
Normandie. Ceux qui possedent de ces sortes de
fiefs n'ont que la basse Justice. Quelquefois *Vavaf-*
forerie a été pris pour une simple Ferme ou un simple tenement.

VAUCRER. v. n. Vieux mot. *C'est* , dit Nicot , *aller*
çà & là errant & perdant le tems.

VAUDEVILLE. f. m. Sorte de chansons à plusieurs
couplets que le peuple chante , & qui est souvent
une espece de satire qui renferme le recit de quelque avanture plaisante. On tient que le premier
Auteur des Vaudevilles fut Olivier Bosselin , &
qu'ils furent inventés au terroir de Vire , petite Ville de Normandie sur la riviere de ce même nom ;
ce qui devoit faire dire *Vaudevire*, mais l'usage a
établi *Vaudeville.*

VAUDOIS. f. m. Heretiques qui s'éleverent vers le
milieu du douziéme siecle, & qui furent appellés
ainsi de Pierre de Vaude, leur Auteur , natif du village de Vaude en Dauphiné sur le Rhône. C'étoit
un Marchand fort riche , qui faisant de continuelles liberalités aux pauvres , s'acquit quantité d'ad-
mirateurs. Il prêchoit l'indépendance , & ne faisant porter que des sandales à ses disciples , à la
maniere des Apôtres , il prétendoit que leur pouvoir n'étoit point inferieur à celui des Prêtres , &
qu'ils pouvoient consacrer comme eux & administrer les Sacremens. Sa mauvaise doctrine l'ayant
fait chasser de Lyon , il en alla infecter les vallées
d'Angrogne & de Freissinieres , & elle y jetta de si
profondes racines , qu'elle n'en a pû être arrachée
depuis ce tems-là. Ils declarerent contre l'autorité
du Pape , contre les Indulgences , contre le Purgatoire , & attaquerent plusieurs autres verités de la
Religion Catholique. Leurs erreurs s'étant répandues dans les Provinces voisines , un certain Olivier les porta dans le Diocese d'Albi en Languedoc,
ce qui les fit appeller aussi *Albigeois.* Ils eurent le
nom de *Chaignards* & de *Josephites* dans le Dauphiné , à cause que Chaignard & Josephe y publie-
rent leurs opinions avec plus de succès que les autres. On appella leurs Ministres *Barbes.* Ce qu'ils
enseignoient a tant de rapport aux faux dogmes de
Calvin , que les Calvinistes d'aujourd'hui reconnoissent les Vaudois pour leurs peres & leurs Pré-
curseurs. Voyez PAUVRES DE LYON.

VAULTRE. f. m. *C'est* , dit Nicot , *une espece de*
chien entre Allans & Mastin , dont on chasse aux
Ours & Sangliers. L'Italien l'appelle aussi Veltro.
On disoit autrefois *Vaultrer*, pour dire , Chasser avec les Vaultres , & on trouve que *Vaultroy*
a été usité en termes de Venerie , pour dire , Sanglier.

VAUNEANT. f. m. Vieux mot. Fripon , qui ne
peut être employé en rien. *Un vauneant qui a perdu*
tous ses biens en meschancetez.

VAUTOUR. f. m. Gros oiseau de proye qui a le bec
crochu , les jambes courtes & couvertes de plumes
jusques au dessus des doigts , & les ongles crochus
& qui se paît de charrogne. Il y en a de tannés , de
bruns , de cendrés & d'autres d'un roux doré au
col & sous le ventre. Quelques Vautours approchent de l'aigle pour la grandeur. Cet oiseau

fait son aire sur des falaises en quelque lieu escar-
pé & de difficile accès. Il étoit fort consideré par
les anciens Augures , qui étoient persuadés que
toute l'espece étoit femelle , & que leur generation se faisoit par une voie extraordinaire. La graisse
de Vautour est fort estimée contre les maladies des
nerfs , & sa peau est très-belle & fort recherchée
de plusieurs particuliers.

VAUTRAIT. f. m. Terme de Chasse. Grand équipage entretenu pour courre les Sangliers ou les bêtes noires. Le Vautrait est composé de levriers d'attache & de meutes de chiens courans. On fait venir
ce mot de *Veltris* , *veltrahus* ou *veltragus* , qui
signifioit un chien de chasse qui a bon nez , & sur
la bête. Là chasse au Vautrait se doit commencer
au mois de Septembre , quand les bêtes noires sont
en bon corps.

VAY

VAYVODE. f. m. Titre ou qualité qu'on donne aux
Princes Souverains de la Valachie , de la Molda-
vie & de la Transsylvanie. C'étoit le nom qu'on
donnoit aux Gouverneurs de ces mêmes Provinces
lorsqu'elles étoient sous la domination des Rois de
Hongrie. *Vayvode* est un mot fort ancien , qui
selon Du Cange , s'est dit d'un General d'armée
chez les Dalmates , chez les Croates & chez les
Hongrois. On appelle aussi *Vayvodes* , en Pologne , les Ducs & Gouverneurs , & dans l'Empire
du Turc les Gouverneurs particuliers des Villes
sous un Bacha , sont pareillement appellés *Vay-*
vodes.

UBI

UBIQUISTE. f. m. Terme de l'Université de Paris.
Docteur de Theologie qui n'est attaché à aucune
Maison particuliere , n'étant ni de celle de Sorbonne
ni de celle de Navarre. Le Syndic se prend à l'alternative chés les Sorbonistes , les Navarristes & les
Ubiquistes. On nomme neanmoins ceux-ci Docteurs de Sorbonne. Ce nom se dit par excellence de
la faculté de Theologie de Paris.

UBIQUITAIRES. f. m. Sectateurs de Jean Brentzen,
qui après avoir été Chanoine à Virremberg &
Prêtre , se fit un des plus zelés disciples de Luther , après la mort duquel il devint Chef de parti ,
ayant renchéri sur les dogmes & les sentimens de
cet Heresiarque. Il enseignoit que toutes sortes de
crimes ne s'effaçoient point par le Baptême , à cause
que la concupiscence , qui appelloit un peché ,
demeuroit toûjours. L'Evangile , selon lui , n'étoit
qu'une nouvelle agreable , & non une Loi , & enfin il inventa une nouvelle maniere de presence du
corps de JESUS-CHRIST en l'Eucharistie , disant que
depuis l'Ascension le Fils de Dieu est par tout.
C'est de-là que ceux qui donnerent dans ses rêveries , furent appellés *Ubiquitaires* , du mot latin
Ubique, Par tout.

UBIR. v. a. Vieux mot que Nicot employe dans son
Dictionaire. *C'est* , dit-il , *par bonne nourriture*
eslever & faire parcroistre. Les Veneurs disent Avier
& eschaper ; qui est Mettre à vie & tiren hors d'in-
convenient de mort , par bien nourrir ce qu'on esleve,
Aucuns l'escrivent & prononcent Hubir.

VEA

VEABLE. adj. Vieux mot. Agreable.

VEAU. f. m. Animal à quatre piés , qui est le petit
de la Vache. On appelle *Veaux de riviere* , des

Tome II.   CCcc

Veaux extrémement gras qui viennent des environs de Rouen où il y a de bons pâturages , & *Veaux de montagne* , des Veaux nourris dans une Ménagerie Royale , du lait de diverses vaches & de quelques autres ingrediens , comme œufs & fucre. C'eſt une façon de les nourrir qui nous eſt venue des Italiens.

Veau marin. Animal couvert d'un cuir dur & velu. Il a les poils du dos noirs & cendrés , ſemés de pluſieurs taches , & le corps long & finiſſant par une petite queue. Cela eſt accompagné de deux eſpeces de bras courts & imparfaits. Au bout de ces bras eſt une maniere de main qui eſt diviſée en quatre ou cinq ongles. Sa chair eſt blanche & tient de celle du cochon de lait. Sa langue n'a point d'âpreté , & reſſembleroit entierement à celle d'un veau ordinaire , ſi ce n'étoit qu'elle eſt fourchue par le bout. Le Veau marin a un os entre le grand & le petit cerveau , comme les chiens en ont un , & les autres animaux qui vivent de rapine & qui mangent de la chair. Il a plus de cervelle qu'un veau , ce qui eſt contre l'ordinaire des poiſſons. Auſſi dit-on qu'il n'a pas moins de ſagacité que les animaux terreſtres. Si l'on en croit Pline , on en a fait voir à Rome qui répondoient à ceux qui les appelloient , & que l'on avoit inſtruits à ſaluer le peuple dans le theatre , non ſeulement par quelque ſorte de genuflexion & autres geſtes , mais par un ſon de voix qu'ils faiſoient entendre ſi-tôt qu'on leur en avoit donné l'ordre. On attribue une choſe bien particuliere au cuir de veau deſſeché , qui eſt de faire connoître les changemens de tems qui arrivent. Son poil ſe heriſſe pendant le vent du Midi , & il s'abaiſſe quand la biſe ſouffle. Il y a de la difference entre le Veau marin de l'Ocean & celui de la Mediterranée. Ce dernier a le col long & la tête moins ſerrée contre les épaules. Il a une queue fort courte & les piés ſemblables à ceux des plongeons. Ces piés lui ſortent immediatement de la poitrine. Ariſtote dit qu'il a des oreilles internes, & qu'il n'en a point d'externes ; ce qui lui eſt particulier ſur tous les animaux qui engendrent leurs petits vivans. Les Eſpagnols , ainſi que les Allemans , lui donnent le nom de *Loup marin* , à cauſe qu'il a des dents de loup , & vit de rapine. Il y en a qui ſont grands comme des Ours , & qui ont juſques à vingt piés de longueur ſur ſept de large. Ils ſont hardis & entreprenans , & s'attroupent pour attaquer les plus grands poiſſons. Il ſe trouve dans les Indes Occidentales une eſpece de Veau marin qui eſt d'une grandeur prodigieuſe , & que l'on appelle ſur les lieux *Manati* ou *Lamantin.*

Veau en labourage de terre , dit Nicot , *c'eſt quand en labourant & faiſant les voyes ou ſeillons , il demeure quelque endroit de terre que le ſoc de la charrue n'a point atteinte ne menuiſée. Aucuns l'appellent* Faute , *les autres* Banc.

VED

VEDASSE. ſ. f. Sorte de cendre gravelée qu'on fait venir de Pologne , ſur-tout de Dantzic , & même de Moſcovie pour l'uſage des Teinturiers.

VEDETTE. ſ. m. Terme de guerre. Cavalier que l'on poſe en ſentinelle , & que l'on detache du corps de garde pour découvrir ſi les ennemis ne cherchent point à faire quelque ſurpriſe. Si-tôt qu'il s'eſt apperçu de quelque choſe , il en donne avis au corps de garde.

On le dit auſſi du lieu où on met les ſentinelles ſur un rempart , ſur les angles d'une fortification.

VEE

VEER. v. a. Vieux mot. Prohiber , défendre. Ainſi on a dit *Choſes vées* , pour dire , Choſes défendues. Et Perceval :

Là ne li deuſſiez veer
La requeſte que il vos fiſt.

M. Menage dit que *Veer* a été fait par ſyncope de *Veter* , du latin *Vetare* , Défendre.

UEF

UEF. ſ. m. Vieux mot. Oeuf.

VEI

VEILLE. ſ. f. *Privation volontaire du ſommeil.* ACAD. FR. Les Anciens diviſoient la nuit en quatre veilles , & chaque veille comprenoit trois heures. M. Rohaut voulant expliquer phyſiquement ce que c'eſt que *Veille* , dit que c'eſt un état auquel nous entendons ſi l'on nous parle , nous voyons s'il y a des objets éclairés devant nos yeux , enfin nous ſentons en toutes les manieres dont nous ſommes capables, lorſque des objets agiſſent avec un peu de force ſur les organes de nos ſens , enſorte qu'alors notre corps ſe meut comme il nous plaît de differentes manieres. Il ajoûte que cet état de Veille conſiſte en ce que les eſprits animaux ſe trouvant en abondance dans le cerveau , & étant facilement déterminés à couler de-là dans tous les nerfs , ils les rempliſſent de telle ſorte , qu'ils en tiennent tous les filets tendus & ſeparés les uns des autres. Cela poſé , ſi un objet agit ſur quelque endroit de notre corps , il eſt facile de concevoir que les filets du nerf qui aboutit à cet endroit-là , pourront tranſmettre l'impreſſion qu'ils auront reçuë juſqu'à l'endroit du cerveau qui excite immediatement l'ame à ſentir. L'on peut auſſi , pourſuit-il , aiſément penſer que les eſprits animaux étant alors déterminés à couler vers certains muſcles , feront que les parties du corps ou ces muſcles ſeront inſerés , ſe remueront en certaines façons.

VEILLER. v. n. *S'abſtenir de dormir pendant le tems deſtiné au ſommeil.* ACAD. FR. On dit en termes de Fauconnerie , *Veiller un oiſeau* , pour dire, L'empêcher de dormir , ce qui eſt un moyen qu'on a trouvé pour le dreſſer. Dans la reception des Chevaliers on faiſoit autrefois une ceremonie qui conſiſtoit à veiller les armes. On mettoit ces armes dans une Chapelle , & le Chevalier qu'on devoit recevoir le lendemain , les gardoit pendant la nuit.

On dit , en termes de Marine , *Veiller le cable* ou *quelqu'autre choſe* , pour dire , Y prendre garde ; *Veiller une driſſe* , pour dire , La tenir à la main toute prête à amener le hunier , & *Veiller une écoute de hune* , pour dire , La tenir prête à être larguée. Quand on veut faire entendre que les mâts d'un Vaiſſeau ſont bons , & qu'il vireroit plûtôt que de démâter , on dit , *Il faut plûtôt veiller le côté que les mâts.* On dit au contraire , *Il faut veiller les mâts & non le côté* , quand on veut faire connoître que le Vaiſſeau a le côté fort & qu'il porte bien la voile.

VEILLOIR. ſ. m. Terme de Bourrelier , de Cordonnier & de quelques autres Artiſans. Maniere de table fort petite avec des rebords , ſur laquelle ces Artiſans mettent leur chandelle & quelques petits outils , & autour de laquelle ils ſe rangent quand ils travaillent le ſoir.

VEILLOTE. f. f. Terme d'Agriculture. Petit tas de foin qu'on ramasse avec la fourche après que l'herbe du pré est fauchée, & qu'on laisse encore quelque tems sur le lieu, en attendant qu'on la mette en grosses meules, & qu'on l'enleve.

VEINE. f. f. Terme d'Anatomie. Petit vaisseau long & creux qui prend son origine du foye, & qui sert à transporter & à conduire le sang par toutes les parties du corps. Ce vaisseau est composé d'une seule membrane fort mince, en quoi il differe de l'artere qui en a deux. Il y a cinq veines entre autres qui portent ce nom par excellence, sçavoir la Veine-cave, la Veine porte, la Veine umbilicale, la Veine arterieuse & l'Artere veineuse. Il y en a une appellée *Veine sans pair*, & par les Grecs *ἄζυγος*, c'est-à-dire, qui n'est point appariée. On lui a donné ce nom, à cause qu'elle n'a point d'artere qui l'accompagne, comme en ont presque toutes les autres. Les veines ne battent point, ainsi que font les artères, qui ont une perpetuelle contraction & dilatation; & ce qui empêche qu'elles ne battent, c'est non seulement parce que lorsque le sang entre dans les veines, son impetuosité a été rallentie dans les vaisseaux & dans les pores étroits des parties, mais encore parce que leurs tuniques ou membranes sont molles, & cedent facilement; ce que les tuniques des arteres ne font pas.

On dit *Ouvrir la veine*, *éventer la veine à quelqu'un*, pour dire, Le saigner; & *Dégorger la veine*, pour dire, La fermer de telle sorte, qu'il ne reste plus de sang à l'endroit où elle a été ouverte.

On dit, en termes de Manege, *Barrer la veine à un cheval*, pour dire, Lui ouvrir le cuir qui est au dessus, & après qu'on lui a degagé la veine, la lier dessus & dessous, & la couper ensuite entre les deux ligatures. C'est une operation que fait le Maréchal pour arrêter le cours & l'abondance des humeurs malignes qui se jettent sur les veines des jambes & des parties des chevaux.

Veine se dit aussi des bois & des pierres. Dans les pierres c'est souvent un défaut qui vient d'une inégalité de consistance par le dur & par le tendre. qui fait que la pierre se moye & se delite en cet endroit-là. C'est quelquefois une tache au parement, & cette tache fait que dans les ouvrages propres on rejette les pierres de cette nature. Le contraire arrive dans les marbres, & la varieté des veines fait une beauté dans ceux qui sont mêlés. Il est vrai que les veines grises sont un défaut dans les marbres blancs pour la sculpture, quoique elles mêmes. veines fassent la beauté des blancs veinés.

Les veines dans les bois sont une varieté qui fait la beauté des bois durs pour le placage, & en même tems, c'est un défaut dans ceux d'assemblage de menuiserie, à cause que ces veines sont une marque de tendre ou d'aubier.

On appelle *Veines d'eau*, Des filets d'eau qui sont dans la terre & qui viennent d'une petite source, ou se separent d'une grosse branche. On les recueille dans des reservoirs comme les pleurs de terre.

VEIR. v. a. Vieux mot. Voir.

VEL

VELAR. f. m. Plante qui a ses feuilles semblables à la roquette sauvage, & les branches souples comme une corde. Ses fleurs sont jaunes, & de la cime de ses branches sortent des gousses petites & menues & faites à corne comme celle de senegré, & sa graine ressemble à celle du nasitort, étant petite & brûlante au goût. Reduite en looch avec du

Tome II.

miel, elle est bonne contre les fluxions & caterres qui tombent dans la poitrine, & sert en la même sorte à la jaunisse, aux sciatiques & contre les poisons & venins. Dioscoride qui en parle ainsi, ajoûte qu'on l'enduit en eau ou en miel sur les chancres cachés & sur les apostumes qui viennent derriere les oreilles & aux duretés des mammelles. Cette plante croît auprès des Villes & des jardins, & parmi les vieilles mazures. Les Grecs l'appellent *ἐρύσιμον*, qui est une herbe que Theophraste & plusieurs autres anciens mettent entre les sortes de blés & de legumes, disant même que ce blé est semblable à la Jugioline. Surquoi Matthiole dit qu'il faut que Theophraste entende par *Erysimum*, une autre plante que celle que Dioscoride décrit sous le même nom, & que Pline semble avoir voulu suivre ces deux Auteurs quand il a traité de l'Erysimum.

VELET. f. m. Terme de Religieuse. Doublure blanche qu'on attache au voile de dessous.

VELIN. f. m. Peau de veau qui a été travaillée & passée en megie par le Megissier, & que le Parcheminier a ensuite raturée; ce qui la rend bien plus delicate & plus unie que le parchemin ordinaire. M. Ménage fait venir *Velin* de *Vitellinus*, & Du Cange dit qu'on l'a nommé *Francenum* dans la basse Latinité.

VELITE. f. m. Terme de Milice Romaine. C'étoit une sorte de soldat de l'ancienne Rome, armé d'un javelot, d'un casque, d'une cuirasse & d'une rondache. Ces Soldats étoient nommés *Velites*, & portoient des frondes, des pierres & autres choses semblables pour escarmoucher. Ainsi M. d'Ablancourt a traduit dans les Apophtegmes; *Il y avoit dans les Troupes de l'ancienne Rome des Velites frondeurs & des Velites archers.*

VELOURS. f. m. Etoffe toute de soye, dont les filets de traverse sont conduits autour d'une petite verge de cuivre, sur laquelle on les coupe ensuite; ce qui fait paroître un tissu de poils plus courts que ceux de la panne. On appelle *Velours plein*, celui qui est tout uni; *Velours figuré*, ou cizelé, un Velours mince sur lequel quelques figures sont representées; *Velours à ramage*, celui qui est diversifié par plusieurs figures ou couleurs, tel que celui que l'on a accoûtumé d'employer à faire des lits, des carrosses & des ornemens d'Eglises, & que l'on appelle *Grand dessein*; & *Velours ras*, celui dont les filets de traverse ne sont point coupés. En general tous les velours, tant les façonnés & figurés, que ceux qui sont ras ou coupés, ont les chaînes & les poils d'organsin filé, tordu au moulin, & sont tramés de soye cuite & non crue, & ont la même largeur. Nicot fait venir *Velours* de *Villosus*. On a dit dans le vieux langage *Velonil* & *Velouyau*.

Les plus beaux Velours sont à quatre poils, & on les appelle vulgairement *Velours à six lisses*. Ils se font sur un peigne de vingt portées, qui en font soixante de chaine, & chaque portée est de quatre-vingts filets. Il y a huit fils de poil par chaque dent de peigne. Le Velours doit avoir onze vingt-quatriémes d'aune de largeur entre les deux lisieres; & il faut que ces lisieres soient marquées par quatre chaînettes de soye d'une autre couleur, qui font connoître le velours à quatre poils. Le peigne de celui que l'on appelle *A trois poils*, à vingt portées, & soixante portées de poil & de chaine. Il a aussi quatre-vingts filets avec six fils par chaque dent de peigne. Ses lisieres sont marquées de trois chainettes. Celles de velours à deux poils, appellé communément *Velours à quatre lisses*; ne s'est que de deux. Il se fait en un peigne de vingt portées & de quarante portées de chaine & de poils , chacune de quatre-vingts fils. Il y a encore une sorte de Velours appellé *Poil & demi* , à cause que d'un côté ses hsieres font marquées d'une chaînette , & de deux de l'autre. Celui-là est à quatre lisses , & a quarante portées de chaine & trente portées de poil , de quatre-vingts fils. La derniere sorte de Velours est du petit Velours qu'on appelle *Renfoncé à quatre lisses*. Son peigne est de dix-neuf portées , de trente-huit portées de chaine, & de dix-neuf portées de poils , chacune de quatre-vingts filets. La lisiere doit avoir une chaînette de chaque côté. Il faut que les Velours cramoisis ayent au milieu de leur lisiere un filet d'or ou d'argent fin , qui les distingue de ceux où il y a des couleurs communes dans la chaine & dans la traine.

VELOUTE', E'E. adj. Qui tire sur le velours , qui tient du Velours. Les Jouailliers appellent *Velouté* , Une couleur sombre & foncée , telle qu'est ordinairement celle des pierres taillées en cabochon , & fur-tout le saphir bleu.

On appelle *Fleurs veloutées* , en termes de Jardinage , Celles dont la peluche est douce & unie comme le velours.

On dit *Vin velouté* , *vin à seve veloutée* , en parlant d'un vin vieux qui a une couleur vive & vermeille.

Velouté , se dit encore d'une membrane qui revêt d'ordinaire le dedans des ventricules des animaux qui ruminent.

VELOUTER. v. a. Terme de Rubanier. Travailler la soye sur le métier avec un petit instrument en forme de lancette , & donner un air de velours à cette soye.

VELTE. s. f. Terme de Negoce. Sorte de mesure de choses liquides dont on se sert dans le trafic de Hollande. La Velte contient trois pots , le pot deux pintes , & la pinte d'eau de vie pese deux livres & demie. Suivant cette maniere de mesurer , les pipes ou bariques d'eau de vie qu'on vend en Poitou ou à Nantes , contiennent à peu près soixante & dix Veltes.

VELTRE. s. m. C'est , dit Nicot , *un ancien mot François qui n'est plus en usage , & signifioit un chien apte à toute sorte de venerie pour la course , ainsi qu'il se peut tirer du sixiéme tiltre de la Loy Salique. L'Italien en use , disant* Veltro , *de* Vertagus *Latin.*

VEN

VENDICATION. s. f. Terme de Pratique. Action par laquelle on a droit de demander la restitution d'une chose qui a été alienée par celui à qui la proprieté n'en appartenoit pas , & qui l'avoit ou volée , ou obtenue par surprise.

VENDIQUER. v. a. Redemander ou saisir une chose qui nous appartient , & que l'on nous a volée. Ce mot vient du Latin *Vendicare*.

VENDITION. s. f. Vieux terme de Palais. Vente d'heritages. On appelle aussi *Vendition* , en quelques Coûtumes , Un certain droit qu'on doit au Seigneur pour les marchandises qu'on a vendues dans les Foires ou dans les Marchés. Ce droit a differens noms suivant les lieux.

VENERABLE adj. Digne de respect. Les Furetieristes disent que le Pape traite les Cardinaux de Venerables Freres. C'est ainsi qu'ils appellent les Evêques, pour les Cardinaux ils les appelle fils. Voyez le Chapitre *(inter. 6. extra. de fidei instrum.*) où Innocent III. marque cette difference. Les Chartreux & Capucins appellent ainsi leurs Religieux.

Ceux-ci ajoûtent quelquefois le superlatif Très. *Très-Reverend Pere.* On a fait la vie d'un frere lai Augustin Déchaussé , qu'on appelle *le Venerable Frere.*

VENERIE. s. f. Art de chasser le gibier , qui se pratique sur la bête à poil & à force de courre avec équipage de meute de chiens courans & de piqueurs. Il se dit aussi de l'équipage de chasse. Il y a quatre Lieutenans & quatre Sous-Lieutenans de la Venerie servant par quartier , avec quarante Gentilshommes , dits *Gentilshommes de la Venerie* , dix à chaque quartier , sans parler des Valets de chiens qui sont montés à cheval.

VENEUR. s. m. Celui qui conduit la chasse & les chiens , qui quête , qui détourne , qui lance la bête, qui laisse courre , qui la suit. Il se dit aussi de tous les chasseurs & de ceux qui suivent la chasse.

On appelle *Grand Veneur de France* , un Officier très-considerable qui commande à tous les Officiers de la Venerie du Roi. Il prête serment de fidelité entre les mains de Sa Majesté , & on l'appelloit autrefois *Le grand Forestier.* Le premier grand Veneur a été Guillaume de Gamaches sous Charles VII. ou un peu auparavant , selon quelques-uns , Hugues , sire de Lesigems. Quand il est question de courre , les Capitaines des meutes doivent presenter le bâton ou la baguette au Grand Veneur, qui la va donner au Roi ; & lorsque le cerf ou autre gibier est pris , le piqueur en coupe le pié qu'il donne à son Capitaine , qui le met entre les mains du Grand Veneur , s'il est present , & le Grand Veneur le presente au Roi.

VENGEMENT. s. m. Vieux mot. Vengeance. On a dit aussi *Vengison* , dans le même sens.

Ne leur plaist pas que vengison
Soit prise de la mesprison.

VENIN. s. m. *Ce qui detruit le temperament par quelques qualités malignes , & qui peut causer la mort. Il se dit particulierement de certaine liqueur ou de certain suc qui sort de quelques animaux.* ACAD. FR. Il n'est pas aisé de dire en quoi consiste precisement le venin des animaux. Ceux qui se sont le plus appliqués à cette recherche sont Fr. Redi , Medecin de Florence , dans ses Observations sur la vipere , & Charras , Apothicaire de Paris dans ses Nouvelles Experiences sur la vipere. Le premier assure que ce venin est materiel , & qu'il consiste en la liqueur jaune ramassée dans les vesicules des gencives. L'autre dit qu'il est purement ideal , & qu'il vient de la colere & de la vengeance de la bête ; ce que Vanhelmont a soûtenu avant lui. Le fameux M. Bourdelot a tâché de terminer cette dispute , en disant que les bêtes venimeuses , & particulierement les viperes , étoient differentes , aussi-bien que leur venin , suivant la diversité des Pays, & que la liqueur jaune pouvoit être venimeuse dans les Pays chauds , sans l'être dans les Pays temperés ou froids , à moins que la vipere en colere n'y joigne ses esprits effarouchés. Ce qu'il y a de fort surprenant , c'est que le venin des animaux avalé ne produit point de mauvais effets. L'humeur saline qui est contenue dans les vesicules ou dents des viperes , étant prise & avalée dans quelque liqueur que ce soit , ne cause aucun mal; mais si on se frotte legerement en un endroit où la peau soit écorchée , du suc tiré d'une vipere vive ou morte , on en meurt infailliblement ; quand même on appliqueroit à la plaie cette pierre fameuse nommée *Serpentine* , composée ou tirée des serpens couronnés des Indes ; ce qui a fait dire à Celse que le venin des animaux nuit par la blessure & non pas par la boisson. C'est pourquoi les Psyliens sussent hardiment le venin des piquûres des serpents ; mais si par malheur ils ont la moindre excoriation à la bouche, ils ne manquent pas de s'empoisonner. Ettmuller ne doute point que le venin des animaux ne consiste dans quelque chose de materiel. Outre les experiences de Redi, il rapporte l'exemple d'un homme à qui une abeille ayant donné de son aiguillon contre l'ongle du pouce, y laissa une goute de liqueur aussi acre que l'eau forte. On remarque, dit-il, la même chose dans les scorpions, qui jettent en piquant quelque chose de fluide. Comme ce peu de liqueur est fort acre, les Anciens l'ont nommé *Caustique*. La cure de ces venins dépend de la correction de l'acide acre, & les écrevisses écrasées sur les morsures venimeuses sont fort salutaires par cette raison. Le crapaut ou la semence de grenouille remedie aux piquûres des viperes. La pierre du serpent couronné est le contrepoison universel des piquûres venimeuses, à cause qu'elle absorbe puissamment l'acide. C'est une erreur, selon Avicenne, de croire que le venin des serpents soit froid, à cause que ceux qui en sont mordus deviennent froids aussi-tôt, & que les serpents, comme apprehendant le froid, se retirent sous terre ou sous des pierres. Si ceux que les serpents mordent deviennent froids, cela ne vient pas de la froideur du venin, mais de ce que la chaleur naturelle, surmontée par le venin, abandonne les extrémités pour se retirer au cœur. Et quant à ce qu'on trouve les serpents presque immobiles dans les trous où ils se tiennent l'hiver, cela ne vient pas de leur froideur, puisqu'ils sont fort chauds de leur nature, mais de ce qu'ils fuyent leur contraire, de même que les poissons, qui étant fort froids naturellement, se trouvent étouffés de l'air si-tôt qu'ils sont hors de l'eau.

VENT. s. m. Agitation sensible de l'air, par laquelle une partie notable est transportée d'une contrée de la terre en une autre. M. Rohaut, qui a donné cette définition du Vent, l'appelle le plus commun des meteores. Selon Pline, le Vent peut être engendré ou par une exhalaison seche de la terre, ou par une vapeur qui sortant des eaux par sa épaissie en nuées, ou par l'impulsion du Soleil, parce que l'on entend que le vent n'est autre chose qu'un flux & un coulement d'air en plusieurs autres manieres. Cela nous marque les trois plus celebres opinions des Philosophes, dont les uns rapportent l'origine des vents à la terre, les autres à l'eau & les autres à l'air. Aristote, principal auteur de la premiere, après avoir distingué deux especes d'exhalaison, l'humide, telle qu'est celle qui vient de l'eau, & la seche, telle qu'est celle qui vient de la terre, veut que comme les impressions aqueuses sont faites de la premiere, les vents soient faits de la derniere, non qu'une de ces exhalaisons soit jamais sans quelque mêlange de l'autre, mais parce qu'il arrive que l'une ou l'autre prédomine. Il s'ensuit delà qu'encore qu'il demeure d'accord en plusieurs endroits que les vents s'engendrent des eaux & des nuées, il ne laisse pas de prétendre que cela se fait, parce qu'il y a des exhalaisons terrestres mêlées, qui étant attirées par la chaleur du Soleil, parviennent jusqu'à la plus haute region de l'air, où elles sont contraintes de tourner par le mouvement circulaire du Ciel, de jaillir par consequent çà & là en poussant l'air, & de prendre un mouvement transversal ; de sorte que mettant le principe du mouvement des vents vers le haut, il tire leur origine de la terre. Theophraste, pour donner

une autre cause du mouvement du vent, soûtien que l'exhalaison venteuse d'Aristote est en partie de substance ignée, & en partie de substance terrestre, qu'en tant qu'ignée, elle est portée vers le haut, & en tant que terrestre vers le bas ; d'où il arrive qu'étant balancé entre deux forces contraires & égales, il se fait un mouvement transversal. Quelques Modernes tiennent que cette même exhalaison d'Aristote étant chaude & seche, tend veritablement vers le haut, mais que n'étant pas assés crasse, ni par consequent assés compacte pour pouvoir resister au froid extrême de la seconde region de l'air, pour la pénétrer & monter plus haut, elle est de necessité portée obliquement. Metrodore & Anaximander, Auteurs de la seconde opinion, rapportent l'origine des vents à la vapeur, c'est-à-dire, aux exhalaisons aqueuses & humides que la chaleur du Soleil, ou la chaleur souterraine eleve de diverses parties de la terre, de celles-là mêmes qui sont audessous des eaux, soit de la mer, soit des lacs, soit des rivieres : car il se peut faire que ces exhalaisons s'élevant & sortant avec vehemence, emmenent quelque grande suite d'air. Vitruve confirme cette opinion par un exemple aussi juste que familier. On n'a qu'à prendre un Eolipile, c'est-à-dire, un vaisseau de cuivre ou de quelque autre métal, dont la capacité n'est remplie d'abord que d'air, qu'on fait tellement dilater en l'approchant du feu, qu'il en échappe la plus grande partie par le petit goulet. Ensuite on plonge ce goulet dans l'eau, & comme l'air de l'Eolipile se condense en se refroidissant, il arrive que l'eau acheve de remplir la capacité de l'Eolipile. Cela étant fait, il faut mettre l'Eolipile sur des charbons ardents, & elle n'est pas plûtôt échauffée, qu'il en sort un vent fort & vehement. Cette experience a donné lieu à quelques-uns de comparer les creux des montagnes à la cavité d'un Eolipile, la chaleur qui est dans les entrailles de la terre à celle qui dilate l'eau de l'Eolipile, & les fentes de la terre par où les vapeurs peuvent échaper au trou de la même Eolipile. On voit d'ordinaire qu'il sort des vents des abîmes, des gouffres & des antres, ce qui ne sçauroit se mieux rapporter qu'à la chaleur souterraine qui échauffe & qui eleve en vapeur les eaux qu'elle trouve en montant & en traversant ces lieux. On voit même que les vallons & les panchants des montagnes sont plus sujets aux vents que les autres lieux ; ce qui ne se peut aussi mieux rapporter qu'aux vapeurs qui ayant été poussées interieurement & élevées par la chaleur souterraine jusques au sommet de la montagne & au-delà à la region de l'air, tombent par leur propre poids, ne trouvant plus d'appui comme dedans de la montagne, coulent dans le panchant comme une espece de riviere, & poussant l'air qu'elles rencontrent, produisent le vent qui se fait sentir. Suivant la troisième opinion, le vent n'est autre chose qu'un air agité, mû & coulant. Elle paroît très-ancienne, Anaximander, Hippocrate & Anaxagore ayant défini le Vent un flux ou un coulement d'air, & les Stoïciens ayant établi ce dogme celebre, que tout vent étoit un coulement d'air. C'est ce qui a fait dire à Seneque que le Vent est un air coulant, à quoi il a ajoûté que quelques-uns le définissent Un air coulant vers un côté ; parce que, comme le flot de la mer n'est pas toute agitation de la mer, puisque la mer dans sa plus grande-tranquillité est toûjours quelque peu agitée, mais la chûte ou le mouvement sensible de l'eau vers un certain côté ; ainsi le Vent n'est pas l'air en quelque maniere que ce soit agité, puisque l'air a une certaine agitation qui lui est comme naturelle, mais il est Vent lorsqu'il est poussé avec quelque impétuosité vers un certain côté ; ce qui met la même différence entre l'air & le vent, qui se trouve entre un lac & une riviere. M. Bernier, qui a pris soin de rassembler ces opinions, nous fait concevoir la propagation & les forces du Vent par la comparaison des flots. L'air & l'eau, dit-il, étant des corps fluides, de même qu'un flot d'eau une fois produit, en produit un nouveau par son impulsion, ce nouveau un autre, & celui-ci un autre, jusqu'à ce que le rivage rompe le dernier, ou que les flots contraires l'émoussent, ou que dans l'immense étendue des derniers flots s'évanouissent peu à peu, ainsi l'air étant une fois ému, il se crée & se produit comme le premier flot qui en meut un autre, cet autre un troisiéme, & ainsi de suite, jusqu'à ce que les montagnes, les nuées ou les pluyes qui se rencontrent le rompent, ou que les vents contraires l'arrêtent, ou que la vaste étendue dans laquelle il se répand l'affoiblisse & le réduise comme à rien. Le même M. Bernier ajoûte, qu'encore que le Vent semble n'être autre chose que l'agitation de l'air ou l'air même agité, la difficulté ne consiste pas en cela, mais que ce qui fait de la peine, c'est la cause même qui agite l'air, & qui semble par conséquent comme par un droit spécial devoir être appellée Vent ; puisqu'il semble que l'air de soi soit tranquille & en repos, & que de tranquille il ne doive point devenir agité qu'il ne survienne quelque chose qui le meuve, qui le fasse tantôt chaud & tantôt froid, & qui le pousse tantôt vers le Midi, tantôt vers le Septentrion, & tantôt d'un autre côté. Il faut là-dessus de longs & de curieux raisonnemens, & conclut enfin fort sagement qu'il faut cesser de begayer sur ces grandes choses que Dieu tient enfermées dans ces tresors, & dont la connoissance dépend apparemment des divers mouvemens du Soleil ou de la terre, de la disposition interieure du globe de la terre, de plusieurs observations justes & exactes qu'il faudroit avoir faites dans plusieurs endroits du monde, & peut être de cent autres choses que nous ignorons.

Vent, en termes de Marine, est un mouvement de l'air qui se tourne vers quelqu'une des parties de l'horison, & qui par ce cours different gouverne presque toute la navigation. On appelle *Un vent*, quatre quarts de vent pris ensemble, comme depuis le Nord jusqu'au Nord-Est quart de Nord, ou depuis le Nord jusqu'au Nord-Ouest quart de Nord. *Demi-vent* se dit de deux quarts de vent pris ensemble, & *Un quart de vent* est la trente-deuxiéme partie de la rose du compas. On fait plusieurs divisions des Vents, dont la principale est celle qui partage la circonference de l'horison en trente-deux arcs égaux, chacun de onze degrés quinze minutes, ce qui détermine le nombre de trente-deux Vents ; mais on a établi leur subordination de telle sorte, qu'il y en a huit appellés *Rumbs entiers*, éloignés successivement de quarante-cinq degrés l'un de l'autre, & de ces huit il y en a quatre primitifs, le Nord, l'Est, le Sud & l'Ouest ; & quatre collateraux, le Nord-Est, le Sud-Est, le Sud-Ouest, & le Nord-Ouest. Entre ces huit rumbs entiers il y a huit demi-rumbs, & dans les differens intervalles des uns & des autres on compte seize quarts de rumb. On appelle *Vent frais*, un Vent favorable ; *Vent échars*, un Vent peu favorable, & qui saute d'un rumb à l'autre ; *Vent de quartier*, un Vent qui souffle à côté, & qui est meilleur que le vent de pouppe, parce qu'il ne donne pas dans toutes les voiles ; *Vent largue*, Celui qui se prend jusqu'à cinq ou six rumbs éloignés de la route ; *Vent à la*

bouline ou *Vent de bouline*, le Vent qui se prend à côté, & qui par son biaisement fait pancher le Navire sur le flanc ; *Vent de terre*, Celui qui venant du continent ou de la terre-ferme, repousse les Vaisseaux en mer, & empêche qu'ils n'abordent ; *Vent tombant*, un Vent qui cesse & fait place au calme ; *Vent traversier*, le Vent qui vient en droiture dans un Port, & qui en empêche la sortie aux Vaisseaux ; *Vent reglé* ou *alisé*, un Vent favorable qui se maintient sans sauter ; *Vent de bise*, un Vent sec & froid qui au plus fort de l'hiver regne & souffle entre l'Est & le Septentrion ; *Vent contraire*, appellé aussi *Vent devant* & *Vent debout*, un Vent que l'on prend par proue, c'est-à-dire, qui vient directement du lieu où l'on veut aller ; *Vent mou*, un Vent qui n'a point de force ; *Vent pesant*, un Vent qui souffle avec vehemence ; *Vent fol*, un Vent qui n'est point arrêté & qui tourne d'un côté ou d'autre ; *Vent fait*, un Vent reglé qu'on croit devoir être de durée ; & *Vent addonné*, Celui qui de contraire qu'il étoit devient un peu plus favorable. On dit *Mettre la voile au vent*, pour dire Partir, & *Mettre le vent sur les voiles*, pour dire, Mettre les voiles paralleles au vent, en sorte qu'il les rase & les fasse barbeyer ou friser sans qu'elles prennent le vent. *Gagner le vent, monter, passer au vent*, c'est prendre l'avantage du vent, & *Server le vent*, s'approcher du vent, ou *venir au vent*, c'est prendre l'avantage du vent de côté. *Etre sous vent*, c'est avoir le désavantage du vent, & *Etre à vanlevent*, c'est aller sous vent & selon le cours du vent. *Etre au vent d'un Vaisseau, passer au vent d'un Vaisseau*, avoir le dessus du vent, c'est lorsque le vent porte un Vaisseau sur un autre. On dit *Aller debout au vent*, ou *Avoir le vent par proue*, pour dire, Aller contre vent ou à vent contraire, comme il arrive souvent aux Galeres par le secours qu'elles ont des rames. *Etre trop près du vent*, c'est prendre presque vent devant, quand on porte le cap au vent, au lieu de le prendre en boulinant pour en gagner l'avantage. *Tomber sous le vent de quelque terre ou de quelque bâtiment que l'on poursuit ou que l'on veut éviter*, se dit d'un Vaisseau qui perd l'avantage du vent qu'il avoit gagné ou qu'il tâchoit de gagner. On dit *Partager le vent, chicaner le vent*, pour dire, Prendre le vent en louviant, c'est-à-dire, en faisant plusieurs bordées tantôt d'un côté & tantôt d'un autre. *Faire vent arriere, porter le vent arriere*, c'est prendre le vent en pouppe. On dit que *Le vent recule*, pour dire qu'il s'est rendu favorable, & qu'il est devenu plus largue qu'il n'étoit ; & l'on dit que *Le vent se range à l'étoile*, pour dire qu'il se range vers le Nord, à cause de l'étoile polaire qui est de ce côté-là. *Mettre le cul au vent*, c'est lorsqu'un gros tems contraint de mettre vent en pouppe sans voiles ou autrement ; & *Mettre le vent en pouppe*, c'est tourner le derriere d'un Vaisseau contre le vent. *Soudre au vent*, se dit d'un Navire qui tient bien le vent & qui avance à sa route. On dit encore *Haler le vent*, pour dire, Cingler le plus près qu'il est possible vers l'endroit d'où vient le vent ; *Ralier le Navire au vent*, pour dire, Le mener vers le vent ; & *Ranger le vent*, *pinser le vent*, ou *Aller au plus près du vent*, pour dire, Cingler à six quarts de vent près du rumb d'où il vient. *Eviter au vent*, c'est Tourner l'avant d'un Vaisseau au lieu d'où le vent vient. On dit qu'*Un Vaisseau presente au vent*, lorsqu'il a le cap plus au vent qu'un autre ; & on dit qu'*Un vent se range de l'avant*, pour dire qu'il prend par proue & qu'il devient contraire à la route. *Dérober le vent*, se dit d'un Vaisseau qui étant au vent d'un autre, empêche par sa grosseur ou par l'étendue de ses voiles que celui qui est sous le vent n'en reçoive dans les siennes. On dit *Faire prendre vent devant*, pour dire, Pousser le gouvernail tout à bord, en sorte que le vent donne sur les voiles du Vaisseau, pour mettre ensuite à l'autre bord & faire une autre route. *Avoir vent & marée*, c'est lorsque le vent & le courant de la mer vont du même côté ; & *Entre vent & marée* se dit d'un Vaisseau qui trouve le vent d'un côté, & le courant de la mer de l'autre. On dit que *Le vent mollit*, pour dire, qu'il diminue de sa force. On appelle *Vents d'aval*, des Vents malfaisans, qui viennent de la mer & du Midi. C'est aussi l'Ouest & Nord-Ouest. Le *Vent d'amont*, appellé aussi *Vent solaire* & *Vent équinoxial*, est un Vent d'Orient qui vient de terre & d'en haut.

Vent. Terme de Venerie. Odeur, sentiment qu'une bête laisse en son passage. On dit en ce sens que *Le cerf est de plus grand vent & sentiment que le liévre*, & qu'il fait toûjours *à vau-le-vent*. On dit aussi que *Le sanglier prend vent de toutes parts avant que de sortir de sa bauge*, pour dire qu'il flaire de tous côtés s'il n'y a rien qui lui puisse nuire. *Chasser au vent*, c'est chasser contre le vent ; & on dit *Le vent du trait*, lorsque le cerf a eu le matin le vent du limier, ce qui fait qu'il s'en va souvent de hautes erres, & qu'on trouve buisson creux.

On dit en termes de Fauconnerie qu'*Un oiseau va van-le-vent*, pour dire, qu'il a le balai ou la queue au vent ; qu'*Il va contre le vent*, pour dire, qu'il a le bec au vent ; qu'*Il va aile au vent*, pour dire, qu'il vole à côté du vent ; & qu'*Il bande au vent*, pour dire, qu'il se tient sur les chiens en faisant la crecerelle. On dit aussi qu'*Il tient bec au vent, chevauche le vent*, pour dire, qu'il résiste au vent sans jamais tourner la queue.

On dit en terme de Manége, *Cheval qui porte au vent*, pour dire, Un cheval qui leve le nés aussi haut que les oreilles, & qui ne porte pas en beau lieu. Le contraire de *Porter au vent*, est s'armer & porter bas. On dit qu'*Un cheval a du vent* pour dire, qu'il commence à être poussif.

Vent. Terme de Medecine. Vapeur épaisse & grossiere qui s'engendre dans le corps & qui est causée par des humeurs pituiteuses. Tous les vents sont engendrés dans l'estomac par une fermentation vitiée de l'acide avec une matiere visqueuse, pituiteuse & grossiere ; étant évident que les vents ne sont point dans les alimens avant qu'on les prenne, puisque de deux hommes qui vivent des mêmes choses, l'un engendrera des vents, & l'autre n'en engendrera point. La diversité des levains de l'estomac en fait la raison. Les hypochondres & les femmes hysteriques engendrent des vents de presque toutes sortes de viandes ; ce que ne font pas les autres sujets. On dit communément que les vents font la cause de la palpitation du cœur ; ce que l'on croit qui arrive rarement. Quelques-uns doutent qu'il y ait des vents dans les gros vaisseaux, & par consequent dans les arteres ; mais on ne peut démentir les exemples qui les démontrent. Sylvius en disséquant un cadavre dans un Hôpital de Flandre, eut levé à peine les premiers teguments du cœur, que beaucoup de vents sortirent. L'aorte & le ventricule gauche du cœur en étoient si pleins, que ce dernier, qui doit être plus petit que le ventricule droit, le surpassoit de beaucoup à cause des vents qui le distendoient. Du Laurent assure qu'il y a des vents dans les vaisseaux, d'où il infere que la cause des anastomoses & de l'émorragie qui s'en ensuit, peut venir de là.

VENTAILLE. s. m. Terme de Blason. Ouvertu-

re d'un heaume près de la bouche pour respirer. C'est la partie inferieure de son ouverture, qui se joint au nazal quand on veut fermer le heaume.

VENTE. s. f. *Alienation à prix d'argent.* ACAD. FR. Il se dit aussi du lieu où l'on a coûtume de vendre de certaines choses, & en ce sens on dit *Acheter du vin sur la vente.*

Ventes, au pluriel, est un droit dû au Seigneur feodal pour avoir vendu un heritage. Il se joint ordinairement avec *Lods.* C'est le vendeur qui est obligé de payer les lods & ventes dans la Coûtume de Meaux. L'acheteur les paye en d'autres Coûtumes, & il y en a d'autres où le vendeur & l'acheteur les payent conjointement. On les appelle selon la diversité des Coûtumes, *Ventes & honneurs, Ventes & devoirs, Ventes & gants, Ventes & issues.*

On appelle aussi *Vente*, Une coupe de bois d'un certain nombre d'arpents qui se fait chaque année en une forêt, & cela s'appelle *Mettre une forêt en coupes ou ventes reglées.* Ce sont les Officiers des Eaux & Forêts qui vont asseoir les ventes, faire les ventes dans les forêts de Sa Majesté. On appelle *Ventes par recepage*, Celles qui se font dans les forêts incendiées ou qui ont été gâtées par delits, ou qui se font de jeunes taillis que les bestiaux ou les gelées ont abrouti excessivement.

VENTEROLLES. s. m. p. Terme de Coûtume. Droit que l'acheteur doit au Seigneur en cas de vente d'heritages censuels, faire francs deniers au vendeur. Il est d'ordinaire de vingt deniers pour livre, & quelquefois il tient lieu de lods & ventes. C'est quelquefois un droit separé. Il y a de certains lieux où les quints & requints dûs pour ventes de fiefs, sont appellés aussi *Venterolles.*

VENTIER. s. m. Nom que l'on donne aux Marchands de bois qui achetent des forêts & qui les font exploiter sur les lieux.

VENTILATION. s. f. Terme de Pratique. Estimation qui se fait des biens pour parvenir à quelque partage. Voyez EVANTILLER.

VENTILER. v. a. Terme de Pratique. Faire une estimation des biens qui sont en commun, pour avoir ensuite plus de facilité à proceder au partage.

Ventiler, est aussi un terme de Medecine, & signifie, Modifier le mouvement circulaire du sang & celui des autres humeurs par le moyen de la saignée.

VENTOLIER. adj. On appelle *Oiseau ventolier*, en termes de Fauconnerie, l'Oiseau qui se plaît au vent, & qui quelquefois y se laisse emporter, ce qui l'expose à se perdre. On nomme aussi *Bon oiseau ventolier*, Celui qui reside au vent le plus violent, qui s'y bande bec au vent, chevauchant le vent sans jamais tourner queue.

VENTOUSE. s. f. Terme de Chirurgie. Vaisseau ventru qu'on applique sur quelque partie pour attirer avec violence les humeurs du dedans au dehors. On en fait d'argent, de cuivre, de corne, de verre, de terre, &c. Il y en a de grandes, de moyennes & de petites. On les chauffe avec des étoupes, une bougie, ou à la chandelle, & quand on les a appliquées sur la partie malade, elles en attirent l'humeur dès qu'elles sont refroidies, à cause de la condensation qui se fait de l'air qui y est enfermé. Les Ventouses seches ne s'appliquent que pour faire revulsion ou dérivation. Les Ventouses scarifiées, par le moyen des vaisseaux capillaires, suppléent à l'évacuation universelle du sang, & l'on a coûtume d'y avoir recours, lorsqu'on n'ose se servir de la saignée, ou par le défaut des forces du malade, ou à cause de la lipothymie qui menace ou de la difficulté d'ouvrir la veine. Outre cela, on

les applique par maniere de revulſion & de derivation, & elles ſont fort ſalutaires aux jambes, par
exemple, avec ou ſans ſcarification, dans la ſuppreſſion des mois & des vuidanges, au dos entre
les épaules dans les maux de tête, & aux mammelles dans le flux immoderé des mois. On en applique
aux bras ſur l'humerus, aux lombes avec ſcarification dans les douleurs nephretiques, & au dedans
de la cuiſſe pour la ſuppreſſion des mois. Les Ven-
touſes évacuent le ſang indifferemment, non pas
celui d'entre cuir & chair ſeul, comme le pretendent quelques-uns, qui les appliquent radicalement
pour la gale.

Ventouſe ſe dit auſſi d'une ouverture ou d'un petit ſoupirail qu'on laiſſe dans des conduits de fontaine, pour leur donner de l'air quand il eſt beſoin.
C'eſt un bout de tuyau debout qui ſort hors de terre, & qui d'ordinaire eſt ſoudé aux coudes des conduites pour faciliter l'échapée des vents qui s'engendrent dans les tuyaux. On fait toûjours les ven-
touſes des grands conduits auſſi hautes que la ſuperficie du reſervoir, à moins qu'on n'y mette une
ſoupape renverſée.

Ventouſe, en termes de Maçon, eſt auſſi une ouverture que l'on fait au pié de la muraille, & d'eſpace en eſpace, afin de faire écouler les eaux, ſur-
tout lorſque les murailles ſoutiennent des terraſſes.
C'eſt ce qu'on appelle autrement *Barbacanes*.

On dit encore *Ventouſe d'aiſance*. C'eſt un bout
de tuyau de plomb ou de poterie qui ſe communique à une chauſſe d'aiſance, & ſort au deſſus du
comble, afin que la mauvaiſe odeur du cabinet
d'aiſance ſoit moins ſenſible & n'incommode pas
tant.

VENTRE. ſ. m. Partie de l'animal qui dans ſa capacité renferme ſes entrailles & les autres organes
neceſſaires pour faire agir toutes ſes facultés. Selon
la diviſion des Medecins, il y a trois ventres ou regions dans le corps humain. Le premier eſt la tête,
le ſecond la poitrine juſqu'au diaphragme, & le
troiſiéme celui où ſont renfermés les inteſtins.
C'eſt ce dernier qui eſt appellé communément *Ventre*. La diviſion la plus ordinaire eſt le ventre ſuperieur & le bas ventre. Le *Ventre ſuperieur* eſt la partie qui comprend les poumons qui ſont diviſés en
pluſieurs lobes, & des viſceres. Le *Bas ventre* eſt ce qui s'é-
tend depuis le bout des côtes juſqu'au lieu où naît
le poil.

On dit, en termes de Juriſprudence, que l'*Enfant ſuit le ventre*, pour dire, qu'il eſt de condition libre ou ſervile, ſuivant l'état de la mere. On
dit *Créer un Curateur au ventre*, en parlant des
enfans poſthumes qui ſont encore dans le ventre
de leur mere.

On dit, en termes de Manege, qu'*Un cheval
n'a point de ventre*, pour dire, qu'il n'a point de
boyau, & qu'il eſt ſerré des flancs.

On appelle *Ventre*, en termes de Maçonnerie,
Le bombement du mur trop vieux, foible ou chargé, qui bouche & qui eſt hors de ſon aplomb. On
dit, quand on voit un mur en cet état, qu'*Il fait
ventre & qu'il menace ruine*.

Les Medecins diſent, *Le ventre d'un muſcle*,
pour dire, Sa partie charnue la plus enflée.

Les Chymiſtes appellent *Ventre de cheval*, Le fumier dans lequel en fermant quelques vaiſſeaux, on
fait pluſieurs operations par le moyen de la chaleur
douce qui s'y trouve contenue.

Ventre, en termes de Tourneur, eſt une ſorte
de planchette de bois qu'il met devant ſon eſto-
mach, quand il veut planer ou percer du bois.

Les Potiers d'étain appellent ventre; La partie

du milieu d'une chopine ou d'une pinte, qui eſt un
peu plus groſſe, plus large & plus élevée que les
autres parties.

VENTREILLER. v. n. Vieux mot. Se veautrer &
remuer à terre.

VENTRICULE. ſ. m. Terme d'Anatomie. La partie où ce qu'on mange eſt reçu. C'eſt un organe
creux, rond & membraneux deſtiné à recevoir les
viandes & pour faire le chyle. Il eſt longuet comme une citrouille ou une cornemuſe de berger, &
ſitué en l'épigaſtre, panchant plus du côté gauche
que du droit. Sa ſubſtance eſt membraneuſe,
compoſée de trois tuniques, de veines, d'arteres & de nerfs. Il eſt lié au diaphragme par en haut,
à la coiffe par en bas, au dos par derriere, au duodenum par le côté droit, & à la rate par le gauche. Les bêtes à cornes qui n'ont point de dents à
la maſchoire ſuperieure, & qui par conſequent ne
ſçauroient mâcher exactement, ont d'ordinaire
quatre ventricules. Le premier qui eſt fort grand,
s'appelle *La panſe* ou *l'herbier*. Il a ſa tunique interieure couverte de quantité de petites éminences de
differentes figures ſerrées les unes contre les autres.
Le ſecond appellé *Reſeau* ou *Bonnet*, a en dedans
pluſieurs lignes éminentes & élevées comme de petits murs, qui forment pluſieurs figures quarrées
pentagones & hexagones. Le troiſiéme eſt appellé
Le millet, & le quatriéme *La caillette*. L'aliment
ayant été maceré & ramolli, dans l'herbier, eſt re-
pouſſé dans la bouche par le moyen de certaines fibres pour y être remoulu, & c'eſt ce qu'on appelle
Rumination. Etant remoulu, il eſt renvoyé dans le
millet, & de là dans la caillette. Ces deux derniers
ventricules ſont remplis de pluſieurs feuillets, entre leſquels la nourriture eſt ſerrée, preſſée, touchée par beaucoup plus de ſurface que s'il n'y avoit
qu'une ſimple cavité. Les feuillets du troiſiéme
viennent de la circonference vers le centre. Les
plus grands en ont entre deux d'autres plus petits.
Ceux du quatriéme ont entre chacun pluſieurs glandes qui ne ſe rencontrent point dans les trois autres ventricules. Les Oiſeaux ont deux ventricules
qui ſont le *Jabot* & le *Geſier*. Le jabot ſert à macerer
& à ramolir l'aliment ſolide, qui enſuite eſt revo-
mi par les oiſeaux pour nourrir leurs petits, ou envoyé au geſier, afin d'en perfectionner la digeſtion.

Ventricule ſe dit auſſi de deux cavités qui ſont
dans le cœur. Le ventricule droit eſt appellé *Vei-
neux* & *Sanguin* par quelques-uns. Le gauche s'appelle *Arterieux* & *airé*, à cauſe qu'il contient en
ſoi l'air ou l'eſprit vital qu'il pouſſe dans les arteres. Il y a une cloiſon appellée *Septum medium* qui
les ſepare. Le ventricule droit n'eſt qu'un acceſſoire
du cœur, & eſt fait ſeulement pour les poumons,
afin d'y pouſſer plus commodement le ſang qui y
doit recevoir une alteration extremement neceſſaire pour la vie, & la diſpoſition à une ſanguifica-
tion parfaite, & être porté au ventricule gauche,
qui eſt le cœur principal. Par cette raiſon, il n'y a
que les animaux qui ont des poumons, qui ayent
deux ventricules au cœur.

Il y a auſſi quatre cavités dans le cerveau, qu'on
appelle *Ventricules*. Les deux appellés *Ventricules
ſuperieurs* ſont formés par la rencontre des deux
productions rondes qui s'élevent du tronc de la
moëlle allongée ou de la baſe du cerveau, & ſont
une eſpece de berceau. Ils ſont plus grands vers la
partie poſterieure que vers l'anterieure, & leur figure eſt comme celle d'un croiſſant; ce qui a fait dire aux Anciens que la Lune dominoit beaucoup ſur
le cerveau. On a voulu ſe perſuader qu'ils étoient
les

les refervoirs des efprits animaux , mais les ferofités
dout ils font remplis , & la fituation de l'entonnoir
qui eft au milieu des deux , font voir qu'ils ne fervent que de refervoir à la lymphe. Le troifiéme Ventricule , qui eft appellé *Moyen* , à caufe qu'il eft au
milieu des deux autres , a deux conduits , dont le
premier , qui eft anterieur , eft l'entonnoir qui décharge fur la glande pituitaire les ferofités contenues dans le cerveau. Le fecond eft pofterieur , &
va au quatriéme ventricule. Son commencement eft
nommé *Anus* , & il a de chaque côté deux apophyfes ou éminences. Le quatriéme ventricule eft
dans le cervelet , & a été appellé *Noble* par Bartolin. Il eft environné devant & derriere de l'apophy-
fe qu'on nomme *Vermiculaire*. Il y a anterieure-
ment une efpece de feuillage qui fe continue jufqu'à
l'extrêmité pofterieure qu'on appelle *Plume*. C'eft
par cet endroit qu'on a cru que les efprits couloient
à la moëlle de l'épine , & qu'elle en laiffoit couler
plus ou moins , felon qu'elle s'allongeoit ou fe ra-
courciffoit.

VENTRIERE. f. f. Partie du hat nois d'un cheval de
trait. C'eft une longe de cuir qui lui paffant fous le
ventre tient les traits en état , & empêche que le
harnois ne tourne.

Ventriere eft auffi le nom que l'on donnoit autrefois aux Sages-femmes. M. Ménage , après avoir
rapporté cet exemple de l'Auteur de la Chronique
de Louis XI. *Et fut fait vifiter par ventrieres &*
matrones , qui rapporterent à Juftice qu'elle n'eftoit
point groffe , dit que les Sages-femmes étoient nommées *Ventrieres. A ventre infpiciendo.*

VENTRIERE. f. f. Partie d'un cochon que l'on fale
comprife entre les cuiffes & les épaules. Ce font
les côtés & les flancs.

VENTROUILLER. v. n. Terme de Chaffe. Il fe dit
du fanglier quand il fe veautre & fe fouille dans la
boue.

VENULE. f. f. Petite veine.

VENUS. f. f. Planete inferieure , qui eft entre Mercure & la Terre. Voyez PLANETE.

Elle eft vingt-huit fois , ou, felon quelques-uns,
trente-fept fois plus petite que la terre.

Sa plus grande diftance de la terre eft de 5000.
demi-diametres de la terre & la plus petite eft de
6000. Elle tourne autour du Soleil , & ne s'en é-
loigne jamais plus de quarante-huit degrés vers
l'Orient ou vers l'Occident , & par confequent elle ne lui eft jamais oppofée. Elle paroît faire en
19. mois une revolution entiere autour du Soleil ,
mais il faut confiderer que comme elle fe meut du
même fens que le Soleil, ou dans le fiftéme de Copernic , que la terre , elle ne nous paroît avoir avancé que de la quantité dont elle a avancé plus que
la terre & le Soleil , & le mouvement qui leur a
été commun n'eft point compté à Venus. Ainfi puifqu'en 19. mois , où Venus paroît avoir fait un tour,
le Soleil ou la Terre en ont fait plus d'un & demi,
il faut que Venus ait fait auffi ce tour &demi , outre celui qu'elle paroît avoir fait , & 19. mois pour
deux tours & demi donnent plus de 7. mois pour
une revolution veritable.

Venus doit paroître en Croiffant , & pleine auffi-
bien que la Lune felon fes diverfes fituations à
l'égard du Soleil & de la terre. On a obfervé en
Pologne avec de grandes lunettes , que dans la
Planete de Venus il y avoit des taches femblables
à celles qu'on voit dans la Lune.

Les Chymiftes donnent le nom de *Venus* au cuivre , & en termes de Chiromance , on appelle
Mont de Venus , Une petite éminence qui eft dans
la paume de la main à la racine de l'un des doigts.

Tome II.

VER. f. m. *Petit infecte rampant qui n'a ni vertebre*
ni os. ACAD. FR. Le Ver naît dans les hommes ,
dans les plantes , dans les fruits & dans la terre , &
il y en a de differentes longueurs, groffeurs & couleurs. Le Ver qui naît dans la terre , & qu'on voit
ramper deffus , eft un infecte menu , long & fans
os. Il y en a qui n'ont point de piés , d'autres qui
en ont fix , & d'autres un plus grand nombre. Ces
fortes de vers font appellés *Lumbrici* , & par les
Naturaliftes *Inteftina terræ.* Ils fortent d'un œuf ,
après quoi ils ne reçoivent plus aucun changement.

Les enfans font extrêmement fujets aux Vers , &
fur-tout aux longs , dont la generation fe fait dans
les inteftins , principalement dans les grêles. Ils
doivent leur origine à la trop grande abondance de
lait & des autres alimens , qui étant avalés en trop
grande quantité , ne peuvent être bien digerés ; ce
qui les fait dégenerer en pourriture , fpecialement
la bouillie de farine qui devient facilement vermi-
neufe. Quand ces chofes fe corrompent dans les inteftins , elles fe changent en vers avec d'autant
plus de promptitude , que les enfans font forts &
qu'ils mangent des fruits d'Automne avec leur
bouillie : car ces fruits fermentant facilement , corrompent promptement le lait & la bouillie , & les
font dégenerer en vers. Chacun fçait combien le
corps & fes humeurs tombent aifément en pourriture , & combien en particulier le chyle eft fujet
aux vers, à caufe des animaux & des végétaux qu'on
mange , & qui font très-fujets eux-mêmes à la
corruption , & remplis de femence de vermine. La
nature y a remedié en fourniffant au chyle , & à
tout le corps par le moyen du chyle , un remede
préfervatif , fçavoir la bile , qui tant interieurement
qu'exterieurement eft très-ennemie des vers , dont
la putrefaction eft infeparablement accompagnée.
Ainfi tant qu'une bile bien conftituée coule dans
les inteftins , il ne s'y peut engendrer de vers , mais
fi-tôt que fon conduit eft bouché , ils y fourmil-
lent.

On appelle *Ver umbilical* , dans les enfans , Une
forte de maladie rare , dans laquelle , quoiqu'ils
ayent une bonne nourrice , & qu'ils tetent bien , ils
deviennent maigres , inquiets , & fe tourmentent
comme s'ils avoient des tranchées. On ne fçauroit
connoître ce ver par aucun figne évident , qu'en
appliquant , comme un goujon fur
le nombril de l'enfant. Le lendemain on trouve ce
poiffon à demi rongé par le ver , qui fait remettre un fecond & un troifiéme , pour n'avoir
point à douter de la prefence de ce ver umbilical ;
& quand on s'en tient certain , on remplit la coquille d'une noix de poudre de criftal de Venife pilé , avec un peu de fabine pulverifée , embarraffant
le tout dans du miel : On applique la coquille le foir
fur le nombril de l'enfant, & le lendemain on regarde s'il n'y a rien de rongé. Le ver attiré par la
douceur du miel ne manque pas d'en manger , & la
fabine & le verre le font mourir. Lorfqu'on s'apperçoit qu'il ne mange plus , on fait prendre interieurement des déterfifs à l'enfant , afin d'évacuer
par où l'on peut le ver umbilical mort. De tous les
Auteurs , le feul Sennert , au chapitre des Maladies de l'abdomen , parle de ce Ver.

Il y a quelquefois des vers dans les dents , qu'il
eft neceffaire de tirer. La fabine cuite dans du vin ,
& retenue dans la bouche , eft excellente pour cela ,
& tire les vers en abondance. La fumée de femence
de joufquiame reçue dans la bouche par entonnoir

noir, a auffi la vertu de les chaffer. Le parfum ou la fumée des grains d'Alkeugi, pilés & mêlés avec de la cire en forme de pâte, & jettés fur une lame de fer rougi au feu, fait fortir avec les crachats des vers en foule, quand on reçoit cette fumée dans la bouche, & appaife les plus cruelles douleurs. Il n'y a rien auffi de meilleur contre les vers des dents que le fuif de cerf. La faim canine eft quelquefois caufée par les vers. Sxerxius écrit qu'une femme qui avoit un appetit infatiable, fut guerie par l'ufage de l'Hiera, médicament préparé avec l'Aloé, qui lui fit jetter un ver d'une longueur extraordinaire, après quoi elle fe trouva délivrée de fa faim canine. Plufieurs croyent que la malignité des fiévres confifte dans la vermine, ce qu'ils appellent *Putrefaction animée*. Ils prétendent que c'eft cette putrefaction & le grand nombre de petits vers qui en naiffent, qui picotent le corps, & qui produifent les divers fymptomes des fiévres malignes. Berillus, par le moyen du microfcope, a obfervé de petits vers dans les puftules de la petite verole, & Pierre de Caftro a vû dans la pefte de Naples des bubons qui en fourmilloient.

On appelle auffi *Ver*, Un petit animal qui s'engendre dans les étoffes ou dans les bois qui font vieux. C'eft ce que les Latins nomment *Tinea*. Les Tapifferies d'Auvergne font fort fujettes aux vers, à caufe que les laines n'en ont pas été bien dégraiffées. On garantit du ver le drap qu'on enferme, en mettant quelques chandelles dedans. Il s'engendre affés ordinairement des vers dans les Navires, & ces vers, que les Latins appellent *Teredines*, font un peu plus gros que les vers à foye, fort tendres, & luifans d'humidité. Ils ont la tête dure & fort noire, & rongeant inceffamment, ils trouent les planches & les membres d'un Vaiffeau. Les pierres ne font pas exemptes d'être rongées par les vers. Le Microfcope a fait découvrir que ces vers font noirs, & longs d'environ deux lignes, larges de trois quarts de ligne, & enfermés dans une coque grifâtre. Leurs piés, qu'ils ont au nombre de trois de chaque côté, reffemblent à ceux d'un pou, & font proche de leur tête, qui eft fort groffe. On voit dans leur gueule quatre efpeces de mandibules en croix, qu'ils ne ceffent point de remuer, & qu'ils ouvrent & ferment comme un compas à quatre branches. Ils ont dix yeux, qui font extrêmement noirs & ronds. Le mortier eft auffi mangé par une infinité de petits vers noirâtres. Ils ont quatre piés affés vifibles de chaque côté, & ne font pas plus gros que des miettes de fromage. Les abeilles, qui ont laiffé efpace ou des trous vuides dans le haut ou dans le bas de leur ruche, font contraintes quelquefois de l'abandonner, à caufe de certains papillons qui y entrent au mois de Juillet & d'Août, & qui y faifant leur ponte, engendrent de gros vers courts & durs, qui forment des traces & des toiles d'araignées, qui joignent les rayons enfemble & y mettent le feu, ce qui oblige les mouches à fortir de la ruche après l'avoir pillée. Ces vers, pour peu qu'ils y demeurent, multiplient de telle forte, qu'en moins de cinq ou fix jours ils n'y laiffent pas plus d'une once de cire de toute celle que les abeilles y avoient amaffée. Les vers y pondent d'ailleurs des germes & des coques fort dures, qui avec des toiles d'araignées qu'ils y ont formées, ne font plus qu'une pelote dans la ruche.

Ver à foye. Infecte qui tient de la chenille, qui mue quatre fois, & qui filant de la foye s'en fait un tombeau, où il fe transforme en féve, & enfin en papillon, après quoi il pond une infinité d'œufs qui éclofent au Printems. Il fait differentes actions, fuivant que la conformation de fon corps fe change, & il n'entreprend point de voler qu'il n'ait été changé en papillon & qu'il n'ait des ailes. Les vers à foye fe nourriffent de feuilles de mûrier blanc. Paufanias parlant des vers que les Seres, Nation de la Scythie Afiatique, nourriffent pour faire la foye, dit qu'il vient en leur païs un ver, appellé όη par les Grecs, deux fois auffi grand que le grand Scarabée, & femblable à l'araignée dans tout le refte. Ils prennent grand foin de le nourrir, & de lui faire de petites loges, tant pour l'hiver que pour l'été. Il bâtit fa toile & file des piés, en ayant huit comme l'araignée. On le nourrit de panis environ l'efpace de quatre ans, & dans la cinquième année, on lui donne à manger d'un rofeau vert dont il eft friand. Il s'en remplit & creve de graiffe, & lorfqu'il eft mort, on tire beaucoup de filaffe de fes entrailles. M. Ifnar, dans un petit Traité qu'il a fait des Vers à foye, rapporte quelque chofe de fort curieux & de fort extraordinaire touchant leur naiffance. Au tems, dit-il, que les feuilles du mûrier font prêtes à cueillir, c'eft-à-dire, quinze jours après qu'elles commencent à boutonner, on prend une vache qui foit fur le point de faire fon veau. On la nourrit entierement de ces feuilles, fans lui donner aucune autre chofe, ni herbe, ni foin, ni paille, ni grain, & on continue de la même forte huit jours après qu'elle a fait fon veau; enfuite on fait manger à l'un & à l'autre animal de ces mêmes feuilles de mûrier pendant quelques jours, encore fans aucun mêlange d'autres alimens. Cela fait, on tue le veau que l'on a raffafié du lait de la vache & des feuilles de mûrier. On le hache par morceaux jufqu'à la corne des piés, & fans rien ôter, on met tous enfemble, la chair, le fang, les os, la peau & les inteftins dans une auge de bois, au plus haut d'une maifon, dans un grenier ou ailleurs, jufqu'à ce que la pourriture s'y mette. Cette putrefaction produit de petits vers qu'on amaffe avec des feuilles de mûrier pour les élever de la même forte que ceux qui ont été formés d'œufs de vers à foye, & ceux-là fructifient beaucoup plus que les autres, ce qui fait que ceux qui en font un gros trafic, ne manquent pas tous les dix ou douze ans d'en faire naître de cette maniere.

Ver luifant. Sorte de petit infecte qui rampe & qui fe trouve fur les herbes, particulierement en Automne, qui a le cul bleu & vert & le corps grifâtre, & jette la nuit une forte de lueur. On tient qu'il y a des vers luifans dans les huîtres. Ils font rouges ou blanchâtres, longs de cinq ou fix lignes, & gros comme un petit fer d'aiguillette, avec vingt-cinq piés de chaque côté. Ils ont le dos comme une anguille écorchée. Il y en a de plufieurs efpeces.

VER. f. m. Mot purement Latin, qui a été dit dans le vieux langage pour fignifier le Printems.

Ce fut après la Pafque que Ver vet à declin.

VERBERATION. f. f. Terme de Phyfique. C'eft comme qui diroit Frappement, du Latin *Verberare*, Frapper. On s'en fert pour expliquer la caufe du fon, qui ne provient que de la verberation de l'air, choqué & frappé en plufieurs manieres qui font les tons differens.

VERBOQUET. f. m. Contrelien ou cordeau que les Charpentiers attachent à l'un des bouts d'une piece de bois qu'ils ont à monter, & au cable qui la porte, à deux toifes ou environ du halement, pour la tenir plus en équilibre, & empêcher qu'elle ne touche à quelque faillie ou échafaut, ou qu'elle ne tourne pendant qu'on la monte. On s'en fert auſſi quand on monte des colomnes de pierre ou de marbre, ou d'autres grandes pierres. On dit auſſi *Virebouquet*, parce que la corde fait tourner la piece dans le ſens qu'on veut.

VERCHERE. ſ. f. Vieux mot qui ſe trouve dans quelques Coûtumes. Fonds donné en dot & en mariage à une fille. On s'en fert encore en Auvergne, où l'on dit auſſi *Valchere*. Ce mot eſt venu des Savoyards.

VERCOQUIN. ſ. m. Petit ver qui ronge le bourgeon de la vigne, & qu'on appelle autrement *Liſot* ; en Latin *Volucra*, *Convolvulus*. Selon Riolan c'eſt une apophyſe du cerveau, appellée *Proceſſus vermiformis*, à cauſe qu'elle a la figure d'un ver, & qu'elle ſe change effectivement en ver, ſuivant ce que diſent quelques-uns. D'autres prétendent que c'eſt un ver né de pourriture, qui met les chevaux en fougue, & qu'on a dit *Vercoquin*, au lieu de *Verequin* ou *Verſequi*, du Latin *Equus*, Cheval & de *Vertere*, Tourner.

VERD. ſ. m. Couleur verte. C'eſt celle que la nature donne aux herbes, aux plantes & aux feuilles. Ainſi *Verd naiſſant* ou *Verd d'émeraude*, ſe dit de cette vive couleur qu'on voit aux feuilles des arbres, lorſque le Printems commence. On appelle *Verd de mer*, Une couleur ſemblable à celle que paroît avoir la mer lorſqu'elle eſt vûe de loin. Elle eſt plus lavée que l'autre, & tire ſur le bleu. Le *Verd brun* eſt un verd plus foncé & mêlé de noir. Les Teinturiers compoſent pluſieurs ſortes de verd de la nuance du jaune & du bleu, ſçavoir le Verd jaune, le Verd naiſſant, le Verd d'herbe, le Verd gai, le Ver brun, le Verd de laurier, le Verd obſcur, le Verd molequin, le Ver de celadon, le Ver de mer, le Verd d'œillet & le Verd roux. Il n'y a point d'ingredient ſeul dont on puiſſe teindre en verd. Les couleurs d'olive, depuis les brunes juſques aux plus claires, ne ſont que du verd rabatu avec de la racine ou du bois jaune ou de la ſuye de cheminée. Les Peintres ſe ſervent de differentes ſortes de verd, ſelon la maniere du travail, y en ayant des propres à huile, qui ne ſont pas bons à fraiſque ou à détrempe. L'on en compoſe avec des ſucs d'herbe pour peindre en miniature. Celui que l'on fait avec de la fleur de flambe, autrement Iris, eſt fort beau. Les Italiens le nomment *Verdigiglio*. On appelle *Verd de veſſie*, Un extrait tiré des bayes du Noir-prun. Après qu'on a tiré le ſuc de ces bayes, on y mêle un vin blanc & un peu d'alun de glace, & enſuite on verſe le tout dans des veſſies de porc que l'on pend à un plancher, afin que l'air en ayant diſſipé l'humidité, il ſe réduiſe en conſiſtance d'extrait, & devienne dur comme de la pierre à force de vieillir. Cet extrait n'a aucun uſage en Medecine, & ſert ſeulement à peindre en miniature. Il faut, pour être de la bonne qualité, qu'étant paſſé ſur un papier blanc, il faſſe une belle couleur de verd d'herbes. Cependant on en eſt beaucoup moins ſervi depuis qu'on a reconnu que la gomme gutte & l'Inde font un plus beau verd. Les Peauciers employent le ſuc de ces bayes pour verdir la baſanne, & ceux qui font le papier verd, s'en ſervent auſſi au lieu du verd de gris & du tartre ; qui leur coûtent davantage.

On appelle *Verd de terre*, Une eſpece de verd jaune qui ſe fait en jettant de l'eau ſur des vûmes minerales.

Verd de gris. Sorte de rouille verte & venimeuſe qui vient ſur le cuivre, & autre métal, lorſqu'il eſt dans un lieu humide, ou lorſqu'on ne le nettoye point. Le Verd de gris naturel eſt une eſpece de

Tome II.

marcaſſite verdâtre ſemblable à du macheſer qui ſe trouve dans les mines de cuivre, où Diofcoride dit qu'il s'engendre en certaines pierres qui tiennent quelque peu du bronze, & qui jettent le verd de gris comme une fleur, & qu'on le voit diſtiller d'une certaine caverne dans les Jours Caniculaires. Il ajoûte que quant au premier, on en trouve peu, mais que ce peu eſt fort bon, & que celui qui ſort des cavernes eſt en quantité & de bonne couleur, quoique tout brouillé du ſable qu'il a amaſſé en s'écoulant.

Le Verd de gris que l'on appelle *Verdet* ou *Rouilleure de cuivre*, ſe fait avec des lames de cuivre & des raſſes de raiſins imbibés de bon vin. On les met enſemble dans un grand pot de terre, lit ſur lit, c'eſt-à-dire, une poignée de raſſes au fond du pot avec des lames de cuivre deſſus, enſuite des raſſes, & après du cuivre, en continuant ainſi juſqu'à ce que le pot ſoit plein. On le porte à la cave, & on retire quelques jours après ces lames de cuivre qui ſont chargées d'une rouille verte, appellée *Ærugo* par les Latins. Après avoir ratiſſé cette rouille, on remet les plaques tout de nouveau dans le pot avec des raſſes, & on fait toûjours la même choſe juſqu'à ce que le cuivre ſoit conſumé ou rendu ſi mince, qu'il ſoit en état d'être mélangé avec le Verdet. Quelques Auteurs diſent qu'on peut faire du Verd de gris en mettant des lames de cuivre dans un creuſet avec du ſel, du ſoufre & du tartre, & que ces lames de cuivre après avoir été calcinées & refroidies, ſont converties en un très-beau Verd de gris. C'eſt une drogue des plus uſitées, & il eſt preſque incroyable combien les Peintres, Teinturiers, Pelletiers, Chapeliers & Maréchaux en employent. Ce qu'il y a de bien remarquable, c'eſt que le Verd de gris ne ſçauroit être employé ſeul à l'huile. On eſt obligé d'y mêler de la ceruſe pour la Peinture, autrement il ſeroit noir au lieu de faire verd. Le verd de gris eſt fort eſtimé pour manger les chairs ; ce qui fait que les Apothicaires en mettent dans quelques onguents, comme dans l'Egyptiat, l'Apoſtolorum, l'Emplâtre divin & autres.

Le Verd de gris criſtalliſé, que les Marchands & les Peintres appellent *Verd calciné* ou *Verd diſtillé*, eſt du Verd de gris diſſous dans du vinaigre diſtillé & enſuite filtré, evaporé & criſtalliſé à la cave. Ces criſtaux de verdet ont un peu d'uſage dans la Medecine pour manger les chairs. Les Peintres s'en ſervent auſſi pour peindre en verd, ſur-tout dans les ouvrages de miniature.

On appelle *Verd de montagne* ou *Verd de Hongrie*, Une maniere de poudre verdâtre qui eſt en petits grains comme du ſable, & qui ſe trouve dans les montagnes du Kernauſen en Hongrie. Ce ſont des montagnes qui vont depuis Preſbourg juſques en Hongrie. Il s'en trouve auſſi dans celles de Moravie. Quelques-uns prétendent que ce Verd de montagne ſoit ce que les Anciens ont appellé *Fleur d'airain*, qui ſe fait en jettant de l'eau, ou plûtôt du vin ſur le cuivre de roſette encore rouge, c'eſt-à-dire, de la maniere qu'il ſort du fourneau, & veulent qu'il ſe reçoive, & ſe trouve attaché à d'autres plaques de cuivre froid que l'on expoſe deſſus en petits grains ſemblables à ceux du ſable. Le Verd de montagne n'a d'uſage que pour la Peinture, principalement pour peindre en verd d'herbe.

VERDAGON. ſ. m. Nom qu'on donna au vin de 1725, qui étoit de très-mauvaiſe qualité. Les pauvres Religieux furent réduits au Verdagon. Quand on le laiſſoit demi-heure en bouteille il devenoit

DDdd ij

noir. Les Tonneaux où il y en avoit en étant tous corrompus, on n'y pouvoit plus mettre d'autre vin.

VERDE'E. f. f. Sorte de vin blanc fort estimé qui vient de Florence.

VERDERIE. f. f. Etenduë de bois & de païs que l'on commet à la garde & à la jurisdiction d'un Verdier. Le Roi a fupprimé par fon Edit du mois d'Août de l'année 1669. plufieurs Verderies & Sergenteries qui avoient été fieffées. C'étoient des terres qu'on avoit données à cens à divers particuliers, à la charge de garder les forêts du Roi.

VERDET. f. m. Terme de Teinturier. Sorte de drogue qui fe fait de cuivre & de marc de raisin. Elle fert à teindre & à faire les belles couleurs du verd celadon. On l'appelle auffi *Verd de gris.*

VERDIER. f. m. Officier des Eaux & Forêts qui a eu des fonctions differentes felon les tems & les lieux. Verdier, dit Nicot, *est le nom d'un estat & office de ceux qui ont regard fur aucune forêt ou garenne du Roi, & a droit de prendre au corps, accuser & adjourner les delinquants aufdites forêts & garennes. En ancuns Pays de ce Royaume le Verdier est plus que cela, car il est Juge des mesprinses faites esdits lieux, & est appellé à cette cause* Verdier Gruyer. Ce mot de *Verdier* vient du Latin *Viriderius.* Aujourd'hui c'est un Officier préposé pour commander aux Gardes d'une forêt éloignée des Maîtrises, & qui en doit faire la visite en personne tous les quinze jours. Il a une jurifdiction pour les moindres délits, & elle s'étend jufqu'à foixante fols d'amende. Il fait fon rapport des autres délits dans les fieges des Eaux & Forêts.

Verdier. Oifeau appellé ainfi à caufe qu'il a fon plumage verd. Il est un peu plus gros qu'un moineau, vit cinq ou fix ans, & a le bec aigu, court, gros & rond, le dos vert & le ventre tirant fur le jaune. Il y a un autre Verdier que les Oifeliers de Paris appellent *Verdier à la fonnette.* Il a la tête verte, les côtés des yeux jaunes, l'échine & les ailes d'une couleur qui tient du rouge, avec une queue qui a quelque chofe du gris & du verd. La femelle du Verdier s'appelle *Verdiere.* On tient que cet oifeau tombe du haut mal. Les Verdiers fe nourriffent en cage toute l'année. C'est ce que les Latins appellent *Chloris* & *Luteola.*

On appelle auffi *Verdier,* Les crapaus ou grenouilles de terre; en Latin *Rubeta.*

VERDIR. v. a. Terme de Relieur. Employer du verd de gris fur la tranche d'un livre, & le brunir après qu'il est fec.

VERD-MONTANT. f. m. Sorte de petit oifeau qui a prefque la tête toute noire, la gorge de même couleur, l'estomac verd & l'échine qui tire fur le violet, avec un peu de mélange de verd.

VERDON. f. m. Terme de riviere. Quand un Batelier arrive dans une Ifle, il dit à fon camarade *happe le Verdon,* pour dire, *Prens-toi au bois.*

VERDURIER. f. m. On appelle ainfi chés le Roi Une forte d'Officier qui fournit d'herbes & de vinaigre.

VERECOND, ONDA. adj. Vieux mot qui n'a d'ufage que dans le burlefque, & qui fignifie, Honteux d'une honte timide & niaife. Il vient du Latin *Verecundus,* qui a la même fignification.

VERGE. f. f. Sorte de petite baguette longue & flexible. AC AD. FR. Les Charlatans font accroire aux fimples qu'ils leur feront trouver des mines & des trefors avec une verge de coudrier, & prétendent que cette verge ne manque jamais de s'incliner aux lieux où il y a de l'argent caché. Les Sergents à verge du Châtelet ont été des Huiffiers pareils à ceux qui fervent à l'Audience. On les a infensiblement multipliés felon la neceffité. On appelle *Verge de Bedeau d'Eglife,* Un morceau de ba-

leine plat, large d'un bon doigt & un peu plus. Sa longueur est à peu près de deux piés & demi, & il est ferré d'argent. Le Bedeau le porte quand il fait fes fonctions dans l'Eglife. Cela fait donner le nom de *Porte-verge* aux Bedeaux. C'étoient autrefois des Sergents des Juftices Subalternes, qui fervoient à la Juftice & à l'Eglife de la Seigneurie. On dit *Tenir un heritage par la verge,* quand celui qui l'a acquis est obligé d'en prendre poffeffion par les mains du Seigneur, ou de quelqu'un de fes Officiers qui lui met en main un petit bâton. Cette coftume qui étoit pratiquée par les Anciens, & qu'ils appelloient *Infestucare,* est encore en ufage dans quelques Coûtumes.

Les Tapiffiers appellent *Verge de fer,* Un morceau de fer rond & délié en forme de grande baguette. On l'accroche avec des pitons à chaque colomne du lit, & on y enfile les rideaux par le moyen de quelques anneaux. C'est ce que les Serruriers appellent *Tringle.* Il faut trois verges pour foûtenir les rideaux d'un lit. *Verge* fe dit auffi d'une maniere de petite baguette de fer quarrée qu'on attache le long des panneaux de vitre, pour les tenir en état avec des liens de plomb. Cette verge est clouée avec deux pointes, l'une à un bout, & l'autre à l'autre.

On ne fe fervoit autrefois que d'émeril pour couper le verre; & comme il ne pouvoit couper les tables de verre épais, on y employoit une Verge de fer rouge. Pour couper le verre de cette maniere, on pofe la Verge contre le verre, & en mouillant feulement le bout du doigt avec de la falive qu'on met fur l'endroit où le verre a touché, il s'y forme une fente que l'on conduit où l'on veut avec la verge rouge. C'est ainfi que fe coupe le verre, de telle figure qu'on lui veut donner.

On appelle *Verge d'or,* L'inftrument qu'on nomme autrement *Arbalêtre, Arbalêtrille, Bâton de Jacob* & *Rayon Astronomique.* Il a des divifions propres à mefurer les hauteurs, & il a reçu le nom de *Verge d'or* par excellence, à caufe qu'il est le plus ordinaire, le plus commode, & même celui qui coûte le moins de tous les inftrumens, quoiqu'il ne foit pas le plus jufte.

Verge de pefon, fe dit d'une piece de bois ou de métal, longue & déliée, fur laquelle il y a des divifions qui reprefentent des livres, & des parties de livres, quand le pefon est petit. C'est fur ces divifions que la maffe s'avance & s'arrête, lorfqu'elle est en équilibre avec le poids attaché au crochet qui est de l'autre côté, pour dire que ce poids pefe tant de livres.

On appelle dans un Vaiffeau *Verge de girouette,* Une verge de fer qui tient le fuft de la girouette fur le haut du mât. La *Verge de pompe* est une verge de fer ou de bois qui tient l'appareil de la pompe; & *Verge de l'ancre* fe dit de la partie de l'ancre qui s'eft contenue depuis l'arganeau jufqu'à la croifée.

Les Tifferands nomment auffi *Verge,* Une forte de baguette déliée & un peu longue, qu'ils paffent au travers de la chaine qui est montée fur le métier pour en foûtenir les fils.

On appelle encore *Verge,* Un anneau fans chaton, qu'on donne ordinairement quand on fe marie. On s'en fert pour arrêter fur le doigt quelque autre bague.

Verges de fer dont les cloutiers font le clou.

Verge, la petite nervûre qui fait le dos & le fort d'une faulx.

Verge, partie d'un fleau à battre le blé, elle est quelquefois ronde, mais mieux platte de deux piés & demie de long, mobile fur un manche auquel elle tient avec une chappe de cuir & des peaux d'anguille ou de lemproye ou avec des morceaux de nerf de bœuf.

Verge, est la queue ou le manche d'un mât dans un moulin à draps.

Verge, en termes de Negoce, est en de certains lieux, Une sorte de mesure de longueurs, qui répond à l'aune. Ainsi la Verge d'Angleterre contient sept neuviémes de l'aune de Paris. La *Verge de terre* est aussi une mesure de terre dont on se sert en quelques Provinces. C'est à peu près un quartier d'arpent. On appelle *Verge quarrée*, & autrement *Toise quarrée*, Un quarré dont chaque côté est d'une toise. Il s'ensuit delà, que comme une toise courante a six piés courans, une verge ou toise quarrée doit avoir trente-six piés quarrés. A Paris, & aux environs, on se sert de la toise quarrée pour la mesure des bâtimens, & de la perche ou de la verge pour la mesure des terres.

VERGE'E. s. f. Sorte de mesure de terre. C'est la même chose que *Ver e de terre*. La Vergée en Normandie est composée de quarante perches.

VERGE', E'E. adj. Terme de Negoce. On appelle *Etoffe vergée*, Une étoffe qui a quelques fils d'une soye un peu plus grossiere que le reste, ou d'une teinture plus forte ou plus foible.

VERGETTE. s. f. Sorte de brosse dont on se sert pour nettoyer les meubles, & les habits. Elle est faite de poil de cochon, de sanglier, ou de brins de jonc.

On appelle aussi *Vergettes*, Les cercles de bois ou de métal qui servent à soûtenir & à faire bander les peaux dont un tambour est couvert.

Vergette, en termes de Blason, se dit d'un pal rétressi qui n'a que la troisiéme partie de sa largeur. *D'azur au pal bretessé d'or, chargé d'une vergette de sable*.

VERGETTE', E'E. adj. Terme de Blason. Il se dit d'un Ecu rempli de paux depuis dix & au-delà.

VERGEURE. s. f. Terme de Papetier. Fils de laiton liés sur la forme à quelque distance les uns des autres. On appelle aussi *Vergeure*, Les rayes que font ces fils. Elles regnent sur la largeur du papier, & on les voit un peu éloignées les unes des autres.

VERGLAS. s. m. Glace unie qui s'étend sur la terre, sur les pierres & sur les pavés, & qui se fait par la pluye qui s'y gele en même-tems qu'elle tombe. Le Verglas rend la terre & les pavés fort glissans, en sorte qu'on à peine à s'y soûtenir. Nicot cherchant l'étymologie de *Verglas*; C'est, dit-il, *un mot composé de Verre & Glas, tous deux non entiers, & signifie cette glace tenuë & luisante comme verre, qui se fait ou du brouillas cheant, ou d'une menuë pluye estrainte en glace par la rigueur du froid. Aussi tel verglas est luisant comme verre & vernis. Aucuns l'estiment composé de ces deux mots Latins Viridis glacies, disans que le Verglas tire sur le verd, là où l'autre glace est blanchâtre, mais c'est abus.*

VERGUE. s. f. Terme de Marine. Piece de bois longue, arrondie, & qui est une fois plus grosse par le milieu que par les bouts. On la pose quarrément par son milieu sur le mât vers les racages, & elle sert à porter une voile, & quelquefois plusieurs, lorsqu'on met de gros anneaux à ses extrémités avec des bouts dehors pour appareiller des coutelas. On appelle *Vergue d'artimon, grande Vergue, Vergue de misaine, Vergue du grand, du petit hunier, Vergue de beaupré*, & *Vergue de perroquet*, toutes les vergues ou antennes qui portent ces for-

tes de voiles. *Vergue de foule*, ou *Vergue de fougue*, est une Vergue où il n'y a point de voile, & qui ne sert qu'à border la voile du perroquet d'artimon. On appelle *Vergue de rechange*, Une Vergue qu'on porte à la mer pour s'en servir quand il arrive qu'une de celles du Vaisseau manque. On appelle *Vergue traversée*, Une vergue qui est trop halée au vent, & qui n'est pas parallele aux autres vergues. On dit *Prolonger* ou *Allonger la vergue*; ce qui ne se dit que de celle de Beaupré, & signifie, Appliquer la longueur de cette vergue sur la longueur de son mât. C'est ce qu'on pratique principalement quand on veut venir à un abordage, qui seroit empêché par la saillie que fait de chaque côté du mât la Vergue de beaupré. Un grand Vaisseau prolonge aussi cette même Vergue lorsqu'il en veut aborder un moindre, afin que le mât renforcé par là, tombe avec force par l'avant sur le Vaisseau ennemi, & le choque avec plus de violence. On dit *Dresser les vergues*, pour dire, Les tenir droites, en sorte qu'elles fassent une croix reguliere avec les mâts. On dit aussi que *Deux Vaisseaux sont vergue à vergue*, qu'*Ils passent vergue à vergue l'un de l'autre*, pour dire, qu'ils sont flanc à flanc, qu'ils ont le côté près l'un de l'autre, en sorte que si leurs vergues étoient prolongées, elles feroient une ligne droite.

VERICLE. s. m. Les Orfevres appellent *Diamans de vericle*, Des Diamans de verre ou de cristal. Leurs Statuts leur défendent de tailler de ces sortes de pierres fausses, & il ne leur est pas permis de les mettre en or ou en argent.

VERIFICATEUR. s. m. Terme de Palais. On dit, *Verificateur des criées, des rapports en Chirurgie, d'écritures, &c.*

VERIN. s. m. Machine en forme de presse qui sert à redresser des jambes en surplomb, à reculer des pans de bois, & à d'autres usages. Les Verins grands & petits sont des brins de bois longs de deux ou trois piés, ou davantage, façonnés en vis par un des bouts. Il y a à l'autre bout un goujon ou une cheville percée au collet de la viz, pour y mettre des leviers. La vis de ces brins de bois se mettent chacune dans un écrou percé à cinq ou six piés l'un de l'autre pour pousser ou élever. L'usage de cette machine est d'ordinaire pour charger de grosses pierres dans des charrettes, ou pour relever quelque logis en son pointal, qui est une piece de bois que l'on met debout entre les deux vis. Les Verins levent un grand poids, pourvû que les pieces soient fortes, & que les filets des vis soient près à près.

VERJUS. s. m. *Lejus, le suc qu'on tire de certains raisins quand ils sont encore tous verts*. ACAD. FR. Les Grecs appellent le Verjus ὀμφάκιον, & Dioscoride dit que l'Omphacium est le Verjus des raisins des vignes Thasiennes ou Aminéennes, & que pour bien faire ce jus, il le faut tirer des raisins avant les Jours Caniculaires, & les mettre secher au soleil dans un vaisseau de bronze ou de rosette qui soit couvert d'un linge. Il ajoute que le meilleur est celui qui est roux, frêle, fort piquant & astringent au goût. Matthiole dit qu'au défaut des raisins Thasiens & Aminéens, dont les Anciens composoient leur Verjus, & le faisant secher au soleil, on en fait en Italie de toutes sortes d'autres raisins, & que quelques-uns voulant en avoir de bon, non seulement pour s'en servir en Medecine, mais aussi pour donner du goût aux viandes, le font de grappes de lambrusque. Selon Galien, le Verjus est bon à toutes sortes de maladies chaudes. Comme il est tout-à-fait aigre, il ne peut être que

DDdd iij

refrigeratif & profitable à toutes ardeurs, soit qu'on l'employe à l'orifice de l'estomac, ou aux flancs, ou à quelque partie du corps que ce soit qui ait besoin d'être rafraîchie. Le Verjus ne differe du vin qu'à cause que sa chaleur est moindre. Comme cette chaleur est legere; & qu'elle digere moins les parties terrestres qu'il contient, cela le fait participer quelque peu de la saveur austere. Quoique Galien ait dit qu'il est aigre, il ne peut pourtant penetrer profondement comme le vinaigre, n'ayant en soi aucune chaleur ni acrimonie, mais seulement une forte astriction.

VERKER. s. m. Sorte de jeu qui se joue sur un trictrac avec des dames & des dés. On fait venir ce mot *Verker*, de l'Allemand *Verkeren*, qui veut dire, *Changer*, tourner.

VERMEIL. s. m. Couleur que l'on donne à l'or. Après qu'on a matté & repassé l'or pour le conserver, on couche du vermeil dans tous les creux des ornemens de sculpture, afin de donner encore plus de feu à ce même or. Ce Vermeil est composé de gomme gutte, de vermillon & d'un peu de brun rouge pour attendrir le vermillon. On broye le tout ensemble, & on le mêle avec du vernis de Venise, & un peu d'huile de terebenthine. Quelques-uns prennent de la lacque fine, & d'autres du sang de dragon, qui d'ordinaire s'employe à détremper avec un peu de colle que l'on met dedans, ou avec de l'eau.

On appelle *Vermeil doré*, De la vaisselle d'argent ou de cuivre doré avec de l'or ducat dissous en poudre par de l'eau forte, & amalgamé avec du mercure. On en fait un enduit sur l'ouvrage, qu'on enduit aussi avec du vermillon ou une couleur rouge de sanguine qu'on gratte & que l'on polit avec le brunissoir d'acier, afin d'en ôter les superfluités.

Vermeil. On appelle un endroit où il se trouve des vers, & en ce sens on dit que *Les poules vont au vermeil*.

VERMEILLE. s. f. Espece de pierre précieuse qui est d'un rouge cramoisi noirâtre, moins agreable que n'est le rubis. La beauté de cette pierre est parfaite, quand elle est achevée ou creusée en dessous. Elle ne change jamais de couleur, & souffre le feu sans se gâter ni se dépolir. On estime fort la grande Vermeille, & on la met au nombre des plus belles pierres précieuses. Les petites sont fort communes.

VERMEUX, EUSE. adj. Vieux mot. Vermeil.

VERMICELLI. s. m. Pâte composée de la plus belle farine de froment que les Italiens appellent *Semoule*, dont ils tirent des filets de telle longueur ou grosseur qu'ils veulent. Comme ces filets ont quelque rapport aux vers, cette ressemblance les a fait nommer *Vermicelli*. Plusieurs disent *Du Vermichel* en notre langue. Ils donnent à cette pâte la couleur qu'ils veulent, soit avec du safran ou autres choses. Ils y ajoûtent quelquefois des jaunes d'œufs, du sucre & du fromage. Le Vermichel blanc doit être nouvellement fait, & le plus blanc qu'il se peut; & le jaune, de la plus belle couleur dorée.

VERMICULE', E'E. adj. On appelle *Travail vermiculé*, Certaines pieces qu'on met principalement dans des ouvrages rustiques. Elles sont travaillées avec certains entrelas gravés avec la pointe, en sorte que cela represente comme des chemins faits par des vers, ainsi qu'il s'en voit dans quelques pierres & dans les carrieres. C'est ce que les Sculpteurs prétendent imiter dans certains Ordres.

VERMIFORME. adj. Qui a la forme de ver. On appelle en termes de Medecine, *Epiphyses vermiformes*, Les parties du cerveau qui tiennent ouverts le passage du troisiéme au quatriéme ventricule. On appelle aussi *Muscles vermiformes*, quatre Muscles qui amenent les doigts vers le pouce, tant aux piés qu'aux mains.

VERMILLER. v. n. Terme de Chasse. Il se dit des sangliers, qui cherchant les vers remuent la terre avec le groüin pour les trouver. On dit aussi dans les bassecourts, que *La volaille vermille*, pour dire, qu'Elle est au vermeil, c'est-à-dire, qu'elle remue le fumier avec les piés pour y découvrir les vers.

VERMILLON. s. m. Sorte de mineral d'une couleur fort vive & fort éclatante. ACAD. FR. Le Vermillon ou cinabre mineral, dont les Peintres se servoient anciennement, étoit une couleur en forme de pierre rouge, qu'on tiroit des mines de vif argent. Ils l'appelloient *Minium*. Le Vermillon que l'on employe aujourd'hui, & qu'on nomme *Cinabre artificiel*, tient lieu aux Peintres de l'ancien *Minium*, qu'on croit avoir été moins beau que celui d'apresent qui se fait avec le vif argent & le soufre. Dioscoride dit que c'est s'abuser que de croire que le Cinabre & le *Minium* ou Vermillon soient la même chose, & qu'en Espagne on fait le Vermillon d'une certaine pierre mêlée avec un sable blanc comme argent; qu'en le faisant cuire dans les fourneaux il prend une couleur fort vive & ardente; que quand on le tire des mines il jette une vapeur qui étouffe; ce qui oblige ceux qui le tirent à s'envelopper le visage de vessies, pour avoir moyen de regarder par dedans, & pouvoir respirer à leur aise, sans attirer les dangereuses vapeurs du Vermillon. Il ajoûte que les Peintres s'en servent dans leurs plus riches couleurs, mais que le Cinabre vient d'Afrique & est fort cher, & qu'on en apporte si peu, qu'à peine en peuvent-ils recouvrer pour ombrager leurs peintures. Il a les mêmes proprietés que la pierre hematite, & est fort haut & chargé de couleur; ce qui est cause que plusieurs l'ont nommé *Sang de dragon*. Vitruve parlant du Vermillon, dit qu'il fut premierement trouvé auprès d'Ephese aux Champs Cilbiens, & qu'on le tire d'une certaine pierre rouge appellée ἄνθραξ. Avant que de trouver le Vermillon, on rencontre une veine semblable à la mine de fer, plus rousse neanmoins, & environnée d'une poudre rouge. Quand on tire cette mine, on voit sortir à chaque coup de pioche quantité de gouttes de vif argent, que les pionniers recueillent incontinent. On apporte de Hollande de deux sortes de Vermillon, sçavoir du rouge & du pâle, selon qu'il a été plus ou moins broyé. Plus il est broyé, plus il est fin; & plus il est pâle, plus on l'estime. Il sert principalement à rougir la cire d'Espagne. Il faut le choisir sec, le moins terreux, le plus pur & le plus net qu'il se peut.

On appelle aussi *Vermillon*, Une graine qui croît sur une espece de petit houx en de certains lieux steriles de la Provence, du Languedoc & du Roussillon. On s'en sert pour faire de la teinture. Dalecham dit que le Vermillon est une petite graine ronde, rougeâtre par dehors, & pleine au dedans d'une liqueur luisante, & qui semble être du sang. Comme cette graine se tourne en petits vers, si on ne la seche, on la nomme *Vermillon*.

VERMILLONNER. v. n. Terme de Chasse. Il se dit du Blereau qui cherche des vers pour sa pâture. On en voit les apparences par la terre qu'il remue.

VERMISSEAU. s. m. Petit ver dont les oiseaux font

leur pâture , & qui fert aussi à faire des appâts pour les poissons. On a observé que pendant l'été il s'engendre presque toutes les nuits dans le Boristene quantité de vermisseaux qui nagent le matin comme des poissons , qui volent sur le midi comme des oiseaux , & qui meurent tous les soirs.

VERNIS, s. m. Liqueur épaisse & luisante , composée de gomme , d'esprit de vin , & d'autres choses par le moyen desquelles on donne au bois de menuiserie un lustre agreable. Il se fait de plusieurs sortes de Vernis pour vernir les Tableaux. Les uns le font avec la terebenthine & le sandarac , & les autres avec l'esprit de vin , le mastic & la gomme lacque, le sandarac ou sandarac ou l'ambre blanc. On se sert de ce Vernis pour mettre sur des miniatures & des estampes , & ce sont les gommes les plus blanches que l'on doit choisir. Lorsqu'on veut avoir un Vernis qui seche en fort peu de tems , on prend seulement de la terebenthine dans une phiole , & on y met autant d'esprit de vin , après quoi remuant le tout ensemble , on en vernit aussi-tôt ce qu'on veut qui soit verni.

Il y a de deux sortes de Vernis propres à graver sur le cuivre , l'un que l'on appelle Mol , & l'autre Dur. Il y a aussi deux sortes d'eau forte, l'une d'affineur , appellée Eau blanche , & l'autre nommée Eau verte , qui se fait avec du vinaigre , du sel commun , du sel ammoniac & du verd de gris. Cette derniere se coule sur les planches , & l'on peut s'en servir avec les deux vernis. L'autre au contraire n'est bon que pour le Vernis mol , & ne se jette pas comme l'autre. On met la planche sur une table tout à plat , & après l'avoir bordée de cire , on les couvre de cette eaue blanche , qu'on tempere plus ou moins avec de l'eau commune.

Les Serruriers ont aussi leur vernis, dont ils se servent quand ils veulent mettre des feuillages ou des écritures blanches sur le fer après qu'il est mis en couleur. On prend pour cela de ce Vernis qui est fait avec de la mine de plomb & de la cire jaune fondues ensemble ; & après qu'on a fait un peu chauffer le fer , on l'applique dessus ; & lorsqu'il est refroidi , on dessine ce qu'on y veut faire , comme quand on grave à l'eau forte. Cela fait , on fait bouillir de bon vinaigre dans une écuelle sur un rechaud , & avec un linge blanc qu'on trempe dedans , on en mouille le fer , en frappant doucement dessus , jusqu'à ce que la couleur soit emportée par le vinaigre aux endroits qui ont été dessinés sur le Vernis , qu'il faut prendre soin de ne pas ôter. Quand on voit les traits devenir blancs , & perdre leur couleur , on jette la besogne dans de l'eau claire , & ensuite la faisant un peu chauffer , on l'essuie doucement pour en ôter le Vernis , & ce qui a été dessiné étant blanc , le reste demeure violet, ou de quelqu'autre couleur. Toutes ces observations sont de M. Felibien.

On appelle aussi Vernis , l'enduit qui se met sur la poterie. Cette sorte de vernis se fait avec du plomb fondu , & c'est avec de la porée qu'on fait celui des plats de fayence.

Il y a aussi un Vernis de la Chine , qui se fait ici avec du fromage de Gruyere délayé , en sorte qu'il soit comme de la glu. On jette dessus un peu de chaux vive , & on colore cette chaux avec du cinabre , si l'on veut ce vernis rouge , & avec du noir de fumée , si on le veut noir.

VEROLE. s. f. On appelle Petite verole , Une sorte de maladie contagieuse qui couvre la peau de pustules , & qui a coûtume de venir plûtôt aux enfans qu'aux autres personnes. Elle est trois jours

sans sortir , neuf à pousser & autant à secher. Les signes qui annoncent la petite verole , sont la douleur du dos & la pulsation à l'épine , bien souvent accompagnée d'un mal de tête avec pesanteur, la douleur des yeux avec tension & les larmes involontaires. La respiration se trouve quelquefois empêchée , ou un peu troublée , & la voix rauque. Les pustules qui paroissent dénotent manifestement cette maladie. Elles sont plus claires dans la rougeole , & plus élevée dans la petite verole. Ces deux maladies different si peu l'une de l'autre , que M. Michaël assure avoir gueri une femme qui avoit la petite verole à la moitié du corps , & la rougeole à l'autre moitié. C'est une chose étonnante que la sympathie qui se trouve souvent pour ce mal entre plusieurs freres ou sœurs , qui quoiqu'éloignés l'un de l'autre , sont attaqués en mêmes tems de la petite verole. Plusieurs sont persuadés qu'il n'y a point d'homme qui ne doive avoir la petite verole , & qu'on n'y est plus sujet quand on l'a eue une fois. C'est un préjugé qui a donné lieu à l'hypothese des Arabes , sur-tout d'Avicenne & de Rhasis , que la petite verole s'implantoit en nous dans la matrice de la mere par le sang menstrual. Quoique cette opinion ait eu plusieurs défenseurs , il est certain que quantité de personnes meurent sans avoir eu la petite verole , & qu'au contraire il y en a qui l'ont eue plusieurs fois. Borellus fait mention d'une femme qui après l'avoir eue sept fois , en mourut enfin à l'âge de cent dix-huit ans. On ne peut pourtant nier que des fœtus n'ayent eu la petite verole dès la matrice , puisque Bartholin assure qu'une femme qui l'a avoir, accoucha d'un enfant en qui paroissoit ce même mal. Etmuller dit qu'il est vrai-semblable qu'il y a dans la petite verole un acide vicié qui donne cette effervescence à la masse du sang , & qui étant concentré dans les pustules , produit de petits abscès , des corrosions à la peau , & enfin de petites cicatrices. Cette maladie se termine même assés ordinairement par la phisie qui procede de l'acide acre morbifique qui a corrodé les poumons. La malignité l'accompagne aussi quelquefois , en sorte qu'elle fait mourir en foule les enfans quand elle regne. Outre les signes que l'on a déja marqués , ils ont une demangeaison de nez & un resserrement avec une douleur obscure de la gorge , jusqu'à ce qu'au troisiéme ou au quatriéme jour , il commence à s'élever de petites bosses rouges , pointues dans la petite verole , & planes & plates dans la rougeole. Ces bosses rouges sont quelquefois de pourpre , quelquefois livides & d'un mauvais presage. Elles s'enflent successivement , & viennent enfin à suppuration. La petite peau corrompue par le pus se change en écaille , qui ensuite tombe d'elle-même , laissant un trou à la peau plus ou moins grand. La petite verole qui sort le quatriéme jour , & qui ayant suppuré le septiéme , commence à dessecher & à tomber le onziéme , est salutaire , & se guerit fort facilement. Si les bosses en sortant ne sont ni pleines ni rondes , mais plates & creusées au milieu , c'est une marque que l'expulsion ne se fait pas bien , & qu'il y a du danger. Les petites veroles qui suppurent & s'applatissent dans le tems de la suppuration , faisant une espece d'enfoncement au milieu , sont dangereuses. Plus les pustules sont rouges en sortant , plus elles sont douces & favorables ; & au contraire plus on les voit livides , plus elles ont de malignité. Dans la petite verole , lorsque les pointes ne paroissent pas encore , on ne doit pas recourir aux expulsifs ; il faut seulement donner des remedes propres à adoucir le commencement de la fermentation morbifique , &

à refister à la corruption du fang que le levain veut procurer. Lorfque la petite verole pouffe, ou qu'elle eft pouffée, on doit, fuivant les circonftances, pourvoir avec beaucoup de circonfpection aux fymptomes qui preffent, de peur de troubler la nature en voulant donner un foible foulagement au malade. Ainfi on doit regarder tout ce tems-là comme une crife continuelle, pendant laquelle il y auroit de l'imprudence à rien entreprendre temerairement. On doit auffi apporter de grandes précautions en appliquant des topiques pour effacer les taches & les cicatrices de la petite verole. Avant la maturité ils font inutiles, & caufent même de fâcheux fymptomes. Foreftus dit que pour avoir frotté de beurre noir le vifage d'un malade, il y furvint une croute très-forte qui l'exulcera entierement, en forte qu'il perdit un œil, & que l'on eut de la peine à conferver l'autre. M. Menage fait venir *Verole* de *Variola*, & dit qu'on devoit écrire *Vairole*, comme on faifoit autrefois, à caufe que cette maladie marque le vifage de diverfes taches. Cette même maladie s'appelle *Verole volante*, quand on n'en a qu'un petit nombre de grains répandus par ci par là.

On appelle *Groffe verole*, ou fimplement *Verole*, Une autre maladie contagieufe, qui confifte dans la corruption generale de la maffe du fang, & qui fe gagne par des actes veneriens avec une perfonne infectée du même mal. On la guerit avec la fueur ou le flux de bouche procuré par le mercure. On l'appelle en France *Mal de Naples*, à caufe que ce mal y fut premierement apporté du fiege de Naples, & au contraire on l'appelle en Italie *Mal Francefe*.

VERON. f. m. Petit poiffon de riviere qui a le dos de couleur d'or, le ventre de couleur d'argent, & les côtés un peu rouges. Il eft couvert d'une peau unie tachetée de noir, & fa queue finit en aile large & dorée. On l'appelle en Latin *Varins*, à caufe qu'il eft de differentes couleurs, & peut-être faudroit-il écrire *Vairon*.

VERONIQUE. f. f. Plante que Matthiole dit avoir de grandes proprietés. Il y en a de deux fortes, le mâle & la femelle. Le mâle fe traîne & rampe par terre, & a fa tige rouge, velue & haute d'un bon palme & davantage. Ses feuilles font longues, noirâtres, velues & dentelées tout autour. Elle produit des fleurs rouges au haut de fa tige, & porte fa graine en de petites gouffes, faites en maniere de bourfe. Sa racine eft grêle & menue, & éparpillée en plufieurs parties. La Veronique femelle jette une tige velue, & a fes feuilles un peu graffes & rondes, mais fans être dentelées. Ses fleurs font jaunes tirant fur le rouge, & fa graine eft enfermée en de petites bourfes rondes. Elle a fa racine femblable à celle du mâle, & croît aux lieux âpres & non cultivés. La Veronique eft aftringente & amere au goût, ce qui peut la faire dire chaude & defficcative. Le mâle eft en tout plus efficace. Il guerit les plaies fraîches, & même les vieux ulceres. On l'appelle autrement *Herbe aux ladres*. Auffi quelques-uns difent, au rapport du même Matthiole, qu'un Roi de France fut gueri de ce mal par un de fes Vèneurs qui lui enfeigna la vertu de cette herbe. Elle refout generalement toutes apoftumes & tumeurs, & particulierement celles qui viennent au chignon du cou. On en fait auffi grand cas contre les fievres peftilentielles, & on l'ordonne aux phtifiques, & à ceux qui ont des opilations de foye & de rate.

VERRAT. f. m. Le mâle d'une truye. Ce mot vient du Latin *Verres*, qui veut dire la même chofe.

VERRE. f. m. Matiere tranfparente & plate faite par le moyen du feu, dont on garnit les vitraux & les croifées. Le Verre eft fufible, mais il n'eft pas malleable. Ses pores, qu'il a tout droits & vis-à-vis les uns des autres, le rendent diaphane & tranfparent, & fa poliffure vient de ce que ces mêmes pores font extrêmement petits, en forte que les eaux fortes & regales ni fçauroient entrer, quoiqu'elles entrent bien dans ceux de l'or. On tient qu'il peut y avoir quelque flexibilité dans le Verre, & on en donne pour preuve certaines bouteilles qu'on a vues en Allemagne d'un Verre fi délié, qu'on pouvoit les rendre concaves ou convexes en foufflant, ou en attirant l'air doucement. Le Verre fe fait avec des cailloux blancs & reluifans, ou avec du fable blanc bien lavé, & avec du fel alcali, ou de l'herbe de foude. Pour faire du Verre commun on prend des cendres de fougere, le tout dans un feu de reverbere très-violent. On en fait auffi avec des criftaux de roche fondus. Le beau Verre fe fait avec la foute du Levant & du fable blanc, en y mêlant un peu de manganefe pour ôter le verdâtre de la foute. On le fait d'un rouge de pourpre, lorfqu'on y en met beaucoup. Le Verre jaune fe fait avec la feule rouille de fer, & on le fait de couleur bleue ou d'aigue-marine, en y mêlant du cuivre rouge calciné plufieurs fois, à quoi on ajoûte un peu de fafre calciné. Le cuivre calciné & la rouille de fer fervent à faire le Verre de couleur verte. On le fait auffi avec le minium, c'eft-à-dire, avec la chaux rouge de plomb. Tout le Verre qui fe fait eft par tables, ou par pieces longues ou rondes. Celui qu'on appelle *Verre de Lorraine*, eft par tables & par pieces longues & un peu étroites par le bas. Il fe coule fur le fable, au lieu que les autres fe foufflent avec une verge de fer creufe; ce qui fait qu'ils font ronds, & ont un nœud que l'on appelle *Oeil de bœuf*, quand on l'employe.

Les pieces de verre rond fe vendent au pannier, où il y en a vingt-quatre, & cela s'appelle *Vingt-quatre plats de Verre*. Les plats ont deux piés fix à fept pouces de diametre. Les tables fe vendent au balot, qui contient vingt-cinq liens. Le lien contient fix tables de Verre blanc, & chaque table a deux piés & demi de face en quarré, ou environ. Quand le verre eft de couleur, il n'y a que douze liens & demi au balot, & trois tables à chaque lien. Il ne fe fait du Verre de couleur qu'en tables. On appelle *Verre peint*, Celui qui quoiqu'il ait beaucoup d'épaiffeur, n'eft penetré que d'une feule couleur fans apprêt ni demi-teinte, comme font ceux des vitraux des anciennes Eglifes, où l'on voit des couleurs très-belles & très-vives que l'on n'a plus à prefent, non pas que l'invention en foit perdue, mais parce que l'on ne veut pas faire la dépenfe, ni fe donner tous les foins neceffaires pour en faire de pareilles. M. Felibien nous apprend que ces beaux Verres, que fe faifoient dans les Verreries, étoient de deux fortes. Il y en avoit d'entierement coloriés, c'eft-à-dire où la couleur étoit répandue dans toute la maffe du Verre, & il y en avoit d'autres dont on fe fervoit d'ordinaire & plus volontiers, où la couleur n'étoit que fur un des côtés des tables de Verre, & ne penetroit dedans que fde l'épaiffeur d'un tiers de ligne plus ou moins, felon la nature des couleurs, puifque le jaune entre plus avant que les autres. Quoique les couleurs de ces derniers Verres fuffent moins nettes & moins vives que celles des premiers, les Vitriers en trouvoient l'ufage plus commode, à caufe qu'ils pouvoient faire paroître d'autres fortes de couleurs fur ces mêmes Verres, quoiqu'ils fuffent déja coloriés, lorfqu'ils vouloient

vouloient broder les draperies, les enrichir de fleurons, ou reprefenter d'autres ornemens d'or, d'argent & de couleurs differentes. Ils fe fervoient pour cela d'émeril, avec lequel ils ufoient la piece du Verre du côté qu'elle étoit déja chargée de couleur, jufqu'à ce qu'ils euffent découvert le Verre blanc, felon l'ouvrage qu'ils avoient deffein de faire ; après quoi ils couchoient du jaune, ou telles autres couleurs qu'ils vouloient, de l'autre côté du Verre, c'eft-à-dire, où il étoit blanc, & où ils n'avoient pas gravé avec l'émeril ; & ils obfervoient cela, afin d'empêcher que les nouvelles couleurs ne fe brouillaffent avec les autres en mettant les pieces au feu, de forte qu'elles fe trouvoient diverfement brodées & figurées. Quand ils vouloient que ces ornemens paruffent d'argent ou bleus, ils fe contentoient de découvrir la couleur du verre, fans y rien mettre de plus, & par ce moyen ils donnoient des rehauts & des éclats de lumieres fur toutes fortes de couleurs. On appelle encore cela *Verre d'apprêt*. Tout Verre qui a des défauts eft appellé *Verre défectueux*. Celui qui fe caffe en le taillant s'appelle *Verre aigre* ; celui qui a de petites taches, *Verre moucheté*, & celui qui a des veines, *Verre ondé*.

On appelle *Verre dormant*, Un panneau de vitre en forme de petite fenêtre, que l'on fcelle en plâtre dans le mur qui regarde fur le voifin quand il y a une vûe de fervitude. On voit auffi de ces Verres dormans fcellés en plâtre dans les croifillons des vitraux des Eglifes Gothiques.

Verre, fe dit particulierement d'un vafe fait de Verre, & dont on fe fert pour boire du vin, de la biere & autres liqueurs. Il y en a de diverfes fortes, des Verres de criftal, des Verres de criftal de roche, & des Verres de fougere. Ils ont d'ordinaire la figure d'un cone renverfé ou d'un cylindre, & font pofés fur un pié ou une patte.

On appelle *Oeil de verre*, Un œil fait d'émail au feu de la lampe, que s'appliquent ceux qui font borgnes, pour reparer autant qu'ils le peuvent la difformité de l'œil qui leur manque.

Dans la Dioptrique, on confidere la figure que les verres doivent avoir pour perfectionner la vifion fuivant les differens befoins de ceux qui s'en fervent. Il y a des Verres qui ramaffent & d'autres qui écartent les rayons. Voyez VISION. M. Defcartes a imaginé des Verres de figure elliptique & hyperbolique, qu'il a prouvé devoir être plus parfaits que tous les autres, mais la difficulté de les tailler plus grande que les avantages qu'on en retireroit, fait que l'on s'en tient aujourd'hui à des Verres Spheriques, c'eft-à-dire, qui font une portion de fphere plus grande ou plus petite, felon qu'il en eft befoin. Avec une portion de fphere, il a fait encore une autre, ou une fuperficie plate, pour compofer un Verre. Ceux qui ont une fuperficie plate, font appellés Verres *Plan-convexes*, ou *Plan-concaves*, felon que la fuperficie spherique eft tournée ou en dehors du côté convexe ou concave. Ceux qui ont les deux fuperficies fpheriques font ou *convexes-convexes*, ou *concaves-concaves*, ou *convexes-concaves*. Les premiers font plus épais au milieu qu'aux extrémités, & raffemblent les rayons, on les appelle auffi *Verres lenticulaires ou loupes*. Les feconds font plus épais vers les extrémités que vers le milieu, & écartent les rayons. Les troifiemes font la figure d'un croiffant, & font de peu d'ufage. Il eft fort important de confiderer fi les convexités, ou concavités qui compofent ces Verres font égales.

Tome II.

Dans une lunette, on appelle *Verre objectif*, Celui qui eft au bout du tuyau du côté des objets, & *Verre oculaire*, Celui qui eft du côté de l'œil, On dit auffi fimplement, l'*Objectif* & l'*Oculaire*.

On appelle *Verre d'antimoine*, Une préparation qui fe fait en faifant fondre l'antimoine calciné dans un creufet, après quoi on jette la matiere fur un marbre bien échauffé, où elle fe congele en forme d'un beau verre de couleur de pourpre. On connoît que l'antimoine eft fuffifamment fondu, en mettant le bout d'une verge de fer dans la matiere. Si elle ne fume plus, elle eft affés fondue. Il faut choifir un jour clair & bien ferein pour cette operation, & le verre en fera plus beau & plus tranfparent. Si on calcine l'antimoine avec le quadruple de borax de Venife, le Verre fera de couleur jaune, fi on preffe le feu, il deviendra blanc ; & fi on calcine l'antimoine avec huit fois autant de borax, le verre fera de couleur verte. C'eft un vomitif fi violent, qu'il ne fe doit pas donner en fubftance, mais en infufion, & plûtôt corrigé que cru. On corrige le Verre d'antimoine avant que de le mettre infufer, & on fe fert pour cela de quelque acide. On prend du Verre d'antimoine pulverifé, on l'imbibe plufieurs fois de vinaigre diftillé, d'efprit de nitre ou d'efprit de fel, & par ce moyen on en fait un purgatif ou un vomitif affés doux.

VERRERIE. f. f. Grand corps de bâtiment, qui eft divifé en plufieurs logemens, buchers, fourneaux, falles, galeries & magafins, pour faire toutes fortes d'ouvrages de Verre. Il y a des Verreries où l'on ne fait feulement que fouffler les Verres & les Vafes, & d'autres qui fervent à fondre les glaces & à les polir.

Verrerie, fe dit auffi de l'art de faire le Verre. Pline en attribue l'invention au hafard, & rapporte que des Marchands faifant cuire leur viande fur le rivage de la mer, & n'ayant point de pierres pour tenir leur marmite élevée fur le feu, tirèrent des morceaux de nitre de leur Vaiffeau, & que ces morceaux de nitre s'étant mêlés avec le fable, firent écouler de petits ruiffeaux d'une liqueur luifante qui étoit du verre.

VERREUX, EUSE. adj. Il fe dit d'un fruit piqué de vers, dans lequel un ver fe nourrit, principalement dans la pepiniere.

VERROTERIE. f. m. Terme de Negoce. Menue marchandife de verre, comme grains ou patenôtres de verre ou de criftal, dont on trafique avec les Sauvages dans les Pays éloignés.

VERROUIL. f. m. Ouvrage de Serrurerie qui confifte en un morceau de fer que l'on fait mouvoir dans des crampons fur une platine de tole cifelée ou gravée, pour ouvrir ou pour fermer une porte. Il y a des Verroux plats & des Verroux ronds. Le *Verrouil plat* eft un morceau de fer plat, attaché ordinairement fur une platine avec deux crampons entre lefquels il va & vient, ayant au milieu un autre morceau de fer rond appellé *Bouton*, parce qu'il eft fait en maniere de bouton. Le *Verrouil rond* eft compofé du corps du Verrouil, qui eft rond, & d'une queue qui fert pour le faire aller & venir. M. Ménage fait venir *Verrouil* du Latin *Veruculus*, qu'il dit fe trouver dans les Glofes en cette même fignification. D'autres le dérivent de *Veru*, Broche.

On a dit autrefois *Baifer le verrouil*, pour dire, Rendre hommage. Cela venoit de ce que, quand le Vaffal étoit Gentilhomme, il baifoit à la bouche le Seigneur du fief dominant, ou feulement à la main, lorfque ce Vaffal n'étoit pas noble. Que fi le Seigneur étoit abfent, il baifoit le ver-

E E e e

rouil de la porte ou la porte du Fief. Les anciennes Coûtumes font mention de cette forte d'hommage.

VERRUCAIRE. f. f. Plante dont les feuilles approchent de celles du Bafilic , quoique plus grandes , plus blanches & plus velues. Elle pouffe dès fa racine quatre ou cinq rejettons qui ont plufieurs ailes & concavités , & porte à la cime des fleurs blanches ou rouffâtres , & recourbées comme la queue d'un fcorpion , d'où vient qu'elle eft appellée *Scorpiurus* par les Grecs , qui la nomment auffi *Heliotropium* , à caufe qu'elle fe tourne toûjours vers le Soleil. Elle croît dans les lieux âpres , & a fa racine menue & inutile en Medecine. La décoction d'une poignée de fon herbe, prife en breuvage, purge par le bas les phlegmes & la colere. Sa graine enduite deffeche les porreaux & les verrues , tant plates que pendantes. Diofcoride parle auffi d'une petite Verrucaire qui croît dans les lieux marécageux, & qui a fes feuilles femblables à l'autre , mais plus rondes. Sa graine eft ronde , & pend comme les verrues pendantes qu'on appelle *Acrochordon*. Auffi eft-elle fort efficace à les ôter lorfqu'on s'en frotte. C'eft ce qui fait que les Apothicaires l'appellent *Verrucaria*.

VERRUE. f. f. Porreau , petit durillon long & élevé fur la peau comme un petit pois. Les Verrues qui arrivent aux doigts des piés par la compreffion du foulier, par le déchirement des petits fibres & par la chaleur , font appellées *Cors* , & font quelquefois profondément enracinées jufques dans les tendons qui fervent à l'articulation des doigts des piés. Celles-là fe peuvent traiter fuperficiellement , mais il eft difficile de les arracher hors du tendon fans danger d'y attirer la gangrene. Les Verrues,felon les racines qui les foûtiennent , font tantôt pleines & tantôt étroites. On appelle les premieres *Verrues foffiles ou Myrmecia* , à caufe de la reffemblance qu'elles ont avec les fourmis , & les autres font appellées *Acrochordons*. Quand elles pouffent beaucoup , & qu'elles s'étendent au large avec une dureté confiderable , on les nomme *Cornes*. Celles-là font ordinairement placées fur un os , dont il femble qu'elles tirent leur ftructure particuliere & leur dureté , moyennant l'aliment de l'os qui exude & dégenere en verrue. Ces porreaux ou durillons fe guériffent en general par le fuc recent de la grande Chelidoine , qui les fait difparoître infenfiblement, fur-tout fi on a foin d'en couper auparavant , les parties les plus dures , pour les faire un peu faigner. Il y a une plante nommée *Ciperum* , qui étant pilée & mife fur les Verrues , les fait évanouir , ce que fait auffi le fuc blanc de piffenlis ou dent de lion. On peut encore fe fervir de feuilles de Joubarbe , qui les emportent peu à peu , étant appliquées après qu'on en a ôté la petite peau interieure , pourvû qu'elles foient fouvent renouvellées. Les cors des piés fe gueriffent par l'ammoniac feul diffous dans du vinaigre épaiffi & appliqué , ou par le fuc du Tithimale oint avec une plume. Quant aux cornes , on les guerir en les coupant jufques dans la racine , à moins qu'elles ne fortent immediatement des futures du crane. On les peut pourtant couper , mais fans toucher à la racine, qui reproduit tous les mois une nouvelle corne,qu'il faut auffi fcier tous les mois ou tous les deux mois.

VERSEAU. f. m. C'eft l'onzième Signe du Zodiaque, que les Aftrologues appellent *Aquarius*. Il domine dans le mois de Janvier.

VERSER. v. a. Epandre *une liqueur en la vuidant d'un vafe dans un autre , ou en quelque autre forte*

que ce foit. ACAD. FR. On dit , en terimes de Chymie , *Verfer par inclination* , quand il y a des fels ou des métaux précipités au fond du vaiffeau, & qu'on en fait fortir l'eau en le panchant doucement.

VERSO. f. m. Terme de Palais. On appelle ainfi la page qu'on trouve après qu'on a tourné le feuillet. On le dit par oppofition au *Recto* , qui eft la page qui fe prefente d'abord.

VERTEBRE. Terme d'Anatomie. *L'un de ces os qui s'emboîtant l'un dans l'autre , compofent l'épine du dos de l'animal.* ACAD. FR. Ces os s'étendent depuis le haut du col jufqu'au croupion. Le col a fept vertebres, le dos douze & les lombes cinq. Les vertebres du col font percées pour donner paffage aux veines & aux arteres qui montent au cerveau. On dit ordinairement que la luxation des Vertebres du col caufe l'efquinancie ; fur quoi Ettmuller fait connoître que ceux qui fçavent la ftructure des Vertebres , ne peuvent douter que cette opinion ne vienne d'une fauffe hypothefe , pour n'avoir pas bien entendu un aphorifme d'Hippocrate, qu'on interprete de l'efquinancie par la luxation des Vertebres du col , au lieu qu'Hippocrate ne parle que d'une convulfion femblable à celle que l'on nomme *Emproftotonos*. Il eft évident, pourfuit Ettmuller , que l'efquinancie ne peut arriver par la luxation des Vertebres du col , puifque cette luxation eft impoffible , à moins qu'on n'y apportât une extrême violence , & que la moëlle de l'épine ne fouffrît une grande contorfion , d'où s'enfuivroit l'abolition du fentiment & du mouvement , & l'apoplexie , plûtôt que l'efquinancie,les apophyfes des Vertebres étant tellement accrochées l'une dans l'autre , qu'il n'eft pas poffible de les luxer fans fracture & fans danger de mort. La luxation des Vertebres des lombes produit l'incontinence d'urine , quand la conftriction du fphincter manque. Amatus Lufitanus rapporte l'exemple d'un homme qui étant tombé fur le dos fe bleffa à la derniere Vertebre , après quoi il ne fut plus en pouvoir de retenir fon urine. Le mot de *Vertebre* vient du Latin *Vertere*, Tourner , à caufe que c'eft par le moyen des Vertebres que le corps fe tourne.

VERTENELLES. f. f. Terme de Marine. On appelle ainfi les pentures & les gonds ou charnieres qui entrent reciproquement l'une dans l'autre pour tenir le gouvernail fufpendu à l'étambord , & pour lui donner le mouvement.

VERTEVELLE. f. f. Terme de Serrurerie. Efpeces d'anneaux qui retiennent les verroux. Ces Vertevelles ont une double fiche ou pointe qui entre dans le bois par un feul trou , & qui fe rabat par dehors de part & d'autre , ordinairement de cinq à fix pouces.

VERTICAL , ALE. adj. Terme d'Aftronomie. Qui eft perpendiculaire à l'horifon , ou à quelque plan horifontal. *Vertical* s'oppofe à *horifontal*. Les cercles Verticaux font les *Azimuths*. Voyez AZIMUTH. Le point Vertical eft le *Zenith*. Voyez ZENITH. Il y a des *Quadrans Verticaux*. Voyez QUADRAN.

VERTIGE. f. m. Etourdiffement de tête caufé , ou par une vapeur noire & groffiere , portée impetueufement des parties baffes au cerveau , ou par une agitation violente des efprits & des humeurs dans le cerveau même , en forte qu'il femble au malade que tout tourne autour de lui , fa tête même & fon corps , auffi-bien que toutes les chofes qui font devant lui , quoique ces chofes foient ftables & ne tournent point. Il y a trois degrés de Vertige ; le premier , quand le corps feulement &

les objets externes semblent tourner. Ce tournoyement cesse aussi-tôt, & c'est ce qui fait le *Vertige simple*. Le second, c'est lorsque les yeux sont comme obscurcis par un nuage, en sorte que la vûe se perd, & qu'il paroît diverses couleurs, jaunes, vertes, bleues, avant que les yeux soient occupés de tenebres. Ce degré est appellé *Scotomie* ou *Vertige tenebreux*. Le troisiéme est quand ces tenebres se font si épaisses, que le malade est contraint de chercher à s'appuyer. Ce dernier degré s'appelle *Vertige caduc*, à cause qu'il n'y a qu'un pas delà au mal caduc ou à l'épilepsie, qui survient souvent à cette sorte de vertige. L'essence du Vertige se tire principalement du tournoyement, qui est le symptome principal qui a donné le nom à ce mal, du Latin *Vertere*, Tourner ; mais on n'exclut point les autres sens, qui sont attaqués ainsi que les yeux, sur-tout dans le second & le troisiéme degré. Cela paroît dans le tintement, le sifflement & le bourdonnement des oreilles, & en ce que les malades ne pouvant tenir d'une maniere assés ferme les appuis à quoi ils s'attachent, se laissent tomber. Ettmuller fait voir l'erreur de ceux qui croyent que la cause du Vertige est le tournoyement des esprits animaux dans le cerveau, & dit que c'est dans l'œil qu'il se fait, puisque c'est à la vûe que les objets paroissent tourner. Le vice, continue-t'il, doit être necessairement dans l'organe de la vûe, & non pas dans le cerveau, étant certain que ce n'est pas par lui que nous voyons. Comment concevoir que les esprits tournoyant dans le cerveau fassent paroître les choses qui sont hors de l'œil comme si elles tournoient ? Ce n'est point dans le voyant ni dans l'objet vû que consiste le vice, mais seulement dans le milieu ou l'organe qui est le lieu. Comme les nuages, les flocons de laine & les mouches qu'il nous semble que nous voyons dans l'air, sont effectivement dans les yeux, sur-tout dans l'humeur aqueuse, ainsi les choses qui paroissent tourner, sont dans l'œil, non pas dehors, soit dans le cerveau, soit dans l'objet. Il n'y a personne qui en toussant la nuit, ou en recevant un coup sur les yeux, ne s'imagine voir des étincelles en l'air, qui sont pourtant effectivement dans l'œil. De même, quand les objets paroissent tourner, on est assurément dans l'œil que se fait le tournoyement, ou plûtôt c'est le mouvement déreglé des esprits animaux dans l'œil qui les détermine par sa rondeur concave à un mouvement en cercle. Cette agitation irreguliere se fait de la même sorte dans les autres organes, d'où s'ensuit le tintement d'oreilles ; & la debilité à s'attacher aux appuis. Si le mouvement des esprits visuels & des humeurs de l'œil est trop rapide & confus, la vûe en est si troublée, que les yeux s'obscurcissent & se couvrent de tenebres ; ce qui est un symptome de la vision qui se perd. Si le mouvement déreglé des esprits animaux se continue jusqu'aux muscles, ils souffrent de legeres convulsions, & même d'assés forts assauts d'épilepsie. Cela fait connoître que les esprits visuels seuls ne sont pas dans le desordre immediatement dans l'œil, mais tout le symptome des esprits animaux dans le cerveau, & en un mot, que les organes des autres sens sont affligés. Le tournoyement des esprits étant plus sensible dans l'œil qu'il ne l'est ailleurs, cette affection a été nommée *Vertige*, de son principal symptome. Il y a des parties qui produisent le Vertige par consentement, & c'est principalement de l'estomac. Ainsi plusieurs personnes ont peine à souffrir le jeûne, & tombent dans le vertige tant qu'ils ont l'estomac vuide. Ce mal cesse aussi-tôt qu'on a mangé, & le moindre aliment

Tome II.

pris le matin empêche que l'on n'y tombe. La maladie hypochondriaque, qui a sa racine dans l'estomac, rend ceux qui y sont sujets enclins au vertige, principalement quand ils demeurent long-tems à jeun. Les femmes hysteriques y sont aussi exposées. Certains alimens, comme l'oignon, l'ail, le refort, la rave, le chou, donnent le vertige étant dans l'estomac ; sur-tout à ceux qui ont de la disposition. Les vers des intestins engendrent aussi des vertiges, & le calcul des reins descendu du bassinet dans l'uretere, cause souvent de grands éblouissemens ; mais la question est de sçavoir comment ces Vertiges par consentement arrivent. On a d'ordinaire recours à des vapeurs, à des exhalaisons, ou à des fumées qui s'élevent des parties inferieures à la tête ; mais on prétend qu'il est impossible que cela soit, puisque tous les chemins sont bouchés, comme il est démontré par Vanhelmont & par Schneiderus, qui ont dissipé les vapeurs qu'on dit s'élever des membres ou des cavités du corps. Ce sont ordinairement les mouvemens convulsifs des parties internes qui troublent ceux des esprits dans le cerveau. Bertholin parle d'un Vertige où le malade sentoit quelque chose qui montoit du pié gauche avec une douleur vague du corps. Cette chose qui monte ne sçauroit être que le mouvement convulsif des nerfs qui s'étendent jusqu'aux bouts des piés, le long desquels la convulsion monte successivement, & represente la vapeur & la fumée que l'on n'a pas sujet d'accuser. La masse du sang fumeuse & vaporeuse fait le même effet. Tel est le sang des hypochondriaques, dans lesquels l'on voit les veines s'enfler & s'abaisser subitement sans cause apparente. Ce sang étant porté au cerveau, y corrompt les esprits animaux, les remue irregulierement, & produit le Vertige. Le Vertige est plus difficile à guerir dans un âge avancé, que dans la jeunesse, & il est dangereux selon les degrés, dont le plus funeste est la scotomie & le Vertige caduc.

VERTIGO. s. m. Sorte de maladie de cheval qui lui ôte presque la connoissance, & qui le fait chanceler, & donner de la tête contre les murs.

VERTIR. v. a. Vieux mot. Traduire d'une langue en une autre. On a dit aussi *Vertir à plusieurs choses*, pour dire, S'y appliquer, y fournir. On a dit encore *Vertir en quelque lieu*, pour dire, Tourner de ce côté-là, y aller.

> *Pour ce tribut vous faut partir,*
> *Et devers Bethleem vertir.*

VERTOIL. s. m. Vieux mot. Loquet.

VERTUGADIN. s. m. Piece de l'habillement des femmes, qu'elles mettoient autrefois à leur ceinture, pour relever leurs juppes de quatre ou cinq pouces. Le Vertugadin étoit fait de grosse toile tendue sur un gros fil de fer. Ce mot est venu de l'Espagnol *Vertugado*, qui veut dire le Bourlet du haut d'une juppe. Cette mode nous étoit venue d'Espagne, où elle est demeurée sous le nom de *Guarda infante*.

On appelle *Vertugadin*, en termes de Jardinage, un Glacis de gason en amphitheatre, dont les lignes circulaires qui le renferment ne sont point paralleles. On l'appelle ainsi à cause de la ressemblance de cette figure avec un vertugadin.

VERVEINE. s. f. Plante que Dioscoride divise en Verveine mâle & en Verveine femelle. La Verveine droite ou mâle croît dans les lieux aquatiques, & on l'appelle *Colombine*, à cause que les pigeons aiment fort à être auprès. Elle est haute d'un palme, & quelquefois plus. Ses tiges produisent des

EEee ij

feuilles blanchâtres & déchiquetées. Le plus souvent elle ne jette qu'une seule racine, & on trouve ses rejettons simples & sans branches. La Verveine femelle a ses rameaux faits à angles, hauts d'une coudée & quelquefois plus. Ses feuilles sortent par intervalles, & ressemblent à celles du chêne, étant déchiquetées tout autour de la même sorte. Elles sont pourtant plus petites & plus étroites, & d'une couleur qui tire un peu sur le bleu. Ses fleurs sont rouges & minces, & sa racine est longue & menue. On l'appelloit autrefois *Herbe sacrée*, à cause que l'on s'en servoit contre les charmes & pour appaiser les Dieux. Pline dit que les Ambassadeurs portoient ordinairement de cette herbe quand ils alloient parlementer avec l'Ennemi, & qu'on l'employoit pour benir les lieux dont on vouloit chasser les mauvais Esprits. Il marque les ceremonies avec lesquelles on la cueilloit, ce qui se faisoit avant les Jours Caniculaires, en un tems où il n'y avoit apparence ni de Soleil ni de Lune. Il falloit avoir enterré des rayons de miel & du miel pour satisfaire la terre, & après qu'on avoit déchaussé cette herbe avec un pic de fer, on devoit la cueillir de la main gauche, sans la laisser choir en terre depuis qu'elle étoit arrachée, & faire secher séparément à l'ombre la tige, les feuilles & la racine. Galien n'a presque point mis de difference entre les deux Verveines, & a dit que c'est une herbe si desiccative, qu'elle peut souder les playes; en Latin *Verbenaca*.

VERVELLE. s. f. Terme de Fauconnerie. Espece de petit anneau ou de plaque que l'on attache aux piés d'un oiseau de proye, & où il y a une empreinte des armes de celui à qui l'oiseau appartient, afin de le faire reconnoître. On lit dans Cretin:

N'est-ce plaisir de voir un Epervier
Langes aux piés, sonnettes & vervelles.

VERVEU. s. m. Panier d'osier noir, haut & rond, où l'on apporte à Paris des cerises, des groseilles, des prunes & autres semblables fruits qu'on va vendre dans les marchés en gros ou en détail.

C'est aussi, selon Nicot, une espece de filet à pêcher du poisson, qu'on dit plus communément au pluriel, *Vervens*, en Latin *Everriculum*.

VERURE. s. f. Vieux mot. Verrue.
Ne le front n'avoit-elle pas
Plein de roigne ne de verruë?

VES

VESCE. s. f. Plante feuillue qui se traîne sur terre, & qui a plusieurs tiges & rameaux qui s'entrelacent & jettent de petites feuilles longuettes, étroites, & moindres que celles de la lentille, dont la plûpart sont attachées à une petite queue. Sa fleur est petite, tirant sur le rouge, & quelquefois blanche. Ses gousses ressemblent à celles des pois, si ce n'est qu'elles sont plus courtes & plus grêles. Le grain qu'elles enferment est rond & noirâtre, & on s'en sert pour la nourriture des pigeons, qui en sont friands. On sème la Vesce en Mars, avec les pois & l'avoine. Ce mot vient du Latin *Vicia*; ce qui fait dire à Nicot qu'on devroit écrire *Vece*. Il y en a qui écrivent *Vesse*.

Dioscoride décrit une *Vesce sauvage*, qui vient ordinairement avec la semée. Ses feuilles sont minces & déliées, & ses gousses plus grandes que celles de la lentille. Elles enferment trois ou quatre grains noirs, plus gros que ceux de la vesce. Sa tige est quarrée, & ses fleurs sont de couleur rougeâtre.

Matthiole dit qu'elle est ordinaire dans la Goritie, où elle croît parmi les blés & auprès des hayes. Selon Galien, les Vesces sauvages ne sont pas seulement de mauvais goût, mais de difficile digestion, & resserrent le ventre. Ainsi ceux qui en mangent, engendrent un mauvais sang, & qui se change aisément en un sang mélancolique. Quelques-uns disent que la farine de Vesce, tant sauvage que privée, fait uriner, & qu'étant prise souvent en orge mondé, elle rend l'embonpoint aux Thisiques. Délayée avec du miel & enduite, elle fait partir toutes les lentilles & autres taches qui viennent au visage.

VESICARIA. s. f. Sorte de plante qui porte ses feuilles semblables à la morelle, excepté qu'elles sont plus larges & plus fermes, un peu âpres & moins noirâtres. Ses tiges sont souples, & se recourbent en croissant. Il en sort des fleurs blanches, qui laissent quelques vessies, grosses comme des noix & quelquefois plus, larges au pié, pointues à la cime, & comparties par huit côtes, distantes également. Elles sont vertes d'abord, & dans leur maturité deviennent roussâtres. Il y a au-dedans & au bas de la vessie des perles rousses & vineuses, de la grosseur d'un grain de raisin, lissées & polies, d'un goût amer, & toutes remplies de petite graine blanche. Ces perles sont singulieres pour la difficulté d'uriner. Les Arabes appellent cette plante *Alkekengi*, & on lui a donné le nom de *Vesicaria*, ou à cause des bayes qu'elle porte semblables à des vessies enflées, ou parce qu'elle est bonne contre la pierre & pour la vessie.

Matthiole parle d'une autre sorte de *Vesicaria* fort differente de cette premiere. On s'en sert pour faire des treilles & pour parer les fenêtres des maisons. Ses feuilles sont longues avec des entailles à l'entour, & ses fleurs, qui sont blanches, jaunâtres ou simplement blanches, jettent de petites vessies vertes & presque rondes avec six compartimens. Ces vessies contiennent une graine noire, grosse comme l'ers, au côté de laquelle il y a une figure d'un cœur imprimée en blanc, comme si la nature avoit voulu nous apprendre que cette graine est salutaire aux défauts & affections du cœur, de même qu'elle a formé la graine d'Echium semblable à la tête d'une vipere, comme pour nous avertir qu'elle a beaucoup de vertu contre les morsures de cet animal.

VESICATOIRE. s. m. Médicament externe qui fait élever des vessies sur la peau, & dont on se sert pour évacuer & attirer dehors les matieres sereuses & malignes. Il est ordinairement composé de cantharides pulverisées, de levain, d'un peu de vinaigre, à quoi on ajoûte quelquefois de la poudre d'euphorbe & de la semence de moutarde, qu'on incorpore avec du miel, des gommes & des racines, pour les réduire en telle consistance que l'on veut. On y a recours lorsque le mal presse, tant pour faire revulsion du sang par la douleur excitée, comme quand on les applique dans les fièvres malignes pour prévenir les délires & les convulsions, que pour faire évacuation de la lymphe trop acre, ou du serum infecté d'une saveur viciée, lequel occupe les parties internes. C'est par cette derniere raison que l'on s'en sert pour faire ressortir le pourpre ou la petite verole qui rentre, ou quand la douleur que cause la sciatique ou la goutte est trop violente. Les Vesicatoires s'appliquent ordinairement à la nuque & derriere les oreilles, tant pour soulager les maux des yeux, que les sucs cacochymes aigrissent considerablement, que pour appaiser la douleur de tête, & détourner vers la nuque & les oreilles le ferum morbifique & acre qui picote les membranes du cerveau. Ettmuller, qui confidere deux chofes dans les Veficatoires, la douleur & l'évacuatic , dit à l'égard de la douleur , qu'en quelque endroit qu'un objet externe l'excite, il s'y fait un tremouffement précipité , ou une vibration des fibres qui déterminent les efprits à s'y porter d'abord avec impetuofité, d'où s'enfuit immediatement la contraction convulfive & la rapidité des fibres trop bandée, & la douleur avec pulfation ; que tout cela ne peut arriver que les pores ne fe retreciffent, & que les conduits ne fe refferrent , de forte que le fang ayant peine à s'en tirer , ce qu'il y a d'heterogene & d'excrementeux, qui ne fait point corps. avec le fang, demeure aux paffages, s'y accumule , & embarraffe de plus en plus la partie. Il ajoûte que l'objet plus fenfible émouffant & effaçant la perception de l'objet moins fenfible, lorfqu'il furvient quelque fymptome douloureux en une partie à l'occafion de l'irritation des fibres nerveufes , fi on caufe une douleur plus forte en quelque autre endroit par l'application d'un Veficatoire , la douleur moins forte ceffe de fe faire fentir,& que pendant que les efprits font déterminés par la douleur à fe mouvoir vers le Veficatoire , il fe fait une alteration fucceffive de la caufe morbifique , qui fe corrige dans la partie auparavant affligée. Pour l'évacuation, les particules acres du Veficatoire picotant çà & là, pénétrent , attenuent & fondent la rofée nourriciere ou le fang de la partie, & le Veficatoire fait en même-tems fur plufieurs endroits, & au large, ce que le cautere ne fait qu'en un feul endroit très-refferre. L'ufage des Veficatoires eft dans les maladies de la tête , dans celles des yeux , dans les douleurs croniques des parties caufées par un ferum trop acre , ou par la retention de quelque humeur nuifible , dans les affections convulfives , & dans plufieurs maux du genre nerveux. On les leve pour le plûtôt fix heures après qu'ils ont été appliqués , & douze heures après pour le plus tard. On coupe les ampoules avec des cifeaux, & on met deffus une feuille de chou rouge ou blanc la plus chaude qu'il fe peut, en la renouvellant foir & matin , tant que les ampoules font humides & qu'elles jetent. Cela dure cinq ou fix jours, après quoi elles commencent à fe deffecher. Quand on veut les faire couler long-tems, on fe fert de l'emplâtre de femence de g. enouilles pour mettre deffus , à quoi l'on ajoûte un peu de poudre de cantharides , ce qui fait que les ampoules demeurent toûjours humides & nouvelles. Si la place exulcerée fait trop de douleur, ou que l'inflammation foit à craindre , ou qu'on veuille confolider les ampoules , la même emplâtre guerit parfaitement tous ces fymptomes. Il faut prendre garde à n'appliquer pas imprudemment des Veficatoires à toutes fortes de malades, puifqu'ils font nuifibles dans l'ardeur d'urine & dans fon écoulement involontaire , dans l'inflammation du fphincter , dans fon exulceration , dans les hemorragies, dans la groffeffe , dans l'approche du flux menftrual , & quand les forces font très-abatuës.

VESICULE. f. m. Terme de Medecine. Petit vaiffeau qui renferme le fiel dans le corps d'un animal. Il eft pendu à la cavité du foye du côté droit, & d'une figure ronde & longuette.

VESPERIE. f. f. Difpute de Theologie qui fe fait par un Licentié immediatement avant que de prendre le bonnet. Elle eft compofée de deux Actes, dont le premier commence à deux heures & demie , & dure environ deux heures. Un Bachelier ou un Ecolier de Theologie répond dans cet Acte, d'un Traité

de Theologie, & le Docteur grand Maître qui préfide, difpute le premier contre le Soûtenant, & enfuite les Bacheliers. Le Licentié fait fon Acte après, qui eft ce qu'on appelle proprement Vefperie. Il y a deux Docteurs qui difputent contre lui , fur l'Ecriture Sainte, fur l'Hiftoire Ecclefiaftique & fur la Morale , & à la fin de la difpute , qui commence à quatre heures & demie , & finit à fix, le Docteur Prefident fait le paranymphe par un difcours qui eft un jeu d'efprit , où l'on marque toutes les raifons qu'il y a de le recevoir ou de le rejetter, quoiqu'on ne le puiffe plus refufer.

VESPRE. f. m. Vieux mot. Le crepufcule qui fe fait le foir. Il commence lorfque le Soleil fe couche , & finit quand il eft abaiffé de dix-huit degrés au-deffous de l'horifon. On difoit autrefois , *Je vous donne le bon vêpre* , pour , Je vous donne le bon foir. Ce mot vient du Latin *Vefper* ou *Hefperus*. C'eft l'étoile de Venus , ou l'étoile du Berger , qui paroît le foir, quand elle eft occidentale au Soleil.

VESPRES. f. f. p. *Cette partie des heures de l'Office divin , qui fe difoit autrefois fur le foir , & qu'on dit maintenant à deux ou trois heures après midi.* ACAD. FR. On appelle *Vêpres Siciliennes* , Les meurtres qui furent faits des François par les Siciliens le jour de Pâques quand on commençoit à fonner Vêpres ; ce qui arriva dans toute l'Ifle en 1280. du tems que Charles d'Anjou étoit Comte de Provence & Roi de Naples & de Sicile. Mezerai dit que leur fureur alla dans un tel excès , que les Religieux mêmes faifoient vanité de tremper leurs mains dans le fang , & de maffacrer ces malheureux jufques au pié des Autels. Les peres éventroient leurs filles qui étoient groffes des François , & écrafoient les petits enfans contre les rochers. Ils en tuerent huit mille en deux heures, & ne pardonnerent qu'à un feul à caufe de fa rare probité. Il s'appelloit Guillaume de Pourcelets, Gentilhomme Provençal.

VESSELEMENT. f. m. Vieux mot. Vaiffelle.

VESSIE. f. f. Partie membraneufe compofée de deux tuniques , qui reçoit l'urine des reins , & qui enfuite la pouffe dehors. Elle eft fituée en l'hypogaftre , & tient à l'inteftin droit par des fibres fort deliées & par les membranes. Aux femmes elle eft entre la matrice & l'os barré. Sa figure eft ronde & un peu longuette , & fa fubftance membraneufe , afin qu'elle fe puiffe étendre & retirer par les trois fortes de fibres qui la compofent. Par dedans elle eft enduite d'une certaine croûte, & a plufieurs veines & arteres & deux nerfs, l'un qui vient de la moëlle de l'épine , l'autre de la fixiéme conjugaifon. On confidere deux parties dans la veffie , le fond qui contient l'urine, & le col qui va en étreciffant peu à peu. Ce col eft charneux & entouré de mufcle appellé *Sphincter* , qui fermant le paffage à l'urine , empêche qu'elle ne forte involontairement. Les femmes ont le col plus court & plus large que les hommes. L'inflammation de la veffie eft un mal qui fuccede particulierement à la taille de la pierre , mal faite ou mal traitée. Cette maladie eft rare , à caufe que la veffie a des vaiffeaux extremement deliés , mais elle eft très-dangereufe , & fouvent mortelle. Les fignes font l'ardeur , la tumeur & la douleur à la region du pubis & de la veffie , que le moindre attouchement augmente ; l'impuiffance d'uriner , ou la fuppreffion de l'urine dans la veffie, le tenefme à caufe de la connexion de la veffie avec l'anus , la fievre aigue plus ou moins violente , fuivant l'inflammation, les délires , les infomnies. Le calcul eft une autre maladie de la veffie. Ses fignes

EEee iij

diagnostiques sont de ressentir une espece d'obstacle à l'urine dans la vessie, qui se place devant le conduit urinaire. L'anus est affligé par consentement & travaillé du tenesme. Le gland souffre une fort grande douleur, accompagnée de démangeaison, & les malades s'imaginent que la pierre y soit arrêtée.

On appelle *Vessie du fiel*, Une maniere de petite ampoule qui attire à soi la bile du fiel.

Vessie, se dit aussi de certaines petites cloches ou ampoules qui sont élever la premiere peau, & qui se remplissent de serosités. Il en vient presque toûjours des brûlures. On donne le nom de *Vessie orgueil-leuse* à une petite bube qui vient particulierement aux paupieres, & qui aboutit à quelque suppuration.

Les Chymistes appellent *Vessie*, La partie basse d'un alembic, où l'on met la liqueur & les autres matieres qu'on veut élever & sublimer.

VESSIGNON. s. m. Terme de Manege. Enflûre molle qui vient au jarret du cheval dedans & dehors, c'est-à-dire, à droit & à gauche du jarret.

VEST. s. m. Mot, qui est presentement hors d'usage, & qui s'est dit autrefois d'un ensaisinement, ou de la maniere de mettre quelqu'un en possession d'un bien qu'il avoir acquis. On se servoit pour cela de certaines formules, comme de la tradition d'un bâton, ou d'une autre marque qui faisoit connoître le transport de propriété. Il y a quelques Coûtumes où l'on paye encore le Vest au Seigneur feodal. C'est ce qu'on appelle ailleurs *Ensaisinement*.

VESTALES. s. f. p. Filles vierges qui du tems de l'ancienne Rome étoient dédiées au service de la Déesse Vesta, à laquelle Numa Pompilius, son second Roi, avoit consacré un feu éternel. Les Vestales furent établies pour le conserver, & on les punissoit avec beaucoup de rigueur quand elles le laissoient éteindre. Lorsque cela arrivoit, on ne pouvoit rallumer ce feu qu'avec celui du ciel ou avec les rayons du Soleil. Les Vestales étoient en pouvoir de se marier après qu'elles avoient passé trente ans à le garder, & on les obligeoit à vivre dans une telle pureté, qu'on les enterroit toutes vives, quand l'amour les faisoit tomber dans quelque faute. On les choisissoit depuis l'âge de six ans jusques à dix, & il falloit qu'elles fussent bien faites, & que leurs peres & leurs meres n'eussent pas été dans la servitude. Il y a eu une fête nommée *Vestalies*, que les Romains celebroient au mois de Juin en l'honneur de Vesta. Ils faisoient des festins dans la ruë devant leur porte, & choisissoient quelques mets qu'ils envoyoient au Temple de cette Déesse. On conduisoit par la Ville plusieurs ânes couronnés de fleurs, & qui avoient des colliers composés de certains morceaux de pâte en forme de petits pains ronds. Les Dames Romaines alloient piés nuds au Temple de Vesta, & au Capitole, où il y avoit un Autel à Jupiter Pistor.

VESTE. s. f. Espece de camisole qui est ordinairement d'étoffe de soye, & qui va jusques à mi-cuisse avec des boutons le long de devant, & une poche de chaque côté. Tous les Peuples du Levant se servent de Vestes. C'est une sorte de robe longue qui se met par dessus les autres habits. Les presents que le Grand Seigneur fait à ses Bachas, sont d'ordinaire des Vestes fort riches.

VESTIAIRE. s. m. Lieu où dans de certains Couvents on renferme les vieux habits des Religieux, & les étoffes dont on se sert pour les faire. *Vestiaire* se dit aussi de la dépense qu'on fait pour habiller un Re-

ligieux, & en ce sens quand on donne des pensions à des Moines, on regle ce qu'il faut pour leur nourriture & leur vestiaire.

VESTIBULE. s. m. Lieu couvert qui sert de passage à divers appartemens d'une maison, & qui est le premier endroit où l'on peut se reposer avant que d'entrer plus avant. C'étoit chés les Anciens un grand espace vuide devant la porte, & selon Martinius, ils l'appelloient *Vestibulum*, à cause qu'il étoit dedié à la Déesse Vesta, d'où il fait venir ce mot, comme qui diroit *Vesta stabulums*. La raison qu'il en donne est, que comme ils avoient accoûtumé de commencer leurs sacrifices publics par ceux qu'ils faisoient à cette Déesse, c'étoit aussi par le Vestibule, qui lui étoit consacré, qu'ils commençoient à entrer dans la maison. M. Daviler, qui rapporte cette étymologie, dit que *Vestibule* peut encore venir du Latin *Vestis*, Robe, & de *Ambulare*, Marcher, parce que le Vestibule étant aujourd'hui le lieu ouvert au bas d'un grand escalier, pour servir de passage à divers appartemens, c'est dès ce lieu-là que l'on commence à laisser traîner les robes dans les visites de ceremonie.

On appelle *Vestibule simple*, celui qui a ses faces opposées également décorées d'arcades vraies ou feintes; & *Vestibule figuré*, celui qui par des retours forme des avantcorps & des arriere-corps revêtus de pilastres & de colomnes avec symmetrie. *Vestibule tetrastyle* est celui qui a quatre colomnes isolées & respectives à des pilastres ou à d'autres colomnes engagées; & *Vestibule octostyle rond*, celui qui a huit colomnes adossées ou isolées. On dit encore *Vestibule à ailes*, & *Vestibule en peristyle*. Le premier est celui qui outre le grand passage du milieu, est séparé par des colomnes des ailes ou bas côtés, plafonnés de sofites ou voûtés; & l'autre est un Vestibule qui est divisé en trois parties avec quatre rangs de colomnes isolées.

Vestibule, se dit aussi de quelques petites chambres qui sont aux étages hauts, & où l'on fait entrer ceux qu'on veut bien faire attendre quelque tems avant que de leur parler.

On appelle aussi *Vestibule*, en termes d'Anatomie, Une partie d'une des cavités de l'oreille. C'est ce qu'on appelle autrement *Le labyrinthe*.

VESTIR. v. a. *Habiller, fournir d'habillement.* ACAD. FR. On dit *Vêtir un moulin à vent*, pour dire, Mettre les toiles aux volans d'un moulin à vent.

Vêtir signifie, en termes de Pratique, Mettre en possession d'un fief ou d'un heritage celui qui en est l'acquereur. Pour prendre cette possession, il falloit autrefois se presenter au Seigneur ou à ses Officiers, & le vendeur alloit declarer devant eux, qu'il se devêtoit & demettoit de la possession de l'heritage au profit de l'acheteur, qui étoit vêtu & mis en possession par la tradition d'une paille ou d'une verge. Les Notaires gardent encore ce stile ancien en mettant dans leurs Contrats, que le vendeur s'est désaisi & dévêtu de l'heritage, & en a saisi & vêtu l'acquereur.

VESTU, UE. adj. Terme de Blason. Il se dit des espaces que laisse une grande losange qui touche les quatre flancs de l'Ecu, auquel les quatre cantons qui restent aux quatre flancs donnent la qualité de *Vêtu*, à cause que cette figure est composée du chappé par le haut & du chaussé par le bas. *D'or à un tresle de sinople, vêtu de gueules.*

VESTURE. s. f. Ceremonie Ecclesiastique qui se fait dans les Couvents lorsqu'on donne l'habit. de Religion à quelque Religieux ou Religieuse. On habille ordinairement selon leur condition les Filles qui doivent prendre l'habit, & après qu'on leur a tous ces ornemens du monde, on leur coupe quelque peu de leurs cheveux, pour faire connoître le deffein où elles font de n'y retourner jamais.

VET

VETERAN. f. m. Terme de la milice Romaine. On appelloit *Veterans*, Les Soldats qui avoient vieilli dans le fervice, à qui on accordoit plufieurs privileges pour les recompenfer d'avoir fait un certain nombre de campagnes.

On appelle *Veteran* en France, tout Officier qui a exercé vingt ans une charge, & qui ayant obtenu des letres du Roi qui font foi de fes fervices, continue à jouir des honneurs & des privileges attribuës à cette charge, encore qu'il s'en foit défait.

Veteran, en termes de College, fe dit d'un écolier qui paffe une feconde année dans la même claffe.

VETHCUNQUOI. f. m. Animal de la Virginie, qui reffemble fort à un chat fauvage.

VETILLE. f. f. Petit inftrument fait de deux branches de cuivre, qui font percées en plufieurs endroits, & par où paffent plufieurs petites broches ou petits anneaux, qu'on ne fçauroit ouvrir ni fermer à moins que l'on n'ait autant d'adreffe que de patience, ou que l'on ne fçache le fecret de l'enlacement de ces anneaux.

Vetille, partie d'un rouet à filer, qui eft un petit anneau de corne par où paffe le fil.

VETUSTE'. f. m. Vieux mot. Ancienneté, de *Vetus*, Vieux.

VEU

VEU. f. m. Terme de Pratique. Enumeration des pieces & écritures que l'on a produites, & qui ont été vûës par les Juges dans un procès par écrit. On dit en ce fens, qu'*On a chargé le Greffier du foin de dreffer le vû de l'Arrêt.*

VEVA. f. m. Petit arbriffeau qui croît dans l'ifle de Madagafcar, & qui a fes feuilles femblables à celles de l'amandier. Elles font d'un vert obfcur par deffus, blanches & velues par deffous, & ont la faculté d'attirer.

VEUE. f. f. L'un des cinq fens qui a l'œil pour fon organe. La faculté naturelle que l'on a de voir. On appelle *Lunettes à longue vûe*, Celles par le moyen defquelles on voit des objets fort éloignés, & qui fervent à les groffir.

On dit en termes de mer, *Etre à vûe, avoir la vûe de terre*, pour dire, Découvrir & avoir connoiffance de la terre. On dit d'un Vaiffeau, qu'*Il a peri par Non vûe*, pour dire, Faute d'avoir affés de tems & de jour pour appercevoir les côtes & les rochers. On dit encore, *Vûe par vûe & cours par cours*, quand on regle fa navigation par les remarques de l'apparence des terres, ainfi qu'il fe pratiquoit avant qu'on eût trouvé la bouffole.

On dit en termes de Palais, *Faire une vûe & montrée*, quand on fe tranfporte fur une heritage contentieux pour le montrer à l'œil à fa partie, & l'affurer de ce qu'elle demande. La derniere Ordonnance a abrogé les vûes & montrées. Neanmoins les montrées font d'un grand ufage, & les Juges en ordonnent tous les jours.

On appelle *Vûe*, en termes de Bâtiment, Toute forte d'ouverture, par où l'on reçoit le jour. Il n'y en a point de plus ordinaires que les *Vûes d'appui*. Elles font à trois piés d'enfeuillement & au deffous. *Vûe haute ou vûe morte*, fe dit dans un mur non

mitoyen d'une fenêtre dont l'appui doit être à neuf piés d'enfeuillement du rez de chauffée pris au dedans de l'heritage de celui qui en a befoin, & à fept pour les autres étages, ou même à cinq felon l'exhauffement des planchers. Il faut que le tout foit à fer maillé & verre dormant. Il y a une *Vûe de fervitude*. C'eft celle qu'on eft tenu de fouffrir, à caufe que le voifin a un titre qui lui en permet la jouiffance. Quand cette jouiffance n'eft que pour un tems limité, on l'appelle *Vûe à tems*. Elle differe de la *Vûe de fouffrance*, à caufe qu'on ne jouit de cette derniere que par tolerance ou confentement du voifin, fans en avoir aucun titre. On dit *Vûe de faitiere*, quand dans les combles & les couvertures, on laiffe entre deux chevrons une petite ouverture qui donne jour, & qui eft couverte feulement d'une faitiere renverfée. On dit *Faire le plan & l'elevation d'un bâtiment à vûe d'hirondelle* ou à *vûe d'oifeau*, Lorfque le point de vûe eft fi haut, que l'elevation des corps de logis de devant n'empêche point qu'on ne voye ceux de derriere. On appelle *Vûe dérobée*, Une petite fenêtre pratiquée au deffus d'une plinthe ou d'une corniche, ou dans quelque ornement, afin d'éclairer en abajour des entrefoles ou petites pieces, fans que la decoration d'une façade foit corrompue. La *Vûe enfilée* eft une fenêtre oppofée directement à celle d'un voifin, ayant la même hauteur d'appui; & on dit *Vûe fuperieure*, en parlant de celle, qui étant à fix piés d'un mur mitoyen, domine fur l'heritage du voifin, à caufe de l'exhauffement qu'elle a. *Vûe de terre*, eft une maniere de foupirail au rez de chauffée d'une cour, ou même d'un lieu couvert, qui fert à éclairer quelque piece d'un étage fouterrain, par le moyen d'une pierre percée, d'un treillis de fer ou d'une grille. On dit encore, *Vûe de profpeĉt*. C'eft une vûe libre dont on jouit ou par titre ou par autorité feigneuriale jufqu'à une certaine diftance & largeur, devant laquelle il n'eft permis à perfonne ni de bâtir ni de planter aucun arbre.

VEUIL. f. m. Vieux mot. Volonté.

VEULE. adj. On appelle *Terre veule*, La terre qui étant trop legere ne fait point prendre racine à ce qu'on y plante, fi elle n'eft amendée avec de la terre franche.

On a auffi donné autrefois l'Epithete de *Venles*, à ceux qui étoient foibles, faute d'avoir pris des alimens, ou d'avoir un eftomac propre pour les digerer.

VIA

VIABLE. adj. Vieux mot. Qui vivra, qui eft en état de vivre. *L'homme n'eft point viable s'il eft né devant le feptiéme mois.*

VIAGE. f. m. Vieux mot. *C'eft*, dit Nicot, *ce qui eft à jouir durant la vie tant feulement, ou bien pluftoft la jouiffance d'une chofe à la vie fans plus de qui en jouyft.* On a dit de là *Viagier*, pour dire, Ufufruĉtuaire, à caufe qu'on difoit *Penfion donnée à viage*, ou *viagerement*, c'eft-à-dire, pour en jouir pendant la vie.

VIAIRE. f. m. Vieux mot. Vifage. On trouve dans Perceforeft, *Car la grande beauté de fon Viaire.*

VIANDER. v. n. Terme de Venerie. Il fe dit des cerfs & autres bêtes fauves, & fignifie Manger, paftre. Les biches viandent gourmandement, ce que ne font pas les cerfs qui ne viandent qu'à la pointe du bois. On dit, qu'*Un cerf viande de couche*, quand il eft fi las qu'il ne fçauroit fe tenir debout en broutant.

VIANDIS. f. m. Pâture des bêtes fauves. Les cerfs

vont aux jeunes tailles brouter la superficie du jeune bois , & on les reconnoît à leurs viandis qui font separés des autres.

VIATEUR. f. m. Vieux mot. Voyageur.

VIB

VIBORD. f. m. Terme de Marine. La grosse planche dont le pont d'en haut est entouré, & qui le termine par les deux flancs.

VIBRATION. f. f. Un poids étant suspendu à un filet inflexible , qu'on a attaché à un point fixe , si on tire ce poids de son point de repos , & qu'on le fasse monter par un arc de cercle , dont le point fixe est le centre , & le filet du poids le rayon , si ensuite on laisse retomber ce poids librement , on verra qu'il ne s'arrêtera pas à son point de repos d'où on l'avoit tiré , mais qu'il ira au-delà en remontant , & en décrivant un arc de cercle presque entierement égal à celui qu'on lui avoit fait décrire d'abord , après quoi si on le laisse encore libre , il redescendra , & passant de nouveau au-delà du point de repos , il remontera , mais non pas si haut que le point où l'on l'avoit élevé d'abord , & à chaque fois qu'il descendra & remontera , il décrira un plus petit arc de cercle , jusqu'à ce qu'enfin son mouvement cesse entierement s'il n'est entretenu d'ailleurs. Ce poids s'appelle un *Pendule* , le mouvement par lequel il descend & remonte , *Mouvement de vibration* , ou simplement *Vibration* , le point fixe , où le poids est attaché , *Centre de vibration* ou de *Mouvement reciproque*. Chaque allée & venue du Pendule est une vibration qui se mesure par l'arc plus ou moins grand qu'elle décrit. Quoique les vibrations d'un Pendule dont on n'entretient pas le mouvement , aillent toûjours en diminuant , c'est-à-dire , en décrivant de plus petits arcs , elles sont à peu près égales en durée , & la lenteur des petites recompense leur petitesse. Si l'on compare deux pendules differents , c'est-à-dire , attachés à des filets inégaux , & par consequent inégalement éloignés de leur centre de mouvement , les plus longs sont ceux qui ont les Vibrations les plus lentes , & qui en font le moins en pareil espace de tems. Un plus long pendule est consideré comme un corps pesant qui tombe de plus haut , & parce que par les regles de l'*acceleration* de la chûte des corps pesans , (voyez ACCELERATION,) les tems employés à la chûte de deux corps qui tombent de deux hauteurs differentes , sont entre eux comme les racines quarrées des hauteurs , il s'ensuit que les tems où deux pendules differens font un nombre égal de Vibrations , sont entre eux comme les racines quarrées des longueurs. Ainsi si un Pendule neuf fois plus long qu'un autre fait dix Vibrations en une minute , le plus court fera dix Vibrations en un tiers de minute , ou si l'on prend les tems égaux , le plus court fera trente Vibrations , pendant que le plus long n'en fera que dix , ce qui est la raison de trois à un , ou celle des racines quarrées de neuf & un, longueurs supposées des deux pendules. On a observé combien les Pendules faisoient de vibrations en certains tems , & on a trouvé par l'experience qu'un Pendule ayant trois piés huit lignes & demie de long fait une Vibration en une seconde , & par conséquent soixante Vibrations en une minute , & 3600. en une heure. Delà il suit qu'on peut trouver une mesure fixe , & qui ne sera sujette dans l'avenir à aucune équivoque , car quiconque aura un pendule qui fera une Vibration en une seconde Astronomique , sera sûr

d'avoir la longueur de trois de nos piés , plus huit ligne & demie.

Cependant il faut observer que ce rapport de mesure pour être tout-à-fait exact se doit faire dans un pays qui soit à peu près sous le même parallele. Le mouvement du même pendule est plus lent en approchant de la ligne , & on a trouvé que celui qui fait en une heure 3600. Vibrations à Paris , en fait quelques-unes de moins à la Cayenne à 5. degrés de latitude Septentrionale. Le mot de Vibration vient du Latin *Vibrare* , qui exprime proprement le mouvement d'une chose qui tremble , qui va & vient.

VIBREUX, euse. adj. On a dit autrefois *Voix vibreuse* , pour signifier une voix penetrante.

VIC

VICAIRE. f. m. *Celui qui est établi sous un superieur pour tenir sa place en certaines fonctions.* Acad. Fr. Il se dit particulierement de ceux qui soulagent les Evêques & les Curés dans les choses qui sont de leur ministere. Ainsi les Evêques nomment ordinairement deux grands Vicaires , pour leur aider à regler leurs Dioceses & à faire leurs visites. Les Abbés qui ont de grands Benefices , ont aussi un grand Vicaire pour conferer ceux qui sont à leur collation , & les Religieux mêmes établissent des Vicaires pour faire la fonction du General ou du Superieur lorsqu'il est absent , ou que la place est vacante.

On appelle *Vicaire temporel,* Un Ecclesiastique auquel un Curé fait desservir pour un tems un Benefice-Cure , à la difference des *Vicaires perpetuels* , qui sont des Curés qui desservent les Cures & qui ont la charge des ames en titre perpetuel , au lieu des Curés primitifs , qui étant les gros Decimateurs , ne laissent à ces Vicaires que des portions congrues.

Le Pape a aussi un grand Vicaire qui n'étoit qu'un Evêque avant le Pontificat de Pie IV. & qui a été un Cardinal depuis ce tems-là. Il a jurisdiction sur tous les Prêtres seculiers & Reguliers , & même sur les Laïques & Etrangers , quand ils sont de quelque Confrairie , administration ou habitation dans une Communauté. Cette jurisdiction s'étend aussi sur tous ceux qui ont commis quelque crime contre l'Eglise , sur les Juifs de la Cité , sur les Veuves , les orphelins & autres personnes miserables.

Il y avoit autrefois trois Vicaires de l'Empire en Orient , trois en Occident , un en Afrique & un en Espagne. Aujourd'hui il n'y en a que deux , qui sont l'Electeur Palatin du Rhin ou l'Electeur de Baviere , ce droit étant contesté entre eux , & l'Electeur de Saxe. Cette dignité leur vient de la Charge de Grand-Maître qu'ils avoient sous les Empereurs Carlovingiens. C'est en vertu de cette Dignité que lorsque l'Empereur meurt avant qu'on lui ait élû un successeur , le premier de ces deux Vicaires gouverne le Rhin, la Franconie, la Souabe & la Baviere jusqu'aux Alpes, & l'autre tout le Pays où les Loix Saxonnes sont observées ; mais ce droit cesse quand il y a un Roi des Romains , parce qu'il est Empereur si-tôt que l'Empire vaque. Lorsqu'il n'y a point de Roi des Romains , la mort de l'Empereur arrivant , les Electeurs Palatin & de Saxe , en qualité de Vicaires de l'Empire , la font sçavoir aux Etats qui reconnoissent leur Vicariat , & envoyent leurs Sceaux à la Chambre de Spire , afin qu'elle s'en serve dans toutes les expeditions qui s'y font , comme elle se servoit auparavant de celui de l'Empereur. Les principales fonctions des Vicaires de l'Empire l'Empire font de nommer aux Benefices & de préfenter aux Chapitres des Eglifes Cathedrales & Collegiales, & des Abbayes, des perfonnes capables pour remplir la première Chanoinie ou Dignité vacante, d'adminiftrer les revenus du domaine de l'Empire, & d'en difpofer pour les affaires publiques, de recevoir la foi & hommage des Vaffaux de l'Empire & de donner l'invefliture des Fiefs, à l'exception de celle des Principautés & autres grands Etats qui eft refervée à l'Empereur. Ce nouvel Empereur lorfqu'il eft élu confirme tout ce qui a été fait par les Vicaires pendant l'Interregne, fans que cette confirmation difpenfe ceux qui ont rendu leur hommage entre les mains des Vicaires, de le renouveller à l'Empereur. Ces mêmes Vicaires peuvent legitimer des bâtards, créer des Notaires & Tabellions, & ce qui eft très-confiderable, l'Electeur Palatin peut racheter ce que l'Empereur a engagé ou vendu, au même prix qu'il a été vendu ou engagé. On peut même agir contre l'Empereur pour dettes par devant cet Electeur.

Les cinq Electeurs Seculiers ont aufli leurs Vicaires pour les grandes charges de la Couronne Imperiale, qui font celles de grand Echanfon, de grand Maître du Palais, de grand Maréchal, de grand Chambellan & de grand Tréforier de l'Empire. Ce font les Officiers hereditaires, qui en l'abfence des Electeurs qu'ils repreſentent, font les fonctions de leurs Charges. Ces Vicaires font les Seigneurs & Comtes de Limbourg, de VValpourg, de Papenheim & de Hohenzollern, pour le Roi de Bohême, & pour les Electeurs de Baviere, de Saxe & de Brandebourg, qui font les quatre anciens, & le Comte de Zinzendorf pour l'Electeur Palatin. Aucun des Electeurs Ecclefiaftiques n'a de Vicaire, à l'exception de celui de Mayence, qui a un Vice-Chancelier en la Chambre Imperiale de Vienne.

VICAIRERIE. f. f. Eglife que l'on donne pour fecours à quelque grande Paroiffe, dont la trop grande étendue demande qu'elle ait une aide pour la commodité des Paroifliens. C'eft ce qu'on appelle *Annexe* & *Fillette* en de certains lieux.

VICARIAT. f. m. Fonction, emploi de Vicaire. On dit dans la Coûtume de Blois, *Donner vicariat*, pour dire, Donner au Seigneur l'homme vivant & mourant pour lui faire la foi & hommage.

VICE-AMIRAL. f. m. Officier general qui repreſente l'Amiral, & qui a la feconde dignité dans la Marine. Il y a en France deux Vice-Amiraux, l'un du Ponant, l'autre du Levant. Le Vice-Amiral porte le pavillon quarré blanc au mât d'avant, & eft falué feulement du canon par le Contre-Amiral, par les Vaiffeaux portant cornette, & par les fimples Vaiffeaux de guerre.

VICE-BAILLI. f. m. Officier qui tient la place d'un Prevôt des Maréchaux, & qui prend connoiffance des caufes criminelles contre les voleurs, les faux Monnoyeurs & les vagabonds. Quelques-uns prononcent & écrivent *Vifbailli* & *Vilbailli*.

VICE-CHANCELIER. f. m. Celui qui fait la fonction de Chancelier en l'abfence de ce Magiftrat. On appelle à Rome *Vice Chancelier*, un Cardinal, qui eft le premier Officier de la Coûr, & qui préfide à toutes les expeditions de Lettres en matiere Ecclefiaftique, envoyées par tout le monde. Il a quantité d'Officiers fous lui, par les mains defquels paffent toutes les bulles & fignatures pour y mettre leurs paraphes.

VICEGERENT. f. m. Juge Ecclefiaftique qui fait les fonctions de l'Official en fon abfence. On appelle *Vicegerente*, en de certaines Communautés de Fil-

Tome II.

les Religieufes, l'Officier qui conduit la Communauté au défaut de la Superieure.

Les Furetieriftes difent qu'il y a des exemples d'un Vicegerent établi par un Parlement, faute par l'Evêque d'en avoir nommé dans leur reffort. C'eft une injure atroce aux Parlements, & faire entendre qu'ils mettent la main à l'encenfoir. On ne connoît point ces exemples dont le Clergé fe feroit plaint, & auroit fait caffer l'Arrêt rendu par attentat.

VICELEGAT. f. m. Officier que le Pape envoye à Avignon, ou en quelqu'autre Ville, avec pouvoir d'y faire la fonction de Gouverneur fpirituel & temporel, quand il n'y a point de Legat ou de Cardinal qui y commande.

VICE-PROCUREUR. f. m. On appelle ainfi dans l'Ordre de Malte celui qui fait les fonctions du Procureur de l'Ordre, lorfque ce Procureur eft abfent.

VICE-ROI. f. m. Celui qui a le gouvernement d'un Royaume où il commande au nom du Roi avec une entiere autorité.

VICE-SENECHAL. f. m. Celui qui eft Lieutenant du Senechal, foit du Senechal d'épée, foit du Senechal de robe. Ce mot eft d'un grand ufage en Guienne.

VICOMTE. f. m. Celui qui a une Terre ou Seigneurie érigée fous le titre de Vicomté. C'étoit autrefois le Lieutenant du Comte, & il n'avoit que la moyenne Juftice, mais les Vicomtes fe firent Seigneurs après que les Comtes fe furent érigés en Souverains. Quelques-uns de ces Vicomtes relevent de la Couronne, & quelques autres du Roi. On difoit autrefois *Vicoëns* pour Vicomte. Selon du Cange, c'eft un nom de dignité moderne, qui a commencé d'abord à être en ufage en Angleterre.

Vicomte fe dit aufli en plufieurs lieux, & particulierement en Normandie, d'un homme de robe, qui juge les Procès d'une Seigneurie, foit qu'elle ait titre de Vicomté ou non. C'eft aufli un Juge ordinaire devant qui on fait venir en premiere inftance ceux qui ne font point nobles.

Vicomte a fignifié autrefois Receveur, & il eft porté dans plufieurs Ordonnances, *Les Receveurs & Vicomtes du Domaine, des Aides, des Eaux & Forêts.*

VICOMTIER. adj. Nom qu'on a donné à quelques Seigneurs qui ont été confondus avec les Seigneurs Voyers. C'eft de-là qu'on a appellé *Chemins Vicomtiers*, dans quelques Coûtumes, Ceux qui different des chemins Royaux & des fentiers.

VICTIME. f. m. Les Anciens ont nommé ainfi l'animal qu'on deftinoit à être immolé à une Divinité, dont on vouloit obtenir quelque grace ou appaifer la colere. Les Victimes étoient differentes felon la difference des Dieux. Jamais le Taureau n'étoit immolé à Jupiter, à caufe que c'eft un animal farouche, & on lui facrifioit des bœufs ou des coqs blancs. Les Victimes que l'on offroit à Junon étoient une vache ou une brebis. A Diane c'étoit une biche, à Cerés ou à Cibele une truie, à Minerve une cavalle, à Venus une tourterelle ou une colombe, à Ifis une oye, à Neptune un cheval, un bouc ou un taureau noir, à Apollon un cheval, à Mars un Taureau furieux, à Pan une chevre ou un chien, à Bacchus un chevreau ou un bouc, & au Dieu Terme un agneau. Quant aux Divinités Infernales, on ne leur facrifioit que des Victimes fteriles. Il y avoit même de certaines Divinités, comme les Nymphes, à qui l'on n'offroit que des fruits, des fleurs & d'autres chofes de cette nature. Quelques-uns font venir *Victime* du Latin *Vintere*, Vain-

F f f f

cre, parce que les sacrifices où les Victimes étoient immolées, se faisoient souvent en reconnoissance d'une victoire. D'autres le dérivent de *Vincire*, Lier, à cause des fleurs que l'on attachoit autour de la tête des Victimes.

VICTUAILLEUR. f. m. Térme de Marine. Celui qui s'est obligé de fournir les victuailles dans un Vaisseau. C'est à lui aussi à fournir les poudres, les lances à feu, les fausses lances & les menues ustenciles, comme corbillons, bidons & lanternes.

VID

VIDAME. f. m. Titre que l'on donne à de certains Gentilshommes, comme le Vidame de Chartres, le Vidame d'Amiens. Nicot fait venir ce mot de *Vicarius*, & Pasquier de *Vicedominus*, à cause que *Dam* signifioit autrefois Seigneur. Les Vidames ont été originairement institués pour défendre les biens temporels des Evêchés, pendant que les Evêques faisoient leur entiere application des fonctions spirituelles. Comme ils prenoient leur fait & cause en Justice, & qu'ils le rendoient à leurs tenanciers, on les appelloit aussi *Avocats & défenseurs de l'Eglise*. Quand les Evêques étoient obligés d'aller à la guerre, soit pour l'arriereban, soit pour défendre leur temporel, les Vidames qui tenoient leur place & qui les representoient en tant que Seigneurs temporels, conduisoient leurs troupes. Ils empêchoient aussi, quand un Evêque mouroit, qu'on ne pillât sa maison, comme c'étoit la coûtume anciennement par toute l'Eglise. Dans la suite des tems les Vidames qui n'étoient d'abord que des Officiers des Evêques pour conserver les droits de l'Eglise & pour administrer la Justice, se sont rendus proprietaires de leurs Charges, & en ont fait des Vidamies, c'est-à-dire, des fiefs hereditaires, relevans d'un Evêque. Il n'y peut avoir qu'un Vidame dans chaque Evêché, & il prend son nom de la Ville Episcopale. Le Baron d'Esneval se dit Vidame de Normandie. Il y a aussi des Vidames dans les Abbayes, comme dans celle de S. Denys en France, & même il y en a eu pour les Abbayes de Filles, comme on le voit dans les Capitulaires de Charlemagne. Les Vidames portoient leurs timbres tout d'argent, tarrés de deux tiers, montrant sept barreaux, & ils jouïssoient des prerogatives des Vicomtes.

VIDELLE. f. f. Terme de Patissier. Petit instrument de métal que fait le Fondeur, & dont les Patissiers se servent pour couper la pâte lorsqu'ils dressent quelque piece de patisserie. Il est composé d'une roulette & d'un manche de métal.

VIDIMER. v. a. Terme de pratique. Collationner une copie à un titre original, pour voir si cette copie lui est entierement conforme; ce qu'on certifie au bas, que foi y soit ajoûtée dans le besoin. On obtient des compulsoires pour faire vidimer & collationner des titres qui sont dans un chartrier, & qu'on ne peut pas confier pour les produire, de crainte qu'ils ne se perdent. Ce mot vient du Latin *Vidimus*, Nous avons vû, dont on a fait en Pratique un nom qui signifie un titre collationné authentiquement à l'original, par autorité de Justice; de sorte que la plûpart des titres qui sont au dessus de cinq cens ans, ne sont que des Vidimus de Juges, qui attestent avoir vû & fait copier des titres originaux.

VIE

VIELIERES. f. m. Vieux mot. Joueur de violon.

Le fils Phœbus fut vielieres.

On a dit aussi *Vielor* dans le même sens, ou pour dire Joueur de vielle.

Jouglet menestrier
Un sien vielor qu'il a.

VIELLE. f. f. Sorte d'Instrument de musique dont quelques pauvres aveugles joüent pour gagner leur vie en réjouïssant les gens du Peuple. La Vielle est composée d'une table & d'une anche avec quatre cordes, dont deux servent de bourdon, qu'on peut mettre à l'unisson & à l'octave. Les deux autres sont étenduës le long du manche, & servent d'un perpetuel monocorde, faisant toutes sortes de tons comme l'épinette, par le moyen de dix marches qui sont comme une espece de clavier. Chaque marche a deux morceaux de bois perpendiculaires, que l'on peut nommer les touches, parce qu'ils servent pour toucher les deux cordes qui sont à l'unisson. Il y a en haut une roue de bois fort polie, qui se tourne avec une manivelle.

VIENTRAGE. f. m. Terme de Coûtume. Droit seigneurial qui se leve sur les vins & autres breuvages, comme les droits de chantelage, de forage & autres. Il se leve aussi un droit seigneurial sur les marchandises & sur le bétail qui passe pays, qu'on appelle encore *Droit de vientrage*.

VIERGE. f. f. Titre que l'on donne par excellence à la Mere du Sauveur. On appelle aussi *Vierge*, Une personne qui n'a jamais soüillé son corps & qui a conservé sa pudicité entiere. Il y a eu de l'erreur dans la lecture des anciens Rituels touchant la fête des onze mille Vierges qui est celebrée par l'Eglise. On y a lû XI. M. V. ce que l'on a expliqué pour *Onze mille Vierges*, quoique ces quatre lettres numerales voulussent dire *Onze Martyres Vierges*.

Vierge se dit aussi de l'un des douze Signes du Zodiaque, où le Soleil entre au mois de Septembre.

VIES. adj. Vieux & vieille.

Cotte avoit vies & desrompuë.

On a dit aussi *Viez*, pour dire Vieux.

S'oivez bons vers nouviaux,
Car li autres sont viez.

On appelle dans l'Infanterie *Les six vieux Corps*, Les six Regimens de la plus ancienne creation, qui sont Picardie, Piémont, Champagne, Navarre, Normandie & la Marine. Ils ont le pas & les prerogatives d'honneur & de commandement après le Regiment des Gardes Françoises & celui des Gardes Suisses. On appelle *Les six petits Vieux*, Six autres Regimens qui furent créés un peu après les six vieux Corps. Ceux-là n'ont point de nom fixe, & prennent celui des Colonels qui les commandent.

VIF

VIF. f. m. Chair vive. On dit en ce sens, *Couper jusqu'au vif*. Il se dit aussi du dedans d'un arbre, du cœur d'un arbre; & en ce sens on dit qu'*Il faut cerner l'arbre par le pié en coupant non seulement l'écorce, mais une partie du vif du bois*.

Vif, en termes de Fauconnerie, signifie la proye qui est en vie, & en ce sens on dit *Faire connoître le vif à un oiseau*, comme quand on lui fait tuer une poule. On dit aussi *Jetter le vif aux jeunes faucons*.

On appelle *Vif de l'eau* en termes de mer La haute eau d'une marée. C'est le plus grand accroissement de la marée qui arrive deux fois le jour de douze heures en douze heures, & qui paroît extraordinaire deux fois chaque mois, à la nouvelle & à la pleine Lune.

On appelle en termes d'Architecture, *Vif d'une colomne*, La partie qui est entre le chapiteau & la base, & qui diminue de grosseur & de longueur selon les Ordres. *Vif* se dit aussi du dur d'une pierre, dont le bousin a été ôté. Ainsi on dit qu'*Une pierre est ébousinée jusqu'au vif*, quand avec la pointe du marteau on en a atteint le dur.

VIF, VIVE. adj. Qui est en vie. On dit en termes de Pratique, que *Le mort saisit le vif*, pour dire, que le plus proche heritier d'un homme mort n'a point besoin de faire de demandes en Justice pour être mis en possession des biens qu'il laisse. On appelle *Chair vive*. Celle qui est saine & sensible ; ce qui la distingue des chairs mortes des playes, des calus & des durillons.

On dit en termes de Manege qu'*Un cheval est vif*, pour dire, qu'il a de l'ardeur & qu'il est sensible à l'éperon.

On appelle en termes de Marine, *Oeuvres vives d'un vaisseau*, Les parties qui trempent dans l'eau. Les courants de source sont nommés *Eaux vives*.

On dit en termes d'Architecture, qu'*Un attelier est vif*, pour dire, Le vif d'une Colomne, & qu'il y a un grand nombre d'Ouvriers, & qu'on y montre de l'empressement à travailler. On dit *Bâtir sur la roche vive*, pour dire, Bâtir sur un fondement solide & ferme, dont on n'a point remué les terres. On appelle *Bois coupé, équarri à vive arête*, Le bois de charpente dont on a ôté tout l'obier. Il se dit aussi d'une pierre que l'on a coupée à angle droit, & qui a été ébousinée. *Chaux vive*, est de la chaux qui sort du fourneau, & qui n'a été ni éteinte ni fusée.

Les Ferruquiers appellent *Cheveux vifs*, ceux qu'ils employent, en faisant leurs perruques dans le même ordre & dans la même situation qu'ils étoient sur la tête de la personne sur laquelle on les a coupés.

On appelle *Vif argent*, Une sorte de corps, ordinairement liquide, & que l'on compte parmi les métaux, à cause qu'on lui peut ôter sa liquidité. Acosta dit dans son Histoire des Indes, qu'on découvrit des mines de Vif argent en 1566. & en 1567. & que peu d'années après on commença à se servir de Vif argent pour affiner l'argent.

Dartre vive, se dit d'un Dartre qui revient toûjours, & qui paroît extrèmement enflammée ; *Forêt vive*, de celle qui est fort peuplée de grands arbres dont les branches sont tortues ; *Haye vive*, de celle qui est faite d'arbres vivans & qui ont pris racine, & *Garenne vive*, est une Garenne où il y a un très-grand nombre de lapins & de gibier.

VIG

VIGEON. s. m. Sorte de Canard que l'on ne voit point en France ; & qui se trouve dans les Isles de l'Amerique. Ces oiseaux quittent de nuit les étangs & les rivieres, & viennent fouir les patates dans les jardins. C'est de là qu'a été fait le mot *Vigeonner* si usité dans les Indes, pour dire, Deraciner les patates avec les doigts.

VIGIE. s. f. Nom qu'on donne à de certaines roches cachées sous l'eau qui se trouvent

vers les Isles des Açores.

VIGINTI-VIRAT. s. m. Dignité de Rome, dont parle Tacite. Elle en comprenoit quatre autres, puisque des vingt hommes dont le Viginti-Virat étoit composé, il y en avoit trois qui jugeoient des affaires criminelles, trois autres qui avoient inspection sur la monnoie, & quatre qui avoient soin des rues de Rome. Le reste qui étoit au nombre de dix, jugeoit des affaires civiles.

VIGNE. s. f. Sorte de plante que souvent des échalas soûtiennent, & qui porte les grappes de raisin. On doit faire trois labours ou trois façons à la vigne ; il faut aussi la biner, tiercer, fumer & tailler. On couche les sions des seps de vigne pour les faire provigner. L'eau qui sort de ces mêmes seps prise avec du vin chasse la gravelle. Plusieurs ont écrit que pour empêcher les chenilles, & autre vermine de manger la vigne, il faut enduire sa serpe de sang de bouc, ou après l'avoir aiguisée, la frotter à une peau de bievre. Matthiole dit que l'on fait grand tort aux vignes de planter des choux auprès, à cause de l'inimitié mortelle qu'ont ensemble ces deux plantes, à quoi il ajoûte qu'un chou cru mangé à l'entrée de table empêche qu'on ne s'enyvre, & se desenyvre quand il est mangé après. Theophraste dit qu'autour du Grand Caire, il y a des vignes qui demeurent toûjours vertes sans potter pourtant qu'une fois l'an. Quelques-uns tiennent que pour avoir des raisins sans pepins, il faut fendre en long toûte la partie du provin qui demeure en terre, & ôter toute la moëlle qui est dedans d'un côté & d'autre ; après quoi on resserre le provin avec de l'écorce d'orme, & on le couche en terre, comme on fait les autres. La vigne coule quand elle est en fleur & que le grain ne se noue pas & ne peut tomber jusqu'elle n'est pas formée.

On appelle *Vigne sauvage*, Une sorte de plante qui a quelque rapport avec la vigne. Il y en a de deux sortes, dont l'une ne rend jamais son fruit mûr, & produit seulement une fleur que l'on appelle *Oenanthé*. L'autre porte un petit fruit qui vient à maturité, & qui est fait de petits grains noirs & astringens. La vigne sauvage a les mêmes propriétés que la Vigne cultivée.

La *Vigne vierge*, est une Vigne sans fruit qui monte fort haut, & sert à faire des palissades le long des murailles. Elle, jette une agreable verdure, & a pris le nom de *Vigne vierge*, à cause qu'elle a été apportée de la Virginie en Amerique.

On appelle *Vigne Porrette*, Une plante qui croît dans les vignes, & qu'on appelle autrement *Porrée de chien*. Les Paysans la mangent en salade ou en compote, & la gardent toute l'année. Le mot *Vigne*, vient du latin *Vinea*, que quelques-uns dérivent de *Vivere*, Vivre, parce que la Vigne vit & fait vivre long-tems.

Les maisons de plaisance que les Cardinaux & autres grands Seigneurs ont aux environs de Rome, sont appellées *Vignes*.

VIGNETTE. s. f. Ornement qu'on met au commencement d'un Livre, ou au haut des chapitres. Ce mot est un diminutif de *Vigne*, à cause qu'anciennement on ornoit les marges des Livres avec des branches de vigne. Cet ornement est gravé sur une planche de bois, ou de cuivre, & on en fait de divers desseins. Il y a des Vignettes appellées *Vignettes de fonte*, & d'autres qu'on nomme *Vignettes gravées*.

VIGNOTS. s. m. p. Especes de coquilles qui ont l'éclat de la nacre, que l'on employe dans les ouvrages de rocailles.

VIGOGNE. f. f. Espece de mouton qu'on trouve au Perou, & dont la laine qu'on appelle aussi *Vigogne*, est fort estimée à cause qu'on en fait de bons chapeaux. Cet animal est de couleur fauve, plus haut qu'une chevre, & si leger à la course qu'aucun levrier ne le peut atteindre. Les Espagnols l'appellent *Vicugna*, & c'est de là que nous avons fait *Vigogne*. Les Vigognes paissent au haut des montagnes & auprès des neiges, & on ne les peut avoir qu'en les tuant à coups d'Arquebuse, ou en les prenant dans les enceintes.

VIGOTE. f. m. Terme d'Artillerie. Modele où l'on entaille les calibres des pieces d'artillerie, pour leur chercher des boulets qui leur conviennent. Ce sont plusieurs trous percés sur une planche de la même grandeur que le calibre.

VIGUERIE. f. f. Charge de Viguier. Il se dit aussi du territoire où le Juge Viguier exerce sa Jurisdiction.

VIGUEROUS. adj. Vieux mot. Vigoureux.

VIGUIER. f. m. Juge en Languedoc & en Provence. C'est le Juge que l'on appelle *Prevôt* dans les autres Provinces de France. Il est comme font ailleurs les Lieutenans sous les Baillifs. *Viguier* vient du latin *Vicarius*, selon M. Ménage, parce que c'est en effet le Vicaire ou le Lieutenant des Comtes ou des Gouverneurs des Villes. Mezerai dit dans son Abregé que les Ducs ou les Comtes de la premiere race de nos Rois avoient des Viguiers ou des Lieutenans, dont la fonction étoit de rendre la justice en leur absence.

VIL

VILAIN. adj. Vieux mot. Paysan, de *Villanus*, Villageois, fait de *Villa*, Metairie.

N'oncques n'y labora Vilain.

On a appellé *Terre Vilaine*, Une terre rurale, qui n'étoit pas tenue noblement & en fief, dont a été fait *Vilenage*, pour signifier Tenure rurale. *Si tes Vilains achete un fief qui tient de toy franchement, & il lieve & couche en ton vilenage.* On a dit aussi *Vilener quelqu'un*, pour dire, Le deshonorer de paroles, & *Vilener un Ambassadeur*, pour dire, Violer les droits attachés à son caractere; *Vilenaille*, pour Canaille, & *Vileneux*, pour Vilain.

Vilain, est aussi un terme de Monnoie, & on appelloit ainsi autrefois Un certain nombre d'especes qu'il étoit permis de faire sur le poids d'un marc, plus ou moins pesantes que le poids reglé par l'Ordonnance. Celles qui pesoient trop étoient appellées *Vilains forts*, & celles qui ne pesoient pas assés s'appelloient *Vilains foibles*. Quelques reglemens permettent un remede de quatre Vilains forts & de quatre Vilains foibles pour marc.

VILLANELLE. f. f. Chanson de Village, composée de plusieurs couplets qui ont chacun un refrain.

VILEBREQUIN. f. m. Outil dont le Menuisier se sert pour percer. Il est composé de son manche, de son fust, de sa poignée & de sa méche. Il y en a de differentes grosseurs dont se servent la plûpart des Ouvriers, pour trouer, percer du bois, de la pierre, du métal, par le moyen d'un petit fer qui a un taillant arrondi (c'est ce qu'on appelle *Meche*) que l'on fait entrer en le tournant avec une manivelle de bois ou de fer. Quelques-uns veulent que *Vilebrequin*, vienne de l'Allemand *Veinborken*,

Percevin. On dit aussi *Virebrequin*, & *Virolet* en quelques lieux.

VILENE, ε'ε. adj. Terme de Blason. Il se dit du Lion dont on voit le sexe.

VILLE. f. f. *Assemblage de plusieurs maisons disposées par rues, & fermées d'une clôture commune, qui est ordinairement de murs & de fossés.* ACAD. FR. On appelle *Ville ouverte*, Celle qui n'est point environnée de murailles qui la ferment, & qui la distingue de celle qu'on appelle *Ville close*, ou *Ville fermée*, à cause qu'elle est environnée de murailles; *Ville Capitale*, ou *Ville Metropolitaine*, se dit de celle qui est la premiere d'un Royaume ou d'une Province, & l'on appelle *Ville marchande*, celle où plusieurs Marchands viennent des Païs éloignez pour y trafiquer. On appelle *Ville frontiere*, Celle qui est sur les limites d'un Païs ou d'une Contrée; *Ville Episcopale*, Celle où il y a un Evêché, & *Ville forte*, Une Place fortifiée & qui a un grand nombre de maisons.

Toutes les Villes d'Allemagne sont ou libres ou sujettes, ou en partie libres & en partie sujettes. Les *Villes libres*, qu'on appelle aussi *Villes Imperiales*, à cause qu'elles ne reconnoissent que l'Empereur, sont Etats de l'Empire, & participent au droit de souveraineté. Les *Villes sujettes*, sont celles qui relevent des Princes, des Seigneurs ou des Gentilshommes, & qui sont soûmises à leur Justice. Les *Villes en partie libres & en partie sujettes*, sont celles qui ayant été sujettes, ont obtenu des privileges de l'Empereur, de leurs Princes ou de leurs épées. Quoiqu'elles soient presque libres, elles n'ont pourtant ni voix ni séance aux Assemblées, & ne jouissent pas en repos de leurs privileges prétendus. Ces Villes sont puissantes, & abusant de leurs forces, elles tâchent de se soustraire à l'obéïssance qu'elles doivent à leurs maîtres, en leur rendant fort peu de devoirs, & en s'efforçant de devenir Imperiales. Telles sont Brunsvic, Erfort & Embden, qui ont toûjours quelque chose à démêler; la premiere avec le Duc de Brunsvic, la seconde avec l'Electeur de Mayence, & la troisième avec le Prince d'Ostfrise, ou de la Frise Orientale. Il y a des Villes Imperiales de peu d'importance, comme Fridberg, Aalen, Weiler, Gueminde, Biberac, Dulkespiel, & plusieurs autres; & au contraire, il y a des Villes sujettes aux Princes, magnifiques en bâtimens & considerables en richesses. Telles sont Munic, Ingolstat, Dresde, Wirsbourg, Magdebourg, Mayence, Bamberg, Sturgard & Lunebourg, mais elles n'ont pas les mêmes droits que la moindre des Villes Imperiales.

Ville a signifié autrefois, selon Nicot, Un Instrument propre à faire des trous. *Ville*, dit-il, *est une espece de tariere longue, dont le manche est en potence, servant aux Tonneliers à percer les douves par sus le jable à mettre les chevilles qui retiennent les bouts de la barve des tonneaux, par quoi ils l'appellent aussi Batroir*, le diminutif duquel est *Villette*, Petite Ville en Latin Terebellum, Le même Nicot ajoûte. *Les Villes ou fleaux, ou tendons de la Vigne, dequoi elle s'aggrappe & se tient à quelque chose.*

VILLEUNE. f. f. Vieux mot. Vieillesse.

*Et toutes les dents perdues
Qu'elle n'en avoit pas une,
Tant par estoit de grant Villeune.*

VILLICAIN. f. m. Vieux mot. Païsan.

VILLON. f. m. On appelloit ainsi autrefois une fausse monnoie dont le mot *Billon* a été fait. On a dit aussi *Villonner*, pour dire, Tromper, & *Villo-*

nerie & *Vilonnie*, pour Tromperie, méchanceté.

> *Bien ne amour ne pourroit-on trouver*
> *Là on seul point y euit de villonnie,*
> *Villonnie ne puet amours amer.*

VILLOTE. f. f. Vieux mot. *C'est*, dit Nicot, *un petit meulon de foin déja seché, dont de plusieurs on fait une meule de foin; car on assemble au pré le foin premierement en villotes, puis d'icelles on fait la meule.*

VILLOTIERE. adj. Vieux mot. Criarde, querelleuse. Dans le Roman de la Rose.

> *Car je ne suis pas jengleresse,*
> *Villotiere ne tenceresse.*

VIM

VIMAIRE. f. f. Terme de Coûtume. Force majeure, orage. On dit en termes d'Eaux & Forêts que *la Vimaire est*, quand on peut voir d'une seule vûe cinq arbres tombés. On fait venir ce mot de *Vis major*, Force majeure. On l'entend de toutes sortes de dégât par des causes naturelles, comme, Vent, Grêle, Inondation.

On a dit aussi autrefois *Vimaire*, pour dire, Vicemaire, Lieutenant du Maire.

VIMOIS. f. m. p. Vieux mot. Osiers, du Latin *Vimen*, qui signifie toutes sortes de verges molles & aisées à plier.

VIN

VIN. f. m. Suc des raisins tiré par expression, & ensuite dépuré & exalté par la fermentation. Le Vin se dépure lorsqu'en fermentant actuellement il se décharge de ses feces, & il s'exalte, parce que dans la fermentation ses esprits se dévelopent & le volatilisent. Avant qu'il fermente on l'appelle *Moût*, & ce moût fermente de ce que l'acide & l'alkali combattent ensemble, pendant quoi les particules heterogenes se séparent, & celles qui font capables d'union s'unissent ensemble; d'où la generation du vin s'ensuit, c'est-à-dire, le changement de la tissure du moût par la fermentation. Le moût étant bû fermente facilement à cause de ses particules heterogenes, & produit des diarrhées, des dyssenteries & des cholera morbus, ce que ne fait pas le vin, qui enyvre par son esprit, qui fixe ou qui cause des mouvemens irréguliers aux esprits de notre corps; mais le moût n'enyvre point, quelque quantité que l'on en boive, & cela vient de ce que ses particules font confondues; & ne font point encore exaltées en esprits. La lie du vin se fait des parties heterogenes, & immiscibles qui se séparent par la fermentation. Cette fermentation cessera s'il arrive que l'on jette de la limaille d'acier dans le moût. La raison est que les particules acides du moût agissent sur le corps de l'acier & le corrodent, & que pendant ce tems elles ne combattent point avec les particules contraires. L'usage médical du Vin est très-salutaire. Sa partie spiritueuse a la faculté de temperer les humeurs acides ramassées dans notre corps. Il resiste à la corruption par sa substance pénétrante, & il est d'un grand secours dans les ulceres putrides si on le mêle avec la theriaque, ou avec quelque chose de semblable. Le vin à raison de sa partie acide, n'est pas moins favorable à l'estomac, & à ses affections. Il est bon même dans les fiévres ardentes, & on le peut donner avec sûreté, quoiqu'on dise vulgairement que le vin échauffe. On a observé dans des fiévres continues

& intermittentes que le vin donnoit un plus grand secours que les juleps & les autres compositions plus laborieuses. Il faut pourtant en cela de la mediocrité, puisqu'on ne sçauroit nier que l'abus du vin ne nous cause de grands maux.

On appelle *Vin de cerneaux*, Un vin qui n'est bon à être bû que dans l'arriere-saison, & *Vin de deux feuilles*, *de trois feuilles*, *de quatre feuilles*, Un vin qui est de deux, de trois ou de quatre années. *Vin de liqueur*, se dit d'un Vin doux & piquant, qui d'ordinaire se boit par ragoût à la fin du repas, & dont on ne fait point sa boisson accoûtumée. Tels font les Vins d'Espagne, de Canarie, de Coindrieux, le Muscat de S. Laurens, celui de la Ciutad. Le *Vin de prunelles*, est un Vin qu'on fait de Vignes sauvages, ou plûtôt d'Epine noire grosse comme des cerises, & le *Vin de palme*, Celui qui se fait de jus de palmier. Ce qu'on appelle *Vin de malvoisie*, est du Vin muscat qui est cuit. Il y a un certain Vin qui vient d'un promontoire de l'Isle de Chio appellé *Aruisium*, qu'on nomme aussi *Malvoisie*. Le vin de Crete, ou de Candie, de Lesbos Gnidos, & autres Isles de la Grece, est mis dans le même rang. Le *Vin brûlé*, est celui que l'on fait bouillir avec du sucre.

Il y a du Vin *d'absinthe* ou *d'aluine* qui se fait de differentes manieres. Les uns prennent trois ou quatre onces d'absinthe, du spica nardi, cinnamomum, cannelle, fleurs de squinanthum, calamus odoratus, écorce de dattes en fleur & de dattes, de chacun deux onces. Le tout ayant été bien pilé, ils jettent ces drogues dans un tonneau de vin où ils les laissent tremper deux ou trois mois, après l'avoir bien bouché. Lorsque le Vin est bien purifié, ils le mettent dans un autre tonneau pour s'en servir lorsqu'ils jugent en avoir besoin. D'autres prennent quatorze drachmes de Nardus Celtique, & quarante drachmes d'absinthe; & les ayant envelopées & liées en un linge blanc, ils les mettent dans un baril de moût qu'ils laissent ainsi quarante jours, après quoi ils versent le vin dans un autre Vaisseau. Il y en a qui mettent une livre d'absynthe, & deux onces de poix resine de pin sur six sextiers de moût, & ayant laissé reposer pendant dix jours, ils le coulent & le gardent pour s'en servir. Dioscoride qui parle de ces diverses manieres de faire le vin d'absinthe, dit qu'il est bon à l'estomac & à provoquer l'urine, & propre à avancer la digestion. Il est singulier à la jaunisse, aux ventosités & aux gonflemens de la poitrine, & rend l'appetit à ceux qui l'ont perdu.

Vin bourru. Vin qui a bouilli sous-douvé étant bondé.

On appelle *Vin émetique*, Un vin où l'on a laissé tremper quelque tems des poudres, du verre ou du regule d'antimoine, du crocus metallorum ou de la magnesie opaline. Il ne prend de cette vertu qu'autant qu'il en peut porter, & le tems ne l'en augmente point la force. Il sert à purger par haut & par bas.

Il y a des Officiers qu'on appelle *Jurez vendeurs de vin*. Ils font établis sur l'étappe pour recevoir les deniers du vin vendu, & ils en répondent aux Marchands. Les *Crieurs de Corps & de Vin*, sous ceux qui font employés à la cérémonie des enterremens. Leur fonction étoit autrefois d'aller annoncer le vin dans les rues. On donne le nom de *Coureur de Vin*, à celui qui porte le Vin à la suite du Roi.

VINAGE. f. m. Terme de Coûtume. Droit Seigneurial qui se prend en plusieurs lieux, & qui tient lieu de censives. On le doit payer à bord de cuve,

c'eſt-à-dire, avant qu'on puiſſe tirer le vin de la
cuve.

VINAIGRE. ſ. m. Vin qui s'eſt aigri, ou que l'on
a fait aigrir exprès en y mettant quelques eſprits
acides. Le Vinaigre ſe fait, non pas quand les particules volatiles ſalines s'exhalent, mais lorſqu'elles ſont dominées & déprimées ſucceſſivement par
l'acide du vin, ou bien quand l'acide du vin s'exal-
tant, fait prendre le deſſus, & fixe la partie huileuſe & ſpiritueuſe ; car l'eſprit du vin n'eſt pas ſéparé du Vinaigre, il eſt ſeulement déprimé & fixé,
ce qui ſe démontre en ce que ſi on renferme du
vin défait dans un vaiſſeau bien fermé il s'y fera du
Vinaigre, quoiqu'il ne ſe faſſe aucune exhalation
de l'eſprit de vin. Le Vinaigre ſe radoucit ſi on met
infuſer du corail dedans, & cela arrive à cauſe que
le corail concentre le Vinaigre, & donne moyen
à la partie volatile de s'exalter. Le Vinaigre eſt plus
ou moins fort, ſelon que le vin eſt plus ou moins
vigoureux. Quelques-uns y ajoûtent des choſes qui
ont beaucoup de ſel volatile, comme la ſemence de
moutarde, de roquette & le poivre, afin de le faire
devenir plus acre. On aiguiſe le Vinaigre avec le
ſel ammoniac pour s'en ſervir à faire des extractions. Si on diſtille quatre livres de Vinaigre avec
demi-once de ce ſel, on aura un Vinaigre très-acre
& très-propre à diſſoudre certains mineraux & certains métaux, & ſi on le diſtille avec du nitre &
du ſel gemme, il enlevera les eſprits de ces derniers
avec ſoi, & ſa vertu s'exaltera conſiderablement.
L'uſage du Vinaigre eſt très-ſalutaire en Medecine,
& on le regarde comme un alexipharmaque ſouverain dans la peſte, & qui eſt beaucoup plus ſûr que
la theriaque. C'eſt ce qui eſt cauſe que l'on a tant
de Vinaigres beſoardiques. Il corrige la virulence
ou la malignité des végétaux, & ſur-tout de l'o-
pium & des purgatifs. Ceux qui ont pris trop d'o-
pium reviennent par le Vinaigre qui corrige la fumée maligne des charbons. Selon Galien, le Vinaigre eſt de parties ſubtiles & de nature mêlée de
froideur & de chaleur, mais la premiere l'emporte
ſur l'autre, & encore qu'il ait en ſoi quelque acrimonie qui échauffe, elle n'eſt pas ſuffiſante pour
ſurmonter la froideur, qui provient de ſon aigreur,
mais bien pour le faire pénétrer avec plus de promptitude. Le Vinaigre eſt extrêmement deſſiccatif &
inciſif, & outre ſa faculté de reſoudre, il a cela de
particulier qu'il repercute & reſtreint. On demande
comment il ſe peut faire que le Vinaigre ait en ſoi
deux qualités auſſi contraires que le ſont la chaleur
& la froideur, puiſque ces deux qualités ne peuvent ſubſiſter enſemble en même-tems & dans un
même ſujet, à quoi l'on répond qu'il eſt compoſé
de quatre parties que la Chymie nous apprend à
ſéparer. La premiere eſt un flegme inſipide ; la
ſeconde, un eſprit comme vitriolique ; la troiſiéme,
un ſel acre & corroſif ; & la quatriéme, un marc
inſipide & entierement terreſtre. Par les deux premieres qui abondent dans le Vinaigre, il eſt très-
rafraîchiſſant, ce qui eſt cauſe qu'il tempere les
inflammations, qu'il reprime l'ardeur de la bile,
qu'il repercute, & produit d'autres ſemblables effets
de froideur. Son ſel corroſif fait qu'il échauffe &
deſſeche. Ainſi Galien a raiſon de dire, qu'il eſt de
qualité mixte, échauffant & rafraîchiſſant, à raiſon
des parties heterogenes qui le compoſent. Il ne laiſſe pas d'avoir ſes inconveniens, ſon acide pénétrant
ne permettant pas de l'employer qu'avec beaucoup
de prudence. Il eſt contraire aux parties nerveuſes
& aux hypochondriaques qui ſont déja remplis d'un
acide aſſés corroſif, & les femmes hyſteriques ne
doivent pas en uſer à cauſe des efferveſcences qu'il

peut exciter dans leurs inteſtins, & par conſequent
la ſuffocation de matrice. Le Vinaigre tient le premier rang entre les menſtrues acides végétaux. Il
eſt ſi puiſſant, qu'il diſſout les métaux mêmes,
pourvû qu'ils ayent été un peu ouverts par la calcination. Ainſi le vinaigre diſtillé tire la teinture du
verre d'antimoine. Il diſſout le ſaturne, dont il fait
le ſel ſaccarin, & change le cuivre en verdet & le
mars en ſafran de mars, qui eſt un remede très-
utile.

On appelle *Vinaigre d'antimoine*, Une liqueur ou
un eſprit acide qu'on retire en petite quantité de la
mine d'antimoine, lorſqu'on la diſtille ſeule &
brute dans une retorte, c'eſt-à-dire, lorſqu'elle n'a
point encore ſenti le feu, à cauſe que cet eſprit acide, ou ce vinaigre, qui eſt proprement l'eſprit du
ſouphre mineral de l'antimoine, ſe perd dans la calcination. Ce n'eſt point aſſés de diſtiller cet eſprit
une ſeule fois. Il faut le rejetter pluſieurs fois ſur de
la nouvelle mine, le laiſſer en digeſtion & le diſtiller autant de fois qu'on ſouhaite, & par ce moyen
on tire toûjours plus de ce vinaigre, & il eſt beaucoup meilleur. L'uſage en eſt fort recommandé
dans les fiévres malignes, pour éteindre la chaleur fiévreuſe & pour tuer les vers, mais il ne
ſçauroit ſervir de menſtrue univerſel, comme le
prétendent quelques-uns, qui ſe perſuadent que
l'antimoine eſt la racine de tous les autres métaux,
& qu'il doit par conſequent contenir un menſtrue
univerſel.

VINAIGRIER. ſ. m. Artiſan qui fait & qui vend de
la moutarde, & toute ſorte de vinaigre, blanc, rouge, roſat, commun & autres.

On appelle auſſi *Vinaigrier*, Une ſorte de petit vaſe de vermeil doré, d'argent, d'étain ou
de fayence, où le vinaigre ſe met quand on en
veut ſervir ſur la table. Il eſt compoſé d'un corps,
d'un couvercle, d'une anſe, d'un buberon & d'un
pié.

VINCETOXICUM. ſ. m. Plante qui croît aux montagnes & aux lieux arides & pierreux, & qui produit pluſieurs tiges ſouples & vertes, autour deſquelles & par intervalles ſortent deux à deux des
feuilles ſemblables à celles du laurier, excepté qu'elles ſont plus pointues, fermes & liſſées. Ses fleurs
ſont petites, minces, blanchâtres, & ſuivies de
quelques gouſſes pointues & pleines de bourre blanche & de graine. Cette plante a grand nombre de
racines, douces au goût, ſans aucune odeur, &
qui s'étendent en rond. Elles ſont chaudes & ſeches
au premier degré, digeſtives, reſolutives & aperitives, & ont de grandes vertus contre toute ſorte
de venins, ſi on les prend en breuvage. C'eſt delà
que cette plante a pris le nom de *Vincetoxicum*, du
Latin *Vincere*, Surmonter, & du Grec τοξικος, Poiſon. Ces racines priſes en décoction du chardon
beni au poids d'une drachme & demie pendant
onze jours, ſont un remede ſouverain pour ceux
qui ont été mordus d'un chien enragé. C'eſt auſſi
un préſervatif contre la peſte, ſi on les prend
dans du vin tous les matins. Elles ont pluſieurs autres proprietés que rapportent par Matthiole, qui tient que ceux qui prennent l'Aſclepias
pour le Vincetoxicum des Herboriſtes, ſont dans
l'erreur.

VINDAS. ſ. m. Machine dont on ſe ſert pour tirer des
pierres & autres fardeaux, & que Vitruve appelle
Ergata. Elle eſt compoſée de deux tables de bois &
d'un treuil à plomb qu'on nomme *Fuſée*, & qu'on
tourne avec des bras.

VINDICATION. ſ. f. Vieux mot. Vengeance. On
a dit auſſi *Vindicte*, du Latin *Vindicta*, & ce

mot, en termes de Palais, conferve encore quelque ufage.

VINTAINE. f. f. *Nom collectif, qui comprend vingt perfonnes, vingt chofes.* ACAD. FR. Les Maçons appellent *Vintaine*, Un petit cordage dont ils fe fervent à conduire les quartiers de pierre qu'ils élevent pour les mettre fur le tas. Ce cordage eft attaché à la pierre, & dans le tems que l'on tire le gros cable, il y a un homme en bas qui tient le bout de cette vintaine, afin d'empêcher que la pierre ne s'écorne en donnant contre les murs.

Vintaine eft encore une groffe corde dont fe fervent les Meûniers pour lever la meule de deffus de leur moulin, quand ils la veulent tailler, empâter ou mettre en état de moudre.

VINTANG. f. m. Arbre de l'Ifle de Madagafcar qui produit une gomme ou refine dont on fe fert particulierement pour guerir les playes. Les Habitans du Païs en font leurs canots, qui ne fe vermoulent jamais.

VIO

VIOLE. f. f. Inftrument de mufique qui fe touche avec un archet, & qui eft de même figure que le violon, mais bien plus gros & plus grand. Il a fix cordes & huit touches divifées par demi tons, & rend un fon grave qui eft fort doux & fort agreable. Ces fix cordes vont toûjours en augmentant de groffeur depuis la chanterelle jufqu'à la fixiéme. La Viole eft compofée d'une table où font les ouies, d'un chevalet, de deux croiffans, d'une queue, d'un manche, de plufieurs touches de poil dont le manche eft entouré, d'un collet, d'un rouleau, & de chevilles. On appelle *Jeu de violes*, Quatre Violes qui font les quatre parties. Du Cange fait venir *Viole* de *Vitula* ou *Vidula, Viella*, ou *Viola*, mots qui fe trouvent en la même fignification dans la baffe Latinité.

VIOLENT, ENTE adj. *Impetueux, qui agit avec force, avec impetuofité.* ACAD. FR. *Violent*, en termes de Teinturier, fignifie, Qui eft trop d'une certaine couleur. On dit en ce fens, *Gris de lin violent, Couleur violente.*

VIOLET. f. m. Sorte de couleur qui tire fur la couleur de la violette. C'eft une couleur compofée d'un pié de brefil & d'un pié d'orfeille, que l'on paffe enfuite fur une cuve d'indigo. Le Violet eft la couleur de l'Eglife, & celle que les Ecclefiaftiques portent, & principalement les Evêques.

VIOLETTE. f. f. Plante fort baffe, qui a fes feuilles femblables au lierre, mais plus petites, plus noires & plus menues. Du milieu de fa racine fortent de petites tiges qui portent une fleur purpurine fort odorante, qui eft printanniere. Elle croit aux lieux âpres & ombragés, & a une vertu refrigerative. Ses feuilles enduites feules, ou avec griotte feche, font fort bonnes aux ardeurs de l'eftomac, aux inflammations des yeux, & aux relâchemens du fondement. Matthiole dit qu'on trouve des violettes blanches, & fans nulle odeur, dans les lieux froids & humides, dans le mois d'Avril on en voit en telle abondance au-deffus de Trente au Val d'Ananie, qu'en les regardant de loin, on croit voir des toiles blanches étendues par les valons. On en voit auffi de jaunes. Il ajoûte qu'il y en a une efpece qui croit au Mont Balde en maniere d'arbriffeau, jufqu'à la hauteur de deux coudées, & qui jette plufieurs tiges d'une feule racine. Il parle encore de violettes purpurines qu'il a vûes dans le Comté de Tirol, auffi garnies de feuilles, que nos rofes de jardin.

Violette de haute branche eft le pié d'Aloüette de differentes couleurs. Il n'a point d'odeur. Il y en a de doubles & de fimples.

On appelle *Bois de violette*, Une efpece d'ébene dont la couleur eft femblable à celle de la violette.

VIOLIER. f. m. Plante que Diofcoride dit être fort commune, quoiqu'il y ait grande difference dans fes fleurs, les unes étant perfes, les autres jaunes, les autres rouges & les autres blanches. Tous les Violiers, au rapport de Matthiole, font communs en Italie, & de la hauteur d'une coudée, jettant plufieurs branches & une tige moindre que celle d'un chou. Il y a auffi de la difference dans leurs feuilles. Tous les ont longuettes, mais celui dont les fleurs font jaunes a fes feuilles encore plus longues, en plus grande quantité, plus pointues au bout, & plus vertes. Le blanc & le purpurin les ont plus courtes, plus larges, non pointues, & blafardes deffus & deffous. Galien parlant des Violiers, dit que toute la plante eft abfterfive, & que fes fleurs fe font encore plus, & fes feches davantage que les vertes. Leur décoction émeut le fang menftrual, & fait fortir l'enfant & l'arrierefais.

Le Pere du Tertre rapporte dans fon Hiftoire naturelle des Antilles, qu'il a trouvé dans les montagnes de la Guadeloupe une forte de Violier tout-à-fait femblable aux nôtres pour les feuilles. Cette plante porte une petite tige de la groffeur & de la longueur, d'un fer d'aiguilette, au fommet de laquelle croiffent trois petites fleurs blanches comme neige, qui ont chacune cinq feuilles en forme d'étoile. A la chûte de ces fleurs fuccedent trois petits fruits ronds, rouges comme du corail, & auffi gros que des grains d'afperges. Il y a trois petites graines noires dans ces fruits. Cette forte de Violier eft affés commune dans les montagnes & dans les endroits humides.

VIOLON. f. m. Sorte d'inftrument de mufique qu'on fait d'un bois refonnant & qui fe touche avec un archet. Son manche eft fans touches, & il a aux côtés deux ouvertures qu'on appelle *Ouies*, & quelquefois une en haut qui eft faite en forme de cœur. Au-deffous de ces ouies eft fon chevalet qui porte les cordes qui font attachées au bas de cet inftrument à une petite piece de bois qu'on nomme *La queue*, & qui tient par un bouton qu'on appelle *le Tirant*. Il n'y a point d'inftrument plus propre à faire danfer que le Violon. Il tient le deffus dans les concerts où il y a d'autres inftrumens.

VIORNE. f. f. Arbriffeau dont les rameaux font de la groffeur du doigt & de la longueur de deux coudées. Ses feuilles font blanches & femblables à celles de l'orme, mais plus velues & dentelées tout à l'entour. Elles croiffent des deux côtés de la branche par nœuds & par intervalles. Sa fleur eft blanche & faite en bouquet, & de cette fleur pendent certains grains applatis comme les lentilles. Ils font verts, enfuite rouges, & quand ils ont atteint leur maturité, ils deviennent noirs. La Viorne a fes racines prefque à fleur de terre, & fes branches fi flexibles, que les Païfans s'en fervent pour en faire les liens de leurs fagots. Elle vient aux hayes & aux buiffons & dans les lieux fermes. C'eft ce que les Latins nomment *Viburnum*. Ses feuilles font aftringentes & fingulieres pour les dents qui branlent & pour les fluxions des gencives, fi on les cuit en eau & en vinaigre avec des feuilles d'olive, & qu'on fe frotte fouvent les dents de cette décoction, qui eft bonne auffi à reprimer & à refferrer la luette, fi on s'en gargarise. Ses grains sechés avant que d'être en maturité, & pris en poudre, guerissent le flux de ventre. L'écorce de ses racines gardée en terre, cuite ensuite & bien broyée, sert à faire de la glu, propre à prendre les oiseaux.

VIOT. s. m. Vieux mot que Borel explique par celui d'Envie. Il en apporte pour exemple ces vers d'une Epitaphe de S. Jacques de l'Hôpital.

Lors Messire Hugue Aubriot,
Chevalier de renom, qui ot
Tenu long-temps la prevosté
De Paris en paix sans viot.

VIOUCHE. s. m. Vieux mot. Homme qui vit fort long-tems.

VIP

VIPERE. s. f. Sorte de serpent terrestre & venimeux qui a une queue qui va toûjours en diminuant. Sa tête est plate & large auprès du chignon du cou, qu'il a mince naturellement. La Vipere a le bout du museau élevé comme celui d'un cochon, & sa longueur n'excede pas ordinairement une demi-aune. Sa grosseur n'est que d'un pouce. Galien voulant nous donner des marques pour connoître les Viperes mâles d'avec les femelles, dit que les femelles sont roussâtres & fort agiles, ayant le col élevé, le regard hideux & les yeux rougeâtres. Elles ont la tête plus large que celle du mâle. Aussi sont-elles plus grandes de corps, & ont leur nombril plus près de la queue. Le mâle a seulement deux dents de chien dans la bouche, mais la femelle y en a plusieurs. Ces deux grandes dents sont crochues, creuses, transparentes & fort pointues. La Vipere n'a qu'une rangée de dents à chaque mâchoire; ce qui est contraire aux autres serpents qui en ont deux, & dont on'a peine à souffrir la puanteur des parties interieures, au lieu que la Vipere n'a rien de puant. Ses deux dents canines, qui sont flexibles dans leur articulation, & situées aux deux côtés de la mâchoire superieure, sont couchées, & elles ne se dressent que quand la Vipere est irritée & qu'elle veut mordre. Leur base est entourée d'une vesicule contenant une bonne goute d'un suc salineux, jaune, fade & innocent. La Vipere femelle a double matrice, & le mâle a ses parties naturelles doubles, couvertes de pointes dures & aigues. Leur corps est de deux couleurs, d'un jaune plus clair ou plus obscur, ou d'un jaune plus doré & plus tirant sur le rouge, & il y a quantité de taches longues & brunes dans le fond. Les écailles, qui sont situées en travers sous son ventre, ont la couleur d'un acier poli. La Vipere met à ses petits vivans, sans couver ses œufs; & ce que Galien & Pline disent que les petits tuent leur mere en lui rongeant les intestins, fait connoître qu'ils n'ont pas pris garde à ce que rapporte Aristote. Entre les serpents, dit-il, la Vipere fait son fruit parfait & en vie, ayant fait premierement ses œufs en son interieur. Son œuf est tout d'une couleur, & couvert d'une petite peau comme les œufs des poissons. Ses petits s'engendrent en la partie de dessus, & ce qui les enferme est tendre. Ainsi elle produit ses petits enveloppés de petites peaux qui se rompent le troisiéme jour, & même il arrive quelquefois que ceux qui sont au ventre de la Vipere, rongent leurs pellicules & sortent dehors. Tous les jours elle en fait un, & elle en fait toûjours plus de vingt. Les Anciens ont reconnu par experience que la morsure de la Vipere étoit fort à craindre, à cause de son venin, & la même experience leur

a fait voir que la Vipere étoit excellente contre quantité de maladies. Il y a dans Galien plusieurs exemples de gens attaqués de ladrerie, qui ont été gueris en bûvant du vin où des viperes avoient été étouffées. Areteus rapporte celui d'un malade qui non seulement fut gueri en bûvant du moût où une vipere s'étoit noyée, mais qui recouvra sa jeunesse, ayant renouvellé ses cheveux, sa peau & ses ongles. Ceux qui ont raisonné le plus là-dessus, ne voyant point par quelle raison un remede si salutaire & un poison si pernicieux pouvoient subsister ensemble dans un même sujet, ont dit que la Vipere n'avoit du venin qu'en de certaines parties, & non pas par tout. Ces parties sont les dents, les gencives & la vessie du fiel. Abbatius qui a recueilli les opinions des Anciens, dit que l'on ne sçauroit douter qu'il n'y ait naturellement du poison dans les dents de la Vipere, puisque si on s'en blesse, soit qu'elle soit morte ou vive, la playe est mortelle; à quoi il ajoûte que le poison recueilli des animaux venimeux dont se nourrit la Vipere, & attiré par la vesicule du fiel, mais vague & spiritueux, est porté aux parties de la gorge, pour y être mis comme dans un reservoir naturel, & y recevoir le caractere de venin de Vipere. Ettmuller avoue que toutes ces choses sont vraies, à les prendre dans le bon sens, mais il les prétend fondées sur une pure hypothése qui est fausse. On a vû, dit-il, que les Viperes ne communiquoient leur poison qu'en mordant, & on a conclu de là qu'elles avoient les dents venimeuses. On a trouvé de plus dans leurs gencives des vesicules remplies de certaine liqueur, & on a dit que cette liqueur étoit un poison, parce qu'il venoit de la vessie du fiel, les Anciens ayant cru que le fiel étoit le poison le plus pernicieux de chaque animal; mais si les Viperes renferment un baume si précieux pour la conservation, & même pour la prolongation de la vie, on demande d'où ce poison leur vient dans les dents, dans la liqueur du fiel & dans les vesicules des gencives. On prétend que la force de nuire, que les Auteurs attribuent aux dents de la Vipere après sa mort, est une fausse persuasion dont on n'a jamais fait une veritable experience, & Severinus assure que la dent de la Vipere entiere, ou en poudre, & avalée, loin d'être mortelle, n'est pas même dangereuse. Le même Ettmuller, après un long examen des differentes opinions des Auteurs, sur quoi il rapporte quantité de choses très-curieuses, dit que les Viperes mortes, bien loin de communiquer aucun poison, renferment des remedes divins, qui ne se trouvent dans nulle autre creature, & que l'on voit tous les jours les admirables effets de l'esprit de Vipere poussé par la retorte avec son sel volatile, dans les fievres malignes & pestilentielles, dans l'épilepsie, la lepre, la galle, & dans les autres affections malignes. Il entre ensuite dans le détail des parties de la Vipere, & commençant par le cœur, il rapporte que cinq cœurs desséchés & pris en une fois par un jeune homme, eurent un si grand pouvoir, que jamais aucun poison n'eut la force, de lui nuire. Il aimoit les serpens, & il en manioit toûjours, sans les craindre. Les serpens au contraire le craignoient. Zuvelpher enseigne la maniere de preparer une poudre excellente & une eau bezoardique du cœur & du foye de la Vipere. Son foye pulverisé est un remede tres-present dans les dysenteries, & particulierement dans les epidemiques. Un grain de fiel de Vipere desseché garantit de toute sorte de venins, selon Borellus, & l'épine en poudre ou en magistere sert aux mêmes usages que la chair. On tient que la queue guérit la douleur

leur des dents par son seul attouchement , & que la tête penduë au col est efficace pour arrêter les paroximes des fiévres. Tout cela porte Ettmuller à soutenir que le poison qui se reçoit par la morsure de la Vipere ne consiste en rien de matériel , puisqu'il resteroit toûjours après sa mort ; mais seulement dans quelque chose d'intentionnel & de spirituel , animé par la colere & par la fureur. La Vipere même , poursuit-il , étant vivante n'est point venimeuse , & sa malignité ne se trouve nulle part , à moins qu'elle ne la fasse paroître en se mettant en colere. Ainsi la Vipere doit être considerée en deux états , l'un où aucune passion ne l'agitant , elle est traitable & ne cherche point à nuire , ou du moins lorsqu'elle s'enfuit étant surprise de crainte ; l'autre où quelque offense externe la met en fureur , & l'oblige à tirer ses dents aiguës pour se venger. Dans le premier état elle est sans malignité , & ne blesse point ; dans le second elle est furieuse , & ne fait point de morsures qui ne soient malignes & mortelles. La Vipere aime le vin , & quand elle s'étouffe dedans , au lieu de l'empoisonner , elle lui communique des vertus incomparables. Catinaria rapporte qu'une Vipere ayant été avalée vivante , ne fit aucun mal dans l'estomac , & qu'elle sortit par le fondement. Elle n'attaque jamais ceux qui sont nuds ou qui dorment , à moins qu'elle ne soit irritée : mais quand elle est en colere , il est certain qu'elle fait des morsures venimeuses , & qui deviennent mortelles en fort peu de tems. L'experience a fait voir qu'un chien mordu par une Vipere que l'on a mise en fureur , meurt avant deux ou trois heures , & même plûtôt. Aldrovandus dit qu'une tête de Vipere , séparée du col depuis quelque tems , peut en mordant un animal , le faire mourir par son venin , & il assure qu'il l'a éprouvé sur un coq , qui mourut en demi-heure. Lincius parle d'un garçon Apothicaire , qui ayant voulu prendre avec sa main la tête d'une Vipere , coupée il y avoit deja trois jours , il en fut mordu , & eut de la peine à guerir de la morsure , par la bonne theriaque. Cet animal mord avec ses dents pointues & percées de leur longueur , d'où sort certaine liqueur , & il empoisonne par la colere dont il est transporté dans ce moment. Ses aiguës sont au nombre de quatre , selon quelques-uns , & selon les autres il n'en a que deux. Il y a en a qui en placent une au milieu , plus longue que les autres , crochue & pointue. Tout le monde demeure d'accord que ces dents sont percées en long , afin que la liqueur salivale qui passe par ces petits canaux , s'exprime par l'action de la dent , & communique le venin mortel de l'animal en colere. Ce venin consiste en partie dans l'idée de la fureur de l'archée imprimée aux dents & à la salive , & en la partie blessée par le moyen de la morsure qui se communique consequemment aux autres parties , trouble l'archée & le met en une pareille fureur. Il consiste aussi en partie dans la salive en effervescence éjaculée par la fureur par la percûre de la dent , laquelle se communique à toute la masse du sang par la circulation , & la fait entrer dans une pareille furie & impetuosité. La Vipere blesse plus fort & plus dangereusement ceux qui sont craintifs , parce que l'idée de la fureur de l'archée s'imprime plus avant sur l'archée qui tremble. Les Viperes sont venimeuses à proportion de la chaleur du pays ; à cause que la moindre colere les met en effervescence dans les Pays chauds. Plus la Vipere est en amour , plus il y a de danger dans sa morsure , la masse du sang déja agitée par l'esprit genital , étant capable d'une plus grande fermentation , puisque plus l'effer-

Tome II.

vescence est forte , plus l'impression de l'idée de fureur est profonde , à cause que d'un côté l'impetuosité de la colere augmente la force de l'effervescence , & que de l'autre , la force de l'effervescence fortifie l'idée , émeut toute la masse du sang , & imprime plus profondement l'espece dans la salive. Plus la Vipere a les dents aiguës , plus sa morsure est maligne , à cause que la salive penetre & est éjaculée plus avant , & qu'elle ne fait point de mal exterieurement sur la peau. Quand quelqu'un a été mordu d'une Vipere , on remarque dans la partie mordue deux petits trous , ou davantage , selon le nombre des dents. Ces trous sont separés l'un de l'autre , & il en sort au commencement du sang pur , ensuite une humeur sanieuse , puis huileuse , écumante , & verte à proportion que le sang de la partie blessée a été changé par le levain venimeux. La partie mordue cause une douleur extraordinaire , à quoi les aiguillons déliés que la Vipere a laissée en mordant , contribuent beaucoup. La douleur s'étend successivement , & elle est par tout le corps en fort peu de tems. La partie s'enfle d'abord excessivement , & tout le corps peu à peu. La couleur de cette partie blessée est rouge au commencement , & à mesure que le sang est altéré par le levain venimeux , elle devient moins rouge , ensuite livide & enfin noire lorsque la gangrene & le sphacele sont survenus. Outre cela le corps brûle , la chaleur en est extrême , & il s'allume une fievre dangereuse. La gorge se seche, le larynx est enflammé. On a des vomissemens bilieux , qui sont suivis d'inquietude de la poitrine , de lipothimie & de syncopes terribles. Le mal gagne le cerveau, & la démence succede aux assoupissemens & aux délires. Entre plusieurs methodes de remedier aux morsures des Vipires , il y a deux remedes très-efficaces que Severinus prescrit , le feu & le souphre. Hildanus conseille de prendre une crote ou deux de chevre allumées & de les laisser jusqu'à ce qu'elles soient réduites en cendre, & s'enflamment à raison du soulphre dont elles sont abondamment empreignées, mais il est bien difficile de souffrir long-tems une si grande douleur. M. Boyle , pour attirer le poison sans brûlure , propose une maniere plus douce d'employer le feu sans l'appliquer sur la partie blessée. On approche un fer rougi au feu aussi près de la morsure que le malade le peut souffrir , sans se brûler. On le tient jusqu'à ce qu'il ait attiré le venin de la partie. Quelquefois on remarque sur le fer quelques taches jaunes. L'experience qui en a été faite sur un homme du bas peuple en peut faire foi. On lui donna de l'argent pour se laisser mordre à la main par une Vipere en colere. La main s'enfla aussitôt avec excès , & à peine eut-on le tems de faire rougir le fer. On le tint devant la blessure l'espace de dix ou douze minutes , & sa tumeur s'abaissa pendant ce tems , & disparut ensuite d'elle-même. Les remedes specifiques contre les morsures des Viperes se tirent des Viperes mêmes. Les poudres de Viperes sont de ce genre. Entre les specifiques on a coûtume de recommander le frêne, dont on croit que l'ombre seule chasse les Viperes , & on dit qu'en les touchant avec une baguette de coudrier elles s'engourdissent & se stupefient. On rapporte là-dessus l'experience suivante , sçavoir qu'ayant renfermé une Vipere dans un cerne fait avec une semblable baguette , elle n'osa en sortir. La chair de Vipere cuite & mangée éclaircit la vûe. Elle est bonne aux débilités des nerfs , & empêche les écrouelles de croître. Quand elles sont écorchées, il faut leur ôter la tête & la queuë , à cause qu'il

G G g g

n'y a point de chair en ces parties-là. On fait aussi de leur chair une sorte de sel qui est bon à ces mêmes operations. Dioscoride en enseigne la maniere & dit qu'il faut mettre une Vipere vivante dans un pot de terre qui n'ait point encore servi. On y ajoûte du sel & des figues seches, cinq sestiers de chacun, avec six sestiers de miel, après quoi on bouche l'ouverture du pot de terre avec de la terre grasse, & on met cuire le tout dans une fournaise assés long-tems pour voir le sel reduit en charbon, qu'il faut mettre ensuite en poudre. On y met quelquefois de la racine ou de la feuille de nard, & quelque peu de malabathrum, afin de la rendre de meilleur goût. Pour avoir de bonnes Viperes, il ne faut pas les prendre au cœur de l'Eté, parce que leur chair, qui s'enflamme en ce tems-là, cause la soif, ni lorsqu'elles sortent de terre, parce qu'alors cette même chair est froide, seche & extenuée. La meilleure saison pour les choisir est presque la fin du Printems, lorsque l'Eté n'est point encore commencé. Les Viperes ne valent rien quand elles sont pleines, à cause qu'en cet état elles sont maigres & peu succulentes. On prend telle quantité qu'on veut de Viperes grosses & bien nourries, que l'on met dans un vaisseau de cuivre large & profond, afin qu'elles n'en puissent sortir aisément, après quoi on les fustige avec de petits scions de verges, pour leur faire venir le venin à la tête par l'envie qu'elles ont de se venger. Cela fait, on les tronçonne, les lavant en plusieurs eaux, & les faisant bouillir dans un pot de terre vernissé, ou dans un vaisseau de cuivre étamé avec un peu de sel & une quantité suffisante d'aneth, jusqu'à ce que les os & les épines se puissent separer facilement. On les prend d'ordinaire par la queue l'une après l'autre avec des gants doubles. On se sert ensuite d'un couteau tranchant pour les couper sur un bloc de bois à deux doigts près de la tête & autant au dessus du nombril; ce qui étant fait, on écorche le tronçon du milieu comme une anguille, & on le nettoye de sa graisse & de ses entrailles après l'avoir fendu en long. Cette chair de Vipere étant bien cuite, on en fait des Trochisques; pour cela on la met sur un linge bien blanc étendu sur une table, & après en avoir ôté tout ce qu'il y a d'os & d'épines, on la pile dans un mortier de marbre avec un pilon de bois, en y ajoûtant la quatriéme ou la cinquiéme partie de pain blanc bien cuit, cuit au four & desseché à part, & subtilement pulverisé & tamisé. Il faut en faire une pâte, & la former en trochisques avec les mains ointes de baume. Après cela on les fait secher à l'ombre, & non pas au feu ni au Soleil, sur un tamis renversé qui doit être mis au plus haut de la maison dans un lieu où il n'y ait aucune poussiere, & qui soit tourné au Soleil de midi. On garde ces trochisques pour le besoin dans des pots de verre ou de terre vernissés & bien bouchés, & non pas dans des pots d'étain à cause du plomb que ceux, qui les font y mêlent. On a dit *Vipere* du Latin *Vivipara*, à cause qu'elle met bas ses petits vivans, au lieu que les autres serpents vuident leurs œufs, qu'ils couvent ensuite. M. Callard de la Duquerie dit que cet animal a été ainsi nommé, *Quod vi pariat*.

VIR

VIRAGO. s. f. Fille ou femme d'une taille extraordinaire, qui a de l'air d'un homme, & qui en fait la plûpart des actions.

VIRE. s. f. Vieux mot. Espece de trait d'arbalestre

qui étant tiré vole comme en tournant.

VIRELAI. s. m. Sorte d'ancienne Poësie Françoise, qui est toute active par des vers courts & sur deux rimes. Elle commence par quatre vers, dont les deux premiers sont repetés dans le corps de l'ouvrage. On en met plusieurs masculins de suite en tel nombre que l'on veut, & ensuite on y en met un feminin. On varie après quelques couplets, en mettant de suite plusieurs rimes feminines, ausquelles on en ajoûte une masculine.

VIREMENT. s. m. On appelle en termes de Marchand, *Virement de partie*, Un expedient de remettre une dette active pour une semblable dette passive, & par ce moyen s'acquitter & sortir d'affaires. Cela se fait quand on donne en payement à un autre un billet ou une lettre de change, en sorte qu'on change de debiteur ou de créancier.

VIRER. v. n. Terme de Marine. Tourner. On dit, *Virer au cabestan*, pour dire, Mettre des hommes sur les barres du cabestan pour le faire tourner. *Virer de bord*, C'est changer de route en mettant au côté du Vaisseau pour l'autre. On dit à l'actif dans ce même sens, *Virer le Vaisseau à stribord*, *à bas bord*, *à l'autre bord*. On dit aussi *Virer l'ancre*, pour dire, La tirer du fond de l'eau avec un cabestan ou avec un Virevau. *Virer vent devant*, se dit quand on fait changer de route à un Vaisseau, en mettant le vent sur les voiles, & *Virer vent arriere*, quand cela se fait d'une maniere opposée à celle-ci. Nicot fait venir *Virer* du latin *Gyrus*, ou de *Girare*, Tourner, par le changement du g en n.

VIRES. s. m. Terme de Blason. Il se dit de plusieurs anneaux passés les uns dans les autres, en sorte que les plus petits sont au milieu des plus grands, & ont tous le même centre, comme aux armoiries d'Albissi & de Virieu. Les Latins les appellent *Viria*.

VIRETON. s. m. Vieux mot. Petit dard, espece de trait, qui semble être un diminutif de *Vire*.

Car ce n'étoit que pour un Vireton,
Maint est battu de son propre bâton.

Les fleches des anciens carquois ont été appellées *Viretons*.

VIREVAU, ou *Virevaut*. Terme de Marine. Machine de bois fait en forme d'essieu, dont la longueur est posée horisontalement sur deux pieces de bois qui sont à ses extrémités, & autour desquelles on la fait tourner, par le moyen de deux barres qui traversent l'essieu, autour duquel ces barres que l'on conduit à force de bras, font filer des cables, soit pour tirer l'ancre du fond de la mer & la remettre en sa place, soit pour lever tel autre fardeau qu'on veut. Le Virevau se met sur le tillac à l'avant des batimens qui ne passent point trois cens tonneaux & à l'avant de leur misaine, & est de même usage aux Vaisseaux de charge que le cabestan à ceux de guerre.

Les Cordiers de la Marine appellent aussi *Virevau*, Un morceau de bois qui a environ trois piés de longueur, & dont ils se servent pour aider à tourner les grosses cordes.

VIREVOLE. s. f. Terme de Jeu de la bête, ou de quelques Jeux semblables, qui se dit quand celui qui fait jouer loin de faire assés de mains pour gagner ce qui est au jeu, n'en fait aucune. On dit plus communément *Devole*.

VIRGOULEUSE. s. f. Sorte de poire très-bonne à manger dans les mois d'Octobre & de Novembre.

VIROLE. f. f. Piece de fer forgée en rond , comme un anneau , qui ferre & entoure le petit bout du manche d'une aleine , d'une ferpette , d'un marteau , ou d'un peſon , & qui ſert à tenir l'alumelle ferme dans le manche. On a autrefois appellé *Viroles* , Toutes fortes de carcans , d'anneaux & de bracelets. Il y a auſſi des *Viroles de cadenats*. On les fait de fer , & de la largeur qu'on veut que ſoit l'anſe.

VIROLE', E'E. adj. Terme de Blaſon. Il ſe dit des boucles , mornes & anneaux , des cors , trompes & huchets. *D'or à trois trompes de gueules virolées d'argent.*

VIROLET. f. m. Terme de Marine. Noix de bois en façon d'olive qui ſe met dans le hulot du gouvernail. La manivelle paſſe au travers. On l'appelle auſſi *Moulinet.*

VIRON. adv. Vieux mot. Environ , à peu près.

Pour t'envoyer viron l'heure de Sixte.

VIRURE. f. f. Terme de Marine. La partie du bordage qui regne tout le long d'un Vaiſſeau.

VIS

VIS. f. m. Ce mot a eſt autrefois pluſieurs ſignifications qu'il n'a plus. On l'a dit pour *Viſage.*

Puis que je vis
Voſtre gent & gracieux vis.

C'eſt delà qu'eſt venu *Vis-à-vis.* On a dit auſſi , *Ce m'eſt vis* , pour dire , Ce me ſemble.

Elle ot paſle & velu le vis ,
Famgale avoit nom , ce m'eſt vis.

Vis étoit auſſi adjectif , & a été dit pour *Vivant.*

J'aime mieux eſtre mort que vis.

On l'a encore employé pour *Vil.*

Bien doit eſtre Vavaſſor vis
Qui veut devenir Meneſtriez.

VIS , où *Viz.* f. f. Piece ronde de fer ou de bois qui eſt cannelée en ligne ſpirale , & qui entre dans un écrou qui l'eſt de même. A C A D. F R. La diſtance qu'il y a entre les filets ou arrêtes de la Vis , s'appelle *Pas de vis.* La Vis eſt une ſurface inclinée qui tourne autour d'un Cylindre ; & l'axe de ce Cylindre eſt auſſi celui de la Vis. Quand une puiſſance eleve un poids à l'aide d'une Vis , il faut qu'elle faſſe un tour de la Vis pour faire monter le poids d'un *Pas* , & par conſéquent elle fait plus de chemin & à plus de viteſſe que le poids en même raiſon que le tour de la Vis eſt plus grand qu'un de ſes pas. C'eſt qui fait que la Vis eſt une machine qui multiplie la force. Voyez MACHINE & MOUVEMENT. Plus la Vis eſt groſſe & ſes pas ſerrés , plus elle multiplie la force , car la viteſſe de la puiſſance en devient plus grande , & celle du poids plus petite. Si la puiſſance au lieu d'être appliquée à la circonference de la Vis , l'étoit à un levier qui par ſon mouvement circulaire fît tourner la Vis , il eſt évident que le tour que feroit la puiſſance pour élever le poids d'un pas , ſeroit encore plus grand , & qu'il le feroit d'autant plus que le levier ſeroit plus long , ce qui en augmentant la viteſſe de la puiſſance par rapport à celle du poids , feroit qu'une plus petite puiſſance pourroit élever un plus grand poids , & cela dans toutes les proportions imaginables.

On appelle *Vis* ou *Noyau* dans une montée , La piece de bois de milieu , dans laquelle toutes les

Tome II.

marches ſont emmortaiſées & tournent autour en ligne ſpirale. Quand les marches ſont de pierre , la Vis eſt auſſi de pierre , & chaque bout de marché en fait partie.

Vis , s'entend encore de tout l'eſcalier quand il eſt rond , & on dit *Vis à jour* , Lorſque le noyau d'une montée rampe & tourne , laiſſant un vuide au milieu ; ce qui fait que ceux qui ſont au haut de la vis peuvent voir juſqu'à la premiere marche d'en bas.

Ce que l'on appelle *Vis ſaint Gilles* , eſt un eſcalier qui monte en rampe , & qui eſt voûté par le deſſous des marches. Ces ſortes de Vis ont été nommées ainſi , à cauſe de celle qui eſt au Prieuré de ſaint Gilles en Languedoc , qui leur a ſervi de modele.

On dit *Vis de colomne* , pour dire , Le contour en ligne ſpirale du fût d'une colomne torſe. Il ſe dit auſſi de l'eſcalier d'une colomne creuſe.

On appelle *Vis potoyere* , L'eſcalier d'une cave qui tourne autour d'un noyau & porte de fond ſous l'eſcalier d'une maiſon.

Vis ſans fin , eſt une machine dont on ſe ſert pour élever de fort gros fardeaux. Elle eſt compoſée d'une roue perpendiculaire qui ſe tourne avec une manivelle , & elle a des dents taillées de biais qui engrainent dans une vis taillée ſur un tour poſé horiſontalement. Le poids eſt attaché à un cable qui eſt roulé ſur le tour , lequel ſe tient même ſuſpendu , quoique l'on ne tienne plus la roue arrêtée. Cette machine eſt appellée *Vis ſans fin* , à cauſe qu'elle fait tourner ſans fin la roue aux dents de laquelle elle engraine lorſqu'on la fait tourner elle-même avec un levier ou autrement.

On appelle *Vis d'Archimede* , Une machine hydraulique par le moyen de laquelle on fait monter les liqueurs en deſcendant. Elle eſt compoſée d'un canal qui tourne en forme de vis autour d'un cylindre , que l'on appelle *Noyau.* On lui donne un peu de pente , & l'une de ſes extrémités eſt placée dans l'eau qu'on veut élever. On peut puiſer beaucoup d'eau par le moyen de cette machine ; mais à cauſe de la pente qu'on lui donne , il n'eſt pas poſſible de faire monter l'eau bien haut.

VISA. f. m. Terme de Pratique. Acte qui donne l'autorité , ou la confirmation , ou la verification d'une lettre ſur laquelle intervient le Superieur qui la rend authentique & executoire. M. le Chancelier met de ſa main le mot de *Viſa* au bas de ces Lettres , pour faire ſçavoir qu'il les a vûes. On le dit auſſi des actes que les Juges mettent au bas des Lettres qui leur ſont adreſſées , ou qu'on veut executer dans leur reſſort , ce qui leur donne leur derniere ſolemnité.

On appelle auſſi *Viſa* , en termes d'Egliſe , 'les Lettres leſquelles l'Ordinaire témoigne qu'ayant vû les proviſions & examiné la perſonne , il l'a trouvée capable de poſſeder le Benefice qui lui a été conferé , à condition de ſubir l'examen devant l'Evêque. Celui qui prend poſſeſſion avant qu'il ait obtenu le *Viſa* , eſt cenſé intrus , & perd ſon droit. On n'en a pas beſoin quand les proviſions ſont accordées en forme gracieuſes.

VISAGERE. f. f. Les faiſeurs de bonnets appellent ainſi la partie de devant des bonnets de femme , qui regarde le viſage.

VISCERES. f. m. p. Terme de Médecine. Entrailles. Il ſe dit du cœur , du foye , du poumon , des boyaux & autres parties interieures de l'homme. On ſe ſert principalement de ce mot quand on veut parler en particulier de quelque partie des entrailles , le mot *Entrailles* n'ayant point de ſingulier. *Viscere* vient du Latin *Viscus*, qui veut dire la même chose, & qui est fait de *Vesci*, Manger, à cause que les alimens appellés en Latin *Vesca*, sont contenus dans les Visceres.

VISIERE. s. f. La partie d'un casque ou habillement de tête qu'on leve lorsqu'on veut prendre un peu d'air, & voir clair entierement. C'est une maniere de petite grille qui s'abbat devant les yeux.

On appelle *Visiere*, en termes d'Arquebusier, Une petite plaque de cuivre au bas du canon d'un fusil, sur laquelle on jette l'œil quand on veut tirer. C'est aussi dans une arbalète, Un petit morceau de bois troué qu'on leve sur le bois de l'arbalète, & au travers duquel on vise.

VISION. s. f. *Action de la faculté de voir.* ACAD. FR. La Vision consiste dans le sentiment que l'ame reçoit de l'image tracée par l'objet sur la retine. Voyez RETINE. Cette image de l'objet n'a presque rien qui lui soit semblable, ce n'est que l'ébranlement que chaque point de l'objet imprime au point de la racine sur lequel il agit, & cet ébranlement est different suivant la differente maniere dont le point de l'objet a reflechi la lumiere, c'est ce qui fait appercevoir les differens degrés de lumiere, & les differentes couleurs. La perfection de cette image consiste dans sa *netteté* ou *distinction*, dans sa *force* ou *vivacité*, & dans sa *grandeur*. Afin que l'image soit parfaitement *nette* ou *distincte*, il faut que les rayons partis d'un seul point de l'objet se réunissent exactement sur un seul point de la retine, c'est ce qui fait le *Pinceau optique*. Voyez PINCEAU. Si les rayons d'un seul point ne se reunissent pas exactement sur un seul point de la retine par les refractions des humeurs de l'œil, & principalement du Crystallin, (voyez CRYSTALLIN,) il est évident qu'un même point de l'objet agit sur plusieurs points de la retine, & qu'un seul point de la retine reçoit l'impression de plusieurs points de l'objet, & qu'il confond les actions des diverses points de l'objet, & par consequent brouille leurs images qui ne consistent que dans leur action. Les refractions du crystallin qui sont destinées à réünir sur un seul point les rayons partis d'un seul point, font donc la cause de la netteté ou de la confusion de l'image, ces refractions pouvant être defectueuses, il y a des moyens naturels & artificiels de reparer leurs défauts. Voyez CRYSTALLIN. La *force* ou la *vivacité* de l'image dépend de la quantité de rayons qu'envoye chaque point de l'objet. Il est certain qu'un point plus éloigné en envoye moins qu'un plus proche, & que par consequent son action ou son image est plus foible. C'est pourquoi la nature a fait que la prunelle s'ouvre davantage pour les objets éloignés ou peu éclairés, que pour ceux qui sont plus proches ou plus lumineux, & par-là elle reçoit plus de rayons de ceux dont elle a besoin d'en recevoir davantage. Il y a aussi quelques moyens artificiels de rendre l'image d'un objet plus vive, par exemple, on peut le mettre dans un lieu où la lumiere sera augmentée, ou par reflexion ou par refraction. Voyez FOYER. Une image très confuse peut être très-vive, & une très-foible peut être très-nette. Enfin la *grandeur* de l'image dépend de la grandeur de l'angle que font à l'entrée de l'œil deux rayons partis des deux extrémités de l'objet, qui se croisent. L'image de l'objet sur la retine est la base de cet angle, & cet angle demeurant le même, il est clair que plus la base peut s'en éloigner, plus elle est grande. Ainsi l'image de l'objet seroit plus grande si l'œil étoit plus long, & elle l'est effectivement quand on peut faire que les rayons partis des deux extrémités de l'objet

se croisent plus loin de la retine que n'est la prunelle & ne se décroisent plus. C'est ce que font quelquefois les lunettes, qui rendent en quelque façon l'œil plus long de toute la longueur de leur tuyau. Mais leur effet le plus ordinaire est d'augmenter l'angle sous lequel entrent les deux extrémités de l'objet, & alors l'image en est augmentée, & en même-tems il paroît plus proche. Cette augmentation de l'angle est causée par les refractions des verres. Une image grande ou petite peut être nette ou confuse, vive ou foible. Il est aisé de voir comment toutes ces circonstances de la Vision dépendant des principes differens, peuvent être differemment combinées.

La Vision se fait ou par des rayons qui viennent directement de l'objet, ou par des rayons qui n'arrivent de l'objet à l'œil qu'après s'être reflechis sur quelqu'autre corps, comme sur un miroir, ou par des rayons qui avant que d'arriver à l'œil ont souffert quelque refraction, en passant par des verres convexes ou concaves. Ces trois sortes de Vision font l'objet d'une science qu'on appelle *Optique*, & qui se subdivise en *Optique Catoprique*, & *Dioptrique*. Voyez ces mots.

On appelle *Vision beatifique* l'Action par laquelle les Anges & les Bienheureux voyent Dieu dans le Ciel.

VISIR. s. m. On appelle *Grand Visir*, ou autrement *Visir Azem*, c'est-à-dire, Chef du Conseil, le premier Ministre de l'Empire Turc, en qui réside toute l'autorité du Sultan. Toute la ceremonie qu'on pratique quand on veut faire un premier Visir, c'est de lui mettre entre les mains le Sceau du Grand Seigneur, sur lequel est gravé le nom du Sultan qui regne, & il le porte toûjours dans son sein. En vertu de ce sceau là il est revêtu de tout le pouvoir de l'Empereur, & sans observer aucune formalité, il peut lever tous les obstacles qu'il trouvera à la liberté de son administration. Ce fut Amurat I. qui passant en Europe avec Lala Schahin, son Gouverneur, le fit Chef de son Conseil & General de son armée, avec laquelle il prit Andrinople. Les autres Sultans ont toûjours fait subsister cette même Charge depuis ce tems-là; & quand ils parlent familierement au premier Visir, ils l'appellent encore *Lala*, qui veut dire Gouverneur ou Protecteur. Outre le premier Visir, il y en a encore six autres, qui sont appellés *Visirs du Banc* ou *du Conseil*. Ceux-là n'ont aucune autorité quand il s'agit des affaires de l'Etat & qui regardent le Gouvernement. On a coûtume pour remplir ces Charges, de choisir des personnes graves qui en ont déja exercé quelqu'autre, & qui sont sçavans dans la loi. Ils ont séance dans le Divan avec le premier Visir, mais ils n'ont point de voix deliberative, & ils ne peuvent donner leurs avis, ni rendre aucun jugement sur quelque affaire que ce soit, à moins que le Grand Visir ne les consulte sur quelque point de la loi; ce qui lui arrive rarement, à cause qu'il croiroit faire tort à sa capacité & à son experience. Leurs gages, qui se prennent dans le tresor du Sultan ne vont tout au plus qu'à deux mille écus par an. Chacun de ces six Visirs a pouvoir d'écrire le nom du Grand Seigneur au bas de tous les ordres & commandemens que l'on envoye au dehors de sa Charge. Le premier Visir soûtient sa Charge avec beaucoup de splendeur, ayant d'ordinaire à sa Cour plus de deux mille Officiers & domestiques. Quand il se montre en public dans quelque ceremonie, il porte deux aigretes au devant de son turban. Ces aigretes sont garnies de diamans & d'autres pierres précieuses, & on porte devant lui trois queües de cheval attachées au bout d'un grand bâton, avec un bouton d'or par en haut. Comme il represente le Grand Seigneur, il est l'interprete de la loi ou plûtôt le maître. Il n'y a personne qui ne puisse decliner le cours de la Justice ordinaire, & faire juger sa cause devant lui, si ce n'est que ses grandes occupations, ou le peu de merite de l'affaire, l'obligent à la renvoyer pour être jugée selon la loi. Il va au Divan quatre fois chaque semaine, le Samedi, le Dimanche, le Lundi, le Mardi; & les autres jours, à l'exception du Vendredi, il tient le Divan chez lui. Il n'y va jamais qu'il ne soit suivi de quantité de Chiaoux, & d'une autre sorte d'Officiers qui ne servent qu'à l'accompagner en ce lieu-là. Lorsqu'il descend de cheval pour entrer dans le Divan, ou qu'il en sort pour retourner en son Palais ou Serrail, il est suivi d'une infinité de monde avec des acclamations & des prieres pour sa prosperité & pour sa santé. Son pouvoir égale celui du Grand Seigneur, à la reserve qu'il ne peut faire couper la tête à aucun Bacha, si ce n'est en vertu de la signature du Sultan, écrite de sa propre main, & venant immediatement de lui. Il ne peut non plus punir un Spahis ou un Janissaire, ni aucun autre Soldat sans la participation de leurs Chefs. En toute autre chose son pouvoir est tel, que quand il trouve à propos de proscrire quelque Officier que ce soit, il obtient aussi-tôt un ordre signé de l'Empereur pour le faire executer. On ne presente aucune requête, & on ne fait point de demandes qui n'ayent passé auparavant par les mains du Grand Visir. Comme cette Charge est la plus considerable de l'Empire Turc, elle est aussi la plus exposée à l'envie de tous ceux qui y prétendent, & cela est cause que les uns ne l'ont possedée que peu de jours, d'autres un mois, quelques-uns un an, & d'autres deux ou trois mois. On ôte souvent la vie au Visir en même-tems que sa Charge, & quelquefois on se contente de le reléguer à quelque gouvernement qu'on lui laisse posseder en paix, sur-tout s'il est connu pour un homme qui ne soit point d'humeur à chercher & à reparer des auteurs de sa disgrace, ou qui ne soit pas assés populaire & assés habile, pour exciter une sedition & pour brouiller. Les revenus que le Grand Visir tire de la Cour, ne vont gueres qu'à vingt mille écus par an. Le reste des richesses immenses que cette charge produit, vient de tous les endroits de l'Empire Turc, il n'y ayant point de Bachas ou de Ministres importans, qui ne fassent de grands presens à celui qui est revêtu de cette Charge, pour obtenir son consentement avant que d'entrer dans leur emploi, & pour s'y conserver quand ils y sont.

VISITANCE. s. f. Vieux mot. Visite.

Mais d'un riche usurier malade
La visitance est bonne & sade.

VISITATION. s. f. Terme de Pratique. Rapport & Jugement d'un procés. On dit en ce sens, qu'*On a condamné la partie aux dépens de la visitation du procés seulement*, c'est-à-dire, à rembourser les consignations pour les Commissaires, & les épices du Rapporteur. On dit aussi que *les Juges ont ordonné la visitation d'un lieu contentieux*, pour dire, qu'Ils ont nommé des experts pour s'y transporter, afin de verifier & d'estimer les reparations, degradations & autres choses sur lesquelles il y a contestation formée.

On appelle *Visitation*, Une Fête qui se celebre le second jour de Juillet dans l'Eglise Romaine, en memoire de la visite que la Vierge fit à sainte Elisa-

beth. Les Imagers appellent aussi *Visitation*, Une estampe dans laquelle cette visite est representée. Il y a un Ordre de Religieuses, qui est appellé l'*Ordre de la Visitation*.

VISITEUR. s. m. Celui qui fait la visite dans un Couvent, & qui a droit de la faire, pour voir si tout est dans l'ordre, & si l'on a soin de bien garder là discipline reguliere dans le Monastere qu'il visite. En Espagne il y un Visiteur & Inquisiteur general. Les *Visiteurs des Vaisseaux*, sont des Officiers établis par l'Ordonnance de la Marine, dont la fonction est d'observer les marchandises des Passagers & leur nombre, l'arrivée & le départ des bâtimens, dont ils sont obligés d'avoir un registre paraphé du Juge. S'il se trouve dans les Vaisseaux des marchandises de contrebande, ils doivent les declarer, & en empêcher la sortie sans congé enregistré.

VISORIUM. s. m. Terme d'Imprimerie. Maniere de demi-late longue d'un pié ou environ, & large à peu près de trois doigts, que le Compositeur à toûjours devant les yeux, & sur laquelle, quand il compose il met une feuille de la copie qu'il attache avec le mordant.

VISSIER. s. m. Vieux mot. Vivres, Provisions. *Et tuit li Vissier & totes les galies de l'ost*. On a dit aussi *Vissiers*, pour une sorte de barques. Dans Villehardouin, *Et li Vissiers as Barons*.

VIT

VITAILLE. s. f. Vieux mot. Viande, vivres. Il est fait de *Victuailles*, comme Victuailles est fait du latin *Victus*.

VITAL, ALE. adj. *Qui sert à la conservation de la vie, d'où dépend la conservation de la vie.* ACAD. FR. Les parties vitales sont le cœur, le foye, le poumon & le cerveau. On appelle *Esprits vitaux*, Ceux qui animent & qui font mouvoir tout le corps. *Action vitale*, se dit de celles qui entretiennent la vie, la respiration, la digestion.

VITELOTS. s. m. Morceaux de pâte, de la grosseur à peu près du petit doigt, qu'on fait cuire avec de l'eau & du beurre, & qu'on mange ensuite avec du vinaigre ou sans vinaigre. On appelle aussi *Vitelots*, De petits morceaux de pâte que l'on coupe en tranches, & que l'on fait cuire & assaisonner à l'Italienne. On leur donne divers autres noms dans les Provinces, & quelques-uns leur conservent celui de *Vermicelli*, qu'ils ont parmi les Italiens.

VITESSE. s. f. Terme de Physique. Rapport de l'espace que parcourt un corps au tems dans lequel il le parcourt. Plus l'espace est grand & la durée du tems petite, plus la Vitesse est grande. Le produit de la Vitesse d'un corps par sa masse fait la quantité de son mouvement. Voyez MOUVEMENT.

On divise la Vitesse en *absolue* & *respective*. La Vitesse absolue est celle d'un corps que l'on ne compare à aucun autre. La Vitesse respective est celle par laquelle deux corps s'approchent ou s'éloignent l'un de l'autre, soit que leurs Vitesses absolues soient égales, soit qu'elles soient inégales, soit même qu'il n'y ait que l'un des deux corps qui se meuve. Ainsi si de deux corps qui vont l'un vers l'autre, l'un fait en une minute l'espace d'un pié, & l'autre l'espace de deux, la Vitesse respective dont ils s'approchent, & avec laquelle ils se conqueront, sera de trois piés. C'est la même chose s'ils s'éloignent l'un de l'autre, ou même si l'un étant en repos, l'autre qui va vers lui ou qui s'en éloigne, fait trois piés en une minute.

GGgg iij

VITIABLE. adj. Vieux mot. Vitieux.

VITONNIERES. f. m. Terme de Marine. Canaux ou égouts qui regnent à fond de cale de proue à pouppe à côté de la carlingue. Ces canaux sont couverts par des planches qui se levent & se baissent quand on a besoin de les nettoyer.

VITRAIL. f. m. Grande fenêtre d'une Eglise ou d'une Basilique, avec des croisillons de pierre ou de fer.

VITRE. f. f. Assemblage de plusieurs pieces de verre mises en plomb par un Vitrier. On dit aussi *Vitres d'un carrosse.*

Vitre se dit encore d'une grande piece de verre, qui sert de couvercle à la montre que font les Orfevres & les Couteliers, & qu'ils mettent sur leur boutique. On donne ce même nom de *Vitre*, au verre d'une piece de poche, & à celui que l'on met sur un pastel ou une miniature. M. Menage fait venir ce mot de *Vitria*, employé en la même signification par les Auteurs de la basse Latinité. Les panneaux de Vitres qu'on fait aujourd'hui de verre blanc, soit pour les Eglises, soit pour les Maisons particulieres, sont differens selon les differentes figures dont on les compose. Il y en a qui sont appellées *Pieces quarrées*, & d'autres *Losanges*. M. Felibien en fait le dénombrement, & dit qu'on les appelle *De la double borne, De la borne en pieces couchées*, ou *quarrées*; *Bornes debout*; *Bornes couchées en tranchoir pointu*; *Tranchoirs en losanges*; *Bornes doubles & simples*; *Bornes couchées doubles*; *Bornes longues en tranchoir pointu*; *Tranchoir pointu à tringlette double*; *Tringlettes en tranchoirs*; *Chesnons*; *Moulinets en tranchoirs*; *Moulinets doubles*; *Moulinets à tranchoirs évidés*; *Croix de Lorraine*; *Croix de Malte*; *Molette d'éperon*; *Feüilles de laurier*; *Bâtons rompus*; *Dn dé*; *Façon de la Reine*, & autres differentes manieres, selon que les Ouvriers se plaisent à inventer de nouveaux compartimens.

VITRERIE. f. f. Tout ce qui appartient à l'art d'employer le verre. On ne s'en est servi pour les vitres que long-tems après qu'on l'a inventé. On en avoit fait déja de très-beaux ouvrages, & M. Felibien nous apprend du tems de Pompée. Marcus Scaurus fit faire de verre une partie de la scene de ce superbe theatre qui fut élevé dans Rome pour le divertissement du peuple. Cependant, ajoûte-t'il, il n'y avoit point alors de vitres aux fenêtres des bâtimens. Si les personnes les plus nobles & les plus riches, vouloient avoir des lieux clos & bien fermés, comme doivent être les étuves & les bains & quelques autres endroits, où pût entrer la lumiere, sans que l'on reçût aucune incommodité du froid & du vent, on fermoit les ouvertures avec des pierres transparentes, telles que sont les agathes, l'albâtre, & d'autres marbres travaillés avec délicatesse; mais lorsqu'ensuite l'utilité du verre a été connue pour un tel usage, on s'en est servi au lieu de pierres, & l'on a fait d'abord de petites pieces rondes que l'on assembloit avec des morceaux de plomb refendus des deux côtés, afin d'empêcher que le vent ni l'eau ne puissent passer. C'est ainsi qu'ont été faites les premieres vitres de verre blanc.

Comme l'on faisoit du verre de differentes couleurs dans les fourneaux des Verriers, on en prit quelques morceaux qu'on arrangea par compartimens pour mettre aux fenêtres; & ce fut-là l'origine de la Peinture qu'a été faite ensuite sur les vitres. L'agreable effet que firent ces morceaux ainsi rangés, fut cause qu'on ne se contenta pas de cet assemblage de diverses pieces coloriées, on voulut représenter

toutes sortes de figures & même des histoires entieres, ce qui se fit d'abord sur du verre blanc, en se servant de couleurs détrempées avec la colle, & parce que l'on s'apperçut bien-tôt que les injures de l'air les effaceroient en peu de tems, on chercha d'autres couleurs, qui après avoir été couchées sur le verre blanc, & même sur celui qui avoit été déja colorié dans les Verreries se pussent parfondre & incorporer avec le même verre en le mettant au feu. On y réussit si heureusement que la beauté de nos anciennes vitres en est une preuve incontestable.

VITRE', E'E. Qui est garni de vitres, fermé par des vitres.

On appelle en termes d'Anatomie, *Humeur vitrée*, Une des trois humeurs qui se rencontrent dans l'œil. Celle-là se trouve dans sa partie posterieure où elle est enveloppée d'une membrane très-fine & très-déliée. Elle brille comme un diamant, & semble être composée d'une quantité de fibres molles. Elle est beaucoup plus grande que les deux autres, qui sont l'aqueuse & la cristaline. On dit aussi *Pituite vitrée*. C'est une pituite transparente.

VITRIFICATION. f. f. Operation Chymique, qui par un feu violent convertit en verre quelque matiere.

VITRIFIER. v. a. Terme de Chymie. Réduire en verre, par un feu très-violent les pierres, les métaux, les mineraux, & autres choses semblables transparentes.

VITRIOL. f. m. *Espece de mineral qui est acide.* ACAD. FR. Le Vitriol s'engendre dans les entrailles de la terre par le moyen de quelque calcination qui s'y fait, lorsque la mine du mars ou du cuivre vient à être rongée par l'esprit acide du souphre qui se coagule avec la mine, & forme le corps qu'on appelle *Vitriol*. Il doit être different selon que la mine corrodée est differente. Si c'en est une de cuivre, la couleur du Vitriol est bleue; si c'en est une de mars, sa couleur est verte; & si c'est l'une & l'autre, il participe ces deux couleurs. Le Vitriol de Chypre & celui de Hongrie, qui sont fort bleus, participent du cuivre; & le Vitriol Romain, qui est vert, tient du mars, comme celui d'Allemagne. On peut connoître comment le Vitriol naturel s'engendre, par la maniere dont se fait l'artificiel. On prend de l'esprit acide de souphre, qu'on délaye avec de l'eau, après quoi on y ajoûte du mars ou du cuivre, que corrode l'esprit acide de souphre. Cette calcination corrosive étant faite, on filtre & on laisse évaporer la matiere calcinée, & on la met ensuite à la cave, où il se forme des cristaux de Vitriol bleus ou verts, c'est-à-dire, qui tiennent du mars ou du cuivre. Ce Vitriol est entierement semblable au naturel. Ettmuller dit dans sa Chymie nouvelle raisonnée, que la plus belle & la plus utile maniere de composer le Vitriol artificiel, est de prendre des lamelles de fer ou de cuivre, de les stratifier & cementer dans un creuset avec de la poudre de souphre, & de les calciner ainsi sur le feu. Lorsque le souphre s'enflamme, l'esprit acide s'en détache pour corroder la substance du mars ou du cuivre, & la calcination étant faite, on met ce mélange dans de l'eau simple, qui devient verte si c'est du mars, & bleue si c'est du cuivre que l'on employe. Il faut filtrer la liqueur, & la faire évaporer à la quantité requise, & on trouve au fond de très-beaux cristaux. Ce Vitriol artificiel a le même usage & les mêmes effets que le naturel, qui se trouve en terre en forme de Vitriol ou sous la forme d'une pierre sulphureuse nommée *Pyrites*, qui participe au mars ou au cuivre & au souphre, & dont on fait ensuite le Vitriol en la concassant, en la calcinant & en l'exposant ensuite à l'air, pendant quoi le Vitriol se forme de lui-même, ou bien on le tire avec de l'eau par une lessive qu'on en fait. On trouve peu de Vitriol pur & simple, à l'exception de celui de Chypre & de Hongrie. Celui de Rome & d'Allemagne sont d'ordinaire mêlés. Quand on veut en avoir de pur pour l'usage de la Medecine, on le prepare en dissolvant du Vitriol de. mars ou de .cuivre dans l'eau simple. On fait bouillir la dissolution sur le feu, & pendant cela on y met des verges de fer; ce qui fait précipiter le cuivre au fond, parce que l'acide qui est dans le Vitriol, quitte le cuivre pour s'attacher au mars. On calcine le Vitriol en blancheur pour le distiller, & d'abord il en sort un phlegme, que l'on appelle autrement *Rosée de Vitriol.* Il sort ensuite beaucoup de phlegme insipide, qu'on nomme *Phlegme de Vitriol.* Lorsque la liqueur devient acide, on augmente le feu, & il se forme des nuages qui se coagulent, & qui suit l'*huile de Vitriol.* La distillation se termine par l'*huile de Vitriol,* qui sort la derniere. Toute la difference qui se trouve entre l'huile & l'esprit de Vitriol, c'est le plus ou moins d'acidité. L'huile qui souffre la derniere violence du feu, enleve avec soi des particules metalliques; ce qui la rend grossiere & obscure, & l'esprit est mêlé avec plus de phlegme ou d'eau. Par cette raison, il est moins acide que l'huile, dont l'acide est concentré, & qui a besoin d'un feu plus violent. La tête morte paroit tantôt noire, ce qui fait connoître qu'elle est privée de tous les esprits, & tantôt brune, ce qui est une marque que tous les esprits n'en sont point encore sortis. Cette tête morte calcinée & dissoute dans l'eau commune donne un *Sel de Vitriol,* qui est acide & joint à quelque partie de mine. On appelle *Terre douce de Vitriol.* La tête morte dont le sel fixe a été tiré à la lessive. C'est proprement un safran stiptique des métaux, ou la partie métallique de la mine qui est restée après la séparation de l'esprit de souphre, qui par sa corrosion a changé le métal en Vitriol. La tête morte du Vitriol de cuivre ou de Venus, renferme la poudre de sympathie, qui guerit les playes par une faculté magnetique. On expose pendant les Jours Caniculaires du Vitriol de cuivre au Soleil, pour le calciner en jaune. Il ne faut pas que les rayons soient trop chauds, à cause que la vertu sympathique, ou le souphre de Venus en quoi elle consiste, se dissiperoit. Il faut aussi empêcher que la pluye ne tombe sur la préparation, parce qu'elle en feroit un veritable Vitriol. Le Vitriol pris interieurement échauffe & desseche jusqu'au quatrième degré. Il est astringent, conserve les chairs qui sont trop humides, & les resserre en consumant leurs humidités; Il empêche la pourriture & fortifie les parties internes. C'est l'alexipharmaque du poison qui vient des champignons que l'on a mangés. Les eaux de Spa & de Pougues, qui sont remplies de qualités vitrioliques, guerissent les maladies les plus desesperées, à cause des facultés qu'elles tirent du Vitriol, par le moyen duquel elles pénétrent jusques dans les sinuosités de toutes les parties, elles nettoyent ce qui est nuisible, sans toucher à ce qui est profitable ; mais comme ce suc mineral est acre & mordicant, & qu'il excite le vomissement, il est fort mauvais pour l'estomac; de sorte que l'on ne s'en doit servir, ainsi que des eaux de Spa, qu'avec de grandes précautions. Le même Vitriol employé exterieurement est astringent, mondifie les ulceres, & ride le

cuir, ainsi que l'alun, avec lequel il a grande affinité. M. Ménage fait venir *Vitriol,* à *vitreo colore,* comme étant luisant, & ayant par là quelque ressemblance avec le verre.

VITRIOLIQUE. adj. Qui renferme une qualité de Vitriol. M. Bernier dit dans son Abregé de la Philosophie de Gassendi, que si on jette du fer dans de l'eau vitriolique, & qu'on fasse fondre la poudre rouge qui naîtra sur la superficie de ce fer, cette poudre se trouvera être du cuivre, ce qui est une preuve de la transmutation.

V I V.

VIVANDIER. s. m. Marchand qui suit les Troupes, qui porte des provisions de bouche sur des charrettes & sur des chevaux, & qui vend les vivres dont les Soldats ont besoin dans les divers campemens que fait l'armée. Il se dit aussi de celui qui suit la Cour pour y vendre des vivres & autres necessités.

VIVE. s. f. Poisson de mer qui a la chair fermé, le ventre blanc & fait en arc, le dos droit & brun, la bouche grande & sans dents, l'ouverture de la bouche oblique, avec des arêtes fort piquantes. La Vive est à peu près de la taille du Maquereau, & a ses aiguillons venimeux, même après sa mort, principalement ceux qui sont au bout de ses ouies. Aussi les Pêcheurs & les Marchands de poisson sont-ils obligés de les couper, suivant les Reglemens de Police. On croit qu'on a appellé ce poisson *Vive,* parce qu'il demeure long-tems en vie.

VIVELLE. s. f. Petit reseau qu'on fait à l'aiguille pour reprendre un trou dans une toile déliée au lieu d'y mettre une piece.

VIVIER. s. m. Reservoir d'eau courante ou dormante, bordé de maçonnerie, où l'on met du poisson pour peupler & pour en avoir dans le besoin.

VIVIFIER. v. a. *Donner la vie & la conserver.* ACAD. FR. Les Chymistes se servent aussi du mot *Vivifier,* pour dire, Donner un nouvel éclat, une nouvelle vigueur aux corps naturels par le moyen de leur art, & particulierement au mercure, lors qu'après qu'il est fixé on amalgame, ils le remettent en sa premiere forme, qui est mobile & coulant.

VIVRE. s. f. Terme de Blason. Il se dit d'un serpent tortueux appellé autrement *Guivre* ou *Givre.* Les uns veulent qu'on ait fait ce mot de *Vipera,* Vipere, & les autres de *Hydra,* qui veut dire aussi Serpent.

VIVRÉ, ÉE. adj. Terme de Blason. Il se dit des bandes & fasces qui sont sinueuses & ondées, avec des entailles faites d'angles. entrans & sortans, comme des redents de fortification. *De gueules à la bande vivrée d'argent.*

V I Z

VIZCACHA. s. m. Espece de lapin qui se trouve dans le Perou, & qui a la queue aussi longue que celle d'un chat. Ces animaux sont petits & doux, de couleur de gris blanc ou cendré, & s'engendrent dans les deserts pleins de neiges. Sous l'Empire des Yncas, & même depuis, ceux du païs en filoient le poil, dont ils faisoient de riches étoffes pour la beauté.

U L C

ULCERATION. s. f. Petite ouverture du cuir

qu'un ulcere a faite.

ULCERE. f. m. Terme de Medecine. Solution de continuité, faite par une acrimonie qui corrode & confume la fubftance de la partie. Ce corrofif eft un acide qui en corrompt l'aliment propre, & le change en un excrement acre, ou en fanie, felon que cet acide eft plus ou moins abondant. La corruption de l'aliment a auffi fes differens degrés, & l'ulcere eft plus ou moins opiniâtre ou purulent, ou fanieux, ou vermineux, difficile à réunir, chancreux, douloureux, malin & contagieux, avec carie & gangrene. Ainfi les Ulceres des parties nerveufes font d'autant plus difficiles à guerir, qu'ils naiffent facilement, à caufe que leur aliment étant extrêmement tempré de fel volatile acre que celui des parties fanguines, il s'aigrit & fe corrompt prefque auffi-tôt qu'il s'altere, & par le défaut du correctif, il devient d'autant plus acre, que l'efprit animal fe diftribue & s'exhale plus promptement dans ces parties. Au contraire les parties fanguines qui abondent en fel volatile, acre & huileux, contractent plus mal-aifément l'acide, qui étant contracté fe tempere plus facilement, & rend les Ulceres plus benins. Ils font opiniâtres & très-douloureux dans les parties glanduleufes, & furtout fous les aiffelles, & enfuite vers les aines, où elles s'étendent, & par leur acide corrofif rongent les parties voifines. Cet acide, qu'on peut nommer Corrupteur, paffant de l'ulcere à l'os voifin, ou s'y engendrant par la corruption de l'aliment de l'os que l'air aura infecté, ou par quelque acide étranger qui aura été diftribué avec l'aliment de l'os, le corrode, le rend carieux, & forme un Ulcere compliqué avec carie, incurable, & qui renaîtra cent fois, à moins qu'on ne remedie à cette carie de l'os. On appelle *Ulceres fordides*, ceux qui jettent quantité d'ordures craffes & des excremens mucilagineux. Ils font nommés *Ulceres putrides*, lorfqu'ils répandent en même-tems une odeur puante & cadavereufe ; & quand la circonference de la playe s'étend de plus en plus au loin & au large avec les mêmes ordures, ce font des *Ulceres corrofifs*. Tous les Ulceres inveterés, fur-tout ceux des jambes, qui font enracinés fi profondément qu'on a de la peine à les guerir & à les confolider, font appellés *Ulceres dyfepulotiques*, & on les appelle auffi *Phagedeniques*, du Grec φάγημαι, parce qu'ils gagnent & mangent les parties voifines. L'*Ulcere de l'oreille* eft ou manifefte ou apparent. Le premier vient d'un abfcès qui fuit l'inflammation, ou d'une lymphe trop acre qui y eft chariée, & qui exulcere le conduit interne. L'*Ulcere apparent*, c'eft lorfqu'il fort de la fanie des oreilles, quelquefois fans qu'aucune douleur ait précedé. Ce flux dure même long-tems; & quand il s'arrête, il furvient divers fymptomes du flux & du cerveau, à quoi la continuation du flux remedie. C'eft ce qu'on remarque fort fouvent dans les enfans qui font délivrés de diverfes maladies par les flux plus ou moins fordides des oreilles. Les veritables Ulceres des oreilles, lorfqu'ils font durables ou inveterés, dégenerent facilement en fiftule, ou en corrodant ils donnent occafion aux membranes de produire une excrefcence charnue qui bouche l'ouie, & qui eft nommée par les Grecs ἐπιπούρημα.

ULCION. f. f. Vieux mot. Vengeance, du Latin *Ultio*, qui veut dire la même chofe.

ULM

ULMARIA. f. f. Plante qui croît fort abondamment auprès des foffes pleines d'eau, dans les prés & fur le bord des rivieres, & qu'on a nommée ainfi du Latin *Ulmus*, Orme, à caufe que dans toutes fes parties elle reffemble à cet arbre. Elle eft dans fa vigueur & fleurit principalement aux mois de Juillet & d'Août. On ne laiffe pas d'en trouver quelquefois en cet état dès le mois de Juin. Ses excellentes proprietés la font auffi appeller *Regina prati*. Elle eft froide & feche, & a une vertu manifeftement aftringente. Sa racine en décoction, ou réduite en poudre, eft fort bonne à ceux qui ont la dyfenterie, & arrête tout flux de fang & de ventre. On tient que fes fleurs bouillies dans du vin emportent les accès de la fiévre quarte.

UMB

UMBILICAL, ALE. adj. Qui appartient au nombril. On appelle *Veine umbilicale*, la Veine nourriciere du fœtus. Elle s'étend depuis la féparation du foye jufques au nombril, & porte la nourriture à l'enfant, lorfqu'il eft encore dans le ventre de fa meie. On appelle *Vaiffeaux umbilicaux*, des Vaiffeaux qui paffent entre les deux tuniques du peritoine & fe joignent au nombril. Ils font au nombre de quatre, la veine umbilicale, deux arteres, & l'ouraque dont la veine eft la nourrice du fœtus. Il refpire ou tranfpire par le moyen des arteres, & il fe décharge de fon urine par l'ouraque. Tous ces vaiffeaux fe flétriffent quand l'enfant eft né, & fe changent en un ligament qui fert pour attacher le foye ou la veffie. Ce mot *Umbilical* vient d'*Umbilicus*, dérivé d'*Umbo*, qui fignifie la boffe ou le bouton, qui eft au milieu d'un bouclier, ce qu'on a appliqué au nombril par reffemblance.

UMBILICUS *Veneris*. f. m. Plante qui eft de deux fortes. L'une a fes feuilles tournées comme une coupe, & l'autre les a larges, graffes & faites en maniere de cueillir. Voyez COTYLEDON, & CYMBALIUM.

UMBRIL. f. m. Vieux mot. Nombril.

UMBROYER. v. a. Vieux mot. Ombrager.

UNA

UNAU. f. m. Animal monftrueux qui fe trouve dans l'Ifle de Marignan. Il a la tête ronde prefque comme celle d'un homme, le poil d'un chien, quatre piés, & trois ongles longs à trois orteils avec lefquels il s'accroche aux arbres où il veut monter. Il n'en defcend qu'après qu'il en a mangé les fruits & toutes les feuilles. Il eft fort lent à fe remuer, & fi pareffeux que les Efpagnols, à caufe de la maniere lente dont il fe traîne, lui ont donné le nom de *Pareffo*. L'Eclufe qui a vû un de ces animaux qu'on avoit tué, dit que depuis le cou jufqu'au bout du dos il avoit un peu plus d'un pié de long, & que fa groffeur étoit d'environ autant. Son col étoit long de demi-pié, & gros de quatre pouces en y comprenant le poil. Ses jambes de devant jufqu'à la jointure de fes piés qui avoit plats comme ceux d'un ours, avoient plus de fept pouces, mais celles de derriere en avoient feulement fix & demi, de forte qu'il s'en falloit prefque un pouce qu'elles n'euffent la même longueur que les jambes de devant. Ses piés, tant ceux de devant que ceux de derriere, avoient trois pouces de long depuis leur jointure jufqu'aux ongles, mais ils étoient forts étroits, & c'eft ce qui fait que cet animal a tant de peine à marcher. Chaque pié avoit trois ongles proches l'un de l'autre, longs de deux pouces & demi, blancs & fort aigus. Le deffus étoit courbé comme un arc, & le deffous deſſous cave. Tout ſon corps, depuis le ſommet de la tête juſqu'aux ongles, étoit couvert d'un poil long & épais, en partie noir, & en partie cendré comme celui d'un Blereau, plus mol toutefois, & depuis le col le long du dos preſque juſqu'aux jambes de derriere, il étoit marqué d'une ligne de poil noir. Un crin noir qui pendoit des deux côtés, couvroit tout le col depuis la tête juſqu'aux jambes de devant. Cette tête étoit petite, & couverte d'un court poil rouſſâtre, ainſi que la mâchoire d'en-bas & une partie de la gorge. Son muſeau reſſembloit en quelque ſorte à un ſinge dont il avoit les narines. Il étoit plat, court, & ſans poil avec des dents courtes & aſſés larges. Cet animal n'a pas la gueule fort grande.

UNI

UNI, ɪᴇ. adj. Egal, qui n'eſt pas plus bas ou plus haut en un endroit qu'en un autre. On appelle en termes de Manége, *Cheval uni*, Un cheval dont les deux trains, devant & derriere, ne font qu'une même action, ſans que le cheval change de pié ou galoppe faux. On dit dans ce même ſens qu'*Un cheval s'unit*, qu'*Il marche uniment*, pour dire, que Le train de derriere ſuit, & qu'il accompagne bien celui de devant.

UNION. ſ. f. *Jonction de pluſieurs choſes enſemble*. ACAD. FR. On dit en termes de Peinture, qu'*Un tableau eſt peint avec une belle union de couleurs*, pour dire, que Ces couleurs s'accordent bien toutes enſemble, & à la lumiere qui les éclaire ; qu'il n'y en a point de trop fortes qui détruiſent les autres, & que le Peintre a ſi bien traité toutes les parties qu'il n'en eſt aucune qui ne faſſe ſon effet. M. Daviler dit qu'*Union*, dans l'Architecture, peut ſignifier l'harmonie des couleurs dans les materiaux, laquelle contribue avec le bon goût du deſſein à la décoration des édifices.

UNISSON. ſ. m. Terme de Muſique. Conſonance de deux ſons ou battemens d'air, que produiſent deux corps de même nature & matiere, de même longueur, groſſeur ou tenſion, également touchés dans le même tems, en ſorte qu'ils faſſent entendre le même ton. Deux cordes d'un même lut, ou de deux luts differens, mais voiſins l'un de l'autre, étant à l'uniſſon, on n'en ſçauroit toucher l'une que l'autre ne reſonne ou du moins ne tremble en même-tems, ce qui n'arrive pas aux cordes qui font entre elles d'autres accords, ſi ce n'eſt quelquefois à celles qui ſont à l'octave l'une de l'autre. La raiſon en eſt que dans les cordes qui ſont à l'uniſſon l'air pouſſé par les vibrations de l'une trouve l'autre diſpoſée à de pareilles vibrations, & toutes les impreſſions qu'il fait ſur elle à chaque inſtant, favoriſent ce mouvement. Il en va à peu près de même des cordes qui ſont à l'octave. Mais dans celles qui ſont montées pour s'accorder à l'octave, ſi on touche l'une, l'autre ne ſe met pas en mouvement, parce que l'air agité par la premiere donne à l'autre des ſecouſſes contraires au mouvement qu'elle eſt diſpoſée à prendre, & la frape le plus ſouvent à contre-tems. On pourroit expliquer de la même façon pourquoi de certains bruits font grincer les dents ; pourquoi quelquefois dans les Egliſes on voit les vitres trembler à un certain jeu d'orgues, qui ne tremblent pas à un plus fort, &c. Tout cela vient de ce que ces corps ſont en quelque ſorte montés à l'uniſſon, c'eſt-à-dire, que le mouvement imprimé à l'air par les uns trouve les autres préciſément diſpoſés à recevoir les mêmes vibrations, au lieu que toutes ſortes de vibrations, plus promptes,

où plus lentes, l'iſne les prendroi ent pas. *Uniſſon*, ſe dit auſſi de la conjonction de deux ou de pluſieurs ſons, ſi parfaitement ſemblables, que l'oreille qui les reçoit ne croit entendre qu'un unique & même ſon.

UNITAIRES. ſ. m. Nom que l'on donne aux Antitrinitaires d'aujourd'hui qu'on appelle auſſi *Sociniens*. Ils n'approuvent que le ſeul Symbole des Apôtres, & en rejettant celui de Nicée, & celui qui eſt attribué à ſaint Athanaſe, ils diſent qu'ils n'y trouvent point de conformité à la parole de Dieu, qui n'établit, ſelon eux, qu'un ſeul Dieu qui eſt le Pere. Ainſi ils ne veulent point reconnoître le Fils pour ce ſouverain Dieu, quoiqu'ils le reconnoiſſent auſſi Dieu, mais ils prétendent qu'il ſoit inferieur au Pere à qui il rend honneur. La doctrine de ces Unitaires eſt expliquée aſſés nettement dans leur Catechiſme, qui a été imprimé en 1619. On ne trouve pas beaucoup de litterature dans leurs livres ; auſſi n'ont-ils jamais eu qu'une connoiſſance mediocre de l'Ecriture. On tient même qu'il n'y a aucun d'eux qui ait bien ſçû les langues Orientales. Il eſt vrai qu'ils ſont grands Dialecticiens. La profeſſion qu'ils font de rejetter toutes les autorités, à l'exception de celles de l'Ecriture, leur a fait avancer pluſieurs paradoxes dans la Religion. M. Simon qui a répondu à quelques-uns de ces Unitaires, dit qu'ils n'ont aucune connoiſſance de l'Hiſtoire Eccleſiaſtique, & des Ouvrages des anciens Peres de l'Egliſe, dont ils n'apprennent qu'autant d'Hebreu & de Grec qu'ils ont beſoin d'en ſçavoir pour pouvoir conſulter les Dictionaires & les Concordances de la Bible. Ils ſe ſervent de quelques traductions Latines, qui ont été faites ſur l'une & ſur l'autre langue, & d'un petit nombre de Commentaires à la lettre. S'il leur ſurvient des difficultés, ils ont auſſi-tôt recours à la Concordance, & ils expliquent les mots obſcurs par d'autres qui ſemblent plus clairs, & qui en même-tems fourniſſent le ſens qu'ils cherchent. S'ils trouvent des mots obſcurs, expliqués par de plus clairs qui ſoient contraires à leurs préjugés, ils ne s'embaraſſent point de ceux-là, & choiſiſſent ſeulement ceux qui favoriſent leurs opinions Voyez SOCINIENS.

UNIVERSAIRE. ſ. m. Vieux mot. Anniverſaire.

UNIVERSALITE'. ſ. f. Terme de Logique. Il ſe dit de la qualité des Univerſaux, & en ce ſens l'Univerſalité des hommes eſt la nature humaine.

UNIVERSAUX. ſ. m. p. Terme de Logique. Nature commune qui convient generalement à pluſieurs choſes de même ſorte. On compte cinq Univerſaux, que l'on appelle autrement *les cinq voix de Porphyre*, ſçavoir, le genre, l'eſpece, la difference, le propre & l'accident.

On donne ce même nom d'*Univerſaux* aux lettres circulaires qu'envoyent les Rois de Pologne dans les Provinces & aux Grands du Royaume, quand des affaires importantes les obligent à convoquer les Diettes.

UNIVERSITE'. ſ. f. Aſſemblée de gens doctes, établis par autorité publique pour enſeigner les langues & les ſciences. On appelle *Recteur de l'Univerſité*. Celui qui gouverne l'Univerſité, & ceux qui lui ſont ſoûmis, ſont appellés ſes ſuppôts. Robert Gaguin, Nicole Gilles, & quelques autres, tiennent que l'Univerſité de Paris a commencé ſous Charlemagne qui aſſigna des lieux à Paris à quatre Anglois, Diſciples du Venerable Bede, qui y donnerent les premieres leçons. Ces quatre Anglois furent, ſelon eux, Alcuin, Raban, Jean & Claude. Paul Emile, Jean du Tillet & Paſquier ſoûtiennent

H H h h

que l'Université de Paris n'a pris naiſſance que ſous Louis le Jeune, & ſous Philippe Auguſte ſon ſucceſſeur ; ce qui arriva au tems de Pierre Lombard, Evêque de Paris, qui en fut un ornement très-conſiderable. L'Univerſité fait encore un Anniverſaire pour lui dans l'Egliſe de ſaint Marcel où il a ſa ſepulture. En l'an 1340. Philippe de Valois exempta tout le Corps de l'Univerſité & les Ecoliers, de tous peages, de tailles & autres charges perſonnelles, & il leur donna le Prévôt de Paris pour Juge. C'eſt par devant lui qu'ils ont eu juſqu'à preſent leurs cauſes commiſes. Le Cardinal d'Eſtouteville reforma l'Univerſité en 1452. Les Ecoliers y ont été en ſi grand nombre, que ſelon ce que Juvenal des Urſins atteſte, en une Proceſſion que le Corps de l'Univerſité fit en 1409. de ſainte Geneviéve à ſaint Denys, les premiers y étoient déja arrivés, avant que le Recteur eut encore été que juſqu'à la porte de l'Egliſe des Maturins. Il y a quatre Facultés dans l'Univerſité, la Theologie, le Droit, la Medecine & les Arts. La plus ancienne de ces quatre Facultés eſt celle des Arts, & c'eſt toûjours de ce Corps que le Recteur de l'Univerſité eſt élû. Elle eſt diviſée en quatre Nations, de France, de Picardie, de Normandie & d'Allemagne. On diviſe encore ces Nations en pluſieurs Provinces. Il y en a cinq pour la Nation de France ; ſçavoir celles de Paris, de Sens, de Reims, de Tours & de Bourges, & deux pour la Nation de Picardie. La premiere contient les Dioceſes de Beauvais, d'Amiens & autres ; & la ſeconde ceux de Cambrai, de Laon, &c. La Nation de Normandie eſt pour Rouen & pour les Evêchés ſuffragans, & celle d'Allemagne a été miſe pour la Nation d'Angleterre, qui en fut ôtée pendant les guerres que la France eut contre les Anglois. La Nation d'Allemagne eſt diviſée en trois Provinces, dont la premiere comprend l'Alſace, la Baviere, la Boheme, la Hongrie & la Pologne. La ſeconde, que l'on appelle Des bas Allemans, eſt pour la Lorraine, la Saxe, la Hollande, &c. & la troiſiéme, pour l'Angleterre, pour l'Ecoſſe & pour l'Irlande. Le Recteur qu'on élit tous les trois mois, & que l'on continue aſſés ſouvent, étend l'autorité qu'il a ſur toutes les Facultés juſques à faire ceſſer tous les actes publics, & empêcher que l'on ne faſſe leçon. Ainſi le jour qu'il fait ſa Proceſſion, ce qui arrive quatre fois de l'année, il défend aux Prédicateurs de monter en chaire. On dit qu'il a rang dans les cérémonies publiques après les Princes du Sang, en qualité de Chef de l'Univerſité, que les Rois de France traitent comme leur Fille aînée. Il marche à côté de l'Archevêque de Paris aux enterremens des Rois. Il porte une robe violette quand il prend ſon habit de cérémonie, & une ceinture de ſoye avec des pendans d'or. Une Bourſe à l'antique eſt attachée à cette ceinture, pour marquer ſa primauté ſur tous les Bourſiers de l'Univerſité. Son mantelet, qui lui deſcend tout autour juſqu'à la moitié des bras, eſt fourré d'hermine, & ſon tribunal eſt formé des trois Doyens des Facultés de Theologie, de Droit & de Medecine, & des quatre Procureurs des Nations.

La Faculté de Theologie eſt compoſée de pluſieurs maiſons & ſocietés, dont la principale eſt la maiſon & ſacieté de Sorbonne. Ceux qui aſpirent à s'y faire recevoir, doivent profeſſer un cours de Philoſophie dans quelque College de l'Univerſité avant ou pendant leur Licence. La ſeconde maiſon, eſt la maiſon de Navarre. Il y a encore d'autres Colleges, comme ceux de Montaigu & du Cardinal le Moine, qui ont ce même droit de compoſer une maiſon particuliere. Les degrés de la Faculté de Theologie, ſont le Baccalaureat, la Licence & le Doctorat.

La Faculté de Droit Civil & de Droit Canon, a ſes écoles particulieres qui furent reparées en 1464. ſans que l'on ſçache en quel tems elles ont été bâties. Par une Ordonnance de Blois donnée en 1580. Henri III. défendit que le Droit Civil ne fût enſeigné dans ces écoles, & Louis XIV. l'y rétablit en l'année 1679. Six Profeſſeurs y font des leçons publiques, trois le matin, & trois l'après midi.

La Faculté de Medecine a commencé avec l'Univerſité de Paris, & quoique pendant trois ſiecles, elle ſemble n'avoir point fait de Corps ſéparé de la Faculté des Arts, à cauſe que la Medecine étoit alors enſeignée, par ceux qui profeſſoient la Phyſique, qui en eſt la principale partie, elle ne laiſſoit pas de ſubſiſter, mais elle n'a eu ſon parfait établiſſement que dans le douziéme ſiecle. Elle fit alors une Faculté ſéparée, & eut des Profeſſeurs particuliers, tenant au commencement ſes Aſſemblées dans le Cloître des Mathurins, & enſuite à S. Yves. Elle les tient aujourd'hui dans les Ecoles de Medecine qui furent bâties en 1472. dans la rue de la Bucherie, où le grand Theatre Anatomique fut élevé en 1608. Depuis l'année 1646. Il y a eu quatre Profeſſeurs ordinaires, celui de Phyſiologie & celui des Plantes qui enſeignent le matin, & ceux de Pathologie & de Chirurgie, qui donnent leurs leçons l'après midi. Les Profeſſeurs de Phyſiologie & de Pathologie, outre les écrits qu'ils dictent & qu'ils expliquent à leurs écoliers, ſont obligés de faire chacun tous les ans une anatomie publique, & toutes les operations manuelles y ſont demontrées par celui de Chirurgie. La Ville fournit deux cadavres ſur leſquels ſe font les diſſections. C'eſt une coûtume pour le Profeſſeur des plantes, de conduire pendant le Printems ſes Ecoliers à la campagne, où il leur fait connoître les ſimples, dont il leur a enſeigné les proprietés. Il y a d'ordinaire cent Docteurs Regens dans la Faculté de Medecine de Paris. On en élit un chaque année, pour en être le chef, & pour avoir ſoin de toutes les choſes qui la regardent. On lui donne le nom de Doyen en charge, pour le diſtinguer du Doyen d'ancienneté ; qu'on appelle ſimplement Doyen. Le Chancelier de l'Univerſité a le privilege de donner des proviſions de benefices en differens cas.

On ne ſe plaint preſque pas des Furerieriſtes qui diſent que l'Univerſité d'Angers ne fut établie qu'en 1364. tant d'autres ſont tombés dans cette faute que ce ſeroit une eſpece de prodige de la faire remonter deux ſiecles auparavant comme le prouve l'Auteur de l'hiſtoire de cette Univerſité.

VOA

VOADOUROU. ſ. m. Fruit d'une plante de l'Iſle de Madagaſcar, appellée Donrou ou Fonſi, ce qui le fait auſſi appeller Voatfonſi. Cette plante croît en maniere de panache, & ſes feuilles ont une toiſe de longueur & deux piés de large. Il y en a même qui ſont longues de plus de huit ou dix piés, ſans compter la tige qui a quelquefois deux piés de longueur. Quand elles ſont ſeches, on les nomme Rates, & les tiges appellées Falafes, ſervent à bâtir les murailles des maſures. Les unes & les autres ſe peuvent conſerver pendant ſix ans, & les feuilles vertes ſervent de nate, d'aſſiette & de gobelet. Le Voadourou qui eſt le fruit

VOA

de la plante croît en forme d'une grappe, longue comme l'épi du blé de Turquie. Elle est enfermée dans une écorce dure, & chaque grain ou baye est comme un gros pois, environné d'une chair bleue dont on fait de l'huile. On se sert des bayes à faire de la farine pour manger avec du lait. Les habitans du Pays ont toûjours de ce fruit dans la bouche, avec une espece de feuille appellée *Betel*, & un peu de chaux qu'ils mâchent, tant pour se faire l'haleine douce que pour la santé.

VOAHELATS. s. m. Meures blanches qui se trouvent dans l'Isle de Madagascar, & qui sont d'un goût si aigre & si âpre, qu'elles emportent la peau de la langue. Elles ont quelque ressemblance avec nos meures, mais les feuilles de l'arbre qui les porte sont fort differentes de celles de nos meuriers.

VOALE'. s. m. Petit arbrisseau qui pousse une fleur semblable au muguet sauvage que les Apothicaires appellent *Lilium convallium*. Il croît dans cette même Isle de Madagascar.

VOAME. s. m. Petits pois ou feves rouges que porte une petite plante qui traîne par terre & qui croît dans les Isles de l'Afrique. Les Orfevres de ce pays à qui le Borax est inconnu, s'en servent pour souder l'or, en mêlant ces pois réduits en poudre ou en farine avec du suc de limon, & l'or qu'ils veulent souder devient souple & maniable quand il est trempé dans ce mélange. Les Indiens du Malais appellent cette sorte de pois *Conduri*, & ceux de Javan *Saga*. Ils s'en servent pour peser au lieu de poids.

VOANANE. s. m. Fruit long d'un demi-pié, & composé de quatre parties. Il a le goût des poires pierreuses, & est estimé un remede souverain contre le flux de ventre. Il se trouve dans l'Isle de Madagascar.

VOANATO. s. m. Fruit d'un gros arbre qui croît au bord de la mer dans la même Isle. La chair en est nourrissante encore qu'elle soit tenace. Les habitans du pays la mangent ou seule, ou avec du lait & du sel. Le bois de cet arbre est fort massif & propre à être employé pour des édifices. Il est d'une netteté particuliere & extrêmement poli, & n'est sujet ni à se carier ni à se pourrir.

VOANDROU. s. m. Plante qu'on trouve dans l'Isle de Madagascar où elle croît avec assez de facilité. Son fruit qui est une espece de féve demeure caché sous terre, & chaque cosse n'en enferme qu'une. Ses feuilles sont trois à trois comme celles du tresse, & elle n'a ni rameau ni tige, si ce n'est celle de ses feuilles.

VOARVENSARA. s. m. Fruit d'un grand arbre qui a ses feuilles comme celles du laurier, mais plus petites. Ce fruit, qu'il ne porte que de trois en trois ans, est comme une grosse noix verte. Il a le goût des clous de girofle, aussi bien l'écorce que le dedans. Les feuilles ont aussi le même goût, ainsi que la fleur qui en a la forme. Quand les habitans de Madagascar chés qui croît cet arbre, veulent avoir de son fruit & de ses feuilles, qu'ils mêlent avec du gingembre & des porreaux en appretant des poissons, ils ne prennent pas la peine d'y grimper, mais ils le coupent près de sa racine. Il vient sur de hautes montagnes, & on le distingue en mâle & en femelle.

VOASARA. s. m. Mot general dont les Madagascarois se servent pour dire, Citrons. Ils en ont de sept sortes; quelques-uns doux, gros & beaux, appellés *Voaseremani*, & d'autres aigres & qui n'ont que la grosseur d'une prune. Ce sont-là les plus communs & ils les appellent *Voaserats*. Il y en a

Tome II.

VOE VOI

de deux sortes qui sont longs & qui ent le goût du musc. Les uns sont petits & les autres gros, & on les nomme *Voatoulous*. On y en voit aussi d'une espece extraordinaire, étant aussi gros que la tête d'un enfant. On les appelle *Voatrimon*. Ils sont couverts d'une écorce épaisse, qui est bonne pour confire aussi bien que celle des Voatoulons.

VOAT-SOUTRE. s. m. Petit fruit solide comme une muscade, qui a le goût de châtaigne quand il est bouilli ou rôti & qui croît dans la même Isle de Madagascar, aussi bien que le *Voat-xatre*, qui est le fruit d'un arbre de mediocre grosseur, & qui a les feuilles larges. Ses fruits sont ramassés plusieurs ensemble, à peu près comme une botte d'oignon. Chacun est de la grosseur d'un œuf, & plein de suc en dedans, de même que la noix de coco. Sa pelure étant seche est bonne à manger, & a un goût aromatique. Les naturels du pays se servent des feuilles pour faire des cordes, des nates & des corbeilles.

VOAVERONE. s. m. Fruit de couleur violette de l'Isle de Madagascar, où le mot *Voa* signifie fruit. Il est doux & agreable à la bouche, gros seulement comme une groseille rouge, & il teint en noir & en violet.

VOE

VOERRE. s. m. Vieux mot. Verre. On à dit aussi *Voarre*.

VOERST. s. m. Sorte de mesure de chemin dont on se sert en Moscovie, de même qu'on se sert ailleurs de *Mille* & de *Lieue*. Le Voerst est de sept cens cinquante pas geometriques.

VOG

VOGUE. s. f. Mouvement, impulsion, cours d'une Galere ou de quelque autre Vaisseau qu'entraîne la force des rames.

VOGUER. v. a. Ramer, entraîner une Galere, une Chaloupe, ou autre Vaisseau par la force des rames. *Voguer*, se dit aussi d'un Vaisseau qui va sur l'eau à force de rames.

VOGUE-AVANT. s. m. Rameur, vogueur qui tient la queue de la rame & qui lui donne le branle.

VOI

VOIDIE. s. f. Vieux mot. Vûe.

VOIER. v. a. Vieux mot. Voir.

VOILE. s. f. Assemblage de plusieurs largeurs de toiles cousues ensemble, ausquelles on donne une longueur déterminée, & que de tous côtés on attache aux vergues & aux étais pour prendre le vent qui doit pousser le vaisseau. Il y a plusieurs sortes de voiles, & chacune prend son nom du mât où elle est appareillée. Ainsi on appelle *Grande Voile*, ou *Voile de maistre*, celle qui se met à la vergue du grand mât; *Voile de misaine*, celle qui se met à la vergue du mât de misaine; *Voile d'artimon*, celle qui se met à la vergue d'artimon, & dont la figure est d'un triangle scalene; & *Voile de sivadiere*, celle qui se met au mât de beaupré. Les *Voiles d'étai* sont des Voiles triangulaires qu'on met sans vergues aux étais du Vaisseau; & *Voile latine*, qu'on appelle autrement *Voile à oreille de lievre* & *Voile à tiers point*, est celle qui a une figure triangulaire. Les Voiles des galeres & presque toutes les Voiles de Mediterranée sont de cette sorte. *Voile quarrée* ou *Voile à trait quarré*, est celle qui est coupée de quatre côtés; comme la

HHhhij

font la plûpart de celles de l'Ocean ; & *Voile Angloife*, eſt une certaine Voile de chaloupe & de canot , dont la figure eſt preſque en loſange , & qui a la vergue par diagonale. *Voiles de vingt cueilles*, ſe dit de celles qui ſont compoſées de vingt lés ou bandes de toile. On dit qu'*Une voile porte*, ou qu'*Elle ne porte point* , pour dire , qu'Elle eſt pleine de vent, ou que le vent ne la fait pas bien aller.

On appelle *Voile deralinguée* , celle qui eſt découfue ou déchirée autour de la ralingue ; *Voile défoncée* ; celle dont le milieu eſt déchiré , foit par la force du vent , ou d'une autre ſorte; *Voiles en pantenne* , des Voiles qui n'étant plus dans l'ordre de leur ſituation ordinaire , ſe tourmentent au gré du vent; *Voiles fur les cargues* , celles qui étant déferlées ne ſont ſoûtenues que par les cargues; *Voiles au fec* , Celles que l'on met dehors & que l'on expoſe à l'air ou au Soleil, afin qu'elles ſechent, & *Voiles en banniere* , celles qui ſont la figure d'une banniere , voltigeant au gré d'un gros vent , ce qui arrive lorſque les écoutes ont manqué , ou qu'elles ſont demartées." *Voile appareillée* ſe dit de celle qui eſt prête à faire route ; *Voile envergée* , de celle qui eſt appareillée à ſa vergue ; *Voile de rechange* , de celle qui eſt reſervée & que l'on prépare pour ſuppléer à celles qui ſont enverguées ; & *Jet de voiles* , de l'appareil complet de toutes des Voiles d'un Vaiſſeau. On appelle *Voile de fortune* une Voile quarrée qu'on ne porte que de gros tems dans les galeres , dans les tartanes & dans quelques autres bâtimens de bas bord, dont les Voiles ordinaires ſont latines. *Voile* ſe prend fort ſouvent pour le Vaiſſeau même , & en ce ſens *Une flote de cent voiles* eſt une flote compoſée de cent Vaiſſeaux.

On dit *Faire voile*, pour dire , Partir & mettre à la mer; *Etre fous voiles* , *Se tenir fous voiles*, pour dire , Avoir les Voiles appareillées & déployées ; *Avoir les voiles en vergues* , pour dire , qu'Elles ſont amarées aux vergues; *Porter toutes fes voiles*, avoir ou mettre toutes ſes voiles hors, pour dire les avoir toutes au vent; *Etre avec les quatre corps de voiles*, pour dire , Ne porter que la grande voile avec la miſaine & les deux huniers ; *Etre aux baffes voiles* , pour dire , Ne porter que les deux grandes Voiles , qui ſont la grande Voile & la Voile de miſaine ; *Forcer les voiles* , faire force de voile , pour dire , En mettre autant qu'en peut porter le Vaiſſeau pour aller plus vîte ; *Mettre les voiles dedans*, pour dire , Les ſerrer fans en avoir aucune; *Faire petites voiles*, *Serrer les voils*, pour dire , Ne porter qu'une partie de ſes Voiles ; *Donner toute une voile au vent*, pour dire , La porter toute ſans la carguer ou bourfer; *Faire fervir les voiles*, pour dire Mettre vent dedans; *Regler fes voiles*, pour dire , Déterminer s'il faut porter plus ou moins de Voiles , ſelon que le vent eſt plus ou moins forcé; *Bander une voile*, pour dire, Coudre des cueilles de travers, afin que la Voile dure plus long-tems ; *Apréter les voiles*, pour dire , Les déployer, les étendre , afin qu'elles reçoivent le vent ; *Bourcer, carguer une voile* , pour dire , La trouſſer à mi-mât , ou au tiers du mât par le moyen des cargues,afin de retarder le cours du Vaiſſeau en prenant moins de vent; *Border une voile* , pour dire , L'étendre par en bas en halant les écoutes, afin de prendre le vent; *Eventer les voiles*, pour dire , Mettre le vent dedans pour faire route; *Empefer* on *Mouiller une voile* , pour dire , Jetter de l'eau ſur une Voile un peu uſée & dont la toile eſt ſi claire par les cueilles du milieu, que le vent paſſe au travers ; ce qui n'ar-

rive pas quand elle eſt mouillée , à cauſe que ſon tiſſu ſe reſſerre & prend mieux le vent. *Déventer les voiles* , [c'eſt braſſer au vent , afin d'empêcher qu'elles ne portent , & *Saluer des voiles*, c'eſt amener les huniers à mi-mât ou ſur le ton.

On dit que *Les voiles faſent* , lorſque le vent n'y donne pas bien , & que la ralingue vacille continuellement. On dit auſſi que *Les voiles fouettent le mât* , & cela ſe dit lorſque dans un calme, les Voiles retournent de tems en tems toucher le mât du Vaiſſeau. On appelle *Vaiſſeau bon de voile*, *fin de voile;* Celui qui eſt leger à la voile , & qui fait bien du ſillage , & *Vaiſſeau pefant à la voile*, Celui qui n'avance guere & qui eſt méchant voilier.

VOILERIE. ſ. f. Lieu où l'on fait & où l'on raccommode les voiles d'un Vaiſſeau.

VOILIER. ſ. m. Celui qui travaille aux voiles , & qui les viſite à chaque quart pour voir s'il n'y manque rien. Il a foin auſſi de l'envergure , & on l'appelle autrement *Trevier*.

Voilier eſt auſſi un adjectif maſculin , & on appelle *Vaiſſeau bon voilier*, celui qui eſt fin de voiles, & *Vaiſſeau méchant voilier* , celui qui étant peſant de voiles, n'avance pas bien.

VOILURE. ſ. f. Terme de Marine. Maniere de porter les voiles pour prendre le vent. Il n'y a que trois ſortes de Voilures pour aller ſur mer. On y va de vent arriere , de vent largue & de vent de bouline. On dit que *Deux Vaiffeaux ont même voilure* , pour dire , qu'Ils portent tous deux les mêmes voiles. *Regler fa voilure* , c'eſt ne porter que ce qu'il faut de voiles , pour s'accommoder au ſillage ou au peu de chemin que peuvent faire les Vaiſſeaux avec leſquels on a deſſein de faire voyage.

VOIR. v. a. *Appercevoir , recevoir les images des objets dans les yeux ; connoître par les yeux.* ACAD. FR. On dit , en termes de guerre, *Voir en brec* pour dire , Découvrir la breche en telle ſorte que l'on puiſſe faire feu pour la défendre. On dit auſſi que *La batterie d'une Place voit la tranchée à revers* , pour dire , A dos , par derriere. On dit encore que la batterie , qu'*Elle voit le rempart d'une Place* , pour dire , qu'On découvre à plein de là le rempart de la Place.

On dit , en termes de mer , *Voir par prone* , pour dire , voir devant ſoi.

VOIR. adj. Vieux mot. Vrai. Villon au teſtament.

Bien eft voir que j'ay aimé.

On a dit auſſi *Voire* au feminin , pour dire , Vraie.

Cen'eft pas bible lozangiere ,
Mais fine & voire & droiturie.

Voici ce que Nicot a dit ſur ce mot. *Voir figniſie vrai , & vient de Verum , latin , & eſt fait comme Soir de Sero , & Veoir de Videre , & Croire de Credere , & Douloir de Dolere. Les Anciens en ufoient ordinairement difans , Il eſt voir , il dit voir ; mais à préſent on uſe de Vray, qui eſt fait dudit mot ancien par tranfpofition de lettres , & mutation de O en A. Mais quoique ce primitif Voir ſoit maintenant inuſité , ſi en demeurent-ils en uſage commun ces deux Voire , duquel on uſe par interrogation ou admiration , quand aucun propos nous eſt tenu duquel nous redemandons la verité à celui qui parle à nous , ou nous en eſtabliffons difans Voire; & par affirmation , quand nous le geminons , Voire, voire; & par ironie , Voire. voire ; & fans le geminer , comme* Vrayement voire , ou *Voire vrayement; & Voire* delà. *Et en adverbe ; ainsi que* Verùm, *latin ; mais c'est avec l'adjonction de la particule adverbiale* Mais ; Voire mais j'en porteray la peine , voire mais dy-moy ; *&* Voirement *adverbe , auquel on prépose quelquefois ladite particule* Mais *, comme ,* Mais voirement qui me garde que je n'entre.

Nicot ajoûte à cela , Voir *disant , est composé de deux tiers. Celui qui dit vray & parle à la verité. Et est epithete affecté aux* Herauts *, parce que le devoir de leur office est d'avoir toûjours la verité à la bouche , & ainsi sont-ils nommez au traité du serment qu'ils doivent prester en leur institution audit estat.*

Les mots *Voire , voire mais , & voirement ,* qui étoient en usage du tems de Nicot , ne sont reçûs aujourd'hui que dans le stile plaisant & burlesque.

VOIRIE. f. f. Certain endroit particulier où l'on mene les bêtes inutiles pour les y tuer , & où l'on traine celles qui sont mortes de maladie. On y porte aussi toutes les ordures d'une Ville.

Voirie , parmi les Bouchers , se dit du sang de la bête que l'on a tuée & de la chair qui ne vaut rien. C'est dans ce sens que l'on dit *Mettre la voirie dans les haquets.* Nicod veut que *Voiries* ait été dit , *Quasi viarum purgamenta.*

VOISDIE. f. f. Vieux mot. Tromperie , méchanceté.

*Qui le cuer & l'entention
Ont plein de fraude & de voisdie.*

VOISER. v. n. Vieux mot. Parler. Il vient de *Voix.*

Et vont par la ville en voisant.

VOISINAGE. f. m. Lieu qui est proche de celui où quelqu'un demeure. *Voisinage ,* en termes de Pharmacie , est un des quatre accessoires , & on appelle *Accessoire ,* un changement qui augmente ou diminue la vertu d'un medicament ; ce qui lui arrive par des choses exterieures. Ces quatre accessoires sont , le tems , le lieu , le nombre & le voisinage. Par ce dernier on entend la proximité ou l'éloignement d'une plante avec une autre. Le Voisinage est de deux sortes , Negatif quand une plante est éloignée d'une autre , & Positif quand il y a est proche. On divise encore le Voisinage positif en Mediat & en Immediat. Il est mediat quand il y a quelque entre-deux , comme la scammonée lorsqu'elle est proche du tithymale ; & il est immediat , lorsque les plantes se touchent , comme l'épithyme sur le thym. Les plantes qui ont une qualité brûlante , ou trop d'humidité excrementeuse , sont plus mauvaises par le voisinage de celles qui l'augmentent , comme la scammonée proche du tithymale & le polypode sur les murailles ; & celles qui ont une qualité foible , deviennent meilleures par le Voisinage de celles qui augmentent cette faculté , comme les hermodactes , lorsqu'ils sont proches de la squille ou du refort , l'épithyme du thym , & le sené de la rue.

VOISINANCE. f. f. Vieux mot. Voisinage.

Qui diffament leur voisinance.

VOISINE. f. f. Vieux mot. Voix , parole.

*Quand vit que pour beau supplier
Ne le pourroit amolier ,
Si desploya male voisine.*

VOIX. f. f. Air frappé & modifié , qui forme differens sons. Il procede d'un certain mouvement imprimé à l'air dans le larynx par le moyen de l'épiglotte , laquelle en pressant l'air qui sort fait une voix aigue & subtile , comme celle des femmes &

des enfans , & en le laissant sortir librement , elle fait une voix grave & sonore , ou de quelque autre genre. C'est à quoi contribue beaucoup l'état de la trachée artère. Plus elle est seche , plus la voix est claire ; & plus elle est humectée , plus la voix est haute. La Voix des animaux , inarticulée en soi , devient articulée dans quelques-uns , mais sur-tout dans l'homme ; ce qui se fait par le moyen de la langue , des dents & des levres , qui modifient & figurent les voyelles , ou la voix même qui a été produite par le mouvement de l'épiglotte , & cette modification fait les consonnes. Tout ceci , dit Ettmuller , est commun aux bruttes & aux hommes , y ayant des brutes qui modifient les voyelles par de certaines consonnes , comme les chiens & les poules ; mais cette modification est naturelle , & ne se fait que par l'influence des esprits dans les nerfs qui se distribuent au larynx , qui est formé d'une maniere singuliere dans chaque espece , au lieu que les hommes articulent outre cela artificiellement leur voix à leur volonté. C'est ce qui forme les paroles ou les noms qui ont differentes significations , suivant les diverses intentions de ceux qui les ont imposés. L'air sortant de la poitrine , & étant plus ou moins comprimé par la languette de l'épiglotte , fait la voix ; la langue , les dents & les levres la modifient ; mais elle a besoin encore d'être moderée par la luette qui sert d'archet , lorsqu'en frappant l'air vocal , elle lui communique un certain tremblement.

Voix , en termes de Musique , se dit des sept tons differens qui sont marquez par les sept notes , *Ut , re , mi , fa , sol , la , si.* D'une voix à l'autre il y a un ton , excepté du *mi* au *fa ,* & du *si* à l'*ut.*

Les Organistes nomment *Voix humaine ,* Un jeu de l'orgue qui represente la voix de l'homme d'une maniere fort harmonieuse. Il est accordé à l'unisson de la trompette ; & il a la longueur d'un demi-pié , avec une boîte qui le soude au bout , longue de deux pouces.

VOL

VOL. f. m. *Mouvement en l'air de l'animal qui vole.* Acad. Fr. Il n'y a point de Vol plus haut que celui de l'aigle. On dit qu'un bon oiseau a le vol roide & pointu. Le Vol est different selon les oiseaux. Celui de l'alouette est un *Vol toûjours amont.* Celui des moineaux qui vont haut & bas , est un *Vol à grands cernes & ondées ,* & le Vol de la colombe est un *Vol bruyant & âpre.* Le Vol du faisan & de la perdrix n'est pas de longue durée. On appelle *Vol terre à terre ,* Un vol bas & rasant presque la terre.

Vol , en termes de Fauconnerie , se dit de l'équipage des chiens & des oiseaux de proie qui servent à prendre du gibier. On se sert de quatre oiseaux pour faire le Vol du milan. On commence par le donner un Sacret , après quoi on jette deux Sacres , & après eux un Gerfaut. Le Vol du Heron se pratique avec trois oiseaux. Le premier qui le va chatouiller & le fait hausser , est appellé *Hausse-pié.* Le second qu'on jette en secours s'appelle *Attombisseur* ou *Tombisseur ,* & le troisième *Teneur.* C'est d'ordinaire un Gerfaut. On dit aussi *Vol ,* en parlant de la maniere de voler sur le gibier. *Vol à la toise ,* C'est quand l'oiseau part du poing à tire d'aile , en poursuivant la perdrix au bourrir qu'elle fait de terre ; *Vol à la source ,* autrement *Vol à leve cul ,* quand la perdrix part , ou que l'on fait partir le heron ; *Vol à la couverte ,* lorsqu'on approche le gibier à couvert derriere une haie , & *Vol à la reu-*

H H h h iij

verſé , ſe dit au renverſer des perdrix à vau le vent.

Vol , en termes de Blaſon , ſe dit de deux ailes d'oiſeau poſées dos à dos. Quand il n'y en a qu'une ſeule , on l'appelle *Demi-vol* , & quand il y en a trois , on dit *Trois demi-vols*. On appelle *Vol banneret* , Celui qu'on met au cimier , & qui eſt fait en banniere , ayant le deſſus coupé en quarré comme celui des anciens Chevaliers.

On dit en termes de Coûtume , *Le vol du chapon* , pour ſignifier , Une étendue de terre pareille à celle où un chapon pourroit parvenir en volant. Elle appartient à l'aîné partageant noblement avec ſes freres , outre le manoir principal dans une Seigneurie. Ce vol du chapon eſt eſtimé à un trait d'arc ou à un arpent de terre.

VOLAGE. adj. Inconſtant , leger , changeant. On diſoit autrefois *Oiſeau volage* , pour dire , un Oiſeau volant.

Et en l'air les oiſiaux volages.

VOLANT. ſ. m. Petit morceau de bois , d'os , ou d'ivoire , dans lequel on fait pluſieurs trous où l'on met des plumes. On s'en ſert pour jouer l'hiver avec une palette ou une raquette , & on ſe repouſſe le volant les uns aux autres , comme l'on fait une balle au jeu de la paume.

On appelle *Volants* , ou *Ailes de moulin à vent* , quatre grandes pieces de bois qui traverſent en dehors le bout de l'eſſieu qui fait tourner les roues d'un moulin & qui forment une croix. Chacune a ſix toiſes de long & douze pouces de gros , & eſt garnie d'échelons avec des montans des deux côtés qui ſervent à attacher & à ſoutenir les toiles qu'on met & qu'on déploye pour recevoir le vent quand on veut faire aller le moulin. Ces Volants ont des enters au milieu pour y mettre des allonges. On dit auſſi *Volée.*

Volant. Terme d'Horloger. Sorte de plaque de laiton qui retarde la ſonnerie d'une horloge. Elle fait le même effet que le balancier dans les montres ſimples.

Volant ou Croiſſant. Grand couteau tourné en faucille , long emmanché à tondre les charmes.

C'eſt auſſi le deſſus d'une table legere qu'on poſe ſur ſon pliant ou ſur une plus petite.

C'eſt encore une corde pour ſerrer des manequins ſur un cheval , pour en diminuer le branle dans une route.

VOLATILE. adj. Qui ſe diſſipe & s'évapore aiſément. On appelle *Sels volatiles* , Ceux qui s'envolent d'eux-mêmes en l'air , ou à une chaleur legere. Toutes les parties des animaux , & même les plus abjectes , comme la fiente , l'urine , le poil , les cornes & la ſueur , fourniſſent une quantité prodigieuſe de ſel volatile , & il reſte ſi peu de ſel fixe dans la tête morte , qu'on croit que ſi on calcinoit un homme tout entier , on auroit peine à en tirer une drachme de ſel fixe. Ce qui volatiliſe ces ſels dans les animaux , c'eſt la digeſtion fermentative avec l'inſpiration continuelle de l'air.

VOLATILISER. v. a. Terme de Chymie. Rendre un corps capable d'être élevé par le moyen de la chaleur.

VOLATILITÉ. ſ. f. Qualité de ce qui eſt volatile. Il ne ſe dit guere que des ſels & des eſprits.

VOLCAN. ſ. m. Les Naturaliſtes donnent le nom de *Volcan* à toutes les montagnes qui vomiſſent du feu. Ainſi il y a un Volcan dans le Mexique. C'eſt la grande montagne de Popocatebec , qui eſt toute couverte de cyprès , de cedres , de pins & de chênes remarquables en grandeur & en beauté de bois.

Elle eſt blanche de neige , & ſi haute , qu'on la voit de pluſieurs lieues. Son ſommet fume continuellement , & dans le tems que les Eſpagnols demeuroient dans la ville de Tlaſcala , dont elle n'eſt éloignée que de huit lieues , elle jetta des flammes plus grandes qu'à l'ordinaire , ce qui épouvanta beaucoup tous ceux du Pays. Ce Volcan ayant ceſſé de fumer pendant dix ans , vomit de nouveau des flammes en 1511. avec un bruit extraordinaire.Non ſeulement elles brûlerent toutes les herbes , mais auſſi les arbres fruitiers , & toutes les campagnes des environs furent couvertes de cendres. Diego de Ordas , Capitaine ſous Cortés , fut le premier des Eſpagnols qui entreprit de monter juſques au ſommet de cette montagne , où il remarqua un trou rond , & d'une grande ouverture. Dix ou douze années après , Montano monta auſſi au ſommet avec quelques Eſpagnols & des Sauvages. Ils y furent preſque gelés de froid , & Montano ayant deſcendu une corde dans le trou , en tira environ huit arrobes de ſoufre en ſix fois , & après lui en autre Eſpagnol en tira quatre. Ce ſoufre ayant été cuit & rafiné , il en demeura dix arrobes de très-fin. Cortés en fit de la poudre , dont il avoit grand beſoin pour prendre la Ville de Mexique. Il y a auſſi auprès de Guatimala dans l'Amerique deux montagnes , dont l'une jette quelquefois des morceaux de roche avec la même violence qu'un boulet ſort d'un canon. On l'appelle *Volcan de feu* , & l'autre eſt appellée *Volcan d'eau* , à cauſe de la quantité de ruiſſeaux qui en ſortent quelquefois.

VOLE. ſ. f. Terme de Jeu de cartes , qui ſe dit quand l'un des Joueurs fait toutes les mains à l'hombre , à la bête & à la triomphe.

Vole , s'eſt dit autrefois pour ſignifier la paume de la main , du latin *Vola* , qui veut dire la même choſe.

VOLE'E. ſ. f. Vol d'un oiſeau , mouvement qu'il fait en l'air ſans s'arrêter. On dit en ce ſens que *la Volée des perdrix n'eſt pas de grande étendue.* On appelle *Volée* , Une bande d'oiſeaux de paſſage qui viennent en troupes. Il ſe dit encore des ſauterelles qui viennent quelquefois en Aſie en ſi grand nombre qu'il ſemble que l'air ſoit offuſqué d'un nuage. On appelle auſſi *Volées de pigeons* , Ceux qui naiſſent éclos dans un même mois , commencent à ſortir du nid en de certaines ſaiſons. La Volée de Mars & celle d'Août ſont les meilleures de toutes à cauſe que c'eſt le tems des ſemailles & de la recolte , & qu'ils trouvent abondamment de quoi ſe nourrir.

Volée , en termes d'Artillerie , ſe dit de la décharge de pluſieurs canons enſemble , ou qui ſont tirés d'une même batterie. Quand c'eſt du gros canon que l'on tire , on n'en peut faire que dix volées par heure. Les Fauconneaux tirent juſqu'à deux cens cinquante volées par jour. On appelle *Volée du canon* , Un eſpace pris ſur la longueur d'une piece d'artillerie , c'eſt-à-dire , La partie qui prend un peu au deſſus des tourillons , & qui va juſqu'à l'embouchure de la piece. Sa longueur eſt d'ordinaire de cinq piés & demi. Quand on a beſoin de rafraîchir le canon , on le fait en mettant de l'eau & du vinaigre dans la volée.

On dit en termes de Joueur de Paume , *Prendre une balle de volée* , *la renvoyer de volée* , *jouer un coup de volée* , pour dire , Prendre , renvoyer la balle lorſqu'elle eſt en l'air , & qu'elle n'a point touché la terre. On le dit de même du balon.

Volée. Terme de Charon. Piece de bois d'un carroſſe ou d'un chariot de trois ou de quatre doigts d'épaisseur, & où l'on attelle les chevaux. On le dit plus particulierement de la piece de bois qu'on met au bout du timon , & à laquelle on attache les chevaux du second rang d'un attelage. On dit en ce sens que *Des chevaux sont plus propres à la volée qu'au timon.*

On dit aussi , qu'*On a fait plusieurs volées de cloches pendant un enterrement , pendant un service* , pour dire , qu'on les a sonnées en branle à plusieurs reprises.

Volée s'employe dans les Mechaniques pour signifier l'avance de quelque chose. On dit en ce sens que *Le grnau a plus de volée que l'engin , & la grne plus que le grnau* , à cause de la plus grande longueur de leur bec.

Volée , se dit encore du travail de plusieurs hommes qu'on range de front , & qui battent une allée de jardin en même tems. *Une allée battue à trois, à quatre volées* , est une allée que l'on a battue trois ou quatre fois dans toute son étendue.

VOLER. v. n. *Se soutenir , se mouvoir en l'air par le moyen des ailes.* ACAD. FR. *Voler* est actif en termes de Fauconnerie , & on dit , *Voler la corneille , voler le Heron* , pour dire , Prendre ou poursuivre la corneille , le Heron avec des oiseaux de proie. On dit *Voler de poing en fort* , pour dire , Jetter les oiseaux du poing après le gibier , *Voler d'amont* , pour dire , Laisser voler les oiseaux en liberté , afin de leur faire soûtenir les chiens ; & *Voler de bait* , pour dire , De bon gré. On dit aussi *Voler en troupe , en rond , en long , on en pointe. Voler comme un trait , à reprises , en coupant son vol on le vent.*

Voler , en termes de Danseurs de corde , signifie, Se couler le long d'une corde attachée fort haut jusqu'à terre , en remuant les bras comme si c'étoit des ailes. Bulenger dans son Theatre , dit que les spectacles des danseurs de corde, n'ont jamais été mis au nombre des Jeux publics, quoiqu'ils y ayent quelquefois servi d'intermedes , & que l'on consideroit leur profession comme un exercice de particuliers, plûtôt que comme une dépendance du theatre.

VOLERIE. s. m. Terme de Fauconnerie. Chasse où l'oiseau vole le Heron ou la Corneille. Il y a la haute & la basse Volerie. La premiere celle du Faucon sur le Heron , sur les Canards & les Grues, & du Gerfaut sur le Sacre & le Milan. La basse Volerie, que l'on appelle aussi *le bas Vol*, est le Laneret. Le Tiercelet de Faucon l'exerce sur les Faisans , les Cailles & les Perdrix.

VOLET. s. m. Petit Colombier que l'on permet aux Bourgeois ; il n'a qu'une petite ouverture que l'on ferme avec un ais. Ces ais qu'on abaisse pour la fermer est aussi nommé *Volet*. Quelques-uns font venir ce mot de *Valvula* , comme si on vouloit dire *Valvulet.*

On appelle *Volets de fenêtres* , ce qui sert de fermeture par dedans aux ouvertures des fenêtres comme les portes de menuiserie aux ouvertures des portes. Ils sont de la même longueur & de la même largeur que la vitre. Il y a des *Volets brisés* (ce font ceux qui se plient sur l'econçon ou qui se doublent dans l'embrasure) & d'autres qui ne le sont point. Les *Volets à deux paremens* , sont ceux qui ont des moulures devant & derriere.

On appelle *Volets d'orgue*, Des especes de grands chassis dont on se sert à couvrir par dehors les tuyaux de l'orgue , quand on doit être un peu de tems sans joüer. Ils sont en partie cintrés par leur plan , & en partie droits , & garnis d'une forte toile imprimée des deux côtés.

On appelle aussi *Volets* , les aierons d'une roue de moulin à eau , c'est-à-dire, Les planches de bois sur lesquelles l'eau qui tombe fait tourner la roue.

Volet , en termes de mer , est une petite boussole , ou un petit compas de route qui est. ordinairement à l'usage des barques & des chaloupes. Cette petite boussole n'est point suspendue sur un balancier.

On appelloit autrefois *Volets*, Les fleches menuës & legeres qui portoient fort loin.

Volet , en termes de Blason , se dit d'un ornement que les anciens Chevaliers portoient sur leurs heaumes. C'étoit un large ruban pendant par derriere , qui dans leurs marches & dans leurs combats voleroit au gré des vents. Ils l'attachoient avec le tortil dont leur casque étoit couvert. *Volet* est aussi un nom qu'on donne au tourteau de sinople.

VOLETTES. s. f. Les Chanvriers appellent ainsi plusieurs rangs de petites cordes qui tiennent toutes par un bout à une sorte de sangle large , ou à une maniere de couverture de reseau de chanvre. On met cette couverture sur le dos d'un cheval de carrosse ou de harnois , & quand le cheval vient à marcher , ces petites cordes qui brandillent , chassent les mouches qui l'incommodent l'été.

VOLIERE. s. f. Lieu à l'air avec des treillis de fil de fer où l'on enferme differens oiseaux , ou par curiosité , ou pour le plaisir de les entendre chanter. C'est ce qu'on appelle en latin *Aviarium*.

Voliere , se dit aussi d'un petit colombier où l'on met des pigeons domestiques , qui ne vont point à la campagne avec les autres pigeons. On les y nourrit avec du grain.

VOLONTAIRE. s. m. Terme de guerre. Celui qui porte les armes de son plein gré , & qui sert le Roi à ses dépens pour acquerir de la gloire , sans avoir aucun emploi fixe dans les Troupes , ou dans un Regiment commandé.

Volontaire , dit Nicot ; *est dit celui ou celle qui se meuvent à dire ou faire quelque chose de leur franche & bonne volonté , & comme les Notaires disent sans induction, force ni contrainte aucune. Selon ce, és galeres, auxquelles les bans ne sont totalement fournis de forçaires ou forçats , ains ont des hommes stipendiés pour tirer la rame & voguer parmi iceux forçaires , on fait distinction entre les rameurs de la ciurme : disans qu'il y en a de Volontaires , lesquels és mers de Levant on nomme De buona voglia , & de forçaires ; & és armées de terre, Volontaires font dits ceux qui ne sont enrolez de levée sous nul Capitaine , ny ne prennent solde , ains y sont sans devoirs de forçaires de levée & de leur gré , lesquels on veult dire estre ceux qu'on appelle Adventuriers , & telle espece de soldats , que les Latins appelloient Volones , mais la raison de l'indisposition dudit mot latin y repugne , car ils furent ainsi nommés du verbe latin Volo , non parce que de leur propre mouvement & sans contrainte des Consuls de Rome ils allassent à la guerre , ains d'autant qu'estans enquis s'ils y vouloient aller servir la Republique , ils répondoient, Nous le voulons , & tels Soldats appellés Volones estoient serfs , achetez de l'argent des coffres de la Republique , afin de l'aller servir à la guerre , ce que Tite-Live enditte tant au vint-deuxième qu'au vint-troisième livre , où il appert que les Romains n'enrolloient d'ordinaire pour leurs camps & armées , si n'est homme francs de condition , si l'extrême necessité ne les rengeoit à enroller des Esclaves , & que tels Volons n'estoient de droit militaire usité entre les Romains vrais & legitimes Soldats , & que ce titre de Miles n'appartenoit qu'aux Soldats de franche condition , ce qui nous peut servir de regle. Volontaire aussi est appellé l'homme ou la femme qui est aisé , soudain & prompt à vouloir faire toutes choses qu'on lui veut suggerer & mettre en la tête.*

VOLPILHAGE. ſ. f. Vieux mot. Fineſſe. On trouve dans le Roman de Gerard de Rouſſillon.

> *No ya ja coardia ni volpilhage,*
> *Mas proeſa e vallor & vaſſallage.*

On a fait venir ce mot de *Vulpes*, Renard, à cauſe de la fineſſe de cet animal.

VOLTE. ſ. f. Terme de Manege. Rond ou piſte circulaire ſur laquelle on manie un cheval. En general *Faire des voltes*, *manier ſur les voltes*, ſe dit d'un chemin de deux piſtes que le cheval fait quand il eſt porté de côté ou de biais autour d'un centre, en ſorte que les deux piſtes ſoient tracées paralleles, une grande par les piés de devant, & l'autre plus petite par les piés de derriere, la croupe s'approchant vers le centre & les épaules vers le dehors. M. Guillet, qui s'en explique en ces termes, ajoûte que quelquefois la Volte eſt d'une piece, comme lorſque le cheval fait des Voltes à courbettes & à caprioles, en ſorte que les hanches ſuivent les épaules, & cheminent en avant ſur une même piſte. Dans l'une & l'autre maniere le chemin de là Volte ſe trace tantôt en rond, tantôt en ovale, & quelquefois ſur quatre lignes droites, mais toûjours de telle maniere, que ces piſtes, rondes ou quarrées, renferment un terrein dont le milieu eſt diſtingué par un pilier ou par un centre que l'on y ſuppoſe pour regler les diſtances & la juſteſſe de la Volte.

On appelle *Volte renverſée*, Une piſte que fait le cheval ayant la tête du côté du centre, & la croupe en dehors ; ce qui fait que le petit cercle ſe trace par les piés de devant, & le grand par ceux de derriere. On appaiſe les chevaux inquiets & turbulents par les Voltes renverſées au pas, lorſqu'elles ſe font avec methode. Cette Volte a été nommée *Renverſée*, à cauſe qu'elle eſt oppoſée à l'autre en ſituation.

On dit *Cheval qui fait les ſix voltes*. Ces ſix Voltes ſe font terre à terre, deux à droit, deux à gauche & deux à droit, le tout d'une haleine, en obſervant le terrain de même cadence, & maniant tride & avec preſteſſe, le devant en l'air, le cul à terre, la tête & la queue fermes. Ce ſont les termes dont ſe ſert M. Guillet, qui pour faire les ſix voltes dit qu'il faut un cheval ſçavant, obéïſſant, & qui ait de la reſſource pour les fournir.

On dit qu'*Un cheval ſe conche ſur les voltes*, qu'*Il eſt conché ſur les voltes*, quand il plie le cou en dehors, & qu'il porte la tête & la croupe hors la Volte. On dit auſſi *Faire manier un cheval ſur les quatre coins de la volte*, pour dire, Conduire un cheval ſi juſte, que de quart en quart, & à chacun des coins de la Volte, il faſſe une Volte étroite, qui n'occupe que le quart de la grande, la tête & la queue fermes, & qu'il ſuive ainſi tous les quarts d'une même cadence ſans perdre un ſeul tems, & d'une ſeule repriſe. *Mettre un cheval ſur les voltes ; Faire de belles voltes ; Faire manier un cheval ſur les voltes*, *Embraſſer bien toûte la volte*, c'eſt Faire que le cheval en travaillant ſur les voltes, prenne tout le terrein, & que ſes épaules aillent avant ſes hanches. On dit encore *Paſſiger un cheval ſur les voltes*, pour dire, Le promener ſur deux piſtes au pas ou au trot.

Il y a auſſi une *demi-Volte*. C'eſt un demi-rond que le cheval fait d'une piſte ou de deux à l'un des coins de la Volte, ou bien à l'extrémité de la ligne de la paſſade, enſorte qu'étant proche du bout de cette ligne, on bien de l'un des coins de la Volte, il change de main pour revenir gagner la même ligne par un demi-rond. On appelle *Demi-voltes de la longueur du cheval*, Des demi-ronds de deux piſtes qu'il fait en maniant de côté, les hanches

baſſes & la tête haute, tournant fort droit. Lorſque le cheval a fait un demi rond dans cette ſorte de manege, qui eſt très-beau & très difficile, il faut qu'il change de main pour faire une autre, ce qui doit être encore ſuivi d'un autre changement de main, & d'un autre demi - rond qui ſe croiſe avec le premier. La *Demi-volte de cinq tems*, qu'on nomme auſſi *Paſſado de cinq tems*, eſt un demi-tour qui ſe fait au bout d'une ligne droite, une hanche en dedans, en cinq tems de galop ſur les hanches. Au cinquiéme tems il faut que le cheval ait fermé la demi-volte, & qu'il ſoit ſur la ligne de la paſſade, droit & prêt à partir.

Volte, en termes de Marine, s'employe pour Route, & on dit *Prendre telle volte*, pour dire, Prendre telle route, ou virer un Vaiſſeau pour ſe dreſſer au combat.

Volte eſt auſſi un terme de Fauconnerie, & dans la chaſſe du heron on crie *A la volte*, pour faire entendre qu'on voit le heron.

Volte ſe dit encore dans les Jeux de Bête & d'ombre, lorſqu'un des joueurs fait toutes les mains. On dit plus ordinairement *Vole*.

Volte. Nom d'une ancienne danſe venue des Italiens, parmi leſquels *Volta* ſignifie Tour. Elle eſt appellée ainſi à cauſe que dans cette ſorte de danſe le Cavalier fait, tourner pluſieurs fois la Dame, après quoi il lui aide à faire une capriole ou un ſaut en l'air. C'eſt une eſpece de Gaillarde, familiere aux Provençaux, qui ſe danſoit par une meſure ternaire, & en tournant le corps.

VOLTE', e'e. adj. Terme de Blaſon, qui veut dire, Double. *De ſable à la croix voltée d'argent*.

VOLTEFACE. Terme de guerre. On dit en parlant de Troupes, qu'*On leur fit faire volteface*, pour dire, qu'On leur commanda de ſe tourner du côté de l'ennemi, de lui faire tête.

VOLTIGER. v. n. Il ſe dit proprement des oiſeaux, & ſignifie, Commencer à voler, aller çà & là en volant un peu.

Voltiger, en termes de Manege, veut dire, Faire les exercices ſur le cheval de bois pour apprendre à monter à cheval & à en deſcendre legerement. Il ſe dit auſſi de divers tours que fait le Cavalier pour montrer ſon agilité & ſon adreſſe.

Voltiger eſt auſſi un terme de danſeur de corde, & ſignifie, Faire divers tours ſur une corde tendue lans être bandée, & qui eſt élevée à quinze ou ſeize piés de terre. Les Anciens, au rapport de Bulenger, avoient quatre ſortes de danſeurs de corde, dont les premiers étoient ceux qui voltigeoient autour d'une corde, comme une roue autour de ſon eſſieu, & qui ſe ſuſpendoient par les piés ou par le cou.

VOLTIGEUR. ſ. m. Terme de danſeur de corde. Celui qui voltige ſur la corde, & qui y fait divers tours en ſe donnant l'eſtrapade, la double eſtrapade, & faiſant pluſieurs autres choſes de même nature.

VOLTIGLOLE. ſ. m. Terme de Marine. Cordon de la pouppe, qui ſepare le corps de la Galere de l'aiſſade de pouppe.

VOLUBILIS. ſ. m. Herbe ſarmenteuſe qui s'entortille autour des plantes, ce qui lui a fait donner le nom de *Volubilis*, Qui tourne. Meſué en établit de cinq ſortes, dont le *grand Volubilis* eſt la premiere. Il a ſes feuilles ſemblables à celles du lierre, & s'entortille autour des branches des arbres. Sa fleur eſt blanche & en forme de clochette. Ce *Volubilis* n'eſt d'aucun uſage ; & on l'appelle autrement *Smilax lævis*. La ſeconde ſorte eſt le *Petit volubilis*

Volubilis , qui rampe fur terre , s'attachant aux herbes & aux branches des plantes. C'eſt l'Helxine de Dioſcoride. Selon Galien il a une vertu digestive & reſolutive. La troiſiéme eſt celui qui a les feuilles blanchâtres & lanugineuſes , qui porte du lait & qui eſt ulcératif. La quatriéme eſt le Lupulus & la Scammonée eſt la cinquième.

VOLUE. ſ. f. Terme dont les Tiſſerands ſe ſervent pour exprimer la petite fuſée qui tourne dans la navette & qui porte la tiſſure.

VOLUME. ſ. m. Tome de livre qui eſt relié ſéparément. *Volume* a été dit *A volvendo* , à cauſe de l'ancienne façon de faire des livres en rouleaux. Elle dura juſqu'au tems de Ciceron , & long-tems après ils étoient en papier, dont on colloit les feuilles bout à bout. Ces feuilles n'étoient écrites que d'un ſeul côté , & on attachoit au bas un bâton que l'on appelloit *Umbilicus*. A l'autre bout étoit un morceau de parchemin , ſur lequel on écrivoit le titre du livre en lettres d'or. Le Roi Attalus avoit neanmoins donné une forme quarrée à quelques-uns de ſes livres , ayant trouvé le ſecret du parchemin , ſur lequel on écrivoit de chaque côté.

Volume , en termes de Papetier , ſignifie Longueur , & on dit en ce ſens *Grand volume* & *Petit volume*.

Il ſe dit auſſi de la ſurface d'un corps qui eſt plus ou moins étendu , & en ce ſens on dit que deux globes d'un même poids , dont l'un eſt d'or & l'autre d'argent , ne ſont pas d'un égal volume.

Volume ſe dit encore de la forme , de la grandeur & de l'épaiſſeur des eſpeces des monnoyes. Leur forme a été différente ſelon les tems & les lieux. On en voit de rondes, d'ovales, de quarrées, de triangulaires , de longues & par filets , comme les oboles étoient autrefois.

VOLUTE. ſ. f. Terme d'Architecture. Partie des chapiteaux des Ordres Ionique, Corinthien & Compoſite qu'on prétend repreſenter des écorces d'arbres tortillées & tournées en lignes ſpirales. Auſſi *Volute* vient-il du Latin *Volvere* , Tourner , tortiller. Les Volutes ſont differentes dans ces trois Ordres, & M. Felibien dit que ſelon Vitruve , les Volutes qui ſont au-deſſus des Caulicoles dans l'ordre Corinthien , ſont au nombre de ſeize dans chaque chapiteau , au lieu qu'il n'y en a que quatre dans l'ordre Ionique , & huit dans le Compoſite ; mais que la Volute eſt particulierement conſiderable dans le chapiteau de la colomne Ionique. Elle repreſente une eſpece d'oreiller ou de couſſin poſé entre l'abaque & l'échine, comme ſi on avoit apprehendé que la peſanteur de l'abaque ou de l'entablement qui eſt au-deſſus , ne rompît ou ne gâtât l'échine. C'eſt ce qui a obligé Vitruve à l'appeller *Pulvinus*. Il dit dans ſon livre 4. chap. 1. que les Volutes repreſentent la coiffure des femmes & les boucles des cheveux qui pendent de chaque côté de leur viſage. Elles ſont appellées *Coquilles* par Leon Baptiſte Albert , à cauſe qu'elles reſſemblent à la coquille d'un limaçon. C'eſt pour cela qu'il y a des Ouvriers qui les appellent *Limaces*. Elles ſont toutes ſans la partie appellée *Baluſtre* , à l'exception de l'Ionique antique qui n'a des Volutes qu'à deux faces. Vitruve appelle *Helices* les petites Volutes qui ſont au milieu de chaque face du chapiteau Corinthien. Il y a encore des Volutes aux conſoles , aux modillons & à d'autres ſortes d'ornemens. Dans les modillons , ce ſont les deux enroulemens inégaux des côtés du modillon Corinthien, & dans les conſoles les enroulemens des côtés de la conſole , preſque ſemblables aux enroulemens du modillon.

On appelle *Volute arazée* , celle dont le liſtel eſt

Tome II.

ſur une même ligne dans ſes trois contours ; *Volute angulaire* , celle qui eſt pareille dans les quatre faces du chapiteau ; *Volute à l'envers*, celle qui ſe contourne en-dedans au ſortir de la rigette ; *Volute évidée* , celle dont le canal d'une circonvolution eſt détaché du liſtel d'un autre par un vuide à jour ; *Volute fleuronnée* , celle qui a ſon canal embelli d'un rinceau d'ornemens ; *Volute naiſſante* , celle qui ſemble ſortir du vaſe par derriere l'ove , & monte dans le tailloir ; *Volute ovale* , celle dont les circonvolutions ont moins de largeur que de hauteur ; *Volute rentrante* , celle qui a ſes circonvolutions rentrées en-dedans ; *Volute ſaillante* , celle dont les enroulemens ſe jettent en-dehors, & *Volute à tige droite* , celle dont la tige parallele au tailloir ſort de derriere la fleur de l'abaque.

Les Jardiniers appellent *Volutes de parterre* , des Enroulemens de bouis ou de gaſon dans un parterre.

VOLUTER. v. Devider le fil ſur des fuſées , faire des Volues.

VOM

VOMBARE. ſ. m. Papillon qu'on voit dans l'iſle de Madagaſcar , & qui eſt bigarré de differentes couleurs. Il y en a qui ſont mêlés de couleur d'or , d'argent , & autres.

VOMICA. ſ. m. Terme de Medecine. Amas de pus dans quelque partie. Quand le pus ſe ramaſſe dans les poumons , c'eſt le *Vomica des poumons* , & quand il ſe ramaſſe dans les reins , c'eſt le *Vomica des reins*. Le Vomica eſt diſtingué de l'Empyeme , qui eſt un épanchement de ſang hors de ſes vaiſſeaux , changé en pus & ramaſſé dans quelque cavité ou ventre du corps.

VOMIQUE. adj. Il n'a d'uſage que joint avec *Noix*. On appelle *Noix vomique* , une Noix que Serapion & Avicenne diſent être ſemblable à la noix metelle , excepté qu'au lieu d'épines, Serapion veut qu'elle ait force nœuds. Matthiole dit qu'elle n'a aucune forme de noix , & qu'il vaudroit mieux l'appeller *Noix canine* , que *Noix vomique* , à cauſe que ſi quelque chien en mange , il meurt auſſi-tôt.

VOMISSEMENT. ſ. m. Terme de Medecine. Action de vomir. Ettmuller dit que cette action n'eſt rien autre choſe que la contraction du pylore , & ſucceſſivement de tout le ventricule , cauſée par une trop forte irritation. Voici comment il explique la maniere dont le Vomiſſement ſe fait. Lorſque le pylore ſe reſſerre & ſe ferme fortement , le mouvement periſtaltique de tout le ventricule ſe pervertit tout-à-fait , en commençant du pylore vers l'eſtomac , c'eſt-à-dire , vers l'orifice ſuperieur , à cauſe des fibres nerveuſes circulaires qui entrelaſſent les tuniques de l'eſtomac , qui ſe retirent auſſi apres la contraction du pylore. Cette convulſion du pylore eſt ſuivie par celle du ventricule , & celle-ci par la convulſion de l'œſophage , d'où s'enſuit l'expulſion de tout ce qui eſt contenu dans l'eſtomac vers l'œſophage , & de l'œſophage vers la bouche. Un chien qu'on avoit diſſequé tout vif , a fait voir d'une maniere claire & maniſeſte l'action du vomiſſement. Le pylore ſe reſſerroit le premier , & immediatement après la contraction de tout le ventricule ſuivoit depuis l'orifice inferieur juſque au ſuperieur , & enfin ſucceſſivement la contraction de l'œſophage avec l'expulſion de la matiere. Le Vomiſſement étant une contraction convulſive , il paroît qu'il ne doit pas être mis au nombre des actions volontaires. Il y a grande apparence que ceux qui vomiffent volontairement ont la même tiffure d'eftomac que ceux qui ruminent. Ces ruminateurs ont le ventre plus fibreux & plus charnu que les autres, & couvert d'une efpece de mufcle, par le moyen duquel l'eftomac fe meut volontairement comme par chacun des autres mufcles, & renvoye les alimens à la bouche, ou pour les vomir, ou pour les mâcher. Les chofes graiffeufes prifes fouvent, ou en quantité, caufent le vomiffement, non feulement à caufe qu'étant de difficile digeftion, elles refiftent au levain falin acide de l'eftomac, & chargent beaucoup ce vifcere, mais parce qu'elles relâchent extrêmement l'orifice fuperieur. Il y a un Vomiffement par confentement. Il eft très-frequent & arrive dans la colique, & dans la paffion iliaque par le confentement des tuniques qui fervent à revêtir les inteftins & le ventricule. Le Vomiffement furvient auffi aux playes de la tête, à caufe des membranes du cerveau, fur-tout des internes, qui font communes à l'eftomac & à toutes les autres parties. On tient que le Vomiffement arrive par la foule des efprits animaux, fur quoi l'obfervation de Platerus eft finguliere d'un homme qui vomit après qu'on lui eut coupé la tête. Bartolin rapporte l'exemple d'un vomiffement contagieux fufpect de malignité, qui fe communiquoit aux autres par contagion. Le Vomiffement en general eft naturel ou artificiel. Le naturel eft fpontanée, c'eft-à-dire, procuré par la nature qu'une matiere vicieufe a irritée ; ou non fpontanée, c'eft-à-dire, contre nature, quand on rejette des matieres qu'on ne doit pas rejetter. Il y a plufieurs perfonnes fujettes à des Vomiffemens periodiques. Foveftus parle d'un homme qui avoit mal à la rate de tems en tems, & qui vomiffoit alors periodiquement une humeur noire & mélancolique. Il eft parlé dans Panarollus d'un Vomiffement reglé tous les matins, qui préfervoit de quantité de fymptomes. On peut mettre de ce genre le Vomiffement de commande des hypochondriaques, qui s'enyvrent tous les mois ou toutes les fix femaines une fois, pour recevoir en vomiffant du foulagement dans leur fanté. Il n'y a rien de meilleur que le Vomiffement dans les accouchemens difficiles, dans les afthmes defefperés, dans l'apoplexie & dans la phtifie. Il eft falutaire pour prévenir les accès de la nephretique & de la goute, & eft bon pour déraciner les maladies de l'eftomac, des inteftins, du pancreas & du mefentere, les fiévres intermittentes, fur-tout la quarte, toutes les maladies croniques, le mal hypochondriaque & les autres affections de cette nature. Pour faciliter le Vomiffement, il faut faire boire de l'eau chaude & même falée, un bouillon gras bien falé, ou bien s'enfoncer le pouce dans la gorge. On l'arrête en donnant à boire du vin tiede, ce qu'il faut réiterer & y ajoûter une bouchée de pain, s'il ne s'arrête point pour avoir bû la premiere fois. L'opium avec quelques aromates & la theriaque prife avec du vin, ont accoûtumé de l'arrêter auffi-tôt. La theriaque avec l'efprit de vin fafrané, appliquée chaudement fur le ventricule, fait le même effet.

Le Vomiffement des femmes groffes eft un fymptome fâcheux, s'il arrive le fecond ou le troifiéme mois de leur groffeffe, & il n'eft pas toûjours bon de l'arrêter, mais il eft dangereux à caufe des fecouffes de l'abdomen, & on doit y donner un prompt remede. Le Vomiffement du premier mois s'arrête de lui-même. Au fecond & au troifiéme mois il vaut mieux faire une faignée pour le guerir, à caufe de la fuppreffion des mois, que de donner

une purgation inutile. Lorfque le Vomiffement refifte aux remedes, & qu'il continue, non feulement au fecond & au troifiéme mois, mais aux derniers, on doit recourir aux ftomachiques appropriés. L'efprit de maftic bû avec l'eau de canelle tient le premier rang, & la conferve de rofes ou de menthe rendue acide avec l'efprit de vitriol de mars tient le fecond. Tous les remedes qu'on tire des coins peuvent auffi s'employer, ainfi que le fyrop de citron & le jus de citron. Entre les topiques, une croûte de pain trempée dans de bon vin, faupoudrée d'aromates, & appliquée fur le ventricule, eft merveilleufe.

Le Vomiffement des enfans vient du lait qui eft déja vitié de lui-même, ou qui fe corrompt dans l'eftomac. L'abondance feule eft capable de l'exciter, fur-tout fi on en met de nouveau dans l'eftomac avant que l'enfant ait digeré le premier. Celui-là fe grumele & fe coagule, ou du moins il fe change en une liqueur mucilagineufe & vifqueufe, qui bouche & opile le pylore, & oblige de vomir. Ce Vomiffement dure autant que l'obftruction & l'opilation du pylore, & pendant cela les enfans font inquiets, & font des cris interrompus en dormant. Outre l'abondance du lait, les grumeaux & les vifcofités qui s'attachent au pylore, & toutes les autres corruptions du lait dans l'eftomac peuvent produire le Vomiffement. Les matieres que les enfans jettent, font tantôt blanches & vifqueufes, tantôt jaunes & tenues, & tantôt vertes & acres. Celles-là font nommées vulgairement *Eruginofas*. Si le lait eft nidoreux, le Vomiffement fera jaune, & un peu puant ; fi les fucs vitiés des inteftins regorgent dans l'eftomac, & fi fpecialement un acide étranger y corrompt le lait, le Vomiffement fera vert & érugineux.

Il y a auffi un *Vomiffement de fang*. Le fang eft fouvent vomi comme les autres matieres, & cela arrive par l'ouverture d'une veine de l'eftomac, de quelque caufe que ce foit, par le vice de l'artere & l'ouverture du vaiffeau court ; ou par le vice du pancreas, puifqu'il fuffit qu'une veine ou deux de ce vifcere foient corrodées par la lymphe, pour caufer des Vomiffemens de fang. Les caufes éloignées font particulierement les fuppreffions des évacuations accoûtumées du fang ; ce qui fait que dans la fuppreffion des mois on voit des femmes fe purger par le Vomiffement de fang, dont les femmes groffes même font tourmentées quelquefois par leurs ordinaires fupprimés, quoique fans aucun péril, parce que c'eft un mouvement de la nature qu'il n'eft pas facile de changer. Les perfonnes rateleufes font fujettes à de continuels Vomiffemens, & même à celui de fang ; & voici, felon Ettmuller, comment la rate, qu'il fuppofe opilée, reçoit fans ceffe du fang par l'artere fplenique, lequel à caufe de l'opilation ne fçauroit être repris par la veine fplenique pour garder les loix de la circulation. Le mouvement circulaire du fang n'étant point libre dans l'artere & dans la veine fplenique, il croupit en quelque façon & s'accumule dans l'artere fplenique, principalement vers fon vaiffeau court, avant l'entrée de l'artere dans la rate & dans le ventricule. C'eft delà que viennent les pulfations qu'on fent quelquefois au dos du côté gauche, & après la ruption du vaiffeau court arteriel, le dégorgement de fang dans le ventricule, d'où s'enfuit le Vomiffement de fang qui eft fouvent falutaire à ces fortes de fujets. Ce vomiffement vient quelquefois du pancreas ; ce qui fe connoît à la profonde douleur qu'on reffent alors en vomiffant, fous l'hypochondre droit. Il eft fuivi ordinairement par du pus, qui ne peut venir que du pancreas exulceré ou affligé de quelque abscès. Sylvius est là-dessus du même sentiment qu'Ettmuller, & dit que le sang qui est rejetté par le ventricule & par les intestins en même-tems, vient du pancreas, quand quelqu'un de ses vaisseaux est corrodé par son suc trop acre. Le sang qui tombe alors dans les intestins, descend en partie par en bas, & remonte en partie dans le ventricule par l'irritation du duodenum, & le pus même qu'on rejette en vomissant est du pancreas.

VOMITIFS. s. m. Terme de Medecine. Médicamens, qui étant pris interieurement, font sortir par la bouche les mauvaises humeurs que renferme l'estomac. Il y en a qui provoquent le vomissement par une propriété particuliere qui leur donne de l'inclination à se porter par haut, comme la moyenne écorce du noyer, les fleurs & les feuilles de genêt, la graine de rave & d'arroche, la noix vomique, &c. D'autres contribuent à faire vomir par des causes manifestes en ce qu'ils nagent en quelque façon dans le ventricule, ou qu'ils relevent son orifice superieur, comme l'eau tiede en grande quantité, la tisane avec du miel, des bouillons gras, de l'huile commune avec de l'eau, du beurre, & autres semblables. On fait des Vomitifs en poudre, en prenant une drachme de racine d'asarum, le tout réduit en poudre émetique pour une dose, ou bien cinq ou six grains de tartre émetique de Mysinoeth pour donner de même. On en fait aussi en bolus. On prend pour cela une drachme de conserve de menthe, deux grains de mercure de vie bien préparé, avec une suffisante quantité de syrop de canelle, & le tout se mêle pour un bolus émetique. On peut prendre aussi quatre cerises noires confites, dont on ôte les noyaux, & on y met quatre ou cinq grains de tartre émetique pour un bolus. Les Vomitifs sont excellens en forme liquide & particulierement d'infusion. Il faut prendre une once d'eau de menthe, demi-once du syrop émetique d'Angelus Sala, deux drachmes d'eau de canelle, & mêler le tout pour une potion émetique; ou bien, on prend une quantité suffisante du safran des métaux absynché de Mysinoeth. On met infuser le tout pendant la nuit dans une once & demie de vin blanc sec en un lieu tiede, ce qu'on philtre le matin par le papier gris pour une dose de vin émetique. Si l'estomac est rempli d'une maniere tenace & visqueuse, il faut prendre pour Vomitif, une once d'eau d'hyssope, une drachme d'eau de canelle, demi-once de vinaigre squillitique distillé, demi-once de syrop émetique, demi-drachme, ou une drachme d'esprit de gomme ammoniac avec le verdet. Le tout mêlé fait une potion émetique qui est fort resolutive.

Les Vomitifs sont d'une fort grande utilité dans le manque d'appetit, parce qu'ils purgent immediatement l'estomac, & que dans les maladies d'estomac un seul vomitif fait plus que dix purgatifs. Les Vomitifs d'antimoine y sont convenables. Quoiqu'ils operent par une vertu maligne & contraire à l'estomac, ils ne laissent pas de produire l'effet que l'on en souhaite, pourvû qu'on ait soin de les préparer, & qu'on ne les donne qu'avec circonspection. Les Vomitifs ne font rien dans le veritable caterre suffocatif où le sang croupit dans les poumons, mais rien ne guerit si parfaitement les paroxysmes asthmatiques humides. Le Vomissement vuide également la matiere qui est dans l'estomac & dans la poitrine. Il se fait dans cette action une constriction violente de la poitrine, & pendant que l'œsophage fait son mouvement en enhaut, la tra-

ché artere en fait de même, & par consequent la poitrine & le ventricule se déchargent en même-tems. Par cette même raison les Vomitifs font évacuer heureusement le pus qui flotte dans les poumons des phtisiques. Ils sont aussi d'un admirable secours dans les fiévres intermittentes aussi bien que dans la quarte, où ils ont une efficacité particuliere. Il faut les donner une heure ou deux avant l'accès, & dans le premier commencement des fiévres, quoiqu'ils ne soient pas inutiles dans le progrès, où étant réiterés, ils surmontent les fiévres rebelles & chroniques. Il est bon de donner un Vomitif au commencement des fiévres malignes, quand la nausée presse. Plus il y a de malignité, plus le Vomitif doit avoir lieu, sur-tout quand la fiévre vient d'une contagion qui infecte & attaque l'estomac. Un Vomitif donné aussi au commencement de la maladie Hongroise ou militaire, c'est-à-dire, avant que la nature entreprenne de faire aucune expulsion par la peau, est souvent fort salutaire. L'antimoine doit l'emporter sur les autres Vomitifs, à cause de son soufre qui combat singulierement la malignité & qui lui resiste. On emploie rarement les Vomitifs dans l'hydropisie, encore qu'on les ait trouvés quelquefois utiles. Forestus parle d'un Hydropique que les Medecins avoient abandonné. Il monta dans une Chaloupe, & se promena sur la mer, ce qui le fit vomir & le guerit. Comme les vomitifs font difficilement effet sur les hydropiques, principalement sur les inveterés, la dose en doit être grosse. Deux ou trois grains de Mercure de vie qui suffisent pour faire vomir puissamment, n'ont point la vertu d'exciter un hydropique. Cela vient, ou à cause du ressort du ventricule perdu, ou de l'alteration, & fixation du médicament par les serosités acides salées. Les Vomitifs sont aussi d'une grande utilité, non seulement dès le commencement de l'esquinancie maligne, & qui se gagne par contagion, mais encore dans l'état perilleux quand la suppuration est faite, & qu'à cause que le lieu est trop étroit, l'abscès suppuré ne sçauroit s'ouvrir, & menace de suffocation, ou supposé qu'il s'ouvre de lui-même, on a lieu d'apprehender que le pus ne tombe dans les poumons & n'étouffe le malade, ou qu'il ne se jette dans l'estomac & ne le corrompe. En ce cas où l'on n'a aucun secours pour ouvrir l'abscès, on a recours au vomissement, qui secoue puissamment l'abscès, qui l'ouvre & qui pousse le pus par en haut. Celse dit que ce remede est hardi & dangereux, mais qu'il est unique & par consequent sûr. Comme les malades ne peuvent pas bien avaler les Vomitifs, on en enduit une plume pour irriter la gorge de tems en tems; ou bien on verse la liqueur vomitive goute à goute & par intervalles, si ce n'est qu'on aime mieux recevoir du mercure de vie dans du miel pour appliquer à l'entrée de la gorge. L'estomac ayant été irrité par ce moyen pour vomir, l'œsophage est secoué & l'abscès rompu.

VON

VONTACA. s. m. Fruit de la grosseur d'un coin qu'on trouve dans l'Isle de Madagascar. Il est couvert d'une peau aussi duré que celle d'une courge, & plein de pepins plats. Le jus & la chair molle que l'on tire de ce fruit lorsqu'il est mûr, sont d'un goût fort agreable, & il en sort une bonne odeur, mais ils sont désagreables & nuisent à l'estomac, lorsqu'on le tire de ce même fruit avant qu'il soit parvenu à une parfaite maturité. Garcias appelle ces fruits des Coins de Bengale. On en fait du vin qui a le goût de la biere & lâche le ventre , mais qui cause aussi quelques tranchées. Quand ils ont atteint leur maturité , on les emploie à la nourriture des pourceaux.

VOQ

VOQUER. v. a. Terme de Potier. Tourner la terre entre ses mains & l'apprêter de telle sorte , qu'on n'y voye plus de sable , & qu'elle soit en état d'être mise en œuvre sur la roue.

VOS

VOSSE. s. m. Animal qui se trouve dans l'Isle de Madagascar , & qui est semblable à un blereau. Il en veut aux poulets & il les mange. Sa chair n'a pas mauvais goût , principalement celle des petits & des femelles.

VOT

VOTER. v. n. Terme qui est en usage parmi quelques Religieux , & qui signifie , Donner sa voix pour quelque affaire qui regarde le Couvent. On a dit delà *Votant* , pour dire , Celui qui a droit de donner sa voix.

VOU

VOUDSIRA. s. m. Petite bête de l'Isle de Madagascar , & qui ressemble à une belette. Elle est d'un rouge obscur , aime fort le miel , & sent le musc.

VOUEDE. s. m. Sorte de plante dont les Teinturiers se servent pour teindre. Elle croît en Normandie.

VOUGE. s. f. Terme de Venerie. Epieu de Veneur à large fer. On le trouve employé dans Coquillard , pour signifier une arme ancienne.

Vouges , sallades , mentonieres.

C'est aujourd'hui une serpe attachée à un long manche que les Païsans portent en forme de bâton.

VOULA. s. m. Sorte d'oiseau de riviere qui se trouve dans l'Isle de Madagascar. Il ressemble à un grand pelican , & a son bec long & blanc.

VOULANCE. s. f. Vieux mot. Volonté. On a dit , *De Voulance* , pour dire , De propos déliberé. *Qui sert un homme , & il l'occist à escient & de voulance , il muire.*

VOULOU. s. m. Espece de canne d'Inde qui tient de l'arbre que Linschot & Acosta , appellent *Mambu* & *Bambu* ; à l'imitation des Indiens , d'où est venu le nom de *Bamboche* , qu'on lui donne ici. On trouve dans cette canne une moëlle humide qui approche du lait nommé *Tabaxir* , par les Medecins Arabes , & *Sacar Mambu* ou *Bambu* par les Indiens. Les Arabes , les Persans , les Indiens & les autres Peuples Orientaux l'estiment beaucoup. Il y a une si grande quantité de ces cannes dans la Province de Ghalembouleu , qu'elle en prend le nom. Tout ce qui y croît consiste presque à du ris & à des bamboches. Les Naturels du païs les coupent & les font brûler , & ils se servent de leurs cendres au lieu de fumier pour faire venir le ris. Il s'en trouve quelquefois de la grosseur de la cuisse. Elles sont toutes hautes , noires , rondes , & font presque tout l'ornement de ce païs-là. Elles n'ont du fruit que de trois ans en trois ans. Ce fruit n'a que la grosseur d'une petite féve , & on en pourroit faire une fari-

ne qui ne cederoit en rien à celle que l'on fait du blé. Cette plante n'est pas d'un moindre usage aux Habitans de Madagascar chés qui elle croit , que l'arbre qui porte le coco l'est aux Indiens. Ils en font des pots pour cuire le ris , des seaux , & autres vases propres à puiser de l'eau , des bouteilles à vin & à biere , des couteaux , des plumes à écrire , des violons , des mesures à ris , des étables pour y enfermer leurs bestiaux , des pipes , des boîtes à mettre tout ce qu'il faut pour tirer du feu , de petits bachots capables de contenir deux personnes pour aller sur les rivieres , des toits , des planches , des ais & des étançons pour les maisons , des chaises où les Grands se font porter. C'est dans cette vûe d'en faire des chaises , que dès que ces cannes commencent à croître , ils ont le soin de leur faire prendre un certain pli , & de les courber , afin de les rendre plus propres à faire de ces sortes de sieges qu'ils appellent *Palanquins.* Ces cannes croissent en abondance dans toutes les Indes Orientales , où elles sont employées aux mêmes usages.

VOULT. s. m. Vieux mot. Volonté.

VOULTELE', e'e. adj. Vieux mot. Vouté.

Les tenebres sont voultelées
De petits piliers de cristal ,
Et les sommettes cinellées
De fin asur fait à esmail.

VOUSSOIR. s. m. Terme d'Architecture. On appelle *Voussoirs* , ou *Vousseaux* , Les pierres d'assemblage qui forment le cintre d'une arcade ou d'une voute. Chaque Voussoir a six côtés quand il est taillé. M. Felibien dit que le côté qui est creux , & qui doit servir à former le cintre de la voute , se nomme *Douelle interieure du Voussoir* , & quelquefois *Intrados* ; que le côté qui lui est opposé , & qui fait le dessus de la voute , est appellé *Douelle exterieure* ou *Extrados* ; que les côtés qui sont cachés dans le corps du mur ou de la voute se nomment *Les lits de la pierre* , & que les autres faces qui sont les bouts du Voussoir , sont appellés *Les têtes de la pierre.* On trace les Voussoirs par panneaux & par équarrissement.

On appelle *Voussoir à cossettes* , Celui qui retournant par enhaut fait liaison avec une assise de niveau ; & *Voussoir à branches* , Celui qui étant fourchu , fait liaison avec les pendentifs d'une voute d'arête. Lorsque les dessus des portes & des fenêtres ont du creux & sont courbés , ils se construisent de Voussoirs , & on les fait de claveaux , quand ils sont droits & à plafond.

VOUSSURE. s. f. Terme d'Architecture. Hauteur ou élévation de la voute. C'est ce qui forme son cintre. On dit , *Donner quatre ou cinq piés de Voussure sur les impostes* , pour dire ; Donner quatre ou cinq piés de courbure ou d'élévation à une voute ou à une arcade. On appelle *Arrieres-voussures* , Les ouvertures des portes ou des fenêtres qui se forment en arc , & comme d'ordinaire leur plan va en s'embrasant & en s'élargissant pour la plus grande commodité des portes , & pour faire que la lumiere entre davantage par les fenêtres , il arrive que ces Arriere-Voussures se haussent vers leurs extrêmités plus ou moins selon la nécessité. Cela est cause qu'on les nomme alors *Arrieres-voussures bombées.* Si leur plan se trouve placé de biais & obliquement , on les appelle *Arriere-voussures bombées & biaisées.*

VOUT. s. m. Vieux mot. Visage , de *Voult* , & celui-ci du Latin *Vultus.*

VOUTE. s. f. *Structure de pierre, de brique, de bois, qui est en are , & dont les pierres se soûtiennent les unes les autres.* A c a d. F r. C'eſt en général le haut de quelque ouvrage d'Architecture, comme des Egliſes & des caves qui eſt fait en arc bandé. Sanmaiſe ſur Solin, ſelon ce qu'obſerve M. Felibien, remarque trois eſpeces de Voute; la premiere qui eſt en berceau, qu'il appelle *Fornix*; la ſeconde qui eſt en cul de four, qu'il appelle *Teſtudo*; & la troiſiéme qui eſt en trompe, qu'il nomme *Concha*. Ces trois eſpeces de Voute ſont encore ſubdiviſées par les Ouvriers qui leur donnent divers noms ſelon leurs differentes figures & les lieux où l'uſage en eſt reçû. La plus commune eſt celle qu'ils nomment *Berceau de cave*, qui eſt ou droite ou rampante, ou tournante. Il y a outre celle-là les *Voutes reglées* ou *preſque droites* & les *Voutes* ou *Trompes ſuſpendues*, appellées *Trompes*, à cauſe de la reſſemblance qu'elles ont à une trompette, qui étant étroite d'un bout, va en s'élargiſſant. Les Trompes forment comme la moitié d'un cone ou d'une flûte. Il s'en fait quelquefois qui ſont plates ou droites ſur le devant; d'autres rondes ou en ovale, quarrées, à pans & d'autres figures regulieres ou irregulieres. Il y a auſſi les *Voutes d'eſcalier*, & les *Voutes d'Egliſe*, qui ſont, ou Voutes d'arrête, ou en arc de cloître, ou à ogives. Les *Voutes d'arrêtes*, ſont celles dont les angles paroiſſent en dehors. Elles tiennent auſſi quelque choſe des berceaux qui ſont faits avec lunettes, faiſant à la rencontre des quartiers dont elles ſont compoſées, deux arrêtes pleines qui naiſſent des angles de leur plan, & qui ſuivant la courbûre des plans des Voutes, ſe croiſent à la clef des mêmes Voutes, & figurent une croix parfaite, lorſque le plan eſt quarré, ou une croix de ſaint André s'il eſt barlong. *Voute en arc de Cloître*, eſt celle qui forment quatre portions de cercle, & dont les angles en dedans font un effet tout contraire à la Voute d'arrête, c'eſt-à-dire, quand deux Voutes en berceau s'aſſemblent pour retourner en équerre, ce qui fait que l'arc qui va d'une encoignure à l'autre, eſt moitié à arrête & moitié creux. *Voute d'ogive*, que l'on appelle autrement *Voute à la gothique* ou *à la moderne*; eſt celle qui eſt compoſée de formerets, d'arcs doubleaux, d'ogives & de pendentifs, & qui a ſon ceintre fait de deux lignes courbes égales qui ſe coupent en un point au ſommet. Ces ſortes de Voutes ſont avec des nerfs qui ont une ſaillie au deſſous du nud de la Voute. Les nerfs d'ogives ont differens noms ſelon la figure qu'ils compoſent & les lieux où on les place. Ce ſont des corps ſaillans ornés de differentes moulures qui portent ſur les pendentifs, qui ſont les quartiers des Voutes compris entre les nerfs ou branches d'ogives. On les fait quelquefois avec des Vouſſoirs faits avec coupe, & quelquefois avec des briques, du moilon ou de petits pendans de pierre de taille coupés à l'équerre.

On appelle *Voute en plein cintre*, & autrement *Berceau droit*, Une Voute dont la courbûre eſt en hemicycle ou en demi-cercle; *Voutes à lunette*, Celle qui ſur les côtés ou dans les flancs a des ouvertures en arc pour y pratiquer des jours; *Voute en anſe de panier*, Celle qui eſt plus baſſe que le demi-cercle; *Voute ſurhauſſée* ou *ſurmontée*, Celle dont la concavité paſſe en hauteur; & excede la longueur ou le diametre du demi-cercle; & *Voute biaiſe* ou *de côté*, Celle qui tombe ſur un plan biais & qui fait des angles obliques & inégaux. Si les Voutes ou berceaux biaiſent & rampent tout enſemble, on les appelle *Voutes* ou *berceaux biais & rampans.*
On dit *Voutes ſpheriques*, en parlant de celles qui ſont circulaires par leur plan &. par leur profil. On les appelle auſſi *Culs de four*. Leur concavité eſt de la moitié d'un cercle, quand elles ont leur plein cintre; car quelquefois elles ſont ſurbaiſſées & quelquefois ſurhauſſées. Il y en a qui ſont entierement rondes, d'autres en ovale, & d'autres à pans. Il y a encore une difference entre les voutes ſpheriques ſimples, & les *Voutes ſpheriques en pendentif*; elle conſiſte dans les aſſiſes des Vouſſoirs. Les coquilles qui ſervent de couverture aux niches, ſont d'ordinaire des parties des voutes ſpheriques. On dit auſſi *Voute en limaçon*. C'eſt toute Voute ſpherique ronde ou ovale, ſurbaiſſée ou ſurmontée, dont les aſſiſes n'étant pas poſées de niveau, ſont conduites en ſpirale depuis les couſſinets juſques à la clef ou fermeture. *Voute ſur le noyau* ou *Berceau tournant*, ſe dit de celle qui tourne autour d'un cylindre, & *Voute en compartiment*, de celle dont le parement interieur eſt orné de panneaux de ſculpture que ſéparent des platebandes. Ces compartimens qui ſont de differentes figures ſelon les Voutes, & dorés ſur un fond blanc, ſe font de ſtuc ou de plâtre ſur des courbes de charpente.

Les Maîtres de l'art appellent ordinairement *Maitreſſes voutes*, les principales Voutes des édifices, auſquelles ſont ſubordonnées celles qui ne ſervent que de portes, de fenêtres, de deſcentes ou de paſſages. Les traits de ces dernieres ont accoûtumé de ſe faire par panneaux, & les Maîtreſſes voutes par équarriſſement, ſi ce n'eſt pour l'execution de quelques traits particuliers. Ces Voutes principales ou grandes Voutes, ſont les Voutes d'arrêtes. La clef de la Voute eſt la pierre du milieu, qui eſt taillée en coin tronqué, & qui affermit toutes les autres. On appelle *Double voute*, Celle qui étant conſtruite au deſſus d'une autre pour le raccordement de la décoration exterieure avec l'interieure, laiſſe une entrecoupe avec la convexité de l'une & la concavité de l'autre. On dit *Remplage de la voute*, *reins de la voute*, pour dire, Les côtés de la Voute qui la ſoutiennent. L'Impoſte ou *le Couſſinet de la Voute*, eſt la pierre ſur laquelle on met la premiere pierre qui commence à le courber. On appelle *Berceaux rampans* ou *Voutes rampantes*, Ceux qui ne ſont pas paralleles à l'horiſon, comme les Voutes & les deſcentes des caves.

Palladio, ſelon la remarque de M. Felibien, reconnoît ſix differentes ſortes de Voutes, ſçavoir à croiſettes ou branches d'ogives; à bandes; à la ramenée (c'eſt ainſi que l'on appelle les Voutes qui ſont de portion de cercle, ſans arriver tout-à-fait à un demi-cercle) de rondes au cul de four; à lunettes & à coquilles. Les quatre premieres étoient en uſage chés les Anciens. Les deux dernieres ſont d'invention moderne.

Voutes, ſe dit auſſi des Galeries hautes qui regnent ſur les bas côtés d'une Egliſe Gothique, comme celles de Notre-Dame de Paris.

On appelle en termes de Marine, *Voute d'un Vaiſſeau*, La partie exterieure de l'arcaſſe conſtruite en voutes au deſſus du gouvernail. On a accoûtumé de placer au deſſus de la voute le fronton ou cartouche qui porte les armes du Prince, & que quelques-uns appellent *Miroir*. On dit auſſi *Voutis d'un Vaiſſeau.*

VOUTER. v. a, Terme d'Architecture. Conſtruire une voute ſur des cintres & des doſſes, ou ſur un noyau de maçonnerie. On dit *Vouter en tas de charge*, pour dire, Mettre les joints de ſit, partie en coupe du côté de la douelle, & partie de niveau

I i i iij

du côté de l'extrados, afin de rendre la voute spherique.

Vouter. Terme de Maréchal, *Vouter un fer* c'est
forger un fer creux pour un cheval qui a le pié
comble ; ce qui se fait, afin que l'enfoncement du
fer empêche qu'il ne porte sur la sole, qui est alors
plus haute que la corne. M. Guillet dit que cela ne
sert qu'à gâter un pié, parce que la sole étant
plus tendre que le fer, elle en prend la forme, &
devient plus ronde de jour en jour. Il renvoye au
livre du Parfait Maréchal, où M. de Soleisel enseigne la ferrure propre pour rétablir les piés
combles.

VOUTIS. s. m. Terme de Marine. C'est la même
chose que *Voute.* Ce sont deux pieces de bois de
même figure, appellées *Estains*, qui étant mises
en œuvre sur l'estambord, font une portion de cercle, & donnent le rond de l'arcasse d'un Vaisseau.

VOUTIS. adj. Vieux mot. Voûté.

Frau reluisant, sourcils voutis,
L'entrœil si n'étoit pas petis.

VOY

VOYAGE. s. m. *Allée ou venue qu'on fait pour aller*
d'un lien à un autre assés éloigné. ACAD. FR. On
appelle, en termes de mer, *Voyages de long cours*,
ceux qu'on fait sur mer dans des Navires qui doivent être long-tems à revenir, comme les Voyages
que l'on fait aux Indes. Il faut qu'un Voyage soit
tout au moins de mille lieues, pour avoir le nom
de *Voyage de long cours*.

On dit en termes de Palais, *Taxer des voyages &*
des séjours, lorsque dans des dépens adjugés on fait
entrer les frais des Voyages des Parties après
qu'on les a fait affirmer, qu'elles sont venues pour
solliciter leur affaire.

VOYANT, ANTE. adj. Qui éclate, qui brille. Il
ne se dit guere que des couleurs hautes, qui sont
appellées *Couleurs voyantes*, comme le rouge, le
bleu & le vert. Il se dit aussi de ce qu'il y a de plus
vif dans une nuance.

VOYE. s. f. Chemin, espace en longueur sur une
certaine largeur pour communiquer commodément
d'un lieu à un autre. Il ne se dit d'ordinaire que
quand on parle des chemins publics des anciens
Romains, comme la Voye d'Appius Claudius.
Les Romains, entre les autres Nations, ont fait des
dépenses extraordinaires pour rendre ces Voyes
spacieuses, commodes & agreables jusqu'aux extrémités de leur Empire.

On appelle *Voye*, en termes de Charronnage,
l'Espace d'un essieu qui est entre les deux roues d'u-
ne charrette, d'un chariot. On a fait des Reglemens pour la longueur des essieux des carrosses &
des charrettes, pour ne point faire tant d'ornieres differentes, afin que les Voyes soient é-
gales.

On dit en termes de Ménage, qu'*Une chose est*
en voye, est à la voye, pour dire, que L'on s'en
sert ordinairement, & qu'elle n'est point enfermée
sous la clef. On dit dans ce sens d'une personne
negligente qui ne serre rien, qu'*Elle laisse tout*
en voye.

Voye, en termes de Chasse, se dit de l'endroit
par où le gibier a passé, quand on le suit à la
piste, ou par l'odeur ou l'impression qu'il a laissée
dans l'air en passant. C'est aussi la forme du pié
d'une bête fauve en terre nette, & en ce sens on
dit *Remettre les chiens sur les voyes.* On dit *La*
voye, principalement du cerf, & *Piste* pour toutes

les autres bêtes. On dit qu'*Un cerf va la voye*, quand
il va par les grands chemins qu'on appelle *Voyes*
en general ; & on appelle *Voyes surma chées*,
celles que les chiens & les chevaux foulent dans
quelque retour. On crie *Hourvari*, pour faire
retourner les chiens quand ils sont hors des
Voyes.

Les Vaniers se servent aussi du mot *Voye*, &
disent, *A claire voye*, pour dire, A jour, en
parlant des ouvrages qui ne sont pas pleins,
Planer à claire voye. On appelle *Porte de claire*
voye, celle qui est faite en treillis de barreaux de
fer ou de bois, à travers laquelle le jour passe.
On le dit aussi des clayes dont on se sert à passer
le sable.

On appelle *Voye de lait*, ou *Voye laïtée*, en termes d'Astronomie, Une grande & large bande qui
paroît la nuit au ciel en forme de chemin & que
nos excellentes lunettes nous font voir dans un
tems serein comme un assemblage d'une infinité
de très-petites étoiles, qui rendent une lueur blanchâtre. C'est ce que le Peuple appelle *Le chemin*
de S. Jacques, & les Grecs γαλαξίας. Les Poëtes ont
feint que c'étoit le chemin par où les Dieux se rendoient au Palais de Jupiter. Democrite, qui est suivi des Modernes, dit que ces petites étoiles, quoi
qu'obscures, ne laissent pas de jetter quelque lumiere, & que comme elles sont fort proches les
unes des autres, elles reflechissent les rayons de lumiere qu'elles reçoivent, ce qui fait paroître cette
lueur blanche.

On appelle aussi *Voye de lait*, en termes de Chiromance, Une petite ligne qui prend du côté des
rassettes, & qui monte vers le petit doigt de la
main. Plus cette voye est rompue, plus elle est méchante.

Voye de bois, est la moitié d'une corde de bois,
dont la mesure, selon l'Ordonnance, est de huit
piés de long & de quatre de haut. Tout bois à brûler en general, comme celui qu'on vend à la corde
& à la voye, doit avoir trois piés & demi de long
en y comprenant la taille.

On appelle *Voye de pierre*, Une charettée de
pierre. Il y a cinq quarreaux à chaque voye, c'est-à-
dire, quinze piés de pierre ou environ. Autrefois
on vendoit la pierre au chariot, & le chariot contenoit deux voyes.

Voye de Plâtre, est une quantité de douze sacs
de plâtre, chaque sac de deux boisseaux &
demi.

On appelle en terme de Marine, *Voye d'eau*,
Une fente, une ouverture qui se fait dans le bordage d'un Navire, & par où les vagues trouvent
un passage pour y entrer.

On appelle aussi *Voye d'eau*, Deux seaux qui en
sont remplis, & que les Porteurs d'eau vont vendre dans les rues & dans les maisons.

VOYER. s. m. Officier commis pour avoir soin que
les rües & les voyes publiques soient sûres &
commodes. Il n'y a point de Justice qui n'ait son
Voyer. La fonction du Voyer est de prendre garde
aux auvents, aux enseignes & saillies ; de faire
étayer les maisons qu'il voit prêtes de tomber, &
de donner des alignemens, afin d'empêcher qu'on
n'entreprenne sur la voye publique. Il y avoit autrefois un *Grand Voyer.* C'étoit une Charge possedée par une personne très-considerable, non seulement sous ce titre de *Grand Voyer*, mais aussi de
Grand Tresorier de France. Elle a fini en la personne
de M. le Duc de Sulli sous le Roi Louis XIII. Ce
sont aujourd'hui les Tresoriers de France qui exercent par Generalité la grande Voyerie. Ils pour-

voyent à la construction, à l'entretien & à la reparation des grands chemins; ils en ordonnent les payemens, & reglent les encoignures des Isles & des quartiers des Villes du Royaume, où ils commettent un homme dans chacune pour y exercer la petite Voyerie. Les Coûtumes & Ordonnances parlent aussi des *Seigneurs Voyers*. Ils avoient Justice & Seigneuries sur les chemins, avec connoissance des crimes qu'on y commettoit, ce qui leur donnoit des droits de peage qu'ils levoient pour l'entretien des chemins publics. Il y a quelques Coûtumes où les Voyers se sont appellés *Vicomtes*, & d'autres où ils ont pris le nom de *Ruiers*, comme ayant soin des rues & des chemins. Quelquesuns font venir *Voyer* de *Viarius*; d'autres de *Vicarius*.

Voyer v. la lessive. C'est faire passer & couler l'eau chaude sur le linge dans les pannes.

VOYERIE. s. f. Charge de Voyer, partie de la Police qui regarde les grands chemins. Il y a la grande & la petite Voyerie. La *Grande voyerie* est celle dont les fonctions sont presentement remplies par les Tresoriers de France, qui ont soin de pourvoir à l'entretien & à la reparation des grands chemins. La *Petite voyerie* s'exerce par un commis, qu'ils établissent dans chaque Ville du Royaume, & consiste à donner les alignemens des murs de face sur les rues, à tenir la main à la police des saillies & des étalages, & à en recevoir les droits. Il y a un Edit de 1607. qui les a fixés.

VOYETTE. s. f. Grande écuelle de bois emmanchée pour voyer la lessive. Ces termes sont de Bretagne & d'Anjou.

URA

URAC. s. m. Vieux mot, dont Nicot parle en ces termes. Urac *est un vocable de Poissonniers harengers qui signifie en cas de hareng, Sec, essuyé & bien conditionné, & comme ils disent, Varandé. Ainsi dit-on Urac nieport, poser le hareng qui audit lieu a été encacqué après avoir été bien essonné, essuyé & varandé, bien appareillé & conditionné.*

VRAI. s. m. Verité, ce qui est le plus conforme à la verité. Il se dit par opposition à *Faux*. On dit en termes de Finances *Etat au vrai*. C'est un état qui a été arrêté au Conseil, & que l'on envoye aux Receveurs. Cet état ordonne des payemens qu'on les oblige de faire, & c'est là-dessus qu'ils comptent à la Chambre.

URB

URBANISTES. s. f. Religieuses de sainte Claire, appellées ainsi du Pape Urbain qui leur a donné leurs Regles. Elles peuvent posseder des fonds, & le Roi a droit de leur nommer des Abbesses.

URBANITÉ. s. f. *Politesse que donne l'usage du monde.* ACAD. FR. Ce mot est entierement latin, & a été mis en vogue par M. Balsac. Il n'est pas encore si bien établi dans notre langue, que plusieurs ne se servent d'un correctif quand ils l'employent. Les Romains appelloient *Urbanité*, Une certaine sorte d'agrément, & un genre de politesse qui étoit particulier à certains Auteurs.

URE

URE. s. m. Sorte de bœuf sauvage qui naît dans la Prusse & qui a beaucoup de rapport avec nos bœufs ordinaires. La plus grande difference qui s'y trouve c'est qu'il est plus gros, & qu'il a le poil plus noir & plus herissé.

VREDER. v. n. Vieux mot, Courir vîte, courir deçà & delà. Borel fait venir ce mot de *Veredus*, qui signifie Un cheval agile. Ce mot est encore de quelque usage parmi les Pêcheurs, qui s'en servent lorsqu'ils parlent du mouvement que font les carpes en courant au frai dans les mois de Mai & de Juin.

URETAC. s. m. Terme de Marine. Manœuvre qu'on passe dans une poulie qui est tenue par une herse dans l'éperon, au-dessus de la lieure de beaupré. Cette manœuvre sert à renforcer l'amare de misaine, quand elle a besoin d'être renforcée.

URETERE. s. m. Terme de Medecine. On appelle *Ureteres*, Deux vaisseaux fort étroits, creux, blancs, épais & nerveux comme des arteres, par le moyen desquels les reins ont communication avec la vessie, qui d'ordinaire est pleine d'urine, & où l'on trouve aussi de petites pierres semblables à celles qui s'engendrent dans les reins. Ils n'ont qu'une tunique simple, mais épaisse, tissue de filamens obliques, afin qu'ils se dilatent & resserrent aisément. Ils servent à porter dans la vessie l'urine que la vertu des reins a separée du sang sereux. Ce mot vient du Grec οὐρητήρ, du verbe οὐρέω, Pisser.

URETHRE. s. m. Terme de Medecine. Le conduit de l'urine par la verge, du Grec οὐρήθρα, qui veut dire la même chose. Dans la strangurie, la douleur se fait sentir principalement dans l'Urethre après que l'on a pissé, & d'une maniere beaucoup plus sensible que celle de la vessie & de son col. Cela vient de ce qu'encore que l'Urethre & la membrane interieure de la vessie soient d'une même substance, neanmoins il y a une mucosité crasse & & visqueuse, qui enduisant interieurement la vessie, la défend contre l'acrimonie acide corrosive de l'urine, & c'est ce qui rend moins vive la douleur de la vessie. Comme l'Urethre est destitué de cet onguent naturel, il est beaucoup plus sensible à l'urine acide qui passe.

VRI

VRILLE. s. f. Outil de fer dont les Charpentiers & les Tonneliers se servent. Il est emmanché comme la tarriere, & fait son effet en le tournant à deux mains.

URILLES. s. f. Terme d'Architecture. Petites volutes ou caulicoles qui sont sous la fleur du chapiteau Corinthien.

URINAL. s. m. Sorte de vase propre à recevoir les urines des malades, que l'on veut garder pour les faire voir au Medecin. Il est fait ordinairement d'un verre fort clair & net.

URINATEUR. s. m. Terme de Mer. Celui qu'on employe à pêcher des perles au fond de la mer, tant aux Indes Orientales qu'aux Occidentales. Les Latins appellent *Urinatores*, ces Plongeons ou pêcheurs de perles, & c'est d'eux que nous avons emprunté ce mot. Toute la mer qui est entre le Cap de Comori, les Basses de Chilao & l'Isle de Zeilan, est appellée *La pescaria delle perle*. Cette pêche se fait en Mars & Avril environ cinquante jours; & dans le tems qu'elle se doit faire, on y dresse un grand nombre de cabanes, qu'on abbat aussitôt qu'elle est finie. De bons plongeons, qu'on attache à une corde, vont sous l'eau remplir leurs sacs d'huistres, & ceux qui tiennent la corde dans des barques, ont soin de les retirer au moindre signal qu'ils donnent. Vincent le Blanc dit dans ses Voyages , qu'il y a certains députés , nommés *Chitini* ; pour mettre le prix aux perles selon la saison. Ces perles sont de cinq sortes , les étoiles , les demi-étoiles , celles qu'ils nomment *Petrarie* , les perles de compte , & celles que l'on appelle *Aljofar.* Ils en sont comme cinq lots , & les Marchands sont là de rang pour les acheter. Les Portugais ont celles de prix qu'ils appellent *Decuemos.* Ceux de Bengale prennent les secondes. Ceux de Camarane ont les troisiémes. Les plus menues sont à ceux de Cambaye , & les dernieres qui ne sont pas accomplies , vont à certains Juifs qui les accommodent pour tromper ceux qui ne s'y connoissent point. C'est quelque chose de curieux de voir tant de Marchands assemblés de differens lieux , & ces grands monceaux d'huîtres devant les cabanes , qui disparoissent toutes en fort peu de jours. Toute la côte de Malabar depuis Comoti , dans l'étendue d'environ de cinquante lieues , n'est frequentée que pour cette pêche , où s'assemblent pour cela plus de cinquante ou soixante mille personnes , Marchands & autres.

URINE. s. f. Terme de Medecine. Serosité du sang, qui étant separée par la force des reins , tombe dans la vessie , & sort ensuite du corps par le conduit destiné pour cela par la nature. Ettmuller dit que l'urine étant l'excrement immediat de la seconde digestion , sa liqueur doit être consideré comme le superflu du serum de la masse du sang empreigné de sel huileux , pour la plûpart volatile & presque armoniacal avec les parties huileuses détachées de cette même masse du sang ; que les matieres contenues dans l'Urine , sont certaines parties du chyle , qui n'ayant pû s'assimiler avec le sang , ont été imbibées par la liqueur lixivieuse ; qu'elles sont tantôt dissoutes , & qu'alors il ne paroît rien de contenu dans l'Urine ; que tantôt elles sont précipitées & separées, auquel cas elles y paroissent , & que la tissure respective de la liqueur avec les matieres contenues fait les diverses qualités ou proprietés de l'Urine , comme la couleur , l'opacité , la transparence. Quand l'Urine est transparente , poursuit-il , cela vient de l'union exacte des particules salines huileuses avec les pores de la liqueur aqueuse , qui donnent un passage presque égal aux rayons de la lumiere. Lorsqu'elle est opaque , c'est que ces particules sont separées & comme précipitées , ou par l'air externe qui venant à resserrer par sa froideur les pores de la liqueur , chasse en même-tems les particules imbibées ; ou par la fermentation interne des excremens cacochymes de la masse du sang , ce qui empêche que les rayons de la lumiere ne passent.

Le corps des reins est l'instrument & l'organe qui separe l'urine d'avec le sang. On a reconnu que les reins sont composés , sur tout vers leur partie convexe , d'une infinité de petites glandes , qui paroissent rondes comme les yeux de poissons , & de quantité de fibres , ou plûtot de petits canaux membraneux , qui sont proprement les vaisseaux excretoires des reins. Toutes ces petites glandes sont attachées à autant de rameaux d'arteres , d'où elles reçoivent la matiere de l'Urine , la tirent & la separent du sang , après quoi elles la déchargent dans le bassinet par les fibres membraneuses creuses qui partent de la partie convexe du rein , & qui se ramassant en une espece de faisceau , se terminent aux caroncules papillaires qui sortent du bassinet , & entrent dans les tuyaux avancés. L'urine étant déchargée du rein dans le bassinet , distille successivement dans la vessie par le canal de l'uretere. Quand la vessie n'est pas trop remplie d'urine , elle ne ressent

aucune incommodité , mais si-tôt qu'elle l'est trop , elle souffre une distension douloureuse. Si d'ailleurs l'urine est trop acre , trop salée ou acide , elle corrode la vessie , comme il arrive dans la strangurie , & dans ce cas la vessie veut se décharger , & le sphincter se relâche , ce qui fait que l'urine s'écoule par sa propre liquidité , outre que les fibres circulaires de la seconde membrane de la vessie venant à se retirer , retrecissent la vessie , & poussent l'urine en dehors. Les muscles pyramidaux & les muscles droits de l'abdomen servent beaucoup à cela en pressant pareillement la vessie par leur contraction & chassant aussi l'urine. Il y a deux sortes d'urine , celle de la boisson & celle du sang. L'Urine de la boisson démontre les qualités de l'aliment , des alterations qu'il a reçues dans les premieres voies , & de la digestion qui en a été faite. L'Urine du sang fait connoître la constitution du sang qui dépend de la fermentation des particules , sur-tout des salines qui composent sa liqueur , & marque les changemens qui lui arrivent à raison de sa pureté ou de son impureté cacochymique. On appelle *Urine crue* , Celle qui a des signes de crudité hors les maladies aigues & la fievre. On met de ce nombre toutes les Urines qui s'éloignent de l'état naturel par défaut , comme celles qui sont tenues , trop peu teintes , ordinairement claires , & qui se troublent rarement. Ce sont des indices que les alimens n'ont pas été bien digerés dans l'estomac & dans les premieres voies. Quand au contraire l'urine est de la consistance requise , de couleur de citron , ou même d'une couleur plus haute , claire ou un peu obscure , c'est une marque que les alimens ont été bien cuits dans les premieres voies. La consistance naturelle de l'urine tient le milieu entre l'huileux & l'aqueux , & suivant ce que le rapport des sens en fait connoître , c'est une liqueur lixivieuse presque salée , en partie volatile & en partie fixe. Le phlegme ou la liqueur aqueuse qui servoit auparavant de vehicule à l'aliment , devient le vehicule de l'excrement , en s'imbibant des particules salines huileuses de la masse du sang usées par le mouvement intestin ou fermentatif , & par consequent fermenteuses , pour les entraîner dehors avec plus ou moins de particules chyleuses qui n'ont pas été propres à s'assimiler. Si on fait l'anatomie de l'urine par le feu, on trouvera qu'elle est empreignée de beaucoup de sel volatile urineux, c'est-à-dire , composée d'un acide volatile dominant dans le corps de l'Urine , & de beaucoup plus d'alcali volatile. Ces sels sont temperés , ainsi que toutes les autres humeurs du corps , par des particules grasses ou huileuses entremêlées.

Le vice de l'Urine qui vient le plus en pratique , est d'être grasse ou sanglante. L'Urine grasse qui sort , c'est lorsqu'il surnage une croute ou pellicule graisseuse qu'il faut prendre garde à ne pas confondre avec une croute saline qui represente de la graisse , ordinaire aux scorbutiques & aux hypochondriaques. Toute la difference consiste , selon Ettmuller , en ce que si ce sont des sels pris & épaissis qui produisent cette croute sur l'urine , en regardant de côté , elle se fera paroître ou la queue d'un paon ou l'arc en ciel, ce qui marque infailliblement le mal hypochondriatique ou le scorbut. Quand c'est la graisse qui surnage l'Urine , elle est sans couleur & distinguée par petites gouttes qui ne se rencontrent point dans la croute saline. L'Urine graisseuse vient de la fusion de la partie grasse du sang & de la graisse du corps. Cela est cause que l'Urine paroît fort souvent graisseuse dans la fievre ardente ou dans l'ectique. Ce qui fait la fusion est le manque

URI

que de l'acide requis dans la masse du sang, lequel épaissit & congule la graisse alimenteuse, & venant à manquer, la graisse se liquefie & sort avec l'urine.

Quant à l'*Urine de sang*, qui arrive lorsqu'il se trouve plus ou moins de sang mêlé avec elle, elle est quelquefois semblable aux lavures des chairs. Quelquefois elle est plus rouge, ou même elle tire sur le noir, & teint de couleur de sang les linges que l'on y trempe. Ce sang qui rougit l'urine, vient d'ordinaire des reins, où il se mêle avec elle; tantôt c'est dans les ureteres, & tantôt dans la vessie. Il vient rarement des autres parties, si ce n'est après une chûte, lorsque les urines poussent le sang qui est grumelé en quelque endroit. L'Urine de sang vient aussi de l'anastomose des petits vaisseaux, des conduits urinaires & de leur diarese & diabrosis ou ruption. Elle suit souvent les agitations violentes & le mouvement excessif du corps, & quelquefois elle survient aux suppressions des évacuations de sang ordinaires, comme à celle des hemorroïdes ou des mois. Salmut parle d'un pissement de sang periodique & menstrual, qui en s'arrêtant causa la mort. Zacutus Lusitanus fait mention d'une fievre ardente qui fut guerie par une urine de sang fort abondante; ce qui fait voir que l'urine de sang est aussi critique, & qu'elle termine les maladies. Elle survient quelquefois après une chûte sur le dos ou sur les lombes, & ce pissement de sang est causé par l'anastomose des vaisseaux que cette chûte ouvre. Le diabrosis & la diarese en sont les causes les plus frequentes, lorsque les petits vaisseaux sont corrodés par le serum trop même, à quoi on rapport les exulcerations des reins & de la vessie que le pissement de sang accompagne d'ordinaire à cause des érosions des mêmes petits vaisseaux. La déchirure des reins, des ureteres ou de la vessie par l'âpreté du calcul, le donnent aussi. Les cantarides prises interieurement, ou même appliquées exterieurement en veficatoires sans acides, c'est-à-dire, sans avoir été mêlées avec du vinaigre ou du levain, causent une urine de sang très-douloureuse. Elle survient encore quelquefois aux fievres malignes, sur-tout à la petite verole, par l'érosion des petits vaisseaux des reins, ce qui est un symptome très-funeste. Les signes diagnostiques sont clairs, & il est aisé de voir si l'urine est teinte de sang, pourvû qu'on distingue la rougeur du sang d'avec la rougeur saline, qui vient des sels contenus bien unis avec la liqueur contenante. Il n'est pas bien difficile d'en faire la difference. La rougeur des sels est resplendissante, transparente, claire & tenue, au lieu que celle du sang est opaque, trouble & épaisse, selon qu'il y a plus ou moins de sang. On tient que dans l'Urine gardée il s'engendre des animaux en forme d'anguilles qui sont encore plus petits que ceux que l'on voit dans l'eau de poivre. L'Urine vieille colore d'une couleur d'or une piece d'argent bien nette. L'Urine sert dans les teintures pour nettoyer, & aider à fermenter & à échauffer le pastel. On s'en sert aussi aux cuves pour le bleu au lieu de chaux. On fait venir Urine du Grec *Ϳϵ*, qui veut dire la même chose, ou de *ἰϳς* qui signifie le Serum, à cause que l'Urine est une humeur séparée du sang par le moyen des reins.

URINEUX. s. m. Les Chymistes appellent *Sels urineux*, Les sels alcalis, à cause qu'ils ont la saveur de l'urine. On les divise en volatiles & en fixes. Les volatiles sont ceux qui s'envolent d'eux mêmes en l'air ou à une chaleur legere, & les fixes ceux qui ne s'envolent point pour le feu & qui le

Tome II.

URN 625

soûtiennent, ainsi que font tous les sels tirés des cendres. Le sel urineux est le principe qui domine dans tous les animaux. Ce principe y est rassasié de son acide, & ce dernier domine même dans quelques-uns, comme dans les grandes fourmis qui jettent une certaine odeur acide quand on les écrase, & donnent dans la distillation un esprit assés acide pour corroder le fer & le convertir en rouille. L'acide des fourmis ne laisse pas d'être temperé par son alcali, ce qui est évident par l'esprit urineux & alcali que quelques-uns tirent de cet esprit acide de fourmis, en le distillant après y avoir ajouté de la chaux vive & un peu d'eau froide pour exciter l'effervescence. Il y a un moyen plus court de separer l'urineux d'avec l'acide. C'est de renfermer les fourmis dans un vaisseau de verre bien bouché jusqu'à ce qu'elles soient reduites en putrillage. Alors l'acide & l'urineux combattant ensemble, s'alterent & se changent en un esprit urineux de la nature des alcalis. Parmi les principes naturels dont le sang est composé, & qui lui impriment un certain caractere particulier, les sels volatiles, sçavoir l'urineux & l'acide, ont le premier rang. Tous deux agitent sans cesse la masse du sang par un mouvement fermentatif, doux & reglé, & par ce moyen ils la volatilisent en partie en esprits, en partie ils les assimilent le chyle, & en partie ils separent & précipitent ce qu'il y a d'heterogene dans toute la masse pour les couler par des colatoires convenables, & les jetter hors du corps. Si-tôt que la proportion requise de ces sels est vitiée, la fermentation naturelle & vitale du sang, & l'assimilation du chyle se font de même, & enfin les sucs vitiés inondent & infectent la masse du sang.

Les sels volatiles & urineux ont la force de calciner & de dissoudre l'or, pourvû qu'il ait été bien calciné auparavant: car alors l'esprit de sel empreigné d'un sel volatile urineux, dissoudra parfaitement ce metal, & les autres sels volatiles auront la même vertu. Ainsi on prépare la corne de cerf solaire avec le sel volatile de corne de cerf, en stratifiant des lamines de cerf & des lamines d'or dont on remplit un creuset qu'on met calciner dans le four d'un Potier, jusqu'à ce que la calcination, paroisse de couleur de pourpre. Le sel volatile de la corne de cerf corrode le Soleil dans cette operation, & le reduit en forme de poudre. C'est un remede très-salutaire dans les fievres malignes & pestilentielles, & particulierement dans le pourpre des femmes.

URN

URNE. s. f. Vase de porcelaine ou de fayence, de mediocre grosseur, rond & enflé par le milieu, dont on ne se sert aujourd'hui que pour mettre sur des cheminées, ou pour en orner des cabinets. C'étoit autrefois un vase de terre, de marbre, de bronze, d'or ou d'argent, selon la qualité des personnes, où les Anciens enfermoient les cendres d'un mort si-tôt qu'on avoit brûlé son corps. On y enfermoit aussi d'autres petits vases, appellés *Lacrymatoires*, *Lampes sans fin*, & même quelques pieces de monnoie, afin que le mort eût de quoi payer le passage de la barque de Caron. On y versoit aussi des parfums, après quoi on fermoit bien l'urne. On la couronnoit de fleurs, & enfin on la mettoit dans un sepulcre, que l'on élevoit ordinairement sur un grand chemin.

On a aussi appellé *Urne*, Une sorte de Vase, où du tems des Anciens les Juges mettoient leurs suffrages quand ils opinoient. On se servoit aussi d'Ur-

KKkk

nes dans les facrifices. C'eſtoient des vaſes où l'on mettoit des liqueurs. Encore aujourd'hui on dépeint les fleuves appuyés ſur des Urnes pour repreſenter leur ſource par l'eau qui s'en écoule.

On appelle *Urne*, en termes d'Architecture, Une eſpece de vaſe large & bas, qui ſert d'amortiſſement ſur les baluſtrades, & d'attribut aux fleuves & aux rivieres dans les grottes & dans les fontaines des jardins. *Urne funeraire* ſe dit d'une eſpece de vaſe couvert avec des ornemens de ſculpture, qui ſert d'amortiſſement à un tombeau, à une colomne, à une pyramide, ou à quelque monument funeraire, ce qui ſe fait à l'exemple des anciens qui renfermoient dans ces ſortes d'urnes les cendres des corps des défunts.

URS

URSULINES. ſ. f. Religieuſes qui ſuivent la Regle de ſaint Auguſtin, & qui ont un habit noir avec une jupe griſe par deſſous. Elles ſont obligées par leurs ſtatuts à prendre ſoin de l'inſtruction & de l'éducation des jeunes filles. On les a nommé *Urſulines* à cauſe qu'elles ont pris ſainte Urſule pour leur Patronne. Quelques Auteurs ont écrit qu'il n'y avoit jamais eu de ſainte Urſule, mais l'autorité de la fête qu'on celebre le 21. d'Octobre doit convaincre de ſon martyre toutes les perſonnes raiſonnables. Elle étoit fille d'un Prince de l'Iſle de la grande Bretagne, & Conan qui étoit Chrétien & Prince de l'Armorique ou petite Bretagne, après que Maxime qui s'étoit fait ſaluer Empereur en 382, s'en fut rendu maſtre, ayant envoyé des députés en la grande Bretagne pour la demander en mariage à ſon pere Dionnot Roi de Cornouailles, elle lui fut accordée. Quand elle ſe fut embarquée à Londres, une tempête emporta la flotte ſur la côte de la Gaule Belgique, d'où elle ſe retira à Tiel vers l'embouchure du Rhin; & delà elle avança vers Cologne par ce fleuve. Les Huns qui tenoient alors la campagne pour l'Empereur Gratien, voyant des Vaiſſeaux des Bretons leurs ennemis, les attaquerent, s'en ſaiſirent, & ayant voulu forcer la Princeſſe Urſule qui anima toutes les filles qui l'accompagnoient à leur reſiſter, ces barbares irrités de leur courage & du mépris qu'elles faiſoient de la mort, les maſſacrerent, ſans épargner aucun de ceux qui les eſcortoient. Le nombre des ſaintes Filles n'eſt pas facile à déterminer. Uſuard, qui étoit du huitiéme ſiecle, dit ſeulement qu'elles étoient en grand nombre. Sigebert, qui vivoit au commencement du donzième ſiecle, en marque onze mille, & quelques-uns prétendent que le chiffre Romain XI. M. V. qui ſe trouve dans des Titres anciens, veut dire Onze Martyres Vierges, & non pas onze mille Vierges. Lindan, Evêque de Ruremonde, rapporte, ſuivant l'atteſtation des gens du pays que le lieu où ces Filles ont été enterrées à Cologne ne ſçauroit ſouffrir aucun autre corps, & qu'il le rejette auſſi-tôt, quand ce ſeroit même le corps d'un enfant. Pluſieurs écrivent & prononcent *Urſelines*.

URU

URUCU. ſ. m. Nom que donnent les Indiens à l'arbriſſeau qui porte le Roucou. Voyez ROUCOU. Selon quelques-uns c'eſt un arbre qui a huit ou neuf piés de hauteur, & ſes feuilles à peu près ſemblables à celles du pêcher. Après ſes feuilles il naît des gouſſes garnies de petites épines tout autour, & qui approchent fort de la couverture de nos châtaignes. Elles enferment une petite graine rouge qu'on briſe dans un mortier ou ſur une pierre; & qu'on met enſuite dans des vaiſſeaux remplis d'eau. Le Roucou ſe fait dans les Iſles de l'Amerique de la même ſorte qu'on fait ici l'amidon.

US

US. ſ. m. Vieux mot. Porte.

Et l'us ôt de fer une barre.

Us a été dit auſſi pour Coûtume, & en ce ſens il vient du Latin *Uſus*, Uſage.

J'aim' par couſtume & par us
Là où nus ne peut atteindre.

On ſe ſert encore dans les contrats de cette clauſe generale, *Pour en jouir ſelon les Us & coûtumes des lieux*. On dit auſſi *Les Us & Coûtumes des Eaux & Forêts*.

On appelle *Us & Coûtumes de la mer*, Une loi par laquelle les Proprietaires & les Maîtres des Vaiſſeaux Marchands ſont obligés de ſatisfaire aux avaries qui ſe font en mer. Ces Us & Coûtumes conſiſtent en trois Reglemens, dont on appelle les premiers *Jugemens d'Oleron*. La Reine Eleonor, qui étoit Ducheſſe de Guienne, en fit faire les premiers projets, lorſqu'elle fut revenue de la Terre-ſainte, ſur les Memoires qu'elle rapporta des Coûtumes du Levant, où le commerce étoit extrêmement floriſſant. Comme elle avoit établi ſa principale demeure dans l'Iſle d'Oleron, elle voulut qu'ils fuſſent nommés *Rolles d'Oleron*. Richard Roi d'Angleterre, ſon Fils, les augmenta en 1266. Les Marchands de la Ville de Viſbui, ſituée dans l'Iſle de Gotland, y firent dreſſer les ſeconds Reglemens en langage Teuthonique. Cette Ville où toutes les Nations avoient alors leurs quartiers, boutiques ou magaſins, & que le commerce rendoit très-celebre, eſt preſentement détruite, mais les Reglemens que l'on y fit pour la mer ne laiſſent pas d'être obſervés encore aujourd'hui par tout le Nord. On fit les troiſièmes ſur l'an 1597. & ils furent faits par les Députés des Villes Hanſeatiques. C'eſt ſur ces trois pieces qu'on a fait les Ordonnances qui reglent les contrats maritimes, & la juriſdiction de la Marine, tant en France qu'en Eſpagne.

USA

USAGE. ſ. m. *Coûtume*, *pratique reçue*. ACAD. FR. Uſage, dit Nicot, *eſt ce que le Latin dit Uſus, dont il deſcend*. Uſage *auſſi ſe prend pour coûtume, & ſelon ce on trouve ſouvent au Couſtumier de France ces deux mots Uſage & Couſtume pour une meſme choſe, d'autant que Couſtume n'eſt autre choſe que le commun uſage du peuple touchant quelque choſe. Et en plurier Uſages ſont paſtis ou bois taillis qu'on appelle Communes & Uſuelles, parce que chacun du peuple a droit d'en uſer pour paſturer ſon beſtail & avoir ſon chauffage.*

Ce mot *Uſages*, au pluriel, ſignifie encore aujourd'hui les biens poſſedés en commun par les Communautés de quelques Paroiſſes pour y faire paître le bétail, comme bois, pâturages, broſſailles, terres vaines & vagues, où chaque particulier a droit de mener ſes beſtiaux, & de prendre du bois pour ſon uſage.

Uſages, en termes de Librairie, ſe dit des Livres d'Egliſe, des ſortes de Prieres, Breviaires, Miſſels, Diurnaux, Pontificaux, Proceſſionnels, Ri-

tuels & autres. On dit qu'*Un Breviaire est à l'u-
sage de Rome*, *à l'usage de Paris*, pour dire, qu'On
s'en sert à Paris, à Rome, quand on celebre le
Service Divin. On dit aussi *Breviaire à l'usage de
saint Benoît*, *à l'usage de saint Bernard*, suivant les
differens Ordres de Religieux.

USANCE. s. f. *Usage reçu.* ACAD. FR. On dit, en
termes de Marine, qu'*Un Marchand sçait bien les
usances de la mer*, pour dire, qu'il n'ignore rien de
ce qu'il est necessaire de sçavoir pour trafiquer sur
la mer.

Usance est aussi un mot de banque, & signifie,
Le terme d'un mois. On dit en ce sens qu'*Une lettre de change est payable à usance*, *à deux usances*,
à trois usances, pour dire, Que l'on a un mois,
deux mois ou trois mois pour la payer. On appelle
Interêt à toute usance ou *à double usance*, Celui
qu'on fait payer tous les mois au double.

USANT, ANTE. adj. Terme de Palais. On dit qu'*U-
ne fille est usante & jouïssante de ses droits*, pour dire,
qu'Elle a la pleine & entiere jouïssance du bien qui
lui appartient.

USE

USER. v. a. *Consumer la chose dont on se sert.* ACAD.
FR. On dit en termes de Miroitier, *User le verre*,
pour dire, Le frotter avec du grais.

USI

USINE. s. f. Vieux mot. Ménage.
Et si font aussi bonne usine
Qu'estudians en medecine.

USN

USNE'E. s. f. Terme de Pharmacie. Mousse qui
croît sur un crane humain. Elle arrête toutes les hemorragies, & fait la base de l'onguent magnetique. On tient que l'Usnée qui croît sur le crane
d'un pendu ou d'un rompu, a une vertu singuliere
d'arrêter le sang & de resister à l'épilepsie, ce que
n'a pas une autre Usnée. Cela vient de ce que ceux
qui meurent d'une mort violente, quoiqu'ils perdent la plûpart leurs esprits influans, gardent materiellement l'esprit implanté qui demeure concentré dans les parties. Cet esprit n'a plus, à la verité,
aucune activité formelle de vie, mais c'est de lui
que dépendent les merveilleux effets des corps
morts. Ainsi, c'est delà que le cadavre d'un homme
que l'on a tué avec violence, verse du sang en des
certains cas en la presence de son meurtrier, & c'est
encore delà qu'un nés enté devient froid & se pourrit malgré la distance & l'éloignement des lieux, si-
tôt que celui des bras duquel il a été pris, vient à
mourir.

Les Droguistes d'Angleterre, & particulierement
ceux de Londres, vendent des têtes de morts sur
lesquelles il y a une petite mousse verdâtre, qui ressemble assés à l'Usnée, ou à la mousse qui vient
des chênes, ce qui lui a fait donner le nom d'*Usnée*. C'est une excrescence semblable à une mousse
verte, qui croît jusqu'à la hauteur de deux ou trois
lignes au-dessus & aux environs du crane de ceux
que l'on a pendus & laissés ensuite long-tems aux
fourches patibulaires. Elle ne commence à croître
que quand le pannicule charneux étant pourri &
consumé par les injures du tems, a quitté le crane, & que l'humeur superflue que la tête fournissoit pour la nourriture des cheveux & de la barbe,
ne trouvant plus de partie charneuse pour y faire ses

Tome II.

productions accoûtumées, engendre cette mousse en
forme de chevelure, joignant le creux où elle est aussi
fortement attachée, que la mousse l'est aux chênes &
aux rochers. Comme la coûtume est en Irlande de
laisser au gibet les corps des pendus jusqu'à ce qu'ils
tombent en pieces, c'est delà que les Droguistes Anglois font venir ces têtes. Ils en envoyent plusieurs
couvertes de leur Usnée dans les Païs étrangers, &
sur-tout en Allemagne, où l'on s'en sert dans la composition de l'onguent sympathique que Crollius a décrit dans sa Chymie Royale, & qu'il vante fort pour
la guerison du mal caduc. Ils vendent ces têtes vuides, à cause que tout ce qu'elles contenoient de mol
& de corruptible, comme les yeux & la cervelle,
a été consumé par le long tems qu'on les a laissées
à l'air.

On se sert de l'Usnée de chêne pour faire les
poudres de Chypre & de Frangipane que l'on fait
venir de Montpellier.

USS

USSIERS. s. m. Vieux mot. Vaisseaux ou Barques
plates.

USSUN. s. m. Nom que les Sauvages du Perou
donnent à une espece de cerise qui est douce de saveur, & de couleur rouge. Quand on a mangé de
ces cerises, l'urine se trouve teinte le lendemain de
couleur de sang.

UST

USTENSILE. s. m. *Plusieurs disent* Utensile. *Terme
qui se dit proprement de toutes sortes de menus meubles, servant au ménage, & principalement de ceux
qui servent à l'usage de la cuisine.* ACAD. FR. *Ustensile*, en termes de guerre, se dit de la fourniture qui
est dûe à chaque Soldat par ceux chés qui on l'envoye loger. Cette fourniture consiste en un lit garni
de linceuls, à un pot, à un verre, à une écuelle, à
une place au feu, & à la chandelle de l'hôte. L'ustensile est quelquefois fourni en argent par les Habitans des lieux où est la garnison, & ils donnent deux
sols chaque jour au Soldat à pié.

On appelle *Ustensiles du canon*, La lanterne ou le
chargeoir propre à mettre la poudre dans le noyau,
le Foüiloir qui sert à bourrer quand on a chargé la
piece, le Boutefeu, l'Ecouvillon, le Fronteau de mire & les Coins de mire. Toutes ces Ustensiles doivent
être proportionnées aux pieces qu'elles servent, ce
qui se fait aisément quand on en remarque le calibre & la longueur.

USTION. s. f. Terme de Pharmacie. Assation
qu'on fait aux médicamens pour les mettre mieux
en poudre, comme aux cornes & aux os, ou
pour les corriger de quelque mauvaise qualité,
comme la pierre d'azur. Ce mot vient du Latin *Urere*, Brûler.

USU

USUCAPION. s. f. Terme de Jurisprudence. Jouïssance d'une chose mobiliaire pendant l'espace d'un
an. On s'en sert comme d'une fin de non recevoir,
de même qu'on se sert de prescription à l'égard de la
jouïssance des immeubles.

USUELLES. s. f. Vieux mot. Pastis, ou bois taillis
communs à une ou plusieurs Villes, Bourgs ou
Villages.

USUFRUIT. s. m. Terme de Palais. Droit d'user
& de jouir autant qu'on le peut des choses dont la
propriété appartient à un autre, tant que dure la

substance de ces choses. Le don mutuel entre maris & femmes n'a lieu que pour l'usufruit des biens du prédecedé au profit du survivant. On peut assûrer à quelqu'un l'usufruit, non seulement d'une maison, d'une terre, mais encore d'un troupeau, & de tout ce qui ne se consume pas par l'usage qu'on en fait. Quoiqu'il n'y ait point d'apparence de donner des choses qui se consument comme sont le vin, l'huile, le blé, des habits, de l'argent, pour en jouir par usufruit, on ne laisse pas de le faire sous de certaines conditions. Ainsi, si quelqu'un en mourant laisse à un autre l'usufruit de mille écus, de mille muids de vin ou d'huile, ou de mille muids de blé, qui sont des choses qui se consument par l'usage, ce legs peut être reçû selon le Droit Romain, & le legataire peut prendre l'argent, le vin, l'huile ou le blé, en donnant caution qu'après sa mort, soit civile ou naturelle, la même quantité qu'il aura reçûe, sera restituée à celui à qui en appartient la propriété: Cela se pratiquoit autrefois non seulement à l'égard de ces sortes de choses, mais encore à l'égard des habits, des fruits & de tout ce qui se consume, en sorte que le legataire avoit la jouissance de son legs, après que l'estimation en avoit été faite. Si un tremblement de terre renverse une maison dont quelqu'un a l'usufruit, ou s'il arrive qu'elle tombe à cause qu'elle est trop ancienne, l'usufruit cesse, parce que l'usufruit a été établi sur la maison, & que l'Usufruitier n'a aucun droit ni sur la place, ni dans la cour. L'Usufruit étant éteint par quelque cause que ce puisse être, il est réuni à la chose, & le proprietaire en doit jouir en pleine propriété.

USURE. s. f. Profit que celui qui prête retire de la chose prêtée, à cause qu'elle est employée à l'usage de la personne qui emprunte. On ne se servoit de l'argent dans les premiers tems que pour entretenir par la vente & par l'achat le commerce qui n'avoit pû être encore assés bien établi par les échanges. Les Banquiers n'étoient alors connus, non plus que les Usuriers; mais si le péril & la difficulté qu'il y a à transporter de l'argent d'un lieu à un autre, a fait que les Banquiers ont été crûs necessaires, l'avidité sordide du gain a produit les Usuriers. Ainsi on a toûjours pratiqué le prêt de l'argent chés toutes les Nations, sans que les loix les plus saintes ayent pû l'empêcher, quoique ce prêt soit un écueil des plus dangereux pour ceux qui empruntent, & un très-grand crime pour ceux qui en tirent du profit. L'usure étoit exercée à Rome avec tant d'impunité, que le Creancier par l'ancien droit pouvoit exiger de son Débiteur, par la convention qu'ils faisoient ensemble, tel interêt qu'il vouloit des sommes prêtées, quoiqu'il n'y eût point d'alienation du sort principal. Ce mal devint sans remede, parce que les riches qui le commettoient, empêchoient par l'autorité que leur donnoit le gouvernement, que ceux qui avoient de bonnes intentions n'en arrêtassent le cours. Ainsi ce fut inutilement que le vieux Caton, devant qui on agita la question de sçavoir, s'il n'étoit pas avantageux que l'on prêtât à usure, demanda si l'on pouvoit être permis de tuer un homme. La fureur des Usuriers qui dévoroient sans pitié la substance de leurs freres, dura jusqu'au tems de Justinien. Ceux qui craignirent les peines prononcées par les loix de cet Empereur, & par celles de Dieu, commencerent à se conformer aux regles qu'on leur prescrivit touchant l'usure. Il y a quantité de passages dans l'Ecriture qui font connoître que les loix divines, qui ne recommandant rien tant aux hommes que la charité pour le prochain, condamnent à la mort éternelle ces avares insatiables, qui en prêtant leur argent à interêt, ont la cruauté de profiter du malheur d'autrui. L'usure étoit défendue entre les Israëlites comme un crime abominable, & on ne leur permettoit de l'exercer avec les Etrangers, comme étoient les Cananéens, que parce que Dieu avoit donné aux Juifs la terre de Canaan; & que par consequent tout ce que possedoient ces Gentils appartenoit au Peuple de Dieu. Aussi JESUS-CHRIST n'eut pas plûtôt annoncé aux hommes la paix universelle qu'il leur a donnée à tous, que la défense devint generale, sans que les Juifs eussent encore la liberté de prêter à usure aux pauvres Etrangers, de même qu'ils ne l'avoient jamais eue de prêter à interêt à leurs freres. Il est inutile de dire que celui qui emprunte se sert de l'argent des Usuriers, & qu'il avoue lui-même qu'ils lui font plaisir. Cette excuse ne sçauroit être reçûe, puisque s'il s'adresse à ces personnes impitoyables, c'est seulement parce que la necessité l'y contraint, & qu'il ne sçauroit trouver du secours d'une autre maniere. Les Peres ont déclamé tous contre l'usure. Saint Augustin doute si celui qui en accable les malheureux n'est pas plus cruel que celui qui les vole; & saint Gregoire dit que l'Usure est la production de l'avarice, de l'iniquité & de l'inhumanité. Sur tant de principes de Religion & d'équité, il est défendu en France de stipuler aucuns interêts par promesse, ni par obligation verbale, & portée par lettres; & quand on n'aliene point le fond, tout ce que l'on exige est Usure, de sorte qu'il n'y a d'interêts legitimes que par l'alienation du sort principal à cause du retardement. La raison est que l'alienation qui se fait du fond par un contrat de constitution, fait contracter une maniere de vente à faculté de rachat. L'Usure ne se prescrit, & ne se couvre par aucun consentement; & en quelque tems que ce puisse être, celui contre qui l'on a rendu un Arrêt, peut obtenir une Requête civile, fondée sur le vice de l'Usure, dont il a eu connoissance depuis qu'il a été condamné. Lorsqu'il s'agit d'instruire extraordinairement le procès d'un Usurier, on se sert de toutes sortes de moyens pour sçavoir la verité, jusqu'à s'éloigner des regles accoûtumées. C'est que fait qu'encore que selon les principes du Droit personne ne doive être contraint de produire des actes qui lui soient nuisibles, on oblige ceux qui sont accusés d'usure, par la haine qu'on a pour ce crime, de representer leurs livres de raison, afin de reconnoître leur commerce. Comme les affaires des Usuriers ne se passent jamais que secretement, c'est-à-dire, entre eux & leurs débiteurs; on se convainc, pour les convaincre & les condamner, de la déposition d'un certain nombre de ces mêmes débiteurs, comme de dix. Les Officiaux connoissent de l'usure que les Clercs commettent, & les Juges Seculiers connoissent de celle qui est commise par toutes autres personnes. On permet les usures sur mer quand on donne son argent à la grosse avanture, à cause du péril qu'on court. Baquet fait mention d'un privilege qu'on accorda aux Lombards, & qui portoit permission de prêter à usure. Il fut verifié à la Chambre des Comptes. Néanmoins les Lombards furent bannis du tems des Rois saint Louis & Philippe le Bel, & entierement exterminés par Philippes de Valois. Tous les Banquiers étoient autrefois appellés *Lombards*; & encore en Allemagne & en Flandre on donne ce nom à tous les Changeurs, Banquiers, Usuriers & Revendeurs de quelque Nation qu'ils soient. C'est delà qu'encore à present on appelle à Amsterdam *Places Lombardes* la place du change, & la friperie. On dit *Usure* comme si on disoit, *Usus rei*, Usage de la chose.

UTE

UTERIN, INE. adj. Qui concerne le ventre ou la matrice des femmes. On appelle *Freres uterins*, *Sœurs uterines*, les freres & les sœurs qui ont une même mere, & qui sont de differents peres. Ce mot vient du Latin *Uterus*, qui veut dire Ventre.

Fureur uterine, se dit d'une maladie de la matrice qui envoye des fumées au cerveau, qui causent quelquefois de fort grands emportemens aux femmes, & une passion d'amour qu'elles ne sçauroient dompter. Ce qu'on voit faire à beaucoup de Religieuses qui passent pour possedées, n'est bien souvent que l'effet des maladies de Fureur uterine.

UVA

UVA-CAVE. s. m. Arbre de la grandeur d'un poirier qui croît aux Indes Occidentales dans l'Isle de Marignan. Il a les feuilles semblables à celles de l'Oranger, & sa fleur jaunâtre. Son fruit est long comme un œuf, jaune, & de bon goût.

UVA EEN. Espece de melon qui vient dans la même Isle de Marignan. C'est un fruit d'un vert gai par dehors, & de la grosseur de la tête d'un homme. Par dedans il est tout rempli d'une chair blanche, mêlée de petits grains noirs, & pleins d'un suc qui est fort doux & fort agreable; on le mange cru comme une pomme. Il se dissout en eau lorsqu'il est coupé par le milieu, & si on ne fait que le creuser, il remplit aussi-tôt le vuide d'une liqueur douce que l'on boit avec plaisir.

UVALRUS. s. m. Animal amphibie & fort monstrueux, qui est une espece de Phoques qu'on trouve en grand nombre dans les petites Isles éparses vers le golfe de Saint Laurent. Quand il est parvenu à sa grandeur ordinaire, il surpasse quelquefois nos bœufs en grosseur. Il a la peau comme celle d'un chien marin, & la gueule d'une vache, ce qui l'a fait appeller par quelques-uns *Vache marine*, avec deux dents qui sortent dehors recourbées en bas, longues quelquefois d'une coudée. On les employe aux mêmes usages que l'yvoire, & elles sont de même valeur. C'est un animal robuste & fort sauvage d'abord, ce qui le rend extrêmement difficile à prendre. On le prend en terre, rarement en l'eau; & il n'a jamais qu'un ou deux petits. Laët dit qu'on en prit en Hollande en 1412. C'étoit un Faon vieux de dix semaines, comme l'assûroient ceux qui l'avoient apporté de Nova Zembla. Ainsi il n'avoit point encore les dents ou les cornes qui sortent à ceux qui sont plus vieux, mais les bosses qu'on lui voyoit dans la machoire haute faisoient connoître qu'elles sortiroient bientôt. Il étoit grand comme un veau ou comme un grand dogue d'Angleterre, ayant la tête ronde, les yeux de bœuf, les narines plates & ouvertes qu'il fermoit & qu'il ouvroit quelquefois. Au lieu d'oreilles il avoit un trou de chaque côté, l'ouverture de la gueule ronde & assés petite, & en la machoire haute une moustache d'un poil cartilagineux gros & rude. La machoire d'en bas étoit en forme de triangle, sa langue épaisse & courte, & le dedans de sa gueule munie de dents placées de chaque côté. Ses piés étoient larges & divisés en cinq doigts joints par une membrane épaisse; il avoit ceux de devant tournés en devant & sans ongles, & ceux de derriere tournés en arriere & avec des ongles. Le derriere de son corps ressembloit tout-à-fait à une Phoque,

& il n'avoit point de queue. Sa peau étoit épaisse, coriace & couverte d'un poil court & délié de couleur cendrée. La partie de derriere rampoit plûtôt qu'elle ne marchoit. Il grondoit comme un sanglier, & quelquefois il crioit d'une voix grosse & forte. Il sembloit quand on le touchoit que ce fût un animal robuste & furieux. Sa respiration se faisoit par les narines & étoit très-forte. On le nourrissoit de bouillie d'avoine ou de mil, & il suçoit lentement bien plûtôt qu'il ne mangeoit. Quand son maître lui presentoit à manger, il approchoit de lui avec grand effort & en grondant, & tous les jours on le mettoit dans un tonneau rempli d'eau, l'espace d'une heure pour s'y jouer. On montroit en même-tems les têtes de deux grands Uvalrus qui avoient chacun deux dents sortant au-dehors à la maniere des Elephans, longues, grosses & blanches, recourbées en bas vers la poitrine. Les Anglois qui les avoient apportées disoient que ces animaux se servoient de ces dents pour monter sur des rochers, & qu'ils sortoient par troupe à terre pour y dormir. Ils disoient aussi que leur pâture étoit de grandes & longues feuilles d'une certaine herbe qui croissoit au fond de la mer, & qu'ils ne mangeoient ni chair ni poisson, & que leurs cuirs pesoient quatre ou cinq cens livres.

UVAMEMBEC. s. m. Arbre qui croît dans l'Isle de Marignan, & qui differe fort peu du pommier, tant en grandeur qu'en feuilles, en fleurs & en fruits. Son fruit est jaune & fort délicat, mais on n'en sçauroit manger le noyau à cause de la trop grande apreté & de son acrimonie.

UVA-OUVASSOURA. s. m. Grand Arbre des Indes Occidentales, qui a ses fleurs blanches, & ses feuilles semblables à celles d'un poirier. Son fruit est de la grosseur des deux poings, ayant la peau jaune, avec la saveur fort douce, avec un noyau un peu plus gros qu'une amande & de même goût.

UVAPIRUP. s. m. Arbre des Indes Occidentales, fort plein d'aiguillons, & qui a ses feuilles fort agreablement bigarrées de bleu, de jaune & de rouge. Il porte un fruit rond comme une pomme & bon à manger. Il ne faut le cueillir qu'aux mois des pluyes.

WATERGANCK. s. m. Mot Flamand que les nouvelles conquêtes du Roi ont rendu d'usage en France, où il signifie un canal ou fossé plein d'eau, qui sert à séparer les heritages, ou qui donne communication d'une eau dans une autre. On prononce *Oua-tregan*. Ce mot est composé de deux mots Flamands, *Vvater*. Eau, & *Ganck* Alleure. Ainsi *Vvaterganck* est proprement un conduit d'eau.

WAYVES. adj. f. Vieux mot que Nicot explique en ces termes. Wayves, *qu'on doit prononcer comme s'il étoit escrit Ouayves, pour laquelle prononciation, ou ignorée ou negligée, on trouve malaisée par les François, on le trouve escrit en une Chartre de Loys, Roy de France & de Navarre de l'an mil deux cens quatorze, Choses gueifves, lequel mot est rendu en Latin Res vayvas: en une autre Chartre du Roy Charles de l'an mil trois cens quinze, & qu'on dit aujourd'huy en Normandie Choses gayves, sont choses espaves & aulbeines, tiré par advanture de ce mot Latin Vacantes, ladite lettre u estant prononcée voyelle & non consone, & est un mot particulier aux Normans.*

UVE

UVE'E. s. f. Terme d'Anatomie. Nom qu'on donne à la troisième tunique de l'œil à cause qu'elle ressemble à un grain de raisin dont on a ôté la queue. Elle a un trou en devant qui fait la prunelle, dont la

KKkk iij

tout qui paroît au dehors eſt nommé *iris* à cauſe de ſes diverſes couleurs.

VUEIL. ſ. m. Vieux mot. Volonté. *Un même Vueil.*

WERPIR. v. a. Vieux mot. Werpir, dit Nicot, *que le François eſcrit & prononce Guerpir, eſt prendre l'immenble, dont le contraire eſt Deſguerpir ou Deſverpir qui ſignifie Abandonner.*

VVI

WICLEFITES. ſ. m. Sectateurs de la doctrine de Jean Wiclef Prêtre Anglois , qui ayant été reçû Docteur en l'Univerſité d'Oxford , où il enſeigna la Theologie & les ſaintes Lettres avec beaucoup de réputation , affectoit de faire renaître certaines opinions des anciens Philoſophes qu'il faiſoit paſſer pour de nouvelles découvertes dans les ſciences , ce qui lui acquit un fort grand credit parmi quantité de Bacheliers & de jeunes Docteurs, qui vantoient par tout la ſublimité de ſon eſprit. Le chagrin qu'il eut de ſe voir exclus de la Principalité du College de Cantorberi,& du refus que lui fit le Pape de l'Evêché de Vigorne , lui fit prendre la reſolution de s'en venger , ce qu'il fit ſur la fin du quatorziéme ſiecle , en faiſant répandre par ſes Diſciples un recueil qu'il avoit fait des vieilles Hereſies contre l'honneur du Pape & de l'Egliſe , contre les profeſſions Religieuſes,& contre le ſaint Sacrement. Les Wiclefites , ou Wiclefiſtes enſeignoient que la ſubſtance du pain & du vin demeuroit dans l'Euchariſtie ; qu'aucun Prêtre ou Evêque ne pouvoit conſacrer ou conferer les Ordres lorſqu'il étoit en peché mortel ; que la Meſſe n'a aucun fondement dans l'Ecriture ; que la Confeſſion auriculaire n'eſt d'aucune neceſſité à ceux qui ſont prédeſtinés ; qu'un Pape impie n'a point de pouvoir ſur les Fideles ; que les perſonnes Eccleſiaſtiques ne doivent rien poſſeder ; qu'on ne doit ſéparer perſonne de l'Egliſe par l'excommunication qu'on ne ſçache auparavant s'il eſt excommunié devant Dieu ; que le Prélat qui excommunie un Clerc qui en appelle au Roi eſt un traître , ainſi que celui qui refuſe d'entendre & de prêcher ceux qui ſont excommuniés ; que les Doyens & les Prêtres peuvent prêcher ſans l'autorité de l'Evêque ; que le Roi peut s'approprier le revenu de l'Egliſe ; que les peuples ont le pouvoir de punir leur Souverain ; que les Laïques peuvent retenir ou prendre les dixmes ; que les prieres particulieres pour quelques-uns n'ont point plus de force que les publiques;que les Ordres Religieux ſontillegitimes, & que ceux qui en portent l'habit ſont obligés de s'acquerir de quoi vivre par le travail de leurs mains , au lieu d'employer la mendicité ; que Conſtantin & les autres Empereurs avoient peché en enrichiſſant les Egliſes ; que celle de Rome eſt la Synagogue de Satan. Ils rejettoient auſſi l'élection du Pape par les Cardinaux, ainſi que la remiſſion , les decrets , les banniſſemens du Pape & ſa Souveraineté. Ils ajoûtoient à cela , que ſaint Auguſtin , ſaint Benoît , & ſaint Bernard étoient damnés à cauſe qu'ils avoient inſtitué des Ordres Religieux ; que Dieu doit obéir au Diable ; que celui qui fait des aumônes aux Cloîtres devroit être excommunié ; que c'eſt ſimonie de prier pour les bienfaiteurs ou pour les parens ; que c'étoit ſeulement pour le profit que les Evêques ſe reſervoient la puiſſance de conferer les Ordres ou de confirmer ; que les Academies , les degrés & les écoles de ſciences étoient préjudiciables au public ; que l'homme n'a point de liberté ; que les pechés des prédeſtinés ſont pardonnables , & que ceux des ré-

prouvés ſont toûjours mortels ; qu'on ne doit point invoquer les Saints , garder leurs reliques , adorer la croix , ni mettre des images dans les Egliſes ; que le frere & la ſœur ſe pouvoient marier enſemble , & que chaque creature pouvoit être appellée Dieu , parce que ſa perfection eſt en Dieu. Ils condamnoient le chant de l'Egliſe , les heures canoniques , les vœux , les jeûnes , les baptêmes des enfans , les benedictions , les onctions & l'Epiſcopat. Pendant que les Diſciples de Jean Wiclef s'expoſoient pour débiter ſa doctrine , il ſe tenoit caché dans ſa retraite à Leulenworth où il étoit Curé : & il y demeura toûjours juſqu'à ce qu'il fut frappé d'une eſpece d'apoplexie le 19. Decembre 1384. jour de la fête de ſaint Thomas de Cantorberi , lorſqu'il ſe préparoit à prêcher dans peu d'heures contre ce Saint , & il mourut le 31. jour de la fête de ſaint Sylveſtre Pape, contre lequel il avoit tant de fois déclamé;parce qu'il avoit ſouffert que l'on dotât les Egliſes. Après ſa mort les Wiclefites firent de nouveaux efforts pour ſoûtenir ſa doctrine , en y ajoûtant des erreurs nouvelles : ce qui obligea Jean , Archevêque de Cantorberi, de convoquer à Londres une aſſemblée d'Evêques & de Docteurs pour y condamner ces opiniâtres Heretiques , à l'exemple de Guillaume de Courtenai , ſon prédeceſſeur , qui en qualité de Primat d'Angleterre & de Legat du ſaint Siege , avoit convoqué en 1382. un Concile national,auſſi à Londres , où vingt-quatre propoſitions tirées des livres de Wiclef avoient été condamnées. Le Roi Richard fit en même-tems publier un Edit très-ſevere contre les Wiclefites, qui n'ayant plus oſé paroître en Angleterre juſqu'au commencement du regne de Henri V. firent alors une nouvelle conſpiration contre l'Etat ſous un nouveau Chef , mais ce Prince les extermina entierement.

WIDANGE. ſ. f. Les décombres , terres ou ordures qu'on ôte d'un lieu qu'on vuide ou qu'on nettoye. ACAD. FR. On appelle *Vuidanges de terre* , le tranſport des terres fouillées. On le marchande par toiſes cubes , & le prix en eſt reglé ſelon la qualité de la terre & la diſtance qu'il y a du lieu où l'on a fouillé les terres , juſqu'à celui où elles doivent être portées.

On appelle auſſi *Vuidange* tout ce que l'on tire des baſſes foſſes des lieux des maiſons , des cloaques & des puits.

Vuidanges ſe dit encore de l'excrement de pluſieurs animaux. Ces vuidanges ont divers noms particuliers. Celles du loup ſont appellées *fientes* , celles du lapin *crottes* , & celles du cerf *troche* ou *fumier.*

Vuidange d'eau , eſt l'étanche qui ſe fait de l'eau d'un bâtardeau par le moyen de differentes machines , comme moulins , chapelets , vis d'Archimede , & autres , afin de le mettre à ſec , & de pouvoir y fonder.

On appelle *Vuidange de forêt* , L'enlevement des bois qui ſont ſur les ventes d'une forêt abbatue. Les Marchands à qui la coupe en a été adjugée , n'ont qu'un certain tems pour en faire la Vuidange.

Vuidange , en termes de Commis des Aides, ſont les feuillettes & les muids qu'un Cabaretier a vendus pendant un mois. En ce ſens on dit qu'*Il y a tant de vuidange. Vuidange* ſe dit encore de l'état d'un tonneau qui eſt en perce. On dit alors qu'*Il eſt en vuidange.*

Vuidanges ſe dit auſſi en termes de Medecine. Ce ſont des évacuations que les femmes ont après leur accouchement. Elles leur ſont propres comme le flux menſtrual. La matrice qui s'étoit étendue d'une maniere extraordinaire, fe refferre bien tôt par le moyen de fes propres fibres. Les pores fe rétré-ciffent, & les humeurs qui ont été amaffées pen-dant la groffeffe, font exprimées ; & c'eft ce qui fait les purgations qui fuivent l'accouchement. Il fort d'abord un fang délayé de beaucoup de ferum, ou de quelque efpece de lait, & enfuite on voit une matiere blanche & mucilagineufe, qu'on croit être le refte du fuc nourricier du fœtus. On ne doute point que cette matiere ne vienne de la matrice feule, mais on n'eft pas encore affuré fi le fang délayé ne vient que de la matrice, ou s'il ne vient point des vaiffeaux hypogaftriques, qui ont leur infertion dans le col de la matrice, felon l'opinion de quelques Auteurs. Ce font les efforts de l'accouchement qui caufent ce flux de fang, en attirant le fang vers les parties. Ce fang les diftend & les ouvre, & s'enfuit enfuite. Etmul-ler dit qu'il fe fait peut-être alors une fermenta-tion femblable à celle du tems des menftrues. On a fujet de le croire par divers fymptomes qui arrivent de la fuppreffion des Vuidanges. La durée de leur flux eft differente, felon la conftitution de l'accou-chée. L'ordinaire eft de huit jours. Il eft quelque-fois de quinze, & même de trente. Ce flux eft auffi plus ou moins impetueux, & plus ou moins abondant. Enfin il ceffe, & quand la matrice eft fuffifamment deffechée, elle fe ramaffe en la forme d'une poire.

VUIDE. f. m. Terme de Philofophie. Efpace qui felon Epicure & Gaffendi n'eft rempli d'aucun corps. Ils tiennent qu'il n'y a point de Vuide fen-fible, parce qu'il n'y a point d'efpace où il n'y ait de petits corps fi fubtils, qu'ils font imper-cep-tibles ; mais qu'il y a de petits Vuides infenfibles & extrêmement petits qui font répandus entre les parties du corps. Ce qui fait croire, c'eft que les chofes ne pourroient être mues, s'il n'y avoit point de ces petits Vuides. Les Anciens fe font imaginé que c'étoit par la crainte du Vuide que l'eau s'éle-voit dans les pompes afpirantes, au lieu que c'eft la pefanteur de l'air qui eft caufe de cette éleva-tion. La machine pneumatique de M. Boyle eft une preuve qu'il y a du vuide, puifqu'on peut pomper l'air d'un vaiffeau dans lequel les animaux ne fçau-roient plus vivre.

Vuide, en termes de Maçonnerie, fignifie une ouverture, une baye qui eft dans un mur. On dit en ce fens qu'*On a fait marché à dix francs la toife tant plein que vuide*, pour dire, qu'On doit payer dix francs pour chaque toife, en y comprenant les portes & les fenêtres, comme fi le mur étoit tout-à-fait folide. En ce cas la taille des pierres ne fe compte point. On dit auffi *Efpacer tant plein que vuide*, pour dire, Peupler de folives un plancher, en forte que l'on donne aux entrevoux tant de largeur qu'en ont les folives. Quand les tru-meaux font auffi larges que les croifées, on dit qu'*Ils font efpacés tant plein que vuide*. On dit encore que *Les vuides d'un mur de face ne font pas égaux aux pleins*, pour dire, que Les bayes ont plus de largeur que les trumeaux, ou qu'el-les font moindres. *Pouffer un vuide, tirer un vui-de*, font des termes dont on fe fert pour dire, De-verfer & fortir hors de fon aplomb.

On appelle *Vuides*, dans des murs de maçonne-rie qui font trop épais, Des chambrettes ou des cavités que l'on pratique, ou pour faire que la charge pefe moins, ou pour épargner la dépenfe de la matiere.

VUIDE', E'E. adj. Terme de Blafon. Il fe dit des croix & des autres pieces ouvertes, au travers

defquelles on voit le champ de l'Ecu. *D'azur à la croix clechée, vuidée & fleuronnée d'argent.* Il fe dit auffi de ce qui eft échancré, & dont la largeur eft diminuée par une ligne cour-be. *D'or, à la croix clechée, vuidée & pom-metée.*

VUIDER. v. a. *Rendre vuide.* ACAD. FR. On dit en termes de Maçon, *Vuider les terres*, pour di-re, Oter de la terre de quelque lieu, afin d'ab-baiffer une place, & faire qu'elle foit égale à une autre.

On dit, en termes de Peignier, *Vuider un pei-gne*, pour dire, Faire égaux tous les trous qui font au pié des dents d'un peigne, ou qui tiennent au dos ou au champ d'un peigne.

Vuider fignifie auffi Oter ce qui eft au mi-lieu d'une chofe, y faire des ouvertures. On dit en ce fens *Vuider une roue, vuider un cercle*. On dit auffi *Vuider un canon*, pour dire, Le percer, le forer.

On dit, en termes de Découpeur, *Vuider du drap, du velours*, ou *quelque autre étoffe*, pour dire, La figurer de telle forte qu'elle foit percée à jour, ou la tailler avec des cercles rentrans.

Vuider un oifeau, en termes de Fauconnerie, fignifie Le purger, & *Vuider une volaille*, c'eft l'habiller, lui ôter la poche & le gefier. On dit encore *Faire vuider le gibier*, pour dire, Le faire partir, quand les oifeaux font montés & dé-tournés.

VUIDURE. f. f. Ce qu'on ôte de quelque cho-fe. Les Peigniers appellent *Vuidure bien faite*, L'é-galité bien propre du pié des dents d'un peigne. *Vuidure* eft auffi un terme de plufieurs autres Arti-fans, & parmi les Découpeurs ce mot fignifie un ouvrage à jour.

WIGH. f. m. Secte chés les Anglois qui commença en 1678. Ce nom fut donné à ceux qui croyoient réelle la confpiration d'Irlande. Il eft oppofé à *Toris* qui veut dire *affaffin*. On appelle aujour-d'hui Wigh les Prefbyteriens & les partifans du Roi Georges, & *Toris* les Anglicans.

WIRTSCHAF. f. m. Sorte de mafcarade qui fe fait en Allemagne & en Danemarck, & qui eft en plufieurs occafions un divertiffement pour les Prin-ces. Ce mot eft Allemand, formé de celui de *Wirth*, qui fignifie Hôte, & veut dire, Com-pagnie de l'Hôte, comme qui diroit Divertiffe-ment d'une après foupée d'auberge. Tous ceux que le hazard fait loger enfemble, ayant réfolu de faire un Wirtfchaf fe déguifant, on fait des billets qui contiennent autant de noms de métier qu'il y a de gens qui doivent former la mafcara-de. On choifit ordinairement les metiers les plus plaifans, & quelquefois les plus vils, & après que les billets ont été tirés au fort, chacun s'ha-bille felon le métier qui lui eft échu.

VUL

VULNERAIRE. adj. Terme de Chirurgie. On ap-pelle, *Potion vulneraire*, Une potion propre pour la guerifon des playes, ulceres & fiftules defefpe-rées. Elle eft compofée de plufieurs fimples, & fert à tenir les humeurs du malade temperées, & à empêcher l'inflammation & la fievre. A l'égard de ces fortes de potions, il y a une grande dif-ference à faire, fuivant les parties bleffées, & on doit choifir les fimples pour chaque potion. Lorf-qu'il s'agit de tirer les ordures mucilagineufes, le pus, les efquilles & les os hors des playes, il faut preparer la potion vulneraire en prenant de la fanicle, de l'armoife, du rob de veronique, de la confonde faracenique, de la pyrole & de la fabine ; & fi on la veut plus forte, on ajoûte à chaque prife des yeux d'écreviffe & de la nature de baleine. La Sabine eft puiffante pour faire jetter dehors les chofes heterogenes. On en met une partie contre fix parties des autres ingrediens, fans oublier la poudre d'yeux d'écreviffes preparés. Ces potions, non plus que les autres Vulneraires, ne doivent pas être données qu'on ne voye une grande dépravation dans la playe, & il faut s'en abftenir peu à peu, fi-tôt qu'elle eft bien mondifiée & qu'elle commence à fe rejoindre. *Vulneraire* vient du Latin *Vulnus*, Playe.

Pour ne pas empêcher la reparation de la partie perdue ou corrodée & la generation d'une chair nouvelle, foit par l'impreffion de l'air qui altere les ulceres dans le tems qu'on les débande, foit par un vice interne qui corrompt de nouveau l'aliment & renouvelle l'ulcere, après la mondification de l'ulcere, quand la chair nouvelle commence à renaître on doit appliquer les Vulneraires, nommés *Sarcotiques*, qui confervent le baume naturel par leur vertu temperée & un peu aftringente, qui mortifient promptement l'acide qui peut naître de nouveau ; & qui empêchent par leur vertu doucement aftringente que la chair lâche, molle & fuperflue, ne pouffe trop, ainfi qu'il arriveroit, fi on négligeoit de feconder la nature par des emplâtres farcotiques, tels que l'emplâtre de tutie, excellente pour remplir les ulceres, l'emplâtre ou l'onguent diapompholix ou de pierre calamire, l'emplâtre diafulphuri de Rullandus, furtout fi on les incorpore avec l'huile de Nicotiane. L'application de ces remedes glutinatifs & confolidans, ou plûtôt aftringens, & qui abforbent l'humide, rendent la cicatrice plus ferme par une maniere de deffecher. Les Vulneraires balfamiques, les farcotiques & les cicatrifans ne different qu'en degrés de force. Les mêmes fervent pour cicatrifer dans les fujets délicats & tendres, qui dans les fujets plus robuftes & plus durs font feulement farcotiques. Les remedes Vulneraires internes font les plantes vulneraires en forme de potion, comme le pié de lion, le lierre terreftre, la veronique, l'hypericum, le cerfeuil & autres. Ces remedes Vulneraires contiennent un alcali occulte, avec lequel ils revivifient le mercure, foit precipité, foit fublimé, le mercure prenant differentes formes par le moyen des efprits & des fels acides, & les quittant & fe revivifiant de nouveau, fi on le fait bouillir dans le fuc des plantes Vulneraires. Cela vient de ce que l'acide qui avoit donné au mercure la forme de précipité ou de fublimé, eft détruit par les Vulneraires; & quand l'acide eft détruit, le mercure reutre dans fa forme naturelle. Comme rien ne détruit plus puiffamment l'acide que l'alcali, il faut neceffairement qu'il y en ait dans les Vulneraires, mais cet alcali eft temperé, & ne fe fait point fentir à la langue. C'eft de cet alcali que les yeux des écreviffes, & même toute l'écreviffe, tiennent leur vertu Vulneraire, & c'eft pour cela qu'étant jettées dans du vinaigre, elles font effervefcence par la jonction de l'acide avec l'alcali. Il faut apporter beaucoup d'attention dans le choix des Vulneraires ; foit internes, foit externes. Les externes font les plus neceffaires, &

entre ceux-ci les fimples font les meilleurs. Quant au dedans, quelques-uns de ces remedes fuffifent, comme les écreviffes & l'antimoine diaphoretiques. Quelquefois on donne la liqueur de corne de cerf nourrie de fuccin dans les parties nerveufes. Dans la chaleur de l'inflammation fievreufe on doit permettre l'ufage abondant du nitre antimonié, des yeux d'écreviffes, & de manger des écreviffes de riviere.

Vulneraires de Suiffe, font un Affemblage de toutes fortes d'herbe medicinales que l'on prend comme du Thé. On en fait auffi des decoctions qu'on appelle *Eau vulneraire* ou d'*Arquebufade*.]

VULVE. f. Terme de Medecine. Nom qu'on donne à la matrice, du Latin *Vulva*, comme fi on difoit *Valva*, Porte. Il y a d'autres qui font venir ce mot *Ab involvendo fœtu*. Il y a une maladie fâcheufe & très-douloureufe, qu'on appelle *La rupture de la vulve*. Elle arrive lorfque dans un accouchement la grandeur du fœtus déchire la vulve jufques à l'anus.

VVO

VVOETIENS. f. m. Heretiques appellés ainfi de VVoëtius, dont ils fuivent la doctrine. Ils foutiennent que c'eft un facrilege de laiffer l'ufage des biens Ecclefiaftiques à des ventres pareffeux qui ne fervent ni l'Eglife, ni l'Etat, qu'il ne faut point recevoir à la fainte Cene ceux qu'on appelle *Lombards*, qui pretent à ufure, parce qu'ils exercent un métier défendu par la parole de Dieu ; qu'il faut obferver religieufement & avec grand foin le jour du repos ; qu'on ne doit celebrer aucun jour de fête ni de Pâques, ni de Pentecôte, ni de Noël ; qu'en parlant des Apôtres, Evangeliftes, ou Difciples de JESUS-CHRIST, il ne faut donner à aucun d'eux le nom de Saint, c'eft-à-dire, qu'il ne faut pas dire, Saint Pierre, Saint Paul, Saint Jean, mais feulement Pierre, Paul & Jean ; & que tous les Fideles doivent embraffer un genre de vie fort fevere, & renoncer à la plûpart des plaifirs, quoiqu'innocens, pour travailler à leur falut avec crainte & tremblement.

VVOLFE. f. m. Golfe marin, ou tournant de mer qui fe trouve entre deux Ifles à la côte de Norvegue, & où aucun Vaiffeau n'oferoit paffer, par le peril qu'il y a de couler bas.

VVU

VVULE. f. f. Terme de Medecine. Petite chair fpongieufe qui prend du Palais à la bouche auprès des conduits des narines, & qui fert à rompre la force de l'air trop froid, afin qu'il n'entre pas trop vîte dans les poumons.

UZA

UZAS. f. m. Poiffon teftacée du genre des cancres, qui eft l'ordinaire & la plus commune nourriture non feulement des habitans du Brefil, mais auffi des Negres. Ils font de bonne faveur & fains, fi on boit de l'eau fraîche après qu'on en a mangé ; & ils fe trouvent dans la boue auprès du rivage en nombre prefque infini.

X

AGUA. ſ. m. Arbre de l'Iſle de Cuba qui porte ſon fruit ſemblable en groſſeur & en forme à un roignon de veau. Quoique l'on cueille ces ſortes de fruits avant qu'ils ſoient mûrs , en les trempant trois ou quatre jours dans l'eau , ils s'ouvrent d'eux-mêmes par l'abondance de leur ſuc. Ils ſont fort ſains, & d'une ſaveur agreable & ſemblable à celle du miel. Oviedo décrit ce fruit d'une autre ſorte, le faiſant ſemblable aux tètes de pavot, à l'exception de la couronne qu'il ne lui donne point. Il dit que lorſque ſon ſuc eſt nouvellement épreint, il eſt blanc & d'un goût fort agreable, mais qu'en le frottant contre la peau il la noircit , en ſorte que les marques y demeurent près d'un mois. Quant à l'arbre. il le fait d'une matiere dure & de la grandeur d'un Frène. C'eſt le même qu'on appelle *Xahuali* dans la nouvelle Eſpagne. Son bois eſt peſant, de couleur griſe tirant ſur le fauve.

XAL

XALAPA: ſ. m. Petite racine qui croît aux Indes Occidentales dans la Province de Mechoacan. Elle évacue en general toutes les humeurs peccantes, mais on a beſoin de veiller le jour qu'on la prend & le ſuivant. On en fait un ſyrop aſſés utile pour ceux qui ſont travaillés de diverſes maladies.

XALXOCOTL. ſ. m. Grand arbre de la nouvelle Eſpagne , dont Ximenés décrit deux eſpeces. La premiere a ſes feuilles comme un Oranger, quoique plus petites & velues, ſes fleurs blanches, & ſon fruit rond & plein de grains comme une figue. Les feuilles ſont aigres & aſtringentes , & ont une bonne odeur. On en uſe dans les bains & elles gueriſſent la gale. L'écorce eſt froide & ſeche, & trèsaſtringente. Sa decoction diſſipe les inflammations des cuiſſes, & eſt un remede pour les plaies fiſtuleuſes. On dit qu'elle remedie auſſi à la ſurdité, & qu'elle appaiſe les douleurs du ventre, à cauſe de certaines facultés occultes qu'on ne peut connoître. Le fruit eſt chaud & ſec, principalement la partie exterieure qui eſt la plus ſolide. Le dedans eſt d'une chaleur moderée, & ſent un peu les punaiſes. On ne laiſſe pas pourtant d'en manger, & même quelques-uns en mangent avec plaiſir. La ſeconde eſpece a ſon fruit beaucoup plus gros, & n'a pas une ſi méchante odeur que l'autre. Oviedo parlant du même arbre , dit qu'il eſt grand , & qu'il a ſes feuilles ſemblables à l'Oranger, mais moins de branches, & qu'elles ſont plus éparſes. Ces feuilles ne ſont pas non plus ſi vertes, & approchent davantage de celles du laurier pour la forme, ſi ce n'eſt qu'elles ſont plus larges & plus épaiſſes, & que les veines en ſont plus groſſes. Il ajoûte qu'il y en a de deux eſpeces , & que toutes deux portent leurs fruits ſemblables à une pomme, dont les uns ſont ronds &

Tome II.

les autres longs. Il y en a qui ont la chair rouge & d'autres blanches , & tous ont l'écorce verte ou jaune quand ils ſont mûrs. Comme ils ne ſont pas de ſi bon goût, & qu'ils ſont gâtés des vers lorſqu'ils ont atteint leur maturité, on les cueille verts le plus ſouvent. Au dedans ils ſont ſolides , & comme diviſés en quatre parties, dans leſquelles ſont contenus certains petits grains fort durs. Au ſommet ce fruit a une couronne de petites feuilles qui tombent facilement.

XAN

XANTOLINE. ſ. f. Petite graine que les Perſans envoyent tous les ans dans les Caravanes à Alep, à Alexandrette, & à Smirne , d'où elle nous vient par les voies de Hollande , d'Angleterre & de Marſeille. La plante qui la porte a ſes feuilles ſi petites que l'on a beaucoup de peine à les ſeparer d'avec la graine , de ſorte que ceux du Royaume de Boutan y employent des paniers propres à la vaner, ce qui fait que les feuilles volent en pouſſiere. Cette graine eſt appellée autrement *Santoline* ou *Semen contrà vermes.*

XE

XE. ſ. m. Nom que les Chinois donnent à de certains animaux qui ſe trouvent dans les Provinces de Xenſi & de Suchuen. Ils ſont de la grandeur d'un chevreuil , & ont quatre dents plus longues que les autres. On en tire de bon muſc, non pas de leur ſang , comme quelques-uns l'ont dit , mais d'une tumeur qui leur vient ſous le ventre quand la Lune eſt pleine. Ce muſc eſt le plus parfait & le plus odoriferant de tous.

XEN

XENIE. ſ. f. Vieux mot. Etrenne. Il vient du Grec ξένια. qui veut dire , proprement le don que l'on fait aux Etrangers , & qui ſe prend auſſi pour toute ſorte de preſens.

XER

XEROPHTHALMI. ſ. f. Terme de Medecine. Le ſecond degré de l'affection appellée *Ophthalmie ſecho.* C'eſt quand la démangeaiſon & la douleur ſont jointes à quelque peſanteur ſans fluxion , & que les yeux ne ſont qu'enflés. Ce mot eſt Grec. ξηροφθαλμία, de ξηρὸς , Sec , & de ὀφθαλμὸς , Oeil.

XIP

XIPHIAS. ſ. m. Sorte de poiſſon de mer du genre des Cetacées dont parle Elian. On l'appelle ainſi du Grec ξίφος , Epée , à cauſe qu'il a le muſeau aigu en forme d'épée.

XIPHOIDE. adj. Terme de Medecine. On appelle

LLll

Cartilage Xiphoïde, Un cartilage qui termine la clôture de la poitrine par devant, qui est au bas du sternon ou du brechet. Il est appellé communément *Fourchette*, à cause qu'il se divise en deux comme une fourchette. L'abbaissement du Cartilage Xiphoïde, en troublant la retention ou l'expulsion des alimens, a fait bien souvent que la chylification a été dépravée. Il a causé plusieurs autres symptomes du ventricule, comme le témoigne Zacutus Lusitanus qui l'a experimenté. *Xiphoïde* est un mot Grec ξιφοειδης, & veut dire, Qui se termine en forme d'épée, de ξιφος, Epée, & de ειδος, Figure, Image.

XOC

XOCHICOPALLI. s. m. Arbre moyen des Indes Occidentales, qui croît dans la Province de Mechoacan. Il a ses feuilles semblables à celles de la Menthe sarrasine, quoiqu'elles ne soient pas découpées si profondement. Elles sont attachées trois à trois aux branches. Le tronc & l'écorce de cet arbre ont une très-bonne odeur, & il en sort une liqueur qui sent parfaitement le limon. On l'estime une espece de Copal, parce qu'elle en a les proprietés.

XOCOATL. s. m. Sorte de boisson des Mexiquains, qu'ils font en prenant du Mays, cuit & reduit en masse. Après qu'ils y ont mis de l'eau, ils la laissent une nuit à l'air, & ensuite ils le pressent le matin. *Xocoatl* en leur langue est comme qui diroit *Eau aigre*. Dix onces de cette eau bûes à jeun pendant quelques jours temperent merveilleusement l'ardeur de l'urine, & appaisent toute sorte de chaleur.

XOCOXOCHITL. s. m. Arbre domestique qui croît dans la Province de Tabasco aux Indes Occidentales. Il est fort grand, & a ses feuilles fort odorantes & semblables à celles de l'Oranger, dont ses fleurs, qui sont rouges & fort agreables, ont aussi l'odeur. Ses fruits sont ronds & pendent par grappes, étant verts au commencement, ensuite roux, & à la fin noirs. Ils sont d'un goût acre & de bonne odeur, chauds & secs au troisiéme degré, de sorte qu'on s'en peut servir au lieu de poivre. C'est ce qui fait que les Espagnols appellent ce fruit *Poivre de Tabasco*. Il fortifie le cœur & le ventricule, est ami de la matrice, dissipe les vents, débouche les obstructions, provoque l'urine & les mois, appaise les douleurs des coliques & des reins, consume les humeurs épaisses & visqueuses, & diminue les rigueurs des fiévres.

XUT

XUTAS. s. m. Sorte d'oiseaux des Indes Occidentales que les Sauvages de la Province de Quito nourrissent dans leurs habitations. Ils sont fort semblables aux oyes, & assés faciles à apprivoiser.

XYL

XYLOBALSAMUM. s. m. Bois d'un arbrisseau qu'on nous apporte du Caire à Marseille en petits rameaux. Ces rameaux sont frêles, droits & pleins de nœuds inégaux, ayant leur écorce rougeâtre en dehors, & verdâtre en dedans. Le bois est blanchâtre & moëlleux, & étant rompu il rend une

odeur fort douce & fort approchante de la liqueur du baume. On coupe ce bois après qu'on en a tiré le suc. Pour être bon il faut qu'il soit mûr & doux, qu'il ne passe pas deux ans, & qu'il ait presque une odeur de baume. Outre ces marques, pour le bien choisir, on doit prendre celui qui étant rompu, a quelque chose de glutineux au dedans, ou s'il est vieux, il doit être au moins solide, tant au dedans qu'au dehors, & ne rien avoir de carié. S'il fait de la poussiere, c'est un signe qu'il est usé de vieillesse, & on doit le rejetter. Son usage principal c'est pour les Trochisques d'Hedycroum. *Xylobalsamum* est un mot Grec ξυλοβαλσαμον, Bois de baume, composé de ξυλον, Bois, & de βαλσαμον, Baume.

XYLON. s. m. Petit arbrisseau qui croît dans la haute Egypte tirant vers l'Arabie, & qu'on trouve aussi en abondance dans la Syrie & la Chypre. Cet arbrisseau porte le coton. Son fruit est comme une noix chevelue, dans laquelle la semence est cachée & enveloppée d'une mousse fort mollette & blanche qu'on appelle particulierement dans les boutiques *Gossipium*. On se sert fort rarement de sa mousse qui n'est autre chose que le coton, mais assés souvent de sa semence, qui est singuliere pour les maladies de la poitrine, du foye & des reins. On en tire une huile par expression, qui efface les pustules & les taches de rousseur du visage. M. Callard de la Duquerie fait venir *Xylon* du Grec ξυειν, Racler, ratisser.

XYR

XYRIS. s. f. Herbe qui a ses feuilles semblables à la Flambe, mais plus larges & plus pointues par le bout. Du milieu de ses feuilles sort une tige assés grosse & haute d'une coudée, à la cime de laquelle sont des gousses faites en triangle qui contiennent une fleur rouge, & comme orangée au milieu. Sa graine qu'elle porte en gousse, est ronde, rouge & acre. Sa racine est longue, rousse, noueuse, & bonne aux fractures & aux plaies de la tête. Dioscoride ajoûte qu'elle attire sans douleur ni violence toutes épines & autres choses qui seroient demeurées dans le corps, en y mettant la troisiéme partie de fleur de bronze, & la cinquiéme, de racine du grand centaurium & de miel. ξυρις est le nom que les Grecs lui ont donné. Les Latins l'appellent *Spatula fœtida*, à cause que si on frotte ses feuilles entre les doigts elles rendent une odeur fort puante. Matthiole assure que la *Spatula fœtida* croît par toute l'Italie, sur-tout en Toscane. Galien en parle ainsi. La Xyris est composée de parties subtiles, & a une vertu attractive, resolutive & dessiccative en sa racine, mais principalement en sa graine, qui est bonne à faire uriner & à guerir les duretés de la rate.

XYS

XYSTE. On appelle ainsi chez les Grecs, Un Portique large & spacieux, où les Athletes s'exerçoient à la lutte & à la course. Ce mot vient du Grec ξυειν, qui veut dire, Raclé, poli, à cause que la coûtume de ces Athletes étoit de se faire nettoyer & racler la peau du corps, après quoi on le frottoit d'huile pour le rendre plus uni & glissant, afin que les mains des luitteurs eussent moins de prise.

Les Romains ont eu aussi des Xystes. C'étoient de grandes allées d'arbres, où ils pouvoient en quelque façon se promener à couvert.

Y

YAC YAN

ACARANDA. f. m. Arbre qui se trouve dans l'Isle de Madagascar, & qui ressemble beaucoup au Prunier. Son fruit est gros comme les deux poings, & bon à manger quand il est cuit. Les Sauvages en font une sorte de bouillie qu'ils appellent *Manipoi*, & qui est sur-tout bonne & saine à l'estomac.

YACHICA. f. m. Arbre qui se trouve dans la même Isle, & qui approche aussi beaucoup du prunier. Il a ses fleurs jaunes, ainsi que ses fruits qui sont entierement semblables aux prunes, & ont un noyau blanc & doux.

YACONDA. f. m. Poisson tout-à-fait couvert d'un test, & long de trois piés. Il se pêche dans les mers des Isles Occidentales, & est tout rayé de lignes jaunes, rouges & blanches.

YACTH. f. m. Bâtiment ponté & mâté en fourche, qui porte ordinairement un grand mât, un mât d'avant, & un bout de beaupré, avec une corne comme le heu, & une voile d'étai. Il tire fort peu d'eau. & est excellent pour de petites bordées. On a coûtume de s'en servir à des promenades & à de petites traversées. C'est aussi un pavillon Anglois.

YAN

YANDON. f. m. Nom que donnent ceux de l'Isle de Madagascar à une certaine espece d'Autruches. Ce sont des oiseaux qu'on peut dire voler moins qu'ils ne sont portés sur la terre. Ils sont plus grands que les hommes, & ont une legereté surprenante.

YAP

YAPU. f. m. Sorte d'oiseau du Bresil, qui ressemble à une pie, & qui a tout le corps noir, à l'exception de sa queue qui est jaunâtre. Il a les yeux bleus & le bec jaune, avec trois pinnules sur la tête qu'il dresse comme si c'étoient des cornes. C'est un oiseau qui fait grand plaisir à voir, mais il rend une fort mauvaise odeur quand il est fâché. Il use d'un fort grand soin à chercher sa vie, & fait sa nourriture ordinaire des araignées, escarbots & grillets qu'il sçait tirer de leurs trous dans tous les coins des maisons, mais il y a du peril à le tenir sur le poing, à cause qu'un instinct de la nature le porte à fourrer son bec dans la prunelle des yeux.

YCO

YCOLT. f. m. Arbre de la Nouvelle Espagne qui d'une seule racine produit deux ou trois troncs qui portent des fleurs blanches & odoriferantes pendues par grappes, & distinguées en six feuilles, d'où naissent des fruits semblables aux pommes de pin. Ces

Tome II.

YET YEU

fruits sont fort beaux, de couleur de châtaigne la plûpart, & de differentes grandeurs & figures. Les Espagnols appellent cet arbre *Palmier de montagne*, & les Indiens *Quauhtlopopotli*. Ximenés assûre que sa semence est froide & glutineuse, & a remarqué que des feuilles de cet arbre on file un filet plus fort, quoique plus délié que celui qu'on file du Maguei. Les habitans en font de la toile.

YET

YETIN. f. m. Nom que donnent ceux du Bresil à une sorte d'insecte qui est engendré par l'air trop subtil de l'Amerique. C'est un moucheron qui pique d'une telle sorte ceux mêmes qui ne sont que legerement habillés, qu'il semble que leurs aiguillons soient des aiguilles.

YEU

YEUSE. f. m. Arbre sauvage, dont le bois est massif & dur, d'un rouge jaunâtre, & d'assés belle hauteur. C'est une espece de chêne qui a ses feuilles âpres, blanchâtres dessus, vertes par dessous, & taillées tout autour en forme de dents de scie. On l'appelle autrement *Chêne vert*, à cause que ses feuilles demeurent vertes pendant tout l'hiver. Son écorce est rousse & noirâtre, & si on la fait cuire dans de l'eau, & qu'on l'applique sur les cheveux pendant une nuit, elle les noircit. Le gland de l'Yeuse est plus petit que celui du chêne. Il y a deux especes d'Yeuses, l'une qui a des épines, & l'autre qui n'en a point. Celle-ci est fort commune en Toscane, & l'autre en Espagne. L'Yeuse, outre son gland, produit certaines galles rougeâtres, qui étant pilées & appliquées avec du vinaigre, sont fort utiles pour les plaies fraiches & pour la rougeur des yeux. Matthiole dit que le charbon d'Yeuse est le plus estimé en Toscane, tant parce qu'il conserve le feu fort long-tems, qu'à cause qu'il n'entête point. Theophraste met au nombre des Yeuses une espece d'arbre que ceux d'Arcadie appellent *Smilax*, qui est fort semblable à l'Yeuse. Ses feuilles ne sont pas pourtant piquantes comme celles de cet Arbre; & d'ailleurs ce Smilax qui n'est point l'Isf que le même Theophraste connoisse aussi *Smilax*, n'a son bois ni si dur ni si massif que celui de l'Yeuse. Dioscoride dit que tous les arbres qui portent du gland sont astringens, & particulierement la pelure qui est entre l'écorce & le bois, & même la petite peau qui se trouve sous la couverture du gland.

YEUX. f. m. C'est le pluriel du mot *Oeil*. Parties organiques qui sont destinées pour la vûe aussi-bien dans les animaux que dans les hommes. L'esprit influant, qui selon Vanhelmont est la partie la plus volatile & la plus subtile du sang, outre sa nature saline & balsamique, par laquelle il conserve les sujets, est encore douée d'une lumiere vitale, par la continuation de laquelle il entretient, fortifie &

foûtient l'esprit implanté dans tout le corps; & c'est le défaut de cette lumiere qui fait que les yeux des morts, qui étoient brillans durant la vie, paroissent obscurs comme de la corne.

Les Yeux d'écrevisses, infusés dans du vin, lui ôtent son acidité, c'est-à-dire, qu'ils imbibent l'acide. Ils ont le pouvoir de radoucir le vinaigre même, & de calmer les douleurs de la strangurie, qui sont causées par l'acide. Le sel volatile des yeux d'écrevisses est vulnéraire, & les decoctions de ces yeux sont très-salutaires contre les ulceres & les plaies. Ces mêmes yeux d'écrevisses, en absorbant l'acide dans l'estomac, diminuent la rougeur, l'ardeur & l'inflammation d'une plaie au pié, qu'un peu de vin ou de vinaigre bû augmenteroit. Cela vient en general de ce que les remedes, en cotrigeant ou absorbant les saveurs viciées ou les levains morbisiques engendrés dans l'estomac par le vice de la premiere digestion, doivent aussi-bien guerir les maladies des parties éloignées en arrachant leurs racines qui sont dans l'estomac, qu'elles ont été produites dans les mêmes parties éloignées, de ce que leur levain ou leur semence a été jettée dans l'estomac.

On appelle *Yeux de perdrix*, De petites taches claires & brillantes qui se forment dans l'étain, lorsque les Plombiers, pour essayer leur soudure, qu'ils font ordinairement en mêlant ensemble deux livres de plomb & une livre d'étain, en versent grand comme un écu sur le plancher ou sur une table. Ces yeux de perdrix, quand ils s'y forment, sont des marques assurées de la bonté de cette soudure. Yeux de bœuf, yeux de pie. Voyez OEIL.

YNA

YNAIA. s. m. Espece de palme de l'Isle de Maragnan, qui produit des fruits en grappes de la grosseur des olives. Il y en a deux cens, & quelquefois jusqu'à trois cens dans une seule grappe, de sorte qu'un homme ne la porte qu'avec peine.

YNC

YNCA. s. m. Nom que les anciens peuples du Perou donnerent à leurs Rois, & qui veut dire Roi ou Empereur. Ils les appelloient aussi par excellence *Capac-Yncas*, ce qui veut dire Seuls Rois. Ils donnoient le nom de *Coya* à la Reine, celui de *Pallas* aux concubines du Roi, si elles étoient de leur race, & aux autres celui de *Mamacunas*, Matrone. Leur premier Roi fut Ynca Mango Capac, & sa femme Coya Mana Oello Huaca sa sœur, qui bâtirent la ville de Cusco, environ quatre cens ans avant que les Espagnols entrassent dans le Perou. Les enfans mâles des Rois, & ceux qui en descendoient en ligne masculine étoient appellés *Anqui*, & lorsqu'ils étoient mariés on les appelloit *Yncas*. Il y a eu treize Rois Yncas qui adoroient le Soleil. Toutefois le douziéme Ynca, nommé Huaina Capac, disoit qu'il falloit qu'il y eût un Dieu plus puissant que le Soleil auquel il commandoit de marcher incessamment; qu'autrement si le soleil étoit le maître il se reposeroit quelquefois, non pas par necessité, mais parce que le Souverain doit être dans un grand repos & faire tout sans travail. Ce fut lui qui fit faire ces grands chemins si fameux avec leurs palais & hôtelleries depuis Quito jusques à Cusco par plus de cinq cens lieues, l'un par la Montagne, & l'autre le long de la mer par la plaine, qui sont des ouvrages surprenans pour leur longueur & pour la dépense du travail. Il fit aussi faire cette riche chaîne d'or que les Espagnols n'ont sçû trouver. Elle étoit de trois cens cinquante pas de long, pour ne servir à une danse, & chaque chaînon étoit aussi gros que le poignet. Les murailles de la chambre du Roi, aussi-bien que celles du Temple du Soleil, étoient couvertes de plaques d'or, sur lesquelles il y avoit diverses figures d'hommes & d'animaux. Le Trône Royal étoit d'or pur & placé sur un pavé d'or. Tous les vaisseaux de la maison de l'Ynca, tant grands que petits, étoient du même métal, & il y en avoit un si grand nombre en chacun de ses Palais, que quand il faisoit quelque voyage il n'avoit besoin de faire porter ni vaisselle ni autre meuble. Il y avoit un jardin d'or, où étoient toutes sortes d'herbes ou plantes, arbres, fruits, fleurs, animaux, & de petits bois, faits d'or ou d'argent. Auprès du principal Temple du Soleil, étoient quatre autres Temples dediés à la Lune, à l'Etoile de Venus, au Tonnerre & à l'Iris. Les murailles des trois premiers étoient couvertes de lames d'argent, & le quatriéme étoit tout enrichi d'or par dedans. Il y avoit aussi proche de ces Temples une maison couverte d'or poli depuis le pavé jusqu'en haut. C'étoit où s'assembloient les Souverains Prêtres pour vaquer aux choses saintes. Il falloit qu'ils fussent tous de la lignée Royale. La conquête du Perou ayant été entreprise par les Espagnols en 1531. sous le commandement de Diego d'Almagro, Atabalipa, dernier Ynca, qui tomba entre leurs mains, leur donna pour sa rançon une quantité prodigieuse d'or & d'argent, mais ils ne laisserent pas de le faire étrangler honteusement. Les richesses qu'ils trouverent furent sans nombre, quoique ce fût peu de chose en comparaison de ce que les naturels du pays cacherent ou jetterent dans les lacs & dans la mer. Un Espagnol ayant trouvé la figure du Soleil, qui étoit toute d'or avec ses rayons, la joua aux dés en une nuit, ce qui fit dire en plaisantant, qu'il avoit joué le Soleil avant qu'il fût levé.

YNCHIC. s. m. Fruit qui vient sous terre dans le Perou, & qui a le goût & la moëlle d'une amande. Il offense le cerveau étant mangé cru, & est fort sain & agreable au palais quand il est rôti. On en tire aussi de l'huile fort bonne contre plusieurs maladies.

YOL

YOLATOLE. s. m. Sorte de boisson des Indes Occidentales, qui est composée d'épis de maïs brûlés & reduits en cendres après qu'on en a ôté les grains. On y ajoûte trois parties du même grain, qu'on fait moudre & cuire ensemble, & après que l'on a versé le tout dans un autre vaisseau, on y met un peu de chicoztli, qui est une espece de chisle ou poivre de l'Amerique, pour donner une couleur rouge. Cette potion est bonne pour ceux qui ont trop de sang.

YPE

YPEREAU. s. m. Espece d'orme qui a ses feuilles fort larges. On l'a appellé ainsi à cause qu'il a été apporté en Flandre par des Habitans de la Ville d'Yptes en Flandre.

YSA

YSARD. s. m. Espece de chevre sauvage qui se trouve particulierement dans les Pyrénées. Comme cet animal ne se plaît que sur les plus hauts rochers, les Latins l'ont nommé *Rupicapra*. On l'appelle aussi *Chamois*. Il est de la grandeur d'une chevre, & ne se nourrit le plus souvent que du Doronic Romain. Il a les cornes fort petites, noires, recourbées & fort aigues, ce qui fait que quelquefois, en se voulant grater le derriere, il se les enfonce dans la fesse dont il emporte un morceau, ou bien il meurt à force de les tourner. Sa queue n'a guere que trois pouces de longueur. Ses yeux sont grands, & son poil est de couleur fauve avec une raye tout le long du dos. Jamais il ne marche que sur la plante du pié. La vessie de cet animal renferme quelquefois des pierres de differentes couleurs & grosseurs, que les Allemans, qui leur attribuent les proprietés du Bezoard oriental, appellent *Bezoard d'Allemagne*.

YVO

YVOIRE. s. m. *Dent de l'elephant. On ne l'appelle ordinairement ainsi que quand il est détaché de la machoire de l'elephant pour être mis en œuvre.* Ac Ad. Fr. Pausanias est d'opinion contraire, & dit que ceux qui croyent que l'Yvoire vient des dents, & non des cornes de l'éléphant, changeront de pensée, s'ils s'informent d'un animal appellé *Alce*, qui se trouve dans les Gaules, & des taureaux Ethiopiques. Les mâles des Alces, poursuit-il, jettent leurs cornes du sourcil des yeux, les femelles n'en ayant point, & les taureaux Ethiopiques, des narines. Ainsi on ne doit pas s'étonner qu'il y ait un animal qui les jette par la bouche. Ce qui persuade davantage que l'Yvoire est une corne, & non une dent, c'est qu'on voit des animaux qui en certains tems déterminés mettent bas leurs cornes, après quoi d'autres cornes leur reviennent, comme il arrive aux chevreuils, aux cerfs & aux éléphans, sans qu'on ait jamais entendu dire d'aucun animal âgé, qu'ayant perdu quelques dents, elles lui revinssent : car si ce qui nous donne l'Yvoire étoit une dent, & non une corne, par quel miracle la nature auroit-elle le pouvoir de faire renaître cette dent ? Dioscoride dit que les raclures d'Yvoire appliquées guerissent les apostumes qui viennent aux ongles ; mais il ne dit point ce que quelques-uns rapportent, sur son témoignage, qu'en faisant cuire l'Yvoire avec la racine de mandragore l'espace de six heures, il s'amollit tellement, que l'on en peut faire tout ce que l'on veut. Selon Matthiole l'Yvoire est fort bon pour restreindre les fleurs blanches des femmes, pourvû qu'on le racle avec une pierre de porphyre, & qu'on le prenne en breuvage avec de la graine de laitue broyée & trempée auparavant dans de l'eau ferrée. On fait le faux spode avec de l'Yvoire calciné & réduit en cendres. Les Modernes tiennent que l'Yvoire fait mourir les vers. Le meilleur Yvoire & le plus blanc vient de la Province d'Angole & de Ceylan & autres endroits des grandes Indes. On en tire, par le moyen de la cornue, un esprit & un sel volatile qui est estimé dans les maladies du cœur & dans celles du cerveau.

On appelle *Noir d'yvoire*, de l'Yvoire que l'on brûle, & que l'on retire en feuilles quand il est devenu noir. On le broye à l'eau, & on en fait de petits pains plats, ou des trochisques, dont les Peintres se servent. Ce noir, que l'on appelle autrement *Noir de velours*, doit être bien broyé, tendre & friable, pour être de la bonne qualité.

YVR

YVRESSE. s. f. Etat d'une personne yvre. C'est,

au sens de Galien, un symptome ou une production morbifique qui blesse les actions des esprits animaux, & vient du souphre du vin bû trop abondamment ; car le vin étant composé de differentes parties, il n'enyvre pas par toute sa substance. Ce souphre du vin lie immediatement le sentiment & le mouvement ; & la raison par laquelle on prouve qu'il lie les esprits & produit l'yvresse, se prend de sa substance qui est resineuse & visqueuse, & par consequent capable de retarder par sa viscosité les esprits salino-volatiles dans leurs actions. Par cette raison, tous les souphres sont narcotiques, & tous les narcotiques sont sulphureux. Plus les vins contiennent de souphre, plus ils sont prompts à causer l'yvresse. Tels sont les vins bourrus, parce que la sortie du souphre grossier qui s'exhale dans la fermentation, en est empêchée, les vins souphrés, les vins d'Espagne, qui ont plus de souphre que d'acide, & les vins ambrés, que Matthiole dit avancer l'yvresse. On s'en préserve par toutes les choses qui aiguisent les esprits par un sel volatile acre, & qui empêchent les parties resineuses du souphre de les lier. L'yvresse se guerit, ou par les acides qui sont donnés avec beaucoup de succès dans toutes les affections soporeuses & dans l'Yvresse, en ce qu'ils précipitent dans les premieres voies le souphre dissous par le levain du venticule, ou par les aqueux en ce qu'ils dilatent les pores du menstrue qui est le dissolvant du souphre, & le séparent, de même que l'on voit l'esprit de vin blanchir & laisser sortir son huile de ses pores quand on verse de l'eau dessus. Il est mal aisé de rien dire de certain sur les signes diagnostiques de l'Yvresse, les uns tombant comme des apoplectiques, & les autres comme des fous, forgent cent chimeres. Platerus parle d'un homme yvre, qui s'étant arrêté dans la ruë a considerer la clarté de la lune, s'imagina que c'étoit une riviere & se dépouilla pour s'y baigner. On en a pris d'autres pour des phreneticques. On demande pourquoi, avant que l'Yvresse soit consumée, les uns s'emportent de colere, les autres s'attristent, quelques-uns ronflent, & quelques autres ne cessent point de parler. Etmuller dit là-dessus qu'il conjecture que l'ame qui regloit les sens auparavant par l'entremise des esprits, ne peut plus remplir ses fonctions faute d'instrument depuis que les parties fumeuses du vin ont offusqué les esprits ; qu'alors avant que d'être entierement opprimés par le souphre, ils exercent seuls leurs actions, suivant les impressions qu'ils ont reçues. Il y a grande apparence que les temperamens, non pas des premieres qualités élementaires, mais des particules du sang, y contribuent quelque chose. Les sanguins qui ont ces particules bien mêlangées, sont joyeux & gais, à cause que leurs esprits circulent plus legerement. Les coleriques, en qui les particules resineuses & huileuses dominent, sont inconstans, parce que leurs esprits trop volatiles se dissipent, & que l'impression des idées, qui est seulement superficielle, les fait changer incessamment d'action. Les mélancoliques ont le sang rempli de particules salino-acides, & comme les esprits que ce sang engendre sont trop fixes, ils reçoivent les impressions plus tard, mais plus profondément, ce qui fait qu'ils sont constans dans le chagrin ou la joie. Enfin les phlegmatiques, qui ont les sels fermentatifs du sang noyez dans la lymphe, engendrent fort peu d'esprits, & c'est ce qui les fait succomber & s'endormir aussi-tôt. Il est bon pour la santé d'éviter l'Yvresse autant que l'on peut, soit en s'abstenant entierement de boire du vin, soit en disposant le corps à rendre par les selles ou par les urines le vin qu'on a bû avant qu'il fasse son effet,

L L l l iij

soit en fortifiant les esprits pour les délivrer de leurs liens. Platon nous apprend que de son tems on ne bûvoit point de vin avant dix-huit ans ; qu'on le bûvoit trempé d'eau depuis dix-huit ans jusqu'à quarante ; & qu'après la quarantiéme année on le bûvoit pur & plus largement , mais jamais jusqu'à s'enyvrer. Les Carthaginois ne permettoient point à leur Prince de boire du vin pendant l'année qu'il étoit en charge , & les Persans n'en bûvoient que pour s'éveiller l'esprit , & seulement dans le jour qu'ils faisoient un sacrifice au Soleil. L'yvresse étoit défendue si severement parmi les Romains, que Manatius fit mourir sa femme sous les verges parce qu'elle avoit bû du vin pur.

Il y a plusieurs especes d'Yvresse qui ne sont point causées par le vin. Pline dit , que l'eau de Linceste est agreable & enyvre , à quoi il ajoûte que les peuples des Couchans s'enyvrent avec des décoctions de blé , & qu'ils ont même trouvé le moyen de s'enyvrer avec de l'eau. Les Tartares & les Scythes donnent au lait la force d'enyvrer, en le préparant , ou par la fermentation , ou par la distillation. L'Yvresse de l'opium est si ordinaire chés les Turcs , que pour reprocher que l'on n'a point de raison , ils disent , par une maniere de proverbe, que l'on a mangé de l'opium. Il y a aussi une Yvresse causée par les narcotiques. Tels sont les feuilles de chanvre , dont les Egyptiens font des bolus. La fumée de Nicotiane , & plusieurs autres herbes , semences & racines font le même effet.

YVROYE. s. f. *Espece de mauvaise herbe qui croît parmi le froment , & qui produit une graine noire.* Matthiole dit , que l'Yvroye , appellée *Tvroye* par quelques-uns , s'engendre des grains de froment ou d'orge qui sont semés en lieu trop humide , ou qui ont été putrefiés & corrompus par de trop grandes pluyes en hyver , qui est le tems où cette herbe sort. Elle a une longue feuille , grasse & velue , & sa tige plus grêle que le froment. A la cime de cette tige sort l'épi long & garni de petites gousses piquantes qui l'environnent inégalement , & qui renferment trois ou quatre grains amoncelés & couverts d'une bourre qu'on ne rompt pas aisément. L'Yvroye mûrit avec le froment , & a une vertu mondificative , resolutive & consomptive. Le pain où il y en a beaucoup enyvre , d'où quelques-uns croyent qu'elle a pris le nom d'*Tvroye*. Il cause aussi un tremblement de tête , & ceux qui en ont mangé sont fort endormis , & presque en la même disposition que s'ils avoient des vertiges. Ce pain nuit aux yeux & offusque la vûe, de sorte qu'en Italie , où il y a grande abondance d'yvroie , on est obligé de la séparer du blé avec des cribles que l'on fait exprès. On en fait la nourriture des poules & des chapons qui en deviennent fort gras. Theophraste dit non seulement que le froment & l'orge en se corrompant produisent l'Yvroye, mais que l'Yvroye se change en froment , & pour détruire l'opinion de ceux qui prétendent que le changement des plantes va plûtôt en pis qu'en mieux , il rapporte que l'espeautre & la typha se convertissent en froment tous les trois ans , & que le cyprès femelle est changé en cyprès mâle.

Dioscoride parle d'une *Tvroye sauvage* qui a ses feuilles semblables à l'orge, mais plus courtes & plus étroites. Son épi ressemble à celui de l'Yvroye , & sa racine qui est entortillée de ses tuyaux , longs environ de six doigts , porte sept ou huit épis. Cette Yvroye sauvage croît parmi les champs & sur les toits enduits & faits de nouveau, & comme les souris en vont ronger les épis sur les couvertures des maisons, Pline l'appelle l'Yvroye des souris , autrement *Lolium murinum , Hordeum murinum* ou *Phœnix*. Elle a cette proprieté , qu'étant bûe dans du vin rude elle resserre le flux de ventre & restraint l'urine trop abondante. Quelques-uns tiennent que cette herbe liée avec de la laine rouge , & pendue au col , étanche le sang.

YSQUIEPATLI. s. m. Animal de la Province de de Guatimala dans les Indes Occidentales , qui ressemble entierement au Renard pour la finesse. Il est long de deux palmes , & a la gueule petite , de petites oreilles , les ongles courbés & la peau noire & velue. Sa queue qu'il a fort longue, est couverte d'un poil mêlé de noir & de blanc. Il vit dans les cavernes entre les rochers, & se nourrit d'escarbots, de vers de terre , de poules & d'autres oiseaux dont il mange la tête quand il en peut attraper. Son urine & sa fiente font d'une puanteur insupportable , & gâtent tout ce qu'elles touchent. Même le vent qu'il lâche en fuyant , a la même puanteur , & ce sont les armes dont il se défend contre les chasseurs.

YUTU. s. m. Perdrix du Perou , que ceux du païs appellent ainsi du son de son chant. Il y en a de deux especes , les unes grosses , qui approchent de la grosseur de nos poules, & qui ne se trouvent que dans les lieux qui sont éloignés de toute frequentation des hommes. Les autres sont plus petites que nos perdrix , mais d'une chair bien plus délicate. Les unes & les autres sont de couleur grise, & ont le bec blanc ainsi que les piés.

YZQUI-ATOLE. s. m. Sorte de boisson dont on use dans les Indes Occidentales , & qui se fait de faseoles, ou petites féves cuites avec le Chillatole & d'une herbe que ceux du païs nomment *Epazotl*, ayant les feuilles longues & dentelées tout autour , odorantes & chaudes au troisième degré. On se sert de la décoction de ces feuilles pour fortifier la poitrine de ceux qui sont sujets à la courte haleine.

Z

ZAC ZAF

ACINTHE. f. f. Sorte de chicorée que Matthiole dit être appellée *Chicorée verrueuse*, à cause de son effet. Il assure qu'il a vû des personnes gueries des porreaux, dont ils avoient les mains toutes pleines, pour avoir mangé en salade seulement une fois les feuilles de cette sorte de chicorée. Sa racine est noirâtre, & a plusieurs capillatures. Ses tiges sont de la hauteur d'une coudée, & quelquefois plus minces & âpres. A leur cime sortent de petites fleurs dorées de la même forme que celles de la chicorée, qui, quand elles viennent à flétrir, laissent une graine noire qui sert comme de chapiteau. Elle est tout autour par côtes comme le melon.

ZAF

ZAFRE. f. m. Mineral de couleur d'œil de perdrix, que les Hollandois & les Anglois apportent des grandes Indes, & particulierement de Surate. Il y en a de deux sortes, le fin qui est en pierre de couleur bleuâtre, & le commun qui est celui qu'on envoye en poudre. Il y a grande apparence que ce Zafre en poudre, qui le plus souvent n'est propre à rien, est mêlangé de la roche qui d'ordinaire se rencontre dans les minereaux, puisqu'il est extrêmement pesant, & beaucoup plus que celui qui est en pierre. Outre l'usage que les Verriers & les Fayenciers font du Zafre pour donner une couleur bleue aux verres & à la fayence, on s'en sert à colorer l'étain calciné, pour en faire du faux lapis. C'est aussi avec le Zafre que l'on colore le verre, pour en faire l'azur. On écrit aussi *Safre* & *Saphre*. Voyez SAFRE.

ZAG

ZAGAIE. f. f. Sorte de grand dard dont se servent les Mores quand ils combattent, & qu'ils lancent à cheval avec beaucoup d'adresse.

ZAI

ZAIM. f. m. Il y a dans l'Empire des Turcs une milice composée de Zaims, qui sont comme les Barons en certains Païs, & de Timariots, qu'on peut comparer à ceux que les Romains appelloient *Deuumani*. Ils tirent leur subsistance de certaines terres ou fermes que leur donne le Sultan; & toute la difference qui se trouve entre les Zaims & les Timariots, qui sont d'une même nature, & ont été institués pour la même fin, est dans leurs Lettres Patentes, qui sont comme les titres des terres qu'ils tiennent du Grand Seigneur. Le revenu d'un Zaim est depuis vingt mille aspres jusques à quatre-vingt-dix-neuf mille neuf cens quatre-vingt-dix-neuf, & pas davantage; parce que si on ajoûte un aspre, il de-

ZAI

vient le revenu d'un Sangiacbei, qui est depuis cent mille aspres jusqu'à deux cens mille, un aspre moins. Le revenu des Timariots est de beaucoup moindre. Dans toutes les expeditions de guerre on oblige les Zaims de servir avec leurs tentes, qui doivent être accompagnées de cuisines, d'écuries, & d'autres appartemens necessaires proportionnés à leur qualité & à leur bien. Ils doivent mettre en campagne un Cavalier, appelé en Turc *Gebelu*, pour chaque cinq mille aspres que le Grand Seigneur leur donne de revenu, de sorte qu'un Zaim, qui a trente mille aspres, doit amener six Gebelus; & s'il en a quatre-vingts, il doit en amener seize. Chaque Zaim est nommé *Kuliz*, ou *Epée*. Ainsi quand les Turcs font le compte des Troupes qu'un Beiglerbei peut mettre en campagne pour le service du Prince, ils le font sur un tel nombre de Zaims & de Timariots, sans faire le calcul des hommes que ces Zaims & Timariots doivent mener avec eux. Les Zaims sont ordinairement dispensés de servir sur mer en personne, en payant la somme à laquelle ils sont taxés sur les livres du Grand Seigneur. Cet argent sert à lever des Soldats que l'on enrôle dans les Registres de l'Arsenal. Les Zaims, ainsi que les Timariots, sont disposés par Regimens que commandent les Colonels qu'on appelle *Alai-Begler*. Lorsqu'ils marchent ils ont des drapeaux & des timbales. Le nombre des uns & des autres, selon ce que M. Ricaut en a extrait des Registres de l'Empire & des Rôles du Grand Seigneur suivant les Gouvernemens, monte à dix-neuf mille neuf cens quarante-huit Zaims, & à soixante & douze mille quatre cens trente-six Timariots. Quand ils sont invalides, ou dans une grande vieillesse, ils peuvent pendant leur vie resigner leurs terres à leurs fils, ou à leurs plus proches parens. Si un Zaim ou un Timariot meurt à la guerre, la coûtume est en Romanie, de partager les revenus de son Ziamet en autant de fermes de Timariots qu'il a de fils; mais quand les Zaims meurent de mort naturelle dans leurs maisons, le Beiglerbei de la Province a droit de disposer de leurs biens, & il le donne, s'il veut, à leurs heritiers, ou à quelques-uns de ses domestiques, ou bien il les vend à ceux qui lui en donnent le plus. Dans l'Anatolie il y a plusieurs Zaims dont les biens passent par succession des peres à leurs enfans. On ne les oblige point d'aller en personne à la guerre. C'est assez qu'ils y envoyent leurs Gebelus, à proportion de ce que les terres qu'ils possedent ont été estimées; mais s'ils y manquent, on confisque le revenu de cette année-là au profit du Grand Seigneur, & on le porte à l'Epargne. Cette sorte de biens va au plus proche parent, soit du côté du mari, soit du côté de la femme.

ZAIN. f. m. Sorte de pierre métallique que l'on apporta d'Egypte & qui teint le cuivre rouge d'un jaune encore plus beau que celui de la calamine. Comme elle est plus chere & plus rare, on ne s'en sert pas communément. Il vient aussi du Zain d'Allemagne, & il

reſſemble à du regule d'antimoine. C'eſt ce qui eſt
cauſe que quelques-uns le prennent pour de l'étain
de glace. On écrit auſſi *Zin*.

ZAIN. adj. Terme de Manége. On appelle *Cheval
zain*, un Cheval qui n'eſt ni gris ni blanc, & qui n'a
aucune marque blanche ſur le poil.

ZAN

ZANI, ſ. m. Eſpece de boufon dans une troupe de
danſeurs de corde, ou d'autres gens de même nature. Ce mot eſt plus en uſage en Italie qu'il ne
l'eſt en France. M. Ménage fait venir *Zani* du Latin *Sannio*, Moqueur.

ZAP

ZAPOTE. ſ. m. Sorte de fruit qui vient à un grand arbre appellé *Cochiz-Thapotl* en la Nouvelle Eſpagne. Cet arbre eſt aſſés difforme, & a ſes feuilles
ſemblables à celles de l'oranger, rares & jointes
trois à trois par intervalles. Le tronc eſt parſemé
de petites marques blanches. Les fleurs de cet arbre
ſont jaunes & petites, & ſon fruit eſt de la forme
d'une pomme de coing, & de la même groſſeur.
Les Eſpagnols l'appellent *Zapote blanco*. Il eſt bon
à manger & d'un bon goût, mais il n'eſt pas ſain.
Son noyau eſt un venin mortel.

ZAR

ZARZAPARRILLA. ſ. f. Sorte de racine que les
Eſpagnols apportent des Indes. Matthiole eſt de
l'opinion de ceux qui croyent que ce n'eſt rien autre
choſe que la racine du Smilax âpre, quoique quelques-uns ne ſoient pas de cet avis, à cauſe de la difference qu'ils remarquent entre la racine de la Zarza
parrilla & les racines du Smilax âpre, celles-ci
étant fort nouées, & les autres ridées par tout.
Il dit, ſelon Theophraſte, que la diverſité des climats & la temperature de l'air & du terroir ſont
ſouvent cauſe que les mêmes racines ſont differentes en goût, en odeur & en forme, & que le nom
de *Zarza parrilla* favoriſe ſon ſentiment, puiſque
Parra, dont le diminutif eſt *Parrilla*, ſignifie une
vigne en Eſpagnol, & *Zarza*, Une ronce ; de ſorte
que *Zarzaparrilla* ne veut rien dire autre choſe que
Ronce de vigne. Il ajoûte qu'en Toſcane on appelle
le Smilax âpre *Ronce de cerf*, à cauſe de la reſſemblance de ſes aiguillons avec la ronce, & *Lierre
épineux*, parce qu'il monte & s'entortille ſur les
grands arbres, comme fait le lierre ; ce qui l'ob'ige
à conclure que la Zarza parrilla eſt le Smilax âpre,
ou une plante de même nature. Elle eſt de qualité
chaude & propre à faire ſuer, & a une proprieté
particuliere contre la verole & la dou'eur des jointures, & même contre toutes infections qui arrivent ſur la peau, contre les ulceres malins & qui
ſont difficiles à guerir. Elle eſt ſinguliere auſſi contre les apoſtumes, & peut ſervir de remede pour
toutes les douleurs de têtes, & les maladies de cerveau cauſées de froideur.

ZED

ZEDOAIRE. ſ. f. Racine d'une plante étrangere qui
reſſemble fort au gingembre, mais qui eſt plus odorante, plus amere & moins acre. Serapion dit que
la Zedoaire s'apporte de la region des Sines, qui
eſt au-delà des hautes Indes. Cette racine eſt ſemblable, ſoit en grandeur, ſoit en forme, à l'ariſtoloche ronde. Elle eſt chaude & ſeche au ſecond degré,
& fortifie l'eſtomac, arrête les vomiſſemens & les
flux de ventre, & diſſipe les ventoſités. On la tient
auſſi fort ſinguliere contre les morſures des bêtes
venimeuſes, & lorſqu'elle eſt mangée ſeule, elle
eſt merveilleuſe contre la dyſpnée.

ZEL

ZELATEUR. ſ. m. *Qui ſe porte, qui agit avec zele.
Il ne ſe dit point abſolument & ſans regime.* Zelateur
de la gloire de Dieu. ACAD. FR. On a appellé *Zelateurs* Certains ſcelerats qui après avoir commis
pluſieurs vols à la campagne dans le tems que
l'Empereur Titus voit pris les armes contre les
Juiſs ſe jetterent dans Jeruſalem, où ils ſe permirent toute ſorte d'impietés & de cruautés. Ils prenoient le nom de *Zelateurs* ou de *Zelotes*, pour
perſuader que le ſeul zele de la gloire de Dieu les
animoit. Ananus, grand Sacrificateur, ayant excité
le Peuple contre ces factieux, qui s'étoient jettés
dans le Temple, d'où il les vouloit chaſſer, ils furent contraints d'en abandonner la premiere enceinte pour ſe retirer dans l'interieure. Les Iduméens venus au ſecours des Zelateurs défirent les
corps de garde des Habitans par qui le Temple
étoit aſſiegé, & ces deux partis s'étant joints enſemble, ſe rendirent maîtres de la Ville, en tuant
le grand Sacrificateur Ananus. Les Zelateurs continuerent leurs violences après que les Iduméens
ſe furent retirés. Elles furent telles, que pour
s'en mettre à couvert quantité de Juifs ſe rendirent aux Romains. Ces ſéditieux ſe diviſerent enſuite en deux factions. Jean de Giſcala . ſelon ce
que rapport Joſephe demeura le chef de l'une, &
exerça la tyrannie dans Jeruſalem.

Dans l'Ordre de S. Benoît le pere Zelateur eſt un
Religieux deſtiné à veiller ſur les jeunes Religieux,
& ſur certains exercices.

ZEN

ZENITH. ſ. m. Terme d'Aſtronomie. Point du ciel
qui eſt élevé perpendiculairement ſur quelque lieu
que ce ſoit, & par lequel paſſent tous les azimuts
ou cercles verticaux de ce lieu. C'eſt l'un des poles
de l'horiſon. Le Meridien d'un lieu paſſe neceſſairement par ſon Zenith. Le point diametralement
oppoſé au Zenith s'appelle *Nadir*, & c'eſt l'autre
pole de l'horiſon. Comme il y a une infinité d'ho-
riſons differens, il y a autant de Zenith & de Nadir.
Le Zenith eſt diametralement oppoſé à Nadir qui
eſt le point du ciel directement ſur nos piés, & où
habitent nos vrais Antipodes.

On appelle, en termes de Gnomonique, *Zenith
du plan*, La repreſentation du Zenith ſur le plan
d'un cadran. C'eſt le point du cadran qui ſe trouve coupé par la ligne droite tirée du Zenith au
Nadir.

ZEP

ZEPHYR, ou ZEPHYRE. ſ. m. Vent qui ſouffle du
point cardinal de l'horiſon du côté d'Occident. Il
eſt appellé *Vent d'Oueſt* ſur l'Ocean, & on l'appelle ſur la Mediterranée *Vent du Ponant* ou *Vent
au Couchant*. On tient qu'il eſt contraire aux chaſſeurs, à cauſe qu'il ſouffle près de terre & qu'il eſt
humide ; ce qui lui fait emporter l'odeur du gibier.
Zephyr vient du Grec ζέφυρος, comme ſi on diſoit τὸ
ζῶν φέρον, qui porte la vie, à cauſe que les fruits
augmentent l'Eté lorſque ce vent ſouffle.

ZER

ZER

ZERO. f. m. Terme d'Arithmetique. Il veutdire un *O*, & cet *O* ne vaut rien étant mis tout feul; mais lorfqu'on le met après un autre chiffre, il le fait valoir dix fois autant, comme 10. où l'o mis après 1. le fait valoir dix. S'il y a deux *o* après quelque chiffre, ils le font valoir cent fois autant, comme 200, où les deux *o* mis après 2, font qu'il vaut 200, & s'il y a trois *o* après ce même chiffre, comme 2000, ils le font valoir mille fois autant, & ainfi toûjours en augmentant felon la proportion decuple.

ZERUMBETH. f. m. Plante qui croît dans les Indes, & que les Malais & les Javans appellent *Canjor*. Elle reffemble au gingembre, fi ce n'eft que fes feuilles font plus longues & plus larges. On feche auffi le Zerumbeth, & on le confit au fucre comme le gingembre, mais on l'eftime beaucoup davantage. M. Pomet dans fon hiftoire generale des Drogues, dit que le Zerumbeth & la Zedoaire font deux racines de differente couleur & figure, qui ne laiffent pas de provenir de la même plante, dont les feuilles reffemblent à celles du gingembre; que le Zerumbeth eft la partie ronde de la racine, qu'on reçoit ici coupée par rouelles comme la Jalap; qu'il doit être gris en dehors & en dedans, pefant, difficile à rompre, non carié, d'un goût chaud & aromatique, & qu'il eft de peu d'ufage dans la Medecine. Pour la Zedoaire, il dit que c'eft la partie longue de la plante, & qui fert comme de pié au Zerumbeth. Il ajoûte qu'elle doit être de la longueur & de la groffeur du petit doigt, d'un blanc rougeâtre au deffus, blanchâtre au dedans, bien nourrie, pefante, mal-aifée à rompre, fans vermoulure à quoi elle eft fort fujette, d'un goût chaud, aromatique & approchant de celui du rofmarin.

ZES

ZEST. f. m. Pellicule dure qui eft au milieu de la noix, & qui la fepare en quatre parties. Il y a des Medecins qui tiennent que le Zeft feché & bû environ une demi-once avec du vin blanc, guerit la gravelle.

Zeft, fe dit auffi d'un petit morceau d'écorce d'orange, dont on exprime dans un verre de vin ce qu'il a de jus, afin de donner au vin un petit goût d'orange. On le paffe quelquefois à une chandelle allumée avant qu'on en épreigne le jus.

On donne ce même nom de *Zeft* à une maniere de bourfe de cuir un peu longue, au bout de laquelle il y a un morceau d'yvoire à plufieurs petits trous, par lefquels paffe la poudre qu'on foufle fur des cheveux, fur une perruque.

ZET

ZETETIQUE. adj. Terme de Mathématiques. On appelle *Methode Zetetique*, la methode dont on fe fert pour refoudre un probleme mathematique. *Zetetique* eft un mot Grec, ζητητικός, du verbe ζητέω, Chercher.

ZEY

ZEYBA. f. m. Grand arbre des Indes Orientales, dont il y a des forêts entieres dans la Province de Nicaraqua. Leur tronc devient quelquefois fi gros, que

Tome II.

quinze hommes en fe tenant par la main, ne le pourroient embraffer.

ZEYBO. f. m. Arbre qui excelle en grandeur parmi tous ceux de la nouvelle Galice. Son bois eft fpongieux & prefque inutile, & on ne s'en fert pour aucun ouvrage. Il porte un fruit comme des écoffes, rond, & plein d'une certaine laine déliée, quand les écoffes étant en leur maturité fe fendent & s'ouvrent. On tient que l'ombre de cet arbre eft fort faine.

ZIB

ZIBELINE. f. f. Animal fauvage qui a la peau d'un très-beau noir, & quelquefois d'un blanc fort luifant. On eftime extrémement cette peau, qui fert à faire de très-belles fourrures. Quelques-uns difent *Sibeline* & *Sebeline*. Les Italiens appellent ces animaux *Zibellini*. Olaüs Magnus nomme les Zibelines *Zabelles*, & dit que les peaux en font extrémement précieufes, & que les femmes des Lapons s'en parent, fur-tout le jour de leurs noces. Elles font pourtant fort rares dans la Laponie. Quelques Auteurs écrivent que cet animal eft fait comme une belette, & d'autres qu'il reffemble aux martres, avec lefquelles il y a bien plus de rapport, foit qu'on ait égard à la grandeur de fon corps, foit que l'on confidere le refte de fa figure. Plus fa couleur approche de celle de la poix, plus on l'eftime.

ZIG

ZIGZAG. f. m. Petite machine qui eft compofée de plufieurs rangs de tringles plates que l'on difpofe en fautoir ou en lofange. Elles font clouées & mobiles, tant dans le centre que par les extrémités, en forte que la machine s'allonge ou fe retire, felon qu'on manie les deux branches par où on la tient.

ZIN

ZIN. f. m. Mineral fort approchant de la nature du bifmuth, mais qui contient un fouphre plus pur. Ce Zin mineral, que l'on trouve en quantité dans les mines de Goflelar en Saxe, eft une maniere de plomb mineral, à la referve qu'il eft plus brillant, plus blanc & plus dur. Quelques-uns l'ont appellé *Antimoine femelle*; ce que plufieurs autres n'approuvent pas. Il doit être blanc; en belles écailles, le moins aigre & le plus difficile à caffer qu'il fe peut. Plus il a fouffert le feu & plus les écailles en font larges, plus il eft eftimé des Ouvriers qui l'employent, fur-tout des Fondeurs & de ceux qui font la foudure. Il fert auffi à rendre le cuivre de couleur d'or, principalement quand on y a mêlé du *Terra merita*. Quelques-uns croyent que le Zin qu'on met dans l'étain foit pour en augmenter le poids, font dans l'erreur, puifque fur une fonte de cinq ou fix cens livres d'étain on met à peine une livre de Zin; & c'eft une chofe merveilleufe, que ce Zin ait la vertu de blanchir l'étain, & d'agir comme fait le plomb, fur l'or, fur l'argent & fur le cuivre. On dit auffi *Zinch* & *Zain*. Voyez ZAIN.

ZINGI. f. m. Sorte de femence que l'on appelle autrement *Semence de Badian*, ou *Anis des Indes*; dont fe fervent les Orientaux, à l'imitation des Chinois; pour préparer leur Thé & leur Sorbet. Cette femence eft femblable à celle de la Coloquinte, excepté qu'elle eft d'une couleur tannée & luifante, & d'une couleur affés agréable. On la trouve renfermée dans une petite gouffe épaiffe & dure, & c'eft avec cette graine, jointe à la racine de Nifi, que les Hollandois rendent la boiffon du Thé & du Sorbet plus agréable qu'en France.

M. M m m

La dose doit être, deux drachmes de racine de Ni-
si, quatre onces d'eau bouillante, demi-once de
Thé, & une drachme de Zingi ou de semence de
Badian.

ZINZOLIN. s. m. Sorte de couleur de laine qui est
rougeâtre, & dont la teinture est faite du suc d'une
plante que les Grecs appellent *ύγωυ*. Quelques-
uns disent que de *Hysginolinum* diminutif de *Hys-
ginum*, on a fait *Zinzolin*. Selon Bochard, ce mot
derive de *Giolgiolan*, mot Arabe qui signifie Sesame, plante qui a une feuille rouge de couleur
gingeoline.

ZIZ

ZIZANIE. s. f. Yvroie, mauvaise graine qui vient
parmi le bon grain. Il n'a point d'usage au propre,
& veut dire au figuré, Discorde, division, dissen-
tion. Il ne se dit guere qu'en parlant de Religion
ou de matiere de pieté. *Zizanie* vient du Grec
ζιζάνιον, Yvroie.
ZIZYPHE. s. m. Arbre qui n'est pas fort different du
prunier, & qui porte un fruit de couleur de pourpre
& de la grandeur d'une olive. Ce fruit s'appelle autrement de *Jujube*. Voyez JUJUBE.

ZOC

ZOCLE. s. m. Terme d'Architecture. Membre quarré sur lequel on pose quelque corps, & qui sert
comme de plinthe, de base ou piédestal à ce
même corps. Ce mot vient de l'Italien *Zoccolo*
ou du Latin *Soccus*, Chaussure antique des Comediens. Voyez SOCLE.

ZOD

ZODIAQUE. s. m. Terme d'Astronomie. L'un des
grands cercles de la sphere, sur les poles duquel
se font tous les mouvemens propres des Astres d'Occident en Orient. Il coupe l'équateur par un angle
de 23. degrés & demi, & par conséquent les Poles de ces deux grands cercles sont éloignés de cette
quantité. Voyez POLE. Le mouvement annuel du
Soleil se faisant toûjours sous le Zodiaque & sur ses
Poles, ce cercle a été divisé en quatre parties égales
pour les quatre saisons de l'année par les deux co-
lures des Solstices & des équinoxes. Chaque saison
comprend une de ces parties un tiers signes, afin
de nous donner les douze signes, dont les quatre
saisons sont composées, & les douze mois de l'année, auxquels répond chaque signe. La ligne representée au milieu du Zodiaque & appellée Ecliptique, nous marque par ces trois cens soixante degrés la route du Soleil, en allant d'un Tropique à
l'autre en l'espace de six mois. Jamais il ne s'écarte
de l'Ecliptique au contraire des autres planettes, qui
s'en éloignent tantôt vers le midi & tantôt vers
le Septentrion, les unes plus, & les autres moins,
depuis cinq jusqu'à huit degrés, plus ou moins de
part & d'autre. C'est ce qui est cause que l'on a donné environ seize degrés à la largeur du Zodiaque,
afin qu'il enferme toutes les planettes. Zodiaque
est un mot Grec *ζωδιακός*, & ce grand cercle a été
nommé ainsi de *ζώδιον*, Animal, à cause que les douze signes qu'il contient nous sont presque tous representés sous le nom & sous la figure de quelque
animal.

On a accoûtumé de diviser le Zodiaque en douze parties égales appellées *Signes*, dont la suite se
compte d'Occident en Orient, en commençant au
point de la section vernale, & où le Soleil avançant de son mouvement propre, passe de la partie

Meridionale à la Septentrionale. Ces signes se peuvent prendre, ou pour la douziéme partie du Zodiaque, en commençant depuis l'équateur, ou
pour les constellations du Belier, du Taureau, &
des autres, lesquelles representent ces animaux par
la maniere dont leurs étoiles sont disposées. Du tems
d'Hipparque, ces constellations étoient dans ces
signes, mais depuis elles ont tellement changé de
place que la constellation qu'on appelle le Belier,
est sortie du signe du Belier, c'est-à-dire, de la
premiere douziéme partie du Zodiaque, pour passer dans le signe du Taureau, c'est-à-dire, dans la
seconde douziéme partie du Zodiaque, & ainsi des
autres, à cause du mouvement particulier des
étoiles. Voyez ETOILES FIXES. C'est pour cela
qu'on a distingué deux sortes de Zodiaque, l'un
visible & sensible dans le Firmament, où sont les
constellations des douze signes qui changent de place, & l'autre rationel dans le premier mobile dont
on suppose que chaque douziéme partie a toûjours
la même constellation & le même signe fixe & immobile. Ainsi quand on dit que le Soleil est dans le
Belier, on n'entend pas au Belier du Firmament,
qui n'est plus à l'intersection vernale du Zodiaque
& de l'équateur, mais au Belier du premier mobile qu'on suppose & être toûjours.
ZOLLE. s. f. Piece de dessous, un peu en saillie, qui
soûtient un corps d'Architecture, soit de pierre,
soit de bois, en Italien *Zoccolo*.

ZON

ZONE. s. f. Terme de Geographie. *Chacune des cinq
parties du globe, qui sont entre les deux poles, dont
celle du milieu est la Zone torride, les deux qui la
suivent de chaque côté, les Zones temperées, &
les deux autres, les Zones glaciales.* ACAD. FR.
Les Zones appellées ainsi du Grec *ζών*, Ceinture,
sont des bandes ou ceintures de la terre, que terminent deux petits cercles paralleles entre eux, sçavoir les deux cercles polaires & les deux Tropiques
qui divisent toute la terre en cinq Zones, une torride, deux froides, & deux temperées, qui ont
pris leur nom de la qualité de la temperature à laquelle leur situation est sujette, selon les divers
degrés de la chaleur ou du froid, que leur donne
le Soleil par son approche & par son éloignement.
La Zone torride est au milieu de toutes les autres
terminée par les deux cercles Tropiques, & elle,
a quarante-sept degrés de largeur, qui valent mille
quatre-vingt-quinze lieues communes de France.
On l'appelle *Torride* ou *Brûlée*, à cause qu'étant
directement sous le lieu par où passe le Soleil quand
il fait son cours, elle est battue à plomb de ses
rayons, qui y causent une chaleur si-excessive que
les anciens ont crû qu'elle étoit inhabitable; mais
ils ignoroient que ce pays est plein de grands lacs
& de fleuves, avec des pluies qui regnent continuellement depuis la mi-Mai jusqu'à la mi-Août.
Ces pluies ne sont que depuis midi jusqu'à minuit,
& quant aux lacs & aux fleuves, qui sont le long
de la plus grande partie de cette Zone, & particulierement en celle de l'Amerique, & qui l'humectent & la rafraîchissent, ils rendent ces chaleurs fort
moderées, en sorte que l'extrémité de l'Hiver est
pleine de secheresse, & celle de l'Eté pleine d'humidité & de pluies. Il est vrai que la qualité de l'air
n'est pas la même tout le long de cette Zone torride,
& qu'il y a plusieurs endroits secs & brûlés faute
d'eaux, de lacs, de fontaines ou de rivieres; ou
à cause des montagnes hautes & steriles, comme
en plusieurs lieux de l'Ethiopie & de la Guinée,

dans les deserts de l'Afrique, & dans les montagnes du Perou ; & c'est de-là peut-être qu'il arrive, que selon ces diverses constitutions il naît sous la même ligne des hommes noirs en un lieu, & des hommes blancs en l'autre. Comme cet excès de chaleur & de secheresse rend plusieurs endroits inhabitables, il y en a quelques autres qui le sont aussi à cause des inondations reglées de grandes rivieres, qui étant enflées des fortes pluies de l'Eté sortent de leur lit avec une impetuosité si grande, qu'elles forcent, rompent & emportent tout ce qu'elles rencontrent ; ensorte que la boue & les fanges des marécages & des valons ne laissent aucun passage pour aller d'un lieu à l'autre. Le milieu de la Zone torride doit être plus temperé que ne le sont les extrémités, tant à cause de l'égalité des jours & des nuits, que parce qu'il n'y a pas un long solstice comme sous les tropiques, où se rencontrent les plus brûlantes chaleurs du Soleil, ce qui vient de ce qu'il demeure plus long-tems proche des Solstices que proche de l'Equateur. Ceux qui demeurent précisément au milieu de cette Zone, ayant leur Zenith à l'Equateur, ont un perpetuel Equinoxe, & les jours & les nuits y sont toûjours de douze heures. Pour les crepuscules, ils y sont très-courts, à cause que le Soleil descendant perpendiculairement sous l'horison, arrive bien-tôt au dix-huitiéme degré, qui est la fin du crepuscule du soir & le commencement de l'aurore. La Zone torride a neuf mille lieues communes de France en son circuit sous l'Equateur, qui est sa plus grande étendue, & environ huit mille deux cens cinquante trois lieues dans les extrémités sous les Tropiques.

Les deux Zones, appellées *Froides* ou *Glacées* à cause du froid extrême qu'il y fait pendant la plus grande partie de l'année, ce qui vient des longues nuits de plusieurs mois qui s'y rencontrent, & de l'obliquité des rayons du Soleil quand il les éclaire, sont terminées par les deux cercles polaires qui les embrassent, l'une autour du Pole Arctique, & l'autre autour du Pole Antarctique. Ceux qui sont dans ces Zones ont le Soleil très-éloigné de leur Zenith, & ne voyent que le solstice d'été, celui d'hiver étant caché sous l'horison. L'inegalité de jours & de nuits y est si grande, que le Soleil paroît sur l'horison pendant plusieurs jours, & quelquefois pendant plusieurs mois. La même chose arrive pour les nuits, qui y sont aussi de plusieurs jours & de plusieurs mois. Les Anciens ont crû également que les Zones froides ne pouvoient être habitées, à cause du froid excessif. Cependant on va tous les jours dans une partie de la Suede, de la Moscovie & de la Norvegue, habitée par les Lapons, qui sont au-delà des cercles polaires. Ils ont en hiver trois mois de nuit, & autant de jour en été. Il y a deux crepuscules qui sont assés clairs & longs à proportion des jours. On voit la Lune pendant quinze jours entiers. Ainsi, à la reserve d'un petit espace de tems, les Lapons sont au clair de Lune ce qui se fait aux autres Pays à la faveur de la lumiere du Soleil ; & même quand il n'y a point de Lune ils ne laissent pas de travailler. L'air serein dont ils jouissent souvent, la clarté des étoiles & la blancheur de la neige, favorisent leur commerce dans les diverses fonctions de la vie. Le froid qu'on souffre l'hiver en Laponie est très-grand, & ne sçauroit être supporté que par les naturels du pays. Il prend & arrête les fleuves les plus rapides, & la glace en est épaisse d'une, de deux, & quelquefois de trois coudées. Cependant la chaleur pendant l'été n'y est guere moins excessive, que le

Tome II.

froid y est violent durant l'hiver ; car quoique les rayons du Soleil y soient foibles, à cause qu'ils ne donnent pas à plomb sur la terre, ils perdent ce qu'ils ont de foible si-tôt que le Soleil entre dans le signe de l'Ecrevisse. Alors la chaleur de ses rayons s'augmente & continue quelques mois, sans qu'elle soit moderée par la fraicheur de la nuit. Ce qui la tempere, ce sont les vapeurs de la mer voisine, & les neiges qui demeurent tout été dans des fosses aux endroits où il y a de l'ombre, & sur le sommet des hautes montagnes. Les Lapons n'ont ni printems ni automne, & l'espace qui est entre le froid de l'hiver & les chaleurs de l'été dure peu de jours. L'Islande, la Groëlande, & même la nouvelle Zemble, qui s'étendent jusque sous le Pole Arctique, se sont trouvées peuplées d'hommes & d'animaux, ainsi que la Laponie. Chaque Zone froide a environ trois mille cinq cens quatre-vingt-huit lieues communes de France dans son circuit, & environ mille quatre-vingt-quinze de largeur comme la Zone torride.

Les deux *Zones temperées*, appellées ainsi à cause qu'elles jouissent d'une excellente temperature entre l'excès du chaud & du froid, sont situées entre la torride & les deux froides. Leurs extrémités ne laissent pas de participer beaucoup de l'excès du froid & de la chaleur ; de sorte qu'il n'y a que le milieu, comme l'endroit où est situé la France, qui soit bien temperé. Les autres parties sont ou trop froides, ou trop chaudes, selon qu'elles sont plus ou moins proches des extrémités des autres Zones. Ceux qui habitent l'une des deux temperées, qui ont chacune quarante-trois degrés de largeur, qui sont mille soixante & quinze lieues communes de France, n'ont jamais le Soleil sur leur tête, & les jours y sont toûjours moindres que de vingt-quatre heures, parce que l'horison coupe tous les paralleles du soleil, qui par consequent se leve & se couche chaque jour. Les crepuscules y sont plus grands que dans la Zone torride, & cela vient de ce que le soleil descendant obliquement sous l'horison, n'arrive pas si-tôt à l'Almicantarath, éloigné de dix-huit degrés de l'horison, que s'il descendoit perpendiculairement. Le plus petit circuit de la Zone temperée est d'environ trois mille cinq cens quatre-vingt-huit lieues communes de France, comme celui de la Zone froide ; & le plus grand est de huit mille deux cens cinquante-trois lieues.

ZOO

ZOOPHYTE. s. m. Corps naturel, appellé ainsi du du Grec ζῶον, Animal, & de φυτὸν, Plante, à cause qu'il est d'une moyenne nature entre la plante & l'animal. On met les éponges au nombre des Zoophytes. Olearius, dans son Histoire de Moscovie & de Perse, parle d'une espece de Zoophyte qui se trouve auprès de Samara entre la Volga & le Don. C'est une sorte de melon ou de citrouille faite comme un agneau, dont le fruit represente tous les membres, tenant à la terre par la souche, qui lui sert de nourriture. Ce melon change de place en croissant autant que sa souche le permet, & fait secher l'herbe dans tous les endroits vers lesquels il se tourne. Les Moscovites appellent cela *Paitre* ou *Brouter*, & nomment ce fruit *Boranez*, c'est-à-dire, Agneau. Quand il est mûr, la souche se seche, & il se revêt d'une peau velüe, qu'on peut preparer pour s'en servir au lieu de fourrure. Olearius atteste qu'on lui en fit voir quelques peaux,

M M m m ij

que l'on avoit déchirées d'une couverture de lit, & qu'on lui jura être de ce fruit ; ce qu'il avoit de la peine à croire. Elles s'étoient couvertes d'une laine douce & frisée, comme celle d'un agneau nouvellement né, ou tiré du ventre d'une brebis. Il dit encore que Jule Scaliger fait mention de ce Zoophyte, comme d'un fruit qui croît toûjours jusqu'à ce que l'herbe manque, & qui ne meurt que faute de nourriture ; à quoi il ajoûte que de toutes les bêtes il n'y a que le loup qui en soit friand, & que l'on s'en sert pour l'attraper. Les Moscovites en disent la même chose.

ZOP

ZOPHORE. s. m. Terme d'Architecture. C'est ce qu'on appelle autrement *Frise*, qui dans tous les ordres est la partie de l'entablement qui est entre l'Architrave & la corniche. Les Grecs l'ont nommée *Zophore*, de ζωον, Animal, & de φερω, Porter, à cause des animaux & des autres ornemens que l'on y taille. C'est pour cela, dit M. Felibien, que Philander veut que le mot de *Frise*, en François vienne de *Phrygio*, qui signifie un Brodeur, à cause que les Brodeurs représentent à l'aiguille des animaux, des plantes, & toutes les autres choses dont on orne les édifices. Il ajoûte que les Italiens nomment *Fregio pulvinato*, Celle qui est bombée & relevée en rond, à cause qu'elle ressemble à un matelas ou à un coussin.

ZOPISSA. s. m. Dioscoride dit que quelques-uns nomment *Zopissa*, La resine mêlée avec la cire que l'on racle des navires, qui est aussi appellée de plusieurs *Apochyma*, & que cette composition a la vertu de résoudre, à cause du sel marin où elle est trempée. D'autres appellent *Zopissa*, La resine de pin. Voici comment se fait le *Zopissa*, autrement *Poix navale*, selon ce que Matthiole en a vû aux environs de Trente dans les montagnes de Fleme. On prend de vieux pins, entierement convertis en torches, que l'on met en pieces comme si on en vouloit faire du charbon. Ensuite on fait une aire un peu élevée & voutée au milieu, & qui pend également vers ses extrémités. Elle est cimentée & pavée de plâtre, afin que la liqueur que doit rendre la torche de pin, puisse plus facilement couler au canal qui environne cette aire. On accommode les pieces de torche en maniere de bucher, & on couvre & environne ce bucher de branches de pesses & de sapin, après quoi on le bouche avec de la terre, afin qu'il n'en puisse sortir ni fumée ni flame. Cela étant fait, on y met le feu par un trou qui est à la cime, ainsi que l'on fait au charbon, & alors la flame qui ne sçauroit s'échaper, rend une chaleur plus vehemente au tas de bois qui est amassé ; ce qui fait fondre la poix qui coule par le pavé de l'aire, & tombe dans le canal dont elle est environnée, & de ce canal en d'autres qui rendent la poix en de certains creux faits dans la terre, & bien munis d'ais, afin que la poix ne soit point bûe par la terre. Quand le tas s'abbaisse & qu'il ne coule plus de poix, c'est une marque que l'ouvrage est achevé. *Zopissa* est un mot Grec ζωπισσα, formé de ζειν, Bouillir, & de πισσα, Poix.

ZUI

ZUINGLIENS. s. m. Heretiques appellés ainsi parce qu'ils suivent la doctrine de Zuingle sur le mystere du Saint Sacrement de l'Autel, & disent que JESUS-CHRIST n'est point réellement present en l'Eucharistie. Ulric ou Huldric Zuingle, après

avoir employé ses premieres années à porter les armes se fit chanoine de Constance, Ville d'Allemagne sur les frontieres de la Suisse, & s'en repentit peu de tems après. Ainsi il n'eut pas plûtôt été informé de la nouvelle doctrine de Luther, qu'il vendit son Benefice & se maria. Il ne prêcha d'abord que contre les Indulgences & contre le celibat des Ecclesiastiques, & voulut ensuite se rendre Chef d'une nouvelle Eglise en Suisse, comme Luther l'étoit devenu en Allemagne ; ce qui lui fit prendre sur les autres articles les plus essentiels une route toute differente de celle de cet Heresiarque qui donnoit tout à la Grace pour le salut, au lieu que Zuingle donna tout au libre arbitre. Il disoit que dans le Sacrement de l'Eucharistie on recevoit seulement le pain & le vin, qui representoient le corps de JESUS-CHRIST, auquel on s'unissoit spirituellement & par la foi ; ce qui étoit tout-à-fait contraire à l'opinion de Luther, qui a toûjours reconnu la presence réelle du corps de JESUS-CHRIST en ce Sacrement, quoiqu'il prétendît que la substance du pain & du vin y demeurât. Les Catholiques s'étant opposés à ces erreurs, le Senat de Zurich convoqua une Assemblée generale en 1525. pour juger ce different. Les Partisans de Zuingle l'ayant emporté, on ordonna qu'on recevroit sa doctrine dans tout le Canton de Zurich, & toutes les ceremonies de l'Eglise Romaine y furent abolies en peu de tems. Jean Oecolampade ayant comparu ensuite pour Zuingle dans une autre Assemblée generale de tous les Cantons à Bâle, où cet Heresiarque refusa de se trouver, sa doctrine fut condamnée par un Decret solemnel, auquel ceux de Berne ne voulurent point se soumettre ; ce qui leur fit convoquer une troisiéme Assemblée en 1528. Zuingle s'y trouva le plus fort, & bientôt après ceux de Bâle embrasserent sa doctrine ; de sorte que les Cantons de Zurich, de Schaffouse, de Berne & de Bâle, qui se ligerent ensemble pour obliger leurs voisins à être de leur parti, leur ayant fait diverses insultes, les Cantons de Lucerne, de Zug, d'Uri, d'Undervald & de Schvuits, tous bons Catholiques, entrerent à main armée sur leurs terres, ce qui les fit venir à une bataille, où Zuingle fut tué en combattant vaillamment à la tête d'un Bataillon. Après plusieurs avantages remportés par les Catholiques en divers combats, la paix se fit & chacun demeura dans la liberté de professer sa Religion. Depuis ce tems-là, les quatre Cantons Zuingliens s'étant associés aux Huguenots de Geneve, sont devenus Calvinistes. La Secte des Luthero-Zuingliens est venue de Martin Bucer, qui balança fort long-tems entre Luther & Zuingle, tenant quelque chose de l'un & de l'autre.

ZYG

ZYGOME. s. f. Terme de Medecine. Os qui se forme de deux apophyses ou éminences, qui naissent l'une de l'os des temples ; & l'autre de l'os de la machoire d'en haut, qui fait le petit angle de l'œil. On l'appelle autrement *Os jugal.* Il est cavé par dedans, bossu par dehors, & sert pour la défense des muscles de la temple. Ce mot est Grec, ζυγωμα, & vient de ζευγνυω, Je joins.

ZYM

ZYMOSIMETRE. s. m. Instrument dont on se sert pour mesurer le degré de fermentation que cause le mélange des matieres, & pour connoître quelle est la chaleur qu'elles acquierent en se

fermentant, & le degré de chaleur, ou le temperament du sang des animaux. Ce mot est formé du Grec ζύμωσις, Fermentation, & de μιγειν,
Mesurer.

ZYT

ZYTHUM. s. m. Breuvage d'orge qui fait uriner,
mais qui nuit aux reins, aux nerfs & aux pellicules
qui couvrent le cerveau. Il engendre des ventosités & de mauvaises humeurs. C'est ce qu'on appelle *Bierre d'orge*. Le Zythum ne diffère du Cur-
mi, qui est un autre breuvage d'orge, que par la
manière de les faire, qui en augmente ou diminue la propriété, selon qu'on les cuit plus ou
moins. Dioscoride dit que l'yvoire mis en infusion
dans le Zythum, s'adoucit & se rend maniable,
en sorte qu'on en fait ce que l'on veut.

FIN DU SECOND VOLUME.

PRIVILEGE DU ROY.

LOUIS PAR LA GRACE DE DIEU ROI DE FRANCE ET DE NAVARRE: A nos amés & feaux Conseillers les Gens tenans nos Cours de Parlement, Maîtres des Requêtes ordinaires de Notre Hôtel, Grand Conseil, Prevôt de Paris, Baillis, Sénéchaux, leurs Lieutenans Civils, & autres nos Justiciers qu'il appartiendra: SALUT. Notre bien amé JEAN-BAPTISTE COIGNARD, l'un de nos Imprimeurs ordinaires, & de notre Académie Françoise, & Libraire à Paris, Nous ayant fait remontrer, qu'ayant depuis plusieurs années exercé avec honneur, & à la satisfaction du Public, sa profession, & imprimé un grand nombre de bons Ouvrages; il auroit dessein d'imprimer, ou faire imprimer un S. Basile Mais, comme il ne le peut faire sans s'engager à beaucoup de depense, il Nous a très-humblement fait supplier de vouloir bien pour l'en dédommager lui accorder nos Lettres de privilege, tant pour l'impression dudit Livre, que pour la réimpression de plusieurs autres dont les Privileges sont expirés, ou prêts à expirer. A CES CAUSES, voulant favorablement traiter ledit COIGNARD, & encourager par son exemple les autres Imprimeurs & Libraires à entreprendre des Editions utiles pour l'avancement des Sciences; Nous lui avons permis & accordé, permettons & accordons par ces Présentes, de réimprimer ou faire réimprimer le Livre intitulé, Le Dictionaire des Arts & des Sciences du Sieur Corneille, &c. en telle forme, marge, caractere, & en autant de Volumes que bon lui semblera; conjointement ou separément, & de les vendre, faire vendre & debiter par tout notre Royaume, pendant le tems & espace de trente années consecutives, à compter du jour de la date desdites Presentes. FAISONS défenses à toutes sortes de personnes de quelque qualité & condition qu'elles soient, d'en introduire d'impression étrangere dans aucun lieu de notre obéissance; comme aussi à tous Imprimeurs, Libraires & autres, d'imprimer, faire imprimer, vendre, faire vendre, debiter, ni contrefaire ledit Livre ci-dessus expliqué, en tout ni en partie, ni d'en faire aucuns extraits, sous quelque prétexte que ce soit, d'augmentation, correction, changement de titre ou autrement, sans la permission expresse & par écrit dudit Exposant, ou de ceux qui auront droit de lui, à peine de confiscation des Exemplaires contrefaits, de dix mille livres d'amende contre chacun des contrevenans, dont un tiers à Nous, un tiers à l'Hôtel-Dieu de Paris, l'autre tiers audit Exposant, & de tous dépens, dommages & interêts. A CONDITION neanmoins que chaque Volume qui paroîtra dans le Public, portera chacun en particulier une Approbation expresse de l'Examinateur; qui aura été commis à cet effet. A LA CHARGE, que ces Presentes seront enregistrées tout au long sur le Registre de la Communauté des Imprimeurs, Libraires de Paris, & ce dans trois mois de la date d'icelles, que l'impression de ces Livres sera faite dans notre Royaume & non ailleurs, en bon papier & en beaux caracteres, conformément aux Reglemens de la Librairie : ET QU'AVANT de les exposer en vente, les Manuscrits ou imprimés qui auront servi de copie pour l'impression desdits Livres, seront remis dans le même état où les Approbations y auront été données, és mains de notre très-cher & féal Chevalier Garde des Sceaux de France le sieur D'ARGENSON, & qu'il en sera ensuite remis deux exemplaires de chacun dans notre Bibliotheque publique, un dans celle de notre Château du Louvre, & dans celle de notre très-cher & féal Chevalier Garde des Sceaux de France le Sieur D'ARGENSON; le tout à peine de nullité des Presentes : DU CONTENU DESQUELLES Vous mandons & enjoignons de faire jouir l'Exposant ou ses ayans cause, pleinement & paisiblement, sans souffrir qu'il leur soit fait aucun trouble ou empêchement: Voulons que la copie desdites Presentes qui sera imprimée au commencement ou à la fin desdits Livres, soit tenue pour dûement signifiée, & qu'aux copies collationnées par l'un de nos amés & féaux Conseillers & Secretaires, foi soit ajoutée comme à l'original. COMMANDONS au premier notre Huissier ou Sergent, de faire pour l'exécution d'icelles tous Actes requis & necessaires, sans demander autre permission, & nonobstant Clameur de Haro Charte Normande & Lettres à ce contraires: CAR tel est notre plaisir. DONNE' à Paris le quatorziéme jour du mois de Juillet, l'an de Grace mil sept cent dix-huit, & de notre Regne le troisiéme. Par le Roi en son Conseil. DE SAINT HILAIRE, & scellé.

Registré sur le Registre IV. de la Communauté des Libraires & Imprimeurs de Paris, page 342. N. 368. conformément aux Reglemens, & notamment à l'Arrêt du Conseil du 13. Août 1703. A Paris le 26. Juillet 1718. DELAULNE, Syndic.

Ledit Coignard a associé au privilege du Dictionaire des *Arts & des Sciences*, les Sieurs Denys Mariette, Jacques Rollin pere, Jean-Baptiste Delespine, & Jean-Baptiste Coignard fils, Libraires à Paris, chacun pour un cinquième, suivant l'accord fait entre eux.

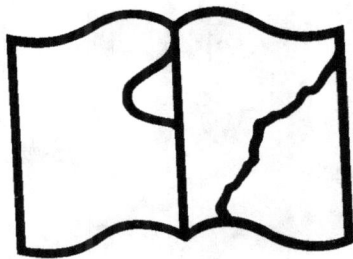

Texte détérioré — reliure défectueuse
NF Z 43-120-11

Contraste insuffisant

NF Z 43-120-14

www.ingramcontent.com/pod-product-compliance
Lightning Source LLC
Chambersburg PA
CBHW071136270326
41929CB00012B/1768